田正平　总主编

浙江大学史料

第三卷
（1949—1998·浙江大学卷）

下

汪　辉　主　编

ZHEJIANG UNIVERSITY PRESS
浙江大学出版社
·杭州·

目　录

六、本科生教育

(一)教务章制与教务管理

1. 教务章制

关于补考及升留级问题的几项补充规定[①]

(1956 年 10 月 3 日)

(一)1955 年至 1956 学年不及格课程的补考及升留级问题。

1. 1955—1956 学年不及格课程的补考,一律在 9 月底结束,过期未考者做自动放弃论,不得再进行补考。

2. 个别学生因病或其他特殊原因,确实不能在规定期限内进行补考者必须报经校系主任批准方得延期补考。

3. 经补考后,仍有 2 门以上课程不及格的学生应予留级。

4. 经补考后只有一门课程不及格者,由系主任按该生其他课程成绩及不及格课程性质,决定留级或随班升级。凡随班升级者其不及格课程得在一学年内再进行一次补考,补考后仍不及格以后不得再进行补考。

(二)1954—1955 学年前不及格课程的处理:

1. 1954—1955 学年前不及格的课程,现已再次补考,仍不及格者,不累计入上学年不及格课程处理,可准随班升级,但不再给予补考机会。

2. 1954—1955 学年前不及格的课程,此次未经补考者,目前不再补考,仍准随班升级,在毕业实习前予以最后一次补考机会。

教务处

1956 年 10 月 3 日

浙江大学档案馆藏,档案号:ZD-1956-XZ-50

浙江大学学生生产实习暂行规则

(1956 年 11 月)

一、为保证我校学生生产实习工作能顺利进行和顺利完成,根据高等教育部颁布高等学校和中等技术学校学生生产实习暂行规程,结合本校具体情况制定本暂行办法。

---

① 本办法于 1956 年 9 月 29 日的第 23 次行政会议讨论通过。

二、生产实习是教学过程中的一个有机组成部分,其目的为贯彻理论与实际相结合的教学方针,巩固和扩大学生所学的理论知识,培养实际工作能力。为提高社会主义觉悟,本校学生需按照各专业教学计划所规定的实习次数、性质以及时间进行实习。

三、本校各系及有关教研组须于每年 9 月认真拟定全年实习计划,经系主任审核后送教学科汇集整理,并经教务长、校长审查批准后报高教部。计划一经上级批准,非特殊情况或非经校长正式批准,不得更改及补充。

四、在实习大纲高等教育部统一发布前,各专业有关教研组必须于实习前定出切合教学计划要求的实习提纲,经教研组讨论通过,系主任审查同意后再送教务长批准。无实习提纲者不得进行实习。

五、实习厂矿工地一经确定后,各系及有关教研组必须于下厂前一个月提出指导教师名单,经学校批准后,由人事科负责向有关部门介绍。办好入厂手续后,无特殊情况一律不做更改。

六、各系及有关教研组必须于实习前指定指导教师赴学生实习地点,根据实习提纲的规定,结合企业现场的条件,会同有关人员制定切实可行的实习计划以及实习纪律,并初步协商食宿以及资料供给问题。实习计划以及实习日历经教研组讨论通过,系主任审阅后送教务长批准。

七、教学科须于实习前一个月,会同各系行政秘书以及有关人员进行实习学生的编组工作,由人事科负责向有关部门介绍,保健科须于学生离校前组织其进行体格检查或注射防疫针。

八、实习学生于出发前,各系必须组织进行 2—3 天的动员、组织、政治思想教育和实习提纲与计划的学习,务使师生对于实习任务认识一致,要求明确,以保证实习质量。

九、实习人数较多地区厂矿(工地),得由学校指定该地区生产实习工作人员和在该厂矿(工地)生产实习负责人,统一领导该地区厂矿的实习工作。

十、学校于实习前指定学生各实习队(组)长,实习队(组)长须协助指导教师收集资料,检查纪律及汇报实习情况。

十一、参加实习的学生应在实习指导教师及企业指导教师的领导下,积极工作,严守纪律,并模范地遵守现场规章制度及保安保密制度,虚心向工人学习。对违反纪律的学生,指导教师应及时予以批评教育,其情节严重者,应暂停其实习,并立即报告学校处理。

十二、实习学生除努力完成学习提纲所规定的任务外,并应积极参加一定的社会工作,如提出改进生产过程以及设备,降低产品成本和提高产品质量的合理化建议,帮助工人和合理化建议者研究他们合理化建议的理论基础,并帮助其实现给工人讲课,帮助工人学习文化等。

十三、学生在实习期间必须注意写日记,并根据实习大纲的要求编写实习报告。实习报告以及实习日记,应由实习领导人及企业车间负责人签署意见,以及对学生工作的评语。未提交实习日记、报告的学生,指导教师不准其参加答辩,也没有实习成绩。

十四、学生每天实习时间应尽量与厂矿所规定制度相符,包括记实习日记、整理实习报告在内每日一般不应超过 8 小时。社会工作,除特殊情况外,每人每周不得超过 3 小时。

十五、学生在实习终了时,应以下列方式进行成绩评定:

(1)实习报告(日记)由学校指导教师最好争取企业实习领导人共同评定。

(2)实习测验由学校指导教师于实习结束时在企业内进行。在不影响工厂正常生产的情况下,应尽量邀请企业指导人参加。因故不能在实习单位进行测验时,可在学校进行。

十六、实习成绩按4级分制(优、良、及格、不及格)记分,至迟实习结束两周内交各系办公室加以统计登记。无故不参加实习,或因故未参加实习,及测验不及格者,按照高等教育部有关规定办理。

十七、各实习队伍除在实习期间内每两周向学校汇报一次实习情况。指导教师必须于实习结束一周内做书面总结,说明实际情况,发生问题与解决办法,实习效果及指导方法,教师个人心得等,在教研组会议上通过;系主任于开学后一周内作出本系实习总结;教务处接到各系生产实习总结后,二周内做出全校学生实习总结,对于实习中表现较好的教师学生给予表扬或奖励。

十八、学生实习期间如有发明创造及合理化建议,经审核确有价值者,可申请有关领导部门转告有关单位并给予奖励。

十九、实习指导教师应认真填写实习指导教师酬劳补助金表,于实习结束后交教务科办理。

二十、实习教师在实习期间旅膳、杂费按中华人民共和国高等教育部颁布的统一标准支付,其领款报销及酬劳金计算、支付等手续由财务科办理。

二十一、教师学生在实习期间的食宿、交通医疗等问题,由总务处总务部门负责接洽解决。

二十二、实习期间学生对外参观应在学生所学专业及该次实习有关系内的一二企业厂矿中进行,由有关教师提出详细计划于实习前二周交教学科统一办理。

二十三、本规程经行政会议通过,校长批准后施行,如有修改或补充其手续亦同。

浙江大学档案馆藏,档案号:ZD-1956-XZ-53

浙江大学学生生产实习保密工作暂行条例(草案)

(1956年11月)

一、实习人员申请阅读及摘录资料等范围和手续:

(一)各专业实习师生在实习期间可根据业务部门批准之范围,向实习单位申请阅读必要的资料,并摘录必要的局部性资料(局部图样、文字、相对指标、百分比)供毕业设计参考用。

(二)各专业实习师生如因毕业设计需要,在实习期间广泛阅读或摘录非业务部门批准之范围的保密资料,应事先由有关教研组提出阅读和摘录资料的范围,列出实习计划,列入实习计划中;经系与教务长审查、校长批准后,向学校有关部门申请。

(三)各专业实习师生如因教学或毕业设计需要须向业务部门或实习单位索取部分资料来参考,不管资料为何性质,均应事先由有关教研组提出清单,经系与教务处审查,校长批准后有效,由学校机密资料室向有关部门办理。

(四)实习时人员一般不得阅读以下资料:

1.资料中有关国防机密部分

2.有关重要城市企业发展,远景的设计以及计划资料

3.有关重要设计及生产全部情况的数字和资料

①重要工程的原始资料(如地形、地质、水文、气象、电力和热力负担等资料)。

②重要工地的全场总面积及组织系统图表。

③工厂的全年生产及数字。

4.企业规定的其他特殊机要资料

(五)实习人员一般不得摘录以下资料:

1.上述各项绝密资料和数字

2.重要企业地点、名称、代号

3.全场现有设备能力(各种设备数目容量和其他重要参数)以及重要设备情况

4.重大事故的记载

二、实习期间保密工作制度:

(一)为加强学生实习期间的保密工作,防止发生泄密、失密事件,实习人员均须认真学习并执行1951年6月1日政务院发布的保守国家机密暂行条例和实习单位的保密制度以及本办法。

(二)实习队负责人有责任对全体实习人员经常进行保密教育,并应亲自掌握保密工作情况。实习队必须设立一个保密员,具体负责该项工作。

(三)实习人员借阅资料应统一由负责人向实习单位接洽办理,个人不得借阅。

(四)机密性资料须在实习单位指定地点进行阅读,阅读时须加以爱护并严密保管,未得同意不得擅自携出及任意转借抄录。

(五)各实习队对于企业界内之一般性的内部资料,如规程、守则、期刊等均由保密员负责保管,在使用时应严格执行登记交接签收制度。

(六)实习人员所做一般记录,均须记载在学校统一发给的实习日记本上。实习日记本、报告书张页不得任意撕毁。实习前所有实习日记本、报告书均需交实习单位负责登记盖章。实习完毕后所有实习日记本、报告书应由实习队负责人汇齐交实习单位,审查后由实习队负责携回交机密资料室,或由实习单位于一周以内密寄我校机密资料室。

(七)实习人员对于实习日记本、实习报告、通行证(符号、徽章)均应妥善保管,不得遗失。

(八)实习人员所缴实习日记、报告书统一由学校机密资料室保存,至实习人员毕业离校一年后予以销毁。如实习师生需参考或有关教研组认为有保存价值需要索取部分日记本或报告书,则需按我校保密制度办理。

(九)各实习队应定期(每周一次)检查保密情况,清点各种保密资料、证件,队负责人应及时将检查结果向实习单位汇报。

(十)全体人员均应严守实习单位机密,不得泄露。不同专业、不同实习部门之师生均不得互通保密情况。未经实习单位同意不得摄影。

三、凡违反以上规定者视情况轻重,需受学校之行政处分或国家法律制裁。在实习期间应由实习队先行处理,予以批评警告或暂停其实习。设有实习办事处的地区应向办事处汇报,然后汇报学校领导进行正式处理。

四、本办法经校长批准后施行，修改时间如与上级规定有抵触，依照上级规定执行。

浙江大学档案馆藏，档案号：ZD-1956-XZ-0053

浙江大学学生生产实习奖惩暂行办法(草案)

(1956年11月)

总则：为鼓励和发扬学生在生产实习中热爱祖国，热爱劳动，团结互助、遵守纪律、爱护国家财产以及顽强的创造性的学习精神。特根据《浙江大学暂行学则》第十章的精神，制定本办法，以确保生产实习任务的顺利完成。

甲、奖励部分

(一)学生在生产实习中有优良表现者得给予下列方式的鼓励：

①口头表扬；②学校通报(或通告)表扬；③物质奖励。

(二)学生在实习期间，如有下列表现之一者，由领导教师视其成绩大小给予口头表扬，或提出名单和具体意见，报系主任转呈校长并给予通报(或通告)表扬或物质奖励：

1. 努力学习，艰苦钻研，完成实习计划成绩优异者。

2. 团结友爱，尊敬师长，能虚心向工人学习，主动帮助同学并开展批评与自我批评，并能模范地遵守实习队及实习场所的纪律和制度者。

3. 爱护公物，爱护公共财产，在挽救工伤事故和维护实习队和实习场所的纪律制度上有显著贡献者。

4. 积极参加社会活动，主动帮助工人提高技术文化水平，并在不影响实习质量的条件下，帮助工厂工作有相当成绩者。

5. 有其他特殊良好表现和较大贡献者。

(三)学生在实习中，有发明创造或合理化建议，经审核确有相当价值而被业务部门采用者除学校给予奖励外，则可根据1954年5月6日，政务院颁布的有关生产等发明技术改进及合理化建议的奖励暂行条例，或其他有关规定，由学校报请高教部及有关部门考虑给予奖励。

乙、处分部分

(一)学生在生产实习中有犯错误，学校和领导教师应本着惩前毖后、治病救人的精神，按其所犯错误的轻重程度及对错误的认识和悔改情况予以不同的处分。

生产实习中的处分办法分为下列三种：

①警告；②暂停实习；③停止实习。

(二)学生在实习期间犯有下列错误者，得由实习队领导教师视其情节轻重及对错误的认识态度分别给予警告、暂停实习、停止实习的处分。其中，停止实习应报请系转呈校长批准施行。在批准前，暂停实习：

①屡次不服从领导教师或实习单位的领导，傲慢无礼、实习态度极度恶劣者；

②不按操作规程或擅自开动机器设备，致使生产机器、人身受到损害者；

③发生严重违反纪律行为，而不深刻检讨或发生严重生产事故，企图蒙混过关者；

④无故不参加实习或私自离队他往三天以上者;

⑤犯有其他错误,对实习、生产、校誉有不良影响及损失者。

(三)给予犯错误学生的各项处分应经实习队与实习场所研究讨论后,由领导教师向实习队全体师生宣布以资教育其他学生。

(四)在实习中曾受处分的学生如对错误有正确认识,并在实际行动中有显著改进者,领导教师可视其改进程度,考虑予以减免处分。

(五)在实习中曾受处分的学生,领导教师应于实习终了连同学生检讨书及减免处分情况,以书面报告系主任转学校教务科(教务行政)分别记录。

(六)在实习中受暂停实习或停止实习处分的学生,由系主任报请校长,按情节轻重给予记过或甚至开除的处分。如有违反国家法律的,转请司法机关处理。

浙江大学档案馆藏,档案号:ZD-1956-XZ-53

生产实习工作中教研室和领导教师职责

(1956年11月)

实习准备工作

一、教研室必须在实习开始前一个月指定指导教师赴实习现场了解生产车间的情况,并初步协商时数以及资料供给问题。在了解情况后先拟出报告,报告内容包括工厂生产情况、生产车间、产品特点、技工熟练程度、对生产实习的意见以及实习中可能发生的问题等。

二、实习开始前20天,领导教师必须根据工厂生产的车间情况,制定实习日历。

三、实习开始前10天必须制定实习具体计划,实习计划中应包括:

(一)应了解哪些问题及内容。

(二)在什么车间及科室进行实习及学生的工作地点。

(三)每个学生在车间及科室的实习顺序。

在实习计划中应列入各车间及科室企业实习指导人的名单。

(四)在实习日历的基础上,领导教师应给学生制定个人任务。每个学生应有一份个人任务,个人任务中应使学生全面地深入地研究一个到两个问题,以培养学生以理论知识解决实际生产问题的技能。

(五)领导教师应请工厂人员给实习生在实习期间作报告并定出计划。

(六)至迟在实习前一个星期,领导教师必须去实习地点将实习计划取得工厂批准,并和工厂实习指导人员交谈实习要求。

(七)实习开始前,在教研室组织的会议上,领导教师必须向学生介绍实习具体目标及计划,对全体学生共同要求及各个人要完成的个人任务,写报告以及日历的格式,同时向学生介绍实习地点情况和工厂在生产上的主要成就,并将个人任务分配给学生。

实习进行期间

(八)领导教师全面负责领导实习工作,关心同学政治思想教育、身体健康及生活问题。

(九)在实习第一天,领导教师及企业代表领导学生参观,使学生了解工厂及其生产情况和自己的工作地点。

（十）实习第一天必须请工厂干部对学生进行保守国家机密的教育，由工厂技术人员对学生进行保安教育，并与工厂社团组织商谈学生社会活动的工作。

（十一）在实习过程中领导教师①应按规定日程检查学生日记报告，与实习生及工厂指导人谈话，采取措施，消除缺点，并给学生答疑。②对于不遵守劳动纪律及保密保安制度的学生，应及时进行批评，情节严重者应立即报告学校，经校长批准停止其实习。③和工厂社团组织共同指导学生社会活动，并组织文化学习。

（十二）领导教师在指导生产实习期间，应注意收集课程设计、毕业设计的题目及资料，并指导学生开展科学技术活动。

（十三）领导教师应定期向教研室汇报实习情况以及学生的纪律情况。

（十四）实习结束时，领导教师应在有教研室主任及其他教师参加下组织考查，可能时应争取厂矿工作人员参加。

（十五）在生产实习结束后十天，领导教师应写出总结，在教研室讨论，经主任签字后交教务处。

浙江大学档案馆藏，档案号：ZD-1956-XZ-53

浙江大学六系班主任职责暂行规定

（1962 年 3 月 19 日）

为了协助系和教研组深入具体地领导学生班的工作，并贯彻教学与教育相结合的社会主义教育方针，特建立学生班主任制度。

第一条：班主任的主要任务

1. 为了使教师教好、学生学好，提高教学质量，应该：

①及时进行学生平衡工作。

②向有关教师和学生提出改进意见，必要时可召开全体任课教师和学生代表会议，对问题进行分析、讨论和解决。

2. 及时促进教研组作出有关教学方面的重要决定。

3. 经常了解学生思想、学习、健康等全面发展的情况，及时上报，以供学校有关方面参考及改进。

第二条：班主任的产生任期及领导

4. 除一年级外一般每年级设班主任一名，有条件的教研组可以考虑设二个班主任。班主任因故离校在一周以上时应报请教研组指定代理人。

5. 班主任原则上由教研组主任提名，经教研组通过，系主任批准任命之。班主任一般最好跟班到毕业，如有困难请提请教研组改聘。

6. 班主任受系及教研组主任领导，应定期向系及教研组汇报情况。

浙江大学档案馆藏，档案号：ZD-1962-XZ-377

浙江大学12系级主任工作职责(草稿)

(1962年3月22日)

级主任工作是教学行政工作的主要组成部分,级主任必须热爱自己的工作,忠守职务,为提高教学质量不懈地努力。

级主任在系、专业教研组主任的领导下,以围绕教学为中心,积极做好学生的思想业务工作,为此特制定级主任工作职责。

1. 调查研究,摸清情况

级主任必须做到:(1)经常深入小班进行调查研究,摸清情况。

(2)掌握教学计划贯彻执行情况。

(3)了解学生学习负担,学生学习、思想和各课教学等情况。

(4)收集教师和学生对教学工作方面的意见和要求。

2. 沟通情况,起桥梁作用

经常向系领导、专业教研组主任汇报,及时把学生意见反映给任课教师,协助任课教师改进教学,并及时把系、教研组主任,任课教师对同学的要求向同学传达。

3. 围绕学习,做好思想工作

以围绕学习为中心,做好思想工作,培养学生热爱专业,树立勤学苦练,独立钻研的精神。

4. 统一安排,减轻学生负担,搞好劳逸结合

组织安排学生课外学习时间,做好教学平衡工作,及时调整各课程之间分量过重过轻现象,加强学生的学习计划性,避免学生负担过重,搞好劳逸结合。

5. 协助班级干部围绕学习开展班级活动,指导学生改进学习方法,经常注意帮助学生解决具体困难,使学生经常保持饱满的学习热情。

6. 协助教研组贯彻执行该年级的教育计划,参加组织安排学生进行生产劳动、生产实习等有关重大教学环节。

7. 主动关心学生政治、业务、身体情况,并协助有关方面解决问题,培养学生全面发展。

第十二系订

浙江大学档案馆藏,档案号:ZD-1962-XZ-377

关于加强学员学习纪律的几项规定(试行)的通知

(1972年5月12日)

浙大革〔72〕34号

各系、专业连队、学员小班、科研组,五·七干校,校革委会各组、室、部,各办事组,图书馆,医院,印刷厂:

为了全面贯彻执行毛主席的无产阶级教育路线、方针和政策,树立为革命刻苦学习的思想,促使学员的思想革命化,保证学员在德育、智育、体育几方面都得到发展,根据前阶段对

"讨论稿"提出的意见，结合学校具体情况，拟订学员学习纪律的几项规定(附后)，自即日起试行。并请将试行中的意见告诉我们，以便进一步修改完善。

浙江大学革命委员会
一九七二年五月十二日

关于加强学员学习纪律的几项规定(试行)

一、工农兵学员肩负"上、管、改"的重任，应严格遵守学习纪律，认真学习，刻苦钻研，把自己锻炼成为又红又专的无产阶级革命事业的接班人。

二、学员应按时上下课，不得无故迟到早退。为了保证学员上课、复习，学习及政治、体育等活动时间，师生员工以及学生食堂和员工食堂的工作人员，都要积极相互配合，坚持规定时间开饭，保证饭菜供应。

三、上课时不得擅自离开教室，不得会客，如有特殊情况必须离开教室者，须经讲课教员同意方可离开，并注意不要影响其他同学学习。

四、在自修时间内，应认真进行学习，不准高声喧闹，不得擅自外出，如有事需外出时，应向排长请假。每周一、三、五晚上为晚自修时间，周二晚上为党团活动、民主生活时间，不得作为他用。因故必须借用时，应用周日晚补上。

五、在校办工厂或校外单位进行教学实践、生产劳动时，要严格遵守该单位劳动纪律、操作规程及有关规章制度，违反者，视情节轻重予以批评教育以至必要的纪律处分。

六、对教学仪器、设备以及教室和寝室内的桌椅、灯光装置等均应爱护，不得拆取或损坏。损坏者应酌情赔偿。

七、学员因病或有事不能参加学习、劳动或校、系布置的活动时，须办理请假手续。无故缺席或擅自离校者，均作旷课论。旷课一天以上者，连队大会予以批评教育。旷课累计三天以上者，在系大会上予以批评教育。旷课累计一周以上者，给予纪律处分。旷课累计满一月者，给予退学处理。

八、学员请假，一天以内口头请假。一天以上均需填写请假单，说明理由。因病请假，须附医院证明。

九、请假批准权限：

一天以内由排长审批；三天以内，需经排长签署意见，报专业连队审批；一周以内，需经专业连队签署意见，报系革委会审批；一周以上，需经系革委会签署意见，报校革委会教革组审批。学员在外进行教学实践、生产劳动期间，一般不得请假，如有特殊情况须短期请假者，由下厂领导小组审批。

请假回来后，均须向请假批准单位销假。因特殊情况不能按时返回者，应办理补假手续。

十、为了保证教学时间，各系、各专业不得擅自停课，如因特殊情况停课时，需经校党核心小组审批。

浙江大学档案馆藏，档案号：ZD-1972-XZ-48

浙江大学学生生产实习暂行规定

(1983年1月25日)

一、生产实习是各专业整个教学过程中的一个有机组成部分。其目的是贯彻理论联系实际的教学原则,学习生产实际知识,巩固和扩大所学的理论知识,培养分析和解决生产实际问题的能力,提高社会主义觉悟。本校学生必须按各专业教学计划规定的实习内容、次数和时间进行实习。

二、生产实习场所的选择,在满足教学要求的前提下,必须本着就地就近的原则。凡由有关部、委统一安排的,应根据规定的要求,认真填报实习场所申请计划;凡目前尚未统一安排实习场所的专业,要求于每学年结束前,提出下学年实习场所申请计划。有条件的,应争取做到实习场所固定若干年不变,经系主任审核,报教务处批准,由教务处会同有关系和专业逐个联系落实。

三、有关教研室必须于实习前制订出切合教学计划要求的实习大纲。实习大纲经教研室讨论通过,系主任审查同意后送教务处批准。无实习大纲者不得下厂实习。

四、为了及早做好实习前的准备工作和提高生产实习质量,各有关教研室可结合每年教师任务书的制订,确定指导实习的教师,要求下厂矿的每个实习队至少有一名实习指导教师是熟悉现场情况,具有指导学生实习经验的。实习指导教师一经确定,应及时将名单报系及教务处备案。

五、各系及有关教研室,应于学生下厂实习前尽早派指导教师赴学生实习地点,深入现场,会同工矿企业有关人员,制订出结合现场情况,切实可行的实习计划和实习日程,并磋商落实食宿、技术报告、资料供给等事项。实习计划及实习日程表经教研室主任同意,系主任审阅后,送教务处一份。

六、如实习单位有政审要求,系应及时将指导教师及实习学生名单,分别送校人事处教师科和学生科,以及时办妥下厂手续,以利实习的顺利进行。

七、学生实习出发前,各系必须安排2—3天实习前的教育,进行思想动员,学习实习大纲和实习计划。专业教研室也可视需要给学生补些下厂实习的必需的工艺设备方面的知识,以充分做好下厂实习时的思想、业务准备。

八、实习人数较多的地区及厂矿,学校或系或教研室可视需要指定在该地区及厂矿实习工作总负责人,统一领导该地区及厂矿实习工作。亦可指派行政干部、政治辅导员等,深入现场,参加实习的领导工作。

九、各系各专业于学生下厂实习前,应以实习厂矿企业为单位,成立学生实习队(组)的组织。指定实习队(组)正副队(组)长,并视需要,配备若干委员,于实习期间,协助指导教师,分工负责做好实习期间思想政治工作、组织纪律、生活后勤、文娱体育工作。

十、参加实习的学生,应在指导实习的教师和现场有关人员的领导下,积极工作,严守纪律,遵守现场规章和保安保密制度,虚心向工人学习,努力完成实习任务。对违反纪律的学生,指导教师应及时给予批评教育;情节严重者,可暂停其实习,并及时报告学校处理。

十一、学生于实习期间,除努力完成实习大纲规定的实习任务外,应积极开展和参加一些有益的社会活动。在途中,可以开展学雷锋做好事的活动;在工厂,可以开展提合理化建议，帮工人学文化，帮厨房劳动，打扫环境，组织篮、排球友谊赛等文体活动。注意搞好厂校关系，防止自由散漫，骄傲自大。

十二、学生于实习期间，对每天的实习内容，应记好实习日记，并根据实习大纲的要求，撰写实习报告。指导教师应经常抽查学生实习日记和报告的记载、编写情况。实习报告，于实习结束时，由指导教师（可争取实习现场的有关人员参加）审阅后提出评语，作为成绩考查的依据。未提出实习报告的学生，不准参加实习成绩考查。实习日记本、报告本由教务处统一发给，于实习结束时集中交各系资料室保管。于学生毕业后，除有参考价值的保留部分作为资料外，其余一律销毁。

十三、学生实习结束时，应举行成绩考查。考查一般应在实习现场进行。考查方法，由指导教师视情况，可采用评阅实习报告，笔试、口试，个人作业等形式，或几种形式结合的方法。实习成绩考查，应尽量争取工矿企业负责实习的人员参加。考查成绩评分应以业务考查为主，结合实习期间的思想表现，遵守纪律的情况，实习态度等综合评定。实习结束后，指导教师应及时将学生实习成绩交系办公室登记入册。

十四、实习成绩按五级记分制（优秀、良好、中等、及格、不及格）评定。未参加实习或实习成绩不及格者，则必须补实习或重新实习并考核及格，否则不得毕业。补实习或重新实习，可在暑假期间或毕业后二年内进行，经考核及格补给毕业证书。补实习或重新实习的所需费用全由本人自理。

十五、各实习队指导教师，除于实习中途向学校书面汇报一次实习情况外（表格另发），应于实习结束一周内作出实习情况书面总结，内容包括实习经过情况及指导方法，实习质量分析，实习过程中发生的问题及解决措施，以及经验体会和工作建议等。实习总结在教研室会议上通过，系主任审阅后报一份教务处。各系亦应于开学后一个月内作出本系上学期实习情况总结，交教务处一份。教务处在接到各系实习情况总结后一个月内作出全校生产实习情况总结。对实习期间表现好的教师、学生，应予表扬或奖励。

十六、配合实习所必需的参观，应在实习所在地解决。参观工矿企业的个数不宜太多，一般限在2—3处，并应将参观要求列入实习计划。活动性质的参观，尽量不组织或少组织，严禁利用实习名义游山玩水。

十七、学生实习期间，如聘请工矿企业技术人员作技术报告需付酬金者，指导教师应认真填写“浙江大学学生实习（设计）期间技术报告酬金表”，按该表说明的规定办妥各种手续。30元以下的可当即付清，回校时报销；30元以上的，由校财务科统一汇寄。凡实习单位收取实习管理费超过财政部、教育部统一规定每人每月5元标准者，指导教师应及时向学校教务处汇报处理。

十八、师生实习期间的差旅、食宿、杂费按财政部和教育部颁布的统一标准支付。有关领款报销汇寄等手续，均由财务科按规定手续办理。

十九、师生实习期间的食宿、交通、医疗等问题，由本校各主管部门分别负责接洽解决。

二十、本规定经校长批准后试行，修改时亦同。如与上级规定有抵触时，按上级规定执行。

浙江大学档案馆藏，档案号：ZD-1984-XZ-95

浙江大学考试、考查工作细则

(1984 年 3 月)

考试、考查是个重要的教学环节，抓紧、抓好这一环节，对提高教学质量，培养学生的良好学风有着重要意义。为此，根据“浙江大学学则”和“浙江大学试行学分制的暂行规定”特制定本细则。

一、考核条件及考核方式

学生每学期所修课程，必须按时参加考核，成绩及格，才能取得规定的学分。

(一)考核条件

学生有下列情况之一者不得参加学期考试：

1. 全学期缺交作业达三分之一者；

2. 有实验的课程未交实验报告或实验成绩不及格者；

3. 凡有预修要求的课程，如预修课程不及格、其成绩在 45 分以下，不得修读该课程，而擅自修读者；

4. 未办妥选修手续而自行听读者。

任课教师根据上述考核条件，审核学生的考核资格，凡不符合条件者，开具名单送学生所在系系主任审核。

(二)考核方式

成绩考核分平时考核与期终考核两类。

1. 经常性的平时考核与评分，使学生可以随时看到自己学习的不足，及时改进，同时，使教师也能得以及时了解教学中存在的问题，有的放矢地改进教学。因而，平时的课堂提问、书面作业、阶段测验都应列为考核，并将成绩记入“学生成绩记录册”。阶段测验一般不得超过一学时。

2. 期终考核方式分为考试、考查两种，根据教学计划安排执行。考查主要根据学生平时学习成绩评定学期成绩。考试可采用闭卷笔试，开卷笔试，口试(包括答辩)，大型作业(设计)等方式，也可几种方式混合使用(如笔试加口试等)，由教师根据课程特点和考核要求决定。

3. 实践性环节的考核：实验成绩、实习成绩、课程设计的成绩均由指导教师评定；毕业设计(论文)成绩由毕业答辩小组评定，并由系平衡审核。

4. 考试课程的门数，一学期一般为 4～5 门。必修课考试门数根据教学计划执行，不得任意改变；如需变动时，应报教务处批准。选修课的考核方式根据该课程设置时的规定执行。

5. 考试及补考日期，根据校历安排。低年级由教务处统一安排，高年级由所属系安排，并由教务处予以平衡，于考试前两周公布。未经教务处批准，不得任意变动考试日程。

二、成绩评定

1. 学生学期成绩由任课教师根据平时考核成绩和期末考试成绩结合评定。平时成绩占学期成绩的比例，根据课程的性质、由各教研室确定，一般应占 20％～50％。

2.考试一般采用百分制评定成绩，但有些课程如政治、体育、实践性环节，也可用五级记分制评定成绩。考查用五级记分制或百分制。

三、补考

1.凡学期考试考查不及格，或经系主任批准缓考的学生，可参加补考。(对申请缓考的学生应从严掌握)。

2.补考后仍不及格的课程，应重修，重修不及格，可以补考一次。

3.有下列情况之一者，不准参加补考：

(1)学期考试成绩在40分以下者；

(2)无故旷考者；

(3)凡由于各种原因经系主任决定不准参加学期考试者。

四、命题

1.考试应贯彻理论联系实际的原则，注意培养学生分析问题和解决问题的能力。试题应符合教学大纲的规定，难易程度要适当。

2.试题数量不宜太少，每题分量不要过大。要能区别不同水平的学生。一般应掌握：60%的试题属于基本原理、基本知识、基本技能方面的内容；30%的试题属于考核灵活运用本课程知识能力，具有一定的难度；10%的试题应有更高的深度和难度，用以观察优秀学生的学业程度。

3.公共课、基础课、基础技术课的试题实行统一命题并拟实行统一评卷。试题应同时出两套，一套供期终考试用，一套供补考用。

4.试题须经教研室负责人审核批准并签名后方可复印。

5.期终考试时间为2小时30分。试题分量应考虑这一时间限制。非经教务处批准，不得延长考试时间。

五、考场规则

1.考生必须准时进入考场。无故不得缺考，迟到超过15分钟者，不得参加本次考试，并作旷考论。

2.考试进行30分钟后，方可离开考场。

3.考生凭学生证参加考试。并将学生证放在座位左上角(坐扶手椅者，放在左边扶手椅上)，以便检查。不放学生证者，不发试卷。同时应按规定两人之间隔一座位就座。由于我校教室较少，部分班级也可采取两门课程同一试场同时考试，隔行就座学生必须服从主、监考教师的现场安排，按规定入座。

4.考生参加考试，必须严肃认真，独立完成，不许有任何方式的舞弊行为。有舞弊行为者，该课程记零分，并在成绩卡上注明“作弊”字样，视情节轻重给予纪律处分。

5.给作弊学生以方便者，以通同作弊论处，也须给予纪律处分。

6.考生应服从主、监考教师的指挥，违者以违反考场纪律论处。

7.考生应带齐必要的文具用品，考试中一般不得互相借用，个别学生确需借用者，需经主考教师同意,并由主考教师代为借还。书包等物(包括草稿纸)一律不得携入座位,应放在讲台及踏板上。

8.考场必须保持肃静。试题印刷如有不清之处,允许考生在发卷后15分钟内发问,过后一般不得再问。

9.考试期间,考生应将写好答卷文字的一面朝下置放,交卷前未经主、监考教师的许可,不得随便进出考场。主考教师宣布考试结束后,考生须将试卷连同草稿纸一起,把有文字的一面朝下置放在座位上,然后离开考场,不许各自离座上交考卷,更不得在教室内询问教师。

六、主(监)考教师职责

1.加强监考。为严格考场纪律,每一考场除主考教师外,学生所在系应另行安排一位监考人员。

2.考试前应严肃地向学生宣布考场规则,并检查学生有否带学生证参加考试。

3.要求学生按规定隔位就座,对不合要求的,有权调动座位。

4.学生随身携带的书包等物,令学生放在讲台或踏板上,不得带入座位。

5.各科笔试试卷,均须在考前装订后才能发给学生。发放考卷后,主、监考人员,要严格监考。不得在考场内看书、看报或做其他事情。

6.对学生所提有关试题的问题,只回答印刷模糊或题意不清方面的问题,不回答其他问题,更不能提示。

7.不得随便延长考试时间,若有特殊情况,要报教务处批准。

8.教师应严格监考,发现作弊学生,应当立即指出,并报告学生所在系处理。如果发现学生作弊不当场制止,不报告有关系处理,就是失职,应予通报批评。如果有用各种方式把试题泄露给学生者,应予纪律处分。

9.由教务处制发"试场情况登记表",每一试场考试结束后,由主、监考人员填写完备,送交学生所在系办公室。

10.教师应于考试结束后四天内将成绩报学生所属系办公室。系办公室应做好成绩登记,及时公布各种考试、考查成绩。

11.已评阅的试卷,不发给学生,上交系办公室保存,一年后销毁。补考试卷全部上交教务处,学生本人不得查阅试卷。如对评分有意见,可向系办公室提出书面报告,由系办公室转请课程教研室代为查阅。教师如无批改上的错误,不允许更改已评阅的分数。

12.期终考核,各课程不得划定考试范围,也不得出复习提纲。

13.考试评分结束后,教研室应将各类试卷的空白卷一份和第一、二、三名学生的答卷交系办公室,由系办公室汇总,送校档案室存档。

14.在学期结束前期终考试后,各系应将每门课程的两套试卷交教务处存档。

浙江大学档案馆藏,档案号:ZD-1984-XZ-95

浙江大学关于金工实习成绩考核的几点暂行规定

（1984 年）

一、金工实习是门必修课，因此必须进行成绩考核。考核内容分两个部分：基本操作技能和基本理论知识。实习态度和安全纪律作为评分的参考。

考核不及格者应补做（或补考）。考核方式由机械工厂和金工教研室研究决定。每批学生实习结束时，机械工厂和金工教研室应及时将成绩送各有关的系办公室，记入学生成绩登记册。

二、金工教学实习凡无故不到者，作旷课论处。每学期旷课累计 12 节（即 4 次实习），病假、事假累计超过三分之一学时者，金工教学实习作不及格处理，必须重修这门课。

三、重修金工实习（包括因基本操作技能不及格补做，或缺某一部分内容的补做），一般安排在当年暑假期间进行。届时各系应将重修或补做金工教学实习的名单报教务处，由机械工厂统一安排。

四、学生如在入学前，曾在机械制造类工厂做工并已具有二级工以上水平者（必须有正式证明），由本人提出申请，机械工厂教育科批准，相应部分的实习内容可以免修，其他内容不能免修（如车工只能免修车工部分）。免修部分作及格处理。金工教学实习基本理论知识的考核不能免修。

学生如因特殊情况，不能进行金工教学实习，又无法补做者，由本人（或有关单位）提出申请，经教务处批准，可以免修，但不给学分。

五、过去有关规定，如同本规定有冲突的，以本规定为准。

浙江大学档案馆藏，档案号：ZD-1984-XZ-95

浙江大学关于攻读第二学士学位和辅修专业的意见（试行）

（1985 年 5 月 11 日）

根据浙大教发〔85〕37 号文《关于“浙江大学学分制及有关规定”的通知》，现对攻读第二学位和辅修专业的具体办法，提出如下试行意见。

一、几项规定

1. 在校期间本专业考试课程的成绩均在 80 分以上（新生不能申请）且对本专业以外的某一学科表现出有特殊的兴趣和才能的学生，可以填写《浙江大学攻读第二学士学位申请表》。

2. 凡志愿攻读第二学士学位的学生，由本人向系主任提出申请，经双方系主任批准，报教务处备案，方可攻读。

3. 攻读者在第二学位所在系的系主任委派的导师指导下，根据攻读目标和自己的具体情况，制订攻读计划。

4. 必须按浙江大学学分制的有关规定修完第一学位的课程，完成其他教学环节及第二学位的攻读计划，方可获得第二学位的证书。

5.学生中断攻读双学位,已取得的学分达到“辅修专业”要求的可发辅修证书;辅修中断,已修课程的学分和成绩符合第一学位选修课的要求,可作为一般选修课记载入册。

6.双学位取得者在毕业分配时,仍按第一学位专业分配(学制不延长)。

7.在攻读过程中,如第一学位的考试课程有一门不及格或成绩平平者,应中止攻读第二学士学位(已达到辅修要求的可发辅修证书)。

8.双学位的毕业设计(论文)题目,既可分别做,也可合做。允许学生自选题目,但必须征得双方专业导师的许可。合做的题目由双方共同指导,答辩由第一学位专业组织,第二学位专业的有关教师参加。

9.浙江大学学分制的有关规定,同样适用于双学位的学生;学分制中有关双学位的规定以本文为准。

二、具体手续

1.双学位及辅修的选课与本科生的选课同时进行,学籍(成绩等)管理仍在原系。

2.凡志愿攻读双学士学位或辅修专业的学生,必须填写“浙江大学攻读第二学士学位申请表”(一式三份),经双方系主任批准后落实第二学位的各教学环节(见附表)。

3.凡选读双学士学位课程,应填写“浙江大学攻读双学士学位选课单”,每门课填写一张(双联单),送开课系办公室转交任课教师(见附单)。

4.课程结束后,任课教师将选课单下联负责送到学生所在系办公室,由系教务员登记入册。

5.第二学位的资格审查与第一学位同时进行。先由本人持攻读计划(申请表)向系主任提出,由系主任落实审查事宜。审毕由校教务科发证。

浙江大学档案馆藏,档案号:ZD-1985-XZ-120

浙江大学本科课程旁听生管理办法(试行)

(1994年10月22日)

一、总则

为了适应经济建设和社会发展的需要,探索人才培养的新途径,试验进一步完善学分制,特制订旁听生管理办法,以加快高等教育办学体制改革的进程。

二、申请与考核

1.申请条件

具有高中毕业(含中等职业技术学校毕业)以上学历;符合《普通高等学校招生暂行条例》的报名条件;品行良好,身体健康,年龄不超过30周岁。

2.申请时间

每年九月一日至九月十日。

3.申请地点

浙江大学教务科。

4. 申请证件

由所在学校(工作单位)、街道办事处(乡政府)出具的品行证明和户籍管理部门出具的身份证明(身份证);有关学历证书和三年内的高考(会考)成绩;县级以上医院的体检证明。

5. 文化考核

由学校组织考核,考核科目:语文、数学、物理、英语。考试时间为每年九月十二、十三日。考核后根据学校资源条件,参考三年内的高考(会考)成绩,择优录取。

6. 旁听的系和专业

凡招收本科生的系和专业原则上均可接收旁听生。

三、教学管理

1. 注册

凡经学校品行和文化审核合格的旁听者,还须在学校规定的时间内到校医院进行健康复查,复查合格方能取得正式旁听资格,发给浙江大学旁听生证。

每学期开学时凭旁听证到教务处办理该学期选修旁听课程、按学分缴费、注册等手续。如开学一周内没办理旁听手续者,按自动终止旁听处理。

2. 学习安排

旁听生按照普通本科生的教学计划和要求,在学校规定的学习期限内自行安排学习计划。所有的旁听生均插入相应的班级内,随班按学习计划学习、实践,参加考试。所修课程(环节)经考核且成绩及格方可取得该课程的学分。考试不及格,除学校规定的可补考课程给予补考一次外,其余课程不得补考,须重修。

学校对旁听生实行旁听课程累计学分管理办法。

3. 日常管理

旁听生在校期间按《浙江大学大学生学则》和《浙江大学违纪处罚条例》的有关规定进行管理。如有违反校纪校规达记过和记过以上处分者,取消旁听资格。

旁听者在校无正式学籍,不迁转户口、粮油关系,不享受奖贷学金、公费医疗、困难补助等待遇;学校对旁听者不提供住宿条件。

旁听者在校的日常管理由各有关系负责。

4. 收费

学校根据实际培养费确定收费标准,并签订收费协议。

旁听者由于各种原因终止学业,学校不再退回所交旁听费。

5. 旁听年限

旁听学习年限一般为 6 年,最多不超过 8 年。

终止旁听学习者,学校只发给旁听课程成绩证明,不发给学历证明。

6. 毕业

旁听生所修的课程(环节),经考试合格,发给成绩证明,累计学分。凡在旁听年限内修完专业教学计划规定的全部课程(环节)学分,获得毕业总学分,经本人申请,学校从德智体三个方面审核,作出全面鉴定。准予毕业者,发给国家教委印制的浙江大学本科毕业证书。符合学位条件者,按规定授予学士学位。

7.就业

旁听者毕业后，学校不包分配，当地教育主管部门不出具报到证，由旁听者进入人才市场自主择业。

四、本办法学校授权教务处负责解释。

浙江大学档案馆藏，档案号：ZD-1994-JX11-36-3

浙江大学关于按大类(院)招生的本科生分系条例(试行)

(1997年4月29日)

浙大发教〔1997〕35号

各系、之江学院、有关部处：

为拓宽专业面，完善学分制，提高办学效益，培养宽基础复合型并具有竞争力的跨世纪人才，按照《浙江大学本科教学改革纲要》的精神，我校从96年级起对本科新生部分专业实行了按大类(院)招生。为做好按大类(院)招生的本科生入学一年后的分系工作，特制定本条例。

1.大类(院)学生的分系工作，由之江学院负责操作，教务处审核。

2.大类(院)学生分系的基本原则为根据学生志愿，结合平均学分绩名次，按照教务处公布的各系按地区分配的名额计划(不包含浮动名额)，以择优原则，由计算机自动挑选出分至各系的学生名单。

3.今年大类(院)分系的名额计划按5%浮动。即从每一类(院)的总额中拿出5%的名额，该浮动额不再按地区和系分配名额，而是按学生志愿情况及成绩排名，适当向志愿多的系倾斜。但原则上各系的上浮名额均不超过原分配至系计划数的10%，并参考系的办学条件。所有浮动至某系的学生均需该系主管系主任批准，教务处审核。

4.大类(院)学生的分系工作由之江学院负责公布计划名单，指导学生填报志愿，收集志愿并录入计算机，编制软件择优分系，并给出分配至各系的学生名单。教务处将协助之江学院工作，并负责审核。

5.在第一学年获浙江大学优秀学生干部称号的学生，分系时其平均学分绩可加0.5分。凡在第一学年受过处分的学生，分系时将排到最后调剂。

6.分系工作时间及工作程序：

①5月10日由教务处向学生公布大类(院)中各系的名额分配计划(包括各系的总人数及按地区分配的名额数)，下发志愿表，各系应向学生充分介绍本类(院)中各系的特点、今后的研究方向等。

②5月20日～25日学生在班主任及之江学院的指导下填报志愿，类(院)内有几个系即填几个志愿，并给出排序(分系时第一志愿优先)。如学生未填满类内所含有的系，在满足不了其所报志愿时按服从分配处理。5月26日前所有学生志愿上交之江学院教学科。

③5月底～7月初为学生志愿录入阶段，期终考试结束第三天即向学生公布大类内学生的平均学分绩、排名和所报志愿情况，同时按前述原则由计算机操作进行分系工作。

④期终考试结束后第五天公布分系结果并分系打印名单，一式三份，分送教务处、各系及宿管处。

7. 学生转系工作将在第二学年开学前二周内提出申请，并由转出系主管系主任签字后交教务处教务科集中。开学后一周内由转入系主任签字，教务处审核后办理相应手续。其它转系条件与《学则》规定相同。

可接受学生转入的系原则上为浮动额未达到10%的系，且限制转入学生数量最多不超过该年级学生原计划数的10%；转出系转出学生的数量不超过该系本年级学生总数的5%。

8. 大类(院)学生的分系，是学生第二次选择自己将来所从事的专业，对学生来讲是关系今后前途的大事，故该工作一定要本着“公开、公平、择优录取”的原则严格按照按地区分配的名额计划进行，坚决杜绝违纪情况发生。

注：

1)平均学分绩=(∑必修课程成绩×该课学分数)/(∑必修课程学分数)

选修课成绩只作参考

2)进入浮动额的学生原则上为满足不了第一志愿，平均学分绩相对靠前的学生，额满为止。

3)对于原为按系招生后保留学籍、降级或降级转系的学生不再参加大类分系，直接进入原招生或转入系。混合班各系的学生不参加大类分系工作，按学生志愿分配。

4)外经贸学院、工商管理学院的分系工作将参照本原则自行进行。

浙江大学

一九九七年四月二十九日

浙江大学档案馆藏，档案号：ZD-1997-JX11-51-1

2. 教学计划与教务报告

本校全校代表会议关于改革学制精简课程改善教法师生关系等初步意见书

(1950年4月)

关于改革学制、精简课程及改善教法师生关系等问题，本校已经分别通过多单位师生改制座谈会、教职员学习会、同学政治大课及此次全校代表大会，作广泛的研讨。此次全校代表会系全校师生工友综合的会议，关于上项问题，曾作有初步综合的意见，兹节录如下，以供参考。

一、关于教务方面

(Ⅰ)关于改善现行学分制的意见：

甲、学分制与学年制并用问题

a. 学分制分析

优点:

1.学分为量度学生所读学程的尺度,计算便利。

2.学生除读有计划的必修学程外,更可依志趣选读选修学程,发展其个性。

3.资质较高同学,可多读学分,节省时间,增进学业。

弊端:

1.因学分制,同学只重视学分,注意力全部集中在学分上,容易产生对学程不重视的不正确观点。

2.同学易避重就轻,读轻松课程,有凑学分、敷衍读满总学分数的现象。

3.因学分制,同学每贪多学分,发生体力不胜负荷,影响健康受损的后果。

惟有许多意见认为:

1.学分制虽有若干弊端,但不是学分制本身的问题,而是规定学分等技术不妥当的问题。

2.学分的规定应由教授、同学切实按照学程内容等予以研讨,合理规定。

3.学程应按修习先后,有系统的排定次序循序修读,能力强者先修满,可准先毕业。

4.学分制,每期修习学分,应有最高最低限制,使不得修习太多而妨碍健康,太少而浪费国家财力。

b.学年制分析

优点:

1.学年制能有计划有重点地按年排定学程,可以较集中而无零星现象。

2.学年制按年修读,不会发生多读课程妨碍健康情形。可改变同学只重学分,不重学程的观点。

弊端:

1.如留级,已及格的学程须重读,浪费时间。

2.无选修学程的便利,使同学志趣不易发展。

惟有意见认为:本制,如不及格学程多而留级者,对已及格学程,可免读,使专心重读不及格科目;不及格学程少,可不留级,随班升读。惟对不及格学程,仍须降班,补修及格,为此可更较合理。

c.学分学年制

优点:

1.可兼有学分制及学年制第①②两优点;

2.可以防止凑学分敷衍塞责之弊。

各种制度各有利弊,讨论时未得具体结论,仅作上述分析,以供参考。

对本校现行制度,提出下列两种缺点及改进意见:

(甲)凑学分的倾向,改进办法:各系按年指定必修学程,请劝导改选。

(乙)修满总学分而尚缺半年年限及修满四年年限尚缺一、二学分未得毕业的学生,有下列意见:

1.如已读满总学分,因年限未满不得毕业者,可在该尚须补足的年限内,选修研究所学程,或他系学程,或另找兼职。

2. 修足年限惟尚缺一、二学分者，可在外自修，至考试时回校参加考试，为成绩及格，承认其学分，不必一定回校注册修读。

3. 可用阅读报告代替。

4. 上项情形，学生必须历年选课正常，及所缺为非主要课者，始能按照实际情形予以考虑决定。

乙、学分规定标准

a. 学分规定，须师生共同切实照实际情形研讨规定。

b. 规定学程学分数，应考虑该学程上课所需时间，重要性及自修所需时间。

c. 以同学花费三小时（不论上课或自修）学习时间为给予一学分的标准。

d. 可以由学习时间的多寡规定学分数，但亦可以由学分数规定学程教材分量及学习时间。

e. 在同一院系学分规定可稍有弹性，但与他院系有关系者，相关院系必须共同商讨统一规定。

f. 如同一学程学分数不同者，修习人数均为有相当数目，最好另开班。

g. 如同一学程学分数不同，修习人均少，有合班必要者，修习学分少的同学，可事先与系中接洽，酌量减少工作（如减少习题、减少实验等）。

本组认为学分规定须有标准，提出规定标准办法如上。

丙、总学分及最高最低学分问题

a. 每学期最高学分须有规定，使同学身体能合理负担。

b. 每学期最低学分须有限制，使国家财力不致浪费，但有实际特殊情形者，可酌情减少学分。

c. 政治大课学分须算在原规定总学分数内，使不增加同学负担。

d. 总学分数最高最低学分数，请各系按照系内实际情形，有系统有计划重新整理，于最近汇交教务会议，教务会议讨论公布施行。

（Ⅱ）关于修正考试及成绩审核办法

（甲）补考期间，因病因事在补考期前请假的，可以请求再补考一次，日期由注册组另行统一规定。

（乙）以后成绩考查，宜着重平时成绩，减轻大考所占比重。

（丙）点名与否，可由各授课先生视情形而决定，而扣分亦由任课先生就本学程内扣其分数，旷课者更应公布其姓名。因病因事请假，不应扣分，旷课多者，可由生活小组进行检讨。

（丁）各院系每学期所修总学分应重行规定。

（Ⅲ）关于改进现行转院转系办法

（甲）转院转系的成绩标准，应当根据他欲转入的系的主要课程成绩如何，不必根据总平均成绩的规定加以修正，不应限制过高。

（乙）一年级同学还是不应转院转系，但考生服务工作应当加强，使新生选择院系时减少盲目性。但一般同学报考时都经过郑重考虑时，兴趣不会在很短时间内改变的，所以一年级还是不许转院转系。如无此限制，将打乱招生计划，使考生避重就轻。

(丙)至第二志愿录取者转院转系问题,请招生委员会斟酌办理。

(Ⅳ)关于休学及退学规则的修正问题

休学二年期限,如有特殊情况,可申请延长。三分之一不及格,不应留级;二分之一不及格,不应开除。

(Ⅴ)关于招生问题

建议华东区教育部统一招生,扩大考区。

(Ⅵ)关于延长学期及暑期补习

本学期延长二星期,以后仍照正常规定。暑期学生班,请校委会考虑。

(Ⅶ)关于改制问题

1.每年改为三学期,困难太多,难实行。

2.分为前后二期,困难极多,若有某些系对此有特别研究,可备具计划,呈请校委会核准试办。

3.请立专修科,原则上同意,但应请示教育部决定。如在整个制度未改革前,可先许各系有若干自行改革的机会,但必须事先与教务处取得联系。请教务处归纳过去学制发动情形,以及各院系改制讨论意见,并与校外取得联系,成立改革委员会。

4.旁听生考试及格给予证件,方给学分。

二、关于课程与教学方面

(Ⅰ)关于精简课程

精简理由:1.保持同学健康。2.保证同学学得好。3.配合工读。

办法:

1.合理地规定同学每星期业务学习时间,至多以五十四小时为限。

2.使学分数与学程内容分量配合,定为上课一小时作一学分,实验或实习一次作一学分。

3.每学期至多修习十八学分。

4.减少各系毕业总学分数,必要时可以分组。

5.增加选修学程,减少必修学程。必修学程的性质,为各院系组的基本学科及各院系组的专门学科。其他与各系组有关的学程在将来业务工作中可以从实际经验获得或理解者可皆作选修。

6.精简课程内容,例如充实必要内容,删除重复及不必要的材料和习题等。

7.加强选课指导,辅助同学拟定学习计划:a.学习开始前公布各学程内容、纲要。b.建立各系选课机构。c.加长选课日期。d.从二年级起教师与同学商定呈部学习计划。

8.配合工读:a.改良课程编排,尽可能把课堂上课排在上午,由各院系教师同学协助注册组编排。b.利用假期补缺,必要时把假期改变。c.实习实验尽可能与工读生产结合。

9.毕业论文是否必修,由各院系自行决定。

(Ⅱ)关于一年级国文、英文、体育问题

1.除文学院中文、外文系自行规定外,其他院系一年级国文、英文改为选修。

2.在体育制度建立以前,一年级体育暂时与二、三、四年级同样办理。

(Ⅲ)关于各院系个别的课程问题

各院系个别的课程为:

1. 工学院数学照旧，一年级学微积分，二年级上学期学微分方程。

2. 土木系的微分方程改为选修。

3. 除化工系外，工学院一年级化学改为选修。

4. 工学院化学示范实验应取消。

5. 普化下甲应增开一班。

6. 工学院物理应加近代物理，同时应照顾各系实际需要。

7. 请农学院与生物系逐步改造遗传学与育种学的内容。以上请各院系详细研究，并希望尽量征求同学意见，作为研究的参考。

（Ⅳ）关于教学方法及加增教与学的联系问题

关于教学计划方面：

1. 共同修习的学程，其内容应与有关院系协商决定。

2. 学期开始时，应把教学计划向同学说明。

关于加强教与学的联系方面：

1. 设课代表经常反映同学意见，协助教师改进教学。

2. 经常举行测验以了解同学们的学习情况。

3. 定期举行师生座谈会共同检讨以谋改进。

4. 同一科目由教师二人以上担任者，组织研究会与同学共同讨论，交流经验。

5. 教师应了解同学学习情况及困难，必要时并参加小组讨论帮助同学学习。

6. 对个别特殊同学，应设法帮助促进。关于课堂上课，应注重启发研讨，可用讲义者早发讲义，避免死抄笔记。关于外国语之采用及大学教科书中诸问题，请校委会转华东区教育部。

（Ⅴ）关于理论与实际结合方面

1. 各院系同学应尽量在假期内或适当时期到农村、工厂、部队、机关、企业里去实习，酌给学分，其办法由各院系与教务处商定。

2. 实验应尽可能与讲演衔接，教者并宜亲加指导。

3. 教材实验配合本国情况。

（Ⅵ）关于一年级教师

各系应尽可能请学识强经验历富的教师担任一年级的课程。

（Ⅶ）关于考试

1. 减轻期考比重，加重平时测验，取消原有比重规定。

2. 取消集中期考，俾能严格考试，根绝舞弊。

3. 由各系选定重点，试行荣誉考试及民主评分制度，吸取经验作为将来改进考试制度的参考。

（Ⅷ）关于教学委员会

建议由全校教授讲助同学推选代表，组织教学委员会，其任务为：

1. 确定教学目标。

2. 改革教学制度。

3. 改进教学内容。

4.改进教学方法。

5.通盘计划院系间的联系。

关于精简课程及改善教学的办法,请校委会及有关部门斟酌轻重缓急,逐步实施。

浙江大学档案馆藏,档案号:ZD-1949-XZ-23

浙江大学1953年教育建设计划草案
(1952年11月)

甲、目前情况

(一)全校师生员工通过思想改造、院系调整、教学改革等学习,政治觉悟普遍提高,认识到祖国的美好前途,在爱国主义思想鼓舞下,有进一步改造自己和学习苏联先进经验成为一个具有远大理想的共产主义者的决心。领导全校政治思想教育的政治处业已成立,今后将有系统有步骤地开展经常化的政治学习。

(二)全校教师对于学习苏联先进教学经验,首先是学习俄文的情绪很高,今年暑假大部分教师参加了20天的短期俄文速成法的学习,十一二位教师已有阅读和翻译能力,一般的已有初步基础,有的系采用苏联教材学习俄文,使学习俄文与业务结合;集体分组互助,获得初步成绩。

(三)一年级、根据华东工学院座谈会议结果,现已设置了10个本科和10个专修科专业,每一专业均已排定教学计划,并按新制度排定课程。物理、数学、投影几何均已采用苏联教材的中译本授课,其他课程亦已参照苏联的教学大纲,编订了自己的教学大纲。

(四)二年级课程亦已适当修改,增加了政治、俄文等课程。力学、电工基础,有机化学等课均已参照苏联教学大纲,编订了新的教学大纲。三年级课程一般因一年后即将毕业而变动较少,但教学大纲也作了不少修改。

(五)目前已成立了25个教学研究组(另附教研组负责人及组织暂行办法修正草案)。

以上情况,可以说明,由于全校师生的努力,为学习苏联,改革课程从而培养合乎规格的人才,以满足国家建设需要打下了初步基础,今后进一步加强政治思想领导,不断地和自满、保守思想进行斗争,乃是办好人民大学的关键。

乙、基本数字

(一)专业设置和学生培养

系科	专业名称	现有学生数		招生人数	毕业学生数（包括提前毕业生数）		五三年在校学生达到数			备注
		一年级	二三四年级未分专业		暑假	寒假	一年级	二年级	三年级未分专业	
机械系本科	机械制造	40	247	60	109	30	60	40	108	（一）机械专修科工具机专业系新设 （二）53年学生人数增加708人 （三）工农速成中学另行列表 （四）表内化工系本科燃料项内之寒假毕业学生数（包括提前毕业生数）3人、系指化学系本科毕业。
	铸造机及其制造工程	39		60			60	39		
	金属切削机床及其工具	39		60			60	39		
	光学仪器制造	20		60			60	20		
机械专修科	金工	80	33	80	33		80	80		
	铸工	47		60			60	47		
	金工工具	38		40			40	38		
	热处理	30		40			40	30		
	工具机			60			60			
电机系本科	发电厂配电网及其配电系统	60	104	70	66		70	60	38	
	电机制造	30		40			40	30		
	无线电通信广播	30		30			30	30		
电机专修科	发电厂电机	51	30	60	30		60	51		
	有线电	30		30			30	30		
土木系本科	工业与民用建筑	55	178	60	64	64	60	55	51	
	铁路建筑	56		60			60	56		
土木专修科	工程测量	89	35	90	35		90	89		
	铁路	88		90			90	88		
	建筑	125		120			120	125		
化工系本科	燃料	44	119	60	50	3	60	44	66	
化工专修科	工业分析	49	36		36			49		
化工研究所			2		2					
小计		1040	785	1230	425	97	1230	1040	263	
合计		1825		1230	522		2533			

(二)师资

<table>
<tr><th rowspan="2">项目
系组</th><th colspan="2">现有师资</th><th colspan="2">调出参加制备力学热机师资</th><th rowspan="2">助教并任讲师数</th><th colspan="2">一九五三年拟添助教(高等学校毕业)</th><th rowspan="2">一九五三年拟添技术员(中等技术学校毕业)</th><th rowspan="2">拟添讲师以上教员数</th><th rowspan="2">一九五三年到达师资数</th><th rowspan="2">附注</th><th rowspan="2">备考</th></tr>
<tr><th>讲师以上</th><th>助教</th><th>讲师以上</th><th>助教</th><th>寒假毕业</th><th>暑假毕业</th></tr>
<tr><td>物理组</td><td>8</td><td>8</td><td>1</td><td>1</td><td>2</td><td></td><td>5</td><td></td><td></td><td>18**</td><td>浙农课程不担任添物理毕业生任助教。现在师资中包括浙江农学院物理教师1名，1953年调出。故总数为18人</td><td rowspan="14">*数中力学、制图、热机3组人数已记入各系现有师资中故合计项中未计入。
各系1953年师资到达数中，则已除去调出师资计算，物理组拟调出师资未计算入，力学教研组现有师资中因尚在专任力学课须1953年始可调出。
**本校助教升讲师数已除去。</td></tr>
<tr><td>数学组</td><td>8</td><td>9</td><td></td><td></td><td>3</td><td></td><td>10</td><td></td><td></td><td>27</td><td>数学系毕业生任助教</td></tr>
<tr><td>体育组</td><td>8</td><td>2</td><td></td><td></td><td></td><td></td><td></td><td>3</td><td>1</td><td>14</td><td>音乐课教师未列入</td></tr>
<tr><td>外文组</td><td>8</td><td>1</td><td></td><td></td><td></td><td></td><td>10</td><td></td><td>11</td><td>30</td><td>现有教师中仅有5人教俄文</td></tr>
<tr><td>力学组</td><td>(5)*</td><td>(4)*</td><td></td><td></td><td>1</td><td>7</td><td>8</td><td></td><td></td><td>26</td><td>现在兼力学要调出教师未列入</td></tr>
<tr><td>制图组</td><td>(7)*</td><td>(4)*</td><td></td><td></td><td></td><td>3</td><td>5</td><td>4</td><td></td><td>20</td><td>现在兼制图要调出教师未列入</td></tr>
<tr><td>热机</td><td>(3)*</td><td></td><td></td><td></td><td></td><td>4</td><td></td><td></td><td></td><td>7</td><td>拟成立公共教研组</td></tr>
<tr><td>机械系</td><td>27</td><td>25</td><td>8</td><td>4</td><td>6</td><td>14</td><td>19</td><td>4</td><td>1</td><td>83</td><td>包括机械原理、机械零件、金属工业等各系基本技术课程</td></tr>
<tr><td>电机系</td><td>19</td><td>14</td><td></td><td></td><td>2</td><td></td><td>23</td><td></td><td>3</td><td>62</td><td>添任助教电机11人、电力12人。寒假如有别校电机毕业生请酌量先分配一部分以资应急。助教中希望有电机制造6名</td></tr>
<tr><td>化工系</td><td>17</td><td>12</td><td></td><td></td><td></td><td></td><td>9</td><td></td><td>2</td><td>40</td><td>添化工助教9人包括普通化学</td></tr>
<tr><td>土木系</td><td>19</td><td>20</td><td>4</td><td>4</td><td>3</td><td>18</td><td>11</td><td>1</td><td>9</td><td>70</td><td>寒假添助教建筑13人、铁路2人、测量3人、其他2人。暑假铁路10人、建筑7人、测量2人</td></tr>
<tr><td>合计</td><td>114*</td><td>91*</td><td>13</td><td>9</td><td>17</td><td>46</td><td>100</td><td>12</td><td>33**</td><td>395</td><td>申请升等已经学校通过报部者作为讲师计算</td></tr>
</table>

丙、业务工作

(一)关于加强与改进师生政治思想教育工作:

(1)基本方针:在1952年思想改造基础上进一步加强教师政治学习与思想改造,同时,并继续贯彻对学生爱国主义与国际主义教育,不断巩固和提高学生学习热情,保证进一步继续贯彻课程改革、教学改革,提高教学质量,以达到为国家培养不仅具有一定业务水平,而且也具有一定政治品质的人才,使浙大更符合国家和人民需要。

(2)为具体贯彻此基本方针,兹对校内各种不同对象,提出下列基本要求:

A. 教职员方面:

①要求:在1952年度思想改造及中苏友好月学习基础上,继续贯彻爱国主义与国际主义的学习,树立起初步的革命观点,"一边倒"思想的巩固,争取在1953年,每一教师不仅能从政治上,思想上认识为什么必须学习苏联先进经验的重要,而且能建立一套系统的学习苏联先进经验的正规方法和制度,以保证更加认真地对苏联教材的研究与教学方法的改进。

②政治学习内容除某些临时性纪念节或社会改革活动等学习外,争取做到能有一种正常基本理论学习,以学习马列主义基础为主,结合"毛泽东选集"中有关中国革命基本问题等文献,以培养教师们爱国主义的思想基础,及革命观点的树立。

③对职员通过各种政治学习和思想教育,能保证安心积极工作,并继续提高自己业务水平,改进工作制度,提高工作效率。

B. 学生方面:

①要求:在1952年学习动员及政治教育基础上,在1953年上半年度,继续贯彻新民主主义教育,以达到一、二年级学生学好新民主主义论(二年级过去学习过新民主主义,但根据华东教育部指示二年级亦学习新民主主义论),以继续巩固和提高爱国主义思想,以不断提高学习热忱,造成对学习保持正常的高度认真和积极态度。

②通过各种时事教育、政策教育、与各种业务教育和实践相结合的方法,使学生眼界更加展开,学生既能在学校安心学习,又能密切注意社会各种有关实践活动,使学生对当前国家各项建设任务能有足够重视,以防止闭门学习,不问政治、而毕业后不能立即适应国家需要之倾向。

③对将毕业同学做到充分了解,并事先进行好服从国家分配的教育,防止在统一分配时出现临时"抱佛脚"的现象。

④在爱国主义教育基础上,通过党、团,保证做到使同学密切注意身体健康,每一个人都能经常参加体育活动,以使得毕业后有健康身体,保证为国家服务。

C. 工人方面:

工厂工友应系统讲授政治常识读本,及加强工会活动,以不断提高其政治觉悟,使工厂生产水平能不断增加;普通工友之工作能正常而积极进行,并在可能条件下根据一定手续,适当提拔少数工友做职员工作。

(3)为了保证此要求的实施必须加强政治处建设及学校思想领导,逐渐在1952年度试验的基础上争取1953年对学校政治工作制度能有初步较系统经验和方法。

(二)关于学习苏联先进经验,提高教学质量方面:

(1)在教师学习俄文现有的基础上,进行一次认真的总结,通过总结,进一步认识学习俄文对于教学改革后祖国建设的重要关系,发扬初步学习经验,克服学习中的畏难、冷热倾向,鼓舞学习情绪,树立信心和决心。首先学习清华大学俄文速成法经验,结合本校具体情况,采取上大课,集体学习,小组互助,及时发扬经验的方法,以战斗的姿态,突飞猛进的速度,要求全校教师在寒假中完成基础的俄文学习。53 年暑假有 80%以上的教师能够进行翻译工作。但目前迫切需要俄文教师。

(2)目前本校翻译力量薄弱,全校能翻译的教师仅 13 人,经过俄文学习后,我们争取大部苏联教材自行翻译,但希望教师尽量供给苏联原文教材,同时满足我们拟添师资的要求,至于 1953 年急需的苏联教材,另开清单报部。

(3)加强教研组的工作,认真贯彻教研组组织暂行办法(草案另附)中所规定教研组之具体工作,提高教学质量。

(4)科学研究工作:

关于提高教师业务水平,目前拟与各有关业务部门取得密切联系,熟悉生产业务情况,学习生产经验,发扬工业上急待解决的问题,然后准备在 1953 年分别选派赴各业务部门学习(见后表),达到理论与实际结合,为生产部门解决问题,在此基础上进一步深入科学家研究工作,现一般系组正开始全力学习俄文。土木系工程材料组则已研究白土制造代用水泥及混合水泥,初步结果性能已超过国外产品,对水面下建筑物如高坝海防渗性及发热量均有很大帮助。这一研究准备订出具体计划,解决一些人力问题,使研究更加深入。化工系曾有研究生做过合成油接触剂的研究,教员中亦有做过煤之炭化试验,惟由于设备条件所限制,而未得满意结果,此后拟再进行燃料方面的研究工作。其他各系则正在拟订计划中。

(5)加强教务处的领导,密切与系及教研组的联系,订立经常的会议制度,及时了解教师的教学效果和学生的学习情况,发现与讨论存在的问题,掌握与培养重点教研组,创造经验,推动全面发展。运用组织与宣传力量不断地与保守思想作斗争,在政治处的领导下,努力推动与提高教师的马列主义水平,进一步使教师更好地学习苏联的科学技术的教学经验,同时教务处所有干部,本身必须学习,努力提高政治与业务水平。

(三)关于贯彻全面发展的教育方针,增强师生体质工作

(1)推行全面性的广播操。目前学生方面已全面进行,养成习惯。某些教师宿舍也已掀起这一运动,而且进行得较好。但教职员工方面还没有全面推进,更没有推进到家属中去。因此,从 1953 年起,要求在工会体育部领导下,体育科具体指导下,动员组织起来,做到人人参加广播操,逐步使教职员工投入各种体育活动,使体育活动习惯成为每个人每天不可缺少的部分,并经常进行座谈、比赛,借以贯彻爱国主义思想教育和培养勇敢顽强的新体育精神。

(2)在试行体育锻炼的标准基础上,逐步建立劳动卫国制,会同杭市其他学校,制定锻炼标准,使学生在锻炼小组为基层组织的基础上,从事锻炼和测验,以达到开展体育,建立全面化和经常化的体育制度。

(3)加强学校清洁卫生工作的领导,建立经常的清洁卫生工作和检查制度,改善伙食质量,增加营养。

浙江大学档案馆藏,档案号:ZD-1953-XZ-51

浙江大学教学改革第二阶段工作计划[①]

(1953年2月3日)

我校在思想改造,院系调整及去年10月华东工学院院长座谈会的传达与专业设置的基础上,围绕教学改革中心任务,开展了经常性的政治学习,俄文速成学习,建立了24个教研组,进行了初步的教学改革工作,取得了一定的成绩,并为下一阶段的教学改革准备了一定的条件。

第二阶段的任务是:团结全校师生员工,继续围绕教学改革中心任务,巩固与提高经常性的政治学习;检查与总结上一阶段的教学,发挥教师的积极性,加强教研组工作,提高教学质量;继续完成第二阶段的俄文学习;检查并改进学校行政工作,贯彻一切为着教学服务的思想,提高工作效率。迎接1952年度第二学期教学改革工作进一步的开展。

一

教学改革第二阶段的中心工作,是加强系及教研组的工作,因此,必须:

(一)发挥系作为教学行政的基层组织的作用,加强系对教学的领导,并进一步明确专修科的培养目标,研究和改进其他课程设置,加强关于专修科教学的领导。

(二)明确教研组是教学的基本组织,加强教研组工作的组织性与计划性,进一步贯彻本校《教研组组织的暂行办法草案》。

1. 根据16周教学情况,系统地检查,总结本学期教研组的工作,订定本阶段工作要点。检查与总结的内容应包括:

(1)检查教学计划与教学大纲的执行情况;

(2)检查各种课程中关于政治思想教育贯彻情况;

(3)检查学生自学情况,总结各课学生成绩;

2. 提高课堂教学质量,力求课堂教学能教懂学生。

3. 改进对于学生自学的辅导,加强对学习困难较大的学生的辅导。

4. 准备学期考试,做好学生复习指导工作,巩固学习成绩;重点试行四级记分制,在保证学生学习质量的基础上,力求减少不及格现象。

(三)全面总结本学期教学工作,力求在明确培养合乎规格的高级建设人才的目标下,慎重地、严密地研究与审查各专业特别是专修科专业的教学计划,并订定1952年度第二学期教学工作计划及各课程教学大纲,注意发挥教师们的潜在能力,合理地配备力量,有计划地分别准备专业课程。

(四)为了保证完成国家培养人才的计划,对照本校现有师资情况,培养与提高师资已成为非常迫切的任务,因此,各教研组必须在系的领导下,紧密地结合着专业的设置与课程的设置,主动地积极地进行师资的培养与提高工作。并应订定具体计划,明确规定所担任的课程与培养的年限。尤应指定专门教师负责加强对于助教的培养。

(五)为了更好地便于向苏联学习,推进教学改革,必须在俄文学习第一阶段的基础上,

---

① 该计划于1953年2月3日第三届第一次校务扩大会议通过。

在不影响教学工作的原则下,完成第二阶段的学习任务,进行大量阅读与准备专业课程,从而缩短教学改革的过程。为此,必须:

1. 按专业编订生字增学五百个单词,进一步学习句法。

2. 密切结合各专业课程,进一步阅读和学习翻译苏联教材。翻译工作必须在学校和系的领导下,根据1952年度第二学期和1953年度第一学期课程设置的需要,组织所有一切可以进行翻译的力量,进行有计划有步骤的教材翻译工作。为今后大量翻译苏联教材,做好准备,以进一步保证课程改革。

二

为了从思想上与政治上保证教学改革工作的进一步展开,必须在教职员中继续加强政治学习。本阶段学习内容为马林科夫《在第十九次党代表大会上关于联共(布)中央工作的总结报告》的第三部分。通过学习要求达到:

1. 发挥教师的积极性,进一步改进教学态度,主动关心学生,认真负责地为国家建设培养合乎规格的人才。

2. 克服自满情绪与保守思想,展开批评与自我批评,推动教学改革的进行。

3. 明确在祖国伟大建设时期培养师资的重要意义,积极培养师资。

4. 全体行政工作人员,并应结合反对官僚主义的学习进行一定的检查,树立正确的积极的工作态度,改进工作,提高行政工作效率。

三

(一)为了在行政组织上保证教学改革工作的进行,必须大力改进行政工作,务使行政工作人员明确树立一切工作围绕教学中心任务的思想,反对脱离教学中心的倾向,在此种精神下,结合马林科夫报告第三部分与反对官僚主义,反对命令主义,反对违法乱纪的学习,要求:

1. 深入了解情况,掌握情况,密切师生联系,关心师生员工福利工作。

2. 提高工作效率,消灭工作上的积压现象,虚心倾听群众意见,认真处理人民群众来信。

3. 开展合理化建议,改正与建立各种工作制度。

4. 教务处、总务处、政治辅导处应分别选派人员,深入各系协助开展工作。

(二)为了增进师生员工的健康,更好的工作与学习,保证教学工作与学习任务的完成,必须结合爱国卫生运动的开展,加强体育锻炼与文化娱乐活动。

(三)为了保证教学改革工作的进行,暂定以下各种制度,各种会议的举行,必须加强会前准备,以提高会议质量。

1. 建立教研组的办公制度,规定每日上午八时至十二时,下午二时至四时半,为教研组办公学习时间。

2. 教研组会议每周至少举行一次。

3. 系主任教研组主任会议,每二周举行一次。

(四)为了保证教师能搞好教学能有一定时间进行学习与提高,必须合理地支配时间,因此规定时间表如下:(见次页)

<table>
<tr><th colspan="2">日次
时间</th><th>星期一</th><th>星期二</th><th>星期三</th><th>星期四</th><th>星期五</th><th>星期六</th></tr>
<tr><td>上午</td><td>8:00
12:00</td><td>授课和备课</td><td>授课和备课</td><td>授课和备课</td><td>授课和备课</td><td>授课和备课</td><td>授课和备课</td></tr>
<tr><td rowspan="4">下午</td><td>2:00
4:00</td><td>俄文学习</td><td rowspan="2">俄文学习</td><td>俄文学习</td><td rowspan="3">俄文学习</td><td>俄文学习</td><td rowspan="2">俄文学习</td></tr>
<tr><td>4:30</td><td rowspan="3"></td><td rowspan="3"></td><td rowspan="3"></td></tr>
<tr><td>5:00</td><td rowspan="2"></td><td rowspan="2"></td></tr>
<tr><td>5:30</td><td></td></tr>
</table>

注:(一)每天上午授课与备课时间,系按一般情况规定,各教研组并按教师授课时间早迟酌情自订之。

(二)每天下午 4:30 至 5:30 一般为文娱体育活动时间,但在俄文学习后,必要时可召开系的会议。

浙江大学档案馆藏,档案号:ZD-1953-XZ-51

浙江大学 1953 年度第二学期第二阶段教学改革工作计划[①]

(1953 年 5 月 25 日)

本学期开学以来,以处,系及教研组为单位,对上学期的教学改革工作,均已进行了初步的检查与总结。从总结中说明:上学期及本学期第一阶段的教学改革工作,经过积极的准备,已取得一定的成绩:

一、全体教师,工作人员普遍地初步明确并树立了教学改革中心任务的思想,对于上学期开学以来的混乱现象,有了一定的纠正。建立了系统的经常的政治理论学习制度,因而全体教师与工作人员的教学态度,工作态度均较前有了进一步的提高。

二、教学工作上初步树立了学习苏联先进教学经验的思想。进一步明确了专修科的培养目标,初步研究并修订了专修科的教学计划,积极地采用和翻译了苏联教材,大量修订了原有的教材,并为准备进一步教学改革开展了经常性的俄文速成学习,取得了相当大的成绩。在教学方法方面,各教研组在不同程度上都做了一定的工作,有的教研组已开始摸索出点滴的经验。备课辅导普遍趋向积极、认真、负责,师生关系有了一定的改进。师资培养工作,各系亦已开始进行研究和准备。学生中通过开展优等生运动,进一步端正了学习态度,严格了学习纪律,学习情绪普遍提高。

三、由于全体行政工作人员中初步明确了教学改革中心任务的思想,并在行政组织上作了一定条件的调整与加强,工作上已开始面向教学,开始深入实际,开始研究并改造了若干工作制度,并曾开展了违法乱纪的斗争。全校工作正自上而下地从无计划向比较有计

① 本计划于 1953 年 4 月 11 日第三届第五次校务委员会扩大会议通过,1953 年 5 月 25 日修订公布。

划前进中。

但另一方面通过总结,发现了当前存在的问题,也是相当严重的,主要的是:

一、政治思想领导不强,理论学习不够,教师的政治质量适应伟大的教学改革的要求还有一定的距离,批评与自我批评开展不够。

二、教学质量对照培养合乎规格的国家建设人才的要求,尚有相当的距离,学期考试成绩不及格现象仍甚严重。

三、行政工作上整体思想,尚未明确树立,工作计划化的思想,尚未贯彻到每一部门,有的工作计划亦尚未能完全切合实际,工作作风不够深入,均须坚决转变。

四.师生员工的健康,特别是教师的健康,还未引起经常的重视。

因此,本学期第二阶段的任务,应在第一阶段总结工作的基础上,继续团结全校师生员工,贯彻中央"整顿巩固,重点发展,保证质量,稳步前进"的方针,并以"积极准备,稳步前进,坚决贯彻"的精神,巩固已有成绩,发扬点滴经验,进一步开展以学习苏联先进教学经验为主要内容的教学改革工作;继续加强学校的政治思想领导工作,加强师生员工的政治思想学习,适当地开展批评与自我批评;大力提高教学质量,积极提高教师业务水平,努力改进与提高学生的学业水平;在行政工作上,应加强整体思想与工作的计划性,树立联系群众深入实际的工作作风,提高工作效力;积极改进师生员工的健康,为进一步实现教学改革保证教学计划而奋斗。

(一)

教学改革是长期的改革工作。要开展教学改革,必须首先提高教师的马列主义水平,才能使教师具有教学改革的马列主义的思想基础,因而提高教师政治质量,乃是开展教学改革的中心关键。为此,我们必须继续巩固思想改造的成果,继续开展批评与自我批评,努力加强政治思想工作,加强在教职员中经常的系统的政治学习,积极提高全体人员尤其是教师的马列主义水平。

本阶段决定继续学完马林科夫"在第十九次党代表大会上关于联共(布)中央工作的总结报告"。要求学习苏联社会主义建设的总路线、总情况,认清中国经济建设所应遵循的道路,从而保证以学习苏联先进教学经验为主要内容的教学改革工作的深入开展。其他具体要求如下:

(一)认识苏联社会主义建设情况及其伟大成就,认识社会主义制度的优越性,进而了解社会主义社会的本质。明确社会主义共产主义的前途,是全人类的政治方向,初步树立共产主义建设必然胜利的信心。

(二)认识苏联社会主义建设的总方针、总路线及科学技术对于社会主义建设的重大作用,进一步认识中国必然以及如何走向社会主义的前途,从而热爱苏联,诚心诚意学习苏联。

(三)明确苏联社会主义建设胜利的因素,学习苏联先进经验,从而达到:

1.明确教学工作与祖国伟大建设的关系,发挥教师建设祖国的爱国主义热情,加强教学工作的政治性与思想性,认真负责地为国家建设培养合乎规格的人才,并积极地培养师资。

2.认识统一领导,重点建设对加强祖国建设的重要意义,认真体会教学改革的方针政策,根据实际情况,稳步前进。

3. 进一步明确苏联教学的先进性，联系实际，适当地展开批评与自我批评，推动教学改革的进行。

（二）

为了大力提高教学质量，必须根据国家建设需要，积极地提高教师业务水平，继续研究与修订各项专业的教学计划，大力改进教学内容，认真修订教学大纲，改进教学方法，提高课堂教学质量，努力改进与提高学生的专业水平。为此，必须进一步加强教务处对于教学工作的领导，充实系行政组织，加强系对教研组的领导，以切实保证下列工作的实施：

（一）必须大力改进教学内容，修订教学大纲，明确教学的目的性，加强教学的政治性、思想性、科学性与系统性，以具体保证与提高教学质量。根据我校基础课程与专业课程现有改进情况，应区别不同课程、不同情况分别修订其他教学内容：

1. 对于采用苏联教材的基础课程及专业课程，应依据以下三点认真的讨论，订定教学内容与进度：第一，应认真体会苏联教材的精神，它的先进性与特点，了解和掌握它鲜明的目的性、科学性与系统性。第二，应研究该项教材是否完全适应国家建设需要。第三，应研究如何结合本班学生水平进行教学。

2. 对于采用苏联教学大纲而自编讲义的基础课程，必须在教研组内详细讨论其教学大纲。对于专业课程的教学大纲，在有条件的教研组内亦应加以讨论。

3. 对于部分没有苏联教材，仍沿用旧教材的课程的教学大纲，尤其是基础课程的教学大纲，必须依据国家需要，与理论联系实际的原则，在教研组内认真的加以批判和修订。

4. 对于有条件的基础课程与若干专业课程，争取试订教学日历，并有重点的审订讲义。

为了有效地改进教学内容，必须继续巩固俄文速成学习，进一步阅读和翻译苏联教材。翻译工作必须在学校行政与系的领导下，根据课程设置的需要，组织一切可以进行翻译的力量，严肃的忠实的有计划地进行。

（二）努力创造并推广先进教学经验，改进教学方法，提高教学质量与教学效果，有效的具体改进并防止学生功课积压：

1. 必须发扬积极、认真、负责的备课精神，努力提高课堂教学质量，力求做到课堂上基本解决问题，因此，教学的计划性必须加强，习题作业的布置必须有计划的加以安排，防止与消灭学习中的积压现象。有条件的基础课程，应进行集体备课，并有重点的试行“超前课”等方法。集体备课必须在个人充分准备的基础上有重点的讨论教学大纲，防止由于过多的无准备重点的“集体”备课所造成的忙乱现象。

2. 改善辅导方法。有条件的课程，重点试行大班教学，小班辅导的先进教学方法。辅导工作的进行应以集体辅导为主，辅以重点辅导。为了试行分班辅导，必须进一步发挥基础课教研组的力量，教务处应妥善安排各项课程的时间。

3. 切实关心学生的学习情况，密切师生联系，及时解决学生学习上困难，改进教学上某些脱节现象。

4. 努力学习和创造先进的教学方法，并注意及时推广点滴的教学经验，以加强与改进教学。

5. 改进实验的教学，密切实验教学与课程教学的联系，加强实验前的准备工作，提高实验质量。

(三)改进学生的学习,提高其学业水平:

1.通过优等生的鉴定与继续开展,进一步端正学习观点,学习态度,结合开除○○事进一步严肃学习纪律,要求每个学生都明确国家对于自己的要求,自觉的积极的努力学习。

2.密切与教师联系,根据教师规定的工作量,妥善地订好学习计划,提高学习的计划性,克服忙乱被动现象,改进学习上的积压状况,以提高学习成绩。

3.在学习方法上,必须学习先进的学习方法,培养在学习上独立思考的能力,克服单纯依赖辅导的思想。

(四)做好生产实习工作:

大力做好本科二年级与专修科一年级学生的生产实习工作,教务处与各系应密切与各工厂企业部门联系,详细拟具生产实习提纲,于六月底前认真做好一切准备工作。

(五)认真研究与修订教学计划:

各项专业教学计划是培养各项专业人才的根本方案,修订教学计划的过程是进一步学习苏联的过程。我校应在现有教学经验与所发现的问题的基础上继续虚心学习苏联教学计划及哈尔滨工业大学第三届教学研究工作会议的精神,认真修订本校各项专业的教学计划。修订时应密切与在厂矿工作的毕业生联系,征求他们对于过去修习课程及今后教学计划的意见。经研究整理后,再与有关学校、厂矿企业部门的专家们进行研究修订,以使教学计划尽可能密切结合实际,适应国家建设。该项工作应于六月底完成。教务处必须于六月上旬认真总结土木系修订教学计划经验教训,迅速推广全校,并具体指导各系教学计划的修订工作。

(六)培养与提高师资:

为了保证完成国家培养人才的计划,为了保证教学计划的执行,对照本校现有师资情况,培养与提高师资已成为非常迫切的任务,因此,各系及教研组必须紧密地结合着专业与课程的设置,主动地积极地进行师资培养与提高工作,尤应大力注意助教的培养工作。凡尚未订立培养与提高师资计划的各系,应迅即具体研究专业与课程设置的需要,明确规定每位教师所担任的课程培养年限与开学时间。已经订立该项计划的各系,应迅即具体研究如何帮助教师准备新课程,执行培养师资的计划。对于准备开课的助教,尤应指派专人负责培养。在培养过程中,应注意理论与实际结合,教学工作与科学研究工作结合,并提倡教师深入实验室工作。关于全校师资培养与提高的计划,应于本学期结束前,初步拟定完成。

培养师资的办法,在目前可采取以下三个途径:

1.结合校内的教学准备工作,指定专门教师负责培养。

2.由学校选派人员去有关大学学习。

3.由学校选派人员去工厂实习。

(七)加强教研组的工作,进一步发挥其教学基本组织的作用,保证上述有关提高教学质量措施的实现,与培养师资工作有效地进行。为此,教研组必须进行下列工作:

1.认真修订教学大纲,经常不断地改进教学内容,有条件的基础课教研组应努力订定教学日历。

2.经常关心与指导学生的学习,有计划地安排期中测验,以检查学生成绩与教学效果,从而不断地改进教学方法，提高课堂教学的质量，并推动学生学习方法的改进。

3.巩固与加强各教研组集体研究、工作、会议制度，发挥全组人员作用，保证第一阶段各教研组所拟订各项计划的实现。还未完全拟订与已经拟订的各组，都应根据学校第二阶段工作计划的精神，迅即分别拟定或作必要的修订，并于本学期内按所订计划努力实行。这些计划的内容应包括：关于修订教学计划、教学大纲的工作计划，关于发挥教师潜力准备专业课程的计划，关于教师进修、科学研究及培养师资的计划，关于翻译苏联专业书籍与编写讲义的计划，以及关于集体改进教学、加强实验、实习、辅导及教学检查等的工作计划。

4.为了密切各课程间的配合，交流教学经验，应加强本系各教研组与外系各教研组及公共教研组间的关系。

（八）加强系的领导，进一步发挥系作为教学行政基层组织的作用。系行政组织乃是保证实现教学改革计划与各项专业的教学计划的关键。因此：

1.系在领导上必须抓紧教学领导，重点的深入教研组，具体检查工作，帮助总结与推广教学经验；并应加强对于学生学习的领导，统一掌握与研究安排学生的学习时间，防止各课程畸重或过轻与课程间互相脱节的现象。

2.系在领导上必须抓紧教学计划的修订工作，下学年新课程教学大纲的拟订工作，以及师资培养等工作，并保证其如期完成。

3.系在领导方法上，应建立经常的教研组主任会议，以具体了解、检查和研究教研组的工作；并经常关心与检查学生的学习情况、学习成绩，从而发现问题、解决问题。

为了充实系的领导，各系应设置秘书一人至二人，以具体协助系主任进行工作。为了加强对于学生实验工作的领导，与实验室的计划与管理，各系应研究设立实验室主任一人。

（九）各系应根据各项专业设置的目前及将来的需要。分别轻重缓急，研究与制订逐一增设的全面的教学设备的设置计划，由学校统一掌握设置。

（三）

为了在行政组织上全力保证教学改革任务的顺利进行，必须继续研究与拟订行政组织机构，大力改进行政工作，在确立教学改革中心任务的思想基础上，加强整体观念，将工作计划化的思想贯彻到每一个行政部门中去，坚决转变工作不深入的作风；并须大力增进师生员工的健康，以保证教学工作与学习任务更有效地完成，同时并须如期开始与如期完成原校址与新校舍的各种建筑工程，以适应教学生活的急需。

（一）密切师生联系，继续深入了解情况、掌握情况，要求做到及时反映情况及时解决问题。并须有计划有步骤地及时作出各种基本情况的正确统计。

（二）各处、系以及图书馆必须认真结合学校本学期的工作计划，具体研究和订出本单位本学期的工作计划，和执行计划的具体进度，定期检查、定期总结，保证完成并超额完成各个计划所订定的具体任务。

（三）各行政部门在本学期内应有步骤地改进并试建必要的工作制度；切实研究与拟订行政机构应如何组织才能适应教学的方案。

（四）总务处应大力保证完成基本建设的计划与校产登记的准备工作：1952 年度工程必须于七月底结束，1953 年新校舍建筑工作必须于六月下旬如期开工，并须如期完成。校产登记的准备工作必须于学期结束前全部完成,以便于暑假或下学期全面开展校产登记工作。保证本学期教学与生活必需的各种供应,并须做好下学期的有关准备工作。

(五)总务处保健科应继续完成学生们的体格检查工作,并协助工会争取有计划地进行教师和职工的体格检查工作。

(六)大力开展体育活动与文娱活动,加强全校广播操工作的组织领导。体育教师应分别专责加强各系男女学生体育活动的领导,除建立重点的锻炼小组按锻炼标准进行锻炼外,协助学生会以学生学习小组为基础普遍开展体育锻炼。并协助工会在教师和职工中提倡组织锻炼小组,在各单位行政领导的带领下,于规定时间内积极开展多种多样的体育活动与文娱活动。

(七)为了保证体育、文娱活动的时间不受影响,并且得以经常进行,除学生中已规定每天下午五时至六时进行体育文娱活动要求学生会大力保证贯彻外,教师及职工同志至少亦应保证在每周一三五下午五时至六时的时间内充分展开体育文娱活动,并要求教育工会予以大力保证贯彻。

(八)加强经常性的爱国卫生工作,坚持每周星期六下午四时半至六时清洁工作制度,教务处应切实协助爱国卫生运动委员会改善校内环境卫生与个人卫生,并迅速做好夏季来临前的有关卫生预防工作。

(九)进一步改善公共膳厅的管理工作,保证食物的清洁、新鲜,加强增加营养的研究与计划。

(十)经常关心患病学生的休养治疗工作,严格执行医师关于修习学时数的规定,加强患病学生的思想教育。

浙江大学档案馆藏,档案号:ZD-1953-XZ-51

教务处工作计划大纲①

(1953 年 7 月)

(一)中心任务

围绕着教育改革,以搞好教学为中心任务,特别是做好生产实习、师资培养计划、修订教学计划、改造教学方法和提高学习效率,消灭积压。

(二)当前情况

(甲)本处机构不完全适合需要(如生产实习无专门机构),分工和职责不够明确。

(乙)制度不健全,行政往往处于被动(学籍、考试、留级等)

(丙)对于各系及公共教研组领导不够:各方联系和检查都未能建立制度,工作缺乏计划性

(丁)与政治处缺乏经常联系,时有脱节现象

(戊)对于同学情况未能深入了解

① 本计划于 1953 年 4 至 7 月,根据全校本学期第二阶段工作计划制订。

(三)具体工作计划

(甲)健全本处机构使能更适合教育改革需要,更好地为搞好教学服务,成立生产实习科。

各部门明确分工。

(乙)制订学籍、请假、考试等规则。

(丙)建立经常汇报制度,确定经常会议日期。

处务会报每二周一次,教务会议每两月一次,处务会议(全体)每学期两次。

各系及公共教研组会报及检查二周一次。

班委向教务科汇报每周一次。

研究制定全校仪器设备统一调配使用的计划。

教务科:统计工作,配合各系进行修订教学计划等,加强对同学学习情况的了解,发现问题,及时解决。

注册科:改善排课,改善课堂设备,及时统计成绩,布置测验考试。

图书馆:审查陈列书籍,加强对学生阅读参考书的指导作用。配合教研室教学需要,加强采购书籍期刊,供应学生教科书的需要。

出版科:保证如期供应教学材料,改善讲义印刷。

体育课:加强师生体格,拟订具体计划,展开师生文娱活动,计划下学期场地及设备。

(丁)加强对政治处的联系和工作的配合,本处工作及时通知政治处,并希望了解他们的工作,争取做到政治教育与业务教育密切配合。

(戊)更深入了解同学学习情况。

(己)胜利完成干部补习班的教学任务,提供干部补习的经验,保证其升入高等学校。

(庚)加强对工农速中的领导,协助解决各课程的师资问题、教材精简问题并适当地提高其教学质量。

(辛)总结本学期行政及教学经验,作为改进下学年行政及教学的参考。

浙江大学档案馆 ZD-1953-XZ-0051

教学工作12年规划初步意见

(1956年1月24日)

(一)奋斗目标:大致分三个阶段

1.第一阶段:四年(1956—1959年)全面完成教学改革,到1958年,必须基本上完成教学内容、教学方法、教学组织与教学制度的改革。五年制个别教学环节可延至1959年完成。

2.第二阶段:三年(1960—1962年)在全面完成教学改革的基础上,为争取达到苏联一般水平,积极创造条件。个别条件较好的专业在1959年普遍修订统一教学计划的基础上,争取参照苏联当时的教学改革计划与教学大纲进行教学。

3.第三阶段:五年(1963—1967年)完成按照当时苏联高等学校的要求规格进行教学,毕业学生达到相当于当时苏联高等学校毕业生的一般水平。

(二)具体意见:

1. 第一阶段:(1956—1959 年)全面完成教学改革,主要标志为:

(1)各个专业全部按照统一教学计划开出课程(1954 年入学各个专业按四年制统一教学计划,1955 学年入学各个专业按五年制统一教学计划),五年制的全部专业课程与专门化课程(包括 1959 年)必须在 1958 年内完成全部准备工作,争取全部课程的实验能够开出,所有课程能基本上按照统一教学大纲进行教学,能正确掌握教学大纲的深度和广度。

(2)按照规定的各种教学方式进行教学,已开出的课程必须编出成套的、经过教学实践的教学法指导书和其他教学文件;保证各种教学方式达到一定质量,收到一定教学效果;基本上削减学生学习负担过重的现象,保证学生能够有节奏地均匀地进行学习。下列教学方式必须做到:

1)讲课方面:

①全部课程采用国家编定的教科书或水平较高的自编讲义。

②各部门政治理论课基本上做到由讲师以上教师讲课,并具备一定质量。

③全部课程做到在课堂上解决问题,使学生能掌握基本概念。基础课及基础技术课应在今后两年内即达到此项要求。

④绝大部分课程到第一阶段的后两年,能进一步提高课程质量,做到课程具有较强的系统性、逻辑性和思想性。

2)实验方面:

①基础课与基础技术课必须在 1957 年前按教学大纲要求开出全部实验;实验类型达到统一教学大纲要求,并逐年提高其质量。

②专业课目前开出实验已达到 50%以上的,争取 1958 年前开出 80%以上,四年内全部开出。

③目前开出实验尚不足 50%的和尚未建立实验室的应积极建立实验室,争取在 1958 年前开出 50%以上,四年内全部开出。

④遵照上述要求完成设备添置。

⑤教研组大部分教师能熟练地掌握有关课程主要实验的内容和进行方法,有一套正确的、稳定的实验数据,编出一套经过实践的切实可行的实验说明书。

3)生产实习:

①各次生产实习能达到全部执行部定实习大纲所要求的水平,学生实际操作达到一定规格,个人作业的质量能为厂矿生产单位的生产实际所用。

②做到一个教师指导 20 到 30 个学生而不降低指导质量。

③固定实习厂矿,订出一套完整的实习计划,健全各项制度。

4)1959 年学生应到达以下规格:

①业务方面能具备教学计划规定的课程应有的基本理论知识,有一定的独立工作能力,能进一步在课外钻研,平时能均匀地、有节奏地进行学习;基本上没有学习负担过重的现象;各自在生产实习中的实际操作能符合规定,分别达到三、四级和初级技术员或初级工程师的水平。

②在政治上有一定的社会主义觉悟,能忠实于祖国的社会主义建设。

③在体育建设方面，除个别特殊原因外，均应达到劳卫制二级标准；已达标准者应继续锻炼提高，并在其中培养运动员。

2.第二阶段(1960—1962)

①全力注意教学内容的提高，为争取达到苏联一般水平而积极创造条件。

②在第一批完成教学改革，1959年修订教学计划与相应修订教学大纲的基础上，部分条件较好的专业参考苏联最新教学计划，自行制定要求较高的教学计划，报部批准执行。

③政治理论课具有足够的数量的师资，并保证讲课的一定质量。

④绝大部分基础课及基础技术课与部分专业课向苏联当时水平靠拢，争取参考苏联最新教学大纲的要求进行教学，并保证有一定质量。

⑤全部实验及专门化课程均按规定要求开设，达到一定质量。

⑥继续提高各种教学方式的质量，提高教学效果，争取生产和课程设计、毕业设计等教学环节的质量规格，能向苏联当时的水平靠拢。

3.第三阶段(1963—1967年)

①全部或绝大部分专业采用与当前苏联最新教学计划要求相同的教学计划。

②全部课程有国家统一编定的、质量较高的教科书或自编的、质量较高的讲义及主要参考书。

③不断提高教学质量要求，毕业学生逐年提高，接近苏联毕业生的水平。

浙江大学档案馆藏，档案号：ZD-1956-XZ-49

1964—1965学年第一学期教学工作中贯彻少而精原则提高教学质量的意见(草案)

(1964年10月)

上学年以来，我校在省委和教育部的领导下，通过反对修正主义斗争的学习，对解放军、大庆油田经验的学习和高教部直属高校(扩大)领导干部会议精神的传达和学习，全体师生员工的政策觉悟和思想水平有了进一步的提高，推动了各项工作的进一步开展，取得了新的成绩。在教学工作方面，大多数教师进一步明确了教学工作的目的性，开始树立教书教人、管专管红的全面观点，加强了责任感，注意了调查研究，从实际出发进行教学工作。在注意提高理论性教学环节的同时，加强了实践性教学环节，特别是实验室建设工作有较大进展，以自力更生为精神，充实了实验设备，提高了实验开出率。在各课各教学环节中采取了一些措施，贯穿了少而精原则，使学生学习负担一般有所减轻，并积累了一些新的经验。但是以毛主席教育思想和党的教育方针的要求来检查我们的工作，则当前教学工作中还存在着很多问题，集中表现在：教学工作政治化还不够，教学与政治、教学与生产、理论与实践脱节的面貌还未得到根本的改变，学生学习负担也还是过重，严重地影响了学生在德、智、体诸方面生动活泼地主动地得到发展。因此必须以毛主席教育思想为指针，根据当前与长远结合，高度革命精神与严格科学态度结合的原则，从实际出发，严肃认真地进行教学改革，把教育革命进行到底。

当前教学工作中,必须在继续学习毛主席教育思想的基础上,根据边学边改的精神,一方面普遍地进行“小改”,同时,大力开展多种多样的“中改”试点。通过进一步贯彻少而精原则,精选教学内容,改革教学方法和考试方法,加强实践教学环节,以减轻学生负担,提高学习质量,提高教学质量。要求在一年左右时间内,全校各专业年级一般做到绝大多数学生的实际学习负担,在每周课内外共 48 学时以内完成学习任务(包括教学计划规定的课程环节和民兵训练),并在现有基础上使质量提高一步,为全面进行大改创造条件。一方面应根据打破框框,大胆设想,充分讨论,慎重决定的精神,积极着手开展半工半读等“大改”试点,以便总结经验,逐步推广。

根据以上任务,本学期主要工作内容如下:

一、继续学习毛主席教育思想,深入开展调查研究,提高师生干部的思想认识,为当前贯彻少而精的原则和今后开展全面改革,打好思想基础。

进行教学改革,提高教学质量,不仅是教学业务问题,首先是教学思想的革命问题。当前教学指导思想中还存在着只讲业务,不管学生全面发展的德、智、体分家的思想,不从实际出发,不讲求实效的主观主义思想,以及教学内容上贪多求全、主次不分的平均主义思想。这些思想都不利于少而精原则的贯彻,不利于教学改革的进行。因此本学期应在学习“九评苏共中央的公开信”的基础上,准备在 11 月份召开全校第三次教学研究会,继续组织全校教师干部认真学习毛主席教育思想,重新学习党的教育方针和高校 60 条,结合高教部直属高校扩大领导干部会议的精神,掀起一个学习毛主席教育思想的高潮。通过学习,要求广大教师、干部首先对我们的办学方向和培养什么样的人的问题,有一个正确的认识,要求教师和干部进一步认识教学工作中的教条主义、形式主义和繁琐哲学的严重危害性,从而明确这次教学改革和当前贯彻少而精原则的重要意义,提高对教学改革和贯彻少而精原则的自觉性。

学习中应充分发扬民主,提倡畅所欲言,通过摆事实讲道理的办法,深入讨论,以有效克服不正确的思想观点,取得认识的逐步提高和一致,调动广大教师干部的积极性,促进自觉革命。

为深入学习毛主席教育思想,应继续大力组织教师和干部深入实际,深入小班,有重点地开展调查研究。要求以毛主席教育思想为武器,在总结经验,肯定成绩,找出问题,明确方向的基础上,拟定各专业、各课程进一步贯彻少而精原则的具体措施,并付诸实践。

二、在不断学习毛主席教育思想,提高认识的基础上,普遍地进行“小改”,积极开展“中改”试点工作。

(一)大力贯彻少而精原则,精选教学内容,改革教学方法和考试方法,减轻学生学习负担,全面提高教学质量。

根据现在全校各专业年级教学计划,本学期课内外计划周学时(一、二年级包括民兵训练在内)在 48 或 48 小时以下的占 36%,48.5—52 小时的有 43%,52 小时以上的有 21%,因此,要逐步达到学生能在 48 学时内完成学习任务。本学期各系、各专业应根据“重其所重,轻其所轻”“全面安排”的精神,在进一步精选教学内容和改革教学方法的基础上,加强实践性教学环节,增加学生自学时间,使一、二、三年级大多数学生的实际学习负担,做到课内外 50 学时以内;四、五年级尽可能做到 46 学时以下,并相应地调整教学计划和课内外周学时的安排，做好学时的综合平衡工作。

1.精选教学内容。

首先对本学期所开的各门课程，根据培养目标，进一步明确本课程性质和任务，明确“三基”要求，根据课程“三基”要求和学生实际水平，精选教材内容，确定各个章节基本要求，并分别落实到各教学环节。

各门课程在精选内容时，应在原有基础上根据具体情况进行分析，做到在规定时间内留有余地。对于本课程教学大纲以外的内容，应坚决删去，对教学大纲中的非主要内容（包括带 * 的内容）可以精简；大纲的深、广度，可以根据学生情况适当掌握。基础课和本专业的主干技术基础课，应保证教学大纲的基本内容；专业课和本专业非主干技术基础课，可根据专业和学生情况、课程性质做较多精简。

各系、各教研组应对各类课程分批进行研究，本学期除各教研组应先重点讨论研究一、二门类课程的教学大纲，并提出精选内容方案，基础课和公共技术基础课应由教研组与专业所在系协商一致后报学校备案。

此外，教材分量也应根据上述精神加以控制。通用教材篇幅过多的，应规定学生必读内容。自编教材字数按版面计算，一般应先做到每小时讲课不超过 3000 字（理论性课）到 4000 字（叙述性课），并使学生易读易懂，注意防止用“浓缩”的办法。辅助教材的分量也应有所控制，系和教研组负责审查，并严格控制教材的分量和质量。

2.改革教学方法。

首先要求教师明确改革教学方法对正确贯彻党的教育方针的重大意义。教学工作应从培养学生德智体全面发展出发，使学生能理解和运用所学知识，培养学生的独立工作能力和独立获取知识的能力。因此教师必须树立教书教人、管专管红的全面观点，明确教学工作的目的性，根据从实际出发，因材施教，精讲多练，循序渐进原则，充分发挥教师的主导作用，普遍进行启发式教学法的试验，克服注入式教学法，注意培养学生学习的主动性和自觉性。做到：

（1）从实际出发进行教学工作。应该把调查研究作为改进教学工作的一项重要制度，要求教师亲自动手进行调查研究，了解学生实际情况、教学实际效果，做到及时发现教与学的矛盾，不断地研究改进教学。

（2）精讲多练，启发学生通过自己的思考获得知识。在不增加学生自学负担的前提下，各门课程可根据不同的情况采取不同的教学方法。一般课程应在讲课时间内创造条件，使学生能在教师引导下进行思考，并在课堂上进行适当的练习和讨论。有些内容或某些章节可以试验，在教师引导下让学生自己阅读讨论，最后由教师加以总结的办法。有些课程或部分内容（如工艺、结构等内容），可以适当地采用现场教学，结合参观和利用直观教具以及放映幻灯片电影等办法。各种教学方法的试验，应加以总结。

（3）在各个教学环节中应注意贯彻因材施教的原则，对不同程度的学生应区别对待，根据学生实际水平布置教学任务。对成绩优秀的学生应加强个别指导，提出进一步要求；对学习困难的学生应具体帮助解决其学习上的困难，使其把基本的内容学到手。务必使各类学生均能在原有基础上得到提高。

（4）进一步加强对学生课外学习的指导，帮助学生改进学习方法。对好的学习方法，应及时的总结并加以推广。教师应结合业务工作,注意对学生进行思想教育,不断端正学习态度,启发学习自觉性。

3.加强实践教学环节。

继续教育教师进一步明确贯彻理论联系实际原则的重大意义,从思想上认识实践性教学环节对加强理论联系实际,提高学习效果,促进学生全面发展的重要作用,克服任何轻视实践教学环节的错误思想。各门课程应根据课程的基本内容,明确实践教学环节的基本要求,加强各课程、各环节间在培养学生基本技能过程中的分工与配合,根据本学期教学安排的特点,着重抓好以下几个环节:

(1)继续抓好实验教学环节,提高实验教学质量。除少数新专业和部分课程因实验开出数量过少,应继续提高实验开出率外,其他课程应着重抓实验教学质量的提高。对于各门课程的实验,特别是主要实验目前还未达到质量要求的(如不能定性、定量,结果不准确,数据不稳定,学习效果不好等),应努力提高质量;对目前已达到质量要求的实验,应进一步提高教学效果和实验的科学水平。同时在明确实验要求,精选实验内容的基础上加以适当调整,作出全面安排。一般可以在规定学时不变的情况下,适当调整实验个数。对不同性质的实验提出不同的要求,增多重点实验的时间,以便使学生能够有充分时间把基本的实验做完。克服不分主次、平均使用时间的现象。

每次实验的内容不要过多的安排,应留有余地,让学生有较充裕的时间进行思考和整理。实验报告并应尽量使学生能在实验课时间内写完实验报告。实验的安排应注意与讲课和其他教学环节的配合,要求教师加强课前准备和课内指导,不断改进和完善实验教学法文件,必要时应加以试做,以便指导时心中有数。帮助学生提高预习效果,克服边看实验讲义、边做实验的被动现象,更好地发挥学生学习的主动性。

实验室应加强管理,建立和清理实验教学资料,经常保持仪器设备的完好,尽量避免由此而造成的返工重做现象,并加强责任制,防止发生事故。

为了继续加强实验室建设,有效地改进提高实验教学质量,通过下实验室进行科学实验培养,提高师资水平。各系、各教研组应继续根据学校历次规定,有计划、有组织地安排教师,尤其是缺乏实验室工作锻炼的青年教师下实验室。首先要求下实验室教师掌握实验教学内容、实验基本操作以及指导学生实验等基本功,并协同实验人员做好实验室设计和管理工作;在此基础上,进一步研究在实验教学中如何贯彻少而精原则,提高实验教学质量,减轻学生负担,以及研究解决改进现有实验或设计新实验中的某些关键性问题,以提高开出实验的科学水平。

(2)切实保证教学计划规定中的习题课时数。习题课不得变相讲课,习题课大部分时间应在教师引导下,由学生自己演算讨论,教师讲解一般不要超过习题课时间的1/4—1/3。习题课内容应该大多数学生能在课内完成,尽量利用课内时间解决,不要把习题课内容留到课外去做。

各系、各专业应根据“重其所重,轻其所轻”的精神,确定哪些课程需要课外作业,哪些课程不需要课外作业,以保证学生学好主要课程。课外作业应使大多数学生在规定时间内能完成安排,应由易到难,避免跳跃,并正确掌握难易程度。作业更新时必须经过试做,根据学生情况和教学内容,作业可以分为若干类型,如思考题(不一定要交)、必做的题目和要求较高的自由选做题目等。

(3)课程设计应在保证基本要求的前提下,控制设计分量,删减次要内容和不必要计算,限定图纸张数和说明书页数,使大多数学生能在设计过程中有足够时间运用所学知识进行思考,并在规定时间内完成任务。大力克服课程设计严重超学时现象。对于成绩较好的学生,应着重在提高质量方面多做启发、诱导,而不是单纯增加设计工作量;对成绩较差的学生应注意缺什么补什么,加强指导。设计题目应联系实际,对于没有指导过的题目,教师必须试做。

4.改革考试方法。

考试目的是了解学生情况,帮助学生更好地理解和运用所学的知识,并检查教学效果,改进教学,因此,避免突然袭击的考试方法,不做古怪烦琐的题目。考试方法的改进应以不引起学生过分紧张,培养学生主动性和创造性精神为原则。改进考试方法必须与改进平时教学方法结合起来,不应增加学生困难。各类课程可以采取不同考试方法,进行较普遍的试点,并听取同学的意见。对于各种不同方法的试点必须作出总结,上报学校。考试方法的改变,专业课由学生所在系批准,基础课和公共技术课应由系审查后报学校批准。考试方法应在开学后的一个月内确定,并向学生宣布。

各年级考试课程门数,本学期起减为不超过三门。考试课程三、四、五年级由各专业组和有关教研组协商后提出,系主任确定;一、二年级由系和一年级办公室提出,教务处平衡,学校批准,并在学期初向学生宣布。考试课程和方法,经宣布后,不要轻易改变,以免学生无所准备。

平时测验次数不宜过多,各课应在日历内拟定,经学生所在系主任批准后执行。平时测验尽可能采取开卷的方式,每次测验时间最长不得超过一节课时间。

学生平时成绩应该通过各种教学环节来确定。平时成绩应计算在学期成绩内,并占至少30%。在各课教学环节中表现出有创造性的学生应加以鼓励,并相应的给予优良成绩。考查课程在不增加学生负担情况下,可以采取多种方式,按平时学习情况评定成绩,不得采取期末考试的办法。

此外,本学期还应努力做好各年级的学时综合平衡工作。坚决克服不顾全局,不顾计划,任意布置作业,加重学生负担的现象。各课应切实做到不超过计划分配的学时。为此,每个班级课外学时,必须认真地加以平衡。任课教师应将本学期各门课程和教学环节、课外学时在教学日历中填明,送学生所在系。各系、各专业教研组,根据调整后课外学时、课程主次、教学进程加以平衡,防止先松后紧的负担过重。课外学时平衡表经学生在系审核批准后,于开学两周内,印发有关教研组和学生小班,以便学生能做到心中有数,开学主动掌握。各系、教研组和教师1—2人,每1—2周对课外教学的实际情况进行一次检查,发现问题及时解决。

(二)积极开展多种多样的"中改"试点,为全面改革创造条件。

在普遍进行"小改"的同时,本学期除发电、机制、工民建等专业上学期已经确定进行试点外,各系还应选一部分贯彻少而精原则较有基础的专业、课程或环节开展多种多样的"中改"试点,包括若干课程的裁并,某些课程的较大削减学时和学而不考等的改革试验。这种试点,要积极提倡、大力开展,在行动前应注意具体分析,慎重研究,对基础课、基础技术课和专业课应有区别,以便通过试点总结经验,逐步推广。“中改”试点方案应由教研组研究提出,经系同意,报学校批准。

三、积极开展半工半读等“大改”试点工作。

为了逐步消灭脑力劳动和体力劳动的差别,以培养出又红又专又健康,既能从事脑力劳动,又能从事体力劳动的全面发展的新知识分子、无产阶级革命事业的接班人,我们的办学方向必须是逐步实现半工半读的教育制度。本学期起,在学校领导直接参加和主持下的机制等专业,从一年级开始进行半工半读的试点,使学生通过经常的劳动,加强劳动观点,培养劳动习惯和劳动人民情感,逐步实现知识分子劳动化和思想革命化,同时获得生产知识和生产技能,进一步密切理论和实际的联系,并增强学生体质,以求通过 5 年的学习和劳动,真正达到又红又专又健康的培养目标。

其他专业应积极创造条件,与校外厂矿、工地协作,或在校内开办工厂、车间,根据不同条件,采取多种形式,逐步扩大半工半读试点,以便通过实践,取得经验,逐步推广。

此外,本学期应通过试点,摸索生产实习中结合劳动加强思想政治工作,进行劳动化、革命化教育的经验。继续抓好外国语教学工作,提高外国语教学质量。

各专业教研组应进一步加强对四、五年级学生外文阅读能力的培养和指导,进行加强英语教学的试点。

在各项教学工作中,应认真贯彻阶级路线,采取有效措施,加强对工人和贫农、中下农子弟的教育培养工作,同时做好留学生和华侨学生的辅导工作。

各系、各专业教研组还应该对 60 级教学工作的安排再做一次检查,并根据改进 58、59 级教学工作的经验安排落实,进行必要的改进。毕业设计的准备工作应及早做好,尽可能把题目在本学期内向学生宣布。

除上述主要工作外,各单位还应及时做好各项经常性的教学工作,提高工作质量。教学行政部门在总结经验的基础上,逐步修订有关教学工作方面的规章制度,拟定和健全班主任工作等有关各项制度。

为了做好以上各项工作,必须加强领导:

(1)抓好“四个第一”,针对群众的活思想,做好思想政治工作,不断提高师生、干部对教育革命的自觉性,促进思想革命化。

(2)认真贯彻群众路线,充分发动群众自己发现问题,找出原因,解决问题,发挥群众的积极性和创造性。

(3)切实改进领导工作作风。各级领导要带头蹲点,带动广大师生和有关干部亲自深入小班和教研组进行调查研究,掌握第一手资料,以指导和研究改进工作。

(4)及时做好总结工作。各级领导应及时、认真总结并推广先进经验。学期结束时,系和教研组应组织教师检查和总结一学期来贯彻少而精所做的工作,并不断地积累经验,改进工作。

浙江大学档案馆藏,档案号:ZD-1964-XZ-133

浙江大学试行学分制情况汇报

(1981年4月)

浙江大学于1978年秋在全校(除77级)各专业试行学分制。至今虽已将近三年,但尚未完成一个从新生入学到毕业的全过程,我们也没有作全面的总结,仅能将我们试行的情况作一初步的汇报,希望能起到抛砖引玉的作用。

(一)我们为什么要试行学分制?

1978年5月,77级新生入学已有二三个月,在这批学生中,我们发现有的人基础很好,自学能力很强,已经自学过一些大学的课程。能不能使这样一些学生学得更好,更活一些?怎样贯彻执行"因材施教"的原则,解决所谓"吃不饱"和"吃不消"的矛盾?我们想到了学分制,并把学分制和原来的学年制作了一些比较:

学年制的优点是它容易保证各个专业有一定的教学质量。因为已经搞了二三十年,全国有一个比较统一的教学计划,教学大纲和一整套教材,按照这一套去教,是可以保证一定的教学质量的。其次,学年制管理方便。由于已经有一套具体的规章和办法,而且它是统一的计划,一个模子,一律化,自然容易管理。从而也有利于保证有一个"良好"的教学秩序。它的缺点是太死板,"一刀切",很难因材施教,把一些优秀的学生限制在统一的教学计划里和一般学生"齐步走",很不利于优秀人才的培养和很好成长。

学分制的优点,我们考虑有三条:

1. 它承认学生之间客观存在的差别,允许学生在一定的范围内根据各自的基础、特长和志趣,选读一些课程,特别是优秀的学生可以选读更多一些课程,这样,有利于调动学生学习的积极性。对个别"尖子"学生有可能通过免修,多选而提前修完规定的学分,提前毕业或报考研究生。这样可以多出和早出人才。

2. 它要求教师开出大量的选修课,鼓励教师多开新课。为学有所长的教师提供了较多的传授知识的机会,有利于调动教师教学的积极性,对提高教师的业务水平和教学质量也是一种有力的促进。

3. 它允许学生跨专业、跨系选课,可以发挥理工科大学多科性特点,有利于学科之间的相互渗透和边缘学科的发展。此外教师科研中的新成果、新见解有可能及时反映到教学中去,使科研与教学更好地结合起来。概括起来,学分制的主要优点是一个"活"字。它的难处是管理工作复杂,工作量大,要求高,要做到"活而不乱"比较困难。弄得不好教学秩序容易乱,特别在学期初和学期末。

我们作了这样比较之后,认为学分制的优点是基本的,对培养人才是有利的,所以就决定试行。

是局部试行还是全面试行?我们以为局部试行会有困难。因为既要允许学生跨系选课,那么一个试行学分制,一个不搞学分制就不好办。同时,一部分学生可以选课,一部分学生不可以选课。他们一定会有意见,也不好办,还不如全面铺开试行学分制。

(二)试行过程中碰到的一些问题

1. 制订教学计划问题—主要是要适当减少必修课的学分,增加选修课的学分,让学生有一定的选课余地。但要这样做,很不容易。一般基础课(包括一些专业基础课)要保证。减的主要是专业课,专业教师有意见,担心毕业以后能不能适应专业工作。基础课的学时要压缩,也有阻力。基础课教师担心学时少了,教学质量不如别的学校。减少学时当然不能光靠削减教学内容,主要是要求教师改革教学方法,提高讲课水平,改变目前不少教师长期来习惯的讲得过多,过细,不能提纲挈领,画龙点睛的讲授法。这得要有一个过程,骤然减多了,教师不适应,完全可能影响教学质量。所以我校在1978、1979年暂定工科四年制,毕业学分为170,其中必修学分为160左右;到1980年重新规定78、79级学生毕业学分降为160,其中必修学分降为150左右;81级计划毕业学分为150,其中必修学分为136左右。所以减少学时,降低学分要有一个过程。办法是把原教学计划规定必修的某些课程改为选修课,对有一些重要课程则保证基本要求,减少学时,将其加深的部分另开提高的选修课。

对特别优秀的学生,则可由各系派导师为他们单独制订培养的教学计划。

教学计划的另一个问题是校历的安排。要使每个学期的教学周数尽可能一样,在教学时间内尽量避免安排集中的下厂、设计、军事训练等环节,以保证选课的正常进行。我们从去年开始,安排三周寒假,使春、秋两个学期教学周数不相差太多,并把原来集中进行的金工实习、军事训练等都分散安排。这样解决了一部分困难。但是下工厂生产实习,主动权不在学校而在工厂方面,时间要由工厂决定,学校无法保证。

2.学分的确定—开始我们参考MIT的方法,用讲课、实践、自学三个数合计一门课的学分。后来感到不如一个数表示来得简单明了,于是改以每周课堂讲授学时为学分数。这样,虽然会产生同样的学分,学生所花的劳动不相等的矛盾,但我们以为必修课的学分占了约90%,这些必修课不管学分计多计少都得学,缺一个学分就不得毕业,选修的比重很小,即使选些能够轻易取得学分的课程,给学生稍稍轻松一下,也无关大局。有何不可?

3.选课——要解决两个问题,一是要开设足够的选修课,以满足学生选课的要求。这一点我们还没有做好。本学期我们只开出66门选修课(上学期仅30门)远远不够满足广大学生的要求。我们采取鼓励教师多开课的政策,开新的选修课工作量从宽计算;开新选修课的数量和质量作为考核教师业务水平的一个内容,允许新开选修课的教师经批准,两年内可以不用教材,上课暂以记笔记为主;同时向校外聘请兼课教师,广开门路。二是选课手续。选课前教务处要编出开设的课程一览,排好课程表并公布给学生,各系要指派有经验的教师对学生作指导和介绍。选课要经系主任审批,审批时学生要呈交成绩册和自己安排的课程表。由于某些选修课"僧多粥少",教务处还得先做点平衡工作,把有些课程的选课人数分配给各系,让系主任在这个限额内去控制审批。

4.升留级和编班问题——我们没有规定留级。只规定必修课不及格要重修,每学期不及格的学分超过所选学分的二分之一要退学。试行以来虽然也发现有极少数学生由于选课不同,参加原班级活动有困难,但人数很少,矛盾并不突出。以后也可能根据取得的学分多少来确定其班级。

5.免修——我们对经过自学掌握课程要求的学生,规定可以申请免修。申请时要提交自学的证明,如完成的作业、笔记等,经开课教研室同意再参加免修考试,成绩达75分以上者,经系主任批准可以免修,以免修考试成绩作为成绩记录,给予学分。对这一办法,教师中有不同看法。一种认为听不听过课不一样,听比不听好,不应该搞免修,即便搞也应从严控制。一种认为既然自学可以掌握，应该搞免修，不要过严。这一办法，我们还要作进一步研究，可能规定某几门最主干的课程不得免修。

总之，一些办法既要使学生学得活，又要保证质量。要保证教学秩序，做到“活而不乱”。

6.教材问题—出版社和新华书店教材供应的“计划性”要求在半年前预订好教材，甚至一次要预订三年教材，而选课学生的人数则要到开学后才能确定。新华书店门市供应的书，数量很少，临时往往无法解决教材用书问题。我们也毫无办法，只能事先估计一个数字去预订。对学校自印的教材也只能适当多印一些。这样难免会产生一些积压浪费，但也别无良法。

(三)试行以来情况的估价

1.好的方面——首先学生选课的积极性很高，学习上表现比较活跃，选课人数不断增加。

1979 年 400 多人次选课 20 多门

1980 年上半年 1300 多人次选课 34 门

1980 年下半年近 3000 人次选课 70 门

1981 年上半年 4000 多人次选课 121 门

特别是一些“尖子”学生，“天高任鸟飞”，有较充分的学习机会。有的学生每学期比一般学生多修二门课，甚至三门课。78 级学生超前学完一学期的课，从而可以提前半年毕业的有 13 人。其中数学系的一个学生可以提前一年毕业。77 级学生实际上也参加了选课，可以提前半年毕业的有 11 人，确实见到了早出人才的效果，调动了学生学习的积极性。其次，开出了一批选修课。本学期有 66 门课，其中不少是基础课教研室开的，如高等数学教研室开出 5 门，工程力学教研室开出 7 门，调动了教师开课的积极性，也给学生加深基础理论，扩大知识面创造了条件。我们还开出了一些人文和社会科学的选修课，如音乐概论、绘画、中国语文、逻辑学、工业管理讲座等，选课学生极其踊跃，只能满足其中小部分人的要求。再次，学生跨系、跨专业选课很多，学生选课中有半数左右是选了外系的必修课，学科之间的互相渗透开辟了一个途径。如精密机械工程专业 77 级一个学生自己选了“位错理论在切削原理中的应用”，机械系只好请金属材料专业教师协助指导，这是过去实行学年制时期所没有的。又如数学系学生有不少选读电机、化工、化学、计算机等系的专业基础课。有的在读了之后表示要去报考自动控制、计算化学、计算力学等方面的研究生。有的外系导师也欢迎这种数学系毕业生去考他的研究生。现在我们规定理科学生至少要选读 6 个学分的工程学科的课程，否则不得毕业。最后，经过试行实践，我们也初步摸索到一点经验、教训，对学分制有了进一步的了解，这也是今后继续试行的一个基础。

2.存在的问题—学分制试行了近三年，存在的问题不少。首先是管理上的问题，管理工作跟不上。一是人手少。搞学分制教务管理工作量比过去大得多，要编课程一览，要办选课手续，还有退选、改选，要搞免修等等，增加了许多新工作。就拿登记成绩来说，现在每个学生读的课不一样，甚至可以是五花八门，工作量当然要比过去一律化的大得多，教学管理人员也就要增加。二是经验缺乏。原来教学管理人员中仅很少几个人过去读过实行学分制的学校，绝大多数是现在才听到有个学分制，都是新手，又没有一套比较完整的成熟的规章可循，因此在管理上常常处在被动应付，“头痛医头，脚痛医脚”的状况。

其次,试行学分制,学生在学习上有一定的自由度,对学习自觉性高的学生,可以自己来计划,安排自己的学习;但对一部分自觉性差的学生,有可能放松学习,有的上课不去听,作业不做,认为只要考试通过就行。这当然同学校的政治思想工作有关,但学分制也可能是一个因素,需要加强教育,同时也要有相应的规章,以防止这一部分学生降低学习质量。第三是外部条件问题,如图书资料的供应等。要给学生创造一个良好的自学条件。

(四)几点看法

1.学分制的优点应该肯定。它是有相当大的灵活性,易于实施因材施教原则。特别对优秀学生,可以学得更深些、更广些,有的可以超过二三十个学分毕业,(我校78级学生中有的已读了150多个学分,估计读满四年可以获得180—190学分)或提前毕业,确实有利于出人才。从长远来看,是应该推广、发展的。

2.实施学分制最好有一个过渡阶段,做好充分的准备工作,为全面推行创造一些条件。这是因为我国高等学校近三十年来都是搞的学年制,大家都习惯了,而对学分制大都比较生疏。因此,从学年制改变到学分制,最好有一个过渡阶段。在这个过渡阶段,要为实行学分制准备好一些条件,如:

思想的准备—要做宣传工作,使师生员工尤其是系主任、教师、教务工作人员对学分制有必要的了解,有自觉要求搞学分制的愿望。这样,各方面才能积极、主动、互相配合。

人力的准备—要增加教学管理人员,一般小的系至少配备1个教务员,大的系2—3个,并要加以一定的培训,达到一定的要求。对此,希望教育部在定编制时给予明确的规定。

教学计划、大纲、教材的准备—要有一整套适应于搞学分制的教学计划、教学大纲和教材,同时还包括改进教师教学法的准备。要通过组织教师学习、总结、交流,改进教学方法,减少讲课学时,提高教学质量,使大量选修课能够开出,使学生有时间自学和选课。

规章制度的准备—使学分制施行起来,能够"活而不乱"。

此外,还有实验、图书阅览、印刷等等条件的准备,这些准备工作做好了,施行学分制就有了良好的条件,就能更充分地发挥它的优越性。

3.过渡阶段可以采用学年制加选课的办法

像清华大学搞的方案是稳步发展的办法。长沙国防科大也这样做了一年多。这样的做法,也可以解决一些学生"吃不饱"、"吃不消"的矛盾,也可以在不同程度上贯彻因材施教的原则。待选修课开得多了,管理经验完善了,教师也适应了,自然地就可以改成学分制了。

以上汇报的是我校这二年试行学分制的情况。存在问题很多,欢迎大家指教。

浙江大学档案馆藏,档案号:ZD-1981-XZ-76

教务处1981年工作总结

(1982年3月)

1981年,我们以中央提出的在经济上要进一步调整,在政治上要进一步实现安定团结的方针为指导思想,在校党委和校长的直接领导下,做了一些工作,取得了一些成绩,也还有不少问题尚需今后逐步加以解决。现将工作情况简要汇报如下:

一、教学行政工作

1. 教学计划和教学大纲。

制订了81级教学计划和修订了78、79、80级教学计划;编印了全校基础课、基础技术课教学大纲共57门;编印了全校课程设置一览表及各学期面向全校的选修课一览表(上、下学期分别编印)。

2. 调整研究工作。①进行了学分制试行情况的调查;②77级毕业设计(论文)安排情况及其进度的调查;③81级教学动态的调查;④78级生产实习进行情况的调查等等。我们均写了书面材料。

3. 基本情况和各类数字的统计工作。①全校开课情况:春季开课总数386门,其中基础课244门,专业课142门,包括选修课66门。秋季开课总数485门,其中基础课154门,专业课331门,选修课160门。②上教学第一线教师:春季:教授9人,副教授37人,讲师621人,助教(包括教员)73人,辅导员207人,共计947人。秋季:教授20人,副教授86人,讲师545人,助教(包括教员)53人,辅导员182人。共计886人。

③在校学生人数:春季6770人(包括专修科学生43人)。其中:男生5656人,女生1114人。秋季8344人(包括专修科学生88人)。其中:男生7018人,女生1326人。④81年有20个学生休学,5个学生退学。⑤77级有12个学生提前毕业(均提前半年),78级有13个学生提前毕业(1人提前一年毕业,12人提前半年毕业)。77级按时毕业1253人,结业(不符合毕业条件)3人,未定毕业1人(毕业设计未做完)。⑥全校生产实习和77级毕业设计(论文)情况:到校内机械工厂金工实习,春季有1504人,秋季有787人;去校外生产实习,春季有1988人,其中本省507人,上海市933人,上海以远的548人。参加实习指导教师共有103人,其中教授8人,讲师38人,助教57人。秋季有253人。参加实习指导教师共有23人。77级参加毕业设计(论文)的学生总数1177人,占总人数1269人的91.8%。安排在校外搞设计的有159人,在校内搞设计的有1018人。参加指导的教师共389人,其中教授14人,副教授83人,讲师255人,助教37人。毕业设计课题共有350个,其中设计性质的题目100个,论文性质的题目250个。按类型分:结合科研的225个,结合实验室的26个,结合生产的38个,其他的61个(内虚拟的17个)。⑦学生选课情况:春季:选课学生3961人次,选修课程121门,其中77级745人次,78级2397人次,79级723人次,80级96人次。秋季:选修课学生5732人次,选修课程167门,其中77级717人次,78级3359人次,79级1213人次。⑧教室利用率情况:全校上课教室共95间,上课总节数每周2861节,平均每间31节。以每周39节课计(每天以上7节课,排课5天半,星期六下午政治学习不排课),使用率为79%。81年接受进修教师:春季67人,其中高校教师46人,中专教师10人,职工大学教师6人,其他5人;秋季60人,其中高校教师32人,中专教师17人,职工大学教师7人,其他4人。此外还作了每学期各系开课门数及讲课教师人数的统计。⑨全校各系教研室设置、专职教师和能开课程门数的统计。⑩全校各教研室及其开设课程的名称、编号的统计。⑪全校学生考试考查成绩统计,等统计。

4. 两个试点班的情况。①数学试点班,学生86人,任课教师孙子雨。目的要试验在同样学时内,加强教学内容的深度和广度,以满足基础较好(入学考试数学100分以上)学生的要求。学生学习积极性较高,习题做得比较多,除了教师布置的作业外,还自己找一些题目做。期中测验,有二道附加题(比较难),满分 120 分。结果是 80 分以上 41 人,不及格 3 人,总的说来还是好的。期终考试情况,满分 120 分,100 分以上的 28 人,不及格 1 人,60—69 分的 2 人,70—79 的 9 人。②物理试点班,学生 27 人(入学考试英语 70 分以上),任课教师王正东。目的要试验在低年级使用英语原版教材。学习两个星期后,学生平均每小时能看二页原版教材;四星期后,好的学生每小时能看五至六页,差的学生也能看二至四页。好的学生越学越有兴趣,差的学生感到有些被动。期中考试。题目与用中文教材的一样,结果是电机、力学两系用英文原版书的学生比用中文书的平均低一分。及格、不及格的比例基本一样。

二、教育研究工作

1.“教育研究”刊物。81 年编辑出版了“教育研究”三期,每期印 2500 份。与国内理工科高校进行了交流,并赠送给国内的部分校友。还编印了一册“教育研究”学习参考资料,印数 2500 份,发给全校教师人手一册和有关干部。

2.资料整理工作。已编目上架的资料有:①关于国外学校情况介绍的外文资料 448 册;②有关教育教研的中文书 36 册,期刊 39 种;③字典 10 部。81 年中,据不完全统计,到教育研究室查阅和借阅资料的有 200 人次。

3.研究工作方面。①在化自专业“自动调节仪表”课方面作了如下改革试点工作:(1)将“电动调节仪表”与“气动调节仪表”两门课合并成一门“自动调节仪表”课,学时数削减了三分之一;(2)初步探讨了启发式讨论式课堂教学的方法;(3)给化自 77,78 级学生组织了“自动调节仪表课余研究小组”7 个,指导学生写出 10 篇文章(其中课余研究小组 7 篇,学生自行设计实验总结 2 篇,专题理论研究 1 篇);(4)改革了实验教学,增设了学生自行设计实验。学生对“自动调节仪表”课的改革试点工作反映较好。②对计算机系“电子学”课的教学改革情况作了初步调查研究。

三、电化教育工作

1.电视摄像组在 81 年①自制电视片“化工自动化”、“压力加工”(半成品)、“晶闸管”(半成品)、“建筑结构”(后部制作)和“机械零件”(已完成一集,二、三、四集大部分拍摄完毕)。②实况转播:英语、心理学和星期日英语。

2.摄影组在 81 年翻拍、放大及制作黑白幻灯片 3594 张(正片),翻拍 3811 张(负片),彩色幻灯片 86 张,印放照片各种尺寸共 167 张以及 16mm 黑白电影三分钟。

3.81 年电化教室使用情况:①听录像课人数:外语录像 3600 人次,心理学录像 5400 人次。②晚上外语教师英语课转播 900 人次。③播放教学电视片 9580 人次。④英语 A、B 等班听课 10840 人次。⑤各系上课使用教室听课 50530 人次。⑥各系邀请外宾专家讲学等听课 2560 人次。

4.语音实验室第一套正常使用。第二套控制台、课桌设计已制作完成,电路部分完成一部分。

四、教材工作

①81 年总共完成了 786 种共 18 万册和 132 份其他资料的印刷任务。计有 5200 余万文字和 13.6 万平方公分的零件表格。具体产量如下:教材 343 种,94290 册,其中油印教材

335种69990册；铅印教材8种24300册。代办印件443种85594册和1305124份。②做了通用教材的预订工作。向全国10余个出版社及一些兄弟院校预订(包括补订、添订40余种在内)教材200余种，计5万余册。这些通用教材，只有60%左右按时供应。③81年还抓了二件事：(1)组织迁厂工作，上半年主要精力集中在机器、设备搬运、安装工作上。采取了各种措施，发扬自力更生精神，克服了劳力、技术上的种种困难，使在整个搬运、安装过程中没有发生任何事故、受到任何损失。顺利地完成了任务并为国家节约了一万多元的费用开支。(2)下半年在校财务处的协助和指导下着重抓了财务、发行工作的整顿，修订和试行有关规章制度，为印刷厂实行经济核算打下了初步的基础。

五、业余教育工作

1.基本情况：

81年底，在校学生244名，其中男生189名，女生55名。(其中校内职工89名，校外155名)。80级电子专业64名，机械专业59名。入学平均年龄25.3岁，最小18岁，最大35岁。81级电子专业39名，机械专业43名，仪表专业39名。入学平均年龄23.9岁，最小19岁，最大35岁。

2.具体工作：

①制订和修订仪表专业及电子、机械专业教学计划，上报教育部。②制订《浙江大学夜大学评选优秀学生暂行办法》。在学生学期小结的基础上，开展评选优秀学生工作，评出优秀学生12名。除了奖状奖品外，并书面通知学生所在单位。③制订了《浙江大学夜大学班主任工作职责》。聘请兼职班主任，加强学生政治思想工作和组织管理。④制订《浙江大学夜大学学则(试行)》。⑤对校外80级31名学生所在单位进行访问。了解学生工作学习情况及听取各学生所在单位对夜大的反映。单位和学生普遍欢迎，效果较好。⑥对"文化大革命"前夜大、函授毕业生进行书面调查，以供总结业余教学工作参考。⑦处理校内外各单位要求查询"文化大革命"前夜大函授学生的学历成绩等，开具学历证明34份。

六、招生工作

81年计划招生1550名，实际招收1578名(其中男生1353人，女生225人)，增招28名，是从全国22个省、自治区、直辖市招收的。从各省录取情况看，河北、河南、云南等省录取的学生分数较低，平均分不到460分，其他各省、自治区、直辖市情况较好，其中江西省平均分最高，为490.7分。480分以上的有三个省：黑龙江、江苏、辽宁。浙江省共招816名，平均分为468.6。新生总平均分数为471.6，500分以上的共有71人。从学生类别者，应届高中毕业生1156名，占73.3%，知青、回乡知青及历届高中毕业生422名，占26.7%。从学生年龄看，64年出生的有532人，比例最大；其次是63年出生的481人，65年出生的341人。年龄最小的是68年出生的共4人。最大的57年出生，仅1人。

几项具体工作：

1.编印招生宣传资料。有小本子和大张两种。寄往全国各重点中学，各省、自治区、直辖市和本省各地、县招生办公室，各有关兄弟院校进行宣传。

2.组织20余人前往华东各省、市和北京市、湖南省进行招生宣传工作。还组织到本省嘉兴、金华、绍兴、宁波地区和江苏、山东两省部分中学播放"今日浙大"录像。取得较好的效果。

3.组织100余人前往22个省、市自治区进行招生录取工作。一般均有部处、系和总支领导或有丰富招生工作经验的同志带队,基本上能保证录取工作顺利完成。

4.高考评卷工作。学校成立了高考评卷领导小组。数、理、化各科分别成立学科评卷领导小组。共组织数、理、化教师300余人,试卷保管、结分、登分、后勤、保卫等工作人员90余人参加。任务重,气候热,时间短,在大家共同努力下。顺利完成了任务。

5.到上海、宁波等地招办和部分重点中学联系并了解毕业生情况和听取中学对我们招生工作的意见。向部分兄弟院校取经等,以改进和提高招生工作。

一九八二年三月十一日

浙江大学档案馆藏,档案号:ZD-1981-XZ-76

1977—1988年学校教学改革情况[①]

(1988年9月)

(一)本科教育

浙江大学把培养高质量、高水平、高层次的科学技术人才,作为学校的根本任务。近几年来,学校以本科教育为基础,进行了一系列的改革,努力提高教学质量,探索人才培养的最佳途径和有效的方法。

1.加强基础,重视本科教育

本科教育是高等教育的一个最基本最主要的独立的层次,把本科教育摆到重要地位是全面实现党的教育方针,实现教育为社会服务的关键,也是衡量学校办学成效和对社会贡献大小的重要标志。1987年6月制订了《浙江大学关于加强本科教育工作的意见》(即十二条意见),其中对本科生的思想工作、本科教学和研究生、科研工作的协调关系以及本科教学中的师资队伍、教学基金、实践环节、教学方法、教学设施、学籍管理、党政领导、学风建设等一系列问题作了明确规定。

在教学过程中注重学生智能的培养,改变"一刀切"的教学模式。学校要求全体教师在教学的各个环节和教学的全过程中,在传授知识的同时重视培养学生的能力,要求精选教材内容,不断充实更新教学内容,改进教学方法。大力推广以教师为主导,启发学生学习主动性和积极性的启发式教学方法,培养学生自学能力、分析问题和独立解决问题的能力。

2.实行"学分制"和"科学评分法"

1978年开始全面试行"学分制",这为培养多层次、多规格,具有综合交叉知识和能力的人才提供了有利的条件。学生可以按不同的兴趣、知识基础、学习能力决定必修和选修的科

---

① 本件为1988年9月,浙江大学校办所撰的"浙江大学基本情况介绍"中有关本科教学部分的节选,标题为编者所拟。

目，基本上不受年级、系科的限制。

为了优化对学生毕业设计（论文）的考核方法，实行“科学评分合理淘汰"制，这就是，在给学生毕业设计评分时，各系以专业为单位，根据毕业生总数确定各档评分等级人数，然后全系平衡。各专业教研室将答辩后学生按5等9级排队，规定优等占15%。实施“科学评分合理淘汰”制有利于加强毕业设计考核标准的客观性。

3. 因材施教、培养尖子

根据社会对高规格人才的迫切要求，从1984年9月起创办“混合班”，从13个工科专业中的高尖子单独编班，施以特殊教育。“混合班”按“起点高、内容新、进度快、着重能力培养”的总要求和“高难度”“高速度”、“基础、外语全面强化”等原则组织安排教学，用两年时间对学生进行数、理、化、计算机、外语、社科基础和部分技术基础教学，使学生接受充分的理科基础理论和方法训练，两年后按个人志愿和希望分散回各系，由各系制订专门计划进行培养，并允许学生重选专业。“混合班”为快出人才，出高才创造了良好的条件。

4. 重视实践、试行“预分配——厂校联合培养”

为提高大学生工程实践和社会实践能力，增强他们的社会责任感，1987年上半年在电机系20名毕业生中进行了“预分配、联合培养”方式的试点，下半年又扩大到五个系97名毕业生。“预分配——厂校联合培养”的做法是：将学生的一年见习期移入学制内，学制延长为五年。学生在校学习三年半的基础和专业知识后，“预分配”到有关厂矿企业参加为期一年的实践，其间由厂校共同指导。一年后回校参加毕业设计。实行这项措施有利于增强学生和教师主动适应社会需要的自觉性，也有利于加强厂矿企业对培养人才的责任感，促进厂、校、科研机构的横向联系。这项计划已为国家教委肯定，将在全校实行。

（二）研究生教育

1. 实行多途径培养新模式

（1）与国外联合培养博士生。博士生先在本校学习一年左右的学位课程，并进行学位论文准备，然后到国外大学，在国外导师指导下进行二年左右的科研工作。回国举行论文答辩。近年来，已与美、日、英、加等国有关大学联合培养了近20名博士生。

（2）与国内科研所、工厂企业联合培养硕士生。近年来，已与上海光机所、沈阳金属所、杭州轴承试验中心等单位联合培养了几十名硕士生。

（3）实行跨学科多导师交叉培养

2. 加强工程实践与社会实践环节

（1）进行工程型硕士生培养的试点

从化工、电机、机械等9个系的研究生中选出30人按工程型硕士生进行培养，并制订了《浙江大学招收攻读工程型硕士学位研究生培养方案（征求意见稿）》。

（2）研究课题与实践密切结合

学校明确规定没有科研题目的导师不得招研究生。许多科研课题采取层层分解，共同承担，集体攻关，在攻关过程中来培养研究生。

（3）鼓励研究生走出校门，走向社会，广泛参加社会实践。

3. 实行合理淘汰

学校明文规定:一学期有二门学位课程不及格者、一门不及格经补考仍不及格者,学位课程成绩45分以下者,平时学习不认真,导师不愿意带而又无其他导师愿意带者,博士生入学一年半仍不能提出论文选题报告,导师认为无培养前途以及品德不良者,均作退学处理。

(三)建立教学、科研和生产三结合的新体制

遵照党中央提出的科研技术必须面向经济建设的方针,近年来,浙江大学分别同天津市、杭州市和安徽省成立了科技协作(调)委员会;与煤炭工业部签订了科学技术联合开发协议书,与华东化工学院、中国石油化学总公司创办了跨校跨部门的联合化学反应工程研究所;与湖州菱湖晶体管厂、天津市光学仪器公司、天津市液压件公司、天津市计算机公司、杭州计算机厂、杭州万向节厂、慈溪密封材料厂等结成新型的教学、科研,生产联合体。在科研成果的转让与承接、聘请顾问与技术咨询、委托研制与联合攻关、技术培训与情报交流等方面进行广泛的协作,在促进国民经济发展,提高学校教学质量和加强科学研究等方面,取得了显著的成绩。

学校对国内外开放和学术交流情况:

浙江大学十分重视与海外高等院校和研究单位的联系,努力吸收先进国家的办学经验和科技成就,密切注意各国同行在科研中的新成果和新方向。目前学校已与19所国外高等院校签订校际交流协议,互派学者专家进行访问和从事科研工作。1978年以后,经学校邀请顺道来校讲学访问的国外专家,每年达100多人次。同时,还有不少国外的参观访问团和学术团体前来交流经验、参观学校。

在广泛开展学术交流的基础上,浙江大学还聘请了一批著名学者担任学校的名誉教授、顾问教授或客座教授。他们和学校在学术上保持密切的联系,定期到浙大讲学,与教师合作进行科学研究,对于提高浙大的学术水平和改善教学科研条件起了重要的作用。除了科技专家外,学校还聘请部分外籍语言专家和教师前来任教,讲授英、德、日等语种,帮助学校教师和学生提高外语水平。

同时,学校主办了一些重要的国际学术会议。1983年3月,由联合国教科文组织委托浙大召开了国际太阳能——氢能学术讨论会;1985年6月,工业过程模型化及控制国际学术会议在浙大召开;1985年9月,召开流体传动及控制国际学术会议;1987年8月,由我校组织的国际多相流学术会议在杭州举行,等等。

此外,浙大还与国外有关大学及学者进行了一些双边学术讨论会。如1985年9月召开的浙大与联邦德国西柏林工业大学关于生物医学工程方面的双边学术讨论会;1985年11月召开的中日电子显微学术讨论会;1986年11月召开的中日联合量热分析论文报告会;1987年11月召开的首届中日双边ESR学术交流会等。

浙江大学还努力加强与国内外校友的联系;多渠道得到国际有关组织和海外友好人士的资助。筹建了“邵逸夫科学馆”,管理使用“包兆龙、包玉刚中国留学生奖学金”。广泛的友好往来,既增进了友谊与合作,也推进了学校的教学和科研走向世界先进行列。

浙江大学档案馆藏,档案号:ZD-1988-XZ-74

浙江大学本科教学改革纲要(1996—2000)

(1995年11月)

教学改革战略:加强基础,注重素质,突出能力,面向一流

人才模式:宽基础、复合型人才与英才并重

学分制:自主选专业与自主选课程相结合

混合班:起点高,内容新,能力强,努力培养创造欲

工程教育高级班:重基础,重设计,重创造

教育事业是一项关系到民族素质、国家兴衰的历史任务。

人才问题已成为国内外竞争的焦点问题。

教学改革急需进行认真的深层次的思考。

整个教学工作是一项系统工程,它涉及教育思想、领导决心、经费投入、教学内容、师资队伍、教学条件等,为此,为了实现浙江大学未来发展的宏伟目标,我们从发展的总目标出发,经过一段时间的酝酿,形成了这份规划。它尽可能涉及教学改革战略、人才模式、改革措施等有关教学改革的方方面面,并通过它的实现,使浙江大学的本科教学进入一流水平。

一、教学改革战略

在新世纪即将到来之际,国内外的大学都在深入地进行教学改革,以使自己能培养出跨世纪的具有竞争力的人才。从目前情况看,可以把以美国为代表的国外大学教学改革的特点简略地归结为以下几点:

1.继续强调学生的个性发展和创新思维,而且表现在选系和转系上,学生自主权相当大,与此同时强调学生的合作精神;

2.更加强调大范围的学科交叉,教育更加社会化、综合化;

3.著名的理工科大学,仍坚持培养科学型的工程人才,并强调工程设计教育;

4.采用先进的教学方式、方法,CAI等很普及,具有十分先进的教学条件。

目前国内的一些著名大学都花大力气面向新世纪深入地进行教学改革,教学投入明显加大。他们的改革均比以前深入并各有特色。

浙江大学多年来在发展主辅修制、拓宽专业、完善学分制、课程建设、英才教育、课程评估等方面都做了许多工作,取得了显著的成绩。但是要达到稳定地居于国内前列,乃至于亚洲一流、国际一流,还需要作出很大的努力,除了要加大经费投入外,还需要从教学思想、培养目标、课程内容与结构、因材施教等多方面作出更大的努力。

目前,我们的教育制度仍然存在的主要问题有:

1.虽然已做了不少努力,但总体上讲,还未真正从传授知识的模式转变为素质教育和培养能力的模式上来;

2.近几年,随着学分制的推行,学生的个性已得到了一定程度的重视,但共性和个性的关系还未真正解决;

3.专业面仍然较窄,不少课程知识老化;

4.教学经费投入严重不足,教学设备和手段距国际一流水平相差甚远。

为了实现浙江大学的长远目标和近期任务，在继续进行学科布局，完善按系办学体制的同时，学校在教学改革方面的战略考虑为："加强基础，注重素质，突出能力，面向一流"，并且应在实际工作中扎扎实实抓下去。

在学科布局上，除进一步加强工科建设外，要建立一个强大的理科，并努力扩大经管学科，办好有自身特色的文科。

按系办学的体制要适时地发展成为按院(或系)的办学体制。学校将充分考虑学科的特性调整院系。

加强基础——我们所培养的工科人才应以科学型工程人才为主，理科以及经管、人文人才应以培养基础性人才与应用性人才相结合为目标，他们都必须具有扎实的理论基础，这样才能使我们的学生具有较大的后劲。在这方面我校有良好的基础，目前面临的主要任务是要对传统的数、理、化等基础课进行深入的课程内容和教学方式方法的改革，使其符合科技发展和时代要求，要进一步提高对学生的计算机和外语的要求，要十分重视包括人文科学、经管、政治理论教育在内的大学生综合素质的培养。

我们还要立即做好以下工作：

继续推行微积分、普通物理、计算机基础、英语等课程的四统一工作，并通过推荐或自荐的方法，对这些课程的教学内容和教学方法进行改革试点。参加试点的班级可不参加校内统考，通过试点，出版具有先进水平的教材，并提供教学成果(包括教学方法、计算机辅助教学及能力培养等方面的经验)。

积极解决大学生的中文水平不符合实际要求的状况，推行浙江大学中文水平资格考试制度。

对一年级本科生课程的任课教师，逐步推行学校直接聘任教师的制度。目前要进一步做好微积分、普通物理、计算机程序设计等课程的教师双向选择工作或公开招聘工作，并将此工作过渡到由教学指导小组推荐、学校审核的教师聘任制度。

立即制定好计算机和外语教学进一步提高要求的具体目标和措施，实施浙江大学计算机高级水平证书和浙江大学外语高级水平证书的考核制度。

各系为学校开设的公共基础课，要组织好课程内容和教学方法的改革工作。

注重素质——学生的素质包括思想素质、道德规范、成才目标、创新意识、心理素质、身体素质、知识结构、文化艺术修养等方面的综合素质。在谈到综合素质时，也不能一刀切，要抓住根本，因人而异，讲究实效。

浙江大学的学生应具有很高的成才目标和责任感，并且要有强烈的创新意识，有为科技发展而坚持不懈的思想素质和奋斗精神。要通过政治理论课、社会实践、德育课，通过导师和班主任的工作，通过思想教育工作，深入细致地做好学生爱国主义、道德规范、团结协作、勤奋刻苦、敬业精神等方面的教育。采取措施，加强大学生人文素质的培养，一方面要有计划地开出哲学、文学、艺术、政治、法律、经济等方面的课程，并按类规定限选学分；另一方面积极举办各种人文社会科学的系列讲座，开展各种有意义的社团活动，使学生深入了解中国传统文化，增强经管知识和能力，建设校园体育文化及艺术氛围，提高学生的身体素质和艺术修养。

突出能力——这里用"突出"二字，表明我们应重点突破的方向。为了加强对学生能力的培养，一方面在教学计划安排上，要明确有利于培养学生能力的环节，并努力建立学校创新的学术氛围。另一方面，全体教师要从教育思想、教学方法上来一个新的提升，给学生更多的学习主动权，学生自己能看懂的就少讲甚至不讲，学生能做的要创造条件让学生自己去做。

要尽力把培养能力落到实处，真正采取有效措施，培养学生分析问题和解决问题的能力，要给学生在本科学习期间真正地提供四个机会："自学机会、讨论机会、设计机会、创作机会"。自学不仅是预习和复习，而是对某门课或某一专题、某个大型实验基本上让学生自学，教师只是指导、总结；讨论是指给学生一些进行业务上的讨论和辩论的机会，让他们发表自己的观点和见解；设计则是要求给学生一个机会，按照设计目标，自己找资料，自己设计，自行调试，独立总结，这应该是一些课程学习后的综合设计训练，但它不是毕业设计，是共同的、基础性的训练；这里的创作是广义的，可以是总结报告、学术论文、文学创作、社会调查、科研总结等学术性的创作。

我们要努力创造一个利于学生知识结构个性化的良好环境，发展学生的个性。因为一个人的特长和兴趣对他的能力提高和未来发展都是至关重要的。这还要通过进一步完善学分制来解决，学校要在可能的条件下和一定的约束下实现以学生"自主选专业和自主选课程相结合"为特征的学分制。

面向一流——这是战略目标，一切教学工作都要以这个目标来要求、来衡量、来规划。另一方面也是战术部署，从现在起就要在经费投入、教学设施、教学内容等各项改革方面都符合这一总体目标。为了达到这一目标，除了前面讲的一些重要的措施外，还要强调以下几点：

进一步解放思想，采取措施，扩大宣传，吸引更多的优秀中学生到浙大来求学，确保和扩大生源的一流水平。

要努力建设好一支高质量的教学师资队伍，配合学校的总体人才规划，将这一工作逐步落实。

我校的绝大多数公共基础课必须逐步达到或接近国际一流大学的水平，专业课及选修课绝大多数也必须逐步达到或接近国内一流，乃至国际一流的水平。必须逐步建立浙江大学现代化的实验基地，逐步改造现有的教学实验室。

考试是衡量学生学习成绩的重要环节，要进一步完善考试制度，主要课程的考试水平（难度）要逐步达到国际一流大学的水平。

为了实现教学改革的战略目标，我们必须做到教师资源的合理配置及教学经费、教学条件的合理配置，还要及时调整现有的教学管理制度，进一步提高管理水平。要及时吸收国内外先进的教学成果，积极开展教学上的国际交流与合作。

二、人才模式

在讲到教学改革战略时，必须明确我们所培养的人才的模式。经过十几年的探索、改革、试点，我们认为浙江大学应以"宽基础的复合型人才与英才并重"为其人才培养模式。

从总体人才模式而言，我们要培养宽基础的复合型人才。我们的学制是四年，学生在校期间，我们主要完成对其基础知识、基本技能、基本素质的培养，并给予必要的走向工作岗位的准备知识和能力，这些将通过按类招生，至少两年按类按院（系）打通基础，推行主辅修制、

"3.1.1"制、选课制等方法来解决。

关于英才教育,十年来是作为一种试点进行的,现在必须使它成为我校人才培养的有机组成部分,以利于培养跨世纪的国内、国际一流人才。我们要继续办好混合班,培养具有理科素质的工科人才,并应以"起点高、内容新、能力强,努力培养创造欲"作为培养方针,要在培养创新思维、独立能力方面真正做出成绩,取得经验。对新创建的"工程教育高级班",要很好地组织,以"重基础,重设计,重创造"为方针,培养工程交叉型的具有开创精神的工科人才。积极建设理科基地班,为培养理科基础性人才和理科应用性人才提供一个良好的环境。文科应创造条件,建立培养文科基础性人才和文科应用性人才相结合为目标的培养环境。

在人才培养过程中,必须十分重视开放意识。这里的开放,对外而言,要具有国际交流的素质和能力;对内而言,是要能主动适应国内科技、生产和市场经济发展的需求。

三、建立有利于培养学生能力的成才环境

我们大家都认识到,现有的教育制度注重的是知识传授,在能力培养上虽已采取了不少措施,但并未取得突破性进展,尚未形成一个较为完善的培养学生能力的环境。

马克思说过:我们不仅要认识世界,更重要的是改造世界。我们培养大学生不仅要他们接受前人的知识,更重要的是要他们具有运用这些知识的能力,并能发展它。教学经验告诉我们,只有逐步学会运用知识和发展知识,才能更深刻地领会原有的知识。我们的每一位教育工作者,都应从教育思想上更牢固地树立这个观点,并在教学过程中努力贯彻它。为此,我们必须采取措施和行动,加大力度去构造一个有利于培养学生能力的环境。

知识是能力的基础,在考虑培养学生能力的时候,当然不能忽视打好学生的学科基础和培养其基本素质,这方面我们已取得很大成绩。我们的任务是要面向新世纪,改革课程的内容和结构,进一步改革教学的方法,提高基础课质量。在巩固、提高基础课质量的同时,我们还需要着力培养学生的能力。在学生高年级(三、四年级)时,应设置一组有利于培养学生自学能力、开发创造思维的课程。这组课程至少包括以下几类:

1.自学或讨论课

各系均需至少选一门高年级的课程,该课程教师主要是提出要求、列出参考书、布置作业,不进行课堂讲授,教师的任务只是答疑、质疑、组织学生讨论、审阅作业、分析总结等。每个系每位教师可以根据自己所授课程的特点,灵活地组织。学校鼓励教学方法上的创新,目的只有一个,即是最大程度地调动学生学习的主动性,提高学生自学和提出问题的能力。

该课程实行开卷考试与口试相结合的考试方法,学生需按教师要求,提交一个读书报告,教师可在学期结束前进行口试,并给出成绩。

2.开设工程设计系列课程

该系列课程包括电子设计、机械设计、结构设计、数学模型等。每门设计课可由一个系单独开出,也可以由2—3个系同时开出,可具有不同风格和内容供学生选择。这个系列课程的考试可放在短学期进行。

目前,有些系已有类似的课程,但大多数是为一门课服务的,比较散。这里要求的是综合性、系统化的设计课,使设计课程更加层次分明,更加规范,提高质量。

工科学生在大学学习期间至少必须学习该系列课程中的一门,并取得相应的学分。

该课程的成绩应以最终学生做出的设计思想、设计图纸乃至相应的实物为评判依据。

3. 开设综合类、分析类课程

这类课程包括写作、社会调查、经济分析、案例分析等。要把它作为提高人文，经管学科学生能力的重要环节，这类课程应是一种综合训练的课程，要规范化、系列化。

4. 开设创造类系列课程

该类课程是不讲授课程，学生以其课外参加的科技活动成果为考核标准来取得学分。

a. 工程设计成果课。凡是在各类正式设计比赛中取得各种等级奖者将得到相应的成绩和学分。

b. 人文成果课。凡在各类人文学科竞赛中正式获奖者，根据不同等级给予相应的成绩和学分。

c. 学科成果课。凡在国际杂志、国内杂志或者学术会议上发表文章者将得到相应的成绩和学分。

d. 科研实践课

凡在四年级(或五年级)前，在导师指导下，参加某项科研任务，在其中独立承担一部分工作并给出相应报告的学生，由导师签署意见后，给予该课程通过成绩，并记 1 学分。

5. 计算机程序设计等实践性很强的课程，尽快从课堂讲授为主转向以实验室(或机房)教学为主的教学方式。计算机程序设计课考试在近年内实现上机考试为主(包括上机编程、调试、运算结果等)笔试为辅的考试方法。

6. 继续举办好一年一度的大学生数学节、物理节、电脑节和外语节，在每年的科技文化节中，要加强人文学科的成分。每年举办一次工程设计大奖赛，包括数学模型、电子设计和机械设计、结构设计等大奖赛，并积极参加省及全国、国际的相应大奖赛。

7. 将毕业设计(论文)分成两个阶段进行。在四年级(或五年级)上学期开设文献阅读课，不集中上课，在导师指导下进行，以培养学生查阅文献、综合分析、提出问题的能力。该课程以提出一个文献阅读报告(包括外文文献的翻译)作为成绩的考核(以合格或不合格计分)。在四年级下学期进行毕业设计(或论文)工作，最后按现在的办法进行答辩和给出成绩。

由于在四年级上学期学生已进行了文献阅读等毕业设计的准备工作，故四年级下学期各系可安排一组(每个学生可选 4 学分左右)选修课，并作为学生走上工作岗位前的知识补充和培训，这些课程应由学生根据自己的志向和兴趣在系内自由选读。

四、学分制和课程体系、内容改革

学分制是以个性化、结构化和数量化相结合为模式的一种教学管理制度，实行学分制必须根据国情、校情，寻求符合本校条件的学分制的最优结构(实际上是较优结构)以利于提高学生的学习积极性，提高教学质量。

浙江大学从 1978 年开始实施学分制，经过多年的探索、改善，已初步形成了一个符合自己条件的学分制的良好结构，为学生的知识结构个性化提供了必要的条件。

为了适应新世纪科技发展的需要，适应社会主义市场经济的需要，培养出更具竞争力和适应性的人才，我们必须拓宽专业，淡化专业。另外考虑到大学生的培养已由“两包”向“两自”过渡，所以在原学分制实施和 1995 年基本上实现按系招生的基础上，从 1996 年开始，应实现学生“自主选择专业和自主选择课程相结合”为基本特征的学分制。

学生自主选择专业的含义如下：

1.按系、按类(或院)招生并逐步过渡到按类招生。这里的大类是指跨系的学科性质相近的专业，凡是学科性质相类似的专业均可合为一个大类。学校将积极稳妥地贯彻国家教委《工科本科引导性专业目录》的改革精神和方案。

2.入学后第一年按大类设置课程，按大类(或院)培养。

3.每个系(或院)最早在两年学完后才分专业，学校鼓励不分专业培养，在不分专业的情况下，则各系可针对不同专业，安排若干组课程，学生只要学完某组课程，就发给相应专业的毕业证书。

4.入学后第一学期进行一年一度的转类工作(实际上就是转系)，此工作按公开公平、择优录取、控制人数的原则由教务处统一处理。

5.各系学生人数在学校对各系的控制数基础上，根据学生志愿按一定比例上下浮动。

6.理科各系及部分工科系逐步推行“学—硕—贯制”(选拔工作在三年级结束时进行)，理科系在三年级时部分学生可分流到工科系，剩下学生中的40%～50%将免试攻读硕士研究生。

7.在一些有条件的系(或专业)，推行双学位制，经考核符合条件的学生可在学习期限内(6年或7年)攻读第二学士学位。

学生自主选课的含义如下：

1.继续推行主辅修制。从二年级开始，学生可自主选读一个辅修专业的课程组，辅修专业的录取同样要贯彻公开公平、择优录取的原则，该录取工作由开设辅修专业的系负责办理。

2.每个学期为全校开设100门左右的选修课供学生选修，这类课程要特别加强人文、经管、计算机、外语、艺术以及学科交叉性课程(如人与自然、人与社会等)，以提高学生的综合素质。

3.各系均要提供几个不同方向的课程组及一定数量的选修课，让学生自主选择。

要搞好选课制度，必须有一批高质量的课程。因此，在这种意义上讲，学分制的基础是课程建设，为了搞好学分制，我们必须花大力气搞好各类课程的建设。

1.各系要将国家教委“面向21世纪的教学内容和课程体系改革计划”与学校的课程内容与系列课程的改革很好地结合起来，将课程内容、方法改革深入下去。

2.全校性公共基础课，如数学、物理、化学、政治、人文等，要认真调查研究，深入改革，使传统的课程能反映近代的有关新观念、方法和内容。

3.计算机应用、电子电路、机械制图等技术基础课要分类，按不同要求供各专业学生选择，教学内容要起到连接基础课到专业课的桥梁作用(但不能为专业服务)，并要及时反映最新的学科发展。

4.专业课要“小型化、现代化”，每门课程至多两个学分，要及时反映有关专业、学科的最新方法、技术、成果。专业课的教学内容是反映科技进步和社会需要最敏感的课程，只有教材是不能满足需要的，因此对专业课，还应提供参考书，并及时补印参考资料，以及时更新教学内容。

为了便于安排工作，保证教学质量，专业课可相对集中安排，2学分的课，每周上四节，半个学期结束并考试。

5. 各系要认真研究本学科的课程体系和教学内容的改革，花力气克服仍然存在的知识陈旧、内容重复、方法落后等问题。

6. 积极深入地开展浙江大学优秀课程的建设工作，要按要求严格把关，分期分批把全校公共基础课的绝大多数建设成优秀课程。

7. 制定好浙江大学"九五"教材规划，配合"百年校庆出百部教材专著"计划和国家教委"面向二十一世纪教学内容和课程体系改革计划"，出版一批具有先进水平的系列课程教材（包括配套的电子教材）。

8. 要把教学方法改革放到足够重要的位置，要进一步提倡启发式、讨论式等有利于调动学生积极思维的教学方法。

要继续积极地开展CAI为核心的教学方式的改革，加速教学手段现代化，做好CAI定位工作，针对不同内容，不同要求，研制不同类型的CAI软件，不图虚名，讲究实效。

五、计算机和外语水平要上新台阶

通过近年来的努力，由于成立了全校性的课程指导小组，实行了"统一大纲、统一要求、统一命题、统一评分"，我校大学生的计算机和外语水平有了明显的提高，学生的学习积极性也是十分高涨的。

面对二十一世纪，国际交流将日趋频繁，及时提供的科技信息将日益成为宝贵的财富。因此，进一步提高我校大学生的外语水平，提高学校的整个外语氛围，显然是十分迫切和重要的事情。

计算机技术不仅仅是工具，而且已成为一种文化，是当代大学生必须掌握的技术。一个不了解、不熟练、不会使用计算机的大学生，实际上就不是一个真正的够格的大学生。

1. 关于外语教学

对大学生外语的要求，已不能再停留在四级水平，应该在外语的应用水平方面上一个新台阶。

a. 设立浙江大学"英语高级水平证书"，该证书获得者首先必须获得国家四级英语优秀证书，再通过浙江大学的英语高级水平考核后，方可获得该证书。（分单项和综合两种）

b. 立即制定浙江大学英语高级水平考核要求，并为学生开出相应的课程。

c. 本科生基础外语必须做到两年不断线。

d. 集资筹备建立实用、先进的语音教室。

e. 凡要求参加国家四级英语考试的学生，必须首先通过学校的三级考试。努力提高四级英语的优秀率。

f. 为了解决好外语教学的师资队伍问题，一方面学校人事部门要及时选留和调入我校需要的外语教师，并积极鼓励在职教师攻读研究生或进修提高业务水平；另一方面凡免试推荐为我校英语专业的硕士生，毕业后必须在浙大完成两年服务期。

外语教师超工作量的教学任务，其课时的津贴适当提高。

外语系开设的高级英语班，参照辅修专业收费标准，按学分收费并用以支付这类班讲课教师的酬金及系里其他教学用途。

g. 进一步加强和提高专业英语的教学水平，各系在高年级，每年需要安排一门用英语教学的课程。

h.学校和各系努力创造条件,建立良好的学生外语环境。

2.关于计算机教学

a.设立浙江大学"计算机高级水平证书"。该证书的获得者必须获得省教委组织的二级水平考试优秀水平,通过国家程序员水平考试,再通过学校规定的一组课程考核。

b.加快计算机程序设计课程由课堂讲授为主到机房教学为主的转变过程。为此学校将建立有足够数量的计算机机房。

c.加快普及C语言程序设计教学。从1997年开始,使它成为我校程序设计课的统一语言。

d.进一步提高微机原理课程的水平。根据不同的要求,设立2～3种类型的微机原理课,学生可根据需要选择一种类型进行修读。

e.制定浙江大学计算机高级水平考试大纲,并为学生开设相应课程。

f.各系要进一步加强计算机应用的训练。

六、教学质量评估和考试制度

我校的教学质量评估几年来已初步形成了自己的体系,其中包括以相对量化办法对系级教学水平的考评(即评估),以定性和定量相结合的办法对课程的评估标准,以督导组听课和学生调查表相结合,用计算机作统计对每门课的教学效果调查,并且已付诸实施。为了配合这个教学改革纲要的实施,学校将对各种评估指标作相应的改动。

1.在对系级的考核评估中,需要加进关于课程内容现代化的成果、在培养能力方面的实施情况和成效、在拓宽专业和执行学分制情况及学生英语四级优秀率,学生各种竞赛的成绩等方面的考核,并将这些项目作为重要的考核指标。

2.在课程类评估中,要加强对课程内容和教学手段改革的考核力度。

3.对每门课的调查评估,1996年将全面展开,并以它作为教师教学质量好坏的重要依据,也作为对一个教师是否要继续聘任的依据之一。

4.继续做好教学督导组工作,督导组对教学质量检查的结果,也是教师是否要继续聘任的重要依据。

关于考试,这是衡量学生学习水平的最重要的方法,除了继续执行现有的所有规定外,为了适应浙江大学的发展目标,需要对考试再采取如下的措施:

1.要加大考试的难度,以逐步体现一流大学的水准。为了做好这件事,每门课的考试要做到有10%～20%的题目应超出教师的讲授内容和要求,也就是说,一个浙大的学生,一般情况下最多只能考90分,只有那些特别优秀、且能超出教师的讲授范围阅读过一些参考书的学生,才能取得90分以上的成绩。

2.对于一些不便于笔试的课程,且人数不多的话,可以采取更灵活的方式,比如口试或者开卷考试加口试的办法来进行。

3.对学习成绩很差,平时作业完成不好,考试成绩却不错或有人举报但未被抓获的作弊者,教务处、系领导或任课教师有权责令这些学生重新进行考试,并且以口试方法进行。主考教师组由系领导、教学秘书及聘请的有关教师组成。

4.在适当的时候,在教务处领导下,成立浙江大学考试中心,由专职人员负责浙江大学的考试质量。考试中心的任务是：

· 收集国内外高校及本校的试题；

· 组织分析对比考试的难度；

· 试卷的印刷、检查；

· 研究评分方法，随机抽查试卷的质量和评分；

· 研究考试方式的改革；

· 研制及收集试题库，不断扩大考教分离的课程数量；

· 加大考试难度的检查和研究实施办法。

5. 从 1995 年开始，录取新生均需在浙大参加数学、物理、外语的统一考试，以确定学生的真正程度，便于全校学生成绩的对比，并可统计一些为今后招生作导向的数据。

七、教学经费投入

为了进一步深入教学改革，提高大学生的综合素质，加强人才培养，使整个教学水平再上一个台阶，学校将统一规划，提供各种教学的支撑条件，做好以下教学基本建设：

1. 近年内，扩大本部计算机机房，筹建基础部(三分部)计算机机房。

2. 建立浙江大学多媒体实验室。

3. 建立若干个先进、实用的外语语音教室。

4. 筹建多功能教室，推动 CAI 工作，推动教学手段的现代化工作。计算机程序设计和需要动态显示图形、图像的课程，及其他需要利用计算机等现代工具教学的课程，要逐步安排在多功能教室授课。1996 年开始在基础部同样要建立一定数量的多功能教室。

5. 筹备建设浙江大学工程设计基地，供各类工程设计课及培训工程设计优秀学生使用。

6. 进一步积极推进 CAI 研究、推广工作，采取自己研制和购置成熟的 CAI 软件相结合的方针。

7. 配合国家的“面向 21 世纪教学内容和课程体系改革计划”，学校要全面开展相应的课程内容改革，并提供一定的经费支持。

8. 要保证图书资料建设，以支持教学改革深入发展的需要。

9. 国家教委的“理科人才培养基地计划”已全面实施，“文科人才培养基地计划”也已起步，我们也需要考虑相应的措施，以实现浙江大学有一个强大的理科，适应社会需要和发展的经管学科，以及一个具有特色的文科。

10. 学校筹集资金争取在 2000 年之前建造一幢现代化的教学大楼，以保证教学用房的需要，同时更重要的是提供一个教学手段现代化的场所，使相当大一部分课程从一般在课堂教学转移到实验室及具有先进设施的现代化教室中进行。

11. 学校要结合“211 工程”的实施，落实教学部分的“211 工程”规划，努力实现教学设备的全面改造工作。

12. 要做好教学资源的合理配置，凡重要的公共基础实验设备、教学基地要由学校统一投资，统一管理，提高设备使用效率。

学校对教学的基本经费投入将适应形势，作进一步改革：

1. 教学经费，保证每年逐步增长，讲课酬金每年适度增加。

2. 各辅修专业的收费标准与学生学费收费标准并轨，即按同届学生每年学费的 50%作为一个辅修专业的最高收费标准,不同的辅修专业可有不同的收费标准,由各系自行确定,但不得超过规定的标准。

辅修专业的收入全部用于教学,其中70%为开设专业系的酬金,18%为各系的教学课程建设基金,其余交学校用于教学管理的各项支出。

3.其他教学收入,也要规范分配政策。

4.学校和各系应积极筹集资金,或建立教学基金,以支持教学改革的进行。

5.学校保证"211工程"中教学实验室的建设。

6.关于教学编制的宏观划分,原有的编制分配需做适应修改,制定一个新的方案,该方案要符合以下原则:

·有利于拓宽专业,淡化专业,符合"加强基础,注重素质,突出能力,面向一流"的战略目标。

·保证每个专业的办学基本编制;

·要照顾到专业(或系)的实际招生人数,但在学习过程中转系的学生数,每个系临时增加的开课数等均不与编制挂钩。

八、1996年教学计划的制定

1995年本科教学的重要任务之一是要制定好作为"九五"计划的第一年的教学计划,这次修订的教学计划应体现本纲要的指导思想,深入讨论教育思想,提高认识,深化改革,并要遵守以下原则:

1.要认真贯彻"加强基础,注重素质,突出能力,面向一流"的面向21世纪的战略方针。

2.每个专业(或系)学生的毕业学分控制在167(四年制工科)、200(五年制工科)和157(四年制文、理、经管)。并确定一个各类课程的合理比例。

3.与按大类招生配合,学生入学第一年课程按大类安排,其计划由教务处会同有关系制定,公共课由开课系拿出方案,通过一定步骤讨论决定,各系在上述基础上制定二年级以上的教学计划。

4.要充分注意课程内容与课程结构的改革,凡是陈旧的、重复的、照顾性的课程,一定要下决心取消、合并或改造。

5.工科要充分重视工程设计,文理各科要充分注意学生自学能力、综合能力的培养。

6.加强经管、人文学科对大学生综合素质培养重要性的认识,保证这类课程的数量与质量。

7.现行的教学计划,要创造条件尽快向新教学计划过渡。

结束语

浙江大学的教学改革,现在仍是很关键的时刻,兄弟院校的前进步伐,使我们更处于逆水行舟的境地。学校里再大的问题也没有培养人的问题大,也没有教学改革、学校建设的问题大,因此,我们必须从教育思想入手,踏踏实实地进一步深化教学改革。同时,学校将积极筹措资金,弥补严重不足的教学经费,以满足教育发展的需要。

浙江大学档案馆藏,档案号:ZD-1995-JX11-35-1

(二)教学管理

1. 日常教学管理

浙江大学关于贯彻高等教育部指示解决学生学习负担过重问题的报告
(1955 年 3 月)

一、传达指示概况

我校接高等教育部"关于研究和解决高等工业学校学生学习负担过重问题的指示"后，首先于 3 月 14、16 两日两次在校长办公会议进行研究，提出贯彻该指示的具体办法草案，18 日又在系主任汇报会议上进行讨论修改。同时将指示全文印发给每一教师，通过工会组织生活进行学习，3 月 22 日，召开了校务委员会议，经过热烈的讨论，通过了贯彻高教部指示的具体办法及保证贯彻执行具体办法的决议(具体办法及决议另附)。

通过上述措施，教师们基本上对学生学习负担过重问题引起了重视，但对于学生学习负担过重的原因及对减轻学生学习负担措施办法的看法则尚不够一致。部分教师在检查造成学生学习负担过重的原因时，明确了教师教学方面的原因是主要的，不应过分强调学生基础差、学习方法不好等客观原因。特别在校务委员会议上，明确了教研组如何更好地组织教授发挥集体力量改进教学，是保证贯彻决议的关键

二、各系各教研组贯彻情况

在这样的基础上，各系各教研组根据学校制订的具体办法，分别进行了一些工作：

首先加强了对学生自学时间的控制，根据指示精神，按每个学生每周平均工作 54 小时的标准，修订了学生自学指示图表(原来为 57 小时)。为了减轻学生学习负担，争取按计划执行学生自学指示图表，不少教研组及教师对自己的课进行了研究，适当减少了作业分量和教材内容，特别对课程设计的要求和分量重新作了研究。如光学仪器教研组将零件设计中一些次要部分及制图减去，在保证基本上仍达到零件设计的主要要求的原则下，将课程设计减少了一半自学时间，用来增加专业课的自学时间。又如工业与民用建筑专业三年级学生本学期要做 5 个课程设计，造成负担过重，教师在春假前布置了许多作业，学生春假不能休息，经学生向学校反映后，土木系采取了措施减轻课程设计分量(如木结构课程设计不画详图，即以草图代替等)，保证学生在春假获得了一定的休息。

后来学校又具体规定除专业教研组以生产实习为中心外，其他教研组均应以减轻学生学习负担作为教研组的工作中心。

各系各教研组在改进教学法工作方面也做了一些工作。当时适值苏联专家巴然诺夫正在我校讲学，曾就减轻学生学习负担问题进行座谈。专家指示：教研组的教学法工作，在很大程度上决定着学生的学习负担是否过重问题，不应该单纯去精简教材，这个谈话也给了我们一些帮助。如电机系各教研组着重研究了教学法工作，通过教学检查，加强了实验的预习工作，明确了目的性，减少实验分量，从而提高了实验质量。又抓住了讲课环节，组织教师重

点听电机原理讲课,并就主次的划分、教材的系统性、教学中的分寸、培养学生的思考能力以及黑板的运用等方面做了极深入的讨论。他们也加强了对学生学习方法的指导,曾发动三年级同学对二年级同学介绍学习方法;个别教研组对同学进行了怎样听课和怎样记笔记的指导报告,同学反映有收获。土木系各教研组如施工、结构等组、都对讲课,习题课、课程设计等环节的教学工作做了具体研究,提出改进办法。化工系及公共科目教研组都针对自己的情况作了一些改进教学的工作,如分析化学教研组开出的实验多,便着重研究改进实验,加强实验的准备工作。普化教研组加强了相互听课,物理教研组组织教师学习莫洛托夫动力学院关于物理课的课程进度计划,深入体会苏联工科大学物理课内容的主次问题和应有的分量;力学、制图等教研组都在某些教学环节上作了初步检查和准备进一步改进。由于部分教研组教师已开始重视学生学习负担过重问题,而有了一定改进,少数教师在学习上有较显著的转变与进步。最近,为了贯彻全国高等工业学校综合大学校院长座谈会精神,切实防止考试期间学生负担过重,对于一、二、三年级考试门数一律控制在5门之内,个别的如土三级学习负担过重,考试门数则从7门削减为4门。考查门数亦做了适当削减。并要求教师在考试期间加强对于同学的复习的指导。5月19日教务处并召开了公共教研组主任会议,研究了如何正确进行考试考查和指导同学进行复习,防止在考试期间学生负担过重。

三、最近学习情况

根据11周的了解,经过上述的措施,各班学习情况一般有些好转。如化工系各班普遍转好,化工四、化工三、化工二各班都能将实际学习时间控制在54小时以内,化机二、工分一等因个别课程讲课质量差,学习耗时较多,但也能控制在56至59时之间。土木系二年级亦较正常。其他机械、电机系各班及一年级各班学习负担都有减轻,但问题还未基本解决。如一年级方面虽然有的班执行学习计划较好,平时亦能休息;但据第10周13个班的调查统计,每人实际负担学时数超过54小时的控制数还很远,在54至56时之间的只有5个班,57至59的5个班,60以上的3个班。电专二方面因课程设计需时较多,个别学生负担有达70小时者。情况最严重的是土三,学生学习紧张,部分学生午睡也不休息,个别的开夜车,造成健康下降。

5月,二三年级已先后开始考试,机械、电机、土木一年级专修科及土木一年级本科,均已于6月1日开始考试;机械、电机、化工本科及工业分析专修科一年级均将于6月15日开始考试。

根据第15周一年级10个班学习情况统计:本周平均每个学生实际学习时间为54小时者1班,55到56者1班,57到59者4班、59至61者2班。

目前已考试的班级一般情况尚好。主要是减少了考试门数,教师适当加强了辅导,同学们结合优秀班的开展,在考试期间抓紧了温课迎考工作,适当安排体文活动。最突出的譬如过去学习负担情况最严重的土三级,在考试期间,学习、健康活动各方面情况,都远较平时正常,学生感到轻松愉快。个别的班如发配电三年级,由于个别全年课程考试分量较重,而教师平时教学质量不高,导致考试期间曾出现紧张现象。

对于一年级工农班的同学,除由辅导工农班教师加强辅导外,视具体情况分别缓考某些较困难的课程,使得集中力量考好几门可以考好的课程。

四、存在问题及今后意见

一、学生学习负担过重的原因是多方面的。关于教学计划方面存在的问题,高等工业学校综合大学校院长座谈会后已经比较明确,除一年级本科统一教学计划已将本校意见报部,由部统一修订外,二三年级及专修科一年级的教学计划,我校已依据校院长座谈会精神修订完毕,即报部审批。

二、我校在解决学生学习负担过重问题方面,虽然做了一些工作,但各教研组工作开展情况是不平衡的。由于在本学期新的工作较多(如第一次贯彻和领导毕业实习、毕业设计、课程设计等工作),客观上存在一定困难,部分专业教研组对怎样开展教学法研究工作未有效地贯彻高教部的指示,是做得不够的。但是问题并不只在于这些困难。主要的是部分教师认为“学少一点,学好一点”的原则很难贯彻,认为“少”和“好”是难以统一的,而学校在这方面做的具体工作也不够。如机械系有的教师过去要求偏高,嫌哈工大、清华等兄弟学校的讲义太简,甚至嫌苏联专家的讲义也太简,有的采用五年制的课程设计标准而不加删减,有的在专修科采用本科内容比重还有增加。但是学校也没有具体总结贯彻“学少一点,学好一点”的较好的教学经验进行宣传推广,对于不能贯彻“学少一点,学好一点”的教师的原因进行具体分析予以解决。因此,目前我校在解决学生学习负担过重问题上,所做的工作还大多偏于适当减轻作业分量和教材内容,对于细致地研究教学大纲深度广度,提高教学质量方面的工作,做得还较少,下学年必须切实抓紧教学法的工作。

三、毕业班毕业设计正在开始,但据土四情况,由于所规定完成作业的预计时数远低于实际完成时数,学生负担较重,目前正抓紧解决,以吸取经验,防止其他毕业班发生类似情况。

浙江大学档案馆藏,档案号:ZD-1955-XZ-65

浙江大学贯彻执行高等教育部“关于研究和解决高等工业学校学生学业负担过重问题指示”的初步方案

(1955 年 3 月)

一、贯彻执行的几个方面

(一)全体教师必须认识学习苏联和中国实际相结合,稳步提高教学质量,贯彻全面发展的教学方针。在制定教学文件和具体进行教学工作中必须贯彻“学少一点,学好一点”的原则。

(二)教务处和系行政必须加强对教研组工作的具体指导和经常检查监督。各教研组必须协同合作,密切配合,对目前教学情况及教学法工作等作经常认真研究,坚决建立并严格执行计划和平衡学生课外作业的制度。注意改进教师的教学方法和学生的学习方法,严格掌握平时测验不要过多。

(三)教研组必须认识教学计划、教学大纲的正确贯彻,只有通过积极改进教学工作,才是克服学生负担过重的最有效的办法。因此,教研组领导全体成员积极开展教学法工作,不断提高教学水平,特别重要。教务处和系行政应特别注意总结教学经验,及时交流推广,以迅速提高全校教师的教学水平。

二、贯彻执行的几方面的具体内容

(一)关于执行统一教学计划和过渡性教学计划方面:

(1)继续了解执行统一教学计划中存在的问题,提系主任汇报并在会议上研究后向高教部反映。

(2)我校过渡性教学计划,除四年级因开出毕业设计、结业作业影响,须重行修订外,其余各专业过渡教学计划,应根据指示"从现有的教学基础出发,适当地接近统一教学计划"的精神,由各系重新审查修改。(1)每学期课程门数不宜过多或过少,一般为 7 至 8 门,个别学期至多不超过 9 门。(2)本科三年级的每周时数,应以 32 学时为度,四年级每周以 30 学时为度。此项工作限 3 月底以前完成。

(3)对于学习专业有困难的学生,经校长批准可以免修俄文,但一年级学生暂以缓修方式解决目前困难,争取以后作一定程度的补修,一般不要求全部补足。

(二)关于执行统一教学大纲和拟订教学大纲草案方面:

(1)贯彻"学少一点,学好一点"的精神,教研组应切实掌握该教学大纲的广度和深度,由教研组集体讨论研究出该学程的主次章节,统一教学。

(2)如某一课程在执行统一教学大纲确有实际困难时,教研组可以提出修改意见,删减次要部分,但事先须报校长批准。

(3)对于未颁发统一教学大纲的各学程,原则依据上列(1)项意见办理,并尽可能与外校交流经验。

(4)对拟订的各课教学大纲草案,应切实注意该学程在整个专业教学计划中的地位及其最低限度的要求。着重掌握该教学大纲的广度和深度。

(三)关于教学工作的组织方面:

(1)讲课:

1.教研组应切实领导教师订好全学期的教学日历,依照部颁表式规定的项目,详细填写,由教研组集体讨论审查,系主任批准,然后切实据以执行。教学日历内应具体规定各个教学环节的课外学生自学时数。已订的教学日历如不合规定,或制订不合实际,应即修改或补充。

2.教师应认真学习苏联专家所介绍的苏联教师讲课经验。根据教学大纲,以一定的逻辑的连贯性向学生讲授这门课程的基本问题,同时应该在高度的科学水平上,用简单的语言来进行讲解,正确估量学生程度,掌握学生学习情况,不断改进教学,提高学生听课的效率。

3.教研组主任应定期进行检查性听课,发动各有关教师相互听课,并定期在教研组会议上研究教师的教学情况,交流经验并提出改进意见。

(2)习题课:

1.正确执行教学日历对习题课所规定的内容,习题课做不完的作业,不得在课外补做。

2.郑重考虑习题课的目的性以融会课程理论及巩固课程内容为主。

3.充分估计学生水平,使作业不过难过易,以促其能独立思考为度。

4.估计学生可用的自学时数,控制习题分量,坚决防止习题作业占去了复习时间的情况，习题要慎选有代表性的，不宜要求过多。

(3)测验—适当地减少测验次数，一般应在一个学期内，各门课程的测验总共不得超过5次。而在教学计划内规定有习题课或实验的专业课程，可以不举行测验。

(4)实验—斟酌具体情况，可以增加每一次实验的时间，从而相应地减少实验次数，使学生能在规定的时间内写好实验报告。并应拟订每一种实验报告的标准格式，以使简化学生写实验报告的工作。

(5)课程设计—教研组在拟定和发学生作业时，以及在领导学生进行课程设计的过程中，必须指导学生首先解决课程设计的原则性问题，尽量减轻学生在计算和制图方面的技术性工作。

(四)关于学生自学工作的计划安排问题：

(1)第6周起按原定各课学生自学时数的定额，按照比例普遍由每周57小时左右减低到54小时。

(2)继续统计学生自学时间，检查各系及公共科目教研组的具体执行情况，随时予以监督纠正并提高其效果。

(3)根据具体执行情况，作必要的调度或调整。

(五)关于加强关心工农干部学生的学习方法：

(1)根据工农干部学生的特点，加强特别辅导，必要时作业分量可以酌减。

(2)已开的特别班可以适当精简教材。

(3)对非工农干部而学习上困难很大的学生，亦可以根据具体情况，适当地减轻作业及增加辅导。

(六)关于教学情况的检查方面：

(1)继续听取班长的汇报(系掌握二、三、四年级，教务处掌握一年级。)及时解决学生学习上的各种问题。

(2)重点检查系及公共教研组的工作(由校长室及教务处分别组织人力进行，计划另定。)。

(3)检查专业课程的实验进行情况。

(4)各系及教务处掌握重点班级，取得指导学生自学工作的经验。

浙江大学档案馆藏，档案号：ZD-1955-XZ-65

1956年口试情况通报(节选)[①]

(1956年2月28日)

本月21日开始至26日止，全校已有61门课程进行口试，参加考试的学生共2271人次，其中获得优等成绩的占41.8%，良好的占36.4%，及格的占18.2%，不及格的占3.3%。教师们都普遍重视改考前对学生的辅导答疑工作，考试学生的考试准备情况都比较正常，但

① 本篇原载教务处1956年2月28日引发的《考试情况内部简报》第一号，标题为编者所拟。

部分班级存在过分紧张影响健康的现象,如电制532,有半数学生晚上失眠,特别是一年级学生精神过分紧张和失眠现象比较普遍。

根据初步了解,有以下情况和问题可供各系、组研究:

(一)评分的方式方法

1. 有的先生给学生评分时,并简要地向学生指出哪些问题,回答得不够全面或有错误,哪些问题回答的比较好,有的还向学生指出学习中存在的问题,这样对学生很有帮助,但有的先生评分时未向学生作任何解释和说明。

2. 有的先生在学生正在回答问题时,镇静地听取学生回答,并简要的记下学生回答中存在的问题,到学生回答完毕后再提出。有的先生有时在与学生谈话中插入语句,要求学生讲得详细一些或补充某一问题因而引起学生慌乱现象。

3. 有的先生给学生评定成绩后又感不够正确,马上向学生索回记分册更改成绩,这样容易造成学生对教师感到怀疑,最好避免。但有的先生认为"只要差不多就行了",也不够认真。我们认为对于个别难决定成绩的学生可不当面评分以后再研究决定。但个别先生因初次主考感到当面评分没有把握,每天考到最后一人时,将所有成绩经过复审后,才向学生宣布,并发还记分册,这样做是否妥当,还值得研究。

4. 个别先生口试,对学生态度不够好,如某先生看得学生在考试纸上,图画得不正确,字写得不好,便带着讽刺的口吻对学生说:"图应该画得像图,字应该写得像字"。

(按苏联专家倪克勤在关于"在高等学校里如何进行考试"一文中曾指出有一点很重要,就是在考试时,教师随时要以关心和镇静的态度对待学生。教师不应提高嗓子,不应急躁地表现,甚至当学生表现出他的知识太差,或是有对课程完全不了解时,也不应该对学生有任何的责备,这是为了使学生在考试时不慌张。因此我们感到上述教师的态度是不够适当的。)

上列评分工作中的一些问题,各系、组应加以注意和研究,总结各种经验,肯定成绩,改正缺点。

(二)结合考试检查教学工作

1. 有的先生在考试中感到学生回答问题不够系统缺乏综合能力,因而发现由于课堂讲授不够系统,平时对学生独立思考能力的培养注意不够。

2. 有的课程考试成绩比较差,发现过去课堂讲授未能完全解决问题,许多概念学生未弄清楚,实验课教师未很好指导,对学生帮助不大。

3. 有的先生反映通过口试,把学生学习中未弄懂的问题都记下来加以研究,对自己改进今后教授内容和方法有很大的作用。最近有不少教研组主任和教师开始或准备旁听别的教师进行的口试,以便了解和研究教学工作中的一些先进经验和存在的问题,这种现象是值得提倡的。

教务处

1956年2月28日

浙江大学档案馆藏,档案号:ZD-1956-XZ-49

对本学期考试工作的几点意见

(1958 年 12 月 18 日)

本学期各系、专业和各年级上课和生产劳动、科研时间安排各不相同。据了解，上课情况大体可分为三类；

1. 本学期主要是参加生产劳动和科研工作，未上课或很少上课的有 6 个年级，即铸造四、冶金四(未上课)，化燃四(上课两周)，化燃三(上课 2.5 周)，无机三、硅酸盐三(上课四周)。

2. 仍能按照原教学计划进行教学的有 18 个年级(电机系 5 个，土木系 5 个，矿冶系 3 个，数学系 2 个，物理系 3 个)。

3. 因参加生产劳动或科研工作，不能完全按照原定的上课周数进行教学，但相差不大的，全校有 51 个年级(电机系 12 个，机械系 4 个，土木系 5 个，化工系 20 个，矿冶系 9 个，数学系 1 个)。

为了配合教改，我校决定在 20 周(即 1 月 5 日至 1 月 11 日)全校停课考试。对本学期考试安排的意见如下：

(一)本学期各门课程要不要考试：

1. 属于上述第一类，即未上课或很少上课的专业年级，本学期可不进行考试。

2. 属于上述第二、第三类，即本学期仍按原计划上课或虽未按原计划上课，但相差不大的按下列三条原则进行：

(1)基础课和基础技术课本学期已按计划结束的，应按原定计划进行考试或考查。本学期未结束的可以不考试，只进行考查。

(2)专业课程因与勤工俭学、科研活动能密切结合，且专业课公益性和结构性的内容比较多，用一般的考试方法不易检查成绩，其中有的课以后要重编讲义。凡不在本学期结束的课程，可以不进行考试，只进行一般考查，但在本学期已结束的课程应按原计划进行考试或考查。

(3)有的专业采用“单课独进”的课程，可采取总结评定的方法或进行一次考查。

(4)劳动课应进行一次总结评定(特别是有的年级整个学期劳动未上课的，应作深入总结。考核办法由教务处即将拟出草案，再交各单位研究)。

(二)考试时应防止学生和教师单纯追求表面的考试成绩分数，而忽视了更重要的是通过考试更深入地掌握理论与生产实际知识的一面。因此在考试中要面向学生，走群众路线，采用一些新的考试考查方法，如教师出题，学生做完后用民主评定的方法。各门课程考试考查的具体方式(用笔试考试或小组评定等)，应由任课教师事先报名，系领导审批后执行。

(三)考试时间的安排问题：

考试日期，一般应排在本学期结束的最后一周，但应考虑结合教改进度，最好安排在教改告一段落时进行考试。考试的周数应控制在一周之内，考试课程门数，每周根据以上原则应控制在 2—3 门内。视考试门数科适当减少考试时间(不少于 1 周)。

(四)本学期不能按照原计划结束的课程，不应赶进度或过多削减必要的内容，强求结束，影响教学质量。据我们了解，这类课程为数不多，各系应具体掌握，必要时可顺延到下学期继续进行,并重新安排下学期的教学计划。

(五)本学期结束日期问题:

本学期的教学工作应按原订校历于2月1日前结束,原则上确定不放寒假,但春节应予放假一周。下学期的开学日期,视教改运动发展情况以后再做决定。

教务处

1958年12月18日

浙江大学档案馆藏,档案号:ZD-1958-XZ-83

关于当前教学方面的情况①

(1961年9月21日)

本周是新学期开学以后的第三周,从两周来的教学情况来看,教与学两方面的情况基本上是好的。目前教研组的工作一般都抓得较紧,能认真积极安排教学工作和实验室的工作,制订出教研组的活动计划,并初步开展了教学活动,对师资培养工作各系都很重视,也抓得紧。如第一系411等教研组,对师资培养工作做了具体安排,将教师分为三种类型,分别提出具体的要求与做法,规定新教师都要参加观摩听课做习题,以加强理解程度;要求辅导教师本学期至少进行一次习题课经验交流会。其他,第三、第九、第十二系也都抓得及时,研究了具体措施,如帮助提前毕业的教师补课,补做毕业论文。第九系还拟定了"3年至5年的师资培养规划"。目前教师积极性较高,他们反映:"这样安排以后,今后方向明确了,有了奔头"。教师在个人备好课的基础上,能主动参加教研组的活动,改进教学方法,提高课堂效果。从第九系的情况来看,由于教师充分备课,讲课内容较充实,学生反应较好,认为大多数教师讲课效果比过去提高,如仪器制造工艺学,学生对这门课的意见很多,现在学生对教师讲课感到满意。据了解,其他系的教师对当前课堂讲课效果都较为认真负责,学生反映一般还好。从学生的学习情况看来,各年级的学生的学习纪律、学习态度都较好,学习风气比过去好,学生在课外到图书馆找资料也比过去增多。如801专业58班过去学习风气一向很差,这学期以来学习风气有较大转变,绝大多数都能认真读书,星期天也能抓紧时间学习,不少同学反映这样的学习风气才像个大学的样子。

从两周来的教学情况中,在师生中也反映出几个主要问题:

(1)部分教师的思想不大稳定,情绪有些紧张。由于开学以后抓紧了教学工作,不少青年教师感到压力很大,思想很紧张,提前毕业的教师中感到教学上无本钱很空虚。如青年教师○○说,现在思想很混乱,缺乏的东西很多,怎么补上去?希望回班学习。301、701专业的教师也较紧张,如○○先生说:我们专业的方向不明确,怎么接上去?马上就要有毕业生了,毕业论文自己也未写过,怎样指导?有的教师拼命抓教学和自己的进修,对其他社会工作、行政工作等不大愿意管,如705教研组目前没有人领导和考虑政治活动问题,有的教师

---

① 本篇原载浙大校党委办公室1961年9月13日编印的《情况反映》第1号。

担心自己业务水平低，完成不了教学任务，尤其是未分配工作的教师思想更不安定，考虑自己今后的工作问题较多。

(2)目前学生的思想顾虑较多。

1.低年级学生看到学校严格执行了考试和升留级制度以后，产生恐慌心理，怕学习不好退学回家，尤其是59、60级学生和原杭工转来的一部分学生的顾虑更重。

2.各年级普遍反映功课紧，自修时间不够，感到负担重。一年级新生刚从高中过来，对每周安排27节课，一下不适应，感到紧张；老同学有的班级除每周27节课外，还要补以前落下的课程，每周上课时间超过27节。如十二系1203专业59班每周上课30节，有的每周上课32节。有的班级有的学生经过专业调整以后要跟上学习，也必须补一些衔接不上的课程内容。有的班级除上新课以外，还得准备考试补考等等，因此也感到紧张。有的加班加点赶作业，如内燃机593、594班的同学，晚上加班加点赶作业，有的班级星期天也在赶作业。

(3)考试的成绩差，不及格的学生思想较混乱，有些恐慌怕留级，怕处理回家。如○○601班36名学生参加数学考试，其中13人不及格；602班21人考数学，8人不及格。据反映在这些不及格的学生中，有的学生平时成绩经常是5分。又如八系各专业60级135人参加考试，其中66人不及格，占49%，内有22人是0分。据了解，考试的题目并不难。十三系二年级170多人，考试后一门不及格的96人，2门不及格的29人，3门不及格的6人，4门不及格的2人。目前这些学生思想较为混乱，平时学习成绩好的学生不甘心，要求补考一次，表示补考后再不及格，留级也是甘心的。

(4)有部分学生对这次文化处理反映意见较多，认为文化低就要处理，实际上是对工农同学的打击。如十二系有的工农同学反映："弄来弄去是我们吃不开，平时搞工作是我们，成绩不好要处理回家的也是我们。"有的学生对学校的考试升留级制度一下严格起来是否对，有怀疑。有的学生说"共产党、社会主义，我们双手拥护，其余时间要钻研业务。"有的学生目前只顾埋头读书，对读书以外的工作不愿意干，认为读书不好，要留级、要退学回家，其他工作不搞不要紧。如十二系○○专业572班○○说："卫生工作叫行政干部搞好了，我们是来读书的。"

(5)新同学中个别的学习纪律松弛，有的学生的专业思想不稳定，如十四系的新生，目前思想尚未稳定，认为地质工作无尖端可攻，但至少比上大学好一些。经济困难的同学对助学金未评发，思想不大安定，有的无钱买菜票。

(6)原杭工转来的预科生，因工资问题学习情绪也不稳定。原杭工对预科生的工资是按照原工资发给，来浙大后要按照比例发工资，有的经济困难的同学感到坚持不下去。如采矿60班的○○已打报告，要求回原单位工作。

党委办公室
1961年9月21日

浙江大学档案馆藏，档案号：ZD-1961-XZ-95

关于当前学生的学习负担情况①

(1961 年 10 月 8 日)

最近,我们调查了○○系○○专业 61 级,和○○系学生的学习负担情况,并参加了教务处召开的教学秘书会议,现将所有了解的情况反映如下:

(一)

从○○系○○专业 61 级和○○系学生的学习情况来看,主要问题有:

(1)讲课。课堂讲课的内容较多,学生消化不了,教师没有及时下班辅导。如○○专业 61 级,从开学到现在,数学、化学教师一次也没有去辅导过,学生意见多。有的教师备课不够认真,课堂教学质量不高,尤其是高等数学和化学课,同学对这二门课的反应较大,如化学教师做实验时很不熟练,手忙脚乱往往打翻药瓶。61 级的实验是在晚上做的,每次要做到迟至 11 点,有时做到 12 点,同学回寝睡觉将近 1 点。第二天上课同学打瞌睡,课堂效果不好,影响教学质量。

(2)有的课程习题分量重,往往超过 1∶1 的学时,尤其是高等数学,一次课布置 10 来道题,按 1∶1 计算,同学实际完成作业的时间是超学时的,由于同学忙于赶作业,没有时间复习功课,影响到教学质量。

(3)有的课程安排不甚妥当。如 61 级,星期一上 7 节课,星期二上 8 节课,星期四除外语 1—2 节,体育 1 节外,整个上午没有课。同学反映:星期一、星期二两天脑子是昏昏沉沉的。

目前 61 级的周学时数,双周为 28 节,单周为 26 节,课内外时间比较之比为 1∶1,但学生实际完成作业时间往往超过 1∶1。根据该两班班长、团支部书记、学习委员和 20 名同学的漫谈,普遍反映时间不够用,做作业时间超过 1∶1,没有复习功课的时间。同学是为了赶作业而作业。如○○住的房间,是 10 位同学,从来不午睡,都在中午做作业,绝大多数的同学午睡都是打折扣的。午睡时间取消后,也有部分同学利用中餐时间做作业,大多数同学吃完晚饭后就坐下做作业,直到 10 点,有的到 11 点才睡。课外活动时间也在做作业,休息时间很少。两班共 101 人,其中 90%的同学都感到疲惫,精力不足,有的感到身体消瘦了。他们认为身体疲乏的原因:一是文娱活动没有组织开展起来,生活上很单调,整天是上课、作业、吃饭、睡觉。一是为赶作业而占用休息时间,目前少数同学认为自己的身体而犯愁,担心长期下去影响身体健康,尤其是 50%—60%学习困难的学生思想顾虑更大,害怕功课跟不上,不及格要留级回家,又担心身体吃不消。

(二)

从教学秘书会议上反映出来的有关情况来看,各年级的学生学习负担程度各不相同,不能一概而论。从到会 7 个系的汇报来看,一般情况还是很好,未发现什么严重的问题。但有的系反映在某些年级或某些专业的功课安排、作业负担方面有些课程紧张。例如:6 系反

---

① 本篇原载浙大党委宣传部 1961 年 10 月 8 日所编《情况反映》第 3 号。

映,目前61年级的负担不重,没有加班加点的情况,从表面上看来是不紧的。但实际上完成了作业就没有复习时间,只做作业不复习功课,影响到教学质量。60班劳动才结束,未发现什么问题。○○58班是从各专业抽调过来的,每周安排27学时,但加上需要补的课,周学时为31—35学时,学生反应紧张。○○专业58班,一次考查三个问题,5分的1人,0分3人,其余都是2分、3分。原因:(一)考查时间短,只有5分钟,(二)无课本,讲课内容多,笔记记不下。○○专业57班,除周六下午以外,每周25节课,学生反映紧张。

7系反映,○○专业59级,4门功课都是主要课程,每次上课都有习题布置,有的课习题较多,学生感到紧张。有的同学晚饭一吃就回去做作业,有的开夜车做作业,没有复习时间。紧张的原因:(一)教师对学生要求高,课程内容生。(二)课程安排上不大适当,双周紧单周松。(三)讲课的质量不高。(四)学习方法上有问题。

八系反映,○○专业59班,第四周有3个实验,8个题目,再加上作业较多,学生感到紧张、无头绪,忙于做作业,无时间复习功课,影响到教学质量。

12系反应,学生感到功课紧,少数学生不愿当班干部,怕时间被占用,作业完不成。有时各门课程之间相互联系不够,同时布置了好多习题,学生感到压力重。○○专业五年级增加了一门选读课程4学时,动力结构学4个学时或工业电子学4个学时,每周为28学时,目前课程设计已经开始,学生的负担量较重。

13系反应,一、二、三年级反应时间紧,作业多,没有时间复习。一年级外文进度快,两个星期上四课内容,学生消化不了。○○一年级的俄语,要学生背全部课文,一次习题4—5个,做作业时间需要花一小时;数学每次布置习题,学生加班加点赶作业,如○○61班每晚经常有10多个同学做作业到10点以后才睡;○○61班有5—6个同学都在中午赶作业。

该系统计了○○专业591班一周以来的课内外学习实际使用情况,发现课内外时间以1∶1计算,每周课外时间超过23学时。如机械原理6节,有6道题,学生实际完成作业需要10学时,按1∶1计算,超过4学时;电工5学时,作业复习7学时,超过2学时;材料力学3学时,复习作业5学时,超2学时;物理4学时,实验报告6学时,超2学时;外语翻译超过7学时,到本部做一次实验超过6学时。

14系反映,一、二年级第一、二周不紧的。现在高等数学分量较重,一次习题大的8个,小的12个,现在有的同学就反应紧。原因:(一)课程安排不大适当,双周较紧。(二)教师讲课不大清楚。(三)作业量重。(四)方法上有问题。

党委办公室
1961年10月8日

浙江大学档案馆藏,档案号:ZD-1961-XZ-95

601专业各年级执行教育计划的情况[①]

(1961年12月20日)

我们以1959年原订教育计划(此计划是参照59年6月份教育部青岛会议精神制订的)为根据,比较了57级、58级、59级、60级这4个年级执行教育计划的情况,现分述如下:

(一)1959年原订教育计划

课程门数:28

课堂教学总学时:3437

各主要教学环节周数分配如下表:

	课堂教学	劳动	考试	生产学习	毕业设计	机动	假期
第一学年	32	10	4.5				4.5
二	32	10	4.5				4.5
三	28.5	10	5	4		2	4.5
四	27	10.5	5	5		2.5	4.5
五	17	8	2.5	5	15	3	1.5
合计	136.5	48.5	21.5	14	15	7.5	19.5

(二)57级(现五年级)执行教育计划的情况与59年原订教育计划的对比

第一学年(57年下半年—58年上半年):课堂教学36周,比59年原订计划(32周)多4周;劳动没安排,假期10周,比59年原订计划(5.4周)多5.5周。

第二学年(58年下半年—59年上半年):课堂教学31.5周,比59年原订计划(32周)少0.5周;劳动11周,比59年原订计划(10周)多1周。

第三学年(59年下半年—60年上半年):课堂教学26.5周,比59年原订计划(28.5周)少2周;劳动9.5周,比59年原订计划(10周)少0.5周;假期4.5周,与59年原计划相同;另增加课程设计6.5周,生产实习没有安排(59年原订计划安排4周)。

第四学年(60年下半年—61年上半年):由于执行计划中变动较大,而且没有把执行计划的情况记录下来,故无法与59年原订计划进行对比。

从57级前三个学年的情况看,3年课堂教学的总周数比59年原订计划相差不大,并略多一点(1.5周),虽然第一学年的假期要比59年多5.5周,但因第一学年没有劳动安排,第二、三学年中课堂教学、劳动、假期的安排与59年原订计划相比都基本相近。第三学年中虽安排6.5周课堂设计,但59年原订计划中有机动时间2周,生产实习4周,两者共6周,这6周57级就用在课程设计中去了,因此都不影响到课堂教学周数的减少。

由于前三年来总的课堂教学周数比59年原订计划还要多一些,因而三门公共课的教学时数比59年原订计划也多一些,而3门基础理论课以及13门基础技术课共16门课程,其

① 本文原载浙大校党委办公室所编《情况反映》第13期(1961年12月20日)。

中6门课要比59年原订计划的教学时数略有增加，有9门课程的教学时数比59年原订计划要少一点，但由于其中某些课程的教学时数减少的比较多，如数学59年原订计划为304学时，而57级实际执行的是228学时，要少76学时，因而对同学的数学基础知识方面受到一定的影响。另外由于第三学年中没有安排生产实习，这也是一个薄弱环节。

(三)58级(现四年级)执行教育计划的情况与59年原订教育计划的对比

第一学年(58年下半年至59年上半年)：课堂教学28.5周，比59年原订计划(见下表，下同)少3.5周；劳动12周，比59年原订计划多2周。

第二学年(59年下半年至60年上半年)：课堂教学30周，比59年原订计划少2周；劳动9.5周，比59年原订计划少0.5周。

第三学年(60年下半年至61年上半年)：课堂教学24周，比59年原订计划少4.5周；劳动4周，比59年原订计划少6周，假期11.5周，比59年原订计划多7周，另增加科研2周。

从以上三个学年情况看，课堂教学周数比59年原订计划都要少，主要原因：第一学年是劳动时间安排过多，第三学年是假期增加很多。

由于前三年课堂教学周数比59年原订计划总共要少10周，故3门基础理论课、12门基础技术课，总共15门课程当中有14门课教学时数比59年原订计划都有所减少。其中比较显著的如：物理59年原订计划208学时，58级实际执行为182学时；金属工学59年原订计划为72学时，58级实际执行为40学时；电工基础59年原订计划为224学时，58级实际执行计划为198学时。在减少课程学时当中，有两种情况：一种是某些课程(如金属工学)，虽然课堂教学时数减少较多，但通过生产劳动，帮助同学们获得一部分重要的实践知识，一定程度上弥补了课堂教学的不足。另一种情况是，某些基础理论课程(如物理、化学)不仅压缩了课堂教学时数，而且内容也相应地压缩，造成了学生在基础理论知识方面有些薄弱，同时某些技术基础课在压缩课堂教学时数，打算放到一些现场去讲，但实际执行中没有落实，有些内容学得不够系统和牢固。

今年8月，根据前三年执行教育计划的情况，参照61级新的教育计划的精神，修订成58级过渡教育计划。拿此过渡教育计划于59年原订计划比较，如下：

	59年原订计划	今年修订的过渡计划
课程总门数	28门	28
课堂教学总时数	3437学时	3112
课堂教学周数	136.5周	121.5
劳动教学周数	48.5周	35
考试教学周数	21.5周	16
机动教学周数	7.5周	2
假期教学周数	19.5周	37.5
毕业设计教学周数	15周	16
生产实习教学周数	14周	8.5
科研		6.5
其他	略	

总体来看，58级前三年执行教育计划当中，由于部分课程不适当的压缩了课堂教学时

数,一定程度上影响到了知识的掌握,但并没有出现停掉某门课程不开课的情况。所缺的是机械零件课程设计,原应在第三学期进行,执行中被挤掉了,现在准备下学期补足。现在的问题是在最后一年半专业课教学中要考虑到58级学生前三年某些基础课程比较薄弱的情况,适当引伸基础知识,以弥补这些方面已经存在的缺陷。

(四)59级(现三年级)执行59年原订计划的情况

第一学年(59年下半年至60年上半年),原订教育计划的规定,课堂教学32周,劳动10周,考试4.5周,假期4.5周等,实际执行与教育计划规定的周数分配是一致的。

第二学年(60年下半年至61年上半年),原订教学计划规定课堂教学32周,实际执行24周;劳动10周,实际执行也是10周;考试5.5周,实际执行2周;假期4.5周,实际执行10周等。这一学年课堂教学比原计划少8周,主要是因为假期增加了5.5周,下厂劳动、技革的时间也还比较多。

今年8月份修订的59级过渡教育计划与59年原订教育计划对比:

课程总门数:未变。

课堂教学总时数:	原订3437,	今年修订3287;
课堂教学(周数):	原订136.5周,	今年修订128.5周;
劳动:	原订48.5周,	今年修订32周;
考试:	原订21.5周,	今年修订15.5周;
假期:	原订19.5周,	今年修订53.5周;
毕业设计:	原订15周,	今年修订16.5周;
生产实习:	原订14周,	今年修订9.5周。
其他:	略	

从59级头二年执行教育计划的情况看,主要问题是:①第二学期课堂教学周数压缩较多,因而原订在第二学年要开的有8门课程(政治、体育不计在内),要完成的是5门课程,实际执行中开了7门课程(机械零件与机械原理拖下未开),完成的是4门,这样,就有二门课程拖到第三学年,造成第三学年课程比较集中。而且这次课程比较难读(计有外文、金属工学、机械原理、机械零件、电工基础、电工计量、变压器等),所以显得比较紧张。从今年修订的过渡计划上看,今后有些课堂教学时数仍略有减少,但课程门数未做删减,各基本教学环节也能按计划完成。②据学生反映:物理、数学、外文等基础课程学得不够好。如物理、去年大搞教育革命时,有些人认为物理内容可以大减,意见不统一,去年下半年好长一段时间不开课。原计划要讲112学时,实际只讲18学时。加上该学期既不考查又不考试,学生也学得比较马虎,因为当时正是讲电磁场理论部分,没有学好。

数学也是同样的原因:去年下半年原计划讲80学时,实际只讲了63学时。

由于进度过快,关于场论部分没有学好,如拉普拉斯变换公式,现在不少人不能运用。由于物理中的电磁场理论和数学中的场论部分学得不够好,影响到现在学电工基础和工业电子学都有不少困难。外文头二年学的是大连工学院的教材,与专业联系很少,学生学的信心不大。至今读了三年,离开词典根本不能看外文,依靠词典最快每小时也只能看2页外文。

(五)60 级(现在二年级)执行教育计划的情况与 59 年原订教育计划的对比

60 级进校时曾作为教改试点,当时的入学计划(60 年 9 月拟订)规定劳动 50 周,科研 50 周,课堂教学 104.5 周,课程总门数为 26 门,课堂教学总时数 3000 学时。这个计划实际上只执行了半年,因矛盾很多,故今年上半年又回到了 1959 年的计划进行。

60 级第一学年(60 年下半年至 61 年上半年)执行教育计划的情况是:迟入学 1 周,形势学习 4 周,因健康情况不好停课 2 周,寒假多放 1 周,劳动 9 周,这样实际课堂教学只有 21 周,比 59 年原订教学计划规定少了 11 周。由于第一学年课上得少了,又给第二学年带来两方面的影响:①有些课程拖了下来,造成目前课程集中,难读课程就有 4 门(电工基础,材料力学、数学、物理),而且这些课程的进度不得不适当加快,这是造成学生课业负担重的主要原因。②造成原 4 个学年某些课程的课堂教学时数不得不加以压缩,但因为以后时间还长,这方面问题不大。

今年 8 月修订的 60 级过渡教育计划课程门数为 28 门,课堂教学周数为 129.5 周,课堂教学总学时为 3405 学时,比去年 9 月拟定的教学计划在课堂教学时数方面已经增加了 1/4 左右,与 1959 年原订教学计划对比,也已基本接近。总的来说,60 级的主要问题是第一学年上课少了,第二学年比较紧张。

浙江大学档案馆藏,档案号:ZD-1961-XZ-95

关于制定提高 58 级学生学习质量的计划的几点意见

(1962 年 2 月 21 日)

为了正确贯彻执行党的教育方针,切切实实提高高等学校工作条例关于不断提高教学质量的要求,我校本学期的工作要点规定,从本学期开始着手,加强领导,采取有力的措施,以提高比较薄弱年级的学习质量,并要求各系、各专业首先制定提高 58 级学习质量的具体计划。在具体计划中,应该切实体现积极认真、因材施教、树立信心、鼓足干劲、统一安排、承认差别的精神。根据这一精神,特别制定出该项计划有关事项的意见如下,希参照执行。

(一)必须明确制定计划的指导思想,正确掌握提高质量的要求。

首先,必须明确制定计划的积极性。58 级从入学到毕业的 5 年期间内,将是全面经历贯彻执行党的教育方针的第一个年级,切实有效地积极提高这一年级的学习质量,对今后的教学工作有着深远的意义。它不仅为今后各年级不断提高教学质量提供经验,更重要的是它体现着我校贯彻执行高等学校工作条例的实际行动,将为我校进一步正确贯彻执行党的教育方针打下良好基础,因此必须明确这是一项积极的措施,认真教育教师学生,切实掌握这一精神,充分调动积极因素,为完成这一重要任务而努力。

其次,计划应建立在对 58 级以往三年半的教学工作的细致深入的调查研究,正确全面评价的基础上,既要根据不同专业不同类型学生的情况,分析必须加强的薄弱环节,又要研究各方面的有利条件,以明确方向,便于发挥各方面的积极性,满怀信心,鼓足干劲,努力提高质量。据初步了解 58 级通过三年来贯彻执行党的教育方针的实践,学生在政治思想水平方面有着显著的提高,无产阶级的阶级观点、劳动观点、群众观点和辩证唯物主义观点已经开始逐步树立,学习的目的性也逐步明确。在业务学习方面,经过各个环节的实践,已经对学过的内容基本上达到了教学计划的要求,有些课程以及教学内容,甚至比57级还有新的进展。通过生产劳动和实际工作的锻炼,这些方面的实际知识和操作能力也有了一定的基础,这些都是58级的有利条件。在这个基础上,只要切实加强领导,采取有力的措施,充分调动广大师生的积极性,通过今后一年半的继续努力,到毕业时,将有可能达到较以往年各个年级有更高的质量,这是主要的基本的,这是我们首先要充分估计到的情况。另一方面,也要看到在贯彻执行党的教育方针的实践过程中,由于我们对处理一些新的问题缺乏经验和工作中存在某些缺点,在这个年级的业务学习上还存在的一些缺点,有的也还是比较严重的,主要表现在某些基础理论学习不够深透,掌握不够巩固,具体表现在:

1. 部分专业的基础课程一方面增加了一些新的教学内容,另一方面却还压缩了一些学时,因此教授进度过快,以致部分重要的内容讲得不够深透,个别内容甚至没有讲授。

2. 由于在一个时期中对习题课和实验课等环节不够重视,加上有一些课程的作业较少,因此,部分学生的基本计算技能还不够熟练,独立实验技能也较差,有的甚至某些基本操作还很不熟练。

3. 部分学生外文基础较差,外文阅读能力不够,阅读速度一般较慢(每小时约能阅读1000—2000印刷符号),少数学生(包括多数工农同学)至今基本语法还掌握不够,阅读困难较大。

4. 此外,有些专业虽然经过生产劳动等实践,掌握了一定的感性知识,但还没有完全掌握教学实习的全面要求,个别专业中,某些课程必要的课程设计还没有进行。

再次,由于各专业存在的问题在范围大小和程度轻重上各不相同,因此,各系在制定计划时,必须从实际出发,根据因材施教的原则,以多数学生能够达到的水平为基础,具体情况进行具体分析,针对不同的对象,提出不同的要求。根据初步了解,几年来我校各个专业58级的教学情况,大体可以分为以下几种情况:

第一种情况,教学计划规定的教学内容已经基本上进行完毕,而且基本上符合教学要求。

第二种情况,教学计划规定的教学内容虽已基本上完成,但也有的课程或教学环节缺了一些课,个别的甚至没有进行。还有个别基础理论课没有达到相应的质量要求。

第三种情况是个别专业由于种种原因,教学计划没有按要求完成,某些重要的基础课和教学环节没有进行,或虽已进行,但质量尚未达到应有的要求。

除上述三种情况外,有的专业还存在一些其他情况,在同一专业内不同的小班、在同一小班内不同的学生也会由于原来基础不同,学习过程中教学安排和专业变动等原因,而存在着不同的情况。因此必须认真地、仔细地分析研究,区别对待,以便使工作要求和措施切合实际,恰如其分。对第一种情况的班级,应该要求在提高当前专业课程教学质量的同时,进一步巩固充实基础理论,熟练基本技能,力求达到较好的质量水平。第二种情况的专业,应要求在学好现有课程的同时,巩固已掌握的知识,补上薄弱环节,切实达到应有的质量,并尽可能争取适当的提高。对第三种情况的专业,应要求在保证主要专业课程的教学质量的同时,认真补好最基本的理论课与基本技能,务必使学生把基础理论、基本技能和必要的专业知识切实地掌握起来，达到应有的基本的教学要求。其他情况的班级和学生亦应根据上述精神，针对具体情况，提出恰当的要求。

(二)在制定计划时，必须从实际出发，既要对过去学的薄弱环节积极的加强，又要抓紧当前和今后学习课程提高质量；既要研究从教的方面，采取措施，又要注重从学的方面，采取措施充分发挥广大学生的主动性；既要积极提高教学质量，又要落实学生负担过重。因此，对今后一年半的学习要作全面考虑，通盘安排，以免顾此失彼，有所偏颇，应注意以下几点：

1.必要的基础理论和基本技能有缺少的，其主要部分应予补上；对虽有缺少，但与整个质量没有重大影响的，如时间不够，可不补。

2.对虽已学过但没有符合质量要求的课程，如有必要的基本概念应予补上；对质量影响不大的，可以不补。

3.外文水平，应要求大多数学生可以在毕业时能够达到阅读一种外文专业书的水平，阅读速度要达到每小时2500印刷符号以上。少数外文基础较差的学生，阅读速度的要求可以适当放低一些。个别工农学生的外文和其他基础都较差，困难确实很大，除补好其他基础课以及今后继续学习专业课程外，确实已无力再补上外文的，经本人申请，系主任严格审查批准(应报教务处备案)可准其免修外文。

4.没有达到认识实习要求的，一般不再补认识实习。对其中某些必要的内容，可结合今后生产实习适当补上。对于某些课程缺做课程设计的，如确属十分必要，应予补做。非必要的，可以不补。

5.补课方式方法要从具体情况出发，讲求实效。有些内容如结合今后专业课和其他环节的教学中补课的效果较好，则应结合这些课程和环节的教学中去进行，不要一律采取单独补课的办法；不能结合的，则应另做安排，也不要勉强结合。

6.对学习特别优秀的，不但不需补课，而且有较好的条件，能够加深提高的学生，本着因材施教的原则，在学好教学计划以内课程的基础上，亦需采取特殊措施，力求提高加深。具体办法如下：(1)自学为主，教师辅导答疑的办法，提高各学生学业的专长及其发展方向，有计划地指定阅读课外材料。(2)增加习题。(3)增加较深的一些实验。(4)尽早安排一些较高的设计任务。以上，各专业要统一安排，不要各门课程齐头并进和齐头压下。

为了便于在必要时调整教学计划及安排教学时间起见，针对有关问题，可按如下规定办理：

1.在教学计划的安排上，第一种情况的专业，仍按原定教学计划进行。第二、三种情况的专业，尽可能按原教学计划进行安排，如需补课较多，原定的教学计划却已不能安排时，可适当地调整58级过渡教学计划的具体安排，但不能改变学制。

2.个别专业或少数学生需要补课的时间较多，必要时可以适当地减少毕业设计或论文时间，但不能少于12周，以保证毕业设计(论文)的基本要求。

3.在调整过渡性教学计划时，由于补课需要，对个别非必要的课程，可以改为选修，或适当精简内容，压缩学时。

4.对个别专业或少数学生必须利用假期补课时，可以根据自觉参与原则进修。暑假补课时间一般不超过三周，每天学习适当安排时间，注意劳逸结合。

5.个别专业或部分学生补课需要时间较多，采取上述措施后仍无法安排，可根据实际情况,适当减少劳动时间,给予必要的安排。

(三)为了定好计划,并且使计划落实,必须加强政治思想工作,抓紧具体组织工作。首先,要加强对师生的思想政治教育,统一认识,调动师生积极性,保证教好学好。其次,对这一新的工作在进行过程中,要加强请示报告制度。关于加强58级学习质量的计划,凡属需改变原教学计划的,应经系主任审查提出意见,报学校批准后执行。凡不需要改变原教学计划的,经系主任审查批准后执行,同时报教务处备案。今后在执行中遇到重大问题,需要变动时也应按照此手续办理。对各专业58级现有班组织不作重新调整,以免引起混乱。同时,各系要有专人分工或成立专门的小组负责,经常检查计划的贯彻执行情况,以便及时发现问题,总结推广行之有效的经验。

教务处

1962年2月21日

浙江大学档案馆藏,档案号:ZD-1962-XZ-147

教学研究的方向与方法[①]

(1963年3月26日)

解放以来,我校在党的领导下,在全校师生员工的积极努力下,和全国其他兄弟学校一样,各项工作在不断前进,教学质量在不断提高,特别是贯彻党的教育为无产阶级政治服务,教育与生产劳动相结合的方针以来,社会主义教育的方向更加明确了,教学工作的面貌发生了很大的变化。进一步克服了业务脱离政治、教学脱离生产、理论脱离实际的现象,为我校进一步培养学生有社会主义觉悟、有文化的劳动者的目标打下基础。1961～1962学年开始试行高等学校暂行工作条例(草案)以来,我校各方面的工作在原有的基础上又向前推进了一步,取得了很多新的进步与发展。高等学校工作必须以教学为主的思想更加明确了,教学秩序逐渐适应了提高教学质量的要求并更趋稳定。进一步调动了师生教与学的积极性,发挥了教师的主导作用,良好的教学风气正在逐步树立。进一步重视了加强基础理论和基本知识教学以及基本技能训练,获得了初步的成绩。去年在传达、讨论和初步贯彻高教会议精神之后,60条的精神在我校教学工作方面得到进一步具体化的贯彻。学生学习负担过重的情况,比以往有所改进。因材施教方面采取了设置加选课和在课外作业、课程设计、毕业设计等方面规定基本要求与加深要求等措施。对少而精问题,也经过不少讨论,采取不少办法,逐步注意了从学生的实际出发进行教学,因而学生知识学到手的情况,比以往有一定的进步。这些成绩,反映了我们当前教学上总的情况是很好的。

上述成绩和我校全面工作发展的趋势,表明几年来社会主义教育方向愈来愈明确了,党的教育方针的贯彻执行愈来愈具体深入了,教学工作愈做愈细致了,我们的教学经验也愈来

---

① 本篇为王谟显副校长在第二次教学研究会上的讲话,原载《第二次教学研究会情况简报》第1号(1963年3月26日),标题为编者所拟。

愈丰富了。从教学工作发展的过程来看，教学经验的积累，是全体师生在党的领导下，经过艰苦的摸索过程而逐步积累起来的；教学工作的进展，是我们在贯彻党的教育方针过程中不断地总结经验，发现问题。解决问题而逐步取得的。回顾过去经历的道路也是曲折的，不少工作是经过摸索、试验解决了问题逐步取得经验的；有些问题则是经过几次反复然后才明确起来的；有些问题还曾经产生过缺点或某些错误，总结失败的教训，经过改进，才使工作前进了一步。

现在，我们的任务是要在现有工作基础上，进一步深入地具体贯彻高教60条，在教学工作方面，要求切实做到"既要保证教学质量，又不要使学生负担过重"，这就要求我们进一步学习、领会高教会议提出的"少而精、学到手"等原则的精神，并在实际教学中认真贯彻执行。这方面我们虽然已经做了不少工作，但是也不可避免地存在一些问题。为了精益求精，使今后工作减少盲目性，有必要召开教学研究会，通过全校性的教学研究会，在发动广大师生员工进行调查研究，总结经验的基础上，解决当前存在的主要问题，以便做到有计划，有领导地不断提高教学质量。

我们的教学工作，在社会主义的教育过程中，已经积累了不少的经验。但是要把社会主义的教育规律深入地体现到教学工作的各个方面，则对我们来说，仍然会感到经验不足，还需要我们不断学习领会党的教育方针和政策，通过实践，不断地去充实和发展。

要解决进一步不断提高教学质量，不断推进教学工作，需要进一步解决的问题是多方面的。在学校里，教学工作并不是孤立的，因此，研究教学工作，必须在坚持党的教育方针和60条思想的指导下来进行。我们这次会议，就是在党的方针、政策、思想的指导下，着重研究教学工作本身存在的问题，首先是要解决教学工作的指导思想问题。只有在指导思想上统一了认识，有了基础，然后才能正确地通过实践，获得预期的效果。

教学工作内部问题很多，关系也很复杂，如果我们不是从指导思想上而是单纯地从技术问题上去解决技术问题，是会迷失方向的。

目前教学工作在前进过程中存在的问题和现象是很多的，例如：(1)在教学内容上贯彻少而精原则时，有的教师虽也觉得相对于教学计划规定的时数来说，本门课程的教材内容过于庞杂需要精简一些。但在具体研究怎样精简时，又觉得处处都重要，没有地方可以删去，下不了决心。例如物理系大纲实现了少而精，有人认为是走回头路，也有人认为多而精有什么不好，为什么少而精？这样孤立地从为精减而精减出发考虑问题，是不能正确达到目的的。(2)又如，一个班上同时进行的课程之间，有的主干课教师认为本门课程的学习负担重一些是应该的，学生也是乐意的，而有的非主干课的教师又怕学生不重视，被"挤掉"，而用多布置作业、多提问、多测验等办法来使学生重视，课程之间互相争时间的现象还有存在。怎样才能保证主干、照顾一般，合理安排做到互相配合，也要有个统一的认识。(3)还有这样一种现象，学生在学习教学计划中某些后修课程时，有时不能运用或联系先修的课程，于是就出现了后修课程与先修课程之间的一些争论，对怎样才能使先修的和后修的课程在不同的地位上完成统一的教学计划规定的培养任务，就必须有一个统一的认识。(4)又如现在还有不少学生在课程设计时，加班加点现象很严重。有的甚至挤掉了其他课程的自习时间，也有挤掉生产劳动时间的。这个问题为什么长期没有解决，首先也还是要研究指导思想。(5)也还有一些讲课教师，还没有在习题课和实验课中发挥主导作用，而把这些环节交给辅导教师去管。有的辅导教师与讲课教师没有很好的联系,因此使得这些环节还比较薄弱,在某些地方甚至还出现习题课、实验与讲课要求不一致的现象。怎样充分发挥这些环节的作用,做到要求一致,紧密配合,首先也是要解决思想认识问题。(6)再如教师的教和学生的学中间关系究竟如何处理。有教师反映学生学习方法不好,课外学习单纯做习题,不注意复习功课;而学生反映教师布置作业过多,要完成作业,就挤掉了复习。这样的问题,应该如何看待,怎样解决,也要有个统一的认识。(7)在培养学生独立工作能力的问题上,学生反映教师辅导帮助不够。教师反映学生有依赖思想,独立思考不够。怎样才能发挥教师主导作用培养学生独立工作能力,也必须先解决指导思想问题。(8)还有一个严重的问题,就是我校实验室工作,还不够理想,连老专业在内,实际开出的和应该开出的实验只有60%左右。在去年升职工作时,大多数提到教师能独立开课,很少提到实验室工作,有的甚至把实验室工作认为是次一等。也有的觉得搞实验的同志的理论水平要和专搞理论的同志去比,却没有提到专搞理论的人的实验技能和搞实验的同志去比一比。也有些实验会把主要责任落在教辅身上。在工业大学中,这些现象究竟是什么问题呢?很多兄弟学校安排实验室的专职队伍,我校各教研组究竟是怎样来支配人力的呢?我认为应当彻底调查研究一番,究竟应该怎样解决呢?我们虽然要重视理论,但不能忽视实验。

上面提到的这一些现象。看起来涉及的面很广,归纳起来主要是对下面几个关系的认识问题,即(1)数量与质量的关系;(2)教与学的关系(管教管学问题);(3)理论与实际的关系;(4)愿望与效果的关系;(5)全面与局部的关系。要正确认识并处理好这些关系,使主观逐步接近客观,首先要解决教学的指导思想问题。这次教学研究会就是要通过统一思想,提高认识,明确具体方向,使我们逐渐减少教学工作中的盲目性,使我们可以更有计划、有步骤地贯彻60条和高教会议精神,实现“既要保证教学质量,又不要使学生负担过重”的要求。

解决思想认识问题的首要关键是调查研究。通过实事求是地从各方面对学生知识学到手的实际效果的深入细致的调查研究,经过认真的分析,从中总结出成功的或者失败的经验,就实论虚来求得对一些主要问题思想认识的基本一致,逐步明确教学工作的指导思想。

教学工作的面很广,可能存在的问题也不少。这次会议不可能解决所有的问题。有的问题有可能在提高的基础上得到解决,有的问题则有待今后继续研究解决。因此,关于这次调查的范围,从全校来说是包括教学的各个方面:调查内容可以是关于一门课程的分析,或者是一个教学环节的分析,也可以是几门有关课程之间质量关系的分析或者几个有关环节质量关系的分析,也可以通过对一个小班学习情况的分析来看教学质量的关系,甚至也可以从毕业班挑几个典型学生从对他们五年学习情况的分析来进行研究等等。各系要根据具体情况既要广泛发动群众,又要掌握重点,以便集中力量深入重点,通过典型达到解决统一思想提高认识的要求。同时,要通过这次会议推动经常性教学研究工作,不断发现问题,解决问题。

调查研究的方法,也要从各系、各教研组、各课程和环节的实际情况出发,采取切实可行的办法,不强求一律。据某些兄弟学校的经验,具体做法上可以采取有重点地对学生进行某些课程基本内容的测验,或者与有关的教师或学生进行座谈和质疑,或者从历年来的教材、习题、作业等进行比较分析。有条件的教研组也可以分派一些教师深入学生小班与学生一起听课、自习,进行一个时期的直接观察和体验等办法。但是,这些办法只能提供参考,我们还是要从本身具体情况出发，不要生搬硬套。其次调查工作必须防止从主观出发寻找材料的做法，要做到材料正确，能如实反映情况，根据材料经过认真的分析研究写出总结。分析问题要实事求是，有些问题没有得到解决的，就要寻找原因；有些问题已经通过实践得到解决了的，则可以总结解决这些问题的经验。总之，既要提出问题，也要肯定成功的经验。

再强调一下，上述情况还很不全面，仅供大家在调查和研究中的参考。

浙江大学档案馆藏，档案号：ZD-1963-XZ-48-4

关于59级教学和今后安排情况汇报

(1964年2月4日)

一、59级以往几年教学的基本情况

全校有28个专业，有应届毕业生共计1999人，比58级还多一些，是我校历来毕业生人数最多的一届。毕业生人数超过100人的有四个专业(机制126人，工民建122人，无线电121人，硅酸盐103人)。在28个专业中有11个专业的应届毕业生中有些人曾变动过专业，有的专业有从三个其他专业转来的学生，如金相59级81人中19人从电真空专业、24人从金压专业、41人从冶金系统专业转来；有两个专业的部分学生是从专科转来的；也有些学生曾转过两次以上专业，如有的学生从机械系转入三部，再从三部转入化工系。

59级学生以往几年的教学，总的来看：由于种种原因，有不少专业学生的基础理论课程和部分基础技术课程学得不够巩固，或不够完整，如电机591班当时未学普通物理、电工基础，后虽然改了回来，但仍然影响了这两门课程的学习质量；水机59级(从杭工转来)《机械原理》和《材料力学》合并为《机械力学》，教学质量较差；从三分部转来的学生外文少学一年，等等。整个59级的政治理论课只学了一门哲学或政治经济学，个别学过自然辩证法，党史均未学，因此系统的政治理论有所不足。然而，专业基础课和专业课由于贯彻执行了高校六十条，加上教学秩序比较稳定，教学环节比较齐全，因而一般都学得比较好。

几年来，尤其是1963年3月教育部发出关于改进高年级学生教学工作的指示后，学校对高年级的教学工作曾专门做过研究和布置，各系各专业教研组也都加强了对59级的教学工作。第一，加强了对应届毕业班的思想政治工作。学校的各级党、团组织有计划有步骤地在毕业班中逐步开展回忆对比的阶级教育和社会主义思想教育。一些负责同志和许多干部都深入小班调查研究，针对同学们的思想情况，深入细致进行工作，鼓舞同学们以更大的革命干劲把功课学好。通过历年来的政治运动、思想教育和马列主义理论基础的学习，反对现代修正主义的学习，59级同学的政治觉悟有了很大提高。第二，某些专业适当调整了教学要求，以利学生集中精力学好主要课程。如机制59级、水机59级因学生学习负担较重，就免修了次要课程《热工学》。第三，贯彻了"因材施教"的原则。对部分比较优秀、尚有余力的学生开设了加选课，有的是第二外语；有的是更高深的专业知识或基础理论知识；也有的安排学生听外专业的有关课程，以扩大知识面，有利于深入掌握本门学科。如水机专业安排了一个学业特别优秀的59级学生听应用力学专业流体力学专门组的附面层理论、弹性力学等课程(作为加选课处理)。对于少数学习比较困难的学生，则适当减轻学习负担，免修一

门或二门次要课程,以利集中精力学好主干课程。如河川专业对少数因转专业或学习困难的学生,免修了一、二门次要课程。第四,各专业一般都加强了对学生专业外文的学习指导,积极提高学生的外文水平。第五,对过去教学上的薄弱环节或学习不够好的部分,尽可能安排补课或复习。如各专业对所缺的金属工学教学实习或生产实习一般都尽可能补作安排。电器59级补上了高等数学、电工基础共80学时左右,电机59级在电机学和电机设计两课中对电工基础的磁路方面补了课,无线电59级在无线电基础和微波技术中补了电路基础理论。

通过上述措施和师生的努力,据物理专业、专业仪器仪表、光仪等专业反映,59级的教学质量比58级要高一些。无线电系对三个专业的全部59级学生进行了部分专业基础课,技术基础课和专业课的统一测验。从测验结果来看,无线电系领导同志认为:59级比58级要好一些,但总的来说质量还是不够好。

对于59级学生的学习质量,我们曾要求各专业教研组对学生的学习情况做分类统计。据不完全的统计(缺电器、工企两专业)大致如下:学业特别优秀的学生89人,占毕业生总数的4.7%;学业优良的学生461人,占24.5%;学业中等的学生924人,占49.2%;学习比较困难的学生280人,占14.9%;学习特别困难的学生124人,占6.6%。共1878人。从这里看出,优良以上的同学占29.2%,而困难同学占21.5%。为使这些困难的学生在最后的半年中能够达到本专业的基本教学要求,是下学期各系、组和我处需要共同努力加以解决的问题。

二、今后的安排

59级今后的教学安排,主要是毕业实习和毕业设计、毕业论文两项毕业实习,全校除应用力学、物理两个专业外,其余各专业都已安排落实。应用力学59级的毕业实习,中央批准安排了几个厂矿单位,但厂矿单位实际接受数量很小,如上海汽轮机锅炉研究所,中央批准安排20人,而该所实际上只同意接受2人,因而该专业只能有一部分人参加实习。物理专业原子核物理专门组的毕业实习很难安排,中央有关部门没有给予统一安排;理论物理专门组要求在毕业论文结束后再下厂进行实习,现尚未安排落实。该教研组打算,如果实习无法安排,则拟在校内安排实习,如装置收音机等无线电设备,以加强实际技能训练。

毕业设计(毕业论文)工作,各系各专业教研组对题目选择、指导力量安排、学生分配等都已做了研究和安排,有些尚只是初步安排,尚未最后落实,有的已具体落实并向学生做了宣布。由于题目尚未全部报来(目前只报来少数几个专业),因而对于题目的性质、类型等还无法统计和分析。从地区安排来看,在校内进行毕业设计、毕业论文的有1520人,占毕业生总数的76%;在校外进行毕业设计、毕业论文的有479人,占24%。具体分布如下:上海254人,南京16人,无锡15人,戚墅堰24人,常州6人,苏州2人,安徽30人,山东6人,天津6人,湘潭22人,太原5人,长春12人,沈阳6人,萧山14人,嘉兴16人,长兴4人,杭州41人。

留校的1520人中,初步确定有97人不做毕业设计或毕业论文,改做结业作业,占毕业生总数的4.9%,其中16人是做读书报告或文献阅读报告。计铸工6人、机制3人、热能9人、化燃1人、无线电30人、电真空9人、半导体7人、工民建1人、应用数学8人(另有几人未定)、应用力学8人、物理5人、化学8人。

为了尽可能提高应届毕业生在最后一个学期的学习质量，各专业教研组准备采取一些措施，大致如下：

1. 对一般的同学（包括学业比较优秀的同学和学习比较困难的同学）：

在毕业设计（毕业论文）方面，对中等同学加强指导，结合复习和巩固掌握基础理论、基本知识、加强基本技能（制图、计算等）的训练。对学业比较优秀的同学，设计（或论文）的要求高一些，一般有专题部分。对学习比较困难的同学，设计（或论文）的要求的低一些，主要是基本训练，一般不做专题部分。另外，还尽可能安排补些课或其他环节，如：电机、电器、发电、塑料等结合补些课程；专业仪表、化燃、硅酸盐等补回些实验；化机补全金工教学实习；电器、塑料等补到厂矿参观，增加生产实际知识；电器补生产实习；应用力学专业固体力学专门组增开讲座；机制、工企、化自等不少专业进一步通过设计抓外文水平的提高，等等。

2. 对学习特别困难的同学：

据各专业不完全统计（缺二个专业），学习特别困难的同学有 124 人，除塑料、工民建、物理光仪三个专业没有特别困难的同学外，其余各专业都有。各专业对特别困难的同学采取的措施大致有：这些同学的学习得不好是由于学习思想、学习态度上不够正确，因而，首先要对这部分同学加强思想教育，端正学习态度；加强对毕业实习的指导，通过实习进一步增加生产实际知识；毕业设计（论文）减轻分量，降低要求，注意基本要求，派有经验的教师指导；对部分同学决定不做毕业设计（论文）改做结业作业或读书报告、文献阅读（初步确定有 97 人不做毕业设计、毕业论文，其中有一部分不是特别困难的同学，而是比较困难的同学）；免修次要课程，如有的免修专业外文，有的免修次要专业课程；补课，补薄弱环节，如化学补实验、河川补水机、补水文地质实习；对有不及格课程的同学，安排一定时间复习和补考。

3. 对学业特别优秀的同学：

据各专业统计，全校有 89 个学业特别优秀的学生，由于各专业掌握的标准不一，因而这个数字尚待进一步研究和审核。各专业对学生特别优秀的学生采取的措施大致有：动员和组织他们报考研究生，在考前加强辅导，帮助他们复习好功课；毕业论文、毕业设计安排中，题目要求较高，加强专题部分，派水平较高的教师指导，引导他们做较为深入的钻研，或结合教研组科学研究项目进行；结合毕业设计（论文）安排阅读较多的外文资料，以进一步提高外文水平。

从我们了解的情况来看，有些专业对毕业班同学尤其是困难同学的安排不够具体和落实，如有的专业对困难同学没有提出具体措施，经我们的提示后才做了安排。因此，要求各专业教研组进一步检查对毕业班教学工作的安排情况，并力求具体落实，力争本系毕业班的质量在原有基础上再提高一步。

以上情况，请予审示。

教学科

浙江大学档案馆藏，档案号：ZD-1964-XZ-153-3

关于当前复课闹革命的几项意见

(1968年9月9日)

〔68〕浙大革教字第8号

正当我校无产阶级革命派紧跟毛主席的伟大战略部署,向一小撮阶级敌人发起猛烈进攻,夺取无产阶级"文化大革命"的全面胜利的时候,又传来了我们最最敬爱的伟大领袖毛主席关于教育革命的最新指示。

全校革命师生员工怀着深厚的无产阶级感情,纵情欢呼毛主席最新指示的发表,热烈欢迎毛主席派来的工人毛泽东思想宣传队进驻我校并且永远领导学校。

我组经过学习讨论,对下一阶段教育革命中的几个问题提出如下意见,望各单位参照执行。

一、大海航行靠舵手,干革命靠毛泽东思想。毛主席的最新指示是我们将无产阶级教育革命进行到底的战斗纲领,是反修防修的百年大计,给我们教育革命指明了方向和道路,是彻底摧毁资产阶级教育制度的锐利武器。全校革命师生员工必须把活学活用毛主席的一系列最新指示放在首位,各小班、教研组,科室各部门大联委要在工人毛泽东思想宣传队的领导下,在每天2小时毛著学习的时间里切实组织好学习,并结合"从上海机床厂看培养工程技术人员的道路"、"工人阶级必须领导一切"、"上海机械学院两条路线的斗争看理工科大学的教育革命"等三篇重要文章,认真学习,深刻领会,为全面落实毛主席的一系列教育革命最新指示,夺取我校无产阶级教育革命的彻底胜利而奋斗。

二、广泛、深入地开展革命大批判。(略)

三、坚决贯彻执行复课闹革命的伟大方针,首先复好每天2小时的毛著学习课,搞好革命的大批判,搞好清理阶级队伍。自9月23号开始各专业师生应恢复一定时间的业务课。为保证清理阶级队伍的开展,各专业安排的时间包括自修、辅导、实验、教师讲课、参观等,每周不得超过12小时,其中教师讲课不得超过6小时。遇重大活动如开会、游行等,业务课应停上,以后不补。视运动发展的需要,必要时业务课停止。业务教学一定要贯彻"批判中学,批判中教;边教学,边改革"的原则。各专业都应主动地与有关工厂联系,邀请有实践经验的工人同志来校讲课,保证工人阶级在业务教学上的领导。

四、坚决贯彻执行毛主席关于培养无产阶级教育革命事业接班人的指示,彻底改变知识分子脱离工农、脱离劳动、脱离实际的状况。学校在清理阶级队伍的基础上,有计划、有步骤地安排师生分期分批地下工厂、农村进行劳动锻炼,在劳动中向工农学习,和工农结合,彻底改造世界观。在这场轰轰烈烈的伟大的斗批改高潮中,对原有教师队伍加以整顿、改造、重建,建立起一支无产阶级的教师队伍。

五、参加教育革命试点的革命师生要高举毛泽东思想伟大红旗,突出无产阶级政治,在教革探索过程之中,全面接受工人阶级的领导,和工农结合,向工农学习,彻底改造世界观,及时总结经验教训,为全面实现毛主席关于教育革命的一系列指示作出贡献,创造经验。试点除经校革委会研究决定进行的土木系工民建教改探索队、机制五七串连会、半导体教革探索队和准备进行的上炼教革探索队、光仪系办厂试点以外,目前拟不再增加。

六、坚决完成国家交给的科研与生产任务。在保证学校搞好革命、国防科研、教学的前提下,机械工厂、光仪车间和有条件的实验室在可能条件下利用现有设备进行适量的生产。生产经费应按自力更生和节约的原则,确有困难者,少量的经费经教革组批准后可由教育革命经费开支,今后各实验室生产经费由教革组统一管理。

七、根据无产阶级工业革命的需要,从生产实际出发,采取"要什么办什么,做什么学什么,缺什么补什么"的教学原则,办好函授教育和短期训练班,参加业务技术教学的革命师生要虚心向工人阶级学习,接受工人阶级的领导。

以上各条希各单位参照执行。

浙大革委会教育革命组
1968年9月9日

浙江大学档案馆藏,档案号:ZD-1968-XZ-15

关于目前基础课教师调配工作的通知

(1970年8月3日)

浙大革〔70〕69号

各系委员会,各专业连队,各基础课科研组:

为了坚决贯彻执行中央〔1970〕46号文件,抓紧做好工农兵学员进校的教学准备工作,全校各基础课必须在8月10日以前根据下列原则进行调配,逐个落实。

1.原高等数学、原工科力学(包括理论力学、材料力学)教研组教师原则上分到各有关专业连队;

2.原普通物理教研组教师组成几个小组分配到有关专业参加该专业的教学、科研、生产等项工作;

3.原外语教研组教师,除派出少数同志参加两个外语试点班的教学改革工作外,大多数教师暂时不分下去。为解决现有语种不相适应的矛盾,今年下半年集中补习第二外国语,为明年上半年普遍开课抓紧做好准备,同时安排适当的劳动锻炼和外文资料翻译工作。

4.原普通化学、原机械制图、原金工学、原机械零件、原电工学(包括电工基础,电子学)教研组教师,由需要开设这几门课程的专业通过系革委会提出要求,经校革委会教育革命组研究同意,分别由各基础课所属系革委会派出。

5.校革委会教育革命组下设基础课教学改革研究小组(由高等数学、工科力学、外语、制图、电工、金工、零件、普通物理、普通化学教研组各派1人组成)负责各基础课的教学改革经验交流工作。

6.原高等数学、原工科力学、原普通物理教研组分配到各专业连队的教师党、团、人事关系,一律转至有关专业连队,接受该专业连队党支部的领导。其余各基础课教研组所属关系一律不变。

7.各基础课所属实验室一律保留,并指派必要的人员负责实验室工作,担负全校有关课程的教学实验,并逐步改革成为三结合基地。原物理实验室委托光仪系领导,原材料力学实验室委托机械系领导。

8.在基础课调配工作中要自始至终突出无产阶级政治,提倡顾全大局,贯彻执行毛主席的无产阶级知识分子政策,把调配工作抓紧抓好。

以上基础课教师的调配工作,由校革委会教育革命组负责主持进行,有关系革委会必须切实协助,做好教师的思想教育工作,保证调配工作的顺利进行。

浙江大学革命委员会
一九七〇年八月三日

浙江大学档案馆藏,档案号:ZD-1970-XZ-6

关于原高等数学、工科力学、普通物理教师下专业连队参加教育革命的通知

(1970年9月24日)

浙大革〔70〕78号

关于原高等数学、工科力学、普通物理教师下专业连队参加教育革命的问题,经革委会教革组与有关系革委会和广大基础课教师研究,具体方案业已确定,现附后。

基础课教师下专业连队,是我校教育革命中学清华、赶清华的一项有力的措施,它为基础课紧密结合实际,加强针对性在组织上创造了良好的条件。同时,也是为了贯彻落实中共中央〔70〕46号文件及抓紧做好工农兵学员进校教学准备工作的需要。因此,各系革委会、各专业连队必须自始至终突出无产阶级政治,认真做好该项工作。为此要求:

一、突出无产阶级政治,坚决执行党的知识分子的政策,加强对下专业连队基础课教师的领导。根据他们政治、业务、健康情况,迅速落实他们的工作,坚持边使用边改造的原则,正确执行"团结、教育、改造"方针。

二、各专业课教师和下到各专业的基础课教师,应加强团结、互相学习、互相配合、取长补短、协同作战、共同为执行毛主席的无产阶级教育路线,为创办社会主义理工科大学而奋斗。

三、鉴于原高等数学、工科力学、普通物理教师均已下到专业连队这一情况,自即日起撤销原高等数学、工科力学、普通物理教研组。今后各系革委会、各专业连队再需上述三课的教师,原则上在本系、本专业的教师中解决。

四、下到各专业连队基础课教师的党、团、人事、工资关系,一律转至各专业连队,接受该专业连队党支部的领导。

附件:原高等数学、工科力学、普通物理教师下专业连队安排方案。(略)

浙江大学革命委员会
1970年9月24日

浙江大学档案馆藏,档案号:ZD-1970-XZ-6

关于修订72级学员教学计划的意见

(1972年5月27日)

浙大革〔72〕第36号

各系(厂)、专业、学员班,五·七干校,校革委会各组、室、部:

根据省政工组批准我校72级学员补习中学文化基础课的通知精神,原订的72级学员计划需要修订。兹决定凡招收72级学员的专业,要在三年时间以外,统一安排以五个半月的时间补习中学文化基础课程。五个半月的补习课程和三年大学课程应分两个阶段安排。

为了更好地安排好教学计划,根据"全国教育工作会议纪要"精神,对有关问题,已于5月10日由校教革组在各系教革组负责人会议上作了研究部署。现将一些主要内容印发各系,各专业,请结合各自具体情况进行安排。

浙江大学革命委员会

一九七二年五月廿七日

附

关于修订72级学员教学计划的意见

一、补习中学文化基础课阶段

1.从5月15日起,到11月26日止为72级学员补习中学文化基础课程时间,其中教学时间为22周,机动时间2周,暑假4周。

2.补习内容应以中学文化基础课(数学、物理、化学、外语)为主。在保证补好中学文化基础课的原则下,各专业可根据需要与可能,适当安排一些大学的课程。

3.补习阶段教学计划具体安排可参照电机、工企专业的教学计划(见附件)安排执行。

4.补课是否分班进行,是否上大课,请各系根据具体情况会同基础部决定。

5.在分班进行教学中,对文化程度较高的班,数学的教学面要适当加宽、加深,要求在现有教材的基础上发给补充讲义,适当减少课内学时,增加课外学时,提倡自学,增加基本运算的训练。物理、化学、外语也要适当增加内容。

对于不分班的专业,对程度较高的学员也要发给数学补充讲义,供其自学。

各专业要派出教员协助数学教员,做好辅导工作。

遵照毛主席关于"官教兵,兵教官,兵教兵"的指示,注意改进教学方法,发扬学员之间阶级友爱团结互助精神,开展互教互学活动。

6.补课结束,要求数学、物理全校进行一次统一的考核检查,化学课除化工系的学员由化工系负责统一考核检查外,其他专业一般不考。

二、关于三年教学计划安排的补充意见

72级学员三年教学计划安排从72年11月28日起,至75年11月止。教学活动安排至75年11月10日。

1.三年集中安排。

假期　每年5周,共15周。

机动　每年3周,共9周(主要为政治运动用)

拉练　二次,每次3周,共6周

第一次拉练拟安排在73年春。

第二次拉练拟安排在74年11月份。

学农　二次,每次2周,共4周。安排在73年、74年暑假前,参加夏收夏种劳动

毕业总结　2周,安排在最后

学文学工总共为　120周

2.学时

(1)周学时计算:每天上午4学时,下午3学时,星期一、三,五晚上为晚自修时间,每次以2学时计,周学时共计48学时。

下午第四节课为课外活动时间。

星期二晚上为党团活动、民主生活时间。

星期四晚每二周安排一次评教评学活动。

(2)周学时分配:

政治课　7学时

军体课　2学时

学文学工　39学时。

3.学文学工三年总学时为39学时/周×120周=4680学时,要求用于理论教学的时间不少于3000学时。在实践环节中学工劳动一般每年安排六周。

4.加强基础理论课教学

(1)保证基础理论课(包括技术基础课)的教学时间不少于2000学时。

(2)基础理论课的教学要坚持理论联系实际,反对理论脱离实际。要注意学科的系统性,反对实用主义。

(3)要重视基本运算的训练,学员要按规定做作业,交作业,教员对学员要从严要求。

5.在教学过程中,可以根据教学内容,结合生产、科研的几个典型产品(任务)采用分阶段和系统学的教学方法,同时必须根据实际情况,注意采用多种形式理论联系实际。

6.考核问题。

必须实行考核制度。每个专业的主要课程在教完时都必须进行考核,可以百分法记分。平时,根据需要可进行必要的测验。

考核及复习的时间包括在各门课的总学时内。考试的形式,评分的办法,请各系各专业根据毛主席的有关教导,大胆实践,认真总结。

学员每年进行一次思想小结。

各专业应把学员德、智、体三方面情况每年向推荐单位书面反映一次。

7.凡下厂(工地)进行教学、劳动、设计,都必须在教学计划中标明厂名(工地名)地点、下厂时间。

8.各专业的教学计划要求在6月10日前报系,6月20日前报校审批。

附件

电机、工企(合班)补习中学文化基础课教学计划

总学时 48 学时/周×22 周＝1056 学时

政治课 7×22＝154

军体课 2×22＝44

评教评学 1×22＝22

	5·15—6·17 1周～5周	6·19—7·22 6周～10周	△□	8.28—11.18△ 11周—22周
数学	132/208	6/10	6/10	6/9
物理	80/126	/	4/6	5/8
化学	45/45	5/5	4/4	/
外语	49/64	3/6	2/2	2/2
制图	36/36	/	/	3/3
学工劳动	15/0	3/0	/	/

注:1. 分子/分母分子为课内学时,分母为课外学时。

2. △为机动 1 周。

3. □暑假 4 周。

浙江大学档案馆藏,档案号:ZD-1972-XZ-48

关于1970级质量检查的几点意见

(1972年6月14日)

浙大革教〔72〕10 号

根据学校党的核心小组关于当前工作要点的部署,结合 70 级一年半来的教学情况,报请校党的核心小组讨论同意,就 70 级教学质量检查问题提出如下几点意见:

(一)指导思想

以路线教育为纲,学习毛主席的教育革命思想,检查一年半来的教学质量,肯定成绩,总结经验,划清界限,发现问题,分析原因,研究措施,修订教学计划,为提高教学质量,达到培养目标要求而努力。

(二)检查内容和方法

遵照毛主席关于"要把精力集中在培养分析问题和解决问题的能力上"的教导,检查一年半来的教学质量,其中重点检查基础课的教学质量。从检查学员对基础理论的掌握程度和运用情况入手,联系检查教学内容、教学方法、教学态度和教学制度(包括教与学两个方面)

检查方法:①校、系、专业三级党组织有计划地召开学员座谈会,了解一年半来的教学情

况(根据情况,吸收有关教师参加);②组织有关教师检查教学计划执行情况,根据实践环节、考试和平时考查情况,分析各类学员的学习质量;③必要时可以就某门课程进行测验,试题从基础课的运用上来考虑。

(三)检查时间和步骤

1.6月15日,校核心组召开各系核心组负责人、系教革组负责人和70年招生专业支部负责人会议,部署教学质量检查工作;

2.工民建和化自两个专业作为重点检查单位,由各该系核心组负责同志向70级学员和有关教师作动员,组织师生学习毛主席的教育革命指示,发动群众开展教学质量的检查。群众性检查安排在6月23日(星期四)以前,校、系、专业分析研究安排在6月底以前。具体时间使用星期二下午政治活动时间,星期二、四晚上时间。

其他各系各专业可在同时召开学员座谈会,作些调查了解,并组织有关教师进行分析研究。

3.7月中旬学校召开教学质量检查汇报会,由工民建和化自专业重点介绍检查情况和改进措施,同时交流面上检查的情况,着重研究下阶段的改进措施,并初步交流教育革命的经验,为全国理工科教育革命座谈会做些准备。

4.7月10日以前修订教学计划,落实改进(补课)措施。

(四)领导问题

1.教学质量的检查,是关系到培养无产阶级知识分子队伍的大事,请校、系、专业党组织列入议事日程,当作一项重要任务来抓。

2.建议校、系领导同志深入教学第一线,亲自向群众作调查,同群众一起研究解决问题的办法。

3.建议校、系领导同志加强对教学质量检查的政治领导,以毛主席的教育革命思想为指针,注意划清一些界限,以调动教师为革命而教、学员为革命而学的积极性,把无产阶级教育革命进行到底。

浙大革委会教革组
一九七二年六月十四日

浙江大学档案馆藏,档案号:ZD-1972-XZ-48

关于修订73级教育计划的通知

(1975年7月2日)

浙大革〔75〕17号

在学习无产阶级专政的理论,以及学习朝阳农学院办学经验的过程中,73级部分学员提出了继续深入教育革命,批评修正主义教育路线,进一步修订73级教育计划,并将73级的教学时间再缩短3个月的要求。校党的核心小组认真地讨论研究了他们的意见和要求,并请各系和有关专业的领导也进行认真的讨论研究。校党的核心小组认为。在无产阶级专政理论和毛主席教育革命思想的指引下，认真学习朝阳农学院的办学经验，继续深入教育革命，批判修正主义教育路线，大方向是正确的。根据教育革命深入发展的需要，相应地修订教育计划也是应该的。至于学习时间缩短 3 个月或不再缩短，应根据各专业教育革命的需要，按不同情况，分别确定。

现在，有些专业领导和师生，已经进行了学习、讨论研究和修订工作，根据他们进行的情况，就修订 73 级教学计划的有关问题，提出如下意见，望研究执行。

（一）修订教育计划必须坚持以党的基本路线为纲，进一步学习无产阶级专政理论和毛主席关于教育革命的指示，结合学习朝阳农学院经验，进一步批判修正主义教育路线，明确修订教育计划的指导思想。贯彻毛主席的《五·七指示》和“七·二一”指示，学制要缩短，教育要革命，要无产阶级政治挂帅，走上海机床厂从工人中培养技术人员的道路，全面贯彻党的教育方针，把转变学生的思想放在一切工作的首位，保证学工、学农、学军的时间和要求，上好阶级斗争这门主课。培养学员坚持做普通的工农劳动者。

（二）坚持开门办学，强调到三大革命实践中去办学，努力改革旧的教学体系和课程体系，可以到现场上的课程不应再在校内课堂上讲授，尽量做到理论和实践统一。

（三）要贯彻“以农业为基础，工业为主导”发展国民经济总方针，逐步改造专业的方向和内容，以适应地方工农业生产发展的需要。选择典型任务和毕业实践的课题，要立足本省，着重到中小型工矿企业去，并重视选择为农业现代化服务的项目。

（四）根据学制要缩短，课程设置要精简，教材要彻底改革，有的首先删繁就简的精神，课程改革要抓住重点，讲清问题，尽可能地精简不必要的内容。

（五）根据各专业不同情况，全校 73 级毕业时间可分为两批：第一批，要求 1976 年 8 月 15 日前，结束教学活动，8 月底以前进行毕业总结、鉴定和分配；第二批，教学活动安排到 1976 年 11 月底止，12 月上半月进行毕业总结、鉴定和分配。各专业支部可根据自己的情况，发动师生共同讨论研究，修订教育计划，安排教学活动和毕业时间，报系党的核心组和校教革组审查。具体毕业分配时间，由学校综合上报省教育局、人事局和中央有关部委审批。修订工作一般要求本学期结束前完成。

浙江大学革命委员会
一九七五年七月二日

浙江大学档案馆藏，档案号：ZD-1975-XZ-21

浙江大学关于 76 级普通班延长学习时间的请示报告

（1977 年 7 月 6 日）

省教育局党的核心小组：

我校 76 级新学员共 1038 人，分布 28 个专业。其中普通班 749 人，分布在 20 个专业，于 1977 年 3 月入学，经过一个月的学军，于 5 月 8 日开始上社会主义文化课。入学以来，通过揭发批判“四人帮”的群众运动及学雷锋活动,学员中为革命学好文化的思想逐步明确,学习的自觉性、积极性普遍提高;遵守学习纪律,认真完成作业的情况越来越好;教师认真教课和辅导,同学间团结互助的风气也日益浓厚,总的情况是好的。目前,文化课的主要内容还是补中学的数、理、化课程。但是,最近一个月来,逐步出现了学生学习过分紧张,负担过重,普遍睡觉很晚的情况,涉及教学安排上的问题,急需加以解决。

根据各系汇报及7个班的典型调查,目前学员中晚上11点以前睡觉的是个别的。11点到12点睡觉是普遍的,个别的甚至要到午夜以后。造成学习过分紧张的原因,主要是由于大部分学员的文化基础差,不能适应当前的教学进度和要求。据入学后按初中毕业水平,以最简单的题目进行文化复查,结合实践的观察结果:基础尚好,能独立跟上进度的约占30%多;需经别人帮助,增加复习时间才能跟上或勉强跟上进度的约占50%多;还有10%多的困难就更多了,其中有22人只有高小甚至初小程度。因此。现在虽然是按初中毕业水平补学高中课程,但多数基础较差的学员就不能适应,每天都得加班加点,才能勉强跟上进度。这部分人约占百分之六、七十。

由于学习过分紧张,产生的不良后果是值得重视的。

一、学员普遍睡眠不足,体育活动开展差,健康情况下降。据工民建专业学员反映,每天晚上12点睡觉,早上6点起床,能睡六小时,中午最多能睡一小时,每天共睡不足七小时。有的人早上5点半起床,中午不睡,还不足六小时。由于睡得少,能参加早操的人数减少,其他体育活动参加人数更少。同时,不少学员反映,近来体重减轻,对疾病的抵抗力减弱。电机专业学员最近全班半数人患感冒。这种情况,如任其发展,后果将日益严重。

二、在相当大的一部分学员中出现了忽视政治学习的苗头。有的人不上政治课,不参加政治活动,不少人政治活动时看业务书,做作业等等。即便这样,一部分困难较大的学员仍然似懂非懂,谈不上学到手。长此下去,是不利于学员在德育、智育、体育几方面都得到发展的。

为了及早改变76级学员学习过分紧张的状况,避免拖延下去造成严重的不良后果,我们考虑,除加强思想政治工作,使学员明确德育、智育、体育全面发展的重要意义等工作外,必须采取必要措施,适当放慢教学进度,从大多数学员现有文化基础出发,按照他们的接受能力来组织教学。一方面适当精简大学课程,一方面进一步补学中学所缺的重要课程,为学习大学基础课程打下必要的底子,使这届学员在规定的正常学习时间内,经过努力能够赶上进度,认真为革命学好文化而不至于过分紧张。使他们既能在德育、智育、体育几方面都得到发展,又能在三年后抓纲治国大见成效的情况下,毕业走上工作岗位时,与客观形势发展的要求不致相差太大。为此。我们拟将76级学员的毕业时间,延长半年。增加的半年时间,用来补学中学课程和加强基础课的教学。这样,可以使教学安排上有较宽裕的时间,使教师不必赶进度。对极少数有特殊困难的学员,再采取其他措施,加以解决。

在76级学员的学习时间延长半年以后,对学校工作会增加一些困难。例如,与77级的基础课必然重叠,基础课的负担要大大加重;又如在79级新生入学时,还会出现四届学生同时在校的情况。高年级学生的教学安排及宿舍、教室、生活各方面的安排,也会带来困难。我们初步作了研究,为了把粉碎“四人帮”后入学的第一届工农兵学员培养好,决心从现在开始就积极创造条件,认真加以解决。我们相信,经过努力,这些困难是可以克服的。也希望省有关领导给予我们必要的支持和帮助。

以上报告是否妥当，请批示。

中共浙江大学核心小组(代)
一九七七年七月六日

浙江大学档案馆藏，档案号：ZD-1977-XZ-64-5

关于加强基础教学提高教学质量的几点意见和1979年优秀教学奖评选办法的通知

(1980年1月9日)

浙大办〔1980〕006号

各系，各部、处、室、馆、院、工厂：

按照实现社会主义四个现代化的形势要求，为使我校适应培养大批优秀的高级专门人才的需要，当前，学校工作的中心任务就是要努力提高教学质量。必须坚持以教学为主，加强科学研究，各部门都要为教学、科研服务，把学校真正办成既是教学中心，又是科研中心。为此，校党委常委和副校长共同开会作了专门研究，并讨论通过了《浙江大学关于加强基础教学，提高教学质量的几点意见》和《浙江大学一九七九年优秀教学奖评选办法》。现将这两个文件发给你们，请你们认真研究，贯彻执行。

附件：1. 浙江大学关于加强基础教学，提高教学质量的几点意见。

2. 浙江大学一九七九年优秀教学奖评选办法。

浙江大学
一九八〇年一月九日

附件 1

关于加强基础教学，提高教学质量的几点意见

(1980年1月5日)

浙大是一所社会主义理工科大学，要为实现社会主义四个现代化培养大批优秀的高级专门人才。全校工作必须以教学为主，同时加强科学研究，把学校办成既是教学中心，又是科研中心。

全校教师都应努力做到既搞教学，又搞科研。

学校的各部门都要积极、主动地为教学和科研第一线服务。

当前，学校的中心任务是要努力提高教学质量，首先要提高基础课(包括技术基础课)的教学质量。现就如何加强基础教学，提高教学质量，提出以下几点意见：

一、充分认识加强基础教学对培养高级科技人才的重要意义。

现代科学技术的发展日新月异,新兴学科和新的生产部门不断出现。要使学生适应迅速发展的形势,必须让学生在校学习期间打好基础,包括基础理论、基本知识、基本技能,使学生具有较好地吸取新知识,适应新工作,甚至开创新学科的能力。这就必须大力加强基础教学。任何轻视基础课教学的倾向,都是错误的。

各系在确定专业培养目标和教学计划时,应组织基础课和有关学科教师共同讨论,力求体现加强基础教学,注重培养学生独立工作能力,增强今后工作适应性的方针。

基础课教学的内容要不断更新、加深,随着学生入学水平的提高,要相应地提高教学的起点。

近几年内,学校要把高等数学、普通物理、普通化学和无机化学、电子学、电工学、计算机原理及应用以及英语作为基础课的重点来抓,各系也应确定出技术基础课的重点,并切实抓好。

在专业课和技术基础课的教学中也必须加强基础理论的教学。

二、加强基础课(包括技术基础课,下同)师资队伍的建设。

基础课教学质量的提高,关键在于建设一支业务水平较高、数量足够的基础课教师队伍。

目前我校基础课教师在全校教师中所占的比例严重失调。要继续采取各种有效措施充实和加强基础课教师队伍,争取三五年内,基本上解决。

继续执行调进教师和选留毕业生时,首先考虑充实基础课的原则。

继续调一些专业教师到基础课去。重申凡本人自愿而又适合基础课教学的专业教师都可以调到基础课去,各系和教研室应予积极支持。

从现在起,分配来校任教的毕业生(包括研究生)原则上应分配到系,先安排到基础课担任辅导、实验室工作两年,并指定业务水平较高、教学经验丰富的教师指导,每年进行考核,两年后根据考核情况再确定方向。

要安排业务水平较高、教学经验丰富、教学效果好的教师讲授基础课,配以辅导教师,由主讲教师对教学质量全面负责。为了保证教学质量,各系、教研室对教学质量不高,效果不好、暂时不能胜任讲课工作的教师,不要安排担任主讲教师。要为他们创造条件,提高业务能力。重点基础课的主讲教师名单,应经系主任审核,报分管教学工作的副校长批准。

不属基础课教研室的教授、副教授也必须参加基础课教学,一般每两年中至少有半年时间开基础课(包括基础方面的新选修课),并作为教师考核的一个内容。

要采取多种途径来迅速提高基础课教师的业务水平和教学法水平。

教师学术讨论班、读书班,是经过实践检验、行之有效的提高师资水平的好办法,是我校的一个传统经验。各教研室要认真地、持久地把它办好,使广大教师从中得到学习和提高。

要鼓励和支持基础课教师开展科学研究工作。这是提高师资水平的根本性措施。

根据需要与可能,选派优秀的基础课教师出国深造或到国内的研究单位、兄弟学校进修。

在可能条件下,聘请国内外专家学者来校讲学或兼教基础课。适当引进外国先进的教学资料和教学法资料(包括录像、电影等电化教学软件)。

鼓励基础课教师多开内容较高深的或同其他学科互相渗透的选修课。

逐步建立教授、副教授和讲师的轮流休假制度。近两年内先在有条件的基础课教师中试行，使一些长期从事教学工作的骨干教师有一段集中的时间从事专题研究、进修、社会调查、编写著作、准备开新课等活动。学校在可能条件下，为他们提供方便。

三、努力提高实验教学的质量，重视实践性教学环节。

实验不仅是对理论规律的一种验证，也不仅是掌握实验技术的一种手段，而且能培养学生牢固掌握理论概念和透过现象掌握本质的分析能力。通过实验还能培养学生从事科学实验的严肃态度和严谨作风，以及从事科学研究和试验的能力。因此，必须十分重视，并不断提高实验教学的质量。

学校要继续加强基础课实验室的建设，要注意发挥现有仪器设备的作用。

基础课要根据教学要求努力开出必需的实验，实验内容和手段都应不断充实提高和更新。

对已开出的实验，要力求提高质量、严格要求，使学生养成严肃认真、实事求是的科学态度，培养学生观察、测量、处理数据、分析实验结果、写实验报告的能力，使学生受到科学实验的基本训练。

实验课时较多的课程，实验部分应单独设课、考核、记学分。实验不合格的，必须重做。

要努力创造条件，让学生能在课外到实验室去预习或自己做实验。可以先在部分学生中试行。

要进一步充实实验室的技术力量，教师应轮流到实验室工作；青年助教必须经过两年实验室工作的锻炼。要挑选一批优秀的青工到实验室去工作。

实践性教学环节（包括教学实习、生产实习、课程设计、毕业设计或论文等）是理工科教学的重要组成部分，对培养学生实际工作能力有重要的意义，应在认真总结以往经验的基础上，妥善安排，不要不恰当地削减，更不要轻易取消。

四、加强外语教学，大力提高外语水平。

“外语”是研究国外科学技术，学习其先进经验，进行国际学术交流的十分重要的工具，是高级科技人才必须掌握的基本功。因此，必须切实加强外语教学，首先要解决“读”、“译”、“写”能力的培养，有条件的学生还要培养他们的“听”、“说”能力。

外语教研室要千方百计地改进教学，采取各种有效措施（包括利用语音实验室、广播、电视等手段，以及开设选修课），努力提高学生的外语水平。

专业教研室要指导高年级学生外文文献资料的阅读。

提倡让学生在多种场合接触英语，包括：鼓励各课教师在讲课中全部或部分地采用英语讲解及书写；鼓励教师在高年级学生和研究生中采用英文版教材；支持有关部门组织一些有助于提高英语水平的课外活动等，以使学生得到更多的锻炼和提高。

继续开办教师的外语进修班（以不脱产为主），努力提高中青年教师的外语水平。

五、培养和发扬“实事求是，勇于创新”的学风。

一个学校学风的好坏，关系到培养人才的质量。没有一个好的学风，就不可能培养出好的人才。我们要从各个方面加以精心地培养，进一步发扬“实事求是，勇于创新”的学风。

教师在教学的各个环节以及在科学研究工作中,都应言教身传,培养学生三老四严、实事求是和不迷信、不保守、思想活跃、敢想敢闯、勇于创新的科学作风。

宣传部门要为培养和发扬"实事求是、勇于创新"的学风做好宣传教育工作。

当前,要改善考试考查工作。命题既要坚持教学要求,又要能活跃学生思路。评分要严格掌握,防止过宽。对有独到见解的答卷,要从优评分。对弄虚作假舞弊行为,要严肃处理。

要提倡"文明教学",首先要整顿好教室、实验室、阅览室和宿舍秩序。

六、继续试行学分制。

一年多来试行学分制的实践证明学分制有许多优越性,深受学生和教师的欢迎。今后要继续试行好。

各教研室要全面规划80、81年开设选修课的计划,落实到人,并做好教材(包括引进国外先进教材的编译)和实验等准备工作。长期从事科研的教师应积极承担开设选修课的任务。

试行学分制必须树立"全校一盘棋"的思想,各教研室一定要解放思想,破除旧"框框",克服困难,积极为外系、外专业学生多开出选修课,想方设法让学生有较多的选课机会。

各系要选派有经验的教师加强对学生选课的指导。

教务处、各系要加强试行学分制的教务管理工作。要求在五年内研究总结出一套适应学分制的教务管理制度。

七、积极开展教学研究。

教学研究是高等学校科学研究的一个方面,在理工科学校也是如此。因此,要积极提倡教学研究活动。

学校在《教师工作量暂行规定》中规定平均每个教师每年有150小时教学研究活动的工作量。各教研室应保证把这些时间切实用于开展教学研究活动,努力改进教学工作,提高教学质量。当前应研究如何在各个教学环节中贯彻"少而精"的原则和提高启发式教学方法,以培养学生独立地分析问题、解决问题的能力和自己吸取新知识的能力作为重点。

学校学报及其他刊物今后要发表教学研究方面的论文。

校教学委员会应积极开展教学研究活动。各系也可成立教学研究小组,开展教学研究工作。

要积极开展电化教学的研究,有效地发挥现有设备的作用。

各教研室应把教学研究工作列为教研室的一项重要的经常性工作。教学研究活动开展得好坏,应作为评选教学先进集体的一个条件。

今后,学校每年召开一次教学讨论会或教学经验交流会,以推动全校教学研究活动深入、持久地开展。

八、进一步落实政策,更好调动教师的积极性。

基础课教师一般来说,教学任务是重的,对培养人才的贡献是大的。他们的作用应该受到重视,他们的劳动应该受到尊重。

由于多年来基础课教师从事科研和进修的机会较少,因此,当前在提升教师职称时,对长期从事教学工作,做出了优良成绩的教师,应与有科研成果的教师同样考虑。

高质量的教材和教学研究成果,都应列为重要科研成果。

从1979年起,每年一次对忠诚党的教育事业,从事教学工作认真负责,成绩显著的教师和集体评发"优秀教学奖",以资表扬和鼓励。

要继续试行超教学工作量津贴办法。

附件2

浙江大学1979年优秀教学奖评选办法

(1980年1月5日)

为鼓励教师(包括其他教学人员,下同。)在教学第一线上做出优秀成绩,不断提高教学质量,经党委常委和校长联席会议讨论通过,决定在全校教师中评发"1979年优秀教学奖"。

一、奖励性质

(一)优秀教学奖是对教师从事教学工作,取得优异成绩的鼓励,可以记入个人业务档案。

(二)优秀教学奖主要根据教学工作的质量进行评选。获得优秀教学奖,并不影响同时获得超教学工作量的报酬。

(三)年度优秀教学奖一年一评,不分等级。

二、评选范围

下列人员均可参加评选:

(一)凡由教研室安排,1979年主要从事面向第一线的教学工作(包括讲课、辅导、指导实验实习、设计等)者。

(二)由教研室安排编写教材与搞教学实验(实验室)、电化教学、教学实习工作的教师。

三、获奖条件

(一)主动关心学生的全面发展,积极钻研教学业务,努力改进教学方法,勇挑教学重担,既教书又教人,既管教又管学,教学效果显著者。

(二)积极开展教学研究,在教育思想、教学内容、教学方法、教学组织与管理、培养学生独立工作能力,做好学生思想政治工作等方面,或能提出独到见解与建议,或有改革创新;经过实践检验,有成效者。

(三)编写教材经评审获得较高的评价;或经试用教学效果显著者。

(四)参加实验室工作任劳任怨,出色地完成建设实验室,开出新实验,改进原有实验等规定任务;或有革新创造,成绩显著者,或坚持勤俭办学方针,修旧利废,精打细算,在增产节约上有显著成绩者。

四、获奖人数及奖励办法

(一)优秀教学奖获奖人数占全校参加评选人员总人数的10%左右。由系掌握平衡。

(二)优秀教学奖采取精神鼓励与物质鼓励相结合,以精神鼓励为主的方针。获奖人员均发给奖状,并以光荣榜形式公布;同时发给每人奖金30元。

五、集体奖

(一)对于在教学上作出优异成绩的教研室、实验室可发给优秀教学集体奖。

(二)获得集体奖的单位应具备下列条件:

①教学与科研、工作与进修、个人与集体的关系处理得好,半数以上人员教学工作量超过(或达到)70%。

②管教管学,努力改进教学工作,提高教学质量,成绩显著。

③团结互助发挥集体作用好。

(三)集体奖除发给奖状、以光荣榜的形式公布外,并发给奖金。

六、评选与授奖办法

(一)个人奖应在广泛听取教师、学生意见的基础上,经教研室民主评议,提出名单,由系主任与系总支审核平衡后,教务处汇总,送校教学委员会讨论,校长办公会议批准。

(二)集体奖由教务处与各系协商推荐,送校教学委员会讨论,校长办公会议批准。

(三)优秀教学奖应在寒假前召开全校授奖大会发奖。

(四)应把评选优秀教学奖与检查教学效果,改进教学工作结合起来,使通过评奖,评出干劲,评出团结,评出努力方向,进一步调动广大教师的教学积极性,促进教学质量的不断提高。为了做好评选工作,党、团、工会、学生会都要做好政治思想工作与宣传工作,要动员学生对任课教师提出热情而认真的、实事求是的评语。校刊应配合出专刊进行宣传。

浙江大学档案馆藏,档案号:ZD-1980-XZ-79

浙江大学关于继续加强基础,进一步提高教学质量的几点意见[①]

(1983年12月22日)

一、我校基础课教学的基本情况

我校几年来着重抓好基础课的教学工作,1979年年底召开了全校教学经验交流会,并对加强基础教学,提高教学质量提出了八条意见。回顾这段时间以来,我校基础课的教学情况,基本是好的。主要基础课(包括基础技术课、公共课)的教学秩序逐步走向稳定;师资力量有了一定的充实和提高;基础课的教学内容有所更新、提高;并开设了一些新课和选修课;实验室的设备和技术力量有了充实,实验教学的质量在不断提高;部分教师参加了全国工科基础课教材编委会工作,编、审了部分基础课教材,我校教师还自编和选用了一批新教材,使教材水平有所提高;部分基础课教师参加了科学研究工作,招收了研究生,广大基础课教师积极开展教学研究工作,进行了一些课程和环节的教改试点。近三届毕业生走上工作岗位后的反映是好的,报考研究生的成绩也是比较好的。这一切都标志着我校基础课的教学质量在不断提高,并为今后进一步提高教学质量准备了一定的条件。

但是,基础课的教学水平,距离社会主义现代化建设对培养高质量人才的要求,还有距

---

① 本件于1983年12月22日校长办公会议通过。

离。主要问题是:教学内容偏多,起点不高;讲课时数多,自学时间少;基本技能训练和对学生独立工作能力的培养比较少;教书育人的工作做得不够;第一线的力量仍然不足,现有教师队伍结构仍不合理;政策也不够落实。

回顾几年来的工作,“八条意见”对基础课教学质量的提高是起了积极推动作用的。但由于种种原因,这八条的贯彻还存在不够的地方。因此必须继续重视,并结合当前形势,抓好基础课程的教学,进一步提高教学质量。

二、充分认识当前的新形势

1. 邓小平同志最近指示教育要“面向现代化,面向世界,面向未来”。全面开创社会主义建设事业新局面的形势,对基础课的教学工作提出了更高的要求。现在开始培养的学生,是九十年代经济振兴时期的建设人才,他们应该政治思想好,身体健康,基础扎实,思路开阔,适应性强,有创造能力。本着“打好基础,加强理论和实践的结合,提高能力”的精神,根据我校大多数专业的培养目标,学生应获得较好的工程师的基本训练的实际情况,学校提出的业务培养要求,要使毕业的学生成为具有较扎实的理论基础,掌握较宽的专业知识,具有一定的社会科学和人文科学的素养,经过严格的基本技能训练,具有勇于探索、勇于创新精神和今后解决本专业工程和科学问题的能力,并能适应科学技术发展要求的科技人才。基础课的教学改革,也应符合这一新的形势和要求。加强基础教学是大学教育的长期性教学原则,每一个基础课教师都要努力提高教学质量,每一个专业课教师也要注意加强基础理论教学,提高教学质量,任何轻视基础教学的倾向都是错误的。

2. 要注意教学对象的变化。现在入学的新生的特点是年龄小,生活经历少,社会经验缺乏,知识面比较窄,但思想比较活跃,接受能力较强,中学的教学内容也有了发展与提高。面临这一新情况。基础课教学的起点应有所提高,教学内容应有所更新,教学方法也要有所改进。

3. 为了适应社会主义现代化建设的需要,随着高等学校的结构、层次、规格和学制的改革,随着工科通用专业设置的调整等一系列的改革的进行,基础课教学工作必须面临怎样适应不同层次、不同规格的不同要求和加宽专业口径的问题。因此要从我国我校实际出发,即从我国社会主义现代化建设需要出发,从我校的培养目标的要求出发,和从我校的师资力量、设备条件和学生实际出发,在几年来拨乱反正的基础上,总结经验,不断实践,不断前进。

三、从实际出发,突出抓改革,进一步提高基础课教学质量

针对当前基础课教学存在的主要问题,分析基础课教学面临的新情况,当前基础课改革的重点必须是精选教学内容,加强实践环节,改进教学方法,着重培养能力。

1. 精选教学内容。各门课程、各个环节,都应该根据各专业培养目标的规定、教学计划的全局,和“打好基础,加强理论与实践的结合,提高能力”的要求,从实际出发,明确各自的教学要求,把必须教给学生的基本理论、基本知识和基本技能精选出来。

精选教学内容,不能简单地理解为单纯删掉一些内容,也不是浓缩教学内容。要恰当地处理好各门课程的起点,处理好与相关课程的分工与配合;要明确各门课程的重点与层次;要处理好本门课程的系统性、科学性与对于不同类型专业的针对性的关系。

精选的范围不仅指课堂讲授的内容,也包括实验、习题、设计等环节内容。

2.加强实践环节。要针对几年来教学中出现的基本技能和工程实践的训练有不同程度削弱,学生独立工作能力较差的问题,在精选教学内容、减少理论教学时间的情况下,保证习题、课堂讨论、实验、课程设计、生产实习、毕业设计等实践环节所需要的教学时间和必要的训练内容。在84级教学计划制订中要适当调整各环节之间的时间分配比例,增加实践性环节的比重,切实保证工程实践性训练或科学实验训练不断线。

3.改进教学方法。长期以来,许多教师习惯于"注入式"的教学方法,讲多、讲细,这不利于学生能力的培养。改进教学方法,主要是实行启发式教学。这就要求教师,首先在教学思想上有一个转变,无论在课堂教学中,还是在实践环节中都要改变传统的、习惯的教学方法,注重对学生学习能力的培养和学习方法的指导,使学生实现由中学到大学在学习方法上的转变,使他们能主动地、生动活泼地发展。

4.着重培养能力。主要是指自学能力、实验能力、工程计算能力、绘图能力、初步工艺操作能力和设计能力。

自学能力,主要是培养学生能自己阅读教科书、选读参考书、利用各种科技文献自己查找各种资料和运用各种工具书的能力。

实验能力,是培养学生科学研究能力的基础。加强基础课实验技能的训练,主要是培养学生自己动手做实验的技能,包括基本仪器仪表的选用、各种实验设备的装置、基本的测试方法、数据的处理和独立写实验报告等等。对于大多数基础课来说,把实验单独设课,是提高实验教学质量的有效措施。凡一学期实验时数在18小时以上的基础课都应单独设立实验课,改进指导方法,逐步放手让学生自己动手操作;不断完善实验课的计划、大纲、教材;积极创造条件增设综合实验、选修实验和开放实验室。

工程计算能力,主要是培养学生对电子计算机的运用能力。根据我校的现有条件和培养目标要求,每个学生必须掌握二种以上的计算机语言,并能独立编写一般工程技术的计算程序和熟练地进行上机运算。我校今年将编写一本"计算机语言与计算方法"作为工科学生必修课教材。从83级开始,语言课上机时间规定每个学生为20小时。同时,语言课之后的后续基础课应当安排一定的题目让学生上机运算,保证学生在语言课之后,使用计算机不断线。

绘图能力和初步工艺操作的能力,是工程师不可缺少的基本技能。各有关教研室应根据各类专业的培养目标的要求出发,提出各自具体的要求。

工程设计能力。工程设计类的专业要加强课程设计、毕业设计,在可能条件下,适当增加毕业设计的时间和分量;对写论文和专题研究的学生,应设法补些设计的内容。

5.继续提高外语教学质量。几年来学校抓了外语教学质量,有明显的成绩。随着中学外文水平的提高,我校从83级起基础外语教学时间作了调整,但外语教学质量仍要继续提高。首先解决"读"和"听"能力的培养,保证毕业生能熟练地运用一种外国语阅读国外科技文献资料的能力,同时对有条件的学生还要培养他们"说"、"写"的能力。

专业教研室要指导高年级学生阅读外文文献资料。有条件的专业每学期可以选两门课程采用外文版教材或指定外文参考书,使学生外文学习不间断。

外语教研室要进行外文教材的研究,争取编写适合工科学生使用的基础外文教科书。

此外,还应加强人文科学和管理能力的培养。

四、加强师资队伍的建设

实现基础课教学改革，提高教学质量，关键是基础课教师队伍积极性的发挥和业务水平、教学水平的提高。

1.充实基础课师资力量，做好基础课教师的定编工作，争取三年之内从数量上配齐基础课教师，并逐步按合理的梯队结构要求，从质量上加强基础课教师队伍的建设。

今后从研究生和本科生选留作基础课教师的毕业生，由学校直接分配到基础课教研室。基础课教研室要指定有水平的中、老年教师对青年教师进行专门指导，使他们尽快地达到能胜任教学工作的要求。

2.要保证选派业务水平高、教学经验丰富、教学效果好的教师担任基础课的主讲任务。基础课教研室的教授、副教授一般每年都要担任基础课的主讲任务，其他以教学为主的教授、副教授每两年都应主讲一门基础课(包括基础方面的选修课)，并作为教师升职、考核的一个内容。主干课程的主讲教师名单，应经系主任审核，报分管教学工作的副校长批准。

3.继续采取多种途径迅速提高基础课教师的业务水平和教学水平。教师学术讨论班、读书班，是经过实践检验，行之有效的提高师资水平的好办法，是我校的一个传统经验，今后仍要继续发扬。

根据需要和可能，选派基础课教师外出脱产进修。也可邀请国内外专家来校讲学或兼教基础课。

从今年起，主要基础课教研室都要有步骤地实行“学术假”制度。

4.积极开展科学研究。基础课教师积极开展科学研究，既是学校科研工作的一份力量，又是提高师资水平的主要途径，有利于学校两个中心的建设。要结合国家需要和教学工作，积极开展基础理论和应用科学技术的研究。学校应给各基础课教研室一定数量的专职科研编制和科研经费。基础课教师可以独立选题开展科学研究，也可以与专业教师结合进行科学研究。要注意把科研成果反映到教学中来，鼓励基础课教师多开内容较高深的或同其他学科互相渗透的选修课。

5.基础课教师必须下实验室工作，提高实验技能。助教必须有一年以上实验室工作的锻炼，其他教师每2—3年应有半年在实验室工作。所有基础课(公共课除外)教师要尽快掌握电子计算机语言和使用技术。

五、开展教学研究，开创基础课教材建设的新局面

1.教学研究是学校科学研究的一个方面，学校要设立高等教育研究专门机构(研究所、室或协作组)，各系要成立教学研究小组，作为教学研究的基本队伍和组织开展群众性教学研究的骨干力量。教学研究要专门立题，制订研究计划，给研究经费，制订成果鉴定办法。对研究的成果，经过鉴定，给予一定的奖励。升职时，教学研究的成果与科学研究成果同等对待。继续办好《浙江大学教育研究》期刊。

学校今后每年召开一次教学研究成果报告会或教学经验交流会。

2.进一步明确指导思想，努力开创基础课教材建设的新局面。搞好基础课教材建设，是实现基础课教学改革任务，提高基础课教学质量的重要保证。编写教材应贯彻“打好基础，精选内容，逐步更新，利于教学”的原则。

我校具有悠久的历史,许多基础课教师,长期从事教学工作,积累了丰富的教学经验,应该编写具有自己风格特色和水平的教材。要从国家四化建设的实际需要出发,从我校教学的实际需要出发,经过精选内容,编写适合浙大自己水平的教材,经过试用,逐步完善,争取正式出版。

今后要对自编教材建立教材评比制度。要开展教材研究工作,促进教材的建设和改革。要研究我校各类专业的培养目标和业务要求,编写符合不同要求的教材。要调查研究国内外各种教材的优缺点,取长补短,为我所用。要研究各门基础课学科本身的发展规律,分析各种知识结构的内在联系,与相关课程的分工、衔接、配合等问题,以利探讨更新、提高和精选教学内容的途径。

3. 鼓励教师进行改革。凡能精选内容,改进方法,减少学时的,教学工作量按原规定学时计算;重大的改革,还可增加其教学工作量。

用于开展教学研究和教材建设的时间,计入工作量。对卓有成绩者,在升职时作为研究成果来考虑。

今后除继续试行优秀教学奖办法外,还要试行教学研究成果奖,优秀教材奖等办法。

六、教书育人,关心学生全面发展

教师在学校教学中处于主导地位,教学过程本身必然伴随着师生双向的思想交流和品德熏陶,这是教学工作的客观规律和基本特点。教师的言行对学生会产生很大影响;教师在教学中寓以思想品德教育,做到思想性与科学性的相结合,能起到重大的潜移默化的作用;教师在教学中较多地直接接触学生,情况比较了解,易于做到教育的针对性。因此,我们应当充分认识和运用这个客观规律,使全体教师在教书的同时,又要育人,关心对学生的全面培养。

教师必须自觉地改造主观世界,努力提高自己的政治觉悟和道德品质。

加强班主任工作制。各系要把班主任的工作认真抓好,要明确有一个系主任分管这项工作。

浙江大学档案馆藏,档案号:ZD-1984-XZ-96

1993—1994 学年系本科生教学工作考核要素①

(1994 年)

一级指标	二级指标
统考课程水平	校内统考课程(包括外语四级)相对水平提前一位加 0.5 分,下降一位扣 0.5 分,前三名能保持加 1 分,最后一名扣 1 分。
	课程所在系参加全国统考,以 18 标准位置,提前一位加 0.5 分,下降一位减 0.2 分。
	公共基础课参加全国统考,对开课系的评分也以 18 为标准位置,提前一位加 0.5 分,下降一位减 0.2 分。
	大学语文全部合格加 1 分(高考 72 分以上可免修),不合格每 5%扣 0.5 分。

① 本编系《浙江大学 1993—1994 学年年度工作考核的暂行办法》的附件。

续表

一级指标	二级指标
毕业设计	以抽查10%毕业设计情况以及各方面反映(主要是师生),将全校各系分三类,一类系加2分,二类系加1分,三类系不加分。凡发现不符合规定者,每次扣0.5分。
实践教学	根据各系实践基地建设,第三学期开展情况及其他实践教学质量,将各系分成三类,一类加2分,二类加1分,三类不加分。
教材建设	出版一本全国统编本科教材加1分,出版一本非统编本科教材加0.5分,获一次省、市级以上教材奖加1分,获国家最高奖的教材再加1分。
	编制一部由全国性学科电教教材编审组统一审稿、统一审片、全国发行的电教教材加1分;编制一部其他教材加0.5分;获一次省、市级以上电教教材奖加1分。
	基础课及专业基础课正式出版教材的使用率,超过80%加1分。
课程结构优化	教学计划每届(以专业为单位)超过规定学分2学分,扣0.5分(四年制文科、理科157,工科167,五年制200)。
	课程结构优化和课程内容改革有成效者,可加1—2分。
教风	监考失职,轻者扣1分,重者扣2分。
	不经有关方面批准随意停课,提前考试等扣1分。
	外出停课不补者一次扣0.5分,未经批准外出停课因无人代课而更换时间补课者一次扣0.5分。
	考试后三天内成绩单不交者扣1分。
	学生作弊不报一项扣1分。
	班主任工作好的加2分,较好的加1分,否则不加分。
学风	根据抽查学生完成作业情况及缺课、上课迟到情况等,扣0—2分。
教学管理	教学资料、文件完整程度好的加2分,较好的加1分。
	系级教学状态数据汇总表完成得好的加1分。
	主管部门召开的教学会议出席情况,无故缺席(未经请假者)每次扣1分。
	完成主管部门布置的有关任务的情况,逾期不交者每次扣1分,迟交者扣0.5分。
	学籍管理应用计算机效果好的加1分;效果差的扣1分;不用计算机管理的扣2分。
重点课程建设	根据每年对各课程建设情况的检查及有关实验室建设情况,将各系分三类,一类加2分,二类加1分,三类不加分。通过校级鉴定的项目加0.5分;省级以上的加1分;获省级以上奖的项目再加1分(包括CAI、试题库等)。
获奖情况	获省级各类竞赛奖(数据模型、设计竞赛等)的学生所在系加0.5分;国家级的加1分;获国家最高奖的再加1分。指导教师所在系,对应获奖项目加相应的分。获省级教育成果奖的项目加1分,国家级的加2分。
机动	根据本学年各系在深化教育改革,加强教学管理和科技开发支持教学等方面取得的突出成绩加分。加分可达0.5—4分。

浙江大学档案馆藏,档案号:ZD-1994-XZ-129-1

2. 毕业设计和毕业论文

本学年毕业设计初步情况报告

(1958年5月26日)

一、基本情况

(1)本学年进行毕业设计的均为4年制毕业的学生,全校共计600人,11个专业。

(2)今年毕业设计题目中完全结合生产需要,受生产部门委托进行设计的占62.9%,计368人。如铸工专业为浙江钢铁公司设计1万吨的铸钢车间,2万、3万吨的铸铁车间,工民建专业为上述两车间设计约3万平方米的厂房及其他的土建工程,化机专业为杭州筹建的钙镁磷肥厂及醋酸厂设计全套设备等。参加这类题目设计工作的学生土木、机械两系比重最大,计:土木系占100%(66人),机械系占98.7%(227人)。此外化工系占56.2%(45人),电机系占14.2%(30人)(无线电专业15人,限于条件作非正规毕业设计,不统计在内)。这个情况说明了本学年在毕业设计题目内容方面已经跃进了一步。

二、对毕业设计结合生产的做法,初步了解有下列许多好处

(1)因为学生感到自己的设计,不仅是一种学习成绩,而且马上可以促进生产,直接为社会主义建设服务,因而学习情绪普遍高涨,干劲很大,工作效率高,学习收益意义比较大。

(2)由于学生毕业设计的成果需要立即投入生产,这就促使学生和指导教师一定要面向生产,面向实际,不能"闭门造车",这样不仅对学生有很大教育意义,对教师也是很重要的锻炼。如有的老师反映:"从离开学校以来,交了多年书,但亲自领导设计这样大的工程还是第一次"。所以教师们普遍认为在现阶段进行这种设计来代替毕业设计,对教学有很大好处,能够进一步提高教学质量。

(3)这样做不但丰富了教学内容,提高了毕业设计的质量,而且也积极地支援了本省的工业建设。

三、目前在进行毕业设计工作中应该注意的几个问题

(1)结合生产任务的毕业设计,由于生产任务要求及质量高,学生都是分组负责某一部分工程的毕业设计工作,为了使得学生能够得到较全面的收获,有的专业打算在完成生产任务以后,再组织学生阅读一些补充资料,做一些补充设计,也有的专业派学生到工厂设计时就预先与厂方约定:一方面要同学为工厂设计,完成生产任务,另一方面要求工程师指导同学时注意满足教学上的一些要求。也有的设计小组提出,在设计中加强互相交流,全面学习的工作。我们认为这种办法都是好的,各负责毕业设计的教研组应根据具体情况加以推广。

(2)对于在工厂进行设计而没有教师直接指导的学生,系与教研组应当定期对这些学生进行检查并建立书面或口头的联系制度,以便及时发现问题加以解决。各教研组应定期召集指导教师汇报,及时研究改进指导方法。

(3)要求在工厂进行毕业设计的同学,应参加厂内的一些重要的政治活动,教育同学搞好团结,虚心向工人和工厂干部学习。通过工厂的实际工作,培养工人阶级的情感,提高政治觉悟。

(4)目前一部分题目,因未能密切结合生产的需要,部分学生便产生一些不正确的思想情绪,如认为"反正不投入生产,可以马虎些。"有的同学不能及时完成设计的进度,还认为"做不完老师就会削减工作量。"有的人则单纯赶进度,没有多看一些参考书和深入钻研一些问题,这些思想行动说明对毕业设计这些重要的教学环节,还缺乏正确的认识,教研组及指导教师,应对这些学生及时进行教育,继续端正对毕业设计的工作态度。

(5)对未结合生产,由各教研组自行拟定的毕业设计题目,应贯彻现在国家发展工业中大中小三结合,并以中小型为主的方针,力求面向生产、面向实际,防止片面追求先进高度。我们认为大的题目一般以不超过全部题目的10%为限。

(6)毕业设计成绩的评定及答辩问题:

本学年的毕业设计,有一部分是集体合作的,这类设计应当怎样评定其成绩的问题,我们认为如在厂内进行的,由教研组先与厂方约定,提出学生成绩的具体要求,在设计完成后请厂方评定(由教务处制定统一的评阅书,请厂方填写)。如在校内设计的,在设计完成后,一部分设计仍可参照往年的办法,委托校外评阅。但答辩方式应当有所改进,目前不必要向校外聘请过多的人员。有的专业课向近地的生产部门聘请少数水平较高的工程师参加答辩,兄弟学校教师一般的可不必聘请。

(4)对毕业设计这一教学环节,应当怎样进行,例如今年的做法中,有无缺点?如何改进?希望各系教研组结合这次教学改革的大辩论进行争辩,以期更完整正确地发挥毕业设计的作用。

1958年5月26日

浙江大学档案馆藏,档案号:ZD-1958-XZ-114

关于审查本届毕业生业务质量的几项规定(草案)

(1961年8月10日)

根据中央和省委关于保证本届毕业生质量要求的指示精神,考虑到我校今年毕业生的具体情况,特提出审查本届毕业生业务质量的几项规定,希各系认真研究执行。

一、根据所在系执行的教育计划,全面完成教学任务(包括各门课程,各个教学环节和生产劳动),并经考试考查及格者,准予毕业,发给毕业文凭。

二、有1—2门课程学习成绩不及格的,由有关专业根据课程的性质和学生本人的业务情况进行处理。各门课程学习成绩尚好的、不及格课程对业务质量影响不大的,一般可以准予毕业,发给毕业文凭;如不及格的课程对业务质量影响较大,或者学生本人业务学习质量确实较差的,可先发修业证书,分配适当的工作,并允许于三年内的工作岗位上经过自学再补考一次。在可能条件下,经学校批准也可允许留校做短期补习后进行补考,(只能补考一次以后不得再补考)。如补考及格,可换发毕业文凭。有三门以上课程不及格的一般发给肄业证书,分配适当的工作,不再补考。如本人申请留校重修,教学安排又可能做到,经有关专业同意,系主任批准,学校领导认可,可继续留校重读。留校时间最多不超过一年。

三、经正式手续批准缺修课程的,如在两门以下,参照第二条精神,同样由有关专业和根据课程的性质与本人的业务情况加以处理。平时学习成绩尚好,一般可予免修,准予毕业,发给毕业文凭,否则应继续留校补修。但本人申请要求在工作岗位上通过自学补修的,经有关专业和系主任批准,先发给肄业证书,分配适当的工作,并准许于三年内考试一次,如考试及格可换发毕业文凭。缺修课程在三门以上,一般的均应继续留校补修,如本人申请不再补修,经系主任批准,学校领导许可,也可发给肄业证书,分配适当的工作,以后不再补考。由于专业调整和缺修某些课程的学生,如留校补修有困难,所缺修课程对教学质量又无严重影响的,可予以免修,准予毕业,发给毕业文凭。

四、凡因病因公而缺修各次生产实习的或毕业设计的学生,如平时成绩学习尚好,各门课程都及格,大部分课程成绩"优"、"良",曾经过实践证明,有一定实际工作能力,仍准予毕业,发给毕业文凭。平时成绩不符合上述条件,应予补做。如目前补做困难的,先发给肄业证书分配适当的工作,并允许于三年内在工作岗位上补做设计或实习,经有关教研组和系审查评定及格的,经学校允许后可换发毕业文凭。在工作岗位上补做有困难的,可允许在三年内以工作经验总结报告代替,但必须经所在单位领导提出意见,并由该单位人事部门寄送学校审查。认为已达到毕业生要求的,亦可换发毕业文聘。凡有各系或专业安排留校参加其他设计工作而没有下厂的学生,如经审查能完成所交给的任务,成绩及格的,亦应准予毕业,发给文凭。

五、毕业设计答辩不及格的,应补做毕业设计。补做办法,参照上条有关规定办理。

六、课程设计缺修或不及格的学生,如已完成毕业设计及格,一般予以免修,准予毕业,发给文凭。否则应和有关课程一起计算,作一门课不及格处理。

七、未经正式手续批准,没有正当理由而缺课、缺考、缺修的教学环节,(包括课程毕业设计、生产实习、课程设计等等),应由有关专业与系根据该学生违反学校纪律情节的轻重,参照上述各条精神加以分别处理,并报送学校审批。

八、毕业班学生准予毕业与否,应由各专业教研组提出意见。系主任审查签署后,送学校审批。

1961 年 8 月 10 日

浙江大学档案馆藏,档案号:ZD-1961-XZ-139

有关毕业设计工作的一些情况和意见

(1961 年 12 月 18 日)

本学年全校 24 个专业有毕业生 1268 人(包括一个理科物理专业 26 人)。目前,各系各专业正在进行毕业设计(论文)题目的选择,确定毕业实习场所的联系安排和组织指导等方面的工作。大部分系和专业都应注意在总结以往经验的基础上进行研究安排(有些系还召开了专门会议,对选题、指导等问题,交流了经验,进行了讨论研究)。也有个别系还抓得不够,在准备工作中反映了一些值得研究的问题。12 月 8 日在周副校长主持下,教学法委员会召开了毕业设计小组扩大会议,对各系提出的有关问题进行了讨论研究,周副校长和教务处刘才生处长都发表了意见，现将有关情况问题和意见整理如下，供各系各专业研究参考。

一、在选题方面，如何根据高等学校工作条例60条的精神，正确地选择毕业设计题目，在各专业的教师中有些不同的看法。各个专业的做法亦有差别，特别是对于假拟题目的要求。有的教师认为应该达到做出的设计成品，可以施工；有的则认为应着重考虑教学方面要求，题目要来自生产实际，但做出的设计成品不一定达到施工要求；有的认为题目不一定来自生产实际，完全虚拟也可以保证质量达到教学要求。会议认为选题上首先应明确毕业设计的目的和要求。毕业设计是学生即将毕业参加实际工作前的最后一个重要的教学环节。通过毕业设计，不仅使学生对5年来所学的基本理论知识和基本技术做一次综合的运用和提高，进一步学会运用工程方法解决生产实际问题的能力，而且还要学会怎样根据社会主义的经济规律和原则，以及党所制定的有关方针政策来确定和考虑问题。通过毕业设计能够给学生以全面的锻炼和提高，为参加今后实际工作打下初步的基础。因此，题目应来自生产实际，即使假拟的题目，也不是凭空的虚构，而是要根据当前的实际生产情况和可能来拟定。在保证教学质量的前提下，能做到设计成品，及时投入施工、制造，那当然是好的。但由于客观原因不可能的话，设计的成品也应当贯彻理论联系实际的原则，争取有更好地生产实际价值，不应该单凭主观空想脱离实际。所以，题目的内容和形式可以允许多种多样，不必强求一律。既可选真刀真枪的题目，也可以选假拟的题目。设计的成品可以马上投入生产施工，也可以不投入施工。应根据本专业的特点及实际条件，选择恰当的题目，但无论何种题目都必须贯彻理论联系实际的原则。

二、在毕业设计的组织安排方面，是个人单独做题好，还是集体做一个题好，也有不少争论。有不少教师认为，大家合作一个题，各人做一部分，固然比较深，并且能够发挥辅助的作用，但缺点是不能很好地培养学生的独立工作能力，造成部分学生的依赖思想，不如一人做一套设计好。但个人做一个题目涉及的面较广，也可能出现设计面面俱到不够深入的缺点。会议认为学生必须通过个人的刻苦钻研进行学习，根据这个原则在毕业设计中应当使每个学生都有个人独立钻研的机会，都能够得到充分发挥独立钻研的精神。如果题目范围很大，而由一个人独立做，在规定时间内完成不了，或者即使能够完成却达不到应有的深度，反而影响设计的质量，对学生实际工作能力的培养那是不恰当的，那就应该几个人合作议题。但在几个学生合作议题时，必须对每个学生有个别的要求，能够使题目有全面的了解，而又能够独立完成题目中的某一部分，指导教师应该采取有效的措施，考察和培养每个学生独立工作能力，以达到应有的教学要求。

三、在指导方面，不少教师提出，根据学生学业成绩各有差别的情况，要注意因材施教，对不同的对象提出不同的要求，进行不同的指导、帮助。过去这个方面注意不够，今后应该特别注意，切实做到。会议认为，这个意见提得很对，在毕业设计中指导教师应该更多地与学生个别接触，深入了解学生的学习情况，才能够有的放矢，能够更好地贯彻因材施教的原则。此外，有的教师提出指导毕业设计是定期去答疑指导好，还是经常去与学生在一起，随时进行指导好？会议认为，目前我校师资水平不够高，不经常与同学在一起，对设计过程中许多问题了解不及时、不深刻，答疑质量不够。根据过去经验，还是采取教师经常与同学在一起，深入掌握情况，及时发现问题，进行研究指导的做法比较好。并且希望指导教师事先做好准备，比学生先走一步，根据需要和可能，最好争取试做一遍，以做到心中有数，提高指导质量。

此外,有的教师提出,过去由于结合生产的需要,有时把毕业设计与生产实习交错安排在一起;有的教师把实习与毕业设计混为一谈,对实习没有提出一定的要求,不明确两者之间应该既有联系也有区别,应该进一步明确毕业实习的目的要求,并认真定出实习大纲。毕业实习场所的安排工作上,有的教师提出,由于目前实际困难较多,必须准备几套方案同时进行。如果不可能到条件最好的工厂去,就安排比较适合的工厂;如果不能满足要求,还可以安排短期的参观和收集资料的工作,并邀请生产部门的工程技术人员短期来校指导设计,以弥补不足之处,这些做法都是比较好的。

许多教师还提出,由于今年大部分同学可能在校内做毕业设计,故设计教室和有关仪器、图纸等需要量可能比往年大得多,希望学校有关部门及早研究解决,这是十分必要的。

根据目前情况,我们希望各系深刻领会60条精神,在认真总结和吸取历年来经验的基础上,对教师所提出的问题组织充分的讨论,明确认识,统一思想,为今后搞好毕业设计打好思想基础,同时及早做好有关准备,(如指导力量的安排和指导的业务准备、对有关师生的思想政治教育工作等),力求在现有基础上稳步地提高本届毕业设计的质量。

教务处

1961年12月18日

浙江大学档案馆藏,档案号:ZD-1961-XZ-139

关于毕业班结束阶段教学工作的几点意见

(1962年6月28日)

目前各专业毕业班毕业设计(论文)即将完成,毕业答辩和毕业生业务审核工作已日益迫近,为了及早做好有关事项的准备工作,现提出以下几点意见,请研究确定:

一、关于毕业设计(论文)的答辩工作

1.为了便于统一安排毕业鉴定和统一分配的工作,毕业设计(论文)的答辩必须尽可能在7月上旬内进行完毕,最迟不得超过7月15日。答辩工作分量较大,而主持答辩的力量又不很充分的专业,应及早开始妥善安排,保证按时完成,以免影响全校整个毕业生工作的顺利进行。

2.为了加强对毕业设计(论文)答辩工作的组织领导,建议在校长的领导下,以系为单位,组织答辩委员会统一领导本系的毕业设计(论文)的答辩工作。答辩委员会由正副系主任、有关教研组主任和若干教师组成,正副系主任为答辩委员会正副主任。委员会可以根据专业情况,设置若干答辩工作组,工作组由分管系主任兼任组长,专业教研组主任担任副组长。答辩委员会名单应报学校领导审定,答辩工作组名单由系主任研究确定。

3.为了充分做好答辩的准备工作,学生的毕业设计(论文)必须先经指导教师审阅提出意见,经专业教研组主任审核,认为可以参加答辩后,方可进行答辩的。在工厂中进行设计的,应该征求厂方有关技术指导员的意见,未经审阅同意的,不得进行答辩。

4.为了恰当掌握答辩成绩的评定,学生的答辩成绩,应经答辩工作组初步评出,提交答辩委员会审核评定。为此,答辩成绩一律不得当场宣布,必须在答辩委员会审核后分批统一公布。

5.为了节省经费开支,在保证教学质量的前提下,参加答辩的人员一般就地解决。可在校内进行答辩的,应尽量在校内组织力量进行答辩。在校外单位进行设计的,应尽可能请所在单位技术领导人员负责主持答辩工作,由本校指导教师、有关指导人员参加;亦可组成答辩工作组,在系答辩委员会统一领导下进行工作。如果校内人力不足,必须邀请校外专家时,必须在节约开支的原则下进行安排,并由专业教研组提出,经系主任同意,学校领导批准,方可邀请。

6.为了统一毕业设计(论文)的所用表格,教务处已经委托印制了毕业设计(论文)封面、答辩记录表、成绩评定书(不能答辩时使用)、指导教师意见书、评议书等5种,供各系、组使用。答辩完毕后,上述表格应与每个学生的毕业设计(论文)一起整理装订,由各专业教研组保存。装订的顺序是:封面、答辩记录表(成绩评定书)、指导教师意见书、评议书、设计说明书或论文、设计图纸和实验资料等。

二、关于毕业资格审核的工作

1.为了认真执行学则,关于学生毕业条件的规定,必须认真进行毕业审核工作,对每个毕业生5年来的完成学习任务的情况,做一次最后的检查,核定每个毕业生是否已达毕业的条件,以确定每个毕业生能否领取毕业证书。

2.为了加强毕业审核工作的领导,建议学校成立毕业生资格审核委员会,委员会由刘副校长、南副校长、周副校长、王副校长、李副院长、教务处长、人事处长,各有关系主任一人组成,由各位校长分任正副主任。委员会下设办公室,由教务处长一人,人事处长一人和干事若干人组成,进行具体工作。

3.具体审核工作的进行,应由各专业教研组提出毕业生资格审查的情况和初步意见,填好毕业生鉴定表,经系主任审核签署意见后,报毕业生资格审核委员会,先由委员会办公室就各系所报材料进行初审,然后由办公室向委员会汇报,经委员会审核通过后定案。

4.根据毕业答辩、毕业鉴定和毕业分配工作的安排,毕业生资格审核工作必须在7月24日以前全部结束,时间比较紧迫,需要抓紧进行。具体日程安排如下:(略)

1962年6月28日

浙江大学档案馆藏,档案号:ZD-1962-XZ-148

关于提前毕业生名单审批的报告

(1981年5月14日)

浙大发教〔1981〕114号

教育部:

教育部〔78〕教学字1275号文颁发的《高等学校学生学籍管理的暂行规定》第三条第(二)项规定:“学习成绩特别优秀的学生经过考核,达到跳级水平,或达到学分制要求的,允许跳级,达到大学毕业水平的,可以提前毕业或报考研究生。”按照这一规定,我校77、78级中,有些学习优秀的学生可以提前毕业。尤其是78级,因与77级只差半年,有些课与77级同上,又试行了学分制,这些学生都取得了应修的学分。这次是初次试行,为了切实保证提前毕业学生的学习质量,我们从严掌握。现经初步研究确定,共计26人可以提前毕业。在今后实行学位制时,与其他同届同学同样对待。其中77级13人,78级13人;提前半年毕业的25人,提前一年毕业的1人;其中属于李政道博士组织的美国61所大学物理系来华招考研究生已录取的3人,由学校与美国有关大学联系已录取为研究生并给予奖学金或助教津贴的10人。

现将提前毕业的学生概况送上,请予审批。

附件:浙江大学提前毕业学生简明表(略)

浙江大学

一九八一年五月十四日

浙江大学档案馆藏,档案号:ZD-1981-XZ-76

关于78级学生提前毕业有关事项的通知

(1981年11月4日)

〔81〕浙大教字第013号

各系:

校党委、学校今年九月十八日浙大发人〔1981〕248号文《关于加强毕业生工作的通知》第二项指出:“对78级个别学生本学期前修满学分,完成各个教学环节,确已达到毕业生水平的,经专业提名,系组织提出意见,11月底前由教务处审查,报校长批准,可以提前发给毕业文凭,列入77级分配计划,但要保证质量,从严掌握。”据此,现就78级学生提前毕业的有关事项通知如下:

一、今年五月,经有关系主任签署意见,报请校长批准,有13名78级学生可提前毕业,并曾报教育部、国家计委备案。其中除1名已离校赴美国作研究生外,其余12名尚在学校,计:数学系1名,物理系3名,力学系3名,土木系2名,热物理系1名,材料系2名。(名单附后)上述学生,请各系主任会同系党总支负责同志再审查一下,是否符合提前毕业条件,凡是德、体合格,业务上符合毕业条件的,不得再变动;如有不符合毕业条件的,请系主任签署意见送我处,报校长审批。如无变动,即按原决定执行,列入77级分配计划。

二、除上述12名学生外,各系78级学生中如尚有个别学生可提前毕业者,请系主任会同系党总支负责同志对该生就德、智、体三方面进行审查,符合条件者,由系办公室开列该生入学以来各课程及教学环节的学习成绩,由系主任签署意见,送我处汇总后报校长审批。

三、上述两项,均请在本月三十日前送我处,逾期不候。

教务处

一九八一年十一月四日

浙江大学档案馆藏,档案号:ZD-1981-XZ-76

关于应届毕业生报考研究生若干问题的请示汇报

(1981年12月9日)

浙大发教〔1981〕825号

教育部:

自77级学生报考研究生后,我校产生一些新情况需要向部里请示汇报:

一、有少数77级应届毕业生被录取为出国研究生,于10月下旬去上海等地外国语院校进行外语培训,没有能按照教学计划规定作毕业设计(或毕业论文),也就没有毕业设计(或毕业论文)的成绩,应如何处理?可否同样毕业,发给毕业证书?

二、自应届毕业班学生可报考研究生后,我校77级约有40%学生报考研究生。这些学生本学期就很少选课,有的选了课之后又要求退选(上学期即已有此种情况),把主要精力花在复习数学、物理、政治理论、外语及一些基础技术课上面,影响了专业课的学习。九月份研究生考试时,有些学生本应下厂实习,也受到了影响。现78级研究生考试定在明年4月初,这样,下学期开学后的选课、上课及实习、毕业设计(毕业论文)等势必又要受到影响。我们认为,学生在毕业前报考研究生,对应届毕业生最后阶段(也是重要的阶段)的学习和毕业设计(毕业论文)等实践锻炼冲击较大,影响了教学秩序的稳定,长此下去,对提高大学本科教学质量和对学生的培养训练是很不利的。

上述问题请研究并示知。

浙江大学

一九八一年十二月九日

浙江大学档案馆藏,档案号:ZD-1981-XZ-76

浙江大学毕业设计(论文)工作暂行条例

(1982年12月)

一、目的和要求

毕业设计(论文)是本科教学过程中最后一个重要的教学环节,也是以前各个教学环节的继续、深化、补充和检验。目的是培养学生综合运用所学的基础理论,专业知识和基本技能,提高分析和解决实际问题的能力,完成工程师的基本训练或培养从事科学研究工作初步能力。因而,搞好学生的毕业设计(论文)工作,对全面提高教学质量具有重要意义。各系、各专业教研室务必精心组织,加强指导,出人才、出成果,努力作出优良成绩。

毕业设计(论文)应注意培养学生独立工作能力,通过诸如调查研究,检索与阅读中、外文献资料,方案确定与比较,设计与计算,上计算机运用,综合分析,绘图,实验研究,数据分析与处理,撰写论文或编写技术说明书等环节,培养学生分析问题、解决问题的各种能力;并应培养学生具有我国科技人员应有的马列主义政治思想觉悟,高尚的道德品质;认真负责,求真务实的科学态度;埋头苦干,不畏困难,勇于攻坚的社会主义精神,以及虚心好学,团结互助,协同作战的优良作风。

二、选题

1. 毕业设计(论文)课题的选择首先应满足教学的基本要求,从各专业的培养目标出发,选择的课题应有利于学生得到较全面的训练,有利于培养学生的独立工作能力,有利于巩固、深化和扩大所学的知识。

其次,在满足教学基本要求的前提下,尽可能面向我国经济建设,为四化建设的需要服务;结合生产实际、科学研究与实验室建设的任务进行,以利于培养学生严谨的科学态度和认真负责、一丝不苟的工作精神,也有利于调动他们的工作积极性。

第三,选题时应贯彻因材施教原则,考虑扬长补短的要求,既发挥学生的长处,又弥补其不足之处。

2. 工科专业,特别是机械、光仪、土木类的专业,应以工程设计类型的课题为主。根据培养目标的要求,首先应保证工程师的基本训练,掌握本专业的基本技能,在这个基础上,加深加宽,搞一些提高性的研究专题。有条件的,可以选择一些既有工程设计又有专题研究的课题,使学生受到比较全面的训练。对于设计类专业,学生已初步具有设计能力的,可做专题研究类的课题。

3. 专题研究类的课题,可以是校内外科研任务,也可以是与本校教师的专长相结合的自选课题,以利于教学相长并促进教师科研工作的深入。对于某些既带研究生又指导本科生毕业设计(论文)工作的指导教师,有条件的也可以把研究生课题与本科生的课题有机地组织起来,本科生课题可以是研究生课题的一个部分或一个专题。但必须注意满足教学的基本要求,不能把学生当劳动力使用。

4. 课题的选择应以中、小型为主。即设计(论文)的分量要适当,应使学生在规定时间内经过努力能基本完成或者能有阶段性的成果,既不使学生负担过重,结束时遗留很大的工作量,又不因任务过少,造成学生空闲,以致达不到教学上基本训练的要求。

5. 真题假做或做虚拟的课题对克服某些实际课题的局限性,摆脱现实技术条件的限制,使学生得到比较全面的训练和培养,进行技术储备等是有益的。各专业可以根据自己的具体情况适当安排。

6. 提倡不同专业或不同学科互相结合及组织基础课和技术基础课教研室参加指导毕业设计(论文),以扩大专业面,开拓学生眼界,实现学科之间的互相渗透。

7. 几个学生共同做一个课题的,要明确每个人独立完成的任务,避免吃“大锅饭”的现象;同时,又要使学生经历一个课题的全过程,不能只搞一个具体部分。

三、指导教师

指导教师一般应由讲师(工程师)以上有经验的教师担任。需要时,助教可以协助指导。

指导教师应有实际的设计、实验或研究工作经验,能顺利阅读专业外文资料,严谨、踏实,堪称为人师表,能对学生的品德的陶冶起有益影响。因此,每个指导教师在进行指导的同时,务必关心学生的思想教育工作,“教书育人”是每个指导教师的基本职责。

学生应在指导教师指定的地点进行毕业设计(论文),一般每天至少有半天时间在指定地点工作，以便指导教师检查工作情况。如需较长时间离开的，应事先得到指导教师的批准。

课题来自校外有关单位，或由于学生人数过多而指导力量不足，可聘请外单位工程师以上的技术人员担任指导工作，但教研室应指派教师专人负责联系，经常了解毕业设计（论文）情况及课题的进展情况。

四、时间安排

学生进行毕业设计（论文）的时间一般不得少于10周。少数有条件的专业可以再适当增加一些。为便于及早进行准备工作，各有关教研室应尽早安排落实好学生的毕业设计（论文）课题，并在前一个学期结束前将课题布置到每个学生，并上报教务处。

五、答辩及评分标准

毕业答辩与评定成绩是对毕业设计（论文）进行全面检查、考核的一个必不可少的环节。因此，毕业设计（论文）结束时，对学生均须逐个进行公开答辩。

1.各系应在系主任领导下，各专业由教研室主任和教师组成答辩评分组，下分若干小组，毕业设计（论文）指导教师应为小组成员，每小组3—5人，分别对每个学生进行公开答辩。答辩前，指导教师要对每个学生的毕业设计（论文）写出评语，连同毕业设计（论文）送答辩小组成员评阅。答辩评分小组在评定学生成绩时，要多听取指导教师的意见，指导教师也应尊重答辩评分小组的意见。在答辩过程中，原则上不邀请校外人员参加。

在校外进行毕业设计（论文），指导工作又委托校外人员负责的，其答辩评分，可在校外单位完成。在答辩评分时，应有本专业教师参加，并把学校对毕业设计（论文）答辩评分的要求事先告知外单位，使他们能了解和掌握学校的评分标准，尽量按学校规定对学生的毕业设计（论文）成绩作出较恰当的评定。

2.毕业设计（论文）的成绩评定按五级记分制执行，分为：优秀、良好、中等、及格、不及格。

评分标准应从三个方面综合考虑并从严掌握：一是看学生是否按时完成了指定的毕业设计（论文）任务。二是看学生完成设计（论文）的质量（包括论证是否正确；查阅、综合、分析中外文资料的能力；设计结构是否合理，计算、试验结果及结论是否正确；图纸质量的高低；论文或设计说明书撰写的文字表达，书写是否认真端正；独立完成的程度如何，有无创造性；等等）三是答辩中自述和回答问题的正确程度。各系、各专业可按上述三个方面情况制定出具体的评分标准。对能熟练地综合运用所学知识，独立地完成较高质量的设计（论文），并有所创新（或新的见解），而且确有价值的，可评为优秀。对评为优秀的，应认真审查，并报系主任批准。一般掌握在不超过参加答辩人数的三分之一。在毕业设计（论文）过程中，缺少了某一方面或者某一环节的，不得评为优秀。对有三分之一时间未参加设计（论文）或草率从事，没有达到基本要求的毕业设计（论文），应作不及格论。被评为不及格的也应送系主任审核。

六、毕业设计（论文）成果

凡是对学科领域、科研、生产技术上有所创新的毕业设计（论文）成果，要求填写设计（论文）成果表（表格由教务处统一印发），并注意重视毕业设计（论文）成果的经济效益，努力使成果尽快地应用于社会主义建设。

七、经费

1.毕业设计(论文)的各项经费,各专业应在上报课题时一并提出比较详细的计划,由学校汇总审定后将经费分配给各系,由各系统一掌握使用。

2.上计算机费用:因毕业设计(论文)课题需要上计算机的,在上报课题安排时一并上报需要的上机时数、安排时间、使用语言、计算机类型等,由教务处统一安排发放上机票。

3.在毕业设计(论文)中一般不单独添置各类实验仪器设备,但因课题确需的少量消耗性元件、材料等,可视经费条件适当购置。凡与科研、实验室建设任务结合的课题,其所需实验仪器设备和试验中所需少量元件、材料等,由所在科研经费、实验室经费中支付。

4.由外单位有关人员指导毕业设计(论文)时的指导费,根据我校有关规定支付,并在毕业设计(论文)开始时作出计划上报教务处。

5.学生在毕业设计(论文)过程中所用的文具纸张,除描图纸外,均应自费购买,不得在设计费内开支;学生复制设计(论文)留作自用的,其费用也由本人支付。

浙江大学档案馆藏,档案号:ZD-1984-XZ-95

对搞好毕业设计(论文)工作的几点意见:81级毕业设计(论文)工作总结
(1985年10月25日)

毕业设计(论文)作为本科教学的最后一个环节,有其独特的作用,在这个环节中,学生要运用已学的专业知识,基础理论和基本技能,不仅得到综合训练,而且增长了独立工作的能力,同时,也是对全部教学工作的一次总的检验和反馈,所以对毕业设计(论文)工作必须引起足够的重视。

81级参加毕业设计(论文)的学生1492人,参加指导的教师719人,其中:教授9人;副教授110人;讲师及工程师512人;助教及助工88人。进行毕业设计(论文)题目756个,其中:结合科研的题目517个;结合生产的题目75个;其他类型题目164个。这些题目中属于设计类型的题目104个;属于专题研究的题目394个;属于设计兼论文的题目142个;属于实验室建设的题目72个;属于文献综述的题目6个。

从整个毕业设计(论文)来看,各系均比较重视,有专人负责,参加指导的教师工作认真负责,关心同学,因材施教,上计算机的时数也比历届有较大的增加,详见下表。各系各专业还分别成立了答辩评分委员会,对毕业设计(论文)进行了评阅,答辩及考核。较好地完成了毕业设计(论文)工作。

时数 年级	总时数	平均每人上机时数
77级		6.4小时
78级		5.4小时
79级		14.4小时

续表

年级 \ 时数	总时数	平均每人上机时数
80级		30.9小时
81级	70909小时	47.52小时

通过毕业设计(论文),教师、学生反映收获较大,促进了教学工作,为今后毕业设计(论文)工作积累了资料和经验。在科研、生产方面也取得了一定的成果,如土木系水工81级一同学在教师的指导下,用非线性有限元的应力法研究了灰坝在地震作用下的液化区域和坝坡稳定问题,并提出了防止液化的工程措施,对当今中国的环境保护有较大意义。电机系电机专业四位同学在教师指导下,在小型计算机上,用有限元法进行电磁场计算,具有一定的实用价值。化工系四位同学在两位指导教师指导下,完成了浙大化工厂人事管理系统、材料管理系统、设备管理系统、财务管理系统(部分)的计算机管理程序。该系统功能完善,便于使用操作。光仪系有三篇毕业论文被85年光学年会录用等等。总之81级毕业设计(论文)成果较多,这里不再一一举例。详见毕业设计(论文)成果登记表。

现结合对81级毕业设计(论文)工作的总结,就如何搞好毕业设计(论文)工作提以下几点看法:

一、毕业设计(论文)的选题。

1.课题的选择应满足教学的基本要求。

毕业设计不是单项训练,应有一定的深度及宽度。各专业应按培养目标的要求选择课题,所选课题应有利于学生得到较全面的训练,并有利于培养学生的独立工作能力,有利于巩固、深化和扩大所学的知识,分量适中,以保证学生经过努力在所规定的时间里能够完成。

2.课题类型应多样化,应提倡学科交叉。

毕业设计(论文)题目在满足教学的基本要求下,应力求多样化。如土木系今年毕业设计(论文)的题目,有设计类的,占77%;有论文类的,占23%。这些题目中有工业的、有民用的、有单层建筑、有多层建筑、有网架结构及高层框架体系等类型。

毕业设计(论文)题目应提倡及鼓励理工结合,跨系、跨专业选题,这样有利于发挥教师的专长,促进学科交叉,有利于学生知识面的扩大及提高设计质量,同时,又能克服仪器设备不足的现象。

支持学生自己提出毕业设计(论文)题目。如光仪系董光明同学,他在第七学期时,自己设计了一台电子跑道计时仪,该同学把设计思想成文连同设计图纸交光仪教研组,要求教研组支持。教研组经过讨论,认为是可行的,立为毕业设计题目,并分配光与电方面二位教师进行指导。在毕业设计过程中,该同学十分努力,搞出成果,并完成样机,现由宁波慈溪象山塑料机械厂作为新产品生产。

3.提倡结合科研、生产实际。

在条件允许的情况下,结合科研、生产实际进行毕业设计(论文),不但使学生在工程设计方面受到真刀真枪的实际锻炼,而且也可为发展国民经济作出一定的贡献。

如建筑结构82级12位同学参加了机械工业部第二设计研究院委托设计的柳州机车车

辆厂钢结构车间。通过该设计使学生先期获得了实际工程设计的锻炼,经历了工程设计的全过程,加深了设计工作中的全局观点和经济观点。还有液压教研组充分利用科研题目多、实验室条件好的有利条件使所有的学生毕业设计的课题都与科研密切结合。地质系课题也全都是与科研相结合的。这样的做法,激发了学生的学习兴趣,培养了从事实际工作的能力,增强了工作责任心,同时也加快了教研组科研的进展。

结合生产、科研的课题有很多好处,但也受各种因素影响,进度难控制,与教学会发生一些矛盾,因而,对于实际课题的选择要恰当。既要照顾生产单位要求,又要符合教学要求,工作量要适中,设计资料要便于收集,要防止学生的训练只局限某一部分,得不到全面训练。要防止"大兵团作战,吃大锅饭",并且要能在规定时间内完成,尽量少留尾巴。

4.**毕业设计题目是否可与毕业分配单位挂钩**。

毕业设计题目与毕业分配单位挂钩好处有如下几个:①用人单位知道毕业生是分配到自己单位的,为了更好地了解学生,出题目一定认真负责,并能提供一切有利条件及仪器设备,所需经费也可由该单位提供。同时,还可给学生适当勤工俭学费作为生活补贴。②学生知道自己毕业后要分配到该单位工作,因而,在进行中也非常认真、努力。③学校指导教师只需负责题目审查,看是否符合我们的教学要求,定时检查及最后与用人单位一起进行评阅、考核和答辩。

这种做法须在提早一年将毕业分配方案定下来的前提下才能进行。

但建议可进行一些试点(1)对委托培养的代培生,可采取此方案。(2)对每年系里20%分配自主权可进行试点。如用人单位提出计划需一名大学生,则可出3~4个题目,由3~4个学生(这些学生应都有条件去该厂工作的)去进行毕业设计,毕业设计结束后,可根据情况在其中选定一名分配到该单位。

5.**课题的落实**。

毕业设计(论文)的题目应提早一学期落实,题目要求应由教研组把关,并张榜公布。题目的数目力求大于学生人数,让学生有挑选余地。

有条件的系、专业可以向全校张榜公布题目,欢迎其他系、专业有关学科的学生进行选做。指导教师也可跨系、跨专业合作指导。

有条件的少数科研题目,也可在少量学有余力的学生进入专业学习时,就进入教师的科研,这样有利于对优秀学生的培养。如地质系有一位指导教师结合他的科研项目,比较早地落实到同学,并利用两个暑假(共90天)进行野外调查,并提前一年多进行文献阅读。

题目落实到同学应采用个人志趣与统一调配相结合的办法,应有利于优秀学生冒尖,发挥其特长,充分调动学生研究兴趣及能动性。

二、毕业设计(论文)在指导方法上要着重学生能力的培养。

在毕业设计进行过程中,要把人才培养放在首位,对学生要大胆放手,但又要严格要求。每项设计(论文)题目都要有进度计划,使学生做到心中有数。引导学生大胆探索和阅读文献,重视调研工作质量。教师应经常检查,作原则指导,不要整天围着同学转,有问必答。要启发、诱导学生分析问题和解决问题,让学生在实践中增长才干,培养能力。

有些学生思路比较开阔,独立工作能力较强,有一定的独特见解,有时能突破教师的预想方案,因而,要尽力发挥学生独创精神。

三、充分发挥实验室，特别是专业实验室、校中心实验室在毕业设计(论文)中的作用。

毕业设计(论文)题目中有极大部分课题是在实验室进行的，从而培养了学生实验研究的能力、动手操作的能力，使学生受到一次严格的科学实验训练，充分发挥了实验室的作用。

同时，毕业设计(论文)有部分题目是结合实验室建设的，部分科研也转为实验教学，因而也促进了实验室的建设，提高了实验质量。

四、坚持教书育人，抓好设计中的思想政治工作。

进行毕业设计(论文)的同学大多数有理想、态度端正、刻苦努力。如地质系黄金阳同学到大庆进行毕业设计，觉得大庆生活、工作条件均不错，特别是大庆对浙大毕业生比较器重，认为浙大学生基础好，适应能力强。所以，黄金阳同学完成毕业设计后，提出要求去大庆工作，他说虽然远一点，但有用武之地。

但毕业设计(论文)中也暴露出一些问题，如开始时有部分学生睡懒觉，教师找不到学生。还有些考取研究生的同学，优越感强，认为毕业设计肯定会及格的。还有，有 1～2 门课不及格的同学，认为反正拿不到毕业证书，毕业设计及格不及格无所谓。还有的同学寒假回家在家乡企业联系好工作，认为毕业设计好坏都无所谓。又如计算机系，毕业设计开始不久，部分同学整个晚上都在实验室用计算机做猫捉老鼠及打飞机游戏，把实验室弄得乱哄哄。后系领导召开多次会议，并规定了几条纪律，才有好转。又如光仪系有一同学认为毕业设计与自己今后工作无关，因而马马虎虎。为此指导教师多次找他谈心，讲清毕业设计的作用，后该同学主动补上来。还有机械系液压专业有一同学毕业设计开始时经常不来，认为无所谓。为此液压教研组专门召开会议进行研究，认为要向该同学提出警告，再这样下去毕业设计应不及格。当该同学得知会议情况后，在指导教师尚未找他谈话前就主动进行毕业设计。

因而，在整个毕业设计过程中，应注意抓好思想政治工作，做好设计前动员，向学生阐明毕业设计在教学中的地位、作用，要求学生树立正确的设计思想和态度，并提出严格评分制度及组织纪律方面的要求。对毕业设计中暴露出来的问题，应及时研究，迅速处理。

五、认真做好答辩和成绩评定工作。

从 77 级开始毕业设计(论文)已进行了五届，各系对毕业设计(论文)的答辩，成绩评定都比较认真，均有一定的经验，并逐步在完善此工作。如光仪系在评分中能严格要求，实事求是。部分系、专业均制定出适合本专业具体情况的评分原则，统一严与宽的认识。个别系还规定优秀设计(论文)由学生本人申请，指导教师推荐，然后参加系或专业答辩，会后还对自己所做工作进行现场表演，最后，由参加答辩的教师进行投票表决。

但从历届毕业设计(论文)的成绩评定中也反映出不少问题，现就搞好毕业设计(论文)成绩的评定提出以下几点看法。

1. **存在问题。**

毕业设计(论文)成绩应是毕业设计这个环节本身的成绩，应根据学生实际水平，实际能力来评定。但目前，毕业设计(论文)成绩受到其他因素的影响，特别是人为因素的影响较大。主要有下列几方面：(1)与考取研究生挂钩。有些专业凡是考取研究生的毕业设计(论文)成绩至少是良，基本上是优。有些同学由于考研究生，对专业课不够重视，毕业设计有笃定思想,表现欠好,为了不影响研究生录取,有些指导教师给予补答辩,然后给他一个良。又如〇〇系有一位同学的毕业设计成绩经系评为中等,并已报给教务科,但后因考虑到该生报考〇〇大学研究生,复试不好,如果论文中等,可能落榜,因而将中改为良。还有个别专业则规定凡是考取外校研究生的毕业设计(论文)成绩全部给良,否则给人家看到浙大优太容易。(2)毕业设计(论文)题目分配时进行好、差搭配,平时成绩无形中成为一个主要参考,因而,有些平时中等成绩的同学感到毕业设计(论文)再努力,也拿不到好成绩,影响积极性。(3)毕业设计(论文)一个指导教师只指导几个学生,师生关系密切,因而有个别教师为学生争高分,而且感到教师不争,学生吃亏。(4)有些教师将自己的水平与学生成绩挂钩,还有的指导教师感到,假如指导这届学生没有优秀,则下届同学不选该教师指导的题目。(5)在评定成绩时,各班、各组都要相互平衡,有些系实际上是分配到教师。电机系有一个教师带五个学生,为了二个优秀,则要搭一个及格。机械系有一位教师讲:这次有一位同学实在差,我真想给他不及格,但周围都没有不及格,最后不仅及格,而且中等。(6)个别系评分中优、良偏高,中等极少甚至没有。特别是〇〇系 38 名学生全部优良,其中优 17 人,良 21 人。

2. **评分标准**。

毕业设计(论文)是一个复杂的综合过程,题目数目多,类型多,同学反映出来的能力也各有所长。因此,对毕业设计(论文)应有一个比较恰当的评分标准,统一严与宽的认识。

浙大毕业设计(论文)工作暂行条例中对毕业设计(论文)的评分标准有一个原则意见,主要从下列四方面来考虑:(1)是否完成毕业设计(论文)规定任务。(2)完成的质量。(3)答辩情况。(4)工作态度、纪律(详见"学生手册"第 38 页)。并对被评为优秀或不及格的,特别作了说明,即能熟练地综合运用所学知识,独立地完成较高质量的设计(论文),并有所创新(或新的见解),而且确有价值的,可评为优秀。对有三分之一时间未参加设计(论文)或草率从事,没有达到基本要求的毕业设计(论文),应作不及格论。

3. **毕业设计的分数分布要符合教育统计学的规律**。

为了搞好毕业设计(论文)的评分工作,系及指导教师都提出了许多建议,有些提出毕业设计(论文)应采用百分制来评定成绩,有的则建议采用通过、不通过二级并附毕业设计(论文)的评语等等。目前,我们还是认为对毕业设计(论文)成绩的评定宜粗不宜细,五级记分(优、良、中、及格、不及格)更能恰当地表示学生的不同水平。在成绩的评定中对一个系来讲,分数的分布要符合统计学的规律,即"二头小,中间大",应有一个大致控制的百分比。经调查后认为:优秀占 20%左右,良好占 50%~60%左右。其余占 20%~30%左右为宜。并建议被评为优秀的设计(论文)须由学生本人提出申请并附简要理由,指导教师推荐,然后参加系或专业答辩,最后由参加答辩的教师按规定的比例投票决定。

81 级毕业设计成绩统计

系别	人数	优	%	良	%	中	%	及格	%	不及格	%
数学	38	17	45%	21	55%						
物理	29	6	20%	20	69%	3	1%				
化学	33	10	30%	22	67%	1	3%				

续表

系别	人数	优	%	良	%	中	%	及格	%	不及格	%
力学	29	8	28%	18	62%	3	10%				
地质	27	4	15%	19	70%	4	15%				
机械	111	33	30%	57	51%	19	17%	2	2%		
电机	252	59	23%	149	59%	39	15%	5	2%		
化工	171	66	39%	97	57%	7	4%	1	0.5%		
土木	139	46	33%	72	52%	15	11%	6	0.4%		
热物理	144	28	19%	96	67%	19	13%	1	0.06%		
光仪	115	32	28%	51	44%	23	20%	6	5%	3	2.6%
科仪	119	35	29%	66	55%	16	13%	2	1.6%		
计算机	57	12	21%	42	74%	1	1.7%	2	3.5%		
材料	111	29	26%	66	59%	14	13%	2	1.8%		
无线电	117	37	32%	70	60%	10	8%				
总计	1492	422	29.6%	866	58%	174	11.6%	27	1.8%	3	0.2%

六、适当增加毕业设计时间，建议将毕业实习与毕业设计连起来为一学期。

指导教师普遍反映毕业设计时间太短，要求增加，以提高毕业设计（论文）质量。同时，认为把毕业设计（论文）与毕业实习有机结合起来，即第八学期为毕业实习及毕业设计。毕业实习可按毕业设计（论文）课题选择，这样可增强实习的针对性，提高实习质量。而且又引导学生在实习中，根据课题的内容和要求，调查研究，自己提出问题，分析问题，及收集资料，从而提高毕业设计质量。而且能将毕业实习与毕业设计中的调研二笔经费结合起来使用。

七、增加毕业设计经费及重视毕业设计教室的落实。

今年毕业设计（论文）全校经费为 12 万，分配原则是平均人头数 73 元，其余对个别有困难的系进行适当补贴。具体见表：

系别	学生人数	应拨数	增拨数	总计
数学	38 人	2774		2774
物理	29 人	2117	100	2217
化学	33 人	2409	1000	3409
地质	28 人	2044		2044
力学	30 人	2190		2190
计算机	58 人	4234		4234
材料	111 人	8103		8103
光仪	121 人	8833		8833

续表

系别	学生人数	应拨数	增拨数	总计
科仪	123 人	8979	1500	10479
机械	111 人	8103	228	8331
电机	260 人	18980		18980
化工	196 人	14308		14308
土木	130 人	9490	800	10290
热物理	148 人	10804	200	11004
无线电	121 人	8833	1000	9833

由于市场物价上升,随之住宿、资料均上升,故 73 元毕业设计费是难以维持,希望学校考虑解决。毕业设计教室及教室里的灯光桌椅等必需用品,学校要重视安排,以保证毕业设计能顺利进行。

八、座谈会上反映出来的几点其他意见。

1. 学校办学思想上有重理论、外文,轻实践。如________制各只有半年,部分专业课程设计取消等,化工系仪器仪表课、机械系机床课选修同学较少。同学设计能力较差,解决实际问题的能力较差。

2. 学校要实行一定的淘汰制。有个别同学在毕业设计中反映出来非常差,而且又有几门不及格,这种情况在前几学期就应该解决。

3. 考研究生冲击专业课,冲击毕业设计。

4. 毕业设计工作量有不合理现象。

5. 毕业论文请外系教师答辩能否记工作量,不要付报酬。

6. 希望分管教学的校、处领导能定期召开教师座谈会。

教务处实践教学科

一九八五、十、二十五

浙江大学档案馆藏,档案号:ZD-1985-XZ-78

关于在毕业设计(论文)环节试行科学评分的通知

(1987 年 2 月 10 日)

浙大发教〔1987〕07 号

各系、各教研室:

毕业设计(论文)是综合性教学环节,对我校本科教学有重要作用。为了进一步贯彻教学改革精神,提高教学质量。拟在本校 83 级(含 82 级五年制)本科生的毕业设计(论文)评分试行"科学评分合理淘汰"。

一、评分办法。

各系以专业教研组为单位，由毕业班学生总数确定各级人数，全系平衡。毕业设计答辩后各专业教研组应将学生按名次排队，排队可分五等九级，各级比例及与百分记分的对照如下表（教研组在评分时可采用各种记分法，不作规定，但要按五等九级上报）。

表一　评分的对照表

	百分制	所占比例	记分法
优等（A 级＋B 级）	90—100	≤15％	优 A，优 B
良好（A 级＋B 级）	80—90	≤45％	良 A，良 B
中等（A 级＋B 级）	70—80	＝25％	中 A，中 B
及格（A 级＋B 级）	60—70	}＝15％	及 A，及 B
不及格	60 以下		不及格

各等中的 A，B 级由各专业教研组按实际情况决定，及 A，及 B，不及格三个层次，合计共占 15％。

优等 A 级，优等 B 级都须经教研组全体评议，其中优等 A 级应严格控制，应授予已形成成果或有突出成绩者，每届学生不一定必须有优等 A 级的成绩。

二、为了保证试行，83 级毕业设计（论文）的成绩，规定在学生毕业教育开始后一周内送交教务处组织复核认可，由教务处返回各系记入记分册。各系应在上述时间按学生名字将学生成绩登记上交。

三、评分的量化标准，建议各系按实际情况进行百分制记分。百分制评分法可参考附件（机械、计算机、热物理、科仪、光仪、化工、土木等系）资料，要求各系在答辩开始前两周将量化标准送交教务处。

四、毕业设计（论文）是一个重要的教学环节，不仅包括学生，也包括教师的组织工作，对教学两方面都要有严格的要求。正确、合理地对毕业设计（论文）环节进行评分，关系到教研组教学队伍的建设和对学生学习质量的评价，牵涉到“求是”学风的培养。因此，必须在这个环节中加强政治思想工作，希望做好这方面的工作。

浙江大学
一九八七年二月十日

浙江大学档案馆藏，档案号：ZD-1987-XZ-133-1

3. 实习教育与劳动教育

去年生产实习中几个主要问题的汇报

(1956年)

甲、在准备阶段的几个问题

一、关于实习计划的审查工作。去年实习计划的审查工作做得较差,教务处未能组织和推动各系认真加以研究。系对实习计划的审查也不严格,很少提出意见。不少实习队的计划均未报请校长、领导批准执行,个别实习队的计划甚至连教研室主任也没有看过,这就造成了有些计划因定得不切合实际,要求偏高偏低而影响实习质量。如金切三的实习计划定得不够具体,也不够明确,对工厂生产计划不稳定的状态估计不正常,临时改变计划。如上海电机厂的专业实习计划,是选的面很广,实习的工厂很多,每一二段实习时间只排两天,在两天中既要同学全面深入观察,又要争取实际操作,执行起来就比较困难。又如铸造机三的实习计划,订计划和指导实习的不是同一个教师,计划本身对于实习时间的分配不够,恰恰有的分配过多,有的过少,指导教师却不改动计划。杭州通用机厂的机二认识实习,计划规定学生每天下车间的时间只有4小时,把整个下午空出来进行理论活动,实习就不够紧张,同学纪律松懈。以上这些情况,如果能在下厂前很好审查计划,提出意见,是可以避免的。

二、各系对确定指导教师人选和学生编组名单事先缺乏周密考虑,以致确定后一再调整。如去年机械系的指导教师名单一共改换三批,调动的教师有28位(占全系指导教师总数的43%),调整的厂矿有14处(占全系实习厂矿数的56%)。而且调整的时间非常仓促,有些甚至在下厂前二三天还得更换,造成工作被动,人事科来不及介绍而影响教师下厂日期。学生编组名单也同样多变,如金工专二的学生名单就换了4次,其他各系也均存在此类情况。

三、学生下厂实习前的学习动员和工作进行得比较粗糙,思想教育工作不细致。有时为了赶出发时间,把学习时间缩短。规定要学习三天,各系一般只学两天,有的甚至一天。同时学习的内容也比较偏重于业务方面,缺少有力的政治思想教育,尤其是纪律教育。有些教师和学生对此学习不够重视,存有老一套思想,认为纪律问题只要提一下就可以了,这个可以说是造成学生实习纪律松懈的原因之一。

四、去年的生活工作虽然比年前有进步,但生活工作还是做得不够细致。有些生活上的工作要等教师下厂后自己去安排解决。其中杭州地区的生活工作解决得很差,如杭州通用机厂实习时的上学问题、休息场所、校车接送等问题均安排得不够妥当,教师意见很多。

乙、在实习期间的几个问题

一、关于实习纪律问题:

去年学生的纪律比前年还要松懈,主要是下厂前思想教育不充分,实习期间纪律教育抓得不紧,缺少检查,学生遵守纪律不够自觉,尤其是部分学生干部思想非常麻痹,以致产生了不少违反或严重违反实习纪律的现象,在厂矿中造成了极其不良的影响,主要表现在:

(一)失密、泄密、遗失实习证章、实习日记本等。

(二)违反生活纪律，不尊敬教师。

(三)不遵守操作规程，违反厂规。

(四)实习态度不严肃认真，不专心倾听工人讲解，个别同学随便乱问。

以上这些情况都是极端严重的。

二、关于贯彻毕业实习的全面要求问题：

去年的毕业实习一般均比较偏重于工业设计资料的收集工作，对于毕业实习的全面要求贯彻不够。如上海电机厂的毕业实习，为了要学生编一个毕业设计的方案，因时间不够支配，只到交流电机部实习。铸工教研组在毕业实习期间，布置学生要代教研组收集一套资料。化燃四吴淞煤气厂实习时间只四周，参观工厂花了一周，为毕业实习准备花去了一周多，实习时间只剩10多天，直接把要求降低，改为以毕业设计资料收集为主。同时在学生方面也存在着单纯为收集毕业设计资料的倾向，至于整个实习要求有否达到，则很少考虑，这个存在一定程度上影响实习质量。

三、关于毕业实习的指导方法问题：

去年因初次进行毕业实习，缺乏经验指导，教师在下厂前又未充分学习有关文件，因此在实习指导方法上，对于培养同学独立工作能力做得不够。曾出现了两种倾向，一种是对学生估计过高，认为学生经过两次实习，已具有独立工作能力，教师只要跟着去看看就行，让同学自己去动脑筋，实际上是实习形成自流；另一种是对同学估计过低，不敢放手培养同学独立工作能力，不过这种情况较前一种少。

四、毕业设计资料的收集和供应问题：

去年毕业设计资料供应工作做得很不及时，在毕业设计期间曾产生停工待料的现象，只得临时派人去催，造成这一情况的原因是：

(一)教研组往往在下厂前提不出资料清单，一直要到实习一段时间后才能提出来。提的资料比较零碎，同时提出的资料清单也未注明资料的保密程度，这些资料厂里有的可以直接批准，有的要报中央批准。

(二)行政工作上存在不少缺点：

1.申请资料的手续搞不清楚，往往听教研组谈的申请手续办事，常因申请手续不符“返工”。

2.工作处理不及时，有拖拉和粗枝大叶的现象。去年机械制造教研组把资料清单抄错上报，批下来用不着，只得再报，时间上就来不及了。

丙、在生产结束阶段

实习结束阶段主要是实习总结工作做的不及时，做出来的总结不够认真，内容也比较宽泛。有些实习队的实习总结到现在还没有报教务处。

浙江大学档案馆藏，档案号：ZD-1956-XZ-53

浙江大学机械制造工艺及其装备专业勤工俭学教学计划草案说明

(1958年4月1日)

为了进一步实现社会主义办学路线,坚决地执行教育与生产相结合,理论与实践相结合,脑力劳动与体力劳动相结合,知识分子与工农相结合的教育方针,以及认真地执行勤俭办学、勤俭生产、勤工俭学的政策,达到培养有社会主义觉悟,有文化的身体健康的劳动者的目的,同时考虑到我校各方面的具体情况,采取"一面读书一面劳动"的措施,拟定了这个教学计划草案。

现将拟定中的几个主要问题说明如下:

1. 在不改变5年学制,不影响教学质量,并积极地提高质量的前提下,适当精简了部分课程时数(未改变课程门数10种),学时从原来的3500小时左右降低至3200小时左右,这样为"一面读书一面劳动"创造了时间上的条件。

2. 根据上述同样的精神,增加了每学期的上课周数,相应的缩减了假期周数,5年内上课周数从原来的151周增加到181周,每年寒暑假缩短为5周。

3. 由于采取上述第一二项措施,使周学时数一二年级从原来的28学时降低到20学时,三四五年级降低到19学时以下,这样就有可能在每周内腾出一定的劳动时间。预计一年级到四年级每周为12小时劳动,五年级上学期每周16小时劳动,下学期每周8小时劳动。5年内总的劳动时间为2376小时,按一般工人每天劳动时间为8小时计算,则5年内共计为297劳动日,相当于56.5周,即一年零一个月的劳动时间,如将生产实习时间包括在内,则总的劳动时间为一年零五个月。

4. 为了使学生在一面读书,一面劳动中不致学业负担过重,除了前面提到的一些措施外,每学年课程设置仍控制在不超过7门,考试的课程不超过4门。

5. 课外自学时间的安排:

按完全两部制排课。上下午各排4节,第一二学年每周上课20小时,(第一学期每周为19小时)相当于五个半天;每周劳动12小时计算,相当于三个半天。另外,政治理论和参加社会活动约占两个半天,故每周课外自学时间尚可保证两个半天,约8小时,6个晚上约15小时。如星期天加半天工作4小时,则可以利用的自学时间约为8+15+4=27小时(周六晚上及星期天下午不计算在内)。这样课内与课外学习时间的比例接近1∶1.5,三年级及以上一般在1∶1.5以上。

6. 为了培养学生共产主义世界观与共产主义人生观,加强同学的政治思想教育,增设了哲学课程。

7. 考虑到增加每学年上课周数还要适应杭州的气候条件,杭州每年最热时间一般在7月15日至8月15日之间,故每学年第一学期开学提早二周,从9月1日提早到8月15日左右。第一年新生到校上课较迟,但也需争取提早1—2周上课。为了避免第二学期考试时天气过分炎热,第二个学期需在7月15日前结束,同时要保证每学期上课的周数,故将寒假缩短为一周,暑假缩短为4周。

8. 这份教学计划是在全校双反运动高潮,"大跃进"的形势下,"采取一竿子到底"的做法,在短时间内拟定成的。进行的步骤是:首先由学校领导同志主持召开有关这个专业所有课程的任课教师会议。在大家充分认识到勤工俭学的意义与目的的思想基础上，讨论在不影响教学质量的原则下，精简课堂学时的可能性。许多教师发言，从本门课程中的体会，认为这种可能性是存在的。并且认为部分课程之间讲课中有不必要的重复现象，因此在会议上决定组成两个研究精简课程内容重复的小组，一个是以物理为中心的热工、电力学、电工学、理论力学、机械原理等课程的小组，另一个是以齿轮问题为中心的机械原理、零件、公差、刀具、机械工艺等课程的小组。这次会议还讨论了学生劳动时间是集中进行好，还是分散进行好的问题。较多数同志认为根据这个专业的性质以及我校工厂设备条件，分散在5年内参加校内工厂的劳动，对于培养学生经常持久的劳动习惯，以及充分发挥设备的潜力，对国家发展生产都是有利的。由于这次会议酝酿较成熟，会后工作得到顺利进行。如上述两个小组根据各课的讲稿，很快地就核对出了那些是不必要的重复的，最后综合了各任课教师的意见，并征求了和这个专业有关方面具体负责同志的一些意见，并参考了交大以及哈工大拟定的勤工俭学教学计划的草案，提出了这个计划草案，并由领导主持再次召开了任课教师会议，对该草案进行了讨论，并对周学时数的安排做了某些修改。

9.拟定这些草案的目的是以机械制造工艺及装备专业作为试点，拟定勤工俭学的教学计划，通过这个工作的实践取得一些经验，作为进一步讨论开展全校性的勤工俭学，及拟定其他各专业勤工俭学教学计划的参考。

教务处

1958年4月1日

浙江大学档案馆藏，档案号：ZD-1958-XZ-113

浙江大学勤工俭学情况报告

（1958年5月29日）

一、开展的情况

经过整风和双反运动，同学们普遍提高了社会主义觉悟，要求勤工俭学的热情，如火如荼。有90%以上的同学要求勤工俭学，纷纷向党提出申请。他们提出“一面工读一面劳动”，既做学生，又做工人的口号，表示决心把自己培养成为又红又专的新型工人阶级知识分子，为祖国的社会主义建设更好地贡献自己的力量。校党委迅速做了安排，各系结合各个不同专业，拟定了勤工俭学的初步规划，并且派专人赴南京、上海、杭州等处的有关单位参观，吸取生产经验和接洽生产任务。目前已与许多部门挂上钩，如机械系接受杭州机床厂等4个单位的标准件和煤气机零件加工任务，工时定额共计310000小时，并承接制造车床270台，立式机床50台，光学部件刻度300台。还与杭州通用机器厂等协作制造2000吨合成氨氮肥厂成套设备20套，以上年产值总共400余万元。自3月4日开始，标准件已正式投入生产。机械系参加生产的同学有1283名、5440人次，占该系同学的80.2%。现在还在积极准备制造600度显微镜和硬度机等设备，并要求质量上能够赶上国际水平。

电机系将与机械系协作，充分利用现有实验设备制造1.7和2.8千瓦异步电机7000

台,拟与浙江电机厂协作制造化肥机械成套电机设备及开关,与震旦铁工厂协作制造火表10000只,并且制造整流器、电阻箱等。目前参加生产的同学有22名。

土木系已接受了校外单位1500平方米的工人文化宫的土建设计任务,拟参加设计的有四年级同学31人。3月上旬即已着手进行,并以此次任务来代替毕业设计,5月初可以全部完成。该系还接受了杭州市建筑工程公司土壤实验和测验的工作,并且拟为学校扩建厂房,自行设计,与省建公司协作施工。这样可以节约管理费4000—5000元,劳动收益及材料节约5000元,两项合计约10000元,并在4月份为本校挖土3000平方米。该系还准备利用假期参加建筑工地的体力劳动,可以收益5500元。实行以上措施,土木系可以每年替国家增加收入约30000元。

化工系已经接受杭州市工业局委托的年产1万至2万吨的钙镁磷肥厂的设计,并且还准备接受水醋酸厂的设计和杭州试剂厂关于磷酸、硫酸、硝酸的提纯工作,接受杭州畜产公司毛皮加工制造等生产任务。

材料力学教研组将与浙江钢铁厂订立长期合同,给浙钢测定材料的性能。数学和物理两系,虽然没有自己的实验室,或者自己的实验室不能直接用于生产,但能决心争取参加机械系的标准件生产和农业生产。此外,同学们还开展多样性的劳动,如为膳食科种菜、养猪、运菜、剥蕃芋皮等,目前已开垦出荒地20余亩,种马铃薯4亩,四季豆10亩,葫芦、南瓜等6亩,并为教材科刻印讲义等。部分同学还自行组织了理发、补习、缝纫、修理钟表、摄影等服务性劳动小组。

勤工俭学开展后,全校师生员工不仅热烈拥护这项措施,而且积极投入生产劳动。例如化工系王凤杨先生愿意把自己在制造毛坯方面的研究成果投入勤工俭学中作为一个项目,土木系何鸣歧副教授紧张地热情地亲自投入治理护校河工程的规划与测量工作。机械系任传丰、马元骥副教授等8位教师边教学边下工厂,都搬到机械工厂办公。高承煜、郑善良等12位讲师和助教,根据业务不同,分别担任了车间的领导。铸工教研组讲师○○过去比较是重理论轻实践的,但在现在7:00就去工厂,一直站在熔铁炉旁指挥浇筑工作。化工系沈开圻副教授、电机系杨杰教授、吴中楫讲师均主动地到生产单位去了解情况,找勤工俭学的门路。

二、目前进行情况

目前每周参加勤工俭学的人数已达2100余人,机械系机制、光仪、铸造专业的同学全部参加了本校机械制造厂的生产,电机系热能、无线电、电机、电子、发电、工企和化工系化机、化燃、化自、无机物等专业以及物理数学两系一二年级的部分同学也都参加工厂生产。自3月4日勤工俭学开展到现在,已生产煤气机零件和标准件数万件,电机系电子、发电三年级部分同学参加了修配间生产,制造电阻箱、整流器等;该系师生还将与杭州震旦铁工厂协作制造火表,化工系机四同学以毕业设计为杭州市设计三个工厂:钙镁磷肥厂、醋酸厂及水泥厂,目前钙镁磷肥厂已经进入施工图的设计。化燃三年级28名同学已经开始做水泥原料分析,化燃四同学将做煤球分析,土木系的土壤试验、挖土方、土建设计都在热烈进行。土建设计已先后接受杭州市工人文化宫、浙江钢铁厂2万平方米的钢铁车间与7万平方米的铸造车间、肉类加工厂和本校制造车间等土建设计任务。工人文化宫已有40余名四年级同学在何鸣歧副教授、高锜教授、王德汉助教等指挥下,师生日夜工作,已经完成设计任务。目前工民建四年级 65 名同学正在紧张地为浙江钢铁厂等进行土建设计。测量方面已有 17 位同学于 4 月初去余杭县工作。土壤试验方面，接受的煤矿与铁矿区基本建设的地质勘探的土壤试验，均已先后完成任务。

勤工俭学开展后，教师、同学、工人积极性都很高，机制、机床刀具的教研组均搬到工厂办公，教学与生产实际紧密结合。机制教研组的教师与机械机制四年级同学进行 2000 吨合成氨氮肥厂设备的工业设计。机床刀具教研组赵仲敏教授等在悉心指导机金四年级同学进行 8 尺高速全齿轮车床的设计，准备试制。铸工教研组的教师在指导铸造四年级同学进行化肥设备、车床等的木模、泥芯盒、浇筑系流的设计。许多教师还担任了车间、科室领导工作，他们边教学、边生产，每天工作到深夜，干劲很足。经过生产实践，他们已获得许多生产经验和体会。如铸工车间主任吴京讲师说："对于造型的理论，自己能够讲一套，但是造型的实际生产经验就很少。书本上说的要使铸件成品做得光滑，不粘砂，必须在沙田上加煤粉。但是究竟加多少最合适呢？心中无数。这次亲自参加了劳动，实践后发现加煤粉并不像上课时照搬书本那么简单"。又如标准件车间主任郑良桂先生说："在领导组织及生产过程中，发现自己的生产知识太少了，工人同志在生产实践中的知识要比书本更丰富。自己在理论上会讲一套，但碰到实践事物面前就难以下手。另外，有些在课堂上不易解决的问题，在实践中却一目了然。"

在勤工俭学中同学的劳动热情非常高涨，从清早到深夜，他们按照排定的时间分批入厂，在老师傅的指导下认真操作。很多同学在短短的两个月已能掌握一定的生产技能，如在勤工俭学试行阶段，机金和光仪二、三年级 60 名同学参加标准间生产，第一次平均完成定额 62.6%，最高为 123%。第二次平均完成定额 95.1%，最低 58.3%，超额的有 10 人，最高的达到 166.7%。又如铸造专业同学在熔铁浇筑时出铁水、抬铁水，干得汗流浃背，个个生龙活虎，干劲十足。又如机金 551 等 20 多个班级的 120 名同学利用课余时间，为杭州机床厂突击绘图，仅一天时间即绘图 500 余张。目前各系、组结合专业和课程调度，妥善地安排了勤工俭学的时间。如机械制造厂组织同学每人每周参加 3 班生产，每天分 5 班，每班 3 小时（自 4 月 2 日起改为 4 小时）。铣工组的同学过去实习 3 小时，只能铣两只齿轮，现在同样的齿轮能铣 15 只到 17 只。光仪 566 阮学诚同学三小时内就做了 19 只，比过去实习时产量提高了 8 倍半，质量也都达到了要求。铸造 551 女同学黄秀林工作比一般男同学还出色。在做漏模造型时，一般同学只能做 20 多箱，而她能做 35 箱，在做皮带轮时超额近一倍。她在工作中不仅有干劲，而且有钻劲。她改变了起模方法后，提高了工作效率。又如卫义来同学在勤工俭学中不计较工作轻重，肯吃苦，能虚心向老师傅学习，工作进步很快。他做的煤气机气缸头罩壳从造型起直至做好泥芯，配好砂型，已全部掌握。他不仅掌握了机器制造方法，而且生产的质和量也比一般同学高，生产老师傅对这些表现良好的同学都很称赞。

在祖国社会主义建设大业"大跃进"的鼓舞下，教师、同学和工人明确认识到勤工俭学对实现社会主义办学路线，培养又红又专工人阶级知识分子的重大意义，大家都干劲很足，表现了火样的热情。在 4 月份，苦战 24 天，试制 6 尺车床 1 台，2.8 千瓦电机三台获得成功。在试制过程中，教师、工人千方百计克服困难，提高产品质量，如电机的质量已达到国家标准，车床和电机的试制成功反映在党的领导下，集体的智慧和力量能够战胜一切困难。经过两个多月的勤工俭学活动,同学们对于教育与生产相结合,理论与实际相结合,脑力劳动与体力劳动相结合,知识分子与工业相结合的方针有了初步认识与体会。如化机三某同学说:"上学期上金属工学切削部分时,对机床的一些结构、切削过程,刀具对工具表面质量的影响等很难理解,现在操作时注意一些就知道了。"这说明教育只有和生产相结合,才能更好提高教学质量。理论只有和生产实践相结合,才能把理论经实践考验而变成有用的东西。而且经过勤工俭学,同学们已初步树立劳动观点和劳动习惯。现在很多同学对一天4小时的劳动已经不感到疲倦了,反而感到精神很愉快,觉得又读书又劳动,生活挺有意思,如铸造564范毓曦同学说:"以前我们很多同学晚上长时间睡不着觉,就常常吃安眠药。从参加劳动以后个个都睡得很好,一躺倒就睡着,而且睡得很香甜。"

为了有组织有领导地开展勤工俭学活动,经4月25日学校行政会议通过成立了浙江大学勤工俭学委员会,各系也成立了勤工俭学小组。目前各勤工俭学小组正在制定勤工俭学规划。为了进一步鼓起和发扬教师工人和同学的干劲与钻劲,大力开展技术革新,使勤工俭学获得更好地开展,5月1日,机械制造厂全体职工和同学代表1000余人展开了跃进大会,通过大会使领导明确了要搞好勤工俭学,必须抓思想、抓计划、抓进度、抓关键、抓质量,在工人和同学中要开展五比:比政治思想进步、比技术革新、比提高产品质量、比改进工模具、比安全。此外,同学在入厂前后应认真进行思想教育和组织工作,入厂前在课堂教育中应使其明确劳动的目的、劳动组织、劳动对象和安全技术操作规程等,入厂后进行三定("定机、定人、定查"),四保(保质、保量、保期、保安全工作)。通过大会,教师,同学,工人一致表示要实施贯彻多快好省,鼓足干劲,力争上游的社会主义建设总路线,日日开展技术革新,月月出产新产品,把勤工俭学推向新高潮。

三、存在的问题和缺点

(1)实行勤工俭学,这是教育上的一个重大改革。它使教学、生产、科研三者结合起来,不仅可以提高科研水平,而且可以提高教学质量。可是在部分教师中思想认识尚不一致。他们对勤工俭学的政治意义和培养又红又专的社会主义建设人才的目的尚未明确。在勤工俭学中表现出来的是青年教师干劲比老年教师足,少数教师畏惧接触实际,顾虑遇到生产实际问题无法解决。有的教师习惯于分兵把口,各自为政,缺乏集体主义精神。

(2)少数同学对勤工俭学的意义认识不足,对参加劳动,锻炼自己,提高自己的政治觉悟的目的不明确。有些同学到工厂劳动,存在着单纯的技术观点。他们对工作挑肥拣瘦,不愿做辅助工作和清洁工作。如机金○○班有同学不愿做钳工,要求调做车工;又如光仪○○班有同学不虚心向老师傅请教,生产54只六角螺母就有32只废品,废品率占59%。此外,还有少数同学工作凭兴趣出发,喜欢换工件,调机床,有的同学说:"专门做这一种工件没做头。"这就说明同学们对为什么劳动的认识还不明确。同时,关于劳动对象、技术安全、生产情况等,在参加劳动前对同学们进行必要的课堂教育是不够的。

(3)勤工俭学的组织工作进行比较迟缓,(因双反运动比较紧张,教师均参加运动)目前是有兼职和专职的少量工作同志,但尚不足以应付当前局面和完成现有的任务。某些单位对这一工作听任自流,缺乏领导。机械制造厂的勤工俭学工作虽然进行得比较好,但目前组织工作还存在着一些缺点,容纳学生参加劳动偏重数量而忽视效果,因此同学们参加劳动也较混乱,缺乏细致的组织工作和必要的生产制度。此外,某些制度如交接制度、安全制度等尚不健全，因此有少数同学违反操作规程，擅自加快机器转速，损坏工具等的现象不断发生。也有的工人同志辅导同学的生产劲头不足，顾虑影响自己的技术提高。例如有车工同志不愿担任辅导工作，许多工人同志干劲十足，但钻研不够，大胆创造提出技术革新很少。

(4)生产技术和计划管理制度尚未建立起来，不能满足生产发展的需要。由于机械制造厂既是具体贯彻教学与生产相结合，又是生产生产资料的工厂，是新的创造因素，在生产管理、技术领导、成本核算、流动资金、劳动力的组织等方面，缺乏一套新型的生产秩序的经验，也是任务所迫必须解决的问题。

四、点滴体会和今后意见

(1)勤工俭学是具体实现知识分子和工农相结合的一个重要途径，对于培养同学成为具有社会主义觉悟、有文化的、身体健康的劳动者有极其重大的意义。它不但可以使同学在懂得文化知识的同时，受到体力劳动的锻炼，掌握一定的生产技能，培养劳动习惯和艰苦朴素的作风，而且对青年知识分子兴无灭资，树立正确人生观，培养又红又专社会主义建设人才有着深远的意义，这是勤工俭学的主要目的。其次由于勤工俭学结合了生产实际，可以提高教学和同学的学习质量，实习的质量也一定会有显著的提高。第三，通过劳动生产创造价值，可以为国家节约资金，也可以解决同学在学习用品和生活上的一些困难。几年后学校的经费可全部自给，并争取为国家积累资金。但必须指出：这是勤工俭学产生的必然结果，不是主要目的。在领导思想上必须明确认识：勤工俭学不是为了搞几个钱，主要是为了改造青年知识分子。

(2)开展勤工俭学不是阶段性的运动，而是党长期坚持社会主义的办校方针。所有教师、同学和职工在思想上有了明确认识，才不至于使部分同志把教学、生产、科研对立起来，才能解决这个对立面的统一问题。但现在看来认识不一致，思想尚未统一，教研组比系领导积极，年轻教师比年老教师劲足，因此必须加强思想教育，开展关于勤工俭学的辩论，正确认识勤工俭学重大意义，从而发挥教师和同学的积极性参与开展这一运动。

(3)由于组织逐渐扩大，劳动力日益增加，思想工作跟不上生产的发展，生产任务又是突飞猛进。勤工俭学上缺乏领导经验，必要的制度尚未建立和健全起来，生产任务又日益增重，工人同学们的劳动热情高涨，事故不断发生。前一阶段铸工车间废品率平均达到30%，标准件车间占20%左右(目前已有好转)。主要由于对同学教育不够，只是求快不顾质量所致，因此安全生产、劳动保护、保证产品质量、不浪费原材料应提到议事日程上来。必须普遍的在工人、同学中进行经常定期的教育，明确响亮地提出："比干劲、比钻劲、比学习、比政治进步"，保质、保量、保期、保安全的"四比"、"四保"口号，并且结合双反向全体同学和教职员工进行一次"三勤"、"四结合"的教育，通过一次深刻的辩论，以达到贯彻多快好省，鼓足干劲，力争上游的社会主义办学方针。

(4)学校附设工厂的机械设备虽然多，但种类不全，不平衡，仍不能满足市场需要，机械设备与现有的厂房亦不相适应。例如大型配件的装卸、铸工车间的熔铁炉出铁水等均是人力杠抬。工人数量不多，而且工种不全，现有的设备仅为学生实习所用，而不能适应生产要求。根据中央的教学和实验相结合的方针，今后拟：一方面现有设备必须内部调剂，已有的厂房需要充分利用，并应有计划地扩建，同时也必须增加工人数量和工种，以便树立基层核心作用;一方面建立适应生产任务需要的和发挥设备力量的组织机构,以达到多、快、好、省的要求,生产浙江地区工农业所需要的生产设备。

浙江大学勤工俭学委员会
1958 年 5 月 29 日

浙江大学档案馆藏,档案号:ZD-1958-XZ-114

浙江大学关于生产任务与组织机械方案(草案)

(1958 年)

为了大力地坚决的贯彻教育和生产相结合,理论与实际相结合,脑力劳动与体力劳动相结合的方针,并认真执行勤俭办学、勤俭生产、勤工俭学的政策,达到培养有社会主义觉悟,有文化的、身体强壮的劳动者的目的,为此,我校教学与生产方针是大力支援浙江地区工业农业生产设备"大跃进"的需要,一方面承担机械设备制造比较精密的部分,便于教师们进行科学研究和提高教学质量;一方面承做机械成批标准件,便于更多地容纳学生参加体力劳动锻炼和提高政治觉悟,既能使学生从基本知识开始,又能不浪费材料,保证质量。因此必须明确教师一面教学、一面生产,既是科学知识传播者,又是生产技能领导者,课堂是教师,厂房是工程师,只有以此才能真正贯彻教学和生产相结合的方针。

为了发挥设备与科学技术潜力,提倡大胆创造(新产品必须经过试验),提高和保证产品质量,降低成本;为了适应教学和生产任务的需要,有计划地扩建厂房,增加生产设备,达到一年左右生产人员全部自给自足。____年左右全部学生生活费用自给自足和____年左右或多一点时间,全校教育经费自给自足。

附编制系统表和说明:

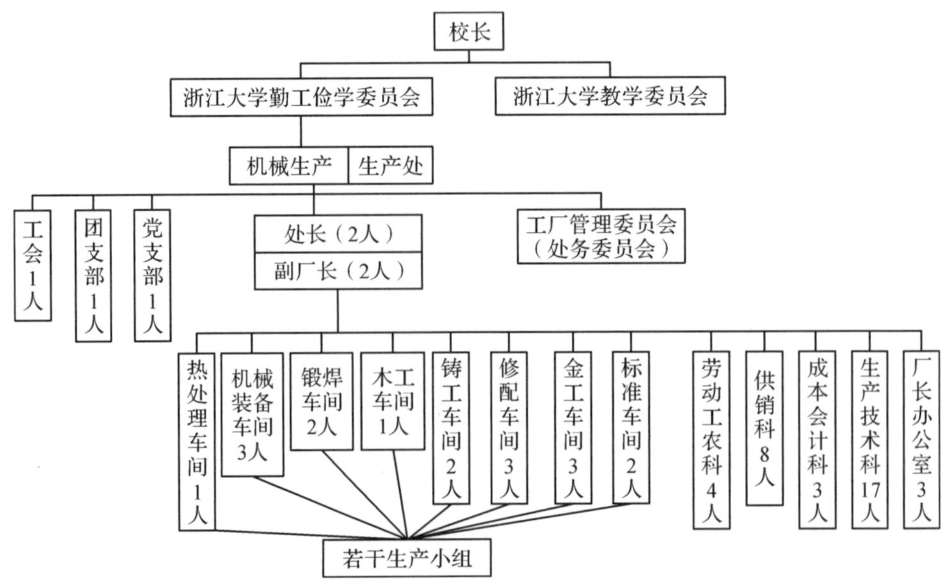

几点说明

一、勤工俭学委员会(即是校务委员会),工厂管理委员会(即是处务委员会),其组成应除聘请有关各个专业教研组主任外,每个车间有一名工人和学生会的劳动部1、2人和工会、党、团及个别有关职能科参加,15人至17人,其任务是为了统一思想,上下协作一致,研究生产,解决技术问题。

二、生产处应领导全校生产,各系生产业务由处统一办理,其生产人员暂定58人(兼职不计其数),各职能科职责范围,各车间生产制度等另定之。

三、为了发挥各系和各个专业教研组的积极性,副厂长由系主任充任之,工厂各生产车间主任均由各个专业教研组主任充任之,以便实现教学和生产的全面领导。车间专职干部三人(车间副主任一人,记录考勤员一人,料具员一人)。

四、党团支部由校党团委领导,工会由市产业工会领导。其工厂人员应实行企业化,执行劳保条例。

五、生产过程中定额,指标另行规定之。

浙江大学档案馆藏,档案号:ZD-1958-XZ-113

浙江大学1957—1958学年第二学期各专业各年级生产劳动初步安排方案

(1958年)

为了进一步实现社会主义办学路线,坚决地执行教育与生产相结合,理论与实际相结合,脑力劳动与体力劳动相结合,知识分子与工农相结合的教育方针,以便认真地执行勤俭办学、勤俭生产、勤工俭学的政策,达到培养有社会主义觉悟,有文化的、身体健康的劳动者的目的同时,考虑到我校各专业的具体特点,在组织学生进行生产劳动时,力求结合各专业的特点,现拟出如下方案。

全校现有16个专业,约可分为三种类型:

甲类:完全可以利用校内设备结合专业进行劳动的,如机械制造工艺及装备、铸造工艺及机器、光学机械仪器、化学生产机器及装备,电机及电器、无线电技术等6个专业。

乙类:只可部分地利用校内设备,结合专业进行劳动的,如发电厂电力网及电力系统、工业企业电气化、热力发电厂、化学生产工艺过程自动化及调节,燃料化学工学、无机物工学等8个专业(数学、物理专业不能结合专业,准备参加校内工厂劳动,也列入此类)

丙类:不能利用校内设备结合专业进行劳动,准备在5年内抽出一定时间参加工地劳动的,如工业与民用建筑、河川结构及水电站的水工建筑等2个专业。

对于甲类专业的生产劳动,还做了以下的初步打算:

机械、铸造、化机等三个专业,主要是利用学校实习工厂接受本省的加工订货,生产一般农业和化工机器或普通机床,低年级着重参加一般标准件的加工,对高年级逐渐提高要求。光仪专业本学期准备利用其实验室玻璃膜床磨眼镜,下学期初步打算生产经纬仪500架,显微镜2000架;电机电器专业准备组织成批生产小型电机或电器等;无线电专业考虑到市场的需要,准备生产空气可变电容器和变压器等。

关于乙类专业怎样结合专业进行劳动问题,比较有困难,初步考虑如下:

发电厂专业一二年级参加校内工厂劳动,三四年级参加校内组织的小型电机的生产。

工企专业一二年级同发电厂专业,三四年级参加校内组织的电机和电器的生产。

热力发电厂专业一二年级同上,但应让学生多做钳工,高年级可参加校内电机的生产,如接受生产压力容器的任务,也可继续参加工厂的劳动。

化自专业低年级同上,高年级可参加校内电器的生产。

燃料及无机物专业低年级同上,高年级打算接受外面委托的产品分析的工作或自制一些化学试剂。但工作量不大,容纳的人数有限,故这三个专业上有一定困难。

关于丙类专业初步打算在二年级接受外面的测量任务,集中约两个月时间外出劳动。三四年级共抽出一年左右的时间到施工现场参加劳动。

从以上分析看出,我校大多数专业可以参加校内工厂的劳动,故学校曾积极考虑扩大这个机械工厂,面向浙江接受加工订货。按照目前情况看,本地这方面的生产任务很大,要结合实际进行劳动,主要是工厂设备和组织生产的问题。本学期打算实行两班制,如每人以每周劳动 8 小时计算,则预计每周约可容纳学生 4200 人,故大多数年级,结合专业在校内工厂劳动的可能性是存在的。

浙江大学档案馆藏,档案号:ZD-1958-XZ-113

浙江大学有关本学期“中改”情况报部备案

(1964 年 10 月 22 日)

〔64〕校教字第 321 号

高等教育部:

根据部指示的精神,结合我校情况,目前正在研究和进行少数专业和课程、教学环节的局部性改革。现将本学期已经开始实行的属于“中改”范围的一些课程(环节)的变动情况和初步打算上报,请予备案。尚有个别专业和部分课程、环节正在讨论制订教改方案,要在下学期才试行的,拟以后陆续报部。这次上报中的有关发电、机制、工民建等 3 个专业的教改方案,已于今年 8 月 8 日〔64〕校教字第 258 号文作为调查材料和今后改进意见报部,本学期已按所报的方案执行,现再重报。此外,化学系化学专业的无机化学、有机化学、分析化学和物理化学等 4 门课程已逐步按今年 6 月南京会议精神作了改革;工民建专业的专业课程也已按建工部主持的上海会议精神进行改革。以上均不详报。

附件:1. 浙江大学 64—65 年度第一学期“中改”专业和课程登记表;(略)

2. 水力机械专业五年级教学改革试验的打算;

3. 无电量测课程教学改革的打算;(略)

4. 有机化学等 8 门课程和教学环节改革的打算;

5. 机制专业当前教学情况和改进的初步打算;(略)

6. 关于发电专业当前教学情况及今后的改革措施;(略)

7. 工民建专业当前教学工作中存在的问题以及改进的措施。（略）

浙江大学
1964 年 10 月 22 日

附件二

浙江大学水力机械专业五年级教学改革试验的打算

（1964 年 10 月）

今年 4 月一机部教育局在杭州召开的 17 个专业的教学计划制订和修订会议上提出的关于水力机械专业不宜再分设专门组的意见，并拟订了水力机械专业教学计划（草案）。我们在研究了这个会议的精神，及我校水力机械专业的实际情况后，确定在水力机械专业的五年级（60 年入学班级）作些不分专门组（原分设水输机、泵及液力传动两专门组）的改革试点。现将该专业 60 级课程设置变动情况报告如下：

水轮机专门组		泵及液力传动专门组	
水轮机调节	48 学时	动力或液力传动	60 学时
水轮机安装	30 学时	活塞泵	30 学时
水电站	30 学时	特种泵	40 学时
水电站电气设备	40 学时	泵站	20 学时
共计	148 学时	共计	150 学时

上述课程中“泵站”一课限于条件未曾开过。除以上专门组课程外，尚有两个专门组共同必修的课程：

液力传动 80 学时，企业经济组织计划 48 学时，水轮机或叶片泵的课程设计 120 学时。

二、根据水机专业不分设专门组的专业要求，及既要保证教学质量，又要不使学生负担过重的精神，考虑适当保留原两个专门组中的主要课程的主要内容，合并某些性质相近或有密切联系的课程内容，取消或删减某些次要课程或内容。从上述考虑出发，将课程设置作了如下变动：

1. “活塞泵”一课内容与“液力传动”课中的液力泵和液力马达很接近，故将这两门课合并为“容积式液力机械”，并根据少而精原则进一步精选内容，改进教学方法，将原来 80 学时，缩减为 60 学时。

2. “特种泵”课中，有少部分内容（如水环式真空泵，射流泵等）可以并入“容积式液力机械”课，其余部分仍设“特种泵”课，但鉴于 60 级学生实际学习情况，拟暂不开设。

3. “泵站”课仍不开设。

4. “水电站”和“水电站电气设备”两门课程都是概论性的课程，有可能通过在水电站的生产实习来获得这方面知识。因此，取消这两门课程。

5. 考虑到目前泵的方面需要较多，故取消水轮机课程设计，全部做叶片泵课程设计，并从原120学时增加到140学时。

三、变动后的课程设置:

1.容积式液力机械	60学时
2.动力式液力传动	60学时
3.水轮机调节	40学时
4.水轮机安装	30学时
5.企业经济组织计划	48学时
6.叶片泵课程设计	140学时

变动后,相应年级每周课内外学时,从46(课内18,课外28)降低为43(课内16.5,课外26.5)。其余各环节没有变动。

关于各门课程的学时分配和内容处理,另行拟定后上报。

附件四

有机化学等8门课程和教学环节改革的打算

(1964年10月)

1.化工机械专业三年级有机化学课程试行改为讲座

有机化学课程在本专业是一门非主干课程,教学计划中定为60学时(其中讲课45,实验15)。本专业设置本课程的目的,主要是考虑到学生在毕业后可能要碰到有关有机化学方面的问题。但本专业的学生是搞化工机械的,不是搞化工工艺生产的,对这门课程的要求比较低,只要学生懂得一些最基本的知识,掌握一些概念就行了,它的内容对本专业的后修课程没有什么联系。

现在考虑到该年级的学习负担偏重,每周课内外学时达到53。为了贯彻少而精的原则,有效地减轻学生的学习负担,提高教学质量,并从本专业对本门课程的要求出发,对本门课程的内容作较大的删减,相应地把学时从原来的60减到32,取消实验(原来做15学时),只讲课,不安排课外时间。删去的内容包括:脂环化合物、硫醇、硫硅、羟基酸、碳水化合物、杂环化合物及元素有机化合物等。把羟酸衍生物及卤代酸紧缩后并入羟酸中;把原讲义中所有高分子化合物集中起来,另列一章有机高分子化合物,讲解5~6学时。通过这样的精简,可以达到本专业对有机化学的基本要求。

为了达到这些要求,在课堂上准备适当结合讲课内容讲一些习题,并安插几次习题课,以帮助学生把前后所学的知识系统化。

2.电真空器件专业五年级取消半导体器件课程

根据1959年在南京工学院召开的修订教学计划会议上所制订的教学计划,将半导体器件课程列为本专业的必修课,该课的总学时为60。当时认为该课属于专业的边缘课程。半导体和电真空器件均为无线电元件,都是新兴的学科,在无线电事业的发展中同时并存,互相促进,因此,电真空器件专业的学生学了这门课程后可以获得一些半导体器件方面的知识。所以设置这门课程,主要是为了扩大学生的知识面。

该课程的主要内容是:半导体理论基础,半导体二、三极管、光敏、热敏元件等。

现根据“少而精”原则的精神，考虑到该课程并非本专业主要课程，而且它的主要内容可以结合在其他课程中讲授，故拟在五年级取消这门课程。取消后准备作如下安排：

有关半导体的基本理论拟结合在专业物理课程中讲授；半导体二、三极管结合在无线电基础课程的晶体管部分，光电发射、光电器件结合在“电子束管与光电器件”课程。这些课程原来也有这些内容。现通过精选教材，改进教法，不会增加学生负担，可以提高教学质量。

关于热敏电阻因与本专业培养目标关系不大，故拟删去。

3. 半导体材料和器件专业四年级取消无线电材料与器件课程

“无线电材料和器件”在本专业是一门非主干课程，原来教学计划中规定总学时为45(其中讲课 37 学时，实验 8 学时)。原来设置的目的是：使学生通过对各种材料在静电场，电磁场、磁场中的物理现象的了解，系统掌握各类材料的电性能、机械物理性能及材料的使用场合，以达到正确地选用无线电材料的目的。现根据少而精原则考虑到这些知识对半导体专业并非必需，其他兄弟学校同样专业中均未设置这门课，故决定予以取消。

4. 工业与民用建筑专业五年级取消地基基础课程的作业改作习题

按照工民建专业 1962 年以后修订的教学计划规定：地基基础的课程作业共 24 学时，作业的内容为：天然地基浅基础设计。原来教学计划中设置该课程作业的目的是：学生通过作业，学会能根据一般的地质条件和上部建筑的性质，决定地基承载力，决定基础埋置深度和根据强度及变形的要求，设计出基础所必需的尺寸。

现根据少而精原则，并考虑到该专业课程设计与作业太多(共有 9 个课程设计与作业)，两年来，学生的学习负担偏重，并从过去作课程作业的效果看，该课程作业的内容，基本上和讲课的第四、五章中习题的内容差不多。只要将原有习题内容适当补充，即可完全达到课程作业所规定的要求。此外，1962 年以前修订的教学计划中本来就没有这门课的课程作业，过去也是通过习题以达到这些要求的。因此，拟从本届五年级起，取消地基基础课程作业改为习题，增加习题时数。

5. 专业仪表专业四年级试行取消机械零件课程设计

专业仪表专业是 1958 年以后新办的一个专业，目前尚无部订的指导性教学计划。原来自定义的教学计划中，设有机械零件课程及其课程设计。课程设计内容，大都是“齿轮减速箱”的设计(共 98 学时)。现考虑到这种设计和计算，偏重于功率较大的机械，其中对强度有关条件考虑较多，而本专业所要涉及的这方面知识，多属于小功率的仪器，其结构比较小，对力和强度要求不需作详细研究，而要求其精度、准确度，灵敏度等。这些内容可以在“仪器零件”课程设计中包括进去。又考虑到该专业四年级课内外周学时达 52，学生的学习负担比较重，故试验取消机械零件课程设计。以减轻学生的学习负担，全面提高教学质量，准备在仪器零件课程设计中，适当结合弥补由于未做机械零件课程设计而缺乏的一些必要知识。

这项措施，系仅就该班学生学习情况而定的，以后各班是否同样取消零件的课程设计或改作课程作业，拟经过这次试验来决定。

6. 金属学、热处理工艺及设备专业五年级金属物理课程改为加选课

我校金属学、热处理工艺及设备专业五年级的现行教学计划中，金属物理被列为必修课。该年级教学计划原安排的课程门数较多，有 6 门。现为了减轻学生的学习负担和贯彻教改的精神，以全面提高教学质量，决定把金属物理改为加选课。该年级金属物理性质在上

学年已经学过,不致影响培养目标要求。

7. 工业企业电气化自动化专业五年级取消保安防火课程

本学期工业企业电气化和自动化专业五年级的保安防火课程,原定总学时为 16 学时。根据部颁教学计划的要求,该课学时较少(17 小时)。现在为了贯彻教改的精神,考虑到这门课在课堂上讲 16 学时,效果并不好,根据过去的经验,结合在生产实习中进行比较好。因此,拟删掉这门课程的课堂讲授时间,并准备结合在工业企业供电课程和第二次生产实习中的供电部分的实习以及毕业实习中加以解决。在二次实习中拟聘请有关工厂的技术管理人员结合现场讲课。

我校发电、热能等专业,从 59 级起把保安防火改为结合实习在现场讲课。以后还拟逐步推广到其他专业。

浙江大学档案馆藏,档案号:ZD-1964-XZ-153-2

浙江大学机制专业试行半工半读教育制度的初步方案要点

(适用于 1964 年度入学新生)

(1964 年 10 月)

为了进一步贯彻执行党的教育方针和毛主席的教育思想,逐步消除工农差别、城乡差别、脑力劳动和体力劳动的差别,促使知识分子劳动化、革命化,以有效地防止修正主义,并进一步密切理论和实际的联系,更好地适应阶级斗争、生产斗争和科学实验三大革命运动的需要,贯彻毛主席提出的"我们的教育方针,应该使受教育者在德育、智育、体育几方面都得到发展,成为有社会主义觉悟的有文化的劳动者"指示的要求,培养又红又专、身体健康,培养既能从事脑力劳动,又能从事体力劳动,生气勃勃、富有创造精神的无产阶级革命接班人,根据中央高教部指示和我校"1964～1965 学年第一学期工作计划"精神,本着当前与长远结合、高度革命精神与严格科学态度结合的原则,确定机制专业自 1964 年度入学新生开始,试行半工半读,以便摸索经验,逐步扩大这种社会主义教育制度,把教育革命进行到底。现根据本专业的具体情况,提出"试行半工半读教育制度的初步方案"如下:

一、教育计划总的安排

1. 培养目标

根据以上总的要求和高等学校任务,机制专业通过五年半工半读,应该把学生培养成为又红又专、身体健康的,既能从事体力劳动又能从事脑力劳动,理论联系实际的,生气勃勃、富有创造精神的"机械制造工艺及设备"方面的工程技术人才。具体的目标是:

在政治方面,具有爱国主义和国际主义精神和共产主义道德品质,听党的话,坚持劳动,坚持革命,坚定地走社会主义道路,全心全意为社会主义服务,通过马克思列宁主义、毛泽东著作的学习和阶级斗争、生产斗争和科学实验三大革命运动的锻炼,逐步树立无产阶级的阶级观点、劳动观点、群众观点和辩证唯物主义观点。

在业务方面,掌握本专业所必需的基础理论、基本知识、实际技能和一种外语,并以工艺为主,达到:①能制定一般机械加工工艺及装配工艺规程,具有处理有关生产技术问题的基础知识,②具有设计一般金属切削机床、工艺装备和切削刀具的基本知识和技能;③具有机械制造厂一般设备的安装,维护和调整的基本知识;操作技能方面,在车、钳、刨、铁等几种主要工种中有一种工种一般达到二级工左右水平,能顶班劳动。

在健康方面,具有健全的体魄,能坚持劳动。

2. 几项原则

在学习年限(五年)不变的前提下,要全面实现上述培养目标,使毕业生的质量在现在全日制的基础上逐步提高,必须贯彻以下几项原则:

(1)正确处理政治和业务的关系。在政治和业务的关系中,政治是基本的,必须坚持政治挂帅,以红带专;在加强以毛主席著作为主的政治理论学习和政治思想教育的基础上,重视业务知识学习和基本技能训练,培养学生又红又专。

(2)正确处理教学和生产劳动的关系,使教学和生产劳动密切结合。生产劳动的安排既应有利于学生的劳动化、革命化,又应尽可能与教学结合,促使理论与实践的密切联系,以利于培养既能脑力劳动,又能体力劳动的全面发展的新人。

(3)贯彻理论联系实际的原则。既要保证学生学到必需的基础理论和专业知识,保证基础理论教学,又必须使学生学到生产技能,加强基本技能训练。使学生既有书本知识,又有实际知识,既能动手,又能动脑。

(4)贯彻“少而精、学到手、因材施教、劳逸结合”的原则。教学安排应从培养目标出发,重其所重、轻其所轻,精选内容、改进方法,以保证学生学到手。既要保证足够的课内外学习时间和生产劳动时间,又要有必要的休息时间和活动时间,不使学生负担过重,以保证身心健康和生动活泼地、主动地得到发展。按照“因材施教”原则,结合生产劳动,在高年级学生中,根据各人不同情况,适当安排科学研究活动(包括技术革新),解决生产中的关键问题。

3. 教育计划安排

根据培养目标和以上原则,教育计划的具体安排如下:

(1)五年内学生在校时间共 256 周,具体分配是:

理论教学	108 周	其中包括民兵训练折算为 4 周及金属工学热加工部分集中现场教学 2 周
工业生产劳动	70 周	安排在 3—10 学期
参加社会主义教育运动(包括农业生产劳动)	26 周	安排在第一学年
考试	8 周	1—2 学期安排各半周,其他每学期安排一周
毕业实习	5 周	
毕业设计	14 周	
假期	19 周	其中第二学年暑假当兵 4 周
毕业鉴定	2 周	
机动	4 周	包括一年级始业教育 1 周
合计	256 周	

(2)五年内生产劳动时间(包括参加农村社会主义教育运动)和教学时间(包括理论教学、考试、设计、实习和民兵课)之比大致为:41:59

(3)五年内的课内教学时数为:

教学时间内共2210学时

劳动时间内共79学时

合计2289学时

未包括集中现场教学2周和劳动中的少量讲座时间。

(4)社会主义教育运动和农业劳动安排在第一学年,集中26周;工业劳动安排在3～9学期,每学期约10周,共70周。教学时间内的分散公益性劳动,未计入计划。

(5)课内周学时最高为23。课内外周学时,1～3年级为48,高年级逐渐减少,均在46以下。

(6)每学期的课程门数最多为5门(不包括思想报告课和民兵课)。五年内共有课程18门(不包括加选课程)。

(7)假期分配:寒假1～2周,暑假3～4周,五年内共19周。其中第二学年暑假当兵4周。

教学安排如表。(略)

二、关于教育计划安排的说明

1.教学安排方面

根据培养目标要求,明确各门课程的性质和任务,保证专业必需的基础理论、基础技术和必要的专业知识。

实行半工半读后,学生通过生产劳动,对生产实际知识和技能均会有很大增长;有的教学内容可以在劳动中获得,教学方法也应在现有基础上作进一步改进。教师在学生劳动中所获得知识的基础上进行教学,使理论更加联系实际。适当组织现场教学,请工人和能者讲课,以及在劳动时间中组织讲座等教学方式,也可以使教学更加密切结合生产,提高教学效果。因此,根据少而精原则,和已有全日制中、小改的经验,在半工半读教育计划中可以适当削减某些课程,精选教学内容和调整某些教学环节。在安排上,则根据循序渐进原则,保持课程之间的科学系统性和联系性。

计划中的公共课程,基础课程(普通化学除外)和主要基础技术课程,可以保证1962年所订教学大纲的基本要求和内容;根据少而精原则,在现有教学经验的基础上,适当精选内容,削减少量学时(体育削减较多,近1/3。拟以课外、工余开展体育活动来弥补)。个别课程(外语)学时略有增多。删去"普通化学",增设"民兵训练"课程。其他基础技术课程根据培养目标,分清轻重,分别处理:"热工学"、"水力学与水力机械"合并改为加选课"动力机械";削减"金相热处理"和"互换性原理及技术测量"两课学时约1/3,"金属工学"取消讲课,改为现场教学二周。

专业课程作了较大幅度的削减:把原来"切削原理"和"切削刀具"、"切削机床"和"机床电气设备"、"机制工艺"和"夹具设计"六门课程,分别合并为三门;"车间设计"、"保安防火"和"企业组织计划"三门课取消,部分内容改在生产劳动时间内以讲座形式进行。

教学环节方面,把"机械原理"和"切削刀具"课程设计改为课程作业;取消教学实习、认识实习、生产实习,增强毕业实习。教学实习和认识实习中的热加工部分在"金属工学"现场教学中结合进行。

（以上课程设置和教学环节调整理由详见附件。）

2.生产劳动安排方面

（1）工业劳动基地

我校机械工厂现有厂房面积约3500平方米，技工188人，机床176台，及其他辅助设备和人员；曾生产过多种精密机床及设备，技术水平较高，并有一定成批生产经验。目前工厂的任务是：①接纳本校全日制学生240人的实习和生产劳动；②本校教学、科研设备加工；③完成高教部和省交给的一定生产任务；④新产品试制。根据工厂条件，目前还可以容纳机制64级4个小班学生的半工半读。如以后每年招收新生120人，则五年后在校学生为600人。除一年级学生参加社会主义教育运动和农业劳动外，其余各年级学生以一半读书、一半劳动进行轮换，则工厂同时应接纳240人左右半工半读学生的生产劳动。以后工厂逐年进行扩建和充实设备、技工和管理人员（规划另详），可以逐步实现机制专业半工半读的教育制度。

（2）劳动要求

五年内劳动共96周，其中70周为工业劳动，26周为社会主义教育运动和农业劳动。通过生产劳动，促使学生劳动化、革命化，同时增长生产实际知识，掌握生产技能，要求五年内在车、钳、刨、铁等主要工种中有一种工种一般达到二级工左右水平，能顶班劳动。第一学年农业劳动，参加农村社会主义教育运动。其他各学年工业劳动的内容和要求大致拟定如下：

学年	劳动周数	劳动身份	劳动内容	劳动主要要求
2	20周	学徒工	固定在一个工种并适当做胚件	初步掌握一种工种的基本操作和工具使用、维护；初步了解各种机床的用途、性能，工厂保安保密规程和车间组织；劳动定额不顶工。
3	18周	学徒工	固定一个工种做不重要的零件；并轮换做另外三个基本工种共三周	掌握一种工具的操作和工具使用、维护；基本了解三种工种的技术；劳动定额，每个学生完成1/2～1/3工人定额。
4	20周	工人	固定一个工种做一般零件	较好掌握一种工种技术和工具使用、维护；劳动定额，每个学生顶一个工人。
5	10周	工人	生产一台C616车床（少数精密件由老师傅协助加工）	一个工种达二级工左右水平；了解另外三个工种技术，达到一专多能；劳动定额与四年级同。

第10学期二周劳动与毕业实习结合在毕业实习工厂进行。

学生在工业劳动期间，明确为工人（学徒工）身份，开始入厂劳动起就拜定一个工人为师傅。四年不变，并可订师徒合同，以发挥工人培养学生的积极性。目前一个工人每次带一个学生，以后两个工人带五个学生。

64班学生固定工种大体分配如下：车工50人，钳工36人，铣工10人，刨工8人，磨工4人，镗工6人，机修钳工6人。

（3）工业劳动对象

目前暂定为C616车床（以后加工与C616相类似的机床）。该产品制造要求比较普通，需要量大,并与专业结合较好,本校工厂已有一定的成批生产经验,除少量要求较高的零件外,适合于半工半读学生进行生产。

(4)劳动周期

劳动周期的长短,应既有利于生产,又有利于教学及对学生红、专、健诸方面的培养。为了不使在工厂劳动的学生人数畸多畸少,故自二年级起,各个年级的学生均拟分为两批,定期对调轮换。二、三年级暂定每学期分为二段,分二批轮换,每次集中劳动10周左右;对于高年级的劳动周期,拟实践一段时间后,再行研究。

(5)劳动考核

每学期或每学年应对学生的生产劳动进行考核。考核内容应全面,包括劳动纪律、劳动态度,劳动中的政治思想和平时表现以及技术水平等;其中以红的方面为基本内容。考核方式可以多样化,如小组民主鉴定,领导、工人(农民)、辅导员三结合鉴定等方式。

(6)工余时间安排

学生在工业劳动期间,为工厂的一员,应参加工厂的政治、社团、生产业务等活动。目前我校机械工厂工人的工余时间,每周有一个晚上政治学习,一个晚上党团组织和社会活动,三个晚上文化学习。半工半读学生的工余时间安排如下:

每周有二个晚上政治学习,其中一次与工人共同编组学习,另一次学生单独编组学习;一个晚上为党团组织和社会活动。其余时间用作业务学习,可复习功课和自学;其中除下列内容外,一般由学生自己支配。

第3～6学期,每周学习政治理论1小时(可包括在政治学习时间内),学习外文2小时。

第7学期,共进行二次电工学讲座。

第9学期,每周有2小时进行“企业经济计划”的讲座。

此外,必要时可组织少量讲座或学术活动。

农业劳动时,根据参加社会主义教育运动期间所规定的业务学习时间,适当复习功课和自学。

(7)劳动期间的管理工作

关于半工半读学生的管理工作,现在尚无经验,须待以后实践中逐步研究明确。现暂规定:

①学生在本校机械工厂进行生产劳动期间,由生产处和工厂统一领导和管理;机械系应适当配合,加强联系。

②学生在工厂劳动期间应服从工厂的一切规章制度,遵守工厂的纪律;学生的劳保等用品均由工厂负责供给,与工人相同。

③跟班下厂劳动的教师和干部,除服从工厂一切规章制度和遵守纪律外,还应积极配合工厂做好学生思想政治和业务辅导工作。

④工厂应在生产处领导下,指定一位科长主要负责半工半读工作,并另设专职干部管理半工半读学生。各工段行政和党,团支部,应加强对半工半读师生的全面安排,并有一工段长专门负责。

⑤农业劳动时间内的组织管理,另行规定。

三、思想政治工作方案(另行拟定)

附件

一、机制专业半工半读试点教育计划与 1962 年部颁指导性教学计划在时间分配方面的对照表：

项目	部颁计划周数	半工半读计划周数	变化情况	备注
理论学习	147	108	减 39 周即－26％	包括新增的民兵训练 4 周
生产劳动	20	96	增 76 周即＋380％	其中农业或公益劳动 26 周，参加社会主义教育运动。
当兵		（4）		
考试	18	8	减 10 周即－55％	
假期	39	19	减 20 周即－50％	一年级暑假，组织下连队当兵 4 周。
教学实习	5		全减	
认识实习	2		全减	
生产实习	4		全减	
毕业实习	4	5	增 1 周即＋25％	
毕业设计	14	14	不变	
毕业鉴定	2	2	不变	
机动	1	4	增 3 周即＋300％	
共计	256	256		

二、机制专业半工半读试点教育计划与 1962 年部颁指导性教学计划在各项课程学时分配及课内外学时方面的对照表：

项目		部颁计划	半工半读计划	变化情况	备注
五年总学时		3110	2289	减 821	减 26.5％
课程门数		27	18	减 10 门增 1 门	减 33.3％
课程设计门数		5	2	减 3 门	
公共课	门数	4	5	增 1 门	
	学时	702	705	增 3	
	占总学时的％	22.3％	30.8％	增 8.5％	
基础课	门数	6	5	减 1	
	学时	1099	904	减 195	
	占总学时的％	35.4％	39.5％	增 4.1％	

续表

项目		部颁计划	半工半读计划	变化情况	备注
基础技术课	门数	8	5	减3	
	学时	715	392	减323	
	占总学时的%	23.1%	17.1%	减6%	
专业课	门数	9	3	减6	
	学时	597	288	减306	
	占总学时的%	19.2%	12.6%	减6.6	
		课内外时数			
第一学期		52	48		
第二学期		52	48		
第三学期		52.5	48		
第四学期		51.5	47		
第五学期		48	48		
第六学期		49	48		
第七学期		46	46		
第八学期		48	46		
第九学期		47	35		

三、机制专业半工半读试点教育计划与1962年部颁指导性教学计划在课程设置和课内学时对照表:

课程名称		部颁计划	半工半读计划	变化情况	百分比	备注
公共课	马列主义基础理论	180	159	−21	−11.7%	包括在3—6学期劳动中安排19学时
	思想政治教育报告	160	120	−40	−25%	
	民兵训练		94	94	+100%	
	体育	128	88	−40	−31.1%	
	外国语	234	244	10	+4.3%	包括在3—5学期劳动中安排56学时
基础课	高等数学	294	256	−38	−12.9%	
	普通化学	90		−90	−100%	
	普通物理	224	214	−10	−4.5%	
	画法几何机械制图	196	172	−24	−12.2%	
	理论力学	145	126	−19	−13.1%	
	材料力学	150	136	−14	−9.3%	

续表

<table>
<tr><th colspan="2">课程名称</th><th>部颁计划</th><th>半工半读计划</th><th>变化情况</th><th>百分比</th><th>备注</th></tr>
<tr><td rowspan="8">基础
技术课</td><td>金属工学</td><td>127</td><td></td><td></td><td></td><td>热加工方面，集中安排二周现场教学与劳动</td></tr>
<tr><td>机械原理</td><td>102</td><td>84</td><td>—18</td><td>—17.6%</td><td></td></tr>
<tr><td>机械零件</td><td>106</td><td>84</td><td>—22</td><td>—20.7%</td><td></td></tr>
<tr><td>金相热处理</td><td>87</td><td>64</td><td>—23</td><td>—26.5%</td><td></td></tr>
<tr><td>互换性原理及技术测量</td><td>54</td><td>36</td><td>—18</td><td>—33.3%</td><td></td></tr>
<tr><td>热工学</td><td>51</td><td></td><td>—51</td><td>—100%</td><td rowspan="2">合并为“动力机械”加选课</td></tr>
<tr><td>水力学水力机械</td><td>40</td><td></td><td>—40</td><td>—100%</td></tr>
<tr><td>电工学及电子学</td><td>148</td><td>124</td><td>—24</td><td>—16.2%</td><td></td></tr>
<tr><td rowspan="9">专业课</td><td>切削原理</td><td>54</td><td rowspan="2">84</td><td rowspan="2">—61</td><td rowspan="2">—42.10%</td><td rowspan="2"></td></tr>
<tr><td>切削工具</td><td>91</td></tr>
<tr><td>切削机床</td><td>191</td><td rowspan="2">120</td><td rowspan="2">—122</td><td rowspan="2">—50.40%</td><td rowspan="2"></td></tr>
<tr><td>机床电力设备</td><td>51</td></tr>
<tr><td>机制工艺</td><td>99</td><td rowspan="2">84</td><td rowspan="2">—55</td><td rowspan="2">—39.60%</td><td rowspan="2"></td></tr>
<tr><td>夹具设计</td><td>40</td></tr>
<tr><td>车间设计</td><td rowspan="3">68</td><td rowspan="3"></td><td rowspan="3"></td><td rowspan="3"></td><td rowspan="3">在第 9 学期劳动期间安排讲座 20 学时</td></tr>
<tr><td>保安防火</td></tr>
<tr><td>企业经济组织与计划</td></tr>
</table>

四、机制专业半工半读试点教育计划与 1962 年部颁指导性教学计划比较，各门课程变动的说明。

1. 公共课程：部颁指导性教学计划（以后称原计划）为四门：马列主义基础理论，思想政治教育报告，体育，外国语，现新增一门民兵训练，原总学时 702，占五年总学时 22.3%，现为 705 学时，占 30.8%，前三门课程按原计划规定的学期和周学时安排，现将各门课程分述如下：

（1）马列主义基础理论：原计划安排在 3～8 学期，共 6 个学期，每学期的周学时为 2，总学时为 180。现安排在 1～6 学期，仍为 6 个学期，周学时仍为 2，但教学时间内总学时为 140，为了保证三门政治理论课的时间，故在 3～6 学期内 38 周劳动期间，每周安排 1 小时，以课内外对半计算，则劳动时间尚有 19 学时，故总计为 159，比原计划减少 21 小时，但在劳动中加强了思想政治教育，足以弥补。

（2）思想政治教育课：整个五年中，每学期的教学时间中均安排 1 小时，由于上课周数缩短，故原计划为 160 学时，现为 120 学时，但在劳动期间，每周有二次政治学习，故实际上对学生的思想政治教育加强了。

（3）体育：原计划在 1～4 学期，每学期安排周学时为 2，共 128 学时，现仍按原计划的学期及周学时安排,因上课周数缩短,故总学时为88,减了40学时,但学生参加了生产劳动,在工余时间,仍可进行体育活动,同时劳动也能增强体质。

(4)民兵训练:新增的公共课,安排在第1~8学期,每学期每周均为1学时。

(5)外国语:原计划总学时为234,现安排在1~5学期,上课期间为188学时,28周劳动期间,每周安排2学时,计56学时,二者合计为244学时,总学时略有增加。再则现在这种安排,学生学习不中断,可以提高学习效果,故可以有提高。

2.基础课程:原计划为六门(共1099学时,占35.4%,现为904学时,占39.5%):普通化学、高等数学、普通物理、理论力学、材料力学、面法几何机械制图。在半工半读计划中除化学取消外,其他五门,根据有关教研组贯彻"少而精"的经验所提出的要求进行安排,现分述如下:

(1)普通化学:原计划为90,但根据目前全日制所定的教学大纲内容来看,对本专业只能作为一般的基础知识,取消后影响不大,少量对专业有关的部分,可以在专业课补充,其他内容如以后用到时,也可以在高中化学的基础上进行自学,因此不单独设普化课程。

(2)高等数学:原计划为294,现为256,根据高等数学教研组意见,他们执行原计划为讲课190,习题110,根据"少而精"原则,对大纲中非基本的灵活使用部分的内容进行精简后,可改为讲课158,习题课94,合计252。

(3)普通物理:原计划为224,现为214,减10小时,为原计划学时的4.5%,按原计划说明书中规定可有5%的灵活性,现尚未超过。贯彻"少而精"后,质量可以提高。

(4)理论力学:原计划为145,现为126,因原大纲中有机动9小时,及次要可精简的内容如①"桁架"的部分内容1小时,②刚体的定点运动与一般运动学4小时,③质点的相对运动动力学2.5小时,④"惯性积"的部分内容0.5小时,⑤与普通物理重复的部分内容3小时,共计20小时可精简。

(5)材料力学:原计划为150,现为136,根据工科力学教研组提出,原教学大纲安排上有前松后紧的现象,贯彻"少而精",改进教学方法,及学生参加生产劳动实际知识较丰富的条件下,总学时在130时,完全不会影响质量。

(6)画法几何机械制图:原计划196,现为172,根据制图教研组意见,讲课方面,可以精简:①画法几何10小时,②螺纹,零件测绘各1小时,③部测拆图2小时,④土建2小时,共计16小时;在作业方面:画法几何、投影制图、测绘、拆图、土建等方面均可适当削减,同时增加拼图方面内容。可以达到现在教学大纲的要求。

3.基础技术课程;原计划为8门(共715学时,占23.1%,现为392学时,占17.1%):机械原理、机械零件、金相热处理互换性原理及技术测量、电工学及电子学、金属工学、热工学、水力学水力机械等。这一类课程性质比较复杂,约可分成以下几种类型:①对本专业关系密切,通过劳动能有所帮助,但大部分内容,仍需课堂讲授的,如机械原理、机械零件。它们按基础课程处理原则,尽量保证学时。②对本专业关系密切,但目前课程内容轻重安排上不太符合本专业的要求,如金相热处理和电工学、电子学,要求根据本专业培养目标,重新安排教学内容的重点,学时适当地减少。③对本专业关系密切,但通过劳动,可以解决大部分的知识,如金属工学,互换性原理及技术测量等,可改变教学方法,加强现场指导,劳动中不足的知识,采取现场教学和安排一定时间讲课来获得,故较多的削减学时。④对本专业关系不太密切，原计划中是作为机械技术人员应具备的一般常识而引入的，如热工学、水力学水力机械等课程，可改作加选课。现分别说明如下：

(1)机械原理：原计划为102，根据"少而精"原则和上学期"中改"经验，在凸轮、齿轮、飞轮，其他机构及选题部分等章节进行适当精简内容后，学时可减少到84。

(2)机械零件：原计划为106，现为84，在上学期"中改"，根据"少而精"原则，已减少学时为讲课64，习题16，实验8，讨论6，现在此基础上，考虑到学生对机械零件结构、维护方面的知识通过劳动，有所增益，故学时尚可适量精简。

(3)金相热处理：原计划为87，现改为64，在原教学大纲所规定内容中，可删减较高深的金相专业理论，加强与材料选择和材料加工性方面有关的理论与知识，因此教学大纲拟进行修改。

(4)电工学及电子学：原计划为148，现为124，原教学大纲中有关电机方面的设计计算过多过深，拟削减这部分内容，其他地方作适当精简。电机教研组已将内容重新安排为电路、磁路及电工测量部分42学时，电机及控制部分为38学时，工业电子技术部分为30学时，另加绪论及机动等。并在第七学期的生产劳动期间举行二次讲座，内容为电动机的继电接触控制和供电各二小时。

(5)金属工学：原计划为127学时，该课程的大部分内容在生产劳动实践中有意识地加以指点后，即可获得。冷加工方面还安排有三周的工种轮换，要求完全可以达到。至于热加工、毛坯知识，尚有不足，故在第五学期，集中安排热加工现场教学和劳动二周。

(6)互换性原理及技术测量：原计划54小时，现改为36小时，学生参加生产劳动后，简易量具已能熟练使用，拟订公差标准的理论可以适当精简，故本课程内容及一般量具实验可以大大精简。

(7)热工学：原计划为51学时，现取消。该课程所讲的内容，与本专业关系不太大，只作为一般常识，故予以精简，并与水力学水力机械合并改为加选课"动力机械"。

(8)水力学水力机械：原计划40学时，现取消。其理由与热工学相似，惟水力学部分的基本理论，应在机床的液压部分予以讲授。本课程精简后，与热工学合并改为加选课"动力机械"。

4.专业课程：原计划为9门(学时594，占19.2%，现改为288，占12.6%)：切削原理、切削刀具、切削机床、机床电力设备、机制工艺，夹具设计、车间设计、保安防火、企业经济组织与计划。学生通过劳动感性知识增强，吸收专业知识能力提高，故专业课程可以大幅度地精简和合并，现分述如下：

(1)切削原理与切削刀具合并：该二课程性质相近，联系密切，彼此交叉重复内容较多，可以合并，由原计划54＋91＝145，改为84，但切削原理是金属切削的基础理论，合并后不宜削减过多，但有些内容可与刀具结合讲授。刀具部分应避免烦琐的叙述性内容，而着重讲解有关选用及设计刀具的理论分析，实验应删除操作性的内容，而加强理论探讨性的内容。

(2)切削机床与机床电力设备合并：原计划191＋51＝242学时，现改为120学时，要求学生在生产劳动中，对车床(620－1或红旗一号)牛头刨、铁床(6H82)钻床和外圆磨床各一台的传动和结构有较详尽的了解，故可取消概论部分及运动学的部分内容，今后讲解重点，放在机床设计、机床的改装和自动化、机床试验等方面。

(3)机制工艺与夹具设计合并:二课联系密切,原计划为 99+40=139 学时,现改为 84 学时,删除一般性的叙述性内容,如一般加工方法,各种机床夹具结构等。因学生在劳动中已获得部分内容,还有些内容学生可以自学,而重点放在加工精度、表面质量、加工的定位安装调整、经济分析、工艺规程的制订原则、齿形加工、螺纹加工、装配工艺及典型夹具设计原则等方面。注意改进教学方法和方式,结合学生劳动内容,进行归纳总结,提高到理论上进行讲解。实验改为综合性的大型实验。

(4)车间设计、保安防火、企业经济组织与计划:原计划为 68,现取消。三门课程的知识对本专业是需要的,但它们的内容与生产实际情况关系很密切,在课堂上讲解是不容易讲得生动活泼的。学生参加生产劳动后,有些知识已可以获得,但为了帮助学生归纳总结,以便提高,兹作如下处理:①在毕业实习时,适当安排几次有关这三门课方面的报告,②第九学期的生产劳动期间,利用工余时间,每周安排二小时的企业经济组织与计划方面的讲座,③每次入厂劳动或下厂实习时,均作保安保密的教育报告,④要求老师传结合操作,对学生经常讲解具体的保安防火措施。

五、各教学环节变动的说明。

(1)教学实习:原计划中为 5 周,现取消。学生在五年内参加 70 周工业劳动,长期在车间,日常接触生产,耳闻目睹,对各主要工种,必然有所了解。为了对几种主要工种有更深入的了解,在第 4、第 6 学期抽出三周的劳动时间去冷加工几个主要工种,车、铣、刨、磨等轮换劳动,并在第 5 学期安排了二周的热加工现场教学和劳动,故教学实习的目的,不但能达到,并有提高。

(2)认识实习:原计划为二周,现取消。因认识实习的目的是初步认识一下生产过程和对企业的一般了解,学生半工半读后,完全能达到以上的目的。

(3)专业实习和毕业实习:原计划中二次实习各安排四周,现专业实习取消,因专业实习的大部分内容,学生通过劳动可以达到,其他少部分内容,可以在毕业实习中获得,并将毕业实习延长为五周。又在实习前安排二周劳动,以提高实习效果。

(4)课程设计:原计划为五个,即机械原理、机械零件、切削刀具、切削机床及机制工艺,现改为二个。因机械原理和切削刀具二门课的课程设计,各部分内容联系性不大,可以分散为几个小作业进行,现加多该二课的课外时间,进行分散作业。机械零件课程设计不予变动。机床及工艺课程设计应与毕业设计通盘考虑,务使每个学生对工艺和结构设计方面均能获得锻炼的机会。专业课的课程设计和毕业设计应尽可能结合生产,结合科研,或结合技术革新进行。

(5)考试:原计划为 18 周,现改为 8 周,以往课程门数多,每学期安排二周考试共考四门,现每学期安排一周考试二门,安排半周考试一门。

浙江大学机械系

浙江大学档案馆藏,档案号:ZD-1964-XZ-152-3

关于我校部分师生出省实行开门办学的请示报告

(1976 年 3 月 10 日)

省教育局转省委宣传部:

在毛主席的无产阶级教育革命路线的指引下,几年来我校广大师生以阶级斗争为纲,坚持党的基本路线,奔赴三大革命的第一线,实行开门办学。对培养工农兵学员,促进教育革命,改造教师队伍,改变学校“三脱离”的面貌都取得了很大成绩。当前正在全国范围深入开展反击右倾翻案风的斗争,进一步促进了教育革命。在今年上半年,全校 108 个班级 3150 名工农兵学员都将分期分批下有关工矿企业进行学工、结合典型任务进行教学和毕业实践。根据浙革〔75〕45 号文件的精神,结合我们各专业的具体情况,绝大部分安排在本省各地(市)县有关单位进行开门办学。但上半年尚有 40 多个专业年级约 1040 名学员需去外省、市进行开门办学,其中去上海的学员约有 820 名,去其他省市的学员约有 220 名。这些专业年级需要去外省进行开门办学的原因是:第一,我校大多数专业是面向全国或面向大区的教学内容和要求,需要结合全国有关厂矿企业的生产实践,有的专业由有关部门指定厂校挂钩的单位多数也在外省。根据清华大学选择典型任务的原则,目前要限在本省有困难。第二,本省有些厂矿企业的生产规模,技术条件或生产状况,不能满足教学要求,有的专业在本省缺乏对口工厂。第三,去年 11 月份,根据省委决定,我校 73、74 两届学员去农村参加普及大寨县的伟大革命运动半年,原先已安排联系好在去年 11 月、12 月、今年 1 月下厂的专业,其计划全部作了改变。以后又改为今年春节后回校,因此,教育计划都要作相应的变化,下厂计划亦要重新安排。从数量上来说,今年上半年需要下厂的班级就更加集中,无法全部安排在本省,根据上述实际情况,望能准予我校有关专业师生出省进行开门办学。

以上报告请速批复。

浙江大学革命委员会
一九七六年三月十日

浙江大学档案馆藏,档案号:ZD-1976-XZ-22

关于组织学生暑假开展勤工俭学的意见

(1984 年 6 月 2 日)

〔84〕浙大办 001 号

各系,各部、处,图书馆、医院、校办工厂、劳动技术服务公司:

经学校领导研究决定,今年暑假将在学生中开展勤工俭学活动。这是第二课堂的一个重要组成部分。学生通过勤工俭学,可以提高动手能力,增强劳动观念,发展智力,丰富暑期生活。同时,学生从勤工俭学中获得一定的酬金,以补贴学习和生活费用,并为今后改革助学金制度摸索经验。为了做好这项工作,特提出如下意见。

一、组织领导

学生勤工俭学,在校长领导下,由教务处具体组织实施。各系、部、处、室、馆、院、工厂具体负责在本部门勤工俭学学生的组织领导、思想政治工作。财务处负责勤工俭学经费的审核和发放。校团委、学生会配合做好各项工作。

二、勤工俭学内容

1. 参加对外科技咨询服务:
2. 参加校(系)办工厂的生产劳动;
3. 参加各教研室的科研协作任务:
4. 参加实验室的建设工作(如自制设备、机仪设备维修、新实验准备、机房值班等);
5. 校劳动技术服务公司的生产劳动;
6. 后勤部门临时性突击劳动(基建、绿化、维修、帮厨等);
7. 暑假阅卷的服务工作;
8. 其他劳动项目。

三、进行步骤和几项原则规定

1. 接受勤工俭学的各基层单位,可以张榜列出服务项目、内容、要求、人数和时间,也可以自行组织,但都应事先认真填妥《学生勤工俭学计划表》(见附件一)一式二份经系及主管部门领导批准,于 6 月中旬报教务处,由教务处会同财务处核准,一份退回有关单位,按计划施行。

2. 参加勤工俭学,采用自愿报名,(填表见附件二)班主任推荐,各单位领导批准的办法。吸收勤工俭学的人数,可视经费来源情况,掌握在暑期在校学生数的 10%~20%幅度内,劳动天数控制在 15~20 天(个别特殊情况,经教务处批准可不在此例),每天劳动时间应不低于 6 小时。

3. 勤工俭学原则上各系安排本系的学生。如需劳动力输入的系和其他单位所辖的人数,请于 6 月中旬前报校教务处,由教务处汇总平衡后,再将名额分配到各有关系。

4. 参加指导学生勤工俭学的人员,本着从严控制的原则。

其暑期加班时间,按下列三种办法处理:

(1)有条件的,所占用的假期日期,以后给予补假;

(2)按暑假加班费的规定,每天付给____元酬金;

(3)愿意计算工作量的,按每天 5 小时给予计算教学工作量。

5. 为了培养学生踏实的劳动态度,严谨的工作作风,良好的组织纪律性,对学生勤工俭学应进行周密的安排,防止松垮,疲沓现象的产生。

四、经费开支的原则

1. 学生勤工俭学的经费开支,本着谁受益谁出钱的原则。参加劳动的项目,凡有经费来源的,可在所属项目经费内开支。凡没有经费来源的,可由主办单位提出申请,由学校酌情拨给。

2. 学生参加勤工俭学劳动的付酬标准:根据工作情况每人每天 1.20 元~1.50 元(冷饮费另加)。

3. 经费报销手续:由接受学生勤工俭学的单位按批准的计划,填报《学生勤工俭学酬金表》(见附件三)。经单位负责人批准,向财务科结算。

五、为使学生勤工俭学达到预期的目的,并为今后更好地开展此项工作摸索经验,要求各系对今年暑假学生的勤工俭学情况作出书面小结(包括勤工俭学的概况,学生在思想、业务、能力提高等方面的收获。有何经验和问题,改进的意见)报教务处。由教务处作出全校勤工俭学情况总结,向校领导汇报。

六、为了使我校学生的勤工俭学走向社会探路子,有条件的系,今暑可组织少数师生,先作调查,进行试点。事先应作出计划,报经教务处批准,其经费处理与上同。

浙江大学校长办公室

一九八四年六月二日

浙江大学档案馆藏,档案号:ZD-1984-XZ-97

浙江大学1984年暑期学生勤工俭学总结

(1984年10月)

为了扩大学生知识面,提高动手能力,增强劳动观念,丰富暑期生活,探索改革助学金制度,今暑我校组织了798名学生进行勤工俭学。参加时间短的一周,长的四十余天,多数为三周。勤工俭学内容属科研项目的有383人,占勤工俭学学生总数的48%;实验室建设171人,占23%;校办工厂及实验室生产77人,占9%;其他内容(教职工住宅调查、下水道管线测绘、校园绿化、高考阅卷服务等)162人,占20%(详见附表)。投入勤工俭学的指导人员298人。支出学生勤工俭学酬金约3万元,平均每人得36元。尤其是今暑我校有少许教师(化工系姚道刚老师、机械系阮鹿令老师)带领部分学生去校外工厂勤工俭学;电机系学生科协也接受了邮电部522厂自动电话交换机、印刷电路板绘制任务等,为我校学生勤工俭学走向社会迈出了可喜的一步。

今暑我校学生勤工俭学,尽管作出决定到具体实行时间比较短促,但多数系在这较短的时间里做了许多工作,例如化工系由副系主任亲自抓,各教研组事先都作了仔细地考虑和周密的安排。从勤工俭学的内容,指导力量的配备,设备物资的准备等方面做了大量工作。因此该系是我校今暑安排学生勤工俭学最多的一个系。勤工俭学期间系领导还深入到各点,了解和检查情况,为了交流经验,还出了三期"勤工俭学简报"。机械工厂为安排学生勤工俭学很早就做了大量的准备工作。从厂领导到指导师傅都十分重视,还打算通过学生勤工俭学探索改革和提高金工实习的途径。化学系总支领导为安排学生勤工俭学,多次召集会议,进行周密的布置。全校许多指导学生勤工俭学的教师,不仅以身作则,言教身教,而且对学生谆谆教导,严格要求,着重于学生能力的培养和提高。如分析教研室柯桂华老师,对作息时间、安全操作、实验要求都作了明确的书面规定,并定期检查各个环节。有机教研室胡耿源老师,结合有机化学课的有关内容,讲解实验中出现的某些情况和现象。高化的蔡启振老师,化工原理的范本煌老师,结构的陈中山老师等,他们指导学生勤工俭学认真负责的态度都得到了同学们的好评。参加勤工俭学的同学,绝大多数都十分珍惜这一机会。他们不怕酷暑的炎热，主动地、积极地在勤工俭学中锻炼提高自己。由于广大师生的努力，致使今暑我校如此量大，面广的勤工俭学任务得以顺利进行和胜利完成。

学生对勤工俭学普遍反映较好，特别是勤工俭学内容属科研项目、实验室建设，或能密切结合所学知识的，收获更为显著。学生勤工俭学的收获是多方面的，但主要的有如下几个方面：

一、勤工俭学，不仅巩固和提高了学生所学的理论知识，更主要的是使学生经受了一次综合运用已学知识去解决实际问题的锻炼，从而使学生独立工作能力有所提高，是理论联系实际的一个好措施。如今暑我校学生勤工俭学的内容，多数是随教师参加科研活动或实验室建设项目，纯体力劳动的较少。学生在参加这些项目时，涉及的有制图、力学、原理零件、电子技术、技术测量、数学、金工等多种知识。尽管由于课题不同，所用知识的侧重面也不同，但有一个共同的特点是使学生在接触实际过程中，使已学知识得到了检验，并锻炼了学生如何运用已学知识去解决实际问题的能力。如无线电81班有位学生负责修理三分部广播台的一台50W扩音器。此类机子的原理虽然在课堂上曾经学过，但那是在理想条件下的分析，实际情况要比书本上讲的复杂得多。他就运用已学知识，对每条线路的来龙去脉和每个主要元件的功能进行了分析和测试，终于找出了几处故障原因，顺利地排除了故障，完成了任务。在电工学、电机学、工自实验室勤工俭学的同学，他们进行了实验板的拆装、检修，印刷电路板的设计、绘制联接，电影设备的检验、维修、安装，电动机的装拆，微机的应用等内容的劳动，而这些任务一般是只提出一定的要求，让学生自己独立去完成的，工作碰到的问题要由学生自己去处理，从中使学生增加了不少感性认识，巩固了理论知识，学到了许多实验技能、培养了独立工作能力。因此同学们纷纷要求学校，今后多安排些此种类型的勤工俭学劳动。

二、由于同学在勤工俭学中接触了部分教师科学研究工作的内容，工程设计的项目，从中获得了许多感性知识，为今后专业课的学习和进行毕业设计(论文)奠定了一定的基础。如化工系参加高分子聚合反应研究课题的学生反映，他们通过劳动，对该项科研试验条件、原料选择、实验方案、高压釜操作要求等有了一个轮廓的了解。学生反映对他们以后学专业课，以及做论文大有好处。周玉昌同学参加了对日本产的液压开孔机进行测绘和改进设计，认为这就是自己今后搞工程设计时应做的部分内容，现在搞过一次，今后可以驾轻就熟，不会感到束手无策了。化学系有四位同学参加了“PP硬性纤维的研制”，分别做了纺丝机的组装、试车和初试工作，对该项研究的全过程有所了解，打破了原先认为搞科研神秘莫测的想法，反映很有收获。

三、勤工俭学使同学们扩大了知识面，学到了许多书本上学不到的知识，提高了动手能力，增强了劳动观念。如土木系有的同学参加了渗流试验，许多实验仪器同学们都是第一次接触到，他们自己边看说明书，边操作。有的仪器线路有好几种接法，他们根据试验的要求选择最佳接法。电子物理一位同学制作教学箱电路板，技术要求高(以前曾有人做过，因不合格报废了)，他试了多种方案，失败了重新干，最后找到了最佳实验方法，做成功了。有的参加实验板的组装，从第一道工序开始，描图、腐蚀、打孔、焊接等，直到组装完毕，从中学得了许多书本上学不到的操作技巧。在校机械工厂勤工俭学的同学，他们独立操作车铣等机床，加工Y3604滚齿机等有关零件，有的零件加工难度大，但他们能按图纸的加工工艺，尺寸公差、光洁度等要求进行加工，成品率高达 99.9%。如程大涛同学蜗轮精加工，每道尺寸都控制得很好；封亚先同学精 40 和根拉伸试件，没报废一个零件和损坏一把刀具；何余仁同学能加工工艺要求较高的 D 级孔；任立忠同学在铣床上加工走刀齿条，从毛坯开始以铣代刨、切断、铣齿等加工过程，技术性强，他能自己校正零件、装刀、换刀、调整立铣头等，都获得了工人师傅的好评。许多同学反映，原先认为重复性劳动枯燥、乏味，现在随着技术的提高，越干越有味道。这样的劳动使我们获益匪浅。今后就是不给报酬我们也愿意干。

四、许多同学还反映，他们在勤工俭学中还学得了对工作高度负责的责任心和搞科学研究应具有的严密、细致、一丝不苟的严谨的工作作风。如土木系有的同学参加粉煤灰混凝土试验，老师对每个试件的制作都有严格的要求，不仅重量、大小不能有出入，连每一棱角的度数也不能有丝毫偏差。同时对试件的含水率、温度也都有严格的要求。每测一个数据，总要再三核对。对工作如此高度的负责精神和一丝不苟严谨的工作作风，给同学留下了深刻的印象。

此外，也有些同学勤工俭学内容是做产品推销员和新产品市场讯息调查，他们走南闯北，广泛地接触了社会，看到了新技术革命的浪潮，市场竞争的激烈，工农业生产的蒸蒸日上。他们尝到了碰壁时的苦恼和忧虑，签订合同时的喜悦和欢快，从中体会到新技术革命时代对科技人员的要求，要勇于改革，不断创新，才能立于不败之地。

五、通过勤工俭学。同学们为我校教学、科研、生产作出贡献，在一定程度上推动了我校的工作。如在化工系勤工俭学的同学，参加了 30 余项科研课题的研究，测定了大量有价值的数据，整理、改建、清扫了 20 个仓库，誊写了 10 万字的教材，绘制 3#～0#图纸 200 余张，完成了“液压开孔机”设计任务，“涂料专业搅拌设备系列设计及叶片型主参数优化研究”试验台架子和零部件的出图工作，以及打扫教四、归整器材、维修蒸汽管道和教学实验设备、整理系资料室、“计算机教务管理”等多项工作。在机械工厂勤工俭学的 28 名同学，劳动 18 天共完成了 1412 定额工时，为工厂创造了财富。正如有的教师所说的那样，同学们是我们得力助手，大家都争着要。

如上所述，今暑我校学生勤工俭学是成功的，但由于组织如此大数量的学生，我校尚属第一次，缺乏经验，无论在指导思想上，或组织管理上都有值得研究和有待改进的问题。主要的有：

1. 提高对开展勤工俭学重要意义的认识。组织学生勤工俭学，这对培养学生理论联系实际，扩大学生的知识面，以及提高独立工作能力，增强劳动观念等方面，无疑是有好处的。搞好勤工俭学，是抓好第二课堂教育的一个重要组成部分。能有力地促进我校教学质量的提高。对此我校各级领导在认识上是否明确？安排学生勤工俭学是否作为一项重要工作去抓？关系到今后我校学生勤工俭学能否顺利地开展。从今暑我校学生勤工俭学的情况看出，少数系在认识上不明确，态度不够积极，竟有几个系强调客观困难，未安排和组织一个学生勤工俭学。也有个别行政单位，把安排学生勤工俭学视为麻烦，劳力不够宁愿去请临时工，也不愿组织安排学生勤工俭学。因此希望学校领导要做好中、下层干部的思想工作，以求认识一致，步调一致，使我校学生勤工俭学更上一层楼。

2. 勤工俭学和改革助学金制度挂钩的问题。

我校工作要点中有一条。要探索改革助学金制度，逐渐以奖学金和勤工俭学来代替，此点设想符合中央改革的精神。然而根据今暑我校勤工俭学中财务部门的指导思想,和学校改革助学金制度是有出入的,例如财务处规定勤工俭学经费开支的原则是“谁受益,谁付钱”。今暑用于学生勤工俭学支出近3万元(平均每生收入36元,高的达到70～80元),绝大多数用的是科研和实验室经费,和改革助学金制度几乎没有联系,这显然不符合学校工作要点的精神。因此要研究如何使学生的勤工俭学和改革助学金制度挂钩问题。据了解我校每年用于助学金的支出约有140万～150万元,建议明年压缩5%,拿压缩的5%支付学生勤工俭学的报酬。今后视情况,还可以逐年增加压缩比例,扩大勤工俭学的支出比例,以改革助学金制度。

3.加强对勤工俭学的统一管理。

今暑我校组织如此众多的学生进行勤工俭学,尚属首次,各方面缺乏经验,在管理上显得有些混乱。如在勤工俭学经费的审批上,按财务处“谁受益,谁付钱”的原则,属科研项目的要由科研处批准,属实验室建设的要由设备处批准,而学生方面,由教务处批准。形成系里报的勤工俭学计划,从教务处安排学生勤工俭学的角度出发是可行的,但到科研处从该项科研是否需要加班的角度出发,有些却被卡住了。最后变成了教务处和科研处两个部门之争,产生不必要的矛盾。而系反映,他们上报计划,到教务处批了,还要到科研处或设备处去批,手续烦琐。科研处认为学生勤工俭学占用他们的科研经费太多,对此也颇有看法。如果上述第二条意见能实现。学生勤工俭学的酬金不再是“谁受益。谁付钱”,而是由助学金中拨出一定的比例支付。有关业务部门在审批暑假加班时,本着多安排些学生勤工俭学的精神,适当放宽些,则我校逐渐以奖学金和勤工俭学替代助学金制度的改革设想一定会实现。

4.计酬的政策问题。

按照教务处制订的1984年教学计划,今后每年暑假除只给师生放一个月暑假外,另有约一个月的暑假时间安排实践性教学活动(包括勤工俭学等活动)。我校多数专业四年只安排一次生产实习,少数安排二次,就是意味着学生在校三个暑假,其中有二个暑假要安排勤工俭学之类的活动。二届学生约有四千余人,投入的指导力量数量一定很可观。从今暑勤工俭学学生与教师之比,大体是3:1的框框估算,约有一千余人。今暑全部按每天二元加班费计酬,今后如果仍按加班费的形式计酬的话,这笔经费的数量是相当可观的(约5～6万元,不包括指导学生生产实习的人数和学生的酬金)。要是算工作量,则因为科研加班给加班费,学生勤工俭学也按现金计酬,可能会影响积极性,使勤工俭学安排落实发生困难,这是个非常现实的事,请学校领导决策。

关于学生勤工俭学酬金的标准,根据广大师生的意见,应根据项目的难易程度,劳动强度的大小等情况,有所区别。明年打算在1.5～2元之间,并可根据工作态度的好坏允许有20%左右的浮动。

5.解放思想,广开学生勤工俭学的门路。

勤工俭学既然是个改革方向,就得要花大力气来抓好此项工作。除了各级领导在思想上要明确勤工俭学的重要意义外,还得解放思想,广开勤工俭学的门路,在校内要进一步挖掘潜力,多安排学生勤工俭学。据了解,我校各系、各部门每年都要用数量不少的临时工,有些只要组织得好,完全可用学生勤工俭学来代替。如实验室用的临时工,行政楼打开水,各大楼教室清洁卫生、设备处物资的运送、各机房的值班、基建、维修等某些辅助性劳动等。据学生反映，每周除了星期天，一般再抽出二个单元时间搞勤工俭学是不成问题的。当然，要有专人来调度，还要制订出劳动纪律和奖惩条例。

据了解，我校各专业每年都要举办各类短训班，有的可以让学生办，有的可以和学生合办，起码应吸收部分学生参加辅导，批改作业，指导实验或其他服务工作。

此外，勤工俭学还应到社会上去找门路。建议学校组织力量，到地、县工厂去找些课题，由学生平时进行研究、探讨，到有些眉目时，集中一段时间赴现场解决问题。

总之，要解放思想，广找门路，以完成勤工俭学任务。

教务处

一九八四年十月

浙江大学 1984 年暑假学生勤工俭学统计表

类别 项目 人数 系列	科研		实验室建设		生产		其他		人数小计	备注
	项目	人数	项目	人数	项目	人数	项目	人数		
数学系							2	26	26	高考阅卷服务及打扫环境
物理系									0	
化学系	9	23	2	8					31	
力学系	7	24	1	10					34	
地质系	8	46	1	4					50	
机械系	9	25			1	28			53	
电机系	1	8	7	43			3	39	90	
化工系	30	85	5	34	3	26	4	12	157	
热物理系	14	46	5	27			1	15	88	
材料系	17	42							42	
科仪系	1	10	3	19			3	14	43	
光仪系	7	15							15	
土木系	12	39	2	8	2	15	8	52	114	
计算机系	3	8	2	6			1	4	18	
无线电系	6	12	2	12	1	8			32	
管理系									0	
合计	124	383	30	171	7	77	22	162	793	

注：此表根据原造计划编制，实际执行数字可能有少许出入。

浙江大学档案馆藏，档案号：ZD-1984-XZ-97

关于84级以后组织学生参加公益劳动的实施意见

(1984年11月21日)

〔84〕浙大办字第010号

各系,各部、处、室、馆、院,工厂:

为了贯彻教育部教政014号《关于高等学校学生参加生产劳动的若干规定》的精神,我校84级以后每年将有4000名学生每人每学期参加二天校内公益劳动(84～85学年为2000人)。为使此项工作能顺利进行,现就组织方面的工作,提出如下具体意见:

1.校内公益劳动由学校分管后勤工作的副校长统一领导。具体由教务处实践教育科和总务处校园管理科共同负责组织实施。

2.教务处负责教学计划的安排,每年将教学计划及劳动班级、人数提供给校总务处。

3.校总务处校园管理科负责学生公益劳动的安排,包括劳动内容、劳动工具、劳动计划及劳动过程的管理。

每学期由总务处将有公益劳动的班级的劳动内容及日程安排提供给教务处,由教务处汇总列表并印发给各系。

4.各系办公室主任或副主任负责本系学生劳动的组织工作。首次劳动之前都应对学生进行动员及安全劳动教育。

5.班主任或政治辅导员负责学生思想政治工作及劳动后对学生的考核,每学年考核一次。

6.劳动期间由总务处每天给学生提供一次点心。

以上意见,望各系、各部门遵照执行,并将执行情况随时告校办。

校长办公室

一九八四年十一月二十一日

浙江大学档案馆藏,档案号:ZD-1984-XZ-0097

关于今暑本科生实践活动及勤工助学的意见(修正稿)

(1985年5月14日)

浙大发教〔1985〕174号

各系、各专业教研室、中心实验室、各有关处、室、馆、各系计算机房、各校办工厂:

为了安排好今暑本科生实践活动和勤工助学,学校于5月2日召开了会议,听取了有关意见,现本着既要着眼于改革,又要从实际出发,力求做到稳妥可行的原则。现就今暑本科生实践活动及勤工助学提出如下意见。

一、安排原则

1.84级学生安排为期四周(7月8日至8月3日)。这是教学计划规定的实践活动,每个84级学生必须参加,属无偿活动。学校负责统一安排一周公益劳动(见附件一),地质系、语言系一周公益劳动自行安排。一周上计算机操作训练(见附表二),另二周由各系自行安排。后三周(8 月 5 日至 8 月 24 日)在学生自愿参加的前提下,各系根据可能情况,组织学生开展些勤工助学活动,付给学生一定的酬金。(光仪系以及电机、电自专业,7、8 日起由系安排二周实践活动,然后放假。下学期提前二周,于 9 月 8 日前来校报到,参加公益劳动,上机各一周)。

2.83 级学生自 7 月 8 日开始,在学生自愿参加和可能的前提下,各系亦可组织 3—4 周的实践活动或勤工助学,如开展科技活动、新技术讲座、选修实验等,此类活动不计酬。勤工助学可计酬。

3.82 级学生可结合生产实习环节的改革,去校外(向我校要求毕业生分配的单位)联系参加各种性质的劳动(凡学生力所能及的都行)。但必须由对方支付差旅费,解决住宿,并负责给予一定的生活费用(具体标准可视对方情况灵活掌握)。时间可安排 4—7 周。此项工作由各系视可能情况组织进行。

4.81 级学生因毕业分配,今暑不安排活动。

二、组织领导

1.学校成立“本科生实践活动领导小组”,以加强学生实践活动的领导(领导小组成员名单另发)。

2.接受学生公益劳动的单位,应指定专人负责,妥善安排,劳动前应逐个点名,登记出勤人数,劳动结束时应对学生的劳动表现作出评语(见附表三)。各系应指定专人或班主任,事先按附表一的安排,编好劳动组织,做好思想动员工作,并将名单及时送交接受劳动的单位。对学生的劳动情况加强督促检查,防止自流松懈。劳动时间每天不应低于 6 小时。

3.上机操作训练,由于机房容量关系,一个专业班级的学生,同时分到几个机房去上机,故各系事先应根据附表二的安排,定点到每个学生,将名单送至各机房。各机房按名册组织上机,不允许随便调换机房。各系应确定几位教师,布置若干上机题目,凡尚未上过计算机语言课的专业,应事先安排一定时间给予适当补些必备的知识。各机房根据各系送的名单,排定每个学生上机日期及时间,通知学生(可张榜公布)。学生上机时间每人共计 15 小时(由教务处发给机票),分 4—6 次完成。

4.暑期学生实践活动和勤工助学,学校由教务处实践教学科负责组织管理。各系应在分管教学的系主任领导下,由教学秘书或确定专人负责组织管理。

5.无线电系、管理系的本科生,由无线电系、管理系按此文精神,自行安排。

三、有关经费的若干规定

1.84 级学生每人参加一周的公益劳动,因考虑到天气炎热。各用人单位每天供应 0.3 元的冷饮(也可发钱),该项费用校办工厂自行开支,其他单位可在各单位的事业费项下开支(有困难者可向财务处申请)。

2.上机操作训练,按附表二的安排,每天开机按 12 小时计(其中 4 小时作为加班计,标准按财务处有关加班费的规定执行)。学生每上机一小时,发给 0.5 元的纸张费。全校共计 29250 小时(不包括无线电、管理系)。此项经费由设备处在今年度的上机费中拨给(各机房凭所收机票,于下学期开学初与实验室科结算)。

3.84 级由各系自行安排的二周实践活动,内容可以是参加实验室建设劳动,给教师当科研助手,在市内的参观性实习,社会调查,也可以开技术讲座。学生一律不计酬。但如社会调查、参观性实习需开支少量市内交通费,或开技术讲座,需给教师少量酬金,请以系为单位编制预算,由教务处会同财务处酌情拨给。其他计入工作量。

4.接受公益劳动的单位,如需给学生购少量劳保用品(草帽、手套等),各校办工厂自行解决。行政单位可提出申请,经教务处批准,可予报销。

5.勤工助学本着"谁受益、谁支付"的原则,由用人单位提出申请,经主管业务部门批准,教务处汇总实施(由于此项经费目前正在申请,具体细则另行通知)。

四、考核

84 级暑期实践活动(7.8—8.3)是教学计划规定的环节,每个学生必须人人参加,不得擅自回家。因病因故需请假应经系主任批准,告诉有关单位,否则作旷课论处。

接受公益劳动的单位,除坚持劳动前逐个点名,对迟到早退的同学要提出批评外,对劳动表现恶劣,经教育不改的可报请学校给予纪律处分。于劳动结束时应对学生劳动表现作出认真的评语(表格见附表三)。

上机操作训练,负责指导的教师应检查其计算机课题的完成情况,不能放任自流。各机房应按计划规定,检查其每次上机情况,在学生暑假实践活动考核表上注明完成上机时数(表格见附件三)。

各系自行组织的二周实践活动,亦应对学生的表现作出评语,登记入附表三。

学生暑期实践活动考核表发给 84 级学生每人一份。劳动、上机或实践活动时交给主管人填上评语。实践活动结束时交系办。由系办转给各班班主任保存,作为学生红专鉴定内容之一。

(原 1985 年 4 月 20 日发的文件,以此为准)

附:表一、二、三(略)

浙江大学

一九八五年五月十四日

浙江大学 84 级本科生 1985 年暑期公益劳动计划(附表一)

单位 \ 日期 / 专业人数	7.8—7.13	7.15—7.20	7.22—7.27	7.29—8.3	9.9—9.14	9.16—9.21	备注
	专业、人数	专业、人数	专业、人数	专业、人数	专业、人数	专业、人数	
机械工厂	机制 52	热能 59	化自 67	金材 60	光仪 30	电机 30	
光仪厂	液压 16	内燃 16	化机 20	金材 17			
化工厂	计算机 10	低温 20	高化工 20	无机 20			
电机厂	机制 32	内燃 35	化机 37	金材 31	光仪 20	电机 20	
半导体厂	计算机 20	物理 21	高化工 29	无机 21			

续表

单位 \ 日期 / 专业人数	7.8—7.13	7.15—7.20	7.22—7.27	7.29—8.3	9.9—9.14	9.16—9.21	备注
	专业、人数	专业、人数	专业、人数	专业、人数	专业、人数	专业、人数	
学生食堂	液压 30 数学 19	低温 12 物理 20 数学 19	医仪 61	无机 20 建筑 30			
校园管理科	力学 41 化学 21 计算机 10	工自 75 化学 20	有机 51 化工 49	工水 45 结构 38	光仪 73	电机 39 电自 90	包括行政楼搬迁的劳动
基建处	计算机 63	工电 61	动仪 68	结构 60			
体育教研室	机制 15 计算机 10	工自 15 内燃 10	化工 20 化机 10 水工 15				
	337	383	432	357	123	179	

注：①地质的一周公益劳动由系自行分散安排；

②电机、电自、光仪系于 7、8 日起由系安排二周实践活动，然后放假，下学期提前二周（于 9・8 日前）来校报到，参加公益劳动，上机实习各一周。

浙江大学 84 级本科学生 1985 年暑假上计算机操作训练计划（附表二）

机房名称	终端及单用户数	可使用数	每周完成数（机位×12×6）	第一周（7・8—7・13）	第二周（7・15—7・20）	第三周（7・22—7・27）	第四周（7・29—8・3）	9・9—9・14	9・16—9・21	备注
				专业、人数	专业、人数	专业、人数	专业、人数	专业、人数	专业、人数	
校中心	66	40	2880	工自 90 工电 37 热能 59	混合班 76 机制 97	结构 98 金材 60 水工 36	化自 67 化机 67 化工 69	电机 89 电自 36	光仪 100	
校中心微机室	12	10	720	内燃 37	计算机 48	金材 48	高化工 49	电自 30	光仪 23	
电机系	6	5	360	工电 24	力学 8 计算机 9	水工 24	有机 24	电自 24		
化工系	6	5	360	内燃 24	计算机 24	语言 21	有机 27			
土木系	8	7	504	地质 20		建筑 30	医仪 23			
力学系	8	7	504	地质 22	力学 33		医仪 20			
数学系	8	7	504	数学 19	数学 19					
计算机系	8	8	576	低温 32	计算机 32	无机 37	动仪 20 医仪 18			
科仪系	12	10	720	物理 41	液压 46	无机 24	动仪 48			
化学系	4	4	288	化学 20	化学 21					
				425	413	378	432	179	123	共 1950 人

浙江大学档案馆藏，档案号：ZD-1985-XZ-78

84级今暑实践活动情况汇报和设想

(1985年10月)

我校自84级开始在教学日历上试行了改革,实行两长一短制(每学年分成两个长学期,各授课17周和考试1.5周,在暑期有4—6周不等的一个短学期。短学期主要安排实践性的活动)。这样做的目的主要是可以压缩各课学时。原先理论教学每学期20周左右,现在缩短成17周,使各课学时压缩了近三周,要求教师精选教学内容,改进教学方法,有利于学分制的实施,有利于学生跨系跨专业选课等。二是将实践性的环节集中安排在短学期,既突出了实践性环节又有利于稳定教学秩序。

学校为了妥善安排好今年84级暑期四周的实践活动,主管教学的吕副校长于5月上旬,召开了各系分管教学的主任、各校办工厂、行政有关处室的负责人会议,进行了研究和部署。根据反馈上来的意见,对实践活动的时间和内容又作了适当调整。在时间安排上,鉴于我省7、8两月属高温季节,为了避高温,尽可能前后错开,分两段安排(即七月上旬开始安排二周,九月初开始安排二周)。在内容上,为了减轻各系的压力,学校负责统一安排二周(一周公益劳动,一周上计算机操作训练),各系自己负责安排二周。

各系自行安排的实践活动,可分如下几个类型:

全属教学环节的有数学系的BASIC语言课及上机学习,地质系的普地教学实习,土木系建筑结构、水工结构的测量实习,无线电系各专业和混合班的金工教学实习,化机专业镇海炼油厂的认识实习。共计600人,占84级总人数的28%。

属社会调查(或工业普查)的有社科系的社会专题调查、管理系的工业企业管理情况调查、热物理系热能专业的杭州地区工厂能耗调查,共计124人,占84级总人数的6%。

去有关厂参观性实习,在实验室从事实验装置的制作,实验技术的训练,组装半导体收音机等科技活动,参加实验室或校办工厂劳动的有化学系、物理系、力学系、电机系、机械系、化工系、光仪系、科仪系,建筑学和低温、外语专业的部分学生,约有1094人,占84级总人数的52%。

全属安排技术讲座的有材料系、计算机系276人,占84级总数14%。

此外,由于学生人数太多,公益劳动学校容纳不下,以及个别系(化工系)语言课未上过,不能安排上计算机实习的,由系出具证明,学生回到家庭所在地,自行找单位联系劳动1—2周,打证明回校交卷的有化工系、机械系、材料系和低温专业的部分学生609人。

内燃专业安排二周,原先拟接受校外某单位的描图任务,后因图纸未经审核不能描绘,临时安排又有困难,故未进行。

通过暑期四周的实践活动,学生各方面的能力都有所提高。这里所指的能力是多方面的,包括劳动的熟练程度、计算机操作的基本功、接触社会、与各种类型人员打交道的能力、编写调查提纲、收集素材、撰写调查报告以及实验技能、工厂生产过程感性认识等等。从进行情况看,预期的目的基本上是达到了。

效果最佳的就是其实践活动本来就属教学内容,如测量实习、金工实习、认识实习等。有教学要求,有具体的日程安排,有教师指导,有考核,有学分。尽管天气炎热,学生思想重视,态度认真效果较好。

搞社会调查的多数也有较好的收获。学生普遍反映，通过今暑没有教师指导，自己独立作战的调查，依赖性比过去少了，胆子也锻炼大了，提高了与各类人员打交道、搞调查研究、分析综合调查素材的能力。如管理系学生今暑分散去家乡所在地调查工业企业管理情况，事先系对学生作了思想动员，列出了各类调查题目，有的搞物价调查，有的搞计算机应用情况调查，有的搞生产管理调查等，回校后都交了有情况、有数据、有分析、有改革建议的调查报告。写得好的有近3千字。这对一个刚跨出中学门仅念了一年大学的低年级学生来说，确是不容易的。几乎每篇调查报告工厂都有评语，多数能获得工厂的好评。热能专业59人，接受了杭州市节能所关于杭州地区年耗原煤在千吨以上的233个工厂的节能情况调查，他们以2—3名学生组成一个组，平均每人去四个工厂作调查。对调查中的每项指标，调查得来的每个数据都能认真负责地反复核实，更可喜的是还获得了少许报酬。社科系学生通过调查，回校反映收获较多，系打算召开交流会。

下厂参观实习的学生反映扩大了眼界，了解了工厂的生产过程和设备情况，为今后学习专业课打下了感性认识的基础。精机专业同学说："这次系安排我们去各类工厂参观，有原料厂（杭钢），有制造厂（杭氧和重机厂），后三天还蹲点在杭州机床厂、杭州叉车厂实习，很合我们学生的胃口。"但由于天气炎热、交通拥挤，同学又未具备必要的专业知识，大伙笼地参观，只能是走马观花。特别是一天参观一个厂，忙于路途奔波，比较疲劳，有些学生反映效果不好。

在实验室搞科技活动和做实验，普遍反映很有收获。如电机系的电工实验（做了示波器、讯号发生器、放大电路等实验），以及组装半导体收音机。化学系部分同学做合成光敏树脂、聚乙烯醇、氧化铬的实验，以及修理真空泵、组装恒温槽等反映较好。但也有部分实验室让同学老是打扫卫生，整理杂物，同学很有意见。

计算机系给学生安排了技术讲座，由该系学术上有一定造诣的老中年教师，如何志均老师讲"专家系统"，张德馨老师讲"第五代计算机"，叶澄清老师讲"计算机图形学"以及"人工智能"、"智能美术处理"等。学生反映增长了对专业的了解，扩大了知识面。材料系请张元老师讲"仿生学与现代技术"，很受学生欢迎。但也有的讲座内容太专太深，学生基础知识有限，听不懂，效果不佳。

关于上计算机操作训练。原计划一周每生上15小时，除少数系搞得较好（化学系等），有教师指导，有题目布置，每生能上足15小时外，多数系学生未上足15小时，问题主要出在中心机房。一是经常碰到检修和停电，二是机房管理人员态度问题。如机械系学生把中心机房上机15小时的机票给了机房，机房管理人员却说："你们系钞票用完了，不能再上机了。"学生普遍只上了4—6小时，只完成原计划的30%左右。同时又不给打印纸，一周上机，学生许多时间浪费掉了。

关于学生回家自找地方参加劳动的情况，由于有关系事先都将目的要求与学生交代清楚，并给开具了介绍信，为此，绝大多数学生能按学校的要求认真完成，回校后都交了单位证明，有的还获得较好的评语。搞得好的其收获远比在校内劳动大。如低温两同学，在长春某厂劳动和调查，回校后交了一份调查报告，足有五千字以上。但也有少数劳动时间不足和个别弄虚作假的情况。

在校内进行的一周公益劳动，只有少数表现较好，如建筑结构842班长、团支书，他们不仅自己带头干,还组织同学分工负责,落实责任制。不少同学拔草手上起泡,仍坚持干。有的班主任能深入现场,督促检查。如工自专业的沈明珠、潘乃光老师等。但在劳动中也暴露出不少问题。一是学生中普遍存有轻视劳动,特别是不愿干琐碎的、无技术的,重复性体力劳动的观念。个别表现恶劣的学生一拿起扫把就骂骂咧咧:“叫我们搞这类劳动,简直是浪费青春。”一个班在劳动时有几位吊儿郎当,不仅不会受谴责,反而使一些原先劳动较认真的也仿效偷懒。二是接受劳动的单位,没有从培养学生的角度去要求,仅是为了完成任务。如安排去几个校办工厂劳动的,多数干的就是清理环境,打扫垃圾等杂活。学生要求,希望今后多搞些对建校有益的劳动,如平整土地,修铺道路,植树等。

从今暑84级学生暑期四周实践活动反映出来的情况,有如下问题值得进一步研究和改进的:

一、明确目的要求,以利改革的顺利进行

我校从84级学生起,教学日历为什么要改为“两长一短”。这样改革的指导思想,目的要求如何?由于我们在工作中没有做到使每个教师,每个学生都知道这样改革的好处,因此思想上认识还不一致。如有的教师认为南方学校,因气候条件限制,不宜搞第三学期;有的学生误解第三学期侵占了他们的假期,情绪抵触,态度不积极。有的专业对第三学期的内容,不主动地去认真考虑,周密安排,而是等待学校拿办法。

为了明确认识,统一步调,我处拟于12月初结合生产实习环节的改革讨论,对第三学期的目的要求也展开讨论。在认识一致的基础上,要求各专业将三个短学期的内容作通盘考虑,做到有计划、有要求、有措施,以防止像今暑临时抓瞎现象的发生。

二、合理安排三个第三学期的内容

原计划规定,第三学期应安排实践性的活动,从84级进行情况来看,由于是一年级学生仅学了些基础理论知识,实践活动除了劳动和参观实习外,其他如给教师当科研助手,去校外工厂搞技术性工作等,知识基础尚欠不足,而劳动和参观给学生的收获甚微。有鉴于此,第一年的短学期,除了已有专门教学环节(测量实习、金工实习等)安排的专业外,拟安排以扩大学生知识面为主的选修课和技术讲座为主。目前我校一年级学生由于公共选修课“粥少僧多”,一般只能选到1—2个学分,而教学计划规定到毕业时应拿到30个任选课学分,到高年级时就显得紧张了。可以缓和这一矛盾。

第二学年的短学期,由于学生已具有一定的基础知识,实践活动的内容可着重安排结合专业的调查研究、认识实习、给教师当科研助手、装修实验仪器、去校外厂搞技术性的劳动(或工作)等。

第三学年的短学期工科结合生产实习安排;理科有的也可安排实习,有的可搞社会调查等。

三、第三学期的内容应列入教学计划,有要求、有考核、给学分

第三学期既是教学计划规定每个学生都必须人人参加,且时间又占了一年有效期的十分之一以上,却没有考核要求,不给记载学分,这在客观上给学生造成不重视的因素。为此许多师生要求,第三学期的内容应列入教学计划,有要求、有考核,给学分,以引起学生足够的重视。

第一学年短学期的选修课或技术讲座，凡授课 34 小时左右给 1 个学分。选修课或技术讲座应注意趣味性、知识性和系统性。应有考核要求，记入学生成绩册。

第二学年的短学期，凡属实习类的一般一周给一个学分。凡属科技活动、专题调查性质的一般二周给 1 个学分。名称可定为“科研实践”、“专题调查”、“专业劳动”、“认识实习”等。亦应有考核要求，记入学生成绩册。

第三学年短学期搞生产实习，本来就属教学环节，按原规定办。理科的社会调查，可参照工科的生产实习给学分。

四、有关担任任务、工作量计算问题

今暑 84 级四周实践活动，除二周由学校统一安排（上计算机也要求有教师指导）外，另外二周由各系负责组织安排。由于今年只是一届学生，矛盾不那么突出，今后有三届学生都要搞第三学期，意味着全校有七千余人同时铺开。任务由谁承担就更为突出了。如果都落实在专业教研室，感到吃不消。同时希望学校有个带实践活动的工作量计算办法。对今暑实践活动基础课教师没承担指导任务，意味着多放了四周的假，有的很有意见。

今后如第一学年的短学期以开选修课和技术讲座为主，任务主要可由基础课教师，和聘请部分专业教师承担。第二、三学年的短学期主要应由专业教师承担。

关于实践活动的工作量计算，我处将负责草拟办法，公布试行。

五、改革务必配套

校历“两长一短”的改革，实行起来几乎要涉及每个部门。从今暑进行情况看出，由于我校改革不配套，为第三学期的顺利进行造成许多困难。有的部门把第三学期看作是教务部门的事，工作上不主动配合。如学生反映：暑期留校搞实践活动，食堂饭菜明显要比平时差得多；为安排学生劳动，几个校办工厂一推再推；安排上机实习，有的机房认为影响暑期休息，很不乐意，做了工作后勉强接受，也给你来个敷衍塞责；少许老师承担了暑期实践活动的指导任务，感到吃亏颇有怨言等。今后应使这一改革措施，深入人心各部门都能主动配合，方能达到预期的目的。

六、经费问题

为搞第三学期，原先我处曾造过几万元的经费预算，由于学校经费紧张，该项预算取消。没有经费，第三学期的活动绝大多数学生只能拥挤在校内搞，但巧媳妇难为无米之炊，今年好容易在学生科技活动经费中挤出近七千元总算勉强解决。明年怎么办？尤其明年将有二届学生四千余人，平均每生 10 元（每天只 0.3 元）也得四万元。此项经费请财务部门能予拨给。

教务处实践教学科
一九八五年十月

浙江大学档案馆藏，档案号：ZD-1985-XZ-78

关于扩大在应届毕业生中“厂校联合培养”试点的请示

(1987年12月28日)

浙大发教〔1987〕164号

国家教委:

为了深化教育体制的改革,我校于今年初对电机系的电机、电力系统及自动化、工业电气自动化、应用电子技术四个专业87届毕业生中的20名学生进行了厂校联合培养(预分配)的试点。(详情见我校5月3日浙大发教〔1987〕056号向国家教委的请示报告)

该项改革试点,尽管由于全过程尚未结束,全面总结有待进行,但从参加试点的师生和有关工矿企业初步反映看出,厂校联合培养对贯彻“全面发展,面向实际”的方针有着积极和重要的意义。不仅对促进学生在理论联系实际,完善知识结构,加强工程师基本素质培养,增强建设社会主义的责任感,造成新一代的“四有”人才有重要意义,而且对学校密切与用人单位的联系,让工矿企业支持和介入高等学校的教育,丰富学校与校外“教学、科研、生产三结合联合体”的内容,以及通过厂校联合培养信息的不断反馈,对学校深入课程结构改革,改革教学内容,改进教学方法,优化教学计划等方面都有重要的作用。因此,我校厂校联合培养的试点获得师生的普遍赞同和有关工矿企业的欢迎。

为了继续探索高等教育的改革,我校打算厂校联合培养工作在87届毕业生试点的基础上,对88届毕业生预分配拟扩大至(五~六个系)100名(拟接受的具体专业、名单、接受单位一览表附后)。今后在不断总结试点经验的基础上,还将拟逐年扩大。

以上设想当否,请审批。

附件:预分配接受单位一览表(略)

浙江大学

一九八七年十二月二十八日

浙江大学档案馆藏,档案号:ZD-1987-XZ-126-5

关于扩大试行预分配、实行“厂校联合培养”的请示报告

(1988年1月22日)

浙大发教〔1988〕005号

国家教委:

高等工程教育面临的迫切问题,是如何加强工科学生的工程师基本训练,尤以加强工程实践训练最为紧迫。增强工程实践训练的环节和时间安排,由于种种原因,很难走出比较可行的路子。随着改革的加快和深化,不解决这个问题,高等工程教育难以适应社会主义经济建设发展的需要。形势严峻、改革势在必行。我校去年试行的“厂校联合培养”的预分配的办法(浙大发教〔1987〕031号,056号文呈教委),经参加试点的学生、教师和工厂企业反映,可谓是一条很有希望的路子。

“预分配-联合培养”的具体做法是：工科本科生在校内进行为期三年的基础课程和专业基础课学习后，提前对口分配到有关工厂企业作一年的工程实践训练。学生在工厂期间，由工厂和学校共同制订培养方案。一年后再回学校完成厂、校共同确定的毕业设计课题，同时选修一定数量的课程(15—20 学分)，合格者发给毕业证书，仍回原实习工厂企业工作，取消见习期。这个办法仍保持本科学制四年，但见习期提前一年，毕业时间推后一年，学校对学生只承担四年的经费。返校半年由工厂发给见习工资，并给学校适当联合培养资助。

我们对“预分配-联合培养”的意义有一个逐步认识的过程：

去年电机系四个专业共 20 名同学，预分配在四个省、市的 20 个单位，当时仅从教学上考虑有利于加强工程实践的训练。去年底化工、电机、光仪、机械、热物理五个系，100 多名同学扩大试点，预分配到十个省、市的 64 个单位，都已经过面谈，签订了合同，取得了公证。三方面座谈会上，气氛热烈，认为“这种改革非常适应当前经济改革的形势”，“搞联合培养是对分配制度的改革，可以缩短理论与实践的差距，可以面对面地双向择优录用”，“有推广前途”。这种情况以及首批试点的反馈信息，进一步深化了我们对“预分配-联合培养”意义的认识。概括地说，“预分配-联合培养”：

1. 有利于促使学生了解国情，增加社会责任感；密切理论联系实际，提高工程实践能力；促进学生的健康成长，“全面发展、面向实际”。

2. 有利于加强工厂企业对培养人才的责任感。预分配的学生由厂、校共同指导，其培养计划、措施都以工厂“自家人”来落实，密切了工厂企业与学校的关系，有利于厂校横向联合，建立“教学—科研—生产”联合体。

3. 有利于加强师资队伍的建设。教师下厂指导接触生产实践，增强了教师主动适应社会主义经济建设需要的责任感。

4. 有利于分配制度的改革。学生和工厂企业直接见面，相互了解择优选用，把竞争机制引进了本科教育。

5. 有利于加快和深化教育改革。促使从培养规格、教学计划、知识结构到教学内容、教学方法的改革，更重要的是推动教育思想进一步转变，使高等工程教育真正纳入主动适应社会主义经济建设发展的需要。

以上是两批试点的初步认识，相信随着实践的深化，将会有更深刻的认识。

为进一步扩大“预分配-联合培养”，学校面临两个制约因素。其一是地区制约，如何照顾边远地区和保证国家重点单位的需要须作进一步研究；其二是学校后勤的制约，对此学校拟通过发展继续教育，轮番调剂使用校舍等设施来克服。

综合上述，我们提出如下建议和请求：

1. 建议教委同意我校列入学生不包分配的改革试点；实行 20%—30%同学指令性分配计划，并提前下达方案。

2. 请求教委下文正式批准我校试行“预分配-厂校联合培养”学生，并批转有关部、委和省、市。

以上报告当否，请审批。

浙江大学
一九八八年一月二十二日

浙江大学档案馆藏,档案号:ZD-1901-JX-71-1

对浙江大学试行预分配、实行“厂校联合培养”的请示报告的批复

(1988年2月15日)

〔88〕教学字004号

浙江大学:

你校1月22日《关于扩大试行预分配、实行“厂校联合培养”的请示报告》(浙大发教〔1988〕005号)收悉。经研究,原则同意你校从1989年起,在国家分配方针原则指导下,采取“预分配、厂校联合培养”的办法向社会输送毕业生。在试行中,要加强领导,抓好落实,注意总结经验,并请将试行情况随时告诉我们。

此复。

国家教育委员会
一九八八年二月十五日

浙江大学档案馆藏,档案号:ZD-1901-JX-71-2

浙江大学关于90届本科毕业生“预分配厂—校联合培养”有关规定的通知

(1989年10月13日)

浙大发教〔1989〕090号

各系、各专业:

自1986年以来,我校在电机系少数毕业生中试行“预分配—联合培养”的试点,使学生提前预分配到工厂参加实践锻炼,尽早接触社会,了解国情,以提高本科生建设社会主义祖国的责任感和现代工程师的基本素质,为经济建设第一线输送德、智、体全面发展的高质量的建设人才。84级、85级又在化工、机械、热物理、光仪等系扩大试行,学生人数由83级的20人到84、85级时扩大至100名左右。这一改革试点得到了中央领导的充分肯定,受到了参加联合培养的各企业和学生的欢迎。通过上述各届毕业生的预分配工作的初步总结,为便于这一试点继续有效地试行,学校对90届毕业生预分配的某些问题作了新的补充规定,现将《浙江大学1990届毕业生实行“厂—校联合培养”的试行办法》发给你们,请参照执行。

各级领导要把“预分配—联合培养”工作作为落实我校综合改革的一项重要措施抓紧、抓好,要及时掌握和通报工作进度,要及时总结经验和存在的问题,要采取有力措施保证90届毕业生“预分配—联合培养”试点工作保质保量地完成。

浙江大学
1989.10.13

浙江大学1990年应届毕业生实行“预分配—厂校联合培养”的试行办法

（征求意见稿）

为加强本科毕业生参加社会主义现代化建设责任感和工程实践能力，提高本科生的现代工程师基本素质，经国家教委同意，我校从89年开始在国家分配方针指导下，采用“预分配—联合培养”的办法向社会输送毕业生。试行毕业生预分配到对口厂、矿企业，由厂校联合进行理论联系实际，加强工程实践能力的培养和训练，现将90年毕业生试行办法公布于下：

一、厂、校联合培养的对象和去向

在校已学完必要的基础理论、基础技术、专业基础等课程和实验、实习等环节之后，其所修课程学分达到低于毕业学分15—20学分者，经本人报名，领导批准，参加厂校联合培养的教育过程。其去向主要是国家和省、市的重点企业及科研、设计部门和非行政机关的技术管理部门。

二、厂校联合培养的任务

1.学生1年内以见习生的身份参加厂、矿生产第一线见习，并参加实际生产劳动和管理活动。

2.熟悉所在厂矿的生产过程与今后岗位责任，在此基础上由厂、校双方共同研究和实施完善学生知识结构的具体方案。

3.约有半年的时间学生返回学校，针对岗位工作的业务要求，补修若干课程，并同时完成毕业环节。也可不回校，留在厂里完成毕业环节，若毕业学分不足，则选修课可以通过自学，参加通过考试，获得学分。

4.毕业环节的内容和具体要求由厂校联合拟定，可以是厂（所）生产中的实际课题，也可以是技术储备性的项目。

三、厂、校联合培养的时间及具体安排

90年2月至91年7月，分三段：

1.90年2月至90年7月，下厂实习，由工厂根据学生所学专业分配其岗位工作（原则上应与长期工作内容、性质相同）；厂方在政策许可范围内给予每月50—60元（六类地区）的生活补贴。

2.90年的8月至91年的2月仍在厂锻炼，但学生以正式毕业生向厂里办理报到手续并享受见习生待遇，开始计算连续工龄。

3.91年的3月至9月，返回学校补课，参加毕业设计，享受见习生待遇，由工厂付给工资，并不间断工龄计算。在校享受进修生待遇。

学生也可不回校，直接在厂里进行毕业统计（论文）及自学课程。选修课及毕业设计结束后，经考核合格，按浙江大学学则条例审核后给予毕业，发给毕业证书、学位证书，毕业时间从90年9月算起。

四、厂、校联合培养指导力量

在联合培养期间,学校派出导师负责理论指导,厂方派出相当工程师的技术指导,负责实践指导并共同研讨培养中的各有关事项。

五、联合培养对象确定后应由学校、厂矿、学生本人以甲、乙、丙三方签订协议书,并经公证单位公证。

六、在联合培养过程中所需费用作如下规定

1.厂方为学生提供必要生活补贴费半年,厂校之间往返路费各1次,为指导教师下厂指导提供往、返旅费(最多不超过四次单程所需费用)。

2.毕业设计以学校按教育大纲的规定列出毕业设计的要求与内容,对工厂提出的课题如涉及特殊的仪器设备(即为解决厂方生产实际问题而进行试验)费用由厂方负责,用后为工厂所有也可双方协商作价给学校。超过大纲部分毕业环节内容厂方应给学校一定的经济补贴。

3.联合培养中取得的科研技术成果由厂、校双方共同享受。

七、关于毕业分配

参加试点的毕业生在预分配单位确定后,统一由学校毕业生分配办公室列入毕业生分配计划,进行分配、派遣,享受同届毕业生待遇。

八、指导教师指导学生可以计教学工作量也可以不计教学工作量,发给酬金。

附

90年各系毕业生"预分配—联合培养"最低控制数

电机系45名
化工系50名
土木系20名
机械系25名
信电系25名
光仪系10名
材料系15名
能源系25名
科仪系25名
计算机系10名
管理系5名
经济系5名
合计260名

一九八九年十月

浙江大学档案馆,档案号:ZD-1901-JX-61-5

关于成立3—1—1工作小组的通知

(1990年9月14日)

浙大校办〔1990〕10号

各系,有关部、处:

为推进预分配—联合培养工作的顺利进行,决定成立浙江大学3—1—1工作小组,在薛继良副校长领导下开展工作。工作小组由以下成员组成:

韩兆熊(组长)

李菊、佘子平(电机系)

黄粉英(光仪系)

郭鼎康(建工学院)

王正卫(工商管理学院)

吴星义、金光海(化工系)

葛宜远(机械系)

谢道隆(分部)

姚志邦(科仪系)

王文序(材料系)

应镕(房产处)

何雄(膳食科)

吴月珍(学生处)

王建军、余锋(秘书)

校长办公室

一九九〇年九月十四日

浙江大学档案馆藏,档案号:ZD-1990-XZ-50-1

浙江大学在本科学生中推行考工制初见成效[①]

(1991年9月28日)

总是有人说大学生只会动笔,不会动手,而今,浙江大学的学生就不是这种状况了。浙江大学为了培养学生的劳动意识,增强动手能力,在本科学生中推行了两项考工制新措施,大胆探索培养社会主义建设者和接班人的新路子。

新措施一——在机械类学生中推行初级技工考工制。

浙大发挥校办机械厂的有利条件,对进行过3周金工实习、2周强化实习的学生,利用暑假2周时间,再进行定点(钳工、车工)培训,然后按国家对初级工应知应会的要求进行考核,

---

① 本文原载浙江大学校长办公室编《简报》1991年第16期(总224期)。

通过者可获得初级工证书。此项改革措施,得到了学生的热烈响应。

今年全校228名89级的机械类学生,报名要求参加的就有218人,充分反映了当代大学生对实践教学、技能培养的重视和在知识观念上较大的转化。学校从中择优录取了69名学生参加考核。考核工作取得了杭州市劳动局的大力支持。杭州市劳动局培训处指派了7名“主考官”到浙大负责考试。对学生独立加工出来的考核件,均按各项指标经过严格检验,结果最低分为65.5,最高分为98.5,全部获得通过。由于这次学生考工适逢盛暑,同学们冒着37℃的高温,在劳动中表现了空前的自觉和热情。有的学生累得流鼻血,指导师傅让其休息,可学生却用冷水冲洗一下继续干,说:“这是磨炼自己意志的机会。”许多指导师傅称赞说:“多年没有看到劳动这么认真、肯吃苦的学生了。”通过初级工的考核,同学们普遍反映受益匪浅。许多学生说:以后不怕别人说我们大学生只会动笔,不会动手了。参加考核的69名学生都获得了杭州市劳动局颁发的初级工证书。

新措施二——在非电类学生中施行“彩电维修初级技工”的考工。

浙江大学为了增强非电类学生的电子技术知识和动手能力,为有志于深入钻研电子技术的学生开出了一门以实践为主的“彩色电视机原理及其维修技术”选修课。学生在修完该课程的基础上,利用暑假2周时间强化训练,可参加由浙江省科委家电公司组织的考核。一旦通过,可获得全国通用的“彩电维修初级技工证书”。这项改革措施的实行,提高了学生学习的积极性,使学生掌握了彩电维修技术的真本领。

今年暑假,浙江大学邀请了浙江省家电维修技术考核领导小组专家来校,对学生进行“彩电维修初级技工”的考核。自愿报名的67名学生分别参加了理论和实践的考试。考核组严格按照国家对彩电维修初级技工应知应会的标准评分。结果61名学生获得通过,欣喜地领到了彩电维修初级技工证书。

许多学生在参加了考证的培训后,纷纷主动写信给老师和学校,认为这样的改革措施(指彩电考证)是相当完美、成功的。选修过该课程的化机86级学生林明富,预分配到衢州化学工业公司合成氨厂,已先后为该厂职工修复电视机、录音机12台件,获得了群众的好评。林明富在高兴之余写信给老师,真挚地感谢老师使他增加了一项为群众服务的本领。

浙江大学档案馆藏,档案号:ZD-1991-XZ-71-16

4. 拔尖人才培养

浙江大学84级混合班培养计划初步实施方案

(1984年8月14日)

〔84〕浙大办005号

各系,机关各部、处、室、馆、院:

一、计划概要

为贯彻邓小平同志“教育要面向现代化,面向世界,面向未来”的指示,开创我校教育工作的新局面。逐步探索出一条具有浙大特色的培养人才的有效途径。学校决定:从84级入学新生中,挑选一百名左右报考工科专业和力学、地质二系的优秀学生,结成三个混合班加以专门培养。

混合班的具体培养目标,是培养德智体全面发展的、基础厚实、思路开阔、有创新能力的工科"开发型"人才。混合班学生中的多数或大多数,通过本科阶段的专门培养,有条件直接攻读硕士学位和博士学位,其中部分人,将来在自己的学科领域内,有希望取得开创性的成果,能为祖国的四化建设事业作出更大的贡献,也为学校增添更多的荣誉。

84级混合班的总体培养方案:用一年半时间打基础。包括数学,物理、化学、计算机、外语和社科基础;这期间接受充分的理科课程教育和严格的理科方法训练(由物理系代管);一年半以后,按志愿和需要,除少数人留在数学、物理、化学三个系培养外,其余人分散到其他各系仍按专门计划培养。

对混合班教学工作的总要求是起点高,内容新,进度快;要打破常规,采用科学的、灵活的、生动的教学方法;在传授知识的同时,注重学生的智能培养。混合班的教学实践,应能对全校的本科教育在课程体系改革、教材和教学法研究方面,起到推动和示范作用。

为保证该项计划的完成。学校指派校调研室、教务处、物理系和教育研究室专人成立混合班指导组,负责计划拟定,协调计划实施和进行其他有关工作。

二、前期课程计划与师资

1.混合班前期(一年半)课程,多数相当于普通本科的公共课和基础课。除德育和体育课外,前期课程(单科课程或课程组)设置六门,分别是:数学、物理学、化学、计算机科学基础(暂名)、英语、哲学和社会科学概论(暂名)。

2.六门课程皆为必修,周学时安排如下:

数学 4

物理学 4(3+1)

化学 3(2+1)

计算机科学基础 3(2+1)

英语 3

哲学和社会科学概论 2

每节课(50分钟)为一学时。每次授课一学时,一般不排双节。在第三学期,考虑到新课程的增加,同时考虑到学生学科方向的初步确定,以上六门课程的周学时数可以有所变化,但必修课每周不超过20学时。

3.第二学期起,每周安排学科讲座一次。由各系各学科轮流主持。

4.六门课程的主讲教师应是经验丰富、思想活跃、学识渊博的教师,由有关的系选派。每门课程(英语除外)配备辅导教师1~3名,由主讲教师选定并直接领导其工作。英语课由外籍教师1名,本国教师1~2名组成教学小组。课程主讲教师和英语教学小组,可以根据学生实际水平决定学生对本门课程的免修。

5.聘请杨士林教授、李文铸教授、郭竹瑞教授、何志均教授分别担任化学、物理学、数学和计算机科学基础各课程的顾问,全盘考虑课程的改革、联系和配合等问题。

6.建议党委宣传部研究制订混合班的德育教学计划。指派任课教师若干名和政治辅导员1名。

三、教学内容和教材

1.由学校聘请的主讲教师,可以根据混合班培养目标和总的要求,自行安排教学内容,可以选用英文的教材和参考书。

建议数学包括数学分析和工程数学的大部分内容;物理包括本系普通物理的主要内容和理论物理、固体物理的有关知识;化学包括物化、生化和物质结构的有关内容。

建议计算机教学从培养"开发型"人才所需的计算机科学教育的总体计划出发,安排好前期教学内容,为后续的计算机课程系列和其他学科专业的课程,打好必要的计算机基础。

物理、化学和计算机三门课程应加强教学环节,加强学生科学研究基本功的训练。

2.其它二门课由语言系和社科系研究设计本门课程的结构,其中:

英语教学着重学生的英文写作和听说能力的培养训练。可以根据情况分A、B班,采用不同的教学计划、内容和教材;

哲学和社科教学着重进行辩证唯物主义世界观和方法论教育。考虑社会科学、人文科学与自然科学交叉的趋势,给予学生必需的基础知识。

四、管理、经费和其它

1.混合班前期的学籍、生活、政治思想管理由物理系负责。

2.试行导师制,由数、理、化任课教师中确定9名为混合班的前期导师。有关各系选派联络员1名,保持与物理系和前期导师的联系;联络员将是混合班学生的继任导师。

3.对混合班学生作如下几项特殊规定:

(1)集中住宿,安排80名男生在____舍。安排20名女生____舍。

(2)按全校统一的办法评定奖学金等级。但人数比例不限。

(3)借书享受硕士研究生待遇。

(4)规定的教材和主要参考书,按同类中文教科书的平均价格定价出售,差额由专项经费补齐。

(5)学期考试有一门成绩不及格或学习成绩平平者,经导师认可即予转系。

按补考试卷所得的实际成绩记入学籍档案,不作补考论。

4.学校拨出混合班专项经费一万元。主要用作一年半内的教材资料费。

5.对参加混合班教学工作的教师,其教师工作量和教学工作量均按130%工作量计算。

校长办公室

一九八四年八月十四日

浙江大学档案馆藏,档案号:ZD-1984-XZ-89-1

混合班情况汇报(一)

(1984 年 10 月 15 日)

84 级混合班新生从 9 月 6 日开始参加军训三周,9 月 27 日起正式上课。我们通过发调查表及召开不同类型座谈会,获得一些反馈信息。现分别汇报如下:

一、一般情况

德育课上,向学生发了调查表,统计同学对来浙大后感到最满意及最不满意的一件事。从调查情况来看:

最满意的有:

1. 能进混合班学习,学校为他们选派了第一流的教师,用最先进的外文版教材,并创造了其他的许多良好条件,如借书按硕士生待遇等。

2. 有一个优美的学习环境。

3. 有良好的“求是”学风。

最不满意的是:

1. 宿舍太挤、设备差,环境太吵。

2. 食堂不卫生,菜太贵。米饭质量太差。买饭排队太长且秩序差。

3. 晚自修效果差。图书馆“抢”不到位置,教室灯光太暗。(对图书馆用书包占位置的风气表示强烈不满)

4. 晚上熄灯太晚(二舍没有晚熄灯制度)。经常是通宵灯火通明。晚上休息不好,影响白天上课。

5. 混合班组织管理不善,学校对新同学生活上关心指导不够。

6. 生活枯燥,没有开展文体活动,缺乏起码的文娱活动用具。

二、教学情况

上星期,教学科对混合班同学就一周教学情况作了调查。调查内容为:阅读外文版教材速度;听课效果;学习负担三项。具体情况是:

阅读迅速:化学>物理>计算机

负担:重——33 人,一般——58 人,轻——1 人(详见附录 1 于后)

对各门课的具体意见(通过座谈会收集):

1. 高等数学讲得太快,现在还不太适应(指不按书上次序讲),学生上课忙于记笔记,没有思考余地。但也有个别学生觉得听了〇〇老师的讲课,回去看书时,很有味道。

2. 物理课语言不懂,听课很费劲;上课内容多,跟不上。

课外看中文的人不少(没有时间就不看物理原版)。

但有同学反映,现已在逐步适应中。同学对上课教师很喜欢。

3. 化学:阅读速度最快(一般 3 页/小时),教学效果也较好。

4. 计算机:阅读原版书速度最慢,很困难,Pascal 中文版书学生借不到;概念抽象,又无老本可吃,故学生觉得几门课中最担心的还是计算机。

但也有个别学生反映已开始慢慢入门。

5.外语:外籍教师用外语上课,教科书《接触美国》又未及时发给学生(正在印刷中),故听课困难,未适应。

6.对辅导教师的意见:

物理课答疑教师没介绍给同学。数学、物理辅导教师都没去过寝室(固定答疑室在二舍208),答疑时间、地点学生都不清楚。计算机两研究生欠热情。

7.讨论课、大班发言机会少(化学),希能分小班进行。

三、我们的建议

1.混合班教学起点高、内容新、速度快,学生学习负担重,故对其晚自修的学习条件应予以保证。多次与图书馆联系,希能给混合班单独开一小阅览室,但仍无结果。在此情况下,经与调度室联系,决定把学生上课教室教三一309辟为专用自修室。

2.政治辅导员及班主任应切实抓好混合班学生政治思想工作,座谈会情况反映出已有部分学生不安心在混合班学习、有吃亏的想法(学习太紧张、费劲,生活上没有人管,一年半后回到系里怕跟不上其他同学等等)。另外应尽快尽善地把学生组织好,及时开展各类集体活动(包括文娱、体育活动),以保证混合班德、智、体全面发展。

3.二舍要与其他宿舍一样,定时熄灯,以保证充足睡眠时间。

4.为使混合班学生迅速适应大学紧张学习生活,建议请图书馆或高班同学,作关于如何选借图书及学习方法方面的介绍。

5.混合班工作组。顾问组之间的关系以及分工应明确。

教务处

一九八四年十月九日

附录1

混合班基本教学情况调查

一、教材阅读速度(页/小时)

指标 课目	<1	1~	2~	3~	4~	5~
物理	22	31	17	10	8	6
化学	6	21	33	14	11	11
计算机	43	23	10	10	1	4

二、学习负担

重	一般	轻
33	58	1

教务处

一九八四年十月十五日

附录二

混合班教学、管理人员名单

顾问组：

杨士林、李文铸、郭竹瑞、何志均

工作组：

组　长：薛继良

副组长：徐志纯

成　员：郭尚汉、徐兴、甘震云、王沛民、汤荣昌、贺慧娟、朱正坊

任课教师：

	主讲	辅导
数学：	周先意、	魏麟为、黄庆学
物理：	李文铸、	吕欣、徐才堂
化学：	李明馨、	余喜云、蔡乐真
外文：	柳中檪、	Evans
计算机：	曾杭生、	唐明、盛珏新

中共党史：郑元康

德育：朱深潮

班主任：余喜云、徐才堂、谢争先

政治辅导员：谢争先

浙江大学档案馆藏，档案号：ZD-1984-XZ-96

关于在85级本科基础教育阶段选拔优秀学生开设"提高班"的实施意见

(1985年9月)

浙大发教〔1985〕331号

各系：

一、开设提高班的指导思想

我校在84级创办"混合班"教学试点工作以来，经过一年的实践已取得可喜成绩：

(1)充分体现了因材施教的原则，避免过去一刀切埋没优秀人才的弊病，证明对学有余力的学生提高教学要求是可行的。

(2)通过改进教学方法，减少讲课学时，而不降低教学质量也是做得到的，混合班的数学、物理已做出了样子。

(3)外文水平的提高，有个阅读关，必须经过一个训练过程。混合班三门教材都用外文版，经过不太长的一段时间，也可适应，所以阅读关迟过不如早过。

混合班这些成绩的取得，对扩大教改试点提供了有益的经验。为了扩大对优秀人才的培养数量，为国家四化建设提供高级、优秀的专门人才和为研究生教育扩大优秀的生源，因

此,在85级新生中继续办好"混合班"的同时,再选拔一定数量的优秀学生,对其在基础教学阶段中的部分基础课教学以集中开设提高班的形式,开办"优秀班",对外称"数理提高班",简称"提高班"。

提高班的开设可以:

(1)增加因材施教的层次,进一步改变原来本科基础教育阶段单一化的培养规格,使一部分高分入学的优秀学生获得学习的压力和动力,以利提高我校人才培养的质量。

(2)进一步发挥我校理工科的优势,探索强化基础、增强后劲、拓宽专业,培养具有综合开发能力的高级工程技术(科学)人才的途径。

(3)为我校进一步全面贯彻学分制(包括逐步实施本科基础教育全面选课制)积累经验。

二、提高班及各层次的培养目标

"提高班"的教学水平是介于"混合班"和普通班之间,这样,从本学年起,我校本科教育按因材施教的原则结合学生的程度和教学的要求,将分成三个层次,即混合班(尖子班),提高班(优秀班),以及普通班。其培养目标分别为:

混合班(尖子班):着重理科训练,实行理工渗透,按特殊规格,培养开拓型、创新型的高级科学技术人才。

提高班(优秀班):增加理科训练,增强后劲,拓宽专业,培养优秀高级工程(科学)技术人才。

普通班:具有较好的理论基础和工程实践能力的高级工程(科学)技术人才。

三、提高班的组织管理

1.教学安排:

(1)一上开始,同时开设"数学分析"和"物理学"两门理科基础课,同学时同为5.5。数学分析教材用复旦大学欧阳光中编的数学分析。物理学教材用美国MIT哈里德编的原版书。以后视情况再考虑开设工程数学提高班等课程。

(2)外文从基础阶段的第二级开始,加强阅读训练,争取毕业时达到五级、六级水平。

(3)除数学分析和物理学单独开提高班之外,其余课程均回原专业学习。

(4)学校选派教学经验丰富,学术水平较高的教师,担任提高班的相应课程。

2.提高班学生的选拔:

实行按条件自愿入选,自由退出的原则。

在优先保证混合班生源的前提下,从85级免试入学的新生中和统考入学的高分学生中选拔100~200名较为优秀的学生。具体条件是:

免试入学复试成绩在中等以上水平者(复试是我校自行命题,比高考略难);

统考总分在580分以上,其中

英语:90分以上(入学后分级考试中取二级以上),

数学:100分以上,

物理:80分以上,或数学物理二门合计130分以上,

为了顾及各学科专业的优秀学生有可能进入提高班学习,各专业的前3~5名学生可优先选入提高班。

3.提高班的学生管理:

提高班学生的政治思想教育工作,生活等管理工作仍由原系原专业负责,不集中住宿,不集中编班。

数学、物理、外文三门课的教学管理由教务处教学一科负责。

四、提高班待遇

1.凡通过提高班数学分析、物理学课程和在毕业前外文达到六级水平的,毕业时发给“浙江大学基础教学提高班”证书。

提高班学生上述三门课中有一门考试不及格,可参加所在专业相应课程的通过考试一次,通过者给学分。但回原班学习,不发“提高班”证书。

2.提高班学生学校准予优先跨系、跨专业选课;优先攻读第二学士学位和修读辅修专业;优先推荐报送(考)研究生。

3.提高班学生教材、资料费享受混合班学生同样课程的优惠价和补贴。这项经费由学校单独拨款1万元,由教学一科掌握使用。

此件发至各专业

浙江大学档案馆藏,档案号:ZD-1985-XZ-87-1

关于建立混合班顾问组及混合班工作组的通知

(1988年6月3日)

浙大发办〔1988〕42号

各系,各部、处,校直属各单位:

为加强对混合班教育的组织领导,经研究决定,建立混合班顾问组及混合班工作组:

混合班顾问组

首席顾问:吕维雪教授

顾问:杨士林教授、李文铸教授、何志均教授、郭竹瑞教授

秘书:黄达人

混合班工作组

组长:薛继良

副组长:朱深潮、黄达人

组员:周先意、俞瑞剑、戎顺熙、李菊、董绍静、应惠兰

秘书:朱正坊

浙江大学

一九八八年六月三日

浙江大学档案馆藏,档案号:ZD-1988-XZ-73-24

浙江大学、宁波中学试办高中教学实验班的报告

(1991年3月25日)

浙江省教委:

我校是国家确认的高等院校综合改革的试点院校。在过去的几年中,学校主要致力于治理内部教育环境,整顿教育秩序,进行了多项教育改革,如"混合班"的教育模式、"3—1—1"联合培养方法以及3+1培养措施,提高了学校自身的办学效益,同时也收到明显的社会效果。但对如何加强与中学教育的衔接,改变中学教育"千校一面,千人一书"的固定模式,与中学一起共同探讨"因材施教,全面发展"的培养方法,实行从教育内容、教育方法到学习年制等方面的综合改革,还没有进行更多的尝试。我们从中国科技大学试办少年班的实践和我校试办"混合班"的实践中看到,这方面的改革是很有必要的,在实际操作上也是可行的。

在以上思想的指导下,我校与宁波中学共同提出试办"高中教学实验班",探讨与中学教育相衔接的,培养德、智、体全面发展的高层次理工科人才的途径,并签订了意向书(详见附件1)。此设想一经提出,即得到宁波市教委的积极支持,把此项改革作为"深化城区普通中学教育改革"的一项重要决定(详见附件2),并发文全市,反映较好。我们感到,这项改革必须在浙江省教委的统一领导下,各有关方面互相协作,才有可能有条不紊地进行。为了切实做好"高中教学实验班"的工作,特此报告。

当否,请审批。

浙江大学

1991.3.25

附件1

浙江大学/宁波中学教学实验班意向书

一、指导思想

浙江大学是全国教育综合改革试点大学,为使教育改革进一步深入,浙江大学与省重点中学宁波中学决定联合举办教学实验班,以加强个别化教育,办出特色,培养高层次理工科人才,为社会主义现代化服务。

二、培养目标

在全面执行国家教委制订的中学教学计划和浙江省实行证书会考的基础上,加强理科学习,培养德智体全面发展的理工科优秀人才。

三、学制

学制三年。

在高中二年后,经浙江大学测试,并参加高中阶段全部毕业会考,成绩合格,保送部分优秀学生进入浙大混合班(总数不超过十人),其余学生高三毕业后推荐报考浙大。

四、招生

1.招生范围:在宁波大市范围内招生。

2.招生名额:30 名左右。

3.报考办法:有志报考浙江大学成为高级理工人才的优秀初中毕业生(包括个别智力超常的初二学生),直接向宁波中学报名,由宁波中学单独命题,提前组织入学考试,并结合智力面试,择优录取,单独组班。

五、管理

1.由浙江大学与宁波中学联合组织教学实验班的领导小组,制订教学计划,加强语文、数学、物理、外语、化学、计算机学科教学。

2.由宁波中学配备优秀师资进行教学与管理,浙江大学派遣教师进行教学指导,并开设部分讲座。

3.按德智体全面发展的方向严格要求,加强管理,学生全部寄宿。

4.浙江大学在可能情况下,提供仪器设备,促使教学手段现代化。

宁波中学把上述意向宁波市教委汇报,经宁波市教委批准,报省教委备案。浙江大学同时与省委磋商。待省教委认可后,由浙江大学、宁波市教委、宁波中学签订正式协议生效。

参加本意向书讨论的双方代表:

浙江大学:	宁波中学:
薛继良副校长	陈守礼校长
黄达人处长	蒋裕源副校长
李肇震处长	

1991 年 3 月 25 日

附件 2

关于深化城区普通中学教育改革的决定

(甬教委〔1991〕44 号)

各县(市、区)教委(局),各直属学校(单位):

自中央关于教育体制改革的决定颁布以来,我市围绕教育如何为当地经济、社会发展服务,进行了一系列的改革和探索,促进了我市教育事业的发展。但普通中学教育中,因限于"千校一面,千人一书"的固定模式,学校缺乏特色,学生缺乏特长,"三脱离"(脱离社会、脱离实际、脱离生产)的状况仍未有大的改变。为使教育为社会主义现代化服务的指导思想进一步落到实处,克服教育"三脱离"倾向,我们认为必须深化普通中学教育改革。要鼓励学校在全面贯彻教育方针中办出特色,让某方面有较好素质的学生,得到相应的培养,促使其发挥特长,以打破"应试教育"的模式。改革方案在征求各方面有关人士意见的基础上,经市政府同意,对我市城区普通中学教育改革作如下决定:

(中略)

三、举办高中教学实验班。

最近,宁波中学与浙江大学联合提出在宁波中学举办高中教学实验班,加强个别化教育,培养德、智、体全面发展的高层次理工科人才。性质为普通高中,在全市初中毕业生中招生,也可少量招收通过测试,智商符合要求的初中二年级学生。1991年秋开始试办,学制三年。在高中二年后,经浙江大学测试,保送部分优秀学生进入浙大教改试验班。

(下略)

宁波市教育委员会

一九九一年三月一日

附

浙江大学/宁波中学教学实验班协议书

一、指导思想

浙江大学是全国综合改革试点大学。为使教育改革进一步深入,浙江大学与省重点中学宁波中学决定联合举办教学实验班,探讨与中学教育相衔接的、培养德智体全面发展的高层次理工科人才的途径,办出特色,为社会主义现代化服务。

二、培养目标

在全面执行国家教委制订的中学教学计划和浙江省实行高中毕业证书会考的基础上,加强理科教学,培养德智体全面发展的理科优秀人才。

三、学制

学制三年。

在高中二年后,经浙江大学测试,并参加高中阶段毕业证书会考,成绩合格,保送部分的优秀学生进入浙大混合班(总额不超过10人),其余学生高三毕业后推荐报考浙大。

四、招生

招生范围:在宁波全市范围内招生。

招生名额:30名。

招生办法:有志报考浙江大学成为高级理工人才的优秀初中毕业生均可报名,单独命题,单独招生,择优录取。

五、协议双方应承担的责任

浙江大学方面:

1.委派讲师以上优秀教师承担实验班高一、高二两年学科知识讲座总课时数三分之一以上的教学任务,并支付教师来回差旅、住宿、讲课费。

2.一学年结束后,在浙江大学主办以计算机培训为主的科技夏令营。经费由浙大开支,可适当向学生收取差旅费。

3.浙大须组织专门人员参与实验班的教学管理工作,以听课、座谈等形式,了解实验班教学情况,在教学上给予具体指导。

4.承担宁波中学计算机、英语等学科的师资培训工作。

5.在可能情况下,向宁波中学提供仪器设备,促使教学手段现代化。

宁波中学方面:

1.严格把关,做好实验班招生工作,单独组班。

2.建立实验班管理指导小组,配备优秀师资进行教学与管理。

3.按德智体全面发展的方针严格要求,加强管理。学生全部寄宿。

4.按照实验总体要求,制订教学计划,并认真组织实施。

5.为实验班学生提供使用实验室、计算机房、语音实验室和教五图书馆及阅览室等教学设施的方便。

以上协议内容已经宁波市教委同意,并报浙江省教委备案。本协议经浙江大学、宁波中学正式签字后生效。

浙江大学代表:

宁波中学代表:

一九九一年四月十三日

浙江大学档案馆藏,档案号:ZD-1994-JX11-24

关于要求继续执行浙江大学、宁波中学试办高中教学实验班的报告

(1994 年 5 月 30 日)

(浙大发学〔1994〕10 号)

浙江省教委:

在浙江省教委和宁波市教委的大力支持下,我校与宁波中学于 1991 年试办高中教学实验班,探讨与中学教育相衔接的,培养德、智、体全面发展的高层次理工科人才的途径。去年经过我校对该班学生综合素质的测试,并报省招办批准已有 8 位同学免试进入我校学习。这些同学在我校混合班(在全校优秀生中选拔 150 人,单独编班)里学习名列前茅(详细成绩见附件),这说明该实验班是成功的。根据浙大、宁波中学试办高中教学实验班意向书,以及甬教委〔1991〕44 号文指出的"在高中二年后,经浙江大学测试,保送部分优秀学生进入浙大教改试验班"。我校已对今年该实验班的学生进行了测试,6 名同学均达到保送要求。为此,特向省教委报告,希望省教委批准继续执行甬〔1991〕44 号文件,同意该实验班学生在经过高中二年学习后,由浙大测试,保送部分优秀学生进入我校"混合班"学习。

附件:①浙大发学〔1991〕07 号文(略)

②浙大、宁波中学试办高中教学实验班意向书(略)

③甬教委〔1991〕44 号文《关于深化城区普通中学教育改革的决定》(略)

④93 年已免试入学的 8 位同学在校成绩(略)

⑤94 年 6 位保送生情况登记表(略)

浙江大学

一九九四年五月三十日

浙江大学档案馆藏,档案号:ZD-1994-JX11-24

对《关于要求继续执行浙江大学、宁波中学试办高中教学实验班的报告》的批复

(1994 年 7 月 7 日)

(浙教普字〔1994〕第 299 号)

浙江大学:

你校《关于要求继续执行浙江大学、宁波中学试办高中教学实验班的报告》悉。

经研究,同意浙大与宁波中学联合试办的高中教学实验班的学生在高中二年级后,经你校严格测试,保送 10 名以内优秀学生进入浙大学习。同时,允许该实验班的学生在高中二年级后参加全国统一的高校招生考试,考试成绩达到重点高校录取最低控制分数线的学生,可由浙大录取。

有关高中教学实验班的管理等事宜,请与宁波市教委协商解决。

浙江省教育委员会

一九九四年七月七日

浙江大学档案馆藏,档案号:ZD-1994-JX11-24

（三）教材、实验室、图书馆建设

1953年第一学期浙江大学开设课程采用教材统计表

（1953年11月23日）

分类	项目	采用课程 种数	采用课程 门数	完全采用苏联教材 小计 数	完全采用苏联教材 小计 %	完全采用苏联教材 集体自译未加删减	完全采用苏联教材 自译未加删减	完全采用苏联教材 采用正式译本未加删减	完全采用苏联教材 经过删减编写	部分采用苏联教材 数	部分采用苏联教材 %	以本国教材为主 数	以本国教材为主 %	沿用旧教材以英美德为主 数	沿用旧教材以英美德为主 %	采用苏联教材（完全＋部分） 数	采用苏联教材（完全＋部分） %	用苏联教材增加比 %	用英美教材减少比 %
合计		70	108	6[illegible]	59	2	1	22	39	21	19	9	8	14	13	85	79	＋23.3	－28.5
照系分类	公共课	14	37	7[illegible]	76			14	14	4	11	2	5	3	8	32	9	＋25.7	－41.2
	电机系	7	11	1[illegible]	91			1	9	1	9					11	10	＋76.6	－52.4
	机械系	17	25	1[illegible]	64			2	14	2	6			7	28	18	7	＋11.6	－5.3
	土木系	22	24	6	25		1	3	2	10	42	7	29	1	4	16	16	－4.6	－32.8
	化工系	10	11	4	36	2		2		4	36			3	27	8	12	－13.6	－14.5
照性质分类	基本理论课	4	15	1[illegible]	80			7	5	1	7	2	13			13	7		
	工程技术课	34	58	3[illegible]	64	2		10	25	12	20	1	2	8	14	49	14		
	专业课	32	35	1[illegible]	43		1	5	9	8	23	6	17	6	17	23	65		

备注：课程：去年共89门，今年108门，比去年增19门；本表课程各门分数依据课程统计表；合计总数70种108门，计算采用教材课程，未包括公共课之体育，俄文，德育，革命史，政治，马列主义等6种，8门，全校课程76种116门。

浙江大学档案馆藏，档案号：ZD-1953-XZ-52

我校“文化大革命”前实验室情况

(1977年)

<table>
<tr><th>系别</th><th>专业或教研组名称</th><th>实验室名称</th><th>实验室性质</th><th colspan="2">仪器设备情况(元)</th></tr>
<tr><td rowspan="9">一、机械系</td><td>机制</td><td>切削</td><td>专业课</td><td>463件</td><td>71.71万</td></tr>
<tr><td>机制</td><td>公差</td><td>技术基础课</td><td>444</td><td>26.89万</td></tr>
<tr><td>内燃机</td><td>内燃机</td><td>专业课</td><td>531</td><td>46.17万</td></tr>
<tr><td>金相</td><td>金相热处理</td><td>专业课</td><td>683</td><td>59万</td></tr>
<tr><td>铸造</td><td>铸造</td><td>专业课</td><td>812</td><td>55.41万</td></tr>
<tr><td>水机</td><td>水机</td><td>专业课</td><td>250</td><td>16.56万</td></tr>
<tr><td>机械原理及零件</td><td>机械原理</td><td>技术基础课</td><td>145</td><td>2.72万</td></tr>
<tr><td>机械原理及零件</td><td>机械零件</td><td>技术基础课</td><td>184</td><td>10.43万</td></tr>
<tr><td>金属工学</td><td>金属工学</td><td>技术基础课</td><td>74</td><td>3.14万</td></tr>
<tr><td rowspan="10">二、电机系</td><td>电机</td><td>电机</td><td>专业课</td><td>1065</td><td>51.87万</td></tr>
<tr><td>电器</td><td>电器</td><td>专业课</td><td>866</td><td>22.57万</td></tr>
<tr><td>发电</td><td>发电</td><td>专业课</td><td>1180</td><td>59.85万</td></tr>
<tr><td>发电</td><td>高压</td><td>专业课</td><td rowspan="2">1014</td><td rowspan="2">64.62万</td></tr>
<tr><td>热能</td><td>热能</td><td>专业课</td></tr>
<tr><td>热工</td><td>热工</td><td>技术基础课</td><td rowspan="2">753</td><td rowspan="2">25.59万</td></tr>
<tr><td>工企</td><td>工企</td><td>专业课</td></tr>
<tr><td>电工学</td><td>电子学</td><td>技术基础课</td><td>642</td><td>15.86万</td></tr>
<tr><td>电工基础</td><td>电工基础</td><td>技术基础课</td><td>1180</td><td>28.77万</td></tr>
<tr><td>电子学</td><td>电子学</td><td>技术基础课</td><td>268</td><td>15.76万</td></tr>
<tr><td rowspan="6">三、光仪系</td><td>应用光学</td><td>应用光学</td><td>技术基础课</td><td rowspan="3">846</td><td rowspan="3">64.74万</td></tr>
<tr><td>光学仪器</td><td>光学仪器</td><td>专业课</td></tr>
<tr><td>光学仪器</td><td>仪器零件及结构</td><td>技术基础课</td></tr>
<tr><td>物光</td><td>物理光学仪器</td><td>专业课</td><td>371</td><td>22.66万</td></tr>
<tr><td>光仪工艺</td><td>光仪工艺</td><td>技术基础课</td><td>211</td><td>26.86万</td></tr>
<tr><td>精密仪器</td><td>精密仪器</td><td>专业课</td><td>556</td><td>40.43万</td></tr>
<tr><td rowspan="5">四、无线电系</td><td>无线电</td><td>无线电基础</td><td>技术基础课</td><td rowspan="3">939</td><td rowspan="3">68.16万</td></tr>
<tr><td>无线电</td><td>无线电技术</td><td>专业课</td></tr>
<tr><td>无线电</td><td>计算机</td><td>科研室</td></tr>
<tr><td>电真空</td><td>电真空</td><td>专业课</td><td rowspan="2">798</td><td rowspan="2">39.06万</td></tr>
<tr><td>电真空</td><td>微波技术</td><td>技术基础课</td></tr>
</table>

续表

系别	专业或教研组名称	实验室名称	实验室性质	仪器设备情况(元)	
	半导体	半导体器件	专业课	582	41.76 万
	半导体	半导体材料	专业课		
五、物理系	理论物理	专业普通物理	技术基础课	65	41.78 万
	理论物理	中级物理	专业课		
	核物理	核物理	专业课	771	61.18 万
六、数力系	材料力学	材料力学	技术基础课	236	29.42 万
	力学	固体力学	专业课	400	40.24 万
	力学	流体力学	专业课		
	普通物理	普通物理	基础课	1076	20.18 万
七、土木系	施工	建筑材料	技术基础课	251	11.51 万
	施工	施工	专业课	162	14.73 万
	测量	测量	技术基础课	522	25.10 万
	水利	水工水能	专业课	246	7.8 万
	水利	水力学	技术基础课		
	地基基础	地基基础	技术基础课	299	8.75 万
	结构	结构	专业课	456	14.46 万
	建筑	建筑物理	科研室	104	3.89 万
八、化学系	化学	化学	专业课	557	22.58 万
	有机	有机	技术基础课	190	5.45 万
	物化	物化	技术基础课	605	19.93 万
	分析	分析	技术基础课	301	19.84 万
	普化	普化	基础课	248	4.99 万
九、化工系	塑料	塑料工学	专业课	594	25.66 万
	塑料	高分子化学	专业课		
	燃料	燃料	专业课	461	15.56 万
	化自	计量	专业课	763	54.94 万
	化自	自动控制	专业课		
	化机	化机	专业课	325	35.31 万
	化学工程	化学工程	专业课	899	29.34 万
	化学工程	低温	科研室	394	32.63 万
	硅酸盐	硅酸盐工学	专业课	457	41.44 万
	硅酸盐	硅酸盐基础理论	专业课		
	化工原理	化工原理	技术基础课	425	23.92 万

全校合计有实验室63个,其中:基础课2个;技术基础课23个;专业课35个;科研室3个

全校实验室仪器设备总计:26464件;1491.22万元

浙江大学档案馆藏,档案号:ZD-1977-XZ-34

为开创我校实验教学的新局面而努力

(1984年10月)

实验教学是高等学校教学的组成部分,是必不可少的实践性教学环节。实验教学水平和实验队伍的稳定直接影响到高等学校的教学质量。我校是一所综合性大学,实验教学占有重要的地位。近年来,我校从事实验教学的广大教师、实验技术人员和实验室管理人员,在人手少、经费少、任务重的情况下,任劳任怨,想方设法,为提高我校的实验教学水平做出了一定的贡献。但是,也不能不看到,由于长期受"重理论传授,轻实践教学"的传统偏见的影响,实验教学仍存在不少问题。如:支持偏少,内容陈旧,经费不足,设备短缺,场地拥挤,实验队伍青黄不接等等。因此,加强实验环节,改进实验教学,提高实验水平,已是当务之急。

经学校批准,教务处成立了实践教学科。该科的重要工作之一就是抓好实验教学的质量。从9月5日到9月15日,实践教学科分别召开了电机、化工、机械、光仪、物理、化学、科仪等系部分实验室主任和实验课任课教师座谈会,并参加了在我校召开的全国高校工科物化实验讨论会。同时,还研究了全国部分高校实验教学的一些动态。在此基础上,对改进我校的实验教学提出了初步设想。同时安排了本学期的工作,主要如下:

1.在84年12月下旬由学校召开一次"全校实验工作会议"。目的是交流实验教学的改革和实验室管理的经验,研究如何加强学生能力的培养,提高实验教学质量的问题,以推动全校实验教学工作。

2.出版"教学研究"实验教学及管理专辑一期。

3.在校内选择2—3个实验教学改革试点,主要探索下列几个问题:①实验系列课;②开放实验:③改革实验教学:设计实验、综合性实验等;④实验内容更新。

4.年底对今年的四个重点实验室进行检查,同时制定明年重点实验室的建设方案。

5.阶段性地收集印发其他高校改革实验教学的先进经验及动态,供大家参考。

我们相信,只要领导重视,措施得力,大家齐心协力,我校的实验教学必定会出现一个新的局面。同时,我们也衷心希望所有热心实验教学的广大教师,实验技术人员和实验室管理人员能积极开动脑筋,出谋献策,为开创我校实验教学新局面而努力。

浙江大学教务处实践教学科

一九八四年十月

浙江大学档案馆藏,档案号:ZD-1984-XZ-97

关于成立浙江大学教材建设领导小组的通知

(1987 年 3 月 10 日)

浙大发教〔1987〕036 号

各系,各部、处,校各直属单位:

为加强我校教材建设工作,经研究决定成立浙江大学教材建设领导小组。由下列同志组成:

主　任:路甬祥

副主任:全永昕(常务)、韩兆熊(兼秘书长)

委　员:路甬祥、全永昕、韩兆熊、钱在慈、钟允国、董德耀、卫鸿机、毛志远、许大中、张彬

秘　书:陈子饶、杨达寿、周廷辉

浙江大学

一九八七年三月十日

浙江大学档案馆藏,档案号:ZD-1987-XZ-128-1

1986 年各系教研室、实验室设置[①]

(1987 年 4 月)

系　别	教研室名称	实验室名称	系　别	教研室名称	实验室名称
应用数学系	高等数学教研室 微分方程教研室 函数论教研室 概率统计教研室 代数几何教研室 计算数学教研室	数值计算实验室	力学系	理论力学教研室 材料力学教研室 流体力学教研室 固体力学教研室	材料力学实验室 流体力学实验室 固体力学实验室 力学系计算机室
物理学系	理论物理教研室 固体物理教研室 基础物理教研室 普通物理第一教研室 普通物理第二教研室	固体物理实验室 近代物理实验室 普通物理实验室 物理系计算机室	地质学系	区域地质教研室 遥感教研室 岩矿教研室 地球化学教研室	区域地质实验室 遥感实验室 岩矿实验室 地球化学实验室

① 本表原载浙江大学校长办公室编《浙江大学 1986 年统计资料汇编》。

续表

系　别	教研室名称	实验室名称
化学系	普通化学教研室 物理化学教研室 有机化学教研室 高分子化学教研室 无机化学教研室 分析化学教研室	化学实验教学中心 物理化学实验室 高分子化学实验室
信息与电子工程学系	信息处理教研室 信息传输教研室 空间电子学教研室 微波电子学教研室 光电技术教研室 真空电子技术教研室 半导体器件教研室 光电子学教研室 电子线路教研室	无线电技术实验室 电子物理实验室 光电子学实验室 半导体器件实验室 电磁波实验室 信电系计算机室
光学仪器工程学系	工程光学教研室 光学工艺教研室 光学仪器教研室 摄影仪器和工程教研室 激光技术和仪器教研室 薄膜光学教研室 光学辐射测量教研室 近代光学教研室	工程光学实验室 光学工艺实验室 光学仪器实验室 摄影仪器和工程实验室 激光技术和仪器实验室 薄膜光学实验室 光学辐射测量实验室 光仪系中心测试室
化学工程学系	高分子化工教研室 有机化工教研室 化工热力学教研室 化工自动化教研室 化工机器教研室 化工容器及设备教研室 反应工程教研室 化工仪表教研室 传递工程教研室 化工过程仿真教研室 生物化工教研室 环境化工教研室	高分子化工实验室 有机化工实验室 化工热力学实验室 化工自动化实验室 化工机器实验室 化工容器及设备实验室 反应工程实验室 化工仪表实验室 传递工程实验室 化工过程仿真实验室 生物化工实验室 环境化工实验室
建筑系	建筑设计与原理教研室 城市规划与设计教研室 建筑历史及理论教研室 建筑环境物理教研室 建筑技术教研室 美术教研室	建筑视觉模型实验室 建筑环境物理实验室
生物科学与技术系		生命科学实验室 普通生物学实验室
电　机工程学系	电机教研室 工业电子技术教研室 电力系统及其自动化教研室 工业自动控制教研室 电子学教研室 电工基础教研室 工业控制及电工学教研室 计算机应用研究中心教研室	电机实验室 工业电子技术实验室 电力系统及其自动化实验室 工业自动控制实验室 电子学实验室 电工基础实验室 电工学实验室 双水内冷实验室 电机系计算机室
材料科学与工程学系	金属材料工程教研室 无机非金属材料教研室 硅酸盐材料及工程教研室 材料科学教研室	金属材料工程实验室 无机非金属材料实验室 硅酸盐材料及工程实验室 材料系中心实验室 高纯硅及硅烷实验室 材料科学实验室
热物理工程学系	燃烧教研室 热工教研室 涡轮机教研室 热工测量教研室 低温工程教研室 制冷工程教研室 内燃机教研室	燃烧实验室 热工实验室 涡轮机实验室 热工测量实验室 低温工程实验室 制冷工程实验室 内燃机实验室
科学实验仪器工程学系	生物与医学仪器教研室 测试技术与自动化仪器教研室	生物与医学仪器实验室 测试技术与自动化仪器实验室 科仪系计算机室
土木工程学系	建筑材料教研室 建筑制图教研室 结构力学教研室 土工学教研室 工程测量教研室 建筑结构教研室 水工结构教研室 施工教研室	建筑材料实验室 土工学实验室 工程测量实验室 建筑结构实验室 水利工程实验室 抗爆抗震实验室 土木系计算机室
机械工程学系	工程制图教研室 机械原理教研室 机械零件教研室 金属工学教研室 机械工程实验教学教研室 液压传动教研室 精密测量教研室 机械加工自动化教研室 精密机械设计教研室 仪器零件教研室	工程制图室 机械原理实验室 机械零件实验室 金属工学实验室 机械工程实验教学实验室 流体传动及控制实验室 精密测量实验室 机械加工自动化实验室 计算机辅助设计与加工实验室 机械动力学实验室

续表

系　别	教研室名称	实验室名称
计算机科学与工程学系	计算机软件教研室 计算机系统结构教研室 计算机控制与应用教研室	计算机程序实验室 硬件实验室 图像实验室 人工智能实验室 计算机系统实验室
工业管理工程学系	系统与信息管理教研室 科技经济与管理教研室 工业管理工程教研室 经营管理教研室	管理工程实验室
哲学系	哲学原理教研室 思想政治教育教研室 自然辩证法与科技史教研室	
经济学系	政治经济学教研室 国民经济管理教研室	
外语系	英语第一教研室 英语第二教研室 英语第三教研室 英语第四教研室 日语教研室 德语教研室 英语视听教研室 俄语教学组 法语教学组	语言实验室
中国语言文学系	汉语教研室	
直属教研室	马列主义教研室 体育教研室 军事教研室	
宣传部	德育教研室	
分析测试中心		光谱室 色谱室 波谱室 X 光电镜室 动态测试室 图像信息处理室 力学性能室
计算与信息中心		微机应用室、校计算机室

备注：总计教研室 124 个，实验室 105 个。

浙江大学档案馆藏，档案号：ZD-1987-XZ-386

浙江大学 1988 年国家重点实验室名称[①]

（1989 年 4 月）

1. 高纯硅及硅烷实验室
2. 化学工程联合实验室——聚合反应工程实验分室
3. 计算机辅助设计与图形学实验室

浙江大学档案馆藏，档案号：ZD-1988-XZ-69-1

① 本件原载浙江大学办公室编《浙江大学 1988 年统计资料汇编》。

关于成立浙江大学实验室管理委员会的通知

(1990 年 2 月 12 日)

浙大发办〔1990〕06 号

各系、各部、处,校直属各单位:

为加强学校实验室管理工作领导,经校务会议讨论决定,成立浙江大学实验室管理委员会,组成人员如下:

主　任:胡建雄

委　员:钱庆镳、韩兆熊、徐兴、王忠、黄邦达、葛祥富、胡汉雄

秘　书:王锡源

浙江大学

一九九〇年二月十二日

浙江大学档案馆藏,档案号:ZD-1990-XZ-50-2

浙江大学 1990 年国家重点实验室名称[①]

(1991 年 4 月)

1. 高纯硅及硅烷实验室
2. 化学工程联合实验室—聚合反应工程实验分室
3. 计算机辅助设计与图形学实验室
4. 工业控制技术实验室
5. 流体传动及控制实验室
6. 现代光学仪器实验室
7. 电力电子技术专业实验室
8. 二次资源化工专业实验室
9. 生物传感器专业实验室

浙江大学档案馆藏,档案号:ZD-1990-XZ-57-3

浙江大学实验室管理委员会委员名单

(1992 年 3 月 18 日)

主　任:顾伟康

委　员:许昌岳　徐　兴　胡汉雄　钱庆镳　康锦余　顾伟康　黄邦达　葛祥富

① 本件原载浙江大学校长办公室编《浙江大学 1990 年统计资料汇编》。

秘　书:王锡源

浙江大学档案馆藏,档案号:ZD-1992-XZ-68-1

浙江大学教材建设委员会委员名单

(1992 年 3 月 18 日)

主　任:黄达人
副主任:毛志远(常务)　薛继良
委　员:毛志远　许大中　张其瑞　郑元康　姚先国　徐　兴　黄达人　俞瑞钊
　　　　董德耀　童忠钫　薛继良
秘　书:尤建忠　宋水孝　何达多　周廷辉

浙江大学档案馆藏,档案号:ZD-1992-XZ-68-1

浙江大学实验室管理委员会名单

(1996 年 9 月 20 日)

主　任:吴世明
副主任:倪明江
委　员:王绳兮　冯时林　杨纪生　杨树锋　吴世明　沈佐湘　陆斐璋　陈洪昌
　　　　郑纪蛟　胡耿源　倪明江　葛祥富
秘　书:朱云飞

浙江大学档案馆藏,档案号:ZD-1996-XZ-10-10

浙江大学教材建设委员会名单

(1996 年 9 月 20 日)

主　任:倪明江
副主任:冯培恩
委　员:冯培恩　杨树锋　张其瑞　陈越南　赵国章　俞瑞钊　姚先国　倪明江
　　　　董德耀　蒋绍忠　蒋静坪　韩兆熊　曾抗生
秘　书:庄华洁　葛周芳　宋水孝

浙江大学档案馆藏,档案号:ZD-1996-XZ-10-10

七、研究生教育

(一)组织与管理

1.机构设置与规划目标

浙江大学研究生院建设初步设想

(1984年6月)

浙江大学是一所多科性的理工科全国重点大学,培养高质量的研究生,向国家提供大批又红又专的高级科技人才是其主要任务之一。随着我国社会主义现代化建设事业的迅速发展,培养研究生的规模将迅速扩大,对研究生的质量要求也日益提高。按照我校的发展规划,至1990年.博士研究生培养点将发展到40个,研究方向77个左右;在校硕士研究生将达到2500人,博士研究生为400人(详见附件一)。为了适应发展需要,根据中央改革精神和教育部有关指示,提出《浙江大学研究生院建设初步设想》。

一、研究生院的任务及其地位

研究生院的任务是为社会主义现代化建设事业培养掌握坚实的基础理论和系统的专门知识,具有从事科学研究和教学工作能力的又红又专的高级专门人才,其中对于博士研究生,除要求具备上述能力外,还要求作出创造性的成果。在研究生教育过程中,教学与科研能力的培养是紧密结合的,而博士研究生教育更是以培养其科学研究能力为主。基于这一特点,研究生院应具有培养人才和推动科学研究特别是推动发展跨系、跨学科科学研究的双重任务。研究生院的职能应包括以下几个方面:

1.全面负责研究生的招收、业务培养、生活管理、学籍管理、学位授予、政治思想工作和毕业分配。

2.为适应国家对新兴学科和交叉学科的研究人才的迫切需要,结合我校的实际情况,逐步建立一些直属研究生院的跨系、跨学科的研究中心或实验中心。

3.结合博士研究生培养点的学科建设,与校科研处共同制订重点学科发展规划。

鉴于研究生院的上述各项任务,研究生院应是校长领导下的系以上一级的职能机构,不仅负责研究生教育的行政管理,并实行一定的学术领导。

二、研究生院的组织机构

我校研究生院尚属初建,为便于组织协调有关部门迅速开创研究生工作的新局面,研究生院院长由校长兼任,另设副院长一人协助领导全院工作。

研究生院拟设党的总支委员会、院长办公室、研究生处、研究中心管理处和分团委等。上述各部门所有工作人员实行岗位责任制.

研究生院的人事,后勤等仍归属于校有关部门统一管理。

校财务处设立研究生经费专用项目。研究生院设置专职人员管理研究生经费。

各系、所(室)设专职研究生秘书，协助系主任领导研究生工作，在业务上受研究生院指导。

研究生院和各系配备的专职干部，由学校向教育部申请专门编制，至1990年暂定为50人。

具体方案见附件二。

三、改革措施

随着研究生院的迅速发展，目前的研究生制度已不能适应发展的需要而必须加以改革。

1.关于学位授予权的审批

设有研究生院的学校(下简称学校)由研究生院协助校学位评定委员会审批硕士学位和博士学位授予单位，增补博士研究生指导教师、副指导教师，并报教育部备案；

2.关于招生计划

在完成国家下达的研究生招收计划的同时，学校有权根据需要和实际能力确定计划外研究生和代培生招收数。

3.关于录取工作

研究生院与各系、所(室)协商拟定录取标准。由各系组织录取工作，充分采纳系、所(室)领导和指导教师的意见，由学校审批并报教育部备案。

4.关于毕业分配

在制定研究生分配计划时应做到供需见面，学校应有较多的发言权。

在确保完成国家下达的研究生分配计划的同时，学校有权根据需要分配计划外研究生。

5.关于学位授予

研究生院协助校学位评定委员会审批、授予硕士学位和博士学位，并报教育部备案。

6.教育部定期检查考核各招生单位的学术水平、招生质量和培养质量。

四、研究生院的基本建设

为能更好地履行研究生院的职责，研究生院必须大力加强以下几项基本建设。

1.研究生指导教师队伍的建设

(1)每个学科都应逐步地建立完整的学术梯队，组成研究生指导小组；对博士研究生建立副导师制度；注意吸收非本学科、本专业的教师参加指导小组以加强对研究生综合能力的培养，有利于学科间的相互渗透，制订办法鼓励与校外研究单位的协作与国际的交流，与国外有关单位共同指导研究生。

(2)指导教师应对其学科的现况、发展动向定期作学术报告或邀请校外、国外专家来校作学术交流。

2.课程建设

(1)每个学科必须开设反映本学科当前发展趋向的新课程，授课形式也可以学术讲座代替。

(2)课程计划与课程大纲每学年进行一次修订，要不断开出新课程，充实新内容；制订跨学科研究生选课原则和计划。

(3)为开拓研究生的知识面和有利于学科间的相互渗透，研究生必须选修一至二门旁系旁专业的研究生课程；博士研究生应设副科。

(4)出版高质量的研究生学位课程教材。

(5)加强研究生社会工作能力的培养。作为一个环节,硕士研究生应担任本科生教学辅导工作,参加与企业挂钩的技术咨询等。

(6)为培养其思维能力,研究生必须选修以下课程中之一至二门(若在本科生阶段已学并通过考试可免修):科学方法论、控制论、科学研究的理论和方法、自然辩证法等。

(7)鼓励研究生自修新课,举行新课程的讨论会。

(8)配合本科生五年制教学计划,改革现有研究生课程设置。

3. **实验室建设**

为了培养研究生的工作能力,有条件的学科都必须开设高水平的研究生实验课,结合科学研究。各系逐步建立研究生实验室;根据国家需要和本校实际能力建立新兴学科、交叉学科实验中心,有计划地招收跨学科研究生。

4. **生活和教学设施**

(1)根据研究生发展规划《附件一》,目前学生宿舍远远不能满足要求,计划建造研究生宿舍 15000m^2

(2)建造科技大楼 20000m^2

(3)安排研究生教学用房。

附件一

1983 年—1990 年浙江大学研究生发展规划表

单位:人

		84 年	85 年	86 年	87 年	88 年	89 年	90 年
硕士研究生	招生	350	460	580	710	830	830	840
	毕业	125	137	249	350	460	580	710
	在校	736	1059	1390	1750	2120	2300	2500
博士研究生	招生	31	50	70	100	130	150	140
	毕业	5	/	30	31	50	70	100
	在校	34	84	151	220	300	860	400

浙江大学档案馆藏,档案号:ZD-1984-XZ-228

浙江大学研究生院条例(修订草案)

(1984 年 6 月)

一、总则

第一条,为了适应我国社会主义现代化建设的需要,加速培养具有较高水平的,又红又专的德、智、体全面发展的硕士和博士研究生;集中领导,加强管理研究生工作,成立浙江大学研究生院。

第二条,研究生院在院长(校长兼)领导下,全权负责研究生的招生、生活和学籍管理、培养、学位授予、毕业分配、论文出版、政治思想教育,并直接领导若干跨学科、跨系的研究中心。研究生院本着改革和精简的原则,设置必要的行政部门。系、所(室)是培养研究生的基层单位,也要配备专职研究生管理干部。各系要逐步建立以科研及培养研究生为主的有专职编制的研究所(室),有关人事后勤工作仍由学校有关部门统一管理,不另设机构。

第三条,研究生院有权召集各系、所(室)和教研组主管研究生工作的系主任、所长、教研室(研究室)主任、指导教师会议,布置和检查研究生工作。

第四条,研究生院设立党的总支委员会,对党的方针政策在研究生院的贯彻执行和其他各项任务的顺利完成起保证、监督作用,直接领导研究生分团委并与各系总支及所(室)支部配合对研究生进行政治思想教育。

二、研究生院的主要职责

第五条,研究生院在院长领导下,贯彻执行《中华人民共和国学位条例》及其实施办法和《中华人民共和国研究生工作条例》及其有关规定,履行以下职责:

1.贯彻党的教育方针,培养德、智、体全面发展的又红又专的研究生;

2.协助校学位评定委员会审批硕士学位和博士学位授予单位;

3.协助校学位评定委员会审批博士生指导教师和副指导教师;

4.分配研究生教学的教师编制;

5.配合有关部门分配使用为研究生教育安排的住宿、教学和科研基建项目;

6.制订本校研究生工作的各项具体实施办法、工作细则及有关规定;

7.编制本校研究生发展规划和年度招生计划,组织招生工作,拟定录取标准,确定录取名单;

8.组织制定并审批各系、所(室)研究生培养方案和专业培养计划及其修订工作;

9.统一组织开设研究生的马克思主义理论课、外语课和基础课,聘请任课教师。教师隶属关系不变;

10.审批各系、所(室)研究生的学籍处理;

11.规划并受教育部委托聘请国内外专家讲学,组织教师互访,组织学术交流;

12.负责研究生的分配工作;

13.负责研究生经费的分配与调查;

14.协助校学位评定委员会做好硕士学位和博士学位授予工作;

15.组织对各系、所(室)研究生培养的评审工作;

16.负责审查学位论文的书写格式,组织出版研究生学位论文集、研究生教材和编辑出版研究生学术刊物;

17.协助各系、所(室)安排考核研究生兼任教学(或研究)助教工作;

18.帮助研究生会和研究生科协组织安排各种活动,组织研究生进行科技咨询活动;

19.负责处理外单位研究生代培和合同研究生的培养事宜;

20.推动跨系、跨学科科研组结合硕士及博士点的建设,配合科学处研究重点学科发展;

21.组织总结交流培养研究生的经验,督促检查并及时解决培养工作中的问题,确保研究生质量；

22.除组织全校跨学科的研究协作、研究生培养外，加强与省内、国内有关单位的协作，并注意国际交流与协作，招收国外研究生。

三、研究生院的组织机构

第六条，研究生院设立以下机构、人员，所有干部实行岗位责任制：

1.研究生院设院长(校长兼)、副院长一至二人，领导全院工作；

2.院长办公室(设主任一人，干部二人)，协助院长、副院长做好院的行政工作，协调研究生院下设各部门的关系，接待来客来访，处理行政和技术档案，分配研究生经费，组织各系(所)的评审，拟定研究生发展规划。

3.研究生处(设正副处长各一人，秘书一人，下设两个科)，

①培养科(设正副科长各一人，干部五人)。

制订研究生培养工作的各项具体实施办法、工作细则及有关规定。分配研究生培养经费，组织制定和修订研究生培养方案和专业培养计划，安排开设公共课程，检查教学质量，总结培养经验，组织专家讲学和学术交流活动，受理外单位研究生的代培，负责研究生成绩管理，教务，监督学位论文答辩，论文出版和硕士学位、博士学位授予日常工作。

②管理科(设正副科长各一人，干部五人)

制定研究生年度招生计划，负责研究生招生，学籍管理，研究生助学金、奖学金、困难补助、生活安排，政审和毕业分配，出国代培生管理等工作。

4.研究中心管理处(设正副处长各一人，干部二人)

领导若干跨系研究中心，并配合科学处及各系研究重点学科发展。

第七条，建立党的总支委员会(设书记一人，干部二人)。党总支除执行第四条中规定的任务外，尚须领导研究生进行学年鉴定，毕业鉴定，搞好三好研究生的评选，在干部和研究生中积极慎重地开展党的组织发展工作。

第八条，建立分团委(设分团委书记二人，团干部二人)

协助党总支做好本院青年干部和研究生的政治思想工作，做好团组织的发展工作，帮助研究生会和研究生科开展各项活动。

第九条，系、所(室)是培养研究生的基层单位，配备专职研究生秘书(相当于副科长级)，协助系、所(室)负责研究生工作的系主任、所长(研究室主任)做好各项研究生业务工作和政治思想工作。

浙江大学档案馆藏，档案号：ZD-1984-XZ-228

浙江大学研究生“七·五”规划的简要说明
(1984年)

一、规模

1990年研究生在校人数为3600人。其中

博士生:600 人

硕士生:3000 人(含工程硕士 800 人,研究生班 400 人)

二、基本条件

1.师资:

目前我校共有教师 2056 人,其中教授 57 人、副教授 283 人,讲师 1135 人。

教授的平均年龄为 61.3 岁,副教授为 53.2 岁,讲师为 47.6 岁,低于全国的平均年龄数。

至 1990 年,全校教师将达 3000 人。其中教授为 250 人,副教授为 800 人,高级职称的教师占教师总数 35%。平均每个教授、副教授只带研究生 3.5 人。

按照目前毕业研究生留成的办法(我校不主张全留本校毕业生,应该实行校际交流),至 1990 年时,每 5～6 年将可使教师更新一次,以保证师资的年轻化和人才的流动,并为实行教师的合同聘任制创造条件。

2.博士点和硕士点:

现有博士点 20 个,其中理科博士点 6 个,工科博士点 14 个。由于我校理科力量在同类型院校中具有较强的优势,工科门类学科较多,可以大力发展交叉学科和边缘学科。预期至 1990 年,博士点可发展到 45～50 个,博士导师有 100～120 人。平均每个点 12 人。

硕士点目前共 60 个,其中 44 个有授予权,研究方向有 190 个。至 1990 年时,所有硕士点均会有授予权,硕士点数将扩大到 75～80 个。平均每个点 40 人。

今年秋季,我校各种类型的研究生及学习研究生课程的研究班、进修班等将达 1500 余人。其中计划内的博士生和硕士生为 1200 多人。

我校将建立 5 个博士后流动站,在适当时候将正式接待博士后科技人员。

3.财源:

除教育部下达的经费外,尚有以下的来源:

①学校基金收入,1984 年为 578 万元。其中校办工厂上缴利润为 495 万元,至 1990 年可增至 1 千万元以上。

②科研经费,现在每年已达 1 千万元以上,至 1990 年将增至 2 千万元。

③外单位投资,1984 年仅中国石油化工总公司即在我校投资 822 万元(基建费 530 万元,设备费 292 万元),本科生和研究生的委托代培费另行计算。浙江省在我校投资 200 万元。

④赠款收入,如香港邵逸夫赠款 1 千万港币,为我校建造科学馆。

4.基建:

学校现有基建面积 43 万平方米(部分尚未竣工),至 1990 年将达 72 万平方米,增加约 70%。

"七·五"规划中,教育部下达基建经费 5600 万元。由于近几年来我校基建任务年年超额完成,设计施工力量很强,可望在三年内提前完成 5600 万元的投资任务。

一座 12000 平方米的研究生宿舍,教育部已批准建造,至迟 1986 年底可以完工。按每人 10 平方米计,可净增研究生 1200 人。我校已计划再建二座,一待教育部批准即可上马,1990 年以前肯定可以投入使用,届时所有研究生 3600 人都可住入新房,住宿条件将大为改善。

我校本科生的规模将趋于稳定,今后的发展主要在研究生上。所以学校新的建设有利于发展研究生教育。

5.实验室建设:

我校共有实验室91个,其中专业实验室43个;设备资产6千万元。利用世界银行贷款建设的中心实验室已建成。在实验室设备中。"六·五"计划期间购置的约占三分之一。

学校在校、系、专业三级都装备了计算机。校一级以DPS-8机为主建立的机房有85个终端;大部分系建立了小型计算机房或微机室,小型机一般有8~14个终端;400台微机则主要分布在各专业教研室和研究室。按照目前的计算机条件,如充分发挥作用,已基本上能满足近几年发展的需要。其他设备的利用率一般在30%—50%,还有很大潜力可以发挥。

在"七·五"期间的实验室投资,主要有:

事业设备费	1000万元(每年200万)
设备补助费	750万元
科研补助费	300万元
学校基金	150万元
科研费中15%	1125万元
研究生费中的设备费	1250万元
五年共计	4575万元

如果包括基建投资5600万元中的设备费等,总的设备投资可达5千万元以上。届时学校设备资产共达1亿1千万元,将为培养研究生打下一定的基础。

在3000名硕士生中有800名工程硕士和400名研究生班,他们不在学校进行科研论文工作,也大大减少了试验设备使用的压力。

6.科学研究:

1984年学校科研经费为1千万元,科研项目为700项。全校现有7个研究所,9个研究室,专职科研编制580人。科研工作和研究生培养紧密结合,没有强大的科研工作作为后盾,大量招收研究生是不可能的。

至1990年,学校科研经费将达2千万元。除目前的10个重点学科已形成培养研究生的强大基地以外,到1990年还要新建5~6个跨学科的研究中心。

三、几点建议

1.高等学校必须划分层次。对一些各方面条件较好的重点院校且已建立或即将建立研究生院者,应作为重点招收研究生的单位,首先保证满足他们的招生计划,这样才能确保研究生的质量。

对另一些高等院校应明确以本科生、专科生为主。至于不少单位招收研究生后,无力开课,前期1年至1年半常委托其他高等学校代培,这是一种不正常的现象,对这些单位应限制其招收研究生。

2.目前高校师资年龄和知识老化现象十分严重。至1990年后,大部分教授将达70岁左右,副教授将达60岁上下,急需补充高级师资。只有在这几年充分发挥现有师资的力量,加紧培养研究生才有可能,否则将出现高级职称师资的"断层"现象。

3. 目前研究生经费太少，应予增加。特别对于工科研究生，试验研究开支甚大，应该比文理科有较大幅度的提高。

研究生培养靠科研经费“补贴”是必要的，但科研经费对具体单位而言是不稳定的财源。只有在一定稳定财源的基础上，不断补充新的仪器设备，保证研究生的工作和学习条件，才能培养出高质量的人才。

博士点的建设更需要国家在经费上给予支援。国家要给博士点一定的开办费，或者每年给博士点以额外的仪器设备购置费，从物质上保证博士点处于学科领先地位。

博士导师和硕士导师在个人待遇上也应有所照顾。多带研究生为国家多做贡献更应该给予奖励。

教师还普遍反映研究生教学工作量计算方法不合理，必须加以改进，鼓励教师为研究生开出高质量的新课。工科研究生实验工作量大，在编制上也应该与文理科不同。

4. 国家科研任务的分配，特别是那些重大的科研项目应该考虑到有研究生院的高等学校。目前各部委有其所属高等院校和研究所，他们的科研任务常常由本部门承担。尽管重点高校有强大的教师和研究生队伍。他们可以高水平、高速度地承担重要科研任务，但因部门所有制的关系，很难找到大的科研任务，这对国家建设、对高等教育事业的发展，对高级人才的培养是十分不利的，应该呼吁国家领导部门从速解决这个问题，是否考虑科研任务也实行招标制。

浙江大学档案馆藏，档案号：ZD-1984-XZ-229

深化体制改革加强学科建设，继续发展我校博士生教育[①]

（1994 年 3 月 15 日）

3 月 1 日下午，学校专门召开博士生教育工作会议，吴世明副校长就我校博士生教育现状、博士生教育改革和发展的思路作了重要报告。他要求全校各系、各学科、各部门抓住时机，深化改革，扩大成果，坚持研究生教育与本科教育并重的方针，切实落实研究生教育工作重心向博士生教育转移，为实现我校“八五”研究生教育发展目标和 21 世纪建成一流大学作出不懈努力。

一、我校博士生教育的现状

1993 年我校研究生招生人数突破 900 名，其中博士生 217 名，在校研究生 2238 名，其中博士研究生 509 名，研究生教育的强大阵容成为我校非常重要的科研有生力量。

经过国务院学位委员会第四、五批博士点授权，93 年我校新增列了工程图学、凝聚态物理、高分子材料、半导体器件与微电子学、结构工程、生物化工等六个博士学位授权学科、专业，使我校博士点数量增加到 35 个。93 年我校获得第五批博士生指导教师资格 18 名（其中 3 名为外单位兼职挂靠），获得自行增列博士生指导教师 34 名，使我校博士导师数扩大到 108 名（不含外单位挂靠导师）。从学科分布看，我校 35 个博士点覆盖了 15 个一级学科，与

---

① 本文原载《研究生工作简报》总第 15 期（1994 年 3 月 15 日）。

同类院校比较,其分布较广,门类较全。93 年我校原有 59 名博士导师共招生 217 名,导师人均招生数在全国招生单位中名列前茅。博士点的增加和导师队伍的壮大,为在 1997—2000 年实现在校博士生数达到 1000 名打下了扎实的基础,为我校发展博士生教育规模注入了新的生机和活力。

另一方面,国际、国内科技、教育竞争日趋激烈,我校原有 59 名导师年龄偏高,学科布局不尽合理。我校争取到 1996 年国务院学位委审批第六批博士点时能再上相当数量的点,但新增博士点难度较大,时间紧迫,形势不容乐观。要实现我校到 2010 年建成为一流大学的目标,博士生教育发展仍要加快。

二、博士生教育面临的问题

1. 建设一流大学目标,要求研究生教育与本科生教育并重,研究生教育重点逐步从硕士生教育向博士生教育转移。我校办学历史悠久,学科门类较全,但以传统学科为主,相对来说新兴学科发展欠快。我校博士点数虽在工科院校中处于第二位,但与第一位清华大学相比差距较大,而与第三第四位相比极为接近。我校文科仍无博士点,建筑门类作为国家大的基础产业尚未建有博士点,我校要实现这个突破还需加倍努力。另外,通信、信息等面向 21 世纪科技前沿的学科仍要加紧建设,我校的学科分布仍要进一步规划和完善。

2. 导师队伍建设方面。博士生导师制在我国已实施多年,博士导师数量已较前有较大增长,为我国高层次人才立足国内培养和发展我国高科技事业作出了巨大的贡献,同时也存在一些弊端,如博士生指导教师经评审程序评出后年龄偏高,客观上不利于新兴学科发展和中青年学术带头人的成长。有的学科在全国都未能建成博士点,而有的学科则设点过多。针对这些情况,国务院学位委员会在 93 年 12 月会议上提出了逐步淡化博士生导师的工作思路。在博士导师制问题上,我们应兴利除弊。就我校而言,并不一定只有 18 位教授能指导博士生,而是按现有规定有 108 位教授具有博士导师资格。发展我校博士生教育,还须尽量发挥全校教授、学科带头人的智慧和力量。

3. 体制方面,按招一个学生就得提供一个床位、一份助学金的办法发展研究生教育是很有限的。我校博士生 2 人住一个单间,从住宿条件上 1 个博士生占了本科教育 4 个人的空间。如果在校博士生达到 1000 名,就需要提供 500 个单间,大大占用了学校有限的房产资源。清华大学已实行校内外住宿并举的办法,李岚清副总理视察浙大时提出走社会化办学的路子,提倡开放办学,充分利用社会资源。博士生自立能力和管理能力强,我校拟在博士生教育的办学体制上首先推行社会化,探索实行校内住宿收费和校外住宿补贴的办法,以克服学校后勤资源不足的困难。

93 年国家拨款给我校培养研究生新生的经费指标是硕士生 540 名,博士生 120 名,大大低于我校实际培养总数。按人头拨款的体制缺乏自我制约,在市场经济体制下已不可能维持太久。拨款体制由按人头拨款转向实行基金制已势在必行,各校申请和获得培养基金全凭实力竞争。

我校已实行多年博士生助教制度,发给助教津贴和一些科研津贴,但这多半属于生活补助性质,没有体现按劳分配。要充分发挥博士生兼任助教、助研、助管作用,不仅有利于高层次人才的培养和成长,而且可以大大分担学校的教育、科研压力,是推动学校发展不可忽视的生力军,博士生教育有大量工作有待探索和改革。

三、改革是出路

国家教委于93年启动了“211工程”建设计划，我校正在努力争取列入首批建设的七所院校之一。学科建设靠竞争实力，我校学科建设和博士生教育将着手从以下几个方面进行改革、规划和建设：

1.组建学科群

我校自89年以来实行二级学科建所，在基础研究、前沿研究和开发应用研究方面开创了学校科技工作的新局面，如政策不适当，使二级学科固化，将不利于学科之间的交叉渗透和阻断学科的有机联系。现代科技高度分化又高度综合，我校多年提倡发挥多学科、理工结合优势，但这种优势发挥得还不够。发挥现有重点学科、重点实验室和在建的工程(技术)研究中心、上中下一条龙的学科优势，探索建立多学科结合、文理工交叉渗透，学科群与二级学科建所并列的双层运行机制，成为学校当前科技工作和学科建设的当务之急，也是提高和保证我校博士生教育质量的必然要求。

根据国家将重点投资建设一批学科群，为发挥我校的优势，拟规划组建一部分学科群。

2.建设重点学科点和博士点

学校已拟定重点学科和博士点建设规划，请各系务必密切配合、组织力量，加强建设。

另外，将在建设工业自动化工程研究中心、水煤浆工程技术研究中心、电力电子工程研究中心和现代光学仪器工程技术研究中心等校内研究基地基础上，继续在有条件的学科申报建设一批工程中心建设项目。

3.扩大博士生指导教师队伍

根据国外培养博士生工作的经验、国务院学位委已确定到1997年淡化博士生导师资格的目标，但博士点仍存在。只要有水平、有课题，博士点可以自行招收博士生，估计到97年在博士点学科的教授50%～60%有权招收培养博士生。我校现今有现职导师90余位、现职教授248位，有权招收博士生的导师数已达在职教授的30%～40%。93年我校获准进行自行增列博士生导师的改革试点，作为强化导师工作的又一项措施，今年我校将继续申请自行确定博士生指导教师改革试点(已上报国家教委)，争取早日达到学校自己有权确定哪些教授可以招收培养博士生及其人数。

学校仍将继续实行副导师制。

4.做好学科评估

为自行确定博士生导师试点作准备，学校将对前4批批准的所有学位授权学科进行评估。

国家教委在92年组织进行的学科评估工作已揭晓，其中对我校物理学、动力工程学两个一级学科内全部硕士点、博士点的评估结果表明，有喜有忧。工程热物理和化工过程机械我校具备较强优势，其他学科点处于全国中等水平，有个别排名较后，评估情况与校内这些学科的教育科研、人才培养工作情况基本一致，确实可以从中反映出一些问题。根据国务院学位委员会关于在“八五”期间对全国前三批博士、硕士学位授权质量和研究生教育质量进行检查和评估的指示，我校将在今年2～7月间对前四批博士点、硕士点的研究生培养质量和学科建设情况进行全面的检查评估。希望通过评估，建立教授与博士生的学术业绩档案，初步建立各学科发展情况数据库，确立博士生教育的质量保证体系，使研究生教育规范化管理再上一个台阶。学校将视评估结果对各博士、硕士授权学科、专业招收研究生的数量进行调整,对有条件竞争博士点和重点学科的学科在学科建设基金上给予重点投入,努力在全校研究生教育工作中引导树立领先意识、质量意识、竞争意识、市场意识和效益意识。

四、深化博士生教育体制改革问题

逐步完善博士生助教制度,提高博士生的生活待遇。94 年学校将划出一定的正式编制,用于设立助教、助研、助管等岗位,以后逐年增加,以适应博士生教育发展规模。博士生助教(助研、助管)的聘用与招收博士生同步进行,公开招聘,竞争录用。试行兼任助教制度以来,博士生兼任助研工作较多,而兼任助教助管较少,改变这种状况需要各系多做工作,如助管工作方面可聘用博士生兼任本科生的辅导员、班主任,这对于本科学生无疑更有榜样作用和激励作用。

五、继续稳定硕士生教育规模

博士生教育要有稳定良好的硕士生生源。我校有混合班、有足够数量的本科生、硕士生生源,要尽可能把优秀的硕士生转入博士生教育。91 年起我校试行硕士—博士培养一贯制,当年招生 12 名,92 年招生 23 名,93 年达到 50 余名,研究生培养一贯制是可行的。博士生教育生源大多来自重点院校,生源还较单一,要有足够数量的生源,必须在招生工作上要更加放开,进一步扩大招生渠道。

我校硕士生教育规模大致应稳定在每年招收 700 名左右,对于进入硕士博士一贯制培养的研究生,拟在进校时即给予博士生的待遇。

六、加速改革开放,加强与社会及科研院校的合作

当代社会越来越呈现开放性和多元化格局。研究生教育越向高层次发展,就越需要打破封闭,走出校门,与其他院校、科研单位、企业广泛合作,推动学校教育向社会化办学延伸,充分利用社会力量培养研究生,弥补校内人才、设备及后勤资源的不足。学校要开拓引进智力、兼聘国内外优秀专家,可以聘任为学术负责人,可以来校开设学术讲座和报告,可以共同合作培养研究生。在与科研院校合作方面,像中科院有极强的导师队伍,加强我校与中科院的交流与合作,既可以为中科院提供优秀生源,又可"院"校合作培养研究生,提高我校博士生教育的水平和质量。

七、推进"511 人才工程",争取到 2010 年培养和产生 50 名在国内享有威望、在国际卓有影响的一流专家、教授和 100 名跨世纪的中青年学术骨干、100 名学术带头人后备梯队,发展我校博士生教育和建成一流大学建立起强大的师资人才梯队。

1994 年我校将计划招收硕士研究生 700 名,博士研究生 280 名,博士生教育规模进一步扩大,研究生教育将进入一个新的转折点,改革和发展的任务不容迟缓。吴世明副校长最后强调,各博士、硕士授权学科、专业要结合学校要求,根据自身条件与建设规划,参照学校发研(94)01 号文件《浙江大学关于加强博士生教育的若干意见》,提出加强博士生教育的措施和年度工作计划,切实落实研究生教育工作重点向博士生教育转移,全校各部门要提高认识把握形势,抓住时机,对我校博士生教育工作给予大力支持。

本次博士生教育工作会议由研究生院副院长张圣训教授主持,副院长陈子辰教授着重就94年我校博士生教育工作重点作了说明，全校分管研究生教育的系主任、总支书记、博士生导师、部处负责人和研究生秘书出席了会议。

浙江大学档案馆藏，档案号：ZD-1994-JX11-3

关于成立“浙江大学研究生教育发展研究中心”的决定

(1994年12月18日)

浙大发办〔1994〕57号

各系，各部、处，直属各单位：

为实现我校提出的在2000年前后努力使浙江大学跻身于世界一流大学的宏伟目标，经校务会议研究决定成立“浙江大学研究生教育发展中心”，以加强我校研究生教育发展的宏观规划和政策研究，并聘请韩祯祥等32位校内外教授、专家为该中心兼职研究员，聘请柏林大学斯泰因米勒教授等为顾问(名单附后)；路甬祥教授为中心主任，吴世明、张圣训、陈子辰教授为中心副主任。

附：研究生教育发展中心组成人员名单

浙江大学
一九九四年十二月十八日

附

研究生教育发展中心组成人员名单

1.中心主任：路甬祥

中心副主任：吴世明、张圣训、陈子辰

2.中心兼职研究员：

浙江大学：路甬祥、梁树德、胡建雄、吴世明、韩祯祥、王启东、阙端麟
吕维雪、陈耀祖、曹楚南、汪檟生、沈之荃、岑可法、孙优贤
张其瑞、张圣训、陈子辰、王沛民

国务院学位办：王忠烈、奚广庆、谢桂华、王亚杰

清华大学：林功实

企业界：闫三忠、王云友、陈政立、罗光伟

国家科委：李懋民

国家计委：江筠露

国家专利局：高卢麟

人事部专家司：庄毅

国防科工委：汪志远

3.中心顾问

日本国立大学:工藤市兵卫

德国柏林大学:斯泰因米勒(Prof. DR. Ulrich Steinrmuller)

香港大学:张佑启

浙江大学档案馆藏,档案号:ZD-1994-XZ-30-3

2. 研究生教育管理总结与报告

浙江大学培养研究生工作总结

(1963 年 1 月 8 日)

我校于 1961 年下半年起,首次招收研究生进行培养,1962 年又续招一批,现有在校研究生总数为 31 名(内一年级 12 名,二年级 19 名),计有专业 14 个,导师 14 位。

1961 年招收的研究生,由于招收选拔时间比较紧迫,所以采取以系、教研组会同导师,按照选拔条件的要求,以内部选拔的办法进行录取,未经过入学考试。1962 年招收的研究生,均按中央教育部指示和要求,经过比较严格的入学考试,择优录取,并经教育部正式批准。

我校对研究生的培养方式,主要是采取自学、导师指导和开设若干课程相结合的办法进行的。在教学计划的安排上,规定前一年半的时间,重点学好基础课和一定分量的专业课与文献阅读,后一年半时间主要从事科学研究和毕业论文工作,力求把系统的理论学习和科学研究的实际锻炼密切结合起来。在研究生学习方面,除统一开设数学、外语、物理、哲学 4 门课程,安排公共教研组有经验教师担任教学工作以外,其他课程主要采取自学为主和导师讲课、指导等方式结合进行。为使研究生在有限时间内掌握比较广深的基础理论,并照顾到各学科的不同要求,将授课时间安排为哲学 122 学时,数学 136—204 学时,物理 68 学时,第一外语为 102 学时,把周学时数控制在 13—16 个学时左右,课内外学时比例在 1:2.5 左右。自学时数由研究生自行安排,使之有较充分的时间,发挥独立的钻研精神和阅读一定数量的参考书,以提高学习质量。

研究生入学以来的教学任务,基本上达到预期的要求。研究生在导师和任课教师热情指导下,通过个人钻研学习上取得了不少的进步,为今后进行科学研究和毕业论文工作打下了一定的基础。一般来说,研究生们大多学习热情高涨,刻苦努力。比如化工系有一位研究生说:“情愿苦一些,也要钻研出个名堂来”。在学习中,都较为主动地向导师虚心请教。不少研究生还采取了上门拜访的方法,争取导师指导,得到不少进益,师生关系均甚良好。到目前为止,61 级 19 位研究生均已通过第一外语,开始了第二外语学习。高等数学除 1 人外,也均已正式通过。个别研究生(如化工自动化孙伟)在导师指导下,通过个人刻苦努力,认真钻研,还写了一篇近万字的学术性文章,题目为“利用相对衰减指标整定调节器参数”,受到了导师们好评,认为这篇文章有一定的创造性。现经学报编辑委员会通过,决定发表于浙江大学 1962 年学报。62 级的 12 位研究生,在近半年的学习中学习成绩也很优良,其中有三人已经通过第一外国语,预计在本学期结束时,还将有三人通过第一外国语。

导师和任课教师对研究生的培养，一般均较为认真负责，他们大都认识到党和国家对他们的信任和培养研究生工作的责任重大，因而教学积极性较高。

如陈运铣教授说："培养研究生是学校领导对我的信任，一定要好好培养出人才来。"在研究生培养工作中，除个别导师因工作太忙外，一般的都安排有定期检查和指导。如导师周春晖、陈运铣、王启东等先生，坚持每周 1—2 次对研究生的定期指导监督，定期指导督促和布置文献阅读。周春晖教授为了更好地指导研究生进行文献阅读，还带着他们去图书馆实地训练收集资料的基本能力。陈运铣教授不仅亲自深入研究生宿舍，了解他们的学习情况，还主动将学习情况和发现的问题向学校反映，以求解决，使研究生极为感动。

基础课任课教师在教学中一般也很认真，他们在教材与各学科要求不一、经验缺乏的情况下，通过去外地取经，精心备课编写教材，一般的还经常吸取研究生的学习反应，及时改进教学。如数学课教师郭本铁副教授，虽然担任大学部的教学任务很重，还能在晚上为研究生编写教材，受到研究生的好评。

在研究生培养过程中，也存在着一些问题：

1. 虽然大部分研究生的质量基本上是好的，但 61 级的研究生，由于未经过严格的入学考试，部分研究生的业务还不够理想，程度不齐，而个别专业的物理化学、化工原理的研究生是从相近的专业选拔的，因此需要补学的课程比较多，学习负担就比较重。因而，给培养工作带来一定困难，并且在一定程度上影响了培养质量，因此对于这些研究生的培养要求适当降低。为此，我们按照教育部的指示精神做了一些研究，并提出以下几处意见：(1)三年如期通过。(2)三年如期基本通过，科学研究与毕业论文要求放低，将来作为师资。(3)学习期限延长半年至 1 年。(4)个别研究生成绩过差，拟做退学处理(已令其退学二人，待观察者尚有二人)。

62 年招收的研究生，由于经过入学考试，择优录取，因此，质量比较好。

2. 在研究生的管理上，未能充分发挥教研组和系的组织领导作用，管理工作的职责范围没有很好地贯彻。导师个人指导与教研组集体培养的关系密切结合不够，导师向教研组和系的汇报未形成一种制度，往往是学校直接抓导师较多，抓系、教研组较少，以致未能充分发挥他们对于培养研究生工作的组织领导和检查监督作用，影响了某些工作的进行。至今尚有三个学科的培养计划没有定好，有的教研组也不大过问研究生的学习情况。但另一方面，研究生也很少主动地向所在教研组和系汇报自己的思想和学习情况，因而影响了各级对他们的了解和管理。

3. 培养方案和教学计划还不够完善，有的专业的具体研究方案没有确定下来，研究生的个人学习计划尚未制定，基础课的教学大纲定得也比较粗糙，在教学内容安排上也有要求过高过急的现象，以致曾一度造成学习负担过重的现象。其原因一方面是研究生业务基础不够齐，另一方面是个别教师对研究生的实际水平估计不足，有急于求成的思想。如数学课有一次就布置 16 个习题，占去研究生大量学习时间。俄文课的教学内容，某些方面有脱节现象，该课采用高等工业学校全国通用教材第二册作为教材，而研究生并未学过第一册，很多俄文单词比较生疏，因而课后作业非常吃力。这些问题虽然基本纠正了，但尚需进一步摸索改进。

4. 及时总结，交流教学、指导与管理经验和学习方法等工作做得不够，未能坚持定期召开一些各种形式的座谈会,以及总结交流经验,及时研究解决存在的问题。

5.61级研究生从下学期开始立即要从事科学研究工作,但目前科研所需经费一直还没有此项专款。

6.研究生的一些待遇问题也未明确规定过(如回家旅费、粮食定量、副食品照顾票等)。

几点体会:

通过一学期的摸索,我们有如下几点初步体会:

1.在学校统一领导下,大力加强有关部门协作,是搞好研究生培养工作的具体保证。一年来在校党委领导下,对于研究生的选拔确定培养方案,制订工作计划,对研究生学习和工作生活做了比较具体的研究和规定。为了保证培养质量,比较经常地召开了导师、任课教师座谈会,深入地贯彻党的方针政策,统一思想认识,明确培养要求,从而调动了学术水平比较高的教师的积极性,启发了他们对于培养青年一代的责任感。在一次座谈会上,严文兴教授感动地说:"如果看我还有一点可以学的,我愿意传授给年轻的一代。"他在以后的培养工作中表现较为积极,上学期他为研究生开出了三门技术基础课程,表示愿意多带几个研究生。

当发现研究生学习负担过重时,各管理部门及时平衡了作业分量和课内外学习时数比例,使学习逐步趋于正常。对于研究生的生活健康所遇到的困难问题,各有关部门及时妥善安排解决(如粮食补助、统一住宿、教材费等),稳定了研究生的学习情绪,这些都保证了研究生培养工作的顺利进行。

2.加强政治思想工作,树立认真读书、刻苦钻研的良好学风,才能保证研究生质量。最初,由于研究生还没有摸索到学习规律,并对于刻苦学习的思想准备还不够,因而学习精力不够集中,甚至在一定程度上反映出:"辛辛苦苦学了5年,现在应该放松一下"的想法,一度产生急躁畏难情绪。通过各方面一系列的思想教育,学校各级党和行政组织与导师对研究生的勉励,以及组织学习经验介绍交流,同时在教学上采取一些措施,特别是通过高等学校暂行工作条例的传达贯彻,研究生的学习责任感有了加强,学习情绪更高,认识到党和国家对于他们寄予极大的期望,纷纷表示一定要好好学习功课来报答党对自己的培养。因而学习上加倍努力,基本上克服了入学初那种畏难情绪,学习的积极性与主动性大大地加强了。

在政治思想工作方面,对有不同思想的研究生,必须把一般教育和耐心个别教育结合起来,例如:研究生〇〇,录取时,未在校,其后由于计较经济收入而动摇了学习信心,甚至提出要求退学参加工作。据分析,该生经济上是有一定的困难,但基本上还是可以克服的,主要是对培养研究生的意义认识不够。

后经领导对其耐心反复帮助,回忆对比,启发觉悟,以及各方面的多次教育,他检查了自己的错误思想,结果还是转变过来了,而且学习上取得了优良成绩。

3.如何针对研究生的业务基础特点,又不降低要求进行指导和培养,这是一年多来我们一直在摸索中的一个问题。在培养过程中,我们感到公共基础课采取统一开课的方式基本上是可行的,而且也是必要的。因为刚入学的研究生,由于对基础理论的遗忘和过去学得不够深等原因,一般均有所困难,而且也较为缺乏自学的能力。这样如果完全强调自学为主,必然会有较大的困难,而且时间上也花费得更多,导师负担也会过重。因此统一开设公共课就可以弥补上述缺陷,但问题是统一开设公共课程的教学要求(尤其是高等数学)如何能根据不同专业的性质来体现。这里我们觉得最好办法是多开设一些数学课(如数理方程、复变函数、概率论、近似计算等等），让研究生选修。但这一办法，因我校数学师资不足难以实现。因此目前我们只好采取所谓“点菜制”的办法，即开设一门数学课，内容很全面，由研究生根据本专业所需，各人自选，每学期经过一次测验，在一年至一年半内通过考试。根据试行结果，这一办法虽然可行，学习效率也还高，但与此同时，必须与自学和导师指导密切结合起来，才能够有效提高学习质量。

因为统一开设公开基础课的方法，对于满足每个专业的基础理论的要求方面有一定的局限性，如果安排不当，三者未能密切结合，必然会产生一些这一专业需要加深的基础理论，并不是那一个专业的迫切需要的情况，以致该专业所需学的不深，不需要的却学得不少，影响培养质量。

关于技术基础课和专业课的教学，目前我校的方式不一，基本上采取三种：第一种是强调自学为主，导师进行定期指导；第二种是导师讲课为主；第三种是讲课与自学相结合。第一种方式如化工自动化专业导师周春晖先生所采用的，即导师规定研究生的学习内容，由研究生自学，然后每周抽一个单位时间（三小时）由导师进行答疑辅导这种方式。根据研究生反应，对于培养他们独立思考能力帮助很大，但时间花得较多。而且这种方式只适于基础较好，有一定自学能力的研究生。第二种方式如化学专业导师严文兴所采用的，每周有导师讲课三小时，然后由学生自行复习巩固。这种方式还可以结合培养教研组年轻助教。第三种方式如化工机械专业导师王仁东所采用的。根据王仁东先生总结，这种面授教学法是由导师和研究生同坐于一桌上，放着课本和参考书，重要公式的推导、原理的证明都由导师写在纸上，纸片在课毕以后交由研究生巩固，凡研究生已能了解或看得懂的地方都可略过，不费讲解时间。而尚未明白的环节，可随时提出疑问，导师则可反复的讲解到讲懂为止。最后指定若干自学章节，研究生在自学时间内把所有的材料通过自学补充，自行组织编程笔记。这种方式的优点是：(1)面对面教学，把讲课辅导和答疑三者合二为一，这样随时穿插一问一答，反应迅速，因而教学的效率大大提升，在最大程度上避免了时间和精力的浪费。因为一般课堂教学所难免出现的两种情况是①教师花不少时间讲听者已懂的内容。②听不懂的内容也不能问，讲的人不管听的人懂不懂，一直讲下去。而采用面授教学，完全可以避免这种情况。(2)每课仅讲关键，其余材料的收集组织和最后写成笔记都由研究生担任，于是在最大程度上发挥了研究生独立思考独立工作的能力，也得到了较好的巩固效果。(3)因为效率高，所以进度快，这也是课堂教学所不能比拟的。以上三种教学方法的比较中，我们感到第三种方式在目前条件下是比较适合的。

4. 加强导师与研究生相互主动的密切联系，是提高研究生质量的重要一环。导师在培养工作中应该起主导作用，实践证明凡是导师的主导作用较好，研究生主动悉心请教，师徒关系密切的研究生培养质量一定较高，反之一定会影响培养质量。有些导师如王谟显、周春晖、王启东、董光昌、曾国熙、陈运铣先生都坚持对研究生进行检查督促，不仅开设部分技术基础课，布置文献阅读，同时也很关心公共基础课的学习情况，这样使研究生学习有条不紊，感到学习方向明确，兴趣浓厚，提高了学习质量。相反也有个别导师很少对研究生进行指导，使研究生感到学习和大学本科差不多，影响到学习情绪和学习效果。从研究生方面来说，主动争取导师的指导也很重要。有的研究生如钱在兹，王理中、朱石泉、郑春琼、许善椿、高矜畅等主动地经常地向导师汇报自己的学习情况，更加密切了师徒关系。但也有一些研究生存在着单纯依赖导师"找上门"来的思想,本身没有主动去争取导师指导,因而只是自己钻研,提高不快,学习效果也较差。在密切"师徒"关系中,我们还体会到对研究生的选拔工作应该很好地与导师商量,使导师乐意带,这样对培养更为有利。如在62级招收中,○○系、○○系对此就注意不够,如个别导师在研究生开学时还不知道他的研究生是谁,这样就影响到他对研究生指导的积极性。与此相反,十系的研究生由导师亲自提名录取,业务基础较好,自学能力也强,导师对研究生也比较重视,因而本学期考试成绩优良,师徒关系处理得好,使学习质量有了保证。

总的来说,通过一年多来培养研究生工作的摸索,我们取得了一定的成绩,也获得了一些体会。但同时还存在不少问题,有待于今后工作中加以改进与提高,以上所述,如有不当,请予指正。

浙江大学
1963年1月8日

浙江大学档案馆藏,档案号:ZD-1963-XZ-155

关于我校研究生工作会议情况的汇报

(1963年3月15日)

党委并校长:

3月7日下午、8月9日上午,召开我校研究生工作会议,出席人员有各系系主任、各有关教研组主任、研究生导师,校长办公室和科学处等单位的负责同志共50多人。

现将会议情况汇报如下,并建议转发给各系各总支和系,以便贯彻执行改进我校培养研究生的工作。

此次会议,首先传达了"全国高等学校研究生工作会议"的精神,科学处倪保珊同志宣读了教育部有关研究生工作的指示和文件,并介绍了我校培养研究生工作的情况以及存在的主要问题,然后进行了分组讨论,最后进行了总结,向各系、组及导师布置了我校本学期培养研究生方面的几项工作。

出席这次会议的同志,对会议都比较重视,在分组讨论会上发言也比较热烈。

通过讨论,大家一致同意传达中央关于选拔和培养研究生必须保证质量,严格要求,宁缺毋滥这一总体精神。许多同志提到,教育部蒋副部长把培养研究生比喻为选拔科学事业中的登山队员和航空员,是关系到我国教育独立和学术独立的一大问题,这一点感触很深。

与会同志就如何提高培养研究生的质量问题进行了广泛的讨论。不少同志认为暂行工作条例(草案)所规定的培养目标是应该而且完全可以经过努力而逐步达到的。根据经验必须首先保证研究生的入学质量,选拔"上等材料",同时也应该慎重地遴选导师,让那些有较高学术水平和指导能力,并且也有时间,本人也有兴趣的教授、副教授担任导师。其次必须加强研究生的管理工作,各级组织都各有其责,相互配合,才能培养出合乎规格的研究生。有的同志回顾了过去培养工作,认为科学处所反映的当前研究生工作的问题是符合实际情况的。对此,有的同志认为其原因是:(1)过去入学要求不够严格,我校61级的研究生就没有经过严格的入学考试,对宁缺毋滥的原则掌握不够,造成部分研究生业务基础太差,难以坚持学习,以致不得不退学或延长学习年限,影响了培养质量。(2)在培养过程中管理制度尚不健全,缺乏培养文件,没有依据,因而也就无法严格要求。不少课程的开设是临时决定的,一些课程的考试也未组成正式的考试小组,对"通过"标准掌握不一。(3)导师对研究生的指导虽然一般的都很热心,但由于有的导师工作比较忙,开会较多,往往不能对研究生进行定期的指导,特别是在培养过程中,发挥教研组的集中力量不够,往往形成导师单干。(4)在管理工作方面,大部分系和教研组过去一方面是职责不够明确,认为研究生可管可不管,另一方面认为,导师基本上都是系主任、教授、副教授、副校长,因此不敢参与这项工作,思想上存在顾虑,以至于有的教研组出现导师不管,就没有人过问的情况。

鉴于以上情况,大家对今后如何加强和提高研究生的培养工作问题提出了不少有益的意见和建议。有的同志认为对研究生必须严格要求,主张研究生的第一外国语入学考试就应通过。研究生的学习成绩不能满足于"3"分,而应该达到"4"分以上。在招生录取工作中,必须认真贯彻宁缺毋滥的原则,实事求是,不能单纯追求数量,基本上应该做到合格几个录取几个,不能有所勉强。同时大家一致强调必须逐渐健全研究生的培养管理制度,定出各专业的培养方案、培养计划、年度学习计划、论文工作计划,各课程大纲等教学文件,只有这样培养,管理工作才有个依据,有个标准,才便于检查和衡量我们的培养质量。在指导方面,不少导师认为在培养计划定下来以后,对研究生应有计划地按期进行指导与检查,逐步形成制度化。在管理方面,不少同志认为各级组织应相互配合,特别是导师应主动定期地向教研组汇报培养情况,争取教研组的领导与支持,系、教研组应该把培养研究生的工作列入议事日程。

在谈到有关现有研究生的调整问题时,大家认为,必须贯彻蒋副部长指示精神及根据情况分别对待,合理要求,严肃执行,这是关系到整个培养质量的大问题,事不宜迟,对个别应做调整的研究生,就得下决心及早处理。

另外,讨论中还就如何制定研究生的专业培养方案和培养研究生的5年规划等问题进行了研究。

这次会议在党委的关怀下,由于到会同志的一致努力,开得很好。既总结了过去的工作,也交流了经验,同时增加了对研究生培养工作的信心,明确了各级的管理职责,为我校今后培养研究生的工作提供了有利的条件。在讨论中,大家提出了不少好的意见,这些意见,有一些是应该立即采纳的,如健全管理制度,调整课程设置与开课方式等,还有一些还要靠大家创造经验逐步改进。如在培养方式上有的导师主张开课少,有的导师主张多开一些课,各有所长,目前来看不宜做硬性规定。各导师应根据自己的经验和研究生的具体情况,本着因材施教的原则,创造一些比较成熟的培养方案,同时在培养过程中应注意发挥教研组的集体力量。

本学期的研究生工作,除加强经常的培养指导工作外,主要做好以下几项工作:

1.根据中央研究生工作暂行条例(草案)所规定的各级行政组织的工作职责,本学期立即开始实行。在实行过程中应认真总结经验,改进现有工作。

2.培养研究生5年规划的制定问题:

制定5年规划，主要首先要根据国家需要和专业目录的范围，其次要根据我校导师的力量和教研组的条件。第三要根据过去经验的总结。

另外，要从发展来看，目前是讲师，但如果过了二年可升为副教授，而且具有指导研究生的能力也可以列入规划。

争取本年底能报教育部。

3.有关几个培养和教学文件的制定与修订问题。

为了健全培养和管理制度，提高培养研究生的质量，我们应将研究生的专业培养方案、个人培养计划、年度学习计划、62级的科学研究方向、61级的论文工作计划和各主要课程的教学大纲，在本学期内逐步定好。

关于61级研究生的整理问题：

对于61级在业务上确实很差，显然没有培养前途的个别研究生，请有关系按规定的考核标准提出处理意见，尽早地报给学校，以便研究处理。对于某些基础尚好，但由于转专业等原因，补课较多，而不能如期毕业的研究生，可以根据“分别对待，合理要求”的精神提出延长学习期限。以上汇报，当否，请批示。

周庆祥[①]

1963年3月15日

浙江大学档案馆藏，档案号：ZD-1963-XZ-153

关于贯彻我校研究生工作会议精神的通知

(1963年3月20日)

〔63〕科字第28号

为了提高我校培养研究生的质量，改进培养研究生的工作，3月7日至9月，由周副校长主持召开了研究生工作会议，会上传达了“全国高等学校研究生工作会议”的精神，研究了当前我校培养研究生工作中存在的问题，并布置了我校本学期的培养研究生工作。

现将会议决定，在本学期应立即安排进行的几项工作，通知于后，希各系贯彻执行为荷：

一、必须进一步健全培养研究生管理制度，加强对研究生工作的领导，认真贯彻执行“高等学校培养研究生暂行工作条例(草案)”中央所规定的各级行政组织和导师的工作职责。凡有研究生的系、教研组，应该有一位系主任或副系主任，教研组主任或副教研组主任分管研究生工作，并在教研组建立研究生教学小组，发挥集体力量，做到各按其责，明确要求，相互配合，定期检查、督促、汇报制度，保证培养研究生工作的顺利进行，积极提高研究生的培养质量。

二、关于制定培养研究生5年规划问题：

制定5年规划的目的，是为了便于全国统一规划，有计划地招收和培养研究生，为我国

---

① 周庆祥，浙江大学化工系教授，时任浙江大学副校长。

社会主义建设事业输送高级学术人才。根据在这次全国研究生会议工作上蒋南翔副部长的指示，制定5年规划“首先要根据国家需要和专业目录的范围，其次要根据各校导师的力量和教研组的条件(科学研究的基础和试验研究等条件)。第三，根据过去经验的总结。”

遴选的导师，必须是学术水平较高的教授、副教授，必须具备下列条件：

1.深入、较广泛地掌握本专业的基础知识。

2.有较高的科学研究能力，并具有一定的经验，在本学门学科内有所专长，并在这方面熟悉国内外的新成就和生产中的问题。

3.能用两种或两种以上的外国语阅读本专业的文献，同时，应从发展的眼光来看，估计在几年内可升为副教授，并确实具有指导研究生能力的讲师，也可列入规划。

招收研究生的质量，以每一位导师同时指导不超过5人为限，指导同年级研究生，一般不超过二人。

制定的方法，采取由系主任、教研组主任共同商榷，并请系主任取得系总支的密切协助。经过全面考虑和反复研究确定。

规划表应以一式二份于3月30日前交科学处，以便经校长审查后，4月初报教育部审批。

三、关于几个培养与教学文件的制定和修订问题：

1.研究生的培养方案。根据“暂行工作条例(草案)”第十一条规定和“制定培养方案的几项原则规定(草案)”，由各有关教研组负责制定，一式三份，经系主任审查后，于4月20日前交科学处汇总，经校长审批后，报教育部备案。

2.研究生的个人培养计划，根据“暂行工作条例(草案)”第十二条和该专业的培养方案，由导师负责，会同教研组主任制定一式四份，经教研组主任、系主任审查后，于5月15日前交科学处汇总，报校长审批。

在此提出填写个人培养计划表的几点要求及说明，供各位导师参考：

(1)表中“计划说明”一栏，应根据专业培养方案的内容，着重说明制定本计划的依据和应达到的基本要求，并分析该研究生的业务等情况，提出确保计划实施的措施意见以及对研究生学习方法的指导意见等。

(2)表中“学历”一栏可按照第1、3、5学期由9月1日至次年1月28日止，共21.5周，第2、4、6学期由2月16日至7月19日止，共22周计算，即寒假2.5周，暑假6周。第一学期的第一周的前半周为始业教育时间，每学年结束前的最后半周为鉴定时间。考试一般安排在每学期的期末，其时间视考试门数的多少而定。教学实习最好安排在第三学期结束，生产劳动最好集中进行，时间可以随本科学生一起劳动。生产实习(包括收集资料)，最好安排在第四学期的前半学期进行，科学研究一般应从第四学期开始进行。

(3)表中“理论学习”一栏中的周时数，系是指各门课程的讲授或指导的学时数，研究生的自学时数用课内外时数比例表示，希将比例数注入空格内，但每周学时不得超过48学时。另外，“专业理论”一项系改为“专门课”。

(4)表中“政治活动”一栏可以填写“政治思想教育报告(即全校统一的政治学习)”，每周以三学时计算，内容可暂不填写。

(4)表中“劳动”一栏，应注明集中进行，还是分散进行，时间按每学年2—4周计算，劳动内容可暂不填写。

(5)表中“科学研究”一栏,62 级研究生可暂不填写,待科学研究题目确定后再填入。

(6)表中“生产实习”一栏,实习地点若目前尚无确定可填写校内或校外(本地或外地)。

3.研究生的个人年度学习计划,根据个人培养计划由研究生个人负责,在导师指导下制定一式四份,经教研组主任审批后,报系主任审核,并于本学期内将下学年(63—64 学年)的个人学习计划,(表格另发)送交科学处一份备查。

61 级研究生下学年的年度学习计划,即为论文工作计划。对于需要延长学习年限的个别研究生,仍制定年度学习计划。

4.研究生的科学研究题目和论文工作计划。

61 级研究生的科学研究任务书(即论文工作计划),应在导师指导下,由研究生本人负责制定(要求增添“阅读文献的目录和完成的日期”一栏),以一式四份经教研组主任审查后,报系主任审批,并列入教研组的科学研究计划,于本学期结束前交送科学处一份备查。本学期内 61 级研究生一般应开始科学研究论文工作(延长学习年限的研究生除外)。

62 级研究生的科学研究方向,应于本学期内确定下来,如果可能最好能把毕业论文题目初步定下来。

5.各课程的教学大纲,各专业应根据本专业的培养方案中所规定的课程,在本学期内定好各主要课程的教学大纲,然后逐步定出其他课程的教学大纲。政治课和外国语的教学大纲,由科学处负责与外文、马列主义教研组联系制订,其他课程由研究生所在教研组负责与有关教研组和教师联系制定。

四、关于 61 级研究生的整理问题:

对 61 级研究生,在业务上确实很差,显然没有培养前途的个别研究生按规定的考核标准进行研究,提出意见。对于学习基础尚好,但由于专业等原因,补课较多,而需延长学习年限的研究生,所在系应写明原因,提出意见,尽早地交送科学处,以便学校研究处理。

五、关于统一开设基础课的问题:

今后,除政治课与外国语由学校统一开设,高等数学由各有关教研组根据专业要求,在培养方案中确定属必修还是选修(或者是不修),并提出具体学习要求和内容,然后由科学处会同数力系共同研究如何开设外,其他课程均由研究生所在系负责,与有关教研组和教师研究确定教学方式,并进行检查。

六、关于 1963 年度研究生招收工作:

目前,入学考试和评卷工作已结束,下阶段主要是录取工作。希各有关系、教研组和导师认真协助学校研究生招生委员会办公室做好这一工作,保证 63 年度研究生的入学质量。

校长办公室
1963 年 3 月 20 日

浙江大学档案馆藏,档案号:ZD-1963-XZ-153

关于当前培养研究生工作的几项决定

(1963 年 6 月 27 日)

本月 14 日由周副校长主持召开了研究生导师会议，会议讨论了高等学校培养研究生工作暂行条例(草案)的指示精神，并结合当前研究生培养工作进行了研究，刘副校长也做了重要的指示。

兹将会议所做的几项决定，通知于后，希各系、教研组和导师认真参照执行。

一、会议决定，自即日起，我校研究生培养工作，应逐步按照“高等学校培养研究生工作暂行条例”(以下简称“暂行条例”)执行，严格保证研究生培养质量。

二、必须认真严肃地按照“暂行条例”的规定，及时地、切实地制定各专业研究生的培养方案、培养计划、个人年度学习计划、毕业论文工作计划等各项基本文件，这是整个研究生培养过程的重要依据。有关缴送上述文件的日期，按我校第一次研究生工作会议所作决定办理。

在制定这些基本文件时，必须明确地体现研究生培养目标的各项要求，既不要偏高也不要偏低。其中对于研究生学习本专业的基本理论专门知识和基本技能，应强调在大学本科毕业的基础上，更加巩固、更加深入地加以掌握。特别应加强基本技能的严格训练。对研究生的培养，应该贯彻导师个别指导和教研组的集体培养相结合的办法进行。既要充分发挥导师的主导作用，也要加强教研组的集体培养作用。教研组应将此项工作列入教研组工作计划，并每年提出符合导师遴选标准的导师名单和研究生招生数。

导师应由学术造诣较深、又有科学研究工作指导经验的教授、副教授担任。除个别导师如因教学、科研或行政工作较忙，可以增设辅导教师协助导师进行工作外，一般不予增设辅导教师。但为了保证指导质量，有关教研组应成立由 3—5 人组成的研究生培养工作指导小组，组长由研究生导师或教研组正副主任担任，人选由教研组提出，经系务委员会批准后报学校备案。指导小组的任务是负责对培养研究生的各项计划、对研究生学习成绩和考核办法以及工作安排等项调研、提出草案或建议，并执行教研组的有关规定。

四、为了加强研究生工作的领导，必须充分发挥各级行政组织的作用，认真地按暂行条例所规定的职责，负责培养研究生的有关工作，健全研究生培养管理制度。

五、为了大力加强研究生的政治思想和行政工作的领导，由学校统一设置研究生专门管理机构(设在科学处)，具体管理研究生的政治思想和行政工作。同时决定研究生按年级编班，并单独建立党团支部。党支部属机关总支领导，团支部属团委直接领导。有关研究生的系、教研组行政和党团组织，应协助共同做好此项工作。

六、对 61、62 级研究生的培养要求应予以分别对待，一般做如下规定：

62 级(指 62 年入学的)应积极努力，争取逐步按“暂行条例”规定进行培养；

61 级(指 61 年入学的)，按照教育部(62)教一于厦字第 2200 号、(63)教一蒋究字第 1679 号两文指导精神执行，即对 61 级研究生的学术培养要求为：

(1)学业上一般达到以下基本要求：能够比较熟练阅读和正确翻译一门外国语的专业书刊；较好地掌握本专业必要的理论基础；对毕业论文中的各项问题具有较深入的专门知识；掌握科学研究的基本方法和技能，对所研究的专题有新的见解或在科学技术上有一定的成果。具体要求为：至少必须学习一门政治课，一门外语课，二门业务课(包括基础课和专业课)要求应该比大学阶段所学的内容深广一些,不应该只补学大学阶段的课程,并通过考试;进行不少于8个月的毕业论文工作,完成1篇具有一定质量的科学论文,并通过答辩。

(2)凡经过各种努力仍难达到上述最低要求者,应按有关规定做退学处理,另行分配工作。

对于有的研究生虽然通过一门外国语课和二门业务课的考试,但由于过去考试的要求偏低以致在外国语和业务知识方面没有达到第一条要求,或虽然写出了毕业论文,但质量不高,没有进行较深入的专题研究,独立工作能力较差,没有完成科学研究基本方法和技能的必要训练,达不到上述要求者均不得毕业,应作结业处理。

(3)学习年限一般不予延长,但如确有特殊原因者报校长批准后,可以考虑延长半年。

(4)61级研究生必须在63年9月底前通过第(1)条中各门课程的考试,(需延长学习年限的研究生例外),一门课程考试及格不及格可以补考一次(二门不及格,确有特殊原因,经学校批准也可以进行补考),补考不及格,应令其退学。

七、研究生学习政治理论和外国语,由学校统一指派有经验的教师担任教学工作,并成立考试小组主持考试。考试应该在课程结束时一次通过。考试小组由各有关教研组主任和任课教师3—5人组成。

研究生学习理论课(包括必修课或选修课),采取研究生自学与导师指导相结合的办法进行(也可以开课讲授)。其考试办法为:选修课程采取考查或随班考试的方法进行,必修课程的考试(指政治、外语、专业基础课和专门课)必须严格要求,并成立该课程考试小组,其成员由导师、教研组主任和有关教师3—5人组成。研究生参加必修课程的考试时间应该在入学后一年半至迟在二年内通过。

对于61级研究生各门课程的考试和62级研究生第一学年各门课程的考试,由于过去对课程考试办法不够明确,目前仍然按照原规定办理,即以通过学期考试来代替(暂不采用考试小组方式)。其考试内容凡导师在培养计划中写明不作要求的内容可以不考,凡导师在培养计划中未明确具体要求的,仍应按本学期所学内容进行学期考试。62级研究生第二学期必修课程(专业基础课和专门课)的考试,应按"暂行条例"规定进行。

八、61级研究生的毕业论文工作必须及早地进行准备,毕业论文均应进行答辩。答辩工作暂不采取国家考试委员会的方式进行,但应聘请校内或校外专家若干人,组织毕业论文答辩委员会主持答辩。导师不得担任答辩委员会主席。

九、研究生的经费来源:

凡研究生培养计划规定参加生产实习,其经费由教务处生产实习经费内开支。

研究生从事科学研究、科研出差资料等所需经费,在学校科学研究计划中有导师主持的科研项目内一并开支。

十、以上决定,如与中央今后指示精神有抵触时,则按中央指示执行。

校长办公室

1963年6月27日

浙江大学档案馆藏,档案号:ZD-1963-XZ-0153

研究生培养工作的初步总结

(1981年7月11日)

1980年4月24日,教育部召开的座谈会上,蒋南翔同志在讲话中指出:“现在高等教育不适应四化的要求,大学生特别是研究生的数量少是一个方面,而质量的差距则是更严重的问题。”“我们现在最大的困难是,在许多科学技术领域内,缺乏具有国际先进水平的学术带头人,不能带领和培养广大的科技人员去独立解决最新的科学技术问题。”蒋南翔同志特别强调,重点大学的主要任务是提高,这就要求我们在努力搞好大学生教育工作的同时,也要努力培养出具有高水平的硕士、博士研究生。蒋南翔同志提出的这个问题,在78年恢复大量招收研究生的时候,我们确实不知怎样才能做好这项工作,当时我们对研究生的培养与管理工作,缺乏经验,心中无数,要求也不甚明确。研究生的培养工作究竟抓什么,怎么抓?研究生培养质量的高低如何衡量,标准怎样?等一系列问题摆在我们面前,要求我们回答和解决。

60年代初期,我校也曾招过少量研究生,当时主要依靠导师,以师傅带徒弟的方法进行的。1978年以来,我校共招收研究生251名,数目较多,他们分属于15个系,2个校直属教研室,89个不同的研究方向,涉及面较宽。像这样量大面广的研究生培养工作,对我们来说是一个全新的课题,担子很重,客观形势迫切要求我们在实践中去探索培养研究生的途径与方法。研究生培养的重点应放在能力的培养上,这一点是大家都同意的,为了达到这一目的,究竟应该抓住哪些环节才是切实可行的有效途径?这是当时广大教师所共同关心的问题。78年春,当教师们得知我校要招收较多的研究生时,大家都很兴奋,觉得这样做的方向是对头的,是提高我国科学技术水平,实现四化的一项带有战略性的措施,应该把培养研究生这一光荣而艰巨的任务担当起来。但是由于很多教师自己不是研究生出身,没有学位,过去也未带过研究生,缺少大量培养研究生的经验和办法,担心培养的研究生水平不高,不合格,通不过,思想上有些胆怯和畏难,因此也提出了不少问题。如有的教师提出:研究生的培养和系、专业的发展方向如何统一考虑和安排?研究生和本科生之间的关系应当如何摆,大量招收研究生后,有不少水平较高,教学经验较丰富的教师指导研究生,为研究生开课,是否会影响本科生的教学质量?有的教师担心研究生的培养,尤其是在论文阶段,和科研是否会争设备,争人力,产生矛盾,影响科研任务的进度与完成;有的担心实验室物质条件是否能适应;有的教师希望学校从速拿出一套完整的研究生培养计划,好照章办事;还有的教师要求学校对研究生的培养要求作出比较明确的规定等等。总之,反映的问题较多,不是几项简单的规定能解决的。学校领导因势利导,发动广大教师对这些问题进行讨论,并要求各系、各专业对国外培养研究生的历史和现状作一番调查研究,吸取国外好的经验作为我们培养研究生的借鉴,找出差距,明确我们的努力方向。经过一段时间的工作,同志们收集了不少国外培养研究生的有关资料,了解了一些情况,通过讨论也看到上面所提到的一些问题,在认识上有不少片面性,从而达到了思想上的初步统一。如无线电系的同志,对研究生和本科生的关系打了一个很形象的比喻,他们认为:大学本科生好像中学的初中班,研究生则好像是高中班,没有高中班的中学只是一所初级中学,没有研究生的大学也只能是一所“初级”大学,因此要把浙大办成一所名副其实的重点大学,就一定要把研究生的培养放在重要的位置。而且研究生的培养,一定会促进本科教学质量的提高,因此坚定了同志们对招收研究生的信心和决心。有的系在调查过程中发现,我们和国外一类大学之间的差距果然很大,其中之一就是目前我们所能开出的课程大大少于他们,高级基础课很少,尤其是涉及新兴学科和边缘学科的课程几乎没有,主要原因是我们没有面向研究生开设的课程。这一事实提高了广大教师对招收研究生的积极性和重要意义的认识,通过研究生的培养,可以促使我们加快开出具有一定水平的课程,而这些课程同时又可作为高年级本科生选课。这样不仅不会降低本科生的教学质量,而是可以不断提高教学质量。至于对研究生的培养方案、培养计划,研究生培养的要求,研究生的培养和科研之间的关系等一系列具体问题,只有在实践过程中不断摸索,总结成功的经验,吸收失败的教训,才能逐步摸索出一条培养研究生的途径。

两年多来的工作实践,我们体会到,对研究生的培养,不应是单纯传授知识,更重要的是要创造条件让研究生去探索规律,发展知识,在研究工作中锻炼成长。而现代边缘学科或跨学科的发展最为迅速,所以我们应尽量鼓励导师与研究生选择新兴或边缘学科的课题,并从79级研究生开始实行了学分制,这样可以更好地促进研究生跨学科学习中的主动性、积极性,以及他们各自的聪明才智。为此目的就必须依靠导师专家制订好研究生的培养方案和培养计划,同时也允许有一定的灵活性。对研究生的培养,我们体会到不仅要强调继承和发扬我校求是学风的优良传统,更要有不断的创新精神,必须使研究生既具有坚实而比较宽广的基础理论知识,也要经过严格的科学研究训练,为今后创造性地工作打下良好的基础。为此,开出一定数量的具有较高水平的必修课和选修课程,应是研究生培养工作中的重要一环。同时要求每一研究生必须经过一定量科学研究工作的实践,写出一定质量的论文。我们也体会到研究生不单是我们的培养对象,而且是教学、科研的一支重要力量,发挥得好对提高学校的教学质量,促进科研的发展,都会产生良好的效果。实践证明,研究生的论文和导师的科研工作结合起来,可以在较短的时期内取得比较明显的成果。据不完全统计,78、79级研究生入学后,已在各种杂志和学术会议上发表了近70篇论文,其中大部分论文的质量可达到硕士水平,少数可超过硕士水平。参加一定的教学工作,如批改习题的工作,既可解决因招生人数剧增基础教师不足的困难,对研究生也是有益的锻炼。下面就我们做过的几项主要工作作一汇报。

一、制订研究生的培养规划和培养计划

研究生培养规划和培养计划的制订与研究生培养质量的高低关系甚大,这既是一项提高教师认识也是落实工作任务的工作。我校在78年研究生入学后不久就向各系提出制订研究生培养规划的问题。我们的想法是通过研究生培养规划的制订,可以使各系摸清国内外的科技动态和发展趋向,明确该系应当在哪个(或哪几个)方面发展并逐步形成重点,从而能培养出高质量的研究生;将师资培养工作、科研工作和研究生的教学紧密结合起来,相互促进,既出成果,又出人才;落实和安排好研究生课程的开设,积累经验,不断提高质量;通过研究生的培养提高师资水平,也可带动青年教师的培养工作。由于这项工作比较复杂,牵涉的面较广,加上我们抓得不紧,检查督促不力,完成得不够理想,但也有做得较好的系,如无线电系、力学系等。经过两年多的实践,我们发现培养规划做得较好的系,研究生培养工作也较好,取得的成绩也较多。一个好的规划大致上包含下列几点:①系负责人对研究生工作意义及规划工作重要性认识较清楚者;②能较好地发挥教研室教师集体力量来研究制订者;

③开出课程规划及研究工作规划比较具体落实,能保证按时开出有一定质量的课程;④科学研究工作顺利开展,能保证研究生能较早地接触研究工作,毕业论文进展较快,完成较好;⑤与青年教师的培养提高联系一同考虑。

研究生培养计划应兼顾研究生的外语水平、基础理论、专业知识、实验技能、科研能力诸方面;同时又要切实可行,符合研究生的实际情况,教师队伍的现状和研究生管理工作的水平。这些原则应作为学校制订研究生培养计划的依据,具体说有下面四点要求:

(1)外文要能够阅读专业文献,写简短的论文摘要,不宜要求四会;

(2)加强学科基础理论的学习,每个系应开出 1~2 门全系性的基础理论课程;

(3)加强基本技能的训练,计划中应当包含实验技能和使用计算机能力的培养;

(4)研究生的毕业论文要达到能独立进行科学研究全过程的培养和训练,并有一定的创新。

学校要求每个导师对他所指导的研究生都要订出一份具体的培养计划,内容包括:学习的课程、时数、学分数、学习时间的安排、论文的方向等等。从两年多来的执行情况看,情况是好的,基本上都能按原订计划执行,需要变更时亦能及时向学校提出改动计划的申请报告。凡研究方向向着跨学科或新兴学科发展的,我们都同意并鼓励(如材料系将铸造合金改为贮氢金属的研制与应用等)。为了使研究生的培养方式、教学内容、课程设置适合于研究生的实际,更好地发挥研究生学习的积极性和主动性,加强自学能力、科研能力、独立工作能力的培养和锻炼。从 79 年开始我校研究生实行了学分制,由于缺乏经验,还有许多地方需要改进。主要不足之处是:

(1)针对 79、80 级研究生需要补些大学本科的课程,所以规定的学分数较高(79 级 56 学分,80 级 59 学分),因此必修课程较多,课时较重,研究生没有足够的时间进行自学,主动性发挥不够,未能充分体现学分制的优点。初步考虑将 81 级研究生的学分数应适当降低并有一定幅度,可以根据各专业的性质、要求而定,不限制太多,有一定的灵活性。

(2)目前我们开设的课程无论从数量上、质量上看都不能满足研究生日益提高的要求。这一矛盾估计在相当一段时期内会继续存在,要鼓励各系遴选优秀教师认真钻研准备。尤其是涉及新兴学科和边缘学科以及反映科学技术前沿的课程更少,这一问题的最后解决要依赖于教师队伍的更新,师资水平的提高和科研工作的深入开展。

(3)从实践情况看,在二年内既要进行一定数量的课程学习,又要完成一定质量有一定创新的论文是比较困难的,从现今教师与学生水平看来,以二年半较为合适。(一年半进行课程学习,一年做论文)

二、研究生课程的开设

为研究生开设具有较高水平的课程,应是研究生培养工作中的重要环节。所开课程的深度和广度、水平的高低,对研究生能否掌握坚实的基础理论和系统的专门知识,了解科学研究动向,对今后从事教学工作或进行探索性研究工作的能力关系很大。我们对研究生课程设置的主要看法是:主要的学科基础一定要加强,并要有相当的深度,尽可能安排教学水平较高的教师来担任。凡曾引进一些合适教材进行教学的,有事半功倍的效果,如计算机系的人工智能课程;研究生学习的面要有一定的宽度,应按学科方向的要求来培养,而研究方向只是反映研究生在科学研究和毕业论文作较深入研究的一面,不应以课题代替学科方向;

作为工科研究生,动手能力和实验技能的掌握十分重要,因此在整个培养过程中,要注意使研究生在这方面得到较全面的锻炼。

两年多来,我们共为研究生开出公共基础课程14门,专业基础和专业课程300余门,有教授、副教授100人次为研究生开出各类课程,在一定程度上保证了教学质量,其中部分课程效果良好,能反映目前科学技术的先进水平,如计算机系的人工智能、科仪系的计算机在工程中的应用和微处理机导论、物理系的规范场论和纤维丛理论、无线电系的讯息与编码等。由于我们大量招收研究生还刚开始,所以在这方面也还存在不少问题,需要逐步予以解决。为保证研究生课程有较高的教学质量,我们主要做了以下几方面的工作:

(1)组织理科系(数学、物理、化学)及公共教研组选派优秀教师为全校统一开设一些基础课程。

(2)制订了校开公共基础课程的教学大纲,使这些课程的教学内容能适合有关系的要求,同时也可使指导教师了解基础课程的教学,加强基础课与专业课之间的联系。

(3)一些系(如无线电系、计算机系等)邀请国外专家来校讲学,也派一些教师与研究生出外听专家讲学(如理论物理、数学等)。

(4)鼓励一些教师采用高水平的国外教材。

(5)组织交流教学经验及提高教学质量的心得体会。

(6)每学期组织一次研究生教学工作的检查,发现问题及时与有关方面联系,并研究解决的措施。

(7)鼓励采取多种教学形式,除讲课外鼓励以讨论班、文献阅读报告等方式进行教学。

两年多来,在研究生课程的安排中主要问题是课程偏多,课时偏重,没有充分发挥学分制的优越性,研究生常处于比较被动和紧张的状态。对各系的主干(核心)课程抓得不紧,提高得不多。今后在制订研究生培养计划和课程的开设时,以下问题应予重视和考虑:

(1)硕士研究生毕业时的最低学分数应适当减少,边缘学科、新兴学科的学分数可高些。

(2)学校规定的必修课程因不宜与专业相结合,应减少。除第一外语和自然辩证法为必修课外,其余数、理、化课程均划小并作为选修课。这些选课的开设应能做到为系的基础理论服务,最好能做到类型多,课程短小,易于选修。

(3)推动各系进一步重视为研究生开设的专业基础课程,要注意内容上的更新和深化。

(4)鼓励以多种形式开出专业课程,要注意质量上的提高,把基础理论用于专业。

三、研究生的研究工作和毕业论文

研究生参加科学研究工作和完成毕业论文是研究生培养过程中最关键的环节,通过这一环节可以考察和培养研究生工作的主动精神,独立工作和分析解决问题的能力,审慎的科学态度,求实的工作作风,以及使用科学仪器进行实验工作的动手能力。论文工作的好坏,水平的高低,直接反映了研究生的培养质量。所以,校、系、教研室领导和指导教师对研究与论文工作都很重视。大多数有研究生的教研室,都配有教师和实验室技术人员,协助指导教师工作,研究生对论文也很努力。因此从广义角度看研究生论文的成果,是集体劳动的结晶。在论文工作的各阶段。我们做了下面几件事:

(1)80年下学期,78级研究生论文刚开始时,由主管研究生工作的副校长带领研究生部的同志,调查了电机、机械、土木等系论文工作的准备情况,总结好的经验,发现存在的问题,指导和推动全校的论文工作。

(2)80 年 9 月 23 日召开了有系主任、指导教师、研究生教学秘书参加的研究生培养工作会议,这次会议的目的主要是总结两年来我校研究生的培养工作,交流经验,着重部署下阶段的论文工作。

(3)对研究生的论文提出了明确具体的要求。我们特别强调:每个研究生(包括二年制研究生)都要做毕业论文,而且要完成论文工作的全过程,研究生在论文开始前都要做开题报告,吸收各方意见;研究生论文的方向尽可能和指导教师的科研结合起来,但又要有研究生自己的独立部分。

(4)81 年春,我们对研究生论文的进展情况,从指导教师和研究生两个方面进行了一次全面的检查,发现少数研究生的论文困难较大,存在的问题较多。例如:有的教师要求过高,与客观条件相差较大;有的实验室场地还未落实,设备未能安装就绪;有的不打算做试验,想以文献总结代替论文。在发现这些问题后,我们及时与系领导联系,研究采取有效措施给予解决,这对保证全校研究生论文的正常进行,提高论文质量,起了一定的促进作用。通过检查,发现了一批比较优秀的论文。

(5)对论文工作的实施计划和论文的完成日期,都作了明确的规定,论文的评阅和答辩等也有具体要求,这样做可以把好论文的质量关。

(6)与科研处共同研究了全校重点科研课题与重点学科,以此为根据确定我校招生方向与数量。

我校 78、79 级研究生的论文正在进行,认识尚不全面,体会也不深刻。下面谈几点我们的粗浅看法:

(1)研究生论文的题目,最好是教研室、指导教师科研的一部分,已有一定的基础,这样指导教师比较了解业务内容,并有一定仪器、设备与经费,做的过程中也不会遇到大的困难,可以保证论文的顺利完成。但为保证教学质量,又要有其独立性、系统性和完整性,最好是整个研究中的一个部分,可适当偏重在基础理论的研究和对某些新的问题(方法)作探索性的研究。总地说。在当前条件下难度不宜太深,题目涉及的范围不宜过大,方法不宜过新,探索性不宜太强,使研究生在限定的时间内可以完成。同时也要和实验室的条件、仪器设备的现有情况,科研基础等相适应,不宜脱离实际,过分要求高级精密和新颖的仪器设备,以免造成被动,做到论文的完成有比较充分的把握和可靠的保证。

(2)在论文的进行过程中要注意做好几个结合,即文献阅读课和论文题目的方向相结合,可使论文前的文献工作比较充分,少走弯路;指导教师、科研组成员与研究生三结合,注意充分调动研究生的主动性、积极性及科研组成员的指导作用;教研室内外、系内外指导力量的结合,以发挥集体的力量;不同学科的相互支援、结合和渗透,可以提高论文的质量,并通过共同探讨联合指导的过程,促使边缘学科和新兴学科的发展。

(3)论文要有总的计划和要求,同时也要有阶段的计划,计划中最好有最低要求和争取完成的工作项目,按照计划认真执行,定期检查,保证论文能按时完成,并取得较高的质量。

(4)论文正式开始前,由研究生做论文的开题报告,效果较好,值得提倡。开题报告的形式可以在教研室讲,也可以在研究生指导小组内进行。先由研究生作报告,然后由参加会议的人员进行评论,提出意见和建议。这样做的好处是研究生对论文题目有较明确的认识,对当前国内、外的科技动态、水平和发展有比较深入的了解。论文进行的步骤、方案要有初步打算和计划,论文所要达到的要求也应有一个设想和估计。

我校研究生工作的经验很少,对一些问题的看法和认识也很不全面,我们决心要继续努力做好研究生工作,不断提高研究生的培养质量。

浙江大学研究生部
一九八一年七月十一日

浙江大学档案馆藏,档案号:ZD-1981-XZ-97

关于参加教育部召开的1984年攻读硕士学位研究生工作会议情况汇报
(1983年9月13日)

教育部于1983年8月24日至29日在黑龙江省哈尔滨市召开研究生招生工作会议。参加这次会议的有各省市招办和高教厅、教育部直属高等学校负责研究生招生工作代表共94人。黄辛白副部长和吴本夏司长出席了会议,并作了重要讲话。

这次会议主要是讨论、研究1984年硕士生招生办法,安排落实1984年硕士生招生计划,总结交流招生工作经验。

现把教育部的意见和会议讨论意见汇报如下:

一、1983年招生、录取基本情况

1983年全国330所高等学校、289个科研机构招收研究生。原计划招生数14068人,报名11万多人,实际参加考试10万多人,录取15134人(在职研究生552人,委托培养研究生140人)超额完成计划的7.3%,1981年完成计划招生数的88.5%,1982年完成计划招生数的95%,今年是这几年完成计划最好的一年。

今年录取的研究生中,在职人员所占的比重有较大的增加,在职人员占36%。1981年录取的在职人员只占11.8%,1982年录取的在职人员只占12.2%。今年录取的在职人员主要是77、78级毕业的大学生,开始改变了前两年在职人员报考和录取的比重难以增加的局面。

二、1984年硕士研究生招生计划

1.各单位申报招生计划情况:

按国家“六五”计划,今年是14000人,1984年是17000人,1985年是20000人,每年增加3000人。但各部、各省、各校申请1984年招生计划数是24000多人,大大超出国家计划数,比今年招生数要增加60%。黄辛白副部长讲:“招生数字要受到各方面因素的制约。”

第一个因素是培养的力量。

培养力量包括导师,包括科研基础。有了导师,科学研究工作没开展到一定程度也还不行。78级研究生已毕业,论文水平大部分不错。因78级的论文题目,有导师十几年研究工作积累的问题,导师选了合适的题目,又有一定的工作积累带给研究生,研究生也有较多工作和研究实践。下几届人多,有些条件也变了,质量不见得会直线上升,甚至有的会下降。当然从长远来说,质量会上升,这是肯定的。总之,要考虑导师的问题,科研基础的问题,以导师为核心的指导集体力量的问题。不能说升了副教授都能带研究生,也不能说升了副教授的都应该带研究生。

第二个因素是学生的来源问题:

1978 年招生时,因"文化大革命"积累下来好几届学生,所以招了 10500 人。1979 年、1980 年招生数掉了下来,就是没有来源。明年大学本科毕业生 20 万,计委已经作了分配计划,预分后留下几千人,准备补上研究生空子。只有几千人,与各单位要招的 2.4 万的数字差距较大。如果在今年招生的基础上明年增加很多,就要造成计委分到部委,省、市的名额变成空名额的问题,就要被人骂,这是不利的因素。但 77、78 级本科生毕业之后已经工作了两年,要招有实践经验的新生,增加了来源。有利因素增加了,不利的一面是毕业生已经预分掉,要提高应届本科毕业生中录取研究生数有困难。现在研究生招生大家都很积极,但是对研究生招生办法有意见的也不少,一是冲击大学本科教学,二是给本科生分配造成很大麻烦,这个矛盾一下子还解决不了,要逐步解决。总之,招生数量的发展,有个学生来源的制约问题,要考虑到。

第三个因素是经费问题:

现在培养一个硕士生经费要 4 千元,博士生 6 千元,还没有包括基建费。如果招生增加 1 千,就要增加 400 万元的经费,另外加基建,一个本科生基建费要 1 万,研究生还要多一点,就照本科生标准算,多招 1 千研究生,基建费就要增加 1 千万。另外研究生招多了必然影响到本科招生,研究生用房要比本科生要求高,要有做实验的地方,宿舍里总得要有桌子,要放书籍,一个研究生起码要占两个本科生的面积,所以要招 2.4 万人矛盾很大。

2.1984 年招生计划:

①国家计划招生数:

教育部与计委商量结果,1984 年计划数 19600 人,占申报数 80%,比 1983 年增加 38%。

计划分配原则:统筹兼顾,全面安排,保证重点,照顾一般。全国重点高等学校(科研机构)已获得硕士学位授予权的学科,专业基本满足;一般高等学校(科研机构)某些力量较强,已获得硕士学位授予权的学科,专业适当安排;尚未获得硕士学位授予权,但已具备招生条件的单位和学科、专业一般只能少量安排。(不超过计划数 15%)。

计划分配情况:(略)

1984 年我校除 280 名国内研究生计划外还有 16 名出国预备研究生计划

专业	人数	派赴国别	出国学习内容
理论物理	1	美(李政道项目)	理论物理
固体物理	1	美(李政道项目)	固体物理
化学工程(化学反应工程)	1	法	化学工程
高分子化工	1	加	聚合反应工程
化工自动化	1	法	系统工程

续表

专业	人数	派赴国别	出国学习内容
工业电子技术	1	日	工业电子技术
计算机应用(人工智能)	1	英	计算机科学
燃烧	1	加	燃烧学
液压传动及气动	1	荷	液压与气动
光学仪器	1	法	应用光学与图像处理
工业自动控制	1	法	(控制理论及应用)
工业自动控制	1	日	计算机实时控制
生物医学仪器	1	日	
金属材料及热处理	1	美(李政道项目)	材料科学
无机非金属材料	1	法	功能陶瓷
精密机械工程	1	意	精密机械

②委托培养:

为逐步打开硕士招生单位与用人单位直接挂钩的渠道,进一步发挥高等学校的潜力,高等学校可招收委托培养硕士生,其招生数不超过国家下达的计划招生数的10%。

(3)试办研究生班:

1984年拟试办社会学、图书馆学、新闻学及财经、政法、管理工程等少数学科、专业研究生班和公共课、基础课某些学科、专业研究生班。

研究生班主要是学习硕士生课程,学制二年,结业后分配工作。在工作中结合实际完成学位论文者,可向原学习单位申请学位,通过论文答辩者,可获硕士学位。

3.博士生招生问题:

黄辛白副部长讲:

81年招博士生400多名,82年招250,83年计划招生一千,看起来招不满,来源不够。硕士生发展这么快,博士生不大景气。这与国家现代化建设需要不适应。

博士生究竟要招多少算适应,现在也说不清,但按目前这样一年只招几百名,是不行的。美国一年招硕士三四十万,招博士三四万,硕士和博士大约十比一。日本大约是三比一的样子。我们要是十比一的话,硕士2万,博士就要2千;如果像日本的三比一,博士要招7千。现在讲7千要吓一跳,但我们肯定有达到这个目标的一天,而且不应是太远。我们现在高等学校的教师(包括专职科研人员)总数达32万,一半是讲师,算个大数,大约15万是讲师,平均年龄45岁,按照我们的退休制度,15年后这批讲师都要退。新的教师怎样接上来?15年之后,恐怕就要依靠77级、78级和以后大学培养的这批新人,这批人补充到学校,怎么提高,怎么晋级,要尽快考虑一套完善的制度,使他们能够专心做好本职工作,又能提高得最快。最近,我们找了几个重点校研究了这个问题,大家提出,77级和以后的毕业生留校工作要考虑怎样培养、提高,要升到讲师是不是都要有硕士学位,要升副教授是不是都要有博士学位。所有的学校一下子做不到,重点校是不是应首先做到。如果想这样,算一算,15年后,即到

1998 年左右，每年大约有上万个讲师要升副教授，与此相适应，也就是说每年要有上万人的博士学位。这还只是高等院校的需要，还有科研机构和生产部门也需要博士。当然当博士，除了招博士生之外还有别的办法。还要说明一点，目前在校的教授、副教授、讲师不能实行补考博士学位这一办法，否则要引起很大的波动，对当前工作产生很大影响，也没有必要这样做。我们国家建立学位制度时，蒋南翔同志在对人大常委会委员作的说明中讲到：按照国际上的习惯，教授、副教授都具有博士以上的水平。这一句话就把现有的教授、副教授都解放了，没有重新考虑的问题。讲师中有些是达到博士水平的，也有些是没达到的，是否现有讲师都来考一考。合格的授予博士，不合格的都不能当呢？这个办法行不通。所以学位委员会的文件中讲，现有的讲师不要引导他们都来考博士，还是引导他们做好教学工作，做好科学研究工作，提高水平升到副教授。但今后新的年轻的教师不能这样做，要考虑要博士，要硕士。从这个意义上讲，我们的博士学位十几年以后要达到每年授几千、上万。当前的主要问题是先做到一年招一千博士。这是可能的。我们批准有博士授权的点 800 多个，今年九月份又要进行第二批审查，加起来就要超过一千，那么一个点一年招一个不就一千嘛。以后要考虑发展，十几年后达到几千或上万人。还要考虑除脱产博士生之外别的办法，使得在工作岗位上提高也能得到博士学位。博士生招生完成计划不好，有些政策上的问题，但思想认识上、宣传上也有问题。

4. 考虑 85 年硕士生招生计划：

85 年按 2.5 万考虑。今后几年可按 20％～30％速度增长，各部门、各单位可根据需要，尽可能考虑长线和短线。先按短线考虑，最多能招多少？加上说明，报一个数字给教育部，教育部与计委商量，搞了预分计划。

三、1984 年招生办法

1. 扩大在职人员报考：

对于社会科学和应用科学的某些学科，从具有实际工作经验，特别是具有专业实际工作经验的在职人员中选拔硕士生。将有利于提高硕士生的招生和培养质量。

①具有两年以上工龄的在职人员申请报考硕士生，一般应予批准报考。这个问题，劳动人事部要专门发通知。两年工龄如何算？算到 1984 年 9 月，即入学时间为止，77 级、78 级毕业生都算具有两年工龄的在职人员。

②工作不到二年的，仍然要经单位领导同意，才能报考。

2. 推荐优秀应届本科毕业生报考硕士生

为了使优秀应届本科毕业生能够优先录取为硕士生，为了达到高校之间人才交流，1984 年规定，在应届本科毕业生自愿报名的基础上，组织推荐优秀毕业生。重点学校应把推荐优秀毕业生当作是自己的责任，可主动向有关单位推荐；招生单位主动向专业对口、信得过的重点学校联系推荐。被推荐的考生，经招生单位审查符合要求的，可以只参加初试，免去复试。如果入学成绩个别学科考得不够理想，还可以结合平时成绩和推荐意见破格录取。

推荐办法：由教研室提出，有关教师和室主任负责，并报请系、校审查同意。

3. 继续抓好改进考试办法的三项措施：

①全面推广综合考试。

83 年先后在中文、化学、机械三个学科试点，实践证明综合考试，有利于选拔优秀人才，有利于促进本科教学。

根据试点经验,综合考试一般以相当于一级学科(或相当于大学的系)进行命题为好,命题除面广一些,量多一些外,可适当出些综合性的题目。对跨系科报考的考生,可以采用原学专业的综合试题,由招生单位自定,综合考试作为一门正式考试科目,计入总分。

②全面复试。

在初试基础上进行复试,主要有利于对考生进行较全面的考核,特别是了解考生的思维能力和实际动手能力,观察考生有没有培养前途,对选好、选准考生是有很大意义,因此对参加复试的人员要求很高,要公正,要有眼力。导师要参加复试。

少数考生,如指导教师认为他对平时课程学习,实验技能和科研能力等情况确已了解,初试成绩又突出,经导师提出,系、校批准,可以不复试。

③加强毕业论文(设计)审查:

四、加强领导

黄辛白副部长讲,硕士生招生数量发展很快,工作量大,学校领导要重视研究生招生工作,要加强对研究生工作的领导,加强招生组织机构,增加招生工作人员。

整理汇报人

一九八三年九月十三日

浙江大学档案馆藏,档案号:ZD-1984-XZ-229

贯彻执行《通知》精神,积极进行系列改革

(1987年)

在国家教委下达《关于改进和加强研究生工作的通知》以后,我们结合本校的实际情况,在研究生的学位、培养、招生管理等诸方面均采取了措施,积极进行系列改革,我们的做法是:

一、建立和健全研究生思想政治工作体系。

研究生的思想政治教育由党委宣传部统一归口,由各系党总支负责实施。党委宣传部增设一名副部长专管研究生的思想政治工作,各系由总支书记(或副书记)分管,大系则增设一名专职总支委员协助书记工作,每70名研究生配备政治辅导员1人。

为了使研究生的思想政治工作落实到各个方面,还必须发挥行政机构的作用,校系行政部门要结合管理工作的各个环节齐抓共管。为此,研究生的管理方面由研究生院统一归口,由各系负责实施。研究生院由一名副处长专管此项工作,下设研究生管理科,管理学籍、奖惩、鉴定,处理助学金和奖学金有关事宜,进行研究生纪律和其他管理工作的检查,并对研究生会的活动进行业务指导等。各系有一位系主任(或副主任)分管,下设研究生秘书和教务员,系主任要抓好研究生导师责任制的落实,必须根据教书育人的要求遴选好研究生指导教师。

二、在社会实践中锻炼提高研究生的能力。

自1984年以来,我校就已利用假期组织研究生到各地进行科技服务和综合社会考察等社会实践活动。今年暑假则在总结历年工作经验的基础上,在研究生中全面展开。除了各系负责组织以外,研究生院还抓了点,今年的点是去我省贫困山区进行社会调查。

研究生会在社会实践活动中起了非常重要的作用。例如,去年他们在放假之前,就以信函方式,对省内各市、县进行科技发展现状的调查,又通过省科技咨询服务中心等单位征集了大量科技服务项目,然后将调查情况向有关专业研究生通报,发动研究生报名参加。由于准备充分,目标明确,故而取得了良好的效果。他们组织了二十几个服务队,解决了一百多个技术问题,受到有关市、县各级领导的高度重视和赞扬;他们办了二十几个培训班,给社会送去了现代化信息;他们在调查研究的基础上为开发贫困地区提出各种振兴计划。参加社会实践使他们增长才干,加深了对社会的认识,培养了社会责任感。

三、利用多种方式加强工程类型人才的培养。

1.积极进行工程硕士的试点。第一批确定30人,他们第一年在校学习,第二年有一年左右时间到生产单位去,结合生产实际,选择课题,开展学位论文工作。

2.学位论文课题直接为生产服务。这一类的研究生可以把课题带到学校来做,也可以部分或全部时间在生产单位做。

3.与生产单位联合培养。聘请高级工程师、研究员为兼职导师,与学校内导师联合培养,各取所长。研究生还可使用这些单位的先进仪器设备,提高论文质量。

4.扩大在职人员的录取比例,提高生员的素质。我校1985年录取的在职人员为32%,1986年为40%,今年已达到45%,明年计划为50%以上。

对录取的应届毕业生则鼓励他们先到生产单位工作2年,保留资格,2年后入学。

四、实行硕士导师审批制。

申请为硕士导师必须具备以下条件:1.学校已聘任为副教授(或相当于副教授)以上职务,能教书育人,为人师表。2.所在学科、专业已有硕士学位授予权(少数新兴学科除外),研究方向要有学术梯队。3.本人应有科学研究工作的经验,获得较高水平的科研成果,有比较稳定的科研方向、科研任务和科研经费。近年来不从事科研工作或缺乏科研成果的不能申请。4.已经讲授两届研究生的课程。5.能开出与本专业或研究有关的专业课。

凡未招收过研究生的教师必须按一定程序经过审核批准后方可招生,已招收过研究生的导师也要按以上条件进行复审,符合条件的方可继续招生。

五、制订具体规定,严格施行淘汰制。

我校已明文规定,一学期有二门学位课程不及格的;一门学位课程不及格,经补考后仍不及格的;学位课程考试成绩在45分以下的;未经请假,无正当理由,不参加学位课程考试的;平时学习不认真,不按时完成导师布置的学习任务,导师不愿意继续培养又无其他导师愿意接受的;博士生入学一年半后仍不能提出博士论文选题报告,导师认为无培养前景的,均作退学处理。此外,硕士生在课程学习结束提交论文选题报告后要进行资格审查。学习成绩差,全部修学课程中有三分之一或14学分的课程的考试、考查成绩在60—69分(及格)

者,或独立工作能力和科研能力很差,难以完成学位论文,或教学实践考核不及格者,作结业处理,分配工作。

六、广泛开通联合培养研究生的渠道。

1.与国外联合培养博士生。博士生先在校内学习一年左右,修完规定的课程,进行必要的外语培训(例如到非英语国家去的博士生),然后到国外,在国外导师指导下完成学位论文,再回国答辩,由学校授予博士学位。学校已与西德、美国、日本、加拿大、英国等国有关大学共同进行此项工作,学校之间、导师之间签订了协议,建立了联系。

2.与国内研究所、工厂企业联合培养硕士生。我校与上海光机所、沈阳金属所、杭州轴承试验中心等单位合作培养研究生,受到这些单位的欢迎与支持。研究生可到这些单位实习,接受对方单位有丰富实践经验的高级工程师的指导。

3.与国内有关大学联合培养研究生

例如我校应用数学系与北京师范大学数学系就签订了联合培养研究生的协议。双方互派研究生至对方学习,数量与年限基本相等,互不收费。研究生在对方学习期间,在膳宿、听课、政治学习、借阅图书资料等方面享受对方研究生同等待遇,学习成绩作为正式成绩,相互存档。

4.跨学科多导师交叉培养。我校近年建立了环境工程等交叉学科研究中心,研究中心招收的研究生由跨学科组合的联合指导小组培养,对学生进行多学科综合指导,以培养适合新兴学科所需要的人才。

七、加强管理,逐步完善检查制度。

过去几年我校进行了全面的研究生教育质量大检查,今年5月上旬又就研究生教育有关管理工作逐系(少数几个系除外)进行了检查。在检查中,对执行培养方案与培养计划、论文工作、教务管理、代培生管理、宿舍安排、档案管理等方面都发现了一些问题。我们把这些问题写成检查情况小结通报全校,并向校领导提出改进的建议。

八、缩短硕士生、研究生班的学习年限。

我校硕士生原学习年限为三年,研究生班为二年。现决定从1987级开始,硕士研究生学习年限为二年半(少数交叉学科和边缘学科可为三年,但需经研究生院批准),在职硕士生学习年限为三年,研究生班学习年限为一年半。研究生需在上述时间内分配完毕。因故不能如期完成硕士生学习任务者,先分配工作,并在规定限期内完成论文答辩者方可作为毕业生授予硕士生学位,否则只能按在职人员申请学位处理。

为了切实做好这一工作,我们对原培养计划进行了调整和修改并适当降低了学分数和教学实践时数,硕士生主要课程学习在一年内完成,学位论文和毕业分配在一年半内完成。

浙江大学研究生院

浙江大学档案馆藏,档案号:ZD-1987-XZ-68

研究生院1986—1987年度第二学期工作要点

(1987年)

上学期在全校全面开展研究生教学质量检查的基础上，修订了硕士生培养方案，并根据博士导师座谈会的精神，按规范化与灵活性相结合的原则，初步制定了博士生培养方案。根据国家教委文件精神，结合我校实际修订的研究生学则，加强研究生品德评定和学习管理，建立必要的筛选制度，已于1987年1月8日校长办公会议通过。开展了与国外联合培养博士生、研究生及在科仪系进行了研究生助学金改革的试点工作，继续推动交叉学科研究中心的建设与跨学科招收与培养研究生的工作。同时进行了重点学科的评审及省级筹设新学科点的准备工作。修订完善了研究生管理规章制度，推动校系两级管理，加强院的宏观管理工作，开始推行计算机管理。

下学期的主要任务是继续坚持改革，改进管理，全面贯彻国家教委关于改革和加强研究生工作的通知，进一步全面提高培养质量，使研究生教育更好地为社会主义和四化建设服务，具体工作为：

1. 树立全校办研究生院的思想，加强对研究生工作的领导和管理。首先要在党委领导下加强研究生的思想政治教育，在政治和思想品德上对研究生要有更严格的要求。马克思理论课要联系实际，要结合研究生的思想特点与他们关心的现实问题，有的放矢进行教学。研究生导师要教书育人，教师党支部要帮助研究生导师做好思想教育工作，同时还要充分发挥研究生党团组织及研究生会的工作，组织研究生进行自我服务，自我管理和自我教育。

研究生经费一定要用于培养研究生，努力改善培养研究生，特别是博士生的物质条件。

管理部门要努力改变工作作风，提高工作效率，深入基层，加强调研，管理工作要实现科学化、规范化。

2. 积极提高研究生的培养质量，适当扩宽研究生专业范围，扩大知识面，提高适应能力。重视新兴学科和跨学科专业研究生的培养，进一步完善硕士生和博士生培养方案，学位课程按二级学科设置，加强基础课程建设。在教委领导下，开好将在我校召开的全国研究生外语及数学二类课程讨论会。加强实践能力培养，努力开设现代实验技术课。积极建立研究生助教工作制度。研究生选课要结合社会的需要，工科研究生要注意有实践内容。提倡研究生去生产科研部门做课题，或结合学科特点，适当安排研究生到某些单位工作一段时间。

贯彻新的研究生学则，对在校研究生建立必要的筛选制度。

对研究生建立“吕氏奖学金”，奖励有研究成果的研究生。要逐步改革现行硕士生生活补助费发放办法，提倡勤工俭学和实行奖学金制度，继续做好科仪系的试点工作，总结经验逐步推广。

要根据教书育人要求，并兼顾研究生与本科生教学需要，遴选研究生指导教师。

立足于本国，并加强国际联系，吸取国外经验，继续做好与国外联合培养博士生的工作。作为国家教委第一批试点单位，一定要高质量完成任务，创出好经验，走出新的路子来。同时要努力扩大生源，做好博士生启动流动博士后流动站的工作。

3.继续改革研究生招生制度:

要扩大招收在职人员,改善研究生素质,扩大保留入学资格、工作两年后再入学的试点,同时要为在明年实行两年两段制考试办法做好准备。根据科研情况、师资力量、实验室条件、培养质量,国家需要、分配情况,逐步调整专业招生计划。

全校招生计划要贯彻"保证质量,稳步发展"的原则,硕士生招生计划稳定在540名,努力扩大博士生生源,在坚持标准,保证质量的前提下,争取能完成87年80名的博士生招生计划。要进行在职人员申请学位的试点,有条件的博士点,可试行招收论文博士的试点工作。

4.加强学科建设:

要抓好重点学科的校内评审,评上的学科,学校要予以支持,为申报积极做好准备。要组织好新的硕士点与博士点的建立,下学期要按照教委下放权限的有关规定,在14个一级学科范围内,有计划地组织好一批新硕士点的审批工作,一定要不负所托,确保质量。

同时要积极准备明年度经国家学科评议组审批的硕士点及博士点的申报工作。学校要有计划地给予支持扶持。要加强新兴学科、交叉学科及国家急需发展学科的学科点的建设。

加强交叉学科研究中心的建设,要发挥现有中心在培养研究生及科研方面的作用,积极筹备"系统工程研究中心"及"微电子研究中心",筹建"单晶光纤激光研究室"作为交叉研究实体,发挥我校多学科优势,进行高技术项目的合作研究。

浙江大学档案馆藏,档案号:ZD-1987-XZ-68

研究生院1993年工作总结和1994年工作要点

(1994年1月10日)

1993年对研究生院来说是团结战斗、取得较大成绩的一年。这一年中,研究生院在校长的直接领导、各系的积极支持和学校各部门的协助下,克服了人员紧张(有二人先后病休)、工作繁重、突击任务多的矛盾,全院同志团结一致,努力工作,圆满完成了各项任务,使我校的研究生教育上了一个新台阶。

一、学科建设取得重大进展。

几年来,我校在制订的切实可行的学科建设规划的指导下,经过艰苦的努力,1993年新批准建立六个博士点,包括工程图学以及第五批审批通过的凝聚态物理、生物化工、结构工程,半导体材料与器件、高分子材料等五个学科专业。至此我校共有35个博士点(列全国同类院校第二位),硕士点也有了相应的增加(如新批准的MBA试点等),达85个。

二、开展自行增列博士生导师的改革试点工作。

经过长期的努力,我校研究生教育取得了显著的成绩。在此背景下,国务院学位委员会办公室批准我校为自行增列博士生指导教师的首批17个试点单位之一。有自行审批权的一级学科是:数学、机械工程、仪器仪表、材料科学工程、动力工程及工程热物理、电工、自动控制、化学工程与工业化学等8个一级学科、20个学科专业点。通过严格评审共增列博士生导师34人,加上上报审批的新增博士生导师,我校现累计博士生导师108人。

三、硕士生和博士生的招生人数均达历史最高水平。

93年招收硕士生709人，博士生216人，在校研究生达2222人，其中博士生487人，在校研究生折合数与本科生之比已达1∶2.5，朝研究生教育与本科生教育并重的目标迈进了一大步。

93年在适应社会主义市场经济建立和发展的需要方面，也迈出了可喜的一步。共招收代培、进修研究生课程的各类在职人员(含论文硕士、论文博士)134人，他们大都在经济第一线担任负责工作。此举加强了学校与经济、工业界的联系，为学校面向经济建设主战场、开门办学创造了有利条件。

四、全面总结研究生院建院十年的工作。

按照国家教委研办〔1993〕12号文的精神与要求，我院对1984年以来试办研究生院的工作进行了全面、系统、深入的总结，进一步明确了今后的努力方向和目标，对我校研究生教育的发展，将会产生积极的作用。

五、为迎接学校教育工作会议的召开，研究生院主要做了三方面的工作。

1.参加学校重点学科建设工作和实施学科建设基金计划工作，为主完成了《浙江大学重点学科建设计划(草案)》、《浙江大学重点建设学科(学科群)计划》，上报国家教委"211"办公室。

2.围绕提高培养质量开展了一系列工作，主要是加强课程考试的规范和纪律，对研究生期终考试试场进行全面检查；在全校范围内进行了硕士研究生专业培养方案的讨论，在此基础上修订了硕士研究生专业培养计划，经多次反馈，正在定稿中。修订后的硕士研究生专业培养计划，将为研究生打下更为扎实的理论基础，更加宽广的知识面，更能适应经济建设和社会发展的需要。

3.组织系、研究生导师、管理干部撰写教育研究论文，已汇编成《浙江大学研究生教育改革与发展论文集》，由浙江大学出版社出版。

六、进一步推进研究生教育的改革措施。

除前述工作外，主要还有：进一步完善博士生助教制度，改助学金为奖学金；进一步试行硕—博一贯制研究生，93年遴选43名硕士新生为硕—博一贯制研究生；扩大自筹研究生的招生名额，在国家计划外，各专业的研究生导师有科研项目和经费，有好的生源，自筹经费招收的研究生可以不受限制，93年招收自筹研究生209人；申请开展博士后流动站工作的改革试点工作等。

七、完善规范化管理，提高管理水平。

93年坚持院务会议制度，并建立了学校研究生教育工作例会制度(含思想政治工作)；初步实现了招生、学籍、学位、统计、经费分配等计算机管理；全面修订各项规章制度，以适应形势的发展，提高规章制度的科学性，可操作性。

八、93年研究生院组织的多次大型活动。

举办的大型活动有：纪念包氏奖学金创建十周年，出版包氏奖学金十周年一书、印刷纪念封、图片展览等，国家科委、国家教委、省市领导到校祝贺，包氏家属致电路校长深表满意；

召开博士后工作经验交流会,举办图片展览,国家人事部、省人事厅领导到会,对我校的博士后工作给予高度评价;举办研究生田径运动会,近40%的研究生参加了各类竞赛项目;举办“浙江大学首届DMB节”,共收到科技论文220余篇,科技成果80余项。

九、积极开展教育研究,搞好宣传工作。

继续进行国务院学位委员会“八五”重点课题“中、日、美、英、俄五国工程研究生教育比较研究”(与高教所合作),并按照学位办的要求进行中期检查,研究生院组织完成的论文有7篇。93年编印“浙江大学研究生工作简报”八期,报道了一年中研究生教育的动态和研究生院的主要活动,起到了通报情况、交流经验的作用。编印了“浙江大学研究生招生简介”,扩大招生宣传,以吸引更多的优秀青年来校攻读硕士、博士学位。

十、日常工作。

研究生院的日常工作是大量的、繁重的,在全院同志努力下完成了各项工作,并有所进步和提高。下面简要列举日常工作的内容:

招生——编印硕士、博士生招生目录两套,回复考生信函3000多件,硕士入学考试220多门,博士生入学考试命题100多门,评阅试卷约8500份,硕士生报名、考试、录取一次、博士生报名、考试、录取二次,举办94年硕士研究生入学考试考前复习班二次。

管理——进行了研究生党建工作4的调查,并制定了研究生思想政治教育计划,举办学术讲座数次,评选各类奖学金获得者291人,三好研究生132人,优秀学生干部127人,先进班级5个,社会实践积极分子40人,查处违纪事件6人次,处理退学、休复学、转学等32人次,组织新生报到、注册、始业教育、开学典礼、毕业生的分配、毕业典礼、颁发毕业证书,指导研究生会开展各种社团活动。

培养——审查92级研究生学习计划、91级研究生中期考核,研究生课程评估和课程教学质量的调查,上课率的检查,修订硕一博一贯制研究生培养计划,制定研究生教学津贴标准及发放津贴,编制每学期课程一览表及课程表,研究生公共课的选课及成绩管理,期中考试课程及监考人员的安排,办理出国人员的成绩单、证书,其工作量比去年增加约70%。93年度与日本联合培养博士生的遴选与派出工作。

学位——93年两次共授予博士学位55人,硕士学位509人(其中外单位研究生3人,在职人员41人),校学位申请工作的检查、材料归档,颁发学位证书,在职人员申请学位的报名、收费、资格审查、综合考试、向学位办报送学位授予人员的软盘及有关材料,抽查复评硕士学位论文41篇,复评结果的统计分析,编印92年硕士学位论文摘要,协同管理科对入学的论文博士、论文硕士进行初审博士生副导师、硕士生导师的遴选及外单位兼职导师的评聘。

博士后——93年进站博士后25人,超过计划指标30%,出站博士后27人,目前在站博士后50人,申报信电、土木、管理三个博士后流动站的准备工作,指导博士后联谊会的活动。

包氏奖学金——二次包氏奖学金的报名、考试、审核等工作,共选拔94年派出人员20名,93年派出17名,为在国外的80人次拨款21万美元,为93年回国的15人办理有关手续,与国外人员的日常联系。

其他，浙江省学位授予人员的软盘检查、处理、上报，研究生院的档案分类、立卷、整理、登记、归档，月报、年报的统计，各系业务费、书籍费、设备费的发放，院内各科室经费的调拨、管理，三次研究生计划外酬金的核算、发放，研究生院计划外经费的管理，日常行政及对外联系、接待工作，是浙江省研究生学会的日常工作。

研究生院新一年工作思路是：在校长领导下，坚持改革，坚决把工作重点转移到加强和发展博士生教育上来，基本稳定硕士生培养规模、完善规范化管理，全面提高研究生培养质量。

94 年工作要点如下：

一、基本稳定硕士生规模，适度发展博士生规模，完成学校 94 年招收硕士生 700 名，博士生 250 名的任务。

二、积极争取开展“自行确定博士生导师”的改革试点。

三、在申报 211 工程中学科群论证、建设工作的基础上，开展博士点、硕士点的评估工作，加强博士点、硕士点的建设。

四、加强调查研究，建立博士生质量保证体系，进一步完善硕士生培养质量保证体系，全面提高培养质量(其中研究生的思政、党建工作。

五、积极开展教育研究，完成国务院学位委员会“八五”重点课题；同时积极探索校厂、校所、校院等不同形式联合办学的新路子，提高研究生教育主动适应社会主义市场经济和高新科技发展需要的自觉性，加大开门办学的力度，提高办学效益。

六、进一步探索简政放权，加强系(所)管理职能的措施，以及建立研究生院宏观管理的运行机制，不断提高管理和服务水平。

七、抓紧院内计算机辅助管理网络建设。

八、争取开展博士后流动站改革试点工作；继续做好包氏奖学金工作。

浙江大学档案馆藏，档案号：ZD-1994-JX11-1

研究生院 1995 年工作回顾和 1996 年工作要点

(1996 年 1 月)

1995 年工作回顾

1995 年是我校研究生工作取得重大发展的一年。在学校党政的正确领导下，在各兄弟部处和各系的大力支持下，研究生院全体同志齐心协力，克服了任务重、头绪多、时间紧、人手严重紧缺的各种困难，卓有成效地开展了各方面的工作。这一年里，我校招生国家计划内硕士生 721 名，博士生 348 名，全年招生数超过 1000 人，在校研究生规模近三千人，达到历史最高水平；举办研究生课程进修班 15 个，招收研究生课程进修生和论文进修生(即论文硕士、论文博士)550 多人，为学校创收 400 万元左右；审核授予硕士学位 529 人，博士学位 107 人；新建化学博士后流动站一个，招收博士后科研人员 28 名；通过国家教委组织的研究生院评估,跨入全国“十佳研究生院”的行列,受到国家教委表彰。

具体地说,去年的工作主要在以下几个方面:

一、学科建设和学位工作

1.进行博士点学科的基础建设工作,开发研制了学科点建设及评估的计算机数据库软件,完成了全校35个博士点学科在学术梯队、研究方向、科研经费与成果、学术论文、研究生培养数量与质量、实验设备与场地等各种基础数据的录入、修改,为学校在学科建设中的正确决策和博士研究生的培养管理提供了有效依据。

2.根据国务院学位委员会的统一部署,95年第一学期组织了学校“研究生教育与学位质量”检查评估专家组,对7个一级学科内的17个二级学科专业进行了检查评估,其中14个专业为A类,3个专业为B类。这些专业中的部分学科95年4月接受了上海市学位办组织的专家组实地检查,检查结果已报国务院学位办,将在全国统一公布。

3.1995年6月至11月,开展了硕士学位授权专业的自行审批工作。经学科评议小组专家评审和校学位委员会投票表决,通过了材料物理、城市规划与设计、市政工程、流体机械与流体动力工程、机电控制及自动化、建筑经济与管理、汽车设计与制造7个专业的硕士点建设,目前已报国务院学位办备案。

4.95年8月至11月,对我校数学、化学、力学、电工、计算机科学与技术五个一级学科的各博士点进行了评估,并向国务院学位办提出在上述五个学科进行按一级学科培养博士生和授予学位的申请。同时,组织各系进行了总数达22个的博士、硕士学位授权专业的申报工作,有6个博士点申请通过国务院学位办组织的通讯评议进入第二轮审批。

5.进行了我校自行审批增列博士生指导教师的工作。经各系学位评定委员会审核,校外相关的博士生导师同行评议,校学位评定委员会投票表决,在50多位申请者中遴选出34名教授具有指导博士生资格,从而使我校博士生导师总数达到175人,使全校2/3以上的教授具有指导博士生资格。

6.经国家人事部博士后管委会批准,我校今年新建化学博士后流动站,建站总数达到11个,覆盖28个博士点专业,建站数在清华、北大之后列全国第三位。经第四次修订的《浙江大学博士后管理工作实施细则》被全国博士后管委会办公室编入《全国博士后管理工作培训班教材》。我校的博士后工作多次受到表彰,在全国博士后管委会编印的《中国博士后》大型画册中,我校有7幅照片被选用,与北大一起成为该画册篇幅最多的两个单位。

7.1995接收博士后人员进站28名,其中计划名额22名,项目博士后1名,留学生2名,自筹资金3名。在全国17、18两批博士后科学基金申请中,我校有20位博士后获得资助,平均获准率达70%,是历来获得资助人数最多、获准率最高的一年。在站的博士后科研人员取得一批高水平的研究成果,如土木系夏唐代(吴世明教授领导)、光科系肖文(杨国光教授领导)的研究成果达到国际先进水平。我校有26项成果参加今年在北京举行的全国博士后科技成果展览会,受到李岚清、宋平、雷洁琼、李政道、朱光亚等领导和专家的瞩目与好评。1995年有15名在站和出站的博士后科研人员通过高级职称评审,取得副高职称。

8.根据国务院学位委员会的有关精神和学校具体情况,制订了《浙江大学博士学位论文答辩程序》、《浙江大学硕士学位论文答辩程序》、《浙江大学关于授予具有研究生毕业同等学力的在职人员硕士、博士学位实施细则》、《浙江大学在职人员申请硕士学位程序》、《浙江大学在职人员申请博士学位程序》、《浙江大学博士学位论文答辩发表学术论文的要求》等,严格学位授予工作,保证质量,提高管理效率和水平。

9.1995 年评审授予应届毕业生硕士学位 499 人,其中工学 397 人,理学 56 人,经济学 15 人,哲学 3 人,文学 4 人,法学 24 人;评审授予在职人员硕士学位 30 人;评审授予博士学位 107 人,其中工学 92 人,理学 14 人,同等学力申请工学博士 1 人。编印了 1994 年浙江大学研究生学位论文摘要,并建立起历年授予研究生学位人员数据库,已录入大部分数据。

二、日常教学和管理工作

1.作为研究生教学管理部门,筹备组织学校教学工作会议。在教学工作会议上,由吴世明副校长作《实施"211 工程"规划,把我校研究生教育提高到一个新水平》的报告。在教学工作会议休会期间,组织实施全校教学大调查的研究生部分工作,全院各科室干部均参加调查组,下 23 个系召开导师、研究生座谈会,整理书写调查报告 23 份,最后汇总形成"研究生教学期中大检查总结",对研究生教学的成绩和问题作出了全面客观的分析。在教学大检查的基础上,1995 年 12 月在全校教学工作会议上推出一系列教改措施,并提出了《浙江大学关于进一步改进和加强研究生工作的若干意见》。

2.对修订后的 94 级硕士研究生专业培养方案执行情况进行重点调查,反映出新的硕士生培养方案在拓宽基础、加强能力等方面受到师生普遍肯定。在此基础上,完成了 95 级硕士生学习计划的制订。对 93 级硕士生和 94 级硕博连读生进行了中期考核。

3.在充分听取各方面意见、积极吸取国内外高校先进经验基础上,认真总结和完善我校已实行六年的博士生"三助"制度,制订《浙江大学关于完善"三助"制度和优秀奖学金制度的决定》,于 1995 年下半年起实行。通过实行分类管理,把研究生的"三助"工作和奖学金制度有机结合起来。在博士生中设置教学助教岗位 120 名,基础助研岗位 50 名,导师助研岗位 179 名,校、系助管岗位 30 名。"三助"制度的改革和完善,在一定程度上改变了过去的"不论好坏,人人发钱"的大锅饭现象。为与"三助"工作改革衔接,调整了全校研究生各类优秀奖学金的等级标准,重新设立"研究生院奖学金"并支持各系增设主要面向研究生的"超星奖学金"、"爱华(魏氏)奖学金"、"卧龙奖学金"、"顶新奖学金"等。

4.根据国家教委颁发的《研究生学籍管理规定》,制订了《浙江大学研究生学则补充条例》,对研究生停学、预分配等问题作出适应改革形势的新规定。针对研究生申请自费出国留学、旅游、探亲人数日渐增多的新情况,重新制订了《浙江大学研究生自费出国留学的规定》和《浙江大学关于研究生出国出境旅游和探亲的有关规定》,既规范了学籍管理,又使研究生的合理要求能够得到满足。全年办理研究生休、停、复学 28 人次,退学 21 人,预分配 7 人,自费出国 55 人,收缴培养费约 130 万元。还办理研究生结婚证明 124 人。

5.开发研制成功研究生学籍计算机管理系统,组织各系的研究生秘书进行培训使用,定时进行校、系之间的数据交换,使研究生学籍管理更加规范化。利用研究生学籍管理系统,组织好每学期一次的研究生集中注册和补注册工作,对 95 春博士生和 95 秋博士生、95 级硕士生开展新生复查。

6.上半年完成 84 个硕士生专业培养方案和 800 余门研究生课程大纲的编印工作,成为研究生培养工作的重要依据。根据培养方案和课程大纲,加强研究生课程的管理和成绩管理,负责全校研究生公共课的安排,公共选修课的选退课手续。组织力量下系抽查研究生课程安排和成绩登记情况,及时处理存在的问题,并采取相应的措施加以改进。

7.核算全校研究生教学编制,业绩点及教学津贴,计算发放年度研究生培养费、科研津贴和计划外教育课时酬金。评选出1994年度浙江大学研究生教学成果奖三类三个等级共76项。

8.积极开拓对外联合培养研究生的新渠道。与日本工藤学园联合培养MBA工作正式运行。与美国仁熙理工大学联培MBA的招生工作已经着手展开。选拔6名博士生分别赴香港科技大学和香港理工大学进行联合培养,选拔4名硕士生到美国旭电公司马来西亚分公司进行合作科研,开创与国外大公司合作培养工程类硕士的先例。11月派员参加在香港、澳门举办的"中国第一届高等教育展览",介绍我校的发展和成就,提高了浙大在港澳的知名度,为向港澳地区招收研究生进行了准备。

三、研究生思想政治工作和社团指导

1.负责组织全校研究生的思想政治教育计划安排和落实,集中组织的活动包括

(1)请校党委书记梁树德同志为全校研究生党员600余人作国内外形势报告,受到热烈欢迎。

(2)在4月的校园文明建设月活动中召开全校研究生小班党支部委员、班长、团支书等骨干会议,广泛动员。并组织研究生院干部下宿舍检查寝室文明;6月贯彻国家教委严肃学风、考风电话会议精神,广泛动员,严格巡查,及时处理违纪现象,倡导优良学风校风。

(3)与党委组织部、校团委在上半年和下半年分别举办一期入党积极分子培训班;与组织部、学工部在下半年共同举办一期学生预备党员培训班;与组织部共同举办一期研究生党建骨干培训班;召开博士生党支部书记座谈会,落实博士生党建工作。通过抓党建、抓党员骨干,抓党外积极分子,发挥研究生自我教育和管理的作用。

(4)针对研究生学习、生活、思想状况组织较大范围的问卷调查。调查发出问卷1100份,回收741份,调查问卷面占当时在校研究生三分之一。问卷回收后的统计分析报告受到上级部门重视,被刊登在省高校工委的内部简报《高校情况》上。问卷结果也为我们对研究生开展有效的思想教育提供了重要依据。

(5)组织"弘扬一二·九爱国精神,为科教兴国作贡献"座谈会,纪念"一二·九运动"70周年。座谈会邀请了省政府、省人大、省高工委、省委组织部的领导和当年参加"一二·九运动"的老战士林志同志,使到会的博士生、硕士生和大学生受到深刻教育。省市多家新闻单位予以报道。

(6)积极安排研究生社会实践,由研工部组织三个小分队于暑期到深圳、东阳、磐安实习,使研究生受到教育。

2.进行研究生各类评奖选优工作

(1)评选1995届优秀毕业研究生52人,举行隆重的1995年研究生毕业典礼和学位授予仪式。毕业典礼后组织广大毕业研究生与校领导一起冒雨参加"把根留住"植树活动,使毕业研究生受到生动的爱国爱校教育。

(2)评定1995年各项研究生荣誉称号,评出三好研究生183名,优秀研究生干部155

名，研究生先进班级 8 个；评定 1995 年研究生各类奖学金，评出获竺可桢、宝钢、刘丹、吕氏、光华、研究生院、东港、阳光工程、顶新、远通、华为、爱华（魏氏）等各项奖学金研究生 845 人，组织了光华奖学金颁奖大会、优秀学生表彰大会。

3. 研究生社团指导

(1)在充分准备基础上，于 3 月 11 日召开浙江大学第十次研究生代表大会，选举产生新一届校研究生会委员会、主席团、各部部长。于 10 月 17 日召开浙江大学博士生第三次代表大会，选举产生新一届博士生分会主席团。由于准备工作充分、深入，两次选举均十分顺利，为研究生社团活动的健康开展提供了良好的组织保证。

(2)组织校研究生会、博士生分会的新老干部开展交流、联谊活动。邀请学校领导，后勤部门负责同志与研究生干部座谈，加强了学校与研究生的联系。

(3)精心组织浙江大学 1995 年 DMB（登攀）节，征集由研究生撰写的优秀论文和科研成果。应征论文 200 余篇，成果 20 多项，有 150 篇论文和 8 项成果获奖，并评选组织优胜奖三个系。DMB 节期间连续一个月几乎每天一场大型学术报告，邀请省市和校内的领导、专家和博士生上台，报告涉及人文社会、经济管理、社会热点、学术前沿各方面问题，听众极为踊跃，累计听报告者约 3000 人次，平均每位在校研究生听到一场，大大活跃了校园学术气氛。

(4)11 月中旬举办浙江大学 1995 年研究生运动会，有 25%以上的在校研究生参加了各项田径和趣味项目比赛及大会服务，推动了群众性体育运动的开展。

(5)与校团委共同进行参加全国大学生“挑战杯”比赛作品的征集、组织和评选活动。我校参赛作品多为研究生创作。

(6)5 月 13 日在西湖水面举行“足佳浙大杭大研究生划船对抗赛”，浙大队获胜。该活动得到省高工委、浙江足佳期货公司的大力支持。

四、招生工作和计划外非学历教育

1. 硕士生招生

组织 95 年硕士生入学考试，考试课目总计 212 门，评阅试卷 11880 多份，经过初试和复试，最终录取硕士生 721 名，其中国家计划内非定向生 481 人，定向生 49 人，自筹生 58 人，委培生 126 人，保留入学资格 7 人，录取硕士生人数超过历史最高年份。为了不断提高入学硕士生的生源质量，研究生院招办提前编印 96 年硕士生招生目录，及早开展招生宣传，并对每一位来访来函索取报考目录的人员给予认真答复。10 月下旬举办参加全国统一考试的考前复习班 6 个，参加复习人员达 800 余人。随后举办参加单独考试考前复习班 2 个。这对提高考生质量将起到积极作用。

由于社会主义市场经济建设的迅猛发展，社会对高层次人才的需求日趋旺盛，报考 1996 年硕士研究生的人数达 2473 人，比去年增加约 1/4。现已组织命题 150 门课程，密封试卷 8000 多份，分寄全国 220 多个考点。

为拓宽办学渠道，充分利用社会资源办学，经国家教委批准，同意我校在贵州工学院、北京石化管理干部学院、深圳蛇口工业区培训中心设立校外办学点，培养工商管理硕士（MBA）。三个点接受报名人数共 99 人。

2.博士生招生

1995年春季和秋季两次组织博士研究生入学报名、命题、考试、复试和录取工作,报名和录取人数都超过历史最高水平。全年共正式录取博士研究生349人,其中春季入学176人,秋季入学145人。

研究生院坚决贯彻学校重点发展博士生教育的战略决策,多种途径扩大博士生生源,采取了硕博连读、提前攻博、直接攻博、免试攻博等一系列吸引优秀生源的措施,并积极采取措施,调动博士生导师招生积极性。针对实际情况,修订完善免初试攻读博士学位条件,既保证优秀生源,又具有较强的可操作性。

3.计划外非学历教育

随着社会经济建设和科技的迅速发展,研究生计划外的非学历教育社会需求也越来越大。研究生院在没有增加编制人员的情况下,采取了各种措施,走出去,请进来,举办了多种类型研究生课程进修班,既有经管类的软科学,也有计算机、土木建筑类的硬科学;既有以在职人员申请学位为主的课程、论文进修,也有以提高素质为主的纯课程进修;既有杭州本地的生源,也有浙江地、县甚至新疆、贵州的生源。1995年共计举办研究生课程进修班15个,进修人员共550人,不仅为学校增加预算外收入327万元,更重要的是大大加强了学校与社会各界的联系,在科研工作、办学条件改善、提高学校在地方的声誉等方面都产生了积极影响,而且今后还将发挥重要影响。

五、其他工作

1.根据国家教委要求,统计、上报研究生院各项评估指标,完成浙江大学研究生院评估报告,形成《进一步办好研究生院的几点意见》上报教委。参加《中国高等院校研究生院》一书撰写。编印《浙江大学研究生院工作简报》2期。

2.评审1995包氏奖学金出国人员,首次采用量化考核办法,选出21人获得资助;修订包氏奖学金经费条例,获基金会通过;召开浙大包氏奖学金回国人员座谈会,为学校争创一流出谋划策;接收1996年包氏奖学金的报名申请。

3.负责1995年研究生教学文件归档工作,完善了研究生院文档计算机管理系统。

4.负责1995年浙江省学位授予情况统计的软盘申报工作。负责全省硕士研究生入学统考科目评卷工作,负责全省在职人员申请硕士学位的英语统考考务工作。

5.承担浙江省研究生教育学会秘书处日常工作,编辑出版《浙江研究生教育》杂志2期,主持召开全省研究生教育工作经验交流会,组织落实"浙江省博士生、硕士生教育座谈会"和全省研究生管理干部联谊会,邀请清华大学研究生院副院长林功实教授来杭讲学、讲座三场。

1996年工作要点

一、改革和规范博士生培养工作:要制订能适应世界科学技术发展需要、适合中国国情的博士生培养方案,规定博士生应具有的知识结构和配套课程;在各专业学科点建立博士生指导小组,发挥导师和学科点学术队伍群体作用及学校整体优势;要试行博士生资格考试制度,对博士生课程学习结束后进行遴选分流,不合格不进入博士学位论文工作;实行讨论班制度,列为博士生的必修课记载学分,以提高博士生跟踪学术前沿的能力;对博士学位论文的评审和答辩要更加严格和规范;博士生“三助”工作要不断总结经验,努力完善。

二、硕士生培养的改革:把硕士生培养的重心逐步调整到为经济建设和社会发展服务的方向上来,调整和确定不同类型、规格的硕士生培养目标,改变以往硕士生培养中的单一模式。在博士生招生较多的部分专业,试行缩短硕士培养年限,适当调整硕士生培养中课程学习和论文工作的比重。

三、树立研究生教育的全面质量观,高度重视研究生德育工作,引导研究生认真学习邓小平建设有中国特色的社会主义理论。要采取有效措施,切实加强系级研究生德育工作的力量,并注意把研究生德育工作与日常教育管理,导师教书育人紧密结合。积极准备承担第一届全国高校研究生德育工作研讨会在我校举行的任务。

四、积极开拓优秀生源,在确保质量的前提下继续适度扩大研究生招生规模,1996 年争取实现招收博士生 400 名、硕士生 750～800 名的目标,进一步提高研究生在全校学生中的比例,提高博士生在整个研究生中的比例。同时,还要开门办学,重视吸收有丰富实践经验和科研工作能力的企事业单位优秀在职人员到校深造。

五、以国家启动“211 工程”为契机,与兄弟部门配合完善重点学科建设计划,积极实施学科群及交叉学科研究中心重点项目,切实推动学科交叉的科学研究,适应高技术发展的需要。

六、采取有力措施,缓解博士后住房紧张的制约“瓶颈”,争取 1996 年招收博士后研究人员达到 40 人。继续做好博士后工作改革试点,积极扩大项目博士后、企业博士后的招收人数,并加强与宝钢、深圳的博士后流动站合作,联招博士后研究人员。要继续加强规范化管理,试行《录用博士后研究人员考核业务能力的量化条件》和《关于加强博士后出站前考核工作的实施意见》。条件成熟时争取新增 1—2 个博士后流动站。

七、加强对研究生计划外非学历教育的管理和规范。明确举办研究生课程进修班的管理程序,严格按照国家教委对在职人员申请学位的要求,保证学位授予质量。同时,要积极开拓办学渠道,加强与社会各界的合作,争取社会对学校研究生教育的各方面支持。

八、大力开展研究生教育研究,根据国家的宏观要求和我校的实际情况,确定课题指南,鼓励广大高校研究人员、研究生导师、研究生教育管理人员、党政干部都来关心、支持、参加研究生教育研究。投入必要经费,通过课题立项方式推动研究,广出成果,指导工作。

九、做好研究生教学、思想工作、日常管理、招生组织、文档统计等研究生院的其他各项工作。

十、完善和加强院、系、所三级的研究生教育管理队伍建设,确保我校研究生教育的规模、质量、效益的协调发展。

浙江大学研究生院

1996 年 1 月

浙江大学档案馆藏,档案号:ZD-1996-JX11-7-2

(二)研究生培养

1.研究生招生

关于1962年研究生招生工作总结报告

(1962年7月)

遵照中央教育部指示,我校在党委和校长的具体指导下,于五六月间选拔招收了研究生20名,招收学科为化工原理、理论物理、钢筋混凝土结构、固体力学、物理化学、化工自动化、铸造合金、有机化学、燃烧工程、土力学与地基基础等共10个。另外,并选送了2名应届毕业生报考中国科学院长春光学精密机械研究所。

现招生工作基本结束,现将有关情况报告如下:

这次招生工作,自5月8日开始至6月30日结束,大体以上可以分为三个阶段:第一个阶段从5月11日至5月22日,主要是进行计划安排和推荐报名工作,首先由南副校长亲自召集有关部门、系、组、导师做了部署,统一了思想,随后由周副校长向选拔专业全体毕业生和部分青年教师等800余人做了动员报告。各系又分头进行了深入的思想教育工作,启发毕业生志愿报名,并由系教研组同导师研究提出推荐名单,最后由学校进行了全面审核,确定了报考学生的具体人选。

第二阶段从5月23日至6月20日,进行了备考和入学考试工作,主要是安排考生温课、组织辅导,同时,进行了入学考试的命题和审题工作。研究确定了命题要求、命题范围、考试办法和评分标准,6月16日至20日举行了统一的入学考试。

第三阶段是6月21日至6月30日进行了阅卷、评分和录取工作,主要是组织有关教师进行了试卷的评阅,根据录取标准,提出了录取名单,上报校长审查批准,并报中央教育部和省教育厅备案。

上述各项工作的进行,都根据中央下达的关于1962年招收研究生问题的通知和1962年研究生选拔考试办法,以及高等学校培养研究生暂行条例(草案)等文件的指示精神。对于报考学生的确定,根据中央规定的选拔和报考条件和方式进行,采取了学生志愿报名,系、组、导师推荐,学校审核批准的办法,对考生的录取通过了严格的政治审查,健康检查和入学考试,贯彻了群众路线,掌握了宁缺毋滥,择优录取的原则,基本上保证了招生质量。在考生科目上,除根据我校实际情况免考政治理论外,一般都考了外文和基础理论课以及专业课2—3门。外文着重测验其对词汇、语法知识、阅读速度和翻译能力,基础理论、基础技术和专业知识,则参考大学教学大纲,着重测验对基本理论掌握的程度以及应用科学理论来解决实际问题的能力。政治审查和健康检查也都按照高等学校录取新生的各项规定进行具体的审核。

从招生录取的情况来看,今年招收的研究生质量是比较高的,开始时报名人数共有150人,其中报考科学院的有9人。各系推荐人数为63名,其中科学院5名。经过学校审核,最后批准的参加考试的共42名,其中科学院2名。经过入学考试,正式录取18名,选送科学院的录取结果未揭晓。平均分在50分,只有个别较差。

入学考试的总平均成绩为52.5分，其中最高平均成绩为86分，录取的平均成绩为61.7分，其中一般的最低的为43.3分，业务水平基本上都达到了预期的要求。同时，在政治条件和健康条件方面也都合乎规定的要求。虽然由于个别科目的试题要求过高，因而录取的总平均成绩不算高，但也反映了录取学生基本上达到了应有的水平。招生质量之所以较高，是由于这次投考的都是所在班级业务优良，思想比较进步，身体健康的优秀应届毕业生。他们在5年学习中大部分课程的成绩都是优等的，有的基本上都是优等，如12系潘鼎元5年中各考试课程的27个分次中有25个分次均为优等，在基础理论水平、专业知识、独立工作能力和外文方面都是较好的。通过招生考试，其中也发现了不少业务上拔尖的学生，如有机化学陆惠凤入学考试，总成绩平均分为86分，俄文90分，化学91分，有机化学80分，发展比较全面。据外语教研组估计，在录取的研究生中，有5人的俄语成绩优秀，可以提前通过而学习其他外语。在政治条件和健康条件方面，这次审查标准要求也比较严格，由于这次研究生录取情况比较好，因此导师们均感到比较满意，认为有很有培养前途，表示对他们好好进行培养。

这次招生工作之所以能够取得上述成绩，主要是：

1.上级指示明确，党委重视和校长亲自周密部署，系、教研组、导师积极负责，和学校各部门、各组织密切配合，充分发挥了各级行政组织的作用，通力协作，这是这次完成此项任务的重要原因。

今年的研究生招生工作，中央教育部有统一而明确的招生工作指示和具体招生办法，特别在选拔考试方式上做了详尽、切实可行的具体规定，保证了这次招生工作的正确进行。

2.党委和学校行政的重视。各级组织充分发挥了作用，从中央文件下达后，党委和行政会议对此专门做了研究和安排，并由南、周两位副校长亲自领导进行了这次工作，召开了一系列导师、系、教研组主任会议和命题会议，审题会议等，做了具体布置和反复研究，并认真听取了各方面的意见。周副校长还做了动员报告。由于党委和学校领导抓工作抓得比较细致深入，使得各有关单位感到要求明确，执行心中有数，因而措施有力，工作进行得比较顺利。同时今年的招生工作各系总支和系、教研组，各级行政也都加强了对该项工作的具体领导，发挥了较大的组织作用。各系总支和专业支部书记也都亲自领导和加强了对考生的思想教育工作，组织考生自愿报名。

3.研究生导师和基础课以及有关课程的任课教师，在此次招生工作中也都发挥了重要的作用。他们在工作中都是热情负责的，特别在推荐工作上，导师对于被推荐的学生的业务条件都做了严肃的审查，并积极地提出了推荐意见，同各级领导同志共同商榷。在考试科目和命题要求上，导师们都经过了慎重的考虑，认真地提出了具体的意见，如十三系导师仇俭教授，为了帮助普通化学教研组更好地掌握命题要求，特地草拟了一个命题范围，交给命题人做参考。在命题工作中命题人和导师一般的都很认真慎重，不少命题还经过了试做后，才正式确定下来。如热工基础理论陈运铣教授和自动调节周春晖教授，此次均由教师对命题做了认真试做，从而保证命题的正确性。物理化学严文兴教授不仅对命题亲自经过试做，而且还将命题答案和具体评分标准送交审题小组，进行审查，表现了高度的负责精神。俄语命题教师沈述询先生，在这次命题工作中反复地研究了中国科学院和上海交大的俄语试卷以后，针对我校学生具体特点，进行命题，掌握要求切合实际，恰如其分，从而通过考试，准确的考核了学生的真实水平。同样在指导考生进行温课备考期间,各考试科目的所在教研组均指派教师安排了较多时间对考生进行辅导。如外文教研组主任成章先生,为了帮助考生温课备考,一周特地安排了 4 个单位的辅导答疑时间,尽量满足考生的要求,对考生帮助很大。所有这些,都对保证今年招生质量起了很大的作用。

虽然取得了以上的成绩,但由于我校今年尚系首次按中央规定进行招生考试工作,还十分缺乏经验,因此还存在一些缺点和问题,这均有待于今后改进。

特此报告,如有不当,请审示。

附各学科录取名单(略)。

研究生招收工作组

1962 年 7 月 15 日

浙江大学档案馆藏,档案号:ZD-1962-XZ-165

1963 年浙江大学研究生招生工作总结

(1963 年)

我校招收 1963 年研究生的工作,在中央教育部的统一组织和具体指导下,已经顺利地完成了报名、政治审查、健康检查、入学考试和初步录取等阶段的工作。为了总结今年招生工作中的经验和问题,以便改进今后工作,现将上述各阶段的主要工作情况、存在的问题和改进意见总结如下:

一、基本情况

1. 今年我校经中央教育部批准招生的专业共 11 个,导师 14 位,计划招收新生 14 名,总计报名人数为 158 人,经审查确定不同意报考的 15 人(内健康条件不合格的 7 人,学历或资历不符报考条件的 7 人,专业知识不对口的 1 人),报名后放弃考试或中途弃考的共 44 人,实际参加入学考试的考生 99 人,(其中在职人员 20 人)。

2. 根据今年新生录取标准,我校仅有机化学(导师:杨士林),化工自动化(导师:周春晖),热能动力(导师:洪逮吉),燃烧工程(导师:陈运铣),金属学与热处理(导师:徐纪楠))等专业 5 位导师能录取到合格的新生。另外有物理化学专业考生〇〇,其政治、健康条件均合格,入学考试成绩略低于录取标准,但该生平时学习成绩优秀,科学上有培养前途,拟向中央申诉理由,予以录取。以上合计今年我校共可录取新生 6 名,完成原定招生计划数 42.86%(去年我校计划招生 20 名,最后录取 12 名,完成计划的 60%)。

今年没有录取新生的专业和导师计:理论物理(导师:王谟显),化学工程学(导师:周庆祥、侯虞钧),钢筋混凝土结构(导师:李恩良、高鉷),土力学与地基基础(导师:曾国熙),铸造用炉(导师:王启东),有机化学(导师:苏业洵)等 6 个专业、8 位导师。这些专业经导师和有关领导认真审阅了考生材料,并进行了审查了解后,因入学考试成绩普遍较差,没有一人符合中央规定的最低录取分数标准,或有个别考生考试成绩接近于录取标准,但其条件不好。根据“保证质量、宁缺毋滥”的选拔原则,我们认为应实事求是,不宜勉强录取。同时,这些专业可以利用这一年的间隙时间多做一些科学研究工作,创造更好的条件,以便明年或今后适当增加招生名额。

4.今年我校录取的6名研究生(需请中央核准予以录取的一名也计算在内),其政治质量与去年录取的研究生大体相当,若按照去年中央去年批准的高等学校录取新生的政治审查标准加以衡量,其中政治条件符合绝密专业录取标准的1人,符合机密专业录取标准的3人,符合一般专业录取标准的2人。这些新生中有中共党员1人,共青团员3人,群众2人,党团员占66.7%。(去年录取的12名新生中,党员1人,共青团员9人,党团员占83.3%)。(中略)今年录取的研究生的人学考试成绩和原有学习基础加以分析,我们认为:今年录取的新生的业务质量比去年有所提高,如今年我校录取的研究生的总体平均成绩为68分,外国语的平均成绩为75.5分,基础课的平均成绩为63分,专业课的平均成绩为76.6分。(去年录取的研究生的总平均成绩为67.1分,外国语平均成绩为77.8分,基础课程平均成绩为55.7分,专业课的平均成绩为68分)。这些新生中的5名应届毕业生原有学习基础,从5年内所学课程的考试成绩来看,均系各该专业中成绩最优秀(5年内各考试成绩均为优秀及良好,其中成绩优秀的课程占比例超过或接近全部考试课程的80%)的学生之一。另外,录取的一名在职人员,是58年清华大学本科本专业毕业,在校学业优良,已有5年实际工作经验(去年录取的研究生均系应届毕业生,没有在职人员,平时学习成绩属于最优秀的学生仅4名)。此外,从原学专业与录取专业的性质来看,今年录取的研究生中仅有一名从相近专业的考生中录取以外(即物理化学专业原学硅酸盐工学专业),其余新生的专业与录取专业性质基本一致。(去年我校从相近专业的考生中录取研究生的比重较大,有5名,占42%左右,由于改行学习,一般需要补课较多。)

二、动员和组织报考的工作

去年12月底中央发布全国招收研究生工作的通知后,我校即按中央指示,成立了招生委员会,在全校1900多名应届毕业生及900名左右青年教师中做了广泛的宣传和动员工作,并召开了一系列座谈会,积极动员平时学业优秀的学生报名,全校先后报名应试的应届毕业生共168人(其中报考本校专业的73人,报考外校的95人),占总数的8.55%,在职人员为10名。接着按照中央规定的工作进程和要求,完成了对考生的健康检查,向招生单位介绍考生全面情况以及审查报考条件和颁发准考证等工作。本学期开学后,组织全体考生和有关教研组进行备考和辅导答疑,以上这些工作由于要求完成的时间紧迫,在工作性质上还存在着一些问题,其主要方面可归纳如下:

1.从我校专业报考人员的情况来看,由于今年提前选拔和适当扩大了招生范围,对于提高新生质量起到了良好的作用。例如今年报考本校专业研究生的除本校应届毕业生73人,在职教师1名外,还有兄弟院校应届毕业生47人,各厂矿、学校、科研机关在职人员22人。根据考生所在单位介绍的情况加以分析,上述120名应届毕业生中,平时学业成绩属于中上以上水平的约占72%,而其中学业优秀的约为34%。如果从我校各专业应届毕业生中优秀学生报考研究生的人数来看,各专业的情况十分不同,如燃料化学化工专业84名应届毕业生中有学业优秀的学生17名,其中14人报考研究生;电机与电器专业15名学业优秀的学生中也有10人报了名,一般专业学业优秀的学生报考研究生比例约在20%—50%不等。但今年我校尚有无线电、电真空、半导体等5个专业的应届毕业生中没有人报考研究生。看来一般的规律是:凡本校招生的专业或相近专业优秀学生大多数都报了名,我校没有招生的专业报名的人就少一些;基础较好、创办较早的老专业应届毕业生报考研究生的较多,新办专业的毕业生报考的人数就少。其原因来自教师和学生两个方面的种种顾虑,如担心学生考不好会影响本专业的声誉。我校应届毕业生总考不过招生单位自己的应届毕业生,学生考不过教师等等。学业优秀的学生中家庭经济不甚宽裕的比较多,家长和学生本人总希望早日工作,帮助负担家庭生活。虽经动员说服,有的家长坚持不让子弟继续学习。此外某一专业中有一个优秀的学生报了名,别的同学往往认为反正考不过他就不敢报名。比较重要的原因,还在于今年从报名到考试的时间短,很多学生感到没有把握。

2.今年我校应届毕业生报考研究生的情况基本上是正常的,一般来说对于毕业实习、毕业设计等教学环节的完成没有很大影响。但是由于今年第一次实行全国范围的招考,加之审查时控制不严,有少数学生抱着试试看的好奇心报考。我校个别专业还存在着报考学生过多的现象,如工民建专业 90 名应届毕业生中有 18 名报了名(占总数的 20%),其中平时成绩表现较差的 10 人。勘探专业 48 名应届毕业生中有 13 人报考研究生(为总数的 30%),这种现象又无疑会给教研组的工作安排增加困难,那些原来学习不太好的学生反而因此影响学习。今后为了做到既充分注意广大优秀考生的来源,又能够保证教学工作的正常进行,建议中央把报考条件中思想进步、业务优秀两个方面统一规定较具体的标准,供考生所在单位及招生单位内部掌握,并在入学考试前能够有充裕的时间给考生所在单位及招生单位进行调查研究和认真审查的工作,以便适当控制报考人数的数量。

3.今年由于中央下达招生工作通知、组织备考和举行入学考试的时间十分紧迫,不仅使某些工作的质量有所影响,甚至一定程度上影响入学考试成绩。考生一致反映今年备考时间短,"匆促报名、匆促准备,匆促应试",开夜车的现象比较严重,即使这样的紧张准备还是不充分。如利用寒假备考的学生,在考试前一般只能把规定的考试科目的主要参考书(或所学的教本)复习一遍,根本没有时间结合指定的参考资料深入准备。在职人员一般只利用规定的 10 天备考假期。部分考生对政治和外国语在考试前没有进行过系统的准备。因此,我们希望并建议今后全国招生研究生的工作能提至前一年的六七月份开始,即在放暑假前就进行动员,开学后组织报名。至于入学考试的集中备考,时间安排在每年初(即第二学期开学初)进行还是恰当的,这一工作进程应予固定下来。这样凡有条件报考的在职人员和应届毕业生,能利用暑假、寒假和一个多学期的时间进行平时准备。此外,中央已要求各招生单位在认真吸取几年来入学考试经验的基础上,把招生专业的考试科目稳定下来,争取几年不变,以便考生准备。

4.今年我校应届毕业生和在职人员报名后没有参加考试,中途弃考的情况比较严重。据在本校考场和杭州大学考场两处的统计共有 58 人之多(其中报考本校的 25 人,报考外校的 33 人),为报名总数的 1/3。外校报考我校的 69 名考生中也有 19 人缺考。这一问题,事后我们还做了一些调查分析,主要有以下几种原因:①备考时间短,临考时还没有准备好,不敢应试。②报名时没有取得家长同意,寒假回家商量,还需要负担家庭经济等原因,说服不了家长,或自己动摇了。③缺考的人数多是属于平时学业不太好的,抱着凑热闹和碰运气的不正确态度报了名,以后又觉得与完成毕业论文有矛盾,怕毕不了业,因此事后变卦。个别人因上学期考试中,出现不及格的课程,只好应付补考。④个别单位准考证寄来得很迟。这些考生在寒假中没有领到准考证，对考试便毫无准备。也有个别单位原先没有给我校寄考试科目、参考书目，等到寄到时间已晚，考生来不及准备。⑤个别专业对报考研究生的学生支持和鼓励不够，对备考和补课安排不够落实，使他们产生了不必要的后顾之忧等等。我们认为：防止这种现象产生的主要措施是做好动员教育工作，严格入学考试资格审查，并给予充分的备考时间。

5. 对于向考生及所在单位索要报考材料方面，我们感到有如下问题需要改进：①今年各地、各单位对于健康检查没有统一的要求。我们在复查时，发现不少学校、医院的检查项目不齐，有的肺部没有透视，没有验血和大便等，建议今后全国统一"健康检查记录表"的格式，以统一检查项目的要求。②应届毕业生所在学校除向招生单位全面介绍情况外，还需提供各考生 5 年内所学课程及考试、考查成绩的详细材料。此项材料对于审查考生所学专业与报考专业是否相符，或决定可否录取等问题时，还是有重要参考作用。③凡具有同等学力的考生在报考研究生时，必须规定考生所在单位负责提供相关学历方面的证明材料(包括考生的在职期间曾进修过的课程进修的方式，曾负担的工作，对于工作能力，实际知识和技能的评价等等)，否则审查缺乏依据。④在考生登记表内，要求考生除写明是否党团员外，最好能列出在党内或团内曾任的职务和现任职务，便于将来录取后的培养使用。

三、命题和评卷工作

1. 今年政治理论课、外国语由中央统一命题外，我校自行命题的考试科目共 22 科(内基础课 10 门，专业课 12 门)，由招生委员会聘请校内水平较高的教师(讲师以上)分别组成各科命题评卷小组，每人每组 2—3 人。根据各招生专业课试题的性质，请校内较高水平的教授 7 人组成审议小组，对各科试题的内容，命题要求和原则的掌握进行审查，提出修正意见。类似高等数学等公共基础课的试题，还请命题小组负责人列席审题会议，进行详细深入的探讨。

2. 在命题工作开始前，曾组织命题小组负责人及命题小组认真学习和领会中央指示精神，并具体深入地讨论命题的范围、原则和要求等问题，统一认识后分头执笔命题。

3. 从考试结果和考生反映看，我校今年多数考试题目的命题范围和要求掌握较好，能够鉴别不同程度学生的不同水平，但还存在以下问题，需要改进：

①物理化学专业，物理化学课程试题的要求偏高，个别题目连本专业考生也无法解答，且分量很重，计算的内容较多，多数考生不能在三小时内完卷，少做其中一、二道题。存在类似问题的还有结构力学课程。

②高等数学课程，各专业指定的参考书范围太大，且指明要复习数理方程、复变函数等专业部分，但在命题时考虑到照顾不了各专业的不同，要求把命题范围压缩在基础部分，因为考生备考时把注意力集中在专业部分，对基础部分的复习不够深入，因此考试结果不是很理想。

③今年我校金属学与热处理专业所提供的考试科目不太恰当，该专业应该考"物理化学"，但因确定考试科目比较匆忙，缺乏详细研究，以致定为"金属物理"。很多考生(包括本专业的应届毕业生)没有系统学过这门课程，备考时得重头准备，而命题人为了照顾考生的困难，尽量放低要求，题目较容易，不易正确反映考生的真实水平。

4. 除外国语和政治理论课在考试后，由我校有关教研组组织评卷外，其余各科仍由各命题组评阅试卷。为了有利于做好考生成绩的保密工作，我校采取在指定地点集中阅卷的方式,阅卷完毕后,还组织各命题小组对今后考试结果、命题范围以及答辩中存在的问题进行分析讨论,以便改进今后的工作。

今年我校评阅工作开始时,政治理论、英语、材料力学、建筑力学等少数课程,只有一人评卷(政治课共三人,实际上是一人一题分工评阅),缺乏相互商量,容易产生偏见。在发现这一情况后,及时调整了某些评阅小组人选。特别是政治理论课的评阅工作,差不多动员了马列主义基础课全体讲师以上教师共同进行,对于参考答辩和评分标准进行了仔细的学习和详尽的研究,然后分组分题评阅。

5.对今年外国语试题的意见:

1.根据我校外国语教研组有关教师的讨论和考生的反映,对于外国语试题的共同意见是:

①作为研究生入学考试的外国语试题,包括语言基础和短文翻译两部分是正确的,特别是比较全面地测验了考生对语言基础的知识的掌握程度,这对于通过考试真实地反映了考生的外语水平起了良好的作用。

②试题从语言基础部分的内容就比较典型、全面,能够反映考生灵活应用语法知识的能力,特别是其中词组部分内容最好,对形动词和副动词的要求太低,(即指定动词,只要考生进行变格),句型分析太容易(如 Komopou 等定语复句、句型欠复杂化)。有些词汇对于工科专业考生不够典型(如试题中有一些这样的词汇"我们家到学校的每棵树,每块石头都是熟悉的")。

④短文翻译部分一致认为这段短文的题材不能够反映科技书刊文章结构的特点,一般来说,句型都比较简单,多数是简单句,特别是"考试"一段与工科专业学生学的内容相距太大。对于翻译材料的分量,对考生感到较轻,大多数人在一小时左右已经翻译完。我们的意见:今后理工农医各类专业外国语试题,特别是翻译部分,应分别命题,词汇和语法尽量契合学生已学的内容,体裁要反映科技书的结构特点,语言材料要灵活一些,分量可以适当加重一些,这样才能够测验出考生对语言材料掌握的实际水平。

⑤根据培养研究生的要求和计划安排入学考试时,各招生单位不必加试专业外语材料的翻译,因为对于确实已经掌握第一外语的优秀新生,入学后可提前通过第一外语的考试,一般来说最近几年招收的研究生其专业外语的阅读能力尚需要继续培养和提高。

⑥今年的应届毕业生过去学外语时全国无通用教材,指定统一考试参考书有些困难。但是没有统一指定的参考书对于在职人员的备考有较大影响,因为有些在职人员参加工作后很少接触外文,复习时感到无从着手。因此我们意见:今后可以全国通用教材为主要参考书,词汇和语法可以用清华大学所编手册或其他为参考资料,以便考生复习。

⑦关于参考答案和评分标准,我们觉得是具体可行的,但也有如下问题可以商榷:对翻译部分的漏译和扣分问题,若考生仅译出一半,按漏译扣分计算,便为 0 分是否妥当?其次是长句和短句同样扣分也欠合理,语言基础按错扣分是否过宽?连词造句,标点符号未记分是否欠妥?

6.对于政治理论课试题的意见:

根据我校马列主义教研组有关教师的讨论和考生的反映,对政治理论课试题的共同性意见为:

(1)由于58年以来,各校政治理论课的教学内容不一,没有系统的学完三门基础理论课，在这种情况下，今年的试题是合适的，这些题目虽然是当前重大政治问题，测验了考生平时是否关心政治和国际形势，但是正确系统的论述这些问题，又必须具有一定的政治理论基础，因此也能反映考生对马列主义基本理论的掌握和运用。

(2)随着高等学校政治理论课的恢复和加强，对于今后研究生入学考试的命题要求相应提高，除了今年这种类型的题目应有一定比重外，应加试中共党史、政治经济学和哲学的基本理论的试题，以测验考生的政治理论水平和联系实际的能力。

(3)对于参考答案，我们意见是：在要求上存在过高的偏向，论证的主要要点规定的过分具体，而且面面俱到，与考生实际水平有一定的距离，在阅卷过程中易于形成死扣。因此今年考试的结果是题目并不难，但成绩不理想(我校最高成绩为 77 分，平均为 45.7 分)。

(4)对于是否要指定参考书，考生的一致反应是：最好能够指定一些教科书以及规定一些需要测验的重大政治事件的范围。

四、入学考试的组织工作

今年我校既是招生单位，又负责组织集中考场的任务，在本考场应试的考生 162 人中，其中报考本校的 80 人，外校委托代考的 82 人(属于清华、交大等 22 个招生单位)。这些考生报考的专业总计达 48 个，不同的考试科目 130 余种，由于中央的具体指导和各兄弟单位的密切配合，基本上按要求完成了这一比较复杂的任务。

根据以往经验，为了组织好这次入学考试，我们进行的主要工作是：

1.合理布置试场，我校共分设三个试场，本校各专业考生约 80 人，集中在一个试场内应试。外校委托代考的考生分别在两个试场内应试，每一试场 40 人左右，按报考学校和专业，把试场分为几个区域排定席位。

2.认真组织监考人员学习监考业务。今年我校共组织监考人员 19 名，负责各试场监考工作，考试前学习了“中央关于组织研究生入学考试工作的若干注意事项”，明确分工和任务。

3.在考试前把试场纪律和注意事项对考生进行宣传教育。

4.监试人实行分区包干，管理试场的办法，在考试前一二天，由专人按各单位各专业考试日程及试场内监考人的分工，把试题进行反复核对，先行整理，避免在试场内错发或造成混乱。

5.指定专人负责，严密保管和分发试题，防止泄密、失密。

6.给外地考生提供食宿以及参加辅导答疑的方便条件。由于认真进行了上述各项工作，今年本校考场的考试秩序较好，没有发生泄密、失密等事故。

对于今后组织全国研究生入学考试工作，有如下几点建议和意见：

1.各招生单位应有印刷清楚，经过核对的标准试题，寄给委托代考的单位，以供监考人使用，否则监考人无法解答考生所发现的试题中字印刷不清楚的询问。

2.今年各考场所制试题页数不等，如有失落也难以发现和判断。建议统一规定。

3.试题试卷应由监考人在考试完毕后，经过反复核对，在试场内亲自加以密封，由负责集中考场的单位汇集，迳寄招生单位，并规定：在评阅前任何人不得拆封，以免在传递过程中，发生舞弊或失落等意外事故。

4.建议在试卷上改用密封件或填写准考证号码，不具考生姓名。评卷人认为：对于本校本专业的考生比较了解，特别是对于平时学习好的学生，往往有某种“先入之见”，阅卷时容易产生偏见甚至照顾，难以正确评分。

5. 招生单位在印刷考试日程表时，最好注明各考试科目在考试时需带工具或资料。今年我们发现在招生单位事先没有通知，考生没有准备，因而影响成绩或形成被动。

五、录取工作

根据中央对于研究生新生录取工作“既要充分尊重导师意见，又要严格审批手续”的指示精神，我校先由招生委员会办公室提出初步录取意见，送各系主任会同导师认真审阅各专业考生成绩及有关考生的报考材料，并在可能范围内进行深入调查研究。然后根据录取标准提出初步录取名单的意见，交招生委员会讨论通过，最后报校长提交校务委员会审查批准，上报中央教育部。

对于中央所规定的今年研究生新生录取最低分数标准，我们认为：虽然在要求上比去年更高，更严了，但这是完全必要的和合理的。实践经验证明：今年新生入学水平是保证培养质量的关键，坚决贯彻执行“保证质量，宁缺毋滥”的选拔原则是完全正确的。

今年从兄弟招生单位转来的第二志愿考生材料共三份，经过导师和有关部门的审查，均未能录取。其原因主要除了主要是政治、健康和入学考试成绩等各方面条件没有我校已确定录取的理想之外，还有的是因为第一志愿报考专业系相近专业，考试科目和命题要求与我校存在很大差别，要正确判断其水平比较困难。

座谈中有人提出：在专业目录确定以后，能否逐步将各专业的入学考试科目统一起来。

关于录取工作的进程中，规定转寄第二志愿单位考生材料的时间太紧(4 月 20 日下达通知，在 4 月 30 日前要求寄出)，使各招生单位缺乏充裕时间进行研究，今后能否适当延长。

(本总结根据中央教育部指定的参考提纲写出)

浙江大学档案馆藏，档案号：ZD-1963-XZ-153

浙江大学招收攻读工程硕士学位研究生方案(初稿)

(1984 年 11 月 1 日)

培养工程硕士(暂定名)学位研究生，作为我国硕士学位中的一个类别。随着我国社会主义经济建设的发展，整个国民经济体制的改革，对现有老企业的技术改造以及世界范围内新技术革命的兴起，日益显得迫切和急需。目前我国培养的工学硕士研究生，偏重于研究型，比较适合分配在学校、科研单位工作；而生产单位则很需要应用型的高级科技专门人才，作为高级工程师、总工程师的后备军。同时高等工科学校，长期来与生产实际有着密切的联系，培养应用型的工程硕士研究生更有他的优越条件，可以为国民经济的发展作出更大的贡献。

一、培养目标

攻读工程硕士学位研究生(以下简称工程硕士生)的培养目标，应坚持德智体全面发展，又红又专的社会主义方向；坚持理论与实际相结合的方针，坚持质量第一的原则。根据工程硕士的特点，在培养中应强调密切联系生产实际，以及运用现代技术解决生产问题的能力。具体要求是：

1.工程硕士生必须进一步认真学习、掌握马列主义的基本原理,逐步树立无产阶级世界观;坚持四项基本原则,热爱祖国;遵纪守法,品德良好;服从国家分配,积极为社会主义现代化建设服务。

2.工程硕士生必须在本门学科内掌握必要的基础理论,新的实验技术和设计理论知识,一定的经济、管理知识;掌握一门外国语,能熟练地阅读本专业的文献资料,和撰写论文摘要;具有从事科学研究的初步能力以及运用新的实验,设计方法和手段,独立担负专门技术工作的能力。

3.具有健康的体格。

二、学习年限

工程硕士生的学习年限一般为二年,其中课程学习不超过一年,参加生产实践半年左右,学位论文(设计)为半年左右。各招生专业可根据工程硕士生的不同经历,作出具体安排。

三、培养方式与方法

采取系统理论学习和生产实践相结合的培养方法,理论联系实际。在打好必要的理论基础的同时,特别要重视新技术、新方法和计算机的学习和应用。加强实验技能的锻炼,参加生产实践,培养独立解决实际问题的能力,以适应经济建设的要求。

四、课程设置

工程硕士生的课程分必修课和选修课两类。自然辩证法、第一外语、工程数学和根据各专业培养计划确定的基础理论课,专业课,(包括实验技术课)经济、管理等课程以及文献阅读和检索课属必修课,必修课要有教学大纲,明确的学习要求和必读的文献、参考书目。为了扩大专业知识面,适应科学技术的发展,活跃学术思想,工程硕士生还可在导师指导下,跨系、跨专业选修少量的课程(属选修课)。

必修课要考试,选修课可以考试或考查;考试、考查均可采取多种方式进行。

考试采取百分制记分,考查采取通过,不通过记成绩。

1.必修课。

公共课	学时	学分
自然辩证法	3/周	3
第一外语	4,3/周	4
工程数学	4/周	4
经济、管理类	4/周	4
计算机应用	3/周	3
专业基础,专业课	6/周	6
文献检索和阅读	2/周	2
2.选修课	4—6/周	4—6
		30—32

五、生产实践

工程硕士生在学习期间,应有一定的时间到工厂或工程单位,参加生产实践和论文的调研工作,接触实际,深入了解生产或工程中的实际问题,时间可根据工程硕士生的具体情况而定,一般为6个月。

六、学位论文(设计)

工程硕士生的学位论文的课题应是工厂或工程单位中需要解决的实际问题。可以是工艺改革、新产品试制、设计、新工艺的研究,也可以是某工程或某工程中的主体部分的设计。因此工程硕士生论文质量的评价主要应看其对生产、对国民经济的作用,所产生的经济效益如何而定,不要过分强调论文的理论性和新见解。从工厂来的研究生也可以在导师指导下回厂做论文。

七、招生办法

可以采取如下几种方式:

1.大学本科应届优秀毕业生,可以采取推荐、考核办法,经学校批准后,不做毕业论文,参加生产实践6个月。经所去单位鉴定,表现优良者,正式录取为攻读工程硕士研究生。如在此期间表现不好,则取消研究生资格,补做论文,合格者准予大学本科毕业分配工作。在校学习期间享受助学金待遇,毕业后国家统一分配到工厂,工程单位工作。

2.大学本科毕业生(包括同等学力)已在工厂从事技术工作一年以上,年龄在37岁以下,表现优良,经所在单位推荐,参加研究生入学考试,成绩合格者(适当放宽录取分数线),可以优先录取,享受原职工的工资待遇,毕业后回原单位工作。如不回原单位,要赔偿在学习期间原单位所支付的工资。

3.非工厂、工程单位的本科大学毕业生(缺乏实践经验者),或外校应届大学本科毕业生,录取为工程硕士研究生者,同本校大学本科应届毕业生一样,应先去工厂或工程单位参加实践6个月,经鉴定合格者方可正式攻读工程硕士学位,学习期间享受助学金,毕业后由国家统一分配。

4.今后应逐步扩大从生产单位招收有实践经验的大学本科毕业生攻读工程硕士学位,并增加推荐的比重。

七、招生计划

1985年我校拟招收攻读工程硕士学位的研究生100名,招生系和专业为:

电机系电机专业10名,力学系10名,化工系化学工程专业10名,

热物理系10名,土木系结构工程专业20名,机械系机械制造20名,

材料系金属材料20名

八、发展规划

随着国民经济的发展,工程硕士研究生的需求量势必日益增加,我校拟在原有研究生规划数字外到87年再增加招收工程硕士研究生:85年100名,86年150名,87年200名。

浙江大学
一九八四年十一月一日

浙江大学档案馆藏,档案号:ZD-1984-XZ-229

关于委托培养硕士研究生招生工作的规定

(1985年11月8日)

〔85〕浙大发研013号

各系：

高等学校招收委托培养硕士研究生是我国研究生招生计划和毕业分配制度的一项重要改革，它对高等学校加强社会联系，挖掘潜力，培养更多的研究生，更好地满足社会对高级专门人才的需要起了积极的作用。为使我校招收委托培养研究生工作有计划、有秩序地进行，使之成为国家招生计划的重要补充，特制定委托培养硕士研究生招生工作有关规定发给各系，请认真执行。

一、凡委托培养硕士研究生必须由委托单位按我校招生目录规范提出学科研究方向，代培人数的要求，由我院和委托单位草签合同后列入我院招生计划，开展招生工作。委托单位需要支付招生手续费100元。

委托培养业务费和基建费按浙大发计〔1985〕130号和浙大发基〔1985〕300号文件规定收取(培养费每人每年5000元。基建仪器设备费每人5000元)。

二、各系各专业在完成国家计划指标的基础上，按统一标准录取代培生，尽可能完成委托培养生的招生任务。

三、各系在招生录取工作中。应在我院提出符合录取分数线的初选名单内选拔并与应试考生协商，征得考生的同意。在考生自愿向委托单位写出保证书后，再邀请委托单位参与审查，且与考生直接签订合同，然后由我院与委托单位签订正式委托代培合同书，一并经公证处公证，方可正式录取。代培生不得中止合同另找代培单位，委托单位必须严格执行合同。

四、委托单位推荐在职人员应试，符合我校规定的录取分数线者要优先录取。

五、委托代培研究生录取后，凡属原单位推荐代培的，一律不转人事档案、户粮关系和工资关系，工资由原单位发放(包括副食补贴)录取的其余考生直接到我院报到入学(户粮关系，工资关系一律转入我校)，不再办理去委托单位报到手续。

为使代培硕士研究生毕业后顺利到达委托单位工作，根据国家教育委员会有关规定，我院将把委托代培生的毕业证书、学位证书、党团关系、人事档案、户粮关系、硕士派遣证等直接转交给委托单位。

六、委托代培博士研究生和研究生班研究生参照上述规定执行。

浙江大学研究生院
一九八五年十一月八日

浙江大学档案馆藏，档案号：ZD-1985-XZ-120

浙江大学关于1985年招收攻读博士学位研究生的规定

(1985年)

为了加速培养高级科技人才,对1985年招收博士研究生工作,作出如下几点规定:

一、凡有权授予博士学位的学科点及导师,一般都应招收博士研究生,如有特殊原因不能招生的,须经院长批准。

二、1985年博士研究生招生报名时间为3月11日—4月11日,入学考试时间为6月1日—6月4日,入学时间为九月份。

三、根据教育部规定,凡符合下列各项条件的人员均可报考:

1.熟悉马克思列宁主义和毛泽东思想的基本原理,坚持四项基本原则,品德良好,遵纪守法,勤奋学习,决心为社会主义现代化建设服务;

2.已获得硕士学位的在职人员,应届毕业的硕士生(最迟在录取前能够取得硕士学位),或具有同等学力者;

3.身体健康,年龄一般不超过四十岁;

4.有两名与本学科有关的副教授(或相当职称)以上的专家推荐。

四、符合报考条件的人员在报名时需通过考生所在单位向本校送交:

1.报考博士生申请表;

2.专家推荐书;

3.硕士课程学习成绩单、硕士学位论文全文和评议书;

4.硕士学位证书或证明书;

5.体格检查表;

6.政治审查表。

同等学力者不交3、4两项材料,但应当开列已经学过的硕士课程和寄送在公开发行的刊物上发表的与硕士学位论文相当的学术论文全文。

五、导师可以与有关高等学校、科研单位或有关专家联系,请他们推荐考生。

六、入学考试分为初试(笔试)和复试两个阶段,科目包括外国语,马列主义理论课(以自然辩证法为主,硕士毕业生免考)和2—3门业务课。业务课科目,由导师提出,经系主任同意,报院长批准。(附注一)

七、继续试行选拔优秀硕士研究生直接攻读博士学位研究生。符合报考条件的我校83级硕士研究生,若其必修课程成绩优秀,可由本人提出申请,硕士指导教师推荐,教研室提出意见,系审核并组织考试小组(三名以上副教授或相当职称的专家组成)对考生的外语水平、专业理论基础和科学研究能力等各方面按该专业博士生入学水平要求进行严格考核。成绩优良者经研究生院院长批准直接转为博士研究生,从批准之日起攻读博士学位,享受博士生待遇。

选拔优秀硕士生直接攻博的工作必须认真进行,从严掌握,保证质量,一般以每位导师一名为宜。

各招收直接攻博研究生的学科专业必须留有足够的名额供公开报考。直接攻读博士生的考核工作,在1985年3月进行,录取后4月份入学。

八、本校硕士研究生，能在 1985 年 6 月前毕业或通过硕士学位论文答辩者（包括提前毕业），均可报考。

本校在职教师，有志攻读博士学位而又符合报考条件者，均可报考在职博士研究生，其学习年限为 3—4 年。

九、录取博士生，一定要严格掌握标准，坚持质量第一，根据德、智、体全面衡量，择优录取，确保质量，宁缺毋滥的原则，由导师对考生材料（业务材料应包括：专家推荐书、论文、论文评语、硕士课程成绩，入学考试成绩，面试情况等）全面审查后，提出初步录取意见，经系学术委员会审核通过，政治审查工作由各系党总支负责，最后，由院长批准确定录取名单。对在职考生、外单位考生和跨学科考生应优先录取。录取工作必须严格保密，评语、考试成绩等不能向考生泄露。

十、博士研究生入学后，关系落实到导师所在的教研室（研究生参加该室的有关政治和业务活动）。

附注一：

在所指定的业务考试课程中，若考生在某门课程上已取得良好的成绩（如主讲过该课程并取得了良好的教学效果，或者在该课程的某些方面已取得科研成果等），可由本人提出申请，副教授以上的专家推荐并提供该课程教材、成果内容或论文等，经研究生院院长批准后，免考该门课程。

浙江大学档案馆藏，档案号：ZD-1985-XZ-120

浙江大学招收博士研究生推荐免试暂行办法

（1986 年 3 月 21 日）

各系、各博士点：

培养博士研究生，为国家输送高级科技人才对社会主义建设具有重要意义。为促进硕士研究生教学，提高博士研究生素质，加快人才培养，我校在博士生招生工作中继续试行推荐免试办法。

一、推荐免试类型和条件

1. 提前攻博

在学硕士研究生学完硕士学位课程，取得规定学分后免做硕士学位论文直接转为博士研究生。

提前攻博必须符合以下条件：

(1)坚持四项基本原则，品德良好，遵纪守法；

(2)身体健康；

(3)学位课程优秀，考试成绩均在 85 分以上；

其他课程考试成绩也须在 75 分以上；已获得规定的学分；

(4)具有较强的科研能力和实际工作能力，并已取得较好的科研成果。

2. 直接攻博

应届毕业硕士研究生免试直接攻读博士学位,在硕士学位论文的基础上进一步将其发展为博士学位论文。直接攻博不进行硕士学位论文答辩,不授予硕士学位。

直接攻博必须符合以下条件:

(1),(2)同1.(1),(2)。

(3)课程学习成绩优秀,并已取得规定学分;

(4)具有较强的科研能力和实际工作能力,其硕士学位论文优秀,并进一步发展成为博士学位论文。

3.单科免试

在所指定的博士生入学考试科目中,考生在某门课程上学习优秀,考试成绩在85分以上,并已取得良好实际工作成绩(如主讲该课程并取得良好教学效果,或已取得科研成果等),可免试该课程。

二、推荐免试手续

1.提前攻博

(1)考生提出申请,办理博士生报名手续并填写推荐表;

(2)系总支政审;

(3)硕士导师推荐;

(4)所在教研室推荐;

(5)业务考核。

以所报考的博士导师为主组成考核小组(三人以上)对考生外语能力、专业知识、实际工作能力等各方面进行全面考核。考核方式可以是口试或笔试。考试必须详细记录,评定成绩(分优、良、及格、不及格四等),并提出录取意见。

(6)系主任审核;

(7)研究生院审核,院长批准。

2.直接攻博

(1)~(4)同1.(1)~(4)

(5)业务考核。

考核方式与1.(5)同。除考核考生外语能力、专业知识和实际工作能力外,着重审核其硕士学位论文,视其能否进一步发展为博士学位论文。

(6)、(7)同1.(6)、(7)。

3.单科免试

(1)考生申请并提供有关资料(如教材、论文或外语成绩单等);

(2)两名副教授以上专家推荐(申请外语免考者除外);

(3)报考博士导师签署意见;

(4)研究生院审核,报院长批准。

三、推荐免试人数

推荐者必须保证质量,宁缺毋滥。每位博士导师可以招收提前攻博或直接攻博一名,但必须留有名额供公开报考。对提前攻博须从严掌握。

四、待遇

提前攻博和直接攻博者不提前办理博士生报到手续，统一按当年博士生新生报到日期报到，从报到之日起享受博士生待遇。

五、推荐是研究生招生工作中的一项重要改革，在推荐过程中，必须严格执行有关规定，杜绝一切不正之风。

浙江大学研究生院

一九八六年三月二十一日

浙江大学档案馆藏，档案号：ZD-1986-XZ-135

浙江大学招收助教奖学金研究生有关规定
(1986年4月8日)

各系，研究生院：

为把研究生院培养成既有理论基础，又有较强动手能力的德、智、体全面发展的又红又专的人才，为满足某些学科教学和科研的需要，我校试行招收部分助教奖学金研究生。

招收助教奖学金研究生是研究生教育的一项改革。为使这项工作能顺利地进行，特制定本暂行规定。

1.助教奖学金研究生和国家计划内研究生享有同等待遇。

2.助教奖学金研究生在课程学习阶段，每周必须完成8—10小时的工作量，工作内容可以是教学、科研或管理工作等。工作任务由学校统一安排，多余部分由所在系安排。

助教奖学金研究生仍需完成教学计划规定的教学实践工作量。

助教奖学金研究生必须认真填写工作考核表，任务安排单位每月一次对其进行工作考核。对于没有完成工作任务的研究生，学校酌情扣发助学金。

假期一般不安排工作任务。若因工作需要确需安排的，按学生勤工俭学处理。

3.助教奖学金研究生经费由招生系在预算外收入中自行负担，其中研究生的助学金、书籍费、医药费等由学校计财处统一按每生每年2000元标准先行扣除。

4.助教奖学金研究生毕业后由学校统一按委托培养收费标准做有偿分配，(学校留用除外)。收取费用除偿还各系扣除的费用外其余由学校统一分配。

5.录取手续

①系提出申请，经研究生院院长批准；

②研究生录取标准和计划内研究生相同，决不可降格以求；

③录取前，考生和所在系、研究生院三方必须签署有关协议。

6.1985年录取的助教奖学金研究生也按此规定执行，(研究生的助学金等费用按每生每年1200元由所在系用预算外收入支出)。

浙江大学档案馆藏，档案号：ZD-1986-XZ-135

浙江大学招收工作两年后入学的研究生的暂行规定

(1986 年 5 月 21 日)

根据中央领导同志“要改变目前研究生教育中某些脱离实际的弊病”的指示,为改进研究生培养方法,增强研究生的实际工作能力,鼓励研究生毕业后去实践的第一线工作,我校从 1986 年起试行从拟录取的考生中选拔一部分,保留入学资格先去工作单位工作两年后再入学攻读硕士学位的办法。为使这一工作能顺利进行,特制定如下暂行规定。

1. 本类研究生只招收应届本科毕业生。招生名额计入两年后招生计划。

2. 报考本类研究生的考生仍需参加全国统一研究生入学考试,录取条件与其他研究生相同。

3. 被选拔确定为这类研究生的考生、接收工作单位和学校三者之间必须签订协议。

4. 被选拔确定为这类研究生的考生本科毕业后按大学毕业生统一分配的办法去接收工作单位,户粮、党团等关系随转。分配去向为实践第一线,一般不要安排在高校及党政管理部门工作。具体单位可尊重本人志愿,经系领导同意,由学校分配部门予以落实。

5. 考生接收单位应将该考生作为本单位的正式职工,按规定考核定级。实际工作时间计入连续工龄,研究生学习期间不计入工龄。

6. 考生在接收单位工作期间必须努力工作,有关系和接收单位每年一次共同对其进行考核,考核合格者方可正式录取,工作两年后与统一招生同时发给录取通知书;对于在工作中表现不好的考生不得录取,并不再保留入学资格;对于突然得病,但在短期内可以治愈的考生可延长一年保留入学资格。

7. 这类研究生毕业后一般按国家计划统一分配;若原接收单位需要可优先分配去该单位。

8. 若接收单位和考生双方同意,可按委托培养方式入学,考生的户粮关系、工资关系不转入学校;考生、接收单位和学校之间需按学校有关规定签订委托代培协议。

浙江大学档案馆藏,档案号:ZD-1986-XZ-135

2. 研究生培养计划

浙江大学关于理论物理专业研究生培养方案(草案初稿)讨论意见的报告

(1962 年 12 月 14 日)

〔62〕校科字第 464 号

中央教育部:

根据部〔62〕教一辛厦字第 3064 号文的指示,我校组织有关教师对“理论物理专业研究生培养方案(草案初稿)”进行了讨论。一致认为该草案的基本内容是适当的,各个培养环节的要求也比较明确,体现了确实是在该专业大学本科毕业的基础上进而培养和提高的要求。特别是第二部分把研究方向分为场论和基本粒子理论等六个方面,包括了近代物理的重大问题。我们感到,该方案的正确实施,是能达到培养目标所提出的要求的。另外,提出如下几点修改意见供参考：

1. 草案中规定基础课程以“量子力学”为主是恰当的，但是，学习时数不超过 400 小时，以自学为主恐难以达到学深学透的要求，如果时数不拟增加，是否可以采取讲课和自学相结合的教学方式。

2. 两门外国语的学习时数合计为 500－600 小时是比较紧的，是否可适当增加学习时数。

3. 第八部分实习性教学工作总共仅有 100－200 小时，但就备课、讲课和实验等已经很紧，是否可不进行辅导工作。

1962 年 12 月 14 日

抄报：省教育厅

抄送：北京大学

浙江大学档案馆藏，档案号：ZD-1962-XZ-164-1

浙江大学关于有机化学专业研究生培养方案(草案初稿)讨论意见的报告

(1962 年 12 月 14 日)

〔62〕校科字第 465 号

中央教育部：

根据部〔62〕教一辛厦字第 3064 号文的指示，我校组织有关教师对“有机化学专业研究生培养方案(草案初稿)”进行了讨论。我们认为该方案制定得相当明确而具体，要求也是切实可行的。基础课程中以“有机化学”为主，在大学学习的基础上进一步深入地自学，掌握事实材料、结构与性能之间的关系，这种学习要求以及学习时间的分配等方面都是比较好的。另外，提出如下几点修订意见供参考：

1. 对主要基础课“有机化学”所包括的“有机分析”的要求尚欠明确，如果该课程没有实验，只看看书本是没有多大用处的。

2. 在专门课程中安排相当时数的实验是必要的，但仍应以系统地掌握所从事的研究方向中的有关理论和知识为主。

3. 在目前情况下，以 500—600 小时，要求掌握两门外国语是不易达到的，是否可适当增加一些时数。

浙江大学

1962 年 12 月 14 日

抄报：省教育厅

抄送：南开大学

浙江大学档案馆藏，档案号：ZD-1962-XZ-164-1

浙江大学关于电力网及电力系统专业研究生培养方案(草案初稿)讨论意见的报告

(1962年12月14日)

〔62〕校科字第466号

中央教育部：

根据部〔62〕教一辛厦字第3064号文的指示，我校组织有关教师对“电力网及电力系统专业研究生培养方案(草案初稿)”进行了讨论。我们认为，草案的内容体现了该专业的特点，比较明确而具体地提出了培养要求，在课程、时间及诸培养环节的安排上也比较恰当，故而未提出具体的修订意见。

对“网络基础理论”课程学习大纲(草案初稿)提出以下几点意见，供修订时参考：

1. 矩阵最好放在前面，这样在网络分析中就可应用。

2. 运用法最后加入分析定理。

3. 必读参考书希望酌量列入英美书籍，以便原来在大学里学英语的研究生学习(虽然有第二外语，时间上可能迟些)。如：Gardner & Barnes：Transients in Linear System.(有俄文译本)S. Seshn，N. Balabanian：Linear Network Snalysis.之类。

浙江大学

1962年12月14日

抄报：省教育厅

抄送：清华大学

浙江大学档案馆藏，档案号：ZD-1962-XZ-164-1

关于进一步修订研究生专业培养方案和专业基础课程学习大纲的通知

(1963年10月12日)

〔63〕科字第74号

各有关系、教研组和研究生导师：

根据教育部指定，要求我校制定各研究生专业的培养方案和专业基础课程学习大纲，于10月底以前报部，并逐步制定出专门课程的学习大纲。

学校在去年至今年3月份研究生工作会议上，都曾分别布置过专业培养方案和专业基础课程学习大纲的制定工作。到目前为止，专业培养方案除电机学、金属学及热处理二专业未制定好外，其余14个专业均已制定好。专业基础课程学习大纲，除物理、化学、化工机械、固体力学三专业已制定送科学处外，其余13个专业均未订好。

已制订的专业培养方案，经初步审阅上有几个问题进一步研究修改：(1)专业基础课程和专门课程的门数过多，有的达5～6门，而教育部规定2—4门。(2)3年总学时数有的达6000学时，教育部规定3500～5900学时。(3)部分专业政治理论课，思想政治教育报告和毕业论文工作的时数尚不够适当。(4)不少专业未规定要求研究生写作学年论文。(5)部分专业未规定将生产劳动列入培养方案。

各有关系、教研组应根据学校印发的教育部制定的“高等学校制定理工农医各专业研究生培养方案的几项原则规定(草案)”的精神,对所属研究生专业的培养方案进行一次复审和修订,并组织研究生导师和有关教师讨论制定各专业的专业基础课程学习大纲,于10月24日前送科学处报校长审查,以便缮印教育部。此外,应逐步制定出各专业的专门学习课程、学习大纲。

在制定过程中,各有关教研组可至科学处查阅教育部推荐的理论物理、有机化学、电力网及电力系统和金属切削机床等4个专业的研究生培养方案及有关课程的学习大纲,以做参考。

以上意见,已经10月9日下午召开的有各有关系主任、教研组主任及研究生导师会议上通过,请参照执行。

校长办公室

1963年10月12日

浙江大学档案馆藏,档案号:ZD-1963-XZ-153

关于80级研究生培养计划的安排和几点说明
(1980年4月28日)

一、培养计划的安排

第一学期:

课程名称	性质	周学时	学分	备注
英语	校必修	6	5	上课4学时,课堂阅读2学时
数学(Ⅰ、Ⅱ)	校必修	6	6	数学必修二门
物理(Ⅰ)	校必修	3	3	物理必修一门
自然辩证法	校必修	3	3	
计算机程序设计	校必修	3	3	
合计		21	20	

第二学期:

课程名称	性质	周学时	学分	备注
英语提高班	选修	3	3	
第二外语(Ⅰ)	选修	3	3	

续表

课程名称	性质	周学时	学分	备注
数学(Ⅲ)	选修	3	3	
物理(Ⅱ、Ⅲ)	选修	3	3	
文献阅读	系、专业必修	3	2	
专业基础或专业课	系、专业必修	6	6	
合计		9～22	8～21	

第三学期：

课程名称	性质	周学时	学分	备注
第二外语(Ⅰ、Ⅱ)	选修	3	3	
文献阅读	系、专业必修	3	2	
专业基础或专业课	系、专业必修	8	8	
任选课	选修	4	4	
合计		11～18	10～17	

第四学期：

课程名称	性质	周学时	学分	备注
第二外语(Ⅱ)	选修	3	3	
论文	必修		12	
合计			12～15	

各课程最低学分分配要求：

校定必修课	20 学分
选课	9 学分
文献阅读(报告)	4 学分
系、专业必修专业基础与专业课	14 学分
论文	12 学分
合计	59 学分

二、几点说明

1. 凡研究生需选修某课程，必须经指导教师同意，并填写选课三联单。

2. 原培养计划中规定的二年内应有二周劳动，研究生部不统一组织，由各系、专业结合教学实验或论文调研等环节进行，不计学分。

3. 选课(除外语、数学、物理教研室的课程由研究生部统一安排外)，专业基础、专业课或其他选课，均由各系直接将课程表在学校规定的时间内，送课程调度组排课。

4. 入学考试不为英语者(考分及格)可免修第二外国语,但不给学分,入学后必修英语,时间为一学年,第一学期6学时,第二学期4学时。第二学期结束时进行考试,通过者取得8学分。

5. 文献阅读,应作出文献阅读报告,由指导教师评阅、考核。第三学期结束前应作一次公开文献阅读报告。

6. 每门课程结束时,都应进行考试(考核),并由任课教师评定成绩。凡修学大学生课程的,及格分数为75分。

7. 专业基础课和专业课中至少应有一门是实验课程。

8. 研究生的校历,按教务处规定的全校统一校历执行,不得提前放假。

9. 各课所用教材,由各任课教研室选定,并向教材科预订。

10. 数学(Ⅰ、Ⅱ、Ⅲ)为:线性代数、概率论和变分法;物理(Ⅰ、Ⅱ、Ⅲ)为:量子力学、电动力学和热力学统计物理。

11. 凡招生专业,在研究生入学前,订好教学计划,一式二份,一份送研究生部。

浙江大学研究生部

一九八〇年四月廿八日

浙江大学档案馆藏,档案号:ZD-1981-XZ-97

关于制订1981年研究生培养计划的意见

(1981年5月15日)

根据教育部制订的《高等学校研究生工作条例》、《关于高等学校制订理、工、农、医各专业研究生培养方案的几项规定》,以及对马列主义理论课程,外国语学习的有关规定和要求,制订了我校《研究生培养计划的意见》,望各系、各专业在制订研究生培养计划时参照执行。上面提及的教育部有关文件均是征求意见稿,如正式文件有原则上的改动,《研究生培养计划的意见》当作相应修改。各系、各专业在实施过程中,发现有不妥之处,请向研究生部提出。

一、研究生的培养必须坚持又红又专的方向,并具有健康的体格。在2～3年的学习期限内,使他们达到下列要求:

(1)拥护中国共产党的领导,拥护社会主义制度,具有共产主义道德品质,愿为社会主义现代化服务。

(2)攻读硕士学位研究生,必须在本门学科内掌握坚实的基础理论和系统的专门知识;掌握一门外国语;具有从事科学研究、教学工作或独立担负专门技术工作的能力。

攻读博士学位研究生必须在本门学科内掌握坚实宽广的基础理论和系统深入的专门知识;掌握二门外国语;具有独立从事科学研究和教学工作的能力,在科学或专门技术上做出创造性的成果。

二、研究生的培养,采取系统理论学习和科学研究工作相结合,导师指导和教研室(研究室)集体培养相结合的办法。要充分发挥指导教师和研究生两方面的主动性和积极性,师生合作,教学相长,要在保证基本要求的前提下,发挥优势,不断摸索,总结和创造新的经验。

三、制定专业培养方案

培养方案应当体现研究生的培养目标,坚持又红又专,德、智、体全面发展。培养方案应对本专业研究生的基本要求,研究方向,必修和选修课程,以及学习时间和学位论文的安排等作出规定。

四、制订研究生培养计划

研究生的指导教师应按照培养方案的要求,根据因材施教的原则,结合研究生的具体情况,在教研室指导下,制定每个研究生的培养计划。培养计划应对学习项目、所占时间、达到要求、指导方式、考核方法、应完成的学分和学位论文等作出具体规定。

培养计划经系主任(系学术委员会)审查通过,就要认真执行。如情况变化,需要变更培养计划,事先应经系主任审查,系学术委员会同意,研究生部审核,报主管研究生工作的副校长批准。

指导教师应指导研究生制订学习计划。

五、研究生的课程

研究生的学习课程分必修课和选修课(包括任选课)两类。自然辩证法、第一外国语、第二外国语(攻读博士学位的研究生必修)和根据各专业培养目标确定的基础理论课、专业课和实验技术课,都是必修课。必修课要有教学大纲,明确规定学习的具体要求和必读的文献书目。为了扩大专业知识面,适应科学技术的发展,特别是边缘学科和新兴学科的发展,研究生应在指导教师的指导下选修一些与专业相近的或有关的课程(属选修课)。此外,为了活跃学术思想,提高学术修养,研究生还可在征得指导教师同意后,自选少量跨系、跨校的课程(属任选课程)。

必修课要考试,选修课可以考试或考查;考试、考查可以采取多样方式进行。

六、培养计划的安排原则

(1)研究生的教学日历与大学本科生同,按学校的统一校历执行。每年学习时间为九个月以上,生产劳动时间为一周(可结合实验、调研、论文进行),假期与大学本科生同。

(2)攻读硕士学位研究生的课程学习时间,应不低于全部学习时间的1/2;科学研究工作及撰写学位论文的时间,最少不低于全部学习时间的1/4。

(3)攻读博士学位研究生的学习课程,一般为1～2门,也可以不安排课程,由指导教师指导研究生自学。第一外国语应达到教育部规定,能进行学术交流的要求,第二外国语为必修课,课堂教学在160学时左右;其余时间主要用于科学研究和完成学位论文。

(4)攻读硕士和博士学位的研究生,应参加一定的教学工作,如辅导答疑、批改作业、指导实验等,由各专业根据具体情况作出安排。

七、学分的分配(攻读硕士学位的研究生适用)

(1)必修课22学分

公共基础课7学分

专业基础、专业课11学分

文献阅读4学分

(2)选修课 6～10 学分

(3)任选课 3～6 学分

(4)论文 12～18 学分

合计 43～56 学分

说明：

(1)公共基础课：

自然辩证法　3 节/周，3 学分

第一外国语 4 节/周，4 学分(为硕士研究生必修，入学考试的语种)。

(2)专业基础、专业课：

指专业基础课和专业课，一般应有 3～4 门课程，其中应包括一门该专业的现代实验方法或测试技术课程(希望安排一定的实验)。

(3)文献阅读：

分二学期进行，每周三节，共 4 学分，每学期结束时，应由研究生写出书面小结，并在教研室报告，由指导教师评定成绩。

(4)选修课：

导师按研究生学习需要，指定或推荐选修的某些基础类、专业类及跨学科的课程。

基础类如数学可选修：概率与统计(3 学分)，概率与随机(3 学分)，变分法(2 学分)；物理可选修：统计力学(3 学分)、表面物理(3 学分)、固体物理(3 学分)；化学可选修：络合物化学(3 学分)、化学键理论(3 学分)。

(5)任选课：

研究生可根据自己的专长、爱好，可跨系、跨校自选的课程。

八、课程的选修、免修和学分

(1)研究生要选修或免修某课程，必须填写课程选修、免修单，经指导教师同意，系主任签字后方有效，除特殊情况外中途不得更改。选修或免修的手续应在上学期结束前一个月内进行，特殊情况在学期开始后二周内办理完毕，逾期不补办。

(2)必修和选修的课程，经考试(考查)成绩合格，方能取得该课程的学分。

(3)学分一般和周学时数一致。实验课程、讲座性课程、讨论班等可适当低于实际的周学时数。上课时数不足一学期的，也应相应减少其学分数。在制订培养计划时，应明确规定每门课程的学分。

(4)各任课教师在课程结束后，将考试(考查)成绩，填写成绩单，送研究生部，并注明该课程的学时和学分数。

(5)选修外系课程，以及任选课程，最迟在研究生入学后二个月内确定，并报研究生部。

(6)在制订硕士学位研究生培养计划时，学分数不应低于 43 学分，高于 56 学分。

(7)以一学期全部时间进行论文工作，计 12 学分，不得多计；超过一学期，可按实际时间适当增加学分数。

(8)最低选修及任选课的学分，分别为 6 及 3 学分。

浙江大学档案馆藏，档案号：ZD-1981-XZ-97

关于试行研究生兼职助教的通知

(1985年5月25日)

浙大发研〔1985〕197号

各系、各有关部、处：

教育部〔84〕教研字026号文“关于在北京大学等22所高等院校试办研究生院的通知”中指出可进行研究生兼助教的试点。其中规定实行研究生兼助教的试点院校，研究生兼助教后的收入应略高于现有助学金。各院校可提出试点方案，报主管部门批准后试行，并报教育部备案。

根据上述精神。在我校可进行研究生兼助教的试点工作。有关事项作如下规定，希参照执行。

一、研究生兼助教工作采取自愿原则，可以跨系进行。在研究生学习期间兼任助教工作的总工作量最多为一学期，现有学制(2.5—3年)不延长。

二、需要的单位可以公开招聘。应聘的研究生须经指导教师同意，招聘单位审查考核，系主任批准，并填写研究生兼助数工作表，报研究生院审批。

三、招聘的单位在研究生完成任务后，由有关教师写出评语，一份交研究生处备案。

四、研究生兼助教工作的内容，可以是：辅导、答疑、批改作业、协助指导下厂实习、课程设计、毕业设计或毕业论文、实验室工作、科研工作等。除实验室工作、科研工作外均可同时作为该研究生的教学实践。但在支付酬金时，应扣除教学实践部分的工作量。

五、研究生兼助教工作，可根据其担负的实际工作量(扣除教学实践部分)，每小时付给报酬0.4元(相当于助教的基本工资)。

六、研究生兼助教的酬金，如属科研任务(不包括导师所带的研究生)，应在科研经费中支付。如属教学任务，对缺编单位应在学校的缺编津贴中支付；对超编单位，应在科研以外的创收中支付。全校总金额控制在5万元以内。

七、研究生兼助教工作尚处于试行阶段。在试行过程中，希望各单位务必加强领导和检查，教育研究生以高度认真负责的精神做好所担任的工作。

八。在试行期间，研究生兼职的工作量不顶编制。

九、研究生参加自己导师的科研工作时，不能视为兼职助教。

浙江大学

一九八五年五月二十五日

浙江大学档案馆藏，档案号：ZD-1985-XZ-120

关于修订(制订)硕士、博士、硕博连读和工程硕士研究生专业培养方案的通知

(1997 年 12 月 18 日)

浙大发研〔1997〕146 号

各学院、系、有关部、处：

根据国务院学位委员会 1997 年 6 月颁发的《授予博士、硕士学位和培养研究生的学科、专业目录》要求，从 1998 年起，我校将以新的专业目录规定方向培养研究生。为此，要求各学科对照新、旧专业目录和各学科原有培养方案，根据我校对各类研究生专业培养方案的要求(见浙大发研〔1997〕142 号文件)，制订出本学科新的研究生培养方案。

在 21 世纪即将到来之际，以什么样的教育思想、观念，用什么样的教育方针、方法培养什么样的高层次人才，是今天学位与研究生教育中的头等大事。在学位与研究生教育中，要真正实现将工作重点转移到研究生培养质量上来，首先必须按照新的专业目录，尽快制订出各学科的研究生培养方案。希望各系、各部门，尤其是各学科的学术带头人，要组织学科内外专家进行讨论，认真制定本学科的发展规划，使本学科发展前沿能挺进到世界前列或者使科研方向和成果紧密结合生产实际，使学科达到一流水平，争创亚洲和世界先进。

制订培养方案时，要求拓宽课程学习领域。对于全校的一级学科、理科及基本具备一级学科条件的学科，应按照一级学科制订培养方案；对于暂时不能按一级学科制订培养方案的学科，尽量跨二级学科制订培养方案；其他受客观条件限制的一些学科，则可按照二级学科制订培养方案。理科同时应参考国家教委《关于发展理学研究生培养工作改革的若干意见》的精神制订培养方案。

对理科和有条件的其他学科，要求在分别制订出硕士、博士研究生培养方案的基础上，制订出硕一博连读研究生的培养方案。对拟培养工程硕士研究生的学科，要制订出工程硕士研究生培养方案。

制订新的培养方案时，应充分体现“加强基础，注重素质，突出能力，面向一流”的精神，以“KAQ”人才模式培养研究生。要求在提高授课质量的基础上，适当减少部分课程的课内学时数，适当增加课程门数，以拓宽研究生的知识面，提高他们的自学能力、适应能力及创新能力。在选择、确定研究生课程时要注意兼顾基础和前沿，必要时可以适当聘请校外的教授、专家来校为研究生授课。同时，各学科在制定硕士研究生培养方案时，应在一级学科范围内开设公共专业基础课 2—3 门(6—9 学分)，并要求硕士研究生跨门类选课，理工科硕士研究生必须选修 1 门人文、经管类硕士研究生课程，人文、经管类硕士研究生必须选修 1 门理工类硕士研究生课程。

(下略)

浙江大学

一九九七年十二月十八日

浙江大学档案馆藏，档案号：ZD-1997-JX15-3-2

关于试行硕士研究生辅修制的意见

(1997 年 12 月 19 日)

浙大发研〔1997〕119 号

各学院、系,有关部、处:

为了拓宽硕士研究生的基础理论知识,提高硕士研究生的培养质量,更好地满足我国社会主义市场经济对高层次人才的需求,同时更有效地利用有限的教育资源,提高高层次人才培养的效益,学校决定试行硕士研究生辅修制,并作如下具体规定:

一、我校硕士研究生辅修制度从 1998 年秋季入学的硕士研究生中开始试行。

二、硕士研究生在顺利完成本学科的培养计划,并取得良好以上成绩后,由研究生本人提出申请,经导师推荐、院长(系主任)批准,报研究生院培养处审核、备案,由研究生院培养处安排辅修学科的课程学习。

三、经所属学院(系)、研究生院同意辅修的硕士研究生,其学习年限延长半年。因辅修延长学制,需交培养费 2000 元/人,在学习年限延长期间硕士研究生所享受的待遇不变。

四、进行辅修的硕士研究生,必须修完所选修学科的 15 学分的专业学位课和必修课,方能获得由学校颁发的相应专业辅修证书,

五、根据各学期所开设的课程不同,辅修学生在选修课程时,可在第 5—6 学期内进行。并允许其本学科硕士学位论文的评审、答辩过程在第 6 学期结束前完成。

浙江大学

一九九七年十二月十九日

浙江大学档案馆藏,档案号:ZD-1997-JX15-1-1

关于跨学科培养博士研究生的规定

(1997 年 12 月 31 日)

浙大发研〔1997〕118 号

各学院、系,有关部、处:

为全面提高我校博士生的培养质量,拓宽博士研究生的基础理论知识,鼓励博士研究生投入学科前沿、学科交叉领域进行创新性研究,经学校研究决定,对校内不同学科联合培养博士研究生作如下规定:

一、我校培养跨学科博士研究生从 1998 年秋季入学的博士研究生开始。

二、培养跨学科博士研究生,由其学籍所在学科的导师与所跨学科的导师组成的导师组合作指导培养。

三、对于跨学科培养的博士研究生,其导师组应按因材施教原则,根据浙江大学博士研究生培养方案,制订博士研究生的个人学习计划,博士研究生的学位课程中须包括所跨学科博士研究生的部分专业学位课程。博士研究生的学位论文,其研究方向应在所跨两个学科

的前沿、边缘或交叉领域。

四、跨学科培养的博士研究生，其学籍、培养经费等管理工作，由入学时确定的学科所属院、系负责，所跨的另一学科所属院、系配合管理，培养经费的使用双方协商解决。

五、为鼓励跨学科培养博士研究生，研究生院特设立“跨学科培养研究基金”，每年从学科建设基金中拨出一定的经费用于资助部分跨一级学科培养的博士生作为研究经费的补充(补助额度为0.5—1.0万元/人)。入学时得到研究生院承认的跨一级学科培养的博士生均可在第1—4学期提出资助申请，由研究生院组织专家评选批准后，即通知该生学籍所在学科的导师并予以拨款，该经费的使用由两学科的导师组合协商决定。

六、跨学科培养的博士研究生在学位论文通过答辩后，应同时填报一份研究课题结题表。

浙江大学

一九九七年十二月三十一日

浙江大学档案馆藏，档案号：ZD-1997-JX15-3-3

3. 研究生毕业论文管理与质量保障

关于安排落实61级研究生毕业论文工作的通知

(1963年10月17日)

〔63〕科字第75号

各有关系、教研组和研究生导师：

研究生的毕业论文工作是使研究生在科学研究方面受到全面训练，获得独立科学研究能力的重要环节。我校61级研究生的毕业论文工作，由于各有关系、教研组的积极指导和导师的认真指导，有的已从上学期开始进行，多数也即将开始进行。目前论文工作尚存在以下几个问题：(1)多数研究生感到如期提出论文困难不大，但是对于所能提出的论文的质量是否能够达到应有的要求，还把握不大，缺乏信心。(2)部分研究生虽已开始准备或即将进开始实验研究，但由于业务基础不够，或缺乏适当的文献资料感到理论分析比较困难。(3)有的研究生由于材料购置、设备加工和试件制造等有较大困难，而迟迟无法进行实验。(4)不少研究生虽已开始实验研究，但由于辅助性工作量很大，一个人忙不过来，因而感到能力不足，试验进度受到影响。鉴于上述情况，为了提高61级研究生的论文质量，根据教育部有关文件的指示精神，结合我校具体情况，提出如下几点意见：

一、各系应对61级研究生在指导师指导下确定的毕业论文题目，进行一次复查，检查他们是否符合教研组的科学研究方向，导师的专长，研究生的基础和志趣。研究条件(如实验设备、人力、资料等)是否已经充分，是否已列入教研组的科学研究计划。若研究生的已定题目不完全符合上述要求，应在可能的范围内予以补救，力求落实，提高论文工作质量。

二、对61级研究生的论文毕业论文工作应从实际出发，本着“根据情况，分别对待，合理要求,严肃执行”的精神,提出不同要求,但必须进行不少于8个月的毕业论文工作,开展一定的专题研究,掌握科学研究的基本方法和技能,完成一篇具有一定质量的科学论文(对所研究的专题有新的见解或科学技术上有一定的成果),并通过答辩。一般应于64年6月底以前提出论文。

三、研究生完成毕业论文以后,导师应该对毕业论文提出详细的学术评语。研究生毕业论文经导师和教研组主任同意以后,应由研究生本人在教研组会议上报告,导师也应该向教研组详细报告研究生整个学习过程的情况和导师的意见。教研组应该认真地进行讨论,根据研究生毕业论文答辩必须具备的要求,提出是否同意进行答辩的意见。凡教研组不同意答辩的研究生,由教研组主任报请系主任审查,经校长批准,作为结业处理,由学校发给结业证书,并报教育部备案,再分配工作。研究生毕业论文经教研组讨论和系主任审核同意以后,报请学校组织答辩委员会进行答辩。答辩前由学校聘请二位专家作为论文评阅人,其中至少有一位是从校外专家中聘请。评阅人应该提出详细的学术评语。举行答辩以前,由学校将毕业论文摘要印发给有关的高等学校和研究机构征求意见。答辩时学校将评阅人的学术评语和有关高等学校的研究机构的意见提交答辩委员会参考。毕业论文答辩工作应该在研究生提出论文后三个月内进行。研究生等待答辩的时间不计入学习期限。毕业论文答辩合格,准予毕业,由学校发给毕业证书。研究生答辩不合格者,作为结业处理,由学校发给结业证书,并报教育部备案,再进行分配工作。答辩不合格的研究生,经答辩委员会提出意见,学校批准可在一年以内申请补行答辩一次。如一年内补行答辩合格,可由学校发给毕业证书。

四、各有关系、教研组应该加强对61级研究生毕业论文工作的领导,尽可能地为他们创造毕业论文工作的条件,具体帮助研究生解决材料、设备、资料和人力等问题。既要注意培养研究生独立地进行科学研究工作的能力,也要强调发挥教研组以及导师为主的集体培养作用。教研组要全面安排,定期检查研究生的毕业论文工作情况。

五、以上意见经10月9日召开的各有关系主任、教研组主任、研究生导师会议通过,请各系遵照执行。如上述意见与教育部今后颁发的指示精神有抵触,再通知按新的指示执行。

校长办公室
1963年10月17日

浙江大学档案馆藏,档案号:ZD-1963-XZ-153

关于62级研究生毕业论文选题工作的通知

(1963年12月31日)

〔63〕科字第87号

各有关系、教研组和研究生导师:

我校62年入学的研究生,根据中央教育部关于“高等学校培养研究生工作暂行条例”(草案)第十七条规定:“研究生应该在导师指导下,于入学一年以内,至迟在一年半内确定毕业论文题目的范围。毕业论文题目的范围一经确定不要轻易改变。”为此，特制发“研究生毕业论文题目登记表”和“研究生毕业论文研究项目计划任务书”，请你系组织有关教研组、导师和研究生共同研究，全面考虑，慎重拟定，现将有关事项通知以后须参照执行。

一、研究生毕业论文的选题原则为：参照国家10年科学技术发展规划的要求，根据教研组的科学研究方向、导师的专长、研究生的业务基础和志趣以及研究条件（如实验设备、文献资料等）确定。选题时首先要考虑是否符合国家科学技术发展规划和导师的专长两个方面，在此前提下，尽可能结合研究生的志趣。题目一经确定，不得轻易改变，并列入教研组的科学研究工作计划。

二、在确定毕业生论文题目时，一般由导师或研究生在导师指导下，充分估计我校各方面现有条件的基础上，提出研究生研究课题的初步意见，并在教研组会议上进行认真讨论，对其论文题目的研究方向、研究目的、研究方案和方法等做出大体的安排，然后，由研究生本人按表格要求进行制订。

三、关于研究生从事毕业论文工作的经费，根据中央教育部和财政部的有关规定办理，即“研究生的毕业论文系承担国家科学研究任务和部门委托的科学研究任务，或参照教研组自选的科学研究题目，其费用可以在有关科学研究经费内开支”。因此，在确定研究生毕业论文题目时，应遵照上述规定执行。

四、“研究生毕业论文选题登记表”需一式5份，经导师和教研组主任签署意见，系主任审查通过后，最迟应于64年1月10日前登报送学校（科学处）一份备案，系、教研组、导师和研究生各一份。

研究生毕业论文题目确定后，应提出从事科学研究工作所需设备、材料申请，计划，填写“研究生毕业论文研究项目计划任务书”一式5份，经导师、教研组主任和系主任审核后，于64年2月25日前报送学校科学处审批，然后发系、教研组、导师和研究生各一份。

校长办公室

1963年12月31日

浙江大学档案馆藏，档案号：ZD-1963-XZ-153

浙江大学研究生毕业论文的要求（初稿）

（1980年10月）

研究生毕业论文，应在下列几方面达到培养目标的要求：在本门学科上具有坚实宽广的理论基础，系统而深入的专业知识，有一定的创造性（较高的质量），具有独立进行科研工作的能力和相当的外语水平。

一、衡量毕业论文质量的几项具体标准

1. 对论文题目重要性的论证、观点是否正确？

2. 对前人（包括国内、外）有关的主要研究成果了解是否全面？综述是否精练完善？理解是否正确？分析、评论和资料的运用是否恰当？

3. 所采用的方法(理论分析及试验方法)是否合理？试验方案是否能达到目的？所取得的数据是否正确可靠？

4. 结论是否正确？依据是否充分？

5. 创造性如何？

创造性可体现为下列诸方面：理论、计算方法、分析方法、试验装备、试验方法或在它们的应用和发展等方面具有一定的独创性。例如：对所研究的问题提出新的见解，或是解决问题的方法有创造性，或是以一般的方法解决了未解决过的问题，或是试验装置和试验方法有一定的创造性(包括在国外虽有而国内尚未掌握的，或在已掌握的基础上有一定的改进)。

二、毕业论文的组成部分

1. 题目重要性的论述。

2. 文献综述(应有自己的观点和见解)。

3. 试验方法、试验装置或计算方法的论述。

4. 数据及数据的处理和分析。

5. 小结或结论。

三、论文的书写和要求

论文一律用“研究生毕业论文用纸”单面书写，字迹一定要端正、清晰，为了提高论文的复印质量，希望用黑墨水书写。

论文的页数根据具体情况而定，最好不要超过100页。

完整的论文应包括：论文全部；中文摘要(不超过900—1000字)；与中文摘要相对应的英文摘要(姓名用汉语拼音)。

研究生部

一九八〇年十月

浙江大学档案馆藏，档案号：ZD-1981-XZ-97

浙江大学研究生毕业论文答辩的暂行规定(试行)

(1981年4月)

本规定根据《高等学校研究生工作条例》的有关原则制订。我校研究生在完成毕业论文后，申请答辩时均应遵守下列各条：

一、研究生在规定的学习期限内，应通过全部所学课程的考试(考查)和达到规定的学分数；完成毕业论文，并经指导教师审阅，教研室主任、系主任审核同意后，方可参加答辩。

二、研究生在规定学习期限内，有一门主修课程虽经补考仍不及格；或虽然通过全部所学课程的考试(考查)，但不能按期完成毕业论文或毕业论文经指导教师审阅，教研室讨论认为不合格，经系主任审核，报主管研究生工作的副校长批准，发给“研究生结业证书”，不参加答辩。

三、研究生在规定的毕业时间内，必须完成毕业论文和论文摘要（中、英文），并填写“研究生毕业（学位）论文答辩申请表”，由指导教师对研究生的外文程度、理论基础、科研能力、论文水平写出评语。教研室主任提出对论文的评语，以及是否同意答辩的意见，并将该研究生的论文、成绩单，以及申请答辩的表格一并送系主任审核。

四、经系主任（系学术委员会）审核同意参加答辩的研究生，由系主任会同教研室主任、指导教师，按论文的性质、水平，提出论文评阅人和答辩委员会成员的名单，并送研究生部备案。

五、硕士学位答辩委员会设主席1人，委员2—4人；博士学位答辩委员会设主席1人，委员4—6人。该研究生的指导教师不担任答辩委员会委员。

答辩委员会委员由学术水平较高，造诣较深的校内、外教授（研究员）、副教授（副研究员）及高级工程师担任。

研究生毕业论文，应聘请二位校内、外专家（职称同上）担任论文评阅人，其中至少1人是校外专家。

硕士学位论文答辩委员会的校外委员，应就近聘请，如确需远地聘请，所需费用由各系自理，并按财务制度办理申请手续；博士学位论文答辩委员会，校外委员应占1/2—2/3。

六、答辩日期，应在毕业论文完成后三个月内进行，答辩前必须将论文或论文摘要送答辩委员会委员审阅。

答辩以公开方式进行，有保密性质的论文，由系提出意见，学校同意后，可以在一定范围内进行答辩。

七、答辩结束后一周内，各系应将答辩委员会的决议，答辩记录，论文及其他有关材料一并送研究生部报学校审批。经学校批准毕业的研究生，发给“浙江大学研究生毕业证书”，达到“学位条例”规定水平的研究生，发给相应的“学位证书”。

八、研究生论文答辩不及格者，发给“浙江大学研究生结业证书”。经答辩委员会同意，主管研究生工作的副校长批准，可在一年内采取下列方式，补行答辩一次。

①在指导教师指导下，对论文进行修改、补充，于半年内补行答辩一次。答辩及格者，发给“浙江大学研究生毕业证书”；如仍不及格，发给“浙江大学研究生结业证书”。

②发给“浙江大学研究生肄业证书”，分配工作。在一年内向学校申请答辩，答辩及格者，发给“浙江大学研究生毕业证书”；如仍不及格，发给“浙江大学研究生结业证书”。

九、研究生完成论文后，在准备答辩期间和答辩后等待分配工作期间，教研室可以安排研究生继续进行科学研究工作或教学工作，但不计入学历。

十、研究生的结业鉴定工作，应在学习期满前进行。

后附：答辩委员会的职责（略）

毕业论文答辩的程序（略）

研究生部

一九八一年四月

浙江大学档案馆藏，档案号：ZD-1981-XZ-97

浙江大学《研究生教育奖》试行办法

(1985年10月)

一、宗旨

为开创我校研究生教育的新局面,适应"面向现代化,面向世界,面向未来"的要求,不断提高研究生的培养质量,特设立浙江大学《研究生教育奖》。

《研究生教育奖》用以表彰拥护党的方针政策,坚持四项基本原则,热心于研究生教育工作,在研究生教育工作中培养出高水平的博士、硕士研究生的指导教师;在理论教学、实验教学、教材编写和科学管理方面努力探索,勇于创新,致力改革并在实践中取得良好效果和显著成绩的教师、技术人员和管理干部,推动广大教职工关心研究生教育事业,为多出人才,快出人才,出优秀人才作出贡献。

二、奖励对象

《研究生教育奖》分设三个单项奖:优秀指导教师奖、优秀教学奖、科学管理奖。

凡在上述三个方面做出显著成绩并写出总结报告或专题研究论文者,均可由个人或数人联合申请相应的《研究生教育奖》。

(一)优秀指导教师奖

1.在课程教学和指导研究生工作中认真负责,不断创新,为人师表,教书育人,成绩显著。

2.善于发现人才、能根据研究生特点培养指导,因材施教。

3.对研究生要求严格,制定较完善的培养计划,重视研究生的理论基础教学,培养研究生具有宽广的知识面和较强的独立工作能力,把好质量关。

4.培养出思想品质好,工作作风踏实,富有开创精神,课程学习成绩优秀,学位论文水平高的优秀研究生,或者在其指导的研究生中,学位论文选题好,成绩显著,在某一方面有突破性成果,并获得科技成果奖或发明奖,或对国民经济有显著效益等。

5.积极创造条件,培养出较多的计划研究生,或(和)委托代培研究生,特别是高层次的研究人才,包括博士生、博士后人员,访问学者等。

6.在研究生质量评估中获得较高的评价。

(二)优秀教学奖

1.积极主动承担研究生教学任务,从研究生全局出发精心组织教学,教学质量较高,对研究生要求严格,取得明显教学效果。

2.积极开展教学法研究,在更新教学内容,改进教学方法,培养研究生各种能力方面取得明显成绩。

3.为研究生开设能反映最新科学技术成就,适应四化建设需要或水平较高,难度较大的新课,并取得良好的教学效果。

4.解放思想,立志创新。根据研究生的培养要求,科学地组织知识结构和智能结构,提出新的专业培养计划,建立科学的课程体系和比较完善的教学实施计划,经过实践,取得成效。

5. 贯彻因材施教，努力开拓第二课堂，发现和培养高智能优秀人才。

6. 在研究本科生和研究生课程的衔接，开设讨论班，指导研究生自学等方面取得明显效果。

7. 积极开设实验课，精心组织实验教学，对研究生要求严格，实验教学质量高，在培养研究生的动手能力、独立思考能力、分析解决问题能力方面效果显著。

8. 著书立说，编出质量较高的教材，教材内容具有科学的体系，能反映作者的研究成果和学术水平，或国内外最新科技成果，达到国内同类教材的先进水平。

(三)科学管理奖

1. 对研究生思想教育、培养质量、科学管理、师资队伍和学术梯队的建设、培养方案的实施等方面做了大量的组织领导工作，取得显著成绩，在学位质量评估中名列前茅。

2. 研究生工作的管理干部，热爱本职工作，积极努力，认真负责，联系群众，勇于革新，取得突出成绩，并能不断总结经验，提高管理水平。

3. 坚持以党的教育方针为指导，从我国国情需要出发，积极探索具有我国特色的研究生教育体系的理论和实践的研究，进行基本教学原则和现代化教育方法的专题研究，其成果具有一定水平和应用价值。

4. 根据研究生培养目标规定的德、智、体全面发展的方针，研究和确定专业性质、培养规格、合理的知识和能力结构和科学的课程体系等，写出专题论文，经过实践证明其有一定的科学性和应用价值。

5. 根据四化建设、新技术革命发展和我校实际情况的需要，研究和探索研究生培养的科学方法，研究并参与高智能研究生的选拔和培养作出显著成绩，并写出专题研究论文。

6. 探索和应用科学方法推进教学管理，显著提高学校行政管理效能，写出专题研究论文。

7. 积极研究世界各国的研究生教育动态，吸取有益的经验，写出有价值的专题论文。

三、评选程序

凡符合上述奖励条件的个人，由各系(处)领导提名，系学术委员会或处务会讨论，填写《研究生教育奖》申请表，在每年十二月底以前呈报研究生院，最后由校学位评定委员会审批通过(一般隔年评选一次)。

获得《研究生教育奖》者发给奖励证书和奖金。

四、奖励办法

1. 优秀指导教师奖、优秀数学奖、科学管理奖均分为三等：

一等奖 150 元

二等奖 100 元

三等奖 50 元

2.《研究生教育奖》的有关材料列入获奖者的业务档案，优秀的研究论文将推荐到有关刊物发表。

浙江大学档案馆藏，档案号：ZD-1985-XZ-120

浙江大学吕氏研究生奖学金试行条例

(1987年6月30日)

一、吕氏研究生奖学金由香港吕氏兄弟捐赠,每年基金的利息用于奖励在科学研究中取得突出成绩的我校博士和硕士研究生。

二、吕氏研究生奖学金获得者由学校发给吕氏奖学金证书和奖金,获得者的名单列入校志。

三、获奖条件:

拥护四项基本原则,品学兼优,取得显著的科技成果或发表水平较高的学术论文。

四、奖学金等级、金额和人数:

吕氏研究生奖学金分三等,一等奖学金为400元,二等为300元,三等为200元。

奖学金名额开始几年为10—15名,以后将逐步增加到30名左右。

五、评选办法:

1.本人申请或导师推荐,由负责学生工作的同志和有关教师填写"吕氏研究生奖学金评审登记表";

2.系奖学金评审委员会提出评审意见并报研究生院;

3.校奖学金评审委员会最后审定并提请领导批准;

4.每年评定一次,结合学年小结和其他评奖工作一并进行。

六、吕氏研究生奖学金评审中具体事务由研究生院负责。

浙江大学

1987年6月30日

浙江大学档案馆藏,档案号:ZD-1987-XZ-178-4

提高培养质量,全面开展博士、硕士学位授权学科、专业评估工作

(1994年1月24日)

为贯彻落实"浙大发研〔1994〕01"文件精神,进一步发展博士生教育,保证博士、硕士学位授予的质量,根据国务院学位委员会关于在"八五"期间对全国前三批博士、硕士学位授权质量和研究生教育质量进行检查和评估的有关文件和指示,我校研究决定:在1994年2月至7月间,对我校前四批博士、硕士学位授予和研究生教育质量,及学科建设情况,进行全面的检查评估。

一、检查评估的目的和意义

近几年,由于我校坚持了社会主义办学方向,在学校建设发展中始终坚持"两个中心和一个根本",学校各项工作都取得了很大的成绩,研究生教育和学科建设也得到了迅速的发展,研究生教育规模稳步扩大。目前,我校研究生年招生人数已近1000人,其中博士生达217人;在校研究生2238人,其中博士研究生为509人。

总结和交流各学科在研究生培养和学位授予,以及学科建设中的经验,及时发现问题,提出改进意见,进一步完善和建立研究生培养和学位授予全面质量管理体系,以保证和提高研究生培养和学位授予质量。

通过检查评估,建立起博士、硕士学位授权学科及重点学科点的动态管理系统,及时掌握各学科的科研、教学、学术队伍建设及基础建设情况,制定有效的措施,促进和加强学科建设。同时,通过检查评估,为在我校进行自行确定博士生指导教师的改革试点工作奠定基础。

二、检查评估范围和主要内容

检查评估的范围:我校前四批所有博士、硕士学位授权学科、专业,其中,已由国务院学位办组织进行检查评估的博士、硕士学位授权学科、专业,只申报检查评估的数据库软盘材料,94 年不再组织评估。

检查评估的主要内容:

(1)学术带头人及学术队伍建设;

(2)学科研究方向与科研水平;

(3)仪器设备和基础设施建设;

(4)研究生教学及课程建设;

(5)学位论文质量与控制;

(6)毕业研究生的社会评估;

(7)学科点内部管理及制度建设。

学校将参照国务院学位办有关文件要求和指标体系,分别建立浙江大学博士、硕士学位授权学科、专业研究生培养和学科建设评估指标体系,建立有关检查评估的计算机管理系统,聘请校内外专家进行评议,作出定性和定量的评估结论。

三、成立校、系二级学科评估工作指导小组

(1)校评估工作指导小组:

组长:韩祯祥

副组长:吕维雪、吴世明

成员:韩祯祥、吕维雪、阙瑞麟、岑可法、张其瑞、姚庆栋、沈之荃、吴世明、张圣训、陈子辰、徐兴。

校评估工作指导小组负责指导全校的学科评估工作,具体工作由研究生院组织实施。

(2)各系应相应组织成立系评估小组,负责组织落实本系博士、硕士学科点的评估工作。并于 2 月 25 日将本系评估小组名单报研究生院备案。

四、检查评估的步骤和时间安排

(1)1 月 20 日至 3 月 20 日,进行动员和组织准备工作;其中,2 月 25 日前将系评估小组名单报研究生院备案。

(2)3 月 20 日至 4 月 20 日,由各系组织所在系学科、专业收集材料,填写《浙江大学博士、硕士学位授权学科、专业研究生培养和学位授予质量评估情况表》,同时录入“学科评估数据库”,参照指标体系及评分标准进行自查评估。

(3)4 月 20 日至 5 月 10 日,研究生院组织校内外专家进行通信评议,同时计算机评估系统进行评估排序。

(4)5 月 10 日至 7 月 10 日,学校组织专家组进行实地检查,验证评估结果,研究生院向校务委员会、校学术委员会汇报评估结果及工作建议。

五、检查评估处理办法

根据检查评估情况,评估结果分好(A)、较好(B)、一般(C)和较差(D)四档。

学校将视评估结果对校内各类资源进行调控:

(1)对各博士、硕士学科授权学科、专业招收博士、硕士研究生的数量进行调整;

(2)对有条件竞争博士点和重点学科的学科在学科建设基金上给予重点投入;

(3)在博士、硕士学科点建设方面成绩突出的学科、专业,在职称晋升上给予倾斜。

浙江大学档案馆藏,档案号:ZD-1994-JX11-3

评估——激励和鞭策①

(1994 年 4 月 30 日)

1992 至 1993 年,国务院学位办组织了对全国物理学、动力工程及工程热物理、航空与宇航技术三个一级学科的学位与研究生教育进行了评估,评估的排序结果已公布于"学位与研究生教育"1994 年第一期。现将结果摘录公布于下:

名称	博士点(名次/总点数)	硕士点(名次/总点数)
理论物理博士点	17/18	17/43
工程热物理博士点	3/11	3/21
化工过程机械博士点	2/3	2/14
内燃机博士点	8/8	10/20
凝聚态物理硕士点	? /16	15/35
光学硕士点	? /14	18/40
电厂热能动力工程硕士点	? /3	7/8
制冷及低温工程硕士点	? /4	5/8

这个排序结果,是在各单位自我评估的基础上,经同行通讯评议后产生的。各学科的评估专家组经集中评议和抽样实地考察并进行了定性评估以后,认为这一排序基本反映了各学科点获得学位授予权以来学科建设及教育质量的相对水平。

从这一评估结果来看,工程热物理和化工过程机械博士点名列前茅;凝聚态物理硕士点为全国该硕士点的第一名,甚至列在几个博士点之前。专家组认为该点办出了浙江大学理

① 本文原载浙江大学研究生院编《研究生工作简报》总第 17 期(1994 年 4 月 30 日)。

工结合的特色，推荐申报并被批准为博士点。制冷及低温工程和光学两个硕士点，也列在同类硕士点的前茅。希望这些博士点、硕士点总结经验，找出差距，百尺竿头更上一层。

但是令人震惊的是，我校理论物理和内燃机两个博士点已落到了最后一、二名。希望这两个博士点的所在系认真抓一抓，采取有力的措施，力争在短期内改变面貌。这两个点的全体人员，也要积极动员起来，群策群力，团结一致，为使博士点赶上全国先进水平做出贡献。请能源系和物理系在94年5月底以前分别将这两个博士点的学科建设计划报研究生院。

学科建设的关键是人才。到本世纪末和下世纪初，我校将有许多学术带头人和有一定声望的专家教授先后退出现岗，因此各系抓紧学术队伍建设，培养更多的中青年学术骨干是各学位授权点的当务之急。各博士点要形成一个良好的学术环境，良好的人际环境，以充分发挥每个人的积极性，特别是每个教授、副教授的积极性，使他们能够专心致志从事科学研究和研究生教育。有了这样的环境也才能吸引优秀的专家、教授，才能吸引优秀的博士生生源。

博士点的建设要有更高的起点，力争走在学科前沿，研究有重要意义的理论问题和重要实际问题。要跻身于国内外重要学术活动舞台。

我校所有其他未经评估的博士点、硕士点也要引以为鉴，切实做好本学期学校组织的各学位授权点评估工作，及早采取措施，认真做好学科建设工作。

浙江大学档案馆藏，档案号：ZD-1994-JX11-3

1993—1994 学年第一学期研究生课程考核情况检查结果[①]
（1994 年 4 月 30 日）

94年1月20日至1月26日，研究生院又一次对研究生的期末课程考核做了检查，意在使各系都能真正重视起来并能认真对待，把好质量关。

本次期末考试课程共计170门，我们对其中11门公共课和60门专业课的考试情况作了抽查。总的来说，考场纪律是好的，教师和研究生是以严肃认真的态度对待的，但是在检查中发现存在问题也不少，有的甚至是严重的，主要有以下几方面问题：

一、《研究生课程考核制度的实施细则》规定：研究生课程考核方式分考试，考查二种，硕士生学位课程必须考试，其中笔试部分评分比例应占总评分70%以上，必修课、选修课占50%以上，可采用闭卷或开卷考试，但均需在课堂上独立完成，不得相互讨论和抄袭。

我们在检查中发现：部分课程笔试部分分量明显不足，这显然不符合大纲要求，是需要改进的。还发现个别任课教师将卷子发下后，允许学生回去完成，这严重违反了有关规定。已查明〇〇两科考试存在上述情况。

二、《研究生考场规则》规定：考生应按规定隔位就座，监考人员不得交谈，看书或中途离开试场。这次检查发现，很多考场考生没有隔位就座，教科书、讲义也没有收上集中放置，甚至个别研究生还有作弊行为。例如〇〇课程考试时，〇〇系92级硕士生〇〇、〇〇夹带公式纸条，被当场发现，现已给予警告处分。尤其严重的是，有相当一部分教师，因为是开卷考

① 本文原载《研究生工作简报》总第17期（1994年4月30日），提供单位为研究生院培养科。

试,头脑中没有引起足够重视,监考迟到、看报、交谈或中途较长时间离开试场都时有发生,造成很不好影响,现查明以下课程主、监考教师存在上述情况:(略)

三、《研究生教务管理工作规定》:研究生应按专业培养方案要求和学习计划修学课程,并按规定办理选课手续,否则不承认其成绩和学分。一经办理选课手续,开课后在二周内不办理退课手续,未参加考试者作零分计,并不得补考。

检查中发现:一些研究生未办理选课手续擅自参加考试,要求取得成绩和学分。更有甚者,既不办理退课手续又不参加考试,这种现象不在少数,严重影响了正常的教学秩序。

四、为配合我们做好课程考核的检查工作,大多数系都做了大量工作,按要求把各门课程的考试时间、地点上报研究生院。但仍有个别系没有上报考试安排表,个别系因特殊原因更改考试时间、地点的课程也没及时补报,使检查工作不能顺利进行。

总之,研究生的课程考核中还存在着诸多问题,课程考核作为检查研究生学习情况和学习质量的重要方式,严格检查是保证教学质量的重要环节,今后将针对上述问题,采取一些具体的步骤确保《浙江大学研究生课程考核制度的实施细则》得到良好的执行。

浙江大学档案馆藏,档案号:ZD-1994-JX11-3

1993年我校硕士学位论文复评简况

(1994年)

为衡量我校学位论文水平,保证学位授予质量,研究生院学位办公室对1993年授予硕士学位论文进行抽查,并外送同类院校组织复评,具体情况如下;

一、抽查○○系1993年3月份授予硕士学位论文19份,外送复评。其中应届毕业生16份,在职人员3份。19份学位论文的答辩平均成绩为86.3分,复评平均成绩为83分,复评成绩比答辩成绩偏低。每位复评导师都具体提出了学位论文的选题、文献阅读、成果和书写等方面的看法,同时也提出了不少中肯的建议意见。为保证我校学位授予质量,促进校际、学科间的学术联系,并在学位论文的指导上,认识差异、总结经验、发扬优点,学位办将外送复评材料及结果转给○○系学位评定委员会,同时要求系学位评定委员传阅复评结果,进行认真讨论。特别是对其中答辩成绩为86.5分,复评成绩为58分的一份学位论文,将讨论结果书面报告学位办公室。论文的复评为:"该论文是一个具有实际背景的应用性研究,具有较好的实际应用价值。但论文写作粗糙,论文中的页码、图形及装订不规范,学科专业不清,建议作者将论文进行规范化处理。此外,论文的主要内容为预测销售量,但论文中对几种预测方法的理论论述欠充足,希作者进一步加以补充,对预测结果分析也要进一步深化和细化。"系学位评定委员会针对该硕士生的论文的答辩及复评情况,将修改后的论文再外送兄弟院校重新评审。评审认为:"论文作者具有扎实的基础理论,较丰富的专业知识和较强的数据处理,独立从事科研工作的能力,论文已达到应达到的水平,建议进行论文答辩。"成绩评分为90分。对这些硕士学位论文复评情况,系学位评定委员会认为评分差异主要是由于评阅人的观点不同所致,有些复评分比原评分上升,有些复评分比原评分下降,认为误差情况基本属于正常范围,而对上面这一特例在认识上有较大分歧。学位办公室认为对于绝大部分学位论文的答辩和复评，基本上是符合实际情况的，在有理有据的情况下存在一定差异这也是正常的。但对于明确存在不符合学位授予标准的问题，必须引起我们的高度重视。研究生本人负有主要责任，导师、系学位评定委员会要按学位授予条例严格把关。学位办对出现的问题定期向校学位评定委员会汇报，由学位委员会最后作出结论。

二、抽取○○系 1993 年 10 月份授予硕士学位的学位论文 7 份外送复评。7 份学位论文的答辩平均成绩为 84.2 分，复评平均成绩为 86.4 分，复评成绩比答辩成绩偏高。同样，每位复评导师对学位论文的多方面提出了不同的看法和中肯的建议、意见学位办同样将复评材料及结果转给○○系学位评定委员会，要求系学位评定委员会委员、有关导师、专家传阅复评结果，希望对今后研究生学位论文工作能起更好的促进作用。

对两个系学位论文的抽查复评，从比较结果看，我校的学位论文质量是好的和比较好的，对学位论文答辩评分宽严相宜。研究生院、系学位评定委员会对论文复评结果的处理是认真负责的。这说明我校学位授予质量是有保证的，是符合学位授予条例的。但仍然有少量学位论文放松要求，各系、专业学科、研究生指导教师必须及时改正。为保证我校研究生的学位论文质量，要认真总结经验，再接再厉，进一步做好学位论文的复评工作。

浙江大学档案馆藏，档案号：ZD-1994-JX11-3

4. 学位点建设

浙江大学首批博士学位授予学科、专业和指导教师

（1981 年 11 月 3 日国务院批准）

运筹学与控制论：张学铭教授

基础数学：董光昌教授

理论物理：李文铸教授

固体力学：王仁东教授

轻工化工机械：王仁东教授

电力系统及其自动化：韩祯祥教授

电机：郑光华教授、许大中教授

工业电子技术：汪槱生教授

工业自动化：周春晖教授

化学工程（化工热力学）：侯虞钧教授

岩土工程：曾国熙教授

金属材料及热处理：王启东教授

工程热物理：陈运铣教授

生物医学仪器及工程：吕维雪教授

浙江大学档案馆藏，档案号：ZD-1985-XZ-49

第二批博士学位授予学科、专业和指导教师

(1984年1月13日国务院批准)

应用数学:郭竹瑞教授
物理化学:韩世钧教授
高分子化学:杨士林教授
液压传动及气动:路甬祥教授
光学仪器:董太禾教授
无机非金属材料:丁子上教授

首批已有博士学位授予权的学科、专业增列指导教师
理论物理:汪容教授
电力系统及其自动化:戴熙杰教授
工业自动化:王骥程教授
化学工程(化学反应工程):潘祖仁教授

浙江大学档案馆藏,档案号:ZD-1985-XZ-49

浙江大学首批硕士学位授予学科、专业

(1981年11月3日国务院批准)

基础数学、工程热物理、应用数学、内燃机、运筹学与控制论、电机、理论物理、电力系统及其自动化、固体物理、工业电子技术、物理化学、理论电工、高分子化学、通信与电子系统、固体力学、电磁场与微波技术、一般力学、电子物理与器件、流体力学、计算机应用、计算力学、工业自动化、实验力学、管理工程、机械制造、岩土工程、机械学、结构工程、轻工化工机械、水工结构工程、光学仪器、无机非金属材料、精密计量测试技术及仪器、半导体材料、生物医学仪器及工程、化工热力学、金属材料及热处理、传质与分离工程、铸造、化学反应工程

浙江大学档案馆藏,档案号:ZD-1985-XZ-49

第二批硕士学位授予学科、专业

(1984年1月13日国务院批准)

液压传动及气动、电厂热能动力及其自动化、遥感地质、光学

浙江大学档案馆藏,档案号:ZD-1985-XZ-49

浙江大学应聘参加国务院学位委员会学科评议组名单

（1985 年）

韩祯祥　汪槱生　侯虞钧　吕勇哉　路甬祥　吕维雪　韩世钧　舒士霖　阙端麟　王启东　许庆瑞

浙江大学档案馆藏，档案号：ZD-1985-XZ-49

1986 年博士学位授予学科、专业及指导教师①

（1987 年 4 月）

学科、专业	指导教师	学科、专业	指导教师
基础数学	董光昌教授　贾荣庆教授	化工机械	汪希萱教授
应用数学	郭竹瑞教授　梁友栋教授	电机	许大中教授　郑光华教授
运筹学与控制论	李训径教授（兼）	电力系统及其自动化	韩祯祥教授　戴熙杰教授
理论物理	李文铸教授　汪容教授	工业电子技术	汪槱生教授
物理化学	韩世钧教授	通信与电子系统	姚庆栋教授
高分子化学	杨士林教授　沈之荃教授	电子物理与器件	周文教授
固体力学	胡海昌教授（兼）	计算机应用	何志均教授
机械学	全永昕教授	岩土工程	曾国熙教授
机械制造	童忠钫教授	无机非金属材料	丁子上教授　楼宗汉教授
液压传动及气动	路甬祥教授	半导体材料	阙端麟教授
光学仪器	董太和教授　唐晋发教授	化学工程	侯虞钧教授　潘祖仁教授
测试计量技术及仪器	吕维雪教授		谭天恩教授　陈甘棠教授
生物医学仪器及工程	吕维雪教授	工业自动化	周春晖教授　王骥程教授
金属材料及热处理	王启东教授　吴京教授		吕勇哉教授　胡上序教授
工程热物理	岑可法教授	工业管理工程（科技、教育管理工程）	许庆瑞教授
内燃机	马元骥教授		

说明：①学科、专业：29 个。指导教师：41 人（另有兼职指导教师 2 人）。

②1986 年新增博士学位授予学科、专业有 * 机械学、机械制造、测试计量技术及仪器、内燃机、通信与电子系统、电子物理与器件、计算机应用、半导体材料、工业管理工程（科技、教育管理工程），共 9 个。

浙江大学档案馆藏，档案号：ZD-1986-XZ-340

① 本表原载浙江大学校长办公室编《浙江大学 1986 年统计资料汇编》。

浙江大学硕士点情况[①]

(1991年1月30日)

一级学科	硕士点名称	审批时间	批次	所属系(所)	备注
哲学	科学技术哲学	1986年7月	3	哲学系	
经济学	政治经济学	1986年7月	3	经济系	
政治学	中共党史	1986年7月	3	马列所	
	思想政治教育	1990年10月	4	哲学系	
中国语言文学	中国现当代文学	1990年10月	4	中文系	
外国语言文学	语言学与应用语言学	1990年10月	4	外语系	
数学	基础数学	1981年11月	1	数学系	
	计算数学	1986年7月	3	数学系	自行审批
	应用数学	1981年11月	1	数学系	
	运筹学与控制论	1981年11月	1	数学系	
物理学	理论物理	1981年11月	1	物理系	
	凝聚态物理	1981年11月	1	物理系	
	光学	1984年1月	2	物理系	
化学	无机化学	1986年7月	3	化学系	自行审批
	物理化学	1981年11月	1	化学系	
	高分子化学与物理	1981年11月	1	化学系	
	环境化学	1986年7月	3	化学系	自行审批
地质学	岩石学	1990年10月	4	地科系	
	构造地质学	1990年10月	4	地科系	
生物学	生物物理学	1990年10月	4	生物系	
力学	一般力学	1981年11月	1	力学系	
	固体力学	1981年11月	1	力学系	
	流体力学	1981年11月	1	力学系	
	结构力学	1987年4月	4	力学系	自行审批
	计算力学	1981年11月	1	力学系	
	实验力学	1981年11月	1	力学系	

① 本表原载浙江大学校长办公室编《浙江大学公报》1991年第2期(总第8期)。

续表

一级学科	硕士点名称	审批时间	批次	所属系(所)	备注
机械工程	机械学	1981 年 11 月	1	机械系	
	机械制造	1981 年 11 月	1	机械系	
	流体传动及控制	1984 年 1 月	2	机械系	
	振动、冲击、噪声	1986 年 7 月	3	机械系	自行审批
	工程图学	1989 年 6 月	4	机械系	自行审批
仪器仪表	光学仪器	1981 年 11 月	1	光电系	
	精密仪器及机械	1987 年 4 月	4	机械系	自行审批
	测试计量技术及仪器	1981 年 11 月	1	科仪系	
	电磁测量技术及仪器	1990 年 10 月	4	电机系	
	生物医学工程及仪器	1981 年 11 月	1	科仪系	
材料科学与工程	金属材料及热处理	1981 年 11 月	1	材料系	
	无机非金属材料	1981 年 11 月	1	材料系	
	硅酸盐材料	1989 年 6 月	4	材料系	自行审批
	半导体材料	1981 年 11 月	1	材料系	
	高分子材料	1987 年 4 月	4	化工系	自行审批
	铸造	1981 年 11 月	1	材料系	
动力工程及工程热物理	工程热物理	1981 年 11 月	1	能源系	
	热能工程	1989 年 6 月	4	能源系	自行审批
	内燃机	1981 年 11 月	1	能源系	
	化工过程机械	1981 年 11 月	1	化工系	
	制冷及低温工程	1987 年 4 月	4	能源系	自行审批
	电厂热能动力工程	1984 年 1 月	2	能源系	
电工	电机	1981 年 11 月	1	电机系	
	电力系统及其自动化	1981 年 11 月	1	电机系	
	电力电子技术	1981 年 11 月	1	电机系	
	理论电工	1981 年 11 月	1	电机系	
电子学与通信	通信与电子系统	1981 年 11 月	1	信电系	
	电子物理与器件(物理电子学与光电子学)	1981 年 11 月	1	信电系	
	电磁场与微波技术	1981 年 11 月	1	信电系	
	半导体器件与微电子技术	1986 年 7 月	3	信电系	自行审批

续表

一级学科	硕士点名称	审批时间	批次	所属系(所)	备注
自动控制	自动控制理论及应用	1986 年 7 月	3	电机系	自行审批
	工业自动化	1981 年 11 月	1	化工系 电机系	
	自动化仪表及装置	1987 年 4 月	4	化工系	自行审批
	系统工程	1987 年 4 月	4	化工系	自行审批
	模式识别与智能控制	1987 年 4 月	4	信电系	自行审批
计算机科学与技术	计算机软件	1989 年 6 月	4	计算机系	自行审批
	计算机组织与系统结构	1989 年 6 月	4	计算机系	自行审批
	计算机应用	1981 年 11 月	1	计算机系	
管理科学与工程	管理工程	1981 年 11 月	1	管理系	
	管理信息系统	1989 年 6 月	4	管理系	自行审批
建筑学	建筑技术科学	1986 年 7 月	3	建筑系	
土木、水利	岩土工程	1981 年 11 月	1	土木系	
	建筑结构工程(结构工程)	1981 年 11 月	1	土木系	
	水工结构工程	1981 年 11 月	1	土木系	
化学工程和工业化学	化学工程	1981 年 11 月	1	化工系	
	有机化工	1987 年 4 月	4	化工系	自行审批
	生物化工	1987 年 4 月	4	化工系	自行审批
	环境化工	1989 年 6 月	4	化工系	自行审批
	应用化学	1989 年 6 月	4	化工系	自行审批
地质勘探矿业石油	遥感地质	1984 年 1 月	2	地科系	

注:共 76 个硕士点。

浙江大学档案馆藏,档案号:ZD-1991-XZ-68-2

1990年博士学位授予学科、专业及指导教师[①]

(1991年4月)

学科、专业名称	指导教师		学科、专业名称	指导教师	
	导师	副导师		导师	副导师
基础数学	董光昌、贾荣庆	吴绍平	半导体材料	阙端麟	姚奎洪
应用数学	郭竹瑞　梁友栋	沙震	工程热物理	[陈运铣]、岑可法	倪明江
运筹学与控制论	李训径(兼)、[张学铭]	陈叔平	内燃机	马元骥	
理论物理	李文铸、汪容、张其瑞	徐亚伯	化工工程机械	[王仁东]、汪希萱、朱国辉	
物理化学	韩世钧	徐元植	电机	许大中、郑光华、陈永校	
高分子化学与物理	杨士林、沈之荃	封麟先	电力系统及其自动化	韩祯祥、戴熙杰	赵智大
固体力学	胡海昌(兼)、[王仁东]、丁皓江		电力电子技术	汪槱生、林渭勋	蒋静坪
机械学	全永昕、冯培恩		通信与电子技术	姚庆栋	荆仁杰
机械制造	童忠钫、陈仲仪	朱文骅	电子物理与器件	周文	
流体传动及控制	路甬祥、林建亚	沈天耀	物理电子学与光电子学	陈抗生	
*工程图学	应道宁		工业自动化	周春晖、王骥程、吕勇哉、胡上序、孙优贤	庄新华
光学仪器	董太和、唐晋发	孙扬远	计算机应用	何志均	石教英
测试计量技术及仪器	吕维雪、杨国光		管理工程	许庆瑞	黄擎明
生物医学工程及仪器	吕维雪、余涓		岩土工程	曾国熙、吴世明	
金属材料及热处理	王启东、吴京、毛志远		*建筑结构工程	唐锦春	
无机非金属材料	丁子上、楼宗汉	王民权、益小苏	化学工程	侯虞钧、潘祖仁、谭天恩、陈甘棠、朱自强、吴平东	

说明:①有*号者,导师批准,专业点未批准。

②学科、专业:29个。指导教师:59人(不包括兼职指导教师2人),副导师19人。

浙江大学档案馆藏,档案号:ZD-1990-XZ-57-3

① 本表原载浙江大学校长办公室编《浙江大学1990年统计资料汇编》。

浙江大学获批自行审批增列博士生指导教师的试点工作[①]

(1993 年 3 月 15 日)

国务院学位委员会〔1993〕4 号文件,同意浙江大学在部分一级学科内开展自行审批增列博士生指导教师的试点工作。

同意开展自行审批增列博士生指导教师试点的一级学科有:

数学、电工、机械工程、材料科学与工程、仪器仪表、动力工程及工程热物理、化学工程和工业化学、自动控制。

浙江大学档案馆藏,档案号:ZD-1993-XZ-58-2

(三)研究生教育数据统计

1962—1963 学年研究生学年初报表

一、脱产研究生数

专业、专门组成或研究方向全名称	修业年限	1963 年实际毕业生数	1963 年实际入学的第一年新生数	本学年初在校研究生数					1964 年预计毕业生数	
				合计	第一学年	第二学年	第三学年	第四学年	计	其中:寒假
甲	乙	(1)	(2)	(3)	(4)	(5)	(6)	(7)	(8)	(9)
总计			5	31	5	10	16		16	3
铸造合金	3			1		1				
冶金炉	3			1			1		1	
金属学及热处理	3		1	1	1					
燃烧学	3		1	5	1	2	2		2	
电机	3			2			2		2	
工程热力学及工质热物理性质	3		1	1	1					
化学工程学	3			3		2	1		1	1
化工生产过程自动化	3			1			1		1	
化工机械	3			1			1		1	

① 本文原载浙江大学校长办公室编《1993 年浙江大学校志》第 8 页,标题为编者所加。

续表

一、脱产研究生数

专业、专门组成或研究方向全名称	修业年限	1963 年实际毕业生数	1963 年实际入学的第一年新生数	本学年初在校研究生数					1964 年预计毕业生数	
				合计	第一学年	第二学年	第三学年	第四学年	计	其中：寒假
钢筋混凝土结构	3			2		1	1		1	
土力学与地基基础				2			2		2	
微分方程	3			2			2		2	2
固体力学	3			1		1				
理论物理	3			4		2	2		2	
有机化学	3		1	2	1	1				
物理化学	3		1	2	1		1		1	

补充资料：已包括在表内合计中的在职人员作脱产研究生 17 人。

浙江大学档案馆藏，档案号：ZD-1963-XZ-155

1963 年浙江大学在校研究生及导师名单

（1963 年 11 月 12 日）

研究生专业名称	姓名	性别	政治面貌	入学年月	毕业年月	毕业学校及专业或原工作单位及职务	导师姓名及职务	备注
微分方程	沈隆钧	男	团员	1961.9	1965.5	浙江大学数学专业	董光昌讲师	延长学习年限半年
微分方程	管祜成	男	团员	1961.9	1965.5	浙江大学数学专业	董光昌讲师	延长学习年限半年
化学工程学	郑文仁	男	团员	1961.9	1965.5	浙江大学化机专业	周庆祥教授	延长学习年限半年
物理化学	王理中	男	团员	1961.9	1964.11	浙大硅酸盐专业	严文兴教授	
化工生产过程自动化	高矜畅	男	团员	1961.9	1964.11	浙江大学助教	周春晖教授	
钢筋混凝土结构	钱在兹	男	党员	1961.9	1964.11	浙江大学助教	李恩良教授	
化工机械	黄载生	男	党员	1961.9	1964.11	浙江大学化机专业	王仁东教授	
燃烧学	康齐福	男	党员	1961.9	1964.11	浙江大学热能专业	陈运铣教授	
燃烧学	刘华信	男	团员	1961.9	1964.11	浙江大学热能专业	陈运铣教授	

续表

研究生专业名称	姓名	性别	政治面貌	入学年月	毕业年月	毕业学校及专业或原工作单位及职务	导师姓名及职务	备注
理论物理	朱石泉	男	团员	1961.9	1964.11	浙江大学物理专业	王谟显教授	
理论物理	郑春琼	男	团员	1961.9	1964.11	浙江大学物理专业	王谟显教授	
铸造用炉	董绍铭	男	团员	1961.9	1964.11	浙江大学铸造专业	王启东副教授	
土力学地基基础	潘秋元	男	党员	1961.9	1964.11	浙大工民建专业	曾国熙副教授	
土力学地基基础	陈根媛	女	团员	1961.9	1964.11	浙大工民建专业	曾国熙副教授	
电机	蔡寿义	男	党员	1961.9	1964.11	浙江大学电机专业	郑光华讲师	
电机	许善椿	男	团员	1961.9	1964.11	浙江大学电机专业	郑光华讲师	
有机化学	封麟先	女	党员	1962.9	1965.11	浙江大学化燃专业	杨士林教授	
燃烧学	周志强	男	群众	1962.9	1965.11	浙江大学热能专业	陈运铣教授	
燃烧学	王生林	男	团员	1962.9	1965.11	浙大无机物专业	陈运铣教授	
化学工程学	宦麟坤	男	团员	1962.9	1965.11	浙大无机物专业	周庆祥教授	
化学工程学	戎顺熙	男	群众	1962.9	1965.11	浙江大学机金专业	周庆祥教授	
固体力学	凌双庆	男	团员	1962.9	1965.11	浙江大学物理专业	王仁东教授	
理论物理	邓丽正	男	团员	1962.9	1965.11	浙江大学物理专业	王谟显教授	
理论物理	曹培林	男	团员	1962.9	1965.11	浙江大学铸造专业	王谟显教授	
铸造合金	须祖兴	男	团员	1962.9	1965.11	浙大工民建专业	仇俭教授	
钢筋混凝土结构	潘鼎元	男	团员	1962.9	1965.11	杭州大学化学专业	高鍖教授	
有机化学	杨大钧	男	群众	1963.9	1966.11	浙大硅酸盐专业	杨士林教授	
物理化学	余桂郁	男	团员	1963.9	1966.11	浙江大学热能专业	严文兴教授	
燃烧学	乐嘉华	男	团员	1963.9	1966.11	北航金属材料专业	陈运铣教授	
金属学及热处理	郁兆昌	男	党员	1963.9	1966.11	广西水电厅技术员	徐纪楠教授	
工程热力学与工质热物理性质	孟斌华	男	团员	1963.9	1966.11		洪逮吉教授	
	31人							

浙江大学档案馆藏,档案号:ZD-1963-XZ-155

浙江大学1979年—1994年9月研究生招生、在校、毕业人数统计表
(1994年)

年份	硕士生(含研究生班)			博士生			在校生总数
	招生	在校	授学位	招生	在校	授学位	
1978	162	157					157
1979	59	214					214
1980	32	246					251
1981	149	179	190	5	5		184
1982	137	293		3	8		301
1983	243	505	36	3	11		566
1984	317	826	128	48	59	2	885
1985	616	1092	129	36	87	2	1179
1986	596	1384	231	41	135	1	1519
1987	492	1604	323	85	206	27	1810
1988	484	1505	576	73	222	39	1727
1989	473	1427	897	66	239	38	1666
1990	476	1397	328	87	275	43	1672
1991	500	1433	376	100	325	47	1758
1992	540	1518	410	141	392	39	1910
1993	700	1735	491	191	487	55	2222
1994.9	716	1886	312	280	658	30	2544
累计	6685		4427	1159		323	

浙江大学档案馆藏,档案号:ZD-1994-JX11-5

浙江大学1981年—1994年4月授予博士学位统计表
(1994年)

时间	本校研究生			在职人员			合计	累计
	理学	工学	小计	理学	工学	小计		
1984	1	1	2				2	2
1985	1	1	2				2	4

续表

时间	本校研究生			在职人员			合计	累计
	理学	工学	小计	理学	工学	小计		
1986		1	1				1	5
1987	5	22	27				27	32
1988	7	32	39				39	71
1989	2	36	38				38	109
1990	11	32	43				43	152
1991	6	41	47				47	199
1992.03	1	4	5				5	204
1992.09	7	27	34				34	238
1993.03	2	23	25				25	263
1993.10	8	21	29		1	1	30	293
1994.04	4	26	30				30	323
合计	55	267	322		1	1	323	

浙江大学档案馆藏,档案号:ZD-1994-JX11-5

浙江大学1981年—1994年4月授予硕士学位统计表①
(1994年)

时间	本校研究生							外单位研究生						在职人员						合计	累计
	理学	工学	哲学	经济学	法学	文学	小计	理学	工学	哲学	经济学	文学	小计	理学	工学	哲学	经济学	法学	小计		
1981	31	156					187		3				3							190	190
1983	3	27					30	1	5				6							36	226
1984	11	99					110	4	14				18							128	354
1985	13	111					124		5				5							129	483
1986	33	193					226		4		1		5							231	714
1987	34	265		1	2		302		12		2		14	1	6				7	323	1037
1988	64	453	3	6	2		528		18		4		22	7	19				26	576	1613
1989	86	723	5	16	1		831	2	22	1	2		27	7	25		7		39	897	2510

① 编者说明:1982年无研究生毕业。

续表

时间	本校研究生							外单位研究生						在职人员						合计	累计
	理学	工学	哲学	经济学	法学	文学	小计	理学	工学	哲学	经济学	文学	小计	理学	工学	哲学	经济学	法学	小计		
1990	43	233	3	1	9		289		9				9	6	18		6		30	328	2838
1991	42	274	4	19	3		342		2		2		4	3	23		4		30	376	3214
1992.03	35	246	2	1	2		286		1				1		10	1			11	298	3512
1992.09	16	76	1	1	1		95					3	3		14				14	112	3624
1993.03	35	239	2	12	11	3	302								10		1	1	12	314	3938
1993.10	29	134	1				164					3	3	2	8				10	177	4115
1994.04	30	237	2	15	13	5	302							1	7		1	1	10	312	4427
合计	505	3466	23	72	44	8	4118	7	95	1	11		6	120	27	140	1	19	2	189	4427

浙江大学档案馆藏，档案号：ZD-1994-JX11-5

浙江大学1994年分国家任务·委托培养在校研究生统计
（1994年）

	编号	前几届毕业生中补授学位的各人数	毕业生数		招生数	在学研究生数					预计毕业生数	指导教师人数
			计	其中授学位的		计	94级	93级	92级	91级		
总计	1		529	521	970	2542	970	837	633	102	606	688
其中：女	2		83	79	184	437	184	141	103	9	98	
博士生	3		69	69	258	658	258	188	131	81	81	42
硕士生	4		452	452	712	1882	712	647	502	21	523	646
研究生班	5		8			2		2			2	
国家合计	6		510	502	764	2304	764	812	632	96	599	688
博士生	7		68	68	253	653	253	188	131	81	81	42
硕士生	8		434	434	511	1649	511	622	501	15	516	646
研究生班	9		8			2		2			2	
委托合计	10		17	17	45	74	45	24	1	4	5	
博士生	11		1	1	5	5	5					
硕士生	12		16	16	40	69	40	24	1	4	5	

续表

	编号	前几届毕业生中补授学位的各人数	毕业生数		招生数	在学研究生数					预计毕业生数	指导教师人数
			计	其中授学位的		计	94 级	93 级	92 级	91 级		
研究生班	13											
自筹合计	14		2	2	161	164	161	1		2	2	
博士生	15											
硕士生	16		2	2	161	164	161	1		2	2	
研究生班	17											

浙江大学档案馆藏,档案号:ZD-1994-JX11-5

八、科学研究

(一)科研管理

1. 科研管理制度

浙江大学科研成果转让办法(试行稿)

(1981 年 9 月 10 日)

一、凡列入我校科研计划的项目或虽未入校科研计划,但成果对国民经济意义重大的项目,成果转让时必须向教研室、系提出,由学校统一对外组织转让谈判,签订转让合同。

二、为维护学校声誉及受让方的经济利益,转让的成果必须是经过鉴定(或专家评议),技术资料完整,持有鉴定证书,确实在经济上具有实用性,技术上是可行的方才转让。

对于少数成果由于某些特殊原因,一时无法召开鉴定会而生产单位愿意接受的成果,必须经教研室和系学术委员会审查后经学校批准作个别处理。

三、转让手续

移交成果必须充分了解对方的生产条件、设备情况、技术力量以及领导态度,在经过可行性分析之后再签订协议。如果受让方在短期内没有条件投产,领导决心不大,则不予转让。

同一产品在照顾受让方实际利益的前提下,并征得受让方的同意后可同时出售给二个以上的生产单位,特殊情况下亦可作专利性出让(即不转让给第二家)。

成果转让时由课题负责人(或教研室)提出初步转让意见,经校审查核准后打印盖章。

成果转让协议一经生效,我校必须保护受让方的利益,如有人擅自将该技术专利泄露他人,造成受让方的经济损失,完全由泄露人负责。

四、技术转让协议书必须有以下几方面内容,

1. 转让技术的内容包括:指标、提供给生产单位的技术资料、样机、样品、部件的内容及数量等。

2. 生产单位接产后在试生产过程中双方所承担的任务,学校承担的技术责任;厂方的技术力量的保证。

3. 从正式移交成果至出产品的时间期限。

4. 经费支付办法。

五、转让费用的支付原则

索取转让费用要根据科研投资(物力、人力、财力),产品的先进性、实用价值,市场销售的经济收益情况灵活处理。

一般的收费办法有以下几种形式

1. 一次谈成,移交技术时一次付清或分期付款。

2.产品单件提成,3—5年内每年产品提取3%—5%。

3.年度利润提成10%—50%以3年左右为好,第一年稍高,以后逐年降低。

4.谈成移交成果时先付一部分,以后用产品(或利润)提成,两者结合。

产品进入国际市场后在利润提成中亦要相应提取一定比例的外汇。

六、移交方式:

1.一次性出卖图纸,生产单位自己组织生产。图纸上属技术问题,学校有责任负责解决。

2.移交全部技术资料,并为生产单位短期培训一定数量的技术人员。

3.移交全部技术资料后,生产单位试生产过程中学校负责技术指导,必要时可派有关技术人员到生产单位帮助短期工作(出差费用由对方负担)。

七、转让收益的分配办法和培训费用的收取分配另有专门规定。

浙江大学科研处

一九八一年九月十日

浙江大学档案馆藏,档案号:ZD-1982-XZ-277-2

浙江大学科学技术研究成果管理办法(试行稿)

(1981年12月)

科学技术研究成果(以下简称科研成果)是广大科技工作者辛勤劳动的结晶,是国家的宝贵财富。为加强科技成果的管理工作,及时交流和推广科技成果,使之在"四化"建设中发挥更大的作用,根据1978年11月13日国家科委关于科学技术研究成果的管理办法,结合我校的实际情况,现制定本办法。

一、科技成果的范围

凡列入学校科研计划的基础研究、应用研究和发展研究课题,按计划任务书(或协议书)要求完成了研究任务;虽未正式列入学校科学研究计划,但在科技人员努力下取得了具有一定学术意义和实用价值的创造性成果;某些有重大意义的基础研究和应用研究项目,按预定计划取得了有一定学术意义和可独立应用的研究结果(属阶段性科研成果)。以上三方面的成果,均可以申请成果(或阶段成果)鉴定。

基础研究成果,一般采取先发表慢评议的方式,即在论文、专著公开发表一年以上,根据各方面的反映,再择优组织同行评议(反映一般的不组织评议)。评议方式可以是个别送审,开评议会或利用省级以上专业学会组织征求评价意见等。

应用研究是指在接到对生产技术问题的课题,从事创造性研制某种新产品的样品、样机、新技术、新方法、新材料、新工艺、新流程、新装置等的研究结果(多数要经过厂方结合工艺条件进行试制方能投入生产),或具有直接使用价值的自然资源勘查研究等。

发展研究,一般是指运用应用研究成果,研究能解决实际生产的技术和工艺而取得的成果。

对应用性和发展性成果，如及时推广和取得成果所属权，在条件成熟时，应及时组织鉴定。

生产技术和实验技术的一般性改进，不作为科技成果，按技术改进或技术革新处理。

二、科技成果申请鉴定的程序

鉴定前的准备：

研究课题要求上级组织成果鉴定前必须准备好研制工作报告（或总结），和完整的技术资料（包括图纸、实验数据、实验报告、用户使用的反映、经济效益和国内外水平的调整报告等），对要求鉴定的项目如样品、样机、新材料、新工艺、新装置等做好鉴定会代表复测校核的准备工作。

申请鉴定的程序：

课题组将准备好的技术资料，任务书（或委托协议书或鉴定大纲），同时填写好“科研成果申请鉴定表”，其中“申请鉴定提纲栏”应填明：

1）计划任务书（或协议书）提出的技术指标和研制年限；

2）申请鉴定的主要技术指标和内容；

3）实用价值和经济效益分析；

4）国内外目前水平和专利文献查阅情况；

5）建议邀请单位（包括特邀代表名单）。

一并送交系学术委员会。系学术委员会对该项研究成果技术资料的完整性，测试数据的可靠性，技术上的先进性，经济上的实用性，合理性，进行严格的认真的审查。由系学术委员会主任或分管科研的系主任签署意见后将两份完整的技术资料和鉴定大纲上报科研处。重大课题需经校学术委员会审查批准后由科研处根据科技成果的实际水平，经济效益，重要性和涉及的大小以及课题任务归属的主管部门，行文上报请求鉴定。一经批准由主持鉴定部门发邀请信，正式组织鉴定。

邀请参加鉴定会的单位和人数不宜过多，应是该行业中学术上或生产技术上有威望的单位和个人，一般以10～30人为宜，（属发展性成果邀请人数可适当增加）。个别在同行中有一定学术地位的代表可特约邀请；但需有副教授以上的技术职称，或同行业中在任有一定威望的相当于工程师以上职称的人士。

三、科技成果鉴定的程序

由主持鉴定单位与会代表洽商，推荐学术上造诣较深的同行专家、管理专家和使用部门的代表组成鉴定委员会（或鉴定领导小组），负责该项成果的鉴定工作，并推选主任（或组长）一人、副主任（副组长）若干人。根据鉴定工作需要，另可设技术测试小组、文件资料审查小组、鉴定书起草小组。如果测试的周期较长，为了节约与会代表的时间，可在会前邀请有一定影响的单位和个人（3～5人），提前1～2天进行复测，并写出测试报告，测试人员签名后作为会议正式文件提交会议审查。鉴定会上课题技术负责人必须作认真的技术报告、测试结果报告和使用单位的使用报告。

与会代表按照鉴定大纲（或任务书）的要求，对要求鉴定的科技成果进行审查，作出实事求是的评价。鉴定会上应充分发扬技术民主，对于鉴定结论有分歧意见可以保留，并如实在鉴定书上写明。

鉴定通过后,按国家统一格式填写好鉴定证书,代表需在鉴定书上签字,以示负责。科研成果的当事人不能作为正式代表,不在鉴定证书上签字。

军工等保密部门委托的研究任务完成后,经委托单位验收合格,并出具验收证明,即可作为正式成果上报。

科技成果经评审或鉴定通过后,应及时将鉴定书送交科研处审核,送主持鉴定的主管部门领导签署意见后,复印盖章(原稿存档),然后分发各参加鉴定会的代表单位。

鉴定通过后应立即将鉴定会全部资料一式六套送交科研处,同时填写"科学技术研究成果卡片",以便及时办理成果上报,申请奖励或发明权。

四、鉴定会经费开支范围

鉴定会必须贯彻勤俭节约的原则,为与会代表安排好食宿交通。鉴定申请经系学术委员会审查通过后,由系组成会务工作小组,安排会议地点,确定日期,造好会议费用预算表,经分管科研的系主任签署意见后送科研处审核,经分管科研的校长批准后方可开支费用。

按照国家有关文件规定,可以开支的会务费用包括:接送代表的交通费,招待所(旅馆)空床费,伙食管理费,租用会议室费,本市代表和会务工作人员的住宿费,伙食补贴费(每人每天 0.30 元),与会代表晚上加班工作的夜餐费,鉴定会资料费等。

一九八一年十二月

浙江大学档案馆藏,档案号:ZD-1982-XZ-277-3

浙江大学科学研究组织管理工作暂行办法

(1982 年)

科学研究工作是我校的一项重要任务。高等学校应该既是教学中心,又是科研中心,要为实现四个现代化,发展国家的科学事业作贡献。

为了有计划、有组织、有重点地进行我校所承担的国家各项科学研究任务,必须加强科学研究组织管理工作。

科学研究的组织管理,主要是:规划和年度计划的制订;计划执行情况的检查,工作总结和技术总结;研究成果的鉴定及上报;协调与协作;技术档案管理等方面(有关情报资料、学术活动、科研经费的管理办法,另行制订),以上各项工作的具体内容及组织管理方法作如下规定:

(一)计划的制订

1.科学研究题目的选定,应根据实现四个现代化的需要,科学技术的发展方向和学校专业设置、教学工作的安排等情况,进行统筹研究。我校科学研究应以基础科学和技术科学为重点,重视国民经济和国防建设中的重大课题,新兴科学技术和边缘科学的研究。

2.凡属重点科学技术项目(主要新产品试制、科学技术中间试验、重要科学研究项目),在申请列入学校计划时,必须提出以下资料,经过技术论证方能开题。

①提出较完整地、系统地反映国内外研究状况，及对国民经济的意义、作用、经济价值的分析报告。

②据国家需要，结合教学方向确定课题，提出研究条件，包括研究力量与水平、过去的试验研究概况与实验条件；

③填写详细的计划任务书，它应包括：研究目的、研究内容、人员、进度安排，最终达到的研究指标和完成时间、所需的主要设备、仪器及经费概算。

④教研室和系主任（研究室和研究所负责人）根据以上三个材料进行审查，提出意见，并向学校科研处申请列入计划。科研处在接到各系所报材料后，根据上级指示进行综合平衡及必需的协调，最后报请校学术委员会审查，报上级主管部门批准。

⑤科研计划经批准下达后，由科研处发给"浙江大学科学研究项目承接合同"，由任务承担单位填写一式三份，经项目负责人，主管科研的系主任和科研处负责人签字后生效。三份文本由项目、系、科研处各执一份，按合同确定的任务，各负其责。

3. 校外单位（包括中央各有关部委、有关军、兵种、各工厂、矿、企业）委托我校承担的任务均签订协作研究合同，经费物资事宜按国家的有关规定办理，不再订立承接合同。

（二）计划执行情况的检查

1. 对各科学研究项目执行情况的检查是科研处，各系及各教研室的日常工作。

2. 为明确管理职责，将列入学校计划的研究项目分成三类。即学校重点项目、系重点项目和一般项目。三类项目分属校、系两级管理。学校重点项目，由科研处经常检查情况；系重点及一般项目由系经常检查情况，并由科研秘书在每月月底向科研处作一次简报，校科研处每月向校领导作一次简报。科研处每半年向任务下达的主管部门提出课题进展情况的书面报告。

3. 逐步创造条件采用科学手段，进行管理工作，掌握分析各有关项目研究工作的进展情况，为求准确地、及时地掌握全校科研项目的动态。

（三）工作总结和技术总结

1. 凡列入学校计划的各类研究项目，必须在每年 7 月上旬完成半年研究工作总结。在每年年底进行以技术总结为主的全年总结。

2. 总结统一按"浙江大学科学研究项目总结表"填写，内容包括：

①科学技术研究成果登记表。

②科研项目总结，包括绪言，工作过程，获得的结果或结论等方面。

③研究人员完成工作情况报告表。

④全年经费使用情况。

⑤教研室主任、系主任对本项目研究工作的评价。

⑥总结，以一式三份书写。一份由项目归入技术档案，一份送系备考，一份送科研处。

（四）研究成果的鉴定上报

1. 列入学校计划的各类研究项目，必须在一定时期内，做出有价值的成果。科学研究成果是指：对某一科学技术研究课题，经过试验研究、调查考察后得出具有一定学术意义或实用意义的结果（包括物质成果和论文成果）。一切研究成果，均应按照国家科委所颁发的"关于上报和登记科学技术研究成果的若干规定(试行草案)”的办法,办理鉴定、上报和登记手续。

2 研究成果的技术鉴定一般由任务下达的主管部门主持聘请有关的研究机关、生产使用单位及兄弟院校的专家组成研究成果鉴定小组,进行鉴定。学术论文性质的成果,由校学术委员会组织论文评审会,提出评语。鉴定(评审)通过后,按规定由科研处情报科履行上报手续。

3. 申请鉴定的研究成果,必须具备下述技术资料:试验研究总结报告(报告中应包括方案确定、原定指标、研究装置、试验情况、研究结论等)、现场试验的使用报告、研究论文、设计图纸等。

4. 科研成果鉴定分:学校级、省(市)级、部级、国家级四等,根据项目的具体情况确定,学术论文已在全国性学术刊物上发表,不必再进行评审,由学校填表上报。

5. 研究成果的上报,按国家科委统一规定上报学校全套技术资料、鉴定(或评审)证书、“科学研究成果登记卡片”各五份。科研处根据上报的鉴定(或评审)项目及时出版“浙江大学科研成果鉴定简报”,并履行上报手续。

(五)技术档案

1. 技术档案的范围。

技术档案是指:记述和反映科研项目在研究活动中,具有保存价值,并按一定的归档制度作为真实的历史记录集中保管起来的技术文件材料。包括图纸、照片、报表、文字材料等,都是技术档案。

2. 技术档案的具体内容:

①科学研究长远规划,研究方案和年度、季度研究执行计划。

②科学研究的阶段总结。

③科学研究专题技术档案资料,包括:选题和定题的依据,各项调查资料,计划任务书,条件计划,工作记录,设计资料,试验原始数据,阶段技术总结,学术活动报告或论文报告鉴定意见,成果样品的图片或实物以及推广经过等。

④有关科学研究方面的重要学术会议记录。

⑤有关科学研究方面的专家建议等。

⑥外单位委托我校进行科研方面的测试工作的原始报告和试验报告等。

3. 技术档案的归档要求:

①凡是需要归档的文件材料分有永久或长期保存两类。

②归档的文件材料份数,应该是定稿的原稿一份以及副本一份。基建档案和设备档案蓝图一份都应归档。

③归档后的文件材料应按照数量不缺,系统完整的原则组成保管单位(卷、册、袋)。

4. 技术档案归档手续:

①学校科学研究的远景规划、年度的研究计划、项目计划任务书、承接合同、协作合同等技术档案资料由科研处计划科负责归档。系和教研室科学研究计划,经科研项目负责人审阅,由科研项目的兼职档案员填写案卷、目录单(式样另附),将正稿和原稿在该项目归档。项目撤销后交系情报资料室归档。

②科学研究专题技术档案材料,由课题研究人员负责(每个项目设一兼职档案员),将研

究过程中形成的有关文件资料，按规定经常系统地进行整理，待该项目研究完成或告一段落后即进行编号、分类、装订成册，在该项目归档。当由几个单位共同研究一个项目时，研究材料的整理归档工作，应由主办单位主持，协作单位配合归档。

(六)关于科技情报费开支范围的规定

科技情报费系科技情报专项款项，实行专款专用。它用于：

1. 订购有关科技情报类的专业期刊、资料。
2. 复制科技文献资料。
3. 购买科技图纸。
4. 购买有关的字典、手册等工具书。
5. 购买有关的专业会议资料。
6. 购买有关的论文集。
7. 购买有关的产品目录、部颁标准。
8. 印刷本系编写或翻译的科技资料。

科技情报费不得移作他用及购置其他书籍。

(七)《浙江大学学报》稿酬暂行规定

根据教育部、财政部、国家劳动总局《关于高等学校兼课教师酬金和教师编译教材稿酬的暂行规定》通知的精神，参考一些兄弟院校的做法，决定从1979年起《浙江大学学报》试行稿酬办法。凡刊用稿件的作者和评阅者一律付给酬金。

1. 根据稿件的水平，每千字计酬标准定为：2元、3元、4元、5元四等。
2. 审稿酬金不论刊出与否，每篇一律付给5元。
3. 每篇稿件的外文摘要，均请外语教研室负责校对，每篇给酬金1元。
4. 每期发行后，由学校编辑室开单，向学校财务科领取。

浙江大学档案馆藏，档案号：ZD-1982-XZ-277-1

浙江大学科技咨询服务收费标准及分配细则

(1985年2月24日)

浙大发科咨〔1985〕60号

各系、各部、处、室、院、馆、工厂：

根据学校科技咨询既要放开搞活，又要加强领导、统一管理的决定，参照财政部〔82〕科协发咨字024号文件，教育部〔83〕教技字017号文件的规定，在总结经验的基础上，参照浙江省财政厅〔83〕财行字第614号文件的精神，特制订浙江大学对外科技咨询收费标准及分配细则，并规定如下：

Ⅰ 收费标准

一、科技咨询服务费由双方协商确定，可以按原科技服务成本的1.5—10倍收费；也可以根据提供科技服务后所增加的利润多少，从中进行提成。提成比例一般在15%—30%以内,提取年限一般在五年以内。还可以根据科技服务所增加的产业大小,按年销售额提成,提成比例为5%左右,提取年限一般为三～五年。

二、科技成果转让费一般可按产品年销售额的3%—10%提取;也可以按产品税前利润的10%—30%提取。提取年限一般为五年左右。

三、教师、科技人员外出担任顾问、技术指导和其他科技工作的收费标准由双方商定,一般可参照下述标准:

1.一个月以上到需方工作的,每月收费标准:正副教授、高工,300元;讲师、工程师250元;助教、助工,200元;

2.一个月以下短期到需方工作的,每天收费标准:正、副教授、高工,20元;讲师、工程师,15元;助教、助工,10元;

3.兼职但不到需方工作的,全年按第三条第一款的收费标准,收取2—3个月的费用;

4.教师,科技人员到需方工作的差旅费由需方负责。

四、各种类型的培训班,短训班:

1.理工科类:每人每月收70—80元;文科类:每人每月收60—70元;

2.联合办班,教师由我校派出,本市的对方收30%,我校收70%;外地的,对方收35%,我校收65%。一切办班的行政开支及教师差旅费由对方负责,教师上课酬金由我校支付;

3.联合办班,到我校请部分教师,其收费标准参照第三条第二款,凡一天上课在二小时或二小时以下者,拿半天的工作量;一天上课在三小时以上的,算一天的工作量。

五、聘请个别教师兼课,其收费标准为实际酬金,另加50%的费用。

六、各种类型办班所编的教材,除收成本费(纸张、印刷和装订费)外,另加收50%的费用,其中10%为管理费;10%为校奖励基金;30%为编写教师的酬金。

Ⅱ分配细则

一、为了确保我校教学、科研任务的完成,凡我校所有人员,参加对外科技咨询服务(包括:兼职、兼课、各种工程设计,对外科技咨询,科技协作,代培研究生、大专生,办班,测试,技术指导,技术服务以及为本校技术劳动服务公司提供的各种技术服务等)均需经有关的系主任批准,主管业务处备案,并由科技咨询部统一办理手续。各种收入均按本服务津贴分配细则进行分成,再发到系和基层。

二、科技咨询服务津贴每季结算和发放一次,以教研室(或研究室、实验室等)为基层单位统一领取和结算。

三、各类科技咨询项目的总收入减去下列支出后为净收入:

1.学校统一提取项目收入总额的3%作为管理费(技术劳动服务类公司免收);

2.完成该项目所需的各项支出按实际计算。对于科技协作类和一般实验类项目,如支出不足20%,为简化起见一般按总收入的20%计算。科学研究委托、合同项目,按30%计算;

3.按规定应交的税金。

四、各类咨询项目具体的分成比例如下:

1.科研类:除科学基金及学校事业费中的科研项目经费外,其余科研费收入款项到达学校后,一次提取17%用于下列方面:

5%为学校基金；

5%为校科研发展基金；

3%为科研项目组人员的津贴和加班费，由项目负责人掌握使用；

2%为系内不能分成的科研项目人员的津贴，由系主任掌握使用；

1%为基础项目及突出科研成果的奖励基金，由科研处掌握；

1%为校奖励基金，由咨询部掌握。

科研项目完成后，按下述比例实行积余分成：

项目进行过程中购置的固定资产在实际投资的50%以上者，积余部分的分成比例为：个人的津贴和奖金为30%；项目的发展基金为40%；学校基金为30%（其中校长特支为1%，校奖励基金为4%）；

购置固定资产在30%以上者（凡不足30%的要补足30%），积余部分的分成比例为：个人的津贴和奖金为20%；项目的发展基金为40%；学校基金为40%（其中校长特支为1%，校奖励基金为4%）。

2. 各种科技项目如技术协作、产品设计、建筑设计和施工、技术指导、技术咨询、实验测试、各种协作加工以及合资办厂、合资办公司和联合开发类均按净收入计算：

项目的发展基金为30%；

系和基层的奖励基金为30%（其中用于全系的奖励基金为10%，由系主任掌握；项目参加人员的津贴和奖金为20%，由项目负责人掌握）；

学校基金为30%；

校长特支为1%；

校奖励基金为8.5%，由咨询部管理；

主管业务处奖励基金为0.5%，由各主管业务处掌握。

3. 各类科研成果转让费的分成比例为：

金额在2万以下者项目发展基金为35%；

系发展基金为10%；

学校科研发展基金为15%；

学校基金为20%（其中管理费为3%）；

项目参加人员的奖金和津贴为15%；

系奖励基金为2%；

校奖励基金为3%，由咨询部管理。

金额在2万至5万元之内者：

项目发展基金为35%；

系发展基金为10%；

学校科研发展基金为20%；

学校基金为20%（其中管理费为3%）；

项目参加人员的奖金和津贴为12%；

系奖励基金为1%；

校奖励基金为2%，由咨询部管理。

金额在5万元以上者：

项目发展基金为35%；

系发展基金为10%；

学校科研发展基金为20%；

学校基金为22%(其中管理费为3%)；

项目参加人员的奖金和津贴为10%；

系奖励基金为1%；

校奖励基金为2%，由咨询部管理。

4.委托代培本科、专科、研究生、进修生类(按总收入计算)：

代培基建、设备投资中：

基建费为80%，由学校统筹使用；

设备费为20%(其中14%归代培系使用；6%由学校统一掌握用于基础课的设备投资)。

培养经费收入分成比例为：

①管理费为3%；

②校基金为18%；

③由校收取的水电、人才补助金等成本费为18%；

④返回给系的成本费为25%—30%(研究生为35%)，用于上机、实验、实习，本系任课教师的酬金等；

⑤外系任课教师的酬金为15%—20%(研究生为10%)；

⑥校教学奖励发展基金为12%；

④⑤⑥三项由教务处或研究生院掌握；

⑦校奖励基金为3%，由咨询部管理；

⑧校长特支为1%。

5.办班类(按总收入计算)：

管理费为3%；

校基金为22%—27%；

办班单位(实行经费包干)为60%(假期中为65%)；

校长特支为1%；

校奖励基金为8.5%；(其中6%自咨询部管理)；

主管业务处管理基金为0.5%。

6.学校组织翻译、编写教材、教学参考书所得稿费类(按总收入计算)：

管理费为3%；

校基金为20%；

编译组创收人员津贴60%；

系奖励基金为10%；

校长特支为1%；

校奖励基金为6%，由咨询部管理。

利用业余时间投稿的，97%为创收人员的津贴和酬金，3%为管理费。

稿费在100元以内的,全部归个人所有。

7.学生勤工俭学类:

管理费为3%;其余97%归学生所有,分成比例由学生社团民主自定,但分给个人的津贴和奖金一般不超过60%。

8.技术劳动服务公司类:

免缴所得税的厂点,纯利润的25%上交学校(其中20%为学校基金;1%为校长特支;4%为校奖励基金交由咨询部管理);25%上交办点的系或厂。

9.顾问类(按总收入计算):

管理费为3%;

校基金为20%;

创收人员津贴为60%;

系奖励基金为10%;

校长特支为1%;

校奖励基金为6%,交由咨询部管理。

10.兼课类:按实际上课时教酬金发给创收人员。除从总收入中提取3%的管理费外,结余部分的分成为:

校基金为30%;

基层发展基金为30%;

系奖励基金为10%;

基层奖励基金为20%;

校长特支为1%;

校奖励基金为8.5%;(其中6%交由咨询部管理)。

主管业务处奖励基金为0.5%。

11.在科技咨询服务过程中,有关会务,展览和生活服务类(按净收入计算):

学校基金为4.0%;

基层发展基金为30%;

基层奖励基金为20%;

校长特支为1%;

校奖励基金为8.5%;(其中6%交由咨询部管理)。

主管业务处管理基金为0.5%。

五、严格控制加班,必须加班时,其费用在该项目发到系、基层的分成中提取,一般不再另发加班费。但确因项目需要,校外协作单位自愿出加班费的,其加班费一般不超过该项目净收入的6%。

六、为了维护学校信誉,凡本校所有人员搞科技咨询服务,均须经有关的系主任批准,主管业务处和科技咨询部备案和办理手续。对于成绩显著者除发给津贴外,另外再发给奖金,以资鼓励。对于不能按合同要求完成科技咨询任务者,要根据其情节轻重,扣发或停发科技服务津贴。对于情节严重者,要追究责任。

本细则自即日起生效,原浙大发科咨〔84〕129号文件停止执行。

浙江大学
一九八五年二月二十四日

浙江大学档案馆藏,档案号:ZD-1985-XZ-163-5

2. 科研规划与科研总结

浙江大学开展调查工作情况[①]

(1959年6月22日)

〔59〕浙科秘字第44号

浙江省科学工作委员会

一、高校科研工作在人力方面的调配问题,有两种意见,①科研要围绕教学,为教学服务,人力集中,既搞教学又搞科研;②科研工作可分开进行,其方式:(一)通过校内研究生,(二)把中央或省的研究室放到学校里来,共同进行研究。

这两种方法,目前看来各有利弊,人力集中的优点是①能直接与教学相结合,力量比较充分。缺点是有顾此失彼的可能。因为有些研究课题与教学关系不大,在教学任务较重的情况下就可能把科研工作停下来。

②科研和教学分开来进行的优点是:搞科研的人员可以集中精力搞科研,不至于因教学任务而影响科研,其缺点是有些课题和人员不能与教学相结合,而且在人员缺乏的情况下,分工也有困难。

二、编制科研计划的经验方面:他们体会到在科研组拟定课题时,应有一定的方向,应与本身的专业相结合,具体地说,必须结合以下四点:①是教学与生产中的基本问题;②这是专业的主要部分,又是生产中的关键问题;③是科学本身发展的一个方面,在国内对这课题研究不多而尚待解决的;④要适合本校具体的特点和情况,如土木系研究的钢渣水泥、电机系的水冷电机、提网控制机床。

三、研究课题的来源,有四方面:①由国家分配的(这些课题一般都是当前急需解决的技术问题);②工厂企业提出来的技术上的问题;③根据各教研组教师提出的为了提高教学质量方面的问题;④教师学生下厂时发现的技术问题。

在科研内容的尖端试验和基本理论方面,是尖端和急需解决的生产关键问题较多,对理论方面和解决生产上具体的小问题方面较多。

在科研工作的进行方面:一般能与教学、科研、生产相结合的课题进行得比较顺利,时间上也有保证。相反的,进行得较慢,教学任务一紧,人力不够就只得放下来。所以对工厂企业所提出的课题,只能选择进行。对如何搞好三结合方面,还有一些具体问题,经验不足,还需进一步摸索。

---

① 本报告原载浙江省科学工作委员会所编《高等学校科学研究问题调查研究简报》第三期(1959年6月22日),系浙江大学科研科工作人员谈话的要点。

四、现在科研人力和时间的安排方面：自“大跃进”以来对于科研工作，大多数的教师学生都参加了。学生是：凡能与教学环节相结合的科研工作，一般每周用三至四个单位时间。凡与教学工作不易结合的科研工作，一般每周用一至二个单位的时间。以学生学习的任务轻重而定。

教师的科研时间：是根据科研组的科研方向，教学任务和是否能很好结合教学工作而定，一般的每周用一天时间，有时也可能是二天，也有的科研工作做得很少。

五、科研工作所采用的形式：共有四种。①师生合作进行研究，这种形式是最普遍的；②一位教师和几位教师合作进行研究；③与工厂、科研所合作进行研究（有些是协作的项目）；④尖端的课题虽不多，但牵连的面比较广，因此组织全校各系共同来搞。

以上搞得较好的是第一种形式，其次是第三种形式，教师单独进行的也在搞，但不多。

在各系和各教研组协作搞的课题上，碰到的矛盾是：各系各教研组都有自己的科研重点，所以要做好互相配合就较困难，有时要搞好协作，往往又会挤掉自己的科研重点，尤其是一些时间上要求急的课题。

六、与科研所、厂矿和企业机构的协作方面：浙大与省内科研所的协作较少，与中央的有些联系，一般都是些全国性的问题。

与厂矿企业机构的协作，课题的来源有三：①由浙大提出的研究课题与厂矿企业机构协作的；②由厂矿提出研究课题与浙大协作的；③由中央提出组织协作的。

以协作的科研工作形式上可分四种：①工厂企业机构派人和浙大合在一起，共同研究的；②设计由浙大负责，加工由工厂负责，分工进行的；③工厂企业机构给浙大原材料，由浙大进行的；④浙大派人到工厂去进行的。四种形式采用的第三种较多，第一第二种较少。

在与工厂企业机构协作上碰到的问题：①有些研究课题，业务部门很重视，是生产发展的重要课题，也是浙大科研课题的重点。但对于现在进行具体生产的某一个工厂来说，却不一定是重点，因此口径对不上，浙大很着急，而工厂却不着急，碰到工厂的生产任务一忙就把协作的试制项目挤掉了。如水冷电机和提网控制机床。②有些研究课题，工厂要求很急，但与浙大教学上又很难结合，因此又出现了一种相反的情况。③还有一种课题，工厂提出与浙大协作时是重点问题要求很急，浙大接受下来，摊子铺开了，工厂又发现或随着生产任务的改变，重点转移了，这样工厂对这协作项目变为不重视，而浙大却很被动。

七、与科学院的关系方面：他们认为主要是编制和人力问题，假如科学分院把研究所的牌子挂到学校里，而没有人派去，这样矛盾较多、阻力也较大。他们认为最好是把研究所的一个有共同研究项目的研究组放到学校去（如基建材料试验所研究钢渣水泥的小组放到浙大的土木工程系去）共同进行研究，比较合适。至于把研究所全部放到学校去，这样人多，也有困难。

高等学校进行科研工作，有好的一面，但也有缺点。好的，①人多、教师、高年级学生都可以进行科研工作；②各种专业多，可以互相配合。缺点是不能专门搞科研，所以很希望省能多成立几个研究所。尤其是基础理论方面的，如数学、力学研究所等。

八、器材方面（略）

浙江省档案馆藏，档案号：J115-006-028-009

浙江大学1960—1967年科学技术研究发展规划(草案)
(1960年)

为适应我国国民经济高速发展需要,并争取在10年内基本上实现浙江工业化和实现农业机械化、电气化、化学化、水利化,从而在根本上改变本省科学技术的落后面貌,兹根据国家12年科学技术发展远景规划纲要(修正草案)精神,结合本省具体情况及特点,特将我校关于1960—1967年8年科学技术研究远景规划制定于后,本规划共分为10个技术研究中心,其内容为:

1. 实现农业机械化、电气化、水利化、化学化问题的研究

为加速本省农业技术改造,争取在8年内基本上实现农业"四化",必须迅速发展下列技术问题的研究:在机械化方面,以研究水田农业机械化问题为中心,解决绳索牵引式和自带动力式的农业机械研究。要求在头3年,主要解决谷物栽种、收割时所需一系列农业作业的机械化问题,逐步推广全省。后5年则要求在完成上述任务基础上,达到解决南方农业机械化的全面问题。

在电气化方面:以研究动力在农村的应用为中心,要求在头3年中解决电缆的推广应用,解决农业电气化所需电机的设计制造研究和解决在此期间的农业电气化所需中小型水火电站技术问题,电网规划问题,农业机械制动系统及控制电路和有线、无线电广播通信工具及电网布置。在后5年,除继续完成上述任务外,要解决电动拖拉机的研究应用和林、牧、副、渔的电气自动化问题,动力机械在农村的综合利用等。

在水利化方面:为充分并合理使用全省水利资源,使全部农田得到灌溉进行研究,利用潮汐水利灌溉为本省工农业生产服务。为此要求在头3年,要研究解决中小型水坝、堆石坝的设计与迅速施工,水库的综合利用,农村水电站水利工程的经营管理,定向爆破筑坝,水及地质调查研究,水工构筑物土地基和坝基砂卵石覆盖及处理,沙土构筑物的土压力,坝形、坝址的选择等问题。在后5年除对上述专题做进一步研究外,还必须进行新型结构坝、潮汐发电站的坝型选择,坝基处理,潮汐性能,同位素在水利工程中的应用等问题的研究。

在化学化方面:为本省实现农业化学服务,8年内主要以研究发展化学肥料工业为中心,为解决氮肥问题进行探索新固定氮的方法,改进和强化现代固定氮、硫酸的生产及新品种的研究。为解决钾磷肥料问题,研究本省无机化学矿产原料利用。为解决农村产品有效利用问题,研究糠醛在有机合成中的合理使用途径,研究电解食盐。为解决农业物理及化学问题,研究同位素、超声波在农业上的应用,静电子加速器在农业上的应用。为解决化工设备问题,研究设计肥料工业、人造石油工业的高压设备。此外还应进行农药的研究。以上研究任务要求在头3年获得结果和进行少量推广,后5年将进一步研究提高发展,达到全面推广。

此外为自动化服务,研究产品储存等空气自动调节问题,养蚕业温湿度调节问题,人工孵卵小鸡时的温度控制问题,要求在头3年得到结果。

2. 在钢铁冶金方面

为充分利用本省矿藏资源,发展本省钢铁冶金工业,在8年内要求成为全国钢铁、有色和稀有金属冶金和铸造工艺的研究基地之一。为此,必须进行钢铁直接冶炼、电冶金、有色金属冶金、粉末冶金、新合金、精密铸造、特种轧制及水利学模型等问题的研究。在头3年,主要解决钢铁直接冶炼、有色及稀有金属铜、铝、钴、钛、镓、铟、铊、锗等提取及制备,和解决低温不锈钢、耐热铸铁、耐压耐蚀铝合金、熔膜精密铸造、薄壳泥型精密铸造、液体轧制钢材、各种冶金炉的模型研究等问题。后5年,则在上述研究的基础上进一步扩大和全面推广应用于生产。

3. 煤炭、化学工业、化工自动化的研究

研究合理使用燃料资源,结合本省特点,扩大煤矿和进行化学产品的有效利用。研究为冶金工业、化学工业的发展提供条件和农业四化服务。在头3年主要解决煤焦化工方面的有关问题,进行冷压焦,高温焦油、煤及应用煤岩学等的研究。在后5年除继续巩固发展在煤焦化学产品方面的研究外,扩大研究领域,研究放射化学在煤及焦化工业中的应用和人造石油方面问题的研究。

在化工自动化方面:8年内主要研究解决本省工农业发展中提出的生产自动化问题,研究并发展自动调节和建立解决工程设计、工程计算方面的问题、生产过程综合自动化的科学基地、自动化技术工具的设计制造等问题。头3年主要研究解决合成氨实验工厂自动化问题,衢州化工厂全部车间自动化设计安装调整问题,本省其他化工厂包括农业小型化工厂的自动化调节问题。

在化工工业方面:8年内主要研究新型化工机械、破碎技术,耐高温耐高压的高分子化合物和利用本省原料研究试制陶瓷设备、高强度陶瓷刀具和发展高频陶瓷及陶瓷金属等问题的研究。

4. 机械制造金属切削机床研究方面

为适应高速度工业的发展需要,8年内主要进行数字程序控制机床、机床液压驱动、机械加工工艺和机械加工自动作业线等重大问题研究,达到以最新科学技术改造和武装本省企业,大大提高劳动生产率和解决高精度及复杂形状的制造问题,并成为全国技术研究中心之一。为此,在头3年,主要研究完成重型机床的数字程序控制系统、高灵敏控制阀、小惯性液动机和数字程序控制所需主要电气控制部件,以及完成本省轴承量齿轮或工具制造方面第一条自动线试点,和总结出一套成熟的提高超精加工的质量及生产率的经验推广于生产。此外,还必须研究完成汽轮机的试验制造、高速气膜滑动轴承(达到6万转/分)、研究可逆式灌流式水轮机制造和焊接技术等问题。后5年主要在完成上述技术研究任务的基础上,进一步加以扩大和发展提高,达到广泛应用于生产武装本省机械制造和机床工业。

5. 在动力系统研究方面

为根本改变本省电力系统、电站系列装备和电机制造工业的面貌,采用世界最新技术来武装本省企业。在8年内要求成为全国水内冷电机和旋风炉先进燃烧技术研究方面的技术中心,建立水力发电基地,以及形成强大的高压电力网。在头3年,主要研究高压旋风燃烧、燃煤、燃气轮机电站研究的逐步推广和应用,新型电站的热力循环和热工监督系统,水内冷电机及油内冷变压器的有关技术问题,特种电机、调速电机、牵引电机的设计制造,电机制造工艺及电工材料的研究,以及开展对电力系统的暂态过程,高压直流输电技术电站及电力系统的继电保护和自动化、远动化等方面的研究。在后5年除继续完成上述研究任务并推广应用于生产外,还必须进行原子能电站、风能、太阳能的利用,潮汐发电用水轮机的设计制造,交直流并列运行的稳定性等问题的研究,为浙江实现电气化服务。必须同时开展对本省电气铁道和轻工业企业(着重是纺织、食品、造纸等工业)电气化自动化问题的研究。

6. 建筑工业与建筑材料工业方面

8年内要使本省建筑工业基本上实现工业化,满足大量的农村工业建筑,大量的居住民用建筑的需要,不断提高人民物质文化生活水平。为此,头3年主要研究下列问题:在设计规划方面,研究农村人民公社的工业区,居民点的规划与典型建筑标准设计。

在工程结构方面,必须进行竹结构的应用与预应力钢筋混凝土结构的设计,理论和结构型式问题、胶合木结构、简易房屋结构等问题的研究,以节约大量的钢材和木材。在施工方法方面,首先研究大量土石的开挖与运输机械化,农村小型机械化施工与预应力钢筋混凝土构建的施工工艺。在建筑材料方面,主要研究材料代用品问题,解决硫酸盐砖代替粘土砖、草木高纤维板代替木板,和高效能仿真材料、矿渣水泥及水泥砖的理论研究工作。

后5年,除进一步研究上述问题外,还必须研究浙江工业区的区域规划,新城市规划、建筑造型和建筑理论问题,大跨度结构与施工,新型的装配与薄壳、铝合金结构、大型预制构件的生产工艺,同位素和超声波在建筑中的应用等问题。

7. 在光学机械仪器研究方面

主要以开展物理光学仪器照相机和计时仪器,为适应近代尖端科学技术发展需要为中心。要求8年内在精密仪器设计理论、光学设计、特种工艺(光机刻划、真空涂膜、非球面加工等)、光谱仪器设计制造、干涉技术在生产中应用、照相机和钟表生产制动等方面成为全国研究中心之一,在计量研究方面成为本省标准的度量室。头3年主要设计制成大型及特种光谱仪、高速照相机、红外照相机、航空摄影机,研究光干涉技术在自动化中的应用,民用照相机与钟表生产自动化问题和特种用途计时仪的设计制造等研究工作。

8. 在电子研究方面

为迅速改变本省无线电子学工业的落后面貌,争取在8年内全面赶上世界水平,并在某些方面取得重大成就,超过世界先进水平,形成国际上独立研究中心,为此必须进行计算技术、无线电通信、广播设备、微波技术及辐射系统,工业用电子学设备,电真空、半导体及固体电子学、自动远动和无线电材料原件等8项重大问题的研究。

头3年主要研究下列问题:

在计算技术方面要研究制成新型电子计算机及其在自动控制方面的应用,研究逻辑机、自动机及毫微秒脉冲技术。

在无线电通信广播设备方面,要帮助建立本省无线电工业,使工艺及产品品种质量达到世界先进水平,建立本省电视台、电视转播台、电视网和发展世界最新技术(彩色电视、脉冲调制通信、波道管通信、微中断通信等)。

在微波技术及辐射系统方面,要发展微波元件的研究试制,达到稳定生产。研究微波技术在通讯工业及物理学上的应用和超短波电磁波的传播及微波天线、辐射性能的研究。

在工业电子学方面,研究工业生产上应用精密测量的自动控制,用电子仪研究超声波高频电能的推广应用。

在真空方面,为本省建立电子管制造工业进行新型的接收、发射电子管、微波器件,新型微波管，电子束管、光电管、离子管等设计制造工作，进行电子显微镜的研究。

在半导体和固体电子学方面，为本省建立半导体制造工业，研究硅的工艺及制造硅、锗及合金新型半导体材料，大电流正流元件、电子管阴极材料、电子计算机储存元件、热敏电阻材料、固体电子元件、超导电子器件等。

在自动与远动方面应进行电子自动化装置、数字自动、仪表遥测的研究。

后 5 年除继续完成有关任务以外，研究无线电电子学有关新技术，广泛全面地应用在本省各项工业生产和解决各种尖端电子学、仪器设备制造工艺中的技术问题，以及填补好本省电子学各方面的空白点，并争取在部分产业质量方面和某些科学方面达到和超过国际水平。

9. 原子能研究方面

为本省建立原子能科学基地，研究原子核基本规律，开展原子能和平利用，发展原子能事业，以便直接为本省高速度社会主义经济建设服务和为国防服务。为此，要求在 8 年内主要进行研究原子核的实验基本理论问题，放射化学并配合有关单位开展放射生物试验，推广同位素在国民经济各部门的应用问题和研究原子能动力装置，为省内利用原子能动力提供条件。在头 3 年主要指标是建成 XX 电子伏特回旋加速器，开始建立功率 XX 的实验性原子能反应堆，解决重氢重水的生产，核燃料的分离和放射性废物的有效处理，开展原子能的基础研究，在 3 年内成为全国原子核研究中心之一。

后 5 年主要研究建立动力反应堆，研究可控制热核能和低温超导等问题，8 年内成为全世界原子核研究中心之一。

10. 基础理论科学的研究

为使基础理论科学的研究迅速达到国内先进水平和部分达到或超过国际水平，为此，要求 8 年内在应用数学和高等数学方面必须开展对计算数学、偏微分方程、常微分方程、概率论、数理统计、数学在电机、机械、土木、化学工程上的应用，数理逻辑及其在电子计算机与计算数学上应用等问题和生产建设中有关数学问题等的研究。头 3 年，要求在偏微分方程上的研究方面达到国际水平，在长微分方程的研究工作上做出较好的成绩，培养达到具有解决为生产服务的实际问题能力。后 5 年要求在以上各方面达到国内最先进与具有国际水平，从而形成国内计算中心和最先进的应用数学的研究中心。

在力学方面，着重开展以研究固体力学为中心，要求在 8 年内达到中国科学院力学研究所的水平，在应力分析和机械振动方面达到国际水平，不仅能解决本省工业生产出现的力学问题，而且能承担解决全国的重要力学问题。头 3 年，要达到成为华东区机械强度和振动方面的研究中心，为此要求做到在固体力学方面摸清当代弹性塑力方面的最新成就，掌握弹性动力学、动力稳定性、弹性力学空间问题和温度应力等问题。在实验应力分析方面，光测电测机在动静应力测定方面，掌握先进的技术，达到全国先进水平。振动方面达到基本建成振动实验室，能够测定在机电振动中的一切线性振动问题和掌握非线性振动的基本理论。在流体力学方面要建立亚音速风洞各一座，以解决水利、土建、机械工程上的流体力学问题。后 5 年中除在以上各方面进一步充实、巩固、提高外，在流体力学方面要建立超音速风洞。

在化学方面，要进行水盐体系和熔盐体系的物理化学分析，电极过程与熔盐电解，传质传热过程强化和稀有气体及元素分离的研究。头 3 年主要完成某些主要水盐体系和熔盐体系的物理化学分析,掌握现有和新的超电压测定方法和文焦里管传质传热过程,闪急蒸发的强度及机理,有化学反应的传质过程,稀有元素的分离,化合物合成及其性质的研究。后5年则结晶化学、热力学、统计物理来研究水盐溶盐体系中所进行的变化和研究溶液,固相结构,熔盐电解技术,高压下传热传导以及应用特殊条件研究稀有元素合成性质等。

二

为了保证完成上述科学研究规划任务,必须在中央和省委正确领导下,在校党委具体领导下,反对右倾,大鼓干劲,坚决贯彻执行党的教育方针和科学技术研究方针,巩固地树立科学研究必须为本省工农业生产服务和全面提高教学质量,同时必须继续贯彻执行群众路线,大力发动群众,坚持政治挂帅,破除迷信封建思想,发挥敢想、敢说、敢做的共产主义风格,培养大胆首独精神,树立不断革命思想,立雄心大志,和共产主义的远大理想。为了保证上述规划的具体实现,还需大力加强研究工作的计划性,大力加强协作,大力加强科研原材料设备的供应,大力加强科学技术情报资料工作和大力加强科学研究试验基地(研究所),扩大技术研究队伍,培养新生力量。

为此必须在党的领导下,更高地举起社会主义建设总路线的红旗,沿着"大跃进"的顺利道路,为科学技术的继续"大跃进"而奋斗。

三

表1 研究所设置八年规划

	前三年			后五年	
一、研究所设置:	成立	冶金研究所		增设	五所研究所
		化工研究所			电力研究所
		机械研究所			电机电器研究所
		动力研究所			农业"四化"研究所
		建筑工程研究所			计算技术研究所
		电子研究所			自动远动研究所
		原子能研究所			
		数学力学研究所			
二、所需人员配备:		大学毕业及以上	591人		1392人
		中技	447人		1080人
		技工、辅助人员	460人		1625人
		行政人员	25人		131人
三、基本建设方案:		建房	36820m^2		55230m^2
四、经费:		人民币	1820万		3500万
		卢布	1930000		1446000

续表

	前三年			后五年	
		美金	162000		40500
五、原材料：		钢	477.7 吨		347.3 吨
		铜及有色金属	56 吨		172.5 吨
		铸铁	113.5 吨		未定

表 2 研究所、室设置计划[①]

研究所名称	1960—1962 年建立的研究室名称	1963—1967 年建立的研究室名称
冶金研究所	新合金	
	精密铸造	
	水力泵模型	
	钢铁直接冶炼	
	特种轧制	
	粉末冶金	
化工研究所	高压设备	
	破碎技术	
	新型化工机械	
	无机物化学工艺	
	分析	
	化工自动化	
	燃料	
	硅酸盐	
	稀有元素	
	化学工程	
	有机合成及高分子化合物	
机械研究所	水轮机水泵	光学机械仪研究室
	光学机械仪器	照相机
	农业机械	计时仪器
	机械传动	
	机械加工工艺	
	机床液压驱动及控制	

① 本表原文无标题，标题为编者所拟。

续表

研究所名称	1960—1962 年建立的研究室名称	1963—1967 年建立的研究室名称
	机床电器	
	机床一般问题	
动力研究所	热能动力设备	电力系统计算技术
	水力机械	直流输电
	电力	继电、自动
	电机	高电压
	农业电气化	液内冷电机
	电器	调速电机及牵引电机
	动能设备	特种电机
	工业、交通电气化	电机制造工艺
		电器
		电工材料
		农业用电机
		农业用控制电器
		农业电调规划
		农、林、牧、副、渔电气化自动化
		轻工业企业电气化自动化
		铁道电气化
		锅炉及燃烧
		汽轮机、燃气轮机
		水轮机
		原子能电站
		动能经济
建筑工程研究所	胶凝物质及制品	建筑设计与规划
	预应力钢筋混凝土	混凝土预制构件生产工艺
	地基基础	工程结构
	建筑热工	
	水工水能	
	施工组织及机械化	
	测量仪器鉴定室	

续表

研究所名称	1960—1962 年建立的研究室名称	1963—1967 年建立的研究室名称
电子研究所	计算技术	通用数字计算机
	无线电通信广播设备	专用计算机
	微波技术及辐射系统	计算机电子线路
	工业用电子泵设备	计算机元件
	电真空	计算数学
	半导体及固体电子学	无线电通信广播
	自动及远动	微波技术及辐射系统
		工业用电子学设备
		声学及超声波
		无线电材料及元件
		脉冲技术
		晶体管电子学
		定位导航
		超高频电子管
		气体放电及离子管
		电子光学及电子束管
		阴极材料
		真空技术
		半导体放大
		固体电子学
		半导体、光电、热电、铁氧体等元素
		冶金生产过程自动化
		轻工业生产过程
		自动仪表
		控制计算机
		自动化元件
		遥测遥控
原子能研究所	原子核理论	
	核反应	
	核谱	
	低温	

续表

研究所名称	1960—1962 年建立的研究室名称	1963—1967 年建立的研究室名称
	真空及电真空器件	
	原子核电子学	
	探伤仪器	
	放射化学	
	自动化	
数学力学研究所	数学	
	弹性、塑料力学	
	一般力学	
	气体力学	
	水力学	

浙江大学档案馆藏,档案号:ZD-1960-XZ-142-1

科学处 1961 年上半年科研工作情况汇报

(1961 年 9 月 4 日)

校长并党委:

我校 1961 年上半年度的科学研究工作,遵照科委布置的任务,结合学校的具体情况,安排了 41 个研究课题。经过半年的实践,有 5 项已基本完成,有 20 项进行了一些工作,取得了比较大的进展。有 16 项因研究任务不够明确,协作加工有困难,教学任务繁重,材料设备不能解决及主观上缺乏具体安排而进行较为缓慢。上半年度科委补助我校经费共计 150500 元,目前为止已用去 129876.16 元,积存 20623.84 元。

最近,我们根据"中央关于自然科学工作中若干政策问题的批示"和"高等学校工作条例"(第六稿)的精神,经过了一定的酝酿研究,重新安排了下半年度的科学研究工作。在制订规划时,首先根据国家建设当前和长远的实际需要和学校的具体情况,并研究了省科委的统一规划,分别安排了基本理论、国民经济中的重大问题和新科学技术三方面的课题。考虑到学校各专业发展方向,把基本理论研究放在重要的地位,使科学研究为进一步提高教学质量和学术水平服务。所以在基本理论方面的课题,下半年有所增加。但按比重的要求,还不够理想,估计根本改变是需要经过一个过程的,今后将逐步加强。其次,为了满足教学第一线的需要和保证科学研究工作的质量,对目前还不完全具备条件的项目,尽管进行了一些工作,为了集中精力解决急需和重大的问题,适当缩短了战线。同时,为了进一步调动教师对科学研究工作的积极性,对规划项目的参加研究人员尤其是有丰富经验的教师作了相应的安排,对结合个人专长和兴趣以及国家需要的自由选题,给予一定的支持和鼓励。第四,属于仿制设计而缺乏研究意义,仅系一般协作任务的,则不纳入计划。总之,下半年的规划是有所减少也有所增加的调整了研究课题，从全校原有41个项目（不包括二分部）调整为目前的33个项目（包括二分部7项在内）。其中属于基本理论研究的课题12项，占36.0%；国民经济中的重大问题5项，占15.1%；新的科学技术14项，占42.4%。其它一般的2项，占6.1%。（由于现在我们对三个方面的界限理解不清，所以很可能划分的不精确，仅供参考）。按完成情况分，争取在下半年完成的有16项，占48.4%；跨年度进行的有17项，占51.6%；列为科委原计划的13项，占48.3%。另外，在本计划中，我们未将教科书和教学参考书的编著纳入计划，这是因为目前对这项工作的进行情况还不够了解，而且组织这项工作也还没有经验，尚需作一些调查研究后再作考虑，所以拟在62年规划中列入。同时下半年的规划基本上还是全年计划的继续，不宜过多的增加新课题。

1961年下半年度33个项目，共需经费386100元，请省科委给予补助。以上报告，请党委审批，如无不当，请学校党委报省科委。

科学处

一九六一年九月四日

浙江大学档案馆藏，档案号：ZD-1961-XZ-49-1

1961/1962学年第一学期学术活动情况总结

（1962年2月27日）

62科字第6号

一、基本情况

本学期以来，在党委和校长的正确领导下，由于进一步贯彻执行了党的“双百”方针，特别是通过高等学校60条和自然科学14条的指示精神的学习，全校学术活动有了一定的开展，开始出现了一些新的气象，为今后开展学术争鸣打下了初步基础。根据不完全统计，以教研组为单位举办的各种形式的学术活动共有466次，参加人数达6957人次。活动的形式一般分为读书报告、学术报告、专题讨论、经验总结、教学法研究等5种。从开展情况来看，有16个教研组，（101、111、201、301、302、502、503、513、514、703、902、1202、1211、1212、1303、1403）开展较好，其中以101、111二个教研组为最好，他们都制定有学术活动计划，坚持每周一次，本学期共进行了60余次，参加人数500多人次，并吸收了杭州大学数学系教师参加。有17个教研组进行过一些活动，但不够经常。有16个教研组开展较差，进行的次数较少，周三学术活动的时间也不能保证。

全校性的学术活动共举行4次，参加人数达700余人次，其形式主要是科普性的专题讲座，如六系陈运铣教授主讲了近代固体燃烧技术的发展趋势，一系蔡承文讲师主讲了宇宙飞行的介绍等。全系性的学术讲座开展较少，仅有五、七两个系进行了二次，题目为：y7131行齿轮磨床的调整磨齿精度的理论分析（五系），化工数学（七系）。

二、成绩收获

1. 通过学术活动，对提高教学质量和学术水平起了一定的促进作用。由于本学期的学术活动大部分都是紧密结合教学进行的,因此对充实教学内容,积累专门化论文题目方面提起了一定的作用,从而也促进了师资水平的提高。例如,101 教研组,结合师资培养,通过开展偏微分方程"讨论班"的学术活动,丰富了该组"混合型方程"课程的教学内容。过去他们教"混合型和标准型"时,对切布拉丽奥理论中关于在直线 H=0 的每一点附近方程至少有一个不为 0 的解析的证明是不严格的,甚至连切布拉丽奥本人对于是否有这个解也没有给肯定,给教学带来一定的缺陷。自从通过学术活动证明了这个解确实存在的以后,才解决了这一问题。同时,这个教研组,通过学术活动还积累了 10 余个过去心中无数,提不出来的专门化毕业论文题目,如边界上与内部退缩情况混合发生的定解问题,如何解 $\sqrt{x^2+y^2}\triangle u+u=0$ 的定解问题等,从而充实了专门化内容。又如 503 教研组通过学术活动,广泛地收集和阅读精密机械制造的有关资料,也逐步积累和形成了本教研组"精密机床设计"、"精密工艺"和"精密测量"等三个专门化课程的内容。再如十二系 1202、1211 两个教研组,针对本教研组教师还没有深入掌握的某些教学内容,进行了"水力学紊流理论","风的荷载"问题的学术活动,给教学上提供了一定的帮助。过去水利组教师对"紊流理论"均按一般教科书以及实验结果来做解释,但对其紊流的运动本质和运动规律了解掌握不深,通过活动以后也加深了对这一问题的理解。同样,过去结构组教师对"风的荷载"的计算方法不太清楚,因此,指导毕业设计时就不深刻。通过活动以后,使教师们了解了在各种条件下如何计算风力,以及高大房屋受风力产生振动后对建筑的影响等问题,这对今后指导毕业设计是有利的。

2. 在一定程度上推动了科学研究工作的开展。结合科学研究进行的学术活动,其方式主要是通过各学科了解国内外最新发展水平与酝酿今后的发展方向以及围绕专题性试验准备而进行的,因而相互交流了研究方法,扩大了知识眼界和逐渐明确了科研方向。如 513 教研组原来科研方向不明确,后由甘肃工业大学汪柏澄先生来校作了"机构的分类与分族"和"复杂机构运动分析"两个学术报告,以及通过教研组一系列学术活动以后受到了启发,结合教研组存在已久的问题,确定了"高速机构运动分析"和"圆弧齿轮的啮合原理"两个课题为教研组的科研题目。1301 教研组结合一步炼钢题目,对"一步"还是"二步"炼钢原理问题开展了一些争论,后来基本上明确了一步炼钢的研究途径,加速了试验基地设备的安装工作。三系 311 教研组通过对气液平衡的学术讨论,引起了年轻教师参加科研的兴趣,有二位进修教师主动表示希望参加该项研究。

此外,有的教研组还对生产单位的关键问题,结合科研开展学术讨论,对协助解决生产中的某些问题起到了一定的作用。如 603 教研组举行了"强力调节器的基本原理以及其在系统中的应用"的专题报告讨论,对新安江水电站使用强力调节器提高送电能力的研究进行了初步的分析,为其提供了不少资料。

3. 通过学术活动进一步调动了部分老教师的积极性,发挥了他们在学术活动中的主导作用,并使他们意识到培养青年教师的责任重大。例如六系教师王懋鎏副教授,为了进行学术报告,准备非常充分,报告对霍尔定理用自己多年的心得体会,由浅入深进行了分析,年轻教师听了报告反映收获很大。又如七系教师周春晖教授主讲了化工数学讲座以后,对化工系青年教师在处理实验数据,扩大思路等方面有一定的帮助,受到了欢迎。他还对教研组的学术活动抓得很紧,经常检查督促主讲教师在学术报告以前的准备情况,并进行耐心的启发帮助,因而提高了学术报告的质量。

在老教师的影响和帮助下,也激发了青年教师力求上进的学习热情。一方面他们发现了自己知识的缺陷,另一方面也培养了和锻炼了他们阅读外文和参考文献的能力。而新教师业务水平的提高,则对老教师深入钻研业务有一定的促进作用。

三、存在的问题

1.从全校范围来看,学术活动上还没有全面深入地开展,开展也不够平衡。特别是在学术讨论中还缺乏深入的相互探讨,未能充分开展学术争鸣。分析其原因主要是学术报告的选题比较分散,涉及的专业面过广,而大部分题目都是根据个人爱好和自由选择的,并非由大家共同所关注的题目,所以也就不够结合当前需要。由于个人志趣与专长不同,因此无法形成讨论中心。因此说目前的学术活动参差不齐,差不多还停留在初级阶段,并且基本上是教研组自行安排,系和教研组尚缺乏全盘的组织规划。而且由于教师的学术水平所限,报告质量不高,效果不够明显,以至产生讲者是个负担,听者感到兴趣不大或者只是听听而已的现象。例如青年教师○○有一次做了题为"黏土结构强度及其测定方法"的读书报告,由于本身水平较差,又缺乏经验,思想负担很重,结果反映:"自己讲得很吃力,大家还是听不懂讲些什么。"此外,由于听者一般在事先均不了解报告人讲的具体内容,故也难以事先做好准备,提出问题发表不同的意见。特别是目前争鸣风气还没有很好地形成,大部分教师中还存在思想顾虑,不敢大胆提出个人意见,如○○、○○两位教授在钢筋混凝土结构方面的见解,平时常常意见不一致,在计算混凝土梁的弯矩断面时,○○先生主张在中间,而○○先生主张在边缘,各自坚持己见是合理的。但是教研组为了启发他们,在学术讨论中开展争鸣,彼此表示没什么好谈的。根据教研组估计,主要是怕争鸣出问题,影响威信。

2.在部分教师的思想上开展学术讨论和争鸣,是促进教师学术水平提高的重要方法认识不足,在一定程度上亦影响了学术活动的开展。例如有些人认为工程技术上会有不同的见解,不像社会科学那样容易争辩。有一些教师对学术活动不够重视,他们把开展学术活动和当前教学工作对立起来看,认为时间上不好安排,首先应该服从教学,如有的教师认为"教学不搞好学生有意见,学术活动不搞好,没有什么大关系。"

由于思想上重视不够,因此有些系也没有很好地利用学校特地安排的星期三下午学术活动时间,仍然安排其他教学活动,甚至像○○系科研秘书还根本不知道星期三下午是学术活动时间。

3.在学术活动中注意发挥老教师的作用还不够。已经进行的学术活动中,老教师报告次数也较少,有些教师甚至不大愿意参加学术报告。如○○教研组,虽然教研组开展讨论班的学术活动比较好,但参加的对象大部分是青年教师,该组老教师基本上没有参加,仅○○参加过二次,也未发表什么意见。

四、几点体会

1.深入反复地贯彻党的"双百"方针,是搞好学术活动的根本保证。百花齐放,百家争鸣,是党的发展科学文化的根本政策,是党领导学术研究的马克思列宁主义的方法。事实证明,本学期由于"双百"方针的进一步贯彻,全校学术风气确实较过去浓厚了,广大师生参加学术讨论的积极性有所提高,不少人在活动中基本上可以自由讨论。虽然在学术讨论中由于缺乏经验,事先酝酿准备不够,以及在选题和组织引导、统一思想认识等方面存在一些缺点,以致造成了某些活动质量不高,讨论中发表不同见解的人不多,特别是争鸣很少的现象。但从总的来看,学术风气已在逐步形成,是一个良好的开端。事实上,通过学术活动,不少教师特别是中老年教师已经开始体会到它的好处。如三系普化教研组副主任、中年教师陈克先生说:"学术报告举行以来,我们教研组中老年教师反映收获很大,使我们扩大了眼界,并帮助进一步钻研,提高了不少作用。"七系教师周春晖先生说:"搞学术活动(科研)是为了帮助更好地读书,没搞过的人就不知道书怎样读法,"他还说:"有些教师打基础,可以通过参加学术报告,听得广一些,了解相关学科的水平介绍有很大好处。"由此可见,贯彻"双百"方针,积极开展学术活动,是提高教学质量与学术水平的关键之一。

其次,我们体会到在贯彻"双百"政策方针的同时,必须把加强细致的组织工作结合起来,只有反复说明政策,不断消除顾虑,有意识地引导讨论中心,才能更好地开展争鸣。如二系由于这方面的工作做得好,使201教研组对非平衡态统计物理中H定理开展了争论。一部分教师提出波尔兹曼在解决二大佯谬时用的方法是矛盾的,同时提出了在解决这二大佯谬时可采取量子效应。另一部分教师则不同意这个意见,双方开展了热烈的争论,为此争论求得结果,他们还分头查阅了不少文献资料,拿出根据阐明双方的不同见解。虽然在这一争论目前尚无结果,但已为教研组今后活跃争鸣风气,树立了一个良好的典范。

2.加强系、教研组对学术活动的组织领导,充分发挥系、教研组的组织作用,认真制订活动计划,抓好选题,是搞好学术活动的关键。

制定学术活动必须贯彻群众路线,做好调查研究,根据师资特点,从实际出发,不要贪多贪大,要切实可行,抓深抓透。在选题上应该结合当前科学研究,教学科研等方面的实际需要和最新的科学发展水平;在人员安排上既要注重发挥老教师的主导作用,又要注意培养新生力量,这样才能够保证学术活动的顺利开展。本学期的实践证明,一般学术活动开展较好的教研组,首先是抓住了制定计划这一环节,而又在制定具体计划的过程中抓好计划的落实,抓好选题和人员的安排。例如101教研组学术活动,所以开展较好,主要是由于领导重视抓紧,制定有切实可行的活动计划,教研组成员轮流报告,每周坚持一次,时间有一定的保证。而且活动内容密切结合教学科研和当前师资培养的需要,使讲者和听者都能感到迫切的需要,因而收效也比较明显。通过学术活动他们还写出了"蜕缩椭圆形方程一个边值问题""平稳随机过程谱函数估计误差渐近分布"和"连读函数逼近"等6篇论文,而且质量较高。与此相反,有些教研组由于对此重视不够,心中无数,又欠调查研究,选题也不切合实际,往往形成忽搞忽停,即便是有计划也由于不够落实,使计划流于形式,收获不当。

由此,我们体会到开展学术活动的目的一定要明确,不能够为学术而学术,满足于报告次数,要考虑质量和效果深入进行探讨。不能报告已过,就算完成了任务,这样在一定程度上会影响教师参加学术活动的积极性。活动的内容形式多种多样,各方面相互结合,集思广益,取长补短,调动各类教师积极性,提高他们对学术活动的兴趣,也是促进开展学术活动的重要方法。

一学期以来的经验证明,开展经常性学术活动的基本单位,主要是教研组或教学小组。这样由于专业内容以至业务知识相近,学术活动就容易组织,对问题的讨论也容易深入。但是为了广泛培养教师对于学术活动的兴趣,也可以组织多种多样的活动形式,内外结合的办法进行。除教研组活动外,可以适当地组织全系范围共同关心的问题,作为学术报告的内容，组织全系教师志愿参加，这样可以达到集思广益，取长补短，扩大知识眼界。如五系曾组织了全系范围的学术报告，请老教师任传丰副教授就多年在工厂实际工作的心得，主讲了“y7131齿轮磨床的调整与磨齿精度的理论分析”，由于内容丰富，受到了听者的一致好评，不少教师还要求把讲稿内容印发给大家参考。同时，在方式上可以采取请进来、出去听的办法开展学术活动，这方面本学期也取得了一些效果。如一系曾把数学家苏步青教授请到学校来做过学术报告，系统地听取了他的多年经验介绍，他已完成了10万道数学习题，才成为数学家的这一事实，深深地教育和感动了所有参加听讲的教师。又如十三系铸工教研组结合学术活动，举办了“铸件品质检验”和“冲天炉”二个学术讨论会，接受与邀请了本市、宁波、温州等有关工厂20多位技术人员参加，使学术活动和生产单位密切结合，使双方都感到收获较大。

此外结合学术活动，本学期全校190多人次分别出去参加了机械、冶金、化工化学、物理等学会的学术报告和年会活动，广泛地交流了学术经验和研究方法，为今后开展学术活动起到了良好的促进作用。

科学处

1962年2月27日

浙江大学档案馆藏，档案号：ZD-1962-XZ-166

进行有关学科水平调整的工作的几点意见

(1962年5月18日)

各系、各教研组：

根据我校“5年打基础，10年赶现代化水平”的总要求，校务会议已讨论决定，自本学期开始组织各专业教师进行学科水平调查。为了有计划地进行这一工作，我校已于4月19日召开了各系科研秘书会议，将有关指示精神进行了传达讨论。现将会议讨论的意见结合正在进行这一工作的个别专业的做法，提出如下意见，作为各系进行这一工作的参考。

一、学科水平调查的目的

1. 通过国内外学科水平的调查，使全体教师较全面深入地了解本学科的发展历史，当前水平和今后发展趋势，以明确我校今后赶超现代化水平的方向及其所必备的基本条件，为制定10年规划做好准备。

2. 以确切的资料提供领导参阅，帮助领导掌握我校有关学科的发展情况，供领导在研究决定教学、科研等有关问题时参考。

二、具体要求

各教研组应于62年11月中旬提出论文。

论文形式：视各专业情况按学科综述或分若干专题论述。

论文内容：(1)学科简单介绍，(2)目前国内外先进水平，(3)我校情况，(4)我校赶上世界先进水平应创造的条件。

要求论述中心明确,用明确而具体的数字对技术、经济进行分析比较。(请注意用经济指标来说明科学技术水平的先进性)。文句力求简练,通俗易懂。

三、方法步骤

如果可能的话,请按照以下的步骤安排。如工作任务重确实无法安排,可以推迟各系安排时间,不求一律。但应注意下学期应全面进行,能早安排的,还是尽早安排一下为好。

1.希各系系主任能于5月份在有关系务会议上研究一次,并定出具体计划和指定专人负责。

2.希各教研组于6月初订出计划,并切实做好力量的组织工作,以便分工收集资料,准备学术报告,并结合学术活动开展讨论。此项工作还要与教学、科研及师资培养等工作结合起来。

3.在教研组反复讨论的基础上,由所分工的负责人执笔写成论文初稿,再经反复讨论补充修改后定稿上交。总之,本学期主要是制定计划,收集资料等准备工作,并要求能够进行一两次试验性讨论,摸索经验,下学期全面开展。

4.请各系于6月11日至16日(第十八周)由科研秘书负责拟稿,以书面形式向我处汇报一下进行情况。

四、条件

1.资料:我处将力求组织收集有关资料转送有关系、组,各系、组亦应尽可能借阅本校与本市现有资料,也可根据确实需要、规定手续经科学处向外取。

2.时间:要求视各教研组具体情况,结合教学、科研进行有关讨论,可作为学术活动的主要内容安排在学术活动时间进行。

五、今年收集到国家科委编给中央领导同志参阅的资料二篇,虽然与我们所要求的情况大不相同,但文中明确地用百分比进行分析比较,用经济指标说明科学技术先进性和发展趋势,以及文句简练、通俗易懂等优点可供参考,特印发于后。

科学处
1962年5月18日

浙江大学档案馆藏,档案号:ZD-1962-XZ-166

关于筹备在国庆节前后举行全校性科学报告讨论会的意见

(1963年7月13日)

一、目的要求

根据学校62—63学年工作规划,将在今年国庆节前后举行一次全校性科学报告讨论会的预备会,为明年校庆举行科学报告讨论会做好准备。通过这次会议,检阅和交流最近1—2年来我校科学研究的成果,介绍重大科研项目的进行情况和为今后工作的设想,进一步总结经验，以推动和加强今后科学研究工作，为完成科学技术 10 年发展规划的任务，并不断提高教学质量和学术水平打好基础。

二、会议的规模和开法

1. 由于今年全国和全省都已召开或即将召开各专业学会的年会，同时这次科学报告讨论是预备会，本着节约精神，规模不宜太大，主要以系为单位组织进行。若干重要报告可在全校或其他较大型的会议上报告讨论，也可邀请本市有关厂矿的少数技术人员，并吸收高年级学生参加报告和讨论。校外人员参加会议，学校除准备午餐（费用由本人承担）外，一般不准备接送车辆。

2. 在会上提出的研究成果论文或论文提纲，经过系和教研组认真审查和选拔，一类可以是几年来的研究成果，包括理论、实验数据、分析和结论等部分。一类可以是重大科研项目的设想和今后研究的方案提纲。请各系在审查选拔后，于 9 月 15 日前送科学处转交教材科统一安排，决定付印格式。论文稿必须缮写清楚，并由写稿人负责校对。

3. 会议时间适当集中在 10 月第二周举行，并要求各系、各教研组除了进行报告讨论外，应抽出二个单位时间学习中央教育部制定的“直属高等学校自然科学研究工作暂行工作简则（草案）”。在统一认识的基础上，各教研组可回顾几年来的科学研究工作，确定今后 5 年或 10 年的科学研究方向，为制定和修订 10 年规划和 64 年年度计划做好必要的准备。

三、会议的筹备工作

1. 成立筹备组，由下列成员组成：

刘丹、王谟显、周庆祥、刘才生、杨士林、李志芳、杨醒宇、周茂青、李文铸、赵仲敏、陈运铣、周春晖、何志钧、盛耕雨、夏志斌、倪保珊、张思麟

2. 分工：

（1）筹备组掌握全校会议的活动内容、保密审阅等工作。

（2）各系具体负责组织各系的科学报告讨论会，审查和选拔全系提出的论文或论文提纲，掌握讨论“工作简则”及有关教研组提出的科研方向、10 年规划以及 64 年年度计划。经过报告讨论，进一步选拔提出在明年校庆在全校科学报告讨论会上讨论的优秀论文。

1963 年 7 月 13 日

浙江大学档案馆藏，档案号：ZD-1963-XZ-153

关于举行全校性科学报告讨论会的几点意见

（1963 年 10 月 9 日）

各系、教研组：

根据学校工作计划，现决定于 10 月底 11 月初举行全校性科学报告讨论会，为明年校庆举行科学报告讨论会做好准备。这次讨论会的目的在于检阅和交流最近 1—2 年来我校科学研究的成果，检查重大科研项目的进行情况和介绍今后科研工作的设想，进一步总结经

验,推动和加强今后的科学研究工作,为完成国家科学技术10年发展规划的任务,并为提高教学质量和学术水平打好基础。

为了开好这次科学报告讨论会,提出以下意见,请各系、教研组参照执行:

一、这次科学报告会,主要以系为单位组织,以专业或教研组为中心进行。报告讨论的内容、时间和日期由系会同所属专业及教研组统一安排,尽量做到各有关专业或教研组的科学报告在时间上互不冲突,以便教师能够有更多的机会听取报告和参加讨论。科学报告讨论会在第九、十两周集中进行,每周可以安排进行活动的时间估计为3—4个单位时间。各系应将报告讨论的安排日程于10月25日前报送科学处一份。

二、在这次会议上提出报告讨论的成果论文和论文提纲,应经教研组和系审查和选拔,在进行审查选拔时应考虑以下几点:

(1)拟选送参加明年校庆科学报告讨论会的论文应给予优先报告,以便在会后对论文进行补充修改,进一步提高论文质量。

(2)对已公开发表且在教研组内报告讨论过的论文,一般不再作报告讨论,如有新的内容补充也可安排报告讨论。

(3)根据论文内容的保密程度,很好地控制论文报告讨论的范围。如系不能决定时,可报请学校科学报告讨论会筹备组审查确定。

(4)在选拔论文和具体安排报告讨论时,应力求做到报告时间短一些,内容精一些,讨论深一些。

(5)经系审查确定在会上报告讨论的论文或提纲,不论成熟与否,都要缮刻蜡纸印刷。各系已送科学处的论文,已由科学处交教材科负责。目前未送来科学处的论文,由系自行组织力量缮印。各篇论文除各系需要量外,应送科学处20份。

三、邀请本市有关厂矿企业单位的少数技术人员参加报告讨论会,应由各系或教研组考虑后向科学处提出,由科学处报请学校审查后,请柬由学校统一印发。

校外人员参加报告讨论会,我校一般不准备接送车辆,也不招待伙食。如校外人员需要在校用午膳者,请事先向科学处报送人数,以便由总务处准备。膳费费由参加人员自理。

四、各系教研组除进行成果论文的报告讨论外,应安排两个单位时间学习中央教育部制定的"直属高等学校自然科学研究工作暂行工作简则(草案)"(该文件已由科学处在上学期发至各系及教研组)。各教研组根据"简则"的各项规定,回顾几年来的科研工作,并讨论确定今后10年的科学研究方向,审定专业10年规划中有关科学研究工作的内容,确定1964年度科学研究的计划项目。

五、在科学报告讨论会议期间,希各系组织一定力量认真记录讨论内容,并进行整理,在会后送科学处,由科学处报请学校筹备组研究,为审送参加明年校庆科学报告讨论会的论文提供参考。

校长办公室
1963年10月9日

浙江大学档案馆藏,档案号:ZD-1963-XZ-0153

1964—1965 学年第一学期科学研究和研究生培养工作计划(要点草案)
(1964 年)

一、科学研究工作方面

根据高等教育部指示精神，我校本学期的科学研究工作除积极进行今年上半年已定计划项目的研究，争取做出比较多、较好的成果外，应着重抓好以下几个方面的工作：

(一)落实 10 年规划中我校所承担的研究任务。国家 10 年规划中我校所承担的任务计有负责主持的中心问题 3 个，负责研究的项目 29 项(以上 32 项任务由国家以卡片形式下达我校)，参加研究的课题 180 多个(目前各学科规划正在召开会议，进行协调，要求我校负责或参加研究的课题可能还有增有减)，任务十分艰巨。各系、各教研组应进一步组织讨论，充分酝酿，既要考虑国家规划的严肃性，积极组织力量承担任务，又要实事求是地估计可能条件，分期分批地进行安排或减少承担的任务。在安排落实过程中，应首先确定哪些任务可以承担，哪些任务不能承担，对承担的任务计划在 65 年开始研究工作的有多少项，在 66—70 年进行的有多少项，谁是项目负责人，谁参加研究，采取什么措施和方式来完成规划任务。任务落实以后，不要轻易变动。对不能承担的任务，应报学校，按国家规划管理办法，上报高教部和国家科委有关专业组申请撤销或改变。如高教部或专业组不能批准，仍应组织力量，承担任务，这项工作必须在 9 月下旬完成。

(二)全面安排学校的科学研究任务，确定第一批学校的重点科学研究项目，编制重点科研项目的“三五”(自 1966—1970 年)事业计划。

根据(1)高等学校的科学研究应以积极完成国家 10 年规划(特别是技术学科规划)任务为中心；(2)自力更生，迎头赶上；(3)集中力量打歼灭战；(4)科学研究与教学应相辅相成，统筹安排等方针原则，在安排落实 10 年规划任务的同时，根据我校过去的科学研究情况，先确定第一批学校的重点科研项目，以便集中力量保证必要的研究条件，较快地赶上先进水平。与此同时，也要对其他科学研究项目做合理的安排，并注意培养新项目的成长。

从我校科学研究工作的具体情况出发，根据国家需要(按国家重点项目，规划重点项目来划分)、当前条件(按负责主持的，负责研究的，参加研究的来划分，并考虑承担任务的系、组的实际条件)和专业发展的方向等因素，经过调查研究，由科学处会同各系有关部门提出我校科学研究项目的具体安排意见和管理办法，原则上应将我校的科学研究项目划分为三类：第一类：学校重点科研项目。这类项目的数目和分布，大致上应根据我校第六次党员大会的决定(学校 10 年规划)，即有 10 个左右的具体项目，在基础理论、工程技术和理工结合的新兴学科方面做适当的安排，使科学研究和专业设置比较好地配合起来。第二类：联系的重点研究项目。凡由我校负责主持的和负责研究的 32 项中，除属于第一类的及拟上报撤销的项目外，都属于这一类。此外在参加研究的 100 多项和其他项目中，凡有较好基础和较好成果的少数项目也可以列入第二类。第三类：一般科研项目。凡不属于以上两类的项目都属于第三类。第一类项目直接由学校管理。第二、三类主要由系管理，接受学校的检查。

重点项目确定以后，应积极制订“三五”事业计划(计划内容已在五月下旬由科学处向各系做了传达)和项目研究计划，以便在高教部今年下半年召开的科研工作会议上提出。

(三)编制65年科学研究计划,做好65年各科研项目工作总结。按高等教育部和省委要求,1965年的科研计划应在8月编制完成。目前各系、组已将部分科研项目的65年计划初稿编好,确定了各项目的研究内容、研究指标以及经费材料、设备加工等预算数字。但还有很多项目尚未编好65年研究计划,应积极进行编制。由于国家65年对于科研的投资可能仍保持今年的水平,目前各系、组已提出的数值超过了国家可能给予的投资数甚多,因此科学处还须会同各系进行研究。根据"教学为主,积极开展科学研究"的原则,全校一盘棋的精神,按照现有人力的实际条件和可能的物资条件,必须在10月份中旬认真编制完。

凡列入学校1964年计划的科研项目,应在本学期末前做好项目总结报告,交送科学处,以便汇总上报高教部及其他领导单位。

(四)在全面安排,确定重点,制订65年计划以及"三五"事业计划的基础上,着重抓好科学研究的组织工作和思想工作,采取各种有效措施,保证重点项目更好地开展工作。

首先各系应在全面安排的基础上,组织系内的力量充实重点项目,并加强政治思想工作和业务领导。对系内兼职从事科研工作的教师也应统筹安排,凡可能参加重点项目研究工作的,应首先保证重点项目的需要。各系、各教研组之间应尽可能围绕重点项目,切实开展技术协作。学校和各系的各级组织应加强科学研究工作中的思想政治工作,调动教师和研究人员的积极性,按计划进行研究工作,实现国家规划任务的要求。

为了切实保证学校教学等各项工作的顺利进行,并严格科研工作的计划性,今后各系、各教研组不要自行接受学校计划外的研究协作任务。接受协作任务,必须事先经教研组、系、学校逐级审查批准,列入学校计划,否则学校不提供任何条件。

(五)抓成果、抓质量。

(1)对1963年的科研成果,除已上报的一批以外,各系、各教研组对未上报的成果要积极认真地组织鉴定,争取在10月份上报国家科委。

(2)各系、各教研组对于开国以来的科研成果,要积极进行清理,并组织鉴定,争取在年内上报国家科委。

(3)今年高等教育部将举办科研成果展览会。各系已初步提出20项成果展品,这些展品应在10月底前完成,并鉴定完毕,以便按高教部的最后通知,如期起运北京。

(4)学术论文形式的成果,首先应由教研组和系认真组织审查,提出意见,再送学校审核,必要时可由学校送请校外专家审评。凡达到学报要求水平的,先刊登本校学报。学报在本学期再出二期,在学报上刊登过的水平较高的论文,各系应积极向学校推荐,再由学校向全国高等学校自然科学学报推荐刊登。

(六)加强情报工作和科研条件的服务工作。

总结以往情报和设备供应管理工作的经验,提出改进这些工作的组织措施和必要的制度,进一步做好管理和服务工作。

科学处情报科今后的工作,按照国家科委指示,应着重为国家10年规划的重点科研项目服务。本学期起应先确定一个重点项目为试点,摸索经验。凡列入学校计划的研究项目,应指定一位教师为科技情报工作的联系人。除直接参加所属项目的科学情报外,应与情报科经常取得联系,并提供情况和要求,使全校形成一个科技情报网,更好地开展情报服务工作。

科学研究用仪器设备的供应加工及管理工作，应坚决贯彻勤俭办科学的精神，严格按计划办事。各研究项目所需仪器设备的采购及加工，如果有必要变动，应向科学处提出，报校长批准，再由科学处提请设备科统一办理。

二、研究生培养工作方面

我校研究生培养工作，本学期应进一步全面地贯彻执行“中央关于高等学校培养研究生工作暂行条例”和若干有关规定，遵照毛主席的教育思想，大力加强研究生的政治思想教育，改进培养工作，提高培养质量。

（一）大力加强研究生的政治思想教育工作：

(1)研究生的政治思想教育工作，应该做到学校集中管理与系、教研组主动配合相结合，克服政治与业务分家的倾向。本学期除学校配备政治辅导员，进一步加强教育管理外，研究生所在的各系、各教研组和导师，应切实把对研究生进行思想教育工作的责任负担起来，定期研究与分析他们的思想状况，针对他们在课程学习、科学研究等方面的思想主动进行教育。各系在每学期应安排 1—2 次研究生座谈会，检查他们的思想状况，进行活的思想教育，并及时主动地与学校配合。

(2)本学期研究生的政治思想教育，以学习“九评”和共青团第九次全国代表大会文件为主要内容，进一步深入地进行阶级斗争的教育，引导研究生坚持又红又专的方向，坚持兴无灭资的斗争，促进他们的劳动化和革命化，培养他们成为无产阶级事业的革命接班人。

(3)本学期组织全校研究生集中到农村参加 4 周的生产劳动锻炼，劳动时间初步定在本学期中，各系应配合做好思想动员和组织工作。

(4)改进政治理论课的教学方式，坚持“学习理论，提高认识，联系实际，改造思想”的方法，努力以毛泽东思想武装他们的头脑。思想政治教育报告课必须紧紧联系研究生的活思想，使党的方针政策和形势教育更加生动，真正收到改造思想，推动工作和学习的实效。

(5)对今年入学的新生进行集中的始业教育，使他们明确培养目标和自己的重大责任，为今后三年学习打下良好的思想基础。

（二）遵照毛主席的教育思想，在总结 63、62 级研究生培养工作经验的基础上，严格遵照暂行条例，制订或修订好各专业研究生的有关培养文件，进一步提高培养质量。

(1)制订好 64 级各专业研究生的培养计划。培养计划的制订，必须切实体现“少而精”，学到手，因材施教，劳逸结合的原则，特别要注意因材施教。为此导师和教研组应对研究生原有学习基础进行细致的调查了解，在安排各课程的内容和时数、各类课程的比重和各种培养方式时，应从各个研究生的实际情况出发，在课程学习过程中，既要启发诱导，又充分调动学生的学习主动性，也要加强对研究生的自学课程的必要指导。培养计划中要规定学习的专业基础课和专门课程的门数和学时数，以及对基本技能的要求。必须严格按中央关于制订培养方案的几项原则规定执行，避免造成学习负担过重的现象。培养计划应该由各导师会同研究生在 10 月份内制订完毕，经教研组充分讨论后，送请系主任审查。各系至迟要在 11 月初上报学校审批。目前尚未制订培养方案的专业，应先抓紧制订出研究生专业的培养方案，11 月底连同计划一并送学校审查。

(2)63级各专业研究生在本学期内必须确定毕业论文的题目。各有关系和教研组应组织有关导师和研究生在充分调查研究和查阅文献资料的基础上,由研究生向教研组提出选题报告。对于毕业生论文的选题报告,教研组必须组织有关教师认真审查并列入本教研组科研工作计划。63级研究生的毕业论文题目一般在11—12月最后确定,并经系主任审查通过,以确保有一半的时间进行科学研究工作。

(3)62—61级各专业研究生,在导师和教研组的指导下必须在9月底前制订出毕业论文的阶段计划。阶段工作计划务必落实,在设备、经费和人才的安排上,教研组应尽可能优先予以安排。对于他们的毕业论文工作进展情况,各系、教研组要定期检查,以及采取措施解决所遇到的问题。

(4)根据中央规定,各招收研究生的专业,应组织有关教师制订专业基础课程的学习大纲。我校部分专业,已经制订完毕。对于尚未制订专业基础课学习大纲的专业,务必在本学期内订出。各专业专门课程的学习大纲,本学期也应抓紧制订,以便及时报送中央高教部。

(5)63、64级研究生,根据培养计划切实制订好个人学习计划。各系各教研组要加强指导,并认真地审查。

三、抓好61级研究生毕业论文工作,认真组织好各专业研究生毕业论文的答辩工作

(1)10月份召开各有关系主任、教研组主任和导师会议,对我校研究生的毕业论文工作进行一次全面的检查。各系应抓紧在会议前,对本系所属研究生论文工作进展情况和所存在的问题做一次研究,并对中央有关规定认真进行学习。会议打算着重解决两个问题:一是明确对61级研究生毕业质量的要求;二是交流指导研究生论文工作的经验。

(2)认真学习关于组织研究生毕业论文答辩工作的有关规定和兄弟院校的经验,在本学期内先抓好土木系钢筋混凝土结构专业研究生毕业论文的答辩工作,为今后其他专业研究生全面开展论文答辩工作做好基础。为此,科学处应会同土木系认真研究和落实每一答辩前的准备工作,并总结好工作经验。

(3)各有关系、教研组应进一步摸清61级各研究生当前毕业论文工作的进度和当前的工作的质量,摸清他们的外语水平,以及对所学基础知识、专业知识和基本技能的掌握程度。在此基础上,分别不同情况,实事求是地重新安排毕业论文工作计划。既要按期完成毕业论文,又要保证本届毕业研究生的业务质量。

四、做好1965年度全国研究生招生工作

在学校党委的领导下,各系应充分做好思想动员工作,积极动员政治思想好、学业优秀、身体健康的优秀学生和在职教师报考研究生。人事处、医院等有关部门,必须严格对考生的政治健康审查。在总结两年来入学考试工作经验的基础上,遵照毛主席的教育思想,研究改进命题、评卷等工作,务求把各项工作做得比往年更好。

浙江大学档案馆藏,档案号:ZD-1964-XZ-133

浙江大学关于科学研究工作中“抓革命，促生产”情况的报告

(1967年5月)

〔67〕浙大科学第22号

中央教育部：

〔67〕高一段骏字第54号文敬悉。

自去年6月以来，我校师生员工和全国人民一样，全力投入史无前例的伟大的无产阶级“文化大革命”中，科学研究工作除有几项直接为国防建设迫切需要的课题，按毛主席去年8月批示○○同志一信的精神，全力保证高质量如期完成外，其他项目均相继暂停开展。

在此期间，有关科研人员根据毛主席“备战备荒、为人民”“抓革命、促生产”的伟大号召，在“文化大革命”的革命精神推动下，积极筹建了为国防建设、生产建设服务的“光学仪器、精密仪器、精密机械研究试制中间试验基地”，完成“高速摄影机”三台，雷达配套用“八毫米磁控管”样管的研制及支援三线建设用“电动凿岩机”(除机体部分尚待改进外，电机、控制部分已定型投产)。同时，开展了国46—02“混凝土油罐的研究”，亦已取得了一些结果。此外，还抽出一定人力支持了地方工农业生产中亟待解决的问题，如“静电纺纱”的扩大试验，浙江省手扶拖拉机配套用“小功率柴油机”，这些工作有的也获得了比较良好的成果。有关各项科研工作的进展简况详见附表。这些成绩的取得，是无产阶级“文化大革命”的胜利，是战无不胜的毛泽东思想的胜利。

自《中共中央关于抓革命促生产的十条规定(草案)》和《中共中央关于大专院校当前无产阶级“文化大革命”的规定(草案)》文件下达后，不少教研组进行了学习讨论，对高等学校科学研究工作如何贯彻“抓革命、促生产”的伟大号召，引起了一部分专职研究人员的重视。现在，除以往一直进行的一些国防科研项目继续要求高质量如期完成外，有的教研组和校外有关单位亦相继提出要求考虑安排某些重大的急需的科研任务，其中有：“低温工程”、“化工热力学及数据”(该项目还在进行讨论，详细计划待定)、“硅提纯”等。有关各项目的研究情况，除前时已由我校派专人到部口头汇报了某些情况外，现将近来初步安排和某些项目的进展情况，再简略汇报一下(见附表)。

科研经费方面：

1.光学仪器、精密仪器、精密机械研究试制中间试验基地：上年结余3.5万元，今年收到10万元，尚余13.5万元。

2.一般科研经费：本月收到20万元，现已支付27万元，赤字7万元，此笔数字暂由学校其他经费中垫付。

3.根据目前情况，中间试验基地土建工程不久即将动工，必须预付施工费。基地所需设备陆续到货亦需付款，因此，中间试验基地一项，除现有结余外，第三季度需要经费20万元。其他科研项目经费，根据目前情况估计，年内暂提出需要拨给45万元，其中第三季度需要35万元，(包括弥补赤字7万元)。由于我省无产阶级“文化大革命”正处于大联合、大夺权的关键时刻，有些科研工作目前难以考虑安排，但是下半年经费估计可能还要增加，待以后再报。

4.去年高速摄影机三台的研制成本费共计193949元，(不包括参加研究的教师、学生

的工作费用)该项经费现由一般科研经费中开支,是否需要向国防科委21所结算,请部里决定。

当前工作中存在的主要问题:

1.由于我省无产阶级"文化大革命"正处于大联合、大夺权的关键时刻,两条路线的斗争复杂,学校阶级斗争盖子尚未全部揭开,两条路线的斗争仍然十分尖锐;同时,对于目前学校科学研究工作中如何贯彻"抓革命,促生产"的认识亦不尽一致,因此,在落实任务、安排人员力量等方面均存在不少困难。有些项目,虽然有了一些安排,但由于思想不能一致,工作进展亦不够理想。

2.通过前一段的无产阶级"文化大革命",有些科研组承担的10年规划中的重大科研任务,在研究方向、工作方法等方面暴露出不少问题,尚待广泛发动群众,进行认真讨论分析,才能确定如何开展。因此,目前有些专职科研人员工作未能作出安排。(原专职研究人员之分布,也尚须调整)

3.其他单项科研中的存在问题详见附表。请部有关部门迅速大力给予解决,以利工作开展。

附件:浙江大学1967年上半年科学研究项目进展简况表。(略)

浙江大学

1967年5月17日

浙江大学档案馆藏,档案号:ZD-1967-XZ-5

贯彻党的教育方针积极开展科学研究:浙江大学科学研究工作汇报材料

(1972年6月22日)

在毛主席无产阶级革命路线指引下,我校广大革命师生、工人、革命干部在各级党组织、工、军宣队和革委会的领导下,学习清华先进经验,以阶级斗争和路线斗争为纲,认真学习马克思主义、列宁主义、毛泽东思想,彻底批判反革命修正主义教育路线和科研路线,贯彻执行"教育必须为无产阶级政治服务,必须同生产劳动相结合"的方针,坚持科学研究为无产阶级政治服务的方向,在科学研究工作中,抓好思想和政治路线方面的教育,坚持教学、生产劳动、科学研究三结合,使我校的科研工作取得了一定的成绩。

我校是一所多科性的理工科大学,它的根本任务是培养造就无产阶级知识分子,为巩固无产阶级专政服务。毛主席教导我们:"思想上政治上的路线正确与否是决定一切的"。为了培养造就无产阶级知识分子,必须在党的领导下,按照毛主席的无产阶级革命路线和政策,建立教学、生产劳动、科学研究三结合的新体制,彻底破除脱离无产阶级政治、脱离生产劳动、脱离工农兵群众的旧教育制度,把教育同阶级斗争、生产斗争和科学实验三大革命实践紧密结合起来。科学研究是"三结合"新体制的重要组成部分。不搞科学研究,或者像旧大学有些人那样,搞一些脱离无产阶级政治,脱离工农业生产的需要,脱离工农兵群众而仅仅是为了捞取个人名利的科学研究,则"三结合"新体制是决然建立不起来的,只能使大学重新走上“三脱离”的老路。大学要把教学、生产劳动、科学研究三者结合起来，这是反映了事物发展的客观规律。反之，就违背了事物发展的客观规律。只有通过“三结合”才能提高教学质量，才能培养出新型的无产阶级知识分子。同时，大学作为上层建筑的组成部分，应在培养人才的同时，通过科学研究，积极地为国防事业和社会主义建设事业服务。总的目标，都是为巩固无产阶级专政服务。由于大学有一定的技术力量和物质基础，只要在党的领导下，在正确路线的指引下，知识分子走与工农兵群众相结合的道路，是能够有所发明创造的，对发展我国科学技术，赶超世界先进科学技术水平是能够有所贡献的。无产阶级“文化大革命”以来，我校除完成中央有关部门和省交给的项(包括军用、民用)科研任务外，还进行了____项新产品试制和新技术的研究，其中有____项已移交生产使用。通过科学研究的实践，广大师生员工的政治思想和业务水平都有所提高，涌现出一批有朝气，有干劲的科学研究新生力量，同时进行了实验室的改造和建设，编写出一批新教材，举办了多期以推广新技术为中心内容的短训班，促进了我校教育革命的发展。

(一)在党的一元化领导下，狠抓思想和政治路线方面的教育。

毛主席教导我们：“路线是个纲，纲举目张。”几年来，我校在组织广大革命师生开展科研工作的实践中，狠抓思想和政治路线方面的教育，坚持开展革命大批判，狠批反革命修正主义路线，排除右的或形左实右的干扰，牢固树立为革命搞科研的思想，坚持理论与实际相统一的马克思主义的原则和方法，使我校科研工作逐步沿着毛主席无产阶级教育路线和科研路线胜利前进。

一、狠批资产阶级名利思想，牢固树立为革命搞科研的思想。毛主席教导我们：“为什么人的问题，是一个根本的问题，原则的问题”。是为个人名利搞科研，还是为革命搞科研，这是高等学校科研工作中长期存在的两种思想、两条路线的斗争。只有彻底批判资产阶级名利思想，牢固树立为革命搞科研的思想，不断提高路线觉悟，才能使科研工作沿着正确的方向前进。

光仪系高速相机的科研工作，早在1959年就已开始进行。由于受到反革命修正主义路线的毒害，六七年来进展缓慢，没有在国防建设中使用。在无产阶级“文化大革命”中，一批青年教师和高年级学员，在毛主席“备战、备荒、为人民”的伟大战略方针的指引下，狠批反革命修正主义科研路线，狠批洋奴哲学，爬行主义，进一步发扬敢想、敢干的革命精神，在解放军和工人同志的热情鼓励和大力帮助下，奋战八个月，终于研制成功了结构简单，性能良好的新型高速相机。该相机多次参加了我国核爆炸试验的现场拍摄，为试验提供了重要的测试数据，获得了较好的效果。

(中略)

二、狠批“理论至上”及其变种“理论无用论”，坚持理论联系实际的原则。

几年来，我们引导广大革命师生在科研工作中遵循毛主席关于“实践、认识、再实践、再认识”的教导，狠批“理论至上”和“理论无用”的黑货，反对重理论轻实践和忽视理论的两种错误倾向，正确处理理论和实践的关系，逐步掌握马克思列宁主义的科学方法。

计算数学专业组有些教师，过去受“头脑制造法则”的思想毒害，错误地认为数学课题的研究，只要靠“一张纸，一支笔，一个脑袋”，凭“脑袋灵光”就可以发展数学理论。他们闭门造车，从谈论文到写论文，走上了严重的“三脱离”的道路。无产阶级“文化大革命”中，大家狠狠揭批了反革命修正主义路线，提高了路线斗争觉悟。在总结过去的经验教训的基础上，党支部组织大家学习毛主席的“实践论”“人的正确思想是从哪里来的”等光辉著作，深入批判反革命修正主义路线的思想理论基础“唯心论的先验论”，使大家认识到数学理论研究要不要为社会主义革命和社会主义建设服务，是一个方向问题，是一场坚持唯物论的反映论，还是唯心论的先验论的严重斗争；数学与其他学科一样，也必须到生产实际中去发现问题与解决问题，开展数学研究，发展数学理论。于是他们走出校门，面向社会，先与浙江省气象部门协作开展“台风数值预报”的研究工作。大家一面参加气象台人工气象预报的生产实践，一面深入调查研究，在积累感性资料的基础上，认真研究了人工气象预报的经验。经过数学分析，从理论上总结提高，终于摸索出一套台风路程预报的数值预报方程。在去年的台风季节，利用这个方法对严重威胁浙江省的13次台风进行了试报，结果有12次是成功的，与台风的移动趋势符合，而且在预报台风的登陆转向地点方面准确率达到92%，超过了原来的预报水平。此外计算数学专业的部分教师还为造船工业中船体线型的放样，探讨了新方法，提高了工效几十倍。通过这些初步实践，计算机教学专业的教师感到有了奔头。他们体会到，只有深入到三大革命实践中去进行数学研究，才能更好地使数学为社会主义革命和建设服务。同时，也促进了数学基础理论的研究。

在开展科学研究中，必须在实践的基础上加强理论的研究。任何轻视理论，认为“理论无用”的看法和做法都是错误的。只有遵循毛主席所教导的“由物质到精神，由精神到物质，即由实践到认识，由认识到实践”的马克思主义的认识论和方法论，才能逐步掌握自然科学的客观规律。土木系抗核爆炸试验研究小组，“文化大革命”以来，发扬了一不怕苦、二不怕死的革命精神，在建成了核爆炸模拟器的基础上，进行了数百次的抗爆试验，为国防工程建设提供了许多有价值的测试数据。但是由于忽视了理论上的分析和研究提高，不能上升到理性认识的高度再来指导实践，因而试验研究所得的成果在使用上局限性较大。几年来科学试验研究总结工作已开始加强对理论工作的研究，把理论和实际更密切地结合起来，为进一步提高科研水平，掌握有关抗爆试验规律而努力。

(二)贯彻群众路线，实行教学、生产劳动、科学研究三结合和工人、师生(技术人员)、干部三结合，使科研工作不断向前发展。

经过无产阶级“文化大革命”的战斗洗礼，我校广大工人、教师、干部的阶级斗争、路线斗争觉悟有很大提高，他们对搞好无产阶级教育革命，办好社会主义理工大学具有很大的积极性。在毛主席无产阶级教育革命路线指引下，学校各级党组织紧紧依靠广大师生员工的这种革命积极性，开展教育革命的群众运动。实行开门办学，厂校挂钩，校办工厂，建立教学、生产劳动和科学研究三结合的新体制。科学研究工作成为教育革命的重要组成部分，打破了“文化大革命”前靠少数人关门搞研究那种冷冷清清的局面，开始形成有工人、师生(技术人员)、干部参加的三结合的科研队伍。随着教育革命的深入发展、科研工作也不断向前发展。

学校实行开门办学、科研工作也实行开门搞科研。一种形式是组织广大革命师生直接投身三大革命运动的第一线，拜工农兵为师，结合教育革命，开展科学研究工作。如土木系水利水电专业，1969年底派出教育革命小分队到慈溪县参加杜湖水库的建设。这个水库相传从清朝起开始建造，因土质差，地质条件复杂而一直没有建成。面对这个老大难工程，有的教师思想上产生怕字，怕由于缺乏实践经验，弄得不好，水利变成水害，出了问题，风险太大，责任太重，准备打“退堂鼓。”贫下中农了解了他们的心思，于是以 1967 年遭受大旱颗粒无收的事例来教育小分队同志，深切地说：“水库、水库，就是粮库、就是棉库。”“水库建成以后可确保 10 万亩棉花、5 万亩水稻获得丰收，正常年景，每年可以增产皮棉 200 万斤，粮食 1000 万斤，这样我们对国家的贡献就更大了。”小分队同志对照贫下中农对党和毛主席的深厚感情，学习了毛主席有关教导，狠斗私心，克服“怕”字，毅然地把水库的设计和研究任务接受下来。在设计和施工过程中，小分队同志坚持参加生产劳动，虚心向贫下中农学习，在贫下中农的鼓励和帮助下，结合当地情况，就地取材，反复试验，大胆采用了砂井处理坝基的新技术，节省了大量劳力，缩短了施工期，使工程进展得较快较好。目前已建成坝高 14 米，能蓄水 1000 万立方米的水库，已开始在抗旱斗争中发挥作用。通过这次实践，小分队同志深有体会地说：过去关门搞研究，纸上谈兵搞设计，在邪路上愈走愈远；现在走出校门面向生产实际，拜工农为师，边干边学，革命的道路愈走愈宽广。

开门搞科学研究的另一种形式是以学校办工厂、实验室为基地，与社会生产单位、使用单位紧密挂钩，采取校内外结合的办法，与工农兵共同进行科学研究实验。如我校光学仪器系 980 科研组承担国防急需的研制任务，技术难度较大，就组织教师、工人到社会上去调查、学习，从国内生产和技术的实际出发，拟定设计方案。在研制过程中，有关部队和单位也派人参加，使研究、试制和使用三者密切结合起来，保证了该项任务的顺利进行。又如土木系结构实验室的同志，几年来充分利用实验室的有利条件，与桐乡县、杭州市等建筑单位协作。与工人，革命技术人员一起共同进行了预应力空腹大梁，预应力 V 形折板等新结构的试验研究，取得了一定的成绩。他们在桁架式吊车梁的试验过程中，原来用横向螺丝张拉的方案，结果试验失败了。后来把工人老师傅请进学校共同研究，改用纵向用绞车葫芦张拉的新方案，终于试验成功。

校办工厂既是教学基地，又是科研基地。我校“文化大革命”前有一个机械工厂，“文化大革命”以来一些系又办起了五个小型的工厂。校内工厂要为教学服务，必须选择具有先进性和典型性的产品。同时，要尽可能地采用最新的先进技术。因此，就必须与科学研究结合起来，在科学研究的基础上进行试生产。凡是这样做的，都取得了较好的效果。如我校物理无线电系半导体专业，根据国家生产上的需要和教学上的要求进行了用硅烷法制取高纯硅的科学研究。他们在“文化大革命”期间，坚持科研不断，于 1970 年办起了半导体生产车间，把科研成果投入小批量生产。他们在试制生产中，发现技术关键和产品质量问题，又深入进行科学研究。经过一段时间的研究试验取得了新的成果，解决了生产中的技术关键和产品质量问题，从而又促进了半导体材料和元件的生产。1970 年下半年他们招收了首批工农兵学员。他们结合科研、生产进行教学，取得了良好的效果。工农兵学员采取边参加科研和生产实践，边学习的方法，从而掌握了一定的生产技能，加深了对半导体基础理论的理解，提高了分析问题和解决问题的能力。

又如电机系五七电机厂，由电机系有关专业协作，开展可控硅中频电炉的研制，在取得成果的基础上，进行试制生产；又在科研或试制生产取得较好成绩的情况下，根据国家需要，改造旧的“电器”专业，设置了“工业电子装置”新专业，今年已经开始招生。

在组织科学研究工作中，掌握好科研的选题问题，也是搞好教学、生产劳动、科学研究三结合的重要环节。我们的体会是:如果选题既符合研究内容的先进性(有赶超意义),结合专业的发展方向(与教学和生产劳动能紧密结合),又为国防和国民经济所迫切需要,则教学、生产劳动、科学研究三者能够密切结合,互相促进;反之,则可能出现三者争人力,争设备,争经费,互相牵制的被动局面。当然,选题问题不能依学校单方面意愿来决定。在这个问题上必须正确认识和处理局部与全局,眼前与长远的关系。几年来,我们对于国防急需项目,只要是我们具备基本条件能够承担的,总是鼓励有关人员勇于承担。有的项目属于科学技术上的赶超任务,虽然眼前不能在教学上起作用,但从长远看,它不仅服务于国家赶超任务,而且对教学水平的提高也是有较深远意义的。对这样的项目,我们也予以应有的重视。

科学研究队伍是科研工作的组织保证。队伍问题首先也是路线问题,必须贯彻党的群众路线,实行工人,师生(技术人员)、干部三结合。我校在教育革命实践中,在开展群众性科学实验的同时,组织了一批有工人、师生(技术人员)和干部参加的科研组,对国家急需,技术难度较大,限期较紧的项目开展研究工作,以便集中力量打歼灭战,确保国家任务按时完成。例如高速转镜马达是某项重要国防试验的配套项目,完成期限短,技术要求高。我们组织了一个以老工人为主骨,并有教师参加的科研小组,一起研究,一块战斗,使设计和工艺紧密结合,从而连续突破了轴承测速,真空度等几个技术难关,在要求的期限内完成了任务。有些科研项目涉及某几个学科领域,工作量比较大,研究的持续时间较长,需要组织一支具有一定研究力量的专门科研队伍长时间地进行研究。这不仅有利于集中力量突破关键,而且可以在长期的实践中积累经验,不断提高研究水平。如低温科研组是由 30 多位同志组成的专门科研队伍,通过较长时间的努力,在超绝热和低温结构材料方面的研究上,做出了一定成绩,并为建立低温新专业打下了基础。

我校在组织科研队伍时除了尽可能结合各专业的特点,由专业统一组织力量,开展科学研究外,还根据研究课题的需要,发挥多科性理工科大学的长处,采用"多兵种协同作战"的方法。例如"激光干涉测振仪"的研制是综合性较强的课题,它涉及无线电技术、电气控制、光学仪器、精密机械等各个领域,依靠个别系和专业的力量就难以胜任。于是我们组织了 9 个有关专业的力量,并有机械工厂的工人师傅参加,共同研究试制,较快地取得了成果。该成果目前已在七机部计量站正式使用。

几年来,在毛主席无产阶级教育路线和科研路线指引下,我校广大革命师生、工人、干部在科研工作中做出了一定的成绩。但是与兄弟院校,兄弟单位相比差距很大,特别是我们学校领导工作上还存在不少问题。例如在科研工作中路线斗争这个纲举得不高,教学、生产劳动、科学研究三者有机结合不够;党的知识分子政策有待于进一步落实。此外,在科研管理上的渠道不畅通,物资经费的供应不落实,给学校科研工作的正常进行也带来了不少困难。今后我们决心认真读马列的书,读毛主席著作,虚心向清华、北大和其他兄弟单位学习,坚定不移地沿着毛主席的无产阶级革命路线奋勇前进!

一九七二年六月十二日

浙江大学档案馆藏,档案号:ZD-1972-XZ-22

关于召开浙江大学科技工作会议的通知

(1973 年 7 月 2 日)

浙大革〔1973〕56 号

各系、理科部、校机械工厂,校教革组、政工组、后勤组:

为了传达贯彻浙江省科学技术工作会议精神,进一步推动我校科学技术研究工作的发展,校核心组决定于 7 月 5 日至 7 月 7 日召开学校科技工作会议,现将有关事项通知如下:

一、会议的目的要求

1. 以批林整风为纲,认真学习马列和毛主席的有关指示,以及省科技工作会议的精神,深入揭发批判林彪反党集团的罪行,分清路线,认清科技战线的大好形势,提高对科技工作重要性的认识,明确方向,鼓足干劲,认真贯彻执行党对科学技术工作的方针政策,扎扎实实搞好科学实验群众运动,促进教育革命的深入发展,促进国民经济的发展。

2. 结合我校实际,讨论研究 1973 年至 1980 年的科研规划。

二、参加会议人员

1. 各系核心组(包括机械工厂)负责科技工作的同志 1 人;

2. 各系教革组负责科技工作的同志 1 人;

3. 学校计划项目负责人 1~2 人;

4. 各教研组代表 2 人;

5. 校教革、政工、后勤有关同志。

三、会议开法

会期三天,分两阶段进行。第一阶段,传达全国和省科技工作会议精神,学习讨论。以上全体人员参加。第二阶段,各系核心组、教革组参加会议同志商讨规划体制。

四、会议地点:行政大楼 201 室

请各单位接此通知后,抓紧做好准备工作,准时出席会议。

浙江大学革命委员会
一九七三年七月二日

浙江大学档案馆藏,档案号:ZD-1973-XZ-21-4

关于为农业服务的一些初步设想

(1975 年 12 月 5 日)

浙大革〔1975〕46 号

在毛主席关于学习理论、反修防修、安定团结和把国民经济搞上去的重要指示指引下,全国农业学大众会议胜利召开,提出了:"全党动员,大办农业,普及大寨县"的伟大战斗号召,这对加快我国农业发展和促进国民经济发展,巩固无产阶级专政,都将产生深远的影响。

目前在全国范围内普及大寨县和基本实现农业机械化的伟大革命运动已轰轰烈烈开展,形势大好,形势逼人。我们决心要以革命时期那么一股劲,那么一股热情和那么一种拼命精神,以大寨精神整顿教育,牢固树立以农业为基础的思想,积极参加普及大寨县和实现农业机械化的伟大革命运动,以毛主席一系列关于教育革命的指示为指导思想,把深入开展教育革命和普及大寨县的伟大革命运动紧密结合起来,联系本省和我校的实际情况,对今后五年内如何为农业服务提出如下初步设想:

一、坚持无产阶级政治挂帅,坚持开门办学,积极参加大办农业,普及大寨县的伟大革命群众运动。

在省委统一领导和部署下,自75年11月中旬起,全校师生和干部,将在三年内分批下农村,到三大革命斗争第一线,上好阶级斗争这门主课,上好"农业学大寨"这门必修课,不断提高阶级斗争、路线斗争和继续革命的觉悟,进一步树立以农业为基础的思想。同时,积极投身到加快建设社会主义大农业的战斗中去,发挥理工科学校的作用,通过技术革新、科学研究等各项活动,为实现农业机械化,为发展"五小"工业服务;在为实现农业现代化的斗争中进行调查研究,逐步改造有关专业的方向和内容,以适应我省工农业生产迅速发展的需要。为了推动社队企业更快更好地发展,还准备配合县社"五・七"教育网,采用短训班、函授教育等形式,为农村培养一些赤脚技术员,为建立四级科研网创造一些条件。

目前73、74级学员和教职员工2500人已到德清县。

同时,各专业在组织师生下厂、下工地开门办学时尽可能根据我省的实际情况,选择与发展地方工业和为农业服务有较密切关系的项目作为典型任务,在完成典型任务和教学要求的同时,根据需要和可能积极主动协助该地、该单位,做一些力所能及的工作,如举办有关的短训班和协助开展技术革新等。

二、在调查研究的基础上,积极改造现有专业设置,努力挖掘潜力,扩大招生人数。

我校是理工科普通高等学校,现有32个专业。根据国民经济迅速发展,实现四个现代化的需要,在中央和省的统一规划下,要按整顿文教事业的原则,积极改造。我们考虑:

1.有些专业,基本适应我省建立小而全的工业体系和实现农业机械化、现代化的需要,几年来也做了一些工作,今后要进一步总结经验,发扬成绩,继续努力办好(如水利水电专业,见附件1);

2.有些专业在为地方工业服务和为农业服务方面有较密切的关系,过去发挥作用不够,要在调查研究的基础上,进一步明确专业方向和内容,以更好地发挥专业作用(如机制等专业);

3.个别方向类似的专业,进行必要的调整或合并;

4.根据国家和本省的迫切需要,通过必要的准备过程,积极创造条件,增设某些新专业。初步设想到78年增设水泥专业和医疗机械仪器专业,到80年前后将地质专业扩大为地质系,增设必要的专业。

在积极改造专业的同时,充分挖掘潜力,扩大招生人数。普通班(包括进修班)在"五・五"期间逐步扩大招生,其中:76年招生1565名,77年招生1820名,78年起每年招生2000名,五年共9425名,约为"四・五"期间的二倍半。此外,在"五・五期间积极准备条件,在大部分专业中举办研究班,并争取77年起陆续开始招生。

三、积极开展多种形式办学,大力为地方工业和农村培训技术人员,协助"七・二一"大学、"五·七"大学培训师资。

1.根据需要和可能,积极举办各种类型短训班。

除参加农业学大寨工作队的同志,在当地县委一元化领导和部署下,举办短训班外,各专业尽量单独的或结合开门办学下厂下乡时举办各种短训班。初步设想,在"五·五"期间,与地、县协作,在当地党委领导下,就地举办有关农用机械、农村电工、化肥农药、农村水利水电、农村建筑、农村有线广播等方面的短训班,为全省县、社培训赤脚技术员约10000名,其中76年1200名,77年1600名,78~80年每年2400名。

2.积极举办函授教育,"五·五"期间共招生15000~20000名。76年在本省建设大寨县的重点县中选1~2个县试办函授班,人数约1000人,内容和短训班相同。同时,在临安县试办一个专业的函授班。

3.采取多种形式,积极支持各厂各地的"七·二一"大学,"五·七"大学,除根据需要和可能在教材供应和教学准备等方面给予协助外,拟帮助培训一些师资,办法是:

关于专业课教师,根据各校需要和我校安排上的可能,在有关专业采取进修的方式,自学为主,随班听课,协助教学,给予指导培养。

关于某些基础课教师,根据具体情况,逐步举办师训班帮助培养。76年拟开设二门课程的师训班,预计培养师资100~150名。

四、加强直接支持农业的科学研究项目。

1."五·五"期间初步设想有六个方面:

①狠抓提高农机质量和使用寿命的关键问题的研究。

(1)发展农机件热处理工艺。例如,离子淡化技术,保护气氛热处理等。

(2)对农机用钢的磨损机理进行研究并采取积极措施提高使用寿命。

(3)研究农业用钢的强化措施,采用球墨铸铁和添加稀土元素等技术措施,提高农用钢的强度和使用寿命。

②积极发展支持县、社、队工业的工具、刀具、模具的研究。

③研究采用新技术以适应本省小化肥技术改造的需要。

(1)扩大旋流塔板在饱和热水塔等方面的应用,以提高生产效率,并探索新型的塔板结构。

(2)发展脉冲输送技术,改善化肥厂的劳动条件。

④研制功率高,材料省,寿命长的农用动力。

(1)对本省农机化重点动力进行改型研究。

(2)对适应农村用电的小型发电机采用双水内冷技术的研究,提高出力。

⑤扩大新技术在农业上的应用。

(1)继续进行"农用激光器"在育种、育蚕上的应用,并设计制造可供大队使用的定型"农用激光器"。

(2)农产品"微波加热试验",研制多用途的"微波加热炉"以解决大豆、花生等油类作物的干燥问题,提高出油率。

(3)为适应本省阴雨季节长,解决谷物干燥问题,继续进行"流态化谷物干燥机"设计定型和推广使用。

⑥为农田水利设施研究材料和设计试验。

(1)利用钢铁厂硫酸盐矿渣研制低硅酸盐、低水化热水泥,作为水库大坝之用。

(2)对本省软土坝基和岩石坝基进一步进行建坝规律和防患措施的研究,保证水库大坝的安全性和可靠性。

2.1976 年支农科研项目。

①提高农用易损零件活塞环、缸套的寿命研究。

②“农用激光器”的研制和应用。以桐庐县为重点,用于照射种子和育蚕二方面,提高品种抗病能力,增加产量。

③研制地方中、小型气象台站使用的“气象预报填图分析机”以改善本省沿海台风和降雨气象预报工作,提高气象预报的速度和准确性。

④精密铸造超硬型高速钢刀具。发展农用金切刀具品种,解决本省农用刀具供不应求的状况。

⑤热处理工艺提高农机关键零件寿命的研究。

(1)165F 风冷柴油机易磨损关键零件、燃油系统零件和曲轴等。

(2)大功率辉光离子氮化设备的研制。以提高气缸等部件的抗疲劳性、抗磨损性,也提高模具、刀具的寿命。

(3)研究碳、氮、硼三元共渗化学热处理,以提高渔农业机械等关键零件的抗腐蚀能力。

⑥农机生产液压机械手的研制。着重针对本省高温、高压、连续性、大批量农业机械零件生产自动化的要求,研制液压机械手、减轻工人繁重的体力劳动。

⑦旋流塔板提高出力的扩大试验。与其他技术改造措施相配合,使 5 千吨氮肥设备增产一倍。

⑧150KW 小型电机采用双水内冷技术提高出力到 500KW 的研究,装入电站实地考验。

⑨165T 柴油机提高性能的研究,为 24 种农用机械提出合适的动力配套的机型。

⑩高反射膜的涂制,为在农村推广使用太阳灶,提供优质的反射镜材料。

此外,我们尽可能挖掘有关实验室潜力,在完成教学、科研任务外,积极为农业机械化提供分析、检验和计量手段,开展计测服务工作,帮助进行农机化疑难零部件的研制,同时为农村培训特殊工件的技术人员。

五、利用校办工厂的设备和技术力量,积极为实现农业机械化作出努力。

1.积极为公社、大队短期培养技工(机械工厂、东方红机械厂、“五·七”电机厂),每年可接收培训人员 50 名,培训时间为一年左右。

2.为地、县、公社农机厂解决一部分齿轮加工和热处理任务,以及难以解决的生产技术问题。

以上是我们现在的初步设想,因对各县、社的要求调查研究不够,有一定的局限性。今后,随着普及大寨县,实现农业机械化的伟大革命运动的深入开展,随着全省工农业生产的飞跃发展,对学校搞教育革命的要求将进一步地明确。在总结提高的基础上,发扬成绩,更进一步地树立以农业为基础,以工业为主导的思想,切实做好为农业服务的工作,为实现伟大领袖毛主席所提出的在本世纪末把我们的国家建设成为现代化的社会主义强国而奋斗。

附件：一、我校土木系水利水电为农业服务简况。（略）

二、我校机械系开展的几项支农工作。（略）

浙江大学革命委员会

一九七五年十二月五日

浙江大学档案馆藏，档案号：ZD-1975-XZ-12-2

浙江大学科学研究1977年工作总结和1978年任务（初稿）
（1978年2月20日）

一、一年工作的总结

粉碎王、张、江、姚“四人帮”以来，在校核心小组的正确领导下，学校科研工作的形势大好，特别是传达了华主席5月30日的指示，以及中共中央《关于召开全国科学大会的通知》之后，学校掀起了向科学进军的热潮，我校科学研究工作从此进入了一个新的发展阶段。

这个热潮的特点是：校核心小组十分重视，主要负责同志亲自动手，进行了广泛的思想发动，三大革命一起抓，在深揭猛批“四人帮”及其在我校的资产阶级帮派体系的同时，认真学习中央指示，极大地动员了群众，武装了群众，已经和正在变成巨大的物质力量。华主席的指示是向我们发出了震撼人心的、向科学技术现代化进军的动员令。这时省委又召开了全省科学工作会议，我校派出27名代表以饱满的政治热情参加了会议。在会上，省委表扬了我校郑光华、董光昌、蔡跃志等三位先进个人，树立我校光仪系为全省科技战线方面红旗之一，表扬了破乳剂、硅单晶、精铸刀具、中频电源等四个先进集体，表扬了15项重大科研成果，进一步鼓舞了我校广大师生员工向科学技术现代化进军的革命热情。

与此同时，在校核心小组的领导下，各系、各专业及时地采取一些重大的措施，促进科学研究工作的飞跃发展，可以说，在向科学进军的群众运动中，把广泛的思想发动和具体的组织工作结合起来了，是鼓实劲不是鼓虚劲。这些措施有：

1.各个专业、科研组均已制订了1978年科研计划和长远设想；在此基础上学校制订了1978年计划和3年、8年规划和23年设想，使向科学进军目标具体化了。

2.经过酝酿，为发展特色、形成拳头，第一批组建了光学仪器、电工技术二个研究所和理论数学、铸造合金和特种铸造工艺、断裂力学、核爆炸模拟、半导体材料、工民建等六个研究室，并经报省委核准，为在这些学科赶超打下了组织基础。

3.已使学术活动群众性、制度化。各系、各专业都已普遍开展，全校性的学术活动隔周一次，已举行了七次。对积极开展学术讨论和普及科学知识起到了促进作用。

4.响应中央号召，组织了以优异成绩迎接全国科学大会召开的献礼活动。各系领导抓得很紧，广大科研人员有条件要上、没有条件创造条件也要上，在一年时间里尤其是下半年已有473名教师、近百名的工人实验员参加了科学研究，夺取23项成果，完成了83篇学术论文或学术报告。正负法数控绘图理论及双圆弧曲线拟合理论，经过六机部组织的部级鉴定，确认接近国际先进水平。半导体硅材料经过省级全国规模的鉴定，被确认为国内先进水平。钨当量11铸造合金经鉴定,达到锻打同类刀具的部颁标准,为支援农业机械化贡献了力量。400号科研组完成了7710任务,受到国防科委的表扬。980科研组花了10个月时间把拖延9年有余的980任务扫尾,再次进入现场试验,取得了圆满结果,受到部队好评,填补了国家靶场仪器的空白。为发展地方小水电研制的中、小型双水内冷电机自10月上旬并网发电以来,至今运转正常,深受电站欢迎,准备迎接技术鉴定。化工系化机专业经过几年的艰苦奋战,最近已建成了进行回转零件力学试验的大型设备高速爆破试验台,为回转机械零件的设计研究提供了一个有效手段。可以预料,在全国科学大会召开之际,我校广大科研人员,将拿出更多的成果,向党中央、华主席报喜。

波澜壮阔地向科学进军的运动,推动了作为培养科技人才的基础的研究生培养工作。科学、教学后继乏人的局面,使大家急迫需要加强人才的培养。我们已经落实了1977年和1978年共招收157名研究生的准备工作,确定了研究生指导小组、研究生培养计划以及招考准备工作。各系、各专业、各研究所、室积极性很高,勇于承担,按教育部规定在1978年5月5日到5月7日统一初考,6月份复试录取,9月1日入学。这届研究生的入学,将会使我校科学研究工作增加一支生气勃勃的力量。必将推动科学研究工作的开展。

我校广大师生员工已经积极行动起来,由于各级党组织逐步落实知识分子政策,知识分子的革命积极性进一步得到了调动。被"四人帮"破坏了的为革命学科学、讲科学、用科学的新风气正在形成,出现了许多新气象。据我们了解,在教师中有五个增加,一是要求列入计划进行科学研究的项目增加,(原来是94项,现在提出的有350多项);二是要求进行技术鉴定的成果增加,(1976年鉴定成果3项,现已鉴定了11项,尚有10多项等待组织鉴定);三是完成的学术论文和技术总结增加了(据查1976年完成31篇,1977年一年写出83篇);四是中老年教师投入科研的人数大为增加;五是以主人翁的姿态提建议,为搞好学校科学研究出主意的人大大增加了。许多同志遵照毛主席"一不怕苦,二不怕死"的教导,坚持战斗在科学实验的岗位上,例如400号有个同志,二个孩子高烧在家,他稍事料理,就几天几夜不下火线,坚持战斗。化工系有的同志白细胞只有2000左右,把病假条放在口袋里,坚持试验三班倒。光仪系有的领导同志带领教师在基地山头试验跌倒骨折,仍指挥工作,带领全组同志遵照周总理指示,做到了万无一失,使试验做到了一次成功。群众促领导,领导带群众,有力地推动了向科学技术进军这个热潮的不断向前发展,使我校的科学研究的形势和整个学校形势一样越来越好!

学校科学研究大好形势的发展,与我们业务管理部门的工作不相适应,还有不少缺点或错误。主要有:在规划计划上缺乏预见性,对一些重大的技术发展的趋势不能紧紧抓住,如:对大规模集成电路重视不够,措施不力,拖了我校科学发展的后腿;在组织工作上,多兵种、大兵团联合作战的项目没有狠下决心组织起来,低估了群众的革命热情和协作精神;在学科配套、技术支援方面,组织不严密,缺乏主动精神;学报、情报资料等工作,还未很好开展。这就鞭策我们要奋起直追赶上去,不能在管理上拖后腿。

回顾一年来的经历,我们体会到:

(一)英明领袖华主席为首的党中央提出抓纲治国的战略决策,无比英明正确。正是我校揭批"四人帮"的伟大政治大革命取得了决定性的胜利,给了我校的资产阶级帮派体系以粉碎性的打击,夺回了被他们篡夺的党政大权,才使我校的科学研究,如此迅速地发展。因此,要把揭批“四人帮”的政治大革命进行到底,打好第三战役,揭批“四人帮”反革命修正主义路线的极右实质,从政治上、思想上、理论上分清被“四人帮”搞乱了的是非界限,在毛主席革命路线指引下,总结我们的经验教训,搞好工作。

(二)要认真学习毛主席关于把科学实验运动作为建设社会主义强大国家三项伟大革命运动之一的光辉思想,弄清楚生产技术革命是无产阶级专政下继续革命的重要内容之一,弄清楚实现四个现代化关键在科技现代化,科研要走在经济建设的前面,这个问题关系到社会主义建设的全局。这样,使广大师生进一步明白,广泛开展科学实验革命运动,改变科研落后状况的必要性和迫切性,以及我们这一代人一定要实现科技现代化的历史重任,进一步调动积极性。

(三)要落实党的知识分子政策,加强科技人员的培养,是当务之急。没有一支攻关夺险的队伍就不能攀高峰,赶水平。措施主要是在斗争中学,在干中提高,其他措施是辅助的。科研骨干要在科学研究的实践中重点钻研,在指导研究生中,加强基础理论,致使教学质量全面提高。

(四)一定要发展特色,形成拳头,集中力量打歼灭战,赶超世界先进水平。在相应的时间,由于各方面的条件限制,在赶超上,有前赶,有后赶,在 23 年内在主要学科领域,接近和赶上世界先进水平,为了真正使科学研究工作既有先进的指标,又有科学的求是精神。在科学研究的程序上,要严格把好五关:

选题关——定项目要有国家所需要的和有水平的调查报告。

论证关——项目付诸实施,要有方案的论证。

配套关——联合作战项目要有切实的配套研究和措施。

鉴定关——项目结束,经过一定级别的鉴定,评定。

推广关——科研成果一定要进入应用,即使是理论成果也要缩短周期进入使用。

二、1978 年的科研工作安排

1978 年是实现英明领袖华主席提出的三年大见成效的一年,在这一年里要把建设速度搞上去。科学研究要促进建设事业高速度发展,因此科学研究更要高速度高水平的发展。我们必须树雄心、立壮志、艰苦奋斗、自力更生、赶超世界先进水平,为浙江省建成工业省,为在 1980 年实现四个现代化快出成果、早出人力。我们面临的任务是光荣而艰巨的。根据国家,省的规划,我们具体任务是:(全年规划项目 101 项)。

(一)在一九七八年里我们要高速度,高质量地拿下 10 项重大成果。

1. 电子计算机硬磁盘存储器;

2. 500 万幅,和 100 万幅/秒,两用高速摄影机;

3. 激光高速摄影机;

4. 99.8%的激光高反射膜;

5. 厘米波段综合孔径射电望远镜;

6. 硅单晶的质量要接近国际先进水平;

7. 按正负法研制的数控绘图机;

8. 400 号试验任务;

9. 油田助剂,要赶超 441B 万能乳剂;

10.液氮容器蒸发率要在2%日以下。

(二)要在独立自主,辅以争取外援的基础上拿下5种型式的电子计算机:

1.水文预报电子计算机(130);

2.气象预报全功能电子计算机(PDP-11);

3.微型电子计算机控制机(DJS-050);

4.快速傅利叶变换机;

5.高、低频激光测振仪专用电子计算机。

(三)我们要根据国家和省委的统一规划,针对国家建设中的重大问题,要组织5个项目大会战,从1978年起,经三年努力,夺取的重大成果。

1.低频激光测振装置(包括测振仪,振动台,专用电子计算机)。

2.应用微型计算机,实现丝织生产全过程自动控制。(1980年以前完成织造车间自动化,为浙江建立丝织生产过程自动化的样板厂)。

3.地质资源勘探震源车的研制—(包括:电子仪表车和三台震源车)要在1980年提供使用。我们要组织液压、专仪、计算机、物理、机制等专业进行。

4.理工结合的计算几何学和计算机辅助设计,要以汽轮机叶片为对象,在1980年以前研制成新的加工手段。

5.石煤的利用大会战,组织热能、化工原理和分析化学3个教研组为着一个目标进行石煤脱硫、石煤元素分析利用、石煤提钒、石煤气化和石煤燃烧的研究任务。

(四)大力支援农业,为农业机械化出力,为农业机械提供元件、材料、整机和加工手段,并要为开发地方资源,支援地方工业提供更多成果。

1.化工系的片沸石铜型分子筛要移植成果,支援丽水建厂。

2.铸工专业,要用轴承钢废料研制各类轴承。

3.金相、热处理、铸工,要为提高农机寿命提出新材料、新工艺。

4.双水内冷电机,要向新的高度进军,研制1000KW双水内冷电机,为发展中小型双水内冷电机系列作出贡献。

5.可控硅中频电源,要开拓新的领域,为发展地方钢铁工业攻克普通碳钢冶炼的一系列技术关键。

6.软土地基在已有成果的基础上,要对镇海港区的软土地基加固,做出更多的工作。

7.三辊轧扳机的电液伺服系统,1978年要全面完成。

(五)大力开展基础理论的研究,在数、理、化、光、机、电等理论方面都要全面着手开展研究,重点开展的理论课题10项。

1.偏微分方程。

2.函数逼近理论。

3.计算机软件及其理论。

4.固体物理和理论物理。

5.激光化学。

6.断裂力学。

7.光学自动设计。

8. 合金化及金属强化理论。

9. 化学反应工程学、化工过程自动化动态学及化工热力学。

10. 地质找矿理论。

我们要以马列主义、毛泽东思想为指导，开展基础理论的研究，长期坚持，结合科学实践，力争及早取得成果。

（六）1977 年和 1978 年我们要在 43 个专业，所、室招收 157 名研究生，这些同学入学之后既是将来的高级科技人才，又是我们从事科学研究的有生力量。

（七）我们要在 1978 年出版以季度为出版日期的学报。经过一年试办，1979 年就要申请公开发行。内部交流定额为 2000 份。

（八）我们要在 1978 年整顿科技情报工作，建立校内外的情报交流，并且加强新技术译丛的工作。根据科研发展的需要，出版“微处理机”、“断裂力学”、“数字仪表”三个译文集。在 1978 年还要出版重大科技成果汇编，迎接全国科学大会的召开。

（九）在 1978 年第一季度，我们要狠抓向全国科学大会献礼项目的完成和鉴定。

（十）要实现科学研究的新跃进，在新的一年里必须以揭批“四人帮”的阶级斗争为纲，在第三战役中，要揭发批判“四人帮”破坏科学研究的滔天罪行，肃清“四人帮”推行的反革命修正主义路线的影响和流毒，主要表现为以下七个方面：

1. “四人帮”破坏党对科学技术工作的领导，阉割无产阶级专政理论，否定科学实验运动。

2. “四人帮”抹杀建国以来科学技术战线的伟大成绩，否定毛主席革命路线在科学技术战线的主导地位。

3. “四人帮”诬蔑搞四个现代化是“复辟资本主义”，否定科学对生产的促进作用、破坏实验设备、拆散科学研究机构。

4. “四人帮”胡说“知识越多越反动”，诬蔑知识分子是“臭老九”，横加迫害。

5. “四人帮”鼓吹以哲学代替自然科学，否定马克思主义哲学的指导作用，取消自然科学的理论研究。

6. “四人帮”反对“百家争鸣”，败坏学风，窒息学术思想。

7. “四人帮”既反对学习外国的先进技术，又扼杀我国自己的独创。

我们要在揭批“四人帮”的过程中，以毛泽东思想为指导实事求是地总结我们的经验，使我们的工作尽快地赶上时代的要求，争取为国家作出较大的贡献而努力。

浙江大学科研处
一九七八年二月二十日

浙江大学档案馆藏，档案号：ZD-1978-XZ-133

1983年浙江大学科学研究工作总结[①]

(1983年)

在党中央正确科技方针指引下，在教育部、省委及校党委领导下，经过全校师生员工的共同努力，1983年我校科学研究工作，取得了较好的成绩。科技工作必须面向经济建设的方针得到了进一步贯彻；学校同生产部门结成的教学、科研、生产联合体得到了稳步的发展；学校与工矿、企业签订长期，稳定的科技合作协议有了进一步开展；科研与生产的联系更加密切起来。科研成果的经济效益更加显著；新兴科技领域得到重视与支持。

(一)

1983年初全校共安排计划科研项目205项。在执行年度计划过程中，随着与各部、委及厂矿协作的扩大与深入，陆续增加科研项目132项，83年全校共计科研项目337项(不计系管项目)。其中属攻关和六五期间重大基础研究项目20项，教育部第一批批准重点学科项目20项，中科院科学基金项目20项，机械工业部下达任务25项，电子工业部下达任务10项，省科委下达任务29项，其他各部委下达任务31项，校制订项目31项，与地方工矿企业合同项目161项。属基础理论和应用基础理论研究项目占18%左右。属于应用技术研究和开发技术研究的项目占82%左右。

83年我校共有科研经费1732.1万元。教育部、国家科委及国家经委拨给科技三项费用187.5万元；教育部拨给的科研事业费62.9万元；教育部拨给支持重点学科经费66万元；中科院科学基金99.8万元；机械工业部、电子工业部、煤炭部、水电部、建材部、农机部、石油部、化工部拨款投资151万元；省科委拨款投资80.9万元：其他合同项目贷款165万元。我校83年全年共获科研经费813.1万元。82年度结存919万元，故全年共有经费1732.1万元(不计科技咨询服务项目收入200万元)。83年支出费用830余万元。其中设备订购费223万元，订购500元以上设备741台，万元以上31台。其中向罗马尼亚订购F120计算机三台，Intel86330计算机一台等。83年结存人民币902.1万元。

1983年我校有27项科研成果分别获发明奖、国外专利奖、重大科技成果奖和优秀科技成果奖。其中“超强韧白口铸铁及其工艺”获国家科委科技发明四等奖。“比例控制装置”向西德专利局办理专利申请手续。“汽油转子发动机”、“电液比例控制新技术开发”获机械工业部科技成果一等奖。“PIN管腔外调谐频率捷变磁控管”获电子工业部科技成果二等奖。“电光源工业玻璃池炉采用节能新技术”(协作)获轻工业部重大科技成果二等奖，“QTD—395型碟式分离机”获轻工业部重大科技成果二等奖，“自行车液压钳形闸”获轻工业部重大科技成果四等奖。“苯—a—甲基吡啶一水三元体系汽液平衡的研究”获化工部重大科技成果二等奖。获浙江省优秀科技成果奖的有18项。其中“电液比例控制新技术开发”、“有槽引上法平板玻璃成分的改进”获一等奖，占全省一等奖总数的50%。“F1—450 A型内燃式涡轮分子泵”获二等奖。“流动式溴化亚铜激光器”、“MPO消泡剂”等10项获三等奖。

---

① 本文原标题为《积极发展教学、科研、生产联合体，进一步贯彻科学技术必须面向经济建设的方针：1983年浙江大学科学研究工作总结》，收入本书时，改用现标题。

“LBD三灯显示跳灯式曝光表”,“玻璃蜂窝太阳能集热器”等5项获四等奖。

83年我校向国家科委申报发明奖6项。其中5项通过教育部申报,1项通过省科委申报,是我校有史以来申报发明奖项目最多的一年。这些项目的发明申报书在部、省级审查均已通过,现递交国家科委、国防工科委主管发明评审部门作进一步的审核。

1983年教育部编的“年经济效益在百万元以上重大科研成果90例”中,我校占5例。有“醋酸生产中汽液平衡数据的研究”、“玻璃原料中引入磷灰石实验研究成功平板玻璃可大幅度增产”、“超强韧白口铸铁及其工艺”、“立式碟片分离机全速动平衡技术”、“软土地基处理技术”等。

83年我校上报教育部申请科技成果奖41项。经教育部筛选评定会上审核,其中35项被定为国家重大科技成果,已送交国家科委复审,录取率高达85%以上。

83年我校通过各级技术鉴定的重大科研项目有41项。其中通过部级鉴定的有14项;省级鉴定的有9项;校级鉴定的有18项。达到国际领先水平或属国内首创的有15项。具有国内先进水平的26项。例如我校、中国科学院有关所和鞍钢发电厂共同研究的“油煤混合燃烧工业性(中间)试验”,通过了国家级鉴定。这次任务是国家计委、经委、能委、财经部计科(80)380号文件下达的任务。我校主要负责的项目有:COM的机械搅拌,输送特性,燃烧特性喷嘴,热效率测试等方面。在鞍钢发电厂每小时具有100吨蒸汽蒸发量的17号燃油锅炉上进行了5600多小时改烧油煤液体混合燃烧的试验。国家鉴定认为,这项中试是成功的。试验所提供的技术设计、运行及试验数据可供条件类似的烧油工业锅炉应用。推广这套技术是当前我国一项行之有效的节油措施,可以节油35%左右。又如“低频振动计量标准系统”通过部级技术鉴定。这一系统包括垂直、水平两个标准振动台,低频功率放大器、激光测振仪和专用微型计算机是低频振动量值的计量和传递的基准设备,可以广泛用于对各种测振传感器以各种方法行为相对标准或绝对标准。在航天、航空、地震、建筑、造船等工业部门的低频振动量值的计量和传递工作有重大作用。部级鉴定认为,该系统技术先进,系统完善,操作方便,稳定可靠,主要性能指标达到或优于原设计指标,达到国际先进水平。我校化机研究室与浙江轻工机械厂协作研究的“立式碟片分离机全速动平衡技术”通过了省级技术鉴定。这一动平衡技术在浙江轻工机械厂生产的QTD—395型西湖牌胶乳分离机上应用后,使该机在轴承处振幅小于100(实测为3.5—3.8u),优于瑞典—Laval公司进口机的水平,且已批量出口,为国家创造了外汇,获利100余万元。我校化学系、力学系和慈溪密封材料厂协作,三年来对材料的微观结构、膨胀机理、原料配方、力学测试、应用技术等进行了广泛的研究,取得了大量的数据,找出了生产工艺中各个环节的合理控制参数,指导和改进了生产,取得了显著的经济效益。如混合酸用量下降了三分之一;排放污水的PH值从1.5—3.0上升到6.5—7.5,大幅度降低了污水的治理费用;班产品提高五倍,品种规格由原200余种发展到1650种;用户约增加到2000余家;销售量占全国市场的60%—70%,使工厂纯利润达到年130余万元。

83年全校共写学术论文844篇。国外杂志上发表24篇;国际会议上宣读或交流53篇;我校学报上发表42篇;国内杂志上发表203篇;国内各类学术会议上宣读或交流有519篇。

83年定期出版“浙江大学学报”四期。平均每期发行量4000册,每册24.25万字,向美国、英国、日本等7个国家和地区发行110册。据有关教授反映。他们在学报上发表的文章都被国际化工索行所选用,而在国内其他杂志上发表的均未选用,说明我校学报有一定质量。83 年“浙江大学学报”还参加了莫斯科举办的“国际期刊”展览会。

83 年还出版四期专辑。其中“学生科研论文”两辑,“计算几何”和“煤的燃烧理论与技术”各一辑。

83 年我校科技情报工作也取得较大的进展,同全国一千多个单位建立和保持科技情报交流,全年共收集情报资料约一万份。对学校教学、科研有很大的参考价值。83 年情报工作还包括组织编印科技译文计 27 万字,发印 1500 册。为了提高我校科技情报人员业务素质,由省科技情报学会举办科技情报资料人员培训班。

83 年我校科研工作存在的问题有:有些项目没有按时完成。有些项目研究人员不落实,有些几个单位协作的项目,相互之间支持不够。甚至有扯皮现象;专职科研编制人员不够稳定,采取定编不定人的做法值得研究,应使专职编制研究人员相对地稳定几年。以上问题有待 84 年改进与克服。

(二)

1983 年我校科研工作着重进行以下几方面工作。

第一,进一步贯彻科学技术必须面向经济建设的方针,与生产部门建立教学、科研、生产联合体,签订长期、稳定的科技合作协议。

比如,成立了浙江大学、杭州市科技协作委员会;成立了浙江大学、天津市科技协作委员会;成立了浙江大学、安徽省科技协调委员会;创办了浙江大学、华东化工学院、中国石油化学总公司跨校、跨部门联合化学反应工程研究所;还与煤炭部签订了科学技术联合开发协议书。在科研成果的转让与承接;聘请顾问与技术咨询;委托研制与联合攻关;技术培训和情报交流等方面做了大量的工作,取得了明显的经济效益。

1983 年我校共转让技术先进、经济效益大的科研成果 50 项(次),共收入转让费 30.42 万元,其中 10 余项接产厂已通过了产品定型鉴定,进入工业性生产,取得了显著的经济效益。例如我校无线电系陈启秀等同志在国内首次研制成功的 VN—B 系列 V—MOS 功率场效应管科研成果转让给天津第四半导体厂和杭州电子管厂,都已试制成功并正式通过产品定型鉴定,达到了 80 年代国际同类型产品的水平。V—MOS 功率器件是国外 70 年代末 80 年代初研制出的一种崭新的半导体器件,是电子功率器件的一个发展方向。现在天津第四半导体厂和杭州电子管厂已分别建成一条年产 50 万只和 15 万只的 V—MOS 管生产线,它将使我国半导体器件生产发生重大的影响。又如我校半导体材料研究室研制成功的具有国内最高水平的 GGS—2 型硅单晶寿命仪科研成果转让给杭州无线电三厂,已开始生产。首批 9 台产品供给中国科学院半导体所和北京 605 厂等我国半导体研究、制造重点单位,使用效果好。GGS—2 型硅单晶寿命仪将成为国内最新产品占领全国市场。我校光仪系研制成功的 He—Ne 激光器封装贴片技术转让给余杭教师进修学校的教学仪器厂,使该厂生产的激光管成品率从 30%提高到 80%,年产量增加 10 倍,成本大幅度下降。此外,我校还将 360 度全景 120 照相机和“LED 跳灯式曝光表”等科研成果转让给天津照相机器材厂,使该厂创造工业产值 100 万元,由 1982 年的亏损厂变为盈利厂。

派教授、专家对杭州市工业建设进行技术诊断。83 年 9 月我校与杭州市商定进行市、校全面科技协作。应杭州市的要求。我校从机械、化工、土木、电机、光仪、无线电、管理工程等16个系中抽调114名教授、副教授、高级工程师、讲师等组成大量的工业建设技术诊断顾问团，由王启东副校长任团长，对杭州市化学、广播电视电子仪表和建材、冶金等四个工业公司及链条厂、热水瓶厂等29个工厂进行诊断调查。顾问团查诊了30多个有关单位，调查了490多人次，撰写了20多份书面材料，就加强工厂的技术力量，提高职工队伍的素质；开发新产品，改造老产品；进行技术改造与设备更新；抓好节能的科学管理与节能的技术改造；加强企业管理与生产体制改革；加强杭州市城市建设与开发等方面，找出了杭州市工业的主要问题和隐患，提出了要抓紧应用新技术，特别要积极推广微型计算机的应用；要重视智力开发，加强人才培养；要加强新产品的开发工作和提高企业管理水平等四条促进企业发展的有益建议。

培养技术人才，交流国内外科技情报，我校光仪、计算机和液压专业为天津市定向对口培养大学生30名，为天津市举办不定期的各种技术培训班，派教授去天津讲学。我校计算机系选派4名副教授、讲师为杭州市委、市政府各部、委、办及工交系统各局、公司负责同志200多人举办电子计算机基本知识讲座，讲解“电子计算机概貌”、“计算机和软件介绍”、“微型计算机及其应用技术的现状和动向”和“杭州市发展计算机工业及应用”等专题。我校电机系与杭州市经委。市教委联合举办了“微电脑应用技术短训班”。来自全市工交系统各局、公司、工矿企业、科研单位和各县经委的领导干部、工程技术人员100人参加了学习。我校计算机系还为杭州市城建局领导同志讲解电子计算机基本知识，还选派教师为杭州市第一期“工程师微型计算机应用”培训班上课。

派教授、专家担任有关工厂、公司技术顾问。我校派12名教授、副教授、讲师分别到本省金华电机厂、杭州半导体厂、杭州照相器材厂、杭州光学电子仪器厂等8个工厂担任技术顾问。还派了10名教授、副教授到天津市光学、计算机、液压等公司担任技术顾问。他们对产品规划、生产计划以及各种技术问题都提出意见与建议。例如，我校路甬祥副教授在西德连创五项专利，获博士学位回国后，调查了天津液压行业，发现天津市液压行业都分散在各机械厂，不能形成拳头，提出把液压行业集中起来成立液压公司的建议。天津市很快采纳了这个建议，组织9个工厂成立了液压公司。在路甬祥副教授参加下，对行业发展、产品开发、人才培养作了全面规划，并消化、吸收了路甬祥副教授创造的“比例调速阀”等五项专利。由于集中了液压件系统的力量，“比例调速网”等很快试制成功，并在200克双色注塑机、炼钢电炉和印染机控制系统上使用。这些试制成功的液压元件主要性能和参数具有当前国际同类产品的先进水平。国家有关领导部门决定把这一新技术列为天津市的重点发展项目，予以推广，使天津市液压工业开创了新局面。又如天津市生产的135型照相机，根据担任天津市光学公司顾问的我校光仪系副主任董大年等的意见作了改进后，质量显著提高，在全国82年度产品评比中，跃居冠军。

签订长期、稳定的科技合作协议，成立联合开发公司。82年8月我校与杭州市签订了长期科技合作协议，就科技成果转让、接受新产品研制和委托攻关任务、人才培养与人才交流、生活与后勤支援等条款达成协议。83年9月我校与杭州市第二次商定，进行校、市全面科技协作，并决定派114名教授、专家组成的顾问团对杭州市工业进行诊断、调查。最近我校与杭州市正在作进一步商谈，酝酿成立模具加工与计算机联合开发公司。83年我校有关系、室与天津市相应公司成立了三个联合开发公司。一是“液压件联合开发公司”;二是“光学工业联合开发公司”;三是“计算机应用与计算机软件联合开发公司”。天津市提出了“背靠大学,改造天津”的口号。根据天津市发展经济的总目标和我校的学科优势,确定一些重点领域进行定向长期、稳定的联合开发。在生产单位形成生产一代(由工厂负责)、研制一代(由工厂和学校共同负责)、储备一代(以学校为主研究)的产品开发结构,从而使产品能不断更新,提高国内外市场的竞争能力。例如光学工业联合开发公司近期以开发照相机为主要目标。当前,厂里生产的是机械式照相机,正在共同研究的是半自动照相机,而学校则在研究全自动照相机。又如液压件联合开发公司,将系统消化吸收并发展路甬祥副教授发明的比例技术,进一步应用于各类产品。再如计算机应用及计算机软件联合开发公司决定利用我校吕勇哉副教授在美国普渡大学所开发的“钢锭轧前处理过程的单一数学模型”的科研成果,对鞍钢初轧厂进行技术改造。

第二,动员、组织有关专家参加国家科技发展规划的编制。党的十二大确定了到本世纪末我国经济建设的战略目标、战略重点和战略步骤。为了更好地贯彻落实党中央确定的战略部署,83 年初教育部在杭州召开了制订教育部长远科技规划座谈会,在会上确定我校牵头起草“科学仪器”与“医疗仪器”两个学科的科技规划,还确定我校阙端麟、孙琦等 22 位专家参加 16 个重点行业及新兴领域长远科技规划的编制,还派出了两名专家代表教育部参加京丰宾馆国家长远科技规划的制订。最近,我校计算机系受教育部的委托起草“微型计算机及其应用”的七五科技规划。在教育部领导下,我校如期完成了科研规划制订任务。我校还有不少专家编写了“教育部征集的科技发展预测资料”的专题报告。此外,还有不少专家参加了省、市及有关部委的长远科技规划的编制工作。

第三,积极发展同世界各国的科技协作。83 年我校土木系曾国熙教授等与美国密歇根大学土木系 F. E. Richard 教授等签订了就“未完全饱和对非黏性土波的传播和液化效应”科研项目进行合作研究的协议。83 年我校与柏林技术大学进行了两校之间科技协作会谈,就我校计算机辅助设计代表团赴德考察,85 年在我校召开两校医疗仪器科研座谈会和我校派 6 名访问学者赴柏林技术大学进行科学研究等条款达成协议。配合外事处筹备召开“液压传动与控制”及“化工自动化”等两个国际会议。85 年秋将在我校召开上述两个国际学术会议。目前有关准备工作正在抓紧开展之中,如论文征集函已发往世界各国,其他实验室及国内论文的准备工作也在进行之中。

第四,我校跨系、跨学科的研究机构,虽然存在着各种各样的困难,但在 82 年工作的基础上,83 年有一些新的进展。例如,计算机辅助几何设计与加工研究中心,83 年在模具加工,自动编程等方面取得了新进展。又如燃烧理论与技术研究中心,就研究课题及有关学术问题进行多学科的研讨,取得了有益的成效。

83 年我校还有一些学科在酝酿建立跨系、跨学科的合作。例如我校太阳能研究的光电变换、镀膜及物理等学科商谈进行合作研究。

(三)

1983 年我校科研工作有以下几点体会。

第一,高等学校同产业部门结成教学、科研、生产联合体,以及签订长期、稳定的科技协作,具有非常积极和现实意义。有利于把高校的科研成果较快地转化为生产力。以前,我校的一些科研成果不能被社会上很快应用,其中一条原因,选择课题时不符合工厂实际需要,片面强调课题自身的水平与意义,忽略经济效益。而现在课题选自工厂中生产关键问题,注意经济效益,使科技与经济建设紧密结合。以往成果出来以后,自己找应用单位,需要了解应用单位的技术力量、生产条件等。往往要商谈好几个应用单位后才选择转让。不但要占用教师的大量时间而且延长了成果转让周期。现在实现科研—设计一生产服务一条龙,加速科技为国民经济服务的步伐。

有利于促进学校科研工作的发展,扩大科研经费来源。发展与产业部门的科技协作,可以广泛地调动科研人员积极性,使更多的教师能参加科研工作。目前我校有500名专职科研人员、400名兼职科研人员参加了全国20多个省、市的技术协作,使学校能更好地为国家四化建设服务。例如,我校力学系教师沈天耀、吴松盛、崔良成等深入12个省、市的40多家工厂,推广新一代节能风机。目前,这一新型节能风机已在全国各地开花结果,50%以上的小氮肥厂订购和应用这种专用节能风机,给国家带来较大的经济效益。据有关部门对28家小氮肥厂统计,运行效率从55%提高到80%,平均每个厂每年节电35万度。最近化工部表彰了他们忘我工作的精神。科技协作还解决了学校科研经费短缺的困难。我校全年科研经费约1000万元,教育部、国家科委及其他各部、委支持的事业费及科研三项费用仅200万元左右,其余的800万元要靠与生产部门协作来提取,即所谓"吃百家饭"来获得。以我校计算机系为例,今年从天津市获得100万元贷款来购买VAX—11/780计算机。

有利于教学质量的提高。发展学校与重点行业、重点地区的科技协作,能使学校在重点学科、重点方向上形成与发展自己的特色。生产上的技术问题往往是综合性的,能促使学科的发展。例如我校液压专业在与天津市成立联合开发公司以后,不但研究液压元件,而且还开展整个系统技术的开发与研究。此外,还为教师、研究生、本科生开拓了选择论文、毕业设计的题目和生产实习、毕业设计的场所。

第二,近30年来,科学技术在各领域都发生了深刻的变化,出现了新的飞跃,即现在国外所说的"新产业革命"。新的"产业革命"对我们来说"既是一个机会,也是一个挑战"。为此我们应当密切注意这个动向,认真研究对策。我校是一所多科性理工大学,学科比较齐全。现在国外所谓"新的产业革命"就是以电脑为中心,包括生物工程、光导纤维、激光技术、新能源、新材料等新兴产业开展的。这些新兴产业我校都设有相应的专业或研究所、室。我们应对这些领域倍加关注,尤其是要加强"微型机及其应用"的研究,要从人力、物力、财力等方面给予有力的支持。

在研究"新的产业革命"与我们的对策时,要特别重视智力的开发。高等学校的智力开发的关键是尽快地从中、青年知识分子中选拔学术带头人。这两年来,我校有几位老教授相继故世,使我校一下子丢失三个博士专业点。这种教训值得今后借鉴。我们认为学术带头人也应像干部队伍一样有三线:第一线是现在在位的老教授;第二线是现在正在进行传、帮、带的中年知识分子;第三线是现在正在培养的青年知识分子。学校要积极发现、支持、扶植一批学术带头人。智力开发另一方面要对现有知识分子进行知识更新。最近,我校举办了"微型机及其应用"短训班,全校有80多名教师参加听课,这种方法对智力开发是有益的。此外,还可考虑让部分教师通过出国考察、访问、参加国际学术会议等多种方法进行智力开发。

第三,83年我校337项科研项目,有各种不同类型,有的是国家攻关项目或重点基础研究项目;有的是与工矿企业协作项目;也有的是技术咨询服务项目。学校在对科研项目分类的同时,对全校科研人员也应作相应的归类,并将主要的科研力量集中研究国家攻关及重大基础项目,确保国家科研任务的完成;可以安排部分中、青年科研人员参加技术咨询服务项目。总之,合理使用力量,使学校科研既有重大的项目也有各种规模的协作、咨询等项目,可以广泛调动各类教师的积极性。

在新的一年里,我校科研工作将进一步贯彻执行科技工作面向经济建设的方针。最近杨士林校长带领18名专家到天津市举行浙江大学与天津第三次科技协作会商,使科技协作向新的广度与深度发展。经过协商达成41个新协作项目。这些项目具有国际70年代末80年代初的水平,并具有智能化,技术密集性强的特点。在科研经费,仪器设备等方面,天津市支持我校以有偿转让,利益分成,科研贷款,设置联合开发基金,合资经营等多种形式试行。

在新的一年里。学校将进一步研究如何加强新兴学科的建设,加强国际协作的开拓等方面工作,为提高我校科技水平作出新的贡献。

浙江大学档案馆藏,档案号:ZD-1983-XZ-45

上报我校马列主义教研室哲学、社会科学1983—1985年度科研规划

(1983年4月19日)

浙大发办〔1983〕78号

浙江省教育厅:

根据浙教高〔83〕第100号文件通知精神,现将我校马列主义教研室“哲学、社会科学1983—1985年度科研规划”上报,请审核。

浙江大学

一九八三年四月十九日

浙江大学马列主义教研室哲学社会科学1983—1985年度科研规划

我校马列主义教研室现有哲学、社会科学的教学和科研人员58人,其中副教授10人、讲师30人,设哲学、政治经济学、中共党史、自然辩证法四个教研室和一个资料室。根据教育部和省教育厅关于《加强高等学校哲学、社会科学研究工作的通知》精神,我们认为,在搞好教学并与教学结合的前提下,积极承担国家和社会各方面提出的研究课题,是完全必要的,也是可能的。对于科研规划,我们设想分为三个既有联系又有区别的部分,一是各门学科某些领域中的基础理论研究;二是对社会主义现代化建设中一些方向发展规律的研究,这一部分更要大力加强,努力探索;三是在加强科学研究的基础上,根据我们教学实践经验的积累,尽快编写出某些适合理工科院校应用的必修课和选修课的教材。对于科研课题队伍

的组织问题，我们计划分三个层次，第一个层次是比较大型的、难度较高的重点项目和必修课的教科书的编写，由各教研室集体承担；第二个层次是中型的、有一定难度的重点项目和部分非重点项目，以及选修课的教材的编写，由部分同志组成课题小组承担；第三个层次是根据需要和各人的特长、爱好，由教学和科研人员自由选题，个人承担。经过几年的努力，使各教研室能出一批有较高质量的科研成果，奠定重点研究方向的坚定基础，成为我省有关的基地之一。初步决定，自然辩证法教研室以科学哲学为重点，哲学教研室以历史唯物论为重点，政治经济学教研室以社会主义经济问题为重点，党史教研室以新民主主义革命史为重点。

经过我们反复酝酿和讨论，现将 1983—1985 年度有关科研课题报告如下，如有不当，请指示。

哲学：

课题	完成方式	承担者
社会主义现代化建设中的哲学问题	论文集	哲学室集体
企业改革中的辩证法问题	论文若干篇	哲学室集体
社会主义时期的阶级和阶级斗争	专著	课题小组
马克思主义认识论研究	论文若干篇	课题小组
全面研究现实的人(人的本质、异化、人道主义等)	专著	课题小组
当代大学生世界观的分析和培养	专著	哲学室集体
哲学概念的规范化问题	论文若干篇	课题小组
法哲学研究		个人
毛泽东同志军事辩证法在四化建设中的地位和作用		个人
先秦诸子哲学思想研究	论文若干篇	个人
意识论的若干问题	论文若干篇	个人
论社会主义自由	专著	个人
政治学、伦理学、美学		
《政治学》体系研究	论文	课题小组
国家体制改革若干问题研究	论文	课题小组
关于群众自治问题	论文	课题小组
失足青少年的教育问题	论文	课题小组
苏联伦理学的翻译和研究	专著	个人
审美的人	论文	个人
文明礼貌纵横谈	专著	课题小组

经济学：

课题	完成方式	承担者
△杭州市城市人口结构及其发展规律的分析	论文	课题小组
△浙江省纺织工业的结构与经济效益	专著	课题小组
△海洋渔业发展和生产力结构合理化	专著	课题小组
城镇集体经济与个体经济的探讨	论文	个人
中小企业的合理规模与布局	论文	课题小组
浙江省经济落后地区发展战略	论文	课题小组
比较经济学研究	论文若干篇	个人
劳动经济学研究	论文若干篇	个人
中小企业在国民经济中的作用	论文	个人
中小城镇的规划与布局	论文	课题小组
农村工业研究	论文若干篇	课题小组

科学史：

课题	完成方式	承担者
生物学思想史(包括古今中外进化思想史、分类思想史、遗传思想史)	专著	个人
物理学思想史	论文集	个人
苏联科学史	论文集	课题小组
科学史上浙江学者的杰出贡献	专著	课题小组

自然辩证法：

课题	完成方式	承担者
自然辩证法的范畴和现代自然科学所揭示的自然界的一些基本性质与规律	论文若干篇	自辩教研室集体
现代西方科学哲学流派研究	论文集	自辩教研室集体
技术科学和工程技术的方法问题	论文若干篇	课题小组
科学学和技术论问题	论文集	课题小组

中共党史：

课题	完成方式	承担者
中国土地改革史	专著	课题小组
中国青年学生运动史话	专著	课题小组
宣中华	人物传记	课题小组

续表

课题	完成方式	承担者
吴先清	人物传记	课题小组
评《司徒雷登在华回忆录》	论文	个人
抗日先遣队在浙江的活动	论文	个人
浙西抗日根据地的文教建设	论文	个人
第二次国内革命战争时期政治思想研究	论文	个人
瞿秋白同志在“一战”时期的理论贡献	论文	个人
关于统一战线问题	专著	课题小组
建国初期毛泽东同志关于执政党建设的理论	论文	个人
毛泽东同志关于农民的理论	专著	课题小组

有△者为已定的省重点项目。

教材、资料编写：

教材、资料名称		承担者
《马克思主义原理》	（理工科院校用）	哲学室
《马克思主义伦理学》	（理工科院校选修课用）	哲学室
《马克思主义法学原理》	（理工科院校选修课用）	哲学室
《形式逻辑》	（理工科院校选修课用）	哲学室
《科学史》	（理工科院校研究生用）	自辩室
《辩证唯物主义自然观》	（理工科院校研究生用）	自辩室
《科学史》	（理工科院校研究生用）	自辩室
《中共党史讲课提要》	（教师用）	党史室
《中共党史学习资料》	（学生用）	党史室
《中共党史学习指导》	（学生用）	党史室
《中国革命史》	（专题提纲）	
《科学社会主义》	（专题提纲）	
《人口经济学概论》	（高等院校用）	政经室
《中国社会主义经济结构》	（高等院校用）	政经室
《生产力经济学概论》	（高等院校用）	政经室
《李立三“左”倾路线资料汇编》		党史室

浙江大学档案馆藏，档案号：ZD-1983-XZ-29

浙江大学科研处1987年上半年工作总结

(1987年)

1987年上半年,我校科研工作取得了较好的成绩,主要体现在以下几个方面。

1.1987年上半年,全校有43项科研成果分别获国家教委、各部委和浙江省科技进步奖。材料系研制的"高压高气密封玻璃—金属封接技术及其应用"获航天工业部科技进步一等奖。"样条函数与逼近理论"等7项获国家教委科技进步二等奖。获机械工业部科技进步奖6项,其中化工系研制的"压力容器缺陷评定方法的试验研究"获一等奖,力学系研制的"小硫酸沸腾炉离心鼓风机研究"等2项获二等奖,电机系研制的"异步电动机电磁噪声震动研究"等3项获三等奖。获浙江省科技进步奖22项,其中光仪系研制的"CL-1彩色亮度计"等2项获一等奖(初评),光仪系研制的"CRZ-1型激光喇曼光谱仪"等3项获二等奖,机械系研制的"液压系统动态稳态仿真软件包"等8项获三等奖,中心实验室研制的"FB-1型傅里叶变换光谱仪"等9项获4等奖。获石化总公司技术进步二等奖2项,获杭州市科技进步二等奖3项,三等奖2项。

今年上半年全校申报发明奖6项,其中热物理系研制的"双床沸腾"已公布,等待答辩。另外,"激光测振仪用的垂直和水平扫描系统"等5项还在评审中。全校申报自然科学奖7项,目前在评审中。

2.1987年下半年全校申报专利30项,其中发明专利9项。上半年批准专利9项。其中发明专利2项,实用型专利7项。

3.今年上半年全校已通过各级鉴定项目28项,其中通过部级鉴定项目9项,省级鉴定项目6项,校级鉴定项目13项。

4.1987年上半年共落实安排科研项目543项,其中国家七五攻关项目64项,国家自然科学基金项目93项,国家教委博士点基金项目36项,各部委重大科技项目60余项,省科委下达项目66项,合同项目102项,校基金项目122项。

上半年申报项目268项,其中国家自然科学基金项目138项,国家教委博士点基金项目45项,机械委基金项目25项,省科委项目60项。此外,还向国家教委申报重大科技项目(50万元级)3项,待签订横向合同项目84项,待安排校基金项目65项。

5.1987年上半年6月底止,全校已获得科研经费735万元,达历史上同期最高纪录。

6.今年上半年在重点实验室建设上获得的进展。今年3月份国家计委已批准"联合化学工程"实验室为重点建设实验室,确定在我校化工系建立"聚合反应工程"分室,一期建设经费50万元已下达我校。

我校"高纯硅及硅烷"重点实验室和"液压传动与控制"实验室,参加了国家教委和国家计委召开的工作会议。"高纯硅及硅烷"实验室获得省科技成果一等奖,国家发明专利二项。和浙江桐乡塑料厂结合成联合体,取得了经济效益。向国外订购的4台大型设备均已到货,并有3台设备已调试完毕。"液压传动与控制"实验室已有30余项科研成果通过各级鉴定,获国家教委科技进步一等奖1项,获浙江省优秀科技成果二等奖2项,承担国家七五攻关项目2项。实验室管理制度较齐全,已面向全国设立科学基金,并有3个校外单位获得申请。总之,我校两个实验室科研成果显著,经济效益较好,管理制度较齐全,受到国家教委表扬。

此外,“小煤浆燃烧”中心,国家已同意10万元美元的外汇指标,目前正在落实中。

7.重视高技术、新技术的发展。

今年我校先后两次接到国家教委高技术规划办公室正式来文,要我校编写:智能计算系统,光电子及集成,智能机器人材料等高技术研究的基本情况。根据国家科委的文件,我校组织有关学科的专家编制了10项专题的基本情况,已有智能计算机系统,光电子及集成,智能机器人,红外光纤与单晶光纤,硅辐照效应,硅单晶射底上化学物半导体薄膜,光电材料,非晶光电信息材料,磁性材料等,目前国家科委正在审核中。

此外,学校筹措经费100万元,支持10项高技术及重点学科发展基金。这项工作在校长支持下正在评审中。

8.加强横向合作。

今年全校有不少横向合作项目取得成绩。今年3月份,我校信电系参加了“熊猫电子”集团、天津市经委代表团来校洽谈科技协作,经双方讨论签订了VH03晶体管合作研制协议。

我校“流体工程技术”研究所在义乌建材机械厂设立实验工厂,半导体材料厂与桐乡塑料厂结成联合体,厂方提供15万元购买设备。

机械系和成都无线电一厂建设了“蓉杭模具研究所”,有一套计算机设备放置我校,今后6年内研究所开发的技术软件转让偿还。最近还与丽水地区代表团进行了科技合作洽谈,正在继续进行中。

9.组织参加了多个科技展览。今年2月参加了教委组织的在香港举行的14所大学科技成果介绍会,我校“激光光学测试仪”和“照电生理微机控制系统”等两项成果出售(全国共出售了三项,我校占二项)。此外,我校部分科研成果还参加了广交会和浙江省六五攻关成果展览会。

今年4月份我校部分科研成果参加了浙江省暨杭州市首届发明展览会,我校材料系研制的“采用氮保护气氛制造直拉硅单晶的方法”、化工系研制的“大型扁平绕带圆筒形压力贮罐”荣获“金瓶奖”(全省获金瓶奖共4项),力学系研制的“HMF型玻璃钢轴流风机”获得“玉瓶奖”。这些项目将参加第三届全国发明展览会。

10.1987年上半年出版“科学报告会论文中文摘要”、“科学报告会论文外文摘要”、“1982年至1986年全校科研成果汇编”、“1986年全校科研论文汇编”等17种专辑,达到历史上同期出版量最高纪录。此外,今年上半年还建立了浙江大学学报社会科学版。

11.校庆期间举办了多学科大型学术报告会,邀请了7位全国著名科学家做学术报告,有700多名师生出席了报告会。此外各系也同时举办了各学科的科学报告会。

12.新增设12个研究所室。

随着我校科研工作的发展,根据各系上报材料,经校长办公讨论决定选择基础较好的学科增设研究所、室,成立:物理、化学、流体传动及控制、人工智能、信息与电子工程、生物学工程及仪器、土木、社会科学等8个研究所,以及横向合作的“蓉杭模具研究所”,增设地质学、外国语言文学、单晶光纤激光等研究室。

(二)

1987年下半年我校科研工作要点有:

1.我校承接的64项国家七五攻关项目的管理工作。

国家科技攻关是我国科技工作主要任务,学校要加强对国家七五攻关项目的管理,要切实组织力量保证完成各项攻关合作任务。科研处要本着对国家负责精神,把保证和监督实施国家七五攻关项目作为自己的一项重要工作。今年下半年对国家攻关项目做好以下几点工作。

第一,制定出台国家七五攻关项目管理条例,健全汇报检查制度,落实经济改革。

第二,落实研究人员对重大机关攻关项目,适当地补充科研编制。

第三,做好攻关项目的保密工作,制定并执行保密条例。

此外,也要搞好基金项目的管理工作。

2.做好高技术项目的承接工作。

国家高技术规划已进入课题分解阶段,7月份课题组的成员将到各地进行调查。我校主要根据学科发展特点写好报告,做好承接工作重点项目有:①红外光纤与特种功能光纤,复合材料,智能计算机系统,光电子及集成,②树脂材料。此外生物技术也要求做全面准备。

3.搞好"高纯硅及硅烷"实验室的验收工作和"计算机辅助设计与图形学"的评审准备工作。

学校接教计字第002号文件,今年将对1984年、1985年创建的实验室项目进行验收。根据文件,教委有8个实验室和中国科学院4个实验室需要验收,我校"高纯硅及硅烷"实验室是其中之一。此外,我校要准备好"建设经费的使用报告","实验室实验设备安装调试及使用情况","实验室及学术委员会班子验收情况","实验室开放准备情况","实验室科研成果及效益"等材料。

我校"计算机辅助设计与图形学"实验室已列入国家计委的建设计划,并将在明年初进行评审。为此,学校要准备将评审的材料如:"实验室科研成果","学术梯队建设情况","现有设备情况及需要增设设备"、"实验室发展规划"等。

4.继续加强横向联系,暑期中要与丽水地区签订合作协议,同时,要接待好南京市技术合作洽谈工作与天津市的技术洽谈工作。

5.加强多学科配合的综合性研究。

当代科学技术发展的一个重要特点是多学科综合性,科学、技术、生产密切联系,快速转换。学校科技工作要适应这种发展趋势。今年上半年在组织"高温超导"的研究中,采用了多学科配合的原则,如:低温化学与中心实验室负责测试,材料系负责材料供应及成材研究,信电系与光仪系负责薄膜器件研究,物理系从事机械及材料研究。这种取长补短,相互配合的研究组织,具有较大的优越性。

学校要抓几个重大基础研究和应用研究项目,采用多学科配合研究原则,以期做出水平高,影响深远的成果。

6.加强管理体制的改革。近年来学校贯彻中央科技体制改革,在科研成果、科研经费、调动广大教师积极性等方面都取得了很大成就。实践证明中央提出的科技体制改革的方针完全正确。今年下半年要把进一步贯彻中央科技体制改革文件作为我校科技工作的一项重要任务。另外加强管理体制改革,充分调动广大教师积极性。要制定出管理体制改革的条例,使我校科研工作做得更好!

浙江大学档案馆藏,档案号:ZD-1987-XZ-68

浙江大学1988年科技工作纲要(试行)

(1988年)

随着我国科技体制改革和教育体制改革的深入进行,我校科技工作坚持为社会主义经济服务的方针,发挥学科的优势,全体科技人员做了大量的工作,取得了可喜的成绩,为学校争得了荣誉。但是,随着形势的发展,我们还有许多和形势不适应的地方,如研究项目的小型化、分散化;科研成果转化为生产力的进程不快;科技和经济相脱节的现象尚未根本扭转;科技人员的积极性未得以充分调动;不少政策问题尚须进一步制订和落实,等等。根据中央领导同志视察沿海地区的讲话精神,以及薛驹同志代表省委、省政府对办好浙大所提出的要求;结合我校要培养高层次、高水平、高质量的优秀人才;创造高水平的成果为经济建设作出重大贡献的奋斗目标,从浙大的实际出发,现提出我校1988年科技工作纲要。

一、在改革开放进一步深化,科技成果商品化迅速发展,竞争日趋激烈的形势下,我们要进一步解放思想,增强科技人员攀登科技高峰,面向经济建设和参与国内外科技竞争的使命感、紧迫感和自觉性,坚决把科技工作的重点转向为国民经济服务的主战场,为国家和本省的外向型经济贡献力量,敢于参加国际交往、国际竞争和国际分工,走向国际大循环。

二、高等学校最根本的任务是培养人才。我校作为全国重点大学,担负着培养高级专门人才和产出高质量科研成果的双重任务。因此科学研究要为国民经济服务,科学研究要与教学相结合,科研成果要增强教学的活力,提高教师的水平,更新教学内容,特别是要使青年学生在浓厚的学术气氛中成长,在科学研究的实践中锻炼。研究生和高年级大学生是一支朝气蓬勃的新生科技力量,要尽早把他们吸收到实际科研工作中来。同时通过科学研究要对实验室进行技术改造,提高实验教学质量,逐步提供先进的科学试验手段。

三、学校要统一规划,重点部署。首先抓好国家确定的重点学科、国家重点实验室和国家级工程研究中心的建设,重视基础较好、潜力较大的基础研究、高技术研究和前沿科学、新兴科学的研究,以提高学校科研工作的后劲。学校将从人力、物力、财力上给予保证,确保这支队伍能够稳定地、长期地、锲而不舍地、有计划地取得高质量、高水平的成果,形成特色。

四、国家攻关项目、高技术项目、国家教委重大项目、国家自然科学基金会的项目及其它上级计划科研项目,务必履行合同。加强校系两级对项目的跟踪管理,采取有效的措施,以保证项目按质、按期完成。密切注意和各部委及上级有关部门的信息联系,积极为争取"七五"后三年的项目及"八五"项目做好准备。

五、充分发挥我校理工结合兼有人文科学和社会科学、多门类多学科优势,提倡学科交叉,科研大力协作。继续办好已有研究所(室)和交叉研究中心,积极组织新的交叉研究中心,采取鼓励政策,支持学科的相互渗透,相互支持。有条件的交叉中心可和产业部门结合建成高技术、高水平的产业集团。

六、瞄准国家和地方的经济发展,大力加强横向联合,积极发展与产业部门的科技协作,扩大教学、科研、生产联合体建设。动员和组织教师、科技人员走出校门,深入生产实际,进入商品市场,更好地为推动大中企业的技术进步,提高中小企业和乡镇企业的技术和管理水平服务。学校和各系都要有计划,有组织地开展科研、开发、咨询和推广应用工作。在此基础上积极开展国际科技协作,承接研究项目,加强国际学术交流和学者交流,促进我校科研工作的发展。

七、加强学术队伍建设,要造就和培养一批坚持社会主义方向,学术造诣深,治学严谨,具有学术创见,组织能力强,办事公正的学术带头人和结构合理、素质良好、富有活力的学术梯队,特别要注意培养和造就一批中青年学术骨干。创造良好"百花齐放、百家争鸣"的学术环境,加强竞争机制,在平等的竞争中提高他们的知名度和社会地位,使他们多出成果,出高水平成果。为国家作出贡献。

八、对于重大的和国民经济密切相关的项目,组织校内进行攻关,联合学校和社会力量,形成以浙大为主的技、工、贸相结合的高技术产业集团,既争得荣誉,又争得效益并努力成为技术出口基地和参与国际竞争的代表。首先考虑在CAD、光学、传感器及智能仪器系统、电力电子学,精细化工和快充线等领域建成高技术产业集团。这种集团要以产品为龙头,以技术为后盾,以市场为向导,实行研究、开发、销售、经营一条龙。在集团内实行董事会领导下的总经理负责制。实行独立核算、自负盈亏、自主经营。学校要选派有一定业务水平、懂经营、善管理、能协调各方关系的人担任总经理。在集团内部分工负责,相互协作,按劳分配,各得其所。学校在分管校长的领导下,由有关业务部门组成科技工作协调小组,组织协调各方关系,以保证预期目标的实现。

九、对有条件的系,在统筹安排教学、科研、实验室工作的基础上,调动各方面的积极性,组织校、系二级科技开发队伍,改变过去出售科研成果的方式,有选择地把成果的工程设计,施工和开工投产结合起来,向社会提供高技术的产品。经过充分的可行性论证,和学校批准,可以成立相应学科的科技开发公司或集团(隶属学校领导,赋予法人地位,实行资金统一管理,独立核算,自负盈亏)。加速科研成果转化为生产力的进程,提高科研成果的经济效益。公司创收的效益除上交学校一定的比例外,由系在国家政策允许范围内自主掌握使用。

十、有组织、有计划地派遣教师承包、承租本省以及其他地区的中小企业和技、工、贸机构。支持教师到农村、乡镇特别是贫困地区工作。选派优秀科技干部去贫困县任科技副县长,促进学校和地方经济的结合。学校将作为这些同志的技术后盾,积极支持教师和外向型企业联合,为外向型企业的产品更新换代,上等级、上水平、开展多方面的技术服务。鼓励教师在和企业的联合中将企业转化为外向型企业。对于这些教师在职称聘任、住房条件和福利待遇上和在校教师相同,并根据国家有关规定从优处理,允许他们在为社会创造财富、带领人民致富的同时,取得合法的收益。

十一、为了加强对各地信息的收集和有关部门的联系,沟通协作交流渠道,学校将选派精干人员在北京、深圳、海南设立办事机构。"浙江大学驻北京办事处"属校长办公室领导,负责学校与上级有关部门的联系工作。深圳和海南的办事机构是学校对外技术咨询服务公司的派出机构,属校对外开发公司领导。以校计算与信息中心为主体利用现有计算机设备,联络有关经济技术情报部门和海外有关机构,建立瞄准国内外市场的经济、科技、商品信息集团,定向地、有计划地广泛收集经济、科技、商品信息,开展多层次的有偿服务。

十二、充分利用经贸部批准的“浙江大学对外技术咨询服务公司”的有利条件，加强力量，拓宽业务范围，积极组织校内的技术和产品进出口任务和劳务出口任务。有计划地组织科技力量，帮助出口企业和创汇企业，进行出口产品的开发，增强创汇能力。同时，对省内外“三来一补”企业提供技术服务。我们要把对外开发公司作为走向国际大循环的重要渠道之一，尽快争取取得进出口权。对外开发公司实行总经理任期目标负责制，实行企业化管理。

十三、办好“浙江大学实用技术研究所”，努力开发市场适销的实用产品。实用技术研究所实行企业化管理。所内设立科研贷款基金，项目实行招标制。充分利用科技人员业余劳动，进行非计划、实用性、短、平、快项目的开发。经费管理上实行自负盈亏、独立核算、结余分红、风险自负。研究成果归学校所有，实行统一鉴定，学校申报奖励，作为晋升技术职务的根据之一。实用所由对外技术咨询服务公司负责管理。

十四、充分发挥“浙江大学专利代理事务所”的作用，积极开展校内外的专利代理工作，注重做好专利转化为生产力的促进工作。同时积极创造条件打开香港和国外专利申请渠道。

十五、为了提高浙大在国内外的声誉，大力鼓励教师向国外发表学术论文。学校将设立外汇基金，支持在国际有关学科内的权威性杂志刊登论文的投稿费，可凭论文录用书向学校申请。

十六、不管是集体或个人、教师或干部、工人，不管是计划内项目还是计划外项目，不管是科研工作还是技术开发工作，所取得的成果均属学校所有，由科研处统一组织鉴定，统一申报奖励，列入档案作为晋升的依据。任何人不得擅自转让或向外泄露，凡侵犯学校利益者要追究责任。学校将聘请法律顾问，以保护学校的合法权益。

十七、为做好科技管理工作，减轻教师负担，各系必须配置一名专职科技秘书，协助系主任工作，以适应我校科技工作发展迅速，和社会各界联系日趋频繁新形势的需要。

十八、机关后勤、行政部门也要适应科技形势的发展。要积极创造条件，在实行岗位承包责任制的基础上，加速技术改造，以提高服务水平和技术水平。各部门和各系、工厂要给予大力支持。

十九、校系各级科技管理的行政人员和其他行政人员，都要面向基层，为基层的科研、开发咨询等工作开展良好服务，促进我校科技工作的发展。

二十、为了促进科技成果商品化的进程，为了增设学校和社会联系的窗口，在浙大校园周围形成高技术的科学园区，决定在护校河马路东侧，建设浙大科技一条街。在统一规划的前提下，鼓励有条件的工厂、系、所以及个人在科技一条街中兴办科技企业。

二十一、有关各种经济政策和各级开发公司、中心的管理细则由学校根据国家教委指示及有关文件另行制定。

浙江大学档案馆藏，档案号：ZD-1988-XZ-42-13

深化改革,促进科技向生产力转化:浙江大学科技成果转化为生产力的几点做法[①]

(1991年6月20日)

浙江大学在办学过程中认真贯彻“经济建设必须依靠科学技术,科学技术工作必须面向经济建设”的科技方针,充分发挥学科综合的优势,重视科技成果向生产力转化。近10年来,在科学研究和科技成果商品化方面取得了较为显著的进步。10年来学校开发和推广的科研项目为2300多项,提供技术咨询服务1700多项。仅“七五”期间取得经济效益500万元以上的重大科技成果就有37项,为社会新增产值近28.7亿元,新增利税5.1亿元,为国家节约支出5.3亿元,创汇0.2亿美元。

具体的做法主要有:

一、完善和发展科研生产联合体。

科研生产联合体的建立是科研和生产结合的良好桥梁和纽带,在加速科技成果商品化进程、提高企业劳动者素质和竞争能力等方面发挥了很大作用。1982年我校首先开展了和天津市的合作,建立了三个行业性科研生产联合体,开创了科技市场的前奏。几年来,我校共建立了30多个联合体。化学系、力学系、分析测试中心与浙江慈溪密封材料厂于1984年在原有膨胀石墨密封材料科技开发的基础上建立了科研生产联合体,几年来共创产值1亿多元,产品的市场占有率和企业的经济效益均占全国同行之首。信电系和湖州菱湖晶体管厂建立的联合体,在近几年市场不景气的情况下,生产仍稳步上升,工厂还出资100万元在我校为电力电子工程研究中心建造了实验大楼。

在科研生产联合体发展过程中,我校注重使联合体向高层次发展。1990年对联合体进行了整顿,对新建的联合体要求居于较高的层次。“磷化镓发光二极管外延材料”属“巴黎统筹委员会”向我国禁运项目之列,之前我国还不能生产,国家花费大量外汇进口材料和管芯。我校物理系于去年研制成功,并在实验室连续试运转30炉,完全达到国外产品水平。该成果随后转让给湖州半导体总厂后,项目得到省科委、省计经委和湖州市的高度重视,出资130万元风险投资中试,第一期工程已得实现。今年上半年,正式建立了科研生产联合体,目前国家计委已批准100万元拨款、80万元贷款支持联合体第二期工程。

二、密切与国营大中企业联系,积极承接重大开发项目。

学校各级充分重视与国营大中企业的联系与协作,从而使学校的科技开发工作直接为国民经济主战场服务。学校采用“走出去,请进来”的办法,互相增进了解,建立信誉,促进合作。

宝山钢铁总厂轧钢厂的设备以西德进口,其中应用了大量电液比例控制技术和元器件,而该厂的技术人员对此较为生疏,迫切需要解决线路故障诊断问题。我校路甬祥教授到轧钢厂现场访问,和工厂技术人员座谈,提出解决方案,确定了合作项目。化工系在和上海炼油厂长期合作的基础上承接了“催化裂化装置计算机应用的研究”重大开发课题,经过3年

---

① 本文原载浙江大学校长办公室编《简报》1991年第8期(总216期)。

努力,有效地实现了计算机控制和监督催化裂化生产过程,经实际运行考核,新增直接经济效益达100万元/年。目前中国石化总公司正准备全面推广。我校吕勇哉教授研究成功的"均热炉单一数学模型",与重庆钢铁公司和鞍山钢铁公司合作实施,已投入实际运行。特别是鞍山第一初轧厂利用这一模型实现了均热炉、蓄热炉等42个坑的自动化控制和生产调度、管理自动化。1990年12月通过国家鉴定,实现新增利润500万元/年,受到国家计委表扬。

三、创办科技型校办企业,实现科技成果向生产力的直接转化。

1988年下半年起,我校挑选了一些技术水平较高、经济效益显著、具有一定推广应用面的成果,利用学校现有条件创办科技企业。实践证明创办校办科技型企业,是实现科技成果直接向生产力转化的有效途径,是高校职能在经济领域的延伸。

我校能源工程公司是利用荣获浙江省科技成果一等奖的"转动喷嘴膨胀机及分离制冷技术"组建而成的。过去学校仅负责工程的设计和调试,同时需要其它三四个单位共同进行,三四年都不能投产。公司成立后,在胜利油田轻烃回收装置中采取工程总承建的方式,学校承担了从设计、工艺、设备、安装、调试包括土建设计施工的整个工程。整个工程400天内完成,总经费778.5万元。能源工程公司承接该工程为高校技术市场开创了一种新的有效模式。

学校组建的"造纸过程自动化控制研究和推广中心"也是利用荣获国家教委科技进步奖的"造纸机定量、水分计算机自动控制系统"的科研成果为造纸厂进行造纸机技术改造。每台投资3—6个月即可回收。中心采取交钥匙工程,实行工程总承建方法,成立一年来已承接了15台纸机的改造任务,投资450万元,被国家列为重大推广项目。目前已在浙江、江苏、山东、湖南、湖北、广东、云南等省市推广应用。

四、创办高科技水平的大型工程研究中心,探索科技与经济结合的新途径。

我校综合校内各方面的科研力量,于1989年11月成立了电力电子工程研究中心。1991年5月又相继成立了工业自动化工程研究中心和二次资源化工工程研究中心。

工程研究中心是科技与经济结合的"通道"。它将有关的国家级重点实验室(专业实验室)的重大科研成果形成标准化、系列化、商品化的成套技术和设备,提供给有关工厂、设计院和研究单位,进行大面积推广应用,形成一个具有相当规模的产业,建立起相应的企业集团。中心在运行过程中,不断向企业集团和全国大中企业输送商品化软件技术,标准化硬件样机,工程化的专业人才。

五、加强与国民经济重点地区的合作,进行区域性开发。

技术市场工作相对集中在某区域进行开发,形成产业,便于学校集中管理和协调有关部门间的关系,同时扩大学校在该区域的联系。我校除与天津市的合作外,在浙江省内和宁波、杭州、丽水、湖州、台州等地区建立了长期稳定的科技协作关系。在此思想指导下,我校根据国家教委的指示,发起高等学校集中开发杭嘉湖地区,协助国家教委和浙江省人民政府创办了杭嘉湖科技开发公司。通过国内各类重点高校和地方的努力,该区域已被誉为"天下第一园"(《科技日报》1991年2月)。现在我校每年在该区域开发项目有100多项。

在杭嘉湖公司成立后不久,我校又与宁波市人民政府建立了"东海科技实业公司",由宁波市政府每年提供500万元贷款额度,50万元贴息,支持浙江大学在宁波小港开发区进行高科技开发。最近国务院批准建立了包括我校在内的“杭州高新技术开发区”,我校亦已有4家高科技公司进入。

浙江大学档案馆藏,档案号:ZD-1991-XZ-71-8

浙江大学1994年科学研究工作总结

(1995年1月)

1994年是我国改革和发展继续取得胜利的一年。加强和改善宏观调控取得成效,建立社会主义市场经济体制迈出了决定性的一步,国民经济继续保持快速发展的势头,各条战线都取得了新的伟大的成就。在过去的一年里,浙江大学为顺利进入“211”工程进行了不懈的努力,并获得通过,学校的各项工作都上了一个新的台阶。在学校党政的正确领导下,我校的科学研究工作,贯彻了"稳定各项政策,加强学科交叉,组织基础队伍,注重‘九五’动向”的方针,在全校教职员工的积极支持下,经过全体科技人员的艰苦奋斗,又得到了可喜的进步,代表学校科学研究工作水平的各项指标,继续保持了在全国同类高校前列的地位,现将我校1994年的主要工作总结如下:

一、基本情况

(一)科研项目和科研经费

1.1994年全校在研项目共计1981项(纵向973项,横向1008项),其中从1993年结转需继续研究的1128项(纵向721项,横向407项);1994年新增项目853项(纵向252项,横向601项)。本年度已完成910项(纵向242项,横向668项),因此结转到1995年继续研究的项目共计1071项(纵向731项,横向340项)。

2.科研经费统计数为14286.93万元,超过了学校年初下达的科研经费为1亿元的目标指标,比1993年的11086万元增长了28.8%.上述科研经费的构成如下:

进学校财务的科研账号经费共计7023.73万元,比1993年的6670万元增长5.17%,增长幅度低于上年约五个百分点。

进校内银行的学科性公司经费7263.20万元,比1993年增长了64.47%。

在进学校科研账号的7023.73万元经费中,纵向经费2906.57万元,占41.38%;横向经费4117.16万元,占58.62%。纵、横向科研经费的比例较上两年稍有改善(1992年纵、横向科研经费比例为31∶67;1993年比例为37∶63)。

3.纵向科研经费总量比1993年增长17.8%;新增项目252项,与1993年基本持平。其中:

*基金类项目经费为768.15万元,占全部纵向经费的26.44%。1994年新批准国家自然科学基金面上项目69项,470.8万元,在全国高校排名首次超过实力雄厚的南京大学,位居第三。

*“八五”攻关经费525.76万元,占全部纵向经费的18.08%,比去年增加了112.2万元。新增国家“八五”攻关计划2项,截至1994年底,我校共承担国家“八五”攻关计划71项,合同总金额2043万元。

＊国家“863”高技术计划经费 453.10 万元，占全部纵向经费的 15.28％，比去年增加了 270.20 万元。全年新增“863”计划项目 14 项，其中计算机系承担的《产品模型为基础的集成化 CAD/CAPP/CAM 系统》项目，合同总金额为 310 万元(今年已到款 180 万元)，以及光科系承担的《新型红外二元光学系统研究》项目，合同总金额为 125 万元(94 年已到款 75 万元，是我校当年两个最大的新增项目。

＊军工项目经费达 331.52 万元，占全部纵向经费的 11.4％。光科系和信电系联合承担的国防预研项目《液晶光阀大屏幕显示系统》经过两年多的合作会战，完成了第一阶段研究任务，又获追加经费 25 万元。此外，在 94 年又新增国防预研及军工配套项目 10 项，其中《氟塑料印字油墨》和《三维激光工程样机》两个项目的合同经费都超过了 20 万元。

人文社科经费达 6 万元，是 90 年以来获得经费较多的一年。94 年新增人文社科项目 8 项，批准经费为 5.25 万元，这将为我校人文社会学科的进一步发展创造条件。

4. 全校在研科研项目总数和新签合同数比去年略有减少，新增合同总金额比去年减少近 500 万元。由于国家“八五”期间的各项计划已在 1993 年基本安排就绪，各部委在 1994 年的工作重点是研究制订“九五”计划，因此，94 年新增纵向项目中的大型项目减少，合同金额较 93 年少了 575.10 万元；另一方面由于我校的科研工作较早地、主动地适应社会主义市场经济的需要，为国民经济主战场服务，与大中型企业建立了较稳定的联系，94 年新签横向合同 601 项，合同金额达 4329.67 万元，比 93 年增加了约 80 万元，每项合同平均金额为 7.20 万元，较去年增加了近 1 万元。94 年新签合同中，20 万元以上的项目有 72 项，合同金额 2789.27 万元，占新签合同数和合同总金额的比例分别是 11.85％和 44.87％。94 年新签最大的开发项目是化机研究所的《计算机辅助港口机械系统》项目，合同经费 101 万元；最大的转让项目是化工研究所的《乙醇胺生产技术》，合同经费 31 万元。以上情况说明，我校科研工作的规模(项目总数)已基本稳定，科研项目的经费强度逐年有所增加，但显然其增长速度远远低于物价指数增长的速度，这将对我们完成结转的科研项目带来困难。

5. 进入学校的科研经费不仅为学校财务增强了融资能力，而且对稳定教师队伍，缓和学校经费紧张也发挥了一定作用。94 年提取科研人工费 596.88 万元；系捆绑基金 158.56 万元；学校共提取管理费近 900 万元，其中学科性公司上交学校管理费 45.86 万元。此外，1994 年科研经费用于购置固定资产 667.5 万元，占全校当年固定资产增加值的 30.6％。

(二)科研成果、获奖及专利情况

1. 1994 年全校共鉴定科研成果 88 项，其中达国际领先水平的 2 项，国际先进水平的 33 项，两类合计 35 项，占 39.8％，国内领先水平的 22 项。

2. 由于 1994 年没有进行国家级三大奖的评审，故全年获奖项目数比往年减少。我校在这一年度里共获国家教委科技进步奖 18 项，浙江省科技进步奖 18 项，浙江省社科优秀成果奖 12 项，省教委和其他厅局级奖 15 项。其中光科系薄膜光学研究所唐晋发教授等人完成的《光学与光电子薄膜理论与特性的研究》项目获国家教委科技进步甲类一等奖，能源系热能工程研究所岑可法教授等人完成的《煤水混合物的流化床燃烧新技术》项目、计算机系计算机系统工程研究所潘雪增副教授等人完成的《集成化电子工程 CAD/制版/光绘输出系统》项目、力学系固体力学研究所朱位秋教授完成的《非线性随机振动中若干方法和现象的研究》项目、工控所孙优贤教授等人完成的《多变量容错控制应用理论研究》项目和该所周东华等人完成的《基于滤波器方法的非线性系统的故障诊断理论研究》项目,获国家教委科技进步二等奖;计算机系人工智能研究所王申康教授等人完成的《CMIX 饲料配方系统》项目和材料系金属材料研究所李志章教授等人完成的《多元渗镀复层的研制及抗蚀机理的研究》项目获浙江省科技进步二等奖。化工系联合反应所吕德伟教授等人与萧山第二化工塑料厂合作完成的《高级刚性 PVC 塑料粒料及管子附件系列开发》项目荣获浙江省星火先进集体二等奖。

我校人文科学研究成果奖励获得丰收,经济系金雪军教授的《利率机制论》、姚先国教授的《社会主义企业收入分配论》、中文系徐岱教授的《小说叙事学》、社科部万斌教授的《历史哲学论纲》和冯钢副教授的《非西方社会发展理论与马克思》等五部专著获浙江省社科优秀成果二等奖。

此外,1994 年度我校还获光华科技基金奖 5 项,其中高分子系的沈之荃教授和机械系的冯培恩教授荣获一等奖。

3. 我校的专利工作继续取得较好的进展,1994 年共申报专利 95 项,其中发明专利 39 项(包括非职务发明 5 项),实用新型专利 56 项(包括非职务专利 14 项);我校全年共获专利授权 50 项,其中发明专利 11 项,实用新型专利 39 项,到 1994 年底我校共拥有发明专利 135 项,实用新型专利 320 项。

(三)论文和学术榜

1. 据中国科技信息所统计,1993 年浙江大学在 SCI 收录论文 88 篇,全国高校排名第九,工科院校第二名;在 EI 收录论文 84 篇,全国高校排名第八,工科院校第六名;在 1219 种国内科技期刊上共发表论文 702 篇,全国高校排名第六,工科院校第三名。而在 1992 年的统计数据中,我校被上述索引收录的论文数及在全国高校、工科院校的排名分别是“SCI”101 篇,第八和第二名;“EI”87 篇,第六和第二名。以上数据表明,我校 1993 年在国内外重要学术刊物上发表论文的数量减少,学术榜排名受到影响,这是与我校在“211”工程建设中所提出的要建成跻身于世界一流大学的奋斗目标不相适应的,应该引起我们极大的重视。

2. 根据初步统计,1994 年我校共发表专著 34 部;教材 36 部;学术论文 2554 篇,其中发表在国外期刊上有 462 篇,发表在国内一级期刊 1820 篇,发表在地方及省级期刊 272 篇。

(四)学术活动

据不完全统计,1994 年全校出席国际学术会议 58 人次,交流论文 76 篇,其中人文社科方面为 13 人次,11 篇;出席在国内召开的学术会议 249 人次,交流论文 217 篇,其中人文社科方面 68 人次,26 篇。

二、1994 年主要工作的回顾

为使浙江大学首批进入“211”工程,1994 年我校科技工作的目标是“上水平、上层次、上效益”。为了实现这个目标,1994 我们在进行科研基地建设,组织学科交叉,推动成果转化,发展学科性公司等项工作取得了新的进展,现将主要工作进展情况和存在

问题简述如下:

(一)科研基地建设工作

1. 已建成的 3 个国家重点实验室,一年来运行正常,取得了一批高水平的科研成果,培养了一批高质量的人才。经国家计委组织专家评审,在国家重点实验室十周年总结表彰大

会上，我校的“CAD&CG”重点实验室被评为先进集体，该实验室的彭群生教授和“半导体材料国家重点实验室”的叶志镇教授荣获先进个人的光荣称号。由世界银行贷款建设的“流体传动与控制”等 3 个重点实验室和“生物传感器”等 3 个专业实验室，已基本建成，准备验收。还有“洁净燃烧实验室”，也在年初被国家教委批准为部门开放实验室，这些实验室在我校通过校园文明建设和“211”工程建设评估中经受了考验，为学校争了光；

2.“国家工业自动化工程研究中心”已初步建成，并在工程开发上取得了可喜的成绩，现正在抓紧中试基地的建设，准备迎接国家计委的验收。“电力电子工程研究中心”，经过三四年的艰苦奋斗，于 94 年初通过了国家有关部门组织的专家现场考察和综合专家组的最终评审，列入了国家计委的建设计划，在国家计委和国家教委的大力支持下，已正式启动。他们以工程中心的名义，联合企业积极争取国家“九五”攻关计划，目前，该中心正在组织力量，进行中心建设的可行性论证准备，探讨中心的管理模式和适应社会主义市场经济体制的运行机制。1993 年经国家科委批准的“现代光学仪器工程研究发展中心”的第一次拨款(100 万元)已经到位，中心的建设工作正在展开。由国家科委批准建设的“水煤浆工程技术中心浙大燃烧研究所”已经建成。

(二)组织学科交叉工作

1.根据学校“211”工程总体规划的要求，我们和研究生院一起规划组建 8 个以重点学科、重点实验室、工程研究中心所在学科为主干学科的学科群。在迎接国家教委“211”工程评审中，每个学科群都做了大量的工作，初步探索了学科群建设的有关机制，为浙江大学学科结构的合理调整进行了有益的尝试.

2.随着科学技术的不断发展，现代工程学科对数学、物理基础知识和计算机技术的要求越来越高，促进理工学科的交叉，探讨适宜的组织形式和运行机制，十分必要。我们在数学系与能源系，数学系与信电系，数学系与计算机系，数学系与土木系等相关学科之间组织交流合作，现在“非线性科学研究中心”和“超大规模计算研究中心”已初步建立框架，准备 95 年初正式成立。

(三)争取“九五”立项工作

1994 年是国家开始制定“九五”计划的第一年，学校多次召开会议，广泛发动。我们在学校驻京办和广大教师的支持下，及时将有关信息传递到研究所，将教师们提出的项目建议报到国家有关部门。据统计，1994 年我处共出版《科技信息》20 期，其中关于“九五”计划动向的信息 15 期。共报出“九五”项目建议书 51 项。

(四)推动成果转化工作

1.组织科技队伍，扩大与大中型企业的横向联系，发挥科技优势，继续为促进地方国民经济发展服务。1994 年我校共承担大中型企业委托的技术开发和技术转让项目 141 项，合同总金额 1523.83 万元，占全年新增横向合同的 30%以上；为浙江省地方经济服务的 277 项，合同金额 2206.91 万元，分别占全部新增合同和经费的 61.6%和 53.7%。

2.积极申报并组织实施重大科技成果推广项目。94 年共申报各类国家级推广项目 13 项，批准 8 项。至 1994 年底，全校累计执行国家级各类推广项目 49 项，这些项目 94 年为国家创产值 23.85 亿元，创利税 5.24 亿元，节约支出 0.63 亿元，创节汇 2825 万美元。

3.推进技术市场工作。94 年是实行新税制的第一年，为适应新税制的要求，我们在完善技术合同管理,宣传新税制等方面做了大量的工作,同时,还积极参加浙江省科技大市场的筹备工作,促进学校科技成果的转化。

由于我校在推进技术市场工作方面的突出成绩,科研处葛周芳同志获得了第二届全国技术市场金桥奖先进个人的光荣称号。

(五)学科性公司的发展

二级学科建所,所实运转,所办学科性公司,上、中、下游一条龙协调发展,是我校科技体制改革的成功创举。94 年我校又新成立 2 个学科性公司,至 94 年底全校共有学科性公司 43 个。一年来,他们在上游研究所的支持下,艰苦创业,绝大多数公司的业务得到较大的发展,逐步走上了健康发展的道路。据统计,43 个学科性公司全年创产值 7263.2 万元,上交学校管理费 45.86 万元,上交给上游研究所和系约 150 万元,为支持学科发展,稳定教师队伍起了重要作用。

(六)科技统计工作

科技统计工作是各级领导、管理部门实行科学决策、调控、改革、加强宏观管理的基础性工作。随着改革的深化,科技统计工作尤为重要。我校的科技统计工作受到国家教委和省教委的表彰,1994 年获得全国高校科技、社科研究统计先进集体,科研处张敏和金卫勇同志被评为全国高校科技、社科研究统计先进个人。

(七)存在的主要问题

1.科研经费逐年增长与科研编制固定不变的矛盾十分尖锐,科研编制的人均经费已达近 10 万元,广大教师负担沉重,影响了积极性,进学校财务的科研经费含金量有所减少。据统计,除国家规定外,减提管理费的科研经费达 1661.67 万元,比 1993 年增加了 504 万元。

2.国际科技合作工作进展不大。据国家自然科学基金委员会统计,我校在利用该委国际合作经费和渠道方面排名第 21 位,这与我校在全国已取得的声誉极不相称。

3,申报国家级奖励和省、部委级奖励的积极性不高。我们经过多方努力,争取到了 16 项申报 1995 年国家三大奖的指标,但直到现在只能报出 15 项。

三、1995 年工作思路

1995 年是执行国家“八五”计划的最后一年,是为进入国家“九五”计划最关键的一年,也是我校为在“2010 年跻身世界一流大学”起步的一年。这一年将是充满困难和机遇的一年,学校科技工作的指导思想是:抓住机遇,深化改革,加强基础,建好学科,进入规划,争创一流。工作的重点是:抓好各类规划的进入;完成和落实科研基地建设(包括校园网建设)计划;提高基础研究规模和水平;抓好学科群建设,组建交叉学科中心;加强国际科技合作交流;继续推动科技成果转化,发展以学科性公司为主的高科技产业;从学校全局出发,研究能更大程度地提高广大教师积极性的科研政策。

科研处
一九九五年一月

浙江大学档案馆藏,档案号:ZD-1995-XZ-118-8

（二）科研机构

关于建立研究所(室)的请示报告

(1978 年 6 月 5 日)

浙大革〔1978〕98 号

中国科学院计划局：

党的十一大、五届人大、五届政协、科学大会的召开，极大地调动了全国各族人民的社会主义革命和建设的积极性，形势一派大好。我校广大师生员工，正满怀豪情在英明领袖华主席、党中央的领导下，高举毛主席的伟大旗帜，向科学技术现代化进军，夺取新的胜利。现在我校领导关系隶属中国科学院、浙江省委双重领导，将肩负起更艰巨而又光荣的任务。为了适应形势发展的需要，把我校办成教育和科学研究的中心，把开展科学研究赶超世界先进水平的任务落到实处，切实组织好科学研究的力量，发展特色、形成拳头，经过酝酿讨论，我们拟在校内建立 5 个研究所，12 个研究室。今将所(室)的有关事项，请示报告如下：

第一、学校所有科学研究所(室)均以一个统一户头建立渠道。经研究，统一名称定为："浙江大学科学技术研究所"，不设专门机构，具体行政业务，由校科研处办理。

第二、我校建立的 5 所 12 室名称如下，其中有 2 所 6 室经浙江省委于 1977 年 10 月正式批准。

研究所：

(一)浙江大学光学仪器研究所；(省委已批准)

(二)浙江大学电工技术研究所；(省委已批准)

(三)浙江大学化学工程研究所；(内有断裂力学研究室省委已批准)

(四)浙江大学材料研究所；(内有半导体材料研究室，铸造合金和特种铸造工艺研究室省委已批准)

(五)浙江大学能源研究所。

研究室：

(一)浙江大学数学研究室；(省委已批准)

(二)浙江大学化学研究室；

(三)浙江大学物理研究室：

(四)浙江大学力学研究室；

(五)浙江大学核爆炸模拟研究室；(省委已批准)

(六)浙江大学地质研究室；

(七)浙江大学精密机械研究室；

(八)浙江大学流体动力控制研究室；

(九)浙江大学建筑结构、设计研究室；

(十)浙江大学信息处理与传输研究室；

(十一)浙江大学人工智能研究室；

(十二)浙江大学动态测试仪器和技术研究室。

以上研究所(室)的设置已向省科委汇报,同意上报。

第三、浙江大学的科学研究所(室)以承担中国科学院下达的任务为主,根据科学院的统一规划另行请示,待任务落实后在计划年度逐一安排。在此基础上积极承担浙江省和中央各部委下达的科学研究任务。研究所(室)将主要承担起研究生的培养任务,逐步安排外国专家及留学生的研究工作。

第四、考虑到我校目前的具体情况,研究所(室)暂仍由各系管理。在科研专职编制逐渐充实,教学人员基本保证的基础上,研究所由校集中管理,研究室由系管理。

第五、我校目前尚无科研专职编制,由教学人员相对专职或兼职进行。据1978年统计,参加以上研究所(室)科研工作的人员有372人,其中教师285人,约占教师总数百分之17%。今后科研专职编逐步充实,教师仍相对专职或兼职参加到研究所(室)的研究工作。据我们初步规划,1979年请求补充120名大学生;115名工人。1980年需补充124名大学生;120名工人。到1980年12个研究所(室)专职编制初步核定:478名。

第六、我校科研经费无事业专款,均靠三项费用补助。根据我们目前已承担的任务和明年度初步计划,考虑到我校基本试验设备的添置,1979年请求核准事业费525万元;1980年请求核准事业费735万元。

由于我校科研工作,正处部署,落实阶段,以上报告,恳请尽早批示。

浙江大学

一九七八年六月

附件[①]

(1)浙江大学光学仪器研究所

一、名称:浙江大学光学仪器研究所(浙江省委已于1977年10月批准)

二、工作基础:

①浙江大学光学仪器专业是全国最早成立的专业。1965年高教展览会上浙大展出了高速摄影机、一米平行光管及光学坐标镗床。1966年经国家科委批准成立浙大光仪中试基地,投资200万,基建1200平方米,拨机床50余台。“文化大革命”以来先后完成250万幅/秒高速相机、中低频激光测振仪、双人双目手术显微镜等研制任务,获得全国科学大会奖状。1977年又先后完成高频激光测振装置、曝光量测试仪、狭缝相机等重要成果,前者已经通过国家鉴定,准确度达到国际水平。

②该所有科研人员40余人,其中老讲师3人龙槐生(光学)、吴敏达(高速摄影)、缪家鼎(激光精密计量),附属工厂有技术员6人,工人90余人。

三、研究方向

设有工程光学、光学工艺、高速及技术摄影、光学精密计量、激光器及激光技术集成光学

---

① 拟建研究所、室情况介绍为本报告附件,研究所(室)序列编号为编者所加。

及薄膜光学 6 个研究室。总的方向是加强现代光学和激光的基础理论，研制各种高速摄影仪器，光学测试仪器和激光精密计量仪器，并逐步开拓光学信息处理，集成光学，遥感光学仪器的新领域，并在高精平面，多面体，薄膜器件及激光器件方面能为科学现代化解决关键工艺和器件。

四、编制

名称	现有	1979		1980	
		研究人员	工人及实验员	研究人员	工人及实验员
工程光学研究室	5	2	1	1	1
高速摄影及技术摄影研究室	20	1	2	2	1
光学精密计量	5	1	1	1	1
激光器件及激光技术	4	1	3	2	1
集成光学及薄膜光学	3	2	2	2	1
光学工艺	3	1	2	1	1
工厂	6(技术员) 90(工人)	2	4	1	9
共计		10	15	10	15

1979 年补充 25 人(其中工人实验员 15 人)。1980 年补充 25 人(其中工人实验员 15 人)。

五、经费

每年业务费及实验室设备费 100 万元，科研费根据任务另行拨发。当前要集中力量加强光学中心试验室、解决光学材料、零件、系统的测试创造条件，并逐步充实 6 个研究室的实验设备及附属工厂的补缺设备、必要新工艺设备，解决实验室必需的精密恒温装置。

(2)浙江大学电工技术研究所

一、名称：浙江大学电工技术研究所。(浙江省委于 1977 年 10 月批准)

二、工作基础：

①现有双水内冷电机、动力电子学、电力系统及数字控制与计算机应用等 4 个研究室。目前有专职科研人员 40 人(内教授、副教授 8 人，讲师 15 人，助教 7 人，技术员 5 人，工人 5 人)。此外，我校五七电机厂有工人 100 多人，其中 50%工作量可作为我所科研设备的加工力量。

②我所几年来在科研上主要成果有：

1. 双水内冷电机的研究。

2. 超导同步发电机的研究。

3. 250 千瓦 2500 赫可控硅中频电源的研究。

4. 31 千伏高压直流输电的研究。

5. 晶体管成套线路保护装置的研制。

以上五项均受全国科学大会表扬。

6.丝织自动化(轻工业部重点科研项目)

7.电子计算机在电力系统中的应用。

8.可控硅变速电机及特种电机的研究。

三、研究方向:

电机的双水内冷技术及新型和特殊电机的研究;新型动力电子元件及动力电子装置的研究;电力系统自动控制及直流输电的研究;现代工程控制理论及自动化机理论研究。

我所下属研究室现有主要实验手段:双水内冷电机试验基地,电力系统动态模拟实验室,自动控制实验室及中频电源成套试验研究设备。

四、编制:

	研究人员	技术员	工人	小计
现有	30	5	5	40
1979 年需增人员	20	10	10	40
1980 年需增人员	25	8	7	40
总计	75	23	22	120

五、经费:

1979 年需 100 万元,1980 年 150 万元。

(3)浙江大学化学工程研究所

一、名称:浙江大学化学工程研究所。

二、研究所的工作基础:

①现有化工自动化教授周春晖、化工机械教授王仁东、化学工程教授侯虞钧,为研究所学术领导人。这些同志长期以来从事化工动态学和过程控制、化工机械和断裂力学、化工热力学等科研工作,并有一定成果。目前我系从事科研工作的专职人员 40 余人,除以上教授任学术领导外,还有讲师 10 余人,助教 10 余人,实验员和工人 10 余人参加。

②“文化大革命”前,曾承担了“国重—28”化工热力学与化工动态学重点科研项目,教育部也下达过专职编制,各组也出了一些科研成果,特别在化工基础数据测定方面做了相当的工作。1964 年研制成功的谷物气流干燥设备在高教科研成果展览会展出。经过无产阶级“文化大革命”,自 1966 年～1977 年,这十年来,取得的科研成果有 34 项,其中:断裂力学在高压容器中的应用、扁平绕带式高压容器,小型无油润滑压气机、旋流板塔、C 烃～汽液平衡的研究等项目经中央有关部门推荐,为全国科学大会授奖项目。又如化工过程自动化应用理论的研究,密相脉冲气力输送,丙烯腈—乙腈—水的相平衡研究等成果均得到了有关部门和工厂的好评。

③目前已有的实验测试手段和仪器设备有:

模拟电子计算机 1 台。自制:化工反应及传递(包括聚合反应)的冷模测试装置 5 套,热力学及汽液平衡测试装置 2 套,催化剂常压、高压译选装置各 2 套,吸附剂、催化剂的性能测试装置1套，催化反应导热系数测定装置1套，超速爆破试验台1台，ZBF—25—450高压油泵1台，60吨万能材料试验机1台等。

还有一个百人规模的化工厂，具有较大能力的蒸汽、压缩空气、水、电、冷盐水、真空等几条“线”，并且配有比较完整的机械加工和后勤班子，能为中间试验、大型模试等提供条件。

④化学工程研究所拟成立的研究室有：化工热力学及化工数据研究室，化工传递工程研究室，化学反应工程研究室，化工过程控制研究室，化工机器及设备研究室，聚合物材料和工程研究室，化工测试技术研究室。每个研究室均有教授、副教授或相当于副教授水平的学术领导人。

三、研究方向：

主要内容是研究化工生产过程、设备和机器中的基本理论、技术和方法，既能提供基础数据、放大方法，而且还能进行化工过程的整体系统模拟，求得其最佳组合，为新过程的开发、最优化的设计、管理和控制创造有力的基础，逐步向化工系统工程方向发展，还拟创造条件，发展生物化学工程。

当前从化学反应工程、化工分离工程、化工动态学及过程自动控制，断裂力学、化工传递工程、化工热力学和催化反应动力学等方面开展科学研究。

四、建设规模

到1980年，研究所有专职科研人员（包括实验员和工人）达120人左右。

人员编制：计划要求1979年增加科研专职人员30人。1980年增加科研专职人员40人（包括实验员和工人）。

科研经费：1979年100万元。1980年150万元。

(4)能源研究所

一、名称：能源研究所。

二、工作基础：

①现有工作人员43人，其中：燃烧与传热研究室11人，学术领导人陈运铣（教授）；能量转换工程研究室12人，学术领导人马元骥（副教授）；低温工程研究室13人；太阳能研究室7人，学术领导人洪速吉（教授）。

②上述四研究室广大工作人员顶住“四人帮”的干扰，近年来在研究工作中取得了一些成果，主要有：使用石煤与劣质煤的沸腾炉燃烧机理；低温多层绝热方法与低温容器；三角压塞汽油转子发动机燃烧过程的研究；超导电机与低温冷刀，以上均为全国科学大会的受奖项目。此外还有小功率风冷柴油机的研究，小功率电涡流测功仪；平面气流风向风速自动测量仪；大型油风冷态试验台及其测试设备等项目，均在1977年与1978年间通过鉴定投入小批试制。

③上述研究室现有的主要试验设备：低温工程研究室有：液氦设备2套，液氢设备及液氮设备各1套；材料导热系数，比热系数等热物性测量设备。燃烧与传热研究室有沸腾炉冷态模拟试验台；油风冷态模拟试验台及测试设备；风速仪；粉尘快速分析仪；烟气色谱分析仪；热流计，以上测试仪均为自己研制成果。能量转换工程研究室有电力、水力及电涡流等式测功设备；高速摄影机；电子示功仪；及万能单缸试验发动机等。太阳能研究室因刚开始

进行工作故暂无特殊试验设备。

三、研究方向：燃烧与传热研究室主要研究劣质燃料(石煤及油页岩)的燃烧与传热理论及技术。能量转换工程研究室主要研究新能源开发和合理利用中的热物理问题；研制新型高性能的动力装置及动态热工量的测试技术。低温工程研究室主要研究固体材料低温热物理性能的研究；低温绝热方法与贮运设备的研究；低温传热机理，低温制冷循环的热力分析等。太阳能研究室主要研究太阳能的开发与利用。

四、编制：

为了能更好地开展科研工作，今后三年内拟适当扩大规模增加工作人员。燃烧与传热研究室1979年需增4人；1980年增5人。能量转换工程研究室1979年需增3人；1980年增5人。低温工程研究室1979年增5人；1980年增7人。太阳能研究室1979年增5人；1980年增5人。

五、经费：

燃烧与传热研究室1979年8万元；1980年10万元。能量转换工程研究室1979年8万元；1980年10万元。低温工程研究室1979年10万元；1980年20万元。太阳能研究室1979年5万元；1980年10万元。

(5)浙江大学材料研究所

一、名称：浙江大学材料研究所。

拟设研究室：①金属材料研究室；②铸造合金及特种工艺研究室(该室已于1977年10月经浙江省委批准成立)；③硅酸盐材料研究室；④电子材料研究室(该室已于1977年10月经浙江省委批准建立)。

并附设二个中间试验基地：①超纯单晶硅中试车间；②铸造高速钢刀具中试车间。

二、工作基础：

①金属材料研究室的学术负责人为徐纪楠教授。参加研究工作的人员有兼职讲师5人，助教4人，实验人员2人及工人1人。该室曾在人造丝喷嘴金镍合金，铁基粉末冶金汽轮机叶片材料，碳氮共渗9CγSi柴油机油泵油嘴材料，(以9CγSi代替滚Cγ15)做出成绩。该室现有8公斤真空炉一座，各种热处理炉，金属材料机械性能及物理性能测试设备；金相检测设备。

②铸造合金及特种工艺研究室的学术领导人为王启东副教授及吴京、缪进鸿、翁家潮等老讲师。参加研究工作的有兼职讲师3人，助教6人，实验员6人，工人2人。自1954年以来该室曾在耐酸耐热铸铁、耐磨球墨铸铁、高强高韧性球墨铸铁、球墨铸铁夹渣机理、高韧性白口铸铁及铸造高速钢等方面进行大量研究工作。浙江省科技局曾对高韧性白口铸铁犁铧(1965年)、精密铸造钨钼系高速钢刀具及钨当量为11的铸造高速钢等科研成果进行全国性的鉴定，(1973、1977年)，评价皆较高，即可起到节约材料，简化工艺的效果。例如对钨当量11的铸造高速钢的鉴定认为“性能良好，符合要求，这种刀具可充分利用高速钢的切屑、料头、废刀具的混合料，无需淬火，大大简化了高速钢刀具的生产工艺，投资少、上马快、成本低，是加速实现我国农业机械化方面又一成果……”浙江省革委会对铸造刀具科研工作在省科研工作会议上进行表扬，给予优秀成果奖励。

该研究室已有主要设备为高、中频熔化设备，各种热处理炉，金属性能及金相检验设备。

③硅酸盐材料研究室的学术领导人为老讲师丁子上、楼宗汉，参加研究的科研人员有兼职讲师 2 人，助教 6 人，实验员 2 人，工人 1 人。过去曾在微热低膨胀水泥、光学玻璃，微晶玻璃，光学纤维等方面进行过研究工作。1976 年水电部召开的全国性鉴定会议认为微热低膨胀水泥可防止大坝施工中的开裂，加速与简化大坝施工。在微晶玻璃方面曾与 303 厂合作，作为裂解炉中载热体试验成功。该室主要设备有差热分析仪，X 光结构分析仪等。

④电子材料研究室的学术领导人为老讲师阙端麟。参加科研的工作人员有兼职的讲师 3 人，助教 5 人，实验员 5 人及工人 30 人。过去曾在硅烷法制取超纯硅的研究(1959—1978)做了大量工作。1977 年浙江省科技局召集全国性鉴定会议上认为用该法生产的单晶硅纯度达全国先进水平。P 型电阻率 3000—5000Ω/CW，最高可达 10000Ω/CW，N 型 500—1000Ω/CW，少子寿命 1000 微秒以上。高者达 2000 微秒。肯定该法为多快好省发展硅酸盐材料工业开辟新途径。该项科研成果曾获得浙江省科学工作会议及全国科学大会优秀科研成果奖励。该室有单晶炉 4 台，区域熔炼炉 2 台，高频炉 2 台，X 光衍射仪等。

三、今后研究方向：

金属材料研究室：特殊工程金属材料，精密合金，复合材料。

铸造合金及特种工艺研究室：铸造高合金钢，铸造特种合金，特种铸造工艺。

硅酸盐研究室：特种光学玻璃，特种水泥，光学纤维。

电子材料研究室：高纯度半导体材料，硅烷在新型电子材料上的应用。

四、建设规模(折合成全工作量)

研究部门名称 / 各年计划发展人员计划	研究所			金属材料研究室			铸造合金及特种铸造工艺研究室			硅酸盐材料研究室			电子材料研究室		
	干部	教师	工人	教师	实验员	工人	教师	实验员	工人	教师	实验员	工人	教师	实验员	工人
现有(1970)	0	0	0	4	1	1	5	3	1	4	1	1	8	5	30
1979 年增添	2	1	4	3	3	2	5	4	8	4	3	2	7	2	20
1980 年增添	2	1	4	3	3	2	4	5	7	6	4	2	7	2	20
	包括所机修车间						包括中间试验基地工人及技术员						包括中间试验基地		

增添总人数		干部	教师	实验员	工人
	1979 年	2	20	12	36
	1980 年	2	21	14	35

1980 年年底规模是：干部 4 人，教师 62 人，实验员 35 人，工人 104 人。

五、科研经费：

每年业务费：25 万元

事业费：25 万元

实验装置：60 万元[这两年内需添置主要设备有：真空熔炼炉(130 万元)、自动化单晶炉(45 万元)、区域熔炉(25 万元)、X 光原子吸收光谱(15 万元)、小角衍射附属装置(10 万元)]

(6)精密机械研究室

一、名称:精密机械研究室。

二、工作基础:

①现有三个研究组共有研究人员27人(包括实验员2人,工人4人)。

主要研究人员有:汤翊(副教授)、梁允奇(副教授),高承煜(讲师)、童忠钫(讲师),郭大津、包于沣、陈家平、程耀东等21人。

学术领导人:梁允奇、童忠钫、梁友栋。

②研究成果:

1975年研制了20~500HZ中频振动标准装置,作为振动计量的标准。该装置已移交使用单位,运行一年后经鉴定,认为性能达到国外目前同类装置水平,可作为标准计量装置使用。全国科技大会授奖项目。

1976年完成了平面曲线数控绘图仪的数学模型样条函数双圆弧曲线拟合的研究。有关厂已据此原理制成平面绘图机。

1976年完成了光栅式机械传动系统动态精度测量仪的研制工作,精度达1秒,达到了国内先进水平。

③现有试验设备及仪器:

中频振动标准装置。

数控平面绘图仪,三坐标数控铣床,数控曲线磨床。

地震式回转精度测量仪,电磁分度式回转精度测量仪。

光栅式回转精度测量仪。

三、研究方向:

1.机械动力学研究。

1980年前完成低频(0.1~100HZ)标准振动装置的研制工作。同时开展精密机械以至系统的振动试验工作,发展我国的振动测试和分析工作。

1979年完成高精度螺轮母机的研制工作,并进行动态精度的分析试验研究。

2.机械工程自动化研究。

1980年完成空间复杂曲线和曲面设计的计算几何原理和方法的研究,建立相应的电子计算机软件系统,研制成由计算机控制的立体绘图机,在此基础上进一步开展机械工程工程自动化的研究工作。目前研究任务"计算机辅助几何设计与加工"列为一机部课题负责单位。

3.精密机械测试研究。

1980年完成0.5秒光栅式传动精度动态测量仪的研制工作。在此基础上,开展机械制造过程中几何量和物理量的自动和动态测试原理、方法及其装置的研究工作。

四、编制:

人员:1980年前增加研究人员9名,工人4名。

五、经费:1979年50万元,1980年前40万元。

(7)流体动力控制研究室

一、名称:流体动力控制研究室。

二、工作基础：

①现有人员 12 人，其中研究人员 8 名(已上报副教授者 1 人，讲师 4 人)，实验员 2 人，工人 2 人，学术领导人盛敬超(讲师)。

②1970 年以来研究成果有大流量电液伺服阀(用于 20 吨液压振动台及大型构件疲劳试验机)，为全国科学大会受奖项目。进行 21 基地用遥控钻机电液控制系统及其关键元件的研制即将完成。先后已完成 7 项液压元件(如用于带钢跑偏的气液伺服阀，振动台遥控使用比例压力阀等)。

③实验室有液压试验台台架 8 个，总功率 216 千瓦，动、静态、噪声等基本测试仪器 11 台，今年完工新建实验室 1050m^2。

三、研究方向：

1. 电液伺服控制系统：除仍对单台电液伺服控制系统进行研究外，进一步开展对多回路系统的研究。

2. 高性能和特殊环境液压控制元件的研制：如各种电液伺服阀、液压泵、阀等。

3. 液压控制基础理论及技术基础：如液压流体力学的基础理论研究，液压测试技术，动力式液力传动，气动控制等。

四、编制：拟在 1979 年、1980 年增加 6 名，其中研究人员 4 人，实验员 1 人，工人 1 人。1980 年共达 18 名。

五、经费：1979 年、1980 年每年约需 20 万元。

(8)动态测试技术研究室

一、名称：动态测试技术研究室。

二、工作基础：

近三年内完成了国家基准高频振动台，电涡流位移振幅测量仪，心音换能器，高灵敏度 x—y 函数记录仪，均经国家或有关部门鉴定。

主要学术领导人有老讲师：吕维雪、谭祖根、杨世超。研究工作由教师兼职进行。现已基本形成一支机电结合并较熟悉动态测试技术方面业务的研究队伍。但缺乏现代化技术装备。

三、研究方向：

1. 记录显示系统动态精度及新方法。

2. 图像显示技术。

3. 新型动态传感器研究。

4. 新型动态数据处理理论及技术。

四、编制：

1979 年增添专职研究人员 3 人，实验员 2 人；

1980 年增添专职研究人员 3 人，实验员 2 人。

五、需购买的关键设备及经费：

共需经费：1979 年 11 万元。1980 年 38.2 万元。

记忆示波器(SJR-1型)	2台	约15,000·00(1979年)
模拟数据磁带机	1台	30,000·00(1980年)
数字万用表(HBC-7401)	2台	10,000·00(1979年)
交直流数字电压表(BYJ-2)	1台	5,000·00(1979年)
24″彩色电视机	1台	2,000·00(1980年)
激光全息摄影装置	1套	10,000·00(1980年)
工业控制计算机(JS-10β)	1台	35,000·00(1979年)
数控绘图仪(自制)	1台	25,000·00(1979年)
坐标读取仪(自研)	1台	30,000·00(1980年)
相关函数分析仪	1台	20,000·00(1979年)
小型电子计算机(DJS13)	1台	250,000·00(1980年)

(包括光电机打字机,穿孔机各一台)

(9)建筑结构设计研究室

一、名称:建筑结构设计研究室。(浙江省委于1977年10月正式批准)

二、工作基础:

①人员配备:现有副教授2人,讲师4人,助教4人,实验员3人,工人。

其中包括夏志斌、吴美淮副教授及高年资讲师舒士霖、蒋祖荫。

②近年来结合“设计规范”的修订编制进行了钢筋混凝土结构、砖石结构、钢结构等研究课题,同时结合省内外有关单位的委托任务进行了多项结构性能试验研究。其中冷拔低碳钢丝预应力混凝土结构的研究课题,在1977年省科学工作会议上得到浙江省委和省革委会的重大科技成果奖,在全国科学大会上“冷拔钢丝预应力混凝土结构”,“钢网架结构”等研究课题均为受奖项目。

③现有实验装备:结构试验室具有进行一般结构构件的静力试验的能力与设备,新结构试验室房屋部分基本建成,试验台座部分即将开工,待正式建成后,试验能力当进一步提高。

主要设备有:静力试验台座现有18^{hm},已新建60^{m}(36t24)

动力试验台座已新建12^{m}

100^{T}万能试验机

200^{T}(2m)长柱试验机,以及有关各种应力应变量测仪表。

三、研究方向:

当前已在进行的主要课题:

1.开有门窗洞口墙梁的研究。

2.钢筋混凝土深梁抗弯抗剪设计方法的研究。

3.钢筋混凝土装配整体结构基本设计方法的研究。

4.混凝土空心砌块砌体结构和构造的研究。

5.叠合量双钢筋构件受力性能的研究。

6、钢筋双向弯曲时稳定性的研究。

7.建筑结构标准程序的研究与编制。

8.钢网架节点型式及受力性能的研究。

下阶段的研究课题：

1.钢筋混凝土深梁斜截局强度的试验研究。

2.整体装配或钢筋混凝土结构的强度计算、刚度裂缝控制条件及其构造措施的研究。

3.钢筋混凝土基本构件在复杂应力状态(抗压弯与扭的组合下的变形与破坏机理的试验研究。

4.垟梁计算方法及构造问题的研究。

5.民用砌块房屋的抗震研究。

6.高层建筑结构考虑弹性性能的分析方法。

7.建筑结构考虑弹塑性及空间作用的计算研究。

8.箱形钢梁整体稳定性的研究。

四、编制：

除现有力量外 1978～1980 年要求增加力学、计算数学及工民建专业大学毕业生 6 人，中技毕业生 2 人，技工 4 人。1981～1985 年要求增加力学、计算数学专业大学毕业生 4 人，结构力学、钢筋混凝土结构及钢结构研究生 8 人，中技毕业生 2 人，技工 3 人。

五、经费

1978 年要求经费 15 万元。

1979 年要求经费 25 万元。

1980 年要求经费 30 万元。

1981～1985 年要求经费 90 万元。

增添主要设备：

15^{T} 桥式吊车一台

构件疲劳试验机一台

500^{T} 长柱试验机一台

10^{T} 万能试验机一台

400 点自动记录电阻应变仪动、静态各二台

电动加荷系统一套

(10)核爆炸模拟研究室

一、名称，核爆炸模拟研究室。(浙江省委于 1977 年 10 月正式批准)

二、工作基础：

①该研究室原为 400 号科研组，1966 年建立，承担国家科委防护工程专业组下达的 400 号研究课题，

校科研处情报科副科长钱在兹同志为该室副主任，领导决定最近再派一名副教授参加该室科研工作。

②12 年来，该室已为有关军兵种和国家有关部委完成 30 项有关防护工程试验研究任

务。主要内容有:

1.2m 核爆炸模拟器的研制。

2.防护工程口部较大构件的试验研究(如各种类型的防护门,厚板等)

3.防护工程内部设备(如柴油发电机组、水泵、各种类型过滤器等)的抗冲击波试验研究。

4.空气冲击波在有限水体中的传播规律的研究。

5.柱状炸药爆炸波的传播规律的研究。

6.生物抗冲击波能力的试验研究。

7.消波设备的强度和消波效果的试验和研究(如多道门、消波门、消波池等)。

8.在冲击波荷载作用下,仪器的对比试验(如各类传感器,加速度仪等)。

其中"2m 核爆炸模拟器"和"在核爆炸冲击波作用下厚板动力分析及极限设计"是全国科学大会授奖项目。

③主要试验装置。

1.2m 核爆炸模拟器:是目前国内规模最大的。

2.直径 6·8 击波管:已为该室和有关兄弟单位进行了大量的传感器的动标定试验。

3.44 型反射式光弹性仪。

4.常用各种电子仪器仪表。

三、研究方向:

1978 年上半年该室制订了"400 号研究室发展规划",计划用 8 年时间深入研究各种基本建筑材料,基本构件的动力性能和几种特种结构的动力理论研究。同时拟建更大型的可做防护工程各领域的多种项目试验的大型核爆炸模拟器(直径 8m 左右),在理论方面,测量水平方面都赶上世界先进水平。

1978 年研究内容和计划安排:

①完成水面核爆炸荷载作用下水中防护门的抗爆试验研究(二机部委托,国家计委下达任务)。

②完成 816 工程消波井消波能力论证试验(二机部委托,国家计委下达任务)。

③完成核爆炸荷载作用下防护门门框的抗爆试验研究(8900 部队委托)。

④筹建快速加载器。

⑤提高现有量测水平,增添新的量测手段。

⑥设计直径 50 厘米的激波管。

1979～1980 年研究内容和计划:

①进行动荷载作用下建筑材料和基本构件的试验研究。

②完成快速加载器和直径 50 厘米激波管的建造并用于试验研究工作。

③完成大型核爆炸模拟器(直径为 8m 左右)的设计工作。

四、经费:

1.科研人员:

①现有科研人员共 18 人:其中讲师 2 人,助教 10 人,新技术员 2 人,高级技术员 1 人,工人 4 人。

②1979 年要求增加力学专业 3 人,量测人员 3 人,技工 2 人。

1980 年要求增加力学专业 2 人，量测人员 2 人，技工 4 人。

③1980 年以后，每年要求增加 5～6 人。

2. 经费：1979 年 18 万元。

1980 年 22 万元。

1981～1985 年 100 万元。

(11)浙江大学地质研究室

一、名称：浙江大学地质研究室。

二、工作基础：

①研究室人员

研究室业务负责人：

柳志青（全国五届政协委员，校学术委员会委员）

研究工作人员：朱康年（讲师）

杨瑞燕（讲师，中共党员）

倪纪文、朱雄飞（助教）

丁武宝（助教，中共党员）

卢永顺（地质技术员）

周纪明（磨片工人）

②几年来成果

1.《论脉状钨锡铍矿床储量预测》

1978 年全国科学大会获奖项目。

该著作由浙江省地质局主持，已经 31 个单位参加评审，获得好评，国家科学出版社已正式列入出版计划（该论文著者柳志青）。

2.《浙江省珍珠岩类矿产资源初步调查及膨胀性能的研究》

获浙江省 1978 年科学大会奖项目。

3.《闲林埠铁矿中发现白钨矿及其意义》

③实验装备

偏光显微镜 2 台（西德产）

矿相显微镜 7 台（日本产）

（以上仪器教学、科研统一使用）

另外，化工、化学系 X 射线衍射仪，光谱仪等可供使用。

三、研究方向：

热液矿床储量预测理论

目前重点修改《论脉状钨锡矿床储量预测》书稿。

今年下半年至 1980 年底完成以下研究项目：

1.《脉状钨锡铍矿床储量预测理论》。要求在理论上有新的突破，达到仅根据地表工作预测半隐伏脉状钨锡铍矿床的远景储量；

2.《脉状萤石矿成矿规律》重点研究萤石矿深部评价理论及标志。（到 1985 年我国钢产量将达到六千万吨,相应地萤石消耗量将成倍增加,预计可能出现萤石资源紧张的局面,为此,需对萤石的成矿规律提前进行研究)。

四、编制

初定 20 人

1978 年已有教师 6 人,技术员 1 人,工人 1 人。

1979 年达到教师 10 人,即增加 4 人。

技术员 1 人

实验员 2 人,增加 2 人

工人 3 人,增加 2 人

1980 年达到教师 14 人,即增加 4 人

技术员 1 人

实验员 2 人

工人 3 人

五、经费及设备:

1. 北京吉普 2 辆(野外工作用)

2. 高压釜大型(自制)2 台,小型(自制)10 台

3. 原子吸收光谱仪(进口)1 台

4. 携带式 X—荧光光谱仪 1 台

5. 热台显微镜(西德进口)1 台

6. 相差显微镜 1 台

7. 矿相显微镜(西德产)2 台

8. MPm 显微镜—光度计 1 台(西德产)

9. 偏光显微镜(西德进口)2 台

10. 照相机 2 台

以上是 1979 年仪器设备计划共需经费 20 万元

1980 年仪器设备计划另报估计约需经费 25 万元

(12)力学研究室

一、名称:力学研究室。

二、工作基础:

①固体力学

老讲师谢贻权、何福保、刘鸿文三人负责学术指导。

现有研究人员 8 人。

一般力学:由老讲师汪家禾负责指导。现有研究人员 2 人。

流体力学:副教授郭本铁负责学术指导。现有研究人员 4 人。

②成果:固体力学:高压叉管(全国科学大会授奖项目),120T 顶吹氧气转炉炉圈的强度计算与设计,三维光测弹性等。

流体力学:激波管理论,透平压缩机三元流动计算等。

③现在物资基础:Swiss 进口光弹性仪,激光全息光弹性装置 4″激波管。

三、研究方向:

固体力学:断裂力学、计算力学、激光光弹性、光弹性、非线性振动。

流体力学:爆炸力学、电磁流体力学、激光动态全息摄影化学流体力学(即将开展)

四、编制:1979 年增加大学生 10 人,工人 3 人。

1980 年增加大学生 7 人,工人 3 人,最后达到人数 35 人。

五、经费:1979 年 25 万元。1980 年 30 万元。

(13)化学研究室

一、名称:化学研究室。

二、工作基础:

本研究室是在化学系原有几个科研组的基础上筹建的。原各科研组曾进行过破乳剂、气液相平衡、涤纶、呋喃涤纶、乙丙共聚反应高效催化剂、低压聚乙烯高效催化剂、淡化技术、三废处理等方面的科研,小试都已取得成功,有的项目中试也取得成果,如破乳剂在大庆油田试用效果良好,得到好评。

现有专职科研人员 20 人,其中教授 1 人(杨士林同志),讲师 5 人,老助教 5 人,其余均为“文化大革命”前毕业生。

实验室主要设备有简易红外光谱一台,各种类型的气相色谱四台,各种类型的高压釜四台,自制凝胶色谱分析仪三台,以及各种分析仪器等,建有气液相平衡数据实验装置,配位聚合反应的实验系统,激光化学部分设备等。

三、研究方向:

本研究室主要研究激光在化学中的应用(包括在高分子领域分析测试两方面),聚合反应的机理及特殊高分子材料的合成及聚合物结构和性能的关系,化学热力学。

现有研究课题为:

1.离子型聚合机理研究。

2.油田破乳剂及其它脱蜡剂等的研究。

3.气液平衡。

4.新型高分子的激光合成及机理的研究。

5.聚合物溶液性质的研究。

6.铬酸废水处理。

四、设备条件:

1.经费:1979~1980 年大型设备费 80 万元。科研费 15 万元。

2.科研人员(需增加)研究生,1979~1980 年大学生 4 人,工人(或实验员)2 人。

3.所需基建:1978~1980 年 1000m^2 实验室(15 万元),500m^2 恒温室(15 万元)。1980~1985 年 1000m^2 实验室(12 万元)。

合计:2500m^2(45 万元)。

(14)无线电系讯息处理与传输研究室

一、名称:无线电系讯息处理与传输研究室。

二、条件:负责人张毓鹍(副教授)、姚庆栋(讲师)

人员:教师20人(副教授1人,讲师5人,助教15人)

实验员2人

工人9人

三、成果:

1.为浙江省、江西省生产电视微波中继设备14套

2.为七机部、中科院研制十五通道计时器8套

四、现有实验设备:

一般微波测试设备、高频、脉冲测试设备

五、研究方向:

目前:1.北京天文台射电望远镜微波振荡源系统项目(院内项目1978～1980年)

2.彩色电视数字化录像(1978～1980年)

方向:空间技术中所需电子技术,如数据和图像的处理和传输,合成孔径雷达成像技术,深空跟踪与通信等问题。

入手:通过手头任务(1)(2)2个项目,三年打基础,培养教师和研究生,组成研究室队伍,在高精度微波振荡源和微波锁相技术,以及图像的高速AD,DA变换,达到36it/Pe1高质量图像编码。

承担任务:

1.资源卫星合成孔径雷达系统及讯息处理设备研究。

2.天文卫星、气象卫星讯息处理及传输设备的研究。

3.地面站遥控与遥测设备的研究。

六、编制:

1.1979年增加教师5人(无线电专业5人)

1980年增加教师5人(无线电专业3人,计算机1人,软件1人)

1981年～1985年教师10人(研究生毕业生中补充)

实验室人员18人

工人　　11人

2.到1980年总编制总41人。

教师30人,实验室2人,工人9人。

七、经费:

1979年要求15万元。1980年要求30万元。

(15)物理研究室

一、名称:物理研究室。

二、工作基础:

1. 现有人员：副教授 1 人（曹萱龄），讲师 11 人（李文铸、陈昌生等）。专职科研的助教 9 人，实验员 2 人，工人 2 人。

2. 过去科研成果：进行过理论物理、固体物理和应用，以及原子核方面的科研项目。1958 年以来在学报上发表的和在国内学术会议上报告过的成果论文有：理论物理方面"K 介子的分枝比"，"氚核结合能"，"高次乱相近似与原子核集体运动"，"原子核的超导模型"等 13 篇；固体物理和应用方面"低 4πMs 石榴石单晶的生长和磁性能"，"多倍频程 YIG 滤波器"，"锌和镉的内耗"，"磷砷化镓发光管"等 13 篇；原子核方面 3 篇。

3. 试验设备：现有(1)助溶剂法单晶生长设备，(2)微波测试设备，(3)硅平面工艺部分设备(光刻，真空蒸发等)，(4)磷砷镓发光材料器件的研制设备。

研究方面：分两个方面：

1. 理论物理包括场论、基本粒子理论及量子统计理论。

2. 固体物理包括表面物理、晶体缺陷和其他固体基础研究，以及微波磁性、固体发光和半导体物理等应用研究。

编制：

80 年总编制 70 人

现有 20 人（其中专职 16 人）

要求 79 年补充 20 人

80 年补充 30 人

经费：

要求 79 年 40 万元

80 年 50 万元

(16)人工智能研究室

一、名称：人工智能研究室。

二、学术领导人老讲师何志均，张德馨。

(1)现在计算机科学系有教师 41 人（其中硬件 28 人，软件 13 人），工人及实验员 5 人，专职 9 人，目前约有半数教师兼职搞科研工作。今后担任教学的教师也要进行科研工作，并加上研究生的科研力量。

(2)科研成果。

①为中国计量科学院的"光电光波比长仪"配专用计算机（整个项目是科学大会授奖项目）

②气象自动填图机（科学大会授奖项目，我校是主要负责单位）

③320(DJS-8)电子计算机 ALGOL 语言编译系统（科学大会授奖项目，我校是主要参加单位）

(3)现有实验设备。

一般的调试小型电子计算机系统的测试仪器设备。

三、研究方向：

(1)目前正在进行项目：

①水文预报及资料整编计算机系统（包括硬件与软件）

②光笔显示计算机的软件（包括独立操作系统，汇编系统，图形包和图录语言的设计）

以上两个项目,争取在今年结束完成。

(2)从今年开始,开展人工智能及其基础理论的研究,并联系实际,进行下列课题应用人工智能的研究:

①“模式分类”在大量实验数据自动处理上的应用。

②“图像模式识别”信息处理系统。

③“启发程序设计”在计算机辅助设计上的应用。

(3)在积累了人工智能的基础理论和实际应用工作经验的基础上,从1981年以后,进行下列方面研究,作为长远攻关方向,力求创新,早日赶上世界水平。

1.应用人工智能理论(如平行处理,自影响渲化系统等)的新型计算机结构的研究。

2.机器人的智能结构研究。

四、编制:

1.1979年要求增加编制大学毕业生(计算机专业软件或计算数学专业)5人,实验员及工人(高中毕业生)5人。

2.1980年要求增加编制大学生5人,实验员及工人5人。

3.1981年以后每年补充研究生3人。

五、经费:

1979年需10万元,1980年需25万元。

(17)数学研究室

一、名称:数学研究室。

二、工作基础:

①现有人员:董光昌、郭竹瑞、梁友栋,最近计划由外单位调来5人。

②研究成果:董光昌同志在数论和偏微分方程方面的基本理论研究发表过近20篇论文;近数年从事船体数学放样。创造了回弹法,是全国科学大会授奖项目。

郭竹瑞同志在函数逼近论和样条函数的基本理论研究发表过11篇论文,还发表过一篇由计算机产生三维图像的若干问题。

梁友栋同志在微分几何方面发表过六、七篇论文,近数年从事曲线拟合,提出双圆弧曲线拟合法,是全国科学大会授奖项目。

研究方向:

目前是偏微分方程,函数逼近论,计算几何。以后逐步增加研究方向,如概率论与数理统计,计算方法,拓扑学等。

编制:

到1979年为止有专职研究人员10人,资料员1人。1980年增加5名研究人员,从1981年开始每年增加研究人员5—10人。

经费:

1979年2.5万元;1980年1万元。

浙江大学档案馆藏,档案号:ZD-1978-XZ-139

浙江大学科学技术研究所概况①

(1984年1月)

一、研究所(室)建立情况回顾:

1978年10月中国科学院以〔78〕科发计字1673号文批准建立浙江大学科学技术研究所,下设4个分所,7个研究室即光学仪器研究分所、电工技术研究分所、化学工程研究分所、材料研究分所以及数学、物理、化学、核爆炸模拟、精密机械、建筑结构与设计研究室。1978年化工部以〔78〕化工字第864号文批准在我校建立低温工程研究室。1981年又经教育部和机械部(〔81〕教技字024号,〔81〕机技联字1576号文)批准建立液压传动与控制研究室。

1982年7月,经校党委研究决定(浙大党委〔1982〕32号文),除原有四个分所外,扩建数学研究室为应用数学研究分所、精密机械研究室为机械研究分所(含液压传动与控制研究室),新建能源工程研究分所(含低温工程研究室)、生物医学仪器与工程研究室、微波及光电子学研究室、人工智能研究室、动态测试技术研究室、生命科学研究室,这样使我校科学技术研究所下设置的机构调整为7个分所、9个研究室,所长由杨士林同志担任,王启东、侯虞钧、路甬祥同志为副所长。

1983年6月教育部以(83)科技字016号文同意我校与华东化工学院在原化工研究分所下设的反应工程研究室基础上成立联合化学反应工程研究所。

浙大科技研究所,有科研专职编制580名,现实编研究人员456名,其中教授17名,副教授75名,讲师189名,工程师33名,助教82名,助工20名,技师2名,技术实验人员15名,工人23名。尚余下124名今后拟主要安排留校的部分研究生、大学生,分给新兴的重点科研项目。

二、各研究分所(室)基本配置及目前承担的主要任务(见下列附表)

① 本文为浙江大学科研处1984年1月所编。

<table>
<tr><th>研究分所(室)名称</th><th>负责人</th><th>下属研究室(组)名称</th><th colspan="2">负责人</th><th>专职人员数</th><th>目前承担的重大科研课题</th></tr>
<tr><td rowspan="9">光学仪器研究分所</td><td rowspan="9">所长:缪家鼎
副所长:王子余
陈钰清
孙纪元</td><td></td><td>主任</td><td>副主任</td><td rowspan="9">副教授:12
讲师:26
助教:12
工程师:6
助工:1
工人:3
合计:60</td><td rowspan="9">1.彩色亮度计(国家经委 83~85)
2.光学系统成像质量评价(教育部 82~87)
3.光学薄膜基础研究中的椭圆偏振测量(科学基金 83~84)
4.用于超高速传动的摩擦滚动机构的机理研究及推广应用(科学基金 82~85)
5.高分辨率全息术微粒测量记录仪(科学基金 84~86)
6.衍射光栅中杂散光的测量(科学基金 84~85)
7.光学波面相位检测理论及在超精光学平面测量中应用(科学基金 84~87)
8.激光数字式波面干涉仪(机械部 80~84)
9.测色色差计(机械部 82~84)
10.精密平面加工技术研究(机械部 84~)
11.激光喇曼光谱仪(校 80~84)
12.激光外差测振仪及光纤技术研究(校 84~85)
13.高速摄影技术研究(校 80~85)
14.激光器研究(校 80~85)</td></tr>
<tr><td>1.光学仪器研究室。</td><td>董大年</td><td>杨国光</td></tr>
<tr><td>2.技术摄影研究室。</td><td>孙扬远</td><td>叶关荣</td></tr>
<tr><td>3.激光技术研究室。</td><td>陈钰清</td><td>陈文斌</td></tr>
<tr><td>4.应用光学研究室。</td><td>王子余</td><td></td></tr>
<tr><td>5.光学工艺研究室。</td><td>陈远绳</td><td>徐森录</td></tr>
<tr><td>6.薄膜光学研究室。</td><td>唐晋发</td><td></td></tr>
<tr><td>7.中试基地。</td><td>孙纪元</td><td></td></tr>
<tr><td>8.光仪中心测试室。</td><td>解兰昌</td><td>包正康</td></tr>
<tr><td rowspan="7">电工技术研究分所</td><td rowspan="7">所长:韩祯祥
副所长:汪樵生
郑光华</td><td></td><td>主任</td><td>副主任</td><td rowspan="7">教授:5
副教授:4
讲师:17
助教:7
工程师:7
助工:1
工人:5
合计:46</td><td rowspan="7">1.直流输电系统运行控制特性以及微处理机在调节系统的应用。(水电部 80~85)
2.中小型双水内冷同步电机(教育部 82~84)
3.电力系统的电子计算机在线控制(水电部 78~85)
4.彩色提花丝织物纹制工艺自动化(省科委 81~84)
5.电磁内热制茶装置技术开发性研究(省科委 82~84)
6.超导电机关键技术研究(国家科委 83~85 年)
7.太阳能光伏电池(教育部 82~86 年)
8.太阳能光伏发电及热电综合系统研究(省科委攻关项目 82~84)</td></tr>
<tr><td>1.电力电子学研究室</td><td>汪槱生</td><td>卞敬明</td></tr>
<tr><td>2.双水内冷电机研究室</td><td>郑光华</td><td>许承千</td></tr>
<tr><td>3.电力系统研究室</td><td>戴熙杰</td><td>赵智大</td></tr>
<tr><td>4.计算机控制</td><td>陈津候</td><td>陈希舒</td></tr>
<tr><td>5.电子测量技术</td><td>邓汉馨</td><td></td></tr>
<tr><td>6.自动控制元件及系统</td><td>许大中</td><td></td></tr>
</table>

续表

研究分所(室)名称	负责人	下属研究室(组)名称	负责人		专职人员数	目前承担的重大科研课题
化学工程研究分所	所长:朱自强 副所长:王骥程 吴平东		主任	副主任	教授:2 副教授:10 讲师:28 助教:12 工程师:1 合计:53	1. 聚合反应工程(国家科委、化工部 83～85) 2. 化学吸收(国家科委、化工部 83～85) 3. 化工及管道输送中的多项流问题(国家科委 83～85) 4. 1000T/年百菌清工业试验装置技术开发(化工部 83～85) 5. 5000T/年乙丙橡胶工业装置技术开发(化工部 83～85) 6. 汽液相平衡数据测定和关联(化工部 80～84) 7. 化工动态学与过程控制(教育部 82～87) 8. PVT 状态方程及相平衡(教育部 82～85) 9. 断裂力学在压力容器上的应用(教育部 82～84) 10. 化工、炼油、冶金工业中间歇生产过程的最优控制及能源最优分配模型(教育部 82～) 11. 10 万转/分超高速转子破坏强度试验装置的研究(科学基金 82～84) 12. 一氧化碳的分离和精制(科学基金 82～84) 13. 新型塔板的研究(科学基金 84～86) 14. 气—液两相流量检测方法的研究(科学基金 84～86) 15. 绕带式高压容器结构强度与优化设计试验(科学基金 84～87) 16. 非牛顿流体传递过程和高效混合、传热设备(科学基金 84～87) 17. 吸附剂物性数据和吸附基础数据(科学基金 84～86) 18. 天然沸石在催化中应用的基础研究(科学基金 84～86) 19. 合成气液氮洗工艺的汽液平衡研究(科学基金 84～86) 20. 聚氯乙烯聚合工艺及设备(省经委 83～84) 21. 2 万 T/年聚氯乙烯技术开发(省科委 83～84) 22. 微机在过程控制和仪器仪表中的应用(机械部 82～85)
		1. 高分子化工研究室	王凯	顾培韵		
		2. 表面化工研究室	梁树德	葛婉华		
		3. 过程控制及动态学研究室	王骥程	孙优贤 黄祯地		
		4. 化工机械研究室	汪希萱	姚遵刚		
		5. 化工热力学研究室	侯虞钧			
		6. 反应工程研究室	吕德伟	沈庆扬		
		7. 传递工程研究室	陈维扭			
		8. 精细化工研究室	吴炳勋	马慎贤		

续表

研究分所(室)名称	负责人	下属研究室(组)名称	负责人		专职人员数	目前承担的重大科研课题
材料科学研究分所	所长:阙端麟 副所长:陈全庆 杨　全		主任		教授:1 副教授:5 讲师:17 助教:7 工程师:5 助工:10 技师:1 实验员:2 合计:48	1.探测器用硅、锗单晶及光学锗单晶(国家科委 83～85) 2.高纯硅烷气体的研制(国家科委 83～85) 3.硅材料超纯技术与工程(教育部 82～85) 4.贮 H_2 金属材料的研制与应用(教育部 82～84) 5.CAS 系统耐碱玻璃纤维的实验室研究(建材部 83～84) 6.玻璃原料含磷配方(建材部 83～84) 7.$CaO-Al_2O_3-SiO_2$ 系统玻璃纤维的耐碱机理(科学基金 83～85) 8.微晶玻璃纤维的研究(科学基金 84～87) 9.$Na_2O-Cao-SiO_2$ 系统玻璃添加物的研究(科学基金 83～　) 10.耐碱玻璃纤维增加水泥制品研究(省科委 83～85)
		1.金属材料研究室				
		2.金属材料工程研究室	吴　京			
		3.半导体材料研究室	阙端麟			
		4.无机材料研究室	江仲华			
能源工程研究分所	所长: 副所长:马元骥 岑可法 林理和	1.燃烧理论与技术研究室	负责人:张学宏 谢名湖		教授:2 副教授:8 讲师:16 助教:2 工程师:1 助工:1 实验员:3 工人:1 合计:34	1.煤泥浆的燃烧试验(煤炭部 83～85),煤的流态化床燃烧技术(国家科委 83～85 年) 2.10T/h 劣质漂流化床锅炉(煤炭部 83～85) 3.萍乡 35T/h 石流化床锅炉(煤炭部 83～85) 4.劣烟煤火炬燃烧生产试验(电力部 83～85) 5.水煤浆燃烧机理的研究(科学基金 84～85) 6.汽油机稀薄燃烧系统等研究(国家经委 83～85) 7.贮氢金属材料的研制与应用(教育部 82～84) 8.低温流体热力学及其状态方程(科学基金 84～86) 9.膨胀机机理探讨及新型膨胀机研制(化工部 81～83) 10.低温及制冷技术在工业节能中应用研究(化工部 83～85) 11.超导量子干涉器配套无磁制冷机研制(国家科委 83～85) 12.超导古地磁测量装置用无磁杜瓦研制(国家科委 82～84) 13.小功率柴油机节能技术研究(省科委 83～85) 14.太阳能集热器及其应用研究(省科委 83～85) 15.工业窑炉节能技术(省科委 83～84) 16.中低温回转式热管余热回收装置(国家经委、机械部 83～85)
		2.内燃动力工程研究室	负责人:胡大公 徐航			
		3.低温工程及制冷技术研究室	负责人:陈国邦 邵件			
		4.低位能利用研究室	负责人:顾晃 屠传经			
		5.能源预测及技术经济研究组	负责人:刘广义 朱萃汉			

续表

<table>
<tr><th>研究分所(室)名称</th><th>负责人</th><th colspan="2">下属研究室(组)名称</th><th colspan="2">负责人</th><th>专职人员数</th><th>目前承担的重大科研课题</th></tr>
<tr><td rowspan="5">应用数学研究分所</td><td rowspan="5">所长:张学铭
副所长:董光昌
郭竹瑞</td><td colspan="2">1.控制理论研究室</td><td colspan="2">主任:张学铭</td><td rowspan="5">教授:3
副教授:7
讲师:9
实验员:1
合计:20</td><td rowspan="5">1.计算机辅助模具设计与加工(教育部 83～85)
2.非线性发展方程与动力体系(科学基金 82～84)
3.偏微分方程理论与数值计算的研究(科学基金 82～84)</td></tr>
<tr><td colspan="2">2.微分方程研究室</td><td colspan="2">主任:董光昌</td></tr>
<tr><td colspan="2">3.函数逼近论与计算数学研究室</td><td colspan="2">主任:郭竹瑞</td></tr>
<tr><td colspan="2">4.计算几何研究室</td><td colspan="2">主任:梁友栋</td></tr>
<tr><td colspan="2">5.概率统计与建筹学研究室</td><td colspan="2">主任:林春土</td></tr>
<tr><td rowspan="3">机械研究分所</td><td rowspan="3">所长:童忠钫
副所长:路甬祥</td><td colspan="2">1.精密机械研究室</td><td colspan="2">主任:童忠钫</td><td rowspan="3">副教授:6
讲师:11
助教:9
工程师:3
助工:2
技术员:3
工人:5
合计:39</td><td rowspan="3">1.电液比例控制新技术(机械部 83～85)
2.液压传动及控制技术的计算机动态仿真系统(机械部 83～84)
3.计算机辅助几何设计与加工(教育部 83～85)
4.数字式电液控制元件及系统基础研究(科学基金 83～86)
5.微型计算机图形处理(科学基金 83～86)
6.降低丝织厂织造车间织机噪声的研究(省科委 82～85)
7.低频标准振动台(航天部等 77～84)</td></tr>
<tr><td colspan="2">2.流体传动及控制研究室</td><td colspan="2">主任:路甬祥</td></tr>
<tr><td colspan="2">3.计算几何及其工程应用研究室</td><td colspan="2">主任:梁友栋</td></tr>
<tr><td rowspan="4">物理研究室</td><td rowspan="4">主任:徐亚伯
副主任:汪　容
陈昌生</td><td colspan="2"></td><td>组长</td><td>副组长</td><td rowspan="4">副教授:5
讲师:12
助教:3
实验员:1
合计:21</td><td rowspan="4">1.固体表面和界面电子性质的研究(科学基金 82～85)
2.固体表面原子结构的直接分析方法—光电子衍射谱 Fomler 变换的研究(科学基金 83～86)
3.用 Xα—DVM 方法研究凝聚态固体金属表面及非晶固体的电子结构(科学基金 82～85)
4.绿色发光二极管(电子工业部 82～84)
5.铜蒸汽激光器(学校 82～84)
6.共振电离光谱(学校 82～84)</td></tr>
<tr><td colspan="2">1.理论物理组</td><td>汪容</td><td>季达人</td></tr>
<tr><td colspan="2">2.固体物理组</td><td>徐亚伯</td><td>刘古</td></tr>
<tr><td colspan="2">3.激光物理组</td><td>汪永江</td><td>吴璧如</td></tr>
</table>

续表

研究分所(室)名称	负责人	下属研究室(组)名称	负责人	专职人员数	目前承担的重大科研课题
化学研究室	主任:刘懋涛 副主任:姚克敏		组长	副教授:7 讲师:9 助教:9 工程师:2 实验员:1 合计:28	1.稀土络合物催化聚合物基本性质及其应用(科学基金 82~86) 2.酶法及其它非酶催化动力学分析新方法的基础研究(科学基金 82~87) 3.溶液热力学和液体相平衡(科学基金 82~85) 4.物质的量热测定和结构关系(科学基金 82~85) 5.聚合物阻尼材料结构与性能的研究(科学基金 83~87) 6.梳状共聚物的合成和应用(科学基金 83~85) 7.平喘药组份的合成及平喘效果与结构关系的研究(科学基金 83~85) 8.表面活性剂(非离子及阳离子)的合成及测试方法研究(科学基金 83~86) 9.过渡金属混配络合物的合成,表征和催化活性的研究(科学基金 83~87) 10.测量生物电的电极过程机理和新型电机材料的研究和应用(科学基金 84~86) 11.配位聚合(国家科委 82~85) 12.年产 5000 吨乙丙橡胶工业装置技术开发(国家科委、化工部 83~85) 13.乙丙胶催化剂和相应的聚合工艺(化工部 82~85) 14.汽液相平衡数据测定与关联(化工部 83~84) 15.光共聚聚焦光学塑料的研究(省科委 80~85) 16.国产石油热力学性质基础数据的测定和研究(石油部 82~86)
		1.高分子化学研究组	沈之荃		
		2.物理化学研究组	韩世钧		
		3.有机化学研究组	胡耿源		
		4.分析化学研究组	柯桂华		
		5.无机化学研究组	陈克		
		6.测试研究组	姚克敏		
核爆炸模拟研究室	主任:童竟昱 副主任:宋伯铨 李益为			教授:1 副教授:1 讲师:8 工程师:2 助工:2 实验员:1 工人:3 合计:18	1.灾害性荷载作用下结构的动力分析与试验研究(教育部 82~84)

续表

研究分所(室)名称	负责人	下属研究室(组)名称	负责人	专职人员数	目前承担的重大科研课题
建筑结构与设计研究室	主任:蒋祖荫 副主任:唐锦春		组长	副教授:5 讲师:4 助教:4 工程师:2 工人:1 合计:16	1.软土力学及地基处理(教育部 82～87) 2.土的动力学(科学基金 84～86) 3.工程结构动力分析的数值计算方法(科学基金 83～85) 4.粉煤灰加气混凝土应用技术与研究(杭州市科委 83～85)
		1.土工学研究组	曾国熙		
		2.钢结构研究组	夏志斌		
		3.钢筋混凝结构研究组	蒋祖荫		
		4.计算结构力学研究组	孙扬镳		
		5.建筑设计研究组	王德汉		
		6.建筑环境物理研究组	蒋鉴明		
生物医学仪器与工程研究室	主任:吕维雪 副主任:葛霁光		组长	教授:1 讲师:7 助教:1 工程师:3 工人:1 合计:13	1.医学信息处理及显示(教育部 82～84) 2.人体微循环参数及特征的检测技术(科学基金 83～84) 3.携带式智能心率监视仪系统(国家医管局 82～83) 4.数字示波器(机械部 83～)
		1.微循环研究组	黄祝南		
		2.中医脉象研究组	吴桑瑾		
		3.微处理机在医学中应用研究组	葛霁光		
		4.医用换能器研究组	凌保明		
		5.医用光学仪器研究组	许菊心		
微波及光电子学研究室	主任:张毓鹍 副主任:沈庆垓		负责人	教授:1 副教授:2 讲师:7 助教:7 工程师:1 工人:2 合计:20	1.电调捷变磁控管(电子部 80～84) 2.六硼化镧阴极(电子部 83～84) 3.微带技术研究(电子部 83～84) 4.宽带示波管偏转系统(电子部 81～84) 5.磁控电子枪设计(电子部 82～83) 6.电视数码技术(电子部 81～83)
		1.微波电子学组	陈抗生		
		2.光电技术与显示组	沈庆垓		
		3.真空工艺组(专职编制待定)	季敬川		
		4.信号与图像处理组	徐胜荣		
人工智能研究室	主任:何志均 副主任:俞瑞剑		组长	教授:1 讲师:11 助教:5 工人:1 合计:18	1.在遗传育种上的专家系统的研究(科学基金 83～84) 2.微机图形处理应用软件研究(机械部 86～85) 3.汽车发动机节能与排污电脑监控系统(机械部 83～84) 4.微机图形显示终端及图形接口研制(机械部 82～83) 5.地质勘探计算机专家系统(科学基金 83～84) 6.计算机智能模拟美术图案创作研究(科学基金 83～85)
		1.人工智能与模式识别组	何志均		
		2.人工智能专家咨询系统研究组	俞瑞钊		
		3.智能控制组	徐毓良		
动态测试技术研究室	主任:谭祖根 副主任:朱长岑 杨世超		组长	副教授:1 讲师:4 助教:1 助工:2 技师:1 工人:1 合计:10	1.嗅觉传感器研究(机械部 83～84) 2.阵列传感器研究(机械部 83～84) 3.多笔彩色绘图仪(机械部 82～84) 4.溶液比重测试系统(机械部 83～84)
		1.传感器的研究组	钱俊霞		
		2.微处理机应用组	汪乐宇		
		3.图像显示技术组	朱长龄		
		4.动态测试技术组	杨世超		

续表

<table>
<tr><th>研究分所
(室)名称</th><th>负责人</th><th>下属研究室
(组)名称</th><th colspan="2">负责人</th><th>专职
人员数</th><th>目前承担的
重大科研课题</th></tr>
<tr><td rowspan="4">生命科学
研究室</td><td rowspan="4">主任:孙琦</td><td></td><td>组长</td><td></td><td rowspan="4">副教授:2
讲师:1
助教:5
助工:1
实验员:3
合计:12</td><td rowspan="4">1.光合作用(82～87)
2.视觉信息加工(82～87)
3.铜蒸汽激光对小单孢菌的诱变效应(82～83)</td></tr>
<tr><td>1.立体视觉信息加工组</td><td>郑竺英</td><td></td></tr>
<tr><td>2.光合作用组</td><td>孙琦</td><td></td></tr>
<tr><td>3.微生物代谢调控组</td><td>陈学旺</td><td></td></tr>
</table>

浙江大学档案馆藏,档案号:ZD-1984-XZ-289

1986年度科研机构设置情况①

(1987年4月)

科研机构设置(1):研究所设置

<table>
<tr><th>研究所名称</th><th>主要研究方向</th></tr>
<tr><td>浙江大学科学技术研究所
1.应用数学研究分所
2.电工技术研究分所
3.光学仪器研究分所
4.化学工程研究分所
5.材料科学研究分所
6.能源工程研究分所
7.机械工程研究分所
8.半导体材料研究分所
9.流体工程技术研究分所
10.联合化学反应工程研究所浙大分所</td><td>微分方程理论、控制论、非线性微分方程理论、
计算几何、样条函数逼近与计算数学、概率统计与运筹学
电力电子学在电能开发和节能方面应用、
双水内冷电机、计算机工业控制
光学技术和光学仪器
化工过程技术开发、仪表与自控、机器与设备
材料科学与工程
能量转换利用及节能技术
流体传动及控制、计算几何及其工程应用、精密机械
高纯硅及硅烷系统
流体工程中的力学应用技术
工业化学反应过程的反应技术与反应器的开发</td></tr>
</table>

① 本表原载浙江大学校长办公室编《浙江大学1986年统计资料汇编》,标题为编者所加。

科研机构设置(2):研究室设置

研究所、室名称	主要研究方向
1.物理研究室	理论物理、固体与表面物理、光学与原子、分子物理
2.化学研究室	配位聚合
3.核爆炸模拟研究室	结构的动力分析
4.建筑结构与设计研究室	建筑结构理论和多种建筑结构的设计
5.生物医学仪器与工程研究室	微处理机在医学上的应用、医学信息处理、生物参数测试
6.微波及光电子学研究室	微带与毫米波集成技术、光电成像与显示、信息处理与传输
7.人工智能研究室	人工智能的理论及应用
8.动态测试技术及仪器研究室	新型传感器、智能仪器仪表、动态测试技术
9.生命科学研究室	微生物的代谢调控、光合作用中能量转换及立体视觉信息加工等
10.低温工程研究室	制冷及低温技术应用
11.管理科学研究室	管理科学的理论与方法
12.流体传动与控制研究室	流体传动及控制技术

浙江大学档案馆藏,档案号:ZD-1986-XZ-340

1987—1988 学年科研机构设置一览表[①]

(1987 年 10 月 14 日)

研究所(17 个)		研究室(7 个)	跨学科研究中心(室)(10 个)
应用数学研究所	信息与电子工程研究所	动态测试技术及仪器研究室	计算几何辅助设计与加工研究中心
化学研究所	半导体材料研究所	生命科学研究室	环境科学研究中心
物理研究所	生物医学工程及仪器研究所	低温工程研究室	振动、冲击与噪声研究中心
电工技术研究所	土木工程研究所	单晶光纤激光联合研究室	摩擦学研究中心
光学仪器研究所	流体工程技术研究所	管理科学研究室	机器人研究中心
化学工程研究所	社会科学研究所	外国语言文学研究室	生物化学工程研究中心
材料科学研究所		地质研究室	燃烧理论与技术研究中心
能源工程研究所			决策科学与发展战略研究中心
机械工程研究所			系统工程与自动化研究中心
流体传动及控制研究所			单晶光纤与激光研究室
人工智能研究所			

① 本表原载浙江大学《1987/88 学年初普通高等学校基层报表》,标题为编者所拟。

续表

研究所(17个)	研究室(7个)	跨学科研究中心(室)(10个)
另有:联合化学反应工程研究所浙大分所		
蓉杭模具研究所		

浙江大学档案馆藏,档案号:ZD-1987-XZ-386

1988年浙江大学科学研究机构一览表

(1989年1月25日)

序号	科研机构名称	批准机关	批准时间	人数	科研编制	教学编制	全时科研人数	所长(主任)	
								姓名	职称
1	应用数学研究所	中国科学院	1980	20	14	6	16	董光昌	教授
2	物理研究所	国家教委	1987	64	24	106	29	徐亚伯	教授
3	化学研究所	国家教委	87.9	37	28	9	31	沈之荃	教授
4	化学工程研究所	国家教委	1978	165	48	112.3	87.94	岑沛霖	副教授
5	联合化学反应工程研究分所	教育部	83.6	65	36	26	46.5	吕德伟	教授
6	电工技术研究所	中国科学院	1978	159	45	154	137.5	许大中	教授
7	光学仪器研究所	国家教委	1978	139	52	77.5	83.35	唐晋发	教授
8	流体工程技术研究所	机械部	85.1	24	2	18	9.6	丁皓江	教授
9	流体传动及控制研究室	国家教委	1981	47	27	29	33.77	路甬祥	教授
10	精密机械研究室	中国科学院	1981	58	15	43	29.3	童忠钫	教授
11	材料研究所	中国科学院	1979	126	23	93	58.66	毛志远	教授
12	低温工程研究室	化工部	78.11	30	10	9	20.53	陈国邦	副教授
13	工程结构振动研究室	国家教委	1978	15	10	5	10	杨宜民	高工
14	半导体材料研究所	浙江大学	1986	29	27	2	27.67	阙端麟	教授
15	能源工程研究所	浙江大学	78.7	90	42	43	85	岑可法	教授
16	岩土工程研究室	浙江大学	1987	19	9	7	13.5	吴世明	教授
17	建筑结构设计研究室	浙江大学	1984	11	9	2	9.67	董石麟	教授
18	检测技术及仪器研究所	浙江大学	88.1	32	2	26	12.19	吕维雪	教授
19	生物医学工程及仪器研究所	浙江大学	87.9	22	9	20	5	吕维雪	教授
20	人工智能研究所	浙江大学	81.7	19	28	6	16.76	何志均	教授
21	信息与电子工程研究所	浙江大学	1986	94	26	68	48.67	姚庆栋	教授
22	单晶光纤与激光联合研究室	浙江大学	87.3	8	5	3	6	丁祖昌	副教授

续表

序号	科研机构名称	批准机关	批准时间	人数	科研编制	教学编制	全时科研人数	所长(主任)	
								姓名	职称
23	生命科学研究室	浙江大学	81.7	10	16	0	9.5	孙琦	教授
24	管理科学研究室	浙江大学	1985	8	5	3	6	许庆瑞	教授
25	地质研究室	浙江大学	1987	12	3	9	6	兰玉琦	教授
26	外国语言文学研究室	浙江大学	87.9	18	0	14	0	邵永真	副教授

浙江大学档案馆藏,档案号:ZD-1988-KY11-4

1990年浙江大学科研机构设置情况[①]

(1991年4月)

系别	研究所		研究室
	校重点研究所	二级学科研究所	
应用数学系	1.高等数学研究所(筹)		
物理学系	2.浙江近代物理中心(筹)	1.凝聚态物理研究所 2.光学及应用技术研究所	1.理论物理研究室
化学系		3.高分子科学与材料研究所	2.物理化学研究室 3.石油烃类热力学研究室
力学系		4.流体工程研究所	4.固体力学研究室 5.力学教材研究室
地球科学系		5.应用地质研究所	
电机工程学系	3.电力电子技术研究所	6.电力系统自动化研究所 7.电机及其控制研究所 8.电气自动化研究所	
化学工程学系	4.化学工程研究所 5.工业控制技术研究所 6.高分子科学与工程研究所	9.联合化学反应工程研究所浙大分所	
建筑系			6.建筑设计研究室 7.城市规划设计研究室 8.环境物理研究室
土木工程学系		10.结构理论与工程研究所 11.岩土工程研究所	9.水工结构与水环境研究室

① 本表原载浙江大学校长办公室编《浙江大学1990统计资料汇编》,标题为编者所拟。

续表

系别	研究所		研究室
	校重点研究所	二级学科研究所	
机械工程学系	7.流体传动与控制研究所	12.生产工程研究所 13.机械设计研究所 14.蓉杭模具高技术研究所	
信息与电子工程学系		15.信息与智能系统研究所 16.电子物理与技术研究所 17.功率器件研究所(筹) 18.安迪高技术研究所	
光学仪器工程学系	8.现代光学仪器研究所	19.光电子技术研究所	
材料科学与工程学系	9.半导体材料研究所	20.金属材料研究所 21.无机非金属材料研究所 22.硅酸盐材料与工程研究所	10.高分子及复合材料研究室 11.磁性材料研究室
能源工程学系	10.制冷分离研究所	23.热能工程研究所 24.内燃机研究所 25.燃料利用研究所	12.低温工程研究室
科学实验仪器工程学系	11.生物传感器国家专业实验室	26.生物医学工程及仪器研究所 27.检测技术及智能仪器研究所	
计算机科学与工程学系		28.人工智能研究所 29.现代计算机工程技术研究所	13.计算机网络与信息系统研究室
管理工程学系		30.管理科学研究所 31.管理工程研究所 32.技术经济研究所 33.软科学研究所	
哲学社学学系		34.中国思想文化研究所 35.政治学社会学研究所	
经济学系		36.经济理论与经济政策研究所 37.沿海地区经济研究所	
中国语言文学系			14.现代诗学研究室 15.美学研究室
分析测试中心		38.应用化学研究所 39.新材料与物理研究所	16.图像信息处理研究室
计算与信息中心		40.管理信息与计算技术研究所	

续表

系别	研究所		研究室
	校重点研究所	二级学科研究所	
校属国家重点实验室	12.计算机辅助设计与图形学实验室		
校属研究所	13.马克思主义理论与思想政治教育研究所 14.高等教育研究所		
工商管理学院		41.工商行政管理研究所	
轻工学院		42.现代工业设计研究所	
科研处		43.实用技术研究所	17.环境影响评价研究室

浙江大学档案馆藏,档案号:ZD-1990-XZ-57-3

1993 年浙江大学科研机构评估及说明
(1993 年)

一、原则

1.根据理、工、文科不同的学科特点,分类评估。

2.评估九三年全年的工作,所以到一九九三年底,建所未满 1 年的研究机构不单独参加评比。在九三年内分建新所的机构,仍按原所参加评比。

3.九三年科研编制为 0 的理、工科研究机构不参加评比。

二、评估指标设计

(一)工科类:共设计十项指标,指标内容及权重如表 1

	指标内容	权重%
承担任务能力	1.科研经费人均值	35
	2.承担各类基金项目人均值	10
	3.承担"863"、"国家攻关"、预研及配套项目人均值	8
	4.承担国家级火炬、推广、新品试制等项目人均值	6
成果产出水平	5.成果鉴定及水平的人均值	8
	6.成果获奖的人均值	10
	7.申请和授权专利人均值	8
	8.论文人均值	8

续表

	指标内容	权重%
国际交流能力	9.国际学术交流	5
	10.国外人才交流	4

(二)理科类:共设计九项指标,指标内容及权重如表1

	指标内容	权重%
承担任务能力	1.科研经费人均值	30
	2.各类基金项目数人均值	15
	3.承担国家级攻关等应用,开发计划项目人均值	7
成果产出水平	4.成果鉴定及水平的人均值	5
	5.成果获奖的人均值	5
	6.申请和授权专利人均值	5
	7.论文人均值	20
国际交流能力	8.国际学术交流活动	7
	9.国外人才交流	6

(三)文科类:共设计五项指标,指标内容及权重如表3

指标内容	权重%
1.科研经费人均值	30
2.承担基金项目人均值	20
3.成果鉴定人均值	10
4.论文人均值	10
5.学术活动能力	10
6.人才交流情况	20

三、计算方法

1.科研工作“人均值”计算时的“人力”值,应考虑到科研编制及超、缺编情况,设计用下述公式进行计算:

科研人力=实有总人数/[1+(科研编制/实有总人数)] (理、工类)

因文科的科研编制没有核算到所(室),所以用实有人数作科研人力值计算。

2.各项指标的全校平均值都分类计算。达到全校平均值为60分,大于或小于此值,按下式计算:

实际得分=(所计算值/全校平均值)×60×指标权重

3.各项指标计算时的具体权重及全校平均值计算结果分列如下:

(1)科研经费：

经费类别	N、S A、H	K、D、G、Y E、T、1、Z	其他纵向	104 全额	104.3%	104.2%	104.1%	上交管理费的学科公司收入
权重	1.6	1.3	1.1	1	0.3	0.2	0.1	0.5

工科类研究全校平均值=5.97 万/人

理科类研究所全校平均值=2.65 万/人

文科类研究所全校平均值=536.4 元人

(2)各类基金项目:包括国家自然科学基金、省自然科学基金、国家及省社科基金、教委博士点基金、优秀年轻教师基金、国防预研基金、中科院基金、863 青年基金等,权重皆为 10

工科类研究所全校平均值=1.78

理科类研究所全校平均值=5.38

文科类研究所全校平均值=1.48

(3)“863”、“国家八五攻关”、国防预研及军工配套项目,权重皆为 10

工科类研究所全校平均值=1.01

理科类研究所全校平均值=0.78

(4)国家级的火炬计划、星火计划、科技成果重点推广计划、新产品试制鉴定计划、“八五”国家重点新技术推广计划、重点新产品试产计划项目,权重皆为 10

工科类研究所全校平均值=0.33

(5)成果鉴定及水平：

鉴定结论水平	国际领先及首创	国际先进水平	国内领先及首创	国内先进水平	填补省内空白	其他
权重	20	15	12	10	7	5

工科类研究所全校平均值=1.33

理科类研究所全校平均值=0.65

文科类研究所全校平均值=0.14

(6)成果获奖：

奖励类别 \ 权重 \ 等级	特等	一等	二等	三等	四等
国家自然科学奖		200	100	50	30
国家发明奖		120	60	40	20
国家科技进步奖		120	60	40	
省、部级奖励	120	60	30	10	5
其他		20	10	5	2

工科类研究所全校平均值＝1.48

理科类研究所全校平均值＝0.05

(7)专利申请和授权：

内容	授权		申请	
	发明	实用新型	发明	实用新型
权重	20	15	15	10

工科类研究所全校平均值＝2.70

理科类研究所全校平均值＝2.23

(8)发表论文：

分类	出版科技专著(10万字)	出版教材(10万字)	在国外学术刊物发表	全国性学术刊物发表	地方性学术刊物发表
权重	10	7	4	2	1

工科类研究机构全校平均值＝4.37

理科类研究机构全校平均值＝4.97

文科类研究机构全校平均值＝3.7

(9)国际学术交流：

分类	举办国际会议	出席国际会议	在国际会议上发表论文
权重	10	1	0.8

工科类研究机构全校平均值＝0.37

理科类研究机构全校平均值＝0.70

文科类研究机构学术活动能力：

分类	举办学术会议	出席学术会议	在学术会上发表论文
权重	10	1	0.8

文科类研究机构全校平均值＝1.33

(10)人才交流：

分类	访问学者或讲学		派出研究生	
	派出	接受	攻博	攻硕
权重	5	5	4	3

工科类研究机构全校平均值＝0.42

理科类研究机构全校平均值＝1.37

文科类研究机构全校平均值＝2.29

工科类研究机构评估汇总表

单位	实有人数	科研编制	科研人力计算值	经费 35%		基金 10%		863 攻关军工		火炬推广等 6%		鉴定水平 8%		得奖 8%		专利 8%		论文 8%		国际学术活动 5%		人才交流 4%		总得分	序号
				Σ值	得分	Σ值	得分	Σ值	得分	Σ值	得分	Σ值	得分	Σ值	得分	Σ值	得分	Σ值	得分	Σ值	得分	Σ值	得分		
光学仪器	63	24.46	45.32	142.232	11.05	90	3.54	40	4.13			72	5.74			20	0.79	157.85	3.84	4.2	0.76			29.85	40
光电子所	49	22.47	33.56	180.1467	18.90	160	8.49	40	6.77			27	2.91	25	2.43	160	8.48	168	5.51	10.8	2.61	20	3.41	59.25	19
光辐射所	10	10.21	9.75	39.81	14.38	30	5.48					15	1 5.56			80	14.61	46	5.19	3.6	3.0			48.22	26
生物医学	44	13.21	33.84	91.086	9.48	180	9.47	20	2.82			12	1.28	10	0.96			121.4	3.95	0.2	1.49	34	5.75	35.2	37
检测智能	32	10.72	23.88	230.12	34.81	30	2,24	50	9.97			12	1.82	60	8.17	15	1.12	57.76	2.88	1.6	0.55	5	1.20	62.54	17
信息智能	29	12.70	20.13	128.201	22.42	40	3.54	30	7.10			57	10.23	30	4.85	15	1.33	72.35	3.96	1.8	0.73	15	4.27	58.43	21
电子物理	47	14.61	34.81	121.539	12.29	130	8.85	20	2.74	10	3.04	37	3.84	5	0.47	20	1.03	140	4.43	5.2	1.21	15	2.47	38.17	35
功率器件	20	4.98	16	45.0811	9.92	30	3.34	10	2.98	20	13.23	32	7.22	60	12.19	20	2.23	32	2.2	13.8	8.90	5	1.79	82	18
人工智能	37	28.61	21.51	227.9787	37.31	100	8.28	170	38.35	10	4.92	20	3.36	60	9.07			150.7	7.84	17.8	6.72			115.85	7
系统工程	18	6.22	13.33	283.5822	74.89	30	4.00	20	7.15	10	7.94	30	8.13			15	2.00	8	0.88	9	5,48	10	4.30	114.55	8
软件所	19	8.63	13.01	50.0353	13.70	20	2.74	30	10.98					45	11.25	35	4.79	51	4.32	1		5	2.20	50.98	25
结构理论	48	18.66	35.55	336.4152	33.31	80	4.00	30	3.58			42	4.27	5	0.48			64	1.64	3.8	0.83			48.09	27
岩土工程	23	11.29	15.43	118.1768	26.96	80	9.23							50	10.54	10	1.16	97	6.92	11.8	6.21	15	5.56	36.61	16
水工结构	14	4.48	10. G	33.8411	11.24	40	6.72	30	13.48					30	9.20	15	2.52	42	4.36	11	8.42			55 . 94	23
系统所	8	1.92	6.4	13.96	7.88	70	19.47											3	0.52			10	8.94	36.61	36
技术经济	7	1.53	5.73	8.165	5.02													8	1.54	6.4	9.06			15.62	49
管理工程	14	1.73	12.38	9. 12	2.60	70	10.07					10	2.92					132.17	11.75			10	4.62	31.92	39
管理科学	3	2	1.79	45.988	93.04	80	79.56											70	43.02	19	86.09			301.71	1
管理信息	5	0.69	4.38	4.62	3.72	10	4.07											3	0.76				19.59	28.14	42
管理计算	10	3.3	7.51	28.187	12.01							12	5.77					57.08	8.37					26.15	43
科学材料	35	17.53	23.33	192.905	29.25	220	18.79	40	8. 17			30	4.65	80	11.15	65	4.96	160	7.55	8	2.78			85.30	13
复合材料	12	3.95	9.02	44.194	17.25	90	17.76	30	15.84			15	6.00			30	5.92	46	5.61	4.4	3.98	5	3.17	75.51	15
科学工程	29	17.68	18.01	175.798	34.36	80	7.91	40	10.58	20	11.75			110	19.85	45	4.45	97	5.93	3.4	1.54	5	1.59	97.98	11
建筑设计	17	1.79	15.31	104.3308	23.99	20	2.33													1.8	0.98	5	1.87	29.15	41
城市规划	4	0.45	3.57	16.2	15.98																			15.98	48

续 表

单位	实有人数	科研编制	科研人力计算值	经费 35%		基金 10%		863 攻关军工		火炬推广等 6%		鉴定水平 8%		得奖 8%		专利 8%		论文 8%		国际学术活动 5%		人才交流 4%		总得分	序号
				Σ值	得分	Σ值	得分	Σ值	得分	Σ值	得分	Σ值	得分	Σ值	得分	Σ值	得分	Σ值	得分	Σ值	得分	Σ值	得分		
环境物理	6	0.53	5.5			30	9.71					30	19.69					18	3.2	1	1.48	5	5.2	39.28	34
工控所	62	49.5	34.44	609.381	62.29	120	6.21	50	0.91	50	15.38	75	7.87	170	16.06	40	2.07	377.5	12.06	10.8	2.56	45	7.48	138.85	3
C A D	18	10.6	10.1	208.59	72.0	50	8.82	20	9.43	10	10.48	10	3.81					99	10.79	46.8	37.58	24	13.60	94.31	12
实用所	4	2.4	2.5	11.275	15.88					10	42.32													58.20	22
合计	1397	601.19	978.92	5835.7015		3310		990		330		1303		145S		2840		4277		369		413			
全校平均值				5.97		3.38		1.01		0.33		1.33		1.48		2.7		4.37		0.37		0.42			

理科类研究机构评估汇总表

单位	实有人数	科研编制	科研人力计算值	经费 30%		基金 15%		863 攻关军工 7%		鉴定水平 5%		获奖 5%		专利 5%		论文 20%		国际学术活动 7%		人才交流 6%		总得分	序号
				Σ值	得分	Σ值	得分	Σ值	得分	Σ值	得分	Σ值	得分	Σ值	得分	Σ值	得分	Σ值	得分	Σ值	得分		
数学所	27	2.59	24.54	21.418	5.94	230	15.75									86	8.48	38.4	9.39	100	10.78	50.34	11
流体所	26	6.91	20.47	57.088	18.97	50	4.11	30	7.90							32	31.36			9	1.16	63.50	7
固体所	15	4.84	11.27	27.98	16.89	80	11.93			15	8.15					87.59	18.82	6	3.20	30	7.00	63.98	6
物化所	23	7.28	17.42	50.7292	19.81	90	8.88							15	11.24	110	15.29	18	6.20	25	3.78	59.0	9
石油室	6	4	3.59	39.88	75.54	10	4.08			15	19.31					26	17.53					117.06	1
应化所	22	8.67	15.71	88.166	29.51			10	3.43	39	11.47					98	15.10	9	3.44			62.95	8
近代中心	10	5.06	6.62	7.81	8.03	60	15.23									86	31.44	29.4	28.65	15	5.96	87,31	3
理论物理	8	1.99	6.4	7.968	8.47	90	23.83			15	10.83					42	15.89	8.8	8.07	5	2.06	68.95	5
凝聚态所	21	11.89	13.37	41.096	20.80	150	18.85									220	39.82	18	8.08			87.65	2
光学应用	20	6.88	14.81	38.59	17.72	60	8.81	30	10.90	20	6.24					42	6.87	3.4	1.38	15	2,87	52.59	10
应用地科	45	14.8	33.83	96.0997	19.32	90	4.47	70	11.14	10	1.37	10	17.74	15	5.79	86.34	6.18	2	0.38	58	4.51	70.88	4
生物技术	35	15.8	23.97	49.681	14.10	120	8.41	10	2.25	12	2.32			15	8.17	34	3.44	2.6	0.65	5	0.55	39.89	12
合计	258	90.71		506.5139		1030		150		128		10		45		949.93		135.4		262			
平均值				2.65		5.38		0.78		0.65		0.05		0.23		4.97		0.70		1.37			

文科类研究机构评估汇总表

单位	实有总人数	经费 30%		基金 20%		鉴定水平 10%		论文 20%		学术活动 10%		人才交流 10%		总得分	序号
		Σ值	得分	Σ值	得分	Σ值	得分	Σ值	得分	Σ值	得分	Σ值	得分		
行政管理	4	1.69	141.78	10	20.27			4	3.25	3.6	4.06	5	3.28	172.64	1
经济理论	9	0.16	5.97	30	27.03			43	15.50	28.8	14.44	125	36.39	98.93	3
沿海经济	9	2.29	85.39	10	9.01	5	23.81	24	8.65	24.4	12.23	50	14.56	153.65	2
外国语言	22	0.2	3.05					12.9	1.91	2.8	0.53			5.54	16
传统文化	5	0.48	32.22	10	18.22			24	15.57	7.4	6.68			70.69	6
美学所	8			10	10.14	5	26.79	21	8.52	3.6	2.03	15	4.92	52.40	9
政治学所	10	0.2	6.72	10	3.11	5	21.43	28.54	9.26	18	8.12			53.64	8
思想文化	4							13	10.54	29	32.71	25	16.38	53.63	7
涉外经济	7			10	11.58			4	1.86					13.45	15
社会发展	17	0.48	8.48	20	9.54			29	5.54	8.2	2.13	55	8.48	35.22	12
马列所	37	3.072	27.87	70	15.34	10	11.59	290.83	25.50	45.4	5.54	45	3.19	89.03	5
台湾所	8	0.44	18.46					6	2.44					20.90	14
体育室	5							39.6	25.69	13.6	12.27	25	13.10	51.06	10
语言艺术	6			30	40.54				89	37.30	7.4	5.57	20	8.74	92.15
传播艺术	9			30	27.03			14	5.50	8.4	4.21		5.83	42.12	11
高教所	8			10	10.14					24.2	13.76			23.90	13
合计	168	9.012		250				622.87		225		385			
平均值		536.4		1.48		0.14		3.7		1.33		2.29			

浙江大学档案馆藏，档案号：ZD-1994-KY11-36

关于表彰 1993 年工科十强、理科五强、文科五强研究所的决定

（1994 年 3 月 17 日）

浙大发科〔1994〕002 号

各系、研究所（室）、各部、处、直属各单位：

在党的十四大精神鼓舞下，我校师生员工同心同德，抓住机遇、深化改革，全面完成 1993 年学校科技工作计划指标，使我校科技工作上了一个新台阶。为了继续推进建立在二级学科上的研究所（室）实运转、激励先进，学校根据各研究所（室）1993 年完成的各项科研指标，结合理、工、文科不同的学科特点，进行了分类综合评估。评选出 1993 年科研工作成绩显著的工科十强、理科五强和文科五强研究所（名单附后）。现经校长办公会议讨论通过，予以表彰。

浙江大学

一九九四年三月十七曰

附件

一九九三年科研工作受表彰研究所名单

一、一九九三年科技工作工科十强研究所

热能工程研究所
工业控制研究所
流体传动及控制研究所
电气自动化研究所
人工智能研究所
计算机系统工程研究所
高纯硅及硅烷国家重点实验室
无机非金属材料研究所
硅酸盐材料与工程研究所
管理科学研究所

二、一九九三年科技工作理科五强研究所

石油烃类热力学性质研究室
凝聚态物理研究所
浙江近代物理中心
理论物理研究所
应用地质研究所

三、一九九三年科技工作文科五强研究所

马克思主义理论与思想研究教育研究所
工商行政管理研究所
经济研究所
语言艺术研究所
区域经济研究所

浙江大学档案馆藏,档案号:ZD-1994-KY11-36

1994年度工科十强、理科五强、文科五强研究所表彰名单[①]

(1996年2月13日)

一、工科十强

人工智能研究所
热能工程研究所

---

① 本件原载浙江大学校长办公室编《1995年浙江大学校志》第2页,标题为编者所拟。

CAD&CG 国家重点实验室
计算机系统工程研究所
高分子科学与材料研究所
无机非金属材料研究所
工业控制研究所
岩土工程研究所
流体传动及控制研究所
燃料利用研究所
高分子复合材料研究室
新材料与材料物理研究所

二、理科五强研究所

化学热力学研究所
凝聚态物理研究所
生物医学信息研究室
固体力学研究所
浙江近代物理中心

三、文科五强研究所

经济研究所
马克思主义理论与思想教育研究所
科技与社会发展研究所
语言艺术研究所
中国思想文化研究所

浙江大学档案馆藏，档案号：ZD-1900-ZL12-277

1995年度工科十强、理科五强、文科五强研究所表彰名单[①]
（1996年3月12日）

一、工科十强

热能工程研究所
人工智能研究所
CAD&CG 国家重点实验室
计算机系统工程研究所
高分子科学与材料研究所
工业控制研究所

① 本件原载浙江大学校长办公室编《1996年浙江大学校志》第2—3页，标题为编者所拟。

岩土工程研究所
流体传动及控制研究所
光学和光电子薄膜研究所
无机非金属材料研究所
高分子科学与工程研究所
联合化学反应工程研究所

二、理科五强研究所

应用化学研究所
理论物理研究室
化学热力学与热化学研究所
物理化学研究所
浙江近代物理中心

三、文科五强研究所

高等教育研究所
经济研究所
语言艺术研究所
科技与社会发展研究所
中国思想文化研究所

浙江大学档案馆藏,档案号:ZD-1900-ZL12-278

(三)科研成果

1. 科研项目与经费

关于浙江大学1962年度科研经费问题的通知

(1962年)

〔1962〕浙科计字第157号

浙江大学:

你校最近报来的1962年下半年科研项目共20项,其中除5个项目省计委已拨款38680元外,其余15个项目我委已同意列入省科研计划之内,并拨给科研补助经费14万元。(下略)

项目	经费
水内冷电机的研究	6000
水风燃烧机理的研究	17100

醋酸乙烯和氯乙烯共聚研究	14000
交流调速电机	6000
铁硅铝电热合金	1500
兑缩椭圆方程	100
化工生产热工过程综合自动仪及自动化系统设计	40000
竖炉热工	4060
超静预应力混凝土结构	5000
超高频电子管设计与电真空测试技术	12740
光学系统成像质量的研究	9500
电子计算机的制造	2000
高压旋风燃烧的研究	2000
高压技术的研究	15000
矿石的综合利用	5000

浙江档案馆藏，档案号：J115-009-030-079

浙江大学1972年科学研究项目计划简要说明

(1971年8月)

(一)根据浙江省生产指挥组科技局浙科生字〔71〕第32号以及中央关于制订1972年国民经济计划的电话指示精神制订了本计划。在制订计划的过程中，我们考虑了学校以下实际情况：首先，对于1971年已经承担的科研任务而尚未完成的，需要结转至1972年度继续进行。其次，考虑到科学实验是理工科大学必须担负起的重要任务和理工科大学必须大力开展科学研究，突破尖端技术，创造新工艺、新产品，探讨新理论，赶超世界先进水平。因此在研究指标上尽量向这方面努力。再其次，根据学校特点，紧密结合教育革命，实行教育科研生产三结合。

(二)本计划共汇编了科学研究项目28项，"光学仪器中间试验基地"一项。在28项科研项目中大致可分三种类型：(一)为军工配套的国防科研任务12项。(二)围绕本省夺粮、夺煤、夺钢进行的科研任务6项。(三)为工业、农业生产所需要的其他重大或急需的项目10项。

在这28项中，有15项是继续1971年的研究而结转的项目。新列入计划的有13项。

(三)1972年本计划28项科研项目预算经费137.85万元。中间试验基地建设预算经费31万元。

(四)物资计划见附件(略)

浙江大学档案馆藏，档案号：ZD-1972-XZ-22

1972 年科研经费情况说明

(1972 年)

(一)到目前为止,我校科学研究项目为 37 项。

1. 属于中央有关单位下达的 12 项:

980、924、911、912、700、980-4、400、高频激光测振仪、电液伺服阀、光电光波比长仪专用计算机、多通道晶体管数字频率计、2500 赫可控硅中频电炉。

2. 属于省科技局下达的 8 项:

激光通信、氢气发动机、乙丙橡胶、呋喃涤纶、射流机理、膨胀珍珠岩、地热勘探、转子发动机。

3. 属于各省局下达的 17 项:

精缩制板镜头、耐磨铸铁、精密铸造、液压凿岩机、蜗轮母机及动态测量、蜗杆砂轮磨齿机、光学玻璃(已停)、分离反应技术及设备、船体放样——绘图机、台风高空形势降水预报、2cm 磁控管、孪生管、BG-301 固体电路、8mm 大功率反同轴磁控管、微波集成电路、晶体管继电保护、拱形坝研究。

4. 结转投资服务项目:化工中间分析。

(二)到目前为止,科研经费的来款情况:

1. 1972 年 4 月 29 日教育局(浙革政教〔72〕第 11 号文):35 万元;

2. 1972 年 5 月 10 日教育局转发科技局[教函〔72〕第 21 号文]:15.2 万元;

3. 1972 年 4 月 29 日教育局转发燃化部[浙革政教〔72〕第 12 号交]:1 万元。

(三)根据项目及来款情况对经费作如下安排:

1. 在 1972 年初学校预拨给各项目的经费一律收回学校,按项目另行分配。

2. 属于中央有关单位下达的项目,均由使用单位负责,某些项目暂时无款时,由学校借给部分经费,待到款后扣还。

3. 属于省科技局下达的项目均按科技局指定指标如数下达。

4. 属于省属各局下达或学校自定的项目由教育局经费切块下达。

2、3、4 类经费均属全年指标,一般不予追加。

(四)统计:

收入之项来款总计:51.2 万元。

支出:

①中央有关单位下达项目借款:	9.6 万元
②省属科技局重点下达项目分配:	11.5 万元
③切块经费分配:	13.35 万元
合计:	34.45 万元

浙江大学档案馆藏,档案号:ZD-1972-XZ-22

浙江大学 1980 年科学研究项目及科研人员统计表
(1980 年 3 月)

根据《浙江大学一九八〇年、一九八一年科学研究项目计划》内中共有 149 个研究课题。经过实践过程中局部调查，现有 127 个计划中的课题正在进行，参加计划项目研究的共 578 人，其中以主要时间从事科研工作的有 238 人。(另有计划外和新增项目 49 个)。另有 637 人在承担教学任务外多少不一地参加科学研究工作。

全校专职兼职科研人员按系统计如下：

序号	系列	计划项目数	计划外和新增项目数	主要参加人员						
				教授(副教授)	讲师	助教	工程师	实验员	研究生	干部
1	数学系	3	0	1	4	4	0	0	5	0
2	物理系	5	3	2	15	7	0	1	0	0
3	化工系	19	2	8	47	39	3	6	0	1
4	科仪系	4	0	1	5	4	0	0	0	0
5	电机系	10	6	10	91	10	3	5	0	0
6	光仪系	8	6	3	32	16	2	1	4	0
7	机械系	11	4	6	63	21	1	2	0	0
8	土木系	12	2	8	34	7	2	3	0	1
9	材料系	13	5	7	36	16	1	3	0	1
10	热物理系	15	7	5	25	21	3	4	0	0
11	化学系	11	3	4	14	11	0	2	0	1
12	地质系	3	1	1	6	7	1	1	2	0
13	计算机系	1	1	0	2	3	0	0	0	0
14	无线电系	2	6	3	17	29	0	0	0	0
15	力学系	10	3	4	34	15	2	0	0	0
合计	875	127	49	63	365	210	18	28	11	4
计划内项目人数		合计:578 人		57	293	189	14	24	0	3

科学研究项目及参加人员统计：

一、	数学系计划项目	主要参加人员：
1	偏微分方程的研究	管志诚　陈道琦　葛显良　汤国祯
2	微分方程的研究	徐宝智　李兆华　赵申琪

续表

	数学系计划项目	主要参加人员：
3	函数逼近论	郭竹瑞　吴正昌　贾荣庆　王建忠　叶茂冬　黄达人　阴洪生
二	物理系计划项目	主要参加人员：
1	表面物理	刘　古　毛祖遂　章定生　齐仲甫　魏窗珍　沈跃根
2	磷化镓数码管制造技术的研究	丁祖昌　华伟民　曹光胜　吴国贤
3	橙色发光二极管	华伟民　丁祖昌　曹光胜　吴国贤
4	微波铁氧体单晶材料	郭永健　蔡文永　张守业　徐成祖　张志良　陈伯左
5	YIG 电调器件	蔡文永　郭永健　张守业　徐成祖　张志良　陈伯左
	计划外和新增加项目	主要参加人员：
1	激光测振专用计算机	张　森　封　荣
2	铜离子激光器	汪永江　孙　威　姚志欣　周一江
3	弱信号探测	董锦豫　蒋金锁　秦鸿达
三	化工系计划项目	主要参加人员：
1	断裂力学的研究	王仁东　王春森　张景铎　王宽福　薛继良
2	溶液相平衡的研究	刘伊美　李芸青
3	高压汽液平衡	侯虞钧　吴兆立　王心彝　陈钟秀　冯跃声　谢　勇
4	马丁-侯方程在液相中的发展(PVT)	侯虞钧　张　彬
5	气液两相流体系统间传递过程的研究	陈维扭　周金汉　黄有慧　陈文炳　陈子芳
6	气-固相催化反应固定床反应器的研究	吕德伟　单寅生　徐根良　费黎明　鲁　波　张　虹
7	流动床反应工程	王樟茂　齐汝成
8	气-液及气-液-固反应工程	戎顺熙　高　峰　张年英　吕枫林　庞竹素　南　玲　沈庆扬
9	双金属络合盐吸收 CO	朱自强　朱长乐　骆友寿　蒋耿民　陈文元　吴文琴　刘芙娥　郑莲英
10	化工动态学及过程控制理论	周春晖　王骥程　孙优贤　王树青　王静熙　高　畅　鲍伯良　吕勇哉　沈　平　赵鹏程　祝和云　陆建中　张玉润　应依群　许洪光　孙　红
11	聚合反应工程	史子瑾　童克锦　王　凯　黄志明　周其云　林莉英
12	自由基聚合机理和共聚的研究	潘祖仁　储全全　叶仲浅　于在璋
13	天然沸石基础理论研究——催化	刘炳麟　黄仲九　杨能渭　潘声云　陶牧民
14	天然沸石基础理论研究——吸附	洪朝煌　陈谧闻　徐敬柱
15	引进二甲苯吸附剂剖析	严默林　丁同实　石祖芸

续表

	化工系计划项目	主要参加人员：
16	吸附床层的数学模型	梁树德　黄承遇　孙云岳　俞永盛　陈遗梅
17	超纯硅烷吸附净化剂的研制	葛婉华　陆光照　俞裴蟾　余兆南
18	脉冲气力轨送	曾耀先　李贤年　黄会芳　金光汉
19	石丸烟气脱硫	张雪琴　谭天恩　鲍慧敏　杜有根　王高升　范本煌　叶可煺
	计划外和新增加项目	主要参加人员：
1	叶轮强度研究	汪希萱　陆君毅　沈庆根　朱兰笙　吴荣仁
2	扁平钢带绕带容器完善化	朱国辉
四	科仪系计划项目	主要参加人员：
1	微循环参数测试	黄祝南　楼震国
2	心音心电图仪	齐颂扬　童勤业
3	无线方向图仪	吕维雪　朱长令　翁永兴
4	电子自动验光机	吕维雪　赵安宁　许菊心　邢建平
五	电机系计划项目	主要参加人员：
1	低频功放	邓汉馨　陈边铎　郑家龙　姚玉明　李　政　王子海
2	音喽电机(磁盘电机)	金念祖　陈永校　任礼维　魏　鼎　崔之光
3	丝织彩色象影纹制工艺自动化	陈希舒　陈津侯　王谷音　沈明珠　冯培悌　诸　静　潘乃光　陶志良　陈福兴
4	太阳能电池	汪槱生　向　群　马鹤亭　朱伯年　赵丽娟　陈有法等
5	可控硅无整流子电机	许大中　林友仰　贺益康
6	“电磁内热”制茶机械	郑光华　汪培珊
7	可控硅中频电源	汪槱生　顾逸新　卞敬明　黄是鹏　林渭勋　邵金水　章其民
8	直流输电	赵礼生　戴熙杰　吴国贤
9	电力系统运行和控制理论的研究	韩祯祥　顾锦文　陈安平　于　勃　徐瑞德
10	双水内冷中小型电机系列设计	郑光华　林樟卫　路学机　汪培珊
	计划外和新增加项目	主要参加人员：
1	直线电机	丁志刚
2	“正负法”数控绘图	许祖安　杨源远　董伯藩　陈肇基　宣洪兴
3	超导电机	沈云宝
4	水电阻	施广德　黄礼镇
5	传真电机	

续表

	计划外和新增加项目	主要参加人员：
6	微差起爆器	吴昱煊
六	光仪系计划项目	主要参加人员：
1	低频激光测振仪	卓永模　张仲先　许绍华　缪家鼎　龚兆元　康文刚　陈宪顺
2	高速摄影的应用及测试技术	吴敏达　冯俊卿　吴诚一　黄振华　徐昌标
3	激光高速全息摄影机	陆祖康　张利明　袁家勇　曾庆勇　贝国华　包成芳　施伯煊　王迟凡等
4	光学信息处理	陈福询　李亚君　朱力伟
5	光学传递函数测试	李正民　徐昌杰及两个研究生
6	CO_2 激光器	陈钰清　黄义璋
7	莫尔条纹三维测定	曹向群　黄维实　金　彤
8	光栅度盘检验仪	徐森禄　陈远绳　吴昌汉　周定霞
	计划外和新增加项目	主要参加人员：
1	薄膜光学	唐晋发　顾培夫　何孟权
2	激光散班干涉测量技术	龙槐生　卓永模　陈宪顺及两个研究生
3	λ/100 波面干涉仪	董大年　陈远绳　李正民　杨国光　曹天宁　王子余
4	狭缝Ⅱ型高速摄影机	郑增荣　陈瑞伟　葛周芳　包光祥　王茂鑫
5	杂光仪	王兆远　裘然继　李浙江
6	像面照度仪	待定
七	机械系计划项目	主要参加人员：
1	计算机辅助几何设计及加工	陈家平　梁友栋　陈祖祥　金通光　吴迪光　余延岳　夏企唐　卓守鹏　王尔健　沈继桂　应边宁　郑善良　金廷赞
2	低频标准振动台	童忠钫　程耀东　孙月明　裘重行　贾淑仕　俞可龙　施效治
3	磁盘机械性能的研究	徐振华　石永刚　林世厷　陈杏醉　张振强　陈培里　郑良桂　赵英才
4	机械手	徐振华　贺贤贵　孙征伟　叶松林　冯骏良　程光鸾
5	双元弧齿轮	叶显櫄　陈秀宁　孙征伟
6	精密机床的刚度试验研究	陆乃炎　齐　津　杨叶涛　范云涨　王雄棠
7	动态流身传感器	邓延光　高叔寿　吴根茂　黄永才　朱家明
8	齿轮与传动链精度及精密测试技术(传感器)	陈仲仪　蒋承蔚　严拱标　吴昭同　李东海　吴作伦　王明炎

续表

	机械系计划项目	主要参加人员：
9	高频电液伺服阀	骆涵秀　张光琼　凌俊杰　周自振
10	静电纺纱加捻器轴承	全永昕　田颐耕　施高义　姚一飞　汪国梁　周桂如 马　驰　姚交兴　黄振源　袁旦中　朱世贵
11	磨削自激振动机理的研究	汤　翊　钱肇婉　张维纪　包子聿　李加种
	计划外和新增加项目	主要参加人员：
1	蜗轮母机	黄逸云　邵　健　陆乃炎　范云涨　王玄棠　林怀禹 朱保养　何才太
2	2·16 天文台机械设计	杨慧仪　范崇夏　陈小铭　吴中奇　周广仁　吴根茂 邵大文　寿松乔
3	X 自由度关节式液压机械手	林建亚　葛宜远　周开常　寿松乔　邵大文
4	流体力学应用于液压技术的研究	盛敬超　沈之敏　蒋泳泉　梁钧陶
八	土木系计划项目	主要参加人员：
1	计算结构力学	薛德明　唐锦春　吴坤生　余扶健
2	拱坝应力分析	孙扬镳　徐也平
3	钢梁双向弯曲整体稳定性的研究	夏志斌　潘有昌　姚祖恩
4	钢网架结构节点试验研究	严　慧　朱国元
5	钢筋混凝土深梁研究	刘岳珠　胡鸿海　胡生明
6	钢筋混凝土叠合梁研究	裘进荪　林俊侠　张国英
7	轻骨料钢筋混凝土结构研究	舒士霖　吴美淮　焦彬如
8	砖石结构垟梁与过梁的试验研究	蒋祖荫　胡生明
9	轻板围护法结构保温与隔热性能的研究	蒋鑑明　杜铭恩　蒋协中　陈忠山　孙去傲
10	结构优化研究	汪树玉　孙扬镳　李鸿远　徐也平
11	沨滩拱坝高低坎挑流消能	郝中坐　周均长　吴庆鸿　孔才英
12	软土地基研究	曾国熙　王铁儒　张季蓉　李明逵　沈甲慧等
	计划外和新增加项目	主要参加人员：
1	抗爆结构研究	李翼琪　童竞昱等 15 人
2	2·16 天文台土建设计研究	陆亦敏　竺源芷等
九	材料系计划项目	主要参加人员：
1	材料在深冷条件下的行为及机理研究	徐纪楠　程饴萱　卜万龙　陈继勤　曹云娣　林云法
2	螺纹透镜(太阳能波动)	丁子上　江仲华　王秀芳　唐　青　李志芬
3	贮氢金属研制	王启东　吴　京　陈长聘　陈仰霖　方添水

续表

	材料系计划项目	主要参加人员：
4	高效能气力输送	王仁柞　倪光裕　杨介更
5	低温烧成水泥研究	楼宗汉　徐先宇　韩　韧　沈锦林　蒋欣之　姚爱玉
6	组合离子移植	吴文炳　刘培华　曹征旺　张　真　孙昌国
7	金属增强纤维研究(复合材料)	姚鸿年　肖宜雍　高文龙　楼芳丽　周瑞列　杨友意
8	挖竹根刀片材质研究	毛致远　李志章　黄兰珍　姚天贵　张思彬　陈才金
9	提高熔模铸件尺寸精度和表面光洁度的研究	翁家潮　王慕荣　包彦堃　施文章
10	曲轴复合热处理研究	崔祖维　于永国　王大根　赵炳辉
11	氮基可控气氛热处理	吴恩林　张美康　王月君
12	强刃白口铸铁斗轮挖掘机斗齿的研究	姜振雄　丁家盈　须祖兴　谭继良
13	半固态铸造	王启东　曾昭昭　吴静波　蒋文浩　周邦昌
	计划外和新增加项目	主要参加人员：
1	纳质膨润土研究	王慕荣　王守正
2	低热微膨胀矿渣水泥	楼宗汉等
3	球墨铸铁	刘庆元　须祖兴
4	转铸轴承	吴　京　姜振雄　施文章　包彦堃
5	粉体工程	同气力输送
十	热物理系计划项目	主要参加人员：
1	油煤混合燃烧的研究(COM)	马元骥　陈运铣　岑可法　张鹤声　康齐福　张学宏 谢明湖　王国权　吕德寿　曹欣玉　曹源泉　袁镇福
2	太阳能集热器	朱天复　谢仲华　吴子静　吴存真　沈珞婵　杨　斌 茹浩良　高子恩　张诗针
3	燃氢发动机	李经定　陆英涛　杜天申　陈世伟
4	锅炉热力计算标准	张鹤声　王国权
5	劣质煤高温沸卷焙烧水泥的研究	陈运铣等 15 人
6	劣质煤沸腾燃烧机理的研究	陈运铣等 15 人
7	汽车转子发动机	朱崇基　周有平　王仁泉　周振成
8	492 低污染汽油机	马元骥　胡大公　夏来庆　许跃良
9	低温比热	黄志秀　郑　伟　邵敦荣　舒泉声　冯仲甫　刘楚云
10	低温绝热容器	金星悦　张发高等
11	低温传热试验	胡连方　杨永玲
12	低温透平膨胀机	包裕弟　沈永年　张朝涵　蔡布阳

续表

	热物理系计划项目	主要参加人员：
13	低温制冷机	李代瑛
14	汽轮机叶片震动与抽汽口关系性能的研究	唐致实　叶　衡
15	汽轮机大型柔性转子的振动平衡	顾　晃　任浩仁　吕　荣
	计划外和新增加项目	主要参加人员：
1	超声器件	舒泉声　冯仰甫
2	COM 流量测量研究	许丘森等
3	数字巡回检测仪	
4	油页岩燃烧	
5	计算机和数符显示器	
6	新型石煤锅炉	
7	F175 单缸发动机	施润昌　郑　飞　沈宏泉　严兆大　屠志强　胡章其
十一	化学系计划项目	主要参加人员：
1	激光在高分子化学中的应用	胡庆美　沈志明　王树源
2	离子型聚合机理	杨士林　封麟先　朱勤勤　戚国荣　郑　文
3	乙丙橡胶	杨士林　封麟先　朱勤勤　戚国荣　郑　文
4	淡化技术研究	刘懋涛　王甦珍　忻永和　钱锦文
5	非理想系统汽液相平衡数据的测定和关联	韩世钧　陈庚华　傅　慧　蒋伟川
6	离子晶体格能的理论研究(量子化学)	陈世元　沈良骏　陈德余
7	油田助剂(破乳剂)	路亦景　胡兴娣　田宜男
8	含硫污水处理技术的研究	韩世钧　陈庚华　傅　慧　蒋伟川
9	含铬废水处理	樊邦棠　包亦毅
10	水中矾的测定	叶率官　陈子雯
11	石煤中提取镓的研究	许丁荣　裘德让
	计划外和新增加项目	主要参加人员：
1	高分子黏结剂	叶胜荣　涂克华　沈志明
2	应用电化学	李耿炎
3	聚丙烯共混改性的研究	凤兆玄　张心安　孟东峰　刘尚志
十二	地质系计划项目	主要参加人员：
1	郯芦大断裂——古地磁部分	方天均　夏元龙　何礼章　芦永顺　郭亚宾　张如沅

续表

	地质系计划项目	主要参加人员：
2	山东地区侵入岩类型特征及成因演化规律	程　鑫　杨春茂　余雨生　张兆华
3	我国南方钨矿成矿规律的研究	柳志寺　杨瑞燕　倪纪文等及研究生二人
	计划外和新增加项目：	主要参加人员：
1	地物光谱仪	张福祥　王惠民　蔡奇雄
	计算机系计划项目	主要参加人员：
1	低频振动标准装置专用测振计算机	李菊初　芦华云　汪一芸　江树木
	计划外和新增加项目	主要参加人员：
1	光笔软件	金廷赞
十三	无线电系计划项目	主要参加人员：
1	同相微波锁相振荡器	李肇遐　季文扬　刘　锐　陈贵复　王湖庄　李式巨　刘平生　谢银芳　王秉桂
2	全分子筛吸附硅烷法制硅(多晶、单晶)	阙端麟　姚奎鸿
	计划外和新增加项目	主要参加人员：
1	V-MOS 功率晶体管	陈启秀　陆　鸣　徐家权　何杞鑫　陈忠景　陈　健　丁桂兰
2	快速电磁调控管	周　文　沈致远　王一鸣　胡文豪　徐　电　唐光华　万英超　季敬川
3	同步辐射器	周　文　王一鸣　储璇雯　季敬川　王德苗　冯跃鑫　尤田錸　周建华　徐　电　裴　念
4	声学显微镜	李志能　张兴义　谢志行　陈秀峰　金绍菲
5	图像信号处理	荆仁杰　姚庆栋　颜仲康　陈存椿　王万杰　童乃文　徐洪水　何小艇
6	硅烷外延技术的研究	陈启秀　朱祖华　严忠琛　沈相国　张郁文
十四	力学系计划项目	主要参加人员：
1	化学流体力学及多相流动	连桂森　陈越南　魏　民　钟家康　吴松盛　许学谘　范西俊
2	磁流体动力学	郭本铁　应玉燕　陈邦国
3	激光测速技术	王智迅　陈怀永　陈畅祯　毛忠夫
4	激波管	韩惠霖　李玉麟　陈祯祥　贾吉柱
5	任意旋成面跨声速计算	任　闻
6	大型汽轮机转子的断裂分析和振动计算	柳新法　刘明杰　黄纯明　恽　馥　吴台卿　蔡承之　董友成　林建兴

续表

	力学系计划项目	主要参加人员：
7	7611-2 工程	奚德昌　赵钦淼　许汉民
8	动光弹试验	曹鸿生　杨槐坐　董　炜
9	转炉炉壳托圈等强度理论	何福宝　郭乙木
10	弹塑性断裂力学	王仁东　林钟祥　钟秉章　孙炳楠
	计划外和新增加项目	主要参加人员：
1	水动计算	章本照
2	壳体结构分析和高压义管	刘鸿文　丁婉英　洪嘉智　吴新初　吕荣坤　郑　涛
3	2 万 3 千燃气轮机断裂强度	章国瑞　吕荣坤　董秀珍　钟　旋

浙江大学档案馆藏，档案号：ZD-1980-XZ-25-3

浙江大学 1980 年科研事业费分配方案（讨论稿）
（1980 年）

项目名称	经费（万元）
一、数学系	
数学理论研究	1.5
小计	1.5
二、化学系	
1. 激光化学	2.0
2. 乙丙共聚反应	2.0
3. 淡化技术	1.0
4. 高分子黏结剂	0.5
5. 离子晶体晶格能理论	0.2
6. 水中微量钒测定	1.5
7. 石煤重提镓	
小计	7.2
三、力学系	
1. 光动力弹学	3.0
2. 磁流体动力学	0.5
3. 高动压标定激波管	3.0

续表

项目名称	经费(万元)
4.激光测速仪	0.2
5.大锻件断裂力学	0.5
6.弹塑性断裂力学	1.0
小计	8.2
四、土木系	
1.软土地基力学	2.0
2.建筑结构与设计	10.0
3.围护结构保温与隔热性能	1.0
4.风滩坝高低坎挑流消能	1.0
5.拱坝应力分析计算	0.5
小计	14.5
五、机械系	
1.计算机辅助几何设计及加工	2.0
2.磁盘	4.0
3.双圆弧齿轮	1.5
4.精密机床的刚度试验	0.5
5.动态流量传感器	0.5
6.齿轮与传动链精度及精密测试	1.3
7.磨削自激振动机理及砂轮堵塞	0.5
8.涡轮母机	2.0
小计	12.3
六、电机系	
1.100千瓦双水内电机	3.0
2.直流输电(动态模拟)	3.0
小计	6.0
七、化工系	
1.气液平衡及PVT	3.0
2.聚合反应工程	6.0
3.气液两相液体间传递过程	1.0
4.气-固相催化反应固定床反应器	2.0
5.气-液及气-液-固反应工程	1.0

续表

项目名称	经费(万元)
6.双金属络合法分离 CO	1.5
7.化工动态学	3.0
8.化机断裂力学	9.0
小计	26.5
八、光仪系	
1.激光高速全息摄影机	7.0
2.莫尔条纹三维测定	1.0
3.网格板	0.5
4.光栅度盘检验仪	1.0
5.薄膜光学	9.0
6.高速摄影应用及测试	5.0
7.激光化学器	0.8
小计	24.3
九、科仪系	
1.微循环测试	1.0
2.医用换能器	6.0
小计	7.0
十、物理系	
1.两色发光管及技术	1.5
2.表面物理	2.0
3.铜离子激光器	5.0
小计	8.5
十一、材料系	
1.组合离子注入	5.0
2.半固态铸造	3.0
3.储氢材料	3.0
4.材料在深冷条件下的行为及其机理	0.5
5.复合材料	1.0
6.硅材料	20.0
小计	32.5

续表

项目名称	经费(万元)
十二、地质系	
1.郯芦大断裂的分布规律	7.0
2.富铁矿成矿理论	
3.矿藏规律预测	
小计	7.0
十三、热物理系	
1.低温工程	8.0
小计	8.0
十四、计算机系(待定)	
十五、无线电系(待定)	
十六、科研处	
1.学报	4.0
2.情报	4.0
3.学术活动	5.0
4.公用水电	10.0
小计	23.0
十七、各系科研机动费	15.0
小计	15.0
总计	281.5

浙江大学档案馆藏,档案号:ZD-1980-XZ-25-4

浙江大学1986年科研成果统计[①]

(1987年4月)

出版科学专著17部,在全国性学术刊物、国外学术刊物发表学术论文516篇。

浙江大学档案馆藏,档案号:ZD-1986-XZ-340

① 本件原载浙江大学校长办公室编《浙江大学1986年统计资料汇编》,标题为编者所拟。

浙江大学1990年科技成果统计①

(1991年4月)

名目	类别	数量
批准专利数(项)	外观设计	1
	实用新型	33
	发明	15
	其中:国外批准	
	合计	49
出版科学专著	部	51
	千字	13200
发表学术论文(篇)	国外学术刊物	345
	全国性学术刊物	1344
	地方性学术刊物	116
	合计	1805

浙江大学档案馆藏,档案号:ZD-1990-XZ-57-3

浙江大学1990年科研经费统计②

(1990年12月30日)

1990年我校科研事业有了长足的发展,科研经费到款总数3522万元,其中纵向经费1964.78万元,横向经费1557.38万元;鉴定科研成果130余项,获国家、部委及省级奖励82项。

浙江大学档案馆藏,档案号:ZD-1900-ZL12-273

1990年度全国高校科技论文数量统计③

(1991年12月19日)

《科技日报》第二版报道,1990年度我国科技论文统计分析结果摘要。在国内发表论文

① 本表原载浙江大学校长办公室编《浙江大学1990年统计资料汇编》,标题为编者所加,表格格式有所调整。

② 本件原载浙江大学校长办公室编《1990年浙江大学校志》,标题为编者所拟。

③ 本件原载浙江大学校长办公室编《1991年浙江大学校志》,标题为编者所拟。

数最多的前10名大学是:1.清华大学,771篇;2.北京大学,657篇;3.南京大学,634篇;4.华中理工大学,629篇;5.北京医科大学,611篇;6.浙江大学,595篇;7.上海医科大学,581篇;8.哈尔滨工业大学,579篇;9.西安交通大学,554篇;10.中国科技大学,523篇。

浙江大学档案馆藏,档案号:ZD-1900-ZL12-274

2.科研获奖

浙江大学科技成果报表目录[①]

(1977年7月21日)

省教育局、省科技局:

根据省革委会办公室,浙革办〔1977〕12号文通知的精神,今报上我校推荐的重大成果、先进单位、先进个人,请审查。

浙江大学革委会

一九七七年七月二十一日

一、重大科技成果

1.双水内冷电机
2.中低频激光测振仪
3.超高速摄影机
4.高速马达
5.控硅中频电源
6.硅烷法制造高纯硅
7.正负法数控绘图
8.精密铸造刀具
9.软土地基
10.冷拔丝钢丝
11.非离子表面活性剂
12.圆筒形核爆炸模拟装置
13.低温液氢、液氧、液氮容器
14.双筒双目手术显微镜
15.锅炉测试仪器
16.气象预报填图机
17.yⅠG电调滤波器

① 本篇通知原无标题,标题为编者所拟。

18. 旋流板塔
19. 脉冲输送
20. 珍珠岩
21. 白鸥砂矿成矿规律
22. 电涡流测功仪
23. 高速钢栓的热处理
24. 条带式画幅摄影机
25 台式高灵敏度记录仪
26. 激光手术刀
27. 涡流式位移振幅测量仪
28 船体数学放样——回弹法
29. 台风路径的数值预报
30. 压力叉管
31. 丝织纹制工艺自动化
32. 直流输电

二、先进单位

1. 中低频激光测振仪科研组
2. 高速马达科研组
3. 硅烷法自取硅单晶科研组
4. 中频电流科研组
5. 精密铸造刀具科研组。
6. 软土地基科研组
7. 破乳剂科研组
8. 60 万千瓦双水内冷电机饮水线科研组
9. 高压叉管科研组
10. 气象预报填报机科研组
11. 电调滤波器科研组
12. 冷拔钢丝科研组
13. 400 号科研组
14. 珍珠岩科研组
15. 涡流式位移测振仪科研组
16. 丝织纹制工艺自动化科研组
17. 直流输电科研组
18. 电炉测试仪器科研组

三、先进个人

电机系:郑光华(电机制造专业)
无线电系:浦树良(计算机专业)

理科部:董光昌、蔡耀志(应用数学专业)

浙江大学档案馆藏,档案号:ZD-1977-XZ-104

浙江大学科技成果授奖项目统计表

(1980年4月)

浙江大学数学系科技成果授奖项目统计表

序号	项目名称	完成时间	发明奖	全国科学大会奖	中国科学院技术改进奖	省科技成果奖	校技术改进奖	备注
1	数学在螺杆泵设计与制造中的应用	1975		奖状				
2	船体数字放样	1975		奖状				
3	正负法数控绘画	1977		奖状		77年奖状		
4	样条曲线拟合与双圆弧逼近法数控绘图	1977		奖状				
5	320(DJS-8)电子计算机ALGOL语言编译系统	1977		奖状				
6	钱塘江河口涌潮观测及潮汐水力计算的研究	1977		奖状				与土木系等单位共同研究
7	船模切削程序	1978				79年三等奖	79年三等奖200元	
8	函数逼近论	1978					79年三等奖200元	

浙江大学物理系科技成果授奖项目统计表

序号	项目名称	完成时间	发明奖	全国科学大会奖	中国科学院技术改进奖	省科技成果奖	校技术改进奖	备注
1	多倍频程YIG电调滤波器	1977				79年三等奖		
2	微波铁氧体柘榴石单晶和小球	1978					三等奖200元	
3	C-V杂质浓度分布测试仪	1979						上海市成果奖200元 分本校75元

浙江大学力学系科技成果授奖项目统计表

序号	项目名称	完成时间	发明奖	全国科学大会奖	中国科学院技术改进奖	省科技成果奖	校技术改进奖	备注
1	月牙形内加强肋管及无梁岔管	1977		奖状			79 年三等奖 200 元	
2	120 吨、250 吨氧气炼钢转炉拖圈和炉壳的强度计算及模型的试验	1978				79 年三等奖	79 年四等奖 100 元	
3	30 万 KW 双水内冷汽轮发电机风扇叶片断裂事故分析研究	1979					79 年四等奖 100 元	

浙江大学化学系科技成果授奖项目统计表

序号	项目名称	完成时间	发明奖	全国科学大会奖	中国科学院技术改进奖	省科技成果奖	校技术改进奖	备注
1	ZP 型破乳剂和超高分子量破乳剂 UH 系列	1975		奖状		77 年奖状		
2	石煤的成因、性质、开发和利用(石煤综合利用)	1977		奖状				
3	海水淡化	1978					79 年三等奖 200 元	
4	离子型聚合机理研究	1979					79 年三等奖 200 元	
5	含铬废水处理	1978					79 年四等奖 100 元	
6	水基型二硫化碳乳液油田清蜡剂	1978				79 年二等奖 500 元		

浙江大学化工系科技成果授奖项目统计表

序号	项目名称	完成时间	发明奖	全国科学大会奖	中国科学院技术改进奖	省科技成果奖	校技术改进奖	备注
1	小型无油润滑压氧机	1975		奖状				
2	扁平绕带高压容器	1977		奖状				
3	施流板塔	1977		奖状		77 年奖状	79 年三等奖 200 元	
4	C,烃汽-液平衡的研究	1977		奖状				
5	高压容器的研究及应用 Φ1010mm 氨合成塔断裂力学安全分析	1977		奖状				

续表

序号	项目名称	完成时间	发明奖	全国科学大会奖	中国科学院技术改进奖	省科技成果奖	校技术改进奖	备注
6	叶轮超速破坏试验台	1978				79年二等奖500元		
7	番茄酱生产自动化	1978				79年二等奖500元		
8	固体粉粒的脉冲气力输送	1978				79年二等奖500元		
9	安全火花型高压电容液面变送计	1979					79年四等奖100元	
10	闭环校验	1979					79年四等奖100元	
11	丙烯碳酸脂脱CO2开发	1979					79年四等奖100元	

浙江大学光仪系科技成果授奖项目统计表

序号	项目名称	完成时间	发明奖	全国科学大会奖	中国科学院技术改进奖	省科技成果奖	校技术改进奖	备注
1	双人双目大物镜可变倍手术显微镜	1976		奖状		77年奖状	79年三等奖200元	
2	250万幅/秒高速摄影机	1966		奖状		77年奖状		
3	中低频激光振动标准装置测振仪的研制	1975		奖状				
4	电动高速反光镜装置	1974				77年奖状		
5	GDZ-3型激光高频测振装置	1978				79年一等奖1000元		科仪系、普通物理共同研究
6	XG-Ⅰ型狭缝高速摄影机	1978				79年一等奖1000元		校机械厂、物理系等共同研究
7	ZDG-Ⅰ型电子快门及曝光量测试仪	1978				79年三等奖	79年三等奖200元	
8	激光手术器	1978					79年四等奖100元	
9	高速摄影的应用	1979					79年四等奖100元	
10	中低频激光干涉测振装置	1979				77年奖状		

浙江大学科仪系科技成果授奖项目统计表

序号	项目名称	完成时间	发明奖	全国科学大会奖	中国科学院技术改进奖	省科技成果奖	校技术改进奖	备注
1	ZZE-5310 非接触式位移振幅测量仪研究	1978		奖状			79 年三等奖 200 元	
2	心音换能器	1978				79 年三等奖	79 年三等奖 200 元	
3	小型 X-Y 绘图仪	1979					79 年四等奖 100 元	

浙江大学机械系科技成果授奖项目统计表

序号	项目名称	完成时间	发明奖	全国科学大会奖	中国科学院技术改进奖	省科技成果奖	校技术改进奖	备注
1	BZD-1 型 20HZ—5000HZ 定标用振动台	1975		奖状				机械系、电机系一起搞的
2	20 吨液压振动台	1976		奖状				
3	中频振动标准装置	1976		奖状				500 号科研组
4	计算机辅助空间曲面数学模型的建立和在扭曲面加工中的应用	1979						获得一机部科技成果三等奖
5	DZJ-75 短距离钴 60(铯 137)治疗机	1978				79 年二等奖 500 元		杭州医疗器械厂、杭州肿瘤医院共同研究
6	八一钻机电液控制系统	1978				79 年二等奖 500 元		
7	光栅式齿轮机床转动链测量仪	1978				79 年三等奖	79 年三等奖 200 元	
8	QCD1-F250 电液伺服阀	1979					79 年三等奖 200 元	
9	带钢塔式酸洗射流自动纠偏系统	1979						获上海市 80 年成果奖 500 元，分本校 80 元

浙江大学电机系科技成果授奖项目统计表

序号	项目名称	完成时间	发明奖	全国科学大会奖	中国科学院技术改进奖	省科技成果奖	校技术改进奖	备注
1	双水内冷电机研究	1958		奖状		77 年奖状		
2	250 千瓦 2500HZ 可控硅中频电源	1975		奖状				
3	428 千伏安超导交流同步电机	1977		奖状				低温教研室徐烈和电机教研室沈云宝参加
4	晶体管成套线路保护装置研究	1976		奖状				
5	31 千伏高压直流输电	1976		奖状				
6	可控硅中频电源 250KW/2.5KG、100KW/1KG、倍频等	1977				77 年奖状		
7	20 千赫 50 千瓦中频电源	1978				79 年二等奖 500 元		
8	中频液压弯管机	1978				79 年三等奖	79 年三等奖 200 元	
9	1.2 万千瓦风冷发电机改为双水内冷发电机	1978				79 年三等奖	79 年三等奖 200 元	
10	应用电子计算机的复杂电力系统计算方法	1978					79 年三等奖 200 元	
11	电磁内热式炒茶机	1979					79 年四等奖 100 元	
12	提花丝织物纹制工艺自动化	1978				79 年一等奖 1000 元		

浙江大学材料系科技成果授奖项目统计表

序号	项目名称	完成时间	发明奖	全国科学大会奖	中国科学院技术改进奖	省科技成果奖	校技术改进奖	备注
1	低热微膨胀水泥	1979	二等奖					
2	全分子筛吸附硅烷法制高纯硅	1977	三等发明	奖状		77 年奖状		
3	钠质膨润土性能评定	1977		奖状			79 年二等奖 500 元	

续表

序号	项目名称	完成时间	发明奖	全国科学大会奖	中国科学院技术改进奖	省科技成果奖	校技术改进奖	备注
4	钨当量为11的加硼铸造高速钢	1978				79年二等奖500元		
5	新型抗磨料磨损材料——强韧白口铸铁	1978				79年二等奖500元		
6	渗碳炉改为多用炉研究	1979					79年四等奖100元	
7	HZ-7A细纱锥面钢令	1978				79年二等奖500元		
8	铸工流水线	1978				79年二等奖500元		
9	精密铸造高速钢刀具	1977				77年奖状		

浙江大学热物理系科技成果授奖项目统计表

序号	项目名称	完成时间	发明奖	全国科学大会奖	中国科学院技术改进奖	省科技成果奖	校技术改进奖	备注
1	多层绝热方法及低温容器	1977		奖状				
2	沸腾炉烧石煤及白煤	1977		奖状				
3	汽油转子发动机	1978		奖状			79年三等奖200元	
4	小功率电涡流测功机	1978				79年三等奖	79年三等奖200元	
5	石煤沸腾焙烧提取五氧化二钒(中试)	1978				79年二等奖500元		
6	锅炉测试仪器	1977				77年奖状		
7	液氮冷冻治疗	1977				77年奖状		
8	低热值石煤沸腾炉的研制和应用	1978				79年三等奖	79年三等奖200元	
9	N-101S-107型液氮冰冻治疗器及临床应用	1977		奖状				
10	165F-2型小功率高速风冷柴油机	1978					79年三等奖200元	
11	液氢、液氦容器最佳绝热结构试验	1977				77年奖状		

浙江大学无线电系科技成果授奖项目统计表

序号	项目名称	完成时间	发明奖	全国科学大会奖	中国科学院技术改进奖	省科技成果奖	校技术改进奖	备注
1	十五通道计时器	1978				79年三等奖	79年三等奖200元	
2	毫米波同轴磁控管	1978					79年四等奖100元	

浙江大学计算机系科技成果授奖项目统计表

序号	项目名称	完成时间	发明奖	全国科学大会奖	中国科学院技术改进奖	省科技成果奖	校技术改进奖	备注
1	气象自动填图机	1977		奖状		77年奖状	79年三等奖200元	
2	光电光波比长仪	1977		奖状				
3	软件移植技术(多带上一机)	1978				79年三等奖		
4	水文预报专用计算机	1979					79年三等奖200元	

浙江大学地质系科技成果授奖项目统计表

序号	项目名称	完成时间	发明奖	全国科学大会奖	中国科学院技术改进奖	省科技成果奖	校技术改进奖	备注
1	浙江省珍珠岩矿产资源初步调查及膨胀性能的研究	1972				79年三等奖	79年四等奖100元	
2	论脉状钨锡铍矿床储量预测	1976		奖状				

浙江大学土木系科技成果授奖项目统计表

序号	项目名称	完成时间	发明奖	全国科学大会奖	中国科学院技术改进奖	省科技成果奖	校技术改进奖	备注
1	2米外核爆炸爆炸装置	1969		奖状		77年奖状		
2	混凝土空心砌块建筑	1977		奖状				
3	冷拨低碳钢丝预应力混凝土中小构件	1976		奖状		77年奖状		
4	软土地基设计计算理论和施工处理技术	1977		奖状		77年奖状		
5	大跨网架屋盖结构的计算方法	1977		奖状				
6	核爆炸冲击波作用下厚板动力分析及强度设计	1976		奖状				

续表

序号	项目名称	完成时间	发明奖	全国科学大会奖	中国科学院技术改进奖	省科技成果奖	校技术改进奖	备注
7	“八一”工程密封罐及防护门抗爆试验研究	1977				79 年二等 500 元		
8	预应力双 L 梁	1978				79 年三等奖	79 年三等奖 200 元	
9	土建常用结构通用程序	1978					79 年四等奖 100 元	
10	浙大教六地基采用旋喷法加固	1979					79 年四等奖 100 元	
11	浙江省亭下水库大坝采用粉煤灰的试验研究	1979					79 年三等奖 200 元	
12	建筑热工性能的研究	1978					79 年三等奖 200 元	

说明：根据国家科委、国防科委、中国科学院、浙江省科委关于科学技术研究成果奖励的通知申报的我校科技成果至 1980 年 4 月底止计有 106 项获奖，其中“低热微膨胀水泥”获国家二等发明奖，“全分子筛吸附硅烷法制高纯硅”获国家三等发明奖。现将我校获奖情况按系列出，供内部参阅。

属中国科学院、浙江省科委审批的 1979 年度授奖项目待院、省审定后另外公布。

浙江大学科研处

一九八〇年五月五日

浙江大学档案馆藏，档案号：ZD-1980-XZ-25-5

1986 年科技成果获奖情况

(1987 年 4 月)

		合计	特等	一等	二等	三等	四等	未评等级
获奖情况（项）	总计	62		3	25	15	7	12
	国家自然科学奖							
	国家发明奖	1				1		
	国家科技进步奖							
	部门科技进步奖	38		2	22	2		12
	省（市、区）科技进步奖	23		1	3	12	7	
出版科学专著（部）		17	在全国性学术刊物、国外学术刊物发表的学术论文（篇）					516

说明：获国家发明奖项目为三等奖：变渗透度含油轴承。

浙江大学档案馆藏，档案号：ZD-1986-XZ-340

1960年以来浙江大学国家级科研获奖统计[①]

(1988年9月)

1. 获国家发明奖项目

①双水内冷汽轮发电机(1960年获奖,不分等级):郑光华等

2. 一等奖

①橡胶树在北纬18～24度大面积种植技术(协作)

3. 二等奖

①低热微膨胀水泥(1980年):材料系楼宗汉等

4. 三等奖

①全分子筛吸附硅烷法制高纯硅(1980年):材料系阙端麟、姚奎鸿等
②新型薄内筒扁平绕带高压容器的设计(1981年):化工系朱国辉等
③电动高速转镜装置的一种新颖增速机构(1982年4月):光仪系蒋培陛等
④切削法制超薄钢带工艺(合作):材料系姚鸿年
⑤PIN管腔外调谐电调频率捷变频磁控管:无线电系周文、王一鸣等5人
⑥立式蝶片分离机全速动平衡方法:化工系周保堂、汪希萱等
⑦静电纺纱新技术(合作):吴大元等
⑧时间分割预估器:化工系杜维、林新民
⑨变渗透度含油轴承:机械系全永昕、马骥等5人
⑩双床沸腾炉:陈运铣、康其福、岑可法等

5. 四等奖

①超强韧白口铸铁及其工艺:材料系姜振雄等5人
②旋流塔板:化工系谭天恩等7人
③50KC/S固体发光时标发生器:光仪系郑增荣等3人
④游离双高碳相抗磨铸铁:材料系姜振雄等4人

浙江大学档案馆藏,档案号:ZD-1988-XZ-74

① 本文系浙江大学校长办公室1988年9月编《浙江大学简介》中有关科研获奖部分的节选,标题为编者所拟。

1990 年科技成果获奖情况

（1991 年 4 月）

		合计	特等	一等	二等	三等	四等	未评等级
获奖情况（项）	总计	35		1	11	12	11	
	国家自然科学奖							
	国家发明奖	3				2	1	
	国家科技进步奖							
	部门科技进步奖	6			5	1		
	省（市、区）科技进步奖	26		1	6	9	10	

说明：获国家发明奖项目为三等奖：低压降比调节阀，含稀土的桩帽铸钢的研制。

四等奖：低热值石煤的预热层燃技术和装置。

浙江大学档案馆藏，档案号：ZD-1990-XZ-57-3

1991 年国家级科技成果获奖项目①

（1991 年 12 月 29 日）

一、获 1991 年国家自然科学奖

三等奖

1. 计算机图形生成和几何造型研究

数学系：梁友栋、彭群生、汪国昭、陈家平

四等奖

2. 马丁-侯状态方程的发展和应用

化工系：侯虞钧、张彬、吴国宏、张秉坚、胡望明

二、获 1991 年国家发明奖

三等奖

1. 地基基床系数的现场测定及消震新方法

土木系：李翼琪

四等奖

2. 螺旋板式蜂窝点发酵冷却夹套

化工系：林兴华、蒋家羚

3. PC 型模糊控制器

化工系：杜维、陆水均、余国贞、潘培新、周春晖

---

① 本件原载浙江大学校长办公室编《1991 年浙江大学校志》第 65—66 页，标题为编者所拟。

三、获1991年国家级科技进步奖

一等奖

1. 离心通风机内流理论及设计计算系统的研究与应用

力学系:沈天耀、吴松盛、崔良成、郑幼昕、王智迅、毛忠夫、付汉章、林建忠等10人。

浙江大学档案馆,档案号:ZD-1900-ZL12-274

1992年国家级科技成果获奖项目[①]

(1993年4月4日)

一、获1992年国家级科技进步奖

二等奖

1. 装潢图案创作智能CAD系统的研究

计算机系人工智能所:潘云鹤、林峰、何志均、门素琴

三等奖

1. 化工旋转机械整机全速动平衡原理和方法的研究

化工系化工机械所:周保堂、贺世正、洪伟荣(陈钊、汪汉国)

2. 国家农作物种质资源数据库系统(合作)

计算机系人工智能所:孔繁胜(第2名)

二、获1992年国家发明奖

四等奖

1. Ka波段电解质参数测试仪

材料系:倪尔瑚

浙江大学档案馆,档案号:ZD-1993-XZ-58-2

1993年国家级科技成果获奖项目[②]

(1993年12月29日)

1. 国家自然科学奖

三等奖

①稀土催化剂在高分子合成中的应用研究

高分子系高分子科学与材料所:沈之荃、杨慕杰、张一烽、孙俊全、乔亦男

---

① 本件原载浙江大学校长办公室编《1993年浙江大学校志》第14页,标题为编者所拟。

② 本件原载浙江大学校长办公室编《1993年浙江大学校志》第59—60页,标题为编者所拟。

2. 国家发明奖

四等奖

①辊式炉前燃烧成型装置

能源系燃料利用所:张学宏、曹源泉、曾航、任有中、顾战

3. 国家科技进步奖

1)**二等奖**

①钢锭轧前处理过程计算机控制

工业控制研究所:吕勇哉(王教宽)、符雪桐(黄荣生)、吴铁军(范小元)、施寅威

②《天马》通用型集成式专家系统开发环境(合作)

计算机系人工智能所:(陆汝玲)、何志均(李卫华、梁大周、金海东)、庄越挺

③旋转喷雾干法烟气脱硫技术研究(合作,92 年)

化工系化工工程所

2)**三等奖**

①纹织 CAD 系统

电机系电气自动化研究所:陈希舒、颜钢锋、诸葛振荣、沈加东、孔志锋

②食用酒精提纯技术

化工系化学工程所:周金汉、朱兰笙(胡嘉国、李传林)、李域

③微悬浮糊树脂聚合工艺技术开发(合作)

高分子系高分子科学与工程所:(陈武扬)、黄志明、(陈广云、马芝英)、翁志学

④涂料专用搅拌釜优化研究、开发和系列产品设计(合作)

高分子系高分子科学与工程所:(朱九龄)、王凯等

⑤建筑地基处理技术规范(合作)

土木系岩土工程所:(张永钧、平涌潮、罗宇生、叶书麟)、潘秋元

浙江大学档案馆,档案号:ZD-1993-XZ-58-2

1995 年国家级科技成果获奖项目[①]

(1995 年 11 月 30 日)

1. 国家自然科学四等奖

①光学与光电子薄膜理论与特性的研究

光科系:唐晋发

②非线性二阶偏微分方程理论应用

数学系:董光昌

---

① 本件原载浙江大学校长办公室编《1995 年浙江大学校志》第 22—23 页,标题为编者所拟。

2. 国家发明奖四等奖

①制造高压超纯氢的贮氢合金和氢净化压缩技术

材料系:王启东

②ZG-9000 型显微高速摄影系统

光科系:郑增荣

3. 国家科技进步奖

①二等奖

云南化工厂 1000 吨/年百菌工业性试验项目

化工系:王同茂(7)

②三等奖

液压挖掘机现代设计理论、方法、技术的研究应用

机械系:冯培恩

③四等奖

钢结构设计规范

土木系:夏志斌(2)

浙江大学档案馆藏,档案号:ZD-1900-ZL12-277

1996 年国家级科技成果获奖项目[①]

(1996 年 12 月 18 日)

1. 国家发明奖

①高分子系徐又一教授等完成的"聚丙烯中空纤维微孔膜的制备方法及其氢/水分离新工艺",获国家发明三等奖。

②分析测试中心林贤福副教授完成的"聚丙烯系塑料制品用的多功能底漆制造技术",获国家发明四等奖。

2. 国家科技进步奖

①土木系吴世明教授等完成的"地基中瑞利波传播特性研究及工程应用",获国家科技进步二等奖。

②土木系董石麟教授等完成的新型空间结构的强度、稳定性和动力性能研究,获国家科技进步三等奖

③计算机系陈纯教授等与杭州喜得宝丝绸公司合作完成的"印花图案自动分色描稿处理系统(CAPSP)",获国家科技进步三等奖。

浙江大学档案馆藏,档案号:ZD-1900-ZL12-278

---

① 本件原载浙江大学校长办公室编《1996 年浙江大学校志》第 24—25 页,标题为编者所拟。

九、师资与人事

(一)师资管理

1. 职务定额与编制管理

关于申请讲师及其他专业技术人员高、中级职务定额的报告

(1986年10月23日)

浙大发人〔1986〕480号

国家教委:

我校是一所以理工为主,多门类、多学科的重点大学,现有工、理、文、管理等学科共设20个系,在校学生11020人(其中计划内本专科生8376人,研究生1461人,都折合为本科生,总数为11212人)。根据教学、科研发展的需要,学校还建有图书馆、校办工厂(机械、化工、光仪、半导体材料、电机、无线电等六个),和建筑设计院(国家甲级设计院),出版社(经国家出版管局核定),医院等直属单位。全校教职工5250人,除教师外,其他各系列专业技术人员1300余人。从事这些专业技术工作的人员中,已具有高级职务任职资格的有26人,中级职务400多人。几十年来,他们为了学校的教学、科研工作作出了很大的贡献。由于近几年的职称晋升工作的暂停,使许多具有真才实学的技术人员所履行的职责和其职务不相符,极大地影响了他们的积极性。为使我校的各专业技术职务系列职务聘任工作全面展开,根据中央及你委有关文件的精神,结合我校所承担的实际任务及发展规划,并按定编、定岗和确定合理结构的要求,我们除了对教师职务定额进行测算外,还对其它专业技术队伍结构及其高级、中级职务定额进行了认真的核定,现提出如下申请:

1. 拟设置讲师职务定额1080人,其比例为教师职务比例的45%。

2. 拟在其他各个系列的专业技术人员中设置高级职务140人,占职务比例10%,拟设置中级职务760人,占职务比例55%。

以上报告,请予审核批准。

浙江大学

一九八六年十月二十三日

浙江大学档案馆藏,档案号:ZD-1986-XZ-256-6

关于下达委属高等学校聘任专业技术职务限额控制指标的通知

(1986年10月24日)

〔88〕教职称字021号

委属各高等学校：

根据中央职称改革工作领导小组《关于下达事业单位聘任专业技术职务宏观控制指标的通知》精神，现将委属学校首次聘任专业技术职务限额控制指标下达给你们(见附件)，并就有关事项通知如下：

一、根据中央职称改革工作领导小组下达给我委的高、中级职务宏观控制指标，结合委属高校实际需要和队伍的实际情况，初步确定首次聘任期内各校的高、中级职务的限额。各校应根据改革职称评定、实行专业技术职务聘任制的要求进行工作，注意处理好聘与评的关系，严格掌握任职条件，并考虑队伍合理结构，在所下达的控制指标内进行聘任。

二、根据中央对职称改革工作的部署和所确定的首次聘任专业技术职务工作的指标使用期限，这次下达给各校的职务限额控制指标的使用截止期暂定为1987年底。

首次聘任期后，专业技术职务聘任工作应在国家允许的增资幅度内，根据国家规定的专业技术职务条例和实际工作需要，逐步转入经常轨道。

三、在首次专业技术职务聘任工作中所聘高、中级职务数额，均不得超过所下达的限额控制指标。对少数人才密集的老校，可根据设置“待聘高级职务”的要求，申报设置“待聘教授”、“待聘副教授”职务定额，经审核批准后，方可实施。

凡经我委组织安排或批准支援新校、边远地区高校和援外教师，任职二年以上的，可作为“待聘教授”、“待聘副教授”。

四、这次下达给各校的高、中级职务限额指标分别以教师和教师以外其他系列专业技术人员两部分下达。考虑到学校内部人员的横向交流，各校可根据实际工作需要，在下达的高级或中级职务控制总指标内酌情进行同级职务限额之间的调整，但调整幅度均不得超过各校高级或中级职务限额控制指标的5%。

五、这次下达的高、中级职务限额指标不含附属中小学教师职务限额，中小学教师职务限额将根据工作进展情况另行下达。

六、关于在实行聘任专业技术职务工作中，由于职务晋升所需增加的年度工资指标，将根据国务院工资制度改革小组的有关规定，经验收合格，方可增发由职务晋升所增加的工资。

七、为搞好职称改革工作，保证实行专业技术职务聘任工作按照中央部署和要求展开，加强宏观控制十分重要。职务定额从没有限额控制指标到有限额控制指标，确定得既合理又要符合实际情况需要有一个过程，各级领导务必审慎从事，认真细致地做好工作。工作中的情况和存在的问题及时报告。

附件：委属高等学校聘任专业技术职务限额控制指标下达通知书

国家教委改革工作领导小组
一九八六年十月廿四日

附件

委属高等学校聘任专业技术职务限额控制指标下达通知书

浙江大学：

根据《关于下达委属高等学校聘任专业技术职务限额控制指标的通知》规定，现下达给你校聘任专业技术职务限额控制指标：

一、教师职务系列

教授：壹佰壹拾捌(118)名；

副教授：伍佰捌拾柒(587)名；

讲师：玖佰贰拾(920)名。

二、其他专业技术职务系列

高级职务：壹佰贰拾(120)名；

中级职务：叁佰捌拾(380)名。

国家教委职称改革工作领导小组

一九八六年十月廿四日

浙江大学档案馆藏，档案号：ZD-1986-XZ-256-3

关于职务定额调整的批复

(1987年5月23日)

〔87〕教职称字060号

浙江大学：

根据《关于国家教委委属高等学校当前实行专业技术职务聘任工作中若干问题的意见(试行稿)》，你校报送《专业技术职务定额调整情况统计表》收悉，现批复如下：

一、同意你校进行设置“待聘高级职务”试点，批准你校暂设置15名“待聘高级职务”。主要用于人才交流，承担长期支援新建院校和援外任务教师的职务聘任，如教授承担这方面任务可设“待聘教授”职务，一般只设“待聘副教授”职务。各校“待聘高级职务”定额应留有余地，以便这项工作转入经常化、制度化时使用。

二、目前在中央对国家教委所属单位职务定额尚未调整之前，同意你校根据《关于国家教委委属高等学校当前实行专业技术职务聘任工作中若干问题的意见》要求，使用在我委已下达职务定额内调整出的97名高、中级职务定额，并暂只用于中级职务。同时，批准你校暂增加35名中级职务定额。

三、新增加的中级职务定额、调整出来的高、中级职务定额以及增设“待聘高级职务”空出来的中级职务定额，学校应按工作需要统筹考虑，先聘任一部分条件较好，工作急需的教师或专业技术人员的职务。这部分中级职务定额职务工资发放时间待研究后，另行通知。

四、根据我委《关于在高等学校学生思想政治教育专职人员中聘任教师职务的实施意见》,中央已专项下达了这方面人员的职务定额,批准你校增设3名副教授职务定额,20名讲师职务定额,用于符合高等学校学生思想政治教育专职人员聘任教师职务。如有经评审聘任教授职务的报我委,增加学校教授职务定额,同时相应减少副教授职务定额。

五、根据中央职称改革工作领导小组、国务院工资制度改革小组《关于国家机关和事业单位实行专业技术职务聘任制度有关职务工资发放问题的通知》,对1985年及以后毕业参加工作的各类学校毕业生(含研究生)被聘任专业技术职务属正常工作范围,他们的职务确定后,所增加职务数和增资额均不计入下达的首次聘任专业技术职务宏观控制指标和增资指标内。

六、根据原下达给你校高、中级职务定额,经这次调整后,你校高级职务定额总计:873名,其中教授118名,副教授650名;其他高职120名;待聘高职15名。中级职务定额总计:1399名。

七、附属中、小学教师职务定额另行下达。

八、关于部分学校提出自筹资金增加职务限额和校内经济自立的事业单位聘任专业技术职务的限额指标以及利用待聘高级职务定额实行“高资低聘”等问题,我委正在结合高校首次实行专业技术职务聘任制之后转入经常化、制度化的试点工作统筹考虑,各校有何建议望告我办。此事,在中央、国家教委尚未做安排之前,各校这方面试点工作暂不进行。

国家教委职称改革工作领导小组
一九八七年五月廿三日

浙江大学档案馆藏,档案号:ZD-1987-XZ-269-1

浙江大学教职工定编暂行办法

(1988年5月26日)

搞好学校教职工定编工作,是学校教职工队伍建设和人事、劳动工资制度改革的一项重要基础工作。为了适应改革形势的需要,加强我校教职工编制的管理,逐步推行人员编制管理和劳动工资计划的改革,根据国家教委〔85〕教计字090号、〔86〕教计字073号〔88〕教计字081号等文件及有关精神,本着保证需要,精干队伍,紧缩编制,合理使用,提高效率的原则,并结合我校实际情况,特制订本办法。

一、定编范围

1.校本部:分别按(1)教学人员、(2)实验技术和图书资料人员、(3)政工人员、(4)行政人员、(5)工勤人员定编。

2.专职科研

3.实验实习工厂

4.直属单位:包括夜大、函大、出版社、印刷厂、建筑设计院、医院、招待所、幼儿园、附属小学等。

二、定编依据及标准

根据原教育部1983年12月6日教计字195号文确定的原则并结合我校今后三年内(至1990年)可能达到的规模,以及所承担的科研和其他任务的实际需要作为定编的依据。

全校教职工的定编标准原则上按国家教委〔85〕教计字090号《全国普通高等学校人员编制的试行办法》规定的要求(即至1990年教职工与学生比为1∶3.6;师生比为1∶8)。同时参照其他有关规定并结合我校实际情况予以确定。

三、定编工作的组织领导及编制管理

1.为了加强对机构设置和人员编制的管理,学校由分管人事工作副校长负责编制工作,从上到下,实行一支笔审批。具体日常工作由人事处归口管理。

2.主管副校长主持的学校定编工作领导小组负责领导全校的定编工作,制订全校定编方案和编制计算办法,研究协调处理定编工作中的重大事宜。定编方案和办法报请校务委员会审核后组织实施。

3.人员编制实行归口管理与分类管理相结合,集中管理与分级管理相结合原则。政工人员由党委组织部归口负责,其余各类人员目前原则上由人事处负责,并会同研究生院、教务处、科研处、生产设备处及校图书馆等有关部门共同进行定编工作。

4.全校教职工人员编制数以学年为单位核定,各系按学校制定的定编办法进行自编,然后报人事处会同有关部门审定。审定的内容包括:核实全学年工作任务,核定现有人员数以及人员变动及编制减免等情况,计算各系超缺编数。

四、校本部各类人员编制的确定

校本部人员编制按国家教委(85)教计字090号规定的定编标准,根据在校学生折算人数与校本部各类人员数以一定比例核定。不同类别的学生折算成本科生的比例为:学位研究生按1∶2,留学生按1∶3,助教进修班及研究生班按1∶1.5折算。

在校学生数一律按国家计划内招生任务核算。对于委托代培任务的编制核算问题,在国家教委未正式规定之前,暂按下面几种情况处理:

(1)国家教委要求承担的计划外任务,按核定编制的标准给予编制,不另给经济报酬。

(2)与有关部、委、省、市签订长期代培协议的委托培养任务,也可根据承担任务和教师队伍的实际情况给予核定编制。

(3)短期(二年以下)委托代培任务,均按科技咨询分成办法提取酬金,不予编制补贴。

(4)在省、市单位或兄弟院校兼课、兼职,均不予编制补贴。

(一)教学编制

1.教学教师编制自1988年至1990年师生比按1∶7.5,1∶7.8及1∶8.1(全校总体平均数)下达,积余部分学校留作机动。

2.各系教师编制除按所承担全日制的教学任务核算的教学教师编制外,还应包括承担科研任务的专职科研教师编制及承担夜大,函大教学任务的教师编制。(教师编制确定办法详见附件一)。

3.考虑到某些系(专业)的特殊情况,除按上述办法核定编制外,可酌情适当给予编制补贴。个别新建系人员编制根据其目前招生情况及学科发展需要给予过渡暂编数,由人事处直接下达,随着招生规模的扩大,逐步按实际数核编。

4.担任系级党政领导的教师根据各系规模大小适当给予教师编制补贴。

5.脱产停薪攻读学位,停薪留职、支边援外、因病暂列编外人员(需出具医院证明)在规定期限内不占各单位编制;聘请半年以上的校外和外籍教师计算用人单位编制;在职研究生(不含在职进修研究生)2 人计算用人单位 1 个编制;在校内其他单位兼任工作的教师编制划分由所在单位与兼任工作单位双方商定并报人事处。(此条适用于其他各类人员编制核算)。

(二)实验技术和图书资料人员编制

1.自 1988 年至 1990 年分别按 1∶19、1∶19.5 及 1∶20 下达。其中实验技术人员(含实验室技工)占 75%,图书资料人员占 25%。实验技术人员编制还应包括专职科研编制及夜大,函大编制划入部分。

2.全校所有实验室按其承担任务的性质大致可分为教学、科研或教学兼科研的三种类型。在确定实验技术人员的编制时,各系应根据其所承担任务的性质及工作量给予核算。重点学科、重大科研项目的实验室及重点实验室原则上由专职科研编制中实验技术人员配备。博士点也应配备相应的科研编制。科研及教学共同使用的实验室,可按其承担科研及教学任务核定相应的编制。

3.教学实验编制分本科教学实验和研究生教学实验编制两部分单独核算。实验室管理及大型精密仪器的专管给予一定的编制补贴。(实验技术人员编制确定办法详见附件二)。

4.夜大、函大教学实验编制由夜大、函大的总编制中划出。数学系、外语系、工管系等教学实验编制根据该系的实际需要分别另行予以确定。

5.校属计算信息中心、分析测试中心和电教新闻中心原则上应根据它们所承担的教学、科研及教学实验等方面的任务确定相应的编制。在未核定编制期间,其定员数暂时维持现状不变。

6.实验室人员编制中应包括实验技术人员及一定数量的技工,两者之间的比例暂不作统一规定,各系、各实验室可根据工作的实际需要配备以及作必要的队伍结构调整。

7.全校图书资料人员编制根据各系规模和藏书量大小配备必要的图书资料人员。承担全校教学任务的校直属教研室和校直属单位也给予一定的配备。其余部分划归学校图书馆(含分部图书馆)。

8.设有资料室的机关各部、处、各工厂一般不配置专职图书资料人员,确系工作需要,可由现有工作人员中兼任。

9.图资人员除从事图书资料的管理工作外,也可兼任科技档案的管理工作。如科技档案管理的工作量较大,需要配备专门人员,应从本单位科研编制中解决。

(三)政工和行政人员编制的确定

1.自 1988 年至 1990 年行政按 1∶23,1∶23.3 及 1∶23.5;政工按 1∶61,1∶62 及 1∶63 核算。

2.政工和行政人员的编制与机构设置有关,而机构设置又与管理体制及职能有关。因此,为了适应改革的需要,妥善处理好体制、职能、机构设置及编制核定之间的关系,并根据精简机构、精干队伍、提高效率、合理使用的精神，提出如下几点原则意见：

(1)按照以上定编标准核定的政工及行政人员总的编制控制数至1990年基本上维持现状，个别部门确因工作需要补充人员的，应从严掌握或从部门适当调整。对于因自然减员一般应及时给予补充，以保证机关工作的正常进行。

(2)机构设置原则上应使其职责范围覆盖面尽可能大，而机构数(处、科、室)尽可能少。增设新的机构应从严掌握或是在人员编制不变的情况下进行。

(3)对于个别工作有忙闲不均现象的部门，按正常平均工作任务量核定编制，在工作高潮期间，可从内部临时抽调人员支援。

3.各系办公室人员配置，按大系、中系、小系确定编制。(1000学生以上为大系，500～1000学生为中系，500学生以下为小系)。

中系设：办公室主任或副主任1人，人事秘书、学生秘书各1人，行政文书1人，外勤、后勤干事1人，教务员2人。

小系减少1～2人，可相互兼职。

大系增设教务员1人，学生干事1人。

各系可根据实际工作需要选派教师、实验技术人员担任专职或兼职的系教学、科研、研究生、实验室秘书，其编制由教师、实验技术人员、科研编制中划出。

各系学生工作干部根据计划内在校学生人数按1∶150(平均数)比例配备。

(四)工勤人员的编制

自1988年至1990年按1∶23，1∶23.3及1∶23.5配备。

全校工勤人员主要集中在总务、基建及房产管理等部门。根据后勤工作改革的方向是通过承包逐步过渡走向社会化。因此，人员的构成作为全民编制的只能保持一支精干队伍，其余部分用集体所有制工人及临时工。按其用工情况定编办法如下：

(1)炊事员和管理人员，按照实际用膳人数1∶50计算定编，按1∶45计算不足部分雇用临时工，

(2)房屋维修和管理人员，按1∶3000平方米计算定编。维修人员按1∶3000平方米计算不足部分雇用临时工。

(3)教学大楼、宿舍管理保卫和清洁卫生人员，只能根据编制的可能配备一定的管理人员和少量清洁工，其余按节约人力，提高效益的原则，雇用临时工或采用承包的办法。

(4)校园绿化主要配备一定的技术管理人员，其余雇用临时工。

五、专职科研编制

专职科研人员系指由国家教委根据我校承担科研任务审定下达的编制(其中应包括一定比例的党、政管理人员、科研辅助人员及后勤人员)。根据我校实际情况，目前专职科研编制由(1)教师(占70%)；(2)实验技术、科技情报人员及技工(占27%)；(3)管理、后勤人员(占3%)三部分组成。其中管理、后勤人员编制直接划归学校统一使用。

为适应科技体制改革的要求，科研编制应实行有偿分配，采取固定编制和浮动编制相结合的分配原则：

1.凡经国家教委及学校批准的研究所、室应配备适当的固定科研编制，以保证科研队伍的相对稳定和科研工作的连续性。但若在2～3年内没有国家任务或不出科研成果，则收回

其科研编制。

2.凡经国家教委批准的重点学科、重点实验室、博士点,应补充少量的固定科研编制。

3.根据承担科研任务的情况,按科研项目的要求和规模给予适当的浮动科研编制。对于承担国家攻关项目或重大项目予以优先保障,任务完成后即收回科研编制。

4.对于基础学科、交叉学科,根据工作发展的需要给予必要的浮动科研编制。

5.根据近两年内平均科研经费在250万的系,给予相应的浮动科研编制。

六、实验实习工厂编制

我校工厂不仅承担教学、科研任务,而且是学校创收的主要来源。为此,工厂定编应以按在校学生折算人数5%计算。超编部分人员由工厂自行解决工资等问题。

七、直属单位定编标准和办法

1.夜大、函授:按国家教委(85)教计字90号文件精神,夜大到1990年按1∶20计算,其中90%～95%作为教师和实验技术人员编制;函授到1990年按1∶40计算。

2.建筑设计院:目前仅49人,不符合甲级设计院要求。因此,到1990年拟达到80人编制。

3.医院:以在校学生数加统筹医疗人数按1∶200计,教职工加离退休人员按1∶100计算。

4.出版社:按国家教委(87)教材图字1号文规定的下限确定编制,且定编数内还应扣除四分之一的兼职编辑;按国家教委(1987)教材图书厅字30号文规定出版音像定编6人。

5.印刷厂:参照国家教委(87)教材图字1号文件规定,到1990年定编100人。

6.招待所(包括邵逸夫科学馆):按照点位7比1确定编制,加邵逸夫科学馆暂定编制5人。

7.幼儿园:按照劳动人事部,国家教委人编(1981)32号文件规定确定编制,到1990年定编80人。

8.小学:因规模较小,分班较多,编制要略宽,确定到1990年定编10人。

9.继续教育部分,在国家教委未下达编制意见以前,暂按1∶15计算。

附件一

浙江大学教师编制确定办法

教师编制的确定主要由教学、科研及夜大、函大等三部分组成。

一、教学编制

1.全校教学编制数,按国家教委规定的定编标准,以在校学生数计算。1987～1988年全校总体师生比按1∶7.5,不同类别学生折算成本科学生的比例见表一(夜大,函授另计)。

表一 不同类别学生折算成本科生的比例

学生类别	博研	硕研	研究生班	留学生	专科	助教进修生	出国预备生
折算成本科生	1∶2	1∶2	1∶1.5	1∶3	1∶1	1∶1.5	1∶1.5

2.各系计算编制的师生比，按学科性质，特点和各专业招生人数的差异分为四类(见表二)，根据表二算得各系的师生比(见表三)。88年起校总体师生比每年递增为0.3，至90年达到1∶8，相应各系师生比逐年予以调整。

表二　计算教师编制的师生比

类　别		师生比
理科类		1∶6.8
工科系与文科系	平均每年级学生数(即在校学生数/学制年限)<30的专业	1∶7.3
	平均每年级学生数(即在校学生数/学制年限)为31—45的专业	1∶7.8
	平均每年级学生数(即在校学生数/学制年限)>45的专业	1∶8.3
研究生折算为本科生数计算编制的师生比均按		1∶7.8

表三　各系师生比

系别	86—87年	87—88年	系别	86—87年	87—88年	系别	86—87年	87—88年
数学	1∶6.5	6.8	土木	1∶7.8	8.27	计算机	1∶8	8.3
物理	1∶6.5	6.8	机械	1∶7.4	8.1	管理	1∶7.5	7.8
化学	1∶6.5	6.8	无线电	1∶7.3	7.89	外语	1∶7.0	7.3
力学	1∶6.5	6.8	材料	1∶7.3	7.82	社科	1∶7.0	7.3
地质	1∶6.5	6.8	热物理	1∶7.8	8.19			
电机	1∶8.0	8.3	科仪	1∶8.0	8.3			
化工	1∶7.8	8.136	光仪	1∶7.0	8.177			

3.公共课、基础课和技术基础课教师编制从各系划出，再按其承担教学任务重新进行分配。因此，各系教学教师编制由专业教学教师编制以及基础教学教师编制两部分组成。从各系划出的公共课、基础课、技术基础课教师编制数占各系按师生比算得的编制数的比例(简称“基础比”)，由各专业教学计划中公共课，基础课，技术基础科所占的比重而定(见表四)。各系本科、研究生专业教学教师编制为$\sum$学生数/师生比×(1－基础比)。

表四　计算教师编制的基础比

系	基础比	系	基础比	系	基础比
数学	25%	化工	50%	热物理	50%
物理	25%	土木	35%	科仪	50%
化学	50%	机械	50%	计算机	30%
力学	30%	信电	40%	工管	45%
地质	45%	光仪	50%	社科	25%
电机	50%	材料	50%	外语	25%
研究生的基础比各系统一为0,15，即85%划归系里，15%归研究生公共课、基础课和机动余地。					

4.公共课、基础课、技术基础课的教师编制数,按其承担的教学任务和教师的基本工作定额予以核算。教学工作的基本定额根据课程特点、性质来确定。

①基础课,基础技术课

$$编制数=\frac{\sum 学生人数\times 学时数\times 上课周数(包括考试时间)}{60\times 6\times 41}\times 130\%$$

基础技术课包括本系以及对外系开设课程。

(在上式子中,41 表示一学年的周数,130%表示在核算编制数的基础上,为了促进研究工作,进修提高、编写教材、开设选修课等各项工作与活动的开展,给予增加的比例。下同。)

②基础实验教学教师编制

每次实验以每一教师平均同时指导 15 位学生,每周的实验时数以教务处制定的教学计划周时数为准,每周指导 8 次学生实验,每周每次平均 2 小时,计算公式为:

$$编制数=\frac{\sum 学生人数\times 实验时数\times 周数}{15\times(8\times 2)\times 41}\times 130\%$$

③特殊培养(指提高班,混合班)

由教学一科、二科提供教学任务,编制一律按上列计算公式计算。(超工作量酬金由教务处单独核算发放各系。)

④单独开班的留学生基础数学教师编制计算办法

$$编制数=\frac{周学时数\times 周数}{6\times 41}\times 130\%$$

实验教学编制计算方法:

$$编制数=2\times\frac{学生人数\times 周学时数\times 周数}{15\times(8\times 2)\times 41}\times 130\%$$

留学生回各系进入本科专业教学以后,教师编制不再另行开列计算。

⑤社科类公共课[中国革命史、政治经济学、哲学、自然辩证法(研究生)]

$$编制数=\frac{\sum 上课学生数\times 课时数 / 每周\times 上课周数}{160\times 2\times 41}\times 130\%$$

⑥语言类公共课教学

$$编制数=\frac{\sum 学生人数\times 学时数\times 授课周数}{90\times 4\times 41}\times 130\%$$

(此公式适用课程为本科公外、混合班、选修课、研究生课程)。

⑦对于各系、各直属教研室已经稳定地为全校开出的选修课(主要指面向全校的选修课,如文学艺术及跨系、跨专业选修课)以及军事、德育必修课划定全校教学教师编制的1/30,由教务处根据课程的类型,性质和选修人数参照基础教学教师编制计算办法统一配置。

5.关于编制计算办法的原则意见

①教师编制计算按学年为单位采用预算、决算二次进行,每学年 11 月份以前完成本学年的编制预算,在学年结束前完成编制决算,发放缺编费,扣回超编费。

②短期出国参加会议或考察者,短期出国工作者,出国进修,访问学者包括经批准同意

延长的留学人员一律计算编制;出国攻读学位研究生不计入编制,原计划出国进修,后经学校批准同意改变身份攻读学位的留学人员自同意之日起不计算编制。

③长期病假不能工作者、精神病患者,经人事处长批准减免编制。

④停薪留职者不计编制。

⑤在职研究生、在职博士生、助教进修班减免0.5编制;涉及在职研究生跨系选专业情况处理办法如下:

若所选专业同意接收则占该系编制0.5,与工作所在系无关。若所选专业所在系不同意接收,则占工作所在系0.5编制,毕业后若因专业不对口不能在原系工作则须流动到对口单位,否则仍需计入原工作单位编制。

⑥延聘、待聘教师计入编制,回聘教师不计入编制,不聘教师酌情考虑扣除编制。

6.补充说明

①担任学生思想政治工作或教学科研等方面的管理工作(如担任教研室主任,学生班主任等)均属教师的职责范围之内,各系安排教师担任以上工作均在核定的教师编制中统筹安排,不加补贴。对教师个人担任以上工作应相应减少教学科研任务。

②对于系与系之间要求开出的专业课及专业选修课,学校不另计编制,由各系之间开展协作自行解决(相互开课,科研合作或付给酬金)。如需编制划定应报人事处备案。

③因工作需要在校计算中心、分析测试中心等校直属单位兼任工作的各系教师以及在校机关担任党政工作但仍担任原所在系一定的教学科研工作任务的教师,编制划分由双方协商决定,报人事处备案。

二、专职科研教师编制

专职科研教师编制为专职科研编制总数的70%,87—88学年全校共计专职科研编制630人,各系及校研究中心的专职科研教师编制由科研处核定。

三、夜大,函大教师编制

87—88学年夜大学办公室管理人员,教师、实验技术人员编制与学生数之比为1∶15;函授大学为1∶20;管理人员占总体编制的10%,教师占总体编制数的70%,实验技术人员占总体编制的20%。随着招生人数的扩大,教职员数与学生数的比例作相应调整。各系的夜大、面大编制数由成人教育处核定。

附件二

浙江大学实验室技术人员编制确定办法

一、基数

1.87—88学年全校实验技术人员,图书资料人员编制之和与学生数(折合本科生数)的比例为1∶19,实验技术人员与图书资料人员编制之比为3∶1。

2.全校专职科研中的实验技术人员按教师与实验技术人员之比为7∶3划分。

二、划块分类

1.量大面广主干基础、技术基础实验技术人员编制16%

(含各系学生计算机上机任务)

2. 一般本科实验教学实验技术人员编制 44%

(含主要为本系开设的技基实验,课程设计、毕业设计等部分实验测试任务)

3. 研究生实验及论文 16%

4. 用于实验教学的大型精密仪器专管 15%

5. 实验室管理(系实验秘书编制)4%

6. 工管系、数学系、外语系、体育教研室 4%

7. 留校机动 1%

三、编制计算方法

1. 主干基础、基础技术实验编制:

A=主干基础实验教学教师编制×70%

基础实验教学教师编制计算见教师定编方案。

各系承担计算机语言教学任务的计算机室划给部分编制并随任务交接而转移,由设备处核定。

2. 一般本科实验教学实验技术人员编制:

$$B=\frac{\sum \text{学生人数(不含代培生,下同)}}{40}$$

3. 研究生实验教学(含论文)技术人员编制:

$$C=\frac{\sum (\text{研究生班人数}\times 1.5+\text{硕士生人数}\times 2+\text{博士生人数}\times 2.5)}{40}$$

较多地使用校中心实验室仪器设备进行研究生实验教学或论文的有关系在此项编制内划出部分编制。

4. 实验室管理编制(含校药品室)及用于教学实验的大型精密仪器设备专管编制 D(含校中心实验室)由设备处规划配置。

5. 专职科研编制中的专职实验编制 E

E=各系的专职科研编制数×30%

6. 下达到各系实验技术总编制=A+B+C+D+E。

四、几点说明

1. 各系之间相互承担专业实验等任务,由各系协商编制划分或采用其他途径解决。

2. 夜大学实验任务不给编制,由成人教育处与各系协商兼用支付酬金办法结算解决。代培任务及承接外单位培训任务不给编制。

3. 重点课题的专题实验室由专职科研中实验技术编制配备,教学、科研共同使用的实验室,教学、科研共同出实验技术编制。

4. 校属计算信息中心,分析测试中心和电教新闻中心根据承担的各项任务,设备运行的要求以及对外技术服务的工作量核定编制,由教学、科研、实验及其他系列各承担一部分编制,具体核编办法另订。

5. 工管系、数学系、外语系、体育教研室的实验技术编制依据教学实验工作量、实验室规模、实验技术人员的范围另外核定。

6. 定编的实验技术人员的职责范围包括：①配合教师指导实验；②财产管理及计划采办；③实验室加工、维修、仪器维护；④实验室设备安装、改装，维修、扩建；⑤课程设计、毕业设计及其他实践性环节的实验测试任务；⑥实验技术开发，新实验开设等。

7. 各系实验技术人员编制由系进行二次分配，落实到各实验室，在二次分配时各系可根据具体情况制定适当的办法。

浙江大学档案馆藏，档案号：ZD-1988-XZ-117-8

关于申请增加教师和专业技术人员高级职务定额和进一步下放职务任职资格审定权的请示

（1988 年 9 月 2 日）

浙大发人〔1988〕112 号

国家教委师资办：

为了深化职称改革，逐步完善专业技术职务聘任制，根据中央职称改革领导小组职改字〔1988〕13 号《关于完善专业技术职务聘任制度的原则意见》和国家教育委员会《关于高等学校深化职称改革工作，完善教师职务聘任制的意见》等文件的有关精神，1988 年我校拟将技术职务聘任工作转入正常化。现将目前存在的问题和处理意见汇报如下：

一、关于申请增加教师和专业技术人员高级职务定额

至 1988 年 6 月底我校教师总数为 2374 人（含专职科研编制），高级职务共 706 人，占教师总数 29.7％；其中教授 119 人，占 5％；副教授 587 人，占 24.7％。全校其他专业技术人员共 1250 人，其中高级职务 94 人，占总数的 7.5％。

总之，我校教师和专业技术队伍中、高级职务比例偏低，与目前我校承担繁重的教学和科研等方面的任务不相适应。并且由于历史原因，人才密集，积压较多。根据国家教委 1988 年 3 月下达的高级职务定额数，开展职务聘任工作的困难较大，为此拟请国家教委给予我校增加 88 年高级职务定额 50 名（其中副教授 40 名，其他专业技术人员 10 名）。

二、关于进一步下放给我校下列技术职务的审定权

1. 图书资料及出版专业技术职务系列具有正高职任职资格的审定权；

2. 卫生技术职务系列具有中级职务任职资格审定权。

以上意见当否，请批复。

浙江大学

一九八八年九月二日

浙江大学档案馆藏，档案号：ZD-1988-XZ-137-3

浙江大学关于人事工资改革设想的请示

(1988年9月3日)

浙大发办〔1988〕65号

国家教育委员会：

现将《浙江大学关于人事工资改革的设想》报上，作为《浙江大学关于全面推进和深化改革总体设想》的补充方案。如无不当，望予批准。如能批准，在实施过程中恳请教委对我校改革加强领导，并望得到教委有关司局的具体指导和帮助。

浙江大学

一九八八年九月三日

浙江大学关于人事工资改革的设想

随着教育改革的深入发展，当前学校人事工资的改革已成为深化各项改革，稳定教职工队伍，提高队伍素质，促进结构优化，提高学校整体效能，推进两个中心建设的关键之一，急需认真研究，大胆探索，逐步推进。

人事工资改革的目的是，通过改革形成竞争机制，引导教职工队伍，尤其是教师队伍的合理分流，促进队伍的优化组合，实现科学管理和民主监督；端正办学指导思想，提高教育和科研水平，扩大学校的社会职能和创收渠道，贯彻按劳分配、统筹兼顾的原则，在改善办学条件的同时，采取积极措施，逐步提高教职工的工资待遇，逐步改变目前教职工工资偏低，体脑倒挂、分配不公的现状，以不断提高教职工队伍的素质、活力和工作效率。

一、关于人事制度改革

1.在分步分类实行全面定编的基础上，制定和完善各类人员的职责条例，建立严格的岗位责任制，建立和完善各类人员的以考核工作实绩为主的德能勤绩全面考核制度，与工资、奖酬金挂钩的奖惩制度及进修培养制度。

建立校内待业制度，建立科研编制有偿使用制度。

2.制订并实施“按需设岗、按岗定编，择优选聘”为原则的教师、专业技术人员职务聘任条例及细则，使教师、专业技术人员的职务聘任工作走上正常轨道并形成制度。

3.建立优秀人才职务晋升特别审批制度，及时选拔有突出贡献的优秀中青年教师进入高级职务岗位，更好地发挥他们的作用。

4.建立由在学研究生、保留学籍的研究生、博士后人员、青年教师、进修人员等组成的多渠道、多模式的流动梯队。由用人单位和聘用人员签订合同，聘用人员可享受比同类编内人员稍高的待遇。聘任期满，实行双向选择，合理分流，其去向可以是：去企事业单位工作；经考试考核攻读高一级学位或出国留学；录用为学校正式在编人员等。建立流动梯队能够充分发挥学校特有的人才优势，克服教师、科技人员只进不出，一次定终身的弊端，有利于人才合理流动和竞争机制的形成，有利于师资队伍的结构优化和素质提高。

5.探索和建立“公开招聘、公平竞争、择优选聘”为原则的校内外招聘制度，积极引进优秀中青年学术带头人，特别要注重聘任有较高学术水平和丰富实践经验的优秀中青年到学校任教任职。

6.建立行政管理干部聘任制和任期目标责任制。逐步实行校内公开招聘、考核、评议和分级聘任的干部任用办法，增大干部工作的透明度，使干部的选拔、任用、管理实现民主化、科学化和规范化。

党群干部按党章及有关规定实行选举任期制、聘任制和任期目标责任制。

7.要求国家教委根据学校发展规划，一次下达校长任期内额定的教学、科研编制总数以及1500名流动编制数(包括青年教师200×3名，在学研究生200名，博士后、进修人员200名及科技开发500名)和各类职务总额。学校可根据教学、科研和承担的其他任务的需要，自行决定选留、招聘和聘任各类人员。

二、关于工资改革

工资改革的目标是，参照国家公务员的结构工资制，探索和逐步建立适合学校各类人员实际情况的工资系列。考虑到目前学校的内部和外部条件，在一段时间内将采取在现行基础上的工资改革和奖酬金调节相结合的过渡办法，逐步提高教职工的工资待遇，理顺分配关系，改变体脑倒挂及学校内部分配不公的情况。

1.根据"按劳分配、统筹兼顾"的原则，"小级差，年年加"的方针，在仔细分析校内各类人员工资现状的基础上，参照国内外教育、科研机构工资制度的成功之处，经过充分调查研究，制定符合学校实际情况的工资改革方案和实施细则，并提交教代会讨论，广泛听取意见，最后由校务会议讨论决定，组织实施。

2.参照国家公务员结构工资的构成，我校的结构工资系列拟包括基本工资，职称(务)工资，职位工资，年功工资，工龄工资，教学、科研工作量津贴和干部的岗位津贴等组成部分。同时为了稳定党政管理队伍，应使同级党政管理人员的工资待遇不低于教学、科研第一线人员的工资水平，以俸养廉，保证管理队伍的素质。

3.为了逐步改变体脑倒挂，分配不公的现状，必须在严格德能勤绩全面考核的前提下，贯彻奖勤罚懒的原则，使全校教职工的工资逐年有所提高。同时要坚决打破平均主义，根据实际贡献大小和承担的责任大小，逐步拉开同类人员的工资级别。

4.将现行工资级别列为档案工资，国家普遍调整工资时，档案工资亦相应调整。

5.工资改革所需的自筹工资基金主要靠校、系二级创收。为减轻学校负担，创收单位和科研单位工资改革所需工资基金实行自筹或部分自筹。校办工厂、公司人员参照企业工资制，实行和经济效益直接挂钩的工资制度。

6.实行工资改革所需自筹工资基金的估算。如按每年教职工普加一级(人均每月8元)，对其中少数有突出贡献的给予破格晋升，每年约需50万元。

7.自筹工资基金的主要来源。

改革校办厂管理体制，实行厂长负责制，企业化管理，开发适销对路的高技术、高效益产品，提高经济效益，这是学校一条比较稳定的经济来源。

积极开展各种形式的科技服务，促进科技成果向生产力的转化。

办好浙江大学对外经济技术贸易公司和系一级的专业公司，组建一批高技术产业集团，为发展外向型经济服务，开展实业创收。

根据经济和社会发展需要，积极发展成人继续教育，为社会培养各种规格的急需人才，增加学校的经济效益。

8.以上设想经教委批准完善后将由校人事部门和校政策研究室组成专门班子,着手制定工资改革具体方案和实施细则,争取十月底完成,十一月份出台。今年的调资从九月一日起计,争取年底发放。

9.为了实现以上设想,要求国家教委根据校长任期内额定的编制人数,职务总额一次下达工资总额。工资总额应实现三个挂钩,即和物价指数挂钩;和国家规定的正常调资挂钩;和国家下达的计划指标挂钩。批准学校每年有相当10%左右工资总额的调资权。

浙江大学档案馆藏,档案号:ZD-1988-XZ-63-1

浙江大学人才开发中心流动人员管理的暂行办法

(1992年3月14日)

浙大发人〔1992〕37号

各系,各部、处,校直属各单位:

根据浙大发人〔1990〕021号关于《浙江大学教职工校内外流动暂行办法》的规定,为了进一步做好流动人员的管理工作,发挥各类人员的工作积极性,将制定以下暂行办法:

一、因各种原因流动到人才开发中心的人员,必须自觉遵守人才开发中心的各项规章制度,服从中心的安排,积极主动地发挥自己的作用。

二、人才开发中心严格执行"按劳分配"的政策,以本人的实际贡献计酬,生活待遇及分配按以下几点区别对待:

1.各单位流动到人才开发中心的人员,自报到的第二个月起,校内奖酬金停止发放,中心内部将根据本人报到后的工作表现,发放奖酬金。

2.流动人员到人才开发中心后,由该中心安排其到校内外有关单位工作,或留中心内部工作,三个月后,经考核表现较好,本人工资照发,奖酬金由中心内部发放。考核不好,从向中心报到后的第七个月起,发给本人原工资的85%;第十三个月起,发给本人原工资的70%。

3.流动人员被使用单位退回,发给本人原工资的70%;二次被退回,发给本人原工资的50%;三次被退回,学校给予除名。

4.停薪留职人员,按浙大发人〔1988〕56号文件精神处理。

三、流动人员退休时,工作单位填写为人才开发中心。

四、有下列情况者,按旷工处理:

1.流动人员在人才开发中心未为其安排工作前,上班时间不去签到的。

2.人才开发中心为其安排工作,而不到新岗位报到工作的。

浙江大学

一九九二年三月十四日

浙江大学档案馆藏,档案号:ZD-1992-XZ-197-1

关于机关机构精减和定编的原则意见

(1992年4月3日)

学校成立校机关机构精减和定编工作领导小组，由校长任组长，主管人事副校长和主管党务工作的党委副书记任副组长，组员由人事处长、组织部长、校办党办主任组成，具体工作由人事处、组织部牵头负责。

一、关于机构精减

1. 首先按照机关各部处、各科室的岗位职责，对一些工作性能或职责范围比较类同的部、处、科室，予以撤销或合并。

2. 科室设置不宜过小，一般3人以下不设科，采取设大科的办法，人力又得到充分利用。有的部处合并后可搞一套班子两块牌子。

3. 把有些不属于党政管理性质的部门或科室，以及后勤有关部门划出机关，原则上转为企业化管理。

二、关于机关定编

1. 学校要求机关各部处每一个工作人员上报自己在一年中的工作任务和工作量，具体地说明自己各项任务的职责范围、过程、所需时间和精力，并作为以后检查和考核的依据。各单位负责人根据个人所报的任务和工作量来提出精减计划，确定单位的岗位数并报人事处、组织部。人事处、组织部根据个人及单位上报的任务和工作量及设置的岗位数进行核定，提出各单位的岗位数，并反馈到各有关单位征求意见，最后将确定方案报校机关定编领导小组审定。

2. 校机关定编领导小组根据人事处、组织部上报的材料进行审核，最后将核定下来的编制数下达到各有关部处。

3. 确定了各单位的定编数后，校机关原则上不予进人，仅是在每年年底对一些部处由于职能的改变和工作量的变化由校机关定编领导小组审核后进行微调。

4. 对被精减下来的人员学校要做好他们的思想工作和工作安排，以解除他们的后顾之忧。

①接近离退休(三年内)和身体不好不能经常工作的机关工作人员，实行减编不减人，明确此类人员不占各单位编制，待自然减员后不予补充人员；

②原来由系里抽调上来的教师和专业技术人员与原单位协商后尽量要求他们回原单位工作；

③加强系级机关的领导，将一部分素质较好的工作人员补充到缺编的系级机关；

④部分人员补充到后勤、开发等单位；

⑤最后一部分人员实在无法安排的，交人才开发中心。

三、具体安排

1. 校级机关的精减工作分两步进行。首先在人事处、组织部、校办、党办中进行。4个部处以身作则，带头精减，然后再在其他部处中进行。

2. 在1992年底以前，校机关人员在原基础上精减20%，1993年再精减10%—20%。

3.由人事处、组织部根据各系教师、学生数,核定系机关党政管理干部的编制,报学校定编领导小组审定。

四、机关实行定编后,机关工作人员的工作量加大,工作比较辛苦,为了稳定队伍,学校将制订相应的经济政策,提高待遇。

浙江大学人事处

一九九二年四月三日

浙江大学档案馆藏,档案号:ZD-1994-XZ-129-1

关于印发《浙江大学“流动编制”管理办法》的通知

(1992年4月29日)

浙大发人〔1992〕56号

各系,各部、处,直属各单位:

为适应改革形势的需要,逐步形成人才流动机制,建立一支素质好、效率高、结构合理的师资队伍,在总结前几年流动编制管理的基础上,对原有的有关流动编制文件作了修改。现将修改后的《流动编制的管理办法》印发给你们,请遵照执行。

浙江大学

一九九二年四月二十九日

浙江大学“流动编制”管理办法

一、流动编制的招聘对象和待遇

1.每年招聘录用的硕士以下(含硕士)毕业生均作为流动编制;博士毕业生一般为正式编制,个别的根据受聘人员或用人单位的意愿也可作为流动编制。

2.流动编制分为计划内流动编制和计划外流动编制两类。学校根据各用人单位的编制与工作需要,在核定的计划人数内招聘的毕业生为计划内流动编制;因科研项目急需,经科研处审核,人事处批准后招聘的毕业生为计划外流动编制。

3.计划内流动编制计用人单位编制;计划外流动编制不计用人单位编制,由用人单位向学校缴纳计划外流动编制费有偿使用。

4.流动编制不属于浙江大学的正式在册编制,在浙江大学校内实行,作为单列的全民所有制编制。流动编制人员除学校不解决结婚用房和爱人调动外,在工龄计算、工资、校内津贴、医疗保健、图书借阅、职务评审等方面均享受浙江大学正式教职工同等待遇。

5.计划外流动编制有偿使用经费:研究生为3500元/人年,大学生为3000元/人年,用人单位按学年上交学校计财处。在校内流动的计划外流动编制的经费开支,由双方单位协商解决。

二、流动编制的管理和考核

1. 各系、各教研室都应指定一位负责人具体负责流动编制人员的管理工作，并按照岗位职责严格要求、加强指导。

2. 流动编制人员报到后，由浙江大学与受聘人员签订《浙江大学聘用流动编制人员协议书》（以下简称《聘用协议》），聘用期一般为 2 年，由双方签章，并经西湖区公证处公证后生效。双方必须严格执行《聘用协议》所规定的条款，如有违约，按违约期限 2000 元/年收取违约金。

3. 计划内流动编制人员除承担教学、科研或管理工作任务外，还必须承担学生辅导员和班主任的工作。担任新生辅导员的工作量不得少于 1/3。

4. 流动编制人员每学期末考核一次，在本学期不满三个月的均参加下一学期的考核。由本人填写《新生辅导员工作考核登记表》，担任新生辅导员的还应填写《浙江大学流动编制人员学期工作考核表》，其业务工作部分由各系负责考核，报人事处审核；新生辅导员工作部分由各系党总支负责考核，报校学工部审核。

5. 流动编制人员不列入所在系（所、部、处）教职工的学年考核基数，单独作为一块进行考核，考核分为：

一等（优秀）、二等（合格）、三等（不合格）

其中一等的比例为 20%，考核一等者，每学期由学校发给奖金 50 元。

6. 考核结果存入个人业务档案，作为确定（晋升）职务和聘用期满后转为正式编制、向用人单位推荐及选送攻读高一级学位的依据。

7. 没有履行协议规定职责、考核不合格或违反校纪校规者，学校可随时终止《聘用协议》，并将其转入校人才开发中心。

三、流动编制人员到期的流动去向

1. 流动编制人员聘用期满，根据用人单位工作需要及流动编制人员本人的意愿，可择优选留部分人员转为正式编制，其余人员可向校内外流动（包括报考高一级学位研究生）或续签《聘用协议》。

2. 选留作为正式编制时，各系（各单位）聘任委员会根据到期流动编制人员两年来的实际表现及历次考核情况，采用集体讨论无记名投票的形式确定转为正式编制人员。转为正式编制人员所占比例，缺编单位最高不超过 80%，超编单位最高不超过 50%（以到期的流动编制人员为基数，包括在校内流动部分）。

3. 流动编制期满，需向校外流动的人员，由本人自行联系校外工作单位，学校提供方便。考虑到联系单位和办理调动手续所需时间，允许在校最多滞留六个月，从第七个月起停发工资，并退回原籍所在地。

4. 用人单位因工作需要因受转正比例限制或其他原因需延长聘用期的，必须办理续签手续。续签者只允许一次，续签时间为 1～2 年。

5. 流动编制期满，申请报考高一级学位研究生的，须聘用期满后方可报考。由于录取时间关系，本人须与用人单位续签半年或一年的《聘用协议》。

6. 凡转为正式编制的人员，须与学校签订继续工作三年的协议。协议期间不办理自费出国手续,不予报考高一级学位的研究生(推荐报考类除外)、不办理调离浙大及辞职手续。如有违约,按违约期限2000元/年收取违约金。

7.经济独立核算单位的流动编制人员属企业编制。

四、《浙江大学流动编制管理办法》,自发文之日起生效,以前学校所发有关流动编制的文件与此管理办法有不一致之处,均按此文件执行,此文件解释权归人事处。

浙江大学档案馆藏,档案号:ZD-1992-XZ-197-3

浙江大学教职工人员编制管理的暂行办法

(1992年6月25日)

根据国家教委提出的高等教育必须"坚持方向、稳定规模、调整结构、改善条件、深化改革、提高质量"的方针,为了充分挖掘我校各类人员的潜力,加强教职工队伍的全面管理,深化校内管理体制改革,1991～1992学年度本校教职工全面核定编制办法如下:

一、编制管理的指导思想和目的

编制管理以"稳定规模、调整结构、理顺关系、保证一线、兼顾其他、加强管理、提高效益"为指导思想,通过定编达到以下目的:

1.对全校各类人员和各单位人员进行定编,使其逐步趋于合理,以便更好地适应教学、科研等方面工作的需要,保证培养社会主义建设者和接班人这一根本任务和其他任务的完成。

2.按照高效、精干的原则,科学、合理地设置校内业务机构和管理机构。

3.调整教职工队伍,改变目前存在的各类人员结构不够合理的状况,有重点地补充教师和其他人员,实行教职工队伍结构优化和有计划按比例地进行建设。

4.进一步加强学校的科学管理,建立和健全各级岗位责任制、职务聘任制和培训、考核、奖惩等制度,不断提高各类人员的素质,充分发挥各类人员的积极性和创造性。

5.逐步建立教职工人员编制的自我约束机制,促使各单位人员的合理流动,不断提高办学效益,改善办学条件和教职工的生活待遇。

二、人员编制范围

定编范围为:

1.**校本部**

①教学人员;

②实验技术人员;

③图书资料人员;

④党政管理人员;

⑤工勤及后勤专业技术人员。

2.**专职科学研究人员**

3.**实验实习工厂**

4. **直属单位**

①建筑设计院；

②出版社；

③印刷厂；

④校医院；

⑤幼儿园；

⑥招待所；

⑦小学；

⑧档案馆。

5. **夜大学、函授部**

6. **其他编制**

教职工人员编制分事业编制和企业编制，其中企业编制的实施办法由学校另文下达。

三、定编的依据和编制管理

参照国家教委〔85〕教计字090号文《全国普通高等学校人员编制的试行办法》、教直〔1991〕16号文《关于核定国家教委直属高等学校近期人员编制的意见》和教直〔1990〕045号文《国家教委直属高等学校设立企业编制的意见》，结合我校的实际情况予以确定。

人员编制实行集中归口管理与分类分级管理相结合的原则。根据各类人员编制标准，由人事处分解切块。思想政治教育教师由党委组织部归口负责；专任教师分别由研究生院和教务处负责；实验技术人员由设备处负责；图书资料人员由图书馆负责；党政管理及有关技术人员由组织部、人事处负责；工勤人员由人事处会同总务处、房产处和基建处等部门负责；专职科研人员由科研处负责；实验实习工厂由工业总公司负责。各有关部处按各类人员算编办法，分别核定各系、各部处各类人员编制，最后由人事处汇总集中对各系、各部处实行管理。

学校主管人事工作的副校长负责领导全校的定编工作，从上到下，实行“一支笔”审批。

四、校本部人员编制

1991～1992学年校本部人员的编制按学生折合数1∶3.6计算，到1995年力争达到按学生折合数1∶4.5计算。

不同类别的学生折算为本科生的比例为：本专科生按1∶1；学位研究生按1∶2；研究生班及助教进修班按1∶1.5；留学生按1∶3。

1. **教学人员编制**

教学人员包括专任教师和学生思想政治教育教师。

专任教师是指在教学岗位上专职从事教学工作的教师，包括以从事教学工作为主兼做党政和其他工作的教师。1991～1992学年度教师与学生折合数按1∶8.4计算。为了激励每位教师教学、科研任务双肩挑，对科研任务不足的教师要多承担其教学任务，因此将专任教师编制的20%划给科研编制，科研教师编制的20%划给专任教师。根据我校“八·五”期间教师退（离）休人数多，并且集中的状况，学校再调剂一定数量的教师编制，做好新老交替。

学生思想政治教育教师是指从事学生思想政治教育的专职人员，属教学编制，包括主管学生思想政治教育的校系领导、学生工作部门和共青团组织中专职从事学生思想政治教育的人员以及政治辅导员。这部分人员的师生比为1∶140,其中各系的政治辅导员分别按大、中、小系不同的学生数以不同的比例予以配备。

2.实验技术人员编制

实验技术人员编制包括在实验室工作以及在学校设置的分析测试中心、计算中心和电教新闻中心等单位为教学服务的技术人员、技术工人。

实验技术人员编制按学生折合数1∶27.3计算。具体核算办法参照上一个学年度,并做适当的调整。

3.图书资料人员编制

图书资料人员编制是指在校图书馆(包括分部图书馆)以及在各系、各单位经批准设立资料室工作的图书资料人员。

图书资料人员的编制按学生折合数1∶82计算,增加专职科研编制中的管理人员5人。

4.党政管理干部编制

党政管理干部包括学校党政负责人,党委各部门的干部、各系和机关、直属、后勤党总支书记与专职秘书、工会专职干部以及在学校各级职能机构和各系办事机构从事行政、教学、科研、后勤等管理业务的工作人员。本着高效、精干的原则,调整党政管理机构,对党政管理干部进行定编、定岗、定责,首先对机关管理人员按现有人员数压缩10%。

党政、后勤管理干部的编制按学生折合数1∶24计算。

系级机关的专职党政管理干部按现有学生数和教职工数分类,确定相应的编制数。

各支队伍管理工作的补贴编制根据91年各系列下达的编制数从教学、科研、实验、党政管理中划出,由人事处根据各系的学生数、教职工数和科研经费等制订办法予以下达。因此下达到各系的各类管理工作编制由各系自行掌握,除配备必要的专职人员外,采用分散兼职的办法,减少系级机关实有人员数。

管理补贴编制包括教师兼任系级行政领导,基层党政负责人、档案管理、工会主席及各支队伍的秘书、班主任工作等。各系所有的管理工作都在上述管理编制中予以考虑。

5.工勤人员及后勤专业技术人员编制

工勤人员是指行政方面的技术工人、炊事员、勤杂工等。后勤专业技术人员是指在总务、房产、基建等部门从事专业技术工作的干部。这部分人员编制按学生折合数1∶27计算。

工勤人员实行固定工、合同制工人和临时工相结合的用工制度,注意工勤人员队伍的素质,提倡一专多能,在深化后勤部门的改革过程中,逐步完善机制,提高效益,条件成熟时适时纳入企业化管理的轨道。

根据上述原则,学校将制订各单位工勤人员配备方案,在配备方案未实施之前,暂按1992年1月1日的现有人数予以控制。

五、专职科研编制

专职科研编制是指专职从事科学研究的教师、实验技术人员、管理干部。学校设置的分析测试中心、计算中心等单位为科研服务的技术人员和技术工人,应计算在专职科研编制内。

国家教委下达给我校的科研编制为630人,其中3%划归学校用于为科研服务的管理人员和后勤服务人员,其余70%作为教师编制,30%作为实验技术人员编制。科研教师要承担

20%的教学任务，因此科研教师编制与专任教学教师编制互算20%，统一由科研处下达到各系（单位）。

六、实验实习工厂

实验实习工厂编制是指为教学、科研服务为主的校办工厂中的党政干部、技术人员、财会人员、工人等，其编制按在校学生数的4%核定。各类人员的比例大致按工人占60%；技术人员占30%；党政人员占10%划分。

七、直属单位人员编制

1.建筑设计院：根据任务的需要，结合自然减员及学校每年的进人指标逐年给予补充。

2.校医院：按学生人数和统筹医疗人数1∶200，教职工（包括离退休人员）1∶100核定编制。

3.出版社：按国家教委〔87〕教材图字1号文件规定下限档确定编制，且定编内还应扣除四分之一的兼职编辑；按国家教委〔1987〕教材图书厅字30号文件规定出版音像定编6人。

4.印刷厂：参照国家教委〔87〕教材图字1号文件规定予以核定。

5.招待所：招待所实行企业化管理后，由总务处根据需要提出建议编制。

6.幼儿园：根据劳动人事部、国家教委劳人编〔1987〕32号文件规定确定编制。

7.小学：根据教育部〔84〕教计字239号文件精神，结合小学的实际情况，定编7人。

8.档案馆：暂定编制12人。

八、夜大学、函授、职业技术教育编制

夜大学、函授部的专职教职工编制与学生比例按1∶20、1∶30予以核定。继续教育、职业技术教育部门暂定编制10人。

根据教学和实验任务下达给各系的教师和实验技术人员编制与校本部编制合并计算超缺编和业绩点。

九、其他编制

凡出国停薪、停薪留职人员、长期病休不能坚持工作及其他在编不在岗人员和校人才开发中心流动人员等均列为其他编制。

十、超缺编数的核算和缺编费的发放

1.各学年度的超缺编数的核算起讫时间为该年度的9月1日到下年度的7月30日。

2.为了便于统计、核算，该学年度各系（单位）的在册人员以7月30日为准。

3.凡在册人员数在该学年度内涉及出国停薪、出国攻读学位、和长期病假、参加社会实践、在校内、外单位兼职、在职研究生及调、分人员等，依据浙大发人〔1990〕79号文规定的给予减免人员，即算出该单位的在册实有人员数。

4.凡在该学年7月30日前离开岗位的人员，如调出人员、离退休人员、辞职、教学回聘及助教博士生等因这一学年承担一定的工作量，依据浙大发人〔1990〕79号文规定给予增加人员。

5.根据下列公式算出各系的超、缺编数：

$A=B-C+D-E$

A——各系超、缺编数,正数为缺、负数为超;

B——学校下达的编制数;

C——在册人员数;

D——在册人员数中该扣除的人员数;

E——在该学年 7 月 30 日前离开岗位的人员数。

6. 今年缺编费仍按原标准发放。

十一、各系列编制的核算办法详见附件一、二、三。

附件一:浙江大学本(专)科教学工作量计算办法;(略)

附件二:浙江大学研究生编制的核算原则;(略)

附件三:浙江大学科研编制配备核算方案。(略)

浙江大学

1992 年 6 月 25 日

浙江大学档案馆藏,档案号:ZD-1992-XZ-197-4

关于下达 1991—1992 学年各单位人员编制的通知

(1992 年 7 月 3 日)

浙大发人〔1992〕87 号

各系,各部、处,校直属各单位:

根据浙大发人〔92〕77 号《浙江大学教职工人员编制管理的暂行办法》文件精神,经核算,现将 1991—1992 学年各单位的人员编制数予以公布。

附件:1991—1992 学年浙江大学各单位人员定编情况

浙江大学

一九九二年七月三日

1991—1992 学年浙江大学各单位人员定编情况

<table>
<tr><th rowspan="2">单位</th><th colspan="3">教师编制</th><th colspan="2">实验技术编制</th><th rowspan="2">图资</th><th rowspan="2">行政</th><th colspan="2">政工</th><th rowspan="2">工勤</th><th rowspan="2">管理</th><th rowspan="2">合计</th></tr>
<tr><th>本科教学</th><th>研究生教学</th><th>夜大、函大</th><th>教学</th><th>夜大、函大</th><th>党务</th><th>思政</th></tr>
<tr><td>数学系</td><td>77.55</td><td>21.43</td><td>2.21　2.17</td><td>3.61</td><td></td><td>2</td><td>3.5</td><td>2</td><td>1.5</td><td></td><td>5.7</td><td>121.67</td></tr>
<tr><td>物理系</td><td>55.38</td><td>11.38</td><td>0.48　0.63</td><td>22.6</td><td>0.21　0.63</td><td>1</td><td>4.0</td><td>2</td><td>1.5</td><td></td><td>6.9</td><td>106.71</td></tr>
<tr><td>化学系</td><td>45.06</td><td>10.57</td><td></td><td>29.84</td><td></td><td>1</td><td>4.0</td><td colspan="2" rowspan="2">4</td><td>2.0</td><td>7.1</td><td></td></tr>
<tr><td>生物系</td><td>9.8</td><td>4.45</td><td></td><td>6.09</td><td></td><td>1</td><td>2.5</td><td></td><td>3.6</td><td></td></tr>
</table>

续表

单位	教师编制				实验技术编制			图资	行政	政工		工勤	管理	合计
	本科教学	研究生教学	夜大、函大		教学	夜大、函大				党务	思政			
力学系	27.72	15.89	0.18	0.69	13.21	0.07	0.14	1	3.5	2	1.5		5.7	71.60
地科系	11.97	4.46			5.25			1	2.5	2	1.5		4.0	32.68
电机系	100.45	25.04	5.51	3.15	57.9	1.59	1.90	2	8.0	3	8.5		15.0	232.04
化工系	61.75	34.26			32.48			2	8.5	3.5	11	1.0	16.5	170.99
建工学院	71.77	21.4	2.42	3.24	23.86	0.46	1.21	2	8.0	3	7.0		13.5	157.81
机械系	75.14	34.61	1.28	3.13	27.92	0.04	0.80	1	6.5	2	6.0		10.9	169.32
信电系	44.38	24.59			31.09			1	6.5	2	5.5		10.3	125.36
光科系	49.4	32.07			45.94			2	8.0	3	7.0		16.8	164.21
材料系	29.75	18.03			26.99			1	6.0	2	5.5		10.0	99.27
能源系	31.65	18.4			19.08			1	5.5	2	5.5		10.6	93.73
高分子系	14.91	13.89			12.16				3.0				5.6	49.56
计算机系	29.97	17.76		1.98	19.51		0.66	1	4.5	2	4.0		8.3	89.68
工商学院	32.07	20.72	0.95	6.69	5.65		0.31	3	7.0	3	3.5		8.6	91.49
哲学系	11.14	12.15			1.17			2	2.5	2	1.5		3.6	36.06
马列所	31.76	3.46						1	2.0	2		1.0	2.8	44.02
外语系	85.2	19.23			2.03	4.65		3	3.5	3	2.5	2.0	4.3	
中文系	15.4	1.55	0.20		0.5			2	2.5				3.3	
工控中心	4.84	12.18			6.58				1.0				2.1	26.70
体育部	42.82				3.1			0.5	3.0			5.0	3.2	57.62*
合计	959.91	377.52	15.01	21.93	399.18	3.03	4.99	31.5	106.0	43.5	77.5	11	178.4	

注：* 包括部体馆定编 5 人，其中教学实验 1 人，行政 1 人，工勤 3 人。

浙江大学档案馆藏，档案号：ZD-1992-XZ-197-5

2. 工作量考核与日常管理

浙江大学对高教部 3 月 29 日所发教师教学工作量和工作日暂行办法（修订草案）的意见

（1955 年 4 月 9 日）

一、我校各教研组对高教部最近修正的教师教学工作量和工作日暂行办法（草案）基本上没有多大意见，认为是可行。

二、在几个具体问题上的意见：

(1)各级教师教学工作量定额上下限差额扩大为100小时,大部分教师没有意见,而且认为这次上下限度内较高或较低工作量分配的掌握原则较过去全面合理,不像过去只按专业课和基础课划分。但亦有个别教师认为上下限相差100小时太多,较难掌握。

(2)草案规定担任高一级教师的工作者应担负高一级教师的教学工作量,我校由于工作需要,师资力量不足,亦有助教担任高两级的工作者(如助教指导毕业设计),应如何计算?是否按高两级的教师工作量计算?此类教师是否也由校长批准即可?

(3)合班上课人数定额为120—300人。是否指满120人即可开一大班?如有学生240人则开一班或两班?其具体掌握由教研组抑或系决定?还是由校长批准?

(4)工农同学答疑时间每班不超过上课时数的35%。如每周上课4时,则答疑最多为1.4小时,仅比普通同学每周多0.4小时,根据实际情况来看,超出甚多,应如何处理?

(5)个别课程,如热工方面有的实验须6人或10人进行,每次实验时人数不等,其工作量颇难计算。此类情况应如何处理?

(6)课程设计中的每件是否指一门课程中所有课程设计中之一个?如"电机设计"的课程设计包括变压器,感应机与直流机三个课程设计,是否即按三个计算?

(7)课程作业指导工作规定为每人每件1—2小时,而我校"配电网及联合输电系统"课程作业的指导工作量与"发电厂电气部分"的课程设计相差无几,是否可增大幅度为1—4小时?

(8)所谓毕业设计内的个别部分答疑时间,其"个别部分"指的是哪些情况?

(9)考试时间似仍以过去的规定1/2或1/3为妥,这样较灵活。

(10)超额工资取消,改为奖励或奖金制度,在目前情况下是较合理的,但在奖励及奖金的掌握上,须十分慎重,因为工作多,完成任务好的标准是较难掌握的。以上意见,仅供参考。

浙江大学档案馆藏,档案号:ZD-1955-XZ-60

浙江大学1954—1955学年试行教师工作日及教学工作量制度的暂行补充规定

(1955年)

(一)关于备课问题

1.教师备新课者,按照《高等学校教师工作日及教学工作量暂行办法》(草案)(以下简称暂行办法)第二条第五项规定办理。

2.新开课教师的备课时间:在工作日内适当计算。

3.开新课教师的备课时间:在工作日内适当计算。

4.不属于新开课及开新课范围,但所开课程需要增加备课时间者,在工作日内适当计算。

5.开两门以上的不同课程,需增加备课时间者,在工作日内适当计算。

6.助教听课(指听本人辅导的课)在工作日内适当计算。

7.准备实验时间(包括准备教学实习,准备新的实验与使用新的仪器的时间)在工作日内适当计算。

(二)关于指导毕业设计问题

1.按《高等学校教师职务暂行规定》(草案)只有教授、副教授可以指导毕业设计。依据学校情况,由于教授、副教授人数不足,需要专业教研组的讲师及部分助教担任毕业设计的指导工作。因此,暂规定专业教研组的讲师及部分助教暂时可以担任该项指导工作(新毕业的助教最好不担任此项工作),各专业教研组可分配给适当的指导毕业设计的教学工作量。

2.按暂行办法规定指导每个学生每件毕业设计以40小时计算,如指导时间少于40小时者,应由校长批准以实际时数计算。按教学计划规定,专修科毕业设计时间仅6—8周(约当本科毕业设计时数之半),如其指导毕业设计时间亦折半计算,则指导每个学生每件毕业时间当为20小时。如以20小时乘专修科毕业学生数来计算教学工作量,则大大超过现有教师所能担负之教学工作量,势必使规定教学工作量不能完成。依据目前情况,指导毕业设计的教学工作量暂规定可不按指导每个学生每件的时间计算,而采取由教研组有关教师包干指导的办法。一般规定每个教师指导毕业设计时间,宜不超过200小时。

(三)关于指导课程设计、课程作业问题

1.关于暂行办法"指导每个学生每件课程设计"中"每件课程设计"的涵义,可以理解:为每个课程设计每个学期所做的课程设计,按一件课程设计计算。

2.按暂行办法规定指导每个学生每件课程设计时间:为4—6个小时。各教研组可视课程设计性质,教学计划规定时数等情况在3—6小时内自行规定。

3.指导课程设计的工作范围:暂规定包括:发题目、提出要求、指导、批改、和答辩等工作。

4.关于指导一般课程作业的时间,暂行办法无规定。拟依照学生所需作业时间的多寡暂规定指每个学生每件课程作业时间以1—3小时计算。

(四)关于指导生产实习问题

1.按暂行办法规定:教师指导生产实习以25—30人为一班。每班每日按三小时计算。本校原则上应执行上项规定。但在各系能包干负责解决其全部生产实习指导工作的条件下,得适当减少每个教师所指导的人数。

2.如本教研组教学工作量已超过,且无力全部担任应该担任的生产实习的指导工作时,得经层报校长批准请外组教师参加。其教学工作量列入外组教师教学工作量计算。

(五)关于实验的指导问题

按暂行办法规定:学生实验应以12—15人为一班进行,如限于实验设备每班必须超过或减少小班人数时,经报请校长批准,得按实际情况分班,并按实际小班计算教学工作量,不按人数比例增加或减少教学工作量。

(六)关于考试问题

1.一门课程分由数位教师讲授,但只有一个考试时,主考人一般不得超过二人,二人均应计算教学工作量。按《高等学校课程考试与考查规程》规定进行补考时,仍应计算一次考试的教学工作量。但后者不预列入教师计划。

2.凡教学计划规定考试时间为二周者,规定开始三天为学生总复习时间。凡教学计划规定考试时间为三周者,规定开始四天为学生总复习时间。每天每位主考教师以工作六小时为原则。对每个学生所需考试时间(20分或30分钟)由各教研组根据课程性质研究并报系主任批准。担任习题课的助教必要时得担任考试工作,按照规定计算教学工作量。未担任讲授该课的教师,一般不得担任该课的考试工作。

3.助教帮助主考教师抄发题签等工作,得在工作日内进行,但不计算教学工作量。

4.三、四年级某些课程暂不进行口试,仍需进行笔试者,教师监考时间列入教学工作量计算。

(七)关于指导进修生的问题

如进修生插入本校学生各班上课者,不单独计算教学工作量。旁听生仅准随班听课,不另列教学工作量。

(八)关于工作量标准计算的几个问题

(1)关于兼教基础课、专业课教师及其教学工作量标准如何计算的问题:

1.基础课教授兼专业课,其专业课工作量超过240小时者,按专业课教授计算;不足240小时者,按510小时计算。

2.基础课讲师兼专业课,其专业课工作量超过270小时者按专业课讲师计算;不足270小时者,按570小时计算。

3.基础课助教兼专业课,其专业课工作量超过300小时者,按专业课助教计算;不足300小时者,按630小时计算。

(2)关于讲师、助教指导毕业设计后,如何计算问题:

1.专业课讲师指导毕业设计工作量在180小时者以上者,按480小时计算;不足180小时者,按510小时计算。

2.基础课讲师指导毕业设计工作量在200以上者,按540小时计算,不足200小时者,按570小时计算。

3.专业课助教指导毕业设计工作量在100小时以上者,按540小时计算;不足100小时者,按570小时计算。

(3)关于助教指导课程设计如何计算问题:

指导课程设计的工作量在100小时以内者,专业课助教按580小时计算,基础课助教按640小时计算,指导课程设计在100小时以上者,专业课助教按560小时计算,基础课助教按620小时计算。

(4)体育教研组指导学生开展劳卫制锻炼工作,列入教学工作量。每周每人不得超过3小时。

(九)关于年老教师的照顾问题

1.如教师因年老体弱,必须减少教学工作量时,应按实际情况,自行申请,经教研组讨论、系主任同意、报校长批准。

2.个别教师因年老体弱,希望学校准予分小班上课,其分班多上课时数不列入教学工作量。

学校意见:按暂行办法规定,讲课应以大班进行,对个别年老体弱教师按照年老体弱教师办法报经校长批准后可以分小班上课。其多上课时数得列入教学工作量计算。

(十)关于教学工作量超额,其超额所需时间,应列入工作日之内抑列入工作日之外的问题

按暂行办法规定,各级教师的教学工作量,及工作日均有规定。教学工作量超额所需时间,不应列入工作日之内,即教学工作量超额教师,其规定工作日内各项工作仍应按规定完成,始得按超额办法增发工资。我校在目前试行期间,对超过教学工作量的教师暂不增发工资。教师超过教学工作量部分得酌量列入工作日,但每位教师必须保持一定比例的教学法工作及科学研究等工作。

(十一)关于执行工作日工作的问题

1.按暂行办法规定,教师以平均每日6小时为一个工作日。每年工作日按《高等学校校历》计算,一般约为240天。但根据《高等学校校历》规定:"教师在假期中,为结束上学期未了工作和准备开学的新工作,用去的时间(指假期时间)不超过十天……"这样,每年工作日最高应不超过250天。

2.在工作日内除教学工作应按教学计划进行外,其他如教学法工作、科学研究工作等工作,均由本人提出工作计划,经教研组会议讨论通过,系主任同意,报校长批准。六小时工作日一般可分两部分,例如上午可进行教学工作,下午可进行科学研究和教学法工作、领导实验室工作、检查学生作业等工作。或者上午进行科学研究等工作,下午进行教学工作。检查教师工作日执行情况,主要即是检查教师上述批准的个人计划执行情况。

为便于计划工作日内工作,各教研组得按工作日内各项工作不同情况,尽可能拟订完成该项工作的定额,然后按照定额安排工作日。为帮助教师了解工作日执行情况,教务处应统一印发给每位教师记录工作日进行情况的簿式。

(十二)关于教师兼任行政工作,其行政工作时间如何列入工作日计算问题

(1)系主任一每周教学工作9小时,教学法及科学研究工作12小时,参加学校会议3小时,系行政工作12小时,共计36小时。

(2)教研组主任一行政工作每周3—6小时。

(3)实验室主任一日常行政工作每周3—9小时。

(4)系秘书一教学行政秘书每周6—12小时。

政治秘书每周3—6小时。

教学业务秘书每周3—6小时。

(5)组秘书一每周行政工作3小时。

(6)辅导员一每周3—6小时。

以上时间均列入工作日计算。

(十三)关于工作日的其他几个问题

(1)个别辅导学生时间——由教研组根据具体情况在工作日内计算。

(2)培养教学辅助人员及培养技工时间,每个教师每周不超过3小时。

(3)马列主义、数学、物理、基本化学、体育等教研组与速中联系工作,每年不超过120小时。

浙江大学档案馆藏,档案号:ZD-1955-XZ-60

浙江大学有关实施教师工作日教学工作量制度的一些意见

(1955年)

一、关于《高等学校教师工作日及教学工作量暂行办法》(草案)及其相应规定的建议

1.教师备课时间经学校批准可适当列入工作日。

《高等学校教师工作日及教学工作量暂行办法》(草案)仅规定,准备新课时间列入工作日。一般备课均不列入。但按目前教师水平看来,普遍执行是有困难的。我校意见请在办法中规定教师如确有必须在工作日时间进行备课者,得经教研组研究同意层报学校批准可适当列入工作日计算。担任辅导课工作的助教得将所辅导功课时间列入工作日计算。准备实验时间同。

2.讲师、助教担任高一级教师的教学工作,其教学工作量应予酌减,不按原级教师工作量标准计算。

由于学校各专业教授、副教授的数量和质量均不能适应学校教学任务的需要,势必须部分讲师、助教担任高一级教师工作。为照顾他们的原有基础使得有充分时间进行准备,因此应适当减轻他们的教学工作量。原草案关于开课助教的教学工作量已规定为540小时。指导毕业设计的讲师,其指导毕业设计教学工作量占其应担任教学工作量三分之一以下者拟减30小时,超过三分之一者拟按副教授工作量计算。指导毕业设计的助教,其指导毕业设计的教学工作量占其应担任教学工作量六分之一以下者,拟减30小时;超过六分之一以上者,拟按讲师工作量计算。关于指导课程设计的助教亦拟酌减20至40小时。

3.体育教师课后指导学生进行体格锻炼的工作,则酌予列入教学工作量。学校体育教师除上课外,主要在课后指导学生开展锻炼。如仅计算正课(包括考查等)教学工作量,则教师在达到教学工作量标准同时又要指导课外活动体力难以胜任,结果可能削弱学校体育活动,因此,建议体育教师指导学生课外活动时间可酌予列入教学工作量,每周1—3小时。

4.教师担任原职务教学工作量以外的教学工作,其超额时数应由学校掌握发给适当工资。“关于计算教师的工作日教学工作量的说明”中亦规定“其超额时数,应按规定发给工资”,我们认为如只按“超额时数”增发工资,而不核查其质量是有流弊的。因此,建议改为:超额者应由学校适当增发工资但最多不超过原工资的50%,以便学校掌握。

5.教师兼任教研组主任、实验室主任、系秘书、教研组秘书及其他教学行政工作者,均得在其工作日内划出一定时间进行。具体意见:

教研组主任每周3—6小时。

实验室主任每周3—9小时。

系秘书每周3—12小时。(其中兼任教学行政工作秘书最高可达12小时)。

教研组秘书每周3小时。

兼任其他教学行政工作者由学校研究酌定之。

附设有工农速成中学的高等学校,其有关教研组指导速中工作亦应列入工作日。建议:规定每年不得超过120小时。

为了保证提高教师政治水平,必须保证一定的政治学习时间。根据目前学校情况,并参照国家机关干部学习的情况,建议应在每周工作日列入3小时政治学习时间。

二、有关实施教师工作日及教学工作量制度需反映参考的意见

1.关于计算编制的问题：

目前，就我校情况来看，某些教研组教师编制与今后招生任务急剧发展需要（专业课教师、指导毕业设计教师，均需先行培养）不能适应。因此，某些专业教研组教师编制不应仅按当前学生人数及教师工作量标准计算，应适当照顾今后短时间内必须培养的师资的编制。

譬如我校电机与电器专业 1951 年入学学生 19 人，1952 年 28 人，1953 年 57 人，1954 年 121 人，1955 年将为 150 人，1956 年将为 240 人。由于招生任务的急剧加大，如不预先培养专业课教师及指导毕业设计的教师，将来教学工作是会遇到严重困难的。

2.关于计算各种教学方式工作量的标准问题：

(1)指导专修科毕业设计一般列为 20 小时。

(2)指导课程作业工作，暂行办法未列出，拟请补列入暂行办法（草案）第一项第一条及第三项第九条。指导课程作业时数一般可定为 1—3 小时。

3.关于工作日内工作如何进行的问题：

暂行办法（草案）规定，“在工作日以内，不得进行规定范围以外的工作”。工作日内除教学工作必须全部在学校内进行外，其余工作可不一定全部在学校进行，而且教师工作日的工作，亦不一定必须在一天连续六小时内进行。因此，此项规定究竟应如何解释？如何执行？我校理解，各级教师全年工作日除在其教学工作量所占时数外，其余工作时数，在教师个人计划内适当支配，保证进行工作日内规定的工作（按教师个人计划进行），不得移作工作日以外工作。并非硬性规定必须每天在学校办公，这样理解是否妥当？请指示。

三、关于实施教师工作日与教学工作量制度的建议

1.根据我校 1954 年第一学期试行教师工作量制度情况表明这个制度是先进的，是高等学校当前所迫切需要的，对学校的各项工作具有很大的推动力。它的实施必将达到“进一步推动高等学校的教学改革、提高教学质量、改进教学组织、开展科学研究工作及充分发挥教师的潜在力量，并精确地计算教师编制和逐步实现按劳取酬的工资制度”的目的。试行的情况也同样表明，实施比不实施好，早实施比迟实施好，而高等学校也确有条件来逐步实施它。为此，我们迫切地希望高教部迅即颁布这个办法，并予以实施。

2.由于全国各个高等学校情况不一，更重要的是由于当前师资的质量，比高教部规定的《高等学校职务暂行条例规定》（草案）还具有一定的距离，因此，在颁布实施的同时，希望能准许各校自行订定切合实际的过渡办法，以逐步达到这个标准。这样一方面坚持了高等学校教师应有的标准，并使之成为推动学校工作的动力；一方面也能照顾条件不同的学校，使其在一定时期内，积极创造条件达到标准。

3.关于我校实施教师工作日教学工作量制度的大体计划和具体意见已于 1954 年 12 月 18 日报部。我校争取于 1956 年—1957 学年全部实施高教部所订标准（依据草案）。本学期内拟在全校范围内，具体研究 1955—1956、1956—1957 两学年的教学工作量，并推动每位教师具体订定如何争取满足教学工作量的计划，从而进一步规定具体步骤，以保证全部实施。

浙江大学档案馆藏，档案号：ZD-1955-XZ-60

本校推选出17位先进工作者

(1956年3月22日)

3月17日，学校举行了隆重的“授予先进工作者光荣称号”的表彰大会，全校教职员工及学生代表均出席了这次大会。会上，刘副校长报告了推选的重大意义及经过，并根据推选结果在热烈的掌声中宣布授予仇俭、王谟显、何鸣岐、吴壁如、汪槱生、汪树玉、洪逮吉、高錤、徐纪楠、黄会芳、桑锦荣、杨士林、杨杰、杨裕生、缪进鸿、阙端麟、郦志林17位同志以浙江大学1956年先进工作者的光荣称号。接着李教务长介绍了他们的先进事迹。各部门委员会代表都向先进工作者致以热烈的祝贺，并表示要学习他们创造性劳动精神，争取明年有更多同志参加先进工作者的行列。学生代表讲话，也表示要学习先进工作者的努力精神，争取有更多的同学能成为优等生。最后，先进工作者代表王谟显教授和桑锦荣同志讲话，都表示党和集体给他们的荣誉，一定要继续努力，团结群众不断前进。会上，学生代表还向先进工作者献花，在介绍他们的先进事迹时，掌声热烈异常。这17名被推选出来的先进工作者都是政治上要求进步，热爱教育事业，关心学校，各有自己的先进事迹。

在全校范围内推选先进工作者，在我校还是第一次。学校党政工团民盟组织和同志们对此都很重视。在先进工作者推选出来后，学校行政和工会还在3月14日举行茶话会，招待先进工作者并拍照纪念。在党号召向科学进军的今天，我校进行了这一推选工作，对鼓舞广大教职员工的劳动热情，又快又多又好又省地为国家培养建设干部，积极争取在12年内赶上世界先进科学水平而努力，都有重大意义。

《浙大》1956年3月22日

关于1955—1956学年超额工作量的计算原则

(1956年10月29日)

(一)凡1955—1956学年超额完成全年教学工作量者，应参照其完成工作日工作的情况，包括科学研究工作、教学法工作、实验室工作等，由教研组提出应该发给超额工资的名单，经系主任审查，报校长批准后发给超额工资。

(二)超额工作量计算方法仍按1955年7月11日高等教育部所发L高等学校教师教学工作量和工作日试行办法的规定办理。

(三)根据以往情况，以下几条规定在计算时常常不够明确，特重申如下：

1.凡“试行办法”中规定的计算标准有上下限者(答疑课程设计考试等)由教研组根据工作繁简以及实际所需时间，在规定限度内确定计算时数。

2.指导本科毕业设计每件35小时，按规定应如下分配：指导设计22小时，经济课程答疑4小时，安全防火技术答疑1小时，审阅4小时，答辩4小时，(实际情况如有出入，可由教研组在此限额内自行分配。每组每件总时数不得超过35小时。)

3.凡实际上所用的时间超过所定标准过多时，超过的时间应计入工作日内。

4.助教讲师担任高于本职的工作时，超额界限与高一教师同。

5.兼系主任、系秘书、系教研组主任、实验室主任而减免教学工作量的教师，计算超额的界限亦应相应地降低。因其他原因减少教学工作量的教师(如教研组秘书、病假、产假等)计算超额界限不能相应地降低。

(四)根据我校实际情况对以下两点作补充规定:(初步意见)

1.凡二位以上教师指导同一班生产实习者，每人的工作量可按一个小时定额的2/3计算。

2.指导专修科毕业设计按本科减半计算，每件为18小时。为照顾实际答辩时间与本科相差无几，特规定每件按20小时计算，可做如下分配:指导设计12小时，经济课程及防火技术课程共2小时，审阅2小时，答辩4小时。实际情况如有出入，亦可由教研组在20小时的限额内自行分配。

教务处

1956年10月29日

浙江大学档案馆藏，档案号:ZD-1956-XZ-50

关于教师教学工作量的执行情况

(1956年)

(一)1955—1956学年全校教师担任超额教学工作量的共103.5人(半个人是半年超额)。其中教授副教授22人，讲师39人，助教42.5人。以性质分:专业教研组教授副教授14人，讲师29人，助教25.5人。基础技术课教授副教授2人，助教5人，余均为基础课教师。超额原因主要是师资少，任务重，专业教研组不得不让专修科毕业的助教担任超额工作，而且有的是指导专业实习与毕业设计，质量是不高的。这一学年制图、俄文、体育等教研组任务都很重，教师必须担负超额工作。

1955—1956学年全校教师担任教学工作量不足额的计80人，其中教授副教授10人，讲师26人，助教44人。其所以不足的原因有以下几个方面:

1.因病或年老体弱的20人。

2.基础差或转业一时不能担任较多工作量的15人。

3.出外进修的5人。

4.因担任其他工作的(如准备作专家翻译，兼行政工作，参加工厂技术改造工作，中途留苏等)5人。

5.因教研组该学期任务轻的29人。

6.其他问题的6人。

(二)1956—1957学年按现有计划，担任超额教学工作量的计72人，其中教授副教授11人，讲师49人，助教12人。超额的原因:专业教研组主要是指导毕业设计，基础课教研组如物理、数学等因一二年级学生人数多，任务较重。

1956—1957学年按现有计划教学工作量不足的教师共186人，其中教授副教授32人，

讲师 63 人,助教 91 人,本学年教师工作量不足的人数较多,原因是:

1. 从本学年起,无专修科学生,一般专业教研组任务普遍减轻,但由于一二年级本科学生人数多,从 57 学年起,基础技术课及专业课任务即逐步增加。

2. 由于四年制与五年制交替,本学年二年级已是五年制,无专业课,无认识实习,因而生产实习任务也轻,是最轻的一年。

3. 工业分析专业停办,教师准备转业。

(三)本校本学年专业教研组任务虽然不重,但自 57/58 学年起,任务激增。如机床刀具教研组估计,到 58 学年即需 40 位教师才可胜任(目前仅 13 人)。而且很多准备工作应在目前进行,因此,工作量的数字,不能完全作为目前教师任务是否过多过少的依据。有的教研组,算工作量并不超过,但由于教师质量低,助教多,准备新东西多,任务仍极繁重(如电机教研组等)

(四)工作量情况详细统计表附后。

附 1

浙江大学 1955—1956 学年教师超出工作量情况统计

系别	教研组	教授副教授			讲师			助教			备注
		人数	定额	超出	人数	定额	超出	人数	定额	超出	
机械系	机制	1	450	112.5	2	950	454	5	2850	537	
机械系	机床刀具				4	1970	872.6	3	1710	411.8	
机械系	铸工	2	980	82				2.5	1425	290	
机械系	光学	1	450	239				1	570	60	
机械系	金属工学	1	450	178.5				3	1860	355	
机械系	机械零件	1	386.6	22				2	1240	210.5	
机械系	企业组织计划保安防火				1	530	223				
	小结	6	2716.6	634	7	3450	1549.6	16.5	9655	1855.25	
电机系	电制	1	450	78	2	870	189	1	590	148	
电机系	发配输	4	1783	289.5	5	2470	704.5	2	1140	117.5	
	小结	5	2233	367.5	7	3340	893.5	3	1730	265.5	
化工系	工分	2	1060	145	4	2200	346.5	3	1520	269	
化工系	燃料				1	380	235				
	小结	2	1060	145	5	2580	581.5	3	1520	269	
土木系	结构	2	735	24	4	2030	590	1	570	94	
土木系	施工				4	2180	996.4	3	1710	337	

续表

系别	教研组	教授副教授			讲师			助教			备注
		人数	定额	超出	人数	定额	超出	人数	定额	超出	
土木系	建筑	1	450	69	2	1140	99.2	4	1910	621.6	
	小结	3	1185	158	10	5350	1685.2	8	4190	1082.6	
	数学	1	500	38.5	1	620	65.5				
	热工	2	980	312	1	570	16				
	制图				4	2250	347.65	3	1675	569.75	
	马列主义							4	2100	280.75	
	外国语							2	1140	326	
	体育	3	1660	206	4	2420	247.5	3	1860	877	
	小结	6	2240	556.5	10			12			
		22			39			42.5		103.5	

附 2

浙江大学一九五五学年教学工作量不足教师统计

系别	教研组	工作量不足教师数				工作量不定的原因						备注
		教授副教授	讲师	助教	共计	因病或年老体弱	因任务轻	因担任其他工作	基础差或转业教师	因进修	因其他问题	
机械	机械制造			4	4	1		3				
	机床刀具			1	1				1			
	铸工			1	1					1		
	光学仪器		3	1	4		2	2				
	热处理		1	1	2				1	1		
	机械零件			1	1	1						
	组织计划			1	1					1		
	金属工学	2		1	3	3						
	合计	2	4	11	17	5	2	5	2	3		
电机	发配输电		1	3	4	1	1		1	1		
	电机电器	1	1	2	4	1	1		2			
	电力传动	1	4		5		5					
	电工基础		1		1				1			
	合计	2	7	5	14	2	7		4	1		

续表

系别	教研组	工作量不足教师数				工作量不定的原因						备注
		教授副教授	讲师	助教	共计	因病或年老体弱	因任务轻	因担任其他工作	基础差或转业教师	因进修	因其他问题	
化工	燃料	1	1	1	3	2			1			
	化工机械		2	2	4		4					
	工业分析			4	4				4			
	合计	1	3	7	11	2	4		5			
土木	建筑（包括制图）		3	4	7	2	3		1		1	
	结构			3	3	2	1					
	施工			2	2				1	1		
	测量	1	1		2		2					
	地基基础	1		1	2		2					
	工程材料		2		2		2					
	合计	2	6	10	18	4	10		2	1		
公共课	数学	1	1		2				1		1	
	物理		1		1	1						
	制图			3		2					1	
	材料力学		4	5	9	2	6					
	理论力学	1			1	1						
	普通化学			1					1			
	外国语	1		2		1					2	
总计		10	26	44	80	20	29	5	15	5	6	

附 3

浙江大学1956学年第一学期未担任教学工作量的教师统计

系别	教研组	教授副教授	讲师	助教	合计	原因				备注
						进修	因病或年老体弱	无教学任务	其他	
机械系	铸工	1		1	2	1		1		
	光学仪器		1		1				1	
	机械零件	1	2	3	6	3		3		
	金属	2			2		1	1		
	热处理		1		1			1		
	制图									

续表

系别	教研组	教授 副教授	讲师	助教	合计	原因				备注
						进修	因病或 年老体弱	无教学 任务	其他	
	机床刀具			2	2	1	1			
	合计	4	4	6	14	5	2	6	1	
电机系	发电厂	1		1	2	1			1	
	电力网			1	1	1				
	电力传动			1	1	1				
	合计	1		3	4	3			1	
化工系	燃料		1	4	5	2		3		
	化机			2	2			2		
	分析	1			1			1		
	合计	1	1	6	8	2		6		
土木系	建筑		3	2	5	1		1	3	
	结构			1	1			1		
	施工		1		1	1				
	地基基础			1	1	1				
	水利		3	8	11	10				
	合计		7	12	19	13		2	4	
公共 教研组	数学		1		1	1				
	物理	1		1	2		2			
	材料力学			1	1		1			
	外国语			1	1			1		
	热工			1	1	1				
	组织计划		2	2	4	3				
	合计	7	15	33	45	28	5	16	6	

附 4

浙江大学一九五六—一九五七学年教师教学工作量情况统计(计划统计数)

系别	教研组	教授　副教授			讲师			助教			备注
		工作量超过的	工作量接近的	工作量不足的	工作量超过的	工作量接近的	工作量不足的	工作量超过的	工作量接近的	工作量不足的	
机械系	机械制造			1	1	1	1			11	
	机床刀具			2	2		2			7	
	铸工			1	1	1	4	3		3	
	光学仪器	1			1	1			1		
	热处理			1			2				
	机械零件	1		1		1	3		1	2	
	制图				2	2	1	1	16	6	
	金属工学	1								9	
	合计	3		6	7	6	13	4	18	38	
电机系	发电厂		3		1		1			3	
	电机		1	1		5			4		
	电器		1			1		3	1	1	
	电力传动			1	1		3			1	
	电工基础		1	1		1	3		1	2	
	电力网	1			2		1		1	3	
	电工学			1			3				
	合计	1	6	4	4	7	11	3	7	10	
土木系	建筑			1		4	3			8	
	结构		1	1	4	1			1	4	
	施工				2	2		1		3	
	测量			1			1				
	地基基础			1			1				
	工程材料						2				
	水利			1							
	合计		1	5	6	7	7	1	1	15	

续表

系别	教研组	教授　副教授			讲师			助教			备注
		工作量超过的	工作量接近的	工作量不足的	工作量超过的	工作量接近的	工作量不足的	工作量超过的	工作量接近的	工作量不足的	
化工系	燃料			3	1	1	5			4	
	化工机械			1	1		3			11	
	工业分析			1			4			2	
	基本化学		2	2		5	4	2	4	3	
	合计		3	12	8	13	23	3	5	20	
公共教研组	数学	4		1	6		1		7		
	物理			1	10		1			1	
	组织与计划				1		2				
	材料力学					4			7	1	
	理论力学			1	3				4	3	
	外国语	3		2	4	1	4	1	2		
	热工		2			2	1		1	1	
	体育		3			5			8		
合计		11	15	32	49	45	63	12	60	89	

浙江大学档案馆藏，档案号：ZD-1956-XZ-31

浙江大学教师工作量工作日（工作周）计算办法（草案）[①]

（1962 年 2 月 13 日）

为了进一步贯彻执行“中华人民共和国教育部直属高等学校暂行工作条例（草案）”，充分发挥教师积极性，合理的使用教师力量，保证完成教学任务，不断提高教学质量，积极开展科学研究工作，同时贯彻劳逸结合方针，并便于合理计算教师的编制，特制定本办法：

本办法采取计算简单，便于执行的粗线条方法，是在全体教师政治觉悟提高，鼓足干劲，力争上游的基础上提出的，各项基本指标并不排斥突破，在提高教学质量的同时，提高劳动生产率。

本办法采用工作量与工作日（工作周）相结合的方法，使用熟悉的指标可以互换，但不强求一律。讲课等课堂教学以小时计算，毕业设计则用题目类型与学生人数为指标，使每位教师容易看出他自己能满足工作量的周数和工作日的周数。

① 本办法于 1962 年 2 月 13 日的第三次校务会议通过施行。

(一)教师的主要职责是负责积极完成教学任务，不断提高教学质量，这就是说，要求教师满足教学工作量，并不断提高工作效率。教师的教学工作内容为:讲课、实验课堂讨论、习题课、答疑、批改作业、考试考查，指导课程设计、毕业设计，指导学年论文或毕业论文，领导教学实习、生产实习、生产劳动，指导研究生和进修教师等工作。

(二)教师除完成一定的教学工作量的同时，还应完成一定的工作日任务。教师工作日定为每日平均 6 小时，保证 5/6 的时间用于业务，每周以平均 30 小时工作计算，可称为工作周，每学期 22 工作周，每学年 44 工作周。教师在学期内上课，周次按指标平均计算，无课周次按工作日计算。简言之，授课周次要求完成工作量指标，非授课周次要求达工作日指标。

(三)教师工作日的内容，除第一项所提出的教学任务以外，还包括有关教学法工作和学术活动、科学研究工作、实验室工作，教学科研资料工作，教学行政工作，参加劳动，出差，会议以及教研组或学校及系安排的其他工作。教师可以占用一部分工作日作为备课时间，但不能忽略一切有关教学法和学术活动等集体活动。教师的进修与提高，非经上级审核计划不得列为工作日，工作日以外的时间由教师支配用于进修与提高。

(四)本办法所提出各项指标都按照正常的熟悉的情况，指专任教学工作的教师。至于科研工作，师资培养，以及新创设的工作，应根据领导核准的规划进行，明确规定，目标清楚，避免顾此失彼。

(五)计算编制时，按教学计划所规定的时数和学历即可计算。每学期所需的教师人数，采取平均值后，另外加上兼科研的人数作为平衡工作的机动力量，再加上行政力量以及专业科研力量即可得到编制人数。

(六)教师工作量指标

1.讲课:教师讲课在学期上课周次平均每周 10—12 小时，这指大班讲课，一般 60—120 人，在教师能力不足时，可增加大班人数，但是工作量仍不变。

同一课程重复讲授时，应采取高限;非重复讲课的课程，可采取低限。讲课教师自然负责有关本课程的各种教学环节的指导工作，并且尽可能附带一小部分的辅导答疑工作，其不足最高限额的应增加其他工作。

2.外国语教师小班讲课，每周 10—12 小时。批改作业及答疑工作，由任课教师包干。

3.政治课大班讲课，小班答疑，合计每周 12—16 小时。

4.体育课小班上课，每周 12—18 小时，平均 15 小时。

5.制图课，大班讲课，每周 10—12 小时。除教师附带的答疑、辅导工作以外，习题等工作另外计算工作量。小班上课每周 15—18 小时，辅导答疑及批改作业由小班授课教师包干。

6.实验课教师每周指导实验 15—20 小时，相应的实验答疑以及批阅实验报告由指导实验教师包干。实验课一般以 30 人为一班，具体的每一教师指导的实验数与学生数，按实验性质由教研组决定之。

7.习题课以 30 人为一班，教师平均每周担任 15—18 小时。

8.辅导答疑、批改作业以及评阅考查考试卷合并计算，每小时按上课周时数的 1/3—1/2(相同重复的取 1/3，不同的取 1/2)。教师每周平均 18—20 小时，相同重复内容的取高限，不同内容的取低限。

9.课程设计，教师指导平均每周 18 小时。

基础技术课每一教师指导一班 38 人，专业课程设计每一教师指导人数 15—90 人，题目类型多的人数可较少，题目类型少的则学生人数可较多。准备工作，批改作业由有关设计教师包干。集中课程设计的时期，按工作日计算，全日指导当 6 小时计算。准备休整时间，按教学法工作日计算，总的指导时数不得超过教学计划时数；准备时间与评阅、结束休整时间亦不得超过教学计划时间。要求不断提高设计质量及工作效率。

10.毕业设计，每一教师指导三个类型的题目为度，指导学生人数 10—15 人，指导与答辩期间按工作日 6 小时计算。准备工作，按上级批准的计划计算工作日。

11.教学实习、生产实习，指导教师以率领一班为度，每日按 6 小时工作日计算。

12.考试，讲课教师及辅导教师，在考试期间进行辅导答疑、拟题、监考、阅卷评分等工作统计算为工作日，每日按 6 小时计算，考试后三天结束。考查与平时测验是经常教学工作以内工作，由任课教师包干。

13.教师因公出差，按教研组计划，上级核准日程计算工作日，每日 6 小时。

14.教学行政工作，系主任行政工作每周 15 小时，教研组主任行政工作每周 10 小时（即系主任减免教学工作 1/2，教研组主任减免 1/3），党支部书记、教研组秘书酌减 1/4 教学工作量。

15.新开课教师一般是经过辅导答疑等锻炼相当时期的，讲课时数以每周 6—8 小时为度。

开新课的教师，既未有经验，又无现成教材的，讲课时数以每周 4—6 小时为度，未经上级批准，不能脱产进修备课。

16.夜大学的教学工作按上述标准计算，函授大学工作按工作日计算。

17.教师按规定参加体力劳动锻炼按实际周数减免工作，以保证假期休息。

18.编写一般教材、习题集、实验指导书，制定教学计划、教学大纲、教学日历，统由任课教师包干，不另计算。编写上级所指定的教科书，当作科研工作计算工作日。

（七）各教学环节的指标都可以相互折算，按工作周折算亦可。例如讲课 12 小时及附带的一切工作即为一个工作周。指导生产实习 5 天也相当于一工作周。这样保证 1/6 的政治学习及组织活动时间，以及例假休息，不能理解为 5 天即为一周。又如某一教师讲课 3 小时，辅导答疑及批改作业一班，习题课二班各 2 小时，实验课 4 班各 2 小时，则：

$$3/12+[3\times(1/3)]/20+(2\times2)/18+(2\times4)/20=0.25+0.052+0.32+0.4=1.022。$$

刚好满足量。再如，每做 6 小时的功课，隔周上习题课一次 2 小时，每班实验一次 2 小时，辅导答疑改作业按每班$(1/3)\times5=5/3$小时。如某一教师任 4 班习题课，5 班实验及 4 班的辅导答疑改作业。

$$[(1/2)\times(4\times2)]/18+(5\times2)/20+[(1/3)\times5\times4]/20=4/18+10/20+1/3=1.05。$$

超 5%。

（八）必须保证经常的政治学习，组织活动，并贯彻劳逸结合方针。长期连续工作，经领导批准方得执行，工作结束或告一段落后仍需集中补学政治和适当修养。

附表 1

浙江大学教师工作量统计表

1961.11

项目 \ 系列		一系	三系	五系	六系	七系	八系	九系	十二系	十三系	十四系	全校合计
总人数		356	85	190	157	100	68	54	109	69	77	1265
开课人数		194	36	105	98	45	30	12	46	36	33	635
实验、习题辅导答疑		113	32	42	36	43	31	16	23	9	18	363
指导生产实习				1	2			2				5
科研			1	6	5		2		1			15
指导课题设计			1	17	1	2		3	16		1	41
其他	进修提高	5			1	3	1	21	5		19	55
	没有担任工作	4	3	13	6	3	1		13		3	46
	因病	21	3	2	5	2	1		4		2	40
	行政工作	18		1	2	2	2		1		1	27
	去香港		1		1							2
	准备新课		8	3								11
	下放	1										1
	其他									24		24

附表 2

高等学校教师担任讲课情况统计表

62.1.25

项目 \ 职别		总人数	教授、副教授	讲师	助教		
					五三年以前的	五四年至五七年	五八年以后的
60年下半年	总人数	776	51	94	73	259	299
	担任讲课人数	468	43	77	60	189	99
61年下半年	总人数	1336	67	205	79	323	662
	担任讲课人数	651	49	162	68	219	153

说明:助教栏内:53年以前的系指在53年及53年以前参加工作的助教,余同。

以上统计数中均未包括三部教师人数。

讲师人数中包括教员在内(60年教员6人,讲课6人,61年教员81人,讲课56人)。

附表 3

高等学校教师安排使用情况表

62.1.25

项目　　职别	总人数	教授、副教授	讲师	助教	备注
60 年应该担任主讲教师而未担任的,61 年调整担任主讲教师工作	48	10	17	21	
61 年调整为带研究生的	13	11	2	/	
61 年下半年调整担任教学行政职务的(在备注栏中分出各种不同职位人数)	3	3	/	/	1 人系副主任升至系主任,2 人教研组主任升至系主任,经校务委员会讨论通过。
61 年下半年调整为带青年教师的	23	9	6	8	以上人员系各教研组安排与提高师资水平担任讲课任务的。
配备助手	/	/	/	/	本学期只作初步调查排队,尚未正式明确。
调整学科					

浙江大学档案馆藏,档案号:ZD-1962-XZ-146

关于进一步做好基础课、基础技术课教师归队工作的通知

(1972 年 11 月 20 日)

浙大革〔72〕75 号

各系、教革组、政工组、基础部、各基础课、基础技术课教研组:

自校核心小组于今年 3 月 30 日发出“关于成立基础部和基础课教师调整工作的决定”(浙大核〔72〕5 号文件)后半年来,基础课教师归队情况有了一定的改进,但随着教育革命的发展,搞好基础理论课教学已成为当前深入教改急需解决的一个重要问题。而目前我校不少基础课(包括基础技术课,下同)的师资力量比较薄弱,有些教师(包括实验室人员,下同)还未归队,以致人员不足,无法担负开课、开实验的任务,更无法解决教师轮流锻炼、培养、提高以及明年招生的准备工作,给教学改革带来很大困难。同时,由于教育革命形势的发展,原〔72〕5 号文件中的有关决定,有的还未得到贯彻,有的已不能适应目前的情况。因此,再次规定如下原则,作为进一步解决基础课教师归队问题的依据:

1. 原基础课教师结合到校、系两级革委会的,遵照毛主席:“要注意,要他们不要脱离群众,不要脱产,又要工作”的教导,除已分工担任具体部门负责职务的外,应一律回原教研组,不要脱产。

2. 原基础课教师在本教研组以外,担任连队党、政负责人的应归队,所缺职务由各系核心小组根据“精兵简政”原则研究,如确需补充的,报校政工组另行调配。

3.原基础课教师被抽调担任其他党、政工作的,除经学校正式批准的外,应一律归队。目前由于批修整风运动需要临时抽调教师,可与各教研组协商解决。

4.原基础课教师在外专业(厂)参加科研、生产的,应根据教学、科研、生产劳动三结合精神,由各系与有关教研组研究,妥善安排。首先要保证教学工作有必需的人员。

5.在"文化大革命"开始以后调到专业教研组工作的原基础课教师(包括70年基础课教师分到专业连队时下到各专业至今还未归队的数学、物理教师),应一律归队。

希各系、教革组、基础部根据以上原则认真研究执行,凡应归队的人员,争取在1972年底前归队。

当前根据有关教研组要求,下列人员(名单附后)急需回原教研组担负教学工作,应尽快先予解决。

附:要提早归队教师名单(略)

浙江大学革命委员会

一九七二年十一月二十日

浙江大学档案馆藏,档案号:ZD-1972-XZ-46

关于恢复工科力学教研组的决定

(1972年11月20日)

各系、各专业、教革组、政工组、基础部:

原工科力学教研组自70年9月撤销后,全部人员一直分散在各系、各专业连队。这种状况已不适应当前教育革命形势,也不利于该组同志更好地参加批修整风运动,因此,决定恢复工科力学教研组,归基础部领导。现将有关事项通知如下,希贯彻执行:

1.原工科力学教研组教师、实验员、技工一律于11月25日前向基础部报到。人事关系、工资关系由校政工组统一办理,党、团关系由个人自己办理转移手续。

2.为不打乱正常教学秩序,教师原担任的教学工作任务一般暂不要变动,以免影响教学。

3.原工科力学实验室,根据有利于教学,有利于领导、管理的原则,由基础部、自仪系同工科力学与固体力学两教研组协商分开后,归各教研组领导。

4.工科力学教研组成立临时党支部,行政上确定临时负责人,以便开展工作。名单由基础部核心小组提出,报校审批。

5.原工科力学教研组用房应归还该教研组。

6.基础部与各系、各专业都要做好有关人员思想工作。

浙江大学革命委员会

一九七二年十一月二十日

浙江大学档案馆藏,档案号:ZD-1972-XZ-46

关于基础课教师到专业参加教育革命的(暂行)意见

(1974年7月15日)

浙大革〔74〕32号

当前我校批林批孔运动,正在推动教育革命深入发展。为了冲破"三层楼",实行开门办学,在三大革命运动中结合典型任务进行教学,各专业师生殷切期望基础课、基础技术课(以下统称基础课)教师到专业去,同他们一起搞教育革命;基础课教师也有此迫切愿望和要求。

根据上述情况,校革委会认为基础课教师到专业去,有利于贯彻党的教育方针,实行开门办学;有利于按照辩证唯物论的认识论,结合典型任务组织教学;有利于理论联系实际,进行课程和教材改革;有利于教师世界观改造,密切师生关系,组成专业师生和基础课教师的三结合。这样做,既有利于整个专业的教育革命,也有利于基础课的改革。因此,基础课教师到专业去是无产阶级教育革命深入发展的需要,是打破旧教育体系,冲破"三层楼",建立新的教育体系的重要措施之一,这个革命的大方向,是正确的。

现将基础课教师到专业去参加教育革命的几个具体问题的意见通知如下:

(一)这次基础课教师到专业去的范围,包括15门课程:高等数学,普通物理,普通化学,外语,机械制图,机械原理和零件,金属工学,电工基础,电子学,有机化学,分析化学,物理化学,化工原理等,马列主义理论课和体育课另行研究。

(二)关于基础课教师到专业去的组织、人事关系问题。首先和主要地考虑是使基础课教师能够专心一致地参加专业的教育革命;其次也考虑到基础课本门学科的特点,有些共性问题需要研究,为此规定:到专业去的各基础课教师将临时党团、行政关系带到专业去,参加专业的政治学习和教育革命活动;每月集中1—2次研究本门学科的共性问题,正式党团关系和人事关系暂保留在系基础课教研组,建党工作和生活福利暂由系基础课教研组负责,第十期五七干校人员由原基础课教研组提出名单,由有关专业进行安排。这个办法,可以试行一个时期后,有了新的经验,再行改进。

(三)关于基础课教师到专业去的分配原则:

①以现有教学任务为基础作适当调整;

②对招生任务重,对本门学科要求高的专业适当照顾;

③对专业教师力量薄弱的专业适当照顾;

④有些专业对有的课程要求虽然不高,但要同其他课程组成新课的,有关课程应互相配合,适当照顾;

⑤有些专业对某些基础课内容需要不多,则不单独派教师;如需开讲座的,可商定由留实验室的教师或分到兄弟专业的本门课程的教师兼任;

⑥由于有些基础课教师人员不足,在全面考虑专业师资力量和教学任务的前提下对有专业课教师能上基础课的专业,有的基础课就不派或少派教师。

(四)对基础课教师力量不足的课程,主要是高等数学及机械制图等。不足的部分,除学校长远规划逐步充实外,在最近二三年内主要由各专业发动专业课教师上基础课。一个是请有经验的专业教师上基础课,一个是培养青年教师上教学第一线。请各系和各专业做好工作,及早落实到人。

今后基础课教师因病因事不能上课需请人代课时,主要由本专业内部调配,或请本系兄弟专业本门课程的教师临时支援。

(五)加强领导,抓紧做好基础课教师到专业去的工作:

基础课教师到专业去参加教育革命,是教学体制的重大变革,必须在党的领导下,在工宣队带领下,各级领导亲自动手,深入进行路线教育,做好细致的思想工作。在分配工作中,要无产阶级政治挂帅,发扬共产主义风格,加强全局观念和服从教育革命需要的思想。要教育基础课教师积极参加专业的教育革命;同时教育专业教师积极支持基础课的改革;基础课、专业课教师同工农兵学员一道共同搞好教育革命。在前段工作的基础上,抓紧做好基础课教师分配和各专业欢迎基础课教师的工作。

浙江大学革命委员会
一九七四年七月十五日

浙江大学档案馆藏,档案号:ZD-1974-XZ-45

关于教师工作量暂行规定的修改意见
(1980年1月11日)

浙大教〔1980〕008号

各系、各教研室、教务处、研究生部:

前年10月,我校以浙大〔78〕181号文颁发了教师工作量暂行规定,并于去年年底对全校教师的工作量进行了试算。去年10月校长办公会议决定,教师工作量制度要继续试行,(见校长办公会议纪要第13号),为此,我们在总结去年试行的基础上,参照了教育部去年在南京召开的全国重点高等学校教师工作量办法座谈会的精神,吸取一些兄弟院校实行教师工作量办法的经验,对我校〔78〕181号文件作如下的修改:

一、教师全年工作量总额:40×43=1720小时

二、教师教学工作量的计算方法:

(注:下列各环节的"计划学时"是指教学计划规定的学时,1学时以1小时计)。

1.讲课:(包括备课、上课的工作量)

(一)一般课程的工作量:

计算 任务 / 职务	讲课工作量	开新课工作量	重复班工作量	备注
教授　副教授	计划学时×4	计划学时×5	计划学时×2×大班数	包括编写少量讲义在内
讲师	计划学时×5	计划学时×6	计划学时×2×大班数	包括编写少量讲义在内
助教	计划学时×6	计划学时×7	计划学时×2×大班数	包括编写少量讲义在内

对开新课—指本校尚未开过的课程—教师，一般可根据课程的分量和难易程度给予不超过半年时间作准备；对新开课—指第一次讲课—教师，可由教研室酌情给予适当的准备时间；工作量可按开新课办法处理。

大班人数超过130人者系数可以增加0.1；超过160人者系数可以增加0.2；

示范实验多的课程，每学期可以增加20～30小时的备课时间。

（二）公共政治课，由于形势发展，必须更新内容，可考虑按开新课办法计算。

（三）公共外文课工作量＝计划学时×3.5×班数。

包括备课、上课、课外答疑及批改作业。公共外文每班40人左右。对面向学生人数过多的教师可根据学生作业情况，由教研室主任提出，经系主任批准，酌情增加批改作业的工作量。

（四）体育课的工作量＝计划学时×3×小班数；

体育课每班学生30人左右；

课外指导群众体育活动，每周3～4小时；

课外辅导校体育代表队，按实际指导时数×1.5小时计，如校队人数不足10人，则不乘系数；

担任校球赛裁判每场按2小时计；担任校定系际球赛裁判如已计算群体活动工作量者，则不再另计工作量。

2.习题课、课堂讨论（包括：备课、上课、听课、课外辅导）批改作业的工作量：

（一）习题课工作量＝计划学时×（3～4）＋听课时间。一般，讲师和老助教取3，新助教取4。

重复班工作量＝计划学时×2×班数；

习题课每班以40人左右计算。

（二）批改作业工作量＝实际批改总份数×1/12～1/6～1/4×周数；

根据每周布置作业多少，由各教研室提出，系主任批准决定应取系数。

（三）课外辅导工作量＝计划上课时数×（0.5～1）

不担任课外辅导的任课教师，因工作需要下小班了解学生学习情况，每周可算工作量1小时；

3.实验教学（包括上课、备课、课外辅导）的工作量：

（一）上实验课工作量＝计划学时×3；

重复班工作量＝计划学时×2×班数；

实验课一般每个教师指导学生15人左右。如果因设备条件限制，一个教师一次只能指导少数学生（5人左右）而又需重复指导实验者，则重复班的工作量＝计划时数×1.5×组数。

（二）批改实验报告工作量＝实际批改份数×（1/10～1/6）小时×次数：

4.指导实习的工作量：

（一）指导生产实习、毕业实习工作量＝计划周数×48小时；每个指导教师带1/2～1/3班；实习小班40人左右计；如学生人数超过规定的，则其超过部分的工作量减半增加；准备实习的工作量（包括场所落实，大纲制定等）可按实际需要计入工作量；

5.指导毕业设计（论文）的工作量：

教授、副教授工作量＝计划周数×（4～6）×学生人数；

讲师工作量=计划周数×(6～8)×学生人数；

助教工作量=计划周数×(8～10)×学生人数；

一个教师指导的题目超过一种类型的则其工作量可以增加20%～50%；

教师先期准备毕业设计的时间，按毕业设计总时数的25%左右计入工作量。

6. 指导课程设计或大型作业的工作量：

(一)指导分散进行的课程设计或大型作业的工作量=计划时数×3；(助教×4)。

(二)指导集中进行课程设计或大型作业的工作量=计划周数×40；准备工作的工作量按课程设计总时数的30%左右计。

平均每教师指导20人左右，学生数超过2.5，则其超过部分的工作量按减半计算增加。

(三)批改课程设计作业工作量=学生人数×(0.5～1)小时。

7. 考试工作量：

(一)期末考试(包括出题、考前辅导、考试、评卷)工作量=学生数×(0.7～1)小时；

(二)期末考查(包括实验考查)=学生人数×(1/4～1/2)小时。

8. 指导研究生的工作：

(一)指导一年级研究生的工作量(每学年)=50×人数(小时)

指导二年级研究生的工作量(每学年)=80×人数(小时)

指导三、四年级研究生的工作量=150×人数(小时)

(二)对研究生的讲课、辅导、答疑等工作量，参照本科生的工作量计算办法，酌情增加，一般为15%～20%。

(三)指导研究生论文工作量按指导本科学生毕业论文的150%～200%计算，在指导研究生论文开始后，平时指导研究生的工作量不重复计算。

(四)凡由二个以上教师共同负担指导研究生某一环节的，工作量按各人负担大小分摊，不能重复计算工作量。

9. 教学研究工作量，每个教师全年可计入150小时左右。

10. 编写教材的工作量：

包括编写教科书、习题集、实验集、设计图册、教学参考书等。经教研室批准，按实际需要计算工作量，每周定额：

编写讲义：8000～10000印刷符号；

编写出版的通用教材：4000～6000印刷符号；

三、专职或主要从事科研、实验室(包括实验室建设或准备新实验)等工作的教师，每学期应有明确的任务和工作计划，实行上班制，每周以40小时计工作量；兼职从事实验室建设的教师，要具体规定在实验室工作的时间和任务，并在一定阶段对其完成任务情况或工作成果作出报告或总结。对卓有成绩者给予表扬或奖励。

对有条件的实验室，经教务处同意，也可逐步试行定额计时办法计算工作量。

四、部分教师兼任一定的行政、党、团、(包括班主任、导师、工会主席等工作)是必要的，应当计为教师工作量，根据各人担任的职务和实际参加工作情况，由各系根据各人情况分别确定。各职人员可计入工作量的规定如下：

系总支正、副书记，正、副主任，每年可计入430～860小时；校正、副部、处长每年可计入:550～1200 小时;正、副教研室主任、正、副党支部书记和实验室正、副主任每年可计入:200～700 小时;系教学、科研秘书每年可计入:350～500 小时;校党委委员,系总支委员、支部委员,每年不超过 150 小时;班主任、导师每年可计入:250～500 小时;政治辅导员每年可计入:600～1200 小时;兼任几种工作的教师,减免工作量不能以累加计算。

五、具体进行办法:

(一)每学期初,由教务处下发"教师工作日记本",由各教师根据自己承担的工作,按时逐项填写记录。学期结束前,教务处再发教师工作量登记表,由各教师根据自己完成的工作情况填写登记表,交教研室主任核算,经系主任审核后交教务处。

(二)校教务处根据各系上报的教师工作量登记表核定其超过教学工作量部分,报学校领导批准按规定给予超额工作量津贴。对无故不能完成工作量的,要帮助改进,使其较快达到能按质按量完成教学工作量。

1980 年 1 月 11 日

浙江大学档案馆藏,档案号:ZD-1980-XZ-79

关于核算 1979—1980 学年教学工作量及继续试行超教学工作量津贴的通知
(1980 年 7 月 5 日)

浙大发教〔1980〕137 号

各系、各教研室、各实验室、计划财务处、人事处、科研处、设备处、研究生部:

学校在〔80〕6 号文件《关于加强基础教学,提高教学质量的几点意见》中规定,要继续试行超教学工作量津贴办法。现 1979—1980 学年即将结束,教师的教学工作量应进行具体计算,计算办法原则上仍按我校〔80〕8 号《关于教师工作量暂行规定的修改意见》文件中的有关规定(附后)为计算依据,个别地方略有补充和修改。希望接到本通知后起,由各教研室主任负责,将教师的工作量按附件意见进行计算,报系主任审核。各系将审核后超教学工作量教师的表格报教务处复核,最后报学校领导审批,发给超教学工作量津贴。

给予超额津贴的条件是:教师所在教研室的全体教师实际承担的教学工作量必须超过全体教师总工作量的 70%,教师个人完成的教学工作量超过 1600 学时的,对其超过部分给予津贴;教研室全体教师的教学工作量虽不到总工作量的 70%,但个别教师由于工作必须超额承担教学工作量的,经教研室报系主任审核,学校批准,对其超额部分也可给予津贴。

各系各教研室应抓紧时间,认真核定教师工作量,于七月底之前报教务处。

附:教师工作量暂行规定的修改意见。(略)

浙江大学

一九八〇年七月五日

浙江大学档案馆藏,档案号:ZD-1980-XZ-79

本学期《教师任务书》全部签发完毕[①]

(1981 年 3 月)

为使教师在教学、科研中进一步发挥作用,确保我校教学质量和科研水平的不断提高,学校决定本学期开始在全校试行教师任务书制度。经过各系针对本系的教学、科研和实验室建设等任务,进行统一安排,提出教师任务安排计划,然后在校长领导下,组织专门班子,对每位教师的任务逐一进行审查和调整,到本月下旬,全校该发的教师任务书已全部签发完毕。

我校现有教师 1835 人,各系上报申请任务书的人数共计 1613 人。经过审核,本月中旬发了第一批任务书 1288 份,下旬又陆续发了 309 份。这样,全校共有 1597 人先后领到了教师任务书,占现有教师总数的 87%。

根据学校的决定,本学期是试行任务书制度,主要在摸索经验,许多方面还有待于今年秋季正式实行时进一步完善。例如,试发任务书的一个重要特点,是不计工作量定额,因此,"一碗饭几个人吃"平均摊派任务的现象并未解决;而另一方面,在有的系、室,个别确实不能适应课堂教学要求的教师,又由于一时无人替换,仍然肩负着力不从心的重任。这都不利于提高教学质量,应该在今秋正式实行时加以解决的。

浙江大学档案馆藏,档案号:ZD-1987-XZ-289

有关教师工作量考核的通知[②]

(1981 年 6 月 18 日)

根据教育部〔79〕教政字 37 号文件《关于高等学校教师职责及考核的暂行规定》和浙大 227 号文件《关于建立教师业务考核制度和教师业务档案的试行办法》的要求,今发去 1980—1981 学年的《教师年度工作情况简表》,希每一教师对这一学年完成教学、科研等工作的情况,如实填写,在本学年结束以前,应通过教研室评议,由教研室主任根据平时考查情况,并吸收各方面群众(包括学生)的意见签署评语,报系主任审核后,汇交我处存入教师业务档案,作为教师工作安排、培训、提职升级的重要依据。

教育部〔81〕教干字 011 号文件《关于试行高等学校教师工作量制度的通知》规定教研室"每学期末要对教师实际完成工作量及其他各方面的情况进行一次全面的考核";教师完成的各项工作,"应按核准的实际时数,计入教师工作量。"这是一项很细致的工作,在学校对如何贯彻执行教育部《关于试行高等学校教师工作量制度的通知》定出本计算办法之前,可暂不填写工作量数字。但对可能获得教学工作量超额酬金的教师,也可以按系提出名单,在教务处指导下进行核算,符合条件者,即发给教师教学工作量超额酬金。

---

① 本文原载浙江大学人事处编《师资动态》第 6 期(1981 年 3 月)。

② 本篇通知原无标题,系编者所拟。

人事处
一九八一年六月十八日

浙江大学档案馆藏，档案号：ZD-1987-XZ-288

关于教师年度考核的通知[①]

（1982年2月8日）

根据教育部有关会议的精神，自今年起，高等学校教师提名提升讲师、副教授、教授，对提职前每年必须完成的教学工作量提出了具体的规定。《教师年度工作情况简表》是教师考核的重要依据，有的教师反映由于每年填写一次，时间长了容易遗忘，影响工作量的计算。为了便于教师记载，教务处现备有教师工作日记本，需要的同志，可以系为单位。向教学科领取。

教务处/人事处
1982年2月8日

浙江大学档案馆藏，档案号：ZD-1987-XZ-288

关于设立浙江大学"竺可桢优秀教师奖"和开展评选工作的通知

（1987年8月1日）

浙大发人〔1987〕41号

各系：

现将浙江大学"竺可桢优秀教师奖"试行办法发给你们，请认真做好推荐、评审工作，使这项工作在我校教学、科研和培养人才方面发挥应有的作用。

第一次"竺可桢优秀教师奖"定于今年九月十日教师节颁发，因此，希你们抓紧按评选条件做好初评和推荐工作，并将"推荐表"于8月31日前报人事处(教师科)。

附：

1. 浙江大学"竺可桢优秀教师奖"试行办法
2. 浙江大学"竺可桢优秀教师奖"推荐表(略)

浙江大学
一九八七年八月一日

---

① 本篇通知原无标题，系编者所拟。

附件

浙江大学“竺可桢优秀教师奖”试行办法

为纪念已故竺可桢校长,缅怀竺校长的崇高品德,褒赞他对我国科学、教育事业的巨大贡献,继承和发扬他倡导的“求是”校风,激励全体教师为发展社会主义科学文化教育事业做出优异成绩,为“四化”建设培养更多、更优秀的人才,学校决定设立“竺可桢优秀教师奖”。试行办法如下:

一、“竺可桢优秀教师奖”从1987年起,每五年评选一次,每次评3—5名,在校庆日颁发。由学校颁发“竺可桢优秀教师奖”荣誉证书,竺可桢纪念章和奖金500元,并载入校志。奖金由“竺可桢优秀教师奖”基金的利息中开支。

二、授予“竺可桢优秀教师奖”的教师必须符合下列条件:

1.坚持四项基本原则,热爱社会主义祖国,拥护党的十一届三中全会以来的各项方针、政策。

2.忠于人民的教育事业,有崇高的理想、情操和实事求是精神。教书育人、为人师表、关心集体、团结协作,深受学生爱戴。

3.积极、全面地贯彻党的教育方针,治学严谨、理论联系实际、教学成绩卓著、有改革创新精神,教学中能反映科技发展的最新成就。

4.从事教学工作10年以上,为培养合格人才做出了显著的成绩。

三、“竺可桢优秀教师奖”是一项很高的荣誉,因此,对候选人的政治思想、业务能力、教学表现、培养人才的成绩贡献等方面,在历年考核的基础上作出实事求是的、全面客观的评价。

四、“竺可桢优秀教师奖”候选人原则上在任课教师中推选。候选人可以由基层组织或教师推荐,也可由本人申请,经系行政和总支共同初评后向学校推荐,并填写“竺可桢优秀教师奖”推荐表,由学校评选委员会审定。

五、学校建立“竺可桢优秀教师奖”评选委员会。具体工作事务由人事处(教师科)负责。

浙江大学档案馆,档案号:ZD-1987-XZ-276-1

1992年业绩点的认定办法

(1992年6月25日)

一、学校下达到各系(单位)的编制数,主要是根据各系(单位)所承担的教学、科研、实验及管理等工作量来进行核定,同时考虑到一些学科发展的需要,对各支队伍的结构、现状等予以适当的调整。而业绩点要依据每一位教职工所承担的任务和完成的工作量进行核定,体现出业绩的贡献大小。因此,各单位的编制数与业绩点总量不完全相同,应该扣除一些不能体现工作量的补贴编制数,增加一部分由于编制无来源而实际存在着工作量并需要人去完成任务的业绩点。学校决定划出一块业绩点由有关主管部门掌握予以下达,同时给各系定编数的3%作为机动业绩点,由各系自行掌握。

二、根据学校下达的编制数为依据核定业绩点，以此核发业绩工资。鉴于学校下达的编制数中没有包括参加社会实践和校外兼职人员的编制数，因此，各系的总业绩点按下式核定：

总业绩点＝下达编制数(不含无工作量补贴编制数)＋补贴业绩点－应扣除的业绩点

三、根据学校核定的总业绩点，对各系(单位)实行总量控制，不得突破。各系(单位)在二次分配到所(室)或个人时，可根据本系特点，参照学校的有关规定，具体制定业绩点的分配方案，但不允许搞平调，做到上不封顶，下不保底，从业绩点中真正体现出每个人业绩贡献的大小。凡考核的学年内在岗的工作人员，都应根据其实际完成的工作量核定业绩点。

四、科研工作业绩点计算标准：

1.年均科研经费加权数4万计一个业绩点；

2.年科研成果计分的业绩点为二分之一个编制计一个业绩点(91年核定科研编制的成果基数3.5分，降低标准是向理科倾斜)；

3.数学系、力学系、地科系、生物系以及物理系中的理论物理，化学系中的无机化学、物理化学等系和学科：国家自然科学基金1.5万元，省自然科学基金2.0万元计一个业绩点；

4.以固定补贴编制下达的编制数带等量的科研业绩点数，以校长机动编制下达的编制数原则上不带业绩点；

5.校科研基金项目(重点学科建设项目、青年基金配套项目除外)采用前二年(即90、91年)批准下达的经费平均数4.4万元(4/0.9万)计一个业绩点。

五、根据教学、教学实验的工作量核定的编制数带等量的业绩点数，少量不计编制或工作量计算偏低的教学工作适当补贴业绩点。

六、学校下达到各系(单位)的总业绩点中包括了校内兼职人员，计划外流动编制、回聘教师、博士后及家属借用人员等的工作量，由于上述人员的业绩点计算比较特殊，应予以分别对待：

1.校机关党政管理干部在各系兼任教学、科研任务的，可根据实际承担的任务来核定业绩点，但最多不得超过校机关平均业绩点的30%，其核定的业绩点从有关系(单位)总业绩点中扣除，并由各有关系(单位)予以上报。

2.计划外流动编制及回聘教师的业绩点由各系(单位)在下达的总业绩点中予以考虑。计划外流动编制人员及教学回聘人员的业绩工资由学校支付，科研回聘人员参照本系同类人员核定业绩点。由于科研回聘人员不计用人单位编制，其业绩工资由用人单位支付。

3.博士后研究人员按设站单位的平均业绩点核算，博士后家属借用人员根据工作情况参照本单位同类人员核定，其业绩工资由博士后基金中开支。

七、分析中心分到各系的人员，今年每人带编制下去，但其业绩点根据其实际完成的工作量核定。计算中心、电教中心、外语小语种、文艺教研室等，根据他们所承担的教学、科研、教学实验、管理等方面的任务核定编制，并按核定的编制数作为业绩点总量予以控制。

八、已由学校支付缺编人数1.5倍临时工工资的缺编单位(如图书馆、医院等)，该单位的业绩点总量中应扣除临时工编制数所应有的业绩点数。

九、校党政机关各部门以92年1月1日在岗人数核定业绩点，实行减人不减业绩点。

十、实行企业化管理及经济独立核算单位不实行岗位业绩津贴,各单位可参照学校办法,自行制定经济分配政策,所需经费在学校核定的奖酬金额度中开支。

浙江大学档案馆藏,档案号:ZD-1992-XZ-197-4

关于1993—1994学年年度工作考核的暂行办法

(1993年)

为加强我校教职工队伍的建设,不断提高教学、科研、管理水平,进一步深化人事分配制度的改革,建立具有激励性、科学性、可行性的工作考核制度,在总结1992—1993学年年度考核工作的基础上,特制定本考核暂行办法。

一、指导思想

为了增强集体凝聚力和荣誉感,提高教职工的群体素质,完善考核办法,增强激励机制,充分调动教职工的社会主义劳动积极性,实行对系、部门年度工作分类分级综合考评和教职工分类、分级的考核制度,并使考核结果与晋升、晋级、评优等挂钩。

二、系、部门年度工作考核办法

1.各系考核分理科、工科、文科三大类;各部门考核分党群部门、行政部门、后勤服务部门、直属单位及其他、经济独立核算单位五大类,后勤服务总公司所属单位由后勤服务总公司组织考核,学校根据考评结果以及各系、各部门的实际工作业绩,从各类系、部门(单位)中分别评出A、B、C三类,其中A类单位原则上不超过30%。

2.各系的年度工作考核,主要从下列五个方面进行考核:

①本科生教学工作,所占权重为25%,没有成人教育、职业技术教育教学工作的系,所占权重为30%,以教务处为主组织考评;

②研究生教学工作,所占权重为20%,以研究生院为主组织考评;

③成人教育、职业技术教育教学工作,所占权重为5%,以成人教育学院为主组织考评;

④科研工作,所占权重为30%,以科研处为主组织考评;

⑥队伍建设,所占权重为20%,以组织部、人事处为主组织考评。

不同类别的系,考评项目所占的权重有所区别:中文系、外语系、马列所的本科教学工作所占权重为35%(含成人教育、职业技术教育教学工作),研究生教学工作所占权重为20%,科研工作所占权重为25%,队伍建设所占权重为20%。体育部的教学工作占权重60%,科研工作占权重20%,队伍建设占权重20%。工控研究中心研究生教学工作所占权重为40%,科研工作所占权重40%,队伍建设所占权重为20%。

3.实运转的研究所(室),根据浙大发科〔94〕02号文公布的评为工科十强,文、理科五强的研究所,作为A类单位计算其一等及系级三育人的比例,不另外再进行考核。

4.党群、行政部门、后勤服务部门和部分直属单位的年度工作考核,由各部门负责人作工作总结,重点介绍本单位工作实绩、成效、工作质量和服务态度等,叙述时间不短过10分钟,由校领导、各系、各单位党政主要负责人,以及各教代会代表团团长组成的考评组根据各单位的实绩初评等级。

5.经济独立核算单位和其他单位的考核，由单位负责人同样作工作总结，经济独立核算单位重点介绍本单位的人均创利、人均上交学校利润(按93年底人员计算)，国有资产增值、学校投入和企业创利的情况，其他单位重点介绍本单位的工作实绩、成效、服务态度等。叙述时间不超过十分钟，由校领导、各系、各单位党政主要负责人根据实绩初评等级。

6.后勤服务总公司所属单位根据《后勤部门工作考评要素》由后勤服务总公司组织考评，评出总公司各部门等级。

7.将各部门的初评等级，各系考评结果由人事处汇总，提交校考评工作委员会评出A、B、C类。

三、教职工个人工作考核办法

1.学校制订教师、实验、图书资料、编辑、财会，卫生管理等各类各级人员的考核原则。

2.各系可根据学校对各类各级人员的考核原则，制定出符合本系情况，既定性又定量的考核细则，进行考核。

3.各部、处(单位)根据学校对各类各级人员的考核原则，也可以根据本部门实际情况，制定考核细则进行考核。

4.在考核的基础上，评定一等、二等、三等人员，一等人员的比例根据系、部门的年度工作考评结果确定。

5.对校一级领导及各部、处长、总支书记、系主任(包括主持工作的副职)根据考核要素互评，单独进行考核，评出等级。副处职的中层干部参加本单位考核，核定业绩点，初评考核等级后由学校统一组织评定。(处级干部的个人年度考核表统一送交组织部)

四、考核等级评定

1.被评为A类的单位，以实际人数每人每年60元总额给单位作为奖励。

2.根据各系、各部门的考评结果，A类单位可评为一等的人员数占教职工总数的25%，评为三育人先进个人数占总人数的10%；B类单位分别为15%和8%；C类单位分别为10%和5%。三育人先进个人数中，系级三育人先进个人数占90%，校级三育人先进个人数占10%，以上评为三育人先进个人必须从一等人员中评出。

3.评出校级三育人先进个人的由学校给予表彰奖励。

4.工作量不满各系各类人员平均工作量的50%(即业绩点在各系各类人员平均业绩点50%以下)者，评为三等。

五、下列人员作为本年度工作考核不合格

1.违反校纪校规或不能完成本职工作者；

2.本学年内受过行政记过及党内严重警告及以上处分者；

3.本学年内事假累计30天、旷工3天及以上者；

4.校内待业人员。

六、本年度因病假、养育假、国内外脱产进修学习等原因，工作时间(不包括寒暑假)不满6个月者，不参加考核。

七、校考评工作委员会名单

主任:唐晋发

副主任:郑元耀

成员:(按姓氏笔画为序)

卜凡孝、王玉芝、孙扬远、石教英、汤荣昌、吴光国、汪柏卿、陈思远、张乃大、周建华、余瑞钊、倪明江、徐兴、徐博侯、姚先国、潘津生

秘书:胡方茜

八、考核工作日程安排(略)

九、各系、各部门(单位)考核分类

1.各系考核分类:

①理科:数学系、物理系、化学系、力学系、地科系、生物系、经济系;

②工科:电机系、化工系、高分子系、工控研究中心、建筑系、土木系、机械系、信电系、光科系、材料系、能源系、计算机系、管理系;

③文科:哲学系、中文系、外语系、社科部、体育部。

2.各部、处(单位)考核分类:

①党群部门:纪委、党委办公室、组织部、宣传部、统战部、工会、团委、学工部、机关总支、直属总支、离退休总支;

②行政部门:校长办公室、教务处、科研处、研究生院、人事处、离退休工作处、学生处、外事办公室、保卫处、人武部、审计处、监察处、重点实验室及设备管理处、成人教育学院;

③后勤服务部门:计财处、基建处、房地产管理处(含爱委会)、医院、后勤总公司;

④直属单位及其他:图书馆、计算与信息中心、分析测试中心、电教新闻中心、档案馆、杭嘉湖技术开发联络协调小组、分部、文委、人才开发中心;

⑤经济独立核算单位:建筑设计院、出版社、对外经济技术贸易公司、东海公司、杭嘉湖技术开发公司、科技开发总公司、科教器材公司、工业总公司、校内银行。

浙江大学档案馆藏,档案号:ZD-1994-XZ-129-1

浙江大学1997—1998学年年度工作考核及评估的办法

(1998年5月18日)

为不断提高教学、科研、管理水平和工作效率,建立和完善科学合理、体现竞争与激励的工作考核与办学评估制度,特制定本办法。

一、关于对各院系的办学实力评估

从多个角度对各院系的办学实力进行较为系统的评估,目的在于进一步增强学校的综合实力,提高办学效益,促进各院系更好地按照学校学科建设和队伍建设的总体目标,推进教学、科研、管理等各项工作。

各院系办学评估体系由:(1)本科教学和管理;(2)研究生教学和管理;(3)科学研究工

作;(4)学科与师资队伍建设:(5)效益等5个大类组成一级指标,一级指标又分为若干个二、三级指标("浙江大学各院系办学评估体系",参见浙大发人〔1997〕32号文),三级指标测算数据的采集,依据各主管部处日常管理中掌握的,且基本上能进行量化的统计信息,由各主管部处进行分块测算,人事处负责协调并汇总测评结果。对各院系的评估结果,今年仍按去年办法公布5个大类量化分排列前十位的院、系。

二、关于对部门的工作考核

对部门的工作考核旨在通过考核对各部门的工作作出全面的评价和判断,明确优势和弱点、成绩与不足,找出差距,并以此作为各部门今后改进工作的努力方向,促进各部门增强集体凝聚力和荣誉感,提高部门的群体素质和工作质量。今年对党群、行政、后勤服务部门和部分直属单位的年度工作考核,仍采用问卷考核形式做出定性评价。

考核有以下4项内容:(1)群体素质;(2)工作质与量;(3)服务意识;(4)工作效率。各院系、各部门应以认真负责的态度,广泛听取各级各类人员的意见,力求公正、客观填写并及时反馈《考核问卷表》(附件1)。

三、关于教职工个人考核

(1)教师的考核:

A. 为使考核工作统一化、规范化、体系化,改进考核手段,提高工作效率,提高人事管理现代化水平,根据学校深化考核工作的原则意见,教师年度考核与晋职考核并轨,在时间上统一,在内容上基本一致,今年度起人事处将对教师队伍考核实行计算机管理。

B. 由于今年度是首次进行教师考核计算机管理,各院、系要精心组织,及早布置,切实将这项工作做好。

C. 为减轻教师登录数据的工作量,有关教师的授课情况、教学考评、在研项目、成果获奖等数据信息,应先由各院、系的教学秘书、研究生秘书、科研秘书、实验室秘书输入计算机,并打印交教师本人核对。为避免漏录数据,由教师本人补充论文、著作及兼任社会工作等情况,经人事秘书核实。在保证数据的全面性和可靠性的基础上,也可由教师本人录入计算机。

D. 有关教师业绩数据的内容与格式参见附件2,数据输入计算机的操作说明,另行通知。各院、系、今年度教师业绩数据的登录与传输要求在98年9月份完成。

(2)其他各类人员的考核

除教师以外的其他各类人员的考核办法暂不作变动,各院系、各部处(单位)可根据学校实验、图资、编辑、卫生、管理等各级人员的分级考核标准(参见浙大发人〔1996〕41号文件),制定出符合单位实际情况,既定性又定量的考核细则,进行考核。

(3)中层及以上干部的考核

校级领导及各部、处长、总支书记、系主任(包括主持工作的副职)的考核工作,由学校单独进行,评出考核等级。副处职中层干部参加本单位的考核,核定业绩点,初评考核等级后,由学校统一组织评定。中层以上干部的《浙江大学教职工年度考核表》统一交组织部。

(4)考核表归档工作

按照人事档案管理的有关规定,教职工的年度考核表归入其本人人事档案。今年度起,全校各类人员(含“双百人”队伍成员)填报统一格式的《浙江大学教职工年度考核表》(见附件3),填表须按归档要求用黑色、蓝黑墨水钢笔填写,不能用圆珠笔填写。各单位领导签署考评意见并加盖公章,收齐后统一交组织部档案室归档。

四、关于教职工个人考核等级评定

(1)在认真考核的基础上,切实依据考核结果,评定一等、二等、三等考核等级。

(2)各系、各部门(单位)可评一等的人员数不超过教职工总人数(不含中层干部)的20%。

(3)三育人先进个人数不超过教职工总人数的10%,三育人先进个人必须从评为一等的人员中选出。

(4)三育人先进个人数中,校级三育人先进个人数占10%,系级三育人先进个人数占90%。

(5)对被评为校级三育人先进个人的,由学校给予表彰奖励。

(6)各单位、各部门要注意在考核中发掘特色成果和特色人才。

(7)对于少数主要精力在外面为个人谋私利,对本职工作敷衍塞责,甚至影响学校声誉,侵犯学校利益包括知识产权的,要给予严肃查处。

五、关于新进校青年教师的业绩点补贴

为促进新进校青年教师尽快过好教学关、科研关,提高教学科研水平,鼓励他们积极投入学科建设,学校对新进校青年教师给予两年的业绩点补贴。第一年,副高职教师及博士后出站留校教师补贴全校平均业绩点,中职教师以及博士毕业教师补贴1.2,其他补贴1.0;第二年,对从事教学、科研工作的青年教师,除以上补贴以外,本人实际完成工作量得到的业绩点另加。

六、有下列情况之一者为本年度工作考核不合格

(1)违反校纪校规或不能完成本职工作者;

(2)本学年内受过行政及党内严重警告及以上处分者;

(3)本学年内事假累计30天、旷工3天以上者;

(4)校内待业人员:

(5)个人实际业绩点在合格线以下者。(今年个人业绩点核定办法不变,各院、系各类人员平均业绩点50%为考核合格线,如果各院系各类人员平均业绩点的50%>1,则以业绩点1.0为考核合格线)。

七、下列人员不参加本年度的工作考核

因病假、养育假、国内外脱产进修学习等原因,本年度工作时间(不包括暑假)不满一个学期者。

八、考核工作日程安排(略)

九、校考评工作委员会名单

主　任:顾伟康

副主任:陈子辰

成　员：(按姓氏笔画排列)

王立人　王玉芝　王绳兮　孙桂铨　杨树锋　吴光国　张乃大　陈抗生
陈思远　陈叔平　严建华　周建华　鲁世杰　蒋绍忠　潘津生　魏仲权

秘　书：胡方茜

浙江大学档案馆藏，档案号：ZD-1998-XZ-170-2

(二)队伍建设

1. 师资引进与补充

浙江大学 1957—1958 年补充助教计划理由
(1957 年 4 月 9 日)

一、机械系 1957 年—1958 年补充助教计划的理由

机械系共增添 37 人。

(一)机械制造(2 人)，理由：

(1)1960 年毕业生增加较多。为了保证上课辅导和毕业设计等，需补充教师。

(2)1958 年由于 5 年制公差课的学生数量较多，约 650 人增加开班数和实验时数，现无人担任。1958 年进行毕业设计，同时还需担任其他课及上学期的课程设计指导等教学工作，尚少教师。

(3)单从工作量计算现有教师有很多，但因毕业设计指导一项工作关系，仍需增加。学年上半年课程设计、实验讲课，下半年毕业设计、讲课。

(二)金切和机床刀具拟增 6 人，理由：

本组前所拟定补充教师计划，是考虑到学生人数和本教研组所担任工作之工作量计算，同时也考虑到新毕业的助教对教学工作掌握需要有一段时间的培养，所以增添师资之年限较之应有工作量之时期，稍微提前。

现有师资：副教授 1 人，讲师 3 人，助教 3 人。

其中真正是机械专业毕业的仅讲师一人(是 54 年哈工研究生)。

助教 2 人系 55 年毕业生，其他诸人都是由另外专业改进而来的。但按照学生人数，56—57 年毕业生，机床刀具专业 63 人；57—58 年毕业生计算，刀具 63 人，即就毕业设计一项工作，急需讲师及以下教师 6—8 人以上，其他同时进行的教学工作讲课、答疑、实验至少也 3 人。

到 58—59 年，也就指导课程设计一项工作(学生 330 人)至少需要教师 12 人。从上述情况来看，教研组不但迫切地需要补充一定数量的师资，而且补充的师资一定要能够担任指导学生毕业设计和课程设计的教员。

刀具：

现有师资：

讲师2人，助教7人(其中2人已开课)

助教中有4人系专修科毕业，为满足今后教学工作需要，在最近二三年内需留出一半时间供其进修。

教学工作：

切削原理—讲课及实践

刀具—讲课实验及课程设计、毕业设计。

估计在1958年—1959年，330学生的课程设计开始后，仅该项工作即需11人(每小班一人)，如按毕业设计计算则相差更多，故需在本年度新增助教3人，以便及早培养。

(三)制图教研组(拟增8人)，理由：

1957—1958学年，需负担工作量19834.2小时，而当时有教师能负担工作量为14910.0小时，尚有4924.2小时工作量无人负担，以每位助教负担620小时计，至少需增添师资8人。

(四)锻工教研组(拟增2人)，理由：

1960年毕业学生计130余人，本科5年制。为保证毕业设计质量，指导教师应该是讲师及以上教员，而每位教师最多只能指导6人，如此届时就需讲师级以上教师22人。按目前有教员共15人(内讲师级以上的即8人)。假定这15位教员到1960年都为讲师，则单是指导毕业设计，就差7位讲师。这些讲师的来源是大学毕业生，而将一位大学毕业生培养为讲师级师资一般需4年左右，也就是说新的师资必须在今年得到补充，否则很难保证教学质量。

(五)光仪教研组(拟增10人)，理由：

就任务来讲：

(1)目前四年级学生30人、三年级60人、二年级90人，一年级161人。

(2)我们的课程有下列12门，为考虑满足90人的四五年制的教学要求，需要下列人员：

光学小组：

物理光学(有实验)	1人
光学仪器理论(将有课程实验)	6人(每人15个)
光学度量(有实验20多小时每人)	1人
光学仪器的装校(有实验30小时每人)	1人

目前光仪的装校实验，一无基础，要专人筹建。

工艺小组：

仪器制作机床及工具(有实验30小时每人)	1人
仪器制造工艺学(有实验20小时每人)	6人(每人15个)
玻璃工艺学(有实验20小时每人)	1人

仪器小组：

仪器零件(有课程设计和实验)	6人(每人15个)
大地测量仪器(同上)	2人(每人15～20人)
航空测量仪器(有课程设计和实验)	2人(同上)

显微镜(同上) 2人(同上)

光学技能仪器(同上) 2人(同上)

毕业设计 90人

仪器组指导课程设计半年,每个教师平均6人则:90－60＝30人,尚需指导教师3—4人。

如光学小组互相合作,教学与指导设计互通,则光学组需6人,工艺组6人(包括指导实习),仪器组10人,指导毕业设计3—4人,共25—26人。

莫斯科测绘学院之光学仪器专业,学生50人,有教师15人(副教授以上10名)。我们与他们比较,按90人计,共需教师27人。

因此,我们要求在明年以前有教师25—26人。现在本教研组有教师14名,(其中3名提前毕业,一名专业翻译及去年毕业后留校研究生改任助教的3名),尚需补充11—12人,本年度申请7—8人,明年度再补充不足数。

这是一个要人的轮廓。另外根据国家的要求,准备建设新的专业专门化,这些将待研究后上报。当然由于教学计划的修订,招生人数的改变,因此精确的计算只好待今后决定。但是90人的招生数比161人已少80%左右,因此我们要求的人数10人是从该专业具体情况和需要加以考虑的。

(六)零件及原理教研组(增添9人),理由:

1957—58年度的教学工作。第一学期有:机本,机械原理三大班,化机原理一大班,电机原理二大班,机本零件是三大班,化机零件一大班,电机零件二大班,化燃零件一大班,土木零件一大班,还有基本原理课程设计指导,共计工作量4500小时。

第二学期有:机本原理三大班570人,化机原理一大班,机本起重机1—3大班,化机起重机一大班,含有机本零件课程设计450人,每指导一个同学课程设计需要5小时,电机零件课程设计300人,化机零件课程设计60人,化燃零件课程设计90人,还有实习指导,共计工作量6300小时,两学期工作量不平衡。

又教研组内有系主任,系秘书,不能以全工作量计算。还有生病休养及身体虚弱,需要照顾两人。老教授应留部分时间开展科学研究,现在组内共有教师14人,十足只有12人的工作量。

派来的新助教,因要立即担任指导课程设计这一讲师级的工作,需要立即培养,亦不能以全工作量计算。还有一部分助教第一次开课,亦不能以重的工作量计算。

即便都以满工作量计算,一学期以300小时工作量计算,每学期630小时需要21人。现能做实际工作的12人,还需要9个新助教。(前我们申请8个新助教,因当时不知道化燃在第二学期也有零件课程设计,化燃有90个同学,故还需增加1个,共计9个新助教),如分配教师数量少于此数,则只能以改变教学方式来解决人力不足的困难,但这些影响教学质量,这是我们所不希望的。此外,因进修生的培养及完成教学计划草案中规定的项目筹建实验室,亦需增加教师,如有可能请另增加1—2人。

二、电机系1957—1958年补充助教计划的理由:

电机系增添师资27人。

(一)电器教研组拟增9**人,理由:**

(1)1957年度毕业设计72人,新助教每人担任两个毕业设计。

(2)普通电学及实验60人。

(3)根据现有师资及教学需要,暑假必须增加教师9人。

(二)电机教研组拟增3**人,理由:**

(1)科研任务重,需中、高级师资,要及早培养。(电机通风冷却为本组重点方向之一,现已承担较多专题,今年必须派出一人往航空学院进行进修,空气动力学1957年起已承担9题,其中6题为主办单位)。

(2)要带4年研究生(指导及被指导人均为本组教师)。

(3)工作日工作多,(因有专业专门化课,还有全系必修电机学课)。

(4)与厂家联系,会议活动多(如新产品鉴定和技术专业的审查)。

(5)新助教在第一年度减少工作量。

(6)1959年高负荷(90人毕业)要及早准备。

故特请求补充三名助教。

(三)电力传动教研组拟增2**人,理由:**

(1)前次上报暑假需增加师资4人,现因有2人由其他兄弟学校调来了,因此需要增加的人数改为2人。

(2)根据工作量,除指导毕业设计及生产实习需要增加师资外,还考虑到工业企业专业的发展趋势,尤其是生产自动化的发展需要。

(四)电力网教研组拟增4**人,理由:**

高电压工程,目前仅有2位教师。根据该课程实验性质,至少需要有4人。因而目前即使增加2人,(高压专业或高压专门化的毕业生),目前工企供电一课尚无师资。

(五)电工基础教研组拟增4**人,理由:**

本组现有教师×××,长期病假,暑假后本组拟推派阙端麟出校进修,何志均任科研科科长职务,黄礼镇任教研组主任,工作量均应减轻。另外,电机系增办无线电专业,57年暑假后,要从组内抽出2位教师(何志均、储旋文)出校实习,因此暑期后,实际人员只有6人,故应增加4人。

(六)电工学教研组拟增3**人,理由:**

本组现有教师人数共5人(内副教授1、讲师3,助教1),为了暑期后增设无线电专业,从本学期起已将其中副教授1人大部分工作时间安排为新专业及培养新专业所需助教事宜,(详尽业已报备)。因此,根据实际教学任务,暑期后担任的教学工作量将在3500小时左右,至少有教师7人,方使任务分配不致发生困难。而实际能在下学期担任电工方面教学任务者仅4人,故尚需增添师资3人(3人均可为助教,一方面担任教学工作,另一方面抽部分时间积极准备,以便在1958—59学年具备讲课条件。)

(七)发电厂教研组拟增2**人,理由:**

本组现有副教授1人,拟抽调至无线电专业,今年暑假增添的助教2人,主要是培养成为59—60年度后的教学师资(报部表内的工作量不包括夜大师资)。

三、化工系 1957—1958 年补充助教计划的理由：

化工系共增添教师 22 人。

(一)燃料教研组拟增 6 **人，理由：**

(1)按现有学生人数计算，1959 年度需增加 22 人，其中至少有 14 人为讲师。目前组内共 14 人，而 1958 年无毕业生，不足数 8 人，需于 57—58 年两年内添人，每年至少要添 4 人。

(2)根据部的批准，须从教师中抽出 2 名当研究生，因此须添入助教补足。

(3)按 1957—58 年任务，我组仅毕业设计一项即要 9 人(讲师以上)担任，而现在组内讲师以上的只有 5 人，助教中 4 人是刚进入，无教育经验，两名为实习助教，现在培养阶段，只有一名才有教学经验。57—58 年度有两人出外进修。

(4)我校尚未建立煤气厂，需抽出或添入 2 人筹建，建立后可留作助教。

(5)添入 6 名分配如下：助教两人，补充抽出当研究生的两名，煤气厂两名。

(二)分析教研组拟增 2 **人，理由：**

为准备添设化学系，故需要补充助教两名。

(三)化机教研组拟增 14 **人，理由：**

本组下设：化学生产自动化、化工机械、化工原理等三个专业小组。

自动化方面是国内新的专业，将来前景甚大，这方面人才需要迫切。1958 年苏联专家来校后将培养一批干部，应该成为国内这方面的基本队伍。现有的电子仪器计量和自动控制三个实验室，目前急需投入一批人力。化机方面，在 1960 年起就有近 200 学生上专业课，并做毕业设计。即使每一位教师指导 10 个学生毕业设计，就需 20 人。讲课实验等需要人力至少需要 25—30 人，现仅有 10 人，在 1957—1958 两年度内至少再添 10 人。

化工原理将来任务也重，而且任务来得早，在 1957 年度添 3 人也是必要的。

四、土木系 1957—1958 年补充助教计划的理由

土木系共增添师资 4 人。

(一)测量教研组拟增 3 **人，理由：**

工民建，河川及光仪三专业，总工作量约 1964 学时。根据教学计划，水利专业第二学期开始时进行教学实习，领导 4 小组需 4 人，同时又要上工民建课，需增加 3 人。

(二)结构教研组拟增 1 **人，理由：**

根据教学工作量计划，木结构教学方面缺少 1 人，需增加助教 1 人。

五、公共教研组 1957—1958 年补充助教计划的理

(一)数学教研组拟增 10 **人，理由；**

去年暑期，我组按照实际应负担工作量向高教部请求增派 5 位助教，其后招生任务又稍有增加，而助教仅来两位。因此，我组把二年级小班上习题课人数从 30 人改为 60 人。采取这样措施之后，仍有 4 位教师超工作量。下年度招生任务较本年度将减少 300 人，但下年度二年级学生较本年度二年级学生增加近 500 人；且下一年度招收理科专业新生，需多开数学系功课三门，加上增招夜大学三个专业，因此，下一年度我组应担负实际工作量仍较本年度为多。本学期虽由太原工学院调来助教袁湘玉同志，而本组讲师董光昌考取科学院副博士研究生后将离校。又我组〇〇同志因患精神病不能担任工作，因此现在实际教师人数较前减少一人。按照应担负工作量计算,需增加助教5人,才能恢复全部习题课小班为30人上课。又我校创办理科专业伊始,根据目前师资条件,尚不能担负将来指导毕业论文与部分三四年级功课,如概率论,几何基础等课程,而指导毕业论文能力的培养,更非一夕可蹴。因此目前急需派出5位进修教师分赴武汉大学、东北人民大学、科学院数学研究所进修函数论、计算数学、数学物理方程、拓扑学讯函分析诸数学分支,并准备开设概率论、几何基础两课程,经过两三年进修之后,具有一定水平再回校继续准备指导毕业论文,并开课程设计。因此,本年度共需要分配我校教学专业毕业生10人(包括2月21日报部分配的6名)。

(二)物理教研组,拟增8人,理由:

在已有16位教师中,因身体健康问题需要照顾的计10人,兼任行政职务的5人,研究生及指导研究生等10人。再加下学期本组扩充为系,故在人力上就显得不足,为此需增加助教8人(包括曾于2月4日已报部分配的4人)。

(三)理论力学教研组拟增3人,理由:

(1)教授1人,身体衰弱,故在工作量上需予以照顾。

(2)助教庄表中,由校方选送清华大学力学进修班深造,二年后回校。故虽名列编制,但其工作尚需添补新同志。

(3)讲师汪家禾同志日后将调回本校物理系工作。

(四)材料力学教研组拟增6人,理由:

根据现有师资力量,实验课只能排30人一组,按正常规定为15人一组,现习题课现为中班上课但理应小班上;答题时间现在也是不足的。

故根据现有师资力量及教学任务尚需增加6人。

(五)马列主义教研组力争5人,理由:

(1)中国革命史以1600学生计算,需要讲师1人,助教7人,现在讲师1人,助教4人(包括出外进修两人在内),尚缺助教三人(进修教员要在1958年才能回校,如不计算在内,必须增加5人)。

(2)哲学课现有助教1人(担任教职工哲学学习的讲课工作)。以后要在学生中开选修课,最少需教员3人,故必须增加2人。

(六)外国语教研组(拟增13人),理由:

俄语教师下学年因绝大部分教授与讲师要改教本行英语、德语、日语,因此留下的全是年轻助教。同时,对今明年度的工作量(按高教部颁发的各项标准)也不能胜任,故急需派一些有经验的讲师来接管及一些业务水平较高的助教来支援。因为我组原有的助教大部分是专科二年级毕业,再加上历年超工作量较多,所以都感到水平不够,急需进一步提高。另外,准备开出英语、德语课。

按教学任务应有教师	28人
开展科学研究工作量应增	2人
出外进修提高	2人
年老病弱减轻工作量	3人
开德、英、日文外语课	2人

下学年共需教师　　37 人
现有教师　　24 人
尚需教师　　13 人

(七)体育教研组拟增 4 人,理由:

根据实际教学工作量的需要,及群众性运动工作的需要,加强本教研组行政工作亦多,故暑假必须添助教 4 人。

至于企业经济与计划和音乐课各增助教 1 人的理由,请见 2 月 21 日(57)校办人字 0186 号即可。

浙江大学档案馆藏,档案号:ZD-1957-XZ-88

关于举办数学师资培训班的报告

(1972 年 2 月 27 日)

浙大核〔72〕第 4 号

沈策同志并省政工组党委:

我校自第一批工农兵学员入学以来,教学改革工作相应逐渐开展,取得了一些成绩。但也暴露出一些矛盾,需要及时加以研究解决。其中比较突出的是数学的师资队伍问题。

工农兵学员在校三年学习期间,基础课教学工作量占学文的时间 60%~70%,其中又以数学工作量为最重。现在订制的教学计划,三年一般为 4000 学时左右(课内),数学教学课内是 400 学时左右(课内),占十分之一强。而数学教师队伍为 46 人,占全校教师总数 1500 人的三十分之一左右,其中老弱病残的又较多,多年来没有得到补充,教学任务与教师数量极不相称。数学是一门理论性较强、比较抽象的课程,而工农兵学员的数学基础都普遍很低,所以不得不采取多配数学教师,加强数学教学及辅导的办法,这就出现了数学教学改革任务特别繁重的现象。工农兵学员一入学,数学又是首当其冲的一门课,因此,数学的教学改革与师资队伍的改造与建设极为迫切。

上述情况估计在十年左右以内,是长期存在的一个问题。不能不看到随着招生人数的增加,现有数学教师的数量将严重不足,今后数学教师来源必须立即采取紧迫措施。根据全国理科改革的状况,短期内还不能招生,因此,近几年数学师资没有来源。为此,经我们研究,我校准备举办数学师资培训班。初步考虑第一期招收学员三十名,从下乡劳动锻炼的高中毕业生中选拔,学习期限为三年,由我校调配教师进行教学工作,毕业后留我校工作。(教学计划另行送上)

上述意见如认为可行请予批准。

中共浙江大学核心小组
一九七二年二月廿七日

浙江大学档案馆藏,档案号:ZD-1972-XZ-46

要求在1973年招收培养62名师资计划的报告

(1972年7月21日)

浙大革〔72〕46号

省教育局：

我校近几年来招收了工农兵学员一千多人，由于工农兵学员来自全国各个生产岗位，文化程度高低相差较大，给上课带来一定困难。为了搞好教育革命，需要配备一定数量的教师加强辅导，同时由于我校在“文化大革命”以前对基础课师资补充比较少，因此，目前基础课师资的矛盾比较突出，需要增加部分新师资。

另外，“文化大革命”以后，我校部分专业的方向有所变动，因此需要增加部分新专业的师资。

再次，我校部分专业年老体弱的比较多，需要逐步增添部分新生力量。除由计算数学专业招收40名培养高等数学师资，前已上报外，故要求在1973年招生时再增加招收部分留校教师，专业及名额详见附件，请审查批示。

附：专业及名称表

浙江大学革命委员会

1972年7月21日

<table>
<tr><th rowspan="2">所需专业</th><th colspan="2">来源及人数</th><th rowspan="2">送往培养学校及专业</th><th rowspan="2">备注</th></tr>
<tr><th>浙大</th><th>知识青年</th></tr>
<tr><td>工民建</td><td></td><td>2</td><td>浙大1人，同济大学1人</td><td rowspan="14">在浙大招收15人，系根据目前情况内定意见，在推荐时还可能有某些困难，请准予在知识青年中调整。</td></tr>
<tr><td>水利水电</td><td></td><td>2</td><td>华东水利学院1人，浙大1人</td></tr>
<tr><td>无线电</td><td>2</td><td>3</td><td>清华大学2人，浙大3人</td></tr>
<tr><td>半导体</td><td></td><td>1</td><td>浙大1人</td></tr>
<tr><td>光仪</td><td>2</td><td>1</td><td>浙大3人</td></tr>
<tr><td>电机制造</td><td>1</td><td></td><td>浙大3人</td></tr>
<tr><td>工业电子装置</td><td>1</td><td>1</td><td>清华可控硅自动控制元件1人，哈工大1人</td></tr>
<tr><td>工企</td><td>1</td><td>1</td><td>浙大2人</td></tr>
<tr><td>发电</td><td></td><td>1</td><td>浙大1人</td></tr>
<tr><td>化学</td><td></td><td>3</td><td>浙大3人</td></tr>
<tr><td>计算机</td><td>1</td><td>2</td><td>清华二人，复旦一人</td></tr>
<tr><td>计算数学</td><td></td><td>5</td><td>浙大5人</td></tr>
<tr><td>机械制造</td><td>2</td><td>3</td><td>清华1人，天大1人，浙大3人</td></tr>
<tr><td>内燃机</td><td>1</td><td></td><td>浙大人</td></tr>
</table>

续表

所需专业	来源及人数		送往培养学校及专业	备注
	浙大	知识青年		
高分子工学		2	浙大 2 人	
石油化工	2		华东化工学院 1 人,浙大 1 人	
液压	1	1	浙大	
化工自动化		2	浙大	
化工机械		2	浙大化机	
硅酸盐工学		1	浙大硅酸盐	
分析化学		1	华东化工 1 人	
地质		2	长春地院物探 1 人,浙大 1 人	
自动化仪器仪表	1		浙大自动化仪器仪表	
体育		3	北京体院	
马列主义		2	北大政治系	
英语		1	上海外语学院	
物理		4	南大、北大物理系各 2 名	
测量		1	武汉测绘学院测绘系	
合计	15	47		

浙江大学档案馆藏,档案号:ZD-1972-XZ-46

关于 1981 年大学毕业生需要补充师资和政工干部的报告

(1981 年 5 月 5 日)

教育部干部局:

根据教育部〔81〕教干局字 114 号文件精神,针对我校师资队伍情况,有关专业需要补充新的力量。经研究,拟在本校 77 级毕业生中选留 45 名(其中包括政工干部 20 名);并要求外校分配来我校 15 名,共计 60 名(详见附表一、二)。如无不当,请予编入计划。

浙江大学

一九八一年五月五日

附件一

选留本校一九八一年大学毕业生申请表

序号	科类、专业名称	需要数
	合计	45
	理科：	
1	应用数学	2
2	计算数学	2
3	高分子化学	2
4	固体力学	2
5	流体力学	1
6	理论物理	2
7	固体物理	3
	工科：	
一、	地质类：	
1	矿产地质普查及勘探	1
2	地球化学探矿	2
二、	机械类：	
1	机械制造工艺及设备	1
2	液压传动	1
3	光学仪器	2
4	激光仪器	2
5	金相热处理工艺及设备	1
6	铸造工艺及设备	1
7	化工机械	1
三、	动力类：	
1	电厂热能动力设备	1
2	内燃机	1
3	发电厂及电力系统	1
四、	电机和电气仪器类	
	电机制造	1
五、	无线电技术和电子学类：	
1	半导体器件	1

续表

序号	科类、专业名称	需要数
2	电真空器件	1
3	工业电子技术	2
4	电子计算机	2
5	工业电气自动化	1
6	化工自动化及仪表	1
7	工业自动化仪表	1
六、	化工类：	1
1	化学工程	
2	基本有机化工	1
3	高分子化工	1
4	硅酸盐（玻璃）	1
七、	土木建筑工程类：	
1	工业与民用建筑	1
2	水利水电	1

附件二

要求分配外校一九八一年大学毕业生申请表

序号	科类、专业名称	需要数	毕业学校	备注
1	物理	2	北大、复旦各一名	补充师资
2	建筑学	1	同济大学	补充师资
3	体育	1	北体院	补充师资
4	图书馆	2	北大或武大	图书馆管理
5	财经	2	上海财经学院、人民大学各一名	财务管理及补充师资
61	英语	3	上海外语学院二名和复旦大学一名	补充师资
7	哲学	1	复旦大学或人民大学	补充师资
8	计算机软件	1	复旦大学	补充师资
9	医疗	1	上海第一医学院	补充师资
10	矿产地质普查及勘探	1	南京大学	补充师资
	合计	15		

浙江大学档案馆藏，档案号：ZD-1981-XZ-35-2

关于1981年毕业大学生充实师资和科技人员的报告

(1981年11月9日)

浙大发人〔1981〕298号

浙江省高教局：

我校原计划(见浙大人发〔81〕94、211号文)要求从1981年毕业大学生中补充师资和科技人员64名，其中：本校选留45名；外校分配给我校19名。

根据教育部最近武汉召开会议的精神，接受世界银行贷款的重点高校要选拔一批毕业生以教师和科技人员身份出国培训；另经国家建委批准，要在我校成立国家一级建筑设计院，均需要增加技术人员。为此。要求本校增加37名；外校增加4名。这样，前后合计105名(详见附表一、二)。

特此报告。

浙江大学

一九八一年十一月九日

附表 1

选留本校一九八一年大学毕业生申请表

序号	科类、专业名称	需要数	备注
一、理科：			
1	应用数学	2	
2	计算数学	4	
3	高分子化学	4	
4	固体物理	4	
5	理论物理	2	
6	固体力学	2	
7	流体力学	1	
8	区域地学	2	
9	地球化学	1	
二、工科：			
一、	地质类：		
1	机械制造	3	
2	液压传动	4	
3	光学仪器	3	

续表

序号	科类、专业名称	需要数	备注
4	激光仪器	3	
5	金相热处理	3	
6	铸造工艺及设备	1	
7	化工机械	1	
8	电厂热能动力设备	4	
9	内燃机	2	
10	发电厂及电力系统	2	
11	电机制造	2	
12	半导体器件	1	
13	电真空器件	1	
14	工业电子技术	3	
15	电子计算机	4	
16	工业电气自动化	5	
17	化工自动化及仪表	2	
18	工业自动化仪表	3	
19	化学工程	3	
20	基本有机化工	2	
21	高分子化工	2	
22	硅酸盐(玻璃)	1	
23	工业与民用建筑	3	
24	水利水电	2	
合计		82	

附表 2

要求外校分配给我校 1981 年毕业大学生专业人数

序号	科类、专业	需要人数	备注
一、文科:			
1	哲学	1	复旦或人民大学
2	英语	3	上海外语学院或复旦大学

续表

序号	科类、专业	需要人数	备注
二、理科:			
1	普通物理	2	上海复旦或北大
2	医学	1	上海第一医学院
3	动物生理	1	北大
4	生物化学	1	杭大
5	建筑学	3	同济大学
三、工科:			
1	给排水	2	同济大学
2	煤化工	2	华东化工学院
3	暖气通风	1	同济大学
四、其他:			
1	体育	3	杭大、南大、北体院各一名
2	财经	1	
3	图书馆	2	武大或北大
合计		23	

浙江大学档案馆藏,档案号:ZD-1981-XZ-35-7

浙江大学关于聘请兼职教师的试行办法

(1986年1月28日)

各系、中心、图书馆:

近年来根据工作与发展的需要,我校已先后聘请了一些兼职教授,以促进学科、专业的建设,为提高教学、科研水平起了积极的作用。随着我校各学科、专业的发展,今后还将继续聘请一些具有较高学术水平和有影响的国内外教授、专家学者为我校的兼职教授。为做好这一工作,现根据原教育部教干字〔82〕005号《关于高等学校授予兼职教师几个问题的通知》精神,结合我校近几年来聘请兼职教师的情况特制订暂行办法如下:

一、聘兼职教师需由各系提出报告说明邀请的目的、聘请对象的学术水平、成就与到我校兼职的工作性质(如名誉、顾问合作指导研究生等),经系主任签署意见报校长或主管副校长审批同意,送交人事处教师科统一办理聘请手续,由学校正式颁发聘书和校徽予以聘任。聘请国外教授、专家、学者的手续由校外事处办理,国家教委外事局批准。

二、授予兼职教授的职务一般不得高于本人在原单位所任的技术职务。

三、聘任期一般为二年，从发聘书日期算起。因工作需要可以续聘但须办理续聘手续。

四、请校外教授、专家、学者来校作临时讲学报告或短期兼课不作为兼职教师聘任。

五、名誉教授是我校的荣誉称号，授予对象必须在国内外具有较高的学术地位和较大的影响。

六、兼职教师酬金支付办法

1. 对于名誉教授和不实际承担任务的兼职教授，在适当时候赠送纪念品而不采取支付酬金办法。

2. 对于每年定期来校指导或承担教学科研的兼职教师，根据其工作量大小每年在200—500元范围内支付酬金；对于不定期来校工作的兼职教师视其来校实际工作情况，适当给予酬金。兼职教师来校作学术报告或授课不再支付授课酬金。

3. 由各系提出聘请的兼职教师，差旅费和酬金一般均由各系经费支付。

浙江大学

一九八六年一月二十八日

浙江大学档案馆藏，档案号：ZD-1988-XZ-288

浙江大学关于荐贤举能、广招人才的试行办法

（1987年）

实现荐贤举能、广招人才的制度，通过教师合理流动，以不断提高师资队伍的素质，是办好学校，提高学校教学质量和科研水平的根本保证。近年来，随着我校工作重心的转移，被推荐或自荐来我校工作的人才日益增多，为我校充实师资队伍，提高师资水平，提供了良好的条件。为了把调入人员的工作做得更好，以适应我校调整、改革形势的发展，特制定本办法。

一、调入人员要根据紧缩编制，保证需要，有进有出，择优录用的原则进行。超编制的系、室，原则上先出后进；但对于确有专长的教学、科研骨干和优秀拔尖人才，也可先行调入。

二、拟调入人员应具有讲师（或相当于讲师）以上的技术职称，有一定的教学经验或独立研究的能力。凡不是相当于讲师以上的人员，确属年轻有为，有培养前途，并在某一方面有突出才能的也可以调入。

三、对于年龄超过55岁的男性，和超过50岁的女性，原则上不要再推荐调入。但对在国内有一定影响的学者，或在调入后能为学术带头人，能负责研究课题和带博士研究生的骨干力量，身体健康者，应予调入。

四、夫妻一对同时调动要从严掌握。对于一方无法调入本市或本校安排工作，另一方又无突出成就，并非急需调入者，原则上不予调入。

五、各个时期缺门的学科（如当前的人文、美育），重点发展的专业系科和关键性的基础课程，在吸收人才时应予优先考虑。

六、荐贤举能与广招人才,各级组织均应把关,并应有严格的考核。在手续上一般应按以下程序办理:

1. 由相关学科的讲师(或相当于讲师)以上人员推荐,填写《教师、科技人员推荐表》,对被推荐人的学历、工作经历、学术成就、业务能力和研究方向,以及家属情况,如实地进行介绍。在特殊情况下,也可以自荐。

2. 拟调入单位(教研室、科研室)应对被推荐人的思想作风、业务状况、工作表现和健康条件,进行详细了解,提出需要调入的理由和拟安排什么工作的意见。

3. 在征得人事部门同意后,由系(所)组织考核。考核可以根据本人单位提供的档案,资料(包括编写的教材、论文、成果鉴定及录音、录像磁带等)进行;必要时,可以派人专程或顺道外出调查;也可通知其本人来校面试(谈话,宣读论文、讲课表演等)。

4. 经考核建议录用的人员,由校人事处复核、整理材料,报党委书记、校长联席会议审议通过,报上级批准。审议时,可请推荐人和拟调入单位的代表到场介绍情况并回答问题。

七、对于决定调入的人员,学校并不保证分配家属宿舍。如果调入人员要求在来校报到时就安排住房,必须在推荐时就加以说明。

八、本试行办法对推荐、调入一切科技人员(实验技术人员、图书资料情报人员、医务人员和财会人员)均适用。但对从各级学校分配来的毕业生,及根据需要招考录取的人员不适用。

浙江大学档案馆藏,档案号:ZD-1987-XZ-289

关于下达1990年度师资补充计划的通知

(1990年5月9日)

教直司〔1990〕053号

浙江大学:

今年2月,我委在直属高校人事、教师工作会议上明确提出1990年度师资补充工作的意见。各校要切实按会议要求做好今年选留毕业生补充教师的工作。

现根据你校当前所承担的任务和编制以及自然减员等情况,经研究,同意你校1990年度补充毕业研究生80名,其中寒假毕业研究生32名,大学本科毕业生35名。毕业生的专业和来源由学校选定。

考虑到今年毕业生分配情况,你校可结合师资队伍建设的需要,经我委批准后,适当超计划选留一部分德才兼备的优秀博士毕业生任教。

国家教委直属高校工作司

一九九〇年五月九日

浙江大学档案馆藏,档案号:ZD-1990-XZ-140-2

2. 师资培训与选拔

浙江大学关于培养与提高师资的几个问题的决定[①]

(1955 年 11 月 22 日)

(一)应有的认识

随着国家社会主义建设事业的迅速发展,农业合作化高潮的即将到来,高等工业学校培养建设干部的任务也日益重大,大力培养与提高师资,已成为学校当前严重的政治任务。我们必须充分认识这一新形势的发展,做好培养与提高师资的较长远的计划。

培养师资的计划,首先应根据各专业教学计划的要求,结合师资具体情况来加以考虑,这是最重要的依据。如果离开教学计划的要求,而单纯从个人出发,考虑应当怎样培养,则是倒果为因的做法。在这个问题上,过去存在一些不够一致的认识:部分教研组方面往往只着重考虑当前教学工作的繁重,未能做较长远的打算,而对选送教师外出进修不大放手,有些保守;部分青年教师则经常希望出去进修,而不大结合教学需要。他们要求进修的积极性是好的,要鼓励他们多学一些,学好一些,这不仅是他们个人的事,对学校对国家都有好处,不要伤害他们的积极性,但必须批判离开教学实际需要而片面考虑个人提高的思想。

(二)总要求

根据国家第一个五年计划高等教育建设的任务和长远的需要,及"以提高教育质量,切实贯彻全面发展的教育方针为中心任务"的要求,做好迎接第二个五年计划的准备,贯彻大力培养新师资,提高现有师资的具体指导方针。我校在第一个五年计划内培养与提高师资的总要求是:努力提高思想政治水平、业务水平,树立全面负责的观点,切实保证完成各专业教学计划所规定的要求,力争提高教育质量。具体来说:(1)要求 1954 年和 1955 年入学各专业切实执行部颁四年制和五年制统一教学计划,基本上完成教学计划所规定的全部教学要求,并为保证今后各专业逐年新生(1956—1957 学年招生控制数字已下达,以后几年暂照该数字计算)全部执行教学计划做好准备工作。(2)要求各级教师根据教学计划要求的任务,结合《高等学校教学研究指导组各级教师职责暂行规定》所规定的职责,基本上能将全部教学环节分别掌握起来,并进而提高教学质量。已基本能掌握全部教学环节的教师,还应积极从事科学研究工作,提高科学水平。(3)要求全体教师不断提高思想觉悟,加强政治生活,继续认真加强马克思列宁主义理论学习,逐步树立辩证唯物主义观点,结合学术思想、教育思想批判、清除资产阶级唯心论与形而上学观点,划清工人阶级与资产阶级的思想界限,学习运用辩证唯物主义世界观来指导开展教学法工作和科学研究工作。

(三)几点具体意见

(1)各系(组)应切实遵照学校 1955—1956 学年工作要点的规定,按照五年制、四年制统一教学计划、过渡教学计划,今后两年各专业招生任务估计数,参照教学工作量标准,全面考虑安排教师的工作,具体规划每个教师具体努力的方向。

---

① 本决定由第四届校务委员会第六次会议通过实施。

(2)教师业务水平的培养与提高工作,主要结合教学法工作、科学研究工作进行。教研组必须组织和指导教师制订个人具体计划并督促其执行,防止自流。教师的个人计划,必须从教研组的教学工作任务、师资数量及师资条件来考虑,对不同对象,提出不同的要求:

1. 已开课的教师,应视其现有水平,有计划有步骤地掌握所授课程的全部教学环节,并提高其质量。已满足工作量或虽未满足工作量而基本上已能掌握全部教学环节的教师,应积极参加科学研究工作,提高业务水平。

2. 未开课的青年助教基本上应按照高教部规定的教师职责,首先做好助教应担任的职责,然后进一步有计划有步骤地培养提高。其中师资特别缺乏的基础课教研组及专业教研组由于教学工作的迫切需要,须视条件分配助教以越级任务者应切实帮助他们做好准备工作;开课问题已基本上解决的教研组,对未开课的助教应首先组织他们认真掌握好本门课程的内容及有关教学方式;专业教研组助教应在教师指导下试做课程设计、毕业设计。

必须纠正培养师资就是培养助教开课的片面看法。培养助教开课只是培养师资的内容之一,助教应当首先胜任助教的职责,做好指导同学自学、习题课、实验和指导生产实习等工作都是培养助教的具体内容。

3. 对于二年制专修科毕业或三年提前毕业的助教,应考虑在一定时间内使之达到四年制毕业应有的水平。教研组应指导他们制订具体的个人进修计划,并指定专人作为指导教师,具体帮助他们进修提高。

4. 对未学过俄文或尚须学习俄文的教师,应分别程度继续组织教师进行俄文学习。

5. 按照教学工作的需要,应选送教学上最迫切、最困难的派遣出国培养。教研组应在可能条件下,妥善安排工作,抽出一定力量轮流派赴校外进修、参观、实习。

(3)关于提高政治觉悟,提高马列主义理论水平的计划,各教师应根据上述要求及自己原有基础先行考虑,并列入个人计划,至于详细计划,可待学校全面规划订出后,再行具体制订。

《浙大》1955 年 11 月 22 日

浙江大学土木系青年教师外文测验办法(草案)①

(1963 年 3 月 11 日)

1. 为了帮助和促进青年教师学好外文,了解他们掌握外文情况,根据我系本学期工作计划,定于今年 9 月中旬对所有助教进行一次外文测验,无特殊原因,未经申请并由教研组主任批准免考者外,一律须参加考试。

2. 外文测验分英文、俄文两种,由参加者自行选定。

3. 外文具体要求至少为:

(1)掌握 2000 字左右单词及词组,能中外对译(其中暂定清华大学编的俄文速成读本中所附词汇作为基本词汇)。

(2)掌握基本文法,能够正确理解外文专业书籍内容。

---

① 该办法于浙江大学土木系第 2 次系务会议通过实施。

(3)能够借助词典由外文译为中文,每小时答2000印刷符号。

(4)外文测验分两个阶段,第一个阶段测验词汇每人应在9月10日前将掌握的词汇交各教研组主任,由教研组组织专人对其词汇中抽出若干词汇进行测验(其中一半中译外,一半外译中)。第二阶段为文法及翻译测验。全系统一命题,测验时可查阅字典,主要测验其对外文理解及翻译能力。文法及翻译测验由系组织力量进行之。

凡未能通过测验者,则应参加第二次测验。第二次测验日期另定,大致相隔半年左右。

浙江大学档案馆藏,档案号:ZD-1962-XZ-377

关于加强师资培养工作的意见

(1978年10月)

加强师资队伍建设,提高教师业务水平,是把我校建成高水平的教学中心和科研中心的关键问题,是提高教学质量的根本保证。没有高水平的教师,就没有高质量的教育。因此从政治上业务上迅速提高师资队伍的水平,是我们面临的一项刻不容缓的任务,必须下大的决心,采取得力的措施,迅速行动起来力争在三五年或更外的时间内,使我校教师队伍的状况,有个较大的改善。

一、基本情况

我校现有教师1744人。其中解放前毕业的老教师约占5%,解放后到"文化大革命"前毕业的中年教师约占73%,"文化大革命"后毕业的青年教师约占22%。

在中、老教师中,有教授31人、副教授91人、老讲师(63年以前提升的)236人。他们的基础理论比较扎实,外语水平较高,工作经验比较丰富,是当前教学、科研和培养师资的指导力量。

"文化大革命"以前毕业的助教(其中有约700人将被提升为讲师)也具有一定的基础和工作经验,是当前教学、科研、实验室建设的骨干力量。

青年教师中,大多数精力充沛,积极进取,是教师队伍中的新生力量。

由于林彪、"四人帮"反革命修正主义的干扰破坏,使广大教师的社会主义积极性受到挫伤,业务有不同程度的荒废。相当一部分中年教师,在基础理论和实验技术等方面存在着薄弱环节,知识面不够宽,外语水平不够高,有些在教学上还未"过关"。青年教师的基础一般还很薄弱,外语水平较低,多数还不能符合大学教师的要求。

针对以上情况,从去年底以来,为提高教师业务水平已采取了各种措施。据统计,在全校教师中已有1200多人先后参加了校、系举办的数学、外语等进修班,有18名教师先后参加了由有关研究所和兄弟院校举办的理论学习班或听国外教授、专家讲学,有9名教师已派往有关高等院校和研究所进修。各系、教研组还根据各自的特点,采取了组织讨论班、随班听课和以老带新等多种办法,积极提高教师水平。

总的来看,我校的师资培训工作已迈出了新的一步,并开始取得一定成效。当前,应在总结前阶段工作经验的基础上,贯彻思想更解放一点,胆子更大一点,步子更快一点的精神,进一步抓好师资培养计划,提出明确要求,狠抓措施落实,使师资队伍的水平更快地提高。

二、要求和目标

为适应现代科学技术发展和提高教学质量的形势需要,师资培养工作总的要求是:狠抓基础理论和外语的进修,把我校的教学与科研提高到一个新的水平。

根据我校师资队伍现状,要求达到的目标是:

1. 三年内(1981 年前):

大部分中年教师(80%以上)在基础理论和外语水平上都达到研究生毕业的水平,(即学完"复变函数"、"常微分方程"、"线性代数"、"概率论"、"近代物理"、"计算机原理和应用""自然辩证法"以及其他本专业所必需的基础课程。熟练掌握一门外国语,可顺利阅读和翻译本专业书刊),能保证质量的开至少一门课程,并具有开设新课和进行科研的能力。

青年教师应着重补好基础,掌握本专业必需的基础理论、基本知识和基本技能,学好一门外语,熟悉一门课的各个教学环节,争取达到合格的大学教师的要求,并初步具备开课和科研的能力。

原基础较好、外语水平高、学有专长的中、老教师特别是正副教授,应进一步学习新理论新技术,争取在教学、科研、著书立说等方面作出新成绩,必须在培养师资工作挑起担子,作出贡献。

2. 各系、各教研组都应有计划地培养一批具有较深厚的基础理论、熟悉现代实验技术,掌握两门外语、了解学科发展动向,在教学科研中做出成绩,能担当研究生导师的教师。争取在三年内全校具有上述水平的教师达到 400 名左右,约占教师总数的五分之一;到 1985 年达到 1000～1200 名,约占教师总数的二分之一。

3. 争取在 1985 年前,从现有教师中培养出几名以至十几名在学术上达到国内第一流水平(其中有的达到世界第一流水平)的学术领导人。

三、措施

1. 坚持在职进修的方针。大力举办各种类型的教师进修班,提高教师的基础理论水平。

三年内将反复举办"复变函数"、"常微分方程"、"线性代数""概率论"、"近代物理""计算机原理和应用"六门课程的教师进修班,每年各一期。要有计划地举办"量子力学"、"振动与稳定理论"、"自动控制理论"等提高理论进修班。各有关系和教研组应把承担教师进修班的讲课作为重要任务优先考虑,并选派水平高的教师担任主讲。

每年开设一期"自然辩证法"讲座,由马列主义教研组选派教师主讲。

有计划地组织一些全校性的讨论班。首先拟组织以电机系为主,有各系搞自控的教师参加的《自动控制理论》讨论班,本学期筹备,下学期举办。

各系还应根据各自的需要,创造条件举办相应的进修班。各教研组可采取组织教师自学小组和读书讨论班等形式。对新教师的工作和进修,还应指定中、老教师负责指导以老带新。

教师参加校、系举办的各种进修班、讨论班,都必须经教研组同意,系领导批准。每期进修班都应进行考试,并记载考试成绩。

2. 采用多种办法,把全体教师发动起来,猛攻外文。

在外语教研组建立外语进修指导班子(5人左右),负责研究教改、外语进修措施并承担教学任务。

每年举办一期以“四会”为要求的英语高级班,每期由60～80人脱产进行,为期半年。参加学习的教师由各系选派,经考试录取。

英语中级班主要由各系负责组织。学校将为各系创造一定条件,包括配备一定的电教设备,提供进修学习材料,并定期组织统一考试,为选派教师到高级班学习作好准备。各系外语教学力量主要应发挥本系教师的潜力。如需外聘教师,需报校人事处、教务处会同批准。

尚未掌握基础英语的教师,采用随学生班听课或听广播自学的方法,要求在两年内学完基础英语。

日、德、法语进修班,每年举办1～2期。

各系、各教研组要根据教学、科研需要,有计划地组织教师读有关外文书,查阅外文文献,并进行翻译。

充分发挥电教设备的作用,组织送“口语问答100句”、“英语900句”、“灵格风第二册”、“基础英语”等口语教材。

各系、各教研组对语种布局要有战略眼光,以掌握英语为主,同时有计划地培养一些教师分别掌握日、德、法、俄等主要语种。要抓紧培养能担当口语翻译的专业教师,争取在四五年内全校至少有三、四百名。外语教师自身水平的提高极为重要。要作好合理安排,充分利用外籍英语教师将来校工作两年的有利条件,采用轮流脱产和在职进修的方法,使从事英语教学教师的水平有个较大的提高。要从中发现和培养出一些在语言水平和口语能力上都较强的骨干教师。

3.积极选派教师出国进修、学习。

选派出国进修的对象主要是业务基础和外语较好,并具有一定科研能力的中年教师。今年已正式选报了28名,以后争取每年选派40～50名,使在1985年前,选派出国进修学习的教师达三四百人。(其中85年前能回国的有二三百人)

选派方法将根据学科发展需要确定每年各学科选派名额。贯彻自愿报名,按政治思想业务水平、健康情况和外语程度四方面条件择优录取的精神。

为做好明年选派准备工作,各系、各教研组应加强对教师的业务考核工作。学校将在今年12月份,组织专业基础和外语的预选考试。

积极争取出国考察的机会,让学有专长和担任一定领导职务的教师能够通过出国考察,了解国外教学科研的最新动态和科学管理情况。(至今已有4名教师出国考察,2名教师即将出国考察)

积极争取参加国际上对口的学术会议,争取与国际上有关学术机构建立经常的联系。(现已有一名教师赴日参加了高速摄影学术会议)

4.有计划地选派一些教师到兄弟院校或其他有关单位脱产进修。派出学习,应从我校发展需要出发,重点是我校基础薄弱以至空白的学科,和兄弟院校或其他单位水平较高和具有特色的学科。至今已有9名教师被派往外单位脱产进修。

5.积极邀请国内、外的有关学者、专家来校进行讲学、兼课和兼职。

本学期已在数学、土木等学科领域邀请了5名来校讲学,其中2名已经进行。

计划明后两年各邀请15～20名专家来校进行较长时期的讲学。

四、加强领导、落实政策、建立必要制度

1.加强领导是搞好师资培养工作的关键。

校、系领导都应有专人分管师资培养工作,并把师资培养工作列入重要议事日程。

各系、教研组应根据上述要求,制定出具体的师资培养规划,并报学校审批,由教务处师资培训科审查。

制定规划时:

(一)应根据教师的不同情况,提出不同要求,采取不同措施,按人做到五定:定工作任务,定进度内容,定计划要求,定方法措施,定考核办法。

对讲师以上的教师,特别是教授、副教授应明确提出在培养师资中必须承担的任务。要侧重抓好中年教师的培养提高,充分发挥他们"承上启下"的作用。对青年教师培养要从难、从严,过去行之有效的一些培养办法,如系统读一本书,做大量习题,参加实验室工作,随班听课,参加辅导,以及教学中的试讲试做等都应继续采用。

(二)应坚持结合教学、科研任务提高业务水平,采取各种有效措施,着重抓好基础理论、外语、新兴学科理论和最新科学技术的进步提高,注意把具有一定业务基础、长期从事教学的教师组织到科研中去,有计划地安排长期从事科研的教师参加一定的教学工作。

(三)应坚持在职进修为主,同时有计划地组织脱产的进修。要充分注意让长期担任较重教学任务的基础课教师和坚持"双肩挑"的教师有轮流脱产进修的机会,要为在教学、科研上做出突出成绩的教师创造条件,使他们更快地得到发展,真正成为教学、科研工作的带头人。

2.落实政策,充分调动广大教师的社会主义积极性。

继续抓好教师职称的评定和提升工作,切实做到以学识水平、业务能力和在教学、科研中所做出的成绩作为评定、提升职务的主要依据。

贯彻按劳(不是按政,也不是按能)分配的原则,对于工作任务完成得出色和超工作量的教师应给予精神和物质的鼓励,在评奖和升级工作中都应优先考虑。

对不适合担任教师工作的应调整到其他工作岗位。

对1966年以后毕业的青年教师应安排参加一定教学科研工作,同时抓好业务基础的进修,将于1979年6月和1979年12月分两批进行专业基础(包括外语、数学、物理和2门专业基础课)的考试和工作的考核,合格的留任教师,不合格的调任其他工作。

3.加强对教师的政治思想教育。

各级党组织都应帮助教师树立刻苦钻研、勇攀高峰的雄心壮志,正确认识和对待政治与业务的关系,工作与进修的关系,教学与科研的关系,专业和基础的关系。

帮助和教育教师要忠诚党的教育事业,努力完成所担负的教学、科研任务,要挤时间抓进修,要大力提倡业余抓进修。

在本学期末,以系为单位,对教师的工作与进修进行一次检查评比,为参加明年的全国教育大会评选优秀模范教师打好基础。

4.建立必要的规章制度,当前首先要建立。

(一)教师业务考核制度。

建立教师业务卡片,以记载每个教师每学期所完成的业务工作量和效果;记载每个教师每学期所完成的进修任务和考核成绩。

对讲师以上教师的业务能力和可能承担的教学、科研任务将进行一次全面的调查,更好地挖掘潜力,发挥作用。

(二)邀请校外专家来校讲学的审批接待制度。

由教务处师资培训科会同各系研究,提出邀请校外专家来校讲学的计划,报经校领导审批后,贯彻执行。

根据审批的计划,由总务处(事务行政科)负责做好食、宿、交通的安排。

五、本学年由学校组织的进修计划安排

本学期开设的进修班与讲座有:

1.《概率论与随机过程》进修班,主讲教师:

每周 4 节课

2.《量子力学》进修班,主讲教师:李文铸。

每周 4 节课,预期一年,于 11 月 15 日开始

3.《自然辩证法》讲座主讲教师:林超然。

每周 2 小时,于 11 月 10 日开始,每期半天。

4.《日语》进修班开两班,每班 50～60 人主讲教师:刘子金、陈振华。

每周 4 节课,于 10 月 23 日开始,预期三个月

5.英语高级班、德语进班、法语进修班、计算机原理与应用进修班从上学期开始,仍在继续进行

下学期拟开设的进修班与讲座有:

1.《近代物理》进修班。

每周 4 节课。

2.《线性代数》、《数理方程》进修班。连续进行。

每周 4 节课,预期一学期。

3.《英语高级班》60 人,脱产进行。

1979 年 2 月开始,预期 5 个月。

4.《计算机语言》进修班

每周 4 节课,预计三个月。

本学期邀请来校讲学的有:(略)

教务处
一九七八年十月

浙江大学档案馆藏,档案号:ZD-1987-XZ-288

有关教师在职进修的通知[①]

(1979 年 10 月 15 日)

各系、教研室:

在今年 7 月 13 日各系总支、行政负责人会议上,讨论青年教师定职定位问题时,学校领导同志曾明确指出:"办好学校,关键在教师","浙大要办上去,希望寄托在新的这一代","对他们要认真要求";同时指出:"自己对大学的内容还没有学好,怎么去教别人?教育质量怎么保证?"。因此会上决定所有青年教师,不论这次确定职称与否都应分别情况,在 1~3 年内,通过在职进修,补完本科的主要课程。

会后,有的系已采取了措施,分别不同情况,对青年教师提出了必须补学的课程,并帮助制订了逐年听课的计划。但也有的系措施尚不够落实,部分青年教师对自己还需要补些什么,仍然不够明确。我们希望各系结合这次青年教师的定职考核,把这项工作落实到每一名青年教师,并切实保证他们必要的学习条件。

现发去《青年教师进修听课情况调查表》,请在 10 月底前填写完毕。这里所说的进修听课,是指按规定必须补学的课程。

1."要求学完哪些课程"一栏,应由系统一定出原则意见,由教研室主任填写。其余各栏,可在教研室主任或指导教师帮助下,由本人填写。

2. 凡规定必须学完的课程,教研室应帮助其制订何时用何方式学完什么课,并在时间上给予保证,使其能参加该课程的所有教学环节。

3. 每学完一门课程,必须有随班考试的成绩,并列入业务档案。在此以前,有的同志通过各种方式进修取得的成绩,凡经系主任批准的,即予承认,同样记载入档,该课程作"已完成课程"填表。

4. 调查表一式二份,一份存系,一份报校教务处。

教务处

一九七九年十月十五日

浙江大学档案馆藏,档案号:ZD-1987-XZ-288

浙江大学 1980 年下半年教师计算机语言轮训计划

(1980 年)

根据学校《一九八〇年度工作要点》"教师的业务培训,学校在今年着重抓计算机语言程序设计的轮训,重点是上机应用,分期分批进行。第一期先集训各系骨干 40 名,争取 1980 年轮训 200~300 名"的精神,今年上半年已组织举办了各系计算机语言课教师参加的师训班,由计算机软件教研室为该班 42 位教师开了"TRAN 程序设计语言"和"BASIC 语言的扩

---

① 本通知原文无标题,标题为编者所拟。

充”等课程，为在全校轮训教师和开设计算机语言课打下了一定的基础。现根据我校各系的师资力量和我校现有计算机的实际情况(机械系、化工学各一台 131 机可用 BASIC 语言，计算机室一台 Cromemco 机可用 FORTRAN 和 BASIC 语言，计算机室有二台 TRS-80 机可用Ⅰ级 BASIC 语言，电机系一台 154 机待安装，可用 FORTRAN 语言等)，特拟定 1980 年下半年计算机语言轮训计划如下：

一、目的要求

分批轮训本校教师，逐步实现在全校教师和管理干部中普及计算机，使参加人员学一种计算机语言，能使用计算机解决一般问题，为把计算机广泛应用于教学、科研、生产和行政管理中打下一定的基础。

二、轮训组织及任课教师

全校在 1980 年下半年轮训 230 人左右，采取统一组织分片负责的形式，组织五个教学班，学习 BASIC 和 FORTRAN 二种语言。教学工作，由各系抽派一位能胜任上课和指导实习工作的教师组成五个教学小组，负责各班的上课和上机实习指导。由计算机系组织这些上课教师制订有关教学及实习的计划和大纲并组织一、二次教学交流讨论。具体组织如下：

1. BASIC 语言(一)班，参加人数 50 人，由化工系、化学系、材料系组成一个教学小组，负责上课实习，并由化工系负责，在化工系计算机室实习。

2. BASIC 语言(二)班，参加人数 50 人，由机械系、热物理系、数学系组成一个教学小组负责上课实习，并由机械系负责，在机械系计算机室实习。

3. FORTANR 语言(一)班，参加人数 50 人，由土木系、光仪系、科仪系、地质系组成一个教学小组负责上课实习，并由土木系负责，在校计算机室实习。

4. FORTRAN 语言(二)班，参加人数 50 人。由电机系、力学系、物理系组成一个教学小组负责上课实习，在电机系计算机室实习。如 154 机安装调试来不及，安排有困难，可安排一部分到校计算机室实习。

5. 三分部班，参加人数 30 人左右，语言自定，由三分部无线电系负责举办，在校计算机室实习。

另给计算机系未经过上机实践的教师安排上机实习四小时，人数暂定 25 人

三、教材及教育计划

1. BASIC 语言教材由化工系、机械系计算机室提供，学时数 25 学时左右。

2. FORTRAN 语言教材，初步定用丘玉圃编著的“FORTRAN 程序设计语言”。在教学中主要讲解 1～6 章，对 7—10 章作一简要介绍。教学时数 45 学时左右。

3. 要求全校各计算机室积极协助搞好上机实践。具体安排由各教学小组与各计算机室商定，落实上机时间及计划。初步拟定：BASIC 语言每人上机三小时，FORTRAN 语言上机四小时。

4. 上机费用，按现用机价格每小时 12 元计算，预计需人民币 15000 元左右(包括计算机系教师上机费用)由师资培训费支出，教材费由学员自理。

四、举办时间

从 1980 年 9 月份开始，每周上二个下午，每个下午三小时。

五、本期轮训班人员分配

系别	BASIC	FORTRAN	合计
数学系	6	7	13
物理系	7	6	13
力学系	7	6	13
化学系	6	7	13
地质系	7	6	13
机械系	9	10	19
电机系	10	9	19
化工系	9	10	19
光仪系	6	7	13
科仪系	6	7	13
土木系	6	T	13
热物理系	7	6	13
材料系	7	6	13
校机关	7	6	13
合计	100	100	206

三部班由三分部教师参加。

浙江大学档案馆藏,档案号:ZD-1987-XZ-288

举办教师外语培训班的通知

(1981年12月22日)

各系及马列主义教研室、工业管理专业:

为了提高教师的外语水平,现经校长会议讨论决定,下学期举办教师英语培训班A、B两班,请外籍教师上课。现有的日语培训班继续进行。参加培训班的人,必须是拥护中国共产党、热爱社会主义祖国,立场坚定,思想品德好,作风正派,热爱教育事业,学习勤奋,工作积极,肯为实现四个现代化刻苦攻关,始终坚持学习者。为了做好学员的选拔工作,现作如下规定:

一、英语A班

参加对象:长期担任校、系及教研室党、政领导职务;能阅读专业外文资料,听外籍英语教员上课的,讲师以上骨干教师。

报名办法:由各系推荐1~2人,于本月30日前将推荐名单报校人事处师资培训科。

考试日期:1982年1月11日上午八点,在行政大楼506室。

考试办法:请外籍教师口试,择优录取25名。

上课时数:每周四小时,以培养听、说能力为主。

二、英语B班

参加对象:年龄在35岁左右,最大不超过42岁者,具有一定的英文阅读能力,掌握英语基本语法,基本上能听懂外籍教师上课。

报名办法:自愿报名和组织推荐相结合,各系报名人数3～5名,于本月30日前将名单送师资培训科。

考试日期:1982年1月12日上午8时笔试,13日上午8时口试,试场均设在行政大楼506室。经过笔试和口试,择优录取25名。

上课时数:每周六小时,半脱产学习。

两班的教材待定。

三、日语班招插班生,现有日语班下学期继续进行。教材采用湖南大学外语教研室日语组编的"日语"。现已上到第二册第十一课。下学期主要从第二册第十二课开始,上完第三册止。要求参加者基本上掌握日语语法,有一定日语基础,经考核后录取。

报名办法:自愿报名,经系(教研组)同意于本月30日前报师资培训科。

上课时数:每周四小时。

以上进修班开学时间均在1982年2月上旬。(具体日期另行通知。)

人事处

一九八一年十二月二十二日

浙江大学档案馆藏,档案号:ZD-1987-XZ-288

我校师资培训工作简况[①]

(1983年3月17日)

我校师资培训工作,自1978年以来,到1982年底,先后组织了84个培训班,参加学习的教师达1700多人,计3955人次;派往兄弟院校进修半年以上的有74人;短期进修如参加短训班、学术交流、听中外专家讲学的有596人;选派出国进修的教师127人、研究生11人,共138人。此外,随大学生(或研究生班)听课的青年教师402人,(包括一部分实验人员、技工和图书馆工作人员),同时,还初步建立了教师的业务档案。

一、培训工作主要情况

培训工作,大致可分为两个阶段:

第一阶段,自1977年12月—1980年7月。我们重点抓了举办各种类型的进修班(有数

---

① 本文为浙江大学人事处师资培训科的总结报告,原载于浙江大学校长办公室编《简报》1983年第4期(总第96期)。

学、物理、力学、计算机语言和程序设计、英、德、日、法语等进修班)。通过进修,对中、青年教师起到了补课、复习、巩固提高的作用;同时对"文革"期间毕业留校的青年教师进行了各种形式的补课,如组织部分青年教师到基础课或基础技术课教研室,边听课、边辅导本专业的大学生,并参加基础课教研室的业务活动;有的系(如电机系、光仪系)专门为他们开专业基础课培训班;有的系(如化学系)给他们有计划地安排随大学生班听课。通过补课使351名青年教师基本补完了大学本科课程,提高了实验技术,保证了以后定位、定职工作的进行。

第二阶段自1980年下半年—1982年底。按照学校工作要点中提出:"教师培训着重抓好计算机语言程序设计的轮训和继续办好出国教师的英语训练班;继续抓好教师外语培训"的要求,开展了以下工作:

1.外语培训:先后办过①英语培训班:初级班4个,培训328人;中级班5个,培训149人;高级班27个,培训680人次(其中为中国科学院代培108人)。外语教师轮训班4个,轮训53人(其中为本省兄弟院校培训11名)。②日语班:7个,参加培训371人次。③德语班2个,培训76人;德语教师班1个,培训8人。④法语班1个,培训35人。

通过培训,教师外语水平普遍有了提高,并为学校选派出国人员,能顺利地在国外开展工作和学习创造了条件。据回国同志反映:我驻美使馆人员曾称赞浙大出国人员外语水平都比较好。1982年1月,由教育部组织的全国外语水平统考中,有38所重点高校参加,我校名列第一。1982年我校43人参加了美国举办的"托福"考试,又以优异的成绩获得美国主考人员的赞赏。我校美籍教师白培欣说:"美国学校看到这些托福成绩都感到惊奇。"

外语教师通过轮训也提高了外语水平,改进了教学方法,提高了教学质量。

此外还培训了教研室副主任以上人员117人,占这类干部的42%。通过培训,他们的听、说水平有了提高,特别是听力的提高尤为显著,不少人已能接待外籍专家。

2.计算机培训:自1978年以来,我们先后办过11个培训班,参加培训的教师有496人次,由各系自己培训的有356人。到1982年底,全校教师懂得一种以上语言并上过机的,总共有873人,占全校教师数的一半。通过培训,对提高教学与科研水平起到积极的推动作用,给各系培养了骨干力量,对出国人员能保证他们在国外顺利的工作和学习。

3.举办科技文献检索讲座:为了提高中、青年教师查阅科技文献的能力,与图书馆共同举办了科技文献检索讲座,有70人参加。普遍反映:通过讲座,使他们比较系统地学到了有关检索的基本知识;初步掌握了几种主要文摘的具体检索方法;学习了科技报告和专业文献的查阅方法;提高了对科技文献检索在科研、教学工作中重要作用的认识,今后将继续组织这一类讲座。

二、存在问题和对今后的工作意见

回顾过去的培训工作,虽然初步收到一些成效,但还跟不上形势,也不能满足广大教师的要求。其主要原因:1.组织不够健全。有的系没有专人负责师资培训工作,教师爱听课就听课,不听也无所谓。有的系对历年提出的培训计划无人落实和检查。2.分工不合理。(如培养学术带头人由研究生部负责;教师梯队由科研处负责;办培训班、选派教师外出进修,聘请教师等由师资培训科负责),难以制定一个比较完整的培训计划。3.缺乏工作经验,计划性较差。

为此,我们认为要做好师资培训工作,必须做到:

1. 各级领导都要重视这项工作，亲自抓，能把师资培训工作列入重要议事日程。学校应该有一位副校长统抓此项工作，各系至少有一位系副主任负责，并有专人兼办具体的培训工作。

2. 要订计划、订措施、建制度。定编以后，各系对各类教师应有一个培养、提高的计划，能按人做到"五定"：定工作任务、定进修内容、定计划要求、定方法措施、定考核办法，在此基础上，学校应定期研究并组织有关单位共同商议一个比较完整的培训计划，共同实施。

3. 充分发挥电化教学的作用，满足广大教师（特别是中年教师）学习英语的要求。希望外语教研室能有专人兼管此项工作，负责制订培训计划，并具体进行指导。另外，请各系、室能组织回国教师和外语水平较高的同志开展一些外语学习活动，或定期地举行外文文献的报告会、讨论班等，以提高教师的外语听、说能力。

4. 师资培训费有些项目，如培训教师掌握电子计算机的上机费可以按需培训人数，上机规定（FORTRAN 语言每人上机四小时，BASIC 语言每人上机三小时，选派出国人员可以适当增加上机时数），由系制订培训计划，送人事处审核同意后，分配给各系自行安排使用。要求在 1984 年底前，全校教师都能掌握应用计算机。

5. 对新毕业留校的青年教师，要有计划、有步骤地按在职研究生的要求来培养，在四五年内都达到硕士学位以上的水平。对此，要求各系、室都能作出具体计划、安排。

浙江大学档案馆藏，档案号：ZD-1983-XZ-28-4

浙江大学关于教职工报考研究生、助教进修班、夜大学、电视大学等有关规定的通知

（1985 年 6 月 25 日）

各系、各部、处、室、馆、院、工厂，校直属单位：

根据教育部有关规定，结合我校具体情况，为促进我校教职工队伍素质的提高，保证我校教学、科研两个中心的顺利进行，为四化建设培养更多、更好的技术人才，经学校研究，对我校教职工报考各类研究生、助教进修班、夜大学、电视大学等作如下规定：

一、报考条件

1. 报考博士研究生（包括在职博士研究生）

凡已取得硕士学位的研究生，年龄在 40 周岁以下，在校工作满一年者都可报考。报考者在正常完成工作的前提下每三年允许报考一次，每人限考二次。报考者须本人申请，经所在系（或系级单位）领导同意，报校人事处核准。

2. 报考硕士研究生（包括在职硕士研究生）

凡具有大学本科毕业学历或同等学力，年龄在 35 周岁以下，在校工作满二年者都可报考。报考者在正常完成工作的前提下，每四年允许报考一次，每人限考二次。报考者须本人申请，由系（或系级单位）领导同意，报校人事处核准。（思想政治工作人员的报考须经系党总支或所在部门领导同意，校党委组织部核准，统一由人事处开证明报考）。

3. 报考助教进修班、研究生班、双学位班和进修研究生课程等。

凡具有大学本科毕业学历或同等学力，年龄在 35 周岁以下，有二年以上教学或工作实

践的均可报考。报考者在正常完成工作的前提下，每四年允许报考一次，每人限考二次(包括报考硕士研究生次数)。报考者须本人申请、经所在系领导推荐、校人事处核准(思想政治工作人员的报考，同(2))才能参加入学考试。去外校进修，各系必须考虑专业对口和工作需要。

4. 报考夜大学，职工业余大学、函授班、专修班。

凡我校具有高中文化程度或同等学力的教职工(包括合同干、合同工)，不受年龄和工龄的限制，均可报考上述业余学习班。报考专业原则上应当与本人目前所从事的工作基本一致。若本校无此专业，方可报考校外夜大学、职工业余大学、函授班、专修班。报考者须本人申请，系(或系级单位)领导同意，校人事处核准。

5. 报考电视大学、职工大学。

凡我校具有高中文化程度或同等学力，年龄在40周岁以下，在校实际工作满二年的教职工(合同干、合同工必须在合同期满，经考核合格录用后才可考虑)可以报考。报考专业原则上应与从事的工作性质一致，但本校又无此专业。报考者须本人申请，系(或系级单位)领导同意，报校人事处核准。

二、培训计划与经费开支

为了加强各类人员培训工作的计划性，各系、各部门应根据教学、科研、党政管理及其他工作的需要，从各支队伍人员的年龄、学历、知识结构，超、缺编等实际情况出发，有计划地选拔思想作风、工作表现及文化、业务基础比较好的同志进行培训，以便不断提高各支队伍的素质。因此，各系、各部门对于报考上述各级、各类学校的人员应按学年提前作出培训计划，报校人事处，以便统一安排培训经费。今后，凡无计划的一般不再审批。

凡非列入培训计划者或未经组织批准自行报考者其经费一律自理。

2. 其他各种形式的短期业余学习班，进修班，除确因工作需要外，原则上经费自理或各系各部门自行支付，学校不再负责其经费审批。

3. 凡经过审批同意者，培训费由校人事处出具证明，本人向财务处借款，待学习结束后，凭毕业、结业证书或有关证明办理报销手续；学习成绩报人事处备案、存档。若因学习不认真、半途而废或成绩不合格，则应视其实际情况，由本人负担全部或部分培训费。(校内夜大学、校外业余大学及其他学习班也照此办理)。

三、待遇

1. 在职研究生(不论博士生或硕士生)一律享受原工资。奖金、岗位津贴照发。

2. 凡脱产进修学习半年以上者，根据《浙大发人〔35〕366号》文《关于试行岗位津贴的通知》规定在半年后奖金、岗位津贴减半发给。

3. 业余学习(或进修)者，享受教职工同样待遇。

上述规定若与教育部今后新下达的文件精神不符；则以教育部文件为准。

浙江大学

一九八五年六月二十五日

浙江大学档案馆藏，档案号：ZD-1987-XZ-288

浙江大学关于加强师资队伍建设的意见①

(1992 年)

为适应高等教育改革与发展的需要,加强学科梯队建设和青年教师的培养,造就一批跨世纪的中青年学科带头人和学术骨干队伍,特制订以下八条意见,作为当前及今后一段时期内学校师资工作的重点。

一、淡化流动编制和固定编制的概念,推行合同制管理。新补充的教师与系所签订2—5年合同,期满前半年双方可提出终止合同或续签合同,青年教师期满后可改与其他系所签订聘用合同,根据学校教学、科研和学科建设的需要在校内流动。

如5年内不能聘任讲师或聘任讲师后6—8年内不能晋升副教授的,原则上不再续签合同,向校外流动。晋升副教授后不再由合同制管理,由系主任聘任并定期考核,根据工作业绩可以低职高聘,也可高职低聘。

二、各系要有计划地安排具有硕士学位的骨干青年教师在校内或校外在职攻读博士学位,提高青年教师的学历层次。对于分流人员也可经过考试脱产攻读硕士或博士学位。落实政策,鼓励青年教师到校外进修,到基层锻炼。

从今年起新进毕业生,要注意提高学历层次。除外语、体育等系室外,原则上均要补充硕士以上毕业生,其中博士毕业生不得少于30%,但也要注意学科分布和层次结构,不要过于拥挤。

人事处要配合系所根据人才需求状况,到校外去选聘应届博士毕业生和博士后人员,也可提供奖学金,预聘急需学科的在读博士生。从今年起新进毕业生中外校毕业生比例不得少于30%。

新进校的教师自报到的下月起享受学校业绩津贴。副教授以上人员和博士后出站人员享受全校平均业绩点,讲师和博士毕业生业绩点1,硕士毕业生0.8,本科毕业生0.6,参加年度考核后根据完成工作量核定业绩点。

学校今后补充人员以教师为主,提高教师比例,充实教学、科研队伍。校办企业原则上只退休,不补充事业编制企业化管理的人员。

三、改进引进人才的工作,提高效益。从国内外引进人才是长期的政策,是利用社会的力量建设和补充结构合理的师资队伍的重要手段。不仅要重视引进人才,而且要发挥他们的作用,创造平等竞争的机会。

引进学术带头人和学术骨干要服从于学校大结构调整,科类布局的需要,重点保证急需发展的重点建设学科和学术带头人后继乏人的学科的建设。

有计划地组织招聘团(组)到国内重要的专业会议上招聘人才,对于特殊人才,采取特殊政策。今后引进的学部委员每月享受200元,博士导师100元,教授50—100元的特殊津贴和科研启动费或实验室建设的启动费,并随着学校经济实力的增强和学校教师人均收入的提高,逐步提高特殊津贴的数额。

对于新设专业,根据学科发展需要有计划地补充急需教师,也可以聘用外校的不占用后

---

① 本文原载浙江大学人事处1994年所编的《人事文件汇编》。

勤资源和人员编制的兼职教师,承担新设课程的讲课和实验教学。

四、切实改善教师住房条件。1995 年前实现硕士毕业生 2 人一房,博士毕业生 1 人一房,博士后二居室。家属房:讲师住房建筑面积不低于 $42m^2$,副教授不低于 $56m^2$,教授住房不低于 $70m^2$ 的标准。2 年内不能达到标准的由学校发放住房困难津贴。

五、担任所室领导工作的学术带头人可逐步配备行政、业务秘书,承担中外文打字、信函收发、电话记录、会议通知、差旅交通安排和财务报销等工作,使学术带头人尽可能摆脱烦琐的行政事务工作,专心致志于学科建设。学校补贴编制,所室承担校内津贴。

六、切实做好两个 100 人的队伍建设。各系要强化梯队建设的观念,切实抓好两个梯队的建设,有措施,有目标。要鼓励中青年教师成名成家,鼓励冒尖,鼓励创造。对各系的群体考核,今后主要考核三个指标:教学、科研和梯队建设,并逐步做到定量化。

党政机关要切实转变作风,深入基层,不搞形式主义,讲求实效,增强时间观念,尤其要珍惜学术带头人和学术骨干的时间,把学术带头人从文山会海中解放出来,使他们有足够的时间专心致志于学科建设。

党的各级组织要加强组织和思想建设,提高学术骨干的综合素质。学术带头人既要有较高的学术水平,又要有敬业精神,良好的教学科研道德和较强的组织管理能力和群体意识。要把党政领导班子的后备队伍的建设和两个梯队的建设结合起来,培养一批又红又专、双肩挑的教学、科研和管理干部,大胆提拔优秀的中青年教师到研究所室和系处的领导岗位上来,压担子,双肩挑重担。

设立青年教师科研基金和出版基金,帮助启动并鼓励青年教师著书立说。

改善梯队人员的住房和生活待遇,发放学校特殊津贴。

做好两个 100 人队伍的培养和考核,每年小调整,二年一滚动。四年内不能相应地晋升为教授和副教授的原则上不能再留在梯队内,补充新的人员。

七、职称晋升和博士导师遴选要为学科梯队建设服务。职称晋升工作要打破论资排辈,不搞照顾安慰。要切实为学科梯队建设,尤其是中青年学术骨干队伍的建设服务。已经制订的教授任职条件对于引导中青年教师提高教学、科研工作的水平和层次起了积极的作用,1993 年要制订副教授的任职条件。

八、出国进修、访问、科研合作,参加国际学术会议等选派工作,要为学科梯队建设服务,要为建设好一支具备较高学术水平,从事学科前沿研究,能与国外对话和交流的基础和应用基础研究的教师队伍服务。

国家公派人员按优秀中青年学术骨干、重点学科、重点项目、重点实验室、优秀归国人员再次出国和优秀管理人员四个项目派遣。

单位公派重点保证校际交流和合作项目的实施。

附件

学校特殊津贴发放办法

一、发放范围

1. 未享受政府特殊津贴的学科第二梯队成员和优秀青年教师；

2. 未享受政府特殊津贴，近二年年均业绩点在全校平均业绩点以上的教授（含其他正高职）、校级领导及浙江省有突出贡献的中青年科技人员；

3. 学校引进的特殊人才。

二、发放标准

1. 对列入发放范围1、2类的人员，每人每月50元；

2. 对学校引进的特殊人才，学部委员每人每月为200元，博士生导师为100元，教授为50—100元。

三、发放办法

1. 享受学校特殊津贴人员实行一年一考核，二年一滚动办法，每年可作少量调整。发放津贴时间按学年计算，发放年限由各系研究后报人事处核定，一般为二年，首次学校特殊津贴从1992年10月起发放。

2. 学校引进的特殊人才，经所在系推荐，校务会议研究，自批准之月起，发放学校特殊津贴。

3. 年度考核不合格者或受行政、党纪处分者或年度考核业绩点在1点以下者，学校特殊津贴停发。

4. 长期公派留学人员（6个月以上）出国期间停发，按期回国即恢复校内津贴。短期出国人员在首次批准的出国期限内照发，延长及超期的停发。

5. 原已享受学校特殊津贴人员，调入企业后，是否继续享受特殊津贴由企业自定，费用由企业自理，企业中的正高职人员学校不发放特殊津贴，由企业自定。

浙江大学档案馆藏，档案号：ZD-1994-XZ-129-1

浙江大学关于选拔培养学科第二梯队和优秀青年教师的实施办法[①]

（1992年）

建设一支跨世纪的学科带头人和学术骨干队伍是加强我校师资队伍建设的战略目标。为实现这一目标，切实做好学科第二梯队和优秀青年教师双百人的选拔培养工作，特制定本实施办法。

---

① 本文原载浙江大学人事处1994年所编的《人事文件汇编》。

一、选拔程序

1.全校共选拔学科第二梯队成员100人和优秀青年教师100人。学科第二梯队成员和优秀青年教师今后每二年选拔一次,实行一年小调整,二年一滚动的选拔管理办法。

2.学校根据现有重点学科、博士点、硕士点以及青年教师的人数,将选拔双百人的推荐名额分配到各系。

3.各系系务委员会根据学校下达的推荐名额和选拔条件,在充分听取有关所室和学术带头人意见的基础上,集体研究确定推荐人选。在推荐选拔工作中要坚持标准,严格要求,宁缺毋滥,确保选拔质量。

4.被推荐者需分别填写《浙江大学学科第二梯队成员推荐表》或《浙江大学优秀青年教师推荐表》。各系推荐人选由人事处汇总审核后报校务会议审定。审定后的学科第二梯队成员和优秀青年教师名单张榜公布。

二、选拔条件

1.学科第二梯队成员和优秀青年教师必须热爱社会主义祖国,坚持四项基本原则,拥护改革开放方针,忠诚人民的教育事业,治学态度严谨,有良好的职业道德和较强的组织管理能力和群体意识,有开拓创新精神。

2.学科第二梯队成员同时还应具备下列条件:

①在本学科具有较为系统坚实的基础理论和专业知识,能熟练讲授一门以上主干课程,教学效果优良。

②学术思想活跃,掌握本学科国内外发展动态,对该学科的建设、人才培养工作做出了较大成绩。

④有较强的科研工作能力,主持或参加过重点项目的研究工作,取得较为显著的科研成果,已发表有较高水平的论著。

④掌握一门以上外语,能熟练地阅读本专业外文书刊。

⑤身体健康,年龄一般在55周岁以下,并具有高级专业技术职务。

3.优秀青年教师同时还应具备下列条件:

①具有扎实的专业基础知识和较宽的知识面,教学中能因势利导,开拓创新,并形成自己的特色,教学效果良好。

②有较强的科研能力,独立承担或作为主要骨干参加过重大科研项目,已发表有较高学术水平的论著。

③熟练掌握一门外语,有较好的听、说、读、写能力,熟练掌握计算机编程和操作技能。

④履职两年以上,具有讲师以上专业技术职务,年龄一般在35周岁以下,副教授可适当放宽到40周岁。

三、培养目标和措施

1.各级组织要高度重视双百人的培养工作。各系党政领导和有关学科带头人应与培养对象本人共同制订培养提高计划,采取具体的扶持培养措施。要把党政领导班子的后备队伍建设和双百人的队伍建设结合起来,大胆提拔优秀的中青年教师到研究所室和系处的领导岗位上来。

2. 要在教学、科研第一线岗位上压担子。既要承担一定的本科生或研究生课程的教学任务，还要承担并完成若干重大科研项目。要对正在进行或将要进行的专业教学工作和科研课题制订工作目标和工作计划。

3. 学科第二梯队成员应积极招收培养硕士生，并参加指导博士生工作，尽快成为博士生副导师，争取获得博士生导师资格。优秀青年教师应安排参加指导硕士生工作。

4. 根据学科建设需要优先安排出席国内外学术会议，出国进修、短期考察，国外合作科学研究。未获得博士学位者可推荐校内免试攻博，并鼓励去本学科在国内领先的学校攻博、进修或从事合作研究。

5. 校系积极创造条件，帮助并支持申请国家、省部级自然科学基金和其他各类基金，各种重大科研项目。设立青年教师基金和出版基金，帮助启动并鼓励著书立说。

6. 优先解决夫妻同地分居；在同等条件下，优先晋升高一级专业技术职务；优先解决住房；每月人均发给校内特殊津贴 50 元（已享受政府特殊津贴者除外），并颁发奖励证书。

四、考核办法

1. 学校对已确定的双百人队伍每学年进行一次考核，并建立校级个人业务档案，实行计算机跟踪管理。

2. 年度考核时需填写《浙江大学学科第二梯队成员考核表》或《浙江大学优秀青年教师考核表》一式二份，根据个人培养计划中的要求，对照检查落实完成情况，从政治思想、教学、科研、教书育人等方面进行考核并写出个人总结，着重考核工作业绩。最后由系和学校二级签署考核意见。

3. 四年内未能相应地晋升高一级专业技术职务者，原则上不能再留在双百人队伍内，补充新的人员。

4. 年度考核不合格或年度考核业绩点在 1 点以下者，出国逾期不归，受行政党纪处分者，停发学校特殊津贴，原则上不再列入下一年度双百人队伍。

浙江大学档案馆藏，档案号：ZD-1994-XZ-129-1

关于对《浙江大学关于选拔培养学科第二梯队和优秀青年教师实施办法》的补充通知

（1994 年 5 月 20 日）

各系，各有关部处：

根据《浙江大学关于选拔培养学科第二梯队和优秀青年教师的实施办法》，我校自 1992 年开始选拔了双百名学科第二梯队和优秀青年教师，并自 1992 年 10 月起发放学校特殊津贴每人每月 50 元。现根据《实施办法》的执行情况，特对选拔条件和选拔程序作如下补充：

一、选拔条件

考核选拔学科第二梯队和优秀青年教师除符合《实施办法》中规定的条件以外，在近二年中还应达到下列要求：

1. 学科第二梯队：

①熟练讲授一门以上必修课程，教学效果优良；指导研究生两届 2 名以上。对未设硕士点的全校性公共课、基础课的骨干教师可免除指导研究生的要求；

②主持过 1 项以上国家或省、部级重点科研项目，并已取得显著成效，作为第一、二作者列入 SCI 的论文或国内一级刊物上发表的学术论文工科类 1 篇以上，文理科类 2 篇以上或专著一本；

③年龄一般在 50 周岁以下，并具有高级专业技术职务。

2. 优秀青年教师：

①主讲过一门以上必修课程，教学效果良好，协助指导研究生 1 名以上。对未设硕士点的全校性公共课、基础课的骨干教师可免除指导研究生的要求；

②独立承担或作为主要骨干参加过省部级以上科研项目 1 项以上，并取得明显效果。作为第一、二作者在二级以上学术刊物上发表论文工科类 2 篇以上，文理科类 4 篇以上；

③年龄一般在 35 周岁以下，副教授可适当放宽到 40 周岁。

3. 其它：

①近二年完成的业绩点应达到所在系同类人员的平均业绩点；

②获省、部级以上成果奖(含教学、科研、教材、著作等成果奖)及获省部级以上优秀教师或教书育人先进个人，在同等条件下优先选拔为双百名成员。

二、选拔程序

各系应结合年度工作考核做好双百名成员的业绩考核。对新一轮学科第二梯队成员和优秀青年教师实行二年一滚动，一年小调整的选拔程序：

1. 在二年一次的滚动式考核中，每位学科第二梯队成员和优秀青年教师须根据各自的培养计划，对二年来的工作业绩进行总结，在由系党政领导，学科带头人、所(室)负责人及部分高职教师组成的会上作述职报告；拟推荐作为新增双百名成员候选人，在滚动式考核或小调整中均应在会上介绍近二年来的教学与科研工作业绩、成果。述职报告和情况介绍后进行民意测验。

2. 系学术委员会和系务会议联席会根据双百名成员和新增人选二年中的工作业绩，对照选拔条件并结合民意测验结果，进行评价、选拔。新增的候选人可采用个人报名、教研所(室)推荐或直接由教研所(室)推荐的方式。

3. 经各系选拔、推荐上报的双百名成员候选人，一般不超过原有人数。人选确定后，于每年 6 月中旬前报人事处。原双百名成员，经滚动式考核选拔或小调整后仍继续列入双百名推荐人选者须上报年度工作考核表，新推荐人选应上报《浙江大学学科第二梯队成员和优秀青年教师选拔推荐表》。

浙江大学
一九九四年五月二十日

浙江大学档案馆藏，档案号：ZD-1994-XZ-129-1

3. 博士后与高层次人才

关于申请建立五个博士后科技流动站的报告

(1984 年 6 月 23 日)

浙大发研〔1984〕181 号

教育部：

自 1981 年我校开始招收博士生以来，已连续招收三届博士生。今年年底前后，将有五名博士生毕业。目前，我校有博士点 17 个(不包括因博士导师去世后的三个点)，博士导师 22 人，并有大批中青年副教授和讲师，其中有的已从国外进修返回，有的获得了博士或硕士学位，组成了较强的学术梯队。多年来在培养硕士和博士生方面已取得一定的经验。

在若干学科领域，我校承担了国家和教育部的重点科研任务，取得不少成果，形成了长期稳定的科研基地。这些学科不仅为培养博士生提供了条件，也为在国内外已取得博士学位的研究生或学者进一步开展科研工作打下了基础。李政道先生关于建立博士后科技流动站的建议是培养少量高级科技人才和学术带头人的有效措施，也完全切合我校的实际情况。据此。我校申请建立如下五个学科流动站：

1. 化学工程
2. 现代光学
3. 生物医学工程
4. 计算几何
5. 材料科学

以上五个学科我校均有博士学位授予权，其中前四个学科我校在国内均属领先并有较强的实验研究设备，材料科学的某些方面(如硅材料)也居领先地位。

以上报告，请予批示。

浙江大学

一九八四年六月二十三日

浙江大学档案馆藏，档案号：ZD-1984-XZ-236-1

关于集资建设杭州归国留学生工作服务中心的意见

(1985 年 5 月 4 日)

一、宗旨及归属

今后三年，我国即将有七千余名留学本科生、研究生陆续回国。这批留学生的业务和政治素质较好，学科门类广泛，包括理、工、医、农、社会科学、文化艺术各类人才。他们了解先进的科学技术和管理经验，是对外开放，改革和建设四化的有用之才。为吸引留学生来我省工作，并允许有半年至一年的考察、调研和短期工作的机会，以落实对口单位，充分做到人尽其才,拟集资建设杭州归国留学生工作服务中心。“中心”设在浙江大学并由浙江大学负责管理,面向全省,为全省服务。“中心”为来我省的归国留学生提供临时住房及相应的生活和工作服务条件,指导和帮助他们对我省各有关单位进行考察和调研,并利用各单位的条件开展短期工作。最终引导定位,并报请省科技干部局批准正式分配工作。

二、设施

“中心”需建设临时性住房约100套。每套建筑面积50m²,(含卧室14m²,书房10m²,厨房、厕所7～8m²,并配有简易家具及炉灶等生活设施)。“中心”需相应建设食堂、俱乐部,阅览室、洗衣房等生活服务设施,约需建筑面积1000m²。共需基本建设费用及设备投资250万元。另需征地,室外工程等投资100万元。

三、干部及经常费用

“中心”配专职管理干部2～3名,拟请科技干部局拨划指标归属浙江大学,由浙江大学配备。

服务人员由浙江大学技术劳动服务公司按劳务输出方负责提供。

留学归国人员业务费如水电、调研、考察、办公费用等按每人2000元计算,总共约需20万元/年(不包括工资)。请求省政府财政专项补贴给浙江大学,由浙江大学掌握专项使用。

四、集资及贷款

该项目作为非盈利智力投资项目,拟向省内厂矿、企业、社团、政府部门集资250万元。捐款单位及个人在“中心”基石和“中心”简介上列名,并优先引导留学生向有关单位定向就业就职。

由浙江大学向银行低息长期贷款100万元,并负责还本付息。请求省计经委及物资部门平价供应建材物资,请省、市政府在建筑征地方面给予方便。

五、留学生就业

“中心”按保证重点、专业对口的原则并充分尊重留学生本人意愿,在省政府的指导下,积极帮助和指导他们通过考察、调研和短期工作落实长期就业单位,并报请省科技干部局正式转调个别留学生允许流动到省外对口单位工作。“中心”要求留学生在正式报到后一个月之内搬迁出“中心”临时住房。否则“中心”有权要求用人单位给予经济补偿。

杭州归国留学生工作服务中心(筹)
一九八五年五月四日

浙江大学档案馆藏,档案号:ZD-1985-XZ-60-8

浙江大学博士后研究人员管理工作暂行规定

(1986年7月7日)

为搞好博士后研究人员各项管理工作,根据国家科委“博士后研究人员管理工作暂行规定”和国家科委、公安部联合发出的〔86〕国科发干字0398号“关于博士后研究人员及其配偶、子女落户问题的通知”精神，结合我校情况，制订本暂行规定。

(一)博士后研究人员属国家工作人员，他们是流动站所在系工作人员之一。

(二)博士后研究人员资格

1.凡新近在国内、外获得博士学位，品学兼优，身体健康，年龄在35岁以下，尚未正式分配工作的优秀青年，均可作博士后研究人员(以下简称“博士后”)。考虑到近年获得博士学位者年龄一般偏大，在试办期间对博士后年龄要求可放宽到40岁。

2.为了鼓励人才交流，博采众长，避免学术上的“近亲繁殖”，我校培养的博士研究生，毕业后不得申请进本校同学科的博士后流动站(以下简称“站”)。

3.已分配工作的优秀博士生，如取得本单位同意，可向我校申请作博士后。博士后期满，仍回原单位工作。

(三)申请和审批手续

1.凡申请作博士后者，可向研究生院提出书面申请，并提交下列材料(原件与复印件共三份)：

1)两位本学科领域博士生导师的推荐信；

2)博士学位证书或相应证明；

3)博士后研究人员登记表；

4)博士论文及其他科研成果学术论文等(一份)。

2.我校流动站有关博士导师对申请人提出初审意见，如获同意则由站所在系学术委员会对申请人的科研能力、学术水平和已取得的科研成果进行评议，并由系学术委员会主任在《登记表》第5页上半页签署意见，报研究生院院长审批。在院长审批同意后，由研究生院发出录用通知书。

3.研究生院将本人申请书、《登记表》、导师推荐信和博士学位证书的复印件报国家科委科技干部局和国家教委备案。

4.为保证博士后研究工作的顺利进行，博士后流动站要与被录用的博士后签订工作协议书，规定双方的责任、权利及其他应遵守的事项，具体内容由流动站自定。

(四)研究课题

博士后的研究方向和研究课题，在力求结合我校博士后流动站承担的重点项目的前提下，由本人提出，并征求我校有关专家意见后，报系学术委员会批准，并报研究生院备案。

(五)工作期限

1.博士后在站工作期限一般为两年，期满后，必须流动出站或转到下一站。在不同的站流动总期限不得超过四年。

2.博士后在站工作期间，如提前完成了研究项目，由本人申请，经学校批准，可以提前离站。如在两年内未能完成，可由学校报请国家教委批准，适当延长时间。一般情况下，延长期不宜超过半年。

3.博士后在站工作期间，其表现不适于继续做博士后研究工作时，学校可报请国家教委批准，劝其离站，由国家科委科技干部局安排其工作。

4.博士后在站工作期间，因病连续请假半年以上者，应终止其工作。待其恢复健康后，由国家科委科技干部局安排工作。

(六)经费及工资福利待遇

1.博士后的日常经费,每人每年一万二千元由国家科委科技干部局拨给,用于补助科研工作的经费和本人的生活福利费用。

2.用于科研工作的费用每年为九千元,归流动站掌握使用。

3.博士后的生活福利费用,包括工资、奖金、公费医疗、困难补助、探亲、生活补贴等每年为三千元。

4.博士后的工资在第一个站工作期间按工资改革后讲师工资的最低标准发给,并按规定享受与我校正式职工同等的福利待遇。

5.博士后可享受每月一百元的生活补贴,用以购置书籍、资料及交纳博士后住房的高额房租等。博士后终止本站工作的下一个月起,停止发放工资及生活补贴。在等待分配工作期间,只发放工资,并酌情给予房租补贴。

(七)住房

1.博士后专用住房标准为二室一厅房一套,供本人及其配偶和未成年子女使用。房租标准为每月五十到六十元。

2.博士后分配固定工作后或流动下一站时,本人及其配偶、未成年子女必须及时从专用住房中迁出。

(八)户口及配偶、子女的随迁

1.博士后在我校流动站工作期间,在我校落常住户口。

2.公安部门凭国家科委科技干部局出具的介绍信,为博士后办理户口迁出和落户手续(留学回国的博士只办理落户手续)。

3.博士后的配偶及其未成年的子女可以随本人流动,落暂时户口。公安部门凭国家科委科技干部局出具的介绍信,办理暂住手续。他们所需的定量供应商品,由当地商业部门按常住户口的同类人员标准供应。子女上学问题,由当地教育部门按常住户口同样对待,给予解决。

4.随博士后流动的配偶如系国家正式职工,经本人提出要求由校人事处与其工作单位协商按借用人员安排适当的工作,按照原工资等级标准发给工资,生活福利及奖金等则享受我校职工的同等待遇。

5.博士后流动期满安排固定工作后,其配偶及未成年子女(包括农村户口)均由接受单位所在地公安部门凭国家科委科技干部局出具的证明办理常住落户手续。配偶所系国家正式职工,其工作应由用人单位负责安排。如有困难,则请当地劳动人事部门协助安排。

(九)工作分配

1.博士后工作期满离站时,我校流动站应对他们的学术水平、业务能力及科研成果进行全面考核、评定,提出使用意见,由学校报国家科委科技干部局,并抄报国家教委备案。

2.流动期满的博士后,可由国家科委科技干部局会同国家教委根据国家需要,结合本人志愿安排工作。也可以根据用人单位聘任的专业技术职务和条件去应聘工作。分配手续均由国家科委科技干部局办理。博士后如系现役军人,其工作安排须经过中国人民解放军总政治部批准。

(十)分级管理

博士后录用后应在规定时间内向我校人事处报到,然后去有关系工作。其科研业务与日常生活等均由所在系负责管理。各站要将工作进展情况和存在的问题每年向研究生院报告一次,并由学校定期向国家教委和国家科委科技干部局汇报。

浙江大学档案馆藏,档案号:ZD-1986-XZ-135

1986年浙江大学博士后科研流动站设置状况①

(1987年4月)

建站学科	专业	导师
仪器仪表	光学仪器 生物医学仪器及工程	董太和教授 吕维雪教授
机械设计与制造	液压传动及气动	路甬祥教授

说明:经国家科委批准(一九八五年十一月二十三日〔85〕国科发干字第1187号文《关于建立博士后科研流动站若干问题的通知》),浙江大学为首批建站单位。

浙江大学档案馆藏,档案号:ZD-1987-XZ-386

我校博士后工作情况及建议②

(1990年3月17日)

一、概况

我校是1985年11月经国家批准首批建立博士后科研流动站的单位之一。目前,我校已有机械工程、仪器仪表、电工、动力工程及工程热物理和自动控制5个博士后科研流动站(一级学科),覆盖流体传动及控制等13个专业(二级学科)。自1986年7月招聘第一个博士后研究人员以来,到1989年底,累计进站22人,出站4人,目前在校博士后18人,其中1人为法国籍博士后。

此外,我校已申请建立数学、物理学、材料科学与工程以及化学工程和工业化学等学科博士后科研流动站,正在审批中。

根据全国博士后管委会《1989年度招收博士后计划名额分配方案》资料统计,我校博士后科研流动站数目和1988年底实际在站人数和1989年度新招博士后人员数,均在全国同类院校前列,并取得了一批具有国内外先进水平的研究成果。

---

① 本表原载浙江大学上报国家教委的《浙江大学1987/1988学年初普通高等学校基层报表》,表末的说明为原文,标题为编者所拟。

② 本文作者为浙江大学研究生院,原载浙江大学校长办公室编《简报》1990年第4期(总第196期)。

二、博士后工作取得的主要成果

1. 机械工程博士后科研流动站流体传动及控制博士后王庆国在路甬祥教授的热情鼓励和悉心指导下,充分利用研究所的一流实验设备和学术环境,在新兴交叉学科领域—机器人的动力学辨识及控制方面取得了具有国际先进水平的研究成果,获得国内外专家的充分肯定和高度评价。

在理论上,他在国际上首次严格证明了机器人的动力学可以表示成线性参数化的形式,从而可以将线性参数估计技术直接应用于本质非线性的多关节机器人系统,克服了非线性高维参数估计问题的困难,极大地简化了机器人动力学的辨识。在此基础上,他提出了积分最小二乘估计算法和辅助变量算法,既避免了对加速度的测量,又达到了与使用加速度传感器相同的参数估计效果,具有很高的实用价值。他开发了机器人负载的快速自适应辨识算法,达到了比通常自适应算法快5倍的参数跟踪速率。他还提出了一个全局鲁棒镇定控制律,并与上述负载自适应辨识算法相结合,形成了快速自适应鲁棒控制策略,通过大量的比较研究,证明它的轨线跟踪精度较之现存的机器人运动控制算法有了一个数量级的提高,为高速度、高精度运动控制系统的开发奠定了坚实的基础,可望在工业机械人中获得商业应用,产生新一代的运动控制系统。专家们认为,这些成果是前沿的,创造性的,达到了当前国际先进水平。

王庆国在有关机器人方面取得的这些成果已写成了一系列论文,并投寄美国机械类(包括机器人)动力学及控制方面世界最权威的杂志 ASME T. Dyn,Syst,Meas Conty。该杂志对他论文的评审意见认为,成果是独创的,取得了当前最好的结果,具有重大的理论意义和实用价值。这些论文在国际上介绍后,也受到了日本、奥地利、美国和联邦德国的一些教授的高度评价,并邀请他和他们从事合作研究。

鉴于王庆国突出的科研成果和学术能力,他在博士后期间获得了联邦德国洪堡基金会的研究奖学金,国家自然科学基金青年基金和中科院青年基金的赞助,以及浙江大学1988年度校级科技成果奖。

2. 仪器仪表流动站生物医学工程及仪器博士后余滆与西德国际著名的马克斯普朗克协会系统生理研究所合作,开展当代尖端科学技术之一的细胞生理研究,取得了“一种对胆酸敏感的离子选择性微电极的研制及其性能特点”的重要成果,这对人体肝脏分泌胆酸、胆固醇及胆结石形成等重大医学问题深入到活细胞中研究,将有极为重要的意义。目前的细胞及亚细胞水平的研究方法,大多是破坏性的,很难做到在保持细胞正常生理代谢的条件下,对细胞进行连续动态的观察。他将注意力集中在发展尖端直径小到足以插入活细胞内而又不严重干扰细胞的正常生理过程的微型换能器的研究工作上,有可能使我们获得足够的信息去反映整体的功能状态,为临床提供相应疾病诊断及治疗的客观指标,为药理研究提供细胞水平的模型,为细胞工程、蛋白质工程、酶工程等提供相应的材料和手段。

余滆首先发明用于探测活细胞内某些重要物质动态信息的微型换能器—双通道乙酰胆碱选择性微电极等四项研究成果处于世界领先地位。

学校教师特别评审组和国内四名同行专家对余滆作出的杰出成果进行了认真、严格的评审,决定破格晋升余滆同志为教授。他已成为我校在该学术领域内的中青年学术带头人。

3. 生物医学工程及仪器博士后陈思平进站后主要从事超声多普勒血流测量和彩色超声

多普勒血流成像装置的研究。在站期间，他与深圳安科有限责任公司(该公司是美国高技术公司 Analogic Co 与中国科学院合资的公司)合作，负责彩色多勒超声诊断仪的开发工作。他组织工程师们协同工作，已经完成了该公司现有产品 ASU—010 相控阵超声显像诊断仪上增加彩色多普勒血流图像功能的方案设计，并通过模拟实验证明了该设计的工程可行性。

彩色多普勒 B 超是技术相当复杂的先进超声医疗诊断设备，世界上只有少数国家能够生产。我国计划把这种设备作为“八五”攻关项目。鉴于陈思平在此工作期间，表现出很好的理论基础和系统设计能力，并有相当出色的超声、电路和计算机方面的实验技能和工程经验，同时有较强的组织能力，被公司聘请为该项目的技术负责人。他正式被分配到安科公司后，继续负责博士后研究课题的彩色 B 超多普勒装置的研究工作。1989 年夏天，该项目已获得成功，受到国家科委主任宋健等同志的表扬。

博士后到高技术公司搞产品开发方面的课题是我国现阶段培养高级科技人才的一种新尝试。陈思平在安科公司的实践证明，这是一条有效的成功之路。

三、对进一步办好博士后科研流动站的几点意见

1.全校各部门通力合作，办好博士后科研流动站。由于博士后研究人员均从国内外获得博士学位，品学兼优的优秀青年中招聘，他们层次高，理论基础扎实，科研能力强，研究课题大都处于学科前沿，是一支很有希望的科研队伍。对加强我校科研、教学队伍的活力，提高我校的科研、教学水平具有积极意义。办好博士后科研流动站，涉及人事、科研、财务、外事、保卫、房产、总务等各个部门，涉及有关系和研究所室，需要各部门通力合作，才能搞好。

2.坚持从严审核，择优录用的原则。

吸收真正优秀的博士进站从事研究工作，是搞好博士后流动站的关键。

为鼓励博士后人员专心致志地开展研究工作，除了建站单位提供较好的科研条件和生活条件外，国家还规定了许多特殊的优惠政策，这对一些在国内外取得博士学位的优秀青年具有一定的吸引力。近年来，由于分配困难等原因，申请要求进流动站的人员日渐增多。为确保进站人员的质量，必须由流动站内主要专家和所在系学术委员会审核“把关”，把确有潜力和杰出才能的优秀人才选入流动站。

3.加强检查与指导，确保研究水平。

大多数博士后担负着重要的科研任务，不少项目具有重要的理论意义和实践意义。他们精力充沛，主攻方向明确，措施得力，有的已崭露头角。但个别人员由于各种原因，在研究工作中会碰到一定困难和问题，流动站的专家们和所在系负责人需要对他们的工作进行全面的检查，及时帮助他们克服困难，促使他们做出高水平的研究成果。在流动站内能否培养出高级科技人才和做出高水平的科研成果是能否办好我校博士后科研流动站的核心问题。

4.要求建造博士后专用公寓，缓解住房矛盾。

学校在房源紧张情况下，解决了 20 名博士后的住房问题。随着流动站的增加和进站人数的不断增多，住房问题将更趋突出。为了使博士后有充沛的精力和时间潜心于研究工作，从根本上解决住房问题，请求全国博士后管委会按我校流动站规模下拨基建费，建造博士后专用住宅。并采用高房租、高补贴的管理制度。

5.加强基础建设，实现规范化管理，建立高效的管理机制。我们根据全国博士后科研流动站管理协调委员会通过的《博士后研究人员管理工作暂行规定》和三年多来的实践经验，经与有关部门协商,重新制订了《浙江大学博士后研究人员管理工作规定》,从原来的10款26条增至14款59条,初步理顺了关系,为建立健全的管理机制奠定了基础。

博士后从申请进站直至出站,需经历审批、户粮迁移、生活安排、配偶借调、家属随迁、子女上学、科学基金申请、考核评定、技术职务任职资格评定、分配工作、出站等一系列环节。我们根据上级有关规定和实际工作的需要,设计、印制了各种函件、证明、介绍信、表格等共计31种,初步实现了规范化管理,提高了工作效率,今后还需不断改进、完善。

浙江大学档案馆藏,档案号:ZD-1990-XZ-43-4

浙江大学博士后科研流动站建站情况①

(1991年1月30日)

建站学科	专　业	批准日期
仪器仪表	光学仪器	1985年11月23日
	生物医学仪器及工程	1985年11月23日
机械设计与制造	液压传动及气动	1985年11月23日
动力机械及工程热物理	工程热物理	1988年10月12日
	化工机械	1988年10月12日
电工	电机	1988年10月12日
自动控制	工业自动化	1988年10月12日
数学	基础数学	1988年10月12日
	应用数学	1990年9月29日
物理学	理论物理	1990年9月29日

浙江大学档案馆藏,档案号:ZD-1991-XZ-68-2

关于"浙江大学511人才工程"的实施意见

(1995年3月27日)

各部、处,校直属各单位:

从现在起到2010年,学校将稳步地朝着争创世界一流的以工为主、理工结合、经管人文综合发展的研究教育型大学的目标迈进、建设一支德才兼备、结构合理、高效精干、充满活力的教师队伍,切实抓好强化培养跨世纪的学科带头人、技术带头人和中青年学术骨干的"511人才工程",是完成学校发展"211工程"的基础。为努力实现"511人才工程"即争取

① 本表原载浙江大学校长办公室编《浙江大学公报》1991年第2期(总第8期)。

到 2010 年前，遴选培养出 50 名国内公认，具有一定国际影响的杰出专家，其中 20 名左右的杰出专家成为中国科学院、中国工程院和世界著名科学院院士，成为世界一流知名学者；培养出 100 名具有博士导师以上水平，富有开拓创新精神的中青年学术带头人和技术带头人；培养出 1000 名左右年青的具有博士或硕士学位的新一代学术、技术骨干，学校提出以下实施意见：

一、优化结构，提高素质，加强青年骨干教师队伍的建设。

我校现有 40 岁以下的青年教师 980 人，占教师总数的 49.6%。在今后的 5—10 年里，如何不失时机地抓好对广大青年教师的培养，是全面实施“511 人才工程”的基础保证。为建设好一支强大的青年骨干教师队伍，学校将重点抓好以下几项工作。

1. 进一步树立尊重知识、尊重人才、尊师重教的风尚，改善学校的学术环境和成才环境，增强学校的凝聚力和对人才的吸引力。

①积极创造条件与机会，使广大青年教师参加校内外的各种学术活动，各系应建立青年教师定期学术报告制度，聘请有关专家进行学术专题讲座，学校每年进行一次“青年教师学术交流会”，引导、推动青年教师去探索并占领科技前沿，活跃学术气氛，提高学术水平。同时鼓励发表不同的学术观点，鼓励不同学科的交流，鼓励学术竞争和创新。

②逐步改善青年教师的住房条件，通过多渠道集资增加住宅投入，保证 5 年内每年基建款的 70%以上以及房改回收的全部资金都用于住宅建设等措施，加快建房进度，力争在 1997 年基本解决青年教师的住房困难问题，使他们能安居乐业。

③着力优化人才成长的内部环境。在待遇和经费投入未有大幅度提高的情况下，学校各级领导和各个部门更要懂得教师工作的性质和青年教师的特点，全面关心、充分信任青年教师，加强与他们感情联系和思想沟通，经常召开教师座谈会，认真听取各种意见和反映。真心实意地为青年教师排忧解难，努力形成一个和谐、融洽、积极的成才环境。

2. 优化现有青年教师的学历结构和职务结构。到本世纪末前，要通过以下途径大幅度地提高现有青年教师队伍的学历层次：

①继续有计划地选留优秀的博士、硕士毕业生(其中博士毕业生不少于 1/3)充实师资队伍。②加强并鼓励青年教师在职进修。对 35 岁以下的青年教师，原则上都要求具有硕士以上学位；已取得硕士学位者，凡具有博士点学科的，应在 3—5 年内取得博士学位。③从 1995 起，40 岁以下晋升教授不占定额者原则上必须具有博士学位，35 岁以下晋升副教授不占定额者原则上必须具有硕士以上学位，其中破格晋升者必须具有博士学位。④充分利用本校博士后流动站作为高层次人才培养基地，积极吸引国内外博士后来校工作。

争取到 2000 年，教师中博士学历师资比例达 30%，2005 年提高到 50%，2010 年提高到 80%。

3. 采取“普遍培养，重点提高”的方针加快青年骨干教师队伍的建设。

①通过“普遍培养”的办法，对广大青年教师坚持岗前培训，坚持思想教育，师德教育，引导他们过好教学、科研、实践环节和外语等四个关，尤其要引导过好教学关，试行教学导师制，开展培养基础课和技术基础课青年教师的帮评活动；开展全校性的青年教师观摩评议活动、教学质量考评，使他们通过教学研究和学术交流活动，掌握教育规律和教学技能，提高教学效果和教学水平。

②对已崭露头角具有发展潜力的青年教师,应采取"重点提高"的方针,在教学上,优先安排主干课程、学位课程的教学任务和协助指导研究生的任务;科研上,让他们进入学科梯队,逐步由参加人员向主研人员或课题负责人过渡,鼓励并帮助支持独立申请国家、省部基金和重大横向项目,使他们尽早进入骨干教师的行列。

③选派重点学科、国家重点实验室的青年骨干教师到国外进修。通过攻读学位、国内高访、中短期进修等形式,选派新建学科和紧缺学科的骨干教师到专业强项的研究所、院校培养和提高,促进学科交叉和学科前沿性的探索。对选派到外校培养的教师,保留原有待遇并给予一定的进修补贴。

4.不断地吸收引进国内外优秀人才补充中青年骨干队伍,对急需引进的优秀人才在技术职务评审、科研启动经费、申请留学回国人员基金、出国讲学或短期工作、落实爱人工作和子女就读等方面继续予以优惠。

5.实行合同制与聘任制相结合的师资管理方式,力求在流动中保持骨干师资队伍的相对稳定。继续推行新补充教师任期合同制,一般为2—5年,期满后双方可提出终止合同或续签合同。对5年内不能聘为讲师或聘任讲师后6—8年内不能晋升为副教授者,原则上应向校外流动。

6.学校教学基金、科研基金和各类奖励基金继续重点向青年骨干教师倾斜。对出版高质量专著、在国内外一级以上刊物上发表学术论文的青年教师予以一定的奖励;支持青年骨干教师积极参加各种国内外学术会议、高级研讨班,加强学术交流与合作;通过学校筹建,海内外捐资等渠道,扩大优秀青年教师奖励基金,奖励为教学科研做出显著成绩的优秀青年教师,鼓励为教育事业多作贡献。

二、把握成机,加速培养一支新一代的高水平中青年学科带头人队伍。

加快培养、扩大学科带头人。到2010年前,实现"511人才工程"的目标之一,即培养出一支100人左右的高水平的跨世纪中青年学科带头人队伍,在促进学科发展的同时,顺利实现学科带头人队伍的新老交替。

(一)学科带头人的选拔

1.新一代学科带头人的素质要求:学科带头人是学科的代表和统帅,高水平的带头人才能带出高水平的队伍,因此作为跨世纪的学科带头人,应具备如下素质:①热爱教育事业,道德高尚,为人师表,能为学科建设努力奋斗,具有学术民主,合作共事的好作风。②具有研究生学历,在本学科领域具有坚实的理论基础和较深的学术造诣,能指导本学科若干方向,不断开拓,始终走在学科发展前沿,在国内外有一定的学术地位和声望。③能够负责并带领梯队成员,承担国际合作和国家重大项目或重大工程并作出重要贡献。

2.必须从21世纪初学科和学科群发展的规划来考虑学科带头人的后备人选,年龄一般在45岁以下,主要是从现有年青的教授以及学校确定的双百人队伍中选拔,同时放眼国内外,招贤纳士,引进和扩大学科带头人队伍。

3.对各学科已经崭露头角的年青学术带头人由人事处、教务处、科研处与研究生院建立计算机业绩管理档案,跟踪考核。校"21世纪人才委员会"定期分析总结他们的成长规律和培养经验,引导他们扬长避短,充分发挥才干,促使其全面发展。

(二)学科带头人的培养措施

1.继续贯彻“浙江大学关于加强师资队伍建设的意见”和“关于选拔学科第二梯队和优秀青年教师的实施意见”,坚持宁缺毋滥的原则,在较高的起点上进一步完善学科第二梯队和优秀青年教师双百人队伍的选拔、培养、考核、滚动机制,实行目标管理,努力提高此项工作的效益。学校继续发给双百人队伍每人每月50元的校内特殊津贴,并在出国进修、申请基金、晋升职务、住居分配、解决夫妻分居等方面给予倾斜和优惠。

2.强化优秀青年教师的竞争意识,在教学、科研上给他们压担子,积极参加指导硕士生和协助指导博士生的工作;强化二梯队成员的接班意识,鼓励独立开辟学术方向,形成自身特色,使之尽快成为副博导,力争获得博导资格。

3.委以重任,让学科带头人在教学、科研关键岗位上成长。分期分批选拔学术上有成就有威望的年富力强的中青年学者或技术骨干担任重点研究所、重点实验室或工程研究中心的所长或技术负责人,给他们腾位子、上岗位、压担子。老一辈学科带头人要积极扶持,让他们在负责和完成国家重大科研任务、重大工程项目过程中成长起来。并给担任所室领导的学术带头人配备秘书,学校补贴业绩点或编制;减少各种会议、活动,保证学科带头人每周有5/6的业务时间,使他们专心致志于学科建设。

4.学科带头人研究的领域和课题应该是该学科发展的前沿,国家公派和校际交流名额应围绕学科带头人的培养,有计划地每年选派20名左右的优秀中青年学术带头人和骨干教师到世界一流大学有著名学者的学科去进修或交流,也可根据工作需要,安排出国短期讲学,考察访问,以跟踪高科技发展,把握学科发展方向,在开放的国际环境和国际学术舞台上培养造就有一定国际影响的教授。

5.学校要采取有力措施,建设好使用好在建的和已建成的国家重点实验室、专业实验室,实行“开放、流动、联合”的运行机制,充分发挥实验基地在人才培养和学科建设上的作用与效益;同时将确保从事基础研究学术带头人的科研经费和奖酬金,并在申请国家基金等方面给予积极支持和帮助。

6.逐步推行向国内外公开招聘有关系的系主任,研究所所长、副所长岗位的制度,积极从国内外引进一流学者和优秀博士后人员充实学科带头人队伍。对引进的学科带头人学校视情况给予2万—5万的科研启动经费;对学术上出类拔萃的优秀中青年学者,及时晋升正高级职务;对已达到博导水平的学科带头人,要及时报批博导,并配备必要的研究生数量。

7.强化激励机制,改善工作和生活待遇。

①设立中青年学术带头人学术假制度,每年安排部分学科带头人3—6月学术假,学术假期间,保留原有待遇,并计算工作量;

②改善中青年学科带头人住房条件,对还未达到教授住房标准的学科带头人,学校将优先有计划地分批解决。

8.充分利用校内外新闻媒介,介绍中青年学术带头人的业绩与贡献,扩大知名度,有计划地推荐他们接替老一辈学术带头人担任国内外各种学术团体机构的工作与职务,确立他们在国内同行中的学术地位和影响;各级党组织要为形成精干合理、和谐向上的学术群体做好思想工作,及时解决矛盾,以保证学科带头人在发挥集体力量的同时更好地发挥出领导作用。

三、努力培养和遴选出一批国内公认,具有一定国际影响的杰出专家。

1.组建“浙江大学21世纪人才委员会”

为了更好地加强学校师资队伍建设,推进“511人才工程”的实施,学校将成立40人左右的以优秀中青年专家为主的“浙江大学21世纪人才委员会”。该委员会的职责是:围绕学科建设,研究有关师资队伍建设,跨世纪人才的培养、引进、遴选、跟踪、考核的政策和措施;定期向校务会议提出改善人才培养环境的建议和意见;负责推荐和遴选“浙江大学杰出青年教师”和“浙江大学杰出教授”的工作,并制定相应的条例和办法。

“21世纪人才委员会”的办公室设在人事处。第一届委员会成员由校务会议推荐,以后成员的补充、滚动和调整由人才委员会通过一定的程序进行。学校实行由人事处、教务处、科研处、研究生院联网的计算机跟踪管理,建立高级专门人才业务档案,及时输入高级人才在教学、科研、学科建设、青年教师培养等方面的成就,以及奖励情况和管理政绩。通过10—15年的努力培养,使学校涌现出一批学术上具有两院院士水准的、在国际上已有一定影响的杰出中青年专家。

2.遴选“浙江大学杰出青年教师”

制定《“浙江大学杰出青年教师”遴选办法》,在重点学科、重点实验室、国家工程研究中心和学校优先发展的学科领域,经过严格科学的选拔,逐年遴选出一批特别优秀的,年龄在40岁以下并已取得教授资格的青年专家成为“浙江大学杰出青年教师”。

作为浙江大学杰出青年教师,应该领导和带领学术梯队在学科的主流和前沿领域从事开创性的研究,研究成果居于国内本学科领域的前列,接近或达到国际先进水平,发表的论文多次被国内外权威杂志引用,多次在全国一级学会的学术会议和国际学术会议上作特邀报告;或者从事应用技术的研究,为解决国家经济建设中的重大技术问题,取得突破性的进展,作为主要获奖者获得国家级的奖励。

浙江大学杰出青年教师的遴选工作”由“21世纪人才委员会”负责实施,每二年进行一次,经“21世纪人才委员会”审议通过者由校务会议确认。学校设立专项基金对当选为“浙江大学杰出青年教师”者颁发荣誉证书,并给予2万—10万元的一次性奖励;安排3个月的短期高访,资助其领导的学术群体10万—20万元的科学研究经费;对担任行政职务者,配备行政或业务秘书;在当选后的1—2年内,一步到位安排70m^{2}以上的住房。

3.遴选“浙江大学杰出教授”

为激励广大教师奋发进取、多作贡献,促进学科建设和学校发展,学校特设立“浙江大学杰出教授”称号,以表彰在教学科研、学科建设和人才培养上作出重大贡献的,在国内外具有较大影响的本校优秀在职教授。

此项遴选工作由“21世纪人才委员会”负责实施,通过者由校务会议确认,每二年进行一次。获此称号者,由校长颁发“浙江大学杰出教授”证书,并终身享有此荣誉称号。学校给予2万—10万元的一次性奖励。

实现学校“511人才工程”是一项艰巨而伟大的工程,任重而道远,学校各级领导都要经常把师资队伍的建设放到最重要的议事日程,学校各部门都要为师资队伍的建设做好服务工作。在世纪之交的5—10年中,抓住机遇,共同努力,艰苦奋斗,平稳地渡过骨干教师队伍的新老交替,代际转移,以迎接21世纪新技术革命的挑战。

附件:第一届“浙江大学21世纪人才委员会”成员名单(略)

浙江大学
一九九五年三月二十七日

浙江大学档案馆藏,档案号:ZD-1995-XZ-86-2

浙江大学院士及研究领域统计[①]

(1998年12月31日)

姓名	研究领域
路甬祥	液体传动及控制
曹楚南	电化学
陈耀祖	有机化学
陈子元	核农学、生物物理
阙端麟	半导体材料
沈之荃	高分子化学
侯虞钧	化学工程
汪槱生	电力电子技术
孙优贤	工业自动化
岑可法	工程热物理
潘云鹤	计算机应用
董石麟	结构工程

浙江大学档案馆藏,档案号:ZD-1998-XZ-62-4

① 本表为浙江大学给浙江省委《关于进一步改善两院院士待遇问题的报告》(浙大新法办(1998)21号)的附件,表格内容略作删节,标题为编者所拟。

(三)职务聘任与职称晋升

关于破格越级提升郑光华讲师为教授的报告

(1961年11月15日)

党委发文〔61〕50号

郑光华,男,44岁,1943年英士大学毕业,1957年加入中国共产党,现任电机制造教研组主任,职位讲师。该同志解放以来,在党的培养教育下,一贯刻苦学习,勤奋钻研,创造性地劳动,积极为党工作。特别是在1958年"大跃进"运动中,该同志在党的关怀鼓励和帮助下,积极开展科学研究工作,由于党组织积极支持和鼓励,和他刻苦钻研,亲自动手,并通过以他为主的部分教师的共同努力,终于研究和解决了当前国际上尚未解决的电机水内冷问题,已取得了卓越的成就。

为了表彰他对社会主义事业作出的卓越贡献,更好地发挥他的专长,和更好地鼓励和调动知识分子的积极性,经研究,拟报请将郑光华同志由原讲师破格越级提升为教授。工资由七级提为五级(高等学校教学人员工资标准)。

上述报告当否,请审查批示。

主送:省教育厅党组

抄送:省委组织部、省委宣传部、省人事局

中共浙江大学委员会

一九六一年十一月十五日

浙江大学档案馆藏,档案号:ZD-1961-XZ-111-4

浙江大学专业技术干部评定技术职称试行办法

(1985年2月7日)

我校拥有相当数量的实验技术人员、工厂技术人员、土建设计技术人员和科技管理技术人员,这支专业技术人员队伍和专业教师队伍一样,在我校具有十分重要的地位和作用,并为我校的教学、科研的发展作出了重要的贡献。为加强这支专业技术干部队伍的建设,充分发挥各类人员的积极性,给他们评定相应的技术职称、以使他们更好地安心和热爱本职工作,刻苦钻研业务,不断提高实验技术、工厂生产技术、设计施工技术和科技管理技术的水平,为开创我校教学、科研的新局面作出更大的贡献,现根据国务院国发〔1979〕279号文件颁发的"工程技术干部职称暂行规定"、教育部、国务院科技干部局〔80〕教干字060号、〔80〕国科干字203号文件颁发的"高等学校实验技术人员技术职称试行办法"及教育部"高等学校实验技术人员职称评定办法"(讨论稿)、"高等学校实验技术人员职责及考核办法"(讨论

稿)等有关评定专业技术干部技术职称的文件,并结合我校的实际情况,特制订本试行办法:

第一条　专业技术干部的技术职称定为:高级工程师、工程师、助理工程师、技术员。

第二条　评定专业技术干部或技术职称,必须以政治思想表现,学术或技术水平,业务能力及履行职责的实际贡献为主要依据,并适当考虑学历和从事专业技术工作的资历。

第三条　专业技术干部评定技术职称的必备条件是:热爱社会主义祖国,坚持四项基本原则,忠于人民教育事业,兢兢业业做好本职工作,努力为学校的教学、科研、基本建设及生产服务。

第四条　大专毕业经考核,中专毕业担任技术干部,见习一年期满,或具有同等学力,具备下列条件,可评定为技术员。

一、具有一门专业的基础知识,熟悉实验室或工厂有关的机械器具、测量仪器、设备、材料、药品的性能,能妥善保管,进行一般维护,并能做好管理工作;或对分管的科技管理工作的内容、要求、方法及有关制度规定,有基本了解。

二、基本掌握有关的实验或工厂生产操作技能,能正确掌握操作方法;或在科技管理工作中具有一定的口头、文字表达能力和调查能力。

三、初步掌握必要的绘图、读图、工艺技术、数据测量等技能,并有写一般实验或生产报告的能力;或在有关人员的指导下,能完成某一方面的科技管理工作任务,并有一定的成绩。

第五条　硕士生毕业经考核,大学本科毕业见习一年后,大专毕业工作三年以上,取得技术员职称后工作三年以上,或具有同等学力,具备下列条件,可评定为助理工程师。

一、具有实验室或工厂一般机械设备测试仪器的使用、调整、维修的能力,能进行部分实验装置或生产工艺装置的改进工作,并且有一定的实验或生产组织管理工作能力,或对分管的技术管理工作的内容、要求、方法及有关规章制度能基本掌握,具有一定的独立工作的能力,能完成分管范围内的工作任务,并作出成绩。

二、掌握本专业的基础理论知识和技术知识;能正确地进行实验、写技术报告,承担部分实验教学工作,或能完成一般生产、设计、试验、科研任务;或能进行某一方面专题调查研究,并能写出某一方面的工作计划,总结和具有一定的组织能力。

三、能阅读本专业一门外文资料。

第六条　获得博士学位经考核,硕士生毕业工作一年以上,取得助理工程师职称后工作三年以上,或具有同等学力,具备下列条件,可评定为工程师。

一、具有独立承担本专业实验或本厂工程技术管理工作能力,能独立拟定实验、试验方案,或独立进行实验装置、生产工艺装置的设计、施工、加工指导,能解决本专业范围内比较复杂的技术问题,或有一定的技术革新成果;或能贯彻执行党和政府的有关方针、政策、有一定的政策水平,能独立开展工作,较好地完成领导交给的任务,并有一定的起草一个方面的工作计划、报告、总结的能力和组织能力,并取得一定的成果或对所分管的工作取得一定的效益者。

二、比较系统地掌握本专业或所管范围内有关学科的基础理论知识和技术知识,有比较丰富的实验技术或生产技术经验,专长于某方面的实验技能或生产技能;或了解分管范围内有关学科的国内外现状和发展趋势,具有现代化科技管理知识,能协调组织、指导初级科技管理干部的工作与学习。

三、掌握一门外语,能够比较熟练地阅读本专业的外文资料。

第七条　熟练地履行工程师职责,担任工程师岗位工作三年以上,具备下列条件,可评为高级工程师。

一、长期担任实验技术或工厂生产技术或科技管理工作,经验丰富,能组织指导教学、科研、生产试验或较大工程技术设计、施工或初、中级科技管理干部的工作和学习;能提出较高水平的试验方案,设计较高水平的实验装置或生产工艺装置,解决本专业实验技术或生产技术或科技管理中的重大业务技术问题;或能运用国内外的先进技术和科技管理经验指导工作,在改进实验或生产或科技管理工作方面提出方向性和建设性的意见,并作出显著成绩。

二、有系统深入的专业理论知识和技术知识,熟练掌握本门学科的国内、外发展情况,对本专业的实验理论、实验方法、实验技术有深入研究和较高造诣;或在学术上有独到见解的论著,能制订、审核现代化重大工程的生产建设、科研、设计项目;或能掌握党和政府的有关方针、政策,有较高的政策水平,能分析研究有关科技政策,能制定部门的全面工作计划,并写有较高水平的和一定数量的工作报告、文件、总结文章。

三、熟练掌握一门外语。

第八条　对从事专业技术工作多年,并能熟练地履行现任职责,德才兼备,在实际工作中有发明创造或在社会主义建设中有重大贡献者,可根据具体情况,破格确定,提升或授予相应的技术职称,其职称的授予可以不受学历、年限的限制。

第九条　评定专业技术干部技术职称,必须经过考核,根据他们的工作成果,工作报告或学术论著进行评议。对其中不具备规定学历的,除评议其业务成绩外,还应当对本专业必需的基础理论知识,技术知识和外语程度进行测验。

申请授予技术职称的专业技术干部,必须填写业务简历表,提出工作报告或学术报告,经过校一级评审组织评定。工程师(含工程师)以下技术职称由学校授予;高级工程师经校评定后,报上级主管部门审批。

浙江大学档案馆藏,档案号:ZD-1985-XZ-200-3

浙江大学评定管理干部行政职级的试行办法

(1985年2月7日)

为了进一步全面落实党的知识分子政策,明确我校管理干部的行政职级,以增强管理干部的革命事业感和责任心,安心和热爱本职工作,刻苦钻研业务,探索和掌握高等教育的规律,不断提高思想政治工作水平和科学管理水平,为开创我校教学科研新局面作出贡献,特参照教育部的有关规定,结合我校的实际情况,制订如下评定行政职级的办法。

一、评定干部行政职级的范围。

我校党政管理干部,符合评定标准者,均可评定相应的行政职级。行政职级分为:办事员、科员、科级干部、处级干部、校级干部等五级。科级以上分正副职级。(目前暂不评定校级)

二、评定干部行政职级的标准。

评定行政职级的干部,必须在思想上、政治上同党中央保持高度一致,坚持四项基本原则，认真学习马列主义、毛泽东思想，学习科学文化知识，努力贯彻执行党的路线、方针、政策，密切联系群众，作风正派，严守法纪，刻苦钻研党政业务和管理科学，有创新精神，能坚持正常工作，完成本职任务。在此前提下，各级行政职级的具体评定标准是：

1. 办事员：凡从事学校党政管理工作，见习期满转正定级的工作人员，一般定为办事员。

2. 科员：大学本科毕业后就从事党政工作一年以上、专科毕业后就从事党政工作三年以上、中专毕业后就从事党政工作五年以上、高中文化程度的从事党政工作六年以上者，并熟悉本职工作，能较好地完成本岗位职责及领导交给的任务，一般可评定为科员。

3. 科级干部：具有大专以上文化程度并已经熟练履行科员职责，经考核成绩优良，熟悉本部门工作业务，有较好的政策水平和组织工作能力，能独立进行专题调查、总结工作，起草有关文件和处理解决有关问题，可酌情评定为副科级或科级干部。

4. 处级干部：具有大专以上文化程度已经熟练履行科级干部职责，经考核成绩优良，并有较强的学习进取精神，熟悉本部门工作，掌握马列主义基础知识和必需的业务知识，能正确地掌握并贯彻党的方针政策，有较强的组织能力和管理水平，实际经验比较丰富，能写出或指导写出有较高水平的文件、总结报告，对本部门工作涉及的管理领域有一定造诣，能注意培养年轻干部和组织本部门全体同志工作和学习，工作成绩突出的，可酌情评定为副处级或处级干部。

5. 校级干部：曾任校级领导工作或长期从事党政工作，德才出众，工作能力突出，在处级领导岗位上成绩卓著，可酌情评定为副校级或校级干部。

6. 不具有上述学历，但长期从事党政工作，并已具有同等学力的，可参照上述标准酌情评定行政职级。

7. 已经有职称的教师及其他技术人员从事党政工作，一般不再评定行政职级，今后工作方向主要从事党政管理工作的可改评相应的行政职级。

8. 按照国发〔1978〕104 号文件规定，已达到离休、退休年龄的（经批准缓办离退休手续继续留用者外），不再评定行政职级。

9. 评定中，一定要坚持标准，要以干部的思想政治水平和科学文化水平，解决实际问题的能力和工作实际成绩为主要依据，并参考学历和资历进行评定。对少数德才兼备成绩显著的，可破格评定其行政职级。

三、对评定行政职级后不能履行其职责，经教育仍不改正的，可随时降低直至取消其行政职级。

四、凡有下列情况之一者，暂缓评定行政职级。

1. 近二年以来，因犯有错误受到行政记过或党内严重警告以上处分和虽犯有一般错误，而本人缺乏认识，群众不谅解者。

2. 工作中因严重失职，而造成重大经济损失或严重政治影响者。

3. 不服从组织调动，或虽然勉强接受，但工作不负责任，造成不良影响者。

4. 近二年来因病全休（因公负伤除外）一年以上者。

5. “文革”中有问题尚未查清楚者

五、评定办法与审批权限。

1. 评定管理干部行政职级的工作，由主管干部工作的党委书记和主管人事工作的校长主持。学校建立各类技术人员和管理人员职称、职级评审领导小组负责这项工作。由组织部、人事处具体经办。

2.评定中要根据平时对干部的考核,经过充分酝酿,提出名单并广泛征求群众意见,然后填报“管理干部行政职级评审表”。

六、今后在干部考核的基础上,对工作出色,做出显著成绩,已符合高于原行政职级标准的党政干部给予晋升职级。

浙江大学档案馆藏,档案号:ZD-1985-XZ-200-4

浙江大学关于实行学衔条例的实施细则(试行稿)

(1985年3月)

为了充分发挥高等学校教师为社会主义教育事业服务的积极性和创造性,建设一支又红又专、结构合理的教师队伍,以适应高等学校教学、科研工作的需要,根据教育部84年12月在天津召开的《关于恢复和改进高等院校教师职称评定会议》精神,结合我校教师职称评定工作和实行新学衔条例制度,特制定如下实施细则。

一、指导思想和要求

实行新的学衔制度是根据我国改革形势发展的需要,对教师职称评定工作的一项改革。它将有利于加强教师队伍的管理和建设,进一步明确教师职责和更好地贯彻社会主义按劳分配的原则,这样将能更好地调动和充分发挥广大教师的社会主义积极性、主动性和创造性,有利于促进人才合理流动。因此,搞好试行学衔条例工作,对进一步提高我校师资队伍的素质,提高我校教学和科研水平,促进两个中心的建设,为实现我国四个现代化建设作出应有的贡献。

在实行学衔条例工作中,要在党委领导下,加强工作中的思想政治工作,坚持群众路线,充分发挥专家作用。在评审时要继续贯彻执行“坚持标准、保证质量、全面考核、择优提升”的方针;不搞“论资排辈”,特别要注意提升中、青年优秀人才;不搞迁就照顾;不片面追求数量。

对评审人员则主要要求他们在评审时做到秉公办事、不徇私情、把好质量关。

二、学衔层次及结构

教师队伍学衔层次及结构,应当根据学校教学、科研任务的不同而有所不同。根据我校发展规划,在1990年要把我校建设成为理工为主、具有多门类、多学科、能适应世界新技术革命要求、高层次、高水平的重点大学,在教学上将以培养本科生和研究生并重。在科研上,在优先发展重点学科的前提下,努力使各系和各学科都得到提高,并积极发展交叉学科和新兴学科。为了使我校教师队伍能够跟上发展的需要,要求我校教师(尤其高级学衔的教师)应当是既搞教学、又搞科研,学衔层次应为教授、副教授、讲师、助教。但鉴于目前部分基础课教师长期承担较重的教学任务,因此,还应设立高级讲师学衔,以适应基础课教师学衔授予工作的需要。

根据学校教学和科研工作的任务、教师队伍现状及今后的补充更新以及部分助教工作将由研究生担任，预计到1990年，我校教授、副教授(含部分高级讲师)、讲师、助教的比例约为1∶3∶4∶2。为此，从85年起，今后我校教师学衔的提升在层次上应有一定的比例和限额。鉴于职称提升工作已停止两年，我校今年拟提升的比例为：提升教授的人数占现有副教授人数的10%—15%；提升副教授人数占讲师人数的20%(其中高级讲师占2%左右)；提升讲师人数占助教人数的30%。提升后，我校的正、副教授和高级讲师人数将约占全校教师总数的27%。在全校统一结构比例的前提下，学校根据各系的教学和科研任务，新兴学科和重点学科建设的需要，以及师资队伍的水平及结构状况等因素，对这次提升人数规定限额下达到系。目前我校正、副教授占全校教师总数为16.4%，以此平均值为基准，按1%—4%幅度作上、下浮动。凡是超过这一平均值的系，限额指标向下浮动，提升比例应低于全校提升比值的平均数；反之则向上浮动。对新兴学科、交叉学科则适当地放宽。但不论提升比例值高、低，主要应严格掌握标准、认真审核提升人员的实际水平和条件。同时为了改变我校教师队伍年龄老化和克服"论资排辈"，使一批中、青年优秀教师能及时提升为教授、副教授，在这次提升的教授中年龄在55岁以下的应不少于二分之一，副教授(含高级讲师)中50岁以下应不少于三分之二。

三、授予学衔的条件

授予学衔的条件，应以教师政治思想表现、学术水平、教学水平以及履行职责情况为依据。评审时必须按照《学衔条例》中所规定的条件，以及参照我校制订的《浙江大学教师职责暂行条例》及关于《评审教授、副教授职称(学衔)工作中应注意掌握的几个问题(试行稿)》执行。此外，根据我校实际情况，还应注意掌握下列几个问题。

1.对于长期从事基础课教学工作的讲师，在教学上有丰富的经验，教学效果优良，并在基础课教学上作出一定贡献的，但没有或较少科研工作经历及成果的，在基本符合晋升条件的情况下，可授予高级讲师学衔，待他们在科研成果、科学论著、教科书编写及教学法研究等方面达到《学衔条例》第九、第十条要求，经考核可转为副教授、教授。

2.对于长期从事实验室工作的讲师，在建设、管理实验室工作中，使实验室面貌有重大变化，对实验教学质量有显著提高的；或者在设计、建立先进的实验装置，开出高水平的新实验，使实验水平有显著提高的，可授予副教授学衔。

3.对于担任党、政领导工作的教师，既要积极做好党、政工作，又要担任一定的教学、科研任务，在评审他们学衔时，应将其从事党、政工作的表现、能力和实际贡献作为衡量是否具备提升条件的一个方面。对教学、科研方面应要求基本符合《学衔条例》的相应学衔条件，方可参加评审，并授予相应的学衔。对于长期不参加教学工作的，一般不评教师学衔。

4.对于集体的科研成果、合写的教科书、论文、著作等，主要考核其本人承担的任务、水平及贡献的大小。

5.根据《学衔条例》规定，熟练地掌握一门外语是提升学衔的必要条件之一。但从我校的实际情况出发，对外语考核暂作如下规定：

1)凡出国进修一年以上或有正式出版的译著(提升副教授为五万中文字符，提升讲师为三万中文字符)可免参加外语考核。

2)对马列主义、德育教师，凡属1965年以前毕业的暂不列为必备条件。(体育、文艺、中文教师也暂参照此项规定执行)。

3)公共外语教师,要求应掌握第二外语,但因他们长期从事基础课教学工作,任务又重,可适当放宽要求。讲师升副教授着重考核现从事教学的语种。

四、学校学衔评审授予机构的设立及其职责

根据《学衔条例》和《高等学校学衔委员会组织法(草案)》规定,我校已向教育部申请审批授予和撤销教授、副教授及高级讲师学衔的权利。根据《高等学校学衔委员会组织法(草案)》规定,结合我校实际情况,我们认为,现校学术委员会的组成已基本符合条件,可暂由校学术委员会行使校学衔委员会的职责,其职责为:

1.贯彻执行上级有关学衔工作的方针、政策和规章制度,结合学校情况,制定实施办法;

2.负责对教授、副教授、高级讲师的审批、授予和撤销,并向全国及浙江省高等学校学衔委员会呈报备案;

3.对于各系提升或确定的讲师、助教进行审核;

4.聘任各学科评审组成员;

5.处理学衔评审工作的问题。

在校学术委员会领导下,各系学术委员会代行系学衔评审组职责,其职责为:

1.贯彻执行上级有关学衔工作的方针、政策、规定和办法;

2.负责评审授予和撤销讲师、助教学衔,并向校学衔委员会呈报备案;

3.负责评议教授、副教授(或相当职称的科技人员)的学术水平及业务水平,并向校学衔委员会推荐;

4.处理学衔评审工作中的问题。

五、学衔评审工作的程序

1.建立和健全教师工作的考核制度,是加强师资队伍的建设和管理工作的有力措施,也是教师学衔评审授予工作的重要基础。我校自1984年来正式进行了这项工作,制定了《浙江大学教职工工作考核试行办法》,对全体教师学年工作进行以绩为主的,德、勤、绩、能全面考核。因此。在确定与提升职称时要与考核结果挂钩,原则上应是考核时评定为一等或二等。被评为四等的不能提升。

2.提升学衔工作程序

助教、讲师

1)先由室(组)在广泛听取群众意见的基础上提名,或个人自荐。然后本人提交担任现职以来的思想政治表现和业务工作方面的总结。经室领导考核审定,写出综合意见,报系评审。

2)系学术委员会(学衔评审组)评审通过后,填写呈报表报校人事处(教师科)备案。

由于助教。讲师学衔评审工作以系为主,因此各系在进行评审时,应按照学校给予的限额比例执行。

副教授、教授、高级讲师

1)先由室(组)在广泛听取群众意见的基础上提名,或个人自荐。然后本人提交担任现职工作以来的思想政治表现和业务工作方面的总结,以及有代表性论文、著作或科研工作成果材料。经室领导初步审议,写出综合意见向系呈报。

2)由系学术委员会组织两名同行专家、教授(其中之一系校外专家、教授)对有代表性论文、著作及科研成果进行评审。

3)经系学术委员会评审通过后,应写出审核意见,填写呈报表,报校人事处(教师科)。

系评审及确定人数时,应按照学校给予的限额比例执行。

4)由校人事处汇总各系呈报的人事材料,提交校学术委员会的各学科小组进行预审。并写出评审意见。最后由校学术委员会通过审议并经无记名投票表决。表决时到会人数应不少于全体委员的三分之二。在达到到会人数的二分之一以上票数时方算通过。

六、授予学衔工作中的几点说明

1.关于学衔和学位挂钩问题

《学衔条例》中曾提出提升助教、讲师、副教授学衔与学位挂钩问题,这对于建设一支高水平的师资队伍无疑是正确的。但鉴于我国实行学位制度时间不长,具有学位的教师在全体教师中只占少数(目前我校只占17.9%)。因此,要实现这一要求,还需要有一个过程。根据目前的实际情况,在这次试点工作中决定采取新人新办法,老人老办法。

1)凡1981年以后大学本科和研究生毕业尚未取得学衔的教师,申请授予学衔,一律按《学衔条例》规定执行。

2)对1966—1970年本科毕业生已取得助教职称的人员,已多年从事教学工作。他们中间大多数已能胜任助教工作,并已具备履行讲师职责,经过考核应予提升为讲师;对于主要从事实验室工作或科研工作的,经考核合格者,则应提升为工程师。

3)对1973年—1980年的大专毕业生,他们多数已取得助教职称,其中有少数已能胜任助教工作,并具备履行讲师职责,表现突出者,经过考核,应予提升为讲师;对于主要从事实验室工作或科研工作的,表现突出者,经考核合格,则应提升为工程师。

4)对已取得讲师学衔的教师,申请授予副教授或高级讲师学衔的,按《学衔条例》办理。

2.授予学衔对象的范围:

1)凡经过教师职称复查验收合格后的现职教授、副教授、讲师和助教,在授予学衔工作正式开始后均自动转为相应的学衔。

2)为严格执行国务院有关退、离休制度,防止教师队伍进一步老化,逐步形成合理的教师年龄结构。因此,凡在1983年9月1日之前已达到退休年龄的教师(女,55周岁;男,60周岁)除仍坚持在第一线进行教学、科研工作并有突出贡献者外,一般不再考虑提升。

3)凡自1985年1月7日起向前推算在一年或一年以上的下列教师,这一次暂不考虑提升

①在国内、外脱产进修;

②因病或因事请假。

4)从非高等学校调入我校从事教学、科研工作不足一年的人员,除有突出贡献者外,这次暂不考虑授予教师学衔。

浙江大学
一九八五年三月

浙江大学档案馆藏,档案号:ZD-1985-XZ-200-7

关于申请教授、副教授和高级讲师学衔授予权的请示报告

(1985年8月15日)

国家教育委员会：

为适应教育体制改革的需要，加速教师队伍的建设，让优秀的教师及时晋升学衔，充分发挥其在教学、科研和行政管理中的作用，我校在衡量了各方面条件之后，特向国家教委申请本校教授、副教授和高级讲师学衔的授予权。

(中略)

在师资队伍方面，现有教师2068人，其中教授58人，副教授277人，讲师1135人。有11人是国务院学位评议组成员。建国以后，浙大为国家培养出三万三千名科技人才。1978年以来，共招收5届博士生，8届硕士生；1981年至1984年共接受进修教师807人次，他们来自大中专院校，研究所等共332个单位；近年来有10个学科专业开设了助教进修班，校外28个单位招收的研究生在我校学习研究生课程。今年9月开学后，我校在校博士生人数为120人，硕士生1520人，大学生约9000人，并有7个学科专业接受访问学者和举办科学研讨班。学校现有教学编制教师与折合成本科生的比例为1:7，体现了教师较高的工作效益。

我校一贯重视开展科学研究工作，已先后建立了光学仪器、化学工程、电工技术、材料科学、能源工程、机械工程和应用数学等7个研究所以及物理、化学、爆炸力学、建筑结构与设计、生物医学仪器与工程、微波光电子学、人工智能、动态测试技术、生命科学、液压传动与控制和低温工程等11个研究室。现在全校承担各类科研项目430项，年科研经费稳定在一千余万元，学校专职科研编制人员580名，兼职科研人员900余名。历年来，获国家各部委和浙江省重大科技成果奖230项。科技成果中，达到国际水平和属国内首创有82项，年经济效益在百万元以上的有15项。以1984年为例，在通过各级技术鉴定的70项成果中，达到国际先进水平的为24项，国内外首创的为22项，国内先进水平的为24项；70项中已有63项移交生产或应用于实际，占总数的90%。

从1979年起，我校开始对教师实行年度的全面考核，建立了对教师思想政治、教学、科研、外语等方面的严格考核制度。1980年后，按教师职称层次，先后建立起教师的业务档案，高中级职称的业务档案由校人事处专人负责管理，其他业务档案由各系专职人事秘书管理。在教师职称的提升和确定工作中，注意贯彻“坚持标准，保证质量，全面考核，择优提升”的十六字方针，质量与数量均从严掌握。自1978年来，共提升教师1495人，其中提升教授48人，副教授311人，讲师1136人，1984年经复查验收不合格率仅为0.27%，高级职称无不合格者。(中略)

关于我校师资队伍、教学工作、科学研究和学校管理诸方面的详细情况，汇报如下：

一、师资队伍与学科专业

我校理工科各系共有主要学科专业36个，均有以教授或拟提升的教授为学术带头人的学术梯队，其中20个学科专业已有博士点，16个学科专业拟申请博士授予权。占教师总数约55%的讲师是高级职称的后备力量，讲师中70%以上年龄在45～55岁之间，他们有丰富的教学经验和众多的科研成果，事实上许多人已达到了副教授或高级讲师的水平。青年教

师资质也有了较大的变化，在总数 657 人中，具有研究生学历的 303 人(博士 13 人，硕士 290 人)，出国攻读学位的教师 47 人，两项合计 350 人，占总数的 53.3%。今后这一比例还将不断增加，因而我校教师队伍的素质在几年内将有重大的改善。

1978 年以来，我校陆续选派了 352 名师生出国进修或攻读学位，其中教师为 245 人，约占 70%。到目前为止，已有 96 位教师返国。学校将采用单科或多科进修、举办外语培训班、组织旁听研究生课程、鼓励报考研究生或助教进修班等各种措施以提高教师的业务和外语水平。

在我校 35 岁至 50 岁的中青年教师中，已有 50 余名具有较高的学术造诣，他们有的已成为国务院学位委员会评议组成员或(和)博士导师，如路甬祥、吕勇哉教授；有的将提升为教授；其中半数拟申请新的博士点或增列为博士导师，如梁友栋副教授等，有的在科研上取得重大成就，如贾荣庆、潘云鹤等。

二、教学工作

1. 开课师资

浙江大学长期形成的严谨治学的"求是"学风，造就了一支素质较好的师资队伍，保证了本科生和研究生的开课质量。本科生的主修课程 30%以上由教授、副教授主讲，60%以上由水平较高的讲师主讲；研究生的学位课程 60%以上由教授、副教授主讲。

2. 学生质量

恢复高考制度以来，浙大新生的录取成绩每年皆位于同类型重点高校的前列。

从 84 级起，我校还把各专业新生中的"尖子"集中起来，(84 级为 99 人)成立了混合班，在前一年半内按理科模式培养，选派优秀的教师上课，教学起点高，内容新，进度快，有 3 门业务课(包括教材、习题、试题、实验、讲义等)采用英文教材。通过混合班的教育，将为硕士生、博士生培养出一批优秀的生源，近 5 年来，我校物理系应届毕业生考取 CUSPEA 的人数占总人数的 13%。

3. 国内外评价

浙大前校长竺可桢曾经说过："(浙大)学生不浮夸，做事很勤恳，在社会上的声誉亦很好。"1983 年，在对我校光学仪器系进行评议时，长春光机所王大珩学部委员代表校外专家评议组说："从我们自己接触到的以至于我们间接听到的浙大学生、浙大毕业生，或者就拿我自己所在长春光机所所接触的浙大毕业生，都是属于上乘的。"

解放后 17 年培养的学生，不少成为学部委员、国务院学位评议组成员，重点高校或研究单位负责人和国内著名学者、教授、专家。"文革"以后，许多本科毕业生考入重点高校研究生并名列前茅。不少院校对浙大本科生和研究生的质量表示信赖，要求浙大推荐保送硕士和博士考生，愿与浙大订立交换培养研究生的协议。

通过这几年的国际交往，浙大的学生也得到国外的好评。(下略)

4. 教育研究

"文化大革命"以后，学校重视开展教育科学的研究活动，倡导本校教师探索教学改革的方法和途径。1984 年浙大发放教育研究成果奖共 257 项，获奖教师达 376 人，占全校教师总数的 18.2%。1985 年，浙大在原教育部高等工程教育研究优秀论文评奖中，有 4 篇论文，以 294 分的成绩获总分第一，其中《关于我国高等工程教育层次、规格和学习年限的一些看法》

一文又在32篇获奖论文中以130分的高分获得第一。

近几年来,我校还试行了学分制,重视数理等理论基础,不断开出新的课程,注重计算机教学和实践,注重提高外语学习水平,加强培养学生的实验、动手能力以及十分强调毕业论文和毕业设计环节。

三、科学研究与研究生培养

1.主要学科

我校36个主要学科已有长期稳定的科学研究方向,并承担培养研究生、培训师资、接受国内外访问学者、建设博士后流动站的任务。

2.科研项目

现在全校承担国家"六·五"期间攻关和重大基础研究项目19项,国家重点科研任务11项,每年平均承担中国科学院科学基金及各部委下达任务150项,与各省市签订合同项目250项。

3.科研成果

历年来,浙江大学科学研究工作取得了重大成就。例如,1960年所研究成功电机双水内冷技术,领先世界水平10年,获国家发明一等奖。1979年低热微膨胀水泥获国家科技发明二等奖。新型薄内筒扁平绕带式高压容器应用于全国28个省、市有关工厂,累计经济效益已达一亿五千万元以上,获国家科技发明三等奖。我校1959年以来从事高纯硅及硅烷的开发研究,取得了显著成果。分子筛吸附法提纯硅烷获国家科技发明三等奖,最近经国家计委批准,我校高纯硅及硅烷实验室定为国家重点建设实验室,其他发明奖项目及重大科研成果详见附件五。

1979年以来,全校完成学术论文四千余篇,其中在国际学术会议上交流或在国外学术杂志上发表247篇。

四、管理工作

我校历史悠久,多年来在教学、科研、师资、后勤等各方面已积累了比较完整的管理经验,各部门建立起较完善的规章制度。现仅就教师的管理制度作较详细的汇报。

1.建立和实行年度考核制度

根据原教育部的有关规定,结合我校具体情况,我校已制定出《浙江大学教职工工作考核试行办法》、《浙江大学教师职责暂行条例》、《浙江大学实验室技术人员职责暂行条例》等文件,明确了考核的内容和考核的方法。

对教师的考核着重在三个方面,政治表现(思想政治表现、道德、品质、工作态度)、业务水平(教学和科研的工作水平、工作能力和创造精神)以及工作成绩(教学、科研等工作中的贡献)。对兼任党政工作的教师还要考核其掌握政策、联系群众、以身作则、完成任务等情况。简言之,即考德、考能、考绩、考勤,而以考绩为重点。考核坚持有具体内容,在质和量的方面应有成果,应见效益。

考核工作逐级负责。基层由教研室主任和党支部书记分任正副组长,各系由系主任和党总支书记分任正副组长,学校成立若干验收小组,下到各系进行检查验收,最后由验收小组在校长、党委联席会议上汇报并由联席会议作出评议决定。

具体考核的过程是:首先,由教师自我小结,填写考核表(校人事部门印刷了《教师年度工作考核表》、《工程实验技术人员工作考核表》、《业务技术干部工作考核表》、《机关工作人员考核表》等)。其次,在教研室进行交流汇报,由教研室主任评定小结的准确性,写出评语,并确定考核等级(分出色完成、较好完成、基本完成、没有完成本职工作四等)。

第三、由系领导小组再次审议并签署意见。

第四、学校验收。

2.健全教师业务档案

教师的业务档案包括《教师业务考绩档案表》、《职称呈报表》、《教师登记表》以及《教师年度工作考核表》等,随同这些表格还收集教师的论著、译著、科研成果证书等,以全面反映教师的业务水平。

3.严格掌握教师职称提升的标准,保证质量

为了搞好职称评审工作,建立了校、系两级学术委员会作为评审机构。校学术委员会全由副教授以上的专家组成,其中教授人数占77%;在学术委员会成员中,按文、理、工分成7个学科评审组,负责高级职称的评审工作。各系则建立由系主任、专家、教授和中年业务骨干参加的系学术委员会,承担本系教师职称评审任务。最近根据“高等学校教师学衔条例(草案)”,我校成立了学衔委员会及学科评审组,其名单及组长、副组长学术简介详见附件一。

教师职称的评审依据是1960年《国务院关于高等学校教师职务名称及其确定与提升办法的暂行规定》和1982年教育部印发的关于执行《暂行规定》的实施意见,以及浙江省教育厅关于贯彻教育部《实施意见》的补充意见。

我校教授、副教授的评审程序是:①在全面考核的基础上,本人申请,由系或教研室在广泛听取意见后正式提名;然后本人提交担任现职工作以来的思想政治和业务工作总结、有代表性的教材、论著或其他科研成果的材料,并由教研室写出综合意见。②由系聘请校内外2名或2名以上同行专家,对有代表性的教材、论著或科研成果等进行评议,写出评语和对晋升职称的具体意见;系学术委员会进一步审查后,填写有关表格,上报校学术委员会。③校人事处进行政审。各学科评审组进行预审,对升职对象提出意见,全面衡量排队,填写预审的“评审表”。④校学术委员会全体成员进行复审,并投票表决。校学术委员会通过的升职名单需报校长、党委联席会议审定并报省职称评审委员会待批。

学校为切实掌握好评审的标准,还根据我校具体情况,专门议定了“关于评审教授、副教授职称工作中应注意掌握的几个问题”(讨论稿),在政治思想、教学工作量、开课质量、编写教材著作的质量、论文的数量与质量、科技成果、同行专家评审意见、“双肩挑”干部的晋升问题、担任现职以来的材料、公共课教师的外语要求等十多个方面作了特别的说明和规定,对晋升对象提出了更细更高的要求。此外,还议定了“晋升副教授标准”(讨论稿),对晋升对象评出好、较好、一般三个等级,以便择优提升,保证质量。

以上报告,请予审核批准。

浙江大学
一九八五年八月十五日

附件一

浙江大学学衔委员会

一、学衔委员会名单：

主　任　韩祯祥

副主任　杨士林　周春晖

委　员　丁子上　王启东　吕维雪　吕勇哉　朱自强　许大中　许庆瑞　何志均
李文铸　沈之荃　岑可法　杨士林　陈甘棠　汪樵生　吴平东　周文骞
周春晖　侯虞钧　姚庆栋　张镇平　俞明仁　郭竹瑞　徐亚伯　梁友栋
董光昌　韩祯祥　韩世钧　舒士霖　童忠钫　曾国熙　谢贻权　蒋静坪
阙端麟　路甬祥　雷道炎　缪家鼎

注：浙江大学学衔委员会共由36人组成。其中教授28人，占77%；副教授8人。有国务院学位委员会学科评议组成员11人，占30%。有博士导师17人，占47%。在全体成员中，55岁以下的中青年专家有19人，53%。

二、学衔委员会下设9个学科评审组，名单如下：

1.数学、物理学组

组　长：李文铸

副组长：郭竹瑞

组　员：董光昌　梁友栋　徐亚伯

2.化学、化学工程学组

组　长：侯虞钧

副组长：沈之荃　韩世钧

组　员：杨士林　朱自强　陈甘棠　吴平东　雷道炎

3.力学、地质、土建、水利、建筑学组

组　长：曾国熙

副组长：舒士霖　谢贻权

4.电工、电子学与通信学组

组　长：许大中

副组长：汪樵生　姚庆栋

组　员：韩祯祥　蒋静坪

5.自动控制、计算机科学与技术学组

组　长：周春晖(兼)

副组长：吕勇哉　何志均

6.金属材料、非金属材料学组

组　长：王启东

副组长：阙端麟

组　员：丁子上

7. 机械设计与制造、动力机械与工程热物理学组

组　长：童忠钫

副组长：路甬祥　岑可法

8. 仪器仪表学组

组　长：吕维雪

副组长：缪家鼎

9. 哲学、经济学、政治学、管理工程、外语、体育学组

组　长：俞明仁

副组长：周文骞　许庆瑞

浙江大学档案馆藏，档案号：ZD-1985-XZ-49

关于教师职务聘任制试点方案的报告

（1985 年 8 月 19 日）

浙大发人〔1985〕315 号

省教育厅并报国家教育委员会：

国家教育委员会关于同意我校作为高校系统教师职务聘任和评定学衔第二批试点学校的文已收到。

按照全国高等学校教师职务聘任制试点工作会议的精神，我校在党委与校长会议上已作专门研究，现将我校的工作基础和试点方案报告如下：

一、关于评定职称的基础工作情况

自去年 3 月份以来，我校着手就劳动人事制度的改革进行了系统、配套的研究，逐步建立了有关的制度，保证了各项工作稳步地、有秩序地开展。主要是：

1. 实行了定编。

已于 1984 年 9 月 6 日以浙大发人〔1984〕281 号文正式向各系、各有关单位下达了《关于我校 1984 年教学、科研、实验技术人员和图书资料人员定编方案的通知》，并对缺编单位的补充和超编单位的调整，采取必要的措施。

2. 明确了教师和各类专业技术人员的职责。

经过反复讨论研究，对原订的各类人员职责进行了必要的修改，于 1984 年 8 月 30 日以浙大发办〔1984〕271 号文正式颁布了《浙江大学教师职责暂行条例》、《浙江大学实验技术人员职责暂行条例》等各类专业技术人员的职责条例。

3. 建立了考核制度。

正式制订了《浙江大学教职工工作考核试行办法》，并于 1984 年暑假前后，对全校教职工进行了全面考核，考核内容是围绕各类人员的工作职责和所承担的任务，考德、考能、考勤、考绩，以考绩为主。在考核方法上采取了个人小结，填写完成任务的考核登记表，并在教研室或小组作出汇报，由所在单位领导，按照逐级负责原则，提出考核意见并写评语。

今年的考核工作已于 6 月份开始，正在进行中。

4.完成了教师职称复查验收工作。

自去年9月份起,我校着手对1978年以来,确定和提升职称的1487名教师进行了复查。建立了由校长负责、主管副校长、校学术委员会负责人和有较高学术水平的正、副教授及有关部门负责人组成的职称复查验收领导小组,经过调查摸底、思想动员、统一认识、质量分析、完成了复查工作,提出了提高、改善教师队伍素质的意见。经省教育厅组织检查、验收、已予通过。

5.按照实行专业技术人员职务聘任制和教师学衔评定制的改革方向,我校自去年下半年以来,已着手进行了大量准备工作,由校学术委员会负责对各系提出申请提升高级职称的教师,分学科组织进行了认真负责的评审。由各系学术委员会负责对拟提升讲师的教师进行了业务评审。建立了由主管副校长负责的其他各类专业技术人员职称制度。

评审领导小组组织对实验技术人员、图书资料人员、财会人员、医务人员等各类专业技术人员的业务评审工作。

以上各项工作都为进行教师和各类专业技术人员的职务聘任试点工作,奠定了良好的基础。

二、试点方案

1.总的要求与指导思想。

①按照“高等学校教师学衔条例”做好教师学衔评定工作;

②按照“高等学校教师职务聘任工作试行条例”做好教师职务聘任工作;

③按照“实行专业技术职务聘任制的暂行规定”及有关条例和办法,做好实验技术人员、图书资料人员、编辑人员、财会人员、医务人员等各类专业技术人员的职务聘任工作;

④做好试点工作的小结。

在进行以上各项工作中,将继续贯彻“坚持标准、保证质量、全面考核、择优提升”的方针,以保证教师和各类专业技术人员队伍的健康发展和不断提高队伍的素质。

2.准备工作。

①组织准备:

按“高校教师学衔委员会章程”,我校已建立了由校长任主任、由正、副教授组成的学衔委员会,其中包括国务院学位委员会学科评议组成员11人。教授人数占77%,55岁以下的正、副教授占55%。学衔委员会下设九个学科评审组。

建立了由主管副校长为组长,各有关方面负责人组成的教师以外其他各类专业技术人员职务聘任资格评审工作领导小组,领导小组成员均由副教授以上和高级工程师组成。

②思想准备。

已于7月30日向各系系主任、党总支书记和各部处负责人传达了全国高校教师职务聘任制试点工作会议的精神。

8月19日在校职代会工作会议上由校长报告了开展试点工作的意见。

拟于9月上旬向全校教研室主任以上干部进一步传达会议精神并部署开展试点工作的计划。

通过传达会议精神和讨论学校试点工作的部署,并组织学习有关条例和办法,以求使各级领导和广大教师、专业技术人员明确改革的方向和中心内容,统一思想认识,明确做法和步骤,以保证试点工作切实按照“三个有利”(有利于保证培养人才和科研工作等任务的完成;有利于调动教师和专业技术人员的积极性;有利于促进学术交流,人才合理流动、加速队伍建设)的方向进行。

③编制工作。我校已做好准备,将按(85)教计字090号"关于下达《普通高校人员编制的试行办法》的通知"进一步予以核定。

3.关于到1990年教师职务结构的预测和1986年教师职务申报定额已另报告,见浙大发人的314号文。

4.工作进度。

①教师高级学衔的评审工作根据现准备情况,拟分两批完成,第一批于9月中旬完成。1985—1986年拟晋升高级职称的作为第二批,于12月底完成;

②教师中讲师、助教学衔的评定,于9月底前完成;

③教师以外的其他各类专业技术职务的资格评审工作与教师学衔评定工作同步进行,于10月中旬基本完成;

④10月中、下旬完成职务聘任工作;

⑤在以上工作的基础上,认真进行试点工作小结,于11月上旬报省教育厅并呈国家教育委员会。

以上试点方案,请予批准。

浙江大学

一九八五年八月十九日

浙江大学档案馆藏,档案号:ZD-1985-XZ-200-9

关于建立我校专业技术职务条件评审工作领导小组的通知

(1985年8月29日)

浙大发人〔1985〕328号

各系、部、处、室、馆、院、厂:

根据实行专业技术职务聘任制的要求,为做好各类专业技术人员职务聘任条件评审工作,决定在校学衔委员会下建立我校专业技术职务条件评审工作领导小组,名单如下:

组　长:张镇平

副组长:周培源

组　员:王宝林、周文、范崇夏、黄邦达、曾昭昭、雷道炎、蒋静坪、薛继良

秘　书:殳维贤、应新法、王锡源

浙江大学

一九八五年八月二十九日

浙江大学档案馆藏,档案号:ZD-1985-XZ-201-8

关于做好教师及其他专业技术人员职务聘任试点工作的意见

(1985年8月29日)

浙大发人〔1985〕329号

各系,部、处、室、馆、院、厂:

根据国家教育委员会决定,我校已定为高等学校教师职务聘任制的第二批试点学校。在开展教师职务聘任制和学衔评定制工作的同时,也将进行其他专业技术人员职务聘任制的试点工作。为了有计划、有步骤地做好这项工作,特提出如下意见:

一、总的要求

实行高等学校教师和其他专业技术人员职务聘任制是人事制度的一项重大改革,也是一项新的工作。其特点是涉及面广,政策性强,任务繁重,必须认真对待,才能把工作做好。因此,要求各系和各有关单位的各级领导,要认真组织学习全国高等学校教师职务聘任制试点工作会议的文件,工作中严格贯彻执行职务聘任制和评定学衔的有关《条例》和《规定》,并在做好考核、评定、聘任工作基础上,及时进行试点工作小结。

二、工作进度

(一)关于各级教师学衔的评定和授予工作

1.副教授:要求各学科评审组将上学期已进行的评审工作于8月底前完成并将评审意见报校人事处(教师科)。9月底前校学衔委员会完成评定工作。

2.教授:要求各学科评审组于9月10日前完成评审工作,并将评审意见报校人事处(教师科)。9月底前校学衔委员会完成评定工作。

3.讲师:9月上旬召开系主任会议进行复核工作。9月底前校学衔委员会审核通过。

4.关于第二批各级教师学衔的评定和授予工作。

根据全国高等学校教师聘任制试点工作会议的精神,在这次试点工作中,各级教师学衔晋升定额可按三年(即1983年9月—1986年6月)计。为此,各系和各有关单位可继续做好申报和预审工作,定额按第一批定额50%考虑,并于10月中旬上报校人事处(教师科)。

有关外语、政治思想和业务考核等项工作另行通知。

(二)关于其他专业技术人员技术职务的评审工作

其他各类专业技术职务的资格评审工作,应在前一阶段工作的基础上认真抓紧做好。凡是国家有关领导部门已正式颁发专业技术职务聘任制条例(规定)的首先进行评审,并要求在9月5日前评审完毕,报校人事处。经校专业技术职务评审领导小组评审后,于9月20日报校学衔委员会审核通过。

(三)在继续做好定编工作的基础上,逐步进行教师和各类专业技术职务的聘任工作。

三、评审工作中应注意掌握的几个问题

(一)继续贯彻"坚持标准、保证质量、全面考核、择优提升"的方针,以保证教师和各类专业技术人员队伍的健康发展和不断提高队伍的素质。

(二)学衔评定和职务聘任过程中,无论在限额比例的分配方面,还是在实际水平和履行现职的成绩考查方面,都要重视教师在教学方面的贡献,特别要注意鼓励那些致力于本职工作，教学成绩卓著的教师。

（三）这次学衔的评定要把长期从事教学工作而因工作需要调任领导或组织管理工作，但仍没有脱离教学业务工作的人员包括进去。评定这些人员学衔时，要重视他们在学校的组织管理工作中作出的成绩和贡献、实际能力和教育研究方面的水平。

（四）在评定学衔工作中，要克服片面强调学历和资历，职务与职责分离的现象，以利于优秀的中青年骨干教师尽快脱颖而出，成为新一代学术带头人。

浙江大学

一九八五年八月二十九日

浙江大学档案馆藏，档案号：ZD-1985-XZ-200-10

关于教师任职资格评审中思想政治条件的考核意见

（1986年5月9日）

浙大党委〔1986〕10号

各党总支、直属支部：

根据国家教委关于高等学校在评审教师任职资格时要思想政治条件和业务条件并重的原则，现对我校教师任职资格评审中的思想政治条件考核提出如下意见，请照此精神执行。

一、实行教师职务聘任制，是教育体制改革的重要内容，进行教师任职资格评审中的思想政治条件的考核，是搞好我校首次教师聘任工作的重要步骤。由于思想政治条件的考核不能规定得像业务条件的考核那样具体、细致，所以，要切实做到考核时两者并重，首先必须使广大教师充分认识搞好思想政治条件考核的必要性和重要性。在考核的全过程中，要组织教师认真学习中央职称改革工作领导小组和国家教委的有关文件，深刻领会精神，做到在改革的大局下自觉地统一思想，统一行动。

二、思想政治考核的条件：

（一）拥护中国共产党的领导，热爱社会主义祖国，愿意用自己的知识为学校的教学、科研贡献力量，为我国的现代化建设服务。

（二）努力学习马克思主义理论和党的路线、方针、政策，自觉坚持四项基本原则，注重提高自己的思想素质和职业道德，作风正派，品行端正，能教书育人，为人师表。

（三）顾全大局，团结同志，能积极承担工作任务，并专心致志地做好本职工作，具有较强的事业心和责任感。

（四）遵守法纪，遵守学校的规章制度。

三、教师思想政治条件的考核在校党委领导下进行。各系由党总支具体负责，以平时考核为基础，对应聘教师提出考核意见。思想政治条件考核与业务条件考核同时进行。各总支要与系行政密切配合，共同搞好评审工作。聘任工作结束时，各总支对政治条件考核情况做一总结并报党委。

在校各直属单位、机关工作的有关教师的思想政治条件考核,可参照上述办法,由机关党总支和后勤党总支具体负责进行。

中共浙江大学委员会
一九八六年五月九日

浙江大学档案馆藏,档案号:ZD-1986-XZ-255-4

关于实行教师职务聘任制的补充意见

(1986年6月14日)

浙大发人〔1986〕253号

各系、直属教研室:

根据各系在核定教师编制与高级职务定额,进行聘任准备工作中所遇到的问题,为统一认识和要求,提出如下补充意见:

1.各系在核定的教师编制与高级职务定额范围内,应认真地按照教师职务岗位设置的原则和教师任职条件的要求,提出聘任名单。有编制与高级职务定额,而缺少合格的人选,应留出空额,以利吸收合格的人才。

2.各系应在允许的高级职务定额数内,按岗位要求择优提出拟晋升职务的教师名单。如经评审未予通过,定额仍归系保留,下次再予补充。

如各系教师高级职务定额已满,这次一般不予新的晋升。但对于以下三种情况,由各系提出专门报告并经学校同意提交评审通过的,再给予增加定额,三种情况是:

(1)在教学、科研工作中取得卓越成就,有突出贡献的教师;

(2)年龄在45岁以下符合晋升教授条件和年龄在40岁以下符合晋升副教授条件的优秀中青年教师;

(3)属于基础课的定额并符合晋升条件的基础课教师。

3.晋升教师高级职务,外语水平是业务评审中的条件之一。对于在允许定额内报出的晋升名单中,如有外语考试未通过者,允许在参加今年9月份组织的外语考核后再由学科组评审。对于有特殊情况需要照顾的,须由所在系提出专门报告,经学校研究批准后提交学科组进行业务评审。

今后每年9月份举行一次晋升高级职务的外语考核,考核通过的两年内有效。

4.凡到退休年龄的教师(男60岁,女55岁),一般不再晋升职务。如达到退休年龄又符合高一级教师职务任职条件的,可先经任职资格评审,确定相应教师职务,再办理离、退休手续。

对于已明确拟调往校外单位的教师,如符合晋升高一级教师职务的条件,可先经任职资格评审,确定相应教师职务,再办理调动手续。

5.晋升教师职务对于在原职务上任职年限的要求,按照《高等学校教师职务试行条例》中有关规定掌握。需提前、破格晋升的,必须提出提前、破格晋升的理由和材料。

6.超编系应认真负责地从教师队伍建设着眼,对超编采取积极态度作出合理调整与安排;

(1)应积极促进合理流动,以更好地发挥人才的作用。要打破认为“流动”就是“淘汰”的错误观念,把合适的人选推荐到其他系、校直属单位和管理部门以及校外兄弟院校、单位任职;

(2)允许在超编中部分地(一般在5%左右)作为超编聘任,一般暂聘一年。超编聘任需向学校缴纳超编费(超编费数额另定)。

(3)对于长期(半年以上)病休的教师可作缓聘,不占编制,工资与奖金按病休有关规定执行。

8.对于转岗位的教师,一般按其转岗后的工作性质聘以相应的专业技术职务。

9.对于在校机关工作的教师的职务晋升条件,仍以履行教师职责的水平和能力为主要依据,同时应考虑其在管理工作中所做的成绩与贡献。均由原所在系与本系提出的晋升人员一起进行初审,要求各系按照条件认真提出评审意见。

10.对于长期从事基础课、公共外语课教学工作的教师,在评审中,应考虑其主要从事教学工作的历史因素,在科研水平上应着重考核其教师研究的水平与成就。

11.对于由于各种原因,未被聘任的教师,均由学校另行安排工作。在未安排妥之前,暂由各系安排临时工作。

12.对于要求晋升而未被系提名的教师,各系应认真负责做好思想工作,鼓励其能继续努力。

个别直接向学校反映的意见和要求,并提出了确切材料,由人事处负责,教务处、科研处会同研究提出意见,由学校酌情决定处理办法。

浙江大学
一九八六年六月十四日

浙江大学档案馆藏,档案号:ZD-1986-XZ-255-3

关于上报《浙江大学专业技术人员职务聘任试行办法》的报告

(1986年11月28日)

浙大发人〔1986〕522号

国家教委:

我校自今年4月获准具有教授、副教授任职资格审定权以来,教师职务的评审、聘任工作顺利进行。在这基础上,我们着手对其他专业技术人员的聘任与评审进行了各项准备和基础工作。根据中央职称改革领导小组颁发的各类专业技术人员职务试行条例及其实施细则,结合我校实际情况,制订了《浙江大学专业技术人员职务聘任试行办法》,并建立了相应的专业技术职务任职资格评审组。

《关于申请部分专业技术职务任职资格审定权的报告》及有关专业技术人员任职资格评审组成员名单已于10月23日以浙大发人〔1986〕479号文上报,现再将《浙江大学专业技术人员职务聘任试行办法》及附件(各有关专业技术职务任职条件与职责)报上,请一并审核批准。

浙江大学
一九八六年十一月二十八日

浙江大学专业技术人员职务聘任试行办法

为贯彻中共中央、国务院关于改革职称评定、实行专业技术职务聘任制的通知精神和《实验技术人员职务试行条例》、《工程技术人员职务试行条例》、《图书、资料专业职务试行条例》、《出版专业人员职务试行条例》、《会计专业职务试行条例》及《卫生技术人员职务试行条例》等有关文件的规定,进一步调动广大专业技术人员的积极性和创造性,激励他们努力奋进,不断提高技术水平,学识水平和履行相应职责的能力,更好地完成所承担的本职工作,并为促进人才的合理流动,逐步地建设一支德才兼备,素质优良,结构合理的专业技术人员队伍和充满活力的管理制度,特制定本试行办法。

一、各类各级专业技术职务是根据学校为完成教学、科研任务的实际需要而设置的工作岗位,有明确的职责、任务和履行相应职责所必须具备的任职条件,根据我校的实际情况设置的各类各级专业技术职务见下表:

级别 类别	高级	中级	初级
实验技术	高级实验师	实验师	助理实验师、实验员
工程技术	高级工程师	工程师	助理工程师、技术员
图书、资料、档案	研究馆员、副研究馆员	馆员	助理馆员、管理员
出版专业	编审、副编审	编辑 技术编辑 一级校对	助理编辑 助理技术编辑 技术设计院 二、三级校对
会计、统计	高级会计师 高级统计师	会计师 统计师	助理会计师、会计员,助理统计师、统计员
卫生技术	主任医师(药师、护师、技师)、副主任医师(药师、护师、技师)	主治医师、主管药师、(护师、技师)	医师(士)、护师(士)、技师(士)

二、编制的确定和岗位的设置

各类专业技术人员编制的确定和各级职务岗位的设置是实行专业技术职务聘任制的两项基础工作。

1. 全校各类专业技术人员的编制,是根据国家教委规定的标准,并结合各系、各有关单位(部门)承担的任务量进行确定。

2. 专业技术岗位,是按实际工作需要而设置,每个专业技术岗位都应有明确的工作任务，并按照任务的难度和水平的要求提出任职人员的职务要求。各类专业技术岗位的高、中、初级职务应形成合理的结构，与所承担的任务及由任务所确定的编制相适应。

三、任职资格

评审各类各级专业技术职务任职资格时，应坚持标准，保证质量，全面考核，择优晋升，做到思想政治与业务条件并重，正确处理教学与科研，理论与实践的关系，防止片面性。对不同系列要有不同的具体要求。任职资格的考核，应首先考核其履行现职务职责的实际表现，凡不能全面地，熟练地履行现职务职责，不积极承担分配的工作，均不应推荐聘任高一级专业技术职务。

1.各类专业技术人员的任职资格必须经具有相应审定权的专业技术职务评审组织审定认可，评审的依据是有关的专业技术人员的任职条件。

2.凡在1983年9月1日以前已取得上述各专业技术职务系列中、高级技术职称，现在仍然在专业技术岗位上工作的人员，承认其具有相应的任职资格。

3.为了鼓励人才的合理流动，对于已取得教师或其他专业技术职务或职称的人员，由于工作需要，转搞另一专业技术工作，一般承认其具有相应的任职资格。

4.对于由外单位调入我校的专业技术人员，一般承认其具有原任职务的任职资格。

5.各类专业技术人员任职资格评审时，对其学历和工作经历应有一定的要求：

担任高级、中级、初级专业技术职务一般应分别具备大学本科、大专、中专毕业的学历，晋升高一级职务必须具有一定的现职务的工作经历。各专业技术职务系列中任各级职务的学历和工作经历的基本要求见附件。

对于已取得博士、硕士或学士学位的毕业生分配来校担任专业技术工作，经考核合格可按有关规定给予定职并确认其具有相应的任职资格。

对于1966年以前已长期从事专业技术工作，并做出贡献的人员，可着重考核其履行现职以来的业务能力和水平、工作态度和成绩，经评审合格，确认其具有相应的任职资格。

对于在专业技术工作岗位上成绩显著，有突出贡献的人员，可不受上述学历和资历的限制。

6.外语的要求

担任专业技术职务应有一定的外语要求，专业技术人员外语水平由学校统一按不同专业技术职务系列组织考核。担任高级专业技术职务的专业技术人员，应熟练地掌握一门外语；担任中级专业技术职务的人员，应掌握一门外语。对于某些专业技术职务外语可暂不作为任职的必备条件或考核古汉语。

四、聘任与评审

1.正确处理好聘任与评审的关系。聘任是由单位行政领导根据工作需要和核定的职务定额提出，评审应严格掌握任职条件和标准，为聘任把好质量关。

2.对各类专业技术人员的聘任，由所在基层组织（科、室）负责人根据工作任务需要，提出任职人选和任职任务书，经系、处领导研究，决定推荐名单报学校，经人事处复核，统一由校长聘任，颁发聘书。

3.聘任期一般为两年，可以续聘。

4.对于需聘任担任高一级职务的专业技术人员，须经如下程序：

由党组织进行思想政治条件的考核,并提出考核意见;

由系学术委员会进行评议,提出是否具备聘任高一级职务的条件,必要时,可以无记名投票方式表达意见;

在以上两项初审基础上,经系主任办公会议讨论,由系主任决定推荐晋升人选名单,经人事处复核,提交校专业技术职务评审组审定。对于申请晋升高级职务人员的推荐材料,应附上其主要成果或论著及校内外同行专家各一名的评审意见。

凡经校专业技术职务评审组审定通过的,由初级晋升中级职务的人员,即具有相应中级专业技术职务任职资格。

凡由中级晋升高级职务的人员,在校专业技术职务评审组评审通过后,需再提交校专业技术职务评审委员会审定。

五、评审组织

在校长领导下,建立学校专业技术职务评审委员会,负责校内各类专业技术人员高级职务的审定工作。

专业技术职务评审委员会下设:实验技术、工程技术、图书资料、出版及会计等五个专业技术职务评审组,负责对中级专业技术人员任职资格的审定和对高级专业技术职务任职资格的评审,再提交校专业技术职务评审委员会审定。

六、受聘、延聘、待聘、拒聘、解聘、缓聘、返聘

1.专业技术人员一经受聘,在任职期间内,应当履行相应的职责和保质保量地完成工作任务,并参加年度工作考核和接受工作检查。

2.在任职期间内达到离、退休年龄者,按有关规定办理离、退休手续。对于达到离、退休年龄的高级专家,如确因工作需要,身体条件许可,且本人同意,可按浙大发人[1986]056号文件规定,适当延长离、退休年龄,继续受聘。凡已达到离、退休年龄又符合高一级专业技术职务任职条件的专业技术人员,可先经任职资格评审,确定相应专业技术职务,再办理离、退休手续。在这次聘任工作中,由于评审时间和离、退休时间交错的原因,对已达到离、退休年龄的专业技术人员,允许先办理离、退手续,再进行专业技术职务的评审。

3.因受到职务定额的限制,对已具备担任高级专业技术职务条件,又有明确接受单位的专业技术人员,由本人提出申请,经考核评审合格,确认其具有高级职务任职资格的,可作为待聘高级职务专业技术人员,到所接受的单位任职。

4.对于未受聘任而又不服从工作调动的专业技术人员,作为拒聘,列为编外。对于拒聘人员,在国家尚未颁发有关规定之前,学校暂作如下规定:在三个月内,安排临时性工作,仍发原工资,但不发奖金及其他津贴,不参加晋职、晋级。自第四个月起发原工资的90%,自第七个月起发原工资的80%。

5.在任职期间内,对于不履行相应职责,不能完成工作任务,年度工作考核不及格,并经教育无改正表现者,或因犯有政治、经济、道德品质或严重责任事故,对国家财产造成重大损失,已不符合任职条件者,予以解聘。

对于解聘人员,另行安排工作。如不服从工作安排,按第4条对待。

6.在国内外脱产进修一年以上,不能返校工作或因健康原因长期不能履行职责的专业技术人员，作为缓聘，不计在原单位的编制之内。待遇按有关规定执行。

7.确因工作需要，可返聘已离、退休的专业技术人员，其手续及酬金可按浙大发人〔1986〕056号文件办理。

七、对于未被聘任的专业技术人员，可采取如下办法

1.根据科技咨询工作的需要，由学校聘任开展计划外的科研、社会服务和技术开发工作；或由系或部门暂时实行超编聘任，并按规定向学校缴交超编费。同时应采取积极措施，调整队伍，压缩编制。

2.根据工作需要和本人条件，调整工作岗位到校内其他单位担任技术部门或管理部门工作。

3.鼓励向校外流动，以充分发挥专业技术才能。可由人事处联系或由本人提出去向，人事处帮助联系落实。

八、建立和健全专业技术人员的工作考核制度

各类专业技术人员在任职期间内，各系、各有关单位应对其业务水平和能力，工作态度和成绩进行定期或不定期的考核。考核办法按《浙江大学教职工工作考核暂行条例》，并参照有关规定执行。

考核成绩计入考绩档案，作为晋职、调薪、奖惩和能否续聘的依据。

对于主动多承担任务，在教学、科研或其他方面工作中取得较大成绩，作出较大贡献的专业技术人员，在晋职、提薪时，应予以优先考虑。

九、全校专业技术人员职务聘任工作，在校长领导下，以人事处为主，会同有关部门(系)组织进行，并由人事处负责处理日常事务和办理有关手续。

各系、各有关部门，在行政负责人领导下，做好聘任专业技术人员的各项基础工作，在评审和聘任工作中，必须严格按照有关规定执行。要坚持原则，秉公办事，作风正派，任人唯贤，注意发现人才，尤其是中、青年优秀人才，及时推荐合理安排使用。

十、实行专业技术人员职务聘任制是人事制度一项重大改革，也是一项新的工作，学校各级党、政领导要予以足够重视，认真组织学习中央的有关文件，严格执行党的方针政策和国家的有关规定，做好深入细致的思想政治工作，更好地调动各类专业技术人员的社会主义积极性和创造性，为建设教学、科研两个中心和为实现社会主义祖国的四个现代化作出应有的贡献。

附件 1.浙江大学实验室技术人员的技术职务、任职条件和职责；(略)

2.浙江大学工程技术职务的任职条件和职责；(略)

3.浙江大学图书、资料、档案专业职务的任职条件和职责；(略)

4.浙江大学出版专业人员职务的任职条件和职责；(略)

5.浙江大学会计、统计专业职务的任职条件和职责。(略)

一九八六年十二月一日

浙江大学档案馆藏，档案号：ZD-1986-XZ-253-1

浙江大学机关干部职务聘任实施意见(试行)

(1986年12月3日)

浙大发人〔1986〕527号

各系,各总支,各部、处、校直属各单位:

为提高我校教育管理水平,建设一支符合“四化”条件的稳定的党政管理干部队伍,根据国家有关各类专业技术职务聘任条例及省、中央有关部委关于机关部分行政职务任职意见,结合我校的实际情况,在我校机关干部中聘任相应的行政职务(正、副处级调研员,正、副主任科员、科员等)和技术职务(讲师、工程师等)特制订如下实施意见:

一、行政职务

1.根据在职干部的学历、经历、工作能力和表现,符合如下条件、可分别评定正副处级调研员和正副主任科员。

评定正副处级调研员:

①一般应具有大专以上学历。

②担任科级职务五年以上(在设科的部门)或已具有中级技术职务。

③符合正、副处级调研员任职条件。

评定正副主任科员:

①主任科员应具有中专以上文化程度,一般现任副科级职务(在设科的部门)。

②副主任科员一般应具有高中以上文化程度,长期从事党政管理工作,工作表现好。

③符合正、副主任科员任职条件。

2.对于少数在工作中成绩特别突出或作出重要贡献的干部,其任职条件可不受上述规定学历和资历的限制。

3.考虑到历史原因,对一些年龄较大,工作年限很长的党政管理干部,符合任职条件的,可分别一次性定为正、副处级调研员,正、副主任科员,职数不计入总限额内。

二、技术职务

1.我校党政管理干部中有相当一部分人数是从教学或其他技术岗位上抽调来的,这些同志已具有一定的学历、职称,并具有专业技术工作经历,在管理岗位上也作出了一定的成绩。对这些干部,根据实际情况符合如下条件,予以评定中级专业技术职务(讲师、工程师等)。

①具有初级技术职称及相应的学历,外语考核合格。

②已从事过五年以上专业技术工作。

③经考核合格,基本符合专业技术职务任职条件,在党政管理岗位上胜任本职工作并取得一定工作成绩。

2.1983年9月1日前已具有中级以上专业技术职务的,因工作需要调任党政管理工作的人员,继续聘任原技术职务,不占原单位定额,其技术工作酌情减免。

三、管理工程师符合上述条件的分别评定行政职务和专业技术职务,其余的原职称暂不动。

四、评审程序

1. 拟晋升专业技术职务者：

由本人申请，部门考核推荐，送人事处复核。其中拟升讲师者送各有关系审定，拟升其他专业技术职务者送各有关专业技术职务评审组审定，其名额不占系的定额。

2. 评定行政职务者：

由各系、各部门、各直属单位领导集体研究、考核推荐，报人事处，由人事处、组织部共同复核，送校行政职务评审组评审后，根据干部管理权限审批。

浙江大学

中共浙江大学委员会

一九八六年十二月三日

浙江大学档案馆藏，档案号：ZD-1986-XZ-254-2

浙江大学实行教师职务聘任制的概况[①]

(1987 年 4 月 23 日)

1985 年 7 月国家教委确定我校为第二批实行教师职务聘任制的试点学校。1986 年 4 月国家教委批准我校具有教授、副教授任职资格审定权。同年 12 月，国家教委又批准我校在科学研究、实验技术、工程技术人员职务系列具有高、中级职务任职资格审定权，在图书资料、出版专业职务系列具有副研究馆员、副编审职务及其中级职务任职资格审定权，在会计专业职务系列具有中级职务任职资格的审定权。

两年多来，学校领导组织有关人员认真学习中央关于改革职称评定、实行专业技术职务聘任制的有关文件和规定，并通过各种形式和途径传达到全体同志，从而提高了思想认识，明确了改革意义，坚持了改革方向。在整个聘任制的工作过程中，严格执行中央有关的方针政策和规定，严格执行了评审的有关程序，从而使这项工作顺利健康地开展。至 86 年底除会计、卫生技术等职务系列外，教师、实验技术、工程技术、图书资料及出版专业系列的高、中级职务任职资格的审定工作已基本结束，情况如下：

一、教师和其他专业技术人员新晋升高、中级职务的人数

1. 教授 58 人(其中晋升后退休的 9 人)；

副教授 377 人(其中晋升后退休的 5 人，待聘流动的 13 人)；

讲师 140 人。

目前全校共有：

教授 95 人，占全校教师总数的 4.32%；

---

① 本文原作者为浙江大学人事处教师科，原载浙江大学校长办公室编《简报》1987 年第 1 期(总第 138 期)。

副教授564人,占全校教师总数25.64%;

讲师938人,占全校教师总数42.64%。

2.高级工程师39人(其中实验技术职务系列28人;工程技术职务系列11人;晋升后退休1人)。

加上原有5人,全校共有高级工程师44人。

高级实验师5人。

副研究馆员3人。

副编审5人。

工程师180人(其中实验技术职务系列140人,工程技术职务系列40人)。

实验师35人。

馆员19人。

编辑12人。

二、改善了教师队伍结构

1.职务结构的变化

高级职务(教授、副教授)从原来的16.4%提高到30%;

讲师从原来的56.3%下降为42%。

2.年龄结构的变化

教授:平均年龄从原来的63.6岁下降到57.1岁;55岁以下的占31.5%,年龄最小的41岁。

副教授:平均年龄从原来的56.7岁下降到51.6岁;50岁以下的占31.6%,年龄最小的38岁。

讲师:平均年龄从原来的50.3岁下降到46岁。

三、在教学第一线教授、副教授人数的变化

担任本科生课堂教学的教授、副教授由原来的182人增加到264人,占教授、副教授总数的40%。

担任研究生教学的教授、副教授由原来的105人增加到257人,占教授、副教授总数的39%。

四、比较年轻优秀的青年教师及时得到晋升

我校青年讲师中具有博士学位23人,硕士学位130人,已晋升教授1人,副教授22人,其中年龄在40岁以下的10人。

五、促进人才流动

流动到校外的13人。在校内转岗的40人。

六、离退休制度已正常实行

86年,高、中级教师退休62人,其中:教授19人,副教授13人,讲师17人,其他13人。

浙江大学档案馆藏,档案号:ZD-1987-XZ-60-1

关于报送我校首次实行教师和专业技术人员职务聘任制的试点工作总结及专业技术职务指标使用和增资情况

(1988年1月22日)

浙大发人〔1988〕12号

浙江省教育委员会：

根据浙职改办字(87)13号文和浙教办字(88)第03号文通知要求，现将我校首次实行教师和其他专业技术人员职务聘任制试点工作总结(附件一)、教师和其他专业技术人员职务指标使用及增资情况(附件二)以及首次专业技术职务评审聘任情况统计表报送于后，请审核。

浙江大学

一九八八年一月二十二日

附件一

关于我校教师和其他专业技术人员职务聘任制试点工作总结

1985年7月国家教委确定我校为第二批实行教师职务聘任制的试点学校。1986年4月国家教委批准我校具有教授、副教授任职资格审定权。同年12月，国家教委又批准我校在科学研究、实验技术、工程技术人员职务系列具有高、中级职务任职资格审定权，在图书资料、出版专业职务系列具有副研究馆员、副编审职务及其中级职务任职资格审定权，在会计专业职务系列具有中级职务任职资格的审定权。

两年多来，学校领导组织有关人员认真学习了中央关于改革职称评定、实行专业技术职务聘任制的有关文件和规定，并通过各种形式和途径传达到全体同志，从而提高了思想认识、明确了改革意义、坚持了改革方向。在整个聘任制的工作过程中，严格执行了中央有关的方针政策和规定，严格执行了评审的有关程序，保证了这项工作顺利健康地开展。至1987年底，除卫生技术高级职务任职资格待国家教委审批外，教师(含高校学生思想政治教育)、实验技术、工程技术、图书资料、出版及会计等专业职务系列的高、中级及卫生技术中级的任职资格评审工作已经结束。现将试点工作有关情况汇报如下：

一、职务聘任制的基本情况

两年多来，我校的教师和专业技术职务聘任制试点工作大致按如下三个阶段进行：

一是准备阶段。主要进行了四方面工作：

1. 通过校领导班子的学习研究，在系、部、处干部会上的传达讨论和在全体教师大会上的动员，认真宣传学习了中央关于改革职称评定、实行专业技术职务聘任制的有关文件，统一思想认识，明确职称改革的目的、意义和指导思想；

2. 深入调查研究，摸清教师和其他专业技术队伍的基本状况；

3. 着手进行定编、定岗和确定各级职务定额的工作，并制订了专业技术职务聘任制的实施细则；

4. 建立了各级评审组织,并明确其相应的职责和权限。

二是考核与评审阶段。

在考核、评审过程中,坚持政治与业务并重,对拟聘人选在政治思想与工作表现、业务水平与能力以及外语水平进行全面考核,择优选拔合适的任职人选。我们的做法是,由各系根据工作需要和职务定额许可,提出拟晋升职务的人选,由系党总支负责思想政治考核,由系学术委员会负责业务条件的评议,由学校组织统一的外文考试。在此基础上,提交校学科评审组评审和校评审委员会审定。

三是聘任阶段。

各系(或相当系级单位)根据定编和职务定额数,在具有相应任职资格人员中,提出各级职务聘任人员申报表及任务书报校人事处,经复核后,颁发聘书。

为了全面而有计划、有步骤地开展教师和其他专业技术人员职务聘任制的试点工作,在开始时我校就采取了"四个先"的顺序。即在考核、评审工作时,先教师后其他专业技术职务系列;先评审高级职务后中级职务;在三年限额中,先评两年名额,再评后一年名额;先评审任职资格后聘任相应职务。到目前为止,已晋升和应聘任的情况如下:

1. 新晋升高、中级职务的人数

①高级职务共 643 人,其中教授 88 人(晋升后退休 14 人);副教授 470 人(晋升后退休 12 人,待聘 17 人);高级工程师 66 人(晋升后退休 2 人);高级实验师 5 人;研究馆员 1 人;副研究馆员 6 人;副编审 5 人;高级会计师 2 人(晋升后退休 1 人)。

②中级职务共 664 人,其中讲师 297 人;工程师 240 人;实验师 35 人;馆员 24 人;编辑 16 人;会计师 13 人;经济师 1 人;主治医师、主管药师(检验师、技师、护师)等 38 人。

2. 聘任高、中级职务人数(除去晋升高一级职务、岗位转移、待聘流动、调出及自然减员)

①高级职务共 813 人,其中教授 118 人;副教授 604 人;高级工程师 72 人;高级实验师 5 人;研究馆员 1 人;副研究馆员 7 人;副编审 5 人;高级会计师 1 人。

②中级职务共 1562 人,其中讲师 966 人;专业技术人员 596 人(其中工程师 436 人;实验师 33 人;助研 2 人;馆员 49 人;编辑 16 人;会计师 15 人;经济师 1 人;主治医师 22 人;主管药师 5 人;主管检验师 4 人;主管技师 1 人;主管护师 12 人。)

二、实行专业技术职务聘任制的几点初步成效

通过教师和其他专业技术职务聘任工作,取得了一些初步成效,主要是:

1. 及时地调整了各支专业技术队伍,加强了教学、实验室工作的第一线的力量。在教学工作中讲授本科生课程的教授、副教授由原来的 128 名(占原高职 38%)增加到 314 名(占现高职 43.5%);讲授研究生课程的教授、副教授由原来 105 名(占原高职 31.4%)增加到 257 名(占现高职 36%)。为加强实验室技术队伍建设,有 37 位讲师,通过转岗被聘为高级工程师,加上由原实验室工程师的晋升,实验技术人员队伍中的高级工程师已由原只有 3 名(占 0.6%)增加到 53 名(占 10.6%)。

2. 促进了博士点和重点学科学术梯队的建设。在 86 年经国务院批准我校新增补的 18 名博士导师中有 7 名是新晋升的教授,重点学科的学术梯队配备更为完善。

3. 教师队伍的职务结构和年龄结构开始趋向合理

根据承担教学、科研任务确定,全校教师的定编数为 2280 人,要有教授,副教授 722 人,讲师 966 人，高级职务教师已由原来所占 16.4%提高到 31.6%，中级职务教师由原占 56.3%改变为 42.4%。现在教授、副教授、讲师、助教的比例大致为：1∶5∶8∶5。

教授平均年龄为 56.79 岁，比原来的 63.6 岁下降了 6.8 岁。最大年龄 69 岁，最小年龄 42 岁(2 人)。55 岁以下的 49 人(占 42%)。

副教授平均年龄为 51.6 岁，比原来 56.7 岁，下降了 5.1 岁。最大年龄 64 岁，最小年龄 34 岁。50 岁以下 221 人(占 36.6%)。

4. 优秀的中青年教师得到了及时的晋升，自 1982 年以来毕业留校任教的博士、硕士生中已晋升教授 3 人，副教授 38 人。其中 40 岁以下的 6 人。

5. 促进了离、退休制度的执行和人才流动

我校自实行专业技术职务聘任制以来，对已达到离、退休年龄的教师，严格执行国家有关规定，全校办理离、退休高、中级职务的教师和其他专业技术人员共 123 人。其中教授 28 人(离休 2 人)，副教授 30 人(离休 2 人)，副研究馆员 1 人(离休)，高级工程师 2 人，讲师 34 人(离休 4 人)，其他专业技术中级职务 28 人(离休 4 人)。

对于一些老系、老专业，由于同年资，水平相当，人才密集。虽然有的已符合晋升高级职务条件，但考虑到队伍结构及受到定额限制，为了更好地发挥这部分人的作用，学校鼓励他们流动。在这次试点工作中，通过晋升的待聘副教授，除 1 人联系自费出国进修外，其余 16 人中已有 14 人到外单位工作，尚有 2 人正在联系中。在校内转移工作岗位的也有近 50～60 人，其中 46 人转移岗位晋升为高级工程师或副编审等高级职务，加强了其他专业队伍。

6. 理清了教师和其他专业技术队伍，为规划各支队伍的建设奠定了良好的基础。并且由于实行专业技术职务聘任制，是根据承担的任务来确定编制的，是按实际工作需要来设置工作岗位，并聘任相应符合条件的人员任职的，从而增强了校、系领导对于队伍建设的责任感。现在各系在补充或引进人员就很慎重、严格，一般决不乱提、滥要。

7. 通过实行专业技术职务聘任制，使一部分符合条件的专业技术人员得到晋升、聘任，部分长期积压的历史问题得到解决。知识分子政策得到进一步落实，并且在职务聘任制中实行聘任一定的职务必须履行相应职责，从而增强了广大知识分子的事业心和责任感，激励他们积极奋发上进，努力完成本职工作。

三、实行职务聘任制试点工作的几点体会

通过两年来的试点工作实践，我们有下列几点体会：

1. 紧紧围绕改革这个中心，经常地宣传改革的目的意义，统一思想认识，提高学校各级党、政领导贯彻执行中央关于改革的方针、政策的自觉性，是搞好职务聘任制的关键。

应当看到，广大教师、专业技术人员和干部，对于克服职称评定的弊端，实行职务聘任制是拥护的；对于“开闸”、“解冻”也是欢迎的。但是，由于这是一项新的工作，在开始时对实行职务聘任制心中并不是很有数的，存在着不少疑虑，归纳起来主要有：这次搞聘任制是真聘还是假聘？不要像前几年搞任务书那样，每年发任务书，形式主义走过场。要是那样还是搞不好。是真聘，那么不聘的人怎么办？给不给别的工作做？工资怎么办？条件、水平够了就应当晋升或既然经评审合格，就应当承认其职称。为什么还要聘任，发聘书才算数？如此等等。对于这样一些疑虑，究其原因，是对实行职务聘任制还不熟识、不了解，有这样那样的看法是难免的，也是正常的。另一方面由于过去实行的是职称评定制，习惯上对旧的做法容易

接受,旧的观念还有相当的影响。例如一般来说,对于条件、水平不够,升不上是理所当然的,容易接受;而条件、水平够了,因受岗位、定额的限制而得不到晋升就想不通。对于这些问题,我们认为一方面要通过反复地宣传、学习中央关于职称改革的文件和方针、政策;另一方面通过职务聘任制的实施过程,不断提高对改革目的意义的认识,改变旧观念,把全校广大教师和专业技术人员的思想统一到改革这一个中心上来。事实证明,统一思想认识,坚定改革方向,是搞好职称改革的一个关键问题。

2.认真搞好定编、定岗、定职责和合理地确定职务定额,是搞好职务聘任制的一项重要基础工作。

搞好定编、定岗、定职责和确定职务定额是实行职务聘任制一项重要的基础工作,对于搞好专业技术职务聘任工作关系极大。

定编、设岗的基本指导思想,就是要把编制多少、各级职务岗位的设置与所承担的教学、科研任务紧密地联系起来,以激励每个系、每个专业、学科努力提高水平和承担更多的任务,既要让每个教师充分发挥自己的才能,又要让每个岗位有最适合的教师来承担其任务。

还应指出,搞好定编、定岗、定职责和确定职务定额,在管理上还有利于进行宏观控制。如我们这次在实行职务聘任制工作中,在编制和职务定额上一经协商确定下来,很少出现系与系之间互相攀比,争名额、争指标的现象。同时,为了保证职务聘任制能沿着改革的方向进行,编制、岗位设置及职务定额一经确定,就应严格把关,不能轻易改动。

为了搞好这项工作,我们采取了“开门”搞定编的方法。以人事处为主,由研究生院、教务处、科研处等部门会同协作测算拟订出定编的方案和办法,并着重提出定编一定要体现科学、先进、效益及充分发挥潜力,革除过去在计算工作量中某些不讲效益的不合理部分。办法制订后公布于众,上、下结合,一个系一个系确定落实。

为搞好“设岗”工作,我们将教学、科研、实验室等方面的工作分为几个不同性质类型的工作岗位,再在该岗位中根据承担任务的重要性、难度和水平的要求分为几个层次,并对在各个层次岗位上任职人员的职务及履行相应的职责和工作任务量都有明确的要求和规定。

3.从队伍建设考虑着眼,采取必要的措施,创造有利于优秀年轻骨干教师及时得到晋升提拔和人才流动的条件。

为了使一批年轻骨干教师及时得到晋升,使他们在高一级职务岗位上得到锻炼,更好地发挥作用,学校规定,对于晋升教授的年龄在45岁以下、晋升副教授的年龄在40岁以下的不受定额限制,由学校单独下达指标;对年龄在50岁以下申报晋升教授,45岁以下申报晋升副教授的学校予以优先考虑。

为了促进人才流动,使队伍得到及时调整,我们这次从三个方面进行:①设待聘高级职务,使那些人才密集的单位,由于名额的限制,符合条件而得不到晋升的人员,能够到人才紧缺、新的工作单位更好地发挥他们作用;②鼓励一些有较高业务水平和实践能力的教师转移岗位,加强实验室工作,并在转岗后,给予晋升和聘任相应的专业技术职务;③为了有利于吸引人才到我校来加强某些薄弱环节,学校提出对于引进从国外回来或国内其他单位调来的优秀人才,不受定编、定额的限制。

4.把教师职务聘任工作与加强教学、科研工作和重点学科建设需要结合起来。

为了从政策上进一步调动广大教师的积极性,加强教学、科研工作第一线,加强重点学科的建设，学校还规定，对长期从事教学，承担工作量大，教学水平高、效果好，在教书育人作出显著成绩的或在科研、技术开发中，创造出有较高科学技术水平的成果或获得较大经济或社会效益的教师，以及根据重点学科和博士点学术梯队建设需要的教师，予以优先晋升。

5. 建立和健全教师工作考核制度

为了巩固和发展职务聘任制的成果，必须对考核工作给予足够的重视，考核工作一定要跟上，才能使这项工作具有更大的动力和活力，才有可能做到奖罚分明，优胜劣汰。

为此，学校对考核工作作了进一步改进，采取定量与定性相结合，在定量考核的基础上作出定性的分析，并评定等级。通过工作考核为晋升职务和能否继续聘任提供依据。

四、存在的主要问题

通过这次职务聘任制试点工作，总的来说，改革的方向是正确的，目的是明确的，进展是健康、顺利的，因而也取得一些初步成效。但是，由于专业技术职务聘任制初次实行，改革工作还没有从根本上摆脱原有人事管理制度的框框，一些有关的政策还很不配套，再加上某些历史遗留的问题还不可能一下子得到全部解决。因而，也存在一些问题，主要是：

1. 人才流动这个问题已提出多年，局部有些进展，按理实行专业技术职务聘任制，是促进人才流动的一个极好机会，但在开展这一工作时，又受到接受单位由于定额限制等原因，使得刚刚出现的渠道又被堵死，成为新的障碍。倘若国家能采取适当措施，将可望重新打开这一渠道。

2. 由于缺乏相应的配套政策和有关规定，因此，对不聘人员在工作安排、工资待遇等方面发生一些问题。我们认为这个问题不仅局限于几个不聘人员的问题，而且影响到实行聘任制的开展范围。

比如回聘人员的酬金等方面也需要国家能有一个统一规定。

3. 我校是个老学校，在一些老系、老专业（学科），由于同一年龄段人才密集，造成积压现象，流动又有一定困难。通过这次职务聘任制，1960 年以前毕业的讲师共有 769 人，其中晋升为高级职务的只有 511 名（占 66.9%），尚有 258 名没能得到解决。当然其中有些人由于种种原因，确实在水平、能力方面有所欠缺，但另一方面也有些人是因名额限制，而无法解决的。

附件二

关于我校首次教师和其他专业技术职务指标使用和执行本职务最低一级工资标准增资情况

1. 根据 1987 年 5 月国家教〔87〕教职称字 060 号文《关于职务定额调整的批复》及 1987 年 12 月国家教委在武汉召开委属院校人事处长会议下达给我校的教师和其他专业技术人员高、中级职务限额控制指标，经两年多来的评审和聘任工作，到 1987 年底，除卫生技术高级职务待国家教委审批外，首批教师和实验技术、工程技术、图书资料、出版及会计（经济）等专业技术职务系列的高、中级职务以及卫生技术中级职务任职资格的审定和相应职务的聘任工作已经结束。共晋升高级职务 643 人；中级职务 664 人；连同原有高、中级职务人数，并除去在原职数中晋升高一级职务及转移岗位、调出和自然减员外，首批聘任的高职人员为

813 人;中职人数为 1562 人。(详见下表)。

2.根据中央有关专业技术人员实行职务工资制的规定,我校首批晋升(聘任)高、中级职务的教师和其他专业技术人员需提高工资,使其达到本职务最低一级工资待遇共 1109 人,其中 777 人月增资 9961 元已经兑现;另有 332 人,月增资总额为 5589 元,应于 1987 年 12 月给予兑现。

职务系列 限额指标 及使用情况		教授(人)	副教授(人)	讲师(人)	其他专业技术职务系列	
					高级(人)	中级(人)
国家教委下达限额控制指标		118+12*=130	620+15*=635	984	120	415+97=512
1985 年以来晋升人数		88	470	297	85	367
应聘人数		118	604	966	91	596
余缺情况	余额	12	31	18	29	/
	缺额	/	/	/	/	84

注:1.表中所列下达指标数系根据国家教委〔87〕教职称字 060 号文及 1987 年 12 月国家教委在武汉召开委属院校人事处长会议下达的增加数(有*号)。

2.应聘讲师 996 人中有 79 人系 85 年获硕士学位的,按规定确定讲师职务,应不列入首次聘任控制指标。

3.应聘其他专业技术高级职务人数中不含卫生技术职务系列高职人数。

浙江大学档案馆藏,档案号:ZD-1988-XZ-137-2

浙江大学教师职务任职资格评审办法

(1988 年 10 月 11 日)

总　则

第一条　本校各专业技术系列的所有人员在任职以前必须经过任职资格审定。

第二条　学校根据各项专业技术工作的需要设置专业技术岗位,在具有担任相应的岗位的任职资格人员中择优聘任。

第三条　任职资格评审工作的原则是:民主、公平、择优。

第四条　本校专业技术人员在即将调离本校或调离后,并且在调离前具备高一级职务任职条件时,可以向本校提出申请评审晋升高一级职务的任职资格,但以一次为限。

组　织

第五条　设校教师职务聘任工作委员会。委员会由校长主持,学校部分领导、有关部门负责人和高级专家组成,其中具有高级职务的成员应占三分之二以上。

第六条　在校教师职务聘任工作委员会下设若干学科评议组和专业技术职务评议组,负责对拟聘人员的任职资格进行评审。各评议组成员为五至九人,由具有高级职务的专家组成，评议组设组长一人，副组长一至二人。

第七条　各系由系学术委员会负责专业技术职务任职资格的评审。

第八条　设校教师职务任职资格特别评审组，负责评审个别急需评审的教授职务任职资格。特别评审组成员为十二人，由具有教授和相应高级职务的专家组成，由校长主持。

第九条　设校专业技术职务评聘工作仲裁小组，负责受理与专业技术职务任职资格的评审和聘任有关的申诉。仲裁小组成员为五人，由分管副校长主持。

第十条　校教师职务聘任工作委员会，由校长提名，经校务会议讨论通过后确定；学科评议组、专业技术评议组及仲裁小组成员由校聘任工作委员会正、副主任聘任。

程　序

第十一条　评审教授和副教授任职资格程序

1.要求晋升职务者可直接向系学术委员会提出申请，也可由教研室主任、系主任或有关部门向系学术委员会推荐人选。

2.申请人（或被推荐人，下同）向教研室提交下列材料：(1)任现职以来的工作业绩统计表。(2)代表本人业务水平的论著、科技成果鉴定书和奖状等（可用复印件）。(3)近期工作设想。

3.教研室主任收到申请人材料后，于一周内对材料内容进行核实，并签署意见，递交系学术委员会。同时由党支部对申请人的思想政治表现提出考核意见报系党总支核定并签署意见后，转送系学术委员会。

4.系学术委员会对申请材料进行初评。各系学术委员会可采取适当的方式了解或调查申请人的情况。必要时申请人可在评审会上介绍本人情况和今后工作的设想。系学术委员会将通过初评的申请人的工作业绩统计表和代表性论著送校内外同行专家鉴定。晋升教授必须有三名教授（或相当职务）鉴定，其中校外专家至少二名。晋升副教授必须有二名高级专家鉴定，其中校外专家至少一名。然后将申请人的材料以及专家鉴定意见提交系主任签署意见后，与投票结果一并报人事处。

5.人事处经复核后将申请人的全部材料送学科评议组进行复审。

6.学科评议组根据评审结果填写复审意见表，与全部材料一并送人事处，报校教师职务聘任工作委员会审定。经审定通过的申请人填写《高等学校教师职务任职资格申报表》，并由各级组织填写并签署意见后，连同会议记录和表决结果一起立卷，存入文书档案。学校发文并存档。

7.系学术委员会、学科评议组和校教师职务聘任工作委员会在评审时采用民主程序投票方式决定申请人的任职资格。评审时必须有全体人员的三分之二（含三分之二）以上出席方为有效，进行无记名投票，赞成票超过全体人员的二分之一为通过。

第十二条　评审讲师任职资格程序

1.要求晋升职务者本人可直接申请或由教研室（研究室）主任向系学术委员会推荐人选。

2.申请人（或被推荐人，下同）向教研室提交下列材料：(1)任现职以来历年的年度工作考核表。(2)教学、科研和实验室等工作成绩的总结报告。(3)外语、教育学、心理学等的考核成绩。

3.教研室主任对申请人材料内容进行核实并签署意见,基层领导对申请人的思想政治表现提出考核意见,一并报系学术委员会。

4.系学术委员会按民主程序进行评审。

5.审定通过后由申请人填写《高等学校确定与提升讲师职务名称呈报表》,并由各级组织签署意见后送交人事处(教师科)存入档案。学校发文并存档。

第十三条　确定讲师任职资格程序

1.凡获博士学位、硕士学位、双学位和研究生班毕业证书并符合任职年限规定,经考核合格者可以确定为讲师。

2.要求定职者由本人申请或教研室(研究室)主任向系学术委员会推荐。

3.申请人(或被推荐人,下同)向教研室提交下列材料:

(1)任现职以来的年度工作考核表。

(2)教学、科研和实验室等工作成绩的总结报告。

4.基层领导对申请人材料进行核实,同时对申请人的思想政治表现提出考核意见报系学术委员会。

5.系学术委员会根据浙大发人〔1987〕12号文关于在青年教师中确定或晋升讲师职务的几点规定进行复核。

6.复核通过后由申请人填写《高等学校确定与提升讲师职务名称呈报表》并由各级组织签署意见后,送交校人事处(教师科)存入档案。学校发文并存档。

附　则

第十四条　在评审过程中,申请人不得个别访问(或通过他人转达)各级评审人员,不得接触评审过程中的有关材料,不得自行提名进行鉴定的同行专家。违者一经查实,即取消该次晋升资格。

第十五条　系学术委员会和各级评审组织成员以及有关的工作人员应坚持原则,秉公办事,严于职守,工作中不得向申请人透露评审过程中有关人员发表的具体意见。违者一经查实,即撤除其成员职务,情节严重者给予适当的行政处分。

第十六条　申请人受到不公正待遇时可直接向校专业技术职务评聘工作仲裁小组提出书面申诉。仲裁小组应立案调查,作出裁决。

浙江大学档案馆藏,档案号:ZD-1988-XZ-137-5

1988年教师职务聘任工作的实施意见

(1988年10月12日)

一、实施聘任工作的原则

“保证质量,按需设岗,优化结构,公开公平,择优聘任”。要改变目前职务聘任与实际工作岗位脱节的状况,逐步实现根据教学与科研工作的需要设置岗位,按岗聘任,落实到人。

在评定任职资格和聘任过程中要体现公平竞争、择优聘任的原则。任职资格的评定和职务聘任要规范化。

二、高级职务岗位设置办法

为了在近几年内走上“按需设岗，按岗聘任”的轨道，1988 年暂定高级职务岗位设置原则如下：

1. 教授

①已有博士学位授予权的学科一般可设有独立研究方向的教授 3～4 人；

②已有硕士学位授予权并由学校确定申请博士学位授予权的学科可设独立研究方向的教授 3 人；

③已有硕士学位授予权，目前尚不具备申请博士学位授予权的学科，可设教授 1～2 人；

④尚无硕士学位授予权的学科（或专业）以及公共课、基础课和技术基础课等，可分别按本科生教学任务核定高级职务的 15%；硕士生教学任务核定高级职务的 20%；博士生教学任务核定高级职务的 50%；

⑤专职科研编制中的教师按核定高级职务的 15%计；

⑥确有真才实学，对创立新的学科或研究方向有设想并能付诸实现者，可以由本人申请晋升教授职务；

⑦由于我校教授职务定额有限，加之已有的职务分布情况不完全合理，以上原则要在今后几年内逐步实现。

2. 副教授

①有博士学位或硕士学位授予权的学科的副教授职务限额按研究生教学任务核定编制的 40%计；

②按本科和夜大、函大教学任务核定编制以及科研编制教师数的 30%计；

③今年新聘任副教授，以年龄在 50 岁以下的为主。

3. 在教学、科研、技术开发和党政管理工作上成绩卓著，有发展潜力，年龄在 45 岁以下的教授或年龄在 40 岁以下的副教授，在跨学科领域工作的以及学校招聘引进的优秀人才在三年内可不占各系限额。

4. 对于受到高级职务定额限制的学科，在现有的教授或副教授中有人将在二年内离、退休，但学科发展确实需要，又有合适人选时，经学校批准，可先评定资格上岗，并享受相应的工资待遇，以后再正式聘任。

5. 在校机关和直属单位任职的教师和其他专业技术人员是否计入系的定额按实际工作情况核定。

6. 按上述原则各系制订出高级职务岗位设置方案报人事处外，经复核平衡后下达。

三、待聘副教授

根据国家教委〔88〕教职称字 014 号文关于设置待聘高级职务的意见，1988 年试行设置待聘副教授，拟聘人员原则上以 1962 年（含 62 年）以前大学毕业的老讲师为主。参照中央职称改革领导小组职改字〔1988〕3 号文件的精神，在 1963 至 1966 年间大学毕业的讲师中也设置适量的待聘副教授。待聘副教授的限额按 1962 年以前大学毕业的讲师总数的 28%计；

1963年至1966年间大学毕业的讲师总数的18%计,一并下达给各系,由各系统一安排。对于已落实在校内外流动岗位的,在同等条件下优先考虑。

1966年以前大学毕业的讲师可申请晋升学校限额内的副教授或待聘副教授,由各系征求申请人的意见并统筹安排,确定后上报,上报后不能再作变更。

待聘副教授自确定资格之下月起的一年内,领取相应的职务工资。

四、有关离、退休问题

1.高等学校教师离、退休工作是一项经常性的工作。凡已达到国家规定的离、退休年龄的教师,一般均应按时办理离、退休手续。

2.对于少数高级职务的教师,确因工作需要、身体能够坚持正常工作,本单位专业技术职务限额允许,征得本人同意,经有关机关批准,可以适当延长离、退休年龄。根据我校师资队伍年龄结构的实际情况,对于延长聘任最高年龄作如下规定:

博士生导师1988年为70岁;1989年为70岁。

教授1988年为68岁;1989年为65岁。

副教授1988年为63岁,1989年为60岁。

3.在1987年6月至1989年6月离、退休的教师和专业技术人员可以按规定的程序和任职条件申请一次晋升职务,如获通过则具有相应的任职资格,但不再聘任。其中89年1月至6月达到离、退休年龄的,在办理离、退休手续的同时,给予相应的任职资格。

五、建立、健全教师和其他专业技术职务聘任工作制度,使聘任工作逐步制度化和规范化

1.教师和其他专业职务聘任工作经常化后,一般每年进行一次晋升职务的评审。

2.教师和其他专业技术的初、中级职务的定职工作每年按期进行。

①确定初级职务,每年进行一次,定职时间一般为9月,并于12月发文;

②确定中级职务,每年进行二次,定职时间上半年为3月、6月,下半年为9月、12月,并分别于6月、12月发文。

确定初、中级职务,均应符合相应职务的任职条件。在确定中级职务时,其任职年限应符合如下规定:

①已获博士学位的,工作半年后按学校规定的定职时间确定为讲师。

②已获硕士学位的,工作满二年后确定为讲师。本科毕业后攻读学位的,读学位前的工作每年按0.4年计。在职攻读学位的,在读期间完成规定教学工作量,每年按0.2年计(全脱产或未完成规定教学工作量不予计入)。

③已获双学位或研究生班毕业证书的,其任职年限应满二年半。本科毕业后读学位前的工作,每年按0.5年计。在读期间(全脱产)不予计入。

④对在职攻读学位的,在未获学位前,一般不考虑晋升高一级职务。但对攻读学位前已达到规定任职年限的,可以申请晋升。

3.全校教师和其他专业技术人员的聘任时间,一般在每学年第二学期开学初进行。在发聘书之前,应下达聘任期间的任务书,并留系存档备查。

4.在晋升高级职务时,应严格按有关程序办理。(详见《浙江大学教师职务任职资格评审办法》)

六、已调离本校的教师申请晋升职务

凡已调离本校的教师，可由所在单位来函并按干部管理权限经上级主管部门批准，委托我校按规定的程序为其评审任职资格。评审时应以被评审人调离我校前的工作表现和业务水平为依据，如调离后仍在我校兼任专业技术工作，所完成的工作业绩也可作为评定高一级任职资格的依据。无论评审是否通过，只办理评审一次。

七、进一步健全考核制度

在教师职务评聘工作中，应对其本人的思想政治表现、业务水平和履行现职务岗位职责的实绩进行全面的考核，每年考核的结果将按人建立档案，并作为今后晋职、晋级、聘任和奖惩的主要依据。

浙江大学档案馆藏，档案号：ZD-1988-XZ-137-4

1988年专业技术人员职务聘任工作的实施意见
（1988年10月28日）

各系，各部处、各直属单位：

一、实施专业技术职务聘任工作的原则

保证质量，按需设岗，优化结构，公开公平，择优聘任。要改变目前职务聘任与实际工作岗位脱节的状况，逐步实现根据教学、科研和其他专业技术工作需要设置岗位，按岗聘任，落实到人。在评定任职资格和聘任工作中，要体现公平竞争、择优聘任的原则。任职资格的评定和职务聘任工作要规范化。

二、高级职务岗位设置原则

1.为了在近几年内走上"按需设岗，按岗聘任"的轨道，设置高级职务岗位应根据该工作岗位所承担任务的重要性、难度和水平要求而定，并有利于形成合理的梯队结构。在实验技术职务系列中，以面向全系或跨系的教学实验室、附属于重点学科的实验室、校中心实验室及重点实验室为主；在工程技术、图书资料、出版专业及卫生技术职务系列，则以该单位（或系统）技术难度大、要求高的工作岗位为主。在此之外，一般不设高级职务岗位，确因工作需要，须申明理由并报学校审批同意后，方可设置。

2.鉴于已有的高级职务人员分布不尽合理，且受高级职务定额限制，在这次申报晋升高级职务时，各类高级专业技术职务不得超过下述核定的限额：

（1）各系实验技术职务按现有人数的12%计；

（2）校中心实验室及重点实验室按现有人数的15%计；

（3）工厂及建筑设计院按现有人数的15%计；

（4）其余各类专业技术职务系列按现有人数的10%计。

3.各系、各有关单位按上述原则制订出高级职务岗位设置方案报人事处，经复核平衡后下达。

三、待聘副高级职务

根据国家教委(88)教职称字014号及中央职称改革领导小组职改字(1988)3号文件的有关精神,在1966年(含66年)以前大学毕业具有中级专业技术职务人员中,可设置部分待聘副高级职务。待聘副高职数按上述范围内人员的10%计。

待聘副高职自确定资格之下月起的一年内,领取相应的职务工资。

四、实行经济独立核算、自负盈亏、工资自理的单位,其高级职务岗位设置原则和比例定额原则上应与学校相同,并由学校相应专业技术职务系列评审组织审定其任职资格。

五、除上述规定外,其他与专业技术职务评审与聘任工作有关的事项,可参照教师职务系列的有关规定执行。

浙江大学

一九八八年十月二十八日

浙江大学档案馆藏,档案号:ZD-1988-XZ-137-6

关于成立浙江大学教师职务聘任工作委员会的通知

(1988年11月2日)

浙大发人〔1988〕134号

各系,各部、处,校各直属单位:

根据国家教育委员会《关于高等学校深化职称改革工作完善教师职务聘任制的意见》的有关规定,高等学校教师职务聘任与晋升工作转入经常性工作之后,学校成立教师职务聘任工作委员会。委员会由校长主持,学校部分领导、有关部门负责人和高级专家组成。委员会的任务是负责学校教师职务聘任与晋升工作;推荐与确定拟聘人选;组织和协调学科评议组的任职资格评审工作;受理职务聘任工作的有关事宜等。

经校务会议研究决定,浙江大学教师职务聘任工作委员会由下列人员组成。

主　任:路甬祥

副主任:吴平东　韩祯祥

委　员(按姓氏笔画为序):

丁皓江　石教英　许庆瑞　吕勇哉　吕维雪　李文铸　吴平东　吴世明

岑可法　周文骞　胡建雄　姚庆栋　唐晋发　唐锦春　梁友栋　梁树德

黄达人　曾昭昭　韩祯祥　阙端麟　路甬祥　薛继良

秘　书:殳维贤

浙江大学

一九八八年十一月二日

浙江大学档案馆藏,档案号:ZD-1988-XZ-137-7

浙江大学教师高级职务岗位设置办法

(1993 年 9 月 4 日)

为加强学科与师资队伍建设,进一步完善教师职务聘任制,现根据人事部《企事业单位评聘专业技术职务若干问题暂行规定》(人职发〔1990〕4 号)和国家教委、人事部联合下发的《关于高等学校继续做好教师职务评聘工作的意见》(教人〔1991〕20 号)的精神,结合我校的实际情况,就我校教师高级职务岗位设置提出如下意见:

一、设岗原则

1.教师高级职务岗位的设置应以教师定编为基础,以国家教委下达的教师高级职务岗位控制数为依据。既要从学校当前教学、科研、高新科技开发等各项工作的实际需要出发,也要充分考虑到师资队伍的长远建设,有利于教师队伍的稳定,有利于教师队伍结构的调整和优化,有利于激励教师投身于学校事业发展与学科建设的积极性。

2.教师高级职务岗位应以学科为主、学科与任务相结合的办法设置,要保证重点,择优扶持,有利于学科建设和学校教学、科研任务的完成。教师高级职务岗位设置还应与其他专业技术高级职务岗位设置统筹兼顾,以利于人才的合理流动和保证学校各项事业的全面发展。

二、设岗办法

1.根据每一个二级学科承担教学、科研任务的情况,全校二级学科可分为四类:即国家级重点学科、博士点学科、硕士点学科和只有学士学位授予权的一般学科(专业)。

①国家级重点学科,可设 5～7 个教授岗位;

②博士点学科,可设 3～5 个教授岗位;

③硕士点学科,可设 1～3 个教授岗位;

④一般学科,可设 1～2 个教授岗位。

同一学科中,既是硕士点,又是博士点,或又是国家重点学科的,按最高层次学科设岗;一个博士点下属有多个硕士点的,按硕士点设岗;对同时具有国家重点实验室或国家专业实验室,以及基础较好,在“八五”期间有可能争取上高一层次的学科,岗位设置可取上限。各系应将二级学科教授岗位具体落实到各个研究方向。

2.全校性的公共课、基础课和基础技术课,可设 1～2 个教授岗位,其中量大面广的重点基础课可取上限。

3.高新科技研究和开发,根据学校“八五”事业发展计划和实际工作需要,可设置少量教授岗位。

4.副教授岗位数根据完成的教学、科研任务核定的教师编制数的 35%～40%设置,其中二级学科中,每一研究方向一般可设 2～4 个副教授岗位。

5.根据学科建设和学校事业发展需要,“八五”期间教师高级职务岗位数将逐年略有增加,教授、副教授占教师定编数的比例将控制在 45%～50%之间,教授与副教授之比将控制在 1∶3～1∶4 之间。

三、岗位职责

1.教授岗位职责

①把握本学科或学科分支的发展方向,领导本学科或学科分支的教学和科学研究工作;

②负责本学科或学科分支学术梯队建设,指导、培养青年教师,进行传帮带;

③指导博士生或硕士生和国内访问学者。每学年指导1～2名博士生或1～2名硕士生论文工作;

④每学年担任1门以上专业课或基础课的主讲工作,或至少负责一项省部级科研项目;

⑤主持编写统编教材工作,编写专著;

⑥指导本学科的实验室建设;

⑦每学年作为第一、第二作者列入SCI、ISR、ISTP的论文或国内一级刊物上发表学术论文1篇以上。

2.副教授岗位职责

①了解本学科的学术发展动态,负责本学科某一方面的教学和科研工作;

②参加本学科或学科分支学术梯队的建设,指导和培养青年教师;

③根据需要指导硕士研究生或协助指导博士生,指导进修教师;

④每学年担任1门以上专业课或基础课的主讲工作,或至少负责一项省部级科研项目或重点横向开发项目;

⑤主持或参加编写、审议新教材和教学参考书,主持或参加教学法研究;

⑥主持或指导本学科的实验室建设,主持或指导毕业设计、课程设计或生产实习;

⑦每学年在国际一般学术刊物或国内二级以上学术刊物上发表学术论文1篇以上。

四、任职条件

1.教授

热爱社会主义祖国,拥护党的基本路线,拥护四项基本原则,拥护改革开放方针。除应具备规定学历和任职年限条件外,还必须具备下列条件之一:

①在教学上学术造诣较高,是某一学科领域的带头人或骨干,并对该学科的建设、人才培养、教书育人工作作出了较大贡献。任现职以来多次主讲主干课程1门以上,指导研究生3名以上,获省部级优秀教材奖或省部级优秀教学成果奖或获省部级教书育人先进个人奖一项以上。外语、普通物理、微积分、计算机程序设计等四门基础课指导小组组长可免除指导研究生要求。

②在科学研究上取得具有科学价值,并达到国内先进水平的重大成果。任现职以来作为主要申请者承担国家基金项目一项以上,作为第一、第二作者列入SCI、ISR、ISTP的论文或国内一级刊物上发表的学术论文2篇以上,并作为主要完成者获得国家三大奖或省(部)级一、二等奖1项以上,或省(部)级三等奖2项以上,或虽未获得科研成果奖但作为第一、二作者列入SCI、ISR、ISTP的论文或国内一级刊物上发表学术论文5篇以上。

③在技术上有发明创造或技术革新或解决了重大技术难题,具有显著的经济效益或社会效益,对推动技术进步和科技经济发展作出了突出贡献。

2.副教授

除应具备思想政治条件(同教授),规定学历和任职年限条件外,还必须具备下列条件:

①担任一门以上主干课程的讲授工作,协助指导一名以上研究生。基础课、公共课教师可免除指导研究生要求。

②主持一项以上科研项目或作为主要成员参与二项省(部)级以上科研项目,或承担过

学校或国家教委或有关部委下达的教材编写工作，或在技术上有发明创造或技术革新或解决了较大技术难题，具有明显的经济效益或社会效益，对推动技术进步和科技经济发展做出了成绩。

③作为第一、第二作者在 SCI 等国际主要学术刊物或国内一级刊物上发表论文 1 篇以上，或在国际一般学术刊物或国内二级以上学术刊物上发表论文 3 篇以上，或已出版有较高水平的教材或著作一部以上(其中本人承担 10 万字以上)。

3. 作为教授、副教授的任职条件还应具备：年均完成业绩点 1 以上；年均量化考核分，教授 20 分以上，副教授 15 分以上。

五、其他需要说明的问题

1. 教师高级职务岗位是评聘教师高级职务的依据，一经确定，就要按岗评聘，各单位必须遵照执行。以后每二年在调查分析的基础上可作必要调整。

2、所设岗位数是近几年内计划达到的岗位数，不可能一步到位。现有教师高职人数少于计划岗位设置数的，作为空岗。凡出现空岗或新增岗位的，具备任职条件有合适人选时可予补充，可以跨学科应聘，也可向国内外公开招聘。现有教师高职人数多于计划岗位数的，鼓励校内外流动，或者采取高职低聘办法，逐步调整。

3. 为鼓励优秀中青年学术骨干脱颖而出，对现有高职人数多于计划岗位数的学科，40 岁以下晋升教授，35 岁以下晋升副教授，暂不受教师高职岗位数的限制，但此类学科应根据计划岗位设置数，充分考虑梯队的年龄结构、离退休状况，制订出 3～5 年内高职岗位的调整安排计划，采取相应的人员分流或流动等措施，使学科梯队结构保持合理、平衡。

4. 近三年内将达到离退休年龄的副教授，申请周转指标内教授时，可不受教授计划岗位数的限制，但评审通过到达离退休年龄后不再延聘。

5. 校系机关不设教授岗位。承担教学、科研任务的党政管理干部在本学科教授岗位允许的情况下可申请评聘教授职务，其中担任(部、处)领导职务一届以上，在党政管理工作中做出较大成绩者可适当放宽晋升教授的条件。

6. 为有利于调整学科梯队的年龄结构，凡达到离退休年龄的教授，原则上均应按国务院规定办理离休、退休手续，如确因工作需要，本学科教授岗位允许、符合学校规定的教授延聘条件，经本人申请，系务会议讨论同意，人事处审核，报校务会议研究批准，可适当延长离退休年龄。

附件

浙江大学教授岗位设置情况

数学系

基础数学 6 人

应用数学 6 人

运筹学与控制论 3 人

计算数学 3 人

高等数学 2 人

物理系

理论物理 4 人
凝聚态物理 5 人
光学 3 人
大学物理 2 人

化学系

物理化学 5 人
无机化学 1 人
环境化学 2 人(含地科 1 人)
应用化学 3 人
普通化学 1 人
有机化学 1 人
实验中心 1 人

高分子科学与工程系

高分子化学与物理 5 人
高分子材料 3 人
化学工程(聚合反应工程)5 人

力学系

固体力学 4 人
一般力学 3 人(含理论力学基础课 1 人)
计算力学 2 人
流体力学 3 人
结构力学 2 人(含材料力学基础课 1 人)
实验力学 1 人

地球科学系

岩石学 1 人
构造地质学 3 人
遥感地质 2 人
地球化学 1 人
环境化学 2 人(含化学 1 人)

生物系

生物物理学 2 人
生物化学 3 人

电机系

电机 5 人
电力系统及其自动化 6 人
电力电子技术 6 人
自动控制理论及应用 3 人
理论电工 2 人(含电路原理基础课 1 人)
电磁测量技术及仪器 2 人(含模电、数电基础课 1 人)
电工学 1 人

化工系

化学工程 6 人(含化工原理基础课 1 人)
环境化工 2 人
生物化工 3 人
有机化工 3 人
化工过程机械 5 人
自动化仪表及装置 3 人

工控中心

工业自动化 7 人(含电机系 1 人)
系统工程 2 人

土木系

岩土工程 4 人
建筑结构工程 5 人
水工结构工程 2 人

建筑系

建筑技术科学 2 人
建筑设计 2 人
美术 1 人

机械系

机械学 5 人(含机械原理与机械设计基础课 1 人)
机械制造 5 人
精密仪器及机械 1 人
流体传动及控制 5 人
工程图学 4 人(含工程制图基础课 1 人)
振动、冲击、噪声 2 人(含光科系一个方向)

信电系

通信与电子系统 5 人
电子物理与器件 4 人

半导体器件与微电子技术 3 人
模式识别与智能控制 3 人
电磁场与微波技术 2 人
电路与系统 1 人

光科系

光学仪器 7 人
测试计量技术及仪器 5 人
生物医学工程及仪器 5 人
光学 3 人
精密仪器 2 人

能源系

工程热物理 7 人
热能工程 3 人
内燃机 4 人
电厂热能动力工程 3 人
制冷及低温工程 3 人

计算机系

计算机应用 6 人
计算机软件 3 人
计算机组织与系统结构 4 人
工业造型 1 人
微机原理及应用 1 人

材料系

金属材料及热处理 5 人
无机非金属材料 3 人
硅酸盐材料 3 人
半导体材料 7 人
铸造 2 人
材料科学 1 人

管理系

管理工程 5 人
管理信息系统 2 人
会计学 1 人

经济系

政治经济学 3 人

金融学 2 人
经济法 1 人

外贸与商检系

工业外贸 3 人

哲学系

科学技术哲学 3 人(含美学 1 人)
思想政治教育 2 人

马列所

中共党史 2 人
马克思主义基础研究 1 人

外语系

语言学与应用语言学 5 人(含大学英语 2 人)
德语中心 1 人
日语中心 1 人

中文系

中国现当代文学 3 人
文艺学 1 人

体育部

公共体育 3 人

浙江大学档案馆藏,档案号:ZD-1993-XZ-87-4

关于调整浙江大学专业技术职务评审委员会及下设专业技术职务评审组人员名单的通知

(1993 年 9 月 13 日)

浙大发人〔1993〕68 号

各系,各部、处,直属各单位:

经校研究决定,将原浙江大学教师职务聘任工作委员会改名为浙江大学专业技术职务评审委员会,并对评审委员会以及下设专业技术职务评审组成员作了调整。现将调整后的名单公布如下:

浙江大学专业技术职务评审委员会名单:

主　任:路甬祥

副主任:唐晋发　吴平东

委　员:丁皓江　石教英　许庆瑞　吕勇哉　吕维雪　张圣训　李文铸　吴平东
吴世明　岑可法　周文骞　胡建雄　俞瑞钊　唐晋发　唐锦春　顾伟康

梁树德　黄达人　韩祯祥　阙端麟　路甬祥

秘　书:汤荣昌　杨文海

浙江大学专业技术职务评审委员会下设学科评议组、专业技术职务评审组、党政管理干部行政职级评审组成员名单:

一、数学、物理学科组

组　长:李文铸

副组长:郭竹瑞

组　员:董光昌　鲁世杰　黄达人　张其瑞　徐亚伯　孙威　陈叔平

二、化学、化工及高分子科学与工程学科组

组　长:吴平东

副组长:沈之荃

组　员:韩世钧　陈甘棠　陈维扭　封麟先　吕德伟　潘祖仁　益小苏　俞庆森

胡耿源

三、电工、计算机科学与技术学科组

组　长:韩祯祥

副组长:潘云鹤

组　员:许大中　汪槱生　戴熙杰　蒋静坪　石教英　俞瑞钊

四、自动控制、电子学及通讯学科组

组　长:姚庆栋

副组长:孙优贤

组　员:王骥程　王树青　陈抗生　顾伟康　荆仁杰

五、金属材料、非金属材料学科组

组　长:阙端麟

副组长:毛志远

组　员:王启东　雷永泉　丁子上　吴希俊　王民权

六、机械设计与制造、工程热物理及仪器仪表学科组

组　长:吕维雪

副组长:童忠钫　岑可法

组　员:路甬祥　冯培恩　唐晋发　汪希萱　陆祖康　李式模　倪明江

七、土木工程、地质学及力学学科组

组　长:唐锦春

副组长:丁皓江

组　员:杨树锋　吴世明　沈济黄　范西俊　钱在兹

八、外语学科组

组　长:黄达人

组　员:(外聘)　(外聘)　邵永真　张青彦　戚云方　张守义

九、中文、哲学及政治学科组

组　长:陈俊民
副组长:骆寒超　林超然
组　员:徐岱　陈志明　陈望衡　郑元康　梁树德　万斌
十、管理、经济及外贸商检学科组
组　长:黄擎明
组　员:许庆瑞　周文骞　姚先国　马庆国
十一、体育学科组
组　长:姚廷华
副组长:(外聘)
组　员:(外聘)　康天成　姚天白　季昌清
十二、生物学科组
组　长:张惟杰
组　员:朱自强　葛霁光　叶家明　岑沛霖　余湢
十三、实验技术职务评审组
组　长:胡建雄
副组长:黄达人
组　员:吴光国　吴兆立　李　菊　姚鸿年　杨国光　俞瑞钊　吴根茂　康锦余
秘　书:王锡源　胡志富
十四、工程技术职务评审组
组　长:顾伟康
副组长:孙扬远
组　员:钱庆镳　马慎贤　陈雁卿　陈孝榕　陈希舒　曹润生　戚云方　陈思远
秘　书:盛亚东
十五、会计专业职务评审组
组　长:蒋绍忠
副组长:王正卫
组　员:杨慧瑞　王爱娣　黄宏辉
秘　书:朱　原
十六、图书、档案专业职务评审组
组　长:徐　航
副组长:缪家鼎
组　员:郑元康　夏勇　于湖滨　邱学炎
秘　书:傅锦彬
十七、出版专业职务评审组
组　长:黄达人
副组长:薛继良
组　员:蒋静坪　宗贤钧　戟锋　陈望衡　毛志远
秘　书:周建虹

十八、卫生技术职务评审组、

组　长:葛安难

组　员:吾健云　杨素芬　王季雯　鲍华仙　姜嘉铭　高春圃

秘　书:牟式宽

十九、学生思想政治教育学科评审组

组　长:梁树德

副组长:黄达人

组　员:朱深潮　周文骞　赵国章　郑元康　张乃大　王正耀

秘　书:杨　潮

二十、高等教育研究职务评审组

组　长:唐晋发

副组长:胡建雄　黄达人

组　员:梁树德　郑元耀　许庆瑞　蒋绍忠　汤荣昌　王正耀　俞瑞钊
陈子辰　吴光国

秘　书:胡方茜

二十一、党政管理干部专业技术职务评审组

组　长:唐晋发

组　员:石教英　吴世明　顾伟康　胡建雄　梁树德　黄达人　郑元耀

秘　书:杨文海

二十二、党政管理干部行政职级评审组

组　长:唐晋发

副组长:郑元耀

组　员:胡建雄　顾伟康　卜凡孝　汤荣昌　王正耀　张乃大　汪柏卿

秘　书:胡方茜

浙江大学

一九九三年九月十三日

浙江大学档案馆藏,档案号:ZD-1993-XZ-88-1

1994年教师及其他专业技术职务评聘工作的实施意见

(1994年7月5日)

根据人事部人职发〔1990〕4号《企事业单位评聘专业技术职务若干问题暂行规定》和国家教委教人〔1991〕20号《关于高等学校继续做好职务评聘工作的意见》等有关文件精神,结合我校实际情况,对我校1994年教师及其他专业技术职务评聘工作提出如下实施意见:

一、1994年教师及其他专业技术职务评审工作要继续执行“保证质量,优化结构、公开公平、择优评聘”的原则,要根据学科建设和学校教学、科研及其他专业技术工作的实际需要设置岗位，按岗评聘，使职务评聘工作与队伍建设密切结合起来，1994 年教师及其他专业技术高职岗位的设置原则仍按浙大发人〔1992〕102 号、浙大发人〔1993〕65 号文件规定执行。

二、教师高级职务的评审要继续实行定性与定量相结合的考核评审办法，其他专业技术职务评审也要在去年试行量化考核的基础上，进一步完善和实行量化考核，使职务评审工作更加公平、公正、合理。

三、已经制定的教授、副教授任职条件，对保证教授、副教授的评审质量，激励教师的教学、科研积极性起到了积极作用。今年又在充分听取意见的基础上对任职条件作了适当修改，各系各单位在评审中应对照条件，严格把关，保证教授、副教授的评审质量。

1. 教授任职条件

热爱社会主义祖国，拥护党的基本路线，拥护四项基本原则，拥护改革开放方针。是某一学科领域学术梯队的带头人，并对该学科的建设作出了较大的贡献。除应具备规定学历和任职年限条件外，理工类或文科类教授分别还应具备下列任职条件：

(1)理工类教授任职条件：

①在教学上学术造诣较高，在人才培养、教书育人方面作出了较大贡献。任现职以来多次讲授必修课 1 门以上，指导研究生 3 届 3 名以上。对未设硕士点的全校性公共课、基础课的骨干教师可免除指导研究生的要求。

②在科学研究上取得具有科学价值，并达到国内先进水平的重大成果。任现职以来作为申请人承担国家自然科学基金或作为第一申请人承担"863"、国家"八五"攻关项目(经正式批准立项，有 4 级以上编号和经费在 10 万元以上)1 项以上，并已取得显著成绩。作为第一、二作者在列入 SCI、EI 的论文或国内一级刊物上发表学术论文 2 篇以上。

③作为主要完成者获得国家三大奖或省部级一、二等奖 1 项以上或省部级三等奖 2 项以上(含著作、教学成果奖)。对着重于基础理论研究的教师，如未获得科研成果奖，则应作为第一、二作者在列入 SCI、EI 的论文和国内一级刊物上发表学术论文 5 篇以上，其中列入 SCI、EI 的论文必须 2 篇以上。

(2)文科类教授任职条件：

①同理工类教授任职条件①。

②在社会科学研究上取得具有科学价值、并在国内有较大学术影响的重大成果。任现职以来作为申请人承担国家自然科学基金或社科基金 1 项以上或省(部)级自科、社科基金 2 项以上，并已取得显著成绩。作为第一、二作者应在国内一级刊物上发表学术论文 3 篇以上，并出版专著 2 部以上，公开发表和出版的论文、著作总字数应在 80 万字以上。

③作为主要完成者获得省部级一、二等奖 1 项以上或省部级三等奖 2 项以上(含著作奖、教学成果奖)。

2. 副教授任职条件

除应具备思想政治(同教授)、规定学历和任职年限条件外，还应具备下列任职条件：

(1)任现职以来担任一门以上主干课程或两门以上选修课程的讲授工作，协助指导 1 名以上研究生。基础课、公共课教师可免除指导研究生要求。

(2)主持 1 项以上科研项目或作为主要成员参与 2 项省(部)级以上科研项目，或承担过学校或国家教委或有关部委下达的教材编写工作。

(3)作为第一、二作者,理工类教师在SCI、EI或国内一级刊物上发表学术论文1篇以上,或在国际一般学术刊物或国内二级以上刊物上发表学术论文3篇以上,或已出版有较高水平的著作或教材1部以上(其中本人承担10万字以上);文科类教师在国内一级刊物上发表学术论文2篇以上,并出版学术著作或教材1部以上,公开发表和出版的论文、著作总字数应在40万字以上。

3.作为教授、副教授的任职条件还应具备:年均完成业绩点1以上,年均量化考核分,教授20分以上,副教授15分以上。

获省部级以上优秀教师或教书育人先进个人者在同等条件下优先晋升。

不满任职年限破格晋升者,其任现职以来的量化考核总分应与当年同类人员正常晋升教授或副教授职务教师的量化考核总分相当。

四、1994年评聘工作的重点是要把思想政治表现好、业绩突出的优秀中青年学术骨干及时提拔到高一级职务岗位上来,使其中一部分人尽快成长为新的学术带头人。1994年新晋升的教授以55岁以下为主,新晋升的副教授以45岁以下为主。40岁以下(1954年12月31日以后出生)晋升教授、35岁以下(1959年12月31日以后出生)晋升副教授、副研究员、高级工程师以及博士后出站人员晋升高级职务继续不占所在系晋升名额。学校引进的优秀回国人员,凡年龄超过35周岁,评聘副教授、副研究员可不占当年晋升指标。

对40岁以下晋升教授、35岁以下晋升副教授、副研究员、高级工程师者,必须与申报定额内高职教师一起考核,公平竞争,其量化考核总分,应与当年同类人员晋升定额内教授、副教授职务教师的量化考核总分相当。

为更好地掌握对40岁以下教师晋升教授职务的评审条件,今年学校将成立综合学科评审组,以利于全校的横向平衡,保证教授的评审质量。

五、今年学校将继续使用少量周转指标,用以解决部分1934年(上半年已退休的除外)、1935年、1936年出生,并符合学校规定教授任职条件的老年骨干教师的教授职务晋升问题。校产企业今年继续施行个别周转指标内高工职务的评审。使用周转指标晋升教授、高高工不受岗位限制,3年内允许有二次申请机会,使用周转指标晋升的教授、高高工到达退(离)休年龄后不再延聘。

为做好周转指标内教授、高高工的评审工作,今年学校分别成立周转指标内教授和周转指标内高高工的综合评审组,以便在同等条件下进行公平竞争,保证周转指标内教授、高高工的评审质量。

除少数1934、1935、1936年出生的副教授比较集中的系以外,各系推荐评审周转指标教授的人选一般不超过1名。

六、根据国家教委教直司〔1992〕67号文件精神,学校不再评审待聘副教授,也不进行用周转指标副教授的评审。前几年已评为待聘副教授的教师,如思想政治表现和工作业绩突出,并符合学校规定的副教授任职条件(包括应参加晋职外语考试,并取得合格成绩),可申请经评审转聘为副教授。

七、晋升高中级教师职务的教师,年均完成教学工作量必须达到300学时以上,晋升讲师职务还应符合学校规定的青年教师进修教育学、心理学和四门本专业硕士学位课程的有关要求。

八、职务评审工作要严格按学校规定的程序(见浙大发人〔1992〕102 号文规定)进行。晋升高职人员应在高职人员会议上作述职报告。述职报告要围绕高职任职条件,突出重点,以提高民意测验投票的准确率。民意测验的投票结果不公布,作为系职务评审委员会评审的参考。

九、认真做好同行专家鉴定材料的报送工作。送审的鉴定材料必须是任现职以来公开发表的最能代表本人学术水平的论文、著作和科研成果。送审材料必须真实,鉴定的同行专家应由评审组织提名,不得由申报者本人指名熟人进行鉴定。今年晋升教授的鉴定材料由人事处统一组织送审。

为节约学校行政经费开支,今年起同行专家鉴定材料送审费,由各系(或研究所、室)自行负责支付。

十、1994 年职务评审时间安排:

9 月初组织晋职外语考试;

9 月底前各系、各单位职务评审委员会对申报人的业绩进行量化考核,在规定范围内作晋升述职报告,进行民意投票后确定初选名单;

10 月上、中旬送审鉴定材料;

10 月底之前,各系、各单位职务评审委员会将评审通过人员的有关材料报人事处;

11 月上、中旬各学科组评审;

11 月下旬校职务评审委员会评审。

浙江大学档案馆藏,档案号:ZD-1994-XZ-107-1

(五)教师数据统计

浙江大学各系、组教师基本情况统计表

(1962 年 7 月)

			全校总计	马列主义	数学力学	物理	化学	机械	电机	化工	无线电	光仪	10 系	11 系	土木	冶金	地质
合计			1532	38	303	86	90	209	172	100	77	55	39	83	113	82	85
其中:教授			32		2		3	3	8	3			1		8	2	2
副教授			44	1	13	2	3	4	7	1	2	1		1	7	1	1
讲师			138	5	21	7	9	15	23	15	5	2	1	5	20	9	1
教员			29	2	10		1	8	4			1			2	1	
助教	本科毕业	53 年前	70	4	16	2	2	16	7	4	4			2	9	4	
		54—57 年	258	8	45	15	15	40	48	27	10	9	2	10	20	6	3
		58 年后	532	7	63	36	33	64	43	30	27	29	18	43	27	38	74

续表

			全校总计	马列主义	数学力学	物理	化学	机械	电机	化工	无线电	光仪	10 系	11 系	土木	冶金	地质
	提前毕业	57 年前	7		2				4			1					
		58 年后	196		28	20	13	10	12	18	22	11	17	19	8	18	
	专修科毕业		199	9	100	2	11	36	10	2	7	1		3	11	3	4
	中技毕业		27	2	3	2		13	6						1		

浙江大学档案馆藏,档案号:ZD-1962-XZ-146

浙江大学 1949—1962 年度教职工学生数字统计表

(1963 年 2 月 18 日)

类别 / 数字 / 年度	教职工数			学生数		编制比例			备注
	合计	教师	职工	总数	其中新生数	教职工比学生(1∶×)	教师比学生	职工比学生	
1949—50	1205	411	794	1624	392	1∶1.35	1∶3.95	1∶2.05	数字中未包括附属机构人员
1950—51	1060	380	680	1763	558	1∶1.66	1∶4.64	1∶2.59	
1951—52	1027	393	634	2053	600	1∶2.00	1∶5.22	1∶3.22	
1952—53	567	223	344	1825	1030	1∶3.26	1∶8.21	1∶5.32	
1953—54	767	319	448	2406	1036	1∶3.15	1∶7.04	1∶5.37	
1954—55	902	448	454	3138	1266	1∶3.47	1∶7.01	1∶6.91	
1955—56	829	360	469	3344	1041	1∶4.04	1∶9.30	1∶7.14	
1956—57	1017	415	602	3836	1634	1∶3.77	1∶9.25	1∶6.36	
1957—58	1296	647	649	4680	1451	1∶3.60	1∶7.23	1∶7.21	
1958—59	1337	739	598	6159	2163	1∶4.60	1∶8.34	1∶10.30	
1959—60	1630	853	777	8037	2052	1∶4.94	1∶9.43	1∶10.35	
1960—61	1977	994	983	6429	1025	1∶3.25	1∶6.48	1∶6.55	
1961—62	2729	1632	1123	8895	1575	1∶3.26	1∶5.44	1∶7.9	
1962—63	2919	1567	1352	8679	1198	1∶2.98	1∶5.54	1∶6.41	

浙江大学档案馆藏,档案号:ZD-1962-XZ-31

浙江大学分系、分教研组室教师数统计
(1963 年 2 月 18 日)

系、教研组(室)全名称	专任教师数							兼任教师数
	教授	副教授	讲师	教员	助教	合计		
						总数	其中:本学期不进行教学的教师数	
甲	(1)	(2)	(3)	(4)	(5)	(6)	(7)	(8)
总计	33	44	140	113	1236	1566	341	1
一、数学力学系	2	13	22	13	239	289	45	1
1.数学教研组		1	4		18	23	2	
偏微分方程			2		2	4		
常微分方程			1			1		
概率论		1			2	3		
基础课			1		14	15	2	
2.力学教研组		1	2		22	25	1	
流体力学专门化		1			13	14		
固体力学			2		9	11	1	
3.高等数学教研组		3	3	2	49	59	11	
4.工科力学	1		4	2	40	47	2	
力学理论	1		2	1	18	22	1	
材力			2	1	22	25	1	
5.体育教研组		3	6	5	26	40	7	1
6.外文教研组	1	3	3	4	84	95	22	
俄语			1		47	48	4	
英语		2	2	4	20	28	4	
法语	1				4	5	1	
日语		1				1		
外文训练班					13	13	13	
二、马列主义教研组		1	5	8	26	40	4	
1.政治经济学教研组			3	2	8	13	1	
2.哲学教研组		1		2	7	10		

续表

系、教研组(室)全名称	专任教师数							兼任教师数
	教授	副教授	讲师	教员	助教	合计		
						总数	其中:本学期不进行教学的教师数	
3.自然辩证法教研组			1	1	1	3		
4.中共党史教研组			1	3	10	14	3	
三、物理系		2	7	1	77	87	6	
1.物理教研组		1	4		23	28	3	
2.普通物理教研组		1	3	1	54	59	3	
四、光学仪器工程系		1	2	1	51	55	12	
1.光学仪器制造工艺					7	7	2	
2.光学仪器			1	1	14	16	1	
3.应用光学教研组					10	10	1	
4.物理光学仪器		1	1		15	17	3	
5.照相机研究所					5	5	5	
五、化学系	3	2	6	2	50	63	3	
1.化学教研组	2		2		10	14	1	
2.有机化学教研组			1		11	12		
3.物理化学教研组	1		2	2	16	21	2	
4.分析化学教研组		2	1		13	16		
六、化工系	3	1	16		80	100	6	
1.塑料教研组			3		10	13		
2.化工材料			2		12	14	2	
3.化工自动化	1		1		11	13		
4.化工机械	1		1		13	15		
5.化工	1		1		4	5	1	
6.硅酸盐			4		12	16	1	
7.化工原理			3		16	19	1	
8.工业化学		1	1		2	4	1	
七、机械系	3	3	14	35	110	165	32	
1.金工教研组		1	1	10	19	31	7	

续表

系、教研组(室)全名称	专任教师数							兼任教师数
	教授	副教授	讲师	教员	助教	合计		
						总数	其中:本学期不进行教学的教师数	
2.零件原理教研组	2		5	10	21	38	11	
3.精密仪器教研组			2		13	15	1	
4.机器制造教研组	1	2	3	5	27	38	5	
5.内燃机教研组			2	5	14	21	6	
6.水机教研组			1	5	16	22	2	
八、电机系	8	7	23	22	113	173	5	
1.电机制造教研组	1		4	3	13	21	2	
2.电器制造教研组	1	1	1	1	11	15		
3.发电厂电力网及电力系统	2	2	5	2	15	26	2	
4.发电厂热能动力装置	1	1		2	15	19	1	
5.工业企业电气化及自动化		1	2		10	13		
6.电工学			2	10	17	29		
7.电工基础	2	1	3	3	18	27		
8.工程经济		1	4	1	8	14		
9.热工学	1		2		6	9		
九、无线电工程学系		2	5		85	92	18	
1.无线电技术教研组		1	2		23	26		
2.电真空教研组			1		16	17		
3.半导体材料与器件			1		15	16		
4.电工学教研组		1	1		16	18	3	
5.师训班					15	15	15	
十、土木系	6	7	20	6	76	115	30	
1.结构教研组	1	2	3		21	27	3	
2.施工教研组		1	4		8	13	2	
3.地基教研组		1	1		5	7		
4.测量教研组	1		1		2	4	2	
5.水力教研组	2		5	4	25	36	13	

续表

系、教研组(室)全名称	专任教师数							兼任教师数
	教授	副教授	讲师	教员	助教	合计		
						总数	其中:本学期不进行教学的教师数	
6.建筑教研组	2	3	6	2	15	28	10	
十一、冶金系	2	1	9	1	79	92	30	
1.铸工教研组	1		5	1	15	22	1	
铸造(型)工艺			1		5	6		
铸造设备				1	6	7	1	
铸造合金熔炼	1		4		4	9		
2.金属学及热处理教研组	1		2		25	28	4	
金属学					9	9	2	
热处理工艺及设备			1		3	4		
X光及金属物理			1		4	5		
合金材料	1				5	6	1	
实验室					4	4	1	
3.冶金炉教研组		1	1		7	9	5	
4.金属压力加工教研组			1		8	9	1	
5.钢铁冶金教研组					11	11	11	
6.有色金属冶炼教研组					9	9	4	
7.焊接组					3	3	3	
8.焦化组					1	1	1	
十二、一年级	1	2	5	20	40	68	10	
1.化学教研组	1	1	3	7	14	26	6	
2.制造教研组		1	2	13	26	42	13	
十三、十系			1		36	37	13	
1001教研组			1		16	17	9	
1002教研组					11	11	1	
1003教研组					9	9	3	
十四、十一系		1	4		61	66	9	
1101教研组			1		15	16	2	

续表

系、教研组(室)全名称	专任教师数							兼任教师数
	教授	副教授	讲师	教员	助教	合计		
						总数	其中:本学期不进行教学的教师数	
1104 教研组		1			12	13		
1105 教研组			1		13	14	4	
1106 教研组			1		10	11	7	
1109 教研组			1		11	12		
十五、地质学工程系	2	1	1	4	77	85	72	
1.普查与勘探教研组		1		4	34	39	30	
普通地质学				1	12	13	13	
岩石矿物矿床		1		3	16	20	12	
生物地质					6	6	5	
2.地质技术基础教研组	1		1		22	24	20	
物理采矿					4	4	3	
采矿工程					2	2	1	
地形测量及绘图					6	7	6	
水文地质及工程地质	1				10	11	10	
3.采矿教研组	1				21	22	22	
矿山机电					10	10	10	
采矿	1				11	12	12	
待分配人员					31	31	31	
集中学习人员			1		5	6	6	
教授兼副校长:								
化工原理	1						3	
结构	1							
1001 教研组	1							

浙江大学档案馆藏,档案号:ZD-1962-XZ-31

1987/1988 学年浙江大学教职工数统计[①]

(1987 年 10 月 14 日)

单位:人

	合计	校本部教职工数					科研机构人员数	校办工厂职工数	其他附设机构人员数
		计	专任教师	教辅人员	行政人员	工勤人员			
总计	5143*	3671	1583	672	701	715	494	626	352
其中:女教职工	1624	1157	316	324	181	336	78	183	206

说明:未包括停薪留职人员 195 人。

浙江大学档案馆藏,档案号:ZD-1987-XZ-386

1987/1988 学年浙江大学教师职称数统计[②]

(1987 年 10 月 14 日)

总计		合计	教授	副教授	讲师	教员	助教
2324		96	564	908	3	753	
专任教师		1583	58	414	635	3	
非教学人员	计	741	38	150	273		280
	行政人员中	191	9	20	66		96
	科研机构人员中	410	28	122	164		96
	教辅人员中	117		4	34		79
	校办厂职工中	10			5		5
	其他附设机构人员	13	1	4	4		4

说明:截至一九八八年二月底,全校共有教授 120 人,副教授 606 人(包括待聘副教授 6 人),讲师 977 人。

浙江大学档案馆藏,档案号:ZD-1987-XZ-386

---

① 本表原载浙江大学《1987/1988 学年初普通高等学校基层报表》,标题为编者所拟。

② 本表原载浙江大学《1987/1988 学年初普通高等学校基层报表》,标题为编者所拟。

1987/1988 学年浙江大学分系专任教师数统计①

(1987 年 10 月 14 日)

单位:人

系别	计	教授	副教授	讲师	教员	助教	系别	计	教授	副教授	讲师	教员	助教
总计	1583	58	414	635	3	473							
应用数学系	99	5	33	36		25	科学实验仪器工程学系	45	1	8	15	1	20
物理学系	93	3	26	46		18	计算机科学与工程学系	43	1	10	11		21
化学系	92	3	24	55		10	工业管理工程学系	44	2	9	12		21
力学系	67	6	18	37		6	哲学系	39	1	6	10		22
地质学系	34	1	7	18		8	经济学系	28	1	9	4		14
生物科学与技术系	10		2			8	外语系	100		28	28	1	43
电机工程学系	145	4	46	61		34	中国语言文学系	13		2	3		8
化学工程学系	131	11	26	62		32	马列主义教研室	13		4	7		2
建筑系	32	1	7	13		11	体育教研室	50		10	18		22
土木工程学系	69	2	23	21	1	22	军事教研室	6			1		5
机械工程学系	122	5	34	58		25	德育教研室	9			1		8
信息与电子工程学系	77	5	18	29		25	音乐教学小组	5			2		3
光学仪器工程学系	53	2	15	26		10	夜大函授	5			2		3
材料科学工程学系	76	2	25	33		16	研究中心	11					11
热物理工程学系	68	2	20	26		20	杭工专	4		4			

浙江大学档案馆藏,档案号:ZD-1987-XZ-386

1988/1989 学年浙江大学教职工数统计②

(1988 年 10 月 18 日)

全校教职工总数 5264 人(未包括停薪留职人员 203 人)

(一)校本部教职工数 3601 人

① 本表原载浙江大学《1987/1988 学年初普通高等学校基层报表》,标题为编者所拟。

② 本文为《公布浙江大学 1988/1989 学年初主要统计数字》中有关教职员工部分的节选,数据截至 1988 年 9 月 30 日。原文载浙江大学校长办公室编《简报》1988 年第 10 期(总第 164 期),标题为编者所拟。

1. 专任教师 1629 人(占教职工总数的 31%)
2. 教辅人员 693 人
3. 行政、政工人员 560 人
4. 工勤人员 719 人
(二)科研机构人员数 617 人
(三)校办工厂职工数 634 人
(四)附设机构人员数 412 人
(按国家教委统计口径,附设机构包括:设计院、医院、出版社印刷厂、幼儿园、招待所等)
附:全校具有教师职务总数为 2463 人,其中:
教授 118 人,占 4.8%;
副教授 590 人,占 23.9%;
讲师 970 人,占 39.4%;
助教 354 人,占 14.4%,
教员 431 人,占 17.5%。

浙江大学档案馆藏,档案号:ZD-1988-XZ-67-10

1992/1993 学年浙江大学教职工数统计[①]

(1992 年 11 月 4 日)

全校教职工总数 5258 人(不包括停薪留职人员 85 人),其中女教职工 1621 人。
(一)校本部教职工数 3592 人
1. 专任教师 1605 人
2. 教辅人员 810 人
3. 行政人员 551 人
4. 工勤人员 626 人
(二)科研机构人员数 609 人
(三)校办工厂职工数 573 人
(四)附设机构人员数 484 人
附:
1. 全校具有教师职称总数为 2306 人,其中:
教授 208 人
副教授 864 人
讲师 891 人
助教 132 人

---

① 本文为《公布浙江大学 1992/1993 学年初主要统计数字》中有关教职员工部分的节选,数据截至 1992 年 9 月 30 日。原文载浙江大学校长办公室编《简报》1992 年第 13 期(总第 245 期),标题为编者所拟。

教员 211 人

2. 非教师职称总数 1439 人，其中：

高职 167 人

中职 749 人

初职 523 人

浙江大学档案馆藏，档案号：ZD-1992-XZ-55-13

1995/1996 学年浙江大学教职工数统计[①]

（1995 年 10 月 30 日）

全校教职工总数 4663 人（不包括停薪留职人员 121 人）其中女教职工 1480 人，占 31.7%。

（一）校本部教职工数 2874 人

1. 专任教师 1519 人

2. 教辅人员 584 人

3. 行政人员 385 人

4. 工勤人员 386 人

（二）科研机构人员数 755 人

（三）校办工厂职工数 484 人

（四）附设机构人员数 550 人

附：

1. 全校具有教师职称总数 1842 人（不包括未定职称专任教师 133 人），其中：

教授 258 人

副教授 836 人

讲师 671 人

助教 77 人

2. 非教师职称总数 1742 人，其中：

正高级 14 人

副高级 322 人

中级 716 人

初级 690 人

浙江大学档案馆藏，档案号：ZD-1995-XZ-66-12

---

① 本文为《公布浙江大学 1995/1996 学年初主要统计数字》中有关教职员工部分的节选，数据截至 1995 年 9 月 30 日。原文载浙江大学校长办公室编《简报》1995 年第 12 期（总第 285 期），标题为编者所拟。

1997/1998 学年浙江大学教职工数统计[①]

(1997 年 10 月 30 日)

全校教职工总数 4388 人(不包括停薪留职人员 84 人)其中:女教职工 1462 人,占 33.3%。

(一)校本部教职工数 2734 人

1. 专任教师 1435 人

2. 教辅人员 526 人

3. 行政人员 417 人

4. 工勤人员 356 人

(二)科研机构人员数 745 人

(三)校办工厂职工数 380 人

(四)附设机构人员数 529 人

附:

1. 全校具有教师职称总数 1716 人(不包括未定职称专任教师 126 人),其中:

教授 289 人

副教授 770 人

讲师 576 人

助教 81 人

2. 非教师职称总数 1679 人,其中:

正高级 27 人

副高级 398 人

中级 691 人

初级 563 人

浙江大学档案馆藏,档案号:ZD-1997-XZ-10-8

① 本文为《公布浙江大学 1997/1998 学年初主要统计数字》中有关教职员工部分的节选,数据截至 1997 年 9 月 30 日。原文载浙江大学校长办公室编《简报》1997 年第 8 期(总第 308 期),标题为编者所拟。

十、国际交流

(一)外事管理机构与制度

浙江大学专家工作组职责[①]

(1956年12月)

(1)根据校长指示,教研组意见和专家意见协助专家制订工作计划并了解其贯彻情况。

(2)了解专家建议的贯彻情况。

(3)负责组织翻译专家必需的俄文参考资料。组织专家谈话的记录,整理、打字、印刷、报送、分发等工作。

(4)负责有关专家工作的内外联系和专家的保卫工作、生活工作。

(5)其他有关工作。

浙江大学档案馆藏,档案号:ZD-1956-XZ-40

关于下达"浙江大学外事工作财务制度简编"的通知

(1985年9月9日)

浙大发计〔1985〕337号

各系,各部、处、室、馆、院,工厂校直属单位:

我校国际交往活动日益频繁。来校讲学,工作的国际友人也随之增多。上级有关接待外宾的礼遇和财务制度等规定较多,政策性很强,涉及的范围也很广。为了更好地贯彻执行这些规定。特将经常遇到的外事财务制度择要进行汇编,并结合学校的具体情况作了一些补充。现将"浙江大学外事工作财务制度简编"发给你们,希遵照执行。

此件发至各教研室。

附件:浙江大学外事工作财务制度简编

浙江大学

一九八五年九月九日

---

① 本文为《浙江大学行政机构暂行职责》(1956年12月)中有关专家工作组设置的节选,标题为编者所拟。

附件

浙江大学外事工作财务制度简编

(1985年8月)

为更好地贯彻执行中央有关外事工作的财务制度,并结合学校情况。对目前现有的规定作如下汇编和规定:

一、宴请外宾范围

1.应邀来校长期工作的文教专家和不享受专家待遇的外籍教师,到职和工作期满离职时,由校领导出面各宴请一次,以示欢迎和欢送(外国专家局、财政部〔79〕财国字第194号文件)。

2.应邀来校短期讲学的外国专家,到校可由主要邀请单位出面宴请一次(国务院办公厅国办发〔1984〕77号文件)。顺访学者一般不宴请,必须宴请时由系外事经费开支。

3.联合国援助项目的外国技术人员或经济专家,来华工作期间可宴请一次(外国专家局、财政部〔82〕专字第30号文件)。

4.对国外和港澳人士来我省考察、商谈对外加工、装配业务技术,属业务经营性质,不同于政府代表团和一般的友好往来活动,其礼遇规格、费用开支标准,应本着从简、从低的原则掌握,一般不宴请,不送礼。对为引进技术设备前来会谈和考察的外宾,如必须宴请时,以一次为限。宴会标准不宜过高,坚持"四菜一汤"(浙江省财政厅浙革〔1979〕62号文件)。

二、宴请外宾标准

宴会费用标准,每人25元。冷餐、酒会、茶会的标准分别为20元、15元、10元。所用酒、汽水、茶、水果等不得超过其标准的三分之一。在内部宾馆、招待所举办的,应低于上述标准(财政部〔85〕财外字296号文件)。根据我校情况,在学校食堂、招待所举办的宴请,按上述标准的80%以内掌握。

三、宴请外宾的陪客人数

宴请时,我方人数应从严控制。对方人数在十人以内。我方可按一比一掌握;对方人数三人以下。我方人数可适当增加,但宾主双方总人数不得超过八人(我校补充规定为:对方一人,陪客不超过四人;对方二至三人,陪客不超过五人;对方人数在十人以上,我方人数可控制在外宾人数的二分之一。财政部、外交部〔79〕财国字436号文件)。

四、参观游览

1.长期工作的外籍文教专家和外籍教师,工作满一年,发给休假补贴,不需陪同。

2.短期邀请来校讲学的外国专家,工作不满一个月的,原则上只能市内就近参观游览;工作一至三个月,可安排一周的顺道参观游览活动;工作三个月以上的,可安排十天或发给游览费400元(指一周和十天的游览)。参观游览期间一般不安排全程陪同(年龄较大身份较高和有特殊需要者除外,但只能有一人陪同)。

(以上摘自外国专家局84外专局字100号文件及财政部〔80〕财外字407号。国务院〔84〕77号文件)。

3.组织外宾到郊区、附近农村,其他单位参观游览,如需在外用餐,每人每餐按10元供应饭盒。在工厂、农村、学校用餐，每人每餐 6 元（财政部、外交部〔85〕财外字 296 号文件）。

五、短期讲学专家待遇

1. 国际往返旅费自理，由入境口岸到工作地点旅费由我方承担。专家配偶国内旅费自理。

2. 生活费可用两种方式任选一种支付：

①专家的伙食费、住宿费、上下班交通费、洗衣费由我方负担。同时按水平及贡献大小每天发给零用费 15—50 元。专家配偶的伙食费、住宿费由我方负担。专家及配偶的伙食标准每人每天 25 元。在学校、科研单位安排食宿，其伙食标准每人每天 10 元。

②我方负担住宿费、上下班交通费、洗衣费外，专家每天发给膳食补贴费和零用费 40—75 元，配偶发给膳食补贴 25 元，伙食费自理。

3. 专家及其配偶在游览期间的住宿、伙食、零用费仍按第 2 点规定执行。

4. 工作时间较长的专家工作期满回国，邀请单位可组织与之合作共事的人员举行一组小型联欢活动。所需费用，每人按 2.50 元掌握。我方参加人数要适当控制。一般不超过 20 人。超过 20 人以上按 2 元掌握。

5. 应邀短期顺访讲学的专家，可由邀请单位酌情提供在校讲学期间的生活费，生活费支付办法同第 2 点。一般不负担国内往返旅费。

（以上根据外国专家局“国办发〔1984〕77 号文件及〔85〕外专局 108 号文件”及我校情况确定）

六、经济专家和联合国援助项目外国技术人员的接待

1. 除有合同规定者外，一般食宿费用均自理。

2. 因工作需要，交通工具免费提供，因私用车，费用自理。

3. 医疗费用自理。因我方原因造成的工伤事故，则医药费和医院伙食费由我方负担（合同另有规定者除外）。

4. 一般不安排公费旅游，不赠送礼品。

5. 经双方同意夜间加班我方免费提供夜餐，每次 3 元。炎热季节可提供清凉饮料，每人每天 2 元。

（摘自外国专家局〔82〕外专局字第 30 号文件、国办发〔1984〕59 号及〔85〕外专局字第 108 号文件）

七、应邀来校长期工作的文教专家和不享受专家待遇的外籍教师的礼遇

1. 文教专家和不享受专家待遇的外籍教师的工资由上级主管部门确定，其中外籍教师每月工资 200—500 元，工资以人民币支付。文教专家单身来华，其工资，可兑换 50％外汇，带家属的可兑换 30％。外籍教师的工资不能兑换外币。

2. 文教专家来华工作，往返国际、国内普通机票由学校提供。行李运费，空运每人 24 公斤为限，海运每人一立方米为限，凭据报销。外籍教师往返国际旅费自理。

3. 文教专家和外籍教师应聘一年以上，每年休假一个月；工作半年不满一年，休假两周；工作不到半年，无假期。休假期间，工资照发，另发给休假补贴。休假补贴标准：休假一个月,文教专家为800元,外籍教师为600元;休假两周,文教专家为400元,外籍教师为300元。休假补贴不能兑换外汇。

4.学校免费提供住房、家具、卧具、取暖降温设备。自行起伙时,炊具自理。因公外出和上下班、就医的用车由学校提供。

5.按中国医疗制度规定享受免费医疗,挂号费、出诊费、镶牙、配眼镜、住院伙食费自理。

6.文教专家合同期满发给离职金。工作每满一年发半个月工资。可兑换外汇。不满一年不发。外籍教师不发。

7.文娱费。节假日可组织文娱活动。按每位专家教师每月15元掌握(包括陪同人员)。

8.专家、教师合同期满,可在每人30—50元范围内赠送有意义的纪念品。

(摘自〔79〕财国字194号、国办发〔83〕90号,国办发〔1984〕60号及〔84〕外专局字100号文件)

八、学校工作人员的待遇

1.接待外宾的工作人员(包括警卫员、驾驶员),确因工作需要在饭店、宾馆用餐者,其伙食标准每人每天3元。凭用膳证明回单位报销2.50元(早餐0.50元。中、晚餐各1元),自交伙食费0.50元(早餐0.10元,中、晚餐各0.20元)(浙江省财政厅〔85〕财行字270号文件)。

2.举办宴请活动的接待单位工作人员,确因工作需要不能回原单位用膳者,每人每次可按3元备餐,或发给3元伙食补助费(财政部、外交部〔85〕财外字296号文件。)

3.陪同外籍专家参观游览的工作人员、陪同人员有关费用,按财政部《关于国家机关、企事业工作人员差旅费开支的规定》办理。因工作必需并经领导批准与专家乘同等座位的车船时,其费用可据实报销(国办发〔84〕59号文件)。接待人员因工作需要陪同外宾共餐者,按外宾伙食标准一同报销。共餐一天以上者,每天自交伙食费五角和本人定量粮票,不再发给伙食补助费(财政部、外交部〔79〕财国字436号文件)。

九、报销手续和要求

1.宴请外宾不得超过规定的费用标准,陪客人数也应严格按本文件执行,凡有超过规定人数和标准的,财务部门一律不予报销。

2.宴请外宾应随同发票填制"宴请外宾清单",写明外宾姓名、人数及陪客的姓名、人数。在校外事经费报销的由校外办负责人签字,在系外事活动费报销的由系主任签字,在贷款项目经费报销的由贷款办公室负责人签字。其余宴请,由校领导签字。

3.外宾在杭游览的门票、饮料等支出应填制"外宾在杭旅游报销清单",随同单据一并报销。

4.陪同外宾参观游览的人数从严控制,市内旅游陪同一至二人。外埠旅游一般不陪同,必须陪同时只限一人。并应经校外办同意。

十、以上财务制度和规定是根据截至1985年8月底止中央有关文件的精神摘录和拟订的。今后如有新文件下达,则根据新文件执行。

浙江大学档案馆藏,档案号:ZD-1985-XZ-239-4

关于印发《浙江大学有关出国人员的一些具体规定》的通知

(1985 年 12 月 23 日)

浙大发人〔1985〕498 号

各系,各部处,授直属单位:

《浙江大学有关出国人员的一些具体规定》已经十二月二十六日校长办公会议讨论通过,现发给你们,请照此执行。

浙江大学

一九八五年十二月二十三日

浙江大学有关出国人员的一些具体规定

(1985 年 12 月 23 日)

根据国务院 1984 年国发 185 号《关于自费出国留学暂行规定》和财政部、国家教育委员会、外交部 1985 财文字 259 号《关于公费出国留学人员经费开支规定》等有关文件精神,结合我校具体情况,对有关出国人员的一些具体问题作如下规定:

(一)出国渠道

1.公费派出,按国家计划由国家教育委员会统一派出的并由中央财政拨款的出国人员(包括使用世界银行贷款派出人员)。

2.自费公派:助理研究员、讲师、工程师、主治医师和相应职称以上人员和毕业研究生,由学校统一计划或根据系科发展的需要经本人申请,事先取得学校同意,并获得国外资助(包括奖学金),由学校报请国家教育委员会审批的,按照自费公派出国留学办理。

3.学校与国外学校签订校际交流协议,由学校选派出国的,出国手续与自费公派一样办理。

4.参加国际会议与短期出国考察和出差。

5.自费出国:经学校同意,按公安部门规定办理出国手续(包括由亲友资助或个人联系的非校计划内派出,由于需要经学校代办手续的人员)。

(二)出国外语培训费用

1.公费与自费公派的外语培训,原则上由学校支付(资料费、讲义费自理)。

2.自费出国人员要求参加校内外语培训的费用由本人自理,收费标准按学校内部规定核收。

(三)TOEFL、GRE 考试费

托福、GRE 考试所需外汇,属公费者由国家教委提供;自费公派(包括校际交流)者,可向学校申请借支外汇,出国后三个月内寄还学校;自费出国所需外汇由本人自理。

(四)申请国外学校的报名费原则上由本人自行设法解决。

(五)出国前后的国内费用

1.公费与自费公派人员(包括校际交流)下列费用可向学校报销:

①去北京或上海集训的旅费和集训费(限一次);

②出国护照费、签证费、机场费(不含机票保险费);

③出国时的国内旅费和去机场或火车站的出租汽车费(限一辆小车单程);

④公费生按规定公费回国探亲可报销到达探亲地点的国内往返车船费;

⑤学成回国的国内路费(机场出租汽车一辆,限单程),大件物品(如彩电、冰箱。洗衣机等)的国内运费自理;

⑥寄往国外学习资料的邮费不超过人民币20元;

⑦不领工资的公派留学人员回国探亲,在国内期间,每天发人民币一元五角生活补偿费;

⑧为简化手续,出国预备研究生(代培、代招)出国前最后一次国内旅费按包干办法计算发给;

⑨因公出国需要印刷个人名片的费用可由系外事费或科研费开支。张数限150—200张;

2.自费出国人员的一切费用,包括国外生活费、学费、医疗费、往返费以及国内费用等,均由本人自理。

(六)工资问题

1.凡公费及自费公派留学人员符合下列条件之一者,在批准出国期限内,国内工资照发,回国后不再归还:

①工龄在二年以上出国进修;

②大学(含大专)毕业后,工作满五年出国攻读学位;

③硕士毕业生工作满二年出国攻读博士学位;

(注:出国研究生包括经批准在国外由进修生转为研究生的)

不具备上述条件者,一律自出国后下一个月开始停发工资及其它津贴奖金。

2.自费出国人员出国后下一个月起停发工资及其它津贴、奖金。

(七)出国留学人员的直系亲属要求出国探亲(包括“伴读”)的,经学校同意,可直接向所在地公安局申请护照和向在华使、领馆申办签证,一切费用自理。自出国后下一个月起停发工资及其它津贴、奖金。超过半年尚未回国者,作为留职停薪。

(八)出国制装费、国际旅费及经费结算

1.初次出国的临时因公出国人员,制装费标准为500元(港澳地区为400元),每三周年为一期。第二周年起如再有临时出国任务,该周年补助一次150元;

2.临时因公出国人员在外工作累计半年以上者加发制装费200元;

3.组团的出国人员,五人以下,每人掌握小纪念品费40元以内;五人以上,每人掌握在30元以内;出国留学人员一律不发礼品费。

4.一年以上(含一年)的公费出国人员的制装费标准为:

	热带	温带	寒带
大学生	700 元	800 元	900 元
研究生	750 元	850 元	950 元
进修生(访问学者)	700 元	800 元	900 元

5. 自费公派人员的制装费和出国时的国际旅费原则上自理,如确有困难,经校长批准,可向学校暂借,出国后二年内用外汇归(寄)还。

6. 学校派出的校际交流出国人员,出国的国际机票及制装费,原则上自理。确有困难者,经校长批准,予以借支,回国后凭对方的资助工资单进行结算。

7. 临时因公出国人员的经费结算按〔84〕财外字第 610 号文件执行,其国外费用,除小费外,其它支出(包括伙食费、交通费、旅馆费)均需取得单据在规定标准范围内按实报销(应按在国外的天数,逐天记账,按支出项目填列清单)。

8. 学校一般不资助学生(包括硕士生、博士生)出国参加国际学术会议。如果取得国外会议资助(包括往返国际旅费),学校可同意参加,并办理有关手续,但出国有关的国内费用由各系开支(包括制装费,只发教职员的 50%),学校不解决个人零用的外汇兑换。

9. 公费或自费公派出国人员归国后,一般应在回校工作两年后才能再次接受聘请去国外从事半年以上的讲学、访问。费用按校际交流出国人员对待。

(九)关于留学人员的派遣计划与编制

1. 今后半年以上出国人员(含半年)的选拔等由校人事处经办。半年以下临时出国人员由校外办经办。

2. 各类出国留学人员一律由外事处经办出国手续。

3. 各系应将下一年度拟选派出国留学人员名单,派往国别、专业方向,于每年一月十五日和七月十五日前分二次报学校人事处。由学校统筹安排。

4. 各系出国进修人员的编制计算。

①短期出国参加会议或考察者计算编制;

②进修一年者按 1/2 计;

③进修一年以上者不计。

(十)本规定自即日起执行。今后中央文件如有修改。按新文件执行。

浙江大学档案馆藏,档案号:ZD-1985-XZ-169-4

关于印发《浙江大学外事工作若干规定》的通知

(1988 年 4 月 14 日)

浙大发外〔1988〕42 号

各系,各部、处,校直属各单位:

浙江大学外事工作若干规定:一、来华短期讲学专家工作的有关规定;二、顺访外宾的邀请和接待;三、有关聘请外籍学者为我校名誉、客座教授的规定和注意事项;四、举办国际学术会议办法;五、关于留学生工作的暂行规定;六、关于出国人员工作的实施细则,已经三月十日校长办公会议讨论并原则同意。现发给你们,请照此执行。

浙江大学

一九八八年四月十四日

(一)来华短期讲学专家工作的有关规定

这是指我校提出申请、经国家教委同意后由教委发出正式邀请使其办理来华签证的教授学者。来华“讲学”包括进行合作研究,联合培养博士研究生,双边或多边学术讨论等多项学术活动。为了进一步做好短期专家工作,提高聘请效益,根据国家教委最近发出的有关文件精神。结合我校实际情况,特制定如下规定:

一、申请人对被邀请来华讲学的学者应有较多的了解,来华学者应在学术专业方面具有较高的学术水平。所从事的专业和研究方向应与我校学科对口。各申请单位(系)必须事先将邀请对象的详细情况及其简历报学校外办,并详细填写《邀请短期专家来华讲学登记表》,由系负责人签字及盖章。在当年10月底将下一年的计划统一报学校外办。

二、学校经费原则上支持各系每年邀请2名学者,过年无效,第二年须重报。在与外籍学者联系过程中,须确定来华讲学的题目,在华日程、安排,经费负担情况,连同随行人员姓名、所属单位、性别、年龄、办理签证地等一起填写清楚。系必须指定专人负责联系每个被邀请学者,并主动与外办保持密切联系。

三、邀请单位须认真组织安排好专家在校期间的讲学、座谈以及参观游览活动,充分发挥专家的作用。

四、在杭期间,学校根据国家规定,一般只安排市区、近郊游览。住宿原则上安排在学校专家楼。发给专家本人每天20元(人民币)生活补贴费;夫人住房和伙食费用由学校支付,子女费用一律自理。特殊情况者经与外办协商后方能考虑住宾馆。

五、讲学结束后,专家需要去外地旅行的必须事先同外办商量,我校根据实际情况一次性发给专家旅游补贴(在外的所有费用)。专家去外地一般不派陪同人员。如确实需要,须经外办同意。经费原则上各系解决。专家在外地讲学的费用原则上由各地邀请单位负责,并承担下一站旅费。专家来杭讲学或离杭去下站的城市旅费(指单程)由我校负责,专家夫人及其他随行人员的城市间的交通费及外地食宿费用自理。

六、短期讲学的学者一般不送礼品,只赠送纪念品,特殊情况另定。宴请规格,每位标准25元(包括饮料)。地点安排在学校留学生食堂。陪同人员一般不超过4人(详见〔87〕浙大外82号文件)。

七、专家在华的讲学结束后,负责接待的教师应及时写出总结交外办。总结应力求具体、实事求是,说明来访者的实际水平,听课人员反映,讲学效果。通过学术讨论在研究工作方面所受到的启发,帮助解决的问题,今后在科研合作方面所达成的协议等。

(二)顺访外宾的邀请和接待

顺访外宾系指由兄弟单位负责主请,办理了来华签证发出了接待计划,来杭仅停留数天作一两次讲学或游览的外国学者。

一、申请手续

1.从外办领取申请表格，各项内容特别是来杭的确切时间均需写清楚。

2.申请表须由系负责人签名，盖上系的公章，然后交学校外办。

3.申请单位须提前一个月向外办提交申请表，须尽早与顺访学者的主请单位联系，把外宾的接待计划寄送我校外办。

4.申请单位必须指定专人负责外宾在杭讲学和游览活动，预先制定在杭的活动计划，与外办取得密切联系。

5.外宾在杭的计划如有变化，必须及时通知外办并同有关部门联系，以免影响接待，造成不良影响和经济损失。

二、经费问题

1.外宾在杭的费用均由校外办划给各系的外事费包干使用。如有不足，请与科研处联系，从有关科研项目经费中开支。

2.外宾在杭费用如何开支、预算情况必须在申请表上明确填写。在杭费用指食宿、交通、游览费。家属费用一般自理。城市间旅费一般不负担，但如上海等短途旅费可商定。

3.原则上顺访外宾不设宴招待。如确需宴请，须经系主任和外办主任的批准。

4.顺访外宾的接待费用应尽可能不超出预算。

三、接待过程

1.外宾到达前，须落实好住处、交通车辆，确定火车、飞机抵杭的准确时间，提前到达车站、机场。

2.外宾送到宾馆或专家招待所后，首先与服务台联系，按规定办理住宿和就餐手续，然后将在杭的活动计划与外宾商定。

3.陪同外宾游览要准备好现金支付游船、茶水、门票等，发票和单据必须有税务章和收款单位财务章。

4.外宾一般在下榻的住所用餐，如有特殊情况确需在外用餐时，必须按学校的有关规定标准开支。

5.外宾离杭时，要通知服务台并将有关费用及时结清或先签字，以后尽快用支票付清。

四、伙食和宴请标准

外宾住学校专家招待所，伙食每人每天 20 元(包括饮料)；住宾馆每人每天 40 元(包括饮料)。在外用便餐，每人 20 元(包括饮料)，陪同(不超过二人)及司机每人 10 元，宴请一般安排在校内，标准每人 25 元(包括饮料)；校外宴请，标准每人 25 元(饮料外加，不得超过 8 元)。陪同人员应严格控制，一般不多于四人。

五、结束工作

1.外宾离杭后，接待单位须写一份外宾在杭的学术及游览活动小结交外办。

2.接待人员须把外宾在杭的费用发票整理清楚，由系盖章，外办负责人签字并盖章后到财务科报销。如不交总结，将不准予报销。

(三)有关聘请外籍学者为我校名誉、客座教授的规定和注意事项

近几年我校聘请国外一些著名教授、专家为名誉客座教授,对于促进我校的教学和科研工作,扩大我校对外影响,起到了一定的积极作用。为了做好聘请工作,根据教委〔87〕教师管厅字008号文精神,特提出如下几点,望注意掌握。

1.授予对象应在学术上具有国际水平,知名度较高,所从事的专业和科学研究工作方向与本校学科对口,我校确需其承担一定义务,本人又愿意的国外教授专家。

2.授予职称名誉教授、客座教授,顾问教授及兼职教授,名誉教授应从严掌握。

3.申请报告内容,必须要有职称类别,中外文姓名,国籍,现任工作单位和详细简历,主要著作论文及学术成就等。

4.申请步骤由聘请单位(系)写出书面报告,从外办索取申请表格填写,并附被邀请者的详细简历,经系负责人签字后,由校外办复核平衡后报校长办公会议讨论。聘为名誉教授的还必须经校学术职称评审委员会追认。

(四)举办国际学术会议办法

第一条 在本校举办国际学术会议(包括附设的展览)、研讨会、专题讨论会等是一条重要的对外学术交流渠道,既能提高我校的学术地位、扩大对外影响,又能使我校有较多的教师了解最新学术动向,增进与各国学者之间的交流和合作,培养青年教师。为此,应积极创造条件,尽可能地在我校举办各种类型的国际学术会议。学校各有关部门将大力支持和协助。

第二条 在本校举办国际学术会议,需具备以下条件:

(一)发起单位对会议讨论的学科领域拥有较强的教学及科研力量,并已取得较显著的成绩。

(二)发起单位能够组织国内有关单位向会议提出质量较高的学术论文,能够邀请世界上一流学者出席,能征集到国外学术水平较高的论文。

(三)征得发起单位所在系、校外办、校长的同意并得到他们的支持。

第三条 对国际学术性组织要求在我校举办学术会议,需区别情况对待。如我国是该组织的成员国,可考虑同意;对我未参加的国际组织要求在我校举办国际学术会议,应研究利弊,慎重对待。(中略)如有特殊需要,须事先专案报国家教委审批。

第四条 在本校举办国际学术会议,必须事先经国家教委批准,才能对外作出最后承诺。向国家教委的请示报告,应包括第二、第三条所列内容和经费预算,并详细说明会议的内容、时间、地点、规模(中外学者数额)、经费、参观旅游路线(特别要说明业务参观范围以及拟去哪些不开放的地区及单位)等问题。

第五条 要认真做好会前准备工作

(一)召开较大型国际会议,一般应在两年前,向国家教委报送请示报告;召开小型国际会议、专题讨论会,可随时报批,但必须保证有充分的时间向国外学者联系,并与校外办合作做好会务等工作。

(二)较大型国际会议,一般不得迟于会议召开前一年向国外发出会议预告(即第一次通

知);九个月前发出第二次通知(预登记、送论文摘要);半年前发出第三次通知(交注册费、订旅馆、交论文全文等)。小型国际会议可视需要及时发出通知。

(三)做好论文征集、审编和印刷工作。

(四)组织专门筹备班子,主管会议筹备工作。

(五)向出席会议的外国人发出正式邀请。

(六)要尽可能邀请既是国际上第一流,又是年富力强,在教学和科研第一线工作的学者出席会议。在会前三个月,向国家教委填报《来华人员登记表》和《邀请通知书》。

(七)如会后安排访问有关单位或委托旅游部门安排旅游活动,要与有关接待单位或旅游部门明确分工,写出书面计划。

(八)选择并组织好我校出席会议人员,同时做好政治、业务、外文及外事等方面的准备工作。会前,向国内与会人员讲明出席会议注意事项以及外事纪律。

(九)为培养青年学者,需注意安排品德优秀、学习成绩突出、会议工作语言四会的研究生出席会议。对他们的收费,应适当予以照顾,降低收费标准。

(十)如准许外国驻华记者或外国驻华使馆或代表处人员参加会议,须专案报请国家教委批准。

第七条　举办国际学术会议经费

(一)会议经费做到不超支并力争有所结余。外国人参加会议,费用自理,并按规定每人缴纳注册费。我国人员参加会议,费用由派出单位按照规定报销,每人也要缴注册费(或外加资料费),用以解决会议所需的中外学者的论文集等资料、招待会、餐费的不足部分、特邀学者费用和水、电、交通、办公等各项费用开支。

(二)特别邀请来华参加会议的学者(组织委员),参加会议的生活费用,包括食、宿、交通、宴请、旅费等,由会议费负担。可编报经费预算,向国家教委申请资助,并争取有关部、委、单位赞助。

第八条　会议结束后,要认真总结经验,在两个月内写出书面总结报告。总结报告须报国家教委外事局一份,寄武汉市华中理工大学《国际学术动态》编辑部二份。会议上获得的较有学术价值或重大学术价值的学术论文和信息应及时向校内、国内有关部门或单位推荐,提出建议,以便消化吸收,发挥更大效益。

(五)关于留学生工作的暂行规定

一、奖学金留学生的接收和培养

每年一月份,由外办、有关系和处室根据国家教委下达的本年度留学生初步分配计划,讨论各项准备工作,制定接收计划,由外办汇总报国家教委。

本年度有留学生指标的有关专业,在和外办协商后,在四月份以前根据留学生情况和本专业的基本要求制定出留学生的暂行教学计划,报教务处审批。六月份国家教委正式下达分配计划,外办将及时通知各系和有关部门。

在第一学年的第一学期或/和第二学期结束后,外办和有关系要对计划执行情况和留学生的教学实际进行检查,根据具体情况修订教学计划。修订后的教学计划,一经教务处批准,即成为该专业该年度入学的外国留学生的正式教学计划。该计划的具体实施由有关系负责。一年级留学生如实行集中分班上课,则由外办负责教学安排,学年结束后再转入有关各系。二年级以上留学生可执行导师制,由各系指派合适教师担任留学生导师。

留学生人数超过二十人的系。设一名专职系秘书(不足二十人的设兼职秘书),协助系领导做好留学生的教学管理工作。关于留学生工作人员(包括教师)可按如下编制标准配备:

接受留学生三十人以下的学校,按留学生一人折合中国学生四点五人;留学生三十人以上一百人以下的学校,按留学生一人折合中国学生三人。

二、自费留学生的接收

我校各系开放专业可联系国家计划外的自费留学生来校学习。联系时须向对方说明来我校的实际接受条件和各注意事项。

自费留学生来我校学习,来华前必须有财政担保人的可靠财政保证,以支付在华学习期间的各项费用。所有费用均需按规定向所在学校以现金支付。自费留学生需缴纳的主要费用,均以美元为计算单位,折合外汇人民币缴付。具体规定可向外事处查阅。计划接收自费留学生的系,应该在前一年的12月15日前通知校外办,以便统一向国家教委申请JW202表格。自费留学生的教学计划,由各系各专业拟定,教务处审核。生活和涉外管理由校外办负责安排。要求在华半工半读的自费留学生,视个别情况处理。

三、外国留学生的学籍管理

(1)浙江大学外国留学生的学籍管理原则上按"浙江大学学生手册"规定实行学分制。考虑到外国留学生教学上的特殊问题和困难,补充制订如下规定,结合"浙大本科生学则"执行。

(2)四年制本科留学生必须学分为100分,选修学分为10分,短学期实践学分为10分,毕业总学分为120学分。五年制本科留学生毕业总学分为135总分。

(3)德育、英语、体育、政治课不作为留学生的必修课程,留学生可以选修。科技汉语为留学生的限制性选修课,学分为6分,在一年级分两学期进行。

(4)一年级留学生所修读的课程考核不及格,经补考后仍不及格的累计学分达到或超过每学年14学分者,予以退学。

(5)二年级留学生,经补考后不及格学分累计达20学分者,按二年制专科结业处理。二年级以上(含二年级)留学生,经补考后不及格学分累计达25学分者,予以退学。

(6)对留学生的学籍处理由留学生所在系提出处理意见,报校教务处审核,并由教务处和外事办公室共同研究决定,报主管校长批准。

(7)外事办公室必须将留学生成绩和学籍处理情况及时通报留学生所在国驻华大使馆。

四、加强留学生教学辅导环节的暂行办法

1.外国留学生的课外辅导原则上由任课教师承担,任课教师除了正常的辅导答疑以外,每周必须单独为留学生安排辅导课一次。

2.每学期期终考试之前,任课教师可以根据留学生的学习情况,单独增加2—3次课外辅导。

3.任课教师确有困难,不能上外国留学生辅导课时,由任课教师所在教研组指派其他教师或研究生担任留学生辅导课。

4.研究生担任留学生辅导课，可作为其教学实践工作，工作量由研究生院确定，并由任课教师和外事办公室对研究生工作进行检查，评定成绩，学期末报研究生院，学校不付给研究生报酬。

5.可以根据学生情况，请外校或本校教师为留学生单独开课。假期中请研究生、本科生为留学生辅导，学校付给兼课费和辅导费。

6.为留学生开课教师兼课费和额外课外辅导费的付给办法：教师兼课费：教授、副教授6元/学时，讲师5元/学时，助教4元/学时。

教师辅导费：2元/学时。

研究生辅导费：1.5元/学时。

本科生辅导费：1元/学时。

7.兼课费和辅导费在留学生教学经费中开支。由外事处审核后，财务处即予报销。

(六)关于出国人员工作的实施细则

根据国务院1986国发107号《关于出国留学人员工作若干暂行规定》等有关文件精神，结合我校具体情况，对有关出国人员的工作，作下面的具体规定。

一、关于公派出国留学人员的派遣

(一)公派出国预备人员的条件、计划

1.公派出国预备人员的条件

(1)政治条件：热爱祖国、热爱社会主义，思想品德优良，在实际工作和学习中表现突出，积极为社会主义现代化建设服务。

(2)业务条件：公派出国预备人员必须是教学、科研中的业务骨干，或学科带头人。出国研究生、进修人员和访问学者应具有大学毕业及以上水平，并在学校从事本专业工作五年以上(特殊优秀或因工作需要者可适当缩短)。或获得硕士学位后，从事本专业工作二年以上的人员。出国研究生的年龄，一般不超过三十五周岁。出国进修人员和访问学者的年龄，一般不得超过五十周岁。副教授以上的短期(三至六个月)高级访问学者，年龄可适当放宽。

(3)外语条件：各类出国人员都应掌握相应国家的语言文字，能够比较熟练地运用外文阅读专业书刊，有一定的听、说、写能力。出国研究生的外语能力必须达到能听课的水平。

(4)身体条件：各类公派出国留学人员的健康状况，必须符合出国留学的规定标准，经过省、市一级医院检查并得到健康合格证书(证书有效期为一年)。

2.公派出国预备人员的计划

(1)各系、各部门本着“按需派遣、学用一致、保证质量”的原则，从学校事业发展的需要出发，根据学术发展、学术梯队、科研队伍、师资队伍的建设需要，考虑所承担国家重点建设项目、重大技术改造项目和重点科研项目，并同师资培训、国外接受的可能性结合起来，制定各系发展的长远规划，于每年十月下旬将下一年度拟选派出国的各类预备人员名单，派往国别、专业方向报校人事处，经遴选后由校人事处汇总制订全校派出计划，经考核合格者，由学校统筹安排。未列入计划的，一般不得派遣出国。在职研究生在学习期间，应按规定努力完成学习任务，一般不得中途派遣出国进修、学习(联合培养博士生除外)。

(2)研究生培养要基本上立足国内，对必须派出培养的研究生，实行少派、精派，其派出比例应控制在派出总数的20%以内。提高访问学者的质量,逐步提高访问学者(包括联合培养博士生)的派出比例。增派高级访问学者,争取访问学者的比例在派出总数的80%以上。

(3)以应用学科(包括应用文科)为主体,减少基础学科(理科)的派出比例。基础学科的派出比例控制在总数的20%以内。社会学科方面必须选派经过实践锻炼的人员出国进修。

(4)坚持博采各国之长、为我所用的原则,以学习世界领先科学技术为目的,及时调整出国留学人员去往国别的比例。派往美国的人员必须低于上报计划的20%,派往欧洲国家(含东欧、苏联)的人员在55%左右,派往加拿大、日本、澳大利亚等国家的人员在25%左右。

(二)公派出国预备人员的选拔与政审

1.各单位选拔出国预备人员,必须充分听取群众意见。由党总支指定专人负责审查,并按照出国人员条件,严格把关,保证质量。

2.在校教职工出国人员的选拔,半年以上(含半年)出国人员由校人事处经办。半年以下及临时出国人员(包括参加国际会议、短期考察)由校外办经办。研究生出国攻读学位和联合培养博士生的选拔,由校研究生院经办,本科生出国由教务处经办。

3.教职工(含在职研究生)出国的政审工作均由人事处办理。在学学生出国的政审工作均由学生处办理。

(三)公派出国留学人员的派遣程序与出国手续

1.凡经校长审核列入学校派遣计划的预备人员,学校才允许提供成绩单进行对外联系。教职工由人事处审核,研究生由研究生院审核,本科生由教务处审核。

2.预备人员取得国外学校的邀请信后,填写"浙江大学出国人员申请表",由教研室、系签署意见经校人事处审核(学生报教务处或研究生院)后报校长审批,批准后办理政审及上报手续。

3.各类留学人员出国前必须与学校签订"出国留学协议书"。由校长授权有关人员经办,并经公证机关公证后生效。其中经费的开支与结算由人事处会同财务处填写,回国后据此办理有关结算手续。

4.公派出国人员的出国手续均由校外办经办。

(四)公派出国人员的外语培训及考试费用

1.公派出国人员的外语培训费用由学校支付,资料费、讲义费自理。

2.单位公派出国人员的外语考试费用由本人自理,经学校同意报考的,考试旅费由学校支付。国家公派人员的考试费用及旅费由学校支付。

3.申请国外学校的费用自理。

(五)公派出国人员出国前后的国内费用

1.公派人员下列费用可向学校报销:

(1)规定集训的旅费和集训费(限一次);

(2)出国护照费、签证费、黄皮书费、海关和机场费(不包括机票、保险费及出国体检费);

(3)出国时的国内旅费和去机场或火车站的出租汽车费(限一辆小车单程);

(4)学成回国的国内旅费(机场出租汽车一辆,限单程),大件物品的国内运费自理;

(5)因公出国需要印刷个人名片的费用,可由系外事经费或科研经费中开支。印数限150～200张。

2.公派出国人员的“出国留学协议书”的公证费由学校与出国人员平均负担。

(六)公派出国留学人员的工资、工龄

1.凡公派出国进修人员、访问学者,出国前工龄在二年以上,在批准的出国期限内,国内工资(指基础工资、职务工资、工龄津贴三部分,下同)照发,回国后不再归还。进修人员在批准的延长期限内,从批准之月起国内工资照发,回国后不再归还。

2.公派出国研究生,如出国前系本科毕业后工作五年以上,或硕士研究生毕业后工作二年以上的在职人员(包括在职研究生),其在附表二规定的攻读硕士、博士学位的年限内,国内工资照发,回国后不再归还。在学人员及不符合上述工作年限规定的在职人员出国攻读学位,自出境后下一个月起停发国内人民助学金或工资。

3.凡一九八七年十二月三十一日前出国,符合第2条规定的出国研究生(包括出国进修读学位的人员),从一九八八年一月一日起执行。以前所停发的工资不再补发。

4.联合培养博士生按进修人员派出和管理,在外享受进修人员待遇。凡在职博士生符合第一条规定的,国内工资照发。凡享受人民助学金者,自离境后下一个月起停发国内人民助学金。

5.获博士学位后在国内工作满一年的在职人员去国外从事博士后研究或实习,按访问学者派出和管理,在批准的期限内,国内工资照发。在国外获博士学位后直接从事博士后研究或实习的人员,在做博士后期间国内不发工资。

6.公派出国研究生,在规定的年限(包括经批准延期的时间)内获得博士学位,并按规定的留学期限(包括获博士学位后经批准延期做博士后研究或实习的时间)回国的,其在国外攻读博士学位时间计算工龄,计算年限以附表二规定的“国内硕士研究生毕业出国攻读博士学位年限”为准。

(七)公派出国人员的置装费、国际旅费

1.初次出国的临时因公出国人员,置装费标准为500元(港澳地区为400元),每三周年为一期,第二周年起如再有临时出国任务,该周年补助一次150元(港澳地区为120元)。如同一年度内,先去港澳地区,再去其他地区,可补发置装费差额。

2.临时因公出国人员在外工作累计半年以上者,加发置装费200元。

3.一年以上(含一年)的公派出国人员的置装费标准:

	热带	温带	寒带
研究生	750元	850元	950元
进修生(访问学者)	700元	800元	900元

4.单位公派人员的置装费和出国国际旅费原则上自理。如确有困难,经校长批准,可向学校暂借出国旅费。出国研究生出国后二年内分期用外币寄回。进修人员、访问学者回国后进行结算。

5.学校一般不资助学生出国参加国际会议。如果取得国外全部资助(包括往返旅费),学校可同意参加并办理有关手续。但出国有关的国内费用由各系开支(包括置装费只发教职工的50%)。学校一般不解决个人零用的外汇兑换。

6.组团的出国人员,五人以下,每人发给小纪念品费,掌握在40元以内;五人以上,每人掌握在30元以内。出国留学人员一律不发礼品费。

(中略)

(十)公派出国留学人员回国休假

1.公派出国攻读博士学位的研究生,在国外留学规定期限在三年以上的,满二年(须获得博士资格)后,国家公费出国研究生可享受公费回国休假一次,单位公派出国研究生回国休假费用自理。

2.公派出国研究生按规定公费回国探亲,可报销到达探亲地点的国内往返车船票。不领工资的公费出国研究生回国探亲,在国内期间每天发人民币一元五角的生活补贴费。

3.公派出国进修人员、访问学者,不享受回国休假待遇。

二、关于出国讲学与从事研究工作

1.为了促进国际间学术交流,提高我校在国际上的地位,学校鼓励副教授以上教师利用学术假出国讲学或从事研究工作。

2.凡符合享受学术假条件出国讲学或从事研究工作者,出国所需费用原则上自理,在国外所得工资一律归本人使用。对确有困难的,经校长批准可借支国际旅费,回国后用外币归还。出国期间国内工资照发。

3.凡不符合学术假条件,但已接到国外较著名的大学或研究所邀请并符合:

(1)副教授年薪在12000美元以上,教授年薪在15000美元以上;

(2)不影响学校的教学工作。

可申请出国,所需费用全部自理(包括置装费,国内、国际旅费),其出国期间的国内工资照发。回国后应将国外总收入的15%(六个月以内)或20%(六个月以上含六个月)上缴学校(其中5%作为系的发展基金)。

三、关于公派出国研究生配偶申请出国探亲

1.出国前确定的留学年限在三年以上的公派出国研究生,婚后在国外学习期限达一年以上者,其国内配偶如系在校职工,经所在单位同意后可向校人事处申请出国探亲,填写《公派出国研究生配偶出国探亲申请表》,经学校批准后,可直接向公安机关申请办理出国探亲手续。

2.公派出国研究生配偶如系国内在学学生,不给予出国探亲。

3.公派出国研究生配偶出国探亲的一切费用自理。

4.公派出国研究生配偶出国探亲假一般为三个月,最多不得超过六个月。前三个月国内工资照发。从第四个月起,停薪留职。从第七个月起。一般不予保留公职。

5.公派出国研究生配偶,在探亲期间取得资助或对方奖学金要求在国外转为自费或公派留学,必须在探亲假期内报请学校审批。

6.公派出国研究生的父母及子女、亲属不享受出国探亲。

7.公派出国进修人员、访问学者,其在国内的配偶不得出国探亲。

四、关于自费出国留学及探亲

1.自费出国留学是为国家建设培养人才的一条渠道,予以支持。

2.自费出国留学人员是指我国公民提供可靠证明,由其定居外国的亲属资助或使用本人、亲属在国内外的外汇资金,到国外高等学校、科研机构学习或进修。

3.下列人员一般不得申请自费出国：

(1)本科应届毕业班学生；

(2)在校研究生；

(3)专业技术骨干人员包括助理研究员、讲师、工程师、主治医师及以上人员；

(4)已获硕士、博士学位人员；

(5)机关正科级及以上干部。

4.归国华侨、国外华侨、香港、澳门、台湾同胞和外籍华人在国内或内地的子女、亲兄弟姐妹及其子女(含配偶)，只要取得可靠的经济担保书和入学许可证件，可不受第3条中第(1)、(2)点限制。

5.自费出国的审批

(1)在校教职工，经所在单位(系、处)同意后报校人事处审批。

(2)在校本科生，经所在系同意后报教务处审批。

6.在校本科生申请自费出国，按学年计算，每一学年应缴回学校培养费人民币二千元。如在十年内学成回国工作，此费用学校将归还本人。

7.在校学生获准自费出国留学的，可保留学籍一年。在职人员获准自费出国留学的，从出境的下一个月起停发工资，保留公职一年。

8.在职人员自费出国留学回国工作后，出国前工龄可以保留，并与回国后的工作时间合并计算工龄。获得博士学位回国参加工作的，其在国外攻读博士学位的年限，国内计算工龄。工龄计算办法与公派留学人员相同。

9.对学成回校工作的自费出国留学人员，凡获得学士以上学位者，学校提供回国国际旅费(折算人民币)。

10.学校不同意在校教职工、学生因为自费出国而办理退职、退学手续。对擅自离职离校的教职工、学生，学校不提供任何证明材料。

11.凡系归国华侨及其眷属，国外华侨、香港、澳门、台湾同胞和外籍华人在内地的眷属要求出国、出境探亲，按国家有关文件规定办理。

12.有关自费出国的具体手续，由校保卫处办理。

五、关于出国参加国际学术会议的有关规定

申请出国参加国际会议必须具备两方面的条件，即申请出席的国际会议和申请出席会议的人选需符合下述要求。

(一)申请出席的国际会议的条件

1.会议的学术水平较高，一般说来是国际上有学术权威的学术组织或学者发起并主持召开的。

2.会议没有一中一台、两个中国的问题。

3.会议是在与我国有外交关系的国家召开的。

(二)申请参加国际会议的人选

1.申请人在学术上有一定的学术水平，向会议递交的论文已被会议接受或十分有把握被接受。

2.申请参加国际学术会议的人员必须符合出国条件，英语四会，能流利地与国外同行交谈该学术领域内的各种问题。

第一次申请出国参加国际学术会议,职称在正教授以下的人员必须通过学校统一组织的外语考试。

凡符合上述条件的可以根据下述程序申请出国参加国际学术会议。

(三)申请参加国际会议的程序

申请人在申请前来校外办索取表据,认真填写并经所在单位领导签字同意后,交校外事处,由外事处会同科研处递交校长审批后,上报国家教委。

由于参加国际学术会议所用的费用来源不同,审批上报的时间也有所不同。以下就几种情况。分别说明。

1.申请由国家教委组团参加的国际学术会议。

上报时间:会议召开前一年的六月三十日前。

上报要求:除必须符合上述两个基本要求外,还要写一份单独的申请报告,报告中详细说明组团参加所申请会议的重要性和必要性,我校在该学术领域的学术地位,国内哪些学校能一起参加该国际会议的。申请人应在学术上造诣较高,是在国际国内有一定影响的学者。

2.申请由学校支持全部或一部分经费参加的国际会议(学校所能提供的费用非常有限)。

上报时间:会议召开前一年的九月十日前。

3.申请由本人的横向联系科研费用出席国际会议

上报时间:一般在会议召开前一年的九月十日前。特殊情况也必须至少在会议召开会前的三个月提出申请。

上报要求:申请出席会议人员的横向联系科研费必须是出席国际学术会议所需费用的五倍以上,即五万元左右。

4.一切费用由申请人自筹或由国外资助出席国际会议。上报时间可在开会前三个月提出申请。

(四)出国参加国际学术会议,在国外停留时间为两周。其中除会议时间以外,其余天数需事先联系为顺访单位。如需延长时间或增加访问地点和国家,应另打报告,说明理由,并附上国外有关邀请信。延长时间的费用应由申请人本人自筹。

(五)参加国际学术会议回国后必须结清所有出国费用。在回国后三个月内交一份学术性的汇报。否则下次不能再申请出国参加国际会议。

六、关于出国短期考察的规定

(一)列入学校出访计划的考察团组,由学校外办提前三个月上报国家教委。

(二)各系有关专业考察团,学校一般不提供费用,各单位自筹出国费用。在出国考察前两个半月向学校提出申请。

(中略)

(四)在提出申请时,除书面报告外还须附国外邀请人姓名、地址、电话和邀请信,报告中要说明考察日期,在外停留时间和经费开支办法。

七、关于各系出国人员的编制计算

1.短期出国、参加国际会议、考察、技术培训者计算编制。

2. 公派出国进修人员和访问学者，包括经批准同意延长的人员一律计算编制。

3. 公派出国研究生不计算编制；出国进修后经学校批准同意改变身份攻读学位的人员，自攻读学位之月起不计算编制。

4. 自费出国留学人员不计算编制。

本细则自即日起执行，以前学校颁发的有关出国方面的文件自即日起失效。在细则下达前出国的留学人员的经费开支与结算，仍按原定办法执行，今后如与上级有关文件有矛盾之处，按上级文件执行。

浙江大学档案馆藏，档案号 ZD-1988-XZ-181-1

浙江大学外事办公室职责[①]

（1991 年 1 月 10 日）

外事办公室是主管学校对外学术交流和合作、发展对外关系的职能机构，履行以下职责：

一、协助校长制订学校外事工作计划和实施意见。

二、负责长、短期外国文教专家的聘请，向国家教委申请来华专家签证和处理他们在华期间的有关事宜。负责与长期文教专家和教师签订合同，协助和督促有关系和部门安排好外籍专家与教师的教学工作，保证合同的履行。负责聘请外籍专家为名誉顾问、客座教授的申报工作及办理各项具体手续。

三、负责应学校邀请来杭讲学、访问的外籍学者与外宾的活动安排及生活接待工作（包括食、宿、交通、参观、游览安排和订购机、车票等），协助各系、部门做好顺访讲学外籍学者的生活接待工作。

四、归口负责所有外国人和港、澳、台地区的侨胞来校访问、讲学事宜，学校各单位邀请、接待上述人员来校活动须与外办取得联系。

五、负责办理短期（六个月内）公派出国人员（包括合作研究、讲学、考察访问、出席国际学术会议等）的申请及有关出国手续。

六、开辟对外联系渠道，负责校际交流合作协议的签订和实施。

七、协助学校有关单位筹备和办好在本校召开的国际学术会议（包括会前准备工作、为国外学者申请来华签证、生活接待安排、会后旅游安排等）。

八、参与校对外语言与文化交流中心的各项工作，与有关单位合作办好外国人汉语班、旅游文化班等。

九、负责外国留学生（包括研究生、本科生、进修生、校际交流生等）的管理工作，包括招生、办理来华手续和各种证件，负责与各有关系和部门联系留学生的课程安排、教材发放、生产与教学实习安排，日常生活管理，组织各种文体活动及参观旅游，及时向各国驻华使馆通

---

① 本文为《浙江大学机关各部、处职责（试行）》（1991 年 1 月 10 日）中有关外事办公室设置的节选，标题为编者所拟。

报留学生的学习成绩等有关情况,处理各类涉外事件,对留学生进行思想教育等。

十、负责全校因公电传的拍发和接收工作,办理校长交办的公文翻译工作。

十一、负责外籍专家经费、临时出国人员经费、外宾招待费、留学生经费的管理使用。

十二、做好本部门文书资料的立卷归档和外事口统计工作。

浙江大学档案馆藏,档案号:ZD-1991-XZ-68-1

(二)出国留学与进修

本校任雨吉等 4 人应选赴苏学习

(1951 年 8 月 24 日)

为学习苏联先进经验,建设新中国,教育部特选派本校土木系助教任雨吉、蔡乃森先生,电机系徐怡同学、化工系华戈旦同学赴苏联学习。现该四人已于 7 月 23 日离校抵京,经过留学考试,全部录取,本月 13 日开始离京赴苏。关于他们留学所学的学科,根据国家需要,任雨吉学厂房建筑,蔡乃森学道路工程,徐怡学电机制造,华戈旦学化工机械。

《浙大校刊》1951 年 8 月 24 日

关于做好出国进修生校内选拔工作的意见

(1978 年 12 月 22 日)

浙大发人〔1978〕257 号

根据党委批发的《关于加强师资培养工作的意见》,为了做好出国进修生的校内选拔工作,希按以下要求进行:

一、选拔条件

根据教育部指示精神,选拔出国进修生应按政治思想表现、业务基础、身体健康状况和外语水平四方面条件,全面考核,不得偏废。应注意防止只重外语考试而忽视其他条件的偏向。

二、选拔方法

1. 各系应根据本系的发展需要,全面考虑,计划每年选送出国进修的科目和人数,并确定 79 年拟选派的科目和人数。全校在 1979 年拟争取选派 40～50 名出国进修。

2. 贯彻自愿报名,按四方面条件全面审查,择优录取的精神。政治思想表现和业务基础由系负责提出审查意见,外语水平由学校组织统一考试。

3. 凡本校教师、实验室技术人员均可在教研组报名,同时提出拟进修的科目和具备的条件。

4. 各教研室应按四方面条件对本室报名对象进行初步审议,并向系提出审议意见。各系应对本系报名对象进行审查,并组织必要的业务考核。考核办法可采用以下两种形式:①

按进修科目的要求，确定 1～2 门主要课程进行考试；②由报名人围绕进修科目在系内作一个业务汇报性的报告。

各系应将本系报名人选连同政治思想表现和业务审查意见一报学校。

5.由师资培训科负责组织外语统一考试。

6.根据各系审查意见和外语考试成绩由人事处、教务处、科研处会同审核，提出学校推荐名单（计划 60 名），报学校领导审批。

7.经批准的人选，下学期参加英训班学习和进行各项业务准备工作。并准备参加全国统考。

三、时间安排

1.12 月 27 日前，各系研究计划选送出国进修的科目和人数报学校教务处汇总。同时将本意见贯彻到教研室。

2.12 月 30 日前，各教研室将报名人选及教研室审议意见报系。

3.79 年 1 月 12 日前各系将本系报名人选及系审查意见报学校。

4.1 月 10 日进行外语统一考试。

5.1 月 17 日前由人事处、教务处、科研处会同审核，提出意见报学校领导审批。寒假前定下学校推荐名单。

浙江大学

一九七八年十二月二十二日

浙江大学档案馆藏，档案号：ZD-1987-XZ-288

出国进修人员情况简报①

（1979 年 7 月 20 日）

根据校党委“积极选派教师出国进修学习”的计划一年来，有关方面做了大量的工作。现在，渠道已经打开，联系开始建立，首批去美国和德意志联邦共和国的进修人员，已经陆续来文反映情况。兹择要简报于下：

一、经中国科学院批准，我校列入 1978 年出国计划的人员共 33 名，其中教师 28 人，研究生 5 人，到七月初已经离国的有 9 人，他们是：

潘秋元——美国俄亥俄州立大学；

蒋静坪、杨佳荣、袁惠根、徐航—美国威斯康星大学；

徐亚伯——西德 Fritz-Heber 研究所；

路甬祥——西德亚琛工业大学液压气动研究所；

包正康、叶关荣——西柏林技术大学光学研究所；

已经办好手续等待出国的有 2 人：

---

① 本文原载浙江大学校长办公室编《简报》1979 年第 18 期（总第 35 期，1979 年 7 月 20 日）。

潘永密、黄肇德——美国威斯康星大学；

正在办出国手续的2人：

朱文骅——美国加州大学贝克莱分校；

范正翘——美国马里兰大学；

已经获得对口学校系主任或导师同意的有6人：

张守义——西德亚琛工学院；

梁友栋——美国犹他大学；

曹培林——美国西北大学；

陈全庆——英国牛津大学；

张飞鹏——美国加州大学贝克莱分校；

贾荣庆(数学系研究生)——美国威斯康星大学

另外已获得同意的还有列入1979年出国计划的2人：

陈甘棠、董光昌——美国哥伦比亚大学

我校访美代表团在美期间，获得美方口头同意的尚有几位同志正在加紧联系落实。

在未落实的人员中，有一位教师因校内工作需要，国外一时也找不到适合的对口单位和导师，已决定撤回出国申请。另有一名研究生因身体不好，暂不作安排，待治疗复查后，再作考虑。

上述已经出国和已经获得对方同意的20名教师，平均年龄45岁；其中，通过“民间渠道”联系落实的，有8人，占40%。

二、我校于今年四月底以前首批出国的五位同志，有的导师认为不需要再专门学习外语，有的已结束或即将结束外语学习阶段因此已相继进入实验室，开始阅读资料等工作。他们来信反映的情况大致有：

1.普遍受到单位领导和导师的热情(甚至是破格的)接待。例如：潘秋元同志是从我国大陆到该校去的第一个人，该校极为重视，一位“外国学生顾问部”负责人说潘是一个很重要的人物，花了一个下午的时间给潘介绍美国大学的情况并领他参观。第二天正、副教务长又接见了潘。一位从台湾地区(已取得博士学位)来的进修生对潘说：“这种情况过去是从来没有的。”

路甬祥同志来信也说：(外语考试一结束)“学院就招待电影和咖啡。晚上校长又特邀了7名中国人员去他家进餐，可谓破格，中国目前的地位在德国人心目中也可见一斑。”

所有的来信都反映导师比较友好、热情，我们同志提出的要求如提供讲稿、技术资料的复印件，提供研究、讨论的经验等一般都能满足。

派往西德(特别是西柏林)的同志，还反映环境比较复杂。叶关荣同志来文说：“我驻东德使馆的同志对我们很关心，经常来看望我们，我们有什么问题经常请示使馆同志。”

2.沟通了渠道，联系了感情，宣传了四个现代化。潘秋元的信中说：“这个学校的美籍华裔教授不少，因为我是从国内来的第一个，所以他们都想见见我。我到这里来不久，就认识了不少中国教授，还去过几位教授家做客。”还说：“这里台湾地区来的同学很多，有三四百人，他们对大陆情况不了解，以为我们派留学生至少要两人在一起，可以互相监督。我一个人来到这里，他们倒很惊讶。结果看到我并不那么可怕，态度和善，愿意和他们交谈，所以客观上拆穿了他们过去所听到的反动宣传。慢慢地就有不少人主动和我打招呼，向我了解大陆情况。”在接触的人中，大部分人都是希望祖国尽快实现四个现代化，希望国家越来越强大。

有两位华侨告诉我们的同志说：“原来中国人在美国是很受歧视的，自从我国第一颗原子弹爆炸，人造卫星上天以后，情况有了很大变化。在美国人看来，中国能依自己的力量搞出原子弹是了不起的。”

3. 工作、学习的条件是好的，但必须先把外文搞过关。国外给我们同志所提供的工作与学习条件都比较好。如美国犹他大学给梁友栋同志的邀请书中就表示将“提供一个办公室，使用各种计算机和图形设备，以及秘书帮助。”一般地说，每个单位都有复印机，复制材料比较方便，借书也很方便。教师、学生都可以进书库，书库里有阅览室、复印机、计算机，可随时复印。有的同志反映他所在学校的语言实验室，设备非常完备，可以借录音带练听力；也可以借你想听的材料，一边看电视一边听；如果生病在家，想听什么录音，也可以打电话过去，在电话里听。

有的同志反映：听了学术讲座，感到业务上无大困难，但语言仍很成问题“只能连猜带听，听懂大意”。有的同志说：“听课相当困难多半是坐飞机；记笔记就顾不上听，顾听就跟不上笔记；阅读速度也还远远跟不上。”还有同志原来英语基础就不够好，更没有学过德语，现在每周 24 节德语课，学习就非常紧张。他来信说：“每天近一百个单词，记不住，加上与社会接触少，年龄又大，学习有一定困难。由于长期处在紧张状态，体质有所下降”。原来外语与业务基础较好的同志，来信就表示信心较足，说“课程内容不算太多，难度也不大。”“学起来并不怎么吃力。”有两位同志说自己比出国前胖了。对比之下，外语基础看来不能忽视。

另外，徐亚伯同志还反映了一个情况：“这次因不能带影印书，手头几乎没有什么业务书；又是小地方，没有图书馆，一时无法作业务准备。”以后出国的同志应注意及此。

4. 生活上都还比较方便。开始去的时候个别同志无处住，暂住在导师家里，由教授驾小车接送。不久就都安排好了住所。一般早、中餐吃食堂，晚上及星期天自己烧。也有早、晚餐均自己烧的，每周上超级市场采购一二次菜。在美国，条件似乎更好一些“房间里有电话，厨房里有电炉、电冰箱；大楼里有微波加热，把饭放进去烧 60 秒钟就可以吃了。”路甬祥说：“医疗参加保险，每月交 52DM 就一切包了（一般工人的每月净收入约 1250DM）”。他还说：烧饭、洗衣等“每天在生活上化的时间大约要 2～2.5 小时”。此外，叶关荣还反映：“同志们都感到疲劳，据说是水土不服，因水中缺少矿物质。”

三、存在的问题和意见：

1. 要加强总结，尽快掌握规律性的东西，减少盲目性。在选派人员出国问题上，学校有关部门投进精力不少，但在出国规模上、选拔条件上、考核办法上，都还带有很大盲目性，总的说效率不高。

在减少层次、简化手续、缩短公文往返时间等方面，也有很多可以研究改进的地方。如我们通过教育部归口的五位同志有的搁置了快半年了，有的经多次书面报告并派人去问，都不得要领，而部里的有关同志却抱怨我们说：“你们跑得不勤。”

2. 在选择学校与导师问题上，开始一段时间也带有很大盲目性。有的同志仅从杂志或《一览》上了解单位与导师,对对方缺乏全面了解。有的同志说自己的心情就像旧时待嫁的姑娘,不知道会找到什么"婆家",碰上什么"对象"。现在渠道打开了,联系建立了,比较有条件作较深入地了解了。尤其是老讲师以上的人员,更要慎重选择单位与导师,以保证把我们的水平能确实提上一截。一般地说,在同样条件下,选择华裔教授作导师比较有利。

3.要建立由学术委员会的专门小组考核并选拔出国人员的制度。要普遍建立教师业务档案,健全经常性的教师考核制度。校党委与学术委员会要定期听取汇报并研究教师的培养、选拔问题,从组织上、制度上保证选拔教师比较切合实际情况,比较符合质量标准。

4.要研究如何发挥出国人员在购置书刊、设备等方面的作用。关于购书问题,路甬祥来信说:"使馆口头同意购书可以报销,以后邮给本单位。而且许多大学及公司都愿意赠送,难的倒是运费问题。"叶关荣来信问:"教授表示,如以后回国,可以提供一些标准器件和仪器,要买一些也可以,只不知在外汇上有没有问题?"希望学校尽快作一次研究。

5.外语一定要基本过关,申请上报之前,学术委员会要组织专门的班子进行面试。缺乏交流能力的不要勉强送出去。

同时,在年龄上,也要争取选拔更年轻的同志出国进修。

浙江大学档案馆藏,档案号:ZD-1987-XZ-288

关于制订1980年向国外派遣访问学者、进修人员和研究生计划的意见

(1980年)

一、我校自今年1月开始,至11月底为止已先后向美国、西德和英国的十四所大学和研究所派遣了22名教师和1名研究生;此外目前尚有1名教师、2名研究生正在北京参加出国学习班,可能在年内前往美国。他们的专业分布情况见附表一(略)。他们绝大多数都有较扎实的专业基础知识,能独立从事研究工作,具有进一步发展和培养前途。他们到了国外以后,努力学习,勤奋工作,受到了国外单位领导和学者的好评,有的同志并已做出了可喜的成绩。但从国外校友的反映和出国人员来信中也看到,我们同志的知识领域往往比较狭窄,年龄也偏大,外语的听、说能力也还不能适应学术交流的需要,个别同志由于外语听说能力较差,给学习、工作带来一些困难。

我校在选派工作上的成绩是显著的。但由于对这项工作缺乏经验,工作计划性差,未能完全紧密结合学校教学、科研任务的需要遴选人员。一段时间内只抓了外语要求,而对理论基础、专业水平和实际工作能力缺乏严格、全面的考核。有的系把关不严,只要个人报名、外语成绩过得去,就一概上报,未认真考核,择优推荐。另一方面,对各学科在国外有关国家和单位的所长和导师、合作者的情况也调查研究得不够,在确定专业方向,选择派往单位和合作者过程中都带有一些盲目性,出现了只要对方接受就派的情况。

在遴选1980年出国人员时,必须紧密结合我校发展的需要,充分利用派往国家和单位的所长,使派出去的同志,在国外工作一段时间后,有希望成为本学科或某一方面的学术

带头人。

二、科学院对派遣出国人员向我们提出了“认真挑选，确保质量；广辟渠道，力争资助；争取多派，加强管理”的要求。希望我们经过认真挑选，利用三年调查的时机，多送一点中年骨干教师到国外去工作、学习一至二年，力争尽快把我们的师资素质提高一步。经院有关领导同意，1980 年我校争取派出 50 名访问学者、进修人员和研究生。

我校是一所多科性的理工科大学，要根据“全面安排、突出重点”的方针来确定派遣的专业和人选。1980 年和今后几年内，除基础学科外，应以能源、材料、计算机、激光、生物工程、空间等方面的若干影响全局的综合性科技领域、重大新兴技术领域和带头学科为重点，配置派遣人员；对于原有基础较好或在国内已初步建立起自己特色的系和专业，根据需要，也可适当多派一点。各系在安排人选时，还要考虑到今后准备在学校实验中心发挥骨干作用的科技人员。

为了便于有稍长远的打算，我们提出了 1980—1982 年的三年选派指标（略）供各系参考。凡以前已列入派出计划但截至今年年底尚未出国的人员，不论与国外联系进展如何，一律都转到 1980 年指标内，并进行一次业务复审。经复审，业务不符合条件的，不要再派出。

三、计划应包括访问学者、进修人员与研究生。

在国际上，访问学者一般都须具有博士学位或相应的学术水平。科学院根据院的具体情况提出，访问学者必须具备以下四项条件。

1. 本人具有较好的科研基础，其从事的工作，一般应是国家、院和研究所的重点科研项目，回国以后能和国内研究工作相衔接；

2. 人选应是研究室的业务骨干，具有比较系统、坚实的基础理论和专业知识，对国际上有关学科的现状和发展趋势有比较多的了解，有较好的实验技能，在国外工作一段时间后，有希望成为本学科一方面的带头人；

3. 已经在国内做出一系列研究成果，发表过水平较好的学术论文；

4. 外语方面，能熟练地阅读本专业的科技文献，口语有一定基础，在国内经过一定时间培训后，能基本上适应国外工作和生活的需要。

我们结合学校具体情况再补充二点：

1. 第 3 项条件应包括“或有较丰富的教学经验，在某一学科的教学工作中有比较系统、深入的研究，能在国外承担部分教学任务的教师”。

2. 年龄一般应在 45 岁以下，身体健康。但对确实学有专长而专业又确实需要选派的教师，年龄可适当放宽。对出国短期访问、考察的教授，年龄不限。

进修人员的条件可低于访问学者。除第 1、4 两项要求相同外，本人应具有较好的基础理论和专业知识，有一定的教学、科研经历，确有培养前途。年龄一般应在 25—35 之间。

把优秀的研究生送到国外培养，争取考得学位，是培养青年骨干教师的一条重要途径，今后派出数量将会不断增加。1980 年计划 5 名左右。

四、选拔工作的做法仍然是：个人报名，经教研室（科研室）和系进行政治、业务、外文、健康的全面考核，由系主任填报“选拔出国人员推荐表”，再由校学术委员会审核，校党委同意后，送科学院审批。业务考核时要听取本人口头报告，结合本人工作经历、学术成果、作出业务鉴定。对于没有参加过校办英语高级班培训的候选人员,学校定于12月15日前后(具体时间、地点另定)进行统考。

各系的1980年“选拔出国人员推荐表”,务请于12月20日前送校教务处师资科汇总,经校审核后,要求在12月30日以前将初选名单报科学院。

五、为了尽快把世界先进科学技术掌握到手,在选择派往国家和单位时,当然要优先考虑去那些在学科上具有领先地位的国家、地区和单位,但也要注意国家、地区、单位的合理分布,不要过于集中在某几个国家和某几个名牌大学。目前,有许多国家愿意进一步和我国加强学术来往,特别是美国、西德、英国、日本、法国等许多学术单位,希望我们多派访问学者、研究生和进修人员前往工作和学习,有的国家提供条件也比较好。例如我们今年派往西德的5位同志,有4位享受洪堡基金会和海因里希·赫茨基金会的奖学金,其所得经费全部发给本人,除生活必需外,尚可有相当数量的经费用来选购回国后必需的仪器设备,这对国家、学校是很有利的。

在1980年的派出人员中,国家要求大部分能争取到对方国家的资助(已经派出没得到资助的,工作一段时间后,也要争取得到资助)。这就要求我们适当安排各项工作,把尽可能优秀的人才选送出国培养,以节省国家外汇支出,争取祖国荣誉。

浙江大学档案馆藏,档案号:ZD-1987-XZ-289

关于做好1981年向国外派遣访问学者、进修人员和研究生预选工作的意见

(1981年10月)

一、几年来,科学院批准我校列入出国计划的教师、研究生,先后共90人。到今年国庆节为止,有61人已陆续出国,或正在办理手续等待出国,他们的地区分布和研究(进修)方向,见附件一(略)。其余已经列入1980年计划的29人中,有11人是派往欧洲与日本的,至今未有落实(原来尚有几位同志是计划去西德的,后改向去美国,都已办完出国手续)。在派往美国的人员中,理科各系进度较快,如数学、物理、化学三个系,均已全部完成计划;相对地说,老工科人员的联系比较困难,如电机系列入今年计划的有7人,至今只走了韩祯祥一人,其余的多数尚未对上号,看来与专业较老、方向较窄有关。现在已与有关部门商定,凡已批准列入1980年计划的人员,无论原计划通过何种渠道派遣,若今年走不完,明年将继续负责派送完毕。

二、根据在各系初步了解的情况,和目前学校归属问题正在发生变化的现实,我们意见,1981年通过公费派出的人员,数量不宜过大,暂定教师与研究生总共不超过30人。各系可按自愿报名,政治、业务、外语、健康全面考核,择优推荐的精神,周知全体教师、研究生踊跃报名,并即着手组织考核,由系主任签报“选拔出国人员推荐表”,由校审核,确定预选名单报科学院与教育部审批。

三、要“认真遴选,确保质量”。要根据学校发展规划选拔对象和确定研究(进修)方向。选拔的对象要有较强的独立工作能力,力争获得国外资助。外语要求有较好基础,阅读笔译过关,能听课。如果经过学校3—5个月口语培训仍无法达到出国要求的,暂不要推荐选派。

在考核推荐过程中，要组织专家、群众评议，广泛听取各方面的意见。

四、各系的推荐表请于10月25日前报教务处师训科；10月底由学校组织外语考核。

浙江大学档案馆藏，档案号：ZD-1987-XZ-289

关于组织参加世界银行贷款出国人员考试的通知①

（1981年10月15日）

各系：

据悉教育部为世界银行贷款选派出国培养人员举办的外语考试，将在元月十七日左右进行，为使参加此次考试的人员能集中精力作好准备，特经校领导同意，作如下规定：

一、凡属七七级学生，由各系与指导教师研究，适当减轻其毕业设计（论文）的分量，使及早结束，并免予参加答辩，由指导教师评定其成绩。

二、凡属七八级（包括医仪专业七七级）学生，可申请缓考若干门课程，由系主任审批。缓考的课程于二月初补考期间参加补考。

三、凡系教师，由各系与有关教研室，在这段时间内适当减免其工作。

四、凡因考研究生、出国生，按教学计划规定应做毕业设计（论文）而未做的，接教育部通知，应一律补做。未取得毕业设计（论文）成绩者，不发毕业证书。补做时间可安排在研究生、出国生报到之前进行。设计（论文）分量，可参照本通知精神处理。

浙大教务处

一九八一年十月十五日

浙江大学档案馆藏，档案号：ZD-1987-XZ-288

关于我校留学回国教师的情况②

（1982年6月24日）

我校从1978年到1981年底，共派出研究生、进修教师和访问学者94人（研究生10人、教师84人），（理科29人、工科65人）。派往的国家美国73人、西德7人、英国5人、日本5人、法国2人、加拿大2人。到今年5月底派出人员中已有23人学成回国。（详见附表一）

我校派出的留学人员，从现在得到的反映来看，都是勤奋学习、努力工作、遵守纪律、作风正派、取得了较突出的成绩，并得到了合作导师的好评和国外人士的重视。有些同志，还为国家赢得了荣誉。已经回国的23位同志，在国外共发表了38篇论文、15人参加了各种类

① 本通知原无标题，由编者所拟。

② 本文原载浙江大学校长办公室编《简报》82年第8期（总第84期，1982年6月25日）。

型的国际学术会议,其中8人在会议上宣读了论文。例如材料系副教授陈全庆同志1981年9月出席了由英国物理学会举办,有美、法、德、意、加拿大、澳大利亚、瑞士、日本、荷兰等国家学者参加的"电子显微镜及分析"1981学术年会,在会上宣读了论文,并得到与会者的一致好评。化工系副教授吴平东同志,分别参加了美国1981年和1982年二届化学工程年会,并宣读了论文;他的合作导师曾来信对他在二次年会上发表的论文,表示了很高的评价;美国《化学工程》杂志还引用了他对硅酸盐的表面吸附的研究成果。又如数学系副教授梁友栋同志,在美国"计算机图形"杂志上发表了两篇论文,已被收集在1981年7月份出的"计算机图形"文献目录中。无线电系讲师陈抗生同志,在做好研究工作的同时,又在纽约理工学院修完"电动工程"硕士学位。他的十二门课程中,十一门成绩为A,一门成绩为B。又如数学系贾荣庆、唐永年,土木系吴世明等几位研究生,他们的博士资格考试成绩都名列前茅。贾荣庆在二年中已取得博士学位应有54学分的52个学分;唐永年的博士资格考试,以满分100分破了纽约州立大学石溪分校数学系的历史纪录。最突出例子是机械系路甬祥同志,他在西德短短一年多时间接连作出五项专利发明,使美、英、西德瑞士等六家有名的液压公司,都争相认购这个技术特许权。国际液压技术的权威性杂志《O+P》连续刊载路甬祥撰写的论文,西德的专家们热情赞誉他的发明是"崭新的八十年代液压技术"。W·巴克教授称路甬祥是"至今为止我所接待奖学金获得者中最好的一位"。很多国外企业都想留用他,然而路甬祥同志庄严声明"我的祖国是中国、我的事业在中国",表现出中国人民的高尚节操。1981年5月13日,路甬祥同志正式获得了工程博士学位。同年7月他回到了祖国,受到了国务院方毅副总理、国家科委、教育部、一机部、科学院等领导同志的接见。

我校留学回国的教师都带着满腔的热情,表示一定要为我校的教学科研作出更多的贡献,不负党和国家对他们的关怀和培养。许多教师回到学校后,放弃了规定的假日休息,立刻承担起学校的教学和科研任务。例如:物理系徐亚伯同志回校后就挑起物理系系主任的重担。电机系蒋静坪、无线电系陈抗生等同志一回到学校。马上就开出了新的选修课程。光仪系叶关荣同志回校后,也很快担任78届"光度学与色度学"新课,同时编写出新教材,还承担了国家仪表总局下达的色差计研究任务。有些教师回国后立即到上海、北京、天津等地与有关单位联系科研任务,有些教师积极地筹建和扩建实验基地。总之这些同志已成为我校教学科研、实验室建设的一支新的骨干力量。

这些教师不仅在学习和研究工作上取得了成就。而且还调查了所在国家教学科研的情况,为我校教学科研管理等方面提供了很多有益的资料,也为我校派遣留学生工作,打开了局面。

这些教师回国时,把节余下的生活费用和奖金为学校购置了45种仪器,价值约人民币79239.89元。

今年下半年,我校还将有30余位教师回校,各系要早作准备,为他们的工作作好安排并创造必要的工作条件。

一九八二年六月廿四日

附表一

1982年5月底前出国进修回校教师名单

系别	姓名	出国日期	回国日期	派往国家与单位
数学	董光昌	1979.9	1981.10	美国哥伦比亚大学等
数学	梁友栋	1979.9.26	1981.12.17	美国犹他大学
物理	徐亚伯	1979.2.4	1981.6.22	西德慕尼黑大学
物理	曹培林	1980.1.23	1982.3.27	美国西北大学
力学	朱文骅	1979.9.15	1982.1.9	美加州大学(伯克利)
力学	范正翘	1979.9	1981.10	美国马里兰大学等
电机	蒋静坪	1979.7	1981.7	美威斯康星大学(迈迪逊)
机械	路甬祥	1979.6.2	1981.6.9	西德亚琛工业大学
无线电	陈抗生	1979.11.2	1982.4.2	美纽约理工学院
材料	杨佳荣	1979.7.3	1981.7.3	美威斯康星大学(迈迪逊)
材料	陈全庆	1979.9.29	1982.1.16	英国牛津大学
材料	杨全	1979.11	1982.2	英设菲尔德大学
材料	张飞鹏	1979.9	1982.5	美加州大学(伯克利)
热物理	徐航	1979.6	1981.7	美威斯康星大学(迈迪逊)
热物理	张诗针	1980.2.19	1981.3.19	法国佩皮尼扬大学
光仪	叶关荣	1979.2.5	1980.12	西德西柏林技术大学
光仪	包正康	1979.2.5	1980.9	西德西柏林技术大学
化工	潘永密	1979.8.7	1981.8.2	美威斯康星大学(迈迪逊)
化工	袁惠根	1979.7.3	1981.7.3	美威斯康星大学(迈迪逊)
化工	陈甘棠	1979.10.25	1982.1.8	美哥伦比亚大学等
化工	王凯	1980.3.5	1982.3	日本九州大学
化工	吴平东	1980.3.5	1982.3	美伍斯特理工学院
土木	潘秋元	1979.1.4	1981.7.3	美俄亥俄州立大学
土木	宋伯铨	1979.10.13	1981.12	英国利物浦大学
外语组	沈宇青	1981.2	1981.6	西德歌德语言学院

浙江大学档案馆藏,档案号:ZD-1987-XZ-288

关于成立"包兆龙中国留学生奖学金浙江大学管理委员会"的报告[①]

(1985年8月26日)

国家教育委员会外事局:

我校已成立以韩祯祥校长为主任的"包兆龙中国留学生奖学金浙江大学管理委员会",并拟定了"浙江大学关于包兆龙中国留学生奖学金管理暂行条例"(讨论稿),详见附件。

请审定。

附件:

1.浙江大学关于包兆龙中国留学生奖学金管理暂行条例(讨论稿)

2.包兆龙中国留学生奖学金浙江大学管理委员会

浙江大学

一九八五年八月廿六日

附件一

浙江大学关于包兆龙中国留学生奖学金管理暂行条例(讨论稿)

一、包玉刚先生创立的包兆龙中国留学生奖学金,委托浙江大学管理、组织使用。

二、浙江大学建立以校长为主任的包兆龙中国留学生奖学金管理委员会领导这一工作。

三、包兆龙奖学金主要用于资助中国大学毕业生出国攻读博士学位。

四、本奖学金提供1—2年的出国留学生学习和生活费用及出国旅费,1—2年后的学习和生活费用原则上应由本人申请国外奖学金或资助,学习成果优异或取得重大成果或客观条件上确有困难者,经申请核准可继续领用1—2年本奖学金。

五、凡自愿申请包兆龙中国留学生奖学金出国的学生每年参加研究生统一的入学考试,按国家规定的出国选拔标准,择优录取。同时还需通过国外学校所需的考试。

六、经包玉刚先生推荐的符合出国留学条件的学生,给予优先考虑。

七、关于各学科专业名额分配,每年由委员会讨论确定,优先考虑新兴边缘学科和国家急需专业。在浙江大学(含宁波大学)及在浙江省兼顾其他地区遴选的出国留学生。

八、凡获得本奖学金的研究生,在攻读学位期间发表论文时,必须写明获得包兆龙奖学金的支持。

九、使用本奖学金出国的研究生回国后,由浙江大学根据工作需要在全国范围内分配其工作。

十、浙江大学定期向北京包兆龙中国留学生奖学金管理委员会报告工作情况。

---

① 本件原无标题,标题为编者所拟。

附件二

包兆龙中国留学生奖学金浙江大学管理委员会名单

包兆龙中国留学生奖学金浙江大学管理委员会由下列 7 人组成。

韩祯祥(主任)

吕维雪　杨士林　路甬祥　吕勇载　郭竹瑞　曾国熙

秘　书:周　文

浙江大学档案馆藏,档案号:ZD-1985-XZ-120

关于申报 1986 年出国进修人员计划的报告

(1986 年 1 月 18 日)

国家教育委员会教师管理办公室:

为了加速我校师资队伍的建设,掌握外国先进科学技术,根据〔85〕教师管办字 265 号通知要求,经研究,1986 年我校拟报 10 个学科选派 17 名教师,要求公费出国深造(详见附件一)。

根据工商企业选派出国主修人员计划,经研究为了加强博士后示范科研流动站的建设和重大科技项目的攻关,我们要求能多派几名教师出国进修,拟选派下列 5 位教师为申报 1986 年工商企业选派出国修人员(略)。

特此报告,请审批。

浙江大学

一九八六年一月十八日

附件一

一九八六年出国进修人员计划申报表

学科名称	名额	国别
化学	1	西德或美国
电力	1	美国
新能源	1	苏联
材料科学	2	日本、英国
机械	2	日本、西德
仪器仪表	2	加拿大、美国
自动化	2	美国、加拿大
无线电与通信	2	西德、日本

续表

学科名称	名额	国别
化工	2	西德、美国
建工与城市建设	2	美国、日本
合计	17	

浙江大学档案馆藏，档案号：ZD-1987-XZ-288

关于申报1987年出国进修人员计划的通知

(1986年12月30日)

各系、各部门：

为了做好1987年出国进修人员的计划和选拔工作，请各系各部门本着“按需派遣，学用一致，保证质量”的原则，根据学校发展的需要，首先考虑重点学科和“七五”期间承担国家重大科技攻关的项目，并和培养师资结合起来统筹安排。选拔人员时先确定学科，再考虑人选。现将有关事项通知如下：

一、选拔条件：出国留学人员必须从政治思想表现、业务基础、外语水平、身体健康状况等四个方面全面衡量，择优选拔，确保质量。

1.政治条件：出国进修人员必须是政治思想品德好、热爱祖国，积极承担教学、科研任务，有事业心，团结同志，作风正派。

2.业务水平：出国进修人员应具有较扎实的理论基础知识和较熟练的实验技能，工作成绩突出，确有培养前途的优秀中青年教师和实验室技术人员。

3.外语要求：外语水平直接关系到出国进修的效果，因此，必须在听、说、读、写、译等方面具备较好的语言基础。

4.身体条件：必须达到出国进修预备人员的体检要求。

5.选拔对象：出国进修人员必须是大学本科毕业后工作五年以上或获硕士学位工作两年以上的中、青年骨干教师，年龄原则上不得超过50岁，学习期限为半年至一年；攻读学位者，年龄不得超过三十岁，学习期限一般为二至三年。通过中央引进国外智力领导小组办公室的渠道派出，去国外工商企业实习培训人员，可不受此条规定。

二、名额分配：今年我校已选派出国的教师有84人，其中进修34名，攻读学位45名，短期出国讲学、协作工作者5人。这些人中，多数是取得对方资助，奖学金和校际交流的渠道出国的公费名额很少。根据今年的派出情况，预计明年可以派出50—60(不包括自筹资金名额)，各系拟分配2—4名上报(详见附表1)。

凡自筹经费或系际交流要求出国者，必须列入系、部门计划一并上报，经学校批准方能办理出国手续。

三、外语考试和外语培训

各系按分配名额的二倍安排人选，参加外语考试，考试时间定在2月中旬，考试语种有英、俄、德、法、日。自筹经费派出的人和初次出国参加国际会议的副教授以下职称人员一起参加考试，择优录取，由教师科根据不同程度安排培训。

四、时间安排和要求：

各系、各部门按照分配名额的两倍人数和经系同意自筹经费的派出人员、计划初次出国参加国际会议的副教授以下职称的人员，一律须填写出国预备人员外语考试报名表，此表于1987年1月15日前报人事处教师科。

附：1. 选拔1987年出国预备人员的分配表。

2. 出国预备人员一览表。

浙江大学

一九八六年十二月三十日

附件1

选拔1987年出国预备人员名额分配表

系别	计划内		国别							
	访问学者	读学位	英	俄	日	德	法	美	加	比
数学	1	2		1			①	①		
物理	1	1				1		①		
化学	3					2		1		
力学	1	1	①			1				
地质	1	1		①				1		
电机	1	4	①	①		①	1	①		
化工	2	3	1	①	①	①		1		
土木	3	1	①	1		1		1		
机械	2	3		①	1		①	1	①	
讯息与电子	2	1			1	1	①			
光仪	1	2				①		1	①	
科仪	1	1	①						1	
计算机	1	1	1					①		
热物理	1	2	1			①		①		
材料	3	1				①	1	1		1
语言	1	1				1		0)		
工管		1						①		
社科	1							1		

续表

系别	计划内		国别							
	访问学者	读学位	英	俄	日	德	法	美	加	比
生物	1	1	1					①		
图书馆	1							1		
中心	1 计	1 测			1			①		
合计	29	28	8	6	4	12	5	18	3	1

注:有○表示攻读学位的。

各系若有法、俄基础的人可以不受名额限制上报。

浙江大学档案馆藏,档案号:ZD-1987-XZ-288

1987 年选派出国人员情况[①]

(1987 年 10 月 14 日)

系别	人数	类别						派往国别(地区)											
		进修	讲学	攻读学位 22	联合培养 15	博士后	自费	西德	英	日	加拿大	美	澳大利亚	比利时	芬兰	奥地利	瑞士	苏联	新西兰
总计	79	29	6	22	15	1	6	18	13	2	12	26	1	1	1	1	1	2	1
应用数学系	6	1	3		2			2				3				1			
物理学系	4	2		1			1			1									
化学系	4	3			1			2			1	1							
力学系	4	2	1	1							2	2							
地质学系																			
生物科学与技术系	2			2					1			1					1		
电机工程学系	5	1		2	2			1	2			1							
化学工程学系	8	2	1	1	3		1	2	1		3	2							
建筑系																			
土木工程学系	3	2		1							1	1	1						
机械工程学系	4	2		1	1			3										1	
信息与电子工程学系	3	1		1		1						3							

① 本表原载浙江大学校长办公室编《1987/1988 学年初普通高等学校基层报表》。

续表

系别	人数	类别						派往国别(地区)											
		进修	讲学	攻读学位22	联合培养15	博士后	自费	西德	英	日	加拿大	美	澳大利亚	比利时	芬兰	奥地利	瑞士	苏联	新西兰
光学仪器工程学系	3	1		1	1			1	1					1					
材料科学与工程学系	5	2		2	1			1	3			1							
热物理工程学系	4			2	2			1	1		1	1							
科学实验仪器工程学系	7	2	1	2	1		1	2	2	1		1			1				
计算机科学与工程学系	5	1		1	1		2	1			2	2							
工业管理工程学系	1			1					1										
哲学系经济学系																			
外语系	7	6		1				2	1		1	2							1
中国语言文学系																			
测试、计算中心	2	1		1			1				1							1	
机关	2			1								2							

浙江大学档案馆藏,档案号:ZD-1987-XZ-386

浙江大学关于学生自费出国留学、出国定居的暂行规定

(1988 年 6 月 13 日)

浙大发教〔1988〕51 号

各系,各有关部、处:

根据国家教委《关于出国留学人员工作的若干暂行规定》和《浙江大学外事工作若干规定》有关精神,对本专科学生及研究生自费出国留学、定居等有关具体问题作如下暂行规定:

(一)关于本科与专科学生

一、自费出国留学,是为国家建设培养人才的一条渠道,学校给予积极支持。对自费出国留学的学生,各级组织应给予关心和爱护,教育、鼓励他们早日学成回国,为祖国的社会主义现代化建设事业服务。

二、申请自费出国留学者,需向学校出具如下材料:

1.定居在国外的亲友提供的经济保证书,或本人和亲属在国内外外汇存款证明。

2.国外高等学校或科研机构入学许可证件。

三、应届毕业班的学生(自九月一日升入毕业年级算起)已列入国家分配计划,应服从国家分配,为国家服务,不能申请自费出国留学。非毕业班学生申请自费留学,须在进入毕业班前办妥学校审批同意手续。进入毕业班后不再受理。

四、符合〔87〕侨转字008号文件规定的应届毕业生可申请自费出国留学。申请时除经济担保和入学许可证件外,还须交:

1.县以上侨务办公室证明。

2.本人不参加毕业分配的申请报告。

申请者如到毕业分配时仍未办完出国留学手续,户口迁回家庭所在地,交回四年培养费。

五、对于浙大发外〔88〕42号文关于"在校本科生申请自费出国,按学年计,每一学年应缴回学校培养费人民币二千元。如在十年内学成回国工作,此费用学校将归还本人"的规定按以下具体办法执行:

1.申请者应在办理护照前交清培养费。

2.申请办理护照后需继续在校学习直至离境的,每学期开学报到时需补交一千元培养费方可注册。

3.交清培养费后又因故未能出国留学者,若本人决定不再继续申请,应交回护照,学校立即归还此款项;若需保留护照继续申请的,至护照期满后归还。

六、获准自费出国留学的,离境前,在办理离校手续的同时,可申请保留学籍一年,或办理退学手续。

七、委托培养学生,须经委托单位同意,方可向学校申请自费留学。

八、在校学生申请出国定居,须出具定居国移民机构颁发的定居证明,离境前须办理退学手续。

九、申请自费出国留学的具体手续如下:

1.本人申请,经系主任同意,报教务处核准后,由系办公室出具成绩证明。

2.备齐所需材料后报校长审批。获准者到财务科交纳相应年限的培养费。

3.持自费出国留学审批表和经济担保书、入学许可证等材料,向校保卫处申请办理护照。

4.离境前到教务处办理退学或保留学籍一年手续。

(二)关于研究生

一、本规定第一部分有关本科及专科学生之一、六、七条同样适用于研究生。

二、凡符合浙大发外〔88〕42号文之(六)、四、第4条规定自费出国的在校研究生,须持县、市以上侨务办公室证明,经导师及所在系同意后,报研究生院审批。

三、在校研究生申请自费出国应向学校缴纳培养费,硕士生每年应缴纳4200元,博士生每年应缴纳6300元。

四、由应届本科毕业生连续攻读硕士、博士学位者,需缴纳大学读书至出国时止的培养费;凡毕业后工作两年以上者,工作以前的培养费可以免缴。

五、应缴纳的培养费应一次缴清。在本文下达的一年内，对一次缴清确有困难者可适当照顾：需缴纳款项多于1万元者可以先缴1万元，余额可酌情延期支付，但不得超过3年。但必须订出偿还计划，提供经济担保人，并经公证处公证。需缴纳培养费在1万元以下者仍需一次缴清。

六、申请办理护照后需继续在校学习直至离境的，每学期开学报到时需补交硕士生培养费2100元，博士生培养费3150元，方可注册。

七、硕士生如在8年内回国工作，博士生在5年内回国工作，所缴费用将退还本人。

八、研究生申请自费出国的有关具体事宜未专项列出的可参照本规定的第一部分精神执行。

浙江大学

一九八八年六月十三日

浙江大学档案馆藏，档案号：ZD-1901-JX37-3

浙江大学关于公派出国留学工作的暂行规定

(1990年12月)

根据中共中央中发〔1986〕11号、国务院国发〔1986〕107号文件，国家教委〔87〕教外综679号文件，国家教委及司法部〔87〕教外综字686号文件，财政部、国家教委及外交部〔85〕财文字第259号文及国家教委〔89〕教留字058号文件等有关文件规定精神，结合我校的实际情况，对我校公派出国留学作如下规定：

一、国家公派留学人员

1. 国家公派留学人员是指由国家统一选拔、派遣，执行统一经费开支规定的出国留学人员，包括国家公费、世界银行贷款及中英奖学金等项目派出的人员。它每年由国家教委下达我校一定数量的名额。

2. 国家公派留学人员包括高级访问学者、普通进修人员、出国研究生及联合培养博士生等人员。

3. 国家公派出国人员人选要求由国家教委下达名额时决定，一般要求：

(1)具有高级专业技术职务，在教学科研第一线工作的人员；

(2)具有中级专业技术职务的业务骨干；

(3)在国内获博士学位，具有二年以上本专业工作实践并做出成绩的人员；

(4)从国外留学回校后工作满三年并做出成绩的人员。

出国进修人员、访问学者应是年龄在30岁以上具有中级及以上职称的人员；高级访问学者一般要求年龄在50岁以下具有高级专业技术职务的人员。

4. 国家公派出国人员出国期限：出国研究生一般为三至四年，以〔87〕教外综字679号文规定的年限(简称“规定年限”)为准；进修人员、访问学者一般为一年；高级访问学者一般为三至六个月。

二、单位公派出国留学人员

1.单位公派出国留学人员主要是指下面三种途径派出的留学人员:

(1)校际交流关系派出的留学人员;

(2)学校自筹资金及包氏奖学金和其他奖学金派出的留学人员;

(3)列入学校派遣计划,由学校同意对外联系获得国外学校资助的留学人员,包括列入学校计划,利用学术假出国讲学与从事合作科研的人员。

2.单位公派出国留学人员选派条件,与国家公派出国留学人员选派条件相同。单位公派原则上不再派遣人员出国攻读学位。

3.经学校同意取得国外资助出国的单位公派出国留学人员,其出国进修期限为六个月的,所取得的国外资助额应不低于5000美元,进修期限为一年的,国外资助额应不低于8000美元;高级访问学者及利用学术假出国的人员,所取得的国外资助额应不低于每月1000美元。

三、公派出国留学人员的计划

1.各系、各部门应本着"按需深造、保证质量、学用一致"、"定向定人、保质保回"的原则,从学校事业发展的需要出发,根据学科发展、学术梯队、科研队伍、师资队伍的建设需要,考虑所承担国家重点建设项目、重大技术改造项目和重点科研项目,并同师资培训、国外接受的可能性结合起来,制定各系的长远规划,并于每年十一月下旬将下一个二年计划选派的各类预备人员名单、拟去国别、专业方向报人事处,经遴选后由人事处汇总制定全校派出的二年计划,由学校统一安排外语培训及政治、业务考核。

2.坚持博采各国之长,为我所用的原则,以学习世界领先科学技术为目的,及时调整出国学人员派往国别的比例。派往美国的人数原则上掌握在20%以内,人员年龄需要在35岁以上。派往欧洲国家的人数在60%左右,并适当控制加拿大、澳大利亚的人数。赴加拿大的人员年龄原则上要求在40岁以上。

3.研究生培养基本上立足于国内,对必须派出培养的研究生,实行少派精派,提高高级访问学者的比例。

4.选派学科,以应用学科(包括应用文科)为主,减少基础学科的派出比例。派出人员必须有参加过工厂或农村社会实践锻炼过的经历。

5.为维护学校正常的教学、科研工作秩序,规定学校出国留学人员的比例应掌握在全校教师定编人数的10%以内。各系应根据这一比例和已经在外人员的情况,在做好他们回归的前提下制订二年计划,对已超过这一比例的单位,学校视情况实行缓派或不派。

6.对于未列入学校计划,事先未经学校各级组织、领导批准,个人自行联系取得国外资助的人员,不得作为公派派遣。

7.经学校同意列入派遣计划的预备人员,由人事处培训科审核,允许办理成绩单;未列入计划的不予办理成绩。对于准备申请自费出国留学的人员,如属未完成服务期年限的,必须提供属"六类人员"眷属的亲属关系证明,才能办理成绩单;对已完成服务期年限的人员,经所在单位负责外事工作的负责人同意,并经人事处培训科审核后办理成绩单。

四、外语条件、外语培训、考试及费用

1.外语条件:各类出国人员(包括短期出国人员)都应掌握相应国家的语言文字,能够比较熟练地运用外文阅读专业书刊,有一定的听、说、读、写基本四会能力。

2.外语培训:人事处将根据学校制订的二年计划,组织预备人员进行外语培训及考试。

3.外语培训、考试费用:国家公派出国人员的外语培训费、旅费及考试费用由学校支付,资料费、讲义费个人自理。单位公派出国人员的外语考试费用个人自理,列入计划经学校同意报考的,考试旅费由学校支付。

五、公派出国留学人员的选拔,审批及派遣

1.各单位选拔出国预备人员,必须充分听取群众的意见,按照出国人员条件,严格把关,保证质量。人选计划应由党政联席会议讨论拟定。

2.人事处根据学校二年计划,视派往国家的学科以及学校学科规划和师资队伍建设规划等情况,在征求各单位意见并综合考察后拟定人选,报校长审定后政审。

3.公派出国人员审批前,应安排好教学、科研工作,填写"出国人员工作安排表"(见附件三),经有关部门签字后送人事处。

4.出国留学人员材料经校长批准后由人事处归口上报国家教委审批,其他基层单位不得擅自上报。否则,学校将不予办理出国手续。

5.出国留学人员出国前必须与学校签订"出国留学协议书",并经杭州市公证处公证后生效。"出国留学协议书"由校长委托代理人签订并处理协议书中的具体事宜。出国留学人员应认真履行"协议书"规定的条款。

出国人员的国内保证人的条件是:

(1)本校职工,了解出国人员,相信并保证出国人员能执行协议;

(2)具有中级职称或科长及以上职务的人员;

(3)担任保证人期间不能有因私出国或半年以上的因公出国。

6.出国留学人员出国前须注销户粮关系,安排好教学、科研工作。

7.经国家教委批准后,由人事处办理政审批件并安排出国留学人员参加集训及办理护照等出国手续。具体的集训由国家教委出国人员上海集训部(上海外国语学院内)组织,并办理护照、签证,上海集训部的集训时间为每月的5日、15日、25日(如逢星期日照常)三次。特殊情况可随时加急办理。

六、公派出国留学人员出国前后的国内费用

1.公派出国留学人员下列费用可向学校报销:

(1)规定集训的旅费和集训费(限一次);

(2)出国护照费、签证费、黄皮书费、海关和机场费(不包括出国体检费);(3)出国时的国内旅费和去机场或火车站的出租汽车费(限一辆小车单程);(4)学成回国时的国内旅费(机场出租汽车一辆,限单程);

(5)因公出国需要印刷个人名片的费用,由科研经费或系外事经费中开支,印数限150～200张。

(6)回国行李报销限四件,行李超期保管费、罚款由个人自理。

2.公派出国留学人员的“出国留学协议书”的公证费，由学校支付50%。

七、公派留学人员的工资和工龄

1.凡公派出国进修人员、访问学者，出国前工龄在二年以上，在批准的出国期限内，国内工资(指基础工资、职务工资和工龄津贴三部分，下同)照发，回国后不再归还。进修人员在批准的延长期限内，国内工资停发，但批准延长期予以计算工龄。

2.公派出国研究生，如出国前系本科毕业后工作五年以上，或硕士研究生毕业后工作二年以上的在职人员，其在附件一规定的攻读硕士、博士学位的年限内，国内工资照发，回国后不再归还。在学人员及不符合上述工作年限规定的在职人员出国攻读学位，自出境的下一个月起停发国内人民助学金或工资。

3.联合培养博士生按进修人员派出和管理，在外享受进修人员待遇，凡在职博士生符合第1条规定的，国内工资照发。凡享受人民助学金者，自离境的下一个月起停发国内人民助学金。

4.获博士学位后在国内工作满二年的在职人员去国外从事博士后研究或实习，按进修人员派出和管理，在批准的期限内，国内工资照发。在国外获博士学位后直接从事博士后研究或实习的人员，在做博士后期间国内工资停发。

5.公派出国研究生，在规定的年限(包括经批准延限的时间)内获得博士学位，并按规定的留学期限(包括获博士学位后经批准延期从事博士后研究或实习的时间)回国的，其在国外攻读博士学位期间计算工龄，计算年限以附件一规定的“国内硕士研究生毕业出国攻读博士学位年限”为准。

6.回国留学人员工资问题

(1)按期回国留学人员，按时参加有关工调工改，按时起薪；

(2)逾期回国的人员，如逾期时间在三个月内，经人事处批准后，允许参加工调工改；逾期时间为三至六个月的，经主管校长批准后计算逾期期间的工龄，允许参加工调工改；

(3)对逾期六个月以上回国留学人员，按照有关工调工改文件规定，并根据学校聘任的职务情况，参照国内同类人员工资水平，重新确定工资级别和工龄工资。

(4)出国进修人员、访问学者按期回国的，自回校工作之月起恢复校内津贴(或浮动工资)，按期回国的出国研究生(包括进修改变身份攻读学位的人员)，以及逾期回国的留学人员，需回校实际工作满六个月后发给校内津贴。

八、置装费、国际旅费及经费结算

(一)出国置装费及国际旅费

1.一年以上(含一年)的公派出国人员的置装费标准：

	热带	温带	寒带
研究生	750元	850元	950元
进修人员及访问学者	700元	800元	900元

(中略)

3.单位公派出国人员置装费、出国国际旅费原则上个人自理，对少数校际交流派出人员，如果国外提供生活费用不足国家公费留学人员生活费用标准，经校长批准后，可由本人科研费、单位发展基金解决单程国际旅费；对其他出国人员个人解决国际旅费确有困难的，经校长批准后，可向学校借支人民币，回国后用外汇归还借支（按出国时的比价折算）或分期用外汇寄还。

（二）公派出国留学人员的经费结算

1.国家公派出国人员，包括中英友好奖学金派出人员、世界银行贷款派出人员以及其他国家奖学金派出人员，除国家规定结算经费外，学校不予经费结算。

2.单位公派出国留学人员经费结算

（1）由于校际交流是两所学校之间互派访问学者、留学人员，派出人员在对方学校学习的生活费用及学费等均由接受学校支付，学校承担了来我校访问、学习人员经费的义务。因此，我校校际交流派出人员有上交部分资助给学校的义务。

通过校际交流派出，期限在六个月以上的出国留学人员，对方学校提供的年资助额（不包括学费）在10000美元以内（不包括10000美元）的，学校不予经费结算；年资助额为10000美元至12000美元的，按资助总额的10%上缴学校；年资额为12000美元至15000美元的，按资助总额的15%上缴学校；年资助额超过15000美元的，按资助总额的20%上缴学校。

对通过校际交流出国，期限在六个月以内的出国人员，学校不予经费结算，但往返旅费个人自理。

（2）对利用学术假出国的人员，在学术假期间的经费不予结算。对超过学术假规定期限以外的时间，按照校际交流人员标准进行经费结算。

（3）通过其他途径出国的单位公派人员，学校不予经费结算。

3.归还借支学校的费用，如出国国际旅费，应从经费结算以后个人剩余部分中支出。

4.出国人员回国后，经费一律用外币结算。具体结算由人事处审核，财务处结算。

九、公派留学人员的教育、管理

1.公派出国留学人员出国前，各系、各单位及各有关总支的领导要找他们谈话，明确出国学习的任务和目的，并指定专人联系，给予必要的业务指导。

2.公派出国留学人员在国外学习期间，各系、各单位应协助校人事处做好出国留学人员的管理工作，并定期进行家访。

3.公派出国人员有义务学成按期回国服务。对未经批准擅自延长者，各单位要对其提出批评、教育、警告，对经教育仍滞留不归者，不再按公派留学人员身份对待。

4.公派出国留学人员回国后，应向校人事处及系、教研室领导汇报在外学习的情况及收获，并填写“回国报告书”。

5.留学人员回国工作后，有义务每年向人事处汇报科研及教学的开展及进展情况和所取得的成绩。

十、公派出国研究生回国休假

1.公派出国攻读博士学位的研究生，批准期限在三年及以上的，满二（须获得博士资格）后，国家公费出国研究生可享受公费回国休假一次，单位公派出国研究生回国休假费用自理。

2.公派出国研究生按规定公费回国探亲，可按国内人员探亲标准报销到达探亲地点的国内往返车船票。不领工资的公费出国研究生回国探亲,在国内期间每天发给人民币一元五角的生活补贴费。

3. 公派出国进修人员、访问学者,不享受回国休假待遇。

十一、公派出国留学人员的延期及审批

1. 公派出国进修人员、访问学者及合作科研的人员,应按期回国服务。对少数在国外取得成绩并确因业务需要,不能按期完成进修任务的,可在批准期限期满前三个月向学校提出申请。申请延长只限一次,延长期限不得超过一年,不得申请再次延期。进修人员及访问学者延长在外期限,但不改变留学身份,更不能改变留学性质。

2. 出国攻读学位的人员在国外留学的年限,以"规定年限"为准。出国研究生如在"规定年限"内不能如期取得学位的,可以申请延期,但以一次为限,延长的留学期限一般为一年。申请延期应在规定期满前三个月向学校提出申请。

3. 出国研究生在规定期限内取得博士学位后,可以申请延期从事博士后研究或实习。但申请以一次为限,延长期限一般为一年,最长不超过一年半。对攻读博士学位期间已申请延长过的人员,一般不再延期在国外从事博士后研究或实习。

4. 国内获博士学位出国从事博士后研究的人员,按出国进修人员处理。

5. 联合培养博士生的出国期限一般为一年,最长不超过二年,如确实不能按期完成科研任务或论文的,可申请延期一次,延长期限一般为半年至一年,联合培养博士生不得在国外改变身份攻读博士学位。

6. 申请延长在国外期限需提供:国外导师的邀请信、资助证明(在美国的留学人员申请延期,必须提供新的 1AP—66 表)及个人申请书,陈述延长理由,并到驻外使领馆填写"延长留学期限申请表"即 JW104 表。申请延期从事博士后研究的,须填写"从事国外博士后研究或实习申请表"即 JW105 表,经学校同意后上报国家教委审批。

十二、教职工出国工作

1. 出国工作的教职工人选由校人事处根据工作性质要求落实。赴国外使馆工作的人选由党委组织部会同校人事处落实,由人事处负责办理政审、上报等手续。

2. 出国工作的教职工在国外期间,国内工资照发。所发国内工资仅限于基本工资和工龄工资,不包括福利性补贴、津贴及奖金、酬金等。

浙江大学档案馆藏,档案号:ZD-1994-XZ-129-1

浙江大学"八五"出国留学工作规划

(1991 年 12 月 17 日)

国家教委留学生司:

根据国家教委"关于在部分院校、单位改进公派出国留学工作的意见"及有关文件精神,在总结"七五"出国留学工作的基础上,结合我校"八五"发展计划和十年规划,现就我校"八五"出国留学工作作如下考虑:

一、认清学校发展目标，明确“八五”出国留学工作的指导思想

本世纪最后十年，我校将进入一个持续、稳定和协调发展的时期，我们的目标是要把我校建设成为有特色的、充满活力的，教育质量和科研水平稳定地居于国内同类高校前列，能与国际上一流大学平等竞争的社会主义理工科大学。

但是，由于历史的原因，我校教职工队伍不同程度地存在着结构不合理，师资队伍尤其是学术骨干和学术带头人面临青黄不接的危机，按现有离退休年龄标准，今后十年内将有40%以上的教师步入退休的行列。从高职教师来看，五年内有23.1%的博士导师、20%的教授、33.2%的副教授退休；十年内有53.8%的博士导师，63.2%的教授、74.3%的副教授退休。面临即将来临的退休高峰，要不失时机地抓住今后五至十年的调整时机，采取有力措施，努力把因退休高潮而出现的危机转化为实现建设一支又红又专、合理精干的教师队伍为目标的契机。

振兴民族的希望在教育，振兴教育的希望在教师。出国留学工作的目的就是为师资队伍建设服务，通过出国进修、访问，提高师资队伍的水平和层次，逐步调整好队伍内部的合理结构，包括数量、年龄、知识、职务等。我们要认真总结十多年来出国留学工作的经验，在此基础上不断完善出国留学工作，把出国留学工作作为强化师资队伍建设和培养学术带头人、学术骨干的战略重点。

面对科技挑战的形势，结合我校教学、科研发展和培养学术带头人、梯队骨干的需要，在“八五”期间，出国留学工作必须继续把坚定正确的政治方向放在首位，始终坚持党的领导，坚持为社会主义现代化建设服务的方针。“按需派遣、培养骨干”是我校制定公派出国留学工作五年规划的指导思想。

“按需派遣、培养骨干”是指，按照学校事业发展的需要，为学科建设（包括重点学科、博士点学科、计划重点发展的学科）重点实验室、重点项目及重点课程发展需要安排好派出计划。在派出人选上，重点放在把具备较好的政治思想素质、较高业务水平的中青年教师培养成为博士导师、学术带头人或主要教学、学术骨干上。

二、精心规划，突出重点

按照学校“八五”期间的发展规划，一方面，由人事处会同教务处、科研处、研究生院及外办各有侧重地提出具体的人才培养计划，根据各学科，尤其是重点学科、博士点学科现有的学术带头人、博士生导师、教授状况，按照他们可能退休的年龄，列出接替人员名单，同时分析这些人员的全面素质、具有的潜力和发展前途等；对于重点实验室、重大科研项目，同样根据现有科研队伍状况，拟定他们的学术梯队。另一方面，由各系根据自身的发展需要申报各单位的五年出国规划，学校综合两方面的计划后，制订出“八五”期间出国留学规划及选派的项目和人选。

“突出重点”是指在制订“八五”出国留学工作规划时，着重考虑哪些须通过出国培养来重点解决学科建设中存在的问题。

①对现有部分学科进行调整，形成拳头学科

如：我校从事自动化研究的学科和人员分布很广，分散在化工、机械、电机、数学、科仪、计算机、信电、管理等系，主要力量是化工系工业自动化学科、电机系自动控制理论及应用学科、机械系流体传动与控制学科，共有10多名教授，40多名副教授、高工，还有一批年轻的博士毕业生和博士后研究人员。他们理工结合，实力相当雄厚，完全可以占领自动化学科更广泛的领域。但是由于力量分散，缺少统一管理和多方面结合的人才，未能形成拳头学科。

在"八五"期间，我们计划采取交叉学科成组配套派遣的形式派遣，通过国外培养和国内调整，努力使该学科进入世界一流学科。

②加强博士点学科的建设

如：我校应用数学系运筹学与控制论学科和能源系内燃机学科，原研究水平处于国内前沿。但由于博士导师去世或退休以后，这两个重点学科一直缺少学术带头人，科研及师资队伍也未能形成梯队，缺少30至45岁的中青年教师。

在"八五"期间，一方面选派有较深造诣的中青年教授出国进一步深造，以培养博士生导师；另一方面选派30岁以上的青年教师骨干出国进修，以形成学术梯队。同时在国内予以调整和引进人才。

③加强学校计划重点发展学科的建设

如：我校建筑结构工程学科。该学科现有一名博士生导师，15名50多岁的教授、副教授和高工，但研究方向有计算结构力学、空间结构、结构振动、钢筋混凝土结构、钢结构、现代设计技术与软件等方向，方向多而力量分散，缺少中青年教师，不能形成一个强而有竞争力的学科，至今未能申请到博士点。

"八五"期间，在对该学科补充35～45岁的中青年教师的基础上，加强对学科内部，特别是对研究方向的调整，突出重点，以点带面，发展优势，同时选派中青年教师骨干出国进修，以培养学术带头人和梯队骨干。

三、控制规模、提高层次，开展双向交流，提高出国留学工作效益

针对前几年出国留学人员派遣状况，在"八五"期间我校将适当地控制出国留学人员的派遣规模，同时提高派遣人员的层次和水平。

根据我校现有师资队伍情况，在"八五"期间，我校计划每年选派：国家公派留学人员为总教师数(以91年度教师定编数计算)的1%左右；单位公派出国留学人员为总教师数的1.5%左右，总规模控制在2.0%～2.5%之间。

派遣人员以进修人员、访问学者为主，特别是增加为期三～六个月的高级访问学者的比例。"八五"期间访问学者控制在90%，(其中中高级访问学者掌握在50%—60%)，从严控制出国攻读博士学位人数。具体人选以中青年教授、副教授及30岁以上的青年骨干教师，选派学科以应用学科为主兼顾基础学科、管理学科及人文和语言学科。

在派遣渠道上，主要采取"对口派遣"的形式对外派遣，进一步拓宽校际交流渠道，特别是加强作为国家教委重点对口派遣院校之间的交流。积极开展双向交流，采取派出去与请进来相结合的办法，使校内更多的教师在双向交流中获益。德国的柏林工业大学和帕德勃大学，美国的普渡大学、斯坦福大学、麦迪逊-威斯康星大学和加州大学洛杉矶分校，日本的东京大学和北海道大学，英国的利物浦大学等九所大学是我校"八五"重点国际交流的学校。

在派遣方式上，以个别派遣和成组配套派遣两种方式派出。个别派遣(包括高级访问学者)以三～六个月短期出国为主,主要是了解学科的前沿领域。同时也根据学校学科建设的需要对口派遣专业交流团组,专门学习交流某项先进科技,派出时间为半年至一年。

四、加强教育管理,具体落实规划

在落实“八五”规划中各年度的具体计划时,严格预备人员的选拔、教育和管理。

①坚持正确的政治方向。在教师的出国培养,特别是中青年教师的出国留学方面,加强政治条件的考核。考核内容力求具体、规范、全面,防止和纠正片面强调业务的偏向,坚持政治素质和业务素质并重。

②强化思想政治教育。高度重视出国留学人员的思想政治工作,有计划地组织出国预备人员学习马列主义基本理论,深入基层、农村,参加社会实践,使他们全面地了解国情、民情,加深对党的路线、方针、政策,特别是出国留学政策的理解,提高识别和抵御资产阶级自由化思想侵蚀的能力。

思想政治教育过程及外语培训同时也是对派出人员进一步考察的过程,以保证派出人员的质量。

在具体执行计划中,我们采取“滚动计划法”。即:在具体实施第一年度出国留学计划的同时,对第二、第三年度的预备人员进行外语培训,对第二年度的预备人员则在强化外语水平的同时进行思想政治素质、业务水平、实际工作能力、工作态度与业绩等方面的综合考察,必要时对计划作一定的修正,以形成良性循环。

根据上述几个方面的考虑,制定我校“八五”出国留学工作规划,见附表。

附件:1992—1995 选派出国留学人员规划表 2 份(略)

浙江大学

一九九一年十二月十七日

浙江大学档案馆藏,档案号:ZD-1994-XZ-129-1

浙江大学关于研究生自费出国留学的规定

(1995 年 11 月 24 日)

一、本校已正式注册的研究生,获得接受学校的全额奖学金者,可以申请办理自费出国留学手续。

二、自费出国留学者,要缴纳自大学到研究生期间的全部培养费以及培养补偿费。

根据国家教委教留〔1993〕81 号文件精神,所收培养费和培养补偿费全部用于发展高等教育事业和支持留学回国人员开展工作。博士生按规定学习年限完成学业,在毕业后的三个月内收到国外邀请做博士后信函,可以在校内办理出国手续,不缴纳培养费。

三、在校研究生申请自费出国留学,可以申请停学一年,在停学期间不享受研究生待遇。

毕业、结业研究生可以在毕业、结业后的三个月内在学校办理自费出国留学手续。其培养补偿费向学校缴纳,培养费向省教委缴纳。申请自费出国留学者均应办妥各项离校手续,不得占用学校资源,并应为此作出书面承诺及缴保证金,同时委托一名本校教师为其担保。因申请自费出国留学退学的研究生作自谋职业处理,必须办妥各项离校手续,其档案、户粮关系转回入学前户籍所在地。

临近毕业的研究生要求自费出国,春季毕业的在每年2月20日前,夏季毕业的在每年4月20日前,由本人提出申请,并经学校批准后,缴纳全部培养费和培养补偿费后,不纳入就业计划。如出国不成,按自谋职业处理。已纳入就业计划的毕业研究生要求自费出国的,由本人提出申请,并经学校批准,除缴纳全部培养费和培养补偿费外,要缴纳违约金。

四、在办理出国手续期间若违反法规校纪,则取消其在学校办理自费出国留学手续资格,并按有关规定予以处理。

五、因办理出国留学停学的研究生,停学后一年内未获得护照者,可持省教委自费出国留学咨询审核办公室出具的复学证明,申请复学;已取得护照未获准出国者,须持公安部门出具已退还护照的证明,方可申请复学。

六、停学期满不申请复学者,取消保留的学籍,作退学处理。出国未成行者不如期申请复学,亦作退学处理,学校不将其列入分配计划,其档案、户粮关系转回入学前户籍所在地。

七、本校在职研究生申请自费出国留学或进修,由校人事处会同研究生院审批。一经学校批准,必须办理退学或停学手续。

人事关系不在浙江大学的在职、定向、委培生,在学期间学校不受理自费出国留学的申请。

研究生新生在复查期内不得申请停学自费出国留学。

八、有关收费标准见《研究生办理自费出国手续的收费标准》。

九.在校研究生申请自费出国留学的手续由研究生院管理科经办。程序为:

(1)由个人提交申请,申明理由及停学、退学要求,并经导师、系主任签字同意。同时提交前往留学国家的有关证明和接受学校的录取通知书原件及经公证过的中文翻译件;

(2)领取《浙江大学在校学生申请自费出国留学手续程序表》,由研究生秘书、系党政领导签字同意;

(3)办妥委托人担保手续,并经公证,缴纳保证金;

(4)《程序表》交学生处、研究生处审核,并报主管校长批准;

(5)到校计财处缴培养费和培养补偿费;

(6)向校保卫处领取《自费留学呈批表》,办理政审手续,政审合格后,报主管外事工作校长审批;

(7)申请者是中国共产党党员,必须到校党委组织部办理保留党籍手续;

(8)对准予出国者发停学或退学文件,并由校保卫处出具证明到公安局办理护照等;

(9)办妥离校手续;

(10)审理《自费出国人员审核表》;

(11)去省教委办理有关手续。经省教委审批后,《审核表》的第四联要交回研究生管理科归档;

(12)出国人员审批材料归档。

浙江大学档案馆藏,档案号:ZD-1995-JX11-19-2

关于印发《浙江大学研究生自费出国留学及探亲的补充规定》的通知

(1996 年 6 月 13 日)

浙大发研〔1996〕053 号

各系,有关部、处:

自浙大发研〔1995〕85 号、〔1995〕95 号文件贯彻执行以来,我校研究生自费出国留学及探亲的受理工作得到了进一步规范。为使该工作与学校正常的教学、科研工作更好地协调,学校已研究制定《浙江大学研究生自费出国留学及探亲的补充规定》,现印发给你们,请遵照执行。

附件:《浙江大学研究生自费出国留学及探亲的补充规定》

浙江大学

一九九六年六月十三日

附件:浙江大学研究生自费出国留学及探亲的补充规定

一、我校在校正式注册的硕士研究生,注册满四个学期可以申请办理联系自费出国成绩单,注册满五个学期可以申请办理自费出国手续。

二、我校在校正式注册的博士研究生,注册满五个学期可以申请办理联系自费出国成绩单,注册满六个学期可以申请办理自费出国手续。

三、攻读博士一贯制的研究生中途退出攻读博士,转为攻读硕士者,学校不受理自费出国申请。

四、研究生申请出国探亲者,其配偶应已在国外学习或生活满两年以上(含两年)。

五、本规定从 1996 年 9 月 1 日开始执行,除与上述补充规定有不一致的条款外,浙大发研〔1995〕85 号、〔1995〕95 号文件的其他条款继续执行。

浙江大学档案馆藏,档案号:ZD-1996-JX11-16-1

(三)留学生教育

越南同学五人来我校留学①

(1954 年 9 月 8 日)

本校今年有五位越南留学生分配在电机系发电厂配电网及联合输电系统专修科学习。这是中越两国人民革命友谊的交流,本校师生均极重视。本校同学抵杭时,青年科张科长亲

① 本文原载中国教育工会浙江大学委员会编《教学生活》第 25 期(1954 年 9 月 8 日)。

往车站欢迎。二十八日,学生会、团委会举行了一次茶话会招待。刘副校长、王副校长、刘主任、胡副教务长及有关老师均到会致辞勉励。越南同学表示一定搞好学习回去建设他们的祖国。

浙江大学档案馆藏,档案号:ZD-1900-ZL12-406

我校阿尔巴尼亚留学生的进步,对他们教育管理工作中的几点初步体会

(1964 年 6 月)

我校于 1962 年暑假接受了培养 17 名阿尔巴尼亚留学生(以下简称阿留学生)的任务。后有 2 名因身体不好已转学回国,现尚有 15 名,中男生 13 名,女生 2 名,都是阿劳动青年联盟盟员,十一年制中学毕业,年龄都在 20—21 岁左右。

我校根据中央的方针政策,特别是去年 8 月全国留学生工作会议的指示精神,不断改进和加强了对他们的教育管理工作,经过不到两年的时间,与初来时期相比,我们感到他们有了一些明显的变化(下略):

以下谈谈对于他们教育管理工作中的几点不成熟的初步体会。

1. 发扬国际主义精神,积极教育大胆管理。

阿留学生虽然在政治思想、生活作风和学习上存在着一些缺点,但阿尔尼亚劳动党和政府对他们的要求是严格的,对他们某些不良思想行为也是不允许的,对我们的教育抱着很高的期望。中央也一再指示,我们要从各方面加强对他们的教育管理工作,把他们培养好。但开始时我们对他们的进步估计不足,在管理上有些缩手缩脚,多从消极防范着眼,发生了问题,一般就迁就一下就过去了,唯恐他们闹出乱子来影响不好,对他们能否学得好也缺乏信心。有的教师讲:"只管尽到我们的责任,学不学由他,学不好,根据我们的制度办事"。这样他们反而感到无拘不受约束,落后的现象更加发展起来,无理的要求越来越多,吵闹的现象更加严重了,对我们的感情也疏远了。针对这一情况,我们进一步学习了中央的有关政策方针,分析了他们的特点,提高了思想认识,转变了工作态度,从消极防范向积极主动的教育管理。凡是有利于他们的思想、学习、身体的制度措施,一定严格要求并坚决贯彻执行;发现他们不良的思想行为苗头,一定要主动地开展批评教育,不迁就,不怕他们吵闹威胁,下决心把他们培养出一个好的风气来;对好人好事则大力表扬,这样在工作上变被动为主动,逐渐抵制了某些歪风邪气,发扬了正气,使他们逐步提高了认识,体会到我们对他们的真心诚意和爱护负责的态度,结果学习的态度就好了,无理吵闹的事情也少了,谈友好的越来越多,彼此的友谊加强了。我们的体会是由于他们年纪轻,管理自己的能力差,对他们的要求高一些,管得严一些紧一些,他们表现就好一些,进步快一些,问题出现的少一些。反之对他们要求低,管得松,迁就得多,他们的表现就差,进步慢,问题出现的也多。同时在教育管理中,我们还体会到必须抓住一批骨干,做好骨干的工作很重要。我们的一些意见措施,首先在骨干中酝酿,经过酝酿使他们有了一个正确的认识,得到他们的支持,工作开展起来就容易,往往效果也好。而且通过骨干的酝酿也可以吸收他们的合理意见,使我们的意见措施可更加契合他们的实际,避免我们工作上的主观主义。对骨干要求更加严格,要他们以身作则,不能产

生骄傲情绪。

2.必须紧紧抓好教学这一中心环节。

留学生的主要任务是学习，也是我们管理教育工作的一切落实点。阿留学生能否学好，我们感到主要解决两个问题：一是他们主观上的学习态度问题，二是客观上困难和教学方法的问题，并且看来对大部分人说前者是主要的，也是起决定性作用的，因此在教学上如何能够调动他们学习上的主动性是非常重要的。当然我们不能够忽视他们对客观上的困难的估计和教学方法的解决，这两个问题相辅相成。事实证明他们的态度，学习态度未端正前，教师的教学态度再好也是事倍功半的。而且由于他们思想不集中于学习，势必在生活管理上、社会管理上会出现较多的问题，造成我们工作上的忙乱被动。学习态度的好坏是与他们每个人的政治觉悟密切相关的，学习态度不好的同学往往就是那些思想作风表现差，精力主要集中在吃喝玩乐上的人，对学习的重要性目的性的认识不足，在学习实际上没有学好的主观愿望和要求，对学习采取苟且应付的态度。因此要转变他们的学习态度，排除学习上的障碍，就必须首先从思想教育入手，提高他们的思想认识，调动他们在学习上的主动性。另外在教学上配合一些必要的措施时，他们感到学习上没有认真，老师的态度就不能马虎过关。去年8月全国留学工作会议以来，我们进一步做好了教学工作的重要性，并强调了教师在教学中注意做思想工作，既教书也教人的要求，针对每个同学的不同特点进行了大量的思想教育工作。如不少教师经常在课余时间找留学生进行个别谈心，针对他们的学习态度，耐心诚恳地进行说服教育，同时在教育教学的各个环节上也采取了相应的措施。如规定在课堂上不注意听讲而做其他小动作的同学，教师批评不改，则有权停止其上课作业；发现抄袭则责令重做；考试作弊的作为不及格处理，实验不合格的不通过等等，都取得了较好的效果。在教学方法上则根据他们的实际情况有所机动灵活，如在他们功课多，目前汉语水平低的情况下，要求他们把每门课程都学得优良，实际上是有些困难的，因此要求他们保证对所学专业的重点课程的学得好一些，次要的课程要求低一些，看来也是合理的。另外还有必要注意循循善诱，引导提高他们的学习兴趣，不能够一味地采取灌输和强制的办法，如理论力学暂时发现他们抄写作业进行了多次的批评也未杜绝，后来教师就专门把他们找到一起，分别出一些不同的题目让他们做。做不出的情况下，教师耐心地对他们进行帮助，并指出抄袭作业的错误，结果他们就是口服心服，对老师也表示感激。又如中共党史课，教师发现他们上课时不注意，听课后不复习，就在学习“毛选”时改变了以前的教学方法，而上课时首先要他们自己读，自己解释，相互评定解释中的错误，然后教师再引以启发式的辅导，这样就大大提高了他们的学习兴趣，也锻炼了他们的汉语阅读能力。

在他们学习上存在的客观困难，一定要积极地帮助解决，我们感到普遍的是汉语水平较低，在听课读书方面有一定的困难，这就要求每门课的教师在讲课时要注意提高他们的汉语，如在讲解重要的理论概念时要反复交代清楚，要求不只使他们能够听得懂，还要使他们能够看得懂，具体帮助他们提高他们的看书能力。对中学基础较差的同学，还要联系补充一些基础知识；对学习方法不好的同学，如有不少人在学习时，只注意死背公式，不注意消化理解，教师则帮助他们改进学习方法。另外，在教师教学中注意因材施教也是一个重要的问题。如我校15名阿留学生中，共有三、四名学习比较踏实，并且能够刻苦钻研学习，自觉性较好，不但对教师布置的作业能够认真地完成，主动地阅读一些中外有关参考书籍，掌握的知识较灵活,学习成绩也较优良。我们考虑这样的同学就要求教师要注意拔尖培养,引导他们学得更好一些,使其毕业回国后能够起更大的作用,这样对我们的影响亦将更大。也要注意他们的身体健康,劳逸结合情况和坚持到底的学习情绪。

3.抓活思想,用活事实开展教育。

阿留学生的思想特点是:反应快,变化多,简单直爽,易于暴露,在日常生活中出现的问题比较多。……因此,在管理中善于抓住他们这些日常生活中出现的活思想、活事实,对症下药,开展教育是非常重要的,收效也是比较大的。活思想的类型大致不外:①学习方面:如对学习不认真,学习态度不老实,忽视学习纪律,有的对教师工作人员不够尊敬,个别对所学专业不安心等等。②政治思想方面:如贪图享乐,怕艰苦,欣赏资产阶级生活方式,违反社会秩序、国家法令,不爱护公共财物等。③日常生活方面:这是大量的、特别集中到食堂伙食上经常吵闹不休,以及生活其他方面的一些不合理的要求。④其他方面的:如想家、生病等等。这些问题当中,每人表现的情况有所不同,必须根据不同的对象所表现的具体思想行为进行具体的分析,不能一概而论。抓活思想还必须注意不失时机地打主动战,这就是估计在某些情况下可能会出现的问题,及早进行一些打预防针式的教育很重要,就可能避免一些问题的发生或少发生。如抓住在开学前、学习末期、假期、节日等情况下进行一些思想的教育收效很大。处理活思想、活事实时,必须采取积极慎重的态度,即一方面对客观和发生的问题不能够熟视无睹,听之任之,一定要严肃地抓住不放,必须坚持原则,必须坚持政策,注意策略,实事求是,讲求方法,不能简单急躁,主观形式,要做到细致的调查研究工作,但问题尚未弄清楚时,不要轻易地得出结论和进行教育。经验证明:他们有了缺点和错误,他们往往不能够虚心地接受批评,问题总是千疮百孔地找借口,为自己的错误开脱,对此也必须掌握充分的材料和事实,能够当场驳倒他提出一切强辩理由和借口,使他们不得不在理屈词穷的情况下承认错误,再辅之进行一些正面的教育,启发诱导他们从思想政治上认识问题,辨认是非,使他们体会到我们的严肃认真和耐心诚恳的态度。另外,在批评他们的错误缺点时,我们要善于看到他们的优点,发扬他们中的好人好事,树立活榜样。如我校上学期以学校的公开名义表扬了两名在学习上思想作风都比较好的阿留同学,同时也认真地处分了一名屡次违反学习纪律的阿留学生同学,在他们中得到了较好的反应,受表扬的同学很感动,体会到了学校对他们的关怀,对自己的要求更高了,在学习上作风生活作风方面有了很大的进步。受处分的同学看到了自己的错误,体会到学校纪律的严肃性,思想上有所悔悟,表示要下决心改正,在学习上有了转变,其他同学受到了一次生动深刻的教育,表示要向受表扬的同学学习。就是对那些平时表现犯错误较多的学生,也要善于发挥他们的优点,鼓励他们的点滴进步,树立他们进步的信心,给他们转变的机会,不能要求过高或一概否定。如阿留学生○○在学习上很不专心,经常违反学习纪律,我们对他进行了多次的批评教育,但改变不大,在每次开会时他的心情也比较紧张,准备着接受批评。但他也有两个优点:一是对食堂的饭菜不挑剔,有什么吃什么。二学校组织的集体活动,他每次都积极参加,有一次会上我们就大讲特讲了他这两个优点,他心情舒畅了,高兴地讲:"学习上我也有缺点,还不够好。"以后更加靠近我们,有了进步。阿留学生组长罗兰德在一次深夜里突然来了暴风雨,他就主动爬起来帮助关掉走廊里的窗子,结果全身淋湿了,还高兴地说:"这是我应该做的,对国家财产要爱护。"第二天我们就用红纸写了大字报对他进行表扬。他很感动地说:"你们真像我们的父母一样，对我们的优缺点都知道，耐心诚恳地帮助我们。”总之，我们觉得在对他们的培养教育中要学会运用一分为二的观点，就要看到他们的缺点，错误方面，更要注意看到他们的优点和进步的方面，这样才能够认清事实，树立信心，不断地总结和改进我们的工作，使他们在现有的基础上得到不断的提高和进步。

1964 年 6 月

浙江大学档案馆藏，档案号：ZD-1964-XZ-43

关于四所院校承担接受外国留学生任务事

(1984 年 4 月 5 日)

〔84〕教外来字 327 号

北京、浙江、四川、吉林省(市)人民政府：

随着我国与世界各国交流的发展，我教育工作对外交往亦日益扩大，接受外国留学生的人数和专业需要也随之不断增加。为适应形势发展的需要，我部同意北京外国语学院、浙江大学、四川大学、吉林大学于近年内开始接受外国留学生。至 1990 年，四所高等院校接受规模数分别为：北京外国语学院二百人，浙江大学一百人，四川大学一百人，吉林大学五十人。

请上述院校根据有关规定和本校的实际情况，着手进行教学和生活方面的准备工作，并于六月底前将近期即可开放的专业(附主要课程设置)报送我部外事局。

接受外国留学生的工作具有重要的国际意义，政策性强，涉及社会面广，请各省市各有关部门予以大力协助，共同做好此项工作。

教育部

一九八四年四月五日

浙江大学档案馆藏，档案号：ZD-1984-XZ-179-4

关于开放专业接受留学生事

(1984 年 7 月 6 日)

浙大发外〔1984〕214 号

教育局外事局：

〔84〕教外来字 327 号文件收悉，现将浙江大学为外国留学生开放专业及接受人数列表报上。

浙江大学

一九八四年七月六日

浙江大学接受外国留学生专业表

系别	专业名称	主要课程	学生类别	学制	人数
电机系	工业自动化	高等数学、物理、电路原理、电子学、电机学、自动控制系统及理论、计算机原理及微处理机应用,工厂供电	本科生	4	2
	电力系统及其自动化	高等数学、物理、电路原理、电子学、电机学、发电厂电气部分、电力系统继电保护、电力系统自动化、高电压子技术、控制理论、电子计算机及应用	本科生	4	2
化工系	化学工程	高等数学、物理、无机化学、有机化学、分析化学、物理、化学、化工原理、化工热力学、化学反应工程、化工传递过程原理	本科生	4	2
	化工自动化	高等教学、物理、电路原理、电子学、化工原理、化工过程控制工程原理、化工过程控制工程、化工测量及仪表调节仪表	本科生	4	2
	化工机械	高等数学、物理、理论力学、材料力学、化工原理、机械原理及零件、轻化工机械、化工容器及设备、轻化工机械制造技术、实验应力分析测试技术、有限之基础及应用	本科生	4	2
土木系	建筑结构	高等教学、物理、建筑制图、建筑材料、理论力学、材料力学、结构力学、房屋建筑学、土力学及地基基础、钢筋石结构及砖石结构、钢结构等	本科生		2
	建筑学	微积分、美术、建筑设计与原理、建筑历史、建筑物理、建筑设备、建筑结构、城市规划	本科生	4	2
机械系	流体传动及控制技术	高等数学、物理、理论力学、材料力学、机械原理、机械零件、工程流体力学、控制工程基础、流体传动控制器件及系统	本科生		3
光仪系	光学仪器	高等数学、物理、电路理论、电子学、精密机械零件及机构、波动光学、几何光学、几何光学与光学设计、激光基础、光学测量仪器学、光电技术	本科生	4	3

浙江大学档案馆藏,档案号:ZD-1984-XZ-179-6

关于我校接受两名朝鲜留学生情况的报告

(1985年9月10日)

〔85〕浙大外办78号

浙江省人民政府外事办公室:

根据教育部一月二十九日文,今年暑假后,有部分外国留学生结束了在北京语言学院的汉语学习,转入专业院校和预科学习。现初步分配给我校两名朝鲜留学生,这两名留学生的具体情况如下:

韩用焕　　50年出生　　76年硕士毕业

梁宽模　　49年出生　　79年大学毕业

接受单位:浙大光仪系　　激光教研室

进修时间：1985 年 9 月—1986 年 8 月。

住址：（略）

浙江大学外事办公室
一九八五年九月十日

浙江大学档案馆藏，档案号：ZD-1985-XZ-180-7

关于接受安排外国留学生的有关事项

（1985 年 11 月 12 日）

浙大发外〔1985〕423 号

各系，各有关部、处：

自今年九月份起。我校开始接收外国留学生。为了安排好留学生的学习和生活，学校各个部门必须通力协作，共同做好留学生的各项工作。现提出具体意见如下：

一、留学生身份证

根据学历及任务可分：

1. 留学生用“浙江大学外国留学生”证和浙大学生校徽（白底红字）；

2. 进修生用“浙江大学外国进修生”证和浙大研究生校徽（淡黄底红字）。

二、学习、进修由教务处统一安排。有关的系、教研室具体负责外籍学生的进修科目及实验。指定有关的系制定出教学计划。进修结束，由教研室把外籍学生的进修科目成绩单分别送教务处、所在系及校外办各一份。留学生修业期满，由校教务处发给“毕业证书”或“结业证书”。进修生修业期满，发给“进修证明书”。

三、今后外籍学生凭校外办介绍信及身份证，到校图书馆领取临时借书证。留学生每次借书柒册；进修生可享受我校同等职务教师的待遇。离校前须到图书馆办理离校手续。

四、生活安排

校基建处具体负责：

1. 外籍学生的住房安排；

2. 寝室内的家具；

3. 每个寝室需装置取暖电炉；

4. 购买和安装热水器及浴室隔间。

校总务处具体负责：

1. 外籍学生用的被、褥等床上用品及脸盆、窗帘等生活用品；

2. 台灯等学习用品；

3. 外籍学生的用膳；

4. 实习外出参观用的汽车；

5. 每个寝室需备有电扇一架；

6. 供学习、生活、娱乐用的电视机。

五、医疗

外籍学生来校后,由外办通知医院具体来校的人数、姓名和国籍。学生凭身份证就诊,医疗经费由医院直接向校财务处结算。

六、安全保证工作由校保卫部负责。

七、外国留学生和进修生的经费开支,列入各有关部门的年度计划,从部门经费中开支。

浙江大学

一九八五年十一月十二日

浙江大学档案馆藏,档案号:ZD-1985-XZ-180-10

1987 年接受外国留学生计划

(1986 年 10 月 29 日)

浙大发外〔1986〕484 号

国家教育委员会外事局:

按〔86〕教外局综字 3174 号文件精神,我校 1987 年计划接受外国留学生十名。其中土木系接受本科大学生四名(建筑结构专业),化工系接受本科大学生四名(化学工程专业二名,化工自动化二名),机械系液压专业接受硕士研究生二名。

上述计划当否,请予审批。

浙江大学

一九八六年十月二十九日

浙江大学档案馆藏,档案号:ZD-1987-XZ-226-16

关于 1987 年接受外国留学生计划的报告

(1987 年 3 月 3 日)

浙大发外〔1987〕17 号

国家教育委员会外事局:

按〔87〕教外综字 031 号文件,我校 1987 年接受来自科摩罗等 9 个非洲国家的 11 名外国留学生。鉴于我校目前接受外国留学生的条件,希望教委在最后确定分配计划时将来我校学习的留学生集中在电机和土木二个系。若加蓬、塞内加尔的 3 名留学生愿意来我校学习可否改读电机系工业自动化专业,这样便于教学计划安排和管理。

我校尚无留学生大楼,目前改建的宿舍位于中国学生宿舍的密集区,又刚开始招收外国留学生,管理经验不足。希望教委在分配来我校学习的留学生名额时尽可能有一些来自亚洲或其他地区的留学生,以利我校做好留学生管理工作。

以上报告当否，请审批。

附件：浙江大学一九八七年接受外国留学生计划。（略）

浙江大学

一九八七年三月三日

浙江大学档案馆藏，档案号：ZD-1987-XZ-226-15

1987 年来华留学生人员情况统计表[①]

（1987 年 10 月 14 日）

学生类别	年初人数			本年增加			合计		
	奖学金生	部分免费生	自费生	奖学金生	部分免费生	自费生	奖学金生	部分免费生	自费生
本科生	8			12			20		
硕士生									
博士生									
普通进修生				1			1		
高级进修生									

浙江大学档案馆藏，档案号：ZD-1987-XZ-223

关于 1988 年接受外国留学生计划的报告

（1988 年 2 月 29 日）

浙大发外〔1988〕18 号

国家教委外事局：

按〔87〕教外局综字 4299 号文件和 1988 年分配浙江大学外国留学生计划表，我校 1988 年将接受来自亚、非国家的 14 名留学生。经有关部门协商，我校同意按国家教委计划于 1988 年接受亚、非留学生 14 名，集中在电力系统及自动化和工业电气自动化两个专业学习。

以上报告如无不当，请按原计划实行。

浙江大学

一九八八年二月二十九日

浙江大学档案馆藏，档案号：ZD-1988-XZ-192-2

---

① 本表系根据国家教委计划财务局的要求，由浙江大学外事办公室填报。

关于稳定留学生班任课教师队伍的暂行办法

(1988 年 12 月 15 日)

接受和培养外国留学生是我国对外开放政策的一个重要组成部分,是加强第三世界的智力援助的一项具有重大战略意义的工作,也是高等院校必须履行的国际主义义务。自1986 年学校恢复接受外国留学生,学校将留学生的教学工作作为培养留学生的首要工作来抓,各处、系领导也十分重视这一工作,有关教研室都派出了教学经验丰富的老教师担任留学生教学工作。这些老教师工作勤恳,因材施教,花了大量的时间和心血于留学生教学,收到了可喜的教学效果,各国留学生纷纷赞扬。但由于留学生教学工作难度较大,教学对象普遍基础很差、层次也参差不齐。因此,留学生教学有着它自身的规律和特点。两年的实践表明,留学生的教学关键是抓好基础课阶段。因此,今后第一学年的教学仍应集中,给留学生单独开课。目前迫切需要稳定留学生班任课教师队伍,以提高留学生的教学质量。为此,对一年级留学生班任课教师的队伍建设,提出以下几点办法:

1. 一年级留学生班的教学工作仍由校教务处作为教学任务下达给有关系和专业教研室。

2. 担任留学生班的任课教师必须热心于留学生教学工作,具有较长的教学实践经验、较好的上课效果,普通话标准,口齿清楚。

3. 在同等条件下,学校优先考虑长期担任留学生班教学工作,并在教学工作中做出成绩的教师的职称晋升。

4. 担任留学生班的任课教师一般至少应稳定三个学年。

5. 担任留学生班任课教师的基础课津贴由留学生经费开支,每节课为 4 元。不再领取教务处发的基础课津贴。

6. 此规定从 1988—1989 第一学期起试行。

浙江大学档案馆藏,档案号:ZD-1982-XZ-192-1

关于成立浙江大学留学生工作小组的决定

(1990 年 1 月 8 日)

浙大发人〔1990〕01 号

各系、各部、处:

为进一步贯彻执行国家教委“以教学为中心,做好留学生思想教育工作”的精神,更好地发挥学校各部门的作用,做好我校留学生工作,经校务会议研究,决定成立“浙江大学留学生工作小组”。小组组成人员如下:

组长:薛继良

成员:邱济真　韩兆熊　胡汉雄　陆国光　葛祥富　陈祥根　董　宏　叶挺秀
　　　郭鼎康　俞瑞钊　周培希　葛宜远　曹源泉

秘书:姜延林

浙江大学
一九九〇年一月八日

浙江大学档案馆藏,档案号:ZD-1990-XZ-151-1

关于成立浙江大学对外汉语教研室的通知

(1995 年 12 月 14 日)

浙大发办〔1995〕70 号

外事办公室、教务处、人事处、计财处、校长办公室:

我校自 1986 年恢复招收外国留学生以来,已有 10 年的历史。近年来,了解中国、学习汉语,已成为当今世界的一大热点,来我校学习的各类留学生日益增多,尤其是学习汉语的留学生比以前增长了几倍。根据目前我校的对外汉语教学体制,已远远不能满足留学生教学规模发展的需要。为了更好地组织对外汉语教学,开展对外汉语教学研究,提高我校对外汉语教学的水平,学校经研究决定,成立浙江大学对外汉语教研室。对外汉语教研室暂挂靠学校外事办公室管理,邱济真同志兼任对外汉语教研室主任。

浙江大学
一九九五年十二月十四日

浙江大学档案馆藏,档案号:ZD-1995-XZ-22-10

(四)国际学术交流

浙江大学十年来专家工作总结

(1960 年 9 月)

我校自 1956 年 9 月聘请了苏联“光学仪器”专家罗曼诺夫,在校工作两年,返国,1958 年 10 月又聘请了苏联“化学生产过程自动化”专家萨多夫斯基,在校工作 10 个月(提前)返国。自 1959 年 10 月起再未聘请其他专家。此外,邀请来校短期讲学的有苏联专家杜布宁、密特维捷夫、柴卡斯诺夫等。

一

我校聘请专家虽人数少,时间较短,但取得的成绩是很大的。

1956 年在苏联专家德·柯·罗曼诺夫同志的积极帮助下,我校光学仪器教研组开出了第一门专业化课程——大地测量仪器学,专家为这门课写了讲稿达 40 余万字(译文),为我校光学仪器教学打下了良好的理论基础。我校光仪教研组原来的“测量仪器学”这门课的教学质量是不高的。罗曼诺夫专家不但帮助我们解决讲稿,而在他的直接指导和大力帮助,通过千方百计地搜集资料,从苏联要来学生的课程设计样本供教研组参考,帮助光学仪器教研组写出了"仪器零件设计手册"及大量讲义等,使教学质量得到很大提高。

罗曼诺夫专家不但在教研组作出了显著成绩,同时还为教研组以后工作创造了良好基础。将自己从莫斯科带来的大部分贵重图书赠给教研组(其中理论书籍 60 本,课程设计和毕业设计 29 本及其他资料等)很快地帮助光学仪器教研组建立了数据室。此外,专家还亲自写信给苏联各地有关高等学校与我校光学仪器教研组建立联系,互通情报,交换资料。并帮助教研组修订了"测量学""大地测量仪器""光学仪器理论""仪器装校"等教学大纲。根据高教部关于专业设置的指示,帮助教研组修订了五年制的教学计划等。

在短短的两年中,罗曼诺夫专家帮助学校培养了具有一定水平的四位光学研究生,为学校光学师资增强了新生力量。此外还为青年教师编写了"光学零件制造公差",补充了教材 7 件(约 105 页),编写了"班级工学"讲稿二讲(约 32 页)。这对提高光学教师独立工作能力和光学仪器教学质量创造了良好条件。

罗曼诺夫专家不仅在光学专业方面有很大贡献,并且在校长顾问工作上亦起到了一定的助手作用,介绍了苏联当时宝贵的经验,并提出了很多合理化建议,解决了一些实际问题。

罗曼诺夫专家不仅为我校作了很多工作,同时还帮助校外的很多厂矿、学校等单位解决了很多的困难。如 1958 年乘暑假休假返国时,为上海机器制造学校设置光学仪器专业搜集了很多重要资料。该校一再来信表示感谢。协助哈工大制订了建立光仪专业计划和实验室;为长春中国科学院作过两次科学报告和答疑,并在制造经纬仪方面提供了很多资料,为以上单位开展科学研究,解决生产关键,均起了一定的作用。为南京科学院地理研究所提供了研究方向,为北京工学院作了短期讲学和编写了七件讲稿。

另外,苏联"化自"专家萨多夫斯基在我校 10 个月的工作中,同罗曼诺夫专家一样,为学校作了很多工作。为了给我校"化自"专业选择实习场所,整整地花了一个多月的时间,远途跋涉了华东、华北、东北等地,并在出差过程中,帮助上海热工仪表研究所试制了 AYC 调节器,主动地提供数据,千方百计向苏联索来有关图纸供他们参考,解决了试制过程中很多的困难。

萨多夫斯基专家夫人,发挥了国际主义精神,不取点滴报酬地担任了我校外语教研组的俄语义务教师,解决了我校当时俄语师资不足的困难。

二

保证党的领导,坚持政治挂帅,这是做好专家工作的关键。我们经常主动地介绍国家和学校在一定时期的重大政策、措施以及各个时期的政治运动等,使专家能本着这些方针、政策、原则结合我国我校的具体情况来考虑和安排工作,以便更好地发挥他们的作用。几年来,他们一直是本着我国的教育方针来进行自己的工作的。他们一直强调理论联系实际,主张教学为国家建设事业服务。在实际工作中表现了忘我劳动,踏踏实实的工作作风和谦逊诚恳的高度的国际主义精神。在教学上不仅严格检查研究生等的学习成绩,而且还非常注意教师、研究生的思想情况,这一点罗曼诺夫表现更为突出。例如他为了使研究生理论知识和生产实践密切结合,亲自带领研究生到上海仪表厂进行现场教学,甚至带着饭盒下厂与工人同吃同干活，有时牙痛脸都发了肿几顿饭不吃，仍旧坚持工作。

加强对专家工作室人员的政治教育，经常地加强政治思想教育，坚持政治挂帅，思想领先，也很重要。我们一再对有关人员强调指出，做好专家工作具有重大政治意义，要树立国际主义精神和正确的态度，要热爱自己的工作，努力提高自己的业务水平，明确做好专家工作，为专家服务，实际上和为革命服务、为人民服务是一致的。因此专家工作是顺利的工作。

专家工作是一项十分严肃、十分细致、政治性、思想性较强的工作，因此在专家具体组织工作中，必须抓住具体环节：

(1)要树立正确的态度，要诚恳地、虚心地、实事求是地接受和采纳专家的切实可行的建议，使专家的意见件件有着落。即使有些意见不能采纳或者不能及时采纳，也必须采取适当的方法解释、说明。

在大炼钢铁中，向专家学习的教师学习专业时间不充分，当时萨多夫斯基专家向校长提出了建议，得到了学校领导同意，保证了教师的学习时间，专家感到非常满意，并对别人说：我的意见起了作用了。情绪很高，鼓舞很大。

罗曼诺夫专家来校不久，发现教研组测量仪器学这门课教学质量有问题，并认为仪器零件这门课是薄弱环节，建教研组首先要熟悉测量学，提高测量仪器学的教学质量。学校领导及时接受了他的建议，责成教研组立即行动，专家感到很满意，信心很大，并亲自领导研究生学习……结果测量仪器学的教学质量很快地提高了。其他如罗曼诺夫专家还建议我校建立光学仪器资料室等，均为学校领导采纳。对专家鼓舞很大，甚至千方百计克服困难，夜以继日地投入工作。

(2)加强专家工作的计划性。专家来校后，安排一定时间介绍和帮助他了解情况，然后根据专业的要求，专家考虑个人计划，最后根据教研计划和专家个人计划订出具体的专家工作计划(包括具体的执行计划)。以后并根据情况，相应地订出小段和月度计划，使专家工作得到了有计划地进行。

(3)努力提高翻译人员的政治水平和业务水平，这和发挥专家的作用有着密切的关系。从专家的一切工作、生活等都要通过翻译来进行，如果翻译的水平不高，就会使专家的工作和生活受到很大的影响。

实行翻译轮流班制，也是一个很好的制度。这样，既有利于工作，又能及时照顾专家生活，既能向专家学习专业知识和口语，又能及时地了解和掌握专家的具体思想情况。

(4)丰富专家的政治生活，时刻关心专家的安全。建立专家档案制度，及时提供专家月度各种有关资料，如俄文内部新闻简报、真理报、中苏友好杂志、画报以及有关教研组情况、高教部通讯等。

根据既方便又安全的原则，制订了具体的保卫制度。密切保卫人员与翻译人员的配合，做好专家的安全保卫工作。

(5)要无微不至地关心专家的生活，以调动其积极性，发挥其更大作用。这个问题，我们基本上是根据专家的性格特点等全面考虑的。在住的问题上，我们将专家安排在杭州饭店，根据四季气候的变化，及时调整设置。在膳食问题上采取中西餐结合、供应和自做结合，基本上达到满意。在文娱生活方面，经常由学校领导陪同游览杭州及其他地区名胜古迹，根据专家的爱好经常在西湖划船、观看国外文化剧团等，并由校长陪同游览了莫干山、绍兴鲁迅纪念馆。平时，学校指导定期访问，每逢节日邀请宴会，基本上保证了专家生活的丰富多彩，身心愉快。

三

在党的领导下，我校的专家工作虽取得了很大成绩，但是从我们主观上来检查，特别是从党对我们的要求上来检查，还是存在一些问题的，主要：

(1)坚持政治挂帅不够，专家工作只是一般化地完成任务。有的做专家具体工作的同志，干劲不足，满足现状，并产生一些临时观点，认为专家迟早要走，自己也是迟早要转业，缺乏事业心。其他极少数的人对专家有错误的看法：有的认为罗曼诺夫专家专长"光学仪器理论"，"大地测量仪器"不及光学好，究竟能发挥多少作用有怀疑；有的认为专家在卫国战争时期曾上过前线，相当时间不在学校工作，专业水平可能不高；有的认为自己有专长，骄傲自满，对专家不够尊重。

(2)有的教师在向专家请教问题时简单粗糙，既不分析原因，又没自己的见解，单纯要求专家解答，这样就影响了解答的质量，往往使专家只能将苏联当时的情况谈一谈，不能很好与中国实践相结合。

(3)当专家初来学校时期，由于缺乏经验，虽然也向专家介绍了一些党和学校各个时期的中心任务、重大方针政策，但还不够经常和及时。特别是对专家的具体思想情况更掌握了解得不够，工作缺乏计划性，往往工作陷于被动，有时工作干不了，有时没有工作做。个别同志竟为此而产生一些畏难情绪。

浙江大学

1960 年 9 月

浙江大学档案馆藏，档案号：ZD-1960-XZ-126-3

接待美籍中国物理学家李政道夫妇情况简报[①]

(1972 年 10 月 31 日)

10 月 20 日，根据省委指示，我校接受了对李政道夫妇来浙大参观的接待任务，这是"文化大革命"以来我校第一次接待外宾，在省外办同志的直接指导和帮助下，遵照中央"政治挂帅、热情接待；多做团结争取工作"的方针，进行了近三天的准备工作。24 日下午三时整李政道夫妇到达我校，由刘丹、刘才生等九位同志出面接待，并陪同参观了实验室、机械工厂、校园和进行了座谈。晚上，在我校吃晚饭。至七时许离校，前后共四个小时。李政道夫妇看到浙大现在的变化，对比过去旧浙大的情况，在座谈中表现了心情很激动，

① 本件收入本书时，内容做了节选，标题有所改动。

谈话也较多,赞扬了我们党的正确领导,并表示深信中国的前途是光明的。此外,对学校工作还提出了一些看法和建议。由于省委的重视,全校师生员工的努力,基本上完成了这次接待任务。(下略)

浙江大学革命委员会
一九七二年十月卅一日

浙江大学档案馆藏,档案号:ZD-1972-XZ-41

拟选派朱自强同志参加伊朗化学工程会议

(1973 年 3 月 21 日)

浙大革〔1973〕35 号

省革委会政工组:

据燃料化学工业部 1973 年 3 月 14 日〔73〕燃政字第 385 号"请选派赴伊朗参加化学工程会议人员"的通知精神,经我们研究,拟选派化工系讲师朱自强同志参加,送上朱自强同志再次出国人员审查表一式两份,请审查核示。

浙江大学革命委员会
一九七三年三月廿一日

浙江大学档案馆藏,档案号:ZD-1973-XZ-21-3

浙江大学与西柏林技术大学确立科学与技术交流与合作关系备忘录

(1983 年 10 月)

总　则

浙江大学与西柏林技术大学确立科学技术交流与合作关系。通过开展中、德高等学校间的人员及资料交流,进一步增进两国人民(包括学者)间的相互了解与友谊。

在学术上,通过两校教授与学者的相互访问,讲学及共同就双方感兴趣的课题进行探讨和研究工作,达到取长补短,共同进步的目的。

浙江大学对西柏林技术大学从学校经费开支中给予中国青年科学家奖学金的决定给予高度评价,这不仅有利于中国青年科学家的成长,而且有利于今后进一步的合作。

一、在中华人民共和国和德意志联邦共和国之间的文化协定范围内,两校将努力输送各自的青年科学工作者至对方工作或学习。

二、两校将合作进行双方感兴趣的研究项目,就共同感兴趣的研究课题经常互通消息、交流科学论文和研究成果出版物及报告。

三、两校协商互派访问学者(教授或科学工作者)合作进行共同的项目。

四、西柏林技术大学有义务以适当的方式帮助浙江大学完善与提高“德语为外语”的课程。

五、两校通过协商每年轮流在各方举行共同感兴趣的小型科学讨论会。

六、两校每三年一次,以协议方式制定工作计划,决定本备忘录1—5项的详细条款。

七、在两校经济能力许可的范围内,执行备忘录中已定措施。交流项目的费用商定如下:

a)派出一方(学校)承担其成员的旅途费用。

b)接受一方(学校)承担其居留期间的费用。

两校派出人员在接受国享受同等的教授或科学家待遇,并在各所在国法律允许范围内保证其行动自由。

八、备忘录中各条款的实施由浙江大学分管学术交流的副校长和西柏林技术大学技术合作中心的业务领导协商进行。

九、本备忘录首先为最近三年的工作而签订。如两校中任何一方在期满前半年不提出撤销,本备忘录则自动继续在以后的三年中有效。

十、本备忘录由两校校长签字并经中国和德国方面的主管部门批准方可生效。

西柏林技术大学	浙江大学
校长	校长
柏林	杭州
一九八三年十月　日	一九八三年十月　日

浙江大学档案馆藏,档案号:ZD-1983-XZ-45

1979年—1984年10月专家工作总结①

(1984年10月24日)

自1979年以来。我校已先后聘请了26名长期文教专家和语言教师及51名短期科技学者,这些人大多数都学有专长,有些还是世界著名学者,他们对中国友好,工作认真,为我校的教学和科研做出了贡献。事实证明了党的十一届三中全会以来制定的对外开放、对内搞活经济的政策是英明的,总结我们几年来的专家工作有以下三方面的体会。

一、学校领导重视,思想解放是开创外事工作新局面的关键。我校近几届的几位校长和副校长大多数是曾留学国外的,并在最近几年出国考察过,对国外的情况较熟悉,对中央对外开放引进国外有用人才的政策都很拥护。他们亲自会见来学校访问的国外代表团和学校

① 本总结根据内容,标题有所调整。

邀请来访问或任教的国外学者和教师，亲自过问他们的工作、生活，及时予以指示，积极支持外事部门解放思想，根据具体情况安排专家们的工作和生活。由于校领导的支持，浙大是国内大学中较早同意文教专家和外籍语言教师住在中国教师宿舍的学校。后来有一个时期，省市有关部门为了加强对外国专家和教师的安全保卫工作，希望他们仍住回招待所去，以便统一管理，专家外籍教师听说之后纷纷找我们外事部门及学校领导反映，表示不愿搬回招待所。他们之所以不愿搬回，一方面是希望有更多的机会了解中国社会和中国师生交朋友，另一方面是对过于死板的会客等管理制度有意见，误认为是对他们监督和隔离。了解到这些情况以后，我们及时向学校党委和校长们作了反映，大家一致认为如硬让他们搬回招待所，只会起消极作用，不利于鼓励他们的工作热情，况且他们提出的理由基本上是合情理的，消除误解的最好办法不是解释，而是让他们确实体会到在浙大生活是有和师生交朋友的充分自由的，因此我们没有让他们搬回招待所。第二学期，又有二位文教专家自动要求住教师宿舍，我们还是满足了他们的要求，让他们住进了 30 幢的教师宿舍。宿舍条件虽艰苦，但外国专家和教师并不计较，他们感到的是在浙大工作、生活有充分自由，认为浙大的校长们平易近人，没有架子。他们有时去校长们家中做客，有时也邀请校长们去他们宿舍做客。每逢新学年开始，校领导总是要会见和宴请新到任的长期外国专家和教师，鼓励他们为我校的教学做出贡献。在结束合同前也要设宴感谢他们为学校所做的工作。平时逢重大国内节日如：元旦、国庆，校内召开茶话会，也总是请外国专家教师参加，听取他们的意见，使他们真正感到是学校的一名教师，而不是雇佣者。这种新型的关系使大多数外籍专家教师受到鼓舞，有些多次要求延聘。

二、对外国专家既要热情关怀，也要加强管理，外国专家住中国教师宿舍，中外师生之间的来往增加了，每逢节假日常有中国师生去看望他们，也常有中国教师邀请他们去家里做客，他们有了和中国人民充分接触的自由，我们常看到他们自由地去中国的商店、小店、饭馆、自由市场买东西，吃饭，中国人民日益富裕的生活、越来越欣欣向荣的市场，有助于他们全面客观地了解中国社会，加深对中国现行政策的认识。英籍专家威尔逊小姐曾多次和中国教师说，她希望在中国多住几年，中国社会稳定，人民对现行政策很满意，她本人也很喜欢中国的对外开放政策。但外籍教师住中国教师宿舍之后，也出现了一些问题，使我们感到管理工作不可放松。问题不在于“管”不“管”而是怎么管，管的目的应该是使外国专家能更愉快地生活，更积极地工作。我们的管理办法是“先入为主”，工作做在前面。主动给专家介绍学校规章制度，介绍中国法律。外籍专家到任后，外事部门专门组织一次专家会议，系统介绍学校的情况，并带领他们到有关的部门（如医院、图书馆、电教室等）参观，使他们熟悉学校环境。我们的翻译和工作人员专门去拜访他们和他们交朋友，询问他们生活中的困难。专家们把我们外事工作人员当作自己的朋友，乐意向我们反映情况，通过这种形式，使他们从心里确认了我们对他们各方面的管理作用。如开始时一些中国师生不太注意时间，访问外籍专家的时间太晚或太久，影响了外籍教师的正常休息和备课，也影响了其他外籍教师和中国邻居的正常工作和休息。针对这种情况，我们首先和有关外籍教师谈了我们的想法，然后才宣布有关会客规定。由于外籍专家知道这样做是为了他们的利益，所以没有产生误解。……为了加强管理，我们还规定宿舍不准私自留宿。如有特殊情况，需事先得到外事办公室的批准，并填报市公安局统一发的登记表，并及时传达市公安局的有关规定。对违反上述规定的。我们也作了恰如其分的批评和教育,以防止他们触犯我国法律。从几年来的情况看。外国教师基本上能遵守中国法律及有关校规校纪。这固然与我们的管理工作、宣传工作和保卫工作分不开,另一方面外国专家之所以与我们主动配合或服从管理,主要是因为我们及时、主动和他们交朋友,处理事情较为通情达理,不死板按规定办事,在对外交往中做到"有人情味"。

三、在生活上给予方便,在教学上给予信任。

我校在生活上非常关心这些外籍教师,为他们的住房配备了电冰箱、电视机、电风扇、电暖炉等设施。他们既可以自己做饭,又可以上校内任何一个食堂和招待所吃饭。去学生宿舍,教师家做客也不必事先请示。另一方面在教学上充分信任他们,使得他们的工作积极性得以充分发挥。大多数人的工作都做得很出色,为提高我校的外语教学水平做出了贡献。如现在在丝绸工学院教书的美籍教师白培欣在我校工作期间,主要是培训出国教师的外语。她培训的学生在历年的 TOFEL 考试中成绩一直在全国名列前茅。去年邀请的美籍教师 ChffMi11er 先生,工作了一年半时间,为我校英语教学做了大量的工作。除了规定的每周15 小时教学课外,他所有的业余时间都用于培训学生。在他的指导下,浙大召开了二届英语讲演比赛会、一届全杭州地区的英语讲演比赛会。他不仅自己努力工作,而且动员其他外籍教师和中国教师一起工作,组织了两周一次的英语圆桌会议,轮流聘请外籍教师和有经验的中国教师为全校学生做内容丰富多彩的英语讲演。这一课外活动形式,现在已由学生会英语俱乐部保留延续下来,成为一种学生喜欢的英语学习形式。由于他的努力,学生们的英语水平提高得很快。为了表扬他作的贡献,学校向他颁发了"优秀工作奖"奖状和奖金。陈哲人先生是浙大的 35 年毕业生,是一位有成就的美籍学者。80 年初应邀来校讲学和指导科研,现在他是浙大的客座教授,成了刘丹名誉校长的邻居。每年春秋他都要自费回国来为母校工作。在他的帮助下,浙大物理系建立了物理激光及光声谱实验室和共振电离光谱实验室。这三个实验室的大量仪器都是他亲自在美国购买的。他先后赠送了价值约二万美元的仪器设备给母校。今年北京三十五周年国庆之夜的庆祝活动中所用的激光器中,有 6 台就是在陈哲人先生帮助下制成的。

对于所有曾经在我校工作过的外国专家和教师的情况我们都有系统地记载,每逢圣诞和新年,我们都向他们寄出贺年片或信件,保持友好往来,着眼于未来的合作。

随着我校外事工作的发展,我们将遇到许多新的问题,但我们深信,只要坚决执行中央的对外开放政策和胡耀邦同志的批示,在上级党组织的领导下,在有关各部门的配合下,我们一定能适应形势的需要,使外事工作有一个新的发展。

浙江大学外事办公室
一九八四年十月二十四日

浙江大学档案馆藏,档案号:ZD-2007-WS-5-50

文教专家工作小结

(1985 年 6 月 15 日)

我校 1979 年开始聘请语言专家,以后逐年扩大,几年来聘请专家 11 名,外籍语言教师 18 名。目前在校的专家 3 名,长期语言教师 7 名,短期 3 名,共 13 名。

我校的聘请渠道主要是:校际交流,关系介绍,VIA 组织推荐,基金会派遣。

我校所聘文教专家及外籍语言教师绝大部分工作认真,对学生热情,努力做出成绩,其中有些十分突出。如文教专家克利夫·米勒先生,1983 年由美国犹他大学派来我校,他全心扑在教学上,为使学生迅速提高听说能力,他发起并推动其他专家及教师组织学生搞英语讲演比赛。比赛中他本人不参加评奖,却自己拿钱买奖品。第二学期他又提出组织杭州市高校学生英语讲演比赛。在语言系及其他兄弟院校共同努力下,14 所院校均派学生参加。之后,他又组织师生搞英语圆桌讨论会,师生就某一问题用英语作即席发言及讨论。这形式很受师生欢迎,对提高学生英语的表达能力有很大促进。在他推动下,学生外语课活动十分活跃,成立了学生外语协会,每周末搞外语之角,师生可自由对话,解答问题。在米勒先生任教期满离去后,这一外语课外活动的形式及英语讲演仍由学生外语协会及语言系继续搞下去。为此,学校在 1983—1984 年评优秀工作奖时,为外国专家米勒先生颁发了优秀工作奖状及发了奖金。又如专家威尔逊小姐自 1982 年由英国文化协会推荐来校工作,一贯勤勤恳恳,备课及作业批改认真,尤其是帮助中国教师审改教学参考资料。在录制电视教学片"New Concept English"第三册过程中,从材料的编写,修改及录制,她花了许多时间和精力。她的特点是工作认真负责,从不挑肥拣瘦。当前,她同时完成三项教学任务:录制电视教学片(每周一课),给英语专业学生上课 3 小时,给中国青年英语教师系统上英语教学法 2 小时。由于她工作突出,获学校颁发的 1984 年优秀教师奖状及奖金。

也有工作不太理想的专家和教师,有的人以某种理由不执行合同,提前离校的个别人也是有的。回顾总结一下,主要还是我们的工作没有做好。

(一)对专家及语言教师的使用,主要在下列方面

①出国人员培训及各系专业教师外语培训。

②给本校外语教师上课进修,帮助审查及修改教学资料。

③为青年外语教师系统开设"教学法"课程。

④为理工科大学生快班学生及研究生开设外语课程。

⑤录制电视教学片。

a. 美国教师何杰逊先生系统录制了"A Course in Sasic Scientific English"的电视教学片。

b. 英籍专家威尔逊小姐,从 1984 年开始,每周录制"New Concept English"第三册一课,目前已完成 30 课。供大学生一年级教学用。

⑥德国专家 Hincha 帮助修改与补充"科技德语基础教程",此书即将出版问世。Hincha 教授将在西柏林为此教材制作录音磁带。

通过文教专家及教师的努力,我们的收获主要表现在师生外语水平的提高上,尤其是听、说及部分人写的能力的提高。还有专家修改的教材,教学资料,电视教学片及录音磁带。

(二)管理工作

①教学管理,由语言系及教务处负责。

a.因人制宜恰当地安排教学任务,是调动专家及外教积极性的重要因素。几乎所有工作好,表现突出的专家和外教都是在理解我们的需要,感受到我们对他们信任的基础上,主动热情工作的。如美国犹他大学派来的帕特小姐,在了解到我校部分学生9月要参加全国性考试时,主动提出放弃合同期满后的假期旅行,在回国前再给学生进行一个月的补充训练。但是,如安排不当,就会造成麻烦,如○○先生擅长写作。由于不了解他的特长,1984年9月安排他教托福班,他很有意见,不好好备课,甚至曾要求到其他学校教写作课。本学期作了调整,安排他教研究生写作课,他比较满意,工作也比过去好了。

b.对专家及语言教师的教学要进行必要的检查。系主任轮流听课是促使他们认真工作的另一种推动力,尤其是听到学生反映之后。

c.帮助系处理教学安排方面的辣手问题并对外教的教学质量进行检查,是教务处义不容辞的任务。本学期开始时,在调动一专家课程方面,系与专家各自坚持己见。外办了解情况后,请教务处长出面协调,使矛盾得以解决。

d.严格按合同办事,对不执行合同提前离校的专家不发给归国旅费;对不按学校规定,自行提前考试外出旅游的外教,或因私离杭不能回来上课的,一律按事假处理,扣发工资。这对维持正常的教学秩序十分必要,原来想提前走的人也不走了。

②生活管理由外办负责。

学校领导的指导思想比较开放,不主张把外教及专家圈起来,在合理范围内不限制他们,理由是,既请他们来,就要有基本的信任,这样,有利于他们了解中国,也有利于本校师生与之交往。1980年至今,长期专家及外教住职工宿舍。宿舍条件虽差但颇受欢迎,吃可在教工、学生或招待所食堂,也可自做,而部分住招待所的外教因不能住宿舍而提意见。

管理上,我们与专家外教共商制度,并尽量采纳合理意见。如本校师生去招待所会晤老师不必写会晤登记。我们要求晚上9时后谢绝宿舍拜访,他们表示理解。他们的外国朋友来宿舍留宿必须先给外办打招呼并申报户口等,他们都能遵守。(下略)

(3)提高外事队伍素质,加强后勤工作。

我校对外开放的口越来越大,专家、外教人数多了,开始出现美、英、德国专家之间,以及个别外教与外事干部之间的矛盾。这就要求我们对外事干部严格要求,尤其对新分配来的干部,要使他们明白工作的意义及影响,要求在思想政策水平上、工作方法上提高自己,不仅能团结一些对我校热情友好,工作努力的专家,而且能团结有缺点,难于打交道的专家、外教。这方面我们做得还很不够。

部分住招待所专家及外教意见较多,强烈要求住宿舍,自己做饭,专家楼修好了,又解决不了煤气灶。

浙江大学外事办公室
一九八五年六月十五日

浙江大学档案馆藏,档案号:ZD-2007-WS-5-48

关于我校1985—1986年度聘请的外籍文教专家及一般语言教师情况的报告

(1985年9月6日)

〔85〕浙大外办77号

省外办：

根据教育部〔85〕教外局专聘字第100号056号，〔85〕教外局专字第2133号、1156号，教外局专批字838号、847号、850号、845号批准我校1985—1986年度聘请外籍文教专家及一般语言教师共计15人。其居住地为教工宿舍30幢以及专家楼，在杭期间有关安全工作请安全部门协助，请浙江医院给予解决他们的医疗就诊问题（规定的费用由浙江大学支付）。

附：浙江大学聘请的1985至1986年度的外籍文教专家及一般语言教师名单。（略）

浙江大学外事办公室

一九八五年九月六日

浙江大学档案馆藏，档案号：ZD-1985-XZ-181-9

关于全省校际关系座谈会简报

(1986年1月7日)

〔86〕浙外字第1号

各大专院校：

省外办于12月3日召开了全省第一次校际关系座谈会，出席会议的有浙江大学、杭州大学、浙江农业大学、浙江医科大学、浙江工学院、杭州师范学院、杭州商业学院、杭州电子工业学院等8所在杭院校的代表。省教育委员会外事处邱宛如处长等也出席了会议并发了言。会上，医大、浙大、杭大、农大作了重点发言，分别介绍了各自开展这项工作的情况、收获和体会以及存在的问题。省外办徐德仁同志作了小结。现将主要内容简报如下：

一、基本情况

我省大专院校与国外建立校际关系是从1980年开始的，到目前为止，共有9所大专院校与6个国家和地区的30所院校或单位建立了34对校际关系（有的国外一个学校与我二个或几个学校有校际友好关系），其中美国22对，西德4对，比利时3对，日本3对，英国1对（见附表1）。

（中略）

浙大向柏林技术大学派出了4人攻读博士学位，对方帮助浙大建立了一个德语培训中心，已为浙大20多名硕士研究生和10多名赴德进修教师进行了培训；而且受德方委托，作为考核我国赴德攻读学位和进修人员德语水平的一个机构。两校之间还定期进行学术交流（已连续三年），对电子计算机、生物医疗工程等项目进行了考察研究。以柏林技术大学为基点，浙大还把交流活动逐步扩大到西德其他单位，已与西德的光通讯、核能等工业单位进行了交流。

(下略)

二、主要体会

1. 做好调查,选好对象。在建立关系时,一定要对对方情况作些了解,做些调查。如果是对方主动提出,要摸清对方的意图,特别要搞清有没有进行具体交流的诚意,其背景如何,是否得到教会或某一经济团体的资助。在签订协议时,一定要防止承担我方院校无法承担的义务,如为其推销或购买产品、宗教宣传等,如有热心的华人或友好人士的支持和牵线搭桥,则较为有利。

2. 开展活动要坚持以我为主、对等互利的原则。有关我国家利益的、科技保密的问题,要坚持原则,不能让步,一般问题,要适当注意照顾对方,做到对等互利,关系才能持久稳定。

3. 发挥本院优势,加强自身建设,使自己的水平和特长为对方所重视,办事效率为对方所佩服,才能建立起信任关系,以利于开展具体交流。

4. 认真做好交朋友工作,学校领导和各系各专业教授,都可与友好学校的教师交朋友。开展多层次的交流活动,才能使校际交流持久地深入下去。

三、几点希望

1. 所有院校都反映经费紧张。要搞活动就要花钱,有些交流花钱还较多,特别是国际旅费的外汇更为缺乏。因为经费紧张,有些很好的机会不得不放弃,有些合适的对象错过了时机。学校希望省府能从经费上给予资助。

2. 对国家的一些规定还不大明确,这使得有些院校在开展校际交流活动时心里不大有底。如有的学校不敢接受外国研究生,因为不知道研究生要去考察的地方和内容政府是否会同意。也有的不敢向对方提出交流我们所需要的种子,因为校际交流一般对等,不知我们是否同意向他们提供他们提出的要求等。

3. 希望简化有关手续。关于与国外建立校际关系,应先按隶属关系向上报告,抄报省教委会和省外办,待上级正式批准后再签协议。至于临时来校工作的专家和自费来访团组的审批手续,待省外办提请省政府批准后另行通知。

浙江省人民政府外事办公室

一九八六年一月七日

附表 1

各校(浙江大学)校际关系一览表

院校	对方院校
浙江大学:11 个	美国犹他大学、美国加州大学北岭分校、美国罗切斯特理工学院、美国乔治亚理工学院、西柏林技术大学、美国麻省大学、美国马里兰大学、美国新泽西州立大学、英国谢菲尔德大学冶金系、英国霍华德大学力学系、比利时鲁汶大学 ESAF 实验室

附表 2

各校(浙江大学)校际关系交流情况

代表团		专家(人次)		留学生(人次)		图书资料(册)	
出国	来华	出国	来华	出国	来华	赠送	接受
4 批	8 批	14	14	10			3500
18 人	33 人						

浙江大学档案馆藏,档案号:ZD-1986-XZ-197-1

浙江大学 1980—1983 年校际交流统计[①]

(1986 年)

序号	中国院校(系、所)名称	外国院校(系、所)名称	开始往来日期	签署协议日期	代表团往来					
					来访团组			出国团组		
					日期	人数	目的	日期	人数	目的
1	浙江大学	美国北岭加州大	1980	1981	1981	7	访问	1985	5	访问
2	浙江大学	美国罗切斯特理工学院	1981	1981						
3	浙江大学	美国麻省大学	1984	1984	1984	2	访问	1985	5	访问
4	浙江大学	柏林(西)工业大学	1983	1983				1983	3	访问
5	浙江大学	美国乔治亚理工学院	1982	1982	1982	4	访问			
6	浙江大学	美国犹他大学	1980	1980				1985	5	访问
7	浙大材料系	英国谢菲尔德大学	1983	1983						
8	浙大力学系	美国霍华德大学	1983	1983						
9	浙江大学	美国马里兰大学	1985	1985						
10	浙江大学	美国新泽西州大学	1985	1985						
11	浙大发电研究室	比利时鲁纹 ESAT 实验室	1983	1983						

浙江大学档案馆藏,档案号:ZD-1986-XZ-197

① 本表系根据国家教委外事局〔86〕教外局综字第 1843 号通知(1986 年 6 月 14 日)的要求,由浙江大学外事办公室填制上报,编者对表格标题略有改动。

浙江大学1980—1983年校际交流师生互派统计①

(1986年)

中国院校(系、所)名称	外国院校(系、所)名称	互派教师				互派留学生						接受资助及援外情况
		中国教师		来华教师		来华			出国			
		长期	短期	长期	短期	进修生	研究生	本科生	进修生	研究生	本科生	
浙江大学	美国北岭加州大学	1			2					2	接受资助	
浙江大学	美国罗切斯特理工学院	3			2							接受资助
浙江大学	美国麻省大学	2		1								接受资助
浙江大学	柏林(西)工业大学	3		4	5					9		接受资助
浙江大学	美国乔治亚理工学院									1		接受资助
浙江大学	美国犹他大学			3	2							接受资助
浙大材料系	英国谢菲尔德大学	1	1		3							接受资助
浙大力学系	美国霍华德大学	2			2							接受资助
浙江大学	美国马里兰大学											
浙江大学	美国新泽西州大学											
浙大发电研究室	比利时鲁纹ESAT实验室	1										接受资助

浙江大学档案馆藏,档案号:ZD-1986-XZ-197

1978—1986年浙江大学聘请来华外国文教专家及一般外籍教师数字统计表②

(1987年)

省(市)

一九八七年制

年度/类别	1978			1979			1980			1981			1982			1983			1984			1985			1986		
	长期	一般	短期	长期	一般	短期	长期	一般	短期	长期	一般	短期	长期	一般	短期	长期	一般	短期	长期	一般	短期	长期	一般	短期	长期	一般	短期
人数				2		2	1	1	7	2	4	6	3		4	3	2	22	4	6	20	4	11	33	6	6	30

注:长期为长期文教专家,一般为一般外籍教师,短期为短期讲学专家。短期讲学专家的数字只填主请,不填顺访。

浙江大学档案馆藏,档案号:ZD-1987-XZ-223

---

① 本表系根据国家教委外事局〔86〕教外局综字第1843号通知(1986年6月14日)的要求,由浙江大学外事办公室填制上报,编者对表格标题略有改动。

② 本表由浙江大学外事办公室填制上报,编者对表格标题略有改动。

1986年浙江大学接待邀请外宾、外国人和华侨等四种人统计表[①]

浙大外办　　　　　　　　　　　　　　　　　　填表日期:1987年

类别 / 批数、人数 / 国家(地名)	友好访问		各种业务交流		其他		合计		其中						备注
									正副部长级		公费		自费		
	批数	人数	批数	人数	批数	人数	批数	人数	批数	人数	批数	人数	批数	人数	
美国	8	30	76	151	32	141	115	308							
西德	5	14	40	61	11	33	56	108							
瑞典	2	5	1	1	1	2	4	8							
英国	3	12	14	22	1	4	18	38							
日本	3	8	28	39	17	94	48	141							
澳大利亚	3	12	2	3	1	1	6	16							
加拿大			10	13	6	10	16	23							
比利时			2	2			2	2							
新西兰			3	4			3	4							
苏联			3	5	1	1	4	6							
瑞士			3	5			3	5							
丹麦			2	6			2	6							
法国			2	3	1	1	3	4							
荷兰			3	5	1	2	4	7							
希腊			1	2			1	2							
东德			1	1			1	1							
中国香港	1	8	3	7	1	16	4	15							
中国台湾			6	9			6	9							
世界银行			1	1			1	1							
国际会议			2	73			2	73					2	73	
汉语班					2	35	2	35					2	35	
芬兰					1	2	1	2							

① 本表系根据浙江省人民政府〔87〕浙外秘字第144号通知(1987年12月7日)的要求,由浙江大学外事办公室填制上报。编者对表格标题略有改动。

续表

类别 批数、人数 国家(地名)	友好访问		各种业务交流		其他		合计		其中						备注
									正副部长级		公费		自费		
	批数	人数	批数	人数	批数	人数	批数	人数	批数	人数	批数	人数	批数	人数	
非洲					1	10	1	10							
合计	25	89	203	413	77	352	305	854					4	108	

注:各种业务交流,包括科技、文化交流、洽谈贸易、专业考察等。

浙江大学档案馆藏,档案号:ZD-1987-XZ-223

1986年7月1日—1987年6月30日外事工作总结要点[①]

(1987年)

1. 一年来,先后与美国新泽西州立大学、加拿大新斯科舍大学、西德隆德大学[②]、日本武藏工业大学正式签订了校际关系协议,它有助于进一步开展与国外专业学院的合作交流。

2. 在各系及有关部门的密切配合下,邀请了59名短期专家来校讲学、访问,并聘请了14名学者为我校名誉教授、顾问教授或客座教授。

为了更多地建立与国内外院校及学者之间的联系,今年我办主动向国内许多兄弟院校发信表示愿意尽量帮助兄弟院校接待来访杭州的国外学者,故今年上半年的接待工作大量增加,在这一年共接待了来访学者226批972人。

3. 在总结过去经验的基础上,改进对长期文教专家、教师的生活安排和管理,绝大多数语言教师和专家都比较满意。在12名长期语言专家和教师中,有4名要求延长在我校工作的年限。

4. 配合学校做好校庆90周年的国外来宾——校长、副校长或校长代表12人,海外校长40余人的接待工作,这么多外国客人聚集我校是一项繁重的接待任务,但经过全体同志的努力,较圆满地完成了接待任务。

5. 一年来办理了37人次出国参加各类国际学术会议,其中美国15人,法国6人,日本6人,西德1人、加拿大2人,还办理了40人次出国访问、考察、技术培训和短期工作的出国手续。

6. 去年开始我校正式恢复招收外国留学生,现有留学生8名。一年来借助兄弟院校的经验,结合我校的实际情况,制定了一系列有关留学生学习生活管理制度。一年来留学生的学习和生活基本正常,现在正在为下学期13名新生积极做好各种准备。

7. 一年来我校共派出长期留学人员(6个月以上)93人,其中进修43人,攻读学位38

---

① 本总结的标题,编者略有改动。

② 原文如此。应为瑞典隆德大学。

人，联合培养硕士生6人，讲学及工作6人。到目前为止，我校累计派出长期留学人员（包括讲学工作）634人（其中教师416人），已回国的共190人。

8.今年我校第一次举办了外国学生汉语班，为期4周，学员多为加拿大麦吉尔大学学生（包括少数美国、西德学生），这对发展我校青年学生与各国青年之间的友谊，扩大我校在国外的影响及积累一定的外汇都有很大的意义。这次汉语班为今后更多地举办这样的班积累了经验。

9.改进了办公室的管理工作，并抓了工作人员自身队伍的建设：

（1）对过去历年的邀请来我校工作过的长期语言专家教师与短期科技专家的档案进行了必要的整理归档，并正在逐步达到条件存入计算机。

（2）经常在工作人员中抽调外出工作直接影响到我校甚至我国在国外的声誉，必须特别强调提高办事效率，加强责任感，防止差错。

（3）为了提高工作人员的素质，提高英语水平，曾设法让较多同志参加短期外籍教师的外语口语班，今后在有机会时还要举办。

（4）从本学期起在办公室工作人员中进行了考勤值日，缺勤及迟到早退现象已大为改善。

（5）为学校提供了电传收发业务，两年来共发出电传945份，收入电传1537份。

浙江大学档案馆藏，档案号：ZD-1987-XZ-68

1990年浙江大学建立校际联系情况统计[①]

（1991年4月）

国别	院校
美国	犹他大学、加州大学北岭分校、马萨诸塞大学、罗切斯特理工学院、乔治亚理工学院、马里兰大学、新泽西州州立大学、加州大学富勒顿分校、普度大学、印第安纳大学、夏威夷大学、罗斯·霍尔门理工学院、瓦尔帕莱素大学、世界公谊会学院、奎尼皮埃克学院、衣阿华中央学院、威斯康辛一麦迪逊大学
联邦德国	维尔茨堡大学、柏林工业大学、帕德勃大学
加拿大	新斯科舍工业大学、蒙特利尔大学
瑞典	隆德大学
日本	歧阜大学、武藏工业大学、东北大学、北海道大学
比利时	根特大学
英国	利物浦大学、帝国理工学院、玛丽皇后学院、雷丁大学、塞赛克斯大学
香港	香港城市理工学院
澳大利亚	墨朵大学、纽卡斯尔大学

① 本表原载浙江大学校长办公室编《浙江大学1990年统计资料汇编》。

续表

国别	院校
丹麦	欧登塞大学奥尔堡大学
法国	鲁昂国立应用科学院

浙江大学档案馆藏,档案号:ZD-1990-XZ-57-3

浙江大学1997学年度聘请外国专家工作总结

(1998年12月3日)

我校97学年度用教育部外事经费共聘请外籍专家76名,其中美国11名,日本18名,德国14名,其他国家33名,正常进行国家级专项4个(进展情况已书面汇报国家教委),学校项目72个。

本学年度,我校引智工作根据国家外国专家局及教育部外事司对聘请外籍专家的工作要点及指导精神,结合我校教学、科研发展的具体情况,确立我校引智重点及方向。我们的引智工作思路,主要可以归纳成以下三点:

1. 要有敢于直面世界一流的意识,和世界科技发展接轨

浙江四所著名大学合并为一,新的浙江大学将面临更大的机遇和挑战,也具备了更广阔的发展前景。浙江大学是中国一流大学,这已是不争的事实,但如何使新的浙江大学在原有的基础上更上一层楼,我校的外事工作如何为新的浙大的引智工作打下一个良好的基础,我们的引智工作应该如何定位,这是学校的外事处领导考虑的主要内容之一。我们认为,浙大要发展,要挤入世界著名院校的行列,首先要了解世界科技发展的最新动向,谋求与世界科技学术界的广泛接触与交流,所以我们的引智方向,应该瞄准世界一流水准,从比较中找差距,从交流中求跃进。

2. 要发扬自力更生的精神,创造条件,开拓进取

本年度国家下拨的外事费,与往年相比并无多少增加。我们面临的现实情况却是,各系教授的对外交流越来越活跃,和国际学术界进一步接轨的呼声很高。世界学术、科技领域突飞猛进的发展,使我们的教授对对外交流,特别是高层次的交流的重要性有理性的认识。他们在通过各种途径跨出国门的同时,也希望把这一领域的专家请进来。面对众多聘请外专的申请,国家教委下拨的外事费只是杯水车薪。如何解决这一矛盾,学校负责外事的领导对此有比较清晰的认识。我们不能一味依赖国家,引智工作是学校建设的重要内容之一,有条件要上,没有条件创造条件也要上。这一思路为学校多种形式、多种方法、多种渠道引进外国人才奠定了基础。

3. 要有集思广益,善于捕捉各种机遇的工作作风

在经费少、起点高、要求严的情况下,如何保证引智工作高效地开展,这需要外事工作人员、有关的各系教师群策群力,互相沟通,及时把握机会,充分调动主观能动性,主动出击以获得最大的引智效果。这一年来，由于我们倡导这一工作作风，使我们的引智工作积极主动，成效突出。

根据以上思路，我们在实际操作中取得了明显效果，具体来看，可以分为以下四个部分：

1)突出重点，吸纳世界一流学术科技思想与成果。

根据本学年度的引智思路，我们无论在经费走向还是项目的取舍，都充分体现重点和普及相结合的原则，在注意通过引智提高学校整体科研教学水平的同时，高度重视引进个别杰出专家学者对我校重点学科发展的重要意义。

我们邀请德国汉堡大学高分子系教授 W. KAMINSKY 就是一个典型的例子。KAMINSKY 是国际高分子化学界最有影响的科学家之一，他继承诺贝尔奖得主齐格勒和纳塔二人开创的配位聚合理论，开创了茂金属催化剂这一新的学科领域，从而将配位聚合研究带上了一个崭新的学术科研天地，也为高分子聚烯烃工业提供了具有里程碑意义的新技术。他开创的茂金属工作，近 20 年来获得越来越多的高分子学术界专业人士及工业界的重视。他已两次被提名为诺贝尔化学奖的候选人。

我校化工系教授孙俊全教授通过他在德国的合作教授结识了 KAMINSKY 教授。回国后孙教授向外事处提出了邀请 KAMINSKY 教授来校进行学术访问的建议，得到外事处的大力支持，从经费申请和申报程序上都特事特办，顺利邀请到 KAMINSKY 教授来访。国家自然科学基金会获悉 KAMINSKY 来访，专门来电，大力支持我校和 KAMINSKY 教授建立学术关系，认为这将有利于提高我国高分子化学的研究水平，并同时提高我校这一领域在国际上的学术地位。通过这次访问，密切了双边关系，作为我校的名誉教授，KAMINSKI 教授将无偿帮助我校分析测试茂金属催化合成聚烯烃样品等，并且对我方茂金属催化烯烃聚合提出建设性的意见，并具体指导了我校博士生和硕士生的研究工作。

岩土工程是当前和未来 21 世纪发展最活跃的一门学科，岩土工程项目在国民经济发展的投入中占有很大比例。例如国家重点开发区上海投入与岩土工程有关的基本建设项目的资金超过千亿元，仅浙江省的岩土基本建设项目也在几百亿以上，因此岩土工程在国民经济发展中起着重要的基础建设作用。浙江大学岩土工程研究被列入 211 重点建设学科，已经参与并将更多地参与跨世纪大型工程。随着我国在 21 世纪前几十年内对岩土工程投资的加大，紧跟国际最先进的技术，对加快我国岩土工程的发展是极为有利的。但应当承认，任何一次国际会议或讨论报告都无法将岩土工程方面国际最著名的专家学者聚在一起，单独教授间的互访更难以达到这一目的。

为了和世界一流岩土专家学者展开学术交流与合作，我校著名岩土工程专家吴世明教授组织发起“展望 21 世纪岩土工程国际系列讲座”。该系列讲座的基本内容和方式已经得到“国际岩土力学与岩土工程协会”的前任和现任主席的确认，并经现任主席 WOODS 教授的推荐，选定 10 余名在岩土工程的各个领域内处于前沿的，在国际上有重大影响的专家学者来我校作系列专题报告，并将出版“展望 21 世纪岩土工程国际系列讲座”文集(英文版)，在世界范围发行。尽管这些专家学者来浙江大学的经费由我校全额承担(包括来回国际旅费)，人力物力投入不菲。但我们认为，将世界岩土工程精英人物汇集浙大，无论从科研学术上，还是从国际影响上浙江大学的收获都是无法估量的。

2)立足自我发展，多方筹资，扩大引智渠道。

为弥补我校外事经费缺乏,我们充分利用海外校友及爱国华人的力量,筹集资金,聘请高水平的专家来校进行讲学和合作科研。较为突出的是我校在美国设立的,由浙大校友组成的竺可桢教育基金会。目前浙大在美国的校友无论在学术上还是在经济上都颇有建树,他们能够也希望为母校的建设和发展贡献自己的力量。因此我们和他们保持密切的联系,利用他们在美国学术界的地位和影响,以及他们提供的来华资金,聘请高水平的专家学者来校讲学。我们今年通过该基金会聘请的是世界智能系统领域的著名专家 A MEYSTEL 教授。

MEYSTEL 教授自 1989 年来是该领域最著名的国际会议 ISAS 的组委会主席,这次来访是他首次中国之行。通过来访,一方面,我校了解到该领域的世界最新成果,是一次高水平的学术会晤;另一方面也让 MEYSTEL 教授在参观访问过程中,了解了浙江大学的科研、教学水平以及学生的聪颖能干,勤奋好学。杭州之行无论在教学科研学术讨论,还是人文景观、民风民俗都给 MEYSTEL 教授留下了深刻的印象,双方都觉得不虚此行。MEYSTEL 教授在回国后和 ISAS 组委会达成初步意向,准备明年在北京召开 ISAS 国际会议时,在杭州召开一次后续会议,以便邀请世界著名的智能系统专家来杭讲学。

(中略)

除了教委外事经费外,今年我校通过不同途径,不同经费渠道邀请到外籍专家近百名。

3)捕捉信息,抓住机遇,提高引智效益。

浙江大学罗克韦尔自动化技术中心于 1997 年 4 月建立。这是一个以浙江大学电力电子技术国家工程研究中心和电机系的学科为后盾,通过浙江大学深厚的学术背景和罗克维尔公司世界一流的工控产品技术相结合,以提高一般工业控制工程学术水平和提高教学质量为目标,培训高质量的工程技术人才的场所。中心自成立以来,通过展示罗克维尔公司的最新最先进的工控产品,开办数期工程技术培训和面向中国市场的技术咨询研讨会,翻译和消化国外先进技术资料,进行专业技术服务,为和罗克维尔公司的进一步合作打下良好基础。本学年度浙江大学通过邀请罗克韦尔专家及副总裁 MTBYRNES 先生来校访问,向罗克韦尔详细介绍了我校工作的开展情况,获得外宾的高度评价。罗克韦尔公司于 98 年暑期向中心投入 33 万美元设施,新的实验室将使学生能在实验室中通过控制网去模拟生产现场的自动化系统的控制过程,使学校电气教学质量和水平能够与国际一流的现代化生产控制技术相适应。

柏林工业大学建筑系 NEDELJKOV 教授是一位资深的建筑学教授和执业建筑师,经该校外办介绍来校讲学。由于该教授在我校没有认识的对口教师,柏林工大外办也没有告知其详细的来访目的,因此,开始我们只根据其日程安排了两次讲座。但在首次接触中,外事处的同志了解到,该教授不仅在学术方面取得了不凡的业绩,获俄罗斯建筑师学会外籍院士称号(在德国只有 4 位学者获此殊荣),而且还是一位非常出色的实业家。作为有自己设计事务所的执业建筑师,他已经在德国、比利时、俄罗斯、埃及等国家独立设计建设了近 30 座不同规模的现代化医院。他长期关注廉价、天然、轻质、可再生利用、物理性能优越的新型建筑材料的发明及应用,有数个这方面的专利,在几个国家拥有 5 个相关企业。

了解到这些背景情况,外事处有关同志和建筑系领导紧急磋商,重新安排了该教授的访问计划,组织了 3 次建筑设计院、建筑系、土木工程系的领导和相关教授与其座谈。在会谈中，我们注意到 NEDELJKOV 教授的科研成果在我国建筑市场中有巨大的潜力，并显示出在教学、科研和科技产业化和我校进行合作的极大兴趣和诚意。经过协商，双方在互派学生，通过浙江大学引入德国新型建材，和浙江大学共建新型建材合资企业等方面达成了多种合作意向。

4）开阔眼界，提高起点，长期专家聘用创特色。

本学年度我们共聘用长期专家 6 名，除了普通的语言教学专家以外，我们还以教学科研高水准，高效益为目标，聘用特色长期专家来校，进行教学和科研系统合作。

96 年底，我校被确定为国家教委“面向 21 世纪全国大学英语教学课程体系改革”牵头单位。本学年度初，外语系在校外办、教务处等单位的大力支持下，开始了英语教学从教材到教学方法的改革探索。外语系依托学校良好的对外交流大环境，积极开展对外交流活动。我们通过“英国文化委员会”在我校建立的“特殊用途英语学术中心”及与美国大学开展的校际交流，紧紧围绕英语教学改革这个大课题，有的放矢地聘请英美语言学家来校合作。特别值得一提的是，为使“面向 21 世纪全国大学英语教学课程体系改革”中的重要一环——教材改革得以高质量地进行，编写出能更好地体现 99 年即将公布的大学英语大纲的精神，更准确地反映现代英语语言用法的大学英语教材，我们通过多方了解和比较，特聘请加拿大语言学家、教材编写专家 SALLY ROSS 来校，对“新编英语教程”系列教科书的编写进行指导及参与，获得较好的效果。目前，大学英语教学改革被学校列为基础课程教学改革重点课题。已有厦门大学、华中理工大学、大连理工大学、北京工业大学等 100 多所国内高校预订了此套教材。

聘请高水平的科技长期专家由于受到各种因素的制约，一直是专家聘请工作的难点。我们通过日本科学技术振兴事业团的介绍，聘请日本中村惠吉来我校讲学兼科研。中村惠吉是日本著名的金属与技术研究所的主任研究员，在高温超导薄膜研究方面有很深的造诣，在世界一流学术刊物上发表论文近百篇。尤其难能可贵的是，中村惠吉先生对中国人民满腔热忱，在生活上不计待遇，在工作上兢兢业业，诲人不倦。他平时生活极为俭朴，但却慷慨地自己掏钱为学校添置了烘箱、高温电炉，建立了一套包含分子泵在内的可精确控制气氛的退火系统及为物理系在建的高真空激光镀膜机购置了真空泵。这些设备的引进为研究高温超导薄膜提供了非常有利的实验条件。不仅如此，中村先生还从日本带来了目前世界最新型的薄膜制备技术，使浙江大学在此方面的研究工作提高到一个新的台阶。此外，中村先生作为博士生导师，直接参与我校物理系博士生的培养。鉴于中村先生在我校杰出的工作业绩，1998 年浙江省人民政府授予他“西湖友谊奖”荣誉称号。

浙江大学外事处
1998/12/3

浙江大学档案馆藏，档案号：ZD-2007-WS-5-66

十一、成教、继教与地方合作

(一)成人教育与继续教育

本校开办夜大学、夜高中
(1956年4月12日)

为了有计划有步骤地提高在职工作人员的科学文化水平,更好地改进工作、办好学校,以适应祖国社会主义建设事业飞跃发展的需要,行政会议根据高教部指示精神,讨论通过开办夜大学、夜高中,并成立了浙江大学业余教育委员会。

夜大学设置机械制造工艺、工业企业电气化二个专业。教学计划基本按照高教部拟的六年半制的草案拟定的,每周授课时间12学时(第一学期为9小时)。夜高中为中等专业学校性质,学习年限三年。大学部、高中部数理化教师均由有关教研组负责指定专人授课。夜大学、夜高中以及夜初中、夜小学及扫盲班均在4月9日开学。9日晚上,业余学校举行隆重的开学典礼。会上有刘副校长讲话及李教务长报告筹办经过。工会、业余学校教师及学生代表均讲了话。现报名参加夜大学的已有62人,夜高中的73人,夜初中92人,夜小学92人,扫盲班92人。

为了使夜校学习时间有所保证,学校还规定了在上课时间内,一律不安排其他活动,凡参加夜大学及夜高中的学生,每天办公时间还可以缩短1小时。

《浙大》1956年4月12日

关于浙江大学外语培训部创办情况的报告
(1984年2月24日)
浙大发外〔1984〕47号

教育部外事局:

〔83〕教外选字1261号文收悉。现将浙江大学外语培训部创办报告如下:

1977年12月浙江大学成立外语培训部并于1978年接受中国科学院教育局关于在浙江大学设立出国人员外语培训点的任务(当时浙大划归中科院领导)。自1978年起,我校即开始对中科院、本校拟将出国的人员,以及本校外语教师,各系骨干教师进行英、德、日语培训工作。1982年浙江大学划归教育部领导后,培训工作仍继续至今。

六年来,我校的外语培训工作以英语为主,共开出:

1.英语:高级班八期,三十四个班,560多人,其中代中科院培训95人;基础班十个,452人;本校英语教师轮训(半年一期)47人。

2德语:快班一个,7人;基础班四个,63人;德语教师培训一期8人。

3. 日语基础班七个，255 人；高级班四个，48 人。

我校高级英语班及德语快班培训的学员，除为中科院代培的人员已全部出国，本校 1982 年前已出国 92 人外，现以 1982 年以来我校参加 EPT 考试及"托福"考试的情况为例，说明我校的培训效果：1982 年 6 月 27 日我校派 55 人参加教育部 EPT 统考，被录取 53 人，最好成绩为 142 分；同年参加"托福"考试 43 人，最好成绩为 643 分，最差成绩为 517 分；为理工科院校之前茅。1983 年 8 月 25 日派 11 人参加 EPT 考试，录取 9 人；同年 12 月 25 日派 29 人参加 BPT 考试，录取 25 人。德语快班本校四人，为北京工业学院代培 3 人，1983 年 12 月全部通过西柏林工业大学的德语合格考试。

根据以上情况，我们认为培训效果良好，请部领导验收，并准予正式成立外语培训部。

附件：浙江大学外语培训(部)基本情况汇报。(略)

浙江大学

一九八四年二月二十四日

浙江大学档案馆藏，档案号：ZD-1984-XZ-179-1

关于成立浙江大学继续教育学院的请示

(1986 年 10 月 16 日)

浙大发教〔1986〕451 号

国家教委：

为适应我国现代化建设事业的需要，充分发挥我校理工结合、多层次办学、多学科综合的有利条件和知识优势，近年来我校在开展继续工程教育方面的工作，已经成为学校培养高级专门人才的重要组成部分和一项经常性的任务。为总结办学经验、提高办学水平、统一管理与组织全校的继续教育工作，拟成立浙江大学继续教育学院。特报告如下：

一、开展继续教育的必要性和紧迫性

继续教育是对具有大专以上学历的在职科技人员不断进行知识更新的教育，是高等工程教育的一个层次。

近年来，由于新的科学技术发展及其在经济和社会广泛领域的应用，推动了工业发达国家多种形式继续教育的蓬勃发展。以不断输入科技信息、调整知识结构、扩大学术境界、提高创造能力为主要目的继续教育，已成为现代高等工程教育发展的一个新的时代特点。

继续教育对我国经济和科技进步发展更具特殊意义。由于我国高等教育事业本来就比较薄弱，现有在职科技人员的数量和质量都不能满足经济建设的需要，十年动乱使在职科技人员知识老化和年龄老化的矛盾更为突出。党中央关于"对外开放，对内搞活"这一基本国策，本世纪末实现经济振兴的宏伟目标，社会主义商品经济的发展，经济、科技和文化的国际交往日益扩大。在这种新的形势和要求下，继续教育势必成为我国振兴经济、促进四化建设、适应新技术革命形势需要的一项基本对策、一项重要的战略举措而迅速开展起来,定将有效地对社会发挥明显的经济效益。

二、我校成立继续教育学院的条件

浙江大学是国家教委直属重点大学,具有理工结合、多学科综合的知识优势。无论是本科教育还是研究生教育,我校在师资力量,科学研究水平、学位点及其涉及的新技术学科领域、电子计算机拥有量、图书情报资料以及在国际科技交流等方面,都对高层次的继续工程教育提供了充分的条件。

仅自1984年以来的二年中,我校已先后为各工业部委、省、市所属企事业单位举办了各种类型的进修班129个,学员人数7709人;为省内外高等院校代培教师(半年以上)786人;单科旁听517人。通过对上述以在职工程技术人员为主,包括高等院校师资、企事业单位管理(领导)干部的继续教育,在师资、教学内容和教材、组织管理等方面都为进一步开展继续教育积累了一定的经验。

事实上,各种形式的继续教育已经成为我校为国家培养高级专门人才的一项经常性任务。为了进一步做好这项工作,我校经研究决定成立浙江大学继续教育学院,以便统一组织和管理全校的继续教育工作,总结办学经验,研究提高办学水平。同时拟将继续教育学院设在我校六和塔分部,为中、高层次(职称)的学员提供优美的生活和学习环境。

三、名称及机构

名称:浙江大学继续教育学院

机构:学院由校长聘任院长一人,副院长一人,继续教育学院院长可由一位副校长兼任。

继续教育学院不另建专职继续教育教师队伍,由学院分别会同教务处、研究生院、有关系和教研组统筹安排教师力量,组织学习。

学院在及时了解社会需要、密切社会联系的基础上,负责与有关工业部委,省、市企事业单位签订长期或短期的继续教育进修班协议。

四、学院的基本职能

1. 教育对象:我校继续教育学院的教育对象,主要是五六十年代大专或本科毕业的在职科技人员,包括高等院校在职教师和大、中企事业单位在职管理(领导)干部。

考虑到我国在职科技人员素质的实际情况以及浙江省及其邻省中,小企业较多的特点,少数接受继续教育的学员,其学历要求可以略低。

2. 教育层次:根据学员原有学历、现有科技水平和职称,我校继续教育基本上分为初、中、高三个层次,而以本科和具有高级职称(职务)的中、高层次在职科技人员的继续教育为重点。

3. 教育内容:根据我国在职科技人员对继续教育的实际需要,我校继续教育的内容(目的)可分为三种类型:

(1)知识更新教育:这是继续教育的主要内容(目的),是在职科技人员过去没有学过的新的基础知识、新理论、新技术以及科学技术的最新成就。

(2)管理和经济科学知识教育:新形势下工程技术人员现代管理知识的补充,转为管理工作的科技人员对现代信息和管理科学的必要学习。

(3)涉外经济、科技、文化知识教育:外语、外贸、外经等涉外科技所必需的新知识教育。

4.教育方式:根据国内外继续教育内容新、水平高、方式灵活、针对性强的特点,我校继续教育学院将采取短期为主、广开学路、多层次、多种形式的教学。

(1)以短期为主、长短结合在校内举办各种培训班,其中:二个月为一期的短训班,学习2—3门课程;半年为一期,学习4—5门课程;一年为一期,掌握比较系统专业知识的进修班。

(2)以半脱产或业余为主的各种短训班。

(3)直接在企业所在地举办各种培训班。

(4)其他形式的继续教育,如:单科进修班、助教进修班、硕士学位课程进修班、高职称(职务)人员专题研讨班、国内外访问学者研究攻关、学术讨论班、研究班等。

5.课程领域:适应当前我国经济建设需要,跟踪科技发展趋势,反映科技发展的新理论、新技术。在扩大知识领域和促进学科交叉的方向上设计新的课程组和学习计划,以提高学员的应用和开发能力。

五、学院规模、编制、设址的初步设想

1.学院规模:根据近二年开展继续教育工作的实际情况,在1990年前的规模为2000人/年。

2.编制:

学院下设精悍办公室会同学校其他职能部门进行管理。

关于教师编制按每年在学学员数折算,建议:兼任低、中级继续教育的教学工作,按进修教师教学工作量(每一位继续教育学员相当于1.5个本科生)。对高层次(职称)在职科技人员的继续教育,按研究生教学工作量折算。教师的总编制数请教委核定。

由于继续教育的教学工作对教师的要求较高,高级职称的教师占较大的比重,因此在上述兼职教师编制数中,高级职称教师所占比例高于目前我校应有比例的10%左右。

3.学院设址:利用我校六和塔分部的现有教学、生活用房的一部分并逐年改造、修建,以满足继续教育的需要。

以上报告当否,请批示。

浙江大学
一九八六年十月十六日

浙江大学档案馆藏,档案号:ZD-1986-XZ-100-3

浙江大学成人教育处1986—1987学年工作小结和1987—1988学年工作要点

(1987年7月9日)

一年来,我处在学校“坚持改革,抓好校风,多做实事,提高质量”的工作方针指导下,在校长和党委的直接领导下,为完成学校各项工作任务,为改革和发展成人教育,做了一些工作,积累了一些经验。展望新的学年,我们对未来的工作充满信心。

(一)1986—1987学年工作小结

我处现有三个科:夜大学管理科、函授教育科、职工教育科。全处工作人员18人,其中包括4名专职教师。由于我处工作人员少,工作任务重,头绪多,三个科在工作任务、性质上又不尽相同,因此,协调好三个科之间的工作,做到相互支持、帮助,充分调动全处每个同志的积极性,发挥集体领导作用是搞好我处各项工作的关键。

为使全处同志坚定地树立坚持四项基本原则的立场,不断提高思想觉悟、抵制和反对资产阶级自由化倾向,每星期六下午坚持政治学习。为加强党支部自身的思想建设,根据总支布置及时认真过好组织生活,尽量发挥党员同志在全处各项工作中的骨干作用。关心年青同志的健康成长,不但让他们参加夜大学习,要他们正确处理工学矛盾,同时让他们在打字、刻字、油印上获得基本技能的训练。积极动员,认真组织处内同志投入学校有关工作中去,例如校庆期间积极参加接待工作等。

夜大学目前已具有一定的规模,拥有五个专业(其中有一个本科专业),1024名在校生(其中本科生49人)。暑假后,夜大学将发展到具有七个专业(增设二个新的专业:电气技术和能源与环保工程),在校学生将增加到1200人左右(暑假毕业177人,新招夜大生350人)。为抓好校风和学风,加强对夜大学生的学籍管理,我们重新修订学则和各项管理制度,现已分发到每个学生,新的规定已经开始执行。为提高校、系部分管理人员的素质,满足校、系机关管理工作的需要,我们开办了四年制大专程度的"高教管理专修班",现有校、系机关工作人员和部分外单位送来培养的学员共38人参加学习。为不断提高夜大学的教学质量,我们还重新修订了各专业的教学计划。此外,为使我校夜大学办得富有特色,使之更加适应成人教育的需要,我们进行了三方面的改革。

(1)针对学生中不同的学习基础和学习时间多少,对部分学生采用"课程积累制"方式培养,学生学习的年限可以适当延长或缩短,没有升留级。学完教学计划规定的课程,经考试合格就准予毕业。采用"课程积累制"的学生有103名。(2)对部分学有余力的优秀生,我们采用"先修课"方式培养,使他们通过先修而可以达到跳级或提前毕业。这一改革,试行一年来,已有13人提前半年毕业。最近又有一名机制专业的学生提前一年毕业,还有多名同学通过先修跳了一级。(3)为拓宽学生的知识面,我们在夜大学生中还实行了"选修课"制度,让学生根据需要选修学习本专业外其他专业的任何课程,例如机械、土建类专业学生可以增加学习电气类专业课程,同样电气类专业的学生可以学到机械类专业课程,使学生具有多种学科的知识,更好地为四化建设服务。在加强学生政治思想教育方面,充分发挥夜大学兼职班主任的作用,每年一度在夜大生中开展优秀学生的评比活动,86年下半年评选出1985—1986学年优秀学生73名。今年我们还首次组织夜大生参加学校的运动大会,获铅球第三名,铁饼第七名。我们还在本年度出版了"夜大通讯"八期。

一年来我们为学校恢复函授教育,建立函授部做了大量的筹备工作:进行社会调查,了解社会对办函授教育的需求;与校内有关各系、各教研组联系,探讨承办函授教育的可能性;拟定了部分有关规章制度;组织制定函授教育的教学计划;订购教材。已基本上落实了第一学年的函授教学任务和任课教师。在筹备工作基本就绪后我们即着手87年招收首批函授生的准备工作,开展招生宣传和函授教育专业介绍;筹备建立函授站,函授招生录取工作已顺利结束，共录取首批函授生 254 名，其中电气技术专业为 158 名，机制专业为 96 名。一年来我们共处理回复了 380 余封询问有关函授教育的信件。

在职工教育方面，我们继续贯彻“三中一高”的办学方向。为满足本校职工业余文化学习的需要，每学期都开设职工高中班，职工高中统考理科和文科复习班；为满足职工报考成人高校的需要开设成人高考复习班（文科一个班，理工科二个班）。为解决我校职工后顾之忧，开设职工子女高复班。此外尚有进行岗位职务培训的电大档案班、科技人员专业英语班，以及深受校内师生员工欢迎的业余书法班和绘画班等。参加以上各种班学习的人数在 500 人以上。据统计。通过职工业余学习考取各类成人高校的有 42 人荣获杭州市职工语文、数学竞赛一等奖一名，二等奖二名，全国硬笔书法赛一等奖一名。

（二）1987—1988 学年工作重点

在新的学年里，我们要在已经取得的工作成绩的基础上，在校领导的指导下，进一步加强处的集体领导作用，协调三个科之间的工作，更加充分地发挥党支部的监督保证作用，积极调动全处每一同志的工作积极性，加强岗位责任制，为胜利完成各项工作任务而团结奋斗。

夜大学将继续贯彻执行以“坚持改革，抓好学风、校风教育，提高教学质量”为中心任务，认真总结经验，加强对选修、先修、课程积累制学生的管理工作，进一步扩大计算机在管理工作中的应用范围，积极筹备开办大专起点的本科班。

函授教育必须坚决贯彻“教学质量为第一”的指导思想，开展对函授教育特点、规律的探索和研究，争取在函授教育起步的同时就立足改革，为办出有浙大自己特色的函授教育而尽心尽力。在实践中进一步健全、完善函授教育管理的各项规章制度，逐渐开展计算机在函授教育管理的应用，争取逐步增办社会急需而学校又有能力开办的新专业。招生地区也可同时向省外发展。在取得学校领导同意后，在省计经委、省财政厅、省劳动人事厅支持下，可以办函授教育的普通班，招收应届毕业生。

成人高等教育，即学历教育，今后仍将是成人教育的一个重要方面。因此我们必须努力办好夜大和函授的学历教育，不断提高教学质量。但是，成人教育的重点，是开展岗位职务的培训，我们应该努力探索如何利用夜大、函授这种基本业余的学习形式，依托学校师资、设备的优势，学科门类的齐全来开展较高层次的岗位职务培训和继续教育。

职工教育除继续办好上述各种类型的班外，积极创造条件，争取再办几个职工职业技术培训班，努力提高教学质量。

成人教育作为我国四大块教育之一，已越来越受到社会重视。今年初国家教委已批准我校成立了成人教育学院。6 月份教委已在天津召开了七所成立成人教育学院的教委直属高校的代表会。会议进一步明确了成人教育学院的任务，讨论各校的发展规模，教委将对各校规模大小，在经费编制上予以切块下达，实行优惠的扶持政策。我们全处同志决心全力以赴，为校成人教育的发展和改革，贡献自己的力量。

成人教育处
一九八七年七月九日

浙江大学档案馆藏，档案号：ZD-1987-XZ-68

继续教育处1987—1988学年工作总结

(1988年6月25日)

一、开展的主要工作内容

1.调查研究

本处系87年8月新建处。建处初期,全处人员走访了校内电机、化工、土木、机械、工管、计算机、信电等系,了解各系开展继续教育现况,向各系宣传继续教育,动员办学。

全处人员到国家教委、科委、科协、经委、中国石化总公司、石油部、人劳部、机械委等十多个部委、公司进行调研,了解学习国家继续教育现行政策,寻找支持和协作。同时到清华大学等兄弟院校取经,学习他们开展继续教育工作的经验。派员到中原油田进行有关继续教育工作的实地调查,收集资料。

2.组织各类继续教育班

教学班分为两大类别,一类由各系自下而上主办,一类由本处提供信息,组织各系办。本学年已办班和正在筹备之中的主要培训班有:

1)已办工程师继续教育进修班(含少量专业技术人员上岗进修班)

浙江省科干局出国人员德语强化培训班

浙江省科干局英语强化培训班

航空部审计干部写作培训班

工业外贸及外向型经营研讨班等。

本学年(88—89学年)筹办的班有"塑机行业液压技术与控制设计工程师培训班"等16个班。其中已落实9个班,它们是为中国石化总公司举办的"化工自动化专业工程师进修班";为燕山石化公司举办的"高分子化工专业工程师进修班";为塑机行业举办的"液压技术与控制工程师培训班"以及电机工程师研讨班、模具设计班、中等专业学校师资进修班、精细化工、水泥化学分析、化工工艺及设备、施工员上岗及培训等。

另外,为武钢高级行政管理人员举办的"企业领导干部管理知识研讨班"也已基本筹备就绪。

2)本学年与研究生院联合,在杭州市首届招收在职人员硕士课程(论文)进修班。目前报名人数180人,现已进行了入学考试,正进入录取阶段。

3)为集体企业、乡镇企业试行举办"往届生"免试入学两年制大专班。目前已在本省杭州、萧山、绍兴、金华、嘉兴、湖州、海宁等市做定点办班调查,组织生源。现金华、绍兴、萧山、杭州等市,定点工作已基本落实,现已开始签订办班合同、协议等。

4)根据国家教委关于成人高等教育试行《专业证书》制度的若干规定,正在着手动员、组织各系,开办各类《专业证书》教学班。

3.建立继续教育管理制度

为做好继续教育统一管理、归口工作,本学年本处拟制了:

1)浙江大学继续教育工作简介

2)浙江大学继续教育工作实施细则(试行稿)

3)关于举办各类培训班、进修班、继续教育班报批程序的规定

4)关于浙江大学成人教育学院开办《专业证书》教学班的通知等若干文件。

同时,除制订了年度计划外,拟制了1988—1990年我校继续教育三年规划,明确了本处近期工作方向。

4.组织杭州大学、医大、农大、美院等共同提出了“中美两国联合开展继续教育工作的方案建议”,并于本年4月,接待了美国霍普金斯大学成人教育学院院长盖博教授来杭访问,对中美联合开办继续教育做了初步探讨。

5.与基建处共同起草“关于在浙江大学建立‘继续教育杭州基地’的报告”,并共同派员到北京,争取国家教委、计经委拨款支持,力争改建三分部为我校继续教育基地,更好为国家教育事业、经济建设事业服务。

6.派员到北京参加中国继续工程教育学会举办的“全国继续工程教育表彰大会”,我校路甬祥校长和薛继良副校长的论文“继续工程教育是我国高等教育的重要组成部分”在会上获优秀论文奖。

7.经电子工业部批准,在我校正式建立电子工业继续教育杭州基地。目前基地机构(均兼职)已建立,正着手开展工作。

8.收集资料,为1989年在我国召开的“第四届国际继续教育大会”起草了两篇参加会议论文的内容摘要。

二、存在的主要问题

1.由于目前国内普遍实行厂长负责制,事业单位国家不包事业费等原因,企事业领导“短期行为”明显,不舍得或无能力投资教育,与83—86年相比,参加培训的职工人数普遍下降。因此我校组建的各类教学班普遍存在生源紧缺问题。这对我们办班对策提出了更高的要求。

2.本处属新建处,与各系联系也是刚开始,急需建立一个继续教育工作委员会或网络,增加各系间的联系,也给本处开展工作提供方便,提高效率,希望能得到支持。

三、今后设想与打算

1.继续争取国家教委、计经委及有关部委、公司、行业经费支持,同时努力积累,坚持改建三分部的设想,为把我校继续教育工作发展成国内外有一定影响的我国继续教育骨干基地而努力。希望校领导能支持,并亲自出面抓紧进行一些较高层次的会谈。

2.继续追踪“中美联合开展继续教育工作的方案建议”,继续工作,争取此方案得以实施。

3.争取在89年与研究生院联合开展全国联点招收在职人员硕士课程(论文)进修班工作及论文硕士、博士工作。

4.抓紧两年制“往届生”大专班布点工作,并争取办学点向安徽、江苏、福建、广州推进。同时积极筹备开办“应届生”自费大专班。

5.进一步完善本处机构,争取尽早分科,加快管理工作规范化进程,适当补充人员。采取一定保证措施,开展处内继续教育文件、业务知识学习,不断统一思想,提高认识,增强能力,提高办学的应变能力和预见力。

6.进一步研究、细化办学相关政策(含经济政策),调动全校教职工办学积极性。

由于本处刚组建,有实效的工作还刚刚起步,成绩很少。但一年来,本处全体同志能团结合作,各负其责,使工作局面得到了开拓。我们相信,在校、院长直接领导下,我们的工作在新的学年将会有新的进步。我处工作口号是:

开拓、求实、高效、服务

1988年6月25日

浙江大学档案馆藏,档案号:ZD-1988-XZ-233

1988/1989学年初浙江大学夜大、函授生统计①
(1988年10月18日)

1. 夜大生1207人

(1)本科、226人

一年级(88级)47人

二年级(87级)49人

三年级(86级)130人

(2)专科981人

一年级(38级)218人

二年级(87级)267人

三年级(86级)252人

四年级(85级)244人

2. 函授生426人

一年级(88级)248人

二年级(87级)178人

浙江大学档案馆藏,档案号:ZD-1988-XZ-67-10

夜大函授处1988—1989学年第一学期工作小结和第二学期工作要点
(1989年1月14日)

按照学校1988—1989学年第一学期的工作指导思想,"贯彻党的十三大精神和全国高教会议精神,以改革总揽全局,进一步端正办学指导思想,把培养社会主义建设需要的合格

① 本统计系《公布浙江大学1988/1989学年初主要统计数字》中相关内容的节选,统计原载浙江大学校长办公室编《简报》1988年第10期(总第164期)。标题为编者所拟。

人才作为学校的根本任务。引进竞争机制，加快和深化教育改革的步伐，改造和加强思想政治工作，全面提高教育质量和科研水平，增强学校主动适应经济和社会发展的动力和活力”，以及办好夜大函授的任务，我处本学期主要工作小结如下：

1. 遵照校院领导的指示，我处作了科级机构管理职能的改革和调整试点工作，撤销了原有的夜大学管理科，函授教育科和职工教育管理科，重新调整了人员，组建了夜大函授综合管理科、夜大函授教学管理科和夜大函授教务管理科，从而统一夜大函授的招生、教学、教务及财务等各项管理工作，新制定了三个科的工作职责范围。目前调整工作已基本结束，并已按新体制开始工作。为使工作的顺利进行，做到有章可循，我处又制定了“关于处行政管理工作的几项暂行规定”，“关于处财务管理工作的暂行规定”等规章制度。

2. 积极做好 88 年招生工作。夜大学八个专业招有本专科生 348 人，函授教育二个专科专业招有函授生 266 人。至此，夜大学已发展到有 1247 名夜大生的规模，函授教育已发展到有 456 名函授生的规模。

3. 为适应社会经济发展的需求，加快人才的培养，按照国家教委对夜大函授规定的培养目标和要求，通过课程结构的优化组合，适当增加周学时数，并经有关各系的审核，全面修订了夜大和函授各专业教学计划，缩短了学制，专科从四年缩短为三年，本科从五年半缩短为五年。

4. 为发展我校成人教育，努力实现学校规定的发展规模，在夜大学中又增设国民经济管理专业（专科），在函授教育中又增设能源工程、硅酸盐材料及工程、工业与民用建筑工业管理工程和工商经济管理、秘书及办公自动化等专科专业，工业管理工程专业专科起点升本科层次。计划在 89 年夜大学招收本专科生 445 名，函授招收本专科生 895 名，同时还将招收部分应届高中毕业生。招生计划已上报国家教委。

5. 为继续深化成人教育改革，在夜大学中继续推广开展先修课制，本学期又有 155 名二年级以上学生先修了 27 门课程，同时又有 14 名学生提前一年或半年毕业，且在 88 级学生中全面实施“课程积累制”教学。在函授教育中推行招收“代培生”制度以来，已招有 61 名代培生，其中 7 名已转为正式函授生。

6. 为加强浙江省各成人高校之间的横向联系，夜大学的国民经济管理专业（专科）和函授教育的工业企业管理工程和工商经济管理专业（专科），参加浙江省成人高教经济管理类专业的联合办学。

7. 为了解夜大函授毕业生的工作和使用情况，我们作了一次跟踪调查，向单位及学生各发了 756 份调查表，现已由工作单位寄回 202 份，毕业生本人寄回 162 份。根据从单位寄回的调查表统计：有出版各种专著 42 种，发表论文 46 篇，获各类奖的有 64 人次。在“文革”前的毕业生中返回的 58 份材料统计，有担任厂级领导和总工程师职务的 21 人，具有各种高级职称的 8 人。在“文革”后的毕业生中返回 144 份调查表统计，有担任科级以上职务的 18 人。

8. 自 84 年以来开展计算机在教育管理上的应用，现已初步形成一套函授夜大教育辅助管理系统。本处已有过半数的同志可以上机操作，提高了管理工作的效率。

为继续深化和加快成人教育改革，引进竞争机制，努力办好夜大和函授教育，做到既稳妥又积极，把进一步提高夜大函授教育质量作为全处认真探索、努力实践的中心工作，经讨论下一学期主要工作要点如下：

1.进一步理顺新体制下各科工作的职责范围,提高工作效率,完善各项管理工作的规章制度,使管理工作更加科学化、制度化和规范化。

2.为迎接1989年函授、夜大的较大发展,积极认真做好各项准备工作。函授教育扩大到外省招生。搞好参加浙江省成人高教经济管理类专业联合办学工作,与市经委、市科委联办工业企业管理专科专业的工作,与省经委能源处联办能源工程专业的工作以及招收应届毕业生工作等。

3.进一步抓好各专业教学计划的实施;提出并落实提高夜大函授教学质量的措施,认真做好期中检查工作,抓紧时间编写出各课程大纲。

4.推广课程积累制教学,拟在夜大和函授教育中全面铺开,进一步修订和完善课程积累制的章程。进一步完善和修订学籍管理规定,使夜大和函授在学籍管理上进一步统一和规范化。

5.抓好专职教师和班主任队伍的建设工作,继续做好各任课教师业务档案工作。

6.认真组织、积极开展成人高等教育管理的研讨工作,不断提高管理人员的素质,鼓励各科人员写出有一定水平的管理研究文章,组织一次成果交流会。

7.开展非学历教育,准备开出单科或组合课程班。

8.加强和完善计算机管理,力争在今年内将夜大、函授生的学籍资料形成计算机系统管理,以提高工作效率和工作质量。

夜大函授处
一九八九年一月十四日

浙江大学档案馆藏,档案号:ZD-1988-XZ-223

继续教育处1988—1989学年第一学期工作小结和第二学期工作要点

(1989年1月)

为适应改革开放和科技生产建设的需要,继续教育处根据学校要开展搞好多层次办学的精神开展了工作。现将我处本学期主要工作小结如下:

1.我处为能更好地开展工作,在行政机构方面做了调整,撤销了原继续教育处办公室,建立了继续教育处计划管理科和继续教育处教育科,并初步建立了各科的分工职责。

2.招收了浙江大学在职人员硕士课程论文进修班。全班共有进修生60人(其中52人为正式生,7人为试读生,1人为单科生),这是我校成人教育院与研究生院联合举办的高层次的继续教育,学员均为不脱产的在杭科技、教学专业人员。这一办学形式受到社会各界的欢迎。

3.全年举办各种层次的培训班45个,培训学员3000余人。这些班包括外语培训班、大专层次培训班、工程师继续教育进修班、高级管理干部研讨班。

4.根据省教委浙计431号文件和沈祖伦省长的批示,我校举行了乡镇企业大专班,分别招收应届生、往届生共1281名,办班共涉及14个系、20个专业。

5. 为搞好各个层次的有偿办学，我处配合计财处修订了有关经济政策，并落实了今年的经济分层工作，进一步调动各系各类人员办班的积极性。

6. 为了加强各类办班的管理，特别是对乡镇企业大专班的教学质量的管理，我处专门制定了《乡镇企业大专班学生守则》，人手一册，并花了近 20 天的时间对 15 个办学点进行了教学质量大检查，对有关教学计划和管理提出了改进。

1988 至 1989 年第二学期工作要点：

1. 充实二个科室的人员，进一步明确科室分工，完善所需档案制度和办理程序的建立，进一步提高办事效率。

2. 抓好现有乡镇企业大专班的教学管理工作，保证办班质量。

3. 落实 1988 年在职人员硕士课程论文进修班学员的学习计划和专业培养计划及他们进入正常的选课，确保进修班学员的质量。

4. 继续向省教委争取 89 届应届生、乡镇企业班的招生名额 300 人左右，继续办好委培乡镇企业往届生的大专班及校外办学点，保证在 500—600 人每年的办学任务，并搞好招生入学。

5. 在 1989 年度争取开设 10 个专业证书教学班，招收学员 400—500 人。在学期初首先要搞好任务，落实专业选点，落实招生落实工作。

6. 招收 1989 年在职人员报考硕士课程论文进修班 30 人左右，做好招生工作和入学准备工作。

7. 对外有关单位开拓高层次继续教育工作，办好各种高层次继续教育班，开设电子工程师继续教育班。高层次继续教育工作的开拓应为第二学期的重要任务。

8. 在杭地区开设单科、组合课程，做好课程设计开发工作。

1989 年元月

浙江大学档案馆藏，档案号：ZD-1988-XZ-223

1992/1993 学年初浙江大学干部专修科、夜大、函授专业设置及学生统计[①]

（1992 年 11 月 4 日）

一、干部专修科、夜大、函授专业设置

1. 干部专修科专业设置：

工业与民用建筑

2. 夜大专业设置

专科专业：机械制造工艺及设备、电气技术、电子计算机应用、工业与民用建筑

---

① 本统计系《公布浙江大学 1992—1993 学年初主要统计数字》中有关函授、夜大学等部分数据的节选，数据截至 1992 年 9 月 30 日。报告原载浙江大学校长办公室编《简报》1992 年第 13 期(总 245 期)，标题为编者所拟。

本科专业:工业电气自动化

专升本专业:机械设计及制造、工业与民用建筑

3.函授专业设置:

专科专业:机械制造工艺及设备、电气技术、工业与民用建筑、工业管理工程、行政监察、工商经济管理、建筑学

专升本专业:工业管理工程

二、干部专修科、夜大、函授生 1658 人:

1.干部专修科 74 人(其中女生 28 人):

一年级 27 人

二年级 29 人

三年级 18 人

2.夜大生 431 人(其中女生 92 人):

(1)本科 111 人

一年级 17 人

二年级 43 人

三年级 21 人

四年级 30 人

(2)专科 320 人

一年级 126 人

二年级 97 人

三年级 97 人

3.函授生 1153 人(其中女生 131 人)

(1)本科 233 人

三年级 84 人

四年级 90 人

五年级 59 人

(2)专科 920 人

一年级 418 人

二年级 265 人

三年级 237 人

浙江大学档案馆藏,档案号:ZD-1992-XZ-55-13

1993 年度夜大学工作小结及 1994 年工作想法

(1993 年 12 月 28 日)

(一)1993 年度工作小结

1.全面落实完成夜大部各层次、各专业班级的教学环节,教学秩序正常。

2.学籍情况:

(1)夜大学:学生人数 848 名;

专业 11 个;

层次:高中起点本科,专科升本科,专科,双专科;

(2)联合办学:698 名:

(3)自行办班:基础段经营类教学班 42 人;

基础段机电类教学班 19 人;

外贸二专科 60 人;

3.根据形势发展需要,修改部分老专业教学计划,组织制订、修订 94 年新增专业教学计划。

4.招生工作:

(1)组织招生宣传、拟定招生简章、组织招生报名及录取;

(2)举办 93 年专升本入学考试及全省考前复习班;

(3)组织夜大、函授专升本入学考试及全省考前复习班;

(4)93 年录取新生:631 人;

5.严格组织教学管理:

(1)认真进行教学检查,问卷调查和座谈会形式相结合;深入各办学点进行检查和组织教师进行各课程的教学研究(联合办学);

(2)认真组织各考试环节,加强期中考试环节的管理;

(3)严肃考试纪律,本学年处理考试舞弊学生,口头警告多名;

6.学位工作:

(1)本学年授予学士学位 17 名,占 45%;

(2)举办英语强化班,本学年英语学位考试仍名列全省第一;

7.整理历年夜大所开专业教学计划,修改学生手册。

8.本学年夜大部规模有了很大发展,因而学校及学院的办学经济效益有了大幅度增加,本学年夜大部经费情况:

夜大学费:307088 元;

办班经费(包括二专科、联合办学及自行办班):大约 130 万;

以上二项总计 150 多万。

(二)1994 年工作设想

1.继续完成夜大、联合办学的各项日常工作。

2.作好 94 年招生宣传、报名、复习班、录取等工作。

3.加强联合办学的管理和二次自学考试的组织工作及教学资料的收集,汇总等工作。

4.正式制订新增专业所执行的教学计划。

5.完善系办学的各项管理规章制度。

6.抓好五门课统考工作。

7.制订、修订部分课程教学大纲并成册。

8.在领导的协作下,尽力用计算机进行学籍管理。

浙大成教院夜大部

1993 年 12 月 28 日

浙江大学档案馆藏,档案号:ZD-1994-JX11-57-2

关于我校成人教育向校外迁移工作的情况汇报

(1994 年 7 月 25 日)

浙大校函〔94〕16 号

国家教委计划建设司:

近年来,我校工作积极遵循"控制规模,调整结构,提高质量,提高水平"的方针,努力调整学校办学结构,深化教育改革,坚持本科教育与研究生教育并重,努力发展研究生教育,提高学校办学层次和水平,教学、科研工作取得了显著的进步。但要进一步提高层次和水平,特别是建设好一批重点学科、重点实验室、国家工程研究中心、重点基础教学实验室等重点项目,目前开始受到校内资源包括用房、用地、水电等因素的制约。其中校内的校办企业和成人教育均占用了大量的资源。校办产业和成人教育多年来为学校发展,为国家和地方经济建设都作出了重要的贡献,今后仍要大力发展和提高。但设在校内不仅占用了宝贵的资源,其本身的发展也受到了制约,同时也造成了学校在管理上的困难。

为此,学校校务会议反复研究,慎重决定择机将校办企业和成人教育移到校外,既有利于本身的发展提高,更有利于学校办学层次水平的提高。浙江省委、省政府对此给予了大力支持。经过协商,选定了杭州市郊的余杭市、德清县为基地,分别规划划定 500 亩工业用地作为校办企业搬迁的高科技产业区,地方政府提供"三通一平"和政策性优惠支持,逐个项目征地建设,完成校办企业的搬迁。同时,结合地方经济建设对人才的需要在两地建立成人教育和职业技术教育的办学基地,作为成人教育向校外迁移的支撑点,逐步过渡到位,直至成人教育全部搬迁到两地。由德清县和余杭市人民政府无偿提供所需良好办学设施,其中德清县提供校舍面积 8500 平方米,占地 36 亩;余杭市提供校舍面积 8000 平方米,占地 18 亩。两个办学基地进行成人教育和职业技术教育,由我校成人教育学院负责管理,主要管理干部由我校选派,任课教师除成人教育在职教师外,聘请部分我校中高级职称离退休教师担任。两地均处杭州市郊,交通便利,地理位置优越。

在两个办学基地筹建过程中,由于考虑到地方政府的要求,我校将两个办学基地取名为"浙江大学莫干山学院"和"浙江大学东方学院",以两地地处莫干山麓和杭州市东为由。但事后发现取名不妥,没有体现成人教育办学基地的性质,不符国家教委对校外办学问题的有关精神，容易导致误解。

因此，经向国家教委有关领导请示，我校讨论决定将两个成人教育办学基地改名为“浙江大学成人教育莫干山分院”和“浙江大学成人教育学院余杭分院”，明确表达其办学性质和目的。同时，我们要严格按照国家教委有关精神，认真做好两个成人教育办学基地的办学工作，形成成人教育向校外迁移的良好开端，直至完成校办企业和成人教育的迁移工作，充分利用校内资源，不断调整结构，提高层次和水平。

以上情况特此报告。

浙江大学

一九九四年七月二十五日

浙江大学档案馆藏，档案号：ZD-1994-XZ-27

1995—1996学年浙江大学函授部、夜大学、成人脱产班专业设置状况及学生统计①

（1995年10月30日）

一、函授部、夜大学、成人脱产班专业设置

1.函授部专业设置

专科专业：电气技术、工业与民用建筑、工商经济管理、财务会计、市场营销、国际贸易、金融、涉外会计、房地产开发与管理、室内设计与装潢、广播电视

专升本专业：管理工程、建筑工程、货币银行学、汉语言文学

2.夜大学专业设置

本科专业：工业电气自动化

专科专业：电气技术、电子计算机应用、工商经济管理、金融、国际贸易、财务会计、商用电脑及办公自动化、通讯电子技术、市场营销、房地产开发与管理、计算机网络与通信、广告学、外贸经济

专升本专业：工业与民用建筑、应用电子技术、金融、会计学、货币银行学、计算机应用

3.成人脱产班专业设置

专科专业：电子计算机应用、艺术（音乐、舞蹈）、室内设计与装潢，财务会计、商用电脑、现代秘书与公共关系、工业与民用建筑

二、电大普通班专业设置

专科专业：商用电脑、电子技术与计算机应用、精细化学品合成工程与工艺、机电一体化、电气技术（建筑电气）、自动化与仪表、现代文秘

---

① 本统计系《公布浙江大学1995—1996学年初主要统计数字》中有关函授、夜大学等部分数据的节选，数据截至1995年9月30日。报告原载浙江大学校长办公室编《简报》1995年第12期（总285期），标题为编者所拟。

三、函授、夜大、成人脱产班学生 5033 人

1. 函授生 2433 人

①高中起点本、专科 1643 人

一年级 466 人

二年级 685 人

三年级 492 人

②专科 331 人

一年级 145 人

二年级 150 人

三年级 36 人

③专升本 459 人

三年级 175 人

四年级 156 人

五年级 128 人

2. 夜大生 2021 人

①高中起点本、专科 1168 人(其中本科 13 人)

一年级 407 人

二年级 537 人

三年级 211 人

四年级 13 人

②二专科 479 人

一年级 206 人

二年级 176 人

三年级 97 人

③专升本 374 人

三年级 182 人

四年级 117 人

五年级 75 人

3. 成人脱产班 579 人(高中起点本、专科)

一年级 368 人

二年级 211 人

(五)电大普通班学生 401 人

一年级 197 人

二年级 204 人

浙江大学档案馆藏,档案号:ZD-1995-XZ-66-12

1997—1998学年浙江大学函授、夜大学、成人脱产班、电大普通班专业设置状况及学生统计[①]

(1997年10月30日)

一、函授、夜大学、成人脱产班、电大普通班专业设置

1.函授专业设置

专科专业:电气技术、电气技术及计算机控制、工业与民用建筑、电气技术(建筑电气)、财务会计、财务会计(电算化)、涉外会计、金融、汉语言文学、经济管理、室内设计与装潢、行政管理、企业管理

二专科专业:工商经济管理、电气技术及计算机控制、工业与民用建筑、财务会计、财务会计(电算化)、金融、汉语言文学、经济管理、室内设计与装潢

专升本专业:管理工程、建筑工程、货币银行学、行政管理、会计学、机械电子工程

2.夜大学专业设置

专科专业:电子计算机应用、国际贸易、办公自动化、财务会计(电算化)、计算机网络与通讯、广告学、金融

二专科专业:电子计算机应用、国际贸易、财务会计(电算化)、金融、广告学、计算机网络与通讯、办公自动化

专升本专业:会计学、货币银行学、计算机应用、工业自动化

3.成人脱产班专业设置

专科专业:财务会计、商用电脑、经济管理、电子计算机应用、工业与民用建筑、现代秘书与公共关系、精细化工、艺术(音乐、舞蹈)、室内设计与装潢、室内艺术设计

4.电大普通班专业设置

专科专业:电子技术及计算机应用、机电一体化、自动化与仪表、商用电脑、机械工程及自动化、工业自动化、涉外秘书、电气技术、现代秘书与公共关系、工业与民用建筑、计算机应用与维护

二、函授、夜大、成人脱产班、电大普通班学生5329人

1.函授生2379人

①高中起点本、专科1303人

一年级504人

二年级346人

三年级453人

②专科177人

一年级22人

---

① 本统计系《公布浙江大学1995—1996学年初主要统计数字》中有关函授、夜大学等部分数据的节选,数据截至1997年9月30日。报告原载浙江大学校长办公室编《简报》1997年第8期(总308期),标题为编者所拟。

二年级 47 人
三年级 108 人
③专升本 899 人
三年级 333 人
四年级 351 人
五年级 215 人
2. **夜大生** 1697 **人**
①高中起点本、专科 869 人
一年级 243 人
二年级 295 人
三年级 331 人
②二专科 298 人
一年级 81 人
二年级 87 人
三年级 130 人
③专升本 530 人
三年级 206 人
四年级 156 人
五年级 168 人
3. **成人脱产班** 743 **人(高中起点本、专科)**
一年级 376 人
二年级 367 人
4. **电大普通班学生** 510 **人**
一年级 195 人
二年级 127 人
三年级 188 人

浙江大学档案馆藏,档案号:ZD-1997-XZ-10-8

关于开展远程教育招生工作的紧急请示

(1998 年 8 月 3 日)

浙大发办〔1998〕54 号

浙江省教育委员会:

我校是教育部确定的首批开展远程教育试点的 3 所院校之一,并已于今年 6 月 6 日成功开播,实施远程教育的技术条件成熟,硬件设施齐备。根据学校计划,今年 9 月将举行浙江大学、杭州大学、浙江农业大学、浙江医科大学四校合并的挂牌仪式,与此同时,学校远程教育将举行开学典礼并正式实施教学工作。远程教育开通初期,在保证教学质量的前提下,根据效益并重的原则，计划先期招收“管理工程”专业专升本学生 300 名。根据教育部的意见，专升本指标由省教委审批，为此特请求省教委尽快批准上述计划，以利我校能着手专升本招生工作。

为了保证教学质量，我校招生和教学管理中建立如下保证体系：

一、远程教育专升本生源录取将严格参照现行“专升本”入学资格标准审查并免试择优录取。学员报名时要求出具国民教育系列大专毕业证书原件及大专学习成绩单原件，学员年龄不限，但要求有两年以上的工龄，原则上为单位骨干并须经所在单位人事部门批准。我们将根据学员的大专成绩择优录取以保证生源的质量，同时将录取名单报省教委备案。

二、我校“管理工程”专升本函授专业已经开设了近十年，先后毕业学生近 500 人，具有一批有丰富教学经验的教师和与之配套的教学辅导材料。同时，在远程教育的教学管理过程中我们将始终坚持质量第一的教学方针，充分根据远程教育的特点开展教学，加强教学工作中的双向交流，加快多媒体教学课件的建设。实施“宽进严出”教学模式时，严把考试关，采用建立试题库和实行教考分离等多种方式来确保质量。

以上请示当否，请批复。

浙江大学

一九九八年八月三日

浙江大学档案馆藏，档案号：ZD-1998-XZ-72-3

（二）地方合作与社会服务

发挥优势，挖掘潜力，为加快发展我国高教事业和振兴经济多作贡献[①]

（1983 年 4 月 30 日）

在党的十二大精神指引下，各条战线都在为实现本世纪的宏伟目标而努力，我国的经济建设正在健康的发展，形势令人鼓舞。对于一个高等学校，特别是重点高校，应该如何来建设和更好地发挥作用呢？从近几年的实践，使我们感到有一个值得提出的问题，就是重点高校必须以建设“两个中心”为指导思想，不断提高教学质量和学术水平，按国家计划的要求，培养高质量的人才，出高水平的成果。还应充分发挥学校的优势，挖掘学校的潜力，以多种形式，加强与社会的联系，促进我国高教事业的发展和经济的振兴，而在这同时，又取得社会的支持，以加快“两个中心”的建设。以下着重从我校与天津，杭州两市建立与发展协作关系，谈两点认识与体会。

---

① 本文系时任浙江大学校长（1982—1984）杨士林在 1983 年全国高教会议上的发言。

加强与重点地区的科技协作,对发展学科、振兴经济具有重要意义

我校与天津的科技协作是从1981年初开始酝酿的。当时,天津市委第一书记陈伟达同志在杭州,他亲自到浙大来参观了三天,看了科研项目和生产设施,会见了一些老师,在了解情况之后,就提出了希望浙大在科学技术上支援天津,开展市、校协作的建议。同年7月,天津市就派了一个包括天津市经委、科委及二十多个局、公司的负责同志组成的代表团到浙大来,初步商谈合作项目,并参观了有关的系和实验室。8月底,浙大也派了一个由校、系负责同志和有关人员组成的代表团到天津,分头深入到一百多个工厂进行调查,了解合作工厂的条件。经过相互的访问,市、校之间交流了思想,沟通了渠道,签订了第一个科技协议书,开始了市、校之间的科技协作。

为了对协议负责,切实为天津解决一些问题,做出成效,树立信心,建立信誉,我们的工作分两个阶段进行。

第一阶段,我们采取重点突破的方式,转让了9项经济效益较大的科研成果,开展了13个项目的科研协作。还派了13名教授、副教授在天津担任技术顾问,数十名教师先后到天津进行现场研究,从规划产品结构、制订生产计划到解决设计和技术问题,都提出了具体的意见和建议。经过一年多的努力,取得了明显的进展,不少科研成果转化为产品问世。例如,1981年10月,我校教师路甬祥在西德连创五项发明,获博士学位回国后,应陈伟达同志邀请到天津,参观了天津的液压行业。根据天津市液压行业虽有一定基础,但都分散在各机械厂而不能形成"气候"的状况,提出了把液压行业集中起来建立液压公司的建议。天津市很快采纳了这个建议,组织9个工厂成立了液压件公司。公司班子建立后,立即赶到浙大来,在路甬祥同志的具体指导下,对行业发展、产品开发、人员培养等,作出了全面规划。82年2月,正式开展工作,消化、吸收路甬祥同志的五项发明。由于集中了液压件的生产能力,"比例调速阀"很快试制成功,并在二百克双色注塑机、炼钢电炉和印染机控制系统上使用。这一进展引起国家计委、机械工业部的重视,决定把这一新技术列为国家在天津的重点发展项目。又如天津光学公司和我校光仪系、光学研究所密切协作,试制成功当前国际流行的360°全景120照相机,并投入批量生产,填补了国内空白,目前市场订货已达千台,销售前景良好,改变了原来只生产小角度单张相机的落后状态。根据担任天津光学公司顾问、我校光仪系副主任董大年等同志提出的改进意见,工人,技术人员严格把好每道工序质量关,经过共同努力,天津135型照相机的质量显著提高,在1982年全国质量评比中,夺得第一名,从而天津的照相机跃上去了。此外能明显改善半导体收音机的音质,质量指标达到国际先进水平的V—MOS场效应器件以及属国内升级换代产品的自动曝光表,也都相继投入生产,有的已与消费者见面。由于以上科研成果的转让与推广,以及相互间的紧密协作,取得了显著的经济效益,使我校在与天津的科技协作上打开了局面,我们在天津的群众中,在工人的心目中立住了脚。我们及时地总结了经验,双方都决心把协作的关系朝高一级的形式发展。天津市并提出了"背靠大学,改造天津"的口号,双方的关系就从各个单项协作的第一阶段进入了联合开发的第二阶段:根据天津市发展经济的总目标和我校的学科优势,确定在一些重点行业进行定向的、长期的、稳定的联合开发,使在生产单位形成生产一代(由工厂负责)、研制一代(由工厂和学校共同负责)、储备一代(以学校为主研究)的产品技术结构。从而使产

品得以不断更新，技术不断提高，保持市场竞争能力。

1982 年底以来，已由天津市有关产业公司和我校相应系所、研究室组成了三个联合开发公司。一个是我校光学仪器研究所和天津市的光学公司建立的光学仪器开发公司，近期以开发照相机为主要目标。当前厂里生产的是机械式照相机，正在共同研究的是半自动照相机，而学校则在进行全自动照相机的研究。第二个是我校的液压研究室和天津市的液压件公司共同建立了液压件联合开发公司。这个公司将系统消化、吸收、发展路甬祥同志发明的比例技术，进一步应用于各类产品。第三个是我校的计算机与化工自动化研究室和天津市的计算机公司，建立了计算机应用联合开发公司，从硬件、软件上全面合作，开发应用领域。我校研制成功的人工智能美术图案创作系统，应用于花布图案设计，将可产生具有四千种颜色，一亿个图案。目前已将这套系统的软件固化在天津组装的计算机里，形成美术图案专用机，不久就可向国内提供产品，将为印染行业提供强有力的花色设计手段。至今，这三个联合开发公司合作研究的课题已扩展到 30 项，学校转让了 4 项新研究成果，还接受了培养技术骨干的任务，而天津市对学校则在经费和设备上给予合理的支援，形成了比较合理又有持续发展能力的开发机构。

在与天津开展科技协作取得经验的基础上，我校又与杭州市经过充分商谈，于 1982 年 8 月 31 日正式签订了包括科技协作、人才培养与交流、后勤服务三方面内容的全面的科技协议。杭州是我们学校的所在地，我们工作在杭州，生活在杭州，因此，帮助杭州把生产和经济搞上去，对我们来说，是责无旁贷的。签订协议以来，我们已将 25 项科研成果，以优惠的条件，转让给了杭州市的有关工厂，承担了杭州市委托的新产品研制和科技攻关任务，并且拟成立彩色电视机和计算机、微处理机应用两个联合开发公司。在转让的科研成果中有的已取得了显著的经济效益。例如，"有槽引上法平板玻璃成分改进"一项，在杭州玻璃厂应用后，由于提高了玻璃的引上速度，使玻璃的季平均产量提高了 12.16%，而能耗却降低 8%。这项成果推广的消息在"内参清样"稿上刊登后，胡耀邦同志立即作了"这是件大好事"的批示。

通过两年多的实践，我们感到，发展高等学校与重点地区、重点行业的科技协作，具有非常现实和积极的意义。它有利于把高校的科研成果较快地转化为生产力，有利于发挥高校科技力量的优势，促进工厂生产的发展，也有利于学校在重点学科、重点方向上形成与发展自己的特色，在经费、设备和技术上得到工厂的支援，并且为教师、研究生、本科生开拓了选择研究课题和进行生产实习、毕业设计的场所。我们将坚定不移地贯彻执行科技工作为经济建设服务的方针，进一步发展与重点地区、重点行业、重点项目的科技协作，为振兴经济，发展学科，提高我国的科技水平作出持续的努力。

高校与地方协作，以多种形式培养人才，是调整与发展高教事业的一个重要途径

为了帮助杭州市加速建设人才的培养，我校与杭州市联合办了一所"浙江大学附属杭州工业专科学校"(简称"杭州工专")，现设有电机、机械、化工、土木四个系。根据杭州市的需要，当前分别侧重培养家用电器、轻工机械、精细化工、城市道路与桥梁四个方面的专门人才。学生自费(每人每年交 60 元)，走读，毕业不包分配，择优推荐到杭州市(包括郊县)的全民或集体所有制单位工作，也可自谋职业，现有在校学生 368 人。校址暂借用杭州市的一个中学,校舍面积1600余平方米。杭州工专以杭州市政府领导为主,配有少量专职干部负责日常行政管理工作。而我校则为工专配备了系主任,派教师承担了各门课的教学,并接受工专学生来校作实验和金工实习。工专的学生是按照统一高考的分数线择优录取的,82年录取学生的最低分为400分。学生进校后,学习情绪高涨,勤奋刻苦,不论是寒冬酷暑,刮风下雨,都按时到校上课,专心听讲,认真做作业,全校学习空气浓厚,学生学习成绩良好,思想要求上进,在80级中已有27名学生被评为“三好生”,16名学生被批准加入了共青团,有些还提出了入党的申请。

今年初,世界银行评估团到杭州工专进行了解和洽谈,对杭州工专作了很高的评价。经共同协商和教育部批准,世界银行将贷款130万美元,从国外引进教学设备,帮助杭州工专的建设发展。为了使杭州工专更好地发展,杭州市政府已批准了杭州工专在市文教区建新校址,规划用地85亩,第一期工程已由杭州市10个工业局集资218万元作为基建费,着手兴建7000平方米的教学楼。还确定在现有四个系的基础上,再增设管理系。计划到1985年,在校学生达1000人,进一步发展的远景规划为在校生2000人,这就展现出了杭州工专的发展前景。

从杭州工专的创办与发展,使我们感到,这样的办学,有几个明显的好处,对于加快发展我国的高教事业和调整高等教育结构都是一种有效的途径。

(1)花钱少,上马快,效果好。

杭州工专创办以来,省市共拨款43.98万元,其中包括购置固定资产的费用。按预算,为培养一个学生的经费,每年约需500元,到三年毕业,共需投资1500元,这与四年制的普通大学相比,培养一个工专毕业生所花的钱还不到培养一个四年制本科生所花经费的五分之一。

由于在教师和教学管理上有老校的支持,因此大大缩短了为招生所必需的准备时间,很快地就进入了正常的教学,使各个教学环节都有条不紊地按计划顺利进行,保证了教学质量。

(2)促进了高等教育和科技人才的结构向合理的方向调整。

目前,浙江省各高校现有在校生36000多人,其中本科生28000多人,专科生8000多人,而在专科生中,90%以上是师专学生,其他各类学校总共只有800多人,工科类的专科生很少,因此,在各生产和用人单位,大量地出现本科毕业生去做中等技术人员的工作,显然这是很不合理的状况。杭州工专的创办,不仅有利于改变上述状况,并且在专业方向上,可根据杭州市工业发展的需要而作出必要的调整,使培养的人才更切合生产单位的要求。当前工专是以培养轻工业和中小型工厂的专门人才为主要办学方向,因此,杭州市属的有关产业局和工厂企业都提出需要工专毕业生,有的局、厂还表示愿意提供必要的经费与设备,与杭州工专签订培养人才的合同。

(3)有利于发挥老校和地方的潜力,加快高教事业的发展速度。

在高等学校,特别是在老校中,一般说师资力量都比较强,设备条件也较好,是有较大潜力的,而在地方和厂矿企业中,则在经费和用房上有较大的余地,如果把学校和地方的潜力与积极性都发挥出来,就能组成新的办学条件,加快高教事业的发展。杭州工专就是由杭州市提供经费与校舍,由浙大支持教师和提供实验条件,只经过较短时间的筹备而办起来的。

今后我们将继续根据实际情况，以兼、借、调三种不同的形式，在师资力量上给杭州工专以支持，帮助工专配备好必要的专职干部与教师队伍，保证工专的质量，促进工专的发展。我们有信心配合杭州市把工专办成全国一流的工专。

由于杭州工专背靠浙大，面向杭州，所以一办起来，就显示了它的生命力。实践证明，原有高校与地方联合办学，是符合我国国情，适应形势发展需要的一种有效的办学形式，并必将在高教事业的调整与发展中起积极的作用。

除联合办学这种形式外，我校还根据一些中央部、委和省、市厅局的要求，正在商谈代培本科生，举办高、中级科技人员短训班等形式与办法。并且根据与天津的协议，将于今年在液压、光仪、计算机三个专业接受天津市委托培养的30名本科生。天津液压件公司还将派人到浙大共同进行科学研究，通过研究工作培养高级专门人才。我们还准备与各有关方面共同探寻其他各种有效而可行的办学形式，以促进高教事业的发展。

两年多的实践，使我们体会到，在与天津、杭州两市的协作中，我们发挥了自己的一些优势，挖掘了一些潜力，以科学技术支持了地方，为地方的经济发展与培养人才作出了一点贡献。同时，我校也得到地方上的大力支持，包括科技情报、协作加工、生产技术以及经费、设备、实习场所等。杭州市还从基本建设、蔬菜、副食品供应、公共交通、环境卫生、商业服务网点和我校职工子女上中、小学等方面帮助我们解决了不少的困难。天津、杭州对我校的支持又都为我们把浙大建设为“两个中心”创造了更好的条件。

我们决心朝着党的十二大所确定的宏伟目标，勤奋工作，为国家培养高质量的人才，出高水平的成果，为开创我国高教事业的新局面、为振兴我国的经济而努力。

一九八三年四月三十日

浙江大学档案馆藏，档案号：ZD-1983-XZ-29

关于建立联合化学反应工程研究所的批复

(1983年6月2日)

〔83〕教技字016号

华东化工学院、浙江大学：

华化科〔88〕第121号文收悉。为了加强校际协作，促进联合，同意你们在化学工程研究所下属反应工程研究室基础上成立联合化学反应工程研究所。联合所的隶属关系，组织领导、任务协调等，可按拟订的章程草案试行。特此批复。

教育部

一九八三年六月二日

浙江大学档案馆藏，档案号：ZD-1983-XZ-45

安徽省科委与浙江大学科技协作会谈纪要

(1983年6月6日)

(一)

应浙江大学邀请,安徽省科委副主任张洪树率代表团于6月1日至7日到浙大进行访问,商谈科技协作问题。代表团由省机械厅、轻工厅、蚌埠市科委、机械局、化工局,蚌埠无线电一厂、蚌埠第二制药厂,徽州地区科委、水电局、太平县人民政府、黄山发电设备厂、屯溪罐头食品厂等17个单位的32位同志组成。在六天的活动中,浙江大学组织了40余位教授、副教授与代表团进行对口洽谈,并参观了近20个实验室。经过深入会谈,草签了《安徽省科学技术委员会与浙江大学进行科学技术协作的原则协议》。杨士林校长、黄固书记会见了安徽省代表,王启东副校长参加了会谈。

(二)

为贯彻科技面向经济、经济依靠科技的方针,安徽省与浙江大学根据互利互惠、真诚协作的原则,进行科技协作。经过6天的会谈,就8个方面达成了协议:

1. 小水电站的联合开发;
2. 用于小水电站的双水内冷发电机的研制;
3. 电视卫星接收装置的联合研制;
4. 冰醋酸降耗提高一级品率的联合研制;
5. 水泥掺合料的联合研制;
6. “P_2O_5 在玻璃熔炼上的应用”成果的转让与应用;
7. “番茄酱罐头生产自动化”成果的转让与应用;
8. “节能电扇”成果的转让与应用。

(三)

为了使以上科技协议能顺利进行,安徽省聘请浙江大学的电工研究所副所长郑光华教授、林章伟讲师为黄山发电设备厂的技术顾问;聘请无线电系主任张毓昆教授为蚌埠无线电一厂的技术顾问;聘请电机教研组主任陈永校副教授为安徽省轻工业厅家用电器公司技术顾问;聘请硅酸盐教研室主任楼宗汉副教授为蚌埠建材水泥厂技术顾问;聘请水工教研室有关教授为太平县水利局技术顾问;聘请材料系副主任丁子上副教授为蚌埠建材局平板玻璃厂技术顾问。

(四)

安徽省充分注意到浙江大学有决心更好地为浙江省工农业建设服务,同意凡是有偿转让给安徽省的成果,如果浙江省需要,也可同时转让。但为了保护双方的利益,不得再转让给第三方。

（五）

为使安徽省和浙江大学能建立全面的长期的技术协作，经研究成立安徽省科委、浙江大学科学技术协调委员会，安徽省方面由省科委主任刘广才同志担任组长。

浙江大学参加协调委员会的有：王启东、胡建雄、冯仲和、韩祯祥、丁子上、王骥程、舒士霖、张毓昆，并由王启东副校长担任浙大方面的组长。

安徽省科委（签名）张洪树
浙江大学（签名）王启东

一九八三年六月六日

附

安徽省科学技术委员会与浙江大学进行科学技术协作的原则协议

为贯彻科学技术为经济建设服务的方针，进一步搞好教学、科研、生产相结合，使科研成果尽快地转化为直接生产力，安徽省期望把浙江大学作为一个可靠的技术后方，浙江大学期望把安徽省作为科研成果转让和联合开发的一个重要基地。为此，双方就科技协作商定以下原则条款，一体遵循。

一、关于协作内容

1. 成果转让：浙江大学以优惠的条件向安徽省有偿转让科研成果，在分项协商的基础上签订转让协议书。根据转让协议书，浙江大学将对成果的推广应用给予大力支持。

2. 委托研制：安徽省根据生产、技术改造等急需和浙江大学的可能条件，委托浙江大学承担科技项目的研制任务，分项签订委托研制项目协议书。所需研制费用，由委托单位负责。

3. 联合攻关：浙江大学发挥多学科、多专业的优势，协助安徽省进行攻关。在技术改造、产品发展、消化吸收引进项目以及进行技术攻关等方面，有偿提供技术力量和测试、分析、化验手段。

4. 技术咨询和聘请顾问：安徽省根据国民经济建设需要，聘请浙江大学有关教师担任技术顾问。顾问名单由有关厅、局、公司、工厂和浙大商定。聘书由安徽省有关对口单位发出。所聘顾问在工作期间由聘请单位付给适当报酬。

5. 情报交流和技术培训：浙江大学积极支持安徽省培训技术力量和企业管理人员，并采取由浙大代为培训或请浙大老师赴安徽举办技术培训班、专题讲座等多种方式进行，费用由安徽省负责。根据专业对口原则，双方经常开展情报交流。双方组织的国际性、全国性、地区性的学术活动，适时邀请对方参加，加强学术交流，互通情报。

6. 安徽省根据浙江大学的教学和科研需要，积极提供学生实习和实验基地，生活上给予方便。

二、关于协作组织保证

1. 双方决定成立科学技术协调委员会,负责协调工作。安徽省由省科委负责,日常工作由省科委一处办理;浙江大学协调委员会由校负责人和有关系、所负责人组成,校科研处和科技咨询服务部作为协调委员会专事联系机构。

2. 为确定和检查协作年度计划,双方每年召开一次协调委员会联席会议,分别在安徽、杭州举行,双方轮流主办。

省、校技术协作是一项新的工作,彼此都缺乏经验,为使这项工作能有效地展开,双方一致同意在项目的选择和协作方式上,必须有重点分阶段地逐步发展。双方决心为振兴经济作出贡献。

本协议的有效期到 1985 年止。以后任何一方未提出修改和终止要求,协议将自动续行。

安徽省科学技术委员会(签章)
浙江大学(签章)
一九八三年六月

草签:安徽省科委副主任张洪树
浙江大学副校长王启东

浙江大学档案馆藏,档案号:ZD-1983-XZ-45

浙江大学支援云南工学院办学的协议函[①]

(1983 年 7 月 9 日)

云南大学:

6 月 6 日来函收到。

原则同意《浙江大学支援云南工学院办学协议书》初稿,略作修改,现寄上。

聘请教师讲授发电专业有关课程问题,我校电机系已作研究,现将计划表也同时寄上。讲授“高等材料力学”一事,刘鸿文教授已直接函复贵院力学教研室。

今后执行协议有关商讨事宜,请与我校校长办公室联系,每学期有关任务均希提前 2—3 个月联系,以利安排。

浙江大学
一九八三年七月九日

---

① 本函件原无标题,标题为编者所拟。

附

浙江大学支援云南工学院办学协议书

云南工学院领导于1982年10月到浙江大学，同浙江大学领导商谈支援云南工学院办学事宜，根据商谈精神，双方一致协议如下：

一、双方同意在教学和科研方面建立长期的密切的协作关系。

二、浙江大学同意派教师为云南工学院短期讲学、讲课和交流教学经验。

三、浙江大学同意直接接受云南工学院教师来校进修，并给予方便。

四、浙江大学按代培研究生条例优先为云南工学院代培研究生。

五、浙江大学同意协助云南工学院建设有关实验室。

六、浙江大学派往云南工学院工作的教师的往返差旅费、住宿费等费用由云南工学院支付，云南工学院并按规定支付教师兼课津贴费和住勤补助费。

七、双方指定专人负责协调、磋商制订年度实施计划。

本协议由双方盖章后生效，有效期至1987年。届时如无一方提出修改或终止本协议的建议，则本协议自动延长3年。

浙江大学　　　　云南工学院

83年7月28日　　　　83年7月20日

浙江大学档案馆藏，档案号：ZD-1983-XZ-29

杭州市—浙江大学就双方进一步开展协作的晤谈纪要

(1983年9月)

1983年8月31日，是杭州市和浙江大学科技协作协议书签订一周年。经约定，双方主要负责同志今天在浙江大学会晤。双方对以往的协作和所取得的进展表示满意，并就进一步开展协作进行了实质性的讨论和商谈。晤谈是在真诚、友好和相互支持的气氛中进行的。

参加会晤的，杭州市有市委书记厉德馨，副书记兼代市长钟伯熙，副书记张浚生，市委常委、副市长李志雄，经委主任徐浦桢，科委主任朱志超；浙江大学有校长杨士林，副校长王启东、李文铸，党委常委、校长办公室主任张镇平，党委常委、设备处长周培源，教务处长全永昕，科研处长胡建雄，业余教育处负责人赵大中。

晤谈的主要情况纪要如下：

(一)关于杭州工专

浙江大学简要汇报了杭州工专创办三年以来的情况。杭州工专体现出地方高等工业专科学校的特色并日益显示出她的生命力。实践证明，原有高校与地方联合办学，是符合我国国情，适应形势发展需要的一种有效的办学形式。杭州工专的建立与发展，已为教育部和社会各界所充分肯定。

杭州工专创办时,杭州市与浙江大学曾签订过办学协议。此协议已经到期。杭州市意见,不再签订新的协议,原来协议继续有效。根据实际情况,可以制定新的实施意见。浙江大学表示赞同。

杭州市认为,杭州工专的办学方向不应改变,继续坚持背靠浙大、面向杭州,以培养杭州市工业发展和城市建设的专门人才为主的办学方向;继续保持"浙江大学附属杭州工业专科学校"的校名。在体制上,既是杭州的工专,又是浙大的分校。

双方一致同意,杭州工专党的工作由杭州市领导,行政与教学由浙大和杭州市共同领导。校长由浙大提名安排,副校长由双方各委派一名。

为加强工专和经济部门的联系,沟通人才培养和生产单位需求之间的渠道,双方一致认为拟成立杭州工专校务委员会(即董事会),由杭州市、浙江大学和杭州工专及杭州市工业部门的主要负责人参加。其任务是研究确定办学方针、专业设置、经费筹集、基本建设和毕业分配等重大问题。

工专作为浙大的分校,浙江大学继续为该校配备必要的专职干部和教师,搞好工专的教学管理、实验室建设、规模设置以及招生等工作,继续对其实验仪器设备和图书资料提供一定的支援。

杭州市委和市政府决定,杭州工专的毕业生分配,除接受省里提供的分配指标外,其余由杭州市统一解决。

(二)关于科技协作

杭州市介绍了市政建设的目标,要把杭州建设成为风景优美,环境整洁,经济繁荣,供应丰富,科学发达,文化昌盛,安定团结,文明礼貌的现代化城市。

浙江大学充分认识到,杭州是学校的所在地,帮助杭州把生产和经济搞上去,促进杭州市的发展和繁荣,是浙大义不容辞的责任。浙大愿继续与杭州市加强科技协作,为实现这一目标作出应有的贡献。

杭州市希望浙大协助制订"七五"科技计划和后十年科技发展规划,浙大表示积极支持。

杭州市提出,为了尽快提高杭州产业部门的生产技术水平和组织管理水平,希望浙大有关系派出专业人员帮助"诊断",提出改革的方案和意见,并将首先指定若干个重点企业与浙大的有关系搞长期协作,以后定期检查成果,把这些工厂真正搞上去。浙大表示乐意承担这一任务,并将立即着手组织这一工作。

浙江大学表示除了继续承担杭州市委托的新产品研制和科学技术攻关任务以及转让科技成果外,建议加快计算机应用和模具联合开发公司的建设步伐。对此,双方原则上表示同意,具体如何进行由双方进一步磋商。

双方都注意到,为了使今后的合作搞得更好,更有成效,必须保持经常性的联系。杭州市建议由双方主要负责同志组成协调领导小组,并指定具体机构作为联系的"窗口"。

(三)关于后勤服务

浙江大学感谢杭州市从基本建设、蔬菜、副食品供应、公共交通、环境卫生、商业服务网点和教职工子女上中、小学等方面给予的支持。希望市政府能继续帮助解决目前的实际困难。杭州市表示在力所能及的范围内尽力优先解决。对浙大菜场行将扩建，提高级别，以尽量满足广大教职工及学生的生活需要。

浙江大学档案馆藏，档案号：ZD-1983-XZ-29

浙江大学赴杭州市顾问代表团第一阶段工作汇报提纲

(1983年11月16日)

我们浙江大学赴杭州市顾问代表团自从9月28日在群英招待所与杭州市党、政领导及有关局、公司、企业负责人一起召开科技协作会议以后，立即行动起来，经过一个多月来的努力，在有关局、公司和企业领导同志的热情接待、紧密配合和大力协助之下，基本上完成了第一阶段的调查诊断工作。

参加这次调查的顾问团由我校16个学系组成，顾问团成员有教授4人、副教授34人、高级工程师2人、讲师和其他教学、科研人员63人，共计114人，由王启东副校长任团长。全体成员分赴杭州市化学工业、广播电视工业、电子仪表工业、建材冶金工业和29个工厂企业等30多个单位进行调查、诊断，参加调查，座谈共490多人次。

遵照杭州市党、政领导同志的意见，我们第一阶段的工作重点是对杭州市有关行业和企业进行诊断调查，弄清各厂的生产工艺、产品质量、新产品开发，节约能源，职工队伍素质以及经营管理等方面的基本情况。通过调查为下一阶段拟定科技协作，制订杭州市七五科技计划和后十年科技发展规划以及制订提高企业素质的实施方案打好基础。

顾问团第一阶段的工作方法是：调查之前先拟定了调查提纲，包括工厂和行业生产状况，技术状况，管理能力及水平，技术改造方向以及长远规划状况等。各顾问组在下厂调查之前，召开了预备会议，作为调查准备。下厂调查过程中，首先与各企业、工厂领导同志进行座谈，听取了各厂领导同志关于全厂生产、技术、职工队伍以及管理工作的介绍；在各厂领导同志引导下，详细地参观了工厂各生产车间、动力部门、产品的生产工艺路线、设备配置、工人生产情况以及半成品、成品的运输与现场管理情况。有的顾问组还参观了工厂、企业的财会、供销、生产计划、劳动人事等部门；多次召开工程技术人员、班组工人座谈会，听取他们各种意见与建议；回校后进行讨论、分析与总结；最后把我们的一些认识、体会与建议分别向各局、公司和工厂作了口头汇报。

在调查期间，学校顾问团召开了三次各顾问组组长及联络员会议，研究工作计划，检查工作执行情况，听取调查情况汇报等。

一个多月来的调查，顾问团全体成员向工厂、企业领导同志和全体职工学习到不少有益的知识与经验，必将有助于我校今后的教学和科研工作，但我们也发现了一些问题，归纳起来有以下几个方面。

一、必须加强工厂的技术力量，提高职工队伍的素质。

在调查中，我们发现杭州市各工厂、企业技术人员比例偏少，与北京、上海等地的同类型工厂比较，技术力量有较大差距。例如杭州光学仪器行业的5个工厂，有职工2103人，工程技术人员仅109人，其中工程师只有36人，职工与技术人员的比例为5%，大大低于上海光学公司的10.2%,北京光学公司的13%,比全国光学行业的7.5%低三分之一。由于技术人员少,他们只能忙于维持日常生产,对产品的开发研究和工艺改进,感到力量不足。因此,杭州市光学行业,关键工艺水平比较落后,产品设计上,只能作些仿制,缺乏一支能独立设计精密光学仪器的技术队伍。不少工厂不仅技术人员数量少,而且专业不配套,例如冲压工艺十分重要的杭州链条厂,没有一个冲压专业的技术人员。又如美工设计十分重要的杭州热水瓶厂,恰缺少美工技术人才。不论从工厂发展要求或今后同行业竞争,技术力量不足是一个严重的问题,应该立即采取措施。

杭州市各工厂的工人素质也是不够理想的。例如杭州第二光学仪器厂、杭州测绘仪器厂、医用光学仪器厂都是技术高度密集的行业,但这几个工厂都是由街道企业转产或新建,技术熟练的生产工人很少,有不少都是上了年纪的老太太,平均技术等级只有1.5级,因此,严重影响产品质量的提高和生产成本的降低。又如,杭州化纤厂的司炉工多数是征用土地时的农民工,由于技术水平低,锅炉燃料工况不好,空气预热器堵灰严重,排烟温度在200℃以上,直接导致能源的浪费,情况非常严重。杭州测绘仪器厂领导比较注意这个问题,聘请了几个技术水平高,能起骨干作用的老师傅,我们认为是有远见的。技术熟练的生产工人是保证产品质量的关键,他们的作用不比技术人员低,要注意吸收与培养。从管理人员的素质来看,领导班子的年轻化、专业化、知识化和革命化还有待于进一步解决,光学仪器工厂党政不分,厂长兼党委书记的情况也应及时解决。

二、必须积极开发新产品,改造老产品。

在这次调查中,我们发现杭州市有些工厂产品种类少,工艺水平低,产品质量和造型比较落后,有的产品"十几年一贯制",工艺"十几年如一日",缺乏开发与改造。相反的,目前市场竞争激烈,有些产品已开始滞销,如再不注意到产品的开发、老产品的改造,在强大的竞争对手前面存在潜在的危机,有被淘汰的危险。例如杭州自行车总厂生产的24寸自行车已滞销。目前消费者已从持币抢购到选购阶段,要求购买"名牌货",如上海的"永久"、"凤凰"牌自行车。现在城市自行车已趋向饱和,因此省内外各自行车都在不断翻新花样,提高质量,降低成本。全国共有自行车厂40余家,杭州自行车产品质量列为全国第18位,属于中等水平,如不注意新产品开发、老产品改造,在激烈的竞争中必将失利。杭州自行车总厂已有轻工部电动自行车的试制任务,要加强力量和有关方面密切协作,加速试制进度,要重点解决电池和电动机的重量和质量问题。又如杭州热水瓶厂,目前虽然保温瓶产量居全国首位,产品质量优良,五磅铁壳保温瓶被评为轻工优质产品,荣获国家银质奖,销售情况良好,但我国保温瓶生产发展迅速,全国已有45家保温瓶厂,产品竞争非常激烈。据工厂供销部门反映,今年广东市场,受到其他工厂产品竞争,销售量降低30%。另外,全国热水瓶厂布点逐渐增多,老产品供销日趋饱和。所以,杭州热水瓶厂应积极展开新产品生产,发展大口瓶保温瓶、塑壳保温瓶、电化铝壳保温瓶。再如杭州塑化一厂,由于老产品缺乏竞争力,新产品没有生产出来,产品销路发生困难,造成今年各项经济指标完成得不好。该厂生产的电缆料销售出现呆滞,预计化工安装队塑料硬管投产后,塑化一厂的PVC硬管销售会碰到更大困难。杭州市有些工厂在新产品开发方面做得比较好。例如,杭州第一光学仪器厂与浙大、复旦、上海纺织研究院、重大合作,开发了35种新产品。又如光学电子仪器厂与研究所合作试制了激光铀分析仪,技术指标达到国际水平,属全国独家经营。总之,开发新产品是提高企业经济效益,增强国内外竞争能力的重要途径,必须倍加重视。

三、技术改造与设备更新。

杭州市不少工厂迫切需要进行一系列的技术改造,改变工艺流程和产品结构,这样,才能大幅度提高产量,降低原材料及能源消耗。例如杭州链条厂是专业化、大批量生产工厂。产量大,出口量也大,是国内链条生产重点工厂之一。但工厂的工艺流程落后,原材料及能源消耗大,产品质量也不能提高。据我们分析,链条产品零件种类少(只有五种),所用钢号也少,十分有利实现机械化、自动化生产,提高产品质量,降低成本,提高劳动生产率,以获得更大的经济效益。如果该厂能从西德引进链片淬火,回火自动线,链条自动装配机,其他清洗、上油自动线,备料自动线,冲片、套管制造自动线,冷管制备自动线,检测自动线,包装自动线等我国都能自行设计与制造。如果这些自动线建成以后,就能大大提高劳动生产率。又如杭州热水瓶厂,工艺路线和厂房布置不合理,坯料车间和瓶胆车间之间没有引成流水作业,靠人工用料车搬运,瓶胆破碎严重。据工厂统计,目前瓶胆生产从料芯到成本整个生产过程,破损率高达40%,也就是说,在整个生产过程中,有近一半能耗和成本由于破损而白白浪费。我们建议以坯料车间为主体,改造瓶胆车间工艺路线,使坯料车间和瓶胆车间之间形成流水作业。

杭州有些工厂设备陈旧落后,也影响原材料浪费,需要及时更新。例如,杭州链条厂的冲床都是四五十年以前的设备,冲片时不用上下模子导向装置,靠手工调整模子,冲片尺寸误差大,致使原来能够冲六排零件的材料,现在只能冲五排。建议采用自动冲制设备,并用上下模子导向装量,设置专职模子调整工,可提高产品质量与材料利用率。又如机丝联厂缫丝机等多属30年代设备,汤煮烘干等工序设备都是敞开式的,使大量热量散发,造成能耗增加,需要逐步加以改造。

四、必须抓好节能的科学管理与节能的技术改造。

能源是社会发展的物质基础,它直接关系到国家经济的发展与人民生活水平的提高。我国能源紧张,我国人口占世界人口22%,而能源消费仅占6%,人平均能耗,美国为12吨,我国为614公斤。我国与工业发达国家相比,创造每单位国民收入的能源消耗高,浪费严重。目前全国能源利用率为25.6%,而发达国家已达35%~40%,所以节约能源,提高能源利用率是十分迫切的任务。杭州市有些工厂能源浪费也十分严重,杭州化纤厂1982年为杭州市能耗超标重点厂;杭塑一厂今年万元产值耗煤量和耗电量比去年分别增加28.4%和26.1%。我们从杭丝联,杭化纤等工厂调查来看,能源浪费的主要原因有以下几点:

①现在煤的粒度与链条炉燃烧方式不适应。随着产煤机械的改进,煤的粒度在3毫米以下,已达50%,这样小的煤粒在链条炉中燃烧必将使漏煤和飞灰损失增加。目前司炉用增加水分的办法来降低漏煤与飞灰,但排烟损失却随之增加,不是一个积极的办法。我们建议杭州煤场将来煤进行筛选。细煤供杭州热电厂的煤粉炉使用(还可降低磨煤电耗),粗煤供工业锅炉使用,提高燃烧效率,(一般可节煤5%~10%),还可减少飞灰量、改善环境污染。

②一般工厂都是集中供热。如杭丝联厂蒸汽输送管道长达6公里以上,散热损失很大,建议增加管道的保温与防潮措施。

③车间内蒸汽和热水阀门直接由操作工人控制,再加上能耗成本占总成本比例极低,只有2%左右,造成操作工思想上不重视节约能源。建议大幅度提高工厂内部蒸汽核算价格,如目前蒸汽价16元/吨,如果能提高到160元/吨,则能耗成本将占20%,促使车间对节能的重视。

④司炉技术水平低,多数是农民工,影响锅炉燃烧效率的提高(燃烧技术好坏,锅炉效率有5%上下),建议采取必要的奖、惩制度。

⑤要加强能耗的计量管理,并要提高数据的准确性。

五、必须加强企业管理与生产体制改革。

企业管理上的问题归纳起来有以下几个方面:

(1)缺乏严格的工艺操作规程和严格的产品检验制度,使产品质量不稳定。例如杭塑一厂电缆料的原料配方没有计量分析和配方数据,因此产品不稳定,质量差别很大。生产中缺乏必要检测仪表,操作凭经验,工况难稳定,而有的高档仪器没有得到使用,例如杭塑一厂的一台气相色谱仪,未能很好发挥作用。

(2)资金、原材料管理,经济核算工作不够严格。由于对产品没有严格经济核算,再加上资金、原材料管理不当,造成产品成本较高。例如上海自行车一厂生产的28寸自行车,单架成本为73.25元,而杭州自行车总厂为105.61元,相差三分之一。影响成本主要原因是自有流动资金太少,该厂现有流动资金857.03万元,但自有流动资金仅204万,仅占23.8%,其余均为贷款、借款。原材料的使用未加严格控制,有效使用率不高。今年上半年共耗用钢材2906吨,而处理废钢材达550吨,其原因是各车间在原材料的使用、领发、回收制度不健全。来料不验收,生产中废次品也无统计数据,燃料和动力耗用量无确实核算,诸如此类,造成产品成本上升,能耗增加。

(3)企业体制上也存在不少问题,有些厂联营以后,关系不协调。例如杭州链条厂与皮带运输机厂联营后,只重视链条生产,不重视皮带运输机生产,1983年运输设备原有1200万产值,被限制到600万产值,实际上这两种产品都有发展前途。目前人事、技术设备仍分两个摊子,上级领导局也两个,原两厂所有制也不同,工人待遇、福利也不同,工人之间有意见,影响团结。相反,像杭州第二光仪厂和测绘仪器厂,由于生产产品均属大地测量仪器,合并以后,基建可统一安排,对零件的热处理、发黑、镀铬、油漆等可由公司规划建立专业化车间,有利于产品质量提高。这样工厂应该合并,不然,各个工厂都要各搞一套设备,造成设备重复,投资大。

杭州市有的公司成立以后,不能发挥作用。例如杭州自行车总厂原属省轻工业厅,公司成立以后,省厅对物资和计划分配权仍不下放,因此公司对所属工厂进行领导缺乏权威,公司也不能制定生产规划,这种虚设机构,值得研究解决。

通过一个多月来的调查,对今后杭州市各工厂、企业的工作提几点建议:

①要抓紧应用新的技术,特别要积极推广微型计算机的应用。我们所调查的30多个单位中,绝大多数对微型计算机应用还没有开展起来。这是值得注意的一个问题。根据有关专家的分析,微型电子计算机可在五年内普及到我国各基层单位,从而使各工矿企业,甚至农村的城镇实现电脑化。这种前景,许多人或许感到还很遥远,但专家认为已在眉睫。微型计算机价格便宜,使用可靠方便,技术不太复杂,而它的应用范围十分广泛。它能用于管理,用于生产过程控制,用于数据分析与处理,用于对老企业的改造效果十分显著。我们建议各

工厂要做好各种准备，如人员的培训，设备的购置，应用范围的开拓等，各工厂的领导同志也要进行微机应用知识方面的学习。

②我们建议各工厂、企业要重视智力开发，加强人才培养教育，今后现代化的生产发展突出表现智力的重要性，实现企业的现代化关键是提高职工队伍的素质。杭州市各工厂技术人员较少，要想方设法聘请技术人才，尽量选送优秀工人上业余大学、电视大学、夜大学，积极鼓励工厂职工参加各种技术培训班。在大力提高职工技术水平的同时，还要加强职工两个文明的建设，尤其是要加强青年工人的政治思想工作。

③加强新产品的开发工作。为了提高新产品的研制水平，我们建议各厂与学校和研究所合作成立新产品研制小组。从专业知识、情报来源，学校有明显的优势，但加工、试制工厂是优势。工厂与学校共同研究新产品试制，可以扬长避短。各工厂还可以承接学校的科研成果，做到产品生产一代，试制一代，研究一代，构思一代。要及时收集和研究国外同类型产品的现有水平和发展方向，并把自己的产品与国外名牌产品进行比较、分析，明确差距，促进改造老产品，发展新产品。特别要注意跨学科的新产品的发展。像光存储盘、激光打印机、光纤传感器等，填补国内的空白。

④提高企业管理水平。要加强经营思想，加强市场预测，必须根据市场和用户的需要不断发展品种，降低成本，要组织各级领导学习管理知识。

我们这次调查、诊断工作，由于时间比较短，学校教学任务比较繁重，再加上我们组织得不够好，所以调查工作做得不够深入。提供的材料仅是一些表面现象，也可能有很多不妥之处，望请杭州市各位领导提出批评、指正。

我们调查期间，杭州市及各局、公司和工厂企业给予我们热情招待，再一次表示衷心的感谢！

浙江大学赴杭州市顾问代表团

一九八三年十一月十六日

浙江大学档案馆藏，档案号：ZD-1983-XZ-45

浙江大学　德清县关于创办浙江大学莫干山学院的协议书

（1994年3月28日）

为适应德清县、杭嘉湖地区及我省经济建设发展对人才的需求，特别是乡镇企业对人才的需求，充分发挥浙江大学办学的潜力，为培养人才做出更多的贡献，经浙江大学与德清县人民政府多次商量，决定在德清县设立浙江大学莫干山学院（以下简称学院），并就下列事项达成一致意见：

一、浙江大学莫干山学院的性质、任务、规模

浙江大学莫干山学院是经浙江大学与德清县人民政府共同商定联合在德清建立的一所浙江大学分院，目前暂先以高等成人学历教育与职业技术教育起步。

其目的首先是适应德清县的需求，为德清县培养人才，同时也为杭嘉湖地区和我省其他地区培养企业和社会急需的大学专科层次的人才;其次通过"莫干山学院"办学的实践,探索出一条创办社区高等教育的路子。除此之外也可以根据社会需求举办非学历教育。

学院的办学规模近期拟定为全脱产学生800—1000人。

二、体制

浙江大学莫干山学院设立董事会,并实行董事会领导下的院长负责制。董事会主要决定学院的办学方针、事业发展、筹措办院经费和监督学院财务收支。

董事会设董事长一人,副董事长、董事若干人。董事长由德清县人民政府委任,董事会其他成员由浙江大学和德清县人民政府共同商定。

学院设院长一人,副院长二人,学院的行政领导班子由浙江大学委任。

为提高浙江大学莫干山学院的声誉,学院特聘请若干名誉董事长、副董事长。

浙江大学莫干山学院的全部办学工作由浙江大学负责,并对学院实行统一行政管理。

浙江大学莫干山学院,目前在业务上由浙江大学成人教育学院、浙江大学职业技术教育学院领导,招生计划由浙江大学向国家教委和省教委统一申报,并实施招生,以及按照党的教育方针实施教育的全过程。德清县人民政府和德清县教委在办学、招生方面给予支持。

浙江大学莫干山学院对工作人员和教师实行聘任制,双方被聘人员工资待遇、人事关系均不变,课时费和工作人员奖酬全由学院支付。

三、学院设施

浙江大学莫干山学院设立在武康新建的高级中学(包括电大教学楼)的校址内,该校址内的设施在协作期内由浙江大学莫干山学院使用。

鉴于新建的高级中学的水、电、通讯、道路和绿化尚未全部完工,此项工程仍应按原计划完成。

德清县原成教中心(电大、成校)办学形式和功能继续保留,对外挂牌,由浙江大学莫干山学院统一管理。

为使原新建的高级中学平稳过渡,在新校舍未落成之前,可在学院内按原计划招生,并统一安排使用现有设备,但需在1997年暑假前搬迁完毕。

德清县人民政府除完成上述全部设施交付浙江大学莫干山学院使用外,1994年为学院提供面包车一辆,启动资金20万元。

协作期内浙江大学莫干山学院还需新建一幢学生宿舍,其所需资金在1997年底前另行筹措。

四、财务

浙江大学莫干山学院实行财务独立建账和独立核算。

学费收入和学生住宿费收入全部归浙江大学莫干山学院统一使用。

五、设立浙江大学莫干山学院教育基金

为提高浙江大学莫干山学院的办学水平和进一步发展,在德清县人民政府主持下,设立"浙江大学莫干山学院教育基金",由学院负责管理。本基金用于奖励学院的优秀学生及教师,以及改善学院的办学条件。

六、本协议书所定协作期为10年(即从1994年4月1日起至2004年8月31日止)。该校址内的所有办学设施(包括新增部分)全部交还给德清县人民政府。同时积极创造条件将学院创办为社区大学。

七、本协议书经浙江大学代表和德清县人民政府代表签字后生效。

浙江大学代表　　　　德清县人民政府代表
1994 年 3 月 28 日　　　　1994 年 3 月 28 日

浙江大学档案馆藏，档案号：ZD-1994-XZ-27

关于余杭县和浙江大学在临平联合建立浙江大学东方学院的协议书

(1994 年 4 月 11 日)

为充分发挥浙江大学办学的潜力，进一步发展成人高等教育和职业技术教育事业，以适应余杭县及我省经济建设发展对人才的需求，缓解乡镇企业初、中级技术人才供需矛盾，经浙江大学与余杭县人民政府多次协商，决定在余杭县临平建立浙江大学东方学院(暂定名，以下简称学院)。双方根据办好学院，为培养人才多作贡献的精神，就建立学院的下列事项达成一致意见：

一、学院的性质、任务、规模

学院是由浙江大学与余杭县人民政府联合建立的一所浙江大学成人高等教育和职业技术教育的分院，院址设在余杭县临平镇。

学院主要为余杭县，同时也为杭嘉湖地区和全省其他地区培养企业和社会急需的实用型和应用型大学专科层次的技术人才。同时，通过学院的办学实践，探索县(市)办社区高等教育的路子。除此之外也可以根据社会需求举办非学历教育。

学院的办学规模，拟定为全脱产学生 600 人。学院自 1994 年秋季开始招生。

二、学院管理体制

浙江大学东方学院设立董事会，并实行董事会领导下的院长负责制，董事会主要决定学院的办学方针，事业发展，筹措办院经费和监督学院财务收支。

董事会由董事长一人、副董事长二人、董事若干人组成，董事长由余杭县人民政府委任，董事会其他成员由浙江大学和余杭县人民政府共同商定。

学院设院长一人，副院长二人，学院的行政领导班子经双方协商后由浙江大学委任。

为提高浙江大学东方学院的声誉，学院特聘请若干名誉董事长、副董事长。

浙江大学东方学院的全部办学工作由浙江大学负责，并对学院实行统一行政管理。

浙江大学东方学院目前在业务上由浙江大学成人教育学院、浙江大学职业技术教育学院领导，招生计划由浙江大学向国家教委和省教委统一申报，并实施招生，以及按党的教育方针和国家规定实施教育全过程。

余杭县人民政府和余杭县教委在办学、招生方面给予指导和支持。在符合有关招生规定的前提下，给余杭县以必要的照顾。

学院对教师和工作人员一律实行聘任制，根据需要和可能，学院优先聘任余杭县成人教育中心的教师和工作人员。双方被聘人员工资待遇,人事关系均不变,被聘人员的课时费和奖酬金(不含工资)由学院支付;聘用人员的工资改革,职称评定,住房改革等有关问题,一律由原人事归属部门解决。

三、学院设施

学院设在余杭县成人教育中心校址内,为使学院能顺利发展,除电大外,成人教育中心内的其他办学类型,需在 1995 年 8 月前逐步迁出。原成人教育中心内全部设施(包括汽车一辆)在合作期内由浙江大学东方学院统一安排使用。现余杭县电大办学形式和功能继续保留,对外挂牌,并由学院统一实行行政管理。

学院的生活设施将根据学院招生情况在现有设施的基础上由余杭县人民政府进一步充实。

1. 在 1996 年 8 月前达到可安排 600 人住宿的学生宿舍、可供 600 人用膳的食堂餐厅、锅炉房(可供 600—700 人生活用气),并在 1994 年 8 月前为浙江大学上课教师安排住宿用房 3 套。

2. 学院将根据教学的需要和可能,在办学过程中逐步建立图书资料室、语音实验室和计算机实验室。

为了使学院进一步发展成社区大学,余杭县人民政府应在现成人教育中心周围预留 60—80 亩发展用地。

此外,为解决学院田径场地缺乏,拟由县教委发文,学院可借用邻近职高田径场地,供学生体育活动。

四、财务管理

浙江大学东方学院将实行财务独立建账和独立核算。

余杭县人民政府在学院开办时一次性投入启动资金 100 万元后,今后不再对学院负担其他开支,学院主要依靠“以学养学”的原则逐步发展。

学费收入和学生住宿费收入全部归浙江大学东方学院统一使用。

五、设立浙江大学东方学院教育基金

为提高浙江大学东方学院的办学水平和进一步发展的需要,拟在余杭县人民政府主持下,设立“浙江大学东方学院教育基金”,本基金旨在奖励学院的优秀学生及教师,并不断改善学院的办学条件。

六、学院的发展和变迁

举办学院的最终目标是通过成人高等教育和职业技术教育,使学院逐步发展成一所正规的县(市)办社区大学。学院的发展期为 10 年(1994 年 9 月至 2004 年 8 月),10 年后,学院拟改名为“东方学院”或其他校名。届时,学院的领导权和财产全部无偿移交给余杭县人民政府,并由余杭县人民政府继办。

七、本协议书在余杭县人民政府代表和浙江大学代表签字后生效。

浙江大学代表　　　　余杭县人民政府代表

一九九四年四月十一日　　　　一九九四年四月十一日

浙江大学档案馆藏,档案号:ZD-1994-XZ-27

浙江大学　余杭县人民政府关于联合创办浙大校办产业区洽谈纪要
(1994 年 4 月 11 日)

浙江大学与余杭县人民政府于 1994 年 4 月 11 日在临平大酒店召开关于联合创办浙江大学校办产业区洽谈会,参加会议的有:

浙大方面:胡建雄、唐晋发、张乃大、顾伟康、卜凡孝、孙扬远等及学校有关部门负责人;

余杭方面:俞志华、刘永根、洪吉根、王金财、王伟民、肖勤、唐维生、汪士云、程德鑫、李小花、郦挺、董建国、陆瑞芬等及良渚镇和县有关部门、乡镇负责人。

双方研究了在余杭县良渚高新技术园区内联合创办浙大校办产业区的专项事宜。浙江大学根据教学和科技发展的要求和适应社会主义市场经济发展的需要,决定调整校本部的办学结构,发挥人才与技术优势,选择在邻近校园的城乡结合部创办产业区,作为科技成果转化和生产的基地。余杭县人民政府为调整产业结构和提高全县企业素质,决定在良渚镇创办高新技术产业园区,带动余杭县高新技术产业的发展,发挥土地资源优势。因此,双方在优势互补、互惠互利原则下,经过充分协商达成合作协议。现纪要如下:

一、余杭县良渚高新技术园区内是浙江大学科技成果转化和生产的合适基地,浙江大学决定逐步把合适的校办产业和科技成果放到良渚高新技术园区内,联合建立浙江大学校办产业区(以下简称产业区);

二、联办产业区建设的模式原则上为股份合作制。余杭县以土地入股,土地价格以当时当地价格为准,浙江大学以设备、技术入股,同时双方还可以通过多种渠道和形式进行其他资金合股,逐步建立合资、合作企业;

三、浙江大学首先把效益好的化工、机电一体化、计算机、高分子材料等有关产业作为重点先期迁到产业区内,同时逐步发展其他产业;

四、产业区的建设在余杭县良渚镇高新技术园区内初步划定红线土地 500 亩,实行整体规划,分期启动,滚动发展,成熟一个项目征用一块土地,并着手建设。今后根据发展需要还可适当增加土地;

五、产业区的总体规划由浙江大学自主编制,浙江大学根据科研、生产的不同要求,作合理布局。1994 年暑假可完成规划、编制,经余杭县人民政府规划部门同意后,正式签订合同,付诸实施;

六、双方派员建立产业区筹备小组,由浙江大学、浙江大学工业总公司与余杭县人民政府、良渚镇人民政府共同组成。具体落实工作,规划、商定后另行签订协议;

七、双方都怀着真诚合作、共同为经济建设作出努力的愿望,希望今后双方合作不断扩大。

浙江大学代表　　　　余杭县人民政府代表

一九九四年四月十一日

浙江大学档案馆藏,档案号:ZD-1994-XZ-59-3

关于成立“浙江大学莫干山学院”的决定

(1994年5月23日)

浙大发办〔1994〕28号

各系,各部、处,校直属各单位:

为适应浙江省及湖州地区、德清县经济建设发展对人才的需求,根据浙江大学与德清县人民政府协商并签订的协议,决定在德清县武康镇成立浙江大学莫干山学院。

浙江大学莫干山学院是浙江大学成人教育和职业技术教育的校外办学基地,以全脱产的高等成人学历教育和职业技术教育为主,同时结合社会需求举办非学历教育。

浙江大学莫干山学院设立学院董事会,学院在业务上由浙江大学成人教育学院、浙江大学职业技术教育学院管理。学院行政领导班子由浙江大学任命。学院财务由浙江大学计财处直接管理,实行独立核算,并在当地开设银行账号。

浙江大学

一九九四年五月二十三日

浙江大学档案馆藏,档案号:ZD-1994-XZ-27

关于成立“浙江大学东方学院”的决定

(1994年5月23日)

各系,各部、处,校直属各单位:

为适应浙江省及余杭市经济建设发展对人才的需求,根据浙江大学与余杭市人民政府协商并签订的协议,决定在余杭市临平镇成立浙江大学东方学院。

浙江大学东方学院是浙江大学成人教育和职业技术教育的校外办学基地,以全脱产的高等成人学历教育和职业技术教育为主,同时结合社会需求举办非学历教育。

浙江大学东方学院设立学院董事会,学院在业务上由浙江大学成人教育学院、浙江大学职业技术教育学院管理。学院行政领导班子经浙江大学和余杭市人民政府协商后由浙江大学任命。学院财务由浙江大学计财处直接管理,实行独立核算,并在当地开设银行账号。

浙江大学

一九九四年五月二十三日

浙江大学档案馆藏,档案号:ZD-1994-XZ-27

关于合作组建浙江大学西湖书院的协议

(1996年3月21日)

为弘扬中华文化,发展教育事业,促进社会主义精神文明建设,中国东方文化研究会历史文化分会(下称甲方)与浙江大学(下称乙方),经充分协商,决定在杭州合作组建浙江大学西湖书院,并就有关问题达成协议如下:

一、宗旨

书院以弘扬中国传统文化,加强中外学术交流与友好往来,培养高层次的学术研究人才,促进社会主义精神文明建设为宗旨,力求实现两个目标:一是促进浙江大学的文科科研和教学工作,为重振浙大文科作出贡献。二是推动中国传统文化的研究,特别是区域文化的研究。

二、组成

1. 书院是独立的、民间性的高层次学术研究机构。

2. 书院由甲、乙双方合作组建,甲方负责投资拾万元人民币作为组建书院的启动经费,乙方负责在浙江大学提供一定的场所和必要的设备,并负责办理各项手续。

3. 书院挂靠浙江大学人文学院,人事、财务及日常业务运作独立自主。

三、机构

1. 书院设理事会,作为最高决策机构,由7人组成(甲方4人,乙方3人)。理事会设理事长一人(乙方代表担任),副理事长一人(甲方代表担任)。理事会一年举行一次会议,必要时可临时召开会议。

2. 书院的执行机构为院长会议,向理事会负责,按理事会决定的方针大计,领导书院日常工作。院长会议由院长一人(甲方代表担任)、副院长二人(甲、乙双方各出一人担任)组成。

3. 书院设学术委员会,由教授若干人组成,成员由理事会推荐,主任由委员选举产生。

四、业务

1. 邀请中外专家学者进行特定课题的研究或攻关活动。

2. 合作培养文科本科生及文科研究生。

3. 面向社会成人及外国留学生、学者举办中国语言和历史文化的短期培训。

4. 主办各种类型的学术会议。

5. 编纂出版学术辑刊。

五、财务

1. 书院按照市场经济的原则,努力通过各项业务活动,实现自养、自立。

2. 书院向人文学院交纳管理费,其余收入用于自身的建设与发展。

3. 书院开立专用账户。

六、效力

本协议自签字之日生效。协议的补充、修改和中止由甲、乙双方协商决定。

中华学术研究院成立后甲方由中华学术研究院接替,此协议继续有效。

甲方单位盖章: 乙方单位盖章:
代表签字: 代表签字:
96年3月21日 96年3月21日

浙江大学档案馆藏,档案号:ZD-1996-XZ-33-3

杭州市/浙江大学科技交流合作促进委员会工作纪要

(1996年4月12日)

4月11日下午,浙江大学邵逸夫科学馆里气氛热烈,杭州市、浙江大学科技交流合作促进委员会工作会议在这里召开。市校双方有关部门的负责人参加了会议,张明光副市长、胡建雄副校长到会并作了重要讲话。

市经委副主任宋志庆回顾了半年来双方交流合作工作的情况。以市校双方签订交流合作协议为标志,揭开了双方长期友好合作的新篇章。通过建立组织机构,落实联络员例会制度,先后在机械、电子仪表、化工、轻工等系统开展了广泛的交流合作洽谈活动,目前已开展的项目有:浙大教学仪器中试厂与杭无三厂共建股份制企业生产语言教学仪器、无专一厂与浙大电机系的工业控制器开发等20余项,还有一批项目正在洽谈或意向之中。

经商定,1996年度双方科技合作交流的重点为电子仪表、化工两个行业。精细化工是杭州市"九五"规划中六大支柱产业之一,电子仪表是市属工业中较为困难的行业,同时也是具有较大发展潜力的行业。选择这两个行业作为市校合作的突破口,以市属企业生产、加工场地及人力资源为优势,以浙大雄厚的科研开发力量为依托,促进科技成果向现实生产力就近转化,达到互惠互利,共同发展的目的。

会上还分成电子仪表、化工两个专业组进行对口交流洽谈,并就下述问题达成一致意见:

1. 成立化工科技交流合作组,组长分别由市化工公司副经理韩军和浙大化工系副主任汪大翚担任。商定5月上旬考察市属化工企业,初定长征化工厂作为浙大的中试生产基地,具体合作项目分项洽谈落实。

2. 成立电子仪表科技交流合作组,组长分别由市电子仪表公司副经理张晓林和浙大光科系检测技术与智能仪器研究所副所长杨国光担任,商定5月中旬对口交流考察,落实具体合作项目。

3. 根据市场经济和方便就近原则,浙大科技合作的重点将优先放在杭州市,最大限度地发挥各自的优势,将浙大成熟的高新技术成果落户杭州工业企业,为振兴杭州经济作出贡献。

4. 科技合作交流中,涉及无形资产份值,双方应根据国际惯例,本着尊重知识、互惠互利和友好协商原则,做好保护知识产权,维护双方合法权益。

5. 对双方合作过程中出现的问题和困难,市政府积极做好协调工作。

最后，张明光副市长、胡建雄副校长对杭州市、浙江大学前期已开展的科技交流合作工作表示满意，并对合作前景寄予厚望。

杭州市、浙江大学科技交流合作促委会办公室
一九九六年四月十一日

浙江大学档案馆藏，档案号：ZD-1996-XZ-33-11

十二、财务与服务支撑

(一)财务管理

1.财务政策与管理机构

关于公布《浙江大学1986年经济工作的若干规定》的通知

(1986年2月14日)

浙大发办〔1986〕065号

各系,各部、处校直属单位并独立核算单位:

现将校长、党委联席会议讨论通过的《浙江大学1986年经济工作的若干规定》发给你们,希各级领导和审计、财务部门加强财务管理、监督,保证各项经济政策的准确实施。

附:浙江大学一九八六年经济工作的若干规定。

浙江大学

一九八六年二月十四日

浙江大学1986年经济工作的若干规定

根据国务院及国家教委开展税收、财务大检查的通知,我校自去年九月下旬起部署了全校的财检工作,到目前为止已基本结束。根据财政部"关于财务大检查中有关财务处理问题的若干规定"和中央办公厅、国务院办公厅最近发出的中办发〔1985〕57号"关于解决当前机关作风中几个严重问题的通知"等文件精神,经学校讨论,对1986年学校的经济工作作下列原则规定:

一、外币管理

各单位的外币收入应全部上交财务处,然后上交中国银行,不能私自留用或兑换。对倒买倒卖,非法兑换外币和外汇券的行为,以违反外汇管理条例严肃处理。所有外汇存款和额度的账目,全部集中在校财务处。凡需动用外汇者,均要提出报告,经外汇管理小组审查,主管校长批准方可使用。

对于积极创外汇的单位,按照校对外技术咨询服务分配细则进行分成,给予留用。

二、收费方面

各系实验室、工厂,对校内外服务(含计算机、复印机)的收费标准,需经校生产设备处统一审查,报校领导批准后实行,不准乱收费、乱涨价,不准私收现款,自收自支,需经咨询部统一归口,并按分配细则进行分成。各项报名费等的收费标准也应经校领导批准。

三、学生餐券

近年来,发现学生饭菜票有乱用现象。现决定学生食堂饭菜票禁止在食堂以外流通。不允许临时工在学生食堂用餐。膳食科要按月以小班为单位办理退伙手续。

四、大型设备购置

必须加强设备订货前的可行性研究和审批制度。决定从今年起,所有设备订货,必须事先办理审批手续并预扣经费。单台在2万元以下的设备由系主任批准,主管业务处复核,财务处扣款;2万元以上至50万元以下的设备由主管业务处初审(其中单台十万元以上设备应组织专家论证),主管校长批准,主管财务校长审核资金落实情况;单台50万元以上设备应提请校长办公会议讨论。经费预扣办法为:单台2万元以下设备,全额预扣;单台2万元以上设备,先预扣三分之二,其余部分由系主任担保订出付款计划,货到后归还。由于外汇价升降造成的盈亏由该设备订货单位承担。预扣的设备订货款中财务处专户列账,专款专用。订货合同生效后应送财务处一份。

五、公司(中心)的归口管理

凡经工商登记、注册、领有营业执照的,属于经济实体性质的经营型公司,今后由校对外技术咨询服务公司管理;学生社团办的公司(中心),都要通过学生会归口,由咨询部进行管理;以咨询、科学研究和技术开发为中心的科研型公司和联合体由科研处归口管理。所有公司(中心)和联合体都要严格把住经营方向,把属于学校的收入按时收回学校,并按规定分成,实行财务监督。1986年以前已经建立的联合体,须补报学校备案。

科研成果的转让,都需经过科研处办理转让手续,并优先安排在校内生产。

六、关于独立核算单位财务管理中的若干问题

1.各系、教研室及各单位的协作科研费、外来加工费、产品设计费等收入,1985年内及以前已进入校、系办工厂或服务公司银行账户的,应逐项审核。凡属借用服务公司财务户头存放资金的应转回学校咨询部或科研处。如有服务公司青工参加,可按规定支付劳务费。今后不允许以"联办项目"的名义,把各项收入转入工厂或服务公司账户内以及存在校外单位,以后一经查出,予以没收上交学校。

2.校各独立核算单位(包括服务公司)如需对外投资,发放贷款,均需经过校长批准。过去未经学校批准已经对外投资的,应按期收回,其投资所得收益向学校申报后处理。

3.服务公司和各系联合办厂、点的分成做法,1985年,除中试厂对设备处停止分成外,其余各厂、点继续执行。但其中用于个人酬金及集体福利要有所控制,应留有发展基金。发展基金部分于年终结算时,由服务公司付给学校,财务处分户入账,经系主任批准后使用。

4.从今年起以劳务输入方式的用工单位,劳动服务公司不再返回利润,用工单位相应降低付款标准。其他单位与服务公司联合办厂、点的酬金、福利和发展的分成比例不超过净利润的10%—20%或销售额的3%—5%。其中用于酬金和福利的部分要有所控制,实行递减计算办法:凡人均50元以下的金额可作酬金和福利;50元以上100元以下,超过50元以上部分70%作酬金和福利;100元以上200元以下,超过100元以上部分50%作为酬金及福利;超过200元以上部分30%作酬金及福利,其余用作发展基金,由服务公司付给学校,分户立账,经主任批准后使用。

5.自86年起,服务公司按税后利润向学校上交30%。

6.中试厂是服务公司的主干企业,要挖掘潜力为学校组织创收。在一年多的过渡时期内,由设备处代表学校与技术劳动服务公司订立合作创收合同,进行管理。学校补充技术指导力量,公司增加岗位工人,努力提高质量,增加产量,打开销路。校、公司利润实行五五分成,设备处为该厂提供服务,可发给津贴费和学校给予年终一次性创收奖励。电教中心,按上交学校利润的5%提取发展基金和福利基金,福利基金按④条递减分成。

7.各系存在系办工厂账上的利润分成(发展基金)收回学校财务处管理,由系主任根据本系教学、科研发展及其它特殊需要批准使用。

七、对外科技咨询服务、兼课、兼职以及办班的管理

浙江大学对外技术咨询服务公司(对内名称为科技咨询部)是我校对外进行创收的归口部门。

1.各系对本系教师在校外的兼课要加强管理,兼职兼课人数应予控制。在校外讲课要经系主任批准,人事处和咨询部备案。

2.教师兼任校外顾问,应经系主任批准,人事处和咨询部备案。其中领取报酬的,限一人一职,其余上交学校。

3.今后校系的各类办班(包括校外办班、联合办班)除扩大影响、传授新技术的办班应予以支持外,其它办班要从严控制。所有办班均由主管处审核,主管校长批准,通过咨询部归口办理申报手续。

4.校内教职工任服务公司和工厂的顾问,技术指导,领取技术津贴和顾问费,自86年起,由服务公司、校办厂开列清单,经系主任审批,人事处复核后,把款项付给学校,咨询部全额发到系,学校不予提成,取费标准,每月不超过30元,人数要适当控制。

5.科技咨询综合服务(如报告会、展览会、技术会诊等)由科技咨询部会同有关单位组织,经费由财务处入账,按规定分成。

6.凡是不需列入学校科研计划,不进行成果鉴定,不上报成果的一次性技术协作任务,由咨询部管理,列入咨询部和科研处的协作项目,采用统一分成比例。

7.各系、各专业在校接受委托培养各类学生,均要在校委托培养计划数内,由主管业务处负责谈判,签订合同,并协助咨询部催款,合同送咨询部备案。

八、严格学校党政机关部处的财经纪律

1.根据中央办公厅中办发〔1985〕57号文件精神,认真整顿机关作风,严守工作岗位,履行职责,努力做好本职工作。与此同时,各业务主管部处要组织好系、厂、公司积极进行合法创收,但党、政部门不得直接参加办班、办服务公司厂、点和经商,不得收取额外报酬。

2.报名费、毕业证书成本费、试卷费等一切公款应上交财务部门,分别列账管理,其中一部分可用于加班费、劳务费等。

3.除经批准的独立核算单位外,各部门不得自印自购收据,自定收费项目,收据由财务处统一印发。

4.任何单位和个人,不准借业务之便,在业务活动、签订合同中非法收取回扣,一经查出,将根据情节轻重,按照党纪国法严肃处理。

5. 总务处行政事务科在暑假期间开办浴室、临时招待所，收入要全部上交学校财务处，统一管理，按规定分成。

6. 基建处自 86 年起与农工商综合部脱钩，由服务公司代表学校管理，服务公司得到的收益纳入公司总利润额。85 年农工商综合部给基建处的利润 50%上交学校。

7. 基建处与地质系合办的地质钻探队应当努力办好，主要承接国家教委下达给我校的基建项目及校内的基建钻探任务，按 70%的标准收费；同时，在完成校内任务的前提下，要积极创收。可以适量承担校外任务，按税法规定缴纳税金。年终结余按校科技咨询分成条例，通过咨询部实行分成。

8. 基建处按国家教委投资项目的包干节余部分，年终经学校组织有关部门验收合格后，可按国家计委〔84〕2008 号文件执行；对计划外代管工程，按实际总投资的 1.5%收取代管费上交学校财务处，其中 30%用于基建特殊开支和集体福利。

9. 学校机关其他部门，凡积极组织创收，为学校作出贡献的，经校长批准在年终给予一次性奖励。科技咨询中对校及机关的分成部分，视收益积累水平，适时统一平均分配。

10. 自今年起，校出版社一般不再向校领导赠送书籍、讲义和教材。

九、1986 年学校奖励、承包等问题的原则规定

根据中央精神，1986 年的奖金基本上控制在一个月工资范围内。具体奖励及后勤承包的原则意见如下：

1. 校内教职工按每人每月平均 8 元综合奖发放到单位，经单位考核后发到个人。

2. 工厂系统由学校确定各厂的计划利润指标，完成计划利润，上交学校的利润比例和提取奖励基金的比例与 85 年相同，超计划利润上交学校 50%(其中系 7%)，工厂得 50%，奖励基金按 13%提取。工厂奖金达到校定计划利润，免税二个月，第三个月按 100%交纳税金，第四个月按 300%交纳税金，奖金税统一上交学校，由学校向市财税局结算。

加班每月每人按二天控制不计入奖金范围。厂长特支费，按上缴学校利润数的千分之五提取。

3. 后勤承包仍继续进行，原有承包办法要根据这次工资改革及奖金税的精神进行修订。

①膳食科从 86 年起，按回笼的饭券，每 25 斤折合一个人数，再按营业额人均 26 元伙食费折算人数，取两者平均人数，每人每月由校财务处付给 5 元管理费，费用开支及结余分成办法按 1985 年文件执行。食堂发放奖金超过二个半月部分要上交学校奖金税(超过一个月交 100%，超过第二个月上交 300%)。奖励基金提取比例由计财处核实，学校审批。

②校招待所发放奖金超过二个月以上部分向学校上交奖金税。超过一个月交 100%，超过第二个月交 300%。计划利润和奖励基金提取比例由计财处核实，学校审批。

③交通科发放奖金超过二个半月以上部分上交学校奖金税。超过一个月上交 100%，超过第二个月上交 300%。全年预计收入数和奖励基金提取比例由计财处核定，学校审批。

④维修科自 86 年起，工人实行定额承包和超定额递减分成的办法，其履行甲方职务的同志，每月发给 6 元津贴。

4. 设备处，物资供应服务收取 2%—5%以下的管理费，管理费不实行结余分成，可视效益，经校长批准发给节支奖。

5. 设计院自 1985 年 10 月起按国家教委〔85〕教基字 195 号文执行，即对校内外设计均按国家计委颁发的全国统一收费标准收费,一切支出自行承担。总收入扣除税收和20%业务技术开发费后即为盈余。盈余的5%上交国家教委基建局,50%上交学校,45%设计院留成,并按4∶3∶3比例安排生产发展基金、福利基金、奖励基金。设计院除学校综合奖外,超过部分按国家规定向学校上交奖金税。

十、科技咨询及各种科研分成

科技咨询分成及科研协作分成鉴于中央还未下发新的文件,目前暂停,拟定一季度末进行分成。

十一、财务的监督管理

1.自1986年起,对国内科技咨询,对外科研协作,均分别由科技咨询部、科研处签用“浙江大学科技咨询合同章”、“浙江大学科研协作合同章”方能生效;对国外的科技咨询、合作经营,签用“浙江大学对外技术咨询服务公司”印章方能生效;对国外合作科研项目,签用“浙江大学”公章方能生效。除此一律不予承认,如发生法律责任,概由本人负责。

2.为保证学校各项经济工作的正常开展和严格执行财经纪律,计财处财务监督管理科负责统一审核各项奖励基金和分成款项发放。校审计室负责对全校经济工作和财务工作的监督管理,有权随时抽查财务账目,审核效益,任何人不得阻拦。审计室直接对校长负责。

以上系学校确定的经济政策,如与国家下达的有关政策、法令不符合或有抵触的,则按国家的政策和法令执行。

浙江大学档案馆藏,档案号:ZD-1986-XZ-298-5

关于我校税收问题的请示报告

(1988年1月5日)

浙大发计〔1988〕01号

浙江省财政厅:

中共中央关于科技体制改革的决定中指出:“经济建设必须依靠科学技术,科学技术必须面向经济建设”;“在社会主义现代化建设中,全党必须高度重视并发挥科学技术的巨大作用”;“转让技术成果的收入,近期一律免税”。

我校近几年来,利用高校的科技优势,面向社会,面向经济建设,开展各项科技咨询、技术服务、技术培训等工作,在承担国家科研攻关任务的同时,接受了厂矿企业和事业单位的技术开发、产品设计等工作,既为国家的四化建设作了贡献,所得收入也弥补了教学经费的不足。

由于高校在科技体制改革、经济体制改革后出现的上述新情况是前所未有的,有一些问题,特别涉及税收的问题。一直不够明确。现将有关问题汇报如下,请研究审定。

一、据财政部、中国科协〔82〕科发咨字024号及教育部〔83〕教技字017号文件规定,科技咨询、技术服务工作包括实验、测试、计算等服务项目以及帮助设计、安装、调试新的生产设备和生产线等,并规定“咨询服务所得收入暂不上缴财政”。为此,我校对外实验、测试、计算、加工、设计、安装、调试设备等收入，均应免交营业税。

二、我校承接厂矿企业和事业单位的技术开发项目，试制成功的设备均需移交委托单位，其收入纯属科技开发服务收入。如我校物理系承接北京游乐园、桂林漓江饭店的大屏幕激光装置研制任务已基本完成，该项目既填补了国内的空白，某些技术还赶超了国际先进水平，为国家节省了大批外汇。试制的装置包括激光器、电子计算机、组合台、稳压器、调压器等，均已移交委托单位。这类研制任务纯属科研性质，我们认为应不存在交税的问题。

三、我校承担国家的科研攻关任务，在研制过程中生产的样品、样机，经试用单位试用鉴定后，有的因质量优异，试用单位要求留用，并支付一部分研制成本费。这些收入我校大部分作科研费收回。如光仪系接受机械部六五攻关任务，试制彩色亮度计，共研制四台样机。除一台留校外，其余三台由杭州电视厂等试用。试用单位强烈要求留用，因为该设备完全可以替代进口设备，为同类设备的国产化作出了贡献。收入的样机研制成本费 5.8 万元，大部分已作科研费的支出收回。为此，这类样机收入款我们认为也不应属纳税的范围。

四、参照上海市财政局沪财行〔1982〕92 号文件规定，科技服务范围应包括引进技术的消化与创新。我校也有这类服务收入。如从境外引进○○技术，为了消化该项新技术，我校化学系教师进行了大量试验、研究、配制等工作，通过试用、试销，逐步改进并消化吸收。此项新技术的引进消化工作已列入省计经委的新产品试制计划，并经省计经委“浙计经科〔87〕65 号”文件下达批准。这一引进技术的消化开发工作，目前尚有 16 万元成本费没有回收。我们认为应属科技咨询免税的范围。

五、我校劳动服务公司为校属处级机构，其党政、人事均由学校管理。劳动服务公司下属集体性质的工业企业属校办企业并向学校上缴利润。这一问题，省财政厅〔84〕财税 1030 号“关于划归学校劳动服务公司领导的校办工业企业免征所得税的通知”中已有规定。因此，我校劳动服务公司所属工业企业与校属其他校办工厂之间的加工纯属校内生产单位之间的加工协作业务。根据财政部、教育部有关文件规定和西湖区财税局同意，凡校内教学、科研、行政、生产方面的相互加工，一律免税。因此，我校劳动服务公司与其他校办工厂之间的加工纯属校内生产间的加工，按规定应予免税。

六、据浙江省财政厅〔84〕财税 42 号“关于建筑税若干具体问题的通知”第四条规定：“各类大中小学教学设施的投资，如教学楼、教研室、实验室、图书馆、体育场(馆)、学生集体宿舍、食堂等教学设施免征建筑税”。我校新建教工活动中心，国家投资不足，由学校自筹解决 58 万元(自筹项目已经国家教委批准)。这一教工活动中心包括离休干部活动室 $600m^2$，还有教工活动用的阅览室、棋类室、健身室、乒乓室、桥牌室、科技室、图书室、舞厅等，均系学校教工文娱体育活动的场所，不对外营业开放。为此，我们认为也不属缴纳建筑税的范围。

据了解，上海市税务局已于 1986 年 5 月 3 日对企事业单位的技术转让和科技咨询服务收入作出了免征营业税和所得税的规定(见沪税政一〔1986〕171 号文件)，我们希望我省财政厅也能对高校的技术转让、科技咨询服务收入作出类似的规定，以利组织科技人员为祖国的现代化建设作出贡献。

党的十三大已明确将发展教育事业、作国家战略重点的首位。目前因国家财政困难，还不可能大幅度增加教育事业经费，因此，必须依靠高校发挥智力集中的优势，在为国家建设服务的同时,补充教育经费的不足。省市和西湖区财税部门对我校一贯给予了巨大支持。以上汇报的问题请及早作出规定,以利高校科技服务工作的正常开展。

浙江大学

一九八八年一月五日

浙江大学档案馆藏,档案号:ZD-1988-XZ-145-13

浙江大学财经领导小组职责

(1988年3月25日)

一、受校长委托,全面领导学校的财经工作。

二、组织编制综合财务计划,审查经费分配方案和其他财务收支计划,报校长办公会议审定后,下达各业务部门贯彻执行。财经领导小组要检查督促执行情况。

三、审查或会同有关部门拟订全校各项经济政策,并组织贯彻实施。涉及全校性的重大经济政策,提交校长办公会议审定后执行。加强对全校经济工作的宏观控制和指导。

四、对全校资金筹集、调度和使用中的重大问题提供决策依据。组织对重大投资项目进行可行性研究并跟踪其投资效益。

五、对学校的重大财务开支和超计划、超预算的开支实行财经小组审议,校领导"一支笔"审批制度。

六、审查校内重大经济合同和承包合同,建立健全学校内部的经济责任制,协调各单位的经济关系,加强和改善财务管理工作。

七、组织开展"双增双节"工作,开源节流,提高资金使用效益。

八、监督检查国家的财经法令和财务制度在我校的贯彻执行。负责组织领导全校财务大检查工作。

九、定期向校长及校长办公会议汇报全校财经工作。

十、会同有关部门研究财会人员的定编、设岗、专业职务聘任和业务培训工作。采取相应措施,充实财会队伍,提高财会人员素质。

浙江大学档案馆藏,档案号:ZD-1988-XZ-150-2

浙江大学1988年主要经济政策的原则规定(讨论稿)

(1988年5月6日)

遵照国务院关于"放宽政策,鼓励学校大力开展有偿服务,努力推动社会主义经济建设"的精神,结合我校实际情况,特对我校1988年各项创收及其他经济政策作如下规定:

一、有偿服务的宗旨、内容

1. 有偿服务是在完成教学、科研任务的前提下,面向社会进行人才、知识和技术的扩散,在为经济建设服务的同时，增强学校的自我发展能力，改善教职工的自身工作和生活条件，促进教育改革和事业发展。其内容包括：开展技术、经济咨询活动，承包科技项目，进行科研协作，转让科研成果，接受委托培养，举办各种短期培训班和进修班，开放实验室及发展横向联合，兴办科研、教学、生产一体化、技工贸相结合的经营实体等。

2. 有偿服务必须有组织、有领导地进行。办班应通过学校批准。个人在校外兼课或从事其他兼职活动，要经过系同意，并不得损害校、系的经济权益和技术权益。

3. 从事有偿服务须进行严格的成本核算。成本核算内容包括人工费、资料费、差旅费、材料费、设备购置费、水电费、管理费等。有偿服务均应合理定价和收费。要遵守国家物价政策和其他有关财政法规。

二、各种有偿服务的分配办法

1. 横向科研项目：当款项收入后即进行预分配，6%上交学校。7.5%作系、组人工费（系0.5%，课题组7%）。单项课题收入较高的，人工费适当减少。10万至20万的部分按6%的比例提取。20万至50万的部分，按5%提取。50万元以上按4%提取项目完成后的净收入，按校30%，系70%分成，其中酬金均为分成数的50%。

2. 纵向科研项目：

（1）科技三项费用项目，上交学校水电、管理费13.5%。

（2）国家自然科学基金项目。上交学校水电、管理费5%。

（3）上述项目由学校发给调剂人工费7.5%（系0.5%，课题组7%）。

（4）纵向项目完成后结余不分成。

3. 学校基金和科学事业费安排的科研项目，不提管理费，学校发给人工费4%，由科研处统筹调剂。

4. 科研成果转让收入，扣除6%水电、管理费及必要的成本支出后，校内转让收入，按校15%、系组85%分配；校外转让收入按校20%、系组80%分配。酬金均为分成数的50%。

5. 技术协作、开发和产品设计收入，人工费的提取及净收入分成按横向科研办法执行。

6. 各系、部门（不含校系办工厂）以学校或系名义参加社会集团性开发（包括联合办厂、成立专业性公司等）均应签订经济合同，使用学校统一合同章，并履行法律公证手续，以明确法人责任。按合同分得的利润汇入学校后，按校30%、系70%分成，其中酬金均为分成数的50%。

7. 教师、科技人员外出兼课或兼职由各系自主掌握，统筹安排。兼职同时不超过两个，兼职、兼课费的5%上交系。各系按季度将兼职兼课教师名单上报人事处教师科，教师科汇总后抄送教务处。如收到的是支票或对方需要收据，可向校咨询部换开，上交学校5%手续费。杭高专兼课酬金由学校全数发给现金。

8. 实验室开放收入，不提人工费。其净收入分配比例为：学校20%、系80%，酬金均为分成部分的50%。

9. 委托培养收入

（1）培养成本费由学校按计划内学生的标准发给系；

（2）酬金分配比例：本专科生，校8%，系24%，由教务处计算分配；研究生，校8%，系20%，由研究生院计算分配；

（3）基建设备费，校60%、系40%（收取委培生的系30%，基础课系10%），均用于发展，不提酬金。

10.自费生

经批准招收的自费生因收费低于其他委培学生,故系酬金比例略高:本专科生 30%,研究生 25%。自费生的培养成本按计划内学生的标准发给。

11.办班收入

校内办班,校 30%,系 70%;校外办班,校 20%,系 80%,系酬金提取比例根据办班时间长短确定。

半年以内:校内办班酬金 40%,校外办班 45%。

半年至一年:校内办班酬金 35%,校外办班 40%。

一年至二年:校内办班酬金 30%,校外办班 35%。

办班酬金包括讲课酬金、加班费等。

12.校内的各种学会、协会、党派、侨办以及经学校批准成立的各类研究所,开展科技活动一律向校咨询部登记备案。收入款项通过学校;款项收进后按总收入 7.5%提取人工费。项目完成后,净收入 30%上交学校,70%归单位所有。酬金各为分成部分的 50%。校内人员脱产或兼职参加其中工作,应通过系批准,个人酬金或津贴应通过学校发放到系,由系转发给集体或个人。

13.预分配——联合培养

按收入总额分成,系酬金 35%,发展基金 15%。

14.函授夜大的学费收入,按总额提取一定比例,由成人教育学院用于培养成本费和添置设备用。计划外的函授夜大学费收入,培养及设备费提取比例从优。

15.资助办学收入,校 50%,系 50%(专业系 40%,基础课系 10%),均用于发展。凡隐匿转移收入的,发现后扣罚该系的发展基金。

三、工厂、设计院等创收分成

1.校系办工厂完成 1988 年的利润额,享受 1987 年奖金水平(另加节支奖 60 元);超过 87 年利润额的部分,奖励从优。鼓励校系办工厂按目标利润承包(或利润递增包干),完成目标利润的承包工厂,提奖比例适当增加。

2.建筑设计院上交学校的净收入以 1987 年上交数为基数,超过部分,适当提高酬金比例。

3.出版社仍处于创办阶段,但要积极创造条件,加强管理逐年增加收入,从 1989 年起向学校上交工资,1990 年起向学校上缴利润。印刷厂应继续加强管理,提高效益,向学校上交工资,争取早日上缴利润。

4.技术劳动服务公司上交学校的利润比例仍按浙大发办〔1986〕065 号文执行(即 30%)。

5.鼓励后勤部门在搞好服务的同时,继续努力为学校创收和节支。创收节支额的分成本着多创多留、多节多奖的原则,具体办法另定。

四、创收外汇分成

1.创收外汇额度和现汇的分成,校 40%,上交国家教委 20%,系室 40%。

2.外汇科研费收入,相当其比值的人民币部分,可按横向科研项目提取人工费、管理费,结束后进行结余分成。

3.对外科技咨询、开发的外汇收入,按净收入分成,校30%,系室70%,酬金各为分成额的50%。

4.举办汉语班及国际会议的财务开支仍按浙大发计(1986)402号文件执行。按净收入分配,系室酬金30%。

五、人员费的收取及发放

1.专职科研编制人员每人每年应向学校上交专职科研编制费1000元。1987年尚未上交的,应即补交。

2.各系超编人员应向学校上交超编费,上交金额按工科系每人每年2000元,文理科系每人每年1500元支付。缺编单位按人事处核定的缺编人数,每人每年由学校下拨800元用于超工作量酬金和聘请兼职人员的酬金。

3.经批准脱产到校内外全民或集体企业、公司、科研所工作的教职工,应按照正、副教授、高工每人每年2.5万元,讲师、工程师每人每年1万元,助教、助工每人每年0.7万元,工人每人每年0.5万元向学校上交净收入。他们的工资和补贴(不包括奖酬金)由学校发放。如果所到单位向学校上缴利润,那么他们只需向学校交回工资和补贴。

六、奖酬金分配

1.奖金分配:

(1)全校教职工(不含校、系办工厂、后勤承包和独立核算单位)的综合奖、浮动工资以及1988年增发的节支奖60元由学校负责统一发给。

(2)校、系办工厂、承包单位和独立核算单位的综合奖、浮动工资、节支奖自行负责。

(3)后勤系统全年奖金可略高于机关其他部门。

(4)对在教学、科研、创收及其他一切工作中为学校作出贡献的个人和单位,实行重奖政策。除国家嘉奖外,经校长批准给予一次性特别奖励,奖励金额为1千～1万元。重奖的条件为:

①获得国家二等以上科技发明奖、技术进步奖、自然科学奖;

②教学成绩卓著,在全国单项或综合评比中获得前三名名次(含教材建设);

③争取外来投资50万元以上项目的个人或小组;

④其他各项工作取得开创性的成绩并得到国家教委嘉奖的。

2.酬金分配

(1)从事全校性基础课教学任务的教师,按完成教学工作量情况,由教务处拟订具体分配方案后,按略高于校党政机关的酬金水平补贴到系,各系要保证这部分人的正常收入。

(2)各系教职工的酬金一般由通过学校分成所得的酬金中自行解决。

(3)校机关奖酬金视总收入情况定,一般不超过全校教职工奖酬金收入的平均数。

(4)系、室按规定分得的酬金。由系、室协商分配,注意照顾直接创收人员的积极性。一般可掌握在:个人项目,系、个人按1∶9分配;集体项目,系、室按1∶3至1∶5分配;发展基金,系、室按1∶7分成。以上系指导性意见,具体分配比例由系、室协商,系主任决定。

3. 福利费分配

各单位原由学校发放的书报费、卫生费、煤气差价补贴仍由学校发给,承包及独立核算单位福利费自行负责。

4. 学校教职工个人的收入如超过财政部规定的限额,应主动向当地财税部门交纳个人收入调节税。

七、加强有偿服务的管理

1. 要加强财务管理和审计监督,任何单位和个人,不得转移资金。经批准成立的企业或公司(含联办),每月应向校计财处报送会计报表,不得隐瞒收入,自行分配。

2. 全校的外汇收入(包括现汇)由计财处统一管理,各单位不得私存和擅自动用,违者按违反外汇管理处罚条例查处。

3. 各系、各单位要切实加强对经济工作的领导和管理,配备财会人员,完善管理制度,确保资金安全和账簿、凭证的完整,加强民主管理,接受学校财务、审计部门的检查、监督。

八、本规定从 1988 年起执行,实施细则依据本规定拟订,校内有关规定若有与本规定矛盾之处,以本规定为准。

浙江大学档案馆藏,档案号:ZD-1988-XZ-145-1

浙江大学 1990 年经济环境治理目标及经济政策调整意见

(1990 年 3 月 12 日)

一、指导思想

主动适应治理整顿经济环境、注重发扬艰苦奋斗、勤俭建国的光荣传统,积极落实增收节支措施,严格财经纪律、堵塞漏洞,在提倡顾全大局、无私奉献的同时,继续贯彻按劳分配原则,合理调整校内分配关系,相对缩小校内单位之间、个人之间的分配差距,在兼顾学校、系(所室)、个人三者利益的前提下,适当扩大学校分配部分,增加学校财力,改善师生生活及办学条件,增强学校的向心力、凝聚力和号召力,进而稳定职工情绪,振奋职工精神,调动全校教职工的积极性和创造力,确保学校综合改革的成功。

二、治理整顿的目标

1. 坚决稳定学校规模,严格控制招生人数和在职教职工人数。通过建立流动编制系列和博士生兼助教的方式,逐年减少教职工编制,争取 92 年师生比达到 1∶10 的目标。

2. 基本建设量力而行,设计预算不留缺口。自筹基建项目在资金落实的前提下从紧安排,经学校批准后方可执行,总额不得突破。

3. 坚持量入为出的原则,收紧教育事业费和学校基金的预算盘子,在保证基本生活支出的前提下从紧安排,做到 90 年起逐年减少赤字,争取三五年内做到收支基本平衡。

4. 坚决清理整顿各基层单位及个人的一切创收活动。对有效益的,手续齐全的自办、联办或其它协作项目要纳入学校创收轨道,由学校统一管理。对无效益,有损于学校声誉的或不符合学校有关管理规则的创收活动应立即停止。

5.学校采取优惠政策和奖励措施,集中精力,全力以赴办好几个有明显经济效益的,以推广高科技为目标的专项公司和集团。

6.从严整顿现有校系公司和代管公司,对经营性公司、职能重叠的公司、无效益的公司、无固定管理人员的公司、违法乱纪的公司、干扰破坏校内经济环境的公司(厂点)要坚决取缔。

7.支持校办、系办工厂革新挖潜,改善经营,提高效率,增加利润,确保各工厂在经济收缩的环境下,收入不减少,上缴利润指标有所增长。

8.严格控制低层次的校内外办班活动。支持办好夜大、函授班和部委、厅局委托及厂校联合签约的高层次继续教育培训班。

9.巩固完善校内经济承包责任制和岗位责任制,提高劳动效率和服务水准。对试点单位注意总结,并适时扩大试点范围和规模。

10.严格控制教职工兼职兼课活动,职工兼职兼课要经过批准,所得收入一定要经过学校,并按规定分配。

11、采取有力措施,坚决制止转移科研经费,或弄虚作假将科研经费转化为个人或单位酬金等严重违纪行为。

12、坚决取缔"小金库",一切应上交的收入均要及时上交学校,不准截留,自收自支。

13.压缩行政开支,控制行政差旅费、招待费、办公费(电话、交通费等),实行包干使用,减少种种不必要的纪念活动和庆祝活动。

14.由事业费或校基金支付的出版印刷品必须严格审定、加以限制,必需印制出版的要根据实际需要,限制印刷量。由其他经费支付的教材、专著或其它出版物亦要从严审定,避免印刷品积压涨库,造成浪费。

15.严格执行学校有关临时工使用、离退休教职工回聘等规定,把劳务支出压下来。

16.实行以精神鼓励为主、物质奖励为辅的奖惩办法,制止乱发奖金、滥发实物、擅自扩大消费基金的不良风气,加强宏观监督,防止消费基金失控。

17.严格控制专控商品的添置和购买,必须购置的专控商品,要严格审批程序,手续齐备方可购买。

18.适时推行公费医疗改革,堵塞漏洞,减少浪费,节约医疗费用支出。

19.严格独立账户的审批手续,制止乱集资、乱收费。

20.继续宣传贯彻落实浙大发办〔1989〕30号文件精神,加强艰苦奋斗、勤俭建国教育,提高全校师生增收节支的自觉性。所有单位贷款给外单位,必须经校领导批准。

三、经济政策调整意见

(一)科研、咨询管理费的提取

1.以1990年学校下达各系的科技工作计划指标作为各系的科研收入基数,基数内外的科研收入均按比例提取管理费,年终与各系统一结算。对超基数收入部分,学校按超出部分管理费收入的35%返回到系,其中发展与酬金各占50%,系所得部分的70%归所(室)。

2.本着以科研养科研的原则,学校把科研管理费收入全部用于科研,包括科研处管理费3%,科研水电费3%以及建立科研基金,支持重点科研建设,支付科学基金项目的调剂人工费等。

3. 各类科研及咨询收入管理费的提取比例如下：

类别		项目	管理费比例	备注
(一)纵向科研	1	国家自然科学基金	5%	每项最高限额5000元
	2	国家社会科学基金	5%	每项最高限额5000元
	3	博士点基金	5%	每项最高限额5000元
	4	优秀青年教师基金	5%	每项限5000元，不含外汇额度
	5	国防预研基金	5%	每项限5000元
	6	省自然科学基金	5%	限2000元
	7	霍英东青年教师基金		每项500美元
	8	省科委、省计经委项目	10%	限5000元
	9	高技术(863)计划项目	7%	
	10	其他纵向科研	12%	
(二)横向科研			16%	
(三)科技咨询			16%	

(二)科研类人工费提取及横向科研、科技咨询结余分成

1. 提取比例(50万元以内)：

收入项目	人工费(%)	其中	
		组(室)	系
1. 纵向科研	10	9	1
2. 横向科研	8	7	1
3. 咨询服务中的K·S类	8	7	1

2. 项目经费50万元以上部分分段递减：

项目总收入	纵向科研			横向科研及咨询中的K·S类		
	人工费(%)	组(室)	系	人工费(%)	组(室)	系
1. 50万—100万元	8	7.2	0.8	6	5.25	0.75
2. 100万元以上	6	5.4	0.6	4	3.5	0.5

3. 纵向科研中的自然科学基金、社会科学基金和省自然科学基金项目，其人工费由学校调剂，从管理费收入中支付。其他纵向科研的人工费均由本项目支付。

4. 科研项目中的大型设备支出部分，经科研处审核同意，学校管理费可少提或不提，但人工费也同步少提或不提。

5. 横向科研及各类科技咨询项目完成后应结束项目，结余经费可转作发展基金，亦可进行净收入分成，净收入分成比例为：30%上交学校，70%归系所(室)组，其中发展基金与酬金各半。

6. 各类科研和科技咨询项目的最低成本线为项目总收入的40%(包括学校管理费及人工费部分),成本不足40%部分转作学校基金收入。科技成果转让、兼职、顾问费收入可不受成本线限制。

7. 科技咨询中的兼课、学生勤工俭学收入、非专利技术转让仍按89年分配政策执行,其它项目收入均按90年政策分配。

8. 参加科研工作的学生(含研究生)一般不应享受人工费补贴。

(三)办班及委托培养收入

1. 乡镇企业班按89年分配政策执行。

2. 函授大专普通班自1990—1991学年起,一律计算工作量,编制到系,讲课酬金停发,适当奖励有关系。奖励比例另定。

3. 其他各类办班,总收入的35%归学校(其中3%为成人教育学院管理费),最低成本线为45%(含学校35%),结余归系、组,学校不再分成,其中酬金部分70%,发展30%,高层次班,酬金部分可放宽到80%。

4. 委托培养的经常费收入(本专科生)10%奖励给招收委托培养学生的系,4%为系发展基金。自费大专班及其他计划内专业办班,按经常费收入的12%奖励到系,2%为系发展基金,经常费总收入6%为教务处、学生处发展基金(各3%),剩余部分补充学校教育经费。委培生、自费生(本、专科生)的教学工作均按工作量计算编制下达到系,委培、自费酬金自1989—1990学年第一学期起,不再发放。

5. 委培研究生因人数不多,故仍按1989年经济政策执行,不计编制,收入的3%作为研究生院发展基金。

6. 旁听生、在职业余硕士班、汉语班等收入,仍执行1989年政策。

7. 为鼓励工程类型硕士生的培养,对计划内招收的研究生而由原单位支付工资、劳保待遇的,为学校节省的研究生助学金部分,30%作为研究生院研究生业务费,

(四)工厂、科技企业集团

1. 校、系办工厂自1990年起由校生产委员会实行人、财、物统一管理,在经济上,学校向生产委员会统一结算。各厂的利润全额上交,其利润指标、利润返回比例、奖励福利比例等均由生产委员会根据学校总指标,结合各厂具体情况研究确定。

1990年学校下达工厂利润基数为800万元,基数内利润返回工厂40%,超基数利润返回工厂60%,个别厂因承包等特殊情况,返回比例另行商定。

学校所得利润的5%返回生产委员会建立各项基金;8%—10%返回到系,系可从返回利润中提取酬金30%—40%。工厂留成利润中5%—8%为福利基金。全部工厂的奖金宏观控制指标由学校与生产委员会另行确定。

2. 科技企业集团(中心)分配,人工费为总收入的2.5%,学校管理费5%,业务经营费0.4%,上述三项支出连同硬设备、外加工、差旅费等一并列入成本。

工程结束后,结余款学校、集团按7:3分成,其中学校所得部分的10%返回到集团所在系。返回到系的部分,酬金和发展基金各半。

集团所得部分25%为奖励基金,30%为福利基金,45%为发展基金。

若大型设备部分,集团不提或少提人工费,学校亦同步不提或少提管理费。

(五)外汇收入

1.创收外汇额度教委提取20%后,校、系(组)分配比例为4∶6,其人民币收入按科研及咨询政策办理。

2.现汇科研费收入30%外汇额度归学校,其相应人民币部分按牌价计算归还研究所(室);全额外币收入按牌价计算后的人民币收入,可按规定比例计提人工费和校管理费。

3.创汇单位分得的外汇额度和现汇收入可在校内调剂,所得人民币归入原收入渠道,此项外汇调剂的差价收入不再计提人工费和校管理费。

(六)经济独立单位或承包单位分配

1.设计院1990年产值承包基数定为52万元,分成比例按浙大发计〔1988〕18号文件执行。

2.出版社1990年实现利润的55%上交学校,其中15%为校管理费,40%为出版基金,45%留出版社(其中10%为出版社奖励基金,7%为福利基金,28%为发展基金。)

3.劳动服务公司按实现利润的25%上交学校,公司在校内所办厂点按总收入的3%上交学校水电费和管理费。公司内全民人员的工资、岗贴、自费津贴由学校发给。

4.全校外贸进出口(含产品、技术、软件)及劳务输出业务统一归口校外贸公司办理。同外商谈判出口业务由外贸公司统一报价。进出口业务的外汇结算归外贸公司财务办理,出口产品、劳务等的人民币结算分成由校财务处办理。外贸公司利润的30%上交学校。

国际合作科研项目及国外科技咨询的外汇收入,归口校科研处管理,纳入学校外汇账户。

5.总务处所属三个中心及房管处维修中心1990年仍实行经济承包责任制,承包经济指标、工作质量指标、收费标准及上缴利润指标另定。

6.校内独立开户的系办公司应完成学校下达的利润指标,并按年收入的3%上交学校水电费、管理费,所得利润的25%上交学校。对完不成上交任务和利润指标的公司即予撤销。

(七)其它

1.奖酬金分配仍实行超限额累进递减的办法以适当调剂校内分配差距,对最基层分配单位(教研室、课题组)人均年奖酬金收入超过1500元者(不含工资内奖酬金、人工费、基础课课时津贴),超过部分1000元内按10%返回学校;1000—2000元之间按20%返回;2000元以上按30%返回,返回部分校、系各50%。个人收入达到或超过国家规定个人收入调节税限额的应依法向税务部门申报纳税。

2.劳动服务公司发给有关系、组、个人的顾问费、专利费等一律通过校科研处,按学校经济政策进行再分配。

3.由科研费、系组发展基金资助出版的专著、教材等,个人所得稿费的30%由出版社代扣,上交财务处冲还原支出渠道。由行政事业费或学校基金支付的出版物,所得稿费的50%由出版社代扣,交计财处冲抵行政事业费或学校基金支出。

4.蓉杭模具所及试点民办研究所所得科研经费,学校亦要提取管理费,纵向项目按项目下达单位文件规定的一半提管理费,横向项目蓉杭模具所按12%提取管理费;民办研究所按10%提管理费。

(八)基层分配指导性意见

1. 系、所、室分配。

	发展基金			酬金		
	系(院)	所	室	系(院)	所	室
1. 系、所、研究室分配	20%	80%		15%—20%	80%—85%	
2. 系、室、分配(指系直属教研室)	25%		75%	20%—25%		75%—80%

1990年开始,办理科研、咨询结余分成均以研究所(直属室)为单位进行,按所(直属室)建立发展基金账户。研究所下属研究室不再开列发展基金账户,原有发展基金账户应予归并撤销。

2. 学校对全校各单位奖酬金的发放实行宏观控制,奖酬金发放总额严格控制在国家有关文件规定的范围内,学校各独立核算、承包单位(工厂、公司、中心、集团等)奖酬金发放必须报计财处审核、登记,不经审核登记发放的作违纪处理。

(九)校、系、所(室)对职工奖酬金所承担的责任

1. 学校承担全校职工(不包括独立核算、承包单位及人才开发中心等职工)的综合奖、浮动工资、书报费、洗理费及将试行的校内自费津贴。

2. 校基础课教师的课时津贴(2.5元/学时)及校机关和各系党政一把手的岗位津贴由学校承担。

3. 专业基础课课时津贴由系收入中解决。专职科研人员的酬金由研究所(室)承担。系机关人员酬金由系负责分配。

4. 年终,学校对收入较少的系仍实行少量补贴的政策。

(十)本文件自1990年1月1日起执行,以前所发文件与本文件规定有冲突者,一律按本规定执行。本年内已提人工费和已分成的项目不再重新结算,1989年年底到达的经费因年终来不及结算,可按1989年规定提取人工费、管理费,但结余分成均按1990年政策执行。

附表:浙江大学1990年各项有偿服务收入分配表(略)

浙江大学档案馆藏,档案号:ZD-1990-XZ-168-1

浙江大学1991年经济政策及整顿校内经济环境的意见

(1991年3月22日)

一、指导思想

1991年校内经济政策修订的原则是:在保持政策的稳定性、连续性、保护一线教职工创收积极性的同时,对某些条款作适当调整,以增加系的办学活力;同时,鼓励科技成果在校内转让,以支援生产发展,确保校内总体收入稳步增长;根据财务大检查所暴露的问题,严正财经纪律,以整顿经济环境,堵塞漏洞,增加收入,不断壮大学校经济实力,以推动我校综合改革的稳步前进。

二、具体分配政策

(一)科研及咨询收入

1. 管理费提取:

(1)本着以科研养科研的原则,学校将收入的科研管理费全部用于科研,支出项目为科研处管理费、科研水电费、科学基金类项目的调剂人工费,建立校科研基金、校学科建设基金等。

(2)各类科研及咨询收入管理费的提取比例为:

类别		项目	管理费比例	备注
(一)纵向科研	1	国家自然科学基金(N)	5%	每项最高限额5000元
	2	国家社会科学基金(S)	5%	每项最高限额5000元
	3	博士点基金(D)	5%	每项最高限额5000元
	4	优秀青年教师基金(Y)	5%	每项最高限额5000元 不含外汇额度
	5	国防预研基金(A)	5%	每项限5000元
	6	省自然科学基金(Z)	5%	限2000元
	7	霍英东青年教师基金(Y)		每项500美元
	8	省科委、省计经委项目(J)	9.5%	每项最高限额5000元
	9	高技术(863)计划项目(H)	6.5%	1—7项人工费均为10%
	10	其他纵向科研	11.5%	8—10项人工费10.5%
		(二)横向科研	15%	人工费9%
		(三)科技咨询	15%	人工费9%

(3)以1991年学校下达各系的科技工作指标作为各系的科研收入基数,年终与各系统一结算。对超基数收入部分,学校按超出部分管理费收入的35%返回到系,其中发展基金与酬金各占50%。

2. 人工费提取及结余分成。

(1)提取比例(50万元以内):

收入项目	人工费(%)	其中	
		组(室)	系
1. 科学基金类科研(指A、D、N、S、Y、Z类科研)	10	9	1
2. 高技术、省计经委项目	10.5	9	1.5
3. 其他纵向科研	10.5	9	1.5
4. 横向科研	9	7	2

(2)项目经费50万元以上部分分段递减：

项目总收入	纵向科研			横向科研		
	人工费(%)	组(室)	系	人工费(%)	组(室)	系
50万—100万元	8	7.2	0.8	6	5.25	0.75
100万元以上	6	5.4	0.6	4	3.5	0.5

(3)纵向科研中的自然科学基金(N类)、社会科学基金(S类)、省自然科学基金(Z类)，其人工费由学校调剂，其他纵向科研的人工费，均由本项目支付。

(4)科研收入中的大型设备支出，经科研处审核同意后，管理费可以少提，但至少应提取3%校管理费，并相应不提人工费。具体计算方法：大型设备部分提3%校管理费，其余部分科研收入按全额提取管理费和人工费。

(5)重点实验室运行经费和校安排的科研基金(U类)，不提管理费和人工费。贷款科研收入一般不提管理费和人工费，特殊情况应经科研处批准。

(6)横向科研及各类科技咨询项目完成后应结束项目。结余经费可转作发展基金，亦可进行净收入分成。净收入分成比例为：30%上交学校，70%归系、所(室)、组。其中发展基金与酬金各半。

(7)各类横向科研和科技咨询项目的最低成本线为项目总收入的40%(包括学校管理费及人工费部分)，成本不足40%部分转作所(室)发展基金收入。科技成果转让、兼职、顾问费收入可不受成本线限制。

(8)兼职、兼课、实验室对外加工、对外生活服务、学生勤工俭学等咨询收入仍执行1990年政策。

(9)人才交流中心的劳务输出按兼课政策处理；产品利润上交学校16%，单位发展基金40%，酬金44%。

3.科技转让：

(1)科技成果向校外转让，学校提取管理费16%，其余部分校得28%，系、所、室得72%，其中发展和酬金各半。如有成本性支出，可按净收入分配，比例同上。

(2)科技成果转让给校办工厂，可由工厂支付一次性科技成果转让费，学校从中提16%管理费，其余部分全部归系、所、室，酬金与发展各半，如有成本支出，则扣除成本后分配。除一次性支付科技成果转让费外，还可采取利润分成、销售额提成等方式，由工厂定期付给学校，然后按校内转让科技成果的政策进行分配。双方签订合同后，需经生产委员会、科研处审核后执行。以上收入，入各系的科研收入，并作为计算科研编制的依据。

(3)向校办工厂转让科技成果，如不计入科研收入，也不计算科研编制，则可参原本文件(四)之6执行。

(4)用横向科研、科技咨询收入和系、所、室发展基金购买设备，作学校固定资产入账后，单台起点在1000元及以上者，可按设备价值的一定比例提取鼓励费。单台设备价值10万元以下者提5%，10万元以上部分提2%，列入项目成本支出，归所(室)支配。

纵向科研购置的设备不实行本办法。凡购入设备组成科研产品或成果的一部分并移交到外单位,不入学校固定资产账目的,不实行本政策。

(二)办班及委托培养收入

1.普通办班,学校提管理费35%(其中3%为成人教育学院管理费),成本10%,结余归系、组,其中酬金70%,发展30%,成本不足部分在发展基金及应分得的酬金中支付。高层次办班,酬金比例放宽到90%。暑假办班,在原基础上,酬金再放宽5%。

2.委托培养(本、专科生)的经常费收入,12%奖励给招收委托培养学生的系,5%为系发展基金。自费大专班及其他计划内专业办班,按经常费收入的12%奖励到系,5%为系发展基金。经常费总收入6%为教务处、学生处发展基金(各3%),剩余部分补充学校教育经费。委培生、自费生(本、专科生)的教学工作均按工作量计算编制下达到系。委培、自费酬金不再发放。委培本、专科生的培养成本由学校与计划内学生相同,按定额下达到系。

3.进修研究生按总收入的25%下达培养成本,系组提取酬金25%。

4.进修生、旁听生及论文硕士生仍执行1990年政策。

5.学校与有关部委建立培训中心的拨款收入,其支出预算经成人教育学院审核后,可按预算剔除建设性支出(指购买图书、资料、设备等)后提取管理费。

6.国家教委下达的职业技术教育计划并由有关部门拨款资助办的职业教育班,有关经费收入按下列原则处理:

(1)向学员收取的学费,学校提取管理费15%;

(2)讲课酬金按实际讲课时数计算,每学时助教6元,讲师7元,正副教授8元,并在此基础上增加10%发放到系,由系统筹安排;

(3)以上必要的支出,除在学员的学费收入中支付外,不足部分,均在有关部门拨款中解决。

(三)科技集团

校管理费3.5%,其中主管处0.5%;业务经营费0.4%;人工费3%;上述三项列入成本支出。

工程结束后,结余款学校、系与集团按6∶1∶3分成,其中酬金、福利与发展各半。

如因购置大型设备,集团少提人工费,学校亦可同步少提管理费,但至少应提1.5%管理费。

(四)生产委员会

1.生产委员会代表学校对校办工厂实行统一管理,各厂利润由生产委员会财务集中全额上交学校,其利润指标、利润返回比例、奖励福利提取比例等均由生产委员会根据学校下达的总指标,结合各厂具体情况研究确定。

2.学校返回利润比例为:返回工厂45%,返回生产委员会5%(含服务公司上交款),返回有关系8%—10%。

3.返回工厂利润中,5%—8%为福利基金;返回到系的利润中可适当提取酬金,在利润增长的情况下,一般不低于1989年提取数。

4.生产委员会系统实行与经济效益直接挂钩的企业分配模式:

(1)1991年利润基数为900万元,工资总额基数为358万元,其中奖金指标核定为140

万元；

(2)生产委员会系统实行企业效益工资制。在校办工厂连续两年完成计划利润的情况下可评升一次，方案另定；

(3)经济效益与工资总额增减比例为1∶0.4，公式如下：工资总额增长金额＝核定的工资总数×经济效益增长％×0.4

(4)实行企业效益工资后，第一年增资额，其中50％由学校贴指标，另50％由在工厂奖金指标内自行消化；

(5)实发奖金超过学校核定指标部分，按学校规定比例，乘0.5，向学校缴纳奖励调节基金。规定比例如下：

超发第一个月工资以内，交20％；

超发第二个月工资以内，交50％；

超发第三个月工资以内，交100％；

超发第三个月工资以上，交200％；

(6)以工厂为单位，人均年奖金超过1500元以上部分，向学校缴纳二次分配调剂基金，从个人所得中扣缴[扣缴比例见本文件(八)之3]。

5.生产委员会工作人员的工资、奖励与学校实际所得利润挂钩，全额在校返回生产委员会5％利润中支付。具体计算比例如下：

工厂上交学校利润，减去返回工厂及返回生产委员会的比例后，学校实得利润的2％用于生产委员会的工资、奖励、福利和特支。其中用于工资奖励的占70％，用于福利20％，特支10％。生产委员会工作人员个人收入超过学校有关规定，应上交学校二次分配调剂基金。返回生产委员会利润5％中除支付生产委员会机关人员工资、奖励、福利等支出外，其余部分全额用于发展。

6.校内科技成果转让给校办工厂，如计算科研工作量和科研编制，则通过校科研处按规定政策分配。如不计科研工作量和科研编制，则由校办工厂同转让单位参照国家有关规定直接商定合同条款，经生产委员会及科研处审查后办理转让手续，其成果转让费一般不超过产品净利润的20％，由校办工厂通过生产委员会支付给系、研究所(室)。科研处按转让费的3％提取科研管理费。

7.校科研收入中有所(室)与校办工厂联合开发的项目，其中由工厂加工的设备费用，提取1％科研管理费后，按规定报销。

8.劳动服务公司按实现利润的25％上交学校，公司厂点应按电表交纳电费，未装电表的厂点，按总收入的3％上交校管理费。劳动服务公司发给有关系、组、个人的顾问费、专利费一律通过生产委员会，由生产委员会年终开列清单报学校备案。

9.校办工厂系统的公费医疗超支款等，自1991年起均在工厂的集体福利基金支付。鼓励校办工厂用集体福利基金购买职工宿舍。

(五)科技企业、公司

1.独立开户的校系办公司应完成学校下达的利润指标，并按年收入的2％上交学校管理费(其中0.5％科研处管理费)，科技企业办在校外，按1％上交管理费，所得利润的25％上交学校。对完不成上交任务和利润指标的公司即予撤销。

2.全校外贸进出口(含产品、技术、软件)及劳务输出业务统一归口校外贸公司办理,同外商谈判出口业务由外贸公司统一报价。进出口业务的外汇结算归外贸公司财务办理,出口产品、劳务等人民币结算分成由校财务办理。外贸公司利润的30%上交学校。

国际合作科研项目及国外科技咨询的外汇收入,归口校科研处管理,纳入学校外汇账户。

3.蓉杭模具所提取管理费仍执行1990年政策。

(六)外汇收入

1.创汇外汇额度教委提取20%后,校、系(组)分配比例为4∶6,其人民币收入按科研及咨询政策办理。

2.现汇科研费收入30%的外汇额度归学校,其相应人民币部分按牌价计算归还研究所(室);全额外币收入按牌价计算后的人民币收入,可按规定比例计提人工费和校管理费。

3.创汇单位分得的外汇额度和现汇收入可在校内调剂,所得人民币归入原收入渠道,此项外汇调剂的差价收入不再计提人工费和校管理费。

4.自1991年国家教委下达的留成外汇额度起,学校管理部门和后勤部门创收的额度不再分成,收归学校统筹安排使用。

5.汉语班收入、国际会议收入,学校提取3%管理费,其净收入,学校与有关系处按4∶6分成。

6.外事旅游和综合服务的净收入除提取酬金50%外,其余50%上交学校。

(七)独立经济核算和承包单位分配

1.设计院1991年产值承包基数为52万元,分配比例按浙大发计〔1988〕18号文件执行。

2.出版社实现利润的55%上交学校,其中15%为学校基金收入,40%为出版基金;45%留出版社(其中10%奖励,7%福利,28%发展)。

(八)其他

1.由科研费、系组发展基金资助出版的专著、教材等,个人所得稿费的30%由出版社代扣,上交财务处冲还原支出渠道。由行政事业费或学校基金支付的出版物,所得稿费的50%由出版社代扣,交计财处冲抵行政事业费或学校基金支出。

2.总务处所属三个中心及房管处维修中心1991年仍实行经济承包责任制,承包经济指标、工作质量指标、收费标准及上缴利润指标另定。后勤系统的奖金继续实行宏观控制,由学校下达奖金免税指标,超过部分,向学校交纳奖励调节基金,交纳比例同本文件(四)之4。

3.奖酬金分配仍实行超限额累进递减的办法上交二次分配调剂基金,以适当调剂校内分配差距。对最基层分配单位(指教研室、研究所、直属研究室、工厂、中心),人均年奖酬金收入超过1500元者(不含工资内综合奖、校内工龄补贴、科研人工费、基础课课时津贴),超过部分1000元内按10%返回学校;1000—2000元之间按20%返回;2000元以上按30%返回。返回部分校、系各50%。生产委员会所属工厂上交的二次分配调剂基金,30%返回生产委员会,用于本系统内调剂平衡。

4.基础课课时津贴仍按每学时2.5元计算,发放到系,由系统筹安排使用。凡领取机关岗贴,同时又兼任基础课的人员,基础课课时津贴减半发给。专业基础课课时津贴由系解决。系机关人员酬金由系解决。高等数学研究所、近代物理研究中心、台湾研究所部分专职人员的酬金,由学校合理解决。

5.基层分配的指导性意见:

	发展基金			酬金		
	院系	所	室	院系	所	室
1.院、系、研究室分配	20%	80%		15%—20%	80%—85%	
2.院、系、室分配(指系直属室)	25%		75%	20%—25%		75%—80%

办理科研、咨询结余分成均以研究所(直属室)为单位进行,按所(直属室)建立发展基金账户。研究所下属研究室不再开列发展基金账户,原有发展基金账户应予清理归并撤销。

设立学院一级机构的,原来归系的收入可适当分配一部分给学院。院、系二级不得层层增加提成比例。

6.学校承担全校教职工(不包括独立核算、承包单位)的综合奖、书报费、洗理费、校内工龄补贴和现职实贴。校机关和系党、政各一位主要负责人的岗位津贴由学校支付。

7.罚款收入全额上交学校,学校酌情定期给予奖励。罚没、退赃款全额上交。学生改派费停止分成。报名费、补发毕业证书、成绩单等收入仍提取50%劳务费,50%上交学校。

三、整顿校内经济秩序意见

为净化学校的经济环境,整顿校内经济秩序,必须强化学校的经济管理工作。

(一)严禁将学校收入存放在校外单位或校内独立核算单位;也不得超越经营范围,截留学校科研、咨询、办班、联管、成果转让等收入。

(二)严格银行开户。新立银行账户,需经主管财务的校领导批准。

(三)加强对工厂、系、所、公司对外联营活动的管理。确有效益的联管点应事先经主管部门、审计、计财处审查,校领导批准,不允许与个体户联营,不得以低价的材料、半成品供应联营方,更不得将联营利润放在对方转化为奖励福利支出。

(四)坚决取缔"小金库"。今后如发现新设"小金库"或隐匿了"小金库"不交的,按国务院有关规定从严处理。

(五)继续压缩会议支出和招待费支出,各类会议通过校长批准并落实会议费来源。接待内宾一般吃工作餐,严格控制宴请和陪吃人数。

(六)严格控制校内单位对外投资、借款(借出)活动。确有必要时,需书面报告,由主管单位、计财处审查后,报主管财务的校领导批准,方可行动。

(七)我校职工个人收入达到或超过国家规定的数额应自觉向税务部门缴纳个人收入调节税。

四、本文件即日起执行。已到款而未分配的,可按1991年政策执行。文件下达前已分配和处理的,不再重新结算。

浙江大学档案馆藏,档案号:ZD-1991-XZ-371-1

关于成立浙江大学经济咨询委员会的决定

(1993年3月11日)

浙大发办〔1993〕17号

各系,各部、处,直属各单位:

为加快改革开放的步伐,抓住有利时机,促进学校经济工作更快更健康地发展,经校务委员会研究决定成立浙江大学经济咨询委员会。近年来,我校的经济战线在学校的综合改革的推动下,在小平同志南巡谈话和十四大精神鼓舞下,取得了蓬勃发展的可喜局面。为加快科技转化为现实生产力,为适应学校投入社会主义市场经济,为壮大学校综合实力,大批具有独立法人资格的校办企业应运而生。

在新形势下我们必须冷静地看到随着改革开放的深入,经济体制的转换,校内现有管理体系已不太适应当前经济发展的需要,存在制度不全,执行不严,管理不力的现象。为健全和完善我校的经济管理体系,使得我校的经济工作能够有力地支持学校"两个中心、一个根本"的建设,特成立浙江大学经济咨询委员会。

浙江大学经济咨询委员会将定期听取学校关于经济运行情况的通报,开展研讨,使得学校的经济活动能主动纳入社会主义市场经济的框架,研究学校经济工作管理的新方法、新政策,以及向校务会议提出有利学校经济活动正常开展的法规和制度。

浙江大学经济咨询委员会组成名单:

主　任:顾伟康

副主任:郑元耀　张乃大

秘书长:蒋绍忠

副秘书长:赵钦森　谭先校　沈佐湘

委　员:姚先国　孙杨远　朱　帖　吕德伟　沈济黄　陈思远　吴加楠　李　菊
潘云鹤　罗　东　倪明江　徐有智　马庆国　戚云方　葛周芳　黄宏辉
胡方茜　杨纪生　刘培华　梁文海

(浙江大学法律事务所1名)

浙江大学

一九九三年三月十一日

浙江大学档案馆藏,档案号:ZD-1993-XZ-70-4

2. 预算与决算

1952—1957年浙江大学经费支出表[①]

(1958年9月1日)

单位:元

	1952年	1953年	1954年	1955年	1956年	1957年
全年支出经费总计	1339606.24	3613133.16	6059233.91	3988853.46	4406478.43	5027564.46
工资	631707.86	511458.90	612880.87	684265.60	810665.23	974800.23
专业设备购置费	60358.27	713045.59	1179133.39	875995.42	1037732.07	868066.03
教学设备	49113.20	668439.59	1128123.18	827805.30	969261.28	787747.18
图书	11244.52	44606.00	51010.21	48170.12	68470.29	80318.85
基本建设资金	291129.33	1737502.18	3264185.62	1259083.39	1321926.44	1803716.42
人民助学金	125871.74	326838.51	393915.28	389681.25	395915.51	526530.23
其他支出	230599.04	324787.98	609118.70	779828.00	840239.18	854450.10

浙江大学档案馆藏,档案号:ZD-1958-XZ-32

1977—1978年浙江大学教育事业费汇总表[②]

(1978年7月29日)

单位:万元

学校名称	一九七七年决算			一九七八年核定预算数		全年社会集团购买力指标数
	预算指标	银行支出数	实际支出数	计	其中:调整工资数	
浙江大学	512.67	511.62	518.21	529.0	11.41	60.5

说明:一、1977年预算指标,原核定为浙大517.57万元……后因七七届新生入学推迟,相应核减新生助学金预算指标,调整后预算指标,为表列数字

二、1978年核定预算数,以1977年教育事业费为基数,加上调整工资在1978年全年所需经费。至于按1978年事业计划的发展经费,在1977年11月全国计划会议和全国教育事业计划座谈会时,浙大原上报78

---

① 本表原载浙江大学《1958/1959学年高等学校学年初报表》,标题为编者所拟,表格格式内容有调整,其中专业设备购置费中包含教学设备和图书两项。

② 本表原为1978年7月29日浙江省革命委员会和中国科学院《关于浙江大学交接工作商谈纪要》的附表《浙江省上划高等学校教育事业费汇总表》。原表中并包含于此时上交文化部管理的浙江美术学院的数据,收入本卷时,编者对此做了删节处理,同时根据表格调整状况对标题也一并做了处理。

年招生为1490人,毕业1516人,是减少学生的;美院……也是减少学生。因此,在1977年11月确定分配浙江省1978年普通高等学校增加学生2391人的发展经费140万元中,没有这两校的发展经费。

三、1978年核定预算数中,不包括1977届扩大招生(浙大100人……),1978届增加招生任务和研究生的发展经费,我们意见,这两所学校77届扩大招生、78届增招学生以及招收研究生的发展经费,请教育部、财政部直接分配给中国科学院和文化部。

浙江大学档案馆藏,档案号:ZD-1978-XZ-14

浙江大学1978年固定资产统计①

(1978年7月29日)

<table>
<tr><th rowspan="4">学校名称</th><th rowspan="4">全校固定资产总值(万元)</th><th colspan="12">其他</th></tr>
<tr><th colspan="2">房屋和建筑物</th><th colspan="3">仪器仪表</th><th colspan="3">机电设备</th><th colspan="4">机动交通工具</th></tr>
<tr><th rowspan="2">建筑面积(m^2)</th><th rowspan="2">价值(万元)</th><th rowspan="2">价值(万元)</th><th colspan="2">其中</th><th rowspan="2">价值(万元)</th><th colspan="2">其中</th><th rowspan="2">车辆数(辆)</th><th rowspan="2">价值(万元)</th><th colspan="2">其中</th></tr>
<tr><th>万元以上件数(件)</th><th>价值(万元)</th><th>万元以上件数(件)</th><th>价值(万元)</th><th>万元以上件数(件)</th><th>价值(万元)</th></tr>
<tr><td>浙江大学</td><td>5057</td><td>252759</td><td>1954.35</td><td>2554.18</td><td>237</td><td>513.38</td><td></td><td></td><td></td><td>14</td><td>24.72</td><td>3</td><td>4.9</td></tr>
</table>

备注:一、本表所列各项数,均系学校提供材料,因是年中,未搞决算,未校对。

二、浙江大学是今年5月底账面数。根据原高教部关于固定资产管理的有关规定,仪器仪表与机电设备合并为一个明细科目,目前无法分列。万元以上件数和价值,该校报中国科学院为今年3月底的数字,计233台,500.83万元,4/5月份又增加4台,计12.55万元,合计为本表所列的数字。

浙江大学档案馆藏,档案号:ZD-1978-XZ-14

中国科学院所属浙江大学1978年教育事业费决算数、1979年指标数及1980年建议数②

(1979年8月2日)

单位:万元

项目	一九七八年决算数	一九七九年指标数	一九八〇年建议数	备注
一、高等学校经费:	666	952	1159/44	

① 本表原为1978年7月29日浙江省革命委员会和中国科学院《关于浙江大学交接工作商谈纪要》的附表《浙江省上划高等学校教育事业费汇总表》。原表中并包含于此时上交文化部管理的浙江美术学院的数据,收入本卷时,编者对此做了删节处理,同时根据表格调整状况对标题也一并做了处理。

② 本表系根据中国科学院〔79〕科教字210号《拟定1980～1981年两年教育事业计划的通知》(1979年7月19日)的要求所编制的,标题为编者所拟。

续表

项目	一九七八年决算数	一九七九年指标数	一九八〇年建议数	备注
工资	264	287.3	292.14	79 年末计划职工人数为 4199 人,80 年计划增加教学人员 30 人,基建征用土地招工 42 人,共增加 72 人,按每人每月平均工资 57 元计列。
补助工资	12	25.6	20.56	①奖金按 79 年末实有人数 4199 人,每人 10 元计列;②保健津贴 5000 元;③兼课酬金 10000 元;④粮贴 98664 元;⑤车贴 18000 元;⑥其他补贴 32000 元
职工福利费	9	17.00	19.06	①福利费按平均人数 4235 人每月 1.3 元列 66066 元;②退休退职 25000 元;③丧葬遗属补助 13000 元;④探亲费 6000 元;⑤工会经费 73035 元;⑥其它 6899 元。
人民助学金	44	77.3	112.24	
其中:研究生			12.65	78 届 162 人,79 年招生 56 人,80 年招生 120 人,每人每月 41 元计列。
大学生	44	73.6	99.56	79 年末学生实有人数为 6242 人,80 年寒假 76 届毕业 786 人,暑假毕业 83 人,80 年招生 1605 人,按 75%享受助学金,每人每月 18.5 元计列。
留学生				
公务费	51	61.4	85.00	其中:办公费 8 万元,水电费 24 万元,一般设备修理费 5 万元,机动车船 16 万元,差旅费 12 万元,炊事用具 6 万元,报刊宣传 2 万元,绿化 2 万元,其他 10 万元。
其中:办公费	4	8.0	8.00	
水电费	11	15.0	24.00	
公用取暖费				
差旅费	9	12.0	12.00	
设备购置费	166	281	344.00	其中:图书 45 万元,一般设备费 30 万元,教学设备费 230 万元,电化教学设备 25 万元,体育设备 4 万元,科研设备费 10 万元。
其中:教学设备	121	180	230.00	
科研设备			10.00	
修缮费	55	47	74.00	其中:重点修缮 45.9 万元,零修 28.1 万元。
其中:重点修缮	15		45.9	其中:第一教学大楼大屋面拆除加一层 14 万元,学生 1、2、3、4、5、6 宿舍地板大修 8 万元,学生第 7 宿舍木板换水泥板 2 万元,医院门诊拆修 4.8 万元,道路 3 万元等。

续表

项目	一九七八年决算数	一九七九年指标数	一九八〇年建议数	备　注
零星基建	3			
业务费	60	130	182.0	其中:教学实验费30万元,教学水电费36万元,教学旅费8万元,生产实习10万元,电化教学16万元,研究生经费10万元,讲义资料7万元,自选课题科研业务费25万元等。
其中:教学实验费	21	29	30.0	
生产实习费	12	10	10.0	
科研业务费		25	25.0	
其他费用	5	25.5	30.5	其中:外籍专家费用10万元,外宾招待费3万元,校刊1.5万元,抚恤费1万元,社团活动补助1万元,人防经费5万元,差额单位补助4万元等
其中:外籍专家费		8	10.0	
差额补助费	3	4	4.0	

浙江大学档案馆藏,档案号:ZD-1979-XZ-78

浙江大学1980—1981年教育事业费编制说明

(1979年8月)

根据“调整、改革、整顿、提高”的方针和科学院〔79〕科教字210号文件精神,拟定了我校1980、1981年招生计划。这两年大学生稳定在每年招1605人,研究生1980年计划招120人,1981年计划招180人。1979年国家下达给我校的教育事业经费为952万元。据此,1980、1981年计划分别为1159.44万元和1258.56万元。重点放在保证教学所必需的仪器设备添置及教学业务费上。为此,教学仪器设备、实验材料、电化教学设备、图书等项支出相应有所增加。1980年教学经费安排了526万元,占总经费支出的45.36%,1981年教学经费安排了587万元,占总经费支出的46.64%,分别比1979年提高了5.86%和7.14%。同时,也考虑了在校学生增加所必须添置的生活用具。另外,因年久,目前急需修理的教学、生活用房,根据经费和人力、材料的可能,安排了部分项目,修缮费比1979年略有增加。其他行政费用除水、电、交通工具消耗有相应增加外,基本上维持在1979年的水平。

有关基础课实验室装备、电化教育设备及开展情况、重点修缮项目详见附件一、二、三(略)。

附件一

浙江大学1979年教学实验室主要基础课实验室充实、恢复情况和1980年充实、恢复、更新教学实验室的计划

近两年来，在教学设备费的安排上，我们首先保证开出实验较早、量大而面广的基础课和某些技术基础课的实验。普通化学等基础课实验课实验室共投资了80.3万元，占1978年总教学设备费的52%。1979年预计对基础课投资60.7万元，(不包括2万元以上大型仪器设备)估计约占1979年教学设备费的56%。经过这二年对基础课的部分技术基础课实验室的重点更新、充实。目前这些实验课的水平已有了一定提高。例如，普通物理实验课已在"三化"(力学气垫化、电学电子化、光学激光化)上前进了一大步。

电子学实验室经过了这二年的努力，已从仅仅能开出电子管电路实验，到开出晶体管电路，进而开出集成电路的电子学实验，达到了较先进水平。工科力学实验需要的投资较大，只能逐年解决。经过这二年的落实、更新，也有提高，除了能开出一般的材料性能实验之外，今年能争取开出疲劳和断裂力学等新实验。我校69个实验室，其中有25个属于基础及技术基础课实验室，2个属于校中心实验室。考虑到1980年及1981年是高考体制改革后进校的学生进入三年级的新学期，全部技术基础课都必须开出实验，因此，1980及1981年，我们经费的使用，计划重点放在技术基础课实验课，以工科力学、应用光学、机械零件及原理、电工基础、有机化学、分析化学、物理化学等12个实验室为主，对于普通物理、普通化学、电子学等基础课实验室属于扫尾。同时逐步建立新系新专业生物医学仪器实验室和经科学院批准筹建的电子计算机、仪器分析两个中心实验室(中心实验室大多是2万元以上的大型仪器，经费由基建费开支)。根据中央三年调整的精神，教学设备费不可能有较大的增长，为此经费预算1980年教学设备费为230万元，1981年为260万元(均不包括2万元以上的大型设备)，其中约50%用于基础及技术基础课，15%～20%用于校中心实验室及新专业实验室。

附件二

浙江大学1979年电化教育装备及开展情况

为了提高教学质量，用现代化手段进行教学。我校自1979年开始进行电化教学筹建工作。

1979年我校电化教学装备及开展情况如下：

一、改建旧教室。为了减轻上大班课教师劳动量，提高教学效果，我们改建了216人的大教室，基本上配齐了常规教学手段(光学黑板、书写投射仪、扩音设备、电影放映室及相应的电动黑板和窗帘)，在新电化教学大楼建成之前，能够提供给国外专家讲学使用。

同时配备了三个阶梯教学扩音设备，使用效果较好。

二、完成十一只大教室常规设备(扩音设备)的配置，使其投入正常使用。

三、开始进行幻灯与电影制作(主要动画片)的筹建工作，争取年底开始制作幻灯片与动画片。

四、从日本索尼公司进口彩色录像设备一套(60 万元),七月底到货,今年准备进行验收、试装,但经费至今尚未落实。在设备不配套(缺件)的情况下,争取试录两本录像教材,供教学使用。

五、向杭州电视机厂订购了黑白闭路电视设备一套(10 万元),今年准备安装、调试和试用。

为了配合黑白闭路电视系统和兼顾日本索尼公司的彩色录像设备,我们改建了一个演播室,暑假后开学,可以投入使用。

此外,学校新电化教学大楼正在进行工艺设计和施工设计工作。

电化教学是一项新的任务,我们工作缺乏经验,在设备的订购和使用上还存在不少困难,我们一定总结经验,继续搞好。

浙江大学档案馆藏,档案号:ZD-1979-XZ-78

1987 年度浙江大学教育经费支出情况统计[①]

(1987 年 10 月 14 日)

单位:万元

支出	教育事业费支出				科学研究	其他资金
合计	计	高等学校经费	留学生经费	高等业余教育经费	经费支出	支出
6189.07	2855.59	2839.82	4.89	10.88	1450.11	1883.37

说明:高等学校经费中,①公用经费 1661.04 万元;②教职工人员经费 877.49 万元;③助学、奖学金 301.29 万元。

浙江大学档案馆藏,档案号:ZD-1987-XZ-386

报送我校 1988 年教育事业费预算

(1988 年 5 月 21 日)

浙大发计〔1988〕21 号

国家教委计财局:

根据〔88〕教计字 072 号通知精神,我校 1988 年教育事业费预算经过反复讨论,已经确定,现予上报。请审查。

1988 年教育事业费预算支出 3145.32 万元。其中高等学校经费支出 3114.02 万元,比上年实际支出增加 289.73 万元,留学生经费 16.3 万元,高等业余教育经费 15 万元。在高等学校经费预算安排中,工资、补助工资、职工福利费、离退休人员经费及人民助学金等人员

① 本表数据原载浙江大学《1987/1988 学年初普通高等学校基层报表》,标题为编者所拟。

经费共 1311.55 万元,占预算数的 42.12%;公务费、业务费、修缮费、设备购置费等共 1802.47 万元,占预算数的 57.88%。

一、1988 年教育事业费安排中本着“统筹兼顾,量入为出,有保有压”的精神,重点考虑了下列因素:

1.保证人员经费支出。1988 年由于教委核准的教职工人数净增 160 人,自然减员补充约 135 人,工资及补助增加约 67.83 万元。经批准净增本、专科生 196 人,研究生 101 人,留学生 16 人,增加人民助学金支出 34.33 万元,以上人员经费共增加 132.77 万元。

2.逐步试行定额分配,努力提高本专科生业务费定额。

各类经费逐步做到按学生类别和定额标准进行合理分配是我校预算分配工作的改革。我们通过对 1986、1987 年本专科生和研究生各项经费的实际分摊情况的分析,拟订了教育事业费每生定额标准。为了支持本专科教学,特别是基础课教学,学校除从校基金中每年拿出 40 万元用于加强基础课一类学科建设外,在拟订的教育事业费定额中也给予了充分考虑,1988 年教学业务费预算支出比 1987 年实际支出增加 61.33 万元,增长 10.82%,其中本专科生业务费增加 22.9 万元,增长 5.57%,生产实习实践费、毕业设计费、教学实验费增长 50.43%。

3.增加修缮费用,加强危房修理。

我校是一所有 91 年历史的老校,危房较多,水、电、通讯、道路维修的任务也很重,特别是地处钱塘江畔的三分部,原系之江大学旧址,大部分房屋建于 1910 年前后,危房达 $7500m^2$。近年来我校注意了在修缮方面预算的增加,特别是对分部的修缮费增加较多,1988 年修缮费占预算支出 8.3%,但由于财力所限,经费的安排始终跟不上修缮任务的需要,修缮方面的欠债仍然很多。

二、1988 年经费预算安排中的主要问题

1.1988 年预计教育事业费拨款 2500 万元,通过各种有偿服务及向校办厂收回人员工资补充 350 万元,计 2850 万元,预算赤字 295.32 万元,这一赤字实难平衡。

2.由于物价调整,我校自 1985 年开始的副食价格补贴款至今未能得到妥善解决,1985 年~1987 年学校已垫支 368 万元,今年又将垫支 129 万元。增加了教育事业费负担,给学校带来了很大困难。

附件:1.表(一)1988 年教育事业费支出预算汇总表

2.表(二)1988 年教育事业费支出预算表

3.表(三)1988 年教育事业费基本数字表

4.表(四)1988 年教育事业费基本数字计划表

浙江大学
一九八八年五月二十一日

表(一) 1988年教育事业费支出预算汇总表

单位:万元

项目	1987年实际支出数	1988年预算数			1988年与1988年决算增减[①]		备注
		合计	本年预算数	返还结余数	绝对数	%	
教育事业费	2855.59	3145.32	3145.32		289.73	10.15%	
1.高等学校经费	2839.82	3114.02	3114.02		274.2	9.66%	
2.留学生经费	4.89	16.3	16.3		11.41	233.33%	
3.高等业余教育经费	10.88	15	15		4.12	37.89%	

表(二) 1988年教育事业费支出预算表

单位:万元

项目	1987年实际支出数	1988年预算数	88年比87年支出增减	备注
总计	2855.59	3145.32	289.73	
高等学校经费	2839.82	3114.02	274.2	
工资	547.61	570.49	22.88	
补助工资	209.55	242.62	33.07	
其中:取暖补贴				
职工福利费	42.97	54.85	11.88	
离退休人员费用	77.36	107.97	30.61	
人民助学金	301.29	335.62	34.33	
本专科一般助学金	120.86	96.14	−24.72	
本专科奖贷基金	48.09	87.15	39.06	
硕士研究生助学金	119.97	131.79	11.82	
博士研究生助学金	12.37	20.54	8.17	
公务费	212.59	218.50	5.91	
其中:水电费	27.45	27	−0.45	
公用取暖费				
设备购置费	568.28	655.83	87.5	
其中:教学仪器设备	355.04	415.83	60.79	
图书资料购置费	105.03	115	9.97	

① 编者注:原文如此。疑应作"1988年与1987年决算增减"。

续表

项目	1987 年实际支出数	1988 年预算数	88 年比 87 年支出增减	备注
修缮费	219.95	220	0.05	
其中:零修基建费	14	16.3	2.3	
业务费	566.76	628.09	61.33	
其中:学生生产实习费	48.97	71.5	22.53	
研究生业务费	155.66	194.09	38.43	
其他费用	85.53	71.05	−14.48	
其中:长期外籍专家费	31.6	34.5	2.9	
差额补助费	7.93	9	1.07	
留学生经费	4.89	16.3	11.41	
人助金	2.91	7.8	4.89	
公务费	0.41	0.78	0.37	
设备购置费	0.89			
修缮费				
业务费	0.28	4.42	4.14	
其他费用	0.4	3.3	2.9	
高等业余教育经费	10.88	15	4.12	

表(三) 1988 年教育事业费基本数字表

项目	行次	单位	年初数	本年计划增加	本年计划减少	计划年末到达数	全年平均	备注
(一)教职工总数	1	人	5136	295	135	5476	5396	
其中:在工资目开支的人数	2	人	5086	295	135	5246	5166	
(二)本“项”内开支的离退休人数	3	人	498	105		603	551	
(三)本“项”内开支的外籍专家人数	4	人	12	2	2	12	12	
其中:长期专家人数	5	人	10	4	2	12	12	
(四)学生数	6	人	11494	3222	2985	11731	11324	

表(四) 1988 年教育事业费基本数字计划表

项目	单位	年初数	本年计划增加	本年计划减少	计划年末到达数	全年平均	备注
高等学校							
(一)教职工							
1. 教职工总人数	人	5316	295	135	5476	5396	

续表

项目	单位	年初数	本年计划增加	本年计划减少	计划年末到达数	全年平均	备注
其中:(1)教学人员	人	1912	150	43	2019	1966	
(2)科研机构人员	人	630			630	630	
(3)校办工厂、出版社人员	人	622	20	9	633	628	
2.在工资目开支工资的总人数	人	5086	295	135	5246	5166	
其中:(1)校本部	人	3727	267	125	3869	3798	
(2)科研机构人员	人	630			630	630	
(3)校办工厂、出版社人员	人	622	20	9	633	628	
其他	人	107	8	1	114	110	
3.本"项"内开支的离退休人数	人	498	105		603	551	
4.差额1单位开支人数	人	48	4	1	51	50	
5.本"项"内开支的外籍专家人数	人	12	2	2	12	12	
其中:长期专家人数	人	10	4	2	12	12	
(二)学生	人						
学生总数		11494	3222	2985	11731	11324	
(1)本专科学生	人	8446	2130	1934	8642	8350	
其中:							
享受职工助学金学生	人						
享受一般助学金学生	人	4786	1278	1160	4904	4729	
(2)进修生	人	170	130	94	206	174	
(3)研究生	人	1479	532	431	1580	1477	
其中:享受硕士生助学金学生	人	1269	462	369	1362	1269	
享受博士生助学金学生	人	169	70	34	205	178	
(4)研究生班	人	80	15	59	36	60	
(5)其他学生	人	1249	385	429	11205	1199	
其中:干部专修科	人	233	70	64	239	230	
高教干部进修班	人						
助教进修班	人						
委托培养学生	人	1016	315	365	966	969	

浙江大学档案馆藏,档案号:ZD-1988-XZ-146-7

1988 年度浙江大学教育经费支出情况统计①

(1989 年 3 月 20 日)

	资金总支出(万元)	教育事业费支出(万元)				科研事业费支出(万元)	其它资金支出(万元)
		计	高等学校经费	留学生经费	成人高等教育经费		
	1=2+6+7	2=3+4+5	3	4	5	6	7
总计	7268.79	3530.08	3499.16	14.49	16.43	1513.78	2224.93

补充资料:高等教育经费中:A.公用经费 1991.01 万元。B.教职工人员经费 1190.01 万元。C.助学、奖学金 318.14 万元(公用经费+教职人员经费+助学奖学金=高等学校经费)。

浙江大学档案馆藏,档案号:ZD-1988-XZ-70-3

1989 年度财务决算审计报告

(1990 年 5 月 23 日)

浙大〔1990〕审字第 03 号

审计署驻国家教育委员会审计局:

按照国家教委〔89〕教审厅字 005 号文《关于审计 1989 年度财务决算和报送 1989 年度工作总结的通知》及我校的具体情况,从 1990 年 2 月 13 日到 3 月 19 日,对我校 1989 年度财务决算(包括基建决算)进行了审计,具体情况报告如下:

一、基本情况

1989 年我校预算内外收入为 7587.09 万元(不包括基建),其中财政拨款 2997.44 万元,预算外收入 4589.65 万元,预算外收入为预算内资金的 153.12%。

1989 年我校预算内外支出 7402.67 万元(不包括基建),其中预算支出 3660.69 万元,预算外支出 3741.98 万元,1989 年底,用预算外收入抵补事业费支出缺口 727.63 万元。

1.1989 年我校收入、支出总的趋势比去年增长,收入大于支出,其中预算外收入为预算内资金的 153.12%,预算外收入增长幅度较大,特别是科研经费收入较上年增长 51.2%,因此学校可以动用的财力仍旧小,再加上由于年初事业费预算盘子过大(教育、科研事业的发展对消费的需求增长快,致使开支增加);物价上涨;每年 100 万元左右的公费医疗(包括统筹医疗)超支需由学校解决;每年约 200 万元副食品补贴来源无着落,因此学校财力十分紧张。正是在这种严峻的情况下,学校上下一致,采取了一系列措施,开拓财源,筹措资金,保证重点,加强管理,节省开支。为保证教学、科研的需要,学校年初从学校预算资金和学校基金中优先各安排了 100 万元建立教学、科研基金;年末学校自筹抵支收入 727.6 万元(其中

① 本表原载浙江大学上报国家教育委员会的《一九八八年度普通高等学校投资经济效益基层报表》,收入本卷时,编者对标题有所改动。

动用历年结存的各项收入近300万元),以弥补财政拨款的不足,较好地保证了教学、科研事业发展的需要。

2.学校领导对财务工作较为重视。校计财处为适应改革开放,治理整顿的新形势对财务管理工作的要求,一年来围绕学校综合改革的实施作了不少工作,如完善和实施综合财务计划;总务、维修事业费承包;想方设法筹措、调剂资金,增收节支等,采取了一系列措施,取得了一定的效果。在财务管理、会计核算方面也作了大量工作,诸如抓会计基础工作,完善核算电算化系统,拟定《主要经济业务出账口径规范》,制定、执行《科技企业(公司)会计制度》,提高了会计核算规范化水平;平时注重经济活动分析,定期向校领导汇报及向全校教职工通报学校经济活动情况;积极清理,催报暂付款,使预算内暂付款年末与年初基本持平,从而提高了财务管理工作水平,充分发挥财务管理作用,提高资金使用效益,促进了学校各项事业的发展。

(下略)

三、分析与建议

1.由于校办工厂、校科技企业生产经营、开发新产品资金不足而向学校贷款,使学校预算外暂付款由年初的323.7万元上升到年末的616.1万元,有的单位到期无力偿还本息。在学校财力已经相当紧张的状况下,校内贷款更须慎重,应重点扶植为教学、科研、生产服务且有还款能力和效益的单位。请校财务处对各贷款单位(特别是未按期归还的单位)的贷款额、拨向、效益,进行调查分析,重新审定,严格按规章办事。

2.暂存款个别清理不及时的,请及时清理。

3.切实进一步理顺校内经济关系,如对全校校、系办工厂、科技企业(公司)的整顿,特别应加强财务管理,提高会计核算水平。对各单位从其他单位以各种形式取得的现金,对近来未经计财处审核同意又新开了不少银行账户等等,学校在宏观控制上应采取切实有力的措施。

4.校财务处电算化系统应就规范、有效、简便、易懂等方面进行改进。

5.应加强基建工程质量的管理。近几年连续几项工程出了问题,应引起学校领导、基建委员会及有关部门的高度重视。建议学校聘请有关方面的专家,对事故进行分析,明确责任,对造成严重损失的责任人采取一定的处罚手段,才能达到惩前毖后教育大家的目的,促使各有关部门重视工程质量。

加强基建投资的管理,要按照批准的总投资额施工,不得任意突破。

浙江大学审计监察处

1990年5月23日

浙江大学档案馆藏,档案号:ZD-1990-XZ-178-2

1992 年度浙江大学资金收支及固定资产情况[①]

(1993 年 3 月 20 日)

一、1992 年年度学校资金收支情况

1. 资金总收入:15014.10 万元,其中:

教育事业费收入 3951.70 万元

科研经费收入 7694.20 万元(计财处提供数)

其他资金收入 3368.20 万元

(注:科研处提供资料,截至 1992 年 12 月 30 日,科研经费到款总数为 8008.24 万元,其中:纵向经费 2452.80 万元,横向经费 6616.44 万元,公司 1599 万元,暂存 340 万元)

2. 资金总支出:16009.30 万元,其中

教育事业费支出:5475.00 万元

科研经费支出:6773.20 万元

其他资金支出:3760.11 万元

二、固定资产情况(截至 1992 年底)

固定资产总额:33863.45 万元,其中两万元以上教学、科研仪器设备 7211.00 万元,占固定资产总额的 21.3%。

浙江大学档案馆藏,档案号:ZD-1993-XZ-58-2

1993 年度浙江大学资金收支及固定资产情况[②]

(1994 年 4 月 20 日)

一、1993 年度学校资金收支情况

1. 资金总收入:19975.70 万元,其中:

教育事业费收入 4401.80 万元

科研经费收入 11248.50 万元

其他资金收入 4325.40 万元

2. 资金总支出:21534.4 万元,其中

教育事业费支出:6728.60 万元

科研经费支出:10925.90 万元

其他资金支出:3879.90 万元

二、固定资产情况(截至 1993 年底)

固定资产总额:38247.92 万元,其中两万元以上教学、科研仪器设备 8371 万元,占固定

---

① 本统计原载浙江大学校长办公室编《1993 年浙江大学校志》第 10 页,标题为编者所拟。

② 本统计原载浙江大学校长办公室编《1994 年浙江大学校志》第 10 页,标题为编者所拟。

资产总额的21.9%。

浙江大学档案馆藏,档案号:ZD-1900-ZL12-276

1994年度浙江大学资金收支及固定资产情况[①]

(1995年3月30日)

一、1994年度学校资金收支情况

1.资金总收入:25233.80万元,其中:

教育事业费收入6223.90万元

科研经费收入14327.30万元

其他资金收入4282.60万元

2.资金总支出:27018.30万元,其中

教育事业费支出:9410.50万元

科研经费支出:14337.10万元

其他资金支出:3170.70万元

二、固定资产情况(截至1994年底)

固定资产总额:41184.33万元。

浙江大学档案馆藏,档案号:ZD-1900-ZL12-277

1995年度浙江大学资金收支及固定资产情况[②]

(1996年4月8日)

一、1995年度学校资金收支情况

1.资金总收入:21905.80万元,其中:

教育事业费收入6755.10万元

科研经费收入8580.00万元

其他资金收入6570.70万元

2.资金总支出:21017.20万元,其中

教育事业费支出:9132.40万元

科研经费支出:6999.70万元

其他资金支出:4885.10万元

---

① 本统计原载浙江大学校长办公室编《1995年浙江大学校志》第7页,标题为编者所拟。

② 本统计原载浙江大学校长办公室编《1996年浙江大学校志》第8页,标题为编者所拟。

二、固定资产情况(截至1995年底)

固定资产总额:45876.04万元。

浙江大学档案馆藏,档案号:ZD-1900-ZL12-278

(二)后勤服务与校办企业

总务处工作报告①
(1950年4月)

在过去的一学期,总务处的工作,可分为两方面来说明,一方面是对外:向上级交洽和请领薪津助学金及经常费。一方面是对内:加强和改进总务处本身的工作并增进与本校其他单位间之联系。当校委会成立后,最迫切的问题,就是请领薪津助学金和经常费,总务处为了要供给参考资料,使文教部明了浙大的需要情况,整个的八九两月,差不多致力于搜集资料和统计数字的工作,不断地向文教部说明和交洽。又因校舍及宿舍的全面调整,必需的改动和修理,在上学期开学前刻不容缓,总务处根据校舍委员会和宿舍分配委员会的决议案,一方面和各院系各同仁协商,一方面会同房产管理委员会勘察和计划,同时向文教部和财经部申述实际情况,促请拨款动工。目前各院系的房屋,以及教职员工学生宿舍和阳明馆处的修理工程,大部分是在这样的情形下完成的。自十月份起,文教部开始拨发经常费,首二月有固定数额,对外交洽较少,但十二月份及本年一月份无一定的标准,因此维持内部、对外交洽,又形紧张。至一月下旬经省教育厅荷示,改向华东区领款,此后对外交洽工作,即转向沪方。再有解放前各院系向国外订购的仪器药品,已到沪的共百余箱,加以英士大学归并本校后,所有图书仪器以及各项物资,在交通恢复后,同一时期内亟待运输,故请款和交洽提运,也成为总务处在九月间对外重要工作之一。至于对内方面,因鉴于总务处内部已往工作制度之不完善,所属各部门办事效率之低落,如不积极加以改革,势必影响校务之进展。后因其业务范围扩大,新的部门增加,调剂内部,加强组织,也都是急待研究的事实。但是处理这些问题,必须首先了解各部门已往工作情况缺点和困难,然后广议群思,共谋解决的途径。因此总务处经常举行一种工作检讨会,事事研讨这些问题,自八月中旬起迄今,这种会议已举行了很多次数,此外各部门小组讨论,尤为频繁,讨论和解决的重要问题,大致如下:(一)如何改革会计组账目,(二)如何订定保管组之账目,(三)保管组账目应如何与会计组账目配合,(四)出纳组之工作应如何与会计组配合,(五)事务组应如何推动工作和加强办事的效率,(六)如何加强内部之联系,(七)如何增进外部之联系,(八)如何推动精简节约,(九)如何协助工读。其他零星问题,详见会议记录。又总务处各部门均另有工作总结,都不再加以说明。过去的一学期,总务处可以说是一个试验改革的阶段,各部

---

① 本篇为浙江大学总务长、航空系教授范绪箕1950年4月在全校代表会议上的报告。

门在这个过程中,得了不少的收获和教训,也发现了不少缺点和困难,我们诚恳的请求各方面给我们宝贵的批评和意见,以作我们未来的借镜!

总务处事务组一学期工作总结

一、一般情况

由于过去工作未上轨道,半年来工作人员的减少(解放前事务组连华家池部分共十八人现共十人)以及新进人员缺乏经验在本组工作伊始便深深感到疲于应付,加以校舍及宿舍的全面重新调整,年久失修的房屋多有倾圮的危险,抢修与添建的工程连牵不断,其他如自来水修理,电灯修理,零星的房屋修理,解放前均由包商承办,每月所耗甚巨,而今统由本组自行处理,因此工作上更形紧张。以往本校对于地产自来水管线路,下水道亦均不加注意,以致非常零乱,无据可考。解放后本组在这方面更极尽努力,交洽并收回了孩儿巷及大王庙旁地产共三亩七分,重新整理了电路调查了自来水道,下水道,并领导工人实行分区负责整理校园,惟限于时间及人力仍未能全面顾到。

二、收获

(一)座谈和与各方面协商工作上相互了解和联系解决了许多困难,如自来水、热水的走漏问题与工会里说明和相互了解而得到他们的承认和解决,管理人员座谈会上对购置修缮手续的相互了解,报销签核问题走上有系统有步骤的途径,居民座谈会解决了水电管理问题与环境卫生改善,与会计保管各组经常漫谈联系有合作,使报账手续精简明确。

(二)利用弃材,精简节约。

(1)改良炉灶,除学生膳厅改建砻糠灶,使同学减轻负担外,文院水灶的改筑和集中供应,减少人力、柴火、房屋,对于节约收效极大,就柴的消耗来说,减少达一半。

(2)利用校内塌圮房屋、碉堡、碎石、乱砖修理房屋,如建筑音乐教室及修理图书教室即利用旧砖达五万块。

(3)水电节约虽不能全面好起来,但个别的已起了作用。减除灯泡、减少龙头以逐渐减低浪费的可能性,并调查不用及淤塞水管,挖掘了达四百尺。

(4)发动小工与组织清洁班除草打扫,利用旧石板整修路面,计划布置校景,并已在舜水、梨洲两馆前植种冬青。

(5)奔赴各地实地调查校产(包括分布杭市各处之零星土地)整理图照,及与民政厅接洽丈量事。已初步开始整理局部,已收回孩儿巷、大王庙等地。

三、缺点

(一)由于人手的缺乏使工作制度没有全面明确的分工;由于已往的紊乱,整理工作所耗时间太多;各方要求繁杂,使工作未能掌握重心,按照计划的进行,像水管、电路、下水道整理计划未能如期完成,像号召节约、清洁环境的任务仅有局部的推动,像整理地产不克深入研究。

(二)由于工作繁杂,人员的紧缩使本组与各方面的联系颇感不足,就对华家池农场的本组工作人员的联系亦不够,工作只在本位上出发,点点滴滴地去做,各方面都未得全盘的了解。

四、经验教训

(一)工作制度需要详细的分工,更需要密切的合作,在本组半年来工作过程中许多缺点的发生都由于没有办到这一点:

(二)解决问题要深入研究,要反映大家的意见,检讨说服,以群众的力量去做,才有好的效果。

五、困难和希望

(一)校舍的破旧在目前经济条件下未能加以全面修理,如长寿路与第一宿舍的情形颇为危险。

(二)家眷宿舍零星修理问题(如玻璃、门窗、水、电、门锁以及一切私人享受的设备等)因地区辽阔,工手有限,而被迫于各方面的条件,以致妨碍中心工作和计划;在事务工作上更发现不少同仁的思想与了解不够深入的地方,如宿舍分配的争执纯粹以个人利害为出发点,以利益的交换为条件,希望能与学习会取得联系商研如何发动检讨与学习,以群众的力量纠正偏向。

工人的觉悟没有普遍提高,对工作效率增加很难掌握,希望与各部分及工会取得更好的联系。

(三)旧日地产没有图照的很多,四围没有界石的也有,有许多年久借居(横河桥一带光绪年起即已借居),有私自种菜的,而且借用的多是穷苦人民,如何收回,如何照顾到他们的生活,应加研究。

浙江大学档案馆藏,档案号:ZD-1950-XZ-21

浙江大学工农业生产及福利事业发展规划[①]

(1958年)

(前略)

(二)工业生产

目前本社的工业生产正在逐步发展,并由分散到集中的过程,工业生产任务为:第一,为了贯彻党的教育,为无产阶级政治服务与劳动生产相结合的方针,这是本社工业生产最主要的任务。第二是为了国家创造财富,为了本社创造财富,逐步达到一切生活学习等供给,由社公管公给,提高社员物质和文化生活的目的。

本年生产计划初步核定如下:

一、机械工厂:全年完成产值2396780元。

二、光学仪器厂:全年完成产值790466元。全年预计利润501000元。

三、建筑工程公司:全年完成产值,全年预计利润62578元。

四、电器厂:全年完成产值467842元,全年预计利润144905。

---

① 本文系浙江大学《对人民公社若干问题的意见》的节选,标题为编者所拟。

五、化学公司:全年完成产值267696元,全年预计利润54000元。

六、钢铁厂:全年完成产值120000元,全年预计利润________。

七、劳动者仪器厂:全年完成产值50000元,全年预计利润1万元。

以上,共计全年完成产值4092784元,全年预计利润772483元。

(三)农业生产

农业生产总的原则是充分发挥本社的有利条件,提高单位面积产值,力求蔬菜自给,逐步做到肉食自给,相应的发展渔、奶牛、奶羊、鸡鸭等生产,广泛利用山林大量发展果树,改革果园种植技术,并迅速地实现农业生产上的半机械化以及机械化。

(四)福利建设

根据我国经济建设以及本社当前的具体情况,我们应该在苦战三年改变面貌的原则下,首先集中力量办好托儿所、幼儿园、公共食堂,供全体社员吃饱吃好,无忧无虑,安心生产,安心工作,安心上学,并在可能又必需的条件下,逐步解决其他福利和供给上的需要。其他可缓者暂缓,以便集中力量,扩大再生产。

一、对托儿所幼儿园的工作要求如下:

1.选择关心爱护儿童,并具有卫生常识、卫生习惯、身体健康的妇女担任所员的各种职务。

2.社保健科应指定专门医生负责定期巡查儿童健康情况并予治疗。医疗费对浙大托儿所可仍采用自费统筹的办法。对农业生产大队托儿所医疗取费办法另行商定。

3.各托儿所设隔离室,保健科应积极筹备建医院,以便逐步充实发展。

4.对儿童饮食,由保健科根据现有经济条件,帮助各所研究规定饮食制度、饮食品种以及调节办法。

5.检查炊食人员身体健康状况,保证食堂及炊食用具清洁卫生。

二、对食堂工作具体要求如下:

1.加强膳食部门的领导,充实炊食人员。

2.积极改进饮食工具,推进饮食操作的半机械化,以减少体力劳动。

3.检查炊食人员健康,对有疾病的予以调整工作。

4.总结评比各食堂经验,表扬优秀食堂和优秀炊事人员。

5.积极检查各食堂的困难。

6.要求各食堂饭菜多样化,但同时也要使伙食供应制度化,要定时供应,以便使供应工作做得更好,使炊食人员获得足够的休息。在上述原则下,对于因工作原因而不能按时吃饭,必须有切实可行的办法,合理满足他们的需要。

浙江大学档案馆藏,档案号:ZD-1958-XZ-35

浙江大学校办工厂基本情况[①]

(1978 年 7 月 29 日)

学校名称	计划产值(万元)	周转金(万元)	上年收入结余(万元)	本年计划纯收入(万元)	工厂车间农场数(个)	固定工人	
						总数	其中,在工厂农场开支人数
浙江大学	683	202	423	120	6	599	/

备注:一、本表所列数字,均系学校提供材料。

二、浙江大学:上年收入结余,包括历年来利润、工资提成、折旧金、大修理基金;周转金是指账面国家资金流动资金部分,包括上年收入中结余资金;其中银行存款目前 110 万元。“固定工人数”中,不包括干部,系今年 3 月底人数。

浙江大学档案馆藏,档案号:ZD-1978-XZ-14

关于成立浙江大学服务公司的通知

(1981 年 11 月 10 日)

浙大党委〔1981〕88 号

各总支、各系、工厂、部、处、室、馆、院、工会、各直属支部:

为了解决学校教职工中部分子女的劳动就业问题,经党委研究决定,成立浙江大学服务公司。

服务公司是实行独立核算,自负盈亏的集体所有制企业。

党委同意筹建小组提出的《关于建立浙江大学服务公司的意见和办法(草案)》,各系、各部门对服务公司的筹建工作应给予积极支持和协助。

附件:《关于建立浙江大学服务公司的意见和办法(草案)》。

中共浙江大学委员会

一九八一年十一月十日

附

关于建立浙江大学服务公司的意见和办法(草案)

根据中共中央中发〔1981〕42 号文件和省劳动就业工作会议精神,逐步解决我校教职工中部分子女的劳动就业问题,促进安定团结。现按上级有关政策和规定,结合我校实际情

---

① 本表原为 1978 年 7 月 29 日浙江省革命委员会和中国科学院《关于浙江大学交接工作商谈纪要》的附表《浙江省上划高等学校教育事业费汇总表》。原表中并包含于此时上交文化部管理的浙江美术学院的数据,收入本卷时,编者对此做了删节处理,同时根据表格调整状况对标题也一并做了处理。

况,对筹建服务公司提出如下初步意见:

一、性质和任务

浙江大学服务公司是集体所有制企业。遵循自愿组合,自负盈亏,按劳分配,民主管理的原则。人员编制分固定和临时二类;经济上独立核算,自负盈亏,按劳取酬,多劳多得。它的任务主要是为学校的教学、科研、生产和师生员工的生活服务,逐步做到面向社会。

二、管理体制和机构设置

公司在校党委领导下,建立经理部,配备干部若干名。下设办公室,负责供销、财务、政工、后勤等有关工作。公司所需技术人员向有关单位聘请。学校派到服务公司的干部仍属全民所有制,待遇不变,可根据需要调进或调出。

服务公司根据现有条件先易后难,从小到大,设立为教学、科研生产和师生员工生活服务两大部门。具体分为三类:第一类由公司直接管理的直属厂、店、组;第二类由公司在系、工厂设立生产性质的点,由公司和设立单位共同管理;第三类由公司管理的临时服务队。

三、经营管理

公司所属厂、店、组,由公司统一管理,各厂、店、组独立核算、自负盈亏。公司在系、厂设立的点应事先报学校批准,人员、经济、工资劳保福利由公司统一管理;生产、业务、技术指导等由系、厂负责管理;纯利润采取分成制,由公司与设点的系、厂逐年协商签订协议书。

公司所属和在系、厂设立的厂、店、组,因经营管理不善,产品质量低劣,长期亏损,无法维持的厂、店、组,经公司批准可予以停办,人员遣散,其中表现好的,公司可根据需要另行安置。公司所属服务队采取临时工工资制。学校各用工单位按规定缴纳管理费。公司必须坚决贯彻勤俭创业的方针,全体人员要发扬艰苦奋斗的精神。在经营上要薄利多销,保质保量。公司发展到一定程度后向学校缴纳适当利润。

四、劳保和工资待遇

坚持“按劳分配、多劳多得、不劳不得”的社会主义分配原则,按各厂、店、组经营情况分别采取不同工资待遇,把经营好坏和职工的经济利益挂起钩来,鼓励人人当家做主,关心生产。一般采用下列形式:

1.小集体,超额计件。这是一种计件和奖励相结合的报酬形式。公司按照各厂、店、组经营的好坏发给应得报酬。各厂、店、组内按不同工种以及每个人的劳动效果进行分配。

2.定额浮动工资,工资随着每个人完成生产产值产量的多少而上下浮动,超过定额时工资上升,达不到定额时工资下降。

3.某些工种采取计件工资制。

4.学校调入公司的工作人员,公司应向学校交还其工资。(考虑到公司筹办期间,困难较大,三年内免交)。向外单位聘请的技术人员,工资待遇应按国家有关规定办理。以上两类人员均可按公司规定享受同其他职工相同的奖金和津贴。

5.今后视情况再逐步进行改革。

劳保福利和医疗待遇按照省、市劳动局的有关规定,并视公司经济情况确定。

五、人员来源及条件

根据公司经营和生产需要，并结合待业青年志愿、特长、表现，严格遵照国务院和省市有关待业青年劳动就业问题的文件精神，逐步地吸收教职工子女中的待业青年，分期分批录用，并尽可能注意专业特长。公司所属各厂、店、组根据需要，可向学校有关单位及社会上聘请若干技术人员和管理人员，力争在一年内陆续安排待业青年200名左右。实际安排人数还要视公司发展的需要而定。

人员条件：

(一)本人政治历史清楚，拥护中国共产党，热爱社会主义，热爱劳动，遵纪守法，作风正派，服从分配。

(二)身体健康，能坚持正常工作，体格符合招工条件的。

(三)年龄在16周岁以上，35周岁以下。

凡符合以上条件的我校教职工子女中的待业青年均可自愿报名，填写志愿。根据厂、店、组企业性质，经过统一考试(有技术要求的进行专业考试)，体检，择优录用，作为一次性安置，并试用六个月，在试用期间如发现有严重慢性疾病和违法乱纪，品质恶劣等不符合条件者，公司有权辞退和停止使用。公司在系、厂设立的点在试办期间安排的待业青年一般先作为临时性安置，试办一段时间后，实践证明该点的产品质量和技术水平确已过关，经营管理有方、服务项目有发展前途、确能长期经营的，经公司批准，该点可录用为正式职工。临时工期间的工龄可连续计算。

服务队为临时性安置。凡临时性安置的人员，均可以参加省、市招工和申请参加公司集体所有制的招工。

公司设在系、工厂的厂、店、组吸收人员时，在符合条件的原则下，照顾设立单位教职工子女60%。

六、关于人员教育和管理

1.公司要逐步建立党、团、工会组织，切实加强政治思想工作。

2.凡经考核录取的待业青年，经动员教育不服从分配或经公司批准自愿离职的，今后由本人自谋出路。

3.对违反劳动纪律，贪污盗窃，违法乱纪，道德败坏，屡教不改的职工，公司有权视情节轻重，给予批评教育、辞退和开除的处理。

4.公司的职工，公司可视工作需要情况统一调动。

七、为保证公司顺利建成，目前要求学校解决的几个问题

1.学校先借给筹建经费30万元，以后根据能力逐步归还。

2.先提供古荡基地，借用防空洞及附近简易房子，翻修16路车站后面第一排危房，借用第二幢三户(作公司办公用)，并在玉古路建设简易用房1000m^2。

3.筹办时所备设备、家具，要求学校有关部门给予适当支持。

4.公司筹办期间的交通工具，要求由校总务处交通科在可能范围内帮助安排(所需成本费由公司支付)，公司要积极向有关部门申请汽车。

5.学校各单位需要的临时性用工，建议先由有关单位申报计划，经人事处汇总审查，人员由服务公司统一安排,并收取管理费。

6.学校有的应用技术或科研成果,适宜服务公司组织生产的,经学校科研处审查批准,可由公司在有关单位的协助下组织生产。

7.学校教学、科研、生产方面的加工、修理和后勤维修等工作,建议由校设备处及有关单位审批,逐步交服务公司经营。

8.学校财务处应关心服务公司业务发展,帮助加强财务管理。

9.学校服务公司成立后,未经学校批准,任何单位不得擅自与外单位合办集体所有制性质的企事业。

上述规定与办法,先予试行(有关细则另行制定),经过一段时间后,再行修改补充。

浙江大学服务公司筹建小组

一九八一年十月二十九日

浙江大学档案馆藏,档案号:ZD-1981-XZ-68

关于成立浙江大学服务公司的报告

(1981年12月2日)

浙大发人〔1981〕317号

浙江省人民政府:

遵照中央〔1981〕42号文件和省劳动就业工作会议精神,为逐步解决我校教职工中部分子女的劳动就业问题,结合我校实际情况,决定成立浙江大学服务公司。

浙江大学服务公司是独立核算,自负盈亏,按劳分配的集体所有制企业。公司就业人员是自愿报名,经过考核,择优录取,可进可出。公司目前的主要任务是为学校的教学、科研、生产和师生员工的生活服务,今后逐步做到面向社会。

我校人员超编,人才结构不合理。1980年党委决定我校教师、干部、技术人员的退休,子女一律不能顶职。几年来学校没有招工,社会又不照顾,因此,子女就业问题很大,直接影响了教职工的工作积极性。现学校决定成立服务公司,以解决教职工中部分子女的劳动就业问题,为此特报请审批,以期能尽早取得省、市各有关部门的承认和支持。

浙江大学

一九八一年十二月二日

浙江大学档案馆藏,档案号:ZD-1981-XZ-68

关于同意成立浙江大学服务公司的批复

（1981 年 12 月 17 日）

浙劳社〔81〕426 号

浙江大学：

12 月 2 日浙大发人〔1981〕317 号《关于成立浙江大学服务公司的报告》，已由省府办公厅转给我局办理。根据中央〔1981〕42 号文件精神，同意你校成立劳动服务公司，以解决教职员工中待业子女的劳动就业问题。举办劳动服务公司是一项很重要的工作，又是一项新兴事业，请加强领导，及时总结经验，争取各有关部门的支持，认真把它办好。

浙江省劳动局

一九八一年十二月十七日

浙江大学档案馆藏，档案号：ZD-1981-XZ-68

浙江大学 1987 年度校办工厂基本情况[①]

（1987 年 10 月 14 日）

工厂名称	隶属关系	年末职工人数（人）									产值（万元）	利润（万元）	全年平均职工人数（人）	全员劳动生产率（元/人）
		合计	技术人员					工人	管理人员	其他人员				
			小计	高级工程师	工程师	助理工程师	技术员							
总计		820	156	19	73	43	21	448	29	187	2766.93	598.66	820	33743.05
机械厂	校	283	61	5	27	17	12	210	12		549.49	183.58	287	19145.99
化工厂	化工系	101	19	3	8	7	1	79	3		1396.07	205.01	97	143924.74
光仪厂	光仪系	93	20	2	8	8	2	70	3		150.71	35.47	93	16205.38
半导体厂	材料系	99	39	7	21	5	6	55	5		262.07	43.94	99	26471.72
电工厂	电机系	244*	17	2	9	6		34	6	187	408.59	130.66	244	16745.49

* 其中集体编制人数为 187 人。

浙江大学档案馆藏，档案号：ZD-1987-XZ-386

① 本表数据原载浙江大学《1987/1988 学年初普通高等学校基层报表》，标题为编者所拟。

浙江大学校办工厂1987年主要产品、产量[①]

(1987年10月14日)

工厂名称	主要产品	规格型号	计算单位	产量	工厂名称	主要产品	规格型号	计算单位	产量
机械厂	涡轮分子泵	FI—450	台	7	光仪厂	普朗克常数测定仪	PC—I	台	60
	涡轮分子泵	FI—150	台	1		激光器及其电源	JGQ—I	台	265
	照度计	SZ—301	台	80		光电分色机	FS—K	套	3
	照度计	SZ—302	台	81		分光光度计	721	台	30
	自动滚齿机	YZ3601	台	96	半导体厂	高纯硅烷气		立升	12667
	精密卧式自动滚齿机	YZM3602	台	21		硅单晶		公斤	1268
	眼电仪	OEMDS	台	5	电工厂	中频电源	KGPS—100	台	15
化工厂	消泡剂	BAPE,PPE	吨	1167		中频电源	KGPS—160	台	8
光仪厂	激光光学演示仪	GY—Ⅰ	台	520		中频电源	KGPS—250	台	15
	激光光学演示仪	GY—Ⅱ	台	105		中频电源	KGPS—500	台	8
	激光光学演示仪	GY—Ⅲ	台	50		感应加热器		只	20

浙江大学档案馆藏,档案号:ZD-1987-XZ-386

总务处学期(88.2—88.6)总结

(1988年6月27日)

根据1987—1988学年第二学期工作要点以及校领导布置的工作,我处在本学期做了以下主要工作:

(一)总务处从今年起试行“经费预算切块包干管理”,并在校有关领导和计财处的支持下,制订了大承包的管理条例。

(二)狠抓了以食品卫生为主的卫生管理,特别是在今年春季甲肝流行期间,膳食科制订了10条具体措施:招待所取消了饭菜票,改用一次性就餐券;床上用品实行一客一换一消毒;幼儿园在园内抓好预防的同时,给每位小朋友和家长致信——怎样预防传染性甲肝,收到了较好的效果。

(三)

①膳食科为提高社会效益和经济效益,深化伙食改革和科学化管理,在校有关领导的大力支持下,从4月1日起先以四食堂为试点搞微利食堂,改纯服务型为经营服务型,为后勤逐步社会化进行尝试。其他服务型食堂也修改了承包条例,进一步破除了大锅饭。

②对伙食管理上的老大难问题:教工食堂从5月1日起对炊管人员进行了初级优化组

---

① 本表数据原载浙江大学《1987/1988学年初普通高等学校基层报表》,标题为编者所拟。

合，改进了管理，效果较好。

③新建立了一个食品加工场，改变了以前早点从外面进货的状况，食堂的早点不断增加了花色品种，且降低了成本。

④各学生食堂都设立了为学生订做生日饭、生日蛋糕和为学生送病号饭等特别服务项目。

⑤膳食科通过不断完善承包管理条例，扩大了服务面，工作面貌有了较大的改观，不仅在服务上深受学校和教工的欢迎，而且在经济效益上也节约了学校和学生的开支。以87年4、5月份跟88年4、5二月比较为例：

87年4月收入：饭票34万斤、菜票48.7万元，管理费支出7.9万元

88年4月收入：饭票34.7万斤、菜票62万元，管理费支出5.8万元

87年5月收入：饭票34.5万斤、菜票46万元，管理费支出5.9万元

88年5月收入：饭票33.7万斤、菜票62.7万元，管理费支出5.6万元

88年4月比87年4月管理费少支出2.1万元

88年5月比87年5月管理费少支出0.3万元

另外，通过有偿服务和票证差价以及5%的盈利收入，本学期给每位学生补贴5.6元。

(四)在协助做好基建扫尾工作和筹备室内布置任务的同时，制订了邵馆的管理条例。自4月2日至今，已接待参观、会议等90批，3000人次，收入近5000元。

(五)

①春节前后为保证教职工的煤气供应，想法搞气源，现源可供应到10月份。

②电话通信经跟电信局协商，“3”字头电话全部已并网，扩大了对外通信服务容量，完成了全校通信线路的总体规划以及新总机大楼扩容部分的准备工作。

③交通科对全体司机加强了安全教育，进行新交通规则的学习和考试。

④幼儿园开展了怎样搞好“晨间”活动的对话与实践，把一些原室内的课和活动安排到大自然和户外，使小朋友开阔了眼界，提高了身体素质，取得了较好的效果。“六一”节前夕，浙江电视台、杭州电视台都播放了我校幼儿园的情况。

⑤校管科为家住一楼的住户开展庭院绿化有偿服务。利用邵科馆的地理特点，完成了邵馆的绿化服务，使我校又新增了一个绿化景点。

⑥完成了招待所浴室的扩建工程，届时教职工洗澡难的问题可望得到缓解。

⑦专家楼餐厅开办了点菜供应的服务项目。

⑧招待所、交通科工作人员在接待台湾同胞的工作中热情周到，受到了顾客的好评。

⑨完成了幼儿教师评定职称的工作。

(六)下学期的主要工作

①继续总结承包经验，加强管理基础，深化改革。

②做好电话通讯楼的安装、并用、启用的准备工作。

③新幼儿园启用的各项工作

④做好教工食堂的拆迁工作。

③根据学校统一规划，做好“桃李园”的绿化改造工作。

总务处
1988 年 6 月 27 日

浙江大学档案馆藏,档案号:ZD-1988-XZ-233

浙江大学深化校(系)办工厂改革的原则规定(试行稿)

(1988 年 10 月 9 日)

我校校(系)办工厂,多年来在广大干部、工程技术人员(包括部分教师)和工人同志的共同努力下,在生产工作中取得了很大的成绩,为学校教学、科研和增加经济收入,改善学校办学条件和职工生活作出了积极的贡献。校(系)办工厂已成为学校总体发展中的一个重要组成部分。发挥学校的科技优势,进一步办好校(系)办工厂,确保工厂上等级、上水平,争取更大的成绩已经成为全校师生的共同愿望。

随着国家和学校改革的进一步深入,学校仔细地分析了校(系)办工厂与形势发展不相适应的因素,充分认识到校(系)办工厂所面临的挑战:产品结构上高技术产品比例不高;高效益产品的品种不多;与社会工厂横向联合没有跨大步子;厂长负责制尚未深入贯彻;产品走向国际市场的渠道不畅通;学校研究的科研项目转化为校办工厂的生产力,步伐不快、数量不多;学校综合技术的优势未能充分发挥出来,等等。凡此,都要我们深化校(系)办工厂的改革,进行扎扎实实的工作,把广大干部、工程技术人员和工人的积极性调动起来,为实现学校改革的总目标共同奋斗。为此,学校作如下原则规定:

一、我校各校(系)办工厂的主要任务是:充分依托学校的科技优势,研究、试制和生产技术先进、品质优良、效益较高的产品,以适应市场竞争和出口创汇的需要,为学校改善办学条件和教职工生活积累资金,弥补国家财政拨款的不足。同时还要承担相应的教学实习和短线科研加工任务。

二、我校各工厂是实行企业化管理的经济实体。厂长是工厂的法人,由学校聘任,1989 年度将全面推行厂长负责制。厂长根据工厂的实际情况可以采取各种形式的责任承包,实行基数递增包干,照章纳税,向校交利,超收多留,欠收自补的独立核算,自负盈亏。学校给厂长下放以下权力:在核定编制和用工计划范围内的正式工、合同工、临时工的人事聘用权;副厂级干部推荐以及副厂长以下各级干部的任免权;留利后各类资金的使用权;在效益和工资总额挂钩前提下自主规定厂内工资和奖酬金的分配权;产品选择、横向联合、技术开发、内外经营销售的自主权;对厂内管理机构的设置和生产组织的决定权。

为了保证厂长负责制的贯彻执行,厂长要模范地遵守国家的法律、法令和我校颁布的纪律和规定,带领全厂职工贯彻全民工业企业的三个条例,即《全民所有制工业企业厂长工作条例》、《中国共产党全民所有制工业企业基层组织工作条例》、《全民所有制工业企业职工代表大会条例》。厂长在行使职权时,要主动接受党组织和职工代表大会的监督;要调动工厂行政、党组织和工会三个方面的积极性。在确保厂长中心地位前提下,协调一致,同心同德,带领广大职工为完成和超额完成生产任务,争取最大效益而共同奋斗。

三、为了确保厂所在系的权益,充分发挥系对厂的领导和支持作用,支持厂长负责制的全面贯彻，将由生产委员会商同各厂系成立董事会。董事会由系分管生产的领导任董事长，工厂厂长任副董事长，学校选派代表以及本系或跨系聘请的有关人员，共5—7人组成，其职责是对工厂发展的重大问题进行讨论决策。董事会闭会期间，董事不能干预厂长工作。生产委员会对董事会的工作实行指导，贯彻政企分开的原则，各系对工厂行政不要干预，系对工厂的技术、人才的支援，均以经济技术合同的形式实施。鉴于系的支持，工厂对系的利润分成保持不变，视学校财务状况的好转，逐步予以增加。今后系对工厂可以实行资金和技术参股，除原有分成外，累加股份分红，由于系的技术投入而新增的超额利润，对系的分成可适当增加，使系的得益和对工厂的投入直接挂钩。各厂承担的教学实习任务，按原定指标执行，不得变更。

四、为了加强对校办工厂的宏观调控及指导，学校决定建立以分管校长领导下的，由厂所在系、校有关部门的有关负责人和专业人员组成的生产委员会，代表学校行使董事会职权，对全校校（系）办工厂实行目标管理、宏观指导和监督检查。其职权是：

(1)厂长（包括副厂长）的推荐，奖惩的复核和决定；

(2)厂留成后资金的分割审批；

(3)全校生产规划制订和对各厂制订年度计划的指导，编制统计报表汇总上报；

(4)工厂的考核和评估，校内先进企业称号的授予和免除；

(5)工厂安全、质量、劳动保护、环境污染、生产计划的监督检查；

(6)产品销售价格监督，浙大校办厂产品商标的核定，组织校办厂新产品的鉴定；

(7)组织有关系支持校办工厂，加强技术支援，并讨论研究决定工厂共同性的有关问题；

(8)协助工厂开拓校外生产基地，扩散产品加工，扩充创收渠道。

生产委员会下设生产办公室，具体办理生产委员会交办的事项以及上级部门下达的有关管理事宜。生产办公室以原生产设备处生产科为基础，定编7人。其职责范围另行制定。

五、为了提高校办工厂的技术开发能力和产品在国内外市场的竞争能力，必须要有科技开发的纵深配备，必须提高校办工厂工程技术人员的科技水平和知识更新。有条件的工厂可以建立新产品开发研究所（室）；可以建立新产品开发基金，实行校内外招标，进行产品开发，尤其是注意吸收研究生参加。所有开发成功的新成果均由科研处统一归口组织鉴定，统一申报奖励和登记专利。工厂研制成功的新产品，由生产委员会组织新产品鉴定。对校办工厂的工人要实行岗位技术培训和考核。未经技术培训考核及格的新工人不能上岗。为此，生产委员会适时统一举办职工培训学校，予以统一组织。

六、校办工厂人员的任职，技术资格的评定和聘任在校职称评定委员会的统一组织下，由生产委员会和外贸公司、建筑设计院等创收单位，组织学科评审组，进行初步评审，而后上报校职称委员会审定。各厂要根据工厂生产研制开发的需要，确定各种技术岗位，按岗位聘任各类专业技术人员。技术岗位的设置经生产委员会审核、学校确认后，由学校划拨相应技术职务聘任定额，由厂长在具有相应职称的人员中聘任。技术工人的职务评定和聘任由生产委员会组织实施评定，由工厂相应的车间、科室聘任。

各厂正副总工程师的聘任由厂长提名，生产委员会复核决定，报学校备案。

七、为开拓校办厂产品进入国际市场的渠道，遵照国家归口管理外贸的原则，我校已建立具有进出口经营自主权的外贸公司。决定在外贸公司内建立产品经营部，协助各校办厂、实验室经办产品进出口业务。在进出口中外汇补差以工厂为主,外贸公司协助解决。各厂要充实供销人员致力于国内外市场的开拓,尽力提高产品的知名度,在保证质量、服务的前提下,创造更高的经济效益。

八、校办工厂要积极创造条件,进行技术改造,降低原材料消耗,提高设计工艺水平,努力引进校内外已经开发的高技术、新技术。破除行业界限的束缚,在不扩充厂房的前提下,挖掘潜力,开辟以市场为导向,以产品为龙头的新的生产领域。有条件的厂可以充分利用杭嘉湖地区以及其他地方的工厂的厂房、人力、设备的条件,发挥我校的优势,扩散产品的加工,兼并校外企业,以至建立校外开发区等多种紧密形式,扩充生产能力。

九、各厂要改革厂内管理,采用多种形式的承包责任制,订立内部承包合同。视完成承包合同的情况,承包者的年收入可高于本企业职工平均收入。

对富余人员,工厂要积极开辟新的生产门路,作为妥善安排。为优化劳动组合,对不适合在厂工作的人员,厂长有权决定其在厂内待业,发给半年基本工资,令其另谋职业。超过六个月后发给一半工资。满一年者,工厂宣布除名。

十、上述原则规定的实施,生产委员会须从各厂的具体情况出发,逐一研究,有秩序地推开。首先在校机械工厂试点,不断总结经验,妥善处理好各种关系,制定出切实可行的实施细则,以保证工厂各种改革措施健康发展。

浙江大学档案馆藏,档案号:ZD-1988-XZ-63-4

关于发布《浙江大学生产委员会管理条例(试行)》的通知

(1990年4月7日)

浙大发办〔1990〕19号

各系,各部、处,校直属各单位:

浙江大学生产委员会管理条例(试行)已经一九九〇年四月六日校务会议通过,现予发布。

附:浙江大学生产委员会管理条例(试行)

浙江大学

一九九〇年四月七日

附件

浙江大学生产委员会管理条例(试行)

(一九九〇年四月六日校务会议通过)

第一章 总则

第一条 为了理顺关系、深化改革,加强学校对各级各类校办工厂的统一管理,进一步发挥校办工厂为教学科研服务和成为生产创收基地的功能和作用,学校决定加强和充实生产委员会的职能，特制订本条例。

第二条 浙江大学生产委员会既是学校管理生产的行政职能部门，又是相对独立的经济实体，它在校长、分管副校长领导下开展工作。

第三条 生产委员会对外代表学校，接受并完成国家教委和各级业务主管部门布置的工作和任务；对内对全校校办工厂实行统一管理和领导。

第四条 生产委员会受校长委托，具有委托法人的权利和义务。它领导、组织和协调各工厂进行开发经营工作。所属各工厂都是企业化管理的事业单位。

第二章 生产委员会的任务

第五条 生产委员会承担下列任务：

1.保证各工厂坚持社会主义方向，执行党和国家的方针、政策，遵守国家的法律、法规；

2.努力完成学校安排的教学实习和其他教学实践活动，把有条件的工厂建设成为校内实践基地，二年内达到3500个实习岗位；

3.努力完成学校布置的重大纵向课题或攻关项目的试制加工任务；

4.推进工厂的技术进步，努力开发新产品，适时地调整产品结构和产业结构，提高产品的社会效益和经济效益；使全校的工业总产值和总利润有较大增长；

5.大力加强出口创汇工作，争取在短期内使生产系统内的出口创汇额度有较大幅度的增长；

6.加强职工培训工作。分期分批地对中青年技工进行初级和中级技工的等级培训工作；从90年起，严格先培训后就业的制度，原则上不再直接从初高中毕业生和未培训过的待业人员中招工；以现有浙大技术培训学校为基础每年办1—2个技工班，实行半工半读；

7.努力做好技术管理工作。要在整顿验收和进行全面质量管理基础知识培训的基础上，积极推行全面质量管理，争取在三年内分期分批地使大部分校办工厂，通过标准化管理和三级计量验收，努力使校办厂上水平、上等级。

第三章 生产委员会的职权

第六条 学校赋予生产委员会下列人事管理权

1.对处级工厂(公司)的正副厂长(总经理)有推荐权。根据厂长的提名对科级的科室和车间负责人有直接任免权，报学校人事处备案。对科级厂的正副厂长和相应人员有直接任免权，报人事处备案后，统一由学校以“浙大发生”文号发文；

2.以89年10月底各厂实有人数为基础，由生产委员会包干编制。退休或自然减员的补员由生产委员会内部统一调聘分配。招工、聘干事项由人事处统一办理；

3.根据产业结构和生产任务的变化，生产委员会可以对各厂的人员增减计划实行倾斜政策；可以对各厂职工在系统内进行人才交流和调动；

4.经学校批准，生产委员会可以在有条件的工厂试行工资总额与效益挂钩的工资政策或其他形式的企业工资制；

5.建立具有系一级职能的生产委员会技术职务聘任委员会，有工程技术职务系列中级职务审定权，高级职务考核、评议、推荐权。

第七条　学校赋予生产委员会下列财务管理权

1.代表学校以企业财务的管理办法和权限管理、监督各厂的财务。生产委员会设立独立的计划财务科,单独账户、独立核算。财务上受学校计财处监督、指导;

2.各工厂按规定上交的利润统一上交给生产委员会,由生产委员会按规定比例分别上交给学校。校财务处在现金支付方面提供方便;

3.生产委员会将根据学校统一经济政策对各厂实行经济效益与奖酬金挂钩和完善按劳分配多劳多得的分配办法。各厂的奖酬金发放和福利基金的使用由生产委员会按照学校审定的总指标,分别核定。奖酬金科目的设置和核算办法按财务处规定办理;

4.在学校经济政策指导下,生产委员会可以制订适合于全民、全民办集体、集体性质的工厂的各种经济政策。对集体经济单位生产委员会要负责留足并定期上交劳保、退休金,由学校专户存储;

5.学校继续对各工厂提供流动资金低息贷款。贷款额度在1989年平均数额内者由生产委员会主任签批,并负责按期交还利息及本金,超过额度者需经分管校长批准;

6.生产委员会的发展基金和生产业务费仍按原数额和办法提取;

7.生产委员会统一规范福利基金的使用范围,要把各厂福利基金及酬金的使用逐步引导到用来改善职工住房及其他生活条件。

第八条　生产委员会根据设备处切块的物资指标,在内部实行物资分配。

第九条　生产委员会的职责范围是

1.负责编制全校工厂的发展规划,编制并协助各厂制订全校及各厂年度生产计划,检查督促计划的实施。协助各厂安排好教学实习、科研试制和其他教学实践活动,落实重点课题试制加工任务;

2.加强对各工厂人、财、物管理和安全、环保、价格、商标、经济合同等工作的指导与监督;

3.指导或组织各厂做好新产品开发或组织协调工作;对重大新产品和开发项目做出论证决策或协助各厂进行论证决策;积极引进技术和样品,大力开展来料来样加工业务,组织出口创汇工作;

4.指导或组织各厂加强经营销售工作,积极主动地参加各种产品展销、订货活动;

5.论证和审查校内新建工厂,提供学校决策;

6.加强对各工厂的技术管理指导和督促工作,加强全面质量、标准化和计量管理工作;

7.保证和监督各工厂全面贯彻《全民所有制工业企业厂长工作条例》、《中国共产党全民所有制工业企业基层组织工作条例》、《全民所有制工业企业职工代表大会条例》,既要贯彻厂长负责制,确立厂长在工厂中的中心地位,又要确保党组织和职代会能按章行使职权;

8.对厂级干部进行考核、奖惩,提出任免推荐意见或直接进行任免。分期分批开展各类人员的培训工作。

第十条　校办工厂要积极完成生产委员会下达的教学、科研和生产任务,完成技术改造和新产品开发项目,实现各项经济技术指标,照章纳税,按规定比例及时地上缴利润,努力提高管理水平,按期通过标准化验收和计量上等级、上水平、上效益,及时准确地上报各种生产、物资、经营、财务、统计等报表和重要基础资料。

第五章　生产委员会与厂和有关系的关系

第十一条　我校多数工厂实行校系联办、由校管理的体制，校生产委员会与这些系以及系厂之间有着极为密切的关系，尤其在这些厂的创办和发展过程中有关的系做了大量工作，为学校作出很大贡献。在实行学校归口管理后，这些厂的生存和发展仍离不开系的支持和帮助。

第十二条　为了体现校系联办的特点，生产委员会和有关系领导及厂长共同组成工厂理事会，理事会由4—6人组成，由生产委员会和系的有关主任分任正副理事长。理事会一般每年两次，由正副理事长召集，理事会的必要活动经费由所在厂列支。

理事会的职责是：

1.研究决策联办厂的发展方向和规划，重大新产品开发项目论证；

2.研究和决定系对工厂的技术扶持，成果转让及利益分成问题，以及研究决定工厂对系教学、科研的服务和支持；

3.听取和审议厂长的工作报告，对正副厂长进行考核，并向生产委员会提出奖惩或任免建议；

4.研究决定重大经济问题或其他问题。

第十三条　为了加强校系联办厂的紧密联系，确保联办系的合法利益，坚持贯彻五个不变原则：

1.学校按工厂上缴利润的一定比例，返还给系(含现金和发展基金)的政策不变。并将按90年确定的比例为基础实行上下浮动；凡提供新产品较多，新增效益较高者将增加分成比例。反之，将扣减分成比例。同时对于所提供的新产品或科技成果，包括新技术的转让，将以合同形式，共同遵守和制约，生产委员会将推行老产品老政策，新产品新政策，给提供新产品的有关系，组室或个人提供更多的优惠；

2.联办厂为本系教学实习或其他教学活动提供保证或方便的原则不变；

3.联办厂为本系国家纵向科研任务提供价格和时间安排上的优惠以及为横向科研提供时间上的照顾的原则不变；

4.联办厂碰到本系在教学、科研、生活上急需解决而工厂又在能解决时尽量提供方便的原则不变；

5.为了保持工厂的稳定发展，目前派在联办厂工作而属于系的教学科研编制人员，其现在工作和所属编制一律不变，对个别人确因教学科研需要，而要调离工厂时，应与生产委员会协商同意后妥善安排。并仍要畅通系里科技人员到联办厂工作的渠道。

第六章　关于技术劳动服务公司

第十四条　我校技术劳动服务公司又名技术实业公司，是我校以安置教职工待业子女并从事于以工业生产为主的集体所有制性质的经济实体。为了进一步理顺关系，并适当增加其为教学实习和学生劳动的服务功能，学校决定将其归属生产委员会统一管理。

第十五条　校技术劳动服务公司管理体制改变后，原有的性质、任务、宗旨不变，纵向归口省市劳动服务公司系统的管辖关系不变，独立核算、自负盈亏、自主经营和集体所有制的性质不变,集体所有制的经济政策不变。

第十六条　生产委员会以及学校各部门和有关系要继续在技术上支持和扶植劳动服务公司,帮助开发新产品,办好这一经济实体。劳动服务公司要按校办工厂的要求严格管理,不断提高管理水平,并提高安置效益、社会效益和经济效益。

第十七条　校劳动服务公司应按规定比例每年一次向学校上缴利润和向生产委员会上交发展基金。学校仍按原办法返回一定现金。

第七章　生产委员会的组织机构

第十八条　生产委员会由有关系、学校有关部门负责人及部分专业人员组成,设委员18—20人,由学校任命,由分管副校长或其委派的代表任主任,设副主任二名。生产委员会由主任或副主任主持,定期或不定期地召开会议,讨论重大问题。

第十九条　生产委员会建立委务会议制度,委务会议由正副主任、党的正副书记参加。委务会议由委员会主任主持。委务会议研究和决定重大问题(有的重大问题还需经生产委员会全体会议讨论后报学校批准)。

第二十条　生产委员会建立精悍的管理工作班子,使人财、物、教育、科研、生产、经营、统计、档案等项工作均有专人负责。

第廿一条　生产委员会建立应用技术(新产品开发)研究所,编制由各厂的有关科技人员组成,原则上实行独立核算。

第廿二条　为了加强生产系统的思想政治工作,发挥党组织的政治核心和保证监督作用,相应建立中共浙江大学生产委员会党的组织,统一领导各工厂党的工作。

建立共青团组织。

建立和健全生产委员会系统的职代会,实行民主管理。建立生产委员会工会组织。

第廿三条　根据生产委员会具有双重职能的实际需要,生产委员会人员(包括党政领导、工作人员、研究所人员)编制为7人,学校编制人员的工资、福利、奖酬金由学校支付。

第八章　其他

第廿四条　本条例未明事宜经学校批准后补充。

第廿五条　本条例(试行)自校务会议讨论通过并经校长批准发布。

浙江大学档案馆藏,档案号:ZD-1990-XZ-128-1

浙江大学后勤服务中心内部分配制度改革方案(试行)

(1991年4月2日)

浙大发人〔1991〕18号

总务处、房产处、计财处、人事处及后勤四个服务中心:

后勤进行体制改革建立服务中心以后,运行机制灵动有效。但中心内部分配机制尚未健全,分配与职工实际付出的劳动、服务效益和技术水平等联系不紧密,在一定程度上阻碍了后勤改革的深化和服务质量的进一步提高。因此，在中心内部建立能激发职工劳动热情、提高职工技术素质的内部分配机制非常必要。在校内非经济独立单位试行现职津贴之时，后勤各中心不要简单效仿，而必须根据自己本身事业单位企业化管理的特点实行适用于这种管理体制的内部分配办法。为此，特制定《浙江大学后勤服务中心内部分配制度》。

一、"中心"内部工资改革的原则

（一）中心内部工改须控制分配总量，重在调整内部分配结构。

（二）工改方案参考企业工资和事业工资结构模式并结合中心内部实际情况综合构思。

（三）注意各类人员之间的分配关系，实行管理人员、技工、普工分类核定的分配办法。

（四）注意处理好与校内其他单位分配上的关系。

（五）增资指标由人事处参照学校增资水平总量切块给处或中心。国家调资时，后勤中心职工与校职工同步进行。

（六）分配总量与服务的社会效益和中心内部经济效益挂钩。

（七）方案本身要反映职工个人的技术等级、职称、职务、劳动岗位的艰苦程度，适当考虑年功。

（八）奖酬金（岗贴）与工资之间要有一个合理的比例。（管理人员奖金与工资比例可小一些，工人系列奖金与工资比例可大一些）。

待调效益附加可先浮动后固定。并且每年留有一定量的奖励基金（2%）作为中心内部奖励晋级的指标。

（九）建立考工制度，完善记事积分考核办法，坚决把个人工作实绩、技术水平与分配紧密挂钩。

二、中心内部工资改革的实施细则

（一）分类建立系列工资体系

1.按照后勤内部各类岗位工作性质，把工资系列分成三类即管理系列、普工系列、技工系列。

2.职工可根据各类工资系列的申报条件和本身优势选择合理的分配系列，最后由处工改领导小组核定。

3.申报条件：

管理系列：本人属干部编制，或在管理岗位上工作二年以上的工作；受中心聘任并在管理岗位上任职一年或一年以上，并仍要继续受聘现职干部。

普工系列：从事一般性体力劳动的难以用技术等级核定职级的职工。退休前五年内从事技术工作的工人。

技工系列：在劳动人事部规范考工类别范围内的各类技术工人及在易于用等级考核的工种类别岗位上工作的职工。

（二）职工收入结构

职工收入＝广义工资（等级工资＋工龄工资附加＋各类补贴＋效益工资附加）＋奖金（或岗贴）

1.等级工资即1990年10月份档案工资

2.工龄工资附加为在国家工龄工资0.5/年标准基础上再按0.5元/年计加。各类补贴按原工资单中所列数计加。

3.效益工资附加

效益工资附加=效益工资附加基础+效益附加级差/年

4.奖金部分

①根据考核结果与效益挂钩,按月份奖、年终奖核定发放。要注意必须与严格考核直接挂钩;度量要适中。一般不应超过广义工资总额,并且要逐年缩小其在职工总收入中的比例。实行计件工作制或单项承包的单位,在取得良好的社会效益和经济效益的前提下,适当放宽。

②管理系列的职工实行岗位津贴+年终奖的奖金分配体制。其岗贴和奖金收入的人均数应稍低于一线工人奖金收入平均数。若管理系列中在现场管理的职工有2/3以上时间在一线工作,且工作成绩突出,奖金收入可高于一线工人的平均数。

③特殊岗位上职工可另加特殊岗位补贴或特殊出勤补贴,按时计算或按岗位定酬,但亦要与实绩挂钩。特殊岗位职工,包括清洁工、司炉工、管道疏通工等。

三、定级增资办法

1.制定一个既符合国家规范,又能适应于后勤各类工种工作特点的考工条例和实施办法,并邀请市劳动局、校人事处出面组织对后勤技术工人进行严格考工,逐一核定技术等级。

2.职工1990年度考核合格按照职工所选定的岗位系列、所核定的技术等级,或岗位职务,分别进入各系列工资最低线(靠级)。若靠级进入系列工资最低线后,所得工资低于职工现实际工资标准,则维持现工资。技术工人在考工定级之前先以现有工资标准计算效益工资附加,经考工定级后再修正。

3.靠级后,职工工资上定一级,上浮一级,然后再加一级相应的效益附加级差。靠级定级上浮不能超过三级。58年(含58年)以前参加工作的职工,现工资在105元(含105)以上的,或职级为副处级的中心主任可多加一级效益附加级差。经过靠、调、加效益附加级差形成效益工资附加基础,即为靠级+上定一级+上浮一级(不能超过三级)+效益附加级差。今后每年一次在此基础上按照效益附加级差标准累加。

4.管理干部晋级按照目标管理的考核结果评定。

5.后勤考工和晋级考核每年搞一次。在此期间如遇到国家工资普调时,后勤职工要同步加资。内部工资效益附加晋级可暂缓一年。

四、工资总量的核定

单位职工工资总量必须与该单位工作综合效益、风险责任、环境参比相结合。

年增资指标依据以下几个条件

1.卫生、财务及其他管理指标符合要求。

2.经济效益增值在学校规定范围之内。

3.社会效益比。民意测验群众满意率在60%以上。

符合上述三个条件,增资指标可按照

效益工资附加增加指标=后勤工资总额×[(机关分配增值比例+生委系统分配增值比

例十教师收入增值比例)÷3)]。

4.增资指标,可在中心内部,或处范围内调整。

5.增资来源:

①奖金总额调整;

②学校调资划拨给后勤的资金;

③效益增值中少量奖励资金。

五、其它

1.参加本次晋级的中心职工,必须是1990年度考核合格者。考核不合格,可部分实行,或完全不参加这次内部工改。

2.今后凡年度考核合格者(即记事积分考核总积分在合格线之上)可以按照职工工资及所属系列加一级效益附加级差。

3.工作优秀、表现突出者(受到学校或上级主管部门表彰奖励的先进个人)可按照国家工资系列标准上浮一级。

4.年度考核有下列情况者不能晋升效益工资附加和工龄工资附加。

①不能完成岗位工作任务;

②本年度病假累计六个月,或者事假累计三十天以上者;

③中心未安排工作的待调出人员。

5.有下列情况之一者,不晋升效益附加,不计发当年工龄附加,并取消上一年度效益附加和工龄附加。

①工作中失职,造成严重后果者;

②旷工三天以上者;

③严重违反财经纪律者;

④受到行政记过(含记过)及党内严重警告(含严重警告)以上处分者;

⑤拒不服从工作安排,经教育仍不改正者。

浙江大学

一九九一年四月二日

浙江大学档案馆藏,档案号:ZD-1991-XZ-309-1

关于印发《浙江大学校办企业企业化管理试行办法》的通知

(1992年7月4日)

浙大发人〔1992〕83号

各系,各部、处,直属各单位,校办各企业:

《浙江大学校办企业企业化管理试行办法》已经校务会议讨论通过,现发给你们,请遵照执行。

浙江大学

一九九二年七月四日

浙江大学校办企业企业化管理试行办法

根据国家教委教直〔1990〕045号文件精神，为了进一步深化校内人事制度改革，合理调整人员结构，挖掘内部潜力，切实办好校办企业，更好地为学校的教学、科研、生产服务，经校务会议研究决定，对校内具备条件的独立核算单位实行企业化管理。现将实行企业化管理的有关问题规定如下：

一、实行企业化管理的单位

1.工业总公司及所属的工厂(含劳动服务公司全民人员)；

2.科技开发总公司及所属公司；

3.外贸公司；

4.出版社；

5.建筑设计院；

6.灵峰山庄、招待所；

7.校内银行；

8.科教器材公司；

9.其他独立核算的科技企业。

以上单位简称“校办企业”。

二、实行企业化管理的人员

1.上述单位中的全部全民事业编制人员以及全民企业编制人员(包括企业负责人和管理人员)，都实行企业化管理。

2.校办企业中的事业编制人员，如兼任教学、科研工作，业绩点在0.8以上(其中教学业绩点在0.3以上)的，可仍按事业编制管理。

三、校办企业的人事管理

1.校办企业的性质是全民所有制企业单位。学校作为主管部门对企业的人员编制、进人指标、干部职数、职称评定等实行宏观管理。

①在学校下达当年进毕业生的指标内，具体人员由企业自主决定；在学校核定的编制数内，企业有权决定调动人员，报校人事处办理调动手续。

②各企业厂长、(总)经理由学校选派、任命；企业内部各部门的(科级)人员任免，在校人事处核定的职数范围内，由企业自主决定，报校人事处发文。

③工业总公司、科技开发总公司具有技术员、助理工程师职务评定权，其他系列和工程系列中级及以上职务的任职资格，须报学校统一审核、评定。企业有权择优聘任具备任职资格的专业技术人员，也有权从现实情况出发，聘任少数因学历、外语等原因，暂未获得任职资格，但经实践证明确有能力胜任的人到某个技术岗位任职。

2.校办企业的原有全民事业编制人员，在企业工作期间，免去原担任的行政职务，保留相应职级，按所在企业发放工资、奖金。原有事业档案工资以及调整工资时工资的变动状况均记录在案，如从校办企业调回学校教学、科研和行政岗位，工资、奖金等恢复事业单位待遇。

3.通过学校调动、招聘、招工以及大中专毕业生分配进入校办企业的人员，均列入学校企业编制。这些人员一般不能调入校内事业单位，如因学校特殊需要调入，按社会企业调入学校事业单位办法办理。

4.企业编制人员均实行聘任制或合同制，与用人单位签订聘用合同或劳动合同，双方都必须遵守合同规定的有关条款。企业编制人员中途被解聘或被终止合同，学校不再负责安排工作。企业如果破产解体，原由校内教职工转入的人员，可由企业与学校协商其安置，其他人员均由企业自行负责其善后工作。

四、校办企业的经济管理

1.学校通过经济政策，对校办企业实行目标管理，进行宏观控制：

①确定学校与企业之间的利润分配；

②控制企业的工资总额和企业奖金额度；

③确定企业留利中发展基金、集体福利基金和奖励基金的比例；

④确定企业经营费、特支费等专项费用的额度。

2.为了体现校办企业是独立的经济实体，将校办企业置于社会全民所有制企业相同的经济环境中进行竞争，各企业应向学校上缴以下费用：

①根据经济政策的有关规定，向学校上缴利润及管理费；

②向学校上缴由学校垫支的企业人员的全部工资及国家规定的津贴；

③企业所属的人员，凡新申请到学校住房或调整原有住房，所在企业单位都应向学校交纳相应的费用(具体办法另定)，在福利基金中列支；

④校办企业中原有事业编制人员，按上年学校实际人均医药费支出数，根据实际人数，向学校上交医疗费用。属企业编制的人员医药费由单位自理。医药费在企业成本中列支；

⑤按平均每人每年500元的标准向学校交纳条件设施费，具体款额同占房、占有电话分机数等资源及承担教学实习任务等因素挂钩，方案另定。

⑥为筹集企业退休工资基金，各企业单位原有的全民事业编制人员每年应按工资总额(基本工资+工龄工资+奖金)的17%向学校交纳退休工资基金。企业编制人员向杭州市社会保险办公室交纳退休工资基金。交纳的退休工资基金在成本中列支；

⑦为筹集企业中原有事业编制退休人员的养老津贴基金，各企业单位应根据学校退休养老津贴基金管理办法，向学校交纳应由单位负担的养老津贴基金。企业编制人员的退休养老津贴基金，由单位自筹解决。退休养老津贴基金在企业福利基金中列支；

3.为了帮助企业克服因上缴以上费用而增加的负担，学校将调整有关的经济政策，向企业相应让利，以利于企业的进一步发展。

4.后勤承包单位(维修中心、汽修部、客运部)分步实施，第一步先向学校上缴利润、学校垫付的工资、津贴、奖励以及养老津贴基金，奖金自理。

五、校办企业的工资管理

1.校办企业作为学校的独立单位，劳动工资单列户头，宏观上受学校管理。在填报劳动工资计划和各种报表时，作为学校所属的独立单位单独编报。

2.校办企业中的原有事业编制人员,享受企业奖励待遇,不再享受学校分配制度改革后出台的各类津贴。

六、校办企业的财务管理

1.所有校办企业都应在校财务公司开立账户,原已在银行开户的单位,其账号应逐步进入财务公司。

2.单位聘用主办会计人员应征得校人事处和计财处的同意。

3.所有校办企业应按月向校计财处上报会计报表,单位的财务活动应接受学校财务、审计的监督。

七、本文自发布之日起实施。企业应向学校上缴的各项费用,自一九九二年起全额上交。

浙江大学档案馆藏,档案号:ZD-1992-XZ-93-1

1992 年度浙江大学校办产业基本情况①

(1993 年 3 月 20 日)

1.校办产业数

隶属科技开发总公司 8 个,学科性公司 30 个,隶属工业总公司 10 个,技术实业总公司下属厂、点 18 个,隶属后勤服务总公司 6 个,校属公司 4 个。

2.1992 年度全校校办产业销售总收入 15482.45 万元,其中

科技开发总公司:445.05 万元

学科性公司: 1956.83 万元

工业总公司: 7290.00 万元

技术实业总公司:2376.78 万元

后勤服务总公司:170.31 万元

校属公司: 3241.90 万元

3.1992 年度全校校办产业实现利润总额 2735.23 万元,其中

科技开发总公司:49.22 万元

学科性公司: 183.32 万元

工业总公司: 1493.81 万元

技术实业总公司:397.65 万元

后勤服务总公司:8.53 万元

校属公司: 602.70 万元

浙江大学档案馆藏,档案号:ZD-1993-XZ-58-2

---

① 本统计原载浙江大学校长办公室编《1993 年浙江大学校志》第 11 页,标题为编者所拟。

1993 年度浙江大学校办产业基本情况[①]

(1994 年 4 月 20 日)

1. 1993 年度全校校办产业销售总收入 24039. 75 万元,其中

科技开发总公司:2407. 88 万元

学科性公司:　　3852. 39 万元

工业总公司:　　6839. 70 万元

技术实业总公司:3414. 87 万元

后勤服务总公司:2800. 00 万元

校属公司:　　4724. 91 万元

(校属公司:外贸公司 2513. 00 万元,设计院 1035. 00 万元,出版社 980. 40 万元,科教器材公司 152. 43 万元,文化服务公司 3. 00 万元,科技信息开发公司 41. 08 万元。)

2. 1993 年度全校校办产业实现利润总额 4509. 45 万元,其中

科技开发总公司:354. 93 万元

学科性公司:　　299. 02 万元

工业总公司:　　1939. 84 万元

技术实业总公司:435. 74 万元

后勤服务总公司:582. 00 万元

校属公司:　　906. 92 万元

浙江大学档案馆藏,档案号:ZD-1900-ZL12-276

1994 年度浙江大学校办产业基本情况[②]

(1995 年 3 月 30 日)

1. 1994 年度全校校办产业销售总收入 27987. 35 万元,其中

科技开发总公司:2445. 00 万元

学科性公司:　　6279. 10 万元

工业总公司:　　7340. 47 万元(包括技术实业总公司 2097. 64 万元)

后勤服务总公司:5123. 00 万元

校属公司:　　6799. 78 万元

(校属公司:外贸公司 4829. 50 万元,设计院 818. 04 万元,出版社 862. 70 万元,科教器材公司 289. 54 万元。)

---

① 本统计原载浙江大学校长办公室编《1994 年浙江大学校志》第 10—11 页,标题为编者所拟。

② 本统计原载浙江大学校长办公室编《1995 年浙江大学校志》第 8 页,标题为编者所拟。

2.1994 年度全校校办产业实现利润总额 1952.05 万元,其中

科技开发总公司:71.20 万元

学科性公司:　　168.52 万元

工业总公司:　　782.47 万元(包括技术实业总公司 307.98 万元)

后勤服务总公司:450.00 万元

校属公司:　　　479.86 万元

(校属公司:外贸公司 11.00 万元,设计院 317.10 万元,出版社 149.20 万元,科教器材公司 2.59 万元。)

浙江大学档案馆藏,档案号:ZD-1900-ZL12-277

1995 年度浙江大学校办产业基本情况[①]

(1995 年 4 月 8 日)

1.1995 年度全校校办产业销售总收入 46572.74 万元,其中

科技开发总公司:4531.00 万元

学科性公司:　　11145.35 万元

工业总公司:　　9774.59 万元(包括技术实业总公司 3798.00 万元)

后勤服务总公司:8362.10 万元

校属公司:　　　12759.70 万元

(校属公司:外贸公司 10164.00 万元,设计院 980.90 万元,出版社 1359.90 万元,科教器材公司 254.90 万元。)

2.1995 年度全校校办产业实现利润总额 2258.87 万元,其中

科技开发总公司:88.00 万元

学科性公司:　　354.44 万元

工业总公司:　　771.40 万元(包括技术实业总公司 321.00 万元)

后勤服务总公司:537.63 万元

校属公司:　　　507.40 万元

(校属公司:外贸公司 2.00 万元,设计院 362.90 万元,出版社 140.50 万元,科教器材公司 2.00 万元。)

浙江大学档案馆藏,档案号:ZD-1900-ZL12-278

---

① 本统计原载浙江大学校长办公室编《1996 年浙江大学校志》第 8—9 页,标题为编者所拟。

（三）基本建设

新校舍总体规划布局就绪[①]

（1954 年 10 月 1 日）

本校新校舍基本建设，自中央批准于玉泉山、老和山麓建新校址后，学校即组成基本建设委员会，积极进行新校址总体规划工作。一年来，在何鸣岐先生负责主持下，与设计室诸同志努力协助下，根据苏联专家穆欣同志示意的精神，结合杭市总体建设与风景区的特色，考虑我校教学需要，他们都在不断进行着学校总体布局的设计，以期早日使全部工程的设计得以有计划有系统的进行。为迎接伟大的国庆节，最近期间经何先生加倍的努力，现我校新校址总体规划，经一年时间业已完成这一艰巨任务。并经九月二十二日校长办公会议、九月二十四日校委会与基建会举行的联席扩大会议反复讨论，复于二十八日下午邀请杭市城市建设委员会负责同志及国家建设机构工程师、建筑师来校进行座谈。会议自下午二时半起进行到夜晚九点。经大家提出若干有益修正后布局已做出最后修正。刻正进行复制呈报各有关上级审核中。

这一总体布局是根据学校发展到一万人的指标及所有学生均睡单人床铺来规划的。总体规划以教学区为学校的主轴，学生生活区为副轴，主轴与副轴之间又以实习工场和学生宿舍连成整体，在主轴与副轴之间接成一正方四边形宽大广场中，则置有全校大礼堂。田径场规模很大，可容纳一万五千人人同时进行活动。课外同学运动场地都做了充分的布置。在校址内并进行大规模绿化工作，挖土开河，取土填地，以美化风景。（下略）

浙江大学档案馆藏，档案号：ZD-1900-ZL12-406

关于浙江大学、杭州大学基本建设任务书的初审意见

（1959 年 10 月 11 日）

关于对浙江大学和杭州大学的基本建设计划书提出初步审查意见如下：

同意浙江大学的事业发展规划及基本建设第二方案，即今后每年招生 2000 人，1962 年达到最大规模，学生 10000 人。自 1953 年开始建设起，到 1962 年建设完成止，全部建筑面积 25 万平方米，投资额 1960 万元。

（略）

浙江省计划委员会
1959 年 10 月 11 日

浙江省档案馆藏，档案号：J039-011-090

---

① 本文原载中国教育工会浙江大学委员会编《教学生活》第 27 期（1954 年 10 月 1 日）。

浙江大学为请调整1959年基建计划由

(1959年10月16日)

〔59〕校办总字第0482号

浙江省基建委员会、浙江省教育厅:

根据党中央八届八中全会决议及省委基建委员会电话会议精神,我校对本年度基本建设计划做了全面检查,并根据我校当前需要拟在年度计划中增加放化实验室一座及提前施工学生宿舍一座。

兹将调整计划之理由分述于下

我校化学系设有放射化学专业,目前该专业在苏联订购的放射性同位素已经到校,这些同位素中半衰期长短不一,如不迅速建造实验室妥善保管安装使用,将有变化损失,并且由于对上述放射性元素无妥善场所安放,有造成极大危害可能,为此特请批准建造安放放化实验室1200平方米。(下略)

1959年10月16日

浙江省档案馆藏,档案号:J101-010-155-014

浙江省教育厅关于调整基建项目投资的报告

(1959年12月6日)

浙教计创字第587号

省人民委员会:

根据我厅所属基本项目目前施工情况,以及各地反映的意见,特建议在若干项目之间做一次投资调整,即从我厅省级教育经费中拨出结余资金15万元,从杭州大学原核定基建拨款中调出11.5万元,增加到浙江大学等单位,详细请见附表。所需基本建设材料由各地区自行解决。以上如无不当,请迅予下达到各专署(市)及我厅执行,以便多快好省地完成教育基建任务。

浙江省教育厅

1959年12月6日

基本建设项目投资调整案

单位:万元

项目	核增	核减	资金来源	增减原因
总计	26.5	11.5		
浙江大学	15		省级教育事业结余	实际造价超出原预算。详见该校专案报告

浙江省档案馆藏,档案号:J101-010-155-004

浙江大学1980—1981年基建重点修缮计划[①]

(1979年8月)

表1　1980年重点修缮计划

序	项目	单位	面积	金额	备注
1	教一教学大楼大修、加层	m^2	2000	140000	54年建成民族式的，几年来由于无筒瓦修理屋面，漏雨影响房屋质量和使用安全，需将大屋面改为平屋面。此外，我校目前教室缺少，故拟在换屋面时，加建一层，以解决教室不足困难。
2	学生一、三、四、五、六舍地板大修	m^2	8000	80000	因年久，地板霉烂，需大修。
3	七舍地板换水泥板	m^2	2000	20000	因受潮严重霉烂，需用钢筋预制板调换。
4	医院门诊室拆修			48000	该屋原系浙江蚕校蚕室，结构为老式屋架，木柱、空墙，白蚁蛀蚀严重，墙身拆开后无法照原样修补，因此需拆建。
5	校内铸铁水管换大	m^2	550	36900	80年杭州自来水厂，为解决我校用水困难，将在浙大路至玉古路铺设900MM水管，故校内管子口径也相应加大。
6	高压线路整修			18000	年久失修
7	学生宿舍照明线分路			12000	为节约用电，控制学生宿舍照明时间，拟分装专用线。
8	幼儿园地板换搁栅	m^2	1000	10000	因搁栅地受潮霉烂，需进行大修。
9	教六至石虎村柏油路	m^2	1400	14000	原系泥结碎石路，因雨水冲刷已坏，拟改为柏油路。
10	三部			80000	原系之江大学旧址，房屋为砖木结构，年久地板、屋面、沿沟霉烂，需修理。
合计				458900	

表2　一九八一年重点修缮计划

序	项目	单位	面积	金额	备注
1	教二教学大楼大修、加层	m^2	2000	140000	54年建成民族式的，几年来由于无筒瓦修理屋面，漏雨影响房屋质量和使用安全，需将大屋面改为平屋面。此外，我校目前教室缺少，故拟在换屋面时，加建一层，以解决教室不足困难。
2	教五教学大楼大修	m^2	6000	60000	我校没有图书馆，将此房暂作图书馆用，由于建造后不合理使用，造成梁板超载断裂、漏雨。同时白蚁蛀蚀严重，故需大修。

① 本计划系浙江大学1979年8月编制上报中国科学院《浙江大学一九八〇～一九八一年教育事业费编制说明》的附表三，标题为作者所拟。

续表

序	项目	单位	面积	金额	备注
3	校大门至图书大楼水管放大	M	600	16500	81年图书楼建成,原水管太小,需换大。
4	教学区路灯	套	22	10000	新增路灯。
5	高压电缆线	M	1250	25000	改进供电线路。
6	三分部大修			80000	系之江大学老房子,为砖木结构,屋面、沿沟、地板都需大修
7	护校河疏浚及石坎			50000	年久淤塞影响环境卫生,必须疏浚。
合计				381500	

浙江大学档案馆藏,档案号:ZD-1979-XZ-78

1987年度浙江大学基建投资完成情况①

(1987年10月14日)

单位:万元

合计	国家预算内投资	学校自筹投资	其他投资	利用外资
1566	798	117	351	300

浙江大学档案馆藏,档案号:ZD-1987-XZ-386

1988年浙江大学基建投资及固定资产情况②

(1989年3月20日)

	基建投资完成额(万元)					固定资产总额(万元)				
	计	国家预算内投资	校自筹投资	其他投资	利用外资	计	其中:二万以上教学科研仪器设备	当年新增固定资产	在用固定资产	学校藏书数(万册)
甲	1	2	3	4	5	6	7	8	9	10
合计	1853	860	231	242	520	24207.34	5232	3780.67	20576.24	110.41

说明:第1栏=2+3+4+5栏

浙江大学档案馆藏,档案号:ZD-1988-XZ-70-3

① 本表数据原载浙江大学上报国家教育委员会的《1987/1988学年初普通高等学校基础报表》,标题为编者所拟。

② 本表原载浙江大学上报国家教育委员会的《一九八八年度普通高等学校投资经济效益基层报表》,标题为编者所拟。

1990 年度浙江大学基建投资完成情况[①]

(1991 年 4 月)

国家预算内投资:970 万元
学校自筹投资:250 万元
其他投资:100 万元
利用外资:813 万元
合计:2133 万元

浙江大学档案馆藏,档案号:ZD-1990-XZ-57-3

1992 年度浙江大学基建投资及校舍情况[②]

(1993 年 3 月 20 日)

1. 校舍情况(截至 1992 年底)

校舍建筑总面积:607621 平方米(其中 1992 年新增 11661 平方米)
学校占地总面积 2044 亩

2. 1992 年度基建投资完成情况

基建投资完成总额:2285 万元,其中
国家预算内投资:1554 万元
自筹投资:432 万元
捐赠投资:269 万元
其他投资:30 万元

浙江大学档案馆藏,档案号:ZD-1993-XZ-58-2

1993 年度浙江大学基建投资及校舍情况[③]

(1994 年 4 月 20 日)

1. 校舍情况(截至 1993 年底)

校舍建筑总面积:626319 平方米(其中 1993 年新增 18698 平方米)
学校占地总面积 2044 亩

---

① 本表数据原载浙江大学校长办公室编《浙江大学 1990 年统计资料汇编》,标题为编者所拟。
② 本表数据原载浙江大学校长办公室编《1993 年浙江大学校志》第 10 页,标题为编者所拟。
③ 本表数据原载浙江大学校长办公室编《1994 年浙江大学校志》第 10 页,标题为编者所拟。

2. 1993 年度基建投资完成情况

基建投资完成总额:3465 万元,其中

国家预算内投资:2066 万元

自筹投资:988 万元

捐赠投资:411 万元

浙江大学档案馆藏,档案号:ZD-1900-ZL12-276

1994 年度浙江大学基建投资及校舍情况①

(1995 年 3 月 30 日)

1. 校舍情况(截至 1994 年底)

校舍建筑总面积:641616 平方米(其中 1994 年新增 15297 平方米)

学校占地总面积 2044 亩

2. 1994 年度基建投资完成情况

基建投资完成总额:2558 万元,其中

国家投资:1380 万元

自筹投资:920 万元

捐赠投资:258 万元

浙江大学档案馆藏,档案号:ZD-1900-ZL12-277

1995 年度浙江大学基建投资及校舍情况②

(1996 年 4 月 8 日)

1. 校舍情况(截至 1995 年底)

校舍建筑总面积:664496 平方米(其中 1995 年新增 22880 平方米)

学校占地总面积 2044 亩

2. 1995 年度基建投资完成情况

基建投资完成总额:3076 万元,其中

国家投资:1312 万元

自筹投资:1764 万元

浙江大学档案馆藏,档案号:ZD-1900-ZL12-277

---

① 本表数据原载浙江大学校长办公室编《1995 年浙江大学校志》第 7 页,标题为编者所拟。

② 本表数据原载浙江大学校长办公室编《1996 年浙江大学校志》第 7—8 页,标题为编者所拟。

（四）卫生保健与校园安全

关于建立浙江大学治安保卫委员会的意见

（1954年11月3日）

一、在全国人民积极贯彻国家过渡时期总路线总任务，胜利进行伟大的社会主义建设的过程中，阶级斗争日益尖锐化与复杂化，特别是党和政府提出解放台湾的庄严任务后，国内外的反革命力量不甘失败，更将加紧对新中国进行破坏。为教育并提高全校师生员工的革命警惕性，发动与组织群众，协助人民政府防奸、防谍、防盗、防火、防空，严防反革命分子的破坏活动，维护学校治安，保证学校教学之顺利进行，特根据一九五二年八月十一日中央人民政府公安部命令公布治安保卫委员会暂行组织条例，建立浙江大学治安保卫委员会。

二、浙江大学治安保卫委员会为群众性的治安保卫组织，由委员十九人组成之，设主任一人，副主任二人。为便利工作之进行，新校舍及附设工农速成中学各成立分会，在委员会统一领导下开展治安保卫工作。委员会下设置办公室，设办公室主任一人，副主任一人，负责掌握具体工作之进行。在校内视情况需要划分地区，成立治安保卫区队，各区队设正队长一人，副队长一至三人：其下按部门单位分设小队，设小队长一至二人，在小队长下得视情况需要分别组织治安保卫小组。

三、治安保卫委员会的具体任务为：

（1）密切联系群众，对群众经常进行提高革命警惕性的宣传教育，发动与组织群众经常进行防奸、防谍、防火、防盗，严格注意防空纪律，遇有特殊情况，应立即上报。

（2）组织与领导群众经常注意检举、监督和管制反革命分子，注意可疑分子的活动破坏情况，认真追查谣言来源，并随时上报，以严防反革命破坏活动。

（3）组织并领导群众保证学校重要的实验室、工厂、各主要部门及重要公共财产，勿使遭受破坏。

（4）遇有偷盗及其他治安事件时，负责保护现场，以便公安机关进行勘察，并应调查线索，协助破案。

（5）认真办理学校户口工作。

（6）办理其他有关治安保卫事项。

四、参加治安保卫工作必须政治历史绝对可靠，作风正派，善于联系群众，热心治安保卫工作。

五、治安保卫委员会的职权：

（1）对现行的反革命分子与通缉在逃的罪犯，有捕送政府、公安机关之责，但无审讯、关押、处理之权。

（2）对非现行的反革命分子及嫌疑分子，有调查、监视、检举、报告之责，但无逮捕、扣押、搜查、取缔之权。

六、参加治安保卫工作者，必须严格遵守下列纪律：

（1）遵守政府法令，爱护群众利益。

(2)保守工作秘密,不得泄露。

(3)站稳革命立场,不得包庇坏人,或挟嫌诬告。

(4)团结群众,帮助群众,不得强迫命令,超越职权。

七、校本部区域划分如下:

(1)阳明馆区:包括阳明馆、舜水馆、梨洲馆、健身房、绿洋房、慈楼、工会图书馆、邮局等地带。

(2)女生宿舍区:包括女生宿舍、总务处、教务处、保健室、四教室、第一教室、第四与第一宿舍等地带。

(3)实验室与工厂区:包括机械实习工厂、化工实验所、电机系、机械系等地。

(4)浙大学生宿舍区:包括智、礼、义、信斋,西一、二斋及四周厕所、盥洗室。

(5)速中学生宿舍区:包括仁斋、德斋、模型工厂等地带。

(6)速中区:包括速中、龙泉馆、大操场、大饭厅、厨房地带。

(7)图书馆区:包括图书馆、民主馆、叔和馆地带。

(8)另设一机动队,重点掌握钟山附近广场及其他重要公共场所。

新校舍区域划分如下:(略)。

本意见由校长办公会议批准通过后施行。

浙江大学档案馆藏,档案号:ZD-1954-XZ-13

浙江大学治安保卫委员会委员名单

(1954年)

主　任:刘　丹

副主任:王国松、刘亦夫

委　员:(以下按姓氏笔画为序)

王谟显、王健英、白郁筠、李寿恒、周庆祥、胡杰敏、张鸿恩、张树森

郭友三、陈崇礼、陈永善、陈启秀、杨士林、杨杰、寿俊良、霍俊清、严文兴

治安保卫委员会办公室主任:张鸿恩

副主任:郭友三

工作人员:李秉宏、袁卓尔

浙江大学档案馆藏,档案号:ZD-1954-XZ-13

浙江大学保卫处1988年工作总结和1989年春节前后工作安排

(1988年12月31日)

〔88〕浙大保008号

杭州市公安局:

1988年是深化改革、求实创新、不断进取的一年。我们的工作在学校的直接领导和省、

市、区公安业务部门的具体指导、帮助下，围绕如何为学校创造一个良好正常的教学、科研、生产和生活秩序、保证学校综合改革顺利进行这个大目标，按照工作要点和深化改革带来的一系列问题，狠抓基础防范，打击现行违法犯罪，确保校园政治、治安稳定。一年来，我们面对人员缺编、工作任务重、要求高这一现实，全处（含校卫队）同志齐心协力，互相配合，加班加点，年人均达 129 天次，通过努力不但圆满地完成了学校的年度治安、保卫工作任务，而且还在自身建设、协查破案等方面取得了可喜的成绩。

过去的一年，我们的主要工作：

一、强化校园治安，及时打击现行违法犯罪。随着改革开放，学校人、财、物逐年递增，导致发生案件、事故的震荡面越来越广，往往是一案牵动万人心，弄得人心惶惶，严重影响学校正常的教学等秩序。针对人口高密度带来的这一新问题，我们采取强化管理与打击现行相结合的方法，不断改善校园治安环境来解除广大师生员工的后顾之忧。这方面我们着重做了以下四项工作：一是组织治安巡逻。为了适应在改革大潮下出现的动态治安环境，有效地打击各类违法犯罪活动，我们变过去以静待动，等案出击为积极主动地组织专门力量走出去，到宿舍、教学、库房等重点区域进行安全巡查，以动制动，针锋相对，发现情况，果断处置。二是抓紧对案件的侦破查处。对在巡查中受理及来处报告的各类案件，我们始终坚持随报随查，及时处理的原则，特别是对那些影响面广、危害性大的刑事、治安案件，做到不等不拖，快速形成专案力量，加班加点展开工作。如今年 10 月份，学生宿舍一度因窃案屡有发生，搞得大家无心学习，个别学生还因此向学校领导上书诉苦。针对犯罪分子的猖狂活动规律和作案特点我们经过认真分析后，立即组织专案力量，一面加紧巡逻，一面进行定点守候，终于在两名同学的协助下，将案犯现行抓获，并通过突击讯问查证，从而一举破除新老积案。不少同学得悉后，既为除了自己队伍中的害群之马而高兴，又为我们及时解除了他们学习上的后顾之忧而满意。三是抓好专项治理。近年来，校园里随着自行车数量的直线上升，窃盗自行车、交通肇事等案件、事故也越来越严重，给广大师生员工的正常生活造成了一定威胁。对此，我们紧紧抓住在自行车管理等方面存在的薄弱环节，一方面通过正常渠道控制自行车大幅度上升；另一方面采取专项治理的办法，对校园各个角落的自行车情况，集中力量进行突击性检查、验证、清理和整顿。通过整治，找回被盗、丢失自行车，同时还查处了少数违法违纪人员，使校园里偷车盗车、交通违章等现象明显减少。四是进行法制宣传。预防违法犯罪，关键在于增强人们的法律意识，提高人们的法纪观念。在强化校园治安管理工作中，我们坚持把宣传法制、增进广大师生员工的法律意识作为一项治本措施狠抓落实。工作中我们注意运用文字、图片专栏、对话等多种群众喜闻乐见的形式，将校园里发生的刑事犯罪、治安、交通、火警火灾等案件、事故及时介绍给师生员工，使大家既从身边活生生的案例中接受教育又使大家躬身反思，引以为鉴。今年，我们组织综合性法制专栏两期，与学生对话一次，粘贴破案通告两份。

二、切实做好工作，确保政治安定。安定团结的政治局面，不但关系到学校教学、科研和综合改革的顺利进行，而且关系到我国政权的巩固与稳定。88 年，我们从确保学校政治上稳定、准备出大事、力争不出大事这个大前提出发，始终把调查了解学校政治动向、消除不安定因素作为我们的一项主要工作来抓。在具体措施上：①广开信息来源。信息，已成为当今社会的一个显著特征。没有大量及时准确的信息，想要不出大事，只能是空话一句。我们针对近年来学校随着与外界交流往来的日益频繁,部分师生员工的思想渐趋活跃这一变化,通过积极组建信息骨干,充分发挥党的各级组织及工、团、学等群众性组织的作用,来加强上下沟通、信息反馈,迅速准确地把握学校的政治动向;②及时教育疏导。政治上的不安定因素往往蕴含在平时偶发的治安事件、日常纠纷之中,因此,我们在处理治安等具体问题时,除注意方式方法外,对可能导致政治上不安定后果的人或事,采取先教育疏导,缓和矛盾,再待机依法慎重处理的方法解决问题;③认真抓好超前防范。为了保证在突发性非法事件发生时统一、有力、高效的指挥和有条不紊地工作,根据公安部、国家教委的指示精神,我们为学校起草了处置突发性非法事件的预案。通过预案,把各项应急措施和具体要求落实到每一个人使大家明确分工,明确岗位,明确职责;④重要目标重点保护。88 年,我们为日本青年代表团、澳大利亚教育代表团、联邦德国青年艺术团和我国香港地区王剑伟先生率领的观光团及国家教委主任李铁映一行等 21 个来校访问、视察的国内外大型团体担负安全保卫任务,都较好地完成了任务,没有发生任何意外问题;⑤严格把好政审关。今年,我们配合学校和市局主管部门,对要求出国(境)的师生员工,做到既热情接待,方便群众,又坚持原则,做到不符合条件的一个不放,存在这样那样问题的,不包不盖,及时上报上级主管部门,从而保证了出国(境)人员良好的政治素质。一年来,我们共政审 200 余人次,办理边境证 298 人。据有关部门考察反映:这些人员在国外境外或边境地区,政治立场稳定,工作、学习勤奋努力。

三、大力开展以安全防火为中心的"四防"大检查。近年来学校教学、科研、基建等规模不断扩大,重点要害部位也越来越突出、越来越集中。以防火为中心的"四防"工作,在新的形势下已直接关系到学校的生死存亡。为此,我们除投资 6 万余元,更新、改造消防灭火器材、装备,积极防范外,还从查制度落实、查目标管理、查问题整改着手,运用自查、互查与抽查相结合的检查方法,对学校的所有要害、重点、楼群、工厂等"热点"经常进行不定期的检查、督促发现问题,通知整改,限期落实。今年,我们进行全校性安全大检查四次;市消防支队来校抽查两次;平时自查每月达 4 次以上。通过检查,不但有力地推动了消防安全目标管理,而且及时清除了一些死角及火警火险隐患。一年里,我们共查处安全隐患 6 起;处理违章 3 起;火灾 1 起;火警 7 起;发整改书 4 份。同时,我们还把逐步建立健全群众性义务消防队(组)作为安全防火工作的一项基本建设来抓,有计划有目的地组织防火灭火演练,使他们成为安全防火的骨干,关键时刻能扑会救,成为报警灭火的能手。

四、加强"三口"管理,探索治本新路。我校有集体户口 1000 余人;平时外来承建、短训、临时工等暂住人口近 3000 人;学生亲属来校等临时户口 100 余人。对这么多人的管理,尤其是流动性大、外来成分多的暂住、临时户口的管理,给我们的工作提出了新的要求。对此,我们把这项政策性强、情况复杂的工作,当作强化校园治安环境、探索治本新路的一项建设性工作来做。通过填表、建卡、造册、发证等正常的工作渠道了解弄清外来人员的基本情况,并运用计算机进行处理,既方便了群众,又提高了工作效力;同时采取函查、背靠背地座谈等特殊的方法查明个别证件不全,身份不明人员的真实面目,防止社会上的各类违法犯罪分子混入校内;对外来合作性建筑队,除按规定办理户口申报审批登记手续外还进行治安目标管理,即与建筑承包人签订治安承包合同、帮助建筑队制定安全责任制,并进行检查、督促,指导安全生产。通过这些工作,不但有效地提高了"三口"管理工作的质量,而且为保证校园安全积累了一定经验。此外,我们还在较短的时间内,高质量地完成 2500 余人的身份证底片建卡和 5000 余份身份证的发放工作。

五、抓好自身建设，适应改革环境。我们在自身建设方面，长期以来基本上处于无计划目标、无重点定向的自然发展状态，因此，在深化改革的今天，已不能适应新的形势带来的新要求。针对在自身建设上存在的弱环节，我们以年初关于加强自身建设的“要点”为目标，①有计划、有目的、有重点地进行自身建设，选送人员参加专业培训。今年，我们先后选送了 3 名干部分别到警校和分局学习，通过学习提高了他们的专业理论水平和实际工作能力；②鼓励自学成才。一年里除 5 名坚持在职自学考试外，不少同志还根据自己在专业等方面存在的不足，有目的地进行自学，自我完善；③清档立卷，搞好内勤建设。根据公安部、国家档案局及省厅市局的要求我们对多年来的捆档、袋档进行了彻底的清理，并按规定分类立卷建卡，使内勤工作在为校园治安服务中发挥其应有的作用。通过这些工作有力地促进了保卫处的自身建设，增强了在改革大潮中的应变能力。

此外，我们还在人员少，经费缺，条件差的情况下，抽调专人拨出专款与学校有关部门共同研制多功能报警器。目前研制工作已有了可喜进展，并可望在 88 年春末获得成功。

过去的一年，我们所取得的工作成绩是显著的，但也存在一些不足之处，主要表现在治本措施不够有力，有些教学楼电线老化，火险隐患多，目标管理面窄及自身建设还存在不少问题等方面。这些不足之处，有待于在新的一年里加以纠正克服。

1989 年春节前后工作安排

在学校和省、市、区公安业务部门的具体领导、帮助下，1989 年春节前后的工作，我们仍将以党的十三大精神为指导，继续贯彻国家教委一号文件，“实事求是，大胆创新，突出重点，群体防范，打击犯罪，确保安全”，力争把校园治安管理工作做得更加有声有色，好上加好。工作的重点是：

一、集中力量做好寒假、春节期间的安全防范工作，确保校园以稳定良好的治安迎接新学年的到来。

二、有针对性地进行专项治理，完善综合治理措施，强化校园治安面管理。针对寒假、春节前后，人员流动频繁，少数法纪观念淡漠分子可能趁机浑水摸鱼、偷摸盗窃等，因此，抓住带倾向性的不安全苗头进行专项治理，才能事半功倍。

三、加强政情调研，掌握各种政治动向。我们要在 1988 年工作的基础上，继续做好政治动态信息的收集和不安定因素的消化工作，并不断完善预案，力争把各类政治事件消灭在萌芽阶段。

四、继续抓好以防火为中心的安全大检查。通过查违章作业、违章用电、违章取暖等，及时清除火险等不安全死角，保证学校教学、科研等重点要害的绝对安全。

五、进一步做好户口管理工作，切实把治安基础打牢打实，为 1989 年保卫工作更上一层楼创造条件，提供服务。

一九八八年十二月三十一日

浙江大学档案馆藏，档案号：ZD-1988-XZ-223

1988年爱国卫生工作总结及1989年卫生工作的安排

(1989年1月12日)

一、88年卫生工作取得的成绩和存在主要问题

我校开展爱国卫生工作是在校长助理和总务长的直接领导下进行的。为适应学校改革形势的需要，调整了学校爱国卫生运动委员会的组织，建立了食品卫生监督领导小组。全校的爱国卫生工作贯彻执行了“门前三包”的责任制，落实不同类型的分片包干，基本上理顺了卫生工作的关系。校爱卫会抓了以下五个方面工作：一抓食堂卫生；二抓学生寝室卫生；三抓教学大楼及学生宿舍的综合治理；四抓校园绿化和环境卫生；五抓校机关各系、工厂的办公室、会议室、资料室、实验室、车间、仓库的卫生。这五个方面的卫生工作都是在有关部门密切配合下实施的，具体方法上采取了定期或不定期的监督检查，发现问题及时协纠正。通过齐抓共管，取得了如下成绩：

清除生活垃圾840余吨，维修垃圾250余吨，更换垃圾箱4只，编写卫生简报5次，公布卫生检查评比结果4次，发给新生遵守学校秩序处罚规定2500余份；卫生监督岗先后纠正违章达1600余人次，对维护校园卫生和交通秩序起了较好的作用。发放灭鼠(笼)50余只，共灭鼠5300余只；大面积放灭鼠药物三次，灭鼠效果较好；挂灭蚊灯32只，对夏季减少虫害起了良好效果；食堂放灭蝇笼28只，扑灭了大批苍蝇；请西湖区环卫所清运粪便56吨，校内绿化施肥80余吨，减少了粪便外溢的现象。9月份省教委组织在杭高校卫生大检查，我校获得“食堂卫生好”流动红旗，学生宿舍和校园绿化环境卫生得到了表扬，同时被西湖区评为“卫生先进单位”的称号。

我校爱国卫生工作存在的主要问题是：管理体制、机构设置不尽合理，需要进一步加强校园的严格管理；校园环境和学生宿舍的消毒工作不落实；少数人对搞好爱国卫生工作的重要性认识不足，有的卫生制度落实不够；校园内还有不卫生死角。

二、我校爱国卫生工作的做法

1. 校爱卫会作为校领导的参谋，及时制订卫生工作计划，总结经验，发挥各系、各单位对卫生工作齐抓共管的作用。许多单位的领导，对爱国卫生工作重要性有了进一步的认识，能亲自深入教研室、工厂、车间和学生宿舍监督检查卫生工作。如化学系、热物理系、机械系、机械工厂、电机厂、邵逸夫科学馆、膳食科等单位，他们制度健全，把卫生工作的具体要求，作为岗位考核内容之一，做到布置、检查、考核、奖惩一条龙，使卫生工作逐步趋向规范化、经常化。

2. 我校学生寝室的卫生工作主要由各系负责，学生会具体参与管理的办法，由校爱卫会、保卫处、学生处、校团委、大楼宿舍管理站等单位组成综合治理领导小组，对2000余间的学生寝室定期不定期的抽查。通过抽查评比，化学系、社科系、机械系、地质系、生命科学系、数学系、光仪系、热物理系、材料系、中文系等10个系先后获得学校“文明宿舍”流动红旗，文明寝室110个、星级卫生先进寝室50个。他们对推动学生寝室的文明卫生建设起到了较好的作用。经过多次抽查评比，全校有50%以上寝室，能保持齐清洁；还有部分寝室的卫生状况不稳定，时好时差；5%的寝室蛛网多，地面脏，物品摆设杂乱。个别寝室

乱接电源，很不安全。

3.大楼宿舍管理站担负全校数学大楼201个教室，18幢学生宿舍，3幢单身教职工宿舍卫生打扫工作。他们实行定人、定点、定任务和奖金、工资浮动的“三定一浮动”考核办法，使全校厕所、走廊、盥室、门厅楼梯等公共场所的卫生能及时打扫，保持清洁。校园管理科将全校主干马路和校园环境划为九个片，绿化、卫生实行包干的办法，使室外环境卫生、绿化美化校园工作比去年有很大进步。因此受到师生的表扬和省教委卫生对口检查时的好评。

4.加强了对食品卫生工作的检查监督，重点是抓好食堂食品卫生。在医院、总务处密切配合下，严格把好炊事人员的体检关，待取得体检合格证后再上岗位。举办了食品卫生业务短训班、食品营养与食品卫生知识竞赛，组织参观学习兄弟单位的先进经验，提高了炊事人员的食品卫生知识水平。学校成立食品卫生监督管理领导小组，以进一步加强对各个食堂的监督管理。食堂对控制今年春、冬二季甲肝流行起了一定作用。杭州市防疫站抽查学生四食堂食品卫生时得到了登报表扬。许多同学反映，我们学校食堂的食品卫生是好的。

三、1989年我校爱国卫生工作的主要任务

1.认真学习党的十三届三中全会精神，深刻领会党中央提出的治理经济环境、整顿经济秩序，全面深化改革的方针，学习李铁映同志在全国爱国卫生运动委员会会议上的讲话，进一步明确爱卫会的职责任务，努力搞好卫生工作。严格校园卫生管理，使爱国卫生工作，为学校综合改革服务。做好元旦、春节、五一、建国四十周年国庆节等重要节假日和重要内外宾来校参观，做好卫生工作为教学、科研、生产、生活提供良好的环境。

2.继续深入开展创“文明宿舍”，“文明寝室”，“星级卫生先进寝室”活动，做好学生宿舍的综合治理工作。坚持检查评比制度，表扬好人好事，加强对师生员工的文明卫生教育，提倡讲文明，讲卫生的高尚风格，培养良好的卫生习惯。要求各系各单位对卫生包干区切实落实好“门前三包”责任制。坚持每天一小扫，每周一大扫制度，共同努力保持校园环境整洁。

3.认真贯彻“食品卫生法”，健全卫生制度，提高炊事员的个人卫生水平和执行“食品卫生法”的自觉性，经常深入各食堂督促检查食品卫生状况，发现问题及时处理，防止病从口入，保障师生员工的身体健康。

4.继续做好以灭鼠为重点的除害灭病工作，提高灭鼠效果，降低老鼠密度。继续做好灭蝇灭蚊工作。请医院加强消毒工作尤其要对学生宿舍，教学大楼周围及化粪池、窨井等的消毒，以减少和控制疾病的传染，提高全校师生员工的健康水平。

浙江大学爱卫会
一九八九年一月十二日

浙江大学档案馆藏，档案号：ZD-1988-XZ-223

浙大医院概况及1990年度工作情况[①]

(1991年4月)

1. 医院概况

床位数:100张

建筑面积:5255平方米

固定资产:264万元(其中医疗器械69万元)

职工人数:127人,其中

医务人员:107人(其中副主任医师10人,主治医师27人;主管药师4人;主管检验师4人;主管技师2人;主管护师15人;医师15人,护师14人;医士11人,护士5人)

管理人员:10人

工人:10人

2. 科室设置

临床科室:内科、外科、口腔科、五官科、妇科、中医内科、心理咨询门诊

医技科室:放射科、检验科、药剂科、心电图室、B超室、供应室

3. 1990年度业务完成情况

门诊人次数:175474

急诊人次数:10046

健康检查人数:13052

住院人数:489

出院人数:447

病床使用率:34.06%

治愈率:70.69%

好转率:17.45%

浙江大学档案馆藏,档案号:ZD-1990-XZ-57-3

浙江大学校园文明建设管理通则

(1995年4月1日)

第一章　总则

第一条　校园文明建设,是高等学校全面贯彻落实党的教育方针的一项重要工作,是创建一流社会主义大学的基础性工程。为了使校园文明建设常抓不懈、不断巩固和提高,并逐

① 本表数据原载浙江大学校长办公室编《浙江大学1990年统计资料汇编》,收入本书是编者对表格格式及标题做了调整。

步走上规范化管理轨道，根据国家教委和省市地方政府有关规定、条例，特制定本通则。

第二条　校园文明建设既包括物质文明建设，又包括精神文明建设，它渗透在学校工作的各个方面。学校各项业务工作应分别在各自的规章制度中对有关文明建设的问题作相应规定，本通则适用于对人员的文明行为规范和若干综合性环节的管理。

第三条　培养德智体全面发展的社会主义建设者和接班人是校园文明建设的根本目的和宗旨。校园文明建设的基本任务是营造良好育人氛围，优化教学、科研和生活环境，全面提高师生的思想道德修养和科学文化素质。

第四条　师生参与是校园文明建设不断取得成功的根本保证，整治环境、美化校园是全校师生的职责和义务。学校规定，参与校园建设的义务劳动时间，教师每年不得少于二个劳动日，学生不得少于四个劳动日。

第五条　校园文明建设要纳入学校整体发展规划，要多渠道筹措校园文明建设资金，保证人力、物力和财力投入强度；校园布局和规划要体现文明建设宗旨；各有关职能部门要各司其职、严格管理、团结协作、勤奋工作；全校形成齐抓共管的文明建设格局。

第六条　学校成立校园文明建设委员会，由校党政主要领导担任负责人。校园文明建设委员会的职责是：部署学校文明建设的整体规划和重大活动，指导各部、处、系开展文明建设活动，讨论决定学校有关文明建设的重大事项，制定或决定校园文明建设的规定、规则，讨论审定有关奖惩事宜。

校园文明建设委员会下设办公室，作为办事机构，在委员会领导下负责校园文明建设的日常工作。其职责主要有：完成校园文明建设委员会指定的任务；协调各职能部门和各单位的有关活动，检查督促各项制度和校园文明建设委员会的各项决定的执行，了解监督文明建设的情况，及时通报情况并采取有关措施解决突出问题，具体实施考核、评比和奖惩活动。

第七条　为了强化全校师生的文明建设意识，检查、落实各项措施，巩固校园文明建设的成果，从本通则公布起，学校确定每年四月份为校园文明建设月。在文明月中，广泛开展植树造林、环境卫生、除“四害”和志愿服务等活动，并根据文明校园各项指标，对上一年的文明建设情况进行总结、检查和评比。

第八条　学生的日常行为举止及其在校园文明建设中的表现要列为学生综合记实考评内容，成为学生评奖选优的依据之一。各单位开展文明建设的情况应作为单位年度考评的重要依据。教职员工参加校园文明建设的成绩要在升等升职和业绩点考核中予以体现。

第二章　校园卫生

第九条　校园卫生工作，是校园文明建设工作的重要环节。搞好校园卫生，目的是改善环境卫生质量；减少疾病，提高师生员工的健康水平；保障教学、科研的顺利进行。

第十条　校园卫生工作，贯彻“分片包干”、专业队伍与群众参与相结合的原则。实行环境卫生与除“四害”包干区一致，学校统一领导，业务部门管理，各单位具体落实的办法。全校师生员工都应参加学校统一组织的卫生、除“四害”等义务劳动。

第十一条　加强领导，健全组织。学校爱国卫生运动委员会负责学校卫生工作的统一领导和统筹协调；贯彻落实上级和有关部门关于卫生工作的政策、法规，领导、组织全校师生员工搞好校园卫生工作。校爱国卫生运动委员会下设办公室，处理有关日常事务。各系、各单位相应建立卫生组织，确定负责人，负责本单位的卫生工作，制订工作计划，安排、组织师生员工进行卫生劳动，抓好包干区的卫生和除“四害”等工作。

第十二条　按照上级和有关部门提出的标准、规定净化校园。各单位应把校园卫生工作列入工作计划，坚持每天一小扫，每月一次大扫除，重大节假日前、文明月、军训期间组织彻底打扫等卫生制度，做到常抓不懈。

第十三条　在新建、改建和扩建校舍时，其选址、设计应当符合卫生标准，并取得卫生主管部门的许可，竣工验收应当有卫生主管部门参加。校园的教学建筑、教学设施的噪声、采光、照明等环境质量也应当符合卫生标准。

搞好施工场地的卫生管理，施工单位进入施工场地前，必须完成有效的审批手续，与校园管理部门签订施工场地使用合同书，按照浙大校办(92)12 号文《校园施工场地管理》的规定，进行文明施工，确保场地的卫生和安全。

第十四条　校园里经过批准的卫生设施建设项目(包括厕所、垃圾箱等)不得擅自改变设计和阻挠施工；业已设置的卫生设施，不得损毁、拆除、迁移、封闭和移作他用，以保证正常的使用。

第十五条　搞好食品卫生。校内食品经销加工单位、饮食服务单位，必须取得卫生许可证、营业执照及有关部门批准，方能营业服务；人员应当取得健康合格证，培训后方能上岗从业。发现患有不能从事饮食工作疾病的人员，要及时治疗或调离食品(食堂)工作。认真执行、贯彻、落实《中华人民共和国食品卫生法(试行)》。

食品应当无毒、无害、符合营养要求。食品生产经营过程中，场地必须做到整洁，消除有害昆虫及其孳生条件，与有毒、有害场所保持规定的距离；设备布局与工艺流程应当合理，防止交叉污染；直接入口的食品应当有小包装或者使用无毒、清洁的包装材料。

第十六条　消灭“四害”，即老鼠、苍蝇、蚊虫、蟑螂(臭虫)。摸清“四害”繁衍规律和生活习性，运用科学手段，采取监测和防治(化学、生物、物理、环境)措施，按照突击与经常，卫生防疫部门、专(兼)职人员与群众参与，治标与治本相结合的方法，消除“四害”孳生地。爱卫会及各单位要定期对“四害”密度进行检测。要达到《杭州市除“四害”工作管理规定》中提出的标准。

第十七条　做好对垃圾的容纳、清理工作。生活垃圾必须倒入垃圾箱内。校园内的生活垃圾由校园环境管理服务中心及时清理，做到日产日清；建筑、维修垃圾，在工程施工(维修)之前，应向卫生主管部门报送垃圾处理的计划，竣工后在规定时间内由施工单位自行运到指定地点或委托有关部门给予有偿清运处理；生产垃圾由生产单位负责清运或委托有关单位给予有偿清运处理；有毒、有害的废弃物、垃圾，禁止倾倒在垃圾箱内或堆放在有碍师生员工健康的地方。

第三章　校园绿化

第十八条　校园绿化工作，是校园建设的基础工作。搞好校园的绿化，可以改善生态环境，美化校园的生活、学习、工作环境，增进师生员工的身体健康，对提高师生的环保意识，养成文明习惯也有重要意义。

第十九条　植树造林，绿化祖国是每个公民应尽的义务。全校师生应积极参与绿化活动，承担绿化义务。要通过教育和实践环节，培养学生树立绿化意识、生态意识，养成爱护绿化物及其设施的文明习惯。

第二十条　学校绿化委员会统一组织领导校园的绿化工作。校园环境管理服务中心园艺部是校绿化委员会下设的职能部门，应当建立、健全管理制度，建立岗位责任制，保持校园树木花草繁茂，绿化景点及绿化设施完好，并根据工作职责，提高素质，取得资格证书，逐步承担校园内绿化工程的设计和施工，搞好校园绿化的管理与养护。

第二十一条　学校要把校园绿化工作纳入学校的总体发展规划，根据上级有关绿化工作的指示精神和学校的实际，制订校园绿化工作的规划和年度实施计划，扩大绿化面积，提高覆盖率和绿化水平，尽早把学校建成有杭州园林特色的、适宜高层次教育和科学活动的校园。

第二十二条　校园绿化工程的设计，应当借鉴国内外的先进经验，体现民族风格以及地方和高校特色，以植物造景为主，选用适合校园自然条件的树木、花草，适当配置泉、石、雕塑等景物，做到绿化景点与周围环境相一致、与文化氛围相协调。

第二十三条　校园绿化工程施工，应当委托持有相应资格证书的单位承担；绿化工程竣工后，应当经绿化主管部门或者该工程的主管单位验收合格后，方可交付使用。

第二十四条　校园内新建、扩建、改建工程项目，需要绿化的，其基本建设投资中应当包括配套的绿化建设投资，并统一安排绿化工程施工，在规定的期限内完成绿化任务。

第二十五条　任何单位和个人，不得擅自改变校园绿化规划用地的范围和用途，或者破坏绿化规划用地的地形、地貌、水体和植被。因建设或者其他特殊情况需要临时占用校园绿化用地，须经绿化主管部门同意，并按照有关规定办理临时用地手续。

第二十六条　百年以上树龄的树木，稀有、珍贵树木，具有历史价值或者重要纪念意义的树木均属古树名木。对古树名木实行统一管理，分别养护。职能部门（园艺部）应当建立古树名木的档案和标志，加强养护管理。

严禁砍伐或者迁移古树名木，因特殊需要迁移古树名木，必须经职能部门审查同意，报请学校及上级批准。

第四章　校园秩序

第二十七条　校园秩序，是校园文明建设的重要内容。加强校园管理，建立良好的教学、科研、生活秩序，搞好治安保卫工作，维护安定团结的局面，有利于优化育人环境和培养社会主义现代化建设的优秀人才。

第二十八条　为加强领导，维护校园秩序，学校建立治安保卫委员会暨综合治理领导小组，负责校园管理、治安保卫工作的领导和重大问题的商议解决。

保卫处是学校治安保卫工作的职能部门，具体负责学校的治安保卫工作。

各单位、各系相应设立治保委员会，明确治保责任人，有条件的大系配备专职保卫工作人员，负责做好本单位的治安保卫工作。治安保卫责任人的职责是：贯彻落实学校布置的各项治安保卫工作；制定本单位各项治安保卫制度、措施；抓好本单位师生员工的法规、保密、敌情和安全防范教育，掌握情况信息，妥善处理各类突发事件；领导治保会、义务消防队工作。

第二十九条　师生员工要认真学习并自觉遵守国家的法律法令和学校的各项规章制度;关心、支持、参与学校的治安保卫工作,努力完成各项治安保卫任务;积极提供违纪犯罪案件线索,举报揭发违法、违纪行为;勇于同各种坏人坏事、违法犯罪行为作斗争;自觉维护校内公共场所的治安秩序;增强"四防"意识,立足本职岗位,做好治安保卫工作,防止案件和事故发生。

第三十条　本校师生员工进出校园,须佩戴校徽或出示有效证件。临时用工、短期培训人员凭临时证件。校外人员来校联系工作须持单位介绍信或本人有效证件在接待室登记后方可进入校园。

外国人、港澳台人员进入学校进行公务、业务活动,应当经过省、市或有关部门同意并告知学校后,或按学术交流计划经学校主管领导同意后方可进入。

校外人员来我校进行各种集会、讲演、讲座等活动,必须在72小时前向学校有关主管机构提出申请,未经批准不得进行。

机动车、非机动车进出校门,属我校邀请外单位来校的由邀请部门与保卫处校卫队联系方可进入;因私来校的须经保卫处同意方可进入。上述车辆均应按指定校门进出。自行车进出校门须下车推行。

携带公、私物品出校门,须出示主管单位的证明。

第三十一条　在校园内张贴的各类通知、通告、布告、海报、启事等,必须书写整齐,文字确切,使用法定简化字,写明单位名称和日期,必须符合国家、学校的法律、法规,有利于校园文明建设,有利于安定团结和改革开放。必须经核准并加盖布告核准专用章后方可张贴。经核准的张贴物品在指定的布告栏内张贴。禁止在大门口布告栏张贴商业性广告。

未经核准、未加盖布告核准专用章的或未按规定地点张贴的张贴物,由校园环境管理服务中心及时清除。

第三十二条　校园教学区不准经商,也不准搞促销、设摊或叫卖活动。

在学生生活区搞经营活动,需经学校有关部门批准同意,办理有关手续,取得"卫生许可证"、"营业执照"、"健康证"、"治安许可证",交纳卫生清扫费、垃圾清运费方能营业。

任何单位和个人的经营活动,应坚持经济效益与社会效益相统一,以社会效益为主的原则,要服从服务于学校的"两个中心、一个根本",遵守法令法规,遵守职业道德,不得出售假冒伪劣产品,更不能出售有害师生身体健康的商品。禁止校外商业性单位未经批准进入校内开展经营或各种促销活动。

第三十三条　在校内设立卡拉OK厅、舞厅,音像放映、出租点,图书租售点等文化、娱乐场所,必须向学校党委宣传部和保卫部申请经批准后才能设立。学校根据教学科研和师生生活需要,合理布局文化、娱乐场所。校园文娱场所的活动要有利于活跃校园文化生活,有利于校园文明建设,有利于学生健康成长,严格遵守国家有关文化市场和音像、书报刊出版经营活动的规定。文娱场所经营内容形式和时间须符合学校有关专门规定。严禁传播、复制、放映内容反动、宣传色情迷信和渲染暴力的音像制品和其它非法出版物。

校内文娱场所的主办单位应有一位党政负责人分管此工作,经营服务负责人实行岗位责任制,不允许个人承包卡拉OK厅、舞厅和音像放映点,更不允许转包给学生。

校党委宣传部、保卫处分别是校内文娱场所的政治和治安管理归口单位。

第三十四条　搞好校园内的交通安全管理。校园内设交通标志和标线，各种车辆按交通标志标线的规定行驶或停放，在校园内禁止使用汽车喇叭；禁止拖拉机驶入校内；机动车进出校门，时速不得超出 5 公里；校内行驶不得超出 15 公里，严禁超车，不得冲坡；严禁在校内教练各种机动车辆。外单位车辆禁止在校园内停车过夜。

骑自行车不准带人，不得双手离把，不得冲坡，不得乱停放。

校内发生交通事故应保护现场，并立即向校派出所或校卫队报告，听候处理。

第三十五条　未经房地产管理处、基建处等有关部门审批同意，也未办理工程项目的批准手续，擅自在校园内搭建的建筑物，都属违章建筑；违章建筑都应按学校规定拆除。教学大楼、学生宿舍的通道内、大厅里及阳台上，保持畅通、卫生、安全，不得擅自隔断，不准堆放杂物。

第三十六条　未经批准不得擅自组织跨系、跨单位的社会团体和组织。师生员工组织社会团体，应当按照《社会团体登记管理条例》、浙江大学《关于学生社团的若干规定》和《浙江大学学生社团管理条例》规定办理。

校党委宣传部和团委分别对教工社团和学生社团归口管理，实行思想政治、组织的指导与帮助。有关业务问题由各业务指导单位和部门归口指导。有关财务问题，统一由校计财处监督指导。

第三十七条　严格遵守学校的作息制度，保证教学和自修时间内环境安静。除周末晚上和节假日以外，不得举办舞会和其它娱乐活动。

第五章　教室管理

第三十八条　教室是开展教学活动、进行学术交流的重要场所，也是校园文明建设的重要阵地。一个文明、安静、整洁、秩序、纪律良好的学习环境，是培养高质量人才的重要条件。

第三十九条　教室管理的主要内容是着力改善教室的基本条件和基础设施，建立和执行教室规章制度；维护课堂秩序；搞好环境卫生工作等。

第四十条　教务处和后勤服务总公司负责制订教室使用规定、教室文明守则、教室卫生清扫维修制度等教室管理规则以及教室管理人员、清扫人员的考核、奖惩办法等，做到有章可循，按制度实施管理。

第四十一条　借用教室由教务处批准，校园环境管理服务中心凭教务处批准的教室使用单出借，各专业教室由教务处、系领导批准设立和变更。

第四十二条　教室内的课桌椅、讲台、黑板、照明用具及其它器材，应按规定要求进行设置、装配，做到距离、高度适当，质量可靠、安放整齐，照明度不得低于 100LaK，坏损的要及时进行修理或更换。

第四十三条　任课教师应成为学生的楷模，自觉遵守《教师文明行为规范》、《教室文明守则》，严格执行课堂纪律，不断提高教学水平与教学质量。教师不得擅自更换上课教室、调课，因病、因事需要调换的，应经主管教学的系领导批准，并提前通知有关的单位与人员。教师除按课程内容教学外，还对学生的文明举止、课堂纪律负有教育和管理的责任。

第四十四条　学生进入教室，应自觉遵守《教室文明守则》和《学生文明行为规范》，做到举止庄重，文明礼貌；不得穿背心、短衬裤、拖鞋进入教室；上课不迟到，不早退，不做任何干扰正常教学活动的事。

学生要服从管理，尊重他人劳动，节约水电，爱护公物保持教室清洁卫生。教室内做到不吸烟、不随地吐痰、不乱丢果皮纸屑、杂物，不乱刻乱画，不损坏教学设备、设施；不在教室内做不文明的事。

第四十五条　学生自修结束后应自动离开教室，确因学习需要，延长教室使用时间，应得到管理人员的同意。学生或借用教室的单位活动结束后，应切断电源，关好门窗，把课桌椅凳放回到原处，搞好卫生才能离开，以保障以后的正常教学。

第四十六条　落实教室清扫卫生制度，保持室内清洁。教室清洁工、参与打扫教室的学生，每天应在晚自修结束后把教室打扫干净，做到课桌椅、讲台、照明灯具干净无积灰，黑板干净、门窗清洁、玻璃明亮，地面清洁无痰迹或杂物，课桌抽屉内无纸屑、果皮；墙面清洁，室内无蛛网，无“课桌文学”，无乱涂刻，达到上级提出的标准与要求。

第四十七条　教室的管理、卫生工作，采取专业队伍与学生参与相结合的办法。公用教室由专职人员负责管理、打扫，专用教室由学生负责管理、打扫。黑板的揩擦，每天上午第一节课前，由清洁工负责，课间由上课班级负责。

第四十八条　改善教室基本条件，加强教师休息室的建设与管理。每个教学大楼应设有教师休息室，并为上课教师准备开水。

第六章　学生宿舍

第四十九条　学生宿舍是学生在校期间学习、生活的重要场所，是学校对学生进行思想品德教育和行为养成教育的重要课堂，是校园文明建设的重要阵地。宿舍文明建设及管理对正确引导学生培养自立能力，创造良好的生活环境，形成优良的学风、校风是一个不可缺少的环节。

第五十条　学生宿舍管理处全面负责学生宿舍的卫生、纪律、安全、寝室分配调整、房屋水电维修、家具配置、寝室文化建设、文明寝室评比和学生在宿舍内的记实考评及违纪事件处理等工作。该处所属的年级宿舍管理办公室(简称年办)具体负责不同年级不同层次学生的卫生、纪律、安全和文明寝室建设等工作。各系及有关部门应支持并配合宿管处开展工作，共同做好学生的思想教育工作。

第五十一条　搞好学生宿舍的管理，要建立、健全学生宿舍管理制度，治安保卫制度，纪律卫生检查、评比制度，门卫值班、登记制度，寝室卫生值周制度，会客制度，维修制度，家具管理制度，班主任与思政人员下寝室登记制度，管理(工作)人员考核、奖惩制度等，并随着情况的发展、变化及时修订、完善，做到依法管理。

第五十二条　学生必须按学校指定的寝室和床位住宿，未经允许不能任意调换。在校学生一律不准擅自在校外找房住宿。如学生因本人原因需要在校外住宿，应由本人提出申请经家长同意并签字，由所在系批准报学校有关部门同意后办理走读手续。其校内床位不予保留。

学生不得在宿舍留宿校外人员。有特殊情况留宿校外人员，应当报请校保卫处(派出所)许可，并且进行住宿登记，凭登记证明到宿管处宿舍值班室办理住宿手续方可。留宿人员离校应注销登记。

第五十三条　住在学生宿舍和进入学生宿舍的人员，应自觉遵守学生宿舍管理规则，遵守作息制度，养成良好的生活习惯，按时起床、熄灯。逾熄灯时间回宿舍者须说明理由，经验证登记后方可入内。

宿舍内不准打球、踢球，烧煮饭菜，严禁打麻将、赌博、酗酒、起哄闹事、扔酒瓶或燃烧物品。午休、自修时间及熄灯就寝后不准大声喧哗或进行打牌、下棋等影响他人学习和休息的活动。

第五十四条　搞好学生宿舍治安保卫工作。各宿舍建立门卫值班室，实行二十四小时值班制，值班人员应认真履行职责，经常检查宿舍情况，在学生上课时间加强巡逻，切实做好宿舍的防盗、防火工作。

第五十五条　学生要爱护宿舍的门窗、玻璃、水电设施、家具等，人为损坏要赔偿。

第五十六条　争创文明宿舍和文明寝室，美化环境，讲究卫生。要按整洁美观、方便生活、格调高雅的原则布置寝室，严禁在宿舍楼内乱张贴，乱堆放杂物。自行车不准停放在宿舍楼内。

学生寝室要做到：学习用品、生活用品摆放整齐，地面无果皮纸屑等废弃物，窗户玻璃明亮，室内无蛛网。寝室长负责安排学生轮流值周，督促同寝室同学做好清洁卫生工作，建设文明寝室。

公共场所的卫生由专职清洁工负责，按要求每天打扫，达到走廊楼梯无痰迹、纸屑杂物；厕所便池无污垢，地面无积水；盥洗室无乱倒剩饭菜、乱抛废物、乱泼脏水现象；玻璃明亮；墙面无乱写、乱画、乱贴现象；符合有关部门提出的卫生标准。

各小班和学生寝室要轮流参加宿舍楼内外公共场所的卫生打扫，其检查结果将作为评选先进集体、文明班级和文明寝室的重要依据。

第五十七条　节约水电。人离寝室要关好电灯，任何人不准私拉电线、安装插座和床头灯等，不准使用电炉、电热器等高耗电设备。用水要随用随关，杜绝长明灯、长流水现象，逐步实行水电承包定量管理、使用，超过规定标准使用要支付水、电的超量费用。

第五十八条　学生宿舍管理处根据各项卫生纪律检查结果，每学年评选一次文明宿舍和文明寝室。对寝室文明建设中表现突出的学生将在记实综合考评中发红卡。对违反宿舍管理条例的学生将视其情节给予批评、教育、罚款，直至行政处分、并在记实综合考评中发白卡。

第五十九条　宿舍管理人员应认真履行工作职责，积极做好学生思想工作，关心同学日常生活，组织开展有益学生的文体活动，活跃业余文化生活；建立寝室档案，实现规范管理；组织检查纪律卫生，及时统计公布各类检查结果；做好记实综合考评工作，不徇私情，对违纪现象及时制止，对严重违纪现象及时报告有关部门；与班主任、辅导员加强联系，指导班干部、寝室长开展工作，协助管理人员做好治安保卫工作，搞好学生宿舍的管理。

第六十条　维修部门要迅速处理零修报修业务，在开学前、毕业后、假期间进行定期维修；对上、下水管、用电线路问题及容易发生伤害事故的隐患等，应进行突击抢修，并根据设施使用的年限和规定，有计划地实施改造和更新。

维修人员应履行职责，文明施工，热情为学生服务，努力做到“后勤工作者十戒”、“水不过天、电不过夜”，使学生宿舍门、窗、玻璃、锁、搭扣等完整无缺、水通灯亮、设施完好；墙面无严重脱落、污损。

第七章　学生文明行为规范

第六十一条　学生是校园文明建设的重要力量,应当自觉地遵守法律、法规,增强法制观念和行为文明意识,培养良好的道德品质;应当继承发扬求是创新学风,勤奋学习,全面提高思想政治素质和业务素质,立志成为有理想、有道德、有文化、有纪律的社会主义建设者和接班人。学生在学校的日常行为举止应遵守一些基本的文明规范。

第六十二条　维护国家和集体利益,不得参与任何违背四项基本原则,危害社会秩序的活动和有损学校荣誉、稳定的行为。

第六十三条　注重个人品德修养。服饰整洁,仪容大方;诚实守信,谦虚谨慎;说话和气,待人有礼;男女交往,举止得体;尊敬师长,尊重他人;敬老爱幼,乐于助人。

第六十四条　热爱劳动、积极参加社会实践和勤工助学活动。不参与校内经商活动。

第六十五条　发扬艰苦奋斗精神。勤俭节约;不浪费水、电、粮食;不向学校和家庭提出超越实际可能的生活要求。

第六十六条　积极参加体育锻炼和健康的文化活动,增进身心健康。

第六十七条　维护教学秩序。遵守学习纪律,上课不迟到,不早退,考试不作弊。

第六十八条　维护公共秩序。遵守公共场所的有关规定,不扰乱秩序,不起哄;遵守校园管理制度,不打架斗殴,不赌博,不酗酒,不观看、传播反动、淫秽书刊和声像制品;不在禁烟区吸烟。

第六十九条　遵守宿舍管理规定,按时熄灯就寝,不喧哗、打闹,不影响他人的正常学习和休息;不损毁和私自拆装宿舍设备;严禁留宿异性;未经有关部门同意,不留宿校外人员。

第七十条　爱护公共财物。保护公共设施,爱护花草树木;珍惜教学、科研设备;损坏公物要赔偿。

第七十一条　讲究卫生。不随地吐痰,不乱丢果皮、纸屑、烟蒂等杂物,不在墙壁和课桌椅上乱涂、乱画,不在校园内乱张贴,保持校园整洁。

第七十二条　遵守外事纪律。在涉外活动中不做有损国格、人格的事,与外国留学生平等、友好相处;对外籍教师和国际友人以礼相待,不卑不亢。

第八章　教师文明行为规范

第七十三条　教师既是知识的传播者,又是学校精神文明的建设者,在校园文明建设中担负着极其重要的职责。教师应充分认识自己担负的特殊使命,忠诚教育事业,努力钻研业务,精心组织教学,积极投身教育改革,主动参与校园文明建设,关心、爱护学生,教书育人,为人师表,为提高学校教育质量和校园文明建设水平努力作出贡献。

第七十四条　贯彻国家教育方针,继承发扬浙大的优良传统和教风校风,模范地遵守各种校规和职业道德规范,不断提高思想政治觉悟和教育教学业务水平,攀登科学技术高峰,做社会主义精神文明的表率。

第七十五条　关心、爱护学生,结合教学工作,对学生进行理想、道德和情操的教育,进行法制教育和文明素养教育,制止侵害学生利益的行为或者其他有害学生健康成长的现象,促进学生在品德、智力、体质等方面全面发展。

第七十六条　教师上课不迟到，不提早下课，不拖堂，课间应按时休息；在从事课堂教学时，应充分备课，认真教学，不做与教学无关的其他事；不得在教学活动中散布违背四项基本原则的言论以及其他错误思想，不得进行违宪、违法、违纪、违反社会公德的宣传活动。

第七十七条　严格教学管理。教师不得为学生划定考试范围或重点，更不准以各种方式有意向学生泄漏考试题目；在监考时应严格履行主、监考教师职责，不做与监考无关的其他事情。

第九章　附则

第七十八条　本通则各条款解释权属于学校文明建设委员会。

第七十九条　本通则自发布之日起施行。

浙江大学

一九九五年四月一日

浙江大学档案馆藏，档案号：ZD-1995-XZ-18-2

十三、图书馆、出版社

(一)图书馆

浙江大学图书馆职责[①]

(1954 年)

本校图书馆设馆长一人,对教务长负责,由校长聘任,报请中央高教部备案,主持图书馆一切事宜。

一、主持图书馆购置审查、登记分类、编目、流通、保管等工作;

二、保证供给教师教学工作、科学研究工作、与学生所必需的图书资料。

浙江大学档案馆藏,档案号:ZD-1954-XZ-13

浙江大学图书馆职责[②]

(1956 年 12 月)

(1)掌管全校图书期刊的采购、保管、编目、介绍流通等工作。

(2)联系校外图书馆,组织馆际互借,编制联合目录。

(3)领导各系专业图书室。

浙江大学档案馆藏,档案号:ZD-1956-XZ-40

图书馆借书试行规则[③]

(1984 年 9 月)

1. 学生凭借书证借书。借书证只限本人使用,不得转借。如借书证遗失,须立即来馆声明登记,将所借之书还清,二周后补发新证。在登记前有他人凭证借出书刊,仍由原领证人负责。离校时应将借书证与所借书刊还本馆,否则不签发离校证。

2. 借书刊的册数与期限

①图书

---

① 本件原为 1954 年制订的《浙江大学暂行规程草案》第 4 章“行政组织”的第 18 条,标题为编者所拟。

② 本件原为 1956 年 12 月颁布的《浙江大学行政机构暂行规程》之二“教务部门”之 5,标题为编者所拟。

③ 本件节选自 1984 年 9 月制订的《浙江大学学生手册》。

借书人	每人借册数	期限
教师、兼课职工、研究生	10	2个月
三、四、五年级学生	7	2个月
职工、技术人员、外来进修人员、一、二年级学生	5	2个月
离、退休人员,夜大学生(限借专业书)	3	2个月

政治文艺书,在上述限借册数内,每人限各借一册,借期一个月。

②期刊

十年前的过刊:教师、研究生、应届毕业生借2册、借期14天;本校学生、进修生借1册、借期14天。

最近十年现刊:教师借2册、借期3天;

③阅览室的书刊,押证借阅,借期一天。

期刊借阅处(208室)每人押证借2册,借期一周。

3.借阅书、刊应自动归还,凡不按期归还者给予停借或其他处理。

4.借阅书刊应加以爱护,妥善保管,不得污损、标点、批注、撕毁、遗失等。如有上述情况,按本馆规定办法赔偿。

5.凡未办理借阅手续,擅自将书刊携出库室外者,作偷窃论处,除公开检讨外,给予罚款并上报学校。对揭发检举破坏或盗窃图书资料者,给予表扬或奖励。

6.读者应自觉遵守本馆各项规章制度,违者除停止借书、罚款外,并按情节轻重,给予批评教育或报请学校领导给予纪律处分。

浙江大学档案馆藏,档案号:ZD-1984-XZ-95

1986 年浙江大学图书馆经费、馆藏情况[①]

(1987 年 4 月)

经费情况(万元)				馆藏情况														阅览室情况				图书流通情况		
年度总经费	其中			馆藏总量(万册)				其中								年入藏总量(万册)	年剔除总量(万册)	数量(个)	座位数(个)	平均周开放时数	平均日阅览人数(人次)	平均日流通量(册次)		科技文献检索日均人次
	书刊费	设备费	其他					图书(万册)				期刊(万册)												
				104.6				89.1				15.5												
				中文		外文		中文		外文		中文		外文										
				种	万册	种	万册	种	万册	种	万册	种	万册	种	万册							借	还	
119.9	109.2	5	5.7	115315	66.7	144217	37.9	111256	64	138755	25.1	4059	2.7	5462	12.8	7.87	25	15	1655	50	2112	2315	2370	83

浙江大学档案馆藏,档案号:ZD-1987-XZ-386

① 本件原载浙江大学校长办公室编《浙江大学 1986 年统计资料汇编》。

关于成立浙江大学图书情报委员会的决定

(1988年7月8日)

浙大发办〔1988〕54号

各系、图书馆、教务处、科研处：

为提高开发和利用我校文献情报资源的能力，发挥图书馆的教育职能和情报职能，建立统一的图书情报体制，为我校提高教育质量，加速学科建设起更大的作用。经校长办公会议研究决定成立浙江大学图书情报委员会，现将委员会名单公布如下：

主任委员：吴世明

副主任委员：缪家鼎

委　员：（按姓氏笔画为序）

沈涵芬　吴世明　吴昭同　邵永真　陈甘棠　林超然　姚竺绍　高　济
唐晋昌　顾锦汶　钱乙君　曹源泉　黄达人　夏　勇　程贻萱　鲁世杰
缪家鼎

秘书长：夏　勇（兼）

浙江大学

一九八八年七月八日

浙江大学档案馆藏，档案号：ZD-1988-XZ-73-31

1990 年浙江大学图书馆经费、馆藏情况①

(1991 年 4 月)

<table>
<tr><th colspan="4">经费情况(万元)</th><th colspan="14">馆藏情况</th><th colspan="4">阅览室情况</th><th colspan="3">图书流通情况</th></tr>
<tr><th rowspan="5">年度总经费</th><th colspan="3">其中</th><th colspan="4" rowspan="2">馆藏总量(万册)</th><th colspan="8">其中</th><th rowspan="5">年入藏总量(万册)</th><th rowspan="5">年剔除总量(万册)</th><th rowspan="5">数量(个)</th><th rowspan="5">座位数(个)</th><th rowspan="5">平均周开放时数</th><th rowspan="5">平均日阅览人数(人次)</th><th colspan="2" rowspan="4">平均日流通量(册次)</th><th rowspan="5">科技文献检索日均人次</th></tr>
<tr><th rowspan="4">书刊费</th><th rowspan="4">设备费</th><th rowspan="4">其他</th><th colspan="4">图书(万册)</th><th colspan="4">期刊(万册)</th></tr>
<tr><th colspan="4">117</th><th colspan="4">89.1</th><th colspan="4">15.5</th></tr>
<tr><th colspan="2">中文</th><th colspan="2">外文</th><th colspan="2">中文</th><th colspan="2">外文</th><th colspan="2">中文</th><th colspan="2">外文</th></tr>
<tr><th>种</th><th>万册</th><th>种</th><th>万册</th><th>种</th><th>万册</th><th>种</th><th>万册</th><th>种</th><th>万册</th><th>种</th><th>万册</th><th>借</th><th>还</th></tr>
<tr><td>173.5</td><td>158</td><td>9.8</td><td>5.7</td><td>142350</td><td>76.4</td><td>156374</td><td>41.4</td><td>138049</td><td>72.3</td><td>150462</td><td>27.5</td><td>4301</td><td>4.1</td><td>5912</td><td>13.9</td><td>3.14</td><td>0.6</td><td>15</td><td>1655</td><td>70</td><td>1788</td><td>1676</td><td>1678</td><td>150</td></tr>
</table>

浙江大学档案馆藏,档案号:ZD-1990-XZ-57-3

① 本件原载浙江大学校长办公室编《浙江大学 1990 年统计资料汇编》。

浙江大学图书情报工作委员会委员名单[①]
(1992 年 3 月 18 日)

主　任:胡建雄

副主任:缪家鼎

委　员:王绳兮　邵永真　陈甘棠　陈叔平　陈俊民　沈涵芬　张圣训　郑国武
俞瑞钊　胡礼祥　胡建雄　施高义　姚先国　姚祖恩　顾锦汶　高　济
钱凯先　夏　勇　曹培林　曹源泉　程饴萱　葛祥富　缪家鼎　薛继良

秘　书:夏　勇

浙江大学档案馆藏,档案号:ZD-1992-XZ-68-1

① 本件为 1992 年 3 月 18 日公布的《浙江大学各类委员会、领导小组等调整以后人员名单》的节选。

浙江大学图书资料人员分级考核参考标准

(1994年)

	等级	研究馆员	副研究馆员	馆员	助理馆员	管理员
图书资料人员年度工作考核各等级的评定,均应符合下列三条基本要求 第一条热爱祖国,忠于人民教育事业,坚持四项基本原则,积极参加学校的综合改革,努力为培养社会主义人才服务。 第二条自觉遵守图书资料人员必备的道德规范,热爱图书馆事业,全心全意为读者服务,主动热情,文明礼貌,勤奋好学,刻苦钻研。 第三条加强思想修养,提高马列主义理论水平,团结协作,遵纪守法,严格遵守考勤制度。	一等	1.高质量完成承担的业务工作和管理工作; 2.在读者服务和咨询工作中获读者好评,在培养中初级人员方面起重要作用的; 3.在书刊采访、分编、文献研究、读者教育和现代技术应用、情报工作、管理工作或某一学科建设中,承担指导审核工作; 4.承担省级以上的研究课题,或从事专著、译著的编写工作,二年内获省级或全国性奖励的,或作为第一、二作者在全国性学术刊物上发表学术论文2篇以上的。	1.高质量完成承担的业务工作和管理工作; 2.在读者服务和咨询工作中获读者好评,在培养中初级人员方面有成绩; 3.在书刊采访、分编、文献研究、读者教育和现代技术应用、情报工作、管理工作或某一学科建设中承担指导审核工作; 4.承担校级以上的研究课题或从事专著、教材、译著的编写工作,二年内获校级以上奖励或省级学会奖励,或作为第一、第二作者在全国性学术刊物上发表论文1篇以上。	1.高质量独立地完成一项或数项业务工作; 2.在读者服务和咨询工作中获读者好评,在帮助初级人员掌握业务,提高工作质量方面成绩显著; 3.在承担部或组的管理工作中成绩明显的,或担任社会工作获好评的; 4.作为第一、第二作者正式发表论文1篇以上的。	1.高质量完成部分业务工作或文献研究、书目编辑、情报等的助手工作; 2.结合工作对有关本校的读者、教学、科研和馆藏情况有深入了解,努力提高工作质量有成绩的; 3.能正确处理工作和学习的关系,上班时间内能全心全意搞好工作获读者好评的或达到优质指标的,能模范执行各项规章制度的; 4.每两年能在校图书情报工作研讨会上发表论文1篇以上的。	1.担任图书采访、编目、目录组织、书库管理、图书借阅等业务部门的辅助性工作质量优越的; 2.工作态度认真负责,对读者热情诚恳,获读者好评的; 3.主动适应环境、熟悉环境,提高业务素质和工作能力; 4.模范地遵守和执行各项规章制度。
	二等	1.较好地完成承担的业务工作和管理工作; 2.在读者工作和培养初级人员方面发挥良好作用; 3.在书刊采访、分编、文献研究、读者教育、现代技术应用、情报、管理工作或某一学科建设中承担指导审核工作; 4.承担校级以上的研究课题或从事专著、教材、译著的编写工作,两年内有正式成果的;或作为第一、第二作者在省级以上学术刊物上发表论文2篇以上的。	1.较好地完成承担的业务工作; 2.在读者工作和培养中初级人员方面发挥良好作用的; 3.在某一业务领域担任指导审核工作; 4.参加有关的研究课题或专题任务或参加专著、教材、译著的编写工作,两年内有正式成果的或作为第一、第二作者正式发表论文1篇以上的。	1.独立完成一项或数项业务工作; 2.较好地为读者服务,能帮助初级人员掌握业务,提高工作质量; 3.在承担可参与部组的管理工作中发挥一定的作用; 4.每两年在刊物或各级学术会议论文集上发表论文1篇。	1.较好地完成部分业务工作或文献研究、书目编辑、情报等的助手工作; 2.结合工作对有关本校的读者、教学、科研和馆藏情况进行了解,改进工作的; 3.能正确处理工作和学习的关系,上班时间努力搞好工作,严格执行各项规章制度的。	1.担任图书采访、编目、目录组织、书库管理、图书借阅等业务部门的辅助性工作,质量较好的; 2.工作态度认真,对读者热情诚恳; 3.注意熟悉环境,努力提高自己的工作能力; 4.认真执行各项规章制度,无严重违纪行为。

浙江大学档案馆藏,档案号:ZD-1994-XZ-129-1

浙江大学图书情报工作委员会名单①

(1996 年 9 月 20 日)

主　任:冯培恩

副主任:夏　勇　王绳兮

委　员:王申康　王绳兮　冯培恩　杨纪生　沈涵芬　陈叔平　陈俊民　邵永真
郑纪蛟　胡礼祥　俞瑞钊　姚先国　夏　勇　钱正君　钱凯先　钱根祥
高　济　曹培林　曹源泉　葛祥富

秘　书:竺海康

浙江大学档案馆藏,档案号:ZD-1996-XZ-10-10

(二)出版社

关于批准成立东北师范大学等 7 校出版社的通知

(1983 年 9 月 9 日)

〔83〕教计字 156 号

东北师范大学、同济大学、南京大学、浙江大学、山东大学、中山大学、西安交通大学:

你们要求成立出版社的报告,业经文化部于 1983 年 8 月 23 日以文出字〔83〕第 1783 号文批准,同意成立东北师范大学出版社(社号 334)、同济大学出版社(社号 335)、南京大学出版社(社号 336)、浙江大学出版社(社号 337)、山东大学出版社(社号 338)、中山大学出版社(社号 339)、西安交通大学出版社(社号 340),特此通知,并希按照下列要求,办好大学出版社:

一、大学出版社应在学校党政统一领导下,遵循为教学和科研服务的方针,以出版教材、教学参考资料、科研专著和学报为自己的任务,不要出版与教学、科研无关的书籍。

二、大学出版社出版的书刊要面向校内外,有些还要在国际交流,因此必须十分注意出书的质量,要为提高教学、科研水平作出贡献,要为两个文明建设作出贡献。

三、大学出版社行政上由学校领导,按系(处)级建制,列入学校附属单位编制。学校要加强领导,在校内调配得力的领导班子和有经验、有水平的编辑、出版人员,专职人员不要过多,要和出书的任务相适应。在学校统一安排下,逐步健全机构、配齐人员,使编辑、印刷能力和出书任务协调一致。同时,要密切同当地出版行政机关的联系,在业务上接受他们的指导,争取他们的支持。

四、大学出版社要单独核算,逐步做到自负盈亏。但必须明确不能为了赚钱,要采取"以丰补欠"、以长养短的办法,做到略有盈余。要以对教育、科学、文化的贡献来衡量,不以赚钱

① 本件为 1996 年 9 月 20 日公布的《浙江大学各类委员会、领导小组等人员调整名单》的节选。

多少论好坏。

五、1983年下半年出版计划应送我部审批,用纸计划应报所在地出版部门审批。

教育部
一九八三年九月九日

浙江大学档案馆藏,档案号:ZD-1983-XZ-119-8

浙江大学出版编辑人员分级考核参考标准

(1994年)

出版编辑人员年度工作考核各等级的评定,均应符合下列三条基本要求	等级	编审	副编审	编辑	助理编辑
第一条热爱祖国,忠于人民的出版事业,坚持四项基本原则,积极参加学校教育改革及本社出版管理改革,全心全意为社会主义文化教育事业服务。 第二条坚定地贯彻执行党的出版方针,具有崇高的职业道德和编辑责任感,坚持社会效益第一,社会效益与经济效益统一的原则,实事求是,编好书,出好书。 第三条加强思想修养,遵纪守法,提高马列主义理论水平.服从工作需要,顾全大局,团结协作,积极承担并努力完成编辑出版、出版研究、思想政治教育和出版社各项管理工作及社会工作,完成当年工作量。	一等	1.负责有关学科来稿(重要书稿和高难度书稿)审查,协助编辑室主任或总编辑复审或终审有关书稿,负责有关学科的审稿会议; 2.承担有关学科书稿(包括难度较大书稿)的责任编辑; 3.掌握有关学科学术发展动态,主持或参与制定有关学科近期、长期选题规划和出书规划; 4.指导见习编辑和助理编辑,组织编辑的工作和业务进修; 5.主持或参加国家级、省级编辑学或教材或本学科学术研究项目,撰写有关论文并在本学年作为第一、二作者在国家级刊物上发表论文2篇以上,或正式出版教材或译著等; 6.二年内获得省、部(委)级二等奖以上奖励(排名前2名者)。	1.负责有关学科来稿审查,协助编辑室主任或总编辑复审或终审有关书稿,负责主持有关学科的审稿会议; 2.承担有关学科书稿(包括难度较大书稿)的责任编辑; 3.掌握有关学科学术发展动态,主持或参与制定有关学科近期、长期选题规划和出书规划; 4.指导见习编辑和助理编辑; 5.主持或参加国家级、省级编辑学或教材或本学科学术研究项目,撰写有关论文并在本学年作为第一、二作者在国家级刊物上发表论文1篇以上,或正式出版教材或译著等; 6.二年内获得省、部(委)级二等奖以上奖励(排名前2名者)。	1.收集、分析本学科学术动态和出版信息。负责来稿列选的审查。负责选定本学科教材、教学参考书和学术著作等的选题、组稿规划和出书计划; 2.承担本学科书稿的责任编辑。撰写审读加工报告; 3.负责对书籍进行成品质量检查。负责再版书、重版书的编辑审读; 4.协助高级编辑人员指导见习编辑和助理编辑; 5.承担教材或编辑学的研究,撰写书讯和书评,撰写有关论文并在本学年作为第一、二作者在公开发表的刊物上发表论文2篇以上; 6.二年内获得省、部(委)级二等奖以上奖励(排名前2名者)。	1.协助中高级编辑人员工作,搜集整理学科情报信息,联系本学科著译人员。参与选题、组稿,核对文献资料、检查校样、样书、组织书籍再版或重版; 2.编辑加工一般稿件。经批准,担任某些书稿的责任编辑; 3.参加本学科教学、科研、教材建设方面的调查研究工作; 4.承担编辑室其他工作; 5.撰写有关论文并在本学年作为第一、二作者在公开发表的刊物上发表论文1篇以上。

续表

	等级	编审	副编审	编辑	助理编辑
	二等	1.负责有关学科来稿(重要书稿和高难度书稿)审查,协助编辑室主任或总编辑复审或终审有关书稿,负责有关学科的审稿会议; 2.承担有关学科书稿(包括难度较大书稿)的责任编辑; 3.掌握有关学科学术发展动态,主持或参与制定有关学科近期、长期选题规划和出书规划; 4.指导见习编辑和助理编辑; 5.主持或参加省级编辑学或教材或本学科学术研究项目,撰写有关论文并在本学年作为第一、二作者在国家级刊物上发表论文1—2篇以上,或正式出版教材或译著等。	1.负责有关学科来稿审查,协助编辑室主任或总编辑复审或终审有关书稿,负责主持有关学科的审稿会议; 2.承担有关学科书稿(包括难度较大书稿)的责任编辑; 3.掌握有关学科学术发展动态,参与制定有关学科近期、长期选题规划和出书规划; 4.指导见习编辑和助理编辑; 5.撰写有关论文并在本学年作为第一、二作者在国家级刊物上发表论文1篇以上; 6.二年内获得省、部(委)级三等奖以上奖励(排名前2名者)。	1.收集、分析本学科学术动态和出版信息。负责来稿列选的审查。负责选定本学科教材、教学参考书和学术著作等的选题、组稿规划和出书计划; 2.承担本学科书稿的责任编辑。撰写审读加工报告; 3.负责对书籍进行成品质量检查。负责再版书、重版书的编辑审读; 4.协助高级编辑人员指导见习编辑和助理编辑; 5.承担教材或编辑学的研究,撰写书讯和书评,撰写有关论文并在本学年作为第一、二作者在公开发表的刊物上发表论文1篇以上。	1.协助中高级编辑人员工作,搜集整理学科情报信息,联系本学科著译人员。参与选题、组稿,核对文献资料、检查校样、样书、组织书籍再版或重版; 2.编辑加工一般稿件。经批准,担任某些书稿的责任编辑; 3.参加本学科教学、科研、教材建设方面的调查研究工作;4.承担编辑室其他工作。

浙江大学档案馆藏,档案号:ZD-1994-XZ-129-1

1997年校办产业情况统计表①

(1998年6月1日)

学校名称:浙江大学　　　　单位:千元

企业名称	科技含量	经营性质	全年企业职工平均人数	企业收入	利润总额	净利润	上交学校	退还学校	上缴税金				减免税
									总额	流转税	所得税	其他	
浙江大学出版社	1	1	61	22250	7821	7821	4800	377	1953	1739		214	

浙江大学档案馆藏,档案号:ZD-1998-XZ-87-3

① 本表系1998年6月浙江省教育委员会对全省高校1997年度校办产业统计数据的节选。

十四、民主党派、群团组织和学校文化建设

(一)民主党派、群团组织

1. 民主党派

民盟浙大区分部筹委会正式成立[①]

(1954年1月14日)

中国民主同盟浙江大学区分部筹备委员会于本月十日上午八时在民主馆举行成立大会,到会者有本校全体盟员、上级领导与本校党、政、工会、团学生会代表及来宾共七十余人。本市各大专学校民盟小组均赠送礼品祝贺。美术分院赠送刘开渠先生雕塑的毛主席石膏像一尊。

大会由主席王仁东同志致开幕词,李寿恒同志做工作报告。其后省委统战部魏处长讲话,指出民盟在本校的任务与工作方向,是要在党的领导下,在教学改革中起模范带头作用。盟员要加强自我改造,提高政治水平,密切联系群众,以实际行动贯彻国家在过渡时期的总路线总任务。盟省支部筹委会副主任宋云彬同志讲话,他首先宣布了民盟浙大区分部筹委会名单,根据民盟七中全会的精神,阐明了盟的性质及其在过渡时期团结知识分子建设社会主义的主要任务。本校党委及行政代表刘丹同志讲话,强调指出团结群众的重要性,希望盟员能带动周围群众共同进步。接着工会、学生会、本市大专学校民盟组织代表亦先后讲话祝贺。盟员方巽山、陈嗣虞两同志发言,深感入盟后盟对自己的帮助很大。最后来宾寿俊良、赵仲敏、周庆祥、王子香诸先生相继发言,一致表示祝贺本校民盟工作争取进一步的成绩。赵仲敏先生并表示一定要争取入盟。

会议最后由李寿恒同志代表区分部筹委会致谢,在十一时许结束。

浙江大学档案馆藏,档案号:ZD-1900-ZL12-406

关于提供我校统战工作有关情况的报告

(1992年10月12日)

浙大党委统〔1992〕08号

浙江省委高等学校工作委员会:

遵照你委组织处拟对省、部属高校的民主党派及统战工作状况作初步了解,要求我们提供有关情况的指示精神,现上报有关材料,请审示。

---

① 本文原载中国教育工会浙江大学委员会编《教学生活》第9期第三版(1954年1月14日)。

我校党委十分重视统战工作，并于1977年10月恢复了统战部，由我校党委委员邵孝峰同志（1935年10月出生，工程师）担任部长。为强化行政序列的统战工作，适应新时期统战工作的需要，我校又于1988年4月建立了联络办公室，邵孝峰部长兼任联络办公室主任。联络办公室和党委统战部同一套班子，其职责主要是侨务、对台、民族、宗教等行政工作。

我校目前有民革、民盟、民建、民进、农工、致公、九三7个民主党派基层组织，共有成员356人，其中民革32人，民盟155人，民建12人，民进16人，农工34人，致公14人，九三93人。民盟和九三成员较多，先后建立了浙大委员会，民盟浙大委员会下设6个支部，九三浙大委员会下设3个支社。

我校民主党派组织，"文革"前只有民盟支部，共有成员41人。1979年恢复民主党派活动后，又先后成立九三等6个党派组织。

我校356名党派成员，专业技术职务状况为：教授43人，副教授（含高工等副高级职称）183人，讲师（含工程师等中级职称）130人；年龄结构为：35岁以下7人，36至50岁71人，51至60岁195人，61岁以上83人。

我校民主党派成员素质较高，不少人在教育界、科技界享有一定的声望，有51人在中央、省、校、系担任职务，具体任职情况请详见附表。

我校共有归侨、侨眷、台港澳眷属512人，其中归侨29人，侨眷158人，台属246人，港澳眷属79人。为了进一步做好海外统战工作，我校于1984年先后成立了浙大侨联和浙大台港澳眷属联谊会等群众团体组织。

附：担任领导职务的民主党派成员名单（略）

浙江大学党委统战部

一九九二年十月十二日

浙江大学档案馆藏，档案号：ZD-1992-XZ-27-2

关于我校民主党派组织发展状况的报告

（1993年4月23日）

浙大党委统〔1993〕04号

省委统战部：

遵照你部浙统发〔1993〕17号"关于调查民主党派组织发展状况的通知"的指示精神，现上报我校有关民主党派组织发展材料，请审示。

我校现有教职工6163人，其中党外知识分子1826人，党外知识分子中，民主党派成员为350人，占党外知识分子的19.2%。全校具有中高级职称的知识分子为2970人，其中党外的有1504人，占50.6%。具有高级职称的有1379人，其中党外的有781人，占53%。781名党外高级职称人员中，民主党派成员有224人，占30.6%。

我校民主党派成员中，年龄在51—60岁的有198人，占党派成员的56%；61岁以上的有83人,占23.4%。在未来五年中党派成员退休人数较多。

在今后五年的党派发展工作中,我们要支持民主党派加强自身建设,努力提高民主党派的素质;要积极培养一批拥护四项基本原则,拥护改革开放,对学校教育,科研工作有一定建树,且有一定群众基础和组织管理能力的党派中青年知识分子逐步充实到领导班子,实行新老合作与交替。根据我校现有党外中高级职称知识分子的实况,要进一步协助民主党派加强组织建设,按照各党派的各自章程发展一些有代表性,有影响的党外知识分子加入民主党派,发展工作要注重质量,原则上到2000年我校民主党派成员能保持在350人左右。

附件:

1.民主党派历年发展新成员统计表

2.1992年民主党派发展新成员统计表(略)

浙江大学党委统战部

一九九三年四月二十三日

附

浙江大学民主党派历年发展新成员统计表①

	民革	民盟	民建	民进	农工	致公	九三	合计
1978年成员数	1	34					1	36
1979年							1	1
1980年	1	5					11	17
1981年	5	3		1	1	2	8	19
1982年	1							1
1983年	2	8		2	2		5	19
1984年	3	6			1		8	18
1985年	4	7			3		9	23
1986年	8	21	1		2	2	6	40
1987年	3	15	1		3	1	11	34
1988年	4	25	3	2	4	6	23	67
1989年		20	4	12	15	2	9	62
1990年	3	6	3		3		2	17
1991年	2	1						3
1992年	2	1				1	2	6

浙江大学档案馆藏,档案号:ZD-1993-XZ-27-2

① 本表格式内容有调整。

2. 工会、教代会

全校代表会议总结报告[①]

(1950 年 4 月)

解放后,浙大全校师生员工,迫切地要求把旧的浙大改造成为新的人民浙大。曾经努力进行了若干改进的工作,也收到了一定的成绩,但是整个说来,还存在着不少的缺点。为了总结过去的经验,改善全校的工作,巩固已有的成绩,克服困难,纠正偏向,以谋更好地贯彻新民主主义的文化教育方针,建立人民的新浙大,校委会在二月十五日举行的第十次会议上,决定在四月一日校庆纪念日召开全校代表会议。三月一日校委会第十一次会议上,正式成立了全校代表会议筹备委员会。聘请了包括校委会、党、团、教职联、学生会、分工会的代表共四十一人为筹备委员,其中十七人为常务委员,开始筹备工作。三日,校委会发出召开全校代表会议的号召,号召全校师生员工"都动员起来,本爱护浙大、办好浙大的热忱,来积极选出代表,提供意见"。号召全校师生员工"继承过去民主传统,拿出当家做主人的态度"!来开好这次会议。二十六日全体代表三一〇人举行预备会议。通过了由筹委会提名的主席团四十五人和秘书长一人副秘书长二人。成立提案审查委员会和大会秘书处;筹备工作至此全部结束。二十八日至三十日,全体代表按提案之性质分成十组,进行讨论。四月一日上午结合浙大第二十三届校庆纪念,大会正式开幕。会期两天半,于四月三日上午十一时半胜利闭幕。

(中略)

收获和缺点

这次全代会议是成功的。收获有以下几点:

一、加强了校委会和群众的联系。由于过去校委会忙于做它本身的许多实际工作领导,还没有这样的机会使它正面和这样多的群众来讨论它的工作,它和群众的联系不够。通过这次全校代表会议,加强了校委会和群众的联系,使得过去不很了解校委会的人或者没有以为校委会的工作是全校每个人都应当关心都有份的人,了解了校委会的工作情况,都来关心校委会的工作,以真心爱护校委会的心,当家作主的心,来积极地提意见了。这表现在小组讨论里不少不同意见的逐渐取得一致和大会的最后通过三十三个提案上,现在大家是团结一致,决心办好人民浙大,向共同的目标前进。

二、加强了全校师生员工的团结。浙大的师生员工基本上是团结的,可是经过了这次全代会议,起了更大的团结作用。过去大家难免有时是从自己的角落里去看去想各种问题的。这次会议使大家处在一个更广更大的场所,使大家全面地了解了许多问题,也使大家都来看来想问题了。在小组会上,大家都发挥了知无不言,言无不尽的精神,大家虽有不同的意见,有争论,但大家都是对事不对人的。过去大家觉得浙大缺点是很大的,但究竟是哪些缺点,大家不能明确地说出来。经过了这次会议,使大家明白了浙大有哪些缺点、有哪些优点,使

① 本报告系 1950 年 4 月召开的浙江大学第一次全校代表会议的总结报告。

大家发现了问题、发现了缺点在哪里、是怎样的一些缺点,因而加强了相互间的了解,使大家有办法来克服这些缺点。这次会议所通过的提案,就是帮助大家发扬浙大的优点,克服工作中存在的缺点的一些原则性的办法。经过了矛盾、争论现在集中起来了意见,现在浙大全校师生员工是空前的大团结。工作虽还有困难,但工作起来定比以前会有更多的力量,那是一定的。

三、会议中初步学会了批评和自我批评的武器。在这次会议里大家初步学会了批评和自我批评的武器,例如在讨论总务那个小组上,总务长虚心地进行了自我批评,大家也进行了批评,其他的小组一般的讨论得都好。虽然这样批评和自我批评的精神,在浙大还不普遍,也还远远不够,但在这次会议中已经有了一个开头,今后要把它发扬起来,对浙大的工作一定有很大帮助的。

四、加强了办好人民浙大为贯彻新民主主义的教学而奋斗的决心和信念。首先是浙江省人民政府谭主席在全代会议开幕式上的报告,给全校师生员工指出了自从中苏订立友好同盟互助条约以来新的形势,世界人民民主力量空前的强大。只要大家努力,巩固革命胜利,足以争取世界的持久和平。使全校师生员工明确了一九五〇年所负的任务,结合浙大的具体实际情况,是要克服困难,厉行节约,继续开展工读,为着祖国财政的统一,为着解放定海、台湾一致团结起来,为办好人民浙大,为贯彻新民主主义的教学而奋斗。其次通过这次会议,加强了全校师生员工的大团结,也使如何办好人民浙大和贯彻新民主主义的教学变得具体化了,因而加强了大家为这个目标而奋斗的决心和信心。

五、提高了继续开展工读互助的信心和认识。在大会上,工读委员会将过去二个月的工作,做了总结报告,明白地指出:就在这工读互助开展的最初阶段,在经济上和思想上已获得了相当的成绩。此外,工读方面的提案也有几十件。经过分组讨论后,最后,大会通过了一条决议案,号召全校师生员工和各个部门,重视并协助推进工读互助,要各部门尽可能将生产工具和生产技术全力帮助工读,要适当地精简课程,创造新的教学方法,科学的支配时间,以便与工读结合。这些,都提高了全校师生员工继续开展工读运动的信心和认识。

以上是这次会议的主要收获,此外大家还学会了做总结,学会了开这样的会议,这些也是收获。但是这次会议也有缺点,而且是不少。首先,这次会议本身虽然是贯穿着全心全意办好人民浙大的精神,但是明确地提出来,使全校师生员工每一个人明白自己要全心全意在人民浙大教得好、学得好、工作得好的中心还是提得不够高。其次是筹备时间太匆促,准备不够,使得会议的进程显得凌乱而无计划。好些工作总结还没有及时公布,使大家无从提提案。发动提提案还不够普遍与深入。在提案的分类上也表现出准备不够周到,分组讨论时,提案转来转去,有转了几个组的。全部提案本来预备印发给每位代表的,以便在分组讨论时,使他们除了自己所讨论的一组提案外,对别的提案如有意见,也可通过别的代表们带去发表。但是因为时间上来不及,也没有办到。全部提案处理经过的详细情形,也没有对每位代表作很好的说明。此外,在小组讨论中,有个别小组还没有做到个个都发言,或者发言虽普遍而不够深入。小组会虽有三天的讨论时间给大家发言,但大会发言只有一天,使很多代表没有机会在大会上发表意见。这些也是缺点。还是由于大家都没有开过这样的会,相信有了这次会议的经验,以后的代表会议一定能开得比这次更好。

浙江大学档案馆藏,档案号:ZD-1950-XZ-21

浙大工会定于明日正式成立

(1950年9月23日)

全浙大工人阶级自己的组织——浙大工会,经过二月余来的积极筹备,现已筹备就绪,即将于本月二十四日正式宣布成立。本月十七日下午工会代表大会举行预备会议,进行讨论了工筹会的工作报告;一九五〇年度浙大工会工作方针;讨论通过了基层委员会选举办法,与代表大会主席团人选,产生选举委员组成选举委员会,积极着手进行选举事宜。

二十日召开代表大会,由刘震华同志主持,一致通过了浙大工会一九五〇年度工作方针,规定:“团结全校员工,树立新的服务态度,遵守劳动纪律,稳步贯彻全国高教会议的决议,保证教学计划的完成,培养身体健康,思想进步,学业优良的新中国建设人才为中心任务!”并指出工会一切工作“均应环绕中心任务而努力!”(中略)

投票自二十二日下午开始分八处进行,于二十三日中午十二时半投票截止,并于同日下午二时举行开票典礼。

二十四日宣布浙大工会正式成立。(下略)

《浙大校刊》1950年9月23日

杭州市教育工会浙江大学工会1950年度工作方针

(1950年9月23日)

根据工会法关于工会权利与责任的规定,上级工会组织的决定与指示,以及当前形势和本校具体情况,对于今后一年内本校工会工作的方针作如下的决议:

本校工会以团结全校员工,树立新的服务态度,遵守劳动纪律,稳步贯彻全国高教会议的决议,保证教学计划的完成,培养身体健康,思想进步,学业优良的新中国建设人才为中心任务。工会的一切工作,均应环绕中心任务而努力。在完成中心任务中,发展与巩固工会组织,贯彻大家办工会的原则,注意培养工作干部,发扬工会工作的民主作风,反对包办代替的偏向,为此必须:

一教育并组织全校员工,发挥集体力量,克服教学工作中的困难,总结并推广先进教育工作者教学与工作的经验,帮助员工进行学术上的研究工作与进修;以求在原有基础上把教学研究工作提高一步。

二在自觉自愿的原则下,推进员工的政治学习,提高政治认识,加强思想改造。适当的推进互助教育,提高工友文化和技术水平。开展文娱体育活动,调剂员工生活,提高工作情绪。

三办好福利事业,帮助解决员工日常生活上所遭遇的困难,使大家能专心一致,做好业务工作。

《浙大校刊》1950年9月23日

关于恢复校工会组织的意见

(1978年11月23日)

浙大党委〔1978〕46号

各系、机关、工厂党总支,校工会筹备小组:

一、为把我校工会组织尽快地恢复和整建好,由齐敏、桑锦荣、吴京、钦培儿、王学古、李博达、黄邦达、王爱民等同志组成工会筹备领导小组,负责筹备工会工作。组长齐敏、副组长桑锦荣、吴京、钦培儿。

二、12月上旬召开校工会第十二次代表大会,成立校工会委员会。

1.校工会委员会暂设主席1人,副主席8人,委员为35人。其中:教师16人,实验员3人,工人8人,干部8人;女的8—10人,党员14—15人,归侨1人。(名额分配另附表)

2.校工会委员会下设:组织、宣教、业务、文体、财务、生活福利、妇女等七个工作委员会以及经费审查委员会。各工作委员会设主任1人,副主任2人,委员5—7,主任由校工会委员分工担任。

3.代表大会代表由工会小组选举产生。凡是10人以下的工会小组产生代表1人,10—19人产生代表2人,20人以上产生代表8人。

三、在各系党总支的直接领导下,立即成立各系、机关、工厂分会筹备小组,进行以下工作:

1.认真审核原有工会会员的会籍,做好恢复会员关系的工作。要坚决落实党的政策,严格区分两类不同性质的矛盾,(中略)表现不好者,暂不恢复会籍。除以上几种情况外,对原有的工会会员要列出名单,张榜公布,予以恢复组织生活。

2.建立好工会小组选举正副小组长2—3人。

3.各系设分会,下设若干工会小组。为便于开展工作,校机关、实验工厂设分会,下设若干部门工会,委员以5—7人组成为宜。

4.在11月底建立分会组织,委员以7—11人组成为宜。

5.产生校工会委员候选人和校工会代表大会代表,于11月底送校工会筹备小组。

四、建立各级工会委员会,要在同级党组织的领导下进行。必须走群众路线,充分发扬民主,召开会员大会或会员代表大会选举产生。要按照毛主席关于革命事业接班人的五项条件和老中青三结合的原则,把那些阶级斗争、路线斗争觉悟高,特别是在第十一次路线斗争中表现好的,能密切联系群众,热爱工会工作的同志选拔到领导班子中来。工会主席要选配相当于同级党政副职干部担任。

中共浙江大学委员会

一九七八年十一月二十三日

浙江大学档案馆藏,档案号:ZD-1978-XZ-87-2

关于召开第二届教职工代表大会和第十六届工会代表大会的通知

(1989年2月23日)

浙大党委〔1989〕9号

根据《高等学校教职工代表大会暂行条例》和《中国工会章程》的有关规定，我校将于今年"五一"前后召开第二届教职工代表大会和第十六次工会代表大会，现将有关事项通知如下：

一、认真贯彻落实党的十三届三中全会提出的治理经济环境，整顿经济秩序、全面深化改革的方针和刚刚结束的全国教育工作会议精神，全面推进和深化学校改革，是我校面临的一项紧迫任务。最近，国家教委已批准我校进行综合改革试点，认真搞好试点工作，对我校的建设和发展将产生重要影响。召开第二届教职工代表大会和第十六次工会代表大会的目的，就是要以党的十三大理论进一步武装教职工的思想，明确自己担负的历史责任，认真讨论和研究我校的综合改革方案，统一思想，统一行动，振奋精神，扎实稳妥地把我校的改革推向前进。为了开好这两个大会，各单位要组织教职工对学校的综合改革思路进行讨论，充分听取意见和建议，使我校的改革方案建立在比较科学的基础之上。

二、教职工代表大会和工会代表大会就其职能而言，主要方面基本上是一致的。从有利于安排工作、提高效率和减少会议层次考虑，党委在征求有关负责人意见的基础上，决定合并召开第二届教职工代表大会和第十六次工会代表大会。推选为第十六次工会代表大会的代表，同时为第二届教代会的代表。

党委原则同意首届教代会和第十五届工会委员会《关于召开浙江大学第二届教职工代表大会和第十六次工会代表大会的报告》，请各有关单位认真组织实施。

三、为了做好大会的筹备工作，学校成立由校党、政领导和有关部门负责人组成的筹备委员会(名单见附件)，负责具体落实大会的各项筹备工作。

附件：
一、关于召开浙江大学第二届教职工代表大会和第十六次工会代表大会的报告(略)
二、校第二届教职工代表大会和第十六次工会代表大会筹备委员会成员名单(略)

中共浙江大学委员会
一九八九年二月二十三日

浙江大学档案馆藏，档案号：ZD-1991-XZ-261-29

1990年校工会工作要点

(1990年2月20日)

浙大工〔90〕1号

1990年校工会工作的指导思想是：以十三届四中、五中全会精神为指针，认真贯彻中央〔89〕12号文件，紧密依靠党委领导，坚持四项基本原则，全面履行工会职能，接受上级工会的指导,着重加强思想政治教育,为稳定职工队伍,稳定学校发挥积极作用;树立全心全意为广大教职工服务的观念,依靠和组织全校教职工同心同德、振奋精神,为支持和促进我校综合改革而努力奋斗。

一、加强思想政治教育,使工会成为广大教职工在实践中学习共产主义的学校。根据校党委本学期工作要点,在教职工中着重进行坚持社会主义道路和树立正确人生观的教育。各级工会组织应从自身工作特色出发,结合本部门思想状况,开展多种形式的宣传教育活动,配合党政搞好教职工的思想政治教育。按照校统一印发的学习资料,充分利用工会活动日和节假日,开展国情教育、爱国主义、社会主义、独立自主、艰苦奋斗的教育,增强民族自尊心,坚定走社会主义道路信心;进行辩证唯物主义和历史唯物主义的学习和教育,树立正确的人生观和世界观;在青年教工中,引导他们接触社会,接触工农,理论联系实际,从我做起,从现在做起,为振兴中华建功立业,在实践中锻炼成为合格的社会主义教育事业的接班人。注意苏联、东欧局势的演变和前景的形势教育,增强对资产阶级自由化和西方资产阶级反动势力进行和平演变的防御能力。

二、继续搞好教书育人(服务育人)、为人师表活动,注意发现和发挥先进模范人物的作用。各级工会应当在全校教职工中经常开展教书育人(服务育人)、为人师表的活动,提倡和进行良好的职业道德、职业责任、职业纪律、职业技能的"四职"教育,倡导严谨踏实的治学精神和求是学风,充分发挥新老劳动模范、优秀教师和先进工作者的表率作用,注意总结和发现新的先进典型。工会组织应协助党政做好每学年的教书育人评比活动。

三、积极发挥桥梁和纽带作用,使工会成为广大教职工有组织,有纪律、有领导的参政议政的民主渠道。今年,我校将全面实施综合改革方案,工会应组织教职工提高对深化改革重要意义的认识,增强学校主人翁责任感,将爱校与关心、支持改革结合起来,努力为综合改革的实施和完善献计献策,积极提合理化建议,使广大教职工以实际行动成为校系行政的坚强后盾。各级工会应定期召开教代会及各类座谈会,听取行政的工作报告,收集群众反映,及时向校系和有关部门反映,以取得行政的支持,并督促落实。加强对《浙大教工》的领导和编辑工作,使之成为上情下达,下情上达的重要的宣传教育和民主渠道之一。

四、加强工会、教代会的自身建设,不断提高工作水平,增强工会组织的活力。各级工会组织应认识到自身在新时期的历史责任,增强责任感和光荣感。工会委员会同时是学校教职工代表大会的工作机构,在学校的民主管理中负有重要责任,应当积极发挥作用。根据党委的工作部署,本学期将在适当时候召开第二届教职工代表大会和第十六届工会代表大会,应认真做好大会的各项准备工作。应增加工会工作透明度,主动争取群众的监督。定期召开部门工会主席、教代会代表团团长会议,校工会主席碰头会及工会办公会,使决策民主化、科学化。积极发挥系工会的主动性、创造性、增强活力,使工会工作扎根于基层群众中。举办工会干部培训班,提高工会干部的素质和政策理论水平,提高工作自觉性和全心全意为教职工服务的观念。今年底开展工会工作先进单位,先进个人评比活动。

继续加强与兄弟院校工会的联系与交流。

五、搞好文体活动,丰富业余生活,加强精神文明建设。组织开展形式多样,有益身心的文娱活动和体育竞赛,鼓励经常性、小型多样的基层活动。通过活动寓教于乐,增强工会的凝聚力,为广大教职工创造宽松、愉快、良好的育人环境;组织全校性的系际健美操比赛(9

月下旬),组织系际篮球、排球、拔河、围棋等比赛和元旦越野跑。

加强教工活动中心的工作,发挥教工之家的作用,注意提高效益,举办群众欢迎的讲座、培训班及其他文娱活动、舞会等。组织教工代表队参加校外的文体比赛。对已有的教工合唱团,篮球队、足球队等继续办好,发挥文体骨干作用。继续办好电影放映,抓紧做好邵体馆电影机和银幕架的安装。

六、搞好生活服务,协助行政解决职工的后顾之忧,发挥好代表和维护广大教职工利益的作用。各级工会应经常倾听群众的呼声,关心群众的疾苦,反映群众的意见和要求,维护群众的合法权益,尽力解决群众的困难。同时,要在实际工作中注意引导教职工自觉做到个人利益服从国家利益、局部利益服从整体利益、眼前利益服从长远利益。各级工会组织应在党政的支持下,扎扎实实地为群众办几件实事。校工会拟会同后勤部门改善教工浴室的条件及其他关系群众切身利益的事。

继续加强和支持女职工委员会和青年教工工作,关心离退休教育工作者,做好新增教工的入会工作。

合理使用工会经费,严格廉政制度,健全经费审查委员会的定期审查。搞好暑期教工休养活动。

七、组织好本学期几项节日活动。

1."三八"妇女节:举行全校女教工拔河比赛;植树活动;庆祝"三八"联欢晚会。

2."五一"劳动节:召开劳动模范、优秀教师、先进工作者座谈会;召开教师代表座谈会,"五一"联欢晚会。

3."五四"青年节:与科研处、校科协联合举办"青年教工优秀论文报告会",评选优秀论文奖;分别召开青年工人、青年教师座谈会;举行"纪念五四爱校公益劳动";组织青年教工社会考察参观;青年教工联欢活动。

4.组织"六一"商品展销会。

浙江大学工会

1990 年 2 月 20 日

浙江大学档案馆藏,档案号:ZD-1990-XZ-117-1

浙江大学二届一次教代会提案处理情况简报

(1992 年 9 月 23 日)

在二届一次教代会上,共征集到代表的提案 199 件。大会结束后,在学校党委的领导和行政的重视、支持下,各有关部门、单位对提案进行承办,做了大量工作,已先后给提案人一一作了答复,现将有关情况简要报告如下:

一、教职工代表认真积极撰写提案,为办好浙大献计献策。

代表们围绕以教学科研为中心,培养社会主义建设者和接班人这一根本任务,针对教职工关心的方方面面,提出了许多好建议,充分体现了代表们办好学校的主人翁精神和高度责

任感。征集的199件提案中被采纳落实或将逐步落实的有134件,其中主要的有以下内容:

(一)有关加强学校管理、搞好校园文化建设,增强教职工凝聚力的提案19件。提案提议充分发挥教代会代表在民主管理学校中的应有作用;充分利用好宣传橱窗、闭路电视等宣传阵地,搞好校园文化建设;有关于搞好廉政建设的,还有提议在全校广泛开展提合理化建议活动等内容,这些提案的实施对促进学校精神文明建设,调动广大教职工积极性将会起较大作用,受到学校和有关方面的重视。

(二)有关教学、科研方面的提案20件。根据代表们提议,学校及有关部门已作了较大努力。主要有:

1.增加教学投入。88—91年全校教学基金总投入数是320万元,今年一年计划130万元,今后还将逐年增加"八五"末争取达到200万元/年。

2.设立教学经常费,为进行正常教学提供必要条件,今年对有关课程已有所体现。

3.建立研究生教材基金。

4.不断提高教学管理现代化水平,教务处在对学生学习成绩管理和教材供应已实行计算机管理的基础上,正在进行计算机排课的尝试。

5.改善外语教学设施。拨款更新收录机,积极创造条件争取建立视听室。

6.对科研经费的结算今年已作了调整。思路是:提高基础类课题经费的权重,降低技术开发类中所谓"大进大出"且少提管理费课题经费的权重。

(三)关于机构设置、人事编制等方面的提案19件。经过人事处等部门努力,采纳实施的主要有:

1.人事调动问题,在学校控制的编制数和当年进人指标范围内,企业自主决定。事业编制还在考虑中。

2.针对教师和实验室技术人员因离退休逐年增加而造成断层和严重数量不足的问题,近几年每年补充200人左右,允许有的系超编,通过补充毕业生、招聘优秀人才,调入急需的专业技术人员等途径解决。

3.1978年后调入浙大的中职人员________起点由原来的1元/年调整为1.5元/年。

4.控制专职行政人员的编制,今年上半年机关已精简10%,今后将继续缩减。

5.教授周转名额今年继续搞,年龄掌握在58—60岁。

6.学校已在工商管理学院内成立浙大法律事务部,负责处理有关法律事务工作。

(四)有关公费医疗和教职工子女入托、就业方面的提案24件。主要有:

1.加强公费医疗管理工作,今年元旦开始,医药费挂钩自负部分每次用现金支付。对离退休人员和学生实行处方控制(本学期开始学生医药费自负8%)。

2.从本学期起,校外门诊实行责任承包。开展增设家庭门诊和上门打针等服务。

3.在教职工每两年进行一次体检时,对45周岁以上的女数工增做子宫B超检查。

4.校医院安排一名口腔科医生每周去三分部一天,为教职工看病。

5.教职工子女的入托问题,在后勤总务部门及幼儿园的努力下,已基本解决。

6.关于帮助教职工子女就业问题,校人事处表示,学校工厂和其他部门因工作需要可以招工时,在同等条件下可优先录用本校教工子女。技术实业公司表示,在努力改善经营、发展生产的基础上,尽可能安排我校教职工子女就业。

（五）有关建房、分房、住房改革方面的提案 41 件，通过努力，采纳落实的主要有：

1. 为避免教职工频繁搬家，近几年住房建造基本上控制在大套、中套两种规格。

2. 随着住房条件的逐步改善，对分户的限制将会逐步放松。对分房条例中关于“结婚满三年未生育的可按三人户口分房”的规定，建议改为“实行晚婚的教职工享受三人户口分房”的提案，房产部门正在考虑采纳实施。

3. 聘用与待聘教师在住房分配上已一视同仁。

4. 关于中青年教师住房困难的问题，可望在近三年内有较大的改善。

5. 关于要求改善少数系办学用房紧张的问题，待全校公用房定编后，根据实际情况逐步进行调整。

6. 学校已建成灵峰山庄，一般能适应接待较高级专家学者的学术交流活动。

（六）关于生活后勤方面提案 53 件，通过有关部门的努力，基本处理落实的有：

1. 房产部门对家属区屋顶水箱坚持每年放水清理一次，并将逐步修好破损的水箱盖；为方便来访者寻找教职工宿舍，在校大门口商店前设立家属区宿舍分布示意图牌（他们还在准备做更大更醒目的牌子）；学校投资 12 万元，在南村装了变压器，使南村家属区用电问题得到较好解决；还有类似教四的断水和下水道堵塞以及图书馆的用水问题等已搞好。

2. 总务部门为方便教职工对外联系，分别在单身教职工宿舍、家属区六角亭内安装了公用电话。还争取有关方面配合，支持安装直拨电话近千门，校内工作电话等 300 多门；为保障校内环境卫生，按代表们提案要求，饮食中心已将养猪场迁到校外；教工食堂想方设法，办好教工食堂，努力提高饭菜质量，改进服务态度。

（七）关于家属区综合治理的提案 23 件。这些提案集中反映了家属区住宅失窃特别是自行车被偷严重，各种汽车随意进入家属区影响安全，汽车的喇叭与小贩的叫卖声影响教工的工作和休息等问题。代表们要求起围墙，做封闭式自行车棚，搞好环境卫生和绿化，搞好交通管理和治安工作。有关方面采取了一些措施，如设禁止通车的禁令牌和路障，家属管理委员会保卫处、居民区加强了夜间巡逻和反盗窃斗争，房产部门逐步试做封闭式自行车棚及小围墙。保卫处配合街道对校门口无证摊贩进行清理整顿等，收到了一定的效果。

二、学校及有关部门尊重教职工民主管理、民主监督的权利，热情、负责地承办提案。

在提案办理过程中，绝大部分单位对提案处理做到热情、积极、负责。对可以采纳的提案尽快落实；对不能落实的说明原因及时答复提案人；对一些落实难度较大的提案，有的还几经研究，克服困难，努力争取落实好；有的还几个部门联合办理。总之，从校长到有关部门负责人都亲自动手、过问或研究提案的处理工作，所以才使得许多提案能较好地落实。据对提案人作提案满意程度的调查，约 56.3％的提案人表示对提案的处理是满意或比较满意的。

学校印刷厂的厂长和书记们在接到机械系李铭棠等代表写的“关于提高试卷图面质量”的提案后，认真做了研究，他们从提高工人素质做起，通过指定专人负责检查把关，将试卷图面质量好差与工资奖金挂钩。经过努力，有了明显的成效。李铭棠老师拿着前后相隔一学期的两份不同试卷，对提案审查组同志说。“你看，有明显进步了”。饮食中心教工食堂的主任们针对“要办好教工食堂”的提案，发动职工采取了一系列措施。一是与校工会联合建立膳管会;二是想方设法提高饭菜质量和改进服务态度:三是在食堂二楼开设中餐,专为单身教工和迟下班的教职工服务;四是给"挂钥匙"的教工子女中餐搭伙,并派专人照顾;四是给单身教工和"挂钥匙"子女每顿中餐补贴0.1元,并在单身教工生日时送蛋糕一只;五是增加早点花色品种,有条件时还设生菜摊,以方便教职工。通过努力,膳管会于去年十二月又搞了一次用膳教工民意测验,满意率从上半年四月份的56.3%上升为90.8%。他们表示还将继续改进工作,更好地为教职工服务。

校医院积极采纳提案人意见,在加强对公费医疗管理和方便教职工治病等方面比较好地处理落实了提案共4件。修建中心对清洗屋顶水箱等提案的落实也使教工们较满意。

还有教务处、房产处、人事处、总务处等部门要处理的提案特别多,但是他们认真负责,有始有终地为处理好提案,花费了很大精力。

由于学校财力不足及其他种种原因,还有一些提案暂时不能落实,将在进一步深化改革,加快学校发展中,特别是增强学校综合实力中予以解决。同时还必须经各有关方面的艰苦工作和通力协作,教职工代表们的继续共同努力。

在提案的征集过程中。各代表团及代表小组做了大量工作,不少代表团、组在会前,会中深入到教研室、课题组、车间等等征求教职工意见,发动代表撰写提案,关心学校建设,其中尤以建工学院、工商学院、化工系、材料系、哲学马列、直属等代表团发动得较好。

浙江大学二届一次教代会提案审查组
1992.9.23

浙江大学档案馆藏,档案号:ZD-1992-XZ-30-8

浙江大学工会1994年工作要点

(1994年3月12日)

浙大工会〔1994〕02号

各系级工会:

1994年将是我校改革和发展进入关键性的一年,也是我校进入国家"211工程"首批预审的重要一年。根据校党委和上级工会的工作部署,校工会工作的基本思路是,在国家改革、发展、稳定的大局中,围绕学校"二个中心、一个根本"的中心任务,以建设有中国特色社会主义理论为指导,全面贯彻十四大和十四届三中全会精神,积极动员全校教职工,充分发挥积极性、创造性和主动精神,努力维护学校的团结和稳定,加快学校的改革和发展,为实现我校的近期发展目标而努力。

一、抓好学习,认清形势,把握大局

配合党组织,抓好工会干部和广大教职工的思想政治学习,特别是认真抓好邓小平同志建设有中国特色社会主义理论的学习。学习《邓小平文选》第三卷是根本的思想建设,应紧紧抓住和深入领会解放思想、实事求是的思想路线;紧紧抓住和深入领会关于社会主义本质的科学论断和"一个中心、两个基本点"的基本路线;紧紧抓住和深入领会把握时机发展自己、"分三步走"基本实现现代化的战略任务;紧紧抓住和深入领会一手抓物质文明、一手抓精神文明、一手抓建设、一手抓法制、一手抓改革开放、一手抓惩治腐败等"两手抓、两手都要硬"的基本方针;紧紧抓住和深入领会维护国家的独立和主权、发扬民族自尊心自信心、致力振兴中华的爱国主义精神。要结合我校工作的实际,提高认识,统一思想。

今年,中央决定要加大改革力度,将出台一些重大改革措施,经济体制改革进入了攻坚阶段,因而我们会面临改革过程中可能出现的某些冲击的考验。通过学习,要引导职工既看到我国经济发展综合国力增强、国际地位提高的良好环境,又充分认识继续深入改革的必要性和紧迫性,从而增强克服困难的心理承受能力,支持和参与改革,为维护"抓住机遇,深化改革,扩大开放,促进发展,保持稳定"这一大局作出贡献。请专家向工会干部作经济改革的专题报告。

二、认真学习、宣传、贯彻《教师法》

贯彻《教师法》对于深化教育改革,实施《纲要》,加快教育事业发展,提高教师的社会地位,保障教师的合法权益,加强教师队伍建设,推动全社会进一步尊师重教都具有十分重大的意义。宣传《教师法》,要提高教师的光荣感和历史责任感。《教师法》是履行教育工会职能的法律武器。要与学习、贯彻中国工会十二大精神结合起来,出一期《浙大教工》宣传专刊和开展各系黑板报宣传。

三、进一步推动三育人活动,宣传忠诚教育事业的奉献精神

配合校"511 人才工程"计划,大力宣传优秀教师的先进事迹,注意发现和宣传优秀中、青年骨干教师,以先进引导教师队伍建设,提高思想和业务素质。结合弘扬"求是创新"优良校风,树立良好的教学风气。在调查研究的基础上,完善三育人评比制度。

召开"三八"巾帼奉献优秀女教工先进事迹报告会,积极发挥女教工的重要作用。

评选优秀青年教师、优秀青年职工,召开优秀青年教职工先进事迹报告会,举办先进人物事迹展览。

四、推动教代会制度建设,推进学校民主管理

我校民主建设在党委领导和行政支持下,已有了良好成效,今年将在此基础上进一步向全面开好系教代会扩展,以典型引导,提高认识,形成制度。适时召开经验交流会。

第二季度将进行校教代会代表和系级工会的换届选举工作,应在各总支领导下,校工会与各系密切协商联系,确保选举工作的顺利进行,为校第三届教代会和第十七次工会代表大会的召开打下良好基础。

认真搞好校二届三次教代会的提案处理答复工作。

加强与校行政的协商联系制度,尽早尽快向校系工会干部介绍学校重大改革方案,征询意见。

五、密切联系群众,多办实事、好事

注意做好调查研究,及时反映教职工的意见和建议,配合学校搞好工改和房改,做好整体维护和源头维护。帮助特困教工解决暂时困难。制订《浙江大学教职工重病医疗互助基金管理办法》,搞好教职工补充保险。

协助后勤为教职工办十件实事。

积极开展丰富多彩的文体活动和健身活动,活跃业余生活,协助安排好实行大礼拜工作制的休息调节。举办多种适合群众需要的兴趣培训班。

六、抓好基础工作,加强工会自身建设

增强系工会、工会小组的活力,是工会工作的重点,要努力创造条件为活跃基层工会工作提供方便。

抓好工会干部和工会积极分子的培训工作,办好暑期培训班和青工、女工的学习考察活动。要注意研究和解决工会工作面临的新情况,新问题和新要求,努力做好各项工作。开展工会理论研讨。

做好工会经费的管理、收缴、经审工作。搞好工会文书档案管理、计算机管理。

加强教工活动中心的管理和创收,坚持为教职工服务、为支持工运服务。进一步加强和发展工会办三产工作。

搞好电影放映工作,为校园文化建设服务。办好《浙大教工》,加强校内外信息交流。

支持高校工会协作组工作,加强与省内外高校工会的学习交流。

中国教育工会浙江大学委员会
一九九四年三月十二日

浙江大学档案馆藏,档案号:ZD-1994-DQ-80-1

3. 共青团、学生会与学生社团

浙江大学学生会会章[①]

(1949 年 10 月)

第一章　总则

第一条:本会定名为浙江大学学生会(以下简称本会)。

第二条:本会宗旨:

一、团结全校同学在新民主主义的教育方针下,加强文化知识的学习,发扬民主精神,建立为人民服务的正确观点。

二、在人民整体利益的基础上本团结互助的精神,为全体同学谋福利,开展文娱、体育活动,并组织同学参加社会服务。

三、团结全校同学与师、职、工、警共同为建设人民的浙江大学而努力。

四、组织全校同学为中华人民共和国的建设和新民主主义的革命事业而奋斗。

第三条:本会参加杭州市学生联合会,并接受其领导。

---

① 《浙江大学学生会会章》于 1949 年 10 月 12 日由浙江大学学生会改制会完成初稿,经各系级讨论后,13 日进行初步修正,14 日完成第一次修正,15 日由全体学生大会表决通过。

第二章　会员

第四条：凡取得本校学籍的在校同学均为本会会员，但有退会的自由。

第五条：凡本会会员应有下列义务：

一、遵守本会会章，执行本会决议。

二、担任本会所委托的各项工作。

三、按期缴纳会费。

第六条：凡本会会员得享有下列权利：

一、选举权、被选举权和罢免权。

二、根据本会宗旨对本会一切决议和工作进行建议、讯问和批评。

三、参加本会举办的各项活动。

四、本会举办的各种福利事项。

第七条：凡本会会员如违反本会会章或决议，经代表通过得在一定期限内停止其部分或全部应享的权利。

第三章　组织

第一节　通则

第八条：本会以民主集中制为组织原则。

第二节　会员大会

第九条：会员大会由全体会员组成，为本会最高权力机构。

第十条：会员大会每学期举行常会一次，由本会执行委员会于每学期开学后一月内负责召集之。

第十一条：凡有下列情形之一时，应即召集临时会员大会：

一、全体会员三分之一以上的提议。

二、本会代表大会议决。

三、本会执行委员会议决。

第十二条：会员大会须有全体会员二分之一以上出席方为有效。

第十三条：会员大会的主要职权：

一、制订并修改本会会章。

二、决定本会工作方针和任务。

三、听取并讨论本会执行委员会的报告。

第三节　代表大会

第十四条：代表大会由全体代表组成，在会员大会闭会期间，为本会最高权力机构。

第十五条：代表大会由本会执行委员会负责召集，每月举行常会一次，但执行委员会得视实际需要提早或延迟召集之。

第十六条：凡有下列情形之一时，应即召开临时代表大会。

一、全体会员六分之一以上的提议。

二、全体代表三分之一以上的提议。

三、本会执行委员会决议。

第十七条:代表大会须有全体代表二分之一以上出席方为有效。

第十八条:代表大会的职权:

一、在会员大会闭会期间代行其职权。

二、决议案件交由本会执行委员会执行。

三、审核本会执行委员会的预算和决算。

四、设立有关本会的各种特种机构。

第十九条:代表大会的产生办法

一、代表大会由系级组或科的代表组成。

二、每级以每十五人产生代表一人为原则,余数满八人者得增选代表一人。

三、一级人数不满十五人而满八人者亦得产生代表一人。

四、一级人数不满八人者得和同系其他一个级、两个级或三个级合并,人数满八人者即可产生代表,其计算方式和上两款同,但每系至少得有代表一人。

五、代表由各该产生单位全体会员普选产生。

第二十条:代表除经常收集并反映会员意见外,应经常向会员解释本会各项决议,随时督促本会执行委员会的工作,提出建议和批评,协助本会执行委员会推进各项工作。

第二十一条:代表任期为一学期,连选得连任。

第二十二条:代表因故不能出席时,得以书面委托该单位的其他会员代为出席,有同等发言权和表决权。

第二十三条:各单位可自行撤换其代表,并应立即通知本会执行委员会,惟已当选为执行委员或学联代表的代表,应由该单位提议执行委员会召开代表大会经免除其职务后,方得撤换。

第二十四条:代表辞职须经产生单位通过方为有效。

第四节　首席代表会议

第二十五条:首席代表会议由全体首席代表组成。

第二十六条:各单位应产生首席代表二人,由各该单位的会员就其全体代表为候选人普选之。

第二十七条:首席代表应担任院会或系会正副干事。

第二十八条:首席代表会议应由本会执行委员会主席团召集之。

第二十九条:首席代表会议为本会咨询机构,在代表大会闭会期间应经常向本会执行委员会报告该单位全面情况,讨论本会会务,并协助本会执行委员会推动各项工作。

第三十条:首席代表产生单位的划分,以照顾各院系实际情况参考人数为原则。

第五节　执行委员会(以下简称执委会)

第三十一条:执委会为本会最高领导机构,由执行委员(以下简称执委)二十一人和候补执行委员(以下简称候补执委)四人组成。

第三十二条:执委会向会员大会负责,在会员大会闭会期间,向代表大会负责。

第三十三条:执委会由主席团召集,每周举行常会一次。

第三十四条:凡有下列情形之一时应即由主席团召集临时会议。

一、执委会主席团议决。

二、执委会部处的提请。

第三十五条:执委会会议须经全体执委三分之二以上出席方为有效。

第三十六条:执委及候补执委,由全体会员就全体代表为候选人投票普选产生,以当选名额中得票最少之四人为候补执委。

第三十七条:执委会之组织,得设主席团主席一人副主席二人,秘书处秘书长一人副秘书长二人,文化、生活福利、社会服务、康乐、女同学五部,各设部长一人副部长二人和学联代表。

第三十八条:执委会主席团由代表大会就全体执委为候选人采复选制选举三人组成。

第三十九条:主席团对外代表本会,对内推动各部处工作,并担任会员大会、代表大会和执委会的主席。

第四十条:执委的职务由执委互推之。

第四十一条:本会出席学联的代表,按学联章程规定人数,由本会执委会互选产生,如该执委在学联担任经常工作,其执委职务由候补执委递补。

第四十二条:执委的任期为一学期,连选得连任,但以一次为限。

第四十三条:执委得免任其他职务。

第四十四条:执委辞职须经执委会通过并提请代表大会追认。

第四十五条:执委如违反本会会章或决议或不称职时,得由会员大会通过或由代表大会经全体代表二分之一以上同意罢免之。

第四十六条:执委出缺时,得由候补执委以得票多寡依次递补。

第四十七条:执委得因工作需要就全体会员中聘请干事。

第四十八条:执委得因工作需要设立特种机构,并提请代表大会追认。

第四十九条:执委会设膳食委员会和宿务委员会为常设机构,隶属于生活福利部,其组织办法由执委会另定,并提交代表大会通过。

第五十条:本会每届改选必须于开学后一月内完成,改选事宜由上届执委会主持。

第六节　基层组织

第五十一条:本会以系会或院会为基层组织。

第五十二条:各系会或院会定名为浙江大学学生会××系会或院会。

第五十三条:本会各系会或院会的组织,应根据本会的组织原则,并与本会执委会各部门取得适当的配合。

第五十四条:本会各系会或院会的干事会,应由该单位的本会代表组织之(必要时得另加入人选)。

第五十五条:本会各系会或院会的任务

一、响应本会的号召并保证本会决议的执行。

二、组织并领导同学开展各项课程改革的研讨。

三、帮助同学在思想上、政治上、生活上的进步。

四、在同学自觉自愿自动的基础上组织学习,并加以系统化、条理化、计划化,和开展各种学习活动。

第四章 经费

第五十六条:本会经费来源为全体会员定期缴纳的会费,本会所经营的各项事业的收入和校内外的捐助。

第五十七条:本会会员应缴纳会费的数额由代表大会决定。

第五章 附则

第五十八条:本会会章得由杭州市学生联合会指定之。

第五十九条:本会会章的解释权在代表大会,代表大会闭会期间,属于执委会,但代表大会保留最后解释权。

第六十条:本会会章经会员大会通过后施行。

临时条款

一、根据第卅十条规定本会首席代表产生单位为:文学院、理学院、医学院、农学院、电机系、化工系、土木系、机械系和航空系、农学院一年级共九单位(农学院一年级产生首席代表一人,余八单位各产生首席代表二人)。

二、本会第一届会员大会和代表大会由原学生自治会理事会召集之。

三、农学院一年级中一系人数不满八人者,得和同院同级他系合并产生代表,其办法仿第十九条第四款。

《国立浙江大学日刊》1949 年 10 月 19 日

团浙大工委会正式成立

(1950 年 9 月 23 日)

由于青年团在浙大的迅速发展壮大,和实际工作的需要,青年团浙大工作委员会已于九月十八日晚,全体团员大会上宣布正式成立。团市工委指定王加微、石宝驹、席光康、许耀铭、宋和壎、沈桂芳、王茉娟七位同志为浙大工委的委员,由王加微同志担任书记,下分理学院、农学院两总支及化工、电机、机械、航空、土木、医学院、中外文、农化一、二、教育、职工等十支部。(下略)

《浙大校刊》1950 年 9 月 23 日

有关学生活动的几项补充规定

(1985年4月17日)

浙大党委〔1985〕宣字3号

团委、学生会、研究生会、各系分团委、系学生会、各学生社团：

一年多来我校学生中各种社团不仅发展迅速，而且各社团已在实践中取得了可喜的成绩，这对培养学生的社会活动能力，增长才干和活跃思想，丰富生活都是十分有益的。

为了使我校的学生社团活动进一步健康发展，并保持学校正常的教学秩序和良好的学习风气，经与有关方面研究，对学生社团活动和学生文化娱乐活动除原有一些规定外，特作以下几项补充规定：

一、我校的所有学生社团组织均应按我部和教务处于一九八四年十一月二日联合发出的浙大党委〔1984〕宣字1号《浙江大学学生社团暂行规定》向校团委申请登记，接受指导。至今尚未向校团委申请登记的学生社团组织应即去办理登记手续，否则各系分团委应令其解散组织、停止活动。

二、为使广大学生有足够的自修时间并保持学校的正常教学秩序和良好学习环境，除周末和节假日外，未经批准不得组织文娱性活动。

三、学生小班、各学生社团举办各种活动时，凡属本系范图内的，应事先征得系分团委、系学生会的同意；跨系的应事先征得校团委、校学生会(研究生会)同意并办理登记手续；举办全校师生员工均可自由参加的报告会、讲演会、讨论会、演出和舞会，在张贴通知、海报前，必须征得我部同意后才可举办。承办单位必须做好各种组织工作，确保秩序正常。

四、根据中共中央宣传部、文化部、公安部关于加强舞会管理问题的通知精神，各单位在举办舞会时要向参加人员进行精神文明和遵纪守法教育。跳舞中讲究礼貌，注意仪容，端正舞风，使舞场成为增进人们身心健康的场所。

五、根据国家有关音像制品的管理规定，严禁播放含有反动内容或含有淫秽黄色内容的音像制品。违者要按有关规定严肃处理，并追究单位负责人的责任。

六、学生社团的会讯、小报、专集等各种出版物必须按有关规定办理。未经登记批准一律不准擅自出版。

七、根据中央有关指示精神，学生中不要成立同乡组织，同乡活动可能助长不正之风，影响学生之间团结。有时也不利于班、团组织开展正常活动。各系应进行劝阻。

八、学生或学生社团在勤工助学、科技咨询等活动中凡涉及与校外单位、部门或个人签约承担各种责任时，必须经学校有关部门审核。

九、校内组织文娱、体育活动一般应是服务性的，也可向参加者酌收一点费用以补偿必需的开支，但不允许以组织文体活动来获取盈利。

浙江大学党委宣传部

一九八五年四月十七日

浙江大学档案馆藏，档案号：ZD-1985-XZ-34-5

浙江大学学生社团经费使用和管理的有关规定

(1987 年 8 月 7 日)

浙大发计〔1987〕15 号

各系,各部、处、室、团委、学生会、研究生会:

根据浙大发办〔1987〕20 号"浙江大学关于学生社团的若干规定"的通知精神,结合我校学生社团活动的实际情况,对有关经费的使用和管理作如下规定:

一、关于学校事业费安排的学生社团补助费的管理

学校为了开展学生工作和学生社团活动的需要,每年从教育事业费预算中安排一定数量的经费,由团委、各系分团委、学生会、研究生会掌握使用。这部分经费由财务处发给经费卡,向财务处领款并办理报销手续,其管理要求如下:

1. 开支范围

学生社团补助费主要用于:

①购置学生社团开展宣传、文艺活动所用的纸、笔、乐器、胶卷、洗印及体育活动所需的网、拍、少量的运动服装、运动鞋等。

②支付集体使用的洗衣机、电视机、照相机、音响设备等的零部件和维修费。

③用于宣传学习所需的资料、图书(每册单价在 5 元以内)、党章、团章、马列主义研究等理论书籍。

④学生开展各类竞赛评比活动所发的奖品,个人奖品平均每个得奖者不超过 3 元,同类竞赛活动每学期只能奖励一次,每次奖励人数不超过参赛人数的三分之一,大型比赛不能超过四分之一。报销奖品应附得奖人员名单。

⑤其他有关学生文艺、体育、竞赛、学习、宣传等方面的必需开支。

2. 报销手续

学生社团经费借款时应填借款单,写明用途,经审批人批准加盖公章后到财务处借支。报销时必须有合法的原始凭证(指发票或收据),并填制报账通知单。每一张原始凭证背面必须有经手人、验收人签字,报账通知单必须有负责人签名并加盖公章。

3. 审批手续

学生会、研究生会的活动费由学生会、研究生会主席签名并经校团委审批盖章。各系的学生活动基金由各系分团委负责人签字并加盖各系分团委公章。学生科技活动经费的报销由校团委和教务处会同审批盖章。

二、关于学生社团科技咨询活动的经费管理

1. 学生社团应向校团委登记,确定社团负责人及财务负责人,经校批准公布后才能开展各类科技咨询等活动。

2. 学生社团开展各类科技咨询活动事先应经业务主管部门批准,经费收支一律通过校咨询部及财务处,不得自收自支,将收入款项存放账外。

3. 学生社团的科技咨询收入按校规定分成后所得的酬金,由社团财务入账管理,账目要清楚,单据要齐全。发给个人的酬金应附清单及本人收据,并经社团负责人签字后入账。

4.社团科技咨询收入分成后的社团发展基金由财务处立账发卡进行管理。社团发展基金的使用范围为：

①进行科技咨询活动的材料、纸张、用品、运费等成本性支出。

②开展咨询活动所必需的广告、调研、差旅等支出。

③开展咨询活动必需的设备、工具等购置支出。

④学生社团开展活动的必需支出。

5.学生社团科技咨询经费的审批手续

学生社团开展咨询活动所需开出的收据、发票由校团委统一管理。校一级的社团，其科技咨询经费支出经校团委审批盖章，系一级的社团，其科技咨询经费支出经系分团委审批盖章。社团购置的财产由校团委或系分团委统一办理财产登记手续，并由校团委和系分团委加强管理，登记造册，指定专人保管，防止损坏丢失。社团咨询经费的报销手续同第一条第2点。

6.学生社团要健全账目，建立严格的财务制度，账目分开，实行民主管理。学生社团账目应包括以下两部分内容：①社团自筹经费的收支，指会费等收入；②学校分配给社团的酬金收入及其支出。

三、学生社团活动补助费的使用及科技咨询活动的收支应本着节约、合理的原则，报销应实事求是，严禁弄虚作假，虚报冒领，如有发现，要追究经办人和审批人的责任。严禁将社团科技咨询活动收入截留转移，严禁用社团经费请客送礼、行贿、吃喝和挥霍浪费，如有发生，要严肃处理。

浙江大学

一九八七年八月七日

浙江大学档案馆藏，档案号：ZD-1987-XZ-366-10

团委1992年工作计划

（1992年3月2日）

各分团委、团工委、直属团总支：

1992年团委工作的指导思想是：以党的基本路线和江泽民同志在庆祝建党七十周年大会上的讲话为指针，围绕学校党委的中心工作，突出主题，抓住重点，完善机制，注重实效，积极主动地开展社会实践活动和校园文化建设，扎实有效地加强团的自身建设，努力提高团员青年的思想道德素质和科技文化素质，充分发挥共青团在学校各项工作中的先锋突击作用。

一、思想政治教育工作以爱国主义、集体主义和社会主义教育为重点.通过开展学雷锋，从身边的小事做起等活动，发扬雷锋精神；通过“希望工程”，开展交一次特别团费，帮助失学少年儿童复学的活动；通过庆祝建校95周年，建团70周年的一系列活动，重点认识我党、我团70年的光辉历程和根本经验，广泛开展近现代史、党史、团史、校史的学习教育活动，提高广大团员青年的思想政治素质和道德素质，增强团员青年的民族自信心和社会责任感，增强抵制各种错误思潮的能力,引导团员青年坚定地跟党走社会主义道路。

二、团的组织建设。各级团组织要根据团省委的统一部署,从92年开始,在原来开展团支部升级达标工作的基础上,开展“双合格建设”(即合格基层团委,合格团支部)活动(标准另发)。在前期准备工作的基础上,拟在5月份成立“浙江大学团校”,以进一步加强对团员及团干部的培训,提高团干部的工作能力和政治理论水平,做好团支部向党支部的推优工作。要严格团内管理,改进团的组织生活;要紧紧抓住青年教职工团员和博士生、硕士生团员的教育、管理和培训,增强团组织的吸引力、凝聚力和战斗力。

三、继续抓好社会实践活动的联系组织,安排落实,总结评比工作,做到早联系、早安排、早落实,注重于为社会服务,有社会效益,注重于受教育长才干。要建立3—5个较为稳定的社会实践基础。

四、要按照学校的发展思路,活跃学生的课余科技文化生活。要注意发挥校学生会、研究生会和各学生社团的作用,加强对他们的指导、帮助和管理,形成以博士生为主导,研究生带动本科生的学术研究气氛,促进校园文化向研究教育型学校的方向充实和发展。

五、92年,团委和各级团组织要在健全教职工、博士生团组织的基础上,充分发挥青年教职工在工作和学术上的优势,进一步开展“青年突击队”活动,在学校的教学、科研、生产和后勤服务各个岗位发挥应有的作用,在此基础上评选“优秀青年突击队(手)”、“求是青年奖”。

六、各级团组织要在团委的总体要求下,逐步建立各自的记实考评体系和奖惩体系,按照逐级管理的原则,逐步实现团工作的计算机管理,做到团组织工作考核的规范化、定量化,使之形成一种有效的运行机制。

七、要积极主动地完成校党委和团省委交给的其他任务,配合学校其他部门做好各项工作,推进学校综合改革工作的不断深入。

共青团浙江大学委员会
一九九二年三月二日

浙江大学档案馆藏,档案号:ZD-1992-XZ-158-1

浙江大学学生社团管理实施意见

(1992年6月18日)

根据《浙江省高等学校学生社团管理办法(试行)》精神,结合我校1987年6月2日发布的《关于学生社团的若干规定》及近年来我校社团管理的具体情况,为保证我校学生社团活动的正常开展,特制定本实施意见。

一、浙江大学学生社团是本校大学生(本、专科),研究生(硕士、博士)自愿组织的群众性团体,旨在通过开展校园内各种具有思想性、学术性、知识性、趣味性的活动,丰富学生课余文化生活,拓展学生知识面,努力提高学生各种能力和素质,为培养全面和谐发展的社会主义建设人才服务。

二、凡符合本实施意见的社团活动，均应得到不同程度的鼓励和支持，学生社团应遵守下列规则：

1.遵守宪法、法律、法规和校纪，坚持四项基本原则，维护国家统一和民族团结，不得损害国家、社会、集体利益和其他公民合法的自由和权利。

2.不得擅自从事以盈利为目的的经营活动。

3.不得组织跨院校社团。

4.不组织同乡会一类的社团。

5.学生社团必须有本校的一个部门（部、处，系及其下属单位，相应的教师团体）作为业务指导部门，并由该部门委派专门教师作具体指导。

二、筹建校级学生社团，需事先向校团委提出书面申请，申请应附：章程、筹建人名单（不少于五人），业务指导部门对筹建社团的意见，筹建人所在系分团委对筹建人是否适合该项工作的意见。申请经校团委审核批准，填写社团登记表后，由社团管理办公室发文确认社团成立。《浙江大学学生社团登记点》一式五份，分送党委宣传部、保卫处、团委社团管理办公室、社团业务指导单位备案，一份由社团保管。

三、学生社团章程应当载明下列事项：

1.社团应冠以校名和“学生”字样的名称。

2.宗旨及组建办法。

3.组织机构，负责人产生方法及职责范围。

4.成员权利和义务。

5.经费来源。

四、学生社团活动应注意以下几点：

1.不刻公章，一般不到社会上组织活动，也不参加社会上的社团或作为它分支机构。学生社团到校外联系工作，一律出具校团委介绍信。

2.学生社团主办刊物，刊印专集等必须经党委宣传部同意并由业务指导教师任终审。刊物、专集一般限本校交流，出刊后应交三份给社团管理办公室存档。

3.学生社团邀请校外人员来校进行社会政治和学术文化活动，必须经党委宣传部同意。组织收费培训活动，必须经勤工助学办公室批准。广告等张贴物需经校团委社团管理办公室核准。

4.社团开展面向全校的活动，事先应向管理办公室申报。

5.校学生社团主要干部经所在社团协商推荐，经所在系分团委审核，报校团委社团管理办公室备案，成为校级学生干部。干部每届任期一年。受校纪、党（团）纪警告以上处分者不得在学生社团任职。

考试成绩不及格（经补考后，主课一门或副课两门不及格），不得在学生社团任职。学生社团干部，应尽量避免兼职。

6.校级学生社团每学期应有工作计划，工作总结。分别在学期初及学期末报管理办公室留核备案。

五、校级学生社团实行年度登记制度，在每学年开学后一个月内向校团委社团管理办公室申请登记，同时上报干部变更情况和全体成员名单。审核不合格者应停止活动，未申请登记者作自行解散处理、不得进行任何活动。

校级社团主要干部作为校学生干部参加评优,任职情况经业务指导教师推荐由社团管理办公室实施考评。一般成员情况由各社团向有关系推荐,由系实施考评。

六、校级学生社团班子不健全,活动不正常,超章程规定活动者,社团管理办公室可视情节轻重,分别给以:通报批评,停止活动清理整顿,撤销登记等处罚。

对未经批准擅自成立,且不听劝阻并在社会上造成不良影响的社团,视作非法组织论处。

七、校级社团活动经费,原则上自理。可通过缴纳会费,勤工助学等渠道自筹。校团委将根据社团工作状况,在经费上予以一定帮助。业务指导部门等有关部门也可视情况给予资助。

各社团应有专人负责财务(社团主要负责人不能兼任),应有财务账目,并定期向会员公布财务情况。每学期工作总结必须包括财务情况的汇报。

八、系级学生社团由各系分团委参照本实施意见负责管理,社团名称报校团委社团管理办公室备案。

浙江大学档案馆藏,档案号:ZD-1992-XZ-66-1

关于公布浙江大学1994—1995学年优秀学生社团、社团活动积极分子名单的通知

(1995年11月30日)

浙大团〔1995〕29号

各分团委、团工委、各学生社团:

在过去的一年里,我校学生社团在上级部门指导和社团自身的努力下,为活跃校园文化,丰富广大同学业余生活做了大量卓有成效的工作。广大社团骨干也为之充分施展了才华并付出了辛勤的汗水。为表彰先进,使我校学生社团工作在新的一年里再上新的台阶,校团委社团管理办公室在总结过去一年工作的基础上对以下十个社团予以表彰,并定为A级社团,同时表扬一批社团活动积极分子。希望以上先进社团和个人在新的学年中能再接再厉全面提高社团活动的质量和品位,为学校校园文化建设再立新功。也希望其他社团能找出差距,迎头赶上,共同进步。

十个A级学生社团:

1. 书画社
2. 声音诗社
3. “飘墨”诗词社
4. 拓荒文社
5. 围棋协会
6. 象棋协会
7. 桥牌协会

8. 英语协会
9. 信息协会
10. 现代工业设计协会

社团活动积极分子:
社团管理办公室:李　昕　毕　铃
书画社:高晓忠　戴新国　盛楚松
桥牌协会:张元中　吴　玮
电脑协会:王　一
青年物理学会:余卫华
围棋协会:汪国良　曹令辉　王文拓
象棋协会:刘　涛　康蒸蒸　陈海燕
广播电视记者协会:郑　重
新闻社:蒋闪阳
信息协会:郑　杰　兰　勇　黄宇斌
登山协会:蔡启翔
潇潇雨文学社:李　宜
网球协会:张　广　林鸿卫

共青团浙江大学委员会
学生社团管理办公室
一九九五年十一月二十日

浙江大学档案馆藏,档案号:ZD-1995-DQ-95-3

(二)校园文娱体育活动

校委会第七次会议决定设立文娱体育委员会
(1951 年 3 月 14 日)

本月七日下午一时半校委会召开第七次会议,到会委员计有李春芬等三十五人,由王副校长任主席,会上对开展本校文娱体育活动一节曾做详细讨论,决定立即组设本校文娱体育委员会,由校委会代表一人、医学院代表一人、工会代表二人、团工委代表二人、学生会代表二人、体育课代表三人(其中舒鸿主任为当然代表)、医务主任一人、音乐教员一人,共十三人组成。并公推胡济民先生为校务会代表,请舒鸿先生为召集人。此外会上根据“修正教学行政费标准暂行办法教学开支”一“不属院系之费用如公共体育、图书馆、研究机构、共同课等由学校按其需要在各系科积点数内提取后分配之。但最低不得少于百分之五,最高不得高于百分之十。”的规定，对研究机构以外如公共体育、图书馆、共同课等各项费用提取的百分比进行商讨，结果决定提取百分之十。

《浙大校刊》1951 年 3 月 14 日

浙江大学文工团简章

(1978 年 9 月 28 日)

浙江大学文工团是根据校党委指示，在校团委领导下成立的业余群众文艺团体，是学校政治宣传工作和文化生活的组成部分。

文工团的活动应以形势的需要和配合学校的中心任务来进行，使文艺很好地成为团结人民、教育人民，打击敌人、消灭敌人的有力武器，为早日实现社会主义四个现代化而努力。要经常以各种形式的文艺宣传来推动，活跃学校的文娱活动。同时，坚持以业余和不影响工作、学习为主的原则。

文工团由声乐队、舞蹈队、乐队、后勤组等组成。凡热心爱好文艺，具有一定文艺基础的学生、教职工都可根据自己的特长，采取自愿报名或组织推荐等方式，向校文工团报名。经校文工团考核、录取，报校团委批准，就可成为文工团成员。

为能使文工团顺利完成党团组织交给的宣传任务，保证文工团日常活动的正常开展，经校党委批准，决定每星期六下午第二、第三节课为文工团集体活动时间。

文工团成员必须做到：

一、按时参加文工团的活动，努力完成文工团交给的任务。

二、服从分配，听从指挥，严格请假制度。

三、坚持又红又专方向，正确处理好文工团活动和其他各项工作、学习的关系，不断提高自己的文艺水平。

四、爱护乐器等公共财物。

五、爱护团员证，不得转借。

文工团成员在文工团活动期间表现突出的，要及时予以表扬和奖励。表现不好的要予以帮助、批评，严重的要取消其成员资格，收回团员证。同时，要经常向各单位党团组织反映和了解文工团成员的情况。

文工团的乐器采取个人分工负责保管制。对于不爱护乐器，损坏乐器的成员要给予批评，严重者要经济上赔偿。

文工团每学期举行一次总结大会，表扬先进，找出存在的问题，明确新的任务。文工团还应认真做好毕业班中文工团成员的个人鉴定和退离工作。

以上简章已经校团委研究批准。

浙江大学文工团

一九七八年九月二十八日

浙江大学档案馆藏，档案号：ZD-1978-XZ-86-18

关于在招生中破格录取体育尖子的请示报告

(1983 年 4 月 13 日)

浙大发教〔1983〕67 号

省高校招生委员会：

我校自七七、七八两级学生毕业后，各项运动代表队已青黄不接，体育运动骨干力量大为削弱，运动技术水平大幅度下降。如不迅速改变此一状况。对今后参加全国大学生运动会以至一般对外比赛都难以应付，并对推动全校体育运动的开展，提高体育教学质量受到很大的影响。

我校是一所历史较久且有一定影响的重点大学，每四年要参加一次全国大学生运动会和每年一次的全国重点大学田径通讯比赛，此外，还要参加一年一度的华东六省一市八所重点工科高等院校篮球、排球、田径等项目比赛，平时兄弟院校交往比赛也比较频繁。我校能在竞赛中取得较好成绩，不仅对振奋学校精神，激发师生重视体育锻炼有重大作用，而且也为浙江省争得荣誉。但是，近年来学生年龄偏小，体育基础甚差，忽视体育现象较普遍。为了促进他们德、智、体全面发展，亟需在招生中破格招收一部分体育尖子作为骨干，来带动全校体育运动的开展，从而丰富师生的精神生活，增强他们的体质。全国许多兄弟院校，特别是北京、上海、陕西、河北、湖北、辽宁、山东等地重点高等院校，都十分重视这个问题，并千方百计地采取有效的措施。在所在省、市高教局和招生委员会的大力支持下，在招生中，破格录取体育尖子，取得良好效果。由于这些学生身体素质好，且较聪明，进校后学校再采取一些相应的措施，虽然录取分数稍低一些，一般学习成绩都较好。我校过去降分录取的体育尖子学习情况亦是如此。

鉴于上述情况以及目前体育尖子在高考中达到录取分数线的为数很少，我校录取分数又较高，因此迫切希望在今年招生录取中，能破格录取体育尖子若干名，具体意见如下：

一、对象：根据高校招生文件规定，即高中阶段参加地区级以上体育竞赛获单项前五名或集体前三名的主力队员，由地区级以上教育行政部门或体育运动委员会证明。

二、最低录取线：放宽到今年浙江省招生工作会议决定的低于体检分数线以下二十分。

三、名额，在计划招生数外增招 1%—3%，最多不超过 30 名。希审核批准。

浙江大学

一九八三年四月十三日

浙江大学档案馆藏，档案号：ZD-1983-XZ-36

关于破格录取体育尖子的报告

(1983 年 8 月 11 日)

浙大发教〔1983〕192 号

浙江省高等学校招生委员会：

为了进一步贯彻德智体全面发展的教育方针，提高我校体育运动技术水平，促进群众性体育活动广泛开展,增强学生的体质,并为我省参加全国性高校体育比赛和迎接国际性大学生体育队伍的交往创造条件,为我省高校争取荣誉,为建设精神文明作出贡献。

根据当前高考情况,真正体育技术水平较高的尖子文化考试成绩较低,离录取标准有很大差距。为使我校体育水平迅速提高,为参加各项体育竞赛作一些必要的准备,要求在今年招生中破格录取十名左右尖子运动员。他们进校后,为使他们毕业时能达到毕业生的基本要求,拟将他们的学习年限比原定学制延长一年,每学期少学一些课程,减轻他们的业务学习分量,使他们能德智体全面发展。

取录对象在省招办具体领导下选择。特此报告,请予审批。

浙江大学
一九八三年八月十一日

浙江大学档案馆藏,档案号:ZD-1983-XZ-36

关于体育试点班培养的通知

(1984年10月19日)

浙大发教〔1984〕359号

有关各系、处、室:

为了推动我校群众性体育运动的蓬勃开展,和建立一支有较高水平的体育运动队伍,以适应日益增多的对外交流和全国大学生体育比赛的需要,为学校争取荣誉,经研究决定,今年在福建和浙江二省参加高考的考生中,破格录取了23名经过少体校正规训练,在体育运动方面成绩优异的学生,对他们进行必要的文化补习,较一般学生多一年到二年时间修完大学课程,以达到毕业要求。

招收体育试点班是我校继"免试推荐"后在招生工作上又一次改革尝试。为了办好这个试点班,经过各方面的认真研究,对有关问题作如下规定:

一、培养计划

由于这部分学生在中学期间体育比赛太多,影响了文化课的学习,所以学习安排上,先进行为期一年的高中文化补习,主修数学、物理、化学、外语、语文五门课程,打好基础。经考试合格,第二年升入大学一年级学习。如不合格的个别学生再进行一年补习,经考试合格第三年升入大学一年级,不合格者,学校则不继续保留其学籍。

对体育试点班培养,要求以文化补习为主,课余仍坚持严格的体育训练,但必须注意调节运动量,不使学生因过于疲劳而影响学习。学校希望一年以后,这些学生中的大部分学生都能升到大学一年级学习。

为了保证体育试点班学生的文化补习计划的完成,学校决定由教务处总负责,成人教育处负责教学工作,科仪系负责学生的日常工作,体育教研室负责学生的课余体育训练,并由体育教研室张宪章老师担任班主任。

二、管理、经费及其他

1.体育试点班,现属学校建制的正式班级,暂定名:科仪系科仪 84 班。

2.体育试点班享有浙江大学正式学籍,公费医疗等和其他同学同等待遇。

3.体育试点班的学籍、生活、政治思想工作由科仪系代管。

4.体育试点班学生有关经费问题作如下规定:

(1)由于体育训练,体力消耗大,需要一定的营养补充,学校规定运动员的伙食标准暂定每月每人 36 元,其中助学金按 19.5 元/人月(助学金仍需评定,不足 19.5 元/月差额自理),伙食补贴按 16.5 元/人月,由财务处按实拨给食堂作为伙食费,不发给个人。假期训练,以上费用照发。

(2)聘请教师补课费 3500 元/年,由财务处立专项给成人教育处使用。

5.体育试点班班主任张宪章同志,按班主任工作量补贴,计入其工作量。

浙江大学

一九八四年十月十九日

浙江大学档案馆藏,档案号:ZD-1984-XZ-89-7

关于成立浙江大学文化艺术委员会的决定

(1986 年 12 月 18 日)

浙大党委〔1986〕33 号

为有利于加强我校精神文明建设,适应培养"四有"人才、活跃全校师生员工文化生活的需要,经研究,决定成立浙江大学文化艺术委员会。文艺委员会领导并协调全校文化艺术活动,统筹安排学校拨给的专项经费的使用。

委员会由下列同志组成:

主任委员:路甬祥

副主任委员:朱深潮　吴金水(常务)

委员:曾昭昭　孙昌国　肖文良　吴加楠　戟　锋　韩兆熊　王春泉

李培芳　陈正福　姜光荣　杜高杰　王静涛　陈希盛

周保堂　雷道炎　董浩然　毛节用　陈立铭

学生会文娱部长　研究生会文娱部长

委员会下设办公室(目前暂附设在党委宣传部),负责处理日常工作。

中共浙江大学委员会

浙江大学

一九八六年十二月十八日

浙江大学档案馆藏,档案号:ZD-1986-XZ-16-34

浙江大学高永平运动队管理实施办法

(1988年5月4日)

浙大发办〔1988〕35号

有关系,部处,体育教研室:

经国家教委批准,我校已正式成为全国51所办高水平运动队试点院校之一。为了争取在四年后的全国评估会中合格通过,根据国家教委〔87〕教体厅字012号文件,结合我校实际情况,特制订此管理实施办法。

一、目的与目标

为带动学校体育运动、提高学校体育运动技术水平,培养有理想、有道德、有文化、有纪律和有较高体育运动技术水平的优秀人才;参加国内外体育活动和体育竞赛,促进校际和国际间学校的体育交流,在重大国内国际比赛中创造优异成绩,为国争光,为校争光。

二、组织领导

(一)在分管学校体育工作的副校长领导下,成立由校办、教务处、学生处、总务处、财务处、房产管理处、基建处、体育教研室等部门负责人和有关系的分管系主任(或总支书记)组成的高水平运动队领导小组。组长由副校长兼任,副组长由有关系的分管系主任(或总支书记)和体育教研室主任担任。

(二)有关系应有一位系主任分管试点工作,运动训练工作由体育教研室负责,根据需要配备一名专职工作人员处理日常管理工作。有关系和体育教研室应密切配合,经常联系,切实安排好学生运动员的培养教育工作。

三、思想品德教育

(一)切实加强运动员的思想品德教育,教育运动员努力做到德、智、体全面发展。培养良好的共产主义道德品质,使运动员遵守纪律,勤奋学习,刻苦训练,成为精神文明建设的表率和体育运动的骨干。

(二)运动队的思想政治教育服从校的统一领导,由有关系对思想政治教育和生活管理全面负责。在运动员集中的班成立党、团组织。教练员也应重视训练和比赛中的思想教育,并注意结合运动队的特点,积极开展思想政治教育工作。

(三)运动员、教练员必须自觉遵守“运动员守则”和“教练员守则”。加强运动队精神文明建设,健全奖、惩制度,表扬奖励先进,并对违反校规校纪者,进行批评教育,情节严重的给予处分。

四、教学与学籍管理

(一)运动员班的学制为四年制本科,学习时间根据入学特点为五年,第一年作预科,经考核合格后,进入本科学习。制订和实行符合学生运动员实际情况的专门教学计划和教学大纲。教务处和有关系应对运动员所在班级,配备教学经验丰富、教学水平高的教师,并适当提高他们教学工作量的系数。因训练和比赛所缺课程,校、系教务部门应安排补课。

(二)实行累计学分制,将体育训练计入选修课学分。

(三)严格执行教务处制订的有关学生学籍管理的规定,对运动员在校期间的思想品德、文化学习以及运动成绩等进行全面考核。对思想品德差、学习成绩不合格、训练不努力、运动成绩下降的学生应及时调整、处理。教务处应设立运动员学籍管理专卷。

五、运动训练

（一）由田径队总教练和排球队教练负责组织。各队（组）应制订出系统、科学的运动训练大纲及各阶段训练计划和指标，根据实际情况积累经验逐步编写出训练教材。加强医务监督，由校医院配备兼职医师。

（二）教练员对运动员进行严格管理、科学训练，不断提高训练质量、训练水平。在每天下午规定的训练时间里，必须保证完成训练计划所规定的训练时数、运动量强度、密度和做到《运动员守则》、《教练员守则》的各项条款。

（三）加强运动训练的科学研究，迅速提高教练员的业务水平，以指导运动训练。筹建体育科学研究所，建立运动生物力学实验室，生理、生化机能测试室，运动创伤研究室等，实现多学科综合研究，发挥我校多学科人才优势，加强技术诊断，改进训练方法，迅速提高运动技术水平。

（四）有计划地参加全国和地区性比赛，这是强化训练、丰富比赛经验、培养竞技状态、推动运动技术水平不断提高的有效途径。条件具备时还应参加国际体育交往和比赛。

六、运动员、教练员

（一）教练员配置要选择思想品德好，事业心强，工作认真负责，有较高业务专项水平和运动训练实践经验的体育教师为主教练。田径队实行总教练负责制，由总教练组织协调各专项组训练工作，主持训练计划的制订、实施、检查和其他有关工作。各专项组的教练配备（最低限额）：短跑 1 人，中长跑 1 人，跳高（兼栏）1 人，全能（男子十项全能和女子七项全能）1 人，跳远、三级跳远 1 人，投掷 1 人。男、女排球队各设主教练一人，助理教练（兼职教练）1 人。教练员运动训练工作量应与体育课教学工作量等同计算，兼职教练要相应减少普通体育课课次任务，或作超工作量计。总教练和主教练为专职教练，由体育教研室提名推荐给高水平运动队领导小组，由领导小组审批任命，其它教练员可由总教练（主教练）提名，经体育教研室审批，报领导小组复核任命。教练员如不称职或不适宜工作应予离队。

（二）运动员隔年招生一个班。按体育尖子招生办法，由学生处负责择优录取，体育教研室协助考核。为保持高水平运动队的素质，对运动成绩下降，以及不适宜继续留在高水平运动队的运动员应予淘汰。运动员离队后运动员待遇随之取消。

七、经费与生活待遇等后勤保障

（一）学校在不挤占一般体育经费的前提下，列试点工作专项经费。在注意节约和合理使用的前提下，保证正常开支。专项经费开支项目包括维修、添置消耗性体育器械、设备费用；伙食补贴费用；参加比赛的费用；补习文化和观摩学习的费用；服装装备费用等。运动员招生、医疗等其他费用仍从相关经费中支出。

（二）运动员、教练员伙食补助标准，可参照执行国家体委、财政部、商业部〔85〕体计字《关于下发优秀运动员、专职教练员伙食标准规定的通知》，原则上按照四类灶的标准执行。为照顾运动员、教练员的实际情况，我校运动员伙食补贴分四等执行：普通灶 3.00 元/天，次一级运动员 3.50 元/天，一级运动员 4.00 元/天，运动健将 5.00 元/天。专职教练员 1.50 元/天，缺训则扣除。

(三)运动员、教练员服装发放:运动员两年半发一套尼龙运动服及一套冬训运动衣。一年发背心、短裤(含三角裤)两套(排球运动员改排球服一套),运动鞋两双,袜子两双。每年的比赛服可用作次年的训练服。教练员除教师运动服以外三~四年发一套尼龙运动服,两年发背心、短裤(含三角裤)一套,运动鞋一双、袜子一双。运动员发公用棉军大衣一件。

(四)基建、总务部门应解决好运动员的住宿、食堂供应及洗澡等生活保障。

(五)应将筹建和改善田径场条件列入基建计划,逐步添置必需的运动器械和附属设施。争取建设简易风雨操场。

九、奖惩制度(详见运动队奖励办法)

(一)凡训练刻苦,教练有方,在省内外、国内外的比赛中取得优异成绩,为国、为省、为校争光的运动员、教练员应予奖励。

(二)凡事业心不强,训练不努力或成绩一再退步的运动员,在批评教育无效后,应予离队。

(三)凡政治思想品德表现差,不遵守《运动员守则》和校纪、法令,屡教不改者,可作出警告、严重警告、行政记过直至开除队籍的处分。

(四)教练员事业心差,工作不负责任或教练水平低,所带队员长期提不高成绩者,应离队或解聘。

五、专职教练员的职称评定和升等同教师的职级,不再另评教练级。凡在培养优秀运动员和国内外重大比赛中有特殊贡献的教练员可优先升职升等。

附件:1.高水平运动队领导小组成员名单(略)

2.运动员守则(略)

3.教练员守则(略)

4.浙江大学体育运动队奖励办法和训练补贴标准(略)

浙江大学

一九八八年五月四日

浙江大学档案馆藏,档案号:ZD-1988-XZ-93-1

关于进一步开展群众体育活动的意见

(1988年5月21日)

浙大发办〔1988〕36号

全国高教会议指出"提高教育质量,首先要端正办学指导思想,树立全面的质量观,坚持德、智、体全面发展的方针。要着眼于使绝大多数大学生都能达到国家的培养要求,不断从整体上提高高等教育的水平。"

李鹏同志指出"要重视和加强学校的体育工作,使学生养成锻炼身体的习惯,使他们具有强健的体魄,将来能够承担各项艰巨任务。"

一个大学良好的体育工作,有利于引导学生爱好体育,热爱学校,有利于培养学生的爱国主义和集体主义精神，有利于磨炼学生坚韧不拔的毅力和优良的精神风貌。

随着我国高教改革的不断深化，我校建设二个中心的任务愈益繁重，全校教职工积极承担着把浙大办成第一流大学的任务，然而目前教职工的健康状况不佳，尤其是中年教师体质不同程度的普遍下降，去年的体检情况已有明显反映。学校虽然在改善医疗保健条件上作了不少努力，但真正全面地增强教职工的体质，还在于积极开展群众性的持久的体育锻炼。广大师生员工也有要求进一步开展群众体育活动的强烈愿望。

为此，校体育运动委员会研究了我校群众性体育活动的情况。在调查研究的基础上提出关于进一步开展群众体育活动的意见如下：

一、全校各级组织应开展广泛的宣传发动工作，使全校师生员工充分认识广泛开展群众性体育锻炼的重要意义，增强自觉性和积极性。

二、校体委、校工会、校团委、体育教研室、学生会、研究生会应拟订出开展群众性体育活动的计划和组织实施办法。各系、各部门体育卫生领导小组、工会、分团委、学生会、研究生会应积极贯彻，并组织形式灵活、多样、适合不同年龄、不同岗位、不同特点的活动，活动内容既有兴趣又简单易学，既方便又能长年坚持。体育教研室应切实做好指导工作。

三、各级领导应十分重视和支持群众体育锻炼，带头参加、带头布置落实、带头检查督促。今后应将开展群众体育锻炼，增强师生职工体质的情况，作为考核评估、奖励表扬先进的重要条件之一。学生参加体育锻炼的成绩，作为评奖学金，评体育成绩的条件之一。

四、重视培养群众体育锻炼、体育活动的积极分子，定期评选和表彰先进单位与先进分子，尽快形成一支群体活动的骨干力量。

五、学校各部门应积极支持群体活动的开展，主动服务，提供方便。政治思想教育工作部门应结合进行经常性的思想教育，并注意做好宣传工作。校医院要组织"体育锻炼保健常识讲座。"

六、学校和校工会拨出专款作群体活动经费，校办工厂和创收单位均应积极资助群体活动的开展。经费将按人数划拨各系集中使用。各协会经费将按比赛活动内容适当分配，由校体委协调落实。

七、全校师生员工一般均应自觉参加课间操锻炼，校广播台播放群体活动音乐。课间操时间一般不办公。各单位可视工种不同情况，集中做操，或在岗位旁分散进行，但不得随意延长活动时间。

八、学生每天下午第四节课一般均应参加课外锻炼。校机关每周一、三、五下午 4:00—4:30 为机关群体活动时间。

九、积极开展传统群体竞赛，推动和指导群体活动，由体育教研组负责组织，有关单位协助。

十、充分发挥校高水平运动队的带头作用。积极参加和邀请对外比赛，不断提高我校体育运动技术水平。

浙江大学
一九八八年五月二十一日

浙江大学档案馆藏，档案号：ZD-1988-XZ-93-2

建设校园文化　优化育人环境

(1994 年 10 月)

校园文化是知识密集、人才集中的高等学府所具有的特定的精神环境和氛围。学生的课外生活是构成校园文化的重要内容。校园文化集教育功能、导向功能、陶冶功能,塑造功能、娱乐功能为一体。是学校精神文明建设的基础和前提。浙江大学领导对校园文化建设非常重视,把它作为校园精神文明建设的一个重要内容来抓,近年来取得了很大成绩。在党委的直接领导,校行政的大力支持下,我们针对青年的特点和实际需要,设计组织了丰富多彩的课外文化活动,有力地推动了校园文明建设,极大地充实了全校群众性课余文化生活,优化了育人环境。

(一)以"科技文化节"为龙头,带动广大学生积极参与校园文化建设。

科技文化节由来已久,一直是校园文化建设重头戏。自 87 年首届艺术节开幕至 93 年止,已先后成功地举办了五届科技文化节,第六届科技文化节也正在进行之中。科技文化节内容涉及科学技术、文化艺术、文体等诸多方面,参加人数已高达 17000 多人次,成员分布遍及研究生、各年级本、专科在校生。历届科技文化节均较好地体现了追求真知,崇尚科技、求是创新的精神风貌,突出了科学技术在新时期的重要作用。通过活动我们发现和培养了一批文学、艺术、科技等方面的人才,为广大学生提供了一片肥沃的成长土壤,同时,结合纪念一二・九运动,毛泽东同志诞生 100 周年纪念等活动,用事实和实践将知识,道德和艺术点点滴滴地渗入每个学生的头脑中,努力培养他们成为德才兼备的一代新人。

科技文化节主要由形式多样的大学生课外科技作品比赛、艺术节、文体竞赛、演讲辩论、书画摄影比赛组成,内容涉及学生综合素质的方方面面,已成为我校校园文化活动的传统项目,受到越来越多的学生的喜爱。

科技活动的开展是围绕着全国大学生"挑战杯"课外科技作品竞赛这个中心进行的。以青年学术科技成果展、研究生的登攀节科技论文成果汇集评比活动为基础,配合学校"求是杯"课外科技作品的评审、"挑战杯"项目的立项,层层选拔,形成了较大规模的学生课外科技活动。优秀科技作品和成果也犹如雨后春笋般不断涌现。同时,各系配合和协助校教务处开展第二课堂教育,根据当前科技需求和学校的专业特点,举办了电脑节、英语节、物理节、数学节、MBA 学术月等多项学术性竞赛,透过学术沙龙,专题讲座,学生与教授的见面座谈,营造了良好的校园学术科技氛围,加强了各学科间的交叉,拓宽了学生的知识面,吸引了众多求是学子的参与。

文体活动的设计可谓是令人眼花缭乱,传统的"三好杯"篮、排、足球比赛一直倍受全校学生的青睐,校田径运动会是一次全校体育健儿的风采大检阅,迎新年环校接力赛,乒乓球、羽毛球、网球公开赛、围棋选拔赛更是强手如林,竞争激烈,通过这些竞赛学生们顽强的毅力,积极进取,团结拼搏的精神风貌表现得淋漓尽致。长年不间断的五四小品比赛、大合唱、卡拉 OK、服装表演、交谊舞大奖赛、青春风采大奖赛、迎新晚会、大型文艺演出构成了一组组优美的交响乐章,给人以美的享受,陶冶了大学生的情操,展示了理工科大学学生较高的艺术修养。"求是杯"辩论赛、英语演讲赛,百科知识赛、书画篆刻、摄影、翻译、诗歌散文比赛,系刊汇展等活动的进行从另一侧面充实了校园文化活动,众多的学生在这些方面崭露头角。

科技文化节还立足校园，面向社会，进行广泛的交流。与校内外多家新闻单位联合报道各项活动情况和人物风采，摄制了专题片。邀请企业家来校作成才报告，组织大学生与企业家联谊，开展"人与环境"世界环境日系列活动，举办在校高校学生联谊和义务服务活动，与乍浦港港务局联合举行了全省大学生辩论赛。88 年至 91 年先后参加了全国大学生大合唱比赛和第二届全国大学生音乐夏令营活动，成功地承办了全国第二届"挑战杯"大学生课外科技竞赛。92 年至 94 年成功地举办了第二届全国大学生田径锦标赛和全国首届大学生网球比赛并取得了团体、单项多项金牌。这些活动不仅活跃了青年学生的文化生活，也为学校争得了荣誉，加深了与兄弟院校的友谊。

学校结合爱国主义教育组织了爱国主义影片评论文章赛，迎奥运拔河比赛，迎新年篝火晚会，纪念毛泽东诞辰 100 周年大合唱、书画大奖赛，很好地实现了寓思想教育于具体活动之中，深化了青年学生对祖国、对党的强烈热爱，更加坚定了他们献身祖国现代化建设事业的决心。

科技文化节犹如校园文化活动这条巨龙之首，带动着学校各项健康、活泼、有益的学生活动的展开，以点带面，发挥着学校育人的功效，实现了科学、技术、文化的有机结合，为培养和造就一大批德才兼备、热爱集体、热爱祖国、热爱社会主义、热爱党，拥有良好的综合素质的社会主义经济建设复合型人才贡献着它应有的作用。

(二)成立浙江大学文化艺术委员会，提高校园文化的艺术品位，促进校内文艺活动的开展。

浙江大学文化艺术委员会成立于 1986 年，由一名副校长兼主任，直接分管此项工作。成立文委的宗旨是宏观上指导全校性文化艺术活动的开展，组建校级业余艺术团体，培养艺术人才，提高校园文化品位，丰富活跃全校师生业余文化生活。下属文艺教研室，承担全校音乐艺术类选修课程的教学任务。现有教师 5 名，行政人员 2 名，工人 1 名，自文委成立以来，在全体人员共同努力下，我校学生艺术团员两次代表浙江省高校参加全国大学生文艺汇演，荣获最佳奖，多次参加省、市大学生文艺汇演，均获最佳成绩，为学校赢得了荣誉。艺术团的精彩演出不仅成为浙江大学良好形象的窗口，也为提高理科大学学生的文艺修养，健全和塑造健康的人格素质起到了积极的作用。在加强社会主义精神文明建设，弘扬民族文化主旋律的今天，校文委更发挥着她应有的作用。

1. 组建校级学生业余艺术团体，积极参加各类文艺活动。

文委下属学生艺术团有舞蹈队、话剧队、轻音乐队、铜管乐队、歌队等，每个队的人数都在二十人以上。负责他们日常训练、活动及演出是文委的一项重点工作。在培养他们的艺术水平的同时，文委加强对各队员的政治思想品德的教育。近年来，艺术团成员获各项奖学金的比例占 60%，有 30%的同学担任校，系学生会干部，优秀毕业生占 4%。做到了艺术活动与培养社会主义建设人才这一大目标的结合。

学生艺术团在一年一度的国庆节，校庆、"一二九"纪念日、"五四"青年节、浙大科技文化节期间，都精心策划，认真排练，为全校师生献上一台台精彩的大型文艺晚会，内容丰富，获得全校师生的一致好评。话剧队，轻音乐队等也经常组织专场演出，如"大学舞台"话剧小品专场演出；"天火"摇滚音乐专场演出等。在校内举办的一些重大会议、典礼，其礼仪乐队基本上都由校铜管乐队担任。学生艺术团还积极参加与兄弟院校、电视台、工厂企业、部队的联谊演出，展现了当代大学生的良好形象和精神风貌。自文委成立至今，学生艺术团参与的大型文艺演出已达一百多场。

2. 发挥文艺教研室的育人功能，提高学生的艺术修养。

近几年，文艺教研室开设了"音乐基础理论""中外名作欣赏""西方音乐史与名作欣赏""合唱艺术"四门大班课程，学生人数每年达1300人左右。此外，为了提高大学生的文化素质和艺术修养，每年开设十二讲音乐专题系列讲座，听众累计达万人，同时，为了活跃校园文化生活，提高学生的艺术水平，文艺教研室在普及音乐理论知识的基础上，办了一些提高班，诸如"声乐训练班""钢琴训练班"等，深受学生欢迎。

3. 开展艺术交流，弘扬民族文化。

校文艺在开展校园文化建设过程中，紧紧围绕爱国主义主旋律，大力弘扬民族文化，倡导严肃音乐。举办了《中国古典音乐欣赏》系列讲座；组织了"浙江省民间舞踏专场演出"、"京昆剧专场演出"、"纪念毛泽东同志诞辰100周年歌舞晚会"等活动。邀请浙江省歌舞团来校举办"交响音乐会"，邀请瑞士音乐团室内乐团举办小型音乐会，邀请著名音乐家王西麟作严肃音乐讲座……。最近，文艺又配合校宣传部、校团委举办"祖国颂"卡拉OK大奖赛，吸引了众多学生。

（三）正确引导学生社团活动，丰富校园文化内容。

学生社团，是经过学校批准，由本校学生在自愿的基础上组织的群众性团体。学生的社团活动，是大学生自我管理、自我教育的重要形式，是校园文化建设的重要组成部分。目前，我校能较稳定地开展活动的学生社团有三十多个，按其主要活动内容可分为以下几类：①兴趣类社团，如：桥牌协会，武术协会，网球协会，学生书画社、声音诗社等；②学术类社团，如：电脑爱好者协会、国防协会、信息协会，青年物理学会，研究生非线性中心、国际问题研究会、英语协会、潇潇雨文学社等；③服务类社团，如TODAY学生翻译社、心创意广告社、公共关系协会等；④文娱类社团，如"天火"乐队、歌迷协会等；⑤新闻类社团，如《求是青春》、《浙大邮报》、浙大学生记者协会等。我校有关部门紧紧围绕培养社会主义人才这个综合目标，把学生社团作为学生的"第二课堂"，作为校园文化建设的一个主要阵地。为了更好发挥学生社团的作用，近几年来我们主要做了以下几个方面的工作：

1. 强化社团管理，充分发挥社团管理办公室的作用。

根据《浙江省高等学校学生社团管理办法(试行)》精神，结合我校1987年6月发布的《关于学生社团的若干规定》及近年来我校社团管理的具体情况，我们制定了《浙江大学学生社团管理实施意见》，对校内学生社团的申请、成立、登记注册，活动内容、责任部门都作了具体的规定，并在校团委设立学生社团管理办公室，对各社团实行统一管理。为了使社团活动能满足广大同学的要求，加强管理部门与各社团间的联系，社团管理办公室每年招聘一批工作责任心强、有一定组织能力的同学参与社团管理。由于同学的积极参与，保证了学校与各社团之间渠道的畅通，调动了各社团的积极性，增强了社团的凝聚力，使全校社团活动更加活跃，更富有生机。

2. 强化对社团负责人的培训、考核，提高他们的责任感和积极性。

学生社团是学生自愿组织的群众性团体，各社团推荐的负责人素质参差不齐，而负责人的素质又将直接影响社团的工作。学校把学生社团骨干培训作为支持学生社团发展的一项重要工作，每学期由社团管理办公室组织一期学生社团骨干培训班，既有政治上的引导，又有工作方法、工作作风方面的教育，培训内容相当丰富，效果明显。同时也注重对他们工作上的监督、考核，保证各社团能正常顺利发展。

3.加强对学生社团的引导，积极扶持健康向上、有利于提高学生综合素质的活动。

随着社会的发展，对人才的素质要求越来越高，一场“人才大战”已在社会主义市场经济的浪潮中打响，高校作为育人的主要场所，突破传统的封闭型教学模式已是迫在眉睫，社团作为学校课堂教育的一个补充应该说完全有优势，也有责任在这方面挖掘自己潜在的作用，改变人们心目中长期认为的社团只是提供文娱活动的偏见。在新形势下，社团管理办对社团在这方面的引导也明显加强，对于一些能起到完善学生的知识结构，提高学生多方面素质、能力的社团活动，无论在人力、物力还是财力上都给了很大的支持，使这些活动在校园内蓬蓬勃勃地开展起来，很多学生从中得到了提高和锻炼：如由书画社举办的书画篆刻大赛及展览，计算机 Kernal 小组为主承办的“浙大电脑节”，英语协会、浙大邮报为主承办的“93′浙大英语节”、青年物理协会为主承办的“浙大物理节”，声音诗社、记者协会联办的“金风杯”诗歌、散文大赛，歌迷会举办的“93′浙大音乐周”系列活动，翻译社举办的翻译大赛等种种活动，应该说都体现了新形势下社团活动新的风采、新的贡献。

4.立足校园、面向社会，争取社会各界的支持

发展离不开改革、离不开开放，这一硬道理适用于社会，适用于学校，也适用于社团。当今整个社会的发展已日渐成为一个系统工程，没有任何一个事物可以独立地封闭地前进。随着“社会办学”的观念越来越深入人心，在当前社团各种资源十分短缺的情况下，争取社会各界的支持，应该说不失为一条上策，一来可以在活动经费，人才资源上有所保证，二来也可以进一步锻炼学生的社会活动能力，尽早让他们与社会接触、碰撞，在这方面，各社团负责人普遍跃跃欲试，也有所收获。如今年五月份由计算机 Kernal 小组为主承办的电脑节就得到了快威电脑公司的全额赞助，使得该次活动无论在内容、范围、质量上都前所未有，其他一些大大小小的社团活动也不同程序得到过一些社会的资助，至于在争取社会的人力资源上更是获益匪浅。一年来，请进校园指导社团活动、进行学术讲座或聘为社团顾问的专家、教授、知名人士很多，这对社团的活动的确是很大的支持。

(四)充分发挥校团委、学生会、研究生会和各系有关组织在校园文化建设中的作用，形成全校性文化建设网络。

校团委在抓好共青团自身建设的同时，把校园文化建设作为一项主要的工作，带动广大共青团员在校园精神文明建设中真正起到先锋作用。学校很多大型的文化活动，如“科技文化节”、学生社会实践活动，青年志愿者服务活动都是在校团委负责下进行的。团委几年来一直指导校学生会，研究生会独立开展各种文体活动，促进校园精神文明建设。由校学生会，研会组织开展的各种文艺演出、体育比赛，学术性活动，已成为校园文化中不可缺少的一部分。

校学生会举办的“三好杯”三大球比赛、青春风采大奖赛、服装表演大赛、迎新年狂欢夜等活动已深得同学认可，成为各系看好的竞赛项目。92 年成功地举办了省“乍浦港”杯大学生辩论赛，并获第一名。成立了校膳管会，在反映同学的心声，对宿舍、食堂的意见和建议，维护学生利益方面，保障学校安定团结局面作出了贡献。他们的工作，使学生业余文化生活得到了丰富，也活跃了学生的思想。

校研究生会立足校园、面向社会、围绕“TOP”节和“DMB”节两个中心，开展活动多达90余项，在丰富广大研究生的精神文化生活，活跃校园学术气氛，引导研究生投身社会实践，促进校园文化的繁荣等方面作出了积极的贡献。“把根留住”义务植树活动，纪念六·五世界环境日的环西湖长跑等活动在社会上造成了极大的影响，展现了当代研究生精神风貌。

在校级组织各类活动的同时，各院系也相应进行各种形式的校园文化建设活动。各系分团委、学生会都把校园文化建设作为工作中的一大内容，精心组织，认真策划，动员更多的同学参与各类活动，共同创造良好的校园文化氛围，使同学们能在这良好的环境中长知识、长才干。校园文化真正成了同学们健康成长的摇篮。

共青团浙江大学委员会

一九九四年十月

浙江大学档案馆藏，档案号：ZD-1994-XZ-22-5

(三)校史研究与校庆纪念

1. 校史研究与校友工作

关于编写校史组织领导问题(草案)

(1961年3月10日)

浙江大学的演变过程是曲折复杂的，至今文字记载片段零乱，口头传说不一。最近周校长指示“组织力量编写浙江大学校史”，为了将我校校史确凿地审核定案，特提出如下意见，请领导研究决定。

一、成立浙江大学校史编写委员会。组成成员除请党委确定一书记亲自挂帅，加强领导外，并吸收下列人员：杨醒宇、冀增、李军、杨耀德、王加微、李文铸、刘景善、孙祥治(养病)、张有清、曹礼德、吴钟芳、余静文、任仲英、周润生、易养泉、王风扬、秦秀坤、许国容等同志组成。委员会的主要任务：加强校史编写工作具体领导；定期召开会议，研究讨论编写工作有关事宜；审核各种资料；并请年长历久的委员同志大量提供(笔写或口述)当时有关校史的真实情况。

在校史编写委员会直接领导下，成立校史编写办公室，并抽调王静涛(宣传部一人、马列主义教研室一人)等同志担任校史有关资料搜集和编写工作。

为了更广泛地搜集资料，使校史编写工作保质保量可查可稽，以学校名义发聘书，聘请校外部分浙大前辈，如林枫、柯里、方晓、邵裴子、郑宗海、陈建功、竺可桢、陈嗣虞、章安定、贝时璋、陈鸿逵、谈家桢、陈仲和、舒鸿等同志担任校史编写顾问，协助校史审核。

二、大体步骤：

(1)收集资料。首先搜集现有的各种文字记载资料，据了解着重的(较远的)有“杭州府志”、“国立浙江大学校刊”、“国立浙江大学同学会会刊”、“国立浙江大学校庆特刊”、“浙江大学一览"、"浙江大学要览"、"浙江教育学编"等种。较近时期的有:"人民浙大"、"校务委员会记录"、"行政会议记录"、"校长办公会议记录"、"浙大介绍"等种。搜集方法:一方面积极清理学校本身有关积存档案(包括图书馆保留部分);另一方面组织前往有关单位,如浙江图书馆、浙江省文物管理委员会、杭州市文化局、教育厅等部门索取。

其次:搜集各种失传的口头校史述录资料(包括个人收藏在内)。方法:登门拜访或通讯联系,向部分浙大前辈(即聘请人员等)拜访,要求他们提供当时有关校史资料(书写或口述)。

(2)审核资料。将有关校史编写资料大体搜集齐全以后,召开校史编写委员会,并邀请有关(顾问)人员参加,(确定不能参加者,将资料函寄核改)对编写校史资料进行全面系统地审查。发现问题,随时研究解决。遗漏的补充,重复的删除,错误的校正。必要时进行反复的审核,一定使编写资料的来龙去脉可查可稽。

(3)正式编写。资料核对无误后,正式开始校史编写。编写校史的总的要求:1.将浙江大学的沿革做最后定案,并找出一定根据;2.根据浙大创始求是书院到目前,在这样一个将近八十年悠久历史过程中,浙大对整个社会发展(包括政治、经济、文化)有哪些重要影响和作用。写的方法,大体可分为"求是书院起至抗日战争开始"、"抗日战争开始至全国解放"、"解放后至目前"三个阶段。

三、完成校史编写的总的措施:依靠各级党的领导。充分发动群众,依靠群众力量,从大处着眼,从小处着手,全面地搜集资料。主动和有关单位联系,力求支持协助。积极克服各种困难,充分利用各种有利条件,既要看到此项工作是一项细致、复杂、艰巨的工作,又要看到它是重要而光荣的任务。因此必须充分树立信心,尽最大努力,力争在最短期间内(十月)完成校史编写工作。

以上意见,请常委审查批准后,可提请校务委员会讨论通过。

中共浙大党委办公室
浙江大学学校办公室
1961年3月10日

附

浙江大学校史编写委员会及顾问名单

姓名	入校时间	当时工作单位及职务	现在工作单位及职务
林枫	抗日战争时期解放战争时期	浙江省地下党委书记	解放后曾任杭州市委书记,现在生病疗养。
方晓	同上	浙江省地下党领导人之一	解放初在浙江省委组织部工作,现调中央组织部工作
柯里	同上	同上	解放初在杭州市委组织部工作,现调北京 XXXX 工作
邵裴子		求是书院学生	浙江省文物管理委员会主任

续表

姓名	入校时间	当时工作单位及职务	现在工作单位及职务
杨耀德	民国十六年	工学院电机系副教授	本校六系
陈嗣虞	民国十六年	工学院化学系助教	杭大
王凤扬	民国十六年	工学院化学系助教	本校七系
吴钟伟	民国十六年	工学院土木工程系副教授兼主任	杭工
孙祥治	民国十六年	文书科科员	本校学校办公室
竺可桢	解放前	曾任浙大校长	中央科学院副院长
郑宗海	民国十八年	文理学院教育系副教授兼主任	杭大教授
陈建功	民国十八年	文理学院数学系教授	杭大副校长
曹礼德	民国二十年	图书馆助理员	本校图书馆
任仲英	民国十八年	文理学院物理系管理员	本校一系行政工作
贝时璋	民国十九年	文理学院生物系副教授	中央科学院工作
谈家桢			同上
许国容	民国二十二年	文理学院数学系助教	本校一系
张有清	民国二十三年	文理学院物理系助教	本校一系
俞静文	民国二十二年	工学院电机系事务员	本校教材科
周润生	民国二十二年	事务科助理员	本校业余学校工友
易养泉	民国二十一年	注册科书记	本校行政事务科工作
陈鸿逵	民国二十四年	农学院植病系副教授	浙江农学院工作
陈仲和			杭工
李文铸	解放前	浙大地下党领导人之一	本系第一系总支
刘景善	解放前	曾任浙大学生会主席	本校教务处

浙江大学档案馆藏,档案号:ZD-1961-XZ-44

校史编写和展览工作[①]

(1963年12月18日)

一、编写校史指导思想和原则

马克思列宁主义是科学地认识世界和改造世界的革命武器。因此,校史的编写工作必须以马克思列宁主义和毛泽东思想有关理论为总的指导思想。根据这个思想,提出以下几

① 本方案为1964年校庆67周年准备工作的一部分。

点总的原则：

1. 编写和展览校史的目的：利用校史作为教材，向广大师生进行社会主义阶级教育，继承和发扬革命传统，激发爱国主义精神，批判地继承优良的教学传统，正确认识解放后，在党的领导下，我校的巨大成就和丰富经验，使广大师生坚定社会主义的办学方向，走又红又专的革命道路。

2. 坚持阶级斗争观点和阶级分析方法。学校是一定社会的上层建筑，是阶级斗争的工具，也是阶级斗争的直接场所。学校的历史实质上是阶级斗争的历史。所以，只有坚持阶级斗争观点和阶级分析方法，才能揭示校史的真实内容和深刻本质；才能判断史实的真伪、主次而决定取舍；才能对历史经验有正确的批判和正确的继承；才能使广大师生深刻地认识社会主义教育事业的优越性，党的教育方针和对知识分子政策的伟大、正确。

3. 内容的写法上必须坚持历史和观点的相结合，党的领导和群众斗争相结合，正确安排典型事件和一般史实的关系，历史事件和历史人物的关系，正确处理历史人物，特别是对校史发展有影响的人物，例如各任校长等，但一般的少写人物为宜。

4. 必须考虑校史的特点。校史具有一般历史的共同点，也有其自身的特殊点；同时，校史也不同于村史、厂史。校史是新、旧中国两种根本不同制度下我国科学文化教育事业发展过程和特点的缩影，应该总结这一过程的历史经验，更好地教育广大师生反对资产阶级办学方向、热爱社会主义教育事业，坚持社会主义办学方向和知识分子走又红又专的革命道路。

5. 校史必须以近百年来帝国主义、封建主义、官僚资本主义压迫中国人民以及中国人民在中国共产党领导下进行民主革命、社会主义革命和社会主义建设的整个历史时代为背景和分期标准。因为，一定的文化是一定社会的经济、政治的反映。学校是社会的上层建筑的一部分，为社会的经济和政治所制约，又反过来影响社会生活，因此，离开了整个社会的政治、经济就无法认识学校的发展过程和特点，无法正确估计学校在不同历史时期的社会作用。

二、基本内容

根据上述原则和学校特点，校史内容基本上包括阶级斗争史、教学史、学术发展史等三个方面，而以阶级斗争史为其主要方面。基本内容的原则意见如下：

1. 阶级斗争史方面：主要反映各个不同历史阶段阶级斗争对学校生活各方面的影响，学校阶级斗争的表现和特点及其社会作用，同时要反映党在各个时期的领导作用。从而明确教育的阶级性，坚持社会主义办学方向，热爱社会主义教育事业；认清知识分子必须继承和发扬革命传统，走又红又专的革命道路。

2. 教学史方面：主要反映在新、旧中国两种根本不同制度下的学校状况和办学经验，以便认清资产阶级和无产阶级教育的原则区别，批判地继承和发扬优良的办学经验。

3. 学术发展史方面：主要反映在新、旧中国两种根本不同制度下的学术研究的特点及其社会影响，批判地总结和继承学术研究的优良作风和经验。

上述三方面的内容应该是相互联系的，而以阶级斗争为红线。

浙江大学档案馆藏，档案号：ZD-1964-XZ-41

浙江大学校友总会正式成立[①]

(1985年4月23日)

浙江大学校友总会4月19日上午举行第一届理事会议,韩祯祥同志主持理事会议并被推选为校友总会会长。理事会讨论通过了总会领导机构人选安排、校友总会章程、赞助母校设立"竺可桢奖学金"基金的倡议、创办《浙大校友通讯》等五项决定。著名学者、校友王淦昌、贝时璋、苏步青、李寿恒、施平、夏衍、常书鸿等任名誉会长,王季午、刘丹、朱祖祥、杨士林、陈立、陈伟达、钱三强等担任顾问。

理事会后,在图书馆前月季花园隆重举行竺可桢铜像奠基典礼,83岁高龄的著名数学家苏步青先生为奠基揭幕。

浙江大学档案馆藏,档案号:ZD-1985-XZ-53-8

关于浙江大学成立校友总会的情况报告

(1986年9月10日)

浙大校函〔86〕32号

国家教委:

接〔86〕教政字009号文通知,现将我校成立校友总会的情况报告如下:

我校建于1897年,至今有89年的历史。当气象地理学家竺可桢任校长时,许多著名学者相继来校任教,浙大人才辈出,被誉为东方剑桥。从解放前到现在,浙江大学共培养了毕业生四万余人,他们遍布海内外,其中有不少学者在国内、国外都享有崇高的声誉。

目前,浙大在台湾地区的校友有493人,1946年成立了"国立浙江大学台湾校友会"。1976年在美国和加拿大的校友近300人成立了"浙大北美校友会"。近年来,古巴、新加坡、日本(浙大留日校友会)等地的校友相继返母校探望,他们均要求学校能成立浙大校友总会,交流校友与学校的信息,扩大国际交流。为此,我校在1984年进行酝酿和筹备,于1985年4月经中共浙江省委宣传部同意,正式成立浙江大学校友总会。现在,总会每年出版两期《浙大校友通讯》,作为与海内外互通信息的桥梁。

专此报告。

附件:1. 浙江大学校友总会章程(略)

2. 浙江大学校友总会名誉会长、顾问和第一届理事会理事名单(略)

浙江大学

一九八六年九月十日

浙江大学档案馆藏,档案号:ZD-1987-XZ-90-12

---

① 本文原载浙江大学校长办公室编《简报》1985年第2期(总第52期),标题为编者所加。

关于成立《浙江大学校史》编纂委员会的通知

(1991年3月2日)

浙大发办〔1991〕08号

各系,各部、处,校直属单位:

根据国家教委有关校史编写通知(即〔1984〕教编厅字009号文)精神,经1991年2月27日校务会议研究决定成立《浙江大学校史》编纂委员会,下设编写组。现将编委会人员及编写组负责人名单公布如后:

主任委员:路甬祥

副主任委员:吴金水

委　员:(按姓氏笔画为序)

王启东　杨士林　李文铸　汪柏卿　沈德洪　吴世明　吴金水　何志钧

林之平　周文骞　夏志斌　黄　固　韩祯祥　路甬祥

秘书长:吴世明

编写组组长:林之平(兼)

副组长:徐有智　杨达寿　吴永志

浙江大学

一九九一年三月二日

浙江大学档案馆藏,档案号:ZD-1991-XZ-289-2

2.纪念活动

向刘丹同志建议召开马老百岁寿辰纪念会

(1981年3月16日)

刘校长:

六月八日,是浙大前校长、现北大名誉校长、全国人口学会名誉会长马寅初先生百岁大寿的日子。这一天,在北京(北大)、重庆(重大)、香港等地将举行庆祝活动。马先生与浙大关系也比较密切。解放前他一直热情地支持浙大的学生运动,一九四六年曾亲自来浙大发表演说;解放后又曾任浙大的校长,我们浙大是否对马先生的大寿是否应该有所表示。为此特向刘校长提出如下建议:

马先生大寿之日,宣传栏内展览一下他在浙大的事迹(马先生简历、照片、书信、事迹记录);

在马先生寿辰前夕举行一次座谈会,邀请当年的老同志座谈,以示庆祝;

在马先生寿辰前夕,由学校出面发一贺电。

以上建议是否妥当,请赐示。

顺次致礼

建议人:蒋银火

81.3.16

浙江大学档案馆藏,档案号:ZD-1981-XZ-151

中国科学院党组/中国科协党组关于举行竺可桢逝世十周年纪念会的请示

(1983年4月11日)

〔83〕科发党字122号

中共中央:

一九八四年二月七日是中国科学院副院长、中国科协副主席竺可桢同志逝世十周年的日子。竺可桢是我国卓越的科学家、教育家。他在一九三六——一九四九年出长浙江大学十三年间,在极其困难的情况下,把浙江大学从一个地方性大学办成为全国第一流的大学,为我国培养了大批优秀的人才;建国以后,他又身体力行,不仅亲自参加自然资源综合考察、农业气候、物候、气候变迁和自然科学史的研究,取得了重要的研究成果,而且参与了中国科学院和全国科技事业的组织领导,在制订我国科技政策、科学普及、人才培养等方面贡献了力量。为了纪念竺可桢对我国科学、教育事业所作出的业绩,学习他正直不阿、公而忘私、作风民主、刻苦勤奋的崇高品德,宣传他实事求是、谦虚谨慎、严谨治学、扶植后进的可贵精神,中国科学院、中国科协和浙江大学拟于一九八四年二月七日起举行为期两天的竺可桢逝世十周年纪念会。

纪念会系学术报告会性质。除综述竺可桢对我国科学、教育事业的贡献外,拟分别以竺可桢的教育思想,竺可桢与中国科学院,竺可桢对我国科学普及事业的贡献,以及竺可桢与我国近代地理学、气象学的发展为题进行专题报告。此外,还要以综合评述的方式,按竺可桢生前亲自研究和倡导的学科,分别报告最近研究工作的进展。在纪念会上,还要颁发第一次竺可桢野外工作奖金。

纪念会将分段进行。第一天上午拟请中央领导同志出席,具体计划将另行呈报待批。纪念会的最大规模为五百人左右。

纪念会不主动邀请外籍或海外学者参加。如有闻讯要求参加者,费用自理。是否邀请台湾省的浙江大学校友参加,请中央确定。

为了进行筹备工作,我们将成立竺可桢逝世十周年纪念会筹备委员会,拟请方毅同志任主任,由三个主持单位的主要领导人会同有关部门负责人和各方面人士组成。

妥否,请批示。

中国科学院党组/中国科协党组

一九八三年四月十一日

浙江大学档案馆藏,档案号:ZD-1983-XZ-112

韩祯祥校长在欢迎《流亡大学》摄制组来浙江大学参加首映式的讲话

(1985 年 9 月 3 日)

同志们、来宾们：

今天是中国抗日战争胜利四十周年纪念日，我们在这里隆重举行由上海电影制片厂摄制的彩色故事片《流亡大学》首映式。我谨代表浙江大学全校师生员工向专程前来杭州参加首映式的上影《流亡大学》摄制组表示热烈的欢迎和衷心的感谢，并感谢著名电影导演吴贻弓同志、副导演江海洋同志、编剧房子、童汀苗同志，主演智一桐同志、向梅同志、张闽同志以及其他成员能在这里同大家见面。

影片《流亡大学》主要取材我们浙江大学在抗战时期西迁流亡的一段历史。影片描写了钱江大学的教职工在国难当头之时，克服一切艰难困苦，举校西迁，为培养人才呕心沥血，展示了中国知识分子和整个中华民族不屈不挠的气节和坚忍不拔的性格。我相信，这部影片的上映，将有助于我们特别是青年人进一步了解历史，了解我们整个中华民族在当时灾难深重中所走过的道路，并将鼓舞和激励我们浙江大学师生员工继承和发扬求是学风，锐意进取，勇于创新，为建设四化、振兴中华作出我们更大的贡献。

这部电影是我们浙江话剧团的房子、童汀苗二位同志编剧的。影片在开拍之前，曾多次听取我校老教师、老教授、在杭州和上海浙大校友对剧本的意见，多次作了修改；主要演员也多次走访了当年参加浙大西迁的部分老前辈和家属，充分体现了导演吴贻弓同志和摄制组的同志对电影艺术的严谨态度和作风。影片除了在我们浙大和杭州、富阳拍摄外景外，摄制组还不辞辛劳，长途跋涉，赶赴广西等地拍摄，终于在不到一年的时间里，完成了影片的制作，为我们提供了一部富有现实教育意义的好影片。对此，我再次向导演吴贻弓同志和《流亡大学》摄制组同志表示我们深切的感谢。

最后，我预祝影片《流亡大学》在浙江大学首映成功！

浙江大学档案馆藏，档案号：ZD-1985-XZ-52

关于举行竺可桢诞辰一百周年纪念活动的通知

(1990 年 2 月 14 日)

各系、各部、处、校直属各单位：

1990 年 3 月 7 日，是我国已故著名气象学家、地理学家、杰出教育家、浙江大学前校长竺可桢诞辰一百周年纪念日。为纪念竺可桢对科学和教育事业的杰出贡献；宣传竺可桢的学术成就和工作业绩，学习竺可桢先生的教育思想和奉献精神，北京和杭州将同时进行“竺可桢诞辰一百周年纪念活动”。在杭举行的纪念活动是北京纪念活动总体安排的组成部分。北京的大会由中国科技协会、中国科学院、国家自然科学基金委员会、国家气象局和浙江大学五单位共同发起，3 月 7 日上午在北京政协礼堂举行纪念大会。杭州的大会由浙江大学和浙江省科协共同发起，3 月 5 日在浙江大学邵逸夫科学馆举行纪念大会和竺可桢教育思想学术报告会,3 月 7 日在上虞东关举行“竺可桢故居”揭幕仪式。

为了继承和发扬“求是”精神,建设“实事求是、严谨踏实、奋发进取、开拓创新”的优良校风,创建良好的育人环境,在这次纪念活动期间,将举行青年教师、本科生、研究生与老校友的座谈会,在全校范围内进行一次校风建设、校园文明建设的活动,推动我校教学科研生产的发展和加速我校综合改革的进程。希望各系、各单位认真组织,切实做好工作。

浙江大学

一九九〇年二月十四日

浙江大学档案馆藏,档案号:ZD-1990-XZ-0056

3. 校庆活动

校庆筹备委员会主任委员各工作委员会主任委员联席会议纪要

(1964 年 1 月 2 日)

63 年 12 月 26 日上午八时,王副校长主持召开了校庆筹备委员会、各工作委员会主任委员会议,参加会议的有董方明副书记、周庆祥副校长、李良恩副校长及各工作委员会正副主任委员共十四人,现将会议情况综合整理如下:

(一)会议首先由各主任委员汇报了校庆筹备工作的进展状况,同时提出了一些具体问题。

1964 年校庆筹备工作,自 63 年 11 月份起进入了第一阶段。学校于 11 月份先后召开了两次筹备会议,成立了校庆筹备委员会,并按教学生产、科研、校史、文体工作分别成立了工作委员会,下设各办公室、各工作组,各系相应成立了教学生产、科研、文体等工作组。各工作委员会按其任务分别制订了校庆筹备工作计划,各工作委员会办公室、各工作组结合当前教学进行了各项筹备工作。

如教学、生产、科研工作方面:各工作组正在着手组织学校各系、各教研组总结与整理教学经验、科学成果方面的材料,各实验室也借校庆的东风积极建设实验室。

校史编写工作方面:学校准备校庆期间出版“浙大一览”,筹委会办公室正在着手编写。

文体工作方面:结合冬季锻炼积极开展课间操,在课外活动中加强了比赛项目的锻炼。文娱方面,则配合庆祝元旦活动加紧排练“年轻的一代”话剧,广泛开展师生员工文娱活动和大唱革命歌曲。

经过这一时期的积极准备,校庆筹备工作已在全校初步开展起来了,但目前也还存在着不少问题。

1. 有的筹备工作委员会还没有把工作计划具体落实到系工作组,系工作组虽已成立,但对具体任务、项目内容要求不明确,系工作组计划还没有落实。

2. 工作委员会和各系在领导筹备工作中还没有很好结合,因此有的系、教研组行动不够迅速,任务未能落实到人。现在离开校庆日只有三四个月时间了,许多工作只是开了个头,大量工作还在后面,时间又很紧迫,特别是印刷稿件问题。目前系和教研组还不能按原有计划交稿，由于印刷任务较紧，如延误日期将会影响整个校庆筹备工作的进度。

(二)对于下一步校庆筹备工作的几个意见

(1)进一步认清 1964 年校庆活动的目的性：校庆活动应该在经常工作的基础上，进行检查，肯定总结经验，表扬先进，把我校的各项工作提高到更先进的水平。活动项目应根据少而精的原则来确定，力求内容少一些，质量更高一些。每一教研组所负担的具体任务亦本着这一原则来确定。

(2)进一步加强校庆活动的组织领导：现在学校筹委会及各工作委员会、办公室、各工作组以及各系的工作组都已成立。但系一级的块块领导和系的工作组和学校的工作组之间的联系尚不够明确，因而影响了筹备工作的进度。为此今后必须明确下列各项组织关系：

1. 各系由总支书记和系主任(都是筹委会的委员)负责块块领导，统一全系所担任的各项任务的统一安排及督促检查工作。建议各系在最近期间开一个会，安排本系的各项具体工作。

2. 由各办公室担任校、系两级的联系工作，办公室的地点及负责人名单如下：

校庆筹备委员会办公室设在校长办公室，负责人赵绪剑

教学生产委员会办公室设在教务处，负责人全永昕

科学研究委员会办公室设在科学处，负责人倪保珊

校史编写委员会办公室设在马列主义教研组，负责人魏益华

文体工作委员会办公室分体育工作办公室和文娱工作办公室，

体育工作办公室设在体育教研组，负责人蒋新

文娱工作办公室设在团委办公室，负责人刘景善

3. 每一工作组都有各系的人员参加，这些人员一方面担任工作组的工作，另一方面也是本系有关工作的具体负责人。

(3)校庆计划必须进一步落实：各工作委员会应该进一步把各项工作具体的落实到各教研组及具体人员，并把进度确定下来。这一具体计划应于 1963 年内完成。

(4)筹委会办公室应根据勤俭节约的原则速将预算核定，分配给各工作委员会，以便进行工作。采购统一由筹委会办公室总务组负责，各工作委员会可与办公室联系解决。

(5)政治思想方面的展览由校史工作委员会负责，体育展览由文体工作委员会负责。“浙大一览”中的专业说明书由各系起草，办公室和教务处共同负责汇总。

在筹委会办公室下成立美工组，协助各系解决有关美工问题。至于展品内容，应由各教研组负责。

校庆筹委会办公室

1964 年 1 月 2 日

浙江大学档案馆藏，档案号：ZD-1964-XZ-40

关于邀请校友参加校庆的请示报告

(1964年4月3日)

常委:

现在离校庆只有一个月了。为了做好邀请校友的组织准备工作,兹将有关情况请示如下:

一、邀请的名额

由于我校是第一次举行校庆,考虑一个不邀请不好。根据节约精神和我校具体条件,拟邀请外地老校友10名左右(北京、武汉等远地一般不邀请),以教授以上的校、院长为主。邀请的通知准备在4月10日以前发出,校友在5月1日,至迟在5月2日上午抵校;本市校友可多可少,届时邀请来参加各有关活动,除了发通知邀请的老校友以外,其他校友获悉后自动来校者,应一律欢迎。

二、招待问题

(1)凡邀请外地来的校友(校、院长、教授),住宿安排在杭州饭店或华侨饭店(两个人住一间),膳费由学校按出差规定给予补贴,路费如本人提出即予报销,不提不报。在校期间的参观、游览等活动,由学校统一安排交通;凡在此期间各系邀请来校讲学的教授和专家,按"聘请专家讲学"的规定办理。

(2)凡自动来校参加学术报告会和教学经验交流会的校友和来宾,远道者可住学校招待所,膳宿费由其自理;本市者由校车接送,其他一律不招待。

(3)邀请校友和来宾,必须由学校统一邀请,各系和私人自行邀请的校友,学校概不招待。

(4)招待经费,估计约需400元左右,其经费问题,经与总务长、生产处联系,从工厂上缴生产费中可以开支。

三、接待问题

学校领导出面接待者,拟请王、周、李三位副校长负责,并陪同其参观、游览等活动。至于其他接待的具体事宜,由校长办公室和总务处负责组织。

四、校友来校后的活动安排

(1)校友必须在5月1—2日上午抵校;

(2)到校后5月2日下午由学校领导接见校友,介绍学校有关情况及校庆活动安排;

(3)5月3日上午举行校友座谈会,下午请其参加校庆庆祝大会;

(4)5月4日组织游览。

以上报告当否,请即批示。

校庆筹委会办公室

1964年4月3日

浙江大学档案馆藏,档案号:ZD-1964-XZ-41

关于筹备八十五周年校庆活动的通知

(1981年10月29日)

各总支、各系、部、处、室、馆、院、工厂、工会、团委、学生会：

一、明年四月一日是我校八十五周年校庆日。按照党的十一届六中全会的精神，为了回顾总结浙大的发展历史和取得的成就，发扬浙大的优良传统，促进教学、科研、生产、后勤等各方面工作的开展，并进一步团结国内外校友为母校的建设和祖国的繁荣富强而共同努力，决定在八十五周年校庆之际开展各种有意义的庆祝活动(召开庆祝会、举办校史和学校建设成就展览会，举行科学报告会和教育讨论会，开放实验室，举行全校春季运动会，组织植树、美化校园等)。并邀请国内外校友回母校共同庆祝。

二、为校庆筹备工作，决定建立由学校领导同志、老教授和各方面负责人组成的浙大八十五周年校庆筹备委员会，并将邀请国内外校友代表参加校庆筹备会。

浙江大学八十五周年学校庆筹备委员会名单

主　任：刘　丹

副主任：杨士林

委　员：黄固、王启东、周春晖、李文铸、叶方、胡玉兰、张俊生、王国松、周庆祥、王仁东、杨耀德、李恩良、曹萱龄、张树森、周茂清、周培源、朱自强、张镇平、周广仁、周文骞、魏益华、陈忠德、卜凡孝

校庆筹备委员会下设办公室，负责筹备校庆活动的各项具体工作。办公室由张镇平、王际昇、陈金琪、倪保珊、胡建雄、朱深潮、王欣、洪晖、章仁高、黄帮达、林之平、彭孝璋、冯仲和等同志组成。办公室主任：张镇平，副主任：胡建雄、朱深潮、洪晖、章仁高。

三、各项筹备工作在校庆筹备委员会领导下，由办公室统筹协调部署，组织各部门、各系的力量实施，并统一负责与国内外校友的联系。要求各部门、各系、各总支都确定一位负责同志分管和抓好校庆的筹备工作。

四、自本通知之日起，启用“浙江大学校庆筹备委员会办公室”印章。

中共浙大委员会

一九八一年十月廿九日

浙江大学档案馆藏，档案号：ZD-1982-XZ-31

关于校友返校参加校庆事

(1981年12月28日)

〔81〕教外综字1126号

浙江大学：

关于邀请校友返校事，现答复如下：

1.邀请校友返校要征得地方外办同意后，报部审批。

2.邀请来华校友的数量应根据我接待能力来定。如果接待不好,还不如不请。请你校根据上述精神,确定实际可接待的人员数量和发送请柬的数量。根据我国目前财力情况,邀请人数不宜过多。

3.对于这些人来华的接待,要争取地方外事部门的领导和协助。

4.待你校得到确定来华校友的名单后,提前一个月报我部,以便协助办理签证手续。

教育部

一九八一年十二月廿八日

浙江大学档案馆藏,档案号:ZD-1982-XZ-31

关于建议组织浙江大学百年校庆筹备委员会和浙江大学百年校庆联席会议建议名单的请示

(1996年2月20日)

浙大发办〔1996〕53号

中共浙江省委:

浙江大学百年校庆得到了省委、省政府的高度重视,我校师生员工为之深受鼓舞。为贯彻省委的重要指示精神,我校百年校庆筹备工作将紧密结合学校"211工程"建设实施而展开,以促进教学、科研再上新台阶,并为实施"科教兴省"战略,推动我省经济、科技、教育、文化的发展作出贡献。

经我校校务会议认真研究,建议在国家教委和省委、省政府的直接领导下,组织各方面力量组成"浙江大学百年校庆筹备联席会议"负责组织、协调、指导我校百年校庆筹备工作。现报上浙江大学百年校庆筹备委员会和浙江大学百年校庆联席会议建议名单,请予批示。

附件:一、浙江大学百年校庆筹备委员会建议名单

二、浙江大学百年校庆筹备联席会议建议名单

浙江大学

一九九六年九月二十日

附件一

浙江大学百年校庆筹备委员会建议名单

名誉主任:

苏步青　全国政协副主席、浙江大学校友总会名誉会长

万学远　浙江省省长

谈家桢　全国政协常委、中国科学院院士、民盟中央副主席

路甬祥　中共中央委员、中国科学院常务副院长、原浙江大学校长
刘　枫　中共浙江省委副书记
吕祖善　中共浙江省委常委、浙江省委秘书长
李金明　中共浙江省委常委、杭州市委书记
周远清　国家教委副主任
徐志纯　浙江省副省长
王永明　杭州市市长
主任：
潘云鹤　浙江大学校长
副主任：
梁树德　中共浙江大学党委书记
胡建雄　浙江大学常务副校长
韩祯祥　浙江大学校友总会会长、原浙江大学校长
委员：(按姓氏笔画排列)
卜凡孝　浙江大学副校长
于　仪　云南校友会会长
王　芳　原国务委员、中共浙江省委书记
王宋大　北京校友会会长
王启东　全国人大常委、浙江省人大副主任、原浙江大学副校长
王季午　原浙江医科大学校长
王淦昌　中国科学院院士
卢嘉锡　原全国政协副主席、原中科院院长
叶于岗　天津校友会会长
冯培恩　浙江大学副校长
吕勇哉　北美芝加哥地区校友会会长
朱祖祥　原浙江农业大学校长
朱家琥　甘肃校友会会长
安毅夫　贵州校友会会长
杨士林　原浙江大学校长
杨小林　上海校友会会长
杨丽英　浙江省人民政府副秘书长
杨学仁　山西校友会会长
杨淳朴　江西校友会会长
李　楠　浙江大学学生会主席
李丰平　原浙江省省长
李政道　诺贝尔物理学奖获得者、浙江近代物理中心主任
吴世明　浙江大学副校长
吴敏达　浙江省人大常委会副主任、咨询委员会主任，原中共浙江省委副书记

余一纯　内蒙古校友会会长
沈之荃　中国科学院院士
沈永言　吉林校友会会长
沈祖伦　全国政协常委、原浙江省省长
汪秀萌　香港校友会会长
汪希萱　浙江省政协副主席
宋　晞　台湾校友会会长
宋昌伍　安徽校友会秘书长
张乃大　中共浙江大学党委副书记
张浚生　新华社香港分社副社长
陆传骧　辽宁校友会会长
陈　立　原杭州大学校长
陈士能　原贵州省省长、浙江大学轻工学院名誉院长
陈子辰　中共浙江大学党委副书记
陈文韶　浙江省高校工委书记、浙江省教委主任
陈同海　国家计委副主任
陈国光　陕西校友会会长
陈祥兴　江苏校友会会长
陈哲良　浙江大学校友总会副会长
茅贵生　四川校友会会长
竺苗龙　青岛大学校长
季肇祚　新疆校友会会长
周春晖　原浙江省政协副主席、浙江大学副校长
郑　树　浙江省人大常委会副主任、浙江医科大学校长
郑晓刚　黑龙江校友会会长
郑继伟　浙江省教委副主任
项宏瑶　山东校友会会长
胡　蓬　澳洲校友会会长
胡征宇　浙江大学团委书记
查济民　香港著名实业家
钟伯熙　原杭州市市长
俞又昌　湖南校友会会长
俞蒙槐　中共浙江大学党委副书记
赵　阳　北美底特律校友会会长
顾伟康　浙江大学副校长
倪明江　浙江大学副校长
高德根　北美国立浙江大学校友会会长
郭际康　湖北校友会会长

唐锦春　浙江大学工会主席、原浙江大学副校长
曹楚南　中国科学院院士
黄　固　原浙江大学党委书记
黄达人　浙江大学副校长
黄振军　福建校友会会长
程开甲　中国科学院院士
曾东元　杭州市西湖区区长
鲁　阳　广东校友会会长
鲁松庭　浙江省副省长
阙端麟　中国科学院院士、浙江省政协副主席
廖　恳　浙江大学研究生会主席
熊学懿　河南校友会会长
潘家铮　三峡发展总公司科技委主任
薛　驹　全国人大法律委员会主任，原浙江省省长、省委书记
秘书长：
胡建雄（兼）
副秘书长：
吴光国　浙江大学校长助理
王立人　浙江大学校长办公室主任
孙桂铨　浙江大学党委办公室主任
董耀贤　浙江大学百年校庆办公室副主任

附件二

浙江大学百年校庆筹备联席会议建议名单

组长：吕祖善　中共浙江省委秘书长
成员：杨丽英　浙江省人民政府副秘书长
　　　陈文韶　浙江省教委主任
　　　张明光　杭州市副市长
　　　郑继伟　浙江省教委副主任
　　　胡建雄　浙江大学常务副校长

浙江大学档案馆藏，档案号：ZD-1996-XZ-4-22

图书在版编目(CIP)数据

浙江大学史料. 第三卷，1949—1998. 浙江大学卷 / 田正平总主编 ；汪辉主编. — 杭州 ：浙江大学出版社，2024.11

ISBN 978-7-308-25011-5

Ⅰ. ①浙… Ⅱ. ①田… ②汪… Ⅲ. ①浙江大学—校史—史料—1949—1998 Ⅳ. ①G649.285.51

中国国家版本馆 CIP 数据核字(2024)第 102342 号

浙江大学史料·第三卷(1949—1998·浙江大学卷)

ZHEJIANG DAXUE SHILIAO · DISANJUAN (1949—1998 · ZHEJIANG DAXUE JUAN)

田正平 总主编　汪　辉 主　编

责任编辑 周挺启
责任校对 蔡　帆
封面设计 周　灵
出版发行 浙江大学出版社
(杭州市天目山路 148 号　邮政编码 310007)
(网址：http://www.zjupress.com)
排　　版 杭州朝曦图文设计有限公司
印　　刷 杭州宏雅印刷有限公司
开　　本 787mm×1092mm　1/16
印　　张 109.25
插　　页 16
字　　数 2616 千
版 印 次 2024 年 11 月第 1 版　2024 年 11 月第 1 次印刷
书　　号 ISBN 978-7-308-25011-5
定　　价 868.00 元(全二册)

浙江大学校史编写组

总主编 田正平

成　员 （以姓氏笔画为序）

马景娣　王　东　刘正伟　许高渝　李杭春
肖如平　汪　辉　汪林茂　沈　弘　沈文华
张　凯　张卓群　张焕敏　张淑锵　赵卫平
徐立望　徐雪英　傅天珍　蓝　蕾

田正平　总主编

浙江大学史料

第三卷
（1949—1998·浙江大学卷）

上

汪　辉　主　编

ZHEJIANG UNIVERSITY PRESS
浙江大学出版社
·杭州·

学校党政领导

浙江大学党委书记金孟加
1952年5月—9月

浙江大学党委书记刘亦夫
1952年9月—12月

浙江大学党委书记刘丹
1952年12月—1958年1月、
1978年7月—12月、
1978年12月—1982年6月(第一书记)

浙江大学党委书记周荣鑫
1958年1月—1962年3月

浙江大学党委书记(兼)陈伟达
1962年5月—1968年3月

浙江大学党委书记黄固
1982年6月—1985年10月

浙江大学党委书记梁树德
1985年10月—1998年9月

浙江大学校长马寅初
1949年8月—1951年5月

浙江大学校长（兼）沙文汉
1952 年 10 月—1953 年 1 月

浙江大学校长（兼）霍士廉
1953 年 4 月—1958 年 4 月

浙江大学校长周荣鑫
1958 年 4 月—1962 年 3 月

浙江大学校长（兼）陈伟达
1962 年 5 月—1968 年 4 月

浙江大学校长（兼）钱三强
1978 年 12 月—1982 年 6 月

浙江大学校长杨士林
1982 年 6 月—1984 年 2 月

浙江大学校长韩祯祥
1984 年 2 月—1988 年 1 月

浙江大学校长路甬祥
1988 年 1 月—1995 年 4 月

浙江大学校长潘云鹤
1995 年 4 月—1998 年 9 月

1950 年 4 月，校长马寅初在首届全校代表大会开幕式上致辞

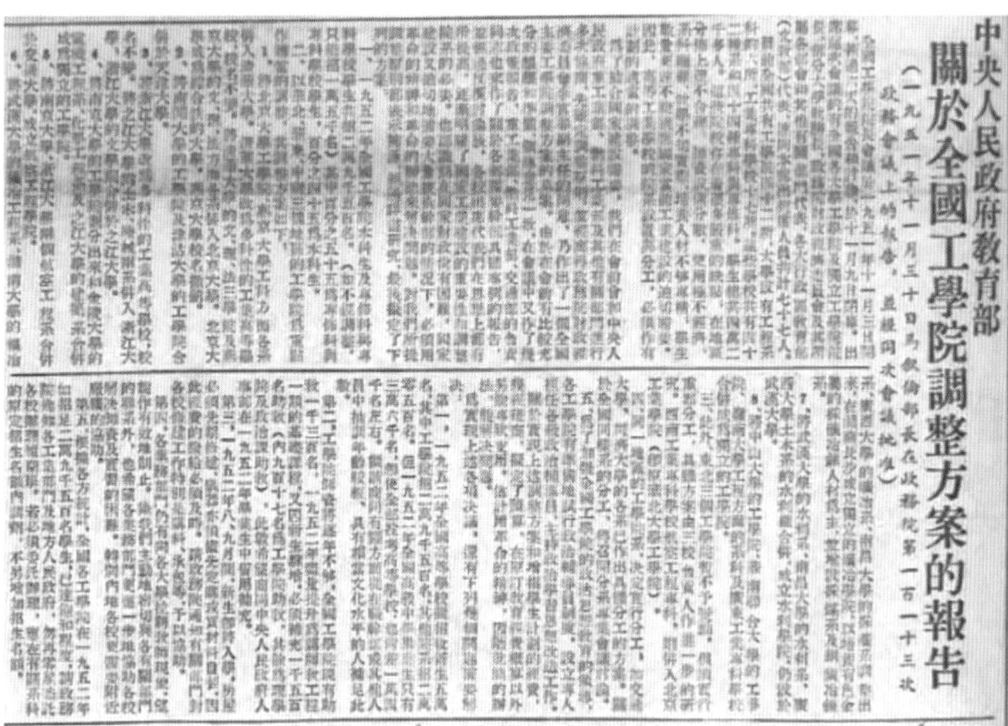

中央人民政府教育部

關於全國工學院調整方案的報告

（一九五一年十一月三十日馬叙倫部長在政務院第一百一十三次政務會議上的報告，並經同次會議批准）

1952 年 4 月 16 日，《人民日报》刊载的《中央人民政府教育部关于全国工学院调整方案的报告》

◇ 院系调整期间调出后来成为两院院士的人员

院系调整前后，大批教师调离浙大，支援全国科教事业发展，其中后来被评为两院院士的就有23位

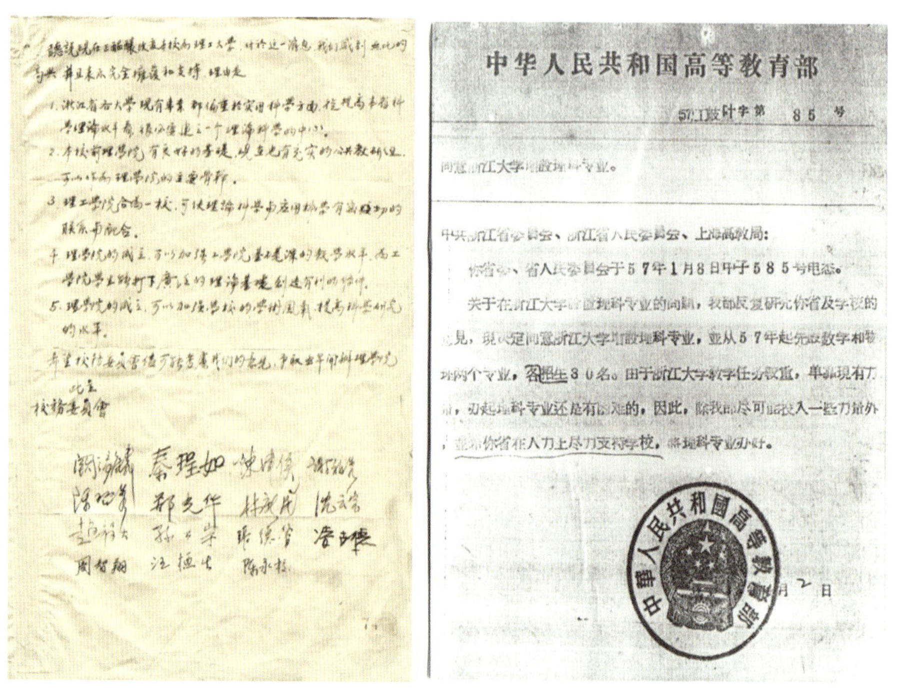

听说现在上级根据改变本校为理工大学，对于这一消息，我们感到无比的高兴，并且表示完全拥护和支持。理由是

1. 浙江省各大学现有专业都偏重于实用科学方面，随着高等科学理论水平提高，很必要建立一个理论科学的中心。
2. 本校前理学院有良好的基础，现在也有充实的公共教研组，可以作为理学院的主要骨干。
3. 理工学院合为一校，可使理论科学与应用科学有密切的联系与配合。
4. 理学院的成立，可以加强工学院基础课的教学水平，而工学院学生能打下广泛的理论基础创造有利的条件。
5. 理学院的成立，可以加强学校的学术风气，提高科学研究的水平。

希望校务委员会慎重考虑我们的意见，争取早日开办理学院

此至

校務委員會

中华人民共和国高等教育部

(57)教计字第 85 号

同意浙江大学增设理科专业。

中共浙江省委员会、浙江省人民委员会、上海高教局：

你省委、省人民委员会于57年1月8日申子585号电悉。

关于在浙江大学增设理科专业的问题，我部反复研究你省及学校的意见，现决定同意浙江大学增设理科专业，并从57年起先设数学和物理两个专业，各招生30名。由于浙江大学教学任务较重，单靠现有力量，办起理科专业还是有困难的，因此，除我部尽可能投入一些力量外，并希你省在人力上尽力支持学校，将理科专业办好。

中华人民共和国高等教育部

月2日

1956年，部分教师上书校务委员会，建议学校恢复理科建制。1957年，浙江大学在全国工科高校中率先恢复理科专业设置

全校教工大会(1958 年)

第六次全校党员大会,确立了理工大学的建设方向(1963 年)

钱三强校长 1979 年 5 月在就职见面会上提出"求是创新"的口号，1988 年 5 月校务会议正式将"求是创新"列为新时期浙江大学的校训

中国教育报

建议加速建设一批重点大学

南京大学名誉校长 匡亚明　　浙江大学名誉校长 刘 丹
天津大学名誉校长 李曙森　　大连工学院名誉院长 屈伯川

（一）

第二次世界大战后现代科学技术发展迅速，学科的高度分化和高度综合是其重要特征，许多学科相互渗透，理工相通、文理结合，综合性趋势日益明显。世界上各国一些知名的高等学校，几乎全部是综合性的、多科性大学。我国现有高等学校主要分为综合大学（文理科大学）、多科性工学院、单科学院。现在看来，这种学校设置不完全符合科学技术发展的规律，也不完全适应高等教育发展的趋势。就培养具有坚强理论基础、广阔专业知识、水平高、能独立研究解决问题的人才来说，也不是最有效的、最经济的。我国高等学校目前已出现向综合性、多科性发展的三种情况，一是多科性工科院校已有不少学校增设了一些理科和少数文科专业，正向综合性多科性（有所侧重）的大学发展，如清华大学、华中工学院、上海交通大学、天津大学、大连工学院等。二是有些大学已经开始校际协作，走向联合，如浙江大学、杭州大学、浙江农业大学、浙江医科大学等四校已成立校际协作委员会，准备走向联合，以发挥综合性、多科性大学优势，提高教育质量，加速培养高级人才。三是一些新近建立的大学，如西藏大学也是多科性、综合性的大学。我们认为这些趋向对加速发展高等教育、培养高级人才是有好处的，是符合科学技术和高教发展规律的，应予肯定并加以提倡。

（二）

目前我国教育经费太少，智力投资和经济建设投资不成比例、不相适应，使得高等学校多年来一直处于房屋少、条件差、教学科研活动和师生生活不够稳定的状况中，发展提高都有困难。扩大招生没有宿舍，开展科学研究和培养研究生缺乏必要的图书仪器和现代化设备。这种情况对学校工作是很不利的。

科学技术是关键，教育是基础，这是千真万确的真理。第二次世界大战后德日遭到严重破坏，经济濒于破产，它们都只用了一、二十年时间，不仅城乡建设、国民经济迅速得到恢复，而且急剧地发展了，主要原因之一是他们重视教育，有人才。我们认为在我国当前情况下，从全国七百余所高等学校中，选出几十所基础较好、师资力量较强、教学质量和科学研究水平较高，既能培养质量较高的大学本科生，又能培养合格的硕士、博士研究生，规模也较大的院校，作为高等教育建设的战略重点，列为国家重点建设项目，增加重点投资，来增建校舍、添置图书和现代化设备，推动这些学校迅速地扩大本科和研究生招生人数和开展科学研究工作。初步预计，到1990年以前的七、八年中，这几十所大学将能培养几十万高质量的各种本科生，几万名硕士研究生，几千名博士研究生，还能培养一大批相当于大学教授水平的各种学术带头人。这不仅对于九十年代大力发展经济建设将起巨大作用，同时由于这几十所大学本身的迅速壮大，可向全国其它高等学校提供高质量的硕士、博士生和本科毕业生作为补充师资，为九十年代我国整个高等教育大发展打下深厚基础。所以，我们认为这是一项战略性的措施，有助于实现独立自主地培养高级专门人才的目标，也符合国务院关于像抓重点经济建设项目一样抓教育建设这一指示精神。按照马克思主义认为生产力诸要素中人是最重要因素的理论，这些学校培养出来的各类高质量人才，不仅将是我国九十年代高等教育进一步发展的基础，更将是我国在科技文化领域中赶超世界水平、加速社会主义高度物质文明和精神文明建设的骨干力量。他们所创造的价值决不亚于任何一个重点经济建设项目的经济效益，因为作为智力投资的总效益是长远的，其意义是难以估量的。

关于高等教育改革的讨论

1983 年 6 月，《中国教育报》刊载，浙大名誉校长刘丹同多位老教育家联名上书中共中央，建议国家集中建设一批重点大学。这一建议被采纳，从而大大推动了中国高等教育的改革发展

1984 年秋，浙江大学在全国同类高校中率先创办了“混合班”，对工科学生进行理科基础培养，探索拔尖创新人才培养新路

1996 年学校通过了“211”工程建设项目可行性报告的论证，图为论证会现场

校园校舍

1950 年代师生参加新校园建设场景

1970 年代的浙江大学

依山傍水的浙大玉泉校区

校园景色

1992 年时的三分部（现浙江大学之江校区）钟楼

图书馆前的竺可桢铜像

1980 年代的浙江大学正门

1990 年落成的邵逸夫体育馆，1998 年新浙江大学成立典礼即在此馆举办

教学和科研

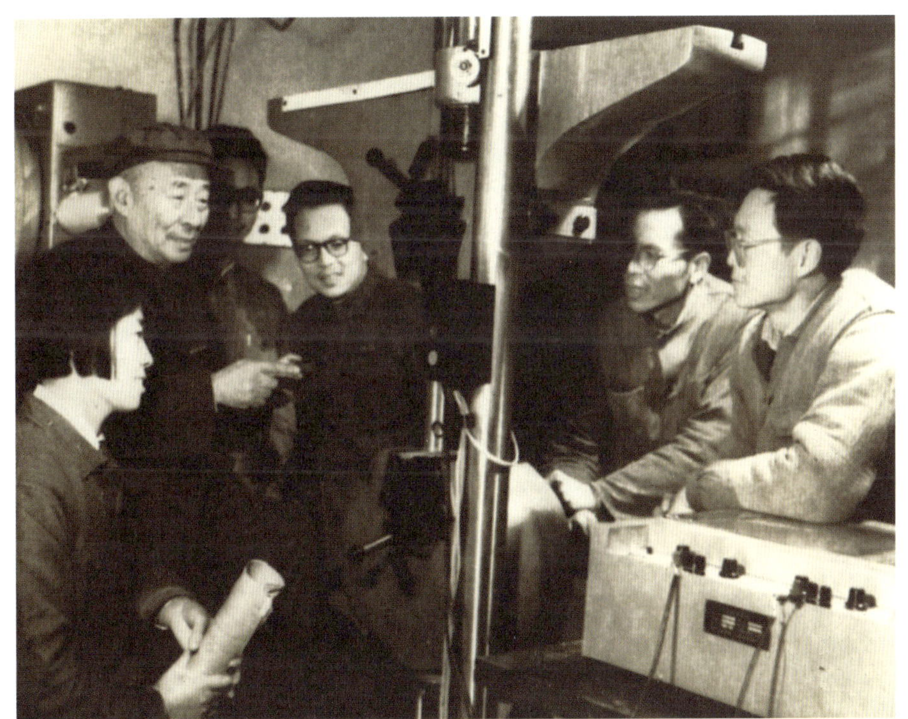

王仁东教授等在实验室讨论课题(1981 年)

机械系教师路甬祥在做实验

无线电系教师阙端麟在实验室调试，潜心单晶硅研究

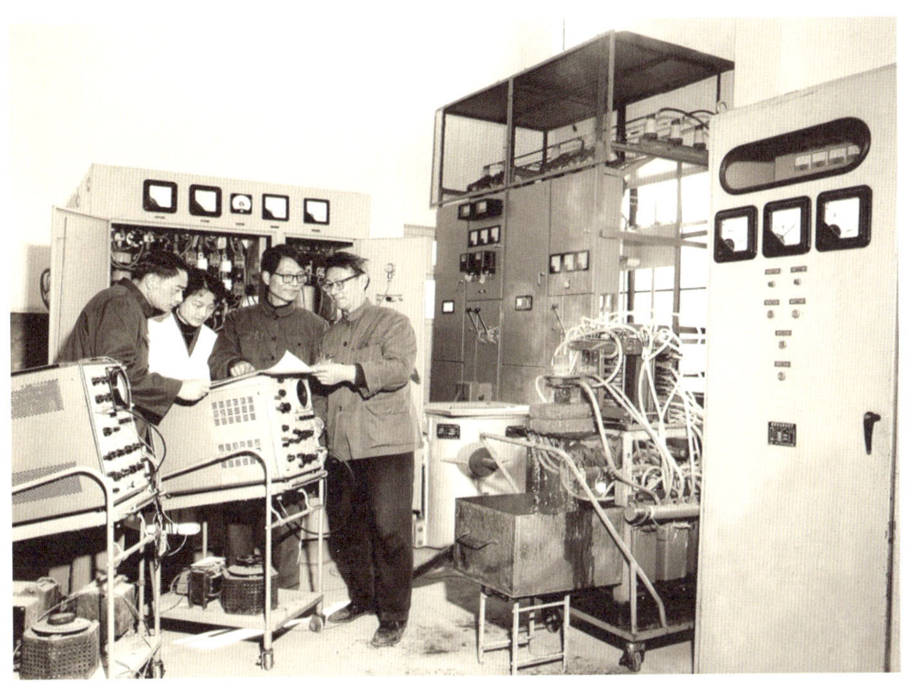

电机系教师汪槱生等在实验现场开展科学研究

热物理系岑可法教授等在实验现场开展科学研究

化学工程国家重点学科侯虞钧教授与同事一起研究课题

1960 年代浙大为核试验研制的每秒 250 万次的高速照相机

浙大研制的高速照相机拍摄氢弹起爆时的瞬间

浙江大学在1978年全国科学大会上的部分获奖证书

双水内冷发电机获得的国家奖牌

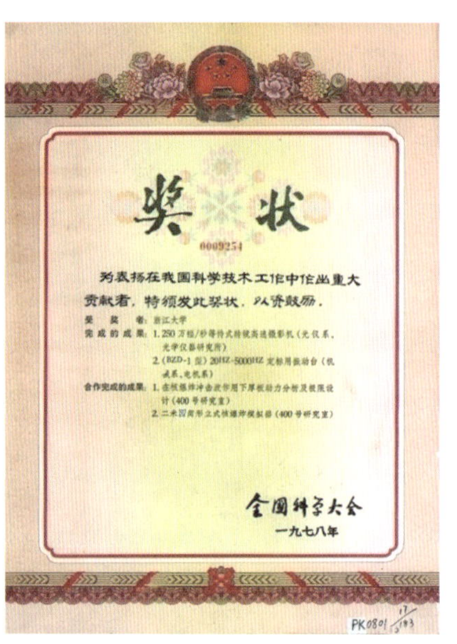

奖状

0009254

为表扬在我国科学技术工作中作出重大贡献者，特颁发此奖状，以资鼓励。

奖　　者：浙江大学

完成的成果：1.250万幅/秒等待式转镜高速摄影机（光仪系、光学仪器研究所）

2.（BZD-1型）20HZ-5000HZ定标用振动台（机械系、电机系）

合作完成的成果：1.在核爆炸冲击波作用下厚板动力分析及极限设计（400号研究室）

2.二米圆筒形立式核爆炸模拟器（400号研究室）

全国科学大会

一九七八年

高速照相机获得的奖状

双水内冷发电机主要发明者郑光华教授(右)正与同事一起进行研究

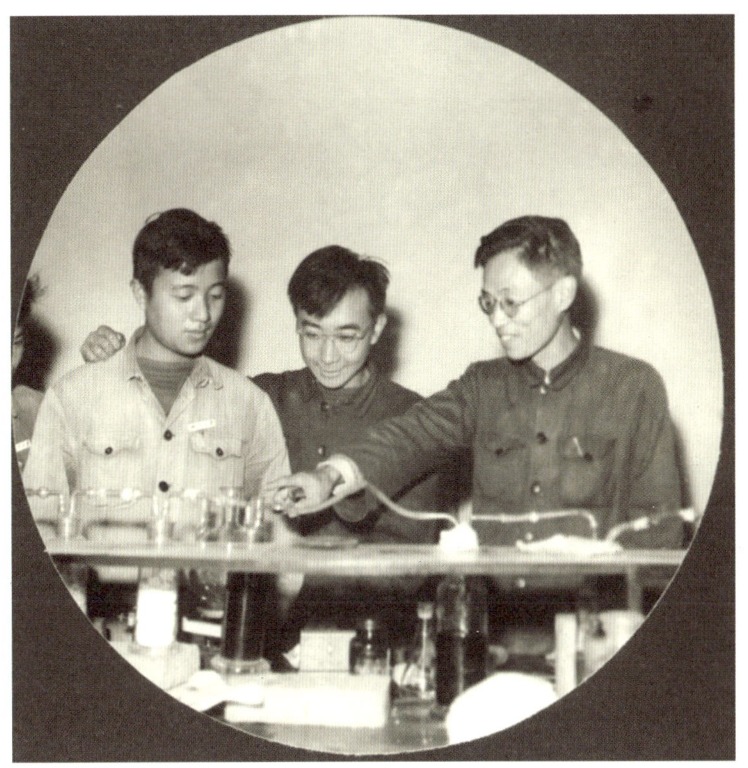

化工系杨士林教授在指导学生实验

材料系王启东教授在指导研究生科研(摄于 1980 年代)

1984 年 12 月浙江大学成立研究生院。图为成立大会场景

浙江大学培养的第一个博士学位获得者龚晓南(岩土工程)在论文答辩现场(1984 年)

路甬祥教授与竺可桢奖学金获得者合影(1990 年)

浙江大学光仪系进行首次学科专业评估。图为著名光学专家王大珩院士在做点评(1983 年)

学生生产实习现场(摄于 1992 年)

教师指导学生进行毕业设计(摄于 1990 年代)

国际交流

学校领导与越南留学生合影(1955 年)

苏联专家在指导研究生(1958 年)

浙江大学代表团1979年访美时的合影（左三起：王启东、刘丹、侯虞钧、李文铸、吕维雪、周春晖、缪进鸿、何志均）

薛继良、潘云鹤等校领导拜访著名英国科学史家李约瑟（1990年）

国际高等工程教育会议在浙大举办，图为全体代表合影(1990 年)

管理系和欧共体能源合作署讨论合作项目(1995 年)

校园生活与文体活动

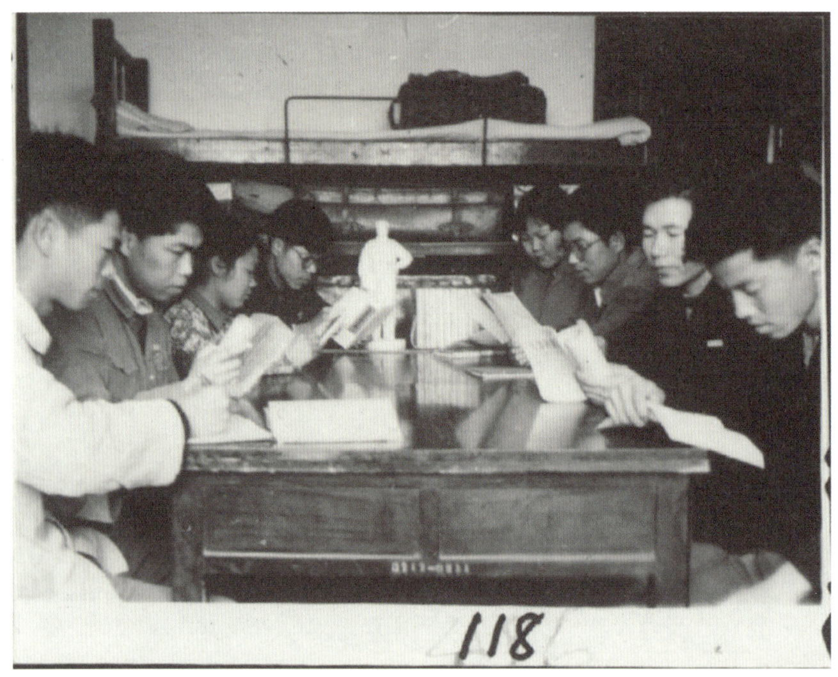

学生在寝室进行小组学习(1960 年代)

浙大学生在胜利油田参观(1990 年代)

校田径运动会赛场上的接力赛场景(1980 年代)

校田径运队会开幕式上的体操比赛(摄于 1980 年代)

浙大文工团 1963 年演出话剧《年轻的一代》的剧照

学校俱乐部举行文艺活动的场景(1980 年代)

学校举办的首届大学生交谊舞大赛（1990 年）

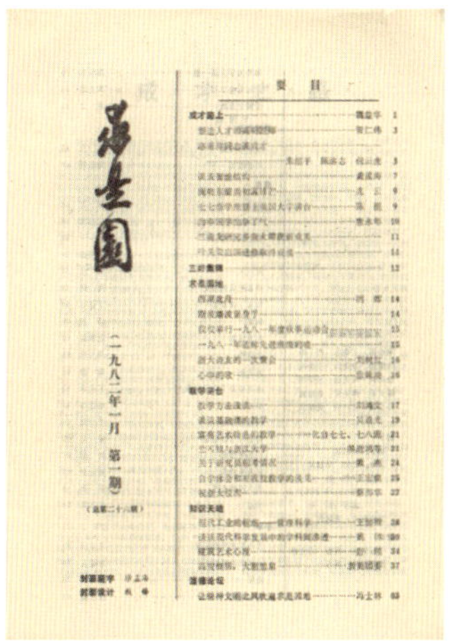

学生会、团委 1982 年创办的《求是园》杂志

校友与校庆

1984年10月，校友王淦昌院士在杨士林前校长和黄固书记陪同下视察学校实验室

诺贝尔物理学奖得主李政道校友与物理系师生座谈

浙大西迁历史陈列馆在贵州湄潭文庙落成。图为校友总会会长韩桢祥教授等为陈列馆落成揭幕(1990 年)

校友、复旦大学原校长苏步青教授参观竺可桢校长故居(1990 年)

ZD-1999-SW11-0248
常书鸿、李承仙
117X241/147X354

常书鸿、李承仙夫妇献给母校90周年巨幅画作临抚敦煌北魏飞天四身

浙江大学百年校庆大会现场(1997年)

前　言

作为国内最早创办的现代高等教育机构之一，浙江大学的前身是1897年在杭州成立的求是书院。一个多世纪以来，浙江大学的发展经历了晚清、民国和中华人民共和国三个时期，由一所地方性高等学校成长为在海内外具有一定影响的中国著名高等学府，她的成长与中华民族近代以来追求民族独立、国家富强的不懈努力紧紧地交织在一起，在中国现代高等教育的发展历史上留下了浓墨重彩的一页。

2017年11月，浙江大学120周年校庆后不久，学校成立了《浙江大学史》编写工作领导小组，由学校党委书记和校长任组长，决定正式启动《浙江大学史》编纂与研究项目，组建浙江大学校史研究中心，在多年来校史研究的基础上，对浙江大学的办学历程进行系统梳理与科学总结。为了编写一部能经受住历史检验的《浙江大学史》，为了给海内外各界人士了解和研究浙江大学校史、研究中国现代高等教育史以及中国近现代科技文化史提供基础性的文献和史料，收集、整理、编辑出版一部较为全面、翔实的《浙江大学史料》具有重要的意义。

在现代中国高等教育的格局中，浙江大学的历史脉络可能是一种特殊形态。从1897年求是书院创办到1949年中华人民共和国成立的52年期间，学校名称尽管发生过多次变更，但始终是一个主体。1952年的全国高等学校院系调整，将浙江大学一分为四：以原浙江大学工学院各系科为主，沿用了浙江大学的校名，由一所多科性工科大学，逐渐发展为一所以理、工科为主的综合性大学；以原浙江大学文学院、理学院和之江大学文理学院相关系科为基础，组建成立浙江师范学院，之后又与其他学校一起合并组成以文理学科为主的综合性大学——杭州大学；原浙江大学农学院独立出来成为浙江农学院，后发展成为浙江农业大学；原浙江大学医学院则与浙江省立医学院合并，组成浙江医学院，后发展成为浙江医科大学。浙江大学虽然根据国家建设的需要一分为四，但是，同处一城的四所大学，在努力培养人才为国家建设服务并形成自己特色的同时，由于历史的根脉和现实的需要，四校之间的密切交往从未间断，这种状态延续了近半个世纪。

世纪之交，在世界高等教育发生深刻变革和国家"科教兴国"战略引领和驱动下，中国高等教育的发展进入一个新的历史时期，即在继续推进大众化的同时，聚焦更高水平发展，由此，开启了新一轮的院校调整和结构优化。根据中央的战略部署，原浙江大学、杭州大学、浙江农业大学、浙江医科大学合并，组建成立新浙江大学。1998年9月新浙大宣告成立，四所同根同源的学校顺应时代潮流重新融为一体，肩负起为实现中华民族的伟大复兴而创建世界一流大学的重要历史使命。正是基于上述历史事实，《浙江大学史料》分为七卷：第一卷(1897—1927年)2册，包括求是书院、浙江大学堂、浙江高等学堂和浙江省立工专、农专；第二卷(1927—1949年)2册，包括第三中山大学和国立浙江大学；第三卷(1949—1998年)2

册，四校合并前的浙江大学；第四卷（1952—1998 年）2 册，原杭州大学；第五卷（1952—1998 年）2 册，原浙江农业大学；第六卷（1952—1998 年）2 册，原浙江医科大学；第七卷（1998—2017 年）2 册，四校合并后的新浙江大学。

《浙江大学史料》在整个编纂过程中自始至终得到浙江大学党委和学校领导的关心和指导。在 2022 年纪念浙江大学建校 125 周年之际首先和读者见面的是《浙江大学史料》第一卷（2 册）和第二卷（2 册）。此次推出的是《浙江大学史料》第三卷（2 册）、第四卷（2 册）和《浙江大学史料》第五卷（2 册）。由于我们的水平所限，在史料收集、整理、分类、校核过程中肯定有不少疏误之处，恳请广大读者赐教指正。

浙江大学校史编写组

2023 年 10 月

编辑说明

本书是《浙江大学史料》第三卷，收录1949年5月至1998年9月四校合并前浙江大学的相关史料。

本书所收文献的主体部分来自浙江大学档案馆，兼及浙江省档案馆及部分报刊。

本书所收文献因有相当部分成文年代久远，在行文方式、文字繁简、语法规范、标点符号使用等方面，与今天有较大差别。另外部分文献还存在页面破损或字迹不清等缺陷。对此，编者在编辑过程中尽量保留文献的原貌，除明显错别字外，一般都是原文照录。个别删节处均以“……”或“（略）”“（前略）”“（中略）”“（下略）”等标明，对涉及的人名以“○○”替代；对没有标点的文献重新加以标点，对于原文献中缺失部分用下画线标明；对于个别没有标题或题名过于简短的，为了便于查阅，重拟了标题，也以脚注方式予以注明。

本书文献的编辑，均按该文献资料的内容所属事类分类目，然后按文献产生的时间先后顺序排列；每篇资料均注明成文的时间和出处，有明确作者的，标明了作者身份。

本书编辑工作的分工，由我负责文献的收集、整理、分类、校对及最终的定稿工作，浙江大学教育学院研究生张露、廖琪、王聪聪、王贝等负责文字的录入工作。因此本书编辑中所有的粗疏错谬之处，均应由我承担全部责任。本书在编辑过程中得到了《浙江大学史料》总主编田正平教授的悉心指导和大力帮助，也得到了浙江大学档案馆马景娣、王东、蓝蕾、张淑锵、张卓群等老师，以及馆内其他工作人员的鼎力支持，在此，谨致以最真诚的谢忱。

汪　辉

2023年10月

目　录

一、学校沿革及附属学校

(一)学校沿革

1. 学校概况

1949—1962 年浙江大学基本情况[①]

(1962 年 4 月)

一

(1949—1952)

贯彻"维持现状逐步改善"的教育方针,逐步进行改革

浙江大学成立于 1927 年 8 月 1 日,当时仅有工、农两学院。此后历经变迁,至解放前夕,全校共有七个学院。文学院设中文、外文、哲学、人类、史地等五个学系;理学院设数学、物理、化学、生物、药学等五个学系;工学院设电机、化工、土木、机械、航空等五个学系;农学院设农艺、园艺、农业化学、植物病虫害、农业经济、森林、蚕桑等七个学系;师范学院设教育系。原设国文、史地、英语、数学、理化等系各按其性质分别归并文理两院,法学院设法律系,医学院分前后两期。另设中文、史地、数学、物理、化学、生物、化工、农业经济、教育、人类学等十个研究所及史地教育研究室。此外,尚有工厂、农场、附设医院、附属中学各一所。全校有学生 1661 人,教员 408 人,职员 215 人,工人 531 人,为一资本主义教育范畴的综合大学。

(一)接管教育主权,建立校务委员会民主管理学校

1949 年 5 月 3 日杭州解放,浙大在没有停一点钟课的情形下同时获得解放,开始了它的新生命。6 月 6 日杭州市军事管制委员会文教部派军事代表林乎加、刘亦夫两同志来校正式接管,从此浙大回到了人民的怀抱。

接管后,浙大根据党中央和省委的指示,在军事代表和党直接领导下,采取了一系列的措施。维持学校秩序,安定教职员工生活,大力解决学校的经费问题等等。

1949 年 7 月 26 日浙大奉令成立校务委员会,由教授 12 人,讲助代表 2 人,职员代表 1 人,学生代表 2 人,校工代表 1 人,共 18 人为校务委员会委员,并以其中之教授 5 人,讲助代表 1 人,学生代表 1 人组织常务委员会。以刘潇然教授为校务委员会及常委会的副主任委员,兼代主任委员。8 月 26 日军管会公布马寅初先生为浙大校长,兼校务委员会主任委员。

---

① 本文由浙江大学学校办公室于 1962 年 4 月编写,原题为《浙江大学基本情况(1949 年 5 月—1962 年 4 月)》,反映浙江大学自 1949 年 5 月至 1962 年 4 月的发展历程。本书收录时对内容有所节选,并改为现标题。

(二)废除反动课程,开展革命的理论教育

当军管会刚接管浙大的时候,首先废除了“三民主义”“哲学”“伦理学”等十一门反动课程。1949 年暑假中,留校师生们都深感过去的学制和课程不合理的地方很多,亟须加以改革,方能适应新社会的要求,因此各院系都组织了改革课程的讨论会。师生们以兴奋的心情热烈地参加了讨论,提出了初步意见,校委会成立后总结了这些意见,对全校课程进行了初步改革:各年级新添三学分政治课必修,一年级的国文、英文经入学试验审查其成绩,合于标准者,可以免修。此外各院系的课程和内容,也都作了若干调整和改革,尤其是文学院教育、中文、外文各系课程都改订过了。教育系在文教部的指示下,经过长期的集体讨论,并编制了各科教材纲要。

加强学生政治思想教育,肃清封建的买办的法西斯主义的思想,发展为人民服务的思想,这是新民主主义教育政策的主要内容。校委会成立后,即重视到这一点,决定一年级上学期加开三学分“社会发展史”,下学期加开三学分“中国革命问题”为公共必修课程,又为二、三、四年级学生加开“政治常识”一学程,采用大课及小组讨论方式进行,后来因政治教师不易请到,各年级政治课,一律改采大课讲授、小组讨论的方式进行。校委会聘请了大课委员 36 人,组织大课委员会,负责领导学生政治学习,以社会发展史为主要内容。此外对于“国际主义”和“新民主主义”也都进行了学习。

在教职员方面,1949 年暑假期间,有 500 多教职员自动组织了暑期学习会,在文教部的指导下进行了一个月的政治学习,学习了“社会发展史”“中国革命问题”“革命的人生观”“新民主主义教育”。10 月 2 日在庆祝中华人民共和国及中央人民政府成立和保卫世界和平运动中,学习了“国际主义”,在 10 月底上课前学习了“政治学习的意义”,都收到了一定的效果。12 月中旬校委会成立了教职员学习委员会,领导全校教职员继续学习。

此外,1949 年解放初期,有部分学生参加“浙江干部学校”和“省委干部学校”学习,1950 年 8 月,有一批教职员去苏州华东人民革命大学政治研究院学习,1952 年 8 月农经系教师集中赴京学习。

通过学习,教职员的政治认识都有相当提高。

(三)废除反动的训导处,初步调整机构

接管之初,在组织机构上首先撤销了国民党反动派监视学生言行向学生进行法西斯教育的“训导处”。为了减少学生在生活方面花费过多的时间,经校委会决定、文教部批准成立学生生活辅导组,附设于教务处,同时将师范学院取消,教育系并入文学院,原来文学院的史地系划分为历史和地理两系,地理系改属理学院。法学院和文学院的历史、哲学两系暂停授课,学生转入他校,教师留校研究。英士大学停办后,浙大接收该校畜牧兽医系的设备和一部分的人员在农学院内添设畜牧兽医系。此外,外文系新设了俄文组。

1949 年 10 月校委会决定各院、系普遍成立院务会议和系务会议,加强院与系的集体领导,充分反映院系内师生意见,经常讨论、研究和推动有关教学的各种事情。

1950 年 5 月附属中学移交由教育厅领导。

1951 年 7 月农经、人类两系停止招生。

(四)开展工读运动,使知识分子在劳动中来改造自己

解放后,由于农业社会进步的变革,引起了一部分地富子弟失学的可能。浙江省人民政府为了解决这一问题，于1949年12月间提出了工读办法，希望学生靠自己的劳动互助来解决部分同学失学问题。另一方面更可以使知识分子真正从劳动中来改造自己，可以通过这一运动发扬互助友爱，达到师生团结和同学间的团结的目的。学校组织工读委员会，具体领导工读运动，当时工读内容有碾米厂、碎石工程、大种蔬菜、制豆浆、缮写讲义等。通过工读，学生在思想上和经济上都有一定的收获。

(五)明确校长与校委会的职权，成立第二届校委会

1950年4月间，华东教育部指示奉中央教育部指示，已由中央任命校长之高等学校一律实行校长负责制。校委会是辅助校长与联系教职员工与学生，贯彻教育方针和教育政策的机构，应对校长负责。校长、副校长应兼校委会主任委员及副主任委员。同年8月中央教育部颁布高等学校暂行规程。其第26条规定校务委员会的组成人员，本校就于1950年10月14日将第二届校委会改组成立，其成员为校长、副校长、正副教务长、总务长、图书馆长、各学院院长、各系(科)主任、工会主席、工会代表4—6人、学生代表2人，共45人组成。校委会常委会由正副校长、正副教务长、总务长、各学院院长、工会、学生会各推代表一人组成之。

(六)根据国家建设需要代办各种专业训练班、专修科并附设工农速中

1. 中小学教育研究班

1950年9月本校与浙江省人民政府教育厅合办中小学教育研究班，调训全省中小学在职有薪金的优秀教师113名(其中中学81名，小学32名)。设教研班委员会，下设生活指导部、教学研究部，研究部又下设国文、政史、数学、物理、化学、地理、小教等七个教研组，于1950年10月开始，至1951年6月结束。

2. 林业专修科

1950年11月中央林垦部与中央教育部举行林业教育会议后决定，利用在全国各大学森林系现有师资及设备条件略加扩充，筹办林业专修科，在短期内训练大批林业技术人才，以供林业建设工作之需要。由我校农学院森林系代办，招生50名，于12月6日录取新生揭晓。

3. 水文训练班

1951年1月受浙江省水利局委托代办水文训练班，由工学院土木系代办。

4. 生命统计专修科

1951年2月受浙江省卫生厅委托代办生命统计专修科，由我校理学院人类学系代办。至1952年5月卫生厅以生命统计专修科经费系列在浙江省高级医学教育事业费内按月拨发。1952年3月起浙医划归华东卫生部领导，其经费亦由卫生部拨发。卫生厅已无该项高级医教事业费，故该科决定划归浙医领导。

5. 工业专修科

1951年10月浙江省工业厅为培养技术人才，以应所属机构需要起见，委托浙大代办工业专修科。工业专修科暂设机械、电机、化工、土木四科。入学资格高中毕业，训练年限2年。各科详细课程表及教学计划由浙大拟定征得工业厅同意，呈报华东教育部核准后施行。招生名额1951学年度为每科50名，共200名，开办费及经常费均由工业厅拨发。

6.浙江省干部升学补习班

1952年5月成立浙江省干部升学补习班,有学员550人,由数学、物理、化学各系教师担任该班教课。

7.工农速中

1952年1月11日浙江大学附设工农速成中学录取新生揭晓,计录取150人,分四班,于10月14日至19日报到。按照教育部规定,工农速成中学由高等学校附设。作为高等学校预备学校,不但可以逐渐改变高等学校的学生成分,使高等学校为工农开门,而且可使工农速中实施重点分类的教学计划,更容易与高等学校课程密切衔接。同时在设备及教学方面亦可得到高等学校的具体帮助和指导,因而有利于学生集中精力学好基础的科学知识,保证速成任务的完成(1955年7月速中停止招生,l956年1月10日速中移交于教育厅领导)。

(七)举行全校代表会议,贯彻群众路线

解放后,浙大全校师生员工迫切要求把旧浙大改造成为新的人民浙大,努力进行了改进工作,收到了一些成绩,但也还存在着不少缺点。为了总结过去的经验,改善全校的工作,巩固已有的成绩,克服困难,纠正偏向,以谋更好地贯彻新民主主义的文化教育方针,建立人民的新浙大,1950年2月15日第一届校务委员会第十次会议决定在4月1日校庆纪念日召开全校代表会议。3月1日成立了筹备委员会,3月26日全体代表310人举行了预备会议,3月28—30日全体代表按提案的性质分成十组进行讨论。

大会于4月1日上午开幕,由马校长致开幕词,请省人民政府谭震林主席、教育厅俞仲武副厅长等来宾和各单位代表讲话。下午举行会议,代表们听取校委会、教务处、总务处、工读委员会等工作总结报告。4月3日上午通过提案,接着大会举行闭幕式,由校委会代表致闭幕词。

这次校代会议是成功的,主要收获有如下几点:(1)加强了校委和群众的联系;(2)加强了全校师生员工的团结;(3)会议中初步学会了运用批评和自我批评的武器;(4)加强了为办好人民的新浙大,为贯彻新民主主义的教学而奋斗的决心和信心;(5)提高了继续开展工读互助的信心和认识。

但也有不少缺点:(1)这次会议本身虽然是贯穿着全心全意办好人民浙大的精神,但是明确地提出来使全校师生员工每一个人明白自己要全心全意在人民浙大教得好、学得好、工作得好的中心还提得不够高;(2)筹备时间匆促准备不够;(3)大会发言只有一天,很多代表没有机会在大会上发表意见。

(八)组织广大师生员工参加土改、镇反、抗美援朝等政治运动

土改:1950年1月3日,中华人民共和国公布了土地改革法。当时大部分师生出身于地主、资产阶级家庭,他们的立场是地主资产阶级的立场。这种立场在伟大的阶级斗争面前必然会有强烈的反应。在土改运动开始时许多人对地主阶级的认识不足,说:“江南无恶霸”“无封建”“可以和平土改”。党对这种思想采取教育改造的政策,组织师生进行学习,组织农村访问团,一面参加实际的访问宣传,一面参加实际的阶级斗争。如1950年7月中文、农经两系学生参加土改。

1951年1月中小学教育研究班,全体工作人员与学员参加土改。

1951 年 10 月文学院师生参加皖北土改。在天翻地覆的土改运动面前。他们认识到地主对农民的残酷剥削和令人发指的血腥罪行，认识到几千年来地主阶级的封建剥削，阻碍着生产力的发展，初步能和地主阶级划清界限。

镇反：1951 年在全国范围内展开了大张旗鼓镇压反革命运动。我校师生员工积极学习惩治反革命条例，克服麻痹思想，提高警惕、划清敌我界限、消除思想顾虑，掀起了群众性的检举运动，消除了学校里潜伏着的反革命分子。

抗美援朝：在抗美援朝开始时，一般师生对帝国主义，特别是美帝国主义是中国人民的大敌，认识模糊，崇美、亲美、恐美思想相当浓厚。1950 年 11 月 18 日省委负责同志来校报告揭发美帝国主义侵华历史及抗美援朝的必要性与重要性，11 月 14 日全校举行了抗美援朝保家卫国大会，控诉美帝国主义的滔天罪行。从前的恐美、崇美、亲美思想变为仇美、蔑美、轻美思想，增长了民族正义感。学校组织了抗美援朝保家卫国委员会，同时成立了军事干部学校学生保送委员会，群众开展了捐献飞机大炮手榴弹运动，有许多教职工送子女参军，同学踊跃报名参军，计报名者有 608 人，占全校学生数 80% 以上，教职工报名参军者有 33 人，情绪甚为热烈。本校医学院及附属医院并组织抗美援朝手术医疗队，由李天助任队长，于 1951 年 6 月 10 日出发，1951 年 12 月 28 日回来，不少人还立了功。

（九）“三反”与思想改造

1952 年 2 月全校开展了反贪污反浪费反官僚主义的“三反”斗争。通过这一伟大的运动，全校师生员工认识到这真是移风易俗的运动。

随着民主革命取得了一系列的胜利，社会起了很大的变化。全校师生员工的思想随着社会的变化有一定的提高。比较清楚地看到自己的思想和革命形势发展有很大的距离，体会到如不进行思想改造会赶不上时代的要求。1952 年 5 月全校开展了思想改造运动，决心清除旧社会带来的封建、买办落后思想，进一步分析错误思想的阶级根源和社会根源。通过思想改造，批判了宗派思想，端正了立场，学校出现了新的气象。

（十）院系调整

1951 年 11 月，中央人民政府教育部召开了全国工学院院长会议，拟定了全国工学院院系调整方案，经报政务院批准，于 1952 年 4 月 16 日公布。

这个方案是实行政务院“关于改革学制的决定”，有计划有步骤地改革旧的高等教育制度、教育内容和教学方法的一个重要步骤，是适合国家建设的初期的特点和工业建设需要的。方案上“决定将浙江大学改为多科性工业高等学校，校名不变”。1952 年浙江省成立浙江省高等学校院系调整委员会，在其领导下分设三个委员会分别进行具体调整工作。

1. 之江大学的土木系机械系，合并于浙江大学工学院，组设“浙江大学、之江大学”两校工学院调整委员会，由林乎加部长为主任，俞仲武、王国松、黎照寰等为副主任，浙大参加委员会有苏步青、李寿恒、范绪箕等三人。

2. 浙江省医学院与浙江大学医学院合并为浙江医学院，组设浙江医学院筹备委员会，由洪式闾厅长为主任，李蓝炎、王季午等为副主任，浙大参加的委员有王仲侨、李方邕、李茂之等三人。

3. 浙江大学文学院及师专与之江大学合并成立浙江师范学院，组设浙江师范学院筹备

委员会,由刘丹厅长为主任,焦梦晓、陈立、周正等为副主任,浙大参加的委员有王承绪、方重、王西彦等五人,实际调整情况如下:

(1)浙江大学理学院:

数学系分调复旦大学、浙江师范学院及华东师范大学。

物理系分调复旦大学、浙江师范学院。

生物系分调复旦大学、浙江师范学院。

化学系分调复旦大学、浙江师范学院。

地理系分调华东师范大学及浙江师范学院。

药学系调上海药学院。

人类学系调复旦大学。

(2)浙江大学农学院改组成立浙江农学院,其中:

农化系部分调南京工学院食品工业系。

畜牧兽医系调南京农学院。

森林系分调东北林学院及哈尔滨森林学院。

(3)浙江大学工学院除航空工程系调华东航空学院及土木工程系的水利组调华东水利学院外,其余电机工程系、化学工程系、土木工程系及机械工程系等四系均留校。

(4)浙江大学医学院除与浙江省医学院合并成立浙江医学院外,部分调上海医学院。

1952 年院系调整后,全校机械、电机、化工、土木四系有学生 1825 人,教师(据 1953 年 4 月统计)212 人(其中教授 30 人,副教授 30 人,讲师 54 人,助教 98 人)。职员 149 人,工人 267 人,图书 34581 种、111596 册,房屋建筑面积 3253438㎡。

1950 年有我校选送的留校学生 2 人出国。

二

(1953—1957)

贯彻“整顿巩固、重点发展、提高质量、稳步前进”的方针
学习苏联先进经验结合中国实际情况,深入开展教学改革

院系调整之后,为使浙大向社会主义大学目标奋勇前进,党又领导全校师生员工学习苏联先进经验,结合中国实际,有计划、有步骤地对教学制度、教学组织、教学方法、教学方式、教学内容等进行了一系列的改革。与过去流行的所谓“通才教育”相反,设置专业,明确培养目标;与过去“自由讲学”相反,修订教学计划、教学大纲等等按一定的要求进行施教;与过去“理论脱离实际”相反,通过实验、生产实习、课程设计、毕业设计等教学环节,密切了理论联系实际,巩固了学生所学的理论知识;与过去的“天才教育”相反,党和学校行政全面关心学生,不仅在政治思想上不断关心学生的进步,并且向学生进行系统的马克思列宁主义基础理论教育,在各门课程中也强调了培养学生的辩证唯物主义世界观,提高社会主义觉悟,并对学生业务学习时间,增强健康措施等方面也作了合理的安排,使学生在德育、智育、体育各方面得到全面的发展。在贯彻教学改革方针时,密切注意两种倾向:(1)防止急躁情绪;(2)反对保守思想。

(一)专业设置与教研组的建立

自1952学年起，浙大在思想改造与院系调整的基础上，在机械、电机、化工、土木各系中设置了本科专业与专修科专业(1957年增设了数学力学系及工程物理系，并在该系内增设专业)，并在此基础上围绕教学改革的中心任务，开展了经常性的政治学习。为了更好地学习苏联进行教学改革，学校开展了俄文速成学习，并建立了基础课、基础技术课、专业课等教研组，这些教研组在不同的程度上都进行了很多教学工作。

专业设置是每学年不同的，1952学年，各系设下列专业：

机械系设：机械制造工艺金属切削机床及工具、金属切削加工（专科及本科)、光学机械仪器、铸工(本科及专科)等专业。

电机系设：电机与电器、发电厂、电力网及电力系统（本科及专科)等专业。

化工系设：燃料化学工学、工业分析(专科)等专业。

土木系设：工业与民用建筑(本科及专科)专业。

教研组是教学的基层组织，1952年仅24个教研组，1957年有34个教研组，其分布情形如下：

机械系设：机械原理及机械零件、机械制造工艺、铸造、金属切削、光学机械仪器、金属工学、金属学及热处理等教研组。

电机系设：电工基础、发电厂、电力网电力系统、电机、电器、电力传动、电工学等教研组。

化工系设：燃料、化机、分析、基本化学等教研组。

土木系设：建筑、施工、结构、测量、地基与基础、建筑材料等教研组。

数学力学系设：数学、理论力学、材料力学等教研组。

工程物理系设：物理教研组。

公共课目设：制图、热工、体育、外国语、马列主义、企业经济组织与计划及保安防火技术等教研组。

对教研组的要求是：(1)要教懂学生，增强备课，加强辅导，力求减少不及格现象；(2)加强教学中的政治思想性，发挥集体主义精神，发挥集体力量做好教研组的工作，同时要树立爱护学生的观念；(3)发挥组织作用，改进工作方法，明确组织间的分工，逐步实施责任制度；(4)明确专业培养目标，积极采用和翻译苏联教材，集体编订教材，重视编译工作，并加强计划性，密切结合专业课程。

(二)实施教学计划，密切教学环节

自1952年院系调整以后，设置专业，我校即参照苏联教学计划拟订和修订各专业的教学计划。1953—1954学年，我校各专业普遍修订了教学计划，进一步明确了专业培养目标。绝大多数课程拟订教学大纲与教学日历。在拟修订中，一般都已注意本课程在教学计划中的作用，位置的安排与有关各课的联系，注意了适当安排作业与测验。大多数课程拟订了教学日历，且能贯彻执行。

1954年8月，高教部为了保证培养具有一定质量的合格人才，以适应国家建设的需要，为了明确各高等工业学校共同奋斗的目标和加强各校间教学经验、教学资料的交流，以推进各校教学工作的迅速提高，制定高等工业学校四年制本科专业的教学计划81项，二年制专

修科的教学计划31种,颁发到校,要求本着"积极准备、坚决贯彻、稳步前进"的方针,自1954—1955学年新生班次开始执行。对于1954—1955学年以前入学的各班次,学校应根据统一的教学计划与各校具体情况拟订过渡性教学计划,并尽早报高教部批准。

1955年8月高教部订颁五年制的各专业教学计划,自1955年秋季起逐步由四年制改为五年制。我校为贯彻执行教学计划,在1954—1955学年工作要点中作出如下决定:

1. 坚决执行统一教学计划,制定并执行过渡教学计划,大力抓毕业设计。

(1)一年级必须有计划、有准备地坚决执行统一教学计划。

(2)必须依据统一教学计划与高教部关于制定过渡教学计划的原则精神制定和审查二、三、四年级过渡教学计划。

2. 坚决执行统一教学大纲,修订各种教学大纲,切实做好实验室工作。

(1)认真研究坚决贯彻统一教学大纲,订定具体的教学日历。尚未颁布统一教学大纲的各课,应继续修订教学大纲、教学日历。

(2)根据教学计划、教学大纲的规定,必须开出或尚未开出或尚未全部开出的实验,应争取全部开出。确有困难,难以开出的实验,必须急切研究逐步开设的计划。

(3)大力加强实验室的工作。

(4)加强生产实习的领导,认真订定全面的、系统的、切合实际的生产实习提纲与生产实习计划,尤须重视毕业实习,切实制订毕业实习提纲,并为毕业设计收集资料。必须加强生产实习中的政治思想领导与组织领导,以切实保证生产实习的质量。

(5)发挥教研组集体力量,深入钻研教材,研究教学法。

3. 加强学生自学的指导工作,建立学生班的组织,施行大班上课,小班辅导办法。

(1)试制学生课程作业指示图表。

(2)建立固定的学生班的组织,原则上以30人左右为一班,认真配备学生班的骨干。

(3)一、二年级应按规定施行大班讲课,小班进行习题课及实验的办法。

(4)大力解决工农速中毕业生、产业工人、工农出身的干部学生学习中的困难,对其中程度较差的学生,设置特别班,指定专人,有计划有配合地加强各课的辅导工作,随时总结经验。关心越南留学生、少数民族学生、华侨学生及外校进修教师的学习情况并及时予以帮助。

(三)加强政治思想教育

为了团结全校师生员工贯彻中央"整顿巩固、重点发展、保证质量、稳步前进"的方针,并以"积极准备、稳步前进、坚决贯彻"的精神,稳步进行教学改革,逐步提高教学质量,巩固已有成绩,发挥点滴经验,进一步以学习苏联先进教学经验为主要内容的教学改革,必须加强师生员工的政治思想教育。自1953年起全校建立了系统的经常的政治理论学习制度,在1953—1957年间先后学习了过渡时期总路线、总任务、宪法、第一个五年计划、辩证唯物主义、矛盾论、关于无产阶级专政的历史经验、再论无产阶级专政历史经验等等,特别是通过总路线总任务的学习,全校师生员工提高了觉悟,提高了工作积极性,发挥了潜在力量,对工作的推动作用很大,劳动态度有显著的转变。

(下略)

(四)积极学习俄文

解放后学校对于俄文学习非常重视,在外国语系中增设俄文组。1952年院系调整后,我校外国语组亦以俄文为主要语文。有些教师于解放后即学俄文，且曾于 1952 年暑期突击学习一个月，收到良好效果。1953 年学校提出每周两个下午为教师经常化的俄文学习时间，取得了相当大的成绩，绝大部分教师都能翻译，少数的教师翻译也有一定质量。

(五)试行教师工作日与教学工作量

高教部把教师工作日教学工作量制度草案颁发到校。我校于 1954 年 10 月 1 日起试行。对于当前教学改革与提高教学质量颇有益处。因自试行以来，对实施过渡教学计划、统一教学大纲、改革教学上的许多方式，起了推动作用。如实验室的工作加强了，课程设计、毕业设计也做了一些准备。教学方法方式都有改进，有些片面观点亦有改变。过去重视满足课堂教学的要求，现在教学观念也格外完整，个别教师积极性也很显著，风气为之一变。科研工作在一二年内亦经常提议，现在亦有所推动。

但存在一些问题，如备课、助教听课和青年教师的培养等等工作量计算问题，尚待研究。

我校采取逐步实施逐年提高的原则，争取于 1957 年达到部定标准，在试行期间制定过渡计划。

在试行中，超工作量的待遇问题，按部规定经部指定试行工作量的学校，在试行期间超的不加，未达到的不减。我校对于有突出的超工作量，可在调整工资中适当地调整，但系临时性的，并非固定工资的一部分。

在试行工作量制度之后，教研组每一成员都能很好地订出计划，经常检查自己的工作，对工作起了很大的推动作用。由于制度保证对于开展科学研究工作有很大的帮助，又有些教师为争取满足工作量，都勇于任课，解决了系主任和教研组排课的困难。因此，1954 年 11 月 23 日第三届校务委员会第 19 次会议作出如下决议："会议一致认为根据高教部指示的精神和我校试行一个多月来的具体情况，我校可以继续试行教学工作量制度。决定 1954 学年即以学校所做的两次补充规定的标准作为试行的起点，要求结合本校情况订定逐步实施的过渡性计划，争取在 1957 学年全部实施高教部所规定的标准。"

1957 年 6 月 5 日高教部通知略谓："我部 1955 年 7 月发布的高等学校教师教学工作量和工作日试行办法，在试行期间，发现有些规定有不切实际之处，对文史方面的教师更难于实行，现经检查研究后，决定自 1957—1958 学年起停止试行。"

(六)解决学生学习负担过重问题

自从思想改造以后，师生政治积极性普遍提高，在教材内容上要求有过高之处。1953 年学生有积压现象，当时交大、同济、南工、浙大四校教务长会议中亦曾指出学生学习情况。根据几个班了解，学生健康情形下降，功课积压严重，个别班级学生中有拼命情绪。经检讨后，一致认为应由各系检查，研究解决，有些课可以考虑缓排。在具体教学上则应强调照顾学生程度。从学生现有水平出发，我校校务委员会亦曾讨论此问题。决定除在教材与教学法上适当掌握外，应注意健康教育，加强保健工作，改进伙食，进一步开展文娱活动，组织起来进行体质锻炼，切实贯彻 54 小时制度。

1955 年又发生学生负担过重的现象，根据当时教务长报告：

在本学期来，系与公共课目教研组制定学生作业指示图表，进行检查统计，初步了解，情况是比较严重的，一般学习任务重，健康显著下降，积压现象逐渐发生，据不完全统计，有三种类型：

1.每周学习总时数在60以上，最多有64小时，不能保证休息时间。赶任务，被动而不易消化。部分作业有积压，体质下降，情绪紧张，感到疲劳而不能正常参加文体活动。

2.每周学习总时数在60左右。必须利用星期日上午紧张地学习，被动赶任务，基本上能接近完成学习任务，部分课程复习不深不透。

3.学习负担一般。每周总时数在57左右，学习比较平衡，较有计划能保证一定的休息时间，但成绩与质量不能特别的好。

发生这个问题的原因，主要是：

1.教务处和系对于整个教学过程的组织领导比较放松，系组间没有配合得好。一般号召多，具体有效的措施少，往往头痛医头、脚痛医脚。本学期起虽已开始重视学生自学工作，但缺乏经验。

2.教师虽积极努力进行教学工作，都希望学生学得好，因此讲课较深较广。由于主观上想学生多学些，但教学环节与教学法的研究尚未引起足够的重视，对于新的专业课个别教师对教学大纲的深度广度尚未能很好掌握，故一般时间不够。

3.学生学习方法、学习组织存在一定的问题。对计划学习不重视，个别班级对学习纪律不够注意。

1955年3月22日第四届校务委员会第二次会议讨论了这一问题。会议决定必须贯彻高教部“学少一点，学好一点”的指示，积极改进教学，教研组要更好地组织教师发挥集体力量改进各个教学环节，提高学生学习方法，改进教学，提高教学水平。同时并通过了“浙江大学关于贯彻高教部指示切实研究和解决学生学习负担过重问题的决议。”

1956年6月间学校决定必须根据中央关于全面规划加强领导的总方针，继续贯彻全面发展因材施教的教育方针，加强政治思想领导；继续提高培养干部的质量，同时尽可能地扩大数量，经常注意防止学生学习负担过重和培养学生独立工作能力，对学生的健康和业务都有改进。

(七)校委会改组

1954年12月国务院副总顾问马里朵夫，高教部首席顾问列别捷夫与高教部唐司长、上海高教局王局长来校检查工作时，马里朵夫、列别捷夫总顾问等发言中谈到我校校委会的总情况，还是根据过去的规程，现在高等学校教学改革主要为教学工作，校务会有改组的必要。当时东北及京津各高等学校已按苏联高等学校改革校委会，组织形式与内容都有改变。即吸收各教研组负责人参加并应集中研究教学改革等重要事项。高教部杨部长亦曾指示校委会应根据学校情况、组织形式、工作类型，按照苏联高等学校来改革并指示不必等待部令，可先进行改组。因此，决定将校务委员会加以扩充，按照苏联高等学校学术委员会的组织形式，名称不变，而成员包括学校行政、系、教研组的负责人及老教师与党、团、工会、学生会代表。改组后校委会的组织成员为校长、副校长、正副教务长、政治处主任、总务长、教学设备委员会主任、校长办公室正副主任、基本建设委员会代表、图书馆长、各系正副主任、各教研组正副主任、党委代表、工会代表4人，团委、学生会代表各1人，特邀委员老教授3人。于1955年2月5日举行第四届校务委员会第一次会议。

(八)师资培养与提高

在1953年时,全校有教师300余人,其中近200人尚不能开课,因此师资培养与提高成为非常迫切的问题。学校对于师资水平历年均甚注意,1955年11月14日第四届校委会第六次会议,研究师资培养与提高问题,作出决定,要点如下:

随着国家社会主义建设事业的迅速发展,高等工业学校培养建设干部的任务也日益重大。大力培养与提高师资,已成为当前的严重的政治任务。培养师资的计划,首先是根据各专业教学计划的要求,结合师资具体情况来考虑,不能单纯从个人出发。总的要求是根据国家建设的任务和长远的需要及以提高教育质量切实贯彻全面发展的教育方针为中心任务。对教师要求是:努力提高政治思想水平、业务水平,树立全面负责的观点,切实保证完成各专业教学计划所规定的要求,力争提高教学质量,各级教师应能将全部教学环节掌握起来,并进而提高其质量。在基本上能掌握全部教学环节的教师还应积极从事科学研究工作,提高科学水平。

具体办法:

1.各系应按照教学计划及今后两年各专业招生任务估计数,参照教学工作量标准,全面考虑安排教师的工作,具体规划每个教师具体努力的方向。

2.教师业务水平的培养与提高工作。主要是结合教学法工作,科研工作进行。教研组必须组织和指导教师制订个人具体计划并督促其执行,防止自流。教师的个人计划,必须从教研组的教学工作任务、师资数量及师资条件来考虑。对不同的对象,提出不同的要求。

(1)已开课的教师应视其现有水平,有计划、有步骤地掌握所授课程的全部教学环节,并提高其质量。已满足工作量或虽未满工作量而基本上已能掌握全部教学环节的教师,应积极参加科研工作,提高业务水平。

(2)未开课的助教应先做好助教应担任的职责,然后进一步有计划有步骤地培养提高。必须纠正培养师资就是培养助教开课的片面看法。培养助教开课,只是培养师资内容之一。

(3)对于二年制专修科毕业或三年提前毕业的助教,应考虑在一定时间内使之达到四年制毕业应有的水平。

(4)对未学过俄文或尚须学习俄文的教师,应分别程度继续组织教师学习俄文。

(5)按照教学工作的需要,应选送教学上迫切需要最困难的派遣出国培养。教研组应在可能条件下,妥善安排工作,抽出一定力量轮流赴校外进修、参观、实习。

(九)系科调整与开展业余教育

1953年8月厦门大学电机系归并于浙大,计有学生172人,教师22人,职员5人。

1956年5月我校根据“积极发展、力求正规、提高质量”的业余教育方针,筹办夜校部。1956年5月20日教务处举行业余教育座谈会,邀请省委工业部、市委工业部、教育厅、工业厅、团省委、市工业局、电管局、杭州电气公司、通用机器厂、杭州铁工厂等单位及本校机电两系主任参加,共同讨论设立夜校部。1956年8月30日教务处又邀请各有关厂矿企业代表来校开会讨论关于夜校部新生录取问题。1956年9月11日夜校部正式成立。

(十)苏联专家来校工作

学校规模的发展和教学上的改进,也是与苏联的帮助分不开的。几年来,先后来我校作过短期讲学的杜布列宁、密特维捷夫、柴卡期诺夫等苏联专家,他们都是受苏联政府的委托,以高度的国际主义精神,不远千里而来帮助我国社会主义建设,为我国培养了许多师资,奠定了不仅是我校,在全国也是崭新的科学部门的理论基础。特别是光仪的罗曼诺夫专家来我校工作,对我校取得辉煌成就,作出了卓越的贡献。

1956 年 9 月 10 日苏联光仪理论专家凸・A.罗曼诺夫同志受我国高教部聘请前来我校工作两年(于 1958 年 7 月载誉回国)。专家在校期间帮助我校光仪教研组具体修订了教学计划、教学大纲、审订了教材,亲自指导学生到现场进行生产实习和指导课程设计工作。并自苏联先后带来 60 余本理论书籍和 29 本课程设计和毕业设计及其他有关资料,充实了教研组的资料室,此外还亲自培养了五个研究生,为教研组开出了第一门专门化课程:"大地测量仪器"及"光学仪器理论"。专家在这两门新课先后自编的讲稿长达 40 余万字,为教研组培养师资,提高师资水平打下了良好的基础。

(十一)勘定新校址进行基本建设

学校一年一年地发展,原在杭州市大学路的校舍不敷容纳,1953 年 6 月勘定玉泉与黄龙洞之间的第一公墓原址及杭州蚕桑学校校址为新校舍基地,积极筹备设计施工。1954 年 9 月 24 日学校召开了校务委员会扩大会议。同年 9 月 28 日又召开了座谈会,邀请杭州市都市建设委员会、杭州市建设工程局等负责同志与建筑工程师等参加讨论新校舍总体布局问题,学校提出下列几点:

1. 中心布局系按照苏联专家穆欣同志提示设计,根据学校学生发展的指标 9000 人的布局。

2. 按使用性质分区如下:

(1)教学区为学校的主轴(自炮台山至里东山)教学大楼均在此轴线上。

(2)学生生活区为副轴,学生宿舍均在此轴线上,但将来还要在主轴的南面发展,故学生宿舍分两区,膳厅将来亦分两区,可容 9000 人。

(3)教职员工住宅区,在路的东面,单身宿舍靠近马路,附设银行、合作社、邮电所、理发室。家属宿舍之东面,设小学、幼儿园及托儿所。

(4)主轴副轴建筑物的位置,均经杭州市都市建设委员会同意。

当时都市建设委员会出席人员表示拟给我校每生 90 平方公尺,即学生宿舍与活动区 50 平方公尺,教学 25 平方公尺,绿化 15 平方公尺。关于总体布局要能体现出学校的气魄与风格。在处理地形、道路和绿化都有关,并要注意艺术处理,学校吸收各方面的意见,充实设计图纸,积极进行了兴建。

(中略)

1957 学年,学校增设数学力学系、工程物理系。各系专业除专修科各专业均已结束外,机械系增设汽轮机锅炉制造及热能动力装置专业;电机系增设工业企业电气化(1954 学年增设的)、无线电技术等专业;化工系增设化学生产机器及装备、化学生产工艺过程自动化及调节等专业;土木系增设河川枢纽及水电站的水建筑(1956 学年增设的)专业;数学力学系设应用数学专业;工程物理系设工程物理专业。全校有学生 4680 人,教师 640 人(其中教授 32 人,副教授 38 人,讲师 146 人,助教 424 人),教辅 212 人,职员 217 人,工人 220 人,实验室 40 个。设备总值 48 万元,图书 61853 种、244936 册。全校总投资数 5027564.06 元(其中教学设备 787747.14 元)。房屋建筑面积 181170.36㎡。

学生考试成绩：

1956 学年

各门考试成绩均在良好以上者 672 人，占参加考试总人数 21.4%

有一门不及格者 514 人，占参加考试总人数 16.5%

有二门不及格者 126 人，占参加考试总人数 4.1%

有三门不及格者 24 人，占参加考试总人数 0.8%

1953—1957 年间，学校制定了规章制度 88 种，其中主要的有浙江大学行政机构暂行职责，浙江大学暂行学则，浙江大学学生生产实习暂行规则，浙江大学学生及教职员参加体力劳动暂行办法等规章制度。

1954、1955、1957 年各有我校选送的留学生 2 人出国。

三

(1958—1960)

在总路线、“大跃进”、人民公社三面红旗的光辉照耀下贯彻“教育为无产阶级政治服务，教育与生产劳动相结合”的教育方针进行教育大革命

通过整风反右，学校出现了新的面貌。1958 年 1 月下放了两批干部，支援工农业生产并为知识分子进行劳动锻炼。同时整风进入第三阶段。2 月起，全校开展反浪费、反保守的“双反”运动。3 月 18 日全校师生员工举行双反誓师大会。接着发展了三个过程：(1)猛攻浪费保守；(2)火烧三风五气，自觉革命向党交心；(3)以红专为中心的大辩论。在插红旗拔白旗的斗争之后转入总结阶段，整风运动获得全面胜利。全校师生员工的社会主义觉悟有了显著的提高。

“大跃进”的重要标志之一，就是增设专业和系科调整。1958 年学校增设了矿冶系、化学系。同时增设了农业机械制造、内燃机汽车拖拉机制造、水轮机及水力机械制造、矿山机械制造、电气绝缘及电缆技术、自动化装置及电气仪表、半导体工学及电真空技术、化学工程学、硅酸盐工学、无机物工学、有机合成塑料工学、农村建筑、建筑材料及制品、地质勘探、采矿、钢铁冶金、金属压力加工、工程力学、化学等 19 个专业。1959 年增设无线电系，将原在电机系的半导体与电真空技术调入该系，另设无线电设计与制造，自动与远动共三个专业。其他各系专业亦有所变动，如机械系增设热能动力装置专业(后来调入电机系)，电机系电机电器两专业分立，物理系增设理论物理专业，化学系增设放射化学专业等等。1960 年土木、冶金两系及机械系的水轮机及水力机械制造专业调至杭州工学院。

(一)热烈拥护社会主义建设总路线

八大二次会议的决议和党的“鼓足干劲、力争上游、多快好省地建设社会主义”总路线的公布，大大鼓舞了全校广大师生员工。1958 年 5 月 23 日，校委会举行第 29 次会议，刘丹副校长指出工农业生产“大跃进”迫切要求我们培养人才的工作配合上去，我校下学期的招生任务很重，工作很艰巨。学校的中心工作是教学和科研，因此就必须在双反运动取得重大胜利的基础上，按照鼓足干劲、力争上游，多快好省地建设社会主义总路线的要求，进行教学大改革，为建设共产主义的浙大，又多又好又快又省地培养社会主义建设人才而斗争。他并请大家就党委提交校委讨论的“继续深入思想革命，彻底进行教学改革，坚决贯彻执行社会主

义建设总路线”的书面提案多发表意见。各委员一致同意书面提案,最后大家一致通过这个决议,号召全校坚决为贯彻执行社会主义建设总路线,彻底进行教学改革而斗争。

为了继续深入思想革命,彻底进行教学改革,坚决贯彻执行社会主义建设总路线,全校师生员工于1958年5月24日下午举行“思想大解放,教学大改革誓师大会”,大会主席刘副校长讲话毕,由党委宣传部长整风办公室主任杨醒宇同志代表党委和校委作报告。他首先回顾了两个多月来的双反运动所取得的巨大成绩和各方面出现的新气象,指出全校政治热情大大提高,我们学校已开始形成一个生动活泼的政治局面。现在就是一方面要在反对资产阶级个人主义为中心的思想基础上,继续深入思想革命,来造成一个共产主义的思想解放运动,同时要彻底进行教学改革,使学校工作来一个全面“大跃进”,为建设共产主义的浙大而斗争。

为了大张旗鼓宣传社会主义建设总路线、学习总路线、坚决贯彻总路线,党委宣传部在5月21日召开了紧急会议,要求全校鼓足干劲,在省、市委统一布置下组成二千余人的宣传队,于30、31、1日停课三天上街大张旗鼓宣传总路线,同时搞好校内宣传。在校内到处可以看到:“鼓足干劲、力争上游、多快好省地建设社会主义!”“积极实现技术革命和文化革命!”“又红又专,这是全国知识分子和技术人员的前进道路,也是我们全党各级干部的前进道路!”“敢想敢说敢做,敢于破除迷信,敢于革新创造,敢于坚持真理,为真理冲锋陷阵!”等鼓舞人心,发扬共产主义的革命意志的标语。

通过学习,全校师生员工都受到总路线的很大鼓舞和教育。以总路线为指导思想,推动了教学改革,带动了一切工作前进,学校工作出现了全面“大跃进”。

(二)继续深入教学改革具体贯彻“三结合”

1958—1959年间,学校开展了一系列轰轰烈烈的群众运动,对党的教育方针进行了反复的、系统的学习,深入开展了教学中两条道路、两种思想、两种方法的斗争,揭发和批判了脱离政治、脱离生产、脱离实际的资产阶级教育思想、教学观点和教学态度,在开展两条道路、两种思想、两种态度的斗争过程中,对教学计划、内容、方法都作了初步的改革。首先把劳动纳入了教学计划,列为正式课程。同时在教学环节中,还进行了一些必要的改革,如改变了以往假设的纸上谈兵的毕业设计,成为真刀真枪的直接为生产服务的工程设计;改变了以往程度不同的走马看花的实习方式,做到了以工人身份直接参加生产,与工人同吃、同住、同劳动、同商量,开始运用现场教学和能者为师的教学方法,补充了课堂教学的不足;有些专业采取了党委领导下教师、学生,能者相结合的工作方法,结合下厂、下工地,修改和充实教学内容,编写讲义和教学大纲,在教学上获得了良好的效果。

学生直接参加生产,以1958年4月开始的勤工俭学,有计划地组织学生参加生产劳动为起点。因这次的勤工俭学,并非单纯的经济问题而有深刻的教育意义。此后,全校师生员工参加了一系列的生产劳动,主要的有下列几种:

1958年秋,支援农业生产,抢收抢种,全校共出工46800人次。

1958年秋,支援地方工业建设,土木系学生300人,进行瓯江水电站测量工作,在一个月中完成310平方公里的测量任务。

1958年9月支援半山钢铁专用线,筑路任务组织了1400学生出工18000工。

1958年9月支援全民大办钢铁,化工系三、四年级学生214人先后分两批分赴嘉兴、宁波、舟山三个专区共 20 多县的钢铁前线作三个多月的技术支援。

1958 年一年内发挥了大协作精神，全校共支援了浙江省 37 个市、县的技术力量，60000 多人次，完成各项工程设计 48 项，同时又与 8 个市县、20 多个国营企业建立了协作关系。

在校内开展了声势浩大的创造滚珠轴承运动，制造滚珠轴承 545000 套。

大炼钢铁，全校师生员工更是干劲冲天，意气风发，出工 45000 人次。在"支援钢帅炼红人"的口号下，千军万马，英勇奋战。真是"百座土炉平地起，没有一个不争先。"

此外，学校办起了大小 19 个工厂和车间。有些工厂已经具有一定数量的固定工人和技术人员及管理人员，建立了学校自己的生产基地。

为了更好地开展教学、生产、科研三结合工作，学校又根据一、三、八规定（一个月休息、三个月劳动、八个月教学）结合各学期的具体任务，按照全面安排、统筹兼顾的原则，针对各年级、各专业不同的特点作了不同的要求和适当的安排。同时在教育计划中对周学时亦予以充分的注意。因为它涉及学生在长期的学习过程中能否均衡地、有节奏地参加各种学习、劳动和其他活动，使学生在德育、智育、体育方面获得全面的发展。根据我校情况，党委作出规定：即学生一天之内 8 小时睡眠，4 小时吃饭和休息，9 小时学习，3 小时课外活动。具体安排以一周为单元，一周的学习时间不应少于 54 小时。此外对学生的听课与自学复习时间，也作了较明确的规定，一般课程课内与课外复习时间保证一比一，对基础理论课及某些理论讲授与作业较繁难的课程则达到一比一以上。因此规定每周上课时数最多不超过 27 节。这样，便保证了学生课外的自学复习时间，对于培养学生独立思考、消化理解，提高教学质量，有了可靠的保证。

（三）成立人民公社及民兵师

1958 年 9 月 16 日下午，校党委和行政召开了民主党派、工会、共青团、学生会、居民等有关单位负责同志联席会议。通过讨论、协商，决定成立浙江大学人民公社筹备委员会，并以周荣鑫校长为筹委会主任，刘丹、南竹泉副校长为副主任。筹委会下设秘书处，社员代表资格审查组，起草社章规划组，宣传教育组。

1958 年 9 月 19 日晚上浙江大学人民公社社员代表大会在俱乐部隆重开幕，浙江大学人民公社在暴风雨般的掌声中宣告成立。

9 月 20 日上午大会继续举行，会上各系组代表纷纷发言，一致通过了"浙江大学人民公社社章和 1958—1962 年发展规划（草案）"，并以无记名投票方式，选举了周荣鑫同志为浙江大学人民公社社长，刘丹、南竹泉两同志为副社长和选出了管理委员会委员和监察委员会委员。

浙江大学人民公社管理委员会设办公室，并设计划委员会、劳动生产部、教育部、供应福利部、内务部、军事部、体育部、科学院、民兵师。公社的组成，有大学、中学（原杭州第一初级中学改为浙江大学附属中学）、小学、幼儿园及农业中学各一所，有社员 9099 人。

其中包括浙江大学师生员工 7850 人，求是村居民 181 人，农业大队 510 人，杭一初（即浙大附中）558 人。其中有基干民兵约 6500 人，普通民兵约 1000 人。

全体社员于 9 月 20 日下午隆重开会庆祝浙江大学人民公社的成立，同时宣告浙江大学人民公社民兵师的成立。杭州市兵役局局长王雪年中校发布命令，任命周荣鑫同志为浙江大学人民公社民兵师师长兼政委，刘丹同志为副师长兼副政委，南竹泉同志为副政委，同时宣布任命团和独立营指挥的命令。王雪年中校并将师旗授予刘丹副师长。

(四)广泛深入地展开共产主义教育运动

党中央关于在农村建立人民公社问题的决议中,指出了从社会主义向共产主义过渡的条件,并且指出了共产主义在我国的实现,已经不是什么遥远将来的事情,摆在我们面前的任务是如何加速社会主义建设和积极创造条件向共产主义过渡。因此,首先要求我们能多快好省地培养全校师生员工成为既能脑力劳动又能体力劳动,既是教师、职员、学生,又是工人和战士,成为具有高尚的共产主义思想和风格的普通劳动者。其次,要求我们掌握并大搞尖端科学和尖端技术,为根本改变我国科学文化落后状态方面作出更大的贡献。第三,要求我们为实现普及与提高全民教育的光荣任务而贡献自己的力量。第四,要求我们巩固浙大人民公社,逐步发展成为未来共产主义社会的基层单位。所有这些,都要求我们全校师生员工认清形势,放宽眼光,更深刻地认识到自己责任的重大,充分发扬共产主义思想,彻底清除一切资产阶级思想,从而更加鼓足干劲、斗志昂扬地为逐步过渡到共产主义社会而英勇奋战。

党委会为了普遍开展社会主义和共产主义教育运动,于 1958 年 10 月 14 日、16 两日连续召开了会议,具体研究部署。党委认为全校必须明确以共产主义教育运动为中心,带动一切工作,党委号召人民公社全体社员不断革命、苦战三年,从根本上改变面貌,以加速社会主义建设和积极创造条件,逐步向共产主义社会过渡。

10 月间学习对共产主义的认识和怎样过渡到共产主义两个问题,大破资产阶级个人主义思想和资产阶级法权思想,大立共产主义思想。11、12 两月进一步深入地开展了以贯彻教育为无产阶级政治服务,教育与生产劳动相结合的教育方针为中心的共产主义思想教育运动。

从领导到群众无一例外地编组学习,保证学习时间,认真阅读文件,结合大放大鸣、大辩论,把问题辩深辩透。当运动蓬勃开展的时候,丰富多彩的大字报、五彩缤纷的图画,在校内处处都可以看到。

(五)大力开展科学研究工作

院系调整之后,接着进行教学改革,各系、各教研组忙于学习苏联,在各个教学环节上进行改革,尤以集中力量做毕业设计等准备工作和指导工作。在 1956 年以前,多数教研组没有余力做科研工作,只有少数的教研组做了几个科研题目。由于教研组教学改革工作进度不一,因此,学校提出有条件的教研组应结合教学,结合生产实际,发挥集体力量,有计划有步骤有领导地开展科研工作。凡已能完成教学工作量任务的教师都应积极制订科研计划。

1955 年全校科研题目仅 34 个。其中完成的科研工作主要有"利用火山凝灰岩试制无熟料水泥",对国家基本建设事业方面提供了一定的贡献。当时学生科研小组还在试行阶段。

1956 年根据我国发展国民经济第一个五年计划规定:"高等学校应该在密切结合教学任务的条件下,尽可能地组织和提高科学研究工作,充分发挥各高等学校现有科学专家的力量,定出科学研究的计划,使高等学校的科学研究工作进一步地结合国家建设实际而在国家建设和提高教学质量中发挥作用"。1956 年科学研究工作已逐步开展,有科研题目 77 个。

1957 年学校对于科研工作提出如下意见：

1. 明确科研在学校中的地位和作用，教学工作和科研工作互相结合的必要、可能和步骤等问题。

2. 明确科研为国家社会主义建设服务的思想，在国家统一领导下有计划地开展科研。

3. 在科研上发扬艰苦朴素、实事求是的作风和集体主义的精神，坚持理论联系实际的原则，贯彻百家争鸣方针，开展学术上的自由讨论。

1957 年科研题目共 100 个，其中执行情况，据 1957 年 10 月 29 日的统计：

(1)按照计划正常进行的 12 题

(2)工作正常但进度较原计划慢些 26 题

(3)在前一阶段的工作做得较少，但今后要继续进行的 34 题

(4)进行之后现已陷于停顿的 18 题

(5)因特殊情形而停顿的 3 题

(6)改题的 7 题

1958 年全国"大跃进"，我校也是全面"大跃进"的一年，科研工作有迅猛的发展，取得了巨大的成绩，主要有下列四方面：

1. 1958 年全校已完成或基本上完成的大小科研项目共 445 项。大多数项目都和专业结合，因而提高了教学质量，更好地完成了学校的中心任务，并且使理论和实际比较密切地结合了起来。

2. 通过科学研究，创造发明了世界上没有的尖端技术。不但提高了教学质量，促进了工农业生产，其中若干项目为国家某些工业和国防建设解决了关键性的问题。

3. 1958 年科学研究的另一个特点是走出了校门，为厂矿基建部门解决生产上的问题。如为上钢二厂研究提高电机容量问题，为余姚基建化工厂等等，都得到了有关单位的好评。

4. 通过科学研究，壮大了队伍，培养了新生力量。1958 年参加科学研究，还有大量的青年教师、学生和职工，特别值得注意的是青年教师和学生出色的表现。

1958 年取得巨大成绩的主要原因是从思想上明确了科学研究的方向：就是科学研究要为社会主义建设、工农业生产服务。其次解放了思想。第三，证明了科学研究也可采取群众路线的方法来进行，而且只有这样，才能符合多、快、好、省的原则。1958 年国庆献礼 191 项，1959 年元旦献礼 252 项，1949—1957 年只完成了 62 项，1958—1959 年完成了 575 项，就是明显的事例。

(六)召开全校师生员工代表会议改组校委会

1959 年 5 月 25 日第四届校务委员会第 36 次会议，周校长提出，根据中共中央、国务院关于教育工作的指示，"在一切高等学校中，应当实行学校党委领导下的校务委员会负责制"，讨论校务委员会的性质、内容与改选办法。经讨论通过"浙江大学校务委员会组织办法"。其中规定：校务委员会由党委提名，学校师生员工代表会议通过，报经省人委批准的办法产生之。校长、副校长为当然主席、副主席。校务委员会实行集体领导和个人负责相结合的原则。

1959 年 6 月 3 日学校举行全校师生员工代表会议，选出第五届校务委员会委员 61 人。第五届校务委员会于 1959 年 6 月 6 日举行第一次会议。

(七)隆重庆祝建国十周年

在八届八中全会伟大号召下,全校师生员工以教学、科研、生产等继续跃进的实际行动,向国庆十周年献礼。

9月29日,全校师生员工和农业大队共万余人,以无比欢欣鼓舞的心情隆重举行“反右倾、鼓干劲,向建国十周年献礼”大会。刘丹副校长号召全校坚决贯彻八届八中全会决议,反右倾、鼓干劲,掀起学先进、赶先进、超先进的竞赛热潮。坚决贯彻执行党的教育方针,全面提高教学质量,为争取学校各项工作继续跃进而斗争。会上献礼项目共有230项,其中重点的就有30项,许多都具有重要价值。献礼毕,刘校长代表校党委和校委会将五面锦旗奖给机械工厂、电机教研组、土木系三结合基地、热工教研组、化机等五个先进单位,号召全校向他们学习。

为了庆祝伟大祖国建国十周年,系统宣传十年来我校在党的领导下所取得的巨大成就。浙江大学展览馆于10月2日正式展出,展出面积共819平方米,共分序言、政治思想、教学、生产劳动、科研、文体福利等六个部分。展览馆雄辩地显示了十年来学校巨大变化和发展面貌,可从展出的下列数字说明:

1.系科专业:解放前工学院只4个系;解放后十年来发展到9个系32个专业。

2.教师人数:解放前工学院仅80人;解放后十年来教师队伍增长至833人。

3.学生人数:解放前工学院最高一年为859人;解放后十年来学生人数发展到8037人。

4.毕业生人数:解放前自1927～1949年共22年中,总共毕业1872人;解放后十年来毕业生人数达4506人。

5.工农学生人数的增长:

1956学年21.4%,1957学年30.2%,1958学年39.0%,1959学年48.4%。

6.教学设备:解放前残缺不全,设备总值仅30万—40万元;解放后十年来不断充实,总值达602万元。

7.房屋面积:旧校舍与新校舍对比:

学生宿舍:旧校10165m^2,新校45430m^2,增长447%

饭厅:旧校1934m^2,新校5757m^2,增长298%

教学用房:旧校23281m^2,新校59894m^2,增长257%

教职工宿舍:旧校13715m^2,新校25721m^2,增长187%

1959年建筑面积139255m^2,共投资11397312元。(其中绿化49163元)。

8.图书数量的增长:旧浙大自1897年至1949年五十年内,藏书仅100225册,期刊9875册;解放后至1959年有图书323564册,期刊2272种。

9.党的队伍的壮大:

1950年支部1

1952年支部5

1953年支部3

1954年支部5

1955年总支1,支部9

1956年总支1,支部11

1957年总支5,支部26

1958年总支7,支部35

1959年总支8,支部43

10.团支部发展情况：

1949年	1	1955年	118
1950年	10	1956年	122
1951年	32	1957年	150
1952年	43	1958年	164
1953年	57	1959年	298
1954年	56		

11.自制直观教材：1954年125件；1959年4650件。

12.实验室对比：

解放前1927—1949年：实验室10个，仪器设备投资48万元。实验在整个教学中的比重5%—7%。

解放后1949—1959年：实验室69个，仪器设备投资554万元，实验在整个教学中的比重15%—20%。

13.科研队伍不断壮大：

1954年参加人数89人，占全校教师29%

1956年参加人数175人，占全校教师46%

1958年参加人数580人，占全校教师98%

1958年学生参加人数占全校学生60%。

14.科学研究项：1949—1957年共完成62项；1958年以来共完成575项，1与9之比

15.生产劳动成就：

新建工厂：1958年19个，新产品95种

1959年整顿后，12个，新产品31种。

参加劳动人数：参加工业劳动　196204人次

参加农业劳动　54263人次

参加基建劳动　6340人次

大搞滚珠轴承　15292人次

大炼钢铁　44925人次

其他　6205人次

16.文娱生活：

1958年业余文艺创作统计：

诗歌10541；小说31；歌曲274；剧本156；舞蹈145；曲艺117；创作画65。

17.运动队的发展：

1952年院系调整时，全校只有男女篮球队等5个队。

1959年发展有17个各种运动队

18.劳卫制与等级运动员的增长：

劳卫制：1954年14%，1959年35%；等级运动员：1957年12%，1959年83%。

19.保健、福利事业：

1952—1959年为全校教职工支出公费医疗费262068元

1953—1959 年为学生支出人民助学金 2877489 元

1953—1959 年为教职工支出生活福利费 178319 元

20.除四害讲卫生成绩:1958—1959 年上半年共消灭:

苍蝇 934 斤,蛹 1062 斤,鼠 11593 只,雀 9015 只,改明沟为暗沟 600 公尺,消除垃圾 8062 吨,埋水管 880 公尺。

(八)深入学习八届八中全会文件

党的八届八中全会的公报和决议发表后,全校师生员工热情欢呼。1959 年 8 月 28 日举行全校师生员工大会,党委时生副书记作了重要报告。首先指出八届八中全会深刻地分析了当前经济形势,提出了今年奋斗任务,指出了完成和超额完成任务的有利条件及实现继续跃进,当前的主要危险是在某些干部中滋长着右倾机会主义的思想。时副书记分析了上学期学校的形势,提出下学期总的任务是继续贯彻党的教育方针,进一步提高教学质量。

各教研组、科室、工厂、班级等深入学习党的八届八中全会文件,结合时副书记报告展开热烈讨论。通过讨论,进一步认清了形势,提高了思想,明确了任务,初步批判了右倾保守思想,大家干劲很足,纷纷以战斗行动搞好教学、科研和生产劳动。许多教研组在讨论后,都以高涨的热情,坚决克服某些畏难情绪,切实为提高新学年教学质量而努力。如工科物理教研组结合讨论检查了上学期实验和习题课较薄弱,决定成立两个专门小组来加强这个教学环节。机械系批判右倾保守思想,1959 年科研项目立即增加十几个。地基基础教研组更快马加鞭提前完成砂井地基的沉陷分析研究工作。

1959 年 9 月 12 日校党委常委会作出决定要在已有的学习基础上,继续深入学习八届八中全会文件。广大师生员工通过进一步深入学习,普遍受到很大教育。如有关人民公社问题、大炼钢铁问题、市场供应问题等。经过鸣放辩论,澄清了不少模糊认识,明显地提高了思想,学校开始出现万马奔腾,继续跃进,掀起学先进、赶先进、超先进的新高潮。

在开展“学、比、赶、帮”运动的基础上,1960 年 1 月 2、3 两日,学校隆重举行群英大会。参加大会的有 49 个先进集体代表,189 名先进个人和列席代表共 600 多人。这些都是学习和贯彻八届八中全会决议以来,我校在提高教学质量为中心的各个方面取得的巨大成就中所涌现出来的先进人物。

(九)发扬不断革命精神,大搞技术革命、教育革命

1960 年春,为进一步深入贯彻执行党的教育方针,全校广大师生热烈响应党的号召,面向生产,面向浙江,先后下厂矿企业参加以“四化”为中心的技术革命运动。

1960 年 5 月 20 日省委书记处陈伟达书记在我校大操场对全市高等学校师生参加技术革命大会作讲话。

陈书记在分析了国际形势后说,省委今年提出“根据浙江的现有情况和基础,要在 1967 年把浙江的技术提高到世界先进水平,浙大就得为浙江建设服务,要又攀又登才有可能攀登世界科学高峰”。

陈书记大会动员后,全市高等学校随即掀起一个大搞技术革命的新高潮。

我校师生在技术革命中采取多兵种、大兵团、大协作、协同作战的方法,先后两次,共

7000 多人次分别到全省 200 多个厂矿、企业与工人、技术员、科研机关人员一起共同完成 34440 多个技术革新项目，对本省国民经济高速度的持续跃进和改变本省工业生产面貌，提高劳动生产率，节约原材料等方面，都起了一定作用。

为了大出技术革命成果，大搞教育革命，从领导到群众，积极开展了一系列活动。党委总支负责同志纷纷下厂召开座谈会，听取意见，帮助下面总结开展技术革命的经验。广大师生在党的领导下，采取三结合的群众路线工作方法，总结参加技术革命运动，推广新工艺、新技术的丰富经验，编写教材、讲义，更新和充实教学内容，同时对教学工作中存在的问题，开展鸣放辩论、揭露矛盾、分析矛盾，大力开展教育革命。在教育革命运动中广大师生以思想革命为纲，深入开展了大鸣大放、大辩论，先后贴出了近 60000 张大字报，举行数百次座谈会、辩论会，比较全面深刻地揭露和批判了脱离政治、脱离生产、脱离群众的资产阶级教育思想。

8 月份起，为了及时研究和总结技术革命和教育革命的成绩和经验，各系在党总支领导下，组织专业队伍，认真归纳，集中师生们大鸣大放大字报中揭发出来的问题和各方面意见。对教育思想、教学内容、教学环节、课程体系等问题进行了深入的讨论和研究，许多单位并在分析研究的基础上，提出了教学改革方案。

（十）全党动手、全校动手，开展以粮钢为中心的增产节约运动

1960 年秋，全校师生员工积极响应党中央“立即开展一个以粮钢为中心的增产节约运动”，“全党动手、全民动手，大办农业、大办粮食”的号召，在党委和各总支动员、组织领导下，开展了学习讨论。大家纷纷表示决心响应党的号召，发扬发愤图强、自力更生、艰苦奋斗、勤俭建国的光荣革命传统，为坚决完成党提出的各项任务而奋斗。一个轰轰烈烈的增产节约运动热潮迅速席卷全校。

大家首先抓紧当时有利时机积极贯彻中央和省委指示，全党动手、全校动手，克服工具缺乏、经验不足等困难，见缝插针，大种秋菜，大干 20 天。林间、屋角、山脚等空隙地，开出菜地 100 多亩。师生员工在种好秋菜同时，还大挖河泥、烧草灰、送人粪，共计积肥 17000 多担，以大量肥料送往农村支援粮食增产。此外，大家还到处收集废铜废铁，为钢帅送粮。师生员工还精打细算，大力节约用粮、节约用布，把多余的可用可不用的钱存入银行，树立艰苦朴素、勤俭节约的新风气。

10 月中旬，各系纷纷召开种菜现场会议，大立标兵，大鼓干劲，总结推广先进经验。10 月下旬校党委决定以半月时间，全校师生员工全力奔赴农业第一线，分批下乡去长河公社、东塘公社及西湖公社支援秋收冬种，掀起劳动新热潮。

1960 学年学校设下列各系各专业：

物理系设：理论物理、工程物理等专业；数力系设应用数学、工程力学等专业；化学系设放射化学、普通化学等专业；电机系设：电机、电器、电气绝缘与电缆技术、工业企业电气化、发电厂电力网及电力系统等专业；机械系设机械制造工艺及金属切削机床、内燃机汽车拖拉机制造、热能动力装置、光学机械仪器等专业；化工系设：硅酸盐工学、无机物工学、有机合成及塑料工学、化学生产工艺过程自动化调节、化学生产机器及装备等专业；无线电系设：无线电设计与制造、电真空技术、自动学与远动学等专业。

此外，还有外文师资训练班，电子学师资训练班。

全校有学生7455人,教师(据1960年8月统计)900人(其中教授26人,副教授34人,讲师108人,教员16人,助教709人,教辅320人,职员399人,工人279人,其他7人)。实验室有99个,设备总值至1959年为680万元。图书94118种、350154册。全年投资6830571元(其中教学设备投资2021411元),房屋建筑总面积23249710m²。

学生考试成绩:

1958年学年第1学期:

各门考试成绩均在良好以上者占参加考试总人数30.50%。

有一门不及格者　　　　　　占参加考试总人数3.59%。

有二门不及格者　　　　　　占参加考试总人数0.41%。

1959年第1学期:

各门考试成绩均在良好以上者占参加考试总人数46.43%

其中有一门不及格者占参加考试总人数　　5.72%

有二门不及格占参加考试总人数　　　　　0.8%

有三门不及格占参加考试总人数　　　　　0.04%

在1958—1960年间,学校制定了46种规章制度,主要有浙江大学校务委员会组织办法、校务委员会工作制度、校长办公会议制度、行政部门职责范围、系务委员会组织办法、工业生产管理试行办法、学生生产劳动管理试行办法等规章制度。

1959年有我校选送的留学生1人出国;1960年有我校选送的留学生3人出国。

四
(1961—1962)
贯彻"调整、巩固、充实、提高"八字方针,试行高等学校暂行工作条例(草案)六十条,为五年打基础十年赶先进创造条件

1961年以来,学校的基本任务是继续高举总路线、"大跃进"、人民公社三面红旗,贯彻执行"调整、巩固、充实、提高"的方针,从实际出发,定任务、定方向、定规模、定专业、定编制,正确贯彻执行"教育为无产阶级政治服务、教育与生产劳动相结合"的方针,"百花齐放、百家争鸣"的政策,和团结教育改造知识分子的政策,充分调动广大师生员工的积极性,努力提高教学质量和学术水平,培养具有较高的社会主义觉悟和先进科学技术水平的身体健康的各项建设专门人才。

具体工作有下列几方面:(1)正确贯彻执行党的教育方针,坚持以教学为主努力提高教学质量。(2)有计划地组织生产劳动,培养师生的劳动习惯和劳动观点,更好地贯彻理论联系实际的原则。(3)坚决贯彻执行百花齐放、百家争鸣的方针,积极开展科学研究和学术活动,认真培养研究生。(4)关心群众生活,实行劳逸结合,认真办好食堂,积极开展文体活动,增进师生员工的健康,贯彻勤俭办学的方针,发扬艰苦奋斗的传统,努力改善校舍、图书资料、实验设备等物质条件,为教学工作和科研工作服务。(5)加强思想政治教育,充分调动师生员工的积极性,为提高教学质量而努力。

在试行高等学校工作条例之后,工作取得了一定的成绩。教师、学生、干部的积极性都有了提高,政治空气、学术空气和文体活动都比以前活跃了,"认真读书、认真教学和认真工

作"的风尚也正在增长。今后奋斗的目标,就是前五年打基础,后五年攻尖端,十年接近和赶上世界先进水平。

(一)学习八届九中全会公报,并以公报的精神贯彻于实际行动

1961 年 1 月 21 日党的八届九中全会公报在各报公布后,学校即开展以学习八届九中全会公报为中心的社会主义思想教育,要求全校师生员工通过学习,能以公报的正确思想、观点武装自己,进一步认清大好形势,明确任务,满怀信心地以鼓足干劲、力争上游的革命精神,发扬实事求是、艰苦奋斗的优良传统,不断前进。

1961 年 3 月 8 日周校长在团干部会议上讲话,首先指出我校今年的任务是坚决执行党的八届九中全会提出的方针,进一步贯彻执行党的教育方针,努力提高教学质量。除了坚决贯彻调整、巩固、充实、提高的方针,大力提高教育质量外,全校师生员工必须牢固地树立以农业为基础的思想,坚决贯彻全党动手,全民动手,大办农业,大办粮食的方针。

为了贯彻八届九中全会提出的方针,1961 年我校毕业班学生毕业设计的题目有将近 90%是为本省的生产和科研服务的,其中有 20%左右的设计题目,是为农业生产服务的。

同时,有 88 位工人同志,要求参加农业生产获得光荣批准,于 1961 年 4 月 15 日学校举行隆重欢送会后,奔赴农业第一线。

(二)贯彻以调整为中心的八字方针修订各专业教育计划

1961 年 6 月 13 日第五届校务委员会召开了第八次会议,讨论了"高等工科专业(五年)培养目标(草案)"及"制订工科各专业教育计划"问题。

三年来我校在党的总路线、"大跃进"、人民公社三面红旗的光辉照耀下,贯彻执行党的"教育为无产阶级政治服务,教育与生产劳动相结合"的方针,取得了伟大的成绩。为了坚持教育革命的方向,巩固教育革命的成果,进一步建立和稳定以教学为主的教学、生产劳动、科学研究三结合的教学秩序,不断提高教学质量,根据调整、巩固、充实、提高的方针,修订了各专业的教育计划。

修订的教学计划,不仅体现了党的教育方针和全面地实现培养目标的要求,而且在吸收了 1952 年教改以来行之有效的经验的基础上,着重总结和运用教育革命成功的经验具体贯彻了以下几项原则:

1. 正确处理政治教育和业务教育的关系,坚持政治统帅业务、指导业务的原则。
2. 贯彻理论联系实际的原则。
3. 贯彻以教学为主的教学、生产劳动、科学研究三结合的原则。
4. 贯彻劳逸结合,妥善安排全面教学工作和各方面的活动的原则。

培养目标:总的要求是培养具有社会主义觉悟和现代科学生产技术知识的既能脑力劳动又能体力劳动,身体健康的,能从事生产建设、科学研究的高级工业建设人才。

时间安排:五年内学生在校时间共 250 周,课内总学时为 3600 学时,每学期课程 5—7 门,每周 27 学时,每学时 50 分钟。对于理论教学、考试、课程设计、毕业设计、生产实习、生产劳动、科学研究、假期、一年级始业教育、政治理论课及体育课等等时间都作了具体的安排,对于基础课、基础技术课、实验课、习题课等时数也作了合理的规定。

一般学生至少学习一门外国语,能熟练阅读专业书籍,基础好的学生应尽可能掌握第二外国语。第一外国语安排在第一、二学年,约234学时;第二外国语安排在第三、四学年,约96学时。

每学期考试课程3—4门,考试评分采用四级评分制或百分制。

生产劳动一、二年级一般着重进行金属工艺等基本操作训练的劳动;三、四、五年级应着重进行结合专业的劳动,时间以集中为主,也可适当分散。低年级以校内工厂劳动为主,高年级以校外工厂劳动为主。

科学研究:四、五年级学生适当安排一定的科研活动,一、二年级学生一般不安排科研活动,社会劳动除省里统一布置外,其余不安排。

贯彻劳逸结合,规定每周学时不超过27小时。

(三)浙大、杭工两校合并

1961年8月11日第五届校务委员会举行第十一次会议(扩大),刘丹副校长根据省委和省人委的决定,就杭州工学院与我校合并的有关问题作了报告。两校的合并,是党的八届九中全会"调整、巩固、充实、提高"八字方针的具体贯彻。两校合并后,其精神意义是:缩短文教战线,支援农业,有利于教学。两校合并后,教师有1750余人,在校学生有9000余人,干部850余人,勤杂510余人,工人540余人,已成万人大学。

1961年9月两校合并后,我校进入了一个新的历史阶段。学校的性质是理工科的多科性综合大学。根据省里决定,原来杭工的纺织系,为了更好发展,单独成立纺织学校。根据对有重复的专业进行合并、充实,有些省里需要,我们经过努力可以办上的,则设置;有些省里不那么需要的,暂时不办,学校共设置13系,35个专业。

理科:

数学力学系:设数学、力学两个专业。

物理系:设理论物理一个专业。

化学系:设化学一个专业。

工科:

机械系设水力机械精密仪器及仪表、机械制造工艺及金属切削机床、内燃机、汽车及拖拉机四个专业。

电机系:设电机、电器、发电厂电力网及电力系统、锅炉汽轮机及热能动力装置、工业企业电气化五个专业。

化工系:设有机合成及塑料工学、燃料化学工学、化学生产工艺过程自动化及调节、化学生产机器及装备、无机物、工学、硫酸盐工学六个专业。

无线电系:设无线电设计与制造、电真空技术、半导体技术三个专业。

光仪系:设电子离子光学仪器、光学精密机械仪器、物理光学仪器三个专业。

土木系:设建筑结构与施工、河川枢纽及水电站建筑、建筑学三个专业(原建筑材料专业与化工系的硅酸盐专业合并)。

冶金系:设钢铁冶金、有色金属冶金、铸造、金属压力加工四个专业。

地质系:设普查与勘探、水文地质与工程地质、采矿三个专业。

还有十系:设三个保密专业;十一系:设六个保密专业。

此外,地质系设煤田地质与勘探专修科、采煤专修科、冶金系设焦化专修科。

学校布局：地质、冶金两系在杭工原址作为浙江大学第二部，十系、十一系则在六和塔作为浙江大学第三部。

(四)积极培养研究生保证教学质量、提高技术水平

1961年9月2日第五届校务委员会召开了第十二次会议(扩大)，决定学校要保证教学质量，提高科学技术水平，有计划地培养研究生，并通过了培养研究生暂行条例。

1961年9月27日校委会举行第十三次会议(扩大)，决定从1961学年第一学期开始有计划地进行培养研究生的工作，研究生必须认真选拔，保证质量，要求通过三年时间培养出一批具有较高的政治觉悟，在本门学科方面具有系统而又深厚的理论基础和较强的实践能力，能独立地进行教学、科学研究工作的师资和科学研究干部。

根据我校当前教学任务和各专业的情况，决定在1961学年招收微分方程、理论物理、有机化学、电机制造、燃烧技术、化工原理、物理、化学、化工自动化、化工机械、冶金炉、钢筋混凝土结构、土力学及地基基础等12个学科的研究生26名，并选拔一定的教师作为在职研究生。

研究生都要有指导教师和具体培养计划，指导教师由学术水平较高的教师担任，每个教师指导2—3人。

(五)贯彻高等学校暂行工作条例，实行定任务、定方向、定规模、定专业、定编制

1961年10月16日第五届校务委员会召开第14次会议(扩大)。会上党委董副书记传达了中共中央关于讨论和试行教育部直属高等学校暂行工作条例六十条(草案)的指示和草案原文。会后，六十条(草案)在全校师生员工中进行传达和讨论，采取边学习文件，边联系学校工作情况，边总结经验，边改进工作的方法，提高了思想，统一了认识。学校的教学、总务、科研和其他各项工作的积极性普遍高涨，全校初步形成了一种认真读书、刻苦钻研的学习风气。同时根据中央指示精神，结合学校具体情况，党委及时作了关于贯彻以教学为主，努力提高教学质量，坚持劳逸结合，搞好生活的指示，在肯定成绩的基础上，结合教学检查，减轻师生教学负担，贯彻劳逸结合，采取边检查边改进，在总结经验的基础上建立和修订各种规章制度、工作细则和工作办法。

12月19日校委会举行会议研究和讨论了我校如何贯彻执行高等学校工作条例(草案)及今后任务、方向、规模、专业编制和布局等问题。会上刘副校长宣布省委正式决定省属四所重点高等学校(浙大、杭大、浙医、浙农)贯彻执行“六十条”(草案)，当前必须以调整为中心进行整编。全校现有在校学生9654人，教职工4009人，教职工与学生的比例为1∶2.14。

(1)会上研究“五定”：

1.任务与方向：既要面对全国，又要面对浙江；既根据国家需要，又要根据浙江的资源和工业建设情况。今后浙江工业建设，以发展轻工业、手工业为主，重工业主要是搞水电、化工，浙江的特点是一个综合性的经济区域，浙大是多科性综合性的理工大学，这一点是适应的。

2.规模：根据省委意见学生发展在7000人或8000人以内。

3.专业设置：既不能如英美的专业宽大无边，又不能如苏联的面窄，我们要创造自己的经验，考虑可以争取适当放宽专业范围，到高年级再分专门化。

4. 编制：

(一)教师：(1)担任教学任务的教师按 1:9.5 计算，要 1000 人；(2)全校实验室 170 多个，须配专职实验室主任估计要 130—140 人；(3)专职搞科研的教师为 10%，要 100 人(其中 50 人作为带研究生指导教师的科研助手，50 人作为学校和单位协作科研力量)分配到各系；(4)为使担任教学任务的 1000 名教师有的也能兼搞科研，故再配备 100 人作为机动力量；(5)为生病、休养、女教师产期等后备教师 60—70 人，以上共计教师 1400 人。

(二)教辅：大的实验室配备 2 人，小的 1 人。

(三)干部：目前最突出的是要精简机构，减少层次，紧缩编制。

(四)工人：(1)生产工人 300 人，行政干部 70 人；(2)厨工，按厨工与学生 1:70 配备；(3)勤杂工，按 1:700 配备(教职工按工 1:55 配备)；(4)泥水工、电工等集中使用，配备 100 人的基建维修队，作为编外。

5. 布局：争取适当集中的原则。一年级集中二部，二、三年级集中本部，十三系迁来本部，印刷厂、机械厂迁往二部。

1961 学年第一学期，全校设 13 系，44 个专业(系与专业名称，详见“浙大与杭工合并”一文中)，根据 1961 年 12 月统计，有学生 8892 人。尚有三个专修科学生 140 人。此外，还有上海科技大学在我校借读学生 336 人，无线电师资训练班学生 164 人，德语训练班学生 29 人，江西工学院、福州大学等在我校借读的学生合计 65 人，全校共计学生 9626 人。

1961 学年第二学期开学时，地质系的水文地质与工程地质专业并入普查与勘探专业，冶金系的焦化专修科学生于寒假毕业，该科随即结束。根据 1962 年 3 月 10 日统计，全校有 13 系，43 个专业，两个专修科，大学本科学生 8791 人，专修科学生 53 人，合计 8844 人。此外，还有上海科技大学在我校借读生 306 人，江西工学院、福州大学等在我校借读生 50 人，一系德语训练班 29 人，八系师训班结业后留校 29 人，共 414 人。全校学生总计 9258 人。

1961 学年第一学期全校有教师 1632 人(其中教授 32 人，副教授 43 人，讲师 135 人，教员 186 人，助教 1236 人)，教辅 310 人，职员 736 人，工人 475 人。

1961 学年第一学期全校有 127 个实验室，设备总值至 1961 年 8 月底止为 950 万元。图书 100399 种，396225 册(其中杭工、电讯两院并入图书 16 万册尚未编目列入)，房屋建筑面积 24314710m^2。

1961 学年第一学期学生考试成绩，据教务处初步统计：

各门考试成绩均在良好以上者	3145 人	占参加致试总人数 39.2%
一门不及格者	60 人	占参加致试总人数 0.7%
二门不及格者	352 人	占参加致试总人数 4.3%
三门不及格者	132 人	占参加致试总人数 1.6%

浙江大学档案馆藏，档案号：ZD-1962-XZ-40

1949年以后浙江大学的发展沿革[①]

(1992年4月)

浙江大学是国家教委直属重点院校,我国著名的高等学府之一,也是浙江省内规模最大、历史最久的一所大学。至1991年底,学校设有研究生院和6个学院,21个系(49个专业),62个研究所、18个研究室。有69个学科、专业有硕士学位授予权,29个学科、专业有博士学位授予权,10个博士后科研流动站。经过90多年的变迁与发展,特别是1978年后的发展,浙大已建设成为一所以工为主,理工结合,设有文管的多门类、多学科的社会主义大学。有教职员工5164人,其中教师2236人,在校本专科学生8738人,硕士研究生1433人,博士研究生325人,外国留学生44人。浙大还设有夜大学和函授部,学生1549人。

一、学校发展沿革

(略)

1949年6月6日学校由杭州市军事管制委员会接管。7月26日杭州市军管会公布成立校务委员会,以刘潇然、孟宪承等18人组成校务委员会管理校务,以刘潇然为副主任委员,在主任委员未决定前由副主任委员暂代主任委员职务。8月,国立英士大学并入。8月26日,浙江省人民政府委任命马寅初为校长兼校务委员会主任委员。此后,学校的院系又有调整与发展。

1952年,经过全国高等学校院系调整,浙江大学成为一所多科性工业大学,设有4个学系,10个四年制本科专业,10个两年制专修科。共有教职工530人,其中:教师227人(教授32人,副教授31人,讲师46人,助教118人),学生1825人。

1957年浙大在全国多科性工业大学中率先重建理科系。1961年,为贯彻"调整、巩固、充实、提高"的方针,杭州工学院、杭州电讯学院并入浙大。到1965年全校设有9个系27个专业。在校教师1687人(教授、副教授70人,讲师297人),学生6900余人(其中研究生40人),阿尔巴尼亚和越南留学生10人。

1966年后"文化大革命"十年动乱时期,学校的各项工作都遭到了严重破坏,从1966年起学校被迫中断正常教学工作停止上课。1969年工民建和机制两个专业试点班招收学员62人。1970年开始全面恢复招收工农兵学员,共招收六届,先后招生的专业有30个,招收学生4800余人。

1976年粉碎"四人帮"后,经过整顿,教学和科研秩序迅速得到恢复和发展。

解放后,浙江大学归属教育部领导。1958年8月由教育部下放归浙江省领导。1963年9月改列为全国重点高等学校,直属教育部。1969年10月再次下放浙江省领导。1978年8月改属中国科学院和浙江省双重领导,以中国科学院为主。1980年11月改由教育部和浙江省双重领导,以教育部为主。1985年起,浙江大学成为国家教育委员会直属重点院校。

---

① 编者说明:本文由浙江大学校长办公室程百有于1992年4月编写。原题为《浙江大学简志》,反映浙江大学自1897年创办至1992年的简要历史及各项发展。收入本书时,对原文做了节选,保留了1949年以后的内容。

二、院系、专业设置

(略)

1952年,在全国高等学校院系调整中浙江大学的院系设置又有了很大的变化。理学院的数学、物理、化学、生物等系的一部分和人类学系并入复旦大学,数学、物理、地理系的另一部分并入华东师范大学,药学系并入上海华东药学院。理学院的另一部分分别并入厦门大学、南京大学、山东大学、同济大学。文学院外语系的一部分并入上海外语学院,公共课的部分音乐教师并入上海音乐学院。工学院的航空工程系并入华东航空学院。土木系水利组并入华东水利学院。农学院的畜牧兽医系并入南京农学院,森林系并入东北林学院,农业化学系的一部分并入南京工学院食品工业系。文学院和理学院的一部分与浙江师范专科学校、之江大学的文理学院合并成立浙江师范学院,农学院分出独立成为浙江农学院;医学院与浙江省医学专科学校合并成立浙江医学院。浙江大学本身则以原工学院的机械、电机、化工、土木4个系和理学院的一部分为基础,与并入的之江大学工学院的机械、土木2个系,组成为一所多科性工业大学。在调整中取消了院的建制,在系下设专业。经过调整之后,学校设有4个学系,10个本科专业,10个专修科。即:机械系设机械制造、金属切削机床及工具、铸造工艺及设备、光学仪器制造4个本科专业和金工、铸工、金工工具、热处理4个专修科。电机系设发电厂配电网及其系统、电机与电器、无线电通信及广播3个本科专业和发电厂配电网、有线电(市内电话)2个专修科。化工系设燃料化学工学本科专业和工业分析专修科。土木系设工业与民用建筑、铁路建筑2个本科专业和建筑、测量、铁路3个专修科。各系专业本科均为四年,专修科均为二年。1952年4月在国内首先设置光学仪器制造专业。1953年又有少量调整。无线电通信及广播本科专业调整到南京工学院。有线电(市内电话)、热处理2个专修科调到交通大学。铁路建筑本科专业停办,铁路建筑专修科并入同济大学。与此同时,厦门大学电机系的发电厂配电网及配电系统和土木系的工业与民用建筑两个本科专业以及机械系的机械制造专业一部分,还有华东化工学院的工业分析专修科并入本校。化工系增设化学生产机器及其设备专业。至此,浙江大学已成为一所具有4个工科系、9个本科专业、7个专修科的新型的工业大学。1955年开始,所有新设专业和原有各专业新生均改为五年制,原有学生年制不变。专修科各专业均办至已有学生毕业为止。1956年在国内最早成立化学生产的操纵及检验仪器专业(1957年改为化工自动化调节专业)。随着经济和教育科技发展,单一的工科院校要进一步发展,越来越显示出存在着不可克服的缺陷。1956年12月学校提出增设理科专业的建议,经高等教育部批准,于1957年在全国多科性工业大学中率先重建数学系和物理系。1958年,数学系扩大为数学力学系,增设力学专业,同时增设化学系、矿冶系(1960年后改为冶金系)。

1959年将原属电机系的无线电技术等3个专业划出,新建无线电系。

1960年建立地质系,并将光学仪器专业扩建为光学仪器系。同年,又将土木系、冶金系及机械系的水力机械专业划归新成立的杭州工学院。

1961年重建研究生培养制度。1963年冶金系并入机械系。1966年国家科委、教育部决定在浙江大学建立光学仪器中间试验基地。

1976年后,经过治理整顿,于1978年根据按学科设系的原则,对系和专业进行调整,增设了新系科。数学力学系分为数学、力学2个系;机械工程学系的铸造工艺与设备专业及热处理与设备专业，化工系的硅酸盐工艺与设备专业和无线电系的半导体材料与器件中的半导体材料合并建立材料科学与工程学系；机械工程学系的内燃机专业，电机系的电厂热能动力装置专业，化工系的低温工程专业和电机工程学系的热工教研组合并建立热物理工程学系；原在光学仪器工程学系的测试技术与自动化仪器专业和生物与医学仪器专业与光学仪器工程学系分开，建立科学实验仪器工程学系；无线电电子工程学系的电子计算机（硬件）专业和数学系内的软件专门化分出来合并建立计算机科学与工程学系。同年恢复招收研究生。同时进一步加强了理工结合，积极发展管理学科、社会学科和文科。1983 年成立工业管理工程学系。1984 年增设社会科学系和语言系，数学系改名为应用数学系。1986 年建立生物科学与技术系和建筑系，无线电电子工程学系改名为信息与电子工程学系。1987 年社会科学系分设为哲学系和经济学系，成立中国语言文学系，语言系改称外语系，建立浙江大学函授部，继而在高校中首批成立浙江大学成人教育学院。1988 年地质系改名为地球科学系，哲学系改名为哲学·社会学系。1989 年工业管理工程学系改名为管理工程学系，热物理工程学系改名为能源工程系。成立职业技术教育学院、工商管理学院。1990 年成立轻工学院、石油化工学院和建筑工程学院。

截至 1991 年年底，全校共设有 21 个系，49 个专业，2 个本科师资班。

应用数学系（不分专业）

物理学系（不分专业）

化学系（不分专业）

力学系　设工程力学专业；

地球科学系（不分专业）

生物科学与技术系　设生物科学与技术专业；

电机工程学系　设电力系统及其自动化、电机及其控制、应用电子技术、工业电气自动化 4 个专业；

化学工程学系　设化学工程、有机化学工程、高分子化学工程、生物化学工程、化工设备与机械、生产过程自动化、环境工程 7 个专业；

建筑系　设建筑学专业；

土木工程学系　设水利水电工程建筑、工业与民用建筑工程、城镇建设 3 个专业；

机械工程学系　设机械设计及制造、机械制造工艺与设备、机械电子工程 3 个专业；

信息与电子工程学系　设无线电技术、半导体物理与器件、物理电子技术、光电子技术 4 个专业；

光电与科学仪器工程学系　设光学仪器、检测技术及仪器、生物医学工程与仪器 3 个专业；

材料科学与工程学系　设金属材料及热处理、热加工工艺及设备、无机非金属材料、材料科学 4 个专业；

能源工程系　设电厂热能动力工程、内燃机、制冷设备与低温技术 3 个专业；

计算机科学与工程学系　设计算机软件、计算机及其应用、工业造型设计 3 个专业。

管理工程学系　设工业管理工程专业；

哲学·社会学学系　设马克思主义基础、思想政治教育（第二学士学位班，学制二年）2

个专业；

经济学系　设国民经济管理学、政治理论教育(经济学)2个专业；

外语系　设英语专业；

中国语言文学系　设汉语言文学专业；

还设有科技情报专业(第二学士学位班,学制2年)；

另有本科专业:中学化学师资班、机制中等职业技术教育师资班

以上各专业中,除建筑学、生物医学工程与仪器专业学制5年外,各本科专业学制均为4年,专科学制为2年。

三、教育工作

(略)

1949年建国以后,浙大撤销了旧的训导机构,并废除"三民主义"等11种课程,对课程及其内容进行初步精简与改造,开设"社会发展史""中国革命问题"等公共必修课程。1953年至1957年,以提高教育质量,全面贯彻教育方针为中心任务。学习苏联先进经验,认真进行教学改革,加强理论联系实际,重视实践性教学环节,培养学生独立工作能力,推行劳卫制。1957年后认真贯彻了毛泽东主席提出的"我们的教育方针,应该使受教育者在德育、智育、体育几个方面都得到发展,成为有社会主义觉悟的、有文化的劳动者"的方针和中共中央《关于教育工作的指示》,教学结合生产、联系实际,组织师生积极参加社会活动和生产劳动,取得了一些成绩,也受到"左"的影响,扰乱了正常教学秩序,教学质量一度下降。1961年后,贯彻执行《教育部直属高等学校管理暂行工作条例》,总结经验教训,教育质量有显著提高。"文化大革命"时期,学校各方面工作遭受了严重破坏,从1966年起教学处于停顿,直至1969年有2个试点专业招收学员。

1976年粉碎"四人帮"后,教学和科研秩序迅速得到恢复。自1978年以来,浙大努力推进教育改革。在本科教学中着重抓了"加强基础理论,改革课程结构,加强实践环节,注意能力培养;贯彻因材施教,让优秀人才脱颖而出"等方面的工作,有力地推进了教育改革的不断深入和教学质量的不断提高。

归纳起来主要有以下几个方面:

(一)调整课程结构。首先,更新和提高基础课和技术基础课的内容,要求基础课逐步提高起点,精选内容,精讲多练,注重基本概念、基本原理、基本方法的教学。不少基础课逐步做到分层次设置,同一门课开出高、中、低三种档次,多学时的课分基本部分、扩展部分和提高部分几个层次,便于学生根据专业要求和自身能力选修,建立合理的知识结构。广泛开设选修课,拓宽学生的知识面。其次,优化课程体系,在明确培养目标、拓宽专业面的前提下,研究各学科、专业主干课程的设置。在计算机科学与工程学系、信息与电子工程学系、化学工程系等专业作了模块化课程设置的试验和探索。再次,在课程改革方面还实施了数学、外语、计算机等的基础教学在四年本科教学中"不断线"。

(二)加强能力培养。制定了若干措施与办法切实加强学生的能力培养,如:实验教学的分层次系列化、增加设计性实验、开设大型综合实验,强调实验单独设课,单独考核,并尽量做到一人一组。工科生增加课程设计的个数,理、文科学生增加课程论文,毕业设计时间适当延长,等等。

(三)探索"因材施教"。为培养高层次、高质量工程科技人才作了有益的探索。浙大于1984年在全国率先创办混合班。混合班每年挑选全校新生约5%的优秀工科学生单独编班,制定专门的培养计划,教学总要求是"起点高、内容新、进度快,着重培养能力";实行基础、外语全面强化,进行理科课程教育和严格的思维训练;实行严格的高淘汰制。混合班选聘经验丰富、知识渊博、思想活跃的教师任教,并配备国内外优秀的教材。经过两年的基础强化教育后再回到各系进行后期的专门培养,使这部分学生的知识、能力、素质同时得到极大提高。他们的优势是,学风正,求知欲强,数理基础扎实,外语水平高,自学能力强,知识面宽,后劲足,适应能力强。另外,从1985年起,每年在新生中选拔100名左右的入学成绩较高的优秀新生,组成了"基础教育提高班",简称"提高班"。这是培养优秀学生又一教学改革措施。

(四)实行主辅修制。自1986年起利用学分制管理的有利条件,在本科生中实行主辅修制,使一部分学有余力的学生在学习主修专业规定课程的同时,可以任选一个跨学科的辅修专业。辅修专业教学计划规定学满25学分发给辅修证书。

(五)试行"预分配—联合培养"即"3—1—1"培养模式。对工科高年级学生实行学校与工矿企业联合培养的试验。具体做法是:工科学生在校进行为期三年的学习,完成了一系列教学环节后,提前分配到对口的工矿企业参加为期一年的工程实践训练,厂校双方共同制订联合培养方案。一年后,再回校完成厂校共同确定的毕业设计课题,同时选修一定量的课程。经国家教委批准,从1987年起在电机系的4个专业选择了20名学生进行了试点。1988年扩大到5个系的15个专业共99名学生,分布全国11个省、市的85个企业。这项改革尝试,有利于毕业生尽早接触社会,了解国情,增强社会责任感和事业心,提高培养质量,更好地适应社会需求。

(六)坚持德育为首,全面发展,试行学生记实综合考评。1986年在6个系4个年级10个班进行德育考评试点,1989年在全校本、专科生中推行此项制度。记实综合考评的内容主要是按照社会主义大学的培养目标和国家教委颁布的《高等学校学生行为准则》、《普通高等学校学生管理规定》,确定了遵纪守法表现、政治表现与思想品德修养、劳动态度与表现、社会活动与实践锻炼、奖惩表现、体育成绩与身体锻炼、学习成绩、特别事件等8个方面26项考评指标。把考评结果,作为评奖评优、毕业分配及免试攻读硕士学位研究生的基本依据,并纳入学生个人档案。促进学生思想政治工作进一步科学化,使"坚持社会主义办学方向,以育人为中心,把德育放在首位"的办学指导思想贯彻落实在学校教育工作的全过程,促使学生养成自尊、自爱、自律、自强精神。

四、研究生教育

(略)

建国后,1950年、1951年化工、生物等4个研究所继续招收研究生40名,后停招。1961年重建研究生教育制度,至1965年有微分方程、化学工程学、物理化学、化工生产过程自动化、钢筋混凝土结构、化工机械、燃烧学、铸造用炉、理论物理、电机、土力学与地基基础、燃烧工程、化工原理、有机化学、铸造合金、固体力学、金属学及热处理、工程热力学与工质热物理性质等18个专业招收研究生59名,学制3年。从1966年到1976年,因"文革"而中断了研究生教育。

1978年1月教育部发出《关于高等学校一九七八年研究生招生工作安排意见》,同年浙大恢复招收研究生,有54个专业招收研究生161名。以后招收的专业和招生人数不断增加。1981年5月国务院颁布了《中华人民共和国学位条例》,同年11月,国务院批准浙江大学为首批博士学位授予单位之一,有权授予博士学位的学科、专业14个,博士生导师14名。1982年开始招收博士学位研究生,同时受国家教委的委托,开始招收出国预备研究生,经过短期的外语训练,陆续派遣到美国、英国、日本、法国、西德、澳大利亚等国家攻读学位。1984年8月经国务院批准建立研究生院。到1989年已发展为69个学科、专业有硕士学位授予权。有基础数学、应用数学、运筹学与控制论、理论物理、物理化学、高分子化学与物理、固体力学、机械学、机械制造、流体传动及控制、光学仪器、测试计量技术及仪器、生物医学工程及仪器、金属材料及热处理、无机非金属材料、半导体材料、工程热物理、内燃机、化工过程机械、电机、电力系统及其自动化、电力电子技术、通信与电子系统、电子物理与器件、工业自动化、计算机应用、管理工程、岩土工程、化学工程等29个学科、专业有博士学位授予权。自1978年恢复研究生制度以来至1991年年底,共授予硕士学位3213人,授予博士学位227人。

1985年我国开始建立博士后科研流动站制度。同年11月国家科委批准浙大建立仪器仪表学科和机械设计与制造2个博士后科研流动站。1988年10月批准建立动力机械及工程热物理、电工、自动控制3个博士后科研流动站。1990年9月批准建立数学、物理学2个博士后科研流动站,1991年6月批准建立材料科学与工程、计算机科学与技术、化学工程与工业化学3个博士后科研流动站。截至1991年年底,共进站59名,期满出站18名。

研究生教育担负着为国家培养输送高级科技人才的重任。1986年以来,浙大一直进行研究生教育改革的探索,加强对研究生的教育与管理。学校先后制订了《研究生学则》、《关于硕士研究生课程考核的暂行规定》、《攻读硕士学位研究生培养方案》、《攻读博士学位研究生培养工作试行办法》、《关于进一步改革研究生工作的若干意见》、《研究生导师职责》、《硕士研究生中期考核及筛选办法》、《研究生参加社会实践的暂行规定》等10多个规章。为不断提高研究生培养质量,采取了加强研究生基础理论教学,扩大增设公共课程,鼓励学科交叉,加强工程训练,工程类型博、硕士学位论文面向应用,密切结合工程实际和社会需要等培养措施。从1988年开始实行研究生参加社会实践活动制度,未按规定参加社会实践的研究生不得申请学位。除招收培养计划内研究生外,还与校外生产部门、大中型工矿企业及邻近省区、边疆地区广泛开展横向联系,在研究生培养和科学研究方面建立较为稳定的双向协作,在立足校内、国内培养高层次人才的同时,学校还拓展了与国外高等学校、科研机构联合培养博士生的渠道。截至1991年年底学校与国外合作培养博士生共派出61人。为逐步实现高层次人才立足国内培养,发展有中国特色的博士生培养方式,1989年12月学校通过试行《实行博士生副导师制的暂行办法》。

五、成人教育

浙大自1956年开始举办夜大学,设置"机械制造工艺及设备"、"工业企业电气化"2个专业,1957年增加"化学工程"、"工业与民用建筑"专业。1958年起增办函授部,最初设置"机械制造工艺及设备"和"工业企业电气化"两专业,学制5年,本科。1962年起增加"化学工程专业"。为贯彻"调整、巩固、充实、提高"八字方针,自1962起停办夜大,原夜大59、61年级,调整并入函授相应班级，以后即稳定每年招收“机制”、“工企”、“化工”3 个专业，延长学制为五年半，培养相当于日校 4 年制的大学本科水平。招生地区基本上均在浙江省，照顾上海、江苏等附近城市，每年招生 150 人左右。1965 年曾和福建省化工局订立协议，在福州市试招化工专业一个班。截至 1965 年共招生 9 届，计 1504 人(其中函授生 7 届)。共毕业 412 人，其中本科 178 人，专修科 234 人(系 63、64 年级因“文革”未读完本科课程，分别改作二年制和三年制专科毕业)。1966 年在校函授生达 626 人。

函授部原由一位副校长分管领导，日常工作由教务处领导。1966 年奉令停止招生，后因“文革”停办。

1980 年夜大学恢复招生，设置 2 个专业。经发展，至 1991 年底已增加到 4 个专科专业：机械制造工艺及设备、工业与民用建筑、电子计算机应用、电气技术；1 个本科专业工业电气自动化；2 个专科升本科专业：机械制造与设计、工业管理工程。共招生 2652 人，毕业 1782 人(其中本科毕业 126 人)。1991 年底在校学生 468 人。80、81 级学制 3 年，从 82 级开始遵照教育部有关指示延长学制为 4 年，87 级改为三年半，从 88 级开始改为 3 年，本科专业从 5 年半改为 5 年。1987 年国家教委批准浙大恢复办函授教育，设置 2 个专业，4 年制大专，面向本省各企事业单位招生。至 1991 年有专科专业 6 个：机械制造工艺及设备、电气技术、工业与民用建筑、工业管理工程、工商经济管理、建筑学，1 个专科升本科专业工业管理工程。共招生 1588 人。毕业 441 人(其中本科毕业 3 人)，1991 年在校生 1081 人。从 88 级开始，专科各专业从 4 年改为 3 年。

1987 年 2 月，浙江大学成人教育学院成立，是国家教委直属高等院校首批获准设立的 7 所成人教育学院之一。根据成人教育的特点，在夜大教育上进行了一些改革，先后试行了“先修课程”制度、“选修课程”制度和“课程累积制”，使优秀学生能够更好结合自己的需要和水平进行学习，加快学习过程，而使部分基础较差、学习有困难的同学又可通过适当延长学习年限的办法完成学业。在函授教育上，也类似地采取“弹性学年制”。

1988 年 5 月，经原电子工业部批准，受浙江省电子工业总公司委托，成人教育学院正式承办电子工程师进修学院浙江省分校。87、88 年先后在杭州、金华、宁波建立 3 个函授站，1989 年在福建设立了函授站。

在继续教育方面，自 1984 年以来浙大先后为中央各部委、大型企业、地方举办了各种类型的培训班 200 余个，受训 2 万余人。还办有函授普通专科班，专业证书班，在职人员硕士课程(论文)进修班，工程师继续教育班，干部继续教育研修班和各种岗位培训班、实用技术培训班。

1989 年 10 月经国家教委批准成立浙江大学职业技术教育学院。该学院作为全国职教系统干部和师资培训基地，对地方教委的职教干部、重点职业中学的校长、教务主任和各类师资开展培训和培养工作。

六、科学研究工作

浙江大学学术空气一向比较浓厚，科研成果累累。在遵义、湄潭时期，设备简陋，生活十分艰苦，但是许多研究工作都处于当时的科学前沿。

(略)

新中国成立以后，浙大在科学研究上非常重视继承、发扬艰苦奋斗的优良传统和严谨踏实的求是学风,积极鼓励教师和学生勇于创新。1956 年举行了第一次科学讨论会,提出报告的论文 64 篇。创办了《浙江大学学报》。贯彻了党的科学技术工作方针和“百花齐放,百家争鸣”的方针,推动了科学研究与学术活动的开展。历年来获得国家各部委和浙江省重大科研成果奖 589 项,其中国家自然科学奖 2 项,国家发明奖 32 项,国家级科技进步奖 17 项,全国科学大会奖 41 项,中国科学院重大科技成果奖 33 项,有关部委科技进步奖 69 项,国家教委科技进步奖 68 项,浙江省科技进步奖 325 项,已授权的发明专利 111 项。其中代表性的项目是:1958 年以郑光华为首发明的“双水内冷电机”,侯虞钧 1953 年提出的马丁—侯状态方程及其 1981 年改型的状态方程,董光昌“混合型偏微分方程”的研究,1965 年光仪系研制成功的“250 万幅/秒高速摄影机”,1988 年路甬祥、吴根茂获国家发明二等奖的“电液比例二通型流量控制阀”,1989 年阙端麟、李立本获国家发明二等奖的“减压充氮直拉硅单晶技术”,1991 年梁友栋、彭群生、汪国昭、陈家平获国家自然科学三等奖的“计算机图形生成和几何造型研究”。1979 年至 1991 年底,先后在国内外学术会议上宣读或在学术刊物上发表的学术论文有 12100 多篇。学校为积极贯彻党中央的科学技术必须为国民经济服务的方针,从 1981 年开始,先后与安徽、天津、杭州、宁波等省、市和中国石油化工总公司签订了科技协议书,建立了教学、科研、生产联合体。经双方共同努力,在科学研究成果的转让和承接、聘请顾问或技术咨询、委托研制、联合攻关、技术培训、情报交流等多方面进行协作,已取得了明显的经济效益。

学校很重视重点学科、重点实验室的建设,积极发展交叉学科、边缘学科的建设,重视开展高技术与新技术的研究。1988 年 7 月,国家教委批准应用数学(联合基础数学)、液压传动及气动、光学仪器、工程热物理、电力系统及其自动化、工业电子技术及电磁测量、半导体材料、化学工程、工业自动化等 9 个重点学科。自 1985 年 8 月后,国家计委批准高纯硅及硅烷、化学工程联合实验室聚合反应工程实验分室、计算机辅助设计与图形学为国家重点实验室。1989 年 6 月国家计委又批准流体传动及控制、现代光学仪器、工业控制技术为国家重点实验室,二次资源化工、生物传感技术、电力电子技术为国家专业实验室。

科学研究机构设置:浙大自 1939 年起开始建立研究所、室,后经发展至 1949 年有中国文学、史地、数学、物理、化学、生物、化学工程、农业经济、教育、人类学等 10 个研究所和史地教育研究室。

1978 年后,随着科学研究工作的发展,学校科研机构设置不断变化和增加。1978 年 10 月中国科学院批准建立“浙江大学科学技术研究所”,下设光学仪器、电工技术、化学工程、材料 4 个研究分所和数学、物理、化学、核爆炸模拟、精密机械和建筑结构、设计 6 个研究室。同年 9 月水利电力部批准建立电力系统、燃烧理论研究室。1989 年为了建立充满活力的科研体制,积极承担国家重大科技攻关和高技术项目,发展高技术产业,加速科研成果转化为生产力,形成基础研究和应用研究、开发研究的合理配置,广泛开展国际学术交流和科技合作,学校决定逐步试行在二级学科上建立研究所(室)的体制。至 1991 年底已发展到 62 个研究所、18 个研究室,其中电力电子技术、化学工程、工业控制、高分子科学与工程、流体传动及控制、现代光学仪器、半导体材料、制冷分离、生物传感器、计算机辅助设计与图形学、马克思主义理论及思想政治教育、高等教育为校重点研究所。

学校主办的期刊有:《浙江大学学报(社科版)》、《浙江大学学报(自然科学版)》、《光的世界》、《高校应用数学学报》、《管理工程学报》、《高校化学工程学报》、《化学反应工程与工艺》、《材料科学与工程》。

七、几位有影响的校长和教师队伍

（略）

刘丹(原名复彭,1909 年 1 月—1989 年 9 月),安徽合肥人。

刘丹于青年时期起投身革命活动。1952 年起先后任浙江大学第一副校长、党委书记、名誉校长。

在长期办学中,刘丹精心规划浙江大学发展的“蓝图”,坚持社会主义办学方向。他主张理工结合,在他的主持下,浙大于 1957 年率先在全国工科院校中恢复理科系。1978 年他提出以学科建系的思想,进行了系、科设置改革。他一贯提倡“三基合一”的教学法(基础理论、基本知识、基本技能综合、连贯、合一的教学法)。1978 年在高等教育拨乱反正,恢复正常教学秩序时,他提出了《关于加强基础教学,提高教学质量的几点意见》,对浙大恢复正常教学秩序,提高教学质量起到了重要的指导作用。根据教育、科技发展趋势,他适时提出按学科设系的原则,在他主持下,调整了浙大的系科设置。他十分重视教学促进科研,科研推动教学,强调教学、科研并举,坚持科研为社会主义建设的方针。他一贯尊重知识,尊重人才。他为浙江大学的发展作出了卓有成效的贡献。

路甬祥,1942 年 4 月生于浙江宁波、原籍浙江慈溪。1964 年浙江大学机械系毕业后留校任教。1979—1981 年获得联邦德国洪堡基金会研究奖学金,以访问学者身份进修于西德亚琛工业大学液压与气动研究所,获得工程博士学位。回国后任浙江大学科学技术研究所副所长,流体传动及控制研究室主任,博士生导师,学部委员。1985 年 9 月被任命为浙江大学副校长。1988 年 2 月被任命为浙江大学校长兼研究生院院长。

路甬祥自担任浙大校长以来,开拓创新,锐意改革。他提出了综合改革思路及一系列改革措施。1989 年初浙大被国家教委确定为全国高校进行综合改革的试点院校之一。

浙大师资队伍一向比较雄厚。在西迁过程中,由于竺校长尊重人才,重视科研教学设备投入,学术自由民主,学风优良,加上遵义有相对安定的治学环境,因此吸引了国内外大批学者、教授到浙大从事科研与教学。

1949 年 5 月杭州解放。当时浙大有教职工 1095 人,其中教师 388 人(教授 126 人,副教授 59 人,讲师 60 人,助教 134 人,兼任教员 9 人)。解放后被选为中国科学院学部委员的教授有苏步青、陈建功、王淦昌、卢嘉锡、贝时璋、谈家桢、罗宗洛、张肇骞、竺可桢、涂长望、王秉维、蔡邦华、钱令希、王葆仁、钱钟韩、吴征铠等 30 余名。1949 年竺可桢等一批教授奉调到中国科学院。

1952 年院系调整后,浙大又有一批著名教授调到兄弟院校。据当年 12 月统计共有教师为 227 人,其中教授 32 人,副教授 31 人,讲师 46 人,助教 118 人。以后教师逐年不断增加。1978 年后,大量具有硕士、博士学位的青年教师充实到教师队伍。到 1991 年教师达 2236 人,其中教授 207 人,副教授 868 人,具有高级职务的教师占教师总数的 48%,讲师 832 人,助教 121 人,教员 208 人。

1987 年 11 月路甬祥被国务院批准为国务院学位委员会委员,曾任和现任国务院学位委员会学科评议组成员的有:王启东、吕勇哉、吕维雪、许庆瑞、汪槱生、周春晖、侯虞钧、韩世钧、韩祯祥、舒士霖、路甬祥、阙端麟。有博士生导师59人。1992年1月路甬祥、阙端麟当选为中国科学院学部委员。

八、国际教育交流、奖学金

浙江大学开展国际教育交流历史悠久。早在抗战时期学校在贵州省湄潭就曾接受印度留学生3人,分别在生物研究所和数学研究所学习。新中国成立后,于1954年至1965年,学校接受越南、阿尔巴尼亚、朝鲜等国留学生41人。1966年接受越南留学生85人,后因"文化大革命"中断学习回国。1955年至1960年学校选派了韩祯祥、吕维雪、朱自强等10多名青年教师赴苏联高等院校和研究所进修或攻读副博士学位。50年代,学校曾邀请苏联光学仪器、化工自动化等10多位专家来校作短期讲学、参观访问,进行学术交流;和苏联高尔基城日丹诺夫多科工业大学、托姆斯克多科性工业学院两所高等学校建立了校际联系。1978年以来,学校积极开展了与国外的学术交流活动。至1991年底,邀请国外学者1000余名来校讲学。派出出国访问、考察、讲学、短期培训的教师250余人次。出国参加国际学术会议的教师246名。选派了800多名教师、学生去国外进修、攻读硕士和博士学位。先后派出9个代表团赴美国、德国、日本、英国、瑞典、丹麦、澳大利亚进行考察、访问。已与美国、德国、加拿大、瑞典、日本、比利时、英国、澳大利亚等国的42所高等院校签订校际交流合作协议。沟通了国际学术交流的渠道,促进了科学技术的交往。

为了纪念已故著名科学家和教育家、原浙江大学的老校长竺可桢先生,激励学生继承和发扬他任校长时所倡导的"求是"优良学风,1986年起在本科生、硕士、博士研究生中设立"竺可桢奖学金"。获奖学生不仅要求品学兼优,还要求有较好的自学能力、独立工作能力和创新能力,并已取得较显著的成绩;获奖研究生要求有显著的科研成果或发表一定数量的水平较高的学术论文。至1991年已有5届共48名学生获奖。"竺可桢奖学金"在浙江大学学生中享有很高声誉,它激励着广大学生刻苦钻研,锐意创新,努力攀登科学技术高峰,促使更多品学兼优、出类拔萃的优秀人才茁壮成长。为支持祖国四化建设,造就中华民族一代英才,振兴中华大业,香港环球航运集团主席包玉刚先生于1983年和1985年两次捐赠了200万美元基金建立了"包兆龙、包玉刚中国留学生奖学金"由浙大管理。至1991年底,在教师和研究生中遴选了73名优秀者分别赴日本、西德、英国、美国、荷兰等国学习。另外、还于1987年5月设立"姚宜民奖学金",对德、智、体全面发展,学业上特别优秀的学生给予奖励,在学完基础课程的本科生中评选,设3—4个名额,每年评定一次。1987年6月设立"吕氏研究生奖学金",奖励在科学研究中取得突出成绩的博士和硕士研究生,每年评定10—15名。

九、学校设施

解放前,浙大校本部在杭州市庆春门大学路,校园总面积约四百亩,校舍建筑面积仅四万多平方米。1953年在杭州风景区玉泉与黄龙洞之间,老和山下,新辟校园,占地面积约两千亩。1954年建成5幢学生宿舍,2幢教学大楼和实习工厂,总计新校舍面积四万平方米,并于当年12月开始迁移新址。经过近40年的基本建设,特别是1978年来,校舍建筑有了很大的发展,截至1991年年底,校舍建筑总面积达五十九万平方米,校园环境优美,四周风景如画,具有进行教育和科学研究的良好条件。学校分部坐落在钱塘江畔原之江大学旧址,绿树成荫,是一处很幽雅的学习园地。

早在浙江大学前身——求是书院创建时,学校就建立了求是书院藏书楼。经过 50 多年的社会变迁和学校发展,到解放初期,浙大图书馆拥有藏书 11 万册,但没有专用馆舍。1978 年 8 月浙大图书馆奠基。1982 年 4 月竣工使用,建筑面积 21132 平方米,馆内书库面积 6600 平方米,可藏书 200 万册,大小阅览室 25 个,座位 2300 个。购置计算机、复印机、复录机、录像机、缩微阅读机等现代技术设备。1989 年建成图书光笔流通系统。馆藏图书由解放初期的 11 万册增加到 1991 年的 123 万册,外文期刊有 5700 余种。

新中国成立前,学校仪器设备少且破旧,全校 29 个实验室,仅有设备固定资产 70.12 万元。新中国成立后,实验室建设发展很快,由解放初期(1952 年院系调整后)的 8 个增加到 1989 年的 101 个,使用面积 4 万多平方米,并拥有许多国内先进水平的仪器设备,教学科研仪器设备总值达 13937 万元。已开出实验近 2000 个,对训练学生的基本实验技能和提高学生的实践能力起到了重要的保证作用。1980 年成立了校中心实验室,引进国外先进仪器设备,为教学和科研工作创造了较好的条件。

1986 年中心实验室分为计算与信息中心和分析测试中心。学校办有机械、电工、化工、光学仪器、半导体、无线电、机电设备、印刷 8 个工厂和光学仪器、半导体材料两个中间试验基地。多年来,在接受学生实习、劳动、研制教学与科研仪器设备,为科学研究制作加工等方面都做了大量的工作,同时研制生产了多种先进产品,如 T4 125 型光学坐标镗床、分子泵、光学分度台分别在日本、大马士革和香港、广交会上参加展出。1991 年度工厂的生产总值达 6588 多万元,获利润 1441 多万元,既为国家创造了财富,又为学校提供了基金。

十、办学成果

(略)

学校自 1927 年至 1949 年共培养了 4073 名专门人才。新中国诞生至 1989 年共培养本、专科毕业生 43000 余人。曾在浙大就读和毕业的学生中当选为中国科学院学部委员的有干福熹、王元、毛汉礼、支秉彝、叶笃正、刘盛钢、朱祖祥、朱壬葆、谷超豪、李竞雄、沈允钢、汪猷、苏元复、吴浩青、邵象华、邹元爔、陈述彭、胡宁、胡海昌、胡济民、施履吉、施雅风、张钟俊、赵九章、姚鑫、夏道行、钱志道、钱人元、郭可信、程开甲、程民德、谢义炳、谢学锦、蔡昌年、潘家铮等 34 人。1992 年 1 月,又有石钟慈、吕敏、李志坚、沈家骢、杨福愉、陆熙炎、陈耀祖、施教耐、胡和生、洪孟民、袁权、徐僖、路甬祥等 13 人新当选为中国科学院学部委员。世界著名科学家、诺贝尔物理学奖获得者李政道博士曾在浙大就读。自 1978 年恢复研究生制度以来至 1991 年底,共授予硕士学位 3213 人,授予博士学位 227 人,进博士后科研流动站 59 人,出站 18 人。还有为国家作出了重大贡献,被授予全国劳动模范的汪槱生和张同星等。早年毕业于浙江大学的学生,在国外获得重要科学学术研究成果的更是不乏其人。

求是书院自创建到改为浙江高等学堂,为时虽短,而师生中已逐渐形成"正其谊,不谋其利;明其道,不计其功"的求是学风。延至以后的浙江大学,不仅一脉相承,而且进一步发扬光大,在长期的办学过程中,形成了独特的"求是"校风。"求是",含有"实事求是"、"蕲(祈)求真理"、"崇尚正义"之意,求是精神,就是奋斗精神、科学精神、革命精神和牺牲精神。1938 年 11 月,竺可桢校长在广西宜山主持召开的校务会议上,正式决定以"求是"两字作为浙江大学的校训。自此,倡导“求是”校风,发扬“求是”精神,便一直成为浙大师生共同奋斗的目标。1978年后,“实事求是,严谨踏实,奋发进取,开拓创新”简述为“求是创新”,已成为师生员工追求的新时代新的目标。

(略)

浙江大学档案馆藏,档案号:ZD-1992-XZ-114-1

2. 院系调整

关于增设系统和改制的报告和意见[①]

(1949年6月18日)

查本院经济系早经本校校务会议通过设立,并拟自38年度即本年8月起开始。关于成立该学系之筹备工作:如图书之增购,教授之物色,课程之修订,经本院经济学教授严仁赓先生主持进行多时,现亦大致就绪。查新民主主义既以发展生产、繁荣经济、公私兼顾、劳资两利为政策,则此后经济学人才之培植越发重要。本院爰拟自本年秋季起成立经济学系,并同时开设第一及第二年级各一班。

又本院法律学系之课程,一部分业经废除或停考,本院为革新该系课程起见,已成立课程委员会,俾可审慎商讨。该会经数度集议,缜密考虑后,现已初步决定:经废除之伪民法、刑法、民事诉讼法、刑事诉讼法等学课,改以民法原理、刑法原理、民事程序法原理、刑事程序法原理等课代之。此外增设土地法大纲及劳动立法原理等课,各课教学概重法学原理之探讨(伪法悉予摈弃),比较法之研究(例如苏俄、瑞士、法、德以及东欧国家法律之比较研究),以及法律之批判(以新民主主义及马列主义为立场),期使学生了解在新民主主义下法律应有之内容、该系原有之师资,对于此种课程,经于暑期中充分准备后必能胜任愉快。辩证唯物论、历史唯物论、社会发展史等课程,亦当增设,俾学生获得正确之革命理论。至教学方法之改进,教授阵容之增强,亦正在计划中,其详当再陆续奉陈。

以上关于经济学系之成立,法律学系之改进,自应切实报告,敬祈。

鉴核备案,实为公便。

敬呈

军事代表林、刘

浙江大学法学院院长李浩培

1949年6月18日

浙江省档案馆藏,档案号:J039-002-058-035

---

① 本文系浙大法学院院长李浩培1949年6月上书杭州市军管会文教部的报告。

教务处关于停办院系学生转学的布告

(1949 年 8 月 5 日)

(教字 27 号)

查本校法学院法律系司法组及文学院哲学系史地系和历史组，业由军管会文教部决定暂行停止招生，所有各该系组学生应如何安插，兹经教务常务委员会议决，各该系组学生如愿转入本校其他院系者，应准转院转系。不愿转入本校其他院系者，呈请文教部接洽转学。四年级学生如无法转学者，可做本校寄读他校学生办理，准此。希各该系组学生如愿转入本校其他院系者，即来本处登记，填具转院转系申请书，不愿转入本校其他院系及四年级学生来处登记志愿转入院校或拟寄读学校，以凭分别办理。此项登记手续，统希于 8 月 20 日前办理完竣。返籍同学可由其他同学代办并希知应，此布。

1949 年 8 月 5 日

《国立浙江大学日刊》1949 年 8 月 9 日

国立浙江大学、英士大学善后处理委员会联合通告

(1949 年 9 月 5 日)

(一)浙江大学(以下简称本校)法学院及文学院史地系、哲学系已奉令停授课，原在英士大学(以下简称原校)法学院各该系学生应以转入其他大学之同院系为原则，但确因转入其他大学发生困难无法转入时，本校尚准其转入本校其他院系继续学业，其办法与本校暂停各系同学转院转系同。

(二)原校其他各系学生可免试转入本校之相同院系但须经过学分审查手续。

(三)准予转入本校之学生以 37 年度第二学期曾在原校注册上课者为限。

(四)原校各院系学生于解放前离校者概不办理转学手续，解放后自行离校者须有县级以上政权机构或相当于县级以上之群众团体证明，经审查合格者始可办理转学手续。

(五)37 年度第二学期注册后因故休学之学生要求复学者，须有县级以上政权机构或相当于县级以上之群众团体证明信者即可办理复学手续。

(六)本校规定以 9 月 8 日至 15 日为英大同学来校办理登记之日期，各生须携带各项证件到本校教务处登记办理。然后由教务处汇送各院系审查，并编定年级，决定应补修课程方取得正式学籍。

(七)凡原校同学现正在各地军政大学或其他干部学校肄业或已参加革命工作者，除备有各该学校机关出具之证明文件允许返回原校继续学业外，一律不予登记及转学。再者，本校 38 年度第一学期已定于 9 月 19 日开学，26 日为英大转学同学办理注册(未登记者不得注册)。逾期不到校注册即认为放弃转学权利并不得请求休学。

《国立浙江大学日刊》1949 年 9 月 5 日

整顿高级医药教育机构,拟将浙江大学医学院、浙江医学院合并成立浙江医科大学报告[①]

(1951年)

浙江医学院现由本府卫生厅领导,浙大医学院系附属于浙江大学内,由华东教育部领导。解放以来,浙江医学院因由本府卫生厅直接领导,发展较快,浙大医学院系浙江大学的一个学院,因受其他学院之牵制,且与卫生部门联系较少,故发展较慢。浙江大学理学院药学系亦因缺少联系,其发展亦慢。

浙江医学院现有实习机构如下:广济医院、省立杭州医院、妇幼保健院、城市卫生实验室、乡村卫生实验区、人民医药公司第一、第二厂。浙大医学院实习机构为浙大医院,浙大药学系实习机构在师资及教学设备上均感不足。

今年三月间,中央卫生部请苏联医学教育专家俾珂夫来杭视察该两校后,他亦表示,在杭州这一并不大的城市中,没有存在两个医学院的必要,而该两学院现在师资设备都不够,但如能集中力量合并成为一个学院,或可成为一个良好的培养医疗高级干部的学校。浙大副校长王国松先生曾一再向本府卫生厅洪式闾厅长表示,赞成两校合并。他认为浙大医学院在浙大之内不可能很快发展。

合并问题:经两校教授学生协商,原则上一致赞成,关于名称问题,各有"被吞并"的顾虑及感经费不足的顾虑。经本府研究,最好不用两校原名称而联合扩大成立浙江医科大学,并拟将一部分实习机构及卫生实验院、省立高医职校划入医科大学领导。

建议成立合并筹备会,由本府卫生厅洪式闾厅长负责筹备筹划进行,并吸收省政治协商委员会及其有关文教卫生部门及该两校负责人或代表参加委员会。

浙江省卫生厅

浙江省档案馆藏,档案号:J165-002-091-008

浙江省高等学校院系调整方案[②]

(1952年1月)

郭沫若副总理在全国政协一届三次会议上所作的关于文化教育工作的报告中曾经指出"在五六年内全国经济建设约需高级技术干部和管理干部15万人",为了完成这样巨大的任务,"必须统一计划,统筹分配,为着完全合理地使用现有的人力物力,各级学校的创办、调整和扩充,必须有统一的管理"。并指出"高等学校的分布和分工,今年已做了初步的调整"。

---

① 本件为浙江省卫生厅给浙江省人民政府的报告。原件落款无具体时间,从内容推断,成文时间当为1951年底。

② 本件落款无具体成文时间。从文件内容分析,当成文在1952年寒假之前。

在今后,“需要更大规模地来进行,以便消除现在的不合理状态,充分适应国家的需要”。根据中央的这一精神来看,本省现有高等教育工作,虽然比解放前有了进步,但离开国家建设的需要却还很远很远。因此,依据全国工学院院长会议精神与华东教育部最近所发合并浙大医学院与浙江医学院成立“浙江医学院”的指示,结合本省具体情况,为解决本省迫切需要的中等学校师资问题起见,将本省高等学校作一切合实际需要的调整,是非常必要的。兹提出初步调整计划如下:

(一)浙大、之大、浙江医学院简况

浙江大学现有五学院:文学院、理学院、工学院、农学院、医学院,23 个系(医学院不分系而分科),8 个研究所,3 个专修科。共教授 163 人,副教授 70 人,讲师 64 人,助教 173 人,学生 2052 人。农学院设华家池(距校本部约 5 华里)。全校现有校舍可住 2200 人,已在建造的教职员宿舍完工后,全部可容 2600 人。

之江大学现有三院:文理学院、财经学院、工学院,12 系。其中建筑系除一年级 34 人在杭外,二三四年级约 70 人均在上海。连同兼任教师 24 人在内,全校共教授 53 人,副教授 19 人、讲师 19 人,助教 35 人,学生共 809 人。现有宿舍可容千人左右。

浙江医学院分医药二科,医科现设内科、外科、公共卫生三系,药科现设生药、药剂、药品鉴定、制药化学四系。两科共有学生 396 人。另设医学专修科,有学生 56 人,并代办中级医士科,有学生 106 人。全校共有教授 37 人(内兼任 13 人),副教授 22 人(内兼任 8 人),讲师 23 人(内兼任 6 人),助教 44 人。

(二)具体计划

1. 浙江大学医学院与浙江医学院合并,成立浙江医学院

2. 浙江大学工学院与之江大学工学院合并调整

3. 成立浙江师范学院:以浙江大学文学院与之江大学文理学院为基础,院址设于之江大学。现有之浙江师范专科学校并入师范学院,为师范学院之专修科部门。

4. 之江大学财经学院暂附设浙江师范学院中。

(三)实施时间

上述调整计划拟争取于本年寒假中即着手进行。因寒假期间,各校不招生,时间既充裕,力量亦可集中。打好调整基础后,各校就有较长时间从事整顿,准备条件,以便在秋季扩充发展,使我省高等教育得以早日为国家经济建设服务。

浙江省教育厅
1952 年

浙江省档案馆藏,档案号:J039-004-106-003

之江大学工学院并入浙江大学及浙江大学文学院调整师资名单[①]

(1952年2月25日)

序号	姓名	职称	原单位	调出方向	现单位	调入方向
1	李恩良	教授	之江大学	工学院	浙江大学	土木工程学系
2	缪慰慈	教授	之江大学	工学院	浙江大学	土木工程学系
3	吴西箴	教授	之江大学	工学院	浙江大学	土木工程学系
4	钱家欢	副教授	之江大学	工学院	浙江大学	土木工程学系
5	徐次远	副教授	之江大学	工学院	浙江大学	土木工程学系
6	何鸣歧	讲师	之江大学	工学院	浙江大学	土木工程学系
7	王魏轨	讲师	之江大学	工学院	浙江大学	土木工程学系
8	张勇昇	讲师	之江大学	工学院	浙江大学	土木工程学系
9	童竞昱	讲师	之江大学	工学院	浙江大学	土木工程学系
10	谢贻权	助教	之江大学	工学院	浙江大学	土木工程学系
11	董友成	助教	之江大学	工学院	浙江大学	土木工程学系
12	刘三喜	助教	之江大学	工学院	浙江大学	土木工程学系
13	杜铭愚	助教	之江大学	工学院	浙江大学	土木工程学系
14	黄钟基	助教	之江大学	工学院	浙江大学	土木工程学系
15	萧善驹	助教	之江大学	工学院	浙江大学	土木工程学系
16	杜文伟	助教	之江大学	工学院	浙江大学	土木工程学系
17	廖增旸	职员	之江大学	工学院	浙江大学	土木工程学系
18	陈近朱	教授	之江大学	工学院	浙江大学	机械工程学系
19	王子香	教授	之江大学	工学院	浙江大学	机械工程学系
20	白郁筠	教授	之江大学	工学院	浙江大学	机械工程学系
21	仇俭	教授	之江大学	工学院	浙江大学	机械工程学系
22	鲍冠儒	副教授	之江大学	工学院	浙江大学	机械工程学系
23	洪逮吉	副教授	之江大学	工学院	浙江大学	机械工程学系
24	倪宝珊	副教授	之江大学	工学院	浙江大学	机械工程学系
25	任傅丰	副教授	之江大学	工学院	浙江大学	机械工程学系
26	吴兆汉	讲师	之江大学	工学院	浙江大学	机械工程学系

① 本表根据1952年2月浙江大学向华东教育部提交的《之江大学工学院并入我校之教职员名册》和《浙江大学文学院教职员工并入浙江师范学院名册》等两份名册编制,收录时略去了薪酬等部分内容。标题为编者所拟。

续表

序号	姓名	职称	原单位	调出方向	现单位	调入方向
27	王之煦	助教	之江大学	工学院	浙江大学	机械工程学系
28	全永昕	助教	之江大学	工学院	浙江大学	机械工程学系
29	盛敬超	助教	之江大学	工学院	浙江大学	机械工程学系
30	朱世英	助教	之江大学	工学院	浙江大学	机械工程学系
31	张贤正	助教	之江大学	工学院	浙江大学	机械工程学系
32	萧宜雍	助教	之江大学	工学院	浙江大学	机械工程学系
33	贺祖荣	技术员	之江大学	工学院	浙江大学	机械工程学系
34	郑奠	教授兼系主任	浙江大学	文学院	浙江师范学院	中国文学系
35	夏承焘	教授	浙江大学	文学院	浙江师范学院	中国文学系
36	孙席珍	教授	浙江大学	文学院	浙江师范学院	中国文学系
37	胡永声	教授	浙江大学	文学院	浙江师范学院	中国文学系
38	王西彦	教授	浙江大学	文学院	浙江师范学院	中国文学系
39	薛声震	副教授	浙江大学	文学院	浙江师范学院	中国文学系
40	陆维钊	副教授	浙江大学	文学院	浙江师范学院	中国文学系
41	张仲浦	讲师	浙江大学	文学院	浙江师范学院	中国文学系
42	蒋祖怡	讲师	浙江大学	文学院	浙江师范学院	中国文学系
43	刘操南	讲师	浙江大学	文学院	浙江师范学院	中国文学系
44	王荣初	助教	浙江大学	文学院	浙江师范学院	中国文学系
45	方重	教授兼系主任	浙江大学	文学院	浙江师范学院	外国语文学系
46	戚叔含	教授	浙江大学	文学院	浙江师范学院	外国语文学系
47	严群	教授	浙江大学	文学院	浙江师范学院	外国语文学系
48	德梦铁	教授	浙江大学	文学院	浙江师范学院	外国语文学系
49	李树化	副教授	浙江大学	文学院	浙江师范学院	外国语文学系
50	鲍屡平	副教授	浙江大学	文学院	浙江师范学院	外国语文学系
51	郑儒鍼	副教授	浙江大学	文学院	浙江师范学院	外国语文学系
52	蒋炳贤	副教授	浙江大学	文学院	浙江师范学院	外国语文学系
53	陈士衡	讲师	浙江大学	文学院	浙江师范学院	外国语文学系
54	冯昭玙	助教	浙江大学	文学院	浙江师范学院	外国语文学系
55	萧之蓁	兼任讲师	浙江大学	文学院	浙江师范学院	外国语文学系
56	王承绪	教授兼系主任	浙江大学	文学院	浙江师范学院	教育学系
57	郑宗海	教授	浙江大学	文学院	浙江师范学院	教育学系

续表

序号	姓名	职称	原单位	调出方向	现单位	调入方向
58	陈立	教授兼文学院长	浙江大学	文学院	浙江师范学院	教育学系
59	俞子夷	教授	浙江大学	文学院	浙江师范学院	教育学系
60	赵瑞瑛	副教授	浙江大学	文学院	浙江师范学院	教育学系
61	陈学恂	讲师	浙江大学	文学院	浙江师范学院	教育学系
62	周淮水	讲师	浙江大学	文学院	浙江师范学院	教育学系
63	吕静	助教	浙江大学	文学院	浙江师范学院	教育学系
64	顾子含	助教	浙江大学	文学院	浙江师范学院	教育学系
65	董远骞	助教	浙江大学	文学院	浙江师范学院	教育学系
66	陈乐素	教授	浙江大学	文学院	浙江师范学院	历史学系(暂停授课)
67	黎子耀	副教授	浙江大学	文学院	浙江师范学院	历史学系(暂停授课)
68	管佩韦	助教	浙江大学	文学院	浙江师范学院	历史学系(暂停授课)
69	倪士毅	助教	浙江大学	文学院	浙江师范学院	历史学系(暂停授课)

浙江大学档案馆藏,档案号:ZD-1952-XZ-0003

浙江省高等学校院系调整进行计划[①]

(1952年8月)

①8月20日,省调委召开第一次会议,研究情况,交换意见,决定进行步骤。

②8月22日,分别动员浙大师生,各校学委会成立各组织。

③8月23日,(1)分组讨论,对调整提供意见。(2)确定学校院系调整小组及农建校委会名单。(3)准备各项材料。

④8月24日,初步确定省调整总方案。

⑤编制预算。

⑥8月26日,代表携方案去华东。财院、理院代表与有关学校交换材料。

⑦8月27日,各院校调整小组进行工作。动员学生,成立各工作小组。各工作小组订出工作计划。

⑧9月1日,省调整委员会第二次会议,研究情况,解决困难,确定具体行动日期。

⑨9月15日前完成图书、仪器登记装箱工作。

⑩9月20日,宣布具体调整方案。

---

① 本件由时任浙江省文教厅副厅长俞仲武在1952年8月22日浙江省高校院系调整委员会会议上,代表教育厅方面提出。

⑪9 月 25 日前，做好各项迁移准备工作。

⑫9 月 26 日起，开始行动，月底完成。

浙江省教育厅

浙江省档案馆藏，档案号:J039-004-106-094

浙江大学地理系调整报告[①]

(1952 年 8 月 23 日)

本校地理系常年分地理、地质、气象三组。据该系称，如将各组同学全部调整至师范学院去，则对同学的学习会受一定程度的损失，同时在教学上也会产生新的困难(详见该系报告)。为目前院系调整工作更完美合理起见，我们意见地质组调整至南京大学或其他大学为宜。所请可否，请予指示。

浙江大学院系调整委员会

附件

我们浙江大学地理学系地理、地质、气象三组全体同学为协助目前院系调整工作完美合理起见，谨述下列补充意见供组织上考虑时之参考。

我系地理、地质、气象三组在课程内容上一年级基本上趋向分组。二年级的分组更为明确具体，凡必修和选修各课都是完全修读，适合多组之本科课程。所以实际上各组所习课程内容已经截然划分(见前次由浙大副教务长胡济民先生带附呈华东教育部之课程表)。因此院系调整之时，希望组织上考虑实际情况，如将各组同学全部调整到师范学校去，则对同学的学习会遭受一定程度的损失，同时在教育上也会产生新的困难。而且我系分组已有三年历史，凡前届及本届毕业同学均分组分配工作，教育部先后两次选拔留苏同学，都在分组的定额参加。由此亦证明我们分组的实际效果，分组成绩三年来有一定的收获。目前祖国对地理、地质、气象三组人员需求孔亟，我们愿意贡献最大的努力。所以希望此次院系调整时适当照顾我们三组同学的具体情况，在学习上，在人才培养上能发挥最大的效果，以符合国家的整体利益。

希望组织上能予以适当的考虑和照顾，分组调整。

1952. 8. 23

浙江省档案馆藏，档案号:J039-004-113

① 本文为浙江大学院系调整委员会就浙大地理系院系调整情况的报告，标题为编者所拟。

浙江大学师资调整名单[①]

(1952年9月28日)

序号	系别	职称	姓名	去向	备注
1	数学	教授	卢庆骏	调复旦大学	
2	数学	教授	苏步青	调复旦大学	
3	数学	教授	陈建功	调复旦大学	
4	数学	教授	张素诚	调复旦大学	由教育部与科学院协调中
5	数学	教授	钱宝琮	留浙大	调出
6	数学	教授	徐瑞云	留浙大	调出
7	数学	教授	毛路真	调浙江师范	留
8	数学	副教授	曹锡华	调华东师大	
9	数学	副教授	白正国	调浙江师范	
10	数学	副教授	许国容	留浙大	
11	数学	副教授	虞介藩	留浙大	
12	数学	讲师	周茂青	留浙大	
13	数学	讲师	朱良碧	调复旦大学	
14	数学	讲师	方淑姝	调同济大学	
15	数学	讲师	叶彦谦	调至南京	
16	数学	讲师	楼仁泰	留浙大	
17	数学	讲师	郭本铁	留浙大	
18	数学	助教	林振声	调厦门大学	
19	数学	助教	张铭镛	调厦门大学	
20	数学	助教	谷超豪	华东师大	复旦
21	数学	助教	董光昌	留浙大	
22	数学	助教	林𬴂	留浙大	
23	数学	助教	厉则沿	浙大	
24	数学	助教	郭竹瑞	留浙大	
25	数学	助教	陈良劲	留浙大	
26	数学	助教	金福临	调复旦大学	

① 本件为1952年9月28日浙江大学学习委员会公布的理学院及工学院部分专业师资调整名单，备注栏说明均为原件所注。

续表

序号	系别	职称	姓名	去向	备注
27	物理	教授	何增禄	调复旦大学	留，后调北京
28	物理	教授	丁绪宝	调浙江师范	
29	物理	教授	束星北	调山东大学	
30	物理	教授	卢鹤绂	调复旦大学	
31	物理	教授	王谟显	留浙大	
32	物理	副教授	斯何晚	调浙江师范	
33	物理	副教授	胡济民	留浙大	后调中央
34	物理	副教授	张有清	留浙大	
35	物理	副教授	程开甲	调南京大学	
36	物理	讲师	徐佩璜	调浙江医学院	
37	物理	讲师	曹萱龄	留浙大	
38	物理	讲师	龙槐生	留浙大	
39	物理	讲师	盛耕雨	调复旦大学	留
40	物理	助教	李文铸	留浙大	
41	物理	助教	汪永江	留浙大	
42	物理	助教	陈继述	调山东大学	
43	物理	助教	胡家桢	留浙大	
44	物理	助教	刘古	留浙大	
45	物理	助教	汪家禾	留浙大	
46	物理	助教	徐亚伯	留浙大	
47	物理	助教	沈世武	留浙大	
48	物理	助教	石之琅	调厦门大学	
49	物理	助教	陈维昆	调至南京	
50	物理	助教	韩康琦	留浙大	
51	物理	助教	殷鹏程	调至南京	
52	物理	助教	梁仙翠	调浙江师范	
53	物理	助教	陈昌生	留浙大	
54	物理	助教	冯鑚刚	留浙大	现在哈工大学习，未回
55	生物	教授	谈家桢	调复旦大学	
56	生物	教授	江希明	调浙江师范	
57	生物	教授	仲崇信	调复旦大学	

续表

序号	系别	职称	姓名	去向	备注
58	生物	教授	董聿茂	调浙江博物馆	兼浙江师范
59	生物	教授	蒋天鹤	调军医科学院	
60	生物	教授	陈士怡	调浙江农学院	
61	生物	副教授	盛祖嘉	调复旦大学	
62	生物	副教授	吴长春	调浙江师范	
63	生物	副教授	王曰玮	调浙江师范	
64	生物	副教授	王凯基	调复旦大学	
65	生物	讲师	胡步青	调浙江医学院	
66	生物	讲师	周本湘	调华东师大	
67	生物	讲师	陆定志	调浙江农学院	
68	生物	讲师	项维	调复旦大学	
69	生物	讲师	蔡南山	调复旦大学	
70	生物	讲师	高沛之	调复旦大学	
71	生物	助教	丁再福	调至南京	
72	生物	助教	王韫明	调至南京	
73	生物	助教	钱熙	调浙江农学院	
74	生物	助教	陆廷琦	调浙江农学院	
75	生物	助教	俞志陆	调浙江师范	
76	生物	助教	孙琦	调复旦大学	
77	生物	助教	聂其灼	调至南京	
78	生物	助教	陈仁彪	调浙江师范	
79	化学	教授	吴徵铠	调复旦大学	
80	化学	教授	王琎	调浙江师范	
82	化学	教授	王承基	调浙江师范	
83	化学	教授	蔡淑莲	调复旦大学	可至军医科学院
84	化学	教授	于同隐	调复旦大学	
85	化学	教授	陈嗣虞	留浙大	
86	化学	教授	丁绪贤	留浙大	
87	化学	教授	严文兴	留浙大	
88	化学	副教授	杨士林	留浙大	
89	化学	副教授	周洵钧	调浙江师范	

续表

序号	系别	职称	姓名	去向	备注
90	化学	副教授	顾学民	调浙江农学院	
91	化学	讲师	金松寿	调浙江师范	
92	化学	讲师	沈仁权	调复旦大学	
93	化学	讲师	张复生	调复旦大学	
94	化学	讲师	赵善成	留浙大	调出
95	化学	讲师	张启元	留浙大	
96	化学	助教	黄桂香	调浙江农学院	
97	化学	助教	刘懋涛	留浙大	
98	化学	助教	何增耀	调浙江农学院	
99	化学	助教	朱帼英	留浙大	
100	化学	助教	韩世钧	留浙大	
101	化学	助教	吴能远	调至南京区	升讲师后调出
102	化学	助教	樊文洵	调至南京区	
103	化学	助教	高善娟	调至南京区	
104	化学	助教	杨浩芳	调至南京区	
105	化学	助教	徐凌云	调复旦大学	
106	化学	助教	沈宝棣	调复旦大学	
107	化学	助教	陈耀祖	调复旦大学	
108	化学	助教	吴季兰	留浙大	
109	化学	助教	杨滟	调复旦大学	
110	化学	助教	戚文彬	调浙江师范	
111	化学	助教	张志炳	留浙大	哈工大学习
112	化学	助教	商燮尔	留浙大	哈工大学习,未归
113	地理	教授	李春芬	调华东师大	
114	地理	教授	严德一	调浙江师范	
115	地理	教授	孙鼐	调南京大学地质系	
116	地理	教授	朱廷祜	调南京大学地质系	
117	地理	教授	么枕生	调南京大学气象系	
118	地理	教授	石延汉	调南京大学气象系	
119	地理	副教授	严钦尚	调华东师大	
120	地理	讲师	陈吉余	调华东师大	

续表

序号	系别	职称	姓名	去向	备注
121	地理	助教	李治孝	调浙江师范	
122	地理	助教	李行健	调南京大学地质系	
123	地理	助教	郑家祥	调华东师大	
124	航空	系主任	梁守槃	调华东航空	
125	航空	教授	戴昌辉	调华东航空	
126	航空	教授	万一	调华东航空	
127	航空	教授	范绪箕	调华东航空	
128	航空	教授	黄培柟	调华东航空	
129	航空	助教	孙希仁	调华东航空	
130	航空	助教	姜炳荃	调华东航空	
131	航空	助教	沈达宽	调华东航空	
132	航空	助教	王适存	调华东航空	
133	航空	助教	陈辅群	调华东航空	
134	航空	助教	吕茂烈	调华东航空	现在哈工大学习
135	土木系水利组	教授	梁永康	调华东水利	
136	土木系水利组	教授	李崇德	调华东水利	
137	土木系水利组	副教授	钱家欢	留浙大	调出
138	土木系水利组	讲师	谭天锡	调华东水利	
139	土木系水利组	助教	傅作新	调华东水利	
140	土木系水利组	助教	谢年祥	调华东水利	
141	土木系水利组	助教	陈思远	调华东水利	
142	药学	教授	孙宗彭	调上海药学院	
144	药学	教授	许植方	调上海药学院	
145	药学	教授	刘全善	调上海药学院	
146	药学	讲师	王登明	调上海药学院	
147	药学	助教	王秩福	调上海药学院	
148	药学	助教	刘镇固	调上海药学院	
149	药学	助教	刘文清	调上海药学院	
150	药学	助教	殷孟光	调上海药学院	
151	人类学	教授	吴定良	调复旦大学	
152	人类学	教授	田汝康	调复旦大学	

续表

序号	系别	职称	姓名	去向	备注
153	人类学	教授	马长寿	调复旦大学	
155	人类学	助教	陈永秉	调上海财经	
156	人类学	助教	李溯	留浙大	

浙江大学档案馆藏，档案号：ZD-1952-XZ-0031

浙江大学院系调整工作总结[①]

（1952 年 11 月 6 日）

（前略）这次院系调整，除农学院独立外，成立浙江农学院，该院农化、森林、畜牧兽医系调至他系，全院共调入教授 7 人、讲师 5 人、助教 11 人，共 23 人；调出教授 17 人、讲师 3 人、助教 12 人，共 33 人。调整至复旦大学的理学院各系（数学、物理、化学、生物、人类），计调去教授苏步青、谈家桢、陈建功等 14 人，讲师朱良璧等 7 人，助教 11 人，共 32 人。学生计物理系 60 人、化学系 78 人、数学系 33 人、生物系 42 人、共 218 人。调浙江师范学院的计教授毛路真等 11 人、讲师金松寿 1 人、助教梁仙翠等 6 人，职员毛节荣等 3 人、工友胡品棠等 3 人，共 24 人。调至浙江农学院的计教授陈士怡等 2 人、讲师陆安志 1 人、助教 5 人、职员 1 人、工友 2 人。调至浙江医学院的计讲师 2 人；调至博物馆的教授 1 人；调至华东师大的教授 3 人、讲师 2 人、助教、职员、工友各 1，共计 8 人。调至上海财经学院的讲师 1 人；调至同济大学讲师 1 人；调南京大学的教授程开甲等 6 人、助教 1 人、地理系学生 57 人。调至南京区的讲师 4 人、助教 6 人，共 10 人。调至军医科学院的教授 1 人；调厦门大学的讲师 2 人、助教 1 人；调山东大学的教授 1 人、助教 1 人。药学系全部调上海医学院，计教授 3 人、讲师 1 人、助教 4 人、职员 1 人、工友 3 人、共 12 人，学生 74 人。理学院全部共调出教授 42 人、讲师 21 人、助教 30 人、职员 13 人、工友 25 人、学生 344 人。理学院留浙大的教授计钱宝宗等 13 人、讲师 9 人、助教 20 人、职员 5 人、工友 8 人。

1952 年 11 月 6 日

浙江省档案馆藏，档案号：J039-004-112-057

① 本件为浙江大学院系调整委员会的总结报告。

关于 1953 年华东区高等工业学校专业调整的指示[①]

(1953 年 8 月 6 日)

高教字第 753 号

事由:关于一九五三年华东区高等工业学校专业调整的指示。

主送:交通大学、浙江大学、南京工学院、山东工学院、青岛工学院、厦门大学、同济大学、华东水利学院、华东化工学院、华东纺织工学院、苏南工业专科学校、淮南煤矿工业专科学校、华东交通专科学校。

抄呈:中央人民政府高等教育部、华东文化教育委员会、中共中央华东局宣传部。

抄致:山东农学院、淮河水利学院、治淮委员会、华东各省文化教育委员会、教育厅

一、兹将 1953 年华东区高等工业学校专业调专业调整方案通知如下:(见附件)

二、希你校即按照专业调整方案,对有关师生进行充分的思想动员,并着手准备各项调整工作进行调整。为保证调整方案的贯彻实行和调整工作的顺利进行,并希你校即与有关学校直接联系,以调出的学校为主,组织调整小组。负责商定调整步骤及师生行动日期,以及调整工作中的一切事宜,有计划有步骤地进行调整,全部调整工作,最后须于 9 月 15 日前完成。

三、你校师资调配名单见附件,华东交通专科学校的师资调配名单已报文委批准后印发。

四、图书仪器教学设备的调配,由调出学校与调入学校协商决定,一般以调出学校的意见为主,如调出学校与调入学校对某些教学设备的调配意见不一致,可报由我局决定之。但除这些教学设备调出调配需由我局决定后才可调整外,其余双方已经取得协议之设备,应即进行调整,不得拖延。

五、调整期间有关师生员工生活福利问题,除我局及华东行政委员会教育局 8 月 6 日高材字第 720 号及教育财字第 1186 号联合通知中的规定者外(其中第二条关于教职员工的工资的规定另补充,如有个别经济特别困难者,经学校审查批准,得先预借工资,但总数以不超过一个月的工资为原则,由调入学校分期扣还),可参照 1952 年前华东军政委员会教育部颁发之"关于华东区高等学校院系调整期间照顾师生员工生活福利之若干规定"(见附件)办理。

六、以上各项希即依照执行,并请将与有关部门协商确定的调整步骤,日期以及调整工作的进行情况,汇报我局调查。

附:一、1953 年华东区高等工业学校专业调整方案一份。

二、你校师资调配名单一份,中央高教部华东文委,中共华东局宣传部、各省文委教育局、治淮委员会、淮河水利学校、华东交通专科学校等单位不发。

前华东军政委员会教育部,关于华东区高等学校院系调整期间照顾师生员工生活福利之若干规定一份。

---

① 本电文原件无标题,标题为编者所加。

附一

1953 年华东区高等工业学校专业调整方案

（前略）

二、浙江大学

1. 光学机械仪器本科专业续办。

2. 无线电通信和广播本科专业调入南京工学院。

3. 铁路建筑本科专业停办，原有学生转入工业与民用建筑本科专业。

4. 热处理及有线电二专科调入交通大学。

5. 铁路建筑专修科调入同济大学。

6. 工程测量专修科停止招生，原有学生继续学习至毕业。

7. 厦门大学工学院发电厂配电网及配电系统，工业与民用建筑第二本科专业及电机系、土木系二系二年级学生调入。

8. 华东化工学院工业分析专修科调入。

9. 增设化学生产仪器及设备本科专业。

10. 华东交通专科学校五年制机械科四下学生 62 人调入金工专修科。三下学生 30 人调入金工工具专修科，30 人调入铸工专修科，五年制土木科三下学生 53 人调入工业与民用建筑专修科。

（下略）

浙江大学档案馆藏，档案号：ZD-1953-XZ-43

关于 1953 年专业调整执行情况
（1953 年 9 月）

一、我校今年暑假专业调整，计调出的有无线电通信和广播本科专业及铁路建筑、热处理、有线电三专修科。调入的有厦大发电厂配电网及配电系统，工业民用建筑二本科专业及华东化工学院工业分析专修科。随专业的调整，从厦大调入我校教授 5 人、副教授 2 人、讲师 3 人、助教 10 人，学生有民用建筑本科 123 人、发电本科 59 人，华东化工学院副教授 1 人、助教 1 人，学生 28 人，山东工学院助教 3 人，青岛工学院助教 1 人，华东航空学院教授 1 人，交通大学教授 1 人。从我校调出至南京工学院副教授 2 人，助教 1 人，学生 28 人。同济大学教授 2 人、助教 2 人，学生 84 人，复旦大学助教 1 人，交通大学学生 56 人。

以上共计调入教师 31 人，学生 210 人。调出教师 8 人，学生 168 人，惟交大教授 1 人还未来校报到，厦大讲师 1 人因病尚留厦休养。我校副教授 1 人奉令应调整至南京工学院，经再三动员后因其本人有具体困难还未服从调配。除此之外已全部遵照上级指示按期调整。

二、我校对系科调整的准备工作，早在三月间就开始酝酿，但中途因调整方案有变化，曾放松进行。至 8 月 7 日正式成立系科调整委员会，下设办公室及系调整小组，指定专人负责。同时又与工会、学生会、青年团取得密切配合。8 月初派专人至厦大了解情况搜集有关材料。8月中又派胡副教务长和总务处干部至上饶欢迎,及至新教师到达杭州时,又组织力量深夜到车站迎接。

三、在调整前后,我校对于调入教师的生活问题和子女转学问题都做了具体研究和解决。

①生活方面,尽量动员与鼓励老教师发扬高度友爱精神,克服宿舍的暂时困难,决定将教师宿舍缩紧,原住2人的教职员单身宿舍改住3人;住1人的讲师单身宿舍改住2人。学生方面,亦同样每房间增加2～3人,另外把一座上等单身宿舍改为一家属宿舍,让厦大先生住,并把较差的家属宿舍适当加以粉饰和修理,基本上获得了解决。家具原来不够,因此提前把一批新做家具供应,还整理了旧家具搭配。一部分椅子从办公室挤出来应用,同时还发动工会同志在市场上留意有好的便宜的家具介绍给新来教师自己购买。并且为了照顾新来教师各方面陌生,初到校几天,指定专人送饭。与此同时,工会家属委员会同志分别协助他们购备家具和餐具,以安顿家庭生活。

②子女转学问题,主要是向当地文教机构联系。由于今年各中小学招生名额缩减,一时安置发生困难。最初答应部分插入私立学校,但这样会加重教师们的经济负担,甚至会影响教学情绪。经过再三接触,全部新来教师中的转学子女读书问题终于获得了满意的解决。

四、新教师到校后,各系调整小组分别举行欢迎会,有的集体去西湖郊游,有的用小规模茶话会或到家慰问等,如化工系邀约新来教师去新校舍工地参观,并介绍学校及系的发展情况,从思想上生活上加强了联系,并且在开课问题以及人事方面都作了较周密的安排。有的新教师反映,到浙大后不感到陌生。同学的调整均由学生会、青年团组织力量,专职解决生活上的问题。同时也采取了多样化的欢迎欢送会的方式,如调整出去的同学,通过学生会写信鼓励及本人在黑板报、广播台表示服从调整到新岗位,搞好学习、搞好团结。调进来的同学主要是通过新老同学联欢晚会及新老干部联欢会等贯彻同学间的互相团结、计划学习和健康活动等。最后于9月1日举行了全校性的欢迎欢送茶话会。会上,寿俊良表示说,受到学校无微不至的招待,以后更要搞好团结,使老同志与新同志亲密无间搞好教学。通过这样一系列的招待和欢送,在新旧教师与同学的团结上有很大的收获。

五、总的说,这次系科调整工作是比较顺利的,主要是事先思想酝酿较充分,其次是工作人员对系科调整的意义比较明确,认识到做好这个工作对今后教师的团结和教学有密切影响。同时系科调整委员会办公室与各方面配合较好,特别是工会方面争取主动,协助此次调整工作起很大的作用。

但是也有一些问题:厦大调来3个技术员、5个技术生,事先未经与厦大联系好,来校后没工作,生活方面安排照顾发生困难。如有两个技术生相当于我校的技工,他们自己希望是职员。或因气候问题,须添置衣服,经济发生困难,不能完全得到解决,引起了他们思想上波动。其次由于系科调整方案的决定一度有变化,我们在暑假前一段时期曾放松了准备,至临近调整的准备迫紧,加以事务部门工作主动性不够,以致工作发生了忙乱现象,存在着一定的缺点。

1953年9月

浙江大学档案馆藏,档案号:ZD-1953-XZ-44

3. 四校协作

浙、杭、农、医四大学加强合作
（1980 年 7 月 16 日）

为了切实发挥老大学的优势，提高教学质量，尽快培养适应四化建设的高级人才，最近中共浙江省委决定，浙江大学、杭州大学、浙江农业大学、浙江医科大学开展校际合作，打破单科院校的局限，并通过这个途径，把这些学校逐步办成多科性、综合性大学。

1980 年 6 月，省委学习了中央书记处关于教育问题的重要指示，本着发挥优势、保证重点的精神，认真分析了浙江高等教育的历史和现状，认为浙大、杭大、农大、医大四所老大学基础都比较好，各有特长，尤其是浙江大学，有八十多年历史，办学经验比较丰富，师资力量比较强，学科和设备比较齐全，在国内外有一定影响。但是在 1952 年院系调整时，浙大的文、理、农、医、法、师范等院系都划出去了。现在的杭大、农大、医大就是以浙大分出去的院系为基础而组成的。当时这样做，虽起过一定的积极作用，但随着经济建设和教育事业的发展，出现了许多弊端：系科重叠，教师力量分散；学生知识面过窄；专业分得太细，边缘学科、新兴学科难以发展，专门学科的提高也受到限制。针对这个情况，为发挥老大学的优势，又鉴于浙大等四所学校“本是同根生”，有历史渊源，搞联合具备有利条件，决定这四所大学开展校际协作，并通过协作，走向联合，向多科性、综合性方向发展。为加强对这项工作的领导，目前已建立了四校协作委员会，而由浙大副校长刘丹为主任，委员会下设办公室，由各校分管教学、科研的副校长参加，负责办理具体事宜。

《浙江日报》1980 年 7 月 16 日

浙大、杭大、医大、农大四校研究生协作组第二次会议简报
（1981 年 5 月 4 日）

四校研究生协作组第二次会议于 4 月 29 日上午在浙大举行。出席会议有：杭大付强，农大许新，医大邵正言，浙大朱自强、朱翔峰、周廷辉等同志。会议由朱自强同志主持。

这次会议主要是交流四校研究生论文工作的情况，讨论 81 年研究生毕业论文答辩的有关事项。

第一，到会同志一致认为，这次研究生毕业论文的答辩工作，量大、面广，四校共有 355 名研究生毕业，其中：浙大 210 名，杭大 95 名，农大 36 名，医大 14 名；而且答辩工作的政策性也很强，一定要认真做好各项准备工作。

第二，要严格掌握授予学位的标准和条件，不能过宽，会议建议各校可选择条件较好的学科，进行试答辩；并组织四校间的交流和观摩，取得经验，提高答辩组织工作的水平。

第三，研究生毕业论文评阅人，应有一定的报酬；邀请校外专家参加答辩，应有适当的待遇。会议意见，各校与财务部门协商后，再研究决定，并建议省教育厅，根据我省情况，作出

统一的规定。

最后各校相互通报了申请授予学位的学科(专业)和指导教师等情况。

浙江大学研究生部整理
一九八一年五月四日

浙江大学档案馆藏,档案号:ZD-1981-XZ-97

关于推动浙大、杭大、农大、医大协作联合议案实施情况的报告

(1984年2月6日)

近一年来,我们根据省六届人大一次会议通过的推动浙大、杭大、农大、医大协作联合议案,开展了一些工作,但由于四校正处于机构改革、新老领导班子交替过程之中,工作进展不够快。现将议案实施的情况报告如下:

(一)

去年4月28日,在议案通过的当天晚上,四校协作委员会主任刘丹、副主任钟儒即邀请四校的负责同志,省委副书记、省长薛驹,副书记、副省长吴敏达,副省长李德葆,省委常委、宣传部部长罗东等同志及省有关部门的负责同志,一起研究四校"加强协作,走向联合"的问题。薛驹省长作了指示,表示:"四所大学加强合作,走向合作,方向是对头的,我们很赞成。省委、省政府只要力所能及,尽量做促进工作。"会上,各校进一步统一了认识,并决定开展以下三方面的工作:1.争取教育部的支持,争取列入国家办综合大学的规划;2.在原有七个协作组的基础上,采取有力措施,开展扎实的工作,把协作往前推进一步;3.成立四校协作委员会办公室,办公室设省教育厅内,由副厅长缪进鸿任主任,四校各抽一名得力干部组成。

几年来,四校在教学、科研、仪器设备、图书资料、国际学术交流及政治思想工作等七个方面都开展了一些校际协作活动。如在本科生和研究生教学方面开展了互相兼课;在科研方面,协作开展了环保、遥感技术、农药毒理、人口科学等课题的研究,还联合举办了环保科学论文报告会;其中由医大和农大多学科协作进行的农药毒理研究,取得了良好的成绩,受到了国家科委的重视和表扬。在仪器设备方面,四校统一登记了大型精密仪器清单,在仪器的使用、维修、安装、管理和实验技术人员的培训等工作中开展了初步协作;在图书资料方面,建立了四校通用阅览证,协作举办培训班,培训图书馆工作人员,并开展对口互相检查和交流经验等活动;在国际学术交流方面浙大与美国犹他大学的协作交流也进一步推广到其他学校;等等。

根据省六届人大决议案和1983年4月28日座谈会的精神,协作委员会积极地开展工作。在六届一次全国人大开会期间和教育部在武汉召开的高教工作会议上,刘丹同志等都向教育部领导汇报了四校协作的情况,教育部领导明确地表示:支持四校协作、走向联合。与此同时,省教育厅先后到四校召开了座谈会,听取对四校协作的意见。参加座谈的各校骨

干教师和干部都认为加强协作，走向联合，方向正确，表示积极支持；并提出了不少积极的很好的建议和意见，许多同志建议，要从科研协作和研究生协作培养上进行突破。

（二）

为了进一步促进四校的协作联合，下一步打算进行以下几项工作：

1.四校新的领导班子已经产生，四校协作委员会亦需要进行调整。建议委员会由省人大常委会、教育厅有关负责同志及四校的书记、校长组成，同时，把协作委员会办公室的班子进一步健全起来，以便四校协作工作的开展。

2.目前首先在研究生培养方面加强协作。特别要着重四校师资的培养，同时也要承担为本省其他院校培养师资。四校交流研究生培养计划，实行指导教师互相讲课。加强图书资料的互相交流使用，以充分发挥作用。

3.根据浙江经济与社会发展的需要，和学校的优势，与省科技发展规划配套，联合开展若干个重大科技项目的研究，有条件的学科可以建立研究中心。目前准备筹办的项目有：计算机应用和开发研究、生物技术研究、能源开发研究和数理综合研究等。并和省里的一些重大科研项目相结合进行。这些研究项目（或研究中心），作为四校教育、科研与技术推广三结合的联合体之一，由协作委员会主管，业务上接受中央和省有关科学管理部门的领导。

4.随着国际交往的日益增多，四校在国际学术交流方面加强信息支持，有的可统一对外。

针对实施本议案当前存在的困难，需要解决如下两方面的问题：

一方面，要进一步统一各校的认识。加强协作，走向联合，是一项重大的高教改革，也是四化建设和科技发展的需要，对国家和浙江省两个文明的建设及高级专门人才的培养，对赶超国际先进水平，都将起深远的影响；当前"新的产业革命"的形势也需要我们这样做。从长远观点看，从高等教育的办学思想出发，大学要上去，开展协作和联合，是大势所趋。

另一方面，为了扶持四校协作联合（如研究生点、研究中心等），要求省政府每年拨给一定专款补助，归协作委员会直接掌握安排。现在，教育部已从国家计委争取到一笔重点学科补助费，补助部属学校的重点学科。我省省属三所学校的博士点，及有发展前途的硕士点，是我省的重点学科，建议省政府参照部属院校的标准，拨给专款补助，以缩小四校之间条件的差距。

浙江省教育厅
一九八四年二月六日

浙江大学档案馆藏，档案号：ZD-1984-XZ-66-10

李丰平同志在省六届人大常委会第五次会议上的讲话(节选)[①]

(1984年2月18日)

(前略)四校联合,我是赞成的,四校协作创造条件,走向联合,是高等教育改革的一个重要步骤,在这方面已经做了不少工作,是有成效的。今后省里每年拿出点钱来支持,像朱祖祥同志说的,我看一年拿出百把万元钱,省里还是好解决的。当然,四校协作联合还有很多工作要做,事情已经有了好的开头,就要坚持前进,改革是一场革命,在前进道路上总有障碍,有困难的。我们要勇于实践,勇于改革。四校联合,方向是对的,只要做出成绩,做出样子来,事情就好办了。

一九八四年二月十八日

浙江大学档案馆藏,档案号:ZD-1984-XZ-84

关于推动浙大、杭大、农大、医大协作联合议案实施情况的审议报告[②]

(1984年2月19日)

省人大常委会:

省人大常委会教育科学工作委员会对省教育厅提出的关于推动浙大、杭大、农大、医大协作联合议案实施情况的报告,进行了审议,认为四校协作委员会和省教育厅在这方面做了不少工作,是有成效的,为四校协作联合创造了条件。

根据省六届人大一次会议的决议,省人大常委会教育科学工作委员会对推动浙大、杭大、农大、医大的协作联合议案进行了研究,并由四校协作委员会、四校的负责人及省有关部门的负责同志参加,进行了座谈、讨论。省政府薛驹省长等也参加了会议,并表示支持。省教育厅、四校协作委员会办公室先后到四校召开了座谈会,听取对四校协作的意见。大家一致认为:为了贯彻省委〔1980〕66号文件《关于浙大、杭大、农大、医大开展校际协作的意见》和教育部关于四校"加强协作,走向联合"的指示,四所大学积极开展这方面的工作,走向联合,是高等教育改革的一个重要步骤,方向是对头的。这样做,有利于四校的发展提高,有利于各方面人才的培养,有利于四化建设事业。

近一年来,四校在教学、科研、仪器设备、图书资料、国际学术交流等方面都开展了一些协作活动,在本科生和研究生教学方面开展了互相兼课,科研方面开展了环保、遥感技术等课题的研究,有的科研项目取得了可喜的成果。

---

① 本件为时任浙江省人大常委会主任李丰平在1984年2月18日召开的省六届人大常委会第五次会议上的讲话记录,1984年2月24日由浙江省人民代表大会常务委员会办公厅以浙人大办〔1984〕8号文件发出。

② 本提案于1984年2月19日在浙江省第6届人民代表大会常务委员会第5次会议上通过。1984年2月20日,浙江省人民代表大会常务委员会以浙人大〔1984〕6号文件递交浙江省人民政府,要求组织推进四校的协作联合。

委员会认为，教育厅这个报告提出的意见是积极的，措施是可行的。学校要适应新的历史条件，适应四化建设的需要，就必须进行改革。改革是一场革命。在前进的道路上总是有障碍、有困难的。我们要勇于实践，勇于改革。建议由省人民政府督促浙大、杭大、农大、医大及有关部门共同努力，进一步创造条件，加强协作，逐步走向联合。现提请省人大常委会审议。

省人大常委会教育科学工作委员会

浙江大学档案馆藏，档案号：ZD-1984-XZ-66-10

浙江省人民政府常务会议关于推进四校协作联合的纪要①

（1984年3月20日）

〔1984〕6号

省人民政府于一九八四年三月七日举行常务会议。

出席会议的有：薛驹、张兆万、吴敏达、李德葆同志。

刘丹、罗东同志。

薛驹同志主持会议。

现将会议讨论的主要内容纪要如下。

（前略）

5.浙大、杭大、农大、医大四校之间，要加强协作，逐步走向联合，共同使用仪器设备，有计划地组织科技攻关。四校协助、联合的组织工作和有关问题，由省教育厅牵头研究落实。

浙江大学档案馆藏，档案号：ZD-1984-XZ-84

4.学校归口管理

高等学校下放前后浙江省所属学校一览表②

（1958年7月20日）

浙江省现在领导的学校	中央各部门下放的学校
1.浙江农学院	1.浙江大学（动力、机械、电机、化工、土建、理科）

① 本件会议纪要由浙江省人民政府办公厅于1984年3月20日以〔1984〕6号文名义发出，标题为编者所拟。

② 本表系1958年7月20日教育部临时党组上报中央文教小组的《关于高等学校下放问题的报告》附表三《高等学校这次下放前后中央各部及各省、市、自治区领导的高等学校名称一览表》的节选，标题为编者所拟。

续表

浙江省现在领导的学校	中央各部门下放的学校
2. 浙江医学院	
3. 浙江师范学院	
4. 杭州师范专科学校	
5. 宁波师范专科学校	
6. 温州师范专科学校	
7. 中央美术学院华东分院	

浙江大学档案馆藏,档案号:ZD-1958-XZ-57-5

教育部关于浙江大学等校改归部属院校的通知及汇报会纪要

(1963年11月28日)

〔63〕教厅秘赵字第236号

浙江、福建教育厅,上海高教局,浙江大学,厦门大学,上海外国语学院:

我部于11月7、8两日,请浙江大学、厦门大学和上海外国语学院负责同志到部汇报学校情况,并就三校改归我部领导后的有关问题交换了意见。现将"三所直属高等学校汇报会纪要"印发各有关单位,请参照办理。

附件:如文

中华人民共和国教育部

1963年11月28日

附件

三所直属高等学校汇报会纪要

(1963年11月26日)

1963年9月,中央批准将浙江大学、厦门大学和上海外国语学院确定为全国重点高等学校,并由教育部直接领导。为了解学校工作情况,并就改变领导关系中的有关问题交换意见,我部于11月7、8两日,请上述三校的负责同志来部进行了汇报和座谈。到会的有浙江大学副校长刘丹同志,厦门大学副校长、党委书记陆维特同志,校长助理白石林同志,上海外国语学院党委书记陈准堤同志、代理院长张培成同志,还有三校教务、科研、人事等部门的工作同志4人。杨秀峰同志、蒋南翔同志、刘子载同志和有关司、局的负责同志出席了会议。

一、会议首先由三校负责同志扼要地汇报了学校的基本情况和工作中的主要问题。几所学校,经过解放后十几年来的努力,取得了很大的成绩。特别自贯彻八字方针、试行高等学校六十条以来,进行了大量的工作,收到了显著的成效。目前学校总的形势很好,由于认真实行了教学为主，建立了正常的教学秩序，按照“少而精、学到手”的精神，加强了对教学工作的领导，因此各校的教学质量不断有所提高，学术空气更加浓厚，科学研究成果不少。经过两年来的调整工作，几所学校的规模、方向、专业已经基本上确定下来，为进一步稳定秩序，提高质量创造了条件。有的学校已经开始形成自己的特色。去年党的十中全会以后，各校的思想政治工作普遍加强了，经过学习雷锋的活动、总理给毕业生报告的传达和讨论、反对现代修正主义文件的学习，等等，广大师生的思想政治觉悟大大提高了一步。

三校在汇报中也反映了学校工作中存在的一些问题。（中略）三校反映的一个共同问题，是对学生课余生活的指导和管理，需要进一步加强。有的学生在政治课课堂上讲的是马列主义，到了宿舍，却追求的是资产阶级趣味，谈女人，讲穿戴，特别是宿舍熄灯后的谈话比较混乱。有的学生说“课堂上是社会主义的国营市场，课余生活是自由市场，熄灯后是黑市”！

其次，关于学校的发展规模、修业年限、系科设置、科学研究方向，等等，总的说来已经基本确定，但还有一些具体问题，需要部领导会同有关部门研究决定。

第三，整个师资队伍迫切需要培养提高。较突出的问题，一是普遍反映政治课师资量少质差，有的学校几十个政治课教师，全部是助教，多年来没有一个讲师。二是上海外语学院，除了俄语系、英语系有一定基础以外，其它语种骨干教师严重缺乏，如阿拉伯语至今没有一个能教三年级以上课程的教师。

第四，普遍反映在基建、设备、仪器、经费、图书等物质条件方面，还有不少问题亟待解决，要求我部给以支持。浙江大学反映该校因限于设备条件，目前能够开出的实验的数目，仅占应开出的实验总数的71％。

二、三校汇报之后，部领导、各有关司、局和学校交换了意见，将一些可以确定的具体问题基本上确定下来：

（一）浙江大学校舍规划问题今后如何安排，可由学校提出方案，商同有关司研究确定。图书馆的问题需要解决。但是1964年的基本建设投资目前已经全部分配定案，再行调剂解决有困难。故这一问题可由学校列入长期建设规划，在今后几年内逐步解决。其他两校有关基本建设方面的问题，也按此精神办理。

（二）同意浙大保留精密仪器和物理光学仪器等两个专业。

（三）浙大理科专业教师参加全国性理科方面专业会议的问题，由高教二司在今后工作中加以注意，给予便利。

（四）关于三校提出要求适当增加人员编制的问题，由人事司负责具体商谈。其中浙大要求将教职工编制比例由1:3.4提高到1:3.2的问题，原则上可以同意，但目前不要马上增人。

（下略）

三、会议还提出几点原则性的意见，请几所学校考虑。

（一）为了进行有计划的建设，在人力、物力有限的条件下，发挥最大的投资效果，学校需要同有关司、局共同研究，尽早制订一个较长远的建设规划。长远规划的制订，要力求把国家建设的需要和学校的实际情况结合起来。

（二）三所学校列为全国重点高等学校和改为教育部直属以后，希望在人力、物力等方面得到更多的支持,以便加速学校建设的进程,这是合理的,也是教育部和学校的共同愿望。但是长远规划的制订,基本建设的进行,教师的成长,思想工作的加强,科学研究的开展,教学和学术水平的提高,等等,都需要有一个过程。因此,对于学校的建设和教育质量的提高,既要积极努力,发挥最大的主观能动性,又要看到条件的改变只能是逐步的,不可操之过急,不能企图在短时间内解决所有的问题。

(三)学校改为教育部直属以后,行政上受教育部领导,党的工作受省、自治区、直辖市党委领导。但是,这一分工又不是绝对的,有关学校行政工作中的重大问题,仍需争取地方党委的领导和帮助;同时,在思想政治工作方面,教育部今后也要多做一些工作。

为了克服过去上下通气不够的缺点,教育部将通过会议、调查、个别联系等多种渠道,了解学校的实际情况,同时也希望学校主动地加强同教育部的联系,及时地反映情况。特别希望把思想政治工作、教学工作、师资培养、科学研究等方面的经验,及时反映给教育部。今后每年学校要定期向教育部写一些综合的或专题的报告,给地方党委的各种报告和材料,也同时抄送教育部党组一份。

浙江大学档案馆藏,档案号:ZD-1963-XZ-41-3

教育部/中国科学院关于将两所高等学校改属中国科学院和地方双重领导的请示报告

(1978年3月25日)

科字〔78〕3号

国务院:

随着科学技术的不断发展,在科学研究中运用精密仪器仪表及现代化技术手段越来越广泛,对各类工程技术人员和科学组织管理工作人员的需要也越来越迫切。为了有计划定向地培养科研机构急需的上述专业人员,以满足中国科学院发展的需要,以及支援某些省、市科学院,根据浙江省革委会浙革发(1978)11号和黑龙江省革委会龙革呈(1977)37号给国务院报告,我们同意将浙江大学和拟改建为哈尔滨科学技术大学的黑龙江工学院改属中国科学院和省双重领导,以中国科学院为主。

一、浙江大学经国务院批准交接后,原承担中央各部委和省、市的任务不变。学校规模需略加扩大,系和专业设置,将根据科学事业的发展和浙江省的需要,由中国科学院同浙江省进一步商定。

二、(略)

三、两所学校的领导体制改变后,党的工作和日常行政工作,主要由省领导,教学、科研主要由中国科学院统一计划安排。学校主要行政领导干部,经中国科学院与省商定,报请国务院批准。校部机关和系的领导干部的任免,教学、科研骨干的工作调动,由中国科学院和省商定。

以上报告妥否,请审批。

教育部

中国科学院

一九七八年三月二十五日

浙江大学档案馆藏，档案号：ZD-1978-XZ-14

浙江省革命委员会/中国科学院关于浙江大学交接工作商谈纪要(修改稿)
(1978年7月29日)

根据国务院对浙江省革命委员会和教育部、中国科学院报告的批示，浙江大学改由中国科学院和浙江省双重领导，以中国科学院为主。为了贯彻落实国务院批准的文件精神，中国科学院和浙江省革命委员会就有关浙江大学交接事项商定如下：

一、浙江大学党的工作以省领导为主，日常行政工作由省指定归口部门代管。教学、科研、生产业务工作以中国科学院领导为主，地方予以配合和监督。

二、浙江大学原承担中央各部委和省的任务不变。今后学校规模，系和专业设置，将根据科学事业发展和浙江省的需要，由中国科学院同浙江省进一步商定。

三、浙江大学的党委书记、副书记、校长、副校长的任免，由中国科学院和省共同商定，由中国科学院报党中央、国务院审批。学校教授、副教授由省和中国科学院共同商定，由中国科学院任免。学校部、处、系的领导干部，由省征求科学院意见后任免。教学、科研骨干的工作调动，要征得中国科学院的同意。

四、学校的招生计划从1979年起报送中国科学院，同时抄送浙江省计委、教育局。经中国科学院征求浙江省意见后，报国家计委、教育部，纳入国家计划，统一下达。

1977年以前入学的浙江大学毕业生的分配，除中央统一调剂外，其余的仍由浙江省列入地方分配计划，由地方负责派遣。1977年后入学的浙大毕业生的分配按国发〔1978〕27号文件的规定办理。

学校科研、生产计划经省科委和省计委审查提出意见后，由中国科学院审批下达。已承担的中央各部委和浙江省的科研任务，继续完成。今后需要浙江大学承担的新的重要科研任务，属中央各部委的，经中央各部委和中国科学院商定后，由中国科学院统一下达；属浙江省的任务，由省科委提出与中国科学院商定下达。承担科研任务所需条件，按国家计委〔1972〕计字27号文件规定办理。

五、1978年4月底止，浙江大学实有固定教职员工3794人，交接后的劳动工资计划与统计，由浙江省划归中国科学院。1978年所需劳动指标，由浙江省进行安排。从1979年起，劳动工资计划由中国科学院审批下达，地方监督执行。今后学校的编制和发展规模，以及职工成批调动，由中国科学院和浙江省共同商定，一般职工零星调动由学校直接向省人事局和劳动局报批。

六、浙江大学1978年教育经费已经省核定535.87万元，由省财政局通过财政部划转中国科学院，并从1978年7月份起由中国科学院负责拨款。今年一至六月份已拨经费311万元(包括按照中国科学院意见增拨的50万元)，由中国科学院给学校归还省教育局。学校今年教育经费不足部分,由中国科学院报请财政部、教育部解决。省今年拨给浙江大学的科研经费,仍由学校和浙江省教育局报决算。今年1月30日省财政局借付浙江大学光仪系高速摄影科研经费20万元,由浙江大学在科研经费中拨还浙江省财政局。1978年的社会集团购买力控制指标,仍由浙江省教育局、财政局直接管理。下半年增加大量教学设备的集团购买力指标,由中国科学院报请财政部另行追加解决。从1979年起,改按中央驻地方单位处理。

七、浙江大学1978年基本建设项目仍按原计划进行。所需投资按原计划国家预算内104万元,省自筹结转计划12.6万元,部门自筹资金20万元,拨款到1978年底。1979年起基本建设计划由中国科学院审批下达,所需设计、施工均由浙江省负责安排。

八、浙江大学统配部管物资由浙江省负责供应到1978年底。1979年起由中国科学院负责分配和订货,所需地方物资由浙江省按照国家物资分配体制的规定负责供应。鉴于中国科学院物资供应渠道已纳入军工口,浙江大学为04单位4140部,今后浙江大学所需地方供应物资给予军工待遇。

九、浙江大学四月底固定资产核定5031万元。其中:教学设备2516万元,房屋家具2096万元,图书273万元,其他146万元,由学校造具清册,报中国科学院和浙江省革委会存档备查。

浙江省革命委员会
中国科学院
一九七八年七月廿九日

浙江大学档案馆藏,档案号:ZD-1978-XZ-14

关于将中国科技大学和浙江大学列为先武装好的重点大学的报告
(1979年12月25日)

〔79〕科发教字1776号

国家计委、教育部、财政部:

遵照国务院〔78〕131号文件"批转教育部刘西尧同志在全国教育工作会议上的报告和总结"的精神,根据我院所属大学的实际情况,我们准备先武装好中国科技大学和浙江大学。(略)

浙江大学是一所具有八十多年历史的老校,52年院系调整和56年根据周总理指示恢复理科后,理、工的多数学科都已达到了较高的水平,特别是有些工科很有特色,有较强的师资队伍。近几年来,学校教学水平有较大提高,学术交流活跃,每年都有二十多项重要科研成果通过国家和省级鉴定,其中高速相机、可控硅电机、计算机辅助几何曲面设计及加工、全分子吸附硅烷法制高质量硅多晶硅单晶、微膨胀水泥等研究工作,已达到了比较高的水平。现正在同国外有名大学商谈进一步建立学术交流关系的问题。

综上所述,中国科技大学和浙江大学是两所比较有基础,有发展前途的理工大学。为此，建议将这两所大学列为先武装好的重点大学之列，能同教育部所列 17 所重点武装好的大学一样，在经费等办学条件方面优先照顾，加以保证。

中国科学院
一九七九年十二月廿五日

浙江大学档案馆藏，档案号：ZD-1979-XZ-78

（二）附属学校

1. 工农速中、附中

工农速中 1952 年秋季联合招生总结
（1952 年）

1952 年秋季联合招生 7 个班 274 人，其中浙江工农速成中学 5 个班 194 人，浙大附设工农速中和浙江师范学院附设工农速成中学一个班共 80 人。

10 月 5—6 日考试；考场设杭州、嘉兴、宁波、诸暨、永康等 6 处。

笔试各科试题应按照文化补习学校普、中（初小高小）两级现用教材和程度拟定。

录取标准以语文算术为主，常识次之。特别强调语文水平。

语文 60 分以上，算术常识较差，其他条件特别优秀的酌情录取。

预计报名 583 人，实际参考 324 人，终场 318 人，录取 156 人，录取率 48.1%

未招满的原因是文教厅过高估计报考人数，招生范围太窄；浙江师院忙于院系调整，对速成中学在人力物力上配合不够。（下略）

浙江省档案馆藏，档案号：J039-004-139-057

关于浙大附设工农速成中学选送优秀毕业生免试直升中的问题的请示
（1957 年 6 月 24 日）

省人委：

根据中华人民共和国高等教育部、中华人民共和国教育部 2 月 16 日〔57〕学工字第 33 号、〔57〕中字“关于清华大学、北京工业学院、北京铁道学院关于附设工农速成中学毕业生直升本校的意见”及“补充说明”的通知的精神，我厅已于 5 月 6 日〔57〕浙教中字第 250 号批复浙江大学附设工农中学，同意选送优秀毕业生免试直送浙江大学。目前由于在杭州市、宁波市、绍兴市、金华市、嘉兴市、余姚县、临安县、建德县等地的部分高级中学高中毕业班先后收到“○○大学的一群学生”、“○○大学附中三年级一群学生”、“○○一中”、“○○二中”、“○○第一中学学生”等署名的油印信件，提出反对今年工农速中免试直升高等学校的办法，并有煽动的语句，企图形成校与校之间的连串，各校高中毕业生在接到信件后，情绪比较激动。○○中高三七班曾在班内进行讨论，准备出大字报，号召全体高三毕业同学共同反对这项措施(后经学校说服)，嘉兴、临安、严州等中学接信后晚自修就没有很好地进行。有的学生纷向学校行政或教育行政领导部门提出意见，要求取消这项决定。据○○中金校长反映，学生经教育后，目前是等待上级答复。他们对各科成绩4分的学生就可以保送是有很大意见，认为这样不能保证质量。实质上主要是从个人升学得失出发的，并有少数学生在说，如一定要保送，我们就补考(即罢考的意思)。所以金校长认为，学生是可以教育的，但目前时间短，学生思想不稳定，教育效果有一定的限度。希望能停止选送。其他高级中学也有同样的要求，期待缓和当前高中毕业生的紧张情况和闹事的可能。

我厅在了解上述情况后，即向中央高教部、教育部请示。一面通知学校抓紧教育，等待中央决定。今接到中华人民共和国高等教育部、中华人民共和国教育部〔57〕学工字第154号、〔57〕中速师字第71号“关于○○、○○、○○等地提出取消今年工农速成中学优秀毕业生直升高等学校的问题”内提出“经过研究，我们认为从工农速成中学中挑选优秀毕业生直接升入有关的高等学校，是符合国家培养工农干部的精神的……为了保证高等学校录取新生的质量，免试直升只能是极少数确实具备优秀条件的毕业生，占毕业生的比例不能大，他们各门功课的成绩都必须是真正特别优秀的。北京清华大学在162名毕业生中接受了十几名，这样就有理由说服表示不满意的高中毕业生。如果个别地区，高中毕业生意见很大，甚至为此闹事，则可请示当地省市党委考虑取消工农速成中学优秀毕业生直升的办法，而同其他高级中学的毕业生一样，参加高等学校招生考试”。我省浙江大学附设工农速成中学今年毕业生154人，学校已初步选送54人免试直升浙江大学。经浙江大学研究后的初步意见，认为不能超过20名，双方尚在研究中。

根据21日与○○省教育厅的电话联系中，知道他们省委已做研究，决定取消工农速成中学的优秀毕业生直升的办法。与○○市教育局联系中，知道他们已组织工作组下工农速中进行说服教育工作。(略)

综上所述

①我省很多高中毕业生对这件事是反对的，高级中学校长也希望取消。

②○○省、○○市、○○省都已取消(浙江高等学校招生委员会办公室副主任○○同志反映)

③浙大工农速中的行政领导(和温校长、方教导主任洽谈后)希望不取消，认为教育学生困难。

④根据中央高教部、教育部指示精神，可以保留也可以取消，应提请省委决定。

我厅的初步意见：

①以中央高教部、教育部指示精神，以○○大学附设工农速成中学全体同学的“告全体应届高中毕业同学书”的内容来教育受到影响的高中毕业班学生。

②浙江大学对工农速中选送的学生应严格审查，以保证质量，控制在15名以内的数字。而这些学生确系成绩优良者，考上高等学校问题不大。在这种情况下再进行教育，达到自动

放弃。这种做法可以免除我们工作前后左右的被动局面。

是否恰当，请研究决定。

浙江省教育厅
1957年6月24日

浙江省档案馆藏，档案号：J039-009-130-019

省教育厅党组关于确定一批全日制完全中学作为大学附属中学的报告
（1960年3月28日）

省委：

经与各地研究，拟将杭州二中等17所全日制完全中学，分别划作浙江大学、杭州大学、浙江医科大学、浙江农业大学、杭州师范学院等5所高等学校的附属中学（名单附后）。确定这批附属中学的原则是：一、党的领导强，师生干劲足，并有一定数量的高中毕业生。二、既考虑到各学校的特点和学业成绩，同时也照顾到地区的分布。选作浙大的附中，学生数、理、化的成绩较好；（中略）凡办学历史悠久，在社会上名望较大的中等学校，或县里只有一所完全中学的，均不选作附中。

这些中学划作高等学校的附中后，考虑到既要进行普通教育的基础教育，又要符合高等学校培养专门人才的需要，毕业生将直接升入大学，因此，在教学计划的安排、教材内容等教学业务方面均由各主管高等学校管理，以便迅速提高教学质量。

以上意见，如无不当，请批转各地区各有关学校执行。

省教育厅党组
一九六〇年三月二十八日

附

划归大专学校作为附中的17所全日制完全中学名单

一、浙江大学附中共4所：杭州二中、吴兴中学、温岭中学、镇海中学。

（下略）

浙江大学档案馆藏，档案号：ZD-1960-XZ-59-4

省委批转省教育厅党组关于确定一批全日制完全中学作为大学附属中学的报告

(1960年6月13日)

省委发文〔60〕499号

各地、市委,各有关县委:

省委同意教育厅党组"关于确定一批全日制完全中学作为大学附属中学"的报告,现批转各地及各有关学校,希立即执行。这些完全中学划作高等学校的附属中学后,除教学业务和师资训练、调配等问题由主管高等学校管理外,其他有关党的工作和日常行政工作仍归所在地党委领导。各地应该积极协同各主管高等学校,认真办好这批学校,不要随意调动这些学校的在校教师和学生。有关划分过程中的一些具体问题,由各主管高等学校与各地党委联系解决。

中共浙江省委

一九六〇年六月十三日

浙江大学档案馆藏,档案号:ZD-1960-XZ-59-4

关于划归浙江大学附属中学的情况报告

(1960年8月17日)

时字第1号

省委:

我校自接到省委批准省教育厅党组关于杭州二中、吴兴中学、温岭中学、镇海中学划归为浙江大学附属中学的指示后,党委即召开会议,研究如何贯彻执行省委的指示。6月下旬由党委委员和党员处长分三组代表学校党委分赴各地向有关的地市县委请示和联系后,对各校的基本情况作了初步了解,又于8月初召开了各校党员校长、教导主任会议,对今后的教学工作进行了研究。现将四所附属中学的情况汇报于后:

一、基本情况

(一)学校特点

1.学生成分好,工农子弟比重较大,特别是温岭中学工农子弟占79%,镇海中学工农子弟和一般劳动人民子弟共占94%。学校政治空气浓厚,听党的话,协作精神好,生活艰苦朴素,劳动观念较强。在当地都享有一定的声誉。

2.学校教学质量特别是数理化教学质量较好。

3.四所中学共有教师190余人,共有党员13人,团员55人(杭二中党员1人,团员33人,吴兴中学党员3人,团员8人,温岭中学党员4人,团员5人,镇海中学党员5人,团员9人)(中略)教师业务水平一般较好,大专和大学毕业的占50%以上。部分教师教龄较长,教学经验比较丰富。

4.农业生产除杭二中之外都搞得很好，各校都有农场一个，四个学校共养猪623头，部分学校蔬菜能自给。但工业生产相当差，除杭二中有五台土车床外，其他还是空白点。

（二）学生情况

1.四所中学共有97班（初中52班，高中45班）学生4895人。其中杭州二中30班（初中14班、高中16班），学生1470人（共青团员239人）；吴兴中学17班，（初中10班，高中7班），学生845人；温岭中学27班（初中12班，高中15班），学生1320人（其中有党员31人，团员422人）；镇海中学有23班（初中16班，高中7班），学生1260人（其中党员2人，共青团员234人）。

2.劳逸安排问题：自中央指示以后，各校都十分重视，每天给学生安排学习8小时，睡眠9小时，吃饭休息7小时，但个别学校每天分配给每个学生采集100斤猪吃的青饲料任务，在一定程度上影响了休息时间。

（三）教改情况

1.各校教改分别于4月25日—5月6日开始，这四所中学都是当地教改的试点学校。方法大同小异，大体上分三个阶段：一是思想发动，主要是形势教育，学习文件、组织鸣放辩论，提高认识。二是整改，主要根据教改精神进行革新课程、试教，自制电化教具，编写方案，业务进修等。三是总结，主要是进一步学习黑山经验，总结经验进行交流，进行思想补课开展览会等。各校分别在6月底7月初暂告一段落。

2.在教改中各校掌握了以思想革命为中心的原则，因此鸣放揭发出来的问题比较集中，在资产阶级教育思想、观点方法等问题，中心比较突出。各校对资产阶级教育思想批判比较集中在资产阶级的所谓"量力性原则"这个问题上，大都采用大字报集中鸣放和专题辩论来进行批判。这个问题虽然批判得比较深刻，但还有部分教师没有彻底解决。

3.各校在教改中开展思想斗争采取了多样方法，杭州二中提出了"逼""揭""辩""掌""鼓""比"六个字。"逼"是不断进行形势教育，使教师们充分意识到形势逼人；"揭"是揭露资产阶级教育思想、观点方法和揭发学制、教材、教学上的少慢差费；"辩"是将揭发出来的问题以问题为中心归纳整理进行辩论；"掌"即掌握教育革命是以思想革命为中心的原则，掌握正确处理人民内部矛盾的政策和党的知识分子政策；"鼓"是鼓足干劲，大胆试验，鼓舞信心；"比"即总结评比、交流经验。以上这些方法在不断开展思想斗争上有较大的收效。

4.各校从教育革命运动中已实验的学制有：中学五年一贯制，中小学十年一贯制、中小学九年一贯制和中学二、二制。各校已将大学一、二年级下放的数理化教学内容，分别渗入高中各年级进行试教，并学习黑山经验进行缩短学时的经验。电化教学（幻灯、反射黑板、录音机）有的已搞开，各校自制教具多件。此外部分学校挑选了一批初三工农子弟优秀学生经过短期补习跃入高一年级，进行学习。

二、存在问题

（一）当地党委对这些学校划为浙大附中的反应很好，很高兴，给我们下去联系工作的同志主动地介绍了这个学校的全面情况。但因这些学校原来都是地方的重点中学，故有恋恋不舍的表示，说要另外搞一个重点中学了。〇〇县委开始对〇〇中学划归浙大附中认识不够一致，自省委下达指示以后，才在思想上统一起来。该县委向我校前去联系工作的同志提出调走校长一人的要求。

(二)各中学领导对划归浙大附中后有不同顾虑存在:一般认为路远请示不够方便。○○中学党支部书记的顾虑较多,第一认为双重领导,如果双方党委意见不一致时,夹在中间工作比较难做,怕犯错误。第二自己业务不够熟悉,文化低,怕大学抓去汇报和研究工作。第三怕学校和县委的联系少了而搞不好关系。第四许多具体情况,如学校基建、经费、工资、生产、设备等怕以后县委不再像以前那样重点安排解决。

(三)最突出的是师资问题

1.各校下学期共缺教师56名,前已分别由各校报告当地党委,但自划为浙大附中以后,怕省所分配的师资当地党委不再分配给各校,顾虑较多。为此我校曾向教育厅请示,并提出两个分配方案请厅考虑。一是将下学期各附中所缺教师数全部分配到浙大,再由大学分配到各校;二是仍分配到市县,再由市县分配到浙大所属中学。

8月12日,○○中学打来长途电话说:"县委已将下学期各校所缺教师分配了,但我校一名也没有,请大学迅速考虑予以解决"。8月15日○○中学又发来电报说:"下学期我校所缺教师,县委(部、局)意见,按省委指示规定人事调配由大学负责,如要当地解决,请省委发补充通知"。下学期开学在即,各校为之发急。

大学对各校下学期所缺师资数,亦难给予解决。

2.各校原有教师和干部长期借用在外面帮助工作的为数不少,如○○中学一体育教师为市体委长期借用,他们要求调回原校,各地党委原来每年按计划将学校中部分教师调整出去,如○○中学20多人,○○市教育局考虑分二批调整出去,去年调出了10多名,尚有10多名拟今年调出。(中略)。但今年划为附中后,当地没有考虑。而且这些人调出后,需要补充新的师资担任教学任务,各校要求大学给以解决。实际上要求大学解决是很困难的。

3.各校自划为浙大附中后,当地仍调动教师,如○○中学原有二位见习教师原说给学校的,现在要调走了。又如○○市教育局下令要调走○○中学的党员数学教研组长(是数学教研组仅有的一名党员),中学请示大学后,根据省委指示精神向教育局解释几次,但教育局坚持要调,说是教育厅的指示:很早就要调走等。同时几次电话批评中学不执行教育局的指示,这在一定程度上是影响了相互间关系的(该教师现仍未去)。对此问题,部分学校领导感到为难。

三、今后意见

根据这次中学校长、教导主任会议的讨论,就附中今后任务提出如下意见:

(一)浙大附中的任务、要求

根据省委指示:附中既要进行普通教育的基础教育,又要符合高等教育培养专门人才的需要,毕业生将直接升入大学。

浙江大学的发展方向为科技大学,因此要求附中学生的政治质量、业务水平应超过一般中学水平而符合科技大学的要求,为大学准备质量较高的学生来源。总之,对附中的要求是:提高教学质量,课程内容要逐步与大学衔接起来,为大学打好基础,避免课程内容重复、脱节。关于毕业生直升大学问题,目前有由于学生的政治、业务质量和个人志愿以及家庭经济情况等原因还不能做到全面直升,并准备研究确定一个标准,如基本上符合标准要求的即可直升大学。

(二)教学改革问题

1.学制问题:目前有三种情况,一是五年一贯制(有杭州二中、镇海中学、温岭中学三校)。二是有小学的十年一贯制(有吴兴中学,原浙大附中也是十年一贯制)。三是过渡性的年级。但五年一贯制或十年一贯制,其课程内容一方面应互相衔接,另一方面应要有阶段之分。其他二、二学制不准备进行试验。

2.教材问题:原则上采用省编的作为基础教材,北师大和华东师大的教材可以参考。各浙大附中由高中开始加强理科教学。

3.改进教学方法:必须加强理论联系实际。加强实验教学,与当地工厂挂钩,学校应逐步筹建和扩大工厂,建立学生工业生产劳动基地。学生的劳动时间必须严格遵照中央、省委规定,不得超过。劳动内容尽可能地做到与教学相结合。

4.下学期教改首先应继续深入开展思想革命,进一步学习陆定一部长的报告等有关文件,不断提高认识;同时应贯彻边改边提高的精神。对教材改革要既大胆又慎重,要注意科学分析,使教学内容逐步做到和大学衔接,逐步做到符合大学的要求。坚持教学与生产劳动相结合,密切理论联系实际的原则,特别注意提高高中二、三年级的教学质量。此外下学期的教改应和各校三反整风联系统一起来,教学工作是领导上反对官僚主义作风的重要内容之一,要求学校领导深入教学,做到边整边改。

(三)师资培养提高问题

党支部应经常关心教师在政治及业务方面的提高。对政治上较差的教师要注意加强思想改造,对业务上较差的要注意业务上的提高,并保证一定的时间给以自修。培训方法以在职进修为主,边教、边学、边提高。教师应积极参加当地文教机关组织的有关教学业务活动。在教学业务上遇到困难,可与大学有关教研组联系,由大学负责指导。其次可采取短期脱产集中进修提高的办法,下学期如有可能在假期开办短期训练班。各校应因地制宜地采用多种方法培养师资。

(四)领导问题

根据省委指示:除教学业务和师资训练、调配等问题由主管高等学校管理外,其他有关党的工作和日常行政工作,仍归当地党委领导。我们希望当地党委仍然像过去一样把这些中学作为地方的重点,进行领导。大学党委加强对各中学的教学业务领导,是为了发挥当地党委和大学党委双方办学的积极性,把这些学校办得更好。各中学仍应及时地向当地党委请示报告,像过去一样地尊重当地党委的领导。各种政治运动要执行当地党委的指示,有关学校的设备、经费、基建、生产、工资及教学业务活动等,仍由当地党委负责。

各附中每学期暂定向大学党委汇报三次(期初、中、末),汇报内容包括学校全面情况及专题报告。如有特殊问题可临时报告,大学对各校联系,除以文字下达有关指示,如教改、教材等问题外,更要每学期组织1～2次深入下去了解情况,帮助解决一些具体问题。如杭州二中联系更方便些。

以上报告有不当之处请指示,其中存在问题,特别是师资问题请予解决。

中共浙大党委
1960年8月17日

浙江大学档案馆藏,档案号:ZD-1960-XZ-60

关于附属中学十年一贯制教育计划(草案)及说明的通知

(1960年9月12日)

普中字第2号

各附属中学:

根据党的社会主义建设总路线、党的教育方针的精神和省委关于“附中既要进行普通教育的基础教育,又要符合高等教育的培养专门人才的需要”的指示,我们以适当缩短年限、适当提高程度、适当控制学时、适当增加劳动的要求,并参照省教育厅所发的教育计划精神,制订了附属中学十年一贯制教育计划(草案)及说明,发给你们,除按省教育厅1960—1961学年度全日制普通中学教育计划,结合各校具体情况执行外,仅供参考研究试行。

浙江大学普教处

1960年9月12日

附

附属中学十年一贯制教育计划(草案)的说明

一、缩短了学习年限:新学制的教育计划共十年(比现在六、三、三制十二年缩短了二年),基本一贯,适当分段:小学五年一贯,中学(初中三年、高中二年)五年一贯。文理不分科,到高年级加强理科。

二、提高了学习的程度:完成新学制的教育计划,在主要学科中数理化方面将达到或超过现在大学二年级基础课的水平。语文方面阅读写作能力将大大提高。第一外国语将达到能够翻阅外文专业书报的程度。

主要学科:一至五年级为政治、语文(包括外国语)、数学;六至十年级为政治、语文(包括外国语)、数学、物理、化学。

三、适当增加了劳动时间:除农忙假二周外,开设生产劳动课。

一、二年级每周1小时;

三、四、五年级每周4小时;

六、八年级每周6小时;

九、十年级每周10小时。

具体安排:六至八年级每周劳动4小时,每学期集中劳动12天。九至十年级每周劳动6小时,每学期集中劳动18天。

四、控制了每周授课时数:每周授课时数不超过27课时,每课时时间:

一至二年级35—40分钟、三至十年级45分钟。

一至五年级每周自修和家庭作业时间约为8—15课时。六至十年级上课时间和自修时间(包括校内外)的比例:

政治:1∶0.5

语文:中1∶0.5—0.8,

外语：1∶1.2—1.5

数学：1∶1.2—1.5

物理、化学平均：1∶1

其他学科根据需要作适当安排。

减少考试：每学期举行期末或学年考试（毕业班为毕业考试）一次，考试科目：

一至五年级：政治、语文、外语、数学、常识。

六至十年级：政治、语文、外语、数学、物理、化学、历史、地理、生物。

其中书面考查一次，考查科目：

一至五年级：语文、数学。

六年级语文、外语、数学、生物。

七至十年级：语文、外语、数学、物理、化学。

政治课根据学习理论知识情况结合学生实际行动评定成绩。

生产劳动根据学生在生产劳动中具体表现评定成绩。

音乐、画图、体育等科不举行考试，只进行平时考查。

每周社会活动时间（课外活动）：

一至五年级　　4—6 课时

六至十年级　　6—7 课时

主要内容为政治思想教育及会议活动（一至五年级 2 课时，六至十年级 4 课时），文体活动、民兵训练（2 课时），课外阅读指导和科技小组活动（1 课时）。此外每天有 15—20 分钟读报时间（低年级为教师讲报），分散在平时进行。

五、劳逸安排：学生每天学习时间（括自习和劳动时间在内）：

一至五年级不得超过 7 小时

六至十年级不得超过 8 小时

学生每天睡眠时间必须保证：

一至五年级 9—10 小时

六至十年级 8—9 小时。

此外每天已有 7.5—8 小时用于社会活动（课外活动），吃饭、休息、娱乐和处理自己的事情（包括走读生上学回家走路时间）。两节课之间应当有休息，星期六下午少排课，星期六晚上和星期天应由学生自由支配（课外活动时间内学生参加党团和班级的会议活动，每周以二次为限，每次不得超过 1 课时）。

六、全年时间安排：各年级全年实际上课 36 周（八至十年级各为 34 周），复习考试 4 周（八至十年级为 6 周），农忙假 2 周，六至十年级集中劳动 2—3 周，节假日和寒暑假 7—9 周（一至五年级 9 周，六至十年级 7—8 周）。机动时间 1—2 周。

七、外国语开设应以俄语为主，各校可根据学生来源、外语学习情况以及师资情况考虑开设。

八、其余过渡班级各年级可参照浙江省 1960—1961 学年度全日制普通中学教育计划及其说明执行。

浙江大学附属中学十年一贯制教育计划(草案)

学科＼课时＼年级		一	二	三	四	五	六	七	八	九	十	教学总时数
周会		1	1	1	1							144
政治					2	2	2	2	2	2	2	428
语文	讲读	10	9	9	8	7						3016
	作文		1	2	2	2	6	6	6	5	4	
	习字	2	2	1		1	1					
外语			2	2	3	33	3	3	4	4	4	1000
数学		6	6	6	6	6	6	6	6	6	6	2146
物理								3	4	4	5	564
化学									3	4	3	356
生物							3				1/0	126
常识					2	2						144
历史								4				144
地理							4				(0/1)	144
体育		2	2	2	2	2	2	2	2	2	2	716
音乐		2	1	1	1	1	1	1				252
图画		1	1	1	1	1						216
每周授课时数		24	25	25	27	27	27	27	27	27	(27/26)	9386
自习												
生产												
劳动												
课外												
活动												

浙江大学档案馆藏,档案号:ZD-1960-XZ-134

中共浙江省委关于调整大学附中的通知

(1961年2月20日)

省委发文〔61〕103号

1960年6月13日,省委批转了省教育厅党组"关于确定一批全日制完全中学作为大学附属中学的报告",但根据半年来的试行情况看,由于各主管大学本身任务繁重,有的附中距离又较远，在领导和管理上有一定的困难。为了集中精力办好大学，决定除浙江大学保留原浙江大学附中，杭州大学保留原杭州大学附中，浙江医科大学保留杭州十二中学作为附中外，其他附中一律归还原市、县党委领导和管理。

浙江大学档案馆藏，档案号：ZD-1961-XZ-29-6

关于浙大附中、附小领导关系划转杭州市的通知
（1963 年 12 月 3 日）

根据教育部 1963 年 10 月 7 日“关于浙江大学、厦门大学、上海外国语学院划归我部直接管理以后的教学和基建关系的通知”中规定“各该校如有附属中小学校，均由地方管理，其教育领导关系不划归我部”。对于浙江大学附属中学、附属小学的领导关系，从 1964 年起划归杭州市，其教育和基建关系也从 1964 年起划归杭州市。其交接手续请杭州市教育局与浙江大学协商处理。

浙江省教育厅

浙江省档案馆藏，档案号：J39-015-115-012

2. 杭州工学院（二分部）、杭州工业专科学校

杭州市革委会/浙江大学关于合办浙江大学附属杭州工业专科学校的协议书
（1980 年 10 月 14 日）

为了适应四化建设的需要，广开学路，培养更多的工程技术人才，杭州市革委会与浙江大学商定合办自费走读的工业专科学校，根据省人民政府《关于我省高等学校试行招收自费走读生的通知》精神，达成协议条款如下：

一、学校名称、性质、校址

学校定名为《浙江大学附属杭州工业专科学校》，简称《杭州工专》。

杭州工专系高等学校，同大专院校待遇。学生实行自费走读。

校址由杭州市革委会在杭州市区内选定，目前暂设在莫干山路中学内。

二、领导关系

杭州工专由杭州市革委会为主负责管理。有关教师、教材、教学计划、实验等，由浙江大学负责；校舍、经费、行政管理、思想政治工作、实习场所等，由杭州市负责。

三、学校规模、专业、学制

规模：到 1982—1983 学年，在校学生为 700 人左右。

专业：1980 年招生四个专业，即机械设计制造（机制）、工业企业自动化（工企）、工业与

民用建筑(工民建)、化工自动化及仪表(化自),各招生 60 名,合计 240 名。

今后专业设置由杭州市革委会和浙江大学根据需要与可能协商确定。

学制:到 1982 年主要为三年制。

四、组织机构与人事配备

在杭州工专成立党委(总支)任命校长之前,建立杭州工专筹备小组。筹备小组成员由杭州市革委会调派,浙江大学派有关同志参加,其中筹备小组组长由杭州市委派。筹备小组下设办公室、教务处等精干的办事机构。筹备小组的主要任务是领导学校的政治工作、教学工作、总务工作和基建工作等。

五、教学、校务工作

为切实办好学校,保证教育质量,浙江大学负责指导教学计划的制订和实施,提供兼课教师,推荐学生需要的教材,接受学生到浙大进行必要的实验和教学实习。学校的日常教学、教务工作由杭州工专组织进行。

对浙大提供的兼课教师(包括辅导教师和实验、实习指导人员)、兼职系(科)主任的酬金,杭州工专按省教育、财政、劳动部门《关于高等学校兼职教师酬金和教师编译教材的暂行规定的通知》规定支付酬金,没有明文规定的,参照上述文件精神协商确定。聘请其他单位兼课教师,也同样支付酬金。

浙江大学要积极支持杭州市革委会为杭州工专逐步建立一支具有一定质量的专职教师队伍,争取在三年以后能够自行开出多数课程。

学生在浙大进行实验、教学实习等,由浙大向杭州工专酌收成本费。浙大提供学生用的教材,按规定价格收费。

六、校舍、设备、后勤工作

杭州市革委会负责解决杭州工专的校舍,包括教学和办公用的家具和设施。

杭州市革委会分期提供经费,为杭州工专逐步建立必要的实验室、图书馆和资料室,购置仪器设备和图书资料,向独立的地方性的大专院校过渡,使它在三五年左右能自行解决多数实验。对此,浙江大学要给予业务指导。

后勤工作,由杭州工专管理,杭州市革委会提供必要的支持,协助他们解决困难。杭州市革委会为杭州工专和浙大之间的公共交通提供方便。

七、办学经费

除向学生收取的学费和省拨给的补助费外,办学经费(包括基建经费和事业经费)由杭州市革委会解决。由杭州工专编制预算,经杭州市革委会教卫体办公室审核上报,在杭州市地方财力中拨给。

八、学生的毕业安排

学生修业期满,成绩合格,准予毕业者,由杭州工专发给毕业证书,承认其专科毕业的学历。由杭州市革委会根据需要,指示学校择优推荐到杭州市和杭州地区各县的全民或集体单位工作。化工自动化及仪表专业的毕业生,由省负责择优录用。其使用和工资同专科毕业生待遇。毕业生也可以自谋职业。

不毕业者,不享受毕业生待遇。

九、本条款未尽事宜,由杭州市革委会与浙江大学随时协商处理。

十、协议书有效期到1988年8月底止。

协议书一式拾贰份。杭州市革委会和浙江大学各执一份。同时抄送省人民政府、省委教卫部、省教育厅、省人事局、市委教卫部、市计委、市人事局、市财税局、市教育局各一份。发杭州工专一份。

杭州市革委会(印)

浙江大学(印)

一九八〇年十月十四日

浙江大学档案馆藏,档案号:ZD-1982-XZ-16-13

对《关于继续试办"杭州工专"有关问题的请示报告》的批复

(1982年4月8日)

浙政发〔1982〕28号

杭州市人民政府:

杭政〔1982〕3号《关于继续试办"杭州工专"有关问题的请示报告》悉。经省政府一九八二年第六次常务会议讨论,批复如下:

一、同意省高教局提出的"杭州工专"是一所大专性质的收费走读工业专科学校。这种办学形式,有利于调动各方面的办学积极性,扩大就学面,为当地工业建设需要有针对性地培养人才。

二、"杭州工专"是市属学校。该校的办学经费,除浙政发〔1981〕99号批复中确定1981年招收的120名学生由省财政补助的规定继续有效外,今后招生所需经费由市负责,省财政不再给予补助和基建拨款。希望你们根据本地区经济建设对专业人才的需要和财力的可能,自行决定该校的专业设置和规模,尽可能把这所学校继续办下去。

三、省高教局应继续加强对"杭州工专"的业务指导。

此复。

浙江省人民政府

一九八二年四月八日

浙江大学档案馆藏,档案号:ZD-1982-XZ-130

关于请求给予世界银行贷款加强我校实验室建设的请示报告

(1982年11月28日)

省高等教育局转报

国务院教育部:

我们浙江大学附属杭州工业专科学校(简称杭州工专),是经浙江省人民政府〔1980〕100号文件批准。由杭州市和浙江大学签订协议联合举办的一所收费走读的工业专科学校,学制二至三年。浙江大学帮助杭州市办好这所学校,经过三五年的过渡,建立一所独立性的地方工科院校。1980年10月按照机械设计与制造、工业与民用建筑、工业企业电气自动化和化工自动化及仪表等四个专业招生248名,今年按照机械、电机、化工和土木四个系,招生120名,两届共招收费走读生368名。

经过两年多来的教学实践,80级学生已经学过基础课、基础技术课,进入专业课的学习,取得了良好的教学成绩,引起了省、市领导的重视,现在已由市计委和人事局安排预分方案,明年暑假就要毕业,分赴杭州市有关中小型工厂从事技术工作了。

根据杭州市计委81年初对全市"六五"期间所需科技人员的预测,81～85年共需增添科技人员13130人,每年平均需要2626人;其中工科9318人,占71%,管理专业1546人,占11.7%,两项合计10864人,每年平均需要2143人,占总需要数82.7%,而每年能够分配到杭州市的大学毕业生仅有300人,与杭州市的实际的需要差距很大。

根据杭州市统计局提供的数字:全市职工总人数为296580人,其中科技人员数为8983人,仅占职工总数的3.03%,与南京市科技人员占4.5%的比例相对照,也相差很远。

再从我省高等学校的设置情况来看,全省共有大学22所,其中师范专科就占了8所。而经国家批准的工业专科学校连一所也没有。本科生大都分配到大中型工厂,而小型工厂,特别是集体所有制的小厂,就很难分配到大学生。据二轻局统计,科技人员仅占职工人数的0.8%,不少工厂是空白。由于我省高等学校数量少,招生人数也少,以致我省高考录取分数线,近两年来都居于全国首位,今年体检线高达432分,后经省人民政府批准,我校在杭州市区招收走读生120名,入学的学生成绩也都在410分左右以上。因此,在高中学生及其教师、家长中形成一种紧张心理状态,强烈要求办好杭州工专,多招收费走读生。

通过党的十二大文件的学习,省市领导同志都深切地认识到要在本世纪末实现工农业总产值翻两番的战略目标,必须抓住三个战略重点,特别要抓紧科学教育这个重点,把学校教育搞上去。省委书记薛驹同志和杭州市市长周峰同志都一再强调要多招收费走读生,要办短期大学,要切实履行杭州市与浙江大学签订的协议,进一步办好杭州工专,在浙江大学的协助下,不断扩大招生规模,逐步办成一所独立的地方工业专科学校。

遵照省市领导同志的指示,并向浙大领导作了汇报,经与有关部门协商,根据杭州市"轻型结构"的工业发展方向和城市建设的需要,我校将逐步设置如下系科和专业:

(一)机械工程学系:(1)机械设计与制造专业,(2)轻工机械制造与设计专业;

(二)电机工程学系:(1)工业企业电气自动化,(2)家用电器专业;

(三)化学工程学系:(1)化学工程专业,(2)精细化工专业;

(四)土木工程学系:(1)工业与民用建筑专业,(2)城市道路与桥梁专业;

（五）管理工程学系：(1)企业管理专业，(2)会计统计专业；

学校规模：暂定为1000～2000名。

根据上述系科专业设置和学校规模，拟筹备建立如下实验室：公共基础课有：普通物理，普通化学，工科力学和计算机等四个实验室；

电机工程方面有：电路原理，电子技术基础，电机学和家用电器等四个实验室；

土木工程方面有：大地测量，土力学，建筑材料，砼结构，道路与桥梁等五个实验室；

化学工程方面有：无机化学，有机化学，分析化学，物理化学，化工原理和有机化工等六个实验室；

机械工程方面有：金属工艺学，金相，机械零件与原理，精密测量，切削原理与刀具和轻工机械等六个实验室。

以上共筹建二十五个实验室，其主要设备投资，约需美元200万元，请教育部批准同意我校向世界银行贷款；其配套设备经费将由地方财力予以解决。

为了实验室设备能在84年开始安装，经市人民政府领导批示，市规划局已为我校确定了校址，位于浙江大学正北方向一公里处，划地43亩，并将我校第一期工程7000m^2（主要作为布置实验室之用），由市计委列入83年基建计划，今年已列入预排项目，可以开始勘探设计，按全优工程，进行施工。

为了同世界银行谈判签订贷款协定和订购安装进口的与国内的仪器设备，我校在请浙江大学给予技术指导和支援的同时，从现在起将从浙江大学或其他单位调进有关教师和技术人员，及早把实验室的工作班子组织起来。

对于我校向世界银行贷款筹建实验室的计划，目前向浙江大学校长杨士林同志作了汇报，他当即表示将组织有关人员，协助我们开展这项工作。

我们相信有中央教育部和省市领导的重视，省高教局的直接领导和浙江大学的有力支持，再加上世界银行贷款这一有力措施，我们这所收费走读的短期工业大学一定能够得到较快的发展，为四化建设培养出更多的人才。

以上报告，如无不当，谨请尽快批示。

浙江大学附属杭州工业专科学校
1982年11月28日

浙江大学档案馆藏，档案号：ZD-1983-XZ-130

关于浙江大学附属杭州工业专科学校人员编制问题的批复

（1983年3月17日）

杭政发〔1983〕32号

浙江大学附属杭州工业专科学校：

你校杭工〔1983〕第1号关于人员编制问题的报告悉。经研究，原则上，同意你们的报告。目前，按教职工与学生之比暂定为1:5，教师与学生之比暂定为1:10配备。根据学校现有规模,暂定为一百三十人(一九八三年定八十人)。一九八五年以后的编制视学校发展规划再定。

杭州市人民政府
一九八三年三月十七日

浙江大学档案馆藏,档案号:ZD-1983-XZ-33

关于"杭工专"总体规划的批复

(1983 年 4 月 13 日)

杭政发〔1983〕41 号

浙江大学附属杭州工业专科学校:

你校《关于要求批准杭州工专总体规划的报告》悉。现批复如下:

一、同意你校近期发展规模为 1000 名学生,远期规划为 2000 名学生,设立机械、化工、电机、土木和管理工程等五个系。各系的专业设置要根据杭州市工业发展的需要确定,并在征得浙江大学同意后,报主管部门审批。

二、同意市规划局将你校定点在教三路与文三街的交会处,规划用地总面积为 85 亩左右.第一期用地 21 亩。按学校建设规划,分期征用。

三、学校建筑面积一期工程为 7000 平方米,作建造教室与实验楼等之用。第二期工程项目,根据市财力可能和办学需要,再行核定。

对你校委托省建筑设计院作出的总平面图设计,可邀请市有关部门和浙江大学共同审定。本着勤俭办学的精神,既要保证教学的需要,又要注意节约,讲究实际效益。

杭州市人民政府
一九八三年四月十三日

浙江大学档案馆藏,档案号:ZD-1983-XZ-33

关于第一批支援杭州工专教师名单的通知

(1983 年 8 月 30 日)

各系、各有关部门处:

高等学校与地方协作,以多种形式培养人才,是调整与发展高等教育事业的一个重要途径,根据我校与杭州市联合签署的科技协作协议书的规定,我校要为杭州工业专科学校"配备必需的教师,逐步建设一支基本独立的师资队伍,并协助杭州市配备业务领导干部,健全领导班子"。杭州工专〔1983〕第 4 号文件具体提出要求,在今年内"商调浙大的教师来我校担任处以上的干部和能胜任系、实验室、教研室领导的业务骨干 26 人"。为此,经学校与各系总支和行政以及杭州工专的党政领导多次商讨，确定了第一批支援杭州工专的13名教师名单。请各系不再安排有关人员的任务，做好思想工作，努力把这项支援任务做好。

附：第一批调动人员名单(略)。

浙江大学
一九八三年八月三十日

浙江大学档案馆藏，档案号：ZD-1983-XZ-33

关于建设杭州工业专科学校的批复

(1983年8月31日)

浙计建〔1983〕54号

杭州市计划委员会：

杭州工业专科学校的计划任务书及该校的教学实验楼初步设计和杭州市建委杭建综〔83〕172号文的审查意见均收悉。

一、建设规模，同意杭州工业专科学校近期按500名走读生考虑。专业设机械、电机、化工、土木和管理等五个系科，学制二至三年，属大专性质。

二、建设地点，同意杭州市规划部门的意见。近期可先征用土地21亩，并应留有发展余地。

三、近期建设工程为教学实验楼7606平方米，土建投资核定为218万元。

建设所需资金由杭州市地方财力安排30万元，另由市集资解决188万元。建设所需“三材”由杭州市自筹。

基本同意教学实验楼的工程设计。但南北楼的间距要适当加大，以利通风和采光。为节约投资，同意教学楼改为混合结构。建筑标准要适当，如墙面可不贴大理石，吊平顶、电梯、窗式空调器等可取消。希在建设中严格控制建筑面积和投资概算。

四、建设时间。教学实验楼7606平方米同意今年开工，1984年建成。今年投资30万元，建设所需资金、“三材”由杭州市自筹，基建投资额度由市安排15万元，省解决15万元。

浙江省计划委员会
一九八三年八月三十一日

浙江大学档案馆藏，档案号：ZD-1983-XZ-33

关于筹建职业技术教育系的请示报告

(1985年12月5日)

杭高专政〔1985〕第72号

省教育委员会:

大力发展职业技术教育是我省面临的一项紧迫任务,培养大量的合格的职业技术教育师资是保证实现预期目标的关键。杭州高等专科学校目前设有电机、机械、化工、土木四个系和相应的基础课教研室以及德、英外语教研室。专职师资力量在逐步壮大,兼职师资力量也比较稳定。利用世界银行贷款购置的、联邦德国下萨克森州无偿援助的和国内配套的仪器设备已在陆续到达,各个实验室正在积极建设中。我校有条件,也愿意承担培养职业技术教育师资的任务,为此,特申请建立职业技术教育系。

浙江省、杭州市于1985年10月31日与联邦德国技术合作协会正式签署的"会谈纪要"中明确规定,在杭州高专建立职业技术教育系。该系的发展规模为在校学生640名,学制四年,并建议从1987年开始正式招生。

我校考虑到浙江省和杭州市对职业技术教育师资的紧迫需要,准备采取如下应急措施:从我校84、85级各系学生中,两届分别挑选30名和60名左右,在他们修满三年的技术课程以后,再继续延长一年,集中实施师范课程的教育和进行必需的教育实践。该批学生第四年享受师范生待遇,毕业后发给本科文凭。这样,1988年便有首届毕业生。若按原计划1987年开始招生,则要到1991年才有首届毕业生。

职业技术教育系的学生,学制四年,在校期间享受师范生待遇,毕业后发给本科文凭,并保证作为师资服务于职业技术教育事业。

以上报告当否,请批示。

浙江大学附属杭州高等专科学校
一九八五年十二月五日

浙江大学档案馆藏,档案号:ZD-1983-XZ-33

关于更改浙江大学附属杭州高等专科学校校名的申请报告

(1985年12月7日)

省教育委员会:

浙江大附属杭州高等专科学校是一所接受世界银行贷款并与联邦德国下萨克森州签有正式合作协议的高等学校。目前设有电机、机械、化工、土木四个系,在校学生823人,学校规模原定为在校学生数2000人。经我国政府与联邦德国政府协商,决定将"合作建设杭州高专"项目正式列入联邦德国对华经援,1985年10月,联邦德国技术合作协会鉴定小组一行10人,受联邦经济合作部委托,对杭州高专进行了长达三周的考察、鉴定和评估,并于10月31日正式签署了"会谈纪要",会谈纪要除强调我校应对全国具有示范性外,还规定:

杭州高专的发展规模由原来的在校学生人数2000名增加到3000名;除已有的系科专业外,增设职业技术教育系(含电机、机械、化工、土木四个专业)。已经设置和将要设置的专业共计22个,大部分专业的学制为三年。职业技术教育系的电机、机械、土木、化工四个专业,土木系的建筑学专业以及科技德语专业学制为四年,享受本科待遇。

鉴于我校的实际情况,为有利于学校的发展,使中、德双方学校对等以促进合作的顺利进行,特申请将浙江大学附属杭州高等专科学校更名为浙江大学附属杭州科技学院。

以上报告,请予审批。

浙江大学附属杭州高等专科学校
一九八五年十二月七日

浙江大学档案馆藏,档案号:ZD-1983-XZ-33

关于原浙江大学二分部机构沿革情况的证明

(1986年1月25日)

浙江省委党校:

关于你校现范围内的土地,原分别为浙江工人技校、浙江化工学校、浙江纺织学校所有。随着教育事业的发展,以上学校于1955年合并为杭州工业学校,上述学校土地的归属,也随之并入该校。杭州工业学校于1958年改为浙江机械专科学校。1960年又转入杭州工学院,1961年杭州工学院建制撤销合并到浙江大学改为浙大二分部,其土地归属也随归浙大。后经省委批准,省委党校与浙大三分部进行土地对调。上述范围内土地的归属为省委党校所有。以上是上述学校的历史沿革情况,特此证明。

浙江大学
一九八六年一月二十五日

浙江大学档案馆藏,档案号:ZD-1986-XZ-79-11

关于杭州高等专科学校校务委员会组成人员的通知

(1987年10月4日)

浙政发〔1987〕86号

省教委:

省人民政府研究确定,杭州高等专科学校校务委员会由以下同志组成:

主　任:王启东

副主任:缪进鸿　龙正中　路甬祥　〇〇〇

委　员:陈　端　薛继良　黄汉平　张佩廉　张守义

浙江省人民政府
一九八七年十月四日

浙江大学档案馆藏,档案号:ZD-1987-XZ-400-4

印发《杭州高等专科学校领导体制问题讨论纪要》的通知

(1987年10月14日)

浙政发〔1987〕93号

省教委、省计经委、省财政厅、省劳动人事厅,杭州市人民政府,浙江大学,杭州高等专科学校:

《杭州高等专科学校领导体制问题讨论纪要》,已经省委、省政府同意,现发给你们,请遵照执行。

浙江省人民政府
一九八七年十月十四日

杭州高等专科学校领导体制问题讨论纪要

1987年8月31日下午,薛驹同志召集会议,讨论杭州高等专科学校的领导体制问题。王启东、罗东、李德葆、马寿根、谭祖根、缪进鸿、钟伯熙、○○○、陈端、韩祯祥、路甬祥、张守义等同志参加了会议。

杭高专是杭州市集资并和浙江大学共同建设的一所地方性高等学校,于1980年正式建立。1984年开始,成为浙江省与联邦德国下萨克森州的一个技术合作项目。经过中德两国政府多次商谈,1985年以后,又上升为我国与联邦德国技术合作的一个项目。大家认为:高等专科技术教育是高等教育中的一个重要层次。联邦德国高等专科教育的经验是好的,与联邦德国合作,学习吸收联邦德国的经验,同中国实际结合起来,用改革精神办好这所学校,使理论与实践密切结合,培养动手能力较强的应用型技术人才,是我国现代化经济建设的需要。各个有关部门和单位都要大力支持,密切配合,把这所新型的高等专科学校办好。

为适应情况的变化,杭高专的领导管理体制也要作相应调整。会前曾派人同国家教委、经贸部会商过。经过讨论,决定如下:

一、建设这所学校已定为中德两个国家间的一个技术合作项目,由国家教委和浙江省政府共同领导,委托浙江省管理。

二、成立校务委员会,请国家教委和浙江省政府、杭州市政府、浙江大学、杭高专分别派人组成。主任请省人大常委会副主任王启东教授担任。其任务是协调、组织各方面的力量办好学校;研究指导学校的大政方针,如发展规划、办学方针、改革措施等。日常办学工作由学校领导班子负责。

三、学校目前实行党委领导下的校长负责制。学校党的组织关系隶属省委管理,学校党政领导班子由省委宣传部管理。

四、学校的日常管理工作，与省属其他高校一样，由省教委归口领导、管理。

五、学校外事工作由省教委管理。应遵守外事纪律，注意内外有别。出国人员用汇指标，由省教委统筹安排。

六、办学经费，除请国家教委拨给的部分外，基本建设资金，在杭州市完成900人规模配套建设（标准，按国家教委有关规定执行）的投资后由省里负担。教育事业费，面向杭州地区的900人规模的学生，仍按现行规定办理，即按学生数由省里补助一部分外，仍由杭州市负责安排管理；今后扩大规模招收的学生，由省筹集和承担。

七、学生社会生产实践，由在杭州市的工厂企业单位接纳安排。

八、学校招生及毕业生的择优推荐录用。杭州高专以面向杭州市为主，在目前在校生900人的规模条件下，全部面向杭州地区定向招生；随着学校规模的扩大，逐步面向全省（含杭州市）。面向杭州地区的学生，全部由杭州市择优推荐录用；面向全省的学生，由省择优推荐录用。

九、学校基建用地，按照发展的总体规划，由杭州市负责划红线和预留发展用地，并在动迁工作上给予协助。

学校需要的师资，除由省教委统一分配以外，可以从有实践经验的科技人员中调配。从外地调入的应严格限于骨干教师，一般行政人员应在市区人员中商调。

十、学校继续实行收费走读，不包分配，择优推荐录用。外地学生可以住学生公寓。

杭州高等专科学校要尽快办成一所独立的学校，今后校名不再用“浙江大学附属”字样。浙江大学韩祯祥、路甬祥同志表示今后要继续努力支持。杭高专要建设自己的师资队伍，杭高专教师要逐步做到把关系转到学校，安心教学，共同把学校办好。

浙江大学档案馆藏，档案号：ZD-1987-XZ-400-5

二、党政领导

(一)党的建设

1. 党委设置

中国共产党浙江大学支部委员会改组启事

(1950 年 8 月 31 日)

敬启者:我们支部因同志的调动,已于 8 月 25 日改组支部委员会,并已于 8 月 28 日经上级党委批准。现将支部委员会组织及支部全体同志姓名公布于后,希望诸位在今后工作中,经常给我们帮助与指示。

支委会由李文铸、卢婉清、童仲达、沈桂芳、任雨吉五人组成,由李文铸任支书。

支部全体同志姓名:童仲达、沈桂芳、卢婉清、李文铸、任雨吉、刘景善、陈业荣、姚庆栋、宁奇生、马福泰、秦亢宗、梁尚书、吴季兰、王加微、董大年、徐凛然、王茉娟、李秉宏、何文池、吴胜洪、张敏友、朱翔峰、章根砚

此致

浙江大学全体先生工友同学

中国共产党浙江大学支部委员会

一九五〇年八月三十一日

《浙大校刊》1950 年 9 月 1 日

中共浙江省委调整各大专学校党委会的通知

(1952 年 12 月 30 日)

浙组干甲 1632 号

省委决定,各大专学校党委会作如下调整:

一、浙江大学党委会以刘丹、刘亦夫、李坚、张扬、张洪恩、史景瑗、李文铸等七同志组成,刘丹同志为书记,刘亦夫同志为副书记。

(下略)

特此通知

中共浙江省委组织部

一九五二年十二月三十日

浙江大学档案馆藏,档案号:ND-1952-XZ-3

中共浙江大学第一届委员会名单

（1956年6月17日）

中共浙江大学第一届委员会委员名单（按姓氏笔画为序）：王健英、刘丹、刘锡光、李文铸、何志均、陈昌生、陈仲仪、郭友三、胡杰敏、施耀中、姚庆栋、张鸿恩、张扬、杨士林

中共浙江大学第一届委员会候补委员名单：丁子上、高振雄

中共浙江大学第一届监察委员会委员名单：王健英、邱振华、郭友三、胡杰敏、施耀中、许淑卿、董大年

浙江大学档案馆藏，档案号：ZD-1956-XZ-2

中共浙江大学第二届委员会名单

（1958年2月25日）

中共浙江大学第二届委员会委员名单（按姓氏笔画为序）：刘丹、杨士林、杨醒宇、何志均、汪胜德、张玉洗、林光、周荣鑫、赵大中、徐律、黄固、谢光

中共浙江大学第二届委员会候补委员名单：王谟显、陈昌生、刘景善、高振雄

中共浙江大学第二届委员会常委名单：周荣鑫、刘丹、杨醒宇、张玉洗（以后副书记到职后由五个同志组成）

中共浙江大学第二届委员会书记、副书记名单：
第一书记：周荣鑫　第二书记：刘丹

中共浙江大学第二届监察委员会委员名单：刘丹、许淑卿、沈晓明、高祖森、高振雄、梁全、谢光

中共浙江大学第二届监察委员会书记、副书记名单：
书记：刘丹
副书记：谢光、高振雄

浙江大学档案馆藏，档案号：ZD-1958-XZ-12

中共浙江大学第三次党员大会补选党委委员、候补委员名单[①]

(1958年8月31日)

补选党委委员:刘才生、冀增、秦统兴、李文铸

补选党委候补委员:李军

浙江大学档案馆藏,档案号ZD-1900-CB-12-4

中共浙江大学第五届委员会委员名单

(1960年2月28日)

中共浙江大学第五届委员会委员名单(按姓氏笔画排序):王秉生、王谟显、田禾、刘丹、刘才生、李文铸、杨士林、杨醒宇、时生、何志均、汪胜德、林正、周荣鑫、赵大中、南竹泉、秦统兴、黄固、谢光、冀增

中共浙江大学第五届委员会候补委员名单:刘景善、李军、张明山、周德伟、高振雄

中共浙江大学第五届委员会常委名单:刘丹、刘才生、杨醒宇、时生、林正、周荣鑫、南竹泉、秦统兴、冀增

中共浙江大学第五届委员会书记、副书记名单:

党委书记:周荣鑫

副书记:刘丹、南竹泉、时生、秦统兴、林正

浙江大学档案馆藏,档案号:ZD-1960-XZ-15

中共浙江大学第六届委员会委员名单

(1963年6月23日)

中共浙江大学第六届委员会委员名单(按姓氏笔画为序):王谟显、牛万龄、朱平、刘丹、刘明、刘才生、刘俊英、李文铸、李志芳、李频如、杨士林、杨醒宇、何志均、汪胜德、陈伟达、林正、赵大中、南竹泉、秦统兴、黄固、董方明

---

① 编者说明:中共浙江大学第二次党员大会于1958年2月召开,选出了中共浙大第二届委员会成员。第三届党员大会、第四届党员大会分别于1958年8月和1959年2月召开,由于间隔时间较短,第二届党员大会选出的校党委会延续至1960年的2月召开的第五届党员大会才重新换届。其中第三届党员大会仅增补了部分党委委员与候补委员。

中共浙江大学第六届委员会候补委员名单(按姓氏笔画为序):方舟、刘景善、李汝俊、张明山、陈康、周德伟、傅镇川

中共浙江大学第六届常务委员会委员名单:陈伟达、刘丹、李频如、南竹泉、董方明、秦统兴、林正、牛万龄、刘明、杨醒宇、刘才生

中共浙江大学第六届委员会书记、副书记名单
党委书记:陈伟达
党委副书记:刘丹、李频如、南竹泉、董方明、秦统兴、林正、牛万龄

中共浙江大学第六届监察委员会委员名单(按姓氏笔画为序):王际升、牛万龄、艾兆信、朱人杰、朱广文、李云、张涛、赵振华、傅云翔

中共浙江大学第六届监察委员会书记、副书记名单
监委书记:牛万龄
监委副书记:李云

浙江大学档案馆藏,档案号:ZD-1963-XZ-15

杨海波临时主持浙江大学党的核心小组工作的通知[①]

(1975年7月14日)

省委发〔1975〕21号

中共浙江大学核心小组、中共杭州大学委员会:

省委决定:杨海波同志临时主持浙江大学党的核心小组工作。

中共浙江省委
一九七五年七月十四日

浙江大学档案馆藏,档案号:ZD-1975-XZ-8-11

关于建立中共浙江大学委员会及刘丹等同志任职的通知

(1978年7月29日)

省委干〔1978〕196号

省委决定,并经中国科学院党组同意,建立中共浙江大学委员会,撤销中共浙江大学核

① 本件原无标题,标题为编者所拟。

心小组。

浙江大学党委会由刘丹、王正之、黄固、邱清华、胡玉兰、杨士林、李文铸、李汝俊、张浚生、邱振华、王欣、王际升、陈金琪、吴良宏、陈忠德、缪进鸿、韩祯祥、孙育征、魏益华、王玉芝等二十位同志组成;常委会由刘丹、王正之、黄固、邱清华、胡玉兰、杨士林、李文铸、李汝俊、张浚生、邱振华等十位同志组成;刘丹同志为书记,王正之、黄固、邱清华、胡玉兰同志为副书记。

中共浙江省委
一九七八年七月二十九日

浙江大学档案馆藏,档案号:ZD-1978-XZ-6-1

关于中共浙江大学第七届委员会组成名单的批复

(1980 年 8 月 18 日)

省委发〔1980〕273 号

中共浙江大学委员会:

省委同意:

中共浙江大学第七届委员会由刘丹等二十五名委员、刘秀华等二名候补委员组成。常务委员会由刘丹、张黎群、黄固、胡玉兰、张浚生、杨士林、周培源、朱自强、张镇平、缪进鸿、周广仁十一位同志组成。刘丹同志任第一书记,张黎群同志任第二书记,黄固、胡玉兰、张浚生同志任副书记。

中共浙江大学第七届委员会纪律检查委员会由黄固等十一名委员组成。黄固同志任书记,李汝俊、李云同志任副书记。

中共浙江省委
一九八〇年八月十八日

浙江大学档案馆藏,档案号:ZD-1980-XZ-2

关于中共浙江大学第八届委员会和纪律检查委员会组成名单的批复

(1985 年 10 月 29 日)

省委发〔1985〕76 号

中共浙江大学委员会:

浙大党委〔1985〕29 号、30 号报告悉。省委同意你校第八次党代会和八届党委会一次会议、纪委一次会议选举产生的中共浙江大学第八届委员会和纪律检查委员会组成名单。

中共浙江大学第八届委员会由(以姓氏笔画为序)白同平、朱深潮、吴金水、周文骞、张镇平、梁树德、韩祯祥、储静、路甬祥等九位同志组成。梁树德同志为书记，周文骞、朱深潮同志为副书记。

中共浙江大学纪律检查委员会由周培源等七位同志组成。周培源同志为书记，龚兆元同志为副书记。

中共浙江省委
一九八五年十月二十九日

浙江大学档案馆藏，档案号：ZD-1985-XZ-8

关于中共浙江大学第九届委员会、纪律检查委员会组成人员的批复

(1988年11月7日)

省委发〔1988〕45号

浙江大学党委：

浙大党委〔1988〕34、35号报告悉。同意你校第九次党代会、九届一次全体会议和纪律检查委员会全体会议选举的结果。

白同平、朱深潮、吴平东、吴金水、周建华、郑元康、郑元耀、胡建雄、徐建国、梁树德、路甬祥（以姓氏笔画为序）等十一位同志为中共浙江大学第九届委员会委员，梁树德同志为书记，朱深潮、吴金水同志为副书记。

徐裕钧同志为中共浙江大学纪律检查委员会书记，龚兆元同志为副书记。

中共浙江省委
一九八八年十一月七日

浙江大学档案馆藏，档案号：ZD-1988-XZ-7

关于中共浙大第十届委员会和纪律检查委员会组成人员的批复

(1991年12月30日)

省委发〔1991〕273号

中共浙江大学委员会：

浙大党委〔1991〕70号请示悉。省委同意你校第十次党代会和党委十届一次全体会议、纪律检查委员会第一次全体会议选举的结果。

中共浙江大学第十届委员会由卜凡孝（按姓氏笔画为序）等二十五名委员组成。

中共浙江大学第十届常务委员会由梁树德、朱深潮、吴金水、郑元耀、路甬祥、胡建雄、唐晋发等七位同志组成，梁树德同志为书记，朱深潮、吴金水、郑元耀同志为副书记。

郑元耀同志为中共浙江大学纪律检查委员会书记。

中共浙江省委
一九九一年十二月三十日

浙江大学档案馆藏,档案号:ZD-1991-XZ-7-5

关于浙江大学党委、纪委换届选举结果的批复

(1995年12月27日)

省委发〔1995〕60号

中共浙江大学委员会:

浙大党委〔1995〕52号请示悉。省委同意你校第十一次党代会和党委十一届一次全体会议、纪律检查委员会第一次全体会议选举结果。

中共浙江大学第十一届委员会由卜凡孝(按姓氏笔画为序)等25位同志组成。中共浙江大学第十一届常务委员会由梁树德、张乃大、陈子辰、俞蒙槐、潘云鹤、胡建雄、顾伟康等7位同志组成,梁树德同志为书记,张乃大、陈子辰、俞蒙槐同志为副书记。俞蒙槐同志为中共浙江大学纪律检查委员会书记。

中共浙江省委
1995年12月27日

浙江大学档案馆藏,档案号:ZD-1995-DQ-20-1

2. 党代会

中共浙江大学第一次党员大会决议

(1956年6月17日)

中共浙大委员会为了迎接浙江省第二次党代表大会的召开,为了充分发挥党员群众的积极性把各种力量和一切积极因素都调动起来,以进一步做好学校工作,特根据党中央和省委的指示,召开了党员大会。大会听取和审查了刘丹同志代表党委所作的工作报告,并充分发扬了民主,广泛地开展了批评与自我批评,改选了党委会,选举了出席浙江省第二次党代表大会的代表与党的监察委员会。

大会认为党领导浙江大学的工作,不论在贯彻执行党的高等教育的方针、党的知识分子政策,完成培养国家建设人才的任务方面和党的思想建设和组织建设,以及学校的基本建设等工作方面都是有成绩的。同时也指出了党的领导方面也存在着重大的缺点和错误。并找出其主要的根源是由于党委领导上存在着自满保守思想;学校中党和行政各方面工作围绕教学中心来进行不够;党和行政领导上存在着官僚主义、形式主义作风以及党委发挥集体领导的作用不够等。因此学校各方面的工作、特别是教学工作已显得落在社会主义高潮新形

势的后面。

大会认为浙江大学在党的领导下，工作已有一定基础，党员和群众的社会主义积极性也极为高涨，当前的问题是要求全党迅速克服思想落后于实际，领导落后于群众的积极性，按照毛主席关于把社会主义事业办得又多又快又好又省的方针，结合学校的具体条件，依靠党依靠群众，调动各种力量和一切积极因素克服各种困难，来进一步做好学校各方面的工作，把学校继续推向前进。

为了要达到上述要求，今后必须解决下列问题，并责成下届党委贯彻执行：第一，必须从思想上、组织上健全党委的领导，并严格遵守集体领导的原则来加强党对学校工作的全面领导。

第二，必须克服全党特别是党员干部中的骄傲自满情绪和在各项工作中的保守思想。

第三，必须加强党对教学工作及科学研究工作的领导，并要求党委和全体党员切实做到围绕教学中心来做好各项政治思想工作和行政工作。

第四、必须积极地按照党的干部政策、培养提拔和配备干部，健全党和行政的组织机构。

第五、必须继续切实地贯彻党的知识分子政策，做好各项知识分子工作。

第六、必须在各项工作中，重视发挥党的核心作用，发挥党支部的战斗堡垒作用和各种组织的作用，坚持群众路线的工作作风和领导方法，克服官僚主义和形式主义作风。

第七、必须重视发扬民主，经常开展批评和自我批评，以及克服缺点，改进领导，增进团结，提高工作。

浙江大学档案馆藏，档案号：ZD-1956-XZ-2

中共浙江大学第二次党员大会党委工作报告(节选)①

(1958 年 2 月 16 日)

(前略)

二、教学与科学研究工作：

我校在取得教育改革成绩的基础上，由于坚决执行了中央关于办好社会主义大学的各种方针，因而在教学和科学研究方面都取得了很大的成绩。特别是经过整风和反右派斗争，广大师生员工的社会主义觉悟空前提高，更进一步地为提高教学质量和开展科研工作创造了有利的条件。但随着形势的发展，国家和地方对我们的要求也更高了，因此全党必须加倍努力、鼓起干劲，一定要在教学与科研方面来个“大跃进”。

(一)坚决贯彻阶级路线，向工农开门的方针。要求今年暑假后全校工农学生占 38%，1960 年占 50%，到第二个五年计划期末达 60%。

我校 1956 年上半年工农子弟学生只占全校学生人数的 18%，工农干部学生只有 51 人。现在工农子弟学生已占全校学生的 30.2%，工农干部学生也已增至 131 人。由于我们对工

① 本报告系时任浙大党委副书记刘丹代表学校党委在中共浙大第二次党员大会上所作的工作报告。报告全文共分五个部分。本书收录的是其中的第二部分。

农学生的培养,采取集中编班上课,加强辅导等方法,因而他们在历届毕业生中的质量一般还是好的。可是,由于我校对培养工作曾经一度放松(1956 年 10 月到 1957 年暑假),对某些轻视工农同学的教师存在着的资产阶级思想没有进行及时的批判,以及对部分资产阶级出身的子弟歧视工农同学、使工农同学产生自卑感的问题也没有很好地解决,因而也影响了对工农同学教学质量的提高。

为了建设社会主义,工人阶级必须有自己的知识分子队伍。我们除了认真改造非工农出身的学生以外,更重要的是要坚决贯彻向工农开门的方针,使工农成分学生的比重不断增长,我们要求今年工农成分学生的比例要占全校学生数的 38%,二年半后占 50%,到 1962 年达到 60%。为此:

1. 招生时首先考虑优先录取工农成分学生;争取今年浙大速中毕业生 30%免试升入本校;今年暑假招收工农学生要求达到 55%。

2. 筹办工农中学:今年上半年筹备,在原有速中基础上改办工农中学,争取今年寒假后开学。招收在 30 岁以内、政治思想进步、身体健康能坚持长期学习,具有 3—5 年体力劳动锻炼的初中毕业或具有同等学力的青工为主。每班招收 300—400 人,经三年脱产学习,补充高中主要课程,做到 90%以上的学生能转入本校学习。

3. 工农成分学生入学后,第一、二学年视需要尽可能分班上课。挑选思想进步、工作积极、业务较好的教师担任课堂教学与辅导工作。全面关心帮助工农学生,争取在入学两年后学习成绩要求能赶上或超过一般同学的水平。

4. 举办工农老干部进修班。我校于今年暑假后举办老干部进修班,招收参加革命工作十年以上,政治思想进步,年龄 45 岁以内、身体健康能坚持学习,具有初中毕业或同等学力的县级以上干部。暂设发配电及化工两个专业(发配电 30 人、化工 60 人),在三年内培养成为具有一定科学技术理论基础和工程管理专业知识的专门人才。

5. 改进业余大学的工作。同有关地方业务部门联系,由业务部门分批分期选送经过劳动锻炼与政治考验的高中毕业或具有同等学力的优秀工农干部,进入本校业余大学学习。争取今年业余大学的工农成分学生达到 38%,1962 年达到 55%。

(二)坚持学习苏联,进一步贯彻理论联系实际的教育方针。开展勤工俭学运动,要求今年每人每周劳动 9 小时,全年劳动量达 70 天;1959 年每人每周劳动 12 小时,全年达 85 天的劳动量,使教学和生产结合,和劳动结合,以提高教学质量,更好地达到全面发展的教育目标。

培养具有社会主义觉悟的、有文化的身体健康的劳动者,这是社会主义教育的根本任务,也是社会主义教育与资本主义教育在培养干部问题上的根本区别。我们为了实现这个任务,在 1952 年进行了院系调整以及在专业设置之后,又进行了一系列的教学改革,采取了很多有效措施,使教学的计划性加强了,理论联系实际也更密切了。为了减轻学生的负担和更好地培养独立工作的能力,我们在 1956 年又采取了一些措施,因而使教学质量有了显著的提高。

然而,别有用心的右派分子,却说解放后的教学搞糟了,他们竭力想把学校引向理论脱离实际的资本主义教学道路上去。在这股歪风的鼓吹下,某些政治上不坚定的人也一度迷失了方向。因此,在去年修订教学计划时,有的专业修改了培养目标,有的专业不适当地增加了理论课程，削减了生产技术课程，减少了生产实习的时间与次数，不愿做毕业设计，要求多做毕业论文等。有的专业缩减了实验课与实习课，有些教师不愿下实验室亲自去指导学生实验。这种只重视理论、忽视实践的教学思想，都是不符合社会主义的教育原则的。

为了坚定不移地贯彻社会主义的教学方针，必须：

1.加强对学生的马列主义教育。今年春季开设社会主义教育课程，贯彻“学习理论、联系实际、提高认识，改造思想”的方针、“百花齐放、百家争鸣”的方针和“团结—批评—团结”的原则，摆事实、讲道理的精神，以学习毛主席“关于正确处理人民内部矛盾的问题”为中心教材，同时阅读一些必要的马克思列宁主义的经典著作、党的文件和其他文件，采取精读文件和充分自由讨论与必要的讲授和辅导等方法进行学习，以提高全体学生的社会主义觉悟、树立马克思列宁主义的世界观。

2.革新劳动教育，加强学生的劳动锻炼。除了在各项生产实习中加强体力劳动外，全校普遍开展经常性的以结合专业为主的勤工俭读。除每年暑假抽出一个月进行全日劳动外，每人每周劳动量要求在今年达 9 小时，明年达 12 小时，争取明年大部分专业实习在厂矿中能做到实际操作。

3.审查修订教学计划。教学计划要体现培养具有社会主义觉悟、有文化、身体健康的劳动者的教育方针，明确各专业培养目标。今年起即按照学校审批的教学计划进行教学，各系、各教研组不得随意修改。

4.贯彻全面发展的教育方针。教师要对学生全面负责，关心学生的学业、政治思想的成长、道德品质的培养和身体健康。在一年级中确立班主任制度，二年级以上要求每个任课教师、辅导教师重点深入一个班，经常了解情况，加强指导。

5.坚决贯彻学习苏联。进一步具体地研究与分析苏联高等工业学校各种教学环节，结合中国具体情况，提出改进办法，重点应放在毕业设计、课程设计、实验、生产实习等方面。

6.积极开展群众性的体育锻炼。要求今年在学生中达到劳卫制一级以上的学生人数占全校学生的 65%(其中二级占 10%)，1960 年除少数有病的同学外，全体达到一级(其中二级争取达到 70%)。

(三)面向生产、面向浙江，为了更好地为工农业生产服务和提高教学水平，积极开展科学研究工作，要求两年后讲师以上的教师都能掌握和运用新的科学技术。

一年半来我校的科学研究工作，有一定的成就。科学研究的风气正在形成，实际从事科学研究的教师已占教师总数 30%以上，在讲师以上教师则占其人数 50%以上，读书报告也较普遍，大部分教研组都在进行。质量方面也有不少已超过我校第一次科学讨论会的论文水平，不少题目已初步纳入国家的计划与规划。1957 年我校科学研究 100 个专题中，其中有 40 个选题是由企业部门提出的，都是当前生产上极重要的题目。有些题目如旋风炉液态排渣研究和二万五千瓦汽轮发电机氢冷却通风等专题，得到了企业部门支持与合作。在已完成或初步完成的一些研究成果中，如球墨铸铁铸造高速齿轮、上海汽轮厂的精密车间设计、直流弧焊机的设计程序及性能、低压电器电磁系统的结构计算等，已将研究报告提交厂方，而有些成果如无熟料水泥和农村用小型水轮机、抽水机等，则已经投入生产，从而有力地支援了本省的地方工业和农业生产。在若干科学部门和新技术上，我校也在逐渐开始建立起来，并且也获得了一定成就，在新的生产工艺电火花加工上利用现有材料装置了电火花加工机,在加工速度和精度方面已达到世界水平。而更多的教师,比较广泛地深入地阅读了若干文献资料,因此也提高了教学质量,使在开课上不再局限于教科书上的内容,在实验上和毕业设计上都有较大提高,进一步接近了实际。

现在广大教师虽然都知道肯定要走社会主义的道路,但在科学研究的具体进行上,什么是社会主义道路、什么是资本主义道路,还没有划清;对于科学研究应为当前生产服务,特别是为本省工农业生产服务,思想上还不明确;有些教师为了盲目追求十二年后赶上世界先进水平,就埋头读书,而对当前生产不感兴趣,严重地脱离了实际。有些人则只想搞科学研究,不愿意做教学工作,还有些人则欣赏个人钻研,不喜欢集体研究,不能发挥集体力量。另有些教师对科研设备的添置有"求全""求新""求大"的思想,缺乏节约朴素的精神,造成了许多浪费。

针对以上情况、提出如下指标与措施:

(1)通过整风大辩论,明确社会主义科学研究方向;深入地解决科学研究上党的领导和国家的统一计划的协调;坚决贯彻理论联系实际的方针,明确科学研究应为国家建设特别是为本省工农业生产服务;在科学研究中还要贯彻勤俭建国的方针,以及解决科学研究与教学的关系等问题。

(2)在本年内所有专业教研组和部分基础技术教研组都应该同一两个生产单位建立经常联系、密切合作。凡是和本省经济发展有重大关系的专业,应该首先面对本省,大力组织本省农具和农业机械的制造和改进,加强对本省化学肥料、化学工业和水力发电建设的研究。而对已经在开始研究的项目,也应以本省的问题作为具体内容(如研究改进本省机器制造工业存在的问题,研究本省煤的综合利用问题,以及建筑结构、建筑材料和地基基础问题等,并要参加若干重要工程和新产品的设计施工、试制和技术鉴定材料试验等工作)。发掘本校教师的技术力量和设备潜力,更密切地加强和浙江省应用化学研究所、材料实验所等的合作,并结合生产,改进技术。

(3)进行长远规划,全面考虑第二个五年计划内国家和本省经济的发展需要,并根据本校各教研组结合教学质量提高、师资提高和培养等可靠条件,确定各教研组科学研究的五年规划,要求在两年内绝大部分教研组都成为科学研究的集体,明确研究的方向。除了少数新成立的教研组要求结合建立实验室、掌握各课程教学环节等直接的教学工作进行外,一般教研组都应在今年联系国家和本省的生产实际动起手来。而对教学上已稳定,并有相当一批高中级科学力量进行过科学研究的教研组,则应从速确定方向,集中力量,针对当前国家或本省迫切需要解决的重大问题,使其科学研究纳入国家规划。并应从我校理工多科性的特点,组织有关教研组在若干重大问题上进行综合性的研究。通过研究,逐步提高水平,加强和工厂、研究机构等的联系,增进科学研究的预见性。

(4)结合反浪费运动检查科学研究工作中的浪费现象,树立勤俭朴素、实事求是的作风。各教研组应重视实验室的建设,亲自动手,有关实验仪器尽量自己设计、研究、制造。这不仅为国家节省了经费,而且推动了科学研究工作的开展。

(5)为了推动教学与科学研究工作的顺利开展,必须加强师资培养和提高工作。在加强政治思想教育与思想改造的同时,还应注意教师在业务方面的不断提高。提高的途径主要通过当前教学与科研实践,提倡刻苦好学,贯彻百家争鸣方针,理论联系实际,朝气勃勃,向科学进军。钻研教学大纲和教材内容,提高教学质量,对于校外脱产进修今后应适当控制,除新开设的专业外，一般的应强调在职业余进修。教师应多参加国家经济建设工作，熟悉实际设计、工艺过程和经济核算，多下工厂，多下实验室，从而能掌握运用新的科学技术，培养成为又红又专的工人阶级知识分子。

浙江大学档案馆藏，档案号：ZD-1958-XZ-12

中共浙江大学第三次党员大会总结
（1958 年 8 月 31 日）

第三次党员大会，从 24 日开幕，历时共七天今天就胜利地闭幕了。我们这一次党员大会的中心任务是总结以整风为纲的半年来的工作，从工作中总结经验教训，根据这些经验教训和当前的政治任务确定我们党的今后工作，以便促进我们党更好地贯彻社会主义建设总路线。

我们党的第三次党员大会是否完成了党的这一任务了呢？我们是完成了，我们所以能胜利地完成这一任务，首先是由于省委的正确领导，其次是由于我们全党用整风的精神，用克服三风五气的精神，用鼓足干劲、力争上游、多快好省的总路线的精神召开了这次大会，对过去的工作和我们党内仍然存在着的三风五气，展开了与人为善、治病救人的批评与自我批评。对于收获和缺点、经验与教训、今后任务，本着对党负责的态度表示自己修正和补充的意见，这样就使这一总结和今后任务更加全面、完善。这次大会也是我们党的团结大会，表现在全党对政治原则问题、重大问题的认识是一致的，在这些问题上没有分歧。全党同志都是从党的利益、党的事业而不是从个人出发，是从党的原则问题上开展讨论，而不是在非原则问题上斤斤计较，争论不休。

具体来说，有什么收获呢？

一、对工作、对党的整风运动，对我校当前的政治形势比较有了统一的认识。如有的同志反映有过“浙大落后论”，究竟落后不落后呢？基本上是统一了。对党的统战政策，党的领导（如何全面领导），过去的口径并不是一致的，有的是模糊的，现基本上统一了。我们在认识上特别感到深刻的是兴无灭资斗争的收获和基本经验。自去年五月大鸣大放反右斗争以来，在这一年多的时间里党的整风运动具有划时代的意义，是政治战线思想战线上的胜利，这是上层建筑斗争的胜利，上层建筑反过来推动基层建筑的发展这一真理，已在去冬今春今夏明显地显示出来了，因此我们对于通过整风运动来取得兴无灭资斗争的胜利，每一个党员感到特别深刻。所以整风运动的收获和经验教训，对我们来讲是阶级斗争，由认识的感性阶段比较系统的上升到理性阶段，这是我们认识的深化运动。虽然阶级斗争的实践，已经给了我们深刻的教育，但这一次总结是对我们全党的又一次深刻的阶级教育。

二、进一步明确了党的若干有关的方针政策：如教学方针、党的领导、统战政策等。

三、是促进大会，进一步鼓舞全党干劲，进一步解放了全党的思想，敢于发表意见、敢于大胆独创。

四、在开大会时，我们看到了主席视察工作向全国提出的一个新的问题即人民公社，也看到了各省市人民公社组织、生产、活动情况的介绍，特别是听了周校长的报告，虽然我们还有一些不明确的问题,但是我们一致感到在我们国家涌现出了这样的具有共产主义雏形的组织,而且发展很快,将我国生产推向更高的发展,我们看到了祖国的方向,受到了极大的鼓舞。作为共产党员的奋力以求所实现的目标,已不是很遥远的任务了。

大会还是有缺点的:

一、时间安排不够理想,原打算早开,时间不充分,问题讨论辩论得不深不透。

二、一部分同志,没有能够贯彻始终的参加大会,这里不外两种原因:一是对大会的政治意义认识不足;二是事务主义,没有将行政工作有计划地安排好,这是大会的一个损失。希望今后不要再有这样的损失。

各小组对党委领导的某些方面的工作,提出了一些批评。这些批评将作为教训予以注意或克服。对今后任务提出了某些补充意见,即订在今后任务中或订在工作计划中。还有文字语法,及对某些事物估价高低的修正,再作文字的修正。

通过讨论,我们全党对若干重大问题在一定程度上是统一认识的。但是对某些问题在理解上还很不深刻,还有不少的糊涂观念,经过党委研究认为有必要着重地讲一讲,使我们全党的认识提高一步,有以下问题:

一、关于党的领导问题

1.学校党的领导现在是实行党委领导下的校务委员会负责制。怎样理解这一问题呢?第一简单地说,就是党委对学校的一切工作什么都管什么都问,也可以叫全面领导。所谓管与问不是口头上问问算完,是党委有要求、有决定、有指标、有措施等。第二是党委对行政工作还要通过校委会决定下来,贯彻执行。在执行上也不包办代替。是由行政组织负责完成。但这里要说清楚二点:一点是一切都管一切都问不是主张事务主义。党的领导上要有轻重缓急主次之分,要善于抓紧急的突击性的工作。第二点是全面领导到哪一级呢?学校是校系两级制。不可以支部也叫全面领导,支部工作的对象在行政工作上没有一套完整的组织和业务来接受支部全面的领导,不能实行支部领导下的××负责制。支部的堡垒作用不是全面领导,在于保证监督。

2.什么叫党委领导,什么叫政治领导,这不是一个范畴的东西。党委领导是讲组织的,政治领导是指挥的灵魂。两者不要混为一谈。但也不是两者分离,是密切不可分离的。没有党委这一组织的领导,就不可能有政治领导。政治领导,必须由党委领导,这是无产阶级专政的历史经验的第一条。如果离开党委领导,政治领导是空谈,不论其目的如何,结果是排除无产阶级政治领导,而换上资产阶级政治领导。

3.外行领导内行。“外行领导内行是一般规律”不要添文减字,添减就破坏了它正确的含义了。毛主席是怎样提出的呢?是针对着去年右派分子向党猖狂进攻时说“外行不能领导内行”讲的,这是主席给我们今后反击右派给我们撑腰一个有力的武器,是主席分析了事物发展规律而提出的,右派所指“外行”是指我们党,右派分子为了向党进攻,他也是巧妙而有分寸的,他并不是说在一切方面都是外行,有的说科学是外行,有的说生产是外行,教育是外行,但不论怎么说是企图推翻党的领导,反对政治领导,将灵魂抽去,成为他们反党的天下。

“外行领导内行”是不是一般规律?好像有人还未弄清楚。外行与内行没有绝对之分。人人是内行,人人是外行,一万个行业中就一行是内行,其余都是外行。即使十八般武艺般般精通还有9982行是外行。浙大有党政工团群,行政上边有室处、所、馆,下有八个系,36个专业,哪个有这样大的本事都内行呢?历史上没有内行领导内行的,领导建设封建社会的并不是封建社会的内行,他是奴隶社会的人,领导建设社会主义社会的并不是社会主义社会的人,是资本主义社会或殖民地封建社会的人。就人来讲,元朝的统治是游牧民族的统治,同样领导了农业工业而且促进欧亚交通的发展,指南针、印刷术、火药传到了欧洲。明朝朱元璋是贫农,当过和尚小偷,领导政治政权不能不说是外行。孙中山是医生也不是政治家。所谓外行领导内行是一般规律就是要政治领导业务。如果不这样,就无法实现政治领导,在今天来讲就无法实现党的领导。

党是管政治的,是所谓"外行"。对业务,是否可以这样安于下游、中游就可以了呢?不对,主席从来都是叫我们内行要学习、学习、再学习,抗战时就叫学经济、文化等,七届二中全会(全国解放前期)决议更是突出地提出要全党学会与资产阶级作政治斗争、经济斗争、文化斗争等等,解放后党又提出要培养工人阶级自己的又红又专的知识分子,当然改造旧知识分子是一方面,但也包括要求全党的外行转化为内行。安于现状,认为已有了雄厚的资本不向内行钻,不对。但也要注意只向业务内行钻而不问政治是不对的。外行领导内行,实际上就是政治领导业务,就是要懂政治不懂业务的人或少懂业务的人领导懂业务的人。为什么这是一般规律呢?①因我们是唯物主义者,是马列主义者,能正确地处理生产关系。②因我们是以无产阶级的立场观点看问题。③党决定着我国的政治方向。④领导是统治,是刀把子,不能放弃。⑤虽不万事精,但是万事通。

4.党的领导,离不开党员的以身作则地带领群众为党工作,没有这些就没有党的领导。因此全体党员不论现在在什么岗位上,都应认真贯彻党员的十条义务和七条权利。如有的同志不执行这些义务和权利,有的同志不接受党所分配的任务,就无法实现党的领导。

二、知识分子的政策问题

1.党对知识分子的政策是与他们保持政治上的联盟并对他们进行团结、教育、改造的政策,过去是这一政策,今天并不过时,还是这一政策。为什么一定要这一政策呢?这在八次代表大会少奇同志报告中讲得很清楚:我国的民族资产阶级,包括大中小资本家和资产阶级的知识分子在内,是我国社会上除开官僚资产阶级以外人数最少的一个阶级,并且在政治上和经济上都有很大的软弱性。但是不论在过去和现在,这个阶级在社会上都有很大的影响和作用。在一方面,这是因为他们在历史上发展了近代工业,领导了旧民主主义革命,在一定程度上参加了新民主主义革命,并在中华人民共和国成立以后的具体条件下,采取了接受工人阶级和共产党领导的态度,接着又逐步地采取了接受社会主义改造的态度。在另一方面,这是因为他们比较早地掌握了现代的文化,并且掌握了一些现代企业的技术知识和管理知识,直到现在,他们仍然是我国具有比较丰富的现代文化知识、拥有比较多的知识分子和专家的一个阶级。在过去几年内,民族资产阶级参加了国民经济的恢复工作,还参加了或者支持了土地改革、镇压反革命、抗美援朝的斗争,从而使我们最大限度地孤立了敌人,并且增强了革命的力量。在社会主义改造过程中,工人阶级同民族资产阶级的联盟,对于教育和改造资产阶级分子起了积极作用;在今后,我们还可以通过这种联盟对他们继续进行团结、教育和改造的工作,使他们利用自己的知识来为社会主义建设服务。由此可见,把这种联盟看作一种徒然的负担,是错误的。并且列入了八大决议"为了巩固人民民主统一战线,必须继续执行团结、教育、改造知识分子的政策”。1957 年 9 月 23 日,邓小平同志在八届中央委员会第三次扩大会议上的报告(整风报告)重申了这一政策。这一政策不是可无可有,不是党的一种负担,其所以如此,少奇同志已经正面讲了,我们不妨再从反面看,中国有 500 万知识分子,党排斥他,敌人争取他,这正是敌人的希望。这样做有利于谁呢?党不教育改造,他的思想观点原封不动是有利于谁呢?

2.党对知识分子的政策,一般的从理论上讲思想都通,但结合具体往往有分歧不通。最不通的是对他们生活上、职务上适当的作些照顾不通。不要看成一个人,他有代表性,是一大批人,对代表性,有的可能不同意,认为没有代表性。什么叫代表性,一是有威望的人起一定人的中心作用的。第二种代表性指兔死狐悲,尽管他无威望,对他处理得不合适,旁人自然就远离我们。是叫他们远离我们好呢,还是让他们接近我们好呢?当然也需要有原则,即不是促退派。

3.对这一问题,党内有一种思想,口服心不服,理论通、心里不舒服,不甘心。当然按党的章程来说允许这样,这是服从的党的利益、政策、决议嘛!但停留在这样的水平上不够。对贯彻党的政策应该发展成为自觉性,口服心服。因理论掌握了群众才产生了力量。老是理论不掌握,怎么产生执行党的政策的力量呢?

4.还有一个问题:对斗争与团结不能这样理解:斗一部分,对这一部分光斗不团结;团结一部分,对这一部分是光团结不斗。因为他们都有两面性,不是各有一面。如果只有消极的一面,矛盾就变了。团结是因其有积极一面,同时教育改造是因其有消极一面。当然他的两面性是表现着时起时伏的,哪一面抬头,着重哪一面是可以的。但也必须是整个政策同时并用,不能分离。

三、群众路线问题

1.少奇同志说群众路线是党的根本的政治路线,也是党的根本的组织路线。什么是党的群众路线呢?它包含着两方面的意义。邓小平同志在修改党章的报告中说:什么是党的工作中的群众路线呢?简单地说来,它包含两方面的意义:在一方面,它认为人民群众必须自己解放自己;党的全部任务就是全心全意地为人民群众服务;党对于人民群众的领导作用,就是正确地给人民群众指出斗争的方向、帮助人民群众自己动手,争取和创造自己的幸福生活。因此,党必须密切联系群众和依靠群众,而不能脱离群众,不能站在群众之上;每一个党员必须养成为人民服务、向群众负责、遇事同群众商量和同群众共甘苦的工作作风。在另一方面,它认为党的领导工作能否保持正确,决定于它能否采取“从群众中来,到群众中去”的方法。按照毛泽东同志所起草的党中央“关于领导方法的决定”的话来说,就是“将群众的意见(分散的无系统的意见)集中起来(经过研究,化为集中的系统的意见),又到群众中去作宣传解释,化为群众的意见,使群众坚持下去,见之于行动,并在群众行动中考验这些意见是否正确,然后再从群众中集中起来,再到群众中坚持下去,如此无限循环,一次比一次地更正确、更生动、更丰富。

2.在党内还有对依靠群众有怀疑的一种不正确的思想,好像一个人的作用大于群众的作用,知识分子的智慧高于群众的智慧,简单朴素的道理,群众还可以,综合提高就不行了。这种思想如果不克服是危险的,这是什么思想呢?还是知识分子高人一头,轻视群众的作用。“本事是有大有小,马列主义揭开了历史发展的新纪元,但马列主义不是个别人在书斋中空想的产物，而是人民群众的斗争经验的总结”(《红旗》发刊词)。群众的作用是伟大的。如果强调个人作用，没有群众将一事无成。必须明确群众的知识、经验，是最丰富、最实际的，其创造力是最大的。

3. 群众路线与阶级路线有没有差别呢？从范围上讲有时有差别，有时没有差别，如党对党员群众，有时叫群众路线，这就没有差别。但另一方面，群众路线往往指的是更广泛的范围讲的，只要是人民不是敌人均包括在内。在范围上这就又有差别。但实质上是没有差别的，党的阶级路线就是群众路线，就是无产阶级的群众路线，不是脱离无产阶级的群众路线。它表现在党的群众路线，有核心有骨干，有以无产阶级工农大众为主导的阶级观点。从群众中来到群众中去都是首先是从本阶级队伍中来，到本阶级队伍中去，然后到一般其他群众，过去土改、参军及鸣放、整改等都是如此。

4. 有的知识分子未被改造好以前，是否包括在群众以内？当然在内，在内并不等于作他的尾巴，有党有核心有骨干，是可以信赖的，整风即证明了这一点，当然他与党的方针政策相对抗也不要紧，你可以辨风向嘛！

四、政治挂帅

1. 这样解释看对不对。用无产阶级唯物辩证的观点，站在无产阶级利益上动员和领导广大群众，进行、完成和处理一切工作一切问题，就叫政治挂帅。

2. 政治挂帅是对全民和所有一切事物的要求，不是只对一部分人和对一部分事物的要求，而人人有份事事有份。当然首先是对党员的要求，政治挂帅虽然是对全民的要求，可不可以不需要党员干部的领导就行了呢？不可以。事实证明了，没有党员的地方，往往没有政治挂帅，是白旗所以在总结中才提及白旗当道的地方要配备党员。但也要弄清，党员与政治挂帅是两回事。党员并不一定政治挂帅，党组织也有的不政治挂帅，这一点要引以为教训。

3. 怎样挂法，总的讲就是务虚，即先务虚后务实，以虚带实，以实论虚，在党委的总结中也提到如何挂法了。这里不赘述。

五、勤工俭学

1. 勤工俭学的目的和意义是什么呢？是解决理论结合实际、劳动锻炼改造成为劳动者，思想改造，具有社会主义觉悟。达到这目的，一般地讲是内外结合。两条腿走路，双足并用。哪一种分量更大一些，这要看具体情况。以我们的情况，与地方挂钩下厂下乡应放的力量大些，应是主要方向。理由在党委的总结中已提到了。这一方向阻力更大一些，这是要全党注意克服的。校内大办工厂。周校长上次专门讲了这个问题，根据全党研究的结果，初步计划全校根据现在情况可办工厂 128 个，设计院 9 个，公司 2 个，试验室 6 个，其他 5 个。

2. 勤工俭学的领导应加强，改组勤工俭学委员会，成立办公机构，各总支要有专人负责领导。

3. 收入分配：目前要抓紧解决的：对工厂工作服、衣服鞋袜的补贴。其他将来新办的工厂，按具体情况以同样原则办事。

六、人民公社

人民公社问题周校长作了详细报告。立即普遍进行传达，动员全体人员进行讨论，并结合我们具体情况，要求全党全校大发议论。在 9 月 15 日前大鸣大放、大发议论，充分发扬共产主义风格。在这一问题上,人人献计(计策、计划),人人献智,等待现成的东西不对,不是争上游。如果都等现成的,就没有共产主义,没有一国单独建成社会主义。总支要领导好,并归纳意见,作为我们行动的决定。

第三次党员大会即将结束了,大会规划了1958年度党的工作任务,如何保证党的任务的完成?在八大决议中,中央已作了详细交代,这里边包括要求党的领导要正确,不犯左或右的错误,要不断与非无产阶级的思想作斗争。要实事求是,贯彻党的群众路线,贯彻集体领导党内民主的原则,克服三风五气。党的这些教导,是我们永远不论在任何情况下都必须遵循的,不能有丝毫违反,除此以外,根据我们的具体情况,全党还须遵循以下几点:

一、大胆的解放思想,发扬敢想敢说敢干的共产主义风格。一个党员不敢想不敢说不敢干,患得患失,是懦弱之流,是饱食终日无所用心,是责任心不强。有的同志怕错,怕错也对,但到了不敢赞一词就是大错特错。当然敢想敢说违反了党的原则那是不对的。如对大是大非问题上像右派分子那样敢想敢说是不对的,但这一点已弄清楚了,已在理论上实际上解决了。除此以外还怕什么呢?思想不解放,不能鼓足干劲,不敢大胆的发动群众,就无法带领群众前进,无法促进我国一日千里的一天等于廿年的发展,就不是促进派而是促退派。

二、发扬共产主义协作精神。与协作相对立的是本位主义,“各人自扫门前雪,不管他人瓦上霜”,互相封锁,互不支援,要求别人帮助,不帮助别人;强调对本单位有利,不强调对旁人有利,此风断不可继续。不协作是一种宗派主义倾向,是思想意识上的个人主义和思想方法的片面性的反映。它同共产主义精神、共产主义思想是冰火不相容的,对总路线不利,是有矛盾的。只能破坏和削弱社会主义建设。是两种方法的斗争(少慢差费与多快好省),也是两种思想的斗争。对外要注意这一问题,对内也要注意这一问题,系与系,组与组,部门与部门,班与班,都有这一问题。

三、不断革命:一是运动,一是竞赛,一是高潮。要善于组织我们的工作一个高潮跟着一个高潮的发展,这就需要善于树立对立面开展工作,善于运用竞赛开展工作,善于抓住有利时机突出某一项主要工作内容,开展比先进的跃进比赛。估计下半年可以有些什么竞赛呢?教改保安要搞运动,科研、勤工俭学要搞竞赛,还要有一个高潮——理论学习,这叫二个运动,二个竞赛,一个高潮。

这半年以来党在经济战线上、政治战线上、思想战线上获得了极其伟大的胜利。工农业生产不断地有卫星上天,六亿人民空前团结,积极性空前高涨。党的正确、光荣、伟大更加深入人心,国家在全世界的威信空前提高。帝国主义的侵略阴谋虽然已经受到中苏两国和全世界爱好和平人民的打击,但野心不死。我们能够认真贯彻大会所决定的任务,就是贯彻总路线,就是以实际行动打击帝国主义的侵略阴谋。

大会所规划的任务,是党的全年的任务,我们将有计划地贯彻执行,目前正是1958年度刚刚开始,再有一个月是国庆9周年纪念,在全年任务中,首先全党应抓什么呢?全党都在向国庆献礼,我们应该怎样向国庆节献礼呢?

(一)大抓勤工俭学:(1)组织义务劳动;(2)滚珠生产;(3)大办工厂。

(二)大抓科学研究,超额完成既定的科研项目。

(三)组织全校认真学习讨论人民公社。

(四)在新生中开展教育方针的辩论。

(五)除四害讲卫生,要突击一月,作出显著成绩。

除此以外,还要组织防空,扫清积案。

这次党员大会是总结大会,也是今后任务的誓师大会。我们一定能更好地完成党的任务,一定会使党的事业获得更巨大的胜利。

浙江大学档案馆藏,档案号:ZD-1958-XZ-12-3

全校第四次党员大会胜利开幕

(1959年2月28日)

2月28日,全校第四次党员大会在广大师生员工的热烈盼望和密切的关注下胜利开幕了。

下午两点钟,在隆重而庄严的国际歌声中,由大会执行主席宣布开幕。大会首先由党委副书记南竹泉同志致开幕词。南副书记指出,1958年已过去了,新的"大跃进"的战鼓已经在全国全省敲响了,因此我们党员大会是争取今年更"大跃进"的大会。接着由党委第二书记刘丹同志代表党委向大会作一年来工作及今后任务的报告。报告共分四个部分:(一)1958年学校"大跃进"的巨大成绩;(二)1958年"大跃进"的经验;(三)1959年方针任务;(四)加强党的领导,争取今年更大更好更全面跃进。

大会后,全体党员和邀请列席大会的同志们对党委工作报告展开热烈讨论。

大会期间,会场内外一片红色的旗帜及丰富多彩的决心书和教研组、小班、行政科室及个人的祝贺信交相辉映,处处洋溢着劳动歌声,掀起向大会献礼的热潮,充分反映了全校师生员工对党的爱戴,他们纷纷以光辉劳动成果向党员大会献礼。

浙江大学档案馆藏,档案号:ZD-1900-CB12-005

中共浙江大学委员会向全校第五次党员大会的工作报告[①]

(1960年2月14日)

根据省第三届党代表大会的精神和省委关于我校逐步转为科学技术大学的决定,1960年的任务是:坚持政治挂帅,树立共产主义世界观;加强教育与生产劳动相结合,进一步提高教学质量;猛攻尖端技术,攀登科学高峰;大搞群众运动,为多快好省地培养又红又专的科学技术人才而奋斗。

具体任务是:

一、政治思想工作

必须在全校开展学习毛泽东思想的运动,用毛泽东思想来武装我们的头脑,用毛泽东思想作为我们一切工作的指针。毛泽东同志是天才的创造性的马克思列宁主义者;毛泽东思

---

① 编者说明:本报告系时任校党委书记周荣鑫代表校党委向中共浙江大学第五次党员大会所作的工作报告。报告全文分三个部分,本书节录的是其中的第二部分。

想是我国人民理论上、思想上最宝贵的财富。毛泽东思想最主要的特色,是关于把马克思列宁主义的普遍真理同我国革命和具体实践结合起来,从而在新的条件下增强了马克思列宁主义理论的百战百胜的威力。必须认真学习毛主席著作,大力宣传毛泽东思想,树立不断革命的思想,树立为共产主义而积极建设社会主义的思想。加强自觉改造,抛弃资产阶级的世界观,树立无产阶级共产主义的世界观,这是我们全党和全校广大师生员工的共同政治任务。

1.必须把党内反右整风运动坚决进行到底,把广大师生员工的社会主义、共产主义教育运动搞深搞透。在继续深入进行社会主义、共产主义教育时,要认真学习刘少奇同志"马克思列宁主义在中国的胜利"等有关文件和省第三届党代表大会的工作报告。联系实际,联系思想,批判各种错误观点,澄清各种糊涂观念。

2.加强马克思列宁主义、毛泽东思想的理论学习。在社会主义、共产主义教育运动的基础上,进行理论教育时,应以学习和研究毛泽东思想为中心,认真地学习和研究毛主席的哲学、科学社会主义、党史等理论,并有计划地结合学习马克思、恩格斯、列宁、斯大林的有关著作,提高全党马克思列宁主义、毛泽东思想的政治理论水平,使广大师生员工具有马克思列宁主义、毛泽东思想的基础知识,以改造资产阶级世界观,树立无产阶级世界观。

3.加强经常性的时事政策教育。组织广大师生员工认真学习时事政策,关心国家大事,明确斗争方向,树立牢固的爱国主义和国际主义思想。在学习时事政策的同时,还要认真学习和坚决贯彻执行业务工作方针、政策,把工作、学习与当前社会主义建设和共产主义伟大理想密切地联系起来。

4.坚决贯彻执行党对知识分子团结、教育、改造的政策。培养工人阶级知识分子、壮大师资队伍是我们学校的根本任务。壮大师资队伍,除在业务上对青年教师应注意积极培养提高外,更要对他们加强政治思想教育,提高他们的政治思想水平,以加速又红又专的工人阶级知识分子队伍的成长。

(中略)

5.全党动手,共同负责,加强政治思想工作。在各项工作中,必须认真抓住"一挂帅"、"二加强"、"三带领"、"四红专"等具体经验,把政治思想工作深入到各项工作领域中去,使政治与业务紧密地结合起来。并开展"比、学、赶、帮"运动,大抓先进、大立标兵、大帮后进、带动中间、使群众运动一环扣一环,一浪高一浪,促使各项工作不断胜利前进。为了发挥政治工作威力,必须加强校刊工作,通过校刊宣传党的方针、政策,宣传先进事迹,教育与鼓舞广大师生员工奋勇前进。

在进行政治思想教育时,必须把政治思想教育运动和经常性的理论教育和时事政策教育结合起来。必须坚持理论密切联系实际的原则,密切联系我国社会主义革命、社会主义建设的实际和师生思想情况。思想教育方法,必须大搞群众运动,采取大鸣、大放、大字报、大辩论与报告、阅读、讨论、参观访问等方法结合起来,把正面教育和必要的思想批判结合起来,做到既是政治理论教育又是思想改造工作。去年党委及总支负责同志担任理论教育工作的做法,应当坚持下去,不断积累经验,努力改进提高。

二、教学工作

根据我校1960年的任务,在教学工作方面应以加强教育与生产劳动相结合,进一步提高教学质量为中心,放手发动群众,进一步开展"比、学、赶、帮"社会主义竞赛运动,密切教学、生产劳动和科学研究三结合，大抓基础理论课的教学，积极提高外文水平，努力培养和提高学生的独立工作能力，大力提高师资的政治、业务水平，加强教学上的基本建设；并在办好现有专业的同时，积极筹办新增加的尖端专业和专门化，为逐步向科学技术大学发展打下初步基础。

1.进一步贯彻执行教育与生产劳动相结合的方针，加强教学、生产劳动和科学研究三结合，以教学为主，充分发挥教学、生产劳动和科学研究的互相促进作用，尽可能地把有关教学环节与生产劳动和科学研究有机地结合起来，以便更有效地提高教学质量。在下厂、下地进行生产劳动时，必须切实贯彻执行"关于组织学生参加生产劳动的暂行规定"，并根据教学需要有计划的结合生产劳动进行现场教学。课程设计和毕业设计，必须认真结合解决本省和国家当前生产上的关键问题进行真刀真枪、实题实做；并结合开展科学研究工作，以促进本省工农业生产的发展，使毕业班同学的设计思想、生产知识、独立工作能力和科学研究能力，得到全面锻炼，学习质量获得全面提高。

2.继续大抓基础课的教学工作，大力提高基础课教学质量，为专业知识和培养科学研究能力打下扎扎实实的基础。在基础课教学中，必须贯彻辩证唯物主义观点，密切理论与实际的联系。做到既加强基础理论又密切结合专业，以适应专业教学和专门学科研究的需要。

为了使基础课密切结合专业进行教学，各专业应在党支部的领导下，以专业教研组为主吸收基础课教师和学生代表，成立小组，负责统一安排、检查和研究本专业的基础课和专业课的教学工作，并有计划地安排基础课教师参加专业的生产和科研活动，更好地了解专业情况，有利于基础课教学的改进。

加强对一年级新同学的始业教育，帮助学生明确专业的具体培养目标和学好基础的重要性，以提高学习的自觉性。

积极提高师生的外文水平，外文教师应注意结合专业，努力提高教学质量；专业课教师也应努力提高外文水平，积极地与外文课教师相配合，指导高年级学生学习有关专业外文书籍，提高学生的阅读能力。

为了贯彻"全面发展"的方针，培养共产主义的新人，在加强政治与业务教育的同时，必须进一步加强体育工作，广泛开展体育运动，以增强师生体质，大力提高体育水平。并结合我校特点，应有计划地开展民兵的技术兵种的训练，加强军事体育活动。

3.进一步贯彻党的群众路线，放手发动群众，继续深入开展以提高教学质量为中心的"比、学、赶、帮"社会主义竞赛运动。在运动中必须紧紧抓住"一抓方向"、"二抓思想"、"三抓苗头"、"四抓对立面"、"五抓总结推广"等具体经验，积极地经常地开展红专小组、教研组和教学小组的政治、业务活动；在系与系、班与班、组与组之间，个人与个人，教师与同学之间，广泛开展挂钩竞赛，以充分发挥教师在教学工作中的主导作用和同学学习的主动性。所有教师都应认真树立管教管学的教学态度，认真备课、讲课，深入小班了解学习情况，进行辅导答疑，关心工农同学学习情况，帮助他们学习基础较差的课程。除了关心同学的业务学习之外，还应关心同学的思想情况，引导他们向又红又专的方向迈进。在同学中应进一步加强对红专小组的领导，不断交流总结经验，发扬刻苦钻研精神，培养独立思考能力，开展学习互助活动，充分发挥红专小组的作用。

4.在努力提高现有专业的教学质量的同时，积极筹办新专业和专门化，为我校逐步成为科学技术大学,打下初步基础。根据我校具体情况,本年内将增设5个新的尖端专业,4个专门化,为今后进一步增设新专业创造条件。

为了适应形势发展的需要,必须大力培养师资,壮大又红又专的教师队伍,特别要重视青年教师的培养,以加速新生力量的成长。对青年教师除了应该指导他们补足必要的专业课程外,要大胆放手地让他们担负教学工作,参加生产劳动,在实践中锻炼提高。开展科学研究是筹办尖端专业的生长点,更应组织他们积极参加。特别是增设新专业和专门化的教研组,更应抓紧对教师的培养工作,以适应教学需要。在大力培养青年教师的同时,还应帮助老教师积极进行自我革命、自我改造,发挥他们的专长,采取以老带新、新老结合,互相帮助、互相促进的方法大力提高教师的质量。除在职培养外,还必须根据需要认真选拔优秀人员,分别到兄弟学校或出国进修。

5.加强教学的基本建设工作。结合生产劳动和科学研究,采取群众路线的方法,审查教育计划和教学大纲,编写和审订教材;根据专业发展的需要本着勤俭办学的方针,增设新的实验室,充实实验设备;加强图书馆的建设,改进书刊采购工作,积极购置和搜集尖端专业和国内外最新科学技术的图书刊物,加强书刊管理,加快书刊的流通,以保证各项教学任务的顺利进行。

6.附属中学,为了适应我校逐步转为科学技术大学的要求,除加强政治思想教育外,应于本年暑期后,在高中各年级中试行新的教学计划,积极提高数学、物理、化学、外语的教学内容。求是村小学应于1959学年第二学期在五年级试行增设俄语课程。

7.在办好全日制大学的同时,要积极发展夜大学和函授教育,办好附属中学、小学和业余中小学,以适应文化革命的需要。

三、科学技术研究工作

根据我校1960年的任务,在科学研究工作方面:应以猛攻尖端技术,攀登科学高峰为中心要求,进一步贯彻执行党的教育方针和科学技术研究工作方针,立大志、下决心、鼓干劲、大力开展科学研究工作,为提高教学质量、解决我省工农业生产建设的重大关键问题,为促进技术革命和文化革命而努力。

1960年科学技术研究工作暂定为十大项目,共有131项重点课题。为了保证上述任务的完成,必须紧紧抓住:“三坚持”“三结合”“三不断”“三不怕”“三不停”等具体经验,并抓紧抓好以下几项工作:

1.牢固地树立科学技术研究为工农业生产服务、为国防建设服务的思想,继续批判脱离生产、脱离实际“为科学而科学”的资产阶级思想。各系各专业必须密切与本省各生产部门的联系,选择生产建设中关键问题,开展研究工作;并结合生产劳动、生产实习、毕业设计等教学环节,组织师生积极参加技术革新和技术革命的群众运动,促进我省工农业生产的高速度发展。

2.贯彻当前与长远、一般与尖端、普及与提高同时并举的原则。在进行当前生产关键问题研究的同时,要大力加强新兴尖端科学技术和基础理论的研究,要大抓重大科研项目的研究。重大科研项目,应由学校统一领导,分工负责,各方配合,全力支持,一抓到底,保证完成。

3.科学技术研究工作必须坚持群众路线,大搞群众运动,贯彻专家与群众相结合的原则。破除迷信,解放思想,发扬敢想、敢说、敢做的共产主义风格,使专业研究与广大群众的科学活动结合起来。在校内要广泛组织师生和能者三结合的科学研究小组,全面开展研究工作;并把科学研究列入教学计划,坚持有计划、有步骤的经常性的科学研究活动。并以节日献礼的形式进行全校性的竞赛评比,以总结、提高、推广科研成果。

4.进一步发扬共产主义的协作精神,大力加强与生产部门、研究单位的协作和校内各系、组间的协作,这是开展科学技术研究,迅速取得成果的关键之一。为此,我们必须坚决批判和克服资产阶级学院式的研究作风、本位主义与自由主义思想,运用各种协作形式,通力合作,多快好省地完成各项科研任务。

5.为了适应科学技术研究工作的迅速发展,积极创造条件把我校转为科学技术大学,各教研组既要大抓教学,又要大抓科学研究工作。各系应合理安排教学与科学研究工作,大力培养新生力量,并逐步建立研究机构,培养出一支又红又专的专业研究队伍。为了加强科研工作的组织建设,1960年在我校有关系、教研组的基础上,设立冶金、化工、机械、动力、电子学、原子能和建筑工程等7个研究所、36个研究室,并受省科学分院领导。另外与轻工业部协作,设立照相机研究所。为了更有效地进行科学研究工作,还必须加强科学技术情报资料工作和原材料及设备的供应和加工制造工作。

6.及时鉴定和总结推广科研成果,以便迅速投入生产,不断充实教学内容,提高教学质量。

7.继续贯彻百家争鸣的方针,积极开展各种形式的学术研究活动,活跃学术风气,提高学术水平。

四、工农业生产

1960年工农业生产的中心任务是:坚决贯彻执行党的教育与生产劳动相结合的方针,以教学为中心,密切结合科学研究工作,贯彻理论联系实际的原则,以提高师生的政治思想觉悟、专业知识水平和科学技术水平;同时担负国家和本省一定的关键性产品的生产任务。

为了完成上任务,今年工业生产的具体任务是:

1.坚决贯彻执行教育与生产劳动相结合的方针,密切结合教学,合理安排师生生产劳动计划。对生产劳动计划的安排应尽可能地做到既适应教学的需要又如期完成和超额完成生产任务。认真总结学生在生产劳动中迅速掌握生产技术和提高专业知识的经验,并及时推广这些经验,以便大力提高教学质量和迅速提高师生的技术水平和独立工作能力。

2.为了适应教学、生产劳动和科学研究工作的需要,并为了更好地担负国家和本省一定的关键性产品的生产任务,积极迁建和扩建机械制造厂,新建有机硅橡胶厂、耐酸陶瓷厂、冷压成型焦厂。各工厂与各有关系、教研组相应密切协作,及时完成教学、科研加工和生产任务。

3.大力开展技术革新和技术革命,积极推行机械化、自动化改进生产、改进生产工艺。特别是机械制造厂要自力更生,“老兵换新枪”,积极调换落后的生产设备,以提高生产能力。

4.加强生产管理,改善劳动组织,提高设备利用率和劳动生产率。机械制造厂应把1960年的劳动生产率比去年提高三倍,并力争超额完成。其他各工厂的劳动生产率,亦应根据具体情况,采取具体措施,大力加以提高。同时各工厂均应根据“尖、精、新、缺”的原则,具体安排产品计划,不断提高产品质量。今年工业总产值为400万元,比去年实际增长10%。

5.加强职工的政治思想教育,开展以“红、勤、巧”为中心的“比、学、赶、帮”社会主义劳动竞赛运动。大抓先进,大立标兵,发扬敢想、敢说、敢做的共产主义风格和苦干、实干、巧干的精神,实现生产劳动的持续“大跃进”。

6.加强安全教育,积极采取安全措施,严格执行操作规程,防止一切生产事故,确保安全生产。在加强职工政治思想教育的同时,要积极改善劳动条件,关心工人生活,提高工人文化水平,以充分发挥职工的积极性。

7.根据以厂养厂、勤俭办厂、因陋就俭的精神,加强计划管理和财务管理,实行经济核算,制订先进定额,节约原材料,降低成本,建立与健全统一的财务管理制度和生产管理制度;同时根据各厂的具体情况,健全各项必要的规章制度。

农业生产以粮为纲,大力发展以养猪为主的畜牧业和茶业、蔬菜生产。今年的农业总产值为35万元,比去年增长168%。各项生产指标为:水稻亩产1440斤,比去年增119%。麦子亩产800斤,比去年增319%。猪4000头,比去年增800%。油菜籽亩产500斤,比去年增178%。茶叶亩产300斤,比去年增16%。蔬菜亩产15500斤,比去年增180%。家禽4800只,比去年增240%。

为了完成上述任务,必须贯彻农业生产“八字宪法”和畜牧业八项措施,大搞工具革新和技术革命,逐步实现半机械化和机械化,并努力提高劳动出勤率,全年劳动力为72000人次,比去年增加32%。继续进行社会主义、共产主义教育,批判和克服富裕农民自发的资本主义倾向,不断扩大共产主义因素,为向社会主义全民所有制的过渡积极创造条件。

五、行政工作

加强党对学校行政工作的领导,充分发挥各级行政组织的作用,以保证中心任务的顺利完成。为此,我们必须加强对广大干部和工人的政治思想教育,树立全心全意为人民服务,做党和人民驯服工具的思想。发扬刻苦学习、深入实际、深入群众的优良作风,不断总结经验,提高工作效率和工作质量。

贯彻执行勤俭办学的方针,厉行增产节约的原则,发扬艰苦奋斗的作风。严格控制编制,加强财政管理制度,爱护公物,克服一切浪费现象。为了逐步消除费力的手工劳动,积极开展技术革新和技术革命的群众运动。

根据学校的发展情况,分清主次、先后、重急,加强对基本建设的领导,以保证教学和科学研究的需要。

大力做好育林工作,美化校园。进一步开展群众性的文化娱乐活动,以丰富活跃学校的文化生活。通过文化娱乐活动向广大群众进行政治思想教育,培养革命乐观主义精神和高度的共产主义道德品质。

医务工作必须加强政治,贯彻以预防为主的方针,深入开展群众性的爱国卫生运动,消灭四害、整洁校容、办好医院,做好卫生保健工作。

各级党政领导在抓政治和抓业务的同时,要关心群众生活,群众干劲越大,越要关心群众生活。根据可能的条件,积极改进生活管理工作,办好食堂、托儿所等福利事业。加强商业工作的领导,积极组织货源,扩大商品品种,不断改进工作人员的服务态度和经营管理工作。

浙江大学档案馆藏,档案号:ZD-1960-XZ-0014

中共浙江大学委员会向全校第六次党员大会的工作报告①

(1963年6月8日)

我国社会主义建设已进入第三个五年计划的新时期,全党和全国人民在党中央和毛主席的正确领导下,更高地举起总路线、"大跃进"、人民公社三面红旗,贯彻执行以农业为基础、以工业为主导的发展国民经济的总方针,向着农业现代化、工业现代化、国防现代化和科学技术现代化的目标前进,为把我国建设成伟大的社会主义强国而奋斗。为了实现四个现代化,关键在于实现科学技术现代化。在完成这个伟大而艰巨的任务中,党和人民要求更好地培养科学技术人才,更快地提高科学技术水平。作为培养社会主义建设人才的场所和发展科学技术水平的重要阵地之一的高等学校,担负着这个光荣而艰巨的任务。

在社会主义建设过程中,在由资本主义过渡到共产主义的整个历史时期,存在着无产阶级和资产阶级之间的阶级斗争,存在着社会主义和资本主义这两条道路的斗争。这种阶级斗争是错综复杂的、曲折的时起时伏的,有时甚至是很激烈的。学校是社会的一个组成部分,是知识分子集中的地方,又是培养青年后代的重要场所之一,因此,加强学校的政治思想工作,坚持兴无灭资的斗争,继续深入进行社会主义革命,保证青年后代不变质,又是我们的一项艰巨的政治任务。

为了实现社会主义的"四个现代化",为了保证青年后代在政治上永不变质,应当是我们今后一切工作的出发点。

根据党的八届十中全会和省四届党代会精神,结合我校的具体情况,我们今后十年的任务是:进一步加强党的领导,继续高举三面红旗,坚持政治挂帅,坚决地、正确地贯彻执行党的教育方针和"高校60条",围绕基础理论、工程技术、理工结合的新学科三个方面,大力提高教育质量和学术水平,把我校从现有基础上建设成为社会主义的现代化的多科性理工大学,并争取试办研究院。从而使培养出来的人才,不仅数量上能符合国家的计划要求,而且在质量上符合"高校60条"规定的培养目标,并在某些方面有较高的水平,科学研究能在有关重大的科学技术方面,作出独特的创造性的贡献。

为了完成上述任务,必须加强社会主义教育,继承和发扬我校光荣传统的革命精神,实事求是的治学态度,艰苦朴素的生活作风,逐步形成理论与实际统一、高度的革命性和严格的科学性统一的学风,必须有一支社会主义觉悟较高的、精通本门业务的、又红又专的教职工队伍;必须有适应教学、科学研究所需要的先进的实验室、研究室设备和图书资料;必须有一整套符合教育方针和"高校60条"精神以及保证社会主义教学秩序的规章制度和教学、科学研究方面的基本文件。

为了有步骤地完成上述任务,我们把工作分成两个各有侧重的阶段。头五年(第三个五年计划期间)主要是打下扎实的基础;后五年(第四个五年计划期间)全面完成上述任务。对

---

① 编者说明:本报告为时任学校党委副书记刘丹代表校党委向中共浙江大学第六次党员大会做的工作报告。报告全文共分四个部分,本书收录的其中第二部分"今后十年计划的初步设想和一年工作任务"的前半部分。

个别基础较强的专业和学科,应积极争取提前完成,并向更高的水平迈进。

十年的主要奋斗目标:

一、对学生的培养

头五年,学校规模、学生人数将稳定在6500人左右,专业设置稳定在25个左右,各专业应该根据国家计划培养学生,全校毕业生总数应达到8400人左右。在质量上应使学生在德育、智育、体育几个方面都得到发展,成为有社会主义觉悟的有文化的劳动者。在德育方面,具有爱国主义和国际主义精神,具有共产主义道德品质,拥护共产党的领导,拥护社会主义,愿为社会主义事业服务,为人民服务,逐步树立无产阶级的阶级观点、劳动观点、群众观点和辩证唯物主义观点。在智育方面,切实掌握本专业所需要的基础理论、专业知识和实际技能,尽可能了解本专业范围科学的新发展;注意培养学生具有实事求是的科学态度,一定的分析研究和处理实际问题的独立工作能力;文理通顺的语文修养,至少掌握一种外语,达到比较熟练地阅读专业书刊的能力。在体育方面,重视健康,经常锻炼身体,具有健全的体魄。

毕业生中政治和业务优秀的,头五年应达到毕业生总数的6%左右,后五年应增加到约10%。

对上述奋斗目标,要求设置较久、基础较好的专业提前达到,向更高的目标前进;基础一般的专业,积极努力,按期达到;目前基础较弱的新专业,必须集中力量,创造条件,力争达到。

二、对研究生的培养

头五年,在校研究生从现有30名增加到120~140名左右,力争更多一些,其中在职研究生达到40%左右;后五年,在校研究生达到200~250名左右。研究生的政治和业务质量,一定要达到中央教育部规定的要求,并争取试办研究院。

三、科学研究

头五年,各教研组应当尽快地做到有明确的、稳定的科学研究方向,有计划有组织地开展研究工作,按计划提出一定数量和一定质量的研究成果。对重点学科的科学研究,除按计划提出成果外,并在质量上逐步地达到或超过国内先进水平,从而开始形成有关学科的国内研究中心之一。在全校范围,争取有几个重点学科达到或超过上述目标,另有几个学科与之接近。

后五年,要求各教研组的科学研究在头五年的基础上,都能按计划提出在理论问题上或生产关键问题上有价值的成果,或较高水平的学术著作。争取有10个左右的重点学科,不仅是有关学科的国内研究中心之一,而且要具有自己的特色,接近或达到国际水平。

四、培养与建设又红又专的学校工作队伍

根据学校工作的需要,必须积极地培养和建设一支政治思想工作队伍,一支教学与科学研究队伍和一支行政工作队伍。

1.政治思想工作队伍,包括党、团、工会、学生会的干部,政治辅导员和马列主义教师。这支队伍的成员应该逐步做到:具有无产阶级立场和共产主义世界观;忠于党忠于社会主义,全心全意为人民服务,决心为社会主义教育事业贡献自己的力量;积极提高政治理论水平、政策水平;精通本门业务,掌握学校工作规律。

2.教学与科学研究队伍，包括教师、实验员、图书资料员和工厂的技术人员。这支队伍的成员必须接受中国共产党的领导，热爱祖国，拥护社会主义，愿意为社会主义事业服务，精通本门业务，积极做好本岗位工作，不断提高工作水平。

头五年，教师人数稳定在1200人左右，着重提高质量。要求讲师以上教师在全体教师中的比重，从现在的34%提高到50%～60%，其中教授、副教授从现有的6.3%提高到10%左右，研究生的导师达到30～35人。同时，要培养出一批政治和业务都优秀的骨干教师。现有各级教师应力争达到国务院有关高等学校教师职务条例中规定的各项要求；对新提职的教师应按照上述条例的规定严格要求。

后五年，应在质量上有更高的要求。教授、副教授在教师中的比例应增加到15%～20%，其中研究生的导师人数应达到60～70人左右，研究生应当成为新师资的重要来源。

为了更好地开展科学研究，对重点学科应当配备一定数量的、配套的专职和兼职研究人员，其中还应该有学术上达到国际水平的教师作为指导力量，逐步从研究小组过渡到研究室。在头五年，这种小组或研究室争取达到10个左右，大专以上毕业的专职研究人员达到100～150人。后五年，一般应着重在质量上的提高，每个研究室应该有教授、副教授3～5人，并应成为培养研究生的主要场所。若干重点学科应该在提高学术水平方面起带头作用。

为了加强实验、图书资料和生产技术工作，头五年，要配备和培养一批具有讲师以上水平的实验室主任、资料室主任和从事图书资料工作或实验室工作的人员。实验员应具有一定的理论基础，掌握主要设备、仪器的原理和性能，具有准确熟练的试验操作技术和一般的维修工作能力。图书管理员和资料员应基本上掌握和熟悉自己的业务，并努力提高业务水平和管理水平，有20%左右的图书管理员和资料员掌握两种外文，50%左右掌握一种外文。同时，要求有条件的人员分别达到高级实验员和高等学校图书馆试行条例（草案）中规定的助理研究员、副研究员水平。生产技术人员应达到较高的技术水平和一定的文化程度。后五年，进一步提高质量。

3.行政工作队伍，包括行政干部和勤杂工作人员。这支队伍的成员都必须努力学习政治，提高社会主义觉悟，认真学习和贯彻党的方针政策，热爱自己的工作，树立起当家做主的主人翁思想，树立起为教学和科学研究服务、为全校师生员工的生活服务的思想，不断提高政治思想水平，精通本业务，掌握本部门工作的规律和方法，完满地完成自己所担负的工作任务。

五、实验室、图书馆和资料室的建设

头五年，我校实验室应该分期分批地争取做到：能开出教学大纲所规定的所有实验，并有较高的质量，而且在设备上能适应一般科学研究的需要。根据学校情况，拟定一批重点实验室，加强建设，提前实现上述要求，并力争达到更高水平。后五年，应当在头五年的基础上提高一步，能够适应社会主义的现代化的理工大学的要求，对重点学科的实验设备，力争接近和达到国际水平。

图书馆馆藏图书在头五年内应从现有的10万种60余万册增加到约15万种80万册，现有期刊达2500种，使我校所有专业的书刊逐步达到系统完整。扩大阅览室座位500个，分别达到按学生人数的五分之一、按教师人数的三分之一的阅览室座位。逐步改善图书的管理和使用办法，形成一套完善的制度。后五年，进一步要求增加品种，在重点学科方面的藏书,应满足较高水平的要求。

教务处、科学处、各系或教研组的资料室应根据教学和科学研究的需要,采集各种数据,定期编出专题索引或文摘,培养出一批熟悉业务的资料员,并不断地加以充实与提高。

为了达到上述奋斗目标,今后十年的主要工作是:

一、加强社会主义教育,坚持兴无灭资的方针,努力提高学生和教职工的思想政治觉悟。

第一,要组织干部、教师和学生自觉地学习马克思列宁主义、毛主席著作,联系实际,提高认识,改造思想,并且逐渐形成浓厚的政治学习风气和良好学习习惯。

第二,要组织干部、教师和学生参加工农业生产,实行劳动锻炼,密切干部和知识分子同工农群众的联系,培养工农感情,加强劳动观点,养成劳动习惯。在劳动中要加强领导,进行思想教育,建立考核制度,并与有关工矿企业和农村人民公社建立固定的联系。

第三,要组织学生和教职工经常学习国内外形势、学习党的总路线、总方针和各项具体政策,加强阶级观点,提高识别能力,加强自我改造,坚持兴无灭资;继续高举三面红旗,树立革命的雄心壮志,发扬自力更生、奋发图强的精神,鼓足干劲,力争上游,努力完成各项任务。

第四,思想政治工作,要靠全党动手、发动群众来进行,抓先进、树标兵,旗帜鲜明,有破有立,经常性教育与运动教育相结合,而把主要精力放在经常深入细致的思想工作上,把思想政治工作做到教学、科研、生产劳动和群众生活中去,并通过校刊、广播、黑板报、业余文体组织等,占领思想阵地,发挥思想工作的威力,抵制资产阶级思想侵蚀。

二、坚决执行党的教育方针,全面领会"高校 60 条"的精神,大大提高教育质量。

第一,要教育和引导师生明确教育为无产阶级政治服务的思想,正确处理政治与业务的关系,坚决走又红又专的工人阶级知识分子的道路,特别要鼓励教师以正确的观点和行动来教育和影响学生,关心学生德智体的全面发展。

第二,要明确教育与生产劳动相结合,是党的根本方针,必须把教育与生产劳动正确结合起来,任何时候都不能动摇。但在具体安排时,应坚持以教学为主,妥善处理教学工作和生产劳动、科学研究、社会活动之间的关系。

第三,要明确理论与实际统一的思想,贯彻理论联系实际的原则,既要注意基本理论、书本知识的教学,又要加强实验、实习、课程设计和毕业设计的指导工作,培养学生分析研究、处理实际问题的能力。同时,要加强外文教学,提高学生的外文水平。

第四,要正确处理教师与学生的关系。在教学工作中既要发挥教师的主导作用,又要启发学生的积极性和主动性。教师既要严格地要求学生,又要倾听学生的意见,以改进教学工作;学生要尊敬师长,遵守学习纪律,同时要刻苦钻研,发挥独立思考的能力,从而建立民主平等、教学相长的新型师生关系。

第五,既要提高教学质量,又不要使学生的学习负担过重,这是一项重要的教学原则。为此,要继续贯彻"少而精,学到手,因材施教,劳逸结合"的原则,提倡教师深入到同学中去进行调查研究,克服教学工作中的主观主义,使自己的教学更加切合学生的实际基础,收到更好的效果;必须提倡教学内容少而精,切实使学生把基本知识学到手,克服要求偏高偏急的思想和内容庞杂的现象;必须提倡注意劳逸结合,关心学生全面发展,克服只顾局部、忽视整体的思想;必须注意因材施教,在普遍提高一般学生的同时,加强对困难同学,特别是工农学生、留学生和华侨学生的指导,关心对优秀学生的特殊培养,坚决克服资产阶级的“天才教育”思想。要求教师管教管学,负责到底,认真教好学生,完成教学任务。

同时,必须提高体育教学的质量,严格课间操制度,加强卫生保健知识的教育,开展有益于身心健康的各项文体活动,使学生有丰富活泼的课余生活。

根据上述原则,各专业和教研组,应当制订专业建设的十年规划,加强教学上的基本建设,逐步做到各专业都有符合教育方针要求的教学计划,各门课程都有符合教学要求的教学大纲和符合大纲要求的教材和参考书,并有一整套质量较高的各种教学环节的教学资料和文件。各专业应按照教学计划开出各门课程,切实提高教学质量,按照教师职责规定安排各级教师的教学任务。头五年,做到绝大部分课程由讲师以上的教师担任;后五年,高等数学、普通物理、化学等基础课程和其他主要课程由水平较高的讲师和副教授、教授担任,使学生把各门课程的基础理论切实学好。实习、实验等训练基本技能的环节,必须逐步由讲师以上的教师主持,并有严格的操作规程和完善的管理制度,养成学生认真踏实、一丝不苟的科学态度,熟练地掌握基本技能。

在加强全日制大学工作的同时,应加强对函授教育和附中、附小、幼儿园教育的领导。

我校函授部规模,学生将从现有的400人,发展到1000人左右,保持3~4个专业,并逐步增设单科性的课程函授,各专业毕业学生的质量切实达到相当于日校四年制的水平。

附中和附小要坚决地贯彻执行中、小学教育工作条例,逐步进行教学改革,不断提高教育质量,适应社会主义建设和提高大、中学水平的需要。幼儿园应加强对幼儿的教养工作,注意幼儿身心健康的发展。

三、贯彻科学研究工作方针,提高学术水平,加强对研究生的培养工作。

第一,必须执行科学研究为国家建设服务的方针,贯彻理论联系实际的原则,根据“实事求是、循序渐进、齐头并进、迎头赶上”的精神,在以教学为主的前提下,积极开展科学研究工作,不断提高教学质量和学术水平。在选题方面,应当根据国家当前和长远的需要,根据发展国民经济的总方针,结合专业方向和具体条件,兼顾基础理论、国民经济中科学技术上的重大问题、新科学技术和教材编写等四个方面,并把基础和技术科学的理论研究放在重要地位。

第二,在科学研究中,必须贯彻群众路线的工作方法,实行领导、专家和群众相结合,专职与兼职相结合,处理好教学与科学研究的关系,集体和个人的关系,扎扎实实地进行工作。并注意加强与生产单位和科学研究机关的密切协作,校内有关学科更要互相配合,集中力量,突破重点。

第三,贯彻“百花齐放、百家争鸣”的方针,在毛主席提出的六项政治标准的前提下,开展学术讨论,活跃学术空气,不断提高学术活动的质量,办好浙大学报。

第四,加强对研究生的培养工作,认真学习和贯彻执行《高等学校培养研究生的暂行工作条例(草案)》。加强导师的责任感,严格执行培养计划,健全管理制度;加强对研究生的政治思想教育,保证又红又专。今后应该根据“宁缺毋滥”的精神,严格招生的政治条件和业务条件。

第五,为了更好地开展科学研究和研究生培养工作,应该本着“全面安排、重点突出、力求先进、留有余地”的精神,分别制订十年规划和年度计划,健全管理制度,提高管理水平,加强情报资料的搜集工作。

四、正确贯彻党的知识分子政策和干部政策,加强培养和建设学校工作队伍,努力提高教职工的工作水平。

对于学校工作队伍的培养,都要坚持又红又专的方向。阶级斗争、生产斗争和科学实验是建设社会主义强大国家的三项伟大的革命运动,我们要在这三个伟大的革命运动中严格锻炼,自觉改造,防止和克服各种不正确的思想,特别要防止和克服资产阶级影响和修正主义思想的侵蚀,并在实际工作中以严格的科学态度,经过试验,正确解决学校教学工作、科学研究工作和政治思想工作方面的问题,使我们都成为既懂政治,又懂得本门业务的内行,实现又红又专。

第一,要全面领会党的知识分子政策的精神,既要做好团结教育的工作,又要注意对他们改造提高;既要注意改造旧的知识分子,更要注意培养新型的知识分子。总的目的,是为了造就大批的忠于社会主义事业、又红又专的工人阶级知识分子,逐步树立无产阶级的优势,依靠左派力量,团结教育中间力量,争取改造落后分子,孤立分化右派。

第二,要正确掌握党的德才兼备的干部政策,既重视政治,又重视业务;既注意培养提高现有干部,特别是工农出身的干部,又注意从知识分子中选拔优秀人才,不断充实和加强干部队伍;懂政治的干部也要努力钻研业务,熟悉专业的干部也要努力学习政治,取长补短,共同提高。

第三,对教师队伍的培养,应根据不同水平,采取不同的方法,练好基本功。要求他们在基础理论、外文水平、实验理论和操作技能、生产劳动和企业管理、各个教学环节的辅导工作等方面达到一定的水平。青年助教一定要经过三年以上的实验工作和教学辅导工作,没有达到这一要求的必须在今后三年补上。对讲师以上的中年教师,凡基础理论修养不足的还要补修基础,基础较好的要通过教学实践、科学实践和学术研究,不断提高自己的水平。对于具有真才实学的年长教师,要照顾个人专长,配备必要的助手,安排适当的工作条件,有计划地实行轮流休假,争取外出考察或参加有关的学术会议,使他们在科学研究、著书立说、提高教学质量和学术水平方面做出更大的贡献。并且要十分注意有计划地加强骨干教师的培养,建立一支又红又专的、具有较高科学水平的骨干教师队伍。还要制定教师考核制度,切实对各级教师进行经常性的考核,并定期进行升职工作。

第四,要特别重视实验室和图书资料工作队伍的调整、充实和培养提高的工作。除加强对他们的政治教育外,还要组织好他们的业务学习,帮助他们制订计划,固定学习制度,加强督促检查;做好定职定级工作,建立经常的检查、考核和提升制度。

第五,政治思想和行政工作干部,应在头五年内学完中共党史、政治经济和哲学等三门政治理论课程。加强对党的教育方针、“高校60条”以及有关方针、政策的经常学习。提高文化水平,凡有条件的应在十年内,从现有基础分别提高到初中、高中及大专毕业程度。为此,应积极办好马列主义夜校和文化业余学校。勤杂人员应根据不同的具体情况,加强政治时事政策教育,积极提高文化水平。各级干部都要种试验田,深入到群众中去调查研究,并适当举办科学普及讲座，不断提高干部的业务能力和科学知识。制订干部考核制度，进行认真考核。

五、贯彻勤俭办学的方针，加强行政管理，改善学校的物质条件。

第一，必须加强对学生和教职工进行艰苦奋斗建设社会主义的教育，厉行增产节约，反对铺张浪费，发扬克勤克俭、艰苦朴素、爱护公共财物的美德。

第二，附属工厂要发动职工开展增产节约运动，加强为教学和科学研究服务，尽量接受学生的生产劳动、生产实习、现场教学、课程设计和毕业设计等教学任务，并组织技术员、工人进行指导，加强对学生的阶级教育；同时，要接受一部分生产加工任务，加强计划、生产技术、材料设备和产品以及财务等管理工作。

第三，在清产核资工作的基础上，加强物资设备管理，健全校产采购、保管、使用和维修制度；充分挖掘物资潜力；同时加强财务管理制度，杜绝漏洞。

第四，加强校舍的养护、维修和管理工作，切实解决用水用电问题；争取完成必需的基本建设任务。在今后几年，争取建筑图书馆、必要的教学用房和实验室以及少量教工宿舍等约4万～5万平方米。大力进行校园绿化，在校内空地上广植树木和草皮，改善校内主干路面，创造优美的学习环境。

第五，关心群众生活，办好食堂，加强民主管理，加强思想政治教育，不断提高烹调技术和管理水平，逐步改善伙食，增进学生和教职工的健康。贯彻预防为主的方针，加强卫生保健工作，发动群众搞好清洁卫生，消灭四害，防治疾病，建立卫生工作制度，养成爱清洁、讲卫生的良好习惯。

第六，加强对总务职工的思想教育，树立为教学和科学研究工作服务、为师生员工生活服务的思想，不断提高服务质量，改进服务态度。对于埋头苦干、工作做得出色的先进人物和服务时间较久、认真工作的老职工要给予表扬和鼓励，并教育师生尊重职工的劳动。

六、加强党的建设，发挥各级行政组织和群众团体的作用。

第一，必须加强对党员干部的教育和管理，认真学习毛泽东思想，努力培养一批立场坚定、密切联系群众和懂得政治工作、熟悉学校工作规律的领导骨干。

第二，要加强总支和支部工作的建设，对党员认真进行阶级和阶级斗争教育、方针政策教育和党的传统作风的教育，进一步密切联系群众，充分发挥总支的保证监督作用和支部的战斗堡垒作用。

第三，加强党委组织部门、宣传部门的工作，系统地总结思想政治工作和组织建设工作的经验，注意培养党的工作干部，不断提高党的工作水平。

第四，为了加强党的领导，做好党的自身工作，保证学校工作任务的顺利进行，必须充分发挥校务委员会和各级行政组织的作用，加强行政干部的配备，明确各级组织的职责范围，健全会议、工作制度，提高工作效率。

第五，加强对共青团、工会、学生会等群众组织的领导，加强这些群众团体的思想建设和组织建设，不断提高共青团员、工会会员和广大学生的社会主义觉悟，坚持兴无灭资，贯彻执行党的方针政策，积极完成各项工作和学习任务。同时，要对全校学生和教职工进行国内外形势教育,提高革命警惕性,做好治安保卫和保密工作。认真贯彻执行毛主席关于人民战争的思想和政治、组织、军事三落实的指示,进行国防教育,加强民兵的组织和训练工作。

为了便于检查工作,肯定成绩,总结经验,表扬先进,5 月 3 日定为本校校庆。5 月 1 日至 4 日为校庆活动日,进行校史教育,举行全校性的教学研究会或科学报告讨论会、运动会和文娱汇演等活动。

浙江大学档案馆藏,档案号:ZD-1963-XZ-15

中共浙江大学第七次党员大会决议

(1980 年 7 月 22 日)

出席中国共产党浙江大学第七次党员大会的全体党员,经过认真讨论,一致同意刘丹同志代表上届党委会所作的《动员起来,为把浙大办成培养优秀科学技术人才,攀登科学技术高峰的社会主义大学而奋斗!》的工作报告。

大会认为,上届党委会在中国科学院党组和中共浙江省委的领导下,贯彻执行了党的路线、方针、政策,学校工作在整顿、恢复中不断前进,取得了很大成绩。《工作报告》中所指出的粉碎"四人帮"三年多来的基本经验和工作中存在的缺点、问题,是符合我校实际情况的。大会赞同《工作报告》提出的今后的工作任务和奋斗目标。四化建设是当前最大的政治。今后,我校党的工作着重点,必须紧紧围绕为实现四化培养高质量人才这一根本任务,努力提高教学质量和科研水平。为了实现上述任务,要大力加强和改善党的领导,认真实行党委领导下的校长负责制;加强党的思想建设和组织建设,加强政治思想工作,恢复和发扬党的优良传统;努力改进工作作风和工作方法,加强科学管理,提高工作效率。充分发挥支部的战斗堡垒作用和党员的先锋模范作用。

大会要求全校各级党组织和全体共产党员积极行动起来,从现在做起,从自己做起,进一步把党内外的思想统一到党的路线上来,认真贯彻落实《工作报告》中提出的各项工作任务,团结全校师生员工,齐心协力,艰苦创业,扬长避短,加强协作,按既是教学中心,又是科研中心的要求,五年内争取稳定地站在全国重点大学的前列,十年内争取某些学科达到国际先进水平,为把我校建设成为能够培养优秀科学技术人才,攀登科学技术高峰的重点大学而奋斗。

大会号召全校共产党员、共青团员和师生员工,紧密地团结在党中央周围,认真贯彻执行党的路线、方针、政策,以实际行动迎接党的十二大的胜利召开!

浙江大学档案馆藏,档案号:ZD-1980-XZ-2

中共浙江大学第八次代表大会决议

(1985 年 10 月 15 日)

出席中国共产党浙江大学第八次代表大会的全体代表,经过认真讨论,同意黄固同志代表上届党委会所作的《大力加强党的建设,全力推进教育体制改革,齐心协力为办好浙大而努力奋斗》,和龚兆元同志代表上届纪委会所作的《认真做好纪检工作,为进一步促进我校党风的根本好转而努力》两个工作报告。

大会认为,上届党委会在原教育部党组和中共浙江省委的领导下,五年来贯彻执行了党的十一届三中全会以来党的路线、方针、政策,在全体党员和全校师生员工的共同努力下,我校有了很大发展,各项工作取得了可喜的成绩。两个工作报告回顾了五年来的工作,指出了存在的问题,是符合我校实际情况的。

大会同意两个工作报告提出的今后的奋斗目标和工作任务。今后,我们必须认真贯彻中国共产党全国代表大会会议精神和中央关于教育体制改革的决定,大力支持校长负责制的实施,保证和监督党的各项方针政策的贯彻落实;大力加强党的建设,努力改善党的工作,充分发挥各级党组织的作用和党员的先锋模范作用;加强思想政治工作,深入进行理想纪律教育,提高全体党员和广大师生员工的思想政治素质,继承和发扬党的优良作风和革命传统,进一步发扬求是校风,加强社会主义精神文明建设;进一步加强纪律检查工作,纪委要协助党委进行党风党纪教育,严格党的纪律,认真查处违纪案件,为促进我校党风的进一步好转而努力工作。

大会要求新的党委成员以新的作风,身体力行,尽心尽职,勤奋工作。大会要求各级党组织和全体共产党员"从我做起,从现在做起",认真贯彻落实两个工作报告提出的各项工作任务,团结全校师生员工,齐心协力,坚持改革,奋发进取,加速教学、科研两个中心的建设,为把我校建设成为以理工为主,具有多门类、多学科,高层次、高水平的社会主义第一流大学而奋斗!

浙江大学档案馆藏,档案号:ZD-1985-XZ-8

关于第八届党委会、纪委会工作报告的决议

(1988 年 10 月 22 日)

中共浙江大学第九次代表大会认真审议并原则同意梁树德同志代表第八届党委会所作的《沿着党的十三大指引的方向,全面深化学校改革,不断增强党的战斗力》的报告和周培源同志代表上届纪委会所作的《进一步解放思想,坚持在改革开放中从严治党》的报告。

大会肯定了三年来我校党组织在推进学校改革,促进教育质量和科研水平的提高,以及加强党的建设和思想政治工作等方面所作的努力和取得的成绩。大会认为,党委工作报告中关于学校全面推进和深化改革的基本思路,是符合形势要求和我校实际的;报告以改革的精神提出的充分发挥党的保证监督作用,加强党的自身建设,从严治党,继续加强对党员进行党性党风党纪教育,加强和改进思想政治工作,建立齐抓共管工作体制的设想,是积极可行的。

大会指出,今后几年,将是我校改革进入全面深化的时期。各级党组织必须充分发挥党的核心作用、保证监督作用和党员的先锋模范作用,抓住有利时机,努力把改革推向前进。

大会号召,全校各级党组织和全体共产党员,进一步深入学习党的十三大和党的十三届三中全会精神,深刻领会党在社会主义初级阶段的基本路线和方针政策,认真贯彻"治理经

济环境,整顿经济秩序,全面深化改革”的指导方针,统一思想,振奋精神,同心同德,努力工作,为开创我校工作的新局面而奋斗。

浙江大学档案馆藏,档案号:ZD-1988-XZ-6

中共浙江大学第十次代表大会关于第九届党委会、纪委会工作报告的决议

(1991年12月21日)

中共浙江大学第十次代表大会认真审议并批准梁树德同志代表第九届党委会所作的《加强党的领导,发挥政治核心作用,为完成新时期历史赋予我校的任务而奋斗》的工作报告和徐裕钧同志代表上届纪委会向大会所作的报告。

大会认为,两个工作报告对过去三年我校党委和各级党组织在坚持党的基本路线和社会主义办学方向,加强党的思想建设和组织建设,维护学校稳定,推进我校综合改革和学校发展等方面所作的努力和取得的成绩,以及存在问题的总结,是实事求是的。

大会在认真分析当前面临的国际敌对势力推行“和平演变”战略挑战和世界新科技革命挑战的严峻形势后指出,在新的历史条件下,我校要完成培养德智体全面发展的社会主义事业的建设者和接班人的根本任务,关键在于大力加强党的领导。大会认为,两个工作报告中关于今后三年我校党组织的主要任务和为完成这些任务提出的各项措施,是符合中共中央关于加强高校党的建设的基本精神和我校实际的,是切实可行的。大会强调指出,学校党组织必须发挥政治核心作用、监督保证作用和战斗堡垒作用,党的工作必须始终贯穿于学校各项工作的全过程,必须为实现我校的总体奋斗目标服务。

大会号召,全校各级党组织和全体共产党员,努力学习马列主义、毛泽东思想,发挥党员的先锋模范作用,发扬理论联系实际、密切联系群众、批评与自我批评的作风,进一步坚定共产主义信念,团结和带领全校师生员工,同心同德,为实现我校“八五”奋斗目标,为我国社会主义现代化建设的宏伟事业贡献全部力量。

浙江大学档案馆藏,档案号:ZD-1991-XZ-12-1

中共浙江大学第十一次代表大会关于第十届党委、纪委工作报告的决议

(1995年12月21日)

中共浙江大学第十一次代表大会,经过认真讨论审议,批准梁树德同志代表第十届党委所作的题为《加强党的建设,为实现世界一流大学的目标而奋斗》的工作报告和郑元耀同志代表上一届纪委向大会所作的工作报告。

大会认为,我校第十次党代会以来,在浙江省委和国家教委的领导下,全校各级党组织、广大党员和师生员工以建设有中国特色社会主义理论为指导,认真贯彻党的基本路线和教育的方针,坚持实事求是的思想路线,不断深化改革,使我校教学、科研等方面的工作取得了令人鼓舞的成绩。大会充分肯定党的工作对坚持社会主义办学方向、维护学校稳定、促进人

才培养和事业发展所发挥的重要作用。

大会一致同意两个报告提出的奋斗目标、主要任务和具体措施，认为这是符合中央精神和形势要求的，是从学校实际出发，积极可行的。全面完成报告提出的各项任务，必将有力地加强党的建设，加强学校的发展。

大会在认真分析我校面临的形势和任务后指出，今后四年是我校实现“211 工程”规划第一步发展目标的关键时期，也是为下世纪初叶跻身世界一流大学行列打基础的四年。在新的历史条件下，必须以马列主义、毛泽东思想和邓小平建设有中国特色社会主义理论为指导，正确处理改革、发展、稳定的关系，大力加强党的思想建设、组织建设和作风建设，充分发挥党组织的政治核心作用、战斗堡垒作用和党员的先锋模范作用，进一步加强党风廉政建设，把全校党员和师生员工的思想统一起来，进一步调动各方面的积极因素，为实现学校的总体发展目标而奋斗。

大会号召，全校各级党组织和全体共产党员，紧密地团结在江泽民同志为核心的党中央周围，抓住学校建设和发展的有利时机，团结带领全校师生员工，同心同德，齐心协力，奋发图强，以出色的成绩迎接建校 100 周年，为实现我校“211 工程”的宏伟目标而奋斗！

浙江大学档案馆藏，档案号：ZD-1995-DQ-20-1

3. 制度建设

党委关于总结党对学校工作实行领导和监督的经验的计划要点

（1957 年 3 月 18 日）

一、目的和要求

新党章规定：学校中的党的基层组织，应当领导和监督本单位行政机构和群众组织的工作。几年来，本校各级党的组织在这方面已创造了些经验。根据中央和省委的指示，为了提高学校党组织的领导水平，团结全党和全体教职员工做好学生工作，对过去的经验，必须认真地进行一次总结，为即将召开的五月全校党员大会做好准备。

通过总结，要求研究解决以下三个问题：

（一）根据党对学校工作实行领导和监督的规定，研究学校党委和各党总支的具体任务；

（二）总结学校党委和系总支进行的政治思想教育工作的经验；

（三）根据党组织的任务和精简节约、提高工作效率的原则，研究学校党委和系总支的合理的组织形式和人员编制。

二、具体总结内容

（一）关于总结党委和系总支的具体任务问题

1. 总结党委的具体任务，着重研究：党委如何以教学工作为整个活动中心，对学校行政工作实行领导和监督的经验，特别是实行领导的经验；党委领导与发挥工会、青年团及民主党派的组织作用的经验；党委实行集体领导与分工负责制的经验；党委贯彻执行上级党委的指示、决议以及领导与发挥党的基层组织的作用的经验,等等。

3. 总结总支的具体任务,着重研究:总支在系的地位和任务,系总支如何以教学工作为整个活动中心,领导教师支部和学生支部的经验;系总支发展新党员,加强新党员教育,发挥党员在群众中的作用的经验;系总支领导与发挥青年团、工会、民主党派的组织作用的经验;总支贯彻上级党委的指示、决议的经验,等等。

(二)关于总结进行政治思想教育工作的经验问题

1. 党委、系总支正确地具体贯彻执行党和国家对学校工作的各项政策的经验。例如:知识分子政策,全面发展因材施教的方针,百家争鸣的方针,对民主党派长期共存、相互监督的方针,等等。

2. 党委和系总支调查研究每一个时期学校(系)总的思想动向和各种类型人的具体思想动向,并研究其原因和及时加强思想教育工作的经验;研究总结通过系统的马列主义思想政治理论学习业务、实践(学习苏联、教学改革、科学研究)、社会生活的观察和实践,启发知识分子的自觉,和实行思想改造的经验;正确对待和教育、改造落后分子的经验。

(三)关于研究党委和系总支的合理的组织形式和人员编制问题

1. 检查总结贯彻勤俭办学的方针和贯彻执行情况和经验;

2. 学校党委应该设哪几个部门,需要多少干部,什么样的干部;

3. 系总支应该采取怎样的组织形式,需要多少干部,什么样的干部。

三、总结方法和步骤

总的做法,采取由上而下布置,由下而上总结和点面结合。党委会成立总结工作组,协助党委全面总结工作;各系总支,可根据实际情况,重点总结一两个问题。

在步骤上,大体分为三个阶段,时间一个月左右。

第一个阶段:动员布置,做好总结准备,时间一周。这一阶段的主要工作:

1. 召开党员科长以上干部参加的党委扩大会,布置总结工作;

2. 各系和有关部门,根据党委扩大会议精神,参照总结提纲,确定本单位的总结重点,部署总结工作;

3. 党委工作组研究整理学校历史资料;

4. 组织、人事、统战、青年团、工会和教务、科学研究部门,分别向党委总结工作组汇报组织、人事、统战、青年团、工会以及贯彻全面发展的教育方针和百家争鸣方针的情况及经验。

第二个阶段:系进行总结,时间两周。这一阶段的主要工作:

1. 党委总结工作组,以机械系为重点,照顾其他系,协助总支总结工作;

2. 系进行总结,并向党委提出书面专题总结报告。

3. 为了组织研究汇报情况,除个别访问为主外,可围绕总结重点,分别召开若干小型座谈会,如老浙大教职员座谈会、著名教授座谈会、民主党派座谈会、学生代表座谈会、毕业生情况调查研究座谈会、校外进修教师座谈会,等等。

第三个阶段:党委讨论研究系总支的总结报告,并就总结三个要点,向省委提出书面总结报告,时间一周半。

四、领导上注意的若干问题

1. 各级党组织必须认真做好这次总结,正确地总结过去工作中的成绩,对于提高全党领导水平,完成今后学校各项工作任务的重大意义,并为召开党员大会作好准备。因此,各级党组织应该十分重视这次总结工作,把这一工作列为三至四月份的主要的领导活动之一来进行,并尽可能与当前工作结合进行。

2. 总结工作的过程系一个思想教育的过程。各级党组织必须加强对总结工作的思想领导,既要防止看不到过去工作中的成绩,认为没有东西好总结的消极思想,又要防止骄傲自满、互不服气的思想产生。

3. 这个总结提纲,只能作为参考,各系总支可根据本系实际情况,在时间和部署上作适当的变动。

中共浙大委员会

1957 年 3 月 18 日

浙江大学档案馆藏,档案号:ZD-1957-XZ-6-3

党委关于目前迫切需要改进的几项主要工作的决定

(1957 年 10 月 21 日)

为了坚决贯彻边整边改精神,必须认真研究并迅速处理群众意见,有关各单位的工作作风及具体工作问题,由各单位自己决定迅速改进。有关全校性的制度兴革问题及方针政策问题,由党委分批研究作出原则决定,由整风办公室督促各部门提出具体意见,经行政会议通过执行,各党、团组织应积极领导并监督执行。为此,党委会于 10 月 18 日第一次研究了整改工作,同意整风办公室提出的下列意见:

一、党群部门

1. 转变领导作风,深入基层,密切联系群众。

①党员科长以上领导干部必须看大字报,并参加讨论会、座谈会,广泛听取群众意见。

②党委每周星期一下午接见群众时间。以后考虑改为召开一些小型座谈会或深入同学宿舍、课堂、工厂、实验室、教研组等现场了解情况,接触群众

③研究改进党群机关作息制度,使之便于联系群众。要求在群众休息时间有人值班,其他工作人员可以深入到群众中去。

④做好群众来信来访工作,建立登记、催办、答复、汇报制度。建立经常性的意见答复栏和表扬批评栏。

2. 加强政治思想教育工作。

①首先是搞好社会主义思想教育工作。

②加强全校人员劳动教育及阶级教育,及对同学的共产主义道德品质教育,对工人的管理教育应指定专人负责。

二、学校办公室

1. 体力劳动问题:

发动与组织全校同学及教职员进行经常性的体力劳动，并展开广泛的宣传教育工作，以通过体力劳动和实践培养劳动观点及阶级观念，改造思想。首先是在学校内部进行基建工作及环境卫生工作，假期下厂下农村参加生产劳动，由〇〇同志负责会同有关单位制定具体方案，提行政会议讨论。

2.进一步帮助各行政部门明确工作职责范围。

3.研究全校各单位的办公制度及作息时间如何根据不同情况更好地为广大的师生员工服务。有些单位的作息时间需要改进，如图书馆、保健科、党群部门及合作社、银行等服务单位；有的单位必须严格执行值班制度，如传达室、电话间、水电修理间、汽车间等等。

4.加强治安保卫工作，成立治安保卫委员会，设专职干部，加强门警、巡逻工作，解决学生宿舍钥匙问题，严格传达制度，加强摊贩管理等等，首先杜绝偷窃案件。

三、人事工作

1.精简机构，紧缩编制，提高工作效率问题：要求先抓几个典型单位，重点深入，做出成绩。

2.整顿纪律问题：对严重违法乱纪、道德败坏、品质恶劣、屡教不改的坏分子要坚决进行斗争，突出的要迅速处理。

3.某些单位急需健全机构调整干部(如教务处等)，要抓紧研究配备。

4.助学金问题：在重点调查的基础上发动同学对过去发放人民助学金的情况进行一次复查调整，纠正不合理的现象。今后改进助学金管理问题由学生科负责与有关单位(团委、学生会、总支等)研究提出意见。

5.档案管理问题：教职工档案由人事科负责保管，学生档案采取过渡办法，由学生科与系总支协商，愿意档案下放的即由总支负责领导，在系办公室增设学生干事一至二人；其他可由学生科集中管理，以后再总结经验确定管理办法。

四、总务工作

1.某些机构的职责范围需要分清，如校产科的房子设备修理，可研究划给基建科，各部门在工作中应加强联系，相互协商，纠正踢皮球的坏作风。

2.由〇〇同志会同有关单位，对第七宿舍的总务工作进行一次检查，并解决如厕、盥洗、晾衣、房屋漏水等迫切需要解决的生活问题。

3.建立全校性的卫生委员会，领导与推动全校卫生工作。环境卫生可结合全校体力劳动实行分区负责制，定期大扫除，定期检查。

4.节约水电、粮食等等物资，克服浪费现象，由总务处订出具体方案，并发动学生组织检查组，加强互助监督。

五、教学工作

1.对工农同学加强学习辅导问题：

①要求各教研组指定教师专人负责，定期检查汇报。

②要求各党团组织调查了解工农学生中成绩差、身体弱、社会活动多的，适当减少其社会职务。

③教学科应经常了解工农同学学习情况，及时提出意见，交党委及行政讨论。

2.教师工作量制度要适当修改后参照执行，争取教学质量高的一部分教师开课，提高教学质量。由教学科深入了解情况后提出具体意见。

3.加强教师全面负责的思想教育。健全班主任制,加强师生联系。党、团员教师应带头做到课外深入到同学中去,工会应在这方面加强教育。

4.修订学则,向全校学生公布,遵照执行,由教务科主办。

5.对教师的进修、参观、旁听等等应作出规定,由科研科提出具体方案。

6.改进图书馆、实验室工作。图书馆的开放时间应尽可能适合同学的需要,要解决同学们的报纸、书籍、杂志、阅览室等问题。

以上意见希各党总支积极领导监督执行,并在11月底将改进情况报告党委。

中共浙大委员会
1957年10月21日

浙江大学档案馆藏,档案号:ZD-1957-XZ-6-1

中共浙江大学委员会关于改进党的领导工作方案(草案)
(1957年)

在整风运动中我校党内外广大群众对党的领导方面提出了许多宝贵的意见,党委会根据党中央的整风指示及结合本校具体情况,特制定关于"改进党的领导工作方案(草案)"。现公布于下。提请全校师生员工讨论,提出意见,以便修改补充,使之成为切实可行的方案。

(一)健全党委制,按照民主集中制的组织原则,加强党委统一领导,并充分发挥委员的作用。

1.今年寒假中将召开党代会,总结党委一年半以来的工作,提出今后党的工作任务,在此基础上改选党委会,健全党委组织。

2.党委应严格遵守党的集体领导和个人负责相结合的原则,凡有关党的方针政策及全校性的重大问题,必须经过党委会的集体讨论研究而后作出决定,统一布置,任何部门或个人均无权决定。

3.党委委员应对党委的全面工作负责,全面了解工作情况,克服只管本部门工作,不顾整体的现象。党委会议必须充分发扬民主,展开讨论,每个委员要充分发表自己的意见,发挥集体智慧,以求在思想一致的基础上,对讨论的问题作出较为完整的结论和决议。

4.党委委员必须坚决贯彻党委决议,并在自己的职责范围内主动地进行工作。在执行工作中如发生困难或有不同的意见,应提出自己的意见,及时报告党委,不得自行修改或停止执行。

5.党委常委会应定期向党委会汇报工作情况。

6.党委确定一个总支及支部作为党委工作的重点,以深入基层创造经验,推动全面发展。

(二)精简上层,加强党的基层组织,发挥党的基层组织的积极性和创造性。

1.精简党委上层组织,下放干部,加强党的基层组织。抽调党委部长及行政处长级干部到各系任总支书记,原总支书记改任为总支副书记。现已决定由杨醒宇、张玉洗、赵大中三同志分别兼任机械、电机、土木三系总支书记。现有总支的部分专职干部和部分行政党员干部下放担任学生专职支部书记,部分党员教师兼任学生支部书记,以减轻学生的工作负担。

2.逐步将可以下放及有条件下放的工作下放到系,培养与发挥总支及支部的独立活动的能力。

今后党委的组织工作方面负责研究贯彻党的组织工作的方针、政策及指示,并组织力量加强检查、督促、了解各总支的组织工作情况,以及日常统计、报表、征收党费及转移材料和组织关系等工作。讲师、科长以下党员的管理、使用、审查、政治思想教育及建党工作均由总支负责,但总支要定期地向党委汇报和报党委备案。

党委的宣传工作方面,应根据党的每一时期的中心任务或指示,负责收集有关宣传资料,拟定宣传要点,提供总支、支部参考,并负责校刊工作。有关全校性的师生员工政治思想教育与理论学习,均由马列主义教研组负责。有关运动性、节日性的宣传活动,由党委负责统一计划、统一布置,各总支负责具体进行。经常性的宣传教育工作由总支负责,全校性的时事政策报告工作由党委负责。

(三)改进与加强政治思想教育工作。

一、加强对社会主义思想教育办公室和马列主义教研组的领导:

1.由党委书记或副书记兼任社会主义思想教育办公室主任,党委对社会主义思想教育办公室工作,每学期讨论一至两次。

2.党委书记、副书记,部分党委委员亲自兼讲社会主义思想教育课,并进行检查性听课。

3.党委应主动地向政治课教师传达有关党的方针政策的报告,以提高政治课教师的政治思想水平。

4.组织政治课教师下乡、下厂参加体力劳动锻炼。

5.部分政治课教师兼任学生党团支部工作,一般政治课教师均应经常参加学生的一定的社会活动,以加强对学生经常的政治思想教育工作并使政治教师更加了解学生思想情况,提高政治课教学质量。

6.党委要经常注意对政治课教师的思想教育,马列主义教研组党支部要切实了解和解决教师存在的各种思想问题。逐步充实马列主义教师队伍。对不适合任马列主义教师的应予调整。

二、从下学期起在全校师生员工中开设"社会主义思想教育课",以提高师生员工的社会主义觉悟。该课在党委领导下,根据师生员工的具体情况组织自学、精读文件,进行自由充分的讨论,并进行必要的讲课和指导。此项工作由社会主义思想教育办公室拟定计划,另行公布。

三、加强劳动教育,参加体力劳动锻炼,使教职员和学生逐步培养成为与工农群众有密切联系的工人阶级知识分子。

1.根据统一安排、全面锻炼的方针,发动与组织全校师生员工上山下乡参加体力劳动和进行经常性义务劳动并使之成为制度。(方案另行公布)

2.组织教职员、学生下乡、下厂进行参观访问、典型调查。鼓励并协助教职员和学生与工厂、农业社建立联系。

四、加强时事政策教育：

1.建立时事政策报告制度，每一个半月至两个月作一次时事政策报告。

2.设立宣传画廊，经常展览新闻图片和利用广播台等宣传工具进行经常的时事政策宣传。

3.党委宣传部门应将时事政策教育作为中心工作之一，定期研究和改进领导。

五、加强党内教育：

1.加强和健全党课制度：每学期根据党纲党章、党的重大任务，结合党员的思想情况，组织二、三次党课，除不断提高讲课质量外，还应认真组织讨论。

2.采取传达文件、报告、自学、座谈等方式，组织党员学习党的方针政策，以提高其政策思想水平及工作效率。

3.严格党的组织生活，充分发扬批评与自我批评，特别是自下而上的批评，及时同党内的不良倾向和损害党的利益的行为作斗争。

六、不断壮大党的队伍，提高党员的质量。

1.在整风运动和反右派斗争的基础上加强对积极分子的培养和审查，有计划地接受具备党员条件的同志入党。

2.加强对预备党员的教育，提高其觉悟并进行严格审查，使具备了党员条件的同志如期转正。

七、加强共产主义道德品质的教育：

1.对违法乱纪、道德败坏的分子，进行及时有效的处理，以打击歪风，树立正气。

2.加强纪律教育，整顿校纪，加强艰苦奋斗、勤俭办学的思想教育，树立良好的学校风气。

(四)克服官僚主义、主观主义、宗派主义作风，克服党员特殊化的倾向，扩大民主生活，健全民主制度，密切党群联系。

1.根据整风运动的指示，为了彻底改变党员脱离群众的现象，使官僚主义、宗派主义、主观主义、老爷架子大大减少。党委负责干部及全体党员必须定期参加经常性的各种体力劳动，以加强与广大群众的联系，从根本上改造与锻炼自己。

2.党委、总支，及各级党员领导干部要面向教研组、班级、科室，主要负责人必须分工联系一个基层单位。除每星期三、六下午争取多参加小组学习，听取群众意见，参加讨论外，每周不得少于半天深入基层单位参加会议或与群众个别交谈，了解情况及听取建议。

3.党委、总支负责同志，党员校长，党员系主任，并建议各级行政领导同志建立接近群众制度，每周规定一个半天时间接见群众。党委现已规定每周星期一下午为负责同志接待时间，各级行政单位最好亦能统一为每周一下午接待群众，听取群众意见。

党委、总支、党员校长、党员系主任等均应不定期地召开各种类型的座谈会，或进行个别访问，以深入地了解师生员工的工作、学习、生活情况，及征求他们对党的工作及学校工作的批评建议，广泛听取群众建议，并及时将处理情况向群众报告或公布。

4.党委委员、总支书记、科长以上党员干部,均应经常联系二三个非党教师和职工,与他们建立友谊。要求全体党员很好的联系群众,多交党外朋友,虚心向群众学习,并及时反映他们的意见和要求。

5.担任学生政治工作的专职干部,应与同学打成一片,经常在一起生活,了解他们心目中的问题,以求及时解决。

6.切实贯彻处理人民来信和来访制度。严格执行登记、催办、答复、汇报制度,及时处理人民来信来访的问题,不得积压。能马上答复的马上答复,需要研究或调查了解的争取在二周内答复,转有关部门处理的每半月催办一次。

7.克服党员中存在的特殊化的思想倾向,根据群众放鸣的意见,要求有关党员本着"有则改之,无则加勉"的精神,进行认真严肃的检查。

对思想作风有严重毛病,群众意见特别多的党员,党组织应对其加强教育,并可责令其向群众公开检讨,提出改进意见。

8.鸣放中已经揭发的某些党员的特殊化现象,党组织应会同有关部门查明事实,立即纠正,事实有出入的也应向群众说明交代。党员必须以"吃苦在前,得利在后"的标准来要求自己。处理生活福利、待遇等问题,应完全按照制度执行,不得特殊。以后如再有违反制度及特殊化的现象,轻则批评、检讨,重则给予党或行政的纪律处分。

党员在日常工作、学习、生活中要以自己的模范行为带动群众,积极参加群众的集体活动,关心群众的工作、学习与生活。党员要自觉地遵守各种纪律与制度。

9.加强党的监察工作,对违法乱纪的党员,进行严肃的检查处理,将处理结果在适当场合向群众公布,并在党内加强党纪教育,以提高党员遵守党纪的自觉性。

10.减少兼职,健全会议制度,精简会议,提高会议质量。

①党委要严格控制会议,除特殊情况外,一般情况下由党委办公室排出每月会议日程表,经常委通过后执行。不列入计划的会议不得召开。

②严格控制会议的时间,一般情况下党委会每月一次,常委会每周一次(特殊任务除外),总支干部参加党委的有关会议及支部干部参加总支召开的会议,每周最多一次,其他时间均由总支、支部自由支配。

③不开无准备的会议,凡提交会议讨论的问题,必须于会前两天提出书面意见,并预先发至参加会议者,主办单位应为中心发言人,与会者亦需积极发言,以缩短会议时间,提高会议质量。

开会必须准时,不得迟到或早退。

④精简会议,一般情况下不采用会议汇报方法,党委干部分头深入下层了解情况或采取个别汇报及典型介绍办法,节省开会时间。凡能合并召开的会议即合并举行,同样内容的会议可只参加一次。

如有具体工作往下布置,由常委分头到总支传达布置。不再召开总支书记会议。

⑤有关重要报告,内容必须经常要集体讨论,防止拖长时间及一般化,不能达到预期要求。有关党委召开的全校性的大会,会前必须由党委办公室做好一切具体准备工作,并加以检查。

⑥党员在党内担任职务,最多不得超过二职(党委委员与常委委员只算一职),一般的

一人只能担任一职。目前担任职务已超过二职或担任二职尚有困难的，可向党委或总支提出研究。

⑦团委、工会组织的会议也应作出相应的规定，并建议行政也作出规定，以减少教职工学生的兼职，保证教学，并订出精简会议提高会议质量的具体办法。

11.扩大民主生活，健全民主制度。

①党委在贯彻党的方针政策及制定计划时，应走群众路线。事先并适当地召开各种座谈会或通过个别交谈征求意见，以防止主观片面。

②整风运动中形成的民主风气，必须保持并加以发扬。各级领导必须经常倾听群众呼声，考虑群众的意见，诚恳地接受群众的批评、监督，并给群众创造各种便于发表意见的条件。大字报、座谈会、辩论会等形式，今后应使之经常化。

③每学年召开一次党的代表大会或党员大会，审查党委的工作报告，开展批评与自我批评，并由全体党员选举党委会。

每学期始、终，由党委各召开一次党员大会，报告一学期党的工作计划与总结党的工作。

④党委与行政要充分重视每年工代会、学代会、团代会的召开，派负责同志参加会议，听取群众意见，并向大会作有关报告。

(五)加强党对教学及科研工作的领导，充分发挥各种组织的作用。

1.党委会应定期检查讨论教学、科学研究工作，一学期讨论一至两次。党委委员应积极学习和钻研教学业务，并举办讲座，请党内外教师讲授一些基本科学知识和教学业务知识。

2.党委会在讨论教学与科学研究工作时，会前应征求党内外专家的意见，并在必要时邀请他们列席会议，以便听取意见。在日常工作中要支持他们的正确意见和科学研究工作，帮助他们克服困难和推广经验。

3.教育全体师生员工，在结合中国实际的原则下，进一步全面学习苏联的经验和其他兄弟社会主义国家的经验，并应多向本校苏联专家学习，以不断提高教学质量。

4.充分发挥本校教学委员会、科学研究委员会的作用，建立和健全一些必要的会议制度。

5.加强和健全教学行政部门和系的干部配备，配备教务处的负责干部，配备系副主任或系主任助理。

(六)加强党对工会、民盟、共青团和学生会的领导：

一、关于工会工作

1.党委、总支和支部要重视工会工作，加强对工会工作的领导，定期讨论研究工会工作(每学期一至二次)。配备工会专职领导干部，应有专人负责或有一总支委员直接参加部门委员会的工作。

2.党委、总支应根据工会的特点和任务的需要，提出对工会的具体要求。党团员均应积极参加工会的一切活动。

二、关于民盟的工作

1.党委应加强对统战工作的领导，对党员进行“长期共存、互相监督”方针政策教育，务使每个党员都要充分认识民主党派的作用和我党统战政策的重大意义。

2.尊重民主党派的独立性,充分发挥其组织作用,并帮助他们解决工作中的困难,使其在改造我校知识分子的思想工作中发挥应有的作用。

3.定期召开与民盟的联席会议(每学期一至两次),交换工作的情况和意见,反映群众中的问题和要求,并开展批评与自我批评,贯彻相互监督的政策。

4.学校中的重大问题,应与民盟充分协商,一致进行工作。

5.在反右派斗争胜利和民盟整风的基础上,协助民盟改组及健全其组织。

三、加强对共青团和学生会的领导

为了加强对团的领导,使团真正成为党的有力助手,团的各级书记要由同级党组织的委员担任,并通过团委加强对学生会的领导,充分发挥其组织作用,领导与帮助全体同学完成学习任务。

党委和总支应定期讨论、检查团委和学生会的工作,每学期一至两次。

浙江大学档案馆藏,档案号:ZD-1957-XZ-6-2

党委加强对教学与科学研究工作的领导的方案(草案)

(1957年)

(一)党委会每学期检查讨论教学、科学研究工作两次;组织一部分有教学经验及一定学术水平的党员教师协助党委研究关于教学和科学研究上的问题,由党委决定并制定措施贯彻执行,党委会讨论内容一般为:

1.高等教育方针政策的理解和贯彻情况的检查;

2.每年度的教学工作计划、总结和布置下阶段的任务;

3.学校的教学、科学研究规划、专业设置等问题;

4.教学方面的重大措施;

5.学校行政属于系组织的调动及干部的调配;

6.关于教师工作的情况。

保证制度:

1.党员校长、常委、教师党委委员、总支书记每星期至少抽出六小时深入系、教研组了解情况,发现问题;规定每星期二小时学习有关高等教育方针政策和兄弟学校经验,其他党委委员、部长每星期抽出四小时学习和深入基层。

2.党员校长、常委定期向党委汇报该阶段的教学情况,由党委会作出决议。

3.通过各级党组织、行政组织、工会、团的业务部门贯彻各阶段的任务。

4.常委负责对行政经常的检查和督促。

(二)认真研究和贯彻全面发展的方针—我们的教育方针是培养有社会主义觉悟的、有文化的、身体健康的劳动者—在教师中加强树立全面负责的思想,当前教师对学生全面负责的首要任务是:教师除完成对学生的教学工作外,还应负责对学生进行政治思想工作的任务。

1. 在课堂教学等各项教学环节中加强教学内容的思想性，讲课和设计都应该联系实际，贯彻社会主义思想教育，在实验和生产实习中加强劳动观点和爱护国家财产的教育。

2. 注意加强教学计划所订各课程间的关联性和配合作用。

3. 关心学生课外的学习和生活，增加师生课外接触，加强学生课外自学指导。

（三）加强理论联系实际，结合中国实际全面学习苏联，不断提高教学质量。

1. 审订各专业教学计划，培养目标必须切合我国工业实际需要，实验课必须保证一定时数，生产实习要保证一定周数。

2. 逐步审订各课程的教学大纲，使教学内容能符合中国实际。

3. 提高实验质量：①实验内容和实验数目须符合该专业的培养目标，切合该专业实际；②注意实验数据的准确性；③充分发挥教师的指导作用；注意培养同学独立工作能力。

4. 生产实习：鼓励有经验的教师下厂，在生产实习过程和准备过程中加强计划性，制订生产实习大纲要切合工厂实际，注意培养同学独立工作和独立思考能力。

5. 毕业设计：尽量做到联系实际，题目要反映实际工业上的趋势和需要，设计中的主导思想要结合中国实际，贯彻国家工业的方针政策，注意设计的规格标准。

6. 教师教学要注意联系学生实际，教研组加强教学法的研究工作。

（四）贯彻勤俭办学的精神。

1. 实验室的建立及其规模、设备的添置和规格首先要严格审查。

2. 设备的添置尽量内部调配，不能调的则自制或修配，不能自制的则向外采购，同时改善设备采购、修造的办法。

3. 增加设备利用率，减少套数，增加班次。

4. 改进仪器使用、管理和保养工作，制订一定的制度。

5. 对固定资产做好登记工作，加强利用剩余物资。

6. 现有仓库及修造工厂、调配间集中调配。

7. 加强经常费的审查和对损耗物品的控制。

8. 严格损坏赔偿制度。

9. 加强实验室教辅人员的培养、教育及考勤。

10. 鼓励教师下实验室，由有经验教师担任实验室主任。

11. 改进图书资料的补充、管理和使用。

12. 改进教材供应工作。

（五）贯彻向工农开门的方针，逐步提高学生中工农成分的比例，招生时应尽可能多吸收工农分子或工农子弟入学。在学习过程中，根据工农学生基础知识的实际情况，加强辅导或单独开班，同时加强政治思想教育，帮助克服困难，其目的是不使培养干部的质量降低，也就是说并不是降低要求，而是加强平时的帮助，教师要注意摸索工农干部学习的规律。

（六）根据本校具体情况草拟教师工作量制度给全校教师讨论，校委会通过后试行。

1. 总结过去工作量制度试行的积极因素和存在的问题。

2. 工作量标准根据实事求是的原则。

3. 要有一定奖励处理原则。

学校、系、教研组加强对科学研究的领导和检查,特别要帮助没有能开展科学研究之教研组根据国家需要和本组条件明确方向作出规划,学校要订出定期检查科学研究工作的方法和制度。

浙江大学档案馆藏,档案号:ZD-1957-XZ-6-4

关于试行《党委各部门及党总支职责》的通知

(1983年5月19日)

浙大党委〔1983〕55号

党委各部门、各总支、直属支部:

现将《党委各部门及党总支的职责》(试行稿)发给你们,请遵照执行。党委各部门及总支要在明确职责的基础上,搞好定编工作,逐步建立各类人员的岗位责任制,以不断提高工作效率和工作质量。

附件:《党委各部门及党总支的职责》(试行稿)。

中共浙江大学委员会

一九八三年五月十九日

校团委职责

一、围绕党的中心任务开展各项活动,协助党委抓好学生和青年教职工的思想政治工作。

二、组织开展对全校共青团员的思想教育,配合党委组织部做好学生中的建党工作。

三、抓好团的思想建设和组织建设,健全团内“三会一课”制度,做好发展新团员工作,办好超龄团员的离团手续,负责对违反团纪的团员进行教育和处分。

四、会同德育教研室经常了解、汇集学生的思想动态,及时分析研究,提出改进工作的建议,及时向党委汇报。

五、关心学生的正当利益,向上级和有关部门反映学生在学习、生活等方面的意见和要求,协同学校加以改进。

六、协助各总支做好评选和表彰三好学生、先进班级、优秀团员、先进团支部和新长征突击手,以及学生操行评定和奖学金评定的工作。

七、协助党委指导学生会工作。

八、协同宣传部,组织新生入学教育和毕业生统配教育。

九、办好《团内通讯》、特刊及黑板报等,做好宣传教育工作,计划和组织学生的业余文体活动。

十、会同学生会负责对校文工团的管理工作，定期抓好排练、演出，做好文工团的思想建设。

十一、做好团工作方面的对外接待、联络、发放介绍信、整理、保管有关文书档案工作。

十二、依据上级有关规定，具体负责全校团员组织关系的接转和团费的收缴、管理、使用工作。

十三、完成上级交办的有关团工作方面的其他任务。

校纪律检查委员会职责

一、在校党委和上级纪委的双重领导下，按党章规定的任务和职责进行工作。

二、协助党委整顿党风，检查党的路线、方针、政策和决议的执行情况。

三、协助党委，配合组织、宣传等有关部门对党员进行党性、党风和党纪的教育，维护党章、党的政治纪律，坚持四项基本原则，在政治上同中央保持一致，同各种违反纪律和败坏党风的行为作斗争。

四、维护党的民主集中制，保障党员的民主权利，检查和处理党的组织和党员违反党章、党纪和国家法律、法令的比较重要或复杂的案件，决定或取消对这些案件中的党员的处分。

五、受理党员的控告和申诉，接待来信、来访。

六、协助党委继续抓好打击经济领域犯罪活动的斗争。

七、承办上级纪委、校党委交办的调查事宜。

党委办公室职责

一、根据党委研究确定的中心任务和工作部署，了解、检查、协调和督促各单位、各部门工作及贯彻执行党委决议的情况。

二、组织、安排党委常委会议、党委会议和由党委召开的各种会议、学习和重要活动。

三、负责完成党委对上级的报告、决议和对全校党的工作的指示等文件及信函的起草工作。负责党委各部门发文的会稿工作。

四、按党委的要求，深入实际，调查研究，总结分析，为党委决策提供有价值的参谋意见（或调查报告）。负责编印“情况简报”。

五、认真做好上情下达、下情上达工作，做到不梗塞、不积压、不紊乱、不搞文牍主义。

六、积极完成党委及党委负责同志临时交办的工作，协调涉及几个部门的综合性工作。

七、及时办理党内文件的收发、上报、呈转、送阅、催办及监印归档等机要文书工作。

八、代表党委和协助党委负责同志接待、受理群众来信来访，沟通党委和群众联系的渠道。

党委组织部职责

一、根据中央、省委关于组织工作方面的指示精神和党委的工作部署，制订组织工作的学期计划，及时检查落实情况，向党委和上级党组织汇报。

二、搞好校、系领导班子的思想建设和组织建设，考核、了解各级领导班子的思想和工作状况,制订选拔、培养、考察中青年干部的规划,根据四化的要求,调整、充实、加强各级领导班子。

三、负责会同有关部门拟订全校组织机构设置和干部编制方案,经党委批准后负责实施。

四、协同宣传部制定党员教育计划,抓好“三会一课”制度的落实,加强对全校党员的教育和管理,经常了解并定期向党委汇报党员的思想动态。检查、帮助各总支抓好党支部的建设和发展新党员的工作。

五、负责总结党支部的战斗堡垒作用和党员的先锋模范作用的典型经验,做好每年一次先进党支部、优秀党员的评选工作。办好“组工简报”。

六、负责全校政工干部和科以上干部的管理、培养、考察、调配及档案工作,办理科以上干部任免的具体工作并会同宣传、人事等部门搞好干部的培训、教育工作。

七、会同统战部、人事、后勤等有关部门认真做好落实知识分子政策的工作。做好各类干部的政策落实工作。

八、认真做好离休干部的思想、学习和生活管理工作。

九、办理党员组织关系的接转,党费的收缴和使用。认真做好党内各种资料、统计、报表和收发、汇总、归档等各项基础工作以及外调接待工作等。

党委宣传部职责

一、负责计划、部署和检查全校师生员工的政治思想教育工作,组织全校性的政治理论学习、形势任务教育等活动,整理、印发有关宣传教育的参考资料。

二、负责了解、汇集全校师生员工的思想动态,进行分析、研究,提出加强思想政治工作的有关意见和建议,及时向党委汇报。协同组织部总结党支部发挥战斗堡垒作用和党员发挥先锋模范作用的典型经验。

三、负责会同组织部、纪委拟订全校的党课教育计划,编写党课教材,努力搞好党风、党纪、党规、党法的宣传教育。搞好干部培训工作,提高干部的理论水平、政策水平和管理水平。

四、负责并会同有关部门组织好重大节日、重大事件的宣传活动。

五、指导各总支开展宣传教育工作,有计划地提供学习材料,认真做好公费报刊的订阅工作。

六、指导德育教研室的工作,不断摸索和总结八十年代大学生德育教学的规律。

七、会同有关部门组织全校对外报道工作,收集、拍摄全校重大活动的资料和照片,努力办好校刊。领导学校广播台的工作。

八、指导工会、团委对教职工和学生的各种宣传教育活动和群众性文体活动。

九、负责组织办理党委交办的各项宣传教育工作任务。

党委统战部职责

一、根据中央关于统战工作的各项方针、政策和省委的有关指示,提出贯彻执行的具体意见,并负责了解和检查各系、各单位的贯彻执行情况。

二、协同宣传部抓好统一战线理论政策的宣传教育,提高党员和干部对新时期统一战线重要性、广泛性和长期性的认识。

三、会同组织部提出党外人士安排的意见和建议。

四、协同组织部做好落实知识分子政策的工作。

五、协助各民主党派开展正常的活动，为他们提供必要的条件。

六、进一步做好对台宣传和落实台属政策的工作。加强归侨、侨眷工作。协助外事办公室做好华侨、港澳同胞、台湾同胞和外籍华人的政治接待工作。

七、经常与统战对象联系，了解他们的情况，听取他们的意见和要求，关心他们的工作、学习和生活，协同有关部门尽力解决他们中存在的各种实际问题。

八、负责办理党委和上级部门交办的统战工作方面的有关事宜。

系总支委员会职责范围

一、宣传和贯彻执行党的路线、方针、政策，宣传和执行省委和党委的决议。对本系的教学、科研和其他任务的胜利完成起保证监督作用。

二、加强对党支部的领导和对党员的教育、管理，充分发挥支部的战斗堡垒作用和党员的先锋模范作用。严格党的组织生活，保证党员的权利不受侵犯。认真开展批评和自我批评，揭露、改正工作中的缺点和错误。

三、积极、慎重地做好发展党员的工作。做好积极分子的培养教育工作。

四、在政治思想工作方面起领导作用。不断加强思想政治工作，定期分析研究师生员工的思想状况，有针对性地、确有成效地抓好全系的政治理论学习和形势任务教育。

五、根据党委的中心工作，结合系的实际，认真做好调查研究工作，并及时向党委汇报。

六、对包括行政负责人在内的党员干部在执行党的路线、方针、政策，工作表现，遵纪守法以及思想、作风、道德品质等方面的情况进行监督、考核。负责出国人员的政审。

七、负责会同系行政审查、讨论系、室人事任免及组织机构、人员配备，报党委审批或备案。会同系行政对系的发展规模、专业方向、教学改革、师资培养、学科建设、科研规划、管理改革等教育、科研、管理工作的重大问题进行讨论，报学校批准后由系行政组织实施。

八、密切联系群众，经常关心群众的思想、工作、学习、生活，倾听群众的意见；认真做好落实知识分子政策的工作。

九、认真抓好学生的思想政治工作，定期召开总支委员会讨论学生工作，加强学生政工干部队伍的思想建设和组织建设。根据学校有关规定及统一部署，负责会同系行政组织好全系本科生、研究生的招生、毕业分配、政审和操行评定等工作。

十、领导系工会和分团委的工作。

校工会职责

一、在校党委领导下，配合宣传部做好全校教职工的思想政治工作，组织好思想政治学习。

二、配合有关部门抓好学校的精神文明建设，举办各种先进工作经验交流会，做好劳动模范、先进工作者和先进集体等评选工作。

三、协助有关单位积极开展职工科普教育工作，举办各种类型的职工业余学校、短训班等。

四、会同有关部门组织和引导教职工经常开展群众性的文体活动，抓好业余文艺和体育队伍的建设。

五、协助有关部门做好家属宿舍分配,办好食堂、幼儿园等集体福利事业,并积极开展有利于教职工生活福利的各项工作。

六、做好发展新会员的工作。管好、用好工会经费。

浙江大学档案馆藏,档案号:ZD-1983-XZ-101

关于党委负责同志分工及实行两项工作制度的通知

(1984年3月12日)

浙大党委〔1984〕18号

各党总支、各系。校机关各部门:

为加强和改善党的领导,建立必要的工作秩序,提高工作效率和工作质量,现将党委负责同志分工及实行两项工作制度一文发给你们,望遵照执行。

希望各单位根据实际情况,抓紧制订(或修订)好各项工作制度,为建立岗位责任制打下基础。

中共浙江大学委员会

一九八四年三月十二日

关于党委负责同志分工及两项工作制度

一、关于党委负责同志的分工

根据集体领导、分工负责的原则,经研究,党委负责同志作如下分工:

黄固同志负责主持党委全面工作;

梁树德同志分管纪委、组织及保卫部工作;

周文骞同志分管统战、工会、马列主义教研室及筹建管理学院工作;

朱深潮同志分管政治思想工作(宣传部、团委、德育教研室)、人武部及学生会有关工作。

二、党委两项工作制度

(一)会议制度

1.党委会一般每周召开一次(星期一下午),主要讨论决定学校工作中的重大问题和主要工作,研究党的建设和思想政治工作。会议由党委书记召集并确定会议议程。

党委学习会两周一次(隔周星期五下午)。

2.党委书记、副书记每周一次碰头会(星期六上午八时),交流情况、安排下周工作。

3.部署和研究一个时期工作任务的总支书记会议,一般一个月召开一次,会议由党委书记主持。

党委各部门凡因工作需要临时召开总支书记会议,须经分管书记同意由党委办公室归口统一安排通知。

4. 党委有关部门的工作会议，由党委书记或分管的副书记视需要召集。

5. 为提高会议效率，各部门凡需提交党委会议讨论决定（或审批）的问题，应事先向分管的党、政负责同志请示汇报，并形成简要的书面材料，于每周五前交党委办公室。由办公室按会议议程将材料分送与会成员，各成员会前应认真审阅，准备好意见。

6. 建立党委负责同志分工联系制度。每周五上午党委负责同志分头深入联系的基层，调查研究、了解情况，帮助解决问题，加强面对面领导。

（二）请示报告及文件审批制度

1. 凡经党委会讨论决定的问题，有关部门负责人必须认真贯彻执行，并负责报告办理结果。在贯彻执行中如遇到重大问题，应及时请示报告或提请党委复议。在党委未改变原决定前，任何部门和个人不得以任何借口拖延不办或擅自改变党委决定。

2. 各总支、系和各部门凡在主管工作中涉及方针、政策、计划和组织等方面的重大问题，应事先向党委请示，事后报告处理和执行情况。但对中央、省和学校已有明确规定，属于部门职责范围内的问题，应尽职尽责及时处理和解决，不要把应由本部门处理的问题都上报党委审批。

3. 党委各部、各总支应加强调查研究工作，注意研究新情况，解决新问题，总结新经验，并及时向党委汇报。上报的简报、专题报告必须准确、简明扼要。

4. 各总支、系和各部门如发生重大事件和重要情况，应及时向党委请示、报告。

5. 为便于党委主要负责同志能集中精力考虑和研究处理学校重大问题，各部门、总支需向党委主要负责同志直接请示汇报工作的，一般应事先和党委办公室联系，由办公室统一安排。

6. 各总支、系和各部门向党委的请示报告，应由单位负责同志签发后，统一送党委办公室，由办公室填写《报告处理单》，分送党委领导同志阅批后，交主管部门处理。（一周不批复，作同意处理。）

7. 各部门凡是要以党委名义发文的，必须填写《浙江大学发文稿纸》，由部门负责同志核准后送党委办公室，由办公室分送分管书记审批，然后登记编号印发或上报。涉及全局性的重要文件，须经党委书记审批签发。

浙江大学档案馆藏，档案号：ZD-1984-XZ-10

关于成立调研室和印发调研室、调研员工作职责的通知

（1984年7月5日）

浙大党委〔1984〕38号

我校在这次调整中层领导班子中，为了贯彻中央确定的干部队伍革命化、年轻化、知识化、专业化和精干的原则，年龄结构形成梯队，有些部处级干部退出了现有领导工作岗位。这些同志长期受党的教育，经受的锻炼多，政治上比较强，工作经验丰富，为浙大的建设和发展作出了贡献。论德论才，这些同志都能胜任原职或担负更重要的职务。但由于新时期机

构改革的客观需要，他们把职务让给了更年轻的同志。

根据中央有关指示精神，经党委研究决定，报省委宣传部批准，任命这些同志为调研员(已另发文)，从事综合性的或专题的调查研究。对工作提出建议或意见，协助总支或部门领导的工作等，这是新形势下这些老同志为浙大的建设和发展继续发挥作用的一种好形式。为便于开展工作，决定成立调研室，由党委直接领导。各级领导和全体同志都要支持调研员的工作，重视他们的建议和意见，同心协力，为搞好改革、开创浙大工作的新局面而共同努力。

今后，党政各部门发文时，应送调研室一份。

现将经党委讨论通过的《调研室职责(试行)》和《调研员职责和工作要求(试行)》发给你们，望遵照执行。

附件：一、调研室职责(试行)。

二、调研员职责和工作要求(试行)。

中共浙江大学委员会

一九八四年七月五日

附件一

调研室职责(试行)

调研室是党委的参谋咨询机构，它的职责如下：

一、围绕学校各个时期的中心任务，组织调研员深入实际进行综合性或专题的调查研究，提出建议和意见。

二、组织部分调研员重点联系一二个基层单位，了解、掌握干部、群众的思想动态、意见和要求，及时向党委反映情况，提出建议。

三、根据党委部署，组织调研员参加学校的某个方面的工作。结合工作实际进行调查研究，写出报告，提出建议。

四、经常与派往系(总支)、部门协助工作的调研员取得联系，了解他们的工作情况。不定期地组织他们进行经验交流，帮助他们解决在工作中遇到的问题。

五、配备若干名干事，处理调研室的日常事务工作。

六、组织调研员的学习，在政治上、生活上主动热忱地关心他们。

附件二

调研员职责和工作要求(试行)

一、调研员是在职干部，是各系(总支)、各部门领导班子做好工作的参谋。调研员由部处级干部担任，列入相应的党委管理干部范围，按其职级和干部管理权限考核、任免。

二、调研员均为调研室的成员。根据任务的需要，调研员可在调研室工作，也可由党委派往各系(总支)、各部门协助工作。

三、调研员的职责和工作要求：

1. 根据校党委的统一部署，围绕各个时期的中心任务，深入实际，进行综合性的或专题的调查研究，提出建议和意见。

2. 派往系(总支)、部门的调研员，应积极支持系(总支)、部门领导班子的工作，为领导班子出主意，当好参谋，协助领导班子贯彻执行党的路线、方针和政策。

3. 受校党委的委托，派往某些系(总支)或部门协助领导班子在一段时期内办理一个方面的工作。

4. 调研员在工作中应注意搞好传、帮、带，把党的好传统、好作风和自己的知识、经验传给年轻的同志。

四、派往系(总支)、部门协助工作的调研员，可列席系党政有关会议或部门领导班子会议，对工作或讨论的问题发表个人的意见、看法和建议。

五、调研员享受同级干部的政治、生活待遇。

六、各级干部应尊重调研员，大力支持他们的工作，重视他们的建议和意见。

浙江大学档案馆藏，档案号：ZD-1984-XZ-10

关于改革思想政治工作体制的实施意见

(1985 年 12 月 31 日)

浙大党委〔1985〕46 号

各党总支、直属支部，各系，各部、处：

一、学校实行校长负责制后，党委应把加强思想政治工作作为自己的主要任务之一，并实施对思想政治教育的领导。校长和行政各部门要支持和配合党委做好思想政治工作。

二、党委要加强对思想政治教育的领导，加强党的建设，加强党员的党性、党纪、党风教育，促进党风的进一步好转。充分发挥党组织的作用和党员的先锋模范作用；要坚持以马克思主义教育广大师生员工，激励他们立志为祖国的富强奋勇进取，建功立业，保证学生德、智、体全面发展，使学校真正成为抵御资本主义和其他腐朽思想侵蚀的坚强阵地。

校长和行政部门要结合教学、科研和行政管理工作，积极配合做好师生员工的思想工作。

三、教职工的思想政治教育活动，学校由党委宣传部主管，各系由党总支负责。各总支设专职宣传委员 1 人，具体负责此项教育活动。校、系工会及各民主党派应在教职工思想教育活动中发挥积极作用。

教职工中的思想政治工作要着眼于调动各类人员的积极性，要讲究实效，要进行经常性的形势、任务教育，教育教职工以主人翁精神努力做好本职工作，为学校建设，为培养高质量的人才、出高水平的科研成果多作贡献。

教职工中如涉及教学、科研及行政管理工作(如升等升职、安排使用、住房分配等)中出现的思想问题，应以校长和行政有关部门为主，党委系统和党总支主动配合，积极地做好他们的思想政治工作。

四、培养学生是学校的主要任务。学生思想政治工作是学校工作的重要组成部分。学生思想政治工作只能加强，不能削弱。

学生思想政治工作是一项系统工程，要依靠学校党政各部门和全体教职工共同关心，齐抓共管。学校各级党组织和行政负责人都必须按职责分工经常关心和切实加强对学生思想政治工作的领导。

五、学生思想政治工作的领导体制。

1.学校建立学生思想政治工作领导小组,以分管的党委副书记、副校长和有关部、处负责人,校团委负责人,马列主义教研室和德育教研室负责人组成。作为学校学生思想政治工作的协调机构。

2.党委宣传部为学生思想政治工作的主管部门,学生处为学校行政主管学生工作的部门。

党委宣传部侧重抓好学生的理想教育、纪律教育、爱国主义教育和形势任务教育等思想政治教育活动,并配合学生管理工作做好思想政治工作。

学生处侧重于学生管理工作和结合学生管理工作的各个环节做好学生思想政治工作。

学校团委侧重于团的组织建设和思想建设。指导学生会和研究生会的工作,并组织一些全校性的重大活动。

3.学生工作专、兼职人员的配备,党团系统设党总支副书记、分团委书记或副书记、党支部书记和辅导员;行政系统设系副主任、系办公室副主任和学生干事,另外还按每一小班配一名班主任。其中总支副书记、分团委书记(副书记)、系办副主任应配专职人员。

4.各系建立相应的学生思想政治工作领导小组。由总支分管学生工作的副书记或分管学生工作的总支委员、系副主任、分团委书记、分管学生工作的系办公室副主任及学生党支部书记组成。

分管学生思想政治工作的系总支副书记负责领导系分团委、学生党支部、系学生会的工作,侧重抓好学生中党的建设,团的工作及理想、纪律教育,爱国主义教育和形势任务教育等思想政治教育,并配合学生管理工作做好思想工作。各系党总支的学生思想政治工作接受党委宣传部的指导。

分管学生工作的系副主任负责领导分管学生工作的系办公室副主任、学生干事、班主任(导师)的工作,侧重于学生管理工作和结合管理工作的学生思想政治工作。各系的学生工作接受学生处指导。

学生的后勤管理工作则由系办公室负责。各学生宿舍分别成立宿舍管理委员会,加强学生宿舍的综合管理(具体办法另订)。

六、学生思想政治工作队伍应以专职人员和兼职人员相结合,并以相对稳定的专职人员为主体。

1.学校必须保持一支政治素质好,具有较强工作能力且本人愿意从事思想政治工作的专职队伍,专职人员除加强实际思想政治工作的锻炼以外,还应有计划地给他们安排进修,以提高理论水平。同时,提倡专职人员兼任思想政治教育课(思想品德课、形势任务课和党课等)。努力造就一支能胜任新时期学生思想政治工作的专门队伍。

兼上思想品德课的政工人员,他们和其他教师一样担负着完成学生培养目标的重要任务,应当根据他们工作的劳绩和能力、水平、评定相应的学衔,在没有统一规定以前,暂按浙大党委〔1985〕8号文执行,即:

凡基本符合教师条件的党政干部,经学校聘请,连任两年以上思想品德课兼职教师,其教学工作量达到专职教师规定教学工作量的三分之一以上,根据本人申请,可按其条件评定相应的教师学衔，但其原属编制不变。

2.兼职人员，各系可视工作需要从本系青年教师中选拔品学兼优的人员担任，以二分之一至三分之二的工作时间从事学生工作，两年为一轮，其工作成绩和表现记入业务档案，作为晋升提级的重要依据之一。

兼职学生工作人员，还可以从品学兼优的又具有一定工作能力的在学研究生和高年级学生中挑选，每月发给岗位津贴费。

3.专职学生政工干部的工作调动，必须经党委宣传部签发意见，并经党委组织部批准，除经批准考取进修外，一般必须连续工作四年，未经批准不得擅自调作他用。

4.专职政工人员的进修应采取多种途径，提倡报考第二学士学位班，也可送有关院校进修或在职进修。

5.尚未取得硕士学位的专、兼职学生工作人员，凡选留时基本符合免试攻读硕士研究生条件的，经系主任推荐、研究生院审核，并报校长批准，可给予免试攻读硕士研究生或研究生班的资格，经两年专心工作且表现较好的，工作满两年以后免试入学；如果在这两年的学生工作中表现不好，则取消其免试攻读的资格。此项推荐工作，由校长按年度批给名额，在各系办理推荐免试攻硕学生时一并进行。

6.要求报考硕士研究生或研究生班的专、兼职学生工作人员必须安心工作满两年，报考思想政治教育专业第二学士学位班的必须安心工作满一年。经本人申请，系总支同意，党委宣传部和组织部与有关部门协商，排定报考时间。如按照排定的时间报考，且工作表现较好的，经批准可给6个月脱产复习时间。每四年允许报考一次，每人限考两次，第二次至少间隔一年，且不再安排脱产备考的时间。

专职政工人员攻读的业务方向，应尽可能与思想政治教育密切相关，取得硕士学位以后继续从事思想政治工作。

7.学生思想政治工作人员的考核与奖励，按学校的统一规定进行。对获工作优秀奖的在进修方面给予适当优先。表现不好的不准报考，不准回教研室当教师，或调离学校。

七、研究生的思想政治教育由党委宣传部统一归口，由各系党总支负责实施。按系分别建立党支部和团支部（总支），加强党、团的组织建设和思想建设。各系党总支应由副书记（或委员）分管，或配备专职或兼职的党支部书记，具体负责研究生的思想工作。

研究生的管理工作由研究生院统一归口，由各系负责落实，各系应由主任（或副主任）分管，研究生秘书具体负责，并动员和组织导师加强日常的管理工作和思想工作。

研究生应严格要求自己，充分发挥研究生会和各系研究生分会的作用，加强自我管理。

八、广大教师是做好学生思想政治工作的一支重要力量，各系除根据工作需要聘请部分专职教师担任班主任（导师）工作外，要发动全体教师“教书育人”，鼓励广大教师管教、管学、管思想，关心学生的全面发展。教师教书育人，既加强对学生的思想教育，又能促进教师严格要求自己。这是学校搞好精神文明建设的一个重要方面。因此，教书育人应作为我校教师的基本职责，列为教师工作考核的重要内容。

马列理论课教师和思想品德课教师要通过授课，坚持对学生的马克思主义理论教育和思想品德教育，同时要协助党团组织开展工作。每个任课教师都要确定一个班级作为自己重点联系的单位，协助班主任工作，关心学生思想，并联系实际不断提高马列主义理论课和思想品德课的教学质量和教学效果。

专职的思想品德课教师的待遇和学衔评定与聘用,按原教育部〔84〕教政字013号文的规定,为方便起见,目前可参照马列主义理论课教师的有关规定。

九、如原学校已发文件中与本文规定不符,一律以本规定为准。

中共浙江大学委员会
浙江大学
一九八五年十二月三十一日

浙江大学档案馆藏,档案号:ZD-1985-XZ-13-3

纪委及党群部门职责(试行)

(1987年9月)

说　明

为了进一步明确校党群各部门的职责,有利于做好本职工作,并加强与有关部门的互助合作,建立与健全岗位责任制,经党委领导同志同意,现将各部门制订的部门职责和岗位职责汇编印发(有的部门的岗位职责待后拟订),予以试行。经过一段时间实践后根据实际执行情况再行修订,正式施行。

纪律检查委员会职责

纪律检查委员会在校党委和上级纪委的双重领导下进行工作。其职责如下:

一、紧密围绕党的中心工作,严格按照党章规定的任务和职责开展纪律检查工作,保证党组织的纯洁性和战斗力。

二、协助党委整顿党的作风和纪律,检查党的路线、方针、政策和决议在学校的执行情况,并根据学校党风现状,及时提出端正党风党纪的意见和建议,供党委参考。

三、配合组织、宣传等有关部门,对党员进行党性、党风、党纪教育,维护党的章程和其他规章制度。严格执行党的纪律,同党内各种违法乱纪和败坏党风的行为作斗争。

四、维护党的民主集中制,保障党员的民主权利,检查和处理党的组织和党员违反党章、党纪和国家法律、法令的比较重要或复杂的案件,决定或取消对这些案件中的党员的党纪处分。

五、受理党员的控告和申诉。

六、接待来信来访,落实处理部门并检查处理情况。

七、协助党政领导继续抓好打击经济领域犯罪活动的斗争。

八、加强纪委自身组织建设和思想建设,不断健全学校纪检系统指导党总支的纪检工作,会同组织部抓好各总支的民主生活会制度。

九、完成校党委和上级纪委交办的有关工作。

党委办公室职责

党委办公室是党委工作的办事机构，其职责如下：

一、坚持党的路线、方针、政策，根据党委研究决定的中心任务和工作部署，了解、检查、督促各党总支、直属支部和党委各部门的工作，协调涉及党委各部门的工作。

二、负责做好党委召开的各种会议和重要活动的组织工作。

三、负责以党委名义上报下发的文件、材料的起草和会稿工作。

四、按党委的要求，深入实际，调查研究，及时做好上情下达工作，编印《情况简报》，为党委决策做好参谋。

五、办理党内有关文件的收发、上报、呈转、送阅、催办及监印归档工作。指导并检查各党总支、直属支部和党委各部门文件、资料的管理工作，按时收回党内机要文件，统一归存处理。

六、负责接待和会同有关部门处理群众来信来访。

七、完成党委及党委负责同志临时交办的工作。

党委办公室主任职责

一、负责检查、落实党委各种会议、学习和活动的准备工作和组织工作，确保按时进行。

二、负责组织力量完成党委各类文件、信函、简报的起草工作并会稿。

三、具体负责督促检查各党总支、直属支部和党群系统各部门的工作，及时掌握各单位执行党委决议的情况并报告党委。

四、会同有关部门组织力量深入实际，调查研究，向党委提出有分析有意见的调查报告。

五、做好上情下达、下情上达的把关工作，力求准确无误，不出差错，重要情况应亲自反映。

六、协调党委各部门之间的工作关系，承担书记临时交办的任务。

七、检查指导机要文件管理工作和党内保密工作。

八、检查信访工作，亲自接待重要信访。

九、主动关心党委办公室全体同志的学习、思想、工作和生活情况，负责考核办公室干部的工作职责执行情况。

党委秘书职责

一、负责组织安排党委各种会议和重要活动。负责以党委名义召开的各种会议记录。做好党委工作大事记。

二、根据党委领导同志的意图和党办负责人的安排，起草有关文件和其他文字材料。

三、进行调查研究，收集情况，整理材料，提供领导参阅。

四、做好党委和党办领导临时交办的其他工作。

机要秘书职责

一、负责处理上级机关和有关部门发至党委的各类文件、资料。

二、负责处理文件的传阅和分发工作。

三、负责处理以党委、党办名义上报、下发的各类文件、资料。

四、负责做好文件、资料的核对、立卷、归档和清退、销毁工作。

五、检查指导各党总支、直属支部和党委各部门有关文件、资料的管理工作。

六、负责党委介绍信和党委、党办印章的管理、使用。

七、做好领导临时交办的其他工作。

信访工作职责

一、严格按照信访工作的要求,负责接待群众来信来访。

二、会同有关部门处理信访中提出的问题,认真负责地作出答复。

三、对信访中涉及的重要问题,应提出自己的见解并及时向党办负责人报告。

四、结合信访工作进行调查研究,经常向党委提供信息。

五、做好领导临时交办的其他工作。

党委组织部职责

党委组织部是党委主管组织、干部工作的职能部门,主要职责是:

一、根据中央、省委关于组织、干部工作方面的指示精神和校党委的工作部署,制订组织工作年度计划,下发各党总支、直属支部。半年检查一次计划执行情况并向党委汇报。

二、督促检查党员组织生活和总支委员会民主生活会制度的执行情况。协同宣传部制订党员教育计划,抓好"三会一课",办好业余党校。

三、协助总支做好新党员发展工作和预备党员的教育、考察工作。协同宣传部抓好党章学习小组的建设。指导党支部开展工作,及时总结、交流支部工作经验,做好先进党支部和优秀党员的评选、表彰工作。

四、办理党员组织关系接转,搞好党费收缴和使用。做好外调接待工作。

五、在党委领导下,会同有关部门认真做好学校中层干部的选拔、考察和调配工作。按照上级部门的指示和学校领导的部署,逐步建立和调整校级后备干部名单并进行考察。

六、负责全校党群系统干部的培训、调配和管理。

七、会同统战、人事、总务、后勤等部门认真做好知识分子工作。

八、正确贯彻执行中央有关老干部工作的方针、政策,做好离休干部工作。

九、负责全校职工人事档案的收集、整理、保管、提供使用等工作,并严格执行安全和保密的要求。认真做好党内各种资料、统计数据、报表的汇总、上报、归档工作。

十、做好党委临时交办的其他工作。

组织部部长职责

一、根据中央、省委关于组织工作方面的指示精神和下达的任务及校党委的工作计划,主持制订组织部年度工作计划并检查督促执行。

二、根据党委意见,会同行政搞好系(处)级领导班子的配备和校级后备干部的考察。做好组织部的组织领导工作,发现问题、提出建议、改革创新,当好党委和校长的参谋。

三、按中央提出的"党要管党"的原则,协助党委积极搞好党支部自身建设、党员教育、党员管理和发展工作。

四、主持组织部日常工作,定期召开会议,布置任务,交流情况,总结工作,帮助各个岗位解决疑难问题,检查、考核岗位职责执行情况,保证各项工作任务完成。

五、深入基层,调查研究,了解干部工作、组织工作情况和倾向性问题,尽力帮助基层解决组织工作中遇到的实际问题,注意发现典型,组织交流。

六、认真审阅、及时处理各类报告、文件、报表,做好来信来访的接待工作。

七、经常关心部内全体同志的思想、工作和生活情况,定期组织业务学习,提高思想水平和业务工作能力。

八、认真做好上级领导部门和党委交办的其他工作。

九、副部长协助部长开展工作。

组织工作职责

一、了解总支贯彻执行民主集中制、坚持集体领导和总支成员双重组织生活情况,定期作出汇报。

二、经常了解全校党支部工作开展情况和党内组织生活情况,每学期分析一次,总结好的典型经验,提出进一步改进意见,为每年召开一次党支部工作座谈会作准备。

三、了解党员队伍的思想情况,会同宣传部制订党内学习、教育计划,办好业余党校。

四、认真学习贯彻中央建党方针,协助部长布置检查组织发展工作计划。协助总支做好发展党员工作和预备党员教育工作。

五、定期了解检查各单位落实知识分子政策情况,会同有关部门解决在政策范围内要求解决的各种问题。

六、做好评选、表彰先进党支部、优秀党员的推荐、材料汇总及其他准备工作。

七、办好《组织工作简报》,介绍和交流党员模范事迹、新时期开展党支部工作和党员教育方面的先进典型材料。

八、按月做好党费的收缴工作,年底向全校党员公布一次党费收缴、使用情况。

九、按时完成部长交办的其他工作。

干部工作职责

一、根据国家教委核定的政工干部编制数,结合学校具体情况,做好党群系统干部的定编、调配工作。

二、严格坚持干部"四化"要求,做好干部的考察、选拔、培养。逐步建立校、系(处)两级后备干部名单,并对他们进行全面考察,写出考察报告,建立、积累考察档案。

三、协助做好党总支委员会选举前的准备工作,对总支委员会候选人名单进行考察,监督选举按照党章规定程序进行。

四、在党委领导下,会同行政部门在中层干部班子调整、充实前,进行推荐和考察,写出考察报告,填写干部任免呈报表,报送领导。

五、根据党委会的决定,任免党群系统干部。办理党支部书记的任职手续。

六、做好每年毕业生中选留政治工作干部的有关工作。

七、有计划地培训干部,每年度订出面上干部培训计划。

八、会同有关部门,共同做好干部集中落实政策的有关工作。

九、做好有关干部问题的接待工作。

十、会同人事处,做好行政中层班子成员的年度考察工作,完成党群系统的中层班子的考察工作。

秘书职责

一、负责组织部召开的各种会议的会务工作,做好会议记录,草拟好会议计划、简报、纪要等文件,管理好印章。

二、协助部领导接待本校党员、干部、教师来信来访和外单位调查、信访和做好登记、自办、传递、催办工作。

三、协助部领导做好各岗位之间交叉部分的协调工作,承担各岗位职责范围覆盖不到的其他有关工作。

四、做好文件收发、登记、传阅、立卷归档工作,督促检查保密条例执行情况。

五、做好党员关系接转,党员季度、年度报表和编卡工作,做好处级以上干部名单的编制、统计工作。

六、协助部领导检查、督促部内工作计划的实施及催办已下达的各项工作。

档案管理工作职责

一、认真做好全校教职工人事档案的整理、保管和提供使用等工作,制订有关规定,保证人事档案的安全和机密。

二、严格按中央和省委有关规定,务必对教职工的档案材料进行认真鉴别和选留,对于应该清理、销毁、退还的材料经复核后及时妥善处理。

三、及时做好档案的转递和催要。做到人员调动,人事档案及时转递。对死亡教职员工,档案清理后向有关部门移交。

四、主动向有关部门收集干部任免、入党、入团、审干、考核、晋升职称、学位、调整工资级别、离休、退休登记表及奖惩材料,并做好归档工作。

五、积极研究完善教职工人事档案的科学管理,提出改进建议,为计算机管理档案做好准备。

六、负责复印机、计算机的保管和使用。

老干部工作办公室职责

一、认真贯彻落实党中央、国务院和上级党委关于老干部离休制度的有关规定,结合本单位的实际情况制订具体实施办法、细则。

二、负责做好离休干部的政治学习、文件传阅、听报告、参加有关会议和政治活动等具体组织工作。对行动困难的离休干部,按照阅读文件的规定,在不违背保密制度的原则下,及时派人给他们送文件和传达有关会议精神。

三、配合有关部门组织离休干部为社会和学校承担力所能及的任务，继续发挥他们的作用。及时宣传和表扬离休干部的好人好事。

四、负责组织离休干部健康休养和参观学习。办好老干部活动室，开展适宜的文体活动，丰富老同志的精神文化生活。

五、密切配合学校各有关部门，落实好离休干部的用车、住房、医疗。

六、对离休干部进行家访和组织慰问活动，经常了解离休干部的身体、学习和生活等情况，反映他们的意见和要求，合理解决他们的实际问题。

七、配合离休干部原所在单位及有关部门处理好离休干部的丧事和抚恤工作。

八、负责编制离休干部公用经费的预、决算，并按有关规定统一掌握使用。

九、根据集中与分散相结合的办法与有关部门（如财务处、人事处、总务处、基建处、校工会、医院、原所在单位）明确分工，密切协作，共同做好离休干部的管理和服务工作。

十、承办党委、校长交办的其他有关老干部工作事宜。

党委宣传部职责

党委宣传部是党委宣传教育工作的主管部门。其职责如下：

一、负责全校师生员工的思想政治教育工作。对党的重大方针政策、形势任务的学习作出具体部署，并指导和检查基层的学习。

二、深入基层调查研究，了解全校师生员工的思想动态，定期分析研究各层次人员思想状况。提出加强思想政治工作的意见和改进学校工作建议，提供党委、校长决策时参考。

三、在党委领导下，组织党政领导干部学习马克思主义、毛泽东思想，提高领导干部理论水平和实际工作能力。

四、会同组织部、纪委抓好党员教育。拟订党员教育计划，编写党课教材。协同组织部总结发挥党支部战斗堡垒作用和党员先锋模范作用的典型经验，并大力宣传他们的先进事迹。

五、指导工会、团委对教职工和学生进行各项宣传教育活动，支持开展各种健康文明的文体活动，活跃校园文化生活，陶冶情操，激励师生奋发向上。

六、经常总结和研究新形势下思想政治工作的特点，摸索新经验，不断改进思想政治工作的方式方法。

七、指导德育教研室工作，不断探索和总结大学生德育教学的经验。

八、根据党的宣传方针政策和党委的指示，指导学校其他部门的宣传教育工作，协调学校有关部门加强对内对外的宣传工作。

九、负责公费报刊订阅和编印有关学习资料等工作。

十、办理学校党委和上级有关部门交办的其他各项宣传教育工作。

党委统战部职责

党委统战部是党委贯彻党的统一战线政策，执行各项统一战线工作的主管部门，其职责如下：

一、根据中央关于统战工作的各项方针、政策和省委的有关指示，提出贯彻执行的具体意见，并指导和检查各总支、直属支部的统战工作。

二、会同宣传部抓好统一战线理论政策的宣传教育,提高党员和干部对新时期统一战线工作重要性、广泛性和长期性的认识。

三、会同组织部提出党外人士安排使用的意见和建议,加强同党外人士的合作共事。

四、贯彻落实党的各项统战政策,会同组织部及其他有关部门,做好落实知识分子统战政策的工作。

五、加强同各民主党派的真诚团结和合作,协助和支持各民主党派开展工作,为他们提供必要的条件。

六、活跃人民政协工作,协助政协委员联络小组开展工作。

七、做好对台宣传、接待、资料积累和落实台属政策的工作,支持台、港、澳眷属联络小组开展工作。

八、会同校办做好侨务工作,落实归侨、侨眷政策,协助浙大侨联开展工作。协助外事等部门做好外籍华人的政治接待工作。

九、努力做好民族工作和宗教工作。

十、主动与统战人士加强联系,了解他们的情况,听取他们的意见和要求,关心他们的工作、学习和生活。协助有关部门尽力解决他们的各种实际问题。

十一、立足国内,面向港、澳、台,面向海外,积极开展海外统战工作。要以"一国两制"方针为重点,部署和开展各项工作。

十二、起草和制订统一战线工作计划、总结、简报等文件。

十三、办理党委和上级部门交办的其他有关工作事宜。

统战部部长职责

一、认真学习党的十一届三中全会以来的路线、方针、政策,坚持四项基本原则;不断学习党的统一战线方针政策,加强统战观念,提高理论、政策、思想水平。

二、组织学习、宣传党的统一战线的方针、政策,提高党员和干部对新时期统一战线重要性、广泛性和长期性的认识。

三、根据中央、省委关于统战工作方面的指示精神和校党委的工作部署,拟订统战部工作计划,组织起草总结、报告和简报。

四、贯彻落实党的各项统一战线政策,经常调查了解执行情况,及时向党委汇报。

五、提出党外人士安排使用的意见和建议。

六、加强同各民主党派的真诚团结和合作,支持各民主党派在宪法赋予的权利和义务范围内独立自主地开展工作,为他们提供必要条件。

七、加强与统战对象的联系,经常进行调查了解,虚心听取意见和要求,关心他们政治思想、工作、学习、生活等情况,努力解决他们中存在的各种实际问题。

八、积极主动做好党委和上级部门交办的统战工作方面的有关事宜,加强工作的组织计划性,注意有条不紊地进行工作。

九、主动关心部里同志的思想、学习、工作和生活情况。根据党委工作中心,每周一上午回顾上周工作,研究本周工作意见,以务实的精神,搞好工作并注意以身作则。

团委职责

团委在校党委和上级团委的领导下进行工作。其职责如下：

一、协助学校党、政领导抓好学生和青年教职工的思想政治工作，会同党委宣传部认真组织团员、青年学习马克思主义、毛泽东思想，经常进行共产主义理想教育和形势、政策教育。

二、根据党的中心任务和学校工作部署，在团员、青年中开展各种有益于提高思想政治素质，促进学校精神文明建设和校园文化建设的活动。

三、抓好团的组织建设，负责团干部的选拔、考察、调配和教育、培训等工作，做好发展新团员和超龄团员的离团工作。负责对违犯团纪的团员进行教育、处分或撤销处分。

四、积极帮助党章学习小组开展活动，配合党委组织部做好学生、青年中的建党工作，并及时向党组织推荐基本符合党员条件的优秀团员。

五、领导分团委，指导学生会、研究生会开展工作；指导、监督、协调学生社团的工作。

六、协助学生处和各系进行三好学生、优秀学生干部、先进班级等的评选和表彰工作以及奖学金的评定工作。

七、协同党委宣传部，组织新生入学教育和毕业生分配教育。

八、深入基层调查研究，及时发现和掌握团员、青年思想中的倾向性问题，提出解决办法并向党委汇报。

九、负责团员组织关系的接转，团费收缴、管理和使用，研究制订团委活动经费计划。

十、做好对外接待、联络工作；整理、保存有关文书档案及资料。

十一、办理校党委和上级团委交办的其他工作事宜。

团委书记职责

一、根据团委职责，负责团委日常工作，主持召开全体委员会议，传达党委指示和上级团委决议，研究确定本校团的工作任务。

二、负责学校共青团工作的计划、检查、总结，经常向党委和上级团委反映情况，汇报并请示工作，及时向下级团组织布置工作，交流情况。

三、开展调查研究，熟悉团情，掌握学生思想动态，针对实际提出解决问题的办法。

四、指导团委各部门和分团委开展工作。

五、做好团委班子的思想建设和组织建设，关心委员、干事的学习、工作、生活，充分调动委员、干事的积极性，协调各方面关系，争取各方面支持，帮助指导分团委开展工作。

六、组织好团干部的马列主义理论学习，认真研究新时期团工作的规律，不断提高团干部的思想水平和工作能力。

主持工作的副书记履行书记的职责，副书记协助书记工作。

团委办公室职责

一、及时做好文件登记、收发、传阅和归档立卷工作。

二、负责团委会议记录。

三、做好团委文件的打印工作。

四、负责团委经费的使用及出差报销事宜,建立相应的账目,年终提出经费收支情况表。

五、负责团委各部门办公用品、报刊资料的领取、订阅和购置。

六、完成书记、副书记交办的其他有关事宜。

工会职责

工会在校党委和上级工会领导下进行工作。其职责如下:

一、根据党的中心任务和党委的工作部署,制订工会工作计划,布置、检查、指导各部门工会开展工作。

二、配合党委宣传部做好全校教职工的思想政治工作,经常在教职工中开展共产主义理想教育、职业道德教育和其他有益于精神文明和校园文化建设的教育活动。

三、会同学校有关部门积极开展"教书育人、服务育人、为人师表"活动;做好其他有关先进个人和先进集体的推荐、评选和表彰工作。

四、负责组织群众性的文化娱乐活动和体育活动,组建各种业余活动团体,办好电影队和教工活动中心。

五、配合有关部门做好职工的文化技术教育和成人教育工作。

六、认真办好教职工的集体福利事业,协助行政做好教职工的住房分配、食堂管理和幼儿入托等工作。注意加强青工和女教工的工作。

七、按期召开工会会员代表大会,组织筹备工会委员会的选举工作,主持起草工作报告,并向大会报告工作。

八、承担教代会工作机构的任务,做好教代会筹备工作和会务工作。大会闭会期间,组织代表传达贯彻会议精神,督促检查大会决议及提案的落实情况。

九、深入基层,调查研究,经常听取教职工的意见、要求和建议,及时向党委提供信息,沟通领导与教职工的联系。编印《浙大教工》。

十、做好接收工会会员的工作,并对会员进行工会基本知识的教育。

十一、负责收缴、管理和使用工会经费,负责管理工会财产。

十二、做好来信来访的接待,负责文书档案的管理。

十三、抓好工会干部的自身建设和管理

工会专职副主席职责

一、主持校工会的日常工作。

二、根据工会章程,组织筹备校会员代表大会和工会委员会的选举工作;主持起草工作报告,向委员会和代表大会报告工作。

三、召集校工会委员会和办公室会议,传达上级工会和学校党委的有关指示、文件,讨论和研究贯彻实施。

四、根据上级工会和党委的布置,主持制订工作计划,向各工作委员会和系级工会布置工作,组织检查、总结、交流工作情况和经验。

五、组织好办公室人员的分工和协作,发扬民主,搞好团结,充分调动工作人员的积极性，同心协力，搞好工作。

六、认真组织办公室人员学政治、学业务，不断提高他们的思想水平和工作能力，以适应工会工作发展的需要。

七、密切联系群众，做好调查研究工作。经常了解各工作委员会和系级工会情况，研究和帮助解决工作中的问题。听取各方面的反映，主动向党委汇报工作。

八、组织群众积极参与民主管理学校的工作，协助行政做好住房分配和有关群众利益的工作。

九、根据财务制度，合理使用工会经费。

十、完成党委交给的其他有关工作。

工会办公室职责

工会办公室是工会委员会的日常办事机构，在校工会常委会的领导下开展工作。其职责如下：

一、在主席主持下制定学年或学期工作计划，组织指导系级工会开展工作。

二、协助主席经常联络各工作委员会和系级工会，组织检查、交流和总结工作经验及情况。

三、密切联系群众，经常听取教职工群众的意见和要求，及时向主席和有关部门汇报、反映。

四、办公室每个成员在做好各自职责范围内工作的同时，由主任安排通力协作，搞好各阶段的中心工作和各项活动。

五、做好工会组织关系的接转，发展新会员和填发会员证等组织工作。

六、做好工会常委和各工作委员会召开会议的准备及记录等工作。会同各工作委员会编制工会的各种报表。

七、及时办理公文的收发、呈转和催办。做好文件、资料和会员登记表等的整理、立卷、归档工作。

八、做好内外的联系和接待来信来访工作。对来信来访要认真及时地给以答复和处理。

九、做好工会财产的保管工作。

十、完成校工会委员会和主席、副主席交办的其他工作。

浙江大学档案馆藏，档案号：ZD-1987-XZ-9

中共浙江大学委员会工作规则

（1992年1月23日）

浙大党委〔1992〕9号

中共浙江大学委员会是中国共产党在浙江大学的基层组织，是学校的政治核心。它的主要任务是：全面贯彻党的基本路线和教育方针、坚持社会主义办学方向，发挥政治核心作用；把握学校改革和建设方向，参与对教学、科研、校产和行政管理工作重大问题的决策；抓好全校干部工作，领导学校的思想政治工作、群众工作和统战工作；加强党的自身建设，发挥党支部的战斗堡垒作用和党员的先锋模范作用，促进学校建设和发展。

为了完成上述任务，党委必须有条不紊地开展工作。为此，根据《中共中央关于加强高等学校党的建设的通知》精神和我校实行校长负责制试点的情况，制定本工作规则。

工作职责

一、认真学习、传达党中央的路线、方针、政策和上级党委指示，提出贯彻实施意见，检查落实情况，并及时向上级党组织报告。

二、支持校长行使行政职权，听取校级行政党员干部工作汇报，参与学校行政工作重大问题的研究、决策，教育党员积极投身改革，保证学校教学、科研任务的完成和总体目标的实现。

三、加强党的思想建设、组织建设和作风建设，贯彻从严治党的方针。

1.健全党委委员和常委的学习制度和民主生活会制度，加强党委会的自身建设，督促、检查系总支委员会的党内政治生活；

2.督促、指导各党总支做好组织发展工作和党内教育工作；

3.健全党内监督和群众监督机制，教育党员遵纪守法，廉洁奉公，努力工作，充分发挥党员的先锋模范作用；

4.加强党支部建设，充分发挥党支部在各条战线上的战斗堡垒作用。

四、根据干部“四化”方针和德才兼备标准，研究制定干部选拔、培养、考察、任免、监督等方面的有关规定，按程序决定学校中层干部的任免、调配。有计划地搞好干部培训，提高干部素质。加强校、系班子和部门干部队伍建设。把握教师队伍建设的政治方向。

五、全面领导学校的思想政治工作，抓好社会主义精神文明建设。

1.制订全校社会主义精神文明建设的目标和措施；

2.认真进行党的基本路线和党的方针、政策的教育；

3.研究和掌握各层次人员的思想动态，有针对性地进行思想政治教育；

4.重视意识形态工作，管好宣传舆论阵地，加强文科建设中的政治领导。

六、领导学校工会、共青团、学生会、研究生会等群众组织和教职工代表大会，支持他们依照各自的章程开展工作。

七、对校内的民主党派组织实行政治领导，认真听取他们的意见和建议，做好统一战线工作。

八、领导“浙江大学马克思主义理论与思想政治教育研究所”和“中共浙江大学委员会党校”。

九、加强学校安全、保密工作。

民主集中制

一、充分发扬党内民主，实行集体领导和个人分工负责相结合的工作制度。凡属重要问题，都要由党委全委会或党委常委会充分讨论，然后作出决定。党委委员或常委分管的工作，应定期向党委会或常委会汇报。

二、党委全委会或常委会决定重大问题，按照少数服从多数的原则决定。如果不同意见的双方人数接近，一般应暂缓作出决定，待进一步调查研究、交换意见后复议决定。

三、党委会或常委会集体作出的决定，党委成员必须执行，如果个人有不同意见或在会后需要临时改变决定时，可提请党委会或常委会复议。

党委成员在处理突发性事件或遇到紧急情况而无法提请集体讨论时，应当机立断，作出决定，并在事发后尽速向党委常委会报告。

四、党委领导成员代表党委发表的重要讲话和重要文章，其主要内容事先必须经过集体讨论。党委领导成员在参加会议、调查研究、检查工作时，可以发表指导工作的个人意见，但不作为党委的决定。

五、党委主要负责人应定期向其他成员通报工作情况。党委作出重要决定，发布重要文件前，应认真听取下级党组织的意见，并征询学校行政和党外人士的意见。

会议制度

一、党委全委会

（一）职权

1.党委全委会由校党员代表大会选举产生，在代表大会闭会期间，领导全校党的工作，执行上级党委的决定和校党代会的决议，保证中央、省委和国家教委的指示在学校的贯彻落实，向校党代会负责并报告工作。

2.听取和审查党委常委会的工作报告。

3.审议学校中、长期发展规划的指导思想、目标和重大部署、综合改革的重要方案及其他重大决策。

4.审议常委会拟定的关于党的自身建设和全校精神文明建设的重要问题。

5.讨论和审议党委、行政、工会、团委和教代会换届的人事安排。

6.选举党委常务委员会委员和书记、副书记，通过校纪律检查委员会选举产生的书记、副书记，并报省委审批。

7.负责筹备召集学校党的代表大会和党的代表会议。

8.讨论决定常委会提请全委会决定的其他问题。

（二）制度

1.党委全委会每学期不少于两次，每次必须有半数以上成员到会方能举行。

2.党委全委会由党委常委召集，议题由常委会确定。会前三天由党委办公室通知全体委员，并发给有关文字材料。

3.党委全委会作出的决议、决定和其他有关事项，根据需要，由党委办公室通过文件、会议纪要等形式，经书记或副书记签发后印发给各党总支及有关单位。

二、党委常委会

（一）职权

1.在党委全委会闭会期间行使全会职权，执行全会决议，向党委全委会负责并报告工作，接受其监督。

2.传达和讨论党中央、省委、国家教委党组的文件、会议精神并结合本校实际提出贯彻意见，组织实施，听取执行情况汇报。

3.按照干部“四化”方针和德才兼备的用人标准，任免和管理干部(1)按程序任免、调动和管理学校中层干部;(2)拟定和管理校级后备干部,确定和管理学校中层后备干部;(3)按照中央和省委规定的原则、程序,制订各类干部的选拔、培养、考核、任免和监督等方面的制度和措施。

4.制订党委学期工作计划。讨论学校综合改革方面的重要方案和措施,讨论和研究教学、科研、管理、学校发展等方面的重大问题,提出建议和意见,供校务会议决策。

5.研究制定全校精神文明建设的措施和实施计划。研究、分析学校各方面、各层次的思想动态,有针对性地部署马列主义理论学习和思想政治工作。

6.研究制定学校党的思想建设、组织建设和作风建设的规划、措施,实施对"浙江大学马克思主义理论与思想政治教育研究所"、"中共浙江大学委员会党校"的领导。

7.协调校党、政、工、团之间的工作关系。

8.定期听取学校安全、保密工作的汇报,对突发性政治事件及时作出处理决策,保持学校的稳定。

9.负责筹备召开党委全委会。

10.讨论决定书记办公会议提请常委会讨论的问题。

(二)制度

1.党委常委会原则上每两周举行一次,如有必要,可以临时召开。会议文件、材料由党委办公室准备,一般在会前两天发给与会人员。

党委办公室主任列席会议。根据会议内容,由会议主持人确定党、政有关部门负责人、工会、团委负责人列席会议。

2.每次党委常委会议均做记录。会议决定事项由党委办公室以书面形式转交有关部门办理。属需要建议行政讨论决定的问题,由党委办公室以书面形式转交校长办公室。需要在党内通报或公布的,经书记签发后公布。

三、党委书记办公会议

1.党委书记、副书记以办公会议的形式,集体研究处理党委日常工作。

2.党委书记办公会议的任务是:(1)具体组织实施党委常委会作出的决策,检查执行情况;(2)拟定需要党委常委会讨论和决定的问题,(3)听取党委职能部门工作汇报,处理党委日常工作中的问题;(4)提出需要校务会议讨论的有关问题的建议意见。

3.党委书记办公会议,一般两周举行一次。根据会议内容确定全部或部分党委部门负责人参加。

四、党委常委扩大会议

根据工作需要,党委常委可以不定期地召开扩大会议,研究比较重大的、涉及面比较广的问题。参加会议人员视议题而定。

党内生活制度

一、模范地遵守党章规定的党内生活基本原则,把维护党的集中统一、严格遵守党的纪律作为自己言论和行动的准则。

二、党委常委、党员副校长要认真参加党委中心学习组安排的马列主义、毛泽东思想、中央方针政策的学习，认真读书，不断提高自己的马克思主义理论素养和思想政治水平。

三、党委常委每学期末召开一次党内民主生活会，参加人员为校级党员领导干部。检查执行党中央路线、方针、政策的情况，检查执行党内政治生活准则和党委决议情况，交流思想，开展批评和自我批评。

四、党委常委和校级党员领导干部必须参加所在党支部、党小组的组织生活，接受所在支部的考核和监督。

五、党委鼓励党员以各种方式经常向党委成员和党员校级领导干部提出批评和意见，健全党内民主和监督。

调查研究制度

一、群众观点是马克思主义的基本观点，是衡量党员干部党性的重要标准。党委成员和校级领导干部要坚持一般号召和个别指导结合、点面结合的工作方法。每年要有一定时间，深入基层，联系实际，开展调查研究，从群众中汲取智慧和营养，推动面上工作。每个委员每学年至少选择一个调查重点，提供一至二篇有质量的调查报告；党委常委、党委委员中的校行政负责人，每学期确定一二个调查重点，进行联合调查，并提出切实改进被调查单位工作的意见。

二、经常倾听广大党员和师生员工的意见，鼓励他们为推进学校改革、发展和党的建设提出创造性的见解和建议。

请示批复制度

各总支、直属支部、生产工委遇到重大问题必须向党委请示时，可将书面材料送交党委办公室，由党委办公室提请党委讨论或转交党委负责同志阅处。一周之内作出答复。如果一周内不能批复，应事先通知有关单位，另定批复时间。

党委委员守则

一、认真学习马克思主义理论，运用马克思主义的基本立场、观点和方法处理问题。自觉执行党中央的路线、方针、政策，坚持四项基本原则，坚持改革开放，模范地执行党章和党内政治生活准则，在思想上、政治上、组织上和党中央保持一致。

二、坚持理论联系实际、实事求是的思想作风和工作作风，克己奉公，勤政廉洁，同以权谋私行为和一切消极腐败现象作斗争，为全校师生员工作出表率。

三、认真贯彻群众路线，谦虚谨慎，作风民主，善于广泛团结同志，倾听党内外群众意见，自觉接受党和群众的监督。

四、严格遵守党的纪律，保守党的秘密。党委研究和决定的问题，应坚守内外有别的原则。凡需要保密的内容，与会人员不得以任何方式向会外人员泄露；送交党委、常委传阅的机要文件、密电阅后即交还党办机要秘书保管，需保密的内容，不得向任何人透露。

五、党委在讨论涉及党委成员亲属、子女问题时，有关成员应当回避。

浙江大学档案馆藏，档案号：ZD-1992-XZ-10-1

4. 工作规划与年度总结

浙大党委1956年工作计划要点

(1956年)

为了贯彻中央召开的关于知识分子会议的精神、并从思想上、组织上保证本校十二年规划的逐步实现,订出1956年工作计划要点如下:

甲、党的几项主要任务

(一)按照中央关于知识分子问题的指示,大力做好知识分子工作。

1. 向支部党员传达中央指示,向全校教职员学生传达中央召开的关于知识分子问题会议的精神,并组织必要的讨论。

2. 推动党委各部门和学校行政各有关部门研究贯彻中央指示的具体办法,并由党委集中各单位意见,具体制订1956~1957年知识分子工作纲要及具体措施,并在贯彻执行中,加强具体检查。

3. 知识分子工作重点解决下面问题:(1)建党问题,(2)政治理论学习问题,(3)业余教育问题,(4)工作和生活条件的改善问题,(5)培养新生力量问题,(6)开展科学研究提高业务水平问题,(7)增加党和知识分子的联系,增强知识分子间的团结问题等。

(二)结合各项教学任务,做好完成这些任务的政治思想工作。

1. 加强经常的教学工作及科学研究工作中的思想教育。结合各项教学活动和科学研究的活动,向学生经常贯彻全面发展,巩固、掌握科学知识,向科学进军等具体的思想教育。

2. 今年应在下列各项任务中做好思想政治工作:(1)考试考查,(2)生产实习和毕业实习,(3)毕业设计和课程设计,(4)毕业生统一分配,(5)招生和新生入学,(6)土木系迁往西安等。

3. 在上述各项任务中都要充分做好思想教育动员和党的认识工作,要充分运用"群众教育群众"的群众路线的教育方法和工作方法,充分发挥党支部、团支部、工会、学生会在完成这些任务中的核心作用和助手作用。

4. 总结过去几年来"结合教学任务,开展政治思想工作"的经验,并吸收过去经验,在今年更加有计划地加强和继续做好这些工作,以便取得系统经验,把工作提高一步。

(三)克服保守思想和关门主义,积极进行建党工作。

1. 在党内反复进行教育动员,提高党员对学校建党工作和在高级知识分子中发展党员的认识,以克服各种思想障碍,提高自觉性和积极性,发动全党动手做好这一工作。

2. 建党工作应以高级知识分子和学生为重点,同时也不可忽视在助教、职员、工友中的建党工作。在今年年内争取完成发展新党员120~150名的任务。

3. 认真做好建党中的几个关键性工作:(1)排队摸底,(2)思想教育,(3)社会调查。

4. 加强对建党对象和积极分子的思想教育工作。对各种对象分别采取个别谈话、小型座谈会、自学文件、党课学习班等方式进行教育。在今年要争取举办三期积极分子的党课学习班。

5. 加强对支部党员的教育,通过召开支部大会,健全组织生活,建立党课制度,传达讨论党的决议指示,组织党员自学等方式,加强支部党员的经常教育,以加强党的思想建设。

6.为便于开展支部工作，必须将支部划小；为加强党建工作的具体管理，必须建立若干专职与兼职组织员。

（四）开展教职员的政治理论学习，加强对学生政治思想教育的领导。

1.搞好教职员的理论学习。根据自愿原则，在省委夜大学未开办前由本校自行组织学习辩证唯物主义，以自学为主，进行适当的讨论和辅导工作。根据“学习理论，联系实际，提高认识，改造思想”的方针，要求能初步达到以马克思列宁主义的哲学观点来领会党的纲领、路线、方针、政策、决议等的精神实质，能初步树立马克思列宁主义世界观和初步掌握辩证唯物主义的方法，并能逐步用来进行教学和科学研究工作，能初步地联系实际批判教学和科学研究工作中的资产阶级唯心主义思想，为今后学习其他理论课打下基础。（具体计划另定）

2.加强学生的政治思想教育。除了继续对学生贯彻共产主义道德品质教育和培养劳动知识青年的教育外，要加强对马列主义教研组的领导，着重帮助正确掌握“学习理论，联系实际，提高认识，改造思想”方针的贯彻，以提高政治课的教学质量。

3.加强时事政策的教育。及时组织全校人员对当前的重大政策实施问题进行必要的学习，通过读文件、作报告、组织适当的讨论等方式使之有正确的了解。

（五）（略）

（六）积极提拔配备干部，调整和健全党与行政的组织机构。

1.健全党委的组织部与宣传部，加强具体领导，使之发挥党委的助手作用。

2.配备教师、学生党支部的专职党委工作干部（支部书记或组织委员）以加强支部工作。

3.建立人事、教务、总务三个办公室和专家工作室，协助行政领导上管理学校行政各科及专家的工作。

4.积极提拔配备干部，争取各科、室配齐干部，若干科室重点配备双职，配全各系行政与党务工作的专职干部。

5.通过选举，正式成立浙大团委；充实团委的干部。

6.做好教师的升等升级工作。

乙、加强党的思想领导

（一）加强党的思想领导，党委必须经常了解各个时期党内外对于当前形势重大政策和学校工作的思想情况，及时对党员群众进行教育，为经常和及时地了解党内外的思想情况，党委应建立思想情况调查的制度。

（二）加强工作的计划性，对上列六项工作，推动和领导各有关部门，制定出具体计划。第一项任务由党委办公室拟订；第三项及第六项审干工作由党委组织部拟订；第二、四项任务由党委宣传部拟订。在制订计划时，上述部门应吸收各有关单位的意见，力求切合实际，切实可行，并在党委统一领导部署下进行工作。

（三）加强党委的集体领导和分工负责制。为加强党委集体领导，必须充实党委，今年由目前六人扩大至九人，必须改进党委会议的工作，除日常的党委办公会议外，应有计划有准备地定期召开党委会，布置、检查、总结各个时期党的工作。同时为使各项工作有秩序有领导地进行，必须实行分工负责制，并按照实际情况，不断加以改进。

（四）加强对青年团、工会和民盟的领导。党委对团委和工会的工作，应定期进行布置和检查，对民盟的工作，应给予必要的指导。

(五)加强对党支部的领导。党委应在一定时期召开会议,布置和检查支部工作,并恢复党委委员分工联系党支部的制度,以加强对各个党支部的具体领导。同时党委组织部应加强对党支部的统一管理。

(六)改进党委的领导作风。党委应加强与党支部与群众的联系,加强对实际工作的调查研究,以克服思想落后于实际,引导落后于群众的毛病。同时要在各个时期有计划、有重点地深入检查工作,了解工作执行的实际情况和存在的问题以及时改进。

浙江大学档案馆藏,档案号:ZD-1956-XZ-5

浙江大学党委 1956—1957 年知识分子工作纲要(草案初稿)
(1956 年)

为了保证本校十二年规划的贯彻和实现,必须按照中央关于知识分子问题的指示,加强知识分子工作,以充分地动员和发挥现有知识分子的力量和作用。根据中央指示精神和实际情况需要,本校知识分子重点应着重解决下列问题:(1)建党问题,(2)加强知识分子的教育和改造问题,(3)工作和生活条件改善问题,(4)开展科学研究提高业务水平问题,(5)培养新生力量问题,(6)业余教育问题,(7)增强党和知识分子联系,增强知识分子间的团结等。

现订出 1956 年—1957 年的工作纲要及其具体措施如下:

一、加强建党工作。

必须在党内反复进行动员,克服保守思想和关门主义倾向,积极地在知识分子中进行建党工作,按中央指示在 1956 年—1957 年应在教职员和学生中吸收新党员占总数的 10%,在高级知识分子中应吸收新党员占总数的 12%,按照这一规定本校在高级知识分子中应接收 20 人以上,助教和职员中接收 30 人以上,学生中接收 300 人左右,根据建党的具体条件,在今年完成发展党员 120—150 人的计划,明年完成 150—200 人的计划。为完成这一建党任务,由党委组织部负责做好排查摸底工作和社会调查工作,由党委宣传部负责组织党课教育工作。随着新党员和支部单位的增加,必须加强对新党员的教育,加强对党支部的管理,以提高党员的思想教育,发挥党支部的堡垒作用。

二、加强对知识分子的教育工作。

必须继续通过各种实践、理论学习和思想批判三方面促进知识分子进步,已逐步达到使落后分子减少到最低限度,使中间分子尽可能变为进步分子,使进步分子变为完全社会主义知识分子。

甲、在实践方面

1. 帮助教师进一步学习苏联先进经验,树立对学生全面负责的思想,进一步地通过深入掌握教学各个环节,开展教学法的研究工作,学习苏联先进经验中辩证唯物主义观点,理论联系实际的思想,学习教学和科学研究工作为生产、为人民服务的思想,通过教学工作经验的总结与交流,运用群众路线,及时推广好的经验和方法,组织大家学习,以便在实际工作中引导知识分子经过他们的本行接受或接近共产主义。因此党的组织必须加强在教学和科学研究工作中政治思想工作。

2.有计划的结合下厂实习和利用各种假日组织教师参观工厂、学校和农业生产合作社。要照顾不下厂实习的公共教研组的教师，由工会负责有计划地组织他们去参观工厂，并要使没有参观过工厂与农村的知识分子无论是进步分子、中间分子、落后分子都学到这种机会。

乙、在政治理论学习方面

1.今年上半年至明年上半年组织全校教职员，学完辩证唯物主义和历史唯物主义，以争取按照学校总的规划，在四年时间内学完政治经济学和马列主义基本原理基础理论，由省委帮助或组织校内力量进行讲解，吸收自愿参加的教职员学习。

2.党委宣传部、马列主义教研组、工会等单位应负责解决理论学习中的辅导答疑及学习资料问题。

3.建立时事政策报告制度，及时对教职员和学生进行关于当前重大问题的时事政策教育。

丙、在思想批判方面

结合政治理论学习，启发大家联系实际，有组织有领导地开展资产阶级唯心主义教学思想的批判。马列主义教研组先走一步来开展教学中的资产阶级唯心主义思想批判。同时结合辩证唯物主义学习，组织教师以谈体会、写文章等方法初步联系思想进行学习，在此基础上再深入到教学和学术思想的批判。

三、改善知识分子的工作、生活条件。

甲、保证教师有六分之五的时间(每周四十小时)用于业务活动。

1.调整教师校内外的兼职。教师除教学职务外，其余社会职务以一人一职为原则，一般不应超过一职，对此问题应由学校人事部门在征得兼职教师同意下与有关单位协商解决。对有些没有担任社会职务的教师，则可按工作需要作适当安排。对于迎送外宾、校外邀请教师做学术演讲等由学校办公室列出名单统一安排，防止社会活动集中于少数人负担的现象。

2.改进会议制度。学校内各组织系统必须有计划的改进会议制度，尽可能减少会议次数，缩紧会议时间，做到召开每次会议，会前做好准备工作，有中心议题和中心发言人，并严格控制会议时间。会议通知单一般应写明起讫时间，准时开会，准时结束，以便与会人员能支配自己的时间。各种报告传达的通知一般也必须写明报告题目内容、报告人姓名、起讫时间，并准许已听过相同内容报告的人不再听讲，以免因重复听讲而浪费时间。

3.严格规定工作联系和会客制度。校内各部门上午非紧急需要，不与教师联系工作，校外有事联系需在规定时间内，并经学校办公室指定有关单位先作联系，取得接洽，以保证教师上午时间全部用于教学业务活动。

4.精简各种不必要的报表和制度。对于已有规定应进行一次有系统检查和修正，使手续简单易行，既节省教师时间又便于行政部门工作。今后各系及学校行政部门有关报表、制度的规定必须经学校办公室审查同意后才能下发并生效。各行政工作单位要提高工作效率，主动考虑教学和科学研究工作需要，纠正工作积压、拖拉、差错等现象。

乙、为便于教师进行专业工作，按照需要给他们以应有的资料图书、实验仪器、工作助手和其他的必要条件。

1.在第三教学大楼建立综合阅览室。使每个教研组都有一个资料室或科学研究室。

2. 充实图书资料。图书馆必须根据教学和科学研究工作的需要,适当地订购必要的图书资料并扩大种类和数量,同时要扩大订购外国书刊,也要注意订购必要的资本主义国家的科学技术图书资料。要改善图书资料借阅、使用办法,提高利用率,防止对图书资料的积压浪费现象。同时要加强保密资料室工作,扩大资料来源,正确的制定阅读和借用规则。

3. 尽可能增加为科学研究服务的实验设备,组织各系、各教研组对实验设备互通有无,互相帮助,互相合作,在本校能力不能办到的情况及时上报有关领导单位研究解决。

4. 切实解决助手的配备问题。系一级行政机构应配备专职的行政秘书。在学术上有较好修养的老教师应配备必要的专职或兼职的助手,协助他们进行科学研究工作。

丙、改善教师的生活条件。

1. 根据中央调整知识分子工资办法进行调整。对于过去评级过低或级别未调整而服务成绩优良,其能力与所担负工作已超过原级别者,必须按照实际情况提升等级。同时改进对于教职员生活困难补助费的工作,争取主动合理,适当及时予以补助,特别是对高级知识分子更应适当放宽。

2. 改善教职工食堂。精简食堂编制,将管理费用逐步降低到10%以下,保证清洁卫生,提高质量。对于讲师级以上的教师、处长以上的干部可在专用食堂用膳。

3. 调整宿舍。首先解决学校党和行政负责人、教授、副教授及教研组主任的住宿问题,在今年改建蚕校并新建宿舍1500平方公尺,以后逐步解决全校教职员的住宿问题。目前在第一宿舍为他们建立专用寝室,给他们中午休息,晚上如有需要亦可住宿。

4. 为了解决住新校舍教职员子女求学,小菜和日用品供应问题,学校在新校增设托儿所,并与合作社和专业公司协商在学校附近设立小菜和日用品供应机构。学校筹设家具供应机构,使能买到既便宜又合用的家具。

5. 改进和加强卫生保健所工作。必须对保健所加强领导,提高全体卫生保健人员的积极性和责任性,切实贯彻预防为主的方针,对全体教师、工作人员每年一次体格检查,对于年老体弱的高级知识分子和学校党政负责人每半年检查一次,并专人负责记录健康情况,定期访问,按季节注射防疫针;患病后对上述人员门诊可随到随看,先给配药,除出诊外,以后可以用电话联系出诊。增加教职员的洗澡次数,除夏季外每星期能洗热水澡二次。

6. 对于知识分子夫妇两人分在两地工作者,积极争取在征得有关单位同意后,调来杭州或本校工作。凡符合国家干部条件的家属,应尽可能设法予以安排工作。

7. 在生产实习期间应保证教师必要的住宿条件,行政上应主动与有关厂矿企业联系,解决来回车票、膳食、灯光、桌椅、仪器、画板等问题,以便使教师能专心研究生产实习问题。

四、开展科学研究工作,提高业务水平。

加强党对科学研究工作的领导,加强对科学研究中创造发明和著作的鉴定问题,定期的召开科学研讨会,及时奖励在科学研究工作上有成就的人员。创办学报,并加强领导,密切加强与企业部门和科学研究机关的联系,经常交流科学研究和生产上的情况和经验。

五、大力培养新生力量。

1. 组织在校青年教师结合教学和科学研究,认真进行学习,并严格执行进修制度,组织青年教师虚心向老教师学习,有条件的还可采用带徒弟办法,向老专家学习,充分发挥老教师的作用。

2.根据学校需要与可能，有计划的派送教师去苏联、去外校进修。

3.发动每个教师根据自己业务水平，制定达到博士或副博士水平的个人规划。

4.改进教师的升等升级工作和干部的提拔工作，做好教师学术评定工作。

六、加强业务教育工作。

各单位行政人员都应以顽强的刻苦钻研精神努力学习，提高自己的科学和文化水平。校长负责办好夜大学、夜高中、夜初中。对已有较高科学文化水平，不必进夜大学学习者，各单位给予必要的帮助、督促他们进行自修。凡参加业余文化学习的干部应保证他们的学习时间。中学程度以内者一般每周应不少于八小时，大学程度以内者每周一般应不少于十二小时，对于学习成绩优良的给予必要的表扬或奖励。

七、结束肃反工作，分批做好审干工作。

通过肃反和审干工作，对于知识分子中有历史政治问题的人，应该尽可能迅速地作出结论，使他们放下包袱安心工作。必须给一切爱国的和忠于职务的知识分子以应得的信任和支持，使他们积极的进行工作。

八、增强党和知识分子联系，增强知识分子的团结问题。

1.党的各级负责人和每个党员必须保持与非党行政负责人、教师工作人员建立互相信任、互相接近、互相学习的同志关系，经常关心并且积极支持知识分子的教学、科学研究活动。

2.尊重非党教职员的职权，与他们工作有关的重大事情，事先必须和他们共同商量协商解决。

3.党委和党支部应邀请一些政治进步的知识分子列席党的有关工作会议，以启发他们的工作积极性和创造性。

4.党委和党支部应根据需要每隔一定时期召开小型座谈会，听取非党教师意见，以密切党群关系，改进工作。

5.设置老教师休息室，以便利党政负责人与老教师经常会晤、谈天，彼此融洽感情，密切联系。

6.教育非党知识分子，启发他们通过教学、科学研究活动，通过政治学习、工会活动、文化体育活动以及日常生活中的接触，加强联系，增强团结，树立互相接近、互相学习、互相帮助的风气。

九、积极发挥工会、青年团、民盟在贯彻知识分子纲要中的作用。

1.工会在党的领导下配合学校行政搞好对会员的共产主义教育，搞好体育、文化娱乐活动和生活福利问题等。

2.青年团要积极组织青年教师、职员、学生向科学进军，尊重老专家，虚心向老专家学习。教育学生尊敬教师，并贯彻知识分子工作纲要，充分发挥党的助手作用。

3.民盟要积极配合党委搞好知识分子思想改造，搞好教学工作、科学研究工作、培养新专家的工作等。

贯彻执行中央关于知识分子问题的指示，必须注意以下问题：(一)对各项工作应当从本地本校的具体情况出发,考虑可能条件和实际需要来办,既要克服保守思想,又要防止过高要求。(二)在改善工作与生活条件等方面,应当既照顾老教师、高级知识分子,又不可忽视一般教师、一般知识分子(包括职员)。(三)在贯彻党的知识分子政策中既在党内外进行教育,克服对知识分子的宗派主义思想,又要防止在知识分子中可能滋长的骄傲情绪。

浙江大学档案馆藏,档案号:ZD-1956-XZ-5

中共浙大委员会关于贯彻省第二届党代表大会第二次会议决议的工作计划(草案)
(1957年12月24日)

为了贯彻省第二届党代表大会第二次会议的精神,结合我校党内状况和党在学校中的任务,党委决定目前主要着重抓紧精简机构,下放干部,同时为寒假期间召开第二次全校党员大会做好准备。

根据整风运动要达到"端正政治方向,提高思想水平,改正工作缺点,团结广大群众,孤立和分化资产阶级右派和一切反社会主义分子"的目的,以及我校整风运动的情况,党委决定我校第二次党员大会的任务与要求是:使全党认清当前社会主义革命和社会主义建设的新形势,总结与检查第一次党员大会以来的工作,和明确今后党在学校中的任务;进一步加强与牢固党的团结,提高全党的社会主义觉悟和革命的积极性,为争取整风运动的全胜,为培养具有社会主义觉悟的有文化的劳动者而奋斗。

其次选举产生下届党委会。

为了做好当前的整改工作开好这次党员大会,寒假前要着重做好以下工作:

一、关于整改,目前着重抓紧精简机构、下放干部、知识分子参加劳动锻炼的机会。为了保证这个任务的顺利完成,各级领导要加强思想教育、思想领导及组织领导,严格掌握政策,正确贯彻"统一安排、全面锻炼"的方针。领导干部要亲自动手,统一领导,发现问题,及时解决。

二、用整风的精神,开好党委扩大会。

党委扩大会议开了八次(二次小组会不计算在内),大家提了许多的意见和批评。为了使会议深入一步,目前可以组织专题辩论。辩论的中心内容:

(一)对党委过去工作的估价问题;

(二)干部政策与知识分子政策的执行情况的估价问题;

(三)党的团结问题。

通过辩论,弄清是非,提高认识,统一思想。辩论的方法是大放、大鸣、大争、大辩、大字报,充分发扬民主,开展批评与自我批评。

为了真正通过整风,提高觉悟,克服缺点,改进工作,党委要有决心"引火烧身",坚决相信群众的多数,做到领导与群众相结合。因此,在召开党委扩大会的同时,一般党员亦应围绕着以上三个问题大放、大鸣、大辩论。党委一方面要认真研究大家的意见和批评,狠狠地整改,同时党委本身必须认真严肃地进行整风。虽然整风是全校性的、全党的整风,每一个人都要通过整风提高自己、改造自己,但关键在于我们科长(总支书记)以上的骨干,其重点又在于党委核心。只有党委整风整好了，才能有力地领导和推动全校性的全党的整风运动。因此每一个骨干特别是党委委员，必须有高度的自觉和虚心的态度来检查自己的缺点和错误，对来自群众的善意的批评和意见抱欢迎的态度。

党委会及党委扩大会，从十五周到十九周进行专题辩论，每周二至三个单位时间(包括晚上和星期天能抽的时间在内)。党委会整风的时间与党委扩大会穿插进行，具体日程另行安排。

三、为了鼓起劲头，推动整改，并为开好党员大会作好思想准备，在寒假前，全体党员必须抓紧时间学习如下几个文件：

(一)邓小平同志：关于整风运动的报告：着重阅读①运动的一般情况；②关于资产阶级知识分子；⑦关于党和团；⑧改进工作，争取全胜。

(二)省二届二次党代会的工作报告和大会的决议。

(三)党中央七届四中全会的决议。

(四)中央关于增强党性的决定。

(五)毛主席：论自由主义。

(六)安子文同志：接受教训，增强党性。

(七)毛主席：夏天的形势(党委委员学习)。

通过学习，比较深刻的了解国内革命形势，进一步明确整风运动的伟大意义，和党的基本政治方针，从而提高社会主义的思想觉悟，鼓起劲头，积极贯彻省第二届党代表大会第二次会议的决议，以做好当前整改工作的实际行动来迎接党员大会的召开。

学习的方法，以自学为主，结合组织生活进行漫谈讨论。具体时间的安排，由各总支(支部)根据自己的具体情况，自行决定。

从现在开始，着手草拟党委一年半来的工作总结和今后任务的工作报告。

党委确定：

(一)行政工作部分由林光、谢光、张鸿恩、赵大中等同志负责；

(二)教学、科研工作部分由杨士林、陈仲仪、陈昌生、何志均等同志负责；

(三)党的工作部分由李成浩、张玉洗、杨醒宇等同志负责；

以上同志分工负责所写的工作报告要求在十七周末(1958年1月11日)前完成初稿。

五、在以上工作的基础上，在寒假召开党员大会。会议时间五天到七天，具体的会议日程另行安排。

要做好，上述工作有几点必须注意：

(一)从现在起到寒假只有七周的时间，但工作很多，任务很重。因此各级党组织和党的负责干部必须很好安排，明确分工，认真负责。

(二)为了保证把党内的整风搞好，凡是参加党委扩大会的同志，必须做到以下几点：

①做到打破孤立、畅所欲言。充分运用大放、大鸣、大辩论、大字报的形式，摆事实，说道理，提意见，提批评。

②严格请假制度，无故不得缺席，若有特殊事情，应向党委正式请假。

③党委扩大会还必须与小会相结合。因此决定参加这次会议的同志以总支为单位编成小组，小组长由总支书记担任。在进行小组活动时，大家要认真负责，展开讨论辩论，防止自流。

(三)开好党委扩大会和党委会,一方面是党委整风的主要环节,同时又是开好党员大会的前提和基础,因此,党委必须加强对会议的思想领导与组织领导,下决心把这次会议开好。

中共浙大党委会
1957 年 12 月 24 日

浙江大学档案馆藏,档案号:ZD-1957-XZ-6-8

党委关于 1961—1962 学年第一学期工作计划

(1961 年)

在中央和省委的正确领导下,在过去三年连续跃进的过程中,我校各项工作都获得了较大的发展。在今后一段时期内,必须贯彻执行"调整、巩固、充实、提高"的方针,从实际出发"定任务、定规模、定专业、定编制、定制度",逐步填平补齐,建立稳定的教学秩序,以提高教学质量和学术水平。

本学期的基本任务是:贯彻省委三级干部会议和高等学校政治工作会议的精神,继续高举总路线、"大跃进"、人民公社三面红旗,大兴调查研究之风,正确贯彻执行"教育为无产阶级政治服务,教育与生产劳动相结合"的方针,学术问题上的"百花齐放、百家争鸣"的政策,和团结教育改造知识分子的政策,充分调动广大师生员工的积极性,努力提高教学质量,培养具有较高社会主义觉悟和先进科学技术水平的身体健康的工业建设专门人才。为此必须坚持政治挂帅,深入开展马克思列宁主义和毛泽东思想教育,不断提高师生员工的思想政治水平。

必须贯彻以教学为主的原则,正确处理教学工作与生产劳动、科学研究、社会活动之间的关系,切实加强基础理论、基本知识课程的教学,和基本技能的训练,努力培养又红又专的教师队伍。

必须关心群众生活,实行劳逸结合,认真办好伙食,保护师生员工的健康;贯彻勤俭办学的方针,发扬艰苦奋斗的传统,努力改善校舍、图书资料、实验设备等物资条件,为教学工作和科学研究服务。

必须加强党的领导,改进领导作风,加强党和非党的团结合作,加强对共青团、工会、学生会和其他群众组织的领导,充分地发挥行政组织的作用,为完成学校的各项任务而奋斗。

一、正确贯彻执行党的教育方针,坚持以教学为主,稳定教学秩序,努力提高教学质量。

(1)为了保证以教学为主,必须正确处理教学工作与生产劳动、科学研究、社会活动之间的关系,严格执行已经修订的教学计划,切实地把教学计划作为组织教学过程的重要依据,认真地按计划进行教学工作、生产劳动和科学研究。各门课程的教师都必须按照教学计划的规定安排出本学期的教学日历,并发给学生,共同严格执行。

必须根据教学计划的规定,修订各门课程的教学大纲,并按照教学大纲的要求,结合本学期的教学实践,进一步审定各门课程的教材,在现用教材凡适合的今后即应稳定下来,不适合的则应根据本学期试用经验另行选编,尽速稳定。

必须根据教学计划的要求，妥善安排教研组的工作，制订本学期的教学工作计划，有步骤地进行教学内容、进度和效果的检查，总结交流教学经验，研究和改进备课、讲课、实验课、习题课、设计课、论文和考试考查等教学环节，以组织推动教师不断提高教学质量。

为了稳定教学秩序，必须在总结几年经验的基础上积极重视规章制度的建设工作，本学期要认真地修订学则，制定教研组、教师工作制度和实验室工作规则等。

(2)加强基础理论教学和基本技能的训练，积极提高各门课程的教学质量。

首先，要积极提高讲课质量，除了尽量组织有经验的教师加强教学第一线以外，在广大教师中，要以提高讲课质量为中心，广泛开展教学法的活动，鼓励教师进行科学技术实际状况和动态的调查研究工作，不断改进教学。当前着重研究如何密切理论联系实际和实行精讲多练，并和教学经验交流等办法，取长补短，共同提高，务必使课堂教学质量得到显著提高。

其次，要加强习题课和课程设计的工作。习题课和课程设计都是引导和训练学生运用所学的理论知识去解决问题的主要环节，决不可忽视或削弱。习题课和课程设计的时间必须切实保证。为了使习题课与讲授课密切配合，习题课教师必须认真听课，避免重复或脱节；讲课教师必须检查和指导习题课的工作，正确的发挥习题课的作用，达到应有的要求。习题的范围、内容、要求、分量的掌握应总结经验，逐步稳定下来。课程设计可以适当结合生产实际，但必须按照教学要求进行安排，切实加强指导，完成必要的作业。

再次，要加强实验教学，本学期各门课必须开出的实验，应该努力争取逐步开齐，达到教学的基本要求。已经开出的实验，应该经过检查鉴定，摸出规律定型下来；已经定型的实验，要不断总结经验，提高质量。今后开出的新实验，必须经过教师试做，教研组检查鉴定，认为合格后才能正式开出。为此，各有关教研组应该建立实验教学专门小组负责这项工作。为了更有效地使用实验设备，提高实验教学的质量，根据需要和可能，对一些共同的实验，要逐步建立全校性的中心实验室，以取得经验，指导一般。

此外，在加强上述工作的同时，还要注意加强绘图、实习和某些必要的工艺训练，提高阅读外文书籍和中文写作的能力，以培养学生的基本技能。

(3)抓紧师资培养，大力提高师资水平。

努力建立一支又红又专的师资队伍，是提高教学质量的关键。为此，必须大力抓好师资的培养提高工作。

本学期要通过调查研究，摸清现有教师队伍的实际情况，了解教师的教学水平和业务特长，逐步建立教师的业务档案，根据各类教师的不同情况，制订出培养提高的长远规划和最近时期的计划，以便有步骤、有重点地培养提高。

教师的培养提高应该以在职进修为主。为了有利于教师的培养提高，首先稳定教师的教学任务，以便确定进修提高的方向、任务和要求。目前应对尚未安排妥当的教师，进行必要的调整，稳定下来，以后非不得已不作轻易变动，以便教师能够安心地努力钻研，提高业务水平。

在稳定教学任务的基础上，根据目前我校的不同情况，培养提高的要求和措施应有所区别。

对于有一定学术水平，教学经验比较丰富的教师(主要是教授和讲师)应该要求他们一方面负责新教师的培养工作，一方面根据自己的特长，订出学术研究的计划，分别开展研究工作,定期提出研究成果,发表论文和进行学术报告。

对于有一定的业务基础和教学经验的教师(主要资历较长的助教),应该要求他们不断提高教学水平和学术水平,成为教学中的骨干力量。为此,应结合教学业务,开展文献阅读、学术讨论和教学法研究等活动,根据个人情况,确定长远打算和本学期的具体任务和要求,定期向教研组提出报告,进行审核。

对于部分毕业已达三年或三年以上的教师,应该努力培养使他们在短期内能够独立开课;已经能够开课的,要力求提高质量,不但要做到切实掌握本门课程的理论知识,而且要掌握必要的基本技能,并熟悉各个教学环节,能进行具体指导。为此,必须结合教学任务进行适当安排,根据个人情况,加强薄弱环节,达到上述要求。

对于毕业不久的新教师,应该要求他们根据教学任务的要求争取在三年内达到开课水平。为此,必须进一步提高基础理论和外文水平,加强基本训练,充实有关的专门知识,逐步掌握各种教学环节。

对于提前毕业的教师,应由各教研组在本学期内进行一次认真的考核,其中已达到毕业水平的,应经学校审定,发给毕业证书;尚未达到毕业水平的,应下决心给予必要的时间尽可能争取在一年内补完所缺的功课,达到毕业的水平。

为了实现培养提高师资的要求,必须广泛开展学术活动,组织教师学术讨论会,继续举办全校性的和各系、专业的师资进修班,并组织教师以老带新,以促进师资水平的提高。同时,根据需要适当派遣教师外出进修;对有特殊才能的教师还应采取特殊措施,进行重点培养,以帮助他们迅速成长。

为了保证教师教学和业务进修的时间,必须严格执行中央关于保证知识分子至少有六分之五的工作日(即每周 40 小时)用在业务工作上的决定;一般政治学习、党团工会的会议和社会活动,在通常情况下,控制在六分之一的工作日(即每周八小时)之内。

为了保证教师的提高,还要健全和建立教师的考勤考绩制度,培养提高制度和晋级升等制度,以督促和鼓励教师的不断提高。

二、有计划地组织生产劳动,培养师生的劳动习惯和劳动观点,更好地贯彻理论联系实际的原则。

(1)生产劳动是教育计划的组成部分,必须有计划地进行。学生每年参加生产劳动的时间为 4～5 周,其中 2～3 周参加结合专业的工业劳动,一周为集中公益劳动(以安排校内的农业劳动为主),一周为校内分散农业劳动(每周安排 2 小时)。由于目前校外多数厂矿企业的生产任务不足和副食品供应较困难,一般都不大乐意接受学生参加工业劳动,因此,对于学生专业劳动的安排,各系、各专业应及早派人去省内外有关工厂企业联系,积极争取劳动得以落实。对联系后确属未能安排落实的再报请省教育厅在本省有关工厂企业中统一安排。

教师每年参加劳动的时间为半个月,基础课教师和未开课的专业课教师,应尽可能安排在校内进行农业劳动;已经开课的专业课教师应尽量安排结合专业的劳动。

职员每年轮流参加校内农业劳动一个月。

男教职员在 45 岁以上,女教职员在 40 岁以上的,不参加体力劳动。

(2)在本学期内,逐步调整校内工厂的任务、生产能力和组织形式,使校内工厂分为两类，一类是实习和实验性的工作，主要为教学和科学研究服务，是校内劳动和实习的基地，不以经济利益为目的，但要努力提高管理水平，厉行节约，杜绝浪费。另一类是结合专业的生产性工厂，在学校统一安排下，接受国家任务，生产和经营国家鉴定合格的订单产品，实行独立的经济核算，利润按一定比例上缴学校，统一使用。

实习和实验性工厂，一般以师生的劳动力为主，同时应配备适量的专职职工，指导学生学习生产技能和完成教学、科学研究设备的加工。生产性的工厂，应根据生产任务，配备必要数量的专职职工，以维持正常生产，保证产品质量。

(3)加强对生产劳动的组织领导，做好思想教育工作，建立必要的考核制度，对校内农业劳动应逐步建立管理制度和分配奖励制度。

为充分发挥生产劳动对提高教学质量的作用，各系应组织各专业及有关教研组，认真制订生产劳动大纲。大纲内容应包括生产劳动的目的要求，每次劳动的主要内容、具体措施、组织领导和时间安排等。学生每次下现场劳动前，各系与有关教研组必须指派教师事先深入现场，按照劳动大纲的要求，与工人技术人员共同研究，拟订具体的生产劳动计划。在劳动过程中，应及时检查计划的执行情况，以保证学生生产劳动的顺利进行和胜利完成。

按照教育计划进行的工业劳动，应根据生产劳动大纲和具体的目的要求，在每次劳动结束后组织成绩考核。公益劳动和分散劳动不作专门成绩考核，但其表现应作为总的劳动成绩评定时的参考。

要注意劳动保护。体弱的和有病的师生可以不参加或少参加劳动；女学生和女教职员不参加全体力劳动。月经期不参加体力劳动。在分配具体劳动任务时，应尽可能照顾各人的体质、年龄和特点。师生不参加劳动竞赛。下厂师生应根据劳动强度，按照“接近所属工种的定量标准”适当补贴口粮，并妥善安排伙食、住宿和医疗。

4.师生参加生产劳动，除社会公益性劳动无报酬外，其他劳动应根据可能商请接受单位付给适当的劳动报酬。劳动收入由学校支配主要用于师生公共福利事业和补贴师生参加劳动的衣物消耗。

三、认真培养研究生，积极开展科学研究和学术活动。

(1)为了不断提高教学质量和科学技术水平，从本学期开始有计划地进行培养研究生工作。培养研究生，必须选拔优秀人才，严格保证质量，宁缺毋滥。要求通过三年时间，培养出一批具有较高的政治觉悟，在本门学科方面具有系统而又深厚的理论基础和较强的实践能力，能独立地进行教学、科学研究工作的师资和科学研究干部。

根据我校目前教学任务和各专业的情况，决定在本学年招收微分方程、理论物理、有机化学、电机制造、燃烧技术、化工原理、物理化学、化工自动化、化工机械、冶金炉、钢筋混凝土结构、土力学及地基基础等十二个学科的研究生 26 名。并准备选拔一定的教师作为在职研究生。

研究生都要有指导教师和具体培养计划。指导教师由学术水平较高的教师担任。每个指导教师指导 2～3 人。教研组领导和检查研究生的培养工作。在本学期内，主要是巩固和加深研究生的基础理论知识，为进一步钻研专业知识打下基础。

为保证培养研究生工作的顺利进行，必须加强研究生的政治思想工作，逐步建立有关培养研究生的规章制度。

(2)积极开展科学研究工作,促进教学质量和学术水平的提高。在完成教学任务的前提下,适当承担国家和省的科学研究任务,并接受有关部门的委托,协助解决某些科学技术问题。

根据国家和省的长远和当前的需要,及我校的具体情况,按照兼顾基础理论、国民经济中的重大问题、新科学技术三方面,并把理论研究放在重要地位的选题原则,我校下半年度的科学研究,初步计划共有32项,其中属于理论研究的13项,国民经济中重大问题5项,新科学技术12项,一般研究项目2项,要求有7项在本年度完成研究工作,其余25项跨年度继续进行。应该把编著教科书和教学参考书当作一项重要的科学研究工作,纳入明年的研究计划。

为了确保科学研究计划的完成和研究成果的质量,必须切实安排研究力量。对于今年应完成的7项研究课题必须配备足够的力量;对于跨年度的25个项目,也应适当安排,积极进行。进行科学研究的力量,主要是教师。教师应该在完成教学任务的前提下,积极参加科学研究。对于新担任教学工作的教师和开新课的老教师,本学期尽量少安排或不安排科学研究任务。每个科学研究项目应有相当水平的讲师担任负责人,并配备一定的助手。教师进行科学研究的时间,一般占全体教师工作时间的10%~20%,各教研组应根据实际工作量进行安排。学生参加科学研究的目的,在于获得从事科学研究的训练,培养独立工作能力。高年级学生参加科学研究应该在教师指导下,按照教学计划规定的时间进行,不允许随便停课进行科学研究。低年级学生不规定科学研究的任务。

科学研究的经费、材料和设备的使用和购置,必须贯彻勤俭办科学的精神,实行专款专用、专材专用的原则,集中力量保证重点。下半年度科学研究经费由科学处统一掌握。对于现有的设备仪器采取"教研合用""一套多用"的方法,解决设备不足的困难,并加强与有关单位的联系,积极争取材料设备。凡承担有关部门委托的项目应向他们要求解决经费、材料、设备问题。

根据科学研究的需要,加强学校和系的情报资料的建设和管理工作,制订管理办法和健全保密制度,争取在本学期内建立起情报资料的正常秩序,不断扩大技术情报资料的联系范围,建立同全国重点高等学校、国家有关研究机构、重点厂矿、企业之间的固定情报协作关系。

(3)认真贯彻执行百花齐放、百家争鸣的方针,充分发扬学术民主,浓厚学术空气。应当经常教育干部充分认识百花齐放、百家争鸣是党对科学文化的一项根本政策。在学术工作中,必须区别社会科学领域和自然科学领域,正确划分政治问题、思想问题、学术问题之间的界限,解决学术问题,一定要提倡用学术讨论和科学实践的方法,不戴帽子,不打棍子,不抓辫子,不许用政治斗争的方法、行政命令的方法、少数服从多数的方法。为了浓厚学术空气,必须大力开展学术活动,办好学报,丰富学报内容。学校、系、教研组都应当经常组织各种学术讲座、专题报告、学术讨论会,吸收教师和高年级学生自由参加。全校性的学术讲座原则上每三星期举行一次,本学期准备进行4至6次。内容暂定为:各种学术见解的介绍、新的科学技术成就、学术讨论的探讨方向、论文的宣读等。

此外,在教学中,应根据教学的特点,酌情介绍重要的不同学派的观点,在完成教学大纲要求的前提下,教师在教学中可以讲授自己的学术见解。

四、关心群众生活。加强生活管理和总务工作，为教学、科研服务，为师生员工生活服务。

(1)认真办好食堂、改善伙食。

每个食堂都必须加强对管理人员的配备，要求千人以上食堂配备一名相当科级的党员干部，千人以下食堂应有一名党员骨干充当管理员。炊事人员必须按教职工 1∶40～1∶50，学生 1∶60～1∶70 的比例，加以充实。同时，必须加强对炊事、管理人员的政治思想教育，表扬和奖励他们中的先进人物和服务时间较久、认真工作的老职工，以便他们明确办好食堂、改善师生员工伙食的重大意义，增强其光荣感和责任心，热爱食堂工作，不断改进技术和服务态度。

为了加强管理，便利师生员工用膳，食堂规模要适当减小。学生食堂采取大系独办，小系合办的办法，分别建立。员工食堂要进行整顿，总结管理经验，摸清情况，适当调整。在生活上要注意给教授、副教授等高级知识分子以方便。

为了办好食堂，总务处必须加强对食堂的领导，各系应予主动协助。总务处负责炊事人员的管理调配，粮、煤、菜采购和运输，炊具设备购置调剂和财、粮制度的检查；各系负责对炊、管人员、用膳人员的思想教育，民主管理、组织副食品生产和食堂清洁卫生工作等。

为了保证在现有主副食的标准下，尽可能使师生员工吃饱吃好，吃得清洁卫生，必须加强采购供应工作和发展蔬菜、畜牧生产。采购工作在不违背国家规定和市场管理的前提下，采取总务处统一采购和各食堂零星采购相结合的方法，广泛开辟副食品来源。另一方面，要切实抓好校内生产，将现有 240 亩左右菜地，划出 80 亩，组织短期下放劳动锻炼的教职工为专业队伍，进行耕种经营，要求平均每亩年产蔬菜 4000 斤～6000 斤。其余 160 亩，由各系组织学生进行种植，要求平均每亩年产 3000 斤～4000 斤，做到全年二至三个月的蔬菜自给，以解决淡季蔬菜供应不足的矛盾。畜牧生产要以养猪为主，采取集中饲养与各食堂分养相结合的办法，要求达到年产肉猪 200～250 头。养猪要紧抓住饲料、防疫和经营管理等主要措施，提高出肉率。

(2)根据学校规模和当前校舍的实际情况，进行有计划、有步骤地改善教学等生活用房的状况，要求年里完成行政大楼的土建部分，争取从明年第一季度起陆续投入使用。根据目前生活用房不足的状况，除了从十月份起首先抓紧修建俱乐部为食堂和一食堂的厨房、十二系食堂的仓库、锅炉安装以外，并争取在明年上半年内新建两个食堂和×××m^2 的宿舍。

另一方面，必须做好现有房屋及其管线、水电卫生设备和家具的维修工作，及基建工作中其他遗留问题，并加强管理和进行合理的调整使用，以充分利用现有房屋及其设备能力，逐步满足教学、生活需要。

此外，整修校内交通要道，绿化校园。

(3)贯彻勤俭办学的方针，加强财务管理，处处精打细算，厉行节约。一切财务开支都必须严格遵守财务计划、会计、现金管理等制度。严格固定资产的管理，定期清查账目，及时地清理物资，变呆滞为活用，变无用为有用。杜绝贪污浪费。

(4)卫生保健工作必须认真贯彻预防为主的方针。针对当前几种主要传染性疾病(如肝炎、肺结核等)，积极做好预防和治疗工作，继续深入开展除四害、讲卫生。同时注意开展经常性的清洁卫生工作，加强清洁工的管理，努力改善学校的卫生状况，增进师生员工的健康。

(5)在师生员工的生活安排上,必须贯彻有劳有逸、有张有弛的原则。除了上课和学校统一规定的政治活动或业务活动以外,师生的课余时间由师生自己支配,社会活动时间要严格控制在规定时间之内;要大力精简会议,改进工作方法,切实保证师生员工有个人的业务活动时间和足够的睡眠休息时间。

积极开展文娱体育活动,丰富群众的业余文化生活,增进师生员工身心健康。文娱活动的内容与形式要多样化,要生动活泼,但应注意适量和自愿,允许自由结合,不要强求一律,事事集体。

(6)为保证学校工作的正常秩序,加强行政管理,各职能部门应明确职责范围,建立与健全各项规章制度。加强保卫、保密工作,以保证教学、科研、生产和生活的安全。

五、加强思想政治工作,充分调动师生员工的积极性,为提高教学质量而努力。

思想政治工作的任务是:在全校师生员工中宣传马克思列宁主义、毛泽东思想,宣传党的总路线和各项方针政策,不断地提高他们的思想政治觉悟和道德品质;团结全校师生员工,充分调动他们的积极性,贯彻执行党的教育方针,保证学校的教学工作和其他各项工作任务的完成。

(1)加强马列主义理论教育。从本学期起,按照教学计划规定,在二、三、四年级学生中,分别开设中共党史、政治经济学和哲学三门政治理论课,在五年级中进行马列主义基本原理的补课教育,拟就政治经济学和哲学的有关问题作几个专题报告,并在部分高年级学生中,进行“自然辩证法”的教学试点;一年级则进行始业教育、政治思想和时事政策的教育。教职员的政治理论学习亦应认真组织进行,其学习内容,为政治经济学社会主义部分(以“苏联社会主义经济问题”和农村人民公社工作条例修正草案为主要读本)的讲座。政治理论的学习时间,除学生按照教学计划执行外,职员为每周 6~8 小时(星期三上午和星期六上午),教师为每周 3~4 小时(具体时间由各总支确定),每星期六下午均为社团活动时间。政治理论学习方法:在学生中以听课和自学为主,适当组织讨论;在教职员中以自学为主,适当地组织讨论,进行必要的辅导。在组织政治理论学习中,要贯彻少而精的原则,努力提高质量,提倡领会马克思列宁主义、毛泽东思想的精神实质,有的放矢,解决实际问题。

(2)加强对师生员工的社会主义教育,定期地给他们作思想政治教育报告,进行时事政策教育。在国庆节前后,要对师生员工进行形势教育,使他们分清大好形势与暂时困难,正确的方针路线与工作中的缺点错误等等界限,借以认清形势,了解政策,增强信心,鼓足干劲。在形势教育告一段落后,向全体师生员工传达中央批转聂荣臻同志“关于当前自然科学工作中若干政策问题的请示报告”和教育部直属高等学校暂行工作条例(草案初稿),组织他们进一步学习党的教育方针、知识分子政策和“百花齐放、百家争鸣”的政策,并在此基础上组织讨论“浙江省属高等学校暂行工作条例(草稿)”,提出修改意见,借以划清界限,明确方向,调动积极性。

(3)共产主义道德品质教育必须加强。在青年学生中,必须经常进行革命优良传统和革命英雄形象的教育;加强艰苦奋斗建设社会主义的教育,使他们真正懂得应该用自己双手的辛勤劳动创造幸福生活。

(4)思想政治工作必须贯彻执行“人的因素第一、政治工作第一、思想工作第一、活的思想第一”的原则,善于抓活思想,经常分析师生员工的思想动态,注意不同岗位、不同年级和不同人物的特点，用丰富的内容和多样化的形式，细水长流，深入细致地进行，反对形式主义。

思想政治工作一定要深入教学领域，不仅要管红，而且要管专，必须进一步在师生员工中进行"正确处理红专关系"的教育，把不断提高他们钻研业务的积极性和自觉性作为思想工作的重要任务，以树立政治与业务辩证统一的观点，培养理论与实践统一，高度的革命性和严格的科学性统一和实事求是、谦虚好学的优良学风。

(5)正确贯彻执行党的知识分子政策，改进知识分子工作，调整与知识分子的关系。

为了正确地估计知识分子的进步和作用，必须加强对知识分子队伍情况的调查研究。本学期要做好正副教授及准备提升为正副教授的优秀教师的调查工作，切实地了解他们的政治思想情况和业务专长特点，逐个地研究教育改造和安排使用问题，写成材料。对他们的政治历史问题，一定要慎重审查，具体分析，区别对待；对他们中间有教学能力和经验的，一定要安排到教学第一线上去；对党内外担任行政工作的知识分子，一定要尽量减少他们的行政事务和一般社会活动，使他们的时间和精力用到业务上去。必须改进对知识分子进行教育改造的工作方法，严格区别敌我矛盾和人民内部矛盾。对于人民内部矛盾，又必须区别各种不同性质的问题。凡属人民内部矛盾的问题，都必须坚持团结—批评—团结的原则，采取民主的方法、和风细雨的方法、自我教育的方法，以正面教育为主，摆事实，讲道理，启发自觉，分清是非，决不允许用处理敌我矛盾的方法来处理人民内部矛盾。

在反右斗争以后，对一些知识分子进行的批判，要进行一次清理，批判得对的仍须肯定；批判错了，或者有一部分错了的，都要甄别事实，分清是非，纠正错误。党的负责干部要采取适当方式向他们讲清楚，戴错了帽子的要摘掉，以利于解除思想疙瘩，发扬民主，增强团结。一定要使知识分子敢于讲真话，畅所欲言，言者无罪，闻者足戒。这样才能造成又有统一意志又有个人心情舒畅，生动活泼的政治局面，充分调动广大知识分子的积极性，使他们能够放心、负责地去做工作。

党对知识分子的工作应该经常注意调整新老关系、师生关系。教育青年教师用心地向老教师学习一切有用的知识和经验；同时要求老教师热心培养新生力量；教育新老教师加强团结，取长补短，共同提高。提倡尊师爱生，进一步建立民主平等、教学相长的新型师生关系。要充分发挥教师在教学中的主导作用，调动教师的积极性，认真教好学生；同时要充分调动学生的积极性，尊敬师长，团结同学，努力完成学习任务。

六、加强党的组织工作，充分发挥各种组织的作用，切实改进领导作风。

(1)进一步贯彻"调整、巩固、充实、提高"的方针，进行正确工作。

根据中央和省委关于精简机构、紧缩编制，合理安排劳动力，大力支援农业第一线的指示精神，在全校进行一次整编工作，做到定编制、定机构、定人员，以切实保证教学，提高教学质量。(下略)

(2)加强干部工作。

必须首先做好对干部的考察和了解工作，正确地挑选、使用、培养和提拔干部，要求本学期对科长级以上的干部的政治品质和业务工作能力进行一次普遍的考查了解，并写出材料。

其次，要加强对干部的教育。要求各级干部努力学习马克思列宁主义、毛泽东著作和时事政策，同时还要努力钻研业务，逐步具备自己工作范围内所必要的文化科学知识，经常总结工作经验,不断提高政治水平、政策水平和业务水平,认真执行党政干部“三大纪律,八项注意”,不断改进工作作风,自觉地主动地为提高教学质量及科学研究水平服务做好自己所担负的工作。

同时,要做好教职工的福利工作。各级组织应经常关心和了解他们的生活状况和健康状况,对家庭经济确实困难的主动给予补助。并注意做好干部保健工作。

(下略)

(3)加强党的思想建设和组织建设。

认真开好当前的三级干部会议,并准备于十月份召开党员大会,在党内划清政策界限,统一全党认识。在此基础上于十一月份召开党员代表大会,总结第五次党员大会以来的工作,制订今后的工作计划,改进学校党的领导机构,以加强党的领导。

健全党课制度,增强党性锻炼。特别是要对新党员进行党的基础知识教育。要求党员努力提高政治、业务水平,认真执行党的方针政策,积极完成组织分配的工作任务,在群众中起模范作用。同时,要采取切实措施,健全党内民主生活,充分发扬党内民主,贯彻民主集中制。在党内要提倡各种不同意见的自由讨论,允许党员对党的工作和任何工作人员提出各种批评和建议,鼓励讲真话,反对讲假话,经常开展批评与自我批评,加强在马克思列宁主义基础上的团结一致。各级党组织都要按照职权范围办事,各级干部都要加强组织性和纪律性,保证党内统一领导和统一行动。

根据“积极慎重”的方针和党章的规定,在教师、学生和职工中有计划地发展新党员,特别注意在讲师以上的高级知识分子中建党,这对我们占领科学领地是十分重要的,但不能降低标准,也不能要求太高。对已到期的预备党员,应根据转正条件,及时办理转正手续。为了加强党的领导,必须明确各级党组织的工作任务。系党总支的主要任务,是做好政治思想工作和组织建设工作;领导本系的共青团、学生会、工会、民主党派及其它群众组织的工作;团结和教育全系人员,并监督系的行政组织,贯彻执行党的方针政策和学校党委,校务委员会的决议,保证本系各项工作任务的完成。同时,要加强支部工作,有条件、有步骤地试行在教师和学生中分别建立党的支部。教师和职工中的党支部的主要任务,是做好思想政治工作和党的建设工作,教育党员模范地完成自己的工作任务;领导本单位的共青团、工会及其它群众组织的工作,团结和教育本单位的全体人员,保证各项任务的完成。学生中的党支部的主要任务,是做好政治工作和党的建设工作,领导班团支部和班学生会的工作,教育党员以自己的模范行动,影响和带动同学完成学习任务。为了做好支部工作,党委和总支都应当深入一二个支部,进行调查研究,总结经验,不断提高支部工作水平。

(4)各级党的组织都应善于发挥行政组织和行政负责人的作用。党的干部一定要同党外人士密切合作,充分调动他们的积极性,认真听取他们的意见,善于同他们一起商量问题,进行工作。

为了使党的组织能够集中主要力量加强政治思想工作,充分发挥行政的作用,还必须加强行政干部的配备,其中主要是要加强教学系统与生活系统的行政干部的配备。教学系统方面主要是要充实和加强系一级中的教学行政干部,逐步配备党员副系主任,有计划地培养专职系的教学秘书,并注意加强基础课教研组党员骨干的配备,以使党的工作在教学业务中生根落脚。

(5)加强对共青团、工会、学生会和其它群众组织的领导,使他们真正发挥党联系群众的纽带作用。

共青团应该更好地发挥党的助手作用,积极宣传和贯彻执行党的方针政策和党委的决议。了解和向党反映团员、青年的思想动向,协助党对团员和青年进行思想政治工作;教育团员以模范行动带动青年群众努力完成学习任务,模范地遵守学习纪律和各项规章制度;做好团的建设工作。工会应保证实现党的决议和完成学校的中心工作;对工会会员进行思想政治教育,组织职工的生活福利和文娱体育活动。学生会应该在党的领导下,团结全体同学,不断提高政治觉悟,努力做到身体好、学习好、工作好;配合学校中心工作,进行宣传活动;组织学生的课外活动,协助学校搞好生活福利等工作。

(6)充分发挥民盟在团结、教育、改造知识分子中的组织作用。

总之,我们的工作任务是十分繁重的。为了完成这些任务,党的领导干部一定要努力学习,不断提高思想水平、理论水平、政策水平,努力钻研,力求精通业务。认真总结经验,逐步掌握我国社会主义的高等教育工作的规律,提高领导水平。

各级党的组织,一定要改进领导作风,一定要下决心摆脱许多行政事务工作,腾出手来,抓学校工作中的重大问题,抓思想政治工作、党的建设工作、团结人的工作。一定要深入到教师中去、学生中去、职工中去,调查研究,了解情况,发现问题,同群众一起商量,提出解决问题的主张和办法。只有这样,才能真正加强党的领导。

浙江大学档案馆藏,档案号:ZD-1961-XZ-25-1

中共浙大党委关于1979学年第一学期政治工作要点

(1979年8月)

一、对加强政治思想工作的重要性一定要有充分的认识。

自党的十一届三中全会作出了全党工作重点实行战略转移的决定以来,我们学校工作已逐步从以搞政治运动为主转为主要抓教学、科研两个中心的建设,我们的政治思想工作也是按照这样的形势要求在开展,工作是有成绩的。在政治运动方面,清查工作已基本结束,定性处理工作有很大进展,并继续在进行。在落实政策上,复查纠正冤错假案的工作基本完成,右派复查改正工作已经结束,解决历史上遗留下来的各类问题,也有很大进展。半年来,在全校师生员工中,以各种形式组织学习了三中全会的精神,贯彻解放思想、开动脑筋、实事求是、团结一致向前看、团结一致搞四化的方针。基层党支部先后经民主选举建立了支委会,普遍恢复了组织生活制度,党课制度也正在恢复进行中。根据中央纪律检查委员会决定的精神,我校正式建立了党的纪律检查委员会,并已展开工作。还先后召开了全校工会代表大会,恢复建立了校、系的工会组织。召开了"双代会",总结部署了共青团和学生工作。为了适应工作重点的转移,上半年中,还在教师、实验室和工厂技术人员以及医务人员中全面开展了恢复和提升技术职称的工作。所有以上这些工作都进一步巩固发展了安定团结的大好形势,调动了广大群众的积极性,发挥了知识分子的作用,使我校教学、科研、后勤……各方面工作都取得很大进展,有力地促进了我校工作着重点的转移,充分反映了党的政策和政治思想工作的强大威力。但是我们也必须看到，对于在新形势下，如何做好党的政治思想工作，如何对待发扬社会主义民主，如何进一步贯彻好知识分子政策，充分发挥知识分子的作用，以及如何抓好我们党的自身建设，都还存在着思想认识上的不足和片面性，往往把抓教学、科研业务，抓经济管理、物质奖励，与抓政治思想工作对立起来，因而认为政治思想工作不那么重要了，搞政治思想工作也不“吃香”了，有的政工干部还出现了“改行”的想法。应该如何来认识这些问题呢？首先要明确的是，我们要搞的是中国式的现代化，是社会主义的现代化，是要在坚持四项基本原则的前提下搞现代化，因此不但不能离开政治思想工作，而是要大大加强政治思想工作，正如华主席所指出的“在新的历史条件下，在实现四化新长征的道路上，党的政治思想工作不仅不能有丝毫的削弱，而且应当大大加强”。实际情况也正是如此，在新的形势下，围绕着如何对待个人与集体、局部与全局、民主与集中、自由和纪律等关系上，在对待确定和提升技术职称、安排教学与科研、工作与进修、实行奖励报酬制度以及安排生活等问题上，仍然会反映出种种片面的和不正确的思想，都必须依靠政治思想工作来加以解决。离开了政治思想工作，就不可能把全校师生员工团结在一起，形成统一的意志，全力以赴为了四化、为了“两个中心”的建设而努力工作。因此，我们对加强政治思想工作的重要性必须有个非常清醒的认识，并且要发扬我们党历来重视政治思想工作的传统，依靠党的路线、方针、政策，依靠深入细致的思想政治工作，依靠各级领导干部和共产党员以身作则的优良作风来动员群众，组织群众，用马列主义、毛泽东思想的科学体系来武装群众，团结一切可以团结的人，调动一切积极因素，为实现四个现代化而奋斗。

二、我校政治工作的主要任务和本学期的工作重点。

为了切实搞好工作重点的转移，我们要坚决贯彻党中央所确定的政治路线、思想路线和组织路线，结合我校情况，政治工作的主要任务就是要：大力加强我们党的自身建设，包括思想建设和组织建设，使我们党切实能担当起领导全校广大师生员工在浙大建设“两个中心”的艰巨任务；大力宣传党的十一届三中全会和五届人大二次会议的精神，坚持四项基本原则，坚持实践是检验真理的唯一标准，端正思想路线，把广大干部和群众的思想统一到同心同德干四化上来；通过政治思想工作，巩固与发展安定团结的大好形势，调动一切积极因素，保证党的路线、方针、政策在我校的贯彻执行和各项中心任务的完成。

本学期的工作重点是：

（一）在党内深入学习贯彻《关于党内政治生活的若干准则》，切实整顿好党风，这是加强党的建设的一项迫切任务。

我们的党是一个伟大的马克思主义政党，在长期革命斗争中，逐步形成了一套好的党风，保证了我国革命的胜利。全国解放以后，广大党员和各级领导干部基本上继承和发扬了党的好传统、好作风。可是在“文化大革命”中，林彪、“四人帮”大搞特权、特殊化，使党的优良作风遭到了极其严重的破坏，损害了党和群众的关系，并且流毒很深，至今还不同程度地在我们各级党组织和一些领导干部中反映出来，引起广大党员和群众的不满，成为我们进行四化建设的一个严重障碍。

要整顿好党风，关键在领导，首先要抓好。对于各级领导班子，特别是党委和各级主要领导干部要以身作则，带头学习并贯彻《准则》的精神，着重解决三个问题：一是，认真贯彻党的民主集中制，要充分发扬党内民主，搞群言堂，一切重大问题都由集体决定，绝不搞家长制、"一言堂"，同时又要敢于和必须在民主的基础上进行正确的集中，注意防止和克服泛泛讨论，没有集中和不顾组织纪律、向外乱拥、违反集中制的现象，切实做到重大问题集体讨论，具体工作分工负责。同时要认真贯彻好党委领导下的校长分工负责制；二是，恢复发扬党的实事求是、密切联系群众和艰苦奋斗的优良传统作风。党委常委在抓好分管工作的同时，都应有一定的时间深入到基层，深入到教学、科研第一线（系、教研室、实验室、小班……）了解情况，调查研究，做到心中有群众，胸中有典型；三是，在党委和各级领导班子中要建立必要的制度；各级领导同志都应参加支部组织生活，在领导班子中每月过一次民主生活，通过思想见面，开展批评与自我批评，增强团结。

在抓领导班子带头整顿党风的同时，加强对广大党员整顿党风的教育，对广大党员的教育，着重在学习马列主义、毛泽东思想的建党原则，加强党性和组织性、纪律性；要使广大党员懂得党章党法，履行党员的权利和义务。党委、总支的领导，要有计划地定期为党员上党课，进行党的基本知识和党风、党纪的教育，对违反党纪的行为，要及时地进行批评教育和纠正，情节严重、影响很坏的，要严肃处理。对遵守党纪、党风端正的模范行为要大力表扬。

（二）在师生员工中，深入开展以学习和贯彻党的十一届三中全会和全国五届人大二次会议精神为中心的宣传教育工作。

党的十一届三中全会和五届人大二次会议，提出了全党全国工作着重点转移到社会主义现代化建设上来，揭开了中国人民建设强大的社会主义现代化国家的新篇章。认真学习和贯彻执行会议的精神，对于顺利实现工作着重点的转移，贯彻好"八字方针"，发扬民主，加强法制，促进四化建设有着重大意义。

通过学习和宣传教育，要使全校师生员工进一步深入理解党的十一届三中全会和五届全国人大二次会议的精神，坚持实践是检验真理的唯一标准，按照这一标准去看形势、想问题、办事情，团结一致、同心同德的贯彻执行以华国锋同志为首的党中央所提出的政治路线，安定团结地推动社会主义现代化建设。坚决贯彻执行五届人大二次会议通过的国民经济调整、改革、整顿、提高的方针和一系列重要政策，坚决打好实现四个现代化的第一战役。认真学习五届人大二次会议上通过的七个重要法律，进行社会主义民主与法制教育，使大家明确发扬民主，加强法制，是保证人民团结和国家统一的根本措施，是实现四化必不可少的重要条件，遵纪守法是每一个公民应尽的义务，发动群众制定遵纪守法公约，造成一个人人都自觉遵纪守法的好风气。

在学习和宣传党的十一届三中全会和五届全国人大二次会议精神的同时，要认真组织好建国三十周年的庆祝活动，根据中央关于庆祝活动在政治上要隆重，形式上务必简朴的精神，着重要组织好对于叶剑英同志报告的学习和讨论，开展一次普遍的形势教育，发动群众把思想和精力集中到"两个中心"建设上来，在教学、科研和各项工作中作出成绩，迎接伟大的三十周年国庆。要结合纪念费巩教授的活动，开展树立艰苦朴素、科学民主的校风和勤奋好学、实事求是的学风的教育，在学生中进行革命理想、学习目的性的教育，进行德智体全面发展的教育，继续开展"创三好"的活动。（宣传教育工作的具体计划，由宣传部另发）

（三）切实抓好党支部的建设，抓好党员模范带头作用的发挥。

我校共有 122 个党支部，分别处于教学、科研和各项工作的第一线。全校共有党员 1332 人，其中教职工党员 1054 人，约占教职工总数的 26%。因此，切实抓好党支部的工作，充分发挥党员的模范带头作用，对加强党的领导，搞好学校各项工作具有重要的意义。

当前对党支部的建设，着重要解决的问题就是要使每个支部特别是支部委员、支部书记都要充分认识做好支部工作的重要性，都是非常明确自己的任务和职责，并发挥自己的主观能动性，努力做好支部工作。

根据《高校工作条例》(即 60 条)的精神，党支部的主要任务就是要监督和保证党的方针政策和党委的决定在本单位的贯彻执行，保证各项中心任务的完成。因此，支部的权利主要有两条，即监督权和保证权。为了明确党支部的职责，先作如下考虑。

教职工中党支部的主要职责有四条，即：①领导和组织支部党员学习马列主义、毛泽东思想的基本原理，抓好党风、党纪的教育；②领导和组织本单位群众的政治学习，并做好群众的政治思想工作；③加强对支部党员的管理，健全组织生活机制，教育党员发扬党的三大作风，以自己的模范行动和先进政治思想来团结带领广大群众为建设“两个中心”努力工作，并积极做好发展新党员的工作；④支持本单位的行政领导认真执行校党委和校行政领导的决定，并积极参与研究本单位业务工作的组织管理。

学生中党支部的主要任务是做好思想政治工作和党的建设工作，教育党员以自己的模范行动，影响和带动同学完成学习任务。

在业务工作上，党支部要放手让行政领导大胆抓，并积极支持帮助做好工作。教研室中党支部书记和教研室主任应密切配合，共同抓好教研室的工作。教研室主任着重抓业务，但也要做政治思想工作；党支部书记着重抓政治思想工作，但也要参与业务管理。

各个党支部都应切实地加强对党员的管理，教育和发挥党员的模范带头作用。对党员中的先进事迹要宣传、表扬，并及时向上级党组织呈报。

党支部都应按党章规定，定期进行选举，产生支委会。教师中党支部书记原则上都应由教师兼任，所有支部书记都应努力成为政治思想工作的能手和业务工作的内行。

(四)要围绕“两个中心”的建设，抓好经常性政治思想工作，使广大教职工专心致志地做好本职工作。

切实加强经常性的政治思想工作，用正确的方法和态度处理好各种各样的人民内部矛盾，促进安定团结，使大家专心致志地搞好本职工作。这是在工作着重点转移后，衡量我们政治思想工作成效好坏的一个重要标志。

各级党组织都应把经常性的政治思想工作切实抓起来，广大的党员、干部、教师都应做思想工作，提倡交流思想，树立正气，促进正常的工作秩序、生产秩序和生活秩序的建立。

经常性的政治思想工作，一定要围绕以教学、科研为中心，结合教学、科研和各项业务工作来进行，保证党的方针、政策和各项重要措施的贯彻执行。根据党委会讨论精神，为了贯彻“调查、改革、整顿、提高”的八字方针，解决好队伍杂、人浮于事的状况，本学期将本着提高工作质量，提高工作效率，精简上层，充实基层的精神，着手整顿学校的编制。因此，各级党组织都要着重围绕学校编制的整顿做好思想工作，保证整顿编制工作的顺利进行。

在经常性的政治思想工作中，要注意方式方法，适应学校的特点，要善于抓住思想苗头，着重抓好人好事，树标兵，用先进事迹带动大家。要向广大教职工宣传，随着工作着重点从抓运动转到抓四化建设，衡量每个人觉悟的高低、工作的好坏主要应看为建设两个中心的工作态度和所作贡献的大小，要大力提倡实干的精神。

(五)要善始善终地做好揭批查运动的收尾工作。

在进行清查定案处理工作中,必须按照党的一贯政策,按照中央 12 号文件的精神,坚持实事求是的原则,防止工作中左右摇摆、过严过宽的现象发生。

要抓好受审查对象的思想教育工作,帮助他们提高觉悟,真正从立场上、思想感情上转过来,认识错误,痛改前非。对于个别问题严重、态度恶劣、坚持不改的人,要给予严肃的批判和处理。

凡有审查对象的各个单位,都应集中一点精力,抓紧做好定案处理的材料工作,争取在今年内,把该处理的案件都处理完。

为了切实抓好以上五项主要工作,党委各部门、党的各级组织都要非常认真,努力地恢复发扬我们党的政治思想工作的优良传统,坚决改变"四人帮"那种大轰大嗡,用大帽子压人的作风,做深入细致的思想工作,坚决克服政治思想工作中机关行政化的工作作风,全力以赴地以教学、科研为中心,抓好政治思想工作,抓好党务组织工作,把党的政治思想工作真正扎根在群众中。

党委各部门都应根据本工作要点,制订本部门工作的实施计划,并抓好各项日常工作。要进一步贯彻好党的知识分子政策;要做好统战对象的思想工作;要加强对干部的教育和管理;要在学生中加强马列主义理论课的教育;要继续做好落实政策的工作;要加强外事工作中的思想教育;要加强保密教育;要加强治安保卫工作,为建设"两个中心"创造良好的安全环境;要做好全校民兵整组工作,抓好学生中的军事教育;要抓好新生入学和毕业生分配的思想教育工作;要加强计划生育的宣传教育和管理;工会、共青团、学生会组织都应围绕学校的中心任务,根据各自的特点,充分发挥作为党的助手的积极作用。

六、加强党的政治思想工作的措施。

(一)在党委领导下,由分管书记负责,把党委工作部门、马列主义教研组、团委、工会联系结合在一起,形成政治思想工作一条线。定期召开会议,分析情况,研究工作,围绕学校中心工作,统一步调,互相配合,充分发挥各自作用,共同来加强政治思想工作。

(二)各总支主要负责同志都应花主要精力抓好政治思想工作。党的各级组织都应定期研究、汇报党员、群众的思想动态和要求。党内思想状况由组织部负责抓,群众思想状况由宣传部负责抓。各总支要有专人分管学生和共青团的工作。马列主义教师应分工在一个系参加研究、共同做好学生的政治思想工作。工会应侧重抓好对青工的教育。

(三)党政干部都至少以三分之一的时间深入教学、科研第一线、深入基层,把精力放在群众中作调查研究,做教师、技术人员、后勤人员和工人的贴心人,帮助解决思想问题和实际问题,调查研究,要带着问题,要有结果,要作出调查报告。

(四)党内确立每半月过一次组织生活,每月上一次党课的制度。上党课计划由组织部、宣传部共同制定,分别由党委、总支、支部组织进行。党课教材由组织部会同宣传部进行编写。

(五)把加强马列主义理论教育列入党委议事日程,加强分析研究,根据需要和可能,部分党委和总支负责同志兼任马列主义课的教学工作。恢复时事政策报告课,每学期 1～2 次,由宣传部编写报告提纲,由党委或总支负责同志宣讲。

(六)确定党委各部门和党支部的职责。党委各部门、各总支应定期向党委汇报工作情况。纪律检查委员会应定期向党委汇报党内执行党纪的情况。

(七)加强政工干部队伍的建设,开学后,组织党支部书记的短期培训,着重明确党支部工作职责和当前的主要工作任务,并研究制定党支部工作条例。充实和配齐各系分团委书记。试行建立干部考核制度,并在今年底进行一次思想和工作的鉴定。

(八)预定在今年十一月份,召开全校政治思想工作会议。总结交流加强政治思想工作的经验、党支部发挥战斗堡垒作用的经验和党员发挥先锋模范作用的体会。会上将表扬先进。

今年是打好四个现代化第一战役的第一年,初战一定要打胜。我们要高举马列主义、毛泽东思想的伟大旗帜,紧密团结在以华国锋同志为首的党中央周围,为实现四个现代化的宏伟目标,为把浙大建成为高水平的教育中心和科研中心,建成为现代化的社会主义理工科大学而奋勇前进。

浙江大学档案馆藏,档案号:ZD-1979-XZ-67

中共浙江大学委员会1986—1987学年第二学期工作要点(草稿)
(1987年2月)

(一)

在国家教委党组和浙江省委的领导下,上学期我校党的各级组织、各个部门和广大党员,在加强党的建设,提高党员的素质,发挥党组织和党员的作用,以及为学校的建设和发展方面做了不少工作,基本上完成了半年工作要点中确定的任务。

在党的思想建设上,举办了以研究生党员为对象的第二期学生业余党校;除个别系以外,向全校党员普遍上了以"改革与观念转变"为主题的党课;对全校中层党员干部开设了每月一次的时事政策讲座;对党群系统干部开设了以提高理论素质和开拓知识面为目的《社会学》专题讲座。

在党的组织建设上,完成了7个总支的改选工作,至此全校21个总支已全部改选完毕,并新建了离休干部总支。为加强学生党员的工作,对学生党支部作了适当调整,党员人数较多的中等规模以上的系,学生党员按专业建立了支部,人数少的系按年级成立了支部。为使干部考核尽可能做到定性和定量相结合,提高考核工作的准确度,在个别系进行了中层干部测评工作的试点,目前正在总结。

在宣传教育工作上。组织了全校师生员工学习党的十二届六中全会的决议;继续进行普及法律知识的教育,上学期完成了三千名左右师生的学习,全校累计已有一半以上的师生员工通过普法知识考核,获得了合格证书。

统战工作着重贯彻了中央关于新时期应围绕"一国两制"开展海外统战工作的指示,并开始做了一些基础工作。

校工会召开了第十五届会员代表大会,总结了两年来的工作,并选举了新的领导班子;各系级工会也都进行了改选。校团委主要开展了整团工作,收到了一些成效。

在过去的半年里,我们的工作也存在某些不足和薄弱之处。主要问题是思想政治工作比较软弱。学生思想认识上的许多问题在去年年底的学潮中充分暴露了出来。抓好思想政治工作是关系到培养什么人的重大问题,也是高等学校工作中带根本性的问题,必须引起我们高度重视,对出现的问题进行认真反思。

(二)

1987 年上半年党委工作的主要任务是:坚持四项基本原则,反对资产阶级自由化,统一认识,明确方向,进一步加强党内教育,提高党的战斗力。

坚持四项基本原则,反对资产阶级自由化的斗争,关系到党的十一届三中全会以来路线、方针和政策能否正确地坚持下去,关系到我们的事业将由什么样的一代人来继承,关系到党和国家的命运以及社会主义事业的前途,我们必须以坚定的决心和稳妥的步骤、方法把它深入开展下去。

反对资产阶级自由化态度要坚决,做法一定要得当。基本的方法是,认真、系统地学习中央和邓小平同志关于坚持四项基本原则、反对资产阶级自由化的有关论述和文件,认真学习全国人大常委会《关于加强法制教育,维护安定团结的决定》和有关的文章、材料,以及对否定四项基本原则的错误言论的分析、批评,端正政治方向,分清是非,提高认识。批评资产阶级自由化思潮有一个标准,这就是党的十一届三中全会以来的路线。反对资产阶级自由化,只在党内、只在政治思想领域内进行,着重解决根本的政治原则和政治方向问题。坚定不移地坚持党的领导和社会主义道路。反对资产阶级自由化必须十分注意政策界限。要始终坚持以正面教育为主,团结绝大多数的方针。

反对资产阶级自由化必须采取正确的方法,不搞政治运动。要严格按照中央确定的方针、政策和部署办事,既要态度坚决,决不半途而废,又要谨慎从事,办法得当,尽可能不出偏差。

反对资产阶级自由化的斗争,对共产党员来说,是经受考试和锻炼的极好机会。要求全校共产党员立场坚定,旗帜鲜明,通过学习文件,增强党性,明辨是非,在学校的各项工作中充分发挥一个共产党员的应有作用。

反对资产阶级自由化是长期的任务。本学期首先要通过学习,端正态度,然后对中央公开点名的三个人否定四项基本原则的错误言论进行分析、批评,分辨是非,提高认识。本学期前二、三周的具体安排是:1. 大学生、研究生,座谈寒假回乡见闻和参加社会实践的情况及体会,然后认真学习党中央和邓小平同志关于坚持四项基本原则、反对资产阶级自由化的有关论述和文件,认真学习全国人大常委会《关于加强法制教育维护安定团结的决定》以及新华社评论员文章《在反对资产阶级自由化过程中锻炼提高》、人民日报社论《把反对资产阶级自由化的斗争持续、健康地开展下去》和陈俊生等同志的文章。2. 教职工也应在开学后组织学习上述论述、文件、文章和讲话,座谈寒假见闻。要求通过学习,使广大师生员工对反对资产阶级自由化斗争的性质、意义、重要性、长期性及其范围、重点等问题有所理解,端正态度,提高认识。3. 开学后,党内立即传达学习中央二、三、四号文件,并结合学习上述论述、文件、文章和讲话。各党支部过一次组织生活,重申党章党纪,每个共产党员应按照党员的标准要求自己,严格遵守党的纪律,并明确党内党外有别,共产党员在党的会议上允许发表不同意见,在群众中,在公开场合不得发表与四项基本原则、与党的十一届三中全会以来的路线相违背的言论。模范地执行党的各项方针政策,完成党的各项中心任务。在组织生活会上,应分析支部所属范围内群众的思想动向,并应主动做好群众的思想政治工作。各总支、直属支部应对学习讨论中反映出来的思想认识问题加以梳理归纳,以便有针对性地进行坚持四项基本原则的教育和反对资产阶级自由化思潮。

宣传部、组织部应会同社科系,根据这场斗争的需要,短期培训政工干部。可以开设一些讲座或作一些辅导报告,从理论上武装政工干部。

要改进马列主义理论教育。马列主义理论教育不仅要讲授基本原理,还应联系中国当前的实际,对改革、开放、搞活过程中出现的一些新的实际问题加以探讨。当前应着重对前一阶段资产阶级自由化思潮中反映出来的问题进行深入、系统的研究,并把研究成果有计划地纳入各门政治理论课,对广大同学进行正面教育和疏导。

各级党组织都要十分重视对青年教师进行政治思想方面的教育,使他们在提高业务水平的同时不断提高思想政治水平。

要发动一些年长的或出过国的教师做青年教师和学生的工作,使他们知道什么是真正的民主和自由。

通过学习、座谈、思想品德课、马列主义理论课和平时的思想政治工作等多种形式,使广大同学和青年懂得:为什么中国必须要有中国共产党的领导,为什么中国只有走社会主义道路才有出路;并让大家了解党的十一届三中全会以来的路线和巨大成就,用生动的事实,使大家懂得维护安定团结的政治局面的重要性。

(三)

党委今年上半年的日常工作主要有下列几项:

一、创造条件,有步骤地扩大民主管理学校的渠道,努力沟通领导与群众的联系。

要坚持行之有效的学校与学生联系、沟通情况的各种制度和做法,如每学期初学校领导向学生骨干介绍本学期的主要工作,征求学生意见等,及时互通信息,增进相互了解。

党委要加强对团委、学生会的领导,帮助学生会开展工作。要加强对学生社团的领导和管理,使之成为学生学会自己管理自己、锻炼独立工作能力、增进知识的组织。

团委要加强对团员的教育和管理,开展多种多样的有益活动,并做好整团的结尾工作。

校工会要做好拟定下半年召开的首届教代会第三次会议的准备工作,进一步发挥教代会参政议政的作用。条件具备的系,可以进行召开系级教代会的试点工作。

二、进一步理顺思想政治工作的管理体系,加强思想政治工作队伍的建设,探索在改革、开放的新形势下做好思想政治工作的规律和经验。

要加强对学生的教育和引导。要利用社会力量和外部条件,如学生下厂实习、参加军事训练、社会调查等,发动和组织学生接触社会、接触工农、接触实际,使他们了解中国当前的社会实际,激发建设现代化中国的历史责任感。

要发动各支队伍、各个部门都来做学生的思想教育工作,要在教师和职工中进一步开展"教书育人,服务育人,为人师表"的活动,形成齐抓共管的局面。

这学期前半段,全校各级党团和行政组织,要围绕西湖区人民代表选举和九十周年校庆活动,做好思想政治工作,力求较好地完成各项任务。

本学期要大力进行勤俭建国、勤俭节约的教育,努力贯彻执行增产节约、增收节支的方针。

要采取措施,安排力量,继续进行普及法律知识的教育,争取在今年年底完成。

三、加强党的建设。各级党组织要加强对党员的教育和管理，健全组织生活和民主生活制度，教育党员以党员的标准要求自己，发挥党员应有的作用。要总结近几年来建党工作特别是学生建党的经验。针对存在的问题，切实加强对党员的教育。

要加强党支部建设工作。党委和总支要研究和帮助、指导基层干部尤其是学生支部、研究生支部的工作，提高战斗力。

四、要加强对各级支部的教育。党委成员和党员校长，要带头坚持四项基本原则、反对资产阶级自由化，认真学习，努力工作，以身作则，做出榜样。中层干部要积极团结和带领本系、本部门的全体人员，认真学习，提高思想水平，并努力完成学校提出的各项任务。党委要继续做好党员中层干部的培养教育工作。坚持举办每月一次的时事政策讲座或学习会，开设《行为科学》专题讲座，及时了解国内外重大时事动态，提高思想、政策水平。

五、做好干部管理工作。在总结上学期个别系中层干部测评工作试点经验的基础上，组织部应会同有关人事部门进一步改进和完善干部考核和管理工作，使之科学化、制度化。根据干部"四化"的要求，在充分发扬民主、广泛征求群众意见的基础上，调整部分中层干部。

六、统战部门要进一步贯彻中央关于开展海外统战工作的指示，切实做好各项基础工作。要做好政协、人大换届时人员安排的推荐工作，加强与党外人士的合作共事。充分发挥各民主党派在反对资产阶级自由化中的积极作用。

党委要求全校党的各级组织、各个部门和全体党员，在新的学期里，坚持四项基本原则，反对资产阶级自由化，分清是非，明确方向，努力工作，以自己的模范行为和表率作用，团结和带领全校师生员工保证完成学校的各项任务，以实际行动迎接党的十三大的召开。

浙江大学档案馆藏，档案号：ZD-1987-XZ-6-22

关于报送《浙江大学党委工作"八五"规划》的报告

(1991 年 6 月 17 日)

浙大党委〔1991〕43 号

国家教委党组：

《浙江大学党委工作"八五"规划》已经我校党员代表会议讨论并原则同意，将制定细则付诸实施。现上报，请予审示。

中共浙江大学委员会

一九九一年六月十七日

附

浙江大学党委工作"八五"规划

(1991 年 6 月)

一、主要任务与总体目标

党委在学校发挥政治核心作用。"八五"期间，其主要工作任务是：组织马克思主义理论学习和宣传教育;进行党的自身建设、干部队伍建设和思想政治工作;研究学校建设和改革的重大方针政策,并参与教学、科研、行政管理工作重大问题的决策;开展党的统一战线工作和群众工作。通过上述工作,进一步增强党的战斗力,更好地发挥政治优势,保证社会主义办学方向,使我校成为培养社会主义事业的建设者和接班人、忠实贯彻执行党的基本路线和教育方针、反对资产阶级自由化、抵御"和平演变"的坚强阵地;团结和带领全校师生员工奋发进取,保证我校"八五"事业计划和十年规划确定的总体目标顺利实现,为我国科技、经济和社会发展作出更大贡献。

二、分类目标与实现目标的途径和措施

1.马克思主义理论学习和宣传教育

目标:遵循我党一贯倡导的理论联系实际的根本原则,建立由马克思主义理论教育、社会实践活动和业余生活三大课堂组成的思想理论教育体系。建设一支坚信马列主义、毛泽东思想,坚持社会主义和党的领导,结构合理,具有较强的教学、科研和实际工作能力的马克思主义理论教育、思想政治教育队伍和党务工作队伍。通过这支队伍的工作,在全校范围内形成一种学习、宣传马克思主义,用马克思主义的立场、观点、方法分析、解决问题的气氛,从深层次解决走社会主义道路、坚持社会主义办学方向和培养合格人才的重大问题。

·总结马克思主义理论教育经验,根据新形势的要求,从课程设置、教学内容、教学方法诸方面进行改革的探索和实践,开辟理论教育与社会实践活动相结合的新的教育途径。为此,要广开社会实践和社会调查渠道,从社会实践中汲取营养,充实马列主义理论教育。

·办好"马克思主义理论与思想政治教育研究所",按照马克思主义理论与思想政治教育、学术研究、日常思想政治工作相结合的原则,开展马克思主义理论与教育、思想政治工作、党建工作研究。有计划地撰写研究论文,为学校有关工作的决策提供咨询。

·根据不同层次,分别对马列主义理论和思想政治教育教师、党务工作干部和学校其他师生员工制订马克思主义理论、党的基本路线、形势与政策的学习教育计划。采取校内办班、派出进修、引进人才、邀请专家学者举办讲座等方法,提高马列主义理论教师和党务工作队伍的马列水平和总体政治素质;与中央党校建立固定的校际合作,开展学术交流,提高马克思主义理论教育水平和研究水平。

·发挥马克思主义理论教育的战斗性和指导作用,组织力量研究国内外社会思潮和理论动向,研究党的路线、方针、政策,以辩证唯物主义和历史唯物主义的方法,正确分析各种社会思潮和理论动向,深刻理解党的十一届三中全会以来确定的"一个中心、两个基本点"的路线的正确性。经常向广大师生员工进行马克思主义的宣传教育,使全校师生员工把对社会主义的信念建立在科学的基础上。

2.党的自身建设、干部队伍建设和知识分子工作

目标:按照从严治党的原则,专心致志地搞好党的政治建设、思想建设、组织建设、作风建设。以全面提高党员素质为重点,充分发挥党支部的战斗堡垒作用和党员的先锋模范作用,保证学校各项工作按中央制定的路线和社会主义现代化建设的要求顺利进行。

按照党管干部的原则,加强党委对干部的管理职能。根据干部"四化"方针和德才兼备的标准,建设一支政治立场坚定、具有一定的马克思主义理论水平和较高的政策水平、熟悉本职业务工作、勇于改革开拓、在群众中有较高威信的干部队伍,使之成为贯彻执行党的方针、政策和上级部门指示、完成学校各项工作任务的骨干力量。

贯彻执行新时期党的知识分子工作方针，调动全校知识分子的社会主义积极性，使他们自觉承担工人阶级的历史使命，更好地培养合格人才，为社会主义现代化建设贡献力量。

·以思想建设为重点开展党内教育，认真总结建国以来特别是党的十一届三中全会以来我党正反两方面的经验教训，坚持进行党的性质、任务、宗旨、奋斗目标和党风党纪的学习教育，增强党员的党性观念，提高党组织的战斗力。党内学习教育根据中央、省委的工作部署和学校实际制定年度计划，主要采取三种方式进行：努力办好中共浙江大学党校，按不同层次进行马克思主义理论教育、党的基本路线教育和党的基本知识教育，重点培训党员干部；健全党内组织生活和民主生活，围绕党的中心任务组织学习，建立民主评议党员制度，开展积极的思想斗争，重点对党员干部进行经常性的党风党纪检查和廉政建设情况检查；定期进行校、系两级党课教育。

·逐步建立党内目标管理制度，制订和修订党委、总支、支部工作职责和工作规范，完善党内生活的各项规章制度。“八五”期间，重点抓好基层党支部建设，发挥支部在本单位主要工作决策中的作用。为提高支部书记的政治素质和工作能力，5 年内对全校支部书记进行一次轮训或上岗前的培训；每年召开一次党支部工作交流会，及时总结推广典型经验。

·贯彻中央关于“坚持标准、保证质量、改善结构、慎重发展”的建党方针，建立有效的党外积极分子培养、教育、考察的工作体系。抓紧做好大学生中的党员发展工作，普及学生党章学习小组，使我校本、专科生的党员比例在三五年内提高到 5%左右。与此同时，积极吸收青年教职工和其他知识分子中的优秀分子充实党的队伍。

·贯彻党管干部的原则，重点抓好校、系、部处领导班子建设。从目前我校领导体制的实际出发，积极、稳妥地改革和完善干部管理体制和工作制度。进一步健全各类干部的选拔、培养、任免、调配、考核、监督制度；建立全校中层干部定期考察制度，根据考察情况进行合理调配或变动职务；建立干部教育体系，对在岗中层干部安排一次马列理论和本职工作业务轮训，对新任用的干部实行上岗培训；调整目前中层干部的年龄、知识、专业结构，根据学校干部队伍现状，逐步增加“双肩挑”干部。在抓好现职干部的基础上，建立结构合理、素质较高的中层干部后备干部梯队。

·按中央有关精神制订知识分子工作实施细则，逐步建立比较规范的知识分子工作制度。定期召开各类知识分子座谈会，经常听取意见和要求，研究、总结知识分子工作的开展情况，创造条件解决他们政治上、工作上、生活上迫切需要解决的问题，使他们自觉地按坚持工人阶级立场、担负工人阶级历史使命、又红又专的要求努力进取，心情舒畅地在本职工作中贡献力量。对离休退休的知识分子，仍然要通过适当途径，发挥他们的专长，鼓励他们继续为学校作贡献。

3. 思想政治教育和思想政治工作

目标：认真贯彻党的教育方针，把德育放在首位，带动全面发展，保证办学的社会主义方向和教育的无产阶级性质。在全校师生中造成一种自觉坚持四项基本原则，坚决反对资产阶级自由化，拥护党的领导，拥护社会主义的浓厚政治气氛。调动广大教职工的社会主义积极性，自觉建立育人意识，以良好的职业道德和严谨的治学态度，更好地把培养人才的根本任务同自己的本职工作结合起来。使全校学生逐步确立科学的世界观和革命的人生观，树立为社会主义现代化建设奋斗的理想和立志为人民服务的精神,使大部分学生通过大学阶段的学习和锻炼,成为政治上坚定、业务上优良、品行上高尚,具有较强的社会责任感和开拓进取精神的社会主义事业的建设者和接班人。

·根据大学生德、智、体全面发展的要求,遵照学校教育规律和学生思想品德形成发展规律,制定德育大纲,分层次、分年级安排马列理论课、思想修养课、法律基础课、形势政策课和职业道德课等课堂教学与课外教育、社会教育的各类教育内容。1991年形成大纲初稿,以后逐年修改、完善、提高。

·调查本科生、研究生两个不同层次、不同年级学生的思想品德基础状况和心理特点,作为确定教育途径、教育方式的依据,使德育过程科学化。总结前几年的经验,对学生德育采取课堂教学、社会实践、党团教育、日常管理、学生自我教育相结合的方式进行,形成以"教、管、导、育"为特点的综合思想政治教育体系。

·进一步完善学生管理机制,由党委学生工作部、研究生工作部具体负责本、专科学生和研究生的思想政治工作、日常管理和奖惩等工作。制订和完善各类学生的管理制度和奖惩体系,编印《浙江大学学生综合手册》,继续完善大学生记实综合考评制度,逐步建立学生思想政治工作和日常管理工作的计算机管理系统,提高思想政治工作和管理工作的针对性、及时性、准确性和系统性。

·巩固现有的校内外学生实践基地,扩建比较稳固的、容量较大的校外实践基地,新建和扩建校内实践基地,扩大勤工助学渠道和岗位,推广学生考工制度,鼓励学生参加以科技服务为内容的社会实践活动和社团活动。通过上述途径,加深学生对社会的了解,增强社会责任感,初步掌握机、电、土、化等劳动的基础技能,培养劳动习惯和艰苦奋斗精神。

·制定和完善各类教职工教书育人、服务育人、管理育人工作规范。建立教职工思想政治表现和开展学生思想政治工作情况的考核制度,作为奖惩和职称、职务变动的依据,形成全校各单位共同关心学生思想政治工作的局面。要重点抓好青年教师和直接从事学生思想政治教育和思想政治工作的同志的思想教育工作,有计划地安排进修、轮训、培训、社会实践、下基层锻炼,提高他们的思想觉悟和责任感。要发挥离退休人员在学生和青年教职工思想政治工作中的作用,进行优良传统教育。

·加强对校园文化建设的领导和指导,统筹规划建设具有浙大特色的校园景观、景点;加强对教学大楼、学生宿舍、食堂等公共活动场所的环境布置,创造积极向上、活泼健康的育人环境;广泛开展群众性的文化体育活动,按年级、分阶段制订活动计划;加强校艺术团、体育队建设,以"五·四"、"一二·九"和其他国定假日为主要活动日,开展文体活动或比赛。视学校财力、物力,创造条件增加必要的投入,逐年改善校园文化设施,增加学生活动场地。

·按国家教委核定的编制配足思想政治教育和思想政治工作人员。合理安排脱产或在职进修,攻读政教硕士、第二学士学位和论文硕士,争取在五年内使专职思想政治教育教师大部分达到双学位或硕士学位层次。

4.研究和参与学校重大问题决策

目标:用马克思主义哲学观点研究分析涉及办学方向和学校建设的重大问题,及时作出正确的决策或提出原则意见指导全校工作,保证学校发展的正确方向和党的教育方针在我校贯彻执行。

·完善党委中心学习组制度，建立对党的方针政策和学校重大问题的研究制度。根据形势、任务和每一阶段学校工作的重点，及时提出贯彻中央方针和学校建设的对策，指导全校工作。中心学习组每学期向全校中层干部通报一次学习情况和主要研究的问题。各总支也相应成立中心学习小组，以学习马克思主义理论为主，指导本单位的实际工作。

·校、系两级行政主要负责人定期向党委会议或总支委员会议报告工作情况。党委会议除研究、讨论党的工作外，要加强对涉及学校全局的行政工作的研究。党委主要负责人参加校务会议，参与重大问题的决策，要充分体现党委的意图。各总支、支部主要负责人参加系务会议、处务会议、室务会议，也同样应表达党组织的集体意见。党的各级组织主要通过把握政治方向和参与重大行政问题的决策发挥保证监督作用。

·开展调查研究和决策研究。今后 5 年，党委成员要认真落实下基层调查研究的措施，针对学校建设的重大问题和师生员工普遍关心的问题进行立题研究。研究的情况要及时以调查报告、召开专门会议等方式进行通气、交流。一般每学期完成一项专题调查。各总支参照党委的办法开展调查研究。党委组织兼职人员协助党委进行决策研究，为学校全局工作的决策提供依据。有关调查研究制度在 1991 年拟订。

5. 统一战线工作

目标：加强和完善党对统一战线的领导，坚持和完善中国共产党领导的多党合作和政治协商制度，进一步密切党委与各民主党派之间的关系。发挥民主党派、无党派知名人士、归侨、侨眷、台港澳眷属在开展海内外统战工作，促进“一国两制”，和平统一祖国大业中的作用；发挥他们在学校教学、科研、管理等工作中的作用。

·认真执行校党委《贯彻中共中央关于坚持和完善中国共产党领导的多党合作和政治协商制度意见的实施办法》，根据《实施办法》提出的五个方面的内容，每年检查一次执行情况。坚持“一国两制”的原则，开展海峡两岸交往，促进和平统一，积极开展海外统战工作。加强党内统战理论学习和研究，建立 100 人左右的兼职研究队伍。编纂 1979 年以来浙大统战志。5 年内编撰 2 集统战论文集。

·建立一支由一定数量的人员组成的结构较好的党外代表人物队伍。这些代表人物具有拥护共产党的领导和社会主义制度，能与我党忠诚合作的基本条件，具备拟在校有关部处及各系行政、各级人大、政协及民主党派、有关团体等方面担任实职或政治安排的条件。

·支持民主党派充分发挥政治协商、民主监督作用和加强自身建设，首先是领导班子建设。发挥老一辈党派领导人的作用，帮助他们积极、慎重地完成班子成员的新老交替等工作。

6. 宣传与新闻工作

目标：围绕党的中心任务和我校总体发展目标，宣传马列主义、毛泽东思想，宣传党的路线、方针、政策，宣传学校在两个文明建设中取得的成果，使马克思主义思想牢固占领学校阵地，激发广大师生员工的社会主义积极性，增强主人翁责任感。同时，不断扩大浙大在国际、国内的影响，提高浙大的声誉，争取更多的社会支持。

·通过改革，理顺宣传和新闻工作体制，建立适应学校发展需要的、能够高效运行的机制。对宣传和新闻工作实行统一领导，统一规划，统一组织，提高整体宣传效果。

·根据形势、任务和学校特点，制定年度宣传教育计划和政治学习计划，编印适应不同层次、不同对象的宣传教育资料和政治学习材料。每学期组织一至二次形势报告会或先进模范人物事迹报告会。组织总支书记和总支宣传委员进行相对集中的学习和必要的业务培训。开展宣传工作研讨。

·加强新闻报道工作。校报由旬刊改为周报,增加版面栏目,扩大发行数量;把《今日求是园》由半年刊变为季刊,并成为国家批准公开发行的刊物,重点加强对国家教育、行政主管部门、重点中学、海内外校友、知名学者和新闻界人士的宣传;加强对《人民日报》、新华社、《人民日报》(海外版)、《光明日报》、《文汇报》、中央电台和电视台等中央一级新闻单位的新闻报道工作。同时,与国内外新闻界建立长期联系和协作关系,开展各种信息交流活动。

·建立校内信息网络,收集国内外与我校工作关系密切的各类信息和师生员工的思想工作动态,编印内部参考资料,针对学校改革发展中出现的新情况,及时向学校提供调查研究报告,沟通上下之间、校内校外的信息渠道。

·改造、改建校内广播网络和闭路电视系统,利用它们及时、形象的宣传教育效果,宣传党的方针政策,进行思想政治教育,传播校内外新闻和知识信息,活跃校园气氛。

·按宣传和新闻工作的工作量并参照同类院校的情况,重新确立编制并落实人员,核拨经费,添置必需的宣传、交通、采编等工具、设备。

7.群众工作

目标:工会、共青团、学生会、研究生会等群众组织和教代会在党委领导下,通过“八五”期间的改革和建设,更好地发挥党联系群众的桥梁纽带作用;对师生员工进行党的基本路线教育和思想政治教育的作用;组织师生员工参与学校改革和民主管理学校的作用;维护全校总体利益和各自代表的群众具体利益的作用。

·认真执行校党委《关于贯彻执行中共中央(1989)12号文件,加强和改善党对工会工作领导的实施意见》。党委每半年分别举行一次专门会议研究工会、共青团、学生会、研究生会工作。支持这些组织按照各自的职能,围绕学校建设的总目标独立自主地、创造性地开展工作,帮助他们解决工作中遇到的困难。利用它们特有的群众性、自我教育性、灵活多样性和易渗透易接受性等特点,广泛开展思想政治教育和群众工作,组织有益的社会活动,把理想和信念教育,爱国主义和社会主义教育,民主和法制教育,共产主义情操和道德教育贯穿在生动活泼的各项活动之中,使党的主张通过群众组织的民主程序,变为师生员工的自觉行动,用共同理想把全校师生员工团结起来。

·树立全心全意依靠教职工的思想,把确立教职工的主人翁地位与师德教育、“三育人”活动结合起来,引导教职工自觉担负历史使命。要完善和健全教职工代表大会制度,学校每年向教代会报告工作,每学期向教代会代表通报一次学校情况。从我校工会、教代会代表人员组成和实际工作考虑,工会、教代会实行“双代会”制,以便更好地协调工作。学校建立每学期开学召开教师大会制度,由校党政主要负责人简要回顾上学期工作,介绍新学期主要设想和工作要点。

·加强共青团思想建设和组织建设。开办学生团校、培训团员干部和校、系学生干部、小班班长;每年安排一次团员活动周,组织学习团内文件、上团课、开展发挥团员模范作用的实践活动;调整团组织建制,加强青年教工的团组织建设工作,逐步推行团支部“升级达标”活动;每年组织一次专职团干部集中学习。

• 完善校、系、部处领导深入基层、深入群众制度和校领导接待日制度；推行马列教师和思想政治教育教师兼任第二班主任、政治辅导员制度。担任各级领导职务的干部要有计划地开展调查研究，掌握第一手材料，促进学校决策科学化。关心师生员工的思想、工作、生活情况，切实帮助他们解决应该解决、通过努力可以解决的问题，调动全校师生员工的积极性，创造和谐的工作、学习气氛，推进学校工作。

浙江大学档案馆藏，档案号：ZD-1991-XZ-16-1

中共浙江大学委员会1991年工作总结及1992年工作要点

（1992年）

（一）1991年主要工作总结

一年来，在国家教委党组和中共浙江省委领导下，学校党委继续认真贯彻《中共中央关于加强高等学校党的建设的通知》和国家教委、省委召开的高校党建工作会议精神，围绕深化学校综合改革，实现学校“八五”事业计划确定的第一年任务，以加强社会主义思想教育和党的自身建设，以全面贯彻党的教育方针为重点，做了大量工作，取得了明显的成效。学校稳定，师生的社会主义积极性进一步调动，办学的动力和活力得到增强，教育质量、科研水平不断提高，为实施学校“八五”计划迈出可喜的一步。

第一、91年秋，学校第九届党委会任期届满。按照党章规定和中央文件要求，如期召开了“中共浙江大学第十次代表大会”，认真总结前三年党委工作，研究确定了今后工作任务，充分发扬党内民主，顺利地差额选举了两个委员会和党委常委会，为今后继续搞好校长负责制试点，充分发挥党委政治核心作用提供了组织保证。

第二、以学习党的十三届七中全会精神和江泽民同志“七一”讲话为主线，以反“和平演变”教育为重点，分层次、多形式地深入开展社会主义思想教育和国情教育。

首先，通过组织师生认真阅读江泽民同志“七一”讲话，开卷问答，知识竞赛，开展“什么是有中国特色的社会主义”、“历史的选择—中国共产党七十年奋斗历程”、“民主社会主义的实质及其危害”等专题讲座、讨论，印发辅导材料，引导师生从我党领导中国人民所做的“三件大事”、“五个变化”中，进一步理解坚持党的领导、坚持社会主义道路的历史必然性；全面理解有中国特色的社会主义经济、政治、文化的内涵和要求，划清“三个界限”。如经济系研究生班的马列主义小组在学习党的十三届七中全会文件时，联系“中国特色社会主义道路能否走下去?”展开了讨论。通过各方面情况分析，统一了三条看法；中国百分之九十以上的工人、农民、知识分子是拥护社会主义的，这是中国能走社会主义道路的阶级基础；中国现在社会稳定，经济发展，人民生活年年有提高，这是中国能走社会主义道路的社会基础；共产党既坚持四项基本原则，又坚持改革开放，把二者始终统一在一起，这是中国能走社会主义道路的重要保证，有了这三条，他们认为，社会主义道路在中国是顺乎民心的，是符合国情的，顺者必昌，是康庄大道。

其次，寓教于活动之中，达到社会主义思想教育的目的。91年党的七十周年生日前后，

“五四”、“一二·九”前后，我们组织了多种形式的活动，如放映电视系列片《历史的必然》、《近代春秋》，举办“歌颂伟大的党”电影周和“光辉的历程”——纪念七一教工合唱比赛，开展以“爱国、爱党、爱社会主义”为主题的诗歌朗诵、征文比赛，组织“我为浙大献计献策”、“巾帼奉献建功”讲演、“向工农兵学习一日”活动，邀请工农业战线上的著名劳动模范、优秀知识分子及毛主席卫士长李银桥同志作报告等，这一些活动和自我教育不仅有利于帮助师生树立正确的政治方向，而且从世界观和价值观上给青年人以有益的启迪。

一年来，党委十分重视引导学生从思想上消除资产阶级自由化的影响，根据国家教委文件精神，文科各系从检查近几年培养硕士生质量入手，对教材、论文、出版物进行认真清理，这一工作目前还正在继续之中。结合《大学生思想修养(含人生哲理)》、《法律基础》等课程的教学，对青年学生中曾经冲击较大的所谓“人性自私论”、“共产主义渺茫论”、“成才不如发财”等进行思想上的清理、分析和批判，使青年学生的人生思考建立在坚持四项基本原则和科学认识的基础上。

东欧局势和苏联剧变带来的后果从另一个角度给学生深刻的教育，使他们对西方敌对势力推行“和平演变”战略有了新的认识，今年元旦，光科系一个学生宿舍贴出这样一副对联，“爹亲娘亲哪有毛主席亲，千好万好不如共产党好”，横批“大梦初醒”。“大梦初醒”四个字在某种程度上反映了经过89年风波后的部分大学生从政治糊涂走向政治清醒的新的心态。

第三、加强干部队伍建设，提高干部的马克思主义理论素养。91年初完成“清理清查”、“党员登记”、“干部考核”后，党委把抓好党员干部，特别是中层以上干部的马克思主义理论学习作为思想建设的迫切任务来抓。

一年内，校级党政领导班子成员全部参加了中央党校、中央教育行政学院、省委党校轮训。

建立了“中共浙江大学委员会党校”。以此为基地，上半年举办了四期中层干部马列读书班，全校200余名中层干部轮流脱产10天比较系统地学习马列原著，结合思想和工作实际冷静思考一些问题，最后进行结业考核。下半年针对苏联局势变化，分两批各集中三天学习江泽民同志“七一”讲话。这种学习方式普遍感到收获大，得到中层干部的肯定和欢迎。党校91年还为支部书记、总支委员、系级工会主席开办了培训班；400余名学生党员和500余名入党积极分子利用周末时间参加了党校学习。党员重新登记工作结束后，党委继续从思想教育入手，对党员进一步开展共产主义理想、信念教育，学习《社会主义空想到科学的发展》、《马克思学说的历史命运》等著作，帮助党员把理想和信念建筑在科学基础上。

建立健全中心学习小组，负责组织校级领导成员每月两天经常性的政治理论学习和研讨，定期向中层干部、支部书记、党员作学习辅导，帮助他们提高学习的深度和实效。

与中央党校建立了两校长期联系协作关系，相互提供资料信息，每年输送1～2名校级后备干部到该校学习深造。

91年我校干部的马列主义理论教育已开始进入正常运转。

一年来，党委重视后备干部队伍的建设，按照中央的要求，配足了校级干部名单，并把他们分别送到党校和系(处)级岗位锻炼，91年10月，配合省委高校工委对他们进行了全面考核考察，这次校级领导班子换届，已有4名后备干部进入领导岗位。目前除按规定继续遴选优秀人才充实校级后备干部外，正在着手建立处级后备干部队伍，提出有关选拔、考察、培养、使用的意见。

第四，深化管理体制改革，努力探索思想政治工作与管理工作相结合的有效机制。建立和完善思想政治工作相配套的管理机制是提高德育实效性的重要方面。学校在90年试行学生记实综合考评，91年修订了实施细则。实践证明，记实综合考评是有利于德、智、体全面发展的一种导向机制，学生争做好事，注重遵纪守法，树立良好的学风，学生干部的工作积极性得到调动。《中国教育报》5月22日已对此作了专门报道。

与记实综合考评相配套，学校还完善了奖励、荣誉称号与违纪处分的体系，拟订了各种奖惩管理条例，切实加强了各种基础性管理工作。重点治理宿舍、课堂、考场的风纪，成立了"学生护校队"，建立了"学校机关校风校纪每日巡视制度"，使严格管理、监督检查、教育引导有机地结合起来。初步形成了"教、管、导、育、评"为特点的综合思想政治工作体系。

在教职工中坚持和不断完善年度考评制度。91年开始对系、机关部门试行年度综合考评和教职工个人分类分级考核相结合的考核制度，以提高教职工的群体素质，增强集体凝聚力。考核结果与晋职、晋级、校内分配制度直接挂钩。

第五，花大力气加强基层党支部建设和纪律检查工作。加强基层党组织建设是一项十分重要的基础性工作。91年我们着重抓了下面几方面工作。

1. 继续抓好党支部委员会的调整、充实、提高，特别是配好用好党支部书记。90年重点抓教师支部班子的充实调整。91年侧重抓研究生支部班子建设。配备党性强、政治业务素质好、热心于研究生工作的教师担任支部书记。一年来，党委重视对支部书记通报情况，传达文件，组织工作交流，进行业务培训，提高他们的工作能力和水平。学校还十分重视健全系务会议、所务会议、处务会议、室务会议，以制度形式保证支部书记参与本单位重要问题的研究决策，发挥党支部在基层工作中的政治核心作用和战斗堡垒作用。

2. 抓了党内制度建设。党委印发了党支部工作职责，党支部书记任职条件，组织生活考勤制度，发展党员程序等制度、条例，党内生活的质量有所提高，校、系两级党员领导双重组织生活制度和民主生活会制度进一步得到完善。十一月份，召开了首次党建工作会议，交流支部工作经验，讨论完善党内各种制度。

3. 继续开展争当先进党支部、优秀党员活动。91年评定省级先进党支部5个，省级优秀党员8名；校级先进党支部13个，优秀党员31名，优秀党务工作者15名。建党七十周年前夕，党委隆重举行授奖表彰仪式，报道和宣传他们的事迹。

4. 为加强大学生的组织发展工作，党委于91年下发了《关于加强在大学生中发展党员工作的意见》，建立了入党积极分子档案，把组织发展工作的主要精力放在对积极分子和预备党员的培养教育上，强调在低年级形成积极分子队伍，对在中学阶段就积极要求进步、在重大政治问题和关键时刻表现好的学生，进行重点帮助和培养。并加强对党章学习小组和马列学习小组的指导。91年已在入学新生中挑选了80多名表现优秀的、在高中阶段受过较多的党的知识教育的学生作为重点培养考察对象，一年中在坚持标准、保证质量的前提下，发展学生党员386人，本科生学生党员回升到1.5%。

5. 认真查处党内违纪案件是维护党规党纪、端正党风的一个重要手段。近年来，学校纪委在党委领导下，认真查处案件，对在经营活动中贪污公款、收受贿赂情节严重的，经过周密调查取证,依据法律作了制裁,既纯洁了党的队伍,又教育了党员群众。

第六,积极组织青年教师参加社会实践活动。91 年我们第三次安排了 140 余名青年教师和处级干部到农村、工厂参加为期二个月的社会主义教育工作队,在与工人、农民、农村干部的共同生活中,了解国情、了解民情,经受锻炼,增长才干。他们在那里,既是教育者,又是受教育者,在实际工作中提高了学习政治理论、联系社会实际,走与工农相结合道路的自觉性,我们把这一环节作为青年教师晋升技术职务的必备条件。

第七,标志校园文明的校园文化建设有了新的进展。一年来重点开展了寝室、食堂文明建设,建立了 270 多个规范化管理寝室,成立了"学生之家"和"课外科技活动"、"就业"、"课外阅读"、"社会工作与社会实践"、"心理咨询"、"国防教育"等十三个学生课外活动指导中心;组织和开展了各种有益于身心健康的科技、文化、艺术、体育活动,努力创建和优化育人环境。承办了全国第二届"挑战杯"大学生课外学术科技作品竞赛活动,举行了浙江大学文化节、艺术节、英语周、体育运动会等,一、二年级全面开展早操锻炼。校园文化建设的发展不仅丰富了学生的业余生活,而且促进了"实事求是、严谨踏实、奋发进取、开拓创新"校风的建设。

第八,积极开展马克思主义理论、德育和高校党建理论的研究。90 年学校成立了"马克思主义理论与思想政治教育研究所",党委书记任所长,下设马列、德育、党建三个研究室。一年来积极开展工作,承担了全校学生马列、德育教学、干部培训指导、马列学习小组、党章学习小组辅导,同时进行了大量研究工作,仅承担国家教委、省社联下达的科研项目就有 25 项,出版论著与教材 10 本,发表论文 46 篇,《高校党建工作研究》课题通过省级鉴定,《高校德育综合优化》、《大学生人格发展》课题取得了阶段性成果。

一年来的实践初步表明,这种组织形式具有三个特色:其一,三个领域,三支队伍,便于党委直接领导,统一部署,既各有侧重,各司其职,又相互协调,密切配合;其二,便于集中优势兵力,进行跨学科的研究,有利于深层次问题的解决;其三,理论工作者和实际工作干部之间相互学习,取长补短,有利于双方水平的提高,对稳定和加强马克思主义理论队伍和思政工作队伍、党务工作队伍起到积极作用。

91 年学校的群众工作和统战工作也作出了新的成绩。党委认真贯彻中央关于加强党与人民群众联系的决定,在继续完善校领导接待日制度和坚持下基层了解情况的同时,加强了对工会、共青团等群众组织的领导,制订了贯彻中央关于加强和改善党对工会工作领导的实施意见。教代会工作有了新的进展,教职工在民主管理学校和学校重大问题决策中发挥的作用正在日益增强。

一年来,我校党的工作与学校改革和建设紧密结合,教代会参与民主管理,实行民主监督的作用得到充分发挥。91 年上半年先后召开党员代表会议和第二届教代会,讨论学校十年规划和"八五"事业计划。党政领导密切配合,党委充分尊重校长在行政上行使领导权,校长也十分重视发挥党委的政治核心作用。各级党组织和广大党员在本单位发挥了重要作用,有力地促进了改革和各项工作,学校的建设得到了发展。本科生、研究生、成人教育和继续工程教育都力求主动适应经济和社会发展对人才的需求,进一步确立全面质量观,学校开始初步形成本科生与研究生教育并重,工、理、文、管学科综合的格局,并正在逐步由教育型向研究教育型大学转变。科学研究面向国民经济,与教育密切结合;基础研究、应用研究、开发研究紧密结合,推进了科研体制改革。一批重点实验室和具有国内外先进水平的研究中心相继建立，同时还组织了一批高科技产业集团。几年来，科研经费逐年增加，国家自然科学奖获奖取得突破，科研成果居国内同类院校前列。学校继续对外开放，国际学术交流频繁。以人事制度改革为核心的管理改革跨出新的步子，全校管理水平不断提高，促进了教学、科研工作。后勤各部门、学校各直属单位坚持为教育、科研服务，为全校师生员工服务的方向，各项工作都取得了显著成绩，明显改善了教学、科研和师生员工的工作、生活条件。校办产业克服市场疲软的困难，生产稳步发展，不仅为学校改革和发展提供了重要的经济支持，而且为教学、科研开辟了重要的实习和中试基地，还解决了部分教职工子女的就业问题。

过去一年，虽然工作中取得明显的成绩，但也应该正视存在的问题，主要是：

党委班子成员系统地学习马克思主义理论和研究学校教育规律刚开始。领导班子总体的马克思主义理论水平与党和国家对当前高校工作的要求尚存在一定距离，从较高的层次上对学校工作的决策研究还应该加强。

在党的建设方面，党委对党支部工作的长远规划缺少研究，对支部工作的具体指导也不够。党支部之间不平衡的状况仍然存在，个别支部的组织比较涣散。从全校总体情况看，不少支部在本单位的行政工作决策中还没有发挥应有的作用。因此，这些支部的战斗堡垒作用也没有得到很好体现。

在思想政治工作方面，面上教育和深入细致的个别思想政治工作相结合不够，没有化足够的精力，深入基层，搞调查研究，某些单位和学科中诸如人际关系等问题有待进一步解决。

（二）1992 年工作要点

本年度党委工作的基本思路是：继续学习贯彻江泽民同志在庆祝中国共产党成立 70 周年大会上的讲话和 1991 年全国高校党建工作会议精神，深入开展社会主义思想教育和党史、党建理论教育，以基层党支部为重点，努力加强党的思想建设、组织建设和作风建设。通过学习、教育和党的自身建设，增强党组织的凝聚力和战斗力，更好地发挥党的政治核心的作用，坚定广大党员和师生员工的社会主义信念，进一步明确坚持社会主义办学方向、坚持高校党的领导的重要意义，激发全校党员和师生员工的社会主义积极性，巩固和发展我校安定团结的政治局面，同心同德，认真扎实地组织实施我校“八五”事业计划和党委工作“八五”规划，以及校第十次党代会确定的各项任务，以新的成绩，迎接党的第十四次全国代表大会的召开。

一、开展社会主义思想教育和党史、党建理论教育

1. 在 1991 年度普遍开展以坚持四项基本原则，反对资产阶级自由化，反对和平演变为主要内容的社会主义思想教育的基础上，1992 年上半年要按省委的部署把教育引向深入。教育以马克思主义理论为指导，以学习江泽民同志“七一”讲话为主线，以反对和平演变教育为中心，以校、系两级班子和党员骨干为重点。教育要围绕坚持社会主义办学方向，培养德、智、体全面发展的社会主义事业的建设者和接班人等重大问题进行，致力于解决师生员工深层次的思想认识问题，促进学校的建设和改革。

2. 在深入进行社会主义思想教育的同时，逐步把教育重点转向党史、党建理论教育，使社会主义思想教育和党史、党建理论教育融为一体。党史、党建教育以学习中共党史，学习马列主义、毛泽东思想关于党的建设的理论和江泽民同志“七一”讲话为重点，以增强党员的

党性观念,更好地发挥党组织的政治核心作用、战斗堡垒作用和党员的先锋模范作用为目的,分层次、有重点地进行。

校、系两级领导班子和其他中层干部以学习党建理论为重点。在坚持以自学为主的基础上,校党、政班子重点抓好每月 2 天的中心小组学习,全校中层干部重点抓好 15 天左右的党校集中轮训。校、系两级领导和全体中层干部,要认真指导面上的学习。

党内学习以党史和党建理论并重,围绕抓好支部自身建设,发挥党支部的战斗堡垒作用和党员的先锋模范作用进行。对党员学术带头人,要通过党校安排短期培训,发挥他们在党的工作和业务工作中的重要作用。

对广大师生员工,以学习党史为主要内容,配合形势教育和国情教育,重点认识我党 70 年的光辉历程和根本经验,增强对党的领导的信念和为社会主义事业奋斗的决心。对广大学生,还要结合马列理论课和思想政治课程教育,安排一定时间的党史学习教育。

3. 党委和各总支主要负责人,要以社会主义教育和党史、党建理论教育为中心内容,结合形势,联系实际,分别向全校和本单位党员、师生员工作形势报告或开设党课。各单位还可以组织一些适合本单位实际的形式多样的教育活动。校纪委、工会、团委都要根据自己的工作特点,配合党委搞好这两个教育。

二、抓好党内制度建设和干部队伍建设

4. 开学以后,全面试行去年 12 月校党建工作会议初步形成的基层党组织的一系列制度、条例、规定,并在试行过程中认真检查执行情况,及时总结完善。党委要重新制订工作规则和党委委员守则,增强工作的条理性和准确性。

5. 把党建工作重点放到支部建设上,并重点抓好硕士生、博士生党支部和在本科生、青年教师、青年工人中发展党员的工作。使我校近几年内在学生和青年教职工中形成以党员为骨干的政治核心,更好地为实现学校的总体目标服务。

6. 完善干部任免、使用、管理的有关制度。全校中层干部的任免改由党委常委会议讨论决定。根据党管干部的原则,在总结前几年经验的基础上,进一步加强党委对干部的培养、教育、考核,并按学校各单位、各部门工作的要求,及时做好中层干部的调配工作。党委要重点抓好干部的思想建设,保证干部在重大政治原则问题上的正确方向。党委在抓好自身思想建设的同时,要制订措施,切实抓好校级党、政领导班子的思想建设和作风建设。抓好干部的轮训和培训工作。

7. 继续抓好后备干部建设。上半年,党委将在各总支上报后备干部名单的基础上,进行选拔、考察,确定学校处级后备干部名单。在选拔后备干部的过程中,要特别注意文科、社科的后备干部人选。后备干部的选拔,要与学科发展和学校建设的需要结合起来,并定期进行调整。对列入后备干部的人选,要采取多种办法进行培养、教育和锻炼,既要确定总体培养计划,又要因人而异,采取相应的措施。

三、认真开展调查研究工作

8. 建立逐步完善调查研究制度,校党、政领导要分别联系一二个系,在掌握所联系单位总体情况的基础上,根据学校中心工作和各系特点,确定调查研究重点,定期进行汇报、交流。对重点的、具有典型性质的材料,要及时整理成调查报告,为学校党、政工作决策提供参考。党委委员、中层干部,也要结合自己的工作,选择调查研究题目,经常向学校提出改进工作的建议。调查研究制度的执行情况,将作为考核干部的必备条件。

9.继续完成党支部工作情况、教职工思想状况、学生思想状况三个调查。本年度调查研究重点将以点为主。学校党政组成力量较强的联合调查组,深入四个左右重点学科、重点实验室所在单位,进行全面、细致的调查。提出加强党的建设和思想政治工作、学科建设与发展,领导班子团结协作、党政工作管理等方面的措施,帮助他们逐个解决存在的问题。

10.在开展调查研究工作的同时,党委要制订出学习党的方针、政策、学习教育、行政管理、学习马克思主义哲学思想的制度,结合学校的实际情况有的放矢地开展决策研究,使党的工作和行政工作、与学校的改革和发展更好地结合起来。

四、加强和改善思想政治工作和宣传舆论工作

11.按教职工思想政治工作与管理工作相结合的思路,会同校行政总结教职工新的考核制度,理顺奖励体系,完善激励机制,进一步明确"育人"要求,研究制订各类教职工"育人"工作规范和奖励体系,制订教职工在开展学生思想政治工作方面的职责。在制订"育人"规范化的同时,要认真研究改进和完善教职工政治学习制度的途径、方法。

12.总结大学生记实综合考评经验,统一考评实施办法,制订和完善各类学生的管理制度和奖励体系。加强对研究生的管理和思想政治教育,探索博士生思想政治教育的组织体系,逐步完善对研究生会和博士生分会的组织体系。继续抓好大学生、研究生党章学习小组和马列读书班的学习活动,编印适合不同层次学生的学习资料。

13.积极创造条件,理顺校内宣传舆论工作体制,逐步实现广播、闭路电视、校刊、出版物、对内对外宣传报道由党委统一管理的目标。在此之前,先成立校宣传工作领导小组,负责协调有关方面的工作。上半年,要着手改造和改建闭路电视、广播、宣传橱窗等设备和设施。

五、做好党委系统的其他经常性工作

·根据中共中央关于建立民主评议党员制度的规定,上半年在各支部开展民主评议党员工作。

·按照党委关于贯彻中共中央(1989)14号文件实施意见提出的5个方面的内容,继续抓好贯彻落实工作,并进行一次民主党派工作情况检查。上半年,帮助部分民主党派完成换届工作。做好校统战志的编纂工作。

·办好马克思理论与思想政治教育研究所,开展马列理论、党建工作、思想工作研究,编辑出版相应论文集。

·完善党校建制,安排干部轮训和培训。

·健全政治保卫机构,完善有关制度,开展政保工作。

·围绕学校改革和建设的总目标,加强党内政治纪律教育和党风、党纪、廉政教育,开展宣传教育活动。

·搞好系级工会换届,开好一年一度的教代会;建立团内记实考评和相应的奖励制度,加强团的自身建设。

·制订学校有关部门保密工作职责,确定4个左右部门进行定密划密工作试点。

·党的十四大后,组织全校党员和师生学习大会文件。

·继续组织青年教职工参加农村社教活动和企业社会主义思想教育活动。

浙江大学档案馆藏,档案号:ZD-1992-XZ-11-1

中共浙江大学委员会1993—1994学年第一学期工作要点

(1993年9月17日)

浙大党委〔1993〕33号

本学期党委工作的主要任务是:以邓小平同志建设有中国特色社会主义的理论和党的基本路线为指导,坚持解放思想、实事求是的思想路线,积极、全面、正确地贯彻党的十四大精神;不断加强领导班子建设和干部队伍建设;认真学习、贯彻江泽民同志在中央纪委二次全会上的重要讲话,提高反腐倡廉的自觉性;加强和改进新形势下的思想政治工作,加强社会主义精神文明建设,进一步调动广大师生员工的积极性和创造性;更好地发挥党委的政治核心作用、党支部的战斗堡垒作用和党员的先锋模范作用,团结并带领全校师生员工,抓住机遇,深化改革,把学校的建设和发展推上一个新台阶。

一、认真学习建设有中国特色社会主义的理论,提高贯彻执行党的基本路线的自觉性和坚定性

邓小平同志建设有中国特色社会主义的理论,是中国当代的马克思主义。按照十四大的要求,坚持用这一理论武装全校党员,统一认识,增强团结,提高贯彻执行党的基本路线的自觉性和坚定性,必将大大促进我校党的建设。本学期,党委将继续把这项工作放在学校党建的首要位置,切实抓紧抓好。

1.坚持、健全党委中心组学习制度,努力提高学习效果。中心组每月集中一次,既要认真学习邓小平同志的战略思想和理论观点,又要学习他运用马克思主义的立场、观点和方法研究新情况、解决新问题的科学态度和创造精神,努力掌握贯穿于这一理论之中的唯物辩证法。学习中要牢牢把握解放思想、实事求是这个精髓,坚持理论和实际相结合的原则,紧密联系学校的改革和发展,进行有针对性的专题讨论,提高中心组成员的理论水平和领导改革、驾驭全局的工作能力。

2.全校中层干部以党委组织编写的《国情与理论》一书为主要参考资料,以自学为主,较系统地学习建设有中国特色社会主义理论九个方面的内容。党委将根据具体情况安排1～2次辅导课。

3.群众性面上学习以时事政策为主,联系学校改革实际,注重提高实效。各总支要传达贯彻今年8月底召开的学校中层干部会议精神,结合本单位实际,就如何抓住机遇、深化改革、进一步完善学校内部激励机制和分配关系开展大讨论。

4.加强政策调研工作。对学校已经出台或即将出台的各项政策,特别是有关教学、科研、校产等方面的改革措施,除检查落实情况外,还要对实施过程中出现或可能出现的问题进行调研、分析,提出改进工作的原则意见,为学校下一阶段的决策提供依据。

5.做好全国和省的高校党建工作会议和省第九次党代会精神的传达、学习和贯彻、落实工作。党委将把全国33所党建和思想政治工作先进高校的事迹材料印发给各总支和有关部门，动员大家学先进、找差距、保特色，振奋精神，为学校再上新台阶共同努力。

二、加强各级领导班子建设和干部队伍建设

1.各级领导和全校干部要带头学好建设有中国特色社会主义的理论，系统地掌握这一理论的基本内容，并以这一理论为指导，认真处理改革和建设中出现的新情况和新问题，从而加强工作的原则性、系统性、预见性和创造性。

2.全校各级领导班子要坚持民主集中制原则，切实改善领导方法，改进工作作风，强调真抓实干，克服官僚主义和形式主义。领导班子成员要定期深入教学、科研第一线，开展调查研究，提高决策的民主性、科学性和有效性，把学校的各项工作落到实处。

坚持并健全党委和总支的民主生活，加强各级领导班子的团结。领导班子成员要自觉接受组织和群众的监督，在加强勤政廉政建设、克服消极腐败现象方面起表率作用。

3.大力加强干部队伍年轻化建设。要拓宽视野，以执行党的基本路线中的表现作为衡量德和才的主要标准，大胆任用具有改革开拓精神、事业心责任心强、懂得办学规律、能创造性地开展工作、廉洁奉公的中青年干部。同时，对现职中层干部加强管理，并实行滚动式的定期考核和合理调整。

4.继续做好校系两级后备干部队伍建设工作。本学期将在原有后备名单的基础上，根据工作实绩和考察情况进行调整。逐步建立一支企业管理方面的后备干部队伍。对后备干部继续采取“送出去”、“放下去”、“压担子”等多种手段，进行有计划、有针对性的教育培养和岗位锻炼。要重视改善后备干部队伍的结构，充实德才素质好、具有专门知识和基层实践经验的优秀年轻后备干部。

组织部要会同人事处、科研处抓好学科带头人的梯队建设。要采取有效措施，使梯队建设和研究所(室)负责人的新老交替结合起来，让一些中青年骨干教师尽快地成长。逐步把重点研究所(室)负责人纳入干部管理范围，与人事处、科研处一起共同管好这支队伍。

三、加强党的组织建设，搞好总支换届工作

1.完成各总支的换届选举工作，是本学期我校党的组织工作的一项重要任务。各总支在换届前要认真进行总结，并配合组织部门做好新的一届总支领导班子人选的推荐、考察工作。组织部要加强对总支换届工作的业务指导，及时总结推广好的经验，保证总支领导班子的平稳过渡和总支工作的顺利进行。

总支换届工作从学期初开始，到12月底完成。

2.在上学期调查研究的基础上，与总支换届工作相一致，完成校产系统党组织的调整工作，使党组织建制更好地适应校产发展和企业化管理的要求。

3.继续花力气抓好支部建设，重点是思想建设和组织建设。要配好支部的领导班子，提倡与行政领导交叉兼职。要加强班子的团结和工作上的协调配合，加强党组织自身的凝聚力、对广大群众的吸引力和在学校改革、发展中的战斗力。对支部建设的典型经验，要及时进行总结、推广。

4.重视在青年教师、一线工人以及大学生和研究生中的党员发展工作。通过努力，使年底本科生党员比例达到或接近5%。为此，要完善党员发展工作程序，落实团校、党校、马列和党章学习小组等对建党积极分子的培养、教育措施。各总支要制定切实可行的发展计划,并加强学生骨干队伍的建设。

四、深入开展思想政治工作,把精神文明建设落到实处

在向社会主义市场经济体制转化的过程中,新旧体制的相互更替、利益的冲突、观念的变化,必然会产生各种各样的新情况、新矛盾。因此,开展深入细致的有针对性的思想政治工作,加强社会主义精神文明建设,在校园内创造良好的舆论和心理环境,最大限度地调动全校师生的积极性和创造性,是本学期党委的一项重要工作。

1.隆重开展毛泽东同志诞辰100周年纪念活动。今年12月26日是毛泽东同志诞辰100周年,为此,宣传部要组织人员撰写纪念性、学术性研讨文章,参加全国和省市的学术讨论会;要会同哲学系、马列所等有关单位举行探讨毛泽东思想座谈会;要通过举办文艺晚会、电影周、布置宣传橱窗等方式,宣传毛泽东同志的丰功伟绩,学习毛泽东同志的彻底革命精神。要配合这一系列活动,在全校广泛开展爱国主义、集体主义和社会主义教育,深入进行中国近代史、现代史和中华优秀传统文化教育,开展艰苦创业精神的教育,倡导正确的理想、信念和人生观、价值观。

2.发挥工会、教代会的作用,继续为教职工参与学校管理创造条件。本学期将召开二届三次教代会,听取和审议校长工作报告,讨论学校下一阶段建设和发展问题。同时总结交流系级教代会的经验。工会要在全校教职工中开展"为进入'211工程'的前列献计献策"活动。根据省人大、省政府部署,会同行政有关部门开展保障女教职工权益检查。继续为广大教职工办好事、办实事。

3.校、系负责人要经常深入到群众中去,密切和群众的联系,及时了解广大师生的反映和要求,在进行必要的宣传解释工作的同时,尽力解决广大师生员工关心的热点问题,为群众排忧解难,从而理顺师生的情绪,调动办学积极性。

4.学生工作部门要经常开展学生思想状况调查,努力帮助学生解决思想问题和学习、生活中的困难,稳定学生情绪,防止突发事件,为深化学校改革创造良好的校园环境。要继续抓好校风建设,严格学生管理,维护校园正常的学习、生活秩序。要重视学生思想政治工作队伍的建设,帮助他们解决自身思想问题和生活待遇、职称晋升以及今后的工作方向等方面的实际问题,更好地稳定队伍。

5.搞好校园文化建设。本学期要加强对校园公共阅报栏和文化活动场所的管理,完善校园的广播设施,组织有关系、部门参与全国及省的社会主义精神文明建设的"五个一工程",举办浙江大学学生第五届科技文化节等。工会、团委等部门要在全校开展健康有益、生动活泼、丰富多彩的文化娱乐活动,用高格调的精神产品丰富广大师生员工的业余生活。

五、加强党风和廉政建设,认真查处违纪案件

本学期党的纪检工作,要以中央纪委二次全会精神为指导,以反腐败斗争为重点,一手抓为学校改革服务,一手抓党风廉政建设,保证党的基本路线和教育方针在我校的贯彻落实。纪检部门要组织全校师生特别是党员干部,认真学习江泽民同志在中央纪委二次全会上的重要讲话和中央有关文件精神,对全校共产党员进行人生观、价值观、党性、党纪、党的宗旨的再教育,提倡艰苦奋斗精神和敬业精神,反对拜金主义、享乐主义和个人主义,使广大党员提高思想境界,树立高尚的道德观念,增强拒腐防变的能力,更好地发挥先锋模范作用。

纪委要建立并健全"两公开、一监督"制度,并与监察、审计处一起,重点协助党委做好对握有人、财、物等实权部门的监督,完善这些部门的内部制约机制。要坚持从严治党的方针,严肃党的纪律,对违背党的基本路线、违反党的政治纪律、贪污受贿、严重危害国家和学校经济利益、以权谋私、道德败坏、腐化堕落等案件,一定要严肃查处。

六、围绕学校工作中心,做好统战工作和党外知识分子工作

1.以统战部为主,做好中发〔1989〕14号文件发布以来,有关制度贯彻落实情况的自查,并接受省委的检查。

2.认真贯彻党的"长期共存、互相监督、肝胆相照、荣辱与共"的方针,充分发挥各民主党派政治协商、民主监督的作用。统战等部门要在走访民主党派成员的基础上,采取措施,支持和帮助民主党派做好推荐接班人和组织发展的工作。

3.通过形式多样的活动,多方面了解党外后备干部和党外知识分子的情况,注意发现人才,及时向学校领导和民主党派推荐。要充分调动党外知识分子教学、科研的积极性和创造性,鼓励他们多出成果,为学校和社会发展贡献力量。

浙江大学档案馆藏,档案号:ZD-1993-XZ-7-22

中共浙江大学委员会1993—1994学年第二学期工作要点

(1994年2月25日)

浙大党委〔1994〕9号

1994年,将是我国按照建立社会主义市场经济体制的设想,全面深化改革的一年。我校的改革和发展,也将进入关键性的一年。加大改革力度,一方面给学校带来动力和活力,另一方面也必然对师生员工的思想产生巨大的冲击,党的工作将面临新的更加艰巨的任务。本学期,党委工作的基本思路是,以建设有中国特色社会主义理论为指导,以有利于加快学校改革和发展为出发点,加强党的建设,加强思想政治工作,统一思想认识,维护学校政治稳定,调动党员和师生员工的积极性,为实现学校发展的近期目标而努力。根据上述思路,本学期工作要点如下:

一、深入学习建设有中国特色社会主义理论

建设有中国特色社会主义理论,是引导我们进行社会主义现代化建设的科学指南。《邓小平文选》第三卷,从理论上总结了我国改革开放和现代化建设的丰富经验;《中共中央关于建立社会主义市场经济体制若干问题的决定》,确定了我国从旧经济体制向新经济体制过渡的纲领,体现了建设有中国特色社会主义理论和党的基本路线。组织全校党员、干部和师生员工学习《邓小平文选》第三卷和中央《决定》,是我校本学期学习建设有中国特色社会主义理论的主要内容。

学习《邓小平文选》第三卷和《决定》,要坚持理论联系实际的马克思主义学风,紧密结合校、系、部门的工作实际,有重点地进行,努力领会深邃含义,正确掌握精神实质。既要理解邓小平同志的战略思想和理论观点,又要学习他的科学态度和创造精神;要认识社会主义市场经济体制的本质和特征,又要根据它的规律审慎确定校、系和部门的改革、发展目标。本学期的学习采取分阶段、分层次的方式进行。第一阶段,在去年下半年初步学习的基础上,进一步组织全校党员、干部和师生员工通读《邓小平文选》第三卷和《决定》,使全校同志对建设有中国特色社会主义理论的发展、形成及其对现实的指导意义有比较正确的认识,对社会主义市场经济体制的框架建立起基本的概念。第二阶段,根据不同层次安排学习内容,采取相应的学习方法。

校党委中心学习组仍采取平时自学为主,定期集中交流和中心发言的方式。在系统学习理论的同时,还要同深入学习《中国教育改革和发展纲要》有机地结合起来,认真探讨社会主义市场经济规律与社会主义高等教育规律之间的相互关系,提出深化学校改革,加快发展步伐的设想。党委主要负责人要以党课、报告等形式,向中层干部和师生员工进行学习指导。

校级干部除定期安排参加国家高级教育行政学院进修外,要分批安排到省委党校学习培训一个月。

中层干部采取集中学习和分散自学相结合的办法。集中学习仍由党校根据党委的要求组织实施。要联系实际,有重点地选学《邓小平文选》第三卷的有关文章,并安排一定课时的学习辅导,进行结业考核。分散学习既要努力学习基本理论,又要重视解决实际问题。中层干部的学习要同指导群众的学习结合起来,各党总支和校产工委至少应向本单位党员和师生上一次党课或作一次专题报告。

面上教职工学习主要安排在每周政治学习时间,以学习辅导材料和讨论为主,并由校、系安排,分别作一二次辅导报告。学生的学习要穿插马列、思政、德育等教学环节进行,同爱国主义、集体主义、社会主义教育紧密结合起来。

宣传部要为师生员工的学习和校、系领导作辅导报告提供有关素材和资料,并在适当时候组织集体备课。

二、继续抓好党的自身建设

党的自身建设要坚持为培养合格人才的根本任务服务和为教学、科研服务的方向,认真研究在社会主义市场经济体制逐步发育的情况下,适合当前形势和学校实际的工作方法。本学期重点做好 5 项工作:

1. 全校各总支换届结束后,要搞好工作总结和党总支工作经验交流,并着手进行支部的换届和调整工作。对新当选的支部书记和总支委员,安排一次集中培训,学习党务工作知识和理论。

2. 在做好干部考察、考核工作的同时,重点抓好系级后备干部的调整、充实工作。根据后备干部的不同情况和拟任职岗位的要求,落实培养教育计划和措施。

3. 举办学生入党积极分子和预备党员培训班。进行研究生党员骨干培训。做好对各类党章学习小组和学生业余党校的指导工作。在提高入党积极分子政治思想素质的基础上,认真做好组织发展工作,使本学期末本、专科生党员比例保持在 5%左右,教职工和研究生党员比例分别达 40%和 30%以上。

4. 继续贯彻中央纪委二次全会精神,自觉运用全会提出的在新形势下反腐败的 5 条思路和对策,抓好党风廉政建设。检查中纪委提出的领导干部廉洁自律、集中力量查处大案要案和狠刹群众反映强烈的不正之风等三项工作的落实情况。在修订校领导和中层干部廉政措施的基础上，汇编成册，印发各单位，以利对照执行和群众监督。校纪委要把党员干部的政治纪律教育和党风廉政教育结合起来，把做好纪检信访工作和查处违纪案件结合起来，要配合行政搞好学校国有资产的管理，杜绝流失现象的发生。

5. 为提高党建工作水平，要联系当前党员的思想和学校改革的实际，以马克思主义理论为指导，加强对社会主义市场经济体制条件下高校党建工作的研究。本学期完成《高校党的工作通论》一书的编写工作。

三、改善宣传思想工作和思想政治工作

今年将是我国改革方案出台最多的一年，我校也将为深化改革采取一系列新的举措。宣传思想工作和思想政治工作在宣传党的方针政策、维护学校政治稳定和治安秩序、理顺师生员工思想情绪等方面负有重要责任。本学期的主要工作是：

1. 加强信息调研工作，采取专题调查和召开各类座谈会等方式及时了解和掌握教职工、学生、离退休同志的思想动向，定期组织分析，有针对性地开展思想工作，认真解决思想认识问题和实际困难，化解矛盾，把全校师生员工的思想统一到党的基本路线上来，统一到进入“211 工程”、实现学校近期的奋斗目标上来。

2. 以加强学校知名度和激发师生员工的积极性为目的，加强对内对外宣传工作。要大力宣传学校在改革和建设中取得的成绩和有突出贡献的教职工的事迹；要宣传去年 12 月学校教育工作会议精神和学校发展分三步走的基本构想；要宣传学校各个岗位涌现的好人好事。为展开上述宣传工作，要抓好校内有线电视、广播、电影、宣传阅报栏等基础设施建设和稿件的组编工作。

3. 从调整学生宿舍管理入手，进一步理顺学生管理体制，探索学生管理工作和思想政治工作相结合的途径。对部分学生工作的规章制度和记实综合考评方案，要进行重新修订。要调整学生思想政治工作队伍，稳定现有队伍并逐步加以充实，以适应现实工作的需要。

4. 开学以后，召开有关职能部门负责人会议，认真总结分析目前校园治安综合治理方面存在的问题，提出改进工作的具体意见并付诸实施。要加强对校园文化活动场所的管理，整顿现有场点，消除消极影响，建立监督机制，努力弘扬时代主旋律。要认真做好今年下半年国家教委对我校校园环境评估的各项准备工作。

5. 校庆期间召开全校思想政治工作研讨会，结合思想政治教育专业创办 10 周年纪念活动，探索加强马列课和思政课教学的途径，交流思政工作为学校建设服务的经验，搞清改革与坚持、科学性现实性与针对性、内容与方法、变动性与稳定性之间的关系，提高教学水平，增强教育的理论性、实践性和时代性。

6. 从本学期开始，大致用一年时间，在全校范围内开展“二五”普法教育。教职工以学习《教师法》、《专利法》、《著作权法》、《技术合同法》、《经济合同法》、《民法通则》、《妇女权益保障法》和《民事诉讼法》等法律文件为重点，由校、系统一制订普法教育计划。各单位可视具体情况有重点地选学有关内容。大学生继续开设《法律基础》课程，不另安排普法教育。

按照“二五”普法规划的要求，认真进行《保密法》的宣传教育。本学期将安排一定时间组织校、系和有关部处人员重新学习《保密法》及《〈保密法〉实施细则》，学习中发〔1993〕14 号文件精神，并邀请省保密局领导作专题报告，组织播放保密工作和国家安全工作录像片。

通过教育,增强涉密人员的保密法治观念和执法的自觉性,促使学校保密工作纳入依法管理的轨道。

四、认真搞好党的统战工作和党外知识分子工作

本学期要在继续安排好季度民主协商会和联络小组例会广泛开展党外知识分子工作和海外统战工作,进一步完善政治协商、民主监督各项制度的同时,做好4项具体工作:

1. 对照中发〔1989〕114号文件的各项规定,做好自查工作。在自查的基础上,充实、完善各项校内工作内容和规范,接受省委检查。

2. 帮助民革、九三、致公党、民盟等组织做好领导班子充实、调整工作;帮助各民主党派搞好班子后备干部队伍建设。请各民主党派开展一二个专题调查,为下半年召开民主党派工作研讨会作准备。

3. 充实、调整党外后备部名单。确定重点联系的党外知识分子代表人物。扩充省委统战部联系的党外知识分子代表人物数量。

4. 帮助搞好人大代表、政协委员的视察和召开全会前的调研工作。做好两次外出考察的具体联系和落实工作。

五、完成党群系统的主要常规工作

1. 开展一年一度的民主评议党员工作。

2. 搞好系级工会和校教代会代表的换届选举工作。做好下半年第三届教代会和第十七次工会代表大会的有关准备工作。

3. 召开共青团浙江大学第十五次代表大会和学生代表大会。进行研究生会、博士生分会的调整。

4. 按新规范要求完成全校人事档案的整理。

5. 完善政工人员公开招聘制度,完成新录用政治辅导员上岗培训工作。

6. 开展"学雷锋希望工程"活动和"五四"系列宣传教育活动。

浙江大学档案馆藏,档案号:ZD-1994-DQ-4

中共浙江大学委员会1994—1995学年第一学期工作要点

(1994年9月6日)

浙大党委〔1994〕45号

本学期,党委工作要以邓小平同志建设有中国特色社会主义理论为指导,在深刻领会这一理论科学内涵的基础上,分析高等学校面临的形势和任务,按照高等教育的自身规律,继续探索在社会主义市场经济体制下,加强高等学校党的建设和改善党的领导的方法和途径。在客观总结近几年我校党建工作经验的同时,提出适应形势发展和学校实际的工作思路,确定进入"211工程"的努力方向和工作方法,使我校党的建设有利于增强各级党组织的政治核心作用,有利于调动广大师生员工的积极性,有利于促进学校的改革和发展,有利于维护学校的政治稳定。

一、深入学习建设有中国特色社会主义理论

深入学习建设有中国特色社会主义理论,是当前党内思想建设和理论建设的首要任务。本学期,要在前一阶段初步学习和基本掌握建设有中国特色社会主义理论的基础上深入一步,尤其是校、系和部处干部的学习,要把重点转向深刻领会理论的科学内涵上,力求全面地准确地掌握建设有中国特色社会主义理论这一完整的科学体系,以正确的理论指导学校工作的实践。

1.党委中心学习组以《邓小平文选》第三卷、《中共中央关于建立社会主义市场经济体制若干问题的决定》、《中国教育改革和发展纲要》及《实施意见》为主要学习内容,在准确领会精神实质的同时,联系我校改革、发展和党的建设中面临的重大问题,每月安排一次专题讨论和中心发言,切实解决几个亟待解决的理论问题和实际问题。中心学习组的讨论、发言材料,经整理后印发各党总支作为学习参考资料。

为指导面上学习《邓小平文选》第三卷和《中共中央关于建立社会主义市场经济体制若干问题的决定》,中心学习组将对全校中层干部和其他党员干部作学习辅导报告。

根据省委和国家教委安排,组织学校领导干部参加有关的理论学习和轮训。

2.中层干部的理论学习以系统掌握建设有中国特色社会主义理论九个方面的内容及其相互之间的联系为重点同时,还要继续组织学习社会主义市场经济体制的有关理论。在比较全面地掌握理论的基础上,要认真结合本单位的实际,探索适应当前经济和社会发展的办学机制,为学校整体改革和发展提供依据。

为帮助中层干部学习理论,党委在期中举办一期中层干部理论学习班,组织集中学习、辅导和讨论。全体中层干部要在本学期内通读和自学《什么是社会主义市场经济》一书,加深对我国社会主义市场经济有关问题的理解。党委要针对形势、任务和中层干部的学习情况,编印指导性较强的学习参考材料。

各党总支要结合所在单位干部自身的理论学习,有重点地对党员和师生进行一次学习辅导。对具有一定水平的辅导材料,由党委印发各党总支参阅。

3.面上的学习分两个层次进行。对党总支委员、党支部书记、系级工会主席、分团委书记和民主党派负责人,除各有侧重地安排学习内容外,还要采取不同的方式组织集中辅导和短期培训,使他们掌握开展基层工作必须具备的理论知识。对一般党员和师生员工,主要是利用政治学习时间,有计划地组织选学《邓小平文选》第三卷和社会主义市场经济的基本知识。学习方式以通读指定的著作、文件和听取专题辅导报告为主。

4.以建设有中国特色社会主义理论为指导,进一步加强思想政治教育。要按照1987年以来中央有关文件的精神,认真检查总结"两课"教育情况,提出具体的改进意见。要重点分析我校前一时期德育教育的基本情况,落实加强德育教育的措施,把加强德育教育,提高教育质量和实际效果作为进入"211工程"的一项重要工作来抓。

为及时交流理论学习经验,进一步推进下一阶段的理论学习,更好地指导改革的实践,党委将在明年年初召开一次全校性的"学习建设有中国特色社会主义理论心得交流会"。

二、加强党的组织建设和作风建设

在搞好以理论学习为重点的党内思想建设的同时,本学期要继续加强党的组织建设和

作风建设,努力把我校各级党组织建设成坚强的政治核心和战斗堡垒。

1.根据上半年民主评议党员工作反映的情况和教学、科研工作的需要,对部分党支部的建制和干部配备进行调整,使调整后的党支部更好地适应面临的形势和胜任承担的工作。为提高党支部书记的工作水平,将区别情况,分期分类地对党支部书记进行业务培训,并于期末召开一次党支部工作交流会,组织典型发言,推广行之有效的工作经验。

2.抓好组织发展工作,特别要加强在青年教师和学生中的建党工作。为此,要不断完善和健全发展学生党员的"三推优"制度;要支持和帮助各系、各单位党章学习小组和马列学习小组开展活动;要充实和健全各系组织员队伍,为他们开展工作创造条件。上述工作,要在调查情况的基础上落实措施。

3.加强中层干部队伍建设和学术梯队建设,重点抓好五个方面的工作:第一,总结前几年干部工作经验,继续完善任免程序和管理、考核办法;第二,完成对部分中层干部的滚动式考核,并及时向被考核的中层干部反馈考核情况;第三,做好系级后备干部的调整充实工作,落实后备干部上岗锻炼的具体事项;第四,认真探索后备干部队伍建设与校学术二梯队建设相结合的途径,同时会同行政做好学术二梯队的跟踪、考核、培养工作;第五,积极慎重地进行公开选拔中层干部的准备工作,逐步在校内部分岗位公开选拔和招聘干部。

在加强中层干部队伍建设和学术梯队建设的全过程中,要认真分析队伍现状,强调干部的"四化"建设,坚定不移地把干部"德"的标准放在首位,经常对干部进行思想政治教育和职业道德教育。对于中层干部,还要重视业务学习,更好地胜任承担的工作。

4.坚持在干部中进行群众观点教育和勤政廉政教育。要完善校级领导干部联系各总支、各系制度,认真开展调查研究,推进决策民主。

全校中层干部也要注重调查研究,及时为学校决策提供准确的信息,努力帮助师生员工解决实际问题。全校党员、干部,特别是校、系和部处干部,要认真学习贯彻中央纪委二次、三次全会精神,按照学校纪委汇编的对我校各级干部廉政建设的要求,认真对照、检查、执行。对违纪案件要坚决予以查处。

纪委要积极配合党委和学校行政,督促直接掌管人、财、物的部门加强制度建设和内部管理。

三、认真做好四项具体工作

本学期,要围绕深化学校改革这一主题,认真做好四项具体工作,切实推进学校进入"211 工程"和加速发展的进程。

1.做好国家教委对我校进行综合评估的各项准备工作。全校各级党组织要把学校进入"211 工程"作为一项重要工作,充分发挥全校党员的积极性,认真协同行政搞好学科建设、大学教育和校园环境建设的规划并参与实施。在校园环境评估方面,党委要组织抓好五项工作:第一,在学生中开展《普通高校学生管理规定》、《大学生行为准则》、《浙江大学学生守则》等法规性文件的学习教育,促进校园精神文明建设;第二,改建和增设校内阅报栏、宣传窗、有线广播等设施,整顿校内文化娱乐场所,积极筹办有线电视自办频道节目;第三,逐步理顺学生宿舍管理体制,建立和落实各项管理制度,改善宿舍的卫生和纪律状况;第四,组织学生和部分教职工参加校园绿化、环境治理和其他公益劳动;第五,加强校园治安管理,严肃校纪校规严厉打击打架斗殴等违纪违法行为。

2. 拟定于12月召开第三届教代会和第十七次工会代表大会，进行换届选举。要搞好干部考察、文件起草、提案征集、代表培训等工作，并做好各项具体的会务工作。为广泛听取教职工对办学的意见和建议，工会要组织党、政、群等有关部门的人员深入基层，了解情况、反馈信息。

3. 初步完成“二五”普法教育的各项工作。9月份组织各系、各单位重点搞好《民法通则》、《民事诉讼法》、《教师法》和《个人所得税法》的宣传教育。第四季度由各系、各单位根据自己的特点选学有关法律法规。学校除帮助各党总支培训骨干外，还将邀请省国家安全厅和省保密局专家为我校涉密工作人员和有关部门负责人作国家安全工作和保密工作专题报告。普法教育基本结束时，学校组织统一考试。

4. 隆重庆祝第十个教师节。教师节前后，学校召开各种层次的教师座谈会，结合贯彻省教委《关于做好教师法行政执法监督检查工作的通知》精神，听取教师对政府、学校工作的意见，及时反映情况，改进工作。召开“庆祝教师节暨先进表彰大会”，表彰上一学年受到学校及上级单位奖励的优秀教师、职工和“三育人”先进个人开辟多种渠道，配合“二五”普法教育，开展《教师法》的学习、宣传、教育活动。利用各种宣传工具，广泛宣传我校教职工的先进事迹。

四、继续搞好党群系统的日常工作

1. 根据当前的形势和学校的中心工作，确定宣传教育工作重点，制订政治学习计划，使全校政治学习从内容、形式、方法到实际效果都有所改进和提高，使宣传思想工作适应现实工作的需要。要大力宣传群众，组织群众，发动群众，使广大师生员工了解学校全局，明确奋斗目标，同心同德，为使浙大建设再上新的台阶而共同努力。

2. 组织党总支书记、统战委员和民主党派负责人学习全国、全省统战工作会议精神，在全面检查中央、省委、校党委有关统战工作文件精神落实情况的基础上，针对存在的问题和薄弱环节，改进工作方法，拓宽工作领域，丰富工作内容。

进一步完善季度民主协商会和人大代表、政协委员联络小组例会制度，充实会议内容，提高协商质量。本学期要协助组织好政协委员外出考察、视察活动。要有组织、有重点地为民主党派开展各项调查研究、科技咨询和其他有益于学校建设的活动提供支持，创造“知情出力”的条件。

支持民主党派搞好组织建设，帮助民主党派建立后备干部队伍。争取在三年内建立一支分层次、有梯次的跨世纪党外代表人物队伍。本学期首先做好基础工作。

要做好党外知识分子工作，在调整党外后备干部队伍的基础上，确定重点联系对象，采取相应的培养措施。

3. 结合建国45周年和“一二·九”纪念活动，在学生和团员青年中深入开展爱国主义、集体主义、社会主义教育和革命传统教育。

4. 加强专、兼职学生干部队伍建设和班主任队伍建设，进一步完善考核办法。

5. 搞好学生学年小结和各类评奖、选优、表彰工作，并继续总结经验，完善考评制度和计算机管理系统。

举办学生预备党员培训班、研究生新生党员和干部培训班、新生团干部培训班，提高学生骨干队伍素质。

开展第二届研究生登攀节活动,活跃学术空气。搞好学生科技文化节和“求是杯”评选活动。组织学生参加“中国大学生第二届应用科技发明大奖赛”。利用实用技术培训中心,举办形式多样的学生技术技能培训班,提高学生综合素质。

承办全省高校青年教工团员联谊活动,扩大校际共青团工作交流与联系。

6.积极开展党校工作,除举办各类培训班外,要努力争取研究课题,开展社会主义市场经济条件下高校党建工作研究。

浙江大学档案馆藏,档案号:ZD-1994-DQ-4

中共浙江大学委员会1995—1996学年第二学期工作要点

(1996年3月5日)

浙大党委〔1996〕9号

1996年是实施“九五”计划的开局之年,也是我校全面启动“211工程”,为实现世界一流大学的目标打基础的一年。在学校发展的关键时期,党委工作要坚持以党的基本理论、基本路线、基本方针为指导,正确处理改革、发展、稳定的关系,根据我校第十一次党代会提出的任务和学校深化改革、加速发展的要求,确定“九五”期间党建工作的主要思路,落实党的建设和思想政治工作为教学、科研、育人工作服务的具体措施。通过加强党的思想政治建设、组织建设和作风建设,有效地发挥各级党组织的政治核心作用、监督保证作用和党员的先锋模范作用,保持稳定的政治环境,调动广大教职员工的积极性,团结和带领全校师生员工,打好实现学校发展的近期目标和远景规划的第一仗。

一、学习建设有中国特色社会主义理论和党章

开展建设有中国特色社会主义理论和党章的学习教育活动,是在我国经济和社会发展的历史变革时期,加强党的思想政治建设和理论建设的重要内容,也是增强我校党组织的战斗力,正确把握学校改革和发展方向的客观需要。本学期的理论学习,原则上按党委1995年35号文件和46号文件制订的计划组织实施。

1.党委中心学习组要按照学校领导班子理论学习计划确定的8个专题的内容,组织好第5专题至第8专题的学习,重点落实各专题的中心发言内容。在理论学习中,要充实江泽民同志关于《领导干部一定要讲政治》的内容,努力把掌握建设有中国特色社会主义的理论体系和把握正确的政治方向、政治立场、政治观点,自觉增强政治纪律,提高政治鉴别能力和政治敏感性结合起来。在搞好领导班子自身学习的同时,组织对中层干部和全校党员的学习辅导。

2.全校中层干部的理论学习,在去年自学和集中辅导的基础上,今年要把重点放在对理论的深刻认识和系统理解方面,努力做到对建设有中国特色社会主义理论和党章的内容融会贯通,创造性地应用于本单位党的建设和事业发展的具体实践之中。4月份,分批安排中层干部进行为期一周的集中理论学习,组织比较系统的学习辅导和专题讨论。5月上旬,举行中层干部学习邓小平同志建设有中国特色社会主义理论和党章交流会,巩固阶段性学习成果,进一步把理论学习引向深入。

要健全和完善系级单位的中心组学习制度，由各党总支安排学习计划。中心组以平时自学为主，每个月至少集中半天进行学习、交流。

3.三月份召开全校党员大会，由党委组织对党员学习建设有中国特色社会主义理论和党章进行动员。各阶段的学习，由党总支和校产工委根据党委的统一部署组织具体实施。各党支部要有计划地组织本支部党员进行学习，严格学习纪律，注重学习效果，努力把理论学习与加强党支部建设结合起来。党委将按照中心组学习的8个专题，在本年度内对全校党员进行学习辅导。同时，对部分总支和支部的学习进行抽检。党员学习理论和党章的情况，作为本学期民主评议党员的重要内容。

在组织党内学习的同时，还要重视非党员教职工和学生的学习。学校已规定从本学期开始单周三下午为全校政治学习时间。宣传部和各党总支、校产工委要精心安排学习内容。在政治学习和学生的"两课"教学中，要安排建设有中国特色社会主义理论的内容。

二、党的组织建设和作风建设

根据党的十四届四中全会关于加强党的建设的决定和我校第十一次党代会期间各党总支对学校党的建设提出的意见和建议，本学期在党的组织建设和作风建设方面，主要抓好以下五项工作：

1.学校行政领导班子换届后，新组成的党政领导班子要具体落实深入基层调查研究的各项措施，努力提高决策的科学化、民主化程度。学校原则安排双周三下午为校领导下基层调查研究时间。具体联系的党总支和单位，以及调查研究的有关事宜，分别由党办、校办征求领导和联系单位的意见后落实。

2.根据学校领导班子建设和党委实际工作的需要，修订1991年制定的《党委工作规则》、《纪委和党委部门工作职责》、《党总支和党支部工作职责》，以及干部工作、党的组织建设、作风建设方面的有关条例、规定，使新形成的规章制度更好地适应当前形势的要求和我校党建工作的实际，使我校党的建设的各项工作更加科学化和规范化。

3.做好各党总支换届准备和系、部、处班子局部调整的有关工作。结合领导班子的调整，继续做好对现职中层干部的考核和系、部、处后备干部的培养考察工作。根据第十一次党代会关于干部队伍建设的精神，加快干部"四化"建设步伐，把德才兼备，具有较高学历层次，在工作中成绩显著，具有一定的领导工作经验，深得群众拥护的年轻同志及时安排到各级领导岗位上来。

4.集中精力抓好党支部的组织建设。首先，要搞好党支部的领导班子建设和组织发展工作，重点抓好在大学生和优秀青年教职工中发展党员的工作。其次，要抓好党内组织生活和民主生活会制度，使党支部真正成为所在单位的政治核心。对组织关系不明确，长期不参加组织生活，不按时交纳党费的少数党员，进行调查摸底和处理，迅速改变上述的不正常情况。要通过本学期的民主评议党员工作，对全校党员进行一次增强党的组织观念的教育。

各级党组织要把加强领导班子建设、自身组织建设和开展思想政治工作、群众工作同增强党内外的凝聚力结合起来。在不断深化改革的过程中，要特别重视教职员工的"凝聚力工程"建设，及时了解、掌握教职员工的思想动态和迫切希望解决的问题。学校有关职能部门和各级干部要关心教职员工的思想、工作和生活情况，努力帮助他们解决实际问题，化解矛盾，理顺情绪，鼓励他们发扬敬业精神和奉献精神，最大限度地凝聚全校教职员工的力量，为实现学校的发展目标同舟共济。

5.按照“标本兼治,重在治本”的原则,切实加强党风廉政建设。党委要根据中央对领导干部廉政建设提出的新的要求和当前反腐败的特点,对校、系两级干部严格要求、严格管理、严格监督,修订、充实、完善校系两级领导班子和中层干部的廉政建设措施。中层以上干部要自觉执行廉政建设的各项规定,配合学校做好收入申报和公务活动中的礼品登记工作。对中层以上干部的廉政建设,重在抓落实和监督。纪检、监察和组织、人事部门要认真配合党委落实各项廉政措施,进一步拓宽组织监督、群众监督、舆论监督等渠道,尤其是要对招生、分配、职务职称评定、购房分房等敏感工作实行有效的监督。对直接掌管人、财、物的部门和干部,学校要制订相应的规章制度和制约措施,保证这些部门严格按制度行使职权。对群众反映强烈、举报问题较多的单位,党委将与行政部门密切配合,有重点地对个别单位的问题进行调查和处理,确保学校和群众的利益,更好地以典型事例教育干部和群众。

三、宣传思想工作和学生工作

根据当前形势和学校面临的任务,有针对性地在师生员工中开展宣传思想工作,进一步加强学生的管理工作和德育工作,是党委工作的一项重要内容,是高校的根本任务和事业发展的基础性工作之一。

1.围绕校庆100周年的筹备工作,制定对内对外的总体宣传计划并付诸实施。结合这项工作,在师生员工中开展多种形式的宣传教育活动。宣传教育活动应突出爱国主义、集体主义、社会主义思想教育的主题,深化“了解浙大、热爱浙大、建设浙大”活动的内涵。总体宣传计划和具体教育活动由宣传部会同党、政有关部门制定和落实。

2.以提高学生的政治信念、思想觉悟、道德素质、心理素质为目的,加强对学生思想动态和行为规范的调查研究。对一些带有普遍性的问题,要设立专题,采取问卷调查、专题座谈、个别访谈等形式进行深入探讨,提出对策,努力解决学生深层次的思想问题。

3.安排好校庆、“五四”等节日的纪念活动,充实思想政治教育的内容。继续进行“双休日”学生教育与管理工作的探索和实践,逐步形成适合我校学生特点的课外教育和管理体系。

4.做好今年在我校召开的全国研究生德育工作研讨会的组织筹备工作。通过这项工作,认真研究提高我校研究生德育工作水平的途径和方法,促进我校研究生德育工作上新的台阶。

5.加强对宣传工作的投入,力争用一年左右时间,完成广播电视台新闻演播室的建设,开通校园主要公共场所和学生食堂、学生宿舍活动室的有线电视,解决分部和古荡家属区收看有线电视问题,逐步实现校园音柱化广播网络。

四、群众工作

群众工作要围绕学校的中心工作来进行。要以调动师生员工的积极性为出发点。本学期主要抓三项工作:

1.第二季度召开学校三届二次教职工代表大会,发动教职工讨论和审议我校“九五”事业计划和2010年远景规划,认真研究“211工程”的具体实施方案。各系级单位要坚持和完善教代会或教职工大会制度,定期召开大会,商议本单位的重要工作。

2.加强学校政策研究工作和信访工作。与学校行政配合,充实政策研究室的力量,立题研究学校发展的重大问题和教职工关心的热点问题。恢复信访室和校领导接待日制度,由专人负责信访工作和处理校领导接待工作中的具体事项。

3.组织分团委干部和团支部书记学习贯彻团中央十三届四中全会、团省委九届六次会议精神,健全团内组织生活,提高团内活动的政治质量,发挥团组织的思想教育功能。围绕1996年"共青团建设年"的主要任务和学校的中心工作,以"为新世纪做准备,与共和国齐腾飞"为主题,在团员、青年中深入开展各种有益于青年师生全面发展的思想政治教育活动和社会实践活动。要加强对东方学院、莫干山学院分团委工作的指导,健全两个学院的共青团工作制度。

五、统战工作

认真学习、贯彻1996年全国、全省统战工作会议精神,具体落实中央统战部和国家教委《关于进一步加强高等学校统一战线工作的意见》的文件精神,是今年我校统战工作的重点。根据会议和文件精神,本学期要做好三项工作:

1.坚持各民主党派、人大代表、政协委员和无党派知名人士参加的例会制度和季度民主协商会议制度,发挥他们在学校重大问题决策和民主监督中的作用。支持民主党派成员开展专题调研、咨询服务、科教服务等活动,鼓励他们为"科教兴省"作贡献。

2.由统战部会同组织部进行非党业务骨干的情况调查和分析,及时向各民主党派推荐优秀的中青年人才,协助他们搞好领导班子建设和组织发展工作。各民主党派换届工作结束后,要重点协助他们搞好思想建设和作风建设。

3.搞好党外后备干部队伍的考察和调整工作。做好非党知名人士的政治和实职安排的举荐工作。完成1997年全国、全省人大、政协换届时我校有关人选的推荐工作。

六、党群系统的主要日常工作

1.制订各党总支和全校党员发展计划。各党总支、党支部要按照计划,切实做好发展新党员的具体工作。

2.按照中央、省委有关离退休工作的文件精神,加强和改进离休退休工作。学校要尽力为老同志排忧解难,多办实事。离退休同志原所在单位,应重视和关心老同志的思想、生活、身体等情况,努力配合离退休处和总支共同搞好工作。各单位要逐步创造条件,采取不同的形式加强同离退休同志的联系。

3.举办第二期中青年骨干教师和学生入党积极分子培训班,继续办好暑期博士生导师理论学习班。

4.进一步完善流动党员管理制度,做好这部分党员的发展和管理工作。

5.继续开展党建工作研究,重点抓好《邓小平同志建党理论研究》这一课题。组织党建研究论著的撰写和出版工作。

6.组织学校第三届优秀青年教师、优秀青年职工的评选和先进事迹的宣传报道工作。

7.做好学生的各类先进评选工作、毕业生思想教育工作和奖学金、贷学金的评定发放工作。建立对特困学生进行资助的有关制度,为他们解决固定的勤工助学的岗位。

8.安排好学生的各项社会实践活动和以扶教、扶贫、送温暖为主要内容的"希望工程"、"青年志愿者"活动。对条件较好的博士研究生,可联系到乡镇、厂矿进行挂职锻炼。

浙江大学档案馆藏,档案号:ZD-1996-DQ-39-1

中共浙江大学委员会1996—1997学年第一学期工作要点

(1996年9月10日)

浙大党委〔1996〕43号

本学期党委工作的指导思想是:坚持以马列主义、毛泽东思想和邓小平建设有中国特色社会主义理论为指导,以《中国共产党普通高等学校基层组织工作条例》规定的高校党组织的任务和职能为依据,大力加强党的思想政治建设、组织建设和作风建设,增强各级党组织的战斗力和凝聚力,切实改善党对学校工作的领导。遵循社会主义高等教育的特点和规律,抓住我校改革、发展的机遇,以培育人才为根本任务,以迎接百年校庆为强大动力,广泛开展党内和群众性的思想政治工作,团结、带领全校师生员工,为实现学校"九五"事业计划和"211工程"规划确定的目标,扎实、稳妥地做好开局工作,为今后15年我校的建设和发展打下坚实的基础。

一、深入学习建设有中国特色社会主义理论和党章,努力巩固和发展学习成果

建设有中国特色社会主义理论和党章,是在新的历史时期指导我国社会主义事业和党员思想的理论基础。深入开展"双学"活动,巩固和发展前一阶段的学习成果,是我校事业发展的客观要求,也是党的思想政治建设的一项重要内容。

1.根据"双学"活动的安排,继续搞好面上党员的学习,组织好后四个专题的宣讲和辅导。对因故缺课的党员,要有组织地安排好补课。在全校党员专题学习基本结束后,进行检查考核,并认真总结前一阶段的学习经验,巩固学习成果。

2.党委中心组要在前几年学习建设有中国特色社会主义理论和党章的基础上,把重点转到加深对理论的理解并指导学校的实际工作中来,认真解决我校改革和发展中的重大问题。加深对理论的理解,关键是正确认识理论的科学体系,认真把握理论体系中的精髓、本质和核心。即解放思想,实事求是的理论精髓;解放生产力,发展生产力,消灭剥削,消除两极分化,最终达到共同富裕的社会主义本质;"一个中心,两个基本点"的核心内容。党委主要领导要总结自身学习的经验,以党课的形式对党员和中层干部作理论学习报告,努力提高全校党员、干部的理论水平。

3.以建设有中国特色社会主义理论和党章为主要内容,紧密结合我校党的建设、思想政治工作、学校的改革和建设方面的问题开展理论研究,为百年校庆期间召开"双学"经验交流会做好准备。为更好地发挥理论对实践的指导作用,党委要在总结前阶段理论学习经验的基础上,组织有关同志撰写论文,争取在下学期开学时完成初稿。

二、以《中国共产党普通高等学校基层组织工作条例》为依据,切实抓好党的组织建设和作风建设

《条例》是中共中央经过深入调查研究,在认真总结几十年来我国高等学校党建工作经验的基础上形成的,是新的历史时期指导高校党的工作的纲领性文件,是切实抓好党的组织建设和作风建设的重要依据。

1.印发《中国共产党普通高等学校基层组织工作条例》,安排各级党组织进行学习和讨论。根据《条例》的规定和我校党组织的实际情况,有计划、分步骤地修订和完善现行的有关条例和规定，使之逐步与中央颁发的《条例》相衔接，使我校党的工作更加规范和有效。更好地发挥各级党组织的政治核心作用和战斗堡垒作用。

2. 继续做好有关系、部、处领导班子和中层干部的调整、选配工作。进行各党总支的换届选举工作。系级领导班子的干部调整，应充分考虑班子的整体结构和任期内的协调问题。大多数单位的党政班子调整和换届工作，力争在年底完成。

在调整和选配中层干部的同时，认真研究中层干部任期制问题。对上学期初步形成的中层干部任期制草案，要进一步征求有关部门和同志的意见，尽快定稿，付诸实施。

3. 组织党委中心组成员和中层干部研读江泽民同志近期发表的《领导干部一定要讲政治》、《关于讲政治》、《努力建设高素质的干部队伍》三个重要讲话。根据讲话的精神，认真落实我校中层以上干部的思想政治建设、领导班子建设、工作实践锻炼等措施，提高干部的政治洞察能力、思想道德素质和组织领导水平。江泽民同志的三个重要讲话，作为本学期中层干部集中轮训的主要内容。

进一步加强校级和中层后备干部队伍建设，特别要重视优秀年轻后备干部的培养、教育和锻炼。对年轻后备干部的培养，要切实落实各项具体措施，促使他们尽快成熟，走上领导岗位。要立足于学校发展的长远目标，协同学校行政加快年轻学术带头人的选拔和培养，继续探索后备干部和学术带头人培养相结合的路子。

4. 分析上半年对党支部工作的调查摸底情况，以开展“凝聚力工程”建设为主要内容，努力加强党支部的组织建设。10 月份召开教工党支部工作研讨会，统一开展“凝聚力工程”建设的思想认识。年底举办本科生、研究生党支部书记培训班，交流学生党建工作经验，讨论学生党支部工作条例。

党委要重视发挥各离退休支部的作用，支持他们积极开展党内活动。学校要继续认真负责地帮助离退休同志解决实际困难。

5. 结合正在开展的“奉献于事业，服务于人民”的主题活动，重点抓好干部队伍的思想作风建设。大力提倡干部的敬业精神和实干精神，倡导领导班子团结、协作，讲真话、办实事的作风。要按照中央对领导干部廉洁自律的要求和反腐败三项工作的格局，严格对干部的管理和监督。一方面，完善中层以上干部的收入申报、礼品登记、重大事项报告制度；另一方面，严肃查处党员特别是党员干部的违纪违法行为，对已有一定证据的单位和个人的经济违纪违法行为，党委要充分依靠群众，支持职能部门，坚决查清问题。要在党员干部中进行一次学习党纪政纪条规的教育。各处级单位要制订或修订相应的廉洁自律措施，切实保障学校和广大师生员工的利益，进一步弘扬正气，为学校深化改革创造良好的内部环境。

三、认真学习贯彻党的十四届六中全会精神，推进以思想道德文化建设为主要内容的精神文明建设

党的十四届六中全会将集中全党的智慧，研究加强我国精神文明建设的重大问题。这是党中央落实“两手抓”方针的重要举措，是指导我校精神文明建设的行动纲领。

1. 六中全会闭幕后，党委召开常委扩大会议，根据上级党组织的要求，专题研究贯彻执行全会精神的有关问题。各级党组织要认真组织党员学习大会文件，领会全会精神。党委要根据全会提出的要求和确定的任务，分析和总结过去一个时期学校精神文明建设的经验，坚持和完善行之有效的工作制度和工作规范，提出符合六中全会精神、有利于加快我校精神文明建设步伐、有利于培养高素质人才和优化教学科研环境的贯彻实施意见。

2.认真回顾我校贯彻《中国普通高等学校德育大纲》和《爱国主义教育实施纲要》的情况,检查我校为贯彻文件精神制订的配套规定的执行情况,找出薄弱环节,提出切实可行的改进意见。要以六中全会对思想、道德、文化建设方面提出的要求为指南,扎扎实实地开展思想政治教育、职业道德教育和优秀的传统道德文化教育;要进一步整顿校园环境,调整、规范现有的文化、体育、娱乐场所和商业网点,建立一批校内爱国主义教育基地,鼓励开展科技文化活动,活跃学术、科技气氛;要积极促成和配合地方政府整治校园周边环境,努力创造良好的育人氛围。

3.以“求是创新,再铸辉煌”为主题,大力开展迎百年校庆的宣传发动工作和求是传统的教育活动。编印校庆宣传提纲,通过各种传媒,宣传、介绍浙大的百年校史,激励浙大校友和全校师生爱国荣校、共创世界一流大学的精神。

4.制订大学生德育工作考核条例和研究生德育导师考评规范,探索定性与定量相结合的德育工作考核办法,使我校的德育工作在现有的基础上再提高一个层次。

做好今年11月在我校召开的全国研究生德育工作委员会第一届年会暨学术讨论会的有关筹备工作和会务工作,并组织撰写学术论文,深入探讨加强研究生德育工作的理论与实践问题。

四、党群系统的主要日常工作

1.加强本科生、研究生和优秀中青年教职工的建党工作,筹办中青年骨干教师理论培训班,完善学生建党的“三推优”制度,举办各类入党积极分子党建知识和党建理论培训班,加快党员培养、发展的速度。

2.坚持和完善各民主党派、各级人大代表、政协委员季度协商会和例会制度,积极组织他们开展社会考察和调查,发挥他们在我省和学校工作中的作用。

认真贯彻中央组织部、统战部联合召开的全国统战工作会议精神,抓紧做好党外人士的培养、安排工作。帮助民主党派搞好以领导班子建设为主要内容的组织建设。积极稳妥地做好向全国、全省人大、政协和有关民主党派举荐优秀后备干部的工作。

结合百年校庆筹备工作,广泛联络海外校友,积极开展“三胞”及其眷属的联谊活动,筹备建立浙江大学海外联谊会。

3.开展向先进模范人物学习活动,邀请陈金水同志来校作报告。

举行红军长征胜利60周年纪念活动,在师生员工中进行一次革命传统教育和爱国主义教育。

4.搞好三届二次教代会的提案处理工作。召开系教代会经验交流会。

5.加大信息调研工作和政保信息工作的力度,分析师生员工的思想动态。在涉及广大师生员工切身利益的改革方案出台前,认真做好思想政治工作和解释工作,保持学校大局稳定。

6.搞好校园广播电视网建设,建立校广播电视台简易电视演播室。开通本部学生宿舍、食堂和部分大楼的有线电视,建立全校音频广播系统,初步建成之江学院广播电视系统。

7.搞好大学生、研究生的评奖选优、勤工助学、奖学金评定和日常教育、管理等工作。

8.组织团员学习贯彻今年10月召开的第十次省团代会精神,切实加强我校团的思想建设和组织建设。调整之江学院分团委机构,配备分团委干部。加强对之江、东方、莫干山学院分团委工作的领导和具体的工作指导。深化团内“希望工程”和“青年志愿者”活动，使之制度化、规范化。

9.根据省委办公厅和省保密委员会的要求，建立学校保密传真室，加强与省机要局和上级有关部门的信息联系，为学校领导提供具有决策参考价值的材料。

浙江大学档案馆藏，档案号：ZD-1996-DQ-39-2

5.组织、宣传、统战、纪检工作

中共浙江大学委员会关于四中全会决议学习后的检查报告
（1954年）

一、认识问题

中共浙大委员会全体同志在听了中央七届四中全会的决议传达及华东局扩大会议、省委第十五次扩大会议传达后，一致表示坚决拥护并有决心坚决贯彻执行。特别是高、饶错误，我们完全拥护中央的处理，并在这一事件及四中全会关于增强党的团结的决议中，我们接受了下列几点的深刻教育：

一、首先是党的团结的重要性，特别是在我国向社会主义过渡时期中，中央所指出的外部的帝国主义包围，内部为了建成社会主义所必须进行的对于资产阶级的坚决斗争，对农民小资产阶级的彻底改造，这一阶级斗争复杂而尖锐的情况，必然在党内斗争中有所反映，阶级敌人必然在我党内寻找意志薄弱的分子，作为他们的代理人，从内部来分化瓦解我党。如果我们不提高警惕，增强党的团结，使敌人无隙可乘，则有十分危险存在，将对党的事业造成不可估量的损失。因而我们感到中央关于增强党的团结的决议是完全正确而适时的。

二、目前党内威胁团结的主要因素，是我党内目前所存在严重的骄傲自满情绪。这一情绪存在直接影响党内关系正常，威胁到党的团结，每一位党员特别是高级干部，如不及时警惕，加以清算和纠正，则必将使个人主义进一步上升，日益严重，直到个人主义和党对立，在党内进行非法活动，破坏党的团结，而自己成为资产阶级的代理人，最后反党、叛党、成为人民敌人。党中央四中全会这一次指出，我们认为是完全及时的，过去我们认识是十分不足的，把骄傲自满情绪只看成是一般的思想修养问题，而没有把它看成是威胁党内团结的极端严重危险倾向。这次中央指出后，我们才更加引起警惕，从而决心去坚决逐步克服。

三、党内任何一个党员必须提高自觉，提高革命警惕性，反对盲目性，反对个人崇拜，反对自由主义，对任何人必须从追求真理、认识真理、服从真理的精神下去认识其言行。看问题现象和本质必须结合，绝不可盲目个人崇拜。革命警惕必须提高，防止受到任何现象的欺骗而做了不符合于党，对于党有害的事情。对一切危害党的利益现象必须坚决开展斗争，而绝不应该采取个人自由主义态度。吸取这次党内揭发高、饶的错误的经验，加强个人学习，提高政治警惕性和政策思想水平，做一个真正的自觉的共产党员。

四、根据浙大具体环境看来，中央这一次决议，对于我们更有重大教育意义。浙大党委处于和党外人士—高级知识分子的合作的环境,要办好浙大,必须以党为核心,和党外师生员工做好团结工作,而要党外团结好,首先必须党内团结,而党内团结则又必须首先以党委团结为核心,因此浙大党委的团结更有其具体重要意义。其次我们所处的这一统战环境,日常和党外高级知识分子相互接触,思想上必须引起高度警惕,防止资产阶级思想的侵蚀与腐蚀,加强革命警惕性,正确地体现党的争取、团结、改造知识分子政策去和他们相处,从而日益深入地去改造他们,才能完成党所交给我们的任务。

二、几个主要问题的检查

(一)党委团结问题

我们认为:浙大党委 1952 年 11 月改组后,基本上是团结的,党委之间没有发生过什么重大的不团结的事实,但也存在下列重大缺点和问题:

一、党委委员中个别同志个人主义较为严重,为了达到个人目的,以致在党内拨弄是非,挑拨同志关系,企图利用某一人,而打击某一人,以达到抬高自己之目的。

二、党委委员中个别同志骄傲自满,情绪极为严重,以致发展到不能很好虚心相处,向别人学习,而有时以蛮横无理态度对待其他党委同志及下级,对党外工作人员亦然,个人功臣自居,硬要别人服从自己,以致影响到各科之间的正常关系,不能相互很好配合,影响工作正常进行,对党外给党造成一定不良影响。(下略)

三、党委委员之间,存在自由主义倾向,如上述问题,虽曾进行过一定斗争,在党内开展过批评,但及时解决不够,特别是对同志积极帮助不够,解决问题决心不强,党委也有一定的等待其自觉的情绪,积极根据党的原则处理这一问题决心不够,对这些同志交谈帮助亦较少。(下略)

这些现象虽然发生在党委间个别同志身上,但也有一定危险性,而且业已造成党内关系不正常,科与科之间联系配合不够,党委委员间不够融洽,相互猜忌,甚至有不服气别人抬高自己的倾向,如发展下去,则对党委整体也会产生一定影响,甚至造成工作中更大损失。另一方面这也充分表明了浙大党委内部也正如中央所指出的一样,由于骄傲自满这一极端严重危险倾向的存在,是直接威胁和破坏着党的团结。这些思想倾向如不清算和解决,浙大党委的不团结现象必定会继续发展,甚至日益严重,而给党造成更大损失。所以,我们体会中央这一决议对浙大党委来说是完全必要而及时的。

(二)集体领导问题

浙大党委在集体领导上,基本上还是比较注意的,凡是重大问题或新问题,均经过党委讨论作出决议而后执行,党委会还是开得较多,日常工作有的也是大家研究处理的,但也存在着严重缺点。

1. 党委委员集体领导作用没有能充分发挥,特别是对教学工作这一中心任务的领导上,党委全体同志每人都密切注意不够,有的党委委员对教学情况平时了解很少,讨论时很少发言,缺乏钻研教学精神,这是在浙大党委集体领导上一个很大缺点,致使全校这一中心任务,党委不能充分发挥集体智慧加以研究。

2. 党委全体同志均缺乏全面性思考问题,问题讨论分工往往形成分家现象,各人主要只管自己分工工作,很少关心全面工作。党委书记对党务、政治工作等系统考虑研究较少,副书记对行政和教学工作则系统研究较少,其他党委委员也是个人对分工工作去做得多,不是自己分工的工作，有时根本不加过问，平时很少注意关心。因而在讨论中不能充分发挥集体作用研究问题，甚至在研究某一委员分工工作时，其他委员会感到没有兴趣，很少发言。

3.由于以上缺点存在，因而造成在分工后，相互联系不够紧密的现象。首先表现在党委正副书记密切联系不够，有时其中一人处理问题后，另一个人不知道，待知道后，已处理完了，有些意见也不能及时提出研究，其他委员间也是联系不够，具体表现在各党委委员所分工管理之科，各科之间工作联系不够密切，甚至个别科间由于及时联系不够，工作配合上相互多少存在意见。各科负责人也有时需要和其他科联系时，不能主动找另一委员交谈协商，而直接来找党委正副书记，由书记通知另一委员执行，这样显然的削弱了党委委员集体领导作用的发挥。在讨论工作中大家热烈展开争论，深入研究问题不够。

4.党委会有时开得过多，而事先准备意见充分酝酿不够，致临时讨论时不能充分展开，也有时开的一揽子会较多，而严格党委委员的职责、充分发挥每一委员作用不够。会议形成决定后，每一委员切实贯彻不够，甚至有个别决定，决定时有的委员当场思想不通，会上不表示态度，而会后思想对抗，甚至进行非法活动，对抗党委决议之执行。（下略）

5.所以产生以上缺点原因，首先主要是由党委全体同志在思想意识和党性修养都还很差，个人都存在着个人主义、骄傲自满、自由主义、个人患得患失、有一定顾虑等所造成。其次是党委间平时思想交往不够，历史相互了解甚差，党的组织生活不够正常，党委小组未能经常开会，批评和自我批评开展不够所造成的。再次，即为党委负责心不强，缺乏全面观念、整体思想，对集体作用认识不足所造成。

三、对过去工作的基本估计

浙大党委自1952年11月改组后，在执行中央及各级党委关于争取团结、改造知识分子政策及教学改革中各种方针政策基本上是忠实、积极、而坚决的。并在执行过程中，逐步明确了某些问题，并开始已在某些问题上取得了初步经验和教训。如在学习苏联如何结合中国实际、在组织交流教学工作经验与教学法工作经验上、高等学校中如何围绕教学为中心开展政治思想工作，如何对工业大学学生进行马列主义思想教育，如何在教师中适当地开展批评和自我批评，以继续贯彻思想改造，在知识分子中建党以及学校基本建设方面均初步取得了一定经验和成绩。

但另一方面，当前还存在严重问题：主要表现在对教学改革，还缺乏下一步的准备，结合教学积极开展科学研究工作与在高等学校中如何进一步在学校组织制度上学习苏联，为迎接教学改革下一步的任务，积极创造条件不够。学校政治思想工作及改造高级知识分子等基本工作方面均尚未取得系统成熟的经验，与党和国家的要求还有很大距离。其次在某些工作的掌握还摸不到正确规律，有时要求偏高偏急。如1952年年底俄文学习及优等生运动等。再次在学校中党的建设问题，也尚未取得更大成就，尚不能达到各种工作、各部门均有党的一定保证作用，党在数量和质量上均还不够，还需进一步加强。

四、今后如何改进

一、继续贯彻对四中全会决议的学习，继续深入的揭发与发现问题，以加强每一个人的改造，坚决克服个人主义、骄傲自满情绪、自由主义等严重思想品质，以求达到中央四中全会决议中所规定六条之正确坚决执行，切实增强浙大党的团结。

二、党委内建立正常的严格的组织生活,以求达到经常交流思想情况,切实展开批评与自我批评,遇到有问题随时解决。

三、在上述基础上,切实改善党委集体领导,加强每个党委委员的责任心,树立与加强全面观念,工作中力求全面照顾,平时多了解全面情况,关心整体,从而改善党委会议制度,切实发挥集体作用,以增强领导。

浙江大学档案馆藏,档案号:ZD-1953-XZ-4

浙大党委会关于在估计、使用、分排高级知识分子中存在问题的报告

(1955 年 12 月)

一、解放后本校高级知识分子的转变情况

解放后六年多来,本校高级知识分子,由于具体的体会到党对知识分子政策的正确,看到了祖国几年来各方面的伟大成就和受到社会主义建设的远景鼓舞;由于通过了抗美援朝、土地改革、镇压反革命分子,「三反」「思想改造」和肃反学习等各项政治运动的教育;由于通过学习苏联先进经验的教学改革的实践和进行了政治学习,因此一般教师在政治立场上已有了显著的转变,他们从解放初的怀疑我党,害怕我党,对我党采取旁观态度甚至对立态度,而大多数转变为能"拥护党、拥护人民政府、拥护社会主义,愿意为祖国社会主义服务,愿意学习马克思列宁主义"的进步分子。很多过去是落后的,通过这一次肃反学习以后,也在转变中。他们具体的表现是能尊重党的领导,要求靠拢党,对党和国家的各种政策措施一般的能贯彻执行,对于社会主义事业是热爱的,对于学习苏联先进经验基本上是积极的,对于教学工作是认真负责的,一般的愿意改造自己,对于自己的政治历史、社会关系和错误政治态度、政治思想做了交代和批判,对于自己的资产阶级个人主义、自由主义、理论脱离实际等思想和旧的资产阶级教学思想要求改造,对办马列主义夜大学和系统的学习马列主义已成为普遍的要求。(中略)进步和中间的已占本校高级知识分子中的绝大多数,落后和反动的只是少数的一部分教师。

二、存在问题

但是我们对于这样一种政治上的显著转变和他们的历史作用认识不足,存在着正如周总理在中央召开省、自治区、直辖市党代表会议上所指出的对知识分子"估计不足、信任不够、安排不够,使用不当、待遇不公、帮助不够"等问题。现将在估计、信任安排、使用上存在问题检查如下:

1. 对在估计不足方面

(1)对他们过去的业务基础估计不足,特别是对年龄较大的老教师,认为老教师过去所学的是英美一套,现在不适用了,认为他们学习俄文,学习苏联,掌握专业课程进步很慢,掌握教学改革各个环节不如青年教师快,讲课不如青年教师有条理清楚。而对于老教师有长期的教学经验和有的有一定实际生产经验重视不足,对于这种经验的作用估计不足,因此不尊重他们的意见,瞧不起他们,甚至把他们看成累赘,有的还有排挤老教师和"取而代之"的

思想。(下略)

(2)对他们政治思想上的进步估计不足,因老教师社会经历较复杂,历史上一般都有些问题,旧的思想意识较重进步较慢,而我们对错误和缺点的一面印象较深,但是对于解放后六年来由于我党对知识分子"争取、团结、教育、改造"的结果,大多数都有显著转变,愿意为社会主义事业服务,热爱本业,他们要求进步、迫切要求在业务上、政治上赶上去这一点估计不足。对于政治、历史或社会关系较复杂的不是积极的帮助他们搞清问题,放下包袱,而是不愿信任他们。(下略)

2.关于信任方面

(1)主要表现在政治上信任不够。对于政治历史或社会关系较复杂的教师,不能积极地帮助他,搞清问题使其放下包袱,不愿信任他们。(中略)信任问题突出反映在建党工作方面,对于青年学生、助教建党工作做得较积极,对于老年教师就较忽视,他们具备入党条件,提出入党要求,但是我们强调觉悟不够或是业务一般等,而拖延下来直到现在尚未解决他们的党籍问题。(下略)

3.在安排问题上。一般来说在教学工作上,在政治地位上的安排尚称恰当的,但也有少数人安排得不恰当。(中略)另一方面重视新学力量的安排不够,如有些年轻副教授、讲师有一定专长的就没有考虑给予社会地位。

4.在使用问题上,大多数是恰当的,但也有一部分是不恰当的,有的学非所用,有的用非所授。如○○业务水平较好,但行政工作无能,教学效果也不好,如做研究工作很能钻研问题,但担任系主任工作做行政教导就搞不好。再如○○对于制革方面很有经验,但是现在教学工作很差;如○○系副教授○○搞热工很有经验,热工教研组不能解决问题向他请教,但是担任机械系金属工学教学工作很差。化工系○○对搞食品分析有一定专长但目前工业分析、金属分析教学很差,这些显著不合理的情况需要加以调整,以发挥其专长。

三、产生以上问题的原因

1.主要是对高级知识分子互相不接近,互相不了解,有的还采取敬而远之的态度,因而不能全面的了解他们的立场和态度,长处和短处,要求和困难。对于他们的业务情况和政治情况缺乏唯物的、客观的了解和研究分析,如在我校教师的政治历史、社会关系问题上,通过社会调查和几年来的实际考察,已对他们作出结论的很少。在业务上对他们的长处、作用,作具体的分析研究做得很差。因此对他们的政治情况不能作出正确的估计,存在着"思想落后于实际,领导落后于群众"的情况。

2.对知识分子的历史作用认识不足,没有认识到"工人、农民和劳动知识分子的亲密联盟是建立社会主义的基本条件",对于充分发挥现有老教师的作用认识不足,对于通过加强新老教师团结,通过青年教师向老教师虚心学习来培养青年专家重视不够。特别是于要继续提高老教师才能使他发挥更大作用的重要性认识不足,"取而代之"的思想存在较为严重和普遍。

3.在对知识分子的安排使用上,没有重视积极地把他们的对于祖国人民有益专长的作用,放置在适当工作岗位上发挥出来,对于他们过多的社会活动没有加以适当控制而存在本位主义思想,或迁就他们自己不愿调整的落后思想。对这些情况缺乏应有的重视和解决。

4.在对党团员进行党对知识分子政策的教育上没有经常通过具体深入的检查来提高认

识,更没有结合学校情况提出切实可行的办法。因此在一般党团员中存在的错误认识和错误的工作方法没有得到及时的解决。

一九五五年十二月

浙江大学档案馆藏,档案号:ZD-1956-XZ-5

生产实习中支部工作要点

(1956年)

一、基本情况

1. 根据我校1955年到1956年学年,生产实习情况与往年不同,从学校整个范围来看规模是巨大的,人数是众多的,地区意义很广泛,时间拖得很长,生产实习的性质内容也是多样的。

2. 由于过去长期忽视对各级知识分子的建党工作和学生方面的建党进度不快,因而党员的数量和质量受到一定影响。因此今年下厂实习党支部组织的分布情况有三种:

①有条件的能建立党的临时支部(5人以上)几个;

②条件较差的(5人以下者候补党员多,正式党员少)可建立党的小组,有几个小组;

③无条件建立支部与小组(一人至两人)

3. 我校每年下厂进行生产实习,虽然做了不少的工作,也取得了不少的成绩和经验,这是肯定的。但是党的支部工作在生产实习期间如何来领导这一工作的经验很少,并且对这一工作很少研究总结,因此过去各支部对这一工作也没有引起足够重视,这一情况也说明了党的工作不能适应当前学校整个政治任务的要求,为此各支部就必须把这一大规模的生产实习工作作为支部的中心任务,做好广大群众的政治思想工作,作为保证生产实习任务完成的动力。只有这样,党的支部才能真正发挥其在不同厂矿中的战斗堡垒作用。

二、下厂之前做好的准备工作问题

1. 认真做好生产实习前的一切准备工作,是搞好生产实习的重要前提之一。因此各支部必须引起足够的重视,把生产实习的思想动员工作作为支部当时的政治思想工作的中心。为此各支部应协助有关方面,根据厂委的政治工作计划指示及过去存在的问题,做好思想动员,加强对广大群众的政治思想工作。除了一般的进行生产实习动员工作之外,各支部必须亲自对党员及知识分子建党对象进行深入的思想教育工作,具体布置任务,加强考察,充分地发挥其在生产实习工作中积极作用与模范作用。在实习前专门召开积极分子座谈会,树立他们争取入党的信心与决心,进一步地培养他们树立共产党的人生观与世界观。

2. 使生产实习工作能够顺利完成,做好组织准备工作和加强组织领导是保证生产实习任务完成的主要环节之一。因此各支部必须根据党团员及积极分子在实习中的分布情况,有领导地把他们组织起来,正确地挑选领导骨干,配备领导力量,按照党团组织原则建立党团支部或小组。(下厂实习中的支部或小组长均得报党委审批)应有意识地把纯洁的建党对象和积极分子,有领导的适当的安排,明确好职务,交清任务,通过这一工作加强对他们进行深入的系统的考察工作(可以叫积极分子担任大组长或副大组长、小组长)。这一工作要下决心才能做好,各支部书记和组织委员要亲自检查布置,否则建党工作就会落空。

3.要做好生产实习的领导工作,必须做好下厂实习支部工作计划,做好这一工作是有领导、有计划、有步骤地进行生产实习工作的基本一环。为了使计划做到切实可行,必须根据上学年和以往生产实习中党支部工作的基础和党委政治工作计划,并结合本学年生产实习的具体情况。原在支部必须认真的领导下厂实习的临时支部或小组作出工作计划。

三、实习中党支部必须认真做好几个主要工作

1.大力发挥党支部组织的战斗作用,必须明确支部的性质和中心任务是大力的开展政治思想工作,进一步保证与监督生产实习工作计划的完成与实现。

2.加强思想领导,深入做好思想工作,充分地发挥党团员和建党对象及积极分子的积极模范作用。在此基础上,敏锐地抓住先进事物,积极发现先进优秀工作者,抓住优秀人物的事迹,大张旗鼓地开展深入的宣传教育,进而树立正气,批判邪气,以用群众教育群众的方法开展批评与自我批评。结合每一个厂矿工人的艰苦实例进行阶级品德教育,达到提高阶级觉悟,划清思想界限的目的。

3.加强组织领导,发挥组织作用,从组织上来保证这一任务的完成。

甲:加强支部的集体领导,充分发挥支部党团员的集体作用,大力发挥他们在各方面模范性的创造。

乙:加强组织生活,严格组织纪律,严守党的机密,树立组织观念与纪律观念。各支部应注意经常地对广大群众进行泄密事件的检查教育。

丙:积极发现与培养大批的积极分子,全力挖掘潜在力量,为保证生产实习任务与建党工作的完成打下重要基础。

丁:加强党对团组织的领导,充分发挥团的作用。为此各支部必须掌握重点(汇报一个团小组或团支部)做出样子,加强检查、督促工作及发现问题,及时处理问题。

戊:加强党的组织建设工作,结合实习考察和发展新党员的有利时机,进一步扩大党的队伍,加强实习中领导力量。因此提出几项要求:

一、在实习中有条件的党支部应采取外校的经验,在厂矿中进行建党工作,回校后由党委批准。

二、条件差的党小组应集中力量做好积极分子的思想教育准备工作与一切组织材料的准备工作,包括志愿书的申请和申请要求材料,回校后马上发展。

三、无条件的个别党员或两个党员厂矿应集中加强团的领导。

四、实习结束回校以后,必须认真地做好党支部实习工作,检查总结,以便取得经验,为今后实习中党支部工作打下基础。总结的提纲应按照支部工作要点做好后上交党委。

四、应注意的几个问题

1.要做好生产实习工作,保证这一任务的顺利完成。各支部或小组必须加强对厂矿党组织的联系,争取厂矿党委的领导,通过党的组织及时反映实习中的情况与问题,求得厂矿党委了解重视加以解决。

2.学生中的党支部或党员应加强尊师观念,搞好师生关系,争取先生的具体指导,各支部或小组应经常注意检查党团员在师生关系上的情况和问题,针对情况加以研究解决。

3. 为加强党委对生产实习中各厂矿支部的领导,要求每一个厂矿的党支部应及时向党委汇报实习中的思想工作与组织建设等工作情况,及存在的问题,以便取得党委的及时指导。暂定每半月汇报一次。

中共浙大党委会

浙江大学档案馆藏,档案号:ZD-1956-XZ-53

高等学校支部与党外合作共事中存在的问题的初步调查情况

(1961 年 4 月 30 日)

根据我们初步了解,〇〇教研组支部与党外合作共事中存在以下问题。

第一,党政关系上存在着党政不分,以党代政的现象,教研组主任从 53 年以来,一直是党外人士担任,(60 年以后才提拔党员为副主任)。但实际上教研组的大小工作,从教研组的工作安排,讲义的编写,直到教师请假等工作,过去都要党支部管教研组的日常工作,绝大部分都是由教研组秘书处理,而教研组秘书一直都是党团骨干所担任,群众反映:教研组秘书才是真正的教研组主任,教研组主任的作用可以说几乎完全没有发挥,连编写讲义这类业务问题,也没有发挥它的作用。教研组主任讲:"我虽然是教材编写组的负责人,但是他们(指教研组秘书)改了的东西我连知道也不知道。"教研组的一些重大问题,一般要在核心小组(成员有教研组主任、党支书秘书等)讨论,但也只是形式上通过一下,核心小组会是由主任主持的,而几年来他在会上向来没有发表过认真的意见,XX 同志讲:他发表意见也发表不出来,因为第一,上级布置的意见他不了解。第二,平时工作的情况我们没有向他汇报,所以开起会来,他只好说:"你们讲,你们讲。"

第二,青老关系上对老教师不够尊重,不承认差别,没有充分发挥老教师的作用。教研组内老教师有教授、副教授 4 人,他们在浙大教书都有 20 年以上的历史,〇〇有 33 年,但是青年教师包括支部领导,对老教师的尊敬不够,青年中普遍流传着一种看法:院系调整之后,浙江大学好的老教师都调走了,留下来的都不行,所以背后称之为"老家伙","肚子里没有真货色"。60 年教研组举行了两次青老教师的"对手赛",充分反映了这种情绪,支部有意见想通过"对手赛"把老教师"比输",事前帮助青年教师试讲、备课等,事后开会评比,又着重批评老教师的缺点,结果老教师意见很大。〇〇直到现在对当时的批评还不满,他说:"那次会上〇〇(助教)说我,一向教书没有教好过,把我好的一面也全否定了,那我还说什么呢?"

在教学上对他们看不起,在科研劳动和生活上则不承认差别。去年大搞科研和技术革新时,教研组每天搞到深夜,故意不照顾老教师,结果老教师和青年一样,青年干到什么时候,他也干到什么时候,〇〇熬不过,经常偷偷地溜走。60 年双抢中,〇〇不愿意下水田,青年教师出个"点子",要他去水田中间拾稻子。

由于以上情况,老教师作用没有很好地发挥,特别是在培养青年教师方面,青年教师既少向老教师请教,老教师也不认真地帮助青年教师。

第三，先进和落后的关系上，对落后群众批评多，帮助少，使他们感到没有前途，积极性受到挫伤。

先进和落后虽然是客观存在的，但是却由于一些人为的因素，在群众中造成了先进和落后之间的明显界限，其中很重要的一个因素是把教学工作当作一种不光荣的劳动，每学期排课，总是落后群众的教学任务最重，政治上好的不排课或很少排课，专门进修。像59年毕业来校的9个人当中，3个政治质量较好，不仅不担任教学任务，连社会工作也没有；6个人政治质量较差的，每人都要辅导7—8个班(210—240人)，每天备课、改作业到深夜12点以后。(中略)这样不仅违反了把好教师放在教学第一线的原则，影响了教学质量，而且造成了一种"搞教学不光荣"的风气，〇〇(团员)说："好像搞教学工作是对人的一种惩罚。"

产生以上问题的原因，最主要是干部政策水平浅，没有认真学习和严格贯彻执行党的政策，特别是党对知识分子团结教育改造的政策。据我们初步了解的情况来看，支部在贯彻这一政策中，除了上述没有使党外人有职有责，没有充分发挥老教师作用和耐心，团结教育落后群众等问题之外，还存在着以下几个重要的界限不清的现象：

首先是敌我界限不清，往往把人民内部矛盾当做敌我矛盾来处理。

其次是政治和学术界限不清。

再次，是思想问题和实际困难界限不清。

由于政策界限不清，使党群关系受到更大的损害。支部没有很好的贯彻党的政策和党组织的力量薄弱，集体力量没有发挥也有关。

60年以后，支部工作已有明显的改进，今后我们建议：必须提高党的工作水平和党的干部政策水平，严肃执行中央关于党员"三大纪律、八项注意"，特别是要认真贯彻党对知识分子政策的"双百"方针，健全党的组织，加强集体领导。

党委调查研究组

浙江大学档案馆藏，档案号：ZD-1961-XZ-101

关于建立党的纪律检查委员会的通知

(1979年4月11日)

浙大党委〔1979〕210号

根据党章第二章第十三条规定：党的中央委员会、地方县和县以上、军队团和团以上各级党的委员会，都设立纪律检查委员会；和中央纪委第一次全会关于"尽快建立和健全党的各级纪律检查委员会"的指示，结合我校的具体情况，校党委决定着手酝酿和选举产生校党的纪律检查委员会，并设立纪委办事机构，开展日常工作。

现将建立校党的纪律检查委员会的有关事宜通知如下：

一、委员名额

按党章规定，做好准备工作，拟在今年下半年召开校第七次党员大会(或代表大会)民主选举党委会，同时正式选举产生纪律检查委员会。由于目前学校党的工作迫切需要，经党委常委研究,决定先采取临时措施:拟在本月二十日前,和各总支协商,产生校党的纪律检查委员会委员的候选人。然后在本月下旬召开校党代表会议选举产生。

校党的纪律检查委员会暂定由9～11名成员组成。

二、委员条件

根据中央纪委第一次全会通告精神,纪律检查委员会的成员,应选党性强,作风好,有威望的同志担任。

三、选举产生办法

遵照党章第二章第八条、第九条和第十三条规定,按照民主集中制的原则,实行在民主基础上的集中和集中指导下的民主。先由各支部、总支部按纪律检查委员会成员的条件进行充分酝酿,自下而上,提出候选人(本单位或别的单位都可提),报党委组织部汇总,供党委常委研究。确定多于委员名额三分之一的名单,再发至支部、总支部广泛征求意见,然后提交校党代表会议以无记名投票的方式选举产生,报上级党委批准。

党代会的出席人数,原则上每十五名党员推选一个代表,以总支部为单位产生。

中共浙江大学委员会
一九七九年四月十一日

浙江大学档案馆藏,档案号:ZD-1979-XZ-22-1

关于调整基层领导班子的几点意见

(1984年5月10日)

浙大党委〔1984〕28号

各总支、各系:

中层班子调整工作基本结束后,各系、部、处都在建立本单位的基层班子,为了做好这项工作,特提出如下几点意见:

一、基层领导干部的基本条件

(1)必须认真贯彻执行党的路线方针、政策;作风正派,踏实肯干,团结同志;忠于社会主义教育事业,熟悉学校工作,有组织管理能力。

"三种人";反对党的十一届三中全会以来路线的人;有各种违法乱纪行为的人,不能进入领导班子。

(2)基层干部的年龄可从实际出发,尽可能年轻一点。

(3)文化程度:从事教学、科研工作的基层干部,一般应具有大专以上文化程度和讲师职称;从事日常行政事务和生产等管理工作的基层干部,一般也应具有高中以上文化程度。

二、基层干部的来源

(1)从学校实际情况出发,为改变各类干部缺编比较严重的情况,基层领导干部(包括一般干部)主要来源应抽调年轻教师和部分中年教师来解决,如有的系抽调教师确实无法解决的，可选拔极个别各方面表现好的年轻工人担任。

（2）各系的基层干部配备必须由各系自行解决，校机关所缺的干部需要各系支援的，由组织部与各系协商选调。凡选定抽调的教师各系要给予大力支持。

要求广大干部、教师从学校全局出发，支持这项工作，共产党员更要带头服从组织调配。

（3）凡愿意转搞党政管理工作的教师，各级组织必须支持他们，不能阻拦。

（4）现有政工队伍按教育部定编规定缺额较多，且来源困难。因而现任政工工作的同志，除不宜担任政工工作的外，一律不得调任其他工作。

三、系党政干部的设置

（1）党的总支委员会由现任总支委员会在征求党内意见的基础上提名，报党委组织部审核，报党委审批公布；党支部书记由支部大会选举产生，报党委组织部审批公布。（83 年已经改选的支部这次可以不再改选）。

（2）系行政科级和系级的研究所（室）副职，由系主任征求各方意见后提名，报学校党委审查，由校行政公布；

（3）教研室、实验室、研究室均是基层的学术单位，所以这一类型的干部由系主任征求各方意见后决定，报学校备案，学校统一公布。

（4）学校机关党委各部的科级干部，由各部负责人提名，党委组织部审核，党委批准任命；行政处、室的科级干部由处、室负责人提名，党委审查，校行政审批公布。

四、几条规定

（1）凡属党政干部和行政管理干部，在定编过程中，同时评定级别（办事员、科员、正、副科级、正、副处级），享受相应级别待遇。（具体评定办法另订）现任科长，处长等职的同志一般按任职定，不再重新评定。

（2）党政干部和行政管理干部的工资级别，在实施自费工资改革时，按自费工资改革方案，与同届毕业担任教学、科研工作的同志相比，享受从优的待遇。

（3）改革过程中凡涉及其他生活待遇问题，党政干部和行政管理干部不低于同届毕业担任教学、科研工作的同志。

中共浙江大学委员会
一九八四年五月十日

浙江大学档案馆藏，档案号：ZD-1984-XZ-10

浙江大学发展党员工作情况汇报

（1986 年 9 月）

省委组织部：

党的十一届三中全会以后，校党委认真贯彻中央关于“重视在知识分子中发展党员”的指示精神，把它作为一项经常性的重要工作来抓。尤其是把大学生中发展党员的工作当作一项带有战略意义的大事,采取有力措施,取得了一定成效。现在全校教师、科(工)技人员中有党员 1217 人,占全校教师、科(工)技人员总人数的 38.5%,其中教授、副教授(高工)党员 279 人,占高级知识分子总人数的 44%;具有中级技术职称的党员 502 人,占同层次人员的 33.5%。全校研究生、本科生中党员 974 人,占学生总人数的 8.7%。知识分子党员数量的增加,给学校各项工作带来了新的生气,促进了学校教学、科研等各项工作的开展。

(一)

1980 年以来全校共发展党员 1934 名(包括已毕业的研究生和本科生党员),其中知识分子占绝大多数。在发展工作中,我们注意了下面几个方面的问题:

(一)清除"以阶级斗争为纲"和"唯成分论"的影响,划清家庭出身不好,本人历史上有过一些问题或家庭、社会关系复杂同"政治上不可靠"的界限,树立知识分子是工人阶级的一部分的思想,解决了一批从五十年代开始就提出入党申请的优秀知识分子入党问题。党的十一届三中全会后,我们先从几位情况比较典型。争议较大的知识分子入手,来打开局面的。如有一位讲师(现晋升为副教授)曾参加过三青团,直系亲属和主要社会关系多数是地主、官僚和伪军官,有三人被镇压;另一位教授他的几个兄弟侨居国外,本人有过一般历史问题;还有一位副教授(现晋升为教授),他的父亲是国民党高级将领,被我判处死缓,1979 年被特赦。这三位同志虽然很早就有入党愿望,有的多次提出过入党申请,但过去总担心政治上没有把握而不敢发展他们。党的十一届三中全会后学习了党对知识分子的估价和一系列方针政策。全面地分析了他们的一贯表现和对党的认识,特别是党的十一届三中全会后的现实表现,79、80 年先后接收他们为中共党员,一位同志还曾被选为党委委员。这一步的跨出,在中、老年知识分子中引起了很大震动,使一些原来认为自己入党难的知识分子,重新激起了入党愿望和信心。一位台属副教授说:"我以前总因为家庭出身不好,又有港台关系,做事总是小心谨慎,不敢多说一句话。怕招来祸水。现在党在政治上信任我们,我们最需要的就是这种信任。"各系党总支对所在单位凡提出过入党申请的知识分子都重新作了分析,订出发展计划,落实联系人。六年来在教授、副教授、老讲师中发展了 200 多人入党。如省政协副主席、解放初克服了重重阻力从美国回国的老教授周春晖同志根据他多年的愿望,1984 年被批准入党;在教师中党委也很重视新中国培养的优秀中青年知识分子入党,如吴世民、吕勇哉、贾荣庆被派遣出国深造,载誉归国,近年来都陆续入党。

(二)重视在研究生和大学生中的党建工作。1984 年中央负责同志来校视察,对学生中建党工作做了检查和指导,遵照中央和省委提出的一系列要求,学校党委花大力气抓了这一工作,从党内统一思想入手,客观分析学生状况,提出培养考察办法和组织保证措施,各系总支经过几年努力,学生党员从 1980 年只占学生总数 1.3%提高到现在的 8.7%,发展侧重点从毕业班逐步转向二、三年级,改变了以往分配前后党员人数大起大落的情况。现在中等规模和大的系已基本做到年级(或专业)有学生党支部。

(三)为了既积极又慎重地做好发展工作,保证党员质量,各党总支和支部注重对要求入党同志入党前的教育和考察,从组织或制度上采取一些措施:如组织党章学习小组并坚持经常性活动;建立党员分工联系制;聘任兼职组织员做学生建党工作;建立积极分子考察档案;在招生时取得高中配合,物色建党对象等等。对党员预备期期间提出更严格的要求,如规定三个月一次思想汇报。因此已发展的党员极大部分是好的。尤其是教师和科技人员中发展的党员作用更为明显，有些同志表现突出，受到好评。如数学系教授郭竹瑞78年入党以后。已两次被评为省优秀党员，今年又被授予“全国教书育人先进教师”光荣称号，参加全国教书育人讲师团巡回演讲；助理工程师郑建入党后，严格按党员标准要求自己，为维护国家利益，在金钱面前不动心，国家教委决定由世界银行贷款招标引进201套IMS多用户计算机，由他负责验收，但这批货质量较差，验收不合格的终端机达20%，港方人员请求郑建手下留情，事成后可给他一笔酬金。郑拒绝了港方的要求，把情况如实地向国家教委作了汇报，使国家索取了应得的赔偿，免受不应有的经济损失；近年入党的青年教师陈叔平，是由我国自己培养的第一批博士研究生，一直以来坚持又红又专，取得数学博士学位后，担任为工科博士生开课的重任，同时又兼任学生党支部书记，他夜以继日地工作以身作则，深入学生，积极认真地做学生思想工作，受到学生的爱戴，今年被评为校优秀党员。

这几年我们发展的学生党员，多数质量也是好的，以84—85学年评比的三好学生和优秀学生干部为例，据十个系的统计，被评上的有316人，占学生党员数的49.2%。毕业后极大部分表现都较好。如力学系82、83二届毕业生共13名党员，毕业后三名考取博士研究生，有四名被选拔到厅、处级岗位上挑重担。在校学生党员多数也能注意严格要求自己，发挥好的作用，如化工系博士生暨83级硕士生党支部20多名党员，都是近几年发展的。他们在支部带领下团结一致，严格党内生活，开展批评与自我批评，政治气氛很活跃。他们深深感到自己的先锋模范作用既应体现在政治思想上的成熟和进步，也应体现在能出色完成学习和科研任务上，三个年级中历年被评为三好学生的极大部分都是党员。党员的作用带动了其他同学。该支部今年被评为浙江省先进党支部。电机系今年毕业的58名学生党员宣布分配方案后自愿组织“站好最后一班岗”服务队，在宿舍区日夜轮流值班，帮助毕业离校的其他同学打包。联系车辆、托运行李，一一送别后，将每个寝室打扫得干干净净，然后党员们才办理组织关系转移手续，最后离开学校。他们的举动得到老师和同学好评。

（四）重视抓建党工作中的后进单位，促平衡发展。全校190个党支部中也有个别支部长期没有发展党员，如材料系和无线电系各有一个教工支部因人际关系紧张，加上“文革”中派性影响未消除。支部思想工作不力等因素二十年没有发展一个党员，本单位教工意见很大。通过整党和落实知识分子政策的深入，党委和总支狠抓了这些支部，并对做了大量工作仍不见成效的一个支部采取了组织措施。扭转了这种不正常的局面。

（二）

回顾这几年发展工作，主流是好的。通过发表调查、开座谈会，各系总支和支部分析认为优秀知识分子入党难的问题得到了较好解决，在发展中能注意质量，没有不按党章规定的手续发展党员现象。但也存在一些问题和困难。一是在学生建党工作上力量不足，校系的专职政治工作干部少，虽然聘任一些兼职组织员，但教师本身有许多其他工作，多数同志所用时间不多，投放力量不足；二是在学生党员中还有一部分同志的表现不尽人意。据数学、材料、社科三个系分析约有30%—40%的学生党员表现一般。科仪系今年五月份在本科生82、83二个年级中组织了一次群众评议党员的活动，有124位同学自愿参加了对30名学生党员的测评，评议结果认为表现好的党员20人，占67%；表现一般或不够好的占33%。学生党员中存在问题主要反映在(1)入党后放松了对自己的要求。即使意识到自己不足,也不能像入党前那样重视和警惕;(2)满足于洁身自好,对周围的不正风气不敢批评和抵制,在班里显不出一个党员的积极作用。个别的还出现考试作弊、不服从分配、学习纪律松懈和成绩下降等现象,在群众中影响很坏。究其原因:主要是入党前基础教育不够扎实,对党的基本知识理解不深;入党动机不够端正,因考察时间短而未察觉;花在发展工作上的时间过多,影响党内学习和组织生活正常开展;党风和社会风气受一些消极因素的影响等。三是青年教师发展工作做得不够,主要原因之一是青年教师在教研组中作用尚未显现,没有引起足够重视;原因之二是埋头读书,争取出国或报考研究生,提交入党申请报告的人少。

为进一步提高学生党员质量,我们采取了三点措施。

1.上学期在大学生党员中举办业余党校,系统地讲授"共产党宣言""党的基本知识""共产党员应有的形象"等内容,结合体制改革参观先进单位,结束前组织交流并进行考核,普遍反映收获较大。本学期办第二期,学员为研究生党员。

2.各系总支采取多种形式加强对学生党员的教育。教育内容尽量符合青年人特点,做到既严肃又活泼。如学习华怡、曲啸等优秀党员事迹;开展"新时期怎样做一个合格党员"、"学生党员的形象和作用"专题讨论;请新入党老教授谈体会;还有走访部队,向英模学习、开展谈心活动等。此外还注意抓好组织生活使大家过一次党内生活都有一次新的收获,有利于增强党性,做一个合格党员。

3.加强组织领导。调整学生支部建制。充实专职、兼职学生工作干部,更广泛发动教师党员做学生建党工作。

(三)

今后打算。

一、目前全校知识分子中党员数量已不算少,但教师中青年教师党员的比例少一些;学生中本科生党员比例没有达到中央提出的要求。今后要继续认真地做这方面工作,保证质量,成熟一个发展一个,不追求数量,也不受比例的限制。发展重点继续放在青年学生,特别要重视在一、二年级中发掘培养积极分子,经过二三年教育和努力全校各专业(或年级)都有学点党支部,低年级小班有党员。要重视在归侨和侨眷知识分子中发展党员。

二、认真抓好党员的教育工作,特别是学生党员的教育工作。继续办好业余党校,使每一位预备党员在预备期内都能进党校经受一次比较系统的马列主义建党学说和党的基本知识教育,提高党员的素质。注意发掘和推广各系在党员教育工作中的好内容、好方法,把党员教育工作提高到一个新的水平。

三、重视抓好积极分子的培养、考察工作,现在全校有党章学习小组100多个,参加人数千余人,这是党组织联系群众,做好思想政治工作的一支重要力量。电机系在学生中采用每个党员联系2—3个积极分子,每个积极分子联系2—3名同学的办法对改变班风起到了积极作用。我们要很好地指导和帮助这些小组开展活动,发挥他们的作用,从中培养一批成熟的积极分子作为建党对象,计划在本学期末召开一次"党章学习小组情况交流会"。

四、加强发展工作的计划性。每年四季度订出第二年发展计划,落实好联系人。年中作一次检查,按计划保质保量地做好发展工作。

中共浙大党委组织部
一九八六年九月

浙江大学档案馆藏，档案号：ZD-1986-XZ-21-18

关于1988—1989学年组织工作意见及第一学期工作要点

（1988年9月10日）

浙大党委〔1988〕组字第10号

党的十三大报告中指出："新时期党的一切工作，都必须保证党的基本路线的贯彻执行，党的自身建设也必须进行改革，以适应改革开放的新形势。"党的组织工作的根本指导思想是用马克思主义教育党员、干部，提高党员、干部的素质，继承和发扬党的优良传统和作风，更新过时的思想观念，改革不适应新形势要求的组织形式、工作制度和工作方法，保证党的基本路线的贯彻执行。

本学年我校党的组织工作目标为继续深入学习十三大文件精神，统一全党思想，使全体党员明辨是非，牢记自己的历史使命，从而自觉地投身改革；切实加强基层党支部的自身建设，不断改进支部活动的形式，提高活动质量，在发挥支部战斗堡垒作用的同时，更有效地发挥支部对各级领导干部、党员的监督功能；坚持贯彻干部的"四化"方针，不断提高干部在选拔任用中的民主性和透明度，逐步形成选拔、考核、考绩等制度，为推进学校的各项改革发挥应有的作用。

一、贯彻全国组工会议精神，深入理解党的基本路线，改善和加强党员的教育与管理，提高队伍素质，为增强支部工作活力，增强支部战斗力做些扎实的工作。

1. 紧密联系改革实际，加强党内理论学习，使每个共产党员在改革的关键时刻保持清醒的头脑，坚定信心，从而在政治上、思想上、行动上和党中央保持一致，共闯改革难关，党支部须在党总支的部署下，联系党员思想实际，制定本支部的学习计划，党委将不定期地组织党支部书记进行学习。

2. 及时宣传、表彰优秀共产党员的事迹，及时将那些具有坚强党性，有自觉献身精神，全心全意为人民服务，模范地执行党的政策，完成党的任务好的共产党员的事迹作为生动的教材，引导全体党员联系思想实际，讨论在社会主义初级阶段党员的共产主义觉悟和先进性的具体表现，做到交流思想，进一步明确共产党员在新时期应发挥的先锋模范作用。

3. 根据党章规定，"每个党员，不论职务高低，都必须编入党的一个支部、小组或其他特定组织，参加党的组织生活，接受党内外群众的监督"，全体党员都要认真参加组织生活，坚持党内生活的思想性，政治性，原则性，运用批评和自我批评的武器达到党内团结，对丧失共产主义信念，革命意志衰退，不履行党员义务，长期不参加党的组织生活，不交纳党费，公开散布反对党的十一届三中全会以来党的路线的政治观点，个人主义严重等不合格党员，在党内充分评议后，根据"坚持标准，立足教育，区别对待，综合治理"的方针，分别情况处理，以提高党的队伍的素质，增强党组织战斗力。

为严肃组织生活制度，本学年将在部分总支试行党组织生活考勤簿以及部处以上党员干部党组织生活考勤卡,进行组织生活出勤考核,取得经验,逐步推开。

4.疏通党内民主渠道,使党员更多地了解和参与党内事务,本部将在工作范围内及时通报党员普遍关心的党组织内的重要事务,通过开好校第九次党代会和校系两级党组织的换届工作,在推荐、协商、选举几个重要环节中切实保障党章规定的党员民主权利,搞好党委会和纪委会的换届选举工作。

5.党支部要对全体党员提出做一定的社会工作、群众工作的具体要求,例如建立积极分子联系工作等,加强定期检查,这不仅能提高全体党员的组织观念,又能接受群众监督。

6.加强党的组织建设,继续按照“坚持标准,保证质量,改善结构,积极慎重”的原则,做好党员发展工作,发展党员应把重点放在中青年骨干教师和优秀大学生中,要进一步明确在大学生中发展党员的重要性,统一思想,从而加强这方面的工作。

党支部要切实把好发展党员的审查关,把保证质量放在第一位,不管发展什么人,都要按照党员标准进行全面衡量,不能只看一时一事的表现,应进行历史的、全面的考察,通过现实表现考察其政治品质、思想觉悟和对党的路线方针政策的态度。

各党总支要经常关心指导学生党支部的党员发展工作,加强教工党支部和学生党支部的联系,发挥教工党支部的指导作用,加强对党章学习小组的指导,及时总结交流工作经验,逐步完善对积极分子的培养考察制度,形成以党支部为核心的学生思想政治工作的骨干队伍。

拟在第一学期末召开“在大学生中发展党员工作的研讨会”,望各总支认真总结经验,参加交流。

7.为总结工作,交流各支部的经验,提高工作水平,拟在本学年第二学期召开支部工作研讨会,同时本部将编辑基层党组织工作经验,以探讨适合学校特点的党内思想政治工作方法,使党的组织工作水平有所提高。

二、进一步为实现干部队伍“革命化、年轻化、知识化、专业化”而努力,积极推进我校干部制度的改革。

1.认真学习全国组工会议文件,研讨在社会主义建设新时期干部德才标准的具体内容,明确干部德才标准和生产力标准的关系及一致性,从而抛弃离开政绩讲“德才”的陈旧的传统观念,认真做到干部工作为我校各项改革工作服务。

2.增强干部工作的透明度,改革不适应形势的工作制度和工作方法,推进和完善差额选举制度和委任制。

3.本学年第一学期要重点做好我校第九届党委和纪委领导班子候选人的推荐工作,完成党委交给的第九次校党代会组织工作,各级党组织要积极做好思想政治工作,努力做到充分酝酿,民主协商,选举产生好新的党委、纪委领导班子,同时争取在第一学期末完成党总支及校工会的换届选举工作。

4.积极配合校长对各系、部处行政领导班子的遴选和调配,放开视野,走群众路线,积极推荐素质好,有行政管理能力的中青年同志进入领导班子。要十分注意妇女干部和非党干部的选拔和培养。

5.加强学生思想政治工作专职队伍的建设,调整队伍,提高素质,继续选拔优秀大学生补充学生思想政治工作队伍。

6.继续健全后备干部制度,为我校的教育、科研两个中心服务。

7.根据省委宣传部、组织部[1988]5号文件精神,在处以上领导干部中进行马克思主义理论继续教育,以自学为主,适当组织辅导和讲座,参加省委组织的统考。

8.建立有突出贡献中青年专家的人才库,加强调查研究,配合行政为做好知识分子工作而努力。

9.会同人事处搞好填写干部履历表工作。

三、加强组织部自身建设。

1.组织部作为党委的职能部门,每个同志应具有高度的工作责任感、光荣感,努力学习,增强改革意识,增强工作信心,不断改进工作。

2.组织部门每个工作人员要努力做到坚持原则,公道正派,廉洁奉公,遵纪守法,努力增强党性修养。

3.要坚持学习制度,加强调查研究,及时总结经验,及时交流,多做实事,努力提高工作效率。

中共浙大党委组织部
1988年9月10日

浙江大学档案馆藏,档案号:ZD-1988-XZ-28-2

浙江大学贯彻落实中发〔1989〕14号、中发〔1990〕10号和省委〔1990〕6号文件的情况报告
(1990年12月24日)

浙大党委〔1990〕统08号

浙江省委统战部:

根据浙统办〔1990〕26号文件通知精神,我部对一年来贯彻中发〔1989〕14号、中发〔1990〕10号、省委〔1990〕6号文件和全国、全省统战工作会议精神的情况进行了一次全面了解,现综合汇报如下:

一、贯彻落实文件和会议精神的情况。

1.在党内外组织传达、学习和宣传,提高认识,统一思想。

《中共中央关于坚持和完善中国共产党领导的多党合作和政治协商制度的意见》下发后,校党委立即进行了认真的学习和讨论,认为这是爱国统一战线的一件大事,也是我国政治生活中的一件大事,标志着我党领导的多党合作和政治协商,从形成发展逐步走向完善,达到进一步的规范化、制度化。对于推进我国政治体制改革,加强社会主义民主政治建设,反对西方多党制,反对资产阶级自由化,稳定整个大局将起重要的作用,必须认真组织传达、学习和宣传,并部署了传达贯彻的计划。从2月10日开始,先后分层次召开了五个会议:①各系党总支书记及有关部门党员负责人会议。②人大代表、政协委员例会。③各系党总支

统战委员会议。④各民主党派正副主委会议。⑤各民主党派全体成员会议。由校党委副书记吴金水同志等传达文件,并组织大家进行了认真的学习和讨论。各党总支分别召开支部书记会议和全体党员大会传达贯彻文件和会议精神,广泛进行讨论。8月初,我们利用组织人大代表、政协委员,各民主党派负责人和有关群众团体负责人赴普陀山避暑学习的机会,深入学习了中央〔1989〕14号文件和省委〔1990〕6号文件,对学习贯彻文件精神的情况作了回顾,为制定"实施细则"征求了意见。全国统战工作会议结束后,我校于9月15日召开了民主党派支委以上干部会,由党委书记梁树德同志传达了中发〔1990〕10号文件和江泽民同志在全国统战工作会议上的讲话精神。全省统战工作会议结束后,校党委及时听取了会议精神的汇报,由于正值党员重新登记工作的开展,传达贯彻另行部署。会议精神由党委副书记吴金水同志分别在各系党总支书记会议、全体台港澳成员会议和民主党派骨干会议上进行了传达。统战部全体干部多次进行了认真的学习讨论。

2. **认真做好政治协商、民主监督,搞好与民主党派合作共事**。

我校有七个民主党派组织,340余名党派成员,分布在全校各个岗位上,是办好学校的一支重要力量。我们认真贯彻党与民主党派"长期共存、互相监督、肝胆相照、荣辱与共"的方针,积极采取各种措施,充分发挥民主党派和党外人士的参政议政和民主监督作用。具体做法是:①坚持与民主党派和无党派人士的协商座谈制度,学校自1988年6月起建立了"季度民主协商会制度";人大代表、政协委联络小组自1984年起坚持每月一次例会制度。②举荐民主党派成员和无党派人士担任各级领导职务,我校13名各级人大代表中有9名是民主党派成员和党外人士;29名全国、省、市政协委员中,有23名是民主党派成员和无党派人士;有25名民主党派成员和无党派代表人士担任校系两级领导职务,其中担任副校长1名,处长、系主任7名,副处长、副系主任17名。③支持民主党派加强自身建设,首先是领导班子的建设,充分发挥老一辈领导人的作用并着重帮助民主党派培养、考察、选拔同共产党真诚合作的年轻领导骨干,逐步实现领导班子的新老合作和交替。支持民主党派做好成员的思想工作。④积极为民主党派创造良好的工作条件,尽力为民主党派解决办公用房,活动经费和外出活动的交通工具。今年10月,还为民主党派配备了一名专职工作人员,负责各民主党派的联络和处理党派的日常事务。

3. 制定了《浙江大学党委贯彻中共中央关于坚持和完善中国共产党领导的多党合作和政治协商制度意见的实施办法》(见附件一)。这个实施办法是在学习贯彻中发(1989)14号文件的基础上,根据省委(1990)6号文件的精神,广泛征求党内外的意见,先后二次召开各系党总支书记会议和三次召开各民主党派负责人和无党派代表人士会议进行认真讨论基础上拟定初稿并送交每位党委委员进行修改,而后召开党委会专题进行讨论,再次进行集体修改定稿,并以浙大党委(1990)33号文件下达各系党总支贯彻实施,得到了各民主党派的一致好评。

二、贯彻落实文件和会议精神过程中,由于学校党政领导重视,工作是做得比较好的,也取得了一些经验。校党委及时地总结了这些经验,并在全省统战工作会议上作了交流(见附件二),这里就不再重复。我们将继续发扬成绩,克服困难,把学校的统战工作搞得更好。

我们在工作中遇到的主要困难是党的统战工作的重要性、长期性和必要性还没有被全党所理解，在贯彻执行过程中少数同志还有这样那样的认识，这一方面反映我们学习宣传还不够，另一方面有待于进一步学习提高。其次是民主党派的活动经费不足。根据省委〔1990〕6号文件的规定，“基层单位对民主党派成员参加上级组织的会议和活动所需的差旅费，应给予报销。”我校民主党派人数多，有6位是民主党派的中央委员和省主委、副主委，参加会议和活动较多，其他党派成员也要参加上级组织的会议和活动，差旅费开支大，学校感到负担过重。

三、今后进一步落实的打算。

1.深入学习宣传贯彻全国和省统战工作会议精神，拟在最近分别召开系党总支书记，统战委员，各民主党派负责人会议等继续进行传达学习。

2.认真贯彻落实校党委制定的“实施办法”，拟在最近到有关系党总支进行一次了解。今后要定期检查贯彻执行情况。

3.利用自身的优势，积极开展统战理论研究，拟在今年底或明年一月上旬召开统战理论学会第四次年会，认真进行统战理论政策的研究和探讨，继续深入学习、宣传党的统战方针、政策。

4.加强统战部自身的思想建设和组织建设。组织统战部干部认真学习党的统战理论、方针和政策，不断提高理论水平和实际工作能力，并逐步提高现代化管理水平。

附件：（一）浙大党委〔1990〕33号文件（略）

（二）重视和加强党的统战工作（略）

浙江大学党委统战部

一九九〇年十二月廿四日

浙江大学档案馆藏，档案号：ZD-1990-XZ-105-2

浙江大学党员重新登记工作总结及主要整改措施①

(1991年1月19日)

中共浙江大学委员会

根据浙江省委高校工委的部署，我校从去年9月初开始进行党员重新登记的准备工作，10月中旬正式转入登记，至今年1月14日，预定的全部工作已基本结束。在历时4个月的党员重新登记工作中，我们严格执行中央和省委有关文件精神，在高校工委直接指导和全校党员的共同努力下，顺利地完成了任务，较好地达到了预期的目的。现在进行总结，并提出主要整改措施。

一、基本情况

我校共有23个总支、1个直属支部、1个生产工委。全校支部230个，党员2943名。应参加登记的党员为2577人，实际参加2529人，占应参加人数的98.1%。在实际参加登记的

① 本文系中共浙江大学委员会根据浙江省高校工委的部署要求所上报的总结报告。

党员中,准予登记的2467人,占97.6%;参加农村基本路线教育或中途因病待评议表决的42人;因故需暂缓办理登记手续的12人;暂缓登记的6人。其余的未参加登记的48名党员,将在下学期开学后安排进行。

二、各阶段工作情况

党员重新登记的准备工作、学习教育、个人总结、民主评议、党委审批各个阶段联系紧密,一环扣一环。党委围绕这次党员重新登记工作的重点是解决政治方向、政治立场问题,同时也解决做一名合格党员必须解决的其他问题这个中心,既通盘考虑全局工作,又对每个阶段的工作作了具体安排。各总支、直属支部、生产工委按照党委的部署,也认真制订了实施计划。由于各支部有条不紊地开展工作,使全校的党员登记工作得以顺利进行。

(一)准备工作(9月初—10月13日)

1.思想发动与干部培训。1989年春夏之交的政治风波之后,我们多次组织党员和干部学习党的十三届四中全会文件和中央领导同志关于制止动乱、平息反革命暴乱的讲话,联系工作和思想实际进行总结反思,对这场斗争的性质有了比较统一的、正确的认识。但是,对中央在一部分单位进行党员重新登记的决定,在一些党员中存在着种种想法:一是前一阶段已经过多次学习,是否有必要再花这么多时间来学习;二是认为只在少数单位进行这项工作,是不是不信任知识分子;三是担心会不会像1984年整党那样走过场;四是在前年动乱中犯了错误的同志,存在挨整思想,而有的同志,又感到与己关系不大。这些思想具有一定的代表性。我们从东欧政局变化的事实和后果,学校担负培养合格的社会主义事业的建设者和接班人的特殊任务,我们党的现实状况3个方面阐述中央决策的正确性,统一党员的思想。从9月初到10月上旬,党委委员、党员校行政负责人多次组织学习讨论,研究部署党员登记工作。9月24日至10月6日,先后组织了全校党员中层干部和支部书记、总支委员进行培训,并邀请农大有关同志来校介绍试点工作经验。在学校培训骨干的同时,各总支也分别对支部委员进行了培训。通过骨干培训,统一了认识,提高了信心,增强了责任感。与此同时,党委还向民主党派负责人、无党派人士通报情况,听取部分教职工的意见。骨干培训结束后,党委召开了全校党员教授座谈会,要求他们不仅在业务上带头,而且在政治上也要带好头,积极协助支部搞好党员重新登记工作。

2.组织准备。学校成立了党员重新登记工作领导小组和办公室,由党委主要负责人和纪委、党委部门有关负责人参加其中的工作。各总支也相应建立了工作小组。党委和总支对各支部的班子情况逐一进行了分析,对70个支部的班子进行了调整,共选派了23位教师担任研究生支部书记,把博士生全部归入所在教研室支部。通过这些工作,使党员重新登记工作有了良好的组织保证。

3.对党员的政治立场、思想作风和组织表现进行摸底分析。党委根据去年对全校中层干部的考察情况,重点掌握党员中层干部的政治表现和思想表现,同时分析了干部的整体结构。各总支和支部也各有侧重地对班子情况和党员的思想状况、工作状况进行了分析。在正式进入党员登记之前,各级党组织对党员和党员干部的情况基本上做到了心中有数。

4.抓紧进行清查、清理工作。各总支、直属支部、生产工委在准备阶段,都按要求完成了“双清”的总结工作,并通过学校验收。校清查办继续做好拟处理人员的材料工作,为在前年动乱中犯有错误的党员的党内处理提供确切的材料。

5.宣传准备。正确有效的舆论导向和情况交流,是搞好党员重新登记工作的重要环节。电教新闻中心和宣传部对广播、电视、校刊的宣传作了安排,并在校内造成了一定的气氛;党员重新登记办公室作了简报编印的准备工作,在以后的各阶段,共编印 20 期,达近 8 万字。

6.制定了请假制度。印发了统一的考勤簿,落实了层层检查制度,规定了党员请假的审批权限。

(二)学习、教育(10 月 13 日—11 月 10 日)

学习、教育是党员重新登记工作的一项重要内容,是搞好党员重新登记工作的基础。党委强调在学习教育中要坚持理论联系实际,实事求是,讲求实效,有针对性地解决一些带有共性的思想认识问题,使广大党员受到一次坚持四项基本原则,反对资产阶级自由化的教育和党的观念的教育。同时,统一思想认识,为以后几个阶段的工作做好思想准备。

10 月 13 日,转入党员正式登记阶段,召开全校党员大会进行了动员,重点阐述了开展党员重新登记工作的重要性、必要性和深远意义,号召全校党员以对党、对社会主义事业高度负责的精神,把思想统一到中央指示的精神上来,严肃认真地参加党员重新登记工作。

整个学习教育分 3 个专题进行:

第一专题,党的理想信念教育。全校党员听取了《增强共产主义信念,抵御和平演变,做一个坚强的共产主义者》的党课。党课以马克思主义关于社会发展的理论,分析了资本主义社会不可调和的矛盾,指出了社会主义取代资本主义的必然规律,要求全体党员把社会主义的信念建立在科学的基础之上。党课还联系我国和其他社会主义国家的实践,分析了社会主义的优越性和影响优越性发挥的原因。同时客观地分析了国际共产主义运动中的挫折和看待当代资本主义新发展的方法,向党员提出了做一个清醒的马克思主义者的要求。

第二专题,党的宗旨教育。以《坚持全心全意为人民服务的宗旨》为题向教工党员上党课。党课从建党原则、党与人民群众的关系,党的性质等角度,阐述了党必须坚持全心全意为人民服务的根本宗旨。党课重温了我党的历史,指出了当前坚持为人民服务的宗旨,密切党同人民群众的联系是加强党的建设的一个根本问题,它为培养锻炼干部,造就社会主义事业的接班人,保证党和国家长治久安,具有重大意义。党课指出,为人民服务的基本内容是一切为了人民群众,一切向人民负责,相信群众自己解放自己,向人民群众学习 4 个方面。

对学生党员以《确立革命人生观,做到思想上入党》为题上党课。党课密切联系实际,列举了党内存在的种种不符合党员要求的表现,提出了在思想上入党,确立革命的人生观这个学生党员迫切需要解决的问题。

第三专题,党的纪律教育。党员听取了《加强党的纪律,提高党的战斗力》的党课。党课从贯彻执行党的路线,维护党的团结统一,抵御非无产阶级思想侵蚀和加强党同人民群众的联系几个方面阐述了加强党的纪律的重要性。列举了党员在政治纪律、组织纪律和财经纪律方面存在的问题,对加强党的纪律提出了具体要求。在全校党员动员和各专题党课以后,都指定了学习材料和讨论题目。学习阶段,体现了 5 个特点:

1.干部带头、党员重视。全校党员中层干部和党支部书记以身作则,很少因公出差,尤其是党支部书记,基本上做到无人请假,保证了支部党员正常的学习讨论。广大党员严格遵守学习制度,出现了许多克服工作、家庭困难和带病参加学习的生动事例。全校没有发现未办理请假手续不参加学习的情况。据几次党课统计,缺席人数平均在 1%,而且都及时进行了补课。

2.计划周到,安排落实。各支部根据党委和总支的计划,确定本支部具体实施计划。多数支部对学习的时间、地点、讨论题目以及讨论中可能发生的争论或问题都作了安排和预测。发言的同志有不少都预先列了提纲。

3.学风端正,联系实际。这次学习,改变了以前开会传播小道消息,坐而论道的风气,无论是校、系、部处领导还是一般党员,是多次获得先进模范荣誉称号的优秀党员还是犯了错误的同志,都认真联系自己的思想。绝大多数党员通过开诚布公地交流思想,进一步提高了思想认识,增进了同志间的团结;个别犯了错误的党员,又一次分析了原因,放下了包袱;离退休的老同志则表示要保持革命晚节,继续为党的事业奋斗。机械系、能源系个别教研室长期存在工作不协调问题,通过学习促进了这些问题的解决。

4.群众支持。不少支部虽然利用了晚上的时间进行学习讨论,尽可能少占用白天的时间,但是,任务重、工作紧的矛盾依然存在。许多群众非常支持党员学习,主动承担党员的工作任务,使党员和群众的关系变得亲密。

5.形式多样。除党委统一规定的学习内容外,各单位都有一些"创造"。如能源系"党的知识竞赛"活动,医院的"学习知识测验",机关吸收建党积极分子参加学习,部分总支组织瞻仰烈士陵园,重温入党誓词,有的还组织参观了日军侵华图片展览。多种形式的辅助教育,提高了教育学习阶段的实际效果。

这个阶段结束时,各总支进行了交流,并向党委书面汇报了学习教育情况。党委统一作了验收。

党员申请登记时间规定为11月1日至20日。我们一方面强调自愿,另一方面又强调时间,并印制了统一的申请表格。

(三)个人总结(11月10日—11月25日)

经过前一阶段的学习教育,党员的思想认识普遍有了提高,从11月10日起,各总支先后转入个人总结阶段。个人总结既是对学习阶段效果的检验,又是下一步民主评议的基础。根据中央和省委的精神,党委对个人总结提出了明确的要求。总结时限从1985年6月整党结束起;总结内容包括1989年这场政治斗争中各阶段的思想认识、实际表现和民主评议党员的5个方面;总结必须实事求是,联系实际,以写实为主。为了写好小结,我们还专门召开了支部书记会议统一了原则。

绝大多数党员对个人总结非常重视。很多党员又一次学习了有关文件、材料;有的通宵达旦,废寝忘食;有的文斟字酌,多次修改。许多党员反映,这样认真的总结二十几年来还是第一次。

个人总结的审核分层次逐级进行,大家都是严肃、认真、负责的。半数以上的党员经审核后都不同程度地进行了修改、补充。一部分同志修改2—3次,少数达到4次,个别同志甚至修改到第5次才定稿。修改的内容,多数属于政治立场和政治方向方面的问题。党员普遍认为,个人总结的过程是在前一阶段学习的基础上进一步消化吸收、提高认识的过程。

在进行个人总结和进入民主评议阶段中,各支部都组织力量认真听取党内外同志和民主党派成员的意见和建议。有不少总支还具体规定了征求意见的最少人数。力学系总支印发了党员测评表,回收率达80%。化工系总支征求教师意见的面达到90%。党办、校办、组织部、人事处等与基层联系较广的部门,还组织力量听取有关单位同志的意见。多数群众和民主党派成员看到党员的诚意，都毫无保留地交换了意见，不少批评意见单刀直入，真正做到了坦诚相见。支部及时反馈这些意见，使党员更正确地看待自己，更客观地写好个人总结。

（四）民主评议（11 月 25 日—12 月底）

民主评议是党员重新登记的又一个重要环节。在完成党员个人总结审核、广泛开展谈心活动、征求党外群众意见，比较清楚地掌握本支部存在的主要问题之后，于 11 月 25 日至 30 日先后转入民主评议。民主评议的关键在于正确评价自己和别人的成绩、缺点，正确使用批评与自我批评的武器。我们的做法是：

1. 在正式评议前，各总支部召开了党员大会进行动员，明确评议的重点主要是政治立场、政治方向和党员作用几方面。除了肯定成绩以外，更重要的是要找出问题，找出差距，明确方向。通过动员，使党员统一了思想认识，多数党员不但有了接受批评和向别的同志提出批评的思想准备，而且不少同志还有了吸收批评意见的愿望。

2. 多数总支和支部都做了过细的工作，对党员的个人总结进行分析比较。不少总支在评议前召开了个人总结交流会。对群众意见比较多的同志进行个别谈话，帮助他们找出问题的症结，启发他们正确对待别人的批评意见。对个别评议中可能发生争论的同志，都作了实事求是的分析。有的同志由党委亲自过问，基本上避免了评议中出现僵局的情况。

3. 各总支在动员和分析情况的基础上，认真组织党员学习《反对自由主义》、《共产党员要接受监督》、《关于党内政治生活的若干准则》等文章，讨论了如何正确对待批评和自我批评。大部分党员都表了态，表示一定有则改之，无则加勉。

4. 各级干部在开展自我批评的基础上带头开展批评，一些平时表现很好、在群众中威信较高的老党员也带头找自己的缺点，使多数支部在评议一开始就有了一种严肃、认真、和谐的气氛。一些年轻的同志听了老同志的总结，主动要求改写；个别老同志讲到激动处，流出了眼泪。机械系等总支为了使民主评议更有实效，以点带面，先进行了试评。全校绝大多数党员对评议工作十分认真，校领导和中层干部一般近半天评 1 人，一般党员也要评 1—2 小时。不少学生和教工支部为了不影响学习、工作，连续“作战”，有的甚至评议到凌晨。

5. 认真写好支部意见，慎重作出组织处理。支部意见是支部对党员几年来政治、思想、工作表现的综合评价，是党员最关心的问题。党委明确规定强调实事求是，以写实为主，并印发了“参考意见”。支部意见同党员本人见面，允许党员提出意见，以事实为依据进行修改。少数同志的意见，就是经过多次修改才定下来的。对犯有错误的一些同志，多数总支亲自把关，党委也派同志进行检查指导，使这些同志口服心服，思想上受到触动和教育。

进行必要地、恰如其分地组织处理，是保证党员登记不走过场的一个重要的措施，是一项政策性很强的工作。在认真学习有关政策，把政策交给党员群众的基础上，对拟给组织处理的同志，党委和总支从党员登记工作一开始就进行摸底了解。支部和总支的同志多次谈心、交换意见，还帮助支部的其他党员统一认识。为了避免因工作不细出现意外的表决情况，对一些情况比较复杂、党员意见分歧比较大的支部，党委作出了相应推迟评议或表决的决定。从全校评议的情况看，绝大多数支部都是严格按党性原则和党委的要求开展工作的。

（五）党委审批与总结验收（1 月 5 日—14 日）

党员登记表由总支审核，签署意见，报党委审批。对暂缓登记和不予登记的党员，由总支负责谈话并核实材料。这项工作全校进展顺利。1 月 5 日，各总支、直属支部、生产工委向党委写出书面报告。党委对总支的验收工作1月14日全部结束。19日召开全校党员大会，进行了总结。

三、收获与体会

从学校总体情况和党员重新登记工作的全过程看，我校的党员重新登记工作搞得是比较成功的，较好地达到了中央和省委提出的要求，在党内统一了思想，坚定了信念，增进了团结，鼓舞了斗志。我们的主要收获是：

(一)坚定了对党的领导和社会主义事业的信念。全体党员结合学习文件，认真分析了我国1989年春夏之交这场政治斗争的性质和根源，分析了最近1年多来东欧发生剧烈政治动荡的原因及其严重后果，多数同志，包括部分原来思想上还存在一些疑问的同志，对当时中央为制止动乱和平息反革命暴乱所采取的一系列决策的正确性，在感情上发生了变化，从思想认识上提高了一个层次。不少同志说，那时中央的声音不是听不到，而是感情上没有转过来，所以听不进去。通过对社会主义和资本主义本质特性的分析，多数党员认识到把对社会主义的信念建立在科学的基础之上的重要性，明确了必须透过现象，从本质上认识社会主义必胜的道理。从而使更多的党员对中央一再强调的坚持四项基本原则，反对资产阶级自由化在建设有中国特色的社会主义事业中的深远意义有了更深的理解，进一步坚定了信念。

(二)产生了加强马克思主义理论学习的紧迫感。许多党员在学习讨论和民主评议中谈到1989年政治风波中产生思想迷惘的原因，最重要的一条是在错综复杂的情况下缺乏以马克思主义的立场、观点、方法分析问题的能力，往往被表面现象所迷惑，意气用事。一部分在这场风波中做了错事的同志，感受更加深刻。不少党员认为，作为一个教师，尤其作为一个党员，担负着教育下一代的任务，光有对党朴素的阶级感情是不够的，还必须掌握一定的马克思主义的基本理论。中层以上干部表示要合理安排时间，制订学习计划，进行比较系统的马克思主义的理论学习。

(三)增强了党性观念和党员责任感。党员认真总结回顾了几年来由于削弱和淡化党的领导给党的工作和思想政治工作带来的危害，解剖了自己的政治、思想、工作表现，对党员必须严格执行党的政治纪律、组织纪律，树立全心全意为人民服务的精神有了更深一步的理解。不少党员表示，以前不少都是以“良心”办事，今后一定要以党性办事，把本职工作与实现远大理想结合起来。学校担负培养社会主义事业的建设者和接班人的重任，党组织在学校的政治核心作用能否充分发挥，对人才的培养有很大影响，而党的核心作用，要通过每个党员的努力才能发挥。教工党员表示要以身作则。教书育人，既要在群众中、在学生中树立良好形象，又要尽心尽责，完成培养人才的根本任务。学生党员表示，今后不能只满足于管好自己，更应该看到自己是党员，要用自己的行动去影响同学。

(四)批评与自我批评的作风有所恢复。在民主评议之前，不少同志对能否开展批评与自我批评还比较担心，怕搞不起来。在评议过程中，由于干部带头，党员消除了疑惑，绝大多数党员都较好地开展了自我批评，多数支部开展了同志间的相互批评。有的支部在原则问题上敢于开展严肃的批评，惩前毖后，治病救人，较好地运用了批评的武器。多数党员认为，这种善意的、出以公心的批评，使人感到亲切，容易接受，希望这种好的风气能保持和发扬。通过批评、自我批评和各种谈心活动，增进了党员之间的团结。一些原来有过意见、有过隔阂的同志或单位，关系得到了一定的改善；有些多年没有解决的问题，出现了良好的转机；个别犯了错误的同志，得到了真诚的帮助，重新鼓起了勇气。

（五）改善了党群关系，提高了党在群众中的威信。在党员重新登记的几个阶段，党委多次召开民主党派和有关人士座谈会，通报情况，听取意见。各总支、各支部广泛听取了党内外群众的意见。我们的工作得到了党外群众的支持和关心。群众对党员重新登记工作的主要做法和取得的成绩是肯定的，对党组织的信任表示感激。有的民主党派成员深有感触地说，我们国家只有中国共产党才能担当得起领导的重任，衷心希望党建设得更坚强。这样，我们国家才有希望。

（六）党组织的战斗力有所加强，并发现了一批党员骨干。各级党组织，特别是各党支部在这次党员重新登记工作中发挥了十分重要的作用，他们既严格按照党委和总支的部署进行工作，又较好地发挥了主观能动性，采取了一些切合实际的行之有效的办法。整个党员重新登记工作过程，支部班子经受了锻炼和考验。实践证明绝大多数支部是能够较好地发挥战斗堡垒作用的。在党员重新登记工作中，我们注意考察干部，发现了一批政治上较强、具有一定工作能力，在群众中威信较高的党员骨干，为我校后备干部队伍建设增添了力量。

（七）开始对学校各方面的工作起推动和促进作用。在党员重新登记工作中，各级党组织认真结合本单位、本部门的工作，找出存在的问题，提出解决的途径。现在，多数总支和支部都在与行政一起认真制订整改措施或发展规划。党政工作进一步协调，党员和群众的精神面貌都发生了一些新的可喜的变化，增强了齐心协力办好浙大的信心。如后勤系统开展了优良服务月活动，工作质量又有新的提高。

在党员重新登记工作中，我们有 4 条主要体会：

(1)党委必须不折不扣地贯彻执行中央、省委的指示精神，制定符合学校实际的具体的工作方针，并且把工作的目的、意义、要求、方法、步骤向各级党组织和全体党员讲清楚，使党员心中明了。要不折不扣地执行中央和省委的指示，党委必须首先认识党员重新登记工作的重要意义和目的，统一思想认识。暑假前后，党委除多次组织学习有关文件、讲话材料外，还重点分析了全校党组织和党员的状况，吸取了省内外兄弟院校的一些成功经验，进行了大量学习、教育阶段的材料准备工作，以及组织准备工作。在工作的各个阶段，党委都作了认真研究和部署，共召开过 14 次党委会议专门讨论、研究。与此同时，校党员重新登记办公室也召开过 26 次会议研究工作。在执行过程中，必须从严要求，职责分明，一级抓一级，支部抓党员；对各个阶段，必须及时检查，严格把关，绝不走过场。这些是做好工作的基本保证。

(2)必须始终贯彻实事求是的原则，把思想教育放在首位，以教育、团结广大党员、增强党组织的凝聚力和战斗力为根本目的，创造一种严肃、认真、生动、活泼的政治气氛，正确使用批评和自我批评的武器，才能使广大党员在思想上受到触动，得到教育和提高。

(3)通过党员重新登记工作，我们看到了党组织和党员中蕴藏的巨大潜力，看到了党员表现出来的自觉的组织纪律观念和对充分发挥党在学校的政治核心作用的强烈愿望。这使我们进一步坚信：浙大的广大党员是好的，浙大的党组织是有战斗力的，关键在于党委要充分调动这种积极性，把潜在的力量发掘出来。广大党员迫切希望党组织充分信任他们、依靠他们，让他们更多地了解、参与学校的工作，提供更多的能让他们发挥作用的机会。作为党组织，必须真心实意地依靠广大党员，只有把党的政策原原本本地告诉广大党员，使它变为党员的自觉行动，我们才有可能收到比预想更好的效果。而充分发挥党支部书记的作用，是把工作落到实处的关键。在这次工作中,这些在第一线的党务工作者,不计时间,以搞好工作为己任,发挥了决定性的作用。如果没有这些同志的努力,没有广大党员的配合,要取得良好的效果是不可能的。我们同时也体会到,只有真正聚精会神地抓党的建设,党的战斗力才能得到加强。

(4)广大党外群众、民主党派和无党派人士对我们的支持和信任,是我们做好工作的宣传基础。党必须密切联系群众,把群众动员起来,组织起来,为实现共同理想而奋斗;党必须扎根于群众之中,自觉接受群众的监督,才能不断增强战斗力,永远立于不败之地。

四、存在的问题

在肯定成绩的同时,我们也看到存在的问题,主要是:

(一)少数党员对党员重新登记工作的意义没有很好理解,思想上重视不够、触动不大。因此,对重大政治原则问题的理解仍然不够清醒。诸如对党的领导、社会主义、社会主义民主与法制这些问题,在深层的思想认识上还存在一些模糊观念;对党中央制止动乱、平息暴乱的决策还不能从事物主要矛盾的角度来分析,而过于强调党内的腐败现象;有的同志虽然行动上没有表现,但思想上存在的问题并没有得到彻底解决。这种情况,在社科和文科系中的反映比较明显。而整个党员登记工作限于时间和各总支现有条件,还不能很好地解决这些深层的思想问题。这说明我们今后在思想战线上的任务仍然很繁重。

(二)各总支、各支部之间存在不平衡现象。这与各总支和支部的组织领导水平、重视程度以及各单位的具体情况有关。这些不平衡情况主要反映在3个方面:第一是各总支的工作状态不平衡,建工、信电、机械、物理、机关、能源等多数总支认真负责,收到的效果比较好;工商、科仪总支抓得不够有力,效果相对较差。第二是个人总结与支部意见不平衡,多数支部按规定办事、严格要求,总支严格把关,但也有的讲好话多,甚至在实质性问题上避重就轻、模棱两可,总支审核也不够严格,致使这些同志的党员登记表不能很好反映本人的真实情况。第三是党员个人收获不平衡,而且差距比较大,少数态度不够端正的同志,抱着一种无关紧要的思想没有多大的收获。

(三)开展批评和自我批评与前些年相比跨出了一步,重新开了个头,但多数支部认为批评比较软弱,语气比较婉转,在坚持党性原则的前提下,民主评议时针锋相对的批评不够。在支部意见栏中,有的批评意见又变成了“希望”。另一种情况是,在开展相互批评中,少数同志解释较多,有的还带有一些个人的恩怨和成见,批评的气氛较差。

(四)一部分总支结合党员重新登记工作,解决了一些长期遗留的团结问题或工作不协调问题,并且提出了比较详细的整改措施。但少数总支整改措施写得比较简单,需要充实完善,增强可执行性。有一部分单位存在的团结方面的“老大难”问题仍得不到解决。

五、主要整改措施

制订整改措施的目的:巩固和发展党员重新登记工作的成果。抓紧进行马克思主义的宣传教育和理论学习、党的自身建设和思想政治工作、群众工作和统一战线工作,坚持四项基本原则,反对资产阶级自由化。确立党在学校的政治核心作用,发挥党的工作和思想政治工作的优势。坚定社会主义办学方向,忠实贯彻执行党的路线和方针政策。团结全校师生员工,为推进我校综合改革、为实现学校的总体奋斗目标而努力。

主要整改措施如下：

(一)加强对马列主义的学习和研究，提高全校党员的理论素养。加强校级领导班子的马克思主义理论学习，从下学期开始，除积极参加上级组织的马列培训班的学习外，党委中心学习组要切实安排落实学习计划，并对总支的马列学习进行指导。中层干部除平时自学外，组织相对集中的培训学习。各总支配合党委抓好对支部书记和总支委员的学习安排和指导。

下学期成立浙江大学党校，承担部分党员和干部理论培训任务，进行马克思主义理论学习和教育，对党员和党外积极分子进行比较系统的党的基本路线和基本知识教育。

办好"马克思主义理论与思想政治教育研究所"，按照马克思主义理论与思想政治教育、学术研究、日常思想政治工作相结合的原则，开展马克思主义理论与教育、思想政治工作、党建工作研究。在已有前两个研究室的基础上，拟在2月初成立党建研究室，确定研究课题，撰写研究论文，指导党建工作。

(二)建立党内目标管理制度，制订和修订党委、总支、支部工作职责和工作规范，制定和完善党内生活的各项规章制度和党委、总支两级党课制度。党建工作的重点在今后几年中放到支部，要通过制度调整，切实保证支部在所在行政部门重要工作决策中的作用；5年内完成对全校支部书记的轮训和上岗前的培训工作；对学校党政工作中的重大问题，及时向支部书记通报，征求意见；建立定期召开党员代表会议制度。

(三)贯彻党管干部的原则，从我校目前实行的领导体制的现状出发，积极稳妥地改革和完善干部管理体制及工作制度，切实加强党对干部的管理。鉴于目前总支和支部人员缺乏的现状，要采取必要的措施，把一部分政治素质较好，有一定党务工作能力，在群众中威信较高，并且立志于党的工作的同志提到合适的岗位上来。对党员干部，要加强培训和考核工作，要加强群众对干部的监督，使他们在群众中保持较高的威信。

(四)加强思想政治工作队伍建设，提高专兼职人员的理论水平和业务素质。对学生要严格要求，制订和完善规章制度。特别要强调把德育放在首位，坚持进行四项基本原则、反对资产阶级自由化的教育。把正在进行的学生记实综合考评、增加学生实践、实习、劳动环节、进行健康有益的校园文化建设等项工作进一步抓落实。在教职工、特别是党员教职工中，要经常进行教育和检查，做好教书育人、服务育人、管理育人工作。

(五)坚持和完善中国共产党领导的多党合作和政治协商制度，认真执行校党委《贯彻中央关于加强统一战线工作的实施意见》，对已有的季度民主协商会、民主党派和党外知名人士座谈会、谈心会制度要继续完善，提高质量。各总支要经常召开一些民主党派成员座谈会，通报工作情况，了解他们的要求，党员要善于同民主党派成员做知心朋友。校党委要帮助各民主党派搞好班子建设，积极慎重地帮助他们完成班子的新老交替。总之，要通过我们的努力，充分发挥他们在促进"一国两制"，和平统一祖国中的作用，发挥他们在学校各项工作中的作用。

(六)进一步加强党与群众的联系。党委要把密切联系群众提到战略高度来认识，认真制订贯彻中央关于做好工会、共青团工作的实施细则，定期研究工作。对近几年已经形成的一些联系群众的制度，要继续坚持、完善，同时扩大群众民主参与学校管理的渠道，增强决策的科学性，调动广大师生员工的积极性。各级党组织和全体党员要建立自觉接受群众监督的观念。各级党组织要建立定期听取党外同志意见的制度，把接受群众监督的工作落到实处。

关于整改措施的具体实施意见，我们将在党群工作“八五”计划中拟订。

浙江大学档案馆藏，档案号：ZD-1991-XZ-17-1

浙江大学进行党风和廉政建设检查的情况

(1992年6月25日)

为了贯彻落实邓小平同志南巡重要谈话精神，切实抓好党风和廉政建设，根据中央纪委、省纪委、中纪委驻国家教委纪检组对今年工作的要求以及省高校纪工委的部署，我们会同学校监察处对我校的党风和廉政建设进行了检查，现将情况汇报如下：

一、领导重视，把党风廉政建设检查作为一项重要工作来抓

党委重视。党委重视是搞好党风廉政检查的重要保证，我校收到省高校纪工委“关于进行党风和廉政建设检查的通知(即高校纪工委1992年5号文件)后，向学校党委作了汇报，校党委书记梁树德同志批示纪委认真组织自查，并把自查情况报党委。校纪委会同监察处制定了进行党风和廉政建设检查的实施计划，由校党委批转各单位遵照执行；校党委书记梁树德同志还在全校的总支书记会议上作了动员并提出了具体要求。各总支按照学校的统一部署，认真组织实施。

周密安排。上半年各项工作多、任务重，学校的中心工作教学、科研和生产十分紧张，加上组织、宣传、统战、工会等各条线上下达给基层的工作很多，有的单位觉得时间不够用。我们要求各单位统筹兼顾、合理安排时间，在实践中做到三个结合：即把进行党风和廉政检查同学习贯彻邓小平同志南巡重要谈话结合起来，加深对邓小平同志“两手都要抓，两手都要硬”等一系列重要谈话的理解，提高全面贯彻邓小平同志南巡重要谈话的自觉性；把进行党风廉政检查同加强组织建设，充分发挥学校各级党组织的政治核心作用和战斗堡垒作用结合起来，提高从组织上、制度上加强党风廉政建设的自觉性；把进行党风廉政检查同深化学校的综合改革结合起来，全面推进学校三育人的根本任务，以及教学、科研、生产等各项工作。力学系在党风廉政检查中结合自身的实际，认真学习邓小平同志重要谈话，制订了全面提高教学、科研水平的措施，争取使系里的各项工作再上一个台阶，摘掉“贫困系”的帽子。哲学系在党风廉政检查中召开教师座谈会，在听取意见的基础上召开总支扩大会议，请各党支部书记、系工会主席，兼职监察员参加会议，认真听取他们的意见和建议。数学系总支在党风廉政检查中，认真找了存在的问题和不足并制订了相应的整改措施。

二、校党政班子重视自身的党风廉政建设

校党委历来十分重视校党政领导班子自身的党风廉政建设，把搞好领导班子的党风廉政建设作为加强党委思想建设的重要环节，抓紧抓好。一是列入党委议事日程。党委把党风廉政建设列入加强党委自身建设的重要议事日程，定期组织党政领导班子成员学习党的路线、方针、政策，不断提高贯彻党的基本路线的自觉性，并结合领导班子的民主生活会，定期对党风廉政建设情况进行自查。二是重视制度建设。党委十分重视加强党风廉政的制度建设，使之制度化、规范化。先后制订了《中共浙江大学委员会工作规则》、《浙江大学党政负责人廉政建设七条》等制度，并汇编成册下发党委各部门和基层各党总支，认真接受党委各部门和基层党组织的监督。三是根据新的形势及时提出新的要求。在党风廉政建设上，党委不满足于现有的成绩，根据新的形势新的情况及时对自身的党风廉政建设提出新的要求，今年以来就先后制订了《关于学校党政领导深入基层、调查研究、帮助工作的决定》，《关于在内宾接待工作中实行工作餐制度的通知》，《关于校党政领导来访接待日安排》等制度性的条规。四是以身作则，模范带头。学校党政领导都能自觉遵守《党章》、《准则》及党委自身制订的各项制度，要求下级做到的自己首先做到，要求下级做好的自己首先做好。学校党政领导在群众中有很高的威望，教职工普遍反映党政领导班子是学校的好带头人。没有发现学校党政领导有任何违背《党章》、《准则》的人和事。

三、结合实际，注重实效，通过党风廉政检查进一步促进党的建设

在党风廉政检查中我们注意联系学校的实际、注重实效，把党风廉政检查作为加强党的建设的重要工作来抓，防止图形式，走过场。

1. 明确检查内容。这次党风廉政检查中，我们把系级党政领导班子和中层干部作为重点，检查的内容突出了以下几点：一是各单位党内的政治作风、组织作风、思想作风、工作作风、生活作风和学习作风等是否符合《党章》和《准则》的要求；二是党政领导坚持“两手抓”和“三育人”的具体情况；三是党政领导密切联系群众，遵纪守法，秉公办事，清正廉洁，勤政为民的具体措施和工作成效；四是《中层干部廉政建设八条要求》和各部门制订的廉政措施的贯彻落实情况；五是本单位领导工作中的重大失误、重大事故及严重违纪事件的处理情况和吸取教训，加强教育的情况。由于检查内容明确，各单位能够有的放矢地、有针对性、有重点地解决本单位存在的主要问题。

经各单位自查和学校纪委、监察、审计等有关部门所掌握的情况综合：我校没有乱办班、乱收费、乱发文凭的情况；在出国、评定职称、招生和分配等工作中无不正之风；没有发现用国家事业经费请吃送礼和用公费旅游的情况，也没有用公款超标准装修住房的情况。（下略）

2. 重视党风廉政制度建设。党风廉政建设，一靠教育，二靠制度保证。我们在党风廉政建设的检查中注意加强党风廉政制度建设，目前已建立健全了三项经常性的制度：一是把党风廉政建设和党风廉政检查作为各党总支民主生活会的内容之一，每学期工作结束前进行一次，每年二次；二是根据改革开放的形势，对各部门 1989 年制订的《廉政措施》进行了修订，修订的重点突出本部门的行业特点和增加勤政为民的措施；三是中层干部每年进行一次党风廉政自查，采用的形式是对照学校对中层干部党风廉政的八条要求，填写“党风廉政勤政自查表”。实践证明，这三项制度促进了我校的党风廉政建设，有利于领导班子和党员干部的思想建设。

四、存在问题和下一步工作

1. 存在的主要问题：这次党风廉政检查中，客观上由于教学、科研等各项任务比较重，又处于学期结束前夕，各项工作都要告一段落，加上毕业生分配、离校、学生期终考试等其他工作，各项工作确实比较多。因此少数单位思想上重视还不够，工作上有单纯为检查而检查地完成任务倾向。

2. 下一步打算：这次党风廉政检查我们还有三项工作将继续做下去：一是开好各党总支

的民主生活会,把党风廉政检查和党风廉政建设当作各级党组织的一项议程,当作民主生活会的内容之一。二是深入抓好党风党纪和廉政方面的教育。我校纪委和各党总支今年上半年在这方面已经做了大量工作,如及时组织党员、干部学习中纪委、省纪委的重要文件,放映党风党纪专题教育片,举办报告会,参观"浙江省惩腐倡廉展览"等,今年下半年要继续抓好这方面的教育,贯彻教育在先的原则。在当前一方面要教育鼓励党员干部,增强改革开放意识,大胆改革,勇于实践,敢闯、敢冒;另一方面也要教育党员干部自觉坚持"两手抓",注意继承和发扬党的优良传统和作风,自觉抵制金钱、物欲和各种腐朽思想的侵蚀。下半年我们准备对从事经济工作的单位进行一次普遍调查摸底,在此基础上可以更有针对性地教育从事经济工作的党员、干部:环境越宽松,越要严格要求自己,改革开放的事业要大胆地去干,拒腐防变的头脑要永远清醒。三是进一步完善党风廉政的制度建设,在上半年各单位修订党风廉政制度的基础上,我们准备在下半年加以收集整理,并推荐好的单位和好的措施,并在实践中继续加以补充和完善,更好地用制度来监督和制约,有效地防范各种腐败现象。

附件:(略)

1. 关于学校党政领导深入基层、调查研究、帮助工作的决定;
2. 关于在内宾接待工作中实行工作餐制度的通知;
3. 关于校党政领导来访接待日安排的通知;
4. 节约人力物力、整顿校园环境的通知;
5. 浙大 1992 届毕业研究生、本科生分配工作情况。

浙江大学纪委

一九九二年六月二十五日

浙江大学档案馆藏,档案号:ZD-1992-XZ-272-3

关于成立学校宣传工作领导小组的通知

(1993 年 4 月 29 日)

浙大发办〔1993〕32 号

各系,各部、处,直属各单位:

经校务会议研究决定,成立学校宣传工作领导小组,组成人员名单如下:

组　长:吴金水

副组长:胡建雄

组　员:赵国章　徐有智　张乃大　孙桂铨　潘津生

浙江大学

一九九三年四月二十九日

浙江大学档案馆藏,档案号:ZD-1993-XZ-70-6

浙江大学党委贯彻民主集中制的对照检查情况[①]

(1995 年 3 月 10 日)

1995 年 1 月 22 日上午，党委书记梁树德主持召开校领导班子民主生活会。会上，大家首先认真学习了四中全会《决定》中关于加强民主集中制的内容和国家教委教党(1994)115号关于加强和贯彻民主集中制的通知，并联系实际，总结、分析了我校贯彻、执行民主集中制的现状，指出了不足，提出了今后的改进措施。归纳起来有以下几个方面：

一、校领导一致认为，民主集中制是我党的重要组织原则，是我党克服挫折和困难，一次次走向胜利的一大法宝，也是浙大党组织团结广大党员和师生员工，建设和发展社会主义大学的根本保证。在建设社会主义市场经济体制的新阶段，浙大要上水平，上层次，创一流，就必须在建设有中国特色社会主义理论指导下，坚持贯彻执行民主集中制，凝聚集体的智慧和力量。学校这几年的改革和发展，也很好地说明了这一点。

二、我校各级领导班子在执行民主集中制方面总的情况是好的。首先，各级领导认识上比较一致。学校主要领导始终认为自己只有一票，在班子中起到了带头作用，重大问题主动听取其他成员的意见，做到共同决策，在此基础上分工负责。整个班子能从学校发展大局出发，相互理解，团结协作，形成合力。其次，学校重视建立健全贯彻执行民主集中制的各项制度和条例。1989 年起建立了工会、教代会合一的"双代会"制度，校长每年向教代会报告工作，事关学校改革大局的重要问题由教代会讨论审议。我校较早地建立了校务会议、系务会议和所务会议三级会议制度，通过这项制度把各级党政领导班子分别集中起来，充分讨论校、系、所建设的重大问题，保证决策的民主化，减少损失。第三，干部的选拔和任免是党委的一项重要工作。党委除认真执行国家教委教党(1993)55 号文件外，还专门制订了《浙江大学系处级干部任免程序和办法》，建立了由 240 余人组成的中层后备干部队伍，落实了现职中层干部管理、考核和后备干部培养、考察、滚动调整的措施。由于制度健全，工作规范，使民主集中制原则在干部工作中得到了很好的体现。第四，学校积极开拓、畅通多种民主渠道。从 1984 年起，学校一直坚持与各民主党派的季度民主协商会和每月一次的人大代表、政协委员例会制度，并不定期地召开情况通报会、座谈会，由学校领导及时向人大代表、政协委员和民主党派、无党派知名人士通报学校工作思路，广泛听取他们的意见和建议。学校每学期召开教师、干部大会和中层干部会议，共商办学大计。学校这些年的综合改革方案、事业发展计划和临时性的重要改革举措，无一不是师生集体智慧的结晶。

三、主要不足和改进措施

1. 由于形势发展变化较快，学校有时讨论问题的深入不够，有时决策显得比较匆忙。而另一方面，在讨论某些问题时，却又显得民主有余，集中不足，不能及时果断地作出决策。

2. 学校领导深入实际，调查研究方面还做得不够。许多系、部希望学校领导能经常与基层接触，并帮助解决一些实际问题。

3. 要加强对贯彻民主集中制的各项制度的执行情况进行检查、监督，保证各项制度的

---

① 本件系浙江大学党委根据中共浙江省委办发(1994)43 号文件的要求上报的总结报告。

落实。

4.要加强对广大干部民主集中制的意识和方法方面的教育。

浙江大学档案馆藏,档案号 ZD-1995-DQ-23-2

6.思想政治教育

在学生中进行社会主义思想教育的初步意见
(1958 年 4 月 21 日)

一、学生基本情况

从"鸣放"、"反右派斗争"和"双反"中暴露出来的问题来看,学生中存在的主要思想问题大致上有两个方面,即资产阶级的政治观点和个人主义人生观。

在资产阶级政治观点方面,党的领导、无产阶级专政,对社会主义制度的优越性,以及我国的一些根本制度和根本的方针政策,统购统销政策、肃反政策、外交政策等认识模糊,对资产阶级民主自由表示羡慕,对我们民主与集中自由与纪律缺乏正确的认识。

在资产阶级个人主义人生观方面,比较突出的是个人"名利"观念,认为"人死要留名,虎死要留皮",成为科学家可以名利双收。因此在学习上为了个人名利而钻业务,对集体工作不关心,对政治学习无兴趣,羡慕旧知识分子的道路……少数的是为了追求资产阶级腐朽享乐生活,认为"人生无几何,因及时行乐","吃喝玩乐"是最大的幸福,喜爱低级趣味,好讲女人,极少数存在着颓废消极情绪,个别的厌世悲观,感到"人生如梦"。

二、社会主义思想教育初步意见

根据学生情况,今后社会主义思想教育准备分成两个阶段进行。第一阶段在本学期以人生观教育为中心,第二阶段从下学期开始系统地解决学生政治思想问题,端正政治方向,批判资产阶级政治观点。以本学期已进行人生观、世界观的教育为中心,对学生在"双反"中所暴露出的个人主义思想进行教育,要求在大多数学生中把资产阶级的个人主义搞臭,明确为谁学习问题,摆正政治与业务的关系,使学生体会到改造的必要性和明确改造的正确途径。

做法:第一步结合"双反"运动进行教育。

1.以批判资产阶级个人主义为辩论中心,要求澄清一些模糊糊涂观点,认识个人主义危害性,感到个人主义的臭恶。

方法与步骤:

①联系思想进行座谈辩论,讨伐对立面,组织准备辩论。

②采取以小班为基本形式争辩,在争辩中要联系思想,摆事实进行细致的分析批判,必要时可扩大到专业或联班辩论。

③以专业或年级为单位进行总结,帮助澄清一些糊涂观点,提高认识,明辨是非。总结提纲,由马列主义教研组拟定,对学生小结由总支及马列主义教研组教师共同研究,分

头进行。

时间：三周（第 8—10 周）

2. 以勤工俭学为中心展开辩论，要求明确认识“三勤四结合”，走社会主义办学的根本方针和根本路线，是培养同学成为“又红又专”的具体措施之一，达到统一思想认识，并在实践行动中积极贯彻“三勤四结合”的方针，促使教学改革。

方法与步骤：

①动员辩论（动员可与批判个人主义思想小结结合进行）

②结合讨论勤工俭学及教学改革方案，发现对立面，有组织有领导地开展争论，在辩论中必须掌握先抓思想后解决具体问题的原则，达到明确方针，统一认识。

③总结

时间：11、12 两周

3. 制定小组公约及个人“红”“专”规划

要求通过制定规划、公约，造成比先进比干劲，人人自觉改造的气氛。

方法与步骤：

①在前面两次辩论提高认识的基础上进行一次思想小结，以明确收获及今后努力方向。

②在小节之后动员个人规划和公约，在制定过程中，可以开展挑战竞赛，造成自觉进步，比先进、比跃进的热潮。

③最后还可以召开校或系的比先进、学先进、赶上进的大会。

时间：13、14 两周（“双反”运动至此胜利结束）

第二步在“双反”运动胜利结束之后进行课程教育。

第一课　知识分子改造问题

要求：通过系统的人生观理论教育进一步批判资产阶级个人主义人生观，把个人主义思想搞臭，从而明确改造的必要性和改造的方向与途径，为今后思想改造奠定基础。

方法：采取讲课，精读文件和自由充分讨论相结合。

步骤：①预习文件；②听课（拟请陈伟达同志讲授）；③精读文件，准备讨论。④讨论。⑤需要进行辅导解答报告。

时间：三周（第 15—17 周）

第二课　形势教育

要求：明确当前工农业“大跃进”的形势和我们的任务，从而鼓舞学习热情和改造的决心。

方法与步骤：

请吴环同志报告，报告后座谈讨论。

时间一周（18 周）

学期考试

以本学期学得的理论为武器，将系统地厘清自己个人主义人生观，开展批评与自我批评，从而肯定学习成绩，巩固学习收获，并检查教学效果。

下学期教育是进一步系统解决学生政治思想问题，通过教育，进一步澄清学生的模糊认识，划清大是大非，提高政治觉悟，端正政治方向。

教学内容以毛主席"关于正确处理人民内部矛盾的问题"为中心教材,结合当前形势,党的任务选择有关课题进行教育。(具体课程另定)

马列主义教研组
1958 年 4 月 21 日

浙江大学档案馆藏,档案号:ZD-1958-XZ-61

中共浙大党委关于最近阶段开展共产主义思想教育的通知
(1958 年 10 月 2 日)

自从第三次党员大会以来,我校建立了人民公社,开展了大搞滚珠轴承,大抓钢铁生产,到半山去修筑铁路等生产劳动,全体师生员工的政治思想觉悟有了很大的提高。与此同时,各级党组织对于宣传国内外形势,组织讨论人民公社和学习与贯彻党的教育方针等方面都做了很多工作,取得了一定的成绩,但思想发动不够深透。从当前飞跃发展的形势对我们的要求来看,从最近各项工作和活动中所暴露出来的问题来看,都必须认真地开展共产主义教育,并以此作为当前向全体师生员工进行政治思想理论教育的主要内容。根据省委指示和我校具体情况,将有关问题通知如下:

一、学习的内容与要求

(一)宣传与学习国内外形势。要求进一步了解目前国内外形势的基本特点,特别是要宣传我国工农业战线、文教战线等各方面的全面跃进的形势,联系我校一年多来的反右派斗争,整风、教学改革,改造资产阶级知识分子、培养工人阶级知识分子、生产劳动、科学研究的成绩,说明社会主义建设总路线和正确处理人民内部矛盾的伟大的胜利,说明党的领导和政治挂帅是做好一切工作的根本保证,从而更加鼓舞前进的决心与信心,并要求以实践行动争取各项工作和学习的更大跃进。

(二)宣传与学习人民公社问题。过去对这一问题的宣传与学习曾取得了一定的成绩,但思想发动不够充分,许多思想问题没有很好地解决,许多糊涂认识未得到澄清,许多错误观点也未得到应有的批判。因此要在过去学习的基础上,通过这一次学习,进一步认清人民公社是形势发展的必然趋势,是一次深刻的社会变革,是生产力的又一次解放,是加速社会主义建设,逐步过渡到共产主义社会的重大措施,进而学习建立人民公社的政策方针,为办好浙江大学的人民公社,促进公社各项事业的"大跃进"而斗争。

(三)在此基础上展开拔白旗插红旗的斗争,继续打破资产阶级个人主义、本位主义思想,澄清各种糊涂认识,批判保守思想,树立"我为人人、人人为我"的共产主义集体主义思想,发挥共产主义协作精神,为办好人民公社,贯彻教育方针,推动钢铁生产,打下坚定的思想基础。共产主义思想的树立是过渡到共产主义社会的一个条件,也是当前政治思想理论教育的主要内容。要求通过人民公社的学习,为我校掀起学习马列主义和毛泽东著作热潮创造条件。

以上三个教育内容是密切联系的,不能孤立对待,应结合学校的中心任务和教学对象的具体思想状况来进行教育。

二、学习的文件和方法

(1)谭震林同志 9 月 24 日下午在省级机关干部大会上的报告。

(2)中共中央关于在农村建立人民公社问题的决议及红旗、人民日报等有关讨论。

(3)国庆节人民日报社论——全民的节日,全民的胜利。

学习方法主要是传达讨论谭震林同志报告,学习各项有关文件。首先强调充分发挥自由思想和大放大鸣,引导大家在明确肯定共产主义方向、原理的前提下,大胆设想共产主义社会前景中的各种具体问题,在大鸣大放后再组织大争大辩,好的意见可以在大会发言,最后再做总结。学习文件,组织讨论应紧紧结合当前中心任务和思想,领会精神,明确方向,学习政策,提高思想,推动工作。

凡已听过传达谭震林同志报告的同志,要迅速组织讨论学习文件,未听过传达报告的,应立即进行传达,组织学习。凡已上课不直接参加小高炉炼铁的,要立即开展学习,每周学习时间不得少于两个单位时间。凡参加钢铁生产的人员,通过广播、用黑板报等宣传工具进行教育,并在炉边组织讨论和辩论。其他人员各总支应采取因地制宜,因时制宜的办法和多样的方式进行宣传教育,务求每个人都能受到这次教育。领导干部(科以上的党员干部和总支副书记以上的骨干),除了学习上述文件之外,还必须阅读学习"马恩列斯论共产主义社会"等文件,并要求组织二、三次座谈讨论。

学习时间暂规定为一个月。

三、一年级学生的工作

(1)对一个月的入学教育和生产劳动进行总结,通过总结对新同学继续进行一次教育方针与劳动的教育,并组织评比,树立先进,克服落后,树立对立面,展开大辩论。总结的过程应看作是对同学的一个社会主义与共产主义思想教育的过程,是继续动员同学积极参加劳动,自觉地贯彻教育方针,进一步激发他们的劳动热情,进行共产主义前途的教育。对领导来讲,应通过总结来发现与培养积极分子和取得新生入学教育的经验。

(2)做法:先集中进行形势任务的教育,传达谭震林同志的报告,同时进行一个月的总结动员。

(3)总结要求在 10 月 6 日前完成。开始上课后,按教学计划进行。

四、几个问题

(1)各系在党总支的统一领导下,以钢铁生产为中心,结合政治思想理论教育工作,分别组织力量,各系可成立一个共产主义教育小组,专门管理除了直接参加钢铁生产之外的人员的政治思想理论教育工作。学生的学习应按年级或专业成立核心小组,以便于领导和掌握。行政单位和机械工厂的学习的领导,由总支(党支部)负责。

(2)各系的学习情况和反映出的问题要及时向党委汇报。为此要建立汇报制度:从全校和各系有较大型的集中活动,第二天应即向党委汇报,平常掌握的思想动态要三天汇报一次。

以上意见,望各总支支部研究贯彻执行。

党委会
1958 年 10 月 2 日

浙江大学档案馆藏,档案号:ZD-1958-XZ-61

中共浙大党委关于在最近三个月内进一步开展共产主义教育运动的计划(草案)
(1958年10月28日)

在国庆节前后,结合了迎接国庆和国内外形势,在全校范围内广泛的进行了一次形势/社会主义和共产主义宣传教育。在这个基础上,党委又根据中央及省委关于普遍开展社会主义和共产主义教育运动的指示,进行了讨论研究和具体布置。各党总支在党内进行了普遍动员,发动群众大放大鸣大辩论,因此在学校立即掀起一个声势浩大的社会主义和共产主义宣传教育运动。从这一阶段情况来看,运动的发展是正常的、健康的,群众已经基本上发动起来,共产主义宣传教育运动的气氛已经造成。广大群众受到运动教育,鼓舞很大,许多人初步明确了共产主义在我国的实现已经不是什么遥远将来的事情,现在摆在我们面前的是如何创造条件来加速社会主义建设和向共产主义过渡的问题。不少人已开始自觉地把共产主义精神贯彻到实践行动中去,大搞科学研究;积极要求,尽快地实行半工半读;加强民兵训练准备,随时响应祖国的号召;热烈响应省委号召,要求参加秋收冬种。但是另一方面,从鸣放的深度、广度,从辩论中解决问题的实际效果来看,各单位发展还不平衡,同时在运动中也还暴露出许多错误思想和看法,主要的是对共产主义基本原理和方向缺乏理解,对共产主义充满着空想和幻想。还有些人是从资产阶级个人主义和资产阶级法权思想的观点来看共产主义。

共产主义教育运动是比以往任何一个运动都要来得广泛和深刻:它不仅涉及每个人的思想意识,而且也涉及他们的生活方式和实际行动。假如在运动中不能切实地解决思想问题,那么以后的实践措施的贯彻执行就会带来更多的困难。因此为了有计划、有步骤的深入地开展共产主义教育运动,以共产主义教育运动为纲带动一切工作。党委对最近三个月的共产主义教育运动做了如下具体安排:

(一)目的和要求

开展这一运动的目的是在于使所有的党员干部和广大群众认清我国工农业"大跃进"形势,明确共产主义的美丽愿景和方向,提高共产主义思想觉悟,树立共产主义人生观,澄清各种对共产主义的错误思想,从而把党内外一切积极因素进一步调动起来,为坚决贯彻党的教育方针,大搞科研,实现技术革命,促进工农业生产,巩固人民公社,保证今年各项工作的"大跃进"和明年各项工作更"大跃进"打下良好的必要的思想基础,为加速社会主义建设和向共产主义过渡积极创造条件。

要达到这一目的,必须大谈形势,大谈共产主义的优越性和幸福前景,以及大讲破除迷信,解放思想,不断革命,继续苦战,同时必须贯彻大破大立,拔白旗插红旗的精神,破除资产阶级的个人主义、本位主义,搞垮资产阶级法权思想,大立"我为人人,人人为我"的共产主义思想和鼓足干劲、力争上游的思想,彻底批判各种"紧张论""教条论""甘居中游"等右倾保守思想,把"促退派"、"观潮派"、"算账派"的种种促退言行彻底驳倒。总之,是要在一切思想领域中把"白旗"、"灰旗"全部拔掉,把红旗普遍插立起来。

(二)内容步骤和时间

这一次共产主义教育运动一般分为两个阶段进行。第一阶段,主要是着重进行共产主义思想建设和共产主义基本方向原理的教育。这一阶段预计到11月10日为止,在这一阶段中，是以讨论什么是共产主义和怎样过渡到共产主义为两个问题而出发，抓住消灭三个差别（工业与农业的差别，城市与乡村的差别，脑力劳动与体力劳动的差别）和三个条件（丰富的物质财富、共产主义的思想觉悟、高度的文化发展水平）。两个问题，通过大家所关注的供给制、家庭、劳动等问题的辩论来澄清思想，分辨是非，提高共产主义思想，明确共产主义基本方向、原理，树立共产主义人生观、共产主义风格和进一步端正共产主义的劳动态度。与此同时，也要进一步进行人民公社的教育，主要是弄清楚几个问题：人民公社的性质；人民公社为什么是向共产主义过渡的最好组织形式；为什么要办人民公社；怎样巩固人民公社。

在前一阶段，共产主义教育和原来教改的基础上，从11月中旬开始转入以组织深入贯彻党的教育，为工人阶级的政治服务，教育、生产、劳动结合为中心的共产主义教育运动。通过这次运动打破资产阶级的学术思想和教育思想，进一步破除迷信、解放思想，批判各种教育工作神秘化，只有专家才能办学，党不能领导高等学校等错误思想，而应当明确教育是人民群众的事业，因此办教育应当在党委领导下采取群众组织、群众路线的方法，全面办学。应当认清这一运动的实质乃是两条道路的斗争，也是教育教学上的一次革命，因此必须在党委统一指导下，师生结合，发动广大群众，特别是发动青年教师和青年学生，以制定教学计划、教学大纲和编写讲义教材作为核心，真正做到学术、科研、生产劳动三者有机的结合。以中央关于教育工作的指示及陆定一同志的教育生产劳动相结合，作为指导思想和战斗的武器，大破大立、斗志昂扬，为培养有共产主义觉悟，有文化的劳动者和建立共产主义教育体系而斗争。为了取得经验普遍推广，党委决定以电机系为试点，作出教学、生产、劳动三者相结合的经验。同时为了实行半工半读，各单位都必须从现在开始，做好一切准备，采取积极步骤，付诸实施。

至于在这一运动中的学习时间，规定每周为五4—5个单位时间。

另外在对工人进行教育时，可参考工人日报发表的工人共产主义教育讲话；在对农民教育时，除根据中央和省委指示精神外，尚可根据西湖区关于开展共产主义教育运动的计划来进行。

（三）开展运动的基本方法

一、共产主义思想教育运动是一个群众性的自我教育运动，因此必须坚决走群众路线，用大鸣大放大争大辩大字报的方法，充分发挥自由思想，在讨论和辩论中要提倡畅所欲言，自由论证，服从真理的精神。目前暴露的许多思想问题是属于人民内部矛盾，因此必须反对简单急躁，乱扣帽子，而要态度鲜明，耐心说服，以理服人。在讨论和辩论中要使观点和材料统一，加强说服力，同时也要重视发现对立面，开展思想交锋，运用大会与小组讨论会相结合的形式，把问题搞深搞透，以便通过讨论提高认识，真正的解决思想认识上存在的矛盾，达到思想与行动的一致。

二、为了使运动深入开展，必须尽一切力量广泛发动群众，特别是在运动第二阶段中更需要注意发动青年教师和学生的工作，要本着以能者为师的精神，打破迷信，大胆革新，要彻底批判党委不能领导，学生不能批评老师，青年不能批评老年人的错误思想，同时也要破除迷信外国、迷信教授、迷信专家、迷信天才等各种错误思想观点。

三、在进行共产主义教育运动时，还应当充分运用“做什么、辩什么”的经验，采用多种多样的生活方法的宣传教育方式,把鸣放争辩贯彻到群众的日常学习生产工作和生活中去。在辩论过程中还必须加强党的领导,以虚带实、实虚并进,而应当明确任何工作都必须政治挂帅,政治思想在任何场合都是一切工作的灵魂,因此对这次共产主义教育运动不能有任何忽视。

四、各级党的领导组织,在进行这一运动时,必须要用"抓两头、带中间"的方法,鼓励先进,批评落后,带动中间;要大大的表扬在运动中涌现出来的大量又红又专的社会主义积极分子,以他们作为模范来教育群众,同时应该做好总结评比,召开现场会议的工作,以便及时交流经验,并加以推广。每个党委委员和总支书记都必须把种试验田的精神贯彻到这一运动中去,要抓住重点单位深入下去。

五、要把各种宣传组织、宣传工具组织起来,采用各种宣传形式,利用各种场合,从实际出发进行宣传。校刊、广播台、黑板报及其他文艺社团,都应当以共产主义教育运动作为今年内的中心任务。此外,尚应统一领导,统一规划,发动群众分工、负责来布置学校环境,以使学校每个角落都呈现着轰轰烈烈,欢欢喜喜,鼓足干劲,为共产主义奋斗的政治气氛。

(四)培养骨干问题

为了使运动进一步深入地开展,训练骨干是当前一个极为重要而迫切的问题,现决定分级训练:党委组织负责训练教职员,支部书记以上的干部;各总支负责训练学生团支部书记,以及下放的马列主义教员和政治辅导员。

训练目的主要是使他们明确共产主义的基本原理和基本观点,提高共产主义觉悟和改进工作方法。内容有以下几个方面:(1)共产主义的方向、原理(在所有制方面从集体所有制过渡到全民所有制的三个条件,消灭三个差别,国家政权职能变化,各尽所能,各取所需);(2)共产主义的世界观,(承认共产主义制度是人类最美好最合理的制度,相信共产主义之后一定能实现,一定要为共产主义制度奋斗到底);(3)共产主义的思想(热爱劳动,我为人人,人人为我,人与人之间共产主义是平等的,创造性的劳动,不断革命的思想);(4)群众路线的理论和实践经验,群众性学习文件。除群众所学习文件外,还必须学习"马恩列斯论共产主义社会",中共中央政治局北戴河扩大会议有关文件和最近党中央负责同志在各地视察的发言。学习是以采取鸣放辩论和学习文件相结合的方法,以自学为主,给以必要的辅导。学习时要求能联系思想、联系群众中存在的问题来进行讨论辩论,切实地解决问题。以真正做到骨干先行一步,能在群众中起指导作用。学习时间规定每周集中学习两次(二、五下午由各总支自行安排),其他时间由同志们自行掌握。

(五)几个具体要求

一、各级党组织必须进行仔细的组织工作与思想工作,及时掌握情况,研究群众的思想动向。党委和总支要定期召开会议研究运动中存在的问题。各系的学习情况和反映的问题要及时向党委汇报。为此建立汇报制度:凡全校或各系有较大型的集中活动,第二天应立即向党委汇报,平时掌握的思想动态,要每周向党委汇报两次。

二、当前全校工作任务很多也很重,因此各总支部必须在党委统一领导下,以共产主义教育运动为纲来带动一切工作,推动一切工作,并要对各项工作进行妥善安排,以保证各项工作能够顺利开展。为了更好地掌握运动,各系应在党委总支领导下,由总支书记挂帅,吸收教员支部有关同志和下放马列主义教员、政治辅导员参加，成立共产主义教育小组，全面负责系内的共产主义教育工作。

中共浙大党委会
1958 年 10 月 28 日

浙江大学档案馆藏，档案号：ZD-1958-XZ-0061

1959 年政治思想教育工作的任务

（1959 年）

根据当前国内外的形势与学校今后的任务，1959 年政治思想教育工作的中心任务是：以马克思列宁主义观点对干部与群众深入地进行社会主义、共产主义思想教育，既深入开展兴无灭资的斗争，提高广大师生员工的共产主义觉悟，贯彻党的知识分子政策，从而调动党内外的一切积极因素，为进一步贯彻执行党的教育方针，保证贯彻党和国家的各项政策措施，巩固人民公社，使教育科研生产在 1958 年胜利的基础上，争取 1959 年实现全面的更大的跃进。为此：

一、继续深入广泛的开展社会主义共产主义教育运动。

（1）开展一个大规模的学习与宣传党的八届六中全会决议和有关文件的运动要求，正确认识当前形势，并弄清由社会主义向共产主义过渡的理论与应该进行的准备工作，深刻了解人民公社的性质和方针政策。

（2）进一步贯彻党的教育方针和传达党中央教育工作会议精神，学习有关文件，进一步深入开展教学改革运动，彻底清除资产阶级教育观点和学术思想，建立共产阶级的教育体系，为促进学校科研生产“大跃进”奠定基础。

（3）掀起一个以宣传建国 10 周年的伟大胜利为中心的爱国主义与社会主义教育的热潮。通过宣传与学习认清社会主义制度的优越性，进一步鼓足干劲，争取明年各项工作更大的跃进。

二、进行马克思列宁主义的基本理论教育。

（1）根据毛主席“实践论”“矛盾论”“关于正确处理人民内部矛盾”“帝国主义和一切反动派都是纸老虎”等著作中提出的基本论点联系实际，有的放矢地进行辩证唯物主义的教育。

（2）根据党的社会主义建设总路线，关于在农村建立人民公社的决议，关于人民公社若干问题的决议，以及党中央的其他有关指示，紧密结合我国现实生活中已经出现的共产主义萌芽，进行有关共产主义的基本方向原理的教育。通过学习要求明确共产主义社会是人类最合理的社会，实现共产主义社会是人类社会发展的必然规律，并要为彻底实现共产主义而奋斗，明确我国如何从集体所有制过渡到全面的全民的社会主义所有制，和由社会主义过渡到共产主义的实践和理论问题。

（3）根据党的群众路线的基本原则，通过我国“大跃进”中所出现的生产事实，进行群众路线工作方法和作风的教育。通过教育要明确党的群众路线的伟大作用及其发展,树立平等待人的思想,把革命热情与科学的分析结合起来。

三、除了上述二方面的基本教育之外,还必须对干部和广大群众经常地进行形势任务与方针政策的思想教育。

(1)通过广播、读报、时事、讲座等方式,进行国内外形势和党在各个时期党的方针政策的重大节日的宣传教育。

(2)通过党(团)课的方式对党(团)员进行党的方针政策路线和党(团)的基本知识的教育。

(3)通过党(团)组织生活和工会生活讨论会等形式,对党(团)员与群众经常进行共产主义的道德品质的教育。

政治思想教育工作除了达到上述要求之外,对不同对象要有不同的要求,如对干部要求能正确地处理人民内部矛盾,群众路线,树立实事求是的工作作风;对广大师生要求,树立辩证唯物主义的世界观和思想方针;对职工(搞生活福利和服务性工作的职工)要求,把自己的工作看成是为人民服务的一种崇高的工作;对人民要求树立共产主义的劳动态度;对农民要求,能正确地认识和处理个人、公社、国家三者的关系。

完成上述任务和达到上述要求,必须采取多种多样的教育方针:

(1)要用两条腿走路,群众运动和经常性的马列主义的基础理论的教育、知识教育、党内教育和党外教育、分散教育与集中教育、集体教育与个别教育、干部教育与群众教育等,都要很好地结合起来。

(2)政治理论学习,不同对象争取采取不同的方法,干部今后每日坚持二小时学习制度,教职员工可以开设大学或自学为主的结合辅导的方法,学生的政治理论学习上是上课与自学讨论结合,工农群众采取做什么学什么的方法进行。

(3)充分运用报刊、广播、黑板报等宣传工具,采取多样化的教育方针,以新人新事、活人活事,教育群众,并经常性的组织各种展览会,放映电影等进行形象化的教育,使政治教育工作生活反而活泼丰富多彩。

(4)采取大放大鸣大争大辩大字报的形式,用摆事实讲道理的群众路线的工作方法,是正确处理人民矛盾问题必须遵循的一条重要原则,解决人民内部的问题应该说服不应该压服,我们要防止和纠正解决思想问题,采取简单粗暴的作风。

做好政治思想教育工作的根本问题是加强党的领导,为此:

(1)党委总支必须经常性的研究干部与群众的思想动态,定期检查与研究改进政治思想工作和基本理论教育方式,凡是有条件讲马列主义课的党委委员都应担任讲课任务。各级党组织必须健全组织生活,严格党的纪律,充分发挥民主活跃党的生活。各级党的干部必须认真贯彻中央关于干部参加劳动的决定。

各级领导干部,首先是党委委员,一年至少劳动 1 月,其他政治干部和马列主义教师应当做到与同学同吃同住同劳动。

(2)加强宣传、理论工作队伍建设。党委宣传部必须增强干部若干人,继续整顿与加强马列主义教师队伍,对现有不称职没有培养前途的教师,应调做其他工作,其余的应采取各种措施积极培养与提高,并建议省委调配部分骨干(正副主任各一人,具有教学小组水平的

12 人)加以充实,报请中央教育部增加师资 5 人,培养与提高校刊现有人员的政治思想水平和业务能力,不断提高文字宣传的质量,并需要增添骨干 2 人,以适应形势发展的要求。此外还必须重视与加强政治辅导员的培养提高的工作。

(3)建立学校的政治制度,团建政治委员,营建教导员,连建立指导员,有计划地开展政治工作和军事训练。必须在实行组织军事化、行动战斗化、生活集体化的同时,充分的实行管理民主化,把自由与纪律,民主与集中很好地结合起来,注意防止命令主义和形式主义的倾向。同时在体育文娱组织中也要建立政治工作,配备政治指导员,以加强党的领导。

(4)加强党对民盟、青年团、工会、学生会的组织领导与思想领导,切实保证左派在这些群众性组织中的绝对优势,加强对他们的政治思想教育,正确贯彻党的团结,争取改造旧知识分子的政策,使这些组织的成员能够认真贯彻党的路线政策和决议,并在团结周围群众,改造旧知识分子,培养与提高青年群众等方面,充分发挥党的助手工作作用,并在适当时间召开工代、团代和学代大会,充分加强充实与加强各组织的领导。

浙江大学档案馆藏,档案号:ZD-1959-XZ-45-1

关于思想政治工作的几个问题

(1962 年 9 月 13 日)

常委:

根据陈书记的指示,我们就思想政治工作问题,分别召集了各党总支宣传委及团委、工会、学生会、马列主义教研室等有关同志进行了座谈。现在就下面的一些问题汇报如下,供参考:

一、对学校思想政治工作的认识问题

有的同志说:在学校工作以教学为主的情况下,思想政治工作的地位与作用问题,在党内有些同志还搞不清楚,教学为主了,思想政治工作是不是为次了,它是应该加强还是削弱,任务是加强还是减轻了,要求是低了还是高了,工作是难了还是容易了等等,这些是当前必须解决的一个认识问题。

有的同志还认为:现在思想工作时间少了,只有三、六下午可以做,其他时间无法插手,难于做思想工作,思想工作要深入到业务中去更是为难。有的同志说:我不懂业务,知识分子工作不好做,因为和他们没有共同语言。

二、思想政治工作的对象问题

学校思想政治工作的对象主要是师生,他们有着共同的特点,但他们有许多不同的特点和要求,不仅师生有不同,就是教师中的青壮老年,学生中高、低年级也各有不同。共同的问题,当然要进行一定的集中统一教育,但更多的是要根据他们的特点和要求,以及个人的发展变化做深入细致的思想工作。有同志说过去的工作的缺点就是忽视了师生的特点,因此工作是一般化,一律化,教师、学生、青年教师、高低年级学生都是采用一样的方法。团委同志反映说:团的工作也用了党的一套工作方法,青年的思想不活跃,生活比较单调枯燥。有

的同志也反映了我们过去生活中一些受群众欢迎的好的工作方法。如采用小型座谈会的形式,就受群众欢迎。有同志说:我们对教师能够做到关心体贴尊重,听取他们的意见和他们商量办事,就能够调动积极性。

三、群众路线问题

有的同志说前几年我们搞群众运动较多,近年来我们开始注重做深入细致的思想工作,但从搞运动到深入细致的艰苦工作,还没有摸清头绪。有的同志说:现在思想工作不搞运动了,除了作报告,抓政治学习外,做深入细致的工作,还缺乏办法。

有的同志说:党走群众路线的一个重要问题是要发挥各种组织的作用,过去什么都是一竿子到底,忽视了细致的组织工作和思想工作,到现在这点还没有解决。有的同志说:现在许多工作是党总支一竿子布置到团支部,包办了分团委团总支的工作,有的同志说团委工作包办了学生会的工作,团支部也包办了小班的工作,班长无事干,并规定团支部副书记兼班长,同学无资格当班长。有的同志说工会组织是恢复了,但工作如何做还未解决,工会想搞些活动,抓一些学习,搞点工作,有时困难很多。有的同志说:党委对工会工作又不重视,到现在为止,哪位书记分管工会工作不明确。

有的同志说:师生的思想改造,主要通过什么办法目前还未解决。有的同志说我们过去主要不是靠群众的自觉,靠群众的自我教育和互相教育,而是相互依靠组织观念和有效的办法解决思想问题的。有些工作虽然也提出群众自愿、自由等参加等等,但我们有些同志总是不放心,怕这样会变为自流,怕群众自由散漫就不好管了。所以对有些问题管得死死的。

四、中心工作与经常工作的问题

大家认为,在一定时期党委工作有个中心思想,政治工作必须围绕它来进行,这是对的,但是抓了中心,还必须抓党的经常工作及思想建设和组织建设,这也是我们的光荣传统,我们还没有解决。有的同志说我们学校经常是中心工作,甚至同一个时期有好几个中心,出现了“多中心”,因而往往把经常工作挤掉了。思想政治工作的计划经常变动,无法建立起正常的思想工作秩序,党课教育、理论学习等等,就是这种情况。领导上一说:下面就变成各个学期有开头而无结尾,这情况使搞思想工作和的干部感到工作乱、无头绪,工作难搞,群众的心情也不一,意见也不少,思想工作的效果也受到影响。因此,大家希望党委全面考虑把中心工作与经常工作,把抓活思想和思想建设,把解决当前问题与解决长远问题正确的结合起来。

五、思想政治工作的队伍问题

有的同志说要做好思想政治工作,必须有一支很好的干部队伍,但目前我校的思想工作干部的队伍既不健全,也不稳定,有的单位工作干部经常调动,团的专职干部没有一定的编制。有同学说:我们思想工作干部的职责讲起来是明确的,但实际工作中又不明确;有的宣传委员说自己身兼党政工团军五职,既要管宣传工作,又要管系行政工作、工会工作、分团委工作和民兵工作,因而出现了宣传干部不管宣传,不抓思想,要做些思想工作,也由于忙于应付事务工作,办不到。最多只是抓了点情况,应付汇报就算了,下面的问题根本没有可能去解决。有同志说:这种情况产生的原因,一方面是由于工作方法不能适应新的情况,有包揽惯了的习惯,另一方面是由于干部配备不足。许多事务问题,群众找有关行政单位不能解决问题，只好来找总支解决，总支干部也不得不管。许多同志说：思想工作干部如何培养提高，如何又红又专，是个非常重要的问题。有的同志说：我们做思想工作的干部如何先走一步是个大问题，现在的实际情况和我们群众差不多，而且有些事情反而是群众走在前面。有的同志说：许多问题上面精神不了解，自己像蒙在鼓里一样，下面有什么问题也不能去帮助解决。

党委宣传部

1962年9月13日

浙江大学档案馆藏，档案号：ZD-1962-XZ-84

关于近两个月思想政治教育工作的意见（供讨论用）

（1962年9月21日）

根据学校党委和校委关于思想政治工作的指示精神，我们研究在最近的两个月要做下面几项工作：

一、抓贯彻党委和校委工作任务的活思想

根据党委和校委工作的任务要求，和目前党内外的思想情况，以及可能发生的问题，我们认为现在思想领导和思想教育中应着重抓：

1.加强团结的教育，使大家认识到在新形势、新任务面前加强各方面的团结的重要性和必要性要求。要搞好团结的积极因素，克服不利团结的消极因素，发挥团结友爱、相互学习、相互帮助、取长补短、共同进退的精神，团结一致，同心同德，克服困难，做好工作。

2.进行民主集中制的教育，在布置任务、讨论工作、研究问题、组织学习等活动中，各级党政负责同志和各级党、团、工会等组织，都要充分发扬民主，走群众路线，听取各方的意见，调动群众的积极性。同时要教育群众正确地认识和处理民主与集中，自由与纪律的关系，加强组织性和纪律性，反对自由主义和分散主义。

3.进行方向、前途教育，教育群众和干部正确处理个人与国家，目前与长远，局部与整体的关系，认识大体，顾大局，跳出个人的狭小圈子，兢兢业业为党工作，为出人才出成果，奉献自己的力量。抓活思想的关键在于把任务政策交给群众，使群众懂得为什么确定这样的任务，规定这样的政策，同时深入群众调查研究，掌握与分析群众的思想动态，对共同性的问题集中地进行必要的教育，对不同的对象的不同问题可以采取召开不同类型的座谈会，个别讲话等方式不要千篇一律。

二、进行形势教育

形势教育是一项经常性的工作，也是政治工作主要内容之一。目前按照中央和省委关于今年国庆活动的通知：在国庆节前后，根据《党的八届十中全会公报》和《人民日报》、《红旗》社论，由党委负责同志向全体师生员工进行一次形势和任务的报告，在这同时结合学校的实际情况，宣传校委所规定的新学年的任务。通过教育认识前途，明确方向，增强信心，鼓足干劲,加强团结,克服困难,做好当前工作,为争取新的胜利而斗争。

在普遍教育的基础上,组织科长以上干部进一步学习《党的八届十中全会公报》和《人民日报》、《红旗》社论。

关于今后形势教育方式方法应该多种多样,如领导报告、专题讲座、小型座谈会、组织读报、参观访问等,不论采取什么样的方法都要讲究效果,防止形式主义。实施政策教育必须联系学校和群众的思想时实际,有的放矢。今后如遇国内外的重大政治事件,必须根据中央和省委统一部署教育外,在平时一般是1月进行一次,每次学习时间不超过4小时,包括讨论时间在内。

另外要加强毕业统一分配的思想教育工作,具体计划待定。

三、政治理论学习

1.教育学生学好政治理论课。学生的政治理论课,要更好地贯彻理论联系实际的原则,既要严格要求,要从学生实际水平出发,认真研究教学中如何逐步的做到少而精,使同学学得好一些。

根据中央宣传部、中央教育部规定,马列主义政治理论课包括二方面,即系统的马列主义理论课程(哲学、政治经济学、中央党史)和政治思想的报告课。关于教学时间,最近中央教育部也有明确的规定,马列主义理论课是190小时,政治思想报告课160小时,前者已经基本解决,但后者还不落实。党委宣传部、马列主义教研组、应与教务处共同研究,予以解决。

2.教师的政治理论学习上学期已有布置根据了解,有的在坚持学习,但缺乏必要的具体指导。多数的只开了一个头,没有坚持下去。还有少数的还没有学。我们认为,教师的政治理论学习,应该进行一次检查并广泛征求意见,然后研究改进的办法。目前可以根据自愿原则先学一下刘少奇同志《论共产党员的修养》,在自学的基础上进行一些小型的座谈会,交流心得体会。

3.学校机关干部和总支脱产干部的政治理论学习,可以由工会举办业余学校,有计划地组织三门课的学习,学习时间要求每天自学小时,每两周上2—3节课,利用一个晚上,并对学习成绩进行考核。除此之外,规定一周有一个单位时间,学习形势政策和本部的业务。(业务学习由各部、处、室自行确定,并列入经常工作计划予以保证)。

总支正副书记和学校正副部、处长的政治理论课学习,根据自愿的原则,可以学毛选或从三门课中选一门进行自学,如愿意也可以到学校的业余夜校听课。

另外结合工作学习有关的政策方针(如最近可以学习提升等,甄别与党外人士合作共事等),了解各系各专业的发展方向、培养目标、课程设置、教学环节等情况。具体意见请教务处提出。总支正副书记和学校正副部、处长集中学习时间由原来二个单位改为一个单位,用此时间主要学习有关的方针政策和中央的重要指示。

科一级的干部,也可以根据以上的精神,由机关、总务总支组织他们进行学习。

工厂工人和机关勤杂人员不学习政治理论,主要根据他们的思想情况进行形势和阶级教育。当前应该着重对他们进行前途教育,艰苦奋斗教育和为教学、为师生员工的生活服务的思想教育,同时要教育师生尊重他们的劳动,了解和体贴他们的困难,克服一切轻视总务工作的错误观点。工厂工人和机关勤务人员的教育,主要是由领导亲自上课,每次时间1—2

小时，并力求经常化制度化。具体安排，由工厂总支、机关、总务总支研究决定。

另外对职工业余文化学习要求加强领导。凡是初中以下文化程度的职工，都应以学习文化为主，可不参加政治理论学习。具有初中以上文化程度，可根据自愿原则进行，希望学校工会与业余夜校的同志研究一下，提出改进和加强职工文化学习的方案，于10月15日以前报告党委。

四、支部教育

着重进行民主集中制和论共产党员修养教育，通过学习提高思想觉悟，增强党性，发扬党的优越传统，密切联系群众，克服骄傲自满、官僚主义和主观主义的思想作风。

学习的主要文件，是党章和刘少奇同志《论共产党员的修养》，学习的基本方法和步骤，首先组织学习《论共产党员的修养》。关于为什么要学习，怎样学习的问题，在国庆节前后由总支进行一次动员，以提高认识，端正态度，在这一基础上，组织自学，进行座谈，提出问题，然后针对党员存在的主要思想认识问题，根据文件的精神上一两次党课。总支统一上课还是支部上课，由各总支自行决定。

为了提高领导骨干的思想水平，增强党性，同时为了更好地对一般党员进行教育，总支正副书记和学校党员正副部、处长，在最近两个月中，要认真阅读《论共产党员的修养》，在领会文件精神提高认识的基础上，着重解决党员为什么要修养，什么是党员的修养的标准，根据自己的情况，应该从哪些方面去修养。

在支部教育，骨干学习中，要贯彻中央关于轮训干部的精神，做到"知无不言，言无不尽，言者无罪，闻者作戒"，实行"三不"方针，使大家在民主的、心情舒畅的氛围中进行。

五、在思想领导和思想教育中应注意几个问题

1.提倡什么？反对什么？旗帜要鲜明，态度要明朗，不要含糊其词，模棱两可。

2.坚持正面教育，多做启发引导工作，特别对觉悟较低的人要耐心说服，不能简单急躁。

3.要有全面观点，既要听正面的和正确的意见，又要听反面的和不正确的意见；既要听相同的意见，又要听不同的意见，甚至是反对的意见。这样对情况才能进行正确的判断，真正做到心中有数，有的放矢，避免主观片面。

4.解决思想问题和实际问题要正确地结合起来。思想问题与实际问题往往联系在一起，因此要具体分析思想问题，要加强教育帮助，提高认识，提高觉悟。对确实是实际问题而又有可能解决的要认真加以解决，有些虽然是合理的，但由于各种原因暂时不能解决，要做好说服解释工作，对那些错误的要求，也应耐心听取进行，很好地进行教育工作。

5.要走群众路线。一方面要坚持先党内后党外的方法，首先发动全党做思想工作，一方面要善于发挥各级行政和群众团体的作用，善于培养和运用各种方面的积极分子，通过这些组织和力量去联系群众，教育群众，把思想工作和教学业务日常工作紧密地结合起来。

党委宣传部

1962年9月21日

浙江大学档案馆藏，档案号：ZD-1962-XZ-84

关于青年教师参加农村基本路线教育工作的实施意见

(1990年10月20日)

浙大发人〔1990〕70号

各系,各部、处,校直属各单位

各总支,直属支部:

根据国家教委有关文件精神"凡是缺少实践锻炼的青年教师,都要安排一定的时间参加社会实践",通过社会实践不断提高青年教师(含技术人员、干部,下同)的思想政治觉悟和业务工作水平,使他们更好地做好本职工作。为了认真执行国家教委〔87〕教师管字024号和浙大发人〔1990〕39号文件,现就青年教师去农村参加基本路线教育工作提出以下实施意见:

一、目的与要求

参加农村基本路线教育工作是青年教师社会实践的重要组成部分。青年教师通过与农民共同生活,更多地了解国情、民情,增强走理论联系实际、与工农群众相结合道路的自觉性。青年教师在参加基本路线教育工作期间,要服从当地政府的领导,努力完成上级交给的任务,要自觉地作社会调查,参加劳动,与农民交朋友;生活上要培养艰苦朴素的作风。

二、范围与时间

凡1982年以后毕业的青年教师、技术人员和干部(含82年以后招聘进校),在入学前和毕业后参加社会实践不满一年的,都应参加一期农村基本路线教育工作,时间为二个月左右。

三、组织与管理

学校成立农村基本路线教育工作领导小组,具体工作由组织部、人事处负责。各系、各部门必须指定一名领导负责此项工作,做好选派计划和下农村锻炼同志的思想动员和教育工作。在农村基本路线教育工作期间,有条件的应建立临时党团组织和工作小组。在省委、省政府和地方党委、地方政府的领导下完成各项任务。工作结束后,工作小组应对每个同志的思想政治表现、完成任务情况作出鉴定,存入个人档案并作为考核依据。

四、几项具体规定

1.锻炼期间,不变动户粮关系、人事关系和医疗关系。享受所在部门的一切生活福利和奖酬待遇。不影响正常的定级、转正、晋升等,锻炼期间免予计算和考核校内的工作。

2.下农村前每人发给日用品添置费50元,锻炼期间按每人每天4元标准补贴,由学校财政开支,各单位不再另行补贴。锻炼期间一律自带行李集中或分散于农户中住宿,不得住宿旅馆和招待所。在往返途中需住县招待所的,费用回校后报销。中途因工作需要集中县城住宿招待所,其费用由所在工作县开支。

3.锻炼期间,原则上中途不得请假返校,确因特殊情况需返校的,经工作组领导批准,报学校组织部、人事处备案。农村基本路线教育工作结束后,可安排7～10天的休假。

4.锻炼期间的医疗费问题参照学校假期公费医疗管理的有关规定回学校报销。

浙江大学
浙江大学党委
一九九〇年十月二十日

浙江大学档案馆藏，档案号：ZD-1990-XZ-243-3

浙江大学党建工作与思想政治工作自查报告

（1992年4月）

中共浙江大学委员会

最近两年，我校认真贯彻《中共中央关于加强高等学校党的建设的通知》和两次全国高校党建工作会议精神，在党的建设和思想政治工作方面进行了富有成效的工作，使党的政治核心作用得到了较好的发挥，促进了学校的建设和发展。当然，我们在工作中也还存在一些问题，需要继续加以解决。现将本次自查情况报告如下：

一、在党建工作与思想政治工作中采取的主要措施和取得的成绩

1.开展以坚持社会主义道路和党的领导为核心内容的党内思想教育

（1）1990年下半年，在基本完成清查清理工作、初步澄清了由于前几年资产阶级自由化思潮泛滥对党内思想影响的基础上，根据省委和国家教委的统一部署，进行了党员重新登记工作。党员联系实际，深刻总结、反思1989年政治风波的经验教训，比较系统地接受了党的信念、宗旨、纪律教育，绝大多数党员达到了“重点解决政治方向和政治立场问题，同时也解决做一个合格党员必须解决的其他问题”的目的。

（2）组织学习党的十三届四中全会至七中全会精神和江泽民同志在建国四十周年、建党七十周年大会上的讲话。按照党委中心学习组、党员中层干部、党支部书记、一般党员四个层次，各有侧重地组织学习教育。根据形势的发展和变化，两年来安排了“总结1989年政治风波经验的教育”，“坚持四项基本原则、反对资产阶级自由化、反对和平演变”、“解放思想、深化改革、扩大开放和科技是第一生产力”三个大的专题学习和讨论。学习教育始终穿插马列原著、毛泽东、邓小平等著作的学习，强调从理论和实践的结合上认识建设有中国特色的社会主义的深刻内涵。宣传部为此编印了各类学习参考资料17本。

（3）以苏、东欧发生的剧变及其后果作为反面教材，开展社会主义思想教育。两年来多次组织形势报告会、讨论会、开设党课、组织观看内部形势教育录像片，取得了比较直接的教育效果。

2.加强党的组织建设和制度建设

（1）调整支部结构，加强支部领导。根据专业和学科的变化，调整支部建制，建立了研究所、室结构的党支部；完善了硕士研究生党支部，初步转变了研究生支部书记工作薄弱的状况；博士研究生一律并入教工支部。本科生支部书记一律由总支副书记、分团委书记和能力较强的政治辅导员担任；研究生支部书记由总支副书记、党员副教授或总支委员担任；教工支部书记除保证政治素质外，优先选拔业务较强，威信较高的同志担任。支部结构的调整和支部书记人选的变动，使各支部的活动进一步正规化。党委建立了党支部书记培训制度、年度党支部工作交流会制度和定期向支部书记通报学校党政工作情况制度,学校建立了处务会议和室务会议制度。上述制度的建立,使党内生活的质量不断提高,使支部在本单位行政工作中所起的保证监督作用得到了较好的发挥。

(2)党员发展工作经过1989年至1990年上半年的暂时停顿后,已迅速走向正常,近两年共发展党员854名。今年预计发展400名。目前全校参加马列主义学习和党章学习小组的人数为3388人,申请入党的1462人,填写积极分子考察表的861人。学生党员比例为6.66%,其中本科生中的党员比例已由1989年秋的0.7%回升到2.54%。青年教职工中的党员发展工作也在抓紧进行。

(3)建立和完善了一系列规章制度。主要有:党委工作规划、总支和支部职责、党支部组织生活制度、党内民主生活会制度和学习制度、党支部书记任职条件等。上述规章制度均已汇编成册。

(4)党委、总支、支部均按党章规定,顺利地完成了换届选举工作。

3.干部队伍建设走向正规化

(1)按党管干部的原则,全校中层干部转由党委常委会议讨论决定。行政中层干部由校长按规定程序任命、调整。同时形成了干部培养、考察、任免、管理、监督等完整的制度。

(2)把中层干部的马列主义理论学习列入重要议事日程,至今已举办四期马列读书班,比较系统地组织学习马克思主义哲学和党建理论,江泽民同志去年"七一"讲话和党的十三届七中全会文件。今后仍坚持每年举办两期脱产集中学习,上半年10天、下半年3天。第五期读书班已于本月5日开学。除此以外,还对支部书记、总支委员、系级工会主席进行脱产或半脱产集中学习轮训。校级领导干部以参加中心组学习为主,同时按规定参加国家教委和省委安排的轮训。部分中层干部还派出参加中央、省委党校的学习。以上两项计校级干部13人次、中层干部20人次。

(3)对政工干部的选留实行公开招聘、择优录用的办法。学生政工人员一般兼任德育教师列入教师系列。对工作优良,成绩突出的人员,经推荐允许攻读思政、哲学、管理类研究生。校内实行学生思政人员岗位津贴。采取上述措施,使这支队伍相对比较稳定,现已有副教授3人,讲师48人,助教36人。

(4)自1984年学校开始建立校级后备干部队伍以来,后备干部队伍建设已列入党委的一项重要工作。1986年开始建立系、处级后备干部名单。至今已有相当一部分后备干部进岗工作。学校对后备干部队伍建设采取与现职干部队伍建设相结合,与教师队伍特别是青年教师队伍建设相结合,与学术梯队建设相结合的方针进行。在确定人选后,有计划地安排学习、培训、参加实践活动,还采取了副职主持工作和党政干部交流等措施。现在学校确定的校级后备干部22名,系、处级后备干部400名。在后备干部名单确定的同时大体考虑其党政分流发展的趋向。另外,正在建立一支100人左右的学科带头人后备干部和200人左右的青年教职工骨干队伍,以便为若干年后的干部队伍建设准备条件。

4.成立了马列所、党校,与中央党校建立了长期协作关系

(1)按照马克思主义理论与思想政治教育、学术研究、日常思想政治工作相结合的构想,1990年上半年成立了"马克思主义理论与思想政治教育研究所",下设马列研究室、思政研究室和党建研究室。该所属学校重点研究所,由党委书记兼任所长。建所以来各项工作均已正常运转,除完成教学任务外,任课教师还分系联系参与学生日常思想政治工作,并积极开展科学研究,共撰写论文48篇,编纂论文集20本。该所同时承担了部分干部培训工作。

(2)在业余党校的基础上,1991年4月正式组建党校,由1名党委副书记兼任校长,组织部部长、宣传部部长任副校长。办学一年,基本上做到机构和专、兼职人员落实,办公教学用房落实,教学设备及学习图书资料落实,办学培训经费落实,后勤服务工作落实。党校的教师暂无专职编制,由哲学·社会学系、马列所、经济系等教师担任。党校工作的基本任务是培训干部,同时培训新党员和入党积极分子。

(3)为吸取和利用中央党校的理论优势,我校于1991年6月与该校正式签订了长期联系协作协议书。现已按干部培养的正规渠道选送干部培训,并进行理论学术和其他方面的交流。

5.调整充实学生思想政治工作机构

继1989年10月成立党委学生工作部后,1991年又成立了研究生工作部。根据研究生工作特点,研工部实行与研究生管理处"一套班子,两块牌子"的体制。两部的成立,改变了本、专科生特别是研究生管理松散的状况,同时进一步理顺了团委与学工部、研工部的关系。使党委对学生思想政治工作的领导有了基本的组织保证。

6.探索思想政治工作与管理工作相结合的途径

(1)在总结1985年至1989年大学生德育考评和部分系综合考评经验的基础上,1990年3月在全校本、专科生中全面试行了记实综合考评。这一方法试行两年来,不断改进完善,现已实行全校统一的方案和统一的计算机管理软件。记实考评对大学生的养成教育和思想品德的培养显示了比较明显的作用。现在,又开始试行班集体工作综合考评,以强化集体主义导向。

(2)重新制订和完善学生奖罚体系。在奖励体系中,除原有的奖学金、三好生、优秀干部外,增设单项奖学金,同时取消四等奖学金。特别强调了奖励先进班级、学风优良班级和文明寝室,增强集体荣誉感。在处罚体系中,加重了对恶性事件、幕后策划人、直接肇事者的处罚。新的体系较以前更具导向性。

(3)建立了学生专业学习、课外阅读、文化活动、心理咨询、课外科技、勤工助学、社会工作及社会实践、就业指导、法律咨询、体育活动、保健咨询、国防教育12个指导中心。成立了"学生之家"有意识地把学生的课余活动与思想政治教育结合起来。

(4)针对研究生具有较强的自我意识和独立的价值判断的特点,积极引导他们开展自我教育。目前的自我教育形式主要有三种:一是组织马列学习小组和党章学习小组,除学习、讨论、交流外,还创造了轮流主持学习会、轮流开设讲座的学习方式。参加马列学习小组和党章学习小组的研究生和研究生党员占研究生总数的50%以上。二是利用研究生参与意识和管理意识较强的特点,有指导地让他们在校、系两级研究生会中担任职务,放手让他们组织各类有益于身心健康的活动,并把这些活动尽可能与行政管理和思想教育相结合。三是加强对小班的管理,经常帮助组织研究生小班之间的经验交流和评优活动。

(5)经过多年探索和吸取兄弟院校经验,于1991年对91级本科生实行横向宿舍管理,即规范化管理。近一年来,在寝室文化活动、环境布置、室内卫生等方面已显示优越性。

(6)在抓教职工思想政治教育的同时,改进教职工年度考核办法。从1991年起,试行业绩计点的办法进行定性与定量相结合的考核,更多地强调教职工的实绩和在"三育人"活动中的作用。每年组织100余名青年教职工参加农村、工厂为期三个月的社会主义教育活动。

7.加强马列理论教育和思想政治教育

(1)根据近几年国际局势的变化和国内形势的发展,马列理论教育和思想政治课教育进一步强调为培养合格的社会主义接班人服务的原则,强化了社会主义思想教育、国情教育、世界观和价值观教育。这些教育,穿插在各教学环节中进行。为保证课时,马列理论课学时将由210小时增至245小时。

(2)加强对各教学环节的检查、督促。先后建立了教师相互听课切磋制度,教师阅卷制度、批改作业检查制度和马列教师兼任小班第二班主任制度,及时吸收各方面对教学质量的反映。同时,还采取了课堂讨论、电化教育等新的教学方法。

(3)德育教育经过前后10年的实践和摸索,初步形成了符合自身特点的行之有效的空间教育体系,即必修课与选修课相结合的教学内容;基本教科书与德育电教片、课外修养读物、法规选编等相结合的系列教材;课堂教学、讨论,演讲评论,课外作业,社会参观相结合的教学方式;专兼职人员相结合的教师队伍;教学、科研、日常思想政治工作相结合的格局。德育教研室已累计开出3门必修课,17门选修课,并完成了一系列科研任务。

(4)遵循理论联系实际的原则,几年来不断探索马列主义理论教育与社会实践活动相结合的途径,在教育过程中增加了社会调查和社会实践环节。在指导思想上进一步明确以研究解决学生中存在的深层次思想问题为重点来组织教育。通过这几年的教育实践,也促进了学科清理工作。

8.群众工作、统战工作取得新的成绩

(1)按照中发(1989)12号文件关于加强党对工会、共青团等群众组织领导的通知精神,制订了贯彻12号文件,加强和改善党对工会工作领导的实施意见;建立了工会、教代会"双代会"制度,推进社会主义民主政治建设,较好地发挥了它们在推进学校改革和建设中的参政议政作用,在"三育人"活动中开展群众性的思想政治工作的作用。

(2)校团委在配合党委的中心工作,开展团的思想建设和组织建设的同时,组织多种形式的有益于团员青年健康成长的活动,在学习雷锋、深化社会实践、开展校园文化建设和活跃学生课余文化生活等方面,做出了富有成效的工作。在多次跨校的大型活动或比赛中,为学校赢得了荣誉。团组织在青年思想政治工作中的作用得到了加强。

(3)党委制定了贯彻中发(1989)14号文件,坚持和完善中国共产党领导的多党合作和政治协商制度的实施办法,按照这个实施办法的5个方面的内容开展工作。几年来,始终坚持校党政领导与各民主党派负责人和在校的全国、全省人大代表、政协委员的季度民主协商会制度,坚持了自1984年以来建立的四级人大代表、政协委员的每月例会制度。民主党派和人大代表、政协委员在学校工作中发挥了良好的作用。

通过上述工作,取得的主要成绩体现在四个方面:

1.澄清了一部分党员和师生员工一度出现的思想上的迷惘和混乱,绝大多数党员和师生员工认识了社会主义和资本主义、社会主义和民主社会主义的本质区别,加强了对党的基本路线和建设有中国特色的社会主义的理论和实践的理解,提高了对坚持四项基本原则、坚持改革开放的重要性的认识,增强了抵御和平演变的能力。从而,保证了社会主义办学方向。

2.广大党员和师生员工认真总结正反两方面的经验教训,提高了加强党对学校的领导、加强思想政治工作的重要性的认识。德育为首,全面发展的思想为更多师生员工所接受。党的思想建设、组织建设、作风建设得到加强,党在学校的政治核心作用得到了比较明显的体现,思想政治工作的有效性逐步提高。整个学校的政治气氛呈上升趋势。

3.形成了一支具有一定的马克思主义理论水平和政策水平的中层干部队伍和基层党支部骨干队伍,党和国家的方针、政策,学校工作的重要决策,能够通过这支队伍得到很好的贯彻执行。全校干部工作正在逐步进入良性循环。

4.维护了学校的政治稳定,为我校的综合改革和发展创造了良好的政治环境。党员和教职工的积极性有所提高。由于学校党政的互相配合、支持和共同努力,使我校的教学、科研、校产、管理和后勤工作等各方面都取得了显著成绩。近几年成为我校发展较快的时期。

二、党支部、党员状况和教职工、学生思想状况分析

1.党支部状况。目前全校共有3203名党员,226个党支部,其中包括离退休总支所属的15个支部。根据对党的自身建设,完成教学、科研、工作任务、发挥战斗堡垒作用等内容的调查综合,好的和比较好的支部约占80%,工作状况一般的为17%左右,由于团结问题、党政协调配合问题或不能发挥战斗力的支部全校为七八个,占3%。

2.党员状况。据初步统计,近两年中被评为全国、省市、校系优秀党员、教书育人、服务育人先进、各级劳模及有突出贡献的中青年科技人员的党员约占党员总数的9%;在各项工作中能起模范带头作用的党员为54%左右,表现一般的党员为35%左右;约有2%的党员群众有较大的意见,表现差或较差。从总体分析,全校绝大多数党员拥护党的基本路线,对社会主义事业具有必胜的信念。在实际工作中,党员的表现明显优于一般群众。例如,在近两年的各项获奖人员中,党员占75%;在获得国家级、省级有突出贡献的中青年科技人员中,党员占79%;在1991年受全国表扬的具有硕士、博士学位的中青年教师11人中,其中10名为党员。从党员的思想分析,绝大多数党员都希望把党的组织建设得更有战斗力,党的核心作用能够更充分地发挥出来。同时也希望更多地发挥自身的作用。这些是我校党员的主流。但是,也有一些党员,尤其是那些入党不久的年轻党员,还有一些深层次的问题并没有真正解决,需要继续对他们进行教育。

3.教职工思想状况分析。在掌握教职工一般思想状况的情况下,为进一步进行一些定性和定量相结合的分析、比较,我校曾于去年下半年选择化工、机械、数学、中文四系进行教职工状况、包括思想状况调查。从其中一项问卷调查的统计反映:90%以上的教职工赞成社会主义、拥护党的领导,认为马列主义毛泽东思想应该成为我国革命和建设的指导思想,对40年社会主义建设的成就表示赞赏。有10%以下的教职工尤其是青年教师,对上述问题还存在模糊认识,少数甚至表示怀疑和否定。这种政治倾向上出现的偏差,调查的结果还表明,随着老、中、青三个不同的年龄呈增加的趋势,因此,对青年教师的教育必须加强。

4.学生思想状况分析,采取与教职工状况调查类似的办法,在电机、化工、土木、管理、材料、哲学六系进行学生状况调查。调查以个别访谈和座谈为主。

(1)政治态度。近一年来学生对政治的关心热情有所上升,从总体情况分析,大多数学生对建设有中国特色的社会主义有新的认识,对社会主义和共产主义事业抱有信心,对党的领导表示拥护。约有1/4的学生对社会存在的弊端表示不满,对社会主义的前途因此感到比较渺茫。约有1/5的学生没有明确的政治态度,认为政治与己无关,采取不参与的态度,其中还有少数学生对政治冷漠,对思想政治教育存在逆反心理。

(2)人生目的与学习动机。低年级学生多数只希望自己成为一名对社会有贡献的工程技术人员,约占1/3的学生则说不清自己的人生目的和学习动机。在毕业班,有80%以上的学生职业价值趋向由“事业—地区—待遇”转向“地区—事业—待遇”,目前又有转为“待遇—地区—事业”的倾向。女同学则考虑“家庭型”较多。研究生的学习动机比较明确,多数认为应学有所成,干一番事业,在实现社会价值的过程中实现个人价值。硕士和博士研究生中几乎人人都想出国。

(3)道德水准。学生的道德水准总体高于社会,反映了良好的状况。目前大学生中互帮互学、助人为乐的风尚很盛。无偿献血、捐款救灾、为集体办好事的事例经常出现。绝大部分学生一般也能较好地遵守学校的规章制度。但“合理的利己主义”仍为很多学生接受。还有一部分学生在道德水准方面缺乏自己的主见,不论正确与否,随大流而动。女生中“自己顾自己”的类型占主导地位。

(4)学生深层次的思想问题。这些问题主要反映在四个方面:

第一,对马克思主义关于人类社会发展规律、剩余价值学说、理论与实践的关系、社会主义分配制度等问题的思考;第二,关于政治领域和经济领域反和平演变的关系问题;第三,关于社会风气问题;第四,关于政治教育与社会现实问题。这些深层次思想问题的产生,一方面反映出他们对历史、对社会现实了解的欠缺,但另一方面也反映出他们对祖国前途、命运的关心。学校关键在于正确引导。

三、存在的主要问题与改进的措施

过去的两年,我们虽然在党建工作和思想政治工作方面取得了明显的成绩,但仍然存在着不少亟待解决的问题。这些问题主要是:

1. 相当一部分学生和青年教职工存在思想上的困惑和疑问,还有不少深层次的思想问题没有很好解决。他们对马克思主义的政治、经济和社会发展理论以及它与我国现实结合方面存在各种不同的看法。对我国目前的政治、经济、社会制度和民主、法制等方面的问题,也持有不同的见解。由于对这一系列问题在认识上存在偏差,使他们在世界观、人生观、价值观方面也或多或少地存在着与社会主义大学的教育目标不相适应的方面。比较明显的表现是淡漠政治,注重个人奋斗。

2. 党建工作、思想政治工作与学校教学、科研、校产等行政工作相比,存在一种虚与实的关系。特别是在国际政治风云变幻,国内强调以经济建设为中心这样的大环境下,党的工作和思想政治工作的难度增加,吸引力不足。另外,像中发(1990)12号文件已经规定的党务系列职称问题至今没有解决;党建工作会议原则确定的政工系列编制问题也停留在纸面上。类似的事情对在政工线上工作的同志影响很大。因此,大多数教职工愿意从事教学、科研和行政管理工作,不太愿意从事党务工作,认为前者相对于后者比较稳定,在实际待遇方面也更多一些实惠。在党务工作队伍中,学生线上的干部由于多数兼任德育或思政教育工作,既能顺利解决教师系列职称问题,又能向干部系列靠拢,队伍总体比较稳定。校、系两级机关党务工作专职干部,由于受到升等、升职、经济待遇等各种因素的制约,是目前学校一支比较不稳定的队伍，尤其是具有大学本科以上学历的年轻干部，不少都想寻找合适的机会变换工作性质。

3. 马列主义理论课教师退休多、补充少，师资力量严重短缺。年轻教师思想不稳定，有的想出国，有的想调动工作，而学校规定的每年进人指标无法完成，尤其以学经济的教师短缺更为严重。马列教师队伍的断层问题已显得很突出。

4. 学校党建工作、思想政治工作如何更好地与教学、科研等行政工作结合做得还不够。涉及学校改革、建设、发展的一些重要方案、措施的制订，部分总支和支部往往处在被动状态，主动参与决策显得欠缺。因此，这些党组织在学校行政工作中的作用还没有很好地发挥出来。党政工作的相互配合有待进一步完善。

5. 全校政治学习和一部分支部的组织生活质量停留在一般水平上。对党员和师生员工的思想政治教育缺乏理论上的阐述和指导。从事党务工作的同志还不能很好地回答师生员工提出的理论与社会现实问题。党务工作队伍的马克思主义理论水平和政治思想素质有待于提高，以更好地适应新形势下党的工作和思想政治工作的需要。

为了更有效地开展党建工作和思想政治工作，进一步落实中发(1990)12 号文件精神和两次全国高校党建工作会议提出的各项任务，我们对今后的工作提出以下五点改进措施：

1. 继续利用马列所和党校培训干部。在培训人员上，除保持现安排的中层干部、支部书记外，要为逐年扩大培训范围创造条件。在教学内容上，既要联系我国经济和社会发展的现实问题和师生深层次的思想认识问题，又要从干部队伍建设的长远目标出发，注重马克思主义基本理论和建设有中国特色的社会主义的理论和路线的学习、研究。党委要把抓干部队伍建设和抓意识形态领域的教育作为两项主要工作，有计划、有重点地进行。

2. 按照中发(1990)12 号文件精神，在积极调整校内政策导向的同时，继续争取全面落实文件精神，在稳定现有党务工作队伍的基础上，进行充实、调整，并不断提高这支队伍的理论水平和工作能力，增强队伍的凝聚力，使它逐步进入良性循环的状态。

3. 建立和健全调查研究制度。在上学期开展党支部状况、教职工状况、学生状况三个专题调查的基础上，提出改进工作的建议。继续针对师生员工和党员思想上的热点问题开展各类调查研究工作。同时，选择重点，组织学校党、政联合调查组逐个解决有关单位比较复杂的问题。今后，调查研究工作将作为思想政治工作的基础工作列入党委工作计划。

4. 继续组织好各类青年教职工的社会调查、社会实践活动和参加农村社会主义教育活动、企业形势教育活动，拓宽青年教职工的视野，增加他们对国情、民情的了解，使他们通过社会实践活动增强对建设有中国特色的社会主义的信念，树立正确的世界观和人生观。要增加学生的社会实践、教学实践和生产劳动环节，有意识地让他们在实践中增长知识，了解社会。

5. 完善党内生活的各项制度，推进党内监督和群众监督机制。增强党内组织生活和党内教育的思想性、针对性和有效性。完善系务会议、处务会议、室务会议制度，保证总支、支部在本单位行政工作的重大决策中发挥应有的作用，探索党建工作、思想政治工作与行政工作结合的途径。继续探索齐抓共管的思想政治工作体制。

浙江大学档案馆藏，档案号：ZD-1992-XZ-11-2

7.党建数据统计

1952—1954 年党团员人数增长情况[①]

(1954 年)

单位:人

	1952 年	1953 年	1954 年
共产党员	67	63	138
共青团员	855	1061	1286

浙江大学档案馆藏,档案号:ZD-1954-XZ-4

1962 年学生政治情况统计[②]

(1963 年 2 月)

单位:人

学生人数	共产党员	共青团员	其他	合计
一年级	4	462	848	1314
二年级	41	842	807	1690
三年级	82	1104	597	1783
四年级	50	1061	863	1974
五年级	235	1172	523	1930
合计	412	4671	3638	8691

浙江大学档案馆藏,档案号:ZD-1962-XZ-31

1962 年专任教师政治情况调查[③]

(1963 年 2 月)

	共产党员	共青团员	民主党派	其他	合计
教授	3		8	22	33

① 本表数据来自 1954 年度《浙江大学各种基本数字统计》,标题为编者所拟。

② 本表数据来自浙江大学人事处编《1962—63 学年初报表》,标题为编者所拟。

③ 本表数据来自浙江大学人事处编《1962—63 学年初报表》,标题为编者所拟。

续表

	共产党员	共青团员	民主党派	其他	合计
副教授	7		19	18	44
讲师	49	7	16	68	140
教员	8	13	2	90	113
助教	229	605	2	400	1236

浙江大学档案馆藏,档案号:ZD-1962-XZ-31

1982/1983 学年在校学生、教职工政治情况等统计①
(1982 年 10 月 12 日)

	共产党员	共青团员	民主党派	女性	华侨	少数民族
研究生中	22	287		23		
本专科生中	136	6092		1064		36
教职工中	1223	520	71	1276	20	13
其中专任教师	623	135	59	362	17	3

浙江大学档案馆藏,档案号:ZD-1982-XZ-27

1987/1988 学年在校学生、教职工政治情况等统计②
(1987 年 12 月 4 日)

单位:人

	共产党员	共青团员	民主党派	华侨	少数民族
总计	2733	10683	157	23	156
本专科学生	330	8845		1	131
研究生	565	1171			4
其中:博士生	93	46			2
硕士生	440	1076			2

① 本表数据来自浙江大学校长办公室所编《1982/1983 学年初高等学校基层报表》,标题为编者所拟。

② 本表数据来自浙江大学校长办公室 1987 年 12 月所编《1987/88 学年初报表》,数据截至 1987 年 9 月 30 日,标题为编者所拟。

续表

	共产党员	共青团员	民主党派	华侨	少数民族
研究生班	32	49			
教职工	1838	667	157	22	21
其中:专职教师	1117	195	116	16	4

浙江大学档案馆藏,档案号:ZD-1987-XZ-386

1990/1991学年在校学生、教职工政治情况等统计①
(1991年4月)

单位:人

	共产党员	共青团员	民主党派	华侨	少数民族
总计	2684	10512	276	21	233
本专科学生	125	8893		1	189
研究生	436	1119			16
其中:博士生	109	87			2
硕士生	323	1028			2
研究生班	4	44			12
教职工	2123	900	276	20	28
其中:专职教师	1296	123	189	15	5

浙江大学档案馆藏,档案号:ZD-1990-XZ-57-3

党组织、党员、党务工作干部情况②
(1992年4月)

一、党组织及党员情况(1992年2月底统计)

1. 党组织情况

校党委下设22个总支,1个直属支部,1个生产工委。

---

① 本表数据来自浙江大学校长办公室1991年4月所编《浙江大学1990年统计资料汇编》,标题为编者所拟。

② 本件为1992年4月,中共浙大委员会提交的《浙江大学党建工作与思想政治工作自查报告》的附件。

全校共有党支部 226 个，其中教师支部 101 个，职工支部 63 个，研究生支部 26 个，本科生支部 21 个，离退休支部 15 个。

党支部书记年龄在 50 岁以上的 94 人，35—50 岁的 75 人，35 岁以下的 57 人；具有高级职称的 70 人，中级职称的 94 人；由教师担任的 134 人，党政干部担任的 91 人。

2. 党员情况

全校共有党员 3203 人，正式党员 2775 人，预备党员 428 人。其中：

教职工党员 2157 人，占全校教职工总数的 40.4%，教职工党员中教师、工程技术人员和干部工人之比为 3.64∶1.2∶1。研究生党员 489 人，占研究生总数的 26.4%。

本专科生党员 226 人，占本专科生总数的 2.54%

离、退休教职工党员为 331 人。

全校男、女党员之比为 4∶1。

二、党务工作专职人员情况

全校专职党务工作干部（包括兼任部分教学、科研工作的干部）共 174 人。其中：

校级领导 4 人，中层干部 66 人，一般干部 104 人。

专职党务干部（包括工会、团委）占全校师生比例为 1.4%。

浙江大学档案馆藏，档案号：ZD-1992-XZ-11-2

1993 年学生政治情况调查①

（1994 年 5 月 30 日）

项目 生别	在校人数 （人）	党员人数 （人）	党员比例 （%）	提出入党申请 人数（人）	提出入党申请 比例（%）	党员与党外积极 分子占学生比例（%）
本科生	8855	520	5.87	1288	14.5	20.37
硕士生	1620	400	24.7	329	20.3	45.0
博士生	467	153	32.8	34	7.3	40.1

浙江大学档案馆藏，档案号：ZD-1994-JX11-3

① 本表数据来自浙江大学党委研究生工作部所撰《研究生党建工作的特点难点和重点》，原文刊载《研究生工作简报》总第 18 期（1994 年 5 月 30 日），标题为编者所拟。

(二)行政管理

1. 校长人事任免

浙江省人民政府委马寅初任本校校长兼主任委员

(1949 年 8 月 29 日)

本校校长兼主任委员经省府委任马寅初氏担任后,消息传来,全校师生员工莫不兴奋,大家都为今后浙大前途歌舞欢欣。马先生不仅是中国经济学的老前辈,而且是坚强不屈的民主老斗士。八年的抗日战争,三年的反帝反封建的人民解放战争,就一直领导着我们和美帝及国民党的反动统治做坚决的斗争。马先生的名字,在几年前就已深深印入每一个“浙大人”的心中,今天听到马先生出长本校,怎不使人感到特别亲切。(下略)

《国立浙江大学日刊》1949 年 8 月 29 日

马寅初离职布告①

(1951 年 6 月 6 日)

案奉华东教育部本年 5 月 16 日教人字第 4635 号通知开:“案奉中央人民政府教育部五月五日厅人字第 1172 号内函开:‘本部已提请中央人民政府委员会批准任命马寅初为北京大学校长,并免去其浙江大学校长职。在浙江大学新校长确定前,暂由该校副校长王国松代理校长职务,希即转自该校。’因等。为特转希知照为要。”因等。特此合行布告周知。此布

副校长/代理校长职务王国松
一九五一年六月六日

《浙大校刊》1951 年 6 月 16 日

通知我校第一副校长刘丹第二副校长王国松就职视事由

(1953 年 1 月 10 日)

〔53〕校人字第 85 号

奉华东教育部 1952 年 12 月 3 日教人(一)字第 205124 号通知略开:“查关于你校主要行政人员之配备,除校长沙文汉(兼)最近已由政务院提请中央人民政府委员会任命外,兹由华东军政委员会提请中央任命浙江省人民政府文教厅厅长刘丹为你校第一副校长,原副校

① 本布告原件无标题,现标题为编者所拟。

长王国松为第二副校长。”遵即就职视事，除呈报外，特此函请。
祭照。此呈。

浙江大学校长　沙文汉
第一副校长　刘　丹
第二副校长　王国松
一九五三年一月十日

浙江大学档案馆藏，档案号：ZD-1953-XZ-29-3

任命霍士廉为浙江大学校长由

（1953年4月27日）

高人字第3400号

我局前奉中央人民政府高等教育部一九五三年一月廿六日〔53〕人于马字第七三号函开：“我部前曾提请任命沙文汉为浙江大学校长，并经政务院一九五二年十月三日政务院一百五十三次政务会议通过，提请中央人民政府委员会批准任命。现沙文汉已调往他职，我部改提请霍士廉为浙江大学校长”，今奉中央人民政府高等教育部一九五三年四月十四日〔53〕人于马字第三〇九号函开：“准中央人事部一九五三年三月廿五日〔53〕中人一字第三九九号函开‘政务院第一百七十一次政务会议通过提请中央人民政府委员会批准任命霍士廉为浙江大学校长’。希即转知浙江大学及本人”等因，特此转知。

中央人民政府高等教育部华东高等教育管理局
局长　陈望道
一九五三年四月二十七日

浙江大学档案馆藏，档案号：ZD-1953-XZ-29-1

关于周荣鑫任命的通知[①]

（1958年1月17日）

浙江大学：

我部正报请国务院任命周荣鑫同志为你校校长，现因工作需要，周荣鑫同志可先行到职。

特此通知。

---

① 本件原无标题，标题为编者所拟。

中华人民共和国高等教育部
1958 年 1 月 17 日

浙江大学档案馆藏,档案号:ZD-1958-XZ-23-34

中共浙江省委关于任免周建人等人职务的通知

(1958 年 1 月 24 日)

省委常委会讨论决定:

周建人兼任省科学工作委员会主任;

周荣鑫任省委高等学校工作委员会书记、浙江大学党委书记;

盛华任省委高等学校工作委员会副书记;

刘丹任浙江大学党委副书记;

戴盟任省委农村工作部副部长;

高希胜任金华县委书记,免去省委农村工作部副部长;

李丰平兼任省农业科学研究所所长。

中共浙江省委
1958 年 1 月 24 日

浙江大学档案馆藏,档案号:ZD-1958-XZ-23

浙江省人民委员会通知

(1958 年 5 月 2 日)

人字第 1615 号

浙江医学院、浙江大学:

1958 年 4 月 4 日国务院全体会议第 74 次会议通过任命张永祥为浙江医学院副院长。1958 年 4 月 11 日国务院全体会议第 75 次会议通过免去霍士廉的浙江大学校长职务。特此转知。

1958 年 5 月 2 日

浙江大学档案馆藏,档案号:ZD-1958-XZ-91-5

中共浙江省委关于任免周建人等七同志职务的通知

(1959年10月8日)

省委发文〔59〕890号

经中央批准：

周建人兼任中国科学院浙江分院院长；

陈泽任中国科学院浙江分院副院长；

南竹泉、周庆祥、王谟显任浙江大学副校长；

杜承钧任省人委机关事务管理局局长；

免去阎康侯省人委机关事务管理局局长职务。

浙江大学档案馆藏，档案号：ZD-1959-XZ-23

中共浙江省委关于任免陈伟达等四位同志职务的通知

(1962年6月15日)

省委发文〔62〕191号

一九六二年五月十五日经中央批准：

陈伟达兼任浙江大学校长、党委书记；

吕志先任杭州大学校长、党委书记，免去金华地委书记职务；

林乎加免去兼任杭州大学校长职务；

周林免去兼任杭州大学党委第一书记、副校长职务

浙江大学档案馆藏，档案号：ZD-1962-XZ-20

浙江省革命委员会关于成立浙江大学革命委员会的批示

(1968年4月19日)

浙革〔68〕第19号

省革命委员会批准浙江大学革命委员会筹建领导小组、浙江大学革命大联合委员会关于成立浙江大学革命委员会的请示报告。

省革命委员会同意浙江大学革命委员会由四十七名委员组成。由南竹泉、赵振华、张凤瑞、颜贻欢、滕铸、李闯、周信忠、朱和瑞、徐水良、汪昔奇、洪祖炎、凌坚、杨复森等同志(暂缺四人)，共十七人组成常委。由南竹泉同志为革命委员会主任，朱和瑞、周信忠和一位军队干部、一位革命领导干部为副主任。

(下略)

一九六八年四月十九日

浙江大学档案馆藏，档案号：ZD-1968-XZ-4

关于刘丹等同志任职的通知

(1977年7月12日)

省委干〔1977〕112号

省委批准：

刘丹同志任中共浙江大学核心小组组长、校革命委员会委员、常委、主任。

黄固同志任中共浙江大学核心小组副组长，校革命委员会委员、常委、副主任。

邱清华、李文铸同志任中共浙江大学核心小组成员，校革命委员会委员、常委、副主任。

中共浙江省委

一九七七年七月十二日

浙江大学档案馆藏，档案号：ZD-1977-XZ-8

关于钱三强等同志任职的通知

(1979年2月8日)

〔79〕科发党字0170号

中共浙江大学委员会：

接中共中央组织部〔79〕干任字2号文，经党中央一九七八年十二月三十日批准：

钱三强同志兼任浙江大学校长；

刘丹同志任浙江大学副校长、党委第一书记；

张黎群同志任浙江大学副校长、党委第二书记；

王正之、邱清华同志任浙江大学副校长、党委副书记；

杨士林、叶方、王启东、周春晖、李文铸同志任浙江大学副校长；

黄固、胡玉兰同志任浙江大学党委副书记。

一九七九年二月八日

浙江大学档案馆藏，档案号：ZD-1979-XZ-5

关于刘丹等同志职务任免的通知

(1982年6月19日)

〔82〕教党字045号

浙江大学、复旦大学党委：

中央组织部六月十二日〔82〕干任字397号文通知，中央同意下列八名同志的职务任免：

刘丹同志任浙江大学名誉校长，免去其浙江大学党委第一书记、副校长职务；

黄固同志任浙江大学党委书记；
杨士林同志任浙江大学校长(任期四年)；
吕维雪同志任浙江大学副校长(任期四年)；
免去叶方同志的浙江大学副校长职务，改任该校顾问；
免去钱三强同志的浙江大学校长职务；
李强同志任复旦大学党委副书记；
邹剑秋同志任复旦大学副校长。

中共教育部党组
一九八二年六月十九日

浙江大学档案馆藏，档案号：ZD-1982-XZ-5

关于你校领导班子调整意见的通知

(1984年2月23日)

〔84〕教党字032号

浙江大学党委：

根据干部管理的规定，你校领导班子的调整，经报请中央主管部门审批，同意下列同志的职务任免：

黄固留任党委书记；
梁树德、周文骞、朱深潮任党委副书记；
韩桢祥任校长(任期四年)　吕维雪留任副校长；
张镇平、阙端麟、胡建雄任副校长(阙端麟任期四年)；
刘丹留任名誉校长；
杨士林任顾问，免去其校长职务；
王启东任顾问，免去其副校长职务；
免去李文铸、周春晖的副校长职务；
免去胡玉兰(女)、张浚生的党委副书记职务；
免去叶方的顾问职务，离职休养。

中共教育部党组
一九八四年二月二十三日

浙江大学档案馆藏，档案号：ZD-1984-XZ-10

关于路甬祥任职的通知

(1985年8月30日)

〔85〕教党字123号

浙江大学党委：

经研究，同意你校实行校长负责制，并决定路甬祥任你校副校长(名列吕维雪之前，任期四年)。

中共国家教育委员会党组

一九八五年八月三十日

浙江大学档案馆藏，档案号：ZD-1985-XZ-13

关于路甬祥、韩祯祥等同志职务任免的通知

(1988年1月27日)

〔88〕教党字008号

浙江大学党委：

经与浙江省委商得一致，决定：

一、韩祯祥、阙端麟同志任期届满，同意他们分别辞去浙江大学校长和副校长职务；

张镇平同志不再担任浙江大学副校长(另有任用)。

二、任命路甬祥同志为浙江大学校长，吴平东、薛继良同志为浙江大学副校长。

浙江大学行政领导班子由下列同志组成：

校长：路甬祥

副校长：吴平东、胡建雄、薛继良。

中共国家教委党组

一九八八年一月廿七日

浙江大学档案馆藏，档案号：ZD-1988-XZ-27

关于胡建雄同志任浙江大学常务副校长的报告

(1994年4月4日)

浙大党委〔1994〕22号

国家教委党组：

我校校长路甬祥同志已调任中国科学院副院长(兼浙江大学校长)，为保证学校工作的正常开展，经学校党委常委会议研究决定，胡建雄同志任浙江大学常务副校长，协助路甬祥

同志主持全面工作。

特报国家教委备案。

附件：胡建雄同志干部任免呈报表（略）

中共浙江大学委员会
一九九四年四月四日

浙江大学档案馆藏，档案号：ZD-1994-DQ-45-3

关于潘云鹤、路甬祥职务任免的通知

（1995年4月22日）

教人〔1995〕42号

浙江大学：

经研究决定，任命潘云鹤为浙江大学校长，免去路甬祥的浙江大学校长职务。

中共国家教育委员会党组
一九九五年四月二十二日

浙江大学档案馆藏，档案号：ZD-1995-DQ-48-1

关于浙江大学行政领导班子换届的任免通知

（1996年3月21日）

教人〔1996〕22号

浙江大学：

经研究决定，浙江大学行政领导班子换届任免如下：

潘云鹤任浙江大学校长（任期四年）；

胡建雄、顾伟康、吴世明、黄达人、卜凡孝、倪明江、冯培恩任浙江大学副校长。

免去唐晋发的浙江大学副校长职务。

国家教育委员会
一九九六年三月二十一日

浙江大学档案馆藏，档案号：ZD-1996-DQ-75-1

2. 校务管理制度

浙江大学校务委员会议暂行办法[①]

(1954 年 5 月 26 日)

(一)根据中央人民政府政务院颁布之高等学校暂行规程第二十六条规定之精神,结合我校具体情况,特订定本暂行办法。

(二)校务委员会会议职责和范围暂规定如下:

1. 研究贯彻上级有关学校方针政策的指示。

2. 研究制定学校工作计划、审查通过学校工作总结。

3. 审查各处、系的工作计划与工作报告。

4. 通过全校预算和决算。

5. 通过全校各种重要的制度规章。

6. 讨论全校组织机构的调整。

7. 议决全校重大兴革事项。

8. 议决重大奖惩事项。

校务委员会对一切问题所作的决定,经校长批准后即可生效。

(三)参加会议成员:校长、副校长、教务长、副教务长、总务长、政治辅导处主任、教学设备委员会主任、图书馆馆长、各系主任、副主任、工农速成中学校长、工会代表六人,学生代表二人。以校长为当然主席。

(四)会议时间:每两月一次,必要时由校长临时召集之。

浙江大学档案馆藏,档案号:ZD-1954-XZ-13

浙江大学校务委员会常务委员会会议暂行办法[②]

(1954 年 5 月 26 日)

(一)根据中央人民政务院颁布之高等学校暂行规程第二十六条规定之精神结合我校具体情况,特在校务委员会下设校务委员会常务委员会。

(二)校务委员会常务委员会会议职责和范围暂规定如下:

1. 定期检查学校教学工作计划的执行情况。

2. 研究和检查学校教职员工的政治学习。

3. 审查科学工作计划。

4. 讨论科长以上人员的配备。

5. 有关教师升等问题的讨论。

---

① 本办法于 1954 年 5 月 26 日,由校长办公会议通过决定施行。

② 本办法于 1954 年 5 月 26 日,由校长办公会议通过决定施行。

6. 讨论职工的提升和处分问题。

7. 其他认为应提交常委会讨论和决定的事项。

(三)参加会议成员:校长、副校长、教务长、副教务长、总务长、政治辅导处主任、各系系主任、工会代表一人、学生代表一人。以校长为当然主席。

(四)会议时间:每月一次,必要时由校长临时召集之。

浙江大学档案馆藏,档案号:ZD-1954-XZ-13

浙江大学校长办公会议暂行办法[①]

(1954年5月26日)

(一)为加强学校日常重大问题之集体研究,特建立校长办公会议制度。

(二)校长办公会议职责和范围暂规定如下:

1. 听取各处、会工作汇报。

2. 解决各处、系、会工作中之重大问题。

3. 听取参加上级会议的汇报。

4. 讨论学生学籍的处理问题。

5. 有关附设工农速成中学日常领导问题。

6. 其他专门问题及认为有必要提交讨论的问题。

(三)参加会议成员:校长、副校长、教务长、副教务长、总务长、政治辅导处主任、教学设备委员会主任、工会代表一人,以校长为当然主席。

(四)会议视需要临时通知有关人员列席。

(五)会议时间:每星期一、三、五上午十时至十一时五十分举行,必要时由校长临时召集之。

浙江大学档案馆藏,档案号:ZD-1954-XZ-13

浙江大学暂行规程草案

(1954年)

第一章　总纲

第一条:

本校以理论与实际一致的教育方法,培养具有高级文化水平,掌握现代科学和技术的成就,具有强健体质的全心全意为国家社会主义建设服务的高级建设人才。

第二条:本校具体任务为:

一、对学生和教师职工进行社会主义的政治思想教育,继续贯彻思想改造,肃清封建的、

---

① 本办法于1954年5月26日,由校长办公会议通过决定施行。

买办的、法西斯主义的思想，改造资产阶级思想，树立社会主义的思想领导，发扬为国家社会主义建设积极服务的思想。

二、适应国家社会主义工业化的需要，全面地系统地学习苏联高等学校先进经验，结合中国实际情况，稳步地进行教学改革，逐步的提高教学质量，以培养通晓基本理论，掌握现代先进科学技术成就，并能实际运用的合格的工程师与高级技术员。

三、运用正确的观点和方法结合国家社会主义建设进行科学研究工作。

第三条：本校系科专业设置与学习年限分别规定如下：

一、本校分本科与专修科两种：设机械工程、电机工程、化学工程、土木工程四系，附设工农速成中学一所。

二、各系设本科专业如下：

机械工程系：机械制造工程、金属切削机床及其工具、铸造工程及其机器、光学机械仪器四专业；

电机工程系：发电站配电网及联合输电系统、电机和电器、工业企业电气化三专业；

化学工程系：化学生产机械及设备、燃料化学工学二专业；

土木工程系：工业与民用建筑专业。

三、各系设专修科专业如下：

机械工程系：金工、铸工、金工工具三专业；

电机工程系：发电站配电网及其联合输电系统专业；

化学工程系：工业分析专业；

土木工程系：工业与民用建筑专业。

四、本科专业学习年限四年，专修科专业学习年限二年。

五、附设工农速成中学(规章另定)

第二章　学生

第四条：入学条件

一、凡经中央高等学校统一招生委员会录取分配之学生，均得入学。

二、本校除参加统一招生外，不再举行其他考试或个别吸收学生入学；除中央高等教育部特别规定者外，不招收转学、试读、借读、旁听等学生。

第五条：根据人民助学金条例，本校学生一律实行人民助学金制。

第六条：学生对各种课程的全部考试都须及格，成绩评定的标准，按优、良、及格、不及格四级记分，该记分自一九五二年度第一学期入学学生开始施行。

第七条：学生依照教学计划规定的课程，修业期满成绩及格者，由学校报请中央人民政府高等教育部核发毕业证书。

第八条：毕业学生由中央统一分配工作。

第三章　教学组织

第九条：根据中央高教部的规定，本校教师分为教授、副教授、讲师、助教四级，均由校长聘任，报请中央高教部备案。教师应遵照国家规定的统一教学计划进行教学。

第十条:教学研究指导组(简称教研组)为教学的基本组织,由一种或性质相近的几种课程的全体任课教师组成,直接进行教学研究及科学研究工作。各教研组设主任一人,必要时可增设副职,由校长就教师中聘任,报请中央高教部备案,其职责如下:

一、编制本教研组教学工作计划,分配本教研组成员的工作;

二、领导本组全体教师讨论及制定本教研组应开课程的教学大纲、教学日历;

三、有系统地检查并有效地提高本组教师讲授课程、实验、实习、辅导及其他各种教学工作的质量,总结教学经验;

四、领导和检查学生的自学、实验、实习和设计并考核学生成绩;

五、根据学校与系的计划积极培养与提高师资;

六、领导科学研究工作;

七、领导本组教师政治学习;

八、拟订本组所开课程应有设备的补充和改善计划。

第四章 行政组织

第十一条:本校设校长一人,由中央高教部提名政务院会议通过,中央人民政府委员会批准任命,校长对中央高教部负责,其主要职责如下:

一、代表学校;

二、领导全校一切教学、科学研究及行政事宜;

三、领导全校教师、学生、职员,工警的政治学习;

四、任免教师、职员、工警;审查与批准助教、职工的升等;

五、批准关于学生学籍的处理;

六、批准学校各项章则、制度;

七、掌握财务与校产;规划基本建设工作;

八、批准校务委员会的决议。

第十二条:本校设副校长二人,由中央高教部提名,政务院会议通过,中央人民政府委员会批准任命;副校长协助校长处理校务,校长缺席时,代行其职权。

第十三条:本校设置下列行政单位:(一)校长办公室(二)教务处(三)总务处(四)政治辅导处(五)图书馆。

第十四条:本校校长办公室设主任一人,对校长负责,由校长提请中央高校部任命。其主要职责如下:

(一)协助校长研究情况,检查并推进全校工作;

(二)办理全校对内外的文牍事宜;

(三)主持校内外的一般联系事宜;

(四)主持全校一切重要资料及统计事宜;

(五)主持全校一切人事事宜;

(六)主持校刊的编辑出版事宜。

第十五条:本校教务处设教务长一人,副教务长若干人,对校长负责,由校长从教授、副教授中遴选提请中央高教部任命。其主要职责如下:

一、组织学生的招考、入学与专业分配；

二、计划、组织、督导、检查全校各系及教研组的教学工作；

三、领导与检查学生的全部学习过程，并经常考核学生成绩；

四、领导全校各系各教研组师资的培养与提高工作；

五、计划、组织、督导、检查全校各系各教研组的科学研究工作；

六、制定课程表和有关教学规则，严格监督学生学业纪律的执行，提出对优良学生及违犯纪律学生奖励及处分的意见；

七、领导教材的编译与出版工作；

八、领导全校教学设备的计划、管理、调度工作；

九、领导教学资料的搜集、整理与保管；

十、领导人民助学金审议会工作；

十一、领导附设工农速成中学教务行政工作；

十二、校长、副校长均缺席时，得代行其职务。

第十六条：本校总务处设总务长一人、副总务长一人，对校长负责，由校长提请中央高校部任命。其主要职责如下：

一、保证全校教学、工作、生活必需的各种物资供应；

二、领导全校的基本建设；

三、统一拟制与掌握全校各项预算、决算，负责财务管理工作；

四、领导全校的保健工作、膳宿工作；

五、领导全校的建筑与修缮工作、保安工作，统一管理全校的校产；

六、受校长委托签订有关经济问题合同。

第十七条：本校政治辅导处设主任一人，对校长负责，由校长提请中央高校部任命。其主要职责如下：

一、领导全校师生员工的政治思想教育，组织、指导教师职工的政治理论学习、马列主义的教学，在政治教育的基础上，保证学校教学计划的完成；

二、统一指导全校各种群众团体的各种政治活动，并负责全校安全保卫工作；

三、协助人事工作，参加毕业生的统一分配工作，主持毕业生的政治思想鉴定。

第十八条：本校图书馆设馆长一人，对教务长负责，由校长聘任，报请中央高教部备案，主持图书馆一切事宜。

一、主持图书馆购置审查、登记分类、编目、流通、保管等工作；

二、保证供给教师教学工作、科学研究工作、与学生所必需的图书资料。

第十九条：根据上级规定与本校工作需要，在校长领导之下，得设各种专门委员会：

一、基本建设委员会；

二、教学设备委员会；

三、体育委员会；

四、保健委员会；

五、生产实习指导委员会。

第二十条：本校由一种专业或性质相近的数种专业组成系，为教学行政的基层组织，设主任一人，必要时增设副职，依照学校教学方针，领导全系教学工作。系主任受校长领导、教务长指导，由校长就教授、副教授中聘任，报请中央高校部备案。其主要职责如下：

一、计划并主持本系的教学行政工作；

二、督导并保证本系各专业的教学计划的实施；

三、领导与检查本系各教研室的教学工作；

四、领导与检查本系学生的学习、实验、生产实习、教学实习，统一掌握与规定各课程课堂学习及各种作业的分量并统计考核本系学生的成绩；

五、计划、组织本系师资培养工作；

六、掌握本系教学人员的教学情况、领导本系教学人员的政治学习；

七、计划、组织各教研组教师的科学研究工作；

八、总结本系教学经验；

九、提出有关本系教职员任免和升等的建议；

十、监督本系学生执行学校的规章纪律，提出本系学生学籍处理的意见。

十一、掌握全系教学设备的全面计划。

第廿一条：本校在校长领导下设校务委员会，由校长、副校长、教务长、副教务长、总务长、副总务长、政治辅导处主任、教学设备委员会主任、图书馆馆长、各系系主任、副主任、工农速成中学校长、工农代表 6 人、学生会代表二人组成之，以校长为当然主席。校务委员会的职责如下：

一、研究贯彻上级有关学校方针政策的指示；

二、研究制定学校工作计划，审查通过学校工作总结；

三、审查各处、系的工作计划与工作报告；

四、通过全校预算和决算；

五、通过全校各种重要的制度规章；

六、讨论全校组织机构的调整；

七、决议全校重大兴革事项；

八、决议重大奖惩事项。

校务委员会对一切问题所作的决定，经校长批准后即可生效。

会议时间：每两月一次，必要时由校长临时召集之。

第廿二条：本校校务委员会下设立常务委员会，由校长、副校长、教务长、副教务长、总务长、副总务长、政治辅导处主任、各系系主任、工会代表一人、学生代表一人组成之，以校长为当然主席。常务委员会职责如下：

一、定期检查学生教学工作计划的执行情况；

二、研究和检查学校教职员工的政治学习；

三、审查科学工作计划；

四、讨论科长以上人员的配备；

五、有关教师升等问题的讨论；

六、讨论职工的提升和处分问题；

七、其他认为应提交常委会讨论和决定的事项。

会议时间:每月一次,必要时由校长临时召集之。

第廿三条:为加强学校日常重大问题之集体研究,特建立校长办公会议制度。参加者有校长、副校长、教务长、副教务长、总务长、副总务长、政治辅导处主任、教学设备委员会主任、工会代表各一人。以校长为当然主席。

校长办公会议职责如下:

一、听取各处、会工作汇报;

二、解决各处、系、会工作之重大问题;

三、听取参加上级会议的汇报;

四、讨论学生的学籍的处理问题;

五、有关附设工农速成中学日常领导问题;

六、其他专门问题及认为有必要提交讨论的问题。

办公会议每周举行三次,必要时由校长临时召集之。会议视需要临时通知有关人员列席。

第廿四条:学校教学和行政组织,得举行各种会议,如教务会议、总务会议、政治辅导工作会议、处务会议、科务会议、系务会议、教研组会议以及各种科学研究会议等。

第五章　社团

第廿五条:本校工会、学生会等社团,应团结全校员工、学生,协助学校完成教学及行政计划,推动全校员工、学生的政治、业务与文化学习,并增进员工、学生的生活福利。

第廿六条:本校成立各种学术团体,以促进科学、文化的提高与普及。

第六章　附则

第廿七条:本规程经中央高教部批准后施行,其修改同。

浙江大学档案馆藏,档案号:ZD-1954-XZ-13

浙江大学行政机构暂行职责

(1956 年 12 月)

一、学校办公室

1. 秘书科

(1)根据校长、学校办公室指示,负责组织校务委员会会议、行政会议、全校性的有关的师生员工大会和其他有关重要会议。

(2)负责文书的收发、登记运转和催办,全校性发文文稿的审核和某些文稿的草拟,文书的缮印和校对,文书材料的立卷、保管、借阅和归档,保管校印。

(3)负责组织全校性的重要章则制度的草拟工作。

(4)准备某些必要的参考资料。

(5)负责全校性的统计工作。

(6)负责管理人民来信、群众意见单和群众来访工作。

(7)负责校内外的一般联系工作,校外单位来校参观事项,统一管理校外单位与教师的联系事宜。安排星期六下午全校性的活动。

(8)负责接待外宾及有关重大节日活动的具体工作。

(9)管理全校信件报刊的收转递送工作。

(10)其他有关工作。

2. 人事科

(1)根据规定和校长指示,负责办理教师、教学辅助人员、职员的任免、调动、聘请、提拔、鉴定、考勤,考绩与奖惩等工作。

(2)负责检查各单位使用人员情况,配合各处、系教研组了解教师、教学辅助人员、职员的思想情况,向学校领导汇报。掌管教职员、教学辅助人员的培养与提高工作。

(3)根据有关规定掌握全校工作人员的工资及福利工作。

(4)掌管全校的机构设置和人员编制。

(5)统一掌管全校的人事调查、统计及户籍工作,按照规定办理教职员的请假、休假、销假事宜。

(6)统一掌管毕业生的鉴定和调配工作。

(7)负责学生人民助学金的工作。

(8)管理人事档案。

(9)负责治安保卫工作。

(10)其他有关工作。

3. 财务科

(1)负责审查编制学校年度预算与经费计划。

(2)根据财务制度规定监督检查预算的执行并协助统一调配全校经费。

(3)掌管财务出纳工作。

(4)计算、发放全校工资和人民助学金,并负责财务统计工作。

(5)编制年终决算报表财务报告,处理其他会计事务。

(6)其他有关工作。

4. 专家工作组

(1)根据校长指示,教研组意见和专家意见协助专家制订工作计划并了解其贯彻情况。

(2)了解专家建议的贯彻情况。

(3)负责组织翻译专家必需的俄文参考资料。组织专家谈话的记录,整理、打字、印刷、报送、分发等工作。

(4)负责有关专家工作的内外联系和专家的保卫工作、生活工作。

(5)其他有关工作。

5. 机密资料室

(1)负责对外索取机密资料。

(2)负责机密资料的收发、登记、阅览和保管工作。

二、教务部门

1. 教学科

(1)在教学副校长领导下,督促执行已批准的本校教学计划。

(2)帮助各系制定新的教学计划及修订教学计划。

(3)检查教学大纲的拟修订及执行情况,并给予帮助。

(4)在教学副校长领导下,督促各系教研组制订工作计划和教师个人计划。检查这些计划的执行情况。

(5)组织并推动全校教学法工作的开展。

(6)组织校际及校内教学经验交流。

(7)推动各系组织学生自学工作。

(8)在教学副校长领导下,对各种教学环节的质量进行了解与检查,注意提高教学质量。

(9)在学校统一领导下。组织全校生产实习工作。

(10)办理教师下厂到兄弟学校参观手续。

(11)其他有关工作。

2.教务行政科

(1)会同系办公室编制学生课程表,支配全校的教室和实验室,监督课程表准确执行。

(2)检查系所编制教学工作计划是否符合已批准的教学计划。

(3)会同系办公室编制考试时间表,安排考试场地。

(4)办理经教学副校长或系主任批准的学生休学、复学、退学、转学及升留级问题。

(5)审查并办理由系送来的毕业生文件与证书。

(6)拟制并修订学则,监督其执行。

(7)检查各系学生的成绩统计情况,编制学生成绩及变动等情况的全校性统计。

(8)检查全校教师教学工作量的执行情况,审核超额工作量的计算。

(9)在教学副校长领导下,负责组织有关单位办理招生及新生入学工作。

(10)管理华侨学生和外国留学生工作。

(11)办理接收旁听生事项。

(12)普通话的推广工作。

(13)保管毕业学生的有关学籍资料。

(14)其他有关工作。

3.教学设备科

(1)掌管全校实验室的新建和扩建工作。

(2)掌管全校教学仪器、设备的计划,负责购置、提取、统计、调配工作,督促和检查各实验室保养、保管和保安工作。

(3)管理全校机仪洽借工作。

(4)领导机仪修造工厂。

(5)负责按季编制财产报表。

(6)办理各系、各教研组、各实验室调配临时工(只限技工)的工作。

(7)其他有关工作。

4.教材科

(1)负责各种有关教学资料(包括课程的讲义、教学图表、设计资料及其他教学参考资料等)的抄、绘、印刷及供应工作。

(2)组织与推动校内外有关教学资料的交流工作。

(3)配合教学科,协助教务长组织教材的编写工作,并定期了解教材的使用情况。

(4)负责讲义经费的计算工作。

(5)其他有关工作。

5.图书馆

(1)掌管全校图书期刊的采购、保管、编目、介绍流通等工作。

(2)联系校外图书馆,组织馆际互借,编制联合目录。

(3)领导各系专业图书室。

6.业余教育科

(1)在教学副校长及有关负责人的领导下,具体帮助有关教研组修订和贯彻夜大学各专业教学计划,制订中、小学的教学计划。

(2)组织推进学生自学工作,了解学生学习上的困难与问题。

(3)组织有关教研组和教师经常研究并改进教学。

(4)编订学生课程表,考试日程表。

(5)负责组织招生工作。

(6)处理有关学籍、升留级、请假、统计等工作并保管有关资料。

(7)其他有关工作。

三、科学研究科

(1)在科学副校长领导下,组织审查及汇总各系、教研组科学研究工作计划,并检查计划执行情况。

(2)在科学副校长领导下督促各系各教研组制订师资的培养与提高计划,并具体组织全校性师资提高的活动。

(3)负责组织全校科学讨论,科学展览和科学研究经验的交流等工作。

(4)指导学生科学研究小组工作及了解工作情况。

(5)会同有关单位协助各系、各教研组与厂矿、研究机关的联系与合作。

(6)组织科学著作的编译出版工作。

(7)管理校内外人员的进修工作,并汇总拟订本校教师到校外进修的年度计划。

(8)管理研究生的工作。

(9)其他有关工作。

四、总务处

1.行政事务科

(1)负责全校室内外(宿舍,办公室除外)的清洁工作。

(2)负责全校交通运输、电话通信、各教学单位、各行政单位所需办公及消耗性用品计划、采购、分配、供应、保管工作。

(3)配合招生新生入学、考试、生产实习、毕业设计以及其他各个教学环节,各教研组科学研究工作,学校各个阶段的中心工作,各种重要会议,重大活动,做好有关事务工作。

(4)负责招待工作与合作社、邮局、银行的联系工作。

(5)负责全校工勤人员(包括行政技工,不包括各系、各教研组技工)的调配、奖惩、统计等工作,负责全校工勤人员的政治思想教育并领导其业务学习。

(6)负责调配各部门所需要的临时工(一般临时工和泥木工,不包括各系各实验室的技工)

(7)其他有关工作。

2.基建科

(1)负责提供全校建筑的初步规划、征地、工程估算、签约和发包工作,独立负责小型建筑工程的测绘、设计工作。

(2)根据建筑工程所需要的材料规格、数量,办理申请并联系承办单位办理采购、运输、验收、保管和领发工作。

(3)负责现场工程(包括水电卫生道路上下水道工程)的管理,监工会同有关单位办理验收,交接手续,负责工程进度情况统计等工作。

(4)根据工程项目负责编报基建财务预算和计划。

(5)负责联系承办单位与设计部门处理日常工作。

(6)负责全校绿化工作。

(7)协助校产科小型建筑的设计、估算工作。

(8)其他有关工作。

3.校产科

(1)负责全校固定资产的登记工作。

(2)负责全校房地产的管理及分配,计算房租、水电、租用家具的费用。

(3)负责全校房屋、水电、道路、下水道、消防设备的修理和保养工作,负责非基建经费开支的小型房屋、水电、道路、下水道的建筑。

(4)负责全校一般家具及教学用家具的添置、修理、管理和分配。

(5)负责管理木工场。

(6)其他有关工作。

4.膳食科

(1)负责员工食堂和学生食堂的全部工作。

(2)负责领导厨房工人的政治学习和业务学习。

(3)其他有关工作。

5.卫生保健室

(1)定期举行师生员工的体格检查,掌握全校师生员工的健康情况。

(2)负责卫生宣传,监督体育卫生工作。指导全校室内外的清洁卫生工作,做好厨房卫生工作。负责季节性疾病的预防。

(3)负责门诊治疗工作,重病送院治疗工作和管理公费医疗工作。

(4)其他有关工作。

浙江大学档案馆藏,档案号:ZD-1956-XZ-40

浙江大学校务委员会组织办法(草案)

(1959年3月)

遵照中共中央、国务院关于教育工作的指示“一切高等学校中应当实行学校党委领导下的校务委员会负责制”,特制定校务委员会组织办法。

第一条　校务委员会由党委提名,学校师生员工代表大会通过,报经省人委批准的办法产生之。

第二条　校长、副校长为当然主席、副主席。校务委员会实行集体领导和个人负责制。

第三条　校务委员会根据党和政府的方针、政策指示,并在学校党委领导下行使下列职权:

一、坚决贯彻执行党和政府的教育方针和各项政策、法令以及学校党委的决议。

二、审查批准全校性的教育、科研、生产等工作计划(规划)总结,并督促检查各项工作计划之执行。

三、在中央、省人委规定的权限内研究和批准学校行政、教学机构设置、人员编制、干部任免、师生员工的工资福利及奖惩事项。

四、审核批准学校基建计划和财务预算、决算。

五、审核批准全校性的规章制度。

六、讨论和决定其他有关全校性的重大问题。

第四条　根据工作需要,可以设置若干专门委员会。各专门委员会应定期向校务委员会汇报工作。

第五条　校务委员会在一般情况下每月召开一次。由主席、副主席召集之,必要时可召集临时会议。

第六条　学校的日常工作,由校长、副校长定期召开校长办公会议和行政会议负责处理。校长办公会议由校长、副校长和各处处长、副处长和各系主任、副主任组成,必要时吸收有关单位负责人员参加。校长办公会议和行政会议每两周举行一次。

第七条　本办法由校务委员会讨论通过后实施。在实施过程中如有不尽事宜,仍由校务委员会讨论修改之。

浙江省档案馆藏,档案号:J101-010-102-012

我校贯彻党委领导下的校务委员会负责制的工作条例(草案)

(1961年6月24日)

1958年以来,我校根据中共中央、国务院公布“关于教育工作的指示”以后,实行了党委领导下的校务委员会负责制。三年来,在党的总路线、“大跃进”、人民公社三面红旗光辉照耀下,在省委的领导下,贯彻执行了教育为无产阶级政治服务,教育与生产劳动相结合的方针,展开了大办工厂,大开技术革命和技术革新,大搞科学研究,进行教学改革一系列的群众运动,进行了广泛深入的思想革命和教育革命,党的领导大大加强了,师生员工的政治觉悟有了显著提高,新生力量有了迅速的成长,学校面貌发生了深刻的变化,教学质量有了很大的提高。

总之,教育工作取得了前所未有的巨大成绩。这是党的三面红旗的胜利,群众路线的胜利,贯彻执行党的教育方针的胜利。为今后坚持教育革命的方向、巩固教育革命成果,提高教学质量,培养具有社会主义觉悟和现代科学生产技术知识的高级建设人才,奠定了良好的基础。

但是,在取得巨大成绩的同时,由于缺乏经验,也出现了一些问题。这些问题主要是:党委和各级党组织直接处理行政事务过多,一定程度地影响了对党的路线、方针、政策的深入贯彻与对教学、科学研究、生产劳动中重大问题的认真研究和政治思想工作的进一步加强;校务委员会和各级行政机构的作用发挥得不够;在各级组织机构之间存在着职责划分不清的现象;学校中的政治思想工作做得不够深透:非党干部和教师,特别是非党行政负责干部的积极性调动得也不够;学校的总务工作和学校工作发展的要求不相适应;教师中的党员骨干的行政事务工作和学生中的党团骨干的社会工作负担过重,学生的社会活动和事务工作也过多,影响了他们的教学与学习。以上这些情况,对于培养又红又专的工人阶级的知识分子队伍是不利的。

为了坚决执行"调整、巩固、充实、提高"的方针,进一步建立和稳定以教学为主的教学、科学研究、生产劳动三结合的教学秩序,大力提高教学质量,上述问题必须加以解决。根据三年来的实践,对我校的领导体制,按照以下原则进行。

第一,学校党委的领导必须进一步加强,党的各级组织必须起核心作用。学校党委和各级党组织,应该集中精力和时间,更好地贯彻党的路线、方针、政策,加强政治思想工作和党的建设工作,研究解决教学中的重大问题。学校党委应该领导和监督学校的行政机构,更好的发挥各级行政组织的作用。

第二,贯彻群众路线,调动师、生、员、工的积极因素,是实现党的领导的一个重要方面。校务委员会应该在学校党委的领导下,对学校行政工作应行使领导的职权,学校的各级行政机构应该切实负责处理日常的行政工作。

第三,学校的各级党组织,必须对非党知识分子加强团结教育、改造,充分使用他们,支持和帮助他们作出成绩,使党与党外人士之间建立亲密的合作共事关系。

第四,学校的权力应该更多地集中到党委会和校务委员会,学校的党的组织和行政机构,切实地划分职责范围,做到在党委的领导下,分工负责,协同配合,使学校真正成为一个有机整体。

在规定职责范围时,要注意减轻教师中党的骨干的行政事务工作,把教学行政工作集中到系行政方面来,才能保证教研组能把主要力量集中到教学第一线,不断地提高教学质量。

第五,学校必须把加强学生工作,特别是学生的政治思想工作当作重要任务。对学生中的政治工作干部,应该适当地调整充实,恰当地确定他们的工作范围,减少不必要的事务工作;对学生中的党团骨干,应该适当地减轻他们的工作任务,并加强对他们的思想教育和具体领导。对全体学生的社会活动和事务工作,也要适当控制,使他们能专心致志地学习。

根据以上原则,特制定本工作条例。

(一)学校党委会

一、学校党委是党在学校的基础组织,是学校工作的领导核心,是领导和监督学校行政机构和群众组织的工作,对学校实行统一的全面的领导。主要任务是贯彻执行党的路线,方针、政策，实现党的教育方针，培养具有社会主义觉悟和现代科学生产技术知识的，既能脑力劳动又能体力劳动，身体健康的，能从事生产建设、科学研究工作的高级工业建设人才。

二、学校党委会的职责如下：

1.研究贯彻党和政府的教育方针及各项政策与指示。

2.领导全校的政治思想工作，对全体师生员工进行马克思列宁主义毛泽东思想的宣传教育和时事政策教育。

3.研究审查学校发展规划、专业设置、教育计划；掌握和检查全校年度与学期工作计划，以及教学、科学研究、生产劳动和学术活动的安排计划；讨论决定师资培养提高的原则。

4.进行党的组织建设、思想建设和统战工作，加强对共青团、民主党派等组织的领导。

5.研究决定学校组织机构的设置与调整。管理全校的干部工作和保密、保卫工作。

6.关心群众生活，检查和解决群众生活中的重大问题。

7.完成上级党委布置的各项中心工作，讨论全校性的其他重大问题。

（二）校务委员会

三、在学校党委领导下，校务委员会是全校行政最高权力机关。它的主要任务是调动校内各方面的力量，集中群众智慧，贯彻执行党和政府的教育方针和学校党委的决议。

四、校务委员会委员由党委提名，与有关方面协商，经全校师生员工代表大会通过，报省人委备案。校务委员会委员应具有广泛的代表性，吸收各方面人士参加。

五、校务委员会设正、副主任委员，由校长，副校长担任。校务委员会实行集体领导和个人负责相结合的原则，在校务委员会闭幕期间，由校长，副校长行使校务委员会一切权利。

六、校务委员会的职责如下；

1.坚决贯彻执行党和政府的教育方针和各项政策、法令，以及学校党委的各项决议。

2.讨论和研究学校的发展规划、专业设置，教育计划、科学研究计划、生产计划，基本建设计划、教学设备计划，提出方案，经党委审查报请主管部门审批。

3.讨论和通过全校的年度和学期工作计划，督促和检查工作计划的执行。

4.审批本校各专业的教学大纲，领导教材的编选工作。

5.在中央、省人委规定的权限内，研究决定学校行政和教学机构的设置，人员编制，干部任免等事项。

6.讨论决定招生和毕业生分配方案和师资培养计划。

7.制订和修改全校性的规章制度。

8.审查通过学校年度经费预算、决算。

9.讨论和研究全校师生员工的生活福利问题。

10.讨论和决定其他有关全校性的重大问题。

七、校务委员可以根据工作需要，设置图书管理、仪器设备管理、学报编辑、治安保卫、生活福利、爱国卫生等专门类会，协助校务委员会处理各种专门问题，并就若干问题作专门调查或检查，定期向校务委员会汇报工作。

八、校务委员会下设办公室和教务、科学研究、生产劳动、人事、总务等处，作为常设办事机构。这些机构在正、副校长领导下，办理日常行政事务工作。

九、学校中的共青团、学生会和其他群众组织,在学校党委统一领导下,配合各级行政机构,反映群众的意见和要求,进行各有关方面的工作,保证党委和校务委员会各项指示,决议的顺利实现。

1.学校共青团是学校党委的助手。它在学校工作的各个方面,都应是党的政策和决议的积极宣传者和执行者。学校团委会除团章所规定的任务外,在学校中的主要工作如下:

(1)对团员和青年群众进行共产主义思想教育、道德品质教育和时事政策教育,并定期组织团课。

(2)教育团员以模范行动带动青年群众努力完成学习任务和遵守学校的规章制度。

(3)了解和反映青年的思想动向和要求,帮助他们提高思想觉悟,关心他们的生活。

(4)受党委委托,指导学生会的工作。

2.学生会是全校学生群众性的组织,它的任务是在党委领导下,在团的指导下,推动同学不断提高觉悟,努力学习,帮助他们过好集体生活。学生会应着重做好以下几项工作:

(1)配合党的中心任务、学校的中心工作和假日、节日活动,进行宣传工作。

(2)组织群众性的社会活动和课外的文娱体育活动。

(3)协助学校进行学生的清洁卫生和生活福利等工作。

(三)系党总支部委员会

十、系党总支部委员会的主要任务是:在党委的统一领导下做好政治思想工作,团结和教育全系人员积极地贯彻党和政府的方针政策,正确地执行学校党委和校务委员会的各项决议指示:对系的教学行政工作进行监督和检查。

十一、系党总支部委员会的职责范围。

1.贯彻党的教育方针,保证党委和校务委员会的决议在本系实现。

2.系党总支部在全系实行政治上思想上的领导,组织全系人员学习马列主义,毛泽东著作和时事政策,不断提高全系人员的思想政治水平。

3.根据党委指示,研究全系教学、科学研究、生产劳动等工作中的重大的原则问题,并对系的教学行政工作负有督促检查的责任。

4.深入了解全系师生政治思想情况和教学情况,及时分析研究,总结经验,向党委汇报。

5.负责党的组织建设、思想建设和统战工作,以及领导共青团系分团委工作。

6.经常关心群众生活,及时解决群众思想问题,并定期向党委反映群众的要求和意见,负责处理接待群众来信来访工作。

7.掌握全系人员的政治审查、人事工作,绝密和机密的研究项目与治安保卫和保密工作。

8.处理党委交办的其他工作。

十二、系党总支部应该主动地采取各种方式向系主任特别是非党系主任交代党的方针政策,沟通情况,交换意见,研究问题,经常关心、支持帮助他们把教学行政工作做好。

十三、机关总支、总务总支,它的主要任务应该是:领导每一个党员的思想政治工作,加强组织性、纪律性,克服官僚主义、主观主义和分散主义,保证党务、行政工作的完成,并及时地把机关工作的缺点通知本机关的行政负责人和报告党的上级组织(在总结经验的基础上,可参照本条例第十条规定,各自拟订职责范围)。

(四)系行政组织

十四、系是学校的教学行政组织,它的主要任务是组织所属专业教学计划的具体实施,并定期检查和总结工作经验。

十五、系主任在校务委员会和校长领导下,负责全系的教学行政工作,其职责如下:

1.贯彻执行学校党委、校务委员会的决议和校长的指示。

2.制订全系的教学、科学研究、生产劳动、学术活动和行政工作计划,督促检查其执行,并定期向校委会和校长报告工作。

3.领导本系所属教研组的工作,研究和审阅各专业的教学大纲,报请校委会审定。

4.提出本系教学人员和行政人员的配备、培养、管理,奖惩等工作的意见,报请人事部门审查决定。

5.处理学生的考勤、考绩和学籍等工作;审批人民助学金;决定对学生的一般奖励和记过以下处分。

6.制订本系学期或学年的仪器设备和材料购置计划和预算,掌管全系范围使用的重要仪器设备和材料。

7.领导检查学生的学习、实习、生产劳动,并及时了解情况,进行领导,总结经验。

8.做好生活福利和卫生保健工作。

9.处理校务委员会和校长交办的其他工作。

十六、系主任在工作中要发扬民主,走群众路线。全系的主要工作,都应该经过系务会议(成员应包括正、副主任,教研组主任和系办公室主任)充分讨论,提出解决办法,由系主任负责组织执行,并进行督促检查。为使系主任集中较多的力量于教学和科学研究工作,应充实系办公室的专职人员。

(五)专业党支部

十七、专业党支部是按照专业性质组织的,它是党在学校中最基层的组织。其主要任务是在总支的领导和统一安排下,做好政治思想工作,充分调动群众的积极性,团结和推动全体师生员工,贯彻执行党委、校务委员会和总支的各项决议和指示,保证完成本专业的教学任务和上级党组织交付的一切任务。

十八、专业党支部在总支领导下,应着重做好以下各项工作。

1.团结和推动全体师生员工贯彻执行党的教育方针,保证完成本专业的教学计划和各项工作任务,并教育党员在各项工作中起模范带头作用。

2.组织党员和群众认真学习马克思列宁主义,毛泽东思想以及时事政策;同时应经常了解和研究解决全体人员中的政治思想情况,及时向总支汇报。

3.了解和检查教研组的教学工作和学生的学习情况,及时向总支汇报;并向教研组提出意见,共同研究改进办法。

4.做好组织建设和思想建设工作,积极慎重地发展党员,组织党的基本知识的学习和加强党的教育,负责预备党员的考察教育工作,健全组织生活,经常开展批评与自我批评。

5.领导本专业共青团的工作。

6.处理党委和总支交付的其他工作。

十九、专业党支部根据党员人数多寡可选举党员3—7人,组成支部委员会并逐步配备专职支部书记;支委会应遵照集体领导,分工负责的原则进行工作,定期研究政治思想动态和教学工作。

(六)教研组

二十、教研组是按照课程的性质和门类设置的教学组织。它的主要任务是组织完成教育计划中规定的有关课程的教学工作、科学研究和生产劳动任务,集中全力搞好以教学为主的三结合,不断提高教学质量。

二十一、教研组主任在系主任领导下,应全面负责组织教研组工作,并贯彻执行校务委员会的决议和校长的指示。教研组的工作职责如下:

1.制订所属专业教学计划,报请系主任,转呈校委会批准后实施。

2.按照专业教学计划,制订和执行教学工作计划和教学日历。

3.组织制订有关课程的教学大纲、科学研究计划、生产劳动大纲和编选教材的工作。

4.组织进行日常的教学、科学研究、生产劳动和学术活动等工作,并经常组织经验交流。

5.组织本教研组成员(特别是青年教师)、进修生的培养提高工作。

6.及时了解同学学习情况和听取同学对教学的要求,负责向有关教师提出改进教学的意见。

7.领导实验室的建设、管理、维护工作和直观教材的制作工作。

8.根据需要收集科学情报资料,健全资料工作。

9.审批考试试题,评定学生成绩。

10.处理系主任交办的其他有关教学、生产劳动、科学研究等事项。

二十二、教研组的主要工作,根据情况和需要,经过教研组全体成员会议或部分有关教师的会议,进行充分讨论,研究工作方案,由教研组主任组织实施,并负责督促检查。教研组的日常工作由正、副主任负责处理。

二十三、在教研组的工作上,教研组主任应经常和党支部联系,并就若干重要问题交换意见,但教研组的工作仍应由教研组主任切实负责。

(七)学生班的组织

二十四、班是学校按照教育计划组织教学活动的基层单位,也是学生学习、生活、活动的基层单位。因此班内的一切组织活动,都必须有利于教学。

二十五、班设班委会,由委员5—7人组成,每年由全班选举产生,分别担任班主席、班副主席和学习,生活、文体委员。班委会受系行政和学生会双重领导:它在有关学习和行政工作方面受系行政领导;在社会活动和群众工作方面受学生会领导。

二十六、班委会的职责范围如下:

1.及时向教研组反映同学学习的情况和意见;组织同学交流学习经验,改进学习方法。

2.协助系和教研组具体组织本班同学的生产劳动、生产实习和科学研究等工作。

3.督促同学认真学习、遵守学习纪律、爱护教学设备和用具,以及负责本班学生缺勤登记工作。

4.组织学生参加各项群众性的社会活动和课外文艺体育活动。

5.反映学生在生活方面的意见和要求，搞好卫生工作。

(八)工作方法和工作作风

二十七、党委应根据“大权独揽，小权分散，党委决定，各方去办，办也有决，不离原则，工作检查，党委有责”的领导原则进行工作。党委既要加强统一领导，又要善于发挥各级行政组织和各种群众团体的作用。对各项工作要加强检查，在重大问题上每年要抓几次，以便及时总结经验，肯定成绩，改正缺点，改进工作。

二十八、大兴调查研究之风，一切从实际出发。学校各级领导干部，必须深入群众，要有目的、有计划地亲自深入到一个系，一两个教研组和一两个班、一两个党和团的支部，“解剖麻雀”，取得经验，以典型带动一般，解决师生中带有普遍性的问题。

二十九、学校党员领导干部必须努力学习马列主义和毛泽东同志的著作，并且还要学点自然科学和技术科学，熟悉和掌握业务，提高领导水平。

三十、党员干部要同党外人士多接触、多商量，经常了解他们的思想情况和对工作的意见，根据具体对象的不同特点，帮助他们提高认识。学校党委和总支的负责同志，还可以在一定时期召集非党行政负责人和有代表性的教授、讲师参加的座谈会“神仙会”，听取他们的意见，并对他们进行政治思想教育。

三十一、在党的领导下，在教学相长的原则下，师生之间应加强团结，建立良好的关系，形成尊师爱生的风气。教师在教学工作中应起主导作用，关心学生，严格要求学生，帮助解决学习上的困难；学生应尊敬教师，虚心向教师学习。学生可以和教师平等自由地讨论问题；对教学工作有意见应该提出，但要注意方式。

三十二、学校的各级干部，要认真学习和遵守中央颁发的党政干部三大纪律、八项注意。要紧紧依靠党和上级的领导，坚持请示报告制度，不自作主张；要充分发扬民主，有事和群众商量，倾听群众的意见，特别是不同的意见。学生中的党员和班级干部要以平等的、同志的和同学的身份进行活动，不要自视特殊，严格防止强迫命令的作风。

三十三、各级干部特别是学生干部，要正确贯彻大集体与小自由相结合的原则，珍惜群众的时间和精力，合理安排学生的各项活动。学生自学应该以个人钻研为主，集体研究要根据需要和自愿，不得强求一律。参加课余文体活动应该坚持自愿的原则。

三十四、发扬勤俭办学，艰苦奋斗的精神，教育干部关心学校的物质建设，爱护公共财物。工作中要建立和健全责任制，加强检查，防止损坏和浪费学校设备物资的不良现象。

三十五、各级党组织应经常关心群众生活，贯彻中央历次关于保证师生健康的指示，切实做到劳逸结合，保证师生的备课，批改作业与学习时间、休息时间和睡眠时间；注意清洁卫生，尽量办好伙食。

1961年6月24日

浙江大学档案馆藏，档案号：ZD-1961-XZ-41-2

浙江大学校务委员会组织办法(草案)

(1961年)

遵照中共中央、国务院关于教育工作的指示:"在一切高等学校中,应当实行学校党委领导下的校务委员会负责制",特制定校务委员会组织办法。

第一条　校务委员会是全校最高权力机构。

第二条　校务委员会委员由党委提名,学校师生员工代表会议通过,报送省人委备案。

第三条　校务委员会设主席、副主席,由校长、副校长担任,校务委员会实行集体领导和个人负责相结合的原则:在校务委员会闭幕期间由校长、副校长行使校务委员会一切职权。

第四条　校务委员会在学校党委领导下行使下列职权:

一、坚决贯彻执行党和政府的教育方针和各项政策、法令以及学校党委的决议。

二、研究、审查和批准全校性的教育、科研、生产等工作计划(规划)总结,并督促检查各项工作计划的执行。

三、审查、批准有关实施"一主二辅三结合"方针的具体措施规定及有关全校性的规章制度等。

四、在中央、省人委规定的权限内研究和批准学校行政、教学机构设置、人员编制、干部任免事项,及有关师生员工的生活福利及奖惩制度。

五、审查批准学校基建计划和财务预算、决算。

六、讨论和决定其他有关全校性的重大问题。

第五条　根据工作需要,可以设置若干专门委员会,各专门委员会应定期向校务委员会汇报工作。

第六条　校务委员会在一般情况下每月召开一次,由主席、副主席召集之。必要时可召集行政会议。

第七条　本办法由校务委员会讨论通过后实施。在实施过程中如有不尽事宜,仍向校务委员会讨论修改之。

浙江大学档案馆藏,档案号:ZD-1961-XZ-41-1

浙江大学机关工作暂行条例(草案初稿)

(1964年2月)

第一章　总则

一、高等学校的基本任务,是贯彻教育为无产阶级政治服务,教育与生产劳动相结合的方针,培养为社会主义建设所需要的各种专门人才。

本校各行政部门的基本任务是在党委和校长的领导下,贯彻执行党的教育方针和中华人民共和国教育部直属高等学校暂行工作条例(草案),加强教职工队伍的建设和物理物质设备的建设,加强行政管理工作,为教学和科学研究服务,为师生员工的生活服务,努力提高教育质量。

二、本校行政上受教育部领导，党的工作受浙江省委领导，学校各级领导和各部门必须紧密依靠上级的领导，坚决贯彻执行上级各项有关之规定和指示，经常向上级反映学校工作中的重要情况，积极提出建议，更好地完成领导布置的各项工作任务。

学校必须贯彻统一领导与分级管理相结合的原则，充分发挥各级职能部门和全体工作人员的积极性，实行领导、群众、专家三结合的群众路线，建立与健全责任制度，明确分工，密切配合，同心同德，踏踏实实地做好各项工作。

三、各级领导和全体干部必须努力学习马克思列宁主义和毛泽东同志的著作，不断提高政治思想觉悟，加强反对帝国主义和现代修正主义的学习，抵制资产阶级思想的侵蚀，积极投入阶级斗争、生产斗争和科学实验的三项伟大的革命运动，努力学习党的路线和方针政策，刻苦钻研，通晓本门业务，改进领导方法和工作作风，加强调查研究，深入群众联系实际，提高工作效率，发扬朝气蓬勃，勤勤恳恳，勇于负责，敢于创造的精神，坚决防止和克服官僚主义、事务主义、分散主义和一切不良倾向。

四、全校必须贯彻增产节约、勤俭办学的方针，继承和发扬我校光荣传统和革命精神，实事求是的治学态度，艰苦朴素的生活作风。全体师生员工团结一致，互爱互助，紧张活泼，严守纪律，逐步树立理论与实践统一、高度的革命性和严格的科学性统一的学风，努力把我校从现有基础上建设成为社会主义现代化的多科性理工大学。

第二章　组织领导

五、根据“中华人民共和国教育部直属高等学校暂行工作条例(草案)”的规定，学校的领导制度是党委领导下的以校长为首的校务委员会负责制。

校长是国家任命的学校行政负责人，对外代表学校、对内主持校务委员会和学校的经常工作。副校长协助校长分工领导教学、总务等方面的工作，教务长和总务长在校长、副校长领导下，分管教学、总务工作。

校务委员会是学校行政工作的集体领导组织，学校工作的重大问题，应该由校长提交校务委员会讨论，作出决定，由校长负责执行。

系是按照专业性质设置的教学行政组织，系务委员会是全系行政工作的集体领导组织，系内的重大问题，应由系主任提交系务委员会讨论，作出决定，由系主任负责组织执行，并报告校长和校务委员会。

六、学校的行政机构，根据工作需要和有利于领导管理的原则，设置校长办公室和若干处(馆、院)，在处下设置若干科，实行校、处、科三级制。校长办公室各处(馆、院)及所属科在校长、副校长的领导下，根据国家的方针政策，上级领导机关的指示和有关规定以及校务委员会的决定，具体处理学校的日常行政工作。(各部门的职责范围另定)

根据工作需要，学校在校务委员会的领导下，设置教学、学术、体育、基建等 4 个委员会，处理专门问题进行调查研究，更好地推动教学、科研等工作。

七、加强集中统一领导，贯彻集中领导与分级管理相结合的原则。学校各行政部门应该贯彻执行“浙江大学关于校的领导制度的暂行规定(草案)”和“浙江大学校系职权划分的暂行规定”，根据部门的职责范围，切实做好本身所承担的主要工作，认真把人管好，把事管好，把物管好。

部门与部门、单位与单位之间既要有明确的分工,又要加强联系,注意协作配合,相互支持。凡在本部门职责范围内部的问题,要认真负责,大胆的进行处理,反对相互推诿、不负责任的工作作风。

八、学校的总务工作应该尽可能集中到学校的总务部门,各系协助办理,以便系和教学研究组能够集中办理力量搞好教学和科学研究工作。因此,凡是能够集中办理的都应该集中办理,但是,必须由各系协助办理的事情,系行政组仍应积极主动地配合,把工作做好。

总务行政工作中的各项措施、办法,应力求精简,以便利群众,提高工作效率。

九、健全请示报告制度。

各级干部在工作中应该经常向领导报告工作情况,请示工作问题,认真地按照决议和领导的批示办理,各职能部门也应该定期向校长、副校长系统地汇报工作。对于当前工作中的重要情况和典型经验,各部门应及时写成书面材料,送校长办公室,由校长办公室编印工作简报向领导汇报,或发给有关单位参考。

十、建立一套符合教育方针和高校60条精神,保证社会主义教学秩序的规章制度。制定规章制度是领导机关职能部门的任务之一,为了巩固和发展教学科研的成果稳定,提高教学质量,机关职能部门应根据业务需要,从实际出发,制定全校的规章制度,使学校的教学秩序更加健全与完善。遵守规章制度是衡量一个人的整体观念和集体思想的指标,又是纪律观念的表现,因此必须加强对全体党员和广大职工进行遵守纪律和规章制度的教育,把他们当作共产主义教育的一个重要内容,列为思想政治工作的一部分。共产党员和各级干部应以身作则,成为遵守纪律的模范。

第三章　计划和总结工作

十一、加强工作的计划。学校必须制定学年和学期工作计划,各处室必须根据学期工作计划和领导布置的工作任务,制定本部门具体工作,并按期召开科室会议检查布置工作。一切计划都要落实到人,落实到组织,落实到思想,遇有临时任务,必须在原计划的基础上妥善安排调整秩序,解决矛盾,防止和克服先紧后松、三不落实的状态。

计划的内容,必须分清主次,重点突出,措施具体,要求明确,以便在每个阶段抓住几项主要工作任务,集中力量打歼灭战。

十二、在工作计划的执行过程中,各级负责干部要善于抓中心环节,对计划的执行情况要进行督促和检查。学校和各部门对中心的任务和重大问题,应有计划地每年大抓几次,切实做好,同时也要兼顾一般工作,要求中心工作与一般工作密切结合,使中心工作带动一般工作,一般工作促进中心工作的完满实现。

十三、必须重视做好工作总结。各行政部门的工作,每学期应总结一次;重大问题和专门工作应该及时地进行总结;学校在学年中应做出全年工作的总结,向校务委员会或全体教职工报告。通过工作总结肯定工作成绩和经验,表扬先进,明确今后工作的方向,提高干部的思想和工作水平。

十四、加强党的方针政策的学习和研究。学校的部门领导干部应该经常的认真的学习中央的各项方针政策的指示,并结合当前形势,在调查研究的基础上,每学期进行一、二次集中务虚，针对学校工作的某些重大问题，总结经验，探索规律，以便更好地指导当前的实际工作。

第四章　调查研究工作

十五、调查研究是做好工作的根本方针，也是改进作风的最好方法之一。一切从实际出发，没有调查就没有发言权，必须成为全体干部的思想和行动的首要准则。学校的各项工作，在制定计划、安排时间、组织力量、检查总结工作等各个环节中都必须深入进行调查，认真分析研究，防止和克服任何主观臆断、草率从事，或不顾客观的情况的变化，一味地按“老规矩”办事。

十六、各项调查工作，必须围绕学校的工作中心有计划地进行。学校各个部门应该根据当前的中心工作和本单位具体情况，定期组织有关人员，深入基层、深入群众、调查研究、了解情况，进行具体指导以及解决问题。领导干部还应当挤出时间，有计划有目的地去蹲点，一学期中至少有一二次，认真调查一二个教研组、小班、实验室等，“解剖麻雀”，总结经验，改进工作。

十七、调查工作应注意点面结合，既要有典型调查，又要有一般了解，特别要强调通过典型指导一般，解决工作中的重大问题。

十八、调查工作必须采取马克思主义的方法，应该有满腔热忱，眼睛向下，甘当小学生的精神，虚心听取各方的意见，特别是要善于听取和自己看法不同的意见，对客观事实进行全面的和历史的分析。要强调亲眼看、亲耳听、亲身体验，有目的、有准备、踏踏实实地进行对小班的调查，视工作需要，尽可能做到与学生同吃同住同劳动，以便取得第一手材料。切忌为调查而调查，盲目收集材料，事先没有充分准备而任意召开会议，不认真研究的形式主义做法。反对浮在上面，乱发统计报表的官僚主义作风。同时，在搞调查研究中还必须尊重下面的意见，不要随便打乱下面的工作秩序。

十九、调查结束应该及时写出简明扼要的有分析的、有观点的调查报告，积极提出改进工作的建议。对于下面提出的建议和要求，属于本部门工作的，必须抓紧处理，有所交代；属于其他部门工作的，应给予转达反映。发现的重大问题、重要经验，应该及时向有关部门领导汇报。

第五章　日常行政工作

二十、做好各种会议的安排和准备工作。召开会议是学校执行方针政策，布置检查工作，交流经验，实行正确领导的重要方法之一。学校召开的各种会议应该根据工作需要和学校每阶段的工作特点进行计划和安排，并按照少而精的原则严格加以控制。学校每学期召开校务委员会议 2—3 次，行政会议和系主任会议每半月一次，校长办公室会议每周一次。凡不必要召开或者可开可不开的会议坚决不开。可以分别举行小型会议的，就不召开全校大型会议。会议的时间不要过长，每次会议的议题不可过多、过杂。

学校的各部门召开的重要会议都必须在事先进行必要的调查研究，做好充分的准备。全校性会议的重要文件在提交会议讨论以前，必须经校长办公会议通过。

会议结束后，有关部门必须认真检查会议的指示贯彻执行情况，及时总结经验，有力的推动工作的进展。

二十一、加强文书档案工作。

学校各单位应注意提高文件质量,控制文件数量。各项文件和报告力求文字通顺,简明扼要,并讲究文法,注意修辞。所有起草和批阅文件的同志,必须以负责的精神,至再至三的分清条理,压缩文字,然后发出重要文稿。各部门的负责人应该亲自动手或者亲自主持研究,最后修改定稿。各部门负责人签发或送校长签发的文稿,不应该有技术性差错和意图不明,文字不通,字迹潦草等情况,并要努力做到没有方针政策错误。要精简文件,控制文件的发送范围,反对文牍主义。

公文运输应该简化手续,减少层次,缩短时间。紧急重要的公文应该由负责干部迅速处理,办公室和各部门应该经常组织公文的催办、检查,坚决克服拖拉迟缓,互踢皮球、敷衍塞责等不良现象。

实行由文书处理部门立卷的制度,进一步做好档案的收集和整理工作。办理完结的具有保存价值的各种文件,应该按照档案管理办法按期归档,反对任意抽存附件,反对个人分散保存,保证档案的系统和完整。

二十二、加强资料收集工作。

各部门要经常积累和系统地整理有关本身业务工作现状的资料、历史资料、理论资料和必要的统计资料。经常围绕学校的工作中心编选、整理一些有关资料,定期编出各种专题索引和汇集,并尽可能做得及时,做得科学。

二十三、做好内外宾来客的接待工作。

外宾接待工作是一项重要的政治任务,必须以谦虚谨慎,热情友好的精神,认真做好,并根据不同国家对象以及外宾的不同要求,区别对待,防止大国沙文主义的思想和一切不良倾向。我校为开放单位并有接收外国留学生的任务,应经常地向全校师生进行国际主义教育。各级有关的负责同志和负责具体接待人员,接待工作的人员必须加强政治时事学习和有关业务的学习,不断提高接待的质量。

对于校外单位和兄弟学校来参观和联系工作的接待,抱着积极的热情,谦虚诚恳的态度,实事求是的介绍情况,尽可能地给予支持和方便。但为了切实保证教师的业务工作时间,在接待时间上应严格控制。来访者与教师联系工作的时间定为每星期二、五下午,其余时间一般不接待。参观访问,须事先来函或派人联系,按约定时间来校。

二十四、做好人民来信、人民来访的处理和接待工作。

人民来信、来访工作是联系群众,了解下情的一条重要渠道,必须以高度负责的精神热情对待,认真处理。

人民来信来访工作,必须实行办公室集中处理和部门、系分散处理相结合的原则,多办少转,定期检查,做到案案有着落,件件有交代。有关的负责同志应该经常检查这项工作的情况,并根据问题的性质,必要时亲自批办一部分来信,接见一部分来访者。

各单位对来信来访者反映的突出事件和带有普遍性的问题,应该及时地向领导反映或转报上级机关。

二十五、加强保密工作。

经常对全体干部和师生进行保守国家机密的教育,健全机要文件的管理制度,并实行文件专人保管,定期回收和鉴定工作。全体工作人员,必须把保守国家机密作为一项严肃的政治任务,私人写信、写文章、打电话、出外活动等都要严格防止泄露国家机密,发现私密泄密情况应及时报告领导。

学校建立保密委员会,机关和各系建立相应的组织,负责进行保守国家机密的检查和宣传工作。对保密工作做得好的单位和个人应当给予表扬奖励,对泄密、失密的人员,应视情节轻重,分别给予批评教育或处分。

第六章　加强干部队伍建设

二十六、努力培养一支又红又专的干部队伍,不断地提高干部的政治觉悟和业务水平。

全体干部在红的方面,应该努力达到以下基本要求:

1.要积极投入阶级斗争、生产斗争、科学实验三大革命运动,在革命实践的锻炼中改造自己,提高自己。积极投入三大革命运动,既可以使我们不断红,又可以使我们不断地专,逐步使自己成为受群众拥护的又红又专的好干部。

2.要认真地、刻苦地学习马克思列宁主义、毛泽东思想,并且一定要学到手,努力使自己成为一个马克思列宁主义者。要通过学习来改造我们自己,把我们的立场、观点、方法中那些不对头的地方,坚决地改正过来,把我们锻炼成坚强的马克思列宁主义者。

3.树立全身心为人民服务的思想,积极地为教学和科学研究服务,为师生员工的生活服务,安心并热爱学校行政工作。

4.自觉地进行劳动锻炼,不断地加强劳动观点,培养劳动人民的思想感情。

5.艰苦朴素,谦虚谨慎,以身作则,模范地遵守国家法令和学校的各项规章制度,培养共产主义的道德品质,并同一切违法乱纪的行为作斗争。

全体干部在专的方面,应该努力达到以下的基本要求:

1.熟悉党的教育方针政策,通晓本门业务,成为内行专家;

2.熟悉本门工作的一般规律和方法,掌握有关基本资料。各部门的骨干应该有一定的行政组织工作能力和进行调查研究的能力;

3.具有一定的文字能力,能够起草一般的文件;

4.结合工作需要,能够尽可能掌握一种专门的知识和技能;

5.要认真总结工作经验,提高自己的思想水平和工作水平,对待工作一定要认真严肃的态度,有高度负责的精神。

二十七、组织职工经常坚持学习毛主席著作,学习毛主席最坚定、最彻底的无产阶级革命精神和最灵活、最巧妙的斗争艺术;学习毛主席的世界观和方法论,运用辩证唯物主义和历史唯物主义的观点和方法来观察问题、解决问题;学习毛主席永远紧紧地同人民群众联系在一起,全心全意为人民服务的精神;学习毛主席深入实际,调查研究,深入群众的作风,刻苦学习的精神。

党委和机关总支要加强干部的政治理论学习。根据活学活用、学用结合的原则,有目的的组织干部认真学习马克思列宁主义,还要求全体干部在5年内学完中共党史、政治经济学和哲学三门政治理论课程。某些有条件的党政领导干部,应逐步参加马列主义三门基础课的教学工作。

党委和各部门领导同志对于有关方针政策、形势任务和学校工作中的主要问题,要定期向党委骨干或全体干部报告或传达组织学习有关文件,使他们了解大局,把自己的工作同整个形势结合起来。

二十八、有计划地提高干部的业务能力和文化水平。大胆放手地使用干部、相信干部,通过实际工作的锻炼来培养和提高干部,做到人尽其才,发挥所长。加强对他们的具体指导,帮助其总结经验,提高工作能力。

组织干部学习与本业务有关的文化科学知识,适当地举办有关教学方面的基本知识的讲座。各部门每周应安排一次业务学习,作为经常制度,使每个干部达到懂业务,熟悉业务。

学校各类干部队伍应该在调整的基础上逐步地稳定下来,使他们在自己的工作岗位上熟悉业务,积累工作经验。不要轻易地调动工作。为了有计划地培养建设干部队伍,应注意专业出身的青年干部培养和提高。

二十九、学校各级干部都必须认真执行"党政干部三大纪律、八项注意。"三大纪律是:(一)认真执行党中央的政策和国家的法令,积极参加社会主义建设。(二)实行民主集中制。(三)如实反映情况。八项注意是:(一)关心群众生活。(二)参加集体劳动。(三)以平等的态度对人。(四)工作要同群众商量,办事要公道。(五)同群众打成一片,不搞特殊化。(六)没有调查就没有发言权。(七)按照实际情况办事。(八)提高无产阶级觉悟,提高政治水平。

三十、严格执行中央关于干部参加体力劳动的规定,坚持每周半天的干部劳动日的制度,参加校内公益劳动。执行干部和教师学生一起跟班劳动的制度,分期分批地组织干部到农村参加劳动锻炼。全体干部要自觉地参加每年一个月的生产劳动,年老体弱的,可以免除或适当减少体力劳动。

三十一、经常深入地考察和了解干部,建立和健全对干部的监察制度,按照上级规定每两年对干部进行一次鉴定。鉴定要既注意政治,又要考核业务,不仅要看一时的或某一方面的表现,更重要的看一贯的和全面的表现。

按照党的德才兼备的原则,正确地提拔和使用干部。既重视政治又重视业务,既要注意培养提高现有干部,特别是工农出身的干部,又要有步骤地从知识分子中选拔人才,不断充实和加强干部队伍。对于调任行政工作的讲师、教授,应该继续保持他们原来的待遇,并保证他们有一定的时间兼任教课或从事其他研究工作。

建立经常性的考核和奖惩制度。凡干部中政治进步、工作有显著成绩的先进人物和服务时间较久、认真工作的老职工,应该定期地进行表扬和奖励。对于道德败坏、违法乱纪、严重失职和屡教不改的,应该分清情况给予批评教育、警告、记过、留校察看,直至开除公职的处分。

第七章　思想政治工作

三十二、思想政治工作是一切工作的灵魂和统帅。在处理各种工作和政治工作的关系中,把政治工作放在第一位;在政治工作中把思想工作放在第一位;在思想工作中把抓活思想放在第一位。加强思想政治工作的目的就是使广大群众革命化。

机关党组织应该随时根据党委和行政的意图,注意抓好干部的思想政治工作,保证各项工作任务的顺利进行。对党员在思想、工作、生活等方面进行严格的监督,充分发挥支部的战斗堡垒作用。

三十三、要坚决贯彻民主集中制，坚决走群众路线，遇事和群众商量，把自己放在党和群众的监督之下。发扬民主是我们党的根本组织原则，也是我们国家的根本制度。发扬民主最重要的是要了解群众的愿望、要求和情绪。遇事同群众商量，真正做到从群众中来、到群众中去。在进行各项工作的时候，要同群众通气，使群众对干部、对工作的各种意见，能够及时反映上来，并且认真地加以分析。凡属正确的意见都要接受，据以改进我们的工作。凡属不正确的意见，也要用适当的方法，向群众耐心地解释，这才是真正的无产阶级民主。

三十四、重视活的思想教育。党组织和行政人员要经常了解活的思想情况，及时分析研究，把对干部经常细致的思想工作，同一定时期的集中教育结合起来，把普通教育同个别教育结合起来，把解决思想问题同解决实际问题结合起来。要讲求实效，反对形式主义，运用一把钥匙开一把锁的办法，结合各类人员的实际情况和特点进行工作。

要抓好活思想，还必须走群众路线，发动群众自己管自己，进行互相监督。组成一支以党员为骨干的思想工作队伍，动员所有干部、党员、团员都来做思想工作，运用各种组织生活会，以及定期的科室民主生活会议制度，开展批评与自我批评，活跃民主生活。

三十五、学习人民解放军的政治工作经验，普遍开展创造“四好”单位，“五好”个人的运动。要大张旗鼓地表彰先进范例，大力倡导虚心地向先进单位学习，向兄弟学校学习，向别人学习，踏踏实实地开展比先进、学先进、赶先进、帮后进的竞赛。各部门应把比学赶帮作为推动工作的经常制度。

三十六、在加强对全体干部进行思想政治工作的同时，要教育师生尊重职工的劳动，纠正旧社会遗留下来的轻视行政事务工作的错误观点，自觉地遵守学校各项规章制度，积极支持各行政部门工作。加强对勤杂人员的思想政治教育，提高阶级觉悟，使他们充分认识本身工作的革命意义，树立当家作主、关心学校的思想，增强他们光荣感和责任心，兢兢业业，做好服务工作。

第八章　生活管理

三十七、加强机关的生活管理，保证机关的正常生活秩序，建立健全各种生活制度。

开展文体活动，坚持课间操，适当开展小型、多样的体育活动和群众性文化娱乐活动。青年干部应多参加大唱革命歌曲，促进身心健康，活跃机关生活。

三十八、在可能的条件下和制度许可的范围内，应该不断地改善机关的物质条件，主动地解决问题，尽可能适应工作的要求。

必须加强对现有房屋、家具和一切财产的管理、保护和维修工作，教育干部爱护公物，对损坏公物的现象予以适当的批评，严格执行按价赔偿的制度，不准乱拿乱用，或者超越制度占用公家的东西。

三十九、关心全体职工的生活，切实做好生活福利工作，注意解决一部分工作人员生活上的困难。办好食堂，定期清理账目，加强民主管理，让大家吃得好，吃得卫生。办好幼儿园及其他集体福利事业，做好对老弱残疾的照顾。

一切职工应响应党和政府的号召，宣传和提倡晚婚计划生育，正确处理和安排好个人的家庭和生活。

四十、重视和做好治安保卫工作,经常对职工进行防火、防盗、防特、防毒的教育,提高革命警惕性。严格执行校门出入,会客留宿等制度,切实做好假日值班制度。

认真做好家属工作,教育他们及其子女遵守国家法律、社会秩序和学校有关管理制度。教育他们勤俭持家,安排好生活,减少职工对家务琐事的牵挂,集中精力做好工作。

浙江大学档案馆藏,档案号:ZD-1964-XZ-132

浙江大学关于校的领导制度的暂行规定(草案)

(1964年3月18日)

根据"中华人民共和国教育部直属高等学校暂行工作条例(草案)",并结合我校情况对于校领导制度作如下规定:

一、本校的领导制度是党委领导下的以校长为首的校务委员会负责制。

二、校长是国家任命的学校行政负责人,对外代表学校,对内主持校务委员会和学校的经常工作,副校长协助校长分工领导、教学、总务等方面的工作。

教务长在校长、副校长领导下,负责管理和组织学校的教学、科学研究、生产劳动、教学行政等方面的工作,并根据需要负责领导各直属教研组。

总务长在校长、副校长领导下,负责管理和组织学校的总务生活等方面的工作。

三、校长、副校长应及时将上级行政部门下达的任务、指示和学校行政工作中的重大问题向学校党委会报告,同时应将学校党委会关于学校行政工作的建议,根据问题性质提交校务委员会作出决定,或由校长作出决定,并领导各行政单位或全校教职工、学生贯彻执行。

四、校务委员会是学校行政工作的集体领导组织,学校工作中的重大问题应该由校长提交校务委员会讨论作出决定,由校长负责组织执行。

校务委员会由校长、副校长、党委书记、教务长、总务长、系主任,若干教授和其他必要成员组成,人选由校长商同学校党委员会提出名单,报请教育部批准任命。正副校长担任校务委员会的正副主任。

校务委员会在校长的主持下,讨论和决定学校工作中的重大问题:

学校在教学工作、生产劳动、研究生培养、科学研究、物质设备、生活管理和思想政治工作等计划;

各系工作中的重大问题;

招生计划、毕业生分配、师资培养、教师职务等提升等工作;

制定和修改全校性的重大规章制度;

审查通过学校的预算、决算;

其他重大事项。

凡上述重大问题,一定要及时召开校务委员会进行认真的讨论,作出决定。对于需要立即解决的重大问题,可由校长负责处理,事后请校务委员会审议。校长有责任向校务委员会报告校务委员会决议的执行情况，并听取批评和建议，对上级重要指示，校长应及时向校务委员会进行传达。

五、校务委员会必须定期召开会议，经常在每学期开始、期中和期末开一次会，必要时可召开临时会议。

校务委员会讨论的各项重要议题，均需事先做好酝酿准备，并拟出文件于会前印发。会上应充分发扬民主，开展切实的自由的讨论。对于某些需要深入讨论的问题，可采取大会与分组会结合的方式进行；对于某些不成熟的问题需要反复交换意见，不要形式的通过决议和仓促的作出决定。

校务委员会每次会议的重要决定和会议纪要应印发给校务委员和有关单位，并报教育部。需要全体师生员工共同执行的决议，应向全校公布。

校务委员会根据工作需要，设置若干专门委员会研究处理某方面工作或成立专门小组，对某些专门问题进行研究、调查，向校务委员会提出报告和建议。

校务委员会应密切联系群众，听取群众对学校工作的批评和意见，及时向校务委员会和校长反映。

六、校长、副校长定期举行办公会议，研究提交校务委员会讨论的问题，研究如何领导各系和各行政部门执行党的方针政策、上级的指示以及学校党委员会和校务委员会的决议，并交流情况，协商和处理其他重要工作。会议时间每星期举行一次。参会人员为校长、副校长、教务长、总务长、校长办公室主任，并根据会议的内容吸收其他必要人员参加。

七、校长直接领导各系系主任的工作。一般每半个月或至一个月召开系主任会议一次，布置和检查工作研究问题，并交流各系的工作经验。参加会议人员包括校长、副校长、教务长、系主任和有关行政部门负责人。

教务长和总务长就自己所分工的工作，经常深入各系，了解情况，总结经验，指导工作，并受校长委托可召集有关的系主任或副系主任布置和检查工作。

八、校长定期召开行政会议，具体研究如何执行上级指示及学校党委员会及校务委员会的决议，讨论和处理日常行政工作中的重要问题，听取各行政部门的工作汇报，全面安排一定时期各部门的工作，以便沟通各方面的情况，统一认识，统一步调。参加会议的成员包括校长、副校长、教务长、总务长、各行政部门负责人，会议时间通常每半月举行一次。

九、各行政部门(包括处、室、馆、院)在校长、副校长领导下，处理学校各种日常行政工作。教务长和总务长受校长的委托，分工领导与其职责范围有关的部门的日常工作，并向校长、副校长汇报。校长办公室必须发挥校长的助手作用，根据学校的工作计划和领导意图，经常了解各单位的工作情况，加以综合，提供领导参考。对于涉及几个单位的工作和原来没有明确分工的工作，校长办公室主任可以召集有关单位举行联合办公会议和系办公室主任会议，确定分工并组织进行。其他各行政部门，根据工作需要，可召集有关的系秘书等人员会议，听取报告，布置、检查和研究在其职责范围之内的具体工作。

十、为了加强校行政集中统一的领导和贯彻集中领导与分级管理的相结合，应明确划分校系职责权。校系都应该按照“浙江大学关于校系职权划分的暂行规定”处理工作。今后除全校性的重大问题外，凡属各系的重大问题也应由校解决。各系系主任对于系里的重大问题,要主动提出建议,加强请示汇报制度,向校长、副校长、教务长、总务长反映情况和意见,同时要负责处理自己职责范围内的工作。校长、副校长、教务长、总务长要主动关心各系工作,及时研究解决各系工作中的问题。

1964年3月18日

浙江大学档案馆藏,档案号:ZD-1964-XZ-132

浙江大学关于校系职权划分的几项暂行规定(草案)

(1964年3月18日)

为了加强校行政集中统一的领导,和集中贯彻领导与分权分级管理相结合的原则,根据"中华人民共和国教育部直属高等学校暂行工作条例(草案)"规定的精神,并结合我校情况,对于教学、科学研究、生产劳动、教师的培养和教师任务的安排、教学行政人员和人事财务等工作中校系职权的划分,作如下几项规定:

甲、教学工作

一、系的专业、专门组的设置调整和发展规模,经校务委员会议通过,报请教育部批准。

二、各专业的教学方案,教学计划的制定和修订,由系务委员会讨论通过,经校务委员会审核同意,报请教育部批准。过渡性计划,由系务委员会讨论通过,经校长批准,报教育部备案。

每学年、每学期各专业教研组计划的执行计划(包括选修课的开设,某些必要课前移或后推后或暂停开放,生产劳动、科学研究和生产实习的具体时间安排等),由系主任提出,教务长批准。

三、凡有教育部门颁发的教学大纲的课程,应按照部颁大纲讲授。没有颁布大纲的课程,应由该教研组组织有关教师制定大纲,其中全校公共基础课的教学大纲,须经系主任、教务长审核,校长批准;专业组和专门组课程的教学大纲,由系主任批准。修改大纲的审批手续与此相同。

四、课程及体系的重大改变,须由教学研究组主任、系主任和教务长审查,经校长审核同意,报请教育部批准。

五、公共基础课选用何种教材,须由教学研究组主任、系主任审查,经教务长批准。专业组和专门组主要课程选用何种教材,需经系主任批准。其他课程由教学研究组主任批准。

六、教学实习和生产实习的大纲,由教研组拟订,经系主任审查,报请教务长批准。实习计划由教研组提出,系主任批准。

七、毕业设计和毕业论文、课程设计和学年论文的题目,一般由教学研究组讨论通过,经系主任审查批准,报教务处备案。

八、各系教研组的设置和变动,由系务委员会提出建议,报请校务委员会讨论通过。各系实验室和直属资料室的建立和变动,由系主任提出建议,报请校长或教务长批准。

乙、科学研究工作

九、学校各教研组的科学研究、方向规划，由系务委员会讨论通过，报请校长批准；学校和系的重点科研项目的确定，由系提出意见，经校长或校务委员会审查确定。

十、各专业、各教研组科学研究课题的选定和年度研究工作计划，先由各专业教研组根据国家科学技术发展10年规划和学校具体条件提出承担研究任务的意见，交系务委员会审查，最后由校长或校务委员会批准。如研究内容指标有重要变动，其审批手续相同。接受非计划中的研究任务时，事先应由系主任审核，报学校同意。

十一、科学研究经费的分配，根据各系各研究项目所编制的年度预算和国家的投资，由学校统一进行平衡，确定分配方案，经校长批准后使用。科研物资的采购设备的加工订货，按已经批准的计划，由学校生产物资供应处统一归口。科研所需文献资料的索取，经系主任批准后，交系资料室统一办理。其中索取“秘密”“机密”或“绝密”资料部分，由系资料室送学校办理。

十二、科学研究专职人员的任务安排，由教研组提出意见，经系主任批准，报学校备查。科研专职人员的配备、调动由科学处、教务处、人事处同各系研究提出意见，经校长批准。

十三、科学研究成果的鉴定，先由系组织学术水平较高的教师进行审查，经学校学术委员会核准，及时上报国家科委、中央教育部和省科委。学术论文、著作的对外发表和出版需经教研组主任、系主任审查，由学校批准。

丙、研究生培养工作

十四、研究生的招生计划(即招生专业、导师和人数的确定)，由各系会同有关教研组和导师提出初步意见，经校务委员会通过，报教育部批准。研究生的录取名单，须经校长批准，报教育部备案。

十五、研究生的培养方案和培养计划，由各系组织有关教研组和导师负责制定，经系主任或系务委员会审查通过，报校长批准。培养方案还应报教育部备案。

十六、研究生的年度(学期)学习计划、课程学习大纲、毕业论文题目由系组织有关教研组、导师和研究生进行制定，经系主任批准，报学校备案。其中课程学习大纲还应报教育部备案。

十七、研究生学籍处理的职权划分应严格按照中央教育部“关于高等学校研究生学籍处理问题的几项暂行规定”执行。在校研究生的注册、报到、学籍管理、成绩考核和成绩登记由系负责办理，建立档案管理制度，并及时报告学校。

丁、生产劳动

十八、每学年和每学期学生生产劳动的计划，各种劳动的安排比例以及劳动场所的确定，根据教学计划的执行计划，由教务处商同生产处、各系提出，报教务长决定。学生参加生产劳动的计划并应报省教育厅批准。

十九、个别学生减免劳动，由系主任批准。

二十、校内各工厂或车间的设置、调整及发展规模、发展方向和主要产品的品种的确定，由系务委员会讨论，提出意见(校直属厂由厂长提出意见)，送请校长批准，并报省人委和教育部备案。但生产性工厂的设置，需报请省人委、教育部和国家计划委员会批准。

二十一、校内各工厂的劳动编制、生产计划,由生产处统一计划,报请校长批准,但生产性工厂的生产计划需报请上级批准。工厂的资金管理,设备和材料管理及供销工作,在教务长和总务长的指导下,由生产处统一安排,统一调度。各系主任对所领导的工厂和车间,根据学校的统一计划进行日常的管理工作。

戊、教师的培养和任务安排

二十二、各系的师资培养规划,经系务委员会讨论同意,报请校务委员会审查通过。重点培养教师的每学年或每学期的培养计划,由人事处会同各系提出,报校长批准。一般教师的培养计划,由教学研究组拟定,系主任审查,经人事处汇报后报校长批准。讲师、助教脱产进修,由校长批准。

二十三、教授、副教授和教研组正副主任的教学、科学研究、培养师资任务的安排和变动,由系主任提出意见,报校长批准。其他讲师的任务安排和变动由教学研究组提出意见,经系主任批准。讲师调动专业,应经校长批准。属于教师编制和专职搞科研的,应经校长批准。助教的任务安排和变动,由教学研究组确定。助教越职担任教学工作,须经校长批准。教授、副教授外出讲学、兼课,须经校长批准。其他教师外出讲学、兼课,由教务长批准。教师外出参加学术活动和有关会议,经系主任审查,教务长批准。

己、教学行政工作

二十四、每学期课程表的编排和调整,由系主任决定,但须经校教务处根据教室情况统一加以平衡。

二十五、学生留(降)级由系主任审批决定,报教务处备案。学生休学、复学由系主任审核,教务长批准。学生转专业,由转出及转入系的系主任签署意见,教务长批准。学生的转学、退学,由系主任提出意见,经教务长审核,报请校长批准。

学生纪律处分属于警告或记过处分,经系主任批准后执行,报人事处、教务处备案。属于留校察看,勒令退学或开除学籍,由系主任提出,人事处审查,报校长批准后执行。

表扬、奖励学生,由系主任审核提出,经人事处会同有关单位核查后,报校务委员会通过。

二十六、学生按教学计划规定加修、选修某些课程,由专业教研组审查,系主任批准。学生免修课程,由教务长批准。

二十七、教授、副教授职务的确定和副教授、讲师提升为教授、副教授,由系务委员会提出意见,经校务委员会讨论通过,报请教育部批准。讲师职务的确定和助教提升为讲师,由系务委员会提出建议,经校务委员会讨论决议,报教育部备案。助教职责的确定,由教学研究组讨论提出建议,系主任审查,由学校主管部门审定。

二十八、各系之间干部调动,由人事处商同有关各系办理。但讲师以上的教师和科级以上行政干部的调动,须经校长批准。

二十九、各系系主任的任免,由校长提出,经校务委员会通过,报教育部批准。各系副主任的任免,由校长提出,经校务委员会通过,报省人委批准,教育部备案。教学研究组正副主任的任免,由系主任提出,经校务委员会通过。各系办公室主任由人事处提出,校务委员会通过,校长任命。系秘书和系属实验室主任的任免,由系主任提出,报请校长批准。

三十、教职工因病因事请假不满三天者，由单位（教研组、科室）负责人核准；事假在三天以上不满一星期，病假在三天以上不满一个月左右，由单位负责人签署意见，系主任核准，报人事处备案。事假在一个星期以上，病假在一个月以上者，经系（处室）负责人签署意见，人事处批准。教职工长期病后恢复工作须经系（处室）负责人同意，报人事处备案。

凡享受探亲假的教职工回家探亲，本人申请，经系（处室）负责人签署意见，人事处批准。正副系主任、处长及以上人员的请假或因公出差的由校长批准。

三十一、各系毕业生分配，由人事处会同各系根据上级指示和分配计划，作出具体方案，经校长审查后报上级批准。

庚、财务工作

三十二、各系每年度的财务预算，由系主任根据上级和学校的规定，加以编制，交系务委员会讨论通过，经总务长审核，报请校长批准。

三十三、学生人民助学金评议，由学生本人提出申请，小组讨论，班委提出意见，各系领导在有关规定的享受面和标准范围内审核，报人事处备案。学生特殊困难补助，须经系领导签具意见，由人事处审批。

1964 年 3 月 18 日

浙江大学档案馆藏，档案号：ZD-1964-XZ-132

关于实行党委领导下的校长分工负责制和建立会议、请示报告、文件审批三项工作制度的试行规定

（1980 年 5 月 27 日）

一、学校实行党委领导下的校长分工负责制

1.学校党委是学校工作的领导核心，对学校工作实行统一领导。

在学校的建设和工作中，党委主要抓有关路线、方针、政策的重大问题，包括学校的长远规划，年度工作计划，系和专业的调整、设置，招生和毕业生分配原则，教师、科技人员、干部、工人队伍的建设，学校机构的设置，科以上干部的任免等。

2.学校的经常工作由校长或副校长主持，着重抓教学、科研、后勤等方面工作，包括就学校的事业发展规划和系、专业的调整、设置，向党委提出建议并组织实施；领导制订教学、科研、师资培养、国内外学术交流、研究生工作、招生与毕业生分配、外事、人事、后勤、生产、设备、基建、体育运动等项工作计划，并组织实施；制订和修改全校性规章制度；主持制定学校经费的年度预决算；领导系、研究所（室）、图书馆、医院、工厂和校行政处、室工作；决定有关师生员工的生活福利、后勤保障、体育卫生及学校其他行政事项。其中重大问题，提交党委讨论决定后执行。

3.学校的工作分教学与科研、政工、后勤三条线，分别由副校长或副书记分工主管。各条线工作中，除涉及全局或重大问题提交党委或校长办公会议讨论决定外，一般由各条线主

管领导负责决定或召集会议研究决定并负责实施。

4.各副校长、副书记按照分工负责处理主管的业务和日常工作。对于各总支,各系和各部、处请示的问题,凡属中央和上级领导已有明确的政策规定或已经过校党委、校长办公会议讨论作出原则规定的问题,分管的副校长、副书记应当自行负责处理。涉及其他副校长、副书记分管的工作,要同有关副校长、副书记商量决定。对于紧急重要的事项,应及时报告负责全面工作的书记、校长(副校长)决定。

二、学校专职领导同志的分工

刘丹同志负责学校的全面工作;

张黎群同志协助刘丹同志负责全面工作并主持学校日常工作。

1.教学科研线(包括教学、科研、研究生、师资培训、实验、仪器设备、科技外事、体育运动等方面工作。)

杨士林同志主管;

王启东同志协助并主要负责研究生和体育运动方面的工作;

周春晖同志协助并主要负责教学和师资培训方面的工作;

李文铸同志协助并主要负责实验、设备、科技、外事方面的工作。

2.政工线(包括组织、宣传、人事、统战、保卫、人武、纪律检查、工会、共青团、学生会等方面工作)

黄固同志主管;

李汝俊、张浚生同志协助。

3.后勤线(包括总务、基建、财务、生产、医疗卫生、校园管理、计划生育等方面工作)

邱清华同志主管;

叶方、胡玉兰同志协助。胡玉兰同志协助并负责工会工作。

三、几项工作制度

1.会议制度

①学校党委全体会议一般每两个月召开一次。党委常委会每月1—2周举行一次(星期一下午),主要讨论决定学校工作中的重大问题和一个时期内的主要工作任务。会议由党委书记召集并确定会议议程。

②校长办公会议一般每两周召开一次(星期四下午),主要讨论研究教学、科研、后勤等业务行政工作中的重要问题和一个时期的主要工作任务,研究贯彻执行党委决定的实施措施等。会议由校长(或全面主持工作的副校长,下同)召集并确定会议议程。

③党委书记、校长及三条线的主管领导同志,每周召开一次碰头会(星期六下午)交流情况,从全局研究并安排下周工作。

④党委正副书记碰头会视情况,由党委书记召集。

⑥部署和研究一个时期主要工作任务的总支书记会议和系主任会议,一般每1—2个月召开一次,会议由党委书记或校长主持。

为提高会议质量和效率,要求:

①凡提交党委或校长办公会议讨论的问题,一般应有简要的书面材料,提前印发参加会

议的成员。各成员会前应认真审阅,准备意见,并做到开会时集中精力。

②各部门需提请党委或校长办公会议讨论的问题,应尽早和党委办公室或校长办公室联系,由办公室根据问题的性质和轻重缓急程度,作出具体安排。经会议讨论决定的问题,有关部门应派专人负责及时贯彻执行,并及时上报办理结果。

③党委办公室和校长办公室应分别为党委和校长办公会议做好各项准备和组织工作,包括:汇总各部门需要提请会议讨论解决的问题,向党委书记或校长汇报;负责作好会议记录,整理会议纪要;检查和督促有关部门贯彻执行会议的决定;负责和督促有关部门按会议决定起草上报或下达的文件等。

2.请示报告制度

①各总支、系和各部门在主管工作中处理有关方针、政策、计划和组织方面的重大问题,应事先向分管的副书记、副校长请示,事后及时报告处理和执行情况。但对于已有明确的政策和原则规定,属职责范围内的问题,应负起责任,主动、及时地处理和解决,不要把应由本部门处理的问题都上报学校审批。

②学校各部门如需召开有系、总支负责人参加的专门会议,必须报经分管副校长、副书记同意。会议如果拟定新的方针、政策、计划、组织等重大问题和作涉及全局性的工作部署,必须事先报送党委审批。如涉及其他有关部门主管的业务,应当事先取得一致意见,再报审批。

③各总支、系和各部门应经常注意研究新情况,解决新问题,总结新经验,及时向学校有关领导汇报并写出专题报告。对于主管工作的动态情况,应经常以简报或统计报表的形式报党委或校长办公室。上报的简报和统计报表,必须情况准确,说明问题,简明扼要。

④各总支、系和各部门应根据学校工作要点制定出工作实施计划,实施计划务必落实,期中要有检查,期末要有总结并报学校。

⑤各部门对于党委或校长交办的事项,必须认真研究办理,并及时报告办理情况。

⑥各总支、系和各部门如发生重大事件和重要情况时,应及时向主管书记或校长报告和请示。

3.关于文件审批制度

①各部门凡是要以党委或学校名义发文的,起草文稿后必须由部门负责同志核稿后,分别送党委办公室或校长办公室,由办公室登记编号,分送分管领导同志审批后发。涉及全局的重要的文件,需经党委书记或校长审批签发。

②各总支、系和各部门的请示报告,应由单位负责同志签发上报,统一送党委办公室或校长办公室,由办公室分送主管领导同志阅批,或交主管部门研究处理。对涉及全局的重大问题直接送党委书记或校长审批。

③各部门上报审批的文件,如涉及几个部门主管业务范围的,需事先由主办部门负责人会同有关部门负责人商洽妥当,会签后上报审批。如意见不一致,主办部门应将其他部门不同的意见一并如实上报。

④各总支、系、各部门对学校领导交办的文件,应当分别情况作如下处理:

(一)属于本部门职权范围内的问题,自行处理,并将处理结果报党委或学校,同时答复有关单位;

(二)涉及其他部门职权范围内的问题,应同有关部门协商处理,由主办部门或会同有关部门联名答复;

(三)需代学校或党委答复的问题,主办部门应当提出处理意见,代拟答复稿,报学校或党委审批;

(四)党委办公室或校长办公室对于党委或学校交有关部门办理的事项,要加强催办工作,并负责将处理情况及时报告主管领导同志。

浙江大学档案馆藏,档案号:ZD-1982-XZ-26

关于建立领导责任制和会议、请示报告、文件审批三项工作制度的试行规定

(1982年10月4日)

浙大发办〔1982〕220号

一、领导的分工与责任

1. 杨士林校长负责学校的全面工作,各位副校长协助校长工作并作如下分工:

王启东副校长主要负责科学研究、研究生培养和体育运动方面的工作;

周春晖副校长主要负责教学、外文教研室、图书馆和夜大学方面的工作;

李文铸副校长主要负责实验、设备、中心实验室方面的工作;

吕维雪副校长主要负责计划、人事、外事方面的工作;

吴敏达同志主要负责总务、财务、基建、工厂、医疗卫生方面的工作。

为加强学校领导与各系的联系,分工如下:

杨士林:土木系、地质系、工业管理专业;

王启东:材料系、机械系、力学系、热物理系;

周春晖:(鉴于目前身体情况,暂不分工);

李文铸:数学系、物理系、化学系、化工系;

吕维雪:电机系、无线电系、计算机系、光仪系、科仪系。

2. 校长在党委的领导下,主持学校工作,包括制定学校的发展规划、年度计划和领导组织计划的实施与检查。对学校工作中的重大原则问题提请党委讨论决定。

各副校长按照分工,负责处理主管的业务和日常工作。对于各系和各部门请示的问题,凡属已有明确的政策规定或已经过校党委、校长办公会议讨论作出原则规定的问题,分管的副校长应当自行负责处理。涉及其他副校长分管的工作,要同有关副校长商量决定。对于紧急、重要事项,应及时报校长决定。

各部门应为学校研究决定重大问题提供背景材料,并根据校长办公会议定的原则,制订具体实施计划与办法,报分管副校长审批。

二、三项工作制度

1. 会议制度

①校长办公会议

由校长主持，各位副校长和校长办公室主任参加。主要讨论学校工作中的重要问题和确定一个时期的主要工作任务。一般每两周召开一次，时间定在星期四下午。根据讨论问题的需要，可请有关部门负责人列席会议。对于会议的决定，有关部门必须认真、及时贯彻执行。

②校务工作会议

由校长主持，各副校长以及各处、室、图书馆、医院、工厂负责同志参加。主要是研究制定工作计划、检查总结工作、部署一个时期的工作任务和讨论协调各方面工作的进程。一般每学期召开 2～3 次(学期开始、期中、期末)。

③分线业务工作会议

由主管副校长根据需要召开。除主管部门外，还可召集有关部门负责人一起参加研究。

④系主任会议

由校长或副校长召集。主要是部署和研究一个时期的主要工作任务。一般每月召开一次，时间定在每月第一周的星期二上午。

为提高会议质量，要求：

①凡提交校长办公会议讨论的问题，一般应有简要的书面材料，并在会议的前一周提交校长办公室。由校长办公室印发给参加会议的成员。各成员在会前应认真审阅，准备意见。

②各部门需提请校长办公会议讨论的问题，由办公室根据问题的性质和轻重缓急程度作出具体安排。会议决定的问题，有关部门应专人负责及时贯彻执行，并及时上报办理结果。

③校长办公室要为校长办公会议做好各项准备和组织工作，包括：汇总各部门需要提请会议讨论解决的问题，向校长汇报；作好会议记录，整理会议纪要；检查和督促有关部门贯彻执行会议的决定；负责和督促有关部门按会议决定起草上报或下达的文件等。

2.请示报告制度

①各系和各部门在主管工作中，如处理涉及有关方针、政策和计划方面的重大问题时，应事先向分管的副校长请示，事后须及时报告处理和执行情况。但对于已有明确的政策和原则规定的或属职责范围内的问题，应主动负起责任，及时处理和解决，不要把应由本部门处理的问题都上报学校审批。

②学校各部门如需召开有系负责人参加的专门会议，必须报经分管副校长同意，并由副校长主持会议。会议如果要作出涉及全局性的工作部署必须预先提交校长或校长办公会议决定。

③各系和各部门应经常注意研究新情况，解决新问题，总结新经验，及时向学校有关领导汇报提出建议或写出专题报告。对所主管工作方面的动态情况，应经常以简报或统计报表的形式报校长办公室。上报的简报和统计表，必须情况准确，说明问题，简明扼要。

④各系和各部门应根据学校工作要点，结合本单位情况，制订出工作实施计划。工作实施计划要求做到：各项工作任务明确、分工与措施落实、提出完成时间。工作实施计划应书面分别报送主管副校长和校长办公室。

⑤各部门对于校长交办的事项，必须认真研究办理，并及时报告办理情况。

⑥各系和各部门如发生重大事件和重要情况，应及时向校长或主管副校长报告和请示。

3.关于文件审批制度

①各部门凡需以学校名义发文的,起草的文稿必须经部门负责同志核稿签字,再送校长办公室,由校长办公室分送校长或分管的副校长审批,然后登记编号印发。

②各系和各部门需提交校领导的请示报告,应由单位负责同志签字,统一送校长办公室,由办公室按报告内容与有关方面联系后,再分送主管领导同志阅批,或交主管部门研究处理。

③各部门上报审批的文件,如涉及几个部门主管业务范围的,需事先由主办部门负责人会同有关部门负责人商洽妥当,会签后上报审批。如意见不一致,主办部门应将其他部门不同的意见一并如实上报。

④各系、各部门对学校领导交办的文件,应当根据情况作如下处理:

(一)属于本部门职权范围内的问题,自行处理,并将处理结果上报学校,同时答复有关单位;

(二)涉及其他部门职权范围内的问题,应同有关部门协商处理,由主办部门或会同有关部门联名答复;

(三)需代学校答复的问题,主办部门应当提出处理意见,代拟复稿,报学校审批。

(四)校长办公室对于学校有关部门办理的事项,要加强催办工作,并负责将处理情况及时报告主管的副校长。

浙江大学
一九八二年十月四日

浙江大学档案馆藏,档案号:ZD-1982-XZ-26

浙江大学校务委员会暂行条例

(1985年11月16日)

(校长、党委、顾问联席会议讨论通过)

第一条　根据《中共中央关于教育体制改革的决定》的精神,并经国家教育委员会批准,我校实行校长负责制。为保证校长正确地履行职权,学校设立在校长主持下,人数不多的,有威信的校务委员会,作为学校的审议机构。

第二条　校务委员会委员由校长、党委协商提名,经校长、党委联席会议通过后,报上级主管部门备案。

校务委员会主任委员由校长担任,设副主任委员两人、秘书长一人。校长办公室为其办事机构。

第三条　校务委员会应遵照党的方针政策和国家的法律、法令支持校长履行职权,协助校长工作,保证国家教育计划的实现和国家下达的各项任务的胜利完成。

第四条　校长在对学校工作的下列重大问题作出决定或决策前应提请校务委员会进行审议:

1.学校发展规划和年度计划的制定;

2.涉及全局性的各项改革及采取的措施；

3.院及系科设置的论证；

4.教职工队伍的建设；

5.行政管理工作中的重大决策；

6.学校财务预决算及重大项目的确定；

7.其他全校性的重大问题。

第五条　校长应充分听取和尊重校务委员会的意见和建议，并作为对重大问题的决策依据。

有关学校的重大决策，多数校务委员会提出异议时，校长应尊重多数意见。

第六条　校务委员会在一般情况下，每两个月召开一次，由主任或副主任召集并主持。会议听取校长工作情况报告，审议校长提出的有关事项。

第七条　本暂行条例如与以后上级领导部门正式颁布的有关规定有不符之处，按上级部门有关规定执行。

浙江大学档案馆藏，档案号：ZD-1986-XZ-78-7

关于颁发《浙江大学校长负责制暂行条例》的通知

(1985 年 11 月 21 日)

浙大党委〔1985〕37 号

各总支、直属支部，各系，各部、处各直属单位：

根据《中共中央关于教育体制改革的决定》的精神，经国家教育委员会批准，我校实行校长负责制，这是学校内部领导体制的重大改革。为积极搞好这项改革，一九八五年十一月十六日校长、党委、顾问联席会议讨论通过了《浙江大学校长负责制暂行条例》，现发给你们，请遵照执行。

附：浙江大学校长负责制暂行条例

中共浙江大学委员会

浙江大学

一九八五年十一月二十一日

附

浙江大学校长负责制暂行条例

（1985 年 11 月 16 日校长、党委、顾问联席会议通过）

第一章　总则

第一条　根据《中共中央关于教育体制改革的决定》的精神，我校实行校长负责制。为明确校长、党委和教职工代表大会的职权，充分发挥行政指挥系统作用，切实加强和改善党的工作,加强民主管理,促进两个中心的建设,加快学校发展,特制定本条例。

第二条　校长接受上级主管部门的领导,负责组织和领导全校的教学、科研和行政管理工作。

第三条　校党委要集中精力加强党的建设和加强思想政治工作;团结广大师生员工,大力支持校长履行职权,保证和监督党的各项方针政策的落实和国家教育计划的实现;对工会、共青团等群众组织实行统一领导。

第四条　学校教职工代表大会(以下简称教代会)是教职工行使民主权利,民主管理学校的重要形式。要健全党委领导下的教职工代表大会的制度。

第五条　校长、党委、教代会要按照职权和分工,各司其职,各负其责,和衷共济,协同一致,围绕一个共同目标,为办好学校,培养高质量人才而奋斗。

第二章　校长的职责、权限

第六条　校长是国家任命的学校行政负责人,对外代表学校。副校长协助校长工作。

校长接受校党委的监督,对学校工作的重大决策,涉及全局的重大问题及重要人事任免应主动听取党委的意见或提请党委会讨论研究。

校长应实行民主办学,定期向教代会报告工作,自觉接受群众监督,充分相信和依靠广大教职工办好学校。

设立由校长主持的,有威信的校务委员会,作为审议机构。校长在对学校工作的重大问题作出决定前应提交校务委员会进行审议。

第七条　校长受国家委托,行使以下职权:

1.对学校教学、科研和行政管理工作中的重大问题有决策权;

2.对学校教学、科研和行政管理工作实行集中统一指挥;

3.提出副校长等校级行政干部的任免名单,报上级审批。任免中层行政干部;

4.根据上级部门核定的总编制,确定各系、各部门的编制,并有权调动教学、科研及行政管理人员;

5.对教学、科研和行政管理等方面的规章制度的建立、修改、废除,作出决定或提出建议;

6.决定学校财务预决算、审批重大项目的经费开支;

7.根据国家和学校有关奖惩条例决定对职工及学生的奖惩;

8.根据国家有关规定和校学位评定委员会的评审意见,授予各级学位。根据校学衔委员会(或专家委员会)的评审意见批准(或聘任)教师、科技人员的各级技术职称(或教学职务、技术职务);

9.主持外事工作,根据国家有关规定积极开展对外学术、科技交流和协作活动,确定派遣出国人员等。

第八条　校长对国家负责,履行以下职责:

1.贯彻执行党和国家的方针、政策、法律、法规;

2.保证国家下达的教学、科研等各项任务的完成;

3.主持制订学校发展规划和年度计划,并组织实施;

4.积极进行各项改革,不断提高教学、科研和行政管理水平,更好地为社会主义现代化建设服务;

5.认真抓好教职工队伍,尤其是教师队伍的建设,努力创造条件不断提高他们的素质和科学文化水平;

6.结合教学、科研和行政管理工作,做好师生员工的思想政治工作,继承、发扬和倡导优良的校风和学风;

7.管理、培养、考察副校长等校级及中层行政干部;

8.关心并努力改善师生员工的工作、学习条件和生活条件;

9.向校党委和教代会报告工作,听取意见和建议。

第九条　副校长在校长领导下分管一个或几个方面的工作,对校长负责。必要时,校长可以指定一名副校长暂时代行校长职权。履行校长职责。

第三章　校党委的职责、权限

第十条　校党委的主要任务是管好党,抓好党的建设,加强思想政治工作,对党群工作实行统一领导,对教学、科研和行政管理工作起保证监督作用。

第十一条　在上级党委领导下,校党委的职权是:

1.加强党内思想建设和组织建设,搞好党员的教育、管理,发挥党支部的战斗堡垒作用和党员的先锋模范作用;

2.抓好社会主义精神文明建设,坚持用马克思主义教育广大师生员工,激励他们立志为祖国的富强奋勇进取、建功立业,保证学生德、智、体的全面发展,使学校真正成为抵御资本主义和其他腐朽思想的侵蚀的坚强阵地;

3.团结广大师生员工,大力支持校长行使职权,保证监督党和国家的方针、政策、法律、法规在学校教学、科研和行政管理工作中的贯彻执行,坚持社会主义办学方向;

4.讨论、研究学校的大政方针和涉及全局性的重大问题,向校长提出意见和建议;

5.协助校长对副校长等校级行政干部和中层行政干部的任免进行考察,并提出意见和建议。培养、考察、任免、管理中层党群干部;

6.领导校纪律检查委员会工作,教育和监督党内外干部遵守党纪国法;

7.领导校工会、团委等群众组织和教代会的工作,协调他们和行政之间的关系;

8.做好统战工作,团结民主党派和党外人士,经常听取他们的意见,和他们密切合作,充分调动各方面人员的积极性,为办好学校共同努力;

9.深入基层,搞好调查研究,及时掌握情况,和校长互通信息。

第四章　教代会的职权

第十二条　健全教职工代表大会制度是学校管理制度的改革和完善。实行民主管理是具有中国特色的社会主义学校的特点之一,是进一步贯彻落实党的知识分子政策,在政治上调动广大教职工当家作主的积极性和责任感的重要措施,同时也是群众自我教育的好形式。

第十三条　教代会应坚持四项基本原则,遵照党和国家的方针、政策、法律、法规,行使以下职权:

1.听取校长的工作报告,讨论学校的发展规划,工作计划,改革方案和教职工队伍建设等重大问题,并提出意见和建议;

2.讨论审议岗位责任制方案,教职工奖惩办法等与教职工有关的重要规章制度,提请校长决定并颁布实施;

3.讨论通过教职工住房分配、福利费管理使用的原则和办法等有关教职工的集体福利事项;

4.监督学校各级领导干部。

第十四条　校长要认真对待教代会的有关决议和提案,尊重和支持教代会行使民主管理的职权。

第十五条　教代会要尊重和支持校长及行政系统行使指挥职权,教育教职工严格遵守各项规章制度,以主人翁责任感努力完成各项工作任务。

第十六条　本暂行条例如与以后上级领导部门正式颁布的有关规定有不符之处,则按上级有关规定修订执行。

浙江大学档案馆藏,档案号 ZD-1985-XZ-13-1

关于建立会议制度,请示、报告制度(试行)的通知

(1988 年 5 月 3 日)

浙大发办〔1988〕32 号

各系,各部、处,校直属各单位:

为了提高工作效率和学校的管理水平,让学校领导有更多的精力,考虑、研究和决策学校工作中的重要问题,经校务会议讨论,决定建立会议和请示、报告两项工作制度(试行),请遵照执行。

浙江大学

一九八八年五月三日

附

会议制度,请示、报告制度

一、会议制度

(1)校务委员会

由校务委员会主任主持。主要议题是研究制订学校发展规划和学期工作计划,检查总结工作及讨论研究有关学校发展的重大问题。一般每学期召开 2～3 次(学期初、期中、期末)。

(2)校务会议

由校长(或受校长委托的副校长)主持。参加人员为校长、副校长,校长助理;党委书记、副书记。校长办公室主任列席。必要时通知有关部门负责人列席。会议时间一般为隔周

(双周)星期五下午。临时会议由校长根据需要召开。

校务会议议题主要是讨论决定学校行政工作中的重要问题;讨论决定改革方案和措施;安排协调学校重大活动;讨论决定中层行政干部的人事任免。

(3)校长办公会议

由校长(或受校长委托的副校长)主持。参加人员为校长,副校长,校长助理。校长办公室主任列席,必要时通知有关部门负责人列席。会议时间一般为每星期四上午。临时会议由校长根据需要召开。

校长办公会议的议题主要是研究决定学校行政日常工作中的重要问题及应提交办公会议讨论决定的有关事项;讨论确定中层行政干部的任免人选。

(4)分线业务工作会议

由分管副校长、校长助理根据需要召开。除分管部门负责人外,还可召集有关部门负责人和分管系主任参加。

(5)系主任会议

由校长或副校长、校长助理召集。主要是部署和研究下一个时期的主要工作任务。一般每月召开一次,时间定在第一周的星期二下午。

(6)系务会议

由系主任(或受系主任委托的副系主任)主持。参加人员为系主任、副系主任和总支正、副书记。系办公室主任列席,必要时也可通知有关同志列席。会议时间由各系自行决定。

系务会议的议题主要是讨论决定系行政工作中的重要事项;讨论制订系的发展规划;研究落实学校布置的重要工作;讨论确定系内科级行政干部的任免人选。

(7)处(部)应建立处(部)务会议制度,吸收党支部书记参加,讨论决定处(部)内的重要问题。

建议各教研室也参照系务会议办法建立室务会议制度。

为提高工作效率和会议质量,要求:

(1)凡提请校务会议、校长办公会议讨论的问题,一般应有简要的书面材料,并在会议前一周提交校长办公室。由校办于会前两天印发给参加会议的人员。各人员应在会前认真审阅,准备意见;

(2)各部门提请校务会议和校长办公会议讨论的问题,由校长办公室根据问题的性质和轻重缓急程度作出具体安排。讨论决定的问题,有关部门应责成专人负责及时贯彻执行,并将办理结果及时报告校长办公室;

(3)校长办公室要为校务会议、校长办公会议做好各项准备和组织工作,包括:汇总各部门需要提请会议讨论决定的问题,并向校长汇报,确定会议议题;做好会议记录,整理印发会议纪要;检查和督促有关部门贯彻执行会议的决定等。

(4)会议时间一般不接待和处理日常工作。

二、请示、报告制度

(1)学校各处、各部门对上级及学校已有明确规定,属于本部门职权范围内的问题,应切实负起责任,及时处理和解决。一般不要把应由本部门解决和处理的问题,上报校领导审批或向学校领导请示;

(2)各系在日常工作中遇到的一些具体问题,可直接向有关部处联系,各部处应按各自职权及时负责处理解决,如确实无法处理解决时,应由部门负责人签署处理意见或处理建议后,送校长办公室,由校长办公室分送有关领导阅批;

(3)各系,各部门工作中遇到重大问题确需向学校有关领导请示时,应以书面形式,由本单位负责人签署意见后,送校长办公室,由校长办公室根据内容提请校长办公会议讨论决定或分送分管校领导审批并于一周内负责转告处理结果;今后凡直接报送校领导的请示、报告一般将不予批复;

(4)各系,各部处须向学校领导口头请示、报告的一般问题由校办主任负责处理。涉及几个部门之间的问题,由校办主任牵头,会同有关部门协商研究处理(或由校办主任向分管校领导请示后再行处理),一般在三天内给予答复;

(5)各系,各部门如发生重大事件和重要情况,应于当天内报告校长办公室;

(6)各系,各部门对校领导交办的事项,必须认真研究,及时办理,一般事项三天内,重大事项七天内向校长办公室报告办理结果。

浙江大学档案馆藏,档案号:ZD-1988-XZ-88-5

浙江大学机关各部、处职责(试行)①

(1991年1月10日)

浙大发办〔1991〕001号

校长办公室职责

校长办公室是校长行使行政领导与管理职权的综合性管理机构,履行以下职责:

一、负责组织起草学校综合性行政工作报告、学期工作要点、总结、规划、计划和决议等文件;组织拟订全校性规章制度;以学校名义发布行政法规及布告、通告等。

二、负责组织安排各类校级行政会议,确定议程,做好记录,形成纪要,并督促检查会议决定的贯彻执行情况。

三、根据学校中心工作,认真做好信息与反馈工作,协助校行政领导进行正确决策和追踪决策。

四、根据学校决定及校领导指示,负责组织协调几个部门共同办理的综合性工作及全校性重大活动。

五、受校领导委托,代表领导或学校处理某些专门事项与有关日常事务工作。

六、负责国务院、国家教委及其他上级部门来文的批阅、传阅、催办、归档及管理工作。

七、负责学校发文的审核、打印、送发及立卷、归档工作。

八、负责编印《简报》、《每周情况》、《浙江大学公报》、《信息汇编》,编写《浙江大学年鉴》、《浙江大学校志》、《学校介绍》等学校综合性、基础性的资料。

---

① 本件原载浙江大学校长办公室编《浙江大学公报》总第7期(1991年1月10日)

九、负责接待处理校内外群众的来信来访及其有关事宜。

十、负责安排上级机关与兄弟院校(单位)领导来校考察、参观、访问等事项。

十一、掌管校印及正、副校长印章使用;负责审定行政部门印章的刻制、启用;审核开具对外行政介绍信。

十二、统管和指导全校的统计工作并负责做好学校综合统计工作。

十三、按照档案工作有关规定,做好文书资料的立卷归档工作。

十四、协助做好校友总会工作。

十五、领导管理收发室工作。

十六、负责管理图文传真机的使用。

十七、负责安排校机关节、假日值班等有关事项。

十八、负责办理校领导日常办公事务和公出的有关事项。

十九、管理学校行政楼贵宾室、会议室、会议厅,并负责调度使用。

人事处职责

人事处是主管全校人事工作的职能机构,履行以下职责:

一、管理全校教职工的编制及用人计划、机构设置(包括全民办集体,下同),并负责人事调配及人才流动工作。

二、根据校务会议或校长办公会议决定,负责办理行政科级干部考察、任免和调配工作,协同党委组织部办理行政处级干部的考察、任免和调配工作以及党政管理干部职级的评定工作。

三、负责组织办理教师及各类业务技术人员技术职务的评审、晋升及聘任工作。

四、协同有关部门办理教职工的鉴定、考核与奖惩工作。

五、会同有关部门共同研究教师及各类业务技术人员队伍的建设规划,制定培养和提高计划。组织对教师和技术干部进行各种业务培训。

六、会同党委组织部办理教职工的政治审查工作。

七、掌管全校的工资、福利,办理教职工中有突出贡献人员破格晋升、晋级的审批手续。

八、根据派遣出国人员的有关规定,具体办理出国人员的选拔、考核、报批手续,并会同有关系和部门做好管理工作。

九、办理教职工离休、退休、退职、辞职、停薪留职及聘用干部、招收工人等工作。负责办理兼职教师的聘请手续。

十、办理教职工进校、离校手续及发放工作证、校徽等项工作。

十一、及时编报有关人事等方面的统计报表,定期编印全校教职工名册。

十二、负责拟订人事工作方面的规章制度。

十三、负责审批临时工的使用计划。

十四、做好本部门文书资料的立卷归档工作。

教务处职责

教务处是主管学校本专科教学业务和教学管理的职能机构,履行以下职责:

一、拟定全校教学工作计划;制定教学方面有关规章;总结教学经验;研究并提出有关教育事业发展规划、专业设置与调整及教学改革方面的意见,并经批准后组织实施。

二、组织各系制定和实施本科、专科的教学计划、课程教学大纲和各种教学法文件;负责全校教学质量检查工作;组织、检查、验收课程重点建设项目;组织优秀课程评估;组织各级教学优秀成果奖的评定。

三、组织教材及教学参考书的编写和出版教材的推荐、审定工作,负责全校教材的订购和供应工作。

四、负责全校本科、专科学生的学籍管理和进修教师、旁听生的接受、管理工作。负责应届本科毕业生中免试推荐研究生工作。

五、负责全校排课和教室调度工作。

六、负责实践教学管理工作;组织、协调校内外实践基地的建设;组织制定本科、专科各专业的实习计划;组织安排第三学期教学工作;总结交流实践教学经验。

七、负责组织全校教学工作量的计算和承担教学工作的教师编制的核算,计算并发放基础课津贴。做好教学、教务方面的统计工作。

八、负责分配有关教学经费及检查经费使用效益。

九、负责本科、专科学生班主任的工作,协助各系抓好学风建设。

十、负责管理混合班、提高班。

十一、掌握基层教学情况,做好校领导的参谋。

十二、做好本部门文书资料的立卷归档工作。

十三、负责并指导各系的教务管理。

研究生院职责

研究生院是主管学校研究生教育和行政管理的工作机构,履行以下职责:

一、研究拟定研究生培养的长远规划;制订年度招生计划;组织博士生、硕士生的招生工作。

二、组织拟定研究生培养的各项规章制度;审批各专业培养方案;负责研究生的课程建设。

三、组织领导研究生的马克思主义理论教学和在校党委领导下协同有关部门做好研究生思想政治工作。

四、负责研究生管理机构的建设,统一管理研究生的学籍和奖惩。

五、严格遴选研究生的指导教师,加强导师队伍的建设。

六、根据国务院学位委员会的授权,办理有关博士和硕士学位的审核和审批事宜。

七、负责研究生经费的分配管理及检查经费使用效益。

八、检查研究生培养和学位授予质量,组织交流研究生培养和学位授予工作的经验。

九、负责学科建设的管理,做好博士点、硕士点、增补博士生导师的申报工作。

十、负责办理申报建立博士后流动站和招收博士后流动研究人员。负责博士后的管理工作。

十一、开展对外联系,组织聘请国内和国外专家讲学,进行学术交流。开展博士生的合作培养。

十二、负责包氏奖学金出国人员遴选的准备工作，以及包氏出国人员的派遣和管理工作。

十三、做好本部门文书资料的立卷归档工作和统计工作。

成人教育学院职责

成人教育学院是主管学校成人高等学历教育和非学历教育的职能机构，履行以下职责：

一、负责拟定全校各种类型、各种层次成人教育事业的发展规划和方案，会同学校有关部、处制订成人教育的具体工作方针、措施，组织指导全校各系开展成人教育工作。

二、负责开展学校成人教育特别是继续工程教育的对外联系工作。

三、负责拟定和实施成人高等学历教育（夜大、函授）的教学、教务、行政、招生等有关计划和工作。

四、负责对夜大、函授成人高等学历教育的毕业证书（结业证书、肄业证书和学历证明）的颁发；负责对非学历教育的培训班结业证书、继续工程教育证书、专业证书的颁发；负责对各类成人教育课程出国成绩证明和单科成绩证明的发放工作。

五、负责对全校各种类型、各种层次的继续工程教育、各类培训办班的审批和教育质量管理工作。

六、负责组织开展学校成人教育的教学研究、教学交流与协作工作，教材研究与建设工作，对成人教育的教育质量检查与评估工作，以及成人教育的资料收集工作。

七、负责编报有关成人教育工作的各种统计报表工作。

八、负责成人教育经费的使用及其效益检查。

九、做好本部门文书资料的立卷归档工作。

职业技术教育学院职责

职业技术教育学院是主管学校职业技术教育工作的职能机构，履行以下职责：

一、研究拟定学校关于职业技术教育系统教师、管理干部培养和再培训的长远规划，拟定年度培养和培训工作计划及教育计划，组织招生工作。

二、组织和拟定我校有关职业技术教育工作的各项规章制度，审批各系提出的培养和培训方案，指导职业技术教育的实验基地建设与课程建设。

三、管理职业技术教育经费，拟订经费使用的分配方案。

四、对职业技术教育培训和培养工作进行质量检查和评估。

五、负责对职业技术教育培养和培训所需的教师作出规划，聘用兼职教师，加强师资队伍建设。

六、主管有关职业技术教育培养和培训的发证审核工作。

七、开展对外联系和调查研究，领导和规划学校职业技术教育的研究工作，组织经验和学术交流，与有关单位发展合作关系。

八、加强学院的队伍建设，在校党委领导下，协同有关部门做好在职业技术教育培养和培训工作方面的政治思想工作。

九、做好本部门文书资料的立卷归档工作及统计工作。

科研处职责

科研处是主管全校科研工作的职能机构,履行以下职责:

一、编制学校科学技术年度计划和科技发展五年规划;负责对承担国家、中央各部委、浙江省各类基金项目、国家863高科技计划、火炬计划、科技攻关计划、重大基础研究计划、重大新产品试制与试产计划、重大新技术推广计划和浙江省年度科技发展计划等项目的申报、立项、管理;学校科学研究基金(包括理工、文管)项目的立项初审、管理。

二、负责全校各类科技成果鉴定、登记、汇编、建档及宣传报道工作。

三、负责国家自然科学奖、国家发明奖,国家及各部委、省市科技进步奖等奖励项目的申报、获奖项目汇编,奖金、奖状发放和管理。

四、组织重大科技成果的开发及推广应用,创办并管理全校的科技企业。组织和管理我校与外单位联办的科研生产联合体。

五、组织我校与企事业单位的横向联系,开展科技咨询、合作研究、科技协作、科技服务、科技转让等活动,负责上述各类科技合同的审查及监督管理,并负责技术市场管理,组织参加国内外科技成果展览和技术交易活动。

六、归口办理全校专利的申请、建档、统计、奖励、纠纷调处和专利技术转让与许可贸易审查等管理事务。办理专利技术开发工作。

七、开拓国际合作渠道,归口负责全校国际科技合作项目的立项及监督实施工作和外事活动中有关科技业务的审查工作。

八、负责《浙江大学学报》(包括自然科学版和社会科学版)的组稿、编审、校对、出版、发行。

九、负责全校科研所(室)调整、建立、评估管理和科研编制核定、分配。

十、负责科研经费管理和效益检查。

十一、负责科技统计工作。

十二、负责校级奖评审管理。

十三、负责校科协及省级挂靠学会的代管。

十四、负责对交叉学科科研中心的业务管理。

十五、负责《科技信息》刊物的组稿、编辑、印刷、发行。

外事办公室职责

外事办公室是主管学校对外学术交流和合作、发展对外关系的职能机构,履行以下职责:

一、协助校长制订学校外事工作计划和实施意见。

二、负责长、短期外国文教专家的聘请,向国家教委申请来华专家签证和处理他们在华期间的有关事宜。负责与长期文教专家和教师签订合同,协助和督促有关系和部门安排好外籍专家与教师的教学工作,保证合同的履行。负责聘请外籍专家为名誉顾问、客座教授的申报工作及办理各项具体手续。

三、负责应学校邀请来杭讲学、访问的外籍学者与外宾的活动安排及生活接待工作(包括食、宿、交通、参观、游览安排和订购机、车票等），协助各系、部门做好顺访讲学外籍学者的生活接待工作。

四、归口负责所有外国人和港、澳、台地区的侨胞来校访问、讲学事宜，学校各单位邀请、接待上述人员来校活动须与外办取得联系。

五、负责办理短期（六个月内）公派出国人员（包括合作研究、讲学、考察访问、出席国际学术会议等）的申请及有关出国手续。

六、开辟对外联系渠道，负责校际交流合作协议的签订和实施。

七、协助学校有关单位筹备和办好在本校召开的国际学术会议（包括会前准备工作、为国外学者申请来华签证、生活接待安排、会后旅游安排等）。

八、参与校对外语言与文化交流中心的各项工作，与有关单位合作办好外国人汉语班、旅游文化班等。

九、负责外国留学生（包括研究生、本科生、进修生、校际交流生等）的管理工作，包括招生、办理来华手续和各种证件，负责与各有关系和部门联系留学生的课程安排、教材发放、生产与教学实习安排，日常生活管理，组织各种文体活动及参观旅游，及时向各国驻华使馆通报留学生的学习成绩等有关情况，处理各类涉外事件，对留学生进行思想教育等。

十、负责全校因公电传的拍发和接收工作，办理校长交办的公文翻译工作。

十一、负责外籍专家经费、临时出国人员经费、外宾招待费、留学生经费的管理使用。

十二、做好本部门文书资料的立卷归档和外事口统计工作。

学生处职责

学生处是主管学校学生行政管理的职能机构，履行以下职责：

一、组织拟定本科、专科的招生工作计划和本科、专科毕业生与毕业研究生的分配工作计划。

二、负责本科、专科学生的招生和本科与专科毕业生、毕业研究生的分配及跟踪调查研究工作。

三、根据国家的招生政策、规定和原则，组织拟定每年度的本科、专科的招生事业计划和招生来源计划。

四、负责组织做好每年度的招生宣传和招生录取工作，并进行督促、检查。

五、根据国家对本科、专科毕业生与毕业研究生的分配原则和意见，结合本校学生的实际情况，组织拟定毕业分配实施意见、细则和具体的分配计划。

六、负责校就业指导委员会会议的组织工作，做好联系和发展工作，不断加强校就业指导委员会就业指导的义务和职能。

七、加强与各系毕业生分配领导小组的联系，及时通报分配工作情况，严格执行国家教委和学校制定的分配原则和实施细则。

八、协助校学生工作领导小组、学生工作部、团委开展毕业生分配思想教育，指导各系实施具体分配工作。

九、根据有关规定，会同研究生院、教务处、外办、保卫处等部门做好学生出国的审批工作。

十、协同有关处做好校外综合办学基地工作。

十一、做好本部门文书资料的立卷归档工作。

设备处职责

设备处是主管全校实验室和物资工作的职能机构,履行以下职责:

一、贯彻执行国家有关实验室和物资工作的方针、政策和法令,结合学校实际拟定实施细则。

二、管理各类实验室,建议调整实验室建制,完善实验室管理制度,检查督促各类实验室管理制度的执行情况,总结交流实验室管理经验。

三、会同有关部门组织制定实验室建设规划和年度计划,把握投资方向。负责大型仪器设备申购的初审,管理教学设备费、自制设备费等实验经费,及时检查经费的投资效益。

四、归口管理全校固定资产中的仪器设备(含设备增置、多余调拨、报损报废、外借等审批工作),按上级部门要求上报有关统计报表。定期组织清理整顿,并采取措施提高仪器设备的利用率。

五、会同人事部门,加强实验室队伍建设,做好实验室人员定编、岗位培训、评比奖惩等工作。负责实验室人员劳保用品、营养费的审批。

六、主管实验室的技术后勤保障工作,组织好物资供应、技术服务、大型仪器设备专管、设备维修与功能开发、实验室安全等工作。

七、归口管理教学、科研、生产、基建、行政、后勤等单位及校办经济实体的物资工作,组织物资工作人员的培训交流。

八、主管国家管理物资的计划编审、对上申报、对内分配和使用情况的核查。在物资供应中起主渠道作用,指导和管理市场采购。

九、负责全校专控商品的初审、报批,控制专控指标和组织供应,并检查执行情况。

十、主管国外订货及所需外汇的统一申请,归口办理国外捐赠物资(华侨、港澳同胞和台湾同胞个人捐赠除外)的报批手续和零星物品在国外少量自购的报批手续。

十一、制订完善物资工作的管理制度和措施,健全物资账册,制订和上报物资统计报表,提高物资利用效益。

十二、办好常备物资库(金属材料、五金、元器件、化学药品仓库),增强仓库活力,为教学、科研等服务。

十三、归口管理全校的锅炉和压力容器,拟定管理制度,按有关规定办理报批手续,并检查督促使用情况。

十四、做好本部门文书资料的立卷归档工作。

计划财务处职责

计划财务处是主管全校各项财会工作的职能机构,履行以下职责:

一、按照勤俭办学的思想,管理好学校的教育事业费、科研经费、学校基金、对外科技服务经费和其它预算外资金,组织编制年度综合财务预算和决算。

二、维护国家财政制度,检查各单位财务制度的执行情况,严格财经纪律,并根据国家财政制度和规定,结合我校实际情况,拟定具体实施细则。

三、加强财务管理,提高经济效益,参加学校各种经济责任制和经济政策的拟订,了解其执行情况和存在问题,及时提出修订意见。

四、审查、会签校内各部门有关经济和经费方面的文件、报告、报表、协议、合同等,并协同贯彻执行。

五、广辟财源,合理组织收入,科学调度资金,发挥各部门理财的积极性,对全校各部门的收费进行管理。

六、加强消费基金管理,宏观控制全校奖酬金的发放。按国务院、财政部和省市的有关规定对个人的工资外收入进行管理。

七、统一管理全校的非贸易外汇收支和出国经费的结算,严格执行外汇纪律。

八、定期向校领导呈报各项财务报表,汇报财务计划执行情况,提出改进学校财务工作的意见和建议。

九、对全校基层会计机构的建立、设置和银行开户进行审查,在财会业务上进行领导、检查和监督。

十、会同有关部门,做好全校财会人员的定编、设岗、职务聘任、调配和科级财会人员的遴选等工作。抓好全校财会人员的业务培训、进修、考核等工作,优化财会队伍的结构,提高财会人员的素质。

十一、做好财会档案和有价票证的印制、管理工作。

基建处职责

基建处是主管全校基本建设工作的职能机构,履行以下职责:

一、编制和上报全校的基本建设总体规划,在国家教委批准的总体规划范围内,编报和组织实施年度基建计划。

二、根据国家教委下达的基建计划,负责征地、拆迁等基建前期工作。

三、遵循基本建设程序,及时做好施工前期各项准备工作;代表学校与设计、施工单位签订工程合同;代表学校对施工单位严格执行甲乙方关系,并密切配合施工单位,参加各项工程管理,抓质量、抓进度,组织工程竣工验收;搞好工程预算编制和工程决算审核等工作。

四、制订切实措施,严格预算,不留缺口,保证学校的各项基建项目经费合理使用。

五、编报年度基建财务和材料计划与报表,管好用好基本建设资金与材料,努力提高投资效益。

六、负责全校自筹项目的申报、实施及代管工作。

七、负责做好基建档案、基建统计和资料管理工作。

总务处职责

总务处是主管全校生活后勤服务工作的职能机构,履行以下职责:

一、负责办好教工食堂、学生食堂和留学生食堂,为师生员工提供良好的膳食服务,搞好集体户口人员的粮油管理和生活用煤管理工作。会同校爱卫会贯彻执行食品卫生法。

二、负责全校办公用品、文具用品、清洁用品、部分工勤人员的劳保用品等的计划采购、供应工作;负责电讯的管理和全校的通信规划。

三、负责搞好学校对外来宾客和召开各种会议接待中的食、宿、行和会议服务等后勤服务;负责教职工出差的火车票、汽车票、飞机票的预订工作。

四、负责对邵逸夫科学馆的管理和使用。

五、负责校园绿化和校园的环境卫生管理工作。

六、按照有关规定,做好学校汽车交通运输工具及油料的管理、调配使用和车辆维修保养工作。

七、负责做好新生入学、毕业生离校等全校性重大活动的有关后勤事务工作。

八、负责领导、管理招待所、幼儿园、开水房、浴室,做好各项服务工作,负责管理浙大驻上海工作组。

九、负责拟定后勤服务工作的有关管理办法和规章制度。

房产管理处职责

房产管理处是主管全校房产、水、电及维修的职能机构,履行以下职责:

一、负责全校各类房屋的管理,分配工作。

二、负责全校各类房屋修缮(包括零修、大修、装修,中小型工程,全校实验室的改、扩建等)工作和修缮经费的合理安排使用及效益检查。

三、负责编制全校维修项目的经费计划,并在学校批准后组织实施。

四、负责全校家具的计划编制和购置。对全校行政、后勤的固定资产进行管理和建档。

五、负责全校(含家属区)水、电供应与管理,对全校的高配、低配、水泵房、大空调、电梯进行管理和维修保养。

六、负责全校(含家属区)的道路、下水道的计划改造和维修管理工作。

七、负责全校节水、节电和水电指标的申请分配工作,负责向省、市主管部门办理水电增量,空调使用和申请报批工作。

八、负责全校新建房屋的验收工作,并在保养期内向施工单位提出维护意见

九、负责全校管道煤气的管理维护工作。

十、负责全校房产、维修工程、水、电等有关资料立卷归档工作和统计工作。

十一、负责全校教学大楼、学生宿舍的清洁卫生、门卫值班和日常管理工作。

审计监察处职责

审计监察处是对学校各项财务经济活动及教职工执行政纪校纪情况实行监督的机构,履行以下职责:

一、审计工作

1. 依照国家法律、法规和政策的规定,以及学校据以制定的具体政策、规定,对学校和下属单位的财务收支及其经济效益实行内部审计监督。

2. 对学校及下属单位的财务计划或预算的执行情况、有关的经济活动,以及生产管理情况等进行内部审计监督。对违反财经法规的被审计单位,可给予警告、通报批评以至收缴被侵占的国家资产、罚款等处理。

二、监察工作

1. 学校的行政监察对象重点为校机关行政各部门及其工作人员，各系(所)负责人(正、副职)及教研室(研究室)主任，校直属单位的负责人。此外，也可直接监察学校其他工作人员。

2. 监察任务：

①检查监察对象贯彻实施国家政策和法律、法规的情况。

②监督处理监察对象违反国家政策和法律、法规以及违反政纪校纪的行为。

③受理个人或单位对监察对象违反国家政策和法律、法规以及违反政纪校纪行为的检举和控告。

④受理监察对象不服纪律处分的申诉。

⑤按照行政管理干部管理权限，审议有关人员的处分事项。

3. 权限：具有检查权、调查权和一定的行政处分权。监察部门可给予违反政纪校纪的监察对象行政记大过及以下的处分。对需要给予记大过以上处分的，可按照干部管理权限向学校领导提出处分建议。

联络办公室职责

联络办公室是主管侨务、对台事务、民族、宗教等方面行政序列工作的职能机构，履行以下职责：

一、了解和掌握台港澳眷属和归侨、侨眷的思想、工作、生活情况，及时宣传党的对台、侨务方针、政策。

二、认真做好台胞、港澳同胞和侨胞的接待工作。

三、根据“一视同仁，不得歧视，根据特点，适当照顾”的方针，积极配合有关部门帮助归侨、侨眷、台港澳眷属解决一些实际困难。

四、努力做好台胞、港澳同胞、华侨来投资的牵线搭桥工作。

五、受理华侨、港澳同胞和台湾同胞的捐赠报批工作。

六、负责审核并办理归国华侨、国外华侨，香港、澳门、台湾同胞和外籍华人的眷属自费出国人员的身份证明。

七、协助侨联、台港澳眷属联谊会开展有关活动。

八、做好民族工作，配合有关部门帮助解决少数民族人员的一些实际问题。定期组织少数民族学生开展活动，增强民族团结。

九、努力做好爱国宗教界上层人士的工作，协助工会、共青团对青年工人、学生开展无神论的宣传教育，注意防范国外宗教反动势力的渗透。

十、做好本部门文书资料的立卷归档工作。

保卫处(浙江大学派出所)职责

保卫处(浙江大学派出所)是主管学校安全保卫工作的职能机构，履行以下职责：

一、做好校园治安管理，努力为教学、科研、生产和师生生活创造一个良好的治安环境。

二、深入调查研究，及时发现掌握并报告事关学校治安和社会政治稳定的各种情况、信息。

三、依法查处一般性政治、刑事和治安案件,并积极协助国家司法安全机关和政法部门查处重要案件。

四、向广大师生员工进行法制和“四防”教育,动员和依靠广大师生员工积极同违法行为作斗争,并经常检查各重点要害部门安全防范措施的落实情况。

五、负责校内身份证发放和集体、临时户口管理。严格按政策规定办事。

六、负责办理申请出国、出境和前往边境地区人员的政审调查工作。

七、根据消防《条例》和学校实际情况,及时做好消防器材的配备、补充、更新、检修和业余消防员的培训等工作。

八、负责学校门卫和校内道路交通安全管理,努力减少各类案件、事故。

九、负责校内重要集会活动及来校视察工作、访问的来宾的安全保卫工作。

十、负责管理和处理违反校园管理条例的有关事项。

十一、负责做好节假日学校治安保卫的督促检查工作。

十二、做好本部门文书资料的立卷归档工作。

人武部(军事教研室)职责

人武部(军事教研室)是学校进行国防教育的职能机构和教学部门,履行以下职责:

一、根据国家教委、总参谋部、总政治部颁发的《高等学校学生军事训练大纲》(试行),具体组织实施在校本科生军事训练工作。

二、认真开展军事训练各教学环节的研究,逐步探索适合我国国情的学生军训办法。

三、负责对全校教职工、学生进行国防教育,探索国防教育的新途径。

四、根据上级的部署,抓好征兵工作,做好预征对象的摸底、登记、体检、政审工作,为部队输送合格兵员。

五、做好预备役登记,负责复员、转业军人的管理教育工作。

六、做好人防工作。

七、做好武器装备的擦拭、保养和管理工作。

八、抓好拥军优抚工作。

九、做好本部门文书资料的立卷归档工作。

离退休工作处职责

离退休工作处是主管学校离退休老同志工作的职能机构,履行以下职责:

一、认真贯彻党中央、国务院和上级领导机关关于离退休工作的方针、政策和规定,结合学校实际情况,拟定具体的实施细则和办法。

二、负责做好离退休老同志的政治学习、文件传阅、听报告、参加有关会议和政治活动等具体组织工作。

三、配合有关部门组织离退休老同志为社会、为学校承担力所能及的任务,继续发挥他们的作用。及时宣传和表扬离退休老同志的好人好事。

四、负责组织离退休老同志的疗养工作和就近就地参观活动。

五、努力办好离退休老同志的活动室,开展适宜的文体活动,丰富老同志的精神生活。

六、根据国家有关规定，配合人事处做好离退休人员的待遇和福利工作。

七、配合校总务部门按照规定安排好离休干部的用车。

八、配合校房产管理部门做好离退休老同志的住房调整、分配和维修等工作。

九、有计划地组织老年卫生与健康讲座，定期组织健康检查，积极配合校医院做好老同志的医疗保健工作。

十、对离退休老同志进行家访和组织慰问活动，经常了解他们健康、学习和生活状况，反映他们的意见和要求，合理解决他们的实际问题。

十一、编制离退休老同志活动经费的预、决算，并按规定统一掌握使用。填报各类统计报表。

十二、配合离退休老同志原工作单位，处理老同志的丧事和抚恤工作。

十三、做好本部门文书资料的立卷归档工作。

浙江大学档案馆藏，档案号：ZD-1991-XZ-68-1

关于印发《浙江大学行政领导工作制度(试行)》的通知

(1992 年 2 月 22 日)

浙大发办〔1992〕07 号

各系，各部、处，校直属各单位：

《浙江大学行政领导工作制度(试行)》已经校务会议讨论通过，现印发给你们，望认真贯彻执行。

(传达到全体教职工)

浙江大学

一九九二年二月二十二日

附

浙江大学行政领导工作制度(试行稿)

一　会议制度

(一)校务会议

校务会议是学校教育、科研、校产、行政和后勤工作等校务的最高决策机构。

校务会议由校长(校长公出时由党委书记)主持召开。校务会议成员为正、副校长；党委正、副书记，校办主任列席，需要时可邀请有关部门负责人列席会议。

会议时间为隔周(双周)星期四上午，临时会议由校长(或党委书记)根据需要召开。

需经校务会议讨论决定的重大问题和事项是：

1. 贯彻党的教育方针，坚持社会主义办学方向，落实德育为首、全面发展的政策和措施；

2.学校发展规划,重大改革方案和措施,年度工作计划(要点);

3.教职工队伍建设计划,教职工职务聘任的原则和实施方案;

4.讨论决定校行政各类专门委员会组成原则及主任、副主任人选;

5.决定年度财务预算、基建计划及重大项目经费开支原则,自筹资金的使用原则及审计情况报告;

6.学科建设规划,实施计划,重大科研项目、科技开发及校产发展规划;

7.学生(研究生)教育与管理工作及年度招生计划,毕业分配计划;

8.教育、科研、校产、后勤及行政管理工作中的重大决策;

9.重要行政规章制度及重要奖惩事项;

10.处以上的机构设置;

11.校长认为应提请校务会议讨论决定的其他重要事项。

(二)校长办公会议

校长办公会议是学校教育、科研、校产、行政、后勤等方面日常管理工作的决策机构。

校长办公会议由校长(或常务副校长)主持召开。参加人员为正、副校长,校办主任,需要时可邀请有关部门负责人列席会议。

会议时间为隔周(单周)星期四上午,临时会议由校长(或常务副校长)根据需要召开。

需经校长办公会议讨论决定的重要问题和事项是:

1.研究决定学校日常行政工作的重要问题;

2.具体组织实施校务会议决定的事项;

3.酝酿和提名行政中层干部调任和任职;

4.决定行政科一级机构设置;

5.国内外重要合作交流事项;

6.确定一个阶段教学、科研、后勤、行政工作重心及实施方案;

7.系科、专业设置和教学计划调整方案,国家级工程中心、重点实验室建设事项;

8.校长(副校长)认为应提交会议研究的其他事项。

校长办公室承担校务会议、校长办公会议的各项会务工作;征集会议议案,报告校长确定会议议题;做好会议记录;整理印发会议纪要;通知、检查、督促有关部门贯彻执行会议决定事项等。

二　公文处理的几点规定

1.压缩各类公文,可发可不发的各类公文,要坚决不发。下行文中属日常工作中一般事项的以"校长办公室"行文,全局性、综合性、政策性重要事项及重要决定、决议事项以"浙江大学"文件行文,以"浙江大学"下达的正式文件需严格控制,提高公文质量和权威性。

2.严格行文程序。机关各部门代拟的以"浙江大学"行文的公文,凡涉及几个部门工作的,必须先经有关部门会签,然后统一送校长办公室审核(审核的重点是:是否需要行文,公文内容,文字表述,文种使用、格式等)。一般文件由校办秘书科科长审核,重要文件由校办主任审核,再由校长办公室根据公文内容和性质分送校长、副校长签发。

3.涉及综合性、全局性的重要公文由校长(或常务副校长)签发。

分管范围内的例行公文由分管副校长签发。

4.经校务会议、校长办公会议讨论决定的一般事项须行文时可由校办主任签发(注明经那次会议讨论决定或通过)。

有的公文,校办主任也可根据授权签发。

5.签发公文必须认真负责,签署明确意见、姓名和年、月、日。拟文和签发公文均应使用钢笔。

6.公文分类编号,如"发办"、"发人"、"发教"、"发科"系文书分类立卷处理,具同等效力。

三 请示、报告制度

为各司其职,建立科学规范的工作程序,提高管理水平和工作效率,特制定请示、报告制度;

1.建立副校长联络秘书制度。由校办指定文秘人员分别担任副校长的联络秘书。联络秘书应完成副校长交办事项;负责副校长召开会议的安排和会务工作;协助副校长安排接待来访;请示、报告的转送办理等;

2.各处、各部门对上级、学校已有明确规定,属本部门职权范围内的问题,应切实负起责任,及时处理和解决。不要把应由本部门解决和处理的问题,上报校领导审批。

3.各系在日常工作中遇到的一些具体问题,应直接与有关部处联系,各部处应按各自职责及时负责处理解决,如问题已超出部、处职责范围,须请示分管副校长时,应由部门负责人填写《请示、报告处理单》,送校长办公室,由校长办公室送有关领导阅批;

4.各系工作中遇到重要问题需向学校有关领导请示时,也应该写《请示、报告处理单》,由系负责人签署意见后,送校长办公室,由校长办公室根据内容提请校务会议、校长办公会议讨论决定或送分管校长审批并于一周内负责转告处理结果。今后凡直接分送校领导的请示将不予批复;

5.各系、部处向学校的一般口头请示(报告),由校办主任负责处理。涉及几个部门的问题,由校办主任牵头,会同有关部门协商处理(或由校办主任向分管校领导请示后再行处理),一般在五天内给予答复;

系、部、处主要负责人向校长副校长汇报工作,一般应先与副校长联络秘书联系,由联络秘书负责安排时间,在三天内予以接待。

6.各系,各部门如发生重大事件和重要情况,应于当天内报告校长办公室;

7.各系,各部门对校领导批办的事项,必须认真研究,及时办理,一般事项三天内,重大事项七天内向校长办公室报告办理结果。

四 校行政领导成员守则

一、结合学校情况,联系工作实际,认真贯彻执行党的基本路线和改革开放的总方针,主动争取党委支持,自觉接受党委监督。

二、为政清廉,秉公办事,任人唯贤,团结协作,树立全局观念和服务观念,为各级干部做出表率。

三、克服官僚主义,摆脱事务主义,集中主要精力,考虑与决策学校工作中的重要问题,确立敢于认真负责,勇于开拓创新的工作作风。

四、发扬民主作风,认真贯彻民主集中制原则,密切联系群众,接受群众监督,虚心听取群众的意见和建议,努力推进决策过程的民主化和科学化。

五、加强组织、纪律性,带头严格执行校务会议和校长办公会议作出的决定和各项规章制度,严守机密,认真开展批评和自我批评,坚持真理,修正错误。

浙江大学档案馆藏,档案号:ZD-1992-XZ-67-4

3. 校务委员会组织

浙大应变执行会成立会

(1949年4月24日)

日期:1949年4月24日上午八时

地点:校长公舍会议室

出席:安全委员会六单位代表胡刚复等二十五人

临时主席:竺校长

讨论事项:

本会定名案:决议本会定名为浙大应变执行会

公推主席团人选案:决议谭天锡先生、包洪枢同学、苏步青先生、严仁赓先生、竺可桢先生、陆子桐先生、周世俊工友

确定本会分组及推定各组负责人选案:

储购组负责人:正　朱庭祜先生　副　寿纪仁同学

水电组负责人:正　王国松先生　副　马元骥先生

警卫组负责人:正　杨鸿才先生　副　池志强同学

消防组负责人:正　高尚志先生　副　谭天恩先生

经济组负责人:王国松先生(召集人)、来虔先生、严仁赓先生、杨锡林同学、黄培福先生

膳宿组负责人:正　魏春孚先生　副　王文阁同学

秘书组负责人:正　黄焕焜先生　副　朱兆祥先生

配给组负责人:正　蒋士征同学　副　赵凤涛先生

《国立浙江大学日刊》1949年4月25日

临时校务会(第一次)会议录

(1949年5月4日)

日期:1949年5月4日下午五时

地点:校长公舍会议室

出席：蔡邦华等十四人

讨论事项：

1. 推举常务委员案：决议常务委员定为三人，

推举　蔡邦华先生、王国松先生、谭天锡先生

2. 本会常会定于每星期三下午三时开会案：通过，但遇必要时得召集临时会

3. 推举常务委员会主任委员案：决议　蔡邦华先生

《国立浙江大学日刊》1949 年 5 月 6 日

中国人民解放军杭州市军事管制委员会关于接管浙江大学的命令①

（1949 年 6 月 6 日）

令浙江大学：

兹派林乎加为该校军事代表，刘亦夫为该校副军事代表。

此令

主任　谭震林

副主任　谭启龙　汪道涵

1949 年 6 月 6 日

浙江大学档案馆藏，档案号：ZD-1950-XZ-16

中国人民解放军杭州市军事管制委员会关于成立浙江大学接管小组的命令②

（1949 年 6 月 6 日）

令浙江大学：

兹派严仁赓、张君川、陈立、孟宪承、范绪箕、黄焕焜、刘潇然、许良英、包洪枢为该校接管小组成员。

此令

主任　谭震林

副主任　谭启龙　汪道涵

1949 年 6 月 6 日

浙江大学档案馆藏，档案号：ZD-1950-XZ-16

---

① 本件为杭州市军管会第 36 号令，标题为编者所拟。

② 本件为杭州市军管会第 37 号令，标题为编者所拟。

布告浙江大学临时校务委员会结束由①

(1949年7月27日)

查本会原为临时性质，兹奉杭州军事管制委员会公布令结束工作，自即日起本会宣告结束，所有校务移交校务委员会主持。周知。

临时校务委员会代主任委员　王国松

1949年7月27日

浙江大学档案馆藏，档案号：ZD-1950-XZ-16

布告本校(第一届)校务委员会委员名单及各院处主管人员名单

(1949年7月27日)

中国人民解放军华东军区杭州市军事管制委员会公布令

兹将该校校务委员会委员及各院处主管人员名单公布于后：

(一)以刘潇然、孟宪承、王国松、蔡邦华、贝时璋、李浩培、王季午、严仁赓、范绪箕、程孝刚、苏步青、陈立、黄焕焜、任雨吉、陆缵何、刘景善、包洪枢、周士俊等十八人为校务委员会委员(暂缺一人)。并以刘潇然、孟宪承、王国松、严仁赓、范绪箕、任雨吉、包洪枢等七人为常务委员。以刘潇然为副主任委员，在主任委员未决定前由副主任委员暂代主任委员职务。

(二)以孟宪承为文学院院长、王国松为工学院院长、贝时璋为理学院院长、蔡邦华为农学院院长、李浩培为法学院院长、王季午为医学院代院长。

(三)以严仁赓为教务长、范绪箕为总务长。

以上人员应即到职视事，原临时校务委员会及本会接管小组应即办理移交结束工作。本会派出之军事代表亦予撤回，今后该校一切事宜由校务委员会直接对本会文教部负责。

主　任　谭震林

副主任　谭启龙　汪道涵

1949年7月27日

浙江大学档案馆藏，档案号：ZD-1950-XZ-16

① 本件标题原为《布告本会结束由》，现标题为编者所拟。

华东军政委员会教育部关于实行校长负责制转发中央高教部指示的通知[①]

(1950年4月19日)

浙江大学校委会：

奉中央人民政府教育部四月十日厅秘字五八二号代电指示：凡已由中央人民政府任命校长的高等学校，一律实行校长负责制。校务委员会是辅助校长，联系教职员工与学生，贯彻教育政策和教学方针的机构，应对校长负责；校长与副校长应兼校委会主任委员及副主任委员。因学校是教学机构，职员工警可不必选代表参加校委会，职员工警的意见可经由工会提交校委会，并在讨论有关他们的问题时派代表列席。浙大应照此办理。除分令外，希即知悉。此令。

部　长　吴有训

副部长　唐守愚　沈体兰

1950年4月19日

浙江大学档案馆藏，档案号：ZD-1950-XZ-16

为本校全校代表会议建议加强校委会之组织附送校委会之议决案呈请指示由

(1950年4月29日)

华东军政委员会教育部钧签。本校于四月一日至三日举行全校代表会议，议决加强校务委员会之组织。按本校现在之校务委员会系由校长兼主任委员一人，副主任委员一人，文理工农医法学院院长六人，教务长、总务长各一人，教授代表三人，讲助代表两人，学生代表两人，职员校工代表各一人，共十九人所组成。常务委员会系由校长兼主任委员一人，副主任委员一人，教务长、总务长各一人，教授代表两人，讲助与学生代表各一人，共八人所组成。兹既按全校代表会议提请加强组织，关于新的校委会与常委会的人数与人选拟请贵部重新决定指派。倘有需要参考之处，本校校委会曾于第十六次会议中，对于加强组织方面作有下列之决议：

"校委会的人数为二十一人，常委会的人数为十一人。校长、副主任委员、文理工农医五学院院长、教务长、总务长，共九人为当然委员。校委会于当然委员之外，加教授代表六人、讲助代表三人、学生代表三人。常委会于当然代表之外，加教授代表、讲助代表、学生代表各一人。总务长于常委会开会时得列席。教授代表六人、讲助代表三人、学生代表三人均以加倍的人选择请教育部指定。候选人之产生：(1)教授代表由教授副教授普选十二人，文理工农医五院各院至少须有两人。(2)讲助代表由全体讲师助教普选六人，文理工农医五院各院至少须有一人。(3)学生代表由学生会选举。教授代表六人中，由部指定一人为常委。讲助代表、学生代表仿此。"等记录在案。另请示三点

---

① 本件系华东高教部转发中央高教部指示"由中央政府任命校长之高等学校一律实行校长负责制"的通知，原件无标题，标题系编者所拟。

(1)本校校委会议定之上项办法,其中教授、讲助、学生代表提出加倍之人选,由部指定是否可行。

(2)上项办法如有问题,其人数与人选抑仍由部直接指定?

(3)倘事可行,所有校委会与常委会现议定之人数是否需要增多或减少?右列各位是否可行,敬祈核示。如蒙采用,则校委会与常委会之人数仍请钧部决定为祈。

国立浙江大学
1950 年 4 月 29 日

浙江大学档案馆藏,档案号:ZD-1950-XZ-16

华东军政委员会教育部关于加强校委会组织的复电[①]

(1950 年 5 月 16 日)

浙江大学:

一、1950 年 4 月 29 日第 379 号代电悉。

二、希仍能维持现状,至实行校长制后的校务委员会产生办法,俟提请中央教育部统一规定,再行通知。

部　长　吴有训
副部长　唐守愚　沈体兰
1950 年 5 月 16 日

浙江大学档案馆藏,档案号:ZD-1950-XZ-16

呈报本校(第二届)校委会改组成立日期并呈各委员名单请核审并转报由

(1950 年 10 月 21 日)

华东军政委员会教育部钧签:本校校务委员会兹奉中央人民政府教育部颁布“高等学校暂行规程”第二十六条规定改组成立,于十月十四日举行第一次会议。计全会委员共四十五人,并由各委员中推定常务委员会委员十二人,理合缮具各委员名单随电呈报,敬请签核备案并转报中央教育部为祈。

1. 国立浙江大学第二届校务委员会委员名单

校长马寅初、副校长王国松、教务长苏步青、副教务长胡济民、总务长范绪箕、图书馆长沈学植、文学院长孟宪承、理学院长贝时璋、工学院长兼化工系主任李寿恒、农学院长蔡邦

---

① 本件系华东军政委员会教育部对浙江大学校委会 1950 年 4 月 29 日请示电的回复,原件无标题,现标题系编者所拟。

华、医学院长王季午

中文系主任郑奠、外文系主任方重、人类学系主任吴定良、教育系主任陈立

数学系主任卢庆骏、物理学系主任何增禄、化学系主任王葆仁、生物学系主任江希明、药学系主任孙宗彭、地理学系主任李春芬

电机工程学系主任杨杰、土木工程学系主任钱令希、机械工程学系主任程孝刚、航空工程学系主任梁守槃

农艺学系主任萧辅、园艺学系主任吴耕民、农化学系主任朱祖祥、病虫害学系陈鸿逵、蚕桑学系主任吴载德、农经学系主任熊伯蘅、森林系主任邵均、畜牧兽医学系主任虞振镛

医学院代表谈家桢、王中侨、龚建章、刘震华

工会代表周世俊、任雨吉、李天助、陈有根、高加索、沈学年

学生会代表何文池、韩世钧

第二届校务委员会常务委员会委员名单

马寅初、王国松、苏步青、胡济民、范绪箕、孟宪承、贝时璋、李寿恒、蔡邦华、王季午、任雨吉、韩世钧

浙江大学
1950 年 10 月 21 日

浙江大学档案馆藏，档案号：ZD-1950-XZ-16

本校(第三届)校务委员会改组成立请予备案由

(1953 年 3 月)

中央高等教育部、华东高等教育管理局：

本校经院系调整后，原有校务委员大都调离。遵照“高等学校暂行规程”第二十六条，改组成立浙江大学第三届校务委员会，兹将全体委员名单呈报，请予备案。

浙江大学第三届校务委员名单

校长沙文汉、第一副校长刘丹、第二副校长王国松、政治辅导处主任刘亦夫

教务长李寿恒、副教务长胡济民、总务长严文兴、副总务长许肃

机械系主任赵仲敏、电机系主任杨杰、土木系主任陈仲和、化工系主任周庆祥

图书馆长沈学植、工会代表杨士林、工会代表白郁筠、工会代表徐瑞云、工会代表舒士霖、学生会代表张宝理、学生会代表张怀升

浙江大学
1953 年 3 月

浙江大学档案馆藏，档案号：ZD-1953-XZ-38

浙江大学第四届校务委员会委员名单
(1955年2月11日)

校长:霍士廉　　副校长:刘丹、王国松
教务长:李寿恒　　副教务长:胡济民
政治处代表:胡杰敏
总务长:严文兴
教学设备委员会主任:杨杰
校长办公室副主任:张鸿恩
基本建设委员会代表:李恩良
图书馆长:沈学植
机械系主任:白郁筠　　副系主任:赵仲敏
电机系主任:寿俊良
土木系主任:陈崇礼
化工系主任:周庆祥　　副系主任:杨士林

各教研组主任

机械原理及零件教研组主任:陈近朱
金属切削教研组主任:梁允奇
铸工教研组主任:王启东
光学机械仪器教研组主任:何增禄
金属工学教研组主任:任传丰
金相热处理教研组主任:徐纪楠
发电输配电教研组主任:方巽山
电机原理教研组主任:寿俊良(兼)
电工基础教研组主任:王子香
电机制造教研组主任:简柏敦
自动控制教研组主任:王懋鋆
电工学教研组主任:俞国顺
建筑教研组主任:吴钟伟
施工教研组主任:吴美准
结构教研组主任:高鉷
测量教研组主任:张树森
地基与基础教研组主任:曾国熙
建筑材料教研组主任:楼宗汉
化工工化教研组[①]主任:黄会芳

① 化学工程及工业化学教研组的简称。

分析教研组主任:沈开圻
基本化学教研组主任:陈嗣虞
数学教研组主任:周茂清
物理教研组主任:王谟显
制图教研组主任:陆迟
力学教研组主任:王仁东
热工教研组主任:陈运铣
马列主义教研组代表:林超然
外国语教研组主任:陈楚淮
体育教研组主任:蒋新
党委代表:刘亦夫
工会代表:杨士林(兼)、王爱民、唐锦春、朱家炘
团委代表:郭友三
学生会代表:一人
特邀委员:杨耀德、钱宝琮、丁绪贤

浙江大学档案馆藏,档案号:ZD-1955-XZ-19-7

拟参加(第五届)校务委员会人选名单

(1959 年 3 月 30 日)

校长周荣鑫、副校长刘丹、党委副书记南竹泉、
学校办公室主任林光、教务处长刘才生、生产处长冀增、总务处长汪胜德、
人事处长、科学处长(缺)
团委书记刘景善、学生会主席林理和、附中罗振声、图书馆长沈学植

机械系主任白郁筠、副主任赵仲敏、教授陈运铣、教授朱家炘、副教授盛雨耕、副教授陆迟、副教授洪逮吉、助教毛节用

电机系系主任寿俊良、教授杨杰、副教授倪保珊、讲师何志均、教授杨耀德、讲师郑光华、副教授邓汉馨、助教周文

化工系主任周庆祥、副主任杨士林、讲师丁子上、教授周春晖、教授王仁东、教授李博达、助教董大勤

土木系系主任李恩良、副教授夏志斌、副教授何鸣歧、教授陈崇礼、教授张树森、助教王德汉

矿业系系主任谢光、副主任王启东、教授徐继楠、讲师蒋文浩

物理系系主任王谟显、副教授曹萱龄、副教授张有清

数学系代主任毛路真、副主任周茂清、讲师谢贻权、讲师刘鸿文

体育室主任蒋新、外文组主任成章、工程经济组主任洪鲲、工程物理系学生陈奇伟、机械

厂工人桑金荣、炊事员何福生

1959年3月30日

浙江省档案馆藏,档案号:J101-010-102-012

浙江大学第六届校务委员会人选名单

(1964年)

姓名	年龄	性别	政治面貌	所属单位及职务	毕业时间
陈伟达	46	男	中共党员	校长、校党委书记	
刘丹	57	男	中共党员	副校长、校党委副书记	
南竹泉	51	男	中共党员	副校长、校党委副书记	
周庆祥	62	男	群众	副校长、教授	1926年
王谟显	57	男	中共党员	副校长、物理系主任、教授	1932年
李恩良	52	男	群众	副校长、土木系主任、教授	1937年
白郁筠	59	男	民盟	机械系主任、教授	
白泰旺	37	男	中共党员	保卫处长	
刘才生	46	男	中共党员	副教务长	
朱平	38	男	中共党员	人事处长	
李频如	46	男	中共党员	校党委副书记	
李志芳	43	男	中共党员	副总务长	
沈学植	65	男	群众	图书馆长	
李博达	65	男	中共党员	一年级副主任、教授	1932年
李文铸	40	男	中共党员	物理系副主任、讲师	1947年
何志均	41	男	中共党员	无线电系主任、讲师	1945年
李治孝	43	男	中共党员	地质系副主任、教员	1950年
寿俊良	64	男	群众	电机系主任、教授	1923年
陈金琪	23	男	中共党员	学生会主席、内燃专业601班学生	
朱自强	34	男	中共党员	化学系化学教研组讲师	1951年
周茂清	48	男	民盟	数力系副主任、副教授	1939年
周春晖	42	男	群众	化工系系主任、教授	1943年
赵绪剑	43	男	中共党员	校长办公室副主任	
倪保珊	44	男	中共党员	科学处处长、电机系副教授	1942年
秦乃贵	43	男	中共党员	生产处副处长	

续表

姓名	年龄	性别	政治面貌	所属单位及职务	毕业时间
夏志斌	43	男	民盟	土木系副系主任、副教授	1943 年
曹萱龄	46	女	民盟	普通物理教研组副主任、副教授	1940 年
盛耕雨	58	男	民盟	光仪系系主任、副教授	1932 年
董方明	53	男	中共党员	校党委副书记	
杨士林	45	男	中共党员	副教务长、化学系系主任、教授	1941 年
杨耀德	66	男	民盟	电机系电机教研组教授	1917 年
蒋新	51	男	民盟	校体育运动委员会副主任、体育教研组主任、副教授	1936 年
韩祯祥	34	男	中共党员	电机系发电教研组讲师	1951 年

浙江大学档案馆藏，档案号：ZD-1964-XZ-42

关于设立浙江大学校务委员会的通知

(1985 年 11 月 18 日)

浙大发办〔1985〕436 号

各系，各室、处、图书馆、医院、机械工厂：

根据《中共中央关于教育体制改革的决定》，在实行校长负责制的学校，设立由校长主持的校务委员会，作为审议机构的要求，经研究，我校校务委员会组成如下：

委员：(按姓氏笔画为序)

王启东　王宝林　凤　进　吕勇哉　吕维雪　朱深潮　刘鸿文　许庆瑞　李文铸
李江河　何志均　岑可法　吴世明　杨士林　周　哲　周文骞　周春晖　周培源
张镇平　胡建雄　徐裕钧　梁树德　章筱娟　姚庆栋　舒士霖　阙端麟　贾荣庆
路甬祥　缪家鼎　韩祯祥

主任委员：韩祯祥

副主任委员：梁树德　路甬祥

秘书长：张镇平

校长办公室为校务委员会的办事机构。

浙江大学

一九八五年十一月十八日

浙江大学档案馆藏，档案号：ZD-1985-XZ-194-10

校务委员会正式成立[1]

(1985年11月26日)

浙江大学校务委员会上周已经正式建立。这是根据《中共中央关于教育体制改革的决定》中关于"学校逐步实行校长负责制,有条件的学校要设立由校长主持的、人数不多的、有威信的校务委员会,作为审议机构"而设立的。校务委员会委员(按姓氏笔画为序):(略)。韩桢祥同志为主任委员,梁树德、路甬祥同志为副主任委员,张镇平同志为秘书长。校长办公室为校务委员会的办事机构。

本月21日下午在办公楼会议室召开了校务委员会第一次会议。会议的主要议程是:一、讨论"浙江大学校务委员会暂行条例";二、由胡建雄同志报告学校到1990年的规模、布局和明年的基建、招生计划,并由委员进行审议;三、由路甬祥副校长作关于提高教学质量问题的报告。

浙江大学档案馆藏,档案号:ZD-1985-XZ-56-7

关于调整浙江大学校务委员会成员的通知

(1988年3月14日)

各系,各部、处,校直属各单位:

经三月九日校务会议研究,对原浙江大学校务委员会成员进行调整。现将调整后的名单公布如下:

主任委员:路甬祥

副主任委员:梁树德　韩祯祥　杨士林　王启东　阙端麟

秘书长:吴平东

委员(按姓氏笔画为序):

卜凡孝　王启东　王宝林　刘鸿文　朱深潮　朱湘洪　李文铸　吴平东　吴世明
岑可法　何志均　林　中　杨士林　周文骞　周春晖　周培源　胡　炜　胡建雄
侯虞钧　姚庆栋　唐晋发　唐锦春　益小苏　贾荣庆　徐建国　徐裕钧　梁树德
章筱娟　童忠钫　韩祯祥　阙端麟　路甬祥　薛继良

浙江大学

一九八八年三月十四日

浙江大学档案馆藏,档案号:ZD-1988-XZ-73-4

---

① 本件原载浙江大学校长办公室编《每周情况》1985—86学年第一学期第14期(总第77期),标题为编者所加。

关于浙江大学有关委员会主任人选调整的通知

(1995 年 5 月 18 日)

浙大发办〔1995〕33 号

各系,各部、处,直属各单位:

经研究决定,潘云鹤同志任浙江大学校务委员会主任、浙江大学教师职务聘任工作委员会主任、浙江大学基建委员会主任。免去路甬祥同志浙江大学校务委员会主任、浙江大学教师职务聘任工作委员会主任、浙江大学基建委员会主任的职务。

浙江大学

一九九五年五月十八日

浙江大学档案馆藏,档案号:ZD-1995-XZ-31-8

关于浙江大学有关委员会人员增补的通知

(1996 年 10 月 18 日)

各系,各部、处,直属各单位:

经学校校务会议研究决定,增补浙江大学医学中心主任郑树为浙江大学校务委员会委员、副主任和校学术委员会委员;增补浙江大学医学中心理事丁德云为浙江大学学术委员会委员、副主任。

特此通知。

浙江大学

一九九六年十月十八日

浙江大学档案馆藏,档案号:ZD-1996-XZ-10-12

4. 临时性校务管理机构

浙江大学人民公社章程(草案)

(1958 年 9 月)

第一条:本社定名为浙江大学人民公社。

第二条:本公社是在共产党和人民政府的领导下,由劳动人民和知识分子自愿联合起来,社校合一的社会基层组织。它的任务是管理本社范围内的一切工业生产、文化教育、科学研究、分配交换、社会福利和政治事务。

第三条:本公社的宗旨是巩固社会主义制度,并积极地创造条件过渡到共产主义制度,为此必须鼓足干劲,力争上游,多快好省地发展工农业生产和文化教育事业,实现技术革命和文化革命,高度发展社会生产力,提高全体成员共产主义觉悟,加速工农知识化,知识分子劳动化,逐步缩小和削减乡村和城市、体力劳动与脑力劳动的差别。在社会生产力高度发展,社会的产品很丰富和人民有高度共产主义觉悟的条件下,逐步从各尽所能,按劳取酬过渡到各尽所能,各取所需。

第四条:凡居住在本社范围以内,年满16周岁的公民都可以自愿报名入社,做正式社员。对于过去的地主、富农和反革命分子及其他被剥夺政治权利的人,允许他们入社做非正式社员,依照法律取得政治权利的,可以做正式社员。

第五条:正式社员除精神病患外,都有选举权、被选举权、表决权和监督社务的权利。社员对社内事务可以进行自由讨论,并批评公社任何工作人员。非正式社员在社内没有选举权、被选举权和表决权,但在经济上可以和正式社员享受一样待遇。

第六条:社员都有遵守执行国家政策法令,遵守社章,执行社的决议,遵守劳动纪律,爱护公共财物,保护祖国和保护世界和平的义务。

第七条:本社一切生产资料属于全民所有,为了适应社会主义建设需要和贯彻执行党的教育与生产劳动相结合的方针,公社必须在国家计划的领导下,依照勤俭建国、勤俭办社的原则,充分发挥潜力,综合利用资源,大力发展工农业生产与发展生产资料的生产为主,扩大机械制造厂,并建立农具制造厂、综合性化工厂、电机电器制造厂、无线电机械材料制造厂和建筑材料制造厂等,创造条件建立钢铁联合企业,电子计算机和原子反应堆实验站,并成立建筑工程公司、测量大队、勘察大队、采矿大队和各种专业综合设计院。在发展工业生产的同时,积极发展农、林、渔、牧、副等各项生产,建立农场、畜牧场、果园、鱼塘以及手工业副业生产的工厂,以满足社员的生活资料的需要。

发展工农业生产时必须降低成本,提高生产品质,不断扩大再生产,在充分利用现有技术设备条件下,尽可能采用最新技术成就,实现机械化、电气化和自动化。

师生除了在社(校)内置办的工厂和农场中劳动,还必须到校外工厂和农场中去参加劳动,直接支援工农业生产,与工农业相结合,密切理论联系实际,促进科学研究和提高教学质量。

第八条:公社必须坚决贯彻教育为工人阶级服务,教育与生产劳动相结合的方针,培养全体社员成为有社会主义觉悟、有文化的劳动者,既能从事脑力劳动,又能从事体力劳动的全面发展的共产主义新人。为此,必须加强马列主义教育和劳动教育,深入进行教学改革,努力提高教学质量,并逐步增加劳动时间以过渡到半读半工。对其他社员应采取多样化的办法,提高文化水平,并逐步进行半工半读。公社要设立幼儿园、中小学、业余技术学校和业余大学,所有的学龄前幼儿都能够享受幼儿教育,所有学龄儿童都能够免费入学,使现有的文盲社员在5年内达到相当中学毕业程度,使现有高小文化程度的社员5年后都能读大学,以普及大学教育。对具有大学文化水平的社员,主要通过生产劳动、教育工作和科学研究、实习活动向自己缺少的方面发展和提高,使每一个社员在将来都要成为能够做很多事情,能够担任很多职业又有专业知识能力的人。

第九条:公社要大力发展专业性的科学研究活动,提高社员的科学和知识水平,积极帮助组织社员开展科学研究,并根据面向生活、面向实际,由浅到深,土洋结合,和充分发动群众，发扬共产主义协作的精神，支持群众的创造发明，发现和培养新生力量，不断扩大科学工作者的队伍，积极进行尖端科学研究，不断创造新的科学研究成就，赶上或超过世界先进水平。为了加强科学研究工作的组织领导，公社成立科学院，下按系和专业成立研究所。

第十条：公社建立供销部，作为国营商业的基层机构，办理公社有关生产资料和生活资料的供销业务。供销部的资金和原材料，由上级国营商业机构和有关单位拨给工作人员，工资由公社负责。供销部门的盈余应当上交国家，但公社可以提取一定的比例，同时公社有权对供销部进行具体的业务领导。

第十一条：公社设立信用部，作为人民银行的营业所，办理社员存款贷款、全社的资金调剂、公社及其他经济单位之间以及公社内部的非现金结算等工作（对社员不实行非现金结算）。

信用部资金由上级人民银行拨给，工作人员的工资公社负责，公社可以提取手续费。公社除保证执行信用部上级人民银行的计划和制度外，有权对信用部进行具体的业务领导。

第十二条：公社实行全民武装，适龄的男性青年和复员退伍军人，应该编入民兵经常进行军事演练，根据本社具体情况进行各种技术兵种的军事训练，并担任国家所分配的任务。

第十三条：公社的最高管理机关是社员代表大会，凡公社的重大事务由代表大会讨论决定，社员代表大会应包括工人、农民、学生、教师、职员、妇女等各方面的代表人物。

社员代表大会选举管理委员会，它在社员代表大会闭幕期间代表社员代表大会管理社务。管理委员会设常委会处理日常事务，社委会有社长一人和副社长若干人，委员会由若干人组成，为便于领导，实行社校结合，社长和副社长由校长和副校长兼任。

管理委员会下设生产教育、科研计划、内务、军事、文教卫生、供应福利等若干部门或委员会分别开展有关工作，各部门和委员会的负责人由管理委员会提名，社员代表大会通过。

社员代表大会选举成立监察委员会，监察社务。监务委员会由主任一人，副主任若干人，委员若干人组成，在工作上接受国家监察机关的领导。

社员代表大会、社员管理委员会和监察委员会任期均为两年，对不称职的个别人员在任期未满以前，原选举单位可以撤销他的职务。

第十四条：公社实行集中领导，分级管理，以便实现生产、教学责任制。将全社划分为若干大队（系），大队下设若干中队、小队，大队（系）成立管理委员会，由系社员代表会议产生。

第十五条：公社实行民主管理原则。公社、工厂、农场、商店、食堂和民兵等组织，都必须建立活跃的、经常的民主生活。社内一切核算单位的财务收支账目必须公开，及时公布有关经济措施及生产任务。必须发动群众讨论，并定期向社员报告执行情况。一切管理人员都必须尽可能地参加生产劳动。要发动群众运用大字报进行批评、自我批评，提出表扬和建议，以便不断克服工作当中的各种缺点。

第十六条：公社实行计划管理，根据国家的经济计划和本社的具体情况，制定长期的建设规划和年度计划，如生产计划、基本建设计划、原材料供应计划、产品流转计划、金融计划和工资计划等，经过国家计划机关及有关部门审核平衡并付诸实践。社内各经济单位分别规定具体产量计划、技术计划、生产开支计划以及劳动力使用计划，建立严格的责任制。

第十七条：社内各项生产的全部收入一律归全民所有。在优先扩大生产的前提下，根据社员的不同情况进行统一的适当分配。

教师、职员、原有编制的工人目前仍实行工资制,由国家供给。其他社员按照每人劳动所参加工作繁重和复杂程度,以及本人劳动程度好坏等,由群众评定他们的工资等级,每月发给工资,其工资由本社供给。因公负伤的,在休假期间工资照发。

学生参加生产劳动,暂不给予工资,对贫困的学生予以补助。劳动成绩显著的予以奖励。力争在较短时间内过渡到半工半读,逐步实现供给制。

第十八条:公社要建立公社食堂,托儿所和缝纫组,使妇女从家务劳动中解放出来参加各种生产活动。为了适应社员的不同要求,分别设各种类型的食堂。不愿参加食堂和托儿所的,可听其自便。参加食堂的也可自备小菜或订购饭菜回家进餐。公共食堂分设大众餐厅、小吃、炒菜、冷饮等部,以适应社员的需要。学生的食堂要在原有的基础上加强管理,采取措施,努力提高质量。

此外,公共食堂建立门市部,做到普遍便利群众。

第十九条:积极开展以除四害为中心的爱国卫生运动。今年灭光苍蝇、老鼠和麻雀,明年灭光蚊虫。积极贯彻预防为主、预防与治疗相结合的方针,定期检查体格,不断提高社员健康水平。公社设医院、疗养院(附设儿童疗养所)。医院要能够收容和治疗一般重病号和接收产妇,遇有疑难杂症应负责转送其他医院治疗。

凡因公负伤者,一切医疗费用由公社负责。除原来享受公费医疗的社员外,其他的社员及其子女每人暂交少量的合作医疗费,并迅速实行普遍的公费医疗。

第二十条:公社对于缺乏和丧失劳动能力,生活没有依靠的老、弱、孤、寡、残废的社员,要在生产和生活上负责加以安排和照顾,使他们生活得到必要的保证。公社要组织幸福园,收容没有儿女的老人,组织他们参加轻微的劳动,给予必要的供给,使他们愉快地度过晚年。

第二十一条:社内要大力开展群众性的文娱活动,公社建立俱乐部,文化宫,现在的放映队要发展为电影院。加强及扩大有线广播台,建立电视台,发展壮大各类戏曲、舞蹈、歌咏、美术等各种文艺社团,活跃文娱活动。改进图书馆工作,根据社员的不同情况,分别设立图书室,以满足群众的精神食粮的需要。普遍开展群众性的体育活动,逐步设立体育馆、游泳池,增进社员的身心健康。随着教育事业的发展,还必须培养新生力量,在各项科目中要有计划培养国家等级运动员和运动健将等水平高的专门人才,使人民的教育事业向更高的阶段发展。

第二十二条:根据勤俭办社的原则,采取积极的步骤,建筑新住宅,扩大求是村居住区,还争取在较短时期内,使住在校外的教职员工搬入校内居住。为了更加便于生产劳动、工作学习,尽可能地改善社员的居住条件,并迅速做出改造校园、美化设计的发展规划。

第二十三条:在公社的党委领导下,充分发挥民主党派、青年团、工会、学生会的组织作用,依靠积极分子,团结广大群众,贯彻党和政府的各项政策方针,并有计划地进行共产主义思想教育,培养社员热爱劳动,热爱共产主义事业的良好品质。

第二十四条:在社内广泛开展群众性社会主义劳动竞赛,经常组织评比、发扬先进,克服落后。凡在生产劳动、学习和工作中有发明创造、出色地完成任务,或有重大贡献者,予以一定的精神或物质的奖励。对于破坏劳动纪律、违反社章、不执行社决议的,按情节分别予以适当的处分,凡违反国法者,必须由主办机关依法惩处。

第二十五条：公社坚决贯彻勤俭建国、勤俭办社的原则，充分发掘潜力，克服一切困难，并与贪污、浪费、窃盗行为进行斗争，树立艰苦朴素、英勇奋斗的优良作风，发扬"我为人人、人人为我"的共产主义精神，实现组织军事化、行动战斗化、生活集体化，促进生产力的飞跃发展，不断提高社员的物质文化生活水平，为把公社建成一个共产主义的乐园而奋斗。

第二十六条：本社章程自社员代表大会通过日期起执行。

第二十七条：章程解释权归于社委员会。

1958 年 9 月

浙江大学档案馆藏，档案号：ZD-1958-XZ-35

对人民公社若干问题的意见

（1958 年）

浙江大学人民公社是于 8 月中旬主席在河南、山东等地检查工作，指出各地要办人民公社后，开始发动全党全校师生员工经过了一个多月的讨论，酝酿筹备，于 9 月 20 日的社员代表大会宣布成立。公社成立前主要是进行了宣传教育及社章草案和生产规划等工作。因此本社的成立基本上是采取了先戴帽后筹备的办法，但自公社成立后，全校立即动员，投入了紧张的大炼钢铁的运动中，公社成立后的若干工作，即暂时搁置了起来。

本社所辖范围经与市委、市人委、西湖区委、区人委多次研究，已经基本上定了下来。辖区即为西到老和山、南由玉泉向东延青芝坞北坡至青石桥，再由青石桥向顺石板路北去至于浙大校界相齐，向北延伸顺杭徽公路到老和山北麓将浙大联合企业包并进来。除此之外，还有一块飞地——杭一初，辖区人员约计为浙大师生员工 7700 人，求是村宿舍居民 181 人，农业生产人员 510 人，杭一初 558 人，共计约为 8949 人。

兹将应该审议和批准的问题分别提出如下：

（一）组织领导问题

一、管理委员会除 9 月 20 日社员代表大会已选出了 35 名委员外，建议增添时生（中共浙江大学委员会副书记），戚瑞金、王兰英（农业生产大队的队长，副队长），并为杭一初留一个名额为管理委员会委员。

二、监察委员会除 9 月 20 日，社员代表大会已经选出 11 名委员外，建议增添夏阿牛（农业生产大队监察工作），并为杭一初留一个名额为委员。

三、建议时生同志为本社副主任。

四、本社组织及各部会院领导干部如下：

管理委员会、监察委员会		
办公室	主任　林光	
计划委员会	主任　刘丹（兼）	副主任　刘才生、冀增

续表

劳动生产部	部长　冀增	副部长　李军
教育部	部长　寿俊良(兼)	副主任　刘才生
供应福利部	部长　汪胜德	副部长　莊秉
内务部	部长　杨士仰	
军事部		
科学院	院长　王谟显(兼)	副院长　李恩良(兼)
俱乐部	主任　蒋新	副主任　宗祖云
民兵师		

(中略)

(五)会议制度

一、管委会及监委会例会1月一次。

二、如有重大问题,临时召开

以上仅是当前的一些初步打算,这些打算还不是很具体,还有若干应兴应建的问题需要继续加以研究解决。如明年工业生产的建设计划,教育科研生产相结合的具体办法,普遍教育的措施,也正在有些初步酝酿,但还未形成一个比较可行的计划,希望这一次会议除了审完上述的各项内容外,同时对今后各项工作如何做,请各方发表意见,以便使有关部委据以做出今后长远或一定时期的计划草案,提交下一次会议讨论。

浙江大学档案馆藏,档案号:ZD-1958-XZ-35

浙江大学人民公社1958—1962年发展规划(节选)

(1958年)

根据社会主义建设总路线和本社宗旨,兹拟定本社1958—1962年发展规划,以此作为全体社员努力方向和奋斗目标。在这一段时期的中心任务是鼓足干劲,力争上游,多快好省地发展工农业生产和文化教育事业,实现技术革命和文化革命,高速度发展生产力,提高全体成员共产主义觉悟,加速工农群体知识化,知识分子劳动化,逐步缩小并日趋消除脑力劳动和体力劳动之间的差别,并积极创造各种条件,加速建成社会主义,并争取在1963年开始向共产主义过渡。

为了实现这一宏伟而艰巨的任务,特制定下列规划:

甲、工农业生产(略);

乙、教育工作;

丙、科学研究;

丁、福利卫生(略);

戊、人民武装(略);

己、体育工作(略);

庚、文娱活动(略)。

乙、教育工作

本社的教育工作必须坚决贯彻教育为工人阶级政治服务，教育与生产劳动相结合的方针，把全社社员普遍的培养成为有社会主义觉悟的有文化的劳动者，也就是既懂政治又有文化，既能从事脑力劳动，又能从事体力劳动的全面发展的共产主义新人。为此对学生必须加强马列主义教育和劳动生产教育，深入地进行教学改革，努力提高教学质量，并逐步增加劳动比重以过渡到半工半读。对其他社员应采取多样化的办法，普及和提高文化水平，并逐步实行半工半读。使我社在5年以后，每个社员都有高度的共产主义觉悟和较高的文化科学技术水平。人人既可以从事生产劳动又可从事文化科学研究工作，实现工农群众知识化，知识分子劳动化，基本上达到消灭脑力劳动和体力劳动的差别。

为了达到上述要求，我们必须采取下列措施：

1. 在各级学校中必须加强马克思列宁主义的政治教育和思想教育，培育师生员工的工人阶级的阶级观点(同资产阶级进行斗争)、群众观点和集体观点(同个人主义观点进行斗争)、劳动观点及脑力劳动与体力劳动结合的观点(同轻视体力劳动和体力劳动者，主张劳心劳力分离的观点进行斗争)、辩证唯物主义的观点(同唯心主义和形而上学的观点进行斗争)。在鉴定学生的时候，应首先注意政治觉悟的程度(应当以学生的实际行动来衡量)和解决实际问题的能力，同时也应注意课内学习的成绩。

2. 在各级学校中必须把生产劳动列为正式课程，学生可以在本公社自办的工厂和农场中劳动，也可以到校外的工厂和别的公社、农业合作社等处去参加劳动，以保证教育与生产劳动的紧密结合。在劳动中锻炼政治思想，提高政治觉悟，在德育、智育和体育各方面都可得到发展，这是培养全面发展的新人的一条正确道路。

3. 在党委领导下，采取党委与教师、学生“三结合”的方法，经过大放大鸣大争大辩，不断地进行教学改革，进行两条道路的方针，彻底地破除资产阶级的教育思想、教育制度、教育内容和教育方法，确定社会主义的教育思想、教育制度、教育内容和教学方法，并继续贯彻阶级路线，加强对工农学生的教育和辅导，并对非工农出身的同学加强思想改造，以保证教育为工人阶级政治服务。

大学部分要求在1958年10月中旬以前各专业对教学计划进行一次大检查，并根据党的教育方针的要求修订出新的教学计划。在1958年年底以前，根据结合生产联系实际，反映科学技术新成就、提高各门科学水平的原则，修订各专业急需的教学大纲，并于1959年8月以前将这部分课程新的教材编写出来，1959年6月前完成全部教学大纲的修订工作，并在1960年8月前将新的教材编写出来。

对于教学方法的改进。首先总结“试验田”的经验，在教师与学生之间应建立民主的平等的关系，教师应该接近学生，经常了解学生情况，针对实际情况实行教育。其次逐步组成党支部、教师和学生代表“三结合”的教学促进会，经常研究改进教学工作。1960年以后，在完成上述工作基础上，仍应继续进行教学改革，不断地提高教学质量。

各系在1958年年底前做好新专业的准备工作和发展规划。

4.在小学教育方面扩大现有小学和初中,使每个社员的学龄子弟在1959年都能够进入小学,1960年能够进入初中。1959年2月起,对生活困难社员的子弟入学免收学费,1962年达到全部社员的子弟免费入学。

5.业余教育方面:国庆节前做好扫除文盲的扫尾工作,凡有条件的5年内到达相当中学毕业程度。在40岁以下的社员内,现有高小程度的要求1962年达到高中毕业水平,1965年达到大学毕业水平。现在初中程度的要求1961年达到高中毕业水平,1964年达到大学毕业水平。现有初中毕业以上程度的要求1960年达到高中毕业水平,1963年达到大学毕业水平。因此必须在1959年扩大现有业余高小、业余中学和业余大学吸收具有各级相当程度的社员参加学习,1959年开始业余学校局部开办半工半读班。

丙、科学研究

公社的科学研究必须坚持面向生产,面向实际,为工农业生产"大跃进"服务的方向;必须破除迷信,解放思想,大力开展群众性的科学研究活动,组织社员开展科学研究,土洋结合、普及与提高并举,大力支持群众的创造发明,发现和培养新生力量,不断扩大科学工作者的队伍;必须发扬共产主义协作精神,积极进行尖端科学的研究,不断创造新的科学研究成就,赶上和超过世界先进水平。

本公社科学的研究方面的指标:

(1)保证完成1958年的科学研究题目,质量要求在现有的基础上提高一步,特别要求高于现在已经达到了全国水平的5个项目和达到或超过国际水平的8个项目的水平,各单位研究项目技术如下:

系别	电机系	机械系	化工系	土木系	矿冶系	工程物理系	数学力学系	公共教研组
58年底项目	50	225	未定	34	未定	未定		
国庆节献礼项目	38	45	22	28	9	4		

(2)为了加强科学研究工作的组织领导,普遍提高科学水平和便于向尖端科学进军,公社成立科学研究院,下按系和专业成立研究所,已经确定成立的研究所及其主要研究方向如下:

马列主义研究组:社会科学研究所以马列主义研究组为主,吸收有关同志成立社会科学研究所。其任务主要是研究马克思列宁主义及毛泽东著作,研究我国社会主义革命和社会主义建设中的实际问题,并指导全体社员的政治理论学习。

机械系:

1.机床工具、新工艺研究所,主要方向是新机床、新工具及新工艺的设计实验和研究。

2.光学仪器研究所主要是研究试制和设计各种光学仪器。

3.内燃机研究所主要是研究汽车、拖拉机的各种内燃机及其设计试制工作。

矿冶系:

1.精密铸造研究所,主要方向是壳型铸造、压力铸造、真空吸铸、连续铸造及石蜡铸造。

2.铸铁及有色金属研究所,主要方向是特种铸铁及高强度铸铁的研究和有色金属的研究。

3. 炼铁及炼钢研究所，主要方向是小型高炉综合研究，小型具氏炉综合研究、电弧炉冶炼优质钢及电弧转炉联合炼钢。

4. 金属压力加工研究所，主要方向是小型压钢厂设计，设备类型、产出任务等综合研究。

电机系：

1. 电力研究所，主要方向是高压、继电保护自动化、发电机的研究。

2. 液内冷电机研究所，主要方向是研究电机及变压器的液能以提高容量。

3. 电力拖动研究所，主要方向是机床程序控制及轧钢生产自动化的研究。

4. 自动控制研究所，主要方向是研究自动与远动学及自动化元件。

5. 半导体研究所，主要研究半导体的元件及电路。

6. 电子学研究所主要是研究电子仪器及电子计算机。

7. 绝缘材料及电膜研究所，主要是研究绝缘材料及电缆的制造。

8. 电缆电压研究所，主要研究高低压电器制造。

工程物理系：

原子核物理研究所，主要是研究原子核的基础理论以及原子能的和平利用。

化工系：

1. 燃料研究所，主要的方向是对本省的煤和煤炭的评价、综合利用和预处理的研究，炼焦和配煤的研究及固体燃料热加工化学产品的研究。

2. 化工自动化研究所，主要是研究化工自动化的典型设计方案及氮肥厂综合自动化问题。

3. 高压技术研究所，主要是高压容器的设计制造和密封的研究。

土木系：

1. 建筑结构研究所，主要研究方向是预应力结构。

2. 建筑施工机械化及组织计划研究所，主要研究方向是高速度施工。

3. 建筑材料研究所，主要研究方向是轻质材料及地方材料。

4. 地基基础研究所，主要研究方向是软黏土加固。

5. 建筑设计及规划研究所，专业研究方向是人民公社规划及标准设计。

6. 水文研究所，主要研究方向是浙江的水文资源。

7. 水工结构研究所，主要研究方向是水质问题。

8. 水能利用研究所，专业研究方向是潮汐发电。

9. 测量仪器研究所，与光仪教研组合作。

(3)为了扩大科学研究的队伍，通过系组的科学研究，结合劳动生产、生产实习、毕业设计等，要求教师、教学辅助人员、工厂工人，三四年级同学在 58 年内 80%以上参加科学研究工作，在 1959 年内全部(除少数外)参加，一二年级同学和其他社员亦应积极参加科研工作，到 63 年全社普及。

为提高社员的科学知识水平，科学院应于 58 年内组织六次科学知识讲座或其他科学活动。以后每年应定出科学普及计划，要求在 59 年内全社人员都具有一定的科学知识，并要求以后不断地提高。

为了达到上述各项要求，提出下列各项措施：

(1)在党委的领导下,各级领导应加强对科研工作的组织领导和计划领导,充分发动群众,采用大放大鸣大字报、人人献策献计的办法制定计划。定于每年元旦、五一、七一、国庆节举行四季献礼并举行红旗竞赛。各级领导应注意在全面的劳动生产中的新成就,大力培养新生力量。

(2)科研科、设备科及机械工厂,应加强仪器配置修配、资料供应、情报、经验交流、学报编印等工作。

(3)在科研及生产中广泛采用师徒制、包教包学,互助互学,以提高科学技术水平。

浙江大学档案馆藏,档案号:ZD-1958-XZ-35

关于对学校原各种机构和各项工作实行一元化领导的通告

(1968 年 5 月 3 日)

根据伟大领袖毛主席关于革命委员会的最新指示精神,参照省革命委员会关于加强对原省委、省人委所属各部、室、厅、局领导问题的通知,结合我校具体情况,现就校革委会对我校原有党、政机构及各项工作实行一元化领导问题通告如下:

(一)学校一切权力归校革命委员会。原党、政所属各部、处、室等不再上下行文,这些部门的原用印章除机械工厂、印刷厂、医院、图书馆、幼儿园、浙江大学申请物资、订货专用章、传达、收发室专用章、各食堂专用章、电影放映队可暂继续使用外,其他一律上交封存。

(二)校革命委员会办事机构设三组一室、统一分管学校各方面的工作,其职责分工如下:

政工组:负责组织毛泽东思想学习、宣传;组织建设、干部、人事;治安、保卫,专案等工作。原校党委所属党群部门和行政部门所属人事保卫部门的日常工作,划归政工组领导。

教育革命组:负责组织斗、批、改、教育革命及日常教学、科研、生产等工作。原行政所属教务、科研、学生科、机械工厂及图书馆等部门的日常工作,划归教育革命组领导。

后勤组:负责组织后勤、供应、群众生活等工作。原行政所属总务、医院等单位的日常工作,划归后勤组领导。

办公室:是革委会的日常办事组织。原党、政两个办公室的日常工作均划归革委会办公室。

(武装工作由革委会直接领导。)

(三)校革命委员会的政工组、教育革命组、后勤组,可分别根据工作需要,下设若干办事小组,以领导原有各科室的日常业务工作。参加办事小组的人员不脱离原单位。

(四)校革命委员会各组对我校原有党政机构的“文化大革命”要加强领导,指导其斗、批、改,彻底改造旧政权机构。同时,要分配他们承担一定的业务工作。

(五)机关和各系全体革命职工,都应该坚决维护校革命委员会的一元化领导,积极贯彻校革命委员会关于在全校开展“三忠于”活动,掀起活学活用毛泽东思想新高潮的决议,更高地举起毛泽东思想伟大红旗、反右倾鼓干劲,积极投入当前反击右倾翻案妖风的斗争;与此同时,都应该坚守岗位,抓革命、促生产、促工作、促战备,积极完成校革委会所分配的工作任务。为从思想上、政治上、经济上、组织上夺取无产阶级“文化大革命”全面胜利而共同奋斗！

浙江大学革命委员会
一九六八年五月三日

浙江大学档案馆藏，档案号：ZD-1968-XZ-5

关于军宣队撤出的请示报告

（1973 年 7 月 10 日）

省委：

根据谭启龙、铁瑛书记在省第四届六次全委扩大会议上关于三支两军人员撤出的指示，我校从 6 月 30 日起，向各级干部和全体师生员工进行传达教育，对少数系（厂）的领导班子进行了调整，组织了交接工作，撤出的条件已经成熟。确定军宣队于 7 月 15 日至 20 日之间撤出。撤出前将进一步搞好交接工作，开展谈心，交换意见，互相勉励，对支左人员不做鉴定，不送礼请客，并做好欢送工作。

校核心组副组长李之白同志将随军宣队撤出，张剑秋同志亦同时撤出，校核心组工作，在省委未确定主要负责人前，暂由王正之、刘丹两同志主持。

特此报告，请予批示。

中共浙江大学核心小组
1973 年 7 月 10 日

浙江省档案馆藏，档案号：J161-001-364-070

5. 学术事务管理

浙江大学教研组组织暂行办法草案

（1952 年 11 月）

一、教研组为教学基本组织，由一门或几门性质相近课程的教师组成，根据教学计划，进行教学研究工作及科学研究工作。

二、公共课程教研组，由教务长领导，各系课程教研组，由系主任领导。

三、教研组之设置及教研主任，由各系或教务处提出，经校委会通过，由校长呈教育部核准。

四、教研组在组主任领导下进行下列工作：

（一）编制本教研组教学工作计划和教学大纲（经全组会议讨论通过）。

(二)系统地检查教研组教师讲授课程、实验、实习、答疑及其他各种教学工作的质量。
(三)提高教研组教师的工作质量,并有计划地培养师资并准备新的专业课程。
(四)领导组织及检查学生的自学、实验和实习,并考核学生成绩。
(五)教研组应注意本组工作人员的政治学习,以提高政治思想水平。
五、本办法经校委会通过,报请教育部核准后施行。

浙江大学所设各教研组及各组主任名单
电机系:(一)电机教研组　杨耀德
(二)发电输配电教研组　方巽山
(三)电子管及基本线路教研组　沈庆垓
(四)有线电教研组　张毓鹍
(五)电工基础教研组　王懋鋆
土木系:(一)铁道教研组　吴西箴
(二)建筑教研组　高錤
(三)测量教研组　张树森
(四)材料教研组　楼宗汉
机械系:(一)机动及零件教研组　白郁筠
(二)金属工学教研组　任传丰
(三)铸工、热感理教研组　王启东
(四)切削教研组　梁允奇
(五)光学教研组　何增禄
化工系:(一)普化及有机化学教研组　杨士林
(二)分析化学教研组　沈开圻
(三)理论化学教研组　周庆祥
(四)化学工程及工业化学教研组　朱保琳
数学教研组　徐瑞云
物理教研组　王谟显
力学教研组　王仁东
制图教研组　陆迟
外国语教研组　陈楚淮
体育教研组　蒋新

浙江大学档案馆藏,档案号:ZD-1953-XZ-51

本校科学研究委员会成立[①]

(1954 年 9 月 18 日)

本校已成立科学研究委员会，在王国松副校长领导下，委员有胡济民副教务长、杨耀德教授、许国容教授、王谟显教授、王仁东教授、杨士林副教授、王启东副教授等 7 人。上月 28 日已召开第一次会议，具体研究了开展科学研究工作的范围、组织机构、方法等问题。

浙江大学档案馆藏，档案号：ZD-1900-ZL12-406

适应教学改革需要，学校调整组织机构[②]

(1954 年 9 月 18 日)

随着教学改革的逐步深入，我校原有组织形式已日益不能适应与满足教学工作的需要。本学年学校工作要点针对这一情况明确提出了“适应学校社会主义的改造，必须围绕教学中心任务，进行组织上的社会主义改造”。为此，学校于 15 日上午召开第十五次校务委员会会议，研究了本校校部各处及系的调整问题，作出了以下的决定：

一、充实校长办公室，校长办公室暂设副主任 1 人，统一领导人事科、秘书科、校刊编辑室(尚未成立)以及统计和绝密资料的管理。

二、关于教务处的组织，参照高等教育通讯本年第十一期《高等工业学校的教务工作》关于教务部门的组织系统，结合本校情况，将原有的教务行政科、教学研究科合并成立教务科，下设教学及教学法组、教务行政组、生产实习组。教务行政组下设调度小组、统计资料小组、教材小组。

三、关于总务处的组织，遵照中央高教部《关于高等学校总务部门组织机构与职责分工的暂行规定(草案)》结合本校具体情况，暂设总务处办公室主任一人。事务行政科分两处(校本部及新校舍)办公，暂不分科。保健科改为卫生保健室。

四、关于系的组织，在系主任、副系主任领导下设教学、政治、行政秘书各 1 人，并视各系工作之需要，各设工作人员 1—3 人，组成系办公室。

五、科学研究委员会下暂设工作人员 1—3 人，在主任副主任领导下进行日常工作。

六、人民助学金审议委员会撤销。学生助学金工作划归人事科办理。

(下略)

浙江大学档案馆藏，档案号：ZD-1900-ZL12-406

---

① 本文原载中国教育工会浙江大学委员会编《教学生活》第 26 期(1954 年 9 月 18 日)。

② 本文原载中国教育工会浙江大学委员会编《教学生活》第 26 期(1954 年 9 月 18 日)。

校长办公会议决议成立教学法委员会

(1955年11月22日)

为了开展教学法工作,切实提高教学质量,贯彻学年工作要点,11月11日第202次校长办公会议讨论通过,成立“浙江大学教学法委员会”,以研究、推动、指导各教研组教学法工作。

会议通过的教学法委员会暂行条例,规定该委员会的基本任务为:

(1)研究如何提高各个教学环节的教学质量。

(2)研究各门课程间的相互联系。

(3)研究如何组织学生的自学工作及培养学生独立工作能力的问题。

(4)组织教学经验交流及各种性质各种类型的教学法会议。

会议提出并由学校聘任的该委员会人选是:主任委员:李寿恒。副主任委员:王谟显。委员:谢贻权、洪逮吉、毛路真、汤翙、徐纪楠、张毓鹍、陈津候、陈嗣虞、潘祖仁、张树森、夏志斌、陈昌生。秘书:陈昌生(兼)、赵智大。

这个委员会的成立,对学校今后开展教学法工作打下有利的基础。

《浙大》1955年11月22日

1962年全校教研组基本情况统计[①]

(1962年1月)

系别	教研组名称	主任姓名	副主任姓名	全组人数
公共	马列主义教研组		左丁	39
	体育教研组	蒋新		40
	外文教研组	成章	钟小满	90
数学力学系	数学教研组	刘韵清	董光昌	19
	高等数学教研组	周茂清	黄纪清	98
	力学教研组	谢贻权	郭本铁	26
	工科力学教研组	刘鸿文	庄表中	42
物理系	理论物理教研组	张有清	徐亚伯	26
	普通物理教研组	曹萱龄	汪永江	59

① 本统计表节选自浙江大学教务处1962年4月所制《浙江大学各系组教室基本情况统计表》,标题为编者所拟。

续表

系别	教研组名称	主任姓名	副主任姓名	全组人数
化学系	化学教研组	刘懋涛	闫兆云	11
	普通化学教研组	李博达	陈克	21
	有机化学教研组	杨士林(兼)	朱帼英	12
	物理化学教研组	刘懋涛(兼)	韩世钧	21
	分析化学教研组	沈开圻		14
机械工程系	精密仪器及仪表教研组	吕维雪	谭祖根	11
	机械制造工艺及金属切削机床教研组	汤翊	高承煜、童忠舫、吴昭同	44
	内燃机汽车及拖拉机教研组		胡大公	20
	水力机械教研组	盛敬超		20
	制图教研组	陆迟		28
	金属工学教研组	任传丰	郑良桂	30
	零件原理教研组	陈近朱	全永昕	42
	金相热处理教研组	徐纪南		8
电机工程系	电机教研组	郑光华	汪槱生	22
	电器教研组	杨杰	向群	17
	发电厂及电力网教研组	黄焕焜	张万礼	22
	锅炉汽轮机及热能动力装置教研组	洪逮吉	谢名湖	26
	工业企业电气化教研组	王懋鋆	胡中楫	12
	电工学教研组	杨游之	罗守信	27
	电工基础教研组	黄礼镇		21
	工程经济教研组	洪鲲		13
化学工程系	塑料教研组	潘祖仁		12
	燃料化学教研组	刘炳麟	吴兆立	14
	化自教研组	周春晖	王骥程	13
	无机物工学教研组	丁子上		12
	化学生产及其及装备教研组	王仁东	薛继良	16
	硅酸盐工学教研组	楼宗汉	陈全庆	17
	化学工程教研组	黄会芳	陈维杻	18

续表

系别	教研组名称	主任姓名	副主任姓名	全组人数
无线电系	无线电教研组	何志均		24
	电真空教研组		周文	14
	半导体教研组		陈启秀	13
	电子学教研组	邓汉馨		22
光学仪器系	光学精密机械仪器教研组	龙槐生		32
	物理光学教研组	盛耕雨		15
建工系	建筑结构与施工教研组	吴美淮		17
	河川枢纽及水电站建筑教研组	陈崇礼		39
	建筑学教研组	蒋协中		30
	测量教研组	张树森		24
	地基基础教研组	曾国熙		7
	结构教研组	高鉷	刘三喜	4
冶金系	黑色冶金教研组	吴锦波		28
	有色冶金教研组		吴肇基	11
	铸造教研组	缪进鸿		14
	金压教研组	朱世英		11
	金相教研组	肖宜雍		6
地质系	普查与勘探教研组	茆德后		39
	水工教研组	薛善夫		10
	采矿教研组	贾成和		22
	地质基础教研组	李治孝		12

浙江大学档案馆藏,档案号:ZD-1962-XZ-146

浙江大学关于系的领导制度的暂行规定(草案)

(1964年3月18日)

根据“中华人民共和国教育部直属高等学校暂行工作条例(草案)”,并结合我校情况,对于系的领导制度作如下规定:

一、系是按专业性质设置的教学行政组织。

二、系主任是系的行政负责人,系主任在校长领导下,根据党的教育方针和各项方针政策,主持系务委员会和系的日常工作,领导本系师生员工贯彻执行学校党委会和校务委员会

的各项决议和校长的指示。副系主任协助系主任分工领导教学，科学研究、生活管理、生产劳动等方面的工作，

系主任的主要工作是：

领导本系所属教学研究室；

负责本系教学计划、科学研究工作计划、生产劳动计划的拟定、修订和实施；

领导本系的研究生工作和师生培养工作；

协同系党总支对本系师生员工进行思想政治工作；

领导系办公室及系属实验室、图书资料室、器材室和工厂；

督促本系有关人员协助学校有关部门办理物资设备和生活管理等工作。

负责其他重要工作。

三、系主任要和系党总支经常保持联系，交换情况，以便系党总支了解上级指示和系务委员会、系行政的重要决定，对本系行政工作起保证和监督作用。

四、系务委员会是全系教学行政工作的集体领导组织。系的重大工作问题，应该由系主任提交系务委员会讨论，作出决定，由系主任负责组织执行，并报校长和校务委员会。系务委员会由正副系主任、系党总支书记、部分教研组主任及教师若干人组成。其人选由系主任提名，报请校务委员会通过，校长任命。系的正副主任担任系务委员会的正副主任。

系务委员会负责执行学校党委员会、校务委员会的决议和校长的指示，并根据"浙江大学关于校系职权划分的几项暂行规定"，讨论或决定本系工作中的重大问题：

本系专业、专门组的设置和发展规模；

本系各专业的教学方案、教学计划、过渡性教学计划，学年和学期执行计划中的重大变动以及提高教学质量的重要措施；

本系科学研究的方向、规划、计划，全系的科学研究讨论会及其他学术活动；

本系生产劳动的计划；

研究生的培养方案、导师名单、师资培养的规划；

教学研究组的设置方案、系属工厂，车间的设置、发展规模、发展方向和主要产品品种；

本系教授、副教授、讲师、助教职务的确定和提升；

本系学生的升级、留级、退学、奖惩中的重大问题；

本系教学、科学研究、生活的物质条件保证中的重大问题；

本系年度财政预算和决算；

本系工作计划和总结；

其他重要事项。

五、系务委员会应充分发挥集体领导作用。系主任应向系务委员会传达学校党委员会、校务委员会的决议和校长指示，报告本系工作情况及系务委员会决议的执行情况，听取批评和建议。

系务委员会可以根据工作需要成立专门小组，负责研究某些专门问题，向系务委员会、系主任提出报告和意见。

系务委员会通常每月开会一次，对于某些立即需要解决的问题，可由系主任负责处理，事后请系务委员会审议。

系务委员会讨论的议题及内容应预先通知各委员,重要议题应在开会前进行酝酿准备,并经会议的充分讨论,再作出决定。

系务委员会要联系群众,了解群众对工作的意见,向系务委员会和系主任反映。

六、系主任应加强对教学研究组主任的领导,听取教学研究组主任的工作汇报,帮助教学研究组主任研究工作,通过对教学研究组主任召开联席会,安排、布置和检查工作,研究问题,交流经验。

七、系主任可以召集行政会议,讨论和处理系的日常工作。系行政会议由正副系主任、系主任办公室、系秘书参加。

八、系办公室是系行政的办事机构,系办公室设主任,下设教务、科学、人事、事务行政等方面的工作人员。

系的教学秘书和科学秘书,需在系主任的领导下,分别管理日常教学行政工作和科学研究工作。研究生和进修教师人数较多的系可设研究生秘书,在系主任领导下管理有关研究生和进修教师的培养工作。

浙江大学档案馆藏,档案号:ZD-1964-XZ-132

浙江大学关于教学研究组工作的暂行规定(草案)

(1964 年 3 月 18 日)

根据“中华人民共和国教育部直属高等学校暂行工作条例(草案)”,并结合我校情况,制定本暂行规定。

一、教学研究组是按一门或几门课程设置的教学组织。

二、教学研究组应贯彻党的教育方针和各项方针政策,根据上级的决议指示进行工作。教学研究组的主要任务是:

负责开设本研究组所属各类课程,并努力提高教学质量。

拟定所开设课程的教学大纲和教学日历,拟定实验大纲和实习大纲,编选和审查所开设课程的教材以及教学参考资料。

检查各门课程的讲课、课堂讨论、习题、实验、辅导、自学、考查及考试等教学环节,组织及检查课程设计及学年论文、毕业设计及毕业论文,教学实习和生产实习工作,总结和交流教学经验。

组织本教学研究组的教师在完成教学任务的前提下,积极开展科学研究工作,确定科学研究方向,制定科学研究计划,检查教师的科学研究工作,审查和鉴定研究成果,并举行科学研究报告会、讨论会。

有计划、有步骤地培养教师、教学辅助人员以及外来进修人员,检查进修情况并进行考核。

进行培养研究生的工作:制定研究生专业培养方案以及个人培养计划,指派导师,协助系行政组织各门课程的考试,研究和检查研究生培养工作。

建设和管理本教研组的实验室和资料室。

完成其他上级布置的任务。

三、教学研究组设主任一人，在系主任领导下（学校教学直属教研组在教务长领导下），全面负责教学研究组的工作，根据工作的需要，可设副主任，协助主任工作。

教学研究组主任的主要职责是：

领导和组织执行教学计划、选编教材、拟定教学大纲、编制教学日历等教学工作，科学研究工作和学术活动和教学法研究。

组织教师的进修工作和研究生的培养工作。

领导所属实验室、资料室的建设和管理工作。

教学研究组主任应该根据“浙江大学关于校系职权划分的几项暂行规定”，将有关工作及时向系主任或教务长请示汇报。

教学研究组主任要和党支部经常交换情况，使党支部及时了解教学研究组的工作计划和有关的重要工作，以便得到支部的支持和帮助，做好工作。

四、教学研究组设秘书一人，协助主任处理教学及科学研究方面的工作。

教学研究组所属的实验室和资料室分别设主任一人，负责建设和管理实验室和资料室，负责领导和培养教学辅助人员。

五、教学研究组应定期召开教学研究组会议，讨论教学研究组的工作计划和总结，讨论所开设课程的教学大纲，交流教学经验，开展学术活动和讨论教学研究组工作中的其他重大问题。

教学研究组主任可召集工作会议，与副主任、秘书、实验室主任、资料室主任和其他有关工作人员研究工作。

六、教学研究组的教学和科学研究工作，师资和教学辅助人员的培养工作，以及实验室和资料室的建设等工作都应拟定长远规划，每学年或每学期并制定各项工作计划。

教学研究组应经常注意做出某些工作的专题总结，并在每学年末作出教学研究组的工作总结。

教学研究组应经常积累各项工作的资料，建立档案并指定专人负责。

浙江大学档案馆藏，档案号：ZD-1964-XZ-132

关于教学、科研及生产体制的意见汇编①

（1972 年 1 月 3 日）

连日来，参加校核心小组大会议的同志，对照毛主席关于教育革命的一系列指示和清华、北大二校样板经验，找差距，揭矛盾，摆问题，提意见，帮助学校领导整风。现将大家在分组讨论和大会发言中提出的主要意见，归纳整理如下，仅供领导研究时参考。

（前略）

六、关于以学为主，兼学别样，坚持理论和实践的统一问题：

---

① 本件系中共浙大核心小组扩大会议对学校领导整风意见的汇编，标题系编者所拟。

①全国教育工作会议纪要中提出:“以学为主,兼学别样”我校的教学时间未按教育计划得到保证。据工民建普通班统计,业务学习时间只占56.9%,进修班更少,只占全部学时的53%。

②学校里教学、生产、科研应以教学为主。有些同志认为现在学校的状况是本末倒置,无论是经费、人员、物资都是首先满足科研、生产需要,而教学所急需经费,更新、整顿实验室的经费多次打报告,得不到解决。有些同志提出我校领导有重科研、生产,轻教学的倾向。

③野营训练是一种好方法,但有些师生反映,野营训练并不能完全代替学军,学校应通盘考虑学员学军的问题。

④学农问题,学校没有很好安排,暑假鼓励学员参加生产劳动,这是好的。但还是要在三年中安排出一定时间给学员参加学农劳动。

七、关于建立三结合新体制问题:

①校办厂的体制很值得研究,究竟是校、系办厂,还是专业办厂?如何和教学结合,心中无数,而且工人、教师力量安排上矛盾很多,望学校认真研究解决。

②厂系合一体制已试行一段时间,学校领导应认真总结,加以改进。现在机械工厂有些工人的生产积极性为什么调动不起来,生产促不上去,领导准备采取什么措施予以解决?

③全校各厂没有统一管理,采购人员众多,造成教学人员紧张和人力物力浪费,助长了山头主义,贪大求全的坏作风。

④学校后方基地,没有一个统一规划,指导思想也不够明确,后方厂不能光搞生产,应逐步建成教学、生产、科研三结合基地。

⑤校办厂并不能代替厂校挂钩,现在许多专业与校外厂挂钩不紧,或至今无厂可挂,校领导和省有关领导部门支持不够。

⑥校办厂并不能代替实验室,现在许多实验室已改为车间,有的实验室虽还保留,但设备已很陈旧落后,特别是基础课的实验室,更无着落,望领导迅速调查,予以考虑解决。

⑦有的同志认为:学校体制已下放归省领导,但领导思想没有真正适应这种下放。为本省小而全工业体系服务的思想不够明确。有些同志对“浙大以光、机、电为重点”的提法提出批评。土木系、自仪系的同志认为学校领导对他们不重视。

⑧在向领导提意见中,对校办厂问题还有一些分歧意见:

1.校办厂应把培养人放首位,衡量标准应是生产与教学结合如何而不是产值多少。

2.校办厂一定要先搞好生产,生产无法搞好的工厂,不可能把教学结合好。

又:1.校办厂应当进行经济核算,否则会浪费国家资财。

2.校办厂不能搞经济核算,至少是目前,1962年刮下马风时,其中“亏本”下马也是一条。

要求领导对上述问题加以研究

八、关于理科和基础课改革问题:

①校核心组对理科改革不重视,明知问题很多,却不调查,不研究,听之任之。如固体力学、射流及流体力学,如何办?听取系和专业的意见不够。就是全国教育工作会议定下来的电子计算机专业,领导也不做研究,致使专业方向未定,人员不落实,严重影响教师、干部积极性。

②外文课到底上不上,如何上,学校无统一意见。有些学员不愿学外语,有的确实有困难,现在外语教学无法定进度,对于工农兵学员怎样学外语,学校要好好研究。

③校核心组对军体课如何上关心不够。不少同志反映，学员进校后，体质普遍下降，失眠、看病、吃药的增多。视力也有下降，望学校能引起足够重视。有些同志要求收回健身房为工农兵学员军体活动用，并建议七二年修好游泳池。

④普化教研组，原有 26 人，现许多骨干已调出，所留 14 人，年老体弱的不少，不能适应当前教育革命需要。

（略）

十一、关于教材问题：

①现在教材跟不上。大多是厚本变薄本，没有作根本上改革，有的学员反映，讲义看不懂，到图书馆找厚本书倒还看得懂。也有些改革得较好的新教材，但学校没有总结推广。

②建议学校对教材编写工作加强统一领导，逐步建立必要的编审制度。

③教材印刷问题，学校应大力设法解决，一本讲义要 2～3 个月才能陆续印完，学员反映一张一张发，像发传单一样，不能适应教学的需要。

十二、关于改革教学方法问题：

①毛主席提倡自学，但目前学员特别是文化程度较低的学员自学有困难，要求学校领导对此进行试点工作，取得第一手经验。

②建议健全必要的学习制度，如请销假制度，必要的考核制度，等等。

③有的同志提出：现在我们的教学是老一套，以书本为中心，以课堂为中心，教师讲学生听，不知学校领导具体了解不了解，准备怎么改？

④应该注意一种倾向掩盖另一种倾向。以前大学老师很少到学生中去，现在老师教学态度改变较大，但有些教师手把手教，老是"抱着走"。有些学员反映，我们现在和教师真是"鱼水关系"，一离开教师，我们习题就做不出来了，要求改进教学方法，培养学员分析问题、解决问题的能力。

（下略）

会议秘书组整理

1972 年 1 月 3 日

浙江大学档案馆藏，档案号：ZD-1972-XZ-48

关于成立浙江大学学术委员会的通知

（1979 年 11 月 9 日）

浙大革〔1977〕111 号

各系、理科部、工厂革委会：

经研究决定，成立浙江大学学术委员会，组成如下：

主任委员：刘丹

副主任委员：杨士林　王仁东

秘书长：韩祯祥

委员:周春晖、侯虞钧、王启东、曾国熙、郑光华、董光昌、汪槱生、楼宗汉、陈甘棠、徐亚伯、阙端麟、吕维雪、王骥程、缪家鼎、梁友栋、王子余、蒋静坪、柳志青、蒋培陞、金方勤

顾问:周庆祥、丁绪贤、李恩良、杨耀德、仇俭、王国松

浙江大学革命委员会

一九七九年十一月九日

浙江大学档案馆藏,档案号:ZD-1977-XZ-100

关于公布浙江大学学术委员会成员名单的通知

(1988年6月27日)

浙大发办〔1988〕50号

各系,各部、处,校直属各单位:

浙江大学学术委员会经改选,产生了35名委员。本月25日校学术委员会召开了第一次全体委员会议,选举产生了主任和副主任。现将名单公布如下:

主任:韩祯祥

副主任:姚庆栋　吕勇哉　梁友栋

委员(按姓氏笔画为序):

丁皓江　王启东　许大中　许庆瑞　吕勇哉　吕维雪　汪槱生　沈之荃　杨士林
李文铸　吴世明　岑可法　何志均　张其瑞　陈甘棠　林超然　周文骞　胡建雄
侯虞钧　姚庆栋　郭竹瑞　唐晋发　徐亚伯　梁友栋　戚云方　童忠钫　蒋静坪
葛霁光　董光昌　韩世钧　韩祯祥　阙端麟　路甬祥　缪家鼎　薛继良

秘书长:胡建雄(兼)

副秘书长:薛继良(兼)

浙江大学

一九八八年六月二十七日

浙江大学档案馆藏,档案号:ZD-1988-XZ-73-27

关于建立学科评议组、专业技术职务评审组及党政管理干部行政职级评审组的通知

(1988年11月2日)

浙大发人〔1988〕135号

各系,各部、处,校各直属单位:

经学校研究决定建立各学科评议组、专业技术职务评审组及党政管理干部行政职级评

审组。现将各学科评议组、评审组组成人员名单公布如下：

一、数学、物理学组

组　长：李文铸

副组长：郭竹瑞

组　员：董光昌　梁友栋　贾荣庆　汪容　徐亚伯　孙威

二、化学、化学工程学组

组　长：吴平东

副组长：沈之荃

组　员：杨士林　韩世钧　侯虞钧　陈甘棠　陈维扭

三、电工、计算机科学与技术学组

组　长：韩祯祥

副组长：何志均

组　员：许大中　汪槱生　戴熙杰　蒋静坪　庄新华

四、自动控制、电子学、通讯及管理工程学组

组　长：姚庆栋

副组长：吕勇哉

组　员：周春晖　王骥程　陈抗生　张毓鲲　许庆瑞　黄擎明

五、金属材料、非金属材料学组

组　长：阙端麟

副组长：毛志远

组　员：王启东　潘祖仁　张其瑞　丁子上　楼宗汉　益小苏

六、机械设计与制造、工程热物理及仪器仪表学组

组　长：吕维雪

副组长：童忠钫　岑可法

组　员：路甬祥　全永昕　马元骥　唐晋发　汪希萱

七、土木工程、地质学及力学组

组　长：唐锦春

副组长：丁皓江

组　员：兰玉琦　吴世明　沈济黄　沈天耀

八、哲学、政治学及经济学组

组　长：周文骞

副组长：林超然

组　员：俞明仁　孙育征　郑元康

九、外语学组

组　长：冯绍屿(外聘)

副组长:张青彦

组　员:蒋炳炎(外聘)　李增荣(外聘)　戚云方　沈述绚　柳中梁

十、体育学组

组　长:蒋新

副组长:胡士煊(外聘)

组　员:王明海(外聘)　王永生　程友仁　季昌清

十一、实验技术职务评审组

组　长:吴兆立

副组长:李菊

组　员:姚鸿年　施润昌　曹鸿生　季达人　顾伟康　李肇震　周肇基

秘　书:王锡源　牟式宽

十二、工程技术职务评审组

组　长:周培源

副组长:王宝林

组　员:范崇夏　严家禧　向　群　吴炳勋　吴元灿

秘　书:陈洪昌

十三、图书资料专业职务评审组

组　长:缪家鼎

副组长:雷道炎

组　员:严文兴　郑元康　夏　勇　余向春

秘　书:杨潮

十四、出版专业职务评审组

组　长:全永昕

副组长:毛志远

组　员:朱瑾准　密鼎梁　宗贤钧

秘　书:朱国英

十五、卫生技术职务评审组

组　长:黄怀德(外聘)

副组长:高春圃

组　员:钱可大　黄德葆　袁中兴(以上为外聘)　王家林　王季雯　吾健云　葛安难

秘　书:朱国英

十六、学生思想政治教育学科评审组

组　长:梁树德

副组长:薛继良

组　员:朱深潮　吴金水　曾昭昭　白同平　郑元康　孙育征

秘　书:杨文海

十七、高等教育研究职务评审组

组　长:项哲学(外聘)

副组长:吴平东

组　员:周文骞　许庆瑞　黄擎明　武维尧(外聘)　袁君毅　曾昭昭　白同平

秘　书:应新法

十八、党政管理干部行政职级评审组

组　长:吴平东

副组长:吴金水

组　员:徐裕钧　曾昭昭　白同平　林之平　汪柏卿　郑元耀　储　静

秘　书:应新法

浙江大学

一九八八年十一月二日

浙江大学档案馆藏,档案号:ZD-1988-XZ136-1

关于公布浙江大学各类委员会、领导小组等调整以后人员名单的通知

(1992年3月18日)

浙大发办〔1992〕18号

各系、各部处,直属各单位:

经1992年3月11日校务会议讨论通过,现将调整后的学校各类委员会、领导小组等人员名单予以公布,特此通知。

附件:浙江大学各类委员会、领导小组等调整以后人员名单

浙江大学

一九九二年三月十八日

浙江大学各类委员会、领导小组等调整以后人员名单

(委员名单均以姓氏笔画为序)

浙江大学校务委员会委员名单

主　任:路甬祥

副主任:梁树德　韩祯祥　王启东　阙端麟　谭祖根

委　员:王启东　石教英　李文铸　吴平东　岑可法　胡上序　何　雄　何志均

张乃大　林　中　郑元耀　胡建雄　侯虞钧　益小苏　姚恩瑜　顾伟康
唐晋发　唐锦春　黄达人　梁树德　童忠钫　韩祯祥　阙端麟　路甬祥
谭祖根

秘书长:胡建雄

浙江大学学术委员会委员名单

主　任:韩祯祥

副主任:姚庆栋　吕勇哉　梁友栋　张其瑞

委　员:丁皓江　万　斌　王启东　石教英　许大中　许庆瑞　吕勇哉　吕维雪
余　福　汪槱生　沈之荃　封麟先　李文铸　吴世明　岑可法　何志均
张其瑞　张惟杰　陈甘棠　周文寿　胡建雄　侯虞钧　姚庆栋　徐亚伯
唐晋发　郭竹瑞　梁友栋　戚云方　蒋静坪　董光昌　韩世钧　韩祯祥
阙端麟　路甬祥　缪家鼎　薛继良

秘书长:胡建雄(兼)

副秘书长:吴世明(兼)　石教英(兼)

浙江大学教育委员会委员名单

主　任:黄达人

副主任:朱深潮　吴世明　薛继良

委　员:丁善瑞　王正卫　汤荣昌　刘鸿文　戎顺熙　吕维雪　朱深潮　李肇震
李　菊　李明馨　吴世明　吴金水　邵永真　张圣训　郑元康　陈越南
陈抗生　陈志明　林渭勋　项保华　姚志邦　俞瑞钊　袁加勇　钱庆镳
康锦余　曾抗生　夏　勇　黄达人　曹培林　薛继良

秘　书:张圣训(兼)　俞瑞钊(兼)　康锦余(兼)　袁加勇(兼)

浙江大学学位评定委员会委员名单

主　任:吕维雪

副主任:吴世明　周春晖

委　员:丁皓江　毛志远　吕维雪　冯培恩　孙扬远　许庆瑞　杨树锋　岑沛霖
汪　容　汪希萱　沈之荃　应道宁　张圣训　吴世明　何志均　陈　军
陈永校　陈甘棠　陈抗生　周春晖　胡上序　俞明仁　倪明江　彭群生
黄达人　蒋静坪　韩世钧　董光昌

秘　书:周廷辉

浙江大学博士导师资格评审委员会委员名单

主　任:韩祯祥

副主任:王启东　李文铸　吴世明

委　员:王启东　许庆瑞　吕勇哉　吕维雪　孙优贤　汪槱生　李文铸　岑可法
何志均　沈之荃　吴平东　吴世明　唐晋发　韩世钧　韩祯祥　董光昌

阙端麟　路甬祥　潘祖仁

秘　书：张圣训

浙江大学教师职务聘任工作委员会以及下设学科评议组、专业技术职务评审组等组成人员名单

浙江大学教师职务聘任工作委员会委员名单

主　任：路甬祥

副主任：唐晋发　吴平东

委　员：丁皓江　石教英　许庆瑞　吕勇哉　吕维雪　张圣训　李文铸　吴平东
吴世明　岑可法　周文骞　胡建雄　俞瑞钊　唐晋发　唐锦春　顾伟康
梁树德　黄达人　韩祯祥　阙端麟　路甬祥

秘　书：汤荣昌　胡方茜

浙江大学教师职务聘任工作委员会下设学科评议组、专业技术职务评审组、党政管理干部行政职级评审组。各组成员名单：

一、数学、物理学科组

组　长：李文铸

副组长：郭竹瑞

组　员：董光昌　鲁世杰　黄达人　汪　容　徐亚伯　孙　威　陈叔平

二、化学、化工及高分子科学与工程学科组

组　长：吴平东　副组长：沈之荃

组　员：韩世钧　侯虞钧　陈甘棠　陈维扭　封麟先　吕德伟　潘祖仁　益小苏
俞庆森

三、电工、计算机科学与技术学科组

组　长：韩祯祥

副组长：何志均

组　员：许大中　汪樵生　戴熙杰　蒋静坪　潘云鹤　俞瑞钊

四、自动控制、电子学及通讯学科组

组　长：姚庆栋

副组长：吕勇哉

组　员：周春晖　王骥程　孙优贤　陈抗生　顾伟康　荆仁杰

五、金属材料、非金属材料学科组

组　长：阙端麟

副组长：毛志远

组　员：王启东　张其瑞　丁子上　楼宗汉　王民权

六、机械设计与制造、工程热物理及仪器仪表学科组

组　长:吕维雪

副组长:童忠钫　岑可法

组　员:路甬祥　全永昕　唐晋发　汪希萱　陆祖康　李式模

七、土木工程、地质学及力学学科组

组　长:唐锦春

副组长:丁皓江

组　员:杨树锋　吴世明　沈济黄　沈天耀　钱在兹

八、外语学科组

组　长:黄达人

组　员:(外聘)　(外聘)　张青彦　戚云方　张守义

九、中文、哲学及政治学科组

组　长:陈俊民

副组长:陈志明　林超然

组　员:骆寒超　俞明仁　陈望衡　郑元康　梁树德　万　斌

十、管理及经济学科组

组　长:胡上序

组　员:许庆瑞　黄擎明　俞明仁　周文骞

十一、体育学科组

组　长:姚廷华

副组长:(外聘)

组　员:(外聘)　康天成　姚天白　季昌清

十二、生物学科组

组　长:张惟杰

组　员:葛霁光　叶家明　岑沛霖　余　湄

十三、工程与实验技术职务评审组

组　长:胡建雄

副组长:黄达人

组　员:吴光国　钱庆镳　吴兆立　李　菊　姚鸿年　杨国光　俞瑞钊　吴根茂

秘　书:王锡源　牟式宽

十四、生产技术职务评审组

组　长:顾伟康

副组长:陈孝榕

组　员:严家禧　向　群　马慎贤　陈孝榕　陈雁卿　王宝林

秘　书:朱国英

十五、会计专业职务评审组

组　长:蒋绍忠

副组长:沈守勤

组　员:陈希盛　葛祥富　杨慧瑞　王爱娣

秘　书:朱　原

十六、图书、资料专业职务评审组

组　长:缪家鼎

副组长:雷道炎

组　员:郑元康　夏　勇　余向春　于湖滨

秘　书:杨潮

十七、出版专业职务评审组

组　长:黄达人

副组长:薛继良

组　员:蒋静坪　宗贤钧　戟　锋　陈望衡　毛志远

秘　书:张众伟

十八、卫生技术职务评审组

组　长:高春圃

组　员:吾健云　葛安难　杨素芬　王季雯

秘　书:朱国英

十九、学生思想政治教育学科评审组

组　长:梁树德

副组长:黄达人

组　员:朱深潮　吴金水　周文骞　白同平　郑元康　李肇震　张乃大

秘　书:杨文海

二十、高等教育研究职务评审组

组　长:唐晋发

副组长:黄达人

组　员:梁树德　许庆瑞　蒋绍忠　汤荣昌　白同平　林之平　俞瑞钊

秘　书:胡方茜

二十一、党政管理干部专业技术职务评审组

组　长:唐晋发

组　员:石教英　吴世明　顾伟康　胡建雄　梁树德　黄达人　郑元耀

秘　书:杨文海

二十二、党政管理干部行政职级评审组

组　长:唐晋发

副组长:吴金水

组　员:卜凡孝　汤荣昌　白同平　林之平　汪柏卿　王正耀　郑元耀　顾伟康　胡建雄

秘　书:胡方茜

浙江大学教师职务特别评审组成员名单

组　长:路甬祥

副组长:唐晋发　韩祯祥

组　员:王启东　吕勇哉　吕维雪　李文铸　吴平东　吴世明　何志均　姚庆栋　唐晋发　黄达人　梁树德　韩祯祥　路甬祥

浙江大学发展委员会校内组成人员名单

主任委员:路甬祥

执行主任:梁树德　胡建雄

副秘书长:吴兆立　陆　敏

委　　员:王立人　殳维贤　岑可法　孙扬远　应道宁　吴世明　吴兆立　陆　敏　胡建雄　唐锦春　梁树德　黄振华　戚云方　韩兆熊　路甬祥

秘 书 长:戚云方

副秘书长:吴兆立　陆　敏

浙江大学基建委员会委员名单

主　任:路甬祥

副主任:吴世明　唐锦春　卜凡孝

委　员:卜凡孝　卜菁华　朱宝禄　严家禧　沈石安　吴世明　沈济黄　严　慧　陆国光　胡汉雄　罗鸿强　高德申　钱在兹　鲁连忠　唐锦春　韩兆熊　路甬祥　戴延年

秘　书:高德申(兼)

浙江大学校园环境规划领导小组人员名单

组　长:吴世明

副组长:吴金水　卜凡孝

组　员:卜菁华　刘正官　冯时林　严　慧　陈望衡　沈石安　张乃大　陆国光　胡汉雄　戟　锋

浙江大学定编工作小组成员名单

组　长:唐晋发

副组长:汤荣昌　白同平

组　员:石教英　吴光国　张圣训　康锦余　俞瑞钊

秘　书:牟式宽

浙江大学生产委员会名单

主　任：陈雁卿
副主任：陈孝榕
委　员：马慎贤　王宝林　王宽福　毛志远　孙扬远　向　群　李　菊　沈本善
　　　　沈锦林　沈镇定　应新法　吴光国　陈孝榕　陈雁卿　顾伟康　戚云方
　　　　康锦余　葛祥富　童忠钫
生产委员会下设生产办公室，沈镇定任主任

浙江大学实验室管理委员会委员名单

主　任：顾伟康
委　员：许昌岳　徐　兴　胡汉雄　钱庆镳　康锦余　顾伟康　黄邦达　葛祥富
秘　书：王锡源

浙江大学理科工作委员会委员名单

主　任：黄达人
副主任：李文铸　丁皓江
委　员：丁皓江　孙　威　张惟杰　沈天耀　吴光国　李文铸　兰玉琦　季达人
　　　　徐元植　陈叔平　杨树锋　鲁世杰　俞庆森　梁友栋　黄达人
秘　书：袁加勇

浙江大学文科指导委员会委员名单

主　任：吴世明
副主任：陈俊民　胡上序　朱深潮　骆寒超
委　员：万　斌　王绳兮　卢建平　许庆瑞　朱深潮　吴金水　吴世明　陈俊民
　　　　陈望衡　张小蒂　张青彦　张振中　郑元康　周文骞　俞明仁　俞瑞钊
　　　　胡上序　骆寒超

浙江大学治安保卫委员会委员名单

主　任：卜凡孝
副主任：朱深潮　吴金水
委　员：卜凡孝　王　宁　朱深潮　吴金水　许昌岳　冯时林　汪柏卿　汪益民
　　　　张乃大　陆国光　沈镇定　林之平　胡汉雄　钱庆镳
秘　书：冯时林（兼）

浙江大学教材建设委员会委员名单

主　任：黄达人
副主任：毛志远（常务）　薛继良

委　员:毛志远　许大中　张其瑞　郑元康　姚先国　徐　兴　黄达人　俞瑞钊
　　　董德耀　童忠钫　薛继良
秘　书:尤建忠　宋水孝　何达多　周廷辉

浙江大学奖学金评审委员会委员名单

主　任:黄达人
副主任:朱深潮　吴世明
委　员:万　斌　王子余　王明华　叶挺秀　朱深潮　许为民　戎顺熙　吴世明
　　　张乃大　余肖枫　姚恩瑜　姚志邦　俞瑞钊　俞庆森　黄达人　魏忠权
秘　书:谷大丰　蒋岳祥

浙江大学技术劳动服务公司理事会理事名单

理 事 长:顾伟康
副理事长:陈雁卿　曹润生
秘 书 长:冯昭扑(兼)
理　　事:丁婉英　马慎贤　殳维贤　冯仲和　冯昭扑　向　群　孙优贤　严　慧
　　　　岑文华　肖文良　沈永年　沈本善　沈镇定　沈锦林　吴光国　吴仲海
　　　　李为民　李身刚　陈孝榕　陈复兴　陆国光　汪乐宇　杨思俊　应新法
　　　　周建华　赵文生　胡上序　胡汉雄　徐　航　徐为群　唐锦春　康锦余
　　　　舒士霖　鲁连忠　葛祥富　解兰昌　缪家鼎

浙江大学第二届包兆龙、包玉刚
中国留学生奖学金基金理事会成员名单

理事长:路甬祥
理　事:王启东　吕勇哉　吕维雪　吴世明　姚庆栋　唐晋发　郭竹瑞　韩祯祥
司　库:吴世明(兼)

浙江大学毕业生就业指导委员会委员名单

主　任:路甬祥
副主任:黄达人　吴世明　朱深潮　校外成员(三名)待定
委　员:王正卫　朱深潮　孙昌国　孙　威　张乃大　陈抗生　李　菊　李肇震
　　　余肖枫　吴世明　胡方茜　赵国章　姚恩瑜　徐有智　金星悦　俞瑞钊
　　　俞庆森　韩兆熊　夏佐棠　姚志邦　翁联萼　黄达人　曾华生　葛宜远
　　　郭定康　路甬祥　魏仲权　校外单位成员待定
秘　书:吴月珍

浙江大学文化艺术委员会委员名单

主　任:吴世明
副主任:朱深潮　吴金水　王春泉(常务)

委　员：王春泉　凤　进　王建军　余肖枫　许为民　朱深潮　朱宝禄　吴世明　吴金水　汤荣昌　杜高杰　张重辉　陈正福　陈立铭　陈望衡　周建华　姚志邦　胡征宇　翁联萼　戟　锋　韩兆熊　桂　迎　康锦余　葛祥富　董浩然　潘津生

秘　书：董浩然（兼）

浙江大学体育运动委员会委员名单

主　任：吴世明

副主任：朱深潮　姚天白　潘津生

委　员：卜菁华　王炜哲　王申康　王建军　许为民　冯时林　朱深潮　孙　威　吴淇太　吴星义　吴世明　陈南生　晋卫平　陈叔平　陈天文　沈镇定　李　光　张为鄂　杨　全　郑爱平　罗树明　周建华　陶铁民　徐月伯　郭鼎康　裘愉昌　姜展鹏　程　艺　姚志邦　姚天白　胡礼祥　胡征宇　翁联萼　葛祥富　葛安难　董　宏　潘津生　魏仲权

秘　书：陈南生（兼）

浙江大学电工电子实习领导小组成员名单

组　长：袁加勇（兼）

副组长：姚志邦（兼）　王锡源（兼）

组　员：陈　蔚　吴景渊　楼正国　范肇基　戴颂虞

基地实验室主任：楼正国

副主任：范肇基

浙江大学学生工作领导小组成员名单

组　长：朱深潮

副组长：黄达人　卜凡孝　姚恩瑜

组　员：卜凡孝　凤　进　朱深潮　许为民　许昌岳　李肇震　郑元康　张乃大　陆国光　陈金海　陈思远　陈越南　余肖枫　罗树明　潘津生　胡汉雄　胡松法　姚志邦　姚恩瑜　董　宏　俞瑞钊　黄达人　魏仲权

秘　书：胡礼祥

浙江大学图书情报工作委员会委员名单

主　任：胡建雄

副主任：缪家鼎

委　员：王绳兮　邵永真　陈甘棠　陈叔平　陈俊民　沈涵芬　张圣训　郑国武　俞瑞钊　胡礼祥　胡建雄　施高义　姚先国　姚祖恩　顾锦汶　高　济　钱凯先　夏　勇　曹培林　曹源泉　程饴萱　葛祥富　缪家鼎　薛继良

秘　书：夏　勇

浙江大学档案工作委员会委员名单

主　任:胡建雄

副主任:朱深潮

委　员:王绳兮　冯树椿　刘培华　朱深潮　孙桂铨　汤荣昌　严　慧　沈镇定
　　　　吴兆立　邱济真　邱学炎　张圣训　林之平　胡建雄　胡汉雄　钱庆镳
　　　　袁加勇　葛祥富　夏　勇　戟　锋　康锦余

秘　书:邱学炎(兼)

浙江大学工人考核委员会委员名单

主　任:唐晋发

副主任:汤荣昌　陈雁卿

委　员:马慎贤　王宽福　刘保墉　沈锦林　陈孝榕　陆国光　胡汉雄　钱庆镳
　　　　康锦余　谢中奎

浙江大学人民防空委员会委员名单

主　任:卜凡孝

副主任:许昌岳

委　员:卜凡孝　许昌岳　朱宝禄　陆国光　汪益民　胡汉雄　葛安难　葛祥富
　　　　董耀贤

秘　书:王金江

浙江大学爱国卫生运动委员会委员名单

主　任:卜凡孝

副主任:娄维堂　吾健云　魏仲权　钟允国

委　员:石文俊　王仿顺　王本贵　孙家祯　朱大援　吕来清　陈　方　陈长庚
　　　　陈南生　陈锦章　陆国光　徐汉勤　徐力泉　周耀烈　费美珍　杨纪民
　　　　金荣鑫　郭晓晖　周荣娣　余国贞　高　平　胡汉雄　胡礼祥　蒋成化
　　　　彭炳荣　屠志强　夏瑞林　黄得心　鲁连忠　鲁光桓　鞠同忠

秘　书:钟允国(兼)

浙江大学绿化委员会委员名单

主　任:卜凡孝

副主任:杜高杰　严　慧　卜菁华　刘正官

委　员:卜凡孝　卜菁华　王宽福　方国明　凤　进　刘正官　朱宝禄　张乃大
　　　　陈长庚　陈雁卿　陆国光　严金海　严　慧　杜高杰　周忠新　杨祖兴
　　　　胡汉雄　娄维堂　谢中奎　夏瑞林　鲁连忠　潘津生　魏仲权

秘　书:夏瑞林(兼)

浙江大学计划生育委员会委员名单

主　任：卜凡孝

副主任：白同平

委　员：卜凡孝　方小京　白同平　江　颖　许莲凤　吾健云　娄维堂　尚功泰
　　　　余国贞　胡桂馥　董晓舟

秘　书：江颖（兼）

浙江大学档案馆藏，档案号：ZD-1992-XZ-68-1

关于印发《浙江大学各类委员会、领导小组等人员调整名单》的通知

（1996年9月20日）

浙大发办〔1996〕62号

各系，各部、处，直属各单位：

因人事变动和工作需要，经校务会议讨论研究并征求有关各方面意见，现将调整后的浙江大学各类委员会、领导小组等人员组成名单印发给你们，希各知照。

附件：浙江大学各类委员会、领导小组等人员调整名单

浙江大学

一九九六年九月二十日

浙江大学各类委员会、领导小组等人员调整名单

（委员名单以姓氏笔画为序）

浙江大学校务委员会

主　任：潘云鹤

副主任：梁树德　胡建雄　阙端麟　沈之荃

委　员：卜凡孝　马庆国　王启东　石教英　冯培恩　孙优贤　吴世明　吴光国
　　　　岑可法　汪士青　汪希萱　汪槱生　沈之荃　张乃大　陈子辰　陈思远
　　　　陈耀祖　郑筱祥　胡建雄　俞蒙槐　姚先国　顾伟康　倪明江　徐　岱
　　　　唐晋发　唐锦春　黄达人　曹楚南　梁树德　鲍世宁　阙端麟　褚　健
　　　　潘云鹤　学生会主席　研究生会主席

秘书长：王立人

浙江大学学术委员会

主　任：路甬祥

副主任:吴世明　唐晋发　曹楚南

委　员:丁皓江　万　斌　王启东　石教英　冯培恩　吕德伟　孙优贤　杨国光
　　　杨树锋　吴世明　岑可法　岑沛霖　汪槱生　沈之荃　张其瑞　陆祖康
　　　陈子辰　陈　纯　陈叔平　邵永真　竺国强　郑筱祥　封麟先　项保华
　　　胡建雄　姚先国　顾伟康　钱凯先　倪光正　高孝纯　唐晋发　黄达人
　　　曹楚南　梁树德　彭群生　蒋静坪　路甬祥　阙端麟　樊建人　潘云鹤

秘书长:吴光国

副秘书长:王绳兮

浙江大学教学委员会

主　任:倪明江

副主任:张乃大　冯培恩　俞庆森

委　员:王申康　毛根海　仇佩亮　叶挺秀　冯培恩　戎顺熙　许晶波　杨文海
　　　杨纪生　杨树锋　吴泽华　沈公羽　张乃大　张应杭　陆斐璋　陈林根
　　　陈越南　邵永真　罗树明　金雪军　金蒙伟　项保华　赵国章　胡礼祥
　　　俞庆森　俞瑞钊　袁加勇　夏　勇　倪明江　蒋绍忠

秘　书:杨树锋(兼)　蒋绍忠(兼)　陆斐璋(兼)　袁加勇(兼)

浙江大学学位委员会

名誉主任:路甬祥

主　任:潘云鹤

副主任:韩祯祥　阙端麟　岑可法　冯培恩

委　员:马庆国　王启东　石教英　叶志镇　冯培恩　吕维雪　朱自强　刘　旭
　　　孙优贤　李伯耿　杨树锋　吴世明　吴光国　岑可法　汪槱生　沈之荃
　　　张其瑞　陈子辰　陈抗生　陈　纯　陈叔平　陈俊民　陈耀祖　郑筱祥
　　　项保华　姚先国　骆仲泱　顾伟康　倪明江　徐　岱　徐博侯　唐晋发
　　　益小苏　黄达人　曹楚南　彭群生　蒋绍忠　韩祯祥　路甬祥　阙端麟
　　　褚　健　谭建荣　潘云鹤

秘书长:杨树锋(兼)

浙江大学专业技术职务评审委员会

主　任:潘云鹤

副主任:顾伟康　唐晋发

委　员:冯培恩　孙优贤　杨树锋　吴世明　吴平东　吴光国　岑可法　沈之荃
　　　张其瑞　陈子辰　陈抗生　郑筱祥　胡建雄　姚先国　顾伟康　倪光正
　　　倪明江　唐晋发　黄达人　梁树德　蒋绍忠　阙端麟　潘云鹤

秘　书:杨文海

浙江大学教师职务特别评审组

组　长:潘云鹤
副组长:顾伟康　唐晋发
委　员:冯培恩　吴世明　沈之荃　张其瑞　陈抗生　顾伟康　倪明江　唐晋发
　　　梁树德　阙端麟　潘云鹤
秘　书:杨文海

浙江大学发展委员会(校内委员)

主　席:路甬祥
副主席:梁树德
执行副主席:胡建雄
委　员:王正耀　王立人　王绳兮　叶润涛　朱宝禄　邱济真　汪柏卿　沈建民
　　　陆　敏　陈越南　赵荣祥　胡建雄　唐晋发　黄达人　梁树德　葛祥富
　　　路甬祥　潘云鹤
秘书长:邱济真(兼)　王正耀(兼)
副秘书长:陆国光　朱宝禄(兼)

浙江大学基建委员会

主　任:潘云鹤
副主任:黄达人　卜凡孝　俞蒙槐　沈济黄
委　员:卜凡孝　卜菁华　王立人　孙炳南　严家店　吴世明　吴伟丰　何其伟
　　　沈石安　沈济黄　陈思远　陈洪昌　罗鸿强　周振龙　胡晓鸣　俞蒙槐
　　　秦筑君　黄达人　龚晓南　葛祥富　董丹申　鲁连忠　蔡袁强　潘云鹤
　　　潘津生　潘维贤
秘　书:吴伟丰(兼)

浙江大学校园环境建设委员会

主　任:卜凡孝
副主任:张乃大　倪明江
委　员:卜凡孝　卜菁华　冯时林　吴伟丰　张乃大　陆国光　陈思远　陈洪昌
　　　胡晓鸣　倪明江　董　丹　申戟锋
秘书长:陈思远(兼)

浙江大学实验室管理委员会

主　任:吴世明
副主任:倪明江
委　员:王绳兮　冯时林　杨纪生　杨树锋　吴世明　沈佐湘　陆斐璋　陈洪昌

郑纪蛟　胡耿源　倪明江　葛祥富

秘　书:朱云飞

浙江大学治安保卫委员会

主　任:卜凡孝

副主任:张乃大　陈子辰

委　员:卜凡孝　冯时林　吕新良　任少波　许昌岳　孙桂铨　张乃大　陆国光
陆斐璋　陈子辰　陈思远　陈洪昌　罗树明　俞蒙槐　魏仲权

秘　书:冯时林(兼)

浙江大学教材建设委员会

主　任:倪明江

副主任:冯培恩

委　员:冯培恩　杨树锋　张其瑞　陈越南　赵国章　俞瑞钊　姚先国　倪明江
董德耀　蒋绍忠　蒋静坪　韩兆熊　曾抗生

秘　书:庄华洁　葛周芳　宋水孝

浙江大学奖学金评审委员会

主　任:倪明江

副主任:张乃大　冯培恩

委　员:丁善瑞　王瑞飞　叶挺秀　冯培恩　戎顺熙　朱大中　庄华洁　许为民
杨树锋　张乃大　张为鄂　罗树明　金海燕　胡礼祥　胡征宇　袁加勇
倪明江

秘　书:胡礼祥(兼)　许为民(兼)

浙江大学毕业生就业指导委员会(校内委员)

主　任:潘云鹤

副主任:倪明江　冯培恩　张乃大

委　员:叶挺秀　冯培恩　朱大中　汤荣昌　许为民　杨纪生　张乃大　陆国光
罗树明　赵国章　胡方茜　胡礼祥　胡征宇　俞庆森　俞瑞钊　袁加勇
倪明江　徐有智　翁联萼　葛宜远　鲍世宁

秘　书:袁加勇(兼)

浙江大学文化艺术委员会

主　任:冯培恩

副主任:张乃大　董浩然　陆国光

委　员:毛　丹　冯培恩　朱宝禄　庄华洁　许为民　杨文海　张乃大　张重辉
陆国光　周建华　赵国章　胡征宇　桂　迎　翁联萼　葛祥富　董浩然

戟　锋　潘津生

秘　书：董浩然(兼)

浙江大学体育运动委员会

主　任：吴世明

副主任：张乃大　黄明教　潘津生　陆国光

委　员：卜菁华　王文序　王申康　王瑞飞　冯时林　朱宝禄　许为民　阮连法
李五一　李英奇　李玲娣　杨　全　吴世明　吴星义　沈文华　张为鄂
张丽东　陆国光　陈叔平　林建忠　周建华　郑爱平　俞东明　姚天白
姚志邦　晋卫平　徐　岱　翁联葶　陶铁民　黄明教　葛祥富　董　宏
潘津生　魏仲权

秘书长：姚天白(兼)

副秘书长：韦俊芳

浙江大学图书情报工作委员会

主　任：冯培恩

副主任：夏　勇　王绳兮

委　员：王申康　王绳兮　冯培恩　杨纪生　沈涵芬　陈叔平　陈俊民　邵永真
郑纪蛟　胡礼祥　俞瑞钊　姚先国　夏　勇　钱正君　钱凯先　钱根祥
高　济　曹培林　曹源泉　葛祥富

秘　书：竺海康

浙江大学档案工作委员会

主　任：冯培恩

副主任：俞蒙槐

委　员：王立人　王绳兮　冯树椿　庄华洁　孙桂铨　杨树锋　吴伟丰　邱济真
何达多　汪大翚　陆斐璋　胡方茜　胡汉雄　胡建雄　俞蒙槐　袁加勇
夏　勇　葛祥富　韩兆熊　戟　锋　魏仲权

秘　书：彭国琪

浙江大学工人考核委员会

主　任：顾伟康

副主任：胡方茜

成　员：马慎贤　何才太　陆斐璋　陈思远　胡方茜　魏仲权

秘　书：盛亚东

浙江大学人民防空委员会

主　任：卜凡孝

副主任:许昌岳

委　员:卜凡孝　冯时林　任少波　许昌岳　李英奇　陆国光　陈思远　陈洪昌
胡礼祥　葛祥富

秘　书:王金江

浙江大学爱国卫生运动委员会

主　任:卜凡孝

副主任:陆国光　陈洪昌　钟允国　吾健云

委　员:丁　益　王本贵　王兆梁　许淮亮　杜慧芳　李乐鹏　杨敬正　余国贞
张众伟　张维卫　金向建　金庆成　金荣鑫　周荣娣　周　强　房　迪
胡征宇　徐　瀛　高　平　郭晓辉　黄雍雍　屠志强　蒋成化　傅　彪
楼崇德　裘喻昌　蔡德绍　鞠同忠

秘　书:钟允国(兼)

浙江大学绿化委员会

主　任:卜凡孝

副主任:陆国光　潘维贤　卜菁华

委　员:卜凡孝　卜菁华　马叶根　王宽福　方国明　庄逸苏　杨敬正　吴长春
吴伟丰　陆国光　郑龙海　赵国章　胡汉雄　潘津生

秘　书:方国明(兼)

浙江大学计划生育委员会

主　任:卜凡孝

副主任:王玉芝　许莲凤　吾健云　胡方茜

委　员:卜凡孝　王文序　王玉芝　方晓京　江　颖　许莲凤　吾健云　余国贞
尚功泰　胡方茜

秘　书:江颖(兼)

浙江大学财经领导小组

组　长:胡建雄

副组长:黄达人　俞蒙槐

成　员:王立人　李月眉　周振龙　葛祥富

浙江大学档案馆藏,档案号:ZD-1996-XZ-10-10

三、办学理念、发展规划与体制改革

(一)办学理念与办学方针

人人提提案,个个想办法,办好新浙大[①]

(1950年4月1日)

诸位先生、诸位来宾、教授,诸位同学、工友和同事:

今天是我们浙大第二十三个周年校庆,同时,又是我们浙大首次全校代表会议开幕的一天。我们将这两件事合起来举行,就是表示以努力办好人民的新浙大的实际行动来庆祝这解放以来的第一个校庆。我们现在的制度、办法是和反动派时完全不同;今天,我们是全校师生员工团结一致,大家都以做主人翁的态度,来共同努力创造新浙大。这和以前由校长统治一切是完全不同的。这样的新的制度和办法,实行了还不到一年,是过去几千年来历史上,从来没有过的事。即是现在,你到外国帝国主义的国家中去,亦没有可供我们学习和参考的。我们只有向苏联学习,才可学到一些新的东西。这样的制度和方法,在我们中国是还在试验中。今天,我们要总结经验,提高认识。这并不是说,将我们过去的经验堆积起来就算了,相反地,我们要慎重地、合理地来检讨过去,策励未来。所以,对于过去好的地方我们要表扬,发扬光大;对于坏的地方要批判、纠正,这就是全校代表会议的基本精神。

在这次全代会中,我们要人人提提案,个个想办法,来办好新浙大。我们发出了一千多张提案纸,收集了九百多件意见,凡是大家所知道的,都应该发表意见,进行批评、研究和检讨。校务委员会是初次的尝试,没有经验,当然缺点很多。要大家在全代会中来批评和纠正它。所谓批评,不是无休止的,毫无顾忌地谩骂。批评也有善意和恶意的二种,人民民主专政就是不允许匪特破坏的,所以我们今天也不能让反动派来批评和毁谤。但是,我们是欢迎善意的批评,因为善意的批评,它的目的就是希望把我们浙大办得更好,这是很对的。如果有人怀了恶意,像台湾反动派的恶意造谣一样,那么我们不但不接受,而且要扑灭他们。恶意的批评,是在破坏我们的工作,离间我们的团结,这是绝对不许可的。

我们庆祝校庆,同时也祝贺浙大有坚强的阵容,很多名教授都没有离开,即使有离开的,亦必是因为有更重要的国是,例如汪胡桢教授,国家要他去担任淮河水利工程工作,这是应该离开的。像苏步青等教授,他们就不愿离开,留在校内继续为浙大努力,这是值得赞扬的。在一九三三年,二陈派郭任远来浙大当校长,迫使二十几个教授离开浙大。后来,在师生们一致的努力下,没有实现。后来,学校还迁到贵州,蒋介石和何应钦更视为眼中钉,因此有许多同学被捕,花了九牛二虎之力才弄出来。像于子三的事情,更可以证明了浙大这种坚韧不拔与恶势力斗争的精神。这是可珍视的精神,我们要继续地发扬光大,使浙大成为人民民主的堡垒。

有人以为我们粉饰太平,这是不对的。我们昨天挖防空壕,大教授、主任都来,难道这是

---

① 本文系马寅初校长(1940—1951)在首届全校代表会议上的开幕词,标题为编者所拟。

"粉饰太平"吗?这是提高警惕,准备与蒋匪斗争的具体表现。有人以为浪费,像水电太费、校车等,这是有的。但是经过这次提案提出来,办法就来了。从前有极少数人买小菜,坐校车,现在,你要坐校车,出钱。从前有人用开水洗衣,现在你要洗就得到湖中去。所以,错误是免不掉的,只要大家讲,想办法,就解决了。现在,校车、水电等都可以合理地控制起来。所以,这次的会,具体说来是成功的。我们将来每年都要召开。

浙江大学档案馆藏,档案号:ZD-1950-XZ-21

发挥知识分子主人翁思想非常重要①

(1957年5月23日)

同志们提的意见,基本上是好的。大家的发言,对我有很大启发,感到学了不少东西。

学校工作到底怎么办好,值得我们认真研究。大家反映的问题,把它排排队,看哪些问题现在能解决,哪些问题要在今后工作中逐步加以解决;还有哪些目前还没有条件解决。那些是高教部或地方党政机关的问题,要及时反映,争取早日解决。这些问题的解决,主要还是靠大家动手,因此,要办好学校,一定要依靠大家的力量。

对知识分子的政策:现在是从革命转向建设的时期,我们要依靠六亿人民来搞经济、文化建设,这就要解决科学技术问题。这里知识分子的作用特别重要,因此党如何把知识分子团结起来,发挥他们的主人翁思想,非常重要。旧社会遗留下来的知识分子不算多,这是国家财富。现在解决科技问题,主要还是依靠这一批知识分子。这一批知识分子在思想上、政治上是受过锻炼的。现在如何把这一批知识分子特别是知识丰富的老教授的积极作用发挥出来。这是当前工作中一个重大问题。诸葛亮就是知识分子,刘备三顾草庐把他请下山来,重用他,结果二十七岁的诸葛亮就帮助刘备打成了天下,而张飞却认识不到这个问题,要用草绳把诸葛亮缚起来。对这个问题,今天还有一些共产党员还是不能体会。我们要加强党对知识分子的团结工作,要做到这点,就要贯彻执行"百花齐放、百家争鸣"、"长期共存、互相监督"的方针。浙大工作的关键问题,就是要通过贯彻这个方针,正确地解决党和知识分子的关系问题。因此,领导上应改变作风,多关切他们,尊重他们,虚心地和他们共事,积极发挥他们的作用。其中愿意参加党的,应该从组织上、思想上、工作上热情帮助他们。对那些要求参加共产党的知识分子,就要积极帮助他们提高,接受入党。

工作关系方面,党与非党同志尚有些隔阂,从党来检查,由于党内存在官僚主义、宗派主义和主观主义,因此主要责任在共产党。要依靠谁办好学校?当然依靠全校师生员工,首先就是依靠教授、副教授,各系主任、教研组主任。他们是学校教学骨干,有事应与他们协商。怎样依靠这些先生?首先要尊重他们的职权,放手让他们进行工作,使他们真正有职、有权、有责。尊重他们的职权,相信他们的学识和经验,人家就会负起责任。学校的整风就要解决这些问题,让党员与非党员都能放手工作。

---

① 本文系时任浙大校长(1953—1958年)的霍士廉在1957年教师整风座谈会上的总结发言,原载《浙大校刊》第42期(1957年5月23日)。

对提出的问题应排排队，整风要做到边学习、边检查、边改进，解决了问题，人家就有信心。所谓信心问题，就是看是否真正解决问题。我的信心很高，我相信校党委在大家帮助下，一定能解决问题。

学校在过去工作中，还遗留了一些问题未解决。过去的几项重大政治运动都是必要的，取得了很大成绩，但遗留问题必须妥善处理。如肃反，就应按照中央“有反必肃，有错必纠”的方针执行。凡是处理不当的，分别情况予以实事求是处理。我们工作中的毛病，在这次党的整风中就要适时解决这些问题。但对这些重大政治运动的成绩，是必须肯定的。

要解决党与群众的关系，学校党委有事要和群众商量，这样，距离就可以缩短。除了一些党的工作以外，凡教学、科研、政治思想工作等问题，党委开会都可以请民盟及其他非党同志参加共同研究。党不要包办行政工作。学校中的问题，什么党应做，什么应由行政做，党委应该研究，大家也要考虑如何改进工作。

《浙大》1957 年 5 月 23 日

立雄心大志，为培养社会主义和共产主义的建设人才而奋斗[①]

(1959 年 4 月 12 日)

这次团代会开得很适时，开得很好；会上把继续贯彻党的教育方针，进一步提高教学质量作为团组织的中心任务，这是完全正确的。

下面，我谈谈同志们在讨论中提出的一些问题，这些问题每个同志需要有一个明确的认识。

一、关于提高教学质量的问题。为什么要提高教学质量？要贯彻党的社会主义建设总路线，要把我国建设成为一个具有高度发展的现代工业、现代农业、现代科学文化的伟大的社会主义国家，必须有成千上万的、各方面的建设人才。我们提出提高教学质量，就是为了更好地培养社会主义、共产主义的建设人才。这应该是我们每个同志工作和学习的动力，也是每个团员、青年的光荣使命。同志们必须首先明确这个学习的任务和目的。

二、如何提高教学质量呢？我们提高教学质量，是在贯彻党的教育方针的前提下，在加强政治思想教育、参加生产劳动的条件下提出的。没有较高的政治觉悟，就不可能成为社会主义、共产主义的建设者。因此，政治教育必须坚持，一点也不能放松。在生产劳动方面：必须贯彻教育与生产劳动相结合，这是教育上的大革命。当然，生产劳动尽可能结合专业，通过劳动使所学专业知识进一步掌握、运用和发展。学习中还必须联系生产，联系实际，既不要把科学、理论看得很神秘，强调到不适当的地位，又不能轻视基础理论的学习，认为只要实践，参加生产劳动就行了，必须有分析、有批判地继承和接受前人一切有用的知识。

只要我们在加强政治思想教育、保证生产劳动的同时，认真读书，刻苦钻研，努力学好基础理论和专业知识，就一定能够全面地提高教学质量。

三、关于培养目标的问题。

---

① 本文系时任浙大校长(1958—1962 年)周荣鑫在 1959 年 4 月 12 日校六届团代会上的讲话节录。

要把自己培养成为毛主席所说的有社会主义觉悟、有文化的劳动者,不但要有较高的政治觉悟,热爱劳动,又会劳动,对工科大学的学生来说,还必须具有较高的文化水平,学好自己的专业,精通自己的专业,在专业知识上,毕业后必须具有工程师的水平。当然,这和过去有的人想毕业后当工程师,是为了个人名利是两回事,不能混为一谈。我们必须立大志,有雄心,积极把自己培养成又红又专的社会主义、共产主义的建设人才,准备在将来的工作岗位上创造性地完成任务。

四、教师在教学中的作用问题:要提高教学质量,必须首先提高教师的政治水平,业务水平。应该如何正确对待教师在教学过程中的作用问题呢?教师应在党的领导、教学相长的前提下,在教学中起主导作用。我们要起主导作用,首先是教师必须在各个教学环节中教好学生,学生应该很好地向教师学习专业知识。社会主义社会的师生关系是平等的民主的,因为师生政治目标是一致的,教师一方面要爱护学生,一方面要听取学生的意见,改进教学。如果教师在教学或其他方面有缺点,学生也可以批评。但是,必须明确三条,首先是感谢教师、尊敬教师,因为你的知识是教师教的;其次对教师可以进行批评;但最后还是要向先生学习,因为传授知识的还是教师,教学中他是起主导作用的。当然,学生批评得不对,教师还有责任教育他们。一个人要不断进步,应该既当先生,又当学生。教师对学生学习上要求要严格,这样才能保证提高教学质量。

五、青年教师如何迅速地提高政治水平、业务水平和教学水平的问题:除了党团组织必须给这些教师更大的关怀和帮助,学校行政、各教研组应当有计划地来培养以外,从青年教师本身来说,必须克服畏难情绪,积极提高政治水平、业务水平,必须进一步刻苦钻研业务,虚心向老教师学习,征求同学意见改进教学工作,完成党交给的培养社会主义、共产主义建设人才的光荣任务。少数青年教师还必须克服骄傲自满的情绪,谦逊谨慎,帮助其他教师提高政治、业务水平,使自己也不断进步和提高。

六、党员大会后,对如何提高教学质量采取了一系列措施,这些措施应该继续贯彻。现有几个问题还必须谈谈。

1.继续开展科研工作。各教研组、教师及高年级同学要有重点地研究一些生产、学术中的重大问题,使科研质量、学术水平比去年更高一些,使我们学校不仅有浓厚的政治空气,还有浓厚的学术研究空气;不但是教学的中心,还应该逐渐形成科学研究的中心。

2.讲义问题,必须争取向全国兄弟学校交换,及吸取电机教研组下厂现场教学,编写讲义的办法来解决。

3.教学设备的问题,也必须逐步地加以解决。

另外,教学方法、学习方法、工作方法等等问题,都有待教师同学们进一步研究、改进。

希望共青团员在学习中应该发挥高度的积极性主动性,把自己的学习和将来建设社会主义、共产主义联系起来,和我们所担负的任务联系起来,用更大的干劲钻劲来学习好。团的干部,不仅要在政治上、工作上、生产劳动上,而且要在学习上起带头作用,必须努力学习,刻苦钻研。另外,在政治思想工作方面,必须加强对青年的共产主义道德品质的教育。行政部门的团员们,必须做好本身工作,提高工作效率,为有助于提高教学质量而努力。

《浙大》1959 年 4 月 17 日

切实抓好学校工作重点的转移，为把浙大办成现代化的社会主义理工科大学而努力[①]

（1979年2月22日）

同志们，党委扩大会已经胜利结束了，这次会议是在全党的工作重点实行战略转移的关键时刻召开的。会议的指导思想和目的就是要认真地切实地贯彻中央工作会议和党的十一届三中全会的精神：安定团结，稳定局势，解放思想，鼓足干劲，加快社会主义现代化建设。认真总结浙大办学的经验，研究在浙大怎么胜利地实现这个伟大的战略转移。

会议中进一步学习了党的十一届三中全会公报，传达了中共浙江省委扩大会议和全国高等学校科研工作会议的精神。

到会的全体同志深受中央工作会议和党的十一届三中全会精神的教育和鼓舞，一致认为党的十一届三中全会决定从今年起，把全党工作着重点转移到社会主义现代化建设上来，是我们党中央的英明决策。顺应时代的潮流，合乎社会发展的规律，反映了全国人民的根本利益和迫切愿望。我们一定要坚决地贯彻执行党的十一届三中全会的决定，理论联系实际，创造性地进行工作，努力把我们学校工作重点的战略转移搞得快一些，顺一些，好一些。

在党的十一届三中全会的实事求是思想路线和社会主义民主精神的指引下，会议中，大家解放思想，开动脑筋，认真回顾了浙大的发展历程，特别是建国以来办学中正反两方面的经验和教训，联系学校当前实际，围绕如何实现工作重点的转移，敞开思想谈认识、揭矛盾，提建议。还针对学校领导班子在民主作风和团结战斗上存在的问题，指名道姓地提出了批评。常委会用了一天的时间，交流思想，开展了批评和自我批评。

总的看，会议中民主精神开始得到了发扬，开得比较生动活泼，富有团结战斗气氛。

同志们，实现党的工作重点的战略转移，把浙大建成为高水平的教学中心和科研中心。这是一场广泛而又深刻的革命，不但要求从生产关系到上层建筑来一场大变革，而且要求迅速改变与这场大变革不相适应的一切思想方式和活动方式。我们要坚决、勇敢、切实、迅速地在浙大实现伟大的战略重点转移。

浙大党委在中国科学院党组、浙江省委的领导下担负着带领全校师生员工办好浙大的任务。前一段时间，在全体党员、全校师生员工的共同努力下，做了许多工作。可是，要实现这个伟大转变，并非轻而易举。这个任务对我们来说，首先是对党委来说，是个新课题，既感知识不足，又感经验不足。解决的办法，正如华国锋同志指出的："我看办法就是两条：一叫学习，二叫实践。边学边干，边干边学，在实践中增长才智。"我们一定要吃透党的十一届三中全会精神，根据党中央制定的路线、方针、政策和方法，联系学校实际，依靠教师、工人、干部，进行调查研究，集中群众的智慧，充分调动广大师生员工的积极性，扎扎实实地完成这个转移。

根据党委的讨论，现就如何抓好学校工作重点的转移，讲三个问题：

一、浙大究竟是否具备了实行伟大战略转移的条件？

浙大是一所历史悠久的学校，在历史上具有光荣的革命传统和丰富的办学经验。

---

① 本文系时任校党委书记刘丹同志在1979年2月22日召开的党委扩大会议和三级干部会上的报告。

解放后,浙大由人民政府接管,确立了党的领导。1952 年至 1953 年期间,按全国统一部署进行了院系调整,浙大成了一所新型的多科性工业大学。1957 年恢复增设理科,进一步建成为社会主义理工科大学。1958 年在总路线的指引下,敢字当头,勇于创新,学校有较大的发展,出现了一个新局面。1961 年贯彻了《高教六十条》,狠抓了教学质量,并开始招收研究生,使我校进一步走上了健康发展的道路。

"文化大革命"以前的十七年,浙大为国家培养输送了 16300 多名大学毕业生,建立了一支 1400 多人的教师队伍,广泛开展了科研,取得不少重要成果,有的达到了当时世界先进水平;还添置了大量实验仪器设备和图书、期刊;建造了近 20 万 m^2 的校舍,使学校的教学与科研具有了较好的物质基础和条件。并有比较完备的一套规章制度。教育秩序比较正常

实践证明,建国以来的十七年,我校工作中执行的是一条马克思列宁主义的路线,尽管工作中有缺点错误,但根本不存在一条修正主义的教育路线,也不存在资产阶级知识分子统治学校的现象。

1966 年以后的十一年,由于林彪、"四人帮"反革命修正主义路线的破坏,使学校受到严重摧残。主要表现在:广大教师、干部遭到打击迫害,党的知识分子政策被破坏,教学规律和教学秩序被搅乱,一切合理规章制度被取消……搞得学校不成为学校。

面对"四人帮"对浙大的大破坏,全校广大师生员工在马列主义、毛泽东思想的指引下,在周总理的教育、关心和领导下,对"四人帮"的倒行逆施进行了坚决的、奋不顾身的斗争,保卫了浙大免遭更大的浩劫,为我们今天能够跟上全党实行伟大的战略转移的步伐作出了贡献。

粉碎"四人帮"以来,按照党中央抓纲治国的方针,我们深入开展了揭批"四人帮"的运动,着手进行了教学、科研的恢复整顿工作,取得了一定的成绩,主要是:

1. 揭批查办的群众运动,已经基本胜利结束,与"四人帮"有牵连的人和事已基本查清,重大的路线是非已经分清,阶级阵线已经分明,全校师生员工的团结有所增强。在落实政策方面,抓紧解决了一批错案、冤案、假案,右派改正工作进展较快,一些历史上遗留的问题有的已经解决,有的正在抓紧解决中。

2. 华国锋同志为首的党中央推倒了"四人帮"的"两个估计"以来,我们发动全校师生员工,联系学校实际,抓住教学秩序被搞乱,学习纪律松弛,教学质量严重下降和广大干部、知识分子横遭迫害等重大问题,狠批"两个估计",批判了现行反革命分子○○、○○的严重罪行,使广大师生员工砸掉了"两个估计"的精神枷锁,解放了思想,激发了为实现四化而努力工作的积极性,进一步提高了为把浙大办成"两个中心"的斗志和自觉性。

3. 学校校系两级的领导班子的建设已见成效,在思想上、组织上的战斗力有所加强,软、散现象有所克服,教研室、研究室和实验室经过民主选举产生了正、副主任,他们积极负责,勤奋努力。我校各级领导班子基本上能够肩负起党所委托的任务。

4. 在我们学校有一支基础好的队伍,包括干部队伍、教师队伍、工人队伍,这支队伍是能征惯战的,迫切要求党委带领大家向四化进军,向办好浙大进军。我们相信,我们这支队伍在新长征途中一定是能战、能胜的。

5. 为了适应实现四个现代化形势的需要,一年多来,我们按照学科设系的原则,对系的设置进行了必要的调整,设置了十五个系,并初步研究和调整了专业的设置。开展了师资培

训工作，恢复了教师的职称，并进行了教授、副教授、讲师的提升工作。从师资力量和物资设备等方面加强了基础课的教学，试行了学分制，恢复、建立了必要的规章制度，抓紧了基本建设和后勤供应工作。被“四人帮”干扰破坏所造成的思想无人抓，工作无人问，教学无计划，课程无大纲，成绩无考核，培养无要求的那种“六无”局面已经基本克服。科研上积极开展工作，取得了一定成果，建立了四个研究所、六个研究室，建立了研究生部，大力组织力量，为逐步形成若干学科的研究中心而努力。我们已进行的这些工作都为在我校实现工作重点的战略转移打下了良好的基础。

根据党的十一届三中全会公报和全国高等学校科研工作会议纪要的精神，对照我校实际情况，我们完全可以这样认为：我们学校实现工作重点转移的条件已经基本具备，摆在我们面前的主要任务，就是要不失时机地抓好学校工作重点的转移，切实地完成这次伟大的战略转移。

从十七年的历史中可给我们提供许多实行转变的极为可贵的经验。十一年的历史，是我们经历的一段崎岖的道路，有许多挫折与痛苦的教训。我们深深体会到：要办好学校，必须高举马列主义、毛泽东思想伟大旗帜，坚持党的教育方针；必须坚持实事求是的思想路线，发扬社会主义民主，按照高等学校的规律办事；必须正确地对待知识和知识分子，全面正确地执行党的知识分子政策，调动一切积极因素，使我们的一切工作围绕着提高教育质量这个中心环节，只有这样，学校各项工作就能顺利进行，教学质量、科学水平就能不断提高，完成党交给我们的任务。我们一定要科学地总结浙大办学的历史经验和教训，分清思想路线是非，并把历史的经验变为全校师生员工在新长征途中的宝贵财富。

二、浙大实现伟大战略转移的主要问题是什么？

实现四个现代化，关键是科学技术现代化。科学技术人才的培养，基础在教育。而高等学校对优秀科技人才的培养、对科学技术的发展，又具有特别重要的地位。所以，我们要加速把浙大建成现代化的社会主义理工科大学，为实现“四化”培养更多的又红又专的高质量的科技人才，夺取更多的高水平的科研成果。

但是，实现伟大的战略转移，我们面前还存在着不少的困难和问题。主要是由于林彪、“四人帮”十多年来的疯狂破坏和捣乱。给我们学校造成的损失、麻烦、问题一大堆。使我们面临一个百废待兴、百乱待理的局面。要改变这种局面，必须进一步加强党的领导，克服缺点，使领导能够适应形势的要求。检查起来，我们党委的工作还存在着不少问题。主要有五个方面：

第一，党委领导对把工作重点转移到搞“两个中心”的思想准备还不够充分，认识不够深刻，对于如何实行科学管理还很不熟悉，对学校各条战线的工作，缺乏周密的统筹规划；存在忙乱现象。

第二，各级领导班子，首先是校党委的民主作风和战斗团结，还必须进一步加强。目前，还没有达到心往一处想，劲往一处使，拧成一股绳的程度。还没有达到主动倾听群众意见，完全按照民主集中制原则办事的程度。

第三，体制上不够健全，党委领导下的校长分工负责制还未建立好；各级、各部门职责不够明确，机构运转不够灵活，办事效率低。学校有些部门人浮于事，而系和基层班子不健全，人员配备不足。

第四,对于如何适应新时期的要求加强政治思想工作,还缺乏经验。怎么把政治思想工作深入到教学和科研领域中去,成为促进"两个中心"的强大动力,所有这方面的工作还有待于探索和创造,其经验还有待于总结,有待于研究。

第五,对后勤工作的领导还不够有计划、有力量。后勤工作同志虽然作了大量的工作,但从领导上来检查,设备、器材供应和生活后期都还存在许多问题,及时采取措施加以解决的工作做得不够;有些教师还在跑设备、器材,影响教学和科研;等等。

对于这些问题,我们必须充分认识,认真对待,发动群众,揭露问题,大刀阔斧,雷厉风行地加以改进。

三、1985年前的努力目标,1979年的主要任务和抓好工作重点转移的措施。

学校工作重点的转移,就是要转移到教学和科研工作上来,把学校真正办成既是教学中心,又是科研中心,出高质量的人才,出高水平的科研成果,为社会主义现代化建设作出贡献。

1985年前,我们的努力目标是:在人才培养上努力提高质量,在科学研究上努力向高峰攀登。使学校切实成为高水平的教学中心和科研中心。

人才的培养坚持又红又专的方向,业务上的要求是:

大学生应培养成为对本学科基础理论较扎实,基础科学知识面较宽,至少能熟练运用一门外国语,掌握现代测试技术并具有组织和进行实验研究能力的科学技术人才;

研究生应培养成为基础理论坚实,有跨学科的知识面,能适应当代科学研究理论性、综合性、跨学科性强的特点,具有创造性地进行科研的能力。工科研究生还应打好基础科学和工程技术的基础,受到工程师、科学家两方面的训练,成为科学工程师和工程科学家。

逐步增加在校研究生的人数,争取在1985年使在校研究生人数与大学生人数的比例达到1:2,即大学生8000名,研究生4000名。

科学研究应达到的水平是:能站在当代科学技术水平的起点上,为赶超世界先进水平组织攻关战。要在基础科学和应用科学的基础领域,形成自己的特色和学派,成为学术中心,把科研和培养研究生紧密结合起来,既出人才,又出成果。

为实现工作重点的转移,摆在我们面前的重大战斗任务,就是千方百计地提高教学质量和提高学术水平。因此。我们在1979年的主要工作,就是要围绕这个中心环节,狠抓各方面的整顿。只有抓整顿,才能运用一分为二的方法,肯定成绩找出差距,改进工作。只有抓整顿,才能巩固和发展大好形势,加快学校建设的速度。只有抓整顿,才能把浙大办成"两个中心"的做法具体化。集中到一个点,就是,只有抓整顿,才能拨乱反正,做到像小平同志所说的:把学校办成学校的样子。我们一定要坚持实践是检验真理的唯一标准,坚持实事求是,按照教育工作的规律来抓教育,对学校工作中应兴应革的事按轻重缓急,一件一件抓起来。

我们这次党委扩大会议正是为了贯彻党的十一届三中全会会议的精神,提高认识,统一思想,研究和制定学校工作重点转移的做法,提出具体措施,加以兑现。经会议反复讨论和党委的研究,从全校范围考虑,在1979年着重从以下五个方面三十四个工作项目,抓好整顿,各系、各部门、各单位都应根据这总的要求和自己的情况来确定自己的工作重点和做法。

第一方面,一定要整顿好思想作风,把党委建设成团结战斗的领导班子。

学校工作重点的转移，首先是领导的思想与工作着重点的转移，一定要整顿好我们的思想作风，把党委建设成为能带领广大师生员工胜利完成战略转移的团结战斗的领导班子。为此，提出以下七点要求和办法：

（一）党委领导必须带头学好党的十一届三中全会公报精神，自觉地做到把思想统一到"四化"上来，把主要精力转移到教学和科研上来，振奋精神，发愤图强，做到想问题、发议论、办事情都以有利于实现"两个中心"作为出发点和落脚点。坚持实践是检验真理的唯一标准，坚持实事求是，解放思想，冲破种种禁区，反对一切照抄、照转、照办的本本主义，克服思想僵化和半僵化的状态，做到"三勇"：勇于思考问题，勇于探索问题、勇于创新和"三敢"：敢于提出问题、敢于决定问题、敢于解决问题。

（二）发扬民主、广开言路，活跃批评与自我批评的风气，贯彻民主集中制，努力形成实事求是、科学民主的政治局面。党委常委、书记都要定点联系一个单位（系、所、厂），至少有三分之一的时间深入基层，调查研究，主动倾听群众意见，发现问题，切实、迅速解决问题。一定要清除官僚主义和拖拖拉拉不负责任的工作作风，定期召开党委会布置、检查、总结工作，开展批评与自我批评。

（三）坚决贯彻党的各项方针政策，充分调动广大师生员工的积极性。要从思想上充分认识知识分子是学校工作中的一支重要依靠力量，完整理解、正确贯彻党的知识分子政策，首先抓好以下四点：一是把有真才实学、德才兼备的人才，选拔到校、系、所、处、室等领导岗位上来；二是从图书资料、学习环境、生活必需等方面真正为知识分子解决实际问题；三是对有创造发明、学术有成就、教学有特殊成绩的教师实行奖励；四是对两地分居的教师应根据可能尽快加以解决。

（四）贯彻党委领导下的校长分工负责制的原则，从校机关到系、所和教研室建立一个有效的行政指挥系统。学校和系的教学、科研和各项行政工作分别由校长和系主任负责，做到责任分明，有职有权。

（五）本着"有错必纠"的原则，在上半年必须完全解决冤、错、假案的复查平反工作。对清查工作，要严格按照党的政策搞好定性、定案和处理工作，做到善始善终。要抓紧认真负责地解决历史上遗留的问题。

（六）各级领导班子成员都应努力学习，在学习马列主义和毛泽东思想基本原理的同时，要努力学科学、学技术、学管理、掌握学校工作规律，做好本职工作。

（七）加强对工会、共青团、学生会的领导，充分发挥它们作为党的助手在实现伟大战略转移中的积极作用。

第二方面，一定要把组织整顿好，精兵简政，实行科学管理，提高效率。着重抓好以下六点：

（一）按精兵简政、提高工效、增强战斗力的原则健全党、政系统各级组织机构，把各级、各部门、各单位的领导班子进一步整顿好。调整、充实、加强系一级机构，系必须有一定的工作自主权力。必须克服领导班子中存在的软、散现象。

（二）各级机构要定编制。通过调查研究，摸清干部、教师、工人队伍的情况，按照精简上层，充实基层的要求，一个一个系、一个一个单位地进行调查研究，提出整顿方案，进行充分讨论，切实做好确定人员编制的工作，把系和基层的干部配齐，以适应"两个中心"的要求。

(三)明确各单位、各部门的职责。在干部、教师、工人中逐步建立岗位责任制,实行政治业务技术和工作效率的全面考核并建立考勤记录与考核制度。

(四)从教师、工人编制中调整部分人员充实实验室队伍。抓紧完成实验员的定职与提职工作。

(五)一定要确保教师有 5/6 的时间用于业务。减轻校系两级“双肩挑”教师的行政事务负担。

(六)积极做好准备工作,按党章规定进行校党委的民主选举。

第三方面,一定要紧紧围绕“两个中心”,狠抓教学质量和学术水平的提高。

各系、各单位、各部门的工作都要以全党的工作着重点实行伟大的战略转移为总的指导思想,以建立“两个中心”这个总目标为要求,紧紧围绕提高教学质量和提高学术水平这个中心环节来制定工作计划和检查工作。

特别需要明确的两点是:①正确处理教学、科研和生产的关系,必须是促进“两个中心”的建成,决不能搞三个中心;②教学、科研“两个中心”的关系应该是以共同的基础既培养人才,又出科研成果。

为此,必须抓好以下八项工作:

(一)坚持高质量要求,坚持按教学规律组织好教学。进一步研究、调整好专业的设置,加宽专业面,明确专业方向。理科系不分专业,工科专业以学科为基础研究工程问题。制订好教学计划,加强对基础课的领导,加强“三基”。狠抓教学内容的充实与更新,开出愈来愈多的选修课。修订健全教学规章制度,搞好学分制。大力发展电化教学,努力实现教学管理科学化,教学手段现代化。

目前,特别要注意防止学生负担过重的现象。

(二)发扬学术民主,活跃学术空气,大力开展科学研究,促进教学质量和学术水平的提高,促进学科的发展。要根据我校实际情况,抓住重点学科,组织好力量打歼灭仗。各课题应纳入学科的方向,要着眼于学科的发展和建立学术中心,要抓好计划在国庆三十周年完成项目。办好“浙大学报”,今年起以季刊形式在国内公开发行。

(三)加强师资队伍的建设。按照建立“两个中心”的要求,整顿好教师队伍。按有利于学科发展和加强基础的要求调整好教师的布局。通过在教学、科研实践中锻炼和有计划的培训,大力提高教师业务水平。教师的进修应贯彻在职进修和自学为主的原则,正确处理工作与进修的矛盾。各系、教研室应做到“三定”(定规划、定措施、定制度),对每个教师应做到“五定”(定工作任务、定进修内容、定计划要求、定方法措施、定考核办法),积极争取条件有计划地选派教师出国进修和到有关研究所或兄弟院校进修。充分注意学术带头人的选苗和培养。

(四)加强教材的建设。各系、教研室对已开出的课程要提高教材水平,在教材内容精选和更新上下功夫,使教材具有深厚的理论基础和先进的内容。同时要根据最新科学技术的发展,为开出更多的课程选编新教材和编写教学参考书。对于在受“四人帮”干扰影响下编的教材要认真加以审改。加紧组织力量研究国外最新教材,吸取有益的内容,充实自己的教材,或直接引进,以适应科学技术现代化发展的需要。

(五)加强实验室的建设和提高实验教学水平。学校要抓好中心实验室的建设。各系、教研室要大力加强实验室的整顿、恢复和提高工作。各实验室的全体人员都应发扬自己动手、勤俭办学的精神，充分发挥现有潜力，努力创制新型的实验仪器设备，开出更多的新型实验。特别是有条件的要利用科研试制经费设备条件，改造实验室，切实做好实验指导书的编写和学生进行数据处理、写实验报告等的指导工作。有条件的还要培养学生自己提出实验方案，独立进行实验的能力。

加强图书馆的建设。在新图书馆建成之前，要挖掘房子潜力，改为临时阅览室，迅速改变学生阅览室座位过少和新书积压的现象。扩建印刷厂，增加印刷力量，保证教材、科研资料的印刷。

（六）整顿现有的校办工厂。办校办工厂的方针是必须为教学、科研服务。主要制造教学、科研的仪器设备和为科研成果进行研制性生产或中试生产。同时要选择一定的产品以利于安排组织好教学实习。在机械工厂中恢复建立科研车间。校办工厂要逐步实行企业管理，并为教学、科研提供必要的资金。

（七）教学、科研的技术后勤工作，由设备处集中管理，配备足够的采购人员，搞好物资供应工作，改变教学、科研第一线教师跑采购的情况。抓好清仓查库，搞清家底，挖掘物资潜力，互通有无，实行各系、各部门的共产主义协作。

（八）加强对外交流和与兄弟院校、研究所的交流。今年拟派代表团赴美进行高等教育和学术考察，计划邀请国外的教授、专家来校讲学。还拟聘请科学院有关研究所的科学家兼任有关系的系主任和来我校讲学，选送一些教师出国进修和到兄弟院校进修。

第四方面，一定要把后勤工作抓上去，大力为师生员工解除生活上的后顾之忧。

后勤工作牵涉面广，棘手问题多，有些事还不是学校完全可以解决的。尽管如此，我们要知难而进，迎着困难上，放手发动群众，立即着手在以下七个主要方面抓出成效来。

（一）办好食堂。积极创造条件办好食堂，首先应解决好用膳时拥挤现象，提高伙食质量。开办照顾年老体弱的教职工的小食堂。炊事员逐步实行计时工资加奖励制度，有奖有罚，奖惩分明，开展社会主义劳动竞赛。

（二）加强住房的管理、分配工作。校内家属住户应尽快迁出，今后不允许再增加校内家属住户。

土木系要大力支持建筑设计室的工作，要千方百计加快基建进度。

浙大家属宿舍是供浙大工作人员居住的。凡本人已调出浙大，仍占用我校家属宿舍的要采取相应的具体政策（如限期收回，增加房租等），加以解决。

（三）尽力解决供水问题。一是进一步与自来水厂联系，争取增加自来水的供应量。同时，特别要抓紧做好临时蓄水池的一切使用准备工作。二是采取一定措施，尽可能解决高层楼房的教学、科研及生活用水。

（四）进行一次全校性的大维修。“四人帮”破坏这十多年，校舍、门窗、上下水道、电灯、电话、教室、桌椅等等年久失修。要组织力量搞一次大检查、大维修，像个振兴家业的样子。

（五）开展爱国卫生运动，大张旗鼓地整顿校容。把各幢大楼打扫干净，把校园平整好，把垃圾清理干净，搞好公共卫生，创造一个整齐清洁，有利于学习、工作的舒适环境。要积极开展疾病的预防和提高、改善医院的治疗水平。

（六）扩大市场，搞好副食品供应工作。通过各种途径，争取逐步实现生活后勤社会化，拟先和钱江农场、古荡公社等有关单位挂钩,供应副食品等。

(七)建立后勤党总支,加强后勤部门政治思想工作,切实完成上述各项任务。

第五方面,加强政治思想工作,把政治思想工作渗透到教学、科研工作中去。

不断加强政治思想工作,是教育、鼓舞、推动全校师生员工实现全党工作重点转移的强大动力,是把浙大办成"两个中心"的根本保证。当前,要抓好以下六项工作:

(一)引导全校师生员工继续冲破种种禁区,解放思想,用"实践是检验真理的唯一标准"来衡量一切事物,提高为实现"四化"而斗争的自觉性,为把浙大办成"两个中心"而争作贡献的自觉性。以实现"四化"为己任,以办好浙大为己任,激发全校同志对实现重点转移的迫切感、责任感和光荣感。

(二)创造、维护安定团结和科学民主的环境,人人有责。大家要发愤图强,同心同德,去形成一个安定团结的浙大。为此,要澄清若干不正确又有影响的思想理论问题:要狠批极左观点,清除恐右病和宁左勿右的思想;要号召同志间实行大团结,提倡"三互"(互助、互让、互谅),并肩前进。

(三)要提高党的威信。党的威信的提高根本的是靠党的正确方针政策,靠党员的模范行动。要健全党内生活机制,加强对全校1340名党员的教育。检查党员的模范带头作用,要列为最近一个时期党的生活的重要内容。

(四)要建立和健全政治工作的领导和骨干队伍。宣传部、马列主义教研室、共青团要形成做学生政治思想工作的一条线。要继续发挥政治辅导员的作用,逐步建立班主任制,建立教师做学生思想工作的制度。目前,要用讲课、举行讲座的办法在学生中系统地进行党的十一届三中全会精神的教育,即实事求是、民主法制、重点转移的教育。要加强形势时事教育,定期举行形势报告会。

要教育学生坚持又红又专的方向,坚持德、智、体全面发展。开展群众性的广播体操、新长征象征性长跑,各种球类比赛,召开运动会等体育活动,增强学生的健康状况。

(五)树立良好的校风。要树立团结紧张、实事求是、勤奋好学、生动活泼的校风和学风。办法是:用一段时间集中地大张旗鼓进行一次学校新风气的教育,联系实际,移风易俗。批判坏风气,树立新风气。

(六)加强学校的治安保卫工作,建立健全保卫工作机构,保证教学、科研等各项工作的顺利进行。

做好人武工作,搞好军事教育和民兵建设。

同志们,上面五个方面的工作,是1979年要抓的主要工作。对于上面所提工作,还要一个一个地落实,校党委下了决心,要冲破千难万险,我们准备在三级干部会后,大体上在二月下旬开始,分别开专门的业务会议,提方案,定措施,见行动,需研究解决的大致有以下十二个:

1.教学、图书工作;

2.科研工作;

3.研究所工作;

4.师资培训工作;

5. 体制问题；

6. 后勤工作；

7. 生产工作；

8. 基建工作；

9. 清仓查库；

10. 环境保护工作；

11. 善始善终，结束清查工作和落实政策、解决历史遗留问题；

12. 政治思想工作。

总之，我们要正视问题，有问题就抓，发动群众提合理化建议，加以解决。

同志们，1979 年在我国是具有重大历史意义的一年，让我们在华国锋同志为首的党中央领导下，齐心合力，发展安定团结的大好形势，以实际行动做好学校工作新重点转移的工作，坚持社会主义的方向，坚持千方百计地提高教学质量和学术水平，为加速把浙大建设成为现代化的社会主义理工科大学而奋斗！

浙江大学档案馆藏，档案号：ZD-1979-XZ-67

求是、创新、奋斗①

（1979 年 4 月 23 日）

我今天很高兴同大家见面。不过我也很抱歉，因为种种原因，本来该早来，结果晚了几个月。现在各种条件具备了，我就来了。

这次来了之后，确实感到浙大不错。难怪外国人一谈论起来，就是北京大学、清华大学、交通大学和浙江大学这四所大学，当然还有复旦大学、中国科技大学。浙江大学总是被人家排在头五、六位的，是第一流大学。

浙大前身求是书院，八十二年前叫求是书院。求是前面应加实事两字。实事求是的实事，就是作调查研究，求是就是找规律，或叫研究。求是这个精神很好。浙大在这方面做了很多成绩。有的单位，只做了五分，就说八分。浙大是做了五分，就说五分；有的做了八分、九分才说，这个作风很好。但是仅仅这个作风不够，因为要在 2000 年赶超世界先进水平，光求是就不够了。

赶超，正如邓副主席讲的，即大部分接近当时水平，一部分赶上，小部分要超过，这才叫赶超。并不是说所有的都要是世界第一。现在在座的许多青年，到 2000 年你们大约四十五岁，那时候任务可比现在重，大家眼睛盯着你，世界各国也逼着你。到你们四十岁了，就不是像现在这样，找这个或找那个解决问题，而是人家找你们解决问题，那时候你们就会感到真正的压力很重。因此，除了求是精神外，还应给你们加上“创新”两字。创新，就是要你们从现在起养成创新的习惯，以适应发展的需要，没有的只有眼巴巴地看着你们过不了关。所以

---

① 本文系时任浙大校长（1979—1982 年）钱三强 1979 年 4 月 23 日在全校师生员工大会上的讲话节录，题目为编者所拟。

创新是很不简单的,脚踏实地,踏踏实实,这是创新的基础,但还不是创新。

我们五十年代就是扎扎实实地干,把苏联一百零几项换了来,画了图,照着抄。这次我到学校机械工厂看了看,有些工作做得真不错。虽然这些有的是仿造的,能仿出这样子很不容易。可是要出好东西,还得创新。一个机器,人家都是一代一代你超我,我超你,我们为什么不能超他的基础呢?这就要求各个系如机械、材料、无线电等合在一起搞,看做得怎么样,怎样才能搞好。利用我们各种学科,一定会做出很好的成绩。我们现在就应该在学生青年中,在教职工中,树立创新精神,用创新思想鼓励同学。这是我们的责任。不然以后青年会骂我们校长、党委书记没有教育好他们。

要创新就要在原有基础上扎扎实实动脑筋。外国他们基础研究和应用研究,特别是应用研究,就是技术应用。科学发展,很重要一条就是能够创新。这里举个例子。大家知道,澳大利亚地大物博,真正肥沃的地方不多,大块地方是沙漠。可是,经过二百多年开发,澳大利亚现在是粮食出口,油类、肉类出口,羊毛出口,资源出口。他们为什么能搞成这样呢?我去过二次,第一次去就觉得奇怪。后来懂得了,澳大利亚的秘密就是找到一种昆虫,北京叫"屎壳郎",听说浙江叫乌家狗。他们开动脑筋,培植一种适合推牛粪的屎壳郎。他们从与自己气候相当的南美洲、中东捉回各种屎壳郎来试验,看它对澳大利亚的牛粪感不感兴趣。结果有的行,有的不行。于是选择几种加以繁殖,繁殖好放出来,果然牛粪一天一天少了,土地却肥沃起来。你看,就是这么一点道理,但人家却是创新。所以开动脑筋,不一定非想得很神奇不可,非得像哥德巴赫那样。有许许多多可开动脑筋的事,就看你能不能比别人多走一步。

中国人苦干是有余的,人家也佩服,但巧干不足,找窍门不够。再举一例可能对建筑学有帮助。这次到法国去,看到他们用声波滤波的方法找到抵抗强烈地震的办法,用到建筑房子上,这个问题,说穿了很简单。法国几乎没有强地震,但靠近地中海总有一点小地震。他们想钢铁这边一振动要影响到那边,橡皮就不一样,这边震了,那边只是微微地动。于是根据这个普通原理,在造房子时从地基到第一层楼搞一层生铁滤波器,好像一层人工制造的橡皮。你看是不是问题很简单,就像薄薄的一层窗纸,就像你有没有本事捅破这层纸。只要开动脑筋,我们中国人也不比人家笨。世界上都承认搞科学工作中国人和犹太人是最厉害的,可是犹太人很少,中国人比他们多得多。所以我们主要要开窍,做领导的要重视,要提倡。

前面说的道理,我们所有学过一点普通物理的人,甚至没有学过普通物理,只要有点常识的人,都可以想得到的。法国人搞这个,人家还参照美国旧金山1952年那次大地震,从建筑学各个方面、结构力学进行计算,搞出一个模型,还用人工的方法进行实验。后来我们向地震局同志讲了。我问他们想过没有,问了建筑方面的人想过没有,他们都说没有。唐山在地震之后新造的房子,还跟过去差不多,如果再来一次地震,其结果不是也和过去差不多吗?所以对今后来说,除了求是之外,还要有创新的精神。

你说怎么个创新,我说不出来,我们可不断琢磨。什么是创新,就是创新者找到创新的规律。我们乒乓球就是不断创新的,过去打直拍跟日本学,就是打不过日本,除非体力特别强。但是到26届一下就打败日本了,主要的关键是摸到一个窍门。日本打球是摔大胳臂的,其实摔大胳臂没有多大效力,只是吓人而已。真正厉害的是什么?是拿腕子再加肘子,所以打直拍里面有一个用臂力还是用腕力的问题,后来再加上短促的打击,连得了几届冠军。最近我们又搞了几手，到了重要时刻，球往上一拎，对手一看就害怕，以为使用了秘密武器，其实是比他们高此一招。一招者即规律，比他们懂得多一点。你有这多一点的东西，就比人家强一筹。所以等到2000年时，你现在学术交流一般还可以，可是到了跟他们差不多了，那他就要保密了，不会给你先进的。你要搞的话，就得自己创新。

就举这么几个例子。从这里提到理科与工科的关系，理科一般来说比较脱离实际，但是接近自然规律，并且是自然的基本规律。工科多半是把已知的基本规律如何拿去用，用到我们国民经济、国防建设。所以要真正把工科办好，理的基础一定要好，并且要理工结合。外国也是这样的，原来是分工科的，理科的，后来慢慢地理工结合。理工结合情况也不一样，像MIT。先工为主慢慢转为理；C. I. T. 先理为主，慢慢转为工。各方面情况不一样，因此总的说来要采取措施，使得理工结合。这个看起来，是我们今后科学中很重要的一项。

我们科学院现在被人家批评说，你们是吃素的。其实我们也在吃肉，不过概念上是吃素。就是说，理方面出身的人，不大会动手，不大会画图等等。但是近代科学技术的发展，越来越多地要工程技术同科学相结合，所以我们应该很强调工科。在科学院系统，现在我们五个代表团回来，都写了报告，并采取措施，大力加强技术系统，使得我们很多的东西，从概念出发，最后能够做出来。做出来的，有的可以对实际有用，有的对整个科学仪器设备有用。这种工作非常重要。以后学校里要在工科的基础上，走向理工结合。结合，这正好是现代科学发展趋势所要求我们的。科学院本身缺少这方面人才，需要在这方面大大加强。我们到国外去看，技术系统的人多于研究系统的人。技术系统的人在一个地方也可以，让他在一个地方待得长，有一个持久性、连续性。研究人员要鼓励他到处跑。今后大家要根据这样一个情况，体会我们理工结合这么一个意思，我们提出教学、研究两方面都要注重。过去我们只注重了教学，研究重视不够，现在应该改变这个状况。进行研究才能摸出新的规律，摸出规律，在科学里面就是要进行研究。因此教学与研究的关系还要强调，除了教学以外，还要强调研究。

我从前在清华大学的时候，有几个教授会动手，在那里做研究工作。我们那时候无形中也懂得有这么一项，后来就慢慢有兴趣了。假如那个学校里根本没有什么教师在进行研究工作，上完课考试，考了九十分就差不多了，那么，这样的学生出去后对研究工作的兴趣就不会那么大。研究总要有点好奇心，研究还允许他失败。什么东西都看准了，到时候非拿出结果不可，这样的领导不配在研究机构里当领导。研究一定有失败，哪里有一个规律一下子就摸出来？我做学生时候，还没有原子能这个东西，就是在我年轻时，在研究过程中慢慢出现了。现在所以有原子能是因为人家有四十年研究的结果，正好到那个时候走到一个转折点，我们刚巧懂得这么一件事，至少我们懂得研究工作的重要性。除了很少的如土木工程我还不敢说以外，从电学，热学起，所有东西都是物理、化学找到规律以后应用的结果，现在工科大学都是这样的内容。所谓现在工科者，基本上都是物理的应用和化学的应用。但是别的国家还在抓基础的东西，你不抓成吗？你不抓将来还是翻版，永远跟在人家后头，至少像美国人说的，你跟我们等距离差别。你不抓基础科学，人家出了一个东西，你模仿，结果起码要差十年；十年刚摸出来，人家往前走，我们还得赶。所以现在应该是迎头赶上，将来还要少数超过。现在的青年从一开始，教师就要鼓励他们，要创新。创新关系、理工关系、教学和研究关系都在里头。为什么不提科学现代化而是提科学技术现代化呢？这是因为愈往前发展，科学和技术愈密不可分,愈要互相配合。比如说,搞基本粒子理论没有加速器,结果还是搞不上去。所以还得提倡中国式的四个现代化,提倡艰苦朴素、勤俭建国。我今天说了这个话,强调了这个重要性,等到二十年以后我已不存在的时候,那时候,你们至少说他说了这个话。

其实高楼大厦并不产生科学,像裂变的产生并不在大楼里面,那时候美国还没有什么加速器,这主要是找规律。找规律的人常常在比较简陋的条件下,心里憋着一口气。有了争一口气的劲头,再加上干,结果就出了新的东西。我讲这个话,并不是说你们的大楼都拆了,搭茅棚,不是这个意思。但不要以为学校要出新东西,就必须要什么、什么,这在现在不现实。我们中国多少年来受人欺侮,我们不可能一下变富,但是这个富是必然的。现在中央也已指出这个方向,必然会逐渐达到这一天。达到这一天还得强调艰苦奋斗、自力更生。我们原子能科学,开始在中国只有三个人,真空泵也买不到,只有从天桥旧货摊买来一台车床,结果什么东西都自己做。下了决心,一九六四年十月十六日干出来了;人造卫星从一九五五年开始,一九七〇年也干出来了。十五年,十五年能干出很大的事。但刚开始时,一定是因陋就简的,必须勤俭建国,艰苦朴素。这次看到你们的设备有的还是搬到贵州去的,现在搬回来还保存很好,这就是一个艰苦朴素,我们应该提倡。

想当初,法拉第电机正式发电,那个电子规律叫电子动什么的,现在电器时代就是从他那时开始的。那时候,他有什么玩意儿?我们现在就应该这样想,这样想了以后,你就感到要开动脑筋,结果你会想到同样的东西。在我年轻的时候,我的老师就对我讲,什么是好的工作?是在简陋条件下做出比人家好的工作。我认准这一条,我的老师对我的教育还是对的。我每年总是对所里新进来的青年们讲这个,因为这事总得老讲,讲到等许多人跟你一块讲、替你讲了,你就可以休息了。那么除了这些以外,我们要不要国外的新技术呢?要!根据国家的国力,国力逐渐在增长,引进一些外国设备。但是一定要做到比较好的使用,不要这个系有了,就不给那个系用。现在我们国内叫做单位所有制,这个思想还是很厉害,妨碍我们科学发展。

我们中华民族自古以来就是一个富有创造性和有奋斗精神的民族,中国人不比外国人笨。今天我们有比过去任何时候更加优越的条件,难道我们搞四个现代化就不成吗?我相信,我们的目的是一定能够达到的,我们浙大也是能够越办越好的。

浙江大学档案馆藏,档案号:ZD-1979-XZ-42

关于我国高等工程教育层次规格和学习年限的一些看法①

(1983年5月)

当前我国高等工程教育的根本任务,是为九十年代的经济振兴培养多种规格的高级技术人才。这里所说的多种规格,显然涉及两个方面的问题:一是研究、分析我国的经济结构

---

① 本文系时任浙江大学校长(1982—1984年)杨士林、副校长王启东、李文铸、韩祯祥(1984—1988年出任浙江大学校长)联名发表在《浙江大学教育研究》1983年第5期的文章,后被《高等工程教育研究》1983年第2期和《高教战线》1984年第4期转载,收录删除了摘要、图表和所有引用文献。

对人才规格和培养层次的要求;二是研究如何建立或完善与经济结构及其发展趋势相适应的高等工程教育体系。其内涵包括高等工业学校类型、学制、专业结构、课程结构、各种专业人才比例关系等。这既是一个教育理论问题,又是一个如何正确处理继承与发展矛盾的问题。它也是当今世界各国所关注并且大力研究的重要问题之一。

党的十二大明确指出,教育是促进社会主义经济全面发展,实现经济发展目标的战略重点之一,是建设社会主义物质文明和精神文明的重要前提。这深刻反映了教育的客观规律,也是对我国历史经验的重要总结和理论上的发展。下面谈一些不成熟的看法。

一、高等工程教育必须有层次

高等工程教育的结构,是一个国家或国家内一个地区经济和社会发展对高等教育要求的客观反映。它受到生产力、生产关系两个方面因素的制约,受到国际上生产和科技发展的影响,要考虑科技人员的现状,还应该借鉴国外成功的经验。

(一)我国生产和科技的现状及其发展,需要多种层次、多种规格的工程技术人才。

近年来,由于正确贯彻中央关于"调整、改革、整顿、提高"的方针,我国农村经济迅速发展,城乡中小型企业大量涌现,交通、能源重点工程和各经济区域建设蓬勃发展,现有企业的革新、挖潜,新技术的引进、消化,科技发展规划的全面制定及其贯彻落实等,这一切确定地需要多种层次、多种规格的技术工作者。

1.大量的农村社队经济,城乡集体所有制企业,城市中、小企业,大中型工厂的生产车间、建设工地等生产第一线需要中级工程技术人员。其主要技术职责是直接指挥生产,负责生产的运行,工艺过程的实施,产品质量的检验及设备的安装、维修等。

2.在中型或中型以上的工厂企业及其研究所,需要高一层次的中、高级工程技术人员。其主要技术职责是进行工程设计,装备设计与试制,生产技术和流程的试验革新及新产品的开发研究。

鉴于我国经济结构的特点,这一层次的工程技术人员承担较为复杂的技术使命:如现有企业的整顿、挖潜,单一化老产品的革新改造,新技术的引进、消化,试运行以及开发研究。展望我国九十年代的经济振兴,还需要一批更高学术素质的工程科学技术人才,以适应相当于国外七十年代末、八十年代初已经成熟的生产和科学技术及进一步的开发、创新研究。

3.在研究部门或高等院校,需要有一批从事基础与开拓性研究的专门人才。他们的主要职能是进行技术科学的理论研究,勇于开拓新兴学科、涉足边缘学科,进行技术创新与发明,促使我国成为一个社会主义的大国、强国,尽快实现经济和科学技术的振兴。

4.多种层次、多种规格的工程管理人才。

现代经济结构的重要特点之一,是技术与经济的互相渗透日益紧密,技术与经济交叉的工作领域愈益广泛。我国目前庞大而复杂的经济结构,迫切需要从企业的基层管理干部或初级经理,到国家经济部门的各级领导层次的管理人员。培养一大批对自然科学和社会科学均具一定基础,既懂技术又懂经济的专门管理人才,已成为高等工程教育面临的一项突出任务。

(二)从我国科技人员现状来看,高等工程教育的层次化改革刻不容缓:

根据有关文献资料的统计,我国现有科技人员的状况是:

1. 在数量上不能适应经济建设对人才的需要。由于“十年动乱”期间各级各类学校停止招生等原因,我国科技人员的总数少增加约160万人,现有各类科技人员529.6万人(1980年),占职工总数的比例约为5%,在经济最发达的上海市,也仅占7%,我们浙江省,这个比例更低(3.6%以下)。

2. 现有科技人员技术层次的比例严重不适应经济结构的需要。我国现有科技人员中,留学生、研究生占0.3%,本科生占42%,中专生占36%,无学历者占22%,这个比例是极不合理的,特别是中级工程技术人员数量比例严重失调。上海郊县、市区的社队和集体企业职工人数约100万人,年产值约50亿元,但是1982年以前竟然没有分配到一个大专毕业生。

3. 从现有科技人员的年龄结构和技术素质来看,严重地不适应九十年代经济振兴的需要。由于马鞍形的增长,目前年龄在35岁到45岁之间的中、高级科技人员占51.7%,九十年代以后将进入老化退休期。相反,由于在1966年到1976年间毕业人数的骤然减少、学术水平实际偏低,将造成九十年代中年区间的中、高级科技人员的“空缺”,如不及时弥补,必将严重影响九十年代经济和科学的振兴。

(三)由研究生、本科、专科组成的多层次结构,是世界高等工程教育的共同规律。

我们简单分析一下六国(美、英、日、西德、法、苏联)的现行高等工程教育体系。

1. 专科层次:虽然各国的学校名称有所不同,从培养的层次、规格来看,均属于在完全普通中学教育文化基础上进行短期职业教育的范围,学习年限一般二—三年,毕业后担任生产第一线的专业技术工作。

在美国,一般称为社区大学(Community College)或初级学院(Junior College)。

英国,综合技术学院(Polytechnic)。

日本,高等专科学校、短期大学。

西德,高等专科学校。

法国,技术学校(Technical College)。

苏联,招收十年制中学毕业生的中等专科学校。

应该指出,近二十年来各国高等工程教育的较大发展,很大程度上是短期大学的大发展。

2. 本科层次:各国工程教育的本科层次、结构各有传统,比较复杂。粗略理顺,有两种类型。

(1)美、英、日本是在12年完全中等教育的基础上(英国是13年),进行四年的理论学习,培养工学士。专业的实践训练,在美国采用“协作计划”(Co-operative education);英国则采取所谓“夹心制”(Sandwich system),把学习年限改成“1—3—1”体制,学制五年。其工程师学位,相当或稍高于工学硕士学位,放在研究生层次中进行。

(2)西德、法国的工程教育结构比较复杂,采用分阶段学习,但明确对毕业生授予工程师文凭。在13年完全中等教育文化水平的基础上,分三阶段:第一阶段基础学习二年,第二阶段专业理论教育二年,第三阶段实践训练一年,学制五年。它们特别重视工程师的实践训练,并且由于考试制度森严、淘汰率高,修满规定的学分往往需要五年半至六年的学习年限。

苏联高等工程教育本科层次,学制一律五年。在十年制完全中等教育的基础上,本科培养目标以他们所制定的未来专家的信息模型为标准，都要进行为时不少于六个月的工业训练，占13%—15%的总学时时数。毕业时授予的毕业证书接近美国工学硕士水平，经过一年实践可获得工程师职称。

3. 研究生层次：培养攻读硕士、博士学位的研究生教育，是各国高等工程教育的最高层次，主要集中在师资力量和学术水平较高的高等院校内进行。美国现有3020所高等学校，其中设研究生院的为704所。50%—60%的研究生，集中在24所著名的大学培养。西德、法国、苏联三国不设硕士学位而直接攻读博士学位（苏联则为副博士学位），由于生产和科学技术的迅速发展，各国都越来越重视和增加对研究生的培养（见附录表2、表3、表4）。其中美国本科生与研究生的比例，从五十年代的10.2∶1，提高到七十年代的6.7∶1，在一定程度上保证了它在科学技术理论研究方面的领先地位。

综观六国高等工程教育的现状，其特点是：

(1)专科、本科、研究生组成了明确而严格的层次结构及相应的公认的学位制度。在层次之间的衔接问题上，社区大学、职业技术教育的毕业生，很少再进入四年制本科学习，所学的技术学科的学分一般不被承认。

(2)现代工程教育的流行趋势是把基础科学、数学、基本工程原理作为主要的学习内容，重视学生发展创造性思维能力和对“信息系统”的学习研究，把传统的教学实验的目的，有效地改变为理论和工程实际训练的有机结合。在学制问题上，除苏联外一般都是四年制。但实际上培养一个能适应现代生产和科学技术发展需要的高质量的工程科学技术人才（欧洲经济共同体称之为理论工程师），都需要五至六年的学习年限。

建国以来，特别是院系调整以来，我国高等工程教育体系一直有专科、本科，研究生这三个层次，大体上规定了各自的培养规格和学习年限。但是，三十年来几经周折，使现行学制中三个层次的界限，培养规格不够明确，数量比例严重失调；研究生数量太少，专科教育大起大落，地位长期不稳，特别是本科教育规格单一化。

针对我国当前经济结构和科技人才的现状，高等工程教育层次规格和学制改革的中心课题，首先是明确三个层次的界限及各自的培养规格，调整数量比例，使之与社会劳动力呈明显金字塔形的技术层次结构相适应。

根据我国的国力，首先是大力发展以专科、职业大学为主体的全日制专科教育，稳步发展现有的四年制本科教育；同时还必须预先考虑到顺应九十年代经济振兴所需要的高级工程科学技术人才的培养问题，也就是前面提及的具有更高学术素质的工程科学技术人才和从事基础性与开拓性研究的专门人才。这种人才毫无疑问地会从现有四年制本科教育的高智能毕业生中涌现。除此以外，还有两种途径；一种是本科—硕士研究生培养途径，在四年制本科教育的基础上，扩大硕士研究生培养规模，造就一定数量的高质量人才。另一种是充分发挥现有重点学校的优势，将一部分重点大学的学制增加一年，即本科五年制的培养途径。这两种途径的可行性，哪一种更适合我们的国情、国力，是值得认真研究的。

二、关于学习年限问题

学习年限的问题，涉及因素很多，如入学前的文化水平、相应层次的培养规格、专业结构、课程结构、培养途径、后续教育条件等，同时还受到学校的素质、国家能够提供的财力、物力和社会、经济需要的影响。在德育、体育的基本规格确定的前提下，学习年限的首要问题，是相应层次培养目标所决定的业务规格。不妨认为，学习年限决定于学校培养目标的具体规格和其它约束条件。

(一)专科层次

专科培养目标是面向生产第一线的中级技术人才。学习年限一般以二年为宜，根据具体情况也可办一些三年制专科。

(二)本科层次

本科教育作为一个传统的、独立的高等工程教育层次，大家的认识是统一的。但是，在人才培养的规格如何适应我国经济和科技现状及发展需要的问题上，由于对教育规律的理论认识的局限性，确实需要进行不断学习和深入研究。五十年代我们办四年制，六十年代办五年制，1977年后恢复四年制。近年来顺应生产和科技的发展，浙大的专业设置有了较多的变动，已经初步感到对于同一个专业和相同的学习年限，更不用说对于不同的学习年限，可以有各具特色的课程结构，使学生毕业时的知识能力结构有不同的侧重，以适应社会的劳动分工。

根据这种认识，本科生的培养可以有三种类型、两种学制(四年、五年)。

1.工程(技术)型

培养以工程设计为主的高级工程技术人才。目前我国四年制的本科教育，普遍加强了基础教育，特别是数学、外语和计算机应用等方面增加了必要的学时数。因此，基础理论教学的总时数，几乎是等于甚至超过六十年代五年制的基础课学时总数。但工程实践训练的学时比例偏低。为在进一步加强思想政治教育，提高道德、文化素养的同时，减轻学习负担，在学时上留有余地，提高自学能力，加强智能培养，促进学生德、智、体全面发展，四年制本科教育正面临着下述三种不同的改革途径：

(1)在课程结构和教学方法上改革、挖潜，适当压缩基础课学时，改善工程训练的不足。多数四年制本科院校，完全可能通过这样的改革、挖潜，培养出符合我国经济建设需要的工程技术人才。

(2)在保持目前理论教育水平的基础上，把主要的工程实践训练，放到毕业后工作岗位的见习期中去完成。这就需要工厂、企业设立相应的教育培训机构和必要的教学指导力量。在实施上还存在许多具体困难。

(3)把在校学习年限延长一年。可以在较系统地掌握本专业所需要的基础理论的前提下，适当增加工程实践训练的环节；在基本保持理论教学水平的同时，使学生受到较为严格的工程师基本训练。

显然，在学习年限上增加一年，反映出学生毕业时的知识和技能水平将明显地提高(当然还与学生的入学水平及学校的素质有关)。但是，如果把目前所有的四年制都改成五年制，骤然增加五分之一左右的教育投资而形成新的单一化本科教育层次，则既无可能又无必要。

2.科学(研究)型

以提供研究生特别是博士研究生的生源为主要目标的本科教育，培养高级工程科学人才。这种类型的规格，主要在有基础的重点大学中培养，利用其学科上的优势，使学生具有更为扎实的基础理论，更宽厚的知识面，良好的实验能力。在课程结构上，必修课少一些，选修课（包括大型实验）多一些，增加科学研究的训练和智能尤其是创新能力的培养。

在学习年限方面，一般可以是四年，如一些应用理科专业；也可以是五年，如机械工程、材料科学与工程，以及跨学科的专业，如生物与医学仪器、工程力学专业等。

应该强调的是，虽然本科与研究生教育是两个不同的层次，但是，从因材施教的观点看，少数高智能的学生，通过本科（四年、五年）教育，可以把本科与研究生层次作为一个整体，本科教育为研究生教育做好准备。特别对重点大学，招生质量高，师资条件好，培养这一类人才是有可能的。国外也有这样的做法，如西德、法国，苏联，其本科教育与硕士研究层次有机结合。他们的本科毕业生，可以攻读美国的博士学位。

3.管理型

工程管理人才是多种层次、多种规格的。为培养高级管理人才，即要求在某一专业领域有一定的自然科学基础理论和工程专业知识，同时具备应用系统论和数学方法，能进行筹划、分析、管理、决策，而且还要在技术经济、社会学等方面有一定素养，学习年限以五年为宜。

（三）研究生层次

目前我国的研究生层次也是两种规格，硕士研究生和博士研究生。但是完全分成独立的两个阶段，培养博士总时间要五至六年，嫌长了一些。学术上的要求很难区分，而且三年时间紧，完成一篇高质量的博士研究论文不太容易。随着本科教育改革，特别是五年制研究型的学生的培养，最好能有一部分一次挑选，由本科生直接培养四至五年，完成博士论文。

硕士研究生与本科教育有较密切联系，也可按三种方式培养。

1.工程型

在本科教育的基础上，结合自己专业工作的需要，在工程学科的某一方面加以深化，其专业如铸造合金、硅材料、强度与断裂力学等。也可以在本学科领域内进行跨行业的专门工程设计，或工艺问题的深入研究。

2.研究型

在本学科领域内，进一步加深加强基础，加强外语和提高理论研究的能力。专业可以是本学科的分支，如机械振动、摩擦与磨损、凝固过程等；也可以是跨学科的研究，目的是开发新的或边缘学科领域，如机器人、计算机辅助设计、变折射光学、医用金属材料等。

3.管理型

以进一步学习管理方面的现代知识为主。可以是已取得工程专业学位的本科生，结合主干学科加深管理科学和技能的培养，毕业后从事厂级以上的高级管理（高级经理）工作。也可以从有实践经验、有相当学历的领导干部中选拔，通过研究生的培养，担任高层次的管理干部，如冶金工厂管理，机车制造厂管理，铁路运输管理等。

（四）本科层次学制问题的综合考虑

在综合考虑学制问题之前，还有两个问题需要说明。

1.怎样理解“适应”和怎样“适应”经济振兴和科技发展对高质量人才的需要问题。这里不妨以世界上有名的两所理工科大学，即美国的麻省理工学院（MIT）和西德的斯图加特大学为例。分析它们的电气工程专业的课程结构,可以发现两种截然不同的培养规格要求和不同的学制规定。前者强调深厚的基础、又十分重视宽广的知识面。这就不得不在四年的学习年限中,大量削减专业课和实践训练,是典型的基础型知识结构。后者也强调深厚的基础,但知识面只是一定范围内的适当拓宽,同时十分重视专业课和实践训练,其学习年限实际上从四年半延长到六至七年以上,是典型的现成工程师型知识结构。这两个高水平的工程教育典型,以如此不同的知识能力结构培养高级人才,同样杰出地服务于高度发展的科学技术和现代化生产。两种类型各有千秋,但共同的特点是强调深厚的基础,强调对学生智能的培养,使之有能力在毕业后的整个业务生活中不断提高。注意到美国的本科高等工程教育在传统和制度上,是将工程师不可缺少的工程训练放在学生就业以后,由雇佣企业在学生工作实践的头几年中加以完成,因此对培养一个现成工程师的全过程而言,MIT 型和斯图加特型几乎相当,亦如前述,都需要五至六年或更长的总时间。

2.怎样理解"高质量人才"和怎样实现"高质量人才"的培养问题。"质量"与"规格"是不同范畴的两个概念。对"高质量人才"的理解,除了思想、道德和体育方面的素质以外,在学术和技能的水平方面,应该在同一层次、同一专业和同一学习年限的范围内进行比较。从这个意义来说,专科、本科各有其高质量的标准。其"质量"和"特色",均以他们各自适应社会技术层次的需要,并在经济发展中发挥重要作用为前提。如果仅以最高层次中要求的学术和技能水平,作为培养"质量"高低的衡量,势必造成"向上靠"的倾向,影响层次、规格的优化结构。事实上,每一个学校都有充分发挥自己的优势和特色,培养相应层次、学制条件下高质量人才的任务。

综合以上分析,我们认为,为了更好地适应我国经济建设及其发展对工程技术人才多种层次、多种规格的需要,改变当前本科教育层次单一化的状况,选择一部分重点大学,恢复五年制,是完全必要的。

(1)由于十年动乱,科技人员"马鞍形增长"和学术水平偏低,势必造成九十年代经济振兴时期中、高级的中年科技人员的"空缺"。为弥补这个"空缺",现在迫切需要采取有力措施。

(2)九十年代经济振兴时期,还需要一批在学术和技能(包括技术开发和科学研究)方面高于一般本科四年制毕业生的工程科学技术人才。

我国目前四年的本科教育,通过改革、挖潜能够达到"获得工程师基本训练"这一培养目标的要求。其知识能力结构的基本规格,主要侧重于工程设计、制造、施工、运行等方面。这与我国大量的中、小企业(包括一部分大型企业)对专科以上的中、高级工程技术人才的需要,是相适应的。

但是,单一的本科培养规格,不适应我们这样的社会主义大国对多种规格本科人才的需要。特别是对于一些学科基础较深、专业面较宽的专业,近年来用人单位和部门已相继提出了延长学习年限的要求,旨在使学生系统地掌握更扎实和宽厚的基础理论,受到较严格的工程训练和科学研究方法的训练,毕业后更适宜于从事新技术的开发和理论研究,瞄准八十年代国外已经成熟的生产和科学技术。这样的人才,当然数量上要求并不很多,但却是国民经济的迫切需要。

(3)由于我国研究生培养制度还处于初始阶段,受到国力和师资两方面条件的限制,短期内，即使是少数重点大学，也不可能仿效美国麻省理工学院和加州大学等，以很高的本科生研究生比例(1:1)，由硕士研究生层次来满足上述人才在数量上的要求。另一方面，同样是受到国力和学校条件的限制，多数本科院校也不可能像西德斯图加特大学那样，把现行学制再延长二至三年。

因此，适合我国国情国力的可行办法，就是分期分批地重点恢复和建设一批五年制大学。在当前，即先选择少数有条件的重点大学，实行五年制本科教育。从历史和现状看，重点大学客观上具有学生素质较好，师资水平较高，教学设施齐备，科研成果丰富，管理经验成熟，系科专业有一定的国内外影响和声望等一系列优越条件，有可能充分发挥优势，培养出较高规格的工程科学技术人才。部分重点大学的本科五年制，对稳步发展和扩大我国的研究生教育，保证高质量生源，同样是一项有力的措施。我们认为，浙江大学这样一所历史悠久、国内外有较高声誉、理工结合的重点大学，在师资力量、系科设置、办学经验、科研成果、学术水平、教学设备、图书资料等方面均有较好的基础，完全有能力为国家培养出高质量的五年制本科生，为四化建设输送较高规格的高级工程科学技术人才。

三、对我国高等工程教育结构的一些建议

(一)现行学制的建议(参见附录4)

1.专科、职业大学，根据不同的专业设置和培养规格，学制二年或二年半。其中应充分考虑有半年时间，安排在工厂、企业实习。

2.本科，绝大多数是四年制。也可以考虑一部分四年半制，条件是与工厂、企业建立协作教育计划，将半年的时间用于实践训练。

重点大学以五年为主，但不排除有些专业四年制，甚至提倡办一批三年制专修科，以便充分发挥和合理调动现有师资的积极性，并且为地方工业服务。

3.研究生，目前总的学习年限嫌长(五年半至六年)，在目前研究生教育还处于初始阶段的情况下，建议培养一小部分直读博士生，学制四至五年。对工程类和管理类硕士生，学制二年为宜。基础(研究)型硕士生，学制也不超过二年半。

每一层次的毕业生应有相应的就业方向。

4.层次的衔接：

应该允许优秀的专科毕业生，在至少四年的工作实践以后，可以同等学力报考硕士研究生。

建议规定大多数本科毕业生有一到二年以上的工作实践(五年制为一年)，才能报考硕士研究生，其好处是：

(1)稳定本科教学秩序；

(2)能加深对本专业的了解和发现个人兴趣与特长；

(3)有利于研究生所在企业的发展需要与学校特长的结合；

(4)有利于学术思想的远缘杂交，和对考生的全面考核择优。

(二)学位及职称的建议

1.建议补充设立下列学位：

协士或副学士学位，授予专科层次的毕业生。

双学士学位证书，授予在规定学习年限内，除共同基础外，读满二个学科(专业)所必需的学分的本科(四年、五年)毕业生。

荣誉工学士学位,授予在规定学习年限内读满学分并成绩全优的本科毕业生。

2.学习年限及学习成绩的实际差别,应该在毕业后的工资待遇、职称提升条例方面有相应的、合理的区分,以鼓励优秀。

应力求与国际上公认的各级学位制度相适应,有利于国际的学术交往。根据目前的有关规定,硕士研究生毕业后必须工作一至三年,才能提升为工程师,同时,我国的四年制本科毕业生,实际大约要经过八至十年以后,才能提升工程师职称。这是人为地贬低我国本科教育的培养规格,显然是不合理的。

《浙江大学教育研究》1983年第5期

求是创新校风确立①

(1988年5月5日)

时　间:1988年5月5日上午

地　点:办公楼302会议室

主持人:路甬祥

出　席:梁树德　吴平东　胡建雄　薛继良　周文骞　朱深潮　吴世明　卜凡孝

列　席:林之平

一、会议一开始,路甬祥同志首先提出:以后学期内每个月第一周的校务会议主要是议论大事,同时交流思想。对路校长的提议,与会者一致表示同意。

二、会议一致认为,加强优良校风的建设是深化教育改革,培养经济和社会发展需要的合格人才的一个重要保证。浙江大学在九十多年的办学过程中,逐步形成了"实事求是,严谨踏实,奋发进取,开拓创新"的优良校风。为了进一步激励广大师生员工发扬敢于登攀、勇于创新的精神,加快学校改革步伐,会议经过认真热烈的讨论,慎重提出,在新的历史时期,浙江大学校风的最简明的表述,将采用:"求是,创新"四个字,并要求通过校报、校刊,广播、电视对加强校风建设作广泛的宣传。

同时,会议还决定,将适当改造校园环境,开拓校大门内的桃李园,在大草坪醒目处树立"求是,创新"四个大字。具体方案委托建筑设计研究院和建筑系共同设计。

(下略)

浙江大学档案馆藏,档案号:ZD-1988-XZ-58-4

① 本件原载《浙江大学校务会议纪要》1988年第4号(1988年5月9日)。收入本书时,内容有所节录,并根据内容,由编者另拟了标题。

抓好两个中心建设,努力提高教育质量和科研水平[①]

(1988 年 7 月)

同志们:

学期结束,大家都很忙。趁放假还有几天时间,开一次小范围中层干部会。这次会议的议题是,根据党的十三大精神和深化高等教育改革的形势,认真分析我们学校的现状,进一步统一认识,端正办学的指导思想,研究如何加快和深化学校改革的步伐。同时,对下学期的工作要点和学校发展的中期规划作一些初步议论,听取大家的意见。我先发个言,讲四个问题:

一、紧紧抓住提高教育质量这个核心,始终不渝地把培养适应社会主义建设需要的高层次高水平的专门人才作为学校的根本任务。

我们浙江大学是国家教委直属的三十六所重点大学之一,是一所高层次的学校。担负着培养社会主义建设需要的高层次高水平的专门人才和发展我国科学技术的双重使命,而培养高层次高水平的专门人才则是我们的根本任务,我们必须始终不渝地坚持这个办学目标。衡量我们学校办得好不好,水平高不高,主要是看能否培养出社会主义建设事业所需要的高层次高水平的合格人才。这要作为我们考虑一切问题的出发点和归宿,学校各个方面的工作都必须服务于这个根本任务。

培养高层次高水平的专门人才的关键是要紧紧抓住提高教育质量这个核心,树立德智体美全面质量观。从适应国民经济的需要和顺应科学技术发展的大趋势出发,全面提高教育质量,首先应该培养学生具有建设四化的责任感和献身改革的使命感,要认真组织和引导学生深入社会、投身改革实践,接触工农群众。重视对学生进行马列主义基础理论和党的基本路线教育,引导他们正确分析和认识改革形势,加深对国情和现状的了解,对一个中心两个基本点的理解,使他们在校期间就打下以四化为己任,与改革共命运的思想基础,形成良好的道德品质,培养一批掌握马列主义立场观点方法的专业人才。同时,要通过深化教学改革,面向现代化,面向世界,面向未来,使学生能够更好地系统地掌握现代科学文化知识,具有合理的知识结构和较宽的知识面,提高他们分析、解决实际问题的能力和创造精神。

教育上要围绕保证质量适应需求的原则,深化教育改革,引进竞争机制,逐步形成浙江大学的办学特色。

1. 发扬理工结合优势,加强、提高、拓宽基础理论,贯彻因材施教,扶持优秀人才脱颖而出。加强实践环节,注重能力培养。

——全面实行学分制

——办好混合班

——扩大提高班

——扩大联合培养试点,完善勤工俭学制度

——稳定教师队伍,抓好进修、提高

——根据社会需要和科技发展调整专业结构,拓宽改造更新老专业,兴办适应社会需

---

① 本文系时任浙大校长(1988—1995 年)路甬祥在 1988 年 7 月的中层干部会议上的讲话。

求,符合科技发展趋势的新专业、新学科

培养高层次高水平的专门人才,必须建设一支政治、业务素质高的教师队伍,尤其是拥有一批有实力的学科带头人,这是提高教育质量的关键。同时,还要努力发展科学研究,提高科学研究总体水平。因为教学与科研相互依托相互影响,人才培养的质量和科学研究的规模和发展水平总是相辅相成的,学校科学研究水平,是培养高层次高水平专门人才的必备条件,良好的学术环境、浓厚的研究气氛对学生业务质量的提高和创造精神的训练同样具有不可估量的作用。总之,教学与科研紧密相结合,不仅有利于不断提高学术水平,也有利于培养高水平的专门人才。因此在深化教育改革的过程中,我们必须着力抓好两个中心的建设,全面提高教育质量,努力提高科研水平,并逐步建立与之相适应的教学、科研组织模式,从体制上确保两个中心建设的健康发展,形成自身发展的活力和动力。

二、改造和加强思想政治工作,探索新形势下加强思想政治工作的有效方式。

培养德智体全面发展,能适应社会主义现代化建设需要的合格人才,是我国社会主义性质所决定的。思想政治教育决定着人才培养的社会主义方向,是高等学校教育的一个重要组成部分。为了适应改革开放的新形势,我们要努力加强思想政治工作,努力提高学生的思想道德品质。

当前特别要注重在师生员工中进行确立实现四化、振兴中华的志向和正确认识改革形势的教育。

十年改革,使我们的国家和社会发生了具有历史意义的变化:由一个本来处于停滞与动乱状态的社会,开始变成一个既充满活力又基本稳定的社会;由一个长期闭关自守的社会,开始变成一个对外开放,勇于迎接世界挑战的社会。是改革给我们社会带来了深刻的变化。带来了思想的解放和生产力的解放。

同样,十年改革也使我们教育和科技战线发生了前所未有的变化:由动乱、荒芜的教育科技园地,转变成百花争艳的教育和科技的春天。知识分子的地位也有了天翻地覆的变化。大学恢复了高考制度、学位制度,增加了教育投资,学校的条件有了很大的改善。教育改革的步伐正在步步深入,这都是有目共睹的事实。当然由于国家还处在初级阶段,百业待兴,也由于人们对教育科技的认识还有待于深化,国家科技事业的发展和投入还不尽如人意,但这毕竟是改革和发展中的问题。随着经济和社会的发展,教育和科技的发展条件得到进一步改善的前景是乐观的。

另一方面我们也应该看到教育战线内部的确也还有许多不适应改革步伐的地方。无论在教育体制、教育内容、教学方法等方面都有待在改革中不断完善和提高。教育关系国家的未来,培养着21世纪的栋梁,这正是我们在教育战线同志的重任。我们要看到成绩和希望,要感到责任和重担,当然也要有改革开拓的勇气和力量。要有紧迫感和责任感,要和中央同心同德,推进和深化改革。

对于社会上物价上升幅度较大,确实存在的分配不公和少数官员贪污受贿、以权谋私、违法乱纪等现象,大家表示忧虑和不安是完全合理的。但我们也要看到党和政府对此是了解的、重视的,并正在采取有力措施逐步加以解决。要看到物价问题的解决只能随着改革的进一步深化,二种价格体系的转变,旧体制被新体制的代替而逐步得以解决。只有把种种社会问题放到正在发展变化着的历史过程中去观察,科学地进行分析,才能得到正确的结论。

我们共产党员、干部要做改革的中流砥柱。树立同心同德、共克难关的信心和决心，自觉维护党的领导、政府的权威，遵纪守法，顾全安定团结。

改造和加强思想政治工作，必须努力解决好思想政治工作与业务工作脱节的“两张皮”问题，探索在新形势下，研究和创造思想政治工作的有效方式。要加强对学生进行马克思基础理论、思想品德教育，十分重视和组织学生参加社会实践、开展各种有利于学生身心健康成长的有益活动。要努力继承和发扬“求是创新”的优良校风，发挥广大教职工教书育人、服务育人的重要作用，建立良好的校园文化生活环境。发动学生自己教育自己，注重培养学生的自我教育、自我管理、自我约束能力。同时还必须严格管理、严格要求，严肃组织纪律。要健全各项法规和制度，从制度、法规建设和政策上来激励学生奋发向上，积极进取的学习热情，走出一条靠思想教育，道德和舆论规范制度，法规约束相结合的改造和加强思想政治工作的新路子。

改造和加强思想政治工作还必须有强有力的组织保证。我们要努力探索，逐步建立适应校长负责制的党政齐抓共管的政治工作的新体制，建设好一支精干的、有力的专职兼职相结合的思想政治工作队伍，以适应新形势下，对加强思想政治工作的要求，保证学校的安定，保证学生政治思想素质的不断提高。

三、加强师资队伍建设，首先要着力抓好中青年学术带头人的遴选工作。

我校现有教师2500余名。几年来，虽然补充了800余名青年教师，使师资队伍的年龄结构得到了一定改善，学历层次有了一定提高。但目前教师队伍年龄老化、学术带头人青黄不接，结构层次不合理的情况仍然十分突出，应该引起我们足够的重视。这里我摆一点具体情况。提供大家一起分析研究：

1.我校高职教师的年龄结构情况。教授共120名。

50岁以下9人；51—55岁为29人

56—60岁为52人；61—65岁为18人

65岁以上为12人；

其中50岁以下仅9名，占总数7.5%

56岁以上共82名，占总数68.3%

副教授：50岁以下163人，占总数27%

56岁以上150人，占总数25%

2.我校现有29个博士点，41名博士导师。

50岁以下仅2人，占总数4.9%

51—59岁14人，占总数34.1%

60—69岁22人，占总数53.7%

70岁以上3人，占总数7.3%

41位导师的平均年龄为60.54岁。

3.博士导师分布情况

其中二个博士点没有导师（王仁东、张学铭去世后，至今无人接替，博士点面临被取消的危险），还有两个博士点合并一位导师，其余十四个博士点各有一位导师，只有两个博士点各有四位导师。

4.从博士导师的数量来看

目前全国共有1830个博士点,导师3798人,平均每个点有导师2.08人。而我校平均仅为1.41人,只有全国平均数的2/3。

以全国十三所重点理工科院校作比较。我校每个博士点导师人数的配备,将排在倒数第三位。

5.从这次各系申报的增补导师的年龄看绝大多数均在55岁以上,有个别的甚至比原来导师的年龄还大。

从各学科点确定的主要研究方向带头人看年龄也均在55岁以上,50岁以下是极少数,甚至可以说是个别的。

以上情况。可以十分清楚地看到,我校现有的学术带头人不仅数量上远远低于全国平均水平,严重不足,而且学术带头人老化,后继乏人的情况已经十分突出。大家可以想一想。假如按这种情况继续下去,不采取有效的断然措施切实解决好这个问题,那么,再过五年、十年,必将失去我们目前具有的优势和浙大应有的地位;我们将会远远地落在兄弟院校的后面;我们要培养高层次高水平的专门人才,也将成为一句空话。面对这样严峻的现实,我们能不感到紧迫和危机吗?对此,我们必须警觉起来。从现在开始着力去解决好这个问题。不知大家同意不同意我的看法。

为了能采取有效措施逐步解决好这件关系到浙大发展的全局性、战略性、基础性的大事,我认为,要认真做好以下几方面工作:

1.首先必须统一思想认识。一是必须看到学科建设在学校发展中的战略地位和它的极端重要性。学科建设可以说是重点高等学校的基本建设,而抓好学科建设的关键则是选好学术带头人,并建设好学术梯队。这一点要成为我们规划师资队伍建设的根本指导思想。二是要正视我校学科建设的现状,一定要有紧迫感和危机感。如果缺乏这种认识,我们就会贻误时机,犯历史性的错误,辜负党和国家对我们的期望。对此,首先是我们今天在座的同志要统一认识,然后通过我们的工作和教育,造成强大舆论统一全校教师的认识。这样,我们为了解决这个问题所采取的措施,才能得到广大教师,尤其是老教师的支持和理解。我们浙大有一批可敬可佩的老教师,几十年来他们辛勤耕耘,为浙大的建设和发展作出了重大贡献。对他们,仍要珍视维护他们的知名度和影响力,发挥他们对中、青年教师的传、帮、带作用和对外交往中的重要作用。我深信只要讲清道理,老教师们一定能通情达理,顾全大局,积极热情的支持这项工作的。我们的做法,一定能得到他们的理解和支持。只有统一了认识,才能造成有利于优秀中青年脱颖而出的气氛和环境,才可能形成上下一致的行动。这一点是十分重要的。

2.引入竞争机制。促进教师队伍的结构优化和中青年学术带头人脱颖而出。下半年进行的教师职务聘任工作,一定要冲破"论资排辈"、"平均主义"传统观念的束缚,强化竞争意识。按照"按需设岗、按岗定编、择优聘任"的原则来进行。要通过聘任工作引导师资队伍的合理分流。同时,要采取有效措施,给优秀中青年教师创造条件,让他们脱颖而出,跻身于国内外学术舞台,成为学术带头人。还要通过国内外公开招聘优秀中青年人才,扩大博士后流动站等,大胆引进中青年学术带头人。总之要通过多方面的努力,引入竞争机制,增强师资队伍建设的活力和动力,引导师资队伍结构优化,让优秀中青年教师脱颖而出,成为学术带头人，才能形成合理的梯队结构。

3.建立和健全一整套有利于中青年优秀人才脱颖而出的制度。有了统一认识，明确学科建设在学校发展中的重要战略地位；引入竞争机制，增强师资队伍建设的活力和动力，引导师资队伍结构优化，大力遴选优秀中青年人才外，还必须建立和健全一整套制度，从法规上来加以保证。要在充分调查研究的基础上，制定和建立博士导师遴选和增补制度，学术梯队建设制度，中青年学术带头人遴选制度，优秀人才职务聘任特别审批制度，引进和招聘优秀人才评审制度，中青年学术骨干培养制度，选派出国考察、进修人员制度等等，都要做到有章可循，并逐步实现培养、选拔、职务聘任一体化，形成经常性、制度化的成才、聚才、用才环境。只有这样，通过几年或更长一点时间大家的共同努力，我们浙大一定能人才辈出，涌现一批优秀的、在国内外学术界享有一定声誉的中青年学术带头人，重振浙大之雄风。

四、逐步建立适应两个中心建设的教学、科研组织模式。

教育为社会主义建设服务，这是我们办学的根本指导思想。随着经济和社会的发展，各项改革的逐步深化，社会对人才的培养和需求都出现了新的情况。为了适应这种变化，必须改革目前的教学、科研组织模式。目前，我校基本上是处于专业办学的状况。由于是专业办学，培养的学生知识面较窄、知识结构不合理，不可能适应社会对人才培养的要求。另一方面，现在我校研究所、室的体制，大多数是系、所合一的，研究所、室不是实体。因此缺乏活力和动力，既不利于学科建设，也不利于研究所、室向自主、开放和竞争的方向发展，不利于合理分流和发挥各类人员的积极性。因此。我们考虑要有计划有步骤地建立适应学校任务和要求的新的教学、科研组织模式。

总的是这么考虑的：要切实从专业办学转变为系办学。系负责组织制订教学计划和大纲，实施教学工作，聘任教师，逐步取消教研室一级教学基层组织，根据学校发展方向，组建一批相应的研究所、室。研究所、室的任务是加强学科建设，制订科研发展规划，组织实施科学研究工作，并设立教学小组，承担相应的教学任务。使研究所、室成为教学、科研紧密结合的实体，成为人才培养和发展科学技术的基地。研究所、室实行学术带头人负责制，建立精干的学术梯队和教学骨干队伍，同时，有一部分硕士、本科毕业生作为流动编制人员，参加科研和教学工作，以充分发挥学校独特的人才优势。中等以上规模的系，一般不在系一级建所，研究所、室可建立在二级学科上。全校拟先在有条件的学科点建立40—50个研究所、室。到90年希望能发展到70—80个研究所、室，学校将在财力、物力、人才许可的情况下对新组建的研究所、室给予支持。对关系到学校发展、重点学科建设，对学校地位和声誉有重大影响的研究所、室，要给予重点支持。学校已考虑随着教九、教十投入使用，要调整教学、科研用房的同时，还要调整和重新确定研究所、室的编制定额，科研编制的使用要逐步实行有偿使用，即每使用一个科研编制，应向学校交回一定的经费。学校正研究筹集资金调整现有设备设施的管理体制等，支持一批研究所、室。

要实施这种转变，还要制定相应的政策和一整套管理办法。今天先把这个问题提出来。提供大家讨论研究。对这个问题的实施，还有许多具体问题要考虑，学校还要进行专门的深入研究，制定具体的实施方案和计划。希望大家在讨论中提出建设性的宝贵意见。这也是一项带有基础性、战略性的改革措施。我们要积极而稳妥地逐步推进，处理好教学和科研如何结合的问题，在过渡时期可先考虑教研室研究所并存，研究所所长可以兼任教研室主任。

不搞一刀切,不搞一哄而起,成熟一个建立一个,以真正把我校教育和科研水平的提高建立在稳定的充满活力的基层结构上。

浙江大学档案馆藏,档案号:ZD-1988-XZ-61

抓住机遇　深化改革　向世界一流大学目标迈进[①]

(1997年6月9日)

各位代表,同志们:

今天我们在这里召开浙江大学第三届教职工代表大会暨第十七次工会代表大会第三次会议。这次会议是乘我校百年华诞、世纪庆典的东风,抓住机遇,深化改革,组织力量,攀登高峰,把一个充满生机与活力的、更高水平与层次的浙江大学带入21世纪的动员大会,具有深远而重要的意义。教职工代表大会是学校民主生活中的一件大事,多年来,我校工作所取得的每一个进步与提高,都离不开上级部门的正确领导,离不开学校各级党组织发挥的政治核心作用,更离不开全体教职员工齐心协力,团结奋斗。借此机会,我谨代表学校党政向各位代表和全体同志们表示衷心的感谢和崇高的敬意。下面我受校务会议委托,代表学校行政向大会就一年来的工作以及下一步改革与发展的思路作一报告,请予审议。

一、一年工作的简要回顾

过去的一年是我国"九五"规划的开局之年。在党的十四届五中全会关于实现"两个转变"和六中全会关于大力加强社会主义精神文明建设的方针指引下,全校师生进一步解放思想,坚持小平同志建设有中国特色的社会主义理论,在我校"八五"建设的良好基础上,以推动落实"211工程"建设规划和以优异成绩迎接校庆100周年为契机,发扬"求是"精神,深化改革,团结奋斗,各项工作基本实现了年度工作要点确定的目标,学校事业保持持续良好的发展势头。

(一)在教学工作方面,贯彻1995年教学工作会议精神,深化教学改革,加强教学基础建设工作,开拓研究生教育工作新领域,全面提高人才培养的要求和质量。

本科教学实施"加强基础、注重素质、突出能力、面向一流"的教学改革战略和"KAQ人才培养模式";实施了"优质生源工程"计划,加大招生宣传力度,新生生源质量明显提高,优秀生比例大幅度增加,取得了初步成效;制订了面向21世纪的本科生教学计划,并实行了按类(院、系)招生,拓宽人才培养口径,工科化学、工科力学、工程制图3个项目经过积极申报,已获批准列入国家工科基础课程教学基地建设计划;圆满完成了96届毕业生的分配就业工作,需供比达7:1。

研究生教育在坚持提高培养质量的基础上,继续实行稳定硕士生规模,扩大博士生规模的方针,优化生源,在校研究生总数达3100余人,其中博士生1100余人。

夜大学、函授教育顺利通过国家教委、省教委对普通高校高等学历教育的评估。顺利完

---

① 本文系时任浙江大学校长潘云鹤在浙江大学第三届教职工代表大会暨第十七次工会代表大会第三次会议上的报告。

成成人教育莫干山学院的新建和搬迁，使学院的教学与生活管理进入规范化；会同绍兴县人民政府正式启动中国轻纺城浙江大学职业技术训练中心的办学工作。

(二)在科研和学科建设工作方面，贯彻实施"科教兴国"战略，落实全国高校科技工作会议精神，坚持科研与教学相结合，基础研究与应用研究相结合，坚持科研为社会主义经济建设主战场服务，充分重视学科导向和市场导向，扩大国际合作，稳住一头，放开一片，在科研规模、成果水平、基地建设、学术交流等方面取得了可喜进步。

1996 年全校在研项目 2041 项(其中纵向 1020 项)，新增项目 1137 项(其中纵向 427 项)；全年完成科研项目 1033 项(其中纵向 328 项)，全年科研经费总量达 23217 万(其中纵向经费为 3723 万，横向经费为 19494 万)，首次突破了 2 亿元大关，比 1995 年增长了 16.2%。

全校共获国家级和省、部委级科技奖励 67 项，其中获国家级科技奖励 5 项，获奖数量和等级均名列全国高校第二；首次在同年度中有 2 个项目获得浙江省科技进步一等奖；我校被 SCI、EI 收录的科技论文、专著数目在国内高校中名列前茅。

科研基地建设进展顺利。工业自动化国家工程研究中心通过了国家验收并得到评估专家的高度评价；电力电子应用技术国家工程研究中心正式列入国家建设计划；国家光学仪器工程技术研究中心通过了国家教委和科委联合组织的建设中期检查评估；国家水煤浆工程技术研究中心、CAD/CG、流体传动及控制、硅材料科学等国家重点实验室顺利地通过了国家有关部门的验收。

在努力攀登学科高峰的思想指导下，安排了我校"211 工程"的 11 个重点建设学科，并顺利通过了国家教委、计委、财政部联合对我校"211 工程"的可行性论证，并已正式批准下达了"211 工程"建设任务，将我校作为"211 工程"项目建设院校，在"九五"期间进行重点建设。这是对我校总体发展目标和国家重点建设院校法定地位的确认。

经国务院学位委员会批准，我校正式成立了研究生院，构造地质学、电力传动及其自动化学科点获准建立博士学位学科授权点，并且首批获得在电工学科按一级学科行使博士学位授予权试点。至此，我校的博士学位授权专业已增至 38 个，数量继续保持在全国理工科院校中第二位，学科整体布局得到进一步优化。

(三)深化内部管理体制改革，加强师资队伍与管理干部队伍建设，改善办学条件，增强办学综合实力。

顺利完成了校系两级干部新老交替工作，学校领导班子换届顺利完成，实行中层干部任期制度，完成了第一、二批中层干部的考察、选拔、任命工作，学校管理干部队伍建设进一步规范化、制度化。

为与"211 工程"建设目标相适应，召开了我校人才工程会议。以新的思路大力加强师资队伍建设，特别是加强中青年学术骨干的选拔和培养，以促进新一代学科带头人、学术骨干的健康成长。经过全校性调查研究和征求反馈意见，在人才工程会议上基本形成浙江大学"九五"教师队伍建设规划和改进职务评聘工作、完善学科梯队建设评估的原则意见，为我校人才发展工作理清了思路。

改善了办学条件，为各项事业的发展提供强有力的基础保障，学校各部门团结协作，顺利完成基础部之江学院的建设工作。之江学院 96 年级的 2500 余名新生的入学工作，及随后的新生教学、后勤、学生工作等皆井然有序,并形成良好学风,已初步建成为我校基础教学的基地。校园面貌有新的改善,开始推动实施“安居工程”计划,使教职工住房紧张状况得到局部缓解;加快校园信息网络建设;积极开展校园治安综合治理,整顿校园治安秩序,维护了学校稳定和校园文明秩序。

财务管理得到加强,1996年财政总收入28773.8万元,财政状况有了明显好转,基本上做到了收支平衡,并略有节余。

经过精心筹备、组织发动和广泛宣传,以“科教兴国,发展浙大”为宗旨,以“弘扬求是精神,再铸世纪辉煌”为指导思想,100周年校庆第一阶段活动获得圆满成功。通过校庆,“建设浙大,振兴中华”在全校师生员工和广大校友中深入人心,“树一流意识,创一流业绩”成为全校上下的共同心愿和强大精神力量。百年校庆增强了师生员工的凝聚力,扩大了学校在国内外的影响,进一步明确了办学规划与目标,改善了办学条件,加强了学校两个文明建设,为实现浙江大学的跨世纪发展目标起到良好的促进作用。中共中央政治局委员、国务院副总理李岚清同志代表党中央、国务院,并受江泽民总书记、李鹏总理本人的委托,专程前来参加校庆,热烈祝贺浙江大学百年华诞,对我校的办学工作给予了高度评价,并对学校发展提出了极高的希望。

目前全国高校在新一轮的竞争中,合理配置教育资源,深化校内体制改革已成为我国高等学校争创世界一流的共同行动。站在世纪之交,回首百年,展望未来,浙大有着极好的机遇。通过改革开放以来的建设与发展,我校目前已经奠定了良好的基础,达到了国内一流的办学水平,并保持了持续发展的良好势头。百年校庆的成功举办,使全校师生员工焕发了爱国爱校的热情,形成了极大凝聚力,激发了求是创新、再铸辉煌的斗志,学校在海内外的影响得到了扩大,社会各界对浙江大学的了解和交流合作的愿望进一步增强。学校人才工程会议的召开和相关措施的逐步实施,明确了我校师资队伍建设的目标和模式。国家教委正在酝酿把浙江大学列入国内少数的研究教育型大学行列;国家“211工程”经费已经由国家计委立项下达,经费数量之多是学校学科建设史上前所未有的。浙江省人民政府也将浙江大学“211工程”列入了浙江省“九五”重点建设计划。通过“211工程”的学科群建设,将建成一批世界一流的学科。

我校党政换届于一年前顺利完成,已经形成一支团结向上的校级领导班子和充满生机与活力的中层干部队伍,为学校的建设和发展作出了有力的组织保证,

可以说,我校正面临着历史上难得的机遇,但同时我们也面临着一系列的困难与挑战。世界高新科技革命发展日新月异,我国社会主义市场经济发展与改革进入了新的阶段,高等教育改革也提高到了新的层次,对高等学校提出了新的要求。国内各高校都加快了改革的力度和步伐。从我校当前的情况看,还存在不少问题和困难。如科学研究,尤其是基础研究的水平与国际一流水平有相当的差距;师资队伍在水平、结构、数量和质量等方面与建设一流大学目标差距很大,急需补充和培养一大批掌握科学前沿的优秀教学科研人员;学科之间的互相渗透、交叉与综合不够,不能发扬优势互补;教职员工所关注的住房等生活条件问题等虽然尽了很大努力,但离预定目标尚有较大距离,成为影响学校中心工作迅速发展的瓶颈之一;学校的管理水平与一流的目标相比还有很大差距,需要不断改善管理体制和运行机制,提高管理队伍的素质和水平。

二、深化改革，不断提高教育科研水平

浙江大学下一步发展的中心思路是争取高水平。为此必须深化改革，完善校内教学、科研运行机制，调动各方面的积极因素，围绕学校两个中心工作和一个根本任务，在过去改革的基础上，形成我校新的运行机制，落实211工程建设规划，保证向世界一流目标的迈进。现将我校下一步在教学、科研与运行机制等方面的改革思路报告如下：

(一)深化教学改革，形成我校学生KAQ并佳的特色

要按“加强基础，注重素质，突出能力，面向一流”的目标，深化教学改革，培养具有鲜明特点的高素质高能力人才。在调整结构，因材施教的基础上，分步实行多出口制，以本科为基本，按学生的学习能力和素质，鼓励优秀学生利用学分制加快成才速度，在本专业基础上扩大学习范围，一专多能，分别设置辅修、第二专业、第二学位、本硕一贯制等多层次培养规格，逐步使后4种规格的学生达到总数的1/3以上，从而充分挖掘优秀学生的学习潜力，发挥学生在成才过程中的创造性；充分实行学分制，促进专业教育多通道、多速度，给学生以更大的选择和主动权，允许部分学生，特别是少数优秀和有特长的学生转系、转专业，或从较低规格的通道转入较高规格的通道，发挥学生学习的主动性和自主性，更大面积地实现因材施教。一年级实行宽基础培养，从大类开始，进而在工科类打通，并逐步向理科、经管、文科专业推开，为学科交叉打好基础。课程设置实行多模块化，区分公共基础模块、专业基础模块和专业模块，序化排列，灵活搭配，适应多种培养规格的需要，同时试验缩短课时，提高教学工作效率。

在注重提高学生业务素质的同时，我们要进一步加强学生全面素质的培养，使之德智体全面发展，具有良好的政治素质和社会活动能力，适应社会主义现代化建设的需要。在深化教学改革的同时，学生管理、思想政治工作、宿舍管理、课堂管理、教学与社会实践及教学辅助等各方面都要作相应改革，提高管理水平，适应迈向世界一流的整体步伐。要切实加强在学生中发展党员的工作，争取一年级班班有党员，学生党员人数达到5%，本科毕业生党员人数达到30%，从而造就一代基础宽厚，知识交叉，善于开拓创新，素质优良的求是学子，以迎接新世纪的挑战。

(二)抓好学科群建设，促进科研水平的提高

科研工作要继续坚持提高基础研究水平与深入为国民经济主战场服务并重的方向，坚持贯彻“稳住一头，放开一片”的方针。要完善各项政策，鼓励争取更大更多更高的科研项目与经费进入学校。要强化措施，进一步促进科研学术水平的提高，在此基础上，以“211工程”各重点建设学科群点为核心，依托有优势的一级学科，以国家重点实验室、工程研究中心为龙头，跨系、跨学科建立一批研究院，采取自主、开放、流动的半实体机制运行。以二级学科的研究所室为运行实体，通过对研究所室的考核筛选，有条件的进入研究院，交叉管理，重点支持，加强科研与研究生教育相结合，学校赋予研究院一定的权力，如集中使用“211工程”学科群建设经费。研究院要聘请世界著名学者、著名企业家和政府官员参加董事会，对研究院进行指导和管理，以取得国际学术界、企业界和政府部门对研究院的支持和扶植。要建立以院士为主体的开放型的学术委员会，提高管理层次和学术层次。研究院要致力于提高学术水平，加强教学科研结合和学科交叉，加强与社会联系，组织大型项目，建设成为国际知名、国内领先的研究机构，为实现“211工程”建设世界一流水平学科的目标作

出有力的组织保证。

依据国家计委文件精神,“211 工程”建设项目的管理将实行建设项目法人责任制和建设过程管理合同制,学校已作为整体项目的乙方法人与甲方国家教委和丙方浙江省人民政府签订了建设合同。为切实完成“九五”实施计划,学校届时也将与“211 工程”校内的各建设项目负责单位签订合同,签订的合同都将受到法律保护。“211 工程”的资金使用实行专款专用。

继续大力推进我校信息化建设进程,跟上世界教育技术的发展趋势。努力把学校建设成为浙江省的科教信息中心,从而为进一步发挥我校在教学科研方面的力量提供有力的技术支撑。完善校网建设,加快网络的应用,提高各部门在教学、科研、管理和服务水平中信息技术的水平。加快行政办公自动化建设,推进学生学籍教务管理信息化、图书馆系统数字化与网络化,出版社出版物的数字化,成人教育和继续教育的远程化和数字化的实现进程,以适应信息时代中教育技术变革的趋势。各系各单位要充分重视这项工作,舍得投入必要的人力和物力。

(三)深化人事制度改革,提高师资和管理队伍水平

人事制度改革是学校下一步整体机制改革的关键,要进一步落实人才工程的各项措施,花大力气引进院士和年轻博士导师充实学科带头人队伍,把这作为考核学校各级党政领导工作业绩的重要标准。尤其是各博士点要定计划,出实效,要加强定岗定编,消除不合理空编。各系各单位要特别消除那些占编制占福利而长期不为浙大工作,谋私利人员的编制,腾出空额,吸引优秀人才和年轻博士,充实师资队伍。对于那些不把主要精力放在教学科研工作上,而热衷于校外从事第二职业的教工,屡教不改的,也要采取有效措施。要逐步实行聘任制,通过解聘提高教师队伍的整体素质。

改革职称政策,完善教学、科研、管理的质量考评体系,坚持工作质和量两方面的考核并举,尤其要加强质的考核,从而促进教学科研工作水平的提高。

提高教学工作尤其是本科基础课的地位,形成教学工作资格考核认证制度,鼓励高水平教授上基础课,充分发挥高资历教师知识丰富,见解深刻,融会贯通的长处,提高讲课质量、水平和层次。在学生选课、选教师的过程中进一步引入竞争机制。鼓励年轻教师充分利用最佳科研年龄,集中精力争项目,上水平,出成果,加强学术积累,提高学术地位;同时做好辅助教学工作和开展研究生讨论课,逐步积累教学经验。通过以上措施,提高教学质量和科研水平,改善师资使用结构,适应建设研究教育型大学的需要。要相应改革职称评定的导向,晋升副教授条件将以科研为主。

要选拔一批优秀青年教师到机关挂职一至二年,锻炼他们的组织能力,增强全局意识,扩大他们的业务视野,提高他们的政治素质。

(四)加强管理制度改革,提高运行效益

要调整学校产业结构,改革企业运行机制。根据一靠学科,二靠市场,为两个中心服务的原则,一厂一制,根据实际情况对校有企业进行改造,使校有企业成为我校重点实验室、工程研究中心和研究院的下游基地,和学校科技成果产品的孵化器。学校与企业的经济关系转化为收缴费、税、利的关系。推行股份制改革,工业总公司要逐步改造成为代表学校的对校有企业实行管理监督的宏观管理单位,一切校有企业,包括学科性公司,都要尽快迁到校外，在校内不再允许新设公司企业。

为更好地落实老同志工作，使他们老有所养、老有所为、老有所乐，要改革退休人员管理办法，加强服务，落实管理，逐步实行校、系(部处)二级管理，把关心老同志的工作真正落到实处。各单位要定期组织退休同志政治学习，通报学校情况，并根据具体情况组织退休同志参与适当的教学、科研工作，发挥优势和余热，为学校的建设和发展多作贡献。学校离退休处作为管理职能部门，服务职能不变，要加强协助各单位对退休人员的管理和服务工作。离休人员的管理方式不变。

加强学校的对外联络工作，尤其是和浙江省和中央各个部委的联络工作。进一步争取海内外社会各界的支持和帮助。规范完善基金管理办法，鼓励各院系和主要业务部门设立用于教学科研两个中心的基金，广泛吸引校外捐赠，规范使用和管理。同时组织精干力量，加强学校发展委员会工作，有计划有重点地为学校发展筹集经费。

学校后勤要总结经验，戒骄戒躁，进一步深化改革，围绕为教学科研服务，不断提高服务水平和服务质量的总体目标，积极推动后勤向社会扩展，主动参与社会竞争，在竞争中锻炼队伍，提高能力，发展壮大，真正做到以外养内，支持学校各项工作。鼓励支持后勤与其他高校的联合，组成地区性的行业集团公司，推动后勤社会化进程。

宿舍管理要总结近几年来改革的成功经验，继续以育人为目标，以适应教学改革为导向，进行大胆改革。争取在五年内建成一个能够很好完成育人任务，固定资产不断增值，服务条件不断自我改善的生活基地。

安居工程是我校面向21世纪建立世界一流大学的重要保障，学校下决心要搞好，同时也需要学校各个单位、全体师生员工和离退休人员的共同关心和支持。学校要千方百计克服安居工程建设过程中出现的种种困难，争取各方面尽可能多的支持。要开拓视野，革新观念，采取多种形式和方法完成既定目标；要改变传统分房观念，执行国家、学校、个人分头负担的方针，深化住房制度改革。同时要有规划，逐步但迅速地改善求是村和其他居住区的居住环境。

三、团结奋斗，为建设世界一流的社会主义新浙大而努力

一个坚持党的基本路线、高瞻远瞩、团结合作、认识一致的校级领导班子和一支务实精干的中层干部队伍是学校能否顺利走向世界一流的关键。全校各级领导干部，要努力学习邓小平建设有中国特色的社会主义理论，广泛学习学科前沿知识，特别要学习现代经济管理法律知识，不断提高干部的政治业务素质，提高管理工作的效益。要教育全校师生员工从建设世界一流大学的高度来思考、规划、做好自己手中的每一项工作，以国外著名大学为借鉴，以国内一流的兄弟院校和学科为参照，勤于攀登，勇于超越。

多年来，教职工代表大会和工会在校党委的领导下，在我校教学科研和其他各项工作中发挥了积极重要的作用。希望在办学新世纪中，在学校改革与发展的关键时期，进一步调动广大教职员工的积极性，加强学校民主管理，群策群力，为学校的建设与发展作出更大的贡献。

浙江大学的高速发展与改革开放紧密相连。在今天这样的历史性关键时刻，我们面临着难得的机遇和挑战，面临光荣而艰巨的“211工程”建设，面临建设世界一流大学的历史重任。我们一定要高瞻远瞩，审时度势，统一思想，把握机遇。只要我们凝聚起全校师生员工的力量,就能克服一切困难,一所具有中国特色、世界一流的社会主义浙江大学一定将出现在世界的东方。

浙江大学档案馆藏,档案号:ZD-1997-DQ-111-7

(二)发展规划

浙江大学十二年(1956—1967)规划草案(初稿)

(1956年)

一、团结全体师生员工,厉行精简节约,贯彻又多、又快、又好、又省的原则,为保证实现在校学生发展为1万人的任务,大力提高现有师资,积极培养三倍新师资的目标而奋斗。

二、在十二年内要求毕业学生逐步的都能够成为具有高度的社会主义觉悟,掌握现代科学技术和有坚强体质的忠于社会主义的劳动知识分子,在他们进入生产岗位时,具有足够的实际工作能力。要求第三个五年计划后期的毕业生水平接近或达到苏联当时高等工业学校毕业生的水平。

三、通过社会主义生活和实践、教学工作和科学研究工作的实践与系统的马克思列宁主义的学习,要求在第二个五年计划完成的时候,绝大多数教师都能够成为积极地为社会主义奋斗、接受马克思列宁主义基本观点的进步分子,能够以马克思列宁主义的立场观点和方法来从事教学和科学研究,其中大部分教师成为完全社会主义的知识分子。争取在十二年内绝大部分教师成为完全社会主义的知识分子,并使学校的教学质量具有高度的水平,科学水平接近或达到国际水平。

四、继续贯彻肃反斗争,两年内完成这一次高等学校整顿队伍,清除反革命分子的工作。

五、保证培养建设干部的数量和质量。要求在1956年学业全优生达到全校学生的10%,1957年达到15%,1959年达到20%;优等生在1956年占全校学生5%,1959年占10%;要求1960年应届毕业生在5年内的减员率不超过8%,1962年应届毕业生在5年内的减员率不超过7%,1967年应届毕业生5年内的减员率不超过6%,

六、继续贯彻学习苏联先进经验与中国实际相结合的方针,1959年全面完成教学改革,主要标志为:①现有各个专业全部按照统一教学计划开出课程。②全部课程能够正确的贯彻统一教学大纲。③按照规定的教学方式进行教学,保证讲课、习题课、实验、教学实习、生产实习、课程设计、毕业设计、考试考查等教学方式,具备应有质量,编出成熟的经过教学实践的教学法指导书和其他教学文件。④通过实习生产、实习课程设计和毕业设计,培养学生生产劳动的实际本领。⑤完成教学组织制度的改革和建设。

七、在1958年内完成现有各专业全部专业课程和专门化课程的准备工作,全部课程采用国家编定的教科书或水平较高的自编讲义。提高讲课质量,做到讲课具有较强的系统性、逻辑性和思想性,使学生能牢固地掌握基本观念,并善于在实际中运用所获得的理论知识。要求到1957年基础课及基础技术课大部分都能达到上述要求,到1959年全部课程基本上能达到上述要求。各教研组能够普遍地编出教学法、指导书以及习题卡、习题集等教学文件。

八、基础课与基础技术课在 1957 年前按教学大纲要求开出全部实验，实验类型达到统一教学大纲最高要求，并逐年提高教学质量。专业课到 1957 年基本上按照教学大纲开出实验，1959 年按照教学大纲开出全部实验。教研组大部分教师能够熟练地掌握有关课程主要实习的内容和进行方法，有一套正确的可靠的实验数据，并编出经过实践的切实可行的实验说明书。

九、各次生产实习全部完成部定实习大纲的要求，学生实际工作能力按照不同的专业能力达到水平，争取到 1959 年有 60％—70％学生的个人作业能帮助厂矿生产单位研究和决定生产中的实际问题。固定实习厂矿，健全实习中的各项制度，做到一个教师指导 25—35 个学生，并保证各项实习应有的质量。

十、1958 年最后一届 4 年制毕业生进行毕业设计的规格争取接近 5 年制毕业设计的要求。设计的各个组成部分具有一定的质量，接近目前苏联同类专业的样本规格，做到题目类型多样化，争取每个教师能够指导两种以上的类型，到 1958 年毕业设计和课程设计，都编出经过考验的教学法指导书。

十一、在全面完成教学改革的基础上，积极学习苏联，密切结合生产，全力提高学习质量，争取在 12 年内接近或达到苏联高等学校的教学水平。1960 年至 1962 年，部分条件较好的专业，参照苏联最新教学计划，自行制定比 1959 年高教部修订的统一教学计划要求较高的教学计划，报部批准执行。绝大部分基础课、基础技术课与部分专业课，争取参照苏联最新教学大纲进行教学，其质量争取接近苏联当时的教学水平。教学实习、生产实习的产品，能符合工厂产品的规格。毕业设计要求能符合生产上的要求，可以投入生产。1963 年至 1967 年，全部或绝大部分专业分批按照苏联最新教学计划、教学大纲进行教学，并争取达到苏联当时一般高等学校的教学水平。

十二、1956 年各有关教研组均应在二年级以上学生中培养建立一个科学研究小组，具体进行指导。1957 年内，全校约有 1/5 的学生都参加科学研究活动，并提出一定数量的科学研究报告。此后，要求学业成绩优良的学生都参加科学研究工作。

十三、在 12 年内，要求学生通过政治理论的教育，各项政治思想教育和政治生活的锻炼，逐步的都能够成为忠实于社会主义的劳动知识分子。认真贯彻“学习理论、提高认识、联系实际、改造思维”的政治课的教学方针，提高政治课的质量；密切结合各个教学环节，加强学生日常政治思想教育，加强学生时事政治的学习，要求每一个学生至少能经常阅读一种或两种报纸，关心国内外形势和重大政治事件，积极参加各种政治学习活动；有计划地组织学生访问工厂、农村、部队，密切与劳动人民的联系；组织学生参加建立实验室和实习工厂的生产劳动和除四害的劳动，以加强劳动观点。

在 1957 年以前全面推行教师负责制，要求全体教师通过教学工作的各个主要环节，积极加强对学生的思想教育。

十四、1956 年 5 月建立学生体育协会，积极普遍地进行准备劳动与保护祖国的综合体育制度，并以劳卫制为中心积极开展各种各样的劳动竞赛。要求 1956 年至 1957 学年，在校学生 70％均能够达到劳卫制一级以上标准，其中 4/7 达到劳卫制二级标准。1958 年毕业生除个别因健康问题不能参加之外,要求都要达到劳卫制二级标准。1958 年起凡升入三年级时均要求达到劳卫制二级标准。在现有基础上巩固扩大各级各项运动,广泛组织校内班级、系级以及与校外各单位间的单项小型竞赛。

十五、积极组织各学生班普遍的开展各种各样的文娱活动,扩大与巩固各种现有的文娱社团。要求 5 至 7 年内,每个学生都能根据自己的兴趣选择参加一种文娱社团,并具有一定的水平,以丰富学生的文化生活。

十六、十年内为本校及新校培养七八十位新师资,并为新校配齐有关系主任和教研组主任,三年内完成现有全部教师的学术审定工作。积极提高各级教师,使符合学时数规定分别升等。争取 7 年内有 20%的副教授升为教授,绝大部分的讲师升为副教授,1953 年以前毕业的助教中有 70%升为副教授。1954、1955 年毕业助教均争取 1957、1958 年升为讲师,1954、1955 年专修科毕业助教取得需补足 4 年学习年限后,比照上述年限争取升级。近年新来助教均比照上述年限争取升级。争取到 1957 年讲课教师中讲师以上教师占 80%,到 1959 年占 90%,要求在 2—5 年内现有专业课讲师每人都能够掌握两门以上的专业课程。

十七、各系、各教研组均应根据国家社会主义建设的需要和各门科学发展方向,结合本校特点、专业、专门化设置情况和教学工作情况,在 1956 年内选定各教研组的科学研究方向,组织教师系统地读文献,整理和积累资料,举行科学报告。要求在 1956 年内摸清这一方向,摸清这一方面现代科学发展情况,要求在两年内通过接受企业单位的委托或自行选定的专题时,绝大部分教师能依据已定方向进行科学研究,以培养干部,提高科学水平,取得经验,使各教研组逐渐形成一两个中心来研究题目。进一步加强科学研究的计划性,正确估计研究工作的必要条件、步骤、办法、力量的组织和预期达到的目的以及完成时间。

在第二个 5 年计划内,各教研组都能够掌握本门科学的理论基础,能熟悉、批判和应用该门科学在世界各国的每一新的成就从而解决一些实际问题的基础上,开始进行用高深的理论概括生产和重大科学研究,争取在第三个 5 年计划期末,在各个主要的科学研究上达到国际水平,从而创造性地提出新的技术和理论来武装工业,指导和推进生产。

十八、争取具有四年制大学毕业水平的现有助教,在三年内均能够通过博士学位的预试。在第二个 5 年计划内在教师中培养出副教授、副博士 80 人,在 1958 年培养出副博士 10 人。十二年内培养出博士 10—15 人。

十九、1958 年开始招收研究生,第二个 5 年计划内招收 100 名,第三个 5 年计划内共招收 150 名。

二十、密切加强与企业部门和科学研究机关的联系。到 1957 年各专业教研组都与一两个厂矿企业或科学研究机关建立起非常密切的兄弟般的血肉联系。

二十一、鼓励和组织职员在三年半的时间内初步学完辩证唯物主义、历史唯物主义、政治经济学和马克思列宁主义基础三门基本课程。此后组织自愿参加马克思列宁主义的研究小组,深入钻研马克思列宁主义理论;经常组织教师进行社会生活的观察和实践,组织教师参观社会主义工业建设,把每年下厂企业进行生产实习作为社会主义生活观察和实践的重要内容。通过厂矿生活的观察和实践,推动教师密切的联系实际,改进教学,密切关心国民经济的发展,并从而推动工业生产的发展。逐步开展对教学、科学研究中各种资产阶级唯心主义思想的批判,要求在第二个 5 年计划完成的时候,绝大多数教师都在学术上与资产阶级唯心主义划清界限,确定到辩证唯物主义方面来。

二十二、在1957年内争取配齐本校实验室必需的工作人员,通过夜大学、夜高中争取现有实验室实验员大部分在6年内达到高级实验员水平,现有练习生在4年内达到实验员水平。高级实验员开展科学研究,继续提高。现有小学程度和初中程度的技工,在第二个五年计划内分批达到高中毕业水平。在二年内现有技工全部达到6级技工及以上水平,现有学徒全部达到4级技工水平,某些技工向实验员的方向发展。十年内为本校招收培养高级实验员、实验员技工约425人,1961至1964年共输送新校160人

二十三、通过夜大学、夜高中在1967年争取现有行政干部绝大多数达到大学毕业水平,极少数的最低限度应具有高中毕业水平。积极研究行政工作,改进行政工作,提高工作质量。科级以上干部均需结合中心工作,每年重点的总结一项工作,得出比较成熟的经验,通过总结工作提拔培养干部。1957年前配齐校长、各行政部门科长、各系专职秘书、各科科长,逐步增设二职或三职;1961、1964年准备分别抽出一批校、科二级教学行政骨干输送给新校,输送15—20人转入政治理论、俄文、自然科学等科学工作岗位。争取在二年之内,培养出一批较有经验的图书馆工作人员、资料室工作人员。1967年行政干部人数减为现有人数的1/2—1/3。

二十四、积极提高工人的政治文化水平。1957年内完成扫盲任务,通过业余夜校学习争取到1967年现有工人都分别达到初中、高中毕业水平。1967年,工人总人数减为现有人数的1/2。

二十五、协助工会在1956年建立教职工的体育协会,积极在教职工中开展体育运动,1958年要求能参加劳卫制的青年职工,能分别达到劳卫制一级、二级标准。

二十六、精简行政编制,扩大教师、教学辅助人员在全校工作中的比例。1962年教学人员与行政人员的比例应达到70∶30,1967年应达到88∶12。

二十七、结合专业教学的需要,在二年内保证供应实验必需的设备,加强仪器制造工厂的生产管理,逐步提高产品质量,保证教学与科学研究的需要。贯彻精简节约的原则,提高设备使用率,鼓励自制和改造旧的仪器。

二十八、必须逐步的保证供应各专业教学必须的和教师进行科学研究最基本的参考书和期刊,对于有参考价值的参考书和期刊应争取多备一些。改进分类编目工作,适应教学科学研究的需要。主要的参考书必须做类别分析目录,提高图书期刊的流通率。采取集中与分散的管理办法,逐步建立普通阅读室、期刊阅读室和适合教学科学研究需要的参考性的阅读室,在各系亦分设一般阅读室和参考性的阅读室,以逐步满足读者的需要。

二十九、各教研组均应积极收集与积累资料,在1956年建立资料室,并使之逐步充实起来。要求12年内各个资料室都具有丰富的资料,成为改进教学、开展科学研究的重要依据。

三十、积极提高房屋的使用率,创造条件,实行二部制。1956年内将学生用房降低到定额标准,行政用房在1957年降到定额以内。保证第四教学大楼、高压实验室在1956年内按时建筑完成。此后,根据发展需要及时完成中央规定的基建任务。

三十一、加强卫生知识的宣传教育,严格执行体育卫生监督,减少师生员工的发病率。1956年疟疾发病人数减为1955年发病人数的1/4,1956年肺结核病发病人数减为1955年发病人数的2/3,1958年消减疟疾发病人数。1956年起,每个入学学生至毕业时止,因病休

学、退学人数不得高于百分之____,1960年不高于百分之____,1965年不高于百分之____。

三十二、1956年内改善师生员工的公共食堂,保证饮食清洁,保证供应及时,提高营养水平,改善师生员工的工作条件和居住条件,逐步保证教学生活必需的物资供应。1957年内逐渐清除四害,基本上完成校园绿化工作,保证学校整齐清洁。

三十三、积极贯彻"精简节约,保证教学"的原则,大力紧缩行政经费,逐步增大教学经费在教学行政经费中的比重。1956年教学经费与行政经费的比例,在1955年52∶48的基础上提高为55∶45,1967年提高为70∶30。

三十四、1956年改组校务委员会为学术委员会,按高等学校章程进行工作。学校改为二级制领导,充实系的组织,改组系务委员会为系学术委员会,要求系真正地担负起全面领导教学的任务。1956年要求全校60%的教学教研组都能够负担起组织教师改进和提高教学工作,培养师资以及进行科学研究工作的任务,1957年提高为90%,1958年要求全部达到这些要求。1957年在部分教研组试行教研组主任选举办法。健全学生班的组织,1957年前摸出比较成熟的经验。

三十五、1956年起全面实施教学工作量和工作日制度,每年分别举行一次教学会议、科学讨论会和体育运动会。每年每学期评选一次优等生,举行一次优等生奖励大会。每年在教职工中评选一次先进工作者,举行一次先进工作者奖励大会。保证教师每周至少5/6的时间(即40小时)用在业务上。全校性的教学活动、时事政治学习、工会活动均安排在星期六下午进行,保证学生有充裕的时间学习,社会活动时间每周不超过三小时。

三十六、改进各级领导的工作作风,进一步发扬集体领导,加强工作和计划,加强工作的计划性,大力加强检查工作和调查研究工作,密切与群众的联系,充分发挥扩大广大师生员工的积极性和创造性,及时总结推广各项工作的先进经验。

浙江大学档案馆藏,档案号:ZD-1956-XZ-14

浙江大学1960年发展规划

(1960年)

(一)专业设置和规划

为了适应国家和本省的建设需要,根据省委指示精神,在原来9个系32个专业的基础上,调整和适当增加专业、专门化,要求在1960年完成培养当前工农业建设人才的同时,积极为过渡到尖端的科技大学打下基础。除将土木系(包括工业和民用建筑、河川枢纽及水电站建筑和建筑制品及预制构件生产等三个专业)调入二部,农机专业和汽车拖拉机专业调到浙江农学院外,增设新的尖端科学专业5个和专门化45个,其中属于国防尖端的有3个专业,19个专门化;属于工业生产尖端的2个专业,26个专门化,据此1960年暑期后将一部系科专业从1959年设置的9个系、32个专业和86个专门化,调整为6个系,32个专业和69个专门化。

新专业和专门化的生长步骤一般地说来先搞科学研究,通过科研创造条件,进一步设置专门化,培养和训练师资,成立专业。

新专业和专门化的生长条件，基本可分为三种情况。

(1)由原来科学研究、师资和物质条件基础较好的专业中成长的，有一个专业和 15 个专门化(占新设专门化总数的 33.5%)。这种类型，例如电机专业成长的大型电机等三个专门化，和由光仪专业成长的航空摄影与高速摄影机械专业都是已有教师在这方面从事较长时间的科研工作，有一定的成果并用之于生产的，在师资与物质条件上都较成熟。

(2)由科学研究，师资和设备稍有基础的专业成长的，共有三个专业和 23 个专门化(占新设专门化总数 51%)。例如机金专业成长的特殊加工专门化和金相热处理教研组成长的粉末冶金专门化，都已从事一定时间的科研，并在师资、资料与设备等也有初步基础，但还需进一步加强准备。

(3)目前尚无基础，由于国家和本省急需，在 1960 年上马的有一个专业和 7 个专门化(占新设专门化总数的 15.5%)。例如化工系的氟塑料专门化和冶金系的稀有金属冶炼专门化。

根据上述情况，1960 年学生数量变化情况是：1959 年在校生 7859 人，60 年暑假后拟外调 1306 人(土木系 976 人、农机专业 135 人、内燃 193 人)，毕业生 815 人，拟招收新生 2000 人，到 60 年暑假后在校生总数将为 7738 人，其中工农出身和工农成分的学生比例，要求从 59 年的 40%提高到 50%。

(二)科学研究工作

根据党的总路线和党的教育方针、科学技术研究方针，适应国家建设需要和学校发展的要求，在 1959 年继续“大跃进”的基础上，反右倾、鼓干劲，进一步贯彻执行科学研究为国防建设和本省工农业生产服务的方针，认真结合教学，全面提高教学质量，一方面要积极地为消除本省重工业生产中的薄弱环节，解决生产关键问题，加速工农业生产的技术改造，解决迫切需要解决的重大关键问题，将我校各基础学科、基本工业技术、各专业技术和工农业生产紧密结合起来，广泛地应用于工农业生产。另一方面，对新兴的尖端科学技术进行探索研究，为充实教学内容，提高教学质量而努力。同时，为建立新专业，逐步向科技大学方向过渡打下基础。此外，并结合教学和专业发展，有重点地进行基础理论科学的研究，以适应科学技术的不断发展。

在科学技术研究工作继续跃进的同时，相应地建立和逐步发展壮大专业科学研究队伍和科学研究实验基地。

1960 年科学技术研究规划共有十大中心：

(1)为支援农业建设，加速农业的技术改造，实现本省农业机械化和电机化方面的研究。

(2)对本省的钢铁冶金进行技术革命和开展稀有、重、轻、有色金属冶炼的研究。结合这方面的科学研究，设置冶金专业的电冶金、直接冶炼两个专门化，金属压力加工专业的特种轧制、特种合金轧制两个专门化，铸造工艺专业的精密铸造、特种合金铸造工艺两个专门化，有色金属冶炼专业(分轻金属冶炼和稀有金属冶炼两个专门化)，化学冶金专业(下设稀有金属冶炼和超高纯金属冶炼两个专门化)，物理冶金专业(下设粉末冶金和高温冶金的两个专门化)，冶金过程自动化(下设冶金、金属压力加工、铸造工艺等 3 个专门化)和近代冶金生产设备专业进行一些必要的科学研究，为设置新专业、专门化打下基础。

(3)进行最新技术的动力和电站系列装备的革新的研究，在这方面科学研究的基础上，并为改变旧专业的方向和建立高电压技术和装备电解质及其应用等新专业和专门化打下基础。

(4)以新技术武装国家机床制造工艺,积极开展机床的精密制造,进行机床数字程序的控制研究,结合上述研究的课题,并为今后设置新专业、专门化、特种加工(电火花加工、超声波加工、化学处理加工)、机械过程自动化、精密制造工艺、自动计划、自动控制元件等打好基础。

(5)为加速化学工业的发展,研究本省固体燃料,进行冷压法成型炼焦和长兴煤的研究,解决本省煤的炼焦问题,在此基础上,为放射化工、氧化学工学、金属及无线电陶瓷、氟塑料、高能燃料等新的专业和专门化打下基础。

(6)在光学仪器和精密仪器方面,除继续进行高级照相机镜头的设计工艺、光谱仪的设计制造的研究,同时并进行特种摄影机的设计与制造,物理光学仪器的设计与制造,天文仪器的设计与制造及精密仪器的设计和制造等方面的科学研究,为建设相应的新专业打下基础。

(7)为本省无线电工业建立基础和开展国防上需要的无线电装备的研究,并为开设:电子技术、电真空技术、固体电子技术等打好基础。

(8)进行原子能科学研究,为本省建立原子能基础打下基础。结合上述研究,积极进行建立一整套原子能事业系统的各个专业:原子核物理、反应堆工程、固体物理、电物理、低温物理等的准备工作。

(9)火箭技术的研究,并为建立工程力学专业打下基础。

(10)基础理论的研究:进行数学、力学、物理、化学等方面的基础理论研究,如开设化学系的超微量化学分析专业、物理系的物理专业、数学系的应用数学专业打下基础。

为了保证科研工作的开展,结合本省科学事业发展的需要,必须建立和逐步扩大科学研究的专业队伍和研究实验基地。1960 年以我校为主,与浙江科学分院合作筹建冶金、机械、动力、无线电电子学、原子能、化学化工、数学力学、火箭技术等 8 个研究所,下设 43 个研究室,4 个研究组。

冶金研究所:下设直接冶炼、化学冶金、水力学模拟、精密铸造、粉末冶金等 5 个研究室。

机械研究所:下设机械学、数字程序自动控制机床、液压驱动、新工艺、摄影机、天文仪器、物理光学仪器、计时仪器等 8 个研究室。

动力研究所:下设电机、电器、电力系统、绝缘材料、生产过程自动化等 5 个研究室。

无线电电子学研究所:下设电真空、自动学与远动学、半导体及固体器件、工业电子学、微波技术及辐射系统、计算技术、无线电广播设备、标准室等 8 个研究室。

原子能研究所:下设原子核物理、核反应、核能、低温真空及电真空器件、原子核电子学、探测仪器等 7 个研究室。

化工化学研究所:下设稀有元素、硅酸盐、化机、化自、化燃、物理化学、高分子及塑料、放射化学、无机物等 9 个实验室和无机合成研究组、特种化工单元研究组。

数学力学研究所:下设数学、力学两个研究组和材料力学实验室。

火箭技术研究所

(三)教师的调整、补充与培养提高

根据上述任务,考虑到发展的需要,师资方面,60 年要求做适当的补充和必要的调整。

目前我校有教师 853 名,其中教授 75 名,讲师 144 名,助教 634 名,其中共产党员 182

名，共青团员 358 名，民盟 51 名，非党群众 262 名。（中略）业务水平 80%的能基本上或熟练地掌握自己专业的教学工作，但也还有 177 名教师没有开课。在科学研究上能够做指导工作和独立进行研究的教师 332 名，占教师总数的 38%。

根据上述情况，为了适应发展需要，调整的原则：必须在不削弱一部原有专业和保证一部教师政治质量的前提下，大力解决二部教学骨干的配备问题，同时根据一部的发展方向和任务要求，调整补充二部部分教师给一部。调整时，一般教师基本上随原专业变动，情况特殊的做个别安排，并采取一次调整和逐步的调整相结合的方法，根据各专业不同情况具体进行。

调整的数量，一部现有 853 名，需调出 130 名（随土木系调往二部 97 名，随农机系调往农业大学 5 名，支援二部和化工学院基础技术课教师 20 名，筹建二部地质系 8 名），增加 250 人，调整后共达 975 名，比现在实际增加 120 名。为了适应当前迫切需要，本月份已经省委批准由我校四、五年级学生中抽出 150 名，提前毕业，留作一部教师，下半年拟请省委在应届毕业生中再分配 150 名（其中一部 100 名，二部 50 名）。

师资的培养和提高：通过调整、补充和加强政治思想工作，在业务水平上要求能指导科研的教师由现在的 9%提高到 15%。一般教师能独立地进行科研，并大力的培养青年教师，要求 59 年以前毕业的教师都能开好一门课，为此采取如下措施：

一、在校内实际教学工作中进行培养提高。

(1)加强理论教育和时事政策教育，在学习党的八届八中全会决议的基础上，进一步开展社会主义、共产主义教育运动，坚持政治挂帅，不断克服脱离政治，只专不红的错误倾向，以加速思想改造，提高政治觉悟和思想水平。

(2)认真贯彻中央关于干部每年参加一个月劳动的规定，组织教师下厂劳动锻炼，不断克服教师中轻视劳动和劳动人民的倾向，并结合专业，加强理论和实践的联系，不断提高教学质量。

(3)以老带新，提高教学业务水平，根据不同情况，由教学水平较高的教师每人分工负责培养 1—2 个青年教师。目前尚不能开课的教师，在一年内基本上达到至少具有开一门课的能力，并根据需要和可能情况，由各系或教研组开办新教师速成训练班，以提高新教师的开课能力。

(4)结合教学需要，积极开展科学研究，并及时总结科研成果，充实教学内容，提高学术水平，在一年内使所有教师都能具有独立进行科学研究的能力，并培养出大量的科研骨干和能够指导科研工作的人才。

(5)大力开展教学互助、学术讨论、经验交流、集体备课、互相听课，借以互相促进，共同提高。新开课教师应建立试讲制度，以保证讲课质量。

二、积极选派留学生出国进修：60 年拟派 10 名左右教师到苏联进修（其中机械、电机各 2 名，无线电、化学、化工、冶金、物理、数力各 1 名），以培养国内当前迫切需要的尖端和缺门科学人才。在坚决保证政治质量的基础上，派遣既能出去取经，又能回来传道的人，使之成为在该门科学的教学、科研工作中的骨干力量。

三、大力选派教师到国内先进学校进修，60 年争取选派 50 名教师到国内先进兄弟学校进修（其中机械 5 名、电机 5 名、无线电 5 名、化学 10 名、化工 6 名、物理 6 名、冶金 10 名、数力 3 名),以提高教师的学术水平。

四、尽量争取培养研究生,一方面为国家培养更高级的建设人才,同时也提高指导教师的学术水平。60 年计划共培养研究生 20 名(其中化工 8 名、电机 6 名、机械 3 名、冶金 1 名、数力 3 名)。

(四)三联基地

为使教学、科学研究和生产劳动做到有机结合,更深入地贯彻执行党的教育方针、全面提高教育质量、培养又红又专的社会主义、共产主义建设人才、从需要与可能出发,本着校内外两条腿走路的方针,大力发展与巩固三联基地,在校外建设 42 个,主要由三四五年级进行生产劳动;在校内建立 10 个,并扩大规模以做到基本上能容纳全校一二年级学生的劳动;并对机械工厂、化工厂、电工厂、光仪车间采取部分现代最新技术装备,使它基本上具备制造高、精、尖、缺产品的能力,大部分产品达到国内和国际的先进水平。新建无线电实验厂,除进行电阻、铁氧体、电子管、半导体仪器的生产外,并在 60 年到 62 年装备最新技术,为完成科研任务,保证科研设备的供应,和生产若干尖端产品打下基础。

(五)积极发展夜大学和函授部

夜大学和函授部原有学生 480 人,其中夜大学 337 人,设有 4 个专业(机械、工企、化工、工民建);函授部 143 人,设有两个专业(机制、工企)。根据“大跃进”形势发展,60 年计划学生人数发展规划如下:

1. 夜大学再招收新生 250 人(机制 100 人、工企 50 人、工民建 50 人、化工 50 人),连原有学生共达 537 人。根据工厂生产要求,并准备与工厂合办一个夜大学分部。

2. 函授部再招收 200—300 名函授生,连原有学生共达 350—450 人,并准备增设化学工程函授专业。师资方面,今年内准备配备专职教师 5 名(基础课)。

浙江大学档案馆藏,档案号:ZD-1960-XZ-41

关于学校体制、专业设置、招生工作初步意见①

(1970 年 6 月 4 日)

浙大革核〔70〕25 号

一、学校体制

浙江大学是一所多科性理工科大学。其中理科专业,以理为主,理工结合。为保证教育不脱离无产阶级政治,不脱离工农兵,不脱离生产劳动,彻底改变教学、生产、科研三分家的现象,学校必须按毛主席关于“以后要学校办工厂,工厂办学校”的光辉指示,实行校有基地(校办工厂、校办农村)、校厂挂钩、厂系合一,教学、生产、科研三结合的体制。采取按车间建立专业连队,由专业连队招生的组织形式。

学校设立了农场。各专业连队还和地县农村挂钩建立“学农点”,农忙时定期参加农业

---

① 本文系由浙江大学革委会教育革命组编制上报浙江省革命委员会。

劳动。平时应该经常组织师生参加工农集体生产劳动，充分利用校内外有利条件，把学校改造成为“抗大”式的革命大熔炉。

学校在临安地区筹建战备分校，建立教学、生产、科研三结合的后方基地。在战争情况下，战备分校要能迅速地适应战争需要，一面生产、一面学习，一面支援前线打仗，为保卫祖国，消灭敌人作出应有的贡献。

(一)关于我校体制改革的依据

全国多科性理工科大学很多，如清华、中国科大、上海科大、哈工大、天大、江西理工学院、福州大学，等等。它们有两个显著的特点：一是多学科并存；二是理工结合。其优越性如下：

1.多科性理工科大学能适应社会主义革命和社会主义建设的需要，能适应“省自为战”，建立“小而全”工业体系的需要。同时，多科性理工结合，也是高校系科设置的一个新动向。如江西理工学院(由江西工学院和江西大学理科并成)。

2.多科性理工结合，有利于各学科的发展。因为自然科学有内在的联系，多科性理工结合，对各学科发展起着互相促进的作用。如石油化工的发展，就促进了有机、塑料工业的发展，光、机、电的互相依赖、互相促进就更能在教学、生产、科研中体现出来。

3.多科性理工结合，有利于教学、生产、科研的紧密配合。

教学上，多学科可共同开设基础课、基础技术课，有时专业课也可互相支援，精简编制。

生产、科研上协同作战，互相配合，如我校目前承担的国防科研400号、500号、980号，等等。并将生产、科研中的成功，尽快地在各学科教学上反映出来，得以全面推广。

鉴于上述优越性，我校人力物力都有一定的基础，所以浙大仍办多科性理工科大学。

(二)实行“校有基地、校厂挂钩、系厂合一”体制的优越性

1.这种新型体制，破除了旧大学的概念

旧大学的教育严重“三脱离”(脱离无产阶级政治，脱离生产劳动，脱离工农群众)，师生不参加三大革命实践，“黑板上造房子，纸头上造机器”。教育不为无产阶级政治服务，学校不是培养无产阶级接班人，而是培养修正主义苗子，成了资本主义复辟的桥头堡。

在党的领导下，新大学的革命师生，一面学习，一面生产，实现毛主席提出的“工厂就是学校，工人就是学生，学生也是工人农民”的伟大指示，彻底打破了旧大学的概念。

2.有利于加强党的一元化领导

学校要培养无产阶级革命事业的接班人，就必须加强党的一元化领导。厂系分家，两套班子，机构重叠，层次增加，厂与系、车间与连队矛盾不少，而厂系合一，可改变上述状况，加强了党对各部门的领导。

3.有利于“两带三结合”和“一化三提高”

厂系合一，便于师生带着三大革命中遇到的问题，带着科研、工农业生产中急需解决的问题，进行典型教学，使理论紧密结合实际，教学紧密结合生产劳动，教学紧密结合科研，大大提高教学质量，提高实际工作能力，提高师生政治业务水平。同时，师生和工人同学习，同生产劳动，并在教育革命中接受工人阶级再教育，促进师生思想革命化。

4.厂系合一，既是车间，又是课堂，也是科学试验的场所，既当工人，又当教师，又是学生，有利于全面贯彻毛主席提出的光辉的“五·七指示”，有利于“走上海机床厂从工人中培养技术人员的道路”。

(三)关于基地问题

我校各系发扬了“自力更生、艰苦奋斗”的革命精神,在原试验室的基础上建立一批工厂,不仅为社会主义革命和社会主义建设作出一定的贡献,而且提供了一批教学、生产、科研三结合的校内基地。但是,由于学校办工厂的局限性,很难完成各种不同专业在教学、生产、科研上的全部要求。为了解决这个问题,采取厂校挂钩,与社会工厂长期订立合同,选择一批教学、生产、科研的校外基地是完全需要的。校外基地是学校体制的有机组成部分,学校应根据校外基地的生产情况,有计划地安排教学、科研任务,并在校外基地的工厂内聘请兼职教师,担负一定的教学任务和科研任务。学校要轮换派出一定数量的在职教师在校外基地上,接受工人阶级再教育,与兼职教师一起进行教学、生产、科研活动。校内基地和校外基地是相辅相成的关系,但以校内基地为主,校厂挂钩的校外基地为辅。

关于临安基地的筹建问题,应该遵照伟大领袖毛主席的教导,“现在一面学习,一面生产;将来一面作战,一面生产,这就是抗大的作风,足以战胜任何敌人。”

临安基地应该努力建成为教学、生产、科研三结合的后方基地(战备分校)。平时各系(厂)可安排部分专业在临安基地,从事正常的教学、生产、科研活动;战时又可适应战争的需要,这样平战结合有利于备战,也有利于教学、生产、科研的三结合。

二、专业设置

我校原设置有机械、电机、土木、光仪、数力、化工化学、物理无线电等 7 个系共 28 个专业(其中包括 4 个理科专业),经过初步调查研究,拟予拆并调整,规划设置机械、电机电气、土木、光仪、自动化工程、工程化学、物理无线电等 7 个系共 26 个专业(其中包括 5 个理科专业)。原来设置的 28 个专业中,有化机、化工、化燃、河川、发电等 5 个专业停办;其中有专仪、化自、热能、工企、电器、水机、物光、物理、应用数学等 9 个专业转向或进一步明确培养要求;其中有机制等 15 个专业继续设置(约占总数的 58%)。此外还增设了石油化工、低温工程、半导体化工(待定),控制机等四个新专业。

现将专业设置的有关问题分述如下:

(一)专业设置的指导思想

我校的专业设置应遵循“备战、备荒、为人民”的伟大战略方针,遵照“省自为战”的原则,建立“小而全”的独立的工业体系的方针,从我国七亿人民出发,从农业为基础,工业为主导,工业必须为农业服务的总方针出发,适应社会主义革命和社会主义建设的需要,适应三大革命运动的需要,适应科学技术发展的需要,正确处理好地方与中央,目前需要与将来发展,普及与提高的关系。学校专业设置应服从全国,面向浙江,合理分工,突出重点。

(二)培养目标和各专业具体培养要求

学校的培养目标遵照毛主席的“应该使受教育者在德育、智育、体育几方面都得到发展,成为有社会主义觉悟的有文化的劳动者”的指示,培养全心全意为中国和世界大多数人服务的无产阶级革命事业的接班人。下面将各系(厂)专业设置和具体培养要求(业务方面)分述如下:

1. 机械系(东方红机械厂):

(1)机制:培养通用机械和精密机械制造工艺及其装备(机床、夹具、刀具、量具等)的设计、制造,并能掌握测试技术和采用新工艺和新技术。专业向精密机械和精密测量方向发展。

(2)金相:培养机械厂热处理车间及中央实验室材料部门工作的技术人员。专业向特种材料的热处理分析、测试和新型热处理工艺方面发展。

(3)铸造:培养一般机械的铸造工艺技术人员,以新型铸造(特种铸造、精密铸造)及铸造新工艺作为提高方向。

(4)内燃机:培养具有一般中小功率内燃机设计、制造和掌握内燃机测试、调整、维修技能的技术人员,以新型内燃机作为提高方向。

(5)液压传动及自动化:培养能掌握液压元件、部件的设计制造和电、液自动系统的设计,具有气动射流元件的一般知识的技术人员。

(6)应用力学(理科):培养机械制造中机械强度分析计算、测试技术方面的技术人员。

关于校机械工厂和机械系是否合并,意见尚不统一,目前暂不合并,须进一步调查研究后定。

2.电机电气系(五・七电机厂):

(1)电机制造:培养一般电机和特种电机的设计、制造和维修方面的技术人员,向控制电机的研制方向发展。

(2)电气自动化:培养工业企业的电气化自动化方面的技术人员。目前从研制和应用可控硅方面着手。

(3)专用控制机:培养新型专用电子计算机的研制、维修及应用方面技术人员。目前从集成电路入手。

3.光学仪器系(光学仪器厂):

(1)光学仪器:培养设计和制造光学仪器(光学测量仪器、计量仪器及特种摄影装置)方面的技术人员。

(2)物理光学仪器:培养具有设计制造用激光作发射器,红外与光电为接收器的物理光学仪器方面技术人员(该专业原来搞光谱及干涉仪)。具体培养要求尚须进一步调查研究。

4.物理无线电系(无线电厂):

(1)无线电:培养无线电通信设备和电子仪器设计制造方面技术人员。向雷达或电视的设计、制造方面发展。

(2)电真空:培养电真空器件和制造方面技术人员。

(3)半导体:培养半导体器件研制方面的技术人员。

(4)微电子学(理科):培养微电子学理论研究及微波器件研制及应用的技术人员,专业方向为分子电路。

5.工程化学系(化工厂):

(1)硅酸盐:

培养为光学仪器工业、机械工业和电器制造工业及国防工业服务的玻璃、陶瓷材料方面的技术人员。以光学玻璃及电瓷为主要方向。

为了配合我省小水泥工业的发展,采取厂、校挂钩,举办小水泥的培训班,培养我省小水泥需要的技术人员。

(2)低温工程:

以深度冷冻的工艺和机械设备作为典型的教学内容,通过教学、科研、生产三结合,培养研究、设计、制造低温设备和从事低温工程工作的工程技术人员。以低温技术和低温机械设备为主要方向。

(3)石油化工:

培养从石油中制取各种有机化工原料方面的工程技术人员。

以石油为原料,从事原料气制备及分离,生产各种有机化工产品。

(4)工程塑料:

培养从事研究、生产、应用特种性能合成材料的工程技术人员。

研制在高温条件下,具有高强度,高绝缘,高透明性能的特种合成材料为方向。

(5)半导体化工专业(待定):

培养从事半导体材料研究和化工生产的工程技术人员。

以研制新型半导体材料和进行半导体材料高纯度精制方面工作为方向。

(6)高分子化学(理科):

培养具有合成高分子及其化合物方面的基本理论和从事高分子方面的科学研究,了解高分子工艺过程并具有一定操作技能的技术人员。

6.自动化工程系(自控器件厂):

(1)精密自动测量及显示仪表制造:培养快速动态精密自动测量及电动、气动显示仪表研制、使用方面技术人员。

(2)热工仪表及自动化:培养具有热工仪表设计、制造能力,具有实现生产过程自动化能力的技术人员。

(3)流体力学(理科):培养气体、液体的力学分析测量,并具有射流元件的设计、制造、应用的技术人员。

(4)计算数学(理科):

培养具有用数学处理方法并能使用计算工具解决生产实际问题能力的技术人员,同时应掌握计算机的安装、调试、使用技能。

7.土木系

工民建:培养工业及民用建筑(包括地上,半地下,地下建筑)的设计、施工方面的技术人员。

(三)需继续设置的专业理由

我校基本上按原专业方向继续设置的有15个专业,主要理由为:这些专业具体培养要求比较明确,专业如何办有一定打算;这些专业,在社会主义革命和社会主义建设方面看,已起了不少作用,今后仍然需要;这些专业从战备需要看,从全国及本省工农业生产需要看,从我校教学、生产、科研的配合看,还需继续办,同时学生的分配和来源也没有什么问题。

据此,我校有15个专业继续设置。机械系:机械制造,内燃机,金相,铸造,应用力学(原数力系应用力学专业);电机系:电机制造;光仪系:光学仪器;物理无线电系:无线电,半导体,电真空;自动化工程系:流体力学(原数力系应用力学专业);工程化学系:硅酸盐,工程塑料,高分子化学;土木系:工民建。

(四)需要转向专业的理由

为了满足国防工业、工农业生产发展的需要,考虑学科和专业的内在联系,更好地为社会主义革命和社会主义建设服务,更好地发挥多科性理工科大学理工结合的优越性,以使教学、生产、科研的有机结合。初步决定：

（一）原光仪系专业仪器专业转向为精密自动测量及显示仪表专业。

（二）原化工系化工自动化专业和原电机系热能专业合并转向为热工仪表及自动化专业。

（三）原电机系工业企业电气化及自动化专业和电气制造专业转向为电气自动化专业。

（四）原水力机械专业转向液压传动及自动化专业。

（五）原物理系物理专业转向微电子学专业。

（六）原物理光学仪器、原应用数学专业培养目标进一步明确，物光专业范围扩大到激光，红外等，应用数学改为计算数学专业。

（五）新办专业理由与设想

1.创办石油化工专业理由：

（一）石油化工是从石油和天然气（或炼油厂尾气）中提取有机和无机原料的一门学科。它和国民经济许多部门有联系，其中许多产品能直接为国防尖端工业和人民生活服务。

（二）石油化工是当前化工生产发展方向。我国化工生产发展不快的一个重要原因是缺乏化工原料，而石油化工可提供许多有机化工原料，促进化肥、农药、塑料、有机合成工业的发展，填补合成橡胶空白等等。

（三）我国有丰富的石油和天然气，还可利用炼油厂的尾气，为石油化工工业发展提供丰富的原料。

（四）学校有一定的人力物力基础。同时石油化工专业的设置，对我校工程化学系和其他各系教学、生产、科研有促进作用。

（五）石油化工专业由原化学工程，化工燃料等专业为基础筹办。

2.创办低温工程专业理由：

（一）随着工农业生产及科学技术的发展，低温技术和低温设备已广泛应用。如高空飞行，工业生产中制氧、制氮、制氢，低温绝热、深度冷冻等工艺，都迫切需要这方面技术人员。

（二）学校在人力、物力上已具备办学条件，浙江也有制造低温设备的工厂（杭州制氧机厂）可作为厂校挂钩的基地。

3.创办专用控制机专业理由：

（一）由于国防建设的需要，由于工农业生产发展的需要，对专用控制机要求越来越多，而本省还是空白点。

（二）专用控制机的制造需要数学模拟逻辑和无线电二部分，我校有一定的人力物力的基础。

（三）专用控制机专业的设立，可以使计算数学和无线电电子学二个学科理工结合，互相配合，互相促进。

（四）专用控制机专业由原发电专业，计算机研究小组等筹办。

4.创办半导体化工专业的理由：

随着我国电子工业的迅猛发展，对半导体材料的质量和数量提出了越来越高的要求。目前我国半导体材料的质量还不够理想，数量更是远不能满足需要，大大影响了电子工业的发展。我省和全国各兄弟省都正在大力发展半导体材料，急需这方面的技术人员。我校已有用硅烷法制备半导体硅材料的生产基地，还准备进行半导体化工方面的研制。在此基础上创办半导体化工专业，为半导体材料的生产培养人才。

(六)不办专业的理由

1.土木系原河川专业停办理由：

(一)河川方面技术人员过多。

(二)就本省而言，大中型水坝很少搞，以搞小水电为主，而小水电工程技术人员，又要求懂得设计，施工及水利方面知识的多面手。

(三)小水电建设，以搞水利为主，据调查，可以办短训班解决。近几年，可由河川、发电、水机部分教师以"走出去"办培训班解决。

2.原化工系化工专业、化机专业、化燃专业停办与化自专业拆并理由：

化工专业:(一)化工专业具体培养目标不明确；

(二)该专业的设置是反动学术权威吹捧出来的，是仿照英美资本主义国家培养通才，适应无计划生产所需，必须批判。

(三)与化燃专业合并，筹办石油化工专业。

化机专业:浙化原设有化机专业，为避免系科重复，我校化机专业停办。拟支援浙化一部分。

化燃专业：

(一)该专业是搞炼焦的。因大型钢铁厂搞得不多，焦化厂也就很少新建，所需人员不多，且大型钢铁厂有自己培养的焦化技术人员。

(二)分配人员对口少，且现有技术人员过多，有两套班子。

(三)本省发展小钢铁为主，又无较大焦化厂，缺少教学劳动基地。

(四)与化学工程专业一起筹办石油化工专业。

3.电机系原发电专业不办理由：

(一)根据战备需要，电站建设以中小型为主，大型电站搞得较少，所需发电技术人员较少，以往发电人员基本满足。

(二)中小型电站需要发电技术人员，可以由水电部门或学校办培训班解决。

(三)发电专业的教学、生产、科研三结合基地学校比较难以解决。

(七)关于土木系工民建专业，从现实情况出发，还是立足于学校继续办，如省认为划归建工局办，或全国调整至大三线办，更有利于教育革命，我们都坚决服从。

(八)关于公共基础课和专业基础课的改革问题。

基础课(高等数学、普通物理、外语、制图、体育等)和各专业基础课的改革，必须遵循"课程设置要精简""少而精""理论联系实际"等原则，基础课、专业基础课、专业课要打破界限，协同作战，基础课教师应和专业课教师一起下到各厂(系)，并自始至终参加有关的教学、生产、科研的全过程。分散到各系的基础课教师还要相对稳定一个时期。

这样做基础课教师一边参加生产劳动，一边教学，改变了过去脱离生产实际，搞纯理论教学的局面，有利于教师政治上的再提高；这样做基础课教师可以逐步熟悉专业，也有利于他们业务上的再学习；这样做也有利于基础课和专业课有机结合，提高教学质量，改变过去基础课理论教学单课独进，造成学生学时不知所用，用时忘其所以的恶果。基础课教师又要在一定的时候相对集中,对本课程教学领域的改革如教材、教学内容、教学方法作些总结交流和编写工作,更好地发挥基础与专业,理与工的协同作战的优越性。对此尚缺乏经验,拟先行试点。

关于体育的问题,必须尊重毛主席“德育、智育、体育几方面都得到发展”的教育方针,必须重视这一方面的问题。经过初步研究,体育工作由人武部领导,积极开展军事体育活动。

三、招生与分配工作的意见

遵照伟大领袖毛主席“要从有实践经验的工人农民中选拔学生”的教导,根据省革委会的指示,我校准备于今年秋季开始招收新生。招生工作必须突出无产阶级政治,贯彻党的阶级路线,废除旧的高考制度,采取推荐和选拔,领导和群众相结合的方法。

具体意见如下:

(一)新生入学条件:招收活学活用毛主席著作,突出无产阶级政治,有较高的阶级斗争和路线斗争觉悟,出身好的工农兵入学。新生应经过三年以上三个革命斗争锻炼,具有一定的实践经验和相当于初中以上的文化程度。身体健康,年龄一般在30岁以下。

(二)根据国家急需和有条件的专业连队先予招生,其条件是:

1.专业连队已建立党支部(或党小组),有一个好的领导班子。

2.基本上有教学、生产基地。

3.对本专业如何办已有初步的设想。

4.师资队伍和教材有一定的打算。

此条件,今年秋季,我校有机制、光仪、电机、硅酸盐、半导体、电真空、无线电、计算数学、工民建等9个专业拟先招收新生约300人。

(三)对于没有条件或条件不成熟的专业,一般可以办3—6个月的短训班,普及班也行,提高班也可以,还可以搞研究班。形式多样,人数不一,可以是“走出去”或“请进来”。这样,为今后招生做好教师、教材等准备工作,为我校全面招生积极创造条件。目前有铸造、金相、水机、内燃、小水电、新技术、小化肥、半导体、无线电等专业已在举办或筹办各种类型的短训班。

(四)招收新生的准备工作:

1.抓紧时间成立校系两级招收新生领导班子。

2.各系(厂)根据实际情况确定今年9月份招生的专业连队和招生数字,并做好招生具体准备工作(如挂钩厂矿联系,教材准备,等等)

3.各系(厂)应抓紧搞好基地工作,组织好为招收新生上课的教师队伍(包括工人讲师团),6月份可着手组织以任课教师为主的实践队下厂劳动,与革命工人、革命技术员一起,有计划,有目的地编写新教材。

(五)招生与分配:

1.分别从本省及兄弟省市招收学生的数字,以及在本省招生数字内分别从工厂招收和农民及解放军中招收的数字,请省革命委员会决定。

2.在省内从工人和解放军及农民中招收新生名额,由省革委会作出决定,并落实到具体单位或地区。

3.从兄弟省市招收名额,待省革委会批准后,我们另行制定招生方案,并分别派人到各兄弟省市协商落实。

4.省内从同专业工厂招收的学生,原则上厂来厂去;但从解放军、农民(包括知识青年)招收的学生,原则上由国家统一分配;凡从兄弟省市招收的学生,原则上由兄弟省革委会安排。

5.短训班则可以采取厂来厂去、社来社去的办法。

6.学生在校期间一律享受公费医疗,学生工资待遇工厂学生带薪学习,农民学生由学校发给助学金。

四、几点建议

1.建议省革委会向中央教育部建议召开有关院校座谈会,来解决专业设置的布局问题。

2.组织"工人讲师团"是今年招生的一个重要准备工作,也是教师队伍整顿改造的一个措施,迫在眉睫。为妥善地尽快解决工人讲师问题,我们建议省革委会下达有关文件,并召开有关厂矿企业领导人会议,商讨工厂重视教育革命问题。(具体厂矿可由我们提出)

3.对于较先进的或国防急需的系科,省里应有个打算,如石油化工、雷达、电视等等。

4.校有基地,校办工厂是招生工作的一个重要条件,也是改造旧大学的重要措施。省革委会应根据国家需要和我校办厂需要和可能,尽快地将校办厂定下来,并在人力物力上给予大力支援。

以上各点,仅供参考。

浙江大学档案馆藏,档案号:ZD-1970-XZ-6

关于专业设置的补充意见

(1970年7月10日)

浙大革核〔70〕49号

关于学校体制、专业设置、招生工作初步意见,已于1970年6月4日上报省革委会。为了积极慎重地搞好专业设置工作,遵照省革委会对大学专业设置"边报边改"的精神,为使其更好地适应社会主义革命和社会主义建设的需要,适应三大革命运动的需要,适应工农业生产发展和科学技术发展的需要,通过进一步的调查研究,现将工程化学系石油化工专业、半导体化工专业,自动化工程系热工仪表及自动化专业的培养目标进一步的阐明,对原计划停办的河川专业、化工工程专业、化工机械等专业提出如下补充意见:

(一)"石油化工"专业改为"石油及煤综合利用"专业

"石油化工"是化学工业的发展方向,全国兄弟省、市发展很快,但目前本省还属空白点。设立"石油化工"专业,进行重点的研究及培养一定的技术人才,将促进我省石油化学工业的建立和发展。但是从本省的实际情况出发,为了充分利用本省的天然气、及劣质煤的资源,进行化学加工制取有机化工原料和解决小化肥生产等问题,对于面向本省,适应本省化学化工发展的需要,培养煤和天然气的综合利用方面的技术人才亦是当务之急。

"石油及煤综合利用"专业既考虑化学工业发展方向,又兼顾本省当前实际情况,专业范围较宽,适应性强,比分办"石油化工"、"煤化工"、"天然气化工"三个专业更为有利。而且在不同时期,根据国民经济需要、资源情况及战备形势,专业重点可有所侧重。

我国化工生产“四五”规划明确规定:“狠抓综合利用,大搞有机化工原料,大抓五大合成(合成化工原料、合成橡胶、合成塑料、合成纤维、合成氨)、猛攻四气(天然气、石油气、焦炉气、冶炼气)的综合利用,大搞煤和农副产品的综合利用。”

所以设置石油及煤综合利用专业,以石油化工为重点,包括石油化工(天然气包括在内)和煤的综合利用两方面,更能适应国民经济的发展和战备的需要,是批判、改造旧化燃专业,并使其新生的正确方向。

(二)“半导体化工”专业改为“半导体材料工艺学”专业

“半导体材料工艺学”专业方向主要是半导体材料制造的工艺过程原理及设备。研究半导体材料性质,制造工艺理论基础及新工艺、新设备,寻找新型的半导体材料。

由于半导体材料有无机的、有机的、有元素半导体、有化合物半导体,最近又出现了玻璃半导体,所以专业方向将包括无机化学、有机化学、电化学、硅酸盐及电子学、稀有金属冶炼等方面,是内容十分广泛的一门边缘科学。材料尽管名目繁多,制造工艺也多种多样,相互之间却有共性的内在联系,因此该专业有广阔的发展前途。

通过省内外的调查,决定筹办“半导体材料工艺学”专业,筹备该专业具备许多有利条件:

1.有毛主席的“七・七”指示作为强大的动力,在全国大搞电子工业群众运动的大力推动下,筹办该专业,是备战的需要,是发展社会主义革命和生产的需要。

2.已有三分部硅烷生产车间,可作为该专业元素半导体的教学点。目前正在筹办的砷化镓研制工作将作为化合物半导体的教学点。

3.我省石英矿资源极为丰富,并准备由湖州石粉厂生产石英管,对半导体材料生产提供了有利的物质条件。

4.我省杭州电化厂和衢州化工厂已在筹建三氯氢硅制取单晶硅的车间,年产 15 吨可作为厂校挂钩的基地。

虽本省目前半导体材料工业尚为空白,但已在积极筹建,而培养人才需要一定的时间,因此积极筹建“半导体材料工艺学”专业,尽快为招生创造条件,也是迫在眉睫的事情。

(三)“热工仪表及自动化”专业分设为“热工测量及仪表装置”和“化工自动化及仪表”二个专业

热工仪表及自动化专业由原化工系化工自动化专业和原电机系热能动力装置专业合并转向而成,现经反复的酝酿讨论和省内外的进一步调查研究,决定分设为“热工测量及仪表装置”和“化工自动化及仪表”二个专业,其理由如下:

1.热工过程如发电、冶金等工业系统和化工过程如制药、造纸、塑料、农药等行业是截然不同的,尽管在自动化过程及仪表方面有共性之处,但个性相差较大。为了使培养的工人学生原则上专业对口,贯彻原则上厂来厂去的精神,专业适当分工,更能符合实际需要和培养一专多能的技术人才。

2.分工以后“热工量测及仪表装置”以热工量测元件、变送器及一次仪表制造为主,兼顾自动化方面的技术和理论。“化工自动化及仪表”以化工过程自动化为主,兼顾一次仪表制造。这样二个专业各有侧重又有分工,既考虑全国自动化工业发展的需要,又可满足本省仪表工业对技术人才的要求。

(四)关于原停办的河川、化学工程二专业保留小班子,进一步调查研究的补充意见

河川方面的技术人员在全国来说是过多的,就本省而言,大中型水电站水坝设计、施工任务较少,但小水电,小水利将大发展。

目前清华大学也设有水利系,且上半年已招生。因此对“河川”专业是否先保留一个班子,以搞小水电培训班为主,边实践边调查研究,为如何改造“河川”专业,提供确切的依据,更为有利。

“化学工程”专业在修正主义教育路线的毒害下,在资产阶级学术权威的把持下,培养目标不明,是一个典型的“因神设庙”的专业,必须进行彻底改造。初步意见决定该专业的人员一分为二,一部分转向搞“石油化工和煤综合利用”,一部分转向搞“半导体材料工艺学”。

但鉴于我国化工工业的飞速发展,对化工技术及设备要求越加迫切,一些科研单位、生产部门也相应设立化学工程设计研究小组,以适应化工工业发展需要。但又要注意生产、科研上提出的要求和课题,学校决不能简单地、模仿地设置专业。但鉴于全国只有天津大学、华东化工学院和我校设有化学工程专业,其他二校对该专业也暂时挂搁,尚未定论,因此对“化学工程”专业是否也保留小班子作进一步调查研究,并提请省革委会向中央有关部门联系再作最后定论。

(五)关于“化工机械制造”专业尚需继续设置的补充意见

全国化机专业分为工艺和机械二大类型。工艺类型主要进行化工设备的强化,机器设备的安装、维护、检修;机械类型主要进行化工机械及设备的设计和制造。

我校的化机专业是属于机械类型的,在系科名称上虽和浙江化工学院的化机专业相同,但专业方向却有较大差别。根据国民经济发展要求,对于化机专业要求偏重于搞机械制造,这样的技术人才需要量大,分配面广、适应性较强。因此以机械制造为主的化工机械制造专业,以继续设置在机械基础较强的多科性理工大学更为有利。

以上意见当否,请省革委会研究批示。

中共浙江大学革命委员会核心小组
一九七〇年七月十日

浙江大学档案馆藏,档案号:ZD-1970-XZ-6

关于确定我校任务与规模的报告

(1983年7月30日)

浙大发办〔1983〕191号

教育部:

自今年五月教育部召开全国高等教育工作会议之后,我们根据会议的精神,认真分析了关于加速发展我国高等教育的形势要求,进一步研究了我校的任务与发展规模,提出如下方案:

(一)关于任务

我校是一所多科性理工科大学,设有16个系,其中5个理科系,10个工科系,1个管理工程系(详见附件1);已建立7个研究所,9个研究室(详见附件2)。

1981年经国务院批准为首批博士和硕士学位授予单位。有博士学位的学科、专业点14个,硕士学位的学科专业点40个,还有一批学科正在申请博士和硕士学位授予权。

对于今后的发展,我们将着重从以下三方面努力:

1. 努力把浙大办成“两个中心”。在培养人才方面不但要为国家培养水平较高的本科生,还要为国家培养相当于国际先进水平的硕士、博士生。在科学研究方面要为国民经济和国防建设承担重大科研任务,并在一些重点学科上赶超世界先进水平。

2. 在办学层次上,主要是培养本科生和研究生。有计划地适当增加本科生的招生人数;着重加强培养研究生的能力,提高研究生在在校生中所占的比例;准备招收外国留学生,包括本科生和研究生;逐步扩大夜大学的招生规模,并适量招收委托培养的专修科学生。

3. 在学科的建设上,努力提高各学科的学术水平,促进理工结合和各学科之间的杂交,积极引入与开拓新兴学科,并逐步发展管理学科。

(二)关于规模与发展规划

到1990年的学校规模,拟定为在校生12750人。其中包括:大学生10000人(含本学生9800人,专科生200人),研究生2300人(含硕士生2100人,博士生200人),留学生50人(含本科生25人,研究生25人),进修教师400人。

夜大学的规模,拟定为在校生1000人。

发展规划如下:

1. 大学生与研究生

年度		1983	1985	1987	1990
招生人数	大学生	1860	2100	2500	2500
	研究生	259	420	630	750
	合计	2119	2520	3130	3250
在校生人数	大学生	7182	7977	8780	10000
	研究生	526	1015	1585	2300
	合计	7708	8992	10365	12300

注:大学生人数中含浙江省要求培养的两年制干部专修科人数,1983年招收60名,1984年起每年招收100名。

其他部、委委托培养的专修科人数未计入内。

2. 留学生

将根据国家对外交流的需要,承担培养一定数量的留学生的任务,其中包括招收攻读硕士、博士学位的外国留学生,以促进与科技发达国家之间的学术交流与合作。

3. 进修教师

按教育部的要求,逐步增加接受进修教师的名额,成为教师培训中心之一。规划数:

1983年150名,1985年200名,1987年250名,1990年400名。

4.夜大学(四年制专科)

年度	1983	1985	1989	1990
招生数	180	240	250	250
在校生数	450	780	940	1000

(三)根据以上规划,拟即着手建立研究生院,另作专题报告。

以上方案,请予审批。

附:1.现有系与专业。

2.现有研究所、室。

浙江大学

一九八三年七月三十日

附件一

现有系和专业

系和专业名称		专业性质	学制	备注
一	数学系	理科	四年	不分专业
二	物理学系	理科	四年	不分专业
三	化学系	理科	四年	不分专业
四	力学系	理科	四年	不分专业
五	地质学系	理科	四年	不分专业
六	电机工程学系			
	1.电机专业	工科	四年	
	2.工业电子技术专业	工科	四年	
	3.工业自动控制专业	工科	四年	
	4.电力系统及自动化专业	工科	四年	
七	化学工程系			
	5.化学工程专业	工科	四年	
	6.基本有机化工专业	工科	四年	
	7.高分子化工专业	工科	四年	
	8.化工自动化专业	工科	四年	
	9.化工机械专业	工科	四年	

续表

系和专业名称		专业性质	学制	备注
八	土木工程学系			
	10. 建筑学专业	工科	四年	
	11. 建筑结构工程专业	工科	四年	
	12. 水工结构专业	工科	四年	
九	机械工程学系			
	13. 精密机械工程专业	工科	四年	
	14. 液压传动及控制专业	工科	四年	
十	无线电电子工程学系			
	15. 无线电技术专业	工科	四年	
	16. 电子物理技术专业	工科	四年	
	17. 半导体器件专业	工科	四年	
十一	光学仪器工程学系			
	18. 光学仪器专业	工科	四年	
	19. 激光技术专业	工科	四年	
	20. 摄影仪器与工程专业	工科	四年	
十二	材料科学与工程学系			
	21. 金属材料科学与工程专业	工科	四年	
	22. 无机材料科学与工程专业	工科	四年	
十三	热物理工程学系			
	23. 内燃动力工程专业	工科	四年	
	24. 电厂热能动力专业	工科	四年	
	25. 低温工程专业	工科	四年	
十四	科学实验仪器工程学系			
	26. 测试技术及自动化仪器专业	工科	四年	
	27. 生物医学仪器专业	工科	五年	
十五	计算机科学与工程学系			
	28. 电子计算机专业	工科	四年	
	29. 计算机软件专业	工科	四年	
十六	管理工程系			
	30. 管理工程专业	工科	四年	
	31. 工业经济管理专修科	工科	二年	

附件二

现有研究所、室

研究所	1.光学仪器研究分所
	2.化学工程研究分所
	3.电工技术研究分所
	4.材料科学研究分所
	5.能源工程研究分所
	6.机械工程研究分所
	7.应用数学研究分所
研究室	1.物理研究室
	2.化学研究室
	3.爆炸力学研究室
	4.建筑结构与设计研究室
	5.人工智能研究室
	6.生物医学仪器与工程研究室
	7.微波与光电子技术研究室
	8.动态测试技术及仪器研究室
	9.生命科学研究室

浙江大学档案馆藏,档案号:ZD-1983-XZ-29

浙江大学1988—1992年发展规划纲要(讨论稿)

(1988年7月)

党的十三大明确地提出,把发展科学技术和教育事业放在首要位置,使经济建设转到依靠科技进步和提高劳动者素质的轨道上来。百年大计,教育为本。科技的发展,经济的振兴,乃至整个社会的进步,都取决于劳动者素质的提高和大量合格人才的培养。我国四化建设的宏伟目标能否实现,教育担负着重大的历史责任。我校是国家教委直属的全国重点大学,担负培养高级专门人才和发展科学技术的双重任务。这几年来,我们坚持社会主义办学方向,积极推进各项改革,努力提高教育质量和科研水平,学校各个方面工作得到了持续、稳定的发展。但必须十分清醒地看到,和形势发展的要求相比,和兄弟院校相比,存在着较大的差距,我们应该正视这种现状。我们面临的挑战是严峻和紧迫的,面临的问题和困难很多,比预料的多,对此,必须有深刻的紧迫感和危机感。如果对这种形势缺乏正确的认识,不加倍努力,加快教育改革的步伐,将会失去我们浙江大学应有的地位和作用,辜负党和人民对我们的期望。经济体制改革的深入发展,高教事业出现的激烈竞争局面迫使我们必须警醒起来，发扬求是创新校风，奋起直追。

1988—1992年期间，我们在办学指导思想上必须明确为社会主义建设服务的发展方向，坚持以提高教育质量和科技水平为中心，坚持改革开放，以改革统揽学校工作全局。通过改革，不断增强学校发展的动力和活力，尽快建立和不断完善学校主动适应现代化建设的新机制。要立足于发扬优势，提高水平，办出特色，才能使浙大异军突起，出奇制胜。我们的主要任务是：进一步动员和组织全校师生员工认真贯彻落实党的十三大精神，遵循党在社会主义初级阶段的基本路线，以提高人才培养质量和科研水平为中心，全面推进和深化各项改革。要以适应经济建设，科学技术发展需要为目标，端正教育思想，调整办学结构层次，树立全面质量观，培养高质量的合格人才；以选拔好学术带头人，特别是中青年学术带头人为中心，建设研究所（室），增强基层活力，加强学科建设，大力提高学术水平；以发挥队伍整体效能为中心，改革人事制度，抓好教学、科技、管理和后勤队伍建设，增强队伍的活力；以提高效率和效益为中心，改革管理体制，保障学校教学、科研两个中心的建设。为到2000年把浙江大学建设成为以理工为主，理、工、文、管相结合，教育质量和科学研究水平稳定地、全面地居于国内同类大学前列，在国际上具有一定影响的综合性理工科大学打下扎实的基础。

一、发展方向和目标

坚持以理工为主，理、工、文、管相结合的发展方向并努力形成特色。自然学科、技术学科和人文社会学科间的相互渗透，交叉学科、边缘学科不断地产生和发展，已成为现代科学技术发展的必然趋势。

为了培养能适应经济和社会发展需要的高水平的科学技术人才和现代管理人才，必须根据社会需要和科学技术发展趋势，调整课题设置，优化知识结构。工科专业要继续拓宽专业口径，加强学科的理论基础，加强工程训练，适当增设相邻学科、人文和经济管理学科的课题，以扩大知识面；理科专业要有稳步的发展，要在某些理论和应用分支上形成自己的特长，并要为技术学科的发展作出必要的贡献；文科专业要面向社会，办出理工科大学文科教学的特色。

根据培养高层次、高水平人才的需要，努力提高我校的科研水平。在继续发展传统工业技术学科的同时，特别要注意发挥我校多学科的优势，理工结合，多学科相互渗透，不失时机地发展对我国国民经济建设和科学技术有重大影响的新技术、高技术。提倡和组织跨学科的联合，提高我校承担重大的综合性课题的能力。

二、教育结构和规模

为了建设高水平，有特色的综合性重点大学，必须按照社会主义现代化建设的需要和科学技术发展的趋势，有步骤地调整我校的学科、专业设置，建立合理的教育结构。

1.拓宽、改造和更新传统专业

现有的专业是我校成为重点大学的基础，其中一批传统专业有较强的师资队伍并具有较高水平，在国内有关学科中占有一定的地位，对这些专业要继续发展和提高。但是，也有一些专业范围过窄，存在不同程度的老化现象，这部分专业必须根据经济和社会发展的需要,研究发展趋向,及时吸收新技术加以改造,更新、拓宽和调整专业,以适应国民经济发展的主流。对极少数不能适应形势发展需要的专业,则要在充分调查研究的基础上,考虑适时地改变专业方向或与其他专业合并。

改造传统专业要突出抓好教学内容的拓宽、更新和充实,注重基础理论与专业实践训练相结合,注意培养学生的创新思想、自学能力、科研能力、表达能力和管理能力。

2. 创办新专业

根据四化建设和新技术革命的需要,有步骤地创办材料、能源、信息、生物工程和人文科学等新专业。创办新专业的原则是经济和社会发展急缺的应用学科和专业;对学校全面发展,特别是新技术、高技术发展有重大作用的;有较好的办学基础条件,适时地引进人才;能与其他专业相匹配,形成系统,形成浙大的特色的。要致力于发挥我校多学科的优势,开展跨系跨学科合作,有计划地建立一些跨系跨学科的主辅修组合培养模式。

3. 扩大办学层次,实行多层次形式办学

在集中主要力量和精力办好本科教育和研究生教育的同时,根据社会实际需要,积极挖掘潜力,扩大办学层次,发展函授、夜大学、继续教育,以及其他各种形式的成人教育。争取在四年内与在杭几所高校合作把成人教育学院发展成为多层次、多规格,能紧密适应我国社会经济发展需求的,有一定规模和特色的,有较高水平的我国成人教育基地之一。

4. 发展规模

到1992年我校的发展规模为:全日制在校学生达13000人,其中研究生2200人(博士生500人,硕士生1700人)。这四年里,要控制发展数量,逐步提高研究生(尤其是博士生)的比例,重点放在提高质量,适应需求,办出特色。

夜大学在校学生为2000人(校本部为1500人,校外为500人),函授教育发展到3000人,校内外成人教育发展为每年2500人次(平均授学每人按三个月计)的办学规模。

三、深化教学改革,全面提高教育质量

1. 树立全面质量观,坚持德、智、体、美全面发展的方针。

深化教学改革,紧紧抓住提高教育质量这个核心,面向现代化,面向世界,面向未来,为90年代乃至下世纪我国社会和经济的发展,培养大批能坚持社会主义方向,具有献身精神,高尚的道德、情操,体魄健全,掌握现代化知识;具有改革开放意识,实事求是,独立思考,勇于开创的各类合格人才。学校的各项工作都要服务于这个根本任务。

2. 要根据社会和经济发展的需要,进一步明确本科生、硕士生、博士生的培养目标和基本规格,制订好真正体现加强基础,拓宽专业面,重视实践,重视能力培养的教学计划和课程设置。使我们培养出来的学生,不仅具有工程技术,扎实的学科知识,还懂得经营管理,市场经济,具有自觉的竞争意识和理、工、文、管交叉的知识结构。

本科教育是一个独立的重要层次,是高等教育的基础。要坚持认真贯彻学校《关于加强本科教育工作的意见》,切实加强本科教学第一线的师资力量和教学管理队伍的建设。稳定一支高质量的本科教育教师队伍,是提高本科教育质量的关键,要像抓重点学科、重点科研项目那样切实抓好重点课程建设。学校要在这四年中继续拨出一定专款,支持“一类课程”

和“一类实验室”建设(主要是本科基础理论和技术基础理论课程)。到1992年,一类课程要达到60%以上,数学、物理、化学、外语、计算机应用等必须达到一类课程标准。本科外语四级考试要争取百分之百达标,五、六级考试的达标率要争取在1/3以上。计算机上机时数人均大于100小时。要制定切实可行的评估标准,每年分批进行一次课程质量评估,对加强重点课程建设作出重大贡献的,上聘职务时应予优先考虑,并要给予表彰和奖励。重视和加强实验和实践教学环节,选择重点进行实验课改革,提倡开设大型综合性实验课。要把切实提高实践教学效果,暑期短学期安排、课程设计、生产实习、毕业设计等实战性教学环节作为教学改革的重要方面,作出规划、努力实施,抓紧抓好。要通过厂校联合培养、组织学生参加社会实践活动等途径,探索和建立稳固的校外实验基地。

3.切实加强对学生的思想政治教育,积极组织和引导学生参加社会实践,投身改革实践,接触工农群众。重视对学生进行党的基本路线教育,引导他们正确认识我国当前所处的历史阶段,加强对国情和现状的了解,加深对坚持四项基本原则和坚持改革开放总方针的理解,使学生在校期间就打下以四化建设为己任,与改革共命运的思想基础,增强他们为振兴中华、报效祖国的时代责任感和社会责任感,克服思想政治教育脱离实际的倾向。

积极推进政治理论课的改革。要加强对学生进行马克思主义基本原理的教育,使学生能够运用历史唯物主义和辩证唯物主义的立场、观点和方法去观察问题,分析问题和解决问题,提高学生对各种错误思潮的认识和鉴别能力,树立科学的世界观和人生观。

4.继续贯彻因材施教的原则,创造有利于各种优秀人才脱颖而出的良好学习环境。发挥我校理、工、文、管相结合的优势,从强化基础训练着手,按照“起点高,内容新,速度快”的原则继续认真办好“混合班”。要把“混合班”的培养计划,列为全面进行教育改革和教育研究的课题,不断总结经验,在理论和实践两个方面深入研究,不断提高办学水平,形成特色。同时还要扩大提高班的面,发挥我校理科教学的优势,加强工科学生的基础理论训练和工程基础训练。以“混合班”和提高班的经验指导面上的本科教学工作,促进教学水平的不断提高。

5.要根据教学改革的要求,进一步完善学分制,改革教学内容、教学方法。建立和完善学生的选课制,增加选修课门类,放开选修课,逐步推行主辅修制,1990年前要争取执行全面学分制,以培养学科交叉型人才。增强学生学习主动性,有利于发挥学生的个性和特长,更好地培养适应经济和社会发展的急需人才。

理科系后一两年实行选课组(专门化)教学,既能为培养更高一级人才提供生源又能为社会及时输送急需的人才。理科系学生在接受二三年理科教育后,实行分流转向相近的工科专业,这样,既减轻理科学生毕业分配的压力,又能为工科专业提供基础理论扎实、素质高的学生,还能促进理工结合,为工科研究生开辟新的生源。

6.研究生教育已成为我校重要的高层次教育,对提高我校的科研水平有举足轻重的影响。研究生是我校科研工作的一支重要的生力军,要努力抓好研究生教育,使培养的研究生能适应当前经济和社会发展的需要,也能适应二十一世纪科学技术革命的挑战。

研究生教育改革要以招生和分配为龙头,以提高教育质量为核心,采取多渠道办学,努力探索与国外联合培养,国内与科学院和其他高校联合培养,委托培养,定向培养,自筹培养和在职研究生培养等办学模式,开门办学,广开路子,稳步发展研究生规模。根据高级科技人才的培养立足于国内的精神，特别要注意扩大博士研究生规模，在四年内扩大博士点10—15个，增加博士导师20—30名。在研究生培养中，注重研究生课题建设，特别是学位课程。建立几个稳定的研究生社会生产实践基地，提高研究生实际工作能力，同时开辟我校科技为社会生产服务的新渠道。在试点培养工程硕士、论文硕士和论文博士的基础上，总结经验，逐步推广，更多更好地培养社会急需的人才。进一步制定和完善导师遴选办法，实行导师与研究生双方选择、研究生中期筛选和研究生导师职责等研究生教育管理规章制度，做到研究生培养规范化、制度化。要继续扩大博士后流动站的数量，争取到1992年我校的所有重点学科都建立博士后流动站，吸收更多的国内外优秀博士来我校进行博士后研究工作，作为我校高水平师资的重要来源。

7.加强图书馆建设，增强图书馆在我校重点学科建设中的作用。努力创造条件，争取将我校图书馆建设成为国家教委计划建设的30—40个学科文献情报中心之一。要建设一支稳定的有较高水平的图书馆情报队伍，加强与国外图书馆的合作，与国内主要图书馆联网检索和互借，加速图书馆管理的自动化。各系资料室要统一编目，充分发挥图书馆资料室的教育职能和情报职能，为我校学科建设和科技开发提供情报信息服务。

8.大力抓好教材建设。设立教材建设发展基金，鼓励扶植重点课程的教材建设。四年内拟出版新教材280余种，并要采取有效方式提高作者和教材的知名度，争取在第二、三轮全国优秀教材评选中，居理工院校前列。做好油印讲义改造工作，力争到1990年80%以上的油印讲义采用电脑打字、小胶印，保证教材印刷质量。理顺教材管理和发行体制，提高效率，保证教材的及时供应。

9.严格教学、教务管理，逐步实现计算机管理。建立、健全和修订好各类教学规章制度，做到依法办事，严格管理。应在现有“高校学籍计算机管理系统”与“教学任务管理系统”的基础上，争取经过四年或更长一点时间的努力，实现学生报到、注册、成绩管理、流动管理(转、休、退学)、学规执行管理、教学情况检查统计和学生选课的计算机管理。第一步先建立教务处计算机管理中心；第二步形成全校计算机网络联机。

10.努力推进毕业生分配制度改革，增强办学活力。

要有计划有步骤地扩大“预分配—厂校联合培养”试点，把分配制度的改革和教学过程的改革二者结合起来，形成浙大工程教育注重理论基础，注重工程训练的特色。抓住改革毕业生分配这个环节，充分利用它所反馈的信息进行综合研究和分析，并据以推动招生制度，培养过程以及教育结构的改革。

从1989年开始实行毕业生不包分配。要充分估计到由此引起的对学校各个方面工作的深刻影响，及早做好过渡的准备。要充分发挥就业指导委员会的作用，切实做好供需见面，双向选择组织工作，积极引导毕业生就业。

四、面向经济建设，结合人才培养，努力提高科学研究的水平和效益

1.深化科技体制改革，必须坚决地把科技工作重点转到为国民经济服务的主战场上来，实现技、工、贸相结合，加速科技成果向生产力的转化。科研工作要纳入以发展商品经济和发展外向型经济为主导的国际大循环的运行轨道。引入竞争机制，克服脱离生产实际，不讲经济效益的学院式的研究倾向，使科学研究从过去单纯学术研究转变为基础研究、应用研究

和开发研究合理配置协调发展。

2. 我校作为全国重点大学，担负着培养高级专门人才和发展科学技术的双重任务。因此科研工作必须和培养高级专门人才相结合，科研要与教学相结合，增强教学的活力，及时地充实和更新教学内容。教学和科研的紧密结合，不仅有利于提高教学水平和科研水平，更有利于培养理论联系实际，具有较强的实际工作能力和开拓创造精神的高级专门人才。教学与科研必须统一在培养人才这一根本任务上。

3. 重点学科、重点实验室是培养高层次专门人才和开展重大科学研究的基地。加强重点学科和重点实验室建设是学校建设的一项战略任务，要组织和协调相近学科的力量，形成综合优势，到 1992 年力争重点学科从现有 9 个增加到 15 个。在加强重点学科和重点实验室建立的同时，也要切实抓好博士点的建设。加强校内各学科间的多层次协作和横向联合，积极发展交叉学科和新兴学科，要着力加强交叉研究中心的建设，争取在“八五”期间形成几个国家级的工程研究中心。

4. 要扶持一批对国民经济和科技发展有战略意义的新兴学科，如材料、信息、生物科学与技术、环境科学与工程等，为二十一世纪学校建设的后劲作好战略布局。要选择有限目标，瞄准重点，组织精干力量，开展高技术研究和基础研究，形成特色，在某些方向达到国内领先地位，增强我校科技发展的储备力量。对文理科要积极引导联系生产实际和社会发展需要，增强参与意识，积极开展应用研究，以促进本学科的提高和发展。

5. 要积极争取承担更多的国家攻关项目、高技术项目、国家教委重大项目、国家自然科学基金项目及其他部、委、省、市的科研项目。在 1988 到 1992 这四年内，年度科研经费的增长率力争达到 15%，即到 1992 年达到 3000 万元。力争取得一批重大科研成果，其中一批成果的水平要处于国内领先地位。

6. 大力加强横向联系，积极发展与产业部门的科技协作，扩大教学、科研、生产联合体建设，积极推行教学、科研、工业园区一体化计划，加速科技成果转化为生产力。动员和组织教师、科技人员走出校门，深入生产实际，进入商品市场，为推动大中企业的技术进步，提高中小型企业和乡镇企业的技术和管理水平服务，为长江三角洲地区发展外向型经济服务。为促进科技成果商品化的进程，增强学校与社会的联系，要努力建设好科技一条街，鼓励有条件的工厂、系和个人在科技一条街兴办企业，逐步形成高技术的科学园区。

7. 进一步扩大国际教育和学术交流与合作。要进一步解放思想，以更加勇敢的姿态登上国际教育和学术舞台。从我校的实际情况出发，以联合培养研究生，联合进行科学研究工作，承接国外科研项目，举办国际学术会议，技术出口等多种形式，有计划、有目标地扩大教育、科研的国际交流与合作。大力激励培养教师和学生参与国际高水平科技和学术竞争意识，主动参加国际科学技术竞争，鼓励教师在国外权威性杂志和国际重要学术会议上发表论文，发表专著，为祖国争光。要坚持“按需派遣，保证质量，学用一致”的原则，继续积极做好出国人员的派遣、管理、回归和使用工作，并要努力创造条件，充分发挥他们的专长和才干。

8. 加强科技情报工作。以校计算与信息中心为基础，利用现有的计算机系统和图书馆，联络国内外有关经济情报部门，逐步组建一支情报专门队伍，及时搜集和掌握国内外科技发展的动向和趋势，建立瞄准国内外市场的经济、科技、商品信息集团，力争在 92 年前形成初具规模的科技经济情报信息中心。

9.根据科研工作的客观规律和当今科学技术发展的新特点,努力建立科学化、规范化、充满活力的科技管理体制。要把竞争机制和市场机制引入科技工作,实行科技成果商品化,扩大研究所(室)的自主权,放活对研究所(室)和教师、科技人员的管理政策,实行各种不同形式的承包责任制,进一步促进科技与生产的紧密联系。要积极创造条件,促成教师和科技人员在校内的合理流动,充分发挥他们各自的特长,把物质利益和荣誉同经济和社会效益紧密挂钩,激发他们为经济建设服务的内在动力,克服平均主义和吃大锅饭的陋习。在充分调动现有教师队伍的积极性的同时,建立一支由博士后、新分配来校工作的研究生和进修生实习生组成的科研流动队伍,经过一二年工作的锻炼、考察,选择合适的进入教师队伍,改变以往只进不出、一定终身的弊端。

10.活跃校内学术空气,加强学术交流。进一步完善现有的跨学科研究中心的建制,协调好参加跨学科研究中心有关系和科研人员之间的关系,合理调配好设备和资金,促成进一步的联合,形成优势,向国家和有关部、委申请重大科研项目,联合攻关,力争取得跨学科和边缘学科领域的重大科研成果。建立浙江大学科学技术协会,开展群众性的科学技术交流活动。努力办好浙江大学学报,提高学报的学术水平。学校支持挂靠在我校的各种全国性专业杂志。

五、积极开展面向社会的有偿服务,建立自我改善的运行机制

1.在保证学校中心任务,保质保量完成教学、科研任务,保证教师和科技人员队伍稳定的前提下,充分发挥我校教学、科技和设备条件的优势和潜力,通过面向社会的教学和科技有偿服务,扩大与社会的联系,促进教学、科研工作更好地适应经济和社会发展的需要,提高教育、科学研究为振兴国民经济服务的能力。同时,有组织地开展有偿服务也是当前改善学校办学条件和教职工生活待遇的一项重要措施。

2.发挥整体效能,合理分流,组织专门队伍从事面向社会的教学、科研有偿服务。开展面向社会的有偿服务必须加强管理,精心组织,不能放任自流。校、系二级要通过定编和聘任工作促进教师、科技人员队伍合理分流,组成专门队伍进行有偿服务。要制定相应的创收政策和内部分配政策,充分调动各类人员的积极性,做到各尽所能,广开创造路子,统筹兼顾,合理分配。

3.通过多层次办学,联合培养,扩大招收自费生、代培生、职业培训,开展成人继续教育,有组织开办校外办学等等形式,为经济和社会发展培养不同层次,各种规格的急需人才,增加学校的经济收入。计划到1990年委托代培人数达1500人;校外办学点1991年后学生人数扩大到1200人左右;举办各种短训班的收入,1990年争取达到____万元,并稳定在这一水平上。

4.科技服务包括合同科研、科技成果转让、咨询服务、设计配套、技术培养等等。要在保证国家重点科研攻关项目、高技术项目,国家教委重大项目,国家自然科学基金项目等纵向科研任务完成的前提下,挖掘潜力,放宽政策,主动出击,找米下锅,多出成果,提高经济效益。科技服务的收入1991年力争达到____万元。

5.改革校办工厂的领导管理体制,实行厂长负责制。校办工厂要加强技术改造,建立三代产品结构,大力开发适销对路的产品,增强在国内外市场的竞争能力,不断提高经济效益。

校办工厂要努力成为学校基金的一个比较稳定的重要来源，为改善办学条件、学校发展作出新的贡献。校办工厂利润收入要求每年以15%增速，到1991年力争创利达____万元。

6.努力办好浙江大学对外经济技术贸易公司。要充分利用该公司拥有的贸易权和进出口权等有利条件，充分发挥我校的科技优势，积极组织产品和科技成果，增强学校出口创汇的能力，为发展外向型经济服务，实现技、工、贸结合，供、产、销一条龙，逐年提高经济效益，为学校增加收入。到1990年对外经济技术贸易公司要力争实现创收____万元，1992年突破____万元。

六、增强后勤部门活力，提高服务质量，创造条件逐步实现后勤工作企业化和社会化

1.后勤工作的根本出路在于改革。深化后勤改革必须严格科学管理，提高服务质量，提高效率，降低消耗，发挥投资的最大经济效益和社会效益；必须建立政企职责分明，管理层次清楚，责权利有机结合，逐步建立有利于向社会化方向过渡的管理体制，从而增强后勤部门的活力。

2.后勤改革必须进一步解放思想，大胆引进竞争机制，积极发展横向联系，加强技术改造，逐步建立后勤的专业化联合体。要在进一步完善现行经济承包责任制的基础上，扩大承包范围，研究和制订全面承包的实施方案，力争到1990年实现全面承包，实行自主经营，独立核算，民主监督的企业化管理，积极创造条件向后勤社会化过渡。

3.修订学校基本建设总体规划。基建工作从1989年开始试行处长、总工程师基建任务承包责任制，努力建立一个规范化，高效率的基建管理体制。(1988—1992)期间完成基建总投资约____万元，20万m^2建筑面积。工程质量全部达到合格，其中1/2以上达到优良。资金来源除国家每年拨款外，学校还需集资和争取捐赠。

4.力争到1992年完成6万m^2的各类教职工住宅。校医院实现委托省属医院代管的新体制，增加、更新医疗设施，新建病房楼，进一步改善医疗条件。另外还要完成管道煤气工程，解决家属区公用电话，重建菜场，增设商业网点，改善商业设施等，以改善教职工的工作和生活条件。

5.财务工作要以方便基层、提高效率为前提，转变财务核算管理型为经营效益型，搞活校内经济，管好用好资金和基金，逐步建立在宏观控制和有效监督下，运行协调的校内财务经营管理网络。要逐步下放财权，实行二级财务管理，微观上要放开提活。

七、努力建设一个民主、文明、安定、团结的校园环境

1.社会主义初级阶段是一个特定的历史阶段。根本任务是发展生产力。商品经济的发展和改革开放，对社会主义民主政治和精神文明建设提出了更高的要求。我们要有秩序，有步骤地推进求是园内民主文明、安定团结的校园环境建设，按照“有理想、有道德、有文化、有纪律”的要求，大力提高全校师生员工的道德素养和文化素质，努力形成坚持二个基本点，一个中心为主题的有利于现代化建设和改革开放，有利于学生健康成长的理论指导、舆论力量、文化环境和安定团结的校园环境。

2.紧紧围绕提高教育质量和学术水平这两项中心任务，加强思想政治工作。在教职工中树立商品经济观念、竞争观念、民主和法制观念、效率和效益等新观念，适应全面改革和对

外开放的新形势,激励教职工的社会主义积极性和创造精神。

3.要求教师、干部和职工把教书育人、服务育人作为自己的神圣职责。充分发挥教师在教学改革中的主导作用,在对学生传授知识,培养智能和进行思想品德教育的过程中,用自己严谨踏实的治学态度,高尚文明的道德品质,一丝不苟的工作作风,对科学真理追求的热情和不懈的精神对学生进行言传身教。学校要大力表彰教书育人、服务育人成绩突出,卓有建树的优秀教职工,并形成制度。

4.在学生中要着重建设好党支部和班、团组织,倡导好学上进,尊敬师长,互助友爱,文明礼貌,遵纪守法的好风尚。要针对不同年级学生的不同特点,有计划地循序渐进地加强对学生马克思主义立场、观点、方法的教育和思想道德教育,注重培养学生自我管理、自我教育、自我约束的能力。通过开展体育文娱活动,增强体质,丰富业余生活,陶冶思想道德情操,寓思想道德教育于各种健康丰富的活动之中。

5.大力倡导、继承和发扬"求是创新"优良校风,坚持从严治校。我们要在深化教育改革的过程中,大力倡导、继承和发扬"求是创新"的优良校风,把树立实事求是、严谨踏实、奋发进取、开拓创新的风尚作为校风建设的长远目标,努力把校风建设提高到一个新的高度。坚持从严治校,要"严"与"活"有机结合。严,就是要求要严,管理要严,执行校纪要严。不仅要严格要求学生、更要严格要求教师和干部。活,就是思想要活跃,学术空气要活跃,校园生活要活跃,要在宽松和谐的气氛中开展自由讨论,各抒己见、探求真理。只有严格管理、严格要求,才能建立良好的教学秩序,有利于提高教育质量,培养"四有"合格人才。

6.进一步加强对学生的思想政治工作,有步骤地稳妥地推进思想政治工作体制的改革。解决好思想政治工作与业务教学工作严重脱节的"两张皮"问题,是改造思想政治工作的核心。要通过改革思想政治工作体制,逐步形成党政齐抓共管的新格局。

建设好一支精干有力的专职和兼职相结合的学生思想政治队伍,低年级实行班主任负责制,高年级逐步实行导师制,并把对班主任和导师的工作成绩考核作为教师职务聘任的必备条件加以明确规定。同时要制定和完善学生思想政治工作的各项工作条例,实现思想政治工作的制度化和规范化。从法规和制度建设入手,走出一条联系实际加强思想教育和制度约束规范相结合的加强学生思想政治工作的新路子。

八、努力建设好一支素质、结构合理的教师队伍

1.教师队伍的水平和素质,是衡量一所学校水平的重要标志,要作为学校发展的战略重点认真抓好。

在全面分析师资队伍现状的基础上,研究合理结构,制定切实可行的中长期培养规划。从今年下半年开始,着手制定以"按需设岗,按岗定编,择优选聘"为原则的教师科技人员职务聘任条例、实施细则,使这项工作走上正常的轨道并形成制度。要通过教师和科技人员的职务聘任工作和相应的政策措施,引导教师和科技队伍的合理分流;积极地、有计划地引进一批高层次优秀人才;逐年选留一些校外和校内的优秀毕业生充实师资队伍,注意克服"近亲繁衍"的弊端。为主动适应经济和社会的发展,促进科技为生产服务,注意从社会和产业部门招聘有扎实的基础理论和丰富的社会生产实践经验的优秀科技人员来校任教。

2.师资队伍的建设要着眼于学术梯队的建设,特别要着力抓好重点学科和博士点梯队

的建设。在重视发挥老教师作用的同时，遴选一批优秀中青年学术带头人，把他们推上教学和科研的第一线，创造条件，让他们尽快走在各学科的前沿，作出重大成绩，成为我校新一代学术台柱。

3. 加强对中年教师的培养提高。要根据中年教师的不同特点，积极组织和开展各种学术活动，促进中年教师充实更新知识，活跃学术思想，发展创造能力。鼓励教师总结自己的研究心得和教学科研实践经验，上升到理论，著书立说，出版高水平的教材和专著。切实执行教授、副教授学术休假制度，为他们著书立说创造条件。

4. 严格要求青年教师，强调在实践中锻炼提高。安排青年教师承担一定的教学科研任务，参加实验室工作要形成规定和制度，这是对青年教师培养提高的一条重要途径。同时要有计划地派到国内外进修提高，或是一边工作一边在职修读学位课程，以同等学力申请学位，或是攻读在职硕士、博士研究生。

5. 实验技术人员队伍的建设必须和教育、科技的发展相适应。建立一支事业心强、教学经验丰富、实验技术熟练的实验技术人员队伍是当前我校队伍建设中的又一突出的问题。要制订规划，落实措施，认真抓好实验技术人员提高水平履行职责的能力，开展技术培训，建立严格的业务考核制度，有计划地补充年轻的技术人员。要制定相应政策，鼓励青年教师长期从事实验技术工作，选择一批具有研究生学历、基础好、实验能力强、善于管理的高水平中青年担任重点学科和国家重点实验室的主任，以改善实验技术队伍的层次结构。

6. 提高管理干部队伍的素质是建立高效率的科学管理体制的关键之一。要有计划、有步骤地通过各种途径加强干部队伍的培训工作，在相应部处设立技术职务岗位系列，建立和健全技术行政管理。要不断提高各类干部的政策业务水平、思想道德素质和实际工作能力，逐步做到新干部上岗前进行业务培训，通过职责考核。干部队伍的培养提高要结合岗位工作，以胜任岗位工作为目标，以业余为主。各级干部的任职和升降奖惩要逐步参照国家公务员制度，形成我校的特色。贯彻注重实绩、鼓励竞争、民主监督、相对稳定的原则。

7. 后勤队伍是整个教育工作队伍的组成部分，是保障学校教学、科研工作正常进行的基础。当前要十分重视这支队伍的思想素质和技术水平的提高，狠抓服务质量，提高服务育人的水平。建立严格的岗位责任制，严格考核，奖勤罚懒。开展在技术工人中聘任技师工作，并逐步形成制度。

8. 搞好队伍建设是学校发展的一项带战略意义的大事。抓好队伍建设要坚决打破平均主义、论资排辈的传统观念，引入竞争机制。只有在公平的条件下竞争，优胜劣汰，才能变被动为主动，促成学校各项工作的良性循环。要鼓励和促进人才在校内外的合理流动；要注重工作实绩，严格考核，不论在什么岗位上，凡作出重大贡献者都要给予表彰，并给予相应的待遇；要努力造就爱护人才、尊重人才、人尽其才的优良环境。

九、进一步完善校长负责制，实行党政职能分开，建立高效率的科学管理体制

1. 按照十三大政治体制改革的精神，进一步完善校长负责制，理顺关系，实行党政职能分开。建立和强化调研、决策、审议、执行、监督、评估和反馈系统，更好地发挥校务委员会作用，努力推进决策过程的民主化和科学化，不断提高决策水平和决策效率。建立和健全各类会议和工作制度、工作程序，使各项工作都能做到有章可循，依法办事，并形成规范，提高工

作效率和管理水平。

逐步实行各级干部任期目标责任制。校领导要集中主要精力抓大事,进行调查研究,加强宏观决策,转变领导方式和工作作风,力争摆脱日常事务。充分发挥各系和职能部门的作用,实行分级管理。

2. 自觉接受党委的监督保证,做好干部工作、思想工作、校风建设诸方面的齐抓共管。健全校务会议制度和民主生活会制度。校、处行政党员干部都要起党员模范带头作用,积极参加党的活动,履行党员义务,树立为政清廉、秉公办事、作风正派的好风气。

3. 改革系和基层教学、科研管理体制,建立和完善系主任负责制,扩大系的自主权,增强系的办学活力。要有计划有步骤地撤销现有专业教研室,切实转变为系办学的管理体制,并相应建立一批研究所(室),加强学科建设,具体组织实施科学研究和学科建设工作,同时承担相应的教学任务,以适应经济和社会发展对人才培养的要求,适应科技体制改革深入发展的需要,确保教学、科研两个中心的建设。

4. 精简机构。学校各职能部门主要任务是深入调查研究,为领导提供情况分析和决策依据,对系和基层要实行宏观管理,起指导、协调、检查和督促作用,一般不要干预系和基层的具体工作。因此,必须精简机构和人员,减少层次,政企分开。1988 年在完成校、系机构定编定岗工作的同时,制定各部门职责条例和岗位责任制,建立和完善考核制度。要切实转变机关作风,提倡忠于职守,精于本职、服务至上。

5. 发挥社会主义民主,实行民主办校。学校要定期召开教职工代表大会,逐步加强教代会职能,发挥教代会民主管理和监督作用。进一步拓宽民主协商对话渠道,增大各项工作的透明度。要通过各种形式向师生员工发布信息,介绍工作情况,听取群众意见,接受群众监督,及时、畅通、正确地做到上情下达,下情上达,彼此沟通,相互了解,让全校师生员工感到自己是学校的主人,激发每位师生员工的主人翁责任感,积极参与决策、管理和监督。校、系领导和各部、处负责人要虚心听取师生员工的意见。逐步建立干部定期评议制度,作为干部管理的重要组成部分,不断提高干部思想素质和行政管理能力。

当前,我校正处于一个重要的转折时期,困难和希望并存,挑战和机会同在,全校师生员工要遵照党的十三大指引的方向,勇敢地站在教育改革的前列,进一步解放思想,振奋精神,迎接挑战,励精图治,开拓前进,为实现学校的奋斗目标,作出新的贡献。

一九八八年七月四日

浙江大学档案馆藏,档案号:ZD-1988-XZ-61

关于呈报《浙江大学 1991—1995 年事业计划和十年规划设想》的报告

(1991 年 6 月 14 日)

浙大发办〔1991〕017 号

国家教育委员会:

《浙江大学 1991—1995 年事业计划和十年规划》经半年多时间反复酝酿研究,五月底、六月初已经学校党员代表会议和教职工代表大会、工会代表大会讨论，原则通过。现报上，请审示。

附件：浙江大学1991—1995年事业计划和十年规划设想

浙江大学
一九九一年六月十四日

附

浙江大学1991—1995年事业计划和十年规划设想

一、制定规划设想的依据

（一）第七个五年计划期间，浙江大学认真贯彻党的教育方针，坚持社会主义办学方向，努力推进综合改革，各方面工作都得到了持续、稳定、协调的发展。但是，我们清醒地认识到，与党和国家对我校的要求，和兄弟学校相比，还存在着较大的差距，学校面临的形势十分严峻，任务十分艰巨：

1. 从1991年到2000年，我国将把经济建设转到依靠科技进步和提高劳动者素质的轨道上来，实现现代化建设的第二步战略目标，使国民经济的整体素质提高到一个新水平。教育在现代化建设中有它突出的战略位置。浙大作为一所重点大学，必须为本世纪末、下世纪我国经济建设、科技进步、社会发展作出应有的新的贡献。

2. 坚定不移地推进学校的综合改革。在积极争取创造良好的外部条件的同时，要着力理顺和协调各项改革措施，建立主动适应社会主义现代化建设，特别是与计划商品经济相适应的运行机制，使学校教育、科研两个中心的建设登上一个新的台阶。

3. 为保证学校培养社会主义事业的建设者和接班人这一根本任务的胜利完成，必须花大力气抓好学校各支队伍的建设。未来十年间，正值退休高峰期，新老交替，建设好一支有较高马克思主义理论水平，能坚持四项基本原则，政治素质高、业务精良、结构合理的教师、干部队伍还要作出艰苦的努力。

4. 为进一步提高科学技术水平，更好地为现代化建设服务，新兴学科发展和传统学科更新提高的任务相当艰巨。在大力推进基础研究和应用技术研究的同时，必须更好地发挥理工结合兼有文管的优势，狠抓高新技术的突破，新兴学科和边缘学科的建设，促进传统学科改进，增强学科交叉和渗透，形成特色，以适应国家经济建设和世界新技术革命挑战以及21世纪国家经济振兴的需要。

5. 需大力改善教学、科研基础设施，包括图书馆、实验室、计算机及通信条件、办公自动化设备等综合办学条件。目前除少量国家重点投资的实验室外，许多专业实验室和基础教学实验室设备严重老化，相当一批五六十年代购置的实验仪器设备急需更新。如果没有相应的先进实验仪器设备，就难以圆满完成高质量高层次人才的培养任务，出高水平的科研成果。

6. 为了迎接新技术革命的挑战和我国四化建设的需要，浙大的高层次继续教育理所当然要为全国现有工程技术和高级管理人员知识更新、提高业务水平承担重要责任。

7. 近年来国家用巨额外汇引进大批新技术、新设备，长江三角洲地区占了很高比例。

浙大在消化吸收先进技术,作为高新技术"孵化器",使之向全国辐射扩散方面有着义不容辞的责任。

8.华东地区是我国经济比较发达的地区之一,也是吸引国外高级科技专家来华开展研究工作,吸引出国留学人员回归,发挥作用的主要基地。浙大今后十年内应进一步改善工作和生活条件,为校内优秀人才创造一个较好的工作、生活环境,同时成为吸引国内外智力和优秀人才的重要基地,真正成为教育科研两个中心。

(二)未来的十年,我国将面临国际敌对势力推行"和平演变"战略的严峻挑战。面临世界经济的激烈竞争,浙大作为一所高层次的重点大学在坚持社会主义方向,抵御"和平演变",培养社会主义事业的建设者和接班人,发展高新科学技术方面担负着重大的历史责任。"八五"期间也将是浙大历史上持续、稳定、协调发展的关键时期,困难和希望同在,挑战和机遇并存。浙大师生员工决心在党的领导下,坚定不移地坚持社会主义办学方向,认真贯彻党的教育方针,振奋精神,励精图治,开拓前进,积极稳妥地推进综合改革,为培养社会主义事业的建设者和接班人,提高我国的科学技术水平,为探索建设具有中国特色和自身特色的高水平的社会主义大学作出应有贡献。

二、"八五"期间办学的指导思想和奋斗目标

(一)办学的指导思想

我们在办学指导思想上必须把坚定正确的政治方向放在首位,认真贯彻党和国家的教育方针,始终坚持为社会主义现代化建设服务的发展方向,"面向现代化,面向世界、面向未来",坚持以提高教学质量和科研水平为中心,在基本稳定规模的前提下,优化结构,改善条件,完善机制,发挥优势,提高质量,办出特色,协调发展,更好地适应经济和社会发展的需求。以培养社会主义事业的建设者和接班人这一根本任务,统揽学校工作全局。通过推进综合改革,不断增强学校建设和发展的动力和活力,建立并不断完善学校主动适应社会主义物质文明和精神文明建设的运行机制。

(二)总体目标

1991年~1995年浙大奋斗的总体目标是:根据社会主义现代化建设的实际需要和现代科学技术的发展趋势,进一步深化综合改革,积极探索全面提高教育质量和科技水平,提高学校管理水平和为社会服务的能力,提高办学整体效益的有效途径;发挥各级党组织的政治核心作用,进一步加强思想政治工作,建设好一支具有坚定正确的政治方向、高度的社会责任感、业务素质好、结构合理的师资队伍和管理队伍;坚持用马列主义、毛泽东思想教育师生员工,坚持四项基本原则,坚持改革开放,反对资产阶级自由化,继承和发扬"求是创新"的优良传统和校风,造就良好的教育、科研和育人环境;逐步建设并不断完善符合社会主义高等教育发展规律,符合我国国情,符合浙江大学实际的科学、高效的管理体制和内部运行机制。

通过"八五"期间国家的重点建设和"九五"的进一步建设和发展,到下世纪初把浙江大学建设成为我国高级理工人才立足于国内培养的重要基地;适应我国社会主义现代化建设需要,进行高科技研究、高科技产业和人才开发的重要基地;成为消化吸收国外先进科技和开展平等互利国际科技学术交流的重要窗口,吸引国外智力和国内外优秀人才的教育中心和科学研究中心;成为具有中国特色和自身特色,以工为主、理工结合,设有文管,教育质量和科研水平稳定地全面地居于国内同类大学前列，具有较好的办学条件，能与国际上第一流大学平等竞争的社会主义的高水平综合性理工科大学。

(三)分类目标

——教学

1.坚定地贯彻把德育放在首位，全面发展的方针，并贯穿于教育的全过程，渗透到学校工作的各个方面。坚持教育、科研、生产劳动相结合的方针，采取切实措施教育学生确立正确的世界观、人生观和价值观；坚持“三个面向”，不断提高教育水平、科学研究水平和能力，实现从教育型大学向研究教育型大学的转变，努力培养德、智、体全面发展的、高质量的社会主义事业建设者和接班人。

2.控制规模。到1995年全日制在校学生为12500人，其中本科生10000人，研究生2500人(博士生700人，硕士生1800人)，留学生100人左右，夜大生1000人，函授生1000人，成人继续教育2000人次/年，职业技术教育师资200人/年。到2000年全日制在校学生15000人，其中本科生11500人，研究生3500人(博士生1000人，硕士生2500人)，形成本科教育和研究生教育并重的格局。

3.进一步落实和完善按系办学体制，建立有效的运行机制。根据国家“八五”和今后十年的产业结构及学科发展的规划，有计划地调整系、专业结构和教学层次结构，形成系统的、有特色的理、工、文、管综合的学科格局。

4.研究生的培养要立足于适应二十一世纪经济、社会和科学发展的需要。要积极稳步地发展研究生尤其是博士生规模。五年内增加10个博士授予点和20个左右硕士授予点，分别达到40个博士授予点，90个硕士授予点。制定培养研究生的培养目标和基本规格，切实提高培养质量，做到研究生培养管理制度化、规范化，建设成为国家高级专门人才培养立足于国内的一个重要基地。

5.继续教育重点面向高新技术消化吸收，面向全国特别是长江三角洲地区、杭嘉湖地区和宁绍地区的外向型经济开发，立足于高层次的科技人员和管理人员的继续教育，直接为国民经济发展服务。

6.逐年提高学校教学基金的投入，1995年争取达到200万元。重点支持基础课、技术基础课和研究生主干学位课程和“一类课程”、“一类实验室”建设。到1995年一类课程达到80%，一类实验室达到70%，五年内争取出版一批具有全国影响的高水平新教材和学术专著。

——科研

1.科学技术是第一生产力。要进一步深化科技体制改革，组织优势力量，积极争取承担更多的国家重点和纵向科研任务。年度科研经费增长率保持在15%～20%，1995年科研总经费争取达到5000万元。力争取得一批重要科研成果和有创见的高质量的学术论文，其中1/3达到国内领先水平。每年完成科研成果100项以上。有选择地试点建立技、工、贸一体化体制，加速科技成果推广应用并转化为生产力，建立适应社会经济发展的科技管理运行机制，实现更好的经济和社会效益。

2.集中人力、财力、保证重点投入，力争新建成博士后流动站8～10个，学科覆盖1/2以上的博士点；到1995年国家级重点学科和重点实验室、专业实验室分别争取达到15个左右,并建成2～3个国家级工程研究中心。

3. 大力加强横向联系,扩大与发展和产业部门的科技协作,发挥综合优势组建3～5个有影响、能辐射、高效益的高技术(企业)集团,进入天津、上海浦东、杭州、宁波、厦门等城市的新技术开发区,发挥高校作为高技术发展的"孵化器"作用。

4. 进一步扩大国际教育和科技合作交流。以高层次、合作研究、双向交流为目标,以美、欧、日本为重点,建立一批平等、互利、稳定的国际合作关系。有计划地加强学术交流和人员交流,吸引国内外专家、学者来校进行合作研究和做博士后,每年争取达到200人次。

5. 确立以国家重点实验室、重大基础研究项目、重点学科建设、战略跟踪项目为重点的发展格局,形成基础研究、应用研究、开发研究的合理配置。组织好基础、应用和开发各支队伍,配备好学术带头人和合理的学术队伍。1995年全校专职科研编制争取达到1200人,研究所(室)80～100个,其中校重点研究所20～25个。

6. 加强科技情报工作,完善校内图书情报网,实现与国内主要图书馆计算机联网检索。建设瞄准国内外信息市场的经济、科技信息集团,长江三角洲地区科技文献检索中心和科技经济情报信息中心。

7. 逐年增加学校自筹科研基金,1995年争取达到200万元。重点支持基础研究、新兴学科和中青年学术骨干。

——人事

1. 深化人事制度改革。在保证劳动总量的前提下,增强编制意识,引入合理的竞争机制,强化激励机制和自我约束机制。到1995年综合比达到1:4.5,师生比达到1:10,实验技术人员和图书资料人员控制在国家教委核定的编制数内。精简机构,压缩专职党政干部总数。

2. 制定学术带头人和各支队伍的培养规划,建设好一支与学校建设和发展相适应的德才兼备,又红又专,理论联系实际,结构合理,团结协作,精干高效的教职工队伍及充满生机的流动队伍。

3. 根据"按劳分配、统筹兼顾"的原则,改革校内分配制度,建立各类各级人员规范化的考核制度,强化激励机制,调动各类人员的社会主义积极性。

——后勤

1. 进一步完善承包责任制,建立服务质量高,发挥投资最大效益的运行机制和科学的管理体制,为教学、科研和师生员工的工作、学习、生活提供优质服务。

2. 加强基础设施建设,改善办学条件。"八五"期间争取国家15000万(含每年正常拨款)基建投入,完成20余万平方米基建,其中各类教职工宿舍和学生宿舍10万平方米。到1995年基本解决中青年知识分子住房紧张状况。学生宿舍达到国家教委规定的住房标准,并保证教学、科研用房的必要投入。

改造接待、通讯、交通、水、电、管道煤气等基础设施。

3. 抓好校园绿化和文化环境建设,使校园成为有优美自然环境和高尚文化环境的育人园地。

——校产

1. 校办工厂、技术劳动服务公司的年产值,1995年达到1亿元,利润2000万元以上,为学校发展提供稳定的补充经济来源。

2. 外贸公司要通过高技术产品出口，增进国际经济技术交流，成为高等学校联系外向型经济的窗口，创造更大的经济效益。1995 年创汇能力争取达到每年 500 万美元。

3. 校办工厂也要建设成为学生校内实习基地，每年接纳 3500 人次学生实习，并成为教学、科研设备加工的重要场所。

三、实现“八五”目标的主要措施

“八五”期间要实现上述目标，任务是十分艰巨的，但通过努力是可以达到的。应从全面推进和深化综合改革；大力抓好领导班子建设和队伍建设；增加必要投入，改善办学条件等三个方面作出艰苦努力，切实保证上述目标的胜利实现。

(一)全面推进和深化综合改革

1. 坚持社会主义办学方向，把贯彻党的教育方针落到实处

·把培养合格的社会主义建设者和接班人这一根本任务作为统帅学校各方面工作的纲，并落实到各项工作中去。要求教师、干部、职工把教书育人、服务育人作为自己的神圣职责。大力表彰教书育人、服务育人成绩突出，卓有建树的优秀教职工，形成制度。

·充分发挥党组织的政治核心作用和党员的先锋模范作用。进一步加强党的组织建设和思想建设，加强思想政治工作。加强党对工会、共青团、研究生会、学生会的领导，建立各级党务工作者和党员教师深入教师和学生小班做思想政治工作的制度。

·加强马列主义理论课和思想政治教育课程建设。办好马克思主义理论及思想政治教育研究所，把马克思主义理论与思想政治教育、学术研究、日常思想政治工作三者紧密结合起来，探索高等学校马克思主义理论教育、思想政治工作、党建工作的规律和有效方法，努力出一批高水平的研究成果，指导日常思想政治工作。

·建设好一支具有较高马克思主义理论水平和较强实际工作能力的马列主义教师和精干的专职政工人员队伍，以及政治上强、业务也好，双肩挑的思想政治工作者的队伍，建成多层次、全方位的思想政治工作网络体系。

·不断完善思想政治工作及管理工作的各项规章制度，加强各类基础性管理工作。建立以马克思主义理论和德育教育，党团活动，纪实考评，校园文化生活熏陶，奖惩和校风校纪约束为基础的，“教、导、育、管”为特点的综合思想政治教育体系。

·把树立“实事求是、严谨踏实、奋发进取、开拓创新”的校风建设提高到一个新的高度。积极组织广泛开展群众性文艺、体育活动，增强师生员工体质和文艺修养，并建设好一支代表浙大水平的体育运动队和文艺队伍。建成一个具有学习空气浓厚，学术活动活跃，文体生活丰富，精神境界高尚的，奋发健康、生动活泼、优美宁静、丰富多彩的校园环境。

2. 深化教育改革，建立主动适应社会主义现代化建设需要的办学结构、办学模式和机制

·坚持教育为社会主义建设服务，教育与生产劳动相结合的方针，树立德育为首，德智体全面发展的质量观。紧紧抓住提高教育质量这个核心，深化各项教学改革。把学生下厂、下乡，接触工农作为必修的教育环节，列入教学计划。

·根据社会和经济发展的需要，进一步明确和制定本科生、硕士生、博士生的培养目标和基本规格。工科要继续拓宽专业口径，加强理科基础及工程训练，适当增设相邻学科、人文和管理学科课程，扩大知识面；理科专业要发挥理工结合的优势，积极发展前沿学科，并在

某些理论和应用分支上形成特长,理科学生高年级面向应用或向工科分流,并为技术学科的发展作出贡献;文科专业要面向社会,面向应用,办出理工科大学应用文科教学的特色,形成高级人才培养的学科环境。

·创办5～8个如工业工程、财贸、金融等社会经济发展急需、符合高科技发展方向的应用学科和专业;在国家教委新专业目录指导下,合并、撤销8～10个专业,并根据需求调整部分专业的专业方向。实行按系或按专业大类招生。

·继续贯彻“重视基础、加强实践、培养能力”和因材施教原则。发挥我校理、工、文、管相结合的优势,强化基础训练,按照“起点高、内容新、进度快”的原则继续办好“混合班”。扩大“提高班”的面,发挥理科教学优势,加强工科学生的基础理论和工程基础训练。并以“混合班”、“提高班”的经验指导面上本科教学,不断提高教学水平。

·全面实行和完善学分制,改革教学内容、教学方法。建立选课制,增加选修课门类,完善主辅修制。抓好课程建设和教材建设。完善以校内外实习、社会实践、厂校联合培养的“3·1·1”制,第三学期,考工制等为特色的理论与实践紧密结合的教育体制。

逐步创造条件,把“3·1·1”厂校联合培养的预分配制度纳入本科五年制轨道。

·扩大与有关部委及大中型厂矿企业的联系,建立一批长期稳定的社会实践和综合办学基地。以校办企业为基础,建设好校内实践、实习基地,在工科学生中逐步实行考工制。

·研究生教育改革要以提高全面教学质量为核心,论文选题要面向实际,面向应用,面向学科前沿。采取多渠道办学,努力探索委托培养、定向培养、与国外联合培养、国内与科学院和兄弟院校以及有条件的大中企业联合培养等办学模式。

硕士研究生按二级学科招生,入学第一年后在适应需求的原则指导下,实行导师和研究生双向选择。完善研究生培养中期筛选制度,保证培养质量。

·改革博士研究生培养制度,全面实行博士研究生兼任助教、助研制度。扩大工程硕士、论文硕士、论文博士生的招生数量,增加具有二年以上实践经历在职人员的比例,把在职人员的招生比例稳定在50%以上。

·建立本科生、研究生教学质量评估制度,严格教学、教务管理,实现计算机管理,做到本科生、研究生教育培养管理制度化、规范化。

·研究和开发模块式继续工程教育。根据社会需求,有重点地发展微电子、能源工程、机电设计、计算机应用、微机开发、管理和经济等学科专业。

·广泛开展和加强教育研究工作。教育研究是深化教学改革,全面提高教学质量的一项基础性工作,要努力把高教研究所建设成为国内有影响的教育研究机构,拥有一支高水平的专职和兼职的研究队伍。

3.面向经济建设,紧密结合人才培养,努力提高科学研究的水平和效益

·部署和实施科学发展规划,改造更新机、电、土、化等传统优势学科,大力发展信息、材料、生物、能源、环境等新兴综合性学科。通过严格的评估,使各学科的主要研究方向符合科技发展主流方向,有一批学科能在前沿上适应国民经济建设需要。抓好近代物理研究中心、高等数学研究所、应用化学研究所、生物技术研究所等理科研究所建设。形成基础研究、应用研究和开发研究合理配置和协调发展,为二十一世纪学校教育和科技发展作好战略布局。

·选择有限目标,重点扶持,组织精干力量,瞄准国家、地区、行业迫切需要解决的重大

课题,集中优势联合攻关。组建好一批教学科研密切结合的研究所(室),电力电子、工业过程自动化、二次资源化工,能源工程、电子光学仪器等几个重点工程研究中心,以及油田综合开发集团、造纸机自动化工程集团、二次资源综合利用开发集团、新一代电梯技术开发集团、高分子新技术开发集团、模具新技术开发集团等一批高技术产业集团,争取取得一批突破性研究和开发成果,形成学术储备,增强科研持续、稳定发展的后劲。

・大力加强横向联系,发展与产业部门的科技协作关系,建成几个有较高社会效益和经济效益的教学、科研、生产联合体。积极推进教学、科研工业园区一体化计划,为长江三角洲地区发展外向型经济服务,加速科技成果转化为生产力。

・坚持独立自主、平等互利的原则和派出去、请进来并重的方法,进一步扩大国际学术交流与合作。以联合进行科学研究、承接国外科研项目、举办国际会议、技术出口、联合培养研究生等多种形式,有目标地扩大国际学术交流与合作。鼓励教师和学生参与国际高水平科技和学术交流,增强主动参加国际科学技术竞争的意识。

・坚持"按需派遣,保证质量,学用一致"的原则,有计划地积极做好出国人员的派遣、管理、回归和使用工作,并创造条件充分发挥他们的专长和才干,为社会主义建设服务。

・活跃校内学术空气,加强学术交流。造就"百家争鸣,百花齐放"的良好学术空气,广泛开展群众性科学技术交流活动,办好《浙江大学学报》以及挂靠在我校的各种全国性专业杂志,提高学术水平和知名度。

办好"台湾研究所",开展台湾产业经济的研究,继续做好港澳台工作。在深圳、香港和泰国、美国、德国、日本、新加坡建立科学、技术、贸易相结合的网络。

・深入改革科研体制,形成基础—应用—开发;实验室研究—工程试验—工业应用;教学—科研—生产的有效运行机制。建立严格的科学管理制度。争取国内外支持,筹建浙江大学科学研究发展基金,增加科研投入。

・强化科研的组织、管理工作。建立科技管理目标责任制,积极推进科技管理的现代化建设,实现决策科学化、管理现代化。

4.积极稳妥地推进领导管理体制、人事制度和后勤工作改革

・进一步探索和完善校长负责制,完善调研、决策、审议、执行、监督、评估和反馈系统,强化跟踪调查研究,努力推进决策过程的民主化和科学化,不断提高决策水平和效率。充分发挥各级党组织的政治核心作用和教职工代表大会民主管理学校的作用。

建立和健全各类会议制度和工作制度、工作程序,使各项工作都能做到有章可循,并形成规范,建成科学、高效管理体制。

・完成和完善学校基层教学、科研体制改革,建立正常的运行机制。完善系办教学、在二级学科建立教学科研紧密结合的研究所(室)的内部体制改革,实行系(所)主任负责制,增强系、所的活力和动力。

・进一步完善流动梯队,博士生兼任助教、助研制度,"公开招聘,公平竞争、择优选聘"为原则的校内外招聘制度,完善"按需设岗、按岗定编、公开公平、择优聘用"为原则的聘任制度等改革措施,增强队伍的活力,鼓励合理流动,优化组合结构。通过国内外进修,校内在职进修,社会实践等方式,坚持对中青年教师有计划地进行政治业务培训,坚持师资队伍建设走又红又专的道路。

·制订和完善各级各类人员的考核办法并形成制度。实施和进一步完善校内津贴的正常晋升制度,规范奖酬金发放办法,理顺校内分配关系,增强激励机制,消除校内分配中不公平、不合理和不透明的现象,鼓励为学校建设和发展作出贡献的教职工。

·进一步完善"提高效益、多作贡献"的政策导向,落实和完善"五定一评"(定任务、定编制、定岗位、定经费、定教学实验用房,考核评估)的人事管理改革措施,逐步做到科学化、规范化。建立和健全校内待业制度,引导合理分流,实现优化组合。

·后勤改革要以提高服务质量,提高效益为宗旨,进一步完善承包责任制。同时积极稳妥地推进财务管理、住房用房制度等各项改革。

·基建工作实行基建处处长和总工程师责任制,建立规范化、高效率的严格的科学管理体制。按质按期完成各项基建任务,工程质量全部达到合格,优良率在75%以上。

·完成5000门程控电话的安装并投入正常运行,开通国际国内电子邮政,基本实现通信手段现代化。

·建立环形供电网,改造供水网,保证教学、科研及生活用电用水。力争实现教学、科研及生活区空调和取暖的区域性综合供能。

·完成学生食堂、招待所、专家楼及家属区管道煤气安装工程。

·实施医疗保健制度改革,对中老年知识分子实行跟踪保健医疗制度,进一步改善校内医疗设施。

·制定校园绿化长期规划,并认真组织实施,进一步美化校园环境。有计划地建设一批"寓教于景"的文化景观,搞好校园文化环境建设,增强校园精神文明的潜移默化和熏陶作用。

·进一步完善财务管理和监察审计制度,强化资金的集中管理,保证重点投入,注重投资效益。坚持艰苦奋斗、勤俭办学方针,杜绝浪费,提高投资效益。

·进一步完善校办产业由生产委员会统一管理的体制。建立产业性质的生产、经营和管理的高效益运行机制,促进生产要素的合理配置,使校办产业走上稳定、持续发展的轨道,并创造条件,逐步向"工业集团"过渡。

·校办产业实行厂长、经理负责制。要依托学校科技、人才优势,瞄准国内外市场,加强技术改造和产品的更新换代,增强竞争力。掌握国际经济技术信息、扩大对外渠道,不断增加高技术产品出口。

(二)大力抓好领导班子建设和队伍建设

1.加强各级领导干部的培养教育,着力抓好系处以上干部系统的马列主义基本理论学习,建立党校培训党员干部的制度,使各级领导干部都能掌握马克思主义的立场、观念和方法,把各级领导班子建设成为能坚持正确政治方向、团结协作,开拓创新,密切联系群众的班子。

建立各级领导干部联系基层和学生小班的制度。

2.按照党管干部的原则和对干部的"四化"要求,把政治素质放在首位,坚持"又红又专"德才兼备的干部路线,完善干部精锐之遴选、任免、管理、交流、培养、考核制度和工作程序。搞好校、系、处后备干部的遴选和培养,考察工作。

3.有计划有步骤地通过各种途径加强管理干部队伍的培训工作。在相应部、处设立技术职务岗位系列，建立和健全技术行政管理机制。新干部上岗前要进行业务培训，通过职责考核。各级干部升降奖惩要贯彻注重实绩，鼓励竞争，民主监督，相对稳定的原则，参照国家公务员制度并形成我校特色。

4. 在研究所(室)、教学及管理的基层机构中建立党支部。配备思想素质好、有较高政治水平和业务能力的教师、干部担任支部书记，更好地发挥党支部的战斗堡垒的作用和做好思想政治工作的优势。

5. 着力抓好学术梯队建设。制订中长期培养计划，在普遍提高教师、科研人员政治素质和业务水平的基础上，建设一支德才兼备、又红又专、理论联系实际、高水平的、在国内外有影响的教授专家队伍。完善评价标准，健全民主科学的评审程序，通过计划培养，公开招聘，遴选一批优秀中青年学术带头人，造成公开公平、择优选聘、有利于优秀中青年脱颖而出的条件和环境。

6. 对青年教师要加强培养，严格要求，强调在实践中锻炼提高。有计划地安排青年教师承担一定的教学、科研任务，参加实验室工作和到工厂、农村参加社会实践，并加强考核，形成制度。同时要有计划地选派到国内外进修提高，从制度建设上为青年教师尽快成长创造必要条件。

(三)增加必要投入，改善办学条件

1. 为了实现把浙江大学建设成为具有中国特色和自身特色，以工为主，理工结合、设有文管，教育质量和科研水平稳定地全面地居于国内同类大学前列，具有较好的办学条件，能与国际上第一流大学平等竞争的社会主义的高水平综合性理工科大学的奋斗目标，“八五”乃至“九五”期间，必须增加必要的投入，以能较大地改善教学、科研工作条件和生活基础设施：

· 需改造、更新、充实 35 个左右基础教学实验室，使之达到“一类实验室”水平。约需投入 3370 万元人民币，370 万美金。

· 建设好 15 个左右国家重点实验室和国家级专业实验室，以及电力电子、工业自动化、电子光学仪器等一批重点工程研究中心，增强科学研究的实力。

· 较大程度地改善学生特别是研究生和中青年教师的住房条件及学生活动场所。“八五”乃至“九五”期间，要完成单身教工宿舍 9972 平方米，教工住宅 20 万平方米(其中含退休人员占用住房应补充建设约 9 万平方米。预计到 2000 年离退休人员达到 2500 余人)的基建任务，基本解决中青年教师住房紧张状况；新建研究生宿舍 7900 平方米，其他教学、行政、福利、研究生食堂、学生活动中心等附属用房 105027 平方米。

· 建造中外专家和高级进修人员的专用住房，为吸引国内外优秀人才来校工作，接受国内外高级访问学者进行学术交流、合作研究提供必需的生活条件。同时，努力改善接待条件，新建和改造 500 套标准客房。

· 利用分部现有条件和优越的地理环境，合理调整学校内部布局，将分部改造、建设成为能容纳 2400 余名一年级学生的基础部，以便于教育和管理。为此约需新建，重建 47000 平方米宿舍和教学用房。

· 改造计算机网络，完成 IBM-4361 及 HP9000-840S 的安装、调试，投入正常运行。更新校计算中心部分设备；完成校园计算机联网，实现教学、科研、人事、设备及信息处理计算机管理。

·进一步完善校内图书情报网,实现与国内主要图书馆图书流通联网检索,扩大馆藏文献资料和图书量。建立文、管分馆。改善档案工作基础设施。

联通中国科技网,开通国际科技网,建成科技文献检索中心和科技经济情报中心。

·改造通信网络。新建5000门程控电话,利用校园计算机中速、高速网络开通国际国内电子邮政。

·更新和充实现代印刷设备和办公室自动化设备。

·新建400米跑道运动场一个,球类场地8个。更新部分运动设施,保障学生开展体育活动所必需的场所。

·改造基建基础设施。建立环型供电网,建造3.5万伏变电所。改造供水、排水网。力争实现教学、科研及生活区降温和取暖的区域性综合供能。完成学生食堂、招待所、专家楼及家属区管道煤气工程。逐步更新和添置必需的交通车辆。改造校园和家属区道路。

·更新和充实电教设备、宣传新闻设备。改造校内广播网络。

·增置必需的安全保卫现代设施。

·改造校医院。添置和更新必需的医疗仪器设备,提高医疗保健能力。

2.综合上述各项和室外工程、基础配套设施,不可预见及物价上涨因素,“八五”期间需投入2.5亿～3亿资金,“九五”期间约需投入4.5亿～5亿。

3.按照国家投资、学校筹措、多方集资的原则,在争取国家“八五”重点建设投资和正常拨款1.5亿,“九五”期间国家投入有所增加的前提下,学校将通过扩大为社会服务和多渠道争取国内外支持和集资:

·通过治理整顿,组织优势力量,积极承担国家重大科研项目;加速高科技和新技术开发,加速科研成果转化为生产力;建立一批高科技产业集团,努力开展实业创收;有目标地努力争取专项重点建设费和竞争重点项目经费。

·校办产业依托人才和科技优势,开发高科技产品,开创高效益。同时,积极发展横向联系,不断扩大生产规模,提高经营水平,努力开拓国内外市场,成为学校比较稳定的重要补充经济来源。

拓宽学校发展委员会工作,努力扩大和海外联系,积极争取海内外捐赠和集资,支持学校的建设和发展。

浙江大学档案馆藏,档案号:ZD-1991-XZ-75-1

关于我校日校事业发展长远规模调整的请示

(1995年2月28日)

浙大发办〔1995〕11号

国家教委直属高校工作办公室:

根据国家教委编制委属高等院校总体扩建可行性研究报告要求,我校已于去年浙大发办〔1994〕42号《关于浙江大学要求核定近期发展规模和人员编制数的请示》正式行文上报,对83年核定规模中本、专科和研究生人数做了适当的调整,在总规模13000人不变的情况下，本、专科规模从原来10100人减少到9700人、研究生规模从原来2000人上升到3000人，留学生仍保持100人的规模，进修生规模从原来500人下降为200人。并在逐步减少对校本部办学资源依赖的情况下，适度发展成人教育和职业继续教育。

国家教委在1994年10月直属高校工作咨询会议上，下发的委直属高校的学校事业发展长远规划调整建议书中，我校在总规模13000人不变的情况下，本、专科规模为10000人，研究生2900人，留学生100人，经校务会议认真研究，学校拟继续坚持本科与研究生教育并重的方针，研究生规模仍以3400人为宜，本、专科规模可作相应的调整。

以上请示当否，请批示。

浙江大学

一九九五年二月二十八日

浙江大学档案馆藏，档案号：ZD-1995-XZ-17-1

浙江大学总体扩建可行性研究报告

(1995年9月21日)

浙大发办〔1995〕53号

国家教委计划建设司：

遵照国家教委教计〔1994〕155号文的有关要求，结合我校实际情况，考虑到我校的历史和现状，经过反复讨论，几易其稿，编制了《浙江大学总体扩建可行性研究报告》。现予以上报，请审批。

浙江大学

一九九五年九月二十一日

附

浙江大学总体扩建可行性研究报告

浙江大学

(1994年10月)

目录

浙江大学教职工人员编制现况及发展规划表
浙江大学专职科研人员现状及发展规划表
浙江大学直属单位、校办企业人员现状及发展规划表
附件四:浙江大学总体扩建校舍面积总表
浙江大学总体扩建用房面积分类计算表
浙江大学规划需要拆除校舍一览表
附件五:浙江大学扩建工程项目表
附件六:浙江大学实验室建设及设备购置计划说明
浙江大学实验室建设及设备购置计划表

浙江大学总体扩建可行性研究报告文字说明

一、建设项目名称及性质

1. 名称:浙江大学,性质:扩建。

2. 浙江大学前身最早为求是书院,创建于1897年,是中国人自己创办的四所新式高等学堂之一。1901年以后曾几度易名。1928年被定名为国立浙江大学。著名学者邵裴子、竺可桢、马寅初、钱三强等曾先后任校长。抗战期间,著名气象学家、地理学家、教育家竺可桢校长率全校师生西迁贵州遵义等地坚持办学,其间人才辈出,名师荟萃,被誉为“中国最好的四所大学之一”,赢得了“东方剑桥”的崇高声誉。1948年,发展成为具有文、理、工、农、法、医、师范7个学院25个学系和10个研究所的综合性大学。苏步青、王淦昌、谈家桢、卢嘉锡、李政道、梁守槃、吴健雄、谷超豪等众多著名专家教授曾在校任教或就读。

1952年全国高校院系调整,浙江大学成为多科性工业大学。1957年在全国工科院校中最早重建理科,成为多科性理工科大学。党的十一届三中全会以来,通过改革与发展,学校形成了自身的办学特色,成为以工为主、理工结合,设有经管人文多科性理工科大学,是国家教委直属的重点高等院校。

3. 浙江大学位于风景名城杭州的西子湖畔,学校设有本部与基础部,本部占地1649亩(含市区70多亩),现有校舍573880平方米;基础部占地395亩,现有校舍38935平方米。学校现有8个学院及23个学系,52个本科专业,85个硕士学位授权学科、专业,35个博士学位授权学科、专业,10个博士后流动站(含25个专业),9个国家重点学科,9个国家重点实验室,1个部门开放实验室,1个国家级工程研究中心,1个国家级工程技术研究发展中心。

浙江大学现有各类在校生14977人,其中:本专科生10143人,研究生2238人,留学生45人,进修生110人,干训生57人,函授生1446人,夜大生938人。学校现有教职工5319人,其中教师2150人,中国科学院院士4人,中国工程院院士1人,教授248人(含博士生导师108人),副教授874人,还聘任了161名国内外著名学者专家兼任学校的博士生导师、名誉教授、客座教授。

二、扩建的必要性及承担的主要任务

1. 浙江大学自建校以来,已经为中华民族培育了6万多名高级人才。学校自1978年以来,共获得国家、省部级以上重大科技成果奖910多项,其中获国家科技进步奖28项,国家

自然科学奖 3 项，国家发明奖 34 项，授权专利共 470 项。近几年里，学校科研依托校内 90 多个研究所室，建立了 43 个学科性公司，形成了上、中、下游一条龙，联合社会企业建立科技开发基地，改善科研条件，促进科技成果转化为现实生产力。据不完全统计，近三年来学校申报省、部级奖励的科研成果，已为社会增加利税 11 亿元，出口创汇约 2000 万美元，为国家的科技进步、经济发展作出了重大贡献。

浙江大学经过 97 年的演变、建设和发展，已形成独特的“求是创新”学风和办学特色。学校为迎接 21 世纪科学技术的发展，适应社会主义市场经济的建立和发展，面向经济建设主战场，努力把学生培养成德智体全面发展的未来型、复合型、创造型、国际型的高级专门人才。

2. 浙江大学是国家教委批准的高校综合改革试点院校，学校将坚定不移地坚持社会主义办学方向，全面贯彻党的教育方针，加强基础，狠抓水平，提高质量，努力把学校办成以工为主、理工结合、人文经管综合协调发展，能积极主动适应社会主义市场经济体制、政治体制、科技体制和社会发展的，跻身世界一流水平的研究教育型大学。

浙江大学的总体发展目标是：从现在起到 2010 年，在校内建设 20 个左右具有世界一流水平的重点学科；培养 50 名在国内享有威望，在世界有影响的一流专家、教授；建设 25 个向国内外开放的重点实验室和工程研究中心；取得上百项处于科学前沿的开创性成果，培养一大批未来型、复合型、创造型、国际型的高级专门人才。使浙江大学成为我国高级建设人才立足于国内培养的重要基地之一，成为我国高新科技研究开发的重要基地之一，成为长江三角洲和东南沿海地区高新科技产业的辐射源之一。

3. 浙江大学至 1993 年底实有全日制学生 12593 人，已接近国家教委此次核定的最大发展规模。但学校现有各类校舍面积为 612815 平方米，扣除按规划应拆除面积 75185 平方米，实有校舍面积 537630 平方米，仅占达到发展规模应有校舍总面积 794022 平方米的 67.8%，差额达 32.2%。

由于现有学校规模已基本达到核定的发展规模，而各类校舍尚未完全达标，目前浙江大学办学设施仍不十分完备。另外，受建设资金限制，学校新的基础设施建设未能完全与校舍建设相配套；原有基础设施因资金缺乏，长期得不到改造扩容，已不能满足学校正常的教学科研工作和师生员工日常生活需求。加上学校大部分教学仪器设备已陈旧老化，难以适应当今科技发展的需要。

上述原因已不同程度地影响了学校的发展速度，为了适应改革开放和学校发展的需要，以及确保学校完成承担的任务和早日实现发展目标，浙江大学必须进行总体扩建。

三、在校生规模、专业设置及学制

1. 浙江大学至 1993 年度在校生人数为 14977 人，其中：本专科生 10143 人，研究生 2238 人，留学生 45 人，进修生 110 人，干训生 57 人，函授生 1446 人，夜大生 938 人。达到此次核定的最大发展规模时的在校生人数预计为 19500 人，其中：本专科生 9900 人，研究生 3000 人，留学生 100 人，函授生 3000 人，夜大生 2000 人，成人脱产班 1500 人。

2. 浙江大学现有 23 个系，52 个本科专业，22 个专科专业；现有博士学位授权学科、专业 35 个，硕士学位授权学科、专业 35 个；现有干部专修科专业 1 个，夜大专业 12 个，函授专业 11 个。达到最大发展规模时，预计有 26 个系，47 个本科专业；博士学位授权学科、专业争取达到 50 个，硕士学位授权学科、专业争取达到 100 个；夜大、函授、成人脱产班约 30 个专业。

3.学制:全日制本科生除机械电子工程、生物医学工程与仪器和建筑学三个专业为五年制外,其余均为四年制。专科生为二年半至三年。硕士生为二年半至三年,博士生为三年。夜大函授的专科、专升本学制均为三年,成人脱产班学制为二至三年。

四、人员编制

1.浙江大学现有在编人数为5319人,其中:校本部3355人,专职科研人员863人,校办企业人员608人,直属单位人员403人,成人教育90人。校本部3355人中专职教师1572人,校本部师生比和专职教师师生比分别为1∶3.9和1∶8.5。

目前存在的主要问题:一是学科带头人队伍和骨干教师明显断层,缺乏40～50岁年龄段的骨干教师,部分学科带头人青黄不接,中青年骨干尚存流失现象。二是各系列人员分布比例不够合理,教学科研人员比例偏低。三是国家教委核准学校的专职科研人员编制数与实际所担负的科研任务不相称,缺额较大。

2.确定学校合理的人员编制,以更好地适应教学、科研、思政、党政、后勤及其他各方面的需要。调整教职工队伍,促进人才流动,改变目前存在的各类人员结构不合理的状况。积极改善学校办学条件和教职工生活待遇,充分发挥广大教职工的积极性和创造性,努力提高办学的社会效益和经济效益。

在国家教委核定的编制数内,进一步调整各类人员结构,理顺关系,以保证学校教学、科研工作的需要。加强师资队伍的建设,积极引进国内外优秀人才充实教师队伍。严格控制校办企业人员编制,逐年缩减现有人员。实行事业编制与企业编制相分离,对从事科技开发的教师实行企业化管理。

3.根据国家教委此次核定的最大规模,浙江大学这次规划编制的计算依据是在校生自然规模13000人,折算规模16200人。其中:本专科生9900人,研究生3000人,留学生100人。校本部师生比和专职教师师生比分别按1∶4.5和1∶10计算。另外,根据学校的现状,考虑了逐年压缩校办企业人员,增加专职科研人员,稳定现有直属单位和成人教育编制等因素。

五、扩建校舍总面积

1.根据《普通高等学校建筑规划面积指标》及国家教委核准浙江大学的在校生发展规模和人员编制数,并结合学校的实际情况,经计算浙江大学达到核定规模时应有校舍总面积794022平方米。其中:教学科研行政用房267055平方米,生活用房311590平方米,生活福利及附属用房43532平方米,直属单位用房78594平方米,离退休教职工住房72352平方米,外单位人员占用住宅20906平方米。

2.浙江大学至1993年底止现有各类校舍612815平方米。其中:教学科研行政用房184628平方米,生活用房232700平方米,生活福利及附属用房36840平方米,直属单位用房65389平方米,离退休教职工住房72352平方米,外单位人员占用住宅20906平方米。但其中尚有部分校舍陈旧、简陋,布局不合理,并有少量危房。按规划应拆除的校舍面积有75185平方米。

3.根据浙江大学应有校舍总面积794022平方米及至1998年底止现有各类校舍总面积612815平方米和按规划应拆除面积75185平方米数,浙江大学在1994年及以后年度尚需扩建校舍总面积256379平方米。各有关用房名称及扩建面积如下:一、教学科研行政用房

87971 平方米。其中：教室 8687 平方米，图书馆 766 平方米，实验室及附属用房 27033 平方米，科研用房 30598 平方米，风雨操场 1225 平方米，校行政用房 3652 平方米，系行政用房 11495 平方米，会堂 4515 平方米。二、生活用房 136507 平方米。其中：学生宿舍 11538 平方米，学生食堂 7465 平方米，教工住宅 114033 平方米，单身宿舍 2872 平方米，教工食堂 599 平方米。三、生活福利及附属用房 15116 平方米。其中：校医院 779 平方米，学生活动中心 1962 平方米，学生浴室 1184 平方米，教工浴室 480 平方米，仓库 3153 平方米，电话总机房 336 平方米，变电站 544 平方米，维修车间 3000 平方米，汽车库 2400 平方米，锅炉房 131 平方米，其它用房 1147 平方米。四、直属单位用房 16805 平方米。其中：基础部附小 900 平方米，基础部招待所 1093 平方米（易地拆建，自筹），基础部幼儿园 263 平方米（规划改造，自筹），档案馆 2000 平方米（在施，自筹），基础部校办工厂 1037 平方米（规划改造，自筹），计算中心 2449 平方米，夜大函授用房 980 平方米，商业服务用房 8083 平方米。

4. 随着校舍面积的逐年增加，浙江大学现有的室外工程及基础设施已严重不配套，并开始影响学校正常的教学科研工作和师生员工生活。目前学校缺水缺电严重，遇到用水用电高峰经常发生停水停电情况。其主要原因是现有供水供电设施陈旧，管线细小，容量不足，已不能满足现有校舍的需用量。另外，原有雨污排水管道管径过小，雨污合流，也难以满足现有校舍的排放量和有关部门的要求。

根据浙江大学室外工程及基础设施的现状，在这次总体扩建规划中适当加大了室外工程的投资力度，用于改造学校现有的供水、供电、通信等基础设施，扩充供水、供电、通讯的容量，改造原有雨污排放管道，设置污水处理系统。另外，考虑新建校舍的管道煤气、绿化、道路等配套工程。经过改造、扩容及配套，使学校的室外工程及基础设施更趋完善，以满足学校教学科研工作的需要和全校师生员工的生活需要。

其它基建方面，虽然浙江大学现有土地面积已超过普通高校规划建设用地面积数，但学校本部东南角尚有保留规划用地约 45 亩，若该地长期不征，恐日后有失，为此拟征用该地，故在规划中安排了该地征地拆迁费用。另外，规划中考虑了学校所在地杭州市建造各类用房必须交纳的有关费用和尚需扩建校舍的勘察设计费。

5. 扩建校舍总面积 256399 平方米中含 1994 年在施面积 73961 平方米。其中：教室 3000 平方米，实验室及附属用房 6010 平方米，科研用房 19073 平方米，风雨操场 1225 平方米，校行政用房 1840 平方米，学生宿舍 2200 平方米，教工住宅 34586 平方米，生活福利及附属用房 1919 平方米，档案馆 2000 平方米，商业服务用房 2108 平方米。

六、扩建总投资

1. 扩建总投资 43384 万元，至 1993 年底前已完成投资 2652 万元，1994 年及以后年度尚需扩建投资 40732 万元。其中：教学科研行政用房投资 7538 万元，生活用房投资 10332 万元，生活福利及附属用房投资 1346 万元，直属单位用房投资 1692 万元，室外工程投资 3050 万元，其它基建投资 5530 万元，设备购置投资 8574 万元，预备费 2670 万元。

2. 1994 年及以后年度尚需扩建投资 40732 万元中，安排国拨投资 28291 万元，占 69.5%；学校自筹 12442 万元，占 30.5%。（含利用赠款）

3. 1994 年及以后年度尚需扩建投资 40732 万元中，含 1994 年已安排投资数 2480 万元。其中：国拨 905 万元，重点学科补助 400 万元，学校自筹 1025 万元，利用赠款 150 万港元。

七、建设用地

1.浙江大学现有土地2044亩，校本部1649亩，基础部395亩。其中：建筑用地1194亩，山地水面200亩，运动场地150亩，道路绿地500亩。

2.浙江大学达到此次核定规模时约需土地1450亩，而学校现有土地2044亩，本可不用新征土地，但考虑到学校今后发展需要及校园完整，宜再征用规划保留用地45亩。该地域内拆迁户较多，约有农居民90户，另有玉泉村公用房5000～6000平方米。该地被征用后，主要用于学校教学科研用房建设。

3.按高校定额及浙江大学实际情况考虑，学校现有和规划扩征土地完成后，学校的扩建用地可基本解决。但由于学校教学区原有校舍容积率较低，土地利用率不高，所以扩建时还须节约用地、合理用地。另外，学校住宅建设用地极为紧张，目前已无空地可扩建住宅，故在规划中考虑对原求是村三层以下住宅进行改造翻建，以挖掘原有土地潜力。

八、抗震及人防、环保措施

1.浙江大学所在地杭州市为6度抗震设防区，所有新建校舍均需按6度抗震设防要求考虑。

2.由于历史原因，浙江大学现有集中人防设施面积6000多平方米。但根据杭州市人民政府办公厅杭政办〔1992〕17号文的规定，今后学校新建各类校舍仍须按规定设置人防设施或交纳人防工程费用。

3.浙江大学本部地处风景区边缘，基础部地处风景区，所以杭州市有关部门对学校环保方面的要求比较高，现有的一些设施无法满足有关部门的要求，须逐步改造完善。在扩建新项目时要严格控制有3度项目的建设，必须新建时要配备3度处理设施予以保证。另外，新建项目要严格实行雨、污分流，并按规定设置必需的污水处理设施。

4.浙江大学总体扩建完成后的抗震、人防及环保基本能达到满足有关部门要求的目标。但因杭州市于1991年才被确定为6度抗震设防区，学校在此之前建造的校舍均未考虑抗震要求，须进行抗震加固后才能满足抗震要求。

九、设计与施工

浙江大学总体扩建工程拟采用招标方式，择优选择设计与施工单位。

十、扩建完成后的效益分析和预测

1.浙江大学总体扩建完成后，将有利于提高学校的整体办学水平，有利于提高学校的教学质量和科研水平，有利于提高学校的综合能力和整体效益。

2.总体扩建完成后，学校的办学条件将发生较大变化，学校的教学、科研工作条件和师生员工的生活条件将得到明显改善，这对学校的发展和稳定将起到不可估量的作用。

3.总体扩建完成后，学校的整体办学设施将达到国家规定的合理标准，学校的各类用房和设施配备将更加齐全合理，这为学校开展正常的教学科研工作和保证师生员工生活需要提供了强有力的物质保障。

4.总体扩建完成后，将大大增强学校的综合实力，这将有力地促进学校的进一步发展和提高。为学校与国际上第一流大学开展平等竞争，并争取跻身于国际上著名大学行列创造了极为有利的条件。

5.总体扩建完成后，将使学校更好地完成国家下达的教学、科研和培养人才的任务。同时也将为浙江及长江三角洲和东南沿海地区的科技振兴、经济发展和人才培养作出更大的贡献。

附件一

浙江大学在校学生发展规模表

学生类别	一九八三年原定规模(人)	一九九三年到达规模(人)	此次核定的最大规模		学制(年)	备注
			自然规模(人)	折算规模(人)		
总计	13000	14977	19500	22700		
一、学校学生规模	13000	12593	13090	16200		
1.本、专科生	10100	10143	9900	9900	4—5	
2.研究生	2000	2238	3000	6000	2,5—3	
3.留学生	100	45	100	300		
4.进修生	500	110				
5.干训生	300	57				
二、成人教育学生规模		2384	6500	6500		
1.函授生		1446	3000	3000	3	
2.夜大生		938	2000	2000	3	
3.成人脱产班			1500	1500	2—3	

附件二

浙江大学系科专业设置及在校学生表

系、专业	在校学生数													
	一九九三年底实有人数						“九五”预计到达数				最大发展规模数			
	合计	本专科	研究生	留学生	选修生	干训生	合计	本专科	研究生	留学生	合计	本专科	研究生	留学生
	12593	10143	2238	45	110	57	13000	9900	3000	100	15000	9900	5000	100
理科	898	677	211	3	7		788	521	261	6	974	521	447	6
应用数学系	167	92	74		1		194	102	92		247	102	145	
基础数学			9						16				29	
应用数学			54						60				90	
计算数学			3						6				9	
运筹学与控制论			8						10				17	
物理学系	139	86	52		1		159	92	67		204	92	112	
理论物理			25						32				48	

续表

系、专业	在校学生数													
	一九九三年底实有人数						“九五”预计到达数				最大发展规模数			
	合计	本专科	研究生	留学生	选修生	干训生	合计	本专科	研究生	留学生	合计	本专科	研究生	留学生
凝聚态物理			27						35				64	
化学系	335	275	55	1	4		194	127	65	2	255	127	126	2
无机化学			5						6				9	
物理化学			32						41				72	
环境化学			9						9				15	
应用化学			9						9				30	
地球科学系	95	80	13	2			103	80	19	4	122	80	38	4
岩石学			2						6				9	
构造地质学			4	2					6				9	
遥感地质			7						7				20	
生物科学与技术系	162	144	17		1		138	120	18		146	120	26	
微生物学														
生物物理学			17						18				26	
工科	11203	9068	1938	42	98	57	11740	8997	2649	94	13509	8997	4418	94
工程力学系	183	122	60		1		169	102	67		206	102	104	
工程力学		122			1			102				102		
一般力学			1						3				6	
固体力学			25						30				47	
流体力学			18						18				27	
结构力学			1						3				6	
计算力学			12						9				12	
实验力学			3						4				6	
电机工程学系	1452	1241	184	10	17		1603	1308	270	25	1810	1308	477	25
电力系统及自动化		356	51	6	1			360	75			360	135	
电机		301	35	3	10			328	50			328	85	
应用电子技术		249			2			272				272		
工业电气自动化		355			4			348				348		
电力电子技术			55	1					90				140	
自动控制理论及应用			30						40				90	

续表

系、专业	在校学生数													
	一九九三年底实有人数						“九五”预计到达数				最大发展规模数			
	合计	本专科	研究生	留学生	选修生	干训生	合计	本专科	研究生	留学生	合计	本专科	研究生	留学生
电磁测量技术及仪器			7						9				15	
理论电工			6						6				12	
化学工程学系	1810	1422	380		8		1908	1299	589	18	2276	1299	959	18
有机化工		197	12		1			202	20			202	70	
生产过程自动化		302			2			302				302		
化工设备与机械		441			2			324				324		
化学工程		324	154		2			300	236			300	330	
生物化工		74	18		1			81	40			81	80	
环境化工		84	9					90	18			90	60	
化工过程机械			42						56				95	
工业自动化			127						197				270	
自动化仪表与装置			9						12				24	
系统工程			9						10				30	
高分子科学与工程学系	346	276	62	1	7		434	334	98	2	536	334	200	2
高分子材料		91	16	1	5			130	40			130	100	
高分子化工		185			2			204				204		
高分子化学与物理			46						58				100	
建筑系	341	308	28	1	4		350	320	30		365	320	45	
建筑学		308			4			320				320		
建筑技术科学			28	1					30				45	
土木工程学系	862	679	114	4	8	57	805	660	135	10	870	660	200	10
工业与民用建筑工程		560			8	57		560				560		
水利水电工程建筑		119						100				100		
岩土工程			55	1					66				98	
建筑结构工程			53	3					63				90	

续表

系、专业	在校学生数													
	一九九三年底实有人数						“九五”预计到达数				最大发展规模数			
	合计	本专科	研究生	留学生	选修生	干训生	合计	本专科	研究生	留学生	合计	本专科	研究生	留学生
水工结构工程			6						6				12	
机械工程学系	1105	809	276	8	12		1028	678	337	13	1271	678	580	13
机械设计及制造		204			2			205				205		
机械制造工艺与设备		445			7			305				305		
机械电子工程		160			3			168				168		
机械学			46						60				80	
机械制造			129	8					146				250	
流体传动及控制			70						82				140	
振动、冲击、噪声			11						12				18	
工程图学			9						28				80	
铸造			11						9				12	
信息与电子工程学系	802	661	137		4		847	654	189	4	958	654	300	4
无线电技术		380			1			290				290		
半导体物理与器件		80						90				90		
物理电子技术		87						90				90		
信息工程		30			2			94				94		
光电子技术		84			1			90				90		
通信与电子系统			62						92				150	
物理电子学光电子学			53						71				108	
电磁场与微波技术			2						6				12	
半导体器件与微电子学			20						20				30	
光电与科学仪器工程学系	1131	931	194	2	4		1036	794	238	4	1191	794	393	4
光学仪器		335	51	2	1			231	58			231	94	

续表

系、专业	在校学生数													
	一九九三年底实有人数						“九五”预计到达数				最大发展规模数			
	合计	本专科	研究生	留学生	选修生	干训生	合计	本专科	研究生	留学生	合计	本专科	研究生	留学生
检测技术及仪器		337	69		1			242	81			242	120	
生物医学工程与仪器		228	56		1			231	75			231	130	
精密仪器		31			1			90	6			90	22	
光学			18						18				27	
材料科学与工程学系	706	592	109		5		647	502	145		735	502	233	
金属材料及热处理		135	38		1			120	51			120	82	
热加工工艺及设备		151			1			120				120		
无机非金属材料		219	39		1			162	54			162	86	
材料科学		87			2			100				100		
硅酸盐材料			11						12				18	
半导体材料			21						28				47	
能源工程学系	784	660	117	5	2		834	683	143	8	934	683	243	8
电厂热能动力工程		332	10		1			301	10			301	15	
内燃机		125	30	1				151	35			151	55	
制冷设备与低温技术		213	9		1			231	15			231	39	
工程热物理			59	3					74				116	
热能工程			9	1					9				18	
计算机科学与工程学系	739	589	131	8	11		913	695	208	10	1113	695	408	10
计算机软件		230	13	5	5			260	26			260	70	
计算机及应用		276	102	3	3			310	152			310	250	
工业造型设计		83			3			125				125		
模式识别与智能控制			3						4				8	
计算机组织与系统结构			13						26				80	
管理工程学系	298	190	99	3	6		312	160	152		364	160	204	

续表

系、专业	在校学生数													
	一九九三年底实有人数						“九五”预计到达数				最大发展规模数			
	合计	本专科	研究生	留学生	选修生	干训生	合计	本专科	研究生	留学生	合计	本专科	研究生	留学生
工业管理工程		190			6			160				160		
管理工程			93	3					140				180	
管理信息系统			6						12				24	
经济学系	259	206	47		6		236	188	48		260	188	72	
国民经济管理学		188			6			188				188		
科技情报(第二学位)		18												
政治经济学			47		3				48				72	
外贸与商检学系	177	174			3		200	200			200	200		
工业外贸		174						200				200		
生命科学系							120	120			120	120		
混合班	208	208					300	300			300	300		
文科	492	398	89		5		472	382	90		517	382	135	
哲学、社会学系	208	147	61				154	100	54		163	100	63	
行政管理学		147						100				100		
思想政治教育			39						36				36	
科学技术哲学			12						12				18	
中共党史			10						6				9	
中国语言文学系	148	140	7		1		164	152	12		176	152	24	
汉语言文学		140			1			152				152		
中国现当代文学			7						12				24	
外语系	136	111	21		4		154	130	24		178	130	48	
英语		111			4			130				130		
语言学与应用语言学			21						24				48	

附件三(1)

浙江大学教职工人员编制现况及发展规划说明

一、教职工队伍现状及存在问题

浙江大学现有教职工队伍在编人数为5319人，其中校本部3355人，占全校教职工总数的63.1%，专职教师1572人，占校本部教职工总数的46.8%，专职科研人员占教职工总数的16.2%，校本部师生比和专职教师师生比分别为1∶3.9和1∶8.5。近几年来，教师队伍总体结构有了较大的改善，逐步趋于合理，现有教授248名，副教授874名，教授中55岁以下的占32%，副教授中45岁以下的占17.5%。教师中具有博士和硕士学位的占42%。教职工年龄在55岁以上的占27%，35岁以下的占37.8%，其中35岁以下的青年教师占教师总数40%以上。

存在问题：一、学科带头人队伍和骨干教师明显断层，缺乏40～50岁年龄段的骨干教师，部分学科带头人青黄不接，中青年骨干尚存流失现象。二、各系列人员分布比例不够合理，教学科研人员比例偏低。三、科研任务繁重，科研经费每年成倍递增，1993年达1.14亿元，而国家教委核定的科研编制为630人，学校内部调整到863人，但仍然偏紧。

二、制定规划编制的指导思想和今后的改革措施

指导思想

确定学校合理的人员编制，以更好地适应教学、科研、思想政治工作、党政管理、后勤服务及其他各方面的需要。调整教职工队伍，促进人才流动，改变目前存在的各类人员结构不合理的状况。建立人员编制的自我约束机制，进一步完善编制核算办法，强化编制管理意识，不断提高办学的社会效益和经济效益。改善办学条件和教职工的生活待遇，建立和健全各级岗位责任制，职务聘任制和培训、考核、奖惩等制度，不断提高各类人员的素质，充分发挥广大教职工的积极性和创造性。

改革措施

在国家教委的核定编制数内，进一步调整各支队伍的人员结构，重点突出师资队伍的建设，以保证教学、科研的需要。完善适合本校特点的教师定编办法，根据各系所承担的教学、科研任务宏观控制下达编制，并予以及时调整。鼓励教师教学、科研双肩挑。严格现有编制的管理，根据科研任务和成果情况，合理调整各单位专职科研编制。补充人员以教师为主，提高教师比例，提高新进人员素质。校办企业原则上只退不进，实行事业编制和企业编制相分离，固定编制与流动编制相结合的管理模式，对从事科技开发的教师实行企业化管理。

三、规划编制的计算依据及内部构成

根据国家教委此次核定的最大规模，浙江大学全日制在校生自然规模为13000人，折算规模为16200人；全校教职工人员编制为5326人。

校本部教职工与学生比为1∶4.5，专任教师与学生比为1∶10。校办企业近几年以5%左右的速度在减编，并计划加强分流强度，控制在学生数的3%以内。直属单位的人员稳定现有规模，根据各单位的内部情况进行调整。成人教育按现有人员核定。根据学校近几年所承担的科研任务、科研经费成倍递增的情况，将各块压缩下来的编制全部用于专职科研，重点保证科研任务的及时完成，并提高教学科研人员的比例。

附件三(2)

浙江大学教职工人员编制现况及发展规划表

人员名称	一九九三年底实有人数	“九五”预计到达数	最大规模到达人数	备注
总计	5319	5320	5326	
一、校本部	3355	3408	3622	
1.教学人员	1572	1592	1630	
2.实验技术及图书资料人员	696	705	713	
3.政治工作人员	170	180	202	
4.行政人员	481	481	482	
5.工勤人员	436	450	469	
6.机动			126	
二、专职科研人员	863	900	990*	*其中包括校本部机动123人
三、校办企业人员	608	522	350	
四、直属单位人员	403	400	400	
五、成人教育	90	90	90	

附件四

浙江大学总体扩建校舍面积总表

用房名称	计算定额 m^2/生	应有面积(m^2)	1993年底前已建面积(m^2)	按规划应拆除面积(m^2)	1994年及以后年度需建面积(m^2)	备注
总计		794022	612815	75185	256399	
[一]教学科研行政用房		267055	184628	5544	87971	
(一)教室	2.21～6.38	47371	38684		8687	自筹7310m^2
(二)图书馆	1.54～2.32	23656	22890		766	自筹21132m^2
(三)实验室及附属用房	0.76～9.93	118090	94279	3222	27033	自筹4581m^2
(四)科研用房	12～33	31809	1211		30598	
(五)风雨操场	0.5按实	8556	7341		1225	捐赠，自筹6966m^2
(六)校行政用房	0.83	13446	10915	1121	3652	

续表

用房名称	计算定额 m^2/生	应有面积 (m^2)	1993 年底前已建面积 (m^2)	按规划应拆除面积 (m^2)	1994 年及以后年度需建面积(m^2)	备注
(七)系行政用房	1.21	19602	9308	1201	11495	
(八)会堂	0.296～0.568	4515			4515	
[二]生活用房		311590	232700	57617	136507	
(九)学生宿舍	6.5～10.5	95850	87647	3335	11538	
(十)学生食堂	1.3	16770	14247	4942	7465	
(十一)教工住宅	34.14	181830	113294	45497	114033	
(十二)单身宿舍	2.33	12410	12575	3037	2872	
(十三)教工食堂	0.23～0.70	4730	4937	806	599	自筹 1000m^2
[三]福利及附属用房	0.95～3.40	43532	36840	8424	15116	自筹 3121m^2
1.幼儿园、托儿所	0.32	4160	4160		0	
2.校医院	0.43	5590	4811		779	
3.学生活动中心	0.18	2340	1050	672	1962	
4.教工活动中心	按实	3100	3100		0	自筹 2200m^2
5.学生浴室	0.13	1690	1181	675	1184	
6.教工浴室	0.06	780	300		480	
7.仓库		10000	9565	2718	3153	
8.电话总机房		1500	1164		336	
9.变电站		1200	1046	390	544	
10.维修车间		3000	2558	2558	3000	
11.汽车库		2400	347	347	2400	
12.锅炉房		800	669		131	
13.其它		6972	6889	1064	1147	
[四]直属单位用房		78594	65389	3600	16805	
1.基础部附小	按规划	900	917	917	900	
2.出版社	按实	1776	1776		0	
3.印刷厂	按实	3189	3189		0	
4.招待所	定额外	2337	2337	1093	1093	自筹
5.幼儿园	定额外	893	893	263	263	自筹
6.建筑设计院	按实	1950	1950		0	
7.档案馆	定领外	2000			2000	在施，自筹

续表

用房名称	计算定额 m^2/生	应有面积 (m^2)	1993年底前已建面积 (m^2)	按规划应拆除面积 (m^2)	1994年及以后年度需建面积(m^2)	备注
8.校办工厂、公司	按实	37220	37220	1037	1037	自筹
9.外籍教师生活用房	按实	4874	4874		0	自筹 1733m^2
10.留学生生活用房	按实	4469	4469		0	自筹 1040m^2
11.计算中心	0.4	5200	2751		2449	
12.分析测试中心	按实	3094	3094		0	
13.夜大函授用房	10～12	980	0		980	
14.商业服务用房	按住宅面积5%计	9712	1919	290	8083	
[五]离退休教职工住房	按实	72352	72352		0	统计至1993年底止
[六]外单位人员占用房屋	按实	20906	20906		0	统计至1993年底止

附件五

浙江大学扩建工程项目表

工程名称	结构	层数	建筑面积(平方米)	总投资(万元)	至1993年底前已完成投资(万元)	1994年及以后年度投资(万元)			备注
						合计	国拨	自筹	
总计			256399	43384	2652	40732	28291	12442	
[一]房屋建筑			256399	23560	2652	20908	14398	6511	
(一)教学科研行政用房			87971	9224	1686	7538	5276	2262	按现行单价计
1.教室	框混	4—6	8687	869	126	743	520	223	
2.图书馆	框混	3—4	766	77		77	54	23	
3.实验室及附属用房	框混	3—6	27033	2974	135	2839	1987	852	
4.科研用房	框混	3—6	30598	3366	1170	2196	1537	659	
5.风雨操场	框混	2	1225	123	80	43	30	13	
6.校行政用房	框混	4—6	3652	329	175	154	108	46	
7.系行政用房	框混	4—6	11495	1034		1034	724	310	
8.会堂	框混	1—2	4515	452		452	316	136	
(二)生活用房			136507	11083	751	10332	7232	3100	按现行单价计
9.学生宿舍	框混	3—6	11538	923	100	823	576	247	
10.学生食堂	砖混	1—2	7465	747		747	523	224	

续表

工程名称	结构	层数	建筑面积(平方米)	总投资(万元)	至1993年底前已完成投资(万元)	1994年及以后年度投资(万元)			备注
						合计	国拨	自筹	
11.教工住宅	砖混	3—7	114033	9123	651	8472	5930	2542	
12.单身宿舍	砖混	4—6	2872	230		230	161	69	
13.教工食堂	框混	1—2	599	60		60	42	18	
(三)生活福利及附属用房			15116	1361	15	1346	942	404	按现行单价计
1.校医院	砖混	2—4	779	70		70	49	21	
2.学生活动中心	砖混	2—4	1962	177		177	124	53	
3.学生浴室	砖混	1—2	1184	107		107	75	32	
4.教工浴室	砖混	1—2	480	43		43	30	13	
5.仓库	框混	1—4	3153	284		284	199	85	
6.电话总机房	砖混	1—3	336	30		30	21	9	
7.变电站	砖混	1—2	544	49		49	34	15	
8.维修车间	砖混	1—3	3000	270		270	189	81	
9.汽车库	框混	1—3	2400	216	15	201	141	60	
10.锅炉房	框混	1	131	12		12	8	4	
11.其它用房	砖混	1—3	1147	103		103	72	31	
(四)直属单位用房			16805	1892	200	1692	948	744	按现行单价计
1.基础部附小	砖混	2—3	900	90		90	63	27	
2.基础部招待所	砖混	2—3	1093	109		109		109	自筹
3.基础部幼儿园	砖混	2—3	263	26		26		26	自筹
4.档案馆	框混	2—3	2000	300	200	100		100	自筹,已在建
5.校办工厂、公司	砖混	2—4	1037	104		104		104	自筹
6.计算中心	框混	2—4	2449	367		367	257	110	
7.夜大函授用房	砖混	3—4	980	88		88	62	26	
8.商业服务用房	框混	3—7	8083	808		808	566	242	
[二]室外工程				3050	0	3050	2135	915	
水增量费		—		200		200	140	60	
供水设施改造及扩容				250		250	175	75	
上下水管道改造				200		200	140	60	
污水处理设施				300		300	210	90	
电增量费				300		300	210	90	
供电设施及线路改造扩容				400		400	280	120	

续表

工程名称	结构	层数	建筑面积(平方米)	总投资(万元)	至1993年底前已完成投资(万元)	1994年及以后年度投资(万元)			备注
						合计	国拨	自筹	
有线电视及计算机联网				100		100	70	30	
通信设施改造扩容				400		400	280	120	
管道煤气				300		300	210	90	
道路驳坎				400		400	280	120	
绿化配套				200		200	140	60	
[三]其它基建				5530	0	5530	3871	1659	
征地拆迁				2000		2000	1400	600	
勘察设计				660		660	462	198	
住宅建设配套费				1940		1940	1358	582	
扩建工程其它费用				930		930	651	279	
[四]设备购置				8574	0	8574	6018	2556	
[五]预备费				2670	0	2670	1869	801	

附件六(1)

浙江大学实验室建设规划及设备购置说明

一、实验室现状及存在问题

浙江大学现有各类实验室106个,其中:基础课实验室(含系级计算机室)13个,技术基础课实验室23个,专业课实验室52个,国家级重点实验室9个,其它实验室(校级中心实验室)9个,全校现有实验室及附属用房94279平方米,现有实验设备29625台件,价值16547万元。目前存在的主要问题有:

1.基础课及技术基础课实验室的教学实验,由于强调提高学生的动手能力,要求每套(组)仪器实验人数为1人。这样,随着仪器、实验桌的增加,相应的实验用房也必须增加。

2.国家级重点实验室,由于世界银行贷款项目的仪器设备不断地增加,使得原有实验用房及配套用房严重不足。

3.专业实验室的科研用房,由于项目多,项目大,占用的场所在相应增加,往往在许多方面与实验用房相冲突,使原有用房更为紧张。

4.部分实验室随着自制大型设备的增加,相应的专用场地也增加了,使得原有实验用房更为拥挤狭小。

二、实验室规划建设的指导思想及目标

1.在教学方面:在抓好一般实验室建设的同时,重点抓好对教学质量影响面广的基础课及专业基础课实验室的建设、更新,扩充实验装备数量,提高实验开出率及质量。另外,兼顾部分专业实验室的技术改造和新专业实验室的建设。

2. 在科研方面：注重大项目的建设，注重学科性专业实验室的建设，在现有国家级重点实验室建设的基础上，积极创造条件，争取多搞些工程中心的建设。

3. 根据实验室的建设规划，积极筹措实验室建设资金，尽早改造扩建原有实验室，并新建尚缺的各类实验用房，以更好地改善学校实验室及附属用房的条件。

三、实验室建设的资金来源及投向分析

1. 实验室建设资金的来源，拟采取国家拨款，学校自筹、社会集资的方法加以解决，根据目前学校的经济状况，宜以国家拨款为主，学校自筹、社会集资为辅。

2. 资金的投向主要是学校教学、科研等方面的实验室，以确保教学质量和科研水平的提高。如财力允许，拟逐步向重点学科及实验室倾斜。

浙江大学档案馆藏，档案号：ZD-1995-XZ-20-1

（三）年度总结

校务委员会1949年度第一学期工作总结[①]

（1950年4月）

去年5月3日杭州解放，浙大在没有停一点钟课的情形下同时获得解放，开始了它的新生命。6月6日杭州市军事管制委员会文教部正式接管本校，7月26日奉令成立校务委员会，由教授12人、讲助代表2人、职员代表1人、学生代表2人、校工代表1人共18人为校务委员会委员，并以其中之教授5人、讲助代表1人、学生代表1人组成常务委员会，8月26日军管会又发表马寅初先生为本校校长兼校务委员会主任委员。

八个月来校务委员会工作，现在将重要的总结检讨如下：

（一）对于教学工作的领导

1. 学制改革课程精简方面

去年6月间军管会刚接管本校的时候，首先便废除了反动课程。暑假中，留校师生们都深感过去的学制和课程不合理的地方很多，必须加以改革，方能适合新社会的要求，因此各院系都组织了改革课程的讨论会，师生们以兴奋的心情热烈地参加了讨论。当时各院系对于学年学分和课程都曾进行了数次的反复讨论，也都有了初步的意见。校委会成立后，总结了这些意见，面对全校课程进行了初步改革：各年级新添了三学分政治课必修，一年级的国文，英文“经入学试验，审查其成绩，合于标准者可以免修”，此外各院系的课程和内容，也都做了若干调整和改革，尤其是文学院教育、中文、外文各系课程，都改定过了，主要是根据前华北人民政府教育部所颁布的文学院课程，也参考了华北各大学的改制经验。教育系在文教部的指导下，经过长期的集体讨论，并编制了各科教材纲要。

---

① 本篇为浙江大学第一届校务委员会在首届全校代表会议（1950年4月）所作的总结报告。

开学后,一个普遍的现象是全校师生教学情绪异常高涨,同学们都自觉地感到现在学习的目的是为人民服务,要好好地掌握技术,以迎接即将到来的经济建设和文化建设高潮,普遍要求多学,发生了贪多食快的偏向,先生们也有着同样的情形。而学校的课程,本来就十分繁重,虽然各系课程已有若干改革,但并未精简,这样就使得同学们的课程负担格外繁重,影响了健康,也影响了学习。11 月中上海学代会议决定了上海学生运动当前的任务是开展新民主主义的学习运动,要求对旧的教育实行合理而可能的逐步改造,提倡努力学习而又保持健康、活跃身心的学习生活,取消不合理的、有害学生健康的过多的课程,过多的考试。校委会研究了上海学代会的决议,结合当时浙大教学的具体情况,在 12 月中旬,向全校师生发出了开展新民主主义学习运动的号召,要求全校师生进一步讨论学制改革和课程精简。此后的一个多月中,通过系务会议和政治课学习小组,全校师生又转入了一个新的改制讨论热潮,对于学制课程的改革特别是课程精简方面进行了全面而深入的反复讨论,大家已初步认识到精简课程是开展新民主主义学习运动的关键。讨论的结果,各系和各学习小组都有总结汇交到教务处,教务处将于最近期内将这些总结整理出来,提供即将召开的全国高等教育会议作为参考。若干即可精简的课程,也将于最近求其逐步实现。

2.**政治学习方面**

加强学生政治思想教育"肃清封建的买办的法西斯主义的思想,发展为人民服务的思想"是新民主主义教育政策的主要内容。校委会成立后,不久在军管会文教部的指示下,即重视到这一点,决定一年级上学期加开三学分社会发展史,下学期加开三学分中国革命问题为公共必修课程,又为二、三、四年级同学另开政治常识一学程,采用大课及小组讨论方式进行,后来因为政治课教师不易请到,各年级政治课,一律改采大课讲演和小组讨论方式进行。校委会聘请了大课委员 36 人,组成大课委员会,负责领导学生政治学习。上学期的政治课以社会发展史为主要内容,此外对于"国际主义"和"新民主主义学习"也曾进行了学习,关于这方面的详细情形,大课委员会常委会已作有"一九四九年度上学期政治课学习总结"发表于校刊。

解放后,同学们参加了浙江干部学校和青年干部学校的学习,参加了反银元斗争、七一和七七、十·二等等运动,政治认识已有普遍提高。在这样的基础上,经过上学期有系统的政治课程学习后,同学们在思想上和对革命的认识上,又提高了一步。同学们已经开始从思想走到实践,大批同学踊跃参加工读工作,这就是一个明显的具体表现。当然这些进步和整个革命局势的开展是分不开的。

在教职员方面,暑假接管期间,有五百多教职员,自动组织了暑期学习会,在文教部的指导下,进行了一个月政治学习,学习了社会发展史、中国革命问题、革命的人生观、新民主主义教育。10 月 2 日,在庆祝中央人民政府成立和保卫世界和平运动中学习了"国际主义",在十月底上课前学习了"政治学习的意义",都收到了一定的效果,大家的学习情绪也相当高。但当时校委会并未走群众路线,没有能抓紧时间及时把大家组织起来,领导大家在已有的基础上继续学习下去。结果教职员的学习,拖延了二个月,直到 12 月中,校委会方成立了教职员学习委员会,领导全校教职员工继续学习。到目前为止已学习了"人民大宪章"和"中苏友好同盟互助条约"。通过这些学习教职员的政治认识已有相当提高。但大部分学习小组,在学习时未能联系实际,联系到自己思想,今后必须努力改善。

3. **教学方法的改善方面**

过去一学期，在教学方法的改善方面，我们也有相当收获：这首先表现在理论与实际一致的新的教学方法方面。像农学院师生曾先后参加了实业厅召开的全省棉农、麻农、茶农和蚕农会议，参加了浙江省首届农业展览会的工作；农经系三、四年级同学和研究生参加了全省农经调查工作；土木系同学参加了宁波前线支前工作和分水江地形测量工作；教育系师生参加了教育厅召开的全省各种教育会议，寒假中，教育系同学又参加了杭县和萧山的冬学调查工作；理学院物理、化学、生物等系的师生定期为杭市中等学校举行理化生物示范实验。此外许多先生在授课进行期间，联系到课程内容，时常带领同学参观工厂和正在进行中的工程，这样一方面协助人民政府完成了任务，另一方面对于同学的学习收获极大。目前本校理、工、农、医各院以及教育等系和人民政府各企业机关、各有关业务部门、各工厂都有了密切的联系，将来在人民政府的帮助下，这方面的收获一定还要大大增加。

其次，同学们都已经组织了学习小组，在自学的基础上来进行集体学习，部分小组已获得良好效果。但一般来说，大家还未能发挥集体学习的作用。此后还需要相互交流经验，不断地加以改进。

在师生团结方面，过去一学期中，通过了七一和七七、十・二等各次运动，通过几次改革课程的讨论会和历次的系务会议，师生们紧密地团结起来了，这是改进教育方法搞好新民主主义学习的关键。此外许多课程都设立了课代表，经常沟通授课先生和同学对教学的意见，学期结束前，师生们一起总结了大部分课程一学期的教学，对以后的教学内容，方法和态度，提出了很多改进的意见。

4. **工读**

解放后，由于农村社会进步的变革，引起了一部分地富子弟失学的可能。拿浙大来说，这学期就有 60 余同学因为经济困难没有能继续升学。他们不仅自己的读书费用要靠自己想办法解决，而且家庭的生活费用也要靠他们来解决。在已注册的 1389 人中学杂费找教职员工担保缓缴或分期缴纳的占 63%，这是一个非常严重的现象。浙江省人民政府为了解决这一问题早在去年 12 月就提出了工读的办法，希望同学们靠自己的劳动互助来解决部分同学失学问题。另一方面更可以使知识分子真正从劳动中来改造自己，可以通过这一运动发扬互助友爱，达到师生团结和同学间的团结的目的。这是目前和今后学校中心工作之一。

教育行政当局向学校提出这个问题很早，开始时，校务委员会对它重视不够，直到 1 月初才组织了工读委员会来推进全校工读运动。但当时校委会对工读的重视还是不够，对于工读的意义，工读委员会的组织和整个工读运动应如何开展，事先都没有做详尽的讨论和计划。关于全校师生员工对工读的看法，也没有作足够的估计和调查，因此在开始时工读运动展不开。为此，2 月 21 日校委会召开了一次工读座谈会，同时帮助工读委员会解决了一些具体困难问题，这样才把工读运动慢慢开展起来。以后一个月来，经过全体同学和工读委员会的努力，工读工作已获得了一定的成绩(工读委员会另有总结刊登校刊)。今后校委会必须拿出更大的注意来帮助工读委员会，将工读运动深入和巩固起来。只有把工读搞好了，新民主主义的学习运动才能得到进一步的开展。

总结这一阶段的教学工作，我们是有收获的，我们已取消了完全反动的课程，新开了政治大课;同学们经过一学期的政治学习,在思想上和对革命认识上,已普遍提高。许多旧有的课程也都在逐步加以改造中。通过工读,同学们在思想上和经济上都有了一定的收获。此外,在理论和实际一致的新教学方法方面,我们也开始收获若干收益。但是,我们的缺点还很多,课程精简还没有开始实行,我们还要进一步来团结全校师生,贯彻课程精简,开展工读运动,为新民主主义的学习打下巩固的基础。

(二)对于行政工作的领导

1.组织方面:提出下面几点来报告

(1)关于院系调整方面:校委会成立后,在军管会文教部的指示下,院系有了若干调整:师范学院取消,教育系并入文学院。原来文学院的史地系划分为历史和地理两系,地理系改属理学院,法学院和文学院的历史、哲学两系暂停授课,学生转入他校,教师留校研究。英士大学停办后。本校接收该校畜牧兽医系的设备和一部分的人员,在农学院内添设畜牧兽医系。此外,外文系新设了俄文组。

(2)关于院务会议和系务会议的组织方面:1949 年 10 月校委会决定各院系普遍成立院务会议和系务会议。院务会议由院长,各系主任,教授副教授各系代表 1 人,讲师助教各系代表 1 人,学生代表各系 1 人组成,院长为院务会议主席。系务会议由全系教职员和学生代表每级 1 人至 2 人,研究生代表 1 人组成,系主任为系务会议主席。医学院院务会议由院长、各科主任、附设医院院长及副院长,教授副教授代表全院 2 人,讲师、助教代表全院 4 人,学生代表每级 1 人组成,院长为主席。

院务会议和系务会议的目的,是要加强院系行政的集体领导,充分反映院系内师生意见,经常讨论、研究和推动有关教学的各种事情。一学期来它在推进各院系工作上和师生团结方面确实起了相当大的作用。目前感到困难的是院长和院务会议之间,系主任和系务会议之间的职权没有明确划定,因此各院系在运用院务会议和系务会议处理事情时,便很不一致,有时有些紊乱,这是需要加以研究和解决的。

(3)关于校委会各常设委员会方面:过去一学期中,校委会为了推进全校各项工作,曾先后改组和成立了各种常设委员会,即:招生委员会、教务会议、英大物资分配委员会、预算及校舍委员会、宿舍分配委员会、政治课教学委员会、人民助学金评议委员会、学生生活辅导委员会、聘任升等审查委员会、教职员学习委员会、工读委员会、节约委员会、防卫委员会(原为冬防委员会)和校刊编辑委员会,其中除英大物资分配委员会因工作已经完成而结束外,其余的目前都还存在。各常设委员会都直属于校委会,接受校委会的领导,其组织人选则有它的工作需要和工作性质,聘请有关的各方面人参加。过去一学期中各常设委员会曾协助校委会进行了很多工作,但也存在许多缺点:各常设委员会和校委会、各行政部门、各群众团体的联系不够,参加各常设委员会的人选也未做到完全恰当。一方面未能罗致所有有工作能力的人参加各常设委员会工作,另方面有的人则参加了六七个以上的常设委员会,感到工作太重,影响到工作不能做好,这些都是须要研究和改进的。

(4)关于附属中学:去年暑假,附属中学是由军管会文教部分别接管的,附中校委会也是由文教部成立的,行政方面则受教育厅的领导。过去一学期中,大学方面除了派去会计 1 人外,实际上附中和大学部之间并无更多的联系,二者的关系显得不明确。今年 2 月间本校划归华东区教育部领导,附中完全划归本校校委会领导。2 月中本校校委会改组了附中校委会，并决定了附中行政的三个原则：一、接受教育厅的指导；二、行政上受本校校委会的领导；三、业务上受本校教育系的指导，此后必须依据这三项原则加强对附中的领导。

2. 人事方面

（一）关于教员聘任问题：校委会成立的时候，在文教部的指示下：有 60 位左右的教员没有续聘，因此聘请教员就成了校委会在最初一个多月中一个极繁重的工作。当时聘请一个新教员经院系推荐后，必须先送文教部审查，然后交聘任升等审查委员会评议等级薪额，最后提常委会通过，手续相当繁而费时久，往往因此就耽误了事情。但是，在当时军管时期，为了保证学校的安全，这样办理是必要的。至于各院系名额方面，校委会根据教育行政当局的指示，依接管时各院系的原有名额为准，不能多添。英大转来的教职员除补各系缺额外，如有超过，则可不计在各院系名额之内，但以后遇缺不补。医学院方面，除接管时原有名额外，另外又由校委会邀请教育厅、卫生厅和医学院研究决定，另可增添 17 人。校委会对于这几项原则是一直严格执行的。各院系在解放后，对于本院本系的发展都抱着很大的希望，因此往往不能满足某些院系的要求而使它们感到失望。

（二）关于职工精简方面：和解放前比较职员已减少了 20 多人，工友也减少了 20 多人。目前大家的意见，觉得工友人数还是太多，还可精简一部分。校委会要考虑这些意见，根据具体情况，加以研究后适当地转移一部分工友到生产岗位上去。

3. 经费和财产方面

（一）去年解放后 5 至 7 月份，除领到水电等费外，其余均系动用结存物资维持。8 至 9 月份因整个经费尚未确定，各月开支按实际情况向教育厅请领。自 10 月份起每月开始预领该月一部分经费，可资周转运用。今年 2 月起，本校经费改由华东区财政经济委员会财政部核发，办公研究等费按薪津 20％计算，各部门经费则依照预算及校舍委员会所决定的比例分配，预算及校舍委员会只以院处为单位进行分配，至于各院处内部之各系组，仍由各该院处自行开会分配，交总务处执行。解放前的情形，预算分配后，始终不能严格执行，失去了分配预算的意义，上学期却完全做到了这点，保证了各部门一定的经费，这是一个很大的收获。但是预算分配之标准，因缺乏历年之统计资料，难以保证全部适当，虽然每月按照学校实际情况，加以调整，仍然有些特殊及临时事件发生，而需用款项时，即显得不够机动。

（二）解放后，本校一方面清点了全校的财产，一方面接受了英大的财产，这些人民的财产，必须妥为保管，好好利用。因此校委会成立后，便将原来属于事务组的保管股分了出来，成立保管组，直属于总务处，加强了保管组的工作。一学期来，对于全校财产的保管有了很大的进步。过去，各单位的原存财产是多少，究竟损坏了多少，新添了多少，完全无从知道，保管股有的只是一篇不合实用的虚账。现在依据各单位接管清册为基础，一方面并和会计组取得了密切的联系，根据报账时的发票随时登账，财产有损坏时随时填报，药品则在每学期终了时总报一次，这样全校财产便有了账目，可以随时查封了。以后还希望和各部门取得更密切的联系，务求全校财产的登记和保管更趋健全，此外关于全校的地产，我们还要加强整理工作。

（三）节约问题在校委会和常委会上虽然曾几次提出，2 月中旬并且成立了节约委员会来策划和推动全校的节约运动，但校委会对节约领导还是不够，还没有能将全校师生员工普遍动员起来推行节约，希望通过这次全代会议，能将节约工作推进一步。

(四)员工生活福利等方面:提出下面几点报告:

一、关于校舍分配方面:解放后医学院因为增班增课,原有房屋不够;法学院、哲学系、历史系都暂停招生,房屋过剩;而法学院的院址与药学系、人类学系合在一起,本不适宜。于是校委会成立后,将校舍调整了一次以有余补不足,互相调剂,方解决了医学院的房荒。理学院各系房屋原来很分散,经过调整后,也比从前集中了。在教室方面,因为学生转院系和英大同学并来的结果,使大教室的需要增加,因此把女生宿舍迁移,大教室方有了着落。此外将报国厅的房子改装为同学活动的场所,最近又将学生会的办公室和子三图书室移至原第40教室,原工学院内学生会办公室和子三图书室改修为图书教室,这样使得同学的活动场所都集中到一处,工学院的教室也比较集中了,这是上学期房舍调动的大概情形。经过这些调动,虽然解决了一些房荒问题,使各部门的房子也比较集中了些,但也耗费了不少人力财力。

二、比较合理的调整了教职员工友同学的宿舍,住校内教职员的房租和住校外教职员的房租津贴办法也作了较合理的改进,使双方面能够平衡,学校可以不必再在这方面贴钱了。过去的工友宿舍,学校一向很少照顾,这学期在学校经济困难的情形下,新造了20余间工友宿舍。

三、学生生活辅导委员会成立后曾几次计划要对全体同学作一次肺部X光透视检查,但因限于经费延搁了好久,现在学校已答应可拨出若干经费作为贫困同学的检查补助费,此一工作即可开始了。此外关于同学的医药救济金因为学校经济困难目前尚难办到。

四、关于防卫方面,学校已成立了防卫委员会,并已发动同学在挖掘防空壕。此外,出入校门的管制和不准外人住宿校内,这件事也已在执行。不过这方面的工作还要加强,要从思想上来动员全校师生重视这个问题,只有这样,才能把这件工作做好。

五、全校师生员工合作社经过两个多月的筹备,已经正式成立,现已开始营业了。

(三)校委会领导工作的检讨

1.我们的缺点:根据各方面的批评,检讨这一学期的领导工作,存在很多缺点

(一)校委会和群众的联系不够,不能掌握群众观点,走群众路线,这表现在两个方面:一方面是校委会没有能主动地经常从群众方面了解情况,听取意见;遇到事情时不去和群众商量,群众反映意见后,校委会又没有给予必要的重视,因此对于全部工作的决定不能做到"从群众中来"。校委会决定的工作,就有些不能符合群众的意见和要求,也不能及时发觉,给以必要的帮助和指示。另一方面,校委会作了任何决定之后,又没有很好地迅速地传达到全校各部门去,在这一点上,校刊也没有很好地发挥出效能。因此校委会的工作,不能真正推行"到群众中去",这样就造成了校委会相当严重的脱离群众的现象,使得校委会在工作中对于客观情况的研究和掌握非常不够。

(2)校委会没有能抓紧时间,很好地来学习有关文教方面的各项政策,以及其他政治经济等各方面的重要政策。对新鲜事物缺乏敏锐的感觉,同时在掌握原则的程度上也显得非常不够,因此不能主动地来计划和推动工作,不能通过各项工作收到应有的效果。

(3)工作没有计划:校委会对于整个学校究竟应该怎样办?校委会的中心工作究竟应该放在哪几方面?这一个时期和那一个时期的中心工作又应该是什么?都缺少详尽的研究和计划。每一件工作开始前也都没有经过详细讨论,周密计划,因此不能主动地抓起工作,推动工作，而变成非常被动，往往等到事情发生了才来应付，未能有计划有步骤地来改造浙大。

(4)校委会在运动集体领导和分工负责的方法上有偏向，由于校委会和常委会，校委会和各常设委员会联系不好，校委们对整个学校工作，了解很少，因此每个校委，未能切实负起领导全校的责任，除了开会之外，就和校务不再发生多大关系，这样就使得校委会集体领导的作用大大削减。此外在分工负责方面也很差，往往有些事情其实并不需要提到校委会或常委会上讨论的，结果都提到了会上，这样就使得校委会尤其是常委会犯了事务主义的毛病。

2.今后怎样改进

要把一所旧的大学改造成为人民服务的新大学，这工作是艰难的，我们没有现成的先例可循。过去的八个月，我们是在学习和摸索中进行工作，希望在全校师生员工的帮助下，通过这次全校代表会议，浙大可以逐步改造，不断进步。总结这一阶段的工作我们提出下面几点改进的意见。

(一)领导学校的工作必须是有计划的。今天共同纲领已经明白规定了我们的文教政策，全国教育会议也已经根据共同纲领而决定了今后教育的方针和中心工作，同时对于旧大学的前途，也有了明确的指示。在这样的情形下，校委会是应该可以根据本校的具体情况，来决定整个学校的方针的。决定方针之后，再详细确定改造我们学校的步骤，并规定每一步骤的中心工作，这样我们的工作才不致忙乱，效率一定可以提高。

(二)必须要采取各种有效方法加强校委会和群众的联系，这是办好浙大的一个关键。

(三)必须改善我们的组织和工作制度，诸如各种组织的不够健全，各部门的领导不明确，职权不分割，彼此间的联系不够等等，都需要研究改进。校委会本身组织更需改善，常委会人数要加多，要增加其代表性；常委会和校委会要加强联系；校委会内部应充分民主合作，每一校委都更能切实负起领导全校的责任，使校委会能充分发挥集体领导的作用。除此之外，还要加强我们的工作制度，特别需要加强汇报制度和检查制度，以加强行政效率。

(四)最后必须加强全校师生员工的政治学习和思想改造，因为思想没有搞通，一切改革便都流于空谈，这是改造一个旧大学的中心环节。

以上就是校委会八个月工作的总结，八个月来校委会的工作是繁重的，而校委会同人能力薄弱，这八个月中学校所以能比较稳步地克服了一些困难，得到一些进步，其主要原因还在于全校教职员工同人和全校同学的共同努力。我们深信在党与人民政府的正确领导下，在全校教职员工同人和同学热爱国家，热爱学校，一致想把学校办好的热情鼓舞下，大家本着实事求是的精神，来共同努力，将来无论任何困难都是可以克服的。

浙江大学档案馆藏，档案号：ZD-1949-XZ-7

1954—1955 学年度的任务

(1954 年)

1954 年到 1955 学年度的工作任务：是在原有工作基础上进一步团结全体师生员工，遵循国家过渡时期的总路线和第一个 5 年计划的基本任务，继续贯彻“整顿巩固、重点发展、提高质量、稳步前进”的工作方针，继续摸清情况，贯彻精简节约，充分发挥学校现有人力物力的潜在力量，克服自满情绪与保守思想，积极创造条件，学习苏联先进经验，完成本学期年度教学任务，并为教学改革下一步做好准备工作。具体工作是：坚决贯彻统一教学计划，统一教学大纲，钻研教材内容，改进教学方法，逐步开展科学研究工作，大力提高培养师资，发挥潜力，实施高等学校教师工作日及教学工作量制度。为了保证上述工作的完成，必须积极加强政治思想教育工作，继续加强全体师生员工的团结与系统的马列主义学习，提高师生员工的社会主义觉悟，加强社会主义思想在学校各项工作中的领导；必须继续加强体格锻炼与各项保健工作；必须积极健全与建立必要的组织与必要的制度，发扬全体职工社会主义的劳动态度，提高行政工作效率。

第一、关于教学工作。

一、坚决执行统一教学计划，统一教学大纲，修订各科教学大纲，完成过渡教学计划与指定专业课程教学大纲的修订工作。

1. 一年级各专业必须有计划的、有准备的，坚决执行统一教学计划。

2. 必须依据统一教学计划与高教部关于制定过渡教学计划的原则精神制定和检查二、三、四年级过渡教学计划，于10月31日前报部审批。

关于1953年入学本科学生(二年级)过渡教学计划，除某些专业已开设课程先后顺序、时数与统一教学计划不同外，得视具体情况安排。此外，全部执行统一的教学计划。

关于1953年入学专科学生(二年级)过渡教学计划，除某些专业已开课程先后顺序、时数与统一教学计划不同者，得视具体情况安排；毕业设计确无条件的不试做外，应基本上执行统一教学计划。

关于1952年入学学生(三年级)过渡教学计划，课程门数基本上应按统一教学计划规定，实验、课程设计争取靠拢统一教学计划，课程时数得视具体情况增减。毕业设计除工业与民用建筑专业争取试做外，其他均不做。

关于1951年入学学生(四年级)过渡教学计划，课程门数、时数视具体情况规定，有条件可以开出实验，均应争取开出，争取开一门课程设计，不做毕业设计。

3. 进一步加强教学工作的计划性。已颁布统一教学大纲的课均应执行统一教学大纲，并制定具体的教学日历；尚未颁布统一教学大纲的各课，应继续修订教学大纲、教学日历。该项工作在每学期开学两周内完成。

二、大力准备新课，充实实验，积极钻研苏联教材，改进教学内容。

1. 继续贯彻学习苏联先进经验，并与中国实际情况相结合的方针，进一步钻研苏联教材，改进教学内容。

2. 全校今年需开设71门新课，除40门已有专人准备可以开出外(内15门课已在专修科开设)，有13门课程上存在一定的困难，但估计可以开出。另有18门困难较大，均未着手准备，应即检查已指定专人准备的专业课程的准备情况，予以切实帮助。尚无人准备者应及时指定专人，并协助其解决准备过程中的困难，以保证按照教学计划开出逐年必须开出的课程。

3. 本学年内应按照教学计划检查课程设计、毕业设计准备情况，切实予以帮助。

4. 根据教学计划的规定，必须开出，尚未开出或很不充分但经过努力可以开出的，和可以充分充实的实验，应争取全部开出。必须开出，而目前确实无法开出的22门课程实验，应设法与有关方面联系，积极进行准备，研究逐步开设的计划。

三、贯彻高等学校课程考试与考查规定，逐步实施大班上课小班辅导办法。

1.一年级各班级自第一学年起应全面贯彻高等学校课程考试与考查规程。个别班级课程确有困难，第一学年无法实行者，须报经校长批准。二年级各班级亦应积极执行，第一学期不能实行者，须报经校长批准。三年级以上各班级在第一学期应在条件较好的班级中选择若干课程先施行，积累经验，创造条件，第二学期全部施行。

2.一二年级按照规定实行大班上课，小班辅导办法。二年级某些课程因教师条件不能进行小班轮流者，应报校长批准。

3.对于工农速成中学毕业生、产业工人、工农出身的干部学生，应尽力解决他们学习中的困难。对其中程度较差的学生应指定专人有计划、有配合地加强各课的辅导工作，并帮助随时总结经验。同时还必须关心少数民族学生、华侨学生与越南留学学生的学习情况予以帮助，

四、逐步开展科学研究工作。

科学研究工作的开展应首先以结合教学为主、有领导、有计划、有步骤地采取重点开展、逐步提高的工作方针，一方面需反对不顾条件好高骛远，把科学研究工作的要求定得太高，目标定得太大，以致在实际上阻碍着科学研究工作的开展；另一方面也必须反对强调条件，不积极创造条件的保守思想。

各系应根据上项精神与本校科学研究委员会的具体要求，结合本系的具体情况，研究制订开展或准备开展科学研究工作的计划。

五、保证生产实习的质量，加强与企业部门的联系。

1.1955年暑期参加各种生产实习的学生将达2400人。为保证生产实习质量：

(1)必须深入系统了解实习单位车间生产的实际情况，必须明确认识实习、专业实习、毕业实习三者的区分和他们相互的联系，从而根据生产实习的性质，制定全面的、系统的、切合实际的生产实习情况的计划，认真进行总结。

(2)在拟制生产实习提纲、实习计划、下厂实习、总结的一系列过程中，应切实重视和加强政治思想工作，加强保密、保安和纪律教育，并研究制定教育系统较完整的生产实习中的政治思想工作条例。

(3)加强组织领导，发挥组织作用，明确规定指导教师的职责。一个生产实习单位内负责指导教师，应做到统一领导，明确分工；一个地区或相近地区有几个生产实习单位，则应成立中心联络机构以加强联系。

2.为加强理论与实际的联系，应加强对于校外生产实习的联系，并研究与有关工厂试建科学、技术联系合同。

3.凡教师去实习、参观，必须事先制定计划，列入教研室工作计划，由学校统一办理。实习或参观回学校后必须负责向系报告，必要时需向学校做口头或书面汇报。在指导学生生产实习过程中，教师需要参观时，亦应事先拟定具体计划，由学校统一接洽，以便由公安部门统一安排。

六、充实教学设备，加强资料工作。

1.本学期教学设备的添置,必须切实贯彻全校统一计划,统一采购,分别有重点的逐步的充实的方针。对旧有设备应该认真清点,订出切实可行、合理使用的具体办法。

(1)研究现有设备的使用率,设法予以提高。总结健全和建立实验室管理制度。

(2)1954年至1955学年度内,重点充实新建下列实验室,重点充实的:切削实验室、光学仪器实验室、发电配电网及其联合输电系统实验室。新建的:电机制造实验室、燃料化学实验室、炼焦实验室、化工仪器测量实验室。

(3)各系、室应按照现有可能,拟制逐年扩充实验室教学设备的全面计划,尤其是指定重点扩充的实验室。

(4)对于不需要或目前还不用的教学设备,应清点造册,报部发其他急需的学校使用。

2.学校应研究筹设资料室,各教研组亦应视需要与条件逐步成立资料室,指定专人负责收集整理和出借、保管本教研室的有关教学资料。

3.图书馆应根据可能条件保证供给教研室教学工作、科学研究工作与学生所必需的图书资料。

七、加强经验交流、做好苏联专家的讲学传授、贯彻工作。

1.各系应依据1953年至1954年学年度经验,有意识有重点地培养典型,在一定时期内就一定专门问题进行总结,交流经验。本学年着重交流生产实习,准备专业课程、课程设计、毕业设计、钻研教材,筹开实验,充实和建立实验室,实施口试、大班上课小班辅导等各方面的经验。在方式上应根据不同要求召开不同范围的经验交流会,每次会议应有一二个中心。会议时间一般应排在教研室活动时间,会议应将交流的经验进行讨论研究。

2.第二学期即举行全校性科学研讨会,交流开展科学研究工作的成绩经验,并有重点地分组进行。

3.苏联专家将于本学期来杭讲学,应切实做好各项准备工作,并认真研究贯彻苏联先进经验。此外应认真组织赴外校听苏联专家讲学工作,及回校后的传达贯彻工作。

4.加强校际联系,虚心学习外校的先进经验。

八、积极发挥潜力,实施高等学校教师的工作日工作量制度。

1.本学年度第一学期应开始试行高等学校教师工作教学工作量制度。应于X月X日以前按照中央高教部"高等学校教师的工作日及教学工作量暂行办法"订定本校实施办法,经中央高教部批准正式实施。因此还需将不能按规定教学工作量进行教学工作的教师,及其必须减少教学工作量的原因,与暂时不能按照规定标准实施大班上课、小班辅导的班级、课程的原因,报部批准。

2.按照高等学校教师职务暂行规定,各级教师应担任相应的教学工作、教学法工作和科学研究工作。对于已讲大班课而确能胜任的助教应予以提升,对于尚不能提升讲师但仍要开课的助教应予以进修方面的适当照顾。

3.寒假、期中应将实施办法的情况予以总结。

第二、政治思想工作。

一、遵循国家过渡时期的总路线精神,继续加强全校对于稳步前进的方针教育。要求继续创造条件,力求前进,反对自满情绪与不积极创造条件的保守思想,继续加强计划观念,提高对计划的指令性的认识。积极解决与计划观念相抵触的各种思想障碍,坚决努力地贯彻中央高教部颁发的统一教学计划与学校的工作计划。

二、教师在总结上学期党在过渡时期总路线学习的基础上，拟进一步学习社会主义经济建设，《联共（布）历史》九至十二章，以系统地学习苏联社会主义建设的理论和经验，增强向苏联学习的思想意义，以继续巩固总路线学习的收获，加强对我国过渡时期总路线的理解。加强对社会主义思想的培养，积极批判教学工作中的资本主义思想，以保证社会主义思想的逐步增长，提高对社会主义建设的决心和信心，鼓舞教学工作的积极性，加强教学的政治思想性。

三、在学生中继续通过政治课、时事政治报告、社会活动，密切结合学生思想条件，继续树立与巩固为社会主义建设而学习的观点和制度；继续树立与巩固热爱专业、热爱学习，热爱学校的思想。严格纪律教育，加强团结友爱的教育与劳动教育。推广并积极创造先进学习方法，提高学习质量；并通过日常政治教育，生产实习的锻炼，加强对于工人阶级优秀品质的学习，加强学生阶级本质的改进与品质的锻炼。

四、在职工中除职员的政治理论学习与教师共同进行外，还应继续加强为教学中心服务的思想，加强劳动观点和劳动纪律的教育，贯彻精简节约的精神，提高工作效率。

第三、积极改进学校健康工作，有计划的推进“准备劳动与卫国”体育制度。

一、积极加强体育锻炼，有针对地逐步推进“准备劳动与卫国”体育制度（简称劳卫制）。切实研究解决雨天开展锻炼的困难，积极着手研究如何适当结合专业培养目标，加强对于不同专业学生的体格锻炼的重视。

2.教职工中除继续巩固现行广播操制度，争取全部参加广播操外，依据不同条件开展多样化的文娱活动。

3.开好秋季体育大会。

4.结合体格锻炼，培养学生的劳动观念，适当组织学生参加义务劳动，支援新校舍的建设与学校的环境卫生工作。

5.加强各系体育工作组的领导，发挥其组织工作作用。

二、切实改进保健工作，以开展爱国卫生运动为重点，贯彻预防为主的方针。

1.积极贯彻预防为主的方针，改正单纯医疗的偏向，大力做好卫生宣传教育。

2.积极加强环境卫生与室内卫生，必须做到普遍经常，尤应切实改进学生宿舍的卫生情况。

3.继续改善伙食，提高营养水平，试行自行生产，提高副食。继续加强厨工卫生教育，改善伙食卫生，加强对于营养的研究，合理拟制菜单。

4.保健科应会同体育教研组经常做好体育运动、生理卫生知识的宣传教育工作，经常注意调查学生及教职工的健康状况，定期进行体格检查并研究体弱学生和教职工体育活动问题。

三、遵照政务院“关于改善各级学校学生健康状况的决定”中，对于学生学习、休息、睡眠及体育文娱活动时间的规定，切实予以保证。各系领导及全体教师应积极加强全面发展的教育思想，关心学生健康，加强教学工作的计划性，防止因教学负担过重，要求过高，以致造成学生学习上过分紧张而影响健康。

第四、关于基本建设工作、业务工作、迁校工作。

一、关于基本建设工作,应在加强全面观点的思想基础上做好下列工作。

1.机械大楼(一)(7250 平方公尺),电机大楼(7380 平方公尺),实验室工厂(4500 平方公尺)。均须于今年 12 月底前建筑完成。

2.机械大楼(二)(11000 平方公尺)于今年 11 月设计完成,12 月初开工,12 月底前争取完成 5%的建筑工程,争取 1955 年 8 月底完成。

3.化工大楼(11000 平方公尺),今年 12 月开始设计,争取 1955 年建设完成。

4.实验工厂(4500 平方公尺)的设计,争取于 1955 年 3 月开始,同月完成;并争取于 1955 年 4 月开始开工,8 月完成。

5.教职员宿舍(4000 平方公尺)的设计,争取于 1955 年 2 月开始,5 月完成;并争取于 1955 年 5 月开工,9 月完成。

6.有关附属工程如水电、卫生设备(包括化粪池)、道路、下水道亦应争取与主建筑同时完成。

二、关于业务工作:

总务工作应继续加强为教学服务的思想,根据学校计划和人力、物力、财力可能的条件大力贯彻发挥潜力、提高质量的方针,继续实行精简节约,更好地为教学工作服务。为此必须做好以下各项工作。

1.管好财务。根据上级关于财务工作的指示、财务制度与学校事业计划,监督和检查全校各单位对于经费的使用,严格防止浪费与积压资金,必要时应报校长予以调度。

2.管好校舍。保证全校校舍坚固、适用、不漏不塌,首先要保证教学用房的够用与合适。

3.管好财产物资。继续做好除教学设备以外的全校财产物资的清点工作,切实掌握全校财产物资的全貌,做到件件有数,消灭"黑家具"。根据上学期工作经验,在采购、保管、分配、使用、保养等方面分别制定出切实可行的制度规章,实行科学管理,严格监督检查,以保证必需物品的供应,防止浪费。

4.管好全校师生员工的生活事项。

首先应深入关心师生员工的生活,切实解决他们的伙食、宿舍、交通等方面的问题,并注意改进。

5.联系人事科做好工友的教育工作。

三、做好迁校工作。

为了克服分散教学、分散进行领导的困难,在寒假中除化工系外,争取大部分迁往新校舍,1955 年暑假化工系搬入新校舍。总教务处必须联系有关方面,切实做好各种房舍分配,教学设备、财务物资的拆卸,运输安装以及交通工具的供应等各项工作,以保证如期的有计划有秩序的迁校。第一学期内即应做好计划,做好各项调查统计工作,大力进行各项必要的准备。

第五,加强对附设工厂、速成中学的领导。

一、大学部各处应切实加强速中有关工作的指导,并应在处内指定专人经常与速中联系,协助解决其困难,并将该项工作列入处计划。教务处尤应与数学、物理、化学三教研室研究如何具体帮助速中提高有关学科的教学质量。

二、校长办公室定期研究速中的工作。

第六:继续健全与建立必要的组织制度,加强对于系的领导,发挥各级的组织工作,改进领导方法与工作方法,提高工作效率。

一、继续研究制定学校暂行规定,着手研究和建立各系各教研室的工作条例,制定各处、科的职责范围、办事章程及其他相互的分工。

二、适应教学改革进一步地深入建立下列组织机构。

1. 建立校长办公室

2. 建立科学研究委员会。

3. 在教务处下增设生产实习科。

三、继续改进领导办法。

1. 适应本校分两步进行教学的特点,学校必须加强对新校舍的各项工作的领导,各处、科均应按工作需要,组织力量指定专人前往新校舍工作,防止发生忽视新校舍工作,任其自流的现象。

2. 积极地、继续地发扬民主,加强集体领导,提高校长办公会议的质量。加强对于学校重大问题的研究,有计划、有准备地定期开好校务委员会,及校务委员会常设委员会。

3. 加强对于系的领导,继续注意一般和个别相结合,领导和组织相结合的工作方法,深入重点、创造经验、逐步推进。应特别注意坚持检查,坚持贯彻。

4. 加强对于上级指示的精神的研究,并予以认真贯彻和严格执行对于中央与华东的请示报告制度,消减拖延不及时现象。各处、科及各系、各教研室必须定期按级向学校汇报工作,重大问题必须事先请示,事后汇报。

关于计划执行问题。

各处、科、系、室必须切实根据学校工作计划要点于 9 月 15 日前制定好自己的执行计划。处、系执行计划应经校长批准,以保证学校工作计划要点的全面贯彻。防止不坚决执行学校计划或脱离学校计划自搞一套的做法。各处、系应将计划执行的情况、经验、问题、意见定期向学校汇报。

浙江大学档案馆藏,档案号:ZD-1954-XZ-16

浙江大学 1956—1957 学年工作要点草案①

(1956 年 9 月)

教学改革工作已经进行了四年了。由于全校同志们的努力,几年来我校在教学内容、方法、组织、制度方面都有了很大的变化,新学制的第一批本科学生也已毕业,教学改革的任务已经基本完成。事实说明过去工作所取得的成绩是很大的,但是存在的问题也是很多很严重的。中心的问题在于学生基础理论知识和生产实际知识比较差,独立思考、独立工作的能

---

① 本草案由 1956 年 9 月 14 日～15 日召开的第 4 届第 12 次校务委员会批准通过。

力也比较差;学校对于科学研究工作的推动、帮助、督促、检查也比较差;对于师资的培养、提高工作缺乏通盘的计划与有力的措施。今后的任务主要是根据"总结本国经验,首先学习苏联先进经验,学习人民民主国家经验,吸收其他国家经验,建设社会主义的高等教育"的方针,在原有经验的基础上,认真地贯彻全面发展,因材施教的教育方针,积极改变学生负担过重的情况,减轻学生负担,培养学生独立工作能力,改进教学,提高教学质量;同时加强科学研究工作,积极提高师资水平。为此必须加强师生员工的团结,加强政治思想工作;必须把教学工作位置摆正,科学研究积极开展,师资培养应视为对学校有深远影响的重要工作,应该结合教学和科学研究工作逐步提高师资水平。必须调整组织,健全编制,提高行政工作效率,必须加强系一级的领导以适应日益艰巨的任务。本学年的主要工作列于后:

一、

改变学生负担过重状况,减轻学生负担,培养学生独立工作能力,改进教学,提高教学质量。

1.积极贯彻8月校院长座谈会精神,研究并贯彻高教部所提出的临时措施,慎重的修改教学计划。

2.根据中央方针,全面深入的总结各个教学环节,肯定成绩,肯定经验,发掘问题,研究如何改进与提高的具体办法。在学校领导上首先着重总结毕业实习、毕业设计的经验,分析本科毕业生质量,根据国家所要求的工程师目标,研究各个教学环节中及毕业设计本身所存在的问题,以推动各个课程、各个教学环节的改进,并从而进一步修改教学计划与大纲。各教研组可着重深入总结一个或两个教学环节,教学法委员会应结合各教研组总结,分组、分工对各个教学环节进行全面深入的总结,并提出改进意见与方案。

3.未制订好计划的教研组应结合总结经验,继续订好三年规划草案。规划以教学、科学研究、提高师资、实验设备为主要内容。规划要有指标、有保证,有步骤、有措施,使规划订得既不保守又切实可行。

4.切实改进与提高基础课的教学,加强基本课与专业课教师的联系合作,在教学计划的全部课程中注意训练学生,使牢固地掌握基础知识和基本概念。应加强注意培养学生掌握俄文与制图的能力。关于提高学生俄文阅读能力的办法,除外文教研组应在高年级实行分专业教学外,可参考铸工教研组在教研组规划中所提出的方案,研究全校实行。争取本年度毕业生在毕业设计时能阅读专业俄文参考书刊,有条件的高年级同学可考虑增设选修第二外国语。

5.教研组应以改进教学内容,提高实验质量为教学工作的中心。专业课教研组应将本专业对基础课的要求研究介绍给基础课教研组。基础课教师应注意了解有关专业对本门课的要求。专业课教师则应注意学生原有知识的训练水平,在明确培养各专业合格工程师的目标下,结合毕业设计总结和各个教学环节总结中所发现的问题,研究改进内容,以加强各课程间的联系,减少不必要的重复。加强与生产的联系,注意先进生产技术的介绍,在精简原则下,经教研组讨论同意灵活执行高教部所制订的统一大纲,或根据不同类型自订执行大纲。

6.各教研组应加强教学法工作,在总结基础上提高讲课、实验、实习、设计等各个教学环节中的教学法水平，特别要贯彻启发性教学的原则，在各个教学环节中切实培养学生独立的工作能力。为此必须加强教学法工作的检查、讨论和总结，推广听课制度，及时介绍各种好的经验。

7.根据需要有计划地新建、充实实验室。新建实验室以土木系结构、建筑、施工实验室和新设专业实验室及按教学计划必须设置、必须充实而尚未设置，急待充实的实验室为主。各教研组对实验室的建立和充实应加强预见性，根据目前和今后需要及早提出设备计划，按轻重缓急，根据财力有计划地予以添置。

8.尽量减少学生非必要的活动。改进教室条件，采用二部集中的排课方法，注意避免效率低的教师集中在一个班上，注意学生学习分量在每周内适当平衡。各系应加强学期中各周间作业平衡工作，特别要研究期中测验时间的分布问题，防止学生过分紧张与功课积压现象。

9.继续广泛开展群众性的体育锻炼，增进师生员工的健康。深入开展全校体育活动，原来参加劳卫制锻炼的学生在十个月内能有80%达到一级标准，在获得一级标准的学生中有50%达到二级标准。加强竞赛活动，举行全校的、全系的运动会。加强安全教育与卫生教育，采取切实措施严格防止伤害事故。发挥体协的作用，组织多种多样的活动以适应教职工不同健康情况，不同年龄、不同特点、不同兴趣的需要。

10.逐步开展业余高等教育。本学年先行开办“机械制造工艺学”及“发电厂电力网及电力系统”两个专业的夜校部，以适应地方工业发展培养干部的需要。各有关单位和教研组应依据高教部的规定，研究业余高等教育的特点，吸收他校的先进经验，修订好夜校部的教学计划，支配出一定力量，担任夜校部的教学工作和行政工作，并从实际工作中积累经验，以贯彻中央“积极发展、力求正规、提高质量”的方针。

二

积极开展科学研究工作。

1.各教研组应加强与科学研究机关、工业部门以及厂矿企业的联系与合作，并加强对本门科学主要发展方向的了解，配合国家科学研究事业的发展计划。根据教研组条件逐步确定教研组主要研究方向，在确定研究方向时，应尽可能考虑与教学的联系。

2.各教研组应广泛开展文献阅读报告，于期初确定定期文献阅读报告讨论会制度，至少需确定整个学期的报告时间和报告人，坚持按期举行，并逐步提高报告和讨论的质量。开始时一般可以是总结性文章，能明确本门科学主要发展方向及介绍最新成就的文章为主，在确定方向及选题后，应围绕主要方向进行系列文献报告和编制资料卡。

3.加强科学研究仪器的购置和设计制造工作。各教研组应加强预见性，尽早提出材料和仪器购置计划，防止因缺乏仪器材料而影响科学研究进度的情况。应在科学研究委员会领导下有计划地提出为科学研究服务的全校性设备；应加强对所需研究实验方法的训练，大力提倡对别人已提出的新的生产方法的实验，以开展初级形式的科学研究工作。

4.注意发挥科学研究工作的集体作用。提倡在自愿基础上，逐步集中力量于教研组的主要研究问题，以避免力量的分散。学校应着重注意与大力支持全校各系有关的研究工作，组织一些综合性研究小组，以便在全校内形成研究中心。

5. 加强老教师及科学能力强的教师在科学研究工作中的指导作用,争取老教师能以师傅带研究生同样方式进行指导。争取校外研究机关及专家给予本校独立进行研究教师以指示性的指导和实验技术训练的帮助,以培养出本校中有关科学新门类的骨干力量。

6. 提高青年教师对科学研究的认识。发挥老教师作用,以组织有关讲演、座谈会,介绍经验稿件,介绍如何查阅文献等进行科学研究所必备的基本知识;通过教学工作中准备新的教材,实验和作为老教师助手等方式引导青年教师进行科学研究。

浙江大学档案馆藏,档案号:ZD-1956-XZ-49

浙江大学1964—1965学年第一学期工作计划(草案)

(1964年10月5日)

根据上级指示精神和党委工作计划,本学期的中心任务是以阶级斗争为纲,坚持政治挂帅,以开展社会主义教育为中心,继续贯彻执行党的教育方针;认真学习和积极贯彻毛主席教育思想,大力加强劳动教育,切实加强实验实习等实践性教学环节;积极贯彻少而精的原则,减轻学生学习负担,提高教学质量,以利学生在德智体诸方面生动活泼地得到发展;继续贯彻执行勤俭办学方针,切实改进行政管理工作,提高工作效率。具体工作计划如下:

一、思想政治工作

(一)以"九评"为全校师生员工的主要学习内容,建议进行一次广泛深入的形势教育、阶级教育和社会主义教育。通过教育要求正确认识当前国内外形势,鼓舞信心,增强斗志,明确当前革命任务,坚定社会主义方向,树立革命世界观,提高阶级觉悟,自觉革命;继续学习毛主席教育思想,划清社会主义和资本主义两种教育思想的界限,努力搞好当前教学和工作,为培养一支又红又专、身体健康的新型知识分子队伍而努力奋斗。教师在学习"九评",提高认识的基础上,应该联系实际,深入学习毛主席的思想,进一步明确知识分子劳动化的重大意义,并逐步研究摸索经验,解决如何办社会主义教育事业,培养又红又专的社会主义建设人才,为社会主义建设服务,为人民服务等问题。同时根据主席教育思想,积极贯彻少而精原则,加强实践性教学环节,改革教学法和试办半工半读,认真提高教学质量。学生在学习"九评"的基础上,结合传达和学习团九大精神,提高对阶级斗争的认识,把阶级教育落实在世界观的改造上,落实到知识分子应当走什么样道路的问题上,树立做一个无产阶级革命事业的接班人的政治方向;明确学习的目的性,端正学习态度,认真参加生产劳动等实践环节,努力学好理论知识,做到又红又专。机关员工在学习"九评"的基础上联系实际,认真改进领导作风和工作作风,朝气蓬勃地、踏踏实实地做好为教学、生产劳动、科学研究服务的各项工作,并首先做到领导干部政治革命化,思想革命化,组织革命化,以保证各项任务的顺利进行。

(二)大力加强劳动教育

组织干部师生参加劳动,这是社会主义制度下一件根本性的大事。

干部是不是参加生产劳动,这是有关能不能把社会主义革命进行到底的重大问题,是能不能保证革命干部永不褪色的重大问题。干部参加劳动从政治上、思想上、经济上来说都是一场意义重大、影响深刻的革命，要在各个战线上把社会主义革命进行到底，克服官僚主义，防止修正主义和教条主义，就必须把干部参加劳动这场革命进行到底。

师生参加体力劳动，这是促使知识分子劳动化、革命化，彻底改造世界观，抵制资产阶级思想侵蚀，防止修正主义和教条主义，贯彻理论联系实际的一项重大措施。只有通过劳动才能够真正地建立一支又红又专的无产阶级知识分子的队伍。

为此，从这学期起，必须大力加强对生产劳动的思想政治工作和组织领导，切实建立劳动制度，使广大师生干部能够在生产劳动的过程中能更好地收到思想改造的成效。

本学期根据教学计划，要继续妥善安排学生参加劳动。教师干部除了与学生跟班劳动外，本学期起，除年老体弱者外，准备在五六年左右的时间内，分期分批地、有组织地轮流下去参加农村和城市社会主义教育运动。本学期第一批组织约占教师 1/6—1/7 的人员，并配备一定数量的干部带队下去，在实际的生产斗争和阶级斗争中接受教育锻炼，以提高社会主义觉悟，进行世界观的改造。

在校的教师、干部除了年老有病的以外，必须坚持每年不得少于一个月的劳动制度，并提高劳动质量。有计划地组织干部教师参加工业生产以及校内各种工种的劳动，以培养劳动习惯和勤俭朴素的优良作风。

学校的公共卫生工作，要切实跨区分工包干制度，由师生、干部分片包干；集体宿舍以及办公室卫生工作，由教师干部负责打扫，以减少勤工人员。

在农忙季节，应组织参加附近生产队的抢收抢种等突击性劳动。

在劳动中要健全劳动考核制度。今后要把劳动作为干部、教师、学生鉴定的重要内容之一。

为了加强劳动教育的领导，必须加强劳动管理机制，在现有劳动实习教育科的基础上，充实骨干力量，扩大职责范围，逐步把全校师生干部的劳动从组织安排到思想教育工作统一管理起来。

（三）加强民兵建设

根据主席“全民皆兵”的思想，必须加强民兵建设。这学期主要进行整顿民兵组织，狠抓以阶级教育为核心的思想政治工作，加强一、二年级民兵试点训练工作的领导，加强经常性的军事训练以及军事体育活动，假期还可以组织单兵活动。要使民兵在政治上过得硬，坚决听党话，时刻保持警惕性，增加国防观念和备战观念，克服和平麻痹思想，加强组织性和纪律性，促进教学。

此外，还必须加强对师生员工业余思想政治工作的领导，开展各种革命的文体活动，逐渐扩大无产阶级的思想阵地，抵制资产阶级思想从文化、艺术生活等领域里向他们的侵蚀。

二、教学、科研工作

（一）教学工作

本学期教学工作的任务，必须在继续学习毛主席教育思想的基础上，根据当前与长远结合、高度革命精神与严格科学态度结合的原则，从实际上出发，进一步贯彻少而精原则，精选教学内容，改进教学方法，加强实践环节，减轻学生负担，提高教学质量。要求在一年左右的时间内，全校各专业年级一般做到绝大多数学生的实际学习负担在每周课内外共 48 学时以内完成学习任务（包括教学计划规划的课程环节和民兵训练），并在现有基础上使质量提高一步。

另一方面,根据打破框框,大胆设想,充分讨论,慎重决定的精神,逐步实现半工半读制度。

本学期主要抓以下几项工作:

1. 继续学习毛主席教育思想,深入开展调查研究,提高教师和干部的思想认识,为当前贯彻少而精的原则和今后开展全面改革打好思想基础。在学习“评苏共中央的公开信”的基础上,11月份准备召开全校的第三次教学研究会,继续组织全校教师干部认真学习毛主席教育思想,重新学习党的教育方针和高校60条,结合直属高校扩大领导干部会议的精神,掀起一个学习毛主席教育思想的高潮。通过学习,要求教师、干部正确认识办学方向和培养什么样人的问题,进一步认识教学工作中理论脱离实际,形式主义和繁琐哲学的严重危害性,从而明确这次教学改革和当前贯彻少而精原则的重要意义,提高对教学改革贯彻少而精原则的自觉性。

为深入学习毛主席教育思想,应继续大力组织教师和干部深入实际,深入学生中去,有重点地开展调查研究。要求以毛主席教育思想为武器,在总结经验、肯定成绩,找出问题,明确方向的基础上,拟定各专业各课程,进一步贯彻少而精原则的具体措施,并付诸实现。

2. 在不断学习毛主席教育思想,提高认识的基础上,大力贯彻少而精的教学原则,减轻学生学习负担,全面提高教学质量。

为了在一年左右的时间内,逐步达到学生能够在48学时内完成学习任务,各系、各专业本学期应根据“重其所重,轻其所轻”,“全面安排”的精神,进一步精选教学内容和改进教学方法的基础上,加强实践环节,增加学生自学时间,使一、二、三年级大多数学生的实际学习负担做到课内外50学时以内,四、五年级尽可能做到46学时以下,并相应的调整教学计划、课内外周学时的安排,做好学时的综合平衡工作。

(1)精选教学内容。

要求教师从培养目标出发,进一步明确课程性质、任务和要求,结合学生实际水平,精选教材内容,并要求做到在规定学时内留有余地。

(2)改进教学方法。

首先要求教师明确改进教学方法对正确贯彻党的教育方针的重大意义,教学工作从培养学生德智体全面发展出发,要使学生能理解和运用所学知识,培养学生独立工作能力和独立获取知识的能力。教师必须树立教书育人、管红管专的全面观点,明确教学工作的目的性,根据从实际出发,因材施教,精讲多练,循序渐进等原则,充分发挥教师的主导作用,实行启发式教学,克服注入式教学,培养学生学习的主动性和自觉性。

(3)加强实践性教学环节。

继续教育教师进一步贯彻理论联系实践原则的重大意义。从思想上认识实践性教学环节对于加强理论联系实际,提高学习效果,促进学生的全面发展的重要作用,克服任何轻视实践性教学环节的错误思想。根据课程的基本内容,明确各实践教学环节的基本要求,加强各课程、各环节在培养学生基本技能过程中的分工配合。根据本学期教学安排的特点,着重抓好实验教学、习题课,课程设计等实践环节。

在实验教学方面,要求教师下实验,参加劳动,亲自动手,不断培养劳动观点和劳动习惯,同时改进实验教学课程。实验开出数量过少的专业,应积极自力更生地进行实验建设,提高实验室开出率;其他课程应着重抓实验室教学质量的提高,同时继续加强实验室管理和仪器设备的维修工作。

在习题课方面，应切实保证教学计划中规定的习题课时数。习题课不得用于变相讲课，应尽量在课内完成习题课任务。各系、各专业还应该根据“重其所重、轻其所轻”的精神，确定主要课程的课外作业。课外作业应使大多数学生能够在规定时间内完成。

在课程设计方面，应根据设计及基本要求，控制设计分量，大力克服严重超学时的现象。

此外，本学期还应通过试点摸索，在生产实习中结合劳动加强思想政治工作，进行劳动化、革命化教育的经验，抓好改进考试方法的工作。继续加强工农同学和留学生、华侨学生的辅导工作。进一步改进和落实 60 级的教学工作，并在总结经验的基础上，继续修订和健全有关教学工作方面的规章制度。

3. 积极开展半工半读教育制度的试点工作。

为了逐步消灭脑力劳动和体力劳动的差别，真正培养出又红又专又健康，既能动脑又能动手，全面发展的新型知识分子和无产阶级革命事业的接班人，我们的办学方针是必须逐步实现半工半读制度。从本学期起，在机制专业从一年级开始试点，一面参加生产劳动，一面读书，使学生不但能够学到理论知识，同时也能够学到实际操作的技能，并树立劳动观念，树立对劳动人民的感情。这就必须按照主席改进教学方法和教学方针的指示精神，切实贯彻少而精原则，精简课程，改革现行教学计划，切实提高教学质量，以求在 5 年期间内通过半工半读的途径达到培养目标。

其他专业应积极与校外厂矿合作和创造条件，开办工厂车间，扩大半工半读的试点。

（二）科学研究工作

积极开展科学研究活动，以促进教学质量、教师水平和学术水平的提高。

本学期科学研究工作的任务必须继续执行党的科学技术方针，贯彻理论联系实际的原则，根据国家十年规划安排，落实我校所承担的研究任务，确定学校 1964—1970 年的科学研究重点项目，编制重点项目的“三五”（1966—1970 年）事业计划和 1965 的科学研究计划。同时在教学为主的前提下，积极开展科学研究和学术活动，进一步加强科学研究的思想工作和组织工作，加强和改进科学研究的情报和条件的服务工作，争取做出较多较好的科研成果。认真贯彻研究生培养工作条例，进一步加强研究生的政治思想工作和提高研究生培养工作的质量。

本学期着重抓好以下几项工作：

1. 根据国家规划中我校所承担的任务，特别是负责主持的三个中心问题和 29 个负责研究的项目，必须本着集中力量打歼灭战的原则安排落实。在安排落实过程中，充分发动教师讨论，不断提高认识，统一思想。既要防止不从实际出发，不考虑可能条件，盲目承担以致无法完成研究任务的不负责任的错误思想；又要克服根据现有条件和经过主观努力后能够完成研究任务，但不愿承担怕负责任的错误思想。要求既要考虑国家规划的严肃性，积极组织力量承担任务；又要实事求是，估计可能条件，分期分批地进行安排和减少承担任务，以确保国家规划的落实工作。

2. 确定学校 1964—1970 年的科学研究，编制重点项目的“三五”（1966—1970 年）事业计划和进一步落实 1965 年的科学研究计划。

本着奋发图强，自力更生，迎头赶上的精神和确定重点、集中力量打歼灭战的原则，根据国家十年规划(特别是科学规划)任务,考虑当前实际条件和专业发展方向,在教学为主的前提下,做到科学研究与教学相辅相成,统筹兼顾,对全校的科学研究既要作出全面合理的安排,又要确定一批学校重点项目,以便集中力量积极做出成果。在安排和确定科研项目和编制计划中,必须加强政治思想工作和科学研究的组织工作。要继续反对强调个人兴趣,不顾国家计划,不愿协作,不愿当配角等分散主义思想;坚决反对科学研究中的形形色色资产阶级个人主义思想。应该坚决贯彻科学研究为社会主义建设服务的方针,发扬集体主义精神,集中力量打歼灭战,以便更好地确保重点完成国家科研规划。在确定重点科研项目的基础上,编制"三五"事业计划和项目研究计划。同时,平衡落实1965年科学研究计划。

3.积极开展已进行的和将进行的科研项目、科学研究工作,进一步开展学术活动,争取做出较多较好的科研成果。

为了有利于科学研究工作的更好开展,应继续加强情报工作和科学研究的设备供应管理的服务工作,并对科研成果和成果展品组织鉴定,及时上报。同时要进一步开展学术活动,浓厚学术风气,不断提高"浙大学报"的质量。

4.进一步加强研究生的政治思想工作和提高研究生的教育质量。

为了不断教育研究生沿着又红又专的方向前进,必须在总结以往经验的基础上,进一步加强研究生的思想政治工作和组织领导。当前要坚决克服忽视政治,忽视思想改造,只知埋头业务,推崇"实力政策",凭技术吃饭的非政治倾向。坚决反对那些追求个人名利,羡慕资产阶级的生活方式,自视为"特殊材料",不是普通劳动者,"高人一等",以及在业务学习和科学研究的实验中,存在理论至上,轻视实践、轻视劳动、害怕困难等错误思想。要教育他们坚持正确的政治方向,不断提高社会主义觉悟和树立攀登科学高峰的雄心壮志。根据毛主席教育思想,进一步修订培养计划,组织好毕业论文工作,更好地提高研究生的教育质量。

(三)工厂应继续贯彻生产节约的精神,加强企业管理,认真做好学生的生产劳动、教学实习、生产实习以及机械系机制专业半工半读试点等工作。对学生要加强阶级教育、劳动教育和技术业务指导,不断提高教学质量。同时要努力承担学校教学和科研的仪器设备的修配以及制造任务,并完成一定的国家生产任务,组织试制新产品。

物资供应部门应配合各系、教研组拟定实验室发展规划和实验设备添置规划,同时要加强实验室管理工作。本学期要对各实验室的仪器设备进行一次清理核对,摸清家底。进一步改进物资供应和管理保管工作,更好地为教学和科学研究服务。

(四)积极开展文娱体育活动,增进师生员工健康。在师生员工中广泛开展群众性的业余体育活动,切实抓好广播操;在学生中要结合国防体育活动,根据不同条件积极开展田径、球类、登山、游泳、通讯、射击等体育活动。除此,还要抓好革命文娱活动,不断丰富业余生活,增进身心健康,培养德、智、体全面发展的人才。

三、行政、总务工作

1.总务工作要继续贯彻执行勤俭办学方针,厉行节约,反对铺张浪费。在工作中要继续发扬自力更生,克勤克俭,艰苦朴素,爱护公共财物的美德。本学期除继续加强财务工作的管理与监督,力争完成本年度维修和基本建设计划,大力改进伙食外,还必须根据本学期的特点,做好师生干部参加校内劳动的统一规划安排及积极为开展半工半读试点和做好必要的准备工作。

2.继续抓紧做好编整工作。要求本学期基本完成精简任务，达到高校所规定的编制比例。各级、各单位负责同志必须密切与人事部门的配合，积极搞好这一工作。

3.搞好清洁卫生，切实加强疾病的预防和治疗工作，继续加强晚婚节育等宣传教育工作，结合国庆节形势宣传，做一次广泛、深入的宣传教育工作。要求各单位采取切实可行的措施，落实到人，消灭目前单位间不平衡的现象。

1964年10月5日

浙江大学档案馆藏，档案号：ZD-1964-XZ-133

关于本学期结束前后有关问题和工作的通知

（1976年7月15日）

一、暑假问题。

工农兵学员放假四周，自7月26日开始到8月22日止（8月20、21日报到注册），8月23日开学上课。各专业要按原定计划完成教学任务，不得提前放假。已完成教学计划有多余时间的专业和年级，要做好教学安排或组织教学小结和公益劳动等。教师可提前传达学习教育部召开的高校招生工作座谈会精神。在外地工厂劳动实践的学员可以就地放假，但也不得提前放假，路费应严格按财务规定报销。放假回家学员，应在当地社、队或工厂党委领导下，同群众一起，学习毛主席的重要指示，参加反击右倾翻案风的斗争，并参加一定劳动。假期中留校的工农兵学员，各系要加强对他们的领导，组织他们学习毛主席的重要指示，积极参加反击右倾翻案风的斗争及公益劳动。共青团工作领导小组和校政工组宣办要组织他们开展各项活动。学生食堂要努力改进伙食，使留校工农兵学员暑假活动过得更好。

今年招生分配制度的改革和教学改革工作任务十分繁重。教师（包括实验员、教研员等）应完成本学期教学的结束工作和下学期教学准备工作的前提下安排休整二周，开学前提前三天回校。

工人、干部和五·七干校劳动锻炼的五·七战士轮流休整一周。干校五·七战士的休整时间同农业季节关系可放到这期结束时安排。

二、以阶级斗争为纲，坚持党的基本路线。（略）认真抓好本学期结束前后的几项主要工作。

1.认真搞好应届毕业生的分配工作。通过分配工作，要向应届毕业生进行一次毛主席的革命路线教育。各级党组织要做深入细致的思想政治工作，要大造革命舆论，和反革命修正主义路线对着干，用实际行动反击右倾翻案风。使应届毕业生树立起大学生必须同工人、农民画等号的思想，积极响应国家号召，自觉地限制资产阶级法权，到农村去、到边疆去，到最艰苦的地方去，到党和国家最需要的地方去。大力宣传和热情支持自觉要求到边疆，到农村当农民的工农兵学员。

2. 认真传达和学习教育部召开的招生工作座谈会关于实行"三来三去",深入开展教育革命,进一步改革招生分配制度的精神。各系各专业教职工,要在认真学习讨论的基础上,根据"三来三去"的招生分配制度讨论研究各专业各门课程的教学改革。要把这项工作作为反击右倾翻案风的一个组成部分,切实抓好。同时,各专业教师(包括下专业的基础课教师)要研究制订76级教学计划和做好新生入学的学军准备工作,安排好下学期教学工作。具体安排学校将另行部署。

3. 遵照毛主席"五·七指示",以实际行动反击右倾翻案风。组织师生员工参加夏收夏种等集体生产劳动。由机械系、土木系、理科部、光仪系、机械工厂五个单位组织150名师生员工分两批到五·七干校参加夏收夏种劳动各一周。第一批,理科部30名,土木系30名,时间自7月24日到7月31日;第二批,机械系50名,光仪系30名,机械工厂10名,时间自7月31日到8月7日。不到干校参加支援双夏劳动的教职工和留校的工农兵学员在学校附近的生产大队参加双夏劳动一周(由各系各单位负责安排落实)。各系各单位要认真做好思想动员和组织工作。

4. 提高革命警惕,加强安全保卫工作,狠狠打击阶级敌人的破坏活动。暑假以前,以系或专业(工厂)为单位向师生员工进行一次安全保卫教育,提高革命警惕,克服轻敌麻痹思想。要进行一次安全检查。对易燃、易爆和剧毒物品要加强保管,有关仓库、实验室要有专人看管,各教学大楼假期要安排值班,防止事故和阶级敌人的破坏活动。各学生宿舍要加强安全保卫工作,学生的行李要适当集中,组织留校学员值班看管。

希望全校师生员工在暑假期间要坚持以阶级斗争为纲,认真学习毛主席的一系列重要指示,积极参加批判反革命修正主义路线,反击右倾翻案风和追查反革命的斗争。要加强组织纪律性,按学校规定按时回校。

以上几点。特此通知。

浙江大学革命委员会
一九七六年七月十五日

浙江大学档案馆藏,档案号:ZD-1976-XZ-22

关于我校1977—1978学年工作要点(草案)[①]

(1977年9月8日)

(前略)

华主席在政治报告中指出:"教育战线是我们党同'四人帮'激烈争夺的一条十分重要的战线。要在二十世纪最后四分之一时间内,把我国建设成为伟大的社会主义的现代化强国,迫切需要培养和造就大批又红又专的建设人才。""要采取强有力的措施,扩大和加快各级各类教育事业发展的规模和速度,提高教育质量,以配合各项经济事业和科学技术事业的发

① 本工作要点全文分三个部分,本书收录时节选了第二部分"本学年主要工作任务"的部分要点。

展，适应社会主义革命和建设的需要。”为了贯彻华主席的指示，搞好我校的教育革命，这一学年工作任务总的要求是：1. 学好文件抓好纲，把揭批“四人帮”的伟大斗争进行到底；2. 搞好整党整风，加强党的建设；3. 抓纲治校，把教学、科研、生产搞上去；4. 改进领导工作作风，实行机关工作革命化，做好各方面工作，为教育革命的大干快上创造条件。

主要工作任务如下：

（中略）

三、搞好整党整风，加强党的建设。

“抓纲治国，首先要治党。”我们要在党中央和省委的统一部署下，根据毛主席的建党学说，根据毛主席关于“三要三不要”的基本原则，认真解决由于“四人帮”破坏而造成的思想不纯、组织不纯和作风不纯的问题，这是把我们党整顿好、建设好的中心任务。整党整风中，要彻底批判“四人帮”及其一小撮死党破坏党、瓦解党、实行篡党的严重罪行，批判他们煽起的那股资产阶级邪风，抓住阶级斗争这个纲，整党整风就有了正确的方向。

“整风运动是一个‘普遍的马克思主义的教育运动’。整风就是全党通过批评和自我批评来学习马克思主义。”这是毛主席对整党整风历史经验的深刻总结。要下大决心，花大气力改造我们的学习，普遍地、深入地用马克思主义、列宁主义、毛泽东思想，特别是用毛主席关于无产阶级专政下继续革命的伟大理论武装我们全党。要坚决克服和纠正由于“四人帮”干扰破坏所造成的那种否认无产阶级党性和党的纪律，闹资产阶级派性，搞宗派主义和无政府主义等错误倾向，增强无产阶级党性，增强党的观念，增强党的集中统一领导。要坚决克服和纠正脱离群众、弄虚作假、看风使舵、投机取巧这样一些资产阶级的作风，发扬我们党在毛主席培育下形成的群众路线、实事求是、批评与自我批评、谦虚谨慎、戒骄戒躁、艰苦奋斗和民主集中制的优良传统和作风，其中最根本的，就是群众路线和实事求是。努力造成一个又有集中又有民主，又有纪律又有自由，又有统一意志、又有个人心情舒畅、生动活泼，那样一种政治局面。在着重思想整顿的基础上，也要进行必要的组织整顿，以纯洁党的队伍。

整党整风中，要把领导班子的整顿和建设作为重点，认真搞好领导班子的整顿，把党的各级领导班子建设好。要加强基层党组织的建设，充分发挥党支部的战斗堡垒作用。要加强党对共青团等群众组织的领导，把这些组织整顿好，建设好，充分发挥它们应有的作用。

为了取得经验，全校以电机系为试点，各系确定一二个支部为试点，从10月份就开始，先走一步。

当前，在党的思想建设中着重抓好：

1. 认真学习、深刻领会、大力宣传、坚决贯彻党的十一大文件精神；

2. 努力学习马列和毛主席著作，在通读《毛泽东选集》第五卷的基础上，组织好重点精读。下学期中，将组织召开支委以上干部学习毛主席著作经验交流会；

3. 要建立党课制度，下学期在全校将进行两次以学习十一大文件和新党章为主要内容的党课教育；

4. 要健全党的组织生活，一般两周一次，在组织生活中要开展积极的思想斗争，开展批评与自我批评，活跃党的民主生活。

为加强对师生员工的思想政治教育，宣传部、团委、马列主义教研室，要在校党的核心小组统一领导下,加强配合,认真规划,定期研究全校的政治思想工作。

在党的组织建设中着重抓好:

1. 在专业中建立教师和学生统一的党支部,配备专职支部书记。要把专业支部建设成为专业的领导核心,团结战斗的堡垒;

2. 建立各系和校机械工厂的党总支,积极筹建校党委;

3. 各支部要加强对积极分子的培养、教育、考察,按新党章规定,积极慎重的发展新党员。对"双突"期间发展的党员,要坚决按中央〔1975〕16号文件精神,在整党整风中妥善解决;

4. 在加强党的建设的同时,按照精兵简政,面向基层的精神,调整、健全校、系、工厂的行政班子和各专业、教研组的领导班子,配备好进行学生思想政治工作的干部。

四、坚持贯彻执行党的教育方针,努力提高教学质量。

遵照"使受教育者在德育、智育、体育几方面都得到发展,成为有社会主义觉悟有文化的劳动者"的教育方针,我们应努力使培养的学生成为在思想上全心全意为人民服务,自觉地走与工农相结合的道路;在业务上较好掌握为建设四个现代化强国所需要的基础理论、专业知识和实际技能,并具有一定的分析与解决实际问题的独立工作能力;在体育上具有健全的体魄,既能从事脑力劳动又能从事体力劳动,又红又专的科学技术人才。

质量的问题,是个路线问题。当前我们要从各方面做好工作,努力提高教学质量。主要是:

1. 加强对学生的思想政治教育:

"学校的一切工作都是为了转变学生的思想"。我们必须把学生的思想政治教育放在首位。

①各系、专业党组织应积极引导学生投入揭批"四人帮"的伟大斗争;

②有计划地进行马列主义理论教育,由马列主义教研组负责开设哲学、政治经济学、科学社会主义三门政治理论课。当前,应以《毛泽东选集》第五卷作为主要教材;

③由宣传部、团委与各系、专业党组织负责组织好党的十一大文件和《毛泽东选集》第五卷的学习,大力开展"三大讲"和路线对比教育;更加广泛深入地开展"学雷锋、比先进、创三好"的群众运动,认真做好"三好学生"、"优秀共青团员"和"先进集体"评比工作;加强为人民服务的思想与组织纪律性的教育;大力提倡学习大庆、大寨人的革命精神,增强为革命而刻苦学习、练好身体的意志,上好政治课、社会主义文化课和体育课。开展群众性的体育活动。

④要做好经常性的思想政治工作。"思想政治工作,各个部门都要负责任。共产党应该管,青年团应该管,政府主管部门应该管,学校的校长、教员更应该管。"

校、系、专业都应有一领导同志分管学生的思想政治工作。

2. 加强教学的基本建设:

要迅速改变由于"四人帮"干扰破坏所造成的"教学无计划,课程无大纲,成绩不考核,培养无规格"这种教学上的严重自流状态,建立革命的教学秩序。

①各专业应认真制订好教学计划。教学计划要体现党的教育方针,使学生德、智、体全面发展。课程设置和教学内容都要力求适应四个现代化的要求,要加强共同性基础课和技术基础课的教学,加强实验教学,加强基本技能训练,要重视外语教学。

要有步骤地逐步把“电子学”与“电子计算机的原理和应用”作为必修课，普及到各专业。当前可先在电工学、数学等课程中增加或加强上述有关内容，有条件的系、专业应发挥自力更生精神，努力开出这两门课。

要求在开学初修订好76、75级教学计划，并初步拟定出77级教学计划。

教学计划应经系审核，报学校审批。经批准的教学计划要认真执行，不得擅自变动。

②各教研组应按教学计划要求，制订出课程(包括实践教学环节)教学大纲，并着手编写符合教学大纲要求的教材。各课程都应努力争取把本学科中最新、最先进的内容编入教材。基础课应按专业性质和对课程要求相接近为原则，分成几类，制订出各类教学大纲，并组织编写各类通用教材。要求在三年内，通过自编和选用，做到各专业都有一套符合教学要求的比较完善的教材。教材科、印刷厂要做好教材的供应工作，积极改进生产技术，提高印刷质量，保证及时供应。对于涉及面广、印数多的教材应首先考虑用好纸铅印。

③积极开展教学研究和教学法交流，加强直观教具建设，创造条件进行各种形式电化教学的试验，取得经验，逐步推广。

同类型专业的共同性基础课，逐步采取合班(60～90人)上课，实行教室统一调度，先过渡一年，78级进校后，全面实行。由教务处组织出版《教学工作情况简报》。

④要逐步解决好各专业在校外的三结合基地问题，实行长期挂钩。

3.“教改的问题主要是教员问题。”教师应发挥在教学中的主导作用，应深入学生调查研究，不断改进教学方法，提高教学质量。要严格要求学生，并启发学生学习的积极性和主动性；要保证有一定的自学时间，防止学生学习负担过重。学生应发挥独立思考能力，遵守学习纪律，尊重老师，建立革命的、民主的、团结的新型师生关系。各党支部应组织好评教评学，并逐步建立制度。

4.逐步调整、改进原有专业设置和专业方向，并逐步建立一些新专业，以适应实现四个现代化和赶超世界先进水平的要求。在现有专业中，方向还不明确的，应从科技发展和国家的需要出发，并按我校是理工结合的特点研究解决；专业内容已不适应形势发展需要的应改造、更新；专业面过窄的，应适当调整内容，以增强毕业生的适应性。在专业调整中，必须考虑我省实现四个现代化的需要。要求教务处负责会同各系、各有关专业通过调查研究，提出意见，今年首先解决已经明显反映出问题和矛盾突出的专业。在这一学年中，积极筹建医疗仪器和地球化学找矿两个新专业，重新制订和完成好78年招生计划。

5.贯彻两条腿走路的方针，多种形式办学。

积极筹办好高速摄影、水泥、断裂力学、直流输电、引进装置自动化等短训班。

并由教务处与生产设备处负责筹办适应我校校办工厂青工学习的业余技术学校。

五、大力开展科学研究，提高学术水平，着手培养研究生。

华主席最近指出：“科学要兴旺发达起来，要捷报频传。”我们要响应华主席的号召，以只争朝夕的精神，大力开展科学研究，为实现四个现代化和赶超世界先进水平作出贡献。

学校的科研要同教学、生产劳动紧密结合，统筹安排，不断巩固和发展三结合的新体制。开展科研要促进教师业务水平、教材水平和实验室水平的不断提高，要为生产提供先进产品和先进的工艺手段，并协同配合攻克技术难关，使教学、科研、生产都向着先进的水平和现代化的方向发展。

1. 在我校除了按各专业条件分别组织科研课题,当前,应着重加强集中统一领导,选择一些能带动多几个专业的重大课题,充分发挥我校理工结合的特点,组织多学科大兵团联合作战,争取在某些学科领域和科学技术发展上取得重大突破。

2. 要首先抓好农业、工业和国防现代化建设中所提出的重大科技问题的研究,以先进的科研成果来促进国民经济的技术改造。同时,必须注意安排好长远性,探索性课题和新学科、新技术的研究,要加强基础科学的研究,注意科学技术的理论储备。

3. 参加重大课题研究工作的骨干力量应保持相对稳定,建立一支专职科技队伍,使科研工作能连续地向高处发展。同时,应通过轮换,使愈来愈多的教师能专职或兼职地参加到科研中,这将有利于教学与科研的相互促进,有利于教师队伍的培养提高。要逐步吸收学生参加科研,要使更多的毕业实践课题与科研任务相结合。

4. 积极创造条件,在各系中逐步建立研究所、室,形成“所系结合”的研究体制。

5. 当前科研处要首先抓好以下几点:

(1)努力完成 1977 年科研计划,争取做出更大成绩向全国科学大会献礼。

(2)组织好对已取得成果的鉴定,落实好 1978 年科研计划。

(3)对重大科研项目,应集中力量,形成拳头,围绕重点,组织会战,力争用三年时间在某些学科领域赶上或超过世界先进水平。

(4)按目前基础第一批先建立 2 个研究所、8 个研究室。即:在光仪系和光仪中试基地的基础上建立“光学仪器研究所”,以电机系有关专业科研组为基础建立“电工研究所”,以应用数学专业为基础筹建“数学理论研究室”,以化机专业为主和工科力学、固体力学教研组共同筹建“断裂力学研究室”,以铸工专业科研组为基础建立“铸造合金和特种铸造工艺研究室”,以半导体专业科研组为基础建立“半导体材料研究室”,以 400 号科研组为基础建立“核爆炸模拟研究室”,以工民建专业为基础建立“建筑设计研究室”,以低温工程教研组为基础建立“低温工程研究室”,由化工、化自两教研组共同筹建“化工热力学和动态学研究室”。

在体制上,筹建的研究所、室仍属原所在系和教研组,领导关系不变。

(5)采取集体培养与个别指导相结合的方法,立即着手培养研究生。第一年首先在基础较好的科研课题中先招收研究生 30 名左右,逐年扩大招生名额,争取三年中招收研究生 150 名。

(6)要把各种形式的学术活动开展起来。要组织学术报告会、讨论会,要为学生开设科学技术讲座,组织学生参观非本专业的实验室,要为机关干部开设科技普及讲座或学习班。

(7)要搞好学报的编辑和发行,争取在一年内由不定期改为定期出刊。

(8)要加强科技情报工作。

六、加强实验室建设。

实验室仪器设备的现代化是赶超的重要条件,我们要通过挖掘潜力和发扬自力更生的革命精神,努力改善和更新实验室装备,要在我校逐步建设一批具有现代化装备、现代化技术水平的实验室。

1. 拟在三年内:

有计划、有重点地充实、更新实验室设备,使基础课实验室达到能开出符合要求的实验,进行定性、定量分析;使专业实验室建设成为具有自己特色的校内三结合基地,并为地区性的行业提供测试、试验条件。

对高级、精密、贵重的实验仪器、设备，按其涉及的专业情况分别建立校中心实验室和系中心实验室。

开辟计算机专用教室，加强对通用计算工具的使用管理。

2. 一年内要求抓好：

加强实验室组织建设，配备好实验室正、副主任和管理人员，建立和健全实验室管理制度。

对实验室现有仪器设备等固定资产进行一次大清查，在此基础上要发扬修旧利废的精神，把一切能修复、利用的设备都要修复利用。同时组织校内调剂，充分发挥潜力。

要发扬自力更生的精神，自己动手，用现代化技术来改造和装备实验室。

各实验室都应积极努力为教学开发出所必需的实验。

进行生产的实验室，其计划、财务、物资、供销等由学校实行统一领导和管理。

为加强实验室领导，各系应有一名领导同志分管实验室工作。

七、努力办好校办工厂。

毛主席指示："一切高等学校，可以进行生产的实验室和附属工场，除了保证教学和科学研究的需要外，都应当尽可能地进行生产。"

校办工厂应充分发挥它作为教学、生产劳动和科学研究三结合基地的作用。应把培养人放在第一位，为学生学工和实践教学提供场所，并组织力量进行指导和建立学工领导小组；应为实验室建设和开展科学研究提供物质和加工条件；应在国家统一计划下，完成一定生产任务，为学校提供积累。

校办工厂的布局和规模要适应教学、科研向现代化发展的需要，对不合理的要调整、改造，并逐步增建一些新厂。校办工厂的产品，要结合学校的特点，要具有先进性，为科研进行中试和小批量生产搞光机电结合的高、精、尖、小的产品。同时，要选择好适合于学生学工劳动的产品，并为实验室和科研加工留出一定的工时。

在一年内要求首先抓好：

1. 在半年内整顿和配备好各厂领导班子，建立起校、工厂、车间三级生产指挥系统和管理机构，制订好 1978 年度生产计划。

2. 整顿财务，搞好清仓查库，建立财务、物资和设备管理制度。要对各厂的产品计划、财务、物资、劳保、汽车运输等逐步实行统一领导和管理，把供、产，销纳入国家计划。当前可先从产品计划和财务抓起，在集中统一领导的前提下，发挥校、系两级的积极性。

校办工厂都应严格实行经济核算。

3. 校机械工厂应在现有基础上，扩大工艺手段，发展新的加工方法，逐步建成为一个能适应全校教学、科研发展需要的综合性工厂。

4. 为使教学、科研适应电子工业和计算机技术飞跃发展的形势要求，要在三分部集成电路的研究和现有无线电工厂条件的基础上，创造条件积极筹建电子计算机生产，按三分部有关专业特点和计算机生产配套需要，组织从材料、元件到整机的一条龙有关生产，创造条件，着手建立仪器仪表厂的筹备工作。

5. 要积极开展工业学大庆的群众运动，订出规划，提出措施，在厂与厂之间、车间与车间之间、班组与班组之间，来一个比赛，把生产搞上去，争当普及大庆式企业群众运动的促进派。

八、一定要把学校工人、干部、教师的队伍整顿好、建设好。

华主席指示我们:“如果我们每一个企业、每一个工业部门,坚持毛主席的革命路线,又有大庆这么一支革命化的队伍和这么一种革命精神、革命干劲、革命毅力,那就什么困难都一定能够克服,什么人间奇迹都可以创造出来。”华主席的指示,向我们指出了把巩固无产阶级专政的任务落实到基层的主要内容,指出了我们队伍建设的方向。

各级党组织都要把队伍的革命化建设作为重要任务来抓。最根本的是要以马列主义、毛泽东思想武装工人、干部、教师的头脑,以阶级斗争为纲,坚持党的基本路线,不断提高阶级斗争、路线斗争和继续革命的觉悟,树立忠诚于党的教育事业,一心为革命,一心为人民的思想。要认真贯彻、落实党的干部政策和知识分子政策,调动一切积极因素,为在我校建立一支思想红、干劲大、技术精、作风好、纪律严、能打硬仗的学校工作队伍而努力。我们队伍中的每一个同志都要以大庆人为榜样,刻苦学习马列和毛主席著作,搞好思想革命化,自觉培养“三老四严”、“四个一样”的革命作风,发扬“有条件要上,没有条件创造条件也要上”的革命精神,钻研业务,搞好本职工作,做到又红又专,为使我校各方面工作大干快上,多出力,多贡献。

要办好五·七干校,使分批轮换到干校的干部和教师边学习、边劳动,促进思想革命化。积极做好我校参加农业学大寨工作队的组织与队员的思想教育工作。

要做好教职工子女上山下乡的思想动员,并积极配合社队做好下乡“知青”的安置和再教育工作。

对过去审查干部和教师中遗留的一些问题,应当严肃认真地尽快妥善处理。

对我校工人、干部、教师队伍的建设,分别要求如下:

1. 工人队伍

华主席指出:“大庆的工人,有高度的政治觉悟和劳动热情,积极参加企业管理,自觉遵守劳动纪律,团结战斗,确实成了企业的主人。”我们要以大庆为榜样把我校的工人队伍建设成为一支“铁人式的”革命化的工人队伍。要加强政治思想教育,关心工人的生活,鼓励他们钻研技术。每个工人同志都应努力学习马列和毛主席著作,为革命练就一身硬功夫、真本事,努力做到又红又专,为促使我校教学、科研、生产的大干快上多作贡献。老工人是生产中的骨干,要在思想上、作风上、技术上对青年工人进行传、帮、带;青年工人要虚心学习,在实践中锻炼成长。

要建立学徒工的政治考核和业务考核制度,并筹办为提高青工技术水平的业余技术学校。

2. 干部队伍

毛主席教导:“政治路线确定之后,干部就是决定的因素。”在我们干部队伍中,无论是从事政治工作、教学、科研行政工作,业务辅助工作和后勤工作的同志,都要积极提高自己的政治理论水平和政策水平,熟悉工作业务,掌握学校工作规律。要深入实际,深入群众,“在工作方法方面求得一个进步”;要坚持参加集体生产劳动的制度,有计划地到校办工厂、实验室、食堂等地参加劳动,密切同群众的联系。

机关工作要革命化。学校的根本任务是培养人,工作的落脚点在专业。学校机关各部门的工作都要为基层服务,为办好每一个专业出力。要深入专业调查研究,急专业所急,把工作做在前面，把方便让给基层，保证教学、科研、生产第一线打胜仗。

领导干部要带头学习毛主席著作，带头揭批“四人帮”；要深入基层蹲点，调查研究，扎扎实实把工作做深，做细、做好，决不“关在大楼当司令，靠着电话发号令”；要关心群众生活，凡有条件解决的问题，都要抓紧解决；要鼓实劲，实事求是，不鼓虚劲，不说假话。各级领导班子都要按大庆“三要十不”，“约法三章”、“四个公开”的精神狠抓自身革命化建设。

“各级干部，都要在提高马克思列宁主义水平的基础上，学业务，学技术，做到又红又专。”搞教学、科研、生产行政工作的同志还要学一些自然科学知识，了解工作的方向任务，不断提高工作水平。“各级领导干部，更要奋发努力，使自己成为精通政治工作和业务工作的专家。”

3.教师队伍

毛主席早就指出：我们的国家“需要大批的人民的教育家和教师。”要十分尊重教师的劳动，关心他们的工作、生活和世界观改造，切实帮助他们解决教学、生活中的一些问题和困难，使他们更好地发挥自己的积极作用。对表现好的，教学、科研中做出成绩的，要通过评先进、树标兵，予以表扬鼓励；对政治上、业务上不符合教师要求的要进行调整，对混在教师队伍中的坏人要坚决清除。

每个教师都应努力学习马列主义，毛泽东思想，坚决走与工农相结合的道路，在三大革命斗争中继续改造世界观，要刻苦钻研业务，把干劲使在提高教学质量上，在“全心全意”和“精益求精”上狠下功夫，沿着又红又专的道路前进。

(1)各系、教研组要抓好各类教师的使用与培养提高：

对老教师要按他们的专业特长，通过安排搞科研、编教材、带研究生等，发挥他们业务上的传、带、帮作用；

对中年教师(占大多数)要让他们在教学、科研中挑重担，在实践中锻炼成长，同时也要采取措施(如通过讨论班等)使他们进一步加强基础理论水平，扩大知识领域，了解学科发展的动向。要提高外语水平，要求在三五年内达到至少掌握一门外语，其中大多数教师掌握二门外语。

对青年教师(主要是“文化大革命”以后毕业的)要下决心，采取切实有效措施尽快提高必要的基础理论、基本技能和外文水平。应以在职进修为主，作好安排，采用以系为单位开办进修班或安排听课等形式，同时，根据需要与可能，选派一些到外校或在本校脱产进修，并抽调一些到有关基础课教研组参加基础课教学，补好基础。对新教师的进修应进行考核。要抓好新教师的试讲、试做作业、实验技能训练等环节，为开课打好基础。

对教师的工作要采取走群众路线的方法，定期进行考核。

(2)学校要集中抓好以下几项工作：

(一)把星期三下午定为全校统一学术活动时间。各系、教研组应积极开展教学研究和科学研究的学术活动，通过报告会、讨论会、交流会等多种形式，贯彻双百方针，活跃学术空气；

(二)由师资科负责组织为教师开设外语进修班和电子计算机技术学习班(分期分批于三五年内达到普及)；

(三)由马列主义教研组为教师开设自然辩证法讲座。

(3)人事处应在对教师情况进行调查研究的基础上，逐步确定各教研组编制，制订出补充教师的规划。教师的补充要讲究质量,今年要首先解决好基础课教师的补充,保证77级进校后教学工作正常进行。

对实验员和技术员队伍的培养和建设,应根据工作需要参照上述办法进行。

九、加强图书资料工作。

为适应赶超的需要,图书馆应进一步增加书刊品种,逐步做到完整、系统地具有各专业、教研组所需要的书刊,不断改善并逐步采用现代化管理方法,使图书资料更好地发挥出科技耳目作用。

根据当前情况,要求首先做到:

1.加快新书编目速度,要使积压的新书争取在半年内或更早些完成加工,以供借阅。今后采购的新书应及时编目流通。

2.外文书库应对教师实行开架。

3.恢复供教师使用的大阅览室(晚上也开放),并在一年内开辟数个供教师备课用的小阅览室。

4.应加强与各系、教研组的联系。研究新书与期刊的采购计划,应吸收有关系、教研组与部门的同志参加。

各系都应恢复健全(或新设)资料室。根据本系教学、科研的需要,采集有关资料。各系、教研组的资料室都应加强管理,定期编出专题索引和文摘。

(中略)

十四、建立和健全必要的机构和规章制度。

1.在校党的核心小组和革委会的领导下,建立"教学研究委员会"和"学术研究委员会",研究讨论我校教学与科研中的重大问题,并对有关部门的工作起咨询作用。

在人事处设置"师资培训科",负责教师的培养提高工作。在教务处设置"生产实习科"(暂定名称),负责学生下厂计划的有关工作。学生下厂的有关交通、住宿等工作由总务处负责。

2.各有关部门应在上学期工作的基础上,进一步修改和制订好以下规章制度。

学生学习成绩考核制度,学生请假考勤制度,学生报到注册制度,学生升留级制度,学生休学、退学、复学制度。教职工请假、考勤制度,教职工思想、工作鉴定制度。校办工厂与实验室管理制度。病休标准试行草案……

要研究制定以明确各部门职责,明确每个人的工作岗位和所担负的责任,明确教师的工作内容、工作要求和工作量为主要内容的岗位责任制。

(下略)

浙江大学革命委员会
一九七七年九月八日

浙江大学档案馆藏,档案号:ZD-1977-XZ-16-1

浙江大学1979学年第一学期行政工作要点

(1979年10月)

浙大〔1979〕228号

(一)

上学期,在党的十一届三中全会关于把全国工作的着重点转移到社会主义现代化建设方面来的英明决策指引下,我们学校的工作已逐步转向抓教学、科研两个中心的建设。在党的领导下,广大教职工解放思想,开动机器,积极工作,在教学、师资培养、科研、生产、外事、后勤等各方面做了大量的工作,取得了不少成绩。

在教学方面,着重抓了如何提高基础课教学质量的问题。对几门基础课程进行了调查研究,并在此基础上作出了一些决定和措施。同时,对量大面广的普通物理、普通化学、电子学、工程力学等基础课实验室进行了重点建设,较大地提高了这些实验室更新实验的能力和实验水平。提高基础课教学质量的关键在师资水平,我们着重抓了这方面的工作。在师资培养方面,一年来学校办的进修班有25个,参加学习的教师1260人,占全校教师总数的69%。有200名左右青年教师随本科生或研究生班进修,并随班参加考试,取得成绩。此外,还选派了20余名骨干教师出国考察、进修、从事研究工作。选送了150余人到国内兄弟院校、研究所脱产进修(半年以上)或短期学习。在科学研究方面,今年计划安排的139个研究课题有85个能按计划进行,占61%。截至9月15日已经评审的科研论文共有6篇,其中"低热微膨胀水泥"、"离子型聚合机理"二篇经过全国性专门评审,被认为有较高的学术水平。"低热微膨胀水泥"被确定参加1980年国际水泥化学年会。已鉴定的科研成果有18项。学术活动日趋活跃,上半年学校举行学术报告24次;参加国内有关学会召开的学术讨论会,并提出论文112篇;发行学报四期,和全国近1000个单位建立了情报交流关系。在生产方面,根据八字方针对校办工厂进行了初步的调整,撤回了临安东方红机械工厂,将五·七电机厂改为全民办集体,招收了160名城市知识青年。各厂普遍整顿了劳动纪律,大部分工厂实行定额考核制度,初步整顿了校办工厂的管理工作,明确了校、系办工厂的经济政策,到8月底止,各厂共上缴学校工资、利润56.57万元,为学校积累了资金。根据国务院和科学院的指示,还在全校范围内开展了清产核资工作,实验室已基本上清点完毕,初步摸清了家底,为今后实验室建设和管理打下了基础。在外事工作方面,今年5月以刘丹同志为团长的浙大访美代表团,访问考察了美国纽约、费城等13个城市的15所大学和3个研究所,完成了预定的访问任务:①考察了美国大学理工科教育;②打破了闭关自守的局面,沟通了与美国大学之间中断了30年的校际学术交流渠道;③探望了阔别已久的北美浙大校友与华裔友人,为今后更好发挥他们在中美科技交流中的桥梁作用打下了基础。今年1月到9月中旬,我校接待了来自美、英、德、日等国的外宾、海外侨胞以及香港同胞共59批,262人,增进了我校与各国人民和科学工作者之间的友谊和了解,初步打开了我校与外国开展学术交流的渠道,增进了对外国科技状况和教学水平的了解。另外,还聘请了4位外国专家来校任教。在后勤工作方面,基建工作在投资多、规模大、任务重、时间紧的情况下做到速度快、质量好,超额完成了任务。为了迎接79级新生进校,奋战3个月完成了一座$7015m^2$的学生宿舍,及时解决了今年新生入学的住宿问题。还建成了可供3000人用膳的4600m^{2}学生食堂,建成了140套家属宿舍。在食堂管理、房产维修、严格财务制度、交通运输、绿化校园、幼儿园工作以及在医疗卫生、计划生育、开展群众性的体育活动等方面都做了大量的工作。

但是,在学校工作中的重点转移到教学、科研为中心的过程中还存在不少问题。如何在学校进一步贯彻国民经济调整、改革、整顿、提高的方针,还有待继续解放思想,深入调查研究,使之更好地符合学校实际情况。我们的工作作风还不够深入,有些政策还未完全落实,过去一些行之有效的规章制度还未完全恢复和建立起来,等等。今后必须加强学习,努力工作,调动一切积极因素,把教学、科研等方面的工作搞得更好。

(二)

本学期工作的主要任务和工作要点。

为把我校建成教学、科研两个中心,必须明确工作的指导思想:就是要进一步贯彻党的十一届三中全会和五届人大二次会议精神,继续贯彻党的教育方针和国民经济的调整、改革、整顿、提高的方针,解放思想,开动机器,实事求是,团结一致向前看,聚精会神搞四化。各部门各单位都必须牢固地树立起为教学、科研第一线服务的思想,一心一意为把我校办成两个中心,为培养又红又专,德智体全面发展的科技人才而努力。

本学期我校的主要任务是:在教学方面,要继续抓好教学质量的提高,首先必须继续抓好基础课的教学质量;在抓好大学本科教学的同时,努力提高研究生的教学水平。在科研方面,为适应四个现代化和提高教学质量的需要,必须进一步提高研究水平,大力开展学术活动,逐步形成光学仪器、能源、应用力学、化学工程四个研究中心。而加强师资队伍的建设,是建成学校两个中心的关键问题,是提高教学质量的根本保证,必须继续大力加强。其他方面的工作都要紧紧围绕这两个中心任务的实现。

本学期的工作要点是:

一、教学工作。

(一)抓好基础课的教学质量

1.明确指导思想和基础课的质量规格与要求。

大学本科四年主要为学生今后长期的学习和工作打好坚实的基础。为此,必须大力加强基础理论、基本知识、基本技能的教学和训练,使培养出来的学生基础扎实、知识面广、独立工作和自学能力强,适应性强,后劲足。这是提高教学质量的关键,必须继续大力抓好。

要抓好基础课的质量,必须从上到下明确指导思想,并组织几次学习和讨论,明确衡量基础课质量的标准和规格、要求。同时,也要重视后继课应用基础理论,加强基础的问题,使各类课程之间密切配合。

2.开展调查研究。

通过调查研究,弄清楚我校各门基础课与国内外著名大学相比水平如何?(在讲课教师水平、教材、课外作业、实验内容与要求、实验课的组织、习题课、答疑与考试要求等方面)主要存在什么问题?如何改进?要求各有关基础课教研室年内向校、系提出书面报告。

还要通过各种途径,向国内有关厂矿、企业、大专院校、科研机构等调查了解历年来我校毕业生质量的情况,联系今后实现四个现代化的要求,研究提出如何提高教学质量的具体意见。

3.校、系分管教学的负责人要深入教学第一线，与教师相结合，开展各项教学活动。

各教研室要充分发挥集体的作用，有计划地开展教学法活动。各系分管教学的系主任要亲自抓一门量大、面广、影响较大的基础课或专业基础课的教学活动，帮助教研室与任课教师总结经验，改进教学，制订提高质量的规划与措施等。要切实提高教师课堂讲授的水平。特别是一年级的基础课教学，要让有水平有经验的基础课教师上一年级的课。要成立一些备课小组，组织讨论教材中的重点和难点，并由有经验的教师担任教学小组长。编写或选用教材要注意先进性，要便于学生自学。教学，特别是课堂教学，一定要贯彻少而精的原则，强调启发式教学，注意培养学生独立思考、自学和解决问题的能力。教师要善于发现"尖子"学生，向有关的系推荐。各系应采取适当措施、加强指导和培养，以利优秀人才更快的成长。各系要创造条件试行导师制，有条件的可先在77级试行。学校有关行政领导本学期抓好英语、物理、数学、化学四门课。党委抓好政治课教育，要教育学生重视政治课的学习，明确学好政治课的重要意义，还要加强对学生进行前途教育、革命理想教育和共产主义道德品质教育。体育教研室要认真抓好学生的"两课、两操、两活动"，积极参加《国家体育锻炼标准》的锻炼和测验，有效地促进健康，增强体质，全面提高教学质量。

4.抓一门普通物理的电视录像教学和闭路电视教学的试点工作。

(二)提高实验教学质量

根据课程实验大纲的要求，提出实验的个数、套数、学生人数和经费、物资的可能，做好经费和物资的平衡工作，给各实验室安排必要的经费和仪器设备，保证应开实验或部分或基本或全部的开出。要求各系对本学年开出的所有实验组织一次检查，普通物理、普通化学、电子学等基础课实验室要逐步做到经常性开放。实验教学主要目的之一是培养学生的科学精神、科学方法。实验教学中应严格要求，要十分注意培养学生的独立工作能力，重视实验教学法的研究，逐步完善实验教学资料。学生实验前要有预习，要提问；实验后要有报告、有作业；实验不及格的要重做，实验没有通过的课程要补做，通过后才能给学分。要充分发挥已能开出的实验的教学作用，要加强校、系中心实验室的建设，将全校较多单位使用的大型精密仪器集中到校、系中心实验室，发挥仪器设备的更大作用。对本位主义、山头主义等错误思想要批评教育。

各系在调查研究、全面规划的基础上，抓一到两门最基本的专业基础实验课。要求每个新(或改进)实验的准备落实到人，限期开出。明年三四月份全校组织一次现场表演，由学校、各系有关领导参加鉴定。

(三)调查研究国内外著名大学的教学计划

要求各系组织精干的专门小组，调查研究国内外著名大学本科和研究生的教学计划包括课程设置，与本校的进行比较，在年内提出书面报告，并同时编译出国外著名大学的有关资料。应在总结我校、我国经验教训基础上吸收国外经验，解放思想，破除框框，修订好我校教学计划。

鉴于我校录取的新生业务素质比较好，有的基础课教学内容可以突破通用教材的框框。有的课程内容起点比较低，分量不够，应从实际出发，适当提高和加重。

(四)加紧新专业、专门化的筹建调整工作

在学术委员会和教学委员会之下设立一个专门小组逐个讨论研究"生物与医学仪器"、

“工业与科学管理”、“建筑学”、“计算机软件”等专业与地质系、科仪系的建设等工作,并按轻重缓急,有步骤地加以解决。与此同时,也要注意加强老系老专业的改造工作。

(五)切实改进试行学分制中的有关问题。

教务处和各系要认真总结经验和研究存在的问题,并采取适当措施。各教研室要打破专业的界限,树立全局观点,尽力为外系外专业开出选修课,为学分制创造更好的条件。

(六)进一步加强研究生培养工作,努力提高质量。

1.深入调查研究,制订研究生工作规划。

各系在总结自己30年来办学经验的基础上,参照国内外一些著名大学培养研究生的教学计划、课程设置与研究方向,结合我校具体情况修订各专业研究生培养计划(二、四年制二种)和各系研究生的培养规划。在规划中应当明确本系(本专业)主要学科基础,今后五年内主要研究方向,各年拟开出公共基础、专业基础和专业课程、实验和建立实验室的规划。

2.组织队伍,落实任务

在规划基础上,各系(专业)按教师专长、业务情况,成立小组负责开发课程与实验,收集并准备教材。可直接使用外文教材或自行编译。要及早做好准备。各组应当注意老中青相结合,任务落实到人,定出完成期限,认真检查落实。

3.各系抓一、二门专业基础课程,组织研究如何迅速有效引进教材,提高教师水平,提高教学质量。其中一门一般应包括实验教学。

4.研究生部负责组织力量,研究如何提高基础课的教学质量,处理好基础与专业之间的关系。明确研究生外语教学的目的和要求,确定教材和进一步提高教学质量应采取的措施。组织制订数学、自然辩证法等课程的教学大纲,使之更适合于专业的要求。

5.确定并落实78、79级研究生毕业论文的题目与要求。选题应当尽可能结合当前各教研室的研究课题,同时要有理论方面的要求,以保证论文工作的质量。各指导小组要安排一定力量先走一步,进行文献与实验工作的探索,这也是对中、青年教师的一种培养。各系在期中与期末必须检查二次。

6.通过调查研究,制订研究生经费使用办法。

二、科学研究工作。

本学期科研工作安排的指导思想:贯彻科学院关于科研工作在调整中前进,在整顿中提高,局部有进有退,有上有下,总体上稳步前进,为今后的持续发展打下牢固基础的指示,结合我校具体情况,本学期以整顿为中心,逐步地调整各项比例,稳定科研方向,扩展研究手段,进行学科杂交,形成特色,并逐步提高学术水平,为明年科学研究的进一步发展打下扎实基础。重点抓好以下各项工作:

1.在调查研究的基础上,继续酝酿和组织光学仪器、能源、应用力学、化学工程四个研究中心,争取年内落实一至二个中心的具体组织工作和着手开展综合性的研究工作。

2.整顿科学研究项目。根据各系学科基础发展的要求与外界的需要相结合的原则和大力促进科学杂交的前提下,对已有项目进行审查,有机的组合、配套、落实1980年计划项目。对于那些重复、力量不落实、水平不高的项目进行整顿。对已经批准的研究所(室)的科研专职编制进行酝酿,提出方案,逐步解决科研专职编制问题。

3.抓好“液氮容器”等8个项目的鉴定,抓紧“低频激光测振仪”等17个项目的进度,力争在今年底和明年上半年做出成果，并尽量从理论上进行总结。要逐步摸索科研成果的推广办法，促进科研成果的发展。

4.按时出版浙江大学学报，上报科研成果、发明创造和技术改进项目，搞好技术改进三、四等奖的审定，编辑、出版“断裂力学”等三本专业情报资料，进行交流。

加强科研计划及经费的管理，保证把有限的经费用在最迫切、最急需的地方。集中力量打歼灭战，武装重点方向，同时照顾到面上的需要。要积极疏通科研加工渠道，以利科研项目能如期进行。要积极组织学术活动，开展学术交流，活跃气氛。

三、进一步加强师资培养工作。

1.各教研室要根据大学本科和研究生工作的规划，认真制订每个教师的进修教育计划。

2.每个教师要求每半年(或一年)作一次读书报告或实验报告或教学研究报告或学术报告，开展讨论班活动，在这一基础上举行校、系的科学报告会。报告优秀者将获奖。

3.根据系、组学科方面和工作要求，制订一个派遣出国或到国内兄弟院校、研究院(所)进修和聘请国内外学者来校讲学的三年规划(草案)，根据需要与工作表现提出出国进修候选人名单，通过考试遴选出国人员。

4.建立教师业务考核制度及业务档案。

5.由人事处负责，教务处配合，分期分批对413名青年教师和未完全明确定职的教师进行考核、定职定位。

四、改革校办工厂的体制，更好地为教学、科研两个中心服务。

学校设立总厂，以加强对各分厂或车间的领导，并筹建金工实习和科研加工车间，保证教学实习和科研中的机械加工。在切实做好为教学、科研服务工作的同时，努力完成新产品研制和生产任务，为学校积累资金。

五、继续搞好清产核资，大力开展增产节约，勤俭办校，反对浪费。

清产核资一定要善始善终，做好报损报废、多余物资处理等善后工作。在清产核资，摸清家底的基础上，逐步建立和健全实验室的规章制度。充分发挥现有仪器设备的作用和提高其利用率，特别对万元以上仪器设备要建立使用和维护保养技术档案，加强管理，制定合理收费标准。要修订现行实验设备的分类，修订分类目录和编号，进一步做好固定资产的科学管理。

六、健全外事机构。

做好应聘来校工作的外籍教师和外国专家的安排、接待工作，同时做好来校参观访问外宾的接待工作；搞好对外联络工作，增加开放单位，以适应外宾参观的需要。

七、人事工作。

1.制订我校人员编制方案，并进行部分人员的调整工作。根据我校实际情况，在本学期中，整顿编制着重是校内的调整，解决那些不合理的和比例失调的状况，即：①教师队伍中要逐步解决专业教师和基础教师人数比例失调的情况，同时调整各系教师多少不平衡问题。②要加强实验室技术队伍的建设，逐步充实实验技术人员。③干部队伍要解决现在分布头重脚轻状况，要加强系行政干部的配备。

2.为了提高工作质量和工作效率,要积极试行已下发的系主任、教研室主任、实验室主任、教学研究小组长《工作职责》和学校行政各部门的《工作职责》,继续试行教师工作量制度。要建立职工的考勤、考核和奖惩制度。

3.根据上级规定,做好部分职工的工资调整工作,和部分业务人员的升职定职工作。

4.做好76级毕业生的分配工作。

八、关心群众生活,改善生活条件,努力搞好生活后勤和教学、科研的后勤供应工作。

1.编制好我校1980—1985年扩建工程基本建设规划和1980年基建和人防计划,全面完成今年基建和人防任务。在今年1—8月份完成建筑安装量274.9万元的基础上,下半年争取完成建筑安装工作量180万元左右。除学生食堂外将竣工项目12个,竣工面积26682平方米,其中家属宿舍7幢,新开工项目5个,计9300平方米。

2.搞好维修工作,抓紧结束教六大楼装修的结尾和学生九舍修理工作,修建实验室和校内外道路以及地下水道。进一步解决好我校供水问题,配合杭州自来水厂敷设新管线,完成有关施工任务和搬迁工作。加强实验用水、电供应和维修工作;加强电路管理,装好电铃,学生宿舍要做到统一按时熄灯。

3.为学生多开放阅览室,把原机械系食堂改建为学生阅览室。

4.安排调整家属宿舍。做好校本部477套新建家属宿舍的分配工作,同时对校外用房过挤的部分职工宿舍也作适当调整,1980年春节前将住在学生宿舍的358户家属全部迁出校外居住。在分配调整宿舍时要注意落实党的有关政策。

5.千方百计办好食堂,增加花色品种,搞好食堂卫生,改善服务态度,解决部分教职工用膳问题的后顾之忧。

6.要勤俭办校,改进财务管理,加强财务监督,做好年终决算。

7.严格用车制度,保证完成教学、科研、生产、外事和集体生活等方面的运输任务。

还要搞好校园绿化和清洁卫生工作,办好幼儿园。

8.努力做好教学、科研的后勤供应工作,逐步开展外地市场采购任务,减轻教师负担。切实搞好为教学第一线服务的后勤工作,保证教学工作的顺利进行。如对教室的灯光照明、黑板、讲台等进行经常检查,及时维修。添置实验室、图书馆家具,并着手配备明年新生入学的家具。

九、进一步做好计划生育工作,控制人口增长。

当前要迅速宣传和贯彻好《浙江省革命委员会关于计划生育若干问题的规定》,学校要制订一个贯彻这个《规定》的规定,并落实好80、81年的生育计划。

另外,还要努力做好为教学、科研服务的图书资料工作,整理国际学位论文,及时向师生推荐新到书籍。要积极开展群众性的体育活动和医疗卫生等方面的工作。

十、健全校、系两级领导管理体制,改进工作方法。

在校党委的统一领导下,切实地把行政指挥系统进一步健全起来。校长、系主任和各职能部门负责同志应有职有权,积极地和充分地发挥作用。有关学校行政重大问题要召开校长会议和校务会议(正副校长、系主任、行政处负责人参加)讨论决定,并分工贯彻执行。副校长要分工联系有关系、组,深入基层掌握情况,及时研究解决问题。要充分发挥教学委员会和学术委员会的作用，在学术委员会和教学委员会之下设师资遴选、培养、考核与升等小组，校际学术交流小组；在学术委员会之下设科研计划小组，研究生培养小组；在教学委员会之下设教学法小组，实验教学与建设小组，分别负责对有关事项的研究与审议，向党委和校长提出建议和审议意见，并协助有关部门推动有关工作。

要确立校、系两级领导管理的体制，改变专业办学的状况。学校对系的领导，主要是在政治上、组织上、方向上和计划上的领导；另一方面，在教学和科研业务上学校为系创造必要的条件，为下面服务。系主任应根据学校总的要求和本系实际情况，对提高教学质量和学术水平具有自己的设想和计划。要适当扩大系一级的权力(包括人事、财务、物资分配等)。为此。要配好系一级行政组织的领导班子和工作班子。

完成本学期的工作任务是非常艰巨的，我们要高举马列主义、毛泽东思想的伟大旗帜，紧密团结在以华国锋同志为首的党中央周围，坚持四项基本原则，解放思想，开动机器，团结一致，积极工作，为把浙大建成“教学、科研”两个中心而努力奋斗！

一九七九年十月

浙江大学档案馆藏，档案号：ZD-1979-XZ-78

浙江大学 1982—1983 学年工作要点

(1982 年 8 月 31 日)

中国共产党第十二次全国代表大会和五届五次全国人民代表大会将先后于九月一日和十一月召开，这是全党、全国头等重要的大事。党的十二大的召开，将要更高地举起共产主义的伟大旗帜，提出建设现代化的、高度文明，高度民主的社会主义强国的新纲领，五届人大五次会议通过的《中华人民共和国宪法》和“六五”计划等必将对我们党和国家的建设与发展起决定性的作用。我们一定要从思想上作好充分的准备，认真学习会议文件，贯彻会议的精神，结合学校思想上和工作上的实际情况，发挥文件的巨大动员和组织作用，使全校师生员工同心同德，振奋精神，艰苦努力，扎实工作，为完满实现两个大会所确定的各项战斗任务而奋斗。

中央已确定我国在今后二十年，经济发展分为两个阶段。前十年主要是打好基础，积蓄力量，后十年开创一个新的经济振兴时期，力争用二十年的时间，使工农业总产值翻两番，使人民的消费达到小康水平。这是从我国实际情况出发，对本世纪内我国社会主义建设的目标和实施步骤作出的重大决策和部署。因此教育事业的发展必须和这一战略部署相适应，和社会发展、精神文明的建设相适应。

我校是全国重点高校之一。我们应该努力把浙大建设成为一所既能稳定地为国家培养高质量的大学本科生和硕士、博士研究生，又能承担国家重大科研任务和在一些重点学科上赶超世界先进水平、攀登科学技术高峰的多科性理工科大学，争取为实现中央的战略部署作出更大的贡献。我校的各级领导和全体师生员工都应朝着这个目标共同努力。

(一)

按照高教事业在今后三五年内要着重贯彻“调整、改革、整顿、提高”的方针精神，从学校实际出发，在新学年中，将着重围绕“三个提高”，抓好十项工作。要求各系、各单位、各部门都按此工作要点的要求，制定出自己的工作计划，创造性地有成效地进行各项工作。

三个提高是：

1.进一步提高培养人才的质量

无论是大学本科生，还是研究生，都必须遵循党的教育方针，使受教育者在德育、智育、体育几方面都得到发展，成为有社会主义觉悟、有文化的劳动者和又红又专的人才。

2.进一步提高师资队伍的质量

全体教师和科技人员都应不断提高思想觉悟，树立良好的科学道德，刻苦认真学习和提高业务水平，踏踏实实地做学问，勤勤恳恳地培养学生，严于律己，为人师表。

3.进一步提高管理工作的质量

各方面管理工作必须坚持为教学、科研、生产第一线服务的方向，按照党和国家的方针政策办事。加强调查研究，提高工作效率与工作质量。

十项工作是：

1.各级领导和全体干部、教师都应以言教和身教共同关心学生(包括大学生和研究生)德育的发展。通过本职工作积极引导学生努力学习和掌握马列主义、毛泽东思想的基本原理，坚持四项基本原则，树立社会主义道德风尚和共产主义理想，走又红又专的道路，自觉服从组织分配，积极为社会主义现代化建设服务，防止和克服资产阶级“自由化”的影响，抵制资本主义形形色色的精神污染和腐蚀。

试行建立导师制，以加强对学生的思想政治工作和学习的指导。

2.修订和执行好教学计划，进一步提高基础课的教学质量和毕业设计、毕业论文的质量。

修订大学本科的教学计划，应以“打好基础、加强实践、提高能力”为指导思想，注意放宽专业面，侧重智能的培养。各系同一学科的基础专业，前三年教学安排尽可能一致。对于研究生的培养应在总结经验的基础上，制订出相对稳定的符合培养硕士、博士要求的教学计划。大学生和研究生的教学计划，都应由系组织制定，报学校审核批准。(具体要求另发)

各教研室主任应协助系抓好教学计划的修订工作，并负责组织开出教学计划中所规定的有关课程。考核任课教师的工作，对所开出的各门课程的教学质量负责，特别是对列为教学计划中的主干课程，应采取更充分的措施，确保质量。每个教师都应加强教学研究，注意启发式的教学，侧重智能的培养，加强独立工作能力的锻炼。

要在原有的基础上进一步提高基础课的教学质量，总结经验，提出新的有效措施，确保基础课的教学质量稳步提高。要对上两届毕业设计、毕业论文工作进行总结，巩固成绩，发现问题加以改进，以加强实践能力的培养。

3.抓重点学科(专业)的建设。

为了提高学校教学、科研的水平，必须抓好重点学科(专业)的建设。重点学科(专业)应该既是培养高质量大学生、硕士生、博士生的示范单位，又是开展科研工作的主要基地。对于已确定的重点学科（专业），校、系和有关部门应订出措施，有步骤地从人员、经费、设备、图书资料等各方面条件予以优先的支持。要求各系最迟在年底前提出本系分批建设重点学科（专业）的计划，包括它们的基础条件、工作成就和本学年中努力达到的目标。要加强各学科（专业）之间的交流和协作，促进理工结合和学科杂交，组织好大型、综合的科研项目，提高科研攻关能力。为了更好评定各系和学科（专业）的工作，试行民主评议的制度，本学期将先选择 1—2 个系作为评议的试点。

4. 在中年教师中选拔学术带头人。

各系应立即着手对中年骨干教师进行一次认真的分析和排队，从中把思想品质好，业务水平高的优秀中年教师选拔出来，作为学术带头人来培养，创造条件让他们更快的成长，在学术上接好班。要求各系于十月底前报出名单。对于在学术上已作出较大成就的，将积极向教育部和中科院推荐，争取增补为学部委员和学位评议组成员。

5. 抓紧学术梯队的建设和中青年教师的培养。

各学科都应研究队伍的现状和建设的要求，订出计划和措施。各系应结合建设重点学科（专业）和选拔中年学术带头人，着重抓好一二个学科方向明确，真正能攻坚、攀高的学术梯队。对中、青教师的培养，关键是明确方向，从思想、工作和进修提高上严格要求。各系、教研室对中年教师要压担子，并按学科发展要求加深基础，扩展知识领域，提高学术水平。对新毕业留校的青年教师，要有计划、有步骤地按在职研究生的要求来培养，使在五六年内都达到硕士学位以上的水平。

为促进学术活动的开展，活跃学术空气，恢复每周三下午为全校统一学术活动时间。

为给长期担负工作重担的骨干教师创造条件，使他们能更好地开展学术工作，本学年中，开始试行学术假制度。

6. 抓好教师和各类科技人员提升职称的工作。

提职工作按照“坚持标准，保证质量，全面考核，择优提升”的原则，要充分发挥这项工作的政策引导作用，促使教师和科技人员专心搞好本职工作，不断提高教学质量和学术水平。

7. 抓好各系和校机关部门的建设。

组织修订各级领导和各系与机关部门的职责；抓好系秘书和机关部门人员的调整和配备，着手建立岗位责任制。

按业务系统，由有关部门负责组织抓好在职干部的培训，提高搞好本职工作的业务水平。

试行有计划地选调具有一定政策水平和管理能力，熟悉业务的中、青年教师参加学校各业务部门的管理工作。

继续抓好青工的文化补课和考核。

8. 建立和健全学校各方面的规章制度，使管理工作有章可循。熟悉并正确执行有关规章制度，应作为干部业务考核的一项内容。建立必要的会议与工作制度，以加强工作计划性，提高会议质量和工作效率。

9. 围绕“五定”的准备，着重抓各类人员的定编工作。大力促进人员的流动，同时加强对系与专业设置的调查研究，根据国家的精神和培养人才的要求，进行必要的调整。

10.从推广科技成果、支援教师和技术力量着手,加强与杭州市的协作,争取进一步解决好我校生活区建设和教职工子女上中小学和就业等有关问题。

在我校后勤工作中应着重抓好为教学、科研服务的技术后勤工作和教室的维修改造,并围绕贯彻知识分子政策,搞好生活后勤工作。要优先改善中年知识分子的工作条件和生活条件,逐步为他们解决后顾之忧。

(二)

以党的十二大精神为指导,根据新的党章,进一步加强党的建设,使党的组织适应社会主义现代化建设新时期的特点和需要,更严格的要求党员和干部,提高党组织的战斗力,坚持和改善党的领导;加强政治思想工作,搞好精神文明建设,从组织上、思想上保证学校调整、改革工作的顺利进行,保证党的方针政策在学校中的正确贯彻执行。

一、加强党的建设

1.我校今后一年党的建设的中心任务是组织学习、宣传和贯彻党的十二大文件的精神,在九至十二月的第一阶段中要着重领会和掌握文件的精神;在提高认识,统一思想基础上明年一至六月进入第二阶段学习。要把对文件精神的深入理解和我校工作实际结合起来,并根据不同对象提出不同要求。通过党员干部的集中学习,全体党员的轮训和健全党的组织生活,认真开展批评与自我批评,增强党的观念,提高党性修养,克服思想上、作风上的缺点,发扬为共产主义奋斗终身的革命精神,务使全校各项工作和党风有显著的进步,为将来整党作好准备。

通过学习,使每个党员坚定为共产主义奋斗终身的信念,明确现阶段党的总任务,清楚的了解党的方针政策并懂得怎样做一个合格的共产党员,自觉抵制资产阶级思想的腐蚀,增强党性,立足本职,为实现党的总任务作出自己应有的贡献。

2.把学先进,赶先进,创先进的活动进一步推向深入。

在认真总结上半年“双争”(争当优秀党员,争创先进党支部)活动开展情况的基础上,组织党员学习优秀党员和先进支部事迹,提倡学习这些同志在各自岗位上为党的教育事业的献身精神。学习中要根据不同对象提出不同的具体要求,把这项活动和工作、生活、学习紧密联系起来,并落实到行动中去。各级党组织要把这项活动作为经常性工作认真抓好。

进一步健全组织生活和党课制度。

3.结合精简、调整机构,进一步充实加强各级领导班子。明确职责、各司其职,提高工作效率。

调整力量,充实干部队伍,加强干部队伍的培养、教育和考察工作,并逐步使之制度化。

党委领导同志要深入基层,调查研究,加强面对面领导,有重点地解决一二个存在问题较多的总支和支部。

二、加强政治思想工作

善于做好思想政治工作是我们区别于其他政党的一个重要特点,是取得革命和建设胜利的法宝。当前,各级党的领导要大兴调查研究之风,要有针对性地结合各项具体工作做好师生员工的政治思想工作,特别是学生的政治思想工作。

要从落实措施,加强管理,健全制度三个方面来加强学生的政治思想工作。要十分重视,充分发挥教师"教书育人",做学生思想工作的重要作用。选择典型,大力推广班主任制度,试行导师制。

建立德育教研室。在八二级学生中开展德育教育,其余各年级开设讲座,有计划地进行坚持四项基本原则和爱国主义、共产主义道德品质、人生观教育,努力做到"晓之以理"、"导之以行"。试行品德评定制度,每个系选 1—2 个小班进行试点。

把五讲四美活动扎扎实实地开展下去,认真抓好劳动教育,开展文明寝室、文明班级活动,从解决"乱"、"差"入手,进一步抓好精神文明建设。搞好班团组织建设,充分发挥他们的作用,注意培养学生独立工作能力。

举办各种培训班,加强政治思想工作队伍的自身建设,提高这支队伍的政治素质、理论修养和政策思想水平。

教职工中要认真抓好十二大和五届人大五次会议重要文件学习。努力提高政治学习的质量。要切实抓好升职和调资工作中的政治思想教育,并制定相应的政策措施,大力鼓励教职工为学校建设和教学、科研工作多作贡献。

三、认真落实知识分子政策

中年知识分子处在承前启后、继往开来的关键地位,是四化建设的骨干力量和生力军。充分调动他们的积极性是我们办好学校的带有根本性的重要工作之一。当前,落实知识分子政策的重点是中年知识分子。

落实知识分子政策要真正做到:政治上一视同仁;工作上放手使用;生活上关心照顾。

政治上:要充分信任、放手使用,不拘一格选拔人才。要加强中年知识分子中的建党工作。

工作上:要尽最大可能为他们创造条件,使他们更快地成长。要逐步解决专家配备助手、兼职过多问题。

生活上,要进一步落实措施,从各方面努力,切实为他们解决一些实际困难。

四、把打击经济领域犯罪活动的斗争进行到底

开学初,结合典型案例的处理,对前段时间的斗争进行小结和进一步动员。加强领导,抓住重大线索,彻底查清,把这场斗争进行到底。

选择典型案例和财经纪律检查中发现的问题,对教职工进行遵纪守法的教育;在党员中进行共产党员要自觉抵制资产阶级思想腐蚀的教育,扭转部分教职工中存在的"向钱看"的不良倾向,要求共产党员带头做到公私分明、克己奉公,发扬不为个人名利,为党的事业奋斗终生的共产主义精神,做建设社会主义精神文明的先锋。

逐步制定有关经济管理制度。

按省委统一部署,抓紧搞好两案审理工作。

浙江大学档案馆藏,档案号:ZD-1982-XZ-4-1

浙江大学 1986—1987 学年第一学期工作总结

(1987 年 2 月 14 日)

1986—1987 学年第一学期已经胜利地过去了。这一学期,在国家教委和省委的领导下,由于全校师生员工的团结一致,共同努力,积极主动,讲究实效,坚持以教学改革为主的各项改革和校风建设,不断提高教学、科研和其他各项工作的质量,取得了很大的成绩。

一

学校的根本任务是培养人才,教学工作是学校各项改革中最主要的改革。一学期来,我们坚持"面向教学第一线,面向学生,面向提高教学质量"的方向,积极稳步地进行教学改革。

1. 1986 年,我校的招生规模在基本稳定的情况下仍有所发展,研究生的人数有了较大的增加。共招收本科生 2240 名,专科生 91 名,干部专修生 97 名,硕士研究生 596 名(包括研究生班 61 名),博士生 56 名。目前全校学生已达 10864 人,其中博士生和硕士生有 1652 人,与本专科生之比已达 1:6。全校教职员工 5198 人,其中教师 2409 人,其他专业技术人员 1057 人,干部 325 人,工人 1407 人。全校师生员工已达 16000 余人,是我校历史上规模最大的一年。

2. 1986 年我校系和专业设置又有了增加。新建了中国语言文学、生物科学与技术、建筑学三个系,现全校已有 21 个系。新增了应用光学、生物科学与技术、汉语言文学、生物化工四个专业,本科专业已达 46 个。国家教委还同意我校筹办"城镇建设(试办)"专业,专科专业有 3 个。

3. 经国务院学位委员会批准 1986 年我校新增加博士点 9 个,硕士点 11 个。目前我校已有博士点 29 个,硕士点 53 个。

4. 本科生教学着重抓了改革课程结构,加强基础理论;增加实践环节,培养学生能力;贯彻因材施教,扶植优秀学生脱颖而出。

①信电系对已确定改革的课程制订了可行的 86 级教学计划,并已着手制订有关课程的教学大纲。计算机系 86 级按模块结构理论制订整体优化的计划,已确定每类课程组的知识模块及教学大纲。化工系化学工程专业 86 级就无机化学和分析化学合并组织教学。

②加强基础教学方面,数学微积分的教学开始实行大班讲课,小班上习题课,并由任课教师批改作业,收到良好的教学效果。为提高外语教学质量,暑假期间组织公外教师集中备课并深入讨论了分级教学大纲,起到了积极作用。各系普遍在原有基础上进一步重视和加强了计算机教学。

③混合班、提高班的试点工作继续进行,并且有了新的进展。各系对回系的 84 级混合班学生分别为他们制订了特殊的教学计划和专门的培养方案。85 级在 84 级教学经验的基础上进行了第二学年的课程结构改革,其特点是进一步破除专业框框,改分为电、化、机三个大类课程结构组合,三大类课程结构组合中,又加强和统一了共性技术基础。

5. 在全校全面开展研究生教学质量检查的基础上修订了硕士生培养方案,并根据博士生导师座谈会精神,按规范化与灵活性相结合的原则初步制订了博士生培养方案。

6. 积极开展与国外联合培养博士研究生的工作。1986 年已有 6 位博士生分别派往加拿大、日本、英国、意大利、联邦德国、美国有关大学培养。

7.根据国家教委有关文件精神结合我校实际，修订了《浙江大学研究生学则》，已经校长办公会议讨论通过。新的《学则》加强了研究生品德评定和学籍管理，建立了合理的淘汰制度，有利于全面提高研究生的培养质量。

8.为有利于培养优秀学生，促进早出人才，设立了“竺可桢奖学金”和“浙江大学优秀毕业生”荣誉奖。在86届毕业本科生和研究生中评选出优秀毕业生16名，初步评出86—87学年“竺可桢奖学金”获得者10名，将于今年春九十周年校庆时予以颁布。

9.改革现行人民助学金制度。在1986级2178名学生中试行奖学金和贷学金制度，有536名获得新生奖学金，占新生总数的24.6%；贷学金人数704名，占32.5%。调动了广大学生刻苦学习，奋发向上的积极性，促进学生在德、智、体、美诸方面的健康成长。

在科仪系进行了改革研究生助学金制度的试点工作。

10.在体育场地、设施非常紧张的条件下，因地制宜地进行了球类、跑步、武术、气功等各种体育活动，群体活动更为广泛的开展。

我校体育运动水平有较大提高。在第二届全国大学生运动会上，我校运动员取得了好成绩，有11人次打破7项上届全国大学生运动会纪录。在浙江省第八届运动会上，我校运动员夺得金牌2枚，破6项全国大学生运动会纪录。

11.认真贯彻落实国家教委、计委、劳动人事部、财政部、商业部和总参、总政、总后《关于加强高等学校学生军事训练试点工作的通知》，学校和第一集团军联合召开了关于1986级大学生到部队军训的协商会议，成立了“大学生军事训练领导小组”，并已制订了军训的有关计划。

12.成人教育有较快发展。目前夜大学已有5个专业，1010名学生。同时正在积极筹办电气技术、能源与环保两个新专业。为了改进成人教育、改革现有单一学年制模式，在夜大学推行了“选修课”，实施“先修课”制度和“单课积累制”的新培养模式，1987年1月将有四个专业的13名夜大生可提前半年毕业。

为了提高本校干部素质，增办了“高等教育专修班”，通过考试录取29人参加学习。

根据国家教委1986年召开的全国高等函授教育工作会议上提出的“要把函授、夜大学都作为普通高等学校的正规办学形式”和“大力发展高等函授教育”、“举办函授教育是高等学校的一项基本任务”的精神，学校决定恢复函授教育，并已在社会需求调查的基础上，于1987年先办机制、电气技术和金属热加工工艺三个专业，招收函授生450名。

二

我校担负着培养高质量人才和出高质量科研成果的双重任务。这学期来，我校科研工作积极贯彻《中共中央关于科技体制改革的决定》和面向经济建设的方针，同时加强了重点学科的建设。

1.1986年是我校历年来获得科研成果奖较多的一年，全校共有84项科研成果分别获国家科技发明奖、国家技术进步奖、国家发明专利及各部委、省科委优秀科技成果奖。其中获国家发明奖2项(机械系研制的“变渗透度含油轴承”获国家发明三等奖，材料系研制的“游离双高碳相抗磨铸铁及其工艺”获国家发明四等奖)，获国家科技进步奖7项，获“六五”国家科技攻关表彰项目7项，获国家教委技术进步奖12项，获各部委科技成果奖7项，获浙江省科技进步奖21项。上报专利申请项目105项,其中有18项已获专利证书。通过各级技术鉴定的重大科研项目有78项,其中:通过部级鉴定的有26项,通过省级鉴定的有22项,校级鉴定的有30项。根据鉴定意见,达到国际水平或国外同类型产品水平的有23项,属国内首创或领先的有22项。95%以上的项目均得到应用,有不少项目获得重大成果和显著的经济效益。例如通过冶金部部级鉴定的"板坯连续式加热炉数学模型与计算机仿真控制"项目,可降低能耗9%左右,年经济效益可达100万元以上;通过部级鉴定的"大型水轮发电机定子线棒股线新换位方式研究"项目,可使发电机出力提高10%左右,经济效益显著。

2.承接了一批科研项目:

①承接国家攻关项目40余项,其中"VAX系列(UNIX)机械产品CAD支撑系统","激光技术","劣质煤燃烧及水煤浆燃烧"等项目以我校为主持研究单位。

②申请国家自然科学基金项目191项,批准43项,占20%,经费为133万元,加上前两年批准项目,目前我校共承担国家自然科研基金项目141项。

③积极发展横向协作。1986年共安排横向协作项目231项。我校大部分科研人员,大多数项目以及大部分经费都属协作项目。

④承接一批国家各部委及省科委项目。

3.重点实验室建设。对已被国家批准的两个重点实验室进行各项开放工作,流体传动实验室已成立学术委员会,设立了开放实验室基金,已有三个单位申请,并即将派人来校开展研究工作。高纯硅材料实验室积极准备开放工作,大部分的国外订货已到,并筹备成立学术委员会。国家计委已决定在我校建设"水煤浆燃烧中心",由国家计委拨付专项建设经费。我校化工系"聚合反应工程"学科做了各项准备,争取列入国家重点实验室。

4.积极推动我校高技术的研究发展。

当代世界的新技术革命将对人类社会的经济生活和社会生活产生重大影响,在高技术领域跟踪世界水平,对发展我国科学技术和我校的学科建设都有重要意义。

为了发展我校高技术的研究,召开了多次座谈会,编制了我校"发展高技术、新技术"研究初步设想。我校有6位教授参加了国家教委召开的高技术研讨会,并参加编写计划设想。1986年我校还向国家科委、国家教委推荐专家及争取承接项目等工作。

5.加强横向联系,积极发展联合体。

我校参加了国家经委召开的"强化企业技术开发,推动横向协作"座谈会,有7个项目列入国家经委组织的100项重大协作项目中。

继续发展与大中企业的横向协作。先后与南京光学仪器厂、电子部24所、杭州制氧机厂、航天工业部贵州基地等大型企业签订了合作协议,还与福州市及南平市签订了合作协议。

6.为了提倡和发展在科学研究工作中的创新思想,鼓励广大师生创造发明,使学校成为技术发明和科学发现的摇篮与源泉。1986年设立了"浙大科研基金",经各系学术委员会初审,学校复审,共安排基金项目122项。

7.1986年共获科研经费1480万元,是我校历史上获科研经费最多的一年。

8.贯彻执行国家科委、国家档案局联发的(83)996号文件,加强了对科技档案的管理,对515项科研成果档案进行了检查验收,并已全部符合要求予以归档。

三

围绕教学、科研两个中心的建设，各有关部门和直属单位积极主动，做好本部门的工作。

1.为了试行教师职务聘任制，继续抓紧进行教师高级职务的评审工作。1985、1986年，我校审定具有教授任职资格的有58人(其中晋升后退休9人)，具有副教授聘任资格的有377人(其中晋升后退休5人，待聘教授13人)。目前全校2409名教师中，已聘任教授96名，副教授565名，正副教授占在编教师总数的30%。通过教师职务聘任，使我校教师队伍高、中、初级职务结构趋向更加合理；高级职务年龄老化现象有所改变，教授的平均年龄由原来的62.6岁下降到57.4岁，副教授的平均年龄由原来的55.7岁下降到52岁；增加了教授、副教授上教学第一线的比例；促进了人才流动和离退休制度的顺利进行。

2.进行教师以外六个专业技术职务任职资格评审工作。经国家教委批准，我校有科学研究、实验技术、工程技术人员职务系列高、中级职务任职资格审定权；有图书资料、出版专业职务系列副研究馆员、副编审职务及中级职务任职资格审定权；有会计专业职务系列中级职务任职资格审定权。目前这项工作在本学期末已基本完成。经职务评审委员会和专业技术职务评审组审定，全校共晋升高级工程师39人(其中1人退休)，高级实验师5人，副研究馆员3人，副编审5人；晋升讲师120人，工程师、实验师、馆员、编辑等中级职务共250人。同时还进行干部职级的评定工作。通过这项工作的进行，进一步调动了专业技术人员和干部的工作积极性。

3.按照国发(1986)26号文和浙江省人民政府的有关规定，有118位同志办理了离、退休手续，其中离休21人，退休97人(其中高级知识分子29人，讲师、工程师24人)。

4.实现全校教学、科研固定资产的计算机管理。目前全校7000多万元设备的有关资料已全部输入计算机系统，基本统计数字已按国家教委要求实现计算机管理。开展全校实验室系统评选先进集体、先进个人的活动。流体传动及控制开放研究实验室被国家教委评为高校实验室系统先进集体。

5.校系办工厂除安排了近2000名大学生的实习任务外，抓新产品、新技术开发，抓生产经营的社会经济效益，积极组织创收。五个工厂全年共完成产值2200万元以上，创利润达538万元，比年计划利润500万元净增38万元。对外技术咨询公司全年收入为709.2万元(原定年创收500万元)，比1985年增加了229.1万元，增加了47%。这些创收极大地改善了学校的办学条件。

6.为提高教学质量，制作电视教学片24部，其中德育片《人生漫语》、电工片《磁路》、零件片《螺旋传动》等已经过全国审片，由中央音像教材出版社收购发行，受到好评。配合校庆活动，拍摄校史电视专题片《西迁寻迹》、《怀念竺校长》，受到国内外校友好评。为中央电视台、浙江电视台、杭州电视台提供浙大新闻88条，是全国高校中新闻最多的学校，扩大了我校在国内外的影响。

7.校出版社认真贯彻了全国高等学校出版社工作会议和总编会议精神，进一步明确了高等学校出版社应是高等学校的一个重要的学术性机构，明确了高校出版社的方针、作用和任务。1986年出版图书30种，32本，30万册，其中教材23种，25本。

8.1986年继续执行中央对外开放的方针，积极发展对外学术交流和对外交往，巩固和发展与国外的校际联系。一年来共聘请语言专家和教师25名,短期科技专家30名,各系邀请了顺访专家109批;参加国际学术会议34人次;派出了由路甬祥副校长为团长的5人组成的代表团访问了联邦德国;韩祯祥校长赴美参加了第二次中美大学校长会议,并赴加拿大参加浙大北美校友会1986年年会;派出了85名教师出国进修或攻读硕士、博士学位;又和国外5所大学签订了校际交流合作协议。

9.为更有利于教学、科研工作的开展,学校将校中心实验室分为计算与信息、分析测试两个中心。据不完全统计,分析测试中心一学期来,33台主要仪器设备的教学开机总时数为7605小时,完成教学实验个数为172个,参加教学实验人数:研究生为1262人次,大学生为374人次,教师为158人次,其他人员为55人次。计算与信息中心为全校教学、科研提供优良服务,并开展对外服务。1986年接受上机人数5800人,实际使用机时为117484小时,为最高的一年。浙江大学Honeywell计算站被评为1986年度全国DPS系列计算机优秀用户。

10.积极开展审计工作,制订了《浙江大学审计室工作条例》,并已颁布执行。对学校预算内外的事业费、基金和基本建设投资实施监督。

11.校图书馆积极配合教学、科研部门完成了大量的日常工作。一年来,据统计,阅览部接待读者24.9万多人次,日平均接待量1133人次;书库接待读者23万多人次,日平均接待量1033人次;期刊部接待读者7.7万多人次,日平均接待量289人次;文献检索部接待读者1.9万多人次,普通阅览室接待读者80万人次。采购中、外文图书83336册,订中、外文刊物5450种9008份。分编中文书10162种,60737册,分编外文书7821种,13770册。开出文献检索课,有近一千名研究生和大学生参加听课。同时还做了许多业务管理改进工作,如扩大了单本书库开架对象,讲师和博士研究生均可入库,等等。

12.积极开展浙大校友会的工作,加强了和校友的联系,印发了《浙大校友通讯》两期和《杭州市浙大校友会校友通讯录》。

四

后勤工作为教学、科研、生产和生活服务,努力提高工作质量和工作效率,为学校建设作出了贡献。

1.1986年学校基建共完成计划投资额1401万元(包括完成其他渠道基建投资计划512万元)。全年学校计划内在建工程项目总计施工面积达87464m²,其中:教学用房55242m²,家属宿舍15840m²,学生宿舍11300m²。全年在建15个单项工程中至年底有7个单项竣工,3个单项基本完工,总计建筑面积35779m²,其中学生宿舍11300m²,教工住宅9760m²,教学用房11290m²。目前主要在建项目有邵逸夫科学馆4587m²,第九教学大楼15170m²,第十教学大楼14680m²,共45885m²。校建筑设计研究院对这些工程的设计起了重要的保证作用。

2.已修整好新桥门的体育场地,缓和了学生体育运动场地紧张的情况。整修了校内部分道路,整顿了基建场地,清理了临时工棚。

在绿化校园方面,校内新增绿化面积7720m²,新铺草皮790m²,植树1500多株,新建花坛6个,安装栏杆227米,校园面貌在原有基础上有了进一步的改观,被评为西湖区、杭州市、浙江省和全国绿化先进单位。

3.为开辟副食来源,稳定食堂价格,改善伙食,膳食部门的同志克服各种困难,全年养猪

810 头，加工各类点心 16.7 万斤(面粉)，自做豆制品 4.5 万斤，节支创收补贴学生伙食 10 万元左右，降低了学生伙食的成本。1986 年学生每人每月伙食的支出平均为 26.11 元。副食品的花色品种每餐都保持在 15 种以上，从宏观上讲，目前的伙食标准既符合大多数学生的经济水平，同时也达到了国家规定的营养标准。为减少学生用膳排队拥挤的情况，开设了快餐厅，用膳快，又卫生，得到了学生的好评。

4.成立了大楼、宿舍管理站，对全校十四幢学生宿舍、四幢单身教工宿舍和全校九幢教学楼、一幢办公楼进行综合管理。管理站成立 10 个月来，教学大楼和宿舍的卫生面貌有了较大的改观；加强了对家具和公共设施的管理；狠抓治安工作，发案率明显下降；节约了水、电；向同学公布"十项为同学生活服务"的措施，深受学生的好评，同时还开展了卫生、安全宣传，表扬好人好事。管理站的工作曾得到省、市有关部门的表扬。(下略)

五

积极进行浙大建立九十周年校庆活动的筹备工作。建立了校庆筹备委员会，下设秘书、宣传报道、学术活动、后勤接待、安全保卫等五个组。本学期来各组都已分别做了大量的筹备工作，目前还正在继续进行。

一九八七年二月十四日

浙江大学档案馆藏，档案号：ZD-1987-XZ-66-1

浙江大学 1987—1988 学年第一学期工作要点

(1987 年 8 月)

浙大发办〔1987〕24 号

制订 1987—1988 学年第一学期工作要点的指导思想是坚决贯彻中共中央〔1987〕18 号文件，坚持四项基本原则，坚持改革、开放、搞活，改进和加强思想政治工作，坚持不懈地抓好校风建设，全面提高教育质量，重点加强本科教育工作，促使学校各项工作提高到一个新的水平。

工作要点如下：

一、关于改进和加强思想政治工作，抓好校风校纪

1.根据党委和行政的统一部署，组织全校教职工传达学习中共中央(1987)18 号文件，进一步明确办学指导思想，提高各级干部和全校师生员工对加强思想政治工作的自觉性，以实际行动改进我校的思想政治工作。

2.通过传达贯彻(1987)18 号文件，使广大教师和职工明确教书育人、服务育人是自己义不容辞的职责，把教书育人、服务育人、为人师表和对学生进行思想政治教育的情况，作为考核教职工成绩的一项重要内容。对在教书育人方面做出显著成绩并已具备任职条件的教师，应优先聘任相应的教师职务。

教师节前后，要充分利用宣传窗、广播、校刊、电视，广为宣传教书育人、服务育人、为人师表的先进个人和事迹。

3.各部处和各系、各教研室应结合做好各项业务工作,检查教书育人、服务育人的情况,加强为人师表的教育。各系应指定一位副主任负责。

4.各系应认真落实班主任工作,有条件的系可在高年级中试行导师制。9月10日前,各系应确定好班主任、导师,并将名单上报学校。结合政治理论课教学,实行并加强马列主义教师担任第二班主任的工作。在本学期12月间召开一次班主任经验交流会。

5.建立和健全研究生思想政治工作体系。确定研究生的思想政治教育由党委宣传部统一归口,管理工作由研究生院统一归口,由各系负责实施。为此,要充实各系分管研究生工作干部的配备。

要加强研究生的思想政治和道德品质教育,并教育他们毕业后自觉到祖国四化建设迫切需要的岗位上去工作。

6.本学期各年级学生到校时间不一,各系应集中力量对学生深入进行校风校纪教育,思想品德教育,社会公德教育,形势政策教育,艰苦奋斗、勤俭节约教育。

7.要按照国家教委,总参、总政所发通知的要求,认真抓好大学生军训工作。各系都应认真总结、研究措施,巩固86级学生军训的成果,并搞好87级学生参加军训的各项工作。各有关部门都应主动配合搞好学生军训工作。在校田径运动会开幕式上,同时举行86级、87级学生分列式汇报。

8.逐步推广学生思想品德考评制度。在评选优秀学生、评定奖学金获得者和选拔研究生、出国留学生工作中,必须坚持品学兼优的标准。通过评比和宣传,树立德智体美全面发展的优秀学生的形象。同时,增设社会实践奖、体育优秀奖和文艺优秀奖等单项奖,以鼓励更多的学生在德智体美各方面基本发展的基础上,发挥特长。

9.继续加强《浙江大学本科生学则》、《浙江大学研究生学则》的宣传教育,总结在贯彻工作中的经验,同时制订《浙江大学违反校纪处分条例》,严明校纪。

继续巩固和加强大楼、宿舍管理体制。

10.完善公派出国人员的选拔和政审办法。要明确各部门职责,严格执行审批程序,对公派出国人员应先政审,其业务水平和思想政治素质应同时考虑。

11.机关、校直属单位及后勤部门要更好地为教学,科研服务,为师生员工服务,为基层服务,改进工作作风,提高工作效率和工作质量,克服官僚主义。确定每星期四下午为校领导接待师生员工来访日。

12.加强校园文化建设。建设好校艺术团,活跃师生员工文化娱乐生活。在教师节、国庆节、元旦期间,有关部门可组织开展文艺、书法、美术、摄影、集邮和影评、书评等活动。

在图书馆、电教楼各可辟建一宣传画廊,开展优秀人物,书刊文章推荐、评介,音乐介绍,电教等多方面的宣传教育。

13.加强法纪教育,提倡社会公德,在学生中提倡不吸烟,反对酗酒,严禁赌博、斗殴等行为。

二、加强本科教育工作,全面提高教育质量

本科生和研究生教育并重是我校教育工作的重心,而本科教育又是最基本最重要的独立的教育层次。我们要充分认识本科教育的重要性,加强本科教育工作,提高本科教育质量。学校提出的关于加强本科教育工作的12条意见，要求各系、各部门努力贯彻执行。

1.各系要组织教师认真讨论，回顾和总结近几年我校在本科教育工作中取得的成绩和薄弱环节，提高教师对搞好本科教育工作重要性的认识，把本科教育工作摆到重要的地位。

2.在学校权限许可的范围内，研究学校各项政策，拟定切实有效的措施，协调好本科教育、研究生教育和科研工作的关系。

进一步完善对教师教学工作的考核评定办法。在教师职务晋升评审工作中，应充分考虑教学的因素，对符合条件、教学优秀的教师应予以优先晋升。

3.加强本科教学第一线的师资力量和教学管理队伍的建设。基础和技术基础课副教授以上高职教师，每年至少有一学期担任不少于4学分的本科教学；专业课副教授以上高职教师，每二年至少有一学期担任不少于4学分的本科教学，使高职教师担任本科教学工作的比例，从目前的22%—25%提高并保持在30%左右。

4.建立"教学业务费预算定额标准"和"一类课程和实验发展基金"。三年内，每年在国家财政专项拨款的基础上，学校增拨40万元，支持一类课程和一类实验室建设(主要是本科基础理论或技术基础理论课程)。

5.实验教学、课程设计、生产实习、毕业设计等实践性教学环节是本科教学改革的一个重要方面，必须继续抓紧抓好。要总结经验，改进短学期安排。

要引导青年学生参加社会实践和勤工助学，了解国情民情，增强社会责任感。

要主动与工矿企业的生产实际、技术革新和技术改造相结合，以建立稳固的校外实习基地。

继续探索厂校联合培养的有效途径，并作为我校教育改革的内容之一。在总结电机系试点的基础上，厂校联合培养的试点明年将扩大到5个系共100人，本学期应做好各项准备工作。

6.总结三年来办"混合班"的经验，把"混合班"学生的培养列为全面进行教育改革和教育研究的课题，在理论和实践两个方面深入研究，使之成为我校培养优秀人才的一种成功的模式。

7.组织有关部门按"科学评分、合理淘汰"的原则制定本科教育各个教学环节的质量评估制度，并经试点完善后推广执行。

有关系和专业应积极认真做好参加全国性专业评估的工作。

8.完善专项体育课的教学组织形式和对学生体育成绩的考核办法。

开好一年一届的校田径运动会，推动全校性体育运动的蓬勃开展，造成师生重视体育、积极参加体育锻炼的好风气。要加强对高水平体育运动队的建设，抓好管理和严格、科学的训练。要做好参加浙江省高校田径运动会和1988年全国大学生运动会的准备，争取优异成绩。

9.随着留学生人数的逐年增加，要加强对留学生教学工作的研究和指导，教务处、外事处及有关各系要及时总结经验，提高培养质量。

10.改革现行助学金制度，在86级、87级学生中实行奖学金与贷款制度。

三、关于研究生教育

1.坚持不懈提高研究生培养质量，加强实践性教学环节。要抓好面向全校研究生的实验教学和基础实验室的建设；学位论文选题要结合国情，面向实际；工科研究生论文应强调实验内容；要大力开展研究生的社会实践活动。要积极进行工程型硕士生的培养工作。严格执行研究生学则的各项规定和筛选制度。

2.我校计划在1988年申报10—12个新博士点。必须做好充分的准备工作,重视遴选好一批中青年的博士导师,并做好现有博士点的学科建设和梯队建设。

3.根据国家教委和国家计委下达的文件精神,1988年招生规模硕士生基本不变,博士生适当增加。硕士生招生计划要贯彻按需招生原则,在严格遴选硕士生指导教师并保证其它培养条件的前提下,尽可能按社会实际需要来安排。继续提高招收在职人员的比例。

要努力开拓为生产单位培养研究生的途径,可以结合科研协作,还可以与生产单位合作培养,有条件的可以为生产单位和有关部门举办定向培养的研究生班或研究班。抓好与生产单位联合培养的30名工程型硕士生的试点工作。

要总结在职人员申请学位的经验,逐步推广。健全与国外联合培养的管理工作。

4.在科仪系改革研究生生活补助费发放试点的基础上,贯彻执行国家教委"关于在高等学校聘用研究生担任助教工作进行试点的通知"精神,选择少数系继续开展研究生兼助教的试点工作。

5.组织力量,加强学位与研究生教育的研究工作,当前要特别重视工科研究生教育如何进一步为国民经济服务的研究。

四、关于科研工作和重点学科建设

1.搞好我校承接的64项国家七五攻关项目的管理工作。制定出国家七五攻关项目的管理条例和奖惩制度,落实经济政策;对重大攻关项目,适当增加科研编制,所有攻关项目的研究人员必须一一落实;制订并执行攻关项目的保密条例。

2根据学科发展特点,写好可行性报告,做好国家高技术项目的承接工作。目前已基本确定的项目有红外光纤、树脂基复合材料,其他要积极争取的重点项目为储氢金属材料、信息与智能计算机、自动化、光电子及集成、生物技术等。

3.准备好有关材料,接受国家教委对高纯硅及硅烷实验室的验收,并积极做好开放准备工作。计算机辅助设计与图形学实验室已被列入国家计委的建设计划,将于明年初评审,有关评审所需要的材料必须在年内完备。

4.1988年我校有18个博士点要申报材料参加全国重点学科的遴选,为此,须及早、充分做好申报准备工作。

5.抓几个重大基础研究和应用研究项目,采用多学科配合,综合性研究的原则,以期做出高质量、高水平、有深远影响的成果。对重大基础研究和应用研究项目以及争取成为重点的学科,学校增拨100万元资金予以支持,与此同时,还支持青年教师科研基金。

6.加强和发展横向联系,分别组织与南平市和天津市的技术洽谈,与浙江丽水地区签订合作协议。

支持传统产业的技术改造。

发展与国内国外的合作研究。

7.积极争取各类自然科学基金。保质保量完成各类自然科学基金项目。编印基金项目指南。

8.召开全校科研工作会议,部署科学研究工作,提高科学研究水平,争取取得重大的科研成果。

9.扶持社会科学、人文科学和管理科学研究工作的发展。

10. 筹办“高等数学研究所”，并积极而有成效地进行各项工作。

11. 加强学术交流，活跃学术空气，进一步倡导以献身、创新、求实、协作为主要内容的科学道德。

五、关于成人教育

我校已正式成立成人教育学院。近期内，应在总结过去各系举办继续工程教育班的基础上，建立继续工程教育的规章制度，同时应有重点地争取国家部委，有关省市、重点企业的支持合作，逐步建立起以中、高级科技人员、管理人员岗位培训和新技术教育为主的继续工程教育系统。

夜大学要总结近几年来的办学经验，坚持改革，加强对选修、先修、课程积累制的管理工作，筹备和试办大专起点的本科班。

函授教育已经恢复，并招收了首批函授生。函授教育必须坚持“以教学质量为第一”的指导思想，在实践中健全、完善函授教育管理的各项规章制度。

六、关于队伍建设

1. 在本学期内继续做好对系和行政机关部门班子的调整。调整时应注意班子群体结构的合理性，加强调查研究和对干部的考核，注意把德才兼备的优秀中青年同志选拔到各级领导岗位上来，以适应学校形势发展的需要。

2. 在我校试点进行专业技术职务评审工作，已经过检查、验收的基础上，将转入正常进行。新学期中，将在定额许可范围内，继续组织做好教师和其它专业技术人员的职务评审与晋升工作。同时，在学生思想政治教育专职人员中开展聘任教师职务的工作，在党政干部中继续做好行政职级的评定和开展教育管理研究职务聘任的工作。

在评审工作中应加强思想政治的审核。对于坚持四项基本原则和对改革、开放、搞活的态度，对于教书育人的表现，对于参加实践的情况，应由本人写出材料，由系和党总支提出评审意见。

时间安排：9 月份组织外语考核和申报工作，10 月份、11 月份组织送审和评审，争取年内完成聘任工作。

3. 总结几年来教师定编工作的经验，改进、完善定编办法，抓好 1987—1988 学年的教师定编工作，并按照国家教委的要求，努力做好我校教职工全面定编的试点工作。在定编基础上逐步搞好各支队伍人员的补充和调整工作。

4. 根据学校的发展要求，制订好师资队伍建设规划。积极引进优秀人才，有计划地补充青年教师。随着青年教师在教师队伍中所占比例的扩大，要十分重视和关心青年教师在思想、业务上的成长和提高，引导青年教师积极参加教学实践、生产实践和其他各种教学环节，并严格考核制度。试行青年教师下工厂、基层锻炼的试点。

5. 实验室队伍要作有计划的调整和补充，部分人员需要作适当培训。

6. 做好 1986—1987 学年教职工工作考核的总结，进一步完善工作考核办法。

七、关于改善管理与服务，搞好后勤及其他各方面工作

1. 电教新闻中心在完成搬迁工作后，要健全电化教学，制作高质量的电化教材，组织教学活动；准确、及时、有针对性地做好新闻宣传工作。分析测试中心、计算与信息中心首先应为教学、科研提供优良服务，尤其对学校培养硕士生、博士生等高层次人才提供全面服务，同时利用先进的条件开展对外服务。提高教室及大型仪器设备的利用率。继续抓好图书流通自动化课题的研制工作，争取早日完成图书流通自动化系统。出版社要围绕提高教育质量的要求，保证各类学生教材的供应，出版高质量的教材和科学专著。

2.进一步开展对外交流，巩固现有校际协作关系，扩大学术和人员交流，加强对留学生的管理工作。

3.大力开展增产节约、增收节支。校系办工厂要努力超额完成生产任务，校系办工厂、科技咨询服务部等单位要努力为学校多创收。要严格财务制度，加强审计工作，认真执行今年已制定的预算，力求全年收支大体平衡。

做好年终决算和1988年度经费预算的各项准备工作。

4.总务处实行全面经济承包责任制。

5.办好食堂，千方百计稳定菜价，增加花色品种，加强食堂卫生管理，改善服务态度，提高服务质量。

6.积极配合施工单位，优先保证第九教学大楼的施工。邵逸夫科学馆争取10月底竣工。年底前完成二幢女生宿舍，拓宽玉古路，开通南区段护校河。抓紧教工之家的建设。$5000m^2$ 体育馆。$3000m^2$ 幼儿园、$1100m^2$ 通信楼争取年内开工。同时，改建大操场看台，拆建教工食堂，改建教工浴室。

7.本着相对集中、分片居住、便于管理的原则，继续调整男生、女生、研究生的宿舍，适当改善学生住宿条件。

8.为迎接新生入学和建国38周年，学校组织两次卫生大检查，进一步改变全校环境卫生面貌。努力提高校医院的服务质量，积极做好预防和保健工作。

9.继续抓好各大楼、宿舍的综合管理。做好防火、防窃工作，为学校正常的教学、科研等各方面活动创造一个安定的环境。

10.劳动服务公司要积极完成全年生产任务，办好电大视听班和中专班。

八、与党委、工会共同研究召开第一届第三次教职工代表大会的有关事项，广泛征求群众意见，认真处理好提案，做好各项准备工作，保证第一届第三次教代会于1988年3月如期举行。

浙江大学档案馆藏，档案号：ZD-1987-XZ-66-3

浙江大学1988—1989学年第一学期工作要点(征求意见稿)

(1988年6月)

制订本学期工作要点的指导思想是，贯彻党的十三大精神和全国高教会议精神，以改革总揽全局，进一步端正办学指导思想，把培养社会主义建设需要的合格人才作为学校的根本任务。引进竞争机制，加快和深化教育改革的步伐，改进和加强思想政治工作，全面提高教育质量和科研水平，增强学校主动适应经济和社会发展的动力和活力。

一、关于教育工作

以提高本科生和研究生教育质量为核心，深化教学改革，适应四化建设对人才培养的需求。

1.要在教和学两方面引进竞争机制。发挥我校理工结合的优势，提高工程基础理论教育水平，改进实验教学，组织好社会实践，增强学生社会责任感，注重对学生的实践能力和创造精神的培养。

2.整顿教学秩序，修订《浙大学分制条例》，严格教学管理，严格考试管理制度，严格考试资格审查，完善科学评分，实行相对淘汰制，把提高教学质量建立在严格的管理制度和内部竞争的基础上。制订《教师工作条例》。

3.全面修订89级本科生教学计划，根据社会和经济发展需要调整专业方向、培养目标，拓宽专业面，加强实践环节，全面推进和深化教学改革。在高年级本科学生中实行辅修制，扩大学生知识面，以适应社会对人才的需求。

4.认真总结经验，继续抓好“混合班”的工作，扩大“提高班”，提高办学效益。继续认真抓好“预分配一厂校联合培养”的试点，这学期争取扩大到300名。

5.组织有关部门赴边远省区和一些工矿企业、研究机构调查研究，收集对教学、科研、人才需求、委托培养、专业设置等方面的反映和意见，开展内外联络工作，扩大学校面向社会的渠道。

6.改革毕业生分配制度，积极为边远地区培养输送人才，准备与边远地区协作试办“边疆班”(按年单独设专业招生)，争取1989年招生。

7.拓宽知识面，进行一级学科招生的试点，学生学习一年或二年后再选定专业方向。

8.计算与信息中心、分析测试中心要改革管理体制，为教学、科研提供优良服务。

9.筹建国际会议录和社会科学阅览室。实现图书馆流通自动化。

10.扩大教材基金，组织编写出一批高质量的重点教材。

11.研究生培养工作要引进竞争机制，扩大多渠道办学，建立中期筛选制度，实行研究生兼职助教工作试点，加强研究生的社会生产实践，保证质量，适应需求，稳步发展。制订研究生导师条例，联合培养博士生条例等。

12.发展校外办学点，办好夜大、函授大学。引导部分有经验的教师为培养社会需要的多层次人才，为发展外向型经济作出贡献。

13.成人教育学院要在严格保证教育质量的前提下，开创办学的新局面，配备精干的队伍，核实编制。进行把高职定额分配到系的试点。

二、关于科研工作

科研工作要继续贯彻十三大提出的“科技工作的首要任务是振兴国民经济”的方针，并要和人才培养紧密结合。

1.要发挥浙大理工结合的优势，组织一些高水平的科研项目争取列入国家高技术项目、国家重大科研项目。组织各系、各学科专家进行调查，做好“八五”科研计划立题的准备工作。

2.组织好申报重点实验室的论证工作。

3.对现有研究所、室分批进行评估,调整现有研究所、室,并逐步实行管理体制的改革。要有计划有步骤地组建一批教学、科研、生产紧密结合的研究所、室,把研究所、室办成实体。加强学科建设,组织实施科研工作,并承担相应的教学任务。实行学术带头人负责制,既是建成基层科研机构,又是培养高层次高水平人才的基地。

根据科研项目的重要性和规模,对全校790余项科研项目,进行分类,实行校、系(或所)两级管理。

4.为提高研究所、室的效率和活动,对现有研究所、室的科研编制逐步进行调整,实行按科研任务有偿使用分配办法。

5.增加学校科学基金,采取特殊政策、办法,扶持人文新兴学科。

6.积极推广已取得的科研成果,使科研成果加速转化为生产力。积极组织好教师参加杭嘉湖地区外向型经济的开发工作。要抓紧时间,创造有利条件促进系与系联合形成高技术、高效益为主的产业集团,着力抓好CAD模具产业集团和环境工程集团等。

7.做好科研成果项目的鉴定、申报、评奖工作,健全奖励制度,奖励做出贡献的科研人员。

8.筹建高级研究中心,坚持基础理论研究工作。

三、积极开展面向社会的有偿服务,提高经济效益

在保证完成教学、科研任务的前提下,充分挖掘潜力,有领导、有组织地开展有偿服务,是深化教育改革和科技体制改革的重要组成部分,有利于科学技术转化为生产力,有利于培养学生适应经济和社会发展的能力,同时为学校创收基金,改善办学条件,改善教职员工的生活待遇。各系、有关部门必须予以充分重视,要逐步形成专门队伍,认真抓好这项工作。

学校开展有偿服务,主要有以下三个方面:

1.教学方面:①扩大委托代培的名额。1988年全校各类委托代培生争取扩大到1370人。②1988年为我省3个市、地区设立二年制大专班办学点,从高考落榜生中择优选取学员300名。③根据经济建设发展的需要为本省和有关省市举办各种短训班。

2.科研与咨询、公司与产业集团。在保证完成国家攻关项目、高技术项目等国家科研任务的前提下,要努力承接横向科研任务和各类科技咨询服务。办好浙大对外经济技术贸易公司,搞好出口创汇,并为长江三角洲外向型经济的发展作出贡献。

3.校系办工厂是学校基金的主要来源之一。要调整校、系工厂的管理体制,放宽经济政策,加强技术改造,实行厂长负责制,扩大厂长的自主权。校、系办工厂要上高效益、高科技产品,开拓国内外市场,多创利,多创汇。

四、改造与加强思想政治工作

1.当前思想政治工作要着重抓好改革的形势教育,明确当前我国的改革已进入了一个关键的阶段。要教育全校师生员工,关心改革,支持改革,树立"实现四化,振兴中华"的志向,确立同心同德,共克难关的信心和决心,保证学校稳定。各级领导要为政清廉,自觉接受群众的监督。

2.统一对教学、科研、有偿服务三者关系的认识,端正办学的指导思想,明确我校的根本任务是培养高层次、高质量的专门人才。要在保证完成教学、科研的前提下,开展有偿服务,改善办学条件。

3.要研究在改革、开放形势下，思想政治工作的新特点，改革思想政治工作的内容和方法，努力探索，逐步建立党政齐抓共管，适应校长负责制的思想政治工作的新体制。要建立好一支精干的专职和兼职思想政治工作队伍，大力提倡教书育人、服务育人。

4.进一步加强优良校风的建设，是深化教育改革，培养经济和社会发展需要合格人才的一个重要保证。新形势下，要大力提倡、继承发扬“求是创新”的优良校风。要通过校报、校刊、广播、电视、举办书画展览等多种形式，广泛宣传，加强教育，努力把“实事求是，严谨踏实，奋发进取，开拓创新”的校风建设提到新的高度。

5.思想政治教育要和校园文化建设紧密结合起来。通过校秋季田径运动会，浙大、杭大、浙农大、浙医大和浙江美院五校的秋季文娱会演和五校单项体育对抗赛，举办第二届浙江大学文化节，进一步提高师生员工的文化素质，创造热烈、活跃的校园文化氛围。

6.认真搞好学校对外宣传报道工作，尤其要注重向全国性报刊、通讯社的发稿率，为宣传浙大的工作，提高学校的声誉作出成绩。适时召开校宣传工作会议。

五、遴选优秀人才，加强队伍建设，扩大对外交流

1.积极引进国内外优秀人才，按照“公开招聘，公平竞争，严格考核，择优录用”的原则，对应聘浙大教授的国内外人员和他们的业务情况，由专门小组根据严格程序，进行初审筛选后，由教师职务聘任特别评审组考核评审，完成公开招聘工作。

2.进一步完善教师职务评审聘任办法，贯彻“按需设岗，按岗聘任，宁缺毋滥”的原则，通过聘任工作，引导教师和科技人员的合理分流。建立并试行优秀人才高级职务的遴选聘任制度，打破论资排辈的传统观念，大胆、及时地选拔优秀中青年教师进入高一级工作岗位。

3.教师和其他专业技术人员职务的晋升与聘任工作转入正常化、制度化。除了做好教师和其他专业技术人员职务的评审、聘任工作，还应做好符合条件的老讲师的高级职务任职资格的认定工作、党政干部行政职级的评定以及工人中聘任技师职务的试点工作。

4.引进竞争机制，搞活人事管理制度，进一步扩大流动编制(除经省劳动人事厅批准的定额外，拟在国家教委下达的编制中划出一部分名额)，制定和完善校内外人员流动及招聘的具体办法和规定。

5.根据学校发展的要求，在调查研究的基础上，实行全面定编，重点抓好校、系机关人员定编定岗试点以及实验室技术人员队伍的定编、定岗、调配和培训工作。

6.理顺关系，调整和建设好系和行政部门的领导班子，进行任期目标责任制试点，制定机关部门职责条例、工作制度和工作程序，使机关工作逐步走上制度化、规范化，并逐步做到基本稳定。

7.筹建档案馆。

8.严格执行“按需派遣、保证质量、学用一致”的出国派遣工作方针，根据学科发展和师资培养的需要，拟定三年内出国人员的选派计划，提高派遣层次，调整派往国别、所学专业和人员构成，对出国人员的政治、业务和身体素质要求，党、政各级要认真审查，严格把关，确保质量。建立与出国人员正常联系的渠道。充分发挥回国人员的业务专长和才干，使遴选、派遣、管理、回归、使用工作走上正常轨道。

9.向国外工矿企业试派优秀的硕士生或博士毕业生，开拓联合培养和博采各国科技之长的渠道。

加强与国外姐妹学校之间的联系与合作,互通信息,促进学术交流与人员交往。

举办国际学术会议,有利于促进浙大学术水平的提高,也有利于扩大浙大的影响。要保证"中美日吸附分离学术讨论会"取得圆满成功,同时为明年"液压传动与控制国际会议"和"低温制冷国际会议"的举行做好一切准备工作。

10.组织浙江大学代表团访问澳大利亚。

六、关于后勤工作

后勤工作是搞好教学、科研等各项工作的重要保障。必须增强后勤部门的活力,提高服务质量,改进服务态度,改善其他服务设施,消除教职工后顾之忧。继续推行企业化管理制度,逐步建立后勤管理的新体制。

1.学生食堂和教工食堂应努力增加伙食的花色品种,降低伙食成本,使师生员工基本满意。

2.努力完成今年基本建设投资任务,改善办学条件。第九教学大楼8月底前竣工,5幢家属宿舍基本竣工,"邵逸夫体育馆"结顶。同时,做好1989年基建计划,主建项目与新建项目的准备工作。

3.完成住房改革的各种测算和准备工作。

4.增收节支,加强财务管理和审计工作,用好财、理好财。要把财务管理由核算型转变为经营管理型、效益型、开拓型,在保证教学、科研经费使用的前提下,发挥周转资金的效益。和中国工商银行杭州市支行合作开办联合银行。要放宽政策,给系下放财权,方便群众,为基层服务。

5.完成副教授和副处级以上人员的体检工作。

6.确定校门区的校园改造工程设计方案并开始施工。校门区既体现浙大的悠久历史,又要反映浙大地位,突出"求是、创新"校风主题,充分考虑交通、信息、宣传三个功能,把屏风式园区改变成开放式校前区,给人以气势、优美、恬静,充满朝气的感觉。

7.与省立医院建立协作联系,改善校医院服务状况。

浙江大学档案馆藏,档案号:ZD-1988-XZ-61

浙江大学1989—1990学年第二学期工作要点

(1990年2月8日)

浙大发办〔1990〕3号

本学期工作的主要任务是认真贯彻十三届四中、五中全会精神,落实1990年全国教育工作会议精神,加强坚持四项基本原则,坚持改革开放,坚决反对资产阶级自由化的教育,维护安定团结大局,坚定不移地坚持社会主义办学方向,落实、完善、巩固已经出台的综合改革措施,着力抓好教学、科研基础建设和师资队伍建设,整顿教学、科研、经济秩序,治理校园环境,建立主动适应社会和经济发展需要的新机制,振奋精神,齐心协力,积极稳妥地推进学校的综合改革。

本学期工作要点如下：

一、加强思想政治工作，把德育放在首位，以育人为中心，优化教育、科研环境。

进一步提高教职工对高等学校的根本任务是培养社会主义建设者和接班人的认识，明确学校各方面工作都是为了育人，必须把培养学生具有坚定正确的政治方向放在学校一切工作的首位。

联系社会主义建设的实际，联系青年学生的思想实际，切实加强和改进马列主义理论课和德育课教学，重视教育学生必须走与工农相结合的青年知识分子成长的正确道路，教育学生确立正确的人生观和世界观。

拓宽民主协商对话渠道，增大各项工作的透明度，激发师生员工的主人翁责任感，群策群力，推进学校综合改革。

抓好对教师的师德和教职工的职业道德教育。督促教师、干部认真执行"教师守则"和"机关工作人员守则"，以身作则，身体力行做到"教书育人"、"服务育人"。

邀请宝山钢铁厂、胜利油田、石化总公司、轻工部等部委企业的优秀人物来校作专题报告，使师生员工进一步了解中国国情和大型企业建设情况，发扬艰苦奋斗精神，增强为祖国服务的责任感。

纪念著名科学家、教育家，伟大的爱国主义者，浙大的老校长竺可桢先生诞辰100周年。举行纪念活动的同时，在学校大门口宣传窗举办竺可桢先生生平图片展览。

加强校内外宣传舆论工作，宣传献身于教学、科研的优秀人物，宣传学校的建设和发展。编辑出版介绍浙江大学的有关资料。

完成校园环境的规划设计，逐年建设优美的校园文化环境和自然环境。

加强校园、家属区的安全保卫和防火防盗工作，保障正常的教学、科研、生活秩序。

二、坚持为社会主义服务的方向，拓宽办学路子，采取有效措施，提高教学质量，主动适应社会需要。

完善系的教学体制改革，实现系办学，加强系一级教学行政管理职能。

严格各个教学环节的管理，着重抓好课堂教学管理及考务管理。

增加有二年以上实际工作经验研究生的比例；扩大在职人员申请学位的试点和工程型硕士的招生数量。组织好研究生入学考试，确保90级研究生招生质量和招生任务的完成。

针对工程型硕士的特点，制订好培养计划。

逐步增加博士生比重；试行与国内外大学、研究机构、企业合作培养博士生的制度；继续抓好博士生课程建设。

结合轻工学院、工商管理学院、石油化工学院的筹建，进行专业调整、更新和改造，并制订好相应的教学计划，以调整办学结构，更好地适应需求。

把教学基金提高到110万元，以支持和促进一类课程的建设。

成立基础课及技术基础课的课程核心指导组。积极开展教学法研究。

采取措施，进一步加强实践性教学环节，完善三学期制，加强社会实践，并形成制度。鼓励学生投身改革实践，联系工农群众，加深对国情和现状的了解，走和工农结合的道路。

扩大"3—1—1"预分配一厂校联合培养的试点，在委培生及五年制专业中首先较普遍地推开。拓宽路子,努力扩大和各部委、大型厂矿企业的协作关系,争取支持建立“3—1—1”校外基地。校、系二级要大力抓好校内外办学基地的建设,并把这项工作列入重要议事日程。校办工厂应成为学生校内的实习基地,创造条件,争取每年接收3500人实习。有条件的厂点,逐步建立考工制度。

搞好本科生招生工作。注意招收德、智、体全面发展的优秀高中毕业生;创造条件,招收劳动模范、先进工作者和有生产实际经验的优秀人才,提高在校学生的群体素质。

贯彻优生优分原则,切实搞好90届毕业生分配工作,鼓励优秀毕业生到基层去,到生产第一线去,到最艰苦的地方去,到国家最需要的地方去。

认真做好89级学生在校内军训的各项准备工作。

切实抓好第一批留学生毕业环节的各项工作,总结四年来培养留学生工作的经验和教训,使培养工作程序化、制度化。

设立出版基金,突出以教材、科学专著为出版重点,做好出版发行工作。办好挂靠学校的各类学术刊物。

严格成人教育管理,建立和完善必要的规章制度。拓建福建、江西、安徽三省函授站。完成夜大函授招生、入学工作。

发展以高层次为主的继续工程教育和职业技术教育。总结推广为宝钢、武钢举办研讨班的经验,重点发展与大企业及有关部委的协作关系,办好机电部电子工程师进修大学浙江分校。

制定德语交流中心发展规划和近期工作计划,并组织实施。

进一步办好各类奖学金,完善政策导向,修订条例并组织好实施。

组织验收图书馆光笔流通自动化系统,有步骤地扩大开架书库。

三、面向经济建设,促进教学、科研、生产的紧密结合,促进科研上水平、出效益。

抓好研究所、室的班子建设,实行学科带头人负责制,建立、健全研究所、室的党组织,制订学科发展规划,做好论证工作,加强学科建设。

把基础研究、应用研究、开发研究三者结合起来,在提高科学研究水平的同时,探索科研与生产结合、科研与教学和培养人才结合的有效途径。

对理科系进行项目的评比,发掘真正有研究潜力的优秀人才,评出有特色的基础理论项目,使基础理论的研究定向化。

发挥优势,有规划地建设好已经确定的重点实验室以及电力电子学、工业控制技术工程研究中心,落实重点实验室建设的配套资金。

以计算中心、分析测试中心为依托,筹建五个重点实验室。建立浙江近代物理中心和高等数学研究所。

把科学基金提高到110万元,建立文管基金25万元,重点资助交叉学科和新兴学科的项目,支持文管学科的建设与发展。

抓好“八五”攻关项目、重大基础研究项目(包括重大基金项目)、重大开发项目、国际合作项目的组织、申报工作。有目标地申报争取自然科学奖的项目。

选择一至二项重大成果进行推广应用,为争取获得国家重大科技奖创造条件。

加强与大、中型企业的科技协作,使我校的科技开发向工程化、产业化、基地化方向发展。努力办好科技企业。

召开全校科研、生产工作会议，分批组织力量，逐一落实项目。

举办自制设备展评会。逐台检查、验收大型设备的完好率和利用率。实行全校固定资产中仪器设备的计算机管理。

四、完善政策导向，采取有效措施，提高师资队伍、干部队伍的政治素质和业务水平，理顺分配关系，调动教职工的积极性。

进一步加强和完善校务会议，系务会议和所（室）务会议建设，提高决策的科学化和领导水平。

建设好校系（处）二级领导班子，逐步完善和健全各类人员科学的考核制度，建立教师、干部工作业绩的考核档案。

着力抓好青年教师的培养提高工作。制订规划、落实措施，完善和建立培养途径和培养工作程序，明确青年教师培养必须经历的教学环节和达到的相应要求，使之制度化。

完成教师及专业技术职务复查并接受验收。根据“按需设岗，按岗聘任，优化组合”的原则和国家教委的统一部署，继续进行教师和各类专业技术人员的职务评审晋升工作。

完善以“公开招聘，公平竞争，择优选聘”为原则的校内外招聘制度。抓好中青年优秀人才高级职务晋升的特别审批工作；继续向全国公开招聘教授。

抓好研究生兼任助教工作，制定相应政策，及时总结经验，加强管理和培养。

做好对外籍专家、教师的评估工作，提高聘用效益，扩大聘用理工科外籍专家的比例。

继续完善“公开、公平、竞争、择优”原则的干部招聘、考核、评议、任免制度。

继续做好“五定一评”（即定任务、定编制、定职务限额、定教学科研用房、定经费和考核评估）工作。调整和完善定编工作，逐步走上规范化轨道。实施教学、科研超定额用房有偿使用制度。

制订待业人员政策，实行校内待业制度。

理顺分配关系，贯彻按劳分配原则，分步施行校内津贴。做好 1989 年国家工资普调工作。

五、进一步广泛开展对外联系和合作交流。

按照“按需派遣、保证质量、学用一致”的方针，继续认真做好派遣出国留学、进修人员工作，增加选派在第一线工作，政治和业务素质优秀的访问学者，改进和加强出国人员的管理。

努力开拓高层次的、平等互利的、富有成效的国际合作与交流。拟组团访问欧洲有关国家的高校、研究机构等。巩固与发展和国外姐妹学校的校际关系。

筹办好国际工程教育会议，并为会议在我校的顺利举行提供良好的服务。

积极组织和筹办专业性多边或双边国际学术交流会。

六、治理经济环境，抓好后勤、生产管理，不断改善办学条件。

本学期后勤工作要着重服务质量和工作效率的提高。推行工作实绩累积制和量化管理的办法，以建立“科学、协调、高效”的大后勤管理服务系统为目标。

加强对师生员工勤俭节约、艰苦奋斗的教育，广泛开展节水、节电、节能、节料、节约用工、节省开支的活动，并持之以恒，形成制度。

抓好生产委员会及各厂领导班子的建设。校办工厂要重视新一代产品的试制,形成产品开发的后劲。深化生产管理体制改革,改善经营管理,提高经济效益,努力实现1990年的利润指标。

做好1989年财务决算和1990年财务预算工作。合理安排资金调度,提高资金效益。治理校内经济环境、理顺分配关系,修订好1990年经济政策。进一步加强审计工作和财务监督。

继续做好公费医疗改革的宣传工作,搞好测算和方案的修订,适时推行公费医疗改革。

加强学生宿舍的管理和维修,暑假后,争取达到本科生寝室每间住宿7人。

做好搬迁新教工食堂的准备,完善管理制度,办好教工食堂,建立家属区综合服务网点。

加强通信设备和线路的维修保养和管理工作,确保通信畅通。做好程控电话的论证及规划工作。

搞好接待工作的"一条龙"服务,争取服务质量和服务水平上新台阶,以方便教学、科研、外事等活动,方便师生员工生活。

基建工作要进一步严格各项管理制度,发挥有限投资的最大效益。确保捐赠项目——邵逸夫体育馆于5月下旬落成并交付使用,要重点保证配套设施。

着力改善中、青年教师的住房条件,优先解决"雪中送炭"。

浙江大学

一九九〇年二月八日

浙江大学档案馆藏,档案号:ZD-1990-XZ-47-1

浙江大学1992年度工作要点

(1992年2月)

(一)1991年工作总结

1991年是国家教委批准我校实行综合改革试点的第三年,实施"八五"计划的第一年。这一年里我们认真贯彻国家教委"24字方针"的精神,坚持方向,深化改革,调整结构,完善机制,发挥优势,适应需求,努力办出特色。在扩大与社会联系的同时,不断深化学校内部教育、科研和管理体制改革,增强了办学的动力和活力,进一步调动了师生员工的社会主义积极性,在教育、科研、管理、校产等各方面都取得了新的成绩。

(一)进一步加强了组织建设和思想政治工作。

建设和完善以各级党组织为核心的政治体制和"教、管、育、导"有机结合,党、政、工、团齐抓共管的思想政治工作体系。

1.大力加强马克思主义理论教育

1990年4月,成立浙江大学马克思主义理论与思想政治教育研究所后,进一步加强了党委对马克思主义理论研究和日常思想政治工作的全面领导,促进了马克思主义理论与思想政治教育、学术研究、日常思想政治工作三者有机结合，对稳定和加强马克思主义理论队伍和政治思想工作队伍起到了积极的作用。

2.建设和完善各级领导组织体制

健全了系、所(室)和部(处)务会议制度，增强了各级党组织的政治核心作用，建设和完善了各级领导组织体制。

3.进一步完善了思想政治工作网络体系。建立了学工部和研究生思想政治工作部，加强了本科生、研究生的思想政治教育和管理职能。

4.着力抓好“教、管、育、导”四个环节。把思想政治教育、日常严格管理、教书育人、积极疏导有机结合起来，努力探索加强高校思想政治工作的科学性、系统性、有效性。

强化了社会主义教育、国情教育、世界观和价值观教育。组织了百余名青年教师、干部参加农村社会主义基本路线教育工作队，并把它作为晋升技术职务的必备条件。本科生继续试行并不断完善记实综合考评制度。完善了学生奖惩体系，学校建立了党委副书记、副校长为首的学生工作和奖惩工作领导小组。今年有4200余名本科生、研究生获得各类奖学金。

在广大教职工中，大力倡导教书育人、服务育人及管理育人，表彰“三育人”先进人物已形成制度。

制定和不断完善了各种管理条例，研究生的各种管理条例已达27种。切实加强了各项基础性管理工作，重点治理了宿舍、课堂、考场、校园等方面的管理工作。

积极组织和开展各种有益于身心健康的文化艺术体育活动，努力创建和优化育人环境。举办了全国第二届“挑战杯”大学生课外学术科技作品竞赛、浙江大学文化艺术节、英语节、体育运动会、系际排球足球赛、演讲比赛等等。

(二)坚持“三个面向”，迎接二个挑战，深化教育改革，主动适应需求，不断提高教育质量，逐步形成办学特色。

1.加强基础，强化实践，拓宽专业。

不断完善1989年开始的实行系办教学的体制改革。

进一步加强基础课和技术基础课建设。坚持“因材施教”，继续实行混合班、提高班教学制度，完成了混合班的教学计划修订工作，完善了混合班后期教育管理。

扩大辅修制度，已开设电气技术、计算机应用等11个辅修专业，共有辅修学生640名，可望发展为我校办学特色之一。

2.调整办学结构、系(科)、专业设置，更好地适应社会需求，迎接经济竞争和科技革命的挑战。依托国家有关部委和大中企业，调整内部结构，自1989年以来先后组建成立了石油化工、轻工、工商管理、建筑工程学院，以更好地发挥学校综合办学优势。今年将光仪系和科仪系合并组建了光电与科仪系，筹建高分子材料等专业，拟每年调整拓宽2—3个专业。

根据学科交叉渗透的趋势和加强工程训练的需要，试办部分5年制专业(已设医仪、建筑专业，增设电机、机制、机械电子、光仪、热能专业)，完成机电工程等5个专业五年制申报工作，将从1992年开始招生。

3.大力加强实践环节，建立校内外实践基地。

继续实行三学期制，利用暑期短学期，广泛组织社会、生产实践活动。有7000名学生参加社会实践活动。

继续实行厂校联合培养的3—1—1制,至1991年已培养211名学生。

与国家商检总局等联合成立联合办学体——商检教育中心,已招收联合培养学生40名。

在工科学生中试行考工制度,已有130名学生获市劳动局"初级工合格证书"和"全国家用电器维修班结业证书"。

自1989年以来和宝钢、鞍钢、一汽、胜利油田等及浙江省、江苏省等一批大中型企业建立了长期合作关系,建立了比较稳固的校外实践基地。

校办工厂完成3500人次学生实习。1990年10月开始筹建校内电子电工实习基地,今年已容纳800名非电类学生完成电子电工实习任务。

4.坚持研究生教育与本科教育并重的方针,努力提高研究生培养质量。1991年有15名博士、硕士获国家教委、国务院学位委员会授予的有突出贡献的中国博士、硕士学位获得者光荣称号。

面向国民经济建设,主动适应需求,调整研究生培养的学科结构和层次结构。1991年共招收硕士生500名,博士生132名,接受22名博士后研究人员进入流动站。共授予本校研究生硕士学位460人,外校生硕士学位4人,在职人员硕士学位10人,授予校博士生博士学位49人。

合理调整了生源结构。提高有实践经验的在职人员招生比例,1991年已达到45.5%。进行了硕士、博士一贯制培养试点,确定首批12名研究生进行培养试点。

重点抓好硕士研究生公共学位课程建设,投入专项基金建设重点学位课程。制订规范对硕士、博士论文进行质量控制,并定期组织抽样评估。

结合研究生教育,加强学科建设。在研究生院设立学科建设办公室和学科建设基金,今年已投入342万元,重点扶持符合科技发展趋势和经济发展需要的新兴学科、交叉学科。

加强博士后流动站建设。1991年批准增设了材料科学与工程、计算机科学与技术、化学工程与工业化学3个博士后流动站,现有博士后流动站10个,覆盖全校29个博士点中的21个专业,为促进学校教育科研水平提高起了重要作用。

5.结合人事制度改革,进一步完善了博士生兼任助教、助研、助管制度,使博士生纳入学校流动梯队行列,成为充满活力,正常流动的教学、科研生力军,同时提高了研究者的综合素质和工作能力。

6.成人教育、继续教育、职业技术教育工作注重提高水平、保证质量,努力为社会和经济发展服务。

贯彻执行国家教委关于成人高等学历教育治理整顿的决定,并通过了教委检查组验收。年内首次授予18名夜大专升本学生学士学位。

深入进行成人教育教学改革工作,在保证质量的前提下,试行夜大"先修课程制"、"选修课程制"和函授"弹性学年制"等,加强教学管理,进一步提高办学水准和质量。

着力发展继续教育,举办各类师资进修班、提高班,努力建设成为国内继续工程教育基地和国内师资培训基地。1990、1991年先后与国家监察部、国家商检局联合成立了教育培训中心。为监察部、中国石化总公司、物资部、宝钢等举办了多期培训班,每年培训学员达1500～2000人次。

(三)坚持科学研究面向国民经济主战场的总方针,坚持教学科研生产紧密结合,深化科技、校产体制改革,努力提高科学研究水平,发展校办产业。

1.深化科技体制改革。至1991年,全校已建立研究所(室)76个。研究所室的建立促进了学科建设与发展,现已分别建有国家重点学科和国家级重点实验室各9个。1991年5月,组建成立了我国第一个工业自动化工程研究中心和二次资源化工工程研究中心。6月成立了浙江近代物理中心。

通过改革科研体制,增强了研究所(室)的动力和活力。1991年科研经费又比上年有较大增长,达到4200万元;获国家发明奖3项,国家科技进步奖1项,国家自然科学奖2项。

积极争取承担国家及省的"八五"计划科研项目,至年底,已落实60项,资助经费1186万元;其中"863"计划12项258万元,国家"八五"攻关项目28项714万元。组织申报1991年度国家自然科学基金、博士点基金、省基金等共141项,资助经费462.3万元,其中国家自然科学基金63项266.6万元。另外,年内安排了落实校基金及重点学科建设基金61项200万元,文科基金17项11.8万元。

2.进一步加强与大中型企业的联系,承担重大开发项目,加速科技成果转化为生产力。仅"七五"期间取得经济效益500万元以上的重大科技成果就有37项,据不完全统计,新增税利5.1亿元,为国家节支5.3亿元。今年又和江西、福建两省轻工行业洽谈,落实了一批技术协作项目,与省计经委举办大型来校参观洽谈活动,加强与浙江省大中型企业及各市、县的技术合作。进一步巩固和发展了与天津市的科技协作,先后与天津照相机公司、天津整流器厂、天津天意吸尘器厂联合成立了三个联合体。

3.努力发展校办产业,积极开辟增强学校经济实力的渠道,为教育、科研服务。建立了生产委员会,党的系统成立了生产工委,实行校办企业厂长负责制和企业化管理,转换机制,实行工资总额与效益挂钩的效益工资。

制定政策鼓励校内科技成果流向校办工厂,进行多层次的新产品开发,促进校产与高科技成果的结合,改造传统产业。1991年进行25项新产品开发工作,其中9项列为省和国家教委新产品的试制项目,并有6个项目通过了新产品鉴定。经济效益大幅度增长,校产利润比上年增长20%以上。

建立高科技产业集团,实现研究开发、生产、经营系统发展,能源工程公司、工程自动化工程公司、高联公司等已取得初步成效。

4.有重点地加强国际教育科技交流合作,重点加强与德、日、美、英、法等国的交流合作,有目标地确定了一批交流合作的重点,保证了合作的广度和深度,提高合作层次和水平。1991年共派出近50批77人次赴国外及港澳地区考察、讲学和合作研究,与多所国外高校签订了交流合作协议。

(四)努力推进劳动人事、分配制度改革。

1.深化人事制度,在保证劳动总量的前提下,增强编制意识,进一步完善"五定一评"(定任务、定编制、定岗位、定经费、定教学科研用房、考核评估)工作。

1991年开始对系、机关部门试行年度综合考评和教职工个人分类分级考核相结合的考核制度,以提高教职工的群体素质,增强集体凝聚力。考核结果与校内分配制度改革直接挂钩。

2.按“按需设岗,按岗定编,公开公平,择优聘用”的原则完成了今年度技术职务评审工作。1990年在计算机系,信电系晋升高职工作中试点进行了量化考核评审办法。今年已在各系推开,按岗择优聘任了22名教授。

3.大力加强青年教师的培养和管理工作。

实行上岗培训,严格考核。规范青年教师培养的进修程序和内容,并依此考核作为晋升讲师的必备条件。试行试讲制,教学导师制。

建立校级优秀中青年骨干教师业务档案。在国内外公开招聘中青年学术骨干以充实教师队伍。

坚持“按需派遣,保证质量,学用一致”的方针,根据学校各方面事业发展的需要,尤其是师资队伍建设和学科建设发展的需要,制定公派留学派遣计划,建立公派出国人员预备队制度,有目标有计划做好出国人员的选拔、培养和思想政治教育工作。

加强出国留学人员的管理和回归工作,已逐步形成制度化、规范化管理。

4.规范奖酬金发放,理顺分配关系,强化激励机制,不断完善和深化校内分配制度改革。在1991年已经实施校内分配制度改革的基础上,现已拟订了与年度考核、工作量核定、办学效益紧密挂钩的不积累、浮动的业绩津贴,待教委批准后,从1992年1月起实施。

(五)改善办学条件,加强后勤建设,努力提高为教育、科研和师生员工服务的质量。

1.改革后勤管理体制,完善以经济承包责任制为基础的多种灵活管理形式,进一步提高服务质量。

2.多方筹资,增加投入,逐步改革住房制度。为缓解教职工尤其是中青年教职工住房紧张状况,采取了个人集资分房,配偶单位对等解决,校办企业出资购房,提租试点等改革措施。

3.拟定教学、科研、办公用房定编方案,统筹规划,综合平衡,保证有限房产资源的合理使用,提高学校资源的使用效益。

4.1991年1月1日起实施公费医疗改革,在保证职工保健水平和不增加职工生活负担前提下,实行职工个人医疗费包干。实施一年来,职工反映良好,节约40万元。

5.在财务管理上,逐步由核算型向效益型过渡,注重资金融通,试办校内信贷,提高资金运行效益。积极推行二级财务管理体制。

6.在基建工作方面,坚持重点解决中青年教师住房和满足教育科研必要条件,再逐步改善的原则。实行校基建委员会领导下的基建处长和总工程师工程技术责任制,保证施工质量和进度。1991年下达执行工程项目18项,总投资达1048万元,其中国家投资830万元,自筹投资218万元。截至年底,全年施工面积49799平方米,竣工面积14458平方米,完成国家下达的年度计划。

(二)1992年度工作要点

1992年学校工作的指导思想是:坚持方向,巩固与深化改革,坚决贯彻教育为社会主义现代化建设服务和国家教委提出的“坚持方向,稳定规模,调整结构,深化改革,改善条件,提高质量”的工作方针,加强基层建设,完善机制,主动适应社会和经济发展的需求,迎接“两个挑战”,把教育、科研两个中心建设提高到一个新的水平,为实现学校“八五”奋斗目标作出不懈的努力。

(一)坚持社会主义办学方向,进一步加强思想政治工作。

·组织师生员工进一步认真学习和贯彻江泽民同志《在庆祝中国共产党成立70周年大会上的讲话》和八中全会精神,深入开展反和平演变的教育,进一步坚定师生员工的社会主义信念,增强反和平演变的自觉性。

·要精心组织建校95周年各项活动,对全校师生员工进行一次生动的传统教育、爱国教育、爱校教育。

·有计划地开展形势、近代史和国情教育,增强师生员工对建设有中国特色的社会主义的历史责任感。

·把德育放在首位,培养又红又专的社会主义事业的建设者和接班人,在教职工中大力开展"教书育人、管理育人、服务育人"的活动,把"育人"渗透到学校工作的各个环节。

·进一步加强青年教师、学生参加社会实践活动的组织、领导工作。更加广泛地组织各类生产、社会实践活动。

·继续完善学生记实综合考评和奖励体系,强化激励机制。进一步加强班主任工作和"优良学风班"的建设。

·进一步抓好校园的综合治理,整顿校园秩序,加快校园文化建设步伐,开展各项有益于身心健康的文艺、体育活动,建设文明、奋进、生气勃勃的育人环境和工作环境。

·试办学科带头人学习会、谈心会、交流会,加强对学科带头人的政治思想教育。

·继续抓好青年教师马列学习、社会实践和参与教书育人工作。

·加强思想政治工作研究,提高思想政治工作的原则性、科学性和有效性。

(二)继续深化教育改革。

继续深化教育改革,全面贯彻党的教育方针,坚持三个面向,继续优化学科结构和课程结构,适应国民经济建设和社会发展的需求,迎接二个挑战。

·进一步加强与国内科研院所、高校、大中企业合作培养博士生、博士后的工作,试行提前攻博、直接攻博、论文博士等博士生培养方式并开始试行硕士一博士一贯制研究生培养方案,继续试行博士生副导师制和博士生培养领导小组制,做好1992年增补博士导师工作。召开博士后工作经验交流会,高质量完成1992年博士后进站工作。

·做好研究生招生宣传工作,特别要加强对大中型企业及人才短缺地区、高校的宣传和联系,扩大招收应用型研究生和工程硕士的培养,招收有实践经验的合格生源,尤其是模范青年入学。

·试行修改后的有关研究生培养管理的规章制度,进行研究生课程质量检查,对学科建设基金的使用情况进行跟踪、调查、评估,做好1992年的学科基金发放工作。

·继续开辟和巩固研究生社会实践基地,认真安排好1992年暑期300名研究生的社会实践活动。

·抓紧做好国家教委对我校办学水平进行评估的各项准备工作,迎接国家教委评估组对我校的试点评估,更好地推进各项工作,进一步提高教育质量。

·本科教学要进一步优化专业学科结构及课程结构,根据科技发展和需求,认真规划专业设置的调整工作,并继续做好五年制专业的论证和改制工作。

·巩固和提高辅修制,适当扩大辅修专业,进一步规范辅修制的管理。

·积极推进非计算机专业的计算机教学规范化工作,完成统一的教学大纲的制定,加速计算机辅助教学的软件研制,并逐步开展计算机辅助教学(CAI)。

·大力加强全校性公共基础课的建设,对数学、物理、计算机、外语尽快全面实现统一大纲、统一教材、统一命题、统一评分的工作,并对教学质量进行合理的跟踪和分析。

·对选修课进行一次全面的调整,根据学生培养需要设置全校性选修课,减少选修课数量,提高选修课的质量。

·继续抓好"3·1·1"制和混合班、提高班的办学试点工作,在总结经验基础上对教学计划作适当的调整,进一步做好学生入学前的集训工作。

·继续在本科生中推行考工制和彩电维修合格考试,进一步抓好校内电工电子学实习基地,并积极筹备成立单片机实验中心,为全校的实验提供统一的基地。

·在确保重点和照顾一般的原则下做好1992年重点建设课程基金的申报工作和审批工作。

·完善教学管理的计算机化,全面或部分完成教材管理、成绩管理、课程安排、教学任务书等的管理软件。

·做好浙江省教委组织的实习评估和教材评估工作,组织好在我校召开的全国优秀教材评审会议。

·加强招生宣传工作,进一步与宁波中学办好"高中教育试点班",适当扩大保送生招生规模,提高生源质量。进行招收劳动模范班的试点工作,继续试招上海宝钢有实践经验的在职生来校深造。完成1992年招生工作事业计划和生源计划。

·继续进行毕业生跟踪调查和社会需求调查,扩大社会联系,逐步形成学校毕业分配主渠道,提高毕业生分配层次,争取1992年分配到中央部委的毕业生比例达到40%,做好1992年毕业生分配工作。

·做好外国留学生的教育和生活管理工作,办好国际文化与语言交流中心,开拓自费留学生渠道,发展汉语班和文化班,扩大我校对外影响。

·继续贯彻执行国家教委"稳定规模,加强管理,深化改革,提高质量"的成教工作指导方针,进一步完善学分制(课程积累制),向培养应用型人才转轨。

·进一步加强与大中企业的联系,发挥优势,加强组织,开拓高层次继续工程教育,抓好配套的制度建设工作。

·认真抓好职教基地建设,职教培养逐步由讲座式向课程式发展。总结师资培训经验,深入职教前沿,开拓职教工作新局面。

(三)深化改革,扩大开放,面向经济建设主战场,完善内部机制,增加学科投入,加强社会联系,扩大服务,促进科技结合,发展高科技产业。

·继续争取和落实国家"八五"重大科研项目,提高科研水平和效益。

·继续抓好国家"八五"攻关项目、"863"高技术项目和重大基础研究项目等国家级重大项目的争取和落实,并积极争取承担军工口重大科研任务。

·进一步完善政策导向,建立正常的运行机制,推动研究所(室)进入实运转。继续理顺跨系、跨学科的研究所(室)与有关系、学科的关系,加强管理工作。

· 加强对科技成果的推广、应用和转化工作的组织和领导，促进科技成果转化为生产力，提高社会和经济效益。

· 狠抓重点学科和重点实验室的建设，根据“三个面向、两个挑战”，统一规划，调整、修订重点学科建设规划，在着力抓好重点学科思想、组织建设的基础上，要从人、财、物条件上保证重点投入，支持重点学科的建设和发展。

· 继续开拓国际合作渠道，有计划有目标地加强国际科技合作工作，提高合作交流的层次和水平。

· 继续做好校际交流工作，宣传介绍校际交流开展情况，有计划做好出国参加国际学术会议和其他短期出国考察、讲学、合作研究工作。

· 继续贯彻国家教委关于专家工作的指示，专家聘请工作向理工倾斜，聘用专家从以一般讲学为主转向合作研究工作为主。

· 巩固和不断完善生产系统的管理体制，巩固标准化管理成果，发挥高科技优势，着力改造传统产业，进行产品结构调整，进一步提高经济效益。

· 转换机制，深化校办产业内部人事、分配制度改革，全面实行企业化管理。抓好校内外出口创汇基地的建设，努力抓好高科技产品的出口工作，不断拓宽国外市场，增加出口创汇，努力完成1992年的各项任务和指标。

(四)进一步完善内部管理，逐步建立科学有效的管理机制，提高队伍素质，发挥教职工的办学积极性。

· 巩固、完善已经出台的各项改革措施，进一步理顺教学与科研、校产、开发的关系，健全科学的规范化的管理机制，提倡团结奉献精神，提高广大教职工的集体凝聚力。

· 根据国家教委关于《浙江大学校内管理体制改革方案》的批复精神，制订实施细则，稳步实施校内管理体制改革。

· 进一步加强政策研究工作，完善各方面政策导向，建立和健全科学规范化的运行机制。

· 加强队伍建设，完善政策导向，进一步提高教师、干部、工人政治业务素质，制订各支队伍培养规划，落实措施，分步实施。

· 修订和完善对系、机关党政部门的年度工作考评和教职工分类、分级考核相结合的考核制度。在广泛征求意见基础上，修改和完善教学、科研工作量计算办法，引导、鼓励教师教学、科研工作“双肩挑”，干部党政工作和教育、科研工作“双肩挑”。

· 进一步加强对青年教师的教育、培养、使用和考察工作。继续组织青年教师、干部参加农村党的基本路线教育和到厂矿企业进行社会实践锻炼。

· 按照“保证质量，优化结构，公开公平，择优聘任”原则，继续做好专业技术职务评聘工作，教师高级职务评聘实行定性与定量相结合的考核评审办法，择优按岗聘任，使评聘工作规范化。

· 进一步完善处、系、所(室)务会议制度。建立校机关工作流程和工作规范，提高管理水平和服务质量。压缩校、系机关行政编制。逐步建立校、系二级兼职秘书制度。

· 加强执法监察工作，深入开展监察条例的宣传教育，充分发挥特邀、兼职监察员作用。

· 继续贯彻《中华人民共和国审计条例》和《教育系统内部审计工作规定》，积极开展以财务审计为主的多种类型的审计监督工作。

·增加必要投入,加快校管理信息系统建设,逐步实现办公自动化,年内完成校机关主要部处计算机联网,初步建立校级中心信息库。

(五)深化财务和后勤管理改革,提高运行效益,不断改善办学条件,强化为教学、科研服务意识,全面提高服务质量。

·进一步完善后勤经济承包责任制。继续抓好职工队伍技术培训,开展技术比武活动,提高后勤队伍的思想技术素质。

·改革财政管理,成立学校财政领导小组。实行事业、企业两套财务管理制度。积极探索试行复式预算方案,更好发挥经济运行效益。争取各方集资,增加教学、科研和基本建设投入,加速办学条件的改善。

·认真做好核定教学、科研、行政用房工作,提高使用效益。进一步加强行政设备的管理。

·基建工作继续实行处长、总工程师负责制。要保质保量,按期完成预算内投资920万元,专项拨款519万元,自筹575万元,捐赠720万元港元的基建任务。确保6幢住宅(288套)年内竣工,以缓解我校中青年教职工住房紧张状况。

·积极做好房改的有关准备工作,学校房改要与杭州市的房改方案同步进行。

完善分房政策和办法,分房必须考虑教职工的工作业绩和思想政治表现,以体现正确的政策导向。

·认真做好庆祝95周年校庆活动的后勤保障工作和生活接待工作。

浙江大学档案馆藏,档案号:ZD-1992-XZ-56-1

浙江大学1993年度工作要点

(1993年2月)

(一)1992年工作总结

1992年是我国改革开放的关键一年,邓小平同志视察南方重要谈话和党的十四大的胜利召开,使我国改革开放和现代化建设事业进入新的阶段。这一年里全校师生员工认真学习小平同志南巡讲话精神和江泽民同志十四大报告精神,团结奋斗,坚持学校“两个中心”和“一个根本”的建设,深化改革,调整结构,逐步建立和完善适应社会主义市场经济的办学机制,对教育、科研、后勤、管理等几大方面的体制进行了重大调整,进一步调动了广大师生员工的积极性,使学校教学、科研、管理、校产等各方面都取得了显著成绩。

一、思想政治工作

1.学校组织全校师生员工认真学习邓小平同志南巡谈话和党的十四大精神。党委中心组成员在认真学习南巡谈话和十四大精神的基础上,结合学校实际制订了加快学校改革步伐的决定;召开了中层干部大会和全校师生员工大会讨论落实加快学校改革步伐的措施。统一了全校师生员工的认识，促进了学校的改革和教育、科研、校产等各方面任务的完成。

2.组织落实新留校教师兼任新生辅导员工作岗位和考核的制度，对专职辅导员进行了年度工作考核和1993年招聘选留专职辅导员的考核；组织了纪念我校思政队伍和德育教研室成立十周年活动。

3.继续深化教育和管理相结合，建立和完善"教、育、管、导、评"相结合的有效的学生工作体制，制订和完善了"学生贷款回收办法"、"校风建设和校园管理的补充规定"、"学生管理手册"等多项管理制度。在学年总结考评的基础上，评选出各类奖学金获得者1278人，优秀学生干部513人，三好学生1012人，三好研究生123名，各类先进集体442个。

4，在教职工中大力开展"教书育人、管理育人、服务育人"活动，评选出校级1991—1992学年"三育人"先进个人58人。

5.举行了庆祝建校九十五周年各项活动。通过报告会、纪念会和展览等一系列活动，对全校师生进行了传统教育和爱国、爱校教育。

6.组织开展了各种文化艺术体育活动，努力创造和优化育人环境。举办了教学周、文化艺术节、外语节、体育运动会、科技节等活动。丰富学生业余文化生活，加强校园精神文明建设，进一步完善了"学生之家"管理。

二、教学工作

1.调整办学结构，更好地适应社会需求。对石油化工学院进行了调整，成立了高分子材料科学系。增设了信息工程、精密仪器、工业外贸、行政管理学4个专业。在学校光仪、机电、电机、热能、机制等专业实行五年制教学。召开1992年浙江大学教育工作会议，讨论了《浙江大学加强本科教育的几点意见》、总结了《教学编制切块方案》、《年度教学质量评估方案》、《关于学籍管理条例的修改方案》、本科生招生体制问题。

2.巩固提高辅修制，扩大辅修专业，辅修开设14个专业，共有1300名辅修学生。全校毕业班学生增开了"市场经济管理基础"、"金融经济实用技术"等课，使毕业生能够适应社会的需求。

在本科生中继续推行考工制，共有200余名学生获金工、电工、彩电维修证书。

继续实行三学期制，利用暑假短学期，全校共15000人次学生参加了各类社会、生产实践活动。

调动教学积极性，改革教学编制与教学津贴分配方案，切块到系，三年不变。

3.评出本专科优秀教学成果奖112项，研究生教育奖72项，优秀班主任36人。在教材建设方面我校共有23项获国家部委优秀教材奖。

4.加强招生工作，使1992年新生质量有一定提高，全校招生平均分达573.6，共招收本科生1932人，招收委培生本科生175人，专科生143人，干部专修科29人，第二学士学位36人。计划招收校内外自费本专科生175人。

5.1992年在校博士生367人，硕士生1565人，在站博士后人员40人。其中新招博士生167人，硕士生562人，接受20名博士后流动人员进站。1992年共授予博士学位39人，授予本校硕士生学位381人，外校硕士学位4人，授予在职硕士学位44人。1992年国家教委批准我校博士生导师自行审核增补权，这对发展我校研究生教育具有重要意义。

根据开设新博士点和建立新兴学科的目标,重点支持学科建设,投入资金90万,重点支持凝聚态物理、建筑结构工程、控制理论及应用、生物化学工程等新兴学科、交叉学科。

6.举办了浙江大学首届就业指导周,来自262家单位的346名代表参加了供需见面会。

7.成人教育、继续教育在学历教育前两年整顿的基础上,稳定办学规模,严格教学管理、提高教学质量,为社会培养多种人才。1992年夜大函授共计毕业学员520名,招生717名。共授予学士学位81名。

进一步建立健全各种规章制度,修订、汇编《夜大函授管理手册》、《夜大学生手册》、《函授生手册》,使管理工作进一步规范化。

根据社会需求,增设8个新专业。上报并落实国家教委批准试点双招大专班招生计划,已在4个专业招收学员130名。招收乡镇企业大专班2个专业,学生36名。

着力发展继续教育,举办各类培训班35个,学员人数达2135人次。

三、科学研究工作

1.1992年科研经费在1991年4200万元的基础上又有了较大幅度地增长,达到8008万元,为1984年科研经费的10倍;获国家发明奖1项,国家科技进步奖2项。

"浙江大学工业自动化研究中心"通过第二轮建设方案专家论证;国家"水煤浆工程技术中心"、浙大"水煤浆燃烧技术研究所"已初步建成;组织"现代光学仪器"国家重点实验室向国家科委申请建立"现代光学仪器工程技术中心";继"高纯硅及硅烷"国家重点实验室和"聚合反应工程"实验室通过国家级验收后,1992年"CAD&CG"实验室通过了国家级验收,正式对外开放。

积极争取国家"八五"攻关项目、"863"高技术项目。1992年新落实"八五"攻关项目29项,合同金额达1762.2万元,新落实"863"高技术项目12项,总经费达141.2万元。

2.为加速科技成果转化为生产力,同时支持学科,促进学科内涵发展。1992年5月,学校创办了科学研究上中下游一体化的学科性公司,组建化工科技开发、高分子材料、计算机软件、电力电子技术、液压控制技术、能源工程、工业自动化、精细化工、模具技术等9个学科公司,正筹建岩土工程、光电技术、智能化仪器仪表等3个公司,共12条龙。学科性公司年内收入1599万元,已成为学校科研工作不可分割的重要组成部分。

四、学校管理工作

1.制订《浙江大学关于加快学校改革步伐的决定》

为冲破计划经济下的办学模式和内部运行机制形成的旧观念,确立与社会主义市场经济相适应的新观念,建立主动适应社会主义市场经济的办学新模式和内部运行机制,学校制订了《加快学校改革步伐的决定》,对教育、科研、校产、精简机关、计财与审计和加强国际交流等各个方面进一步进行改革,出台了与之配套的政策。

2.调整学校教职工队伍整体结构,实行人员合理分流,完善编制管理办法,严格定编,实行校内事业编制和企业编制双轨运行,精简了机关人员。校党政机关人员从原422人减到320人。评审教授41人、高工2人、副教授80人。有41位35岁以下优秀青年教师晋升副高职

3.完善教职工年度考核办法,初步形成集体考核与个体考核相结合,定性考核与完善考

核相结合的教职工年度考核办法，评出 A 类单位 27 个。

4. 引入竞争机制，完善校内分配制度。

1992 年两次对事业编制核定及发放岗位业绩津贴。通过实施业绩津贴，职位津贴与个人考核挂钩，建立正常的校内津贴晋升制度，奖勤罚懒，体现了按劳分配、多劳多得的分配原则，形成经常性的激励机制。

5. 建立校内养老保险津贴制度和学生人身保险制度。

五、校办产业与科技开发工作

1. 建立了工业总公司和科技开发总公司，促进校办科技企业走向社会，改善办学条件，为教育、科研服务。1992 年校办产业销售收入 10630 万元，利润 2190 万元创历史纪录。工业总公司、科技开发总公司、出版社、设计院、外贸公司均完成学校下达的年创利指标，取得了较好的经济效益。

2. 我校在与天津、宁波、杭州、湖州、丽水等地合作的基础上，1992 年又和江苏徐州、浙江温州、衢州、绍兴等地建立了友好合作关系。通过浙大派团出访和地县市来校考察方式，进一步加强了学校和地方的科技合作关系。到年底，我校正在实施的各类国家重大科技成果推广、转化项目共 32 项，据不完全统计，这些项目 1992 年为国家新增产值 17.14 亿元，利润 4.9 亿元，节支 2.8 亿元，创汇 215 万美元。

六、国际交流和国际合作工作

1. 1992 年我校国际合作范围已扩大到世界 13 个国家和地区，合作层次多元化，合作领域已覆盖了理、工、文、管各个学科，年内在执行中的国际合作项目共 27 项，协议总经费达 730.6 万元，1992 年到款达 211.4 万元。

学校新设立了国际科技合作基金 25 万元，制定了管理条例和实施办法，共批准资助项目 12 项，资助金额 19.2 万元。

2. 在我校召开国际学术会议 6 场。共接待来访外宾 25 批 211 人，港澳台来宾 17 批共 269 人。来校短期专家 71 人，长期专家 16 人，顺访专家 235 人。

批准公派长期出国人员 57 人，其中高级 26 人，派往 13 个国家和地区，已派出国 42 人。年内已有 37 名教师回国。

出国参加国际学术会议 59 人，参加会议 60 个，发表 65 篇论文，其他短期出国讲学、考察、合作研究 101 人。

3. 在校留学本科生 34 名，硕士生 12 名，博士生 1 名。

七、后勤工作

1. 改革后勤管理体制。在完善原有服务中心的基础上，成立了通信管理服务中心和水电管理服务中心，进一步提高服务质量和效率。

2. 制定了住房制度改革实施方案和教学、实验、科研、行政用房的定编方案，以及校内公司用房实行有偿使用措施和公用房、家属宿舍室内外装修暂行规定。采取调整住房租金、集资建房、职工个人和单位合作建房、预交房租或缴纳住房保证金，实行住房公积金制度等措施筹措资金建房，以缓解教职工住房困难的矛盾。

全年房屋维修包括水、电设备改造与维修共立项 66 个分项，投入经费 358.5 万元。

3.1992年基本建设总投资2403万元,已完成2300万元,是历史上完成基本建设投资最多的。经国家教委批准,基础部建设列入国家重点建设项目,已全面开工,1992年完成投资400万元。倪铁城先生投资的图书馆加层建设人文图书馆也已全面开工。年度在建面积69000平方米,开工面积近4万平方米,立项18项,开工9项,竣工8项。

4.学校内部经济管理进一步向事业、企业双轨运行方向发展,进一步强化了校办工厂、公司的企业化管理。建立了校内银行,融校内资金并积极利用银行及其他社会资金,提高资金利用率,已积累资金上千万元,并开展委托存款、校内流动贷款等各种金融性业务

(二)1993年度工作要点

学校工作的指导思想是:进一步深入学习和贯彻小平同志南巡讲话精神和党的十四大精神,以建设有中国特色的社会主义理论为指针,适应社会主义市场经济需求,解放思想,深化改革,加快发展步伐;调整结构,转换机制,坚持"两个中心一个根本",不断提高办学质量和水平,为八五期间乃至建校100周年学校各项工作再上一个新台阶作出不懈努力。

一、思想政治工作

△组织师生员工进一步认真学习和贯彻小平同志南巡讲话和十四大报告精神,学习建设有中国特色社会主义的理论,解放思想,明确目标,真抓实干,为学校改革与发展献计献策,并化为实际行动。

△深入开展爱国主义、集体主义、社会主义教育,增强师生员工对建设有中国特色社会主义的历史责任感。在教职工中大力开展"教书育人、管理育人、服务育人"活动。

△建立完善"教、管、育、导"四位一体,党政工团齐抓共管的学生思想政治工作和管理体制,加强学生党建工作,发挥共青团、学生会、学生社团的积极作用。加强校风建设和校园综合育人环境建设。

△以推进学校改革与发展,弘扬"求是创新"优良校风,激励广大师生员工奋发进取为目的,筹备1993年校庆活动。结合校庆,请校友回校对学生进行国情教育、形势教育和青年知识分子成长道路的教育。

△逐步改善综合育人环境,活跃业余文化艺术体育科技活动,继续搞好"物理周"、"英语节"、"电脑节"等多种形式活动。搞好学生勤工助学和社会实践活动,引导学生开展课外科技活动,拓宽第二课堂。

二、教育工作

△调整结构,做好系和专业设置调整、课程结构改革,支持若干系进行试点,落实新专业办学准备工作。

△做好课程建设基金的申报工作,重点放在全校性核心课程的建设、课程结构改革及新专业的建设。做好"微积分"、"普通物理""计算机程序设计"及外语的教材建设、计算机辅助教学设计应用、实验室建设、教学大纲等的统一完善工作。

△完成大专自费生的教学计划制订等各项准备工作。

△做好全校性辅修专业的录取工作。调整收费标准。在规模不变的条件下,对计划内选修课进行调整,对计划外选修课进行重新登记。

△完成“单片机实验中心”建设，举办“计算机程序设计”及“微机原理与应用”的教师讨论班，大力推进计算机课程的统一评分工作，做好参加全省“计算机分级考试”的准备工作。

△完善教学管理体制的转换工作，健全宏观控制、目标质量控制的运行规范。完善和修改学籍管理条例，完善计算机管理系统。

△在适应需求，保证质量，开拓生源，改革教育的前提下，积极发展研究生教育。扩大研究生主要是博士生招生比例，做好招生录取工作，完成 700 人/年硕士生、250 人/年博士生的招生任务。

△继续抓好研究生教育质量控制的各个环节，组织好研究生课程建设

△努力适应社会需求，进一步扩大在职人员进修研究生课程、论文硕士、论文博士数量。

△加强学科建设，对结构工程、流体力学、计算机组织和系统结构、凝聚态物理等学科进行重点支持。

△结合学科建设和学术梯队建设，做好博士点和博士导师的增列增补工作，做好自行审批博士生导师的试点准备工作。

△进一步完善博士生兼任助教制度，完善岗位、考核、待遇等方面政策，充分发挥博士生的作用。

△坚持统筹安排，合理使用，加强重点，面向基层，加强生产、科研、教育第一线的方针，贯彻学生个人志愿服从国家需要，学以致用，人尽其才，择优分配的原则，做好 1993 年毕业生就业指导和毕业分配工作。

△加强招生宣传工作，争取优秀生源，落实 1993 年招生计划，争取扩大调节性计划，积极发展委托培养招生。

积极推行毕业分配制度的改革，做好 1993 届毕业生的就业工作，采取有力措施确保完成国家下达的指导性计划，积极支援地方中小型企业、第三产业和乡镇企业，使人才资源得到合理配置。大力开展对毕业生的就业指导工作，设立就业咨询服务窗口，使就业指导办公室进入实运转，该窗口每周定时间向广大毕业生开放就业信息咨询服务。

△通过发展继续教育加强与社会联系，适应经济建设需求，开展国际继续工程教育的课题研究工作。

三、科研和科技产业工作

△完善研究所体制，建立巩固研究所、室实运转机制和学术带头人负责制，建立稳定合理的学术梯队结构和学术领导结构。

△加强重点学科建设，对前阶段重点支持的学科进行检查评估，拟定 1993 年学科建设基金投向。

△确定百人基础研究队伍，制定和实施支持基础研究的政策，使自然科学基金申请获得率有更大提高。

△继续抓好科研基地建设，完善国家重点和专业实验室建设，加强工业自动化工程研究中心、水煤浆工程技术中心浙大燃烧研究所的建设，做好“现代光仪工程研究中心”、“电力电子工程研究中心”的立项工作。制定“国家重点、专业实验室管理办法”，加强实验室管理与学术队伍建设、高层次人才培养。

△面向国民经济建设主战场，抓好横向科技合作，在促进研究所、室实运转的基础上，积

极创造条件,推进12条龙的运转,完善科技开发政策,力争学科性公司的经济效益有大幅度提高。

△抓好科研项目的完成工作,组织好成果奖的申报,抓好专利的申请工作。

△理顺关系,开通渠道,围绕学科发展规划,有组织地开展国际合作,多承接国外委托的合作科研项目,提高国际合作层次。

△继续做好有实质性合作的校际交流工作,有计划、有重点地做好出国参加学术会议、考察、讲学、合作研究等工作。切实组织好今年在柏林工大为庆祝与中国大学建立校际关系10周年而举办的中国周活动。

四、人事和管理工作

△继续试行校长负责制,充分发挥党组织的政治核心作用和教代会民主参政、议政的职能,进一步健全校、系、所(室)务会议制度。

△加强政策研究工作,对重大改革方案和导向性政策要进行专题研究,逐步形成民主科学的决策机制。根据社会主义市场经济的新需求,深入研究学校进一步深化改革的方案。

△重点做好学术梯队建设的规划,明确目标,落实措施,真抓实干。加强梯队成员和优秀青年教师的培养、考核等工作,并安排落实好他们在工作、生活上的各种困难,努力创造有利于他们安心工作的良好环境。

△做好各学科教师职称结构的摸底调查和规划,在此基础上拟出1993年教授和副教授岗位的设置意见,按照按需设岗,按岗聘任原则进行公开竞争。

△进一步修改教师晋升高级职务量化考评标准,做好93年后教师晋升的量化考核工作。

△进一步做好国内外优秀人才的引进工作,充实和加强骨干教师队伍的建设。

△完善校内事业编制与企业编制双轨运行的人事管理新机制和企业编制人员的管理办法;进一步完善校办企业、经济独立核算单位企业化管理办法。

△完善校党政机关的定编办法,进一步精简机构、转换机关职能,在精简机构和人员的基础上提高机关工作人员的待遇,调整机关工作人员的岗位津贴。

△进一步完善教职工的群体与个体相结合,定性与定量相结合的分类分级的学年考核办法。建立和完善人事工作合同化管理办法,使我校人事工作规范化、合同化。

△调整经济政策,完善校内分配制度的改革,使校内津贴能真正体现按劳分配、多劳多得的分配原则。制订和完善合同制人员、混岗集体编制人员及临时用工的管理办法;完善校内养老保险津贴的发放和管理办法。

△审计工作要加强效益审计,做到制度化、规范化、程序化,加强监察工作,查处违纪违法,为学校改革保驾护航。

△加强学校外事工作的规范化管理和信息服务,配合学校发展规划,积极做好与各国、各地区、港澳台的工作,促进学校建设与发展。

△加强校内计算机网络建设和办公自动化建设,提高工作效率。

五、校产、后勤与财务

△校办产业要进一步深化改革,转换机制,按《企业法》规定,推行社会企业的规范化、企业化管理。依托人才科技优势,参与市场竞争,上规模、上效益、上水平。

△加强校办企业与学科的结合，总结完善系所厂联合承包经验，推广系、所、厂联合承包办法。

△寻找时机积极引导和推动吸引外资、兴办合资企业工作，在调查研究基础上，布局新的产业，搞好北仑保税区的开发工作，继续争取实现股份制试点工作。

△科技开发总公司及其下属公司要加强管理，理顺关系，完善政策，加快发展，创造更大效益，进一步发挥积极作用。

△深化后勤改革，大力发展校内第三产业，逐步向社会化过渡。成立后勤服务总公司，提高服务质量和水平，拓宽后勤服务领域，大力发展技术后勤服务。

△理顺学校资产（教学、科研、行政）管理体制，修订有关管理制度，妥善处理校内各类公司注册资产与实验室资产的关系。

△加强 5 万元以上新增大型仪器设备的前期可行性论证工作，研究制订提高全校大型仪器设备使用效率的考核办法和方案。

△力争将我校列入国家教委 1993 年高校分析测试中心计量认证计划，并完成校分析测试研究中心的国家计量认证工作。

△加强学校财务统筹调控，努力改善财务总体状况，形成校、系、所三级理财，校、所二级为主的良性循环机制。

△健全贷款和资金有偿使用机制，提高资金周转率，加强财务效益考核，通过深化改革，控制事业费增长过快的势头。

△抓好学校校区和家属区的总体建设规划工作，使今后的建筑布局有章可循，严格校内建筑规划管理。

△力争完成计划内外基建任务，争取筹集更多资金和建设用地制订教职工住房建设方案，加速住房建设，尽快解决教职工住房困难问题。

△完善公费医疗、养老保险、人身意外保险制度改革。

浙江大学档案馆藏，档案号：ZD-1993-XZ-61

浙江大学 1995 年工作要点

（1995 年 2 月 14 日）

1995 年学校工作的指导思想是：以邓小平同志建设有中国特色的社会主义理论为指导，贯彻实施《中国教育改革和发展纲要》，以顺利通过国家教委"211 工程"部门预审和校园文明建设检查评估为契机，坚持学校工作"两个中心"和"一个根本"的方针，坚持"三有利"的标准，清醒头脑找出差距，树立争创一流意识，创建一流的工作业绩。依靠广大师生参与、巩固、竞争、发展，进一步解放思想，深化改革，加速发展，保持稳定。全面实施学校"211 工程"建设和发展规划，转换机制，规划布局，调整结构，提高教育质量，提高科研水平，提高办学效益，增强综合实力，为完成学校 2000 年以前的阶段目标成功地跨出第一步。

今年学校工作重点要抓好以下几件大事：

· 根据 21 世纪人才培养需要，全面修订教学计划，深化课程结构改革；

·完善二级学科建所机制,发挥学科群作用,大力开展科学研究,积极争取进入国家、地方"九五"规划各类项目,积极申报国家级三大奖。建立学科校外基地,形成高科技产业;

·大力发展成人教育、继续教育,建立巩固校外基地,完成学校的宏观布局;

·选拔优秀人才进入学术领导岗位,成立浙江大学21世纪人才委员会;

·抓好文科教育,建立人文学院,筹建广播电视学院,调整工商管理学院和对外经济贸易学院的关系;

·抓好研究生教育,抓好研究生"三助"制度,真正发挥学校教学科研生力军作用;

·加大校办产业改革力度,调整产品结构,面向市场,有步骤地向校外转移;

·完善各类人员考核机制、激励机制,调整人员结构;

·采取有力措施,改善教职工生活条件,改造家属区,拓宽浙大路,在玉古路建立科技一条街,筹建家属区围墙;

·巩固校园文明建设成果,改革学生德育体制和住宿体制,实现学生管理的合理化、科学化;

·建立校园计算机网络,筹建华东分析测试仪器中心;

·大力开展国际合作,在各个层面上与国外进行联合办所、办院,互聘教授,共同承担教学、科研项目;

·统一平衡,量入为出,缩减开支,增加创收渠道,努力改善学校财务状况。

(一)调整学科结构,加强二级学科建设,发挥学科群作用,扩大科学研究规模,提高科学研究水平。

根据学校"211工程"建设和发展规划,加快学科结构调整步伐。继续加强二级学科建设,发挥研究所的重要作用,同时加强学科群规划建设,各学科群建设领导小组作为常设的规划小组,以国家重点学科、重点(专业)实验室、工程(技术)研究中心为核心,联合、聚集有共同基地、共同研究领域的相关学科,争取进入国家"211工程"学科建设规划,争取进入国家"九五"各类重大项目规划。

进一步加强基础研究。学校在年内要组织相关的二级学科研究所组建若干个校级基础研究所,重点申报国家科委基础研究所计划,成为学校开展基础性研究的重要基地。各学科要协同作战,加强和国家有关部门的联系,积极争取国家"九五"攻关项目,申报国家自然科学基金委员会"九五"重大基金项目和国家科委、国防科工委"九五"重大项目。

学校要争取得到国家支持,重点建设一批学科的共用基地、公共支撑体系,促进学科群建设,学科的联合和新学科的生长。继续抓好校内科学研究基地(工业自动化工程研究中心、电力电子工程研究中心、现代光学仪器工程技术研究中心,以及6个世界银行贷款的国家重点实验室和专业实验室等)建设,组织好队伍,落实研究培养任务,迎接国家的检查评估和验收。

积极做好国家审批新一轮博士点、硕士点、重点学科的申报准备工作。继续加强人文经管学科的布局和建设,在1994—1995学年第二学期成立人文学院,改善经管学科的组织管理,并着手筹建广播电视艺术学院。在科研处设立人文科研科,健全人文经管学科的合理运行机制。

加强国际交流,注重校际交往,通过进修、互访、国际会议、科研合作,争取外资投入等多种形式,进一步扩大学校对外开放交流的渠道。要扩大与中国科学院及下属单位的合作,加强和兄弟院校与国内研究单位的重点学科、优势领域的合作与交流，积极主动地与国外著名研究所室、著名大学、重要企业、高新科技单位，建立长期合作交流关系，联合办所、联合办院、联合建学科。学校将利用学术假制度通过包氏奖学金的办法鼓励、派遣教师出国开展合作研究，创造条件，有计划地遴选优秀中青年教师到国内外著名大学进修或交流，跟踪高新科技发展。同时各学科要积极承办、参加各种国际学术会议。办好计划中本年度在我校举行的 6 场国际学术会议。

（二）深化教育改革，培养德才兼备的社会主义建设人才。

根据学校人才培养规划，在年内继续调整专业学科结构，以拓宽基础，提高质量为重点，全面修订 1996 年教学计划，体现按系招生、拓宽专业、加强计算机、经济管理、外语、人文课程的教育、加强工程设计，充实更新教学内容，提高基础课、技术基础课的教学起点，削减不必要的简单重复内容，充实增加现代科技发展的内容。教学计划制定过程要充分掌握国内外情况，结合本国本校实际，体现面向 21 世纪培养一流人才的要求。做好全校公共基础课评估总结，做好一批非 A 类课程的提高工作。加强计算机教育，筹建多媒体实验室和多功能教室，推进教育方式的改革，提高电化教育的水平和层次。要加强以文献阅读、开题报告为内容的期中考核，并按一定比例计入毕业设计成绩，培养学生综合分析和提出问题的能力。要继续办好德语中心，筹建日语中心、法语中心。积极创造条件克服投资不足的困难，完成人文图书馆的建设，争取投入使用。

着手制定“九五”期间的教材建设计划，积极准备 1995 年的省教材评奖工作，推荐好教学指导委员会换届成员。制定政策鼓励出版学术专著。

1995 年学校各系招生名额采用基数加浮动的名额分配办法。在对课程设置、师资水平、教学质量等指标考核的基础上，学校确定每年各系招生计划的基数；根据社会对人才的需求和基础课学习阶段后的专业选择志向，系、专业的学生数可在一定比例之内上下浮动。调整和确定下年各系招生计划的基数和浮动比例。同时继续实施和完善奖学金、勤工助学、毕业生就业制度等方面的配套改革。

在提高质量的基础上，继续发展研究生主要是博士生教育，着手进行博士生培养方案及专业培养计划修订工作。规范研究生学位授予工作程序，进一步抓好研究生助教、助研、助管制度，使研究生在学校教学、科研工作中发挥更加重要的作用。调动并鼓励广大研究生的科学创造积极性，使他们能在学校的 SCI、EI、ISTP 等科技文献检索系统收录论文中占有一定的比例。对优秀博士生严格要求，设置门槛，要求他们在重大科技奖，SCI、EI、ISTP 收录论文，重大工程效益及国内外科学基金等方面有所突破。逐步改革研究生培养计划，拓宽专业，开阔研究生知识领域，选择试点试行按一级学科培养研究生。加强研究生教学管理，提高教学质量和效益，落实研究生学分制，开展相对评分制，奖优罚劣，严格实行淘汰制。认真搞好部分学位授权学科（专业）的评估工作。

学校要研究并采取切实措施，使全校上下人人参与，创造良好的育人环境、学术与文化氛围。加强学生德育工作，进一步提高广大青年学生的政治思想素质，把集体主义、爱国主义、社会主义教育落实到学校教育过程之中，培养学生的全面素质，使之今后不仅能够成为业务素质精良的学术骨干，而且能够成为具有较全面文化素质、较强组织能力、社会活动能力、能担负起重要领导责任的德才兼备的栋梁人才。

加强留学生招收、培养、管理工作,扩大生源,提高教学质量,健全管理制度,扩大学校在海外学生中的声誉。

成人教育要面向地方经济发展需求,充分挖掘办学潜力,办好校外德清、余杭的成人教育基地,稳定教学质量,扩大招生规模。同时创办绍兴职业训练中心,完成学校地域布局的规划。争取外资投入在校本部建立成人教育和继续教育中心大楼。

(三)深化校内管理体制改革,大力选拔中青年骨干,加强队伍建设,完成学校跨世纪人才交替。

加强师资队伍的建设。在新老交替的关键时期,要重点加强中青年骨干力量的选拔、培养,在全校范围内动员广大老教师、老干部关心支持中青年人才的成长。对有较强能力的青年学术骨干要提拔到研究所所长、副所长的工作岗位,为其进一步成长创造机会和条件。成立浙江大学21世纪人才委员会,吸收中青年学术骨干参加,研究、规划、制订扶植中青年学术骨干成长计划与措施。

建立浙江大学师资建设领导小组,聘请国内外知名专家教授担任顾问,定期对学校教育、学科发展规划、师资队伍建设、国际合作交流等重大问题进行高层决策和讨论。

完善各项校内管理制度。继续深化人事制度改革,加强业绩考核,加强定岗定编,提高工作效益。进一步精简机关,从机关抽调力量充实到教学、科研、校产工作岗位,重点支持教学、科研第一线工作,使教学、科研水平的规模、质量和效益得到进一步提高。

做好试行工资总额动态包干的准备工作。

实施“511人才”工程,重点支持改善优秀学术骨干的工作与生活条件。要做好年轻干部的培养、选拔和配备工作,形成一支富有朝气和开拓创新能力,“双肩挑”的干部骨干队伍,提高管理水平,更好地为“二个中心一个根本”服务。

保证优秀中青年骨干教师及时晋升,并使其中一部分人尽快成长为学术带头人。为青年教师职务晋升创造平等的机会,形成合理的竞争激励机制。改革青年教师职务聘任申请办法,青年教师可以直接向人事处申报晋升,经人事处预审后再履行原有聘任程序。完善聘任制与合同制相结合的人事制度,逐步将考核重点从晋职考核转移到聘后考核上来,逐步建立教职工职务岗位的约束机制,调动教职工的岗位工作积极性。1995年组织评选为学校教学和科研作出贡献的教授,授予“浙江大学杰出教授”的光荣称号。

引进国内外优秀人才来校工作,在国内外招聘中青年学术带头人,为引进人才创造良好的工作、生活条件。引进工作应根据本校学科、专业的发展规划,重点保证面向21世纪的新兴学科、重点学科以及面向国家经济建设与第三产业紧密相关的金融、贸易、财会、工商管理等学科。创造条件,有计划地遴选优秀中青年教师到国内外著名大学进修或交流,跟踪高新科技发展,充实校内薄弱环节。完善普访、高访、进修学术假,访问学者、兼职教授、在职研究生、博士后等制度。

(四)加强办学支撑条件建设,加快基础部建设,控制消费增长,提高教职工的生活待遇,控制新增基建项目,完成已开工项目。

根据“211工程”总体规划,实施学校总体布局的规划考虑,以校本部为中心进行重点建设,把校本部建设成为浙江大学进行高层次教学科研的基地;同时在分部建立基础部进行一年级基础教学；德清、余杭、绍兴三地的成人教育、职业教育为起步，逐步形成具有科技开发、高新技术产业为内容的分部。要把基础部的基建工作和教学准备工作作为学校工作的重点，抓紧抓好，同时做好信电系搬迁到本部的工作，争取95级新生进入基础部学习。

加大校办科技产业体制改革力度，主动适应社会主义市场经济需求，重心外移，在校外建立校办科技产业园区，为学校提供更加有力的物质支持。学校以"3化1改造"的指导思想，即要求产业开拓高新科技化、产品市场社会竞争化、产业管理现代企业化并改造现有传统产业，来发展校办科技产业。校办科技产业要利用校外资金、技术，通过合资、合作等形式与社会生产要素优化组合，建立现代企业制度，逐步嫁接相关学科科技成果，形成具有强有力技术支撑的产业，移向校外的科技产业基地。要保证国有资产的保值增值，保证职工收入的增长。校内产业基地逐步改造成国家重点（专业）实验室、国家工程研究中心和工程技术研究中心及学科群的开发研究基地。校办科技企业要依靠学校学科多元化优势，走多元化发展道路；要依靠学校科技优势，加速技术改造和产品更新换代，不断提高经济效益和社会效益，为学校发展提供稳定的资金来源。1995年学校将按上述思路进行校办科技产业改造的试点工作，并对效益不好的企业要加强限制和约束手段。

继续拓宽办学经费的筹措渠道，打破旧框框，采取各种方式，动员学校各级通过自身的不断努力，在横向科研、人才培养、校办产业等方面加强为经济和社会发展的服务工作，积极吸引校外资金投入，筹措办学经费，进一步充实校、系、所三级基金，支持教学、科研工作，改善师生的工作生活条件，提高教职员工的生活待遇，增强学校的综合实力。积极推进北美和日本竺可桢教育基金会的筹建和启动，争取年内两地基金会正式注册成立。1995年校内各系所基金要纳入校竺可桢教育基金会，作为校级基金会的分支，各级基金的使用权限仍保持不变，使校内基金筹措进入规范化管理的轨道。学校对在筹措基金方面有突出贡献者将制订政策给予奖励。学校1995年的经费预算，将统一平衡，量入为出，缩减开支，保证教学、科研工作的正常运行，保证教职工生活待遇有所提高。学校要加强对经济政策的研究，一方面挖掘潜力，促进教育经费、科研经费持续、稳定地增长，另一方面堵塞漏洞，严格管理，加强审计，科学合理开支，严格控制消费基金的增长，提高办学效益。加强国有资产管理办法，对校内经营性单位集中征收资源占用费、学校无形资产管理费。加强学校评估措施，适时公布各单位工作业绩。成立校庆100周年筹委会，以弘扬"求是创新"的优良校风，促进学校建设与发展为目的，系统地筹划校庆100周年活动。

加速后勤基础设施的改造。在1995、1996两年内，根据国家教委和浙江省政府的共建协议，与省市有关部门协商，争取较好地改善家属区供水、供电状况，增加总容量1500KVA的变压器和高配，解决双向供电，建设北村水泵房，解决断水停电问题。争取在杭州市有关部门支持下，将求是村电网并入杭州市电网统一管理，并拓宽浙大路。遵循国家教委的统一部署，配合地方政府，加快住房制度改革步伐，并修改完善《浙江大学教职工住房分配办法》，加快教职工住房条件改善。控制新增基建项目，保证精力和财力，加速并尽早完成已开工的家属区住房建设。争取在1995年底完成370套住房，1996年底以前总计完成600套住房建设，解决和改善1200户教职工的住房问题。建立校外副食品基地，解决和改善师生副食品供应问题等等。

校产、后勤、基建部门要政企分开，加强行政监督，保证学校国有资产保值增值，促使企业走向社会,提高为教学科研工作服务的质量,进一步增强学校的综合实力。

要建成为教学科研服务的校园计算机网络,承接浙江省科教网项目,与全国教育科技网联接,实现与国际计算机网络的联接通信,争取通信端口进入家属区。

在巩固校园文明建设,治理整顿的基础上,学校要与省市有关部门协商,采取措施,加强家属区的规划,进行全面整治。尽快做好家属区围墙的建造规划工作,并择时分区域建造,拆除违章建筑。在玉古路建设科技一条街,与校园文明建设配套,从而形成一个整体的浙江大学文明校园,保障教职工安居乐业。为加强家属区的文明建设和全面整治,调整校办产业的人员结构,由建筑发展公司为主,负责对家属区的环境治理、商业网点、安全管理进行综合开发,综合服务。

(五)认真学习邓小平同志建设有中国特色社会主义理论,进一步解放思想,加快改革步伐,加速学校发展。

1994年顺利通过国家教委"211工程"专家预审的浙江大学的建设和发展规划是学校今后几十年发展的纲领性文件,也是师生员工为之奋斗的宏伟目标。

组织全校师生员工认真学习邓小平同志建设有中国特色社会主义理论,贯彻落实学校"211工程"建设和发展规划,进一步解放思想,调动积极因素,人人参与,人人关心,以改革促进学校的发展,以改革促进学校的提高,从各自的岗位出发扫清不利于学校发展的困难和障碍,以勤奋的工作、刻苦的研究、认真的学习来创建浙江大学良好的人才培养、科学研究环境。全校各级领导、各单位要防止故步自封、因循守旧、盲目自满的情绪,在工作中振奋精神,在工作中有所发现、有所发明、有所创造、有所前进;要努力打破学科分割、部门分割、条块分割的局面,树立全局观点,加强互相协作,使学校有限的人力、物力、资源产生更大的效益;要发扬"求是创新"优良校风,完善和建立激励机制,按照"按劳分配、兼顾公平、效益优先"的原则,鼓励先进,鞭策后进,树立优胜劣汰的机制,全面提高各类人员的素质。

在教职工中大力开展"教书育人、管理育人、服务育人"活动,弘扬"求是创新"的优良校风,加强教风学风建设,巩固校园文明建设成绩,在4月份开展校园文明建设月活动,保持学校一流的社会主义校园的光荣称号;积极筹备建校98周年和100周年校庆活动,在广大师生中通过建校百周年爱校教育,进一步加强爱国主义、集体主义、社会主义思想教育,树立正确的世界观、人生观和价值观,增强教师学生"爱我中华,爱我浙大"的凝聚力,把"实事求是,严谨踏实,奋发进取,开拓创新"的优良校风贯穿在学校的教学科研工作中,落实在全校师生员工的行动上,使浙江大学全体师生员工齐心协力,共同参与,以崭新的面貌迎接校庆100周年。

浙江大学档案馆藏,档案号:ZD-1995-XZ-16-1

浙江大学1996年工作要点

(1996年3月13日)

1996年是国家"九五"计划的开局之年,也是我国执行实施高等教育"211工程"建设规划的第一年。党的十四届五中全会提出了我国国民经济要实现由计划经济向市场经济的转变和由粗放型经济向集约型经济转变的目标，我国经济和社会发展必将对于人才和科技提出更高的要求。面对“211 工程”启动在高校办学的激烈竞争和社会迫切需求，“九五”期间将是我校改革和发展最为关键的时期，学校各项事业已经进入了一个新的创业阶段。形势决定了我校一定要在“八五”建设的基础上，紧紧围绕到本世纪末稳定地居于国内同类高校前列的办学目标，调动一切积极因素，进一步深化改革，使学校工作再上新台阶。

1996 年学校工作的指导思想是：在以邓小平同志建设有中国特色社会主义理论指导下，坚持社会主义办学方向，继续贯彻中央关于“抓住机遇、深化改革、扩大开放、促进发展、保持稳定”的基本方针和科教兴国战略，逐步落实“211 工程”建设规划，进一步加大教育、教学改革力度，深化科研体制改革，加强学科建设、师资队伍建设和办学保障体系建设，增强学校办学活力和学校综合实力。全校师生要进一步解放思想，以创建一流的意识和毅力，发扬“求是创新”精神，锐意改革，加速发展，团结奋斗，无私奉献，以优异的成绩迎接建校 100 周年，为完成学校今后五年的阶段性奋斗目标奠定成功的基础。

一、加大教学改革力度，加强教学基本条件建设，全面提高人才培养的要求和质量。

实施“加强基础、注重素质、突出能力、面向一流”的本科教学改革战略，建立 KAQ 培养模式，发展宽基础的复合型人才和英才并重的人才培养方法，组织实施、落实本科教学改革纲要提出的各项教改任务，从知识、能力、素质等各方面培养跨世纪的优秀人才。

推行优质生源工程计划，加大招生宣传工作，建立一支相对稳定，素质较高的招生宣传队伍，增加经费投入，拓宽宣传方式，加大宣传力度，加大与全国各地重点中学的联系，建立招生工作网络和招生资料信息库，吸引更多的优秀生源来校求学成才。

全面开展“面向 21 世纪教学内容和课程体系改革”计划立项项目的研究工作，要求做到项目有专人负责，有明确目标，保证学校经费投入。全面开展公共基础课的教学内容改革，办好数学、物理、计算机教改班。

各系统筹组织教师力量，统一安排，促使更多的具有高级职称的教师走上教学工作第一线，主要基础课和技术基础课由教授领衔主持教学工作。

加强外语教学和计算机教学，提高学生外语水平和计算机应用能力，提高国家四、六级英语通过率和优秀率。

改革教育方式，结合课程改革，加强实践环节，提高学生综合能力（包括外语能力、计算机能力、组织能力、表达能力、动手能力等），各门课程考核要把知识考核和能力考核相结合，坚决克服只重知识灌输忽视能力培养的现象。

加强和改善教学基本设施建设，继续积极进行电子设计基地、机械设计基地的建设，开设有关课程；完成第二个多功能教室的建设，满足更多课程使用多功能教室教学。认真做好 1996 年“基础课实验教学建设补助基金”申报工作，争取立项建设“标准化实验室”；制定计划，分批开展基础课，专业基础课实验室评估工作。

落实实验教学经费，保证课程设计、下厂实习所需经费条件，认真抓好实践教学环节。

完成 1996 年本科教学计划的定稿工作，对 1996 年级新生实行新的教学计划；试行本硕一贯制培养计划。继续组织教学内容与教学方法改革专题研讨会，深化学校教学改革。

突出重点，专人负责，做好省级和国家级教学成果奖的申报工作，做好 1996 年学校教学成果评审和重要教学成果的鉴定工作；落实校庆教材计划和省级重点教材的出版工作。

严格考试制度,实行优胜劣汰。在教务处成立考试中心,规范一切考试组织行为,探索考试方式改革。

研究生教育要继续扩大规模,提高质量。积极开拓优秀生源,吸引高层次学校学生来校攻读研究生,继续从企业界、经济界等社会各界吸收有丰富实践经验和科研工作能力的业务骨干和优秀在职人员来校深造。1996 年争取实现招收博士生 400 名、硕士生 750—800 名的目标,进一步提高研究生占全校学生的比例,提高博士生占全校研究生的比例。

改革和规范博士生培养工作,制订适应世界科学技术发展需要,适合中国国情的博士生培养方案,规定博士生应具有的知识结构和配套课程;在各专业学科点建立博士生指导小组,改变师徒式教学方式,发挥导师和学科点学术队伍群体作用及学校整体优势;试行博士生资格考试制度,要求博士生在进入论文阶段前必须通过一级学科资格考试;实行研究生讨论班制度,全面提高研究生分析解决问题的能力,促使博士生参加社会管理工作,提高综合素养;对博士学位论文评审和答辩要求提出更加严格的规范,把博士生培养和提高我校科研水平结合起来。

结合人事制度改革和教学管理改革,原则上取消助教编制,助教岗位全部由博士生担任。努力提高博士生待遇,改善博士生生活条件。

硕士生培养工作重心要逐步调整到为经济建设和社会发展服务的方向上来,调整和确定不同类型、规格硕士生的培养目标,改变以往硕士生培养中的单一模式。在博士生招生较多的部分专业,试行缩短硕士培养年限,适当调整硕士生培养中课程学习和论文工作的比重。

采取有力措施,缓解博士后住房紧张的制约"瓶颈"。继续适度扩大 1996 年招收博士后研究人员人数,继续做好博士后工作改革试点,积极扩大项目博士后、企业博士后的招收人数,并加强与宝钢、深圳的博士后流动站合作,联招博士后研究人员。条件成熟时争取再新增 1—2 个博士后流动站。

贯彻研究生教育与本科教育并重方针,要把研究生培养和促进科研发展结合起来,与为地方服务、改善办学环境结合起来。加强计划外研究生培养工作,扩大学校与社会企业界的广泛联系和合作。完善研究生计划外非学历教育的管理和规范,确定举办研究生课程进修班的管理程序,严格执行国家教委对在职人员申请学位的要求,保证学位授予质量。

完善和加强校、系、所三级研究生教育管理队伍建设,确保我校研究生教育的规模、质量、效益协调发展。

大力开展研究生教育研究,以确定课题指南和立项方式,鼓励开展研究生教育研究,作出成果,指导工作。

大力发展多层次的留学生教育,改善条件,扩大留学生规模,创造条件筹建国际教育学院;同时发展国际多种形式和高层次的联合办学模式,扩大和提高学校的知名度,促进学校的对外交流与合作。

成人教育要适应社会需求,稳定发展规模,提高办学效益。加强校外三个分院的建设和管理,做好莫干山学院搬迁新址工作,保证绍兴轻纺城职教训练中心于 1996 年 9 月正式启动办学。成人教育学院要规划远距离教学的布局,并逐渐实现之。发展继续教育,建立继续教育学院和自学考试办公室,努力提高办学层次,力争继续教育在近期内达到新的水平。

二、充分重视学科导向和市场导向，加强学科建设，深化科研体制改革，提高科学研究水平，扩大国际科技合作。

采取措施加强基础研究，造就一支强大的有国家级水平的科研队伍。启动“曹光彪高科技发展基金”申请工作，支持学校基础研究，尤其支持前沿学科、新学科和交叉学科的研究，支持前瞻性研究，同时组织广大教师积极向国家有关部门申报“九五”重点研究、基础研究等重大项目，争取更多项目列入国家和省的重点计划。加强人文经管科研工作，扩大科研规模，提高科研层次和水平，增强我校人文学科在省内和国家社科领域中的竞争能力。

扩大军工项目的规模，加强军工项目研究和质量保证工作，建立军工科研质量保障体系，按质按量保证完成任务。

加强学校科研工作为国民经济主战场服务，以我校重点学科、重点研究所为龙头，联系社会各行业、企业，组建 15 个左右面向经济建设主战场的高技术开发中心，带动 15 个产业的发展。抓好德清经济技术开发区 5 个重点项目的建设，形成产业化规模。

浙大要成为国家科技攻关攀登科学高峰的基地之一，必须抓好重点实验室和工程研究中心等国家级科学基地建设，年内要做好工业自动化工程研究中心、电力电子工程研究中心、现代光学仪器工程中心的建设和验收工作。对于已在建的国家专业（重点）实验室，要按期建成验收。国家重点实验室要划归科研处管理，在科研处设立重点实验室管理科。

加强对全校科技工作的统筹管理工作，所有科学研究开发机构，都要集中统一领导，实行统一归口、统一政策，分级管理，坚决克服分兵把口现象。要把科研工作与学科建设、研究生培养相结合，把研究所建设成为既是高层次人才培养的基地，又是为国民经济主战场服务，承担国家攻关任务的研究基地。

科研处要继续加强浙大学报工作，扩大学报稿源，提高学报档次。加大力度开展国际合作，组建若干个国际稳定交流、明确方向、共同研究的国际性合作研究所，使国际科技合作研究在我校科学研究工作的总体规模和水平中占有相当的比重。

加强学校产业管理，开展学校无形资产评估工作，学校审计、监察部门要会同有关部门，依法惩处盗用学校知识产权、侵犯学校权益的行为，维护学校正当权益。

三、加强学科建设，攀登科学高峰。

学科建设是高等学校发展的根本所在，学科建设的核心在于攀登高峰。学校各个学科的规划、建设都要沿着攀登的目标，争取建成世界一流和国内一流。

加强传统学科的更新、改造工作。根据面向 21 世纪科技发展趋势和人才培养的要求，拓展学科的内容，同时真正组织好学科群之间的交叉、渗透、联合，建设新的学科点，淘汰没有前途的学科点。根据“211 工程”建设和发展规划，进一步组织科研力量，完善重点学科建设计划，加强理科建设，加强学科交叉和交流，继续推进学科群建设和落实交叉学科研究中心建设计划。

学科建设一定要与科研任务相结合，与高层次人才培养相结合，争取以任务带学科。为推动学科建设，利用“211 工程”有限资金，首先建设好第一批进入“211 工程”的重点学科项目，树立追求一流水平和具有本校特色的目标，成为浙大一流水平的代表作。所有重点学科、重点研究所都要成为学校科学研究、培养人才的中坚骨干力量。

建立学科定期评估制度，淘汰一些没有前途的学科，建立新学科。各系学术委员会要把学科升迁、淘汰、转移、生长作为将来工作的主要任务。在今年内对我校所有学科进行新的一轮普遍的评估。在此基础上,遴选出第二批重点建设的学科,遴选产生新的博士点申请学科。

打破僵化封闭界限,提倡文理工交叉渗透,真正发挥学校理工结合、文理交叉的优势。考虑组建信息学院,加强管理学科向各个学科的渗透,试办交通管理学院、国有资产管理学院等。

四、继续深化校内管理体制改革,加强师资队伍建设和党政管理干部队伍建设。

队伍建设是事业成败的关键,要把师资队伍尤其是学科带头人和中青年骨干队伍建设作为重点工作来抓,要探索提高师资整体素质的方法和策略。继续实施"511 人才工程",1996 年上半年制定浙江大学"九五"师资发展规划,做好"双育人"队伍两年一次的考核、滚动工作。

两院院士和国家级有突出贡献人员的比重将标志着我校的学术水平和学术地位。要积极做好中国科学院院士和中国工程院院士、国家级有突出贡献人员的推荐、遴选和培养工作。

积极大胆选拔、起用优秀中青年人才充实师资队伍,完成学科队伍和干部队伍的新老交替,提高教师和干部队伍的学历层次。

根据学科发展需要,面向海内外遴选高层次学术带头人和紧缺学科的力量,对引进人才要优先给予必要的工作和生活条件,做好安排,保证待遇。

增加国际交流,做好公派出国留学工作,拓宽交流渠道,提高派遣层次,在国际大舞台上培养锻炼教师。

进一步精简机构、精简人员,提高工作效率。在全校推行工资总额动态包干,进一步压缩非教学、科研人员编制,提高师生比。

坚持德才兼备,贯彻四化方针,加强干部队伍建设,进行管理干部的考核、遴选、任免、选拔制度改革,保持建设一支精干的更加富于进取、生机勃勃的干部、管理队伍。

坚持群众路线,关心群众生活,倾听基层意见,恢复建立学校信访室和校长、书记接待日制度。

为适应近年来学校退休高峰状况,严格执行学校离退休制度。

五、继续加强办学条件建设,推动后勤工作社会化,建好学校事业发展的保障体系。

加强政策研究,修订完善学校有关政策、制度,规范学校管理,加强充实学校政策研究工作。

加强民主集中制建设,广开言路,发动师生参政议政,实行重大问题集体决策,分工负责。健全校务会议、系(处、室)务会议制度,集中统一意志,追究失职、渎职等官僚主义行为,保证学校政令畅通,令行禁止。

根据学校"211 工程"总体规划,学校分部将建成为一年级新生教学的基础部。要成立相对独立建制的之江学院,负责一年级新生的教育培养和管理工作,安排具有学术声望的教授担任院长,组织建立教学管理领导班子,做好基础部的基建工作和教学准备工作,保证 1996 级新生全部顺利进入基础部学习。

建立和强化学校国有资产管理体系和监督体系,成立学校国有资产管理处,制定合理的政策，加强对学校资产的评估和管理工作，集中学校资源，堵塞漏洞，惩处违纪行为，确保学校的根本利益和正常收益。

加速深化校办产业改革，按照建立现代企业制度的要求，克服产权不明、管理不顺等问题，逐步完成校办企业的更新改造。校产改革的核心是要密切与市场结合、与学科结合，要建设规模大效益好的科技型产业，促进科技成果向生产力转化，提高企业的经济效益。校办产业要有计划地向校外转移，要依靠学校科技优势，加速技术改造和走多元化发展道路，为学校发展提供稳定的财力支持。

要进一步深化后勤改革，加快实现后勤管理社会化，创造条件，提高服务质量，优化育人环境，充分利用学校现有资源为教学、科研服务。

实施浙江大学"安居工程"计划，缓解教职工住房尤其是青年骨干教师住房的紧张状况。学校将做好求是村家属区改造计划，研究制定加快住房建设的集资方案和有关奖励政策。在今后五年内投资金额 8000 万元，建房 10 万平方米，提供成套住房 1000 余套。

加强学校地产管理，做好校园制界工作，做好我校市区地产申报领证工作，建造求是村大围墙和青芝坞围墙，清理整顿家属区违章搭建。

改善学校信息环境，大力建设校园信息网络，首先要建好图书馆信息网络，实现对外网络联接，努力把我校建设成为浙江省和华东地区的信息中心，提高学校现代化通讯能力和参与国际学术交流的能力，提高和扩大教育、科技工作服务社会的辐射率。

巩固校园文明建设成果，规划整治家属区环境，尽早完成校园景点改造和园林建设计划，以优良的校风和一流的校园环境迎接建校 100 周年。

六、以邓小平同志建设有中国特色社会主义理论为指导，进一步解放思想，团结奋斗，为实现学校各项奋斗目标而努力。

随着国家"九五"计划实施和"211 工程"的启动建设，我校已进入改革和发展的关键时期和攻坚阶段。要以党的十四届五中全会精神统一全校师生员工的思想和行动，牢牢确定改革是解放和发展生产力，发展是硬道理，改革和发展才是出路的思想。因此，要进一步学习邓小平同志有中国特色社会主义理论，坚持党的基本路线一百年不动摇，校系两级领导尤其要以身作则，身体力行，保持清醒头脑，保持坚定的政治信念和高度的政治敏锐性，坚持政治方向，提高思想政治水平。要贯彻、执行科教兴国战略，通过改革，使学校工作上水平、上质量、促改革、争效益，使学校工作始终不渝地面向现代化，面向世界，面向未来。

要继续在全校教职工中深入开展"教书育人，管理育人，服务育人"活动，完善激励机制，弘扬"求是创新"校风，加强教风学风建设。要建立校庆 100 周年筹备委员会，加强宣传工作和校友联络工作，通过筹备建校 99 周年和 100 周年校庆活动，对广大师生进行爱校教育。贯彻实施《爱国主义教育实施纲要》，进一步加强爱国主义、集体主义、社会主义思想教育，树立正确的世界观、人生观和价值观，增强广大师生"爱我中华，爱我浙大"的凝聚力，将我校"211 工程"的各项建设计划落到实处，把"实事求是，严谨踏实，奋发进取，开拓创新"的优良校风，落实到学校教学科研工作的全过程，使全校师生员工兢兢业业，励精图治，团结奋斗，以优异的成绩和崭新的面貌迎接建校 100 周年。

浙江大学档案馆藏，档案号：ZD-1996-XZ-1-11

浙江大学1998年工作要点

(1998年1月12日)

1998年学校工作的指导思想是:以邓小平理论为指导,坚定不移地贯彻落实十五大确定的教育事业发展方针,坚持“全面适应、积极探索、加快改革、有所突破”和“规模、结构、质量、效益内在统一、相互协调”的深化教育改革与发展的总体思想,围绕“211工程”,以建设教育研究型大学为目标,调动一切积极因素,深化改革,完善学校教学、科研、管理的运行机制,抓好学校两个中心工作和一个根本任务,向高水平的目标不断迈进。

1998年学校工作主要有以下几点:

·大力推进学分制,创建一个多通道、多规格、模块化的教育环境,提高本科教育质量。并大力发展成人教育尤其是高层次继续教育。

·继续扩大研究生教育规模,加强各个培养环节的管理,推进学科交叉和跨学科培养,提高研究生教育质量。

·召开学科建设大会,总结学科新陈代谢、交叉发展和提高水平的经验规律。按照“211工程”对学科建设的要求,充分发挥学科群优势互补、联合攻关的作用,培育新学科,争取新的一级学科博士点,扶植培养新博士点,增加博士后流动站。

·按照“211工程”基地建设要求,按计划保质保量建成教育、科研基地,包括校园网络和远程教育中心,迎接1998年底的“九五”中期检查。

·深化科研体制结构改革,调整科研结构,实行开放、联合、流动的方针,有计划、按步骤地加速建设一批研究机构,为其进入“国家队”创造条件。

·深化人事制度改革,理顺体制,精简人员,遴选、培养、引进优秀教师和干部充实学科梯队和管理队伍,提高师资和管理队伍的整体素质。

·大力加强外事工作,扩大与国际上的知名研究机构、学校和跨国企业进行合作的交流渠道,使学校外事交流工作尽快和国际高层次机构和人员接轨。

·根据学校基本建设要求,组织精干力量,在保证质量和工期前提下,加速学校教职工住房和教学用房建设,尤其是要加快建设浙大教师住宅新区,争取在本世纪末较大程度缓解教职工住房紧缺矛盾。

·加速学校后勤社会化进程,加强校园和家属区综合治理,建设文明校园。

·加强学校财经工作科学管理,多渠道筹集办学资金,严格财经纪律,规范经济行为,确保国有资产保值增值,维护学校权益。

一、以邓小平理论为指导,认真学习贯彻十五大精神,加强学校精神文明建设。

进一步学习贯彻十五大精神和邓小平理论特别是邓小平教育思想,用邓小平理论武装全校党员、干部和师生。

深入贯彻《中共中央关于进一步加强和改进德育工作的若干意见》和《普通高等学校德育大纲》精神,落实《关于进一步加强浙江大学精神文明建设的实施意见》,不断深化对学生的爱国主义、集体主义、社会主义教育,全面提高学生道德修养和综合素质。

在教职工中大力开展以敬业奉献为核心的职业道德教育,建立良好的师德师风。

以科技文化为特色，开展以求是创新为精神核心的文化活动和文化形象塑造工程。以文明校园建设为载体，广泛开展群众性文明创新活动。

二、瞄准国际前沿，加强学科建设。

重点组建环境科学与工程、药学及制药工程、车辆工程、生物工程四个学科。在组建过程中，要充分发挥我校理工结合的优势，改造一批相关的老学科，带动一批弱学科，促进和支持新兴交叉学科，并在各交叉学科的基础上寻求新的生长点。

在校内、外建立跨院、系、跨学科的"交叉学科论坛"，针对国民经济建设和社会发展中急需解决的重大课题，组织跨系科的攻关、合作。

做好一级学科、二级学科(专业)博士学位和硕士学位授权点的争取工作，力争我校一级学科和二级学科博士学位授权点有较大数量的增长。根据学科发展的实际需要，调整硕士点的布局，进行硕士学位授权点的审批，为学科合理布局及下一轮博士点申报打下基础。

加强理科及人文学科的建设。继续调整理科、人文和经管学科的运行结构和机制。整顿管理学科。

创造条件扩大博士后特别是企业博士后和项目博士后的在站规模。力争新建土木和通信信息两个博士后流动站建站成功。

三、深化教育改革，实现多样化办学模式。

进一步推进学分制，1998 年秋实现工科、人文、经管公共课打通，建立全校电脑选课中心，做好与修改后的专业目录衔接的 1999 年教学计划的修订准备工作。

进一步完善"课程教学质量考核"及其它本科教学激励机制，并开始"教学岗位聘任制"试点。

通过合理制订 1998 年教材出版计划，强化教材建设激励措施，实施"精品"战略。

对"211 工程"教学基础建设项目进行阶段性检查。

试行混合班教学改革方案。

加强计算机基础教学，推出与之相关的新的课程设置规划。

实施 2000 年国家(省)级教学获奖项目培育计划。

大力发展成人教育尤其是高层次继续教育。调整课程结构，提高教育质量。并着手教育体制改革。逐步开展远程教育。

按新调整的学科专业目录修订和实施新的培养方案，加强一级学科的跨学科培养，设立跨学科培养研究生奖励基金。在博士生教育中试行跨一级学科的双导师制，在硕士生教育中试行三年制跨一级学科主辅修，培养复合型人才。

完善研究生培养质量监控体系，加强质量监控。

大力发展工程硕士教育，试办工程博士教育，使研究生教育进一步面向企业，面向国民经济主战场。

把好质量关，继续稳步办好研究生课程进修班。

继续实施本科生和研究生的优质生源工程。采取激励机制，提高本校合格生源比例；加大宣传力度，努力争取全国各重点中学和名牌院校优质生源；适当向理科专业及急需专业倾斜免试生名额；进一步调动导师指导研究生的积极性。

四、深化科技体制改革,加强对外合作与交流,提高科研水平,促进人才培养。

继续在半导体材料及功能材料学科和生物医学工程学科,开展以遴选和招聘学术带头人;加强考核,提高骨干科技人员生活待遇为主要内容的主攻学科改革试点工作。

配合学校"211 工程"重点学科建设,实施学校重点研究所的建设计划,创造条件培植一批能进入国家队的科研机构。

积极推动各高等研究院的组建和运行,探索建立适应社会主义市场经济体制和科技教育自身发展规律的新型的科技体制。

积极探索学科性公司的改制工作和两个国家工程研究中心的转制问题。

在继续抓好"九五"国家攻关和国防军工项目的落实和完成质量的同时,花大力气组织申报国家各类"十五"计划的预研项目。

组织"九五攀登预研项目",争取进入国家重点基础研究发展规划。

坚持走产学研合作的道路,不断开拓与大中型企业及经济发达地区的科技合作渠道,进一步推进学科性公司的科研产业化校外基地的建设,加快实现高技术产业化。

做好"现代光学仪器"、"工业控制"两个国家重点实验室和"洁净煤燃烧"国家教委开放实验室的评估工作。完成"硅材料科学"和"CAD&CG"两个国家重点实验室的设备更新改造计划。

继续抓好电力电子国家工程研究中心的建设工作,抓好综合信息网技术和中药新药开发及评价两个省级重点实验室的建设工作。

继续搞好国际交流与合作,加强海外联谊会工作,大力开展对外宣传活动,扩大学校知名度。采取人员互访、留学生培养、国际交流、合作科研等多种形式,开拓与海外高层次学校、研究机构和跨国企业的合作渠道。

五、深化人事制度改革,建设一支一流的师资队伍。

做好各重点研究所人员编制、业绩点、晋职指标、选留毕业生指标的核定等工作,搞好重点研究所的配套建设。

继续做好职称晋升和评审及相关的培训工作。

加强管理与提高待遇相结合,继续做好各类人员的编制理顺及管理工作,尤其是研究从事科技开发为主人员的管理问题,制订相应的管理办法。

继续做好工资正常晋升和职务等级工资标准的调整工作,以及工资晋升后的后续工作。

召开一次以 45 岁以下教授为主体的青年教学科研骨干会议,进一步推动我校青年教师骨干队伍建设。

积极做好人才引进特别是留学回国人员的跟踪管理工作,完善人才引进数据库,加强与国外有关单位和留学人员的联系。

加强研究教师队伍建设中的热点、难点问题,并提出相应的政策建议,进一步把 1997 年学校人才工程会议及学校有关教师队伍建设的思路具体化成可操作的实施办法。

六、加强科学管理,深化后勤改革,加强办学保障体系建设,进一步改善办学条件。

加强校办产业国有资产管理,开展对校办产业国有资产保值考核工作。进一步理顺学校与校办产业的产权关系,推动校办产业深化改革和建立现代企业制度。

坚持收支平衡、适度从紧的预算分配原则，做好预算安排，逐步消除以前年度的财政赤字。

加强发展委员会和学校各级筹措办学资金的工作，动员海内外各界支持学校事业发展。规范各项基金管理，提高使用效益。

在加强后勤系统内部管理的同时，积极开拓新项目，适时组建新的经济实体，对条件成熟的中心实施公司化改组，强化企业形象，提高服务效益。

加大家属区整治力度，初步实现家属区物业管理。

按照购房、求是村翻建、征地建房三条腿走路的方针，加大集资力度，加快安居工程建设步伐。

狠抓医疗质量，树立浙大医院良好形象，尽快与社会医院接轨，为医院社会化作准备。

提高出版物质量，努力实现社会效益与经济效益的最佳结合。结合学校重点学科建设，出好精品书。

优化图书馆业务格局，筹建"浙江大学学位论文数据库"，扩建多媒体网络电子阅览室，更好地为教学、科研服务。

清理档案馆馆藏，完成搬迁，加快计算机档案管理系统的建设，加大学校档案工作网络运行力度。

加强校园网络建设。进一步完善本部网络，重点建设分部网络；建好学校的 Internet 主网页及各院系子网页；大力推动网络在办公自动化及各类校园服务方面的应用；同时推动全省的网络建设。

加强政策研究工作，在有关重大政策制定过程中，逐步采用现代科学管理决策手段，规范决策过程，保证决策的民主、科学、有效。

浙江大学档案馆藏，档案号：ZD-1998-XZ-55-2

（四）体制改革

本校关于全国高等工业学校行政会议精神传达经过、贯彻情况、存在问题报告
（1953 年 11 月 18 日）

中央高教部：

兹将本校关于全国高等工业学校行政会议精神传达经过、贯彻情况、存在问题报告于后：

一、传达贯彻情况。

全国高等工业院校行政会议（下简称会议）结束后，本校即于 8 月 11 日召开，校委扩大会议吸收教研室主任参加，会议上着重传达了习副主任、马部长，曾副部长，杨副部长[①]的报告。因当时正值暑期和进行生产实习，教员不在校者较多。为了工作上需要与校委会召开扩大会议，同时又以一周的时间在党内和脱产干部中做了较详细的传达，并结合过去工作进

① 习、马、曾、杨分别为国务院文教委员会副主任习仲勋、教育部部长马叙伦、副部长曾昭伦、杨秀峰。

行了讨论和检讨。在开学前,校党委和校委会又根据会议精神对过去工作作了检讨和总结,而后,在此基础上提出了本学期工作计划要点,在开学后,于9月14日、15日两日,将会议精神和本学期工作计划要点,先后对全校师生员工作了传达,并在教职员工中展开了讨论。

同时校党委也分别召开教职员中党、团员会议、脱产干部会议、学生中团活动分子会议,对上学期党团工作根据会议精神所作的基本总结和如何贯彻本学期工作计划纲要的意见进行了传达。会议并进行了较深入的讨论。在以上各项工作的基础上,各行政单位、各系、各教研室和教员中党团组织分别制定了贯彻本学期工作计划要点的具体计划,使会议精神贯彻到本学期工作计划中去。

二、会议主要精神的体会与过去工作的检查情况。

1.在传达了中央提出的整顿及巩固重点发展,提高质量稳步前进的方针,以及如何在学校中具体贯彻后,我们认为本校对教学改进方针的掌握上,基本上是符合于中央上述方针。对于如何对领导教学计划的制定方面,对学习苏联方面,对政治工作的开展方面和政治工作应占比重方面,对于教职员工政治学习的要求和时间方面,对于学生学习纪律的整顿、先进学习方法的推广方面,加强师生团结方面,以及学校基本建设的推进方面等,基本上是符合中央指示精神的。

但另一方面由于对方针之具体贯彻缺乏系统经验,对学校工作等客观规律上摸不到,对于教学情况工作全面的深入研究还不够,对先生教学中的具体困难还了解不够,同时由于部分先生的业务基础和思想基础的提高不能满足客观发展的需要和部分同学有要求过高过急的情况,因此在摸索前进中,在某些工作上曾一度出现过高、过急的现象。主要表现在去年思想改造后课程改革时,有部分系的领导对于个别专业和教研室设置不够慎重,对教学计划课程排列上要求偏高;少数先生把学生培养目标定得过高,教学中有贪多贪快的任务观点等。因此形成了有2/3的班级的同学功课习题一度积压,自修超过规定学时较多,影响健康。此情况发生后,学校即行研究,在一个月左右逐步解决。其次在教师俄文学习的突击速成阶段中,未分别先生情况提出不同要求,而采取全部参加办法,曾使部分先生在这阶段中一度较为紧张,个别系有少数先生多少影响教学。第三,对于部分先生教学中的具体困难了解不够,因为有时考虑满足学生的需要较多,故照顾先生可能情况较少。此外在学生中提出优等生评选工作的当初,对于学生的困难情况考虑不够,对学生分别情况提出要求逐步提高不够。

通过会议的传达和讨论,对冒进、保守、稳步、前进的界限做了进一步研究,明确了只有兼顾需要和可能的三个方面,才能防止冒进、冒退、保守不前等偏向,以达到正确贯彻稳步前进的方针。

2.关于党对知识分子的团结,争取教育改造政策执行上,在三反和思想改造中,由于少数党团员在掌握党对知识分子长期改造政策不够明确,部分青年教师对老教授的看法不够全面,看到其短处一面较多,长处一面较少,因此形成关系不够正常。少数老年教授之间亦存在着相互看不起的情况。而其中主要的问题是党团员教师和非党团员关系的问题。同学方面也因在上学期初功课产生了积压,要求很快解决,先生亦有困难一下赶不上去,因此,部分师生关系亦较为紧张。通过上学期整党学习,吸收了教师中的积极分子参加,在整党教育中强调了每个党员必须正确执行党对知识分子的政策,与老教授共同团结搞好教学。而后,党又检查了党对知识分子政策执行的情况,并推动了教师中党团员骨干分子也检查了这一思想，初步扭转了对知识分子的团结重视不够的思想，并从事实中初步解决了相互看不起的现象。在学生方面，通过青年团和学生会等组织，提出了要同学尊敬和关心先生，并批判了部分同学不尊敬先生的现象。学生会和部分班级还主动进行了一定的团结工作，因而师生关系有了一定的转变。会议传达后，党团内又进一步明确了搞好团结工作的重要性和必要性，更进一步的检查了转变中不够的地方，如有的同志把团结工作认为是一种手段，有个别系的部分青年助教本人热情较高，但对于如何团结发挥老教授的作用做得不够，少数班级的同学对先生尚有不够尊重的现象。而老教授也检查了自己对青年教师关心和培养不够的地方。学校党委和行政更具体地提出了今后加强师生团结的要求和方法。

3. 此外，在课程改革后，教研组虽已建设工作初步开展，师资培养工作也引起了一定的重视，并引进了一定的工作，但是在上学期教研室的领导较差，集体作用发挥不够，缺乏相互帮助共同研究的精神。在师资的培养上缺乏必要的计划和深入的加强理论与实际的联系思想，对于根据学校当前及发展的需要，如何全面地、有计划地、有步骤地来提高现有师资和培养新师资的考虑更显得不够。根据这一检查，把师资培养问题列入本学期的几项重要任务之一，根据各教研室不同情况，订出具体计划，贯彻执行。

4. 在行政工作方面，必须围绕教学这一中心任务而开展的思想。虽然过去一再强调，但有个别部门如总务处等，在进行工作中还不能切实贯彻。通过会议传达和讨论，检查了这一工作，并适当的调整了组织，配备了干部以符合上述需要。

三、会议传达和讨论后，在总结和检查过去工作基础上，提出了本学期工作计划要点：计划要点已报部故不另述。

在本学期各项工作的具体贯彻中，从目前情况来看，这学期较上学期更正常一些，主要表现在教学方面。一般先生对教学改革的方针，有了进一步的领会，对教学计划的拟定比较重视，并能初步按照计划教课，教学的积极性也有一定提高，对学生也较为关心。在学生方面，大部分学生学习态度都有了进一步的端正，学习方法也有一定的改进，因此教学情况较上学期正常，教学效果亦较上学期稍好。部分教研室对与学习苏联结合中国实际情况有了进一步的认识和摸到了一些初步的点滴经验，初步的提出了精简苏联教材，要保持苏联教材的优越性，符合国家的培养目标，保证学生质量，适应学生基础等原则，而且更提出了除精简外还要适当补充教材，使与学生程度相衔接。但另一方面部分先生在业务水平上有一定限制，掌握苏联教材精神还有一定困难，更缺乏学习苏联结合中国实际情况的经验。而更主要的是在思想基础上还赶不上国家发展的需要，对充分重视计划，按计划办事的精神还不够，整体观念和集体主义的精神还较差。部分青年教师对自己进修有要求过急的情绪，少数班级中部分同学学习态度上有问题等，这些就是当前教学中尚存在的问题。目前我们正在准备通过对教学工作的经验，通过对过渡时期总结路线任务的学习，进一步发现问题，总结经验，克服教学中尚存在的问题，巩固现有成绩，并适当修正计划，提高教学质量，提高教师业务水平和思想认识，以保证本学期计划贯彻，为进一步贯彻中央精神而努力。

1953 年 11 月 18 日

浙江大学档案馆藏，档案号：ZD-1953-XZ-40

关于我校一年来学习和试行教育部直属高等学校暂行工作条例草案的情况报告(草案)

(1962年11月3日)

一

1961年下半年以来,根据中央和省委关于讨论和试行教育部直属高等学校暂行工作条例(草案)的指示,结合我校的实际情况,先后从党内到党外,从领导到群众,采取了学习文件,提高认识、联系实际、总结经验,改进工作的方法,逐步逐级传达学习,并在实际工作中逐步贯彻文件精神,通过一年来的学习和贯彻,因而使学校工作,特别是教学工作和知识分子工作有了显著的改进。

(1)坚持学校工作以教学为主的方针,努力提高教学质量。

通过学习,对于党的"教育为无产阶级政治服务,教育与生产劳动相结合"的方针认识比较全面了,明确了高等学校的根本任务是培养社会主义建设的专门人才,因此学校工作必须以教学为主,正确处理教学工作和生产劳动、科学研究、社会活动之间的关系。对于红与专的关系也有了比较正确的认识,只专不红要迷失方向,只红不专变成空头政治家,搞清楚了什么是红,什么是白的界限,敢于认真读书,刻苦钻研。对于理论和实践的关系也有了进一步的认识,既明确了学校里大量的是获得理论书本知识,同时也是必须参加一定的生产劳动,获得一定的实践知识,克服了轻视理论知识,书本知识和轻视基础知识的现象。

在明确了教学为主后,积极采取措施改进教学。

首先是修订了教学计划,并强调严格执行稳定教学秩序。新修订的教学计划既以教学为主,又比较适当地安排了生产劳动、科学研究和社会活动,克服了生产劳动、科学研究和社会活动过多的缺点。如我校1960级教学计划安排中生产劳动5年不少于50周,科研和技术革新50周左右,这样理论学习时间太少。而新修订的教学计划中,生产劳动5年只安排20周,而科研可专门安排时间,也可不安排专门的时间,这样理论教学5年不少于136周,加强了课堂理论教学,并从时间和内容上来加强基础理论、基本知识、实验、实习题等基本技能的教学和加强了实习、课程设计、毕业设计等教学环节。60级的教学计划中,基础课与专业课比例规定不明确的,由各专业自行决定,而实际上这个比例往往最小,削弱了基础课。61级规定基础课(数、理、化)应占总学时的19%—22%,专业课应占15%—18%。如电机专业60级计划,实验230学时,占课程总学时的7%强;习题课248学时,占8%弱。实习未明确规定。而61级计划实验402学时,占课程总学时的11%强;习题课816学时,占22%强;实习11周。化工系化工自动化课程习题从7个增至15个,实验从8个增加到10个,而且在内容上有较大的改进,课程设计也从无到有的增加了,毕业设计既按照教学上的需要来安排,又注意到了理论联系实际,结合生产,克服了过去过于强调结合生产,单一从生产需要出发,而忽视教学要求不全面的缺点。另外我们还抓重点抓了58级(薄弱年级)的教学质量提高工作,根据"缺什么补什么"的原则,对于某些年级由于劳动和科研过多掉下来的一些基础课程和某些缺少的教学环节,给予补上。

在修订教学计划和积极采取改进教学工作措施的同时,学校加强了对于教学工作的统一领导，认真严格执行了新的教学计划，克服了过去教学计划变动过多，随便停课，随便增减课时，随便变动教学环节的安排，以及随时删减和新增课程内容的情况，加强了教材供应工作，尽量采用通用教材。60—61 学年第二学期课程门数 198 门，其中采用通用教材 37 门，编教材 148 门；而 62—63 学年第一学期课程门数 231 门，其中采用通用教材的 156 门，编教材 65 门，这样基本上解决了教材问题，做到了人手一册，课前发给学生，使学生有书可读，使教师减少编写讲义时间，能够有更多的精力和时间去更好的教学。另外由于修订并执行了"学则"等规则，严格报到、注册、考试考查、升学、留级、退学等制度，也促使学生更加努力地学习。

其次注意发挥教师在教学中的主导作用，比较恰当地安排师资力量，把教学的主要力量，有经验的教师安排到教学的第一线去加强教学。1960 年下半年有部分教师没有开课。1961 年下半年改变了这种情况，教授、副教授开课的 53 人，占其总数 77 人的 70%；讲师开课的 115 人，占其总数 140 人的 82%；助教开课的有 435 人(不包括指导毕业设计的 171 人)，占其总数的 33.7%。由于教师对于自己的职责，就是"认真教好学生，完成教学任务"明确了，因而教学的责任感就有了加强，敢于严格地要求学生，土木系的讲师○○过去各个方面表现较差，60 条贯彻以来转变较大，不仅认真教课，而且检查自己对于学生工作思想做得不够，表示今后要加强调查研究，而学生也能够尊重教师的教导，使教师在教学上的主导作用进一步得到了明显的发挥。

第三，为了进一步提高教学质量，积极培养师资水平，加强教材建设，积极开展教学法活动，努力改进教学。培养教师工作中我们坚持了在职进修为主，脱产进修为辅的原则，强调通过实际教学工作来提高水平，以老带新，建立师徒关系，并根据对象提出不同的要求和采取不同的培养方法。对于广大青年教师主要强调打好基础，练好基本功，采取随班听课、教师专门开课、办进修班等办法。60 条贯彻以来，我们开办了数学、英文等 8 种教师在职进修班，还利用了暑假举办了俄文、电子学等 4 种专题讲座。对于教学上已经过关的中年教师，通过搞科学研究和参加学术活动，从已有的基础上进一步提高水平。学术造诣较深、教学富有经验的老教师，安排他们带研究生，编写教材和指导青年、中年教师进修搞科研等。为了有利于教师进一步熟悉掌握教材，有利于教师教学经验的积累和教学水平的不断提高，加强了教材建设工作，克服了由于没有统一教材，而造成教学上没有统一内容和统一的教学要求的混乱现象。如高等数学过去没有统一教材，因而，各人教的要有自己编的一套教材，教学内容和布置的习题各个教师都不相同，这样既容易造成教学上的自流现象，也不利于教师，特别是广大青年教师掌握与应用教材。现在编写了统一教材后，大家都感到有统一的依据了，也好办了。为了帮助教师教好课，积极开展教学法的研究，教师间交流怎样备课、讲课，教材内容如何安排，如何抓重点，如何引导学生思考问题，写好板书等的教学经验，学校还成立了教学法委员会和加强对教学法的领导，从而进一步督促了教学。

60 条贯彻以来，从思想认识上，学校在教学的组织上、制度上采取了相应的措施，因而广大师生的教学积极性有了新的调动，教学质量有所提高。广大师生认真备课，认真讲课，耐心辅导，不断改进教学，努力提高教学质量。正如有的教师说："过去备课多半匆匆忙忙，只写个备课笔记就去上课了，现在由于积极性提高，时间有保证，备课不仅熟悉教材，而且从多方面看资料深入理解，同时还研究抓重点，教懂学生。"同学们也反映，听得懂，记得牢，容易理解。学生中认真读书,刻苦钻研,独立思考的学习风气日益浓厚,同时严格要求自己。教师反映:“现在有的同学的学习自觉性提高了,钻研问题比过去主动,提问题多了,深了。”“过去同学们问的只是要知其然,而现在问的是要知其所以然了。”学习成绩也有所提高,冶金系02专业601班,在一年级是优秀的7人,良好的7人,一般的5人,差的6人;二年级是优秀的8人,良好的8人,一般的6人,差的只有3人。

(2)认真贯彻执行党的知识分子政策和百花齐放、百家争鸣的方针,初步调动了广大知识分子,特别是老教师的积极性。

去年来,我们组织了全党反复、认真的学习党的知识分子政策,回顾了几年来团结教育改造的知识分子政策贯彻情况,在肯定成绩基础上比较深刻的检查了知识分子工作上的问题,从而端正了一些人对知识分子的不正确看法,比较恰当地评价了知识分子的进步与作用。同时注意安排使用,根据知识分子的专长特点、工作能力来安排他们的工作,对安排不恰当的就慎重地进行调整。我们从上到下的对讲师以上的教师政治业务情况做了排队,只有对他们的情况更了解,才能尽可能充分地发挥他们的一技之长。如把周庆祥、李恩良、周春晖等14位学术上有较高造诣的教授安排带研究生,在生活上给予恰当的照顾,尽可能给他们方便,保证教师5/6的时间用于业务。其次,为了进一步发扬民主,分清是非,划清界限,增强团结,我们抓了整风反右后批判处分教师的甄别平反工作。(中略)在这一工作中,我们这一方面加强对党内骨干的思想教育,明确做好甄别平反工作的深远意义,同时要实事求是按照党的政策办事,批判处分对的要坚持,批判处分错的要坚决平反。另一方面实行分级负责,做好深入细致的思想工作,反复进行个别谈话,诚恳的谈心,对批判处分错误的要在原批判范围或适当的场合进行平反,并做好平反后的安排工作。

第三,在对知识分子的教育工作中,根据团结—批评—团结的原则,强调了在使用中来改造,特别是通过知识分子的业务实践来加强改造,在方法上强调了运用正面教育、和风细雨、自我批评、自我教育,基本上克服了简单粗暴的现象。我校采取了分级负责的办法,对教授中的头面人物,由学校党委负责,以神仙会的形式,谈思想,学文件,讨论工作,并给他们做形势报告,讲清政治、经济、军事形势,阐明党的政策。讲师以上的教师和青年助教分别由系总支和教师党支部组织学习讨论等,并且还采取了“兵对兵、将对将”的形式同知识分子谈心,交朋友,做深入细致的思想工作。与此同时,对师生加强了尊师爱生的教育,对老教师要求他们既要严格的要求,又要关心爱护青年;对广大的青年教师和学生要教育他们尊重年长的,尊重知识,虚心地向老教师学习,从而使新老关系、师生关系有了进一步的改善。同时对教学、科学研究中的学术问题实行百花齐放、百家争鸣,发扬学术上的民主,为了进一步使广大师生明确方向,调动教师的教学积极性,努力提高教学质量。在这学期进行了教师升职工作。

通过上述种种工作后,使广大知识分子,特别是年老的教师的积极性调动起来了。

首先是广大教师,特别是广大的中老年教师的教学积极性提高了,工作责任也加强了,他们不仅认真备课,负责任地教学,也积极地培养提高青年教师。○○教授过去对自己要求不高,看书的积极性也没有,也不买书,看到人家买书还要耻笑。而现在不仅积极看书,利用假日经常去书店巡视,有见到同他有关的科学新书就买。同时教学态度有很大的进步,过去备课不足,讲起来简单不系统,同学生反映,○○教授是靠“架子”吃饭的,而现在备课充分,讲课效果好，而且教学态度上也有改进，积极地深入到学生宿舍去了解同学的学习，认真耐心的辅导，同学反应良好。老教师还积极培养提高青年教师水平。杨耀德老教授放弃了暑假休息，认真备课，并冒着10级的台风从城里赶到学校为青年教师坚持开课。由于老教师的热心辅导和严格要求以及钻研精神，使青年教师很感动，因而青老、师生关系也有了改善，青年教师和学生尊重老教师并虚心向老教师学习，同时在政治上、生活上认真地帮助老教师。

其次是大力开展学术活动，活跃学术空气。自去年来一个以教研组为主的学术活动已经在全校普遍的开展起来，并且已经形成了制度，当作制度来执行了。前学期以教研组为单位进行学术活动共466次，参加的人次达6957人次；全校的学术性专题报告4次，参加人数达700余人次。上学期只围绕17个科研项目进行了学术报告和专题讨论就达87次，参加人数达732人次。学术活动的开展对进一步提高学术水平和科研工作的展开，以及教学质量的提高都有重大的促进作用。60条贯彻以来，我校有52位教师已完成了50余篇学术水平较高的学术论文、著作，其中有一半的已发表在我校的学报以及全面性的学术杂志上。如董光昌所写的《椭圆方程一个边值问题》的论文已在全国数学通报刊出，国内教学界认为这篇论文对于微分方程领域的扩充有一定的作用。化工系周春晖等编出了内容较为充实的教材和教科书，促进了教学质量的提高。

第三是通过甄别平凡，解除了疙瘩，增强了团结，心情舒畅了，民主空气活跃，敢于讲话，敢于提意见，敢于负责，工作比以前积极主动了。〇〇教授过去办公室也不来，对总支很有意见，现在是主动找总支研究工作。

(3)加强了生活总务工作，保证了教学和生活的需要，师生的健康状况有所改善。60条贯彻以来，由于认识到生活总务工作，不仅是保证教学和师生员工的生活所必需的，而且它是党的知识分子政策贯彻的具体表现，因而党委对于生活总务工作便有了进一步的重视，列入了党委工作的议事日程。一年来，我们一方面加强了生活总务的组织建设，结合调整，把一部分科长以上的党员干部充入总务部门，有6个系配备了经管生活的系办公室主任，各系食堂也充实了炊管人员。另一方面加强了对总务人员的思想教育，过去那种由于抓业务多，放松经常性思想教育工作，部分职工情绪不高、服务态度较差的情况有所改进。通过了最近的清点物资工作，从我校的布局分散、家底厚、管理较紊乱，对全校资产心中无数，做到了基本上心中有数，从无到有的建立了责任制，加强了物资的管理。食堂经过几次的整顿之后，建立与健全了管理制度，服务态度也有了转变。由于省市的重视，我们把我校蔬菜供应由西湖区划为市领导，使蔬菜供应品种少，数量不足，质量差的情况有了显著的改变，学生对于伙食基本上还是满意的。今年来修建了新的水池，全校修复日光灯300多套，水龙头370余只，马桶330多套，在学校附近建设了粮站，从而进一步保证了教学生活的需要。在此同时还加强了疾病的预防治疗工作，开展了除四害、讲卫生，因而师生的健康状况也有所改善。

(4)在三年大发展的基础上，61年杭州工学院又并入我校后使学校有了很快的成长。但是由于学校的规模和专业设置过于庞大，使学校的师资、教学设备、生活物资等方面造成了较大的困难。为了缩短战线、集中力量，进一步提高教学质量，我们坚决的贯彻了“调整、巩固、充实、提高”的方针，进一步调整工作，把学校的专业由上学年的39个初步意见调整到26个，这样不仅减轻了国家的负担，而且更重要的是便于集中力量，突出重点，加强薄弱环节,为进一步提高教学质量创造了有利条件。

(5)实行了在党委领导下的校长为首的校务委员会负责制,发挥了各级行政组织以及其负责人的作用,党与非党知识分子的合作共事关系有了改善。

60条贯彻以来,由于全党逐步提高了认识,明确了加强党的领导与发挥政治组织作用的一致性,因而不仅校、系务委员会的会议制度较前健全,而且还加强了行政力量,到目前为止先后配备了党员系副主任____人,系办公室主任6人。同时建立了行政会议制度,加强行政活动,学校的重大问题都经过校委会集体研究讨论,作出决定,通过由校长、系主任,有关的处负责人参加的行政会议来具体贯彻执行,使校务委员会初步的起到了学校权力机关的作用。

系一级发挥系务委员会和系主任的作用,总支对系行政实行了监督保证。系总支一面大胆放手让行政去工作,一面又加强对党员的教育,既要尊重党外行政负责人员的职权,又要积极的帮助他们、支持他们搞好工作。这样不仅使行政组织的工作能够得到发挥,行政人员的积极性调动起来,使他们有用武之地,有职有权,进一步发挥他们的作用,来搞好教学行政工作,同时使党组织摆脱了事务,有更多的时间和精力来加强自身的工作,加强思想政治工作,加强改善党和党外知识分子的合作共事关系。正如○○系主任○○教授说:"60条贯彻后,情况有很大的转变,总支与系的关系比较正常了,能经常的一起商量研究问题,总支大胆放手,系的责任也加重了,积极性有了新的调动。虽然当前还出现了很多新的问题,但经过不断的实践摸索,方向会更明确,制度会更完善,积极性可以更好地调动起来"。

二

60条贯彻以来收到的效果是显著的,学校工作的变化是大的,但是由于对60条的学习还不够,精神领会还不深,由于贯彻的时间很短,如何来执行60条的具体措施还不够有力,经验不足,因此也存在不少问题。

(1)如何正确地执行党的教育方针,正确的处理教学与生产劳动、科学研究的关系,既贯彻以教学为主,又积极地开展科学研究,参加生产劳动,使三者既是有机的结合,又相互促进还有待于我们在实践中总结经验,不断地改进。从目前来看,对于开展科学研究是进一步提高教学质量,提高师资水平的极为重要的途径的认识还不足。在一部分教师中认为科研是"副业","可搞可不搞"。虽然坚持了教学为主,但对于科学研究安排不多,不利于师资培养和学术水平的提高。对于学术上造诣较深的老教师如何恰当地安排尚缺经验。如○○教授在国外时曾发表多篇质量高的论文,搞科研的基础较厚,而回国后忙于教学和行政工作(长期任系主任),长期未搞科学研究。学生的专业实习和下厂下乡,劳动安排比较困难,这方面的思想教育组织领导也有待加强。60条贯彻后,教学负担过重的情况虽然有所改进,但这个问题的形成原因相当复杂,不可能一个早晨解决,有待于我们积极的进行调查研究,慎重的逐步的加以研究。另外师资、教材和图书资料实验设备尚不能适应提高教学质量的需要,对于教师的进修进一步提高教学质量有一定的影响,也需要努力去逐步解决。

(2)如何正确地、全面地处理红与专,政治与业务的关系,还未真正的解决。60条贯彻以后,对学习业务是加强和重视了,学生敢于读书,敢于刻苦钻研了,这是一个可喜的现象,需要继续加强加以发挥。但目前出现了对红的方面有所放松的苗头,在一部分师生中观不关心政治，重专轻红的思想有所抬头。有的师生认为红的要求是拥护共产党的领导，拥护社会主义制度，愿意为社会主义服务的要求早已经做到了，红已经差不多了，不需要再改造了，甚至极个别的认为政治上不要做反革命就行了，现在的问题是如何钻研业务的问题。一部分青年教师和学生不愿意当干部，不愿意参加社会活动，认为搞政治工作吃亏。如有个教师支部书记讲："我们是不能靠当支部书记来升讲师的。"政治空气有些淡薄，批评和自我批评开展不起来，这次国庆节游行很难组织，有的只能以抽签的办法来决定谁去参加游行的问题，把参加必要的重大意义的政治活动当作了负担，讲民主、自由、个人、兴趣，而不讲集中、纪律和服从组织等等。

(3)学校党的领导作风不够深入，由于深入细致的系统的调查研究还不够，也由于部分领导同志对于教学业务尚不够熟悉，因此对于学校教学工作的规律还难以掌握。领导体制上校委会的作用发挥还不够，党外校长作用如何进一步发挥，还有待研究改进，学校各处与系的关系和职责范围需要进一步明确，适当地加以调整。学校的总务工作，总务部门与系行政如何结合起来，管理欠缺经验，行政工作制度不够健全，也造成了某些工作的被动和混乱，急需进行整顿和加强。

党委宣传部
1962 年 11 月 3 日

浙江大学档案馆藏，档案号：ZD-1962-XZ-43

浙江大学关于体制改革试行方案的请示报告

(1970 年 12 月 20 日)

浙江省革命委员会：

在伟大领袖毛主席光辉哲学思想和无产阶级教育革命路线指引下，在清华大学样板经验的推动下，我校根据省革委会的指示，开展了无产阶级教育革命的群众运动，围绕着办学指导思想和体制改革问题，开展了"四大"。全校革命师生员工学习了毛主席的教育思想和清华大学的样板经验；狠批了反革命修正主义教育路线，研究了我校的体制改革方案。经过自下而上、自上而下地反复讨论，充分酝酿，最后经党校的核心小组研究，初步拟定了我校教学、科研、生产三结合的新体制试行方案，现报请省革委会审查。

我校新的体制改革试行方案，定为 7 系 6 厂，并将专业设置从原有 28 个专业调整为 32 个专业(其中 3 个专业作为保留专业，详见浙江大学体制改革试行方案的意见)。

现就专业设置中考虑到全国是否还有任务，因而难于确定的几个问题请示如下：

(一)我校电机系原有 5 个专业，即电机、电器、工企、热能、发配电。近一年来，他们通过办厂，研制多速电机、微型电机、可控硅元件、场效应晶体管等产品，已经部分地向自动控制方向发展。其中发配电和热能两个专业，过去主要为全国大中型火力发电厂培养锅炉、汽机运行方面的技术人才。就本省而言，这方面专业人才今后需要量很少。这两个专业是否可以转向，取决于全国是否还有招生任务。今年 10 月间，水电部曾有 2 位同志来我校调查，离校前交代我校关于电力类专业的保留或转向问题要待国家计划会议后定。我们的意见是:如果国家有任务,我们可以保留原有班子,坚持把这两个专业办好。如果国家不再交给任务,我们则从本省实际需要出发:1.将发配电专业进行撤并,一部分并入土木系原河川专业组成水利水电专业,为本省发展小水电服务;另一部分转向搞自动化。2.将热能专业进行改造,转为热工仪表自动化专业。

(二)我校化学工程专业,主要担负培养化工过程的强大技术和放大技术的专业人才,过去面向全国招生,每年有一定的培养任务。据化工部同志今年上半年来校交代,这类专业全国没有几所,以保留续办为宜,但最后要待国家计划会议后定。考虑到本省对这方面专业人才需要量很少,而且缺乏招生来源,因此,是否设立该专业难以确定。我们意见,如果国家不再交任务,则该专业可予取消,转向搞半导体材料。目前暂予保留。

(三)我校光学仪器系光学仪器专业和物理光学仪器专业,过去面向全国招生,需要量不少,而且国家对这方面的科研任务也比较重。但本省目前需要量很少,缺乏招生来源,考虑到我校这两个专业潜力较大,因此招生来源应该由国家统一安排,面向全国招生。

(四)我校新设低温技术专业,目前在本省招生尚有困难,但从全国来看十分需要。如国家打算在本省设点建立该专业,即可向全国招生。如国家不打算在本省设点,我们则仍以科研为主,采取培训班和进修班形式培养一定数量的低温技术人才。

以上报告是否妥当,请批示。

附:浙江大学关于体制改革试行方案的意见。

浙江大学革命委员会

一九七〇年十二月十七日

附

浙江大学关于体制改革试行方案的意见

我校的新体制必须遵循毛主席“备战、备荒、为人民”的伟大战略方针,全面贯彻进行“教育必须为无产阶级政治服务,必须同生产劳动相结合”的教育方针,贯彻执行省革委会(70)89号文件精神,除“完成国家任务外,为本省建立小而全的独立工业体系服务。”积极开展革命的大批判,彻底改变旧学校的“三脱离”状况,认真学习清华大学样板经验,建立开门办学,厂校挂钩,校办工厂,厂带专业,教学、科研、生产三结合的新体制,沿着毛主席的无产阶级教育路线胜利前进。

在专业设置上,必须遵循“以农业为基础,以工业为主导”的发展国民经济的总方针,适应我国、我省社会主义革命和社会主义建设的需要,适应科学技术迅速发展的需要,努力赶超世界先进水平。还要考虑到我校原各专业设置的基础,本着积极、慎重的精神,根据不同专业的不同情况,确定续办(或暂时保留)、充实、调整或撤并。

关于专业的归属,按照伟大领袖毛主席亲自培育的清华大学的样板经验,应根据工农业生产和科学技术发展以及赶超世界先进水平的要求,以科学生产实践的联系为主来考虑专业归属,同时也应考虑学科特点和教学需要,有利于各专业相互促进和发展。

根据上述原则，我校从原有 28 个专业调整为现在 32 个专业，(其中 3 个保留专业)专业设置及其归属如下：

一、机械系，6 个专业

1. 机械制造
2. 内燃机制造
3. 金相热处理
4. 液压传动
5. 铸造
6. 固体力学(理科)

二、电机系，3 个专业

1. 电机制造
2. 工业电子装置
3. 工业企业电气化

三、光学仪器系，2 个专业

1. 光学仪器制造
2. 物理光学仪器制造

四、自动化仪器仪表系，4 个专业

1. 电子计算机制造
2. 计算数学(理科)
3. 自动化仪器仪表制造
4. 流体力学及射流技术(理科)

五、工程化学系，8 个专业

1. 化工自动化及仪表
2. 石油及煤的综合利用
3. 工程塑料
4. 高分子化学(理科)
5. 化工机械制造
6. 低温技术
7. 硅酸盐

(附设半导体化工研制小组)

六、物理无线电系，4 个专业

1. 无线电
2. 电真空
3. 半导体
4. 固体电子学(理科)

七、土木系,3个专业

1. 工业与民用建筑

2. 水利水电

3. 地质勘探(筹建)

此外,电机系发配电、热能和工程化学系化学工程3个专业暂作保留专业。

上述专业都必须坚持实行开门办学,厂校挂钩,密切联系实际,联系三大革命运动,学习和总结工农兵的新创造,新经验,不断充实,更新教学内容,使学校教育获得强大的生命力,而学校的教学、科研成果又直接为社会主义革命和社会主义建设服务,推动社会生产和科学技术向前发展。

为了使教学、科研、生产三者紧密结合,学校必须坚持校办工厂的原则。

校办工厂的指导思想就是遵照毛主席提出的"一切高等工业学校可以进行生产的实验室和附属工厂,除了保证教学和科学研究的需要以外,都应当尽可能地进行生产"的教导,坚持走政治建厂的道路,突出无产阶级政治,把培养人放在首位。实行厂系合一,厂带专业,做到毛主席所教导的那样"学校是工厂,工厂是学校"。

为此,我校拟办以下6个厂:

1. 机械制造厂。与机械系实行厂系合一。

2. 电子综合仪器厂。与物理无线电系实行厂系合一。

3. 自动化仪器仪表厂。与自动化仪器仪表系实行厂系合一。

4. 光学仪器厂。与光学仪器系实行厂系合一。

5. 化工综合试验厂。与工程化学系实行厂系合一。

6. 五七电机厂。与电机系实行厂系合一。

实行厂系合一,关键在于厂、系党的一元化领导,保留厂、系名称,统筹安排教学、科研、生产各项工作。

学校办工厂和国家工业部门所办工厂应有所区别。校办工厂必须把培养人放在首位,必须以保证和适应教学和科研的需要为主要任务,因此校办工厂在制订生产计划时,要考虑教学需要,留有充分余地,选择产品,应具有先进性、多样性、典型性,既是工业、国防急需的,又要能满足专业教学要求,既有一定的批量生产,又大力进行研究试制,不断采用新技术。

根据清华大学经验,把有关专业归入校办工厂,科研单位和厂校挂钩,实行厂带专业,多数专业以校办工厂为主要基地,部分专业以厂校挂钩为主,有的专业主要利用实验室,对现有实验室进行改造和建设,结合科研进行教学。所有专业都必须把这三种形式紧密结合起来,有利于理论联系实际,有利于教学、科研、生产三结合。

遵照毛主席"提高警惕,保卫祖国","要准备打仗"的伟大号召,用战备的观点检查一切,观察一切,落实一切,我校必须继续抓紧后方基地的建设。

根据省革委会(70)89号文件精神,学校后方基地建设应有计划,有步骤的逐步扩大,在任何情况下,后方基地建设都不能有任何动摇。

附表:浙江大学体制改革试行方案

浙江大学体制改革试行方案(七系六厂)

厂系组织	机械系	电机系	自动化仪器仪表系	化学仪器系	工程化学系	物理无线电系	土木系	备注
	机械制造厂(附设汽车制造厂)	五七电机厂	自动化仪器仪表厂	光学仪器厂	化工综合试验厂	电子综合仪器厂		
主要产品和研制方向	精密机床、BJ212 军用吉普汽车、专用机床与通用机床	中小型电机、微型电机、控制电机、可控硅元件及装置、集成电路元件	专业电子计算机、自动化仪器仪表、各种射流元件	光学测量仪器	石油化工为主要产品方向:工程塑料产品、合成树脂、低温容器、化工机械、化学光敏玻璃、硅化镓单晶	微波、彩色电视、雷达、多晶硅·单晶硅、半导体器件		原设置专业为28个,经过调整现拟设置专业32个(其中3个专业为保留专业:发配电、热能、化学工程专业)。
原设置专业	机械制造、铸造、金相热处理、内燃机、水机	电机制造、电器制造、工业企业电气化、发配电、热能	应用数学、应用力学(固体、流体)(均为原数学力学系理科专业)	光学仪器、物理光学仪器、精密仪器及显示仪表	燃料化学工艺学、塑料工艺学、高分子化学、化工自动化、硅酸盐、化学工程	无线电技术、电真空、半导体、理论物理	工业与民用建筑、河川枢纽与水电站建筑	
现拟设置专业	机械制造、铸造、金相热处理、内燃机、液压传动(原水机专业)、固体力学(理科)	电机制造、工业电子装置(原电器专业)、工业企业电器化发配电(保留专业)、热能(保留专业)	计算数学(理科)、专业电子计算机、自动化仪器仪表(原精密仪器及显示仪表专业)、流体力学与射流技术	光学仪器、物理光学仪器	石油及煤的综合利用(原燃料化学工艺学专业)、工程塑料、高分子化学(理科)、低温技术、化工机械、化工自动化、硅酸盐、化学工程(保留专业)、附设半导体化工研制小组	无线电技术、电真空、半导体、固体电子学(原理论物理专业,理科)	工业与民用建筑、水利水电、地质勘探(筹建)	

浙江大学档案馆藏,档案号:ZD-1970-XZ-6

对浙大现状如何估计？影响浙大前进的问题在哪里？[①]

(1979年5月)

李先念同志在中央工作会议上的讲话中指出："我们搞现代化，一定要从中国的国情出发。""首先要把事实弄清楚，然后才能从中找出它的规律。"

因此，我们研究如何把浙大建设成"两个中心"，如何在浙大贯彻"调整、改革、整顿、提高"八字方针的精神时，也必须本着这个精神，坚持实事求是，尖锐揭露矛盾，抓住关键问题，提出切实可行的措施，为进一步使浙大更有效地发展和提高打下坚实的基础。

对浙大的现状如何估计呢？首先应肯定的是，解放30年来，浙大在党的领导下，取得了很大的发展与提高，现在的浙大无论在人力上(包括：教师队伍、实验室队伍、干部队伍和工人队伍)和物力上(包括：教学、科研和生活需要的校舍建筑，实验仪器设备和工厂生产设备等)都已具有了一定的基础和相当的规模，并积累了办好社会主义大学的经验，这是我们建设"两个中心"的极为重要的基础条件，也正是我们有信心把浙大建成"两个中心"的重要根据。但是另一方面，我们也必须清醒地看到，学校的师资水平、设备水平和管理水平与形势要求相比还存在着很大的差距，生活条件也不够好。特别是受林彪、"四人帮"的干扰破坏，受的外伤和内伤都十分严重，尽管在恢复整顿工作中已取得很大进展，但还存在一系列问题不是在短期内就可以完全恢复的，这些问题如不解决好，势必影响浙大的发展与提高，影响"两个中心"在浙大的建设。

影响浙大前进的主要问题是：

一、教职工队伍中的比例失调。反映在以下五个方面：

1.66年以来在教学、科研第一线的教师队伍的人数在教职工总人数中所占的比例逐年下降，非第一线人员所占比例逐年上升特别是工人数所占的比例显著增高，如下表：

年份	教职工总数	其中			
		教师人数	占%	工人人数	占%
1962年10月	3545人	1594人	45	813人	23
1966年1月	3058人	1441人	47.1	664人	21.7
1977年12月	3800人	1652人	43.5	1329人	35
1978年12月	4067人	1746人	42.9	1449人	35.6
1979年4月	4112人	1765人	42.9	1472人	36

从以上统计数据可见：

在教学、科研第一线的教师人数在教职工总人数中所占的比例从1966年的47.1%降至42.9%。这里还必须提出的是现在教师队伍中包括"文化大革命"开始以后毕业的青年教师有347人，约占教师总数的20%。

---

① 本件为浙江大学党委办公室1979年5月提供给校领导参考的调研报告的第二部分，标题为原标题。

而全校工人的人数在教职工总数中所占的比例竟从 1966 年的 21.7%剧增到 36%。其中校办工厂的生产工人由 243 人，占教职工总数的 7.9%增加到 626 人，占 15.2%，所占比例数几乎翻一番；校部的工人则由 421 人，占 13.8%增加到 846 人，占 20.6%。

2. 教师队伍中基础课教师和专业课教师人数的比例与实际所承担的任务不协调。

这里指的基础课教师包括三类基础课的教师即：

公共基础课（如外语、马列主义、体育）、理论基础课（如高等数学、普通物理、普通化学）、技术基础课（如电工学、机械原理与零件、化工原理……）。

历年情况比较如下：

年份	全校教师总数	三类基础课教师数	基础课教师占教师总数的%
1962 年 2 月	1550 人	670 人	43.3%
1966 年 1 月	1441 人	586 人	40.7%
1977 年 9 月	1643 人	513 人	31.2%
1979 年 5 月	按 1800 人计	580 多人	约 32.4%

可见基础课教师占教师总数的百分比已从 1966 年 1 月的 40.7%降到 1977 年 9 月的 31.2%，近两年来，注意了对基础课教师的补充，使百分比略有回升，但离要求仍有较大差距。

3. 实验员与教师的比例拉大

在一所理工科大学中，实验室的建设有重要的意义，实验室的队伍应保持相对稳定，实验员的人数应与教师人数相协调。但在我校的实验室队伍中，老实验员有不少调离，实验员人数与教师人数的比例逐渐拉大，如下表：

年份	全校教师总数	实验员人数	教师人数与实验员人数之比
1962 年 10 月	1594	约 244	约 6.5∶1
1966 年 1 月	1441	212	6.8∶1
1979 年 5 月	1765	约 200	约 9∶1

4. 干部队伍在校、系两级组织中的分布比例出现头重脚轻的状态。

年份	干部总数	其中					
		校级党政机关		各系总支、行政		图书馆、医院、工厂	
		人数	占%	人数	占%	人数	占%
1966.1	470	232	49.4%	191	40.6%	47	10%
1979.3	494	274	55.5%	148	30%	72	14.5%

注：上表中图书馆、医院、工厂干部人数的增加，主要是工厂干部人数的增加。

从上表可见，干部队伍的分布，过多地集中到了校级党政机关，各系的干部人数显著减少，由 1966 年占 40.6%降到 1979 年的 30%。

5.科研队伍中研究人员、技术人员和技术工人之间的合理比例尚未形成。

目前科研队伍中有专职教师227人,兼职教师270人,技术工人104人。

据初步分析,在科研队伍中,研究人员、技术人员和技术工人的比例应先达到1∶1∶1,进一步增加技术人员,使比例形成1∶2∶1。

除以上五个比例失调问题外,如何提高这支队伍的质量,提高教师队伍的水平是办好学校关键,另有材料。

二、物质条件不能满足教学、科研的实际需要。主要表现在:

1.阅览室座位过少,与教师、学生人数的比例远不符要求。

年份	阅览室座位总数	座位数	平均多少个教室有一个座位	座位数	平均多少个学生有一个座位
1965年	800个	150个	平均9.6人一个座位	650个	平均10.6人一个座位
1979年	160个	100个	平均18人一个座位	60个	平均78人一个座位

2.教室数量的不足,不能实现更合理的排课方案

1966年以前,排课用教室一般在90个以上,最多达98个,教室面积在1万2千m^2以上。现在使用的教室只有68个(其中包括正在为电视教学作准备的4个教室,现不能使用),教室面积只有8000m^2左右,经过各大楼房屋使用的调整,预计下学期可增加16个,使实际可排课的教室达80个。当79级新生进校后在校学生人数已达到65～66年的规模,如采取了上、下午都排课,三、六下午也排课的措施,提高教室的上课利用率,为安排上课是可以够用的。但是要使课程表能排出尽可能合理的最佳方案,还必须考虑一些有利于学生学习的因素,如尽可能上午排课,下午、晚上自修;上午四节课时间的利用尽可能是连续的,而避免间断;每天上课教室尽可能减少变动,特别是从一个大楼跑到另一个大楼的变动等等。在当前阅览室很少的情况下,教室还必须作为学生自修的地方,不能全为上课所用。按照这样要求,现有的教室就显得不敷使用。

3.体育运动场地不够,不能保证上体育课和学生开展各项体育活动与锻炼的需要。

1965年以前校本部(二部不算在内)最多有篮球场38个,排球场17个,投掷场一个,田径场一个,健身房一个。与1965年前相比,现在除田径场、健身房未改变外,篮球场由38个减少到16个,排球场由17个减少到11个。

4.图书资料

目前突出的反映是学生借不到必要的教学参考书。书库中存书已有相当数量陈旧,不适合当前需要。

5.实验仪器设备陈旧落后

我校的实验仪器设备,究竟处于怎样的水平,从我校历年设备投资情况和现在实验室的情况看,可以这样认为,大部分是50年代和60年代初的水平,有一些还是30年代和40年代的产品,属70年代的新仪器设备为数还很少。

我校历年设备投资情况大体可分为两段时期:第一段是从1953年到1965年,平均每年设备投资为100万元。最高峰是60年设备投资达202万元。我校实验仪器设备中的大部分就是在这段时期购置的。第二段时期是1966年到1976年,平均每年设备投资只有34.4

万元，最低时是1968和1969年，每年只有五六万元。期间基本上是应付设备的维护和购些实验消耗物资，没有能力再添置新的设备（各系和专业靠搞生产获得些经费添置少量设备）。

从我校各实验室的具体情况看，也正如上所述。如材料力学实验室的主要设备万能材料试验机共有9台，其中只有2台是新买的设备，有5台是50年代的产品，1台是40年代的日本货，还有1台是30年代的瑞士产品，抗战时期曾随校迁到贵州遵义，抗日战争胜利后又迁回杭州，一直到现在仍在使用。普通物理实验室的仪器设备也多是50年代到60年代的，直到两年多来，在学校的支持下自己动手自制了一些新设备，开出了一些新实验。我校有的实验室如建筑材料实验室是土木系最老的一个实验室，设备还大多是30年代到50年代的东西。

由上可见，我校实验仪器设备的陈旧落后与建设现代化的理工科大学显然是不相适应的。必须采取切实措施改进提高。

三、领导管理体制不够合理。主要表现在：

1.设备管理“散”

我校现共有66个实验室，其中有基础课与技术基础课实验室27个，专业实验室38个，计算机室1个。

据1978年统计，在实验室实存设备中，价值在100元以上的设备总值已达2326万元，是1966年的1.7倍。

但在实验室管理体制上，除计算机室属校中心实验室外，其他各实验室基本上都分散由教研室负责管理（包括实验设备的添置、维护和使用等）。积极的一面是，可利于调动各教研室对建设好实验室的积极性，这是应该肯定和维护的，但也必须看到其中还存在的弊病。

例如，对于一些通用的教学设备也都分散在各教研室中，因而就造成了设备不敷使用，而同时设备利用率又很低的状况。如光仪系的工具显微镜，在各教研室中都有个一、两台或两、三台，当遇到进行教学实验时，每个教研室都感到不够使用，但在不进行教学实验时，这些设备又都关在实验室中不用。显然如能集中统一管理，这样的矛盾是完全可以解决的。

对于大型贵重仪器设备，也同样存在上述的问题，如检查材料结构状况的X光机，每台价值几万元。我校现已有五台，其中有进口的也有国产的，但由于分散在各系，仍不够使用，而同时设备利用率又很低。

产生上述情况的一个重要原因是各系、各教研室都为使自己使用方便，因而在实验设备的添置上力图“小而全”。这实际上是一种封建落后的小生产方式的反映。也正是这个原因，带来了设备管理上的一些混乱，造成了人力和物力上的浪费。突出反映在采购问题上，一是盲目采购，如三分部一教研室花了8万元买了两台封帽用点焊机的电源部分，买来后和机械部分根本不配套，不能使用，10多年来都没开箱，已经损坏，造成很大浪费。另一是由于管理体制的分散，造成采购人员的重复浪费。如去年底光仪系中光仪、应光、工艺三个教研室为买焦距550的平行光管，几乎在同一时候各派一人都到同一地方（上海光仪厂）去。

此外由于设备管理的分散和制度不全不严，还出现了仪器设备被变卖、被盗窃和被交换的情况。

2.财务上未能实行统一管理，财务监督作用得不到充分发挥。

实行财务上的统一管理，合理安排、使用有限的教育经费，是有计划、有步骤地建设好学校的一个极重要的因素。在教育经费紧缺的情况下更是如此。

从我校历年教育经费投资情况看,1964年以前在每年总投资中扣除工资,实际可用的公用事业经费一般在300万到500多万元,最高的1960年达到约640万元,但在1966年以后,随着总投资额的减少和属个人费用(包括工资、补助工资福利费、人民助学金)的显著增高,实际可用的公用事业经费只有一百多万元。最少的1968年只有81万元。1977年以来,经费有所增加,1978年公用事业经费约390万元,1979年预计有近600万元。

但由于我校现有财务机构的体制所限,对于分配这部分公用事业经费的计划就难以发挥财务参谋的作用,实际上只起到收付作用。对于一些重大设备项目的订货或其他开支项目,如1978年设备订货787万元(包括属基建的2万元以上设备费),统配材料费61万元,总务系统订购汽车、电话总机、房屋修缮……以及发教师超工作量酬金,三好学生奖金等,在确定之前,财务部门都不知道。因而就出现了一些经费使用不合理的状况,有些在现有经费条件下不应开支的项目(如铺设电话总机的电缆线)搞起来了,这就势必影响到有些该开支的项目却没钱用了。

财务管理上的另一个问题,是全校各方面经费不能统一管理,也无法实行财务监督,财务科只管教育、科研的经费,而其他很多方面如医院、印刷厂、基本建设、校办工厂、人防、膳食科、幼儿园等财务上都是独立的,浙大在银行开的户头就有17个。

由于以上所述两方面的问题,致使财务经费一定程度地存在着各自为政,前松后亏,东缺西补,计划与实际经费可能脱节,以致借款发工资的地步。如全校维修费用,历史上各年一般都是15万—16万元,最低8万元,最高21万至22万元。但近年来显著增高。77年28.5万元,78年竟达55.4万元。今年原计划31万元,但到4月底就已用去了21.8万元,实际上把维修费用于了零星基建。

又如今年的财务计划中,2万元以上的设备经费,就有约300万元还没着落,2万元以下的设备经费计划也打乱了,尚缺五、六十万元。

学校第二季度的经费到5月24日已全部用光,离二季度末还有38天,预计净差100万元。

3.系一级行政管理缺少必要的权力

在受林彪、“四人帮”干扰破坏的情况下,学校的管理混乱,实际上处于“专业办学”的状况。粉碎“四人帮”以后,恢复加强了学校领导,各方面权力集中到了学校,由各有关部门行使。这对于克服“专业办学”的状况是完全必要的。但是我们必须看到,学校能否办好,系一级的作用是极为重要的,学校的水平和特色必然是通过各个系具体体现出来,系主任应对办好自己这个系负责,也应具有为办好系所必需的权力。当前的矛盾主要反映在系行政领导上缺少必要的权力来为办好系创造必要的条件。如在人员配备上,系的主动权少,往往出现需要的人分配不到,而分配到的人却不一定需要。

又如在物质设备和财务经费的规划上,各教研室的计划虽经系审核再报学校审批,但由于系不掌握分配权,因此系的审核实际上处于形同虚设。

四、校办工厂的问题

在理工科大学中,校办工厂是不可缺乏的生产实践基地,对促进两个中心的建设具有重要的意义。但是它的规模要适当,产品要有高校办厂的特色,生产管理应有利于满足教学与科研的需要，而绝不能办成一个一般的社会工厂。正是在这些方面，当前存在着一系列问题：

1.关于校办工厂的规模

1966年以前，浙大只有一个校办工厂，即校机械工厂，在1966年时，工厂的规模是300人，占全校教职工总数的10%还不到，但这个工厂曾生产了质量较高和新型的产品，对促进教学、科研的开展发挥了重要的作用。

到目前我校的校办工厂已有6个，人员编制总数达843人，占到了全校教职工总数的20.5%。规模的扩大不但是造成学校编制过大的一个原因，而且给学校的许多方面，如生产用房、职工宿舍，用水用电都带来了很大的压力。特别是如此的规模，在促进教学、科研的建设中所发挥的作用是显然不够的。

2.关于校办工厂的产品，未能与学校科研密切结合，体现高水平高质量，出现了产品销不出去的情况。如校机械工厂去年生产总值达150万元，但销售出去的产品只有50万，而100万价值的产品仍关在仓库里销不出去。电机厂生产的中频电炉也存在同样的情况。

3.校办工厂的管理体制，分为6个厂，生产能力不集中，缺乏统一规划，且人员编制重复，不论厂大厂小，干部配备各有一套。

党委办公室

一九七九年五月

浙江大学档案馆藏，档案号：ZD-1979-XZ-67

关于改革我国高等教育的意见[①]

（1980年）

一、要发展多种类型的高等教育

我国幅员辽阔，人口众多，各地区、行业、部门、企业的科技文化水平又有差异，发展很不平衡，并且在今后相当长的时期里，将继续存在这种不平衡。因此，要发展多种类型的高等教育，合理要求，明确分工，才能最经济有效地培养各种专门人才。以这一观点衡量，我国的高等教育体制过于单一，各高等院校几乎都按一个模式建立。五十年代前期曾经行之有效的二年制专修科后来一律停办，统统代之以五年制本科。不少专科学校不是努力把学校愈办愈好，而是在条件并不具备的情况下“戴帽”办大学。办夜大或其他业余大学也没有从社会发展的长远需要来考虑对在职科技人员和管理人员的不断再教育问题。

还应该指出，我国一些重点大学，当前总的目标大致是以美国第一类大学（这类大学的科学研究与研究生教学的比重甚大）为学习对象，体制却相当于美国第二类大学（以大学本科教学为主，科学研究与研究生教学的比重甚小），相当一部分专业的设置与教学内容则近

---

① 本文系1979年夏浙江大学访美代表团访美报告“建议”的节选，原文刊于1980年的《浙江大学教学研究》总第1期，后由《教育研究》和《光明日报》以“关于改革我国高等教育的意见”为题摘登。

于美国第三类大学(即社区学院,相当于专科职业学校)相近,相互之间存在很大的矛盾。而且往往要求一些重点大学既培养相当于美国第一类大学水平的学生,同时又培养相近于美国第三类大学水平的学生。以浙大为例,学校一方面要为中国科学院各研究所培养科技人才,另一方面又要为浙江各地、县(其中有些地区的工业还很不发达)的小型企业培养工程技术人才。由于培养要求上的差别很大,使学校无论在课程设置、教学内容的选择和培养方式、方法的处理上都遇到困难。这样办学校很难办好,并且将不可避免地给人才的培养和使用造成浪费。

我国高等教育的另一个值得注意的问题是:1952 年全国高等学校院系调整,将一些基础比较好的,拥有文理工农等学院的老大学都分成为一些文理大学、多科性工业大学及一些专门学院,以致当前全国竟没有一所文理工农医法师范等学院比较齐全的综合性大学。这对我们这样一个有十亿人口的大国来说,是很不相称的,也是我国高等教育的一大缺点。因为,当前科学技术发展的总趋势是各门学科互相渗透,新兴边缘学科不断产生,而多科性综合大学由于各种人才汇集,图书仪器设备也比较齐全,容易吸引和组织校内外各门学科的专家,从各方面合作,突破传统学科的框框,有效地发展跨学科的科学研究和研究生教学,因此最能适应世界科学技术发展的潮流。同时,师生在这样的大学里教学,耳濡目染,集思广益,思路开阔,有可能比在单科性学院和文理大学里教得更好,学得更活,提高得更快,更有利于出高质量人才和成果。因此,从长远的战略观点考虑,我们应当下决心在各大区、各大城市创办或恢复一批综合性大学。但是,今天要重建一批文理农工医法师范等学院比较齐全的综合性大学谈何容易,因为这需要聘请和培养为数众多的师资和巨额的校舍、图书、仪器设备的投资,有计划有步骤地分阶段进行。要将同一地区的几所院校,即使是 1952 年院系调整时,从同一所母校分出来的几所院校,合并成一所综合性大学,也会遇到很大困难。因为这些院校已分别隶属于不同的部门,而且近 30 年来已形成各自独特的历史条件和习惯。目前比较可行的办法是像上海和杭州地区的大学那样联合起来,互相为对方开设各种研究生和大学生的课程,共同使用图书资料及一些大型、精密的仪器设备,协作开展跨学科的研究等等。实践将证明,这种跨校协作具有强大的生命力,是大势所趋,它将为多快好省地发展我国的高等教育开辟广阔的前景。

建议教育部对欧美各国及日本高等教育的各种结构和分工,组织力量作进一步深入的典型调查,同时认真总结我国自己的办学经验,按国民经济发展的需要,合理确定各类高等院校的比例。选择一些城市试点,大力发展院校之间跨学科的教学和科学研究的协作。再按各类院校不同目标和要求,合理调整和配备师资,拨发经费(包括外汇),以及分配学生。只有这样才能使我国高等教育多快好省地健康发展。

二、着重发展四年本科生加研究生的体制

由于爆炸性的人类知识的积累和更新,促使一些经济发达国家的大学的课程设置和教学内容不断改变和更新。但是课程设置和教学内容迅速不断地改变和更新,仍不能适应发展的要求。根据美国的社会调查,一般科技人员和管理人员如以一生工作 45 年计算,他们的知识大约只有 20%是在学校学习阶段获得的,其余约 80%是在工作中取得。这就向大家提出了一个新的概念:今天,继续教育、不断学习实际上已成为工作中不可缺少的组成部分。人们为跟上时代的要求,必须终身学习,而大学本科的学习,主要不过是为今后毕生工作和学习打好基础。因而在大学本科的教学中主要应强调做学问的方法，自学新知识的诀窍，而不着重于传授知识本身。

根据“文化大革命”以前十余年的实践，过去五年制毕业的学生分配到要求较高的研究机构等单位工作，感到基础打得还不够坚实，知识面也不够广；分配到工矿企业，特别是较小的工厂单位，又感到理论学得过多，用不上；总之有点不上不下，恰到好处的实在不多。有鉴于此，根据上述概念和国外行之有效的经验，结合我国实际情况，我们建议今后重点大学着重发展四年本科再加各种修业期限研究生的两段体制。前一段以学习基础为主，后一段从本科生中择优，根据今后工作中的专业需要进行培养。只要对教学内容和方法作适当改革，这种体制要比五年本科生体制优越，主要理由如下：

（一）实行四年本科生体制既可以快出人才，多出人才，又可以比五年本科生体制节约大约 25％的投资，特别是可以将高水平师资力量转用于急需发展的研究生教学上去。这在目前大学高水平师资和物资条件都很紧张的情况下，要比大面积或一概实行五年本科生体制经济实惠得多。

（二）尽管我国与资本主义国家不同，实行的是社会主义计划经济，大学是按国家计划统一招生和分配毕业生的。但由于国家很大，情况复杂，科学技术发展迅速，加上计划工作本身还不可避免地会存在缺点，大学本科毕业生的分配很难做到完全“对口”，也很难避免以后不改行。同时，根据前面所论述的概念，大学本科的学习无非是为今后工作和学习打下一个基础，因此大学本科，特别是一些重点大学的专业划分不宜过窄。培养的学生应该力求做到：基础厚，知识面广，适应性强和后劲足。根据这些要求审查“文化大革命”前的五年制本科教学计划，不难看出：

1. 政治活动和工农业生产劳动的安排过多。

2. 受苏联框框影响太深，且教育过程过分着重于知识的传授，而不是智力的培养；教学方法大都采取灌输式，而非启发式。因此，课程分量与资本主义国家的大学相比，失之于过重，上课讲得太多。如能从“少而精”、“精讲多练”方面多下功夫，肯定可以减少不少学时。

3. 专业课的分量过多。这些课程内容的系统性和理论性不强，很快陈旧过时；且由于我国各地区、各部门、各企业发展不平衡，在科技水平上的差异大，教材内容很难选择，容易脱离工厂实际；加上学生缺乏感性认识，学时感到枯燥，学后容易忘记，收效甚微。如能将其中一部分内容留到毕业后，在工作中根据实际需要自学，可能更经济有效，也更符合认识的客观规律。

4. 安排整整一个学期的毕业论文（设计）的作用和效果看起来虽然很吸引人，但由于学生人数较多，投入的人力和物力实在太大；加上不容易找到合乎教学要求的课题，又受师资、设备、现场条件的种种限制，实际效果大多不够理想。这不能不使人怀疑，不加区别地要求每个学校、系和专业，以及每个学生都这样做，是否值得？对于一部分大学，如能将毕业论文（设计）的分量压缩到大约整个学期工作量的一半，使学生在进行毕业论文（设计）的同时，还能选读一些课程。这样安排是否会更加经济有效？

从以上几个方面来分析，教学时间上可以挖掘的潜力相当大，四年时间可以达到基本要求。毕业时分配工作也因专业口径较宽，可避免（或显著减少）由于所谓“专业不对口”“用非所学”而闹“专业情绪”等弊病。参加工作以后再有计划地安排毕业生在工作单位实习一段时间(半年左右)即能“对口”。

(三)四年制本科培养的应届毕业生和在职科技人员、管理人员,在业务上已有一定基础,有的还经过一段工作实践。他们中间有许多人要求进一步深造,选择(或扩大)自己的专业方向,选读自己迫切需要学习的课程。如能根据不同的情况和需要,分别设置不读学位、二年制硕士生和四年制博士生等多种研究生学制,不仅可以满足这些同志和他们所在单位的需要,同时对国家和学校来说,也可比五年本科生体制更迅速有效地在全国范围内选拔优秀人才,有的放矢地加以培养提高;且还有利于更有效地实现各校之间毕业生的交流,创造条件逐步改变过去各重点大学主要只留本校毕业生作师资,实行“近亲繁殖”的不合理状况。研究生能换一个学校或一个系科学习,有机会接触不同的学习观点和学习环境,有利于他们更健康地成长。

(四)众所周知,目前高等学校的师资青黄不接,矛盾十分突出,一些新兴的边缘学科的师资尤其缺乏。让中老年教师改行去搞新兴学科一般不如培养有一定基础的年轻人去搞较为经济有效;同时,中老年教师改行也往往会造成某些损失。从这方面考虑,采取两段制能促使高等学校按各自的条件和特长,迅速有效地培养新兴学科的师资,有助于促进跨学科研究与教学的发展,有利于国家迫切需要的新系、新专业的建设,并在学科上自然地逐步形成分工,各具特色地培养各种人才。

(五)专业的需要是多种多样的,并且是不断变化的。有些专业人才国家虽然需要,但需求量很少。每种人才都要在大学本科设置专业培养,不仅不经济,也不可能。才都要到研究生班中培养则灵活有效得多。

毛泽东同志关于“学制要缩短”、“课程设置要精简”、“课程讲得太多,是繁琐哲学”等论述,闪烁着辩证唯物主义的光芒,仍然要求我们去学习领会,并在工作中贯彻执行。根据毛泽东同志的教育思想,我们认为,四年本科生加研究生的两段制较之五年本科生制能更灵活、更迅速、更有效地培养人才,也能更好地推动整个研究生教学工作。认真推行这一体制必能使教学与科学研究质量迅速提高。

三、要按照客观规律办新系、新专业,并调整现有系和专业

重点大学办新系、新专业的必要条件:一是培养的学生要适应国家和社会的客观需要(而不是臆想的需要)。凡是毕业生需要量较少且不稳定,适应面较窄的不办本科专业,只结合研究工作培养研究生;二是有学术带头人(至少能培养硕士研究生);三是有足够深度广度的学科方向和基础,以加强专业的适应性。对跨学科的专业,应注意学生在本科学习期间是否有可能打下较坚实的学科基础。凡是学科面过多,难以在本科学习期间打下比较坚实的学科基础的,不办本科专业,只培养跨学科研究生或研究生班(例如,遥感地质的基础是地质学,电子学、应用光学和计算机技术。办这样的本科专业,由于学科面过多,大学生基础不够,接受不了,很难学好。但可从无线电系,或计算机系,或地质系的大学毕业生中招收研究生,加以培养);四是有一个明确而长远的研究方向,能形成自己的特色。

今天重点大学办新系、新专业的方法一般是先开展科学研究,建设实验室,开选修课,培养研究生,待有足够师资力量,同时证明有条件和必要大量培养时,再招本科生。一般不宜采取从传统系(如数学、物理、化学、生物、电工、机械、土木、化工等系)抽调骨干教师改行办新系、新专业的办法。因为传统系是发展新系、新专业(一般都是新兴学科和边缘学科)的基础和生命线，只有保持强大的传统系，才能在坚实宽广的学科基础上发展各种跨学科研究与研究生教学，促使新系、新专业迅速健康地成长。

关于重点大学系和专业的调整，首先要确定按学科设系的原则。如目前系的设置比较合理，可将已设的相近专业合并，减少专业数目。甚至系下不设专业，只设本科班。各系之间基础课的规格应统一，这样容易安排讲授，提高质量。各系应努力加深加宽各自的基础技术课程，与此同时，把现在专业教育中具体烦琐的工艺知识和设备结构大力压缩，代之以理论学习和实践性的环节。有些知识完全可以留给学生在今后的工作中自己去学习掌握。

四、坚决打破习惯势力与传统界限，发展跨系跨学科的研究与教学

目前国内一些大学普遍存在以下两个问题，严重妨碍了跨学科研究和教学的发展：一是各传统系、室之间壁垒森严，“鸡犬之声相闻，老死不相往来”，人员动弹不得；一是受苏联高等教育制度的影响，被狭窄的专业所束缚，不敢越雷池一步。一定要用极大的努力打破此种人为的界限和框框，在保证基础课教学和办好传统系的前提下，多方面鼓励教师跨系搞研究、上课和兼职（例如，只要本人愿意，另一方学科或课题领导人愿意，经校领导批准，教师即可跨系、跨学科搞研究、兼课、兼职）。学校应根据受益大小和经费情况，分别轻重缓急，有步骤地建设中心实验室和跨系、跨学科研究实验室，并逐步改变目前在各个系内盲目或主观地建立研究所、室，各自搞研究，使研究工作越做面越狭，水平难以提高的状况。

五、采取坚决措施，多管齐下，大力整顿和提高师资队伍

当前办好大学的关键之一是教师的业务水平。现在一些重点大学的教师编制十分庞大，其中相当一部分教师不能胜任水平较高的教学和研究工作；且由于基础不好，培养提高相当困难。建议教育部及有关领导机关采取坚决措施，充分利用社会主义制度的优越性，将这些教师调到更合适的岗位工作，包括在这些重点大学附近建立一些类似美国二年制社区学院的职业专科大学，逐步把这部分教师吸收进去（两种不同类型的大学混在一所学校内办，根据国外实践，相互之间容易形成隔阂，效果很差）。这些教师应能胜任此类专业职业教育，并做出很好成绩。对留在重点大学和其他非重点四年制大学，业务基础和能力较强的教师也要按在工作中进修提高为主的原则，制订进修规划，狠抓到底。师资队伍的建设规划还应包括：①派遣又红又专的优秀教师出国或到国内有学科带头人的大学有目的地对口深造；②邀请一些经仔细挑选的国内外学者短期来校讲学。对理工科大学还要注意争取国外学者的帮助，引进关键实验技术和建立关键实验装置。这对我国高等院校来说，在许多情况下显得比引进先进理论更为重要，困难也更多一些，因为实验手段落后和动手能力差是我们当前的主要弱点；③经常派送一些教师出国参加学术会议，扩大交流；④适当吸收在国外受过博士生训练，有真才实学，能吃苦耐劳的爱国青年到大学定居工作。同时，建议拟订规章制度，让学校有权选留优秀毕业生和聘请外单位优秀人才担任教师，转出不合适教师，并恢复过去行之有效的以老带新，在工作中锻炼提高与考核的制度，多管齐下，才能收效。

六、要着重培养学生独立工作的能力

学生独立工作能力（首先是自学能力）的培养关系到学生毕业后能否迅速不断地提高，能否独当一面，能否独创地进行工作，最终关系到国家科学技术发展的速度。美国大学十分注意独立工作能力的培养，例如第一类大学本科生一般能自己选择仪器，组织试验，进行小型研究课题;研究生都能自己制订硕士生、博士生学习计划。而我们的研究生和大学生不会独立找资料和做实验是很普遍的现象,什么都得等教师安排好,更不用说制订研究计划了。这对我国科学技术的发展是很有害的,也是很危险的。建议在大学生和研究生教育中狠抓独立工作能力的培养,具体包括:在大学教学中贯彻"少而精"的原则,提倡启发式,反对灌输式,果断地减少讲课分量,增加课外自学及习题、作业分量;实验课要多让学生独立思考分析和自己动手;逐步增加小型设计、文献综述、调查研究课题等的安排,以培养找文献资料、搞调查研究、动手做实验和写报告的能力。应强调学生学不好不完全是教师的责任。对研究生更应注意培养他们自己制订学习计划,参加或主持学术讨论会,撰写研究论文等方面的独立工作能力。

七、注意发展在职研究生教育工作

目前,第一、第二世界各国政府和工厂企业都非常重视科技人员和管理人员的在职业务进修,为此拨发专门经费,创造各种学习条件,其中包括通过夜大等途径,让他们继续深造,读硕士或博士学位。我国解放以来培养的大专学校毕业的科技人员与管理人员为数不少,由于科学技术的日新月异,加上十余年来业务上有不同程度的荒废,要求他们在业务上继续提高的问题就显得非常突出。建议利用各高等院校的师资设备,在开出研究生课程的基础上逐步向社会开放,招收一些在职研究生和进修生;若能利用电化教学手段则更为方便有效。这对学校负担不重,对社会贡献不小。对这类学员的入学考试不宜过严,一般经单位推荐保送,经一定审查或考试即可入学学习一些课程。保送单位可给学校一定的资助,做到双方互利。

八、大学与研究院(所)互相合作培养研究生,向"所校结合"方向努力

我国解放以来建立和发展了一批专门的研究机构,如中国科学院各研究所和各产业部门的研究院(所),在这些研究机构中集中了我国一流的研究人员和一流的设备。大学的研究人员和研究设施一般来说比较薄弱。大学与专门的研究机构之间的来往很少,在研究院(所)工作的研究人员都不出任教学,相当一部分大学教师则很少进行科学研究。把大学和专门研究机构这样分隔开来的体制,弊病不少。我们应该鼓励研究机构的研究人员去大学兼些课,大学研究生的研究工作可放一部分到研究所,并由研究人员指导;同时鼓励大学教师既搞教学,又搞科研,逐步加强大学与研究机构之间的联系。

目前各研究院(所)培养研究生的主要困难是无法开设研究生的基础课和专业基础课;各大学培养研究生的主要困难在于缺少有经验的导师和必要的研究设备。合理的解决方案是研究院(所)与大学取长补短,互相合作,共同培养。这可能是一条多快好省的途径。

九、实行民主管理和法治

为了进一步贯彻执行党在高等学校的群众路线,实行民主管理,提高管理水平和工作效率,建议在校党委和校长领导下设立学术、基本建设、计划与预算、体育运动等委员会。各委员会下设若干专门小组,如师资遴选、考核与升等、师资培养、教学法、实验教学与实验室建设、图书馆设施等小组,负责研究和审议有关事项,并向校党委和校长提出意见和建议。各委员会可考虑由民主选举产生,例如校学术委员会的委员可由各系学术委员会委员选举产生,而各系学术委员会委员可由各系教师选举产生。选举一律采用无记名投票方式。校党委书记、校长应尊重各委员会和专门小组的意见和建议,意见或建议经校长会议讨论决定后贯彻执行。

应参照国外行之有效的经验,聘请研究机构的科学家、兄弟院校教授、各界校友、工业部门和厂矿企业的专家组成校系两级顾问委员会,每年开一、二次会,对学校和系的规划及重大科研项目等进行讨论和审议。

建议教育部组织力量或委托重点大学,总结我国自己的办学经验,并注意吸收国外大学的有益经验,分别轻重缓急,有计划、有步骤地制订各种规章制度,发各校试行,使学校师生员工有章可循,照章办事。

十、恢复和发扬党的优良作风,加强学习,大力提高干部的管理水平和工效率

高等学校有不少又红又专,勤恳工作的好干部,他们是党和人民的宝贵财富。但长期以来,由于对"外行领导内行"的意义有错误理解,缺少学习,由于党的三大作风受到严重破坏,也由于缺乏严密的制度,其中包括干部的选拔、学习、考核和监督制度,致使总体管理水平和工作效率显著下降,远远不能适应现代化大学的要求。建议教育部和各级党委大力加强对大学各级干部的学习的领导。近期宜先组织校长、党委书记、常委一级干部的轮训。应着重讨论我国30年来高教工作上正反两方面经验,同时学习欧美、日本,包括苏联在内的先进办学经验和管理方法。不但学校领导干部和中层干部要学习,基层干部也要组织学习。只要我们恢复和发扬党的优良作风,刻苦学习,长期坚持下去,必然会产生良好的效果。

浙江大学档案馆藏,档案号:ZD-1979-XZ-53

浙江大学关于全面推进和深化改革的总体设想的请示

(1988年8月7日)

浙大发办〔1988〕59号

国家教育委员会:

根据党的十三大和今年年初全国高教工作会议精神,我们拟定了《浙江大学关于全面推进和深化改革的总体设想》。现报上,请予审批。

浙江大学

一九八八年八月七日

附件

浙江大学关于全面推进和深化改革的总体设想

(1988年7月)

·学校概况·改革设想·五点要求·

全面推进和深化学校的各项改革,必须坚持为社会主义建设服务的总方针,坚持以提高教育质量和科技水平为中心,把培养适应四化建设需要,德智体全面发展的高级专门人才作为学校的根本任务。要积极组织师生员工认真贯彻落实党的十三大精神,以改革统揽学校工作的全局,加快和深化改革进程,发挥优势,适应需求,提高水平,办出特色。通过改革,逐步建立并不断完善学校主动适应经济和社会发展的新机制。

我们的总体目标是,根据四化建设的实际需要和科技发展的趋势,以及我国现阶段的社会、经济状况,探索全面提高教育质量,提高科技水平,提高学校管理水平,提高办学整体效益的有效途径,逐步建设符合高等教育发展规律,符合我国国情,符合浙江大学实际的科学、高效的管理体制;建立好一支素质好、结构合理、高效率的师资队伍;继承和发扬优良的传统和校风,形成良好的教育环境、科研环境和育人环境。为到2000年把浙江大学建设成为以理工为主,理工文管相结合,教育质量和科学研究水平稳定地、全面地居于国内同类大学前列,在国际上具有一定影响的综合性理工科大学打下扎实的基础。

一、学校概况

(略)

二、改革设想

(一)根据经济和社会发展的需要,深化教育改革,全面提高教育质量

1. 以毕业生分配制度改革为龙头,根据经济和社会发展需要,推进和深化教育改革。从1989年开始全面实行供需见面,双向选择,充分发挥就业指导委员会的作用,指导毕业生就业。并以此为动力,推动专业结构、教学内容和教学过程的改革。有计划地逐步扩大"预分配一厂校联合培养"试点,把分配制度改革和教学过程改革紧密结合起来,形成浙大工程教育注重理论基础,工程训练的特色,以更好地适应社会的需求。

根据经济和社会发展的需要和科技发展趋势,拓宽、改造和更新传统专业。对少数不能适应需求的专业,要适时地拓宽或转变专业方向或与其他专业合并。在调查研究的基础上,根据社会需求、科技发展和我校条件确定新专业。

进一步完善学分制,改革教学内容,教学方法。增加选修课门类,放开选修课,逐步推行主辅修制,鼓励学生根据社会需求跨学科、跨门类辅修课程,提高学生适应社会需求的能力。

研究生教育改革也要以适应社会需求,提高教育质量为核心,扩大多渠道办学。努力探索与国外联合培养,国内与科学院以及其他高校,特别是工矿企业的联合培养、委托培养、定向培养、自筹培养和在职人员申请学位等办学新模式,对有四年以上工作经历的在职人员报考研究生,将采取推荐和个别考试的办法来进行。学位论文选题必须紧密联系四化建设实际或科学技术发展前沿,使高级人才的培养能更好地和四化建设的实际需要紧密相结合。

通过联合培养,扩大招考自费生、委托代培生,举办短训班,有组织开设校外办学点等各种形式,发展成人继续教育,为社会培养不同层次、各种规格的急需专门人才,扩大学校的教育社会职能。

2. 深化教学改革,全面提高教育质量。

坚持全面质量观,努力提高教育质量,培养大批能坚持社会主义方向,具有献身精神,高尚的道德情操,体魄健全,掌握现代化科学知识;具有改革开放意识,实事求是,独立思考,勇于开拓的高级专门人才。明确本科生、硕士生和博士生的培养目标和基本规格,全面修订教

学计划，充分体现加强基础、拓宽专业、重视实践、培养能力，优化课程结构设置。

贯彻因材施教原则，继续办好“混合班”，把“混合班”的培养计划列为教育改革和教育研究的课题。同时，要扩大“提高班”的面，提高教育效益，发挥我校理科教学的优势，提高工科教学的质量和水平，并以“混合班”，“提高班”的教学经验指导面上本科教育改革。

理科系后一两年实行选课组（专门化）教学。理科系学生在接受二三年理科教学后，引导分流，部分学生可转向或辅修相近的工科专业课程，以适应社会的需要。

加强实践环节，注重能力培养。改革和加强实验环节和实验课程的建设，提倡开设大型综合性实验课，提高实验教学效果，加强实验基础技能训练。加强课程设计、生产实习、毕业设计等实践性教学环节。组织学生开展勤工助学活动。建设好校内外教学实践基地。

学校每年拨出专款，支持一类课程和一类实验室建设。到 1992 年，一类课程达到 60% 以上，数学、物理、化学、外语、计算机应用等必须达到一类课程标准。本科外语四级考试争取百分之百达标，五、六级考试的达标率争取在 1/3 以上。计算机上机时数人均大于 100 小时。

扩大教材建设发展基金，扶持重点课程的教材建设。提高出版工作效率、水平和质量，四年内拟正式出版优秀教材 280 余种。

每年分批进行课程质量评估。

研究生的培养工作试行按二级学科招生，入学一年后导师与研究生实行双向选择制；研究生培养实行中期筛选制；分级评定学位论文等确保研究生的培养质量。同时要制订和完善导师遴选办法和程序，制定研究生导师职责条例等。逐年增加委托培养和定向培养比例，增加具有二年工作经验的新生比例，1990 年争取超过均超过 60%。

3. 改造和加强学生思想政治工作。积极组织和引导学生参加社会实践，投身改革实践，接触工农群众。重视对学生进行党的基本路线教育，引导他们正确认识我国当前所处的历史阶段，加深对国情和现状的了解，加深对坚持四项基本原则和坚持改革开放总方针的理解，使学生在校期间就打下以四化建设为己任，与改革共命运的思想基础，增强他们“实现四化，振兴中华”、报效祖国的时代责任感和社会责任感。

克服思想政治教育脱离实际的倾向，努力探索新时期加强思想政治教育的有效方式和方法。积极推进政治理论课和思想品德教育课的改革，培养学生确立科学的人生观、世界观和高尚的道德情操。

重视发挥教职工教书育人，服务育人的重要作用。大力表彰教书育人，服务育人成绩突出的优秀教职工。

进一步继承和发扬“求是创新”优良校风，坚持从严治校。把树立实事求是、严谨踏实、奋发进取、开拓创新的风尚作为校风建设的长期任务，努力建设一个民主、文明、安定、团结，有利于学生健康成长的校园环境。

（二）发挥学科人才优势，面向经济建设，努力提高科研水平和效益

1. 坚持把学校科研工作的重点转移到为国民经济服务的主战场上来，充分发挥学科综合、门类齐全、人才荟萃的优势，努力承担更多的国家攻关项目、自然科学基金项目、各部委重大项目和省、市的重大科研项目，力争取得一批高效益高水平的科研成果。

加强横向联系，积极发展与产业部门的科技协作，扩大教学、科研、生产联合体为地方经济发展服务。创建科技一条街,积极参与杭嘉湖地区科技开发和杭州工业园区建设,加速科技成果向生产力的转化。

选择主攻目标,瞄准重点,组织精干力量,承担国家高技术研究和基础研究项目,增强学校科技发展的储备力量。对文理科要积极引导联系生产实际和社会发展需要,增强参与意识,积极开展应用研究,促进学科的发展和提高。

组织有重要开发前景和重大应用背景的基础理论,基础技术研究,形成一支高水平的基础研究队伍。

设立科学基金,扶持一批对国民经济和科技长远发展有战略意义的交叉学科、新兴学科,如材料、信息、生物科学与技术等,组建一批研究中心,形成基础研究、应用研究和开发研究合理配置、协调发展的新格局,并为二十一世纪学校发展适应四化建设需要的后劲作好战略布局。

2.加强科研和高层次人才培养的紧密结合。加强重点学科和重点实验室建设是学校建设的一项战略任务,要组织和协调相近学科的力量,形成综合优势,推进校内外各学科间的多层次协作和横向联合。瞄准国民经济中的重大课题,跟踪科技发展的前沿,形成多层次纵深研究的布局,争取在"八五"期间建成几个国家级的工程研究中心,成为高技术产业的科技开发和人才培养基地。

引入竞争机制,建立科学化、制度化,充满活力的科技管理体制。加强研究所(室)的建设,扩大研究所(室)的自主权。实行各种不同形式的科研责任制。促进校内外教师和科技人员的合理流动,实现优化组合。

提倡献身、求实、创新、协作的良好科研道德。积极组织开展各类学术活动,活跃学术空气和学术思想。

成立浙江大学科学技术协会。

3.增进国内外的学术交流与合作。积极开展与国外联合培养研究生、联合进行科学研究,承接国际合作科研项目,举办国际学术会议。鼓励和支持教师在国外权威性杂志和国际重要学术会议上发表专著和论文,为教师在国际舞台上进行学术交流,开展竞争创造良好的条件。

创造条件争取将我校图书馆建设成为国家教委计划的30～40个学科文献情报中心之一。加强与国外图书馆的合作,与国内外主要图书馆联网检索、互通互借。

以校计算与信息中心为基础,利用现有计算机系统和图书馆、档案馆,联络国内外有关科技经济情报部门,力争在1992年形成初具规模的科技经济情报信息中心。

(三)积极开展有偿服务,多渠道集资,努力改善办学条件

1.统一认识,加强领导。

在保证教学、科研任务完成,保证教学和科研队伍稳定的前提下,充分发挥学校的优势和潜力,有组织有领导地积极开展面向社会的有偿服务,有利于加强学校和社会的联系,扩大学校的社会职能,促进教学、科研工作更好地适应经济和社会发展的需要;有利于扩大学校为社会服务的层次和规模,培养学生适应社会主义商品经济的能力;有利于争取社会各方面多渠道支持办学,改善办学条件和教职工的工作、生活条件。

校、系二级要逐步形成专门队伍开展有偿服务。制定相应的创收政策和内部分配政策,贯彻按劳分配和统筹兼顾的原则,调动各类人员的积极性,做到各尽其能,各展所长,各得其所。

2. 努力扩大学校为社会服务的职能。

在保证国家重点科研攻关项目、高技术项目、国家教委重大项目、国家自然科学基金项目等纵向科研任务完成的前提下，积极承担横向科技项目，开展科技服务，包括合同科研、科技成果转让、咨询服务、工程设计承包、技术培训等等，多出成果，提高效益。

要根据经济和社会发展需要，扩大办学层次，积极发展成人继续教育，为社会培养各种规格的急需专门人才。

改革校办工厂管理体制，实行厂长负责制，扩大厂长自主权。加强技术改造，开发适销对路的高科技、高效益拳头产品，开拓国内外市场，多创利，多创汇，支持学校两个中心建设。

办好浙江大学对外经济技术贸易公司，及有关系一级的专业公司，组建一批高技术产业集团，发展外向型教学科技合作和技术经济贸易，增强出口创汇能力。积极争取海内外各种形式的捐赠和赠款。

(四)建设一支素质好、结构合理、高效率的教职工队伍

1. 抓好队伍建设必须冲破平均主义、论资排辈的陈旧观念，引入竞争机制，优胜劣汰，才能形成良性循环，促进人才合理流动。要积极推进人事制度的改革，建立和完善各类人员以考核工作实绩为主的德能勤绩全面考核制度，相应的奖惩制度及各类人员的进修培养制度。逐步探索和建立以“公开招聘、公平竞争、择优选聘”为原则的校内外招聘晋升制度，校内待业制度，流动编制制度，科研编制有偿使用等各种制度，从制度建设入手，经过一段时间的努力造就尊重人才，爱护人才，扶植人才，人尽其才的优良环境。

2. 着力抓好师资队伍建设，是学校建设的一项战略任务。要在全面分析师资队伍现状的基础上，研究师资队伍的合理结构，制定切实可行的中长期师资队伍建设规划。制定以“按需设岗、按岗定编、择优选聘”为原则的教师、科技人员职务聘任条例和实施细则，使这项工作走上正常的轨道并形成制度。要通过这项工作和相应的政策措施，引导教师和科技人员的合理分流。同时，有计划地积极选拔和引进一批高层次的优秀中青年人才，特别注意引进有较好思想政治素质、学术水平高，又具有丰富实践经验的优秀人才充实师资队伍，克服“近亲繁衍”，理论脱离实际的弊端，建设好结构层次合理的学术梯队。

对青年教师要严格要求，鼓励青年教师参加社会实践，进行社会调查。组织和鼓励教师到企业参加技术改造和科技开发。使他们加深了解我国国情和经济建设的实际，调整知识结构，增强实际工作能力。

建立由在学研究生、博士后人员和青年教师组成的流动梯队，发挥高校特有的人才优势。建立流动梯队，有利于增强教学、科研的活力；有利于激发创新思想，促进学术交流，学科交叉与渗透；有利于师资队伍内部结构的合理优化。同时，硕士生选留须先经过二三年短期聘任的工作锻炼和考察，选择合适的正式进入教师队伍，克服以往只进不出，一定终身的弊端。

3. 实验技术人员队伍的建设必须和教育、科技的发展相适应。切实抓好实验技术人员进修、提高工作，开展岗位培训，建立严格的业务考核制度。有计划地补充年轻的技术人员，选择一批具有研究生学历，基础好，实验能力强，善于管理的中青年教师担任重点学科和国家重点实验室主任。

提高管理干部队伍的素质是建立高效率的科学管理体制的关键之一，要有计划地通过各种途径加强干部队伍的培训工作。新干部上岗前要进行业务培训,通过职责考核。干部的培养提高要结合岗位工作,以胜任岗位工作为目标,以业余为主。在相应处设立技术职务岗位系列。各级干部的任职和升降奖惩要逐步参照国家公务员制度,建立我校干部的招聘或选举、考核、评议、奖惩等制度,形成我校高水平管理队伍的特色。

(五)进一步完善校长负责制,建立科学、高效的管理体制

1.实行党政职能分开,进一步理顺关系,建立和强化调研、决策、审议、执行、监督、评估和反馈系统,更好地发挥校务委员会咨询、审议作用,努力推进决策过程的民主化和科学化,提高决策水平和决策效率。建立和健全各类工作制度、工作程序,使各项工作都能做到有章可循,依法办事,形成规范,提高工作效率和管理水平。

逐步实行各级干部任期目标责任制并建立相应的考评制度。校领导要集中主要精力抓大事,进行调查研究,加强宏观决策,转变领导方式和工作作风,摆脱日常事务,充分发挥各系和职能部门的作用,实行分级管理。

精兵简政,减少层次,提高效率。校机关各部门要转变职能和工作方式,实行宏观管理。1989 年在完成校、系机关定编定岗工作的同时,制定职责条例,建立岗位责任制。切实转变机关作风,提倡忠于职守,精于本职,服务至上。

在全校全面定编的基础上,试行工资总额包干。

改革系和基层教学、科研管理体制。建立和完善系主任负责制,扩大系的自主权,增强系的办学活力。加快专业办学转变为系办学的进程,组建一批教学和科研相结合的研究所(室),实行所(室)长负责制,具体组织实施科学研究和学科建设工作,同时承担相应的教学任务,以适应经济和社会发展对人才培养的要求,适应科技体制改革深入发展的需要,从体制上确保教学、科研两个中心的建设。

党委要集中主要精力抓好党的自身建设,有效地发挥保证监督作用。党政要协力抓好干部工作,思想政治工作及校风建设。

校、系(处)党员干部要带头起模范作用,积极参加党的活动,履行党员义务,树立为政清廉,秉公办事,开拓进取,作风正派的好风气。

发扬社会主义民主,实行民主办学。定期召开教代会,逐步完善和加强教代会民主管理和监督的重要作用。重视发挥工会、团委、学生会及民主党派的作用,拓宽民主协商对话渠道,增大各项工作的透明度,通过各种形式定期向师生员工发布信息,报告工作,虚心听取意见和批评,激励师生员工的主人翁责任感、积极性和创造性,逐步建立良好的社会主义校园民主秩序,同心同德,励精图治为办好浙大而共同努力。

2.进一步改造和加强思想政治工作,努力探索适应社会主义商品经济新秩序的思想政治工作内容、观念和方法。积极稳妥地推进思想政治工作体制改革,逐步形成党政齐抓共管的全方位、多层次的思想政治工作网络体系。当前和今后一段时间里,要着力教育师生员工关心改革,支持改革,积极参与改革,树立"实现四化、振兴中华"的志向,确立同心同德,共克难关的信心和决心,献身于社会主义教育事业的崇高理想。

建设好一支精干有力的专职、兼职和学生党员、干部相结合的学生思想政治工作队伍。低年级实行班主任负责制,高年级实行导师制,并把对班主任和导师的工作实绩考核作为青年教师培养、教师职务聘任的必备条件加以明确规定。制定和完善学生思想政治工作及管理工作的各项条例，逐步实现学生思想政治工作和管理工作的制度化和规范化。

3.深化后勤改革必须严格科学管理，提高服务质量，提高效率，增强活力，发挥投资的最大经济效益和社会效益。

后勤改革要大胆引进竞争机制，积极发展横向联系，加强技术改造，逐步建立专业或综合的后勤服务的联合体。在进一步完善现行经济承包责任制的基础上，扩大承包范围，力争到1990年实现全面承包，实行自主经营，独立核算，民主监督，企业化管理。逐步建立政企职责分明，管理层次清楚，职责权利有机结合的后勤管理体制，创造条件逐步向社会化方向过渡。

基建工作从1989年开始试行在校基建委员会领导下的处长、总工程师基建任务承包责任制，建立一个规范化、高效率的基建管理新体制。资金来源除国家每年拨款外，学校还需进一步积极争取多渠道集资和捐赠，以加快改善办学条件的步伐。

健全房产管理制度，创造条件争取尽早实现房租改革。逐步实行科研用房定额有偿使用。财务管理要由核算型逐步转变为经营型、效益型、开拓型，切实抓好增收节支，在保证教学、科研经费使用的前提下，努力提高资金周转的效益。

三、五点要求

为了给改革创造良好的宏观条件，提出五点要求希望得到国家教委的支持。

1.一次性下达任期内的编制(包括教学、科研编制)总额、各类职务总额、工资总额。批准和支持学校关于人事劳动工资制度的改革。

2.给学校以更大的办学自主权。允许我校凡具有高一级学位授予权的点，具有低一级的办学权和相应的成人教育办学权。允许我校具有博士授予权的学科点，学校有增补博士导师的审批权。

3.鼓励多渠道集资办学，不扣总体规划确定的计划基建指标，不扣减事业经费拨款，并适当调高教学事业费定额，以加速改善学校办学条件。

4.给予外事、国际教育和科研合作，人员交流，进出口技术贸易以更大的自主权、优惠权，即学校有权邀请国外专家短期来访；给优秀人才多次往返出国审批提供方便；为我校外贸人员提供多次出入境护照；分配外汇额度从优，学校创收外汇全部留成。

5.给学校全面改革以一个比较宽松、比较好的环境，包括落实教育部、国家计委(84)教计字006号文件的有关精神，请求将浙江大学列入“八五”计划国家重点建设的院校。

恳请国家教委对我校的改革和学校工作加强领导并望给予各个方面及时的指导、支持和帮助。

浙江大学档案馆藏，档案号：ZD-1988-XZ-62-1

浙江大学关于要求批准列为综合改革试点院校的请示

(1988年10月28日)

浙大发办〔1988〕73号

国家教育委员会：

为探索适应社会主义商品经济与社会发展、世界新技术革命挑战和二十一世纪经济振兴的办学新路子,我们经过反复认真研究,拟定了《浙江大学综合改革方案》,现报上,请求国家教委批准将我校列为综合改革的试点院校。如能批准,在实施过程中恳请国家教委、中共浙江省委、省政府对我校的综合改革加强领导,并望得到地方政府、国家教委有关司局的具体指导、帮助和支持。

附件:1.浙江大学综合改革的主要措施

2.浙江大学关于研究生教育工作的改革方案(略)

3.浙江大学关于建立流动梯队的试行办法(略)

4.浙江大学关于实行内部工资改革的方案(略)

5.浙江大学综合改革的各类控制数

浙江大学

一九八八年十月二十八日

附

浙江大学综合改革的方案

(1988年10月)

一、综合改革的目标

进行综合改革,必须坚持为社会主义建设服务的总方针,"面向现代化、面向世界、面向未来",坚持以提高教育质量和科技水平为中心,把培养适应四化建设实际需要,德智体全面发展的高级专门人才作为学校的根本任务。以改革统揽学校工作的全局,加快和深化改革进程,在控制学校发展规模的前提下,发挥优势,适应需求,提高水平,办出特色。通过改革,不断增强学校办学的活力和动力,逐步建立并不断完善学校主动适应社会主义商品经济和社会发展的新机制。

我们的总体目标是,根据四化建设的实际需要和现代科技发展的趋势,以及我国现阶段的社会、经济状况,探索全面提高教育质量,提高科技水平,提高学校管理水平,提高办学整体效益的有效途径。逐步建设符合高等教育发展规律,符合我国国情,符合浙江大学实际的科学、高效的管理体制;建设好一支素质好,结构合理,高水平、高效率的师资队伍;继承和发扬"求是创新"的优良传统和校风,形成良好的教育环境、科研环境和育人环境。为到2000年把浙江大学建设成为具有中国特色和自身特色的,以工为主,理工结合,兼有文管,教育质量和科学研究水平稳定地、全面地居于国内同类大学前列,能适应社会主义商品经济与社会发展,世界新技术革命挑战和二十一世纪经济振兴的,在国际上有影响的综合性理工科大学。

二、转变办学指导思想

为了实现上述总体目标,保证学校综合改革的顺利进行,首先必须从办学指导思想上实行三个转变：

1.从适应社会主义产品经济的办学模式转变为适应社会主义商品经济的办学模式。当前，我国社会主义产品经济正在向社会主义商品经济的体制转变，原来的办学模式已经不能适应新的情况，必须通过综合改革，逐步建立起与社会主义现代化建设，有计划的商品经济相适应的办学模式和运行机制。这是高等教育体制改革的核心。

2.学校应逐步转变为具有法人地位，相对独立的办学实体。在国家教育主管部门的宏观指导下，学校在执行国家法规、方针、政策的前提下，应该享有教学、科研与社会服务的办学权、人事使用权、调配权，经费和校产的支配权和使用权，开展国内外教育科研的交流合作权，和多渠道集资办学权。同时，建立和完善学校的自我约束机制，以增强学校办学的压力、动力和活力。

3.从封闭的、统一僵化的办学模式转变为“面向现代化，面向世界，面向未来”的开放的，具有中国特色和有自身特色的社会主义新型大学。使我们培养出来的学生能够坚持社会主义方向，适应社会主义商品经济和社会发展实际需要，以及世界新技术革命挑战的，具有科学精神、献身精神和高尚的道德、情操，体魄健全，掌握扎实的理论基础和现代科学文化知识的一代新人。

三、综合改革的思路

1.以毕业生分配制度改革为龙头，建立竞争机制，自觉适应社会主义商品经济和社会发展需要，深化教育改革，调整办学结构和层次，努力提高办学水平和办学效益；把毕业生分配制度改革和教学过程改革紧密结合起来，发挥浙大以工为主，理工结合，兼有文管的综合优势，贯彻因材施教原则，实行教学、科研和社会实践相结合，优化知识结构，全面提高教育质量。形成浙大工程教育注重理论基础，加强工程训练，文理科紧密联系实际，注重应用，“面向现代化，面向世界，面向未来”的特色，培养能适应社会主义商品经济和社会发展实际需要，以及世界新技术革命挑战的“四有”人才。

坚决把科研工作的重点转向为国民经济服务的主战场，并与高级专门人才的培养紧密结合起来。充分发挥学科综合、门类齐全、人才荟萃的优势，探索和建立充满活力的科研体制。积极承担国家重大科技攻关和高技术项目，发展高科技产业，注重创新，加速科研成果转化为生产力，形成开发应用和基础研究纵深配置。广泛开展国际学术交流和科技合作，为国民经济和科技发展作出较大的贡献并在一些方面进入国际先进行列，把学校建设成为教育、科研两个中心。

2.努力改进和加强思想政治工作。要以提高教育质量和科技水平为中心，以培养“四有”人才作为根本任务，建立能适应校长负责制的、党政工团齐抓共管、教职员工共同培育和广大学生自我教育的新体制，形成“提高思想认识和政策、规范引导，法制约束和严格的校纪管理相结合”的新格局。进一步继承和发扬“求是创新”优良校风，从严治校，从严治学，加强社会主义校园文化建设，努力建设一个民主文明、安定团结、充满活力、奋发向上、有利于学生健康成长的育人环境。

3.进一步完善校长负责制，实行党政职能分开。建立和强化调研、审议、决策、执行、监督、评估、反馈系统，推进决策过程的民主化、科学化。改革教学、科研、行政管理体制，精兵、简政、放权,增强系的办学活力,建立科学、高效的管理体制和自我约束的运行机制。进行人事和分配制度改革,实行聘任制、合同制,建立流动梯队和校内待业制度,扬长分流,实现优化组合。实行学校内部工资改革,理顺分配关系,逐步改变分配不公现状,稳定队伍,调动各类人员的积极性,提高学校的整体效益。

4.扩大与社会联系,增强学校的社会职能,促进教学、科研工作更好地适应经济和社会发展需要。通过合理分流,形成专门队伍,积极开展面向社会的教学、科技、有偿服务,争取社会各方对学校的支持。深化后勤改革,完善各种经济承包责任制。改革校办工厂管理体制,实行企业化管理,形成校产,提高服务质量和经济效益,建立自我改善,自我约束,自觉竞争的运行机制,加速改善办学条件和教职工的生活待遇。

四、几点要求希望得到国家教委和地方政府的支持

1.一次下达任期内的编制(包括教学、科研编制)总数,允许的流动编制额度和各类职务定额。学校可根据教学、科研和承担的其他各类任务的需要,自行决定招聘、选留和聘任各类人员;按额定的编制总数,额定学校的工资总额,并与国家规定的正常调资挂钩。允许学校每年有相当10%左右工资总额的自筹经费调资权。

2.给学校以更大的办学自主权。学校可按国民经济发展的需要和自身办学条件,在不突破额定的招生规模前提下,可自主调整本专科专业设置;调整各专业的招生名额。自主确定试办第二学士学位班和各类定向培养班。自主招收保送生、自费生、边疆生以及其他定向培养生,并在国家教委宏观指导下招收港澳台学生及外国留学生、进修生。自主决定有利于提高教学质量的“预分配—联合培养”本科生,与国内厂矿企业、研究机构联合培养研究生。

3.给学校以更大的外事权。在符合国家利益和外交政策的前提下,外汇落实的情况下,学校可以自主确定国内外科技教育合作,自行审批教学、科研人员出国,外事部门可依据签发护照(校长、书记出国报国家教委批准)。对来华访问的专家学者可自主邀请,我驻外使馆可依据核发签证。允许学校在国家计划范围内对公派人员可以自主选派,对自费公派和自费人员可按国家有关政策自主审批。

4.支持学校进行人事制度改革。学校在国家教委下达的各类技术职务定额内,按一定的评审程序,有权评审和聘任各类技术职务系列的中高级职务。对已有博士点的学科,可自行审批增补博士导师。对允许限额内的流动梯队人员向社会流动,学校具有二次分配权,在校工作期间计算连续工龄,按国家规定晋升工资、职称有效。流动梯队人员报考研究生,应列入具有二年以上工作经验范围,同时应允许可自费,自费公派,公派渠道出国进修,攻读高一级学位。

对浙大本专科、研究生分配优先实行“头戴指标,落地生根”的政策,学校可直接开分配单,分配单对就业,落实户口等直接有效。

为吸引、招聘优秀人才来校工作,允许学校在不扩大编制的前提下,对受聘人员落实户口,调动家属子女,子女就学等给予优先照顾。

5.支持学校多渠道集资办学,改善学校办学条件。在严格控制招生规模的前提下,不能因集资而削减应拨的计划指标、事业费、基建费以及其他正常拨款,学校有权决定招收适量自费生,决定收缴学杂费标准。

在计划和自筹基建规划范围内学校对建筑设计，校园规划，用房分配享有充分自主权。

要求减免部分税收，摊派不进学校。

请求给学校全面改革以一个比较宽松、比较好的环境，包括要求将学校教学事业费按2400元/人年核拨，落实教育部、国家计委(84)教计字006号文件的有关精神，将浙江大学列入“八五”计划国家重点建设的院校。

附件一

综合改革的具体措施

(一)控制规模，适应需求，发挥优势，提高质量，办出特色

1.严格控制发展规模，各类在校学生的控制数为：

本科生10800人，

研究生2200人，(其中博士生500人，硕士生1700人)(包含在职人员申请学位，委培，定向，自筹等所有办学模式)

夜大生2000人，(包括校外办学点)

函授生3000人，

继续教育2500人次/年。

2.以毕业生分配制度改革为龙头，深化教育改革，增强学生适应能力和竞争能力。

➢ 从1989年开始全面实行供需见面，择优录用。建立由学校有关负责人和大型工矿企业负责人组成的就业指导委员会，逐步完善就业指导工作。

➢ 有计划扩大“预分配一联合培养”，1989年达到300人，今后几年稳定在500人左右。

➢ 逐年增加委托培养，定向培养和自费本科生招生数量。

➢ 对不能适应需求的专业，要适时地拓宽和转变专业方向或和其他专业合并，扩大专业面，减少专业数量。创办经济和社会发展急缺的并符合科技发展的应用学科和专业。

➢ 坚持理工文管结合的发展方向，工科专业要拓宽专业口径，加强学科理论基础，注重工程训练，加强学科交叉，适当增设人文和管理学科的课程；理科专业要在某些理论和应用分支上形成自己的特长，并适当增加工程知识，注重技术学科和应用理科的发展方向；文科要面向社会，面向应用，发挥学校优势，扬长避短，形成特色。

➢ 根据社会需求，及时调整课程设置、教学内容和专业招生数。

➢ 进一步完善学分制，实行主辅修制、第二学士学位等，鼓励学生根据社会需求跨学科、跨门类选修课程，提高学生适应社会需求的能力。

➢ 研究生招生从1989年开始按二级学科招生，入学一年后导师与研究生实行双向选择。

➢ 试行应届本科生录取研究生后保留学籍，参加实际工作二年后入学的办法，增加具有二年以上工作经验的新生比例，1990年全校平均争取超过60%。

➢ 扩大工程硕士的招生数量，逐步探索形成浙大工程硕士的培养特色。

➢ 扩大委托培养和定向培养的研究生数。努力建立与国内外尤其是厂矿企业的联合培养以及在职人员申请学位等办学新模式。

➢ 扩大招收自费生、代培生,举办短训班、研讨班、新技术专题讲座等,并有组织地开设校外办学点等各种形式,发展成人继续教育。

3.推进教学改革,努力提高教育质量。

➢ 全面修订教学计划,明确本科生、硕士生和博士生的培养目标和基本规格,充分体现加强基础,拓宽专业,重视实践,培养能力,优化课程结构设置。

➢ 贯彻因材施教原则,继续办好"混合班",扩大"提高班",以"混合班"、"提高班"的教学经验指导面上本科教学改革。

➢ 发挥我校理工结合的优势,对工科学生要加强基础理论和工程训练,以提高工科教学的质量和水平。理科学生在接受二三年理科教学后,引导分流,实行选课组(专门化)教学、部分学生可转向或辅修相近的工科专业课程。文科学生也要面向社会需求,发挥理工文管结合优势,形成浙大应用文科的特色。

➢ 加强实践环节,注重能力培养。加强实验课程建设,开设大型综合性实验课。加强课程设计、生产实习、毕业设计等实践性教学环节,建设好校内外教学实践基地。研究生的学位论文选题要紧密联系生产实际和跟踪科技发展前沿。

➢ 完善三学期制,加强社会实践,鼓励学生投身改革实际,接触工农群众,加深对国情和现状的了解,增强他们振兴中华、报效祖国的时代责任感和社会责任感。

➢ 引进竞争机制,建立科学评分,合理淘汰和中期筛选制度。完善各类奖学金、贷学金制度,以及考试考核、学籍管理和奖惩制度。

➢ 每年拨出专款,支持、加强一类课程和一类实验室建设。扩大教材建设发展基金,扶持重点课程的教材建设。每年分批进行课程质量评估,逐步形成规范和制度。

(二)面向经济建设,结合人才培养,提高科研水平和效益

1.引进竞争机制,深化科技体制改革

➢ 克服脱离生产实际,不讲经济效益,学院式的研究倾向。形成基础研究、应用研究、开发研究的合理配置,面向国民经济主战场。以各种形式发展高科技产业,加速科研成果的商品化。

➢ 扶持一批对国民经济和科技发展有战略意义的交叉学科、新兴学科,如材料、信息、生物科学与技术等。

➢ 选择主攻目标,瞄准重点,组织精干力量,承担高技术研究和基础研究项目,增强学校科技发展的储备力量。

➢ 建立学校科学基金,支持具有创新思想和重大应用前景的基础理论、基础技术探索和应用研究,逐步形成一支高水平的基础研究队伍。

➢ 对文理科要积极引导联系生产实际和适应社会发展需要,增强参与意识,积极开展应用研究,促进学科的发展和提高。

➢ 加强横向联系,积极发展与产业部门的科技协作,扩大教学、科研、生产联合体,为地方经济发展服务。

➢ 积极参与杭嘉湖地区和杭州工业园区的科技开发。

➢ 把竞争机制和市场机制引入科技工作,实行科技成果商品化。推行各种不同形式的承包责任制。

2.加强科研和高层次、高质量人才培养的紧密结合。

➢ 切实抓好重点学科和重点实验室建设,向校内外开放,并以此为骨干建设一批教学科研紧密结合的研究所、室和跨学科研究中心。

➢ 组织和协调相近学科的力量,形成综合优势,推进校内外各学科间多层次协作和横向联合,争取建设几个工程研究中心,成为校内外高技术产业的科技开发和高级人才培养基地。

➢ 进一步扩大与国际高校、研究机构之间的学术交流,大力鼓励教师和学生参与国际高水平的学术竞争。重视和国外企业的合作、交流,发展联合培养,共同承接国外的科研项目。积极组织举办各种国际学术会议,开发和做好技术出口工作。逐步增加留学生数。

➢ 加强科技情报工作,力争在1992年前联络国内外有关情报部门建成初具规模的科技经济情报信息中心。

(三)改进和加强思想政治工作

1.积极稳妥地推进思想政治工作体制改革。

➢ 建立由分管副校长、党委副书记为首的校学生工作领导小组,各系建立相应的领导小组,逐步形成党政工团齐抓共管的、全方位、多层次的思想政治工作网络体系。

➢ 建设好一支精干有力的专职、兼职和学生党员、学生干部相结合的学生思想政治工作队伍,

➢ 低年级实行班主任制,高年级试行导师制,实行优秀学生导师制。

➢ 制定和完善学生思想政治工作及管理工作的各项条例,逐步实现学生思想政治工作和管理工作的规范化、制度化。

➢ 充分发挥广大教职工教书育人、服务育人的重要作用。大力表彰教书育人、服务育人成绩突出的教职工,以形成制度,并与晋升聘任挂钩。

➢ 加强党、团的组织建设和思想建设,坚持积极慎重地在学生中发展党员,发挥党团员骨干队伍的作用。

➢ 充分发挥学生会、研究生会和学生社团的作用,重视培养学生自我教育、自我管理、自我约束的能力。

2.努力探索新时期加强思想政治教育的有效途径和方法。

➢ 改进和加强教职工的思想工作,提高教职工的思想水平和教学责任心,结合各个教学环节严格要求学生,同时以教职工的为人师表影响带动广大学生。

➢ 积极推进政治理论课的改革和思想教育课程的建设,提高学生的马列主义基础理论修养和思想品德修养。

➢ 实行党的组织员制度,加强对党章学习小组的指导,积极培养青年马克思主义者。

➢ 建立"就业指导"和"心理健康咨询"等多种形式的指导中心,引导和组织学生参加勤工助学、社会实践和大众服务活动,提高他们的社会责任感和为公众服务的意识与社会工作能力。

➢ 组织和开展各种校园文化艺术活动,寓教育于各种有益于学生身心健康的活动之中,优化校园育人环境。

➢ 加强校风建设,把继承和发扬"求是创新"校风作为学校思想政治教育的一项经常

性重要内容，把校风建设提高到一个新的高度。

➢ 完善校园广播、电视系统，拓宽各种沟通对话渠道，强化表扬与批评的校园舆论。

➢ 把经常性的思想教育和日常的科学管理结合起来，坚持严格要求，严格管理，严明校纪，从严治校。倡导好学上进，尊敬师长，互助友爱，文明礼貌，遵纪守法的好风尚。

➢ 组织马列主义课教师、德育教师和思想政治工作人员认真研究新时期思想政治工作的特点、规律、内容和方法，增强预见性、针对性和有效性。

(四)改革管理体制，增强办学活力

1.建立科学、高效的管理体制。

➢ 完善校长负责制，实行党政职能分开。建立和完善各类工作制度、工作程序，提高工作效率和管理水平，

➢ 校机关各职能部门要精兵、简政、放权，转变职能和工作方式，实行宏观管理。1989年完成校、系机关定编、定岗，制定职责条例，建立岗位责任制。

➢ 转变领导方式和工作作风。摆脱日常事务。校领导要集中主要精力抓大事，注重调查研究，加强宏观决策。机关工作人员要提倡忠于职守，精于本职，服务至上。

➢ 建立和完善系主任责任制。扩大系的自主权，增强系的办学活力。

➢ 改革基层教学、科研管理体制。加快专业办学转变为系办学的进程。组建一批教学和科研相结合的研究所、室，实行所、室长负责制，具体组织实施科学研究和学科建设工作，同时承担相应的教学任务，从体制上确保教学、科研两个中心的建设。

➢ 党委要集中主要精力抓好党的建设，做好师生员工的思想政治工作。通过贯彻党的方针政策、各级党组织的战斗堡垒作用和党员的先锋模范作用，有效地发挥党的领导作用和党委的监督保证作用。党政要齐心协力抓好学校的全面改革和建设。

➢ 逐步完善和加强教代会民主管理和监督的重要作用。重视发挥工会、团委、学生会及民主党派的作用，拓宽民主协商对话渠道，增大各项工作的透明度，发扬社会主义民主，实行民主办学。

2.深化后勤改革，实行政企分开，发挥投资最大的经济效益和社会效益。

➢ 在进一步完善现行经济承包责任制的基础上，扩大承包范围，力争到1990年实行全面承包，实行自主经营，独立核算，民主监督，企业化管理。

➢ 基建工作从1989年开始试行在校基建委员会领导下的处长、总工程师基建任务承包责任制。

➢ 健全房产管理制度，创造条件，积极进行房租改革。逐步实行科研用房定额有偿使用制。

➢ 财务管理由核算型逐步转变为经营型、效益型、切实抓好增收节支，在保证教学、科研经费使用的前提下，努力提高资金周转的效益。

➢ 校办工厂实行厂长负责制，扩大厂长自主权，试行厂长承包责任制。学校建立生产委员会起计划、协调、宏观管理作用。

3.积极开展有偿服务，多渠道集资，努力改善办学条件。

➢ 校、系二级要通过扬长分流，实行优化组合，逐步形成专门队伍，有领导、有组织地开展教学、科技有偿服务。

➢ 努力办好浙江大学对外技术贸易公司和系一级专业公司，在校系二级有计划地建设一批高技术、新技术产业集团，积极开展实业创收。

➢ 校办工厂要在为教学、科研服务的同时，加强技术改造，开发适销对路的高技术、高效益拳头产品，开拓国内外市场。多创利，多创汇支持学校两个中心建设。

➢ 制定相应的创收政策和内部分配政策，贯彻按劳分配和统筹兼顾的原则，调动各类人员积极性，做到各尽其能，各展所长，各得其所，合理分配。

(五)改革人事分配制度

1.建设好一支素质好，结构合理，高效率的队伍。

➢ 建立和完善各类人员以考核工作实绩为主的，德能勤绩全面考核制度，奖惩制度及进修培养制度。

➢ 逐步探索和建立以“公开招聘，公平竞争，择优选聘”为原则的校内外招聘制度，校内待业制度和校内外流动制度。

➢ 建立以“按需设岗，按岗定编，择优聘任”为原则的教师、科技人员职务聘任条例和实施细则，使这项工作走上正常轨道并形成制度，促进教师和科技人员的合理分流，优化组合。

➢ 建立中青年优秀人才职务晋升特别审批制度。有计划地选拔和引进一批高层次的中青年优秀人才，特别注意引进有好的思想政治素质，学术水平高，又有丰富实践经验的优秀人才充实教师队伍。

➢ 建立科研编制有偿使用制度。

➢ 建立由在学研究生、保留学籍的研究生，进修人员和青年教师组成的多渠道、多模式流动梯队。由用人单位和聘用人员签订合同，聘任期满，实行双向选择，合理分流。其去向，除少部分留校作为正式在编人员以外，大部分可去企事业单位或国内外攻读高一级学位。

➢ 各级行政干部逐步实行“公开、公平、竞争、择优”为原则的招聘、考核、评议、分级聘任制和任期目标责任制；党的干部实行选举任期制或聘任制。增大干部工作的透明度，使干部的选拔、任用、管理实现民主化、科学化和规范化。工人实行合同制。

2.实行学校内部工资改革，理顺分配关系，调动各类人员的积极性。

➢ 工资改革的目标是，探索和逐步建立适合学校实际情况与职务聘任相配套的各类人员结构工资系列。鉴于目前学校的内部和外部条件，在一段时间内采取在现行工资基础上的改革和奖酬金调节相结合，并逐年降低奖酬金在收入中所占比例的过渡办法，以逐步改变体脑倒挂和分配不公的现状。

➢ 实行“多等级、小级差、年年升”，在严格考核的前提下，贯彻奖勤罚懒的原则，使教职工的工资随学校事业的发展和效益的增加，逐年有所提高。

➢ 坚决打破平均主义，根据实际贡献大小和承担责任大小，逐步拉开同类人员的工资级别。

➢ 将现行工资列为档案工资，国家普调工资时，档案工资也作相应调整。

➢ 为了稳定管理干部队伍，根据国家教委(88)教干字 012 号文件精神，对各级管理人员实行岗位现职津贴。

➢ 工资改革所需自筹工资基金，主要靠校、系二级创收。创收单位、公司、生产人员和后勤承包单位工资改革所需工资基金实行自筹或部分自筹。

➢ 校办工厂,公司人员参照企业工资制,实行和经济效益、劳动生产率直接挂钩的工资制。

附件五

浙江大学综合改革的各类控制数(至 1992 年)

一、各类学生数

本科生 10800 人

博士研究生 500 人,硕士研究生 1700 人(包括:计划内、定向培养、代培生、自筹生等各类研究生。至 1990 年生源中在职人员比例达到 60%)

留学生 100 人

夜大生 2000 人

函授生 3000 人

继续教育 2500 人次/年

二、教职工编制总数 6664 人(教职工/学生 1∶3.6)

其中教师 2600 人(其中教学编制按师生比 1∶8 额定为 1830 人,科研编制中 70%为教师,定为 770 人)。

三、专职科研编制限额 1100 人(其中含 770 人为教师编制)

四、教师及专业技术人员高职定额

1. 教师高职和博士导师定额

	教授		博士生导师	副教授		高级职务	
	人数	%	%	人数	%	人数	%
1988 年	150	6	35%	670	27.2	820	33.2
1989 年	180	7	40%	750	29.6	930	36.6
1990 年	220	8.4	40%	834	32	1054	40.2
1991 年	260	9.7	40%	920	36.4	1180	46.1
1992 年	300	11	40%	1000	38	1300	49

2. 专业技术人员高级职务定额

1988 年 130 人(10%)

1989 年 180 人(13%)

1990 年 240 人(16%)

1991 年 280 人(17.5%)

1992 年 320 人(19%)

五、流动梯队中实行二次分配人员三年累计限额 200×3=600 人。

六、事业费以全国高校学生人头费中上水平拨款,每个学生每年 2400 元计。

七、基建建筑总面积 74 万 m^2

待建 24 万 m^2。按学校规模，应在 1990 年完成。根据国家压缩基建的精神，要求保证在 1992 年完成 24 万 m^2 基建投资额，以加速改善办学条件。

完成 24 万 m^2 基建后，学生住宿实现每室 6、4、2 人标准。教师住房基本达到国家教委规定的住房标准。

八、外事活动控制数

出访、进修占教师人数 10%以内。

公派、自费公派、留学攻读学位占当年毕业硕士生数 15%以内。

聘请外籍教师，占教师总数 2%以内。

联合培养博士研究生，占博士生总数的 25%以内。

浙江大学档案馆藏，档案号：ZD-1988-XZ-62-3

对清华大学浙江大学综合改革方案的批复

(1989 年 1 月 28 日)

〔89〕教高二字 003 号

清华大学、浙江大学：

你们两校的综合改革试点方案收悉。经研究，我委原则同意你们的改革方案。在实施方案过程中，希望加强领导，做好工作，及时总结经验。有关要求领导部门提供的条件和下放的权力，我委进行了审议，见《纪要》。

附件：国家教委审议清华大学、浙江大学两校综合改革方案纪要

国家教育委员会

一九八九年一月二十八日

附件

国家教委审议清华大学、浙江大学两校综合改革方案纪要

清华、浙大两校综合改革方案（以下简称《方案》），经我委有关司局分别研究后，由朱开轩副主任主持专门会议进行了讨论审议，兹纪要如下。

大家认为，两校《方案》中所提办学指导思想和改革思路比较清晰。发展目标比较明确，措施基本得当，可予原则同意。两校《方案》的实施，需要我委下放一些管理权限，在确保宏观控制的前提下，可允许学校有更多自主权，同时也要商国务院有关部委和学校所在省市提供一定的条件，为学校的综合改革创造较为宽松的环境。据此议定：

一、在招生分配工作方面。国家根据学校的发展规模，从宏观上控制学校的年度各类学生招生数，学校可根据社会需求情况，调整和确定本、专科层次各个专业的招生人数、招生地

区及录取标准。对研究生的招生,学校还要按国家教委的一些原则要求执行。对学校本、专科生、研究生分配能否优先实行“头戴指标,落地生根”(即学校可直接开发派遣证,派遣证对就业、落实户口等直接有效)的政策,要视整个改革的进展情况而定,目前尚有困难。关于本科生、研究生衔接培养,应报我委审批后在少数有条件的学科、专业进行试点。

二、关于本科专业设置、调整,和办第二学士学位班问题。国家教委将对委属高等学校发展规模进行重新调整,将对两校设置的专业总数予以核定。学校可根据学科发展和社会需要,在总数范围内,建立和调整专业,应该有上有下。所设专业原则上用国家教委颁发的专业目录名称,如改变专业名称,应将论证材料报我委备案审核。举办第二学士学位班,目前尚不能仅根据学校培养能力,确定招生点,在近期内仍由国家统筹布点。对两校拟办的第二学士学位班,可以较多地尊重学校意见。

三、关于一次下达任期内编制总数和流动编制问题。按国家现行规定,每年核定一次编制人数,一次下达任期内编制有困难。可以给学校一定额度的流动编制,但必须包括在总编制内。

四、在工资分配方面。在实行工资总额包干的前提下,允许学校试行结合本校实际情况的校内工资分配办法。

五、在教育事业费方面。改变目前按学生人头数平均拨给的办法,实行核定基数基础上逐年递增包干。

六、在专业职务聘任方面。在实行工资总额包干的前提下,可根据我委核准的学校近期师资队伍建设规划中确定的高职比例,按工作需要由学校确定年度教师和各类专业技术人员的职务定额。

七、在基建投资和权限方面。由于压缩基建规模,国家原定“七五”计划已经变更,列为“七五”国家重点建设项目的清华大学因投资不足已无法按原计划在“七五”建成。但可以继续列为“八五”国家重点建设项目,有关部门仍会在建筑材料供应及施工等方面予以重点保证。

根据《高等学校基本建设管理暂行办法》,高等学校在实行总额投资包干的前提下,学校只有权审批本校的生活用房初步设计文件,其他用房仍需报国家教委审批。

学校在国家批准的基建总体设计任务书的范围内,有权在同类建设项目间调整面积和投资,国家教委可据以向有关省市申报施工面积。

学校有权在批准的总体设计任务书中,对新建住宅总面积,自行确定住宅建房类型和比例,但其中三类和四类住宅,按国务院规定应报经主管部门批准,学校所在省市规划局才准予设计和报建。

八、在减免税收方面。学校通过科技转让、技术开发、有偿服务进行创收,弥补当前教育经费不足及改善教职工工作条件和生活待遇,这是有积极意义的。但创收经费的使用及税收问题。目前仍需按国家有关规定办理。

九、在接收外国留学生方面。享受我国政府奖学金的来华留学生其国别都是定向的,在国家提供奖学金的国别内,学校可以直接招生,以提高学生质量。除本科学生外,应主要向研究生、访问学者等方向发展。作为试点,由学校提出方案,报国家教委批准,可从1990年实行。

十、在选拔出国人员方面。除校级领导出国要经上级审批外,其他各种人员出国,在目前情况下,经报请有关部门批准后,可由国家教委委托学校代为审批。

十一、关于增列博士生导师问题。此事须由国务院学位委员会统一研究决定,目前暂不实行。

十二、关于五年制大学毕业生工资待遇问题。在国家工资制度未改革之前,国家教委将同人事部门协商,能否允许五年制大学毕业生在实习期间享受转正工资标准。

十三、关于人才流动过程中户口落户问题。因国家人事部门尚未放权给国家教委,目前仍需按国家有关规定办理。

十四、关于摊派、房租改革、建立公安派出所等问题。这些事项要请学校会同国家教委有关司局,商有关部门研究解决。

浙江大学档案馆藏,档案号:ZD-1988-XZ-62-2

关于实施《浙江大学校内管理体制改革方案(试行)》的请示

(1992年2月22日)

浙大发办〔1992〕08号

国家教育委员会:

《浙江大学校内管理体制改革方案》已经学校党代会、教代会、中层干部会反复讨论、修订,校务会议研究通过。现报上,请审批,以便组织实施。

附:1.浙江大学校内管理体制改革方案(试行);
2.浙江大学关于进一步深化人事制度改革的实施意见;(略)
3.浙江大学编制核定的实施办法(试行);(略)
4.浙江大学校内现取津贴起点级实施细则(试行);(略)
5.浙江大学业绩津贴实施办法(试行);(略)
6.浙江大学住房改革方案(试行);(略)
7.浙江大学公费医疗改革方案。(略)

浙江大学
一九九二年二月二十二日

附件一

浙江大学校内管理体制改革方案(试行)

建设好有中国特色的社会主义大学,是我国高等教育事业面临的重大历史任务。我校自党的十一届三中全会,特别是1989年被国家教委确定为全国高校综合改革试点单位以来,坚持党的领导,坚持社会主义办学方向,在教学、科研、管理体制及改善办学条件等方面,进行了积极有效的改革探索,在建立和完善学校主动适应社会和经济发展的机制方面,取得了一定成绩,为进一步深化综合改革奠定了基础。

一、指导思想

实施校内管理体制改革,是我校综合改革的进一步深化。通过改革,要进一步加强党的领导,坚持社会主义办学方向,全面落实党的教育方针;进一步完善社会主义的按劳分配原则,调动广大教职工为社会主义建设事业多做贡献的积极性和创造性;确立和完善正确的政策导向和严格的管理制度,促进师资队伍和管理队伍建设,优化结构,提高效益;进一步推进学校教育科研两个"中心"的建设,不断提高教育质量和科研水平;进一步建立和完善适合我国国情,能主动适应国家经济和社会发展的校内管理新机制,更好地为社会主义建设事业服务。

二、基本思路

学校内部管理体制改革的基本思路是:以人事制度改革为核心,通过人事、分配、住房、医疗、离退休保险制度等方面的配套改革,完善按需定岗,严格考评,择优聘任,合理流动,优化结构,按劳分配等一整套有效的管理机制,增强教职工的事业心、责任心和凝聚力,把全校教职工引导到为社会主义教育事业多做贡献的轨道上来,以保证到下世纪初把浙江大学建设成为具有中国特色和自身特色的高水平的社会主义大学,跻身于世界著名大学行列这个奋斗目标的胜利实现。

——根据学校教学、科研、管理、后勤服务等工作的发展需要,以建设好一支又红又专、精干高效、结构合理、充满活力的教职工队伍为目标,继续深化"五定一评"的人事制度改革,进一步完善聘任制和年度考评制,建立人事管理良性循环的激励机制和自我约束机制。

——贯彻社会主义的按劳分配原则,进一步理顺分配关系,规范奖酬金的发放,强化经济杠杆的作用,增强和调动系、所(室)的责任感和积极性。

实行校内分配制度改革,建立国家工资与校内津贴双轨运行的结构工资制。校内津贴将在去年已经实施的校内分配制度改革的基础上,建立根据学校办学效益、实际完成的工作量和年度考核核定的不累积的浮动的业绩津贴。校内分配制度改革分步实施,校系二级合理分担,量力而行。

校内分配制度改革要与住房改革和已经实施的医疗保健制度改革及离退休保险制度改革综合平衡,配套进行。

——校内管理体制改革,涉及全校各个层次、各个部门的工作,是关系到全校每个职工直接利益和长远利益的重大改革措施,必须得到全校党政各级领导和教职工的充分理解和全力支持。学校将在充分听取全校教职工意见的基础上,制定方案,组织实施。全校各级党政领导要动员教职工以主人翁的精神参与到这项改革中来,推进校内管理体制改革的顺利实施。

——通过校内管理体制改革,要进一步加强各项制度建设,强化民主管理和民主监督,推进决策的民主化和科学化,实现依法治校,不断提高学校的科学管理水平。

三、改革的具体内容

(一)人事制度改革

通过对各类各级人员核定编制,完善按需设岗,按岗聘任,确定岗位职责,建立严格的年度考评机制,实施全员聘任。不断优化队伍结构,提高各支队伍的政治、业务素质,提高工作质量和效率。

——强化编制意识，按教委规定“八五”期间校本部教职工、专任教师与学生比例的要求，结合学校的实际情况进行全员定编。改革单一的人事管理模式，实行事业编制与企业编制相结合、固定人员与流动人员相结合的复合式管理模式。完善以在学研究生、进修教师、访问学者、返聘外聘人员以及短期(2—3 年)合同期青年教师、职工为主的流动人员和博士生兼任助教、助研制度。争取“八五”期间流动人员逐步扩大到占校本部编制的 20%左右。

——促进新老交替和建立有利于青年人脱颖而出的有效机制，继续试行公开招聘，破格晋升，特批、评退等制度，积极创造条件争取到 1995 年 55 岁以下的教授比例不低于 4.5%，50 岁以下的副教授(或相当于副教授)比例不低于 40%。

——根据学科建设、人才培养、科学研究、科技开发、党政管理、科技产业、后勤服务等方面的工作任务和特点，设置岗位职务定额(其中教师的高级职务按学科结构设置岗位定额)，建立岗位职责，逐步实现目标管理。

——坚持德才兼备，注重实绩考核的原则，根据年度考核，实行聘任制与合同制相结合的聘任方式。通过实施业绩津贴制，对所承担工作任务的质与量的考核合格者及优异者，可分别续聘或高聘、特聘；对未完成规定工作量的职工按比例核减业绩津贴。不满 70%工作量为短聘、低聘，不满 50%工作量的分别为缓聘，甚至解聘。

——解聘、缓聘人员，不进入校内分配制度改革序列。学校将制定合理政策，通过教育培训，组织引导和鼓励他们转到新的岗位妥善安置。对不服从安排的人员，将参照工改后退职人员的工资标准发放工资，建立校内待业制度。

——建立并不断完善年度考核评议制度。设立单位政治考核评估标准和个人政治业务考核档案。采取自评、学校各部处与各系之间互评的单位(群体)考评制度和按工作质量核定的个体考核制度。考核、考评结果进行分等，并和单位、教职工个人的业绩津贴发放直接挂钩。这样既考核到个人，又增强集体的凝聚力。

——严格离退休制度。达到离退休年龄的教职工，应及时办理离退休手续。正教授以上专家，视工作需要，实际工作业绩和身体条件可适当延长退休年限，但正教授最长不超过 65 岁，博士导师不超过 70 岁。

(二)实行校内分配制度改革

实行校内分配制度改革，完善按劳分配，理顺分配关系，规范奖酬金发放，降低奖酬金在教职工收入中的比例，强化激励机制，增强凝聚力，鼓励多作贡献，逐步提高待遇，进一步调动全校教职工的社会主义积极性。

1. 建立双轨结构工资制：

国家工资(基础工资＋职务工资＋工龄工资＋奖励工资＋国家补贴)＋校内津贴(工龄津贴＋职位津贴＋业绩津贴＋奖励津贴)＋奖酬金。

规范奖酬金发放，把奖酬金等工资外收入逐步规范纳入校内津贴范畴。分步把教职工工资和校内津贴收入提高到占个人总收入的 60%—70%。

2. 实行校内工龄津贴以适当改善工作时间长的教职工的工资收入(已于 1990 年 7 月 1 日起实施，国家工龄工资调整为一元后冲销)。

校内职位津贴由职位起点级和职位津贴级差两部分组成。职位起点级是依据每人一段时间的任职情况核定的一部分累积的固定津贴(已于1990年10月1日实施)。然后根据年度考核结果,每二年按各类各级人员职位津贴级差晋升一次,以建立正常的校内津贴晋升制度,形成经常性的激励机制。

3.业绩津贴是根据学校办学效益,以上年度考核(评)业绩为基础,并参考本年度工作计划量,按实际完成的教学、科研和管理工作量核发的不累积的浮动津贴。业绩津贴与职务和年功不紧密挂钩。

校、系机关以部门现定编制为基础,按精兵简政原则和实际工作量适当调整编制数。按定编数和年度考评核定部门业绩津贴总额(人均取全校平均数)。减人不减资,逐年提高干部素质,精减人员,提高待遇。

业绩津贴所需基金,由校、系合理分担,校承担60%—70%,系承担30%—40%。资金来源是部分已发的校、系酬金的转入,不足部分由学校基金投入。

奖励津贴是对本年度在教育、科研、管理等方面作出突出贡献的教职工给予的一次性奖励。

4.校生产委员会系统和校内各独立核算及经济承包单位的分配制度改革,原则上实行企业效益工资制,办法另行制定。

5.实施校内分配制度改革后,国家工资、校内津贴总额全部进入工资总额。

(三)住房制度的改革

住房制度改革势在必行。改革现行依靠国家包下来的低租金、福利性的无偿分配住房制度,逐步建立起由国家、集体、个人三者结合集资投入解决住房问题的新机制,加速住房的建设与改造,以尽快解决中青年教职工的住房紧张问题,逐步改善现有的住房条件。

1.完善现行完全按职务,工龄计点分房的办法,要重视工作业绩和政治思想表现,以体现正确的政策导向。

2.提高房租。改革现行的低房租制度,按国家有关文件规定及杭州市房改方案,分步提高房租,提高房租收入用于修建住房。提租以后,采用提租提补的办法(按杭州市规定)。对擅自改变住房性质、超面积住房和自愿缩小住房面积的教职工,将分别按规定给予多倍加租和补偿。

3.分新房交保证金。房改后分配住房时,教职工新增住房面积,按规定向学校缴纳一定数量的保证金。保证金计息,教职工离校交出住房时,保证金连本带息退还本人。对所有住房分档次预收3、5、8年房租,预收房租按银行利率计息,按月抵扣房租。通过实行住房保证金制度和预收房租的办法,加强学校住房的租赁管理,并为建房筹集一部分资金。

4.鼓励集资分房建房。充分发挥校内各单位和教职工个人的积极性,继续试行和完善集资分房办法,鼓励通过各种集资方式,提高和改善教职工的居住条件。

5.学校房改接受杭州市房改部门的指导,杭州市住房改革实行后,依照杭州市住房改革的有关精神进行调整和完善。

(四)医疗制度改革(已试行)

加强管理,合理负担,以防为主,防治结合,堵塞漏洞,减少浪费。

1.加强管理,证历合一,凭证就医。

2.建立公费医疗基金,基金主要来源于国家下拨公费医疗定额补助,学校每年从学校基金中提取适当比例投入,集体福利费的适当补贴等。

3.医药费以学校负担为主,个人按一定比例适当负担,同步增长,建立约束机制,在保证治病的前提下,堵塞漏洞,减少浪费。

4.教职工因治病而产生经济困难的,由所在单位或学校适当补助解决。

(五)建立离退休保险基金

提高社会养老保险意识,使老有所为,老有所靠,适当改善教职工离退休后的生活待遇。

1.引导和组织离退休教职工根据自身的不同情况,参加学校教学、科研、管理、后勤服务等方面一部分力所能及的工作,给予一定报酬。

2.建立离退休保险基金,由学校、职工单位和个人三方面共同筹集,将此基金长期存入银行作为离退休后生活上的补贴。职工自愿参加。

基金的来源,从学校和职工单位福利基金中各提取2%,职工按工资2%投入(可自愿提高比例)。

3.高退休保险基金由学校财务部门统一管理、教职工离退休后,一次发给或按月发给。

浙江大学档案馆藏,档案号:ZD-1992-XZ-61-2

四、院系专业设置与学科建设

(一)院系设置

浙江大学系和专业设置调整方案(草案)

(1960年10月12日)

根据省委指示,为了适应社会主义共产主义建设的需要,我校将逐步发展成为新型的科学技术大学,全校最大发展规模为1万人,分设工科、理科和科学研究三部分,一方面要担负起大量培养建设人才的任务,满足本省工农业发展的需要,另一方面要大力开展尖端科学技术的研究工作,迅速提高本省科学技术水平,攀登世界科学高峰。同时要加强基础理论的研究,促进本省科学技术的发展,并为高等工业学校培养师资。为了完成这个光荣的任务,我们必须贯彻自力更生,奋发图强,艰苦奋斗,勤俭建国的精神,在现有基础上积极调整专业设置,并增设必要的新专业。提出方案如下:

(一)根据学校发展规模和所担任的任务,第一部理科设数学、物理、化学、力学4个系8个专业,最大发展规模为2000人。第二部工科设机械工程、电机工程、化学工程、无线电工程、光学仪器等5个系21个专业,最大发展规模在4500人以上。第三部进行科学研究,最大发展规模在3500人以内(各系专业设置名称详见附表)

(二)按照学校发展规模和专业设置的要求,目前系和专业进行如下调整:

1.理科先设置数学、物理、化学、力学4个专业,以数学、力学、物理三专业组成数理系,化学专业暂设在化工系内,以后理科4个专业再逐步发展成4个系,每系2个专业。

2.工科5个系21个专业同时成立,具体调整情况是:

机械系:新成立特种加工、精密仪器及仪表2个专业,连同原来的机械制造工艺以及金属切削机床,内燃机和汽车拖拉机2个专业,共设4个专业,原有光仪专业独立成系,原有热能专业调入电机系。

电机系:设电机电器,发电厂、电力网及电力系统,锅炉汽轮机及热能动力装置等4个专业。原工业企业电气化和电器绝缘与电缆技术2专业停办,分别转入无线电系自动学与运动学、半导体技术与电机系电机电器等有关专业。

化工系:原有的有机合成塑料、燃料化学、化学生产工艺自动化及调节、化学生产机器及装备、无机物、硅酸盐等6个专业不变,再加上化学专业共7个专业。

无线电系:原有的无线电设计与制造真空技术、自动学与远动学专业不变,新设半导体技术专业共4个专业。

光仪系:根据需要在原来机械系光仪专业的基础上,独立成系,原有光学机械仪器专业不动,新设特种光学机械仪器、天文光学仪器2个专业,共设3个专业,以后拟再增设1个专业，发展为4个专业。

总起来，理、工两部，目前共设6个系，25个专业，以后逐步发展成9个系，29个专业。

（三）为了保证新设系和专业的建立和三部科学研究工作的需要，对原来各专业的学生必须进行必要的调整。按1960年系和专业设置的情况调整后的学生人数，全校学生总数为6469人，其中一部为435人；二部为4842人，其中机械系862人，电机系1090人，化工系1599人，无线电系795人，光仪系496人；三部从原有各专业抽调部分师生组成，学生人数为1192人。今后逐年按招生2000人左右，毕业1000人左右计算，到1965年时，全校将达到1万人的发展规模。

（四）根据目前调整后的情况，在理工方面25个专业中有4个是新成立的专业，有10个是“大跃进”以来成立的半新半老的专业，有11个是1958年以前成立的老专业。为了适应社会主义建设和我校发展的需要，必须根据不同情况深入进行教育革命，大力提高教学质量，并积极开展尖端科学研究工作，不断提高各专业的水平，切实的担当起党和国家交给我们的任务。目前新专业应树立雄心大志，发扬敢想、敢做的共产主义风格，着重打好基础，努力学习本专业有关的专业业务知识，迅速地掌握各个教学环节和生产技能，以胜任教学工作。同时通过教学、科学研究、生产劳动相结合，不断充实和提高业务，争取在两三年内赶上先进专业的水平。老专业应彻底破除迷信、保守思想，树立不断革命的思想，积极发挥带头作用。在已有的基础上着重提高。一方面要深入教学改革，做到能出色地完成教学任务，另一方面要努力掌握专业的有关理论和技术，能独立解决有关专业的重大生产关键和尖端科学研究的基本问题，争取在短时间内达到国内的先进水平。半新半老的专业应不满足于已取得的成绩，树立埋头苦干，奋发图强的思想，在进一步打好基础的同时，积极努力提高，迅速改善或超过老专业，并力争在两三年内达到国内先进水平。

（五）实现上述要求。最近各专业必须从以下几个方面进行努力。

1.积极提高教学质量，争取在不长的时间内使学生培养成为政治上具有高度的社会主义和共产主义觉悟，牢固地树立无产阶级的阶级观点、劳动观点、群众观点和辩证唯物主义观点，在业务上具有比较广泛的高深的理论基础，先进的专业知识和操作技能，能独立地进行科学研究和生产设计，并熟练地掌握一二门外文的又专又红的劳动化的知识分子，适应社会主义建设对科学技术人才日益提高的要求。

2.以提高教学质量为中心，大力进行尖端科学技术的理论基础的研究，积极解决本省生产建设和国防建设中的重大问题，不断提高科学技术水平，并必须自力更生，奋发图强，开展以保粮保钢为中心的群众性的科学研究工作。要树立雄心大志，争取在短时间内做出显著成绩，为攀登世界科学的高峰，为争取提前完成国家十二年科学规划而奋斗。

3.不断地加强生产劳动，促进知识分子劳动化，促进教学质量的提高。必须做到与专业有关的劳动和与专业无关的劳动相结合，工业劳动与农业劳动相结合，校内劳动与校外劳动相结合，短期劳动与长期的劳动相结合，使广大师生更好的受到劳动锻炼。必须加强校内外三联基地的建设，校内基地以实验室为基础逐步扩大成为工厂，校外基地除普遍做到与工厂与厂矿挂钩外,还应普遍做到与公社挂钩,积极支援农业生产。

4.培养提高师资,为了适应教学与科研技术发展的需要,必须迅速建立起一支强大的又专又红的教师队伍。目前我校有一部分教师不能胜任教学工作,大部分教师也还不能完全适应教学改革和科学技术发展的需要。为此必须大力提高教师的政治和业务水平,应要求做到绝大多数教师积极参加各项政治运动,认真学习毛主席著作,自觉地进行劳动锻炼,切实做到与工农群众同吃、同住、同劳动、同商量,彻底清除资产阶级思想,逐步改造世界观,树立阶级观点、劳动观点、群众观点和辩证唯物主义观点;在业务上要积极下乡下厂参加技术革命,和阅读有关专业的科学技术文献,努力学习新的科学技术知识和生产技能,并经常总结技术革命和科学研究成果,充实教学内容,密切理论联系实际,提高教学水平,出色地完成教学任务,不断地改革教学,同时并积极培养新教师,使毕业一年以上的新教师都能够开出一门新课,能够领导同学生产劳动,并能独立地进行科学研究工作,以适应各项教学工作的需要。

附表1　浙江大学系专业设置发展规划

(1960年10月12日)

部别	系别		专号		备注
	代号	名称	代号	名称	
第一部	1	数学	101	数学	
			102		名称未定
	2	物理	201	理论物理	
			202		名称未定
	3	化学	301	化学	
			302		名称未定
	4	力学	401	力学	
			402		名称未定
第二部	5	机械工程	501	特种加工	
			502	精密仪器及仪表	
			503	机械制造工艺及金属切削机床	
			504	内燃机、汽车、拖拉机	
	6	电机工程	601	电机	
			602	电器	
			603	发电厂、电力网及电力系统	
			604	锅炉、汽轮机及热能动力装置	

续表

部别	系别		专号		备注
	代号	名称	代号	名称	
第二部	7	化学工程	701	有机合成及塑料工学	
			702	燃料化学工学	
			703	化学生产工艺过程自动化及调节	
			704	化学生产及其装备	
			705	无机物工学	
			706	硅酸盐工学	
	8	无线电工程	801	无线电设计与制造	
			802	电真空技术	
			803	半导体技术	
			804	自动学与远动学	
	9	工学机械仪器工程	901	特种光学机械仪器	
			902	天文光学机械仪器	
			903	光学机械仪器	
			904		名称未定

浙江大学档案馆藏，档案号：ZD-1960-XZ-20-1

浙江大学系和专业设置

（1977 年 8 月）

系别	专业名称	归口	招生范围	序号
机械系	机械制造工艺及设备		面向本省	1
	铸造工艺及设备		面向本省	2
	金相热处理工艺及设备		面向本省	3
	内燃机		面向本省	4
	液压传动	归：一机部	面向全国	5
电机系	电机	归：一机部	面向全国	6
	工业电气自动化		面向本省	7
	发电厂及电力系统	归：水电部	面向大区	8
	电厂热能动力设备	归：水电部	面向大区	9
	工业电子技术	归：一机部	面向全国	10

续表

系别	专业名称	归口	招生范围	序号
化工系	化工机械	归:一机部	面向全国	11
	化工自动化及仪表	归:石化部	面向全国	12
	化学工程	归:石化部	面向全国	13
	高分子化工	归:石化部	面向全国	14
	基本有机化工	归:石化部	面向全国	15
	玻璃	归:国家建委	面向全国	16
	低温工程	归:石化部	面向全国	17
光仪系	光学精密机械仪器	归:一机部	面向全国	18
	激光仪器	归:科学院	面向全国	19
	工业自动化仪表	归:一机部	面向全国	20
土木系	工业与民用建筑	归:国家建委	面向全国	21
	水利水电		面向本省	22
	矿产地质普查及勘探		面向本省	23
无线电系	无线电技术	归:四机部	面向全国	24
	电真空器件	归:四机部	面向全国	25
	半导体器件	归:四机部	面向全国	26
	电子计算机	归:四机部	面向全国	27
	固体电子学(理科专业)	归:四机部	面向全国	28
理科部	应用数学(理科专业)	归:四机部	面向全国	29
	固体力学(理科专业)	归:一机部	面向全国	30
	流体力学(理科专业)	归:一机部	面向全国	31
	高分子化学(理科专业)		面向全国	32
	医学仪器	归:卫生部	面向全国	33
	计算数学(理科专业)	归:四机部	面向全国	34
	地球化学探矿	归:国家地质总局或冶金部	面向全国	35

浙江大学档案馆藏,档案号:ZD-1977-XZ-34

关于接受联合国开发计划署援款发展管理学科的报告

(1983 年 5 月)

教育部外事局，

接〔83〕教外际字 064 号文"关于使用联合国开发计划署援款资助有关国际法及管理学科的活动的通知"后，作了反复研究，从我校"加强理科、提高工科、发展管理学科"的总体考虑和学校的现有基础，拟接受，旨在加强管理学科的援款。现将使用此项提款的计划报上，请予审定。

附：浙江大学关于使用联合国开发计划署援款，发展管理学科的计划。

浙江大学

一九八三年五月十一日

附件

浙江大学关于使用联合国开发计划署援款，发展管理学科的计划

一、管理工程系的发展目标

根据我校"加强理科，提高工科，发展管理学科"的总体考虑，决定加强和发展管理工程系，力求建设成为我国管理学科的教育中心和研究中心之一。

作为教育中心，目的在于培养在政府、经济机关、研究机构和企业从事经济管理工作的高级管理人才，包括授予学士、硕士、博士各级学位的教育工作及各种形式的在职管理干部的培训工作。发展的重点在于硕士和博士的培养。

作为研究中心，主要是研究现代经济管理的理论与方法，应用来解决我国实现四个现代化过程中的各项经济管理问题，承担国家和企业委托进行的各项咨询研究工作，为建立我国的社会主义的管理科学进行工作。

它的资料情报中心和实验室，应在全国和华东地区具有影响，能为我校管理学科的教学和研究工作的开展，为全国和华东地区的经济建设服务。

二、管理工程系，在教学和研究工作上计划达到的近期目标

①博士研究生每年招收 2 人。

②管理工程硕士研究生(二年制)每年招收 30 人。

③管理工程本科生(四年制)每年招收 30 人。

④经济管理干部高级班(二年制)，每年招收 30 人。

⑤经济管理干部专修科(二年制)，每年招收 60 人。

⑥进一步开展科研工作和咨询工作，逐步形成相对稳定的研究方向。

三、实现以上计划的有利条件

①现有管理系师资队伍基础较好。业务教师中，有副教授 7 人和获得硕士学位的教师 9 人。其中近年内在国外经过不同时间学习的有 4 人。

②已具有数年培养研究生与干部专修科的教学经验，并参与华东与浙江省有关经济管理问题的科学研究工作的经验。

③已具有一定基础的资料室，但与更高的教学与科研工作尚不相适应。

④拟以我校分部(原之江大学旧址)作为发展管理工程系的基地。现有建筑面积32469.4㎡，同地并有教育部投资正在筹建的浙大学术活动中心可以利用。只要适当投资、改造、配套，可以满足培养各类管理人才的教学与生活的需要。

四、使用援助计划的具体项目

1.招收一班二年制(先学英语一年共三年)管理工程硕士研究生示范班

①目的：进行教学示范，并为本校、本省及兄弟学校培养师资。

②教学方法：根据我国情况，并参照国外硕士培养计划，聘请外籍教师，应用行之有效的教学方法，直接用英语讲授，部分课程及论文由校内外中方教师讲授及指导，毕业后授予硕士学位，分配到我校及兄弟院校作为管理师资。

③学生来源：

(一)1984年研究生扩招为15人(统招)。

(二)从1983年至今留任助教15人。

(三)我校各系及我省愿转来我系的青年教师(在职研究生)。

④时间：1984年秋到1987年秋。

2.派出国外访问学习

①攻读博士生6名：自本校81届、82届管理工程硕士研究生中选留。1984年开始学英语，1985年送出3人，1986年送出3人。

②访问学者9人：自本系中青年教师中选送。1985年到1987年三年中每年送出3人。

③短期访问：短期到美、英、德、法、日、苏等国考察各国有关管理教育状况，作为学科与教育发展计划的参考。派人参加有关国际学术会议等各种学术活动，提高学术水平，建立国际联系。每年4人次，3年共12人次。

3.举办一期英语学习班

①学习班的目的要求：为提高硕士示范班学员及出国学习人员的英语水平，掌握日常英语及专业英语，达到能在本学科领域进行交流的程度(出国博士研究生达到GRE或GMAT考试及格)。

②培训对象：博士生6人，访问学者3—9人，硕士示范班学员30人，及其他出国访问人员等共约45人。

③时间：1984年秋到1985年秋。

④培训方法：聘请国外英语培训中心教师来校训练，并提供有关英语训练的资料与教学设备。

4.举办经济管理在职干部高级班

①目的要求：着重培养毕业自非经济管理专业而目前从事工业经济管理方面领导工作的在职干部，使他们在具有实践经验的基础上，掌握经济管理方面的基础知识，总结经验，提高理论水平，增强从事经济管理事业的经营管理能力。

②学制为二年，自1986年开始招收大学毕业(或具有同等学力)的在职干部，每年30

人，毕业后给予硕士或相当于硕士的学位。

③学习方法：以参加过硕士示范班的中方教师为主，以及部分美籍华人教师讲课及指导毕业专题调查，或经验总结。

5.提供咨询及教学设备

①在浙江大学管理工程系建设过程中，在教学、科研及建设资料中心、实验室等基础设施等方面提供建议。

②教学上：双方教师配合，制订出符合我国需要的教学计划、教学大纲及实验课、校外实践环节等方面的计划；提供有关的教学资料，如案例，计算机软件、讲义、教材等。

③科研和咨询工作上：提供帮助建立管理工程研究室和咨询工作的建议，开展科研合作。

④提供建设资料中心和实验室的建议、资料和远景发展规划。

⑤提出建设经济管理学院的远景设想建议。

⑥提供现代化的教学设备(视听设备等)。

6.帮助完善现有的资料室

①提供管理学科各个领域的基础图书、成套丛书、不同学派在历史上和现在有影响的图书、著作、缩微胶卷等。

②提供管理学科各个领域的有影响的期刊及其过期期刊的成套的复制资料等。

③提供资料的阅读、检索和处理设备。

7.帮助建立计算机室和其它实验室

①实验室的建设应能满足现代教学及科研工作的需要。

②提供建立计算机室与管理工程实验室在教学与科研上所需的计算机、仪器、软件、设备等(如测时、动作研究、人一机工程、工业心理学等方面)。

五、投资概算： **共计(万美元)**

(一)联合国投资部分：………………………………………………………… 153

①举办一期硕士示范班的外籍教师薪金、旅费等。

共约15人次，每人次半年，2万美元 ……………………………………………… 30

②出国学习人员的旅费、学费、生活费。

1.博士生：6人，24人年，每人年2万美元 ……………………………………… 48

2.访问学者：9人，9人年，每人年1万美元 ……………………………………… 9

3.短期访问出差费：每年4人，共12人次，每人次1万美元 …………………… 12

③一期英语学习班：

1.外籍教师薪金、旅费，2人年，每人年3万美元 ……………………………… 6

2.外语教学设施 ……………………………………………………………… 1

④外籍来华人员咨询费 ……………………………………………………… 2

⑤提供现代化教学设施与教学资料 …………………………………………… 5

⑥提供资料中心设施 ………………………………………………………… 10

⑦提供实验中心设施设备 …………………………………………………… 30

(二)我方投资部分：………………………………………………………… 63.16

①外籍教师、工作人员在华期间所需住宿费、旅游费。共20人次

(计硕士示范班15,英语班4,咨询人员折合1)每人次半年,0.35万元。 …………… 5

②出国学习人员,治装费、资料费等,共27人次,每人次平均800元 ………………… 2.16

③教学、生活配套设施的修建费用 …………………………………………………… 50

包括:1.大课电化教室及设施。

2.资料中心房子及设施。

3.计算机室、实验室及设施。

4.高级班学员的招待,食堂等生活设施。

④教学行政费用 ……………………………………………………………………… 6

浙江大学档案馆藏,档案号:ZD-1983-XZ-29

关于哲学系改名为哲学·社会学系的通知

(1988年12月27日)

各系,各部、处,校直属各单位:

经十一月三日校长办公会议研究决定,将哲学系改名为哲学·社会学系。

浙江大学

一九八八年十二月二十七日

浙江大学档案馆藏,档案号:ZD-1988-XZ-0074

1988年系、专业设置[①]

(1988年)

序号	系(22)	专业(47)	专业性质
1	应用数学系	不分专业	理科
2	物理系	不分专业	理科
3	化学系	不分专业	理科
4	力学系	不分专业	工科
5	地球科学系	不分专业	理科
6	生物科学与技术系	生物科学与技术专业	理科
7	电机工程学系	电机专业	工科
		电力系统及其自动化专业	

① 本表原载浙江大学校长办公室编《浙江大学简介》(1988年),标题为编者所拟。

续表

序号	系(22)	专业(47)	专业性质
		工业电气自动专业	
		应用电子技术专业	
8	化学工程学系	高分子化工专业	工科
		有机化工专业	
		生产过程自动化专业	
		化工设备与机械专业	
		化学工程专业	
		生物化工专业	
9	建筑系	建筑学专业	工科
10	土木工程学系	工业与民用建筑工程专业	工科
		水利水电工程建筑专业	
		城镇建设专业	
11	机械工程学系	机械制造工艺与设备专业	工科
		机械设计及制造专业	
		流体传动及控制专业	
12	信息与电子工程学系	无线电技术专业	工科
		物理电子技术专业	
		半导体物理与器件专业	
		光电子技术专业	
13	光学仪器工程学系	光学仪器专业	工科
		应用光学专业	
14	材料科学与工程学系	金属材料与热处理专业	工科
		铸造专业	
		无机非金属材料专业	
		硅酸盐材料及工程专业	
		材料科学专业	
51	热物理工程学系	内燃机专业	工科
		电厂热能动力工程专业	
		制冷设备与低温技术专业	
6	科学实验仪器工程学系	检测技术及仪器专业	工科
		生物医学工程与仪器专业	

续表

序号	系(22)	专业(47)	专业性质
17	计算机科学与工程学系	计算机及应用专业	工科
		计算机软件专业	
18	工业管理工程学系	工业管理工程专业	工科
19	外语系	英语专业	文科
20	哲学系	政治理论(马克思主义原理)教育专业	文科
		思想政治教育(双学位)专业	
21	经济系	国民经济管理专业	理科
		政治理论(经济学)教育专业	文科
22	中国语言文学系	汉语言文学专业	文科

注:政治理论(马克思主义原理)和政治理论(经济学)为同一专业的两个研究方向。

浙江大学档案馆藏,档案号:ZD-1988-XZ-74

关于成立“浙江大学石油化工学院”的请示

(1989年9月1日)

校领导:

中国石油化工总公司于1985至1988年资助我校基建费与基建设备费〇〇万元(其中联合办学部分〇〇万元,联合办科研部分〇〇万元)。同时被资助的有〇〇大学与〇〇理工大学。资助规模与我校相仿。

〇〇大学与〇〇理工大学的基建进度稍快,分别已于1987年与1988年完成了基建任务。在基建落成典礼上均宣布在校内成立了“石油化工学院”。学院设立董事会,由中国石化总公司总经理或副总经理担任董事长。我校在接受中国石化总公司资助时没有成立“石油化工学院”的承诺,只拟议成立“联合办学董事会”。第一次董事会预定于今年九、十月间基建落成时召开。

前阶段我们了解到中国石化总公司对于成立或不成立“石油化工学院”的学校在下列待遇上是有差别的;

毕业生就业的安排上;

代培生名额(连同下达的人头经费)的保证上;

一次性或年度性的实验设备费补助上;

在长期保持和发展协作关系上。

经校领导同意,我们数次与中国石化总公司的有关部门就成立学院问题进行了接触,了解到他们的意图是:

1.对于能在浙江大学这样一个在国内排名较高的高校中成立石油化工学院反应较为热

烈。并主动表示将指派中国石化总公司阎三忠同志担任石油化工学院的董事长。

2.学院是跨系的、以浙大化工系为主体，其他系（如化学、材料、电机、土木、建筑等）则仍按委托代培方式进行合作。

3.希望在今年九、十月间举行的第一次董事会上宣布成立“石油化工学院”。

4.成立学院后公司愿意考虑一次性或年度性的实验设备费的补助。

5.成立学院后可以考虑对我校化工厂进行贷款或投资。

6.可以考虑设立石油化工奖学金基金

由此，我们认为在浙江大学内成立“石油化工学院”对我校的发展是极有利的，各方面条件是基本成熟的，我们建议：

1.以学校的名义向中国石化总公司表明成立石油化工学院的愿望，并准备在第一次董事会上宣布学院成立。

2.以学校的名义向国家教委备案成立浙大石油化工学院。

3.成立的石油化工学院是跨系的，以化工系为主体，但也包括了其他系的工作。由校一级的领导担任学院院长兼副董事长。

4.组织一定的人力草拟“学院”的章程与组织法，以便在第一次董事会上讨论通过。我们对学院的组织机构有如下的建议：

(1)董事会，由中国石化总公司与浙江大学联合组成，人员基本对等。

(2)发展委员会，由董事会领导，吸收就近的石化系统大厂、设计院、研究所成员参加。

(3)院办（或管委会）由院长领导向董事会负责，成员基本由浙大化工系系办兼任。

(4)由联合化学工程研究所兼管学院内部从中国石化总公司系统下达的科研工作。

以上请示如无不当请批复。

浙江大学化工系
1989 年 9 月 1 日

浙江大学档案馆藏，档案号：ZD-1989-XZ-0203

关于召开“中国石化总公司—浙江大学联合办学联合办科研会议”的专函

(1989 年 9 月 10 日)

中国石油化工总公司：

中国石化总公司和浙江大学原拟于今年 6 月中旬在杭州召开“中国石化总公司——浙江大学联合办学联合办科研会议”，后因故延期。现建议于 10 月 9 日～10 月 11 日召开，会议 2 天，会后活动 1 天。会议将请中国石化总公司和公司人事部、发展部领导主持。

会议的主要内容拟为：

1.中国石化总公司在浙大资助建设的“石油化工大楼”落成典礼。

2.浙江大学石油化工学院成立典礼和第一次董事会议。

3.由浙江大学就前阶段联合办学、联合办科研和“石油化工大楼”基建工作的情况向董事会作汇报。

4. 商讨中国石化总公司及所属各单位与浙江大学进一步密切教学和科研的合作问题。

我们要求由总公司和浙江大学联合发文邀请有关单位代表参加，总人数约 40～60 人。

以上意见当否，请告知。

浙江大学
1989 年 9 月 10 日

附

关于浙江大学石油化工学院组织机构的意见

浙江大学石油化工学院是浙江大学与中国石化总公司联合办学联合办科研的一个实体，它以浙大化工系为主体并组织其他有关系一起参与教学、科研工作。

浙江大学石油化工学院的组织机构是：

1. 董事会

负责浙江大学石油化工学院的重大方针，发展战略及其他有关决议的制订。董事会由 15 人组成，董事长由中国石油化工总公司领导担任，副董事长由浙江大学领导担任。董事由中国石化总公司和浙江大学分别委派。董事会每年召开一次，听取浙江大学石油化工学院院长的工作汇报，并作出有关决策。

2. 发展委员会

由石化总公司所属单位和浙江大学有关的系和部门的负责人或代表共 40 人组成。每年召开会议一次，商讨石化总公司所属单位与浙江大学落实深化教育和科技改革方案，并经常性地协调办学、招生、分配就业和科研合作计划等工作。

3. 石油化工学院院长及院长办公室

浙江大学石油化工学院院长拟由浙江大学校一级领导担任，由浙大任命。院长对董事会负责，具体负责领导石油化工学院的工作并负责协调发展委员会的工作。

院长办公室是院长领导的办事机构。下设有人事、教学、科研、学生工作、实验室、后勤和财务工作等职能部门。院长办公室的各项职能拟暂由化工系办公室履行，并建议设置办公室常务秘书一名，专职分管石油学院有关日常工作。院长办公室的职责之一是办好“情况简报”，经常向董事会汇报学院的全面工作情况。

浙江大学档案馆藏，档案号：ZD-1989-XZ-203

关于建立“浙江大学石油化工学院”的报告

(1989年9月10日)

(浙大发办〔1989〕31号)

国家教委直属高校工作司：

在国家教委支持下，自1985年起浙江大学接受了中国石油化工总公司用于联合办学和联合办科研的基建费资助共计〇〇万元(其中联合办学〇〇万元，联合办科研〇〇万元)这些资助对于我校特别是我校化学工程系的发展起了积极的作用。

为了进一步促进教学和科研面向生产实际，为了多渠道地筹集学校经费，我们借鉴兄弟院校的经验，准备在原有联合办学、联合办科研的基础上成立“浙江大学石油化工学院”，我校路甬祥校长不久前向高校工作司口头汇报过此事。我们也非正式地与中国石油化工总公司进行过接触，得到他们的积极响应。总公司还表示学院一旦成立，可以委派副总经理担任学院董事会的领导。我们希望教委也委派负责同志担任学院董事会的领导。

我们草拟了有关浙江大学石油化工学院的组织机构的意见，请教委审核。一经原则同意，我们即准备在10月10日至10月11日拟议召开的浙江大学——中国石化总公司联合办学联合办科研第一次董事会上宣布浙江大学石油化学化工学院正式成立，并商讨中国石油化工总公司对浙江大学石油化工学院的进一步资助和密切厂校关系等问题。

以上意见当否请审批，我校将于近日内派同志前往教委汇报并听取审批意见。

浙江大学

1989年9月10日

浙江大学档案馆藏，档案号：ZD-1989-XZ-203

中国石化总公司/浙江大学石油化工学院董事会章程

(1989年10月12日)

第一章　总则

第一条　浙江大学石油化工学院是中国石化总公司与浙江大学联合办学、联合办科研的一个实体。为充分发挥这一实体的效能，使得学院在教学、科研活动中能主动地适应社会主义生产和经济建设的需要，特别是适应我国石油化工事业发展的需要，把石油化工学院办成培养社会主义事业接班人的坚强阵地，成立浙江大学石油化工学院董事会。

第二条　董事会是浙江大学石油化工学院的一个决策机构，对学院发展战略、重大方针及其他有关事项作出决议，董事会对浙江大学和中国石化总公司负责。

第二章　组织机构

第三条　浙江大学石油化工学院董事会由13～15人组成，其成员分别由中国石化总公司和浙江大学委派。董事会设董事长1人,副董事长1人。董事长全面负责董事会工作,副董事长协助董事长工作。董事长每届任期四年。

第四条　董事会的全体会议每年定期举行一次。根据工作需要,由董事长提议或多数董事要求,董事会议可提前或延期召开。

第五条　董事会的常设办事机构是浙江大学石油化工学院院长办公室,其主要职责是组织实施董事会所作出的各项决议,平时与各董事会成员保持经常性联系,并办好"浙大石化简报",经常向董事会成员汇报学院的全面工作情况。

第六条　浙江大学石油化工学院的日常工作由院长具体负责。院长定期向董事会汇报学院工作。院长由董事会提名,浙江大学任命。学院设副院长一名,副院长由院长提名,浙江大学任命。

第三章　职责

第七条　根据中国石化总公司对各层次的学生培养、成人教育、毕业分配、高科技技术应用的需要以及浙江大学对落实招生计划、毕业生分配计划、建立厂校综合办学基地、组织科学研究的攻关等方面的需要,董事会对学院提出的专业设置、学生培养、科学研究等方面的规划进行审核。

第八条　董事会将多方面、多渠道争取石油化工学院发展基金,以创造良好的办学条件。

第九条　有关董事会章程的补充和修订,需经董事会全体会议审核,三分之二以上委员通过。

浙江大学档案馆藏,档案号:ZD-1989-XZ-203

浙江大学与轻工业部关于联合筹办浙江大学轻工学院的纪要

(1990年2月5日)

轻工业在国民经济中占有重要的地位。加快轻工业生产的发展,对于实现我国社会主义现代化经济建设的战略目标具有重要的意义。轻工业部在实现这个战略目标的过程中,坚持把教育放在优先发展的战略地位,把轻工生产发展逐步转到依靠科技进步和提高劳动者素质的轨道上来。

浙江大学创建于1897年,是一所以工为主,理工结合,兼有文科和管理科学的多门类、多学科的全国重点大学。作为国家教委综合改革的试点学校,浙江大学的既定目标是使教育质量和科研水平稳定地、全面地居于国内同类大学的前列。

浙江大学长期以来与轻工企业有着良好的合作关系。为进一步发展新的合作,浙江大学校长、副校长于1989年赴京与轻工业部领导进行了磋商,轻工业部领导对浙大的意向表示赞赏和支持。1990年2月轻工业部陈士能副部长一行回访了浙江大学,并就筹建浙大轻工学院有关事宜同浙江大学校长路甬祥、副校长胡建雄等同志进行了认真的协商,并作纪要如下:

一、首先轻工业部支持浙江大学在不扩大国家教委核定规模的前提下充分利用现有条件，以现有的专业为基础，根据轻工行业对专门人才的需要设置下列专业或专业方向。

(1)以“机械设计及制造”专业，“现代工业设计研究所”为基础，设“工业造型设计”专业方向；

(2)以“机械制造工艺及设备”专业为基础，设“轻工模具”专业方向：

(3)以“机械电子工程”专业为基础，设“机电一体化”专业方向；

(4)以“生物科学与技术”专业、“生物化工”专业、“环境工程”专业为基础，设“酶工程”专业方向、“环境工程”专业方向；

(5)以“材料科学”专业、“化学”专业为基础，设“轻工复合材料工程”专业方向、“高分子材料及成型加工”专业方向；

(6)以“低温与制冷”专业为基础，设“制冷与空调”专业方向。

上述专业方向1990年各招10至15名学生。由轻工业部向浙大提出学生来源建议，由浙大列入招生计划。

各专业方向的教学计划见附件一(略)

二、浙江大学在国内率先提出对工科大学学生实行“预分配—联合培养”的教育过程改革的构想。对于轻工学院的学生，在学完基本课程后，预分配至对口工厂，由厂校双方确定导师并制定培养计划，在工厂进行为期一年的上岗劳动并确定今后工作岗位，然后一年内，按照工厂需要补修有关知识及完成毕业设计等环节。经学校毕业资格审查，合格后发给同届毕业证书和学位证书，学生重新回到预分配单位工作，取消见习期。

轻工业部积极支持浙大的教育改革，尽可能向浙大轻工学院提供人才需求信息，邀请轻工学院参加招生、分配等有关会议。

同时浙江大学根据轻工业部和轻工行业的实际需要承担轻工系统技术人员和管理干部的培训和继续教育以及有关专业方向的工程硕士、博士的培养工作。

三、浙江大学轻工学院根据浙大优势和轻工行业的需要筹建下列研究机构[可行性论证报告见附件二(略)]：

轻工产品电子技术研究开发中心，(近期先行在电子玩具方面开展研究)；

光学产品质量及轻工产品表观质量测试分析中心，(重点进行光度、色度检测技术及表观质量的测试分析)；

轻工材料测试研究中心，(重点进行高分子材料及复合材料的研究)；

造纸自动化研究及推广中心；

现代工业设计研究所。

轻工业部在科学研究规划、计划及学术交流、国际合作等方面向浙江大学轻工学院提供信息，并在同等竞争条件下，给予优先考虑并充分发挥浙大轻工学院的优势和作用。浙江大学轻工学院要以自己的优势积极主动向轻工业部招标的项目投标。

四、成立“浙江大学轻工学院办学指导委员会”，拟由轻工业部领导任主任，由浙江大学路甬祥校长，轻工业部教育司邸鸿勋副司长，浙江大学胡建雄副校长任副主任，并由轻工业部和浙江大学双方各推荐10位同志任委员。

浙江大学设立“轻工奖学金”奖励特别优秀的学生。

对于荣获奖学金的优秀学生,轻工学院要鼓励他们到轻工业重点企业和重要岗位上工作。有关企业要为充分发挥他们的才能创造条件。

五、浙大轻工学院主要利用浙大现有的教学及管理条件。国家教委对浙江大学在核定规模范围内每名学生经常费投入不变,轻工企事业单位要积极为浙江大学轻工学院的学生实习提供方便,本着“适应需求,调整结构,深化改革,提高质量”的原则,脚踏实地、顺序前进、多办实事,轻工业部愿积极支持浙江大学办好轻工学院。双方将互相信任,共同努力,使浙大轻工学院依托浙大办学优势,面向轻工行业,办成适应振兴我国轻工业需要的高级专门人才的教育基地和科学研究基地。

轻工业部参加会议人员:轻工业部副部长陈士能,教育司副司长邸鸿勋,科技发展司正局级巡视员甘子光,部长办公室秘书程文杰。

浙江大学参加会议人员:浙江大学校长路甬祥,副校长胡建雄,教务处副处长韩兆熊。

1990 年 2 月 5 日于杭州

浙江大学档案馆藏,档案号:ZD-1990-XZ-55-5

1990—1991 学年系和专业设置情况表①

(1990 年 10 月 22 日)

系	专业
应用数学系	不分专业
物理学系	不分专业
化学系	不分专业
力学系	工程力学
地球科学系	不设专业
生物科学与技术系	生物科学与技术
电机工程学系	电力系统及其自动化、电机及其控制、应用电子技术、工业电气自动化、机电一体化(电)
化学工程学系	化学工程、有机化工、高分子化工、生物化工、化工设备与机械、生产过程自动化、环境工程
建筑系	建筑学
土木工程系	土建结构工程、工业与民用建筑工程、城市建设(该系 1990 年开始招收新生不分专业)
机械工程学系	机械设计及制造、机械制造工艺与设备、流体传动及控制、机电一体化(机)

① 本件原载浙江大学校长办公室编《浙江大学 1990/91 学年初主要统计数字》,标题为编者所加。

续表

系	专业
信息与电子工程学系	无线电技术、半导体物理与器件、物理电子技术、光电子技术
光电与科学仪器工程学系	光学仪器、应用光学(89 年开始停招)
材料科学与工程学系	金属材料及热处理、铸造、无机非金属材料、硅酸盐工程、材料科学
能源工程学系	电厂热能动力工程、内燃机、制冷设备与低溢技术
科学实验仪器工程学系	检测技术及仪器、生物医学工程与仪器
计算机科学与工程学系	计算机及其应用、计算机软件
管理工程学系	工业管理工程
经济学系	国民经济管理、政治理论教育(经济学)
外语系	英语
哲学·社会学系	马克思主义基础、政治思想教育(第二学士学位班)
中国语言文学系	汉语言文学
	科技情报第二学士学位班
本科专业	中学化学师资班、机制中等职教师资班

说明:1994—95 年全校设有 22 个系,51 个本科专业。

浙江大学档案馆藏,档案号:ZD-1990-XZ-57-4

关于办好浙江大学轻工学院的几点意见

(1992 年 1 月 15 日)

浙大发办〔1992〕01 号

经校务会议讨论,决定以下几点关于办好浙江大学轻工学院的意见:

一、浙江大学轻工学院由胡建雄任院长,童忠铃、韩兆熊任副院长。

轻工学院办学指导委员会由轻工业部和我校各派 13 位同志组成,我校委员为:

胡建雄、黄达人、童忠舫、韩兆熊、王绳兮、李肇震、陈越南、杨国光、沈锦林、孙优贤、潘云鹤、叶澄清、葛宜远

轻工学院办公室挂靠机械系办公室,由杨纪生同志兼任办公室主任,副主任由机械系协商委派。

二、根据我国轻工行业对专门人才的需求,学院设置下列专业或专业方向:

电子工程;

机械制造工艺与设备(轻工模具);

生物科学与技术;

生物化工;

工业造型设计;
高分子材料工程。

浙江大学轻工学院根据浙大优势和轻工行业的需求,设置下列研究机构:
光学产品质量及轻工产品表观质量测试分析中心;
材料测试研究中心;
现代工业设计研究所;
造纸自动化研究及推广中心等机构。
专业及研究机构负责人的任免、轻工学院行政经费等均按学校规定顺序申报和审批。

三、浙江大学轻工学院的办学指导思想是:积极依托学校办学优势,面向我国轻工行业,办成适应振兴我国轻工业需要的高级专门人才的教育基地和科学研究基地。

四、我校轻工学院要积极争取轻工业部和华东地区各省、市轻工业厅局等办学指导委员会单位的领导和支持。今年要在做好浙江、江西、福建三省工作的基础上,开拓江苏、安徽、山东、上海的工作。

浙江大学
一九九二年一月十五日

浙江大学档案馆藏,档案号:ZD-1992-XZ-64-1

关于对石油化工学院系科专业结构进行调整的决定

(1992年3月12日)

根据邓小平同志关于教育要面向现代化、面向世界、面向未来的指示,结合我校的实际情况,为使我校化工、化学的系科专业结构更好地适应国民经济当前和未来发展的需要,必须深化改革学科布局,做好学科储备。学校在调查研究的基础上,经慎重讨论,决定对石油化工学院的系科、专业进行充实调整。

我校的化工系、化学系在长期办学的过程中,积累了丰富的经验,为国家培养了大批优秀的人才;在科学研究中取得了不少高水平、高质量、高效益的成果,为国家作出了重大的贡献。通过系、科、专业的调整,将使化学学科已有的优势特色得到进一步的发挥,跟上世界科技发展的趋势,把化学的教学科研工作水平推向新高度。

对经过调整后的石油化工学院,学校将创造条件,加强学科建设,充实加强领导班子,增加建设投入,完善各项政策,从而加强面向国民经济的适应能力和竞争能力。

现将有关的调整决定公布如下:

1. 石油化工学院是我校的二级学院。其主要职能是:统一研究化学学科的发展规划;统一对外的合作交流;统一组织学科评议;统一组织学术活动,统一出版公开发行的刊物;推动院内各学科的横向交叉联系。

2.石油化工学院下属3个系和1个中心，即化工系、化学系、高分子科学与工程学系(新组建系，简称高分子系)和国家工业控制工程研究中心。各系继续实行按系办学，二级学科建立教学和研究所(室)的教学科研体制和运行机制。

3.新组建的高分子系由原化工系高分子科学与工程研究所(含聚合反应工程国家重点实验室)、化学系高分子科学与材料研究所、材料系高分子及复合材料研究室组成，新组建的高分子系仍保留以上二所一室。

4.三个系的专业结构调整和学科重点发展方向为:化工系设有机化工、化学工程、生物化工、化工设备与机械、工业控制、环境工程6个专业，重点发展有机化工、生物化工和环境工程学科方向，环境工程学科要归并全校环境工程教学科研力量;化学系重点发展物理化学、应用化学和有机化学学科方向;高分子系设高分子化工和高分子材料2个专业，重点发展高分子化工、高分子材料、高分子化学三个学科方向。

5.工业控制工程研究中心的体制及运行方式仍按“校务会议纪要(1992)1号”文件中有关决定办理。中心人事单列，对外独立开户，接受学校计财处、审计处监督、审计，自主管理，属系一级机构，教学工作受化工系领导。中心与工程所、造纸集团及重点实验室实行一体化党政集中统一领导，业务适当分工。

6.高分子系办公室由石化学院根据需要统一在第十教学大楼中安排。

7.原化工厂、化学实验厂交纳给化工系、化学系的利润，现根据筹建高分子系从化工、化学系调出的人员比例，划拨给高分子系，此项政策维持稳定不变。

8.这次体制及系科专业结构调整工作是学校工作的一件大事。学校各级党政部门要给予高度重视和配合，保证调整工作的顺利进行。希望石油化工学院各单位修订好学科建设规划，调整、充实学术梯队，调动广大师生的积极性，使石化学院办出新特色，办出新水平，创建新的业绩，作出更大的贡献。

浙江大学

一九九二年三月十二日

浙江大学档案馆藏，档案号:ZD-1992-XZ-64-2

1994—1995学年系和专业设置情况表①

(1994年11月2日)

系	专业
应用数学系	应用数学
物理学系	物理学

① 本件原载浙江大学校长办公室编《浙江大学1994—95学年初主要统计数字》，标题为编者所加。

续表

系	专业
化学系	化学(本、专科均设)
力学系	工程力学(本、专科均设)
地球科学系	不设专业
生物科学与技术系	生物科学与技术、生物工程(专科)
电机工程学系	电机电器及其控制、电力系统及其自动化、工业自动化、应用电子技术
化学工程与工艺系	环境工程、化学工程(本、专科均设)、化工工艺(本、专科均设)、生物化工、化工设备与机械(本、专科均设)、工业自动化
高分子科学与工程学系	高分子材料与工程、高分子化工(本、专科均设)
建筑系	建筑学
土木工程系	建筑工程(本、专科均设)、水利水电建筑工程
机械工程学系	机械制造工艺与设备(本、专科均设)、机械设计与制造、机械电子工程
信息与电子工程学系	信息电子技术、电子工程、信息工程、通信工程(专科)
光电与科学仪器工程学系	精密仪器、光学技术与光电仪器、检测技术及仪器仪表、商用电脑(专科)
生命科学与医学工程学系	生物医学工程
材料科学与工程学系	金属材料与热处理、无机非金属材料与工程、材料科学与工程、热加工工艺及设备、热加工(专科)
能源工程学系	汽车与拖拉机、热能工程、制冷与低温技术
计算机科学与工程学系	计算机及应用(本、专科均设)、计算机软件、工业设计
管理工程学系	企业管理、会计学、现代会计(专科)
工商管理学院	科技信息
经济学系	国民经济管理、国际经济法、国际金融(本、专科均设)
外贸和商检学系	工业外贸、国际贸易(专科)
外语系	英语
哲学·社会学系	马克思主义基础、行政管理学(本、专科均设)
中国语言文学系	汉语言文学、涉外秘书(专科)、广播电视新闻(专科)
工商管理学院	科技信息

说明:1994—95 年全校设有 24 个系,51 个本科专业、19 个专科专业,其中 10 个专业本、专科均设

浙江大学档案馆藏,档案号:ZD-1994-XZ-24-8

关于成立浙江大学人文学院的通知

（1995 年 3 月 24 日）

浙大发办〔1995〕18 号

各系，各部、处，直属各单位：

为了加强我校人文学科的建设，完善我校以工为主，理工结合，人文经管协调发展的办学格局，为培养高质量的复合型人才，创建综合学科的优良环境，经校务会议研究决定成立浙江大学人文学院。人文学院由中国语言文学系、哲学·社会学系和政治学系（原社科基础部）组成。在人文学院建设过程中要发扬浙大人文学科的传统优势和浙大多学科的综合优势，实施文、理、工、经、管交叉渗透，发展浙大特色的人文学科，争取在下世纪初建成具有自身特色的一流的人文学院。通过人文学院的建立，学校现已初具规模和实力的人文学科要进一步结合起来，人文学院要尽快实行学院实体运转，以有利于学科建设，提高办学质量和办学效益。

浙江大学

一九九五年三月二十四日

浙江大学档案馆藏，档案号：ZD-1995-XZ-47-2

浙江大学人文学院成立大会讲话[①]

（1995 年 3 月 31 日）

成立浙江大学人文学院，发展我校的人文学科，这是路甬祥校长历来坚持的战略设想，也是全体求是学子的共同愿望。因此我们办人文学院绝不是应景之举，点缀之为，而是要实实在在地培养人文建设人才，并充分发挥人文学院在培养全校理工科学生全面成才中的综合优化功能。

为搞好人文学院建设，我们初步有以下几点设想：

1. 充分发挥人文学院的综合优化功能。在体制上人文学院实行实体运转，加强各人文学科的优化组合，最大程度地实现现有人文学科机制的综合功能与整体优势。在学院内文史哲不分，相关学科打通，加强研究所作为教学科研基本单位的实体力量，加强学院对系所的统一调控，形成院、系、所三级体制，以最有效地实现浙大人文学院综合效能，综合优势。

2. 走具有自己特色的办学路子。我们的办学特色是：加强基础、交叉见长，注重应用，走向社会，面向未来。要密切配合社会经济发展需要和新时代发展趋势，及时调整人文学科的教学课程和专业设置，加强学科的应用化建设，实现人文学科在为社会经济建设服务，为社

---

① 本文为时任浙江大学副校长、人文学院院长吴世明 1995 年 3 月 31 日在人文学院成立大会上的讲话节选。

会精神文明建设服务方面的有效功能，形成浙江大学自身办学特色。

3.开展多方位的学术和社会文化交流。我们要加强两个联系：一是加强同海外著名大学人文机构、知名人文学者和知名爱国实业人士、实业团体的联系，以求得在人文和教育事业上的交流与共识，并争取海外有实力的有识之士和团体对我校人文事业的襄助。二是加强同国内社会各界尤其是企业的联系，利用我们的知识人才及媒介优势为社会企业服务，同时也争取社会企业对我们办学搞科研的支持。

4.加大力度培养人才，尤其是中青年人才。创造各种条件使人文人才脱颖而出，能走向全国，走向世界。要在人文学科中培养出有国内影响乃至国际影响的大学者，要争取建立人文学科的博士点，培养高层次的人文人才。

5.鼓励开展人文学术研究，并尽可能多出实质性成果。争取设立相应的人文学科学术研究基金，创办学术研究阵地，形成有特色有影响的学术研究团体和成果。在可能的条件下争取出版浙大人文学术丛书，编辑浙大人文学术丛刊。通过学术阵地和团体学术成果，扩大浙大人文学科在国内乃至国际上的影响，形成浙大人文学派，重振浙大人文雄风。中文系编辑出版的学术丛刊《中华人文》，是这方面的有益尝试。

浙江大学档案馆藏，档案号 ZD-1995-XZ-47-1

关于社科基础部更名的通知

(1995年5月2日)

浙大发办〔1995〕27号

各系、部、处，直属各单位：

经校务会议研究决定，浙江大学社科基础部正式更名为浙江大学政治学系。政治学系履行原社科基础部职能，负责全校马列课教学，并适当进行研究生教学，不进行本系的本科生招生和教学工作。

浙江大学

一九九五年五月二日

浙江大学档案馆藏，档案号 ZD-1995-XZ-22-3

关于浙江大学对外经济贸易学院实行实运转及其系学科设置调整的通知

(1995年7月3日)

浙大发办〔1995〕44号

各系、部、处，直属各单位：

经学校研究决定，浙江大学对外经济贸易学院实行实运转机制，原经济学系更名为经济与金融学系，外贸和商检系更名为国际贸易系，成立国际经济法系。商检教育中心(相当于系级机构)直接归属学院。外经贸学院实行实运转后,经济与金融学系、国际贸易系、国际经济法系的行政管理职能要逐步向学院集中管理的模式过渡。

浙江大学
一九九五年七月三日

浙江大学档案馆藏,档案号:ZD-1995-XZ-22-7

关于同意建筑系单独设立系办公室的批复

(1995 年 7 月 3 日)

浙大发办〔1995〕45 号

建筑工程学院:

建筑系《关于要求单独设立系办公室的请示》收悉。经 6 月 29 日校长办公会议讨论,同意单独设立系办公室,但行政人员编制不再增加。请你们认真做好单独设立系办公室的各项工作。

浙江大学
一九九五年七月三日

附

关于建筑系独立设置系办公室的请示

校领导
校人事处:

建筑工程学院自 1990 年 5 月成立以来,以建工学院办公室的建制对土木系、建筑系两系进行行政管理工作,为学院五年来的发展做出了贡献。但是,随着形势的发展,目前院办公室的体制难以适应两个系的实际工作,其主要原因为:

一、建筑系搬迁到外经贸大楼后,行政办公仍设在教五院办,将给工作带来诸多不便,必然影响全系工作的正常进行。

二、1996 年初,建筑系将面临建设部对我建筑系专业的评估。评估的通过与否,将直接关系到学校和我系在全国高校和同类专业中的声誉,并对我系今后的发展产生重大影响。根据评估的要求,系必须有独立的行政办公室体制。而接受评估检查,我系也迫切需要有一个独立的办公室进行各项准备工作。

三、土木系和建筑系在经济、人员编制等方面是各自独立的,行政人员虽然在院办一起工作,但是由于两个系经济等方面的差异,分属两个系的行政人员待遇也就不一样。从几年来的实际情况看,很难统一、协调,既不合理也影响行政人员的工作积极性,使工作中的协调处理存在一定难度。

由于上述原因,我们请求单独设立建筑系行政办公室。目前属建筑系编制的行政人员有三人,分设办公室后,至少需增加一名行政人员。增加的这名行政人员,除从事行政工作外,还需分担一部分学生工作。

特此报告,请批示。

浙江大学建筑系
一九九五年六月十五日

浙江大学档案馆藏,档案号:ZD-1995-XZ-22-8

关于成立浙江大学之江学院的通知

(1996 年 5 月 1 日)

浙大发办〔1996〕23 号

各系,各部、处,直属各单位:

经校务会议研究决定,撤销浙江大学分部,成立浙江大学之江学院。原分部所属机构和人员划归之江学院。

浙江大学
一九九六年五月一日

浙江大学档案馆藏,档案号:ZD-1996-XZ-12-5

1997—1998 学年浙江大学系和专业设置情况①

(1997 年 10 月 30 日)

系	专业
应用数学系	应用数学
物理学系	物理学
化学系	化学
力学系	工程力学
地球科学系	地质学
生物科学与技术系	生物科学与技术
电机工程学系	电机电器及其控制、电力系统及其自动化、工业自动化、应用电子技术

① 本件原载浙江大学校长办公室编《浙江大学 1994—95 学年初主要统计数字》,标题为编者所加。

续表

系	专业
化学工程与工艺系	化学工程、化工工艺、高分子化工
化工机械系	化工设备与机械
生物化工系	生物化工
环境科学与工程系	环境工程
高分子科学与工程学系	高分子材料与工程
控制工程与科学学系	工业自动化
建筑系	建筑学
土木工程系	建筑工程、水利水电建筑工程
机械工程学系	机械工程与自动化(机械制造工艺与设备、机械设计与制造、机械电子工程)
信息与电子工程学系	信息电子技术、电子工程、信息工程
光电与科学仪器工程学系	精密仪器、光学技术与光电仪器、检测技术及仪器仪表
生命科学与医学工程学系	生物医学工程
材料科学与工程学系	金属材料与热处理、无机非金属材料与工程、材料科学与工程、热加工工艺及设备
能源工程学系	汽车与拖拉机、热能工程、制冷与低温技术
计算机科学与工程学系	计算机科学与工程、工业设计、计算机及应用(专科)
管理工程学系	
财务与会计学系	企业管理、会计学
企业管理与营销学系	
工商管理学院	科技信息
经济与金融学系	国民经济管理、国际金融
国际贸易系	工业外贸
国际经济法系	国际经济法
商检教育中心	资产评估
外语系	英语
哲学·社会学系	马克思主义基础、行政管理学
中国语言文学系	汉语言文学、涉外秘书(专科)
政治学系	

说明:1997 年全校设有 32 个系,51 个本科专业、2 个专科专业

浙江大学档案馆藏,档案号:ZD-1997-XZ-10-8

(二)专业建设

外文系添设俄文组暂行办法

(1949年9月15日)

一、本届外文系新生选课时由系主任指导分别编入英文组或俄文组。

二、俄文组课程分前后两期,每期两年。为适应中学外国语师资之迫切需要,前期修了时得举行结业。

三、本学期俄文组学生名额暂定三十名,依下列规定录取之:

甲、外文系新生愿修习俄文者;

乙、本大学及英士大学文法学院各系二年级学生申请转入本组者;

丙、其他学院二年级学生经原院系之准许申请转入本组者;

四、前期结业学生给予证明书。由本大学具报浙江省教育厅分发各中学学校任用为外国语教员。

《国立浙江大学日刊》1949年9月15日

浙大专修科情况

(1953年2月6日)

一、一般情况

全校共设置10个一年级专修科(金工、铸工、金工工具、热处理、发电厂、电机、有线电、工程测量、金属建筑、工业分析等专修科,原有旧制二年级电机、土木、机械、化工等4个专科),任课教师共61人,内有教授12人,副教授12人,讲师22人,任课助教16人,学生共752人,内二年级132人。通过思想改造和教学改革的学习,我校教师在教学工作上一般都认真负责。如开学不久,由于教师对新的情况还掌握不够,不了解一般同学的科学基础和接受能力,在同学中曾经普遍的产生积压功课的现象。但大家对学生积极负责,一面改进教学方法,一面不遗余力地进行帮助,同学也发挥了高度的自觉性,所以能很快地把积压消减,使学习转入正常的状况。目前10个一年级专修科中,在教学工作和学习情绪上有6个比较正常,2个有显著的转变,2个比较差。

二、存在的几个主要问题

1.专修科学生培养的目标不确定:各专修科学生毕业后要担任哪些具体工作,各系领导尚不明确。有的先生怀疑培养的学生是适合今天需要还是明天需要,适合办大工厂还是办小工厂,是培养制造人才还是设计人才,专修科到底要培养怎样的人才?车间主任也不知道。有的对于专修科课程的设置认为在普科普技的基础方面较本科狭窄,专业技术课程则与本科接近;有的误认为应与本科完全一样,因此在制定计划时,以本科同性质专业的教学计划为基础，把其中普科普技课程加以削减，并更改教学时数，作为该专修科的教学计划。由于规格不明确，在消减课程及增减教学时数时，没有正确的标准，产生某些混乱现象。如测量专修科排好课后，感到每周上课 33 小时太少，又加上一门工程力学，认为多读一些总比较好，是否实际需要呢却没有人了解。同样建筑专修科本来只讲施工不讲设计，但后来怕同学将来要担任设计工作，又开设一门普通小型设计的课程。发电厂、电机专修科，领导上认为，照目前的要求和本科专业一样，要学生把火力发电、水力发电、电机、输配电四方面都学好，内容太多，是很困难的。以上都说明对于专修科培养学生的具体目标不够明确，所产生的某些混乱现象。

2. 教学计划上存在问题：

第一，没有打好普遍科学基础，在教学专业技术课程时产生不少困难。如机械系各专修科的理论力学、机械原理及电机及土木等系的电力学，都因学生缺乏高等物理学基础或因缺乏电机概念，教学上产生许多困难，有些基本原理都要从中学的物理教材讲起。尤其电工学一课，普遍反映很难懂。同样热处理专业，专修科的分析化学因未学普通化学也感到不易接受。特别是电机系二年级专修科，因同学普遍的科学基础不够，而专业课涉及高等数学、物理及电工基础方面的地方特别多，上课就有很多具体困难。

第二，课程排列没有很好的衔接，各科之间不能取得密切联系。如铁专的电工学需要用到微积分时，而数学还没有讲到，致使电工学受到影响。建筑专修科的建筑材料因未学材料力学，所有材料物品性质部分都未能了解。又如土专二的钢筋混凝土和材料力学同一学期开，因此没有先学好后者，前者又不容易理解。

第三，化工系工业分析专修科一年级课程比其他课程重，有数学、物理、物化、有机化学等课，而普通化学因未学习过，结合在物化和有机化学课内讲到，因此同学感到太吃力。

3. 师资和教材设备方面：

一部分需要开设的新课程如土木系的暖气通风、建筑机械、保安防火、给水下水、施工方法、建筑机械、建筑经济及铁路构造等课都需要实际经验，大家不敢开，把希望寄在增加师资方面。另外一部分新课可以开的，虽然在开学时大致分了工，准备从头学起，边学边教，但目前苏联教本买不到，无法准备，所以希望教育部根据各校专修科教学计划中所开设新课向苏联购教本，尽早发给我们。又暑假的生产实习，急需培养担任指导实习的师资。在教材和设备方面，主要是普遍缺乏新的教材，许多新课程只从苏联书上出来一个名词，具体内容不了解，如果没有苏联教材是不可能开出的。仪器方面：电机系曾到上海购买，因实验用的机器种类数多，必须另行制造，而购买的数量不多，工厂不肯接受订单，因此希望教育部统一向工厂订货。土木系学生使用的计算尺缺乏，目前三人用一支；化工系全部分析样本太少。仪器设备方面，物化实验一次只能容纳 18 人，也是需要增加的。

4. 开外系课的问题：

专修科某些公共课程，如保安防火将来需要开设的，但一直没有统一计划，分工负责，形成大家不管的现象。另有一部分课程本系不能开，需由外系开的，如电机系要机械系开的机械原理，机械系要化工系开的冶金学，本系不能规定出该课的具体内容以及目的要求，致使外系开课，教师抓不住重心，学生听课时则感到似乎和本科业务没有什么关系，甚至看成额外负担。同样物理、化学、数学等普通科学，与各不同的专业课程也没有取得密切联系。也有先要外系开的课程,如土木建筑,也要机械系开机械零件或机械原理,这些课要与该专科的要求相符合尚存在困难。

三、几点意见

根据本校专修科目前存在的问题提出如下意见,但我们对专修科的教学方法工作尚在摸索之中,缺乏具体经验,因此这些意见是不够全面和不成熟的。

1. 明确培养目标,制定教学计划、教学大纲。由于过去对培养专修科学生的目的不够明确,不能定出切合实际的教学计划,在工作中碰到一连串的具体困难,因此如何进一步明确各专修科培养的具体目标是目前迫切需要解决的问题。我们意见对于这一问题,首先各系教师应从国家建设需要出发,进行认真详细的讨论,明确各专修科学生将来应成为何种建设人才,担负那些具体任务以及所必须具备的知识范围,根据这一规格制定教学计划。在制定教学计划时,应考虑各课程的分量,排列先后和教学时数等问题。因专修科仅二年,尤应考虑课程的分量。如热处理和铸工专修科的电工学、机械原理,与该 2 专科的业务范围关系不大,是否必修,值得研究。又如金工工具专修科的普化并不需要,是否可以索性不开。如电机系各专修科中各专业课与数学、物理、电工原理等基础课有着密切的联系,如果这些普通科学技术基础没有打好,学生听课就很困难,所以如电机系各专业应该特别加强普科普技课,而相对减少某些不必要的专业课。如果将类似以上的问题依靠教师的积极性和某些教学经验,加以发掘和研究来制定教学计划,并将计划报送中央教育部审查修正,就可以更合乎国家建设的需要。然后根据教学计划的要求和学生学习的水平,制定教学大纲,这是能否教好和能否贯彻教学计划的关键。在加强爱国主义思想学习的基础上,号召教师研究课程内容的主次先后问题,各科之间进度和内容的配合问题,定出教学大纲,这样教学大纲就不致造成脱离实际的倾向。

2. 改进教学方法:专修科修业期限仅二年,因此不可能和本科一样先打好普科普技基础,才进行专业技术学习,因此改进教学方法是迫切需要的。在教学内容上要特别注意,重点在教学方法上不能采用教本科的方法,必须有一套切合实际的方法。如本校机械系教授王仁东教专科的理论力学,他发现一班同学物理基础差,便紧紧依据了先慢后快、从浅入深的原则,开始讲课很慢,从中学的力学基础讲起,使学生有了力学的基本概念后,才慢慢地加深加快起来。事实证明效果是比较好的,学生不吃力,水平也没有降低,因此我校理论力学这一课并没有什么大的问题。另外专修科学生的课程比较参差不齐,接受能力不一致,为解决这一问题,我校采取集体辅导,排定自修时间,集体复习,教师临场辅导与个别帮助相结合的办法,为不少学习困难的同学解决了上课不懂的和功课积压的问题。但由于加强了辅导教学,教师花去时间很多,本人的进修就发生困难,究竟应该如何进行辅导,还没有得到一个正确的结论。

3. 编辑教材,充实设备。我校大部分教师本学期编写了新的讲义,但专修科没有苏联教材和教学大纲,缺乏依据,因此收集教材编写讲义感到十分困难。如土木系何鸣岐讲师所开“施工方法”,备课、编讲义时间,花去 15 个小时甚至 20 个小时,只够讲一个多钟头。他这种负责的精神虽使同学深受感动和满意,但这样的沉重负担势必影响他的健康和发挥更大的作用。因此我们意见由教育部统一组织各校人力集中力量,有计划地编一套比较完整的专修科各科的教材,以便专科教师的教学工作。另外我校仪器设备质量上都比较差,目前机械系准备自制仪器，但远不敷需要，希望教育部能够予以解决。

4. 培养师资：我校现在有助教 92 人，任课的 18 人，今后专业课程教师的培养非常迫切。各系现正在拟定培养的师资计划，并已注意教师的进修问题和生产实习问题。关于后一问题，本校曾请示于华东教育局，答复由学校自行向工厂接洽。目前工厂生产任务繁重，政府如未作统一规定恐有很大的困难，希望中央教育部统通盘解决这一问题，以便丰富教师的生产实习知识。另外有些专业课的师资，如有关企业管理等方面课程，希望中央能统一培养出一批，以解决我校无法培养的困难。

浙江大学档案馆藏，档案号：ZD-1953-XZ-18

浙江大学关于专业设置与调整的意见

（1953 年 5 月）

根据中央高等教育部华东高教局对于本校今后建设的方向，以及今年 3 月华东区各高等学校负责人座谈会上杨副部长①的指示、华东高教局的初步意见，我校同意中央对于本校今后的发展方向，着重在培养重工业方面的制造人才，并同意中央高教部及华东高教局对于集中人力物力适当进行专业的调整的通盘计划，依照上项指示精神，结合本校具体情况，谨将我校原来各项专业设置情况及对于我校今后专业设置调整的意见提供以后：

一、原有专业设置情况。

机械系：本科：机械制造、金属切削机床及其工具，铸造机械及其铸造工程，光学仪器制造四个专业

专修科：金工、金工工具、铸工、热处理四专业

电机系：本科：电机制造、发电厂配电网及其配电系统，无线电通信及广播三专业

专修科：发电厂、电机、有线电二专业

化工系：本科：燃料工学，

专修科：工业分析，

土木系：本科：工业与民用建筑，铁道建筑工艺二专业

专修科：建筑、铁道测量三专业。

二、我校同意华东高教局所传达的中央高教部关于本校专业及有关外校专业调整的初步决定。

1. 同意我校化工燃料工学专业调华东化工学院、电机系无线电通信及广播调南京工学院，市内电话调交通大学。

2. 同意华东工学院化工生产机械及设备专业、工业分析专业调入本校。

3. 同意我校铁道建筑专修科今年不招收新生，原铁道招生名额转入我校建筑施工专修科，现在在校的一年级专修科学生转入同济。

---

① 杨秀峰，时任教育部副部长。

4.同意交大金工工具专修科与本校热处理专修科学生,包括今年招生名额及现有在校一年级学生,全部对调。

5.同意厦门大学发电厂配电网及其系统、工业与民用建筑,两个本科专业调入本校。

6.关于厦门大学热力发电厂装置专业调入南京工学院。由于我校机械系师资缺乏,并在调整时能将厦大机械系部分教师(详见第5项)调入我校。

三、除同意中央高教局关于本校专业调整的初步决定外,拟在机械系增设工业企业电气化专业。

我校提出增设该项专业的原因是我校机械、化工等各专业均有自动控制方面的课程,连同电机系须开的课程共有自动化、远程控制、继电器保护、工业电子等10门。由于这些课程主要是将无线电、有线电方面技术应用于工业,拟设立自动控制及遥远控制教研组,由该系无线电有线电的教师准备任课。由于本校现有专业设置需要开设自动控制方面的课程,而我校电机系在人力物力上也有一定的基础,也可以进一步开设工业企业电气化专业课程。同时工业企业电气化方面的人才也是国家建设中所非常需要的,因此我校提请华东高教局等考虑,并请转报中央高教部决定。

四、根据中央高教部暨华东教育局关于本校今后建设的方向,中央高教部关于专业调整的初步决定的精神,我校今后专业设置情况如下:

机械系:本科:机械制造、金属切削机床及其工具,铸造机械及其铸造工程,光学仪器制造四专业;

专修科:金工、金工工具、铸工三个专业,热处理专业调入交大;

电机系:本科:电机制造、发电厂配电网及其系统专业,并拟增设工业企业电气化专业;

专修科:发电厂、电机专业;

化工系:本科:化工生产机械设备专业;

专修科:工业分析专业;

土木系:本科:工业与民用建筑、铁道建筑二专业;

专修科:建筑、工程测量二专业。

五、关于各项专业的设置与调整的师资问题:

本校各项专业中有些专业的师资很缺乏,请中央高教部及华东教育局,在今年华东院系与专业调整中结合我校师资情况予以解决。

(1)关于师资调整的问题:

1.机械系方面,由于所开专业较多,同时又担任公共技术基础课程,因师资很缺乏,请中央高教部暨华东高教局考虑我校机械系方面师资缺乏情况,将厦大有关师资适当调入本校。目前该系缺:机械零件、热工热处理、铸工、机械制造、制图以及化工机械方面教师。

2.电机系方面,由于电机制造的师资数量上缺乏很多,由此希望南工严一士教授来校担任电机制造,厦门大学电机系的寿俊良教授(发电厂)、简伯敦教授,以及电力、电机、电工基础、电工量计方面讲师、助教希能全部调入本校。

3. 化工系方面，下学期该系增设化工生产机械及设备专业，与该专业有关系的化工工化教研组大部分是讲师，在师资质量上存在一些问题。（该教研组原有三个教授，一位担任教务长，无暇兼顾教研组工作，一位卧病不能开课，一位奉调参加国家建设。）请考虑是否可以从华东化工学院调来一位有关化工机械设备设计或化工设计方面的教授。

4. 土木系方面，建筑专业师资都是以前结构组的师资转业的，因此对建筑方面的新课虽在教师努力下准备了一部分，但在施工方面几乎毫无办法，因此希望调整部分能担任施工建筑方面的师资来校。该系缺乏土壤基础、工程地质以及水利方面的师资亦请结合调整予以解决。

（2）关于师资培养问题：

电机系方面：由于自动化课程方面的需要以及工业企业电气化专业的需要，须将无线电有线电的师资予以培养提高，担任上述课程。因自动化主要是将无线电有线电技术应用于现代工业，考虑国内及电话方面的人才之需要，比之其他工业并不很感缺乏，因此拟将该系原有电讯方面师资准备担任新的课程，同时也是该系大部分电讯师资的愿望。希望中央教育部及华东高教局予以考虑同意。

（3）关于增设助教的问题：

根据今年招生任务，我校各系各专业助教都很感缺乏。前次在哈工大会议上，中央高教部黄副部长曾传达中央今后决定分配我校助教共 47 人，即机械系 25 人、电机系 5 人、化工系 2 人、化学系 1 人、土木系 10 人、数学教研组 3 人、物理教研组 1 人。在全国人力缺乏的情况下，我们同意中央这样的分配，惟我校俄文助教极感缺乏，希望能配备助教数人。

浙江大学档案馆藏，档案号：ZD-1953-XZ-18

高教部关于土木系专业设置问题的来函①

（1956 年 10 月 5 日）

〔56〕工唐壬字第 2096 号

王国松、刘丹副校长：

你校土木系教师唐锦春等 22 位同志于 8 月 28 日抄致我部的信（主送中共中央宣传部）收悉。信中所提出的意见，值得重视，所反映的问题，应予妥善解决。现将我部意见说明如下，请你校转达有关教师，并希注意妥善解决存在的问题。

（一）浙江大学继续办工业与民用建筑专业，并创办河川结构与水电站建筑及水利土壤改良专业，这是为适应浙江省需要设置水利专业和工民建专业扩大招生的要求而做出的决定。我部认为这是正确的。当然，目前浙江大学仅设置一个工民建专业，有的条件可能较建筑工程学院差些，但决不能说这样一个专业即无法办好。不仅设置水利专业后在师资和设备上可以互相帮助，而且多科性工学院也还有其自身的有利条件。希望大家团结起来，发展自己的有利条件，努力办好这些专业。

（二）目前你校土木系由于改制和停办专科的缘故，工民建专业在现有的招生条件下，师

① 本篇为高教部有关浙大土木系专业设置问题发给浙江大学的函件，标题为编者所拟。

资可能有些多余;但水利专业有高年级学生后,如钢筋混凝土及砖石结构、钢结构、木结构、建筑材料等课程的教学任务将加重,届时还会有师资不足的现象。此外,也还会有些教师没有水利专业相应课程的教学任务,有的需改教新课方能充分发挥潜力。一般来说,非确有需要和本人自愿,不宜使现有的工民建专业师资转行。若在你校不能充分发挥其所长,则可考虑调出支援他校。希你校认真研究,提出安排和补充这些专业的师资计划报部。

中华人民共和国高等教育部
1956 年 10 月 5 日

浙江大学档案馆藏,档案号:ZD-1957-XZ-86

为提请准予本校土木系自 1957 年度起设置"城市建设与经营"新专业并介绍该系高错教授等至部面陈经过情形由

(1956 年 10 月 30 日)

〔56〕校务字第 9569 号

我校土木系提请准予明年(1957 年)秋季起增设"城市建设与经营"专业,此事在上月 15 日刘凯风副部长来杭视察时曾向汇报,现除由该系结构教研组主任高鍖教授(原在北京出席建委科学工作局会议)及讲师夏志斌、助教杜琳生等三人前来面陈外,特将提请设置该专业经过呈报于下,务请准予所请。

(一)"城市建设与经营"专业之培养目标为城市建设工程师,周总理在八大所作"关于发展国民经济的第二个五年计划的建议"的报告内容曾谈及:"随着工业生产力的合理分布,我们将要建设许多新的城市,为此应该加强城市的规划工作和建设工作,求得同工业建设相配合",因此在第二个五年计划期间及以后年代内对该专业人才的需要将大大增加。但该专业在我国尚属较新者,目前全国仅同济大学一校已经设有,这样势必不能满足国家建设的需要。今年 8 月,在北京举行校院长会议时,建筑工程部亦曾有意在浙大添设该专业,因此提请设置该新专业是完全符合国家需要的。

(二)我校土木系建筑类专业仅设有一个"工业与民用建筑"专业,这情况在国内其他各高等工业学校恐怕是较少的。其困难表现得最突出的有下列几方面:第一,实验设备较难建立。随着建筑工业化,工民建专业的建筑、结构和施工三教研组均应设有专业实验室(过去各校大都不设立),这些实验室的设备都有比较大型的机仪,如仅设一个建筑类的专业,则机仪设置的利用率不可能很高,如不设置则教学计划中规定的实验及教师的科学研究工作均将缺少实验场所。第二,师资的平衡问题。根据工民建专业的教学计划,有许多课如上下水道、暖气通风及工程地质等课程均为一学期课,每门课程性质又不一致,因此必须有专人讲授该项课程。但此等教师却又没法满足工作量,存在着潜力未能发挥。第三,教师素质的提高问题。根据工民建专业每年招生 90 人的任务,计算下来,许多课程将只需讲课师资一人和辅导师资一人,因此在师资提高方面不论在业务知识、教学方法及科学研究方面都将缺少共同磋商和研究的机会。今夏高教部决定将工民建专业仍留我校,不去西安建筑工程学院时，该系许多教师情绪上都表示不安，亦即为此。彼等觉得工民建专业既决定仍留在浙大，则必须根据国家需要，将现有土木系建筑类专业加以扩充，以解决上述困难。

（三）本校土木系建筑类师资共有 49 人，其分布如下表所示：

职别教师人数教研组	建筑及制图	结构	施工	地基基建	建筑材料	测量	合计
教授	1	2	0	0	0	1	4
副教授	0	0	0	1	0	0	1
讲师	10	5	5	2	2	1	25
助教	9	6	4	0	0	0	19
合计	20	13	9	3	2	2	49

该系历年来的工民建专业毕业生（包括部分修业生）人数为：

科别人数年度	1954 年夏	1955 年夏	1956 年夏
本科	13*	73	155
专修科	109	128	101

* 1954 年夏由于四年制已提前毕业，照现实四年制毕业生，该 13 人是春季班。

明年暑期亦将有 151 人毕业，但今后的培养学生任务将显著减少，每年仅 90 人，1958 年夏则仅 60 人。虽然今年夏天起该系新设了“河川结构及水电站的水工建筑”和“水利土壤改良”两水利专业，但由于水利专业与建筑类专业课程相差较远，建筑类师资仅能担任其基础技术课，而水利专业的专业课师资则仍需另行添补，因此建筑类师资就存在着很大的潜力亟待发挥。该系对存在潜力问题曾做过多次研究，认为该系建筑类师资目前存在着潜力却并不意味着有人多余，其原因为需要教师人数并不能单从工作量总额除以空额而得，因为第一，全学年需用教师人数是不均衡的，例如平时讲课时需人少，而课程设计、毕业设计时则又需人多；第二，目前的师资大都是从旧的土木系结构组出来的，并非人人都已能掌握本教研组所开各课，亦非人人都能指导各种类型题目的课程设计及毕业设计。但为了保证教学质量，课程设计与毕业设计类型不可能减少，相反应该增加，因此就必需较多的师资，但又都不能满足工作量；第三，由于从 1955 年春决定该系调整至西安起，该系实验室的筹建工作即无形停顿，而目前又亟谋筹建，势非抽调部分力量从事此项工作不可。此外，该系自 1954 年以来，建筑类师资中即未添过新助教，目前除三人系专修科毕业外，其余助教到目前止均是已具有三年以上教龄之本科毕业生。到明年暑期，绝大部分助教均已可提升为讲师。如此，则全系各级教师的比例即失却平衡，产生高级教师担任第一级教师的工作，造成力量上的浪费和部分教师的不安。

（四）根据以上情况，该系在本学期开学以来即组织专人从事研究如何发挥教师的潜力（有很大潜力可以发挥，但又不是有人多余），适应国家建设的需要。经过反复讨论，觉得自明年起添办“城市建设与经营”专业是完全需要和有可能的。第一因该专业的设置是符合国家需要的。第二该专业属于建筑类，和工民建专业很相近，教师都乐意担任该专业各门新课。第三添设该专业后可解决目前该系存在的一系列问题。第四添置该专业仅需添设少数该专业特有的一些实验设备(如道路试验),其余可利用工民建专业的设备。第五人力上只需逐年添增一些助教即可。

(五)我校研究土木系的建议,认为这是一个合理的必要而可行的措施,故特正式将经过情形呈报如上,务请早日批准,使准备工作早日进行,以便明年招生。

浙江大学

10 月 30 日

浙江大学档案馆藏,档案号:ZD-1957-XZ-86

关于停办浙江大学水利专业的意见

(1956 年 12 月 11 日)

〔56〕工准蒙字第 2434 号

浙江省人民委员会:

关于浙江大学今年增设水利系的问题,我部曾于 7 月 31 日以工唐字第 1649 号电报复浙江大学并抄致你会,同意今年增设两个水利专业,但最近我部在编制 1957 年事业计划时认为浙江大学有无必要添设水利系,值得重新考虑。

由于 1957 年国家财政力量的限制,同时鉴于今年高等学校招生过多,造成了很多无法克服的困难,所以国务院和国家经济委员会已经肯定 1957 年高等学校的招生任务要大量缩减。根据现在酝酿中的方案,明年高等工业学校只能招生 30000 人,较 1956 年减少了 53.2%,因此,各个学校的招生数字,都要大大减少,而财务、基本建设和师资补充等问题也有很大困难。由于上述情况的存在,部分水利师资及设备条件较好的学校招生名额应先满足,浙大"河川结构与水电站水工建筑"和"水利土壤改良"两专业基础较差,不宜分配招生名额。而今后几年据我们估计招生数字也不可能有很大增加。因此,经我部一再研究,认为浙江大学水利系两个专业不宜再办,今年招收的学生转学"工业与民用建筑"专业。至于浙江省所需要的水利干部,应由国家统一分配。

浙江大学土建方面的师资力量较强,人数较多,我部除已决定调出 6 人,支援西安建筑学院外,为了充分发挥师资力量,今后土木系可以适当发展。最近,浙江大学教师曾反映:从教师专长与"工业与民用建筑"专业的配合上看,要求明年即增设"城市建筑与经营"专业。但此事须我部统一安排和进一步与有关部门协商后,才能肯定。

我部上述意见,你会认为如何?因拟订 1957 年招生计划在即,希能将你会意见尽早函告我部。

中华人民共和国高等教育部

1956 年 12 月 11 日

浙江大学档案馆藏,档案号:ZD-1957-XZ-86

浙江大学土木系对1957年度招生名额的意见
(1956年12月25日)

一、方案:

(1)"工业与民用建筑"专业招生九十名。

(2)"城市建设与经营"专业招生三十至六十名。

(3)"河川结构与水电站水工建筑"及"水利土壤改良"两专业招生名额或停办该二专业,请高教部决定。

二、说明

为了确定上述意见,系曾在十二月十五日举行了扩大系务会议,除系主任及教研组主任外,并邀请了部分教师出席讨论,三位副校长亦到会听取意见。会上大家认为,根据目前土木系师资情况及为了把工民建专业办得更好,土木系建筑类专业目前只有一个工民建专业是不妥当的。我系建筑类专业必须发展,最好能在1957年度即开始增设城市建设与经营专业。当然新专业的设置应与国家需要相配合,如城建专业国家认为目前尚不属于急需,则我系亦可考虑设置其他建筑类专业。为了做好准备工作,其他建筑类专业设置与招生可在1958年度开始。

两水利专业是否停办或继续招生当请高教部及浙江省人民委员会考虑。今暑我系新设置二专业是经浙江省人民委员会的要求,经高教部批准的情况下设置的。过去我系设置该二专业是缺乏基础的。虽然半年来由于高教部的支持,但到目前为止,专业师资方面仅有教授1人(现任土木系主任,擅长水利),讲师3人(其中1人是工民建专业教师转业水利,2人是这学期新来的),助教9人(全是今暑毕业生,由高教部分配来的)。实验设备目前仍未添置。因如续办该二专业,今后仍需依靠高教部及浙江省人民委员会的大力支持下,本系的努力下才有可能。假如今后拟将该二专业停办,则现有之水利专业师资及学生安排问题务望高教部仔细考虑。

1956年12月25日

浙江大学档案馆藏,档案号:ZD-1957-XZ-86

浙江省水利厅关于浙大办理水利专业的意见
(1956年12月25日)

浙江省人民政府文教办公室:

你办12月22日交下高教部关于停办浙江大学水利专业的意见的抄件收悉。

经我们研究,认为浙江大学的水利事业应当继续办下来。浙江是一个滨海地区的省份,由于自然条件特别复杂,水旱台风等自然灾害历来都很严重,平均每年受到水旱灾害的耕地约有耕地面积的1/5。今年因为强大台风登陆所造成的水灾特别严重,全省受旱涝风灾的耕地面积占耕地总面积的1/3以上。因此在本省完成基本上消灭普通水、旱灾害的任务是很繁重的。同时对于性质特殊的涌潮河流——钱塘江进行治理,也存在比较复杂的技术问题和大量的技术工作,所以逐步充实本省水利建设的技术力量是很必要的。

但是当前全国培养高等程度水利人才的专业还少,不能满足各地尤其是各省所需要的水利人才。解放后的7年间,本省水利系统所分配到的大学水利专业毕业生仅7人,专科程度的也仅47人,总共54人,平均每年不足8人。因此本省水利技术力量的发展远不能满足水利事业发展的需要。在一定程度上阻碍了水利事业的健康发展。鉴于以上情况,才一再要求在本省举办高等程度的水利专业教育。经沙省长亲自与高教部接洽,才于本年下半年起,在浙江大学设水工结构与水利土壤改良两个专业招生各60名。

高教部关于停办浙江大学水利事业的意见当中,提到关于浙江大学办理水利事业的师资问题,主要是专业教授的力量问题。经我们了解,在教授方面,只要能在有关学校的教授中予以调剂,是可以得到补充解决的。在助教讲师方面,目前已有10余人正在培养中也无问题。

至于明年全国缩减招生任务,影响到学生的分配数的问题,我们认为浙大水利事业在明年度也可考虑,酌予缩减招生名额以服从国家计划,但是必须保留已设的两个水利专业。

以上意见拟请研究答复高教部

浙江省水利厅

1956年12月25日

浙江大学档案馆藏,档案号:ZD-1957-XZ-86

拟自1957年起逐年增设理科专业的申请审批

(1956年12月26日)

高等教育部:

自1952年高等学校院系调整之后,根据国家培养干部的需要,浙江各高等学校均转为发展各类专业教育,主要为培养工、农、医、师范、美术等各类实际工作的专门人才。但对于培养理论或基本科学方面的研究人才尚无一定的机构。这对于浙江各高等学校提高专业教育质量、科学研究工作水平,是有一定影响的。浙江省人民委员会有鉴于此,考虑筹办杭州大学,以适应国家建设的需要。

本年8月高等学校校院长、教务长会议,曾有人建议有条件的高等工业学校可以考虑理工合校,增设理科专业。当时我校以浙江省人委已在筹办杭州大学,故未做进一步的考虑。

不久以前闻中央对筹办杭州大学,已因种种原因有停止筹备的意见。浙省人委也曾数度征询我校是否有筹办理工合校,增设理科专业之可能。我校自省人委向学校征询意见后,经详加研究,并召集有关教研组教师举行座谈,认为我校增设理科若干专业,理工合校,可使人力物力使用更为集中,各类专门人才培养可以更加密切配合,遂于12月14日我校务委员会举行第十四次会议讨论，我校今后要发展的方向问题，对增设理科进行了深入的讨论。校委会讨论结果，对增设理科有以下意见。

1. 理工两科合在一校，可使理论科学与应用科学有密切的联系与配合。

2. 理工专业设置后，可以提高工科方面基础课的教学质量，为工科学生打好理论基础创造条件。

3. 理科专业设置后，可以增强学校的学术空气，提高科学研究水平，更好地发挥理科教师的积极性与创造性，稳定他们的情绪。

4. 增设理科专业，我校目前具有一定的物质基础与师资条件，逐年发展困难不大。

5. 目前浙江省尚无综合性大学，结合浙江省的需要和国家长远规划，是有在浙江省增设理科专业的必要。

校务委员会根据国家需要与我校可能决定如下初步计划。

一、专业设置

数学专业，主要为分析与几何两个专门化。

物理专业主要为理论物理专门化。

化学专业主要为有机化学专门化。

以上三个专业争取自 1957 学年能招生各 30 名。

二、师资配备

1957 年全年全校招生总数比 1956 年减少，我校原来一部分师资可以进行有计划的准备工作。惟数学方面，希望 1957 年能增添新助教 6 人，以便有四五位教师可以外出进修，准备开课及指导论文工作。物理化学方面，希望 1957 学年可各增添新助教 3 人，以便部分教师立即能做准备工作。

我校同时认为要办理科，不仅要开得出课，有质量较高的教师来指导毕业论文，还需要有成就的科学家来领导科学研究工作。因此如确立我校增设理科专业，对于师资方面，我校深切盼望，高教部及省委能予以必要的重视和支持，并加以领导。希望将原来杭州大学的准备的师资，如数学物理化学方面转入我校，给予必要的充实。

事关我校今后发展方向，特此报告，敬希审批。

浙江大学

1956 年 12 月 26 日

浙江大学档案馆藏，档案号：ZD-1957-XZ-86

部分教师就有关恢复理科专业设置致校务委员会的建议信[①]

(1956年)

听说现在正酝酿改变本校为理工大学,对于这一消息,我们感到无比高兴并且表示完全拥护和支持,理由是

1. 浙江省各大学现有专业都偏重于实用科学方面,从提高本省科学理论水平看,很必要建立一个理论科学的中心。

2. 本校前理学院有良好的基础,现在也有充实的公共教研组,可以作为理学院的主要骨干。

3. 理工学院合为一校,可使理论科学与应用科学有密切的联系与配合。

4. 理学院的成立,可以加强工学院基础课的教学水平,为工学院学生能打下广泛的理论基础创造有利的条件。

5. 理学院的成立,可以加强学校的学术风气,提高科学研究的水平。

希望校务委员会尽可能考虑我们的意见,争取尽早开办理学院。

此呈

校务委员会

阙端麟、秦理如、陈津侯、谢福秀、陈启秀
郑光华、林新民、沈云宝、赵智大、孙公宇、
张德馨、凌古德、周智翔、汪槱生、陈永校

浙江大学档案馆藏,档案号:ZD-1957-XZ-86

浙江省水利厅关于续办浙大水利专业的报告

(1957年2月22日)

浙江省委、浙江省人民委员会,浙江省委农工部:

本省由于地理条件复杂,水旱台风等自然灾害历来都很严重。同时在合作化的基础上,保证农业丰收和充分利用水利资源,水利建设任务更加艰巨繁重。为了充实水利工作的技术力量,以完成逐步消灭水旱灾害,开发水利资源的任务,曾一再要求在本省举办高等程度的水利专业教育,后经沙省长亲自与高教部接洽,于56年下半年起,在浙江大学设水工结构与水利土壤改良两个专业,招生各60名。

高教部鉴于57年高等学校招生人数减少,1956年12月间,又向本省提出考虑停办浙大水利专业的意见。经我们研究,当前全国培养高等程度水利专业人才的专业还少,不能适应各省的需要,而本省工作上又迫切需要充实技术力量,对于浙大已设的水利专业,认为应当继续办下去。高教部所提的意见当中,考虑到浙大办理水利专业,在设备和师资方面可能有

---

① 本篇为1956年阙端临等15名教师上书校务委员会建议在浙江大学恢复理科专业的函件,标题为编者所拟。

困难，为此我们又在这两方面做了了解研究。

关于设置水利专业的实验设备问题，浙大土木系除现有测量仪器比较充足，可以满足设置水利专业的需要外，其他的施工实验室、土工实验室、地质实验室、材料力学建筑材料实验室、水利实验室等 5 个实验室，也基本上可以完成水工结构、水利土壤改良两个专业的教学任务，仅需增添水工实验室、水文实验室及水利土壤改良实验室。其中水工实验室在本省水利建设工作中也很需要兼可直接为建设工作服务，至水文及水利土壤改良两实验设备，添设也容易，所以在浙大土木系添设水利专业解决设备问题，是具有有利条件的。

关于师资问题，除普通课程师资不计外，按所设两个专业计算，需要专业师资共 60 人，其中一个专业及基础技术课程师资 25 人，可由土木系及外系师资兼任，基本上无问题。其余水利专业师资 35 人，内开课教师 20 人，辅导员 15 人，现在已有教授 1 人，讲师 4 人，助教 9 人，共 14 人。三年后这 14 人全可开课，所以仅需补充水文教授 1 人，水工教授副教授各 1 人，水能讲师 1 人，水利施工讲师 1 人，水利土壤改良研究生 1 人，并在以后两年中补充助教 15 人，即可满足教学任务的需要。而上述需要补充的教授、讲师共 5 人，只要在有关院校酌加调剂是不难解决的。如果仅办水工结构一个专业，则只需补充水工教授，水文教授、水能讲师、施工讲师各 1 人，不需再添助教。

综上所述，在浙大续办水利专业不仅是必要的，而且也是可能办好的。设备问题与师资问题是可以解决的。如限于国家规定的招生名额，则可考虑酌减今秋招生人数，也可考虑改设水工结构一个专业，以服从国家计划，如何请从早研究决定。

浙江省水利厅

1957 年 2 月 22 日

浙江大学档案馆藏，档案号：ZD-1957-XZ-86

关于 1957 年专业设置问题的答复①

（1957 年 3 月 14 日）

〔57〕工歧建字第 69 号

浙江大学：

（一）关于你校提出要求于 1957 年增设新专业问题，经我部研究后，答复如下：

1. 同意增设“热能动力装置”专业。

2. 同意增设两个理科专业：即数学与物理。

3. 同意增设“无线电技术”专业。该专业除已同意在电机及电器专业三年级学生中选 15 人改学无线电专业外，是否可同时再办二年级，请学校研究后将意见报部。

（二）关于水利系问题，经我部研究后，决定在你校保留“河川结构与水电站的水工建筑”一个专业，“水利土壤改良”专业停办。去年招生的 120 人，除留 60 人学“河川结构”专业外，

① 本件原无标题，标题为编者所加。

其余 60 人转“工业与民用建筑”专业。

(三)你校要求增设的其他专业,俟以后再考虑。

中华人民共和国高等教育部
1957 年 3 月 14 日

浙江大学档案馆藏,档案号:ZD-1957-XZ-86

征求设置水利专业的意见

(1957 年 6 月 14 日)

〔57〕工歧蒙字第 142 号

浙江大学:

你校去年增设的水利专业,根据目前和今后几年内培养任务来看,逐年招生名额不会增加很多,现有各校“河川结构和水电站水工建筑”专业还有余力,可以完成这个任务。其次,从专业的地区分布、你校人力条件和我部今后所能配备的师资力量来看,目前似无必要多设专业。故我部意见:你校水利专业目前暂不设置,去年所招学生转入本校其他专业学习,具体办法由你校研究处理。不知你校意见如何。因招生期已近,希速将意见函告我部。

中华人民共和国高等教育部
1957 年 6 月 14 日

浙江大学档案馆藏,档案号:ZD-1957-XZ-86

报告我校土木系希望继续开办水利专业

(1957 年 6 月 25 日)

〔57〕校办字第 0596 号

高等教育部:

〔57〕工岐蒙字第 142 号关于征求设置水利专业的意见的通知收悉。当时经我校与有关方面研究,大家一致认为我校土木系设置水利专业,还是有条件的。理由如下:

1. 基础课测量、结构、地基基础等课,安排没有困难。

2. 水力、材料、测量实习等课,一般可以开出。

3. 专业课现有教师 11 人,在外进修讲师 2 人,助教 5 人。

4. 外校愿来我校任教的有武汉水利学院○○、○○二教授,他们坚持要来;另外还有上海科技出版社○○先生(前之江大学土木系主任)也愿意来。

5 浙江省水利厅是支持我们的,他们曾来函要求我校继续办理水利专业。

除上述有利条件之外，困难还是有些，惟不甚大，只要你部能予支持，不难克服。因此希望水利专业继续办下去。特此报明，敬请考虑。

浙江大学
1957 年 6 月 25 日

浙江大学档案馆藏，档案号：ZD-1957-XZ-86

浙江大学关于为地方培养化工技术干部的初步意见

(1957 年 9 月 17 日)

〔57〕校教务字第 0873 号

高等教育部：

浙江省为了大力发展化学肥料工业，与中央化学工业部提出了"关于浙江省发展化学肥料工业的初步意见"，准备在浙江的温州、衢州地区筹建工厂，计划在 1961 年开始生产。第二个 5 年计划末生产 43.5 万吨。第三个 5 年计划末生产 82.4 万吨。为此，要求我校代为培养一定数量和质量的技术干部。现经我校研究特提出如下培养干部的初步意见：

一、到 1967 年建成年产 87 万吨的化学肥料生产工厂，参照南京永利宁厂的情况，估计所需技术干部的人数

1. 南京永利宁厂年产化学肥料 200 多万吨，该厂现有工程师约 100 人，即在浙江建成年产 82.4 万吨的工厂，约需大学毕业的技术干部 540 人；

2. 南京永利宁厂用于化工工艺的化工机械两方面的技术干部，约为 2 与 1 之比，按此标准用于生产 82.4 万吨工厂的 540 个技术干部中，360 人须担任化工工艺方面的工作，180 人则需担任化工机械方面的工作。

3. 如从 1961 年至 1967 年的 6 年中，需培养出这批技术干部，即平均每年需培养出化工机械方面的技术干部 30 人，化工工艺方面的约 60 人。

二、培养办法

根据以上要求，我校准备从 1956 年学年入学的年级(即二年级)起，在今后 6 年内逐步完成培养任务，其办法如下：

1. 根据地方工业建设的需要和变动性，结合我校具体条件，从 1956 年学年入学的年级起，在我校化工系下新设化学工程工学专业，在这个专业的基础上开设有关生产化学肥料的专业课程。

2. 将原有燃料化学工学专业二年级的 157 名学生调出 60 人改入新设化学工程工学专业。另从我校化学生产机器及装备工专业二年级学生 192 人中，在 1961 年毕业时，请予分配 30 人，以满足新设厂在 1961 年所需化工工艺和化工机械二方面技术干部的需要。

3. 根据 1962 年的技术干部的需要，拟在今年征收新设化学工程工学专业一年级新生 60

人,化学生产机器及装备专业增招19人,(连同今年化学生产机器及装备专业一年级超额录取的6人,燃料化学工学专业一年级超额录取的5人,共30人)。共再增招新生79人,这样,除补足我校今年招生任务1290人中的缺额外,还超额录取6人。

4.自1962年后所需技术干部人数,则在1958年后历年招生任务中确定之。

以上培养任务,我们希望能够批准纳入国家计划,万一有困难,则作为地方培养任务,由浙江省发给培养经费,是否妥当,请予指示。

浙江大学

1957年9月17日

浙江大学档案馆藏,档案号:ZD-1957-XZ-88

浙江省人民委员会关于在浙江大学增设化学肥料专业的请示

(1958年2月8日)

二李字第1166号

国务院:

为了解决本省农业生产"大跃进"对肥料的迫切需要,争取在今后5年内提前实现全国农业发展纲要(修正草案),除了积极发展养猪和自然肥料外,我省决定充分利用省内大量的明矾、石灰石、黄金矿、磷灰石和充沛的水电资源,大力发展化学肥料工业,在衢州、温州等地筹建合成氨氮肥厂、石灰氮肥厂、磷肥厂、钾氮混合厂各一个,在1961年前投入生产,力争第二个5年计划期末年产化肥43.5万吨,第五个5年计划达到年产100万吨。如果100万吨化肥用于粮田,仅此一项,本省即可增产粮食60亿—100亿斤。

完成上述任务必须有一支相适应的化学肥料技术干部队伍。参照南京永利宁化肥厂经验,本省建成100万吨化肥工厂,将需要这方面相当于高等学校毕业程度的技术干部540人。但本省现有化肥技术干部很薄弱,必须设法解决。除了省内统一调配和加强协作外,决定委托浙江大学在化学工业系增设无机物工学专业或化学工程工学专业,而该校化工系在现有师资和设备的条件下发挥潜力,可以担负这一任务。新设专业的学制为4年,每年招收50—60名。1958年度暑假开始增设该专业,并将该校现有化工系燃料化学专业的一、二年级学生各50名,自1957年度第二学期即转入新设专业,这样可以解决地方化学技术干部的急需,可以解决目前该校化学染料专业二年级学生过多造成培养计划上的失衡现象。关于培养化肥工业管理人员问题,拟通过特别班或函授班等方式选拔一批老干部进行专业培养。上述地方培养任务和经费,请高教部列入年度计划,经费或由本省预算内开支。当否,请批示。

1958年2月8日

浙江大学档案馆藏,档案号:ZD-1958-XZ-81

浙江大学专业设置情况[①]

（1961 年 6 月）

专业名称	设置时间	设置理由	培养目标	课程设置（公共、基础课程从略）	师资力量	设备情况	教材情况	备注
数学专业	一九五七年	为适应本省工科院校师资及科学研究人才的需要	培养理工科高等学校师资及科学研究人才，设偏微分方程、计算数学专门化	力学、数学、分析代数、解析几何、微分方程、复变函数、实变函数、数理方程、概率论与数理统计、泛函分析、专题讨论、各专门化课程	共有教师 30 人，除 3 人较老外，其余均系 57 年以后毕业，基本上能胜任	目前已有手摇计算机若干架，基本满足需要	除专门化课程外，都已有教材	课程设置中，政治、体育、外文、数学、物理、化学等公共基础课程，各专业均普遍设置，不再重复列入
理论物理专业	一九五九年	为适应本省工科院校师资及科学研究人才的需要	培养高等学校物理师资及理论物理方面的科学研究人才，分固体物理及原子核物理两专门化	制图、电子学、理论力学、电动力学、量子力学、热力学及统计物理、量子物论、原子核物理、固体物理、专题讨论、专门化课程	共有教师 21 人（从工科提前毕业转行的有 9 人）基本上能胜任	普通物理与电子学实验除已有基础，固体物理核物理及中级物理尚缺基本设备	除专门化课程外，都已有教材	
化学专业	一九六〇年	为适应本省工科院校师资及科学研究人才的需要	培养高等学校化学教师及科学研究人才	制图、无机化学、分析化学、有机化学、物理化学、电工学、电子学、仪器分析、放射化学、化工原理、化学动力学、化学流体力学、物质结构	现有教师 9 人（7 个是新教师）基本上能胜任	实验室刚开始建立，主要设备尚缺	课程都有教材，一门正编写中	
力学专业	一九五八年	为适应本省工科院校师资及科学研究人才的需要	培养高等学校力学师资及科学研究人才，设固体力学及流体力学两专门化	制图、金属工学、电工电子学测量、机械原理零件、理论力学、材料力学、弹性力学、流体力学、气体动力学、动力机械、水动力学、粘性流体力学、机翼及机械、稀薄气体电磁流体、结构力学、应力分析、振动弹性力学、塑性力学等	共有教师 20 人，多数是工科转行的，基本上能胜任	固体力学实验室基本设备已大部分具备，实验已基本开出，水力学实验室和风洞实验室尚缺基本设备正在设计自制中	基础课大部分已有教材，专门化课有三门在编写中	

① 本表为 1961 年 6 月，浙大杭工两校合并后所做的专业统计。

续表

专业名称	设置时间	设置理由	培养目标	课程设置（公共、基础课程从略）	师资力量	设备情况	教材情况	备注
精密仪器仪表专业	一九六〇年	适应我国尖端科学技术和国防上的需要，目前在国内和本省还是薄弱环节	培养有关精密仪器仪表方面的统计制造及科学研究人才，以设计为主，能担负制造及科研工作	理论力学、材料力学、画法几何及制图、机械原理、机械零件、公差与技术测量、机械制造工艺基础、电工学、仪器材料及其处理、流体力学、电子技术基础、工企组织与计划、仪器零件、自动元件设计、仪器制造工艺学、精密仪器设计、应用光学及仪器自动调节原理、特种液压系统、液动气动元件及系统、计算技术、专题	现有教师10人，8人是改行的，基本上能胜任	已有电子仪器但数量不够，尚缺工艺设备，其他设备拟自制解决		
机械制造专业	一九五二年	适应我国工业发展的广泛需要，目前为适应精密仪器仪表的特种装备工艺的需要，在一般基础上提高	培养金属加工装备的设计和工艺方面的技术人才，设计工艺并重，以冷加工为主，在一般的基础上，向精、小、专发展，设精密机械制造和特种工艺两个专门化	理论力学、材料力学、画法几何及制图、金属工学、机械原理、机械零件、电工学、电子学、金相热处理、公差与技术量法、切削原理及刀具、切削机床、机械制造工艺及夹具、液压传动、机床电气设备、工序自动化、车间设计、热加工工艺学，企业组织经济及计划、专门化课程(约有120学时)	现有教师35人师资力量能够胜任	一般技术测量的设备较全，基本加工设备尚缺少，特种工艺系初步建立，只有部分设备，精密测量仪器等尚属空白		
内燃机、汽车拖拉机专业	一九五八年	适应我国工农业生产发展的需要	培养农业、交通船用中、小型运输式内燃机方面的设计制造人才	画法几何及制图、理论力学、材料力学、金属工学、机械原理、机械零件、电工学、电子学、金相热处理、流体力学、机械制造工艺及机床、公差与技术测量、热工学、农机概论、汽车拖拉机构造学、汽车拖拉机设计、发动机原理、发动机试验学、供油自动调节、复合式发动机、发动机设计计算	现有13个教师，但有9个是58年以后毕业的，开课有困难，师资力量基本上能够胜任	发动机实验设备已有，底盘实验设备尚缺一部分		

续表

专业名称	设置时间	设置理由	培养目标	课程设置（公共、基础课程从略）	师资力量	设备情况	教材情况	备注
电机专业	一九五二年	目前电机制造工业已成为一个完整的工业部门，我省很需要这方面的人才，本专业是老专业	培养电机设计制造人才	画法几何及制图、理论力学、材料力学、金属工学、机械原理及零件、电工基础、电工量计、变压器、电机学、电器学、高压工程、热机与水机、电工材料、工业电子学、发电厂及电力系统、电力拖动和自动控制、微电机、电机设计、电机专论、电机制造工艺学、企业组织与计划、保安防火	现有教师 19 人，师资力量较充实能适应教学需要		都有教科书或自编讲义	
电器专业	一九五六年	适应我国工业生产过程自动化对电器设备的大量需要	培养电器方面的设计制造人才，包括高压电器和低压电器	画法几何及制图、理论力学、材料力学、金属工学、机械原理及零件、电工基础、电工量计、电工材料、电力机械、电子学基础、电力拖动、高电压工程、流体力学及热力学、发电厂及电力系统、电器原理、低压电器、高压电器、继电器自动调节原理及自动调节器、机械及电器制造工艺学、企业组织与计划、保安与防火、计算技术	现有教师 14 人，师资力量较充实，能适应教学需要		都有教科书或自编讲义，符合要求	
发电厂电力网及电力系统专业	一九五二年	适应我国特别是本省电力工业水力发电开展的需要，设置较早	培养发电厂电力网及电力系统的设计和运行管理的人才	画法几何及制图、金属工学、理论力学、材料力学、机械原理及零件、电工基础、电工材料、电工量计、电力机械、工业电子学、发电厂热力部分、发电厂水力部分、发电厂及变电所的电气部分、电力系统继电保护、电力系自动化及远距机械高压工程、动力经济企业组织及计划、保安防火、专门化课程	现有教师 22 人，师资力量较充实能适应教学需要		下学期起均有全国通用材料	

续表

专业名称	设置时间	设置理由	培养目标	课程设置（公共、基础课程从略）	师资力量	设备情况	教材情况	备注
锅炉汽轮机及热能动力装置专业	一九五七年	适应电力工业发展的需要	培养锅炉、汽轮机和热能动力装置三方面的设计运行及制造的人才	画法几何、制图、理论力学、材料力学、机械原理与零件、流体力学、热力学、传热学、电工学、锅炉设备、汽轮机、发电厂热力部分、动力设备、金属材料、发电厂自动调节、热工仪表、动力经济与组织、泵与鼓风机、发电厂电器部分、电厂化学、汽轮机专门化、汽轮机调节、汽轮机凝汽设备、汽轮机安装与运行、锅炉专门化、锅内过程、炉内过程、锅炉安装与运行	现有教师24人，能适应数学需要		一门课正在编写教材供全国通用，一门自编讲义预计今年10月底编好，其余课均有全国通用教材	
有机合成塑料工学专业	一九五八年	塑料工业与国民经济、国防建设以及尖端科学的关系日益显著，随着我国塑料工业的发展，需要培养这方面的人才	培养合成纤维塑料制造方面的技术人才	金属工学、机械制图与画法几何、无机化学、分析化学、有机化学、物理化学、理论力学、材料力学、机械零件、电工学、工业电子学、热机、工业化学、化工原理、化工仪表及自动化、建筑概论、高分子化学及理科工学、塑料成型及塑厂设备、高分子物理化学与物理、企业经济与保安防火、杂志报告	现有教师13人，但有10人是新教师，师资力量基本上能胜任	在应开出的12个实验中，已有设备可以开出8个，尚有4个实验不能开出	三门是全国通用教材，另一门已由成都工学院正在编写中（塑厂设备）	
燃料化学工学专业	一九五二年	要发展钢铁工业必然要发展炼焦工业，为了适应我国钢鉄生产的发展对炼焦工业的需要，应培养这方面的人才	培养炼焦工业方面的设计生产与科学研究人才	画法几何与制图、无机化学、有机化学、分析化学、金属工学、物理化学及胶体化学、理论力学、材料力学、机械原理及零件、热机学、电工学及电子学、普通化学工艺学、化工原理、普通液体燃料、普通固体燃料工艺、土建概论及卫生工程、燃料实验、企业经济组织及计划、仪表及自动控制、保安防火、炼焦及化学产品加工、低温干馏、杂志报告	现有教师19人，能够胜任教学工作	现有设备已能开出有关对煤，焦，石油和气体分析和炼焦化学产品的鉴定等方面的实验共25项，所需设备已基本齐全	二门已选用通用教材，专门化课程自编，教材问题已解决	

续表

专业名称	设置时间	设置理由	培养目标	课程设置（公共、基础课程从略）	师资力量	设备情况	教材情况	备注
化工生产工艺过程自动化及调节专业	一九五六年	适应化学工业生产日益扩大，生产过程日益向自动化发展的需要	培养化学生产工艺过程自动化系统的设计和化工仪表的设计制造人才	物理化学、理论力学、画法几何及机械制图、材料力学、机械原理及机械零件、金工大意、仪器零件和机构、电工量计、电工基础、电子学及弱电流仪器、电机学、普通化学工艺学、控制计量仪器、调节理论、化学及热过程调节自动化、化学工程经济、控制计量仪器的安装设备、杂志报告	现有教师3人，能适应教学需要	除“模拟”实验外，其他应开的实验都已开出，设备基本齐全	两门用全国通用教材，三门课自编	
化学生产机器及设备专业	一九五三年	适应化学工业的发展对化学工厂中机器设备的需要	培养化学工业机器设备的设计、安装、运用修理及改进工作的人才	无机化学、有机化学、物理化学、金属工学、工业化学、画法几何与制图、金相、理论力学、材料力学、机械原理与零件、热机、电工学、化工原理、机制安装修理、泵及压气机、材料化学、化工机械、化工仪表、设计基础、企业组织与计划、建筑概论、杂志报告	现有教师12人能够胜任教学工作，但因教学任务重尚需补充教师5人	已有4个实验室专业开出15个实验有自设备已基本齐全义，尚缺少教材		
硅酸盐工学专业	一九五八年	适应硅酸盐工业的发展和尖端科学研究的需要	培养陶瓷耐火材料、水泥玻璃等方面制造和研究人才	画法几何与制图、金属工学、理论力学、材料力学、无机化学、机械原理与零件、分析化学、有机化学、物理化学、化学工业过程及设备、普通化学工艺学、热机学、矿物学及结晶学、硅化学及硅酸盐物理化学、硅酸盐工艺学、硅酸盐工厂机械装备、窑炉、干燥器发生炉、企业组织与计划、建筑概论、保安防火、杂志报告	现有教师12人，能胜任教学工作	所需设备已基本齐全，实验也已基本全部开出，仅缺水泥教材、专门化实验和差热分析实验的设备		

续表

专业名称	设置时间	设置理由	培养目标	课程设置（公共、基础课程从略）	师资力量	设备情况	教材情况	备注
无线电设计与制造专业	一九五七年	适应我国科学技术发展对无线电电子学的需要	培养无线电方面的设计与制造的技术人才	画法几何及制图、理论力学、工程力学、金属工学、电路基础、电力机械、电磁场理论、无线电基础、电子器件、无线电发送设备、无线电接收设备、电波天线、无线电装备结构及工艺、无线电材料、脉冲技术、晶体管电路微波技术、企业经济组织、保安防火。专题课程：1. 电子计算机、2. 电视	现有教师16人，基本上能胜任教学工作	基础实验设备已有，能基本开出实验，接收发送可开出主要实验，天线，晶体管、电子学、微波技术等方面，设备尚不足，主要实验不能全开		
电真空技术专业	一九五八年	发展无线电电子学工业，必须首先发展电子管工业，目前我国高等学校设置专业的还不够多，为了发展无线电工业，必须培养这一专业的人才	培养电子器件（重点是电子管、离子管及超高频管）方面设计与制造的技术人才	画法几何及制图、金属工学、电工基础、电工量计、理论力学、机械原理及零件、电真空理论基础、无线电技术基础、电子管真空技术基础、电真空制造工艺、电力机械、离子管、电子束管、光电管、超高频技术及超高频管、晶体管、企业经济组织与计划、保安防火、专论	现有教师13人，基本上能胜任	已有大部分设备尚缺部分重要设备，一般实验能开出，大部分专业实验尚不能开出		
半导体技术专业	一九六〇年	半导体晶体管制造工业目前已成为无线电工业的一个重要部分，为适应无线电工业的发展而设立此专业	培养半导体电子学器件的设计制造和科学研究人才	画法几何及制图、理论力学、材料力学、金属工学、机械原理及零件、电工学、电工基础，无线电技术基础、无线电测量、电介质与磁介质、超高频及脉冲技术、量子力学及统计物理、半导体物理、半导体化学、晶体管原理及设计、晶体管电路、晶体管工艺学、半导体器件、半导体材料、半导体专论	现有教师11人基本上能胜任	只有部分基本设备，尚缺专业实验的部分重要设备	无全国通用教材。半导体材料及化学拟借用兄弟学校教材，其余均自编讲义	

续表

专业名称	设置时间	设置理由	培养目标	课程设置（公共、基础课程从略）	师资力量	设备情况	教材情况	备注
特种光学仪器专业	一九六〇年	适应我国国防建设和尖端科学研究的需要，目前我国这方面还很薄弱	摄影机及附件的设计与制造方面的技术人才	理论力学、材料力学，画法几何与制图、金属工学、金相热处理、机械原理与零件、公差技术测量、电工学、电子学与无线电技术、切削原理与刀具机床、企业组织与计划、仪器制造工艺学、玻璃制造工艺学、光学仪器装配与调整、光学量度、应用光学、仪器零件、感光材料及感光原理、摄影机与放映机、特种摄影设计	共有教师10人，基本上能胜任	已有仪器零件实验室，还缺特种光学实验仪器及部分电子仪器设备及器材	专业课无教材拟自编，其中感光原理编写不很困难。其余二门（摄影机与放映机、特种摄影机设计）困难	
天文光学仪器专业	一九六〇年	适应我国天文事业的发展，对天文观测研究的需要，目前我国这方面还很薄弱	培养天体测量仪器和天体物理仪器方面的设计制造人才	理论力学、材料力学、画法几何及制图、金属工学、金相热处理、机械原理与零件、公差与技术测量、电工学、电子学及无线电技术、切削原理及刀具机床、企业组织与计划、仪器制造工艺学、玻璃制造工艺学、应用光学、光学仪器装配与调整、光学量度、仪器零件、天文学、天体测量仪器学、天体物理仪器学	共有教师19人，有5人是新毕业改行的，师资力量勉强能够胜任	已有光学实验设备，还缺大部分天文光学仪器设备，困难多一些	专业课尚无教材，其中天文学拟借用南大教材，其余二门编写较困难(天体测量仪器学、天体物理仪器学)	
物理光学仪器专业	一九五二年	适应我国生产发展中一些尖端产品的试制和科学研究对光学仪器的需要	培养光谱和干涉仪器的设计和制造人才	理论力学、材料力学、画法几何与制图、金属工学、金相热处理、机械原理与零件、公差与技术测量、电工学、电子学及无线电技术、切削原理、刀具机床、企业组织与计划、仪器制造工艺学、玻璃工学、应用光学、仪器零件、光学仪器装配与调整、光学量度、应用物理光学、物理光学仪器设计、特种零件加工工艺	共有教师15人，基本上能胜任	基本设备已大部齐全，尚缺光学方面的设备	专业课尚无通用设材，拟自编讲义，预计可以解决	

浙江大学档案馆藏，档案号：ZD-1961-XZ-142-4

关于取消系、专业及教研组代号,恢复原来文字名称的通知

(1962年9月12日)

根据目前情况,经学校领导研究决定,从本学期起,本校各系、各专业和各教研组的名称,除第十系、十一系暂保代号名称外,一律取消数字代号,恢复使用文字名称。学生班级称号前的专业代号也同时取消,改用专业简称。由于近几年来有些专业的名称需有某些变动。在称呼上有些混乱。现根据国家计划委员会、教育部所发的“高等学校通用专业目录表(修订草稿)”重新订正,今后一律按照附表所列名称使用,不得随意改变。以后国家计划委员会、教育部在正式颁发通用专业名称时如有变动。届时再行修正。

为此特通知如上,希各单位遵照执行。

校长办公室

一九六二年九月十二日

附

浙江大学系、专业、教研组名称表

1962年9月

系名称		专业名称		教研组名称	
全称	简称	全称	简称	全称	简称
				马列主义教研组	同左
				体育教研组	体育
				外国语教研组	外语
数学力学系	数力系	数学	数学	数学教研组	数学
				高等数学教研组	高等数学
		力学	力学	力学教研组	力学
				工科力学教研组	工科力学
物理学系	物理系	物理学	物理	物理学教研组	物理
				普通物理教研组	普通物理
化学系	化学系	化学	化学	化学教研组	化学
				普通化学教研组	普化
				有机化学教研组	有机
				物理化学教研组	物化
				分析化学教研组	分析

续表

系名称		专业名称		教研组名称	
全称	简称	全称	简称	全称	简称
机械工程学系	机械	精密机械仪器	精密仪器	精密机械仪器教研组	精密仪器
		机械制造工艺及设备	机制	机械制造工艺及设备教研组	机制
		内燃机	内燃	闪燃机教研组	内燃
		水力机械	水机	水力机械教研组	水机
				机械原理与机械零件教研组	零件原理
				画法几何与机械制图教研组	制图
				金属工学教研组	金工
电机工程学系	电机系	电机	电机	电机教研组	电机
		电器	电器	电器教研组	电器
		发电厂电力网及电力系统	发电	发电厂电力网及电力系统教研组	发电
		电厂热能动力装置	热能	电厂热能动力装置教研组	热能
		工业企业电气化及自动化	工企	工业企业电气化及自动化教研组	工企
				电工学教研组	电工学
				电工基础教研组	电工基础
				热工学教研组	热工
				工程经济教研组	工程经济
化学工程学系	化工系	有机合成及塑料工学	塑料	有机合成及塑料工学教研组	塑料
		燃料化学工学	化燃	燃料化学工学教研组	化燃
		化工生产过程自动控制	化自	化工生产过程自动控制教研组	化自
		化工机械	化机	化工机械教研组	化机
		硅酸盐工学	硅酸盐	硅酸盐工学教研组	硅酸盐
				化工原理教研组	化工原理
无线电工程学系	无线电	无线电技术	无线电	无线电技术教研组	无线电
		电真空技术	电真空	电真空技术教研组	电真空
		半导体材料与器件	半导体	半导体材料与器件	半导体
				电子学教研组	电子学
光学仪器工程学系	光仪系	光学仪器	光仪	光学仪器教研组	光仪
		物理光学仪器	物理光仪	物理光学仪器教研组	物理光学
				应用光学教研组	应用光学
				光学仪器制造工艺教研组	光仪工艺

续表

系名称		专业名称		教研组名称	
全称	简称	全称	简称	全称	简称
土木工程学系	土木系	工业与民用建筑	工民建	结构教研组	结构
				施工教研组	施工
		河川枢纽与水电站建筑	河川	水利教研组	水利
		建筑学	建筑学	建筑学教研组	建筑
				地基与基础教研组	地质
				测量教研组	测量
冶金工程学系	冶金系	冶金	冶金	冶金教研组	冶金
		铸造	铸造	铸造教研组	铸造
		金属学及热处理	金热	金属学及热处理教研组	金热
				冶金炉教研组	冶金炉
				金属压力加工教研组	金压
地质工程学系	地质系	金属及非金属矿产地质及勘探	勘探地质	普查与勘探教研组	勘探
				地质技术基础教研组	地质基础

浙江大学档案馆藏,档案号:ZD-1960-XZ-61-2

关于我校规模和专业调整几个意见的报告

(1963年4月18日)

党委发文〔63〕21号

省教育厅党组:

根据省教育厅同志4月17日来我校征询关于专业调整及学校规模意见所提出的几项问题,经我们慎重研究后,提出以下意见,是否妥当,请审核。

一、关于几个专业的设置问题

1.应用数学、化学、物理学等三个专业要求坚持办下去。

①应用数学专业,我校从1957年开始建立,至今已有六年,有过一届毕业生,今年有第二届毕业生,教学环节都已经历几遍,积累了一定的经验。目前师资队伍已有副教授2人,讲师6人,毕业三年以上的助教11人,在教学业务上已具有一定基础和水平,教师前后写过论文40余篇(在全国性刊物发表的22篇,校刊发表的18篇,未发表的3篇),近年来师资水平正在迅速提高,同时也已经显示出对提高基础课教学教师水平的作用。因此,我们要求坚持办下去。如果省厅认为在省内只需集中一个数学基地,我们建议集中在我校办,杭大的陈建功等先生可调来我校(因为教育部曾指示过地区办的综合性大学,主要是培养中等学校师资)更为适宜。

②化学专业：我校化学专业，虽在1958年方设置，但到今年也已有第一届毕业生，各个教学环节都已经历过了。经过这几年努力，本专业已具有较好的基础条件，教师队伍已有教授2人，副教授2人，讲师2人，毕业三年以上的助教5人，有一定的教学水平，专业实验均能开出。本专业教师主要是从基础化学（如有机化学、物理化学等）教师中调出来的，有的是从兄弟学校调来的，并不是从化工系调出来的，这些教师的专长都是基础化学（如有机化学、动力学等）方面，与化工系专业有一定距离，但设置化学专业后，对提高基础化学师资水平、提高化工系基础课程教学质量，以及与某些化工系专业合作搞科研等方面都有一定的作用。因此，要求坚持办下去。

③物理学专业：我校于1957年建立，已有过二届毕业生，今年有应届毕业生，各教学环节均已经历几遍，积累了一定的经验。去年将物理学专业与原子核物理专业合并为一个专业后，师资力量更为集中，现有教授1人、副教授3人、讲师3人（均毕业十年以上）、毕业三年以上的助教15人，可以保证学生的基础训练和一定的毕业质量。教师在原子核的理论与实验方面的科学研究工作，也有一定的成果，实验设备也有一定基础，应开的实验已有88%能开。物理学专业设置以来对工科基础课师资水平的提高及各专业的教学和科研上已开始发挥一定的作用，今后长远亦将逐步发挥更大的作用。因此，我们要求坚持办下去。

2.应用力学专业我们希望继续办下去。

该专业从1958年设置以来，在创造基础条件方面，作了一定的努力，现在已有教师27人，其中副教授2人、讲师8人、毕业三年以上的助教8人（已能独立开课），教师中有十余人曾先后被派去科学院、清华大学和北京大学的师资进修班进修过。教学设备方面，固体力学专门组部分基本上能满足教学要求，流体力学专门组部分还需进一步充实。

本专业现有基础已有一定条件，办下去对提高工科专业基础课程质量有作用。故我们希望办下去，并且希望教育部能从停办力学专业的兄弟学校中抽调一些师资设备，充实我校。如果教育部从全国考虑，认为我校必须停办力学专业，则我们认为也可以停办。

3.精密机械仪器专业：本专业是我校60年新办专业，今年虽有第一届毕业生，但是从其他专业转来，带有过渡性质。目前本专业方向是培养自动记录及自动转换仪表的制造人才。本专业由于专业方向与教育部规定的通用专业目录不符，又系新办，虽有一些基础，各方面条件仍还比较薄弱，因此曾考虑停办。如按统一的专业目录“精密机械仪器”的专业方向办下去，更是缺乏条件。首先是师资方面，目前本专业教师中有副教授1人、讲师2人、毕业三年以上助教2人，但专业方向都不是搞精密机械仪器的。如副教授是留苏研究生，专长过程控制机床，有一定研究成就，目前对自动记录、转换仪表已属勉强，如再改为一般精密仪器制造，还须从头搞起，不宜再改行。其余讲师2人原来也都不是专长精密机械仪器的，已经改行搞自动仪表，再要改行也有困难，因此我们希望停办。停办后教师可以让他们继续发挥原来专长。如果教育部认为需要我校办精密机械仪器专业，则请求教育部大力给予师资力量和设备方面的支持，以便创造条件。

二、关于学校规模问题

1.我们同意本科学生6500人的意见。

2.另加研究生200人的问题。我们认为200人少了一些，要求达到300～500人。我校目前有讲师以上教师440人，五年以上的助教一百多人，今后几年内除搞好本科教学的需要外,同时可以有较大一批具有较高学术水平的教师力量来进行科研工作和培养研究生。至于设备方面,亦已有一定基础,今后根据勤俭办事业的方针适当加以补充即可。如果研究生能增至300～500人,不仅可以为国家和省培养多一些具有较高水平的建设人才,而且也更有利于学校科研工作的开展和师资的培养,有利于学校的科研水平和教学质量的提高。

以上意见,请审示。

中共浙大委员会
1963年4月18日

浙江大学档案馆藏,档案号:ZD-1963-XZ-9-4

关于数学和化学两个专业继续招生问题的报告

(1963年8月14日)

省教育厅党组:

根据省教育厅转知教育部意见:我校现设的数学和化学两个专业今年暂停招生,将招生名额分别增加到机械制造工艺及设备和金属学与热处理两个专业,经我们慎重研究,现将有关问题汇报如下:

1. 我校设置这两个专业,已有五六年历史,原来目的是配合工科专业,加强基础理论教学,并为发展理工结合的新学科创造条件。经过几年来的努力,这两个专业都已具有一定的基础,若停止招生,从长远来说,对加强工科专业的基础理论及进一步发展将有所影响。

2. 如今年暂停招生,则这两个专业的1962年入学的学生今后的留(降)级处理将有很大困难,因教学计划与其他专业差距很大,转学其他专业存在困难。

3. 机械制造工艺及设备和金属学与热处理两个专业如各增加招生一个班,则机械制造工艺及设备专业将招生四个班,金属与热处理将招生二个班,这样一来,该两个专业的师资和实验设备甚至实习场所都将有很多困难,将会影响教学质量。此外,新生教材均已按原计划预定,目前调整也有困难。

4. 目前全校师生对专业设置问题在思想上已渐趋稳定,一般以为我校专业将保留25个左右,今年力学专业已暂停招生,招生专业已为24个,如果数学和化学两个专业再不招生,则不仅在这两个专业的师生中会带来波动,而且也将影响其他专业师生,引起不稳情绪,从而给教学工作带来不利影响。

根据以上情况,我们意见这两个专业今年仍继续招生,人数可适当减少到20人左右,使上述问题能够比较容易地得到解决。

以上意见,是否妥当,请批示。

中共浙江大学委员会
1963年8月14日

浙江省档案馆藏,档案号:J039-015-142-017

关于物理专业、应用数学等专业复工科课程问题

(1968年5月20日)

在毛主席教育革命光辉思想指引下,我校广大革命师生员工正在逐步开展对修正主义教育路线开展革命的大批判。据我们从国家计委所了解的情况,我校物理专业、应用数学专业、土木系河川专业存在着学非所用,理论脱离实践,与国民经济发展极不适应的严重矛盾。经研究决定:坚决支持广大师生员工将教育革命进行到底的彻底革命精神,同意该专业同学向工科靠扰。物理631班33名同学,641班32名同学,65级23名同学复半导体专业课程;应用数学631班19名同学复工企课,641班20名同学复化机课,651班23名同学复化自课;土木系河川641班24名同学复机制课,4名同学复工民建课,河川651班30名同学复机制课。上述专业同学不作转系处理,人事、行政、组织关系一律不动,在原单位参加斗、批、改,把无产阶级“文化大革命”进行到底。毕业后的分配由国家统一决定。特此报告。

浙江大学革命委员会

1968年5月20日

浙江大学档案馆藏,档案号:ZD-1968-XZ-15

关于加速重建地质专业的报告

(1971年5月)

伟大领袖毛主席对地质工作历来非常关心,非常重视,曾做过一系列英明指示,去年12月21日还亲自批示印发了中央〔70〕75号文件——《国家计委地质局“抓革命、促生产”会议纪要》。“大海航行靠舵手,干革命靠毛泽东思想。”毛主席对地质工作的一系列英明指示,为我们地质工作的发展,指明了方向。地质工作是社会主义工业建设的开路先锋,搞不好,一马挡路,万马不能前行。

1958年,在伟大领袖毛主席亲自制定的鼓足干劲,力争上游,多快好省地建设社会主义总路线的光辉照耀下,我省千万万群众上山找矿,促进了地质工作的大发展。为了适应地质工作“大跃进”的形势,当时在浙大建立了地质专业,后来发展成为数百人的地质系(与此同时,还先后建立了冶金系和煤炭系),毕业的学生分配全国各地,为培养社会主义工业建设的先锋战士贡献了一份力量。(中略)

在毛主席的革命路线指引下,在“工业学大庆,农业学大寨,全国学人民解放军”的群众运动中,地质战线出现了以江西九〇九地质队为代表的一批先进单位,闯出了一条多快好省办地质的道路,促进了地质工作的不断发展。我省地质战线亦是一片大好形势,特别是去年,在省革委会的正确领导下,为落实毛主席“扭转北煤南运”的伟大指示,开展了夺煤大会战以来,大大推动了我省地质工作的发展。随着我省地质工作的发展,迫切需要培养地质人才为她服务,因此对我们教学工作又提出了更高的要求。去年省革委会负责同志指示,在我校要把地质办起来。我校地质专业又获得了新生,这是毛主席革命路线的伟大胜利。

最近,我们怀着"忠诚党的教育事业"的一颗红心,根据毛主席"调查就是解决问题"的伟大教导,先后到国家计委地质局,长春地质学院,合肥工业大学,安徽省冶金地质局和省夺煤指挥部、省重工业局等十几个单位进行访问和调查。上级机关的指示精神,外省的先进经验和本省生产单位迫切要求培养地质技术人员的呼声,给我们极大鼓舞和教育。

根据我们调查的情况和加速重建地质专业的意见,向学校领导报告如下。

一、全国地质学院的布局和专业设置概况

目前全国设有地质专业的高等院校有30多所(包括冶金、海洋在内),但分布不平衡,有的省有两个以上的,有的省没有地质专业。遵照毛主席"备战、备荒、为人民"和"地方应该想办法建立独立的工业体系"的教导,许多省市准备自己筹办地质学校。如福建省准备办地质系,广东准备办矿冶学院,西北地区准备办地质学院,江西准备迁一所地质学校去等等。原地质部直属的三所地质学院和六所中等地质学校亦已下放到省,如长春地质学院下放给吉林省;北京地质学院下放给湖北省,并改名为湖北地质学院;成都地质学院下放给四川省。今后三所地质学院的任务是"立足本省,考虑协作区,然后再考虑全国。"因此计委地质局的同志讲:"今后你们不要考虑国家待分配给你们多少毕业生的问题,要尽量自己培养人才,来满足需要。""今后中等地质技术人员也一律由各省自己解决。"

据有关同志讲,四五计划期间全国地质人员缺六万人,所以地质专业教育要大力发展。但单靠培养高等院校毕业生,是远远不能满足需要的,还需抽调很大的力量,用举办短训班等方法培养地质人员。

根据我国地质工作发展的现状,为适应我国国民经济建设,紧密结合生产实践,紧密结合科学技术的发展和赶超世界先进水平的需要,经国家计委地质局平衡,全国地质院校考虑设置以下十个专业:

1. 综合找矿专业:运用各种手段进行综合找矿,综合评价,并能懂得开采、选矿、冶炼等普遍知识。

2. 石油勘探专业:运用地质和物探等方法进行石油、天然气的普查、勘探,并懂得开采知识。

3. 水文地质工程地质专业:面向工农业,以水文地质为主,兼学工程地质。同时要搞地热。

4. 勘探机械专业:研制探矿机械。

5. 勘探仪器专业:研制物探仪器和物探方法的综合研究,改革解决。

6. 地应力专业:即地质力学专业,地质力学是我国独创,生产上益见成效。

7. 海洋地质勘探专业:以海底矿产普查、勘探为主,兼顾国防和军事需要。

8. 地球物理勘探(简称物探)专业。

9. 岩矿综合分析鉴定专业。

10. 稀有放射性矿产地质勘探专业。

计委地质局的同志认为,各省应根据本省的特点,确定自己的专业设置和规模。但综合找矿和水文地质、工程地质专业最好各省自己办,因为这2个专业的人员需要量大,特别是综合找矿专业,自己培养需要结合本省的特点。至于其他专业(如海洋、物探、地质力学等等)有条件的也可办,没有条件者可由这三所学院来考虑。如合肥工业大学地质系原来只办地质专业,后因生产部门急需,又增添了物探专业。

二、我省基础工业的发展对培养地质人才的要求：

从省夺煤指挥部和省重工业局提供的材料说明……我省基础工业长期来处在比较落后状态。过去我省煤炭百分之九十以上靠国家从黑龙江、山西等8个省32个煤矿调入，千里迢迢，北煤南运，致使我省原煤产量全国倒数第二（仅胜过西藏）；铁矿生产也相当落后，全省探明铁矿的储量仅有8000多万吨（而安徽省一个铁矿仅作初步工作已控制储量2亿吨），致使杭钢铁矿石要从海南岛调来。这种状况严重影响了我省工农业生产的发展和地方工业体系的建立。

无产阶级"文化大革命"以来，我省广大群众狠批了反革命修正主义路线，基础工业获得了很大的发展。特别是去年以来，为落实毛主席"扭转北煤南运"英明指示，在省革委会领导下，我省开展了夺煤大会战，取得了显著的成绩。去年一年中，发动了全省近百万群众找煤探矿，组织了10万人的夺煤大军，找到了5000多个煤点，办起小煤窑2000多个，兴建万吨以上骨干小井80多对，使我省原煤产量从36万吨增长到200多万吨。初步改变了煤炭生产的落后面貌。计划在今年建井115对，煤产量达300万吨，四五计划期间（到75年）要达到1000万吨，这样就基本实现了毛主席"扭转北煤南运"的伟大指示。在夺煤大会战的推动下，地质、采矿、冶炼等基础部分也迅猛发展。以地质为例，我省现有六个地质大队，人数从2000多人增长到8000多人，并还在不断扩大。各地区还成立了地县地质队。去年以来探明的原煤储量，比过去二十年来的总和还多，为我省工业发展提供了不少原料基地。

根据省夺煤指挥部同志讲，四五期间全国夺煤重点放在大三线，其次是江南，又以浙江、皖南为主。去年我省夺了200万吨煤，而开滦煤矿去年超产就有300万吨。可见由于我省基础工业的落后，夺煤的任务是多么艰难！在浙江夺煤对于落实战备具有何等重大的意义。

搞夺煤，搞原材料生产，第一个问题就是地质情况不清，去年群众报了5000多煤点，都是露头，但地下情况怎么样？这就给地质工作提出了迫切的要求。但由于××之流在大砍基础工业同时，把直接为基础工业培养人才的嘉善地质学校，建德煤炭学校，浙大地质系，冶金系，煤炭系都砍掉了，矿山机械、机电等专业也纷纷下马。到目前为止，我省没有一个这方面的专业和学校，形成了空白，致使我省地质工作远跟不上基础工业迅猛发展的形势。如现全省只有采矿技术人员18人，选矿技术人员也很少，而且由于修正主义教育路线的影响，分工过细，根本满足不了目前矿山建设大发展的需要。由于我省岩矿分析力量也很薄弱，夺煤大会战后化验工作跟不上，从地县送来的矿样开始写一个"急"字，后来写上两个"急"，前后写上三个"急"。但地质实验室没有办法，只好让它排队等着。地质人员更是相当缺乏，现在搞地质的技术人员年龄多在35岁左右。有一个矿13个中6—7个有病，能上第一线的只有5—6人，有些生矿区因为缺人，而工作开展不起来，若再不加快培养，真要后继无人了。

从全国地质工作的发展情况来看，我们浙江还有许多新的地质领域未占领，如用地质力学观察指导找矿；地热的利用；矿质的综合评价，综合利用等。最后在过去被"洋人"认为无用的石煤中找到了国家急需的战略物资——镍，还有钼、钒、铀等。因此如何进行综合评价，综合利用具有极其重大的意义。

从以上调查的情况说明，我省地质工作大有可为，并迫切需要培养出大量的技术人才，以适应基础工业发展的需要，正如生产一线的同志所说："培养人才要快，不然就赶不上四五期间的需要了！"

三、加速重建地质专业的意见

自地质专业重新恢复以来,在校系党的核心小组、工、军宣队、革委会的直接领导下,已做了不少工作,毛主席关于地质工作要大发展的指示,已被广大群众所掌握,并正在变成物质力量。

遵照毛主席"马克思主义的哲学认为十分重要的问题,不在于懂得了客观世界的规律性,因而能够解释世界,而在于拿了这种对于客观规律性的认识去能动地改造世界"的伟大教导,我们在调查研究的基础上,对下一步如何加速重建地质专业提出以下几点不成熟的意见,供领导参考。

1. 认真学习和大力宣传毛主席关于教育革命、关于"开发矿业"和地质工作要大发展的一系列英明指示……牢固树立毛主席提出的发展工业"以钢为纲"的思想。

2. "政治路线确定之后,干部就是决定的因素"。要抓紧建立地质连队的革命化的领导班子,这是当务之急。

3. "教改的问题,主要是教员问题。"地质专业已恢复半年多了,目前只有 7 名专业教师,远远不能适应形势要求,应迅速地从校内外抽调德才兼备的同志到地质专业。据外省经验,办一个专业至少需要 30—40 名专业教师。

4. 安徽合肥工业大学和省冶金地质局合办地质大队(即地质系)的经验,(见附件),对我们是适宜的。建议学校领导和省重工业局联系、协商共同办好地质专业。当前,我们为办好短训班正在积极做准备。

5. 根据发展工业要坚持"以钢为纲",把基础工业搞上去的精神,在加速恢复地质专业的同时,建议领导把物探、水文地质、工程地质、采矿、选矿、冶金等专业也考虑起来。

以上报告,当否,请领导批示。

地质连队

1971.5

浙江大学档案馆藏,档案号:ZD-1971-XZ-42

关于成立基础部和基础课教师调整工作的决定

(1972 年 3 月 4 日)

浙大核〔72〕5 号

一年多来,在毛主席教育革命思想的指引下,在省委的直接领导下,在我校各级党组织、工、军宣队、革委会和广大师生员工的共同努力下,基础课的教育革命在努力同三大革命实践相结合,改变"三脱离"状况以及教材编写、教学法改革等各方面都取得了一定的成绩。某些基础课的教师分到专业后,在联系生产、结合专业方面都有较大进步。但是,由于固定分散在下面,无法进行集体的活动,对教材编写、基础课教学改革中共同性问题的研究,很难开展,必要的教师调配也难以进行,因此,基础课的教学改革工作,还远远不能适应教育革命形势发展的需要。根据全国教育工作会议纪要"要重视基础理论课教学"的精神,以及我校前一阶段的初步实践及一些兄弟院校的经验，为了加强对基础课教育革命工作的领导，校革委会决定成立基础部，并对基础课教师进行必要的调整。现将有关事项通知如下：

一、基础部的组织

基础部设主任、副主任，下设办公室，办公室工作人员暂定五人。基础部建中共临时总支委员会，待条件成熟后，经民主协商选举产生总支委员会。

高等数学、普通物理、外国语三门课的全部教师、工作人员及实验设备等都划归基础部领导，在基础部下设三个连队及支部。工科力学因实验室工作人员及设备长期与固体力学专业共同使用，一时不易分开，所以，工科力学教师、工人及实验设备仍归自动化仪器仪表系领导。其他基础课及基础技术课仍按原来规定由各有关系领导。

二、基础部的任务

基础部在校党的核心小组、工、军宣队、革委会的领导下，与各系密切配合，共同为培养无产阶级革命事业接班人这一目标服务，负责所属基础课的教育革命、教学改革、师资队伍的培养建设以及实验室的建设和改革等工作。基础部所属教师实行有上有下、上下结合，日常教学工作相对稳定在系里，定期上来研究教育革命中共同性问题。党、团组织生活和经常性的政治学习归基础部负责。各系、各专业连队也必须进一步重视基础课的教学改革工作，在党的一元化领导下，各专业连队的教师和基础课教师应加强团结，密切配合，互相学习，协同作战，共同关心和完成基础课的教学任务，防止产生对基础课丢开不管的现象；应继续鼓励专业课教师担任或辅导基础课；为执行毛主席的无产阶级教育路线，为办好社会主义理工科大学而共同奋斗。

三、基础课教师调配工作

原基础课教师，除结合到校、系两级革委会、专业连队党委及行政负责人，以及经学校批准担任其他党政工作的以外，其余原则上一律归队。基础课教师的调整工作，由校政工组负责主持，校教革组及各系核心小组必须切实协助，做好思想教育工作，保证调配工作的顺利进行。高等数学、普通物理、外国语三门课的教师、工作人员应于 3 月 15 日前到校政工组转关系至基础部报到。工科力学教师至自动化仪器仪表系报到。

四、基础部的用房及设备，要求各系和有关单位大力支持帮助解决。三门课原有的用房及实验设备，由生产、科研等占用、借用的，应即归还。

以上决定自公布之日起执行。

中共浙江大学核心小组
一九七二年三月四日

浙江大学档案馆藏，档案号：ZD-1972-XZ-46

关于开办机械专业试点班的报告

（1976 年 7 月 27 日）

校招生领导小组并转党校的核心小组：

在反击右倾翻案风斗争取得伟大胜利的大好形势下，1976 年 7 月 26 日，校有关部门领导同志前来我厂就开办“浙大机械系机械专业社来社去试点班”的问题,召开了工人座谈会,与支部同志一起学习了辽宁省实行“三来三去”的先进经验,反复讨论,具体研究了试点班的指导思想和有关具体事项。现综合报告如下:

一、办学指导思想

以阶级斗争为纲,坚持党的基本路线,坚持教育必须为无产阶级政治服务,教育必须与生产劳动相结合的方针,坚决贯彻毛主席关于“教育要革命”的指示,改革招生分配制度,限制资产阶级法权,实行“社来社去”,为普及大寨县实现农业机械化,培养扎根农村、有社会主义觉悟的、有一定农业机械专门知识的普通劳动者,把试点班办成无产阶级专政的工具。

二、专业名称

暂称浙江大学机械系机械专业“社来社去”试点班。

政治业务内容:

政治上,坚持以阶级斗争为主课,把转变学生的思想放在首位,努力培养与工农画等号的有社会主义觉悟、有文化的普通劳动者。通过学习马列毛主席著作,参加各项重大政治运动,不断提高阶级斗争、路线斗争和继续革命的觉悟,以加强识别真假马克思主义的能力,与反革命修正主义路线对着干,坚持毛主席无产阶级教育路线,树立全心全意为人民服务的思想,做一个缩小差别,限制资产阶级法权的促进派。

业务上,经过学习达到懂得农村常用机械设备原理使用和维修,有一定独立分析和解决实际问题的能力,着重在制造工艺方面,具有一般农业机械技术革命和技术革新的工业设计技能。

三、组织领导

由厂支部具体实施一元化领导。由于试点班是社会主义新生事物,要求校系加强领导,建议校成立试点班领导小组,由校核心组、革委会主要负责同志挂帅,各有关部门和系、厂分管领导组成。

具体工作,教学计划安排、实施,统一由有关部门负责,政工由支部负责。

组织一支三结合的教师队伍,组织一定数量工人讲师上讲台,抽出一定技术人员和教师脱产上课,邀请学校有关教研组教师兼课,同时实行互教互学,充分发挥工农兵学员上管改的作用。

为使生产与教育、学工劳动有机结合,以利更好地促进教育革命。为此,我们要求近年内陆续增加工人队伍。今年毕业生要求留 5 人(力学、数学、机械,金相、内燃各一人)。学校兼课教师(马列、制图、零件原理、力学、内燃)要求列入学校教育计划,付诸实现。

四、招生对象和地点

招生对象从公社农机厂中选拔具有二年以上实践经验的优秀工人,拟第一期从临安县各农机厂选拔,以后视专业发展情况,逐步扩大招收范围。文化程度一般具有初中以上程度,少量有较丰富实践经验的老工人,可以放宽文化和年龄要求。

五、学制与课程

学制暂定二年。

课程设置，根据各农机厂急需为农业机械化解决的共性问题，在调查研究基础上再定。

分配：坚持"社来社去"。

六、基地

设在临安交口浙大东方红机械厂

校办工厂，应当把培养人放在首位，在保证教学前提下，尽可能进行生产。为此厂里要积极争取增设农机产品，坚持为农业服务的方向，坚持教育为无产阶级政治服务，教育生产劳动相结合的方针，试点班开办后，学校其他专业学工劳动，我们积极创造条件，挖掘潜力，照常承受。

七、学员待遇，户粮关系，经费

列入国家计划，5 年以上工龄由所在单位发放工资，5 年以下的发生活费，（按照省统一规定），如家庭发生困难，应由选送单位酌情研究给予适当的补助。

户口不迁，迁临时粮油关系。

试点班，逐步实行半工半读，勤工俭学，争取在近几年内在经费上逐步达到自给自足。

八、后勤工作

目前住房问题基本上已解决，由于不仅要办好试点班，还要承受学校专业学工任务，所以学员用的教室活动场所显著欠缺，文娱活动交通等很艰难。为进一步考虑试点班发展，要求学校考虑继续拨款，增设教学和生活用房。

创办浙大机械与机械专业试点班，这是造就工人阶级、贫下中农自己知识分子队伍的革命实践，是无产阶级教育革命必须坚持的方向，目前条件已经基本具备，希望上级党组织加强对我厂政治思想上的领导，同时也应在人力、物力上予以必要的支持。

我们坚信有毛主席革命路线指引方针，有上海 7.21 工大和江西共大等先进单位做榜样。虽然前进的路上会遇到各种各样困难，但是新生事物是不可战胜的，前途是光明的，特此转告批复。

中共浙大大东方红机械厂

浙江大学档案馆藏，档案号：ZD-1976-XZ-22

关于我校设置"医疗器械"专业的请示报告

（1976 年 11 月 23 日）

浙大核〔1976〕36 号

中共浙江省委：

为积极改变我国医疗器械的落后面貌，适应社会主义革命和社会主义建设的需要，国家计委〔73〕计字 435 号文件提出"要培养医疗器械专业的技术人员"，"建议卫生部门提出技术力量培训计划，在条件较好的医疗仪器厂开办技术学校，并在大专院校设置医疗器械专业"。74 年初，国家计委在京召开全国医疗器械专业会议，北大和我校被邀参加了会议。会上国家计委提出筹建医疗器械专业,在南方,要求我校筹建医疗光学仪器专业。会后,我校参加会议的同志曾向校党的核心小组汇报。几年来,我校光仪、电机、机械等系有关专业结合教学和科研,组织学员下厂和工厂一起试制了一些医疗仪器,如手术显微镜、屏幕显微镜、激光手术刀、心音机、治癌机、医疗监护器等。1975 年暑假,我校曾列入十年规划,上报省教育局。

最近,我校有关专业曾去省卫生局、省教育局有关部门联系了解,经校党的核心小组研究,认为设置这个专业是国家迫切的需要,中央和省的卫生部门仍希望布点在我校,我校也作了一些准备工作,师资设备方面具备一定条件。因此,我们的意见是:根据需要和可能,我校应在现有基础上加速筹建这个专业。专业方向,应根据中央和省卫生部门的意见,以光为重点,结合机电。通过调查研究,试办短训班,开展科研等,争取及早招生。

现在,以华国锋主席为首的党中央,一举粉碎了王、张、江、姚"四人帮"反党集团,全国形势一派大好。我们决心继承毛主席的遗志,以阶级斗争为纲,坚持党的基本路线,抓革命、促生产,为把我国建成为社会主义强国作出自己的贡献,特将设置"医疗器械"专业意见专题报告如上,请省委研究批准布点我校,以便及时组织筹建。

中共浙江大学核心小组(代)
一九七六年十一月二十三日

浙江大学档案馆藏,档案号:ZD-1976-XZ-22

关于增设"医疗仪器"、"地球化学探矿"和"计算数学"三个新专业的报告

(1977 年 10 月 17 日)

浙大革〔1977〕99 号

为了贯彻执行英明领袖华主席在党的十一大政治报告中所提出的"要采取强有力的措施,扩大和加快各级各类教育事业发展的规模和速度"的战斗任务,以配合各项经济事业和科学技术事业的发展,适应社会主义革命和社会主义建设的需要,根据我校是多科性理工科大学的特点,经研究,拟在原有 32 个专业的基础上,增设"医疗仪器"专业,归口卫生部,面向全国;增设"地球化学探矿"专业,归口冶金部、国家地质总局,面向华东区;增设"计算数学"专业,将原"应用数学"专业 75、76 级学生全部转入该专业,仍归口四机部,面向全国;原设"应用数学"专业将主要搞应用数学基本理论,改为归口科学院,面向全国。上述各专业均于 1977 年起招生。特此上报,希予审批并复示。

附:关于设置"医疗仪器"、"地球化学探矿"、"计算数学"三个新专业的意见和明确"应用数学"专业主要内容与改变其归口的意见。

浙江大学革命委员会
一九七七年十月十七日

浙江大学档案馆藏,档案号:ZD-1977-XZ-68-6

浙江大学“七五”期间本科专业增设规划
(1987年2月24日)

浙大发教〔1987〕027号

国家教委高教二司：

接1986年教高二司字035号通知，关于报送本科专业增设、调整初步计划一事，已经过我校教学委员会慎重讨论，校长办公会议研究，有关我校“七五”期间，本科专业的增设问题，提出如下看法：

我校“七五”期间增设本科专业的原则：

1. 发挥我校理工优势，文、管兼顾，有目标地发展交叉学科和新技术、高技术的前沿学科。

2. 结合国民经济建设需要和宏观的教育改革进展，现有专业要逐步拓宽口径，新建专业以学科型为主。

结合我校的具体情况，在“七五”期要发展的高技术、新技术主要是：

①完善材料科学体系；

②发展有特色的环境科学和能源科学；

③结合工程应用，逐步完善自动化和系统学科；

④有步骤地发展生命科学与技术学科；

⑤完善信息科学体系；

⑥有重点地发展文、管系科。

根据上述精神具体增设计划为：

一九八七年增设：

1. 生物化工(已批)
2. 城镇建设(已批、筹建)
3. 汉语言文学(已批)

一九八八年增设：

1. 环境化工
2. 高分子材料
3. 信息工程
4. 科学哲学
5. 科技情报
6. 科技与教育管理工程：为第二学士学位，设学士点

一九八九年增设：

1. 计算机科学
2. 城镇经济管理
3. 系统工程

4.环境工程

一九九〇年增设：
1.微电子电路与系统
2.流体工程
3.工程热物理

特此报告。

浙江大学档案馆藏，档案号：ZD1987XZ-121-1

关于专业调整的请示
(1993年7月11日)

浙大发教〔1993〕122号

国家教委：

逐步改造一批老专业，拓宽专业面；适当增设一些新专业，以更好地适应市场经济建设的需求，是我校“八五”期间专业调整的指导思想。为此，今年我校继续申请进行以下调整：

1.增设“会计学”专业、“国际经济法”专业和“金融学”专业。随着我国市场经济体制的确立和完善，此类专业呈现越来越大的人才需求趋势。培养一大批具有良好的理工背景和较强的计算机技能的经济、管理、法律类人才，是浙江大学等理工科院校义不容辞的任务，也是我校理工文管学科门类比较齐全的优势。近年来，我校工商管理学院、对外经济贸易学院在教学、科研、师资队伍建设、教材建设等方面已奠定了良好的基础。

2.改造“无线电技术”专业为“电子工程”专业；改造“工业与民用建筑工程”专业为“建筑工程”专业；改造“内燃机”专业为“汽车与拖拉机(汽车工程)”专业。这些专业近三年来已在教学计划中逐步拓宽了专业口径，增加了专业方向，原有的办学条件很好，又有良好的实习条件和广阔的人才市场。

3.撤销“城镇建设”专业，暂停“国民经济管理学”和“水利水电工程建筑”两专业的招生。

其中：经本次调整土木系将以“建筑工程”为其唯一专业，包括“水工、城建、市政工程、工民建”等专业方向；

“金融学”专业在新目录中没有，对应专业为“货币银行学”。我校认为“金融学”名称更适合于本科专业命名，随着中国经济与世界经济接轨，“金融学”以其包容“国际金融”的宽广内涵，有更强的适应性。如不可行，请改批“国际金融”专业，特呈送“金融学”“国际金融”两份申请报告。

“国际经济法”专业一经批准拟以4年制和“2.5+1.5”制两种方式办学。后者为从在校的文理工科学生中招生，毕业生将有更好的学科交叉背景，故上报两种教学计划。

以上调整均从1994年秋季开始实施，招生人数全校统筹。学校将在“八五”之内继续撤并、改造一批老专业，以维持专业总数目不变。

其中,“会计学”、“国际经济法”、“金融学”三专业每年招生各30人,理科招生,学制四年。“汽车与拖拉机(汽车工程)”和“建筑工程”两专业仍为工科,学制四年,招生人数校内统筹。

以上报告当否,请批示。

附:各专业申请表、申请报告及教学计划各1份(略)

浙江大学

一九九三年七月十一日

浙江大学档案馆藏,档案号:ZD-1994-JX12-15

(三)学科建设

1982年由教育部科技司批准的浙江大学重点学科统计[①]

(1987年4月)

序号	研究方向	带头人	序号	研究方向	带头人
1	微分方程、偏微分方程	董光昌	11	电力系统运行及控制	韩祯祥
2	分布参数系统控制论	张学铭 蔡燧林	12	双水内冷电机	郑光华
3	配位聚合	杨士林	13	工业电子技术和电力电子学	汪槱生
4	机械设计现代理论和方法—计算机辅助几何设计与加工	梁友栋	14	电机、电机控制与节能	许大中
5	流体传动及控制	路甬祥	15	软土土力学及地基处理	曾国熙
6	断裂力学在压力容器中的应用	王仁东 薛继良	16	硅材料科学与技术	阙端麟
7	现代光学技术及精密光学仪器	缪家鼎	17	聚合反应工程	潘祖仁
8	生物医学工程及仪器	吕维雪	18	状态方程与相平衡	侯虞钧
9	功能金属材料	王启东	19	化工动态及过程控制	周春晖
10	燃烧理论及技术	岑可法			

浙江大学档案馆藏,档案号:ZD-1986-XZ-340

① 本表原载浙江大学校长办公室编《浙江大学1986年统计资料汇编》,标题为编者所拟。

浙江大学1988年国家重点学科统计[①]

(1989年4月)

序号	学科	序号	学科
1	应用数学(联合基础数学)	2	液压传动及气动
3	光学仪器	4	工程热物理
5	电力系统及其自动化	6	工业电子技术及电磁测量
7	半导体材料	8	化学工程
9	工业自动化	10	

浙江大学档案馆藏,档案号:ZD-1988-XZ-69-1

关于印发《浙江大学文科发展基金管理试行办法》的通知

(1990年7月10日)

浙大发办〔1990〕31号

文科各系,马列主义教研室、图书馆、文艺教研室:

现将《浙江大学文科发展基金管理试行办法》发给你们,望及时组织好文科课程建设基金和文科科研基金的申请。

附:1.浙江大学文科发展基金管理试行办法;

2.1990年浙江大学文科科研基金课题申请指南;(略)

3.浙江大学文科科研基金课题申请表;(略)

4.课程建设基金申请书。(略)

浙江大学

一九九〇年七月十日

附件一

浙江大学文科发展基金管理试行办法

为发展浙江大学人文学科,经浙江大学校务会议决定,设立"浙江大学文科发展基金"。现制定基金试行办法如下:

一、指导思想和原则

基金使用以马克思列宁主义,毛泽东思想为指导,坚持理论联系实际的方针,贯彻公平原则,提倡竞争,择优资助。

---

① 本表原载浙江大学校长办公室编《浙江大学1988年统计资料汇编》,标题为编者所拟。

二、资助范围

由文科科研基金和文科课程建设基金组成，文科科研基金是学校科研基金的一个组成部分。基金主要用于我校文科的科学研究与教学建设。重点资助我校人文学科与社会科学具有重大实践意义和理论意义、具有较高的学术价值，能直接促进学科发展，特别是新兴学科、边缘学科和交叉学科的研究课题和课程建设。

三、申请程序

1. 文科指导委员会为基金确定资助方向，由教务处和科研处定期公布。

2. 文科科研基金项目每年发放一次，凡我校人文学科具有中级以上职称者均可按规定申请资助；其他人员申请须有本专业两名高级职称人员的书面推荐。课题负责人每次只能申请一个项目，在最终成果形成前不得申请两个以上的基金项目。

3. 课程建设基金项目按浙大发教[1987]136 号文及有关补充通知办理。

4. 申请人所在系、所学术委员会对申报项目进行实质性评议后，课程建设基金项目和科研基金项目分别报教务处和科研处汇总。

5. 文科指导委员会组织专家对申请项目进行最后评议，按无记名投票方式确定基金资助项目，对基金进行综合平衡，然后交教务处和科研处公布。

6. 教务处和科研处对基金项目进行监督和管理。

四、经费限额及使用范围

基金资助经费数额根据项目的性质、规模来确定，其中重点课题资助费每项最高不得超过 1 万，课程建设资助费一般不得超过 1 万。

经费专款专用，使用范围限于：

1. 科研项目的资料收集费，包括抄录、誊印、复制、翻译、计算机使用费，图书资料费及在国内收集资料的差旅费。(不含学术著作出版费)；

2. 课程建设的有关教学费(不含教材出版费)；

3. 与课题相关的，具有重大理论意义和较高学术水准的国际国内学术会议的补助费。

五、项目负责人

申请项目的主要负责人须由所在系党总支提出政审意见；必须是项目的真正组织者和指导者，并在该项目中担负实质性的任务；每年年底须向教务处、科研处提出研究进度和经费使用情况的书面报告；项目完成之后要提出总结报告，提交项目成果。

六、最终成果

基金项目应在二三年内形成最终成果。文科委员会对最终成果进行评审，无故不完成基金资助项目，任意拖延，或不遵守规定，擅自挪用基金，违反财务制度者，应予严肃处理。

浙江大学档案馆藏，档案号：ZD-1990-XZ-130-1

关于设立浙江大学学科建设基金的通知

(1990年9月24日)

浙大发办〔1990〕35号

各系,各部、处,校各直属单位:

为加强学科建设,进一步提高教育质量和科研水平,经校务会议研究决定设立浙江大学学科建设基金。现将“浙江大学学科建设基金管理暂行规定”发给你们。今后学科建设基金每年申报一次,时间另行通知。今年的申请限各系报一个学科。该学科应在近期内可形成优势,在下一批申报新增博士点时,能增补上新的博士点,或对我校学科布局、科学技术水平的提高会产生深远的影响。此外各系还可申报一批候补项目,可考虑从长远看必须支持和发展的学科或需跨系跨学科组织的交叉学科和新兴学科。

各系在遴选项目时,要以系的学科规划为基础,遵照浙江大学学科建设基金管理暂行规定,严格把关。

今年的申请截至10月6日,请各系于截止之日前将申请表和学科基本情况表各一式7份交研究生院办公室。

附:1.浙江大学学科建设基金管理暂行规定;

2.浙江大学学科建设基金申请表;(略)

3.学科基本情况表;(略)

4.浙江大学学科建设基金经费管理办法。

浙江大学

一九九〇年九月二十四日

附件一

浙江大学学科建设基金管理暂行规定

总　则

第一条:为提高我校的教育质量和科研水平,增加教学和科研的基础投入,经校务会议研究决定,从一九九〇年起设立浙江大学学科建设基金。

第二条:学科建设基金主要用于调整学科结构,以保证学校长久持续地发展。重点支持潜在的可在近期内形成优势和自身特色,达到国际前沿水平或国内领先地位,或对我国经济建设起重大促进作用的新兴学科、边缘学科和交叉学科的发展以及传统学科的更新改造;支持对学校长远发展有重大影响的学科;以及与上述学科建设有关的基础性研究设施和研究生课程建设。

第三条:在诸多的申请项目中,学校将综合考虑其人才培养前景,国内外科技发展趋势,与我国经济建设的关系,与其他学科发展的联系和作用,现有的学术梯队、基础设施、科研成果、科研经费等基础条件,项目和课题争取前景诸因素,择优给予资助。

第四条:学科建设基金的资助应坚持公平公开、自由竞争的原则。申请的项目均由系推荐,经学科专家组初审和校学术委员会复审,由校务会议决定资助项目及额度。

组 织

第五条:成立浙江大学学科建设领导小组和浙江大学学科建设基金管理联合办公室。学科建设领导小组由校长任命,基金管理联合办公室由研究生院、教务处、科研处、人事处、设备处、计财处和政策研究室等有关部门负责人组成,联合办公室挂靠研究生院。

第六条:学科建设领导小组负责制定基金的使用原则;公布当年基金资助项目数和资助限额;聘请学科专家组成员;批准各项目的修改计划;指导学科建设基金管理联合办公室的工作。学科建设基金管理联合办公室负责基金项目的申请、监督和检查等日常管理工作。

申请、审议和批准程序

第七条:申请基金均以学科或学科群体为单位,由项目申请负责人向所在系提出申请(学科群体为单位的项目由主要申请人向所在系提出申请),申请项目的负责人必须是项目的真正组织者和指导者,并在该项目中承担任务。

第八条:申请资金资助,应按规定填报"学科建设基金申请表"和"学科基本情况表",并在规定日期内交基金管理联合办公室(设在研究生院)。

第九条:申请由各系汇总,系组织学术委员会对项目申报的材料进行核实,认真对照本规定第三条的内容进行评议,并将评议意见报系,系务会议根据学科建设领导小组下达的限额向学校推荐申请项目。

第十条:校内分若干个学科专家组对系推荐的项目进行初审,学科专家组成员由校学科建设领导小组聘请,一般每个学科专家组由7—9人组成。专家组成员在认真审阅申请书和学科基本情况表的基础上,由联合办公室组织召开学科专家组评审会,邀请项目申请人报告项目基本情况,回答专家组成员提出的问题。专家组根据本规定第三条内容对申请项目进行审议,之后各专家组成员填写"学科建设基金项目初审表"。获得半数以上专家组成员同意资助的项目,才能上报校学术委员会进一步复审。

第十一条:校学术委员会的复审工作,先由各学科专家组向校学术委员会报告各学科专家组初审通过的申请项目,然后根据本规定第三条内容进行充分审议,最后,各委员填写"学科建设基金项目复审表"并以无记名投票方式,择优确定复审通过项目,并提出项目修改建议书。

第十二条:校学术委员会将复审通过的项目报校学科建设领导小组。领导小组将根据学校发展总体规划、当年资助项目数和资助限额,综合考虑各方面因素和条件,提出当年资助的项目和金额报校务会议核准执行。

第十三条:经校务会议核准资助的项目,由基金管理联合办公室通知所在系和计财处,由项目负责人填报项目计划表和年度拨款计划,经联合办公室审核同意后开始实施。

监督与管理

第十四条:凡接受基金资助的项目,都应从资助的第二年起,在每年9月底以前向基金管理联合办公室提交工作进度报告,年度经费决算表和新年度工作及经费使用计划,并随时接受基金管理联合办公室的质询和检查。

第十五条:新年度工作及经费使用计划经基金管理联合办公室审阅,并提出具体意见,送学科建设领导小组审批后执行。凡未提交年度工作报告和年度经费决算表的学科,除暂时停拨经费外,基金管理联合办公室应派人调查了解情况,提出具体处置意见。

第十六条:基金资助项目工作结束两个月内,项目负责人应向基金管理联合办公室提交项目总结报告及有关论文、成果等资料,项目经费决算表,并随时接受基金管理联合办公室的实地考察。基金管理联合办公室应组织有关专家对项目进行评估和验收。

第十七条:资助项目如遇特殊情况需要改变原计划,或更换项目负责人,或调整资金执行方案等,必须事先向基金管理联合办公室提交报告,由基金管理联合办公室提出具体意见,报校学科建设领导小组批准后,方为有效。

第十八条:学科建设基金的资金使用范围按"浙江大学学科建设基金经费管理暂行办法"执行。

第十九条:对无故不按时完成项目或不按项目计划执行的,又未提交调整计划报告的项目,基金管理联合办公室报告学科建设领导小组,对其停止资助,直至撤销资助,及时追回剩余经费,并在全校予以通报。

第二十条:对于资助项目完成较好的学科和个人,学校将予以适当的精神或物质奖励。

附件四

浙江大学学科建设基金经费管理办法

一、经批准立项的基金项目,编制项目分年预算。分年预算由领导小组审批,并采用分年检查的滚动拨款办法,即当年拨款下达后,经检查已按预期计划完成并确有成效者,再按下年度预算继续拨款,否则停止拨款,收回结余经费并撤销项目。

二、资助经费的分年预算一般不超过三年,至迟到三年后必须结束项目,编制"学科建设基金决算表"(格式见附表),进行全面总结,经领导小组审查后,及时结清账目,结余经费不再结转。

三、资助经费的使用范围,必须是与学科建设直接有关的支出,包括仪器设备购置、实验材料、加工、计算、印刷复印、国内调研及学术交流旅费,国内培训费以及有关聘用流动编制人员,回聘人员的支出等等。如必须用于国际学术交流旅费、接待国外顺访学者的支出以及培养自筹研究生等,应报经校领导小组批准。基金不得用于支付劳务酬金、奖金,也不能转拨到校外单位使用。

浙江大学档案馆藏,档案号:ZD-1990-XZ-130-2

浙江大学1990年国家重点学科统计[①]

(1991年4月)

序号	学科	序号	学科
1	应用数学(联合基础数学)	2	液压传动及气动
3	光学仪器	4	工程热物理
5	电力系统及其自动化	6	工业电子技术及电磁测量
7	半导体材料	8	化学工程
9	工业自动化	10	

浙江大学档案馆藏,档案号:ZD-1988-XZ-57-3

学科建设所要考虑的目标与原则[②]

(1994年4月15日)

1994年4月5日下午在邵科馆会议厅由胡建雄副校长主持召开了全校学科建设会议。各系正、副系主任、总支书记,各重点实验室主任、研究所所长,全校教授,各部处负责人参加了会议。会上路甬祥校长作了关于学科建设的报告。本期我们将路校长的报告第一部分予以刊登。

第一个原则,我想我们学科建设要考虑面向21世纪世界科技发展与全球性的经济竞争这个大的目标。

我国现在虽然是发展中国家,但是我们周围的合作伙伴、竞争伙伴都是发达的资本主义国家。大家已经看到由于中国经济的高速发展,现在是欧洲人来了,美国人来了,日本人也来了。他们看好中国的市场,希望到中国来找到他们产品的销路。他们带进来的当然有管理、有技术、更有资金,但更重要的是带来竞争,企图来瓜分中国这块市场。那么,我们民族工业要上去,中国要在世界上有立足之地的话,我们的大学,我们的研究机构,不能把自己学科建设的目标立得低了,必须立到世界的前沿,要列到全球竞争的高度来考虑问题。这个问题在科学院也有许多次讨论,大家基本共识是一致的,但是也有一些不同的认识。有的同志认为我们是不是比较现实一点,现在比如搞技术科学的,就拿来主义嘛,跟外国合资贸易加开发就行了。当然在我们发展的过程中,不能不进行这种组合,现在也不提倡从头到尾都要自己研制,自己生产,这也不符合世界潮流,也不符合科学发展的历史规律。但是,我们对一些基本技术,特别是前沿的一些技术,你不靠自力更生,你不研究的话,人家也不卖给你,比如像微电子技术,或者是在信息科学领域,或者是军事领域,甚至是一般的量大面广的民用产品,都有许多这样的例子,你研究到什么程度,巴黎统筹委员会就开放到什么程度。否则

① 本表原载浙江大学校长办公室编《浙江大学1990年统计资料汇编》,标题为编者所拟。

② 本文原载《研究生工作简报》总第16期(1994年4月15日)。

要么就是漫天要价，要么就是根本禁运，不卖给你。所以有人归纳出我们的研究至少可以起到一个敲门砖的作用，把技术引进的门给敲开。当然这是比较贬义的一句话，我想这不仅仅是一个敲门砖的作用，我们的确通过研究可以跟踪前沿，可以培养出一批人，也可以在一些技术方面走出我们自己的路，迎头赶上，有所前进有所突破。

第二个原则，我们的学科建设要考虑我国四化建设的实际需要。学科建设要根据我们国家的资源特点、产业特点和现阶段的技术需求，明确优势发展的领域和阶段性的重点。特别是我们搞技术科学的，搞工程科学的，更要注意第二条。搞理科的呢可能要注意第一条。你搞基础研究的不走到世界前沿，只能重复人家做的那就等于做一个教学实验。当然我们技术科学也要在一些领域把我们的水平搞到世界前沿去，要实实在在地考虑解决我们当前资源特点、产业特点、技术需求的阶段的目标任务。

第三个原则，我认为我们学科建设必须考虑培养面向 21 世纪的社会主义建设的高级人才和接班人这个根本目标。

因为我们谈学科建设，我们不是一个单纯的科研机构，我们是一个大学，我们的学科建设主要在于培养人才。即使是科学院，是一个科研机构，但目前同样也担负着培养人才的任务。江泽民同志在今年的工作会议上提了三个要求：科学研究基地、高级人才培养基地和高新技术产业发展的基地。但是次序不同，我们培养人是第一目标，他们那边培养人是第二目标。所以我认为我们学科建设必须考虑培养面向 21 世纪的社会主义建设的高级人才和接班人这个根本目标。考虑这个目标对于学科建设的内涵、结构、全校的总体布局，及一个学科内的微观结构，包括人才结构、梯队结构，都是要作相应的考虑，要满足教育上的要求。

第四个原则，学科建设的运作机制要与我国市场经济体制改革相适应，要与学校的传统和基础相衔接。

这个话怎么说呢？因为学科建设是要花钱的，最简单的办法是国家拿钱来，我们来做，或者请人来做。现在看来，国家可以拿一点钱，但是不可能全部由国家来承担。我们还要通过我们自身的努力，要根据我国社会主义市场经济体制改革的总体环境，来考虑我们学科建设的运行。因为即使像德国这样的国家，国力很强盛，法制税收也很健全，工程院的运行机制还是主要依靠市场，国家只拿出 30%，而且还是通过合同方式，他们认为全部由国家拿的话效率就会很低，就会走上马普学会那种模式。马普学会那种模式，他们是权衡再三，觉得搞基础研究的，最要紧的是要保留它的学术自由性，要充分发挥他们的创造力，不要去在经济上弄得他们很紧张。所以，对于搞技术科学或应用的，就要让你和经济挂起钩来。…所以即使个人收入不直接搞挂钩的话，你的研究工作经费的运筹，也是要挂起钩来。那么我们应该选择什么样的运行机制，我觉得这是我们要考虑的，也是我们前几年改革所探索的道路。当然我们的改革应该说有成功的地方，我们的科研经费上去了，论文的总数量也是发展的，但是也有许多不平衡，有许多不尽人意的地方，听到了许多不同的意见，我觉得我们要仔细地研究。讲理想、目标好讲，讲长远目标好说，看看人家，分析分析，我们在人家基础上再解放思想，大胆地设想一下，就可以描绘出非常美好的蓝图。难的是实实在在解决现实的问题，我们从现在的状态怎么走向比较理想的未来？你的思想比较符合实际，又比较解放，你就可能走得快一点，走的弯路可能少点，发展的速度就会高一点，否则的话就可能走很大的弯路，也可能与将来的理想衔接不起来，走岔了，甚至走反了；也可能个人富起来了，学术水平下去了;也可能是某一些专业、某一些学科它一时得到了发展,另外一些长远的需要,21世纪非常重要的领域被忽视了。到时候,社会发展到那个阶段,它需要这方面的人才,需要这方面的科技的时候,我们浙大没有了基础,不能为此作出我们应有的贡献。而一些传统的老的产业已经落后了,我这次去的德国生物医学工程所的所在地柴尔兰德,它原来是德国煤炭与钢铁工业的主要基地之一,现在沦落成为一个最困难的州。这两个工业,用他们的话说是夕阳工业,所以他们现在想要拼命地发展生物与医学仪器,想要发展生产自动化,印了非常精美的样本。两个部长都分别跟我谈了半个多小时,说要到中国来,要我给他介绍介绍中国的好的合作者,看看能不能在中国找到新的市场。我认为这也反映了社会的需求,社会的产业结构,它是随着历史的演进而不断发生变化的,我们不能想着浙大现在光仪很强,工控很强,或者电力电子很强,我们其他的学科可以不考虑?这恐怕是不行的。

浙江大学档案馆藏,档案号:ZD-1994-JX11-3

浙江大学/浙江医科大学关于合作发展生物医学工程学科群的协议书
(1996年4月1日)

浙江大学与浙江医科大学经过充分酝酿、反复磋商,就合作建设生物医学工程学科群,成立浙江大学医学中心达成协议如下:

一、目标

为更好适应我国现代化发展的需要,迎接二十一世纪科技革命的挑战,两校决心从实际出发,加强学科联合,实施合作办学,共建生物医学工程学科群,努力创建世界一流学科。

二、原则

两校本着优势互补、平等互利、共同提高的原则,通过共商、共建、共享等多种形式,积极稳步地发展两校的合作关系。

三、体制

两校现行的隶属关系不变,经费渠道不变。基于两校现有相关学科的特点,及国家"211工程"规划的总体要求,以浙江大学生物医学工程学科与浙江医科大学的相关学科合作,发展"生物医学工程学科群"(申报争取"211工程"国家重点建设学科);并在生物医学工程学科群的基础上建立"浙江大学医学中心",促进两校在教育、科研及学科建设各方面的全面合作。

四、内容

根据以上原则,双方商定在以下方面进行合作:

1.制定生物医学工程学科群的建设方案。重点进行医学信息与图像研究、生物传感技术与医疗仪器研究、定量与系统生理研究、生物材料与康复工程、细胞通信与调控研究、药物开发研究与评估六个领域的学科建设,发挥两校在以上学科领域的优势及基础条件,形成基础研究、应用研究和临床实践及科技开发为一体化的学科合作群。

2.实行教师互聘,在两校之间组成不同学科的联合研究组织,促进科学研究;充分发挥双方优势,联合争取国家的重大任务。加强科技开发和科技产业方面的合作,联合进行生物技术、新药、医疗器械等的研制、开发,携手推向市场。

3.本着平等互利、共同发展的原则,双方要尽可能在实验设备、高速信息网络、图书资料及信息资源等方面为对方提供方便;双方要通过各自的途径,争取经费,加强生物医学工程学科群及相关学科的建设。

4.加强人才培养领域的合作,继续联合办好本一硕一贯制的医学班;根据现有的办学条件及各自的教学计划,两校分别为对方本科生、研究生及教师提供选修课程并互相承认成绩和学分;加强研究生交流,免试推荐及联合培养硕士生与博士生。

以上各领域合作的具体内容和办法将另行商定。

五、组织

为保证生物医学工程学科群的建设和加强对两校教学科研合作的领导,两校联合组成浙江大学医学中心理事会,负责制定联合办学的方针、政策,审定学科群发展规划和重大举措,解决联合办学中出现的重要问题。理事长由浙江大学校长担任,中心主任由浙江医科大学校长担任(浙江大学校务会议任命)。中心在两校分别设立办公室,负责日常的组织和协调工作。聘请专家成立生物医学工程学科群学术委员会,学科群学术委员会主任由浙江大学生物医学工程及仪器博士点学科带头人担任。

本协议自双方签字之日起正式生效。

浙江大学校长(签字)	浙江医科大学校长(签字)
潘云鹤	郑树
一九九六年四月一日	一九九六年四月一日

浙江大学档案馆藏,档案号:ZD-1996-XZ-33-9

关于成立浙江大学“211 工程”领导小组及有关工作机构的决定

(1996 年 6 月 24 日)

各系,各部、处,直属各单位:

经校务会议研究决定,成立浙江大学“211 工程”领导小组。现将有关名单公布如下:

组　长:胡建雄

成　员:吴世明　黄达人　倪明江　冯培恩　俞蒙槐　吴光国

领导小组下设若干工作机构:

一、浙江大学“211 工程”办公室:

主　任:吴光国(兼)

成　员:陆斐璋　葛祥富　吴伟丰　胡方茜　杨纪生　陈洪昌　陈谷纲　江　辉

二、浙江大学“211 工程”重大设备计划、验收小组:

组　长:吴世明

副组长:吴光国　陆斐璋　杨树锋

成　员:杨纪生　陈谷纲　何达多　朱德发　谢　晗

三、浙江大学“211 工程”重大设备招标、采购小组：

组　长：黄达人

副组长：陆斐璋　沈佐湘　周振龙　韩丽华

成　员：科教仪器公司、计财处、审计处有关人员

浙江大学

一九九六年六月二十四日

浙江大学档案馆藏，档案号：ZD-1996-XZ-6-1

关于公布浙江大学医学中心理事会与合作办公室名单的通知

（1996 年 7 月 26 日）

浙大发办〔96〕52 号

各系，各部、处，直属各单位：

经与浙江医科大学商议，并经校务会议研究通过，现将浙江大学医学中心理事会及合作办公室成员名单通知如下：

理事会：

理事长：潘云鹤

副理事长：郑　树

医学中心主任：郑树（兼）

副主任：郑筱祥　来茂德

理事：

浙江医科大学：丁德云　余应年　梁文权　何继亮　李俊伟　陈慰浙

浙江大学：吴世明　吕维雪　郑筱祥　王绳兮　蒋绍忠　陈谷纲

秘书长：何继亮（兼）　陈谷纲（兼）

合作办公室：

主任：何继亮（兼）　陈谷纲（兼）

成员：

曾苏（药物开发研究与评估）

赵士芳（生物材料与康复工程）

张苏展（细胞通信与调控）

夏强（定量与系统生理研究）

包家立（生物传感技术与医疗仪器研究）

章士正（医学信息与图像研究）

吕维雪（生物医学信息）

郑筱样（定量与系统生理研究）

葛霖光（生物医学与仪器）

沈公羽（生物技术）

陈裕泉（生物传感技术）

汪元美（生物医学信息）

马忠明（药物研究）

浙江大学档案馆藏，档案号：ZD-1996-XZ-10-9

浙江大学“211工程”建设项目可行性研究报告

(1996年8月)

我国社会主义事业的历史进程,已经把中国高等教育的改革与发展推上了国家宏观战略的高度。正如邓小平同志指出的那样,科技是关键,基础在教育。党的十四届五中全会通过的《中共中央关于制定国民经济和社会发展“九五”计划和2010年远景目标的建议》,把实施科教兴国战略,促进科技、教育与经济紧密结合,作为我国今后15年经济和社会发展必须贯彻的重要方针之一。高等学校,尤其是实力雄厚、声誉较高、竞争力强的重点大学,理当责无旁贷地为此作出自身的贡献,充分发挥培养高级专门人才的教育的基础作用和促进科学技术进步的关键作用。《中国教育改革和发展纲要》提出:“要全面贯彻教育方针,全面提高教育质量,重点建设100所左右大学和一批重点学科点,力争到下世纪初,有一批高等学校和学科点,在教育质量、科学研究和管理方面,达到世界较高水平。”根据这个总要求,浙江大学拟定了到2010年把浙大建成一所跻身于世界一流水平的具有中国特色的社会主义大学的奋斗目标。人类的历史即将迈进新的纪元,浙江大学亦将迎来她的百年校庆。党和国家赋予浙江大学的历史重任,伴随着我们“跨入新世纪,争创第一流”的宏愿,必将促使浙江大学实现历史性的腾飞。

一、建设的意义和必要性

(略)

二、建设目标及主要建设内容

(一)总体指导思想、建设目标及设想

1.总体指导思想

(略)

2.总体建设目标

从现在起到2010年,浙江大学的总体建设目标是:全面贯彻党的教育方针,继承和发扬“求是创新”的优良传统,努力把浙江大学建设成为以工为主、理工结合、人文经管协调发展,在学科布局、人才培养、科学研究、运行机制等方面有鲜明特色,跻身世界一流水平的具有中国特色的社会主义大学。为实现这个总体目标,浙江大学建设和发展规划拟定了三步战略,分为从现在到2000年(初期)、2000—2005年(中期)和2005—2010年(远期)三个五年建设计划。通过三阶段连续不懈的努力,使浙江大学成为我国高级专门人才立足国内培养的重要基地之一,成为我国高新科技研究开发的重要基地之一,成为长江三角洲和东南沿海地区高新科技产业的辐射源之一。

3.总体建设设想

要办成这样一所高水平的大学,浙江大学各方面工作皆需有一个科学周密的计划。千头万绪之中,学校确认学科结构是大学的基本结构。这个学科,不只是狭义理解的科学的分支,不仅与科学研究相关,而是能同时提供教学、科研和社会服务的学校基本单位。它既是一类或一大类知识体系的集合,也是拥有这种知识的人员的集合,更是能利用自身的智力和人力的资源,在造就人才过程中传授和发展知识以推进科学技术,开发应用知识以服务社会

的有活力的学校基本组织单元。学校的发展要以主动适应国家的经济建设、科技发展和社会进步的需要为导向，借助学科的教育功能的发挥，培育更具竞争力的人才；借助学科的研究功能的发挥，攀登科学技术的高峰；借助学科的社会服务功能的发挥，推动高新科技转换成现实生产力，促进国民经济三大产业的发展。各个学科有所侧重地发挥这三项功能，在学校整体中找到发展自己的合适位置，从而促成整个学校的发展。

学校对学科的总体布局有如下三种考虑：(1)重点建设一批学科，包括那些有基础有实力、已经占据前沿的若干工程学科和应用理科。这些在规划中优先发展的学科，要更好地发挥优势，走理工交叉、文理渗透、国内外校内外联合协作、注重内涵的道路，努力赶超世界科技先进水平；(2)大力发展一批学科，包括那些社会和国民经济(尤其是第三产业)迫切需要的文、法、商、管应用学科。这些在规划中大力充实完善的学科，要努力面向实际需要，主动适应社会主义市场经济体制，在为社会的积极服务中提高水平、壮大自己；(3)精心布局和加强一批学科，包括那些学校已有和待建的21世纪主流学科，诸如信息、能源、资源、环境和生命等学科。这些在规划中适时布局和加强的学科，要充分利用学校的改革政策和有限投入，跟踪相关学科前沿，打好教育和科研的基础，不失时机地为学校的再上台阶作出贡献。

学校需要发展在二级学科建立研究所(室)的经验，继续健全搞活二级学科层次上的教学科研的活力和机制、推动一级学科层次上的教育管理这样一种双层运行机制。用这种双层机制协调教学与科研的同步发展，确保完成“两个中心”建设的任务。与此同时，用这种双层机制，调动广大教师教学与科研的积极性，增强学科这个学校基本结构的生命力，进而保证学校的整体竞争力。

学校在规划中要对二级学科建设采取强有力措施，贯彻“开放、网络、动态、竞争”的学科建设方针。所谓“开放”，就是向上紧密联系中央各部委，向下紧密联系三大产业的有关企业和各用人单位，同时扩大与国外大学和单位的交流合作，多方争取社会力量，加强学科发展的活力。所谓“网络”，就是以现有重点学科为中心结点，生长出理工文管诸学科交叉的网络；这张学科网络上的结点，有的是较为固定的研究所(室)，有的是分布交叉的以任务带动的诸学科中心，也鼓励后者在完成科研任务的同时，以复合型的导师群体完成新兴交叉学科的复合型研究生培养任务。所谓“动态”和“竞争”，就是这张学科网络要在面向现实的和发展的多样化需求中，参与竞争、开拓进取；学校以适度的资金投入，以学术带头人或项目负责人的公开招聘等政策作导引，为动态结点创造人、财、物和信息流动的微循环条件，促使学科主动适应环境、健康成长。

浙江大学地处我国人文经济发达的东南沿海，东接宁波，北邻浦东，南联闽粤，在长江三角洲经济区内占有独特的地位。学校在办学规模上不宜发展过快，切忌盲目膨胀，要坚持走内涵发展的道路，保持适度规模，提高办学效益，力求质量的提高。除了上述学科布局的考虑外，学校在地域布局上的总考虑是：(1)重点建设好占地1600余亩的校本部，作为学校科学研究和培养高层次人才的基地；(2)建设好占地400余亩的之江学院，作为容纳2000—2500名低年级本科生的基础部；(3)稳步建设校外成人教育和继续教育基地，占地40亩的成教德清分院和占地80亩的成教余杭分院，侧重于培养适应地区经济建设需求的成教学生；设在绍兴的占地150亩的职业技术训练中心，则是面向乡镇企业的职业技术教育基地；(4)

逐步稳妥地把现有校办科技产业搬迁到校外，改造现有企业、依托校内学科，形成与学科紧密联系、支持学科建设的科技产业。由此形成新型大学的一种开放结构，以玉泉校本部为中心办好高层次教育，提高质量和水平，保证培养德智体全面发展的社会主义建设者和接班人的根本任务的顺利完成，以周边与地方政府和企业共建的成教、生产和科技开发基地为卫星区，更好地为社会主义现代化建设需要的人才培养和经济发展服务。

(二)“九五”期间建设目标和主要任务

“九五”期间(近期)浙江大学的建设目标是:到本世纪末，在全面推进学校改革和发展的同时，集中主要精力加强学科建设，调整布局与结构，增强与社会的联系，不断提高水平与效益，使学校持续、稳定、协调地发展，教育和科研水平稳定地居于国内同类院校前列，部分学科接近或达到世界先进水平，成为国家培养高层次、高素质专门人才，解决国家经济建设、科技进步和社会发展重大问题的重要基地，为国家特别是浙江省的发展作出更大的贡献，为实现学校“211 工程”建设的总体目标打下坚实的基础。

人才培养、学科建设、队伍建设、保障体系建设，是学校建设和发展规划的几个重要主题，现分述其具体目标和任务。

1. 人才培养

浙江大学培养造就的人才应当是政治合格、业务过硬、开拓创新、应变力强的高水平人才，能够成为工业、政府和第三产业部门的领导骨干。他们中的多数人应能在自己的工作岗位上，熟练解决现实的专业技术问题，发挥高级专门人才应有的专家作用，为社会主义经济建设贡献才智。他们中的部分人有能力在发展祖国的科学和教育事业中，竭诚奉献，开创前沿，攀登高峰。他们中的相当部分人，有潜力也有实力胜任各行各业的管理岗位或各级政府部门的领导岗位。他们当中接受成人教育的那部分人，均应有能力继续学习或深造，并在实践中为本部门的发展而发挥生产骨干或业务骨干的作用。在“九五”期间，学校要为国家乃至地区的经济建设和社会发展培养高级专门人才 25000 人左右。

2. 学科建设

学科建设是学校上台阶、上水平的重要支柱。根据社会主义市场经济需要和世界科技革命大趋势，按前述学校发展的总体思路，学科建设要有一个统筹安排，处理好需要与可能、重点与一般、近期与长远等关系;要有一条合理的路线，使学科的建设过程既有效率又有效益。学校现有的 9 个国家重点学科、9 个国家重点(专业)实验室、2 个国家工程研究中心、2 个国家工程技术研究发展中心，是经国家评估并给予重点投资的学科，它们是学校学科建设的重点。这些学科的使命，一方面要继续跟踪学科前沿，消化吸收世界最新科技成果，引导相关高科技产业的发展，不断开发自身的创新能力;另一方面，作为学校未来学科网络中的举足轻重的结点，通过辐射、交叉与渗透，要带动其他学科的建立、改造和发展。

学校现有的文法经管类学科，要充分利用学校较强的理工学科优势，努力形成不同于传统学科的新特色，更多地面向实际、面向应用，在学校未来的学科网络中找到发展自己的位置;在打基础上水平的同时，大力培养社会急需的合格人才。这类大文科人才既是高级应用型专门人才，也是高级复合型专门人才。他们不仅能以坚实的学科理论和专业知识服务于社会，更能以良好的技术背景在竞争中取胜。

学校现有的其他若干新学科，许多是由于内外条件尚不完备，暂时还处于发展的奠基阶段。然而，它们的研究对象和社会需求的前景决定了它们必将在下个世纪成为焦点。这些学科要利用校内现有条件和学校与国内外的合作关系，在生命科学、环境科学和信息科学等若干领域，有选择地积极准备，争取在生物医学工程和医学仪器、脑科学和眼科学研究、中西药理及药剂制备、生物力学及生物材料、环境治理与评价、人居环境、抗灾减灾、多媒体技术应用、信息系统与通信等方面有所突破。

对这些学科的建设，学校分别采取重点建设一批、大力发展一批、精心布局一批的不同对策，同时继续坚持行之有效的学科双层运行机制，坚持适合校情的学科建设“开放、网络、动态、竞争”八字方针，规划建设好旨在发挥整体优势、加速更新改造、壮大学科实力的若干学科群，规划组织好旨在针对问题、探索前沿、生长新兴学科的跨学科合作中心。按照这个路子走下去，学校将会出现新的面貌，为国家作出更大贡献。

3. 队伍建设

队伍建设是学校发展的基础和关键，没有一流的师资队伍和管理队伍，就不可能有一流的教学、科研和管理水平。

学校要建设一支政治素质好、业务水平高、学术思想活跃、学风严谨、团结合作、结构合理，忠诚于党的教育事业，献身于科学事业的师资队伍；建设一个老中青结合、自然接力、连续奋斗、团结务实、奋发向上、开拓进取、廉洁自律，有较高政治理论素质和政策水平及驾驭全局工作能力的坚强有力的校级领导班子；建设一支务实创新、承上启下、廉洁奉公、精干高效，能带领群众团结奋斗的中层干部队伍；建设一支懂得办学规律，尊重知识、尊重人才，全心全意为师生服务的管理队伍。学校要解放思想、着眼未来、面向世界，坚持“按需设岗、公开招聘、公平竞争、择优录用”，坚持“引进来、派出去”，不断优化队伍素质和结构。

为适应学校的总体发展，师资队伍建设实施“浙江大学 511 人才工程”，即从现在起到 2010 年培养造就出 50 名在国内享有威望、在世界有影响的一流专家教授，100 名进入世界科技前沿的学术带头人和技术带头人，1000 名跨世纪的中青年学术骨干。

4. 保障体系建设

经费充裕、设备先进、图书齐全、校舍充足是一流大学的基本支撑条件，也是我们需要积极争取、努力创造的。但是，考虑到国情和校情，我们不能与发达国家一流大学比投资、比设备，需要精神文明、物质文明两手抓，以较好的物质条件，更要以励精图治、团结协作、艰苦奋斗的精神风貌去创办一流的学校。

近期，在“硬件”建设方面，要搞好校园计算机网络和办公自动化建设，实现与国家科教网（CERNET）的互联，开通国际计算机通信线路，形成校内图书情报信息网，实现与国内主要图书馆计算机联网检索；加速后勤社会化进程，加速社会保障体制和房改步伐，改造办学基础设施，改善教学实验室设施，逐步解决教职工生活用房；完成校办科技企业更新改造，嫁接学科科技成果，移到校外形成校办科技产业基地，建立现代企业制度，提高经济效益和社会效益。学校要完善知识产权保护和科技中介体系。建立美国、日本和国内的竺可桢教育基金会，广泛募集基金，形成 1 亿元基金，用以改善办学条件。

在“软件”建设方面，进一步加强和改进思想政治工作和党建工作，加强校内精神文明建设，弘扬爱国主义、集体主义和社会主义，树立正确的人生观、世界观和价值观；进一步完善民主、科学的决策体系和监督体系，以及学校调控机制和各种服务系统，搞好校园人文景观和文化环境建设，发扬光大浙大的优良传统，通过实实在在的工作，增强全校师生员工的凝聚力和向心力，团结奋斗、共创一流。

(三)“九五”期间建设项目

根据浙江大学《跨入新世纪，争创第一流》的学校“211工程”建设和发展整体规划，以及在近期所要实现的具体目标，“九五”期间重点建设项目以解决涉及学校发展的重大问题为指导，具体分为三个部分：学科建设项目、教学和公共服务体系、基础设施建设项目。

1. 学科建设项目

学校坚持贯彻“开放、网络、动态、竞争”的学科建设方针，组建并确定重点建设的6个学科群：化学工程、光电信息技术及仪器工程、生物医学工程、流体传动与装备自动化、电力电子技术、半导体材料及功能材料，同时确定了计算机辅助设计和计算机图形学等5个拟重点建设的二级学科。在“九五”期间学校规划建设的6个学科群中有11个子项目，以单学科方式建设的有5个项目，共16个项目，建设资金共计8300万元，其中中央专项资金投入为5000万元，地方政府配套资金3000万元，学校自筹资金300万元。

(下略)

2. 教学和公共服务体系建设项目(略)

3. 基础设施建设项目(略)

三、资金筹措(略)

四、预期效益分析(略)

浙江大学档案馆藏，档案号：ZD-1997-XZ-2-2

国家计委关于同意复旦大学等16所院校“211工程”开工建设和下达18所院校“211工程”1997年建设投资计划的通知

(1997年4月25日)

计投资〔1997〕708号

________部：

根据国务院批准的《“211工程”总体建设规划》和我委对有关院校“211工程”可行性研究报告的批复意见，现就有关事项通知如下：

一、同意复旦大学等16所院校“211工程”按我委对其可行性研究报告的批复意见开工建设(详见附表)。

二、现将北京大学、清华大学等2所院校“211工程”1997年建设投资计划和复旦大学等16所院校1996、1997年建设投资计划一并下达(详见附表)。请专款专用，抓紧安排落实。

附表：国家计委下达部分院校“211工程”新开工和1997年建设投资表

中华人民共和国国家计划委员会

一九九七年四月二十三日

国家计委下达部分院校"211 工程"新开工和 1997 年建设投资表(节选)

项目名称	建设性质	建设规模	可行性研究报告审批文号	建设起止年限	投资来源	总投资(万元)	1996 年底预计完成	1997 年计划		备注
								投资额(万元)	主要建设内容	
浙江大学211工程	新建	重点学科,公共服务体系建设	计社会[1997]42 号	1997—2000	 非经营基金 其他投资 企业自有 地方机动财力	12300 4100 1900 1300 5000		8700 3530 1470 1300 2400	重点学科	国家教委所属院校。1997 年投资中,非经营基金为国家计委专项;其他投资为财政部专项;企业自有投资为浙江大学自有投资;地方机动财力为浙江省投入

浙江大学档案馆藏,档案号:ZD-1997-XZ-305-1

五、学生管理

(一)招生管理

1.招生计划与总结

国立浙江大学三十八年度招生简章

(1949年8月)

报考院系

一、一年级新生

文学院:中国文学系、外国语文学系、人类学系、教育学系。

理学院:数学系、物理学系、化学系、生物学系、药学系、地学系。

工学院:电机工程学系、化学工程学系、土木工程学系、机械工程学系、航空工程学系。

农学院:农艺学系、园艺学系、农业化学系、植物病虫害学系、蚕桑学系、农业经济学系、森林学系。

医学院。

二、转学生

本校各院系二、三年级酌收转学生

修业年限:医学院六年,余均四年。

投考资格

一、一年级新生

1.曾在高级中学毕业,得有毕业证书或毕业证明书者;

2.曾在师范学校或前高中师范科毕业,得有毕业证书,并于毕业后服务一年期满得有服务证明书者;

3.曾在高级职业学校毕业,得有毕业证书或证明书者;

4.同等学力:

(1)以同等学力报考者,须缴验一年前修满高中二年级课程,具有贴有相片之肄业证明书及原肄业学校成绩单。

(2)原校已不存在,无法取得证件,经县以上主管教育行政机关之证明有高中毕业同等学力者;

(3)曾在中等学校肄业者不得以同等学力报考。

二、转学生

曾在大学相当年级肄业成绩及格者。

报名手续：投考学生须到报名处填写报名单二份（通信报名不收）并须缴下列各件：

1.毕业证明文件（师范学校毕业生，除毕业证书外，应缴验服务一年期满证明书）；

2.以同等学力报考各生，应缴验一年前原肄业学校贴有相片之肄业证明书，及第一第二两年成绩单；或县以上主管教育行政机关之证明文件。

3.最近半身脱帽二寸相片二张，背面填写姓名；

4.报名费二千五百元（录取与否概不发还）；

5.转学生除3.4.两项必须缴纳外并应缴验原肄业学校贴有相片之肄业证明书及成绩单，在杭州区以外报考转学生，必须将该项证明书及成绩单于报名后随即挂号径寄本校教务处以便审核。

报名及考试区域

一、杭州区（杭州本大学）

二、南京区（国立中央大学）

三、上海区（参加上海市国立大专统一招生）

报名日期及地点

一、日期：杭州区八月十五、十六、十七三天。

南京区与中央大学同。

上海区与上海市国立大专统一招生同。

二、地点：与报名及考试区域同。

考试日期及地点

一、日期：杭州区八月二十一、二两天。

南京区与中央大学同。

上海区与上海市国立大专统一招生同。

二、地点：与报名及考试区域同。

考试科目（均为两小时）

杭州区：

一、甲组【理（生物、药学两系除外）、工学院】

国文、英文、数学甲（高等代数、解析几何、三角）、物理、化学、政治常识及中外史地。

二、乙组【文学院及理学院地学系】

国文、英文、数学乙（高等代数、平面几何、三角）、政治常识及中外历史，中外地理、理化。

三、丙组（农、医学院及理学院生物学系、药学系）

国文、英文、数学乙（高等代数、平面几何、三角）、政治常识及中外史地、理化、生物。

四、转学生除参加一年级新生入学考试外，录取后并须接受编级试验。

南京区与中央大学同，上海区与上海市大专统一招生同。

笔试录取，以成绩为准，如第一志愿已额满，得取入第二志愿。

体格检查

凡笔试录取新生应于到校前就近自行前往任何左列医院检查体格取得健康证明书方准

入学。

一、南京中央医院二、上海红十字会医院或中山医院

三、杭州浙江大学医学院附属医院

揭晓

录取新生除在杭州本大学榜示暨个别通知外并登载杭州《浙江日报》,南京《新华日报》,上海《解放日报》。

附注:

本简章可向各报名处传达室索取,每份收回印刷费五十元,函索并须另附回件邮票。

浙江大学档案馆藏,档案号:ZD-1949-XZ-11

浙江大学1956年度本科招生计划

(1956年7月9日)

合计1465人

一、动力180人

1、发电厂电力网及电力系统90人

2、工业企业电气化90人

二、机械制造及工具制造750人

1、机械制造工艺金属切削机床及工具300人

2、铸造工艺及机器120人

3、化学生产机器及设备180人

4、光学机械机器仪器150人

三、电机制造和电器材料制造210人

1、电器及电机150人

2、化学生产的操纵及检验仪器60人

四、化学工艺学150人

燃料化学工学150人

五、建筑和市政工程90人

1.工业与民用建筑90人

培养师资85人

其中:基础技术师资80人

基础课师资5人

1956年7月9日

浙江大学档案馆藏,档案号:ZD-1956-XZ-53

关于高校招生方式的意见[①]

(1957年11月29日)

高教部发下对于高等学校招生方式的意见,基本精神是正确的,因为撤销大区一级的招生机构,原来由大区一级招生机构负责的录取新生工作和其他招生工作分散到各省市进行,却能发挥二大好处:其一,使招生工作能够在各省市党委直接领导下,有效贯彻阶级路线,保证新生的政治质量。其二,省市为单位录取新生,因为考生材料比起大区集中要少得多,因此有较充裕的时间调阅考生材料,从而能够选择录取各方面条件较好的学生,并且可以减少录取工作中可能发生的差错。

但是,这种方式势必大大增加各省市招生工作的负担。根据省市招生干部的力量和经验,以及从节省人力物力来打算,必须考虑到以下这些问题:

一、要做好录取分配工作,事先必须有充分的准备,过去大区一级招生机构由于在考试前具体工作较少有条件充分部署录取分配的工作。担任省市招生机构开始,却忙着报名(健康检查、政治审查等)、考试、阅卷、积分等一系列繁重任务,既要完成这些工作,又要做好录取分配的准备工作,在时间上和人力上势必会产生很大的困难,以致影响工作。

二、如果录取分配工作由省市来进行的话,除在全国范围内招生的几个重点大学必须派干部到各省市录取新生外,即使非重点的学校,也势必派干部到大区范围内的省市进行录取新生工作。不仅能力上有困难,而且在录取时,为了要平衡学校的录取标准,派至各地录取新生的干部,势必相互函电来往,造成工作混乱。

三、要保证新生质量,关键还不在录取分配工作,而在于政治审查、健康检查、招生考试等工作。如果这些工作做好了,在某些具体办法上加以适当修改,录取分配工作是可以做好的。

为此,我们意见,今后录取工作分配是否可采取以下方式进行:

凡为地方培养干部的医、农、师范院校,可在报考办法中不招收外省市的学生,以录取本省市新生为原则,对这些学生的录取分配工作由省市招生机构负责进行。而理工类高等学校可在原大区范围内招生,录取分配工作仍在大区一级进行,大区一级的招生机构不予撤销。这个机构一方面指导各省市进行招生工作,另一方面负责组织理工类学校的新生录取分配工作,这样做从录取分配工作看,省市一级招生机构工作任务虽有增加,但并不过重。大区一级招生机构则任务减轻,可以改进以往录取分配工作的缺点。从整个招生工作看,大区一级招生机构,仍能发挥以往的指导工作,我们认为,这样做,对招生工作是有利的。

1957年11月29日

浙江大学档案馆藏,档案号:ZD-1957-XZ-88

---

① 本篇系浙江大学1957年11月29日提交浙江省教育厅的关于高校招生方式的意见。

浙江大学 1958 年招生工作初步意见

(1958 年 5 月)

一、我校今年按国家计划招生数为 1500 人。(全国招生数为 14.8 万人)。此外,适应地方工农业发展的需要,为本省培养干部,尚需招生 1230 人,合计共招生 2730 人。根据全国招生会议精神,今年招生首先应保证完成国家计划,其次是地方计划。因此,我校今年招生需分两批进行:第一批即按国家计划招生 1500 人,(规定各专业招生数不得变动),招考日期约在 7 月 20 日。第二批即本省计划招生 1230 人左右,招考日期约在 8 月 10 日。

二、由于今年全国高等学校招生任务较大,学生来源不够充分,各省市的学生来源和高等学校招生任务之间的不平衡,地区范围内省、市之间必须协作。为了保证全国完成招生计划,经过国家的统一安排和有关省、市协商的结果,今年在本省招生:1. 属于国家计划的为 5710 人,其中本校 950 人,(包括接受保送 570 人),本省其他高等学校 3260 人,地区性学校 800 人,重点学校及外地区学校约 700 人。2. 属于本省招生计划的为 4670 人,其中本校约 1230 人,(包括老干部训练班 150 人),本省其他高等学校(包括新办学校)约为 3440 人,以上属于国家计划和地方计划在本省招生的人数共计 10380 人。按本省今年高中毕业生为 8561 人(其中普高 7706 人,速中 855 人),加上社会青年和机关企业在职人员今年准备投考的人数,估计本省招生约在 1 万人。据此情况,我校今年要保证完成招生任务,特别是属于本省计划的招生任务是十分艰巨的。

三、根据指示:今年招生必须切实贯彻因地制宜和就地取材的原则,尽可能多录取本省市的学生,减少省市之间不必要的流动。但是,我校系属于协作区范围性质的学校,按规定原则上得在原大行政区范围内招生,并且还规定,今年招生除采取招生考试的办法外,还可采取免试保送的办法。因此,参照往年我校在各省、市录取新生的情况,和今年考生来源及招生任务的情况,又考虑到保送入学办法的优化,初步决定:一方面从外省招考一部分学生,另一方面尽可能多接受一些保送入学的学生。具体任务如下:

(一)属于国家计划的招生数 1500 人(第一批招生):

1. 接受本省工农速中毕业免试保送入学的约 320 人;

2. 接受本省普通中学优秀毕业生免试保送入学 250 人;

3. 去福建省招考 200 人;

4. 去江苏省招考 200 人;

5. 去上海招考 150 人;

6. 在本省招考 380 人。

(此外可能接受黑龙江工农速中毕业生 80 人)。

(二)属于地方计划的招生数 1230 人(第二批招生):

1. 招收机关、企业部门老干部 150;

2. 接受机关、企业部门的工农干部、工人、农民约 100 人;

3. 招考本省中学毕业生约 1000 人,(视第一批录取情况,另行决定是否去外省招考一批)。

四、为了使学校招生能够更好地贯彻因地制宜,因校制宜的原则,充分发挥地方和高等学校办学的积极性,今年高等学校招生改变以往统一招生的制度,实行学校单独或联合招生。根据全国招生会议总结意见,今年招生方式主要应采用以省、市为范围的联合招生,(目前我省尚未确定采用哪一种方式)。鉴于今年招生方式有所改变,工作上缺乏经验,同时今年招生任务繁重,时间又较短促,为了保证全面完成招生计划,建议在党委领导下成立全校性招生委员会,以加强学校对招生工作领导。委员会下设办公室,分若干组负责进行各项具体工作。

委员会的组织机构、各组织分工及人选的初步意见(见附件)。

五、今年招生任务比较繁重,而且由于招生方式的改变,可能出现一些新的问题,因此,招生机构成立以后,应即抽调干部,尽早投入工作,在工作中根据今年的新情况,首先必须抓住宣传教育和政治审查两个工作。

去年由于考生来源较多,招生任务较小,一般考生情绪紧张,普遍存在"只求考取"的思想,对于学校和志愿的选择没有过多的要求。今年的情况则相反,在考生中就可能产生松懈情绪,对学校和志愿的选择也可能产生好高骛远,脱离本身条件等不正确想法。因此,如何根据考生思想特点,采用各种有效的方式,正确的宣传今年招生的方针政策,实事求是的全面的介绍学校和专业的情况,对于全面完成招生任务将起很大的作用。这个工作要做得早而且做得好,如果做得迟或者做得不好,对完成招生任务都是很不利的。

高等学校招生必须贯彻阶级路线,寻求录取新生的一个质量,首先应该保证政治质量,要保证新生的政治质量,主要关键在于做好政治审查工作。

高等学校招生的主要来源是中等学校毕业生,多数中等学校已经建立了学生档案制度。但是过去由于干部力量还不足,会有部分学校对学生的政治审查不够严格,因此影响了录取新生的质量。今年情况可能有所改善,但仍然不能放松。因此学校应抽调足够数量和有一定质量的正式干部,在今年招生工作中依靠各地党委深入初审(主要是中学),推动和帮助初审单位做好对考生的政治审查工作。今年速中毕业生和普通高中优秀毕业生可以保送入学,这是增长工农学生的重要因素,对他们的正式审查工作应及早地认真进行。接收本省保送生的工作务求在 6 月 25 日以前结束。接收外省保送生工作则务于 6 月 5 日前派人分赴各地联系,(关于接收免试保送入学的方法由招生办公室于 5 月底前另行拟定,其他有关招生规定根据轻重缓急,另行分别由办公室拟定之)。

1958 年 5 月 26 日

附

浙江大学 1958 年第一批招生计划

系别	专业	招生数	备考
电机系	发电厂电力网及电力系统	90	
	工业企业电气化	90	
	热能动力装置	90	

续表

系别	专业	招生数	备考
	电机及电器	90	
	无线电技术	90	
	小计	450	
机械系	机械制造工艺及其设备	210	
	铸造工艺及机器	60	
	光学机械仪器	150	
	小计	420	
化工系	燃料化学工学	90	
	化学生产工艺过程自动化及调节	60	
	化学生产机器及设备	120	
	无机物工学	60	
	小计	330	
土木系	工业与民用建筑	150	
	河川结构及水电站建筑	90	
	小计	240	
数学系	数学	30	
物理系	物理	30	
总计		1500	

浙江大学档案馆藏,档案号:ZD-1958-XZ-83

浙江大学函告本校1958年在江苏、福建、上海三地招生专业及人数

(1958年6月4日)

江苏省、福建省、上海市高教局、教育厅、高等学校招生工作委员会:

根据全国招生会议所发《1958年高等学校招生各省市录取新生调剂方案》(草稿),我校今年需在你省(市)录取新生____名,现将我校招生专业及按系招生人数(见附表)函告你会,请列入你省招生方案,并为介绍、宣传。

为了能够切实贯彻阶级路线,确保录取新生的政治质量,我校拟接受你省今年优秀的高中毕业生免试升入我校学习。具体条件按教育部《规定》(草稿),工农家庭出身(包括老干部子女)、政治可靠、思想进步、品质优良、健康条件符合标准、学业成绩优良(对于党团干部可以适当放宽,以能跟班上课为原则)。对于高中毕业生中政治质量较高的党团干部,虽非工农家庭出身,但符合以上条件的,也可以保送入学。

在你省统一组织保送工作时，请把我校列入保送学校范围以内，请让学生选填我校和我校系的志愿。如经原校和你省审查，你省审查认为符合条件的，请即函告我校，以便派人前往你省联系。

关于你省(市)符合教育部规定保送条件的工农速中学生，如愿升入我校，我校可以接受，亦请你省(市)予以协助。

附:浙江大学1958年招生专业及按系招生名额分配表。

1958年6月4日

附录1

浙江大学去外省录取新生人数表(草)

江苏省	200人			
	电机系	60人	土木系	30人
	机械系	60人	数学系	5人
	化工系	40人	物理系	5人
福建省	200人			
	电机系	55人	土木系	40人
	机械系	55人	数学系	5人
	化工系	40人	物理系	5人
上海市	150人			
	电机系	45人	土木系	20人
	机械系	40人	数学系	5人
	化工系	35人	物理系	5人

附录2

浙江大学1958学年招生计划初步意见

系	年度招生数字专业	1956学年	1957学年	1958学年	
				本科	专修科
机械系	机械制造工艺和金属切削机床工具	300	180	240	300(农机)
	铸造工艺及机器	120	90	90	
	光学机械仪器	150	120	120	
电机系	电机及电器	150	120	120	
	发电厂电力网及电力系统	90	60	60	
	工业企业电气化	90	90	90	

续表

系	年度招生数字专业	1956 学年	1957 学年	1958 学年	
				本科	专修科
	热力发电厂		60	60	
	无线电技术		60	60	
化工系	燃料化学工学	150	90	90	
	化学生产机器及装备	180	120	120	
	化学生产工艺过程自动化及调节	60	60	60	
	无机物工学	60	46	60	
	有机合成及塑料工学				
土木系	工业与民用建筑	150	150	150	180
	河川结构及水电站的水工建筑	60	30	60	60
	农村建筑			60	
物理系	物理		30	30	
数学系	数学		30	30	
合计		1500	1290	1560	840

1958 学年招生初步意见总计招生 2400 人。

浙江大学档案馆藏,档案号:ZD-1958-XZ-83

1961 年暑期招生工作计划

(1961 年 8 月)

今年学校暑期招生工作,根据省委指示,共招生 1600 名新生、其中一系 147 人、五系 155 人、六系 207 人、七系 256 人、八系 109 人、九系 109 人、地质采矿系 188 人、冶金系 139 人、建筑系 60 人、10 系 60 人、11 系 140 人。

根据调整、巩固、充实、提高的方针,今年学校招生必须提高新生的政治、业务质量,尤其新生的政治质量。为了保证新生质量,必须对考生的政治、学业健康条件进行严格审查、择优录取,从而使新生入学后,在政治、业务、健康水平各方面都能得到迅速提高。因此,为切实做好今年的招生工作必须选派得力的干部参加这一工作。我们的计划是:

(一)组织领导及人员配备

党委为加强对这一工作的领导,组成新生录取工作领导小组,由刘才生、刘明、白泰明、及各系负责新生工作的总支书记参加,由刘才生同志任组长,________同志为副组长,领导这一工作。同时根据具体任务,下设政治审查、业务审查和体格审查二个小组。他们的组成人员和任务是:

1.政治、业务审查以党委组织部、保卫部、教务处和各总支政治上可靠，并有此工作经验的党员干部组成。参加人数是组织部 2 人，保卫部 2 人，教务处 1 人，七系 5 人，六系、地质各 4 人，一系、五系、冶金各 3 人，八系、九系各 2 人，建筑系 1 人，10 系 2 人，11 系 4 人，合计 38 人，他们的任务是：负责新生的政治与业务水平的审核，决定取舍，管理档案等。

2.体格审查以浙大医院为主，抽调 4 名医务干部，(其中有一名科长)，其任务是：根据中央新生的体格检查标准，对新生的体格检查记录材料进行审查，同时按照学生的生理条件提出取舍和分配的初步意见。

(二)新生录取方法和专业分配原则

新生的录取、分配，应该贯彻全校一盘棋的精神，采取统一领导、分系录取、保证重点、适当调整的办法，即：考生由学校统一调配，能保证机密系和专业的政治质量，以及适当照顾考生较少的系和专业。其他非机密性的系和专业原则上按报考志愿分系录取，并应注意：

1.政治条件较好的新生，原则上应满足机密的系和专业需要，同时对党团骨干也应该照顾到一般专业，不要过分集中在几个系或几个专业。

2.专业分配，应该从新生报考志愿出发，尽可能给以照顾。

(三)政治审查的标准和掌握要求

政治审查标准、按中央和省委指示执行。在录取时要正确掌握政策界限，严格进行审查，要防止放宽政治审查标准偏向。

(四)时间安排

各系选派参加招生工作的干部，在 8 月 6 日前把名单报组织部，在 8 日左右集中，(具体时间另行通知)学习数天后，即去省招生委员会进行录取工作。

党委

六一·八·一

浙江大学档案馆藏，档案号：ZD-1961-XZ-115-1

浙江大学 1961 年暑期录取新生工作小结(草)

(1961 年 9 月 26 日)

今年我校计划招生 1560 人，实际录取 1575 人(其中录取机密专业的 579 人)。总的说来，新生的政治质量和业务质量比往年好。体质上一般符合入学标准。从政治上看，工农子弟较多，有 1038 人，占全体新生的 65.9%(略)。共产党员有 26 人，共青团员 745 人，占全体新生的 47.3%。从业务上看，高考各科总平均成绩在 50～60 分之间的仅 218 人，占 15.8%，其余均在 60 分以上。比过去几年都好。

从以上情况说明，几年来，中学毕业生的质量(今年录取的新生绝大多数是本届高中毕业生，其他考生只有 25 人)，已有显著提高。我校录取新生的质量也随之有了显著提高，为我校今后继续贯彻执行党的教育方针，不断提高教学质量，提供了有利的条件。

我校今年录取新生的工作,也比往年进行得顺利。参加录取工作的干部40人,共审阅3800份新生档案材料,审阅的任务比去年重倍半,但前后仅用了四个整天的时间,就基本上完成了任务,于8月21日发出了新生录取通知书。这样,使新生能按我校原定开学日期报到入学,使学校基本上能按照教育计划的安排,顺利地开始进行新学期的教学工作。

学校党委对今年录取新生工作十分重视。在二校合并、学校各项工作非常繁重的情况下,仍抽调集中了相当数量的干部参加这一工作。刘副校长也在百忙中,根据省委指示精神,亲自解决了录取工作中的关键性问题,使我校录取新生获得比以往任何一年都较大的选择余地。党委常委刘才生同志则自始至终具体组织领导这一工作。其次,及时研究解决问题。参加录取工作的同志,绝大部分积极努力,认真负责。党的领导和干部的积极性,和其他工作一样,乃是今年我校录取新生取得良好结果的主要原因。另外,在录取工作中,我们还掌握了如下几个环节:

1.录取新生质量的好坏,对提高教学质量、培养合乎要求的建设人才,具有重要的作用。必须认识录取新生工作是一项严肃的政治任务。要保证新生的质量,又必须正确掌握录取标准,对新生的政治、业务、健康三个方面应作全面考虑,放松或不重视哪一方面都是不对的。今年录取工作,我们一开始就组织干部进行学习、讨论。刘才生处长根据今年的情况,反复对干部讲明了这些道理。通过学习、讨论,干部的思想认识统一了,工作的目的性明确了,因而发挥了积极性。绝大多数同志为了及时完成任务,宁肯放弃休息时间。

另一方面,由于干部较正确地掌握了质量的标准,因而过去在录取工作中存在的某些忽视业务质量的现象,得到了克服。因而,今年录取政治质量较好的新生,他们的业务质量也一般比较好;而业务质量较差的估计难以跟班的,则未予录取。这样就全面地保证了新生的质量。

2.今年录取新生原则上采取了分系录取的办法。但是由于各系新生报考志愿不平衡,有的系如:一、五、六、七、八系报考的多,有的系如:十二、十三、十四系报考的则较少。另外,各系对新生质量的要求亦有所不同,应分别给予保证,特别是机密专业的新生质量,尤其应有保证。为了完成全校的招生计划,又适当满足各系对新生的不同要求,保证各系新生的应有质量,我们又采取了适当调剂的办法,并且事先向干部讲清了道理,使这次录取工作顺利地达到,既尽了能照顾学生志愿,又适当满足了各系的不同要求。

3.为了正确掌握录取标准,保证新生质量,在录取工作最后阶段,我们还组织各系总支书记,对新生质量进行重点复查,对于录取机密专业的新生,还要求他们逐个进行复查。同时教务处刘处长,刘副处长也参加了最后复查工作。通过这一关,纠正了某些掌握录取标准偏严偏宽现象。(略)这样,不仅正确掌握录取标准,而且也提高了干部思想认识和分析能力。

今年录取新生工作也存在一些问题和缺点,主要有以下几点:

1.少数系如建工、冶金、地质三系,因为报考生较少,不得不从别系调剂,因而完全按考生志愿录取入学的较少(按志愿录取的,仅占三系新生总数的30%左右),有的只有学校志愿,没有系的志愿,或有的只有系的志愿,而没有学校志愿,这对于新生入学后学习的积极性可能会受到影响,必须加强对新生的专业思想教育。另外,在今后招生中,应加强对这些系的宣传教育工作。

2. 对今年招生录取情况，估计不足，打乱了原来安排的录取部署，开始时由于集中全力向招生委员会索取考生材料，来不及安排录取的组织工作，因而必要的制度手续未建立，在领发新生材料的工作中有某些忙乱现象，以致录取进行的情况，未能及时掌握。虽然后一阶段克服，但已影响了整个工作的进行。

（附：新生情况统计表一、二、三表一份）

一九六一年九月二十六日

附

表 1 浙江大学 1961 年暑期录取新生情况

系别	总计人数	新生类别				政治情况		招生考试总平均成绩								
						政治条件										
		应届高中毕业生	本年中专学校毕业生	在职人数	其他知识分子	可取入机密专业	可取入一般专业	90以上人数	85以上人数	80以上人数	75以上人数	70以上人数	65以上人数	60以上人数	50以上人数	备注
1	149	148			1	30	119		4	17	25	39	27	13	24	
	百分比								2.7	11.4	16.8	26.2	18.1	8.7	16.1	
5	159	153		1	5	30	129	1	4	11	7	24	34	38	30	
	百分比							0.6	2.5	6.9	10.7	15.1	21.4	23.9	18.9	
6	209	207			2		209	1	6	29	36	47	47	34	9	
	百分比							0.6	2.8	13.9	17.2	22.5	22.5	16.3	4.3	
7	278	108	2			103	175		2	8	32	36	57	79	64	
	百分比								0.7	2.9	11.3	13	20.5	28.5	23	
8	110	107	1	1	1	110			1	2	4	16	21	39	27	
	百分比								0.9	1.8	3.6	14.6	19.1	35.5	24.5	
9	110	60				56	54	1		6	21	21	27	28	6	
	百分比									5.5	19.1	19.1	24.5	25.4	5.5	
10	60	138	1		1	60				5	14	12	17	12		
	百分比									8.4	23.3	20	28.3	20		
11	140	59		1		140				12	17	44	35	31	1	
	百分比									8.6	12.1	31.5	25	22.1	0.7	
12	60	140					60		5	4	11	7	13	13	7	
	百分比								8.3	6.6	18.3	11.7	21.7	21.7	11.7	

续表

系别	总计人数	新生类别				政治情况		招生考试总平均成绩								
						政治条件										
		应届高中毕业生	本年中专学校毕业生	在职人数	其他知识分子	可取入机密专业	可取入一般专业	90以上人数	85以上人数	80以上人数	75以上人数	70以上人数	65以上人数	60以上人数	50以上人数	备注
13	140	59				30	110		1	6	23	29	27	34	20	
	百分比								0.7	4.3	16.4	20.7	19.3	24.3	14.3	
14	160	157			3	20	140		1	8	14	22	37	48	30	
	百分比								0.6	5	8.8	13.8	23.1	30	18.8	
总计	1575	1550	8	2	15	579	996	3	24	108	214	297	342	369	213	
	百分比							0.2	1.5	6.9	13.6	18.9	21.7	23.4	13.8	

表2、表3:(略)

浙江大学档案馆藏,档案号:ZD-1961-XZ-115-3

关于1964年招生计划问题的报告

(1964年1月23日)

〔64〕校人字第032号

中央教育部:

根据(63)教计事字第1223号关于下达1964年直属单位事业基建计划和经费预算控制指标的通知的精神,对有关招生计划部分,我们进行了认真的研究,现从我校具体情况出发,提出如下意见:

1.关于应用力学专业,我们为使教师在教学实践中多加锻炼,更多的积累经验,为了避免由于中断招生而引起的某些教学工作、师资安排,以及学生休学、复学和留(降)级的处理所产生的一些困难起见,希望能每年招少量学生,不要中断。由于考虑到该专业需要量较少,1964年只招生15名,这一问题,在西安会议和北京会议期间,已初步征得蒋南翔副部长的口头原则同意。

2.关于工业与民用建筑专业的招生数字,从我校现在的师资和设备基础来看,尚有潜力。同时从最近形势来看,国家也有一定的需要,可以在保证教学质量的前提下,适当的多招一些学生,因此希望1964年招生从30名增加到45名。

3.关于光学仪器专业的招生数字,我们希望今年从招生90名减为60名,原因是我校该专业的师资力量,由于过去外调了一些骨干,需要充实提高。招生任务过大,对于教学质量和师资水平会带来困难,因此,希望今年适当减少30名,将其中15名改为招收应用力学专业,另外15名改为增加工业与民用建筑专业。

全校总招生数字仍为1300名,不变。

4.关于精密机械仪器专业。由于我校该专业原来教学内容主要是搞自动转换和自动记录仪器仪表等，并非一般的精密机械仪器，现仍继续试办自动转换及自动记录方面的内容，拟改名为“专业仪器仪表”专业，请予更正。

以上意见，是否妥当，请批示。

附件一：1.浙江大学1964年招生计划及调配方案(草案)。

1964年1月23日

附

浙江大学1964年招生计划调配方案(草案)

系别	专业名称	招生数	各地区分配						
			浙江省	上海市	江苏省	福建省	江西省	安徽省	山东省
理科	应用数学	20	14	2	3	1			
	应用力学	15	9	2	2	2			
	物理学	30	23	3	2	2			
	化学	20	14	3	3				
	小计	85	60	10	10	5			
机械系	机械制造工艺及设备	120	72	20	15	10		3	
	锻造	60	26	10	10	10	2	2	
	金属学热处理工艺及设备	60	30	10	10	10			
	内燃机	30	17	5	5		3		
	水力机械	30	10	5	5	10			
	小计	300	155	50	45	40	5	5	
电机系	电机与电器	90	50	20	10	10			
	发电厂电力网及电力系统	60	23	10	15	10			2
	工业企业电气化及自动化	60	35	10	5	10			
	电厂热能动力装置	60	27	15	10	5			3
	小计	270	135	55	40	35			5
化工系	塑料工学	60	20	20	10	10			
	燃料化学工学	60	20	10	15	10	2		3
	化学工程学	30	10	10	5	5			
	硅酸盐工学	60	25	10	10	10	3		2
	化工自动化	60	15	20	15	10			

续表

系别	专业名称	招生数	各地区分配						
			浙江省	上海市	江苏省	福建省	江西省	安徽省	山东省
	化工机械	60	20	20	10	10			
	小计	330	110	90	65	55	5		5
无线电系	无线电技术	60	15	20	15	5	5		
	电真空器件	30	10	10	10				
	半导体材料及器件	30	10	15		5			
	小计	120	35	45	25	10	5		
光仪系	光学仪器	60	20	25	10	5			
	物理光学仪器	30	10	10	5	5			
	专业仪器仪表	30	10	15	5				
	小计	120	40	50	20	10			
土木系	工业与民用建筑	45	36		2	5		2	
	河川枢纽与水电站建筑	30	14		8	5		3	
	小计	75	50		10	10		5	
合计		1300	585	300	215	165	15	10	10
%		100%	45%	23.2%	16.5%	12.4%	1.19%	0.77%	0.77%

浙江大学档案馆藏,档案号:ZD-1964-XZ-33

关于1964年录取新生工作的总结

(1964年10月9日)

〔64〕校人字第307号

中央高教部:

接你部1964年8月25日(64)高学学载字第782号文,现将我校"关于1964年录取新生工作的总结"报告如下:

一、工作进行情况

我校今年暑期招生,是1958年以来第一次在华东地区录取新生。在学校党委和行政的领导下,抽调了59人参加录取工作,其中处长级干部6人,科长级干部12人,教师4人,其余为一般干部,均为中共正式党员。为了提高思想,统一认识,正确掌握政策标准,我们用了三天的时间,对参加录取的全体同志传达和学习了中央批转教育部"关于改进高等学校招生工作的请示报告"、1962年中央审定的高等学校录取新生的政治审查标准等文件,并开展了深入的讨论,最后党委林副书记对大家做了指示。通过学习,提高对录取工作的重要性的认识，一致认为，要培养又红又专的革命事业接班人，选种是重要一环，一定要把好录取关，一定要完成这项政治任务，为做好录取工作打下了一定的基础。7月下旬分赴各省、市参加全国统一招生的录取工作，在各省市高校招生委员会的领导和大力的帮助下，我校按计划完成了任务。

今年我校录取的新生共1342名，总的情况来看比往年好，尤其政治质量比前几年有较大的增长。按政治条件可入绝密专业的348人，占新生总数的25.93%，去年是占17.6%。可入机密专业的540人，占新生总数的40.24%，去年是占32.4%。可入一般专业的454人，占新生总数的33.83%，去年是50%。（略）

从业务情况来看，基本上也是还好的。全校新生总平均分数为67.3分，其中福建、山东新生平均分数在72分。（下略）

二、通过今年暑假招生录取工作，我们感到有如下体会

1.学校党委领导重视，由于我校今年第一次到华东地区招生，一开始是就由学校党委副书记林正同志挂帅，成立了学校录取新生工作组，抽调了思想政治好，有一定政治水平和独立工作能力的党员干部参加这一工作，对招生数量最多的省配备了处级干部，招生数少的省份都是配科长级的干部，这样就保证了招生工作的完成。

2.认真学习中央所规定的政策标准。由于全体干部事先认真学习，明确了录取新生工作是选择革命接班人的工作，关系到我们培养什么样的接班人的问题，是党和国家一项严肃的政治任务，如做不好时，能使国家遭到不可估量的损失。在学习中间，我们不但从正面领会文件精神，而且还采取着问题学习的方法，把往年的录取工作中碰到的问题，总结起来讨论，（中略）通过讨论提高了觉悟，提高了认识，统一了口径，为录取工作奠定了思想基础。

3.在分系录取中采取考生志愿和照顾各系数质量相对平衡的结合的方法，考生报考志愿往往是不平衡的，在分析录取中既要照顾考生志愿，又要完成各系的任务，对报考志愿不足的采取事先调剂的办法，就要要求参加招生的干部，在统一思想认识的基础上，明确到自己是代表学校录取，而不是代表系，因此必须全校一盘棋保证完成全校的任务。

4.（略）。

5.依靠当地组织帮助，学校及时了解地区录取新生的数量质量情况，及时做好任务的调整和平衡工作，是保证我校完成任务的关键之一。特别是今年我校5年来第一次在外省招生，个别省、市报考我校第一志愿的考生是比较少的。但是由于我校录取干部能及时汇报，争取组织上的大力帮助，再加上各省之间及时地调整和平衡，所以录取的新生既保证了数量，又保证了质量。

6.招生名额多的省、市，学校自带医生，对保证健康的学生入学作用很大。

三、工作中的问题

1.今年我校在抽调参加录取干部工作中决心还是很大的，基本上保证了数量和质量。但由于过去几年没有到外地招生，缺少这方面的经验，因此在干部配备上，有的省配得少了一些，有的省只有一个人也无人商量，感到顾东顾不了西，因此对工作有一定的影响。

2.对招生工作的政策标准，学得还不够深透。招生录取工作是在一定时间内带有突击性的工作，又是一项阶级性、政治性很强的工作，要在短时间内正确的掌握政策标准，很好地完成任务，必须在录取前认真组织参加招生工作的人员学习。但往往在抽调干部学习政策标准时，有的系强调工作很忙(主要是参加本省录取的)，不让参加招生工作的人参加，或是派代表参加学习，回去传达。由于事先未很好地学习，加之个别的系不是按照抽调的干部来搞，而是采取临时派人的办法，到时就来打一下“歼灭战”，遇到具体问题时不能正确的掌握标准，因此，使新生质量受到了影响。

3. 宣传工作做得不够好，今年由于第一次到省外招生，由于宣传工作做得不够好，有些省市对我校了解不够，因此一些省、市报考我校志愿还不够多，选择余地较少。

四、对于招生工作的几点改进意见

1. 各省招生委员会应该严格掌握中央批转的政治标准，招生委员会划分政治类型时，不应仅看家庭成分、社会关系情况，而要看学生的生活思想，以保证招进之新生能符合各类条件。从今年华东地区的情况来看，政治审查中有两个问题：

(1)个别省只注意死材料，不注意活材料，特别是对本人的政治思想平时表现注意不够，因此有的省在划分机密考生时偏宽，有的把不该划绝、机密的，也化为了机、绝密了，影响了质量，我们认为划为机、绝密的考生不仅应当出身成分好，而且本人思想政治好才行。

(2)调查材料不全面，特别是社会青年很多人都没有材料，尤其是本人的表现也没有，影响到录取工作的材料根据和质量。(略)

2. 根据教育部规定，各校专业情况介绍，均应由省招生机构发到中学，以便使考生全面了解各校情况，决定其报考志愿。据了解，福建省未发至各中学而采取张贴的。另外据了解，在福建，有些学校的招生通讯是事前由学校直接寄到中学，而不经过该省招生委员会，甚至该校负责同志到中学去宣传，有些学校在浙江省也是直接寄到中学，这样是不符合招生会议规定的。

3. 对学生的档案格式，内容能有统一的样式，统计表各省、市大小项目都不统一，造成了学校统计工作的困难。因此建议高教部作出样板，发各省、市招生委员会，严格按规定格式、尺寸翻印。

附件：我校新生统计表二份。

1964 年 10 月 9 日

附件 1964 年新生录取统计

系别	计划招生数	实际录取数	各地实际录取情况							新生类别				政治条件					
			浙江省	上海市	江苏省	福建省	江西省	安徽省	山东省	本年高中毕业生	归国华侨	其他知识青年	复员专业退伍军人	可人绝密专业		可人机密专业		可人一般专业	
														人数	%	人数	%	人数	%
数力	35	40	30		7	3				32		8		13	32.5	15	37.5	12	30
物理	30	32	24		2	2	4			29		3		11	34.4	12	37.5	9	28.1
化学	20	21	15		6					20		1		5	23.8	5	23.8	11	52.4
机械	300	309	179	27	46	42	10	5		273	3	33		68	22	133	43.1	108	34.9
电机	270	277	168	35	33	36			5	230	6	40	1	64	23.1	111	40.1	102	36.8
化工	330	335	195	31	43	56	5		5	292	5	37	1	70	20.9	126	37.6	139	41.5
无线电	120	126	68	23	20	10	5			120		6		55	43.6	64	50.8	7	5.6
光仪	120	124	74	24	16	10				111	1	12		47	37.9	50	40.3	27	21.8
土木	75	78	51		10	12		5		66		11	1	15	19.2	24	30.8	39	50
总计	1300	1342	804	140	183	171	24	10	10	1173	15	151	3	348	25.93	540	40.24	454	33.63

浙江大学档案馆藏，档案号：ZD-1964-XZ-33

浙江大学1975年新生工作计划

(1975年9月12日)

根据国家计划,我校1975年有32个专业招生,招收新学员共1335名。现在学校复审和录取工作正在进行,新学员即将入学,为了切实做好有关各项工作,制订具体计划如下:

一、指导思想

以党的基本路线及毛主席关于理论学习、团结安定问题和把国民经济搞上去的三条指示为纲,以毛主席亲自圈阅的中共中央〔1975〕16号文件和毛主席有关教育工作的指示为武器,发动广大师生员工,在认真贯彻落实党中央和毛主席的重要指示,深入学习无产阶级专政理论,深入批判修正主义,批判资本主义倾向,批判资产阶级法权思想,批判资产阶级派性的基础上,讲路线、讲大局、讲党性、讲团结、讲纪律,切实做好招生的复审工作和新学员入学的有关各项工作,为新学员今后三年的学习,作出一个良好的开端。

二、主要工作任务

1. 认真做好招生的复审和录取工作,严格掌握入学条件和招生手续,切实保证新生质量。

2. 做好新学员入学的各项教学准备工作,主要是:

制订好1975级学员的教学计划,落实第一学期教学安排。

根据教学计划,做好教学力量特别是教师的安排。

准备好新学员第一学期使用的基本教材。

3. 做好新学员入学的物质条件的准备工作,主要是:

安排好新学员的宿舍。

安排好新学员用膳的食堂。

安排好新学员上课的教室。

4. 积极热情地做好新生入学的接待工作。

组织全校师生员工在各车、船码头、校门口、各新生宿舍设立接待站,进行接待,力求做到热情、周到、落实、安全。

组织校、系、机关各部门办理新学员入学报到手续。

请校、系、专业各级领导迎接和看望新学员。

5. 认真组织好开学典礼和新学员入学教育工作,主要是:

组织新学员学习无产阶级专政理论和毛主席教育革命思想,向新学员进行当前形势的教育,传达、学习中共中央〔1975〕16号文件,使新学员明确高等学校必须成为无产阶级专政的工具,工农兵学员必须努力学习马列主义、毛泽东思想,自觉改造世界观,深入批判资产阶级,积极地、正确地发挥上、管、改的作用,锻炼自己成为无产阶级革命事业接班人,为今后三年的学习,打下初步的思想基础。

6. 做好组织新学员去部队学军的工作。

三、工作进度和时间安排

1. 进行思想动员和计划安排,主要是:

召开各系和机关各大组负责人会议,动员领导干部认真抓好新生工作,并讨论落实新生工作计划，在领导干部中明确：①今年我校招生 1335 名，国家计划已确定，必须保证完成。②必须先接受任务，把工作抓起来，有困难逐步解决。③解决困难的办法，各单位首先自己挖掘潜力解决，解决不了的学校再统一解决。

计划确定后由各系、各部门分别传达贯彻。

2.9 月中旬做好以下工作。

完成新生的复审录取工作。

调整集体宿舍，安排好新学员住的宿舍。

安排好新学员的用膳食堂。

3.9 月下旬，做好接待新学员入学的组织安排和各项准备工作。

（略）

四、组织领导

1.在校核心小组领导下，建立 75 级新生工作领导小组，各系、理科部及各专业都要在党组织的领导下，分别建立相应的组织，由党的领导同志分工负责，吸收有关部门负责同志参加。

2.除招生的复审、录取工作仍由招生办公室负责完成外，新生入学的各项工作由各有关部门分工负责，根据工作需要，建立临时机构，组织适当的人员参加。具体分工是：

新生入学的教学准备工作：教学计划的制订、教学安排落实和教材准备，由教革组负责（教师的人事安排，由政工组负责）。

新生入学的接待工作（包括各个接待站的组织安排，交通、住宿、吃饭及其他生活安排），由后勤组主要负责，共青团配合，有关部门参加，组成新生接待工作组，分工进行有关各项工作。（具体计划另订）。

新生报到注册工作（包括报到注册、转移户口和粮油关系，转移党、团组织关系，预交教材费等）由教革组负责组织，有关部门派同志参加，集中办理。

开学典礼和新学员入学教育工作（包括计划的制订、人员的组织安排、报告的准备、学习资料的印发）由政工组主要负责，共青团配合，有关部门参加，组织专门班子进行。

组织新学员去部队学军的工作，由人武部主要负责，有关部门参加。

新学员上课教室的安排，由后勤组、教革组负责，与各系共同研究解决。

五、要注意的几个问题

1.做好新生工作，是当前我校贯彻落实毛主席三项指示和中央 16 号文件的主要内容，校、系、专业各级领导必须充分重视，亲自动手，统筹考虑，全面安排，积极组织力量，切实抓好。各有关部门必须主动配合，密切协作，共同搞好。

2.做好新生工作，必须充分发动群众，组织全校师生员工共同来参加。要提倡每一个师生员工都为新学员入学做一件事，出一把力，各级党、团组织要号召共产党员和共青团员积极地起模范带头作用。要号召老学员积极热情地为新学员服务，主动出墙报、贴标语，为新学员搬行李、打扫宿舍、解决困难，使新学员一到学校，就感受到社会主义大学革命大家庭的温暖。

3.完成今年新生入学工作的任务，面临的困难是不少的。但必须看到，在当前大好形势下,只要充分调动积极因素,这些困难是可以战胜的。只要全校师生员工同心协力,发扬无产阶级的革命精神,鼓足干劲,力争上游,就一定能够战胜困难,胜利地完成任务。

附:浙江大学1975年招生计划。

中共浙江大学核心小组(代)
一九七五年九月十二日

附

浙江大学1975年招生计划

专业	招生数	备注
机制	60	
铸工	60	
金相	60	
内燃	60	
液压	40	一年半进修班
电机	60	
发电	60	
工企	60	
装置	30	一年进修班,1975年12月15日入学
热能	60	
化学工程	30	
高分子化工	30	
基本有机合成	60	
硅酸盐(玻璃)	30	
化自	60	
化机	60	
低温	20	
光仪	60	
激光	30	
自仪	30	
工民建	60	
水利水电	30	
地质	30	
无线电	40	

续表

专业	招生数	备注
电真空	30	
半导体	30	
电子计算机	30	
固体电子学	30	
应用数学	30	
机械力学	20	
流体力学	20	
高分子化学	25	
合计	1335	

浙江大学档案馆藏，档案号：ZD-1975-XZ-21

浙江大学 1976 年各专业招生计划

(1976 年)

<table>
<tr><th>系别</th><th>专业</th><th>面向</th><th>学制</th><th>1975 年计划招生数</th><th>1976 年计划招生数</th><th>备注</th></tr>
<tr><td rowspan="6">机械系</td><td>机械制造工艺及其装备</td><td>本省</td><td>三年</td><td>60</td><td>90</td><td rowspan="15">(1)全校 1976 年举办短训班的人数与普通班人数之比为 1∶1，具体专业待定。
(2)全校 1976 年开始在有关专业兼办农机、农电、农建、农水等方面的函授班招生数与普通班招生数之比为 1∶1。</td></tr>
<tr><td>铸造工艺及设备</td><td>本省</td><td>三年</td><td>60</td><td>70</td></tr>
<tr><td>金相热处理及设备</td><td>本省</td><td>三年</td><td>60</td><td>70</td></tr>
<tr><td>内燃机</td><td>本省</td><td>三年</td><td>60</td><td>70</td></tr>
<tr><td>液压传动</td><td>全国</td><td>一年</td><td>40</td><td>40</td></tr>
<tr><td>小计</td><td></td><td></td><td>280</td><td>340</td></tr>
<tr><td rowspan="6">电机系</td><td>电机制造</td><td>全国</td><td>三年</td><td>60</td><td>70</td></tr>
<tr><td>发电厂及电力系统</td><td>大区</td><td>三年</td><td>60</td><td>60</td></tr>
<tr><td>工业电气化自动化</td><td>本省</td><td>三年</td><td>60</td><td>60</td></tr>
<tr><td>工业电子装置</td><td>全国</td><td>一年</td><td>30</td><td>60</td></tr>
<tr><td>电厂热能动力装置</td><td>大区</td><td>三年</td><td>60</td><td>60</td></tr>
<tr><td>小计</td><td></td><td></td><td>270</td><td>310</td></tr>
<tr><td rowspan="3">化工系</td><td>化学工程</td><td>全国</td><td>三年</td><td>30</td><td>35</td></tr>
<tr><td>高分子化工</td><td>全国</td><td>三年</td><td>30</td><td>35</td></tr>
<tr><td>基本有机化工</td><td>全国</td><td>三年</td><td>60</td><td>70</td></tr>
</table>

续表

系别	专业	面向	学制	1975 年计划招生数	1976 年计划招生数	备注
	玻璃	全国	三年	30	35	
	化工自动化	全国	三年	60	70	
	化工机器与设备	全国	三年	60	70	
	低温工程	全国	三年	20	35	
	小计			290	345	
光仪系	光学仪器	全国	三年	60	70	
	激光仪器	全国	三年	30	35	
	自动化仪表	全国	三年	30	35	
	小计			120	140	
土木系	工业与民用建筑	全国	三年	60	70	
	水利水电	本省	三年	30	35	
	矿产地质普查及勘探	本省	三年	30	40	
	小计			120	145	
物理无线电系	无线电技术	全国	三年	40	40	
	半导体器件及材料	全国	三年	30	35	
	电真空器件	全国	三年	30	35	
	电子计算机制造	全国	三年	30	35	
	固体电子学	全国	三年	30	35	
	小计			160	180	
理科部	应用数学	全国	三年	30	40	
	固体力学	全国	三年	20	20	
	流体力学	全国	三年	20	20	
	高分子化学	全国	三年	25	25	
	小计			95	105	
全校合计				1335	1565	

浙江大学档案馆藏,档案号:ZD-1976-XZ-22

1976—1985 年浙江大学分专业培养计划初步意见

(1977 年 6 月)

专业	面向	“五五”期间		毕业生总数	80 年在校生数	承担任务意见	面向	“六五”招生总数		毕业生总数	85 年在校生数	承担任务意见
		计	其中80 年					计	其中85 年			
合计		9245	2030	6428	6030			10150	2030	10150	6090	
一、现有系												
机械系		1920	410	1326	1230			2050	410	2050	1230	
电机系		1710	360	1209	1080			1800	360	1800	1080	
化工系		1920	400	1410	1200			2000	400	2000	1200	
土木系		960	210	644	630			1050	210	1050	630	
光仪系		730	155	525	465			775	155	775	465	
物理无线电系		1235	285	824	855			1425	285	1425	855	
理科部		680	150	470	450			750	150	750	450	
二、新增专业												
水泥(或建筑材料)专业		90	30		90			150	30	150	90	
医疗光学器件专业			30		30			150	30	150	90	

说明:

一、根据工厂生产需要,举办有关专题短期训练班,“五五”期间拟培训工人、技术员 13000 名,“六五”期间拟培训两万人,十年合计 33000 人。

二、工科专业为农业服务,为农村举办农业机械,柴油机水泵,农村电工、农村建筑,农村小水电、有线广播等函授大学班,“五五”期间拟培训上山下乡和回乡知识青年 19000 人,“六五”期间预计 30000 人,十年合计 49000 人。

三、以上工业短训班和农村函授班两项合计,“五五”期间培训 32000 人,“六五”期间培训五万人,总计 82000 人。

四、其他业余教育配合有关单位有所。开展今后要健康发展,广播电视将根据我省有关部门的部署。应积极参加,数字都未规划在内。

注:1.增设专业应结合发展“七・二一”厂办工人大学、共产主义劳动大学、“五・七”大学统筹考虑。2.招生、毕业、在校学生数指普通班、进修班。

浙江大学档案馆藏,档案号:ZD-1976-XZ-22

1977年招生及新生工作意见

(1977年11月22日)

根据国务院国发〔1977〕112号文件和浙江省革委会批转省高校招生委员会关于今年招生工作的实施意见,为了做好我校今年的招生和新生工作,提出下列几点意见:

一、做好学习、宣传工作

今年的招生和分配制度有重大改革,直接关系大学培养高级专门人才的质量,影响中小学教育,涉及各行各业和千家万户,是一件大事。因此,要做好学习和宣传工作。

(中略)

二、做好招生录取工作

1.省招生委员会办公室抽调我校30人,统一安排,派到各地区协助地县做好今年的招生工作。现已基本派出。

2.派到外省搞录取的人员共需32人,招生人数多的省市,二个人负责一个省市(一名干部、一名教师,其中至少一名为党员);人数少的省市,二个人负责二至三个省市。我们要求在12月15日后全部集中,学习今年招生工作文件二至三天,分配任务,12月20日以后根据各省市招生工作进度,陆续出发,约一个月,至1月20日左右基本完成外省的录取、签发入学通知书的工作。

3.本省的录取工作,因录取办法改变,全部集中在省招生办公室审查录取,时间紧(估计只有三至五天),任务重(要录取六百多新生),估计1月10日以后可以开始工作。我们要求,各招生专业至少抽调二人(一名干部、一名教师),招生人数多的专业,可适当增加录取工作人员。各系由一位负责同志带领,共约70人。1月5日左右集中,学习今年招生工作文件二至三天,然后由校招生办公室统一组织到省招生办公室审查材料进行录取,经省招生委员会批准后签发入学通知书。

三、确定新生报到注册和开学日期

我们的初步意见:1978年2月23日、24日、25日三天(星期四、五、六)为1977级新生报到注册日期。2月27日(星期一)开学。

四、新生工作

1.新生的宿舍、食堂等,请总务处及早准备。

2.为了提高课堂教学质量和根据教学用房的实际情况,1977级新生入学时需实行全校课程调度。(具体实施计划教务处另有报告)

3.新生的报到注册及迎新工作。

由团委、教务处、总务处、保卫处和各系组织迎新工作组,拟定迎新工作计划,做好准备。

4.开学典礼、新生始业教育和学军。

由宣传部、团委和教务、总务、人武等部处,以及各系拟定新生开学典礼、始业教育计划(以宣传部为主)和学军计划(以人武部为主)。

从2月27日起用五天时间进行始业教育,主要内容为:形势教育、学习目的性和前途教育,专业介绍,等。第六天(星期六)进行学军动员。从第二周起学军四周。

5. 新生复查工作。

由于今年实行统一文化考试，学校只进行政治和体格复查工作。

政治复查在新生入学后，组织各系立即进行，二个半月内完成。

体格复查在新生学军结束后一周内进行。

附：招生和新生工作日程表（略）

浙江大学招生领导小组
一九七七年十一月廿二日

浙江大学档案馆藏，档案号：ZD-1977-XZ-35-5

浙江大学1977级招生工作小结
（1978年4月）

（一）

我校1977级招生，山西省、西藏自治区没有招生任务，新疆部队考生因文化考试不符要求而缺招。除上述三个省区外，其余26个省、自治区、直辖市，我校都有招生任务。其中，吉林、内蒙古、宁夏、河北、云南、贵州六省区未派去招生人员，委托该省区招生办公室代为录取，其余20个省、自治区、直辖市都派人去审查录取。

我校1977级招生计划，普通班1190人，两个进修班50人，共1240人。后，加上超额录取3%计为36人，试招走读生100人，总计1376人（普通班1326人，进修班50人）。

实际录取人数：

普通班：新疆部队缺招1人，实为1325人（后，取消入学资格2人，不来报到1人，实到1322人）。

进修班：固体力学进修班缺招2人，无线电技术进修班2人不来报到，实到46人。

两者合计，实到1368人。

按照普通班录取的1325名统计，情况如下：

性别：男1101人，占83%；女224人，占17%。女同学比前几年比例低（前几年在25%左右）。

年龄：20岁以下521人，占39.3%；20—25岁716人，占54%；25岁以上88人，占6.7%。

少数民族4人，占0.3%。

政治面貌：党员53人，占4%；团员1070人，占80.7%；非党团员202人，占15.3%。

家庭出身：工人193人，占14.6%；贫下中农292人，占22%；革命干部190人，占14.3%；革命军人50人，占3.8%。以上四项合计725人，占54.7%。其他劳动人民579人，占43.7%；剥削阶级9人，占0.7%；其他12人，占0.9%。

学生来源:工人368人,占27.8%;农民473人,占35.7%(其中上山下乡知青281人,占21.2%;回乡知青192人,占14.5%)。上述两项合计841人,占63.5%。干部7人,占0.5%;复员军人7人,占0.5%;应届高中毕业生291人,占22%;在校高中生15人,占1.1%;解放军干部、战士3人,占0.3%;其他161人,占12.2%。其中六六、六七届高中毕业生63人,占4.7%。

原有文化程度:据1218人的统计,高中毕业的1185人,占97.2%;高中的25人,占2%;初中毕业的8人,占0.8%。

(二)

1977级新生,是在英明领袖华主席为首的党中央一举粉碎"四人帮"后,抓纲治国初见成效,招生制度做了重大改革后第一次录取的学生。这些学生有如下一些特点:

他们中的绝大多数,是由于招生制度做了重大改革才能进入大学,因此,他们对华主席无比热爱,对"四人帮"强烈仇恨,政治态度比较明朗。

经过文化考试,文化基础比以往几届高得多,而且程度也比较整齐。

年龄一般也比前几届轻,有的只有十五六岁,学习精力旺盛,思想负担和家庭牵扯较少。

由于这次招生中体格检查比以往认真,所以新生体质也比较好。

在党的十一大路线指引下,在五届人大、全国科学大会精神鼓舞下,在英明领袖华主席"一定要极大地提高整个中华民族的科学文化水平"的伟大号召下,他们具有为实现四个现代化而学习的责任感和强烈的求知态度,起早摸黑,挤时间,想办法,刻苦学习。

我校这届录取了几个年龄较小的学生。

1963年出生的2个:(中略)

1962年出生的13个:(中略)

以上15人中,不到15周岁的一人,不到16足岁的10人,大部分来自县城和农村。

今年没有考外语,我校对77级新生进行了英语摸底测验,虽然整体外语水平并不高,但也有65人在100分以上。对这65人又进一步考核,其中____人英语几可通过,立即安排学习第二外语。

目前,新生中也已暴露出一些不好的倾向。不少人不愿意参加任何政治活动和政治学习,不愿担任班级工作,开大会、听报告时,也在做习题、背外语。有一些新生看不起75级、76级学员,甚至当面讽刺挖苦他们,表现出骄傲自满。

(三)

根据77级新生的实践,对于78级及今后的招生,我们有下列几点不成熟的想法和建议:

一、招生录取工作的原则,中央已有明确规定,但在具体工作方法上,各省、自治区、直辖市不尽相同,时间也不一样,影响学校的录取和开学。希望教育部制订比较具体一些的招生和录取工作的方法、步骤等工作条例。

如:从高分到低分分段录取,省应如何执行;对考生所填志愿应如何对待;各类学校的录取次序;调阅考生材料与录取人数的比例;等等。

今后，各高等学校招生人数逐年增加，招生录取手续如何适当简化，也值得研究。

二、如何保证全国重点高等学校的招生质量。如何做到“优先”录取和“有较多的选择余地”。

浙江大学现已划归中国科学院领导，我们要求，从78级招生开始，和中国科大同等对待。

三、对走读生、旁听生等也应初步拟订若干具体规定，先试行，然后总结修改。

如：走读生的对象，走读生是否转户粮关系等（我们意见不要转到学校）。旁听生如何接受。

四、方毅副总理在报告中提出：“重点高等学校可以随时破格录取特别优秀的青少年。”如何具体执行？是否学校审查合格的就可录取，还是须经一定的招生或教育行政部门批准？

五、方毅副总理报告中提出可以试行学分制，虽属教学制度，但也与招生有关，也请初步拟定若干具体规定。

六、重点高等学校招生，为了更恰当地安排学生的专业，在录取办法上可否试行：先按原录取，进校后或学习一段后根据学生的情况再分专业的办法？

浙江大学档案馆藏，档案号：ZD-1977-XZ-35-7

关于我校1983年分专业招生计划调整情况的报告

(1983年1月13日)

浙大发教〔1983〕9号

教育部：

根据〔82〕教计事字204号文《关于编报1983年教育事业计划草案的通知》精神。我校已将1983年分专业招生计划草案上报部审批。现根据〔82〕教计事字228号文《关于转发全国计划会议〔1983〕22号“1983年教育事业计划”（草案）的通知》精神，经研究。对部分专业招生数作如下调整：

专业名称	招生人数	调整后招生数
工业电子技术	90	80
工业自动控制	90	80
建筑结构工程	100	90
化学	30	40
无机材料科学与工程	40	50
电子计算机	30	40
光学仪器	60	65
激光技术	30	20
摄影仪器与工程	30	35

1983年招收研究生235名,大学本科生1800名,干部专修科60名的计划不变。

另外,根据化工部关于专业设置和名称的意见。我校的"石油化工"专业改名为"基本有机化工"专业,内容不变。

特此报告,请审批。

浙江大学

一九八三年一月十三日

浙江大学档案馆藏,档案号:ZD-1983-XZ-36

报送1983年扩大招生计划的报告

(1983年6月1日)

浙大发教〔1983〕128号

教育部:

按〔83〕教计字081号文要求,现将我校今年扩大招生计划报上,计划接受委托培养本科生40名,干部专修科125名,共165名,希审核。

我校今年原计划招生1860名(本科1800名,干部专修科60名),现增加165名,共计2025名(本科1840名,干部专修科185名)。另原计划今年招收研究生235名(比去年增招98名),现决定再增招8名,接受委托培养6名,共计249名。

以上总计,今年共招生2274名(其中研究生249名,本科生1840名,干部专修科185名),专此报告。委托培养合同,另行分别报批。

附件:1983年浙江大学扩大招生计划

浙江大学

一九八三年六月一日

1983年浙江大学扩大招生计划表

计算单位:人

	原报计划招生数	拟增加招生数	合计	备注
合计	1860	165	2025	
其中:干部专修科	60	125	185	
本科:	1800	40	1840	学制四年
电机专业		10		上海市机电一局委托培养
计算机软件专业		5		天津市经济委员会委托培养
电子计算机专业		5		天津市经济委员会委托培养

续表

	原报计划招生数	拟增加招生数	合计	备注
液压传动及控制专业		10		天津市经济委员会委托培养
光学仪器专业		4		天津市经济委员会委托培养
激光技术专业		3		天津市经济委员会委托培养
摄影仪器与工程专业		3		天津市经济委员会委托培养
干部专修科：	60	125	185	学制三年
工业与民用建筑专业		30		核工业部委托培养
水利水电工程建筑专业		35		水利电力部委托培养
轻工机械专业		60		浙江省轻工业厅委托培养

浙江大学档案馆藏，档案号：ZD-1983-XZ-36

关于1983—1985年高等教育事业发展计划的报告

（1983年6月25日）

浙大发办第〔1983〕150号

教育部：

按〔83〕教计字081号“关于编报1983年高等学校扩大招生计划和1983—1985年高等教育事业计划的通知”要求，现将我校“1983—1985高等教育事业计划”报上，请审定。

浙江大学

一九八三年六月二十五日

附

浙江大学一九八三、八四、八五年本科及干部专修科招生计划

计算单位：人

专业名称	1983年计划数			1984年计划数			1985年计划数		
	招生	毕业生	在校生	招生	毕业生	在校生	招生	毕业生	在校生
一、本科生合计	1800	1502	6976	1900	1542	7334	2000	1577	1577
1. 数学	40	36	154	40	34	162	40	40	162
2. 物理	30	49	131	40	31	140	40	10	150
3. 化学	40	41	145	40	30	155	40	35	160
4. 力学	30		130	40	28	142	40	32	150

续表

专业名称	1983年计划数			1984年计划数			1985年计划数		
	招生	毕业生	在校生	招生	毕业生	在校生	招生	毕业生	在校生
5.地质	40	62	165	40	57	148	60	30	178
6.电机	60	61	257	60	55	262	60	62	260
7.工业电子技术	85	34	288	90	62	316	90	61	345
8.工业自动控制	85	59	308	90	65	333	90	69	354
9.电力系统及其自动化	60	59	274	44	53	285	65	70	280
10.化学工程	60	39	191	64	31	224	65	31	258
11.基本有机化工	40	32	160	40	30	170	40	29	181
12.高分子化工	40	27	151	40	31	160	40	30	170
13.化工自动化	60	56	236	40	52	224	60	60	144
14.化工机械	60	59	223	64	52	235	10	51	254
15.建筑学	30	14	95	30	17	108	30	20	118
16.建筑结构工程专业	90	84	370	90	92	368	90	92	366
17.水工结构	30	30	149	40	29	160	60	38	182
18.精密机械工程	90	90	349	90	73	361	90	81	370
19.液压传动及控制	40	32	143	50	32	161	60	32	189
20.无线电技术	80	57	277	90	62	305	90	61	334
21.电子物理技术	40	31	136	30	21	145	40	25	160
22.半导体器件	30	32	131	30	28	133	30	33	130
23.光学仪器	65	51	261	65	61	271	60	61	270
24.激光技术	20	29	126	20	35	111	30	30	111
25.摄影仪器与工程	35	20	131	25	29	137	30	30	137
26.金属材料科学工程	100	90	361	100	79	382	100	83	399
27.无机材料科学工程	50	29	149	60	30	179	60	29	210
28.内燃动力工程	60	57	249	60	63	246	60	58	248
29.电厂热能动力	60	34	111	64	63	272	65	70	267
30.低温工程	20	29	100	20	31	89	20	20	99
31.测试技术及自动化仪器	60	60	241	64	61	244	65	60	249
32.生物医学仪器	60	59	305	60	57	308	60	63	305
33.电子计算机	40	57	142	50	32	160	50	29	181
34.计算机软件	40		139	50	31・	158	50	32	176

续表

专业名称	1983 年计划数			1984 年计划数			1985 年计划数		
	招生	毕业生	在校生	招生	毕业生	在校生	招生	毕业生	在校生
35.管理工程	30		30	30		60	60		1200
二、干部专修科									
工业经济管理干部专修科	60		206	100	45	261	100	161	200

附件 2

浙江大学夜大学 1983—1985 年招生计划

学校名称:浙江大学　　　　　　　　　　　　计算单位:人

	1983 年预计完成			1984 年计划			1985 年计划			1985 年在校生比 1982 年增长%
	招生	毕业生	在校生	招生	毕业生	在校生	招生	毕业生	在校生	
夜大生	390	180	450	210	120	540	240	—	780	

注:自 1982 年起夜大学学制由原三年制改为四年制,故 1985 年无毕业生。

浙江大学档案馆藏,档案号:ZD-1983-XZ-36

关于 1983 年招生概况及招生工作中有关问题的建议和看法[①]

(1983 年 10 月 18 日)

〔83〕教招字第 23 号

教育部学生司:

兹将你司〔83〕教学司字 059 号函要求,将我校 1983 年招生概况和对招生工作中的有关问题提出一些建议和看法报上,请审阅。

浙江大学招生办公室

一九八三年十月十八日

概　况

我校 1983 年计划招本科生 1800 名,专科生 60 名,实际招本科生 1858 名(包括为天津市经委代培 30 名,上海市机电一局代培 5 名,增招 23 名,共计 58 名),干部专修科 54 名(缺招 6 名)。另外,经批准招委托培养干部专修科 96 名,其中水电部 35 名,核工业部 28 名,浙江省轻工业厅 33 名。

---

① 本篇是浙大招办 1983 年 6 月 18 日向教育部学生司提交的报告,标题为编者所拟。

本科生1858名中,男生1553名,占83.6%,女生305名,占16.4%。党员2名,团员1715名,占92.3%,群众141名。应届高中毕业生1049名,历届高中毕业生809名。少数民族有朝鲜族、回族、壮族、满族、蒙古族、白族、彝族共13名。高考成绩:全校平均总分:530.4,最高分608分(江苏省),最低分412(云南省),平均分最高的是福建省为556.4,最低的是云南省为452.1。浙江省最高分592,平均分为538.1,除少数体育尖子外全部是520分以上。全校520分以上共1462名,占78.9%。

新生于9月9日至11日报到注册,9月12日至14日为入学教育时间,9月15日开始上课。

一些建议和看法

一、关于录取原则和办法

今年招生工作重要改革之一,是进一步贯彻德、智、体全面考核、择优录取原则。重要的一条,就是给学校更多的择优录取可能性。但在具体落实和执行过程中,省招办仍往往强调"在政治思想品德考查,体检合格的前提下,从高分到低分分段"这一部分,凡是符合上述条件的就要求学校录取。而对于"参照考生所填志愿顺序,注意相关科目的成绩,德、智、体全面考核,择优录取"这一部分却重视不够。教育部虽已明确不搞"段段清",但现在各省招办的具体办法实质上还是"段段清",主要还是看考生的分数。分数高,德和体差一些也一定要录取,因为德和体只要合格就行了,不需要再区分优良,学校很难掌握全面考核的精神,很少有发言权。对各中学来说,他们的发言权也很少,我们听到一些反映,认为德、智、体全面考核,对中学来说基本上还是一句空话,对考生来说还是"一次考试定终身"。我们建议在录取方法上对让学校能有更大择优录取的条件规定得更明确一点,肯定一点,改变目前学校选择余地太小的现象。

各省、自治区、直辖市招办对招生数量大的学校建议都能如北京、天津那样,采取提前录取的办法。几年来我校招生重点放在华东几个省,占总数70%~80%,又以浙江省为最多,占总数的40%~50%。以去年和今年为例:去年我校招大学本科生2000名,在浙江省招840名,占42%,今年招大学本科生1800名,在浙江省招820名,占45.6%,任务相当重。而第一批重点院校录取时间一般只有三五天,(因为还有第二批,第三批院校要录取,所以只能在限定的三五天内完成录取任务),显得很仓促,难以仔细审查考生情况,对认真择优,提高录取质量受到影响,并对考生不利,因为最后一个分数段的考生未被录取时往往来不及再按以下的志愿交其他重点院校录取。如我校在浙江省录取,去年最低分数为460分,今年为520分,均有多余的100~200多份考生材料被退掉。这些高分的考生原都可以被各重点院校录取,但因我校和其他重点院校是同时间在录取,而且人数多,等我校录取满额将多余材料退回的时候,其他院校也已录取满了,而录取的考生中相当一部分是分别低于460分和520分的。这样,这批考生就只能被第二批一般院校录取了。为避免上述情况的出现,我们建议在各省、自治区、直辖市招生数量较大的学校录取时可以比其他招生数少的院校提前二天录取,并且要按教育部"一般应按多于录取数百分之二十的比例提供考生档案材料"的规定,一次投档给学校,使学校有充分的选择余地,也可加快录取速度。为避免高分考生不能录取重点院校,可以让填报志愿少的院校在录取开始时先等一等,待志愿多的院校退回材料后再录取(等一二天,整个录取进度不会受到影响)。这样高分的考生就不至于漏掉了。

二、关于制订招生来源计划

几年来,我们在制订招生来源计划时,碰到一些具体困难。首先是我们不了解各省、自治区、直辖市和中央各部委的人才规划,他们需要多少人才,需要培养哪些方面的人才,不大有底。所以在拟定哪个省招多少,招什么专业上存在极大盲目性。其次由于分配和招生工作有矛盾,我们不得不在每个省、自治区、直辖市都招生(除个别省、自治区)。而实际上去招了也不能完全解决分配问题。因为国家在下达分配方案时往往同学校招生来源的实际情况出入较大,致使学生仍然回不到原招来的省、自治区、直辖市去。所以,尽管我们面向全国招生,但依然解决不了多少矛盾(四年以后的分配情况谁也无法预测)。教育部要我们在制订招生来源计划时注意到分配问题,我们实在无法考虑。我们认为,分配和招生的矛盾问题,矛盾所在是在分配方面,分配制度一定要彻底改革。建议今后我校毕业生在浙江省留成比例要提高。从我校在浙江省招生数和毕业后分配在浙江省情况看:1978 年招生占总数 47.4%,分配只占 24%;1979 年招生占总数 53.4%,分配仅占 20%,招生和分配数相差太大。浙江省近几年高考成绩在全国名列前茅,我校应该多招生,而为了解决分配的矛盾,不得不将招生比例降下来。1982 年占总数 42%,1983 年占总数 45.6%。

我们希望今后在制订招生来源计划方面能得到教育部具体的指导。如有可能,亦请教育部将各省、自治区、直辖市人才规划情况通报我们,使我们在制订计划时有所依据,尽量避免盲目性。

三、关于委托培养

为了打开培养单位和用人单位的渠道,采取委托培养的办法,我们认为是好的,是可行的。我校今年第一次搞委托培养,同天津市经济委员会和上海市机电一局签订了大学本科委托培养合同,学生从全国统考中择优录取。另一种是干部专修科。我们为核工业部举办了工民建专业专修科,为浙江省轻工业厅举办了轻工机械专修科,并分别签订了合同;水电部经过教育部同意,委托我校举办了小水电专业。从今年我校与上述单位搞委托培养的整个情况看,双方都感到比较满意。各委托单位对这项工作都十分重视,做法严肃、认真,经严格挑选,择优录取,质量也基本保证。

核工业部和浙江省轻工业厅是委托我校命题,水电部是 11 所院校统一的试题,共同组织考试,由我校评卷、结分、登分,按教育部两次紧急通知的要求,以保证质量为原则,划出最低录取线,进行录取。录取时在总分合格的基础上,注意相关科目,同时又适当照顾用人单位急需培养的人数,符合条件的录取,不符合的不录取,不是硬去凑足计划招生数。以水电部录取的 35 名学生为例:数、理、语三科平均分数为 204.34 分,各科成绩的平均分数为,数学 76.34 分,物理 74.91 分,语文 52.8 分。核工业部和轻工业厅委托办的两个专科,均考语文、数、理、化、外语(不计入总分),五门录考成绩均在 60 分及格以上。其中以浙江的考生成绩最高。

从初步实践情况看,委托培养确实有很多可取的地方:

1. 能促进高等教育结构改革,有利于人才的合理使用。我校把这作为一个层次。

2.能鼓励部门地方办学的积极性。今年我们举办的三个专修科都是短线专业,都是这些部门所急需。所以这些部、厅和基层都非常积极,在工作上都非常支持。

3.可挖掘学校的潜力,调动教师的积极性,为国家四化建设多培养人才,多作贡献。

4.对用人单位开展职工教育,提高职工文化科学知识起到促进作用。据核工业部反映,这次委托培养招生对下面青年职工震动很大,学习积极性普遍提高。水电部和浙江省轻工业厅也有类似反映。

几点建议:

1.请教育部将委托培养的有关规定和办法早日定下来,发给我们,特别是对经费问题(基建设备费,经常费等),户口问题(在职职工的户口迁移问题,迁出后再迁回去可能会遇到困难,特别是北京、天津、上海等大城市;不迁户口,学校在某些方面遇到困难,如各种票证无法供应)等。

2.对学校报部的委托培养的合同和招生计划能及早审批下达,使学校有较充裕的时间来安排和准备。

3.我校第一次接受委托培养的专修科是培养技术人才,袭用了经教育部同意的水利部委托举办的小水电干部专修科的办法,与列入计划内的、由组织部所提出培养管理领导干部为目的的专修科性质不同。上海市定名为职工专修科,我们认为比较确切,建议正式作为一种成人教育的形式,生源不限于干部,职工也可以。因培养的是技术人才,几个单位意见一致认为入学年龄轻一点好,工龄可以定为两年以上。可由学校组织考试,也可纳入当地夜大、电大统一招生的渠道。

四、关于试行考试与推荐相结合的办法

我们认为从长远来说这个办法是好的,更能体现"德、智、体全面考核,择优录取"的原则,也可以避免"一次考试定终身"的弊病,给中学以更多的发言权,对学生在高中阶段德、智、体的情况加以适当的考虑等等都是有好处的。但我们也认为从目前的实际情况出发,还只能搞搞试点,逐步扩大。

今年江苏和福建两省试行了这个办法。事先他们都发函征求意见,我们表示愿意接受推荐。但在录取的时候发现两省招办都没有给我们讲推荐掌握的条件,只是笼统地说推荐的考生是德、智、体全面发展的三好学生。因为没有推荐条件,我们在录取的时候,总还是感到不大踏实。特别是将一些考生,其总分比我校在当地录取最低分数低几十分,相关科目成绩又不好甚至不及格坚持要推荐给我们时,使我们很不好办。录取吧,实在不大放心;不录取吧,是中学和省里推荐的,感到又不大好。如果省里有明确的推荐条件,那么即使这次高考分数稍差些,我们也会放心录取的。

所以,我们建议:

1.试行考试与推荐相结合办法的省、自治区、直辖市应该搞出一个推荐条例,在逐步积累经验后由教育部正式制订统一的条例。愿意接受推荐的院校可根据条例规定进行录取。

2.推荐的考生材料在录取之前尽早告诉院校,使院校有时间到推荐的中学详细了解推荐学生的德、智、体全面发展情况,使推荐和录取都做得更好些。

浙江大学档案馆藏,档案号:ZD-1983-XZ-36

关于1984年招生来源计划的报告[①]

(1983年12月15日)

教育部：

遵照你部〔83〕教学字044号“关于制订1984年中央部门所属高等学校招生来源计划(草)的通知”，现将我校1984年招生来源计划(草)报上，请审查。

附件：浙江大学1984年招生来源计划(草)

浙江大学

一九八三年十二月十五日

附

浙江大学一九八四年招生来源计划(草案)

项目＼招生数＼省别	浙江	北京	天津	河北	山西	内蒙古	辽宁	吉林	黑龙江	上海	江苏	安徽	福建	江西	山东	河南	湖北	湖南	广东	广西	四川	贵州	云南	陕西	甘肃	新疆	宁夏	青海	合计
本科	870	15	15	15	10	10	40	35	40	10	160	130	70	110	70	40	50	55	40	10	60	10	10	45	10	10	5	5	
干部专修科	60																												60

浙江大学档案馆藏，档案号：ZD-1983-XZ-0036

浙江大学1985年接受委托培养本科、专修科、干部专修科招生计划

(1985年1月31日)

单位：人

专业名称	1984年预计			1985年计划数			备注
	招生	毕业生	在校生	招生	毕业生	在校生	
总计	354		436	364		894	
一、本科生	68		103	113		205	
力学系	1		1			1	云南省教育厅委托
化学系				10		10	中国石油化工总公司委托
工业电气自动化				4		4	兵器工业部第五设计院委托
化学工程	10		10	17		27	中国石油化工总公司(15名)；兵器工业部第五设计院2名

---

① 本篇的标题为编者所拟。

续表

专业名称	1984年预计			1985年计划数			备注
	招生	毕业生	在校生	招生	毕业生	在校生	
有机化工	10		10	15		25	中国石油化工总公司15名
高分子化工	10		10	15		25	中国石油化工总公司15名
生产过程自动化	5		5	10		15	中国石油化工总公司10名
化工设备与机械				21		21	中国石油化工总公司15名;上海金山石化总厂6名
机械设计与制造	5		5			5	杭州市计委4名;云南省教育厅1名
建筑学				2		2	兵器工业部第五设计院委托
工业与民用建筑工程	5		5	2		7	上海电机厂2名
无线电技术	4		4			4	杭州市计委委托
光学仪器	3		13				天津市经委10名;杭州市计委3名
电厂热能动力工程				1		1	兵器工业部第六设计院委托
制冷设备及低温技术				15		15	辽河石油勘探局委托
检测技术及仪器	3		3			3	杭州市计委委托
计算机软件	8		18			18	天津市经委10名;杭州市计委7名;云南省教育厅1名
水利水电工程建筑				3		3	冶金部建筑研究总院委托
工业管理工程	4		4			4	江西工学院3人;华东水利学院1人
流体传动及控制			10			10	天津市经委委托
电机			5			5	上海电机厂委托
二、专修科	175		175	161		336	
水利水电工程建筑	40		40			40	浙江省水利厅委托
电子计算机及其应用	95		95	90		185	浙江省教育厅50名;浙江大学40名
科技图书情报	40		40	40		80	浙江省教育厅15名;浙江省科委8名;浙江大学17名
化工轻工机械				30		30	浙江省乡镇企业局委托
三、干部专修科	111		158	91		353	
工业与民用建筑	39		67	30		97	核工业部建工局委托
轻工机械	23		56			56	浙江省轻工业局4名;浙江省二轻机械公司3名;浙江省乡镇企业局16名

续表

专业名称	1984年预计			1985年计划数			备注
	招生	毕业生	在校生	招生	毕业生	在校生	
工业经济管理	49		204	61	100	165	浙江省委组织部委托60名;浙江省诸暨纺织配件厂1名
水利水电建筑工程			35			35	水电部委托(84年因生源不好,未招)

浙江大学档案馆藏,档案号:ZD-1985-XZ-77

浙江大学1985年、1986年本科生招生计划

(1985年10月)

统一编号	专业名称	1985年预计			1986年计划数			备注
		招生	毕业生	在校生	招生	毕业生	在校生	
	总计	2232	1530	8108	2000	1959	8149	
	一、本科生合计	2212	1530	8088	1970	1959	8099	
2101	1 应用数学	62	38	178	40	36	182	
	2 物理	52	29	167	50	37	180	
	3 化学	55	33	178	50	40	188	
	4 力学	50	29	162	50	41	171	
	5 地质学	59	28	183	50	40	193	
0801	6 电机	81	60	312	70	81	301	
0812	7 应用电子技术	65	65	289	60	78	271	
0807	8 工业电气自动化	90	68	357	70	89	338	
0804	9 电力系统及其自动化	83	69	327	70	92	305	
1501	10 化学工程	58	33	247	45	66	226	
1503	11 有机化工	30	27	175	30	58	147	
1504	12 高分子化工	36	27	170	30	52	148	
0808	13 生产过程自动化	62	57	251	45	61	235	
0510	14 化工设备与机械	65	50	251	50	61	240	
1101	15 建筑学	28		137	30	20	147	
1104	16 工业与民用建筑工程	102	92	382	90	96	376	
1203	17 水利水电工程建筑	56	37	195	45	50	190	

续表

统一编号	专业名称	1985 年预计			1986 年计划数			备注
		招生	毕业生	在校生	招生	毕业生	在校生	
0501	18 机械制造工艺与设备	59	81	368	50	98	345	
0506	19 机械设计及制造	28			25			
0527	20 流体传动及控制	46	32	169	45	37	177	
0901	21 无线电技术	91	61	337	65	70	332	
0908	22 物理电子技术	39	25	162	30	48	144	
0905	23 半导体物理与器件	35	34	136	30	39	127	
0909	24 光电子技术	28		28	25		53	
试 12	25 信息工程				25		25	
0602	26 光学仪器	126	119	506	90	154	442	
	27 应用光学				30		30	
0503	28 铸造	50		50	40		90	
0401	29 金属材料及热处理	51	84	352	40	97	295	
0404	30 无机非金属材料	31	27	185	30	43	172	
0405	31 硅酸盐工程	30		30	30		60	
试 03	32 材料科学	20		20	30		50	
0520	33 内燃机	62	56	245	50	64	231	
0703	34 电厂热能动力	60	67	260	60	76	244	
0523	35 制冷设备及低温技术	42	22	122	30	30	122	
试 09	36 检测技术及仪器	59	59	243	60	60	243	
试 08	37 生物医学工程与仪器	80	63	329	60	64	325	
0910	38 计算机及应用	70	27	191	60	44	207	
0911	39 计算机软件	64	31	203	60	37	226	
2001	40 工业管理工程	36		99	30		129	
	41 国民经济管理	31		31	30		61	
	42 政治理论教育(文科)	40		40			40	
	43 英语(文科)			21	20		41	1986 年要求招收理科学生
	44 中国文学(文科)				25		25	
	45 生命科学与工程				25		25	
	二、少年班	20		20	30		50	

浙江大学档案馆藏,档案号:ZD-1985-XZ-77

1985 年招生工作小结
(1985 年 12 月 26 日)

〔85〕浙大发教 406 号

国家教委学生司：

我校 1985 年招生已结束，85 级新生已于 9 月 2 日至 9 月 4 日报到注册，9 月 5 日开始始业教育，并进行为期两周的军事训练，9 月 23 日正式上课。

我校今年除西藏未招生外，其余 28 省、自治区、直辖市都招收了新生。计划招生 2130 名，实际招收 2206 名，超额 76 名；另外委托培养招收新生 369 名，其中本科生 118 名，专修科 160 名，干部专修科 91 人。

一、概况

我校今年招收的新生中男生 1708 名，占 77.4%；女生 498 名，占 22.6%；应届高中毕业生 2074 名，占 94%；历届高中毕业生 132 名，占 6%；新生中共青团员 2116 名，占 98.6%；中共预备党员 3 人，占 0.14%。

高考成绩，全校总平均 552.6 分。江西、湖北、湖南、江苏、山东、四川、安徽、上海、福建、辽宁、浙江、吉林等 12 省市平均分在 550 分，其中江西省最好，为 573.4 分。

二、招生制度改革的体会和认识

随着城乡经济体制和教育、科技体制改革的逐步深入，必然对高等学校招生工作提出新的要求，进一步改革招生制度也显得更为迫切。为此今年施行了若干改革办法，实施的结果情况是好的。我们希望继续施行，并在实践中日趋完善。

(一)实行国家教育委员会提出的"单独录取体制"的办法

所谓录取制是指录取学生时的机构设置和管理权限划分中所形成的制度，它集中表现为录取新生的自主权和所承担的责任。多年来实行的是省、自治区、直辖市招生委员会负责下的统一录取制，实行"段段清"的办法。试行几年后，觉得"段段清"的办法不理想，因此近年来，大多数省、自治区、直辖市试行了"根据考生志愿，按比例投档"的录取方法，扩大了学校的选择余地。这一二年又进一步改革招生办法，第一批录取院校实行"单独录取"体制。从实践情况来看，学校可以根据专业要求录取学生，也能更好尊重考生志愿，挑选余地比较大，录取质量显著提高。从我校情况来看，地质系、材料系、热物理系及化工系部分专业历年来考生报考较少，加上受分数段录取的限制，被录取的学生，多数不是自己的志愿，因此，录取后，在校学习期间，专业思想不大稳定，个别少数学生甚至到了毕业的时候，对所学的专业仍不感兴趣，这样，对国家对本人都是不利的。试行"单独录取制"后，这些专业大都能按考生本人志愿录取，新生到校后，精神面貌和素质都较好，到目前为止还没有发现闹专业情绪的。

(二)关于填报志愿的时间

全国填报志愿的时间大体分三种情况。①高考报名时就填报志愿；②高考结束后填报志愿；③高考录取分数线下达后填报志愿。几年来的实践，我们认为在高考报名时填报志愿较好，这时候填报志愿最能反映学生的志愿。此时，考生高中学业已结束，无高考成绩干扰，考生填报志愿是根据本人在中学阶段的学习成绩,结合自己的爱好和国家的需要,经过反复考虑,填报报考学校和准备从事工作的专业。这样的志愿能正确反映学生在校的实际水平和学生的专业志趣;同时,由于报名时就填报志愿,考业填报学校和专业可以相对分散,有利于人才的合理分布。

(三)实行大学、专科、中专"一条龙"的录取办法

今年浙江省采用大学、专科、中专"一条龙"的录取办法,高校录取新生的质量和素质均有所提高。据我们了解,这种办法,中学欢迎,考生欢迎,考生家长欢迎,各地、市、县招办也欢迎。我们认为此办法可继续试行,并使其日趋完善。这一录取办法的合理性就在于不同层次的人才能得到合理的培养。过去由于没有采用"一条龙"录取办法,部分农村的优秀学生为了升学的可靠性,放弃报考高等院校,而报考中专,这就使得这部分学生失去进一步深造的机会,造成人才资源上的浪费。这一问题对人口众多,考生资源充裕的浙江省尤为严重,"一条龙"录取办法就能解决上述招生存在的弊病。

(四)保送生

当前,我国普通高等学校招生实行的是统一考试、统一录取的制度,全部新生都要通过这一途径进入高等学校。但是考生中确有一部分成绩一贯优秀,智力超群,在知识能力方面有特殊专长的学生,考取学校对于他们已经不成问题。对于这样的少数尖子学生,我校在1984年开始采用,即中学推荐,学校复审,免去统考,保送入学的办法。二年来的实践,我们的体会是,人才是多层次多类型,尖子学生都具有不同的个性特征,仅用统一的方法、统一的规格去选拔,显然是不适宜的。从这个思想出发,我们采用了直接保送的尝试。其意义在于①保送生由于免除了全国统考带来的精神负担和思想束缚,为他们赢得了大半年的时间,以用来加深已有的知识,或者拓宽新的知识领域,精益求精,免去为准备高考在原有水平上不必要的重复,有比较充足的时间为接受高等教育做好准备。②保送生经中学推荐,我们审核,确定名单后我校即可和考生直接见面,根据考生志愿安排专业,这样保送生的志愿得到了更好的尊重,有利于他们实现自己的理想,为他们成才创造了一定的先决条件。③目前高考中,由于考生水平极不平衡,因而通过试题考查学生能力是一个亟待解决的问题。而对保送生来说我校根据考生中学平时考核结果录取他们,而且还要进行复试,单独考核,对保送生的知识水平及各种能力有了比较全面的了解。④保送生对于全体应届高中毕业生来说比例很少,但却为全体学生树立了榜样,有利于中学加强学生基础知识的教育,创造能力的培养,引导学生德、智、体全面发展。

根据国家教委会1986年普通高等学校招生规定,1986年继续试行保送生工作。我们的意见是要端正指导思想,正确认识选拔尖子人才的意义。招收保送生,根本的目的是选拔尖子人才,为早出人才,出好人才创造条件,因此招收保送生必须是重点中学中第一流的学生,否则保送生就失去其实际意义。同时对尖子人才要有一个恰如其分的估计,按照事物的正态分布,尖子学生总是少数,因而要控制一定的数量,严格标准,宁缺毋滥,否则就会降低标准。

选择尖子学生,只是培养尖子人才的第一步,关键在于培养,因此必须加强混合班的试点工作和混合班与专业培养的有机衔接。

(五)对边远各省、自治区招生问题

由于要完成毕业分配中国家指令性计划和支持边远各省、自治区的四化建设,我校在边远各省、自治区每年都招收少量的学生，带来的问题有两个方面，①各省、自治区、直辖市考生质量悬殊，华东各省、直辖市考分高，边远各省考分较低。最高平均分的省份和最低平均分省份，平均分相差111分。新生成绩悬殊，给今后的教学带来不少困难。同时，我们是从整顿校风、学风以后，一般均按学则处理，边远省份学生由于基础较差，学习比较困难，退学、留级情况较多，这一问题亟需解决。③边疆各省的生源中高分的学生大多是内迁人员的子弟，进入我校在分配中思想问题也较多。

鉴于上述两种原因，为了更好地支援边疆的四化建设，我们建议部属高等院校按需要、按能力，由教委学生司牵头分别开办边疆班，每校举办几个专业的边疆班，边疆各省按本省四化建设所需分别选送学生报考，毕业后回边疆参加社会主义建设。

设边疆班，其他各省考生起点较均匀，便于人才的培养，这仅是一个想法，是否妥当，请参考。

浙江大学

一九八五年十二月二十六日

浙江大学档案馆藏，档案号：ZD-1985-XZ-78

1988年新生概况[①]

(1988年9月12日)

我校新生于8月30日至8月31日报到注册，9月1日开始始业教育。

现将88级新生有关情况简报如下：

一、今年我校新生是从北京、天津、河北、山西、内蒙古、吉林、辽宁、黑龙江、上海、江苏、浙江、安徽、福建、江西、山东、河南、湖北、湖南、广东、广西、四川、贵州、云南、陕西、甘肃、青海、宁夏、新疆、海南等29个省、自治区、直辖市招收的。原计划招收本科生2130名，实际招收2131名(其中包括保送生76名)，增招1名。另外，招收委托培养本科生146名，干部专修科44名，自费专科生91名。

从录取情况看，今年浙江、广东、山东、湖北、福建、江苏、安徽等7省生源较好，平均成绩超过560分，其中山东省最高，平均成绩达572分。我校还录取了福建省和广东省理科高考的第一名。今年我校边远省份录取成绩较去年有一定的提高，但仍与其他省份平均成绩有一定的差距，加上今年命题上的一些问题，全校平均成绩556.67分。

二、1988级新生情况统计

1.本科生总人数2277名，其中国家任务2131名，委托培养146名。

2.新生性别统计：

男生1813名，占79.6%；

女生464名，占20.4%。

---

① 本件原载浙江大学校长办公室编《简报》1988年第8期(总162期)，由招生办公室供稿。

3.新生年龄分布情况：

出生年份	1968	1969	1970	1971	1972	其他
人数	55	362	1342	442	42	22
百分比	2.4	16.2	58.93	19.4	2.1	0.97

4.新生类别统计：
应届高中毕业生 2154 名，占 94.6%；
历届高中毕业生 123 名，占 5.4%。
5.新生政治面貌：
共青团员 2235 名，占 98.2%。
6.少数民族 43 人，其中包括：
满族 8 人、蒙古族 1 人、回族 7 人、壮族 7 人、锡伯族 1 人、畲族 1 人、
白族 2 人、瑶族 2 人、朝鲜族 7 人、土家族 3 人、苗族 1 人、布依族 1 人、
仡佬族 1 人、彝族 1 人。

浙江大学档案馆藏，档案号：ZD-1988-XZ-67-8

1992 年新生概况[①]

(1992 年 9 月 21 日)

我校新生于 9 月 6 日至 9 月 7 日报到注册，9 月 8 日开始始业教育。

现将 92 级新生有关情况简报如下：

一、今年我校新生来自北京、天津、河北、山西、内蒙古、吉林、辽宁、黑龙江、上海、江苏、浙江等 29 个省、自治区、直辖市，原计划招收本科生 1952 名，实际招收 1932 名(其中包括保送生)。另外，招收委托培养本科生 175 名，专科生 143 名，干部专修科 29 名，第二学士学位班 36 名。计划内自费本科生 15 名，专科生 9 名；计划外自费本科生 110 名，专科生 41 名。

从已录取情况看，今年我校在山东省的生源最好，平均分达 593.1 分，居首位。江苏、安徽、山东、湖北四省平均分超过 580 分。浙江省的平均分为 579.8。全校 600 分以上的新生有 101 名，最高分 650 分(浙江省考生)，平均分最低是青海省(504.8 分)，全校平均分是 573.6 分。(以上统计不包括上海、湖南、云南、海南、广东)

二、1992 年新生情况统计：

1.本科生总人数 2107 名，其中国家任务 1932 名，委托培养 175 名。

2.新生性别统计：男生 1691 名，占 80.30%

女生 416 名，占 19.7%

3.新生年龄分布情况：

① 本件原载浙江大学校长办公室编《简报》1992 年第 10 期(总第 242 期)，由学生处供稿。

出生年份	1972 年	1973 年	1974 年	1975 年	1976 年	其它
人数	118	616	944	366	37	26
百分比%	5.6	29.3	44.9	17.4	1.8	1.0

4. 新生类别统计：应届高中毕业生 1891 名，占 89.7%

历届高中毕业生 216 名，占 10.3%

5. 新生政治面貌：共产党员 2 名，约占 0.1%

共青团员 2041 名，约占 96.9%

地市级以上优秀学生干部、三好学生 176 名，占 8.4%

6. 少数民族学生 53 人，其中包括：

蒙古族	2	侗族	2	回族	9
苗族	1	壮族	6	僮族	1
纳西族	1	土家族	3	满族	22
哈萨克族	1	朝鲜族	4	畲族	1

浙江大学档案馆藏，档案号：ZD-1992-XZ-55-10

97 级新生概况①

（1997 年 10 月 20 日）

我校新生于 9 月 8 日至 9 日报到注册，9 月 10 日开始始业教育。

九七级新生概况：

一、1997 年我校计划招生 2520 人，实际招生 2505 人（不包括港、澳、台新生），除海南、西藏外，在全国其他各省、自治区、直辖市均有招生计划。

今年浙江省 600 分以上高分考生有三分之一被我校录取，同去年持平。浙江省考生平均分为 594 分，最高分 656 分（全校最高分）。由于我校继续实施优质生源工程，加大招生宣传力度，以及百年校庆活动产生了广泛的社会影响，我校今年在外省的录取情况明显好于往年。如上海，今年我校考生爆满，在同批外省高校中录取分最高；在河南省的生源则是历史上最好的一年；在河北省的生源状况仅次于清华，并比北大录取分高 20 分；在 50%以上的省份中，我校录取提档线高于当地重点线 50 分以上。全校新生中普通分 600 分以上 774 人，标准分 750 分以上考生 186 人，高分比例占 42%，各省高考前 100 名进入我校新生总计 78 人。

另外，今年我校还恢复了少年班的招生，招生人数 21 人，其中年龄最小的只有 13 周岁。

二、97 级新生情况统计：

1. 本科生总人数 2512 人，其中港、澳、台新生 7 人，保送生 131 人，少年班 21 人。

① 本件原载浙江大学校长办公室编《简报》1997 年第 6 期（总第 306 期），由学生处供稿。

2. 新生性别统计：男生 2046 人，占 81%；女生 466 人，占 19%

3. 新生类别统计：应届高中毕业生 2388 人，占 95%；历届高中毕业生 124 人，占 5%。

4. 新生政治面貌：共产党员 53 人，占 2%；共青团员 2452 人，占 98%；优秀学生比例 57.2%。

5. 少数民族学生 50 人，其中包括：回族 8、满族 11、蒙古族 6、壮族 8、苗族 2、土家族 9、朝鲜族 1、瑶族 1、侗族 1、达斡尔族 1、羌族 1。

浙江大学档案馆藏，档案号：ZD-1997-XZ-10-6

2. 招生改革

关于请北京大学等校举办少年班的通知

(1984 年 11 月 13 日)

〔84〕教计字 222 号

北京大学、清华大学、中国人民大学、复旦大学、南京大学、浙江大学、上海交通大学、西安交通大学、武汉大学、华中工学院：

为了早出人才、快出人才，中国科技大学从 1978 年起举办了少年大学生班，取得了较好的成效。1984 年 8 月 16 日，邓小平同志在会见美籍学者丁肇中教授时说："少年班很见效，也是破格提拔，其他几个大学都应办少年班，不知办了没有。至少北大、清华、交大、复旦应办一点少年班"。

根据邓小平同志谈话精神，北京大学、清华大学、上海交通大学、复旦大学四校要认真讨论研究，制订切实可行的办班方案；中国人民大学、南京大学、浙江大学、武汉大学、华中工学院、西安交通大学等校也可考虑是否举办少年班，亦请研究提出意见。各校办班方案和意见请于 12 月 15 日前报告我部。

教育部

一九八四年十一月十三日

浙江大学档案馆藏，档案号：ZD-1984-XZ-89-2

关于举办少年班的报告

(1984 年 12 月 17 日)

浙大发教〔1984〕418 号

教育部计划司：

接部〔84〕教计字 222 号文件，知道中央领导小平同志十分重视少年班的培养工作。为贯彻小平同志的指示和达到教育部对我校的要求，我们进行了认真的研究，决定自 1985 年起开始举办少年班。现将有关办班方案和意见报告如下：

一、我校少年班的培养目标

以应用理科为基础，培养具有德、智、体全面发展的，从事科学研究的高级优秀人才。

招收智力优异、思想纯洁、身体健全的，具有高中毕业同等文化水平，年龄在十六周岁以下的少年儿童。入学后，系统地学习数、理、化理论知识；进行计算机技术、实验技术和科学研究的训练，加强外文、人文、社会科学的教学，使他们既有坚实深厚的现代科学理论基础，又有科学的思想方法和研究能力。在完成本科阶段的教学任务后，直接攻读硕士和博士学位，成为杰出的科技人才。

二、少年班的学制和培养方式

少年班本科阶段的学习年限定为四年。

以小班讲课和个别指导相结合的方式进行培养，贯彻因材施教原则，以期早出人才、快出人才、出优秀人才，重在出优秀人才。

选派学术水平高、教学经验丰富、能教书育人的中年以上的教授、副教授担任个别指导和导师，因材施教，根据各人的智能特点和对学科的兴趣爱好给以指导。

少年班的教学计划另报。

三、招生计划和招生办法

85年先招收10—15名。

在华东地区有关重点中学初三至高二年级的少年儿童中，由所在学校推荐，参加全国统考，浙大单独评卷初选，然后个别面试，择优异录取。

（或由所在学校推荐，浙大单独考试笔试和口试相结合，择优异录取。）

四、少年班的管理工作

从少年班学生的年龄和身体发育等各方面的特点出发，必须加强对少年班的管理工作，包括教学管理、生活管理和思想政治教育工作。学校成立少年班领导小组，由专人负责少年班的管理工作，拨专项经费为少年班添置必要的教学设备和图书资料。

以上报告当否。请批示。

浙江大学
一九八四年十二月十七日

浙江大学档案馆藏，档案号：ZD-1984-XZ-89-2

关于设立浙江大学奖学金的决定

（1984年12月30日）

浙大发教〔1984〕439号

为了选拔学习优异，富有创造潜力的毕业生进入浙江大学学习，扩大重点中学和我校在招生工作和培养学生方面的联系，鼓励广大中学生坚持德、智、体全面发展的方向，刻苦钻研科学技术知识,努力攀登科学高峰,为我校涌现出更多出类拔萃的优良人才打下良好的基础,我们决定在有关重点中学设立浙江大学奖学金。

奖学金试行办法:

一、浙江大学奖学金为每人150元,分别设立有关重点中学高二、高三年级,有关学校及名额分配如下:

学校	名额	比例
杭州一中	4	高二2名　高三2名
杭州二中	4	高二2名　高三2名
学军中学	4	高二2名　高三2名
宁波效实中学	4	高二2名　高三2名
临海一中	4	高二2名　高三2名
绍兴一中	4	高二2名　高三2名
舟山中学	4	高二2名　高三2名
湖州中学	4	高二2名　高三2名
宁波镇海中学	4	高二2名　高三2名
鄞县中学	4	高二2名　高三2名
金华一中	4	高二2名　高三2名
东阳中学	4	高二2名　高三2名
丽水中学	4	高二2名　高三2名
杭州四中	2	高二1名　高三1名
杭州十四中	2	高二1名　高三1名
杭州十五中	2	高二1名　高三1名
宁波一中	2	高二1名　高三1名
余姚中学	2	高二1名　高三1名
慈溪中学	2	高二1名　高三1名
义乌中学	2	高二1名　高三1名
兰溪一中	2	高二1名　高三1名
诸暨中学	2	高二1名　高三1名
诸暨学勉中学	2	高二1名　高三1名
宁海中学	2	高二1名　高三1名
上虞春库中学	2	高二1名　高三1名
湖州二中	2	高二1名　高三1名
桐乡一中	2	高二1名　高三1名

续表

学校	名额	比例
萧山中学	2	高二1名　高三1名
平湖中学	2	高二1名　高三1名
衢州一中	2	高二1名　高三1名
嘉兴三中	2	高二1名　高三1名
衢州二中	4	高二2名　高三2名
温州一中	4	高二2名　高三2名
瑞安中学	4	高二2名　高三2名
嘉兴一中	4	高二2名　高三2名
江苏常州中学	2	高二1名　高三1名
杨州中学	2	高二1名　高三1名
泰州中学	2	高二1名　高三1名
泰兴中学	2	高二1名　高三1名
无锡一中	2	高二1名　高三1名
南京十中	2	高二1名　高三1名
南京师大附中	2	高二1名　高三1名
南通中学	2	高二1名　高三1名
姜堰中学	2	高二1名　高三1名
南菁中学	2	高二1名　高三1名
安徽合肥一中	2	高二1名　高三1名
芜湖一中	2	高二1名　高三1名
安庆一中	2	高二1名　高三1名
江西南昌二中	2	高二1名　高三1名
南昌三中	2	高二1名　高三1名
南昌十中	2	高二1名　高三1名
江西师大附中	2	高二1名　高三1名
上海复兴中学	2	高二1名　高三1名
格致中学	2	高二1名　高三1名
江苏苏州中学	2	高二1名　高三1名
新海中学	2	高二1名　高三1名
山东青岛二中	2	高二1名　高三1名
烟台一中	2	高二1名　高三1名

续表

学校	名额	比例
山东省实验中学	2	高二1名　高三1名
福建福州一中	2	高二1名　高三1名
福建师大附中	2	高二1名　高三1名
莆田一中	2	高二1名　高三1名

二、评选条件:

凡拥护中国共产党领导,坚持四项基本原则,努力学习马列主义毛泽东思想,热爱社会主义,遵守法纪和学校规章制度,学习目的明确,品行端正,尊敬师长,关心集体,团结同学,积极参加文体活动,身体健康,并具备下列条件者:

学业成绩优异,有较强的自学能力和创新精神,有一定的分析问题和动手能力。

三、评选办法:

由被设立浙江大学奖学金的有关学校,在校长领导下,由经管副校长、教导主任,年级组长和班主任成立奖学金评选委员会。具体人选由该校评定并把材料函寄我校教务处审核。

奖学金每年评选一次,在高一年级和高二年级期末评选。

浙江大学

一九八四年十二月三十日

浙江大学档案馆藏,档案号:ZD-1984-XZ-89-8

关于1985年浙江大学在华东六省一市部分重点中学实行推荐保送录取优秀学生的报告

(1985年3月19日)

浙大发教〔1985〕101号

教育部学生司:

1984年经浙江省人民政府允许,我校在浙江省13所重点中学采取推荐保送的办法,录取了32名优秀学生。我校采取的方法是由重点中学根据学生在高中阶段德、智、体诸方面的发展情况,经过慎重挑选,在应届毕业生中推荐一贯品学兼优,自学能力强,富有潜力的前几名优秀学生免去统考,直接保送给我校,经我校严格复试,确认合格后由我校录取。其目的是选拔学习优异,富有创造潜力的毕业生入学;加强高校和中学在培养优秀学生工作上的联系和合作;使优秀学生摆脱高考前的重复学习,把时间和精力用在进一步提高上。学生录取后,由我校提前安排外语和计算机训练,使学生入学后能更快更好地进行大学阶段的学习。初步实践说明,免试推荐优秀学生能体现真正择优,通过复试考核又进一步对学生的智力情况有较全面深入的了解。这样做也激发了中学广大师生教和学的积极性,为培养更多优秀学生而加倍努力,学生则以被保送入学而得到鼓励。32名学生进校后,组织起点高,内容新，进度快的特殊培养，在第一学期学习中成绩优秀、(详细总结待本学期结束后报告)。

根据华东地区中学教育质量较高，生源充足的特点，我们除在浙江省继续实行试点外，我们要求1985年扩大试点，并在华东六省一市重点中学中进行推荐保送优秀学生的工作，即由重点中学慎重推荐，经政审、体检合格，由我校复试录取入学。

专此报告，请予批准。

浙江大学
一九八五年三月十九日

浙江大学档案馆藏，档案号：ZD-1985-XZ-79-2

关于我校要求扩大招生、毕业生分配、专业设置自主权的请示
(1992年10月31日)

浙大发办〔1992〕67号

国家教委：

在党的第十四次代表大会精神的指引下，我国正加快改革步伐，走向社会主义市场经济体制。随着经济体制的变革，高等院校也必将会以独立的法人地位走向市场。因此，必须加速改革高校内部的管理体制和运行机制，进一步深化教育和教学改革，探索高等教育发展的新路子。

为了适应社会主义市场经济的需要，我校今后的发展将走发展内涵与外延相结合的道路。首先根据学校现有的办学条件，努力办好研究生和本科生教育，使其达到一个合理的办学规模并达到较高的教育水平，在不远的将来，使我校的研究生、本科生教育和科研水平能与国外著名大学相比拟。同时进一步发挥我校的办学潜力，走外延的道路，在适当的时候，面向社会需求，开办专科层次，以民办集资形式，学生自费走读，不包分配的民办院校，以满足社会对不同层次人才的需求。

在办学资金来源方面，我校将摆脱原有高等教育单一由国家拨款的模式，探索主动适应社会主义市场经济体制，调动社会各方面办学积极性，多种形式和途径发展高等教育的路子。大力扩大指导性计划的招生，用委托培养的办法，调动企业和地方办学的积极性；用自费上学来调动个人支持办学的热情。我们还考虑逐步打通指令性和指导性计划的界限，国家任务招收的学生同样收取一定数量的学杂费。改革原有的奖学金和贷学金发放制度，根据学生的学习情况，提高奖学金金额，扩大贷学金的比例，进一步调动学生学习的积极性。而外延的民办学院可以利用其更灵活的办学机制，吸引社会各方面的投资。地方和企业投资者还可参与办学的指导工作，学校根据投资金额，划定招生份额，切块到地方，用以调动地方和企业的办学积极性。

在过去的几年里，我校的综合改革取得了很大的成果，我们已对原有的专业结构和系、科设置进行了调整，以适应国民经济对人才的实际需要。由于我校地处经济发展较快的东南沿海开发地区，人才的需求量较大(92年我校毕业生供求比为1:4)，而且还出现对人才的

多样化、复合性提出要求的趋势。针对以上情况,我校要求在综合改革已取得一定成果的基础上,根据目前人才市场的实际状况,在国家宏观政策和有关产业政策的指导下,在自主确定招生规模、自主安排毕业生分配去向和在国家教委统一专业目录指导下自主设置专业等方面进行探索。特报请教委批准我校进行这项探索试点工作。

浙江大学

一九九二年十月三十一日

浙江大学档案馆藏,档案号:ZD-1992-XZ-57-6

关于我校1994年招生收费改革初步方案的请示

(1993年11月16日)

国家教委:

根据《中国教育改革和发展纲要》以及国务院〔1993〕4号文件和国家教委教字[1993]14号文件精神,结合我校综合改革的实际,拟对现行招生制度提出初步的改革方案,(详见附1),并提出与之配套的奖学金改革的初步方案(详见附件2)。

以上方案当否,请批示。

附:1. 浙江大学1994年招生收费改革初步方案

2. 浙江大学奖学金改革方案

浙江大学

一九九三年十一月十六日

附件1

浙江大学1994年招生收费改革初步方案

一些新兴工业国家经济发展的成功经验表明,首先确立以教育为先导的科技发展战略,逐步形成教育促进科技,科技带动教育的良性局面,才能推动经济的高速度发展。因此,我国要在90年代保持经济持续稳定地增长,就应把高等教育放在优先发展的位置来考虑,努力开辟各种渠道,增加教育的投入,同时,必须寻找全面改革的突破口,加大高等教育改革的步伐和力度,使我国高等教育在质量、数量、结构等方面上一个台阶,从而进一步提高高等教育的投资效益。

一、我国现行招生制度存在的问题

我国现行的招生制度中的计划管理方面,至少存在以下问题:

1. 招生计划缺乏预测性。这些年国家经济的实际增长往往高于预定指标,因此人才的需求也都大于计划指标。同时,招生计划本身也未反映各种产业对学校专业结构的要求,仅仅笼统地反映一个总的供求数量,容易造成人才浪费。

2. 招生计划在经费预测方面，只预计国家单一投入，未能把社会办学的因素考虑进去。

3. 招生计划的安排，并未向优化方向发展，即办学条件较好、办学质量高的大学，未能得到优先发展、重点投入。

从高校内部管理体制上考虑，也同样存在不少问题：

1. 高等教育经费由国家单一渠道投入，已不适应高校进一步发展的需要。特别是最近几年，收支矛盾非常突出。国家投入资金一般只占学校实际运行资金的三分之一左右，因此，各高校要花很大的精力多方筹措经费，以弥补教育经费的不足。长此下去必将影响教育质量的进一步提高。

2. 经济发展对人才的需求，由于数量上逐步缓和，已趋向多规格、多样化、复合型，这与高校内部专业结构之间的矛盾日益尖锐。而目前高校专业设置审批权过于集中，加上学校内部专业结构调整有一定阻力，因此这项重要工作进展非常缓慢。

3. 调动学生学习积极性的措施乏力。现行的奖学金、贷学金制度未能从根本上起到调动学生学习积极性的作用。

4. 国家现行"条、块分割"的管理体制造成的地方、行业上的保护主义政策，使得毕业生分配上不能做到"优才优用"。由于目前国营大中型企业经济效益不理想，用人机制上也缺乏竞争，失去对优秀毕业生的吸引力；而不少新兴的中、小型企业，以及独资和合资企业，用人机制灵活，待遇优厚，反而对学生有较大的吸引力。

5. 由于教师的待遇相对下降，影响了教师的教学积极性，稳定中青年教师已成为学校的当务之急。

为了解决以上问题，1985 年《中共中央关于教育体制改革的决定》提出了改革招生计划体制和毕业生分配体制的目标，把原来国家单一的指令性计划分为指令性计划（国家任务）和调节性计划（委托培养、自费生）两部分，用企业委托培养和学生自费读书来调动社会办学的积极性，多方筹措资金，发展高等教育。由于两种计划形式在经费来源上不同，在实际招生过程中，调节性计划的执行大多以降低录取标准为代价，虽然在补充高校教育经费不足方面起到一定的积极作用，但与高校提高教育质量的目标背道而驰。随着社会主义市场经济的确立，这种双轨运行的计划管理体制将会越来越不适应高等教育的发展，其主要问题有：

1. 原来作为调节性计划的主体——企业委托培养随着毕业生供求矛盾的缓和，除少数经济效益较好的企业尚需少量的委托培养生外（而这类少量的需求，也向解决本单位职工子女的福利化方向发展），这种模式已基本解体；自费生（或者是假委培真自费）已成为目前调节性计划的新主体。

2. 自费生（或者是假委培真自费）的招生计划逐年上升。1993 年个别省这部分计划已达到 40%以上，个别高校则达到 60%以上。

3. 自费生招生的降分幅度逐年扩大，已放宽到本、专科最低控制分数线以下 40—50 分不等，已不是国家教委规定的同批分数线以下 20 分。有些专业的自费生与同类专业国家任务学生在一些省的录取分数竟相差 80—100 分之多，致使学校组织教育困难很大。

4. 自费生不转粮、户关系，没有公费医疗和副食品补贴，学生心理上很不平衡，不利于学校的学生管理工作。如招生规模过大，有可能造成学校内部潜在的不稳定因素。

由于目前多数高校教育经费不足，都把调节性计划作为学校经费补充的重要途径，而且为了完成计划,争取生源,相互间压低培养费和录取标准的情况时有发生,如宏观上引导不当,会使我国高等教育本来就有限的办学条件在相互降低录取新生质量的恶性循环中受到损害,阻碍高等教育向健康的方向发展。

二、改革现行招生制度,尽快实现招生计划管理上的“并轨”运行

根据目前高等院校招生制度中计划管理的“双轨”运行存在的种种问题,我校认为改革现行的招生制度已是势在必行,但改革招生制度必须明确方向和目的。目前这种以降低录取新生质量为代价盲目扩大调节性计划的做法,不是今后招生制度改革的方向。招生制度改革必须有利于高校科学地选才,不断提高入学新生质量,并以此为导向促进中学教育质量的不断提高,使整个教育系统向良性循环的方向发展。两种计划形式的矛盾显著地反映在学生收费的不合理上,因此,解决的办法是要从提高指令性计划(国家任务)学生的收费标准入手,逐步缩小两种计划形式的学生在收费上的差距,经过一个不太长的过渡阶段,最终实现计划管理上的单轨制,由现在两种计划形式下不同的录取标准为统一的标准。两种收费标准也同样予以统一,从根本上取消两类学生之间的界线。改变过去高等教育等于公费教育的陈旧观念,建立收费教育的新观念,实现两种计划形式“并轨”的目的是通过改革招生制度,实现专业结构、教学内容、教学方法以及毕业分配等一系列改革,全面加速高等学校内部的管理体制和运行机制的改革,推动我国高等教育的改革进程。同时,还可利用高等学校收费的变化,解决中学教育的分流。各类专科和中等技术学校以其较低的收费和灵活的就业渠道,吸引部分学生,以缓解中学升学的矛盾,实现劳动力的合理分布。因此,此项改革对经济建设所产生的影响,意义是非常深远的。

招生制度的改革不能脱离我国的具体实际。从世界上大多数国家情况看,高等教育都是收费教育,即使像美国、日本那样经济发达的国家,学生要接受高等教育也必须自己缴纳学费。我国是一个发展中国家,财政上还不富裕,在高等教育发展到一定规模的情况下,国家已无法承受全部的教育投入。因此,必须适应社会主义市场经济体制探索调动社会各方面的办学积极性、多种形式和多种途径筹措资金发展高等教育的新路子。据统计,我国高校每个学生年平均培养费为3443元(不包括基建和设备折旧费用),而目前各校收取的学生年学杂费仅占国家全部教育投入费用的2.4%。相比之下各国高校的学杂费标准都大大高于我国,一般都在25%左右。在美国,学杂费相当于年工资收入的25%。因此,我国目前高校学杂费收费标准事实上偏低。按我国1991年的统计数字,城市居民人均收入为2000元/年,农村为700元/年,收入增长高于同期物价涨幅。而且我国传统的教育投资应以家庭收入为计算单位,随着经济的发展,家庭收入的进一步提高。只要做好宣传工作,逐步提高学杂费标准是可行的。通过不断的实践与探索,使我国高等教育尽快形成以国家投入为主、学生统一自费就读的办学新格局。

三、我校的改革方案

1.以改革招生制度为良好契机,加快办学结构调整的步伐。根据社会与经济发展要求和学校自身的地位和作用,调整办学层次结构,坚持本科教育与研究生教育并重,教学与科研并重的方针,提高学校的办学层次。狠抓入学新生质量和培养质量,努力使我校成为高级人才立足于国内培养的基地,并不断提高在国际上的地位和竞争力。

根据未来科技和经济发展的需要，从培养高级专门人才的全面素质出发，调整学校学科的门类结构，进一步完善“以工为主，理工结合，经管人文综合发展”的办学格局，以适应社会主义市场经济对高级人才的需求。加快生物、信息、材料、能源、环境科学等新兴学科的建设。在保证质量的前提下，本科生的招生计划给予一定的倾斜，以确保有充足的研究生生源，使学校在21世纪前在科学领域有较强的学术竞争力。加快工商、金融、财会、法律、经济、行政、社科、心理学等人文经管学科的布局建设，促进学校教育科研综合水平和人才全面素质的提高。

把考生的志愿分布和社会对毕业生的需求两方面结合起来，加速专业和课程结构调整的步伐。参照国际高等教育改革的趋势和“未来化、国际化、多样化”的原则，逐步改革专业运行模式，对面向基础研究的理科，继续实行主辅修制，以提高毕业生的适应能力，在招生数上不给予倾斜；对大部分传统学科，则要求面向市场，努力拓宽专业口径，柔性设置专业方向，按照“拓宽专业、适应发展、系办专业、灵活设置”的原则，按一级学科口径录取新生，并进行基础教育，高年级时视社会需求灵活设置专业方向，允许学生在一级学科内自主选择专业方向；根据学科发展和社会需求相结合，在编制年度招生计划时采用滚动式调整的方法，以达到调整专业结构的目的。

2.利用改革现行招生制度的机会，改革目前的奖贷学金制度。

奖贷学金制度改革是招生改革的配套措施，目的是通过奖贷学金制度改革，引进竞争机制，促使学生自觉努力学习，争取奖学金，以减轻家庭负担，加强学生的自立意识。我校准备从收取学杂费中拿出1/3用来提高奖学金金额，并把现在的A、B、C等奖学金的获奖面从17%提高到40%（各类奖学金方案见附件二）。今后奖学金还将根据学杂费的逐步提高按比例同步提高，对个别面向基础研究的理科和国家急需但工作条件比较艰苦的专业，学校设D等专项奖学金来稳定学生专业思想。同时，还鼓励各有关企事业单位来校设立定向奖学金，进而调动部分学生报考国家急需专业的积极性，以保证国家产业布局和重点建设对人才的需求。对拿不到奖学金的学生，学校准备由校内银行代办国家低息助学贷款（贷学金）来支持学生完成学业。对自愿到边疆和困难行业工作的学生，还可实行还贷减免的政策。通过改革，引进竞争机制，把目前奖学金日益淡薄的单一荣誉功能，变成荣誉和资助学业双重功能。

3.设立教师奖励基金，调动教师教书育人的积极性。

多年来的办学实践证明，师资队伍是决定学校办学水平的首要因素。我校计划通过逐年调高教职员工中教师比例，调高教师队伍中具有硕士、博士学位教师比例，调高中青年高职人员比例，抓好中青年学术骨干队伍建设。但目前教师收入相对偏低，因此，学校拟从提高学杂费中提取1/3用于提高教师待遇，对那些工作在教育第一线、为人师表、教书育人作出成绩的教师进行奖励，并有意识地向基础课教师倾斜，以提高教师主动适应市场需求，改进教学计划、教学内容和教学方法的积极性，以保证办学水平的不断提高。

4.改变学生培养的投资结构，逐步实现高等学校培养与就业分离，实现毕业分配制度的“转轨”运行。

随着我国社会主义市场经济的确立，毕业生通过人才市场自主择业已为期不会太远，但现阶段仍然要根据国家教委毕业分配“中期改革”的框架进行过渡，仍分成指令性（国家任务）和调节性（委培、自费）两种计划管理形式，所以在毕业分配中，仍要根据这种“双轨”运行的计划管理形式所应遵循的原则，首先必须保证国家重点行业和产业的需求。在具体执行过程中，由于学生所承担的学杂费逐步提高，学生在择业上自主权将逐步扩大，而用人单位吸收毕业生也将随之变化。可以设立定向奖学金，给学生一定的经济补助，鼓励学生到这些单位去工作。对一些社会急需的新兴学科，用人单位还可以对学科发展进行前期投入，与学校共同培养人才。部委和地方还可以根据自身发展的需要和学校进行“联合办学”，以保证既有适应地方及部门经济发展，又具备完善的知识结构的专门人才源源不断地输入相应的产业中去，保障这些产业的稳定和发展。用人单位将通过各种办法吸引毕业生。学校还将改变过去毕业生无偿分配的状况，逐步变为有偿分配，使用人单位和学校在互利的基础上共同发展。这也从另一个方面改变了教育由国家单一投入的传统格局。根据上述一系列的变化，学校在分配手段上将不采用强制的办法，而是给用人单位和学生创造更大的“双向选择”的空间。在机构方面，不断扩大和提高学校毕业生就业指导委员会的规模和层次，以保证分配工作的有效运行。

随着毕业分配“中期改革”的逐步深入，国内劳动就业的媒介机构——人才市场的逐步健全和完善，以及教育投资成分的进一步多样化，毕业生进入市场自主择业的条件逐步成熟，毕业分配也从过去封闭的市场走向愈来愈开放的市场。国家将不再用行政手段把毕业生就业问题完全包下来，而是根据国家的经济政策和产业布局，通过定向奖学金、求学经济资助等经济手段，确保少数重点建设单位的用人需要。学校将根据这种变化，不再直接参与毕业生的分配工作，而是通过就业咨询、召开人才交流大会等方式间接地参与，并成立相应的就业咨询机构与社会上的人才市场接轨。今后，学校教育工作将不再是从招生到就业全包下来，而是把重点放在提高培养人才的质量上，逐步实现大学生培养与毕业生就业的分离，完成毕业分配工作的转轨运行。

附件 2

浙江大学奖学金改革方案

招生制度改革是我校深化综合改革的组成部分，而奖学金改革则是招生制度改革的配套措施，因此，这项改革措施必须有利于学校根据社会与经济发展要求和学校自身的地位和作用，努力提高办学层次；有利于从培养高级专门人才的全面素质出发，调整学校学科门类结构；有利于根据人才培养的需要，调整专业和课程结构；有利于从学生特点出发，引进竞争机制，调动学生学习科学文化知识的自觉性；有利于调整师资队伍结构，稳定教师队伍，保证办学水平；有利于引导消费，开辟多渠道筹措资金，加快学校自身发展的需要。

1994 年我校本科生新生奖学金分四类。

	学杂费金额(元/人·年)	奖学金(元/人·年)	占全校比例(%)
A 类	1000 元	1500 元	5%
B 类	1000 元	1000 元	10%
C 类	1000 元	500 元	25%
D 类	1000 元	300 元	15%

注：对个别热门专业，在适当时机根据自费生的收费标准，实行全额收费。

1. 凡具备以下条件的新生，可享受 A 类奖励：

(1)高考成绩视每年高考情况而定，一般控制在 600 分以上(考七科)或 650 分以上(考五科)；

(2)省级重点中学保送生参加混合班筛选考试综合成绩在前 20 名；

(3)参加全国中学生数学和物理竞赛取得各省 10 名以内的考生和保送生；

(4)各省、自治区、直辖市高考成绩达到前 10 名的考生。

2. B 类奖励的条件：

(1)录取的保送生(不含体育、文艺、单科竞赛降低标准的学生)；

(2)除去保送生以外，余下的名额按比例确定分数线评定。

3. C 类奖励的条件：

(1)新疆、内蒙古、甘肃、宁夏、北京、天津、上海、贵州、云南、青海、海南录取的新生成绩达到全校平均分的第一名考生(第一名考生达到 A、B 类，可递补)；

(2)按比例确定相应分数线评定。

4. D 类奖励条件：

(1)录取材料系(部分专业，如金属材料热处理)和机制、化工机械、少数理科专业的全体新生；

(2)新疆、内蒙古、甘肃、山西、宁夏、贵州、云南、青海平均分的全体新生。

注：评奖高考成绩的确定，根据前三年平均难度系数而定。

我校按照老生老办法，新生新办法的原则，制订相应奖学金评比条例，新生一年后根据学习成绩、在校表现，奖学金按 A、B、C、D、E 等，参照新制订的奖学金评比条例进行评定。

	学杂费金额(元/人・年)	奖学金(元/人・年)	占全校比例
A 类	1000 元	1500 元	5%
B 类	1000 元	1000 元	10%
C 类	1000 元	500 元	25%
D 类	1000 元	300 元	15%
E 类	1000 元	200 元	15%

注：E 类包括：社会活动、学科成绩、学习进步、科技成果、教学实践、体育运动、文艺活动等各类单项奖学金。

浙江大学档案馆藏，档案号：ZD-1994-JX11-26

浙江大学关于 1994 年招生计划执行情况及收费制度改革试点实施情况的报告

(1994 年 9 月 15 日)

浙大发学〔1994〕15 号

国家教委直属高等学校工作办公室：

按教直办〔1994〕12 号通知(电传)的要求，现将我校关于一九九四年招生计划执行情况及收费制度改革试点实施情况报上。

附:表一:1994 年招生计划完成情况

表二:1994 年招生、收费改革各项配套措施落实情况

表三:1994 年新生收费及使用情况

表四:浙江大学在浙江省招生情况

浙江大学

一九九四年九月十五日

浙江大学关于 1994 年招生计划执行情况及收费制度改革试点实施情况的报告

一、学校招生计划完成情况

1. 今年我校新生来自全国 24 个省、自治区、直辖市,华东地区招生数有所上升。原计划招收本专科生 2800 名,其中本科生 2350 名,实际招收 2328 名(其中包括保送生 243 名,少年班 8 名,定向生 179 名)。学校计划招收专科自费生 450 名,实际招收 451 名。全校合计本专科招生 2779 名。

2. 从已录取的情况看,在"3+2"门考试的省份中湖北省的生源最好,平均分达 623 分,江苏、山东、四川、福建四省平均分超过 600 分。平均分最低是云南省 522 分。全校平均分是 578 分(统计不包括浙江、安徽、广西、河南、广东、陕西、上海、江西等 8 个不同计分体系的省、自治区、直辖市)。

3. 浙江省今年高考仍是 7 科考试(满分 710 分),本科重点线是 540 分,上本科重点线的浙江省考生有 1/4 第一志愿报考浙大,总人数达到 1200 多人,为招生数的 2 倍。在浙江实际录取本科生 606 人,平均分为 577 分。

二、1994 年新生情况统计

1. 本科生 2328 名,其中定向生 179 名;专科自费生 451 名。

2. 新生性别统计:男生 2194 名,占 79%;

女生 585 名,占 21%。

3. 新生类别统计:

本科生:应届生:2084 名,占 89.5%;

历届生:244 名,占 10.5%;

自费专科生:应届生:287 名,占 63.6%;

历届生:164 名,占 36.4%。

4. 新生政治面貌:党员 6 人,占 0.22%,

团员 2374 人,占 85.4%。

地市级优秀学生干部及地市级三好生 169 人,占 7.25%

5. 少数民族:46 人,其中包括:

满族 13 人　　朝鲜族 5 人

回族 3 人　　　壮族　4 人
畲族 1 人　　　侗族　3 人
土家族 2 人　　纳西族　1 人
其他少数民族 14 人

三、招生、收费制度改革配套措施的落实情况

为了配合招生、收费制度改革，我校采取了一系列配套措施。现将在奖贷学金、教学、后勤服务等方面所采取的措施及落实情况报告如下：

1.奖贷学金方面：

从 1994 年起，对学生的奖贷经费做大幅度调整，以适应新的形势和稳定正常的教学秩序。在原学校拨给的部分奖贷经费的基础上，从新生所交学杂费中提出 33%用以提高奖贷经费各项支出的强度及覆盖面。具体做法如下：

(1)学校奖学金(新生奖学金)从原一等、二等、三等、单项奖奖金额 350 元、300 元、200 元、80 元提高到 1500 元、1000 元、500 元、300 元；获奖面由原来的 34%提高到 50%。

(2)为了鼓励考生报考地质、材料等专业，增设了专业奖学金。金额为每年度 400 元。

(3)为了使部分特别困难的学生安心学业，顺利毕业，学校对贷学金做了调整，从原一等 50 元/月、二等 40 元/月、三等 30 元/月增加到一等 100 元/月、二等 60 元/月，覆盖面为 15%。

(4)对学生的临时特殊困难补助经费由原来的 4 万元增加到 8 万元(每届)，增长幅度为 100%。

(5)积极鼓励学生参加勤工助学，建立了困难学生档案，学校在提供勤工助学岗位时优先考虑这部分学生。

2.教学方面：

为了面向 21 世纪，进一步提高教学质量，满足未来的社会需求，也为了配合招生、收费制度的改革，本、专科教育正在以下几个方面努力深化改革，扎实地做出成效：

(1)进一步完善学分制

从 1993 年开始，学校就酝酿学分制的全面修改完善工作，为新的招生、收费制度实施提前做准备。允许延长学制到 6 年；放宽转系转专业的限制，扩大辅修和跨校选课；同时取消补考和退学试读等，既给学生提供较大的自由度，又加强管理，防止放任自流。

新学则、新学分制管理条例已于 1994 年开始实施，受到广大教师和学生的欢迎。

(2)全面修订 96 级教学计划

针对当前专业教育的知识面较窄，学生缺乏现代工程活动必备的知识和能力，缺乏现代工程设计的思想、方法训练，缺乏综合运用各方面知识解决工程实际问题的能力的现状，以及教学计划结构不合理，学时学分呈不断膨胀的趋势，我校准备打破现有的教学计划的课程体系框架，在工科四年 167 学分、文理科 157 学分的限制下，探索将自然科学、工程科学、人文社会科学有机融合，以培养专业面较宽，理论基础扎实，有良好的工程意识和工程方法的训练，有较强的解决工程问题能力的工科混合型人才。

(3)大力加强课程建设

招生和分配制度改革，对本、专科教育的质量提出了更高的要求。为了配合 96 级新计划的实施,提供高水平的教学资源,学校已在今年选择了部分基础课教学项目进行重点投入,并将在今后继续加大投入量。近8年来浙江大学基金已投放近700万元,支持了近200个项目。在今年的课程建设工作中,还单独立项,设立教材建设专项基金,支持一大批高质量的教材出版。

3.后勤保障方面

为了配合招生收费制度改革,学校后勤系统在改善学生住宿条件,生活设施等方面采取了许多措施。

(1)改善了宿舍条件

①宿舍从过去的内墙粉刷改为内外墙油漆涂料,使之明亮、鲜艳、整洁、漂亮。

②室内门窗重新油漆和修理。

③家具更新,由木床变为铁木床,并新购自修桌和箱架

④整修厕所、用彩色地砖重铺地面。

(2)为方便学生用电,节约用电,每室安装一只电表。

(3)改善学生宿舍的传呼系统,由值班室广播传呼改造为每室一只的电话传呼和通话。

(4)改善了宿舍周围的绿化条件和美化环境。

(5)千方百计办好食堂,搞好购、销、调、存各个环节;采取自力更生增加生猪存栏数及副食生产等措施,增加花式品种,稳定饭菜价格。

四、社会和师生员工对招生、收费制度改革的反映和建议

1.社会和师生反映:

在报纸、电视台发布上大学收费的新闻消息后,浙江省内许多学生家长十分关注,纷纷来校或来电话询问有关收费及奖贷金情况。一般的反映是,这样“缴费上学”会给家庭经济带来沉重负担,但是为了孩子不管怎样也要承受。家长们对招生、收费制度改革有较深入的认识,认为对形成强有力的学习竞争机制,增加教育经费来源有重要意义。一些家长详细询问奖学金细则,算经济账。

浙大地处杭州地区,工薪阶层的家长在道理上,对“缴费上学”易接受,经济上感到负担虽重,还是能够承受。不少农村学生家长认为难以承受,只有选择收费低的院校。温州地区普遍认为收费标准不高,而经济不发达的丽水地区,则有上不起学的感觉。

多年来,浙大的生源大部分分布在华东地区,这些地区对收费的反映与浙江省相似。而内陆省份,如湖北、四川等地农村学生对缴费上学有担心。据我校去湖北招生宣传的教师说,湖北农村地区不少学生争报军事院校,而报考“招生收费制度改革”院校的热情下降。在校内,初期,一些教师有“穷孩子”读不起书的看法。后期,绝大多数教师能接受目前收费标准和奖学金制度。

学校的中层管理者(系主任)们,大多认为在教育事业经费投入严重不足的情况下,适当提高收费标准是可行的,认为收费标准若定在1800元(含住宿费)或再高些,社会上仍可以承受。

在94级新生进校后,招生办公室作了无记名抽样调查,情况如下:

调查对象:241人,其中男生189人,女生52人,城市190人,农村51人。

调查结果:

你对上大学要交费一事,心理上能否接受？经济上能否承受？

①“能接受,能承受”,120 人,占 50%；

②“能接受,不能承受”,65 人,占 27%；

③“不能接受,能承受”,36 人,占 15%；

④“不能接受,不能承受”,20 人,占 8%；

显示:“能接受”的合计 77%,“不能接受”的为 23%,“能承受”的合计 65%,“不能承受”的为 35%。

其中“不能承受”的人中,以农村同学为多。城市新生中有 27%的人(51 人)不能承受,而农村新生中却有 67%的人表示不能承受。

2. 建议:

(1)建议国家教委会同人事部、劳动部等有关部委,采取措施要求企事业单位在假期里为大学生开辟勤工俭学、勤工助学岗位,帮助经济不宽裕的学生解决困难。待条件成熟后也可制定某种法规,规定企事业单位在雇用临时工时必须有一定比例是大学生的假期打工。

(2)建议国家教委采取措施,吸引更多的企事业单位在高校设立各种奖学金。必要时制定法规,规定向学校提供资助或设立奖学金的单位可适当免税。

五、1994 年新生收费和拟使用情况,及与 1993 年相比学校实际收入增减情况

1. 1994 年新生收费和拟使用情况:

1994 年新生收取学杂费 304.8 万,住宿费 94 万,合计 398.8 万。拟使用情况:119.5 万用于发放给学生奖学金、贷学金勤工俭学费用及特别困难补助,占学杂费的 39%,其余部分即学校实际收入 279.3 万,用于弥补教学事业费的不足

2. 1993 年新生收费情况:

1993 年度新生学杂费、住宿费合计 300.8 万,发放给学生奖贷学金,勤工俭学费用及特困补助共 33.68 万,学校实际收入 267.12 万元。

3. 1994 年、1993 年两年的比较:

1994 年与 1993 年相比,学校总收入增加 98 万,学校实际收入增加 32.6%,发放给学生费用增加 85.82 万元,增长 254.8%,学校实际收入增加 12.22 万,增长 4.6%。

六、学校整顿校外办学点校外班的有关情况

我校无校外办学点和校外班。

附件

表一 浙江大学 1994 年招生计划完成情况

单位:人

合计	国家任务		委托培养		自费生		其中:二学位	备注
	本科	专科	本科	专科	本科	专科		
2779	2328 人(包括定向生 177 人)					451		

表二　浙江大学 1994 年招生、收费改革各项配套措施落实情况

	单位强度(元/生·年)	覆盖面(%)	总金额(万元)	备注
奖学金	308	54	72.6	
贷学金	110	15	26	一等:100 元/月,二等:60 元/月,以 10 个月计算
特困补助	34		8	
勤工助学	55		12.9	
其他				

表三　浙江大学 1994 年新生收费及使用情况

单位:万元

年度	收费情况		收费返还学生情况					备注
	学杂费	住宿费	奖学金	贷学金	勤工助学	特困补助	其他	
1993	245.2	55.6	19.28	8	2.5	3.9		
1994	304.8	94	72.6	26	12.9	8		

表四　浙江大学在浙江省招生情况

浙江省招生计划数	实际招生数	平均分	备注
510	593	577	7 门课考试,满分 710 分

浙江大学档案馆藏,档案号:ZD-1994-JX11-26

(二)日常管理

1. 规章制度

浙江大学优秀班奖励暂行办法[①]

(1955 年 4 月 10 日)

一、为了切实贯彻毛主席对于青年的三好号召,培养社会主义工业建设的全面发展的人才,鼓励学生努力学习,积极锻炼身体,培养共产主义的道德品质,决定对确实遵循本校各项制度和纪律,在学习上、体格锻炼上、思想作风上均为优秀与有显著进步的班,给予荣誉和物质的奖励。

二、奖励标准。

① 本暂行办法于 1955 年 4 月 10 日第 167 次校长办公会议讨论通过。

(1)凡符合下列全部条件的班,授予“浙江大学19××年特等优秀班”的光荣称号,并颁发奖旗和奖品。

1.全部学生学习目的性明确,学习态度认真,注意改进学习方法,学年成绩全部及格,得“优”“良”成绩的比例为全校各班中较高者。

2.经常积极地参加体格锻炼,劳卫制预备级测验全部及格,全班学生健康情形有显著的进步,优良比例为全校各班中的较高者。

3.全班学生在各项聚集性的活动中积极参加,表现良好,文娱活动亦较活跃,在团结互助、尊师、爱校、热爱劳动,爱护公物,遵守学校各项规章制度与纪律,以及勇于开展批评和自我批评等方面,对全校起积极良好影响者。

(2)凡符合下列全部条件的班,授予“浙江大学19××年甲等优秀班”的光荣称号,并颁发奖旗。

1.全班学生学习目的性明确,学习态度良好,学年成绩优良的比例占全班考试人次的75%,没有留级生。

2.经常积极地参加体格锻炼,劳卫制预备测验全部及格以上。

3.全班学生在各项聚集性的活动中积极参加,表现较好,能开展文娱活动,在团结互助、尊师、爱校、热爱劳动、爱护公物,遵守学校各项制度与纪律及以及开展批评和自我批评等方面能表现较好者。

(3)符合下列全部条件的班,给予“浙江大学19××年乙等优秀班”的光荣称号,并颁发奖旗。

1.全班学生学习目的性明确,学习态度良好,在顽强钻研、克服学习困难的过程中有良好表现,因而全班成绩有较明显的提高,并无留级生。

2.经常积极地参加体格锻炼,劳卫制预备测验全部及格。

3.同(2)3规定。

三、评奖组织与评奖手续。

(1)设立浙江大学优秀班级评奖委员会,统一掌握评奖事宜。委员会由正副校长、教务长、校长办公室主任、人事科长、各系正副主任、体育教研组主任、卫生保健室主任以及党委会、团委会、学生会代表组成。委员会得指定有关部门人员组成审查小组,协助颁奖工作的进行。

(2)凡符合奖励条件的班,由各系主任召集该系党、团组织及学生会代表和该系有关的秘书与体育教师等成立提名小组负责提名,经系务委员会通过,提交校级评奖委员会。

(3)每学年评奖工作,毕业班应于其离校前进行完毕。其他一般班应于10月中旬前进行完毕。

四、优秀班学生如有违反学校制度与纪律或因其他错误而受到处分时,由评奖委员会研究决定应否取消其荣誉,并收回其奖旗。

五、附则

(1)因身体缺陷,经医生证明,教务长批准免修体育的学生不因其免修体育而影响全班应获得的奖励。

(2)凡因体弱,不能参加劳卫制锻炼,经医生证明,参加能进行的锻炼,积极坚持,不因其未参加劳卫制锻炼而影响全班应获得的奖励。

(3)学习基础差,但能努力学习获得显著的进步,虽第一学期成绩尚差,而第二学期全部课程成绩符合奖励规定者,经评奖委员会审核决定,亦得予以上述各项奖励。

六、本办法经校长办公会议讨论通过,校长批准公布后实行。

浙江大学档案馆藏,档案号:ZD-1956-XZ-50

浙江大学学生班班主任制度暂行组织条例

(1956年3月)

为了协助系主任深入具体的领导学生班的工作,并为贯彻教学与教育相结合的社会主义教育方针积极创造条件,特建立学生班班主任制度。

(一)班主任的主要任务:

1.协助行政贯彻学生作业指示图表,为学生创造均衡的学习条件。

2.指导学生组织学习计划和推动有关教师一同指导学生改进学习方法。

3.关心学生全面发展,经常了解和研究学生学习中存在的问题,协助同系主任及有关方面加以解决。

(二)每学生班设班主任一人,毕业班可不设班主任。三年级以下,各班普遍设立。班主任人选,原则上从担任该班讲课或辅导教师中选聘,每年选聘一次。一年级和二年级以上的班主任,分别由教务处及有关各系征得被选聘教师本人以及有关教研组同意,提出初步名单,经校长批准任命。每届任期一年,(本学年班主任任期暂定为一学期)。

(三)一年级和二年级以上的班主任分别为由教务长和有关系主任领导。各系系主任应积极组织和领导班主任工作,主动和班主任联系,听取汇报,研究解决工作中存在的问题和困难。

(四)班主任的工作时间原则上规定为每周二小时,计算在工作日内。

浙江大学档案馆藏,档案号:ZD-1956-XZ-50

浙江大学优秀生奖励办法

(1956年)

一、总则

为正确贯彻全面发展、因材施教的方针,鼓励学生努力培养共产主义道德品质,提高学习质量和健康水平,达到“身体好、学习好、工作好”,以便更好地为祖国社会主义建设事业服务,特修订本办法。

二、优秀生评奖标准

(一)凡符合下列条件的学生,“给予浙江大学19××—19××学年第×学期优秀生的光荣称号”

1. 在一学期内全部课程的考试成绩优等、考查成绩及格。在一学期内全部考查成绩为及格，全部考试成绩在及格以上，但在基础理论学习上有特殊的专业能力，或在课程设计、毕业设计、生产实习、科学研究中具有独特创造的优异成绩。

2. 道德品质良好，关心集体，热爱劳动。

3. 身体健康，积极参加体育锻炼。

（二）凡在本校最后二年内连续获得优秀生称号的学生，给予"浙江大学优秀毕业生的光荣称号"

三、奖励办法

（一）获得优秀生称号的学生，由学校发给奖励金 20 元。

（二）凡荣获浙江大学优秀毕业生的学生，除发给上述奖励以外，由学校在毕业典礼大会上颁给浙江大学优秀毕业生的奖章一枚。

四、评奖手续

（一）优秀生的评奖工作于每学期开学后一个月内进行完毕，毕业生应于毕业典礼前进行完毕。

（二）凡符合规定条件的学生，由系联系体育教研组，寻求党团总支的意见，提出初步名单，由教务处行政科汇总做初步审查，提交行政会议，评定后报请校长批准公布。

本修正办法经学校行政会议讨论通过，校长批准后自 1956—1957 学年第一学期试行。

附

优秀生奖励办法初稿说明

（1）将过去"优等生"改为"优秀生"。

（2）过去"优等生"奖励办法是想逐步由助学金制度过渡到奖学金制度，但是根据我国目前情况这样做有不好的地方。业已享受人民助学金的学生得到奖学金后，不能享受人民助学金，这样对一部分学生将鼓励不大，对没有享受人民助学金的学生常想争取这样较大数目之钱，有时反而会妨碍他的个性发展。所以修正后奖励办法纯粹采用奖学金方式。

（3）在优秀生评奖标准中，我们认为：

1. 在学业方面：应全部考试成绩优等是必要的。因为目前教学计划中所规定的考试课程一般是必须学得很好的。不仅如此，我们认为全部考试优等应该也意味着该生具有一定的独立思考与独立工作能力。为了不埋没有特殊才能的学生，在办法中规定，凡学生在某些方面具有突出的成绩或创造性，也可列为学业方面优秀标准条件之一，以弥补过去办法中的不足。但这一年在评定中应注意掌握确实有突出表现的，防止放低要求。根据上学期的情况，只有一门考试成绩为良好或及格，而其他条件符合优秀生标准者可以申请复审，但实际上这样做有很多困难，故以后取消这个条款。

2. 在道德品质方面，我们已根据国家对所培养干部的要求，应该是道德品质良好、关心集体、热爱劳动的学生。所谓道德品质良好，应该是作风正派、遵守纪律。关心集体，应该是关心政治，经常关心国内外时事，关心学校班级的工作与情况，拥护政府的政策法令，和对社会主义改造的具体措施,但关心集体并不说明要参加集体学习,集体锻炼等活动。热爱劳动,至少应该要有正确的学习观点。

3. 在身体健康以及体育锻炼方面,我们认为做一个优秀学生一定健康水平还是要具备的。因为国家要求我们是身体健康的干部,在体育锻炼方面首先要对体育锻炼应有正确的认识,而且经常锻炼的,我们认为这是必要的条件。其次在目前条件下达到下列条件的就可以算为体育锻炼方面已经达到优秀的标准。

①××方面引体向上,耐力方面1500公尺长跑,达到劳卫制一级标准。此外,劳卫制必须合格。

②在其他体育锻炼中有比较突出成绩的。

③积极参加校代表队及系代表队,且有一定成绩者。

(2)我们认为通过优等生评奖工作应该是对一个学生很好的全面发展因材施教方针的教育,能进一步推动学生向三好努力。因此我们认为为了做好这一个工作,必须由学校办公室来负责领导这一方面工作。

最后我们认为要做好这项工作,必须依靠全体教师,特别是发掘有才能的学生,希望有教师主动地告诉系。

浙江大学档案馆藏,档案号:ZD-1956-XZ-50

浙江大学学则①

(1983年1月25日)

为培养德智体全面发展的高级工程技术人才和科学工作者,有秩序地进行教学,教育学生继承和发扬我校的优良学风,根据教育部一九八三年一月二十日颁发的《全日制普通高等学校学生学籍管理办法》的规定,结合我校具体情况,制定本学则。

本学则为学校组织管理本科(包括专科)学生学习和办理入学、注册、休学、复学、转学、退学、成绩考核、奖惩及毕业等工作的依据。

第一章　总则

第一条　本科学生培养目标是德智体全面发展的具有学士水平的高级专门人才。具体要求是:

认真学习马克思列宁主义和毛泽东思想的基本原理,通过实践,逐步树立无产阶级的阶级观点、群众观点、劳动观点和辩证唯物主义观点;坚持四项基本原则;培养共产主义道德品质,自觉维护社会主义民主和法制;服从组织分配,积极为社会主义现代化建设服务。

较好地获得工程师或科学研究工作者所必需的基本训练;掌握专业所需的比较宽厚和扎实的基础理论知识;掌握运算、实验、制图等基本技能和必要的操作技能;受到工程技术和科学研究方法的初步训练;具有一定的专业技术知识和组织管理生产的知识,对专业范围内

---

① 本学则于1983年1月25日校长办公会议通过实施。

科学技术的新发展有一般的了解；具有解决一般工程实际问题的初步能力；掌握一种外国语，能够熟练阅读专业书刊。专科学生的业务要求，根据所学专业另订。

具有健全的体魄，能够承担建设祖国和保卫祖国的光荣任务。

第二条　学生应该发扬实事求是，努力创新，理论与实践相统一的学风。按照教学计划的要求，积极完成学习任务，认真做到身体好、学习好、工作好。

第三条　学生必须自觉遵循下列守则：

一、热爱祖国、拥护中国共产党的领导，立志为社会主义事业服务，为人民服务。

二、认真学习马列主义、毛泽东思想，逐步树立无产阶级的阶级观点、劳动观点、群众观点、辩证唯物主义观点。

三、勤奋学习，努力掌握基础理论、专业知识与基本技能。

四、坚持体育锻炼，积极参加体力劳动和军事训练。

五、尊敬师长，尊重职工，关心集体，正确开展批评与自我批评。

六、遵守社会公德，爱护公共财物，勤俭节约，讲究卫生。

七、遵守国家法令，遵守学校规章制度，保守国家机密。

八、听从祖国召唤，服从国家分配。

第二章　入学和注册

第四条　经本校录取的新生，应持入学通知书和有关证件，按规定日期到校办理入学手续。有特殊原因不能按时报到者，须事先提出书面报告并附必需的证明（病假须附县级以上医院证明，事假须附原单位或所在街道、乡镇的证明）向学校请假，经学校批准方始有效；请假一般不得超过两周。未经请假或请假逾期者，以旷课论，旷课超过两周，取消入学资格。

第五条　新生入学后，在三个月内，经政治、文化、健康复查不符合录取条件的，或经查实有徇私舞弊、“走后门”等情节的，即取消其入学资格。

第六条　新生在健康复查中，如患有疾病，经校医院诊断在短期内可以治愈的，经学校批准，可保留入学资格一年，办理离校手续，回家或回原工作单位疗养。保留入学资格期间，不享受在校学生的待遇。保留入学资格的学生，在保留期满前，即第二年六月底前，持县以上医院体检表及病愈证明（肝炎患者需缴期满前连续六个月肝功能指标化验单），向所属系办公室提出申请，经校医院复查合格，报学校批准后，重新办理入学手续。仍不合格的，即取消入学资格。

保留入学资格的学生，应自通知之日起，在两周内办理离校手续，否则取消入学资格。

第七条　在校学生，每学期初须在规定日期内，凭学生证到系办公室办理报到注册手续。学生证在加盖注册章后方始有效。学生未经注册，不承认其学籍，不准参加学校的教学和各项活动。因故不能按时报到注册者，须事先向系办公室提出书面请假报告，并附证明（病假须附县以上医院证明，事假须附家长或单位证明），经系主任批准后方始有效。事假不得超过两星期。请假未准或无故不按时报到注册者作旷课论，超过两周不注册者按自动退学处理。

第三章　学生班的组织和任务

第八条　本校以班作为学生学习的基层组织。凡同一专业、年级的学生以 30 人左右组成一班。在学习过程中,系主任可根据学生获得学分的多少、修读课程情况,决定该学生编入某一班级。

第九条　班成立班委会,由全班学生选举产生,报系主任批准(新生的班委会暂由系领导指定),任期一年,连选得连任。班委会受系总支和行政领导。班委会一般由五至七人组成,设班长、副班长及学习、生活、文体、劳动卫生、保卫等委员,根据民主集中制原则,集体领导分工负责。班委会可以根据工作需要聘请干事和课程代表。

第十条　班委会的主要任务是:贯彻校、系的有关文件和决定;向党组织、系行政组织和班主任、教师反映同学在学习、思想、生活、健康等方面的情况和意见;检查、督促本班同学执行学校的规章制度,领发教材讲义,收集和分发作业等(后两项也可由课代表负责);签署同学请假意见;适当组织课外活动。

第十一条　每一学生班可设若干学习小组,每组十人左右,组长由学生选举产生。

第十二条　班级活动不要过多,以免学生负担过重。

第四章　纪律和考勤

第十三条　学生必须按照教学计划的要求,认真学习各课程和完成其它教学环节,并参加学校所规定的各项活动。

第十四条　学生上课时应遵守课堂纪律,认真听课,不得迟到早退。未经教师同意,不得擅离教室。自修时间应认真学习,保持安静,不得妨碍他人自修。

第十五条　学生应爱护公物,学校的房舍、设备和器具,按规定使用,不得擅自拆移、乱拿多占,丢失、损坏的要赔偿,情节严重、性质恶劣的,要严肃处理。

第十六条　学生到校外单位参加教学活动,必须听从教师的指导,严格遵守所在单位的规章制度,未经领导同意,不得擅离职守。往返途中,要集体行动,不得擅离集体,个别行动。要严格遵守财务规定,节约开支;不合规定的费用,不予报销。经批准个别进行实习、设计等活动的,也须严格遵守财务制度。

第十七条　寒暑假期间,严格按学校规定执行,系和教研室、教师和学生都不得擅自更动。因特殊原因需要变动的,应经系主任审核后报学校领导批准。学生不得迟到早走,否则按旷课处理。

第十八条　学生因病或其他原因无法参加学校所规定的活动时,必须事先办理请假手续,不得事后补假(急病或紧急事故除外)。请假须经审批同意方始有效。未经请假或请假逾期者,作旷课论。对旷课的学生,视其情节轻重,予以批评教育或纪律处分,直至令其退学。

1. 请病假,在校内须由校医院证明;在外地须由当地县以上医院证明。其他原因请假,也须有相应的证明。

2. 学生请假,先由班长签署意见,请假在三天以内的,由班主任或政治辅导员审批,送系办公室备案;三天以上、一周以内的,由系办公室主任审批;一周以上的,报系主任审批。学生请假超过一个月时,各系办公室应及时报教务处备案。请假期满,应向系办公室履行销假手续。续假手续与请假同。

3.报到注册及考试考查(包括补考)期间,除病假外,一般不得请假。如必须请假,不论时间长短,均须报系主任审批,送校教务处备案。

第十九条　学生在校学习期间,不准结婚;擅自结婚者,令其退学。

第二十条　每学期所修课程(包括选修课),学生均须按时听课,完成作业;参加实验、实习、测验、考试等规定的各项教学环节。教师可以点名检查,对无故缺课的学生应通知学生所在系办公室,按旷课处理。学生必须按教师规定的期限交平时作业,无故逾期一周不交者,教师不再接受和批改,并作缺交作业论;全学期缺交作业达三分之一者,不得参加该课的学期考试。学生必须按时参加实验,写出实验报告,由实验指导教师评定其成绩,凡缺做实验或实验不及格者,以及缺实习或实习不及格者,不得参加该课的学期考试。

第二十一条　对学业特别优秀、自学能力强的学生,个别课程由于课时冲突或其他原因,经系主任批准可以少听课或不听课,但须按时交作业、做实验、参加测验等。学生所在系应将批准名单通知有关教师,并抄送教务处备案。

第二十二条　对学生的政治觉悟、思想意识、道德品质的考察,主要采取鉴定的办法。学生每学年作一次小结,并作出品德评定。品德等级分为优秀、良好、中等、及格、不及格五级。

第五章　成绩考核

第二十三条　本校实行学分制。学生每学期所学的必修课、选修课和实践性教学环节(如实习、实验、设计、论文等),都必须按时参加考核,评定学期成绩。成绩及格者,才能取得规定的学分。成绩及学分均载入成绩册,并归入本人档案。

第二十四条　考核方式分为考试、考查两种。考查主要根据学生平时学习成绩评定学期成绩。平时成绩包括:课堂提问、作业、测验、实验、实际操作等成绩。考试可采用闭卷笔试、开卷笔试、口试(包括答辩)、大型作业(设计)等方式。考试课程的学期成绩应根据期末考试成绩与平时成绩结合评定;平时成绩占学期成绩的比例,根据各门课程的不同性质由各教研室确定并报教务处备案,一般可为20%—50%。

第二十五条　每学期考试考查的门数,必修课根据教学计划的规定执行;选修课根据该课程设置时公布的考核方式执行。

第二十六条　考试一般采用百分制,60分及60分以上为及格,59分及以下为不及格。有些课程,如社会科学课程、体育课、实践性课程,也可用五级记分制评定成绩。考查,用五级记分制或百分制。五级记分制分为:优秀、良好、中等、及格、不及格。五级记分制与百分制的折算:优秀,90—100分;良好,80—89分;中等,70—79分;及格,60—69分;不及格,59分及以下。

第二十七条　考核应贯彻理论联系实际的原则,注意培养学生分析问题和解决问题的能力。试题应符合教学大纲规定,难易程度要适当,要能区别不同水平的学生。试题应经教研室负责人审查批准,并严格保密,不得泄露或变相透露。

第二十八条　考试考查成绩由任课教师评定,已评阅的试卷不发给学生,由教研室保存,一年后,除留作教学资料的以外,可以销毁。学生如对评分有意见,应书面向系办公室提出报告,转该课程教研室代为查阅,学生本人不得查阅试卷。实习、实验、课程设计成绩,由指导教师评定。毕业设计(论文)成绩由答辩小组评定,系主任审核。

第二十九条　体育课为公共必修课,补考后仍不及格者应重修。重修安排确有困难的,可限期再补考一次。

第三十条　学生每学期不及格的课程,均可补考一次。但考试成绩在40分以下者,不得补考。

第三十一条　凡应补考的学生,第一学期须在春季开学前三天、第二学期在秋季开学前一星期,来校报到参加补考。逾期不再安排补考。补考须按学校规定的日程进行,其他时间不得任意安排补考;否则,系办公室应拒绝登记补考成绩。

第三十二条　必修课经补考不及格或不得补考者必须重读。

第三十三条　凡因病或特殊原因不能按时参加考核或补考,应事先提出申请缓考,经系主任审查并送教务处批准后方可同意缓考。缓考者的考试一般安排在下学期补考时进行。缓考不及格者可补考一次。

第三十四条　补考试题应与期终考试要求相同,不得降低。政治、外语、数学、物理、化学等公共课及主要基础技术课程补考题应与期末考试试题同时研究拟定。期终考试不及格的分数及补考成绩均须记入学生成绩册,补考成绩前加盖"补考"章。

第三十五条　考试时,学生必须严格遵守试场纪律,不得相互讲话,严禁作弊。主考教师应严格要求学生,发现有违反试场纪律的行为者,应当场指出,停止其考试,并立即报告学生所在系办公室处理;知情不报者,作失职处理。

第三十六条　学生考试作弊或擅自缺考(即旷考)者,该课程作零分论,记载入册,并不准正常补考;如认识错误好的和确有悔改表现的,经教务处批准,在毕业前可给一次补考机会。对作弊的学生,根据情节轻重给予处分,直至开除学籍。

第六章　升级与留、降级

第三十七条　学生学完本学年教学计划规定的课程,经考核成绩及格,准予升级。

第三十八条　经过补考,学期或学年累计有三门课程或两门主要课程(包括限制性选修课)不及格者,应予留级、降级。一年级学生第一学期补考后不及格课程达到留、降级规定者,可跟班试读,准许于第一学年结束时再补考一次;补考后不及格课程累计达到留、降级规定者,作留级处理。

留入下一年级学习时,已取得的学分仍然有效。

学生不及格课程门数,按下列规定办理:1.凡一门课程分几个学期学习,而每个学期进行考核时,应每学期均按一门课程计算;2.凡教学计划规定的各种实践教学环节,凡单独进行考核的,均各按一门课程计算;3.毕业设计、毕业论文、毕业实习不及格者,各按一门主要课程不及格计算。

第三十九条　本科学生在校学习期间留、降级不得超过两次,同一年级不能留、降级两次。专科学生在校学习期间只能留、降级一次。

第七章　休学、复学和退学

第四十条　学生具有下列情况之一者,应予休学:

1.患病经校医院诊断,认为需较长时间治疗休养者(如肝炎、肺结核等传染性疾病患者必须休学)；

2.因病或其他原因请假、缺课超过一学期教学活动时间的三分之一者(以该学期的校历为准)；

3.因其他原因学生要求休学者；

4.学校认为应该休学者。

第四十一条　休学一般以一年为期(因病经学校批准，可连续休学两年)，累计不得超过两年。期满仍不能复学者，须退学。

第四十二条　休学学生的有关待遇，按下列规定办理：

①休学学生，原来享受人民助学金的伙食部分照发；带工资的，由原单位按国家劳保规定执行；享受职工助学金的照发。

②因病休学的学生，应回家疗养。病休期间享受公费医疗一年，连续病休(不含享受职工助学金的)第二年停止公费医疗，医疗费用自理。享受公费医疗期间，应在当地公立医院就诊，凭医院正式单据按季度向学校报销，最迟不能超过当年年底。

③学生休学回家，往返路费自理。家庭经济困难的，学校可酌情给以补助。

④休学学生的户口不迁出学校。

第四十三条　要求休学的学生，由本人提出申请，经系主任签署意见，报校教务处核准。因病休学者须附校医院诊断意见；因其他原因休学者须书面详细叙述理由，并交验必要的证明。学生一经批准休学，即须于二周内办理休学手续，回家治疗休养(住院治疗者，出院后二周内办理)。

第四十四条　休学学生的复学按下列规定办理：

①因伤、病休学的学生，复学时须持县以上公立医院的健康诊断证明，(肝炎患者须缴休学期满前连续六个月肝功能正常的化验单)，向系办公室提出复学申请，由校医院复查，经系主任签署意见，学校教务处核准，方可办理复学手续。

②复学手续，应在每学期开学前办理。

第四十五条　学生因某种原因须中途停学，但又不符合休学条件，经本人申请，系主任签署意见，教务处核准，可保留学籍一年。保留学籍期满不办复学手续者，取消学籍。保留学籍的学生不享受在校生和休学生待遇。

第四十六条　休学、保留学籍、保留入学资格的学生申请复学或申请重新办理入学手续时，学校对其离校期间的政治思想方面的表现可进行审查，如有违法乱纪行为不符合复学条件或录取条件者，可取消复学资格或取消入学资格。

第四十七条　保留入学资格、休学、保留学籍的学生，在保留入学资格、休学、保留学籍期间，不得报考其他学校。

第四十八条　复学的学生，原则上随原专业的下届学生学习。

第四十九条　个别学业成绩特别优秀的学生，因病因事缺课超过一学期的三分之一，而未超过二分之一，所患又非传染性疾病，健康情况已恢复良好者，经学生本人申请，系主任批准，可不休学，准许在原班继续学习，所缺作业、实验均须补做，补齐者，可参加学期考试。

第五十条　凡被取消学籍、退学或开除的学生，不得申请复学。

五十一条　学生具有下列情况之一者，应予退学：

1.因病、伤经校医院诊断,难以坚持长期学习者;

2.患有精神病、癫痫病、麻风病者;

3.休学期满不办复学手续者;

4.经复查不合格,不准复学者;

5.一学期内旷课超过五十学时者(旷课一天,按实际授课时间计);

6.学期考核成绩不及格课程经补考后,仍有三门主要课程或连同以前各学期,累计四门以上(含四门)课程不及格者(均指必修课,包括限制性选修课);

7.本科学生在同一年级里须第二次留、降级者(即延长学习年限);

8.本科学生不论何种原因(包括休学、保留学籍),在校学习时间累计超过其学制两年(如四年制的不得多于六年)、专科学生超过其学制一年者;

9.因病该休学而不休学,且在一年内缺课超过总学时三分之一者;

10.本人申请退学,经说服教育无效者;

11.学生本人有正当理由要求退学者;

12.违反纪律,给予退学处理者;

13.学习期间擅自结婚者;

14.品德评语连续两次被评为“不及格”者;

15.特殊原因由学校决定退学者。

按上述规定处理的退学,不是一种处分。

第五十二条　学生退学,由系主任签署意见,报学校审批。

第五十三条　学生退学后的善后问题,按下列规定办理:

1.退学和因各种原因处理离校的学生,凡入学前是国家或集体企业事业单位在职职工的,回原单位安排,原单位没有劳动指标的,由并入单位接收;原单位已撤销的,由主管部门接收安排。其他的回家长或抚养人所在地落户。

2.经确诊为精神病、癫痫病、麻风病患者和患有其他某种严重疾病(包括意外致残)者,原为在职职工的由原单位接收,按照国家对待职工的劳保规定处理。其他的由家长或抚养人负责领回。

3.退学学生发给证明,并根据学习年限及成绩发给肄业证书(至少学满一年,经过考试成绩及格者)。未经学校批准,擅自离校的学生不发给肄业证书和退学证明。

第八章　转专业与转学

第五十四条　学生有下列情况之一者,可准许转专业或转学:

1.学生确有专长,本人申请,由所在系推荐,经转入系考核证实,转入该系更能发挥其专长者;

需转入其他院校者,由转出学校推荐,经转入学校考核证实,转学更能发挥其专长者;

2.个别学生入学后发现某种疾病或生理缺陷。经学校指定的医疗单位检查证明,不能在原专业学习,但尚能在本校或其他高等学校别的专业学习者;

3.有某种特殊困难,不转专业或不转学则无法继续学习者。

第五十五条　有下列情况之一者,不予考虑转专业、转学:

1. 新生入学未满一学期；

2. 由一般院校转入我校者；

3. 由专科转入本科；

4. 本科三年级以上(含三年级)或专科二年级以上(含二年级)；

5. 由师范院校(学校认为不宜学师范者除外)转入我校者；

6. 无正当理由。

第五十六条　学生申请转专业、转学的手续，按下列办法办理：

1. 学生在本校范围内转系、转专业，须由专业和系主任推荐，拟转入系的系主任审核同意，由校教务处审批；

2. 学生在本省范围转学，须由转出学校推荐，由转入学校审核，如同意，则发文通知转出学校，抄送当地公安、粮食部门，并报省主管高教部门备案；

3. 学生跨省(市、自治区)转学，须由转出学校推荐，经学校所在省(市、自治区)主管高教部门批准，并发函向拟转入学校联系，转入学校同意后报转入学校所在省(市、自治区)主管高教部门批准，并发文通知转出省(市、自治区)主管高教部门和学校，学生方可按规定办理手续；

4. 学生转专业、转学的手续，一般应在每学年开学前办理。

第九章　奖励与处分

第五十七条　对德、智、体全面发展或在思想品德、学业成绩、体育锻炼等某一方面表现突出的学生，可分别授予“三好学生”称号或其他单项荣誉称号。“三好学生”的事迹材料归入本人档案。

第五十八条　奖励实行精神鼓励和物质鼓励相结合、以精神鼓励为主的办法。表扬和奖励的方式有：口头表扬、通报表扬、发给奖状、证书、奖章、奖品或不同等级的奖学金等。

第五十九条　对犯有错误的学生，学校可视其情节轻重给以批评教育或纪律处分。处分分下列六种：①警告；②严重警告；③记过；④留校察看；⑤勒令退学；⑥开除学籍。

毕业班学生不给予留校察看处分。

第六十条　受留校察看处分的学生，一年内有显著进步表现的，可解除留校察看；经教育不改的可勒令退学或开除学籍。

第六十一条　有下列情况之一的学生，可酌情给予勒令退学或开除学籍的处分：

1. 反对四项基本原则，有明显反对中国共产党的领导、反对社会主义的言论和行为者，以及组织和煽动闹事、扰乱社会秩序、破坏安定团结而坚持不改者；

2. 违反国家政策法令，触犯国家刑律的各种犯罪分子；

3. 破坏公共财产，偷窃国家、集体和私人财物造成严重损失和危害者；

4. 小偷小摸、屡教不改，品行恶劣、道德败坏者；

5. 违反学校纪律，情节极为严重者。

第六十二条　学生犯有严重错误，经教育后认识错误较好，并有悔改或立功表现者，可给予留校察看的处分。

第六十三条　对犯错误的学生，要进行教育。处理结论要同本人见面，允许本人申辩、申诉和保留不同意见。

第六十四条　对学生作出勒令退学、开除学籍的处分,由学校审批,报浙江省主管高教部门备案。其中因有反党反社会主义言论和行为被给予开除学籍处分的,须报中共浙江省委有关部门审批。

勒令退学、开除学籍的学生,其善后问题按照退学学生的有关规定处理。

第六十五条　对学生的鉴定、奖励、处分,均归入本人档案。

第六十六条　勒令退学的学生只发给学历证明:开除学籍的不发给学历证明。

第十章　毕业、结业

第六十七条　学生毕业时作全面鉴定。内容包括德、智、体三个方面。着重点放在对政治觉悟、思想意识、道德品质以及学习、劳动态度和健康状况等方面,作出评语,肯定成绩,找出差距,明确努力方向,走又红又专的道路。

第六十八条　有正式学籍的学生,德、体合格,学业达到下列规定要求的,准予毕业:

1.取得教学计划规定的必修课程和环节的全部学分;

2.取得的学分已达到学校规定的最低毕业学分数。

第六十九条　学生提前达到毕业要求者,由各系提出,经学校批准,可以提前毕业,并报请国家有关部门分配工作。在未正式分配工作前,仍作在校学生对待。

第七十条　毕业班学生到期未修满最低毕业学分的,作结业处理或延长学习期限一年。

第七十一条　学生到毕业时尚有必修课程和环节(包括实习、毕业设计、毕业论文)不及格的,即使取满最低毕业学分也不予毕业,作结业处理,发给结业证书,由国家按结业分配。

第七十二条　持结业证书的学生,在分配工作后一年内向学校申请补考(补作)一次,及格者以原结业证书换发毕业证书,毕业时间从换发时算起。逾期不再办理。补考(补作)仍不及格的以后不得再补考(补作)。

换发毕业证书的学生不再另行分配。

第七十三条　应届毕业生在政治思想、道德品质上所犯错误比较严重,但未到勒令退学,开除学籍处分程度的,经校长批准,取消其毕业资格,予以结业,分配工作。分配工作后一年内确有悔改表现或显著进步的,由用人单位作出鉴定,经学校审查批准,可换发毕业证书。

第七十四条　学生毕业后必须服从国家统一分配,按规定时间到所分配的单位报到。对不顾国家需要,坚持个人无理要求,经批评教育拒不服从分配,从学校公布分配名单之日起,逾期三个月不去报到者,经地方主管调配部门批准,由学校宣布取消分配资格,限期离校(结业生同)。

第十一章　附则

第七十五条　本学则条文的含义,其解释权属于校教务处。

第七十六条　本学则经校长办公会议通过施行,修改时同。

第七十七条　本学则与上级有关规定矛盾时,按上级规定执行。

浙江大学档案馆藏,档案号:ZD-1984-XZ-95

浙江大学关于"三好学生"、"先进班级"等评比标准

(1983年6月)

一、三好学生的评比标准

1. 热爱祖国、热爱社会主义、拥护党的领导,努力贯彻党的方针、政策;认真上好政治课(政治课成绩不及格或经补考及格者,一律不能评为三好学生),德育课;积极参加各项集体活动。

2. 关心班级集体工作,热心为同学服务,团结互助,尊敬师长。

3. 遵守国家法律和校纪校规,严格要求自己,注意道德修养,文明礼貌,作风正派,具有良好的习惯。

4. 学习刻苦,成绩优良。全学年成绩一般有三门(都是副课的为四门)以上在70分以下者不评为三好学生,但如智能有突出表现者,可酌情放宽。(各门成绩必须及格)

5. 积极参加文体活动,坚持体育锻炼,身体健康,按国家新的规定,体育锻炼分数应在350分以上。

二、优秀学生干部评比标准

除了做到三好学生标准中的(1)、(2)、(3)条外,还要求热心做好党团组织交给的各项工作,并取得较好成绩;注意培养认真负责好作风;积极参加体育锻炼,学习成绩优良,但全学年各种成绩有4门以上在70分以下者,一般不能评为优秀学生干部。

三、争三好积极分子的评比标准

各方面表现仅次于三好学生,例如符合三好评比标准的第(1)、(2)、(3)条,学习成绩也较好,但一般说来全学年各科成绩4门以上在70分以下者不能评为争三好积极分子。

四、先进班级的评比标准

1. 班级工作和团支部工作积极主动,密切配合,在"五讲四美"、"三热爱"及"第二课堂"活动中成绩显著。

2. 学习氛围浓厚,学习成绩较好。

3. 遵守学校各项规章制度,团结互助,尊敬师长。

4. 能积极开展文体活动,达标比例高,劳动卫生好。

浙江大学档案馆藏,档案号:ZD-1984-XZ-95

授予浙江大学"优秀毕业生"荣誉称号的试行办法

(1986年5月22日)

浙大发学〔1986〕227号

各系,有关部、处:

浙江大学"优秀毕业生"是学校授予毕业生的最高荣誉称号,目的在于表彰本科、硕士、博士毕业生中德、智、体诸方面表现特别优秀的学生,成为全校学生学习的楷模,有利于进一步发扬我校优良传统,以鼓励学生努力把自己培养成为有理想、有道德、有文化、有纪律,热爱社会主义祖国和社会主义事业,有立志为国家富强和人民富裕而艰苦奋斗的献身精神,能不断

追求新知,具有实事求是,独立思考,勇于创造的科学精神,体魄健壮的新一代优秀人才。

授予浙江大学"优秀毕业生"荣誉称号的条件和试行办法如下:

一、评选条件

1.拥护中国共产党的领导,热爱社会主义,努力学习马列主义、毛泽东思想,有较好的思想政治素质和道德修养。

2.学习目的明确,学习一贯刻苦努力,成绩优秀,有较强的科学研究能力和潜在的创造能力,曾二次获校颁发的一、二等奖学金。

3.毕业论文经学校审核后具有较高的学术价值和应用意义。

4.能积极参加各项文体活动,关心集体,热心社会工作;尊敬师长,团结同学,品行端正;热爱劳动,有为人民服务的献身精神;曾二次被评为校三好学生。

5.严守法纪。遵守学校规章制度,有较高的组织纪律性。

6.积极锻炼身体,体育成绩达到《国家体育锻炼标准》。

7.正确处理国家需要与个人志愿的关系,自觉地服从国家分配。

二、评选办法

浙江大学"优秀毕业生"荣誉称号每年设20个名额,拟在应届的本科毕业生中评选15名,应届的硕士、博士毕业研究生中评选5名。

评选人选可由教师、学生向各系奖学金评审委员会推荐,也允许学生自己申请。各系奖学金评审委员会经广泛听取师生意见后报学校奖学金评审委员会评审。

经学校奖学金评审委员会审核后的人选由校长、党委联席会议最后讨论审定。

在评选中必须坚持标准,全面衡量,宁缺毋滥,把真正受师生员工公认的优秀毕业生选拔出来。

三、被授予浙江大学"优秀毕业生"荣誉称号的学生将颁发"优秀毕业生"荣誉证书和奖章一枚,并载入校志。每年毕业生毕业典礼时隆重举行授予"优秀毕业生"荣誉称号仪式。

浙江大学

一九八六年五月二十二日

浙江大学档案馆藏,档案号:ZD-1986-XZ-78-7

关于印发《浙江大学院系本科学生思想政治教育与管理工作综合考评方案》的通知

(1997年10月14日)

浙大发学工〔1997〕36号

各学院、各系,各党总支,有关部、处,校团委:

为进一步加强和改进我校学生思想政治教育和管理工作,建立完善科学的管理机制,推动学生工作朝规范化、科学化方向发展,经学校研究,决定自本学期起对各学院、系本科学生思想政治教育与管理工作试行综合考评。现将《浙江大学院系本科学生思想政治教育与管理工作综合考评方案(试行稿)》印发给你们,望遵照执行。

附件:浙江大学院系本科学生思想政治教育与管理工作综合考评方案(试行稿)

浙江大学
中共浙江大学委员会
一九九七年十月十四日

浙江大学院系本科学生思想政治教育与管理工作综合考评方案(试行稿)

为了充分调动各学院、系学生工作的积极性和创造性,鼓励先进、鞭策后进,进一步促进我校学生工作向规范化、科学化方向发展,不断提高工作水平,特制定本考评方案。

一、考评方法

1.制定综合考评指标体系,作为各院系学生思想政治教育与管理工作建设发展的目标,并作为考评的依据。

2.综合考评以学院、系为单位,在各学院、系自查自评并上报有关材料的基础上,由学校有关部门组成考评小组,按《浙江大学院系本科学生思想政治教育与管理工作综合考评指标体系(试行稿)》对各学院、系学生思想政治教育与管理工作进行综合或专项检查评估。

3.检查评估采取听取汇报、查阅材料、问卷调查、召开座谈会及平时检查等多种形式进行。

4.确定评估得分居前1/4的学院、系为学生思想政治教育与管理工作先进单位或专项评比优胜单位。

二、考评时间

1.每年6月底之前,由学校考评领导小组确定本学年检查评估的项目内容;各学院、系于10月15日前写出自评报告并上报有关材料,做好接受考评的准备工作。

2.学校考评小组于10月15日—11月底对各学院、系进行检查考评。

3.11月底前公布考评结果,并在全校学生年度表彰大会上进行表彰。

三、奖励办法

1.对被评为先进或优胜的单位授予荣誉称号,颁发锦旗。

2.凡被评为先进或专项优胜单位的学院、系,增拨一定数量的学生工作经费。

3.在对学院、系学生工作进行考核的基础上,评选校先进学生工作者。被评为先进单位或专项优胜单位的院、系,附加1个先进个人名额,同时放宽优秀班主任评定比例10个百分点。

4.被评为先进或优胜单位的学院、系,学生奖学金(二等奖)获奖面放宽2个百分点,优秀学生干部评定的比例放宽2个百分点。

四、考评纪律

1.各学院、系要严肃认真地做好自查自评工作,注意各种原始材料的积累,实事求是填报有关数据,按规定的要求进行自评。

2.学院、系在考评工作中弄虚作假,虚报数据,一经查实,给予考评不合格处理,有关情况通报全校,并追究有关人员的责任。

五、成立校考评领导小组,组成人员如下

组　　长:张乃大

副 组 长:胡礼祥

组　　员:王玉芝、胡征宇、罗树明、沈文华、徐瀛、张学民、应伟清

秘书单位:党委学生工作部

附件

浙江大学院系本科学生思想政治教育与管理工作综合考评指标体系(试行稿)

序号	项目	分值	检查内容	分值	评分标准	检查方法	考评执行部门
1	领导重视	80	1.院系党政领导重视学生工作,定期或经常讨论学生工作,经常关心和参加学生活动,对学生工作给予经费支持	20	根据考核情况分成三个等级,分别给予20、15、10分	听取汇报,查阅相关材料,召开学生座谈会	考评小组
			2.学生工作计算机配备	20	配备良好20分;已配备但不能很好适应工作要求只给10分;没有配备不给分	现场查看并演示	考评小组
			3.班主任按小班配备和按规定落实待遇情况	20	按规定配齐,待遇落实给20分;有一项没做到,只给10分;两项均未做到,不给分	查看班主任名册,召开班主任座谈会	考评小组
			4.有学期学生工作计划和总结	20	认真做好计划、总结给20分;有计划、总结但不够认真给15分;计划、总结缺一项只给10分;两项全缺不给分。	根据上交的工作计划、总结评分	学工部
2	队伍建设	80	5.专职人员明确自身工作职责,专心于本职工作,遵守工作纪律	15	学生工作人员分工明确,专心本职工作,遵守工作纪律,给15分;分工明确,要求严格,整体工作状况良好,但部分人员表现欠佳,纪律松散,给10分;分工不明确,管理不严,纪律松散,领导和同学对整体工作意见较大,不给分。	召开学生工作人员座谈会;听取领导和学生意见。	考评小组
			6.重视学生工作人员培养、教育和使用。有业务学习和工作例会制度,并能认真实施(包括专职学生工作人员学习制度、例会制度、班主任工作例会制度、指导课集体备课制度)	20	有学习和工作例会制度,执行良好给20分;有学习和工作例会制度,执行状况一般给10—15分;无学习和例会制度,不给分。	检查学生工作例会、班主任例会、集体备课会等会议记录及其他原始材料	考评小组

续表

序号	项目	分值	检查内容	分值	评分标准	检查方法	考评执行部门
2	队伍建设	80	7. 认真参加学校组织的培训学习和工作会议	5	参加学校统一组织的学习和工作会议，无无故缺席给5分，有无故缺席不给分。	根据会议签到单或记录评分	工部委
			8. 重视工作研究，专职学生工作人员每人每年有1篇学术论文在正式刊物上发表	10	按[达标人数×10/专职学工作人员数]计分	根据各院系提供的已发表论文的复印件计算	考评小组
			9. 专职学生工作人员原则性强，无重大工作失误	15	满分15分，出现一次这类失误扣6分，扣完为止	根据平时记录评分	学工部 团委 宿管处
			10. 按有关规定做好班主任管理和考核工作	15	满分15分，《班主任考核手册》学期终未填写完整，一本扣2分，扣完为止	根据上交的《班主任考核手册》评分	学工部
3	思想建设	90	11. 按照学校要求组织形势政策教育活动，政治学习安排落实，班主任指导课运行正常	20	有院系政治学习计划和制度，班主任指导课运行正常，给20分；政治学习计划、制度不健全或班主任指导不正常，只给10分；两项均不合格，不给分。	检查院系制定的政治学习计划、制度，查阅班主任指导课反馈单，进行问卷调查	学工部 团委
			12. 每学年设计开展一项同学参与面广、有院系特色的教育活动	20	根据活动的影响、效果，分别记20、15、10分，无专项活动不给分	检查活动计划，召开座谈会向学生了解	学工部 团委
			13. 认真做好新生入学教育，配合之江学院做好有关工作	10	积极配合之江学院做好新生始业教育，各项工作进展顺利给10分；配合不积极，工作不落实，视情况给0—5分	根据工作进展落实情况和听取之江学院意见评分	学工部
			14. 认真做好毕业生教育，对毕业生进行服从祖国挑选，成才建业、文明离校等内容的就业教育，效果良好	20	毕业生教育有实施计划，要求明确，工作扎实，毕业生文明离校，记20分；毕业生教育无计划，工作马虎，毕业生违纪事件发生率高，不给分；处于两者之间酌情给分	检查毕业生教育计划和落实情况，了解毕业生违纪状况	学工部 团委 宿管处
			15. 及时掌握学生各方面情况，积极开展学生思想动态调查研究	20	每学期初上交1份全系(院)学生回乡思想动态调查报告，学期中根据要求完成专题调研工作，视完成情况分为三等记分：18—20分(一等)、10—15分(二等)、0—5分(三等)，未完成者不给分。	根据上交调查报告评分	学工部 团委

续表

序号	项目	分值	检查内容	分值	评分标准	检查方法	考评执行部门
4	日常管理	120	16.管理规范,日常管理制度完善,各项工作有完整的资料积累和情况记载	10	日常管理制度完善,重要工作资料积累齐全给 10 分,若达不到要求,视情况给 0—5 分。	查看工作原始资料	考评小组
			17.认真完成上级布置的各项任务,反馈各种报表材料准确、及时。完成临时性任务积极主动。	20	视上交材料、报表情况给 10、5、0 分;视完成临时性任务情况给 10、5、0 分。	检查上报材料登记表。根据平时掌握情况评分。	学工部 团委
			18.发现突发性事件苗头,人员能及时到位,处理适当有效,汇报及时准确。学生违纪处理工作程序清楚,操作得当,公正合理,材料完备。	20	无突发性事件发生或学生违纪现象记 15 分。发生突发性事件或学生违纪现象,能及时处理,操作程序合理,符合要求给 15—20 分。处理不符合要求,视情况给 0—15 分。	根据平时考核和处理违纪学生上报材料的质量评分。	学工部 团委 宿管处
			19.记实考评工作机构健全、运行规范、档案材料清晰完备。	30	检查有无正常的组织机构、运行机制、运行效果和各类原始材料情况,视情况分别给 30、20、10、5 分	见标准	考评小组
			20.掌握困难学生情况,建立困难学生档案,勤工助学工作规范,资助合理到位。	20	按要求建有困难学生档案给 5 分,勤工助学岗位落实管理良好给 10 分,困难补助到位给 5 分,不达要求酌情降分。	查阅材料并听取学生意见	学工部
			21.学生早锻炼工作落实情况好。学生出勤率高	10	早锻炼考核人员落实到位,院系领导和有关教师重视,对缺席情况处理及时给 10 分;不达要求酌情降分。	平时检查	学工部
			22.推广学生管理计算机化,各类数据资料及时输入计算机管理	10	视情况分为三等,分别记 10 分、7 分、5 分。	检查上报质量和计算机运行情况	考评小组
5	党团建设	130	23.重视学生党员的教育,党支部能有效地发挥战斗堡垒作用,党员发挥先锋模范作用,在学生中具有良好的影响	30	党支部工作正常开展,支部思想教育活跃,学习制度落实,支部和党员在学生中模范作用明显记 30 分;支部工作较正常,支部和党员能发挥较好的作用记 15 分;不达要求,酌情降分。	检查党支部活动记录本,召开学生座谈会,个别谈话。	考评小组

续表

序号	项目	分值	检查内容	分值	评分标准	检查方法	考评执行部门
5	党团建设	130	24.党支部组织发展工作措施得力，党员发展工作程序规范，学生中党员比例高	20	积极开展学生党建工作，措施得力，操作规范，党员比例排序列全校前30%给15—20分；组织工作开展正常，党员比例列全校前70%—30%给10分；组织工作开展不正常，党员比例低给0—5分。	听取汇报，查看材料和根据统计数字评分	考评小组
			25.业余党校、党章学习小组组织健全，工作有计划，学习活动开展正常。参加学校组织的党校培训班出勤率高、学习认真	20	重视党外青年学生的入党教育，业余党校、党章学习小组组织健全，认真制定并实施学习计划开展活动有特色，要求入党的学生比例比较高给10分；有业余党校或党章学习小组，能开展学习活动给5分；组织不健全，活动不正常，不给分。	听取汇报，查看材料和考勤记录	考评小组
					根据学校组织的党校培训班出勤率分四档：10分（好）、8分（较好）、5分（一般）、0—3分（差）评分。	根据考勤记录评分	考评小组
			26.分团委各项工作制度健全、职责明确	10	分团委工作有计划总结给5分，按时缴纳团费、按时接转团员组织关系，办理团员证注册手续给5分。	查看材料	团委
			27.重视对基层团支部的指导，确保团支部组织健全、活动正常、记录清晰	20	团支部组织生活健全、活动正常、记录清晰，根据总结评比结果按20、15、10、5四级评分	查看材料	团委
			28.分团委积极参加校团委组织的各项活动，完成任务认真及时。	20	见各项活动评分规则	根据记录材料评分	团委
			29.系学生会工作运行正常，富有特色，积极向校学生会推荐干部，在校学生会组织的各项活动中成绩突出	10	按校学生会对各院系分会考核情况，分别给10、8、5、3分	根据团委提供的材料评分	团委
6	社会实践	50	30.社会实践活动组织到位，活动点面结合，具有院系特色，社区服务具有特色，成绩显著，总结及时	20	总结评比按20、18、15、10四级评分	根据计划、总结及活动检查情况评分	团委

续表

序号	项目	分值	检查内容	分值	评分标准	检查方法	考评执行部门
6	社会实践	50	31.青年志愿者活动组织健全,能正常开展活动,积极承担任务	10	有系级青年志愿服务队并能积极开展活动,勇于承担任务,记10分,不达要求酌情降分	根据记录材料评分	团委
			32.院系领导重视大学生军训工作,干部配备得力、工作扎实、配合密切、无安全事故发生	20	由军训团按20、15、10、5分四档评分	根据记录材料评分	军训团考评小组
7	基础文明	50	33.组织学生参加全校大型会议和活动出勤率高,遵守纪律	20	根据考勤情况分20、15、10、5分四档评分	根据考勤材料评分	学工部团委
			34.学生宿舍文明状况良好	20	根据各系院学生宿舍卫生状况排名,依次记20分(1—3名)、15分(3—7名)、8分(8—12名)、5分(13—20名)	根据检查材料评分	宿管处
			35.注重学生文明素质教育,学生违纪率低	10	学生违纪率排序为全校后30%给10分,其余给5分	根据违纪处分记录评分	学工部
8	加减分项		36.学生在校内外各项科技、文化、体育比赛中获优秀成绩,为学校争得荣誉		集体优胜加10—20分(参加学校组织的比赛获团体名次加5—10分,参加校外比赛获团体名次加10—20分),代表学校参加校外比赛,个人优胜每人次加1分	根据获奖证明评分	考评小组
			37.学生在精神文明建设中,做出优异成绩,受到社会好评		视情况扣10—20分	视情况而定	考评小组
			38.发生重大事故或学生严重违纪违法事件并在校内外造成严重(恶劣)并影响		视情况扣10—20分	视情况而定	考评小组

浙江大学档案馆藏,档案号:ZD-1997-DQ-83-1

2. 学生思政工作与奖学金、助学金管理

人助学金评议委员会工作总结①

(1950 年 4 月)

一学期来的人民助学金评议工作

(一)助学金制度未确立前简况

1. 解放前的公费简况:解放前,反动统治者曾企图利用公费收买诱骗知识青年供其驱使,所以当时享受公费的学生名额占了很大的比例,根据 1948 年度第一学期的统计,本校全部享有全公费的同学达 1137 人,半公费的同学 107 人,以当时注册的同学 1538 人计算,两项合计占全校同学总数 80.8%,反动统治者付出这样高的代价,结果并没有能够遏制住对反动统治者的反击。

2. 解放后维持费简况:解放以后,由于同学们政治觉悟还没有普遍提高,在当时,许多同学们还存在着依赖公费的思想,人民政府为了顾全实际困难,曾经在解放以后经过申请手续按月发放维持费,在 1949 年 6 月至 9 月间留校同学约有 760 余人曾获有政府的这项帮助。

(二)助学金制度确立后评议工作的一般情况

1949 年 9 月间军管会文教部颁发“杭市中等以上学校学生人民助学金暂行办法”到校,本校即开始布置人民助学金的评议工作,先由校委会依据颁发办法第二条第三款的规定,聘请教务长、教授代表 3 人和学生代表 3 人组织人民助学金评议委员会。人民助学金评议委员会于 9 月 25 日召开第一次会议,首先决定人民助学金评议的程序:1. 先由同学填具申请表汇齐名单并公布,2. 由学生会展开思想动员,3. 各院系评议小组初步评议,4. 人民助学金评议委员会复评,5. 送请军管会文教部作最后决定等。

评议助学金的工作相当繁重,欲做好这项工作必须依靠群众,动员思想,展开批评与自我批评,鼓励检举。当时同学中尚存在着若干不正确的思想,主要的如强调个别困难,只从考虑自己出现的一些片面的理由;过左的纯经济观点;或认为批评人家会妨碍团结,甚至认为即使是善意的批评也可能遭到严重后果等等。针对以上的情况,学生会和青年团浙大团委会即采取了如下的步骤:1. 小组讨论,公布总结。2. 打通积极分子的思想,说服纯经济观点的错误与偏向。3. 宣传—出壁报,墙贴标语,漫画等思想动员工作。4. 小组初步自报——据当时估计约占全校同学 70%。5. 组织评议小组—打破系级界限,把全校分 18 组,(各学院分配如下:理 2 组,医 2 组,农 2 组,文 2 组;工学院方面:电机 3 组,土木 2 组,化工 2 组,机航 3 组)。6. 公布申请同学名单,接受检举。7. 交叠访问调查。8. 开小组评议会,对申请同学的情况与生活态度进行批评,再投票表决。9. 将结果汇送到人民助学金评议委员会。除去以上工作外,为了使同学更了解当前情况破除依赖的心理,学生会方面又采用了下列各种宣传和说服方式:1. 让同学们明了人民助学金的目的与今天人民负担的情况,并揭穿反动统治

① 本总结报告于 1950 年 4 月的浙江大学首届全校代表会议上提交。

时期公费的目的。2.发扬同学的主人翁思想。3.坚决相信群众,依靠群众,通过积极分子推动工作。4.替同学解决实际困难。

由于通过了这样的步骤,自动放弃的人数颇多,初步评议的结果,比例降为约48%,然后送人民助学金评议委员会作次一步的审议。助学金评议委员会根据申请书填写各项和院系初评结果,再参考县级人民政府的意见,并又参考前学期个别的业务学习成绩,来决定取舍。评定以后感觉尺度过紧,又经过另一次的申请复议手续,于11月9日通过第一批获得人民助学金同学的名单,合计469人。内甲等304人,乙等114人,丙等31人,丁等(研究生)10人,以当时二、三、四级旧生人数1232人计算(新生当时尚未办理),约占旧生总人数38.1%弱。在此以前并于10月5日通过了学杂费全免的51名,学杂费半免的4名,单免学费的238名,总计302名,至10月28日复通过了本校新生人民助学金58名,归并在十一月份名单内,合计共527人,约占全校同学总数34%弱(1624人除去休学64人为1560人)。但随后由于家在待解放区现已获得解放及家庭经济情况趋于好转,或是政治认识提高自动申请放弃的陆续有20余人,到11月份下半月减为502人,约占全校同学总数的32%弱。

1950年1月中旬,人民助学金的事务工作,由生活辅导组专责办理,使日常工作渐入正轨。1月份获得助学金同学合计487名,约占全校同学总数的31%强,在逐步地降低中。惟其后因浙江农村展开减租减息之后,许多地主富农子弟在校经济情形逆转,甚至有不能继续学业的。为了使这些同学不致失学,校委会曾通告凡地富子弟因减租减息之后经济困窘不能维持到学期终了者,可以予以一个月的维持费。先后申请者有120余名。经过同学们民主评议,再汇送到助学金评议委员会复评,计通过71名。所以2月份获有人民助学金总人数共为562人,占全校同学总数的36%强,计甲等402人,乙等112人,丙等31人,丁等18人。

一学期来人民助学金评议工作的收获缺点以及经验教训

(一)一学期来助学金评议工作的收获

经过这一段助学金评议工作,同学们已经掌握了批评与自我批评的武器,对旁人进行批评检讨,同时也能虚心地接受批评。在全部评议过程中青年团员起着带头的作用,帮助同学解决困难,并在有了办法之后率先放弃申请,因而使评议工作能顺利地圆满地完成。

通过了助学金评议工作,同学们在认识上和政治觉悟上,确已提高了一步,尤其打破了过去过分依赖维持费的思想。四个月以来,先后自动申请放弃助学金的就有37人,自请降等的也有6人,便是具体的说明。并且经过这次的评议工作,增加了同学间的相互了解,并加强了彼此的团结与互助精神,渐渐习惯地采用集体的力量去解决各种困难。

(二)一学期来助学金评议工作还存在着哪些缺点

过去评议委员会对评议工作缺乏完整精密的计划,在各院系间亦未曾建立一个经常性的评议机构,以致整个讲来,过去一学期的评议工作既犯先紧后松的毛病,到以后更变为机械的事务工作,失去它的重大教育意义。其次,更始终未能研究出一个比较完善而具体的评议标准。

此外,评议会方面,尚未能充分地依靠群众,有时不免死啃文件。因为事务工作过繁,也不能抽出较多的时间与同学接近，深入明了情况。同时，意见箱一直也没有设置，个别同学的意见也未为我们十分照顾。这些缺点，值得我们警惕并加以克服。

在评议小组方面，多少还存在着一些本位观点，有的以为本系级评得太严格了，其他系级如果评得太松，自己便吃了亏。还有一些同学，因为过去一直全部享受公费，就始终认为这是应得的权利，而坚决地要求政府给他帮助。

再，在第一次全校性的评议工作进行之初，学生会方面工作繁忙，事前布置工作还不大够，群众思想动员，显见未臻成熟阶段。此外个别评议小组的说服工作，亦稍嫌生硬，以致犹有部分同学仍只考虑到自己的利益。

(三)主要的经验和教训

1.评议助学金，绝不是简单的事务工作，而是一个思想斗争的过程，因此，我们必须从思想上解决问题，应用说服教育的方式，反对从纯经济的观点出发。

2.必须依靠群众，信任群众，然后评议工作才能做好，遇到困难，才能顺利地突破。

3.解决评议工作的思想问题，必须通过一定的过程，而宣传材料，尤必须与活生生的现实环境材料相结合。今年的春荒，就是活生生的现实材料。就华东区来说：受灾区域有皖南皖北、苏北、山东等灾区，受灾人口达1700余万。人民政府除了有计划、有重点地使灾民投入副业生产及早熟作物的种植，开展广泛性的社会互助运动外，并发给了救济粮及以工代赈粮共达六亿三千余万斤。但目前灾情依然严重，如皖北目前即将断炊的灾民已达70万人，苏北区断炊的已有50万人，新的建设事业又亟待举办，这样浩大的支出，而且还要继续的支出下去，人民的负担够重的了。如何发扬同学们体认目前形势，开展工读实行生活互助，以不再增加人民的负担，将是我们未来的重要课题。

4.运用批评与自我批评两个有力的武器，不但不会妨碍团结；相反的，凡是运用得好的话，就团结得更坚牢，因为只有在思想上取得一致，才容易相互团结。否则，只是貌合神离的相互敷衍。

5.关于各院系评议机构的组织，应该采取三级评议制，就是(1)以学习小组或生活小组为单位的评议小组，(2)院系(班)评议，(3)校评议的分层负责制，各有其重心任务。因为院系(班)对个别同学的学习情况，生活态度，了解不够深刻；但是过小的组织，又不能了解全面。所以通过院系一级的评议，可以发现并校正某些小组的“本位观念”的偏向，求其公平合理，然后助学金评议委员会才能掌握全面。

还存在些什么问题

一、过去半年，研究生普遍地享有人民助学金，并没有依照规定办法一律办理。各方面对此意见，颇不一致，值得从长研究。

二、县级以上的证件，不一定是最准确的评议依据。例如化工系有位同学最初取得县级文件，证明他家境清寒。后来该县人民政府来函否定，再后又给了他证件，因为情况还了解得不够，类似这样的情形，是不止一次的。

今后对助学金评议工作的计划

一、通过民主方式，广泛地征求同学们对于评议的标准的意见，作为参考。

二、避免事务主义，掌握原则，主动地、有重点地做好下学期重行评议的工作。

三、更加依靠群众并深入地了解群众。

四、研究人民助学金与工读怎样更好地配合。

浙江大学档案馆藏,档案号:ZD-1950-XZ-21

浙江大学学生思想政治情况的汇报

(1962年8月13日)

"60条""38条"在我们学校贯彻一年多以来,在学生中同样引起了很大的变化,现将有关变化同学的意见和要求以及存在的问题归纳如下:

一、1年多来,由于"60条""38条"的贯彻,广大团员和学生的思想政治水平有了显著的提高,学习积极性非常高涨,明确了学校以教学为主,学生的主要任务是学习,认真读书的风气已经形成。红专关系,教学、生产劳动与社会劳动三者的关系有了比较正确的认识和处理,学习质量也有所提高,掌握知识较前牢固。1302—601班25人,过去学习刻苦努力的6人,学习比较努力的8人,学习一般的11人;现在学习刻苦努力的9人,比较努力的12人,学习一般的4人。在学习成绩上,一年级时优秀的7人,良好的7人,一般的5人,差的6人。二年级时优秀的8人,良好的8人,一般的6人,差的3人。又如1301—591班在二年级时都有若干人次补考,三年级时就没有人补考了。1302—681班上学期学习任务比较少,他们全班自动组织起来自学外文,并请专业教研组的教师对他们进行辅导,这些例子具有一定的代表性,并不算很突出的。

在师生关系上也有所改善,比过去密切,同学找老师多了。

2.通过初步的鉴别,民主生活开始有些活跃,学生的心情比以前舒畅了,党群关系较前密切,同学的政治觉悟也有所提高,具体表现在:

(1)在大是大非的面前看得比较清楚。在备战教育和征兵过程中,广大同学对美帝国主义、蒋介石和其他反动派起了极大的愤怒,应征青年积极报名,要求入伍,承担保卫祖国,消灭蒋介石匪帮的任务。不能入伍的青年表示,一方面要学到建设祖国的真本领,把祖国建设得更加富强。对国际共产主义运动在前进道路上出现的逆流,现代修正主义,他们也能划清界限,对反修正主义的斗争表示关切。

(2)对国际形势和国内经济时事比较以前更加关心,很多同学经常看报,看参考消息。

(3)对国家的财政经济困难一般都有比较正确的认识,相信党和毛主席能够领导人民克服困难,在调整助学金中,同学们表达了很大的志愿,自觉愿意分担国家的困难。

(4)通过初步甄别解除了一些人的包袱,广大同学的心情比以前舒畅了,政治上要求进步,(略)如1302—601原来要求进步,表现积极的8人,现在有13人。604—601班40人中有9个青年都要积极要求入团,有9个团员自己组织起来坚持了党章学习。

同学注意了自觉地培养共产主义道德品质。

4.党、团、班级干部的作风有了转变,小班各个组织的关系得到一些调整。有一些小班干部注意发扬民主,听取同学意见,同群众商量办事,在方法上注意了说服教育,克服了过去乱批乱斗和只求轰轰烈烈的形式主义,团支书、团支部书记和班长的关系有了改善了。

505—592 班班长反映现在布置工作可以同支部商量，这班里团的组织生活比过去活跃了，团的自觉性和积极性，比以前高。

二、学生的意见和要求。

1.自去年秋季贯彻 60 条以来，学生学习超学时、负担过重的现象，影响了劳逸结合。上学期对学校调整工作摸不到底，心情更加紧张。60 条贯彻后强调打基础，补课多，考查频繁，影响了主要课程的学习。如 504—593 班原来是杭工转过来的，本来基础就差一些，可是上学期又比同年级其他班多上一门课，补课每周达 31 节，因而应付不了，只得加班赶作业，但仍“消化不良”。705—58 班调节原理课教师讲了 1 个小时，同学要 6 个小时做作业。教师层层加码，学生自己要求也偏高，致使负担过重，挤掉了一些文体活动时间和休息时间，不仅严重地影响了身体健康，同时课堂知识也得不到巩固。这个问题上学年曾进行过几次检查，做了一些调整。上学期结束又修订了教学计划，缩减了上课时间，在新学年中可能会得到缓和，但仍需注意研究改进。

2.学习生活条件差：

(1)寝室太挤，东西放不下，自修学习效果不高。

(2)自来水供应不足，同学宿舍经常缺水。有的宿舍，同学上课去了，有水了，同学下课又没有水了，使同学情绪不安，为了自来水消费了许多自修时间。宿舍内的洗澡时间，大部分水龙头被窃，同学洗澡发生困难。教学大楼的水供应不够，厕所粪便不能及时冲刷，搞得很臭。

(3)图书数量少，借阅手续太麻烦，借一本参考书要等很多时间，有时还借不到自己所需要的书。

(4)有的教师辅导不负责，不认真，很少下班辅导，困难的同学问题得不到解决。

(5)教材跟不上，有的课上好了，讲义才发。而讲义费又太贵，多余的讲义、教材不及时结账归还，拖欠讲义费的情况也比较严重。

3.政治学习质量差，领导上没有一个计划，布置得不够明确具体。下午政治学习，中午总支来简单布置一下讨论，干部心中也无数；内容频繁，迟开始早结束，中间简简单单讲几句。同学反映政治学习，首先是领导不重视，报告也很少，现在《参考消息》订得太少，不易看到。

4.服务单位人员的服务态度差，质量差。有的在我校无线电师训班学习的学员在结业欢送会上讲：“浙大对我的影响最坏的是理发员态度好厉害。”同学反映，理发价格太贵，同外面差不多，质量都比外面差得很多。

5.由于浙大偏居郊区交通不便，星期六下午和整个星期天汽车挤不上去，要求 5 路车增加班次。每逢放假开学，学生回乡返校，时间非常集中，而 5 路车又不能直达火车站，要求另外加车。

三、由于 60 条、38 条贯彻以来，还没有很好地在群众中组织深入学习，缺乏有力的措施，加上贯彻的时间较短，还没有很好的总结经验，因而也还存在着一些问题。主要有：

1.严格要求，提高教学质量与实事求是，从实际出发的关系处理得还不够好。因材施教问题，对学习基础不同的同学有不同的要求，特别是对学习基础很好的同学，如何使他们学得更好，给他们创造更好的学习条件做得不够。

2.以教学为主，政治思想工作怎么做还缺少办法。自由与纪律，独立思想与辅导互助，红与专等界限还不够清楚。有些干部在新的形势下，不敢大胆工作，怕违背 60 条和 38 条，集体活动难以组织和开展,党团、班会各做什么工作,职责还不够明确。

3. 团内经常的工作制度,如团课制度,组织生活制度等没有很好的建立,有些团员的模范作用还不够明显。

1962 年 8 月 30 日

浙江大学档案馆藏,档案号:ZD-1962-XZ-84

关于我校助学金比例意见的报告

(1964 年 6 月 26 日)

〔64〕校人字第 204 号

教育部:

接你部"〔64〕高人劳载字第 109 号、〔64〕财文壬字第 533 号关于提高高等学校学生伙食标准和助学金比例以及使用助学金注意事项的通知"后,我们根据文件精神,对我校助学金使用情况以及目前存在的问题进行了调查研究。现将调查的简要情况、分析以及对调拨我校助学金比例的意见报告如下:

一、1962 年 5 月我校助学金预算比例降低了 20%

我校原助学金预算比例为 75%。由于连着三年的自然灾害,国家经济出现了暂时的困难,1962 年 5 月我们根据省人委的指示,将助学金预算比例降为 55%。根据当时国家的经济情况,我们认为降低学生的助学金是完全必要的。

为了做好调低助学金工作,我校曾进行了较深入细致的思想工作和组织工作。通过教育,许多学生提高了认识,表示要和国家一起克服困难,不少学生主动地降低了自己助学金的等级,表现了顾大局识大体的精神。虽然在调低助学金工作中曾遇到不少具体问题,但总的来讲,工作进行得较为顺利。

二、调低助学金后到目前的问题

助学金调低以来,虽有不少学生在经济上发生了一些困难,但他们精打细算、克勤克俭、艰苦奋斗、努力克服困难,努力学习,积极上进,这是一方面,这是主流方面。另一方面也有许多问题,这些问题主要是:在学习上,有些学生交不出书籍讲义费,有些买不起计算尺,有些设计图纸坏了买不起图纸,不能重制。有些学生眼睛高度近视无力配镜,使学习质量受到一定影响。在膳食上,有些自费和半自费学生常交不出膳费,有的因交不出膳费,只吃饭不吃菜。在生活上,有些学生衣被单薄难以御寒,有些学生无蚊帐夏日影响睡眠,有的学生没有鞋子。如去冬党和政府为了关怀学生的健康曾拨给我校棉花 350 斤,作填补棉衣棉被之用。尽管此项物资很缺,但有些衣被单薄的学生无力购买,而学校助学金已近比例线,不能补助,因此到现在还存有 80 余斤。又如我校驻地蚊子特多,仅电机系二年级 512 人就有 44 人无帐子。有些学生夜里被蚊子叮得睡不好觉,白天学习精神不好;有的发高烧,影响学习,影响健康。

此外还有一些学生因经济困难而休学退学的现象。

三、对学生助学金问题的分析

1.劳动人民子女多。

由于招生贯彻了阶级路线,我校在校学生90.3%来自工农及其他劳动人民(农指的是贫农、中农)。

2.来自农村县镇的学生多。

浙江省文化比较发达,现在每县均有完全中学,最多的县有5所(余姚),因此来自县镇、农村的学生多。我校学生的分布情况是:来自城市的占总数的31%、来自县镇的占总数的26.5%、来自农村的占总数的42.5%。

我们通过调查分析,供应一个大学生的费用每月需要20元左右,而目前学生的总经济情况是:来自城市的经济条件总的看起来比县镇条件好,但是城市中有不少是低工资,有相当大一部分学生需要助学金补助。来自县镇的情况比城市更差一些。另外有些虽是县镇户口,实际上从事农业生产。农村的情况是农民在党的领导下生活水平不断提高,农村来的学生反映家里有白米吃,有一定的副食,但现金比较困难。

3.有些自费的学生家庭经济有所变动。有些自费生本来自费就非常勉强,这次增加三元伙食费后需要申请助学金。还有一些学生原来享受助学金,因调低助学金比例而取消的,现在经济困难,除了三元伙食补助还需要申请一定等级助学金。

四、关于拨给我校助学金比例的意见

今年你部虽将我校助学金预算比例调整为60%,但由于我校助学金享受面较大,在享受助学金和半自费学生每人增加三元伙食费后已自然地上升为61.3%。我们估计这次调高学生助学金比例大约需要5%才能解决学生的基本困难。我们只掌握3.7%,这样就需要70%。为此,呈请我校助学金按70%拨给。

浙江大学
1964年6月26日

浙江大学档案馆藏,档案号:ZD-1964-XZ-122-10

浙江大学“竺可桢奖学金”试行办法

(1986年5月22日)

浙大发学〔1986〕226

各系,有关部、处:

为纪念已故竺可桢校长,激励学生继承和发扬“求是”优良学风,勤奋学习,刻苦钻研科学技术知识,努力攀登世界科学技术高峰,促使品学兼优、出类拔萃的优秀学生的成长,在广大校友的热情支持和赞助下,学校决定设立“竺可桢奖学金”,特制定本试行办法。

一、“竺可桢奖学金”基金共10万元,每年设10个名额。获奖者,学校颁发“竺可桢奖学金”荣誉证书,发给竺可桢纪念章一枚和一次性奖学金500元,并载入校志。奖学金经费从

"竺可桢奖学金"基金的利息中开支。

二、授予"竺可桢奖学金"的学生必须热爱社会主义祖国,拥护中国共产党的领导,努力学习马列主义、毛泽东思想;遵守法纪和学校规章制度;学习目的明确,品行端正,尊敬师长,团结同学,关心集体;积极参加文体活动,身体健康(一般应达到《国家体育锻炼标准》)并具备下列条件之一者:

1.学习成绩特别优秀,学习勤奋,善于思索,有较强的自学能力和分析、解决问题的能力。曾两次获得学校颁发的一、二等奖学金。

2.在某些学术问题上有较深的研究,有较强的科学研究能力和创新精神,并作出较显著的成绩。

"竺可桢奖学金"是一项很高的荣誉,是最高层次的奖学金。在评定时一定要坚持标准,宁缺毋滥,把德、智、体全面发展,在学业上特别优秀的学生选拔出来,真正发挥"竺可桢奖学金"应有的作用。

对曾被评为三好学生标兵、三好学生、优秀学生干部的学生,在同等条件下应给予优先考虑。

三、"竺可桢奖学金"每年评定一次,在每学年的学年小结、"三好学生"、"优秀学生干部"、奖学金等项评比工作的基础上进行。每年四月一日校庆纪念日举行授奖仪式。

四、获"竺可桢奖学金"的人选,原则上拟在学完基础课程的本科生(在校学习期满二年以上者)和硕士、博士研究生中评选。评选名额分配分别为:本科生5~7名,硕士研究生2~3名,博士研究生1~2名。评选人选可由教师、学生推荐,也允许学生自己申请,以利于广开才路,活跃学生的思想。

被推荐或申请的人选,由系奖学金评审委员会审核后报校奖学金评审委员会审定。

"竺可桢奖学金"评审工作中的具体事务由学生处负责。

五、经批准获"竺可桢奖学金"的学生在校学习期间若有违法或违反校纪、校规和发生道德品质方面的问题,则取消其享受"竺可桢奖学金"的资格,并从校志中除名。

浙江大学

一九八六年五月二十二日

浙江大学档案馆藏,档案号:ZD-1986-XZ-78-7

1986级学生贷款工作实施意见(试行)

(1986年9月19日)

浙大发学〔1986〕379号

各系,有关部、处:

为做好1986年进校学生的贷款工作,现提出具体实施意见如下:

1.加强学生的思想教育工作

改革人民助学金制度是当前教育体制改革的内容之一,是关系到许多学生和家长的切身利益的问题,各系应组织学生学习国务院国发〔1986〕72号文件,使学生明确改革现行人民助学金制度的必要性和改革的原则，并使学生了解现试行的奖学金和贷款制度的具体办法及有关规定。

由于新生进校对改革助学金制度缺乏思想准备，而奖学金和贷款制度尚处在试行阶段，可能不够完善，因此在试行过程中会出现各种问题，希望各系和有关部门及时掌握并反映学生情况，做好深入细致的思想工作，保持学校教学秩序的稳定。

2.家庭经济确有困难，不能全部或部分支付学习、生活费用的学生，可向班主任提出贷款申请，并提交"学生家庭经济收入情况调查表"或家长单位提供的家庭经济情况证明，填写"学生贷款申请表"一份，交班主任。

3.各系根据本系学生的家庭经济状况综合平衡，审定学生的贷款等级。贷款金额最高不能超过本系学生人数×30%×250元/年的预算金额(含临时困难贷款)。个别系确有困难的，经学生处同意后可根据实际情况适当增加贷款金额。

4.贷款等级审定后，凡申请贷款的学生本人填写"学生贷款还款保证书"一式五份，连同学校给家长的信(信中注明该生所借贷款等级和金额)由学生本人寄回给家长。学生家长在还款保证书上签字后，送家长所在单位或村、街道委员会签署意见，再将"还款保证书"寄回学校。各系将"还款保证书"二份送交学生处。

5.各系将申请贷款的学生名单汇总，填写"学生贷款统计表"一式三份(所在系、学生处、计财处各一份)，经学生处审核后将其中的一份送计财处。计财处根据统计表造册，并通知膳食科以饭菜票的形式发放学生贷款。

6.学生贷款从今年九月份开始，一学年最多贷10个月，期限为1986年9月至1987年6月，暑假七、八两月停发。学生根据本人情况可不贷足十个月，但申请手续一般仍应在九、十两月办理。

7.学生贷款的审批工作原则上每学年进行一次，在秋季入学时进行，第二学年家庭经济收入情况无变化的学生可不必重新办理申请手续。若家庭经济收入情况发生变化，中途需要调整贷款等级的，应向班主任提交书面申请，经系审核后，由系填写"贷款调整通知书"一式三份(所在系、学生处、计财处各一份)报学生处审批。

8.家庭经济发生临时性特殊困难的学生可申请一次性贷款，填写"学生临时贷款单"一式三份(所在系、学生处、计财处各一份)，由系报学生处审批，由计财处发放。归还办法同普通贷款。

9.使用贷款的学生毕业时，由计财处按学生在校期间实际贷款数额结算，贷款结算清单经学生本人核对签字后，连同贷款归还保证书寄用人单位，用人单位将所贷全部数额一次垫付偿还学校。

10.1986年进校的本科代培生的贷款方法同普通本科生。学生根据家庭经济实际收入情况提出贷款申请，但所贷金额在毕业时由计财处从代培费中支付。因此请各系审核时严加控制。

11.1986年进校的专科代培生，因考虑他们的特殊情况，仍享受助学金待遇，助学金评定办法同85级专科生。

12.根据国务院国发教计字〔1986〕133号文件，师资班学生的专业奖学金，第一学年仍按现行助学金数额发放。所以师资班学生每人每月享受人民助学金19.5元。全学年发十个半月。

13.各系学生贷款审定工作一般应在九月底结束,最迟不超过十月份,贷款工作先搞好的系可先发放贷款。

浙江大学
一九八六年九月十九日

浙江大学档案馆藏,档案号 ZD-1986-XZ-161-10

公布浙江大学 1987 年竺可桢奖学金获奖者名单

(1987 年 3 月 9 日)

各系:

为纪念已故的竺可桢校长,激励学生继承和发扬"求是"优良学风,学校从一九八七年起设立"竺可桢奖学金",现经评审确定,邱小冰等十位同学为浙江大学一九八七年"竺可桢奖学金"获得者:

邱小冰(女),电机系工自 833 班
郑津洋,化工系化机 832 班
陈更新,科仪系医仪 831 班
周家骅,热物理系热能 831 班
杨永琦,力学系流体力学 83 级
王永娇(女),材料系金相 832 班
李明,光仪系光仪 832 班
王朝阳,工程热物理专业 84 级硕士研究生
周洪,流体传动及控制专业 85 级博士研究生
陈龙珠,岩土工程专业 85 级博士研究生

浙江大学
一九八七年三月九日

浙江大学档案馆藏,档案号:ZD-1987-XZ-203

学生处 1986—1987 学年工作小结

(1987 年 8 月)

我处现有工作人员 13 名,下设招生办公室,学生工作管理科、毕业生分配办公室,主要承担全校本专科招生行政管理,毕业生分配(包括研究生)工作。现把我们一年来所做的主要工作作小结如下:

一、政治、业务学习情况

1.政治学习,我们每两周学习一次,主要围绕学校布置的内容来学习,同时也选择报刊上一些国内国际时事进行学习。特别去年下半年学潮波及我校时,我们及时组织全处人员学习中央有关文件及部分报道文章,大家谈思想,统一认识,努力提高自身思想免疫能力。在此同时我们还到学生中去做了一些疏导工作,还配合学校做好值班工作。

2.业务学习一般我们每四周学习一次,主要相互交流工作情况,研究如何开展机关工作新局面,提高工作效率、质量等问题。一年来我们为使工作规范化制定了一系列工作条例,如《招生工作人员守则》、《招生录取工作人员守则》、《保送生选定条例》、《推荐生选定条例》、《代培生选定条例》、各种奖贷评比细则;《研究生毕业分配工作手册》。另外,还收集整理了近几年来的资料,并把有关内容输入计算机。

二、招生工作情况

1.1986年时招本科生2033名,委托培养本科生145名,专修科92名,干部专修科98名,少年班19名。1987年计划招收本科生2080名,委托培养本科生147名,专科生30名,自费生30名,干部专修科62名,双学位32名。

2.保送生情况,1984年开始,我校采用保送的办法免去统考,使优秀中学生直接进入我校学习。三年来的实践,使我们体会到优秀生具有不同的个性特点,仅用统一的模式、统一的要求去挑选,显然是不合适的,三年来已经证明了这一点,取得了一定的良好的效果。

1987年按国家教委规定,我校保送生人数控制在总招收人数的2%以内,按此规定我校今年招收50名,其中浙江省30名、江苏省7名、江西省3名、湖南省4名、四川省3名,福建省1名,上海12名。后根据国家教委精神,为促使德智体一贯优秀,在政治思想上面有突出表现的应届高中生得到选拔,根据这一通知精神,我校又在四川省扩招了3名,福建省扩招10名,我校1987年实际招收保送生63名。

3.思想政治教育第二学位班招生情况。今年第一志愿报考我校思想政治教育第二学位班的学生42名,按国家教委政教司第二学位班划线结果,总分在240分以上共39名。根据择优录取的原则和我校生源情况,今年录取32名。

4.干部专修科情况。干部专修科情况,今年生源情况较好,根据土木系要求,经学校批准,今年适量扩招,但人数控制在60名以内。管理专修科今年生源情况不好,上分数线只有10名,后请示校领导,考虑到明年还要继续,该专业因此转入上线学生18名,共录取28名。

5.去年下半年及今年上半年分别在福州市召开了福建省部分重点中学校长会议,在南京市召开了江苏省部分重点中学校长会议,在会议期间向各校介绍了浙大教学、科研、生产、管理方面的情况,还介绍了学生进入我校学习前后德、智、体发展情况,同时还商讨了中学与大学间教育衔接培养中的一些具体问题。

6.在福建、四川、江苏等省试行了招生宣传、录取工作聘任制,稳定了招生工作队伍,有利于提高招生工作质量。受聘人员____名。

三、学生行政管理工作情况

1.完成该学年各类奖学金及三好生,优秀学生干部,先进班级,优秀毕业生的评选工作,为修订和完善奖励制度做了一些准备工作。

86—87 学年评出新生奖学金获得者 536 名,优秀学生奖学金获得者 1921 名(其中研究生 27 名),竺可桢奖学金获得者 10 名,三好学生 785 名,优秀学生干部 454 名,先进班级 22 个,大学生社会活动奖获得者 18 名(后取消 1 名),87 届优秀毕业生 20 名(其中研究生 4 名)。

为使评奖办法更趋完善,我们召开了有各类负责学生工作的同志及校团委参加的座谈会,对评奖条件做了讨论,听取他们的意见,为今后修订各种奖励制度做了初步准备。

根据学校意见,增设了"姚宜民奖学金",拟定了评奖办法,准备在 87－88 学年试行。

2.完成 86 级学生贷款工作和 87 级学生贷款的准备工作。

我校对 86 级新生首次实行了奖贷制度,全校 86 级学生中申请贷款的有 704 名,占 86 级学生总数的 32.55%。平时尚有少数学生申请临时贷款。

在实施贷款中,我们注意收集学生对贷款的反应,及时向领导汇报,使学校领导能及时做好教育和疏导工作。同时经过一段时间的试验,我们对原贷款制度的一些条款做了适当的修改。如恢复 86 级学生的临时困难补助,对违反学校纪律受处分学生的贷款还款时间做了补充规定。

贷款工作经过一年试验,为 87 级学生贷款提供了经验。为了让新生和他们的家长在入学前就能了解我校试行的贷款改革制度,在思想上和经济上做好准备,同时也能简化申请贷款手续,我们制印好了"致新生家长的一封信"和一式二份的贷款申请表,在新生录取通知书时就分寄发给学生家长,使学生在入学前就办完申请贷款手续,加快了贷款工作进程。

3.配合学校整顿校风校纪,及时表扬先进,处理违纪学生。(中略)以上学生违纪处理情况说明今后要加强学生中的思想政治工作,强化政治辅导员和班主任对学生的教育和管理工作。

4.处理学生中历史遗留问题约 40 例,还完成出国政审等其他日常工作。

四、毕业生分配工作情况

1.完成 1987 年全校毕业生分配工作,毕业研究生 419 名,本科毕业生 1861 名,专科毕业生 299 名。

2.在征求各方意见的基础上,制定了"毕业生分配工作手册",对今年毕业生工作起到了积极的作用。在手册中对计划如何制定,校、系、专业各级分配工作的职责,如何获取需求信息,特殊情况照顾的规定,不服从分配如何处理,工作人员守则等问题都做了详细规定。

3.寄发文件 1200 余封,主动和需求单位联系,了解需求情况,确保计划落实。

4.发挥计算机的辅助管理工作,制定统计分配计划,大大提高了工作效率。

五、存在的问题

1.招生宣传、录取工作部分工作人员不够稳定,学校需派遣时不能按时派遣。希各系积极配合,共同做好我校招生工作。

2.需求单位退毕业生现象日趋严重。其原因强调住房难以安排，不喜欢女学生，存在排外思想，个别学生不愿意下基层等所致。这一问题有待总结，在今后工作中采取措施，确保计划全面落实。

3.学生处成立以来，工作任务日趋繁重，工作人员得不到充入，全处人员全年得不到休息。现在学生学年总结，三好学生、优秀学生干部、先进班级评选工作已由校团委转交我处评比，另外还增设各种奖学金评比，招生文件、招生宣传、毕业生分配、供需见面等工作量逐年增加。现有工作人员与工作任务很不适应，部分工作难以按时完成，呼吁校领导尽快为我处补充人员。

4.学生处工作机构不健全，设立学生秘书，学校发文近两年，但学生秘书工作人员至今不落实，工作得不到顺利进行。希校领导对这一工作认真研究，亟待解决。

一九八七年八月

浙江大学档案馆藏，档案号：ZD-1987-XZ-68

浙江大学学生德育实施记实综合考评的报告[①]

(1994 年 10 月)

为了全面贯彻党的教育方针，落实《中共中央关于改进高等学校思想政治工作的决定》和国家教委颁发的《高等学校学生行为准则》等文件的精神，促进学生全面发展，提高培养人才的质量，我校十分重视各个德育环节的综合优化，通过长期的探索实践，形成了一整套有特色的德育工作体系，建立了许多有效的工作机制。近几年在本、专科生中统一实行的记实综合考评，就是一项很有特色而且行之有效的工作制度。

早在 1986 年，我校就意识到，从德育的整体概念和德育过程分析来看，高校学生德的规格及其考评问题不解决，学校德育的有效性就要受到直接的影响。在学生的思想品德水平还不高的情况下，提高德育实效除了优化教育内容外，还必须形成一种有利于受教育者“内化”和“外化”的约束机制，这种机制必须是教育和管理的有机结合。建立和完善这种机制，能够完成从“号召型”教育向“机制型”教育的转化，并且能对学生的德作出合理科学的评价。因此，我们选择了落实学生记实综合考评作为探索的突破口。

从 1986 年上半年起，在校党委副书记朱深潮同志的亲自主持下，我校先在 6 个系不同年级的 10 个小班中试行了以群体导向评定为手段的考评制度，随后又在化学、地科、机械、材料、电机等系推广试行。1986 年进一步在科仪系开展了以过程教育为特点，以行为记实为重点的德的考评试点工作，设计了 4 类 17 项德的指标，制作了学生行为记实表和学生行为评价(表扬或批评)通知书，并结合计算机管理技术，对学生德、智、体几方面进行综合评价。1990 年，路甬祥校长批示“坚决推行和落实学生记实综合考评制度”。党委学生工作部

---

① 本报告原为浙江大学党委学生工作部的总结报告，原标题为《实行纪实综合考评，促进学生全面发展》，本书收录时改为现标题。

在过去工作的基础上,作了进一步的总结和完善,依据社会主义大学的培养目标和国家教委颁布的《高等学校学生行为准则》和《普通高等学校学生管理规定》,确定了8个方面25项考核指标,制定了记实综合考评实施细则。1990年2月,学校党委和行政联合发文在全校本、专科生中实行学生记实综合考评制度。1993—1994学年又针对操作中存在的问题,对考评方案作了进一步完善,增加了同学互评和班主任、辅导员评议的内容,使考评方案更趋合理和科学。至此,初步形成了一套有明确的德的考核指标体系,动态记实考评与静态民主评议相结合的学生综合素质考核机制。

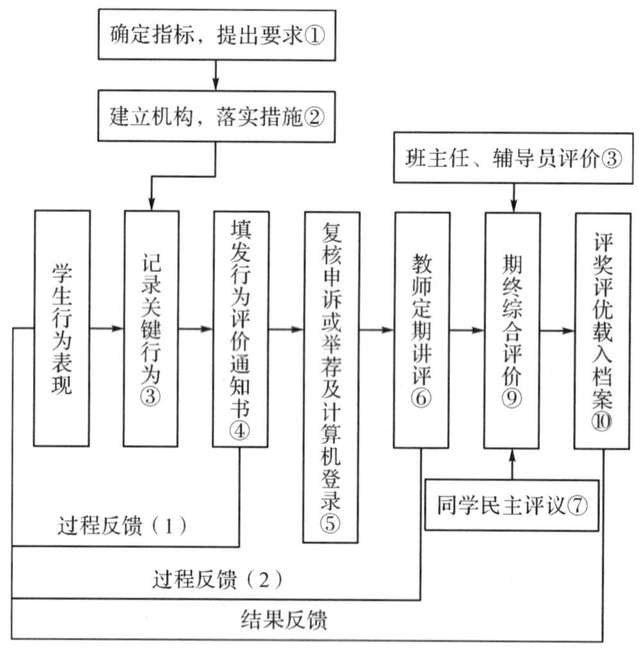

这一流程的最大特点是突出强调学生关键行为记实这一环节,注重发挥过程教育,把以往单在期终进行定性考核的模式,转换成了以过程记实考评与期终民主评议相结合,定量与定性考核相结合的考核模式,不仅能使整个考核建立在更真实客观的基础上,更全面地反映出学生的综合素质,而且对大学生的人格发展产生导向和动力的作用,使学校德育工作走向科学化和规范化,进入良性循环。

首先,由于记实综合考评是按照社会主义大学的培养目标和教委颁布的《高等学校学生行为准则》和《普通高等学校学生管理规定》制定的,其中遵纪守法表现,政治表现与思想品德修养,劳动态度与表现,社会活动与实践锻炼,奖惩情况5个方面的21项指标,基本上体现了大学生德的规格。其他的3个方面是体育成绩与身体锻炼,学习成绩,特别事件。这样德智体全面发展的目标经过分解,既符合方向性和全面性的要求,又使目标的规格具体化了,为大学生的行为定了"位",有利于学生"理想自我"的角色期望值的提高,可以对广大学生起到行为的目标导向作用。

第二,实行记实综合考评,通过对学生在教育活动和学习生活中的关键行为进行记录与评价,并将评价结果及时反馈给学生,充分发挥了德的考核的过程教育功能。

记实综合考评的基本流程为:提出德的规范要求—落实的措施—督促检查—多途径地记录关键行为—填发表扬或批评通知书或行为记实通知书—公布、申诉或荐举、复核——计算机登录—班主任或辅导员定期讲评—期终评奖选优。这一流程的特点是把以往单在期终进行考核的模式，转换成了以过程记实评价为主体的模式，变“秋后算账”为平时的激励和褒贬，不仅能使整个考评建立在真实客观的基础之上，而且对大学生的人格发展能进行及时有效的导向。

第三，记实综合考评的结果的真实客观性有利于各项奖励机制的有效性的发挥，促进学生全面发展。以往，在优秀学生奖学金的评定中，常常有重视智轻视德，以学习成绩的平均分值来决定奖学金等级的现象。在荣誉称号（如三好学生）等的评选中，由于缺乏具体的德的考核标准，学生的德成为“空指标”，因而一些小班也只是凭学习成绩来确定“三好生”，以“一好”定“三好”，或者是以投票的方式决定当选者，结果往往是人缘好的同学得以当选。实行学生记实综合考评后，不仅对学生有了全程导向和明确的要求，而且对学生的德智体各方面都有了客观的记实和等级、分值的相对评定，并且通过同学民主评议和班主任、辅导员评议，吸收了各方面的意见，这就为克服评奖选优中的种种不合理现象提供了条件。由于在计算综合考评成绩时不同权重地考虑了德智体各方面的表现，强化了政策导向，因而调动了大学生追求全面发展的内在积极性。

第四，学生记实考评制度的实行，要求我们把原来分散的，不规则的、临时性的教育和管理工作纳入到总体的规划之中，各项工作的开展会更多地从客观的培养目标的角度设计，进而使学生思想政治工作组合成一项系统工程，发挥其整体效应（如奖惩条例的制定与实施）。同时，由于记实综合考评的实施操作过程既是对教育对象进行综合素质的测评，也是对施教过程效益的评估，既反映出管理上的目标控制也是显露出它的教育功能，使教育—管理一体化，因而达到教育与管理、自律与他律、激励与制约的有机组合，符合教育的内在规律性和科学性，形成教育的结构性合力，使育人条件产生良性循环。

实践证明，我校实行的学生记实综合考评是一项目标导向明确、过程教育突出，学校综合培育和学生自我教育有机结合的德的考评机制。我校实行该项机制数年，使德育由“虚”变“实”，由“软”变“硬”，对学生的成长进步产生了十分明显的推动作用，使学生工作向科学化、规范化迈出了可喜的一步，取得了明显的工作成效。今后，我们将在原有的基础上不断完善，推进我校学生德的考评工作再上新台阶。

（附记实综合考评实施细则）

浙江大学党委学生工作部

一九九四年十月

浙江大学学生记实综合考评实施细则

类别	项目	序号	项目内容
一 （F1）	（一）遵纪守法表现	1	遵守法律情况
		2	遵守《学则》及校纪校规情况
		3	校、系、班集体活动中的遵纪情况
		4	遵守学习纪律情况（学习态度）

续表

类别	项目	序号	项目内容
一(F1)	(二)政治表现与思想品德修养	5	对四项基本原则的态度和政治表现
		6	政治学习和政治活动的表现
		7	团结友爱与集体主义精神
		8	政治方面上进心与个人品德思想修养
		9	爱护公物与艰苦奋斗精神
	(三)劳动态度与表现	10	参加义务劳动和公益服务活动的表现
		11	寝室卫生和个人整洁情况
		12	参加勤工助学劳动的情况
		13	维护公共场所整洁的表现
	(四)社会活动与实践锻炼	14	担任学生干部或参加社团活动的表现
		15	工作作风与工作能力
		16	参加军训、实习和社会实践活动的表现
		17	文化艺术活动的表现与能力
二(F2)	(五)体育成绩	18	早锻炼情况
		19	达标与健康状况
三(F3)	(六)学习成绩	20	必修课成绩
			选修课成绩
			辅修课成绩
四(F4)	(七)奖惩情况	21	校级单项荣誉奖(加分)
		22	系级单项荣誉奖(加分)
		23	校级处分(减分)
		24	系级处分(减分)
	(八)特别情况	25	特别事件

二、记实综合考评的工作机构及分工

1. 系学生综合考评工作领导小组

系学生考评工作领导小组隶属于系学生工作领导小组,负责学生记实综合考评工作的全面实施,根据学校的要求制订具体的实施办法、落实和培训考评人员,做好考评的宣传工作,保证考评工作公开公正地运行。

2. 各记实考评小组

一组:由教学秘书、教务员及学生会的学习部、体育部、实践部等的主要学生干部参加,负责第4、18—20项的记实(考评)。

二组:由分团委书记、学生秘书、学生党支部书记和委员及分团委委员、学生会主席、学生会秘书长等人员参加，负责第1—3、5—9、14—17、21—25项的记实(考评)。

三组：由系办主任、辅导员及学生会生活部、劳动部、宿管会的主要学生干部参加，负责第10—23项的记实(考评)。

3.考评监察组

由总支副书记(委员)、系副主任、系办主任、分团委书记、辅导员组成。主要任务是培训和考核参与记实综合考评工作的学生干部，并对记实考评的分歧意见或学生的申诉、存举进行核实和裁定。

三、记实办法和考评档案管理要求

1.记实考评的途径：

(1)考评组考评。

(2)任课教师、教务员和学生秘书考评。

(3)有关部门提供记实情况。

(4)同学推荐、自荐、举报，考评组核实。

2.填写"登录卡"及"通知书"，请注意：

(1)"登录卡"与"通知书"是联式卡。

(2)"登录卡"、"通知书"联卡的编号为七位数，前两个为系号(遵照学校的统一规定)。

(3)"记实人"一栏填写情况记实、推荐、举报的部门或人(由填卡人填写)。"审核人"一栏由审核人在填写好之后审核签字。"登录人"一栏签写两人姓名：一是填卡人之名，一是上机登录人之名。填卡人必须按卡所列栏目详细、准确填写，以备查考。审核人必须在填卡人填写之后认真审核并签字。未经审核人签字的卡无效。审核人是考评组负责审核的专门人员，由系考评工作小组决定，必须由教师担任。

(4)"考评项目"或"项目"一栏填写"浙江大学学生记实综合考评表"中所列的项目序号。"评价"一栏填写考评标准等级标识符，如A、AB、BC、C、D、E等标识符。

(5)"通知书"发送当事人本人。"登录卡"在登录之后按班分类存档，班主任月讲评使用后仍归档保存，以备查考。

3.要求各系使用计算机管理系统。

(1)建立标准的数据库，采用标准化命名。

(2)采用统一的记实综合考评报表，供存档之用的《记实综合考评单》和供评奖选优之用《记实综合考评汇总结果》。

四、有关项的记实考评实施办法

1.F1的1—17项各评价等级的分值及其评价标准：

评价等级	分值	评分标准
A	5	表现优异
AB	4	介于A与B之间
B	3	表现较好
BC	2	介于B与C之间

续表

评价等级	分值	评分标准
C	1	表现一般
D	−3	表现较差
E	−5	表现很差或重复出现差的表现

附

考评项目1—17项部分等级的评价(评分)标准的参考意见项目①

项目	A	B	D
1,2	敢与违法违纪现象作斗争,维护法纪有明显表现	遵纪守法方面表现较突出	纪律性差,有轻度违纪行为
3	从不缺席,不迟到,不早退,起组织带头作用	从不无故缺席、迟到、早退,无违纪现象	迟到、早退,有缺席现象
4	自觉遵守学习纪律,治学严谨,能起模范作用	遵守学习纪律,学习努力	学习纪律差,学习不认真,不踏实
5	观点正确,态度明朗,能带动周围	观点正确,态度明朗	认识模糊,有轻度错误言行
6	态度积极,起组织带动作用	积极参加	表现消极或不参加
7	善于团结,集体主义精神强	尚能团结同学,关心集体	不能团结同学,有妨碍集体的消极影响
8	积极上进,严以律己	有进取心,律己尚欠	缺乏上进心,不注意修养
9	能很好地爱护公物,节约水电,艰苦奋斗精神强	表现尚好	表现被动或不参加
10	有较好认识,态度积极,起带头作用	能积极参加	表现被动或不参加
11	对寝室值日能起带头作用	能注意维护寝室整洁,保持个人卫生	值日工作和个人卫生不符合要求
12	积极工作,起模范带头作用,效果明显	能努力工作	责任心差,有不良表现
13	表现突出	表现较突出	有不良表现
14	积极参加,能起骨干作用	积极参加,重视锻炼	不注意自我锻炼,有不良表现
15	工作作风好且工作能力强	工作作风好或工作能力强	工作作风不好或工作能力很弱
16	有一定的文艺素养,能组织、推动活动的开展	能积极参加活动	不参加活动或有不良表现

① 原件仅列16项参考意见。

2. F2 的 18、19 项依据学生早锻炼的出勤情况和《大学生人体育合格标准》最后评定分数作出评价：

早锻炼情况		达标与健康情况	
95%以上	50	90 分以上	50
90%—94%	30	80—90 分	30
85%—89%	10	60—80	10
85%以下	−30	60 分以下	−30

3. 项目 21、23 由学校规定内容和分值，项目 22、24 的分值由学校规定，其内容的评分标准由各系参照 21、23 的内容和标准自行确定

21	得分	10	7	5	4	1.5—3
	内容		求是荣誉奖		精神文明奖	社会实践优秀奖、优秀团员、优秀干部、团委通报表扬等
22	得分	2	1.5	1	0.5	
	内容	（由系定）				
23	得分	−10	−8	−6	−4	−3.5
	内容	留校察看	记过	严重警告	警告	通报批评
24	得分	−3	−2.5	−2	1.5	−1
	内容	（由系定）				

4. 项目 25 为特别于前 24 项的“特别事件”，由系学生工作领导小组认定，并确定加减分标准，报学工部备案。

5. 学生干部的工作考评，即 14、15 项的记实考评，应在其工作总结的基础上，采用上一级考下一级和评议相结合的办法，每半个学期总结、评议一次，作出结论并记实发卡。

6. 寝室卫生考评根据日常检查的结果每个月为一个计算单位，求出一个月的成绩，作出评价并发卡，月平均成绩与评价关系如下：

成绩	>90	89—85	84—80	79—70	69—60	59—50	<50
评价	A	AB	B	BC	C	D	E

五、综合评价

(一)德的评价汇总办法

德的考评成绩 F1 由三部分组成：

①根据记实所作出的评价成绩 F1’；

②学年末同学民主评议成绩 F1’’；

③班主任，辅导员对学生的评议成绩 F1’’’。

1. F1’的计算公式 F1’＝1—17 项分值之和 β，系数 β 的大小由各系确定（β＝100/本系学

生中1—17项分值之和的最大数),目的是使F1'具有与同学民主评议分值(F1''),班主任(辅导员)评议分值(F1''')相同的分量。即F1''与F1'''是以100分为满分计值,F1'也应调整到以100分为满分。

2.民主评议

民主评议在学年鉴定时,以班为单位进行。由每位同学根据自己所了解的情况,对全班同学(包括自己)进行评议,按100分制评分。民主评议分数取全班平均值,但在计算时,须分别扣除班级人数10%数目的最高分和最低分,即:

F1''=扣除最高分和最低分后的评议分数之和/全班学生总数×(1-20%)

3.班主任(或辅导员)评价

班主任(或辅导员)结合学生的具体情况作出评价,按100分制评分,分值记为F1'''。

4.综合各项结果,按以下公式得出最终德的考评分数。

F1=F1'×30%+F1''×40%+F'''×30%

5.根据考评分数的高低排出名次,按20%为优,50%为良,20%为中,10%为及格或不及格的比例划定德的相对等级。

(二)体育成绩的汇总办法

F2=18、19项分数之和

(三)学习成绩的汇总办法

F3=[(H-10)+(H-80)+2(H-85)+3(H-90)-M/3]+[(f-I/2)/10+(X-60)·f)/120]+[(S-J/2)/8+(R-60)/8]

其中:H=$\sum$各必修课成绩×各学分/$\sum$必修课学分;(H-80≥0,H-85≥0,H-90≥0)

H=$\sum$考试不及格的必修课学分;

f=$\sum$选修课学分,I=$\sum$补考的选修课学分;

X=$\sum$各选修课成绩×各学分/$\sum$选修课学分;

S=$\sum$辅修专业课学分,J=$\sum$补考的辅修专业课学分;

R=$\sum$各辅修课成绩×各学分/$\sum$辅修课学分。

1.军训课、思想修养课、法律基础课属必修课,统一在F3中计算汇总。形势政策课在第6项内记实考评,参照学习情况和考试成绩作出评价。

2.级差折算由高级到低级的折算,在及格的情况下为成绩的平方根乘以10。

3.五级记分制与百分制的转换关系:优-90,良-80,中-70,及格-60,不及格-50。

4.选修课学分每学期在7.5分以内,超过者按7.5分计。

5.辅修课学分每学期必须在7.5分以上(不含7.5),否则按选修课论处。按规定修学而不足7.5分者除外。

6.上一学年的重修课若在这一学年(期)里重修,则应视为这一学年(期)的必修课。

7.未能按教学计划在规定时间内修学的必修课.若是有客观原因,并经本人申请且被批准,则不在本学年(期)内汇总,以后修学时,视为必修课。若是擅自不按计划修学者,则在本学年(期)以0分计,其学分计入M,以后修学时视为必修课。

8. 必修课成绩一律按考试成绩计，统考的则以统考成绩计。考试不及格的课程，其学分计入 M。

9. 课外科技发明、制作及论文得分(K)计入 F3，其中加分系列如下：

等级	一等	二等	三等	鼓励奖
国家级	3	2	2	1
省级				
校级	1	0.5	0.4	0.2

(四)综合考评

1. 德的考评成绩、学习成绩、体育成绩分别以 20%、70%和 10%的不同权重计算综合考评总得分，奖惩情况和特别情况(即 F4)另外加分，即

综合考评总得分＝F1·20%＋F3·70%＋F2·10%＋F4

2. 德的考评成绩与综合考评成绩均记入学生个人档案，并作为评奖选优的基本依据。

浙江大学档案馆藏，档案号：ZD-1994-XZ-22-5

(三)毕业就业

1953 年度暑假毕业生统一分配工作初步意见①

(1953 年)

一、(甲)基本情况

(一)今年暑假全校应届毕业生共 521 人，占全校学生总数的 21.7%，包括本科四年级三个班(土木、化工和机械)，专修科二年级 7 个班(金工工具、金工、铸工、工程测量、工业与民用建筑、发电厂、工业分析)。其中以机械系人数最多，一共有 211 人，占全体毕业生总数的 40.5%；其次土木系 189 人，占毕业生总数的 36.2%；再次化工系 79 人，占毕业生总人数的 15.16%。电械系最少 42 人，占毕业生总数的 8.06%。

本届毕业生来自多方，有院系调整时，之江大学并入我校的 33 人；由华东交通并入我校的 57 名；由军队与机关保送入学的 135 名；由华东化工学院并入我校的 26 名；其余 270 名均系录取考入本校的。一般说，军队与机关保送入之调干学生政治水平较高，有一定的政治觉悟；由〇〇并入的同学中资产阶级子弟较多，因此享乐思想、自由散漫较为严重；由〇〇并入的同学部分思想落后，组织性很差；原来浙大的同学也一直有一部分是思想认识和觉悟较差。

(二)政治情况：

① 本件系中共浙江大学党委对 1953 年度毕业生工作的总结，原件无日期和落款。

在521名毕业生中有共产党员27人,均是候补党员;支部会已通过尚待党委会批准的6人,共占总数的6.33%。青年团员242人,占总人数的46.44%。这些同志绝大部分是积极的,对统一分配问题不大,可以服从。(略)

以上共计209人,占毕业生总数的40%左右。各种类型中问题较严重的,因而不能调离华东或分配在机要工作部门者25人。

(三)思想情况:

较为普遍的是考虑工作地区和工作性质,也有部分同学考虑个人生活待遇和婚姻等问题。

1.在工作性质上,土木系较多同学不愿做施工,认为施工很苦,没有出息,还是做研究、设计、绘图等工作好些,可以终日坐在办公室里,风吹不着,雨打不着。怕做教师,尤其是做中等学校教师,认为教书匠没有前途,出息不大,还是到工厂里去好,将来可以当工程师,待遇高,名气大。要求到大工厂,不愿到小工厂,最好是到141项巨大企业部门。认为参加重大建设又光荣,又可以多学些东西,小工厂不过是工业化的陪嫁,没发展前途,也学不到东西。

化工系部分同学认为化工厂里面的化验员是中学毕业生做的事,不愿去。也有的害怕到厂里面去做负责工作,责任重大,怕领导不了。

一般的同学害怕分配到私营企业去,认为这是为资本家服务,不光彩,丢人,对个人进步帮助不大。

2.在工作地区上:不愿到远的地方去,要求离家近,因此有的强调身体不好,有的借口家中父母年老,有的强调言语不通,要求照顾。

不愿去东北、西北等地区,说北方很冷,吃不消,生了冻疮怎么办?误信东北很多人鼻子耳朵冻掉,也有的害怕没有大米吃,因此有的同学借口有气管炎、关节炎,强调特殊情况,一定要求组织照顾。

要到大城市,不愿到小城市或偏远地区去。大城市生活可以过得很舒服,同时交通方便,可以回家看老人;小城市设备不好,生活苦,回家看老人也不方便。特别是上海与广州地区的同学问题较多,有的在志愿上填四个上海,有的填5个北京。

3.部分同学考虑自己的政治前途,来浙大已经两年了多了,天天争取入党入团,但到今天还不是党员团员,怕到新的工作位置上,组织上不信任,因而不能够分配到重要部门去工作,担心自己的发展前途,有些急躁情绪。

4.部分同学考虑个人生活待遇,婚姻问题。有的担心待遇太低,每月只有190工资分,不能负担家庭。测专有的同学说:终日爬山,所发工资还不够买鞋子。有一个调干认为不如原来工作岗位的待遇高,他说多等两年反而吃亏,想回原来机关工作。

已经结了婚的同学(特别是爱人是家庭妇女的同学)和已有恋爱对象的同学害怕不能与爱人分配在一起。没有爱人的同学担心找不到理想的爱人。

显然,上述的政治和思想情况是很复杂的,离中央工作精神与国家建设的需要存在着一定距离。要做好这项工作,保证做好统一分配,同时在保持质量的原则下,妥善安排,合理使用,则是一个极其复杂、艰巨又深入细致的工作,因此必须有足够的认识,并充分地重视这一工作,特别是思想教育工作更为重要。

二、(乙)思想教育工作

本届毕业生在校两三年中,在党的不断培养与教育下,经过系统的政治课学习,政治觉悟有一定提高。尤其是经过总路线学习后,同学们初步明确了祖国社会主义建设的前途和方向,增强了爱国主义思想,因此对统一分配,情绪一般是高的,绝大部分能够服从国家分配,积极地参加祖国的建设。但也有部分同学对服从统一分配的认识较模糊,思想上还存在着较多的错误观点和个人打算,因此思想教育工作仍是一个极其艰巨复杂的工作任务,是使毕业学生愉快地走上工作岗位的中心环节,必须引起足够的重视。

(一)毕业前思想教育工作的目的与要求

1.要求在平时一系列的政治教育思想基础上,进一步启发其爱国主义的思想,达到愉快地走上国家所分配的工作岗位的目的。

2.通过这次毕业前的思想教育,使同学们明确以下几个问题:

①使每个同学明确应如何处理个人利益与国家整体利益的关系。

②使同学明确如何脚踏实地为人民服务,应从平凡的具体工作做起。

③要求每个同学正确地理解学用一致的原则。

④每个同学都有克服工作中各种困难的充分的思想准备。

(二)教育内容

1.第一单元:进行服从国家建设的全面需要和艰苦奋斗教育。

①在总结生产实习收获的基础上,开展宪法草案的学习,进行服从国家建设的全面需要和艰苦奋斗的教育。

②应着重进行爱国主义的思想教育,结合总路线总任务,说明国家建设的全面的需要,积极地鼓励同学发挥应有的力量,参加国家建设工作。

2.第二单元:着重进行正确处理个人利益与集体利益的关系。

①个人理想与现实的关系教育。

进行学用一致的教育:使每一个同学明确学用一致,必须是在服从国家需要的原则下,认识到我国地大物博,人口较多,不管南方北方,内地边疆,各种建设部门和各个建设岗位,都在从事社会主义建设,祖国的各项建设都需要我们亲手去劳动去创造。(结合进行各地区的介绍)。

进行当家作主的思想教育:应以主人翁的姿态走上工作岗位,不应斤斤计较,计较个人的得失,克服对组织讨价还价的雇佣观点。

3.第三单元:自我教育,民主监督。

①总结与回忆在校二三年来在思想上学习上的收获,并且明确认识这是党教育的结果。

②检查二三年来在校学习的目的性,明确为什么要学习,为谁学习,结合批判一些不正确的个人主义的学习观点和目的。

(三)教育方式

根据不同的群众思想情况进行不同内容的教育。方式要根据青年的特点,要多样化。

1.组织大报告,并结合学习文件组织小组漫谈讨论以及个别谈话,深入了解同学的思想情况,具体的解决思想问题。

2.邀请有关部门如工业厅、计划局等负责同志报告国家社会主义工业化的建设情况,服从国家计划的重要性等报告,邀请战斗英雄、劳动模范,报告模范事迹,加强毕业生对于工作的信心。

3.组织联系,组织儿童队访问、在校同学写贺词、贺信等活动,来加强爱国主义教育,克服个人主义。

4.应抓住每一个环节进行教育。

①公布名单以前应慎重细致了解同学们的思想情况与真实困难,进行教育,认清个人利益与国家利益的一致性,从而正确地处理个人与集体的关系。

②公布名单时,应举行严肃隆重的仪式,使其体会到为人民服务是光荣的,应热爱自己的工作。

③公布名单后,应热情关切他们在将来工作岗位上可能遇到的一切具体困难,积极鼓励和指出如何克服困难的办法,并告诉他们如何联系群众,如何向工人、向老干部学习,如何注意健康以及旅途应如何小心等,使他们感到组织上对自己无限关怀与温暖。

三、(丙)做好准备工作

1.组织力量:在行政统一领导下,各系成立分配小组,由党支部负责掌握(名义上应由系行政领导),马列主义教研室、人事科等有关单位均应抽人参加此项工作。公共教研室党员、团员应抽一部分人做此工作。

2.干部准备:对具体参加统一分配工作的干部进行有关统一分配的方针政策的学习,反复地具体地进行研究与讨论,以便干部在具体工作中能够掌握与运用这些方针与政策。

另外,由于目前政治工作干部少,而毕业生人数多,为了更好地完成这一任务,必须在毕业班中,在经过审查后指定团支书或组织委员加以训练,传达工作计划,提出对支部工作要求、内容做法,使其经常了解与掌握毕业生的情况,充分发挥团的组织作用,时间在实习回来后一两天内。

3.深入了解情况,收集材料。不了解情况就不能够做好分配工作。因毕业生统一分配工作,一方面牵涉是否能使国家恰当地使用人才,发挥其对于祖国的最大作用,另一方面也关系到每一个学生的个人前途,因此应重视做好这一工作。

材料来源:

①从毕业生登记表上,可以了解每个学生对统一分配的态度和志愿、需照顾的困难等(不一定完全可靠,但可做参考)。

②依靠班委会和团支部经常深入了解及反映材料。因学生情况经常变化,故需经常加以了解,并须建立一定的汇报制度。

③学校原有的人事档案,如思想改造总结、调干的鉴定、团的材料等。

④应密切与本校保卫科取得联系。

4.情况了解之后,抓紧进行分类、排队工作。根据过去经验,首先应按政治质量分类排队,然后将各排各类中再按业务水平排队,最后逐个地进行认真而细致的研究其专长,和对统一分配态度、具体困难等,以免在具体搭配时造成紊乱现象。

四、(丁)具体搭配工作

首先要认真的研究方案,将各方面的数字确实搞清,同时要了解与研究各单位的性质,是属国防部门,还是一般部门;是重工业还是轻工业;是重要的还是一般的。在熟悉各单位的性质，了解它的重要要求以后，再进行进一步研究方案是否合乎本校毕业生的实际情况，然后进行分配。一般应注意掌握：

1. 首先要重视政治质量的搭配，这是很重要的。在考虑政治质量时，对政治问题与历史问题、思想问题应严格区别，不能混同对待。一般分配到国防、机要部门去的，政治上一定要审查清楚，但对思想水平不宜强求（视具体情况）。留校当教师的，一定要在业务思想、作风等方面均较好的。因他负责教育别人的工作。

2. 切实掌握学用一致的原则：

a. 了解学生在校的学习情况，他的业务专长不能单从考试成绩分数来决定，而要了解平日学习是否踏实深入，这工作主要依靠教师，因此要求先生对分配意见，以便了解某个人做什么工作比较适当，这对学用一致有很大的好处。

b. 接到方案后，最好与业务部门取得联系，使其告诉我们对这批干部的要求（如要多少做施工，多少做设计等），然后进行搭配。

3. 对毕业生的实际困难的照顾，首先是应把解决学生实际困难与祖国利益结合起来认识，不应对立起来看，因此事先要了解学生的各种实际困难，然后加以分析哪些是重要的，哪些是次要的，哪些是应先照顾，哪些可以后照顾，使照顾合情合理，同学服气。这一工作必须与思想教育工作相结合，教育内容方法请参阅思想教育部分。同时也要注意掌握其特点，如分配到西北区或比较偏僻地区去的，因同学较难找到爱人，应看到实际的一面，尽量将有爱人的，或根据目前情况将来可能发展成爱人的，成对的分配同去。

如果为方案所限制，对同学的困难一时难以照顾者，要在人事材料上或介绍信上加以注明，请业务部门来考虑照顾。这样的学生最好分配到中央各部，以便今后照顾方便。

4. 对同学志愿的照顾，在不影响国家建设的需要与不违背政治质量搭配，业务专长的充分发挥原则下应当进行照顾。

5. 对个别同学的搭配，应抱着积极争取、耐心教育的态度，对坚持个人不正确意见，而又受方案所限制无法照顾者，不应过于迁就，应严格批判教育。但在条件允许照顾时，则可参照他的意见进行搭配，但注意不要将数个落后同学分配到同一单位中去，同时有些落后同学分配去的部门最好搭配一定进步同学去。

6.（略）

7. 方案搭配先由各系党支部研究提出，报党委批准后确定。

五、（戊）从公布名单到派遣完毕

1. 名单在内部搭档好后，应充分的估计可能产生的问题，要反复寻求党、团员干部意见，对个别估计过去可能产生的问题的同学要酌情进行酝酿，探口风声，摸清底细，以免公布后被动。名单一经公布则坚决不改，否则就要乱。公布名单由学校首长亲自宣读，仪式隆重严肃。公布后，要立即了解情绪，掌握情况，同时应派得力的专门干部，配合教师进行说服教育工作。

2. 根据分配的地区和单位，将同学组织起来。凡 20 人以上者编成中队，设中队部，挑选党团骨干任中队长或副中队长，下设生活、文娱、组织；中队以下组成若干小组，挑选比较好的团员担任小组长，全部由统一分配委员会委任之。团的组织，根据团员数量之多寡、实际需要，组织临时支部或小组。

3. 与业务部门取得联系，最好请业务部门派人前来对分配给该部门的毕业生谈话、座谈，介绍业务部门的工作情况，解决同学们的某些困难，这样有很大的好处。

4. 合理地照顾并解决学生实际存在的生活上的困难。以班为单位，可组织临时生活补助金评议委员会，以学习小组为单位，经个人申请、民主评定，由评议委员会提出意见，报统一分配委员会，最后批准补助。申请数目在 20 万元以上的，一般由校长批准补助；20 万元以下的由办公室直接批准。这一工作做得好坏往往牵涉到同学的思想情绪。如果做得恰当合理，就能使同学感到组织的温暖、亲切、对自己的关怀，否则会影响到情绪，反会引起思想混乱，因此必须重视此项工作。

5. 临行前要向党、团员交代任务，在旅途中除了一般的思想工作外，要教育党、团员吃苦在前，享福在后，很好的照顾同学。

6. 临行前要搞好材料、介绍信、户口、党团关系等转移工作。这一工作要谨慎细致，特别是要详加校对，避免将人名或地址填错、材料转错等混乱现象。

7. 通知接收单位，告知学生的行程日期，使其准备接待。

六、(己)组织领导问题

根据今年毕业学生人数多，来自多方，政治情况复杂，思想问题多，加上政治工作干部少，因此必须加强领导，严密组织，科学分工，这是保证完成此项任务的关键，因此各有关单位应重视这一工作，抽出一定数量与质量的干部专门进行这一工作。

1. 组织统一分配委员会，由校长任主任委员，吸收各处负责同志与各系主任组成，专门讨论与决定有关统一分配的重大问题。

2. 在统一分配委员会下设办公室，以便协助统一分配委员会负责执行具体工作。办公室设主任、副主任各一人，负责掌握与领导办公室的全面工作，并设文书一人，专门负责了解情况，会议记录、整理材料、编写总结报告、发来往文件、鉴印等工作。

组织组：设组长 1 人，组员 2 人，专门负责审查搭配名单是否恰当，人事材料的整理与转移，写介绍信，转移党、团员组织关系，办理户口迁出，在学习中的干部配合等工作。

宣传组：设组长 1 人，组员 3—5 人，其任务主要的是掌握思想情况，每逢报告后组织漫谈讨论，负责环境布置、宣传、鼓励，组织参观，组织某些会议、筹划游览等工作。

总务组：5—7 人组成，其主要任务：编造各种预决算、分发路费、生活费、生活辅助费，收缴户口迁移手续费，并负责交涉车辆、行李搬运，会场布置，筹划会餐，联系所有的事务工作。

干部来源：青年科干部全部参加，教学研究科、财务科、事务行政科抽调一定数量干部参加，并应尽量争取团省委与人事厅派人协助。

3. 各系组成分配小组，在统一分配委员会统一领导小组下进行具体工作，由系主任任组长，调党、团骨干任副组长，其任务掌握思想情况，领导学习，初步拟定搭配名单(实际上是党支部进行)，个别谈话，进行个别教育等工作。

4. 同学视人数多寡组成大组、小组，大小组长一般不采取民主选举，由各系分配小组研究指定之，最好是由党团员骨干担任之，其任务：具体的领导同学学习，协助领导解决每一个同学对统一分配的思想情况与态度，和深入反映同学对统一分配的态度情况。

七、(庚)应注意的几个问题

1. 严格保密,特别是在各个名单搭配工作上更加要注意。任何的失密现象必然引起同学的思想紊乱,影响到学习情绪,造成被动。因此在这一工作中各支部的负责同志必须亲自掌握。

2. 认真细致的了解同学的真实情况,不应将实际困难与思想问题,政治上的反动与思想落后混淆起来,应分别对待。

3. 思想教育过程中,防止空空洞洞、轰轰烈烈的形式主义,忽视个别教育或片面宣传某一工作地区的优越性,忽视艰苦性的教育等。

4. 尽量争取可能争取到的所有力量来进行政治思想教育工作,特别是推动系主任、老教师来关心这一工作。在教师中应着重说明将自己亲自培养来的建设干部送到国家建设需要的岗位上去是教师的光荣任务与责任,其次推动家庭运用与过去毕业的校友通过通信等方式推动工作。

一般同学在民主鉴定及在公布名单前后思想斗争是最尖锐的时候,那时应更加切实掌握思想情况,及时帮助解决。

浙江大学档案馆藏,档案号:ZD-1953-XZ-6

提前毕业分配方案

(1960 年 2 月)

党委发文〔60〕3 号

省委:

根据省委指示,为支援本省新建杭州工学院和加强工矿企业的试验研究所急需的师资和技术人员,决定由我校抽调五年级提前毕业同学 150 名。现从本校五年级挑选了政治上、业务上较好的学生 150 名提前毕业,其中机械制造工艺及金属切削机床工具专业 20 名;内燃机汽车拖拉机制造专业 8 名;热能动力装置专业 8 名;水力机械专业 6 名;光学机械仪器 7 名;电机专业 11 名;电器专业 10 名;发电厂电力网及电力系统专业 17 名;工业企业电气化专业 6 名;燃料化学工学专业 14 名;化学生产机器及装备专业 8 名;铸造工艺及装备专业 8 名;钢铁冶金专业 6 名;金属压力加工专业 6 名;工业与民用建筑专业 15 名。(附详细名单一份)

关于 150 名学生的分配我们建议给杭州工学院 80 名,天目山林学院 5 名,其余 65 名分配给工矿企业做基层研究工作。特此报告,是否妥当,请审查批示。

中共浙江大学委员会

1960 年 2 月 9 日

浙江大学档案馆藏,档案号:ZD-1960-XZ-101-1

关于1961年毕业生思想教育工作的初步意见

(1961年5月25日)

一

我校应届毕业生共17个专业,1030人,男866人,女164人,党员41人,团员354人,群众455人,家庭出身工农阶级210人,剥削阶级412人,其他408人,学习成绩上等的386人,中等的538人,下等的106人。

目前,除一系仍在校上课和少数因病休息外,全体毕业生分别在校内外进行毕业设计,其中在校内的有175人,在本省各工厂的有698人,在外省(主要是上海)各工厂的有132人。

应届毕业生自1956年入学以来,在党的培养教育下,经过历次政治运动,特别是通过整风、反右,贯彻党的教育方针,毛主席著作学习,总路线教育和当前形势教育,绝大多数毕业生在政治思想上业务上都有了很大的提高。拥护党的领导,拥护三面红旗,能正确地认识当前的大好形势和暂时困难,初步树立了四个观点,把自己培养成一个又红又专的工人阶级知识分子,已经成为他们的共同要求和实际行动,这是本届毕业生政治思想的主流。

但是今年毕业生中……政治状况、家庭社会关系较复杂,资产阶级思想影响也较深,因此在部分毕业生中,对当前形势、红与专、个人与集体关系等问题上,还存在着一些糊涂的认识和错误的思想,个别的还较为严重,主要表现在对当前的大好形势认识不足,对国家暂时困难的性质、产生的原因以及解决的办法缺乏正确的认识和正确的态度。对农、轻、重的关系认识不清,农业为基础的思想淡薄,对"八字"方针感到不能理解,认为"八字"方针不是跃进的方针。有的对当前的大好形势还有怀疑,对光明前途表示信心不足。少部分毕业生由于受资产阶级教育思想影响,个人主义思想较为严重,不问政治,轻视劳动,害怕艰苦,贪图安逸,缺乏艰苦奋斗的思想,特别是在对待毕业分配问题上,只想到大城市、大工厂,不愿到农村、到边疆、到小工厂去。也有的拉近爱人关系或用其他手段来要求组织照顾,以满足自己的要求。一部分人自暴自弃,缺乏雄心大志,认为反正总会毕业,毕业后好坏都是43块半,因此他们在政治表现上情绪疲沓,认为反正只有几个月了,入党、入团入不了,思想上缺乏上进心,想在业务上抓一把。有的在业务上要求也不高,学习马马虎虎,抱着能应付的过去就算了的态度。少数家庭出身不好或受过批评处分的同学怀疑组织的是否信任,因此,表现为思想消沉,前途悲观。

二

根据以上情况,进一步加强对应届毕业生的思想教育工作就显得极为重要和必要。

一、目的要求

应届毕业生的思想教育工作应以毛泽东思想为纲,着重进行形势教育、党的方针政策教育和前途教育,通过教育,达到认清形势,明确前途,鼓舞斗志,增强信心,树立农业为基础的思想。正确处理个人利益与国家利益的关系,努力提高三个水平,把自己培养成优秀的毕业生,坚决地愉快地服从组织分配。

二、教育内容

1.加强形势教育和党的方针政策的教育,认清形势,提高思想,正确认识“八字”方针,树立以农业为基础的思想,坚持鼓足干劲,力争上游的革命精神,发扬艰苦奋斗实事求是的优良传统,克服各种松劲疲沓情绪,满怀信心奋勇前进。

2.进行艰苦奋斗革命传统的教育,学习和继承革命先辈敢于奋斗,敢于胜利和艰苦奋斗的优良作风,学习工农群众不怕困难、艰苦奋斗的优良品质,发扬青年的革命意志、革命思想、革命气概和革命精神,要做革命的青年。

3.进行党的教育方针的教育,努力提高“三个水平”,把自己培养成又红又专,德智体全面发展的国家建设干部。

4.进行集体主义的教育,树立一切从6亿人民出发,正确处理个人利益与国家利益的关系,克服资产阶级个人主义思想,改造世界观,做到愉快地服从组织分配。

三、教育方法

1.贯彻理论联系实际的原则,并以解决现实思想问题为主,做到有的放矢。

2.领导与群众相结合。根据毕业生中的各个时期的思想状况总结,各总支领导同志定期或不定期地向毕业生报告或请老工人做报告,并采取群众路线的方法,使领导的报告教育与他们的自我教育、互相教育结合起来。

3.分散教育与集中教育相结合。在下厂期间应以分散教育为主,并还应在厂党委领导下,参加工厂的政治学习和社会活动;回校后毕业生以总支为单位进行相对的集中教育。

4.在教育过程中,根据教育内容,选择一些主席著作和有关文件进行学习。

三

应届毕业生的思想教育工作,在前阶段,各总支已经做了不少工作(但是不平衡的),且也取得了一定的成绩。但由于今年毕业生人数为历年最多的一年,同时毕业生的政治思想状况和家庭社会关系较为复杂,目前距毕业时间又紧,因此进一步加强毕业生思想教育工作,显得更为重要。要做好毕业生的思想教育工作,关键是加强领导,因此各级党组织应充分认识到做好今年毕业生思想教育工作的艰巨性和重要性,以及分析做好此项工作的有利条件和存在的困难。各总支应该切实的、具体的加强对毕业生思想教育工作的领导,指定专人负责,定期的研究和分析毕业生的思想状况,对毕业生的思想教育工作抓得紧一些,做得深一些和细一些。在教育过程中要大力宣传先进思想和先进事例,加强调查研究,对具体问题要具体分析,对不同的对象要进行不同的教育。在目前对班干部应向他们交任务、交政策、交方法,以提高他们的思想水平和工作水平,教育他们在群众中起骨干模范带头作用;对积极要求入党入团的团员和青年,应加强鼓励和关怀;对家庭出身不好的或受过批判处分的同学,应该帮助他们放下包袱,指出方向,增强信心,鼓舞进步。

中共浙大党委会
1961年5月25日

浙江大学档案馆藏,档案号:ZD-1961-XZ-123

关于当前毕业生的几个思想反应

(1961年8月23日)

对当前毕业生的思想反映,我们最近召开了9个专业中的部分班干部和同学座谈会,到会的同学集中地座谈了当前的政治学习、组织鉴定与分配等问题,现将几种反应整理如下,仅供领导参考。

(一)政治理论学习

根据学校党委指示精神,有的毕业生对“七一”3篇文章和农村人民公社60条为中心内容都组织了学习,在学习过程中有不少专业还组织参观了工厂和附近的生产大队,通过学习文件组织参观等方式,大部分同学对社会主义经济建设规律,当前党的各项方针政策和农村为基础的重要意义,在理论上有一定的提高,澄清了一些糊涂思想,并为鉴定打下了良好的思想基础。从当前情况来看,发展很不平衡,后期出现学不进去,深不下去的现象,主要原因是:首先党总支领导班子和班主要骨干集中搞了组织鉴定工作,对加强学习领导有所放松和忽视。其次是有较多的同学等待分配和要求回家的思想逐渐上升,出现了松劲和情绪不稳,认为学来学去总是这些问题,已经差不多了,如903—563同学说:“后期学习开了无轨电车。”

在学习上述文件中有不少同学提出了如下问题:第一,工业化道路问题,依靠谁为主不了解。6系有的同学说:“农轻重、重轻农,三者都很重要,缺一不可,谁都不能甩。”有的同学说:“过去以重工为主,相应地发展农业和轻工业。现在提出农业为基础,还是过去提法有错,还是形势变了?”第二,在学习农村人民公社60条时,有的同学提出了一些疑问。如9系少数同学说:现在60条,五位一体为什么不提?食堂提出“五自”后,越来越少了,现在的规模与活动方式与过去高级社无多大差别等等。第三,在学习八字方针中,亦有个别同学出现悲观情绪,认为大学毕业后要各自找出路,或到农村中去,如建工系同学说:“基建任务少了,施工单位不要人了,设计单位任务少了,两校合并教师多了,我们毕业后只有到农村去。”又如○○同学在小组会上说:农业不需要人,所以今年没有支农任务,分配有困难,可能要自找职业了。

(二)组织鉴定后的反应和情绪

组织鉴定工作,大部分专业已经结束。这次鉴定工作由于各级组织特别是系党总支领导,坚持了实事求是,群众路线和采用组织意见与本人见面的方法,通过鉴定,总的情况较好,划清了是非,消除了顾虑,调动了积极性,明确了努力方向,极大部分同学心情较为舒畅,普遍反映“成绩肯定的,缺点严格的,明确方向的”。有的同学说:“组织对我们很了解,过去表现差些,通过鉴定改变原来的错误想法,说我们过去表现不好,鉴定总是批判一场。这次我们想不到,组织对我们这样恳切。”内燃专业同学说“党的一切工作越做越细了,这次鉴定既可以提出修改意见,又可以保留个人意见”。

各级党组织在鉴定工作的同时,又对过去各种不同程度处分的同学做了重新审查,这些同学更受感动:“是想不到这样的,还能回到自己组织内,这是党给我的,今后工作中要好好工作,贡献自己的力量。”

在此,部分班干部和积极分子要求解决入党入团问题较为强烈,认为进校5年对申请入党入团提过书面意见,至今已要离校,组织问题没有解决,如○○同学,要求总支为入党问题,在申请中给予写入专题意见,并说,学校进了5年,组织对我最了解,到新工作岗位后,少不了这么几年。亦有个别同学因过去表现不够好或问题较多的同学,在鉴定中,缺乏实事求是的精神,对于过去问题能在班内谈,但谈后不愿意写入材料内,在讨论中能够接受帮助,承认事实,怕做组织意见。

(三)对服从统一分配的几种思想反映

关于统一分配,是毕业生最关心的问题,亦是目前议论最中心的问题,有不少同学表示坚决服从统一分配,从反映情况来看,亦有不少同学害怕艰苦生活,为此,考虑地区和工作岗位问题较多。

由于害怕艰苦,要求照顾家庭为理由,在地区上要求留在江、浙两省较多,其中提上海、南京、杭州三大城市更多,此外提天津、北京、长春等市。《人民日报》报道70%毕业生将去晋、冀、鲁、豫等地,有些害怕过艰苦生活,如〇〇班36个同学中要求分配上海15人(其中家就住上海13人)、杭州12人,占全班75%。〇〇班同学,提上海、杭州两地占50%左右;〇〇班28人中,填上海、南京、杭州的就有13人,占46.4%。除两个四川同学要求调四川外,其余都要求分配江、浙两省各地。家住上海的〇〇同学说,只要分配到上海改行也情愿,如果不分去上海,宁可回家。学生〇〇爱人在甘肃工作,最近其父母、兄弟和爱人连续来信四封,希望他要求组织分配甘肃,她说:甘肃生活太艰苦过不惯,北方不如南方,要求组织分配在浙江,并还要求组织将其爱人调来。

由于害怕艰苦生活,对工作岗位也有要求,较多的人要求去科研,设计大单位,其次是要求去院校、部队、工厂等大单位,不愿意去小单位,有的不愿意去本专业有关工厂,如〇〇班36同学去科研机关14人,留校当教师13人。该班〇〇同学说:"去科研、学校生活条件好些"。去工厂的7人,但不愿意去合成氨厂,要求去机械制造工厂。他们认为合成氨厂既脏又危险,杭州只有一个合成厂,温州、嘉兴、衢州虽有三个厂,都是小地方。有2人不表示态度。如〇〇班47位同学愿意去施工单位的只有2人,其余的都要求去科研设计单位,他们认为现场勘查,看到森林野兽多,跑的路多,吃的咸菜拌冷饭多,该专业〇〇同学说:"如果分配这样工作,生活怎样过得下去。"

宣传部
1961年8月23日

浙江大学档案馆藏,档案号:ZD-1961-XZ-123

关于化学系专业问题的报告

(1968年10月15日)

浙大革〔68〕第61号

国家计委:

我校化学系由于旧校党委内一小撮走资派积极推行反革命修正主义教育路线;由于几个资产阶级反动学术权威的垄断和互争地盘,曾一度方向不明。经过群众的斗争,为适应国家高分子工业的发展,曾从62年开始确定为高分子化学专业。因此,自62年起,我校化学系学生按高分子化学专业培养。对此,我校曾多次上报过旧高教部,但是反革命修正主义分子却照搬苏修的一套教条,说只有老理科,教授多,实验设备雄厚,资格老,才能定为高分子化学专业,浙大是不能定为高分子化学专业的,只能定为"化学专业高分子专门化"。而旧高教部工业司则根据他们的一套旧框框,工业大学只有专业,没有专门化,于是就不顾事实,把我校化学系高分子专业的学生不按高分子专业分配。我国的高分子工业正在发展之中,高分子合成、化学纤维、塑料、橡胶等工业正需要大量人才,但我校高分子专业分配的学生却硬塞到其他单位去,造成"要人要不到,不要人的硬塞"的怪现象,同时使学生学非所用,人为地造成学生在工作中的困难。这种极不合理的分配现象,都是反革命修正主义教育路线之结果。现在我们伟大领袖毛主席发出了新的战斗号令:"工人阶级必须领导一切"。在工人毛泽东思想宣传队的领导下,我校革命的师生坚决要扭转这种不合理的现象,为此要求,在今后的68、69、70届毕业生的分配中,我校的化学系应按高分子专业分配。

报告当否,请速批示。

浙江大学革命委员会

1968年10月15日

浙江大学档案馆藏,档案号:ZD-1968-XZ-15

上报1969、1970年毕业生人数

(1969年1月22日)

浙大革毕字第001号

浙江省革委会毕业生工作领导小组:

根据浙江省革委会毕业生工作领导小组口头通知,需上报69、70年毕业生专业、人数,现经各系核实人数,69、70年按专业、人数报告如下(附表)。

浙大革委会毕业生分配领导小组

1969年1月22日

1969年毕业生人数		
工科:		
1	机械制造工艺及设备	125人
2	内燃	31人
3	水力机	33人
4	金属学热处理工艺及设备	61人
5	铸造	60人

续表

6	电机	62 人
7	电器	31 人
8	发电厂电力网及电力系统	62 人
9	电厂热能动力装置	67 人
10	工业企业电气化及自动化	63 人
11	塑料工学	63 人
12	燃料化学工学	64 人
13	化工自动化	60 人
14	化工机械	64 人
15	化学工程学	31 人
16	硅酸盐工学	61 人
17	光学仪器	64 人
18	物理光学仪器	31 人
19	专业仪器仪表	30 人
20	工业与民用建筑	45 人
21	河川枢纽与水电站建筑	29 人
22	无线电技术	64 人
23	电真空器件	31 人
24	半导体材料与器件	35 人
	工科小计	1267 人
理科：		
25	数学	20 人
26	力学	21 人
27	物理学	32 人
28	化学	19 人
	理科小计	92 人
	总计	1359 人

1970 年毕业生人数		
工科：		
1	机械制造工艺及设备	125 人
2	内燃	61 人
3	水力机	61 人

续表

4	金属学热处理工艺及设备	61 人
5	铸造	60 人
6	电机	38 人
7	电器	30 人
8	发电厂电力网及电力系统	60 人
9	电厂热能动力装置	50 人
10	工业企业电气化及自动化	61 人
11	塑料工学	39 人
12	燃料化学工学	29 人
13	化工自动化	64 人
14	化工机械	62 人
15	化学工程学	31 人
16	硅酸盐工学	60 人
17	光学仪器	88 人
18	物理光学仪器	30 人
19	专业仪器仪表	27 人
20	工业与民用建筑	64 人
21	河川枢纽与水电站建筑	30 人
22	无线电技术	72 人
23	电真空器件	30 人
24	半导体材料与器件	29 人
	工科小计	1267 人
理科:		
25	数学	23 人
26	力学	20 人
27	物理学	23 人
28	化学	22 人
	理科小计	88 人
	总计	1350 人

浙江大学档案馆藏,档案号:ZD-1970-XZ-3-11

请合理安排我校理科系毕业生分配方案的报告

(1981 年 7 月 22 日)

浙大发人〔1982〕207 号

教育部、国家计委：

我校是一所理工科大学，设置有数学、物理、化学、力学和地质学五个理科系，是各工科大学恢复设置理科系最早的学校之一。(其中数学系重建于 1957 年，物理、化学、力学 1958 年，地质专业 1971 年)。这些理科系毕业生历年的分配大部分能对口，但也有一部分分配不当，用非所学，造成浪费。为使以后各届理科毕业生，首先是 77、78 级毕业生的分配工作做得更好，现将近年来我校几个理科系的专业方向与特色、修读的主要课程与希望分配的去向报告于后，请在制订分配方案时给予考虑，以争取尽可能做到学用一致，人尽其才，材尽其用。当否，请审核。

浙江大学

一九八一年七月廿二日

附件

数学系

专业方向与特色：

过去的研究工作与培养的学生受到有关部门的欢迎。现从三年级起有 70％以上学生每学期选读工科专业的基础理论课 1－2 门，以培养既有扎实数学基础，又懂得有关专业语言及基础知识，能作较深入的研究的应用数学人才。

修读主要课程：

普通物理、力学、外语、数学分析、解析几何、高等代数、计算方法、常微分方程、偏微分方程、复变函数、实变函数、概率论、微分几何、程序语言、有限元方法、数值分析中的矩阵论、概率论、数理统计、最优化、随机过程、弹性力学、微分方程数值解等。

三、四年级每学期在自动控制、化工自动化、应用光学、计算机软件、机械设计等八个方面选读其中一个方向的基础理论课 1—2 门。

希望分配去向：

各机械工业部、交通部及其他需要较多数学的科研、设计机构或计算中心。

少数可以在高校或研究所从事数学的教学或研究工作。

物理系

专业方向与特色：

重视培养较坚实的物理基础，包括理论物理与实验物理的基础训练，使毕业生有较强的适应性。本系不分专业，但高年级学生有些选修课，可分别选读理论物理、固体物理、光学、无线电电子学以及其他工程学科等方面课程。

修读主要课程：

普通化学、工程制图、数学、数学物理方法、线性代数、物理学、物理实验、近代物理及高级电子实验、电子学、理论力学、电动力学、热力学与统计物理、量子力学、固体物理(Ⅰ)、计算机语言与计算技术、毕业设计或论文。

加选课：相对论、量子场论、光学原理、固体物理(Ⅱ)、磁学、固体专门实验、表面物理、近代电子技术、外文文献阅读、第二外语。

希望分配去向：

1. 物理学和应用物理方面的研究单位如物理所、高能所、半导体所、光机所、四机部所属各元件研究所、海洋所、冶金所、金属所、硅酸盐所等。

2. 半导体器件、材料，磁性材料、器件，光学仪器，科学仪器，光电器件，介电材料等方面的工厂。

3. 大专院校及重点中学物理教师。

4. 此外由于物理是基础学科，根据国外经验，分配到大专院校物理以外各理工科系担任教学或研究工作，实行学科杂交都很有成效。

化学系

专业方向与特色：

本系不分专业，但在高年级设高分子化学与物理化学两个选课组。本系在本科教学上的特色：

1. 在学好化学主课基础上还规定必修化工原理及计算机语言与计算技术，并鼓励学生选修工科方面的基础课如生物医学工程、化工数学、高分子化工等基础理论课以及工程制图等，以扩大学生的工科知识。

2. 独立开设各门化学的实验课，着重基本技能培养，如对波谱仪、光谱仪、色谱仪等大型近代仪器设备也有多次实践机会。此外，还规定做电子学及化工原理实验(包括传热、传质、传递、干燥、吸附等大型实验)。同时，还安排合成高分子的和生产化工原料的工厂实习。

3. 要求有约半年时间做毕业论文，题目要求结合应用又有理论上要求。

修读的主要课程：

数学、普通物理、无机化学、分析化学、有机化学、无机化学实验、分析化学实验、仪器分析、有机化学实验、物理化学、物理化学实验、计算机语言与计算技术、工业电子学、化工原理。物质结构、杂志报告、工厂实习、毕业论文。

限制性选修课：高分子化学、高分子化学实验、高分子物理、溶液热力学、化学热力学、统计力学、化学动力学。

选修课：量子化学、结晶化学、有机化学结构理论等。

希望分配去向：

1. 科学院、各部委及省、市所属化学或化工研究所工作。特别适宜于从事边缘学科或杂交课题的研究。如煤炭研究所从事高分子在煤矿堵漏的应用研究，轻纺部门研究天然高分子改性，化工、石油部门研究与精馏、萃取等流程有关的相平衡研究，卫生部门关于人工脏器的研究等。过去我校化学系学生分配在这些方面工作，表现都较好。

2 高等院校师资特别是作为工科院校化学方面的师资，似比综合性大学毕业生更适宜。

3. 工厂企业的中心实验室，如金山石化总厂、南京长江炼油厂、南京炼油厂等，能适应结合生产实际的研究工作。

力学系

专业方向与特色：

本系不分专业。学习期满后掌握较坚实的数学和力学基础知识，运用计算机计算和实验测试的基本技能，并有一定的工程知识，具备看图和设计简单零件的能力。高年级根据学生兴趣和能力可选修流体力学或固体力学方面一个分支的课程。课程设置分两个层次：第一层次是基础部分，为必修；第二层次是加强部分，是选修。

修读主要课程：

微积分与微分方程、线性代数、概率论、复变函数、数理方程、理论力学、材料力学、计算机语言与计算技术、流体力学、工程制图、电工学、金工实习、毕业论文等。

限制性选修课：流体力学——多相流动、非牛顿流体力学、涡轮流体力学、计算流体力学、磁性流体力学、物理气体力学、边界层理论。

固体力学——按照弹塑性力学及计算力学、振动理论、实验力学、工程应用等四个方面开设选修课。

希望分配去向：

1. 各部委的研究、设计机构从事力学方面研究、设计工作如：北京力学研究所、北京煤炭研究院、北京铁道研究所、郑州机械研究院、合肥通用机械研究所、杭州汽轮机厂研究所、杭州制氧机厂研究所、太原重型机械研究所、哈尔滨汽轮机研究所、上海 728(核电站)研究所、上海汽轮机研究所、天津内燃机研究所、天津工程机械研究所等。

2. 各工科大学力学教师。

3. 过去曾与一机部挂钩，由一机部分配毕业生，希望今后继续保持挂钩关系。

地质系

专业方向与特色：

1. 区域地质选课组：

以地史地层古生物、构造地质、大地构造、岩矿物学为基础开展理论教学与野外实践活动。数理基础较一般地质院校扎实，适应面宽。今后可结合地球物理、地球化学、遥感技术地面解释、海洋地质等方面开展区域地质、区域矿产方面的研究、生产与测试等工作。

2 地球化学选课组：

侧重矿床地球化学。

3. 遥感地质选课组：

掌握一般遥感技术和在地质解释基础上侧重遥感图像信息处理及其在地质方面的应用。

修读的主要课程：

区域地质与地球化学选课组必修：微积分、常微分方程、线性代数、概率论、普通物理、无机化学、物理化学、结晶学及矿物学、岩石学、矿床学及矿相、普通地质学、计算机语言与计算技术、地质测量实习、生产实习、地形测量实习、毕业论文。

区域地质:古生物及地史学、构造地质学、地质力学、地形测量学、普地实习、区地及大地构造、地球物理及物探。

地球化学:地层学、仪器分析、分析化学、地球化学、同位素地质学。

遥感地质:普通物理、微积分、线性代数、复变函数、概率论数理方程、无机化学、矿物学、岩石学及矿床学、普通地质学、地层学、构造地质学、计算方法、统计分析、电工学、地形测量学、离散数学、数据结构、测量实习、物探、图像信息处理、遥感概论等。

希望分配去向:

(一)区域地质选课组:

1. 省地质科学研究所;

2. 省区域地质调查队、勘探队;

3. 省地质局以及石油局、煤炭局;

4. 大专院校地质类专业教师;

5. 以海洋地质为主的研究机构。

(二)地球化学选课组:

1. 矿床地化方面——如贵阳地化所、地质研究所;

2. 环境地化方面——如环境化学研究所、地理研究所、环保研究所;

3. 海洋地化方面——如海洋研究所、海洋地质调查局;

4. 土壤地化方面——如土壤研究所等。

(三)遥感地质选课组:

1. 科学院空间中心;

2. 科学院遥感应用研究所;

3. 其他开展遥感工作有关研究所;

4. 大专院校教师。

浙江大学档案馆藏,档案号:ZD-1981-XZ-35-5

关于我校地质专业毕业生分配问题的报告

(1981 年 9 月 16 日)

浙大发人〔1981〕229 号

教育部:

我校地质学系前身是我校土木系地质学专业,属工科。1978 年学校归属中科院领导后,地质专业从土木系划出建立了地质学系,属理科,不分专业。1978 年起招生分“区域地质”、“遥感地质”和“地球化学”三个专门化;1977 级学生是 1978 年 3 月进校的,当时分“矿产地质普查及勘探”和“地球化学探矿”两个专业,由于归属变化,于 1978 年秋调整为“区域地质”和“地球化学”两个专门化,教学计划也作了相应的调整。所以 77 级学生毕业后可在有关地质部门、研究所和高等院校从事相应的地质调查、研究和教学工作。

我校77级“矿产地质普查及勘探”和“地球化学探矿”两个专业，过去都以工科专业上报，现报请予以更正作为地质学系（理科）“区域地质”和“地球化学”两个专门化毕业生分配，以有利专业对口，发挥他们的作用。

浙江大学
一九八一年九月十六日

浙江大学档案馆藏，档案号：ZD-1981-XZ-35-6

浙江大学1986年毕业生分配工作总结
（1986年9月19日）

浙大发学〔1986〕378号

国家教委学生司：

一、概况

我校1986年共有毕业生1959人，其中女生319人。党员226人，团员1705人。他们分布在15个系37个专业，来自28个省市自治区，其中浙江省855人。除466人考取研究生及1人自费出国外，实际参加分配的共1492人。

按照国家教委下达的《1986年毕业生分配切块计划》，我校切块分配数为1020人，其中中央部委560人、地方460人（包括浙江省256人）。根据实际录取研究生的情况，我校作为国家切块计划以外的建议计划人数为472人，其中中央部委148人，地方324人（包括浙江省72人）。因此。今年我校在整个分配计划中，实际分配给中央部委708人，地方784人，其中浙江省为328人。

今年的毕业生，虽然人数较多，但与用人单位提出的需要数差距仍然很大。在供需矛盾非常突出的情况下，学校极早地对毕业生进行了调查研究和思想政治教育，并先后参加了国家教委召开的分配计划协调会及浙江省计委、教委在杭州、嘉兴召开的供需见面会，与各级用人部门进行了充分的协商。由于和各部门的协同努力，紧紧地把握住计划、调配、派遣等各个环节，因此今年的整个分配工作较之往年顺利。自7月10日开始毕业教育，至15日公布方案，绝大部分学生在宣布方案后的三天内办理了离校手续，是近年来分配工作进度最快的一年，圆满地完成了国家计划。

在分配过程中，涌现出了一些以事业为重，主动要求到祖国最需要、最艰苦的地方去的优秀毕业生。如物理系吴根林，家住浙江嘉善，他主动要求去新疆89800部队；化自专业徐孟鹤，主动要求去浙江贫困山区永嘉，为建设家乡贡献自己的青春；化工专业杨军、曲景新，当他们知道在四川纳溪的化工部西南化工研究院需要化工专业毕业生时，主动要求组织上把他们分到这个单位。许多学生以祖国的利益为重，志愿去艰苦的地方工作，充分体现了当代大学生的创业精神，在毕业生中引起了强烈的反响。

二、基本做法

总结86年的分配工作,有以下几点值得我们提倡和发扬。

(一)坚持改革,以毕业生分配原则、方针指导我们的工作。

根据国发〔1986〕34号《国务院批转国家教委关于改进1986年高等学校毕业生分配工作报告的通知》精神,在分配工作中,我们坚持统筹安排、合理使用、加强重点、兼顾一般的方针,对能源、交通、通信、农林、教育、轻纺、原材料部门及军工、国防方面的重点建设需要,继续充实和加强。今年我校去能源、交通等重点部门的毕业生260人,占分配数的18%,比去年增加131人;分配军工、国防方面的毕业生181人,占分配数的12.1%;对高等院校需要的毕业生,在保证质量的前提下,作了适当的安排,重点是充实师资力量较弱的院校;对来源于边远省区的110名毕业生,除12人因家庭变迁照顾回内地及18人考取研究生外,其余80人均回本地区参加开发建设。另外,有4名家住内地沿海的毕业生自愿去新疆、大庆等地工作,实际分配十个边远省区的共84人,比1985年增加57人;毕业生中去本省舟山、丽水等海岛山区工作的有10人。

在制定计划过程中,我们充分兼顾了国家的需要与学生的志愿,正确处理好重点和一般、艰苦地区与发达地区、大城市与中小城市、中央和地方、教学科研与生产第一线等关系。系是学校办学的基本单位,也是毕业生分配派遣工作的前沿阵地。充分发挥各系的作用,是搞好毕业生分配工作的重要因素。为此。学校多次召开各系负责毕业生分配工作同志的会议,明确改革方向、分配原则方针,布置任务,统一思想认识,使得在具体问题上意见统一、步调一致,从而保证了整个分配工作的顺利进行。

由于明确了职责,调动了各系的积极性,许多系在今年的分配工作中,表现了很强的全局观念,自始至终,能以确保国家切块计划圆满完成为指导思想,坚持矛盾不上交,对毕业生进行深入细致的思想政治工作。有的系还主动承担了去边远省区及艰苦地区的分配任务,保证了国家切块计划的完成,体现对国家负责的责任感。

(二)加强调查研究,充分进行供需见面,健全分配工作班子,积极做好基础工作是顺利完成分配工作的前提。

毕业生分配工作的改革,加大了学校分配毕业生的权限,学校参与毕业生分配计划的制定,代表着国家的利益,因而,学校的担子大、责任重。尤其是在当前供需矛盾十分突出的情况下,怎样把有限的毕业生输送到最急需、最能发挥作用的地方去,这就要求学校更加全面地、准确地掌握毕业生的情况和用人单位的业务要求,统筹安排,适当兼顾,进行合理分配。

为了把握住分配工作的主动权,早在1985年下半年,学校就着手开始进行调查研究工作。今年的毕业生分配教育工作,不搞一次性突击,而采取"细水长流"的办法,尽早地经常性地了解学生的思想及具体问题,做好学生的思想工作,发现问题及早解决。

我们认为,分配工作能顺利进行,与我校有一支健全的分配领导班子是分不开的。这些同志年富力强、作风踏实,他们本着对国家负责,对用人单位负责,对学生负责的精神,在分配工作量比以前增加好几倍的情况下,仍然不辞劳苦,经常加班加点,主动找学生谈心,掌握真实的思想及具体要求,为搞好分配工作打下了坚实的基础。在计划制定过程中,学校处理了大量的用人单位的来电来函,接待用人单位的来访,并将收集的信息及时提供给各系，各系有什么问题也及时反馈给学校。特别是学校先后参加了国家教委召开的两次协调会后，把变化情况及时与各系协商，把学校的意见也及时反映给各省市、中央部委，反复协商，落实方案。尽管工作量很大但这样做既保证了国家的需要，又考虑了学校及学生的具体情况。

从 1985 年开始，在毕业生分配工作中，我们还应用了电子计算机对计划进行了辅助管理，在人员比往年减少的情况下，大大提高了工作效率。

三、问题和建议

1986 年毕业分配工作基本情况是好的，但还存在不少问题，这主要是计划方面、政策方面和工作中的问题，致使不少毕业生派遣后，单位退回学校重新分配或要求调整的比历年都多，共有 41 人。有以下几种情况：

1. 制定计划的中间环节过多。今年虽经过二次大型协调会及供需见面，但时间很仓促，有的中央部门下达到下级部门，再由下级部门制定分配计划寄到学校时，毕业生早离校回家了。而这些部门要进行二次分配事先也没有征求学校的意见，因此学校宣布方案的单位和实际用人单位不一致，学生去报到很有意见，说是学校（或用人单位）欺骗他们，随即返回学校要求调整。如今年我们有计算机、工电及化工专业毕业生各 1 名分配给〇〇石油管理局，学校计划早在 6 月 10 日前抄送给石油部。学校于 7 月 15 日正式宣布派遣方案，而〇〇石油管理局给学校二次分配的函签发日期为 7 月 12 日，学校收到此方案，学生早已离校。当然这些问题可在今后的供需见面时加以改进、解决。但是，学校认为，二次分配应首先尊重学校意见，用人单位确有需要调整的，应在宣布方案前协商调整好，否则学校不负责任。

2. 今年在国家计划下达后，用人单位以“不要女生”、“单位无住房”、“专业不对口”、“编制已满”及“上级部门无计划”等作借口，无理退回学校的有 11 人之多，为历年所少见的。我们认为，首先计划是双方几次协商定下来的，其次退回来的理由是不成立的。如〇〇研究所以“不要女生”为理由退回一名计算机软件专业的毕业生；〇〇科学研究院应他们的要求派去一名党员、成绩中上的电机专业毕业生，结果以“专业不对口”为理由退回；〇〇药品生物制品鉴定所也以专业不对口退回，这些问题按理都可在供需见面时由用人部门提出予以解决。上海〇〇厂、上海〇〇研究所均以“无住房，要求派上海籍学生”为由分别退回半导体器件和电子物理技术专业毕业生各 1 名。实际情况是许多单位在趁学校扩大分配自主权的机会，到处要人，不少地处大城市的单位，结果要到的人大大超过实际需要数，而目前的分配办法实际上没有一个权威的单位来平衡国家计划，因此以种种借口退回学校造成学校及学生本人的很大损失。

3. 几经协商后已作为国家计划下达的分配方案，待毕业生去报到时，有关部门未和学校联系，却对分配单位作了任意改变，致使毕业生往返学校，迟迟不能报到。如今年我校化工专业应〇〇市环保局的要求，派一名毕业生给该局，结果被〇〇市人事局调换了一名河北化工学院的毕业生去该局，而将我校的毕业生改派去〇〇玻璃厂。因去该厂专业不对口，学生几次交涉，该市人事局仍不予考虑。而〇〇市环保局局长来电，仍要浙大的毕业生。后学校与河北省教委二次电话联系要求解决，至今不知如何解决。这种任意调换其原因是什么？值得深思。

4.今年我校有毕业研究生241人,本科生1959人,专科生136人,都集中在暑期分配,任务重、人员少,在工作中难免出现个别的差错,如因计划搞错而造成学生不能按时报到的有4人,这需要在以后的工作中改进。

5.鉴于目前的社会状况和学生的思想实际,思想工作存在不少困难,"大锅饭"还无法打破,大城市来的学生,不管成绩好坏,表现优劣,一律回到大城市,农村来的学生只能填补空白,体现不了"优才优用""择优分配"的原则。

从上述情况看,我们认为计划是分配的关键环节,在"宏观控住、微观放开"的方针指引下,加强学校与中央部门、省市自治区的联系以及在工作中相互尊重、相互体谅很重要。应该说毕业生分配工作完成得圆满与否,和中央部门、各省市区的支持是分不开的。

对于分配的政策问题,如定期服务的政策,边远省区中支边职工子女要求回原籍的政策等问题均需很好研究落实,并应正式成文下达执行。目前我们从边远省区招来的学生,大部分是支边、支内职工的子女,他们的父母大都在那里工作25年以上,超过30年的也不少。父母要求子女分配回原籍,以使他们安度晚年,有的因父母支边,祖辈无人照顾,要求孙辈回原籍照顾。我们认为这些要求是通情达理的,建议国家教委在政策上作统一规定。是否能对父母去边远省区工作满25年以上,在取得父母所在单位上一级机关的劳动人事部门对其工作年限的证明,学校可作照顾,这样便于学校掌握,更主要的是体现国家对支边职工的关怀,也能为边远省区源源不断地输送人才打下基础。

对毕业生的思想教育仍需及早着手,做一些适合新形势下的强有力的、灵活多样的思想政治工作。

关于明年国家教委切块计划数,我们建议在70%,给学校更大的自主权。我校的光仪、激光、医仪等专业,在浙江省特别是杭州市区很难安排,而全国有许多单位仍非常需要,因此对这三个专业,我们要求在1987年进行自主分配、招聘录用的试点,国家教委不要把这三个专业的毕业生列入明年的切块计划,以保证毕业生能优才优用、专业对口而又符合社会的需要。

随着分配制度改革的深入,必然带来许多新的问题。改革,扩大了学校的自主权,给毕业生分配工作带来了活力,同时也大大地增加了学校的工作量,因此在体制、结构和管理方面,如何适应新形势的要求,这是应该引起重视的。1986年3月8日朱开轩同志在"国家教委1986年工作会议上的讲话"中指出要健全毕业生分配工作机构、增加人员等问题,希望国家教委在适当的场合、适当的会议上再加以强调,并在人力、财力上予以保证。要改变毕业生分配工作"淡季、旺季"的传统看法,注重实际,解决问题。

我们建议国家教委学生司,可召开部分高校专题座谈分配工作中存在的一些共性问题,并探讨解决办法,形成文件报教委批准实施。

附:1986年毕业生派遣工作遗留问题统计(略)

浙江大学

一九八六年九月十九日

浙江大学档案馆藏,档案号:ZD-1986-XZ-171-4

浙江大学1987年毕业生分配工作总结

(1987年9月2日)

〔87〕浙大发学093号

一、概况

1987年,我校共毕业本科生1861人(其中代培生36人,专科结业生9人),专科毕业生216人(代培)。

1.本科毕业生

本科生考取硕士研究生352人,占毕业生人数的18.9%。不列入分配计划的3人(自费出国2人,专科结业生1人),实际分配1506人。其中,分到56个中央部委共644人,占可分配毕业生人数的42.8%(国家教委切块计划数484人),分配到有关省、自治区、直辖市及计划单列市的共862人(其中浙江省360人),占可分配毕业生人数的57.2%(国家教委切块计划数499人,其中浙江省236人)。

2.专科毕业生

专科毕业生共216人,均系代培。其中分到中央部委的77人,分到有关省市的139人。

3.我校的毕业生集中教育从7月1日开始,7月6日宣布毕业分配方案,办理派遣手续,7月10日前基本派遣完毕。

二、主要工作

根据国家教委1987年3月武汉会议精神,今年,我们在毕业生分配工作中,根据"统筹安排、合理使用、加强重点、兼顾一般"的分配方针,结合我校的具体情况,主要抓了以下几项工作。

1.比较早的注意加强毕业生的思想政治工作,配合党委宣传部,部署了1987年毕业生的思想教育计划,特别注意发挥毕业生党员的先锋模范作用。1987年3月电机系的毕业生党员向党总支递交了决心书,热物理系83班党小组也向系总支写了决心书,明确表示无条件服从组织分配,到基层去,到艰苦的地方去,起到了一定的作用。同时在党员中继续开展"站好最后一班岗"的活动,要求党员在派遣期间,为同学服务,为学校服务,坚持最后离校,受到广大毕业生和学校的赞扬。

2.开展多种形式的供需见面活动

在今年的毕业生分配计划编制过程中,除了参加国家教委、水电部、石化总公司、国家医药局等召开的供需见面会,广泛征求需求情况外,学校热情接待了国防科工委、"二汽"等单位的同志,积极配合他们,组织学生看录像,召开座谈会,直接与学生见面,收到了良好的效果。今年有3名毕业生主动要求去国防科工委的永红,西昌等基地工作,有2名毕业生主动要求去"二汽"工作。

1987年,为了加强宣传,我们将几年来积累的供需见面的材料分地区集中展览三天,参观人数达800余人次,起到了良好效果。在长春会议结束后,我们经过讨论研究,认为为了避免1986年在学生报到以后出现的大量退人现象,有必要进一步做好供需见面工作,对在长春会议上双方确定下来的用人单位一一发信(浙江省发到厅局地市一级人事部门),进一步征求意见。我们共发函1000余封,大部分单位都回函回电,表示接收。截至1987年7月6日分配方案公布前,共接到退人的单位68个,我们在方案公布前及时进行了协商、调整,避免了大量退人的情况。尽管这一工作的工作量大,时间又紧,还存在一定的缺点,但我们觉得这一工作是很必要的,从中也反映出不少分配工作上的问题,值得注意和总结,在今后的分配工作中做得更完善一些。

3.为了配合学校加强本科生教育,提高本科生的教育质量,经过国家教委批准,今年我们在电机系进行了毕业生预分配的试点工作,4个专业共选择了20名学生,从1987年4月起预分配给用人单位(主要是工矿企业及少数科研单位,其中17人去工厂,3人去研究单位)先进行实习、工作,半年后回学校,采取导师指导进行毕业设计环节,合格后分配回原单位工作。在单位落实以后,我们作为计划外的指标在分配计划中予以落实。

4.主动向浙江省计经委文劳处、省教委请示汇报,积极取得地方计划,调配部门的支持、配合。

今年,为了进一步做好浙江省切块的分配计划,我们在参加浙江省供需见面会,广泛征求需求信息的基础上,事先把预分配计划通报给省的计划、调配部门。并根据校长的指示,就1987年的毕业分配的总体计划安排、原则等向浙江省教委领导和调配部门作了专题请示汇报,听取省里的意见,并就毕业生分配方案的审批程序、改派原则等问题进行了充分的协商,取得了一致意见,保证了派遣工作的顺利进行。

1987年国家教委给浙江省的切块计划236人,实际分配362人,还不包括中央部委在浙江省单位的分配人数及部委下放企业的分配人数,加上这一部分,估计实际分配到浙江省的毕业生人数超过450人。

同时,我们比较多的注意到了浙江省地县单位对浙大毕业生的需求,并在计划中给予保证。我们在向省教委领导请示报告中也希望地方计划、调配部门在考虑计划安排时,充分考虑浙大毕业生的培养层次和使用规格,保证专业对口,使用得当,以便充分发挥毕业生的积极性、主动性。从目前少数学生反映的情况来看,今年分配到浙江省地县一级的存在一些问题,其中有学生本人的问题,也有安排使用的问题,需要进一步总结,以便在1988年的分配工作中加以改进。

5.从1986年开始,我们在毕业生中进行了"优秀毕业生"的评选工作。1986年评出"优秀毕业生"16名,1987年评出20名,发给奖章证书,记入校志,增强了毕业生的荣誉感、责任感。

因此,今年我们的毕业分配计划体现了:

1.保证了能源、交通、农林等32个重要部门、重点建设单位对毕业生的需求。1987年,我们分给上述32个部委的人数476人,占可分配人数的31.6%,分给核工业部21人,秦山核电厂7人,大亚湾核电厂4人,保证了重点工程的需要。

2.继续坚持面向基层,面向生产第一线的方针。

在动员毕业生去工厂,去生产第一线的工作上,学校领导历年来十分重视,多次在会上强调,各系也认真做工作,因此做得比较有成绩。

今年我校分配到工矿企业的毕业生人数1005人,占可分配人数的66.7%。

3.认真执行国家教委关于边远地区毕业生的分配原则,动员更多的毕业生去边疆工作,以满足那里对人才的需求。

我校共有边远省区毕业生94人。除了录取研究生，家庭变迁等原因有27人没有分配回去外，实际派遣了73人，其中有沿海内地的6名毕业生自愿报名去新疆、云南工作。

此外，对于浙江省的山区（如丽水地区）、海岛对人才的需要我们也努力给予保证，共分配去13名毕业生。如：地处海岛的舟山地区，共有毕业生6名。除光仪，激光二名学生该地区不需要以外，其余4名都安排回舟山工作，包括一名党员、班长。电机系一名学生自愿去丽水地区的云和县山区工作，系里积极支持，并为他创造条件，使学生愉快地奔赴山区建设。

毕业前夕，按照传统。我们召开了"浙江大学支援边远地区、浙江省山区、海岛建设毕业生座谈会"，出席座谈会的60余人，校领导热情鼓励、毕业生激情发言、气氛热烈、效果很好。电视新闻当晚在浙江电视台、杭州电视台，后又在中央电视台进行了播放。

4.进一步贯彻了学以致用，人尽其才的原则。

今年，从反馈回来的信息，确实属于专业不对口的还没有发现，大部分是计划上的问题，从计划上保证了学以致用，人尽其才原则的贯彻。

三、存在问题及原因

今年，我们在公布方案后到目前为止，从全国各地陆续有一些毕业生来人来函来电要求改派。经调查了解，确实由于计划原因等造成改派的共21人，尚不算多，但考虑到在长春会议后到7月6日公布方案调整的68人，实际退人的人数不算少，占到可分配人数的5.9%。

从长春会议后出现调整的68人的情况看，牵涉到23个专业。理科专业如：数、理、化、力学退人情况严重，光仪系的激光、摄影退人更多。光仪专业在浙江、安徽等地安排均有困难，地质专业在安徽等地安排也困难很大，今年还出现了建筑学、计算机专业个别退毕业生的情况。

造成大量退人的原因是多方面的，有用人单位的问题，有学生本人的思想问题和实际问题，更主要的是计划上的问题造成的。

从1985年以来，国家教委在毕业生分配计划的编制方法上进行了一系列改革，即采取毕业生大部由国家教委切块，小部由学校提建议分配计划的编制办法，起到了宏观控制，微观搞活的积极作用，既保证了国家的重要部门，重点建设工程单位的需要，保证了边远地区对人才的需求，一定程度上体现了优才优分优用的原则，同时扩大了学校参与毕业生分配的权限，增加了社会的直接联系，促进了学校的教育改革和二个中心的建设，对提高教学质量，起到了积极的作用，这是应当肯定的。

但是就计划本身尚有许多不足之处：

首先，目前国家教委的切块计划只管人数，不管具体的分配单位。从学校工作角度上讲，学校是欢迎的，但从整个计划上考虑，缺少一个进行综合平衡的权威机构，来协调各学校和各部委省市的计划，即国家教委的计划无法控制某一个基层单位的分配人数。而目前出现退人比较多的单位、地区恰恰是那些天时、地利比较有利、交通方便、容易要得到毕业生的单位，如京、津、沪、沿海经济发达地区及一些有自己直属院校的部委。这些单位一旦要到的人数超过它的实际需要，就找借口退人，既增加了学生的经济、精神负担、又增加了学校的工作量。

其次,目前的分配体制层次过多,环节繁复,只要在计划衔接的某一环上出现问题,就会造成派遣困难甚至干脆退学生。有的部委、省市没有把学校的派遣计划下达到基层单位,出现不少问题。

第三、我们认为,目前进行的与部委、省市一级的高层次的供需见面比较虚,定下的计划往往不落实。如陕西省计委正式来函要一名无线电专业的毕业生,需要单位是○○仪器设备公司。江西省计委也正式来函要一名液压传动专业毕业生,需要单位是○○科学研究所,而该两毕业生分别按时去报到时,单位都说未要过人,究竟何故,很难解释。也有部分省市搞计划的同志不懂专业,不大了解基层的专业需求情况。如航天部○○所,计划分配“精密机械”专业毕业生一名,而且从计划一开始就有了这一名额,航天部一直没有提出过异议。长春会议后我们发了信,7月6日早上该所来电话以“专业不对口”为理由要求退人,下午要宣布分配方案,报到证都已开出,只好临时改变计划,造成很大被动。

因此,我们认为,今后的毕业分配工作,应把具体的用人单位作为供需见面的主要对象,而对大会的供需见面有必要改进办法。但是学校又面临时间紧,分配任务重的状况,如何把单位落实好,使学校、用人单位、学生都满意,确实是值得好好研究解决的。

四、关于1988年的打算

1988年,我校将有本科生2055人,专科生188人毕业。我们建议:

1.贯彻中共中央87(18)号文件精神,由国家教委制定毕业生行之有效的政治思想工作条例,及早下发。

2.1988年的切块计划,将我校的光仪专业118人,物理41人,地质39人,医仪专业61人,从总人数中扣除,不列入切块计划,由我们采用招聘录用的方针进行分配。

3.扩大毕业生预分配工作的试点,1988年将扩大到五个系100人左右,逐步推广,取得经验,进一步改进本科生的教学工作,全面提高本科生的质量。

4.召开国家教委所属重点院校毕业生分配工作总结会,共同商讨1988年的分配工作。

目前有关毕业生分配工作的一些改革,仅仅是在编制办法上作了一些改进。我们认为国家教委应从1988年起,逐步实行不包分配的试点工作,使毕业生真正做到优才优用,符合中国国情的“四化”建设的实际需要。面对大城市、沿海地区对毕业生的需求的减少,或某几个专业的需求减少,试点会进一步促进毕业生的合理流动。在这方面,我们愿意在一定准备工作的基础上选择少数专业,进行试点。

5.改进目前的供需见面的办法,加强与用人单位的联系,以利于落实计划。中央部委、省、市应及早提供需求信息,特别是希望重点配备的单位、专业人数,学校要求提出1—2倍的信息量,以便学校的计划更易切合实际。同时,学校要求切块计划应有10%的浮动。国家教委要做好计划的综合平衡工作,以避免出现大量退毕业生的情况。

附:1987年毕业生分配情况统计(略)

浙江大学

一九八七年九月二日

浙江大学档案馆藏,档案号:ZD-1987-XZ-199-3

关于 1988 年毕业研究生毕业分配工作的意见

(1987 年 10 月 15 日)

浙大发学〔1987〕105 号

各系,有关部处:

一、概况

1988 年寒假,我校将有毕业博士生 16 名,硕士生 3 名(提前毕业)。

1988 年暑假,将有各类毕业研究生 678 人,其中博士生 44 人,硕士生 575 人,研究生班 59 人。除了代培研究生(包括计划内代培,计划外代培,在职代培等各类代培生)不负责其分配外,可分配的毕业研究生总数为 493 人,(其中博士生 28 人,硕士生 409 人,研究生班 56 人,分专业的人数统计见附表)。

1987 年,我校共毕业分配各类研究生 419 人,与 1987 年相比,1988 年将有较大的增加。

可分配的 493 名毕业生,来自全国 24 个省、自治区、直辖市,其中生源人数最多的是浙江省,有 264 人,其次是江苏 54 人,福建 33 人,江西 31 人,安徽 26 人,以及湖南、湖北、辽宁等,来自边远省区的毕业生共 16 人。

毕业研究生的专业分布为:工业管理工程 34 人,化学工程 33 人,工业自动化 19 人;理科专业中,应用数学 14 人,固体力学 8 人,流体力学 8 人,物理 12 人,化学 26 人。

二、目前毕业研究生分配工作的现状

自粉碎"四人帮",恢复研究生招生制度,1980 年开始有研究生毕业后,当时研究生的分配去向,主要是补充高等学校的师资和科研机构的科研人员,以补充经过十年动乱所出现的断层。毕业研究生的分配办法是采取"在国家分配方针原则指导下,由研究生本人填报志愿,指导教师推荐,通过与用人单位协商,由培养单位提出分配建议计划,最后经主管部门汇总平衡后,形成分配计划,下达执行"。这样的分配去向和分配办法,在 1980 年后的三四年中,由于毕业研究生人数较少,用人单位,主要是高等学校及科研机构急需补充毕业研究生的情况下,无疑是必要的,可行的。

但是,随着近几年毕业研究生人数的迅速增加,高等学校及科研机构人员渐趋饱和(高等师范院校基础课,公共课师资可能尚需有少许补充以外);在经济发达地区,比如京、津、沪、宁、杭等沿海地区,对研究生的需要量大大减少,而边远地区、内地对毕业研究生的需要量仍有增无减。因此,从总体上讲,毕业研究生的数量从全国范围内不是多了而是少了,需要毕业研究生的单位也很多。但是由于长时期来忽视毕业研究生的思想政治工作,另一方面,主管部门又没有及时地把毕业研究生分配的去向及时调整,加上受研究生生源的限制,实际上形成了毕业研究生的分配去向只能去高校或科研机构,以及形成研究生分配一挑地方,二挑单位,自找门路,自找工作单位的情况,形成了需要毕业研究生的地方、单位,特别是基层、工厂等生产第一线去不了,研究生不愿去,而沿海地区又拼命往里塞的分配状况,形成了毕业分配计划难以落实及发生多次改派的极不正常的分配状况。

为了改变当前毕业研究生分配工作出现的这些问题,学校从编制 1987 年毕业研究生分配计划开始,首先动员各级组织,特别是动员研究生指导教师加强对研究生的思想政治教育;另一方面,在毕业研究生的分配去向方面作了规定:“毕业研究生的分配,除了继续补充高等学校的师资和科研机构的科研人员以外,应有计划地分配一定数量的毕业生充实国家重点建设项目的单位,逐步提高分配到生产等专业技术部门的研究生比例,以适应经济建设的需要,为此,应安排一定数量的优秀毕业生充实生产第一线”,这也是符合国家教委的关于毕业研究生的分配方针、原则的。

从1987年实际执行结果来看,我校毕业分配的397人,充实高校师资287人,科研机构38人,合占分配人数的81.9%。去工矿企业工作的65人,占16.4%。去工矿企业的比例比前几年有所增加。

1986年我校去高校、科研机构工作的研究生比例为75.5%。1987年比例有所增加,因研究生班86人的毕业生按国家教委规定全部去高校任教。

但是,1987年的研究生分配,从开始编制计划到分配基本结束,改派的情况仍非常多,总数达56人次。学生挑地区、挑工作单位的矛盾,分配去向的矛盾非常突出,给分配派遣工作带来了很大的困难,也不利于毕业研究生的思想教育。

三、关于1988年的分配工作

1988年毕业研究生的分配工作,毕业人数多,工作量大,路副校长认为要“早作研究,早作准备,把毕业研究生分配工作做好”。

今年9月,国家教委在鞍山召开会议,总结和安排明年的工作。国家教委于1987年10月27日下达了(87)教学字027号《关于做好1988年全国毕业研究生分配计划工作的意见》,指出1988年“毕业研究生的分配,除继续注意充实高等院校,特别是高等师范院校,基础薄弱院校的基础课师资,以及科研机构的研究人员外,要逐步加强国家重点项目的科研攻关和设计、生产以及专业技术部门,重点企业的技术改造所需人员的配备。党政领导机关和经济管理部门确实需要的,可选拔有一定实践经验的优秀毕业研究生予以补充”。

在分配计划的编制办法上,为了进一步体现“宏观控制,微观搞活”的方针,国家教委将在学校提出分配建议计划以前,由国家教委下达一部分“按不同类型的学校,提出宏观指导计划比例指标的要求”的指令性计划,作为各校拟订分配建议计划的依据。

以上将是我们编制1988年毕业研究生分配计划的依据。

从实际情况看,1988年,在全国范围内,毕业研究生的人数大大增加,我校也是如此。而从需求情况来看,高校、科研机构及沿海地区,对研究生的需求量大大减少。例如浙江省,1987年,我校分配了86人,而省教委希望明年减少,充其量保持今年的水平。而88年浙江省生源有264人,分配的形势比较严峻。

因此,我们要求:

1.从贯彻中共中央18号文件着手,校系各级主管毕业生分配工作的领导切实加强对毕业研究生的思想政治教育,要求教研室、研究室和指导教师积极配合,教书育人,教育毕业生自觉根据四化建设的需要,建设有中国特色的社会主义的需要选择志愿,自觉服从分配。要根据党的十三大关于“社会主义初级阶段”的理论,教育毕业生树立自力更生、艰苦创业的思想,动员和鼓励更多的毕业生去内地、边疆工作,去基层、工厂,去生产第一线工作。

2. 对来自边远省区的毕业研究生，如原地区需要，又能发挥专业特长的，原则上均应分配回去。要动员、鼓励毕业研究生去边远地区工作。

3. 原属在职人员的毕业研究生，在专业对口的原则下，应首先照顾原单位的需要，特别是新建院校或专业技术力量较薄弱的科研、生产单位的需要。

4. 委托培养的毕业研究生（含博士生、硕士生和研究生班），按国家教委、国家计委、财政部《关于高等院校招收委托培养硕士生的暂行规定》办理，一律派回委托单位工作。学校只负责派遣，不负责分配。

5. 研究生班的毕业生分配，原则上仍应分配到高校中专任教。考虑到目前一般高校的编制比较紧，对研究生班的毕业生需要量不大的情况，有关系可视学生的实际情况，安排一定数量的毕业生去工矿企业及管理部门等单位工作。

6. 有关毕业研究生留校的名额、人选均由人事科归口确定。

7. 广泛征求信息，加强供需见面。校毕业生分配办公室已在 1987 年 10 月将毕业生的专业、生源情况函告全国各有关单位，要求在 1987 年 11 月底以前将需求计划函告毕办，做好需求信息的收集工作。各系可根据各自具体情况抓紧联络并及时将有关信息告知学生处。

8. 关于 1988 年分配建议计划的编制：

具体步骤：

(1)由系主任，系毕业分配领导小组，会同指导教师，根据上述的分配原则、方针及指令性计划，结合研究生本人的思想政治表现、业务成绩、身体状况及特长，逐一提出指导性的分配意见（包括是否留校，分配去向，比如高校、科研或工厂，能具体到单位的也可以），经系、校统一平衡后，积极进行多渠道联络，也可通知研究生本人。

(2)在学校、系统筹负责联系的同时研究生可按上述的指导性意见，在导师和组织的帮助和指导下自行联系工作单位。

(3)在联系落实的基础上，由研究生填报志愿。志愿应包括教学、科研及工矿企业单位各一。上述志愿中必须包括一个家乡所在地的志愿。志愿应有顺序，供学校作为组织联系时依次考虑的依据。

(4)学校在接到用人单位人事部门的要人函件以后，作为建议分配计划予以考虑。

(5)1988 年暑期毕业研究生的分配建议计划预定在 1988 年 4 月确定上报。

(6)建议计划在上报国家教委及地方主管调配部门以后，一般不再变动。

附：1. 浙江大学 1988 年毕业研究生人数、专业、生源表（略）

浙江大学
一九八七年十月二十七日

浙江大学档案馆藏，档案号：ZD-1987-XZ-191-4

1992 届毕业研究生、本科毕业生分配工作情况①

(1992 年 6 月 16 日)

我校 1992 届毕业研究生、本科毕业生的分配工作日前已基本结束,建议分配计划已于 6 月初上报国家教委批准,毕业研究生和本科生的分配派遣工作将于 6 月下旬进行。

今年我校共有毕业研究生 508 名,本科毕业生 2270 名。按照国家教委关于毕业生分配工作的原则、方针、政策,我校毕业生分配仍实行由国家负责、按计划分配的制度,强调个人志愿必须服从国家需要,保证国家重点科研单位、高等院校、国家重要部门对毕业生的需要,已圆满完成了国家教委下达的指令性分配计划 230 名(其中毕业研究生 20 名,本科毕业生 210 名)。与往年相比,1992 年毕业生需求形势明显好转,毕业生分配的外部环境得到改善,许多用人单位求才心切,以各种优惠政策吸引人才。各部委和省、市计划调配部门普遍采取宽松政策,对学校分配工作给予大力支持,使学校分配工作能顺利进行,且分配单位的层次普遍较高,是近几年来分配形势最好的一年。至 5 月底止,毕业生中 98%的学生已落实到具体用人单位。目前,毕业生思想稳定,精神状态较好,正在进行紧张的毕业设计(论文)工作;各系已开始进行毕业前夕的毕业生思想教育工作;学校正组织有关部处为 6 月下旬毕业生派遣工作做好一切准备。

一、毕业研究生分配情况

1992 年毕业研究生共有 508 名,春季毕业 389 名,夏季毕业 119 名;其中博士生 50 名,硕士生 458 名。毕业研究生中有委托培养生 2 名,在职生 9 名,定向生 148 名,考博 86 名(其中考博士后 5 名),出国学习 3 名,实际可分配毕业研究生数 260 名。

毕业生分配到国家各部委所属单位 177 名,占毕业生数的 35%;分配到各省、自治区、直辖市及计划单列市 331 名,占毕业生数的 65%。分配到高校、科研单位的有 171 名,占可分配毕业生数的 65.7%。

二、本科毕业生分配情况

1. 概况

1992 届本科毕业生总数共 2270 名,其中男生 1813 名,女生 457 名,党员 194 名(占毕业生总数的 8.55%),少数民族毕业生 51 名,委托培养生 139 名。录取硕士研究生 241 名,占毕业生总数的 10.6%;自费出国 14 名,占毕业生总数的 0.62%;实际参加分配人数为 2015 名。

毕业生分配到中央部门人数 870 名,占实际分配人数的 43.2%;分配到地方人数 1145 名,占 56.8%;分配到北京市、天津市、上海市、广东省、广州市、深圳市、厦门市、宁波市、青岛市、大连市的毕业生总数 588 名,占实际分配人数的 29.2%。

2. 校级优秀毕业生分配情况

1992 届校级优秀毕业生总数 332 名,占毕业生总数的 14.6%。其中录取硕士研究生 119 名,占优秀毕业生总数的 36.0%;自费出国 1 名,占 0.3%;分配到机关工作 18 名,占

① 本件原载浙江大学校长办公室编《简报》1992 年第 7 期(总第 239 期)。

5.4%;分配到科研、教学单位 90 名,占 26.9%;分配到工矿企业 99 名,占 29.9%;分配到三资企业 5 名,占 1.5%。

3.来源于边远省区的毕业生分配情况

1992 届来源于边远省区的毕业生总数有 179 名,其中录取硕士研究生 13 名,占边远省区毕业生数的 7.3%;支边子女同意在内地分配人数 53 名,占 29.6%;分配重点单位调出原省区人数 11 名,占 6.1%;实际分配回边远省区的人数 102 名,占边远省区毕业生数的 57.0%。

浙江大学档案馆藏,档案号:ZD-1992-XZ-55-7

(四)招生、毕业数据统计

历年(1953—1961)毕业生分配单位、人数统计表[①]

1962.3

年度、单位数、人数 / 单位	53		54		55		56		57		58		60		61		合计	
	单位数	人数	单位数	人数	单位数	人数	单位数	人数	单位数	人数	单位数	人数	单位数	人数	单位数	人数	单位数	人数
总计	131	485	158	521	185	738	333	1072	188	533	108	555	199	799	131	1442	1433	6145
中国人民解放军	2	21	1	6	1	33	3	44	2	5	2	13	1	161	1	30	13	313
中国科学院	2	2	2	2	4	14	8	26	1	5	7	12	8	17	10	16	42	94
第一机械工业部	20	54	19	62	46	133	80	243	56	110	20	30	38	51	7	17	286	700
第二机械工业部	35	114	33	105	17	166	33	92	26	39	5	20	9	23	11	37	169	5596
第三机械工业部															9	18	9	18
冶金工业部	7	26	19	107	23	107	20	60	14	50	6	21	15	25	7	13	111	409
轻工业部	3	3	12	26	4	4	13	23	7	10	7	9	2	4	5	7	53	86
建筑工业部	6	13	12	33	20	89	33	101	12	57	6	7	2	3	4	9	95	312
化学工业部	1	2	6	37	2	20	6	12	10	24	2	10	18	32	15	23	60	160
煤炭工业部	4	6	3	13	12	29	11	27	3	6	1	1	1	1	5	5	40	88
纺织工业部	1	1	2	3	2	4	6	17	3	7	2	2	1	3			17	37
农业机械工业部													13	20	7	8	20	28
水利电力部	14	35	10	29	29	65	35	140	16	32	9	12	13	25	6	7	132	345

① 编者说明:1956 年起,四年制本科均改为五年制,故 1959 年无毕业生。

续表

年度、单位数、人数 单位	53		54		55		56		57		58		60		61		合计	
	单位数	人数	单位数	人数	单位数	人数	单位数	人数	单位数	人数	单位数	人数	单位数	人数	单位数	人数	单位数	人数
石油工业部	4	8			3	8	14	46			4	5	1	1			26	68
中央教育部	1	14									2	3	2	6			5	23
广播事业局					1	2									1	2	2	4
邮电部							2	2	1	1	1	1	1	1			5	5
农垦部							1	1	1	1			1	1			3	3
林业部	2	3					3	6					2	2	2	4	12	20
农业部	2	2					1	2	1	1					2	2	25	61
交通部	2	5			1	1	2	6	1	2	2	2	4	4			6	20
地质部	4	10	14	44	2	2	2	2					1	1	2	2	23	51
公安部	1	2			1	9	1	1			1	2	1	2	1	4	7	8
铁道部	1	10			7	12	8	12	3	10			2	5	2	2	9	15
卫生部	2	2							2	2					3	4	6	7
国家测绘总局							1	1			3	5	2	2	2	3	8	11
国家计划委员会	1	6	1	7	1	1							1	1			4	15
国家经济委员会													1	2			1	2
科学技术委员会							1	6					1	1			2	7
中国人民银行					2	2	1	2			1	1	1	1			5	6
华侨事物委员会															1	2	1	2
中共中央中南局															1	2	1	2
文化部	2	7	1	1	2	3			1	1	1	1					7	13
培养研究生			2	2									5	11	1	1	8	14
高等学校师资	8	110	18	41	1	13	19	90	11	105			31	148	5	7	93	514
留苏预备生					1	7	1	10									2	17
北京市							1	15	1	2	1	11	1	1	1	2	5	31
上海市	1	1					1	1	1	2	1	36	1	4	1	7	6	51
河北省	1	3					1	5	1	4	1	8	1	5	1	10	6	35
山西省	1	3					1	6	1	3	1	1	1	2	1	3	6	18
山东省			1	1			1	2	1	4	1	27			1	18	5	52
河南省							1	2	1	3	1	9	1	5	1	17	5	36

续表

单位 \ 年度、单位数、人数	53		54		55		56		57		58		60		61		合计	
	单位数	人数	单位数	人数	单位数	人数	单位数	人数	单位数	人数	单位数	人数	单位数	人数	单位数	人数	单位数	人数
辽宁省											1	1			1	4	2	5
吉林省							1	1	1	6	1	2	1	1	1	1	5	11
黑龙江省							1	1	1	7	1	2	1	1			4	11
内蒙古自治区							1	2					1	4			2	6
甘肃省							1	5			1	4	1	1			3	10
宁夏回族自治区											1	2	1	1			2	3
青海省							1	1			1	3	1	2			3	6
新疆维吾尔自治区							1	1			1	1	1	1	1	1	4	4
江苏省							1	3	1	2	1	23			1	9	4	37
浙江省	1	18			1	3	1	15	1	12	1	126	1	170	1	1033	7	1377
安徽省			1	1	1	4	1	7	1	1	1	22	1	8	1	21	7	64
湖北省							1	1			1	3	1	2	1	1	4	7
湖南省							1	2	1	1	1	4			1	11	4	18
江西省							1	1	1	5	1	32	1	18	1	29	5	85
福建省			1	1	1	7	1	2	1	4	1	45	1	15	1	23	7	97
广东省							1	1			1	17			1	7	3	25
广西壮族自治区							1	1			1	5	1	1	1	9	4	16
贵州省							1	7			1	6					2	13
四川省	1	3									1	2			1	3	3	8
云南省							1	1	1	6	1	5	1	1	1	6	5	19

浙江大学档案馆藏，档案号：ZD-1961-XZ-52

历年(1953—1961)毕业生专业、人数统计表

1962.3

系、专业	年度	53	54		55		56		57	58	60	61		合计
			单位数	人数	单位数	人数	单位数	人数				单位数	人数	
机械类	机械制造工艺及金属切削机床										137	137		274
	内燃机、汽车及拖拉机										23	39		62
	水力机械										25	29		54
	机械制造工艺		28		92		46		61	54				281
	金属切削机床与工具						43		62	47				152
	金属切削加工							177						177
	金工工具			153		148		94						395
	铸造工艺及机器						31		58	56				145
	铸工			34		61		80						175
	交通组	11												11
	动力组	34												34
	制造组	119												119
光仪	光学机械仪器						20		29	57	69	129		304
电机类	电机制造				19		25		22	43	61	54		224
	电器制造								32	44	47	52		175
	发电厂、电力网及电力系统			42	33	61	77		65	52	60	86		476
	工业企业电气化									48	73	68		189
	锅炉、汽轮机及热能动力装置										23	52		75
	发配电							60						60
	火力组	19												19
	水力组	9												9
	发电组	19												19
	电机组	16												16
	制造组	14												14
	输配电组	16												16

续表

系、专业 \ 年度		53	54		55		56		57	58	60	61		合计
			单位数	人数	单位数	人数	单位数	人数				单位数	人数	
无线电	无线电设计与制造									13		28		41
	自动学及远动学											21		21
化工类	化学生产机器及装备								25	27	48	144		244
	燃料化学工学				55		41		32	48	80	68		324
	化学生产工艺过程自动化及调节											48		48
	无机物工学											45		45
	硅酸盐工学											29		29
	工业分析			75		72		122						269
	普通组	50												50
	分析组	20												20
	操作组	11												11
建工类	工业及民用建筑		13	110	70	127	156	100	147	66	83	96		968
	建筑学											20		20
	河川枢纽及水电站建筑											47		47
	工程测量			66										66
	路工组	17												17
	结构组	130												130
冶金类	钢铁合金										23	25		48
	铸造工艺及设备										23	47		70
	金属压力加工										24	30		54
	焦化												30	30
地质	煤田地质与勘探												30	30
	采矿												28	28
	理论物理											19		19
	数学											28		28
	尖端的											13		13
总计		485	41	480	269	469	439	633	533	555	799	1354	88	6145

浙江大学档案馆藏，档案号：ZD-1961-XZ-52

浙江大学1969—1976年招生统计

(1977年6月)

系、专业名称	69级招生人数	70级招生人数	72级招生人数	73级招生人数	74级招生人数	75级招生人数	76级招生人数
机械	32	48	39	62	60	60	59
金相			28	35	29	59	27
内燃		36	30	32	40	60	37
液压			31		30	39	35
铸工		38	30	27	40	60	60
机械系小计	32	122	158	156	199	278	218
电机		37	32	31	29	60	39
交电				41	30	60	40
热能				29	30	61	40
工业电子装置				29	30	25	29
工自			31	30	30	59	39
电机系小计		37	63	160	149	265	187
应用数学				30	30	30	39
高分子化学		20		20	25	25	
流体					20	20	
固体					20	20	28
理科部小计		20		50	95	95	67
化工			28	30	29	30	30
化自		20	32	61	30	60	60
化机		35	50	32	30	60	27
玻璃		25	31	28	30	30	29
高分子化工		23		19	30	30	30
基本有机化工			30	27	30	60	30
低温					24	20	27
化工系小计		103	171	191	203	290	233
无线电		46		31	35	39	39
半导体		34	29	30	33	29	29
电真空			31	30	35	29	

续表

系、专业名称	69级招生人数	70级招生人数	72级招生人数	73级招生人数	74级招生人数	75级招生人数	76级招生人数
计算机				30	30	30	35
固体电子学				20	30	30	
三部小计		80	60	141	163	157	103
光仪		31	21		30	58	26
自仪		21	30	30	30	30	28
激光				20	30	30	35
光仪系小计		52	51	50	90	118	89
工民建	29	31		35	59	60	70
水利水电	29		30	30	30	30	34
地质			32	30	30	30	37
土木系小计	58	31	62	95	119	120	141
全校总计	90	445	565	849	1018	1323	1038

浙江大学档案馆藏，档案号：ZD-1976-XZ-22

浙江大学1949—1979年教职工、学生数字统计表①

(1979年3月12日)

年度	教职员工数			学生数		编制比例			备注
	合计	教师	职工	总数	其中新生数	教职工与学生比	教师与学生比	职工与学生比	
1949—50	1205	411	794	1624	392	1∶1.35	1∶3.95	1∶2.05	
1950—51	1060	380	680	1763	558	1∶1.66	1∶4.64	1∶2.59	
1951—52	1027	393	634	2053	600	1∶2.00	1∶5.22	1∶3.24	
1952—53	567	223	344	1825	1030	1∶3.26	1∶8.18	1∶5.31	
1953—54	767	319	448	2406	1036	1∶3.14	1∶7.04	1∶5.37	
1954—55	902	448	454	3138	1266	1∶3.47	1∶7.01	1∶6.91	
1955—56	829	360	469	3344	1041	1∶4.04	1∶9.30	1∶7.14	
1956—57	1017	415	602	3836	1634	1∶3.77	1∶9.25	1∶6.36	

① 本表数据由浙江大学人事处1979年3月12日编制。

续表

年度	教职员工数			学生数		编制比例			备注
	合计	教师	职工	总数	其中新生数	教职工与学生比	教师与学生比	职工与学生比	
1957—58	1296	647	649	4680	1451	1∶3.60	1∶3.23	1∶7.21	
1958—59	1337	739	598	6159	2163	1∶4.60	1∶9.34	1∶10.30	
1959—60	1630	853	777	8037	2052	1∶4.94	1∶9.43	1∶10.30	
1960—61	1977	994	983	6429	1025	1∶3.25	1∶6.45	1∶6.55	
1961—62	2729	1632	1123	8895	1575	1∶3.26	1∶5.44	1∶7.90	
1962—63	1919	1567	1352	8679	1198	1∶2.98	1∶5.54	1∶6.41	
1963—64	2956	1293	1663	7974	1352	1∶2.7	1∶6.19	1∶4.80	
1964—65	2980	1319	1661	7265	1348	1∶2.44	1∶5.5	1∶4.39	
1965—66.6	3029	1409	1620	6901	/	1∶2.27	1∶4.49	1∶4.26	
1977.12	3800	1652	2148	3654	1368	1∶0.96	1∶2.20	1∶1.70	
1978.12	4067	1754	2313	5132	2728	1∶1.26	1∶2.92	1∶2.21	新生数中包括研究生162人,代培研究生44人
1979.8	4105	1771	2334	4834	/	1∶1.17	1∶2.73	1∶2.07	

浙江大学档案馆藏,档案号:ZD-1979-148-1

1987—1988学年初全校各类学生数统计①
(1987年10月14日)

单位:人

	毕业生数	招生数	在校学生数	预计毕业生数
总　计	2746	3594	12591	3120
一、研究生	397	564	1810	620
博士生	2	72	206	43
其中:委托培养		3	7	2
硕士生	309	471	1522	516
其中:委托培养	29	21	227	121
研究生班	86	21	82	61

① 本表数据源自浙江大学1987年10月14日上报国家教委的《1987/88学年初普通高等学校基层报表》。

续表

	毕业生数	招生数	在校学生数	预计毕业生数
其中:委托培养			1	1
二、本专科	2158	2417	9369	2270
国家任务	1847	2133	8473	1988
委托培养	218	171	650	188
自费生		43	43	
干部专修科	93	70	203	94
三、留学生	1	13	21	
四、夜大函授生	190	600	1391	230
夜大生	190	336	1127	230
函授生		264	264	

浙江大学档案馆藏,档案号:ZD-1987-XZ-386

1990—1991 学年初全校各类学生数统计①
(1991 年 4 月)

单位:人

	毕业生数	招生数	在校学生数	预计毕业生数
总计	3025	3192	12725	3852
一、研究生	496	563	1672	532
博士生	30	87	275	66
其中:委托培养	3		4	2
硕士生	454	476	1389	458
其中:委托培养	21	14	23	6
研究生班	12		8	8
其中:委托培养				
二、本专科	2291	2112	8838	2283
国家任务	2019	1886	8023	2053
委托培养	141	165	615	158

① 本表数据原载浙江大学校长办公室编《浙江大学 1990 年统计资料汇编》。

续表

	毕业生数	招生数	在校学生数	预计毕业生数
自费生	81	43	129	43
干部专修科	50	18	71	29
三、留学生	11	31	62	9
四、夜大函授生	227	486	2153	1028
夜大生	227	100	953	552
函授生		386	1200	476

浙江大学档案馆藏,档案号:ZD-1990-XZ-57-3

浙江大学1997—1998学年各类在校学生数统计[①]
(1997年9月30日)

(一)研究生3203人

1.博士生1101人(其中女生135人,占12.3%)

一年级325人

二年级320人

三年级287人

四年级169人

2.硕士生2102人(其中女生445人,占21.2%)

一年级784人

二年级713人

三年级598人

四年级7人

(二)本专科生10052人(其中女生1938人,占19.3%)

1.本科生9955人

一年级2526人

二年级2610人

三年级2427人

四年级2239人

五年级153人

2.专科生97人

---

① 本件原为浙江大学校长办公室1997年10月30日发布的《公布浙江大学1997—1998学年初主要统计数字》(原载《简报》1997年第8期,总第308期)有关学生部分统计数字的节选,标题为编者所拟。

三年级 97 人

(三)留学生 47 人

1. 研究生 23 人

博士研究生 6 人

二年级 3 人

三年级 3 人

硕士研究生 17 人

一年级 6 人

二年级 11 人

2. 本科生 7 人

一年级 4 人

二年级 1 人

四年级 2 人

3. 进修生 17 人

* 不含汉语补习研究生

以上全日制学生总数为 13302 人

(四)函授、夜大、成人脱产班、电大普通班学生 5329 人

1. 函授生 2379 人

①高中起点本、专科 1303 人

一年级 504 人

二年级 346 人

三年级 453 人

②二专科 177 人

一年级 22 人

二年级 47 人

三年级 108 人

③专升本 899 人

三年级 333 人

四年级 351 人

五年级 215 人

2. 夜大生 1697 人

①高中起点本、专科 869 人

一年级 243 人

二年级 295 人

三年级 331 人

②二专科 298 人

一年级 81 人

二年级 87 人

三年级 130 人

③专升本 530 人

三年级 206 人

四年级 156 人

五年级 168 人

3.成人脱产班 743 人(高中起点本、专科)

一年级 376 人

二年级 367 人

4.电大普通班学生 510 人

一年级 195 人

二年级 127 人

三年级 188 人

(五)其他学生 236 人

1.高水平运动预科班 59 人

2.临床医学学生 60 人

3.计划外本、专科生 25 人

4.计划外留学生 92 人(其中博士研究生 3 人,硕士研究生 2 人,本科生 11 人,进修生 76 人)

浙江大学档案馆藏,档案号:ZD-1997-XZ-10-8